Wiedmann/Böcking/Gros
Bilanzrecht

Bilanzrecht

§§ 238–342e HGB,
§§ 135–138, 158–161 KAGB

Kommentar

Begründet von
Dr. Harald Wiedmann
Wirtschaftsprüfer, Rechtsanwalt und Steuerberater
Honorarprofessor an der TU Berlin

Bearbeitet von
Dr. Hans-Joachim Böcking
Professor an der Goethe-Universität Frankfurt am Main
Dr. Marius Gros
Professor an der Hochschule Niederrhein

4. Auflage 2019

C.H.BECK

Zitiervorschlag:

Wiedmann/Böcking/Gros/*Bearbeiter* HGB §... Rn. ...
Wiedmann/Böcking/Gros/*Bearbeiter* KAGB §... Rn. ...

www.beck.de

ISBN 978 3 406 71263 0

© 2019 Verlag C.H.BECK oHG
Wilhelmstraße 9, 80801 München

Druck und Bindung: Beltz Grafische Betriebe GmbH
Am Fliegerhorst 8, 99947 Bad Langensalza
Satz: Druckerei C.H.Beck, Nördlingen
Umschlag: Druckerei C.H.Beck Nördlingen
(Adresse wie Verlag)

Gedruckt auf säurefreiem, alterungsbeständigem Papier
(hergestellt aus chlorfrei gebleichtem Zellstoff)

Die Bearbeiter der 4. Auflage

Dr. Hans-Joachim Böcking
Professor an der Goethe-Universität Frankfurt am Main

Dr. Marius Gros
Professor an der Hochschule Niederrhein, Krefeld

unter Mitarbeit von

Carolin Althoff, M. Sc.
Goethe-Universität Frankfurt am Main

Laura Bundle, M. Sc.
Goethe-Universität Frankfurt am Main

Anita Dietrich
Wirtschaftsprüfer und Steuerberater, Diplom-Kauffrau
Frankfurt am Main

Anika Hanke, M. Sc.
Goethe-Universität Frankfurt am Main

Dr. Sebastian Koch
Frankfurt am Main

Dr. Joachim Kölschbach
Diplom-Kaufmann
Honorarprofessor an der Universität zu Köln

Dr. Anja Morawietz
Wirtschaftsprüfer
Professorin an der Technischen Hochschule Nürnberg

Dr. Peter Oser
Wirtschaftsprüfer und Steuerberater, Diplom-Kaufmann
Honorarprofessor an der Universität Mannheim, Stuttgart

Dr. Dirk Rabenhorst
Wirtschaftsprüfer und Steuerberater, Diplom-Kaufmann
Berlin

Dr. Anne Schurbohm
Wirtschaftsprüferin und Steuerberaterin, Diplom-Ökonomin
Berlin

Dr. Knut Tonne
Wirtschaftsprüfer und Steuerberater, Diplom-Kaufmann
Hannover

Die Bearbeiter der 4. Auflage

Folker Trepte
Wirtschaftsprüfer und Steuerberater, Diplom-Kaufmann
München

Dr. Christoph Wallek
Diplom-Kaufmann, Frankfurt am Main

Willy Wirth, M. Sc.
Goethe-Universität Frankfurt am Main

Dr. Daniel Worret
Frankfurt am Main

Vorwort zur 4. Auflage

Mit der 4. Auflage wurde der Kommentar zum Bilanzrecht vollständig aktualisiert und überarbeitet. Während die 3. Auflage wesentlich durch das Bilanzrechtsmodernisierungsgesetz (BilMoG) und den damit verbundenen Paradigmenwechsel in der handelsrechtlichen Rechnungslegung hin zur Informationsfunktion geprägt war, sind für die 4. Auflage gleich eine Vielzahl von Gesetzesänderungen von Bedeutung. Hervorzuheben sind dabei das Bilanzrichtlinie-Umsetzungsgesetz (BilRUG), das Abschlussprüfungsreformgesetz (AReG) und das CSR-Richtlinie-Umsetzungsgesetz (CSRRLUmsG). Insbesondere Letztgenanntes hat nicht allein Aktualisierungen und Überarbeitungen der bestehenden Kommentierung bewirkt, sondern auch zu zahlreichen Neukommentierungen geführt. Einen Schwerpunkt bilden hierbei die erweiterten Pflichten über die Berichterstattung nichtfinanzieller Sachverhalte in der nichtfinanziellen (Konzern-)Erklärung. Die Bedeutungszunahme der nichtfinanziellen Berichterstattung ist einer ganzheitlichen Betrachtung der Rechnungslegungs- bzw. Rechenschaftspflichtigen geschuldet und steht in Einklang mit der mit dem BilMoG eingeleiteten Fokussierung auf die Informationsfunktion.

Neben den Entwicklungen durch die vorgenannten Gesetzesänderungen wurden die weiteren neuen Entwicklungen in der Literatur, der Rechtsprechung sowie der Deutschen Rechnungslegungsstandards (DRS) oder auch der Verlautbarungen des Instituts der Wirtschaftsprüfer in Deutschland e.V. (IDW) berücksichtigt.

Hinzugekommen ist mit der 4. Auflage zudem eine Kommentierung zur Rechnungslegung und Prüfung bei offenen und geschlossenen Investmentkommanditgesellschaften gemäß Kapitalanlagegesetzbuch (KAGB). In künftigen Auflagen sollen weitere Kommentierungen zu außerhalb des HGB normierten Rechnungslegungs- und Rechenschaftslegungsinstrumenten sowie Prüfungsfragen erfolgen, um unseren Lesern einen möglichst umfassenden Überblick über das Bilanzrecht im weiteren Sinne zu geben. Dies betrifft unter anderem Berichterstattungspflichten zur Corporate Governance.

Die vorliegende Auflage setzt sich weiterhin zum Ziel, leicht verständlich und überschaubar durch das Bilanzrecht zu führen sowie Antworten auf Fragen der täglichen Praxis zu geben und einen schnellen Einstieg in neue Themen zu ermöglichen. Der Kommentar richtet sich sowohl an Rechtsanwälte, Unternehmer, Wirtschaftsprüfer, Steuerberater und Richter als auch an Hochschulen und deren Studierende. Neben den Herausgebern hat an der vorliegenden Auflage ein Team von Praktikern und Wissenschaftlern mitgewirkt. Unverändert mitgewirkt haben Dr. Sebastian Koch, Prof. Dr. Joachim Kölschbach, Prof. Dr. Anja Morawietz, Dr. Dirk Rabenhorst, Dr. Anne Schurbohm, Dr. Knut Tonne, Dr. Christoph Wallek und Dr. Daniel Worret. Ausgeschieden aus dem Autorenkreis der Vorauflage ist Iris Helke. Hinzugekommen sind mit Carolin Althoff, Laura Bundle, Anita Dietrich, Anika Hanke, Prof. Dr. Peter Oser, Folker Trepte und Willy Wirth sieben neue mitwirkende Autoren.

Wir hoffen, dass auch die 4. Auflage des Kommentars zum Bilanzrecht weiterhin unserem Ziel gerecht wird, dem juristisch oder betriebswirtschaft-

Vorwort zur 4. Auflage

lich vorgebildeten Praktiker den Einstieg in das Bilanzrecht zu erleichtern, weiteren Praktikern aber auch Studierenden aller Fachrichtungen eine gut lesbare Einführung in die Rechnungslegung zu geben sowie für Steuerberater und Wirtschaftsprüfer eine rasche, zuverlässige erste Information zu bieten. Für Anregungen und kritische Hinweise aus dem Kreis unserer Leser wären alle Mitwirkenden dankbar.

Frankfurt, im September 2019 *Harald Wiedmann*
Hans-Joachim Böcking
Marius Gros

Inhaltsübersicht

Handelsgesetzbuch
vom 10. Mai 1897 (RGBl. 1897 I 219),
zuletzt geändert durch Gesetz vom 8.7.2019 (BGBl. 2019 I 1002)

Drittes Buch. Handelsbücher (§§ 238–342e)

Inhaltsübersicht

Kapitalanlagegesetzbuch (KAGB)
Auszug
vom 4. Juli 2013 (BGBl. 2013 I 1981),
zuletzt geändert durch Gesetz vom 8.7.2019 (BGBl. 2019 I 1002)

Inhaltsverzeichnis

Drittes Buch. Handelsbücher

Erster Abschnitt. Vorschriften für alle Kaufleute

Zweiter Abschnitt. Ergänzende Vorschriften für Kapitalgesellschaften (Aktiengesellschaften, Kommanditgesellschaften auf Aktien und Gesellschaften mit beschränkter Haftung) sowie bestimmte Personenhandelsgesellschaften

Inhaltsverzeichnis

Inhaltsverzeichnis

Inhaltsverzeichnis

Dritter Abschnitt. Ergänzende Vorschriften für eingetragene Genossenschaften

Vierter Abschnitt. Ergänzende Vorschriften für Unternehmen bestimmter Geschäftszweige

Inhaltsverzeichnis

Inhaltsverzeichnis

Fünfter Abschnitt. Privates Rechnungslegungsgremium; Rechnungslegungsbeirat

Sechster Abschnitt. Prüfstelle für Rechnungslegung

Kapitalanlagegesetzbuch (KAGB)
Auszug

Abschnitt 4. Offene inländische Investmentvermögen

Abschnitt 5. Geschlossene inländische Investmentvermögen

Verzeichnis der Abkürzungen und der abgekürzt zitierten Literatur

aA	anderer Ansicht
abl.	ablehnend
ABl.	Amtsblatt
ABl.	Amtsblatt der Europäischen Gemeinschaften
Abs.	Absatz
Abschlussprüfer-RL	Richtlinie 2006/43/EG des Europäischen Parlaments und des Rates vom 17. Mai 2006 über Abschlussprüfungen von Jahresabschlüssen und konsolidierten Abschlüssen, zur Änderung der Richtlinien 78/660/EWG und 83/349/EWG des Rates und zur Aufhebung der Richtlinie 84/253/EWG des Rates (ABl. 2006 L 157, 87), zuletzt geändert durch Art. 1 RL 2014/56/EU vom 16.4.2014 (ABl. 2014 L 158, 196)
Abschn.	Abschnitt
ADHGB	Allgemeines Deutsches Handelsgesetzbuch von 1861
ADS	Adler/Düring/Schmaltz, Rechnungslegung und Prüfung der Unternehmen, Kommentar zum HGB, AktG, GmbHG, PublG nach den Vorschriften des BilRiLiG, in 9 Teilbänden, 6. Aufl. 2000 ff.
aF	alte Fassung
AfA	Absetzung für Abnutzung
AG	Aktiengesellschaft; Amtsgericht; Die Aktiengesellschaft (Zeitschrift)
AGBGB	Ausführungsgesetz zum BGB
AIF	Alternativer Investmentfonds
AIFM-ÄndVO	Delegierte Verordnung (EU) Nr. 694/2014 der Kommission vom 17. Dezember 2013 zur Ergänzung der Richtlinie 2011/61/EU des Europäischen Parlaments und des Rates im Hinblick auf technische Regulierungsstandards zur Bestimmung der Arten von Verwaltern alternativer Investmentfonds (Änderungsverordnung zur AIFM-RL)
AIFM-RL/AIFMD	Richtlinie 2011/61/EU des Europäischen Parlaments und des Rates vom 8. Juni 2011 über die Verwalter alternativer Investmentfonds und zur Änderung der Richtlinien 2003/41/EG und 2009/65/EG und der Verordnungen (EG) Nr. 1060/2009 und (EU) Nr. 1095/2010 (ABl. 2011 L 174, 1, ber. 2012 L 115, 35), zuletzt geändert durch Art. 41 ÄndVO (EU) 2017/2402 vom 12.12.2017 (ABl. 2017 L 347, 35)
AIFM-VO	Delegierte Verordnung (EU) Nr. 231/2013 der Kommission vom 19. Dezember 2012 zur Ergänzung der Richtlinie 2011/61/EU des Europäischen Parlaments und des Rates im Hinblick auf Ausnahmen, die Bedingungen für die Ausübung der Tätigkeit, Verwahrstellen, Hebelfinanzierung, Transparenz und Beaufsichtigung
AJP/PJA	Aktuelle juristische Praxis/Practique juridique actuelle (Zeitschrift)
AktG	Aktiengesetz
allgM	allgemeine Meinung
Alt.	Alternative
aM	anderer Meinung

Literatur- und Abkürzungsverzeichnis

amtl. Begr.	amtliche Begründung
ÄndG	Änderungsgesetz
ÄndVO	Änderungsverordnung
Anh.	Anhang
Anl.	Anlage
Anm.	Anmerkung
AO	Abgabenordnung
APAReG	Gesetz zur Umsetzung der aufsichts- und berufsrechtlichen Regelungen der Richtlinie 2014/56/EU sowie zur Ausführung der entsprechenden Vorgaben der Verordnung (EU) Nr. 537/2014 im Hinblick auf die Abschlussprüfung bei Unternehmen von öffentlichem Interesse (Abschlussprüferaufsichtsreformgesetz – APAReG) vom 31. März 2016 (BGBl. 2016 I 518)
APAS	Abschlussprüferaufsichtsstelle
AReG	Gesetz zur Umsetzung der prüfungsbezogenen Regelungen der Richtlinie 2014/56//EU sowie zur Ausführung der entsprechenden Vorgaben der Verordnung (EU) Nr. 537/2014 im Hinblick auf die Abschlussprüfung bei Unternehmen von öffentlichem Interesse – Abschlussprüfungsreformgesetz vom 10. Mai 2016 (BGBl. 2016 I 1142)
ARGE	Arbeitsgemeinschaft
Art.	Artikel
ARUG	Gesetz zur Umsetzung der Aktionärsrechterichtlinie
ARUG II	Gesetz zur Umsetzung der zweiten Aktionärsrechterichtlinie
ASB	Accounting Standards Board
Assmann/Schneider/ Mülbert/Bearbeiter WpHG	Assmann/Schneider/Mülbert, WpHG, 7. Aufl. 2019
AT	Allgemeiner Teil
Aufl.	Auflage
Aufs.	Aufsatz
AuR	Arbeit und Recht (Zeitschrift)
ausdr.	ausdrücklich
ausf.	ausführlich
AusfG	Ausführungsgesetz
AusfVO	Ausführungsverordnung
Az.	Aktenzeichen
BaBiRiLiG	Gesetz zur Durchführung der Richtlinien des Rates der Europäischen Gemeinschaften über den Jahresabschluss und den Konsolidierten Abschluss von Banken und anderen Finanzinstituten (Bankenbilanzrichtlinie-Gesetz)
BABl.	Bundesarbeitsblatt
Baetge/Kirsch/Thiele Bilanzen	Baetge/Kirsch/Thiele, Bilanzen, 14. Aufl. 2017
Baetge/Kirsch/Thiele KonzernBilanzen	Baetge/Kirsch/Thiele, Konzernbilanzen, 12. Aufl. 2017
Baetge/Kirsch/Thiele/ Bearbeiter	Baetge/Kirsch/Thiele, Bilanzrecht. Handelsrecht mit Steuerrecht und den Regelungen des IASB, Loseblatt-Kommentar
BaFin	Bundesanstalt für Finanzdienstleistungsaufsicht
BankR-HdB/ Bearbeiter	Schimansky/Bunte/Lwowski, Bankrechts-Handbuch, 5. Aufl. 2017
BAnz.	Bundesanzeiger

Literatur- und Abkürzungsverzeichnis

Baumbach/Hopt/
Bearbeiter .... Baumbach/Hopt, Handelsgesetzbuch mit Nebengesetzen, 38. Aufl. 2018

Baumbach/Hueck AktG Baumbach/Hueck, Aktiengesetz, 13. Aufl. 1968

Baumbach/Hueck/
Bearbeiter .... Baumbach/Hueck, GmbHG, 21. Aufl. 2017

Baur/Tappen/Bearbeiter Baur/Tappen Investmentgesetze, Bd. 1: §§ 1–272 KAGB, 3. Aufl. 2015

BayObLG .... Bayerisches Oberstes Landesgericht

BayObLGZ .... Amtliche Sammlung des Bayerischen Obersten Landgerichts in Zivilsachen

BB .... Betriebs-Berater (Zeitschrift)

BBl. .... Bundesblatt

B. Bl. .... Betriebswirtschaftliche Blätter (Zeitschrift)

Bd. (Bde.) .... Band (Bände)

BdB .... Bundesverband deutscher Banken

Bearb., bearb. .... Bearbeitung, Bearbeiter, bearbeitet

BeBiKo/Bearbeiter .... Förschle/Grottel/Schmidt/Schubert/Winkeljohann, Beck'scher Bilanzkommentar, Der Jahresabschluss nach Handels- und Steuerrecht, 11. Aufl. 2018

BeckHdB GmbH/
Bearbeiter .... Prinz/Winkeljohann, Beck'sches Handbuch der GmbH, 5. Aufl. 2015

BeckHdB PersGes/
Bearbeiter .... Prinz/Hoffmann, Beck'sches Handbuch der Personengesellschaften, 4. Aufl. 2014

BeckHdB IFRS/
Bearbeiter .... Driesch/Riese/Schlüter/Senger, Beck'sches IFRS-Handbuch, Kommentierung der IFRS/IAS, 5. Aufl. 2016

Beck HdR/Bearbeiter Böcking/Gros/Oser/Scheffler/Thormann, Beck'sches Handbuch der Rechnungslegung, Loseblatt

BeckNotar-HdB/
Bearbeiter .... Heckschen/Herrler/Starke, Beck'sches Notar-Handbuch, 6. Aufl. 2015

BeckOK BGB/
Bearbeiter .... Bamberger/Roth/Hau/Poseck, Beck'scher Online-Kommentar BGB

BeckOK GmbHG/
Bearbeiter .... Ziemons/Jaeger, Beck'scher Online-Kommentar GmbHG

BeckOK HGB/
Bearbeiter .... Häublein/Hoffmann-Theinert, Beck'scher Online-Kommentar HGB

Beck Versicherungs-
bilanz/Bearbeiter .... Budde/Schnicke/Stöffler/Stuirbrink, Beck'scher Versicherungsbilanz-Kommentar, 1998

Begr. .... Begründung

Begr. Kropff .... Textausgabe des Aktiengesetzes 1965 mit Begründungen und Berichten, 1965

Begr. RegE .... Begründung Regierungsentwurf

Beil. .... Beilage

Bek. .... Bekanntmachung

Bem. .... Bemerkung

ber. .... berichtigt

BerVersV .... Verordnung über die Berichterstattung von Versicherungsunternehmen gegenüber der Bundesanstalt für Finanzdienstleistungsaufsicht (Versicherungsberichterstattungs-Verordnung – BerVersV)

Literatur- und Abkürzungsverzeichnis

bes.	besonders
bespr.	besprochen
bestr.	bestritten
betr.	betreffend, betreffs
Beuthien/Bearbeiter GenG	Beuthien, Genossenschaftsgesetz, 16. Aufl. 2018
bez.	bezüglich
BFA	Bankenfachausschuss des IDW
BFH	Bundesfinanzhof
BFHE	Sammlung der Entscheidungen und Gutachten des Bundesfinanzhofs
BFuP	Betriebswirtschaftliche Forschung und Praxis (Zeitschrift)
BG	Berufsgenossenschaft; (schweizerisches) Bundesgericht
BGB	Bürgerliches Gesetzbuch
BGBl.	Bundesgesetzblatt
BGH	Bundesgerichtshof
BfJ	Bundesamt für Justiz
Biener/Berneke BiRiLiG	Biener/Berneke, Bilanzrichtlinien-Gesetz (Textausgabe mit Materialien), 1986
Biener/Schatzmann Konzernrechnungslegung	Biener/Schatzmann, Konzern-Rechnungslegung, 1983
Bil	Bilanz
Bilanz-RL	Richtlinie 2013/34/EU des Europäischen Parlaments und des Rates vom 26. Juni 2013 über den Jahresabschluss, den konsolidierten Abschluss und damit verbundene Berichte von Unternehmen bestimmter Rechtsformen und zur Änderung der Richtlinie 2006/43/EG des Europäischen Parlaments und des Rates und zur Aufhebung der Richtlinien 78/660/EWG und 83/349/EWG des Rates (ABl. 2013 L 182, 19), zuletzt geändert durch Art. 1 ÄndRL 2014/102/EU vom 7.11.2014 (ABl. 2014 L 334, 86)
BilKoG	Bilanzkontrollgesetz
BilMoG	Gesetz zur Modernisierung des Bilanzrechts
BilReG	Bilanzrechtsreformgesetz
BilRUG	Gesetz zur Umsetzung der Richtlinie 2013/34/EU des Europäischen Parlaments und des Rates vom 26. Juni 2013 über den Jahresabschluss, den konsolidierten Abschluss und damit verbundene Berichte von Unternehmen bestimmter Rechtsformen und zur Änderung der Richtlinie 2006/43/EG des Europäischen Parlaments und des Rates und zur Aufhebung der Richtlinien 78/660/EWG und 83/349/EWG des Rates vom 17. Juli 2015 (BGBl. 2015 I 1245)
Binz/Sorg GmbH & Co. KG	Binz/Sorg, Die GmbH & Co. KG, 12. Aufl. 2018
BiRiLiG	Bilanzrichtliniengesetz
bkVReV	Verordnung über die Rechnungslegung bestimmter kleinerer Versicherungsvereine auf Gegenseitigkeit im Sinne des § 53 VAG
Bl.	Blatt
Blümich/Bearbeiter	Blümich, EStG, KStG, GewStG, Loseblatt-Kommentar, 5 Bände, hrsg. von Heuermann und Brandis
BMF	Bundesminister der Finanzen
BMJV	Bundesminister der Justiz und für Verbraucherschutz
BörsG	Börsengesetz
BörsZulVO	Verordnung über die Zulassung von Wertpapieren zur amtlichen Notierung an einer Wertpapierbörse vom 9.9.1998

Literatur- und Abkürzungsverzeichnis

Boetius Versicherungs-
technische Rück-
stellungen-HdB .... Boetius, Handbuch der versicherungstechnischen Rückstellungen, 1996

Bonner HdR/
Bearbeiter .... s. Hofbauer/Kupsch

BRat .... Bundesrat

BR-Drs. .... Drucksachen des Deutschen Bundesrates

BRD .... Bundesrepublik Deutschland

BReg. .... Bundesregierung

BStBl. .... Bundessteuerblatt

BT .... Besonderer Teil

BT-Drs. .... Drucksachen des Deutschen Bundestages

Buchst. .... Buchstabe

Busse von Colbe/
Ordelheide/Gebhardt/
Pellens Konzern-
abschlüsse .... Busse von Colbe/Ordelheide/Gebhardt/Pellens, Konzernabschlüsse, Rechnungslegung für Konzerne nach betriebswirtschaftlichen und aktienrechtlichen Grundsätzen, 9. Aufl. 2009

Busse von Colbe/
Ordelheide Konzern-
abschlüsse .... Busse von Colbe/Ordelheide, Konzernabschlüsse, Lehrbuch, 11. Aufl. 2010

BWKOB/Bearbeiter .. Baetge/Wollmert/Kirsch/Oser/Bischof, Rechnungslegung nach IFRS. Kommentar auf der Grundlage des deutschen Bilanzrechts, Loseblatt

bzw. .... beziehungsweise

ca. .... circa

CSDR .... Verordnung (EU) Nr. 909/2014 des Europäischen Parlaments und des Rates vom 23. Juli 2014 zur Verbesserung der Wertpapierlieferungen und -abrechnungen in der Europäischen Union und über Zentralverwahrer sowie zur Änderung der Richtlinien 98/26/EG und 2014/65/EU und der Verordnung (EU) Nr. 236/2012 (ABl. 2014 L 257, 1, ber. 2016 L 349, 5), geändert durch Art. 3 ÄndVO (EU) 2016/1033 vom 23.6.2016 (ABl. 2016 L 175, 1)

CSR-RL .... Richtlinie 2014/95/EU des Europäischen Parlaments und des Rates vom 22. Oktober 2014 zur Änderung der Richtlinie 2013/34/EU im Hinblick auf die Angabe nichtfinanzieller und die Diversität betreffender Informationen durch bestimmte große Unternehmen und Gruppen vom 22.10.2014 (ABl. 2014 L 330, 1)

CSRRLUmsG .... Gesetz zur Stärkung der nichtfinanziellen Berichterstattung der Unternehmen in ihren Lage- und Konzernlageberichten – CSR-Richtlinie-Umsetzungsgesetz vom 11. April 2017 (BGBl. 2017 I 802)

DAX .... Deutscher Aktenindex

DB .... Der Betrieb (Zeitschrift)

DBW .... Die Betriebswirtschaft (Zeitschrift)

DCF .... Discounted Cash Flow

DCGK .... Deutscher Corporate Governance Kodex

DeckRV .... Verordnung über Rechnungsgrundlagen für die Deckungsrückstellungen (Deckungsrückstellungsverordnung) vom 18. April 2016, zuletzt geändert durch Art. 1 Dritte VO zur

Literatur- und Abkürzungsverzeichnis

Literatur- und Abkürzungsverzeichnis

EU	Europäische Union; Einzelunternehmen(r)
EU-APrVO	Verordnung (EU) 537/2014 des Europäischen Parlaments und des Rates vom 16. April 2014 über spezifische Anforderungen an die Abschlussprüfung bei Unternehmen von öffentlichem Interesse zur Aufhebung des Beschlusses 2005/909/EG der Kommission – EU-Abschlussprüfungsverordnung (ABl. 2014 L 158, 77, bcr. ABl. 2014 L 170, 66)
EuGH	Europäischer Gerichtshof
EU-ProspektVO	Verordnung (EU) 2017/1129 des Europäischen Parlaments und des Rates vom 14. Juni 2017 über den Prospekt, der beim öffentlichen Angebot von Wertpapieren oder bei deren Zulassung zum Handel an einem geregelten Markt zu veröffentlichen ist und zur Aufhebung der Richtlinie 2003/71/EG (ABl. 2017 L 168, 12)
EuR	Europarecht
Eurex	European Exchange
e. V.	eingetragener Verein
evtl.	eventuell
EWG	Europäische Wirtschaftsgemeinschaft
EWiR	Entscheidungen zum Wirtschaftsrecht
EWIV	Europäische Wirtschaftliche Interessenvereinigung
EWR	Europäischer Wirtschaftsraum
EZB	Europäische Zentralbank
f., ff.	folgende (Singular, Plural)
FAIT	Fachausschuss für Informationstechnologie des Instituts der Wirtschaftsprüfer
FAMA	Fachausschuß für moderne Abrechnungssysteme des Instituts der Wirtschaftsprüfer e. V.
FASB	Financial Accounting Standards Board
Fifo	First in – first out
FK-KapAnlR/ Bearbeiter	Moritz/Jesch/Klebeck/Helios, Frankfurter Kommentar zum Kapitalanlagerecht, 2017 (Bd. 1: KAGB, 2016; Bd. 2: InvStG, 2015; Bd. 3: Recht der Assetklassen, 2017)
Fn.	Fußnote
FN	Fachnachrichten des Instituts der Wirschaftsprüfer in Deutschland e. V.
FS	Festschrift
FWB	Frankfurter Wertpapierbörse
G	Gesetz
GAAP	Generally Accepted Accounting Principles
GBl.	Gesetzblatt
Gelhausen/Fey/ Kämpfer Rechnungslegung	Gelhausen/Fey/Kämpfer, Rechnungslegung und Prüfung nach dem Bilanzrechtsmodernisierungsgesetz, 2009
gem.	gemäß
GenG	Genossenschaftsgesetz
Ges.; ges.	Gesetz; gesetzlich
GesRZ	Der Gesellschafter (österreichische Zeitschrift)
GG	Grundgesetz
ggf.	gegebenenfalls
GHEK/Bearbeiter	Geßler/Hefermehl/Eckardt/Kropff, Aktiengesetz, Kommentar, 1973–1994
GK	Gemeinschaftskommentar

Literatur- und Abkürzungsverzeichnis

Literatur- und Abkürzungsverzeichnis

iA	im Allgemeinen
IAS	International Accounting Standard
IASB	International Accounting Standards Board
IASC	International Accounting Standards Commitee
idF (v.)	in der Fassung (vom)
idR	in der Regel
idS	in diesem Sinne
IDW	Institut der Wirtschaftsprüfer in Deutschland e. V.
IDW Assurance-WPH Kap.	Institut der Wirtschaftsprüfer – IDW, Assurance (WPH Edition)
IDW EPS	Entwurf eines Prüfungsstandards des IDW
IDW-FN	IDW-Fachnachrichten
IDW IVFA FAQ	Fragen zur Rechnungslegung, Bewertung und Prüfung herausgegeben vom IDW IVFA (Stand 26.4.2016)
IDW PH	IDW Prüfungshinweise
IDW PS	IDW Prüfungsstandards
IDW RH	Regelungshinweise des IDW
IDW RS	Stellungnahme zur Rechnungsregelung des IDW
IDW Versicherungs-unternehmen-WPH	IDW Versicherungsunternehmen. Rechnungslegung und Prüfung in der Versicherungswirtschaft (WPH Edition), 2018
iE	im Einzelnen
iErg	im Ergebnis
ieS	im engeren Sinne
IFAC	International Federation of Accountants
IFRIC	International Financial Reporting Interpretations Committee
IFRS	International Financial Reporting Standards
insbes.	insbesondere
InsO	Insolvenzordnung
InvAG	Investmentaktiengesellschaft
InvGes	Investmentgesellschaft
InvKG	Investmentkommanditgesellschaft
iSd	im Sinne des
iSv	im Sinne von
IT	Informationstechnologie
IVFA	Investmentfachausschuss des IDW
iVm	in Verbindung mit
iwS	im weiteren Sinne
JA	Jahresabschluss
Jg.	Jahrgang
jur.	juristisch
KAGB	Kapitalanlagegesetzbuch
Kap.	Kapitel
KapAEG	Gesetz zur Verbesserung der Wettbewerbsfähigkeit deutscher Konzerne an Kapitalmärkten und zur Erleichterung der Aufnahme von Gesellschafterdarlehen (Kapitalaufnahmeerleichterungsgesetz)
KapCoRiLiG	Gesetz zur Durchführung der Richtlinie des Rates der Europäischen Union zur Änderung der Bilanz- und der Konzernbilanzrichtlinie hinsichtlich ihres Anwendungsbereichs (90/605/EWG), zur Verbesserung der Offenlegung von Jahresabschlüssen und zur Änderung anderer handelsrechtlicher Bestimmungen (Kapitalgesellschaften- und Co.-Richtlinie-Gesetz)

Literatur- und Abkürzungsverzeichnis

Literatur- und Abkürzungsverzeichnis

Literatur- und Abkürzungsverzeichnis

Nachw.	Nachweis
NJW	Neue Juristische Wochenschrift
Nr.	Nummer(n)
NWB Kommentar Bilanzierung/ Bearbeiter	Hoffmann/Lüdenbach, NWB Kommentar Bilanzierung, 9. Aufl. 2018
NZG	Neue Zeitschrift für Gesellschaftsrecht
o.	oben
o a	oben angegeben
oÄ	oder ähnliches
og	oben genannt
OHG	Offene Handelsgesellschaft
oJ	ohne Jahrgang
OLG	Oberlandesgericht
OTC	Over the counter
OTC-VO	Verordnung (EU) Nr. 648/2012 des Europäischen Parlaments und des Rates vom 4. Juli 2012 über OTC-Derivate, zentrale Gegenparteien und Transaktionsregister (ABl. 2012 L 201, 1), zuletzt geändert durch Art. 42 ÄndVO (EU) 2017/2402 vom 12.12.2017 (ABl. 2017 L 347, 35)
oV	ohne Verfasser
Par.	Paragraph
PartG	Parteiengesetz
PartGG	Gesetz über Partnerschaftsgesellschaften
Pellens/Fülbier/Gassen/ Sellhorn	Internationale Rechnungslegung Pellens/Fülbier/Gassen/ Sellhorn, Internationale Rechnungslegung, 10. Aufl. 2017
PersGes	Personengesellschaft
Petersen/Zwirner Konzernrechnungslegung	Petersen/Zwirner, Konzernrechnungslegung, Kommentar, 2009
Petersen/Zwirner BilanzR-HdB	Petersen/Zwirner, Handbuch Bilanzrecht, 2. Aufl. 2018
PFDeckRV	Pensionsfonds-Deckungsrückstellungs-Verordnung
Pöhlmann/Fandrich/ Bloehs/Bearbeiter	Pöhlmann/Fandrich/Bloehs, Genossenschaftsgesetz: GenG, 4. Aufl. 2012
Pos.	Position
Praxiskommentar BilanzR/Bearbeiter	Petersen/Zwirner/Brösel, Systematischer Praxiskommentar Bilanzrecht, 3. Aufl. 2016
PrüfbV	Verordnung über die Prüfung der Jahresabschlüsse der Kreditinstitute und Finanzdienstleistungsinstitute sowie über die darüber zu erstellenden Berichte (Prüfungsberichtsverordnung)
PS	Prüfungsstandard
P/StK	Pensions- und Sterbekassen
PublG	Gesetz über die Rechnungslegung von bestimmten Unternehmen und Konzernen (Publizitätsgesetz)
RAP	Rechnungsabgrenzungsposten
RdF	Recht der Finanzinstrumente (Zeitschrift)
RdSchr.	Rundschreiben

Literatur- und Abkürzungsverzeichnis

RechKredV	Verordnung über die Rechnungslegung der Kreditinstitute und Finanzdienstleistungsinstitute (Kreditinstituts-Rechnungslegungsverordnung)
RefE	Referentenentwurf
RegBegr.	Regierungsbegründung
RegE	Regierungsentwurf
RfB	Rückstellung für Beitragsrückerstattung
RL	Richtlinie
Rn.	Randnummer
Rowedder/Schmidt-Leithoff/Bearbeiter	Rowedder/Schmidt-Leithoff, Kommentar zum GmbH-Gesetz, 6. Aufl. 2017
RS	Rechnungslegungsstandard
Rspr.	Rechtsprechung
Russ/Janßen/Götze/Bearbeiter BilRUG	Russ/Janßen/Götze, BilRUG – Auswirkungen auf das deutsche Bilanzrecht, Kommentar, 2015
RVU	Rückversicherungsunternehmen
S.; s.	Seite; Satz; siehe
SAG	Sanierungs- und Abwicklungsgesetz
Scharpf/Schaber Bankbilanz-HdB	Scharpf/Schaber, Handbuch Bankbilanz, 7. Aufl. 2018
Schmidt/Bearbeiter	L. Schmidt, Einkommensteuergesetz, Kommentar, 37. Aufl. 2018
Schmitt/Hörtnagl/Stratz/Bearbeiter	Schmitt/Hörtnagl/Stratz, UmwG UmwStG, 8. Aufl. 2018
Schüppen	Schüppen, Abschlussprüfung. Spezialkommentar zu den §§ 316–324a HGB, Art. 4–7, 11, 12, 16–18 EU-APrVO, 2017
SchVU	Schadenversicherungsunternehmen
SG	Schmalenbach – Gesellschaft für Betriebswirtschaft e. V.
sog.	so genannt
Sp.	Spalte
ST	Der Schweizer Treuhänder (Zeitschrift)
Staub/Bearbeiter	Canaris/Habersack/Schäfer, Handelsgesetzbuch, Großkommentar, begr. von Staub, 15 Bände, 5. Aufl. 1983 ff.
Staudinger/Bearbeiter	Staudinger, Kommentar zum Bürgerlichen Gesetzbuch
Stb.	Staatsblad van het Koninkrijk der Nederlanden
StB	Steuerberater
StbJb.	Steuerberater-Jahrbuch
StGB	Strafgesetzbuch
St/HFA	Stellungnahme des Hauptfachausschusses des Instituts der Wirtschaftsprüfer
Stichw.	Stichwort
str.	strittig
stRspr	ständige Rechtsprechung
St/SABl	Stellungnahme des Sonderausschusses Bilanzrichtlinien-Gesetz des Instituts der Wirtschaftsprüfer
StuB	Steuer- und Bilanzpraxis (Zeitschrift)
su	siehe unten
SV	Sondervermögen
TUG	Transparenzrichtlinie-Umsetzungsgesetz
u.	und; unten; unter
ua	unter anderem

Literatur- und Abkürzungsverzeichnis

Literatur- und Abkürzungsverzeichnis

Handelsgesetzbuch

Vom 10. Mai 1897 (RGBl. 1897, 219),
zuletzt geändert durch Art. 8 Abs. 4 Gesetz zur weiteren Ausführung
der EU-ProspektVO und zur Änderung von Finanzmarktgesetzen
vom 8.7.2019 (BGBl. 2019 I 1002)

Drittes Buch. Handelsbücher

Erster Abschnitt. Vorschriften für alle Kaufleute

Erster Unterabschnitt. Buchführung. Inventar

§ 238 Buchführungspflicht

(1) [1]Jeder Kaufmann ist verpflichtet, Bücher zu führen und in diesen seine Handelsgeschäfte und die Lage seines Vermögens nach den Grundsätzen ordnungsmäßiger Buchführung ersichtlich zu machen. [2]Die Buchführung muß so beschaffen sein, daß sie einem sachverständigen Dritten innerhalb angemessener Zeit einen Überblick über die Geschäftsvorfälle und über die Lage des Unternehmens vermitteln kann. [3]Die Geschäftsvorfälle müssen sich in ihrer Entstehung und Abwicklung verfolgen lassen.

(2) Der Kaufmann ist verpflichtet, eine mit der Urschrift übereinstimmende Wiedergabe der abgesandten Handelsbriefe (Kopie, Abdruck, Abschrift oder sonstige Wiedergabe des Wortlauts auf einem Schrift-, Bild- oder anderen Datenträger) zurückzubehalten.

Schrifttum: (ohne die Einzelbeiträge in den verschiedenen Handbüchern der Rechnungslegung) *Böcking/Dutzi*, Die Rechnungslegung der Freien und Hansestadt Hamburg – Eine Analyse aus betriebswirtschaftlicher Sicht, Der Konzern 2008, 415; Freie und Hansestadt Hamburg, Geschäftsbericht 2017, abrufbar unter https://www.hamburg.de/contentblob/11593270/96d54dbec6bc36ccee516ce1bda86e68/data/geschaeftsbericht-2017.pdf; *IDW*, ERS ÖFA 1, Rechnungslegung der öffentlichen Verwaltung nach den Grundsätzen der doppelten Buchführung, WPg 2001, 1405; *IDW*, RS HFA 5, Rechnungslegung von Stiftungen, WPg Supplement 1/2014, 117; *IDW*, RS HFA 12, Rechnungslegung von politischen Parteien, IDW Life 2017, 252; *IDW*, RS HFA 14, Rechnungslegung von Vereinen, WPg Supplement 1/2014, 131; *KPMG*, Doppik schlägt Kameralistik – Fragen und Antworten zum doppischen Haushalts- und Rechnungswesens, 5. Aufl. 2008; Land Hessen, Geschäftsbericht 2017, abrufbar unter https://finanzen.hessen.de/sites/default/files/media/hmdf/geschaeftsbericht_2017.pdf.

Übersicht

I. Allgemeine Grundsätze

1   § 238 normiert in Abs. 1 S. 1 die **handelsrechtliche Buchführungspflicht.** Diese ist **öffentlich-rechtlich** ausgestaltet und formuliert die allgemeinen Anforderungen, die an eine ordnungsmäßige Buchführung gestellt werden.

2   Abs. 1 S. 2 und 3 entsprechen § 145 Abs. 1 AO. Es muss gewährleistet sein, dass sich ein **sachverständiger Dritter** innerhalb einer angemessenen Zeit über die Geschäftsvorfälle und die Lage des Unternehmens umfassend informieren kann.[1] Ausgehend von den Grundsätzen ordnungsmäßiger Dokumentation erfordert dies die Beachtung des **Belegprinzips,** der zeitnahen und geordneten Erfassung der Geschäftsvorfälle, der Zugriffsmöglichkeit und Lesbarmachung der Aufzeichnungen sowie der Einhaltung der Aufbewahrungsvorschriften.[2] Zu den steuerlichen Buchführungspflichten → Rn. 27. Aus anderen Gesetzen ergeben sich uU zusätzliche Aufzeichnungspflichten, zB ergänzende und abweichende Regelungen für die Rechtsformen.[3] Bei **Anwendung der IFRS** ergeben sich grundsätzlich keine zusätzlichen Anforderungen an die Buchführungspflicht und Buchhaltungsform, da die IFRS selbst keine konkreten Anforderungen an selbige enthalten.[4]

3   Obwohl in § 298 Abs. 1 der § 238 nicht explizit erwähnt wird, gelten die Aufzeichnungspflichten auch für die zur **Erstellung des Konzernabschlusses** notwendigen Daten. Die Nachvollziehbarkeit für einen sachverständigen Dritten ist ua aufgrund der Prüfungspflicht für den Konzernabschluss notwendig.[5]

4   In Abs. 2 wird die spezifische Dokumentationspflicht über die Zurückbehaltung von **Kopien abgesandter Handelsbriefe** geregelt.[6] Dieser Bestimmung kommt wegen der in Abs. 1 normierten GoB nur noch klarstellende Bedeutung zu.

II. Persönlicher Anwendungsbereich (Abs. 1)

5   Die handelsrechtliche Verpflichtung zur Buchführung nach § 238 ist an die **Kaufmannseigenschaft** geknüpft. Zu den Kaufleuten iSd Abs. 1 gehören solche, deren Tätigkeit nach § 1 Abs. 2, § 5 oder § 6 als Handelsgewerbe gilt. Als Handelsgewerbe gilt nach § 1 Abs. 2 jeder Gewerbebetrieb, es sei denn, dass das Unternehmen nach Art oder Umfang einen in kaufmännischer Weise eingerichteten Geschäftsbetrieb nicht erfordert. Ein Handelsgewerbe betreibt, wer sich selbstständig nachhaltig mit Gewinnerzielungsabsicht am allgemeinen wirtschaftlichen Verkehr beteiligt, sofern die

---

[1] BeBiKo/*Winkeljohann/Lewe* Rn. 1.
[2] BeBiKo/*Winkeljohann/Lewe* Rn. 2; MüKoHGB/*Ballwieser* Rn. 39 f.
[3] *ADS* Rn. 64–66.
[4] MüKoHGB/*Ballwieser* Rn. 42.
[5] *ADS* Rn. 54–57.
[6] MüKoHGB/*Ballwieser* Rn. 41

Betätigung nicht in Ausübung eines freien Berufs oder der Land- und Forstwirtschaft geschieht.[7]

Von der Buchführungspflicht werden vorrangig die ein Handelsgewerbe **6** iSv § 1 Abs. 2 betreibenden **Istkaufleute** sowie **Formkaufleute,** daneben aber auch die **Kannkaufleute** (§ 2, § 3 Abs. 2) erfasst.[8] Scheinkaufleute (§ 5) sind, unberührt einer eventuellen Handelsregistereintragung, nicht buchführungspflichtig.[9] **Einzelkaufleute** sind nach § 241a von der Buchführungspflicht befreit, sofern sie an den Abschlussstichtagen von zwei aufeinanderfolgenden Geschäftsjahren nicht mehr als jeweils 600.000 Euro Umsatzerlöse und jeweils 60.000 Euro Jahresüberschuss aufweisen.[10] Im Fall der Neugründung tritt die Befreiung von der Buchführungspflicht schon ein, wenn diese Werte am ersten Abschlussstichtag nach der Neugründung nicht überschritten werden (hierzu auch Erl. zu → § 241a Rn. 3, 7).

Für die Anwendung des § 238 kommt es auf die tatsächliche Kaufmanns- **7** eigenschaft an. Folglich unterstehen auch **Handelsgesellschaften** nach § 6 als Formkaufleute dem Anwendungsbereich des § 238.[11] Dazu zählen unabhängig davon, ob ein Handelsgewerbe betrieben wird, Kapitalgesellschaften, wie zB **AG** (§ 3 AktG), **KGaA** (§§ 3, 278 Abs. 3 AktG), **GmbH** (§ 13 Abs. 3 GmbHG), die Unternehmergesellschaft (haftungsbeschränkt) (§ 5a GmbHG) sowie die Personenhandelsgesellschaften **OHG** und **KG** (§ 6 Abs. 1).[12] Ferner unterliegt auch eine **Societas Europaea** (nachfolgend „SE" genannt) gem. Art. 9 Abs. 1 lit. c SE-Verordnung[13] den Rechnungslegungsvorschriften, die für AG des jeweiligen Sitzstaates gelten.[14] Keine Handelsgesellschaft ist hingegen die GbR.[15] Erfüllt diese die Voraussetzungen des § 1, wird sie kraft Gesetz zur OHG.[16]

Da die Europäische Wirtschaftliche Interessenvereinigung **(EWIV)** nach **8** § 1 EWIVAG als Handelsgesellschaft iSd HGB gilt, besteht für sie die Buchführungspflicht auch dann, wenn ihre Mitglieder **Freiberufler** sind.[17] Ebenfalls gelten **eG** als Kaufleute (§ 17 Abs. 2 GenG).[18] Für **VVaG** ergibt sich die Buchführungspflicht aus § 172 VAG. Angehörige freier Berufe können eine Partnerschaftsgesellschaft nach PartGG bilden. Eine Partnerschaftsgesellschaft übt gem. § 1 Abs. 1 S. 2 PartGG kein Handelsgewerbe aus. Entsprechendes gilt für die Partnerschaft mit beschränkter Berufshaftung (PartGmbB).[19]

Wirtschaftsbetriebe der öffentlichen Hand unterliegen, wenn sie in **9** der Rechtsform einer **AG** oder **GmbH** organisiert sind, nach § 6 Abs. 1 als Formkaufleute der Buchführungspflicht. Im Übrigen kommt es auf die

---

[7] BGH Urt. v. 7.7.1960 – VIII ZR 215/59, BGHZ 33, 321 = NJW 1961, 725; zu den einzelnen Begriffselementen vgl. BeBiKo/*Winkeljohann/Lewe* Rn. 6–41.

[8] HdR/*Pfitzer/Oser* Rn. 4; MüKoBilanzR/*Graf* Rn. 4.

[9] Baumbach/Hopt/*Merkt* Rn. 8; *ADS* Rn. 4.

[10] BeBiKo/*Winkeljohann/Lewe* Rn. 64.

[11] KKRD/*Morck/Drüen* Rn. 1.

[12] BeBiKo/*Winkeljohann/Lewe* Rn. 28 f.; MüKoBilanzR/*Graf* Rn. 6.

[13] Verordnung (EG) Nr. 2157/2001 des Rates v. 8.10.2001 über das Statut der Europäischen Gesellschaft (SE), ABl. 2001 L 294, 1, zuletzt geändert durch Art. 1 Abs. 1 Buchst. c ÄndVO (EU) 517/2013 v. 13.5.2013, ABl. 2013 L 158, 1.

[14] BeBiKo/*Winkeljohann/Lewe* Rn. 29; MüKoBilanzR/*Graf* Rn. 6.

[15] MüKoHGB/*Ballwieser* Rn. 8.

[16] MüKoBilanzR/*Graf* Rn. 7.

[17] BeBiKo/*Winkeljohann/Lewe* Rn. 29.

[18] MüKoBilanzR/*Graf* Rn. 7.

[19] BeBiKo/*Winkeljohann/Lewe* Rn. 29.

Erfüllung der Voraussetzungen des § 1 an.[20] Praxisrelevant sind dabei **Stiftungen**[21] (§ 80 BGB) und **Vereine,** deren Zweck auf einen **wirtschaftlichen Geschäftsbetrieb** gerichtet ist (§ 22 BGB). Betreibt ein **nichtwirtschaftlicher Verein** (§ 21 BGB) zusätzlich ein Handelsgewerbe, das nach Art und Umfang einen in kaufmännischer Weise eingerichteten Geschäftsbetrieb erfordert, besteht für diesen kaufmännischen Betrieb Buchführungspflicht.[22] Gleiches gilt auch für **politische Parteien,** soweit das PartG nichts anderes vorschreibt (§ 24 Abs. 2 PartG).[23] Auch **nicht rechtsfähige Vereine,** die einen wirtschaftlichen Geschäftsbetrieb betreiben, können handelsrechtlich buchführungspflichtig sein.[24]

10   § 238 gilt auch für **inländische Zweigniederlassungen** von ausländischen Kaufleuten, Personengesellschaften oder juristischen Personen mit Kaufmannseigenschaft.[25] Minderjährige, die ein Handelsgeschäft ohne Zustimmung des gesetzlichen Vertreters (§ 112 BGB) betreiben, sind nicht buchführungspflichtig.

11   Die Buchführungspflicht obliegt bei Einzelunternehmen dem **Einzelkaufmann** (zu den Befreiungsmöglichkeiten vgl. Erl. zu § 241a). Bei Personenhandelsgesellschaften (OHG, KG) trifft diese Pflicht alle **voll haftenden** – nicht nur die geschäftsführenden – **Gesellschafter.**[26] Innerhalb einer **EWIV** sind sämtliche **Geschäftsführer** verantwortlich (§ 6 EWIVAG). Bei **AG** oder **eG** trifft die Buchführungspflicht alle **Vorstandsmitglieder** (§ 91 Abs. 1 AktG, § 33 Abs. 1 GenG),[27] bei der **KGaA** alle **persönlich haftenden Gesellschafter** (§ 283 Nr. 9 AktG) und bei der **GmbH** sämtliche **Geschäftsführer** (§ 41 GmbHG).[28]

12   Sonstige Buchführungspflichten können aus Gesetz oder Vertrag entstehen: **Beauftragte** (§§ 662, 666 BGB), **Geschäftsbesorger** (§ 675 Abs. 1 BGB), **geschäftsführende Gesellschafter** (§ 713 BGB), **Geschäftsführer ohne Auftrag** (§§ 666, 677, 681 BGB), **Vormünder** (§§ 1840 ff. BGB), **Nachlassverwalter** (§ 1985 BGB), **Betreuer** (§ 1901 BGB), **Testamentsvollstrecker** (§§ 2215, 2218 BGB).[29] Für die Dauer der Liquidation obliegt die Buchführungspflicht dem **Insolvenzverwalter.**[30]

III. Zu führende Handelsbücher

13   Gesetzliche Vorgaben, welche Bücher zu führen sind, bestehen nicht. Üblicherweise wird zwischen **Grund-, Haupt- und Nebenbüchern** unterschieden. Dabei ist der Begriff „Bücher" unabhängig von der äußeren Form zu sehen, sodass auch **EDV-Datenträger** unter den Handelsbuchbegriff fallen.

---

[20] WP-HdB I 2012, Kap. L Rn. 5; BeBiKo/*Winkeljohann/Lewe* Rn. 40, 48, 51.
[21] *IDW* RS HFA 5 Rn. 4 f.
[22] *IDW* RS HFA 14 Rn. 2, 8.
[23] Vgl. zur Rechnungslegung von politischen Parteien *IDW* RS HFA 12.
[24] *IDW* RS HFA 14 Rn. 3.
[25] HdR/*Pfitzer/Oser* Rn. 5; BeBiKo/*Winkeljohann/Lewe* Rn. 46.
[26] BeBiKo/*Winkeljohann/Lewe* Rn. 57; Baumbach/Hopt/*Merkt* Rn. 9; aA MüKoBilanzR/*Graf* Rn. 35.
[27] MüKoBilanzR/*Graf* Rn. 33.
[28] Baumbach/Hopt/*Merkt* Rn. 9.
[29] *Winnefeld* Bilanz-HdB A II Rn. 32.
[30] Baumbach/Hopt/*Merkt* Rn. 9.

In **Grundbüchern** werden Geschäftsvorfälle chronologisch dokumentiert. 14
Die Anzahl der Grundbücher hängt vom Umfang und der Organisation des
Geschäftsbetriebs ab. Es können zB ein Kassenbuch, ein Wareneingangs-
sowie Warenausgangsbuch sowie Bankbuch geführt werden. IdR sind dabei
Angaben über Datum, Vorgang, Beleghinweis, Konto und Gegenkonto sowie
Betrag vorzunehmen.

Das **Hauptbuch** dient der systematischen Ordnung der Geschäftsvorfälle. 15
Um dieser in sachlicher Hinsicht gerecht zu werden, orientiert man sich
anhand des Kontenplans. In bestimmten Zeitabständen werden die Geschäftsvorfälle vom Grund- ins Hauptbuch übertragen.

In **Nebenbüchern** (Hilfsbüchern) werden bestimmte Teilbereiche geson- 16
dert erfasst und von dort summenweise in das Hauptbuch übertragen. Die
Nebenbücher haben die vorrangige Aufgabe, die Aussagefähigkeit der Haupt-
bücher in Bezug auf bestimmte Einzelinformationen zu erweitern, ohne
gleichzeitig deren Klarheit und Übersichtlichkeit zu gefährden. Die wichtigsten Nebenbücher sind die Kontokorrent-, Wechsel-, Kassen-, Anlagen-,
Lager-, Lohn- und Gehaltsbuchhaltungen.

IV. Buchführungspflicht

1. Beginn der Buchführungspflicht. Die in den §§ 238 ff. normierte 17
Buchführungspflicht beginnt mit dem ersten buchungspflichtigen Geschäftsvorfall nach der **Aufnahme des Handelsgewerbes** durch den Kaufmann.[31]
Fallen die Aufnahme des Handelsgewerbes und das Entstehen der Kaufmannseigenschaft zeitlich auseinander, sind Besonderheiten zu beachten: Für
den **Kannkaufmann** beginnt die Buchführungsverpflichtung mit der **Handelsregistereintragung** (Wahlrecht).[32] Bei **Formkaufleuten** liegt die Verpflichtung nach hM – ohne Rücksicht auf die Eintragung – im Zeitpunkt der
Gründung der Gesellschaft vor.[33] Die **Vorgründungsgesellschaft** einer
Kapitalgesellschaft ist OHG oder GbR und unterliegt entsprechend den
Buchführungspflichten. Die **Vorgesellschaft** ist zwar nicht Kapitalgesellschaft, auf sie ist jedoch das Recht der späteren Gesellschaft anzuwenden,
außer wenn in Ausnahmefällen unterlassen wird, die späteren Organe zu
bestellen.[34]

2. Ende der Buchführungspflicht. Die Buchführungspflicht endet mit 18
der Kaufmannseigenschaft. Diese endet beim **Istkaufmann,** wenn Art und
Umfang des Unternehmens einen in kaufmännischer Weise eingerichteten
Geschäftsbetrieb nicht mehr erfordern und die Handelsregistereintragung gelöscht ist.[35]

Beim eingetragenen **Kleingewerbetreibenden** sowie beim **Kannkauf-** 19
mann ist allein die **Löschung im Handelsregister** maßgeblich für die
Beendigung der Kaufmannseigenschaft.[36] Auch wenn die handelsrechtlichen
Buchführungspflichten entfallen, können weiterhin steuerliche Buchführungspflichten bestehen (→ Rn. 27).

---

[31] Baumbach/Hopt/*Merkt* Rn. 17; *ADS* Rn. 21 f.
[32] BeBiKo/*Winkeljohann/Lewe* Rn. 71.
[33] Baumbach/Hopt/*Merkt* Rn. 17.
[34] *ADS* Rn. 17.
[35] BeBiKo/*Winkeljohann/Lewe* Rn. 79.
[36] BeBiKo/*Winkeljohann/Lewe* Rn. 79.

20   Bei **Personengesellschaften** und **Formkaufleuten** endet die Buchführungspflicht mit Beendigung der **Abwicklung**. Wird die Gesellschaft vor dem Ende der Abwicklung im Handelsregister gelöscht, so hebt das die Buchführungspflicht nicht auf.[37] Bei **unrechtmäßiger Handelsregisterlöschung** endet die Buchführungspflicht – außer bei Kannkaufleuten – nicht.[38]

21   **3. Inhalt der Buchführungspflicht.** Buchführung ist die laufende, systematische und in Geldgrößen vorgenommene Dokumentation von Geschäftsvorfällen in einem kaufmännischen Unternehmen. **Geschäftsvorfälle** bewirken eine Veränderung des kaufmännischen Vermögens in Höhe und/oder Struktur. Wann eine Änderung des kaufmännischen Vermögens eingetreten ist, bestimmen im Wesentlichen die materiellen GoB (Realisationsprinzip, Vorsichtsprinzip, wirtschaftliches Eigentum). Dabei darf keine Buchung ohne Beleg vorgenommen werden **(Belegprinzip)**.[39]

22   **a) Buchführungssystem.** Ein bestimmtes Buchführungssystem wird durch § 238 nicht vorgeschrieben. Der Kaufmann kann daher unter Beachtung der Vorschriften von § 239 und der GoB frei zwischen der **einfachen, doppelten** oder **kameralistischen Buchführung** wählen und sich dabei an den spezifischen Anforderungen seines Unternehmens ausrichten.[40]

23   Die **doppelte Buchführung** ist in besonderer Weise geeignet, den Anforderungen eines Unternehmens gerecht zu werden, da die geschlossene Systematik des zugrunde liegenden Buchungsformalismus in Bezug auf die **Beweiskraft** den **anderen Systemen überlegen** ist.[41] Die Bezeichnung „doppelte" Buchführung ergibt sich aus mehreren Wesensarten dieses Buchführungssystems.

– Der Erfolg einer Periode wird doppelt ermittelt, da Buchungen auf Bestands- und auf Erfolgskonten stattfinden. Der Jahresabschluss entsteht, indem die Erfolgskonten in die GuV und die Bestandskonten in die Bilanz abgeschlossen werden. Die GuV wird als Unterkonto des Eigenkapitals in die Bilanz abgeschlossen. Daher kann der Erfolg sowohl durch den Vermögensvergleich aus der Bilanz als auch aus dem Vergleich von Aufwendungen und Erträgen aus der GuV abgeleitet werden.
– Jeder Geschäftsvorfall wird auf zwei Konten gebucht, und zwar einmal im Soll und einmal im Haben jeweils der gleiche Betrag.
– Jeder Geschäftsvorfall wird in zwei verschiedenen Büchern, nämlich dem Grundbuch und dem Hauptbuch aufgezeichnet. Differenzierungen ergeben sich, wenn Nebenbücher geführt werden (→ Rn. 16).[42]

24   In der **einfachen Buchführung** werden nur Bestandskonten geführt, eine Ableitung der GuV ist bei umfangreichem Geschäftsbetrieb nur mit Hilfe von Nebenrechnungen möglich. Daher ist diese Form der Buchführung nur für Unternehmen mit **geringem Geschäftsaufkommen** (insbesondere zB echte Komplementär-GmbH, kleinere Handwerksbetriebe) geeignet. Der Erfolg ist nur mit Hilfe der Bilanz als Vermögensvergleich ermittelbar. Im System der

---

[37] Baumbach/Hopt/*Merkt* Rn. 18.
[38] BeBiKo/*Winkeljohann/Lewe* Rn. 80 f.
[39] BeBiKo/*Winkeljohann/Lewe* Rn. 90–92, 95, 128–130.
[40] BeBiKo/*Winkeljohann/Lewe* Rn. 118; zum Diskussionsstand über die zwingende Verpflichtung zur doppelten Buchführung vgl. HdR/*Pfitzer/Oser* Rn. 11.
[41] HdR/*Pfitzer/Oser* Rn. 11.
[42] BeckHdR/*Gehringer* A 120 Rn. 5.

einfachen Buchhaltung werden ein oder mehrere **Grundbücher** geführt, in denen die Geschäftsvorfälle zeitfolgegemäß aufgeführt werden (Kassenbuch für bare Geschäftsvorfälle, Bankbuch für alle die Bankkonten berührenden Geschäftsvorfälle, Journal für alle Kreditgeschäfte). Im **Hauptbuch** mit Personenkonten für den Kreditverkehr mit Kunden und Lieferanten werden Geschäftsvorfälle eingetragen, die auch im Grundbuch erfasst sind. Im Inventar- oder Bilanzbuch sind die Inventare und Bilanzen enthalten.[43]

Die **kameralistische Buchführung** wird in der öffentlichen Verwaltung **25** eingesetzt. Ihr Ziel ist die Ermittlung des finanzwirtschaftlichen Ergebnisses. Die Verbuchung der Geschäftsvorfälle knüpft an den **Zahlungsstrom** (Kassenein- und ausgänge) an. Die Aufgabe der Kameralistik besteht darin, eine Abstimmung zwischen dem festgelegten Haushaltsplan (Gesetz) und der Haushaltsführung herbeizuführen, Abweichungen zwischen den von der Verwaltung angeordneten und den tatsächlich ausgeführten Zahlungen zu erfassen und das Ergebnis der öffentlichen Wirtschaftsführung auszuweisen.[44] Wegen der Anknüpfung der Kameralistik an die Zahlungsströme ist die Ableitung einer Bilanz und GuV nicht möglich. Durch die Reformprozesse in den öffentlichen Verwaltungen ist eine Verdrängung der Kameralistik durch die doppelte Buchführung zu beobachten.[45]

b) Buchführungsform. Die Buchführungsform bezieht sich auf die äu- **26** ßere Aufmachung der Bücher. Hauptform ist heutzutage die **EDV-Buchführung**.[46] Der **Loseblatt- oder Durchschreibebuchführung**, der **Buchführung in gebundenen Büchern** und der **Offene-Posten-Buchführung** kommen dagegen nur noch untergeordnete Bedeutung zu. Abweichend von diesen Buchführungsformen sind in der **amerikanischen Journalbuchführung** Grund- und Hauptbuch zusammengefasst in einem Buch (Journal). Das Journal stellt in den Spalten zunächst das Grundbuch und im Anschluss das Hauptbuch dar und die Geschäftsvorfälle werden chronologisch geordnet in den Zeilen aufgenommen.[47]

4. Steuerliche Buchführungspflichten. Nach § 140 AO hat der, der **27** nach anderen Gesetzen als den Steuergesetzen Bücher und Aufzeichnungen zu führen hat, die für die Besteuerung von Bedeutung sind, die Verpflichtungen, die ihm nach den anderen Gesetzen obliegen, auch für die Besteuerung zu erfüllen.[48] Unabhängig von § 140 AO besteht aber nach § 141 AO Buchführungspflicht für gewerbliche Unternehmer, deren Umsatz 600.000 Euro im Kalenderjahr oder deren Gewinn 60.000 Euro im Wirtschaftsjahr übersteigt.[49] Zu beachten sind weitere steuerliche Buchführungspflichten, wie zB die Aufzeichnung des Wareneingangs und Warenausgangs (§§ 143, 144 AO),

---

[43] BeckHdR/*Gehringer* A 120 Rn. 35–37.

[44] BeckHdR/*Gehringer* A 120 Rn. 40–48.

[45] *IDW* ERS ÖFA 1; *KPMG* Doppik schlägt Kameralistik; beispielsweise veröffentlichten das Land Hessen und die Freie und Hansestadt Hamburg Konzernabschlüsse, welche sich grundsätzlich an den handelsrechtlichen Anforderungen orientieren, vgl. hierzu *Freie und Hansestadt Hamburg* Geschäftsbericht 2017; Land Hessen Geschäftsbericht 2017; zur Einführung der Doppik in der Freien und Hansestadt Hamburg vgl. auch *Böcking/Dutzi* Der Konzern 2008, 415; ausf. zum öffentlichen Rechnungswesen vgl. BeckHdR/*Nowak/ Ranscht-Ostwald/Schmitz* B 990.

[46] Ausf. zur EDV-Buchführung *Winnefeld* Bilanz-HdB A XI Rn. 670–677.

[47] BeBiKo/*Winkeljohann/Lewe* Rn. 124 f.

[48] BeBiKo/*Winkeljohann/Lewe* Rn. 63.

[49] BeBiKo/*Winkeljohann/Lewe* Rn. 64.

umsatzsteuerliche Aufzeichnungspflichten (§ 22 UStG, §§ 63–68 UStDV),[50] Aufzeichnungen zum Lohnkonto (§ 4 LStDV) sowie erweiterte Aufzeichnungspflichten im EStG und den entsprechenden DV (zB für Sonderbetriebsvermögen).[51]

V. Grundsätze ordnungsmäßiger Buchführung

28   Den GoB kommt eine zentrale Bedeutung zu, da das HGB nur wenige Buchführungsvorschriften enthält und im Übrigen, teilweise auch explizit, auf die GoB verweist. Dabei sind **formelle GoB** (Buchführungs- und Bilanzierungstechnik) und **materielle GoB** (zB allgemeine Bilanzierungsgrundsätze, Gliederungs-, Ansatz- und Bewertungsregeln etc) zu unterscheiden. Die Rechtsnatur der GoB ist umstritten (Handelsbrauch, Gewohnheitsrecht oÄ; ausf. dazu → § 243 Rn. 6-10).

29   Die GoB sind Regeln, nach denen der Kaufmann zu verfahren hat, um zu einer dem gesetzlichen **Zweck** entsprechenden Buchführung und Bilanz zu gelangen, nicht aber Regeln, die tatsächlich eingehalten werden (ausf. dazu → § 243 Rn. 1 ff.).

VI. Sachverständiger Dritter

30   Nach Abs. 1 S. 2 muss die Buchhaltung so beschaffen sein, dass ein „sachverständiger Dritter" sich in **angemessener Zeit** einen Überblick über die Geschäftsvorfälle und die Lage des Unternehmens verschaffen kann. **Sachverständige** sind idR Buchhalter, Wirtschaftsprüfer, Angehörige der steuerberatenden Berufe und Außenprüfer.[52]

31   Von dem Umfang des Rechenwerks und dem Grad der Sachkunde des Dritten ist es abhängig, welche **Zeit** erforderlich ist, um den notwendigen Überblick zu bekommen.[53] Der Überblick muss weitestgehend anhand des Buchwerks und der Belege zügig gewonnen werden können.

VII. Verfolgbarkeit der Geschäftsvorfälle

32   Gem. Abs. 1 S. 3 müssen sich die Geschäftsvorfälle in ihrer Entstehung und Abwicklung verfolgen lassen. Damit die Buchführung diesen materiellen Erfordernissen entspricht, müssen die formellen GoB erfüllt sein.[54]

33   Die GoB bezwecken die klare, übersichtliche und nachprüfbare Darstellung des Vermögens sowie dessen Entwicklung. Die Hauptaufgabe liegt in der **Sicherung des Rechtsverkehrs** sowie dem **Anleger-, Gläubiger- und Gesellschafterschutz.** Zusätzlich wird der **Beweissicherungsfunktion** Genüge getan und der **Selbstinformation** Rechnung getragen.[55]

VIII. Wiedergabe abgesandter Handelsbriefe (Abs. 2)

34   Abs. 2 verpflichtet den Kaufmann, eine mit der Urschrift übereinstimmende Wiedergabe der abgesandten Handelsbriefe zu Dokumentationszwecken zurückzuhalten. Dies kann in Form von Kopien, Abdrucken, Abschriften oder

---

[50] *Winnefeld* Bilanz-HdB A II Rn. 156.
[51] *Winnefeld* Bilanz-HdB A II Rn. 156–158, 165–167.
[52] BeBiKo/*Winkeljohann/Lewe* Rn. 101.
[53] *ADS* Rn. 41.
[54] *ADS* Rn. 46.
[55] Zum Beweiswert vgl. Baumbach/Hopt/*Merkt* Rn. 3.

als sonstige **Wiedergabe auf Schrift-, Bild- oder Datenträgern** geschehen. Zum Begriff „Handelsbrief" und zu den Wiedergabemöglichkeiten auf Bild- und sonstigen Datenträgern vgl. Erl. zu § 257 Abs. 2, 3; → § 257, Rn. 15 f., 19–31.

Die übereinstimmende Wiedergabe iSv Abs. 2 verlangt, dass die Urschrift **35** **vollständig** wiedergegeben sein muss, da nur vollständige Abschriften Beweiswert besitzen.[56]

IX. Verletzung der Buchführungspflicht

Verstöße gegen die Buchführungspflicht können im Falle der Insolvenz **36** **strafrechtliche Konsequenzen** (§ 283 Abs. 1 Nr. 5, Abs. 2 StGB, § 283b Abs. 1 Nr. 1 StGB) ergeben. Zudem kann die unrichtige Wiedergabe oder Verschleierung der Verhältnisse einer Kapitalgesellschaft nach § 331 mit bis zu drei Jahren **Freiheitsstrafe** oder **Geldstrafe** geahndet werden und der Vorstand oder Geschäftsführer macht sich bei der Verletzung der Buchführungspflicht gemäß § 93 Abs. 2 AktG, § 43 Abs. 2 GmbHG schadensersatzpflichtig.[57] Eine allgemeine Schadensersatzpflicht nach § 823 BGB besteht bei Verletzung der Buchführungspflicht allerdings nicht. [58] Die Verletzung der Buchführungspflicht kann beim prüfungspflichtigen Unternehmen die Einschränkung oder Versagung des **Bestätigungsvermerks** nach sich ziehen.[59] Die zu führenden Handelsbücher stellen Urkunden dar, daher werden Fälschungen sowie nachträgliche nicht erkenntlich gemachte Veränderungen gemäß den §§ 267 ff. StGB geahndet.[60]

Kommt der Steuerpflichtige steuerlichen Buchführungs- und Aufzeich- **37** nungspflichten nicht nach, kann die Finanzbehörde den Beitrag des Steuerpflichtigen zur Sachverhaltsermittlung ohne Rücksicht auf ein Verschulden oder Nichtverschulden des Steuerpflichtigen erzwingen, indem sie dem Steuerpflichtigen aufgibt, Bücher und/oder Aufzeichnungen zu führen und für den Fall der Zuwiderhandlung ein **Zwangsgeld** androht und auch festsetzt.[61] Kann der Steuerpflichtige Bücher oder Aufzeichnungen, zu deren Führung er verpflichtet ist, nicht vorlegen oder sind diese unvollständig, formell oder sachlich unrichtig, so sind gem. § 162 Abs. 2 AO die Besteuerungsgrundlagen zu schätzen.[62] Parallel muss daher in solchen Fällen zusätzlich geprüft werden, ob nicht der Tatbestand einer ordnungswidrigen **Steuergefährdung** (§ 379 AO), einer leichtfertigen **Steuerverkürzung** (§ 378 AO) oder der **Steuerhinterziehung** (§ 370 AO) erfüllt ist.[63]

§ 239 Führung der Handelsbücher

(1) [1]**Bei der Führung der Handelsbücher und bei den sonst erforderlichen Aufzeichnungen hat sich der Kaufmann einer lebenden Sprache zu**

---

[56] *ADS* Rn. 68.

[57] Baumbach/Hopt/*Merkt* Rn. 20; BeBiKo/*Winkeljohann*/*Lewe* Rn. 145.

[58] Baumbach/Hopt/*Merkt* Rn. 19 f.; BeBiKo/*Winkeljohann*/*Lewe* Rn. 145; BGH Urt. v. 10.7.1964 – Ib ZR 208/62, BB 1964, 1273; BGH Urt. v. 27.2.1962 – IV ZR 194/61, BB 1962, 426.

[59] BeBiKo/*Winkeljohann*/*Lewe* Rn. 145.

[60] Baumbach/Hopt/*Merkt* Rn. 2.

[61] Koenig/*Cöster* AO § 140 Rn. 31; Koenig/*Cöster* AO § 162 Rn. 61–64.

[62] Koenig/*Cöster* AO § 140 Rn. 29.

[63] Koenig/*Cöster* AO § 140 Rn. 32.

bedienen. [2] Werden Abkürzungen, Ziffern, Buchstaben oder Symbole verwendet, muß im Einzelfall deren Bedeutung eindeutig festliegen.

(2) Die Eintragungen in Büchern und die sonst erforderlichen Aufzeichnungen müssen vollständig, richtig, zeitgerecht und geordnet vorgenommen werden.

(3) [1] Eine Eintragung oder eine Aufzeichnung darf nicht in einer Weise verändert werden, daß der ursprüngliche Inhalt nicht mehr feststellbar ist. [2] Auch solche Veränderungen dürfen nicht vorgenommen werden, deren Beschaffenheit es ungewiß läßt, ob sie ursprünglich oder erst später gemacht worden sind.

(4) [1] Die Handelsbücher und die sonst erforderlichen Aufzeichnungen können auch in der geordneten Ablage von Belegen bestehen oder auf Datenträgern geführt werden, soweit diese Formen der Buchführung einschließlich des dabei angewandten Verfahrens den Grundsätzen ordnungsmäßiger Buchführung entsprechen. [2] Bei der Führung der Handelsbücher und der sonst erforderlichen Aufzeichnungen auf Datenträgern muß insbesondere sichergestellt sein, daß die Daten während der Dauer der Aufbewahrungsfrist verfügbar sind und jederzeit innerhalb angemessener Frist lesbar gemacht werden können. [3] Absätze 1 bis 3 gelten sinngemäß.

Schrifttum: (ohne die Einzelbeiträge in den verschiedenen Handbüchern der Rechnungslegung) *Bergan/Martin,* Die elektronische Bilanz, DStR 2010, 1755; BFH, Entscheidung vom 25.3.1992 – I R 69/91, Die Verpflichtung zur Buchung laufender Geschäftsvorfälle des Vorjahres berechtigt zur Bildung einer eigenständigen Rückstellung in der Steuerbilanz, BB 1992, 1964; BMF, Schreiben vom 7.11.1995, Grundsätze ordnungsmäßiger DV-gestützter Buchführungssysteme (GoBS), BStBl. I 1995, 738; BMF, Schreiben vom 16.7.2001, Grundsätze zum Datenzugriff und zur Prüfbarkeit digitaler Unterlagen (GDPdU), BStBl. I 2001, 415; BMF, Schreiben vom 28.9.2011, Elektronische Übermittlung von Bilanzen sowie Gewinn- und Verlustrechnungen; Anwendungsschreiben zur Veröffentlichung der Taxonomie, BStBl. I 2011, 855; BMF, Schreiben vom 19.1.2010, § 5b EStG – Elektronische Übermittlung von Bilanzen sowie Gewinn- und Verlustrechnungen, BStBl. I 2010, 47; BMF, Schreiben vom 5.6.2012, E-Bilanz – Verfahrensgrundsätze zur Aktualisierung der Taxonomien – Veröffentlichung der aktualisierten Taxonomien (Version 5.1), BStBl. I 1012, 855; BT-Drs. 16/10940 vom 13.11.2008, Entwurf eines Gesetzes zur Modernisierung und Entbürokratisierung des Steuerverfahrens; BT-Drs. 14/2683 vom 15.2.2000, Entwurf eines Gesetzes zur Senkung der Steuersätze und zur Reform der Unternehmensbesteuerung (Steuersenkungsgesetz – StSenkG); *Herzig/Briesemeister/Schäperclaus,* E-Bilanz: Finale Fassung des BMF-Schreibens und der Steuertaxonomie, DB 2011, 2509; *IDW,* RS FAIT 1, Grundsätze ordnungsmäßiger Buchführung bei Einsatz von Informationstechnologie, WPg 2002, 1157; *IDW,* RS FAIT 2, Grundsätze ordnungsmäßiger Buchführung bei Einsatz von Electronic Commerce, WPg 2003, 1258; *IDW,* RS FAIT 3, Grundsätze ordnungsmäßiger Buchführung bei Einsatz elektronischer Archivierungsverfahren, WPg 2006, 1465, WPg Supplement 4/2015, 48; *IDW,* RS FAIT 5, Beachtung der GoB beim IT-Outsourcing einschließlich Cloud Computing, IDW Life 2016, 35.

I. Allgemeine Grundsätze

1 § 239 regelt die **formalen Aspekte** der Buchführung. Die handelsrechtlichen Anforderungen entsprechen weitgehend denjenigen in § 146 Abs. 1, 3–5 AO,[1] wobei die steuerlichen Vorschriften zusätzlich als Ort der

---

[1] BeBiKo/*Winkeljohann/Lewe* Rn. 3.

Buchführung im Regelfall das Inland bestimmen (vgl. zu den Ausnahmen → Rn. 4), eine Übersetzungspflicht für in ausländischer Sprache geführte Bücher fordern und schärfere Anforderungen an die Verfügbarkeit und das Lesbarmachen von auf Datenträgern gespeicherten Daten stellen. Einzelkaufleute des § 241a sind von der verpflichtenden Anwendung des § 239 befreit (auch → § 241a Rn. 1 ff.).

II. Lebende Sprache (Abs. 1 S. 1)

Abs. 1 S. 1 verlangt, dass der Kaufmann die Handelsbücher bzw. die sonst **2** erforderlichen Aufzeichnungen in einer **lebenden Sprache** führt. Im Hinblick auf die Zweckbestimmung der Buchführung und aufgrund der Tatsache, dass einem sachverständigen Dritten innerhalb einer angemessenen Zeit ein entsprechender Überblick über die Handelsgeschäfte und die Vermögenslage ermöglicht werden soll, darf nur eine lebende Sprache verwendet werden, deren (deutsche) Übersetzung jederzeit durch einen erreichbaren Dolmetscher erfolgen kann.[2] „Lebende" sind gegenwärtig gesprochene Sprachen. Daher scheiden beispielsweise die lateinische ebenso wie die altgriechische Sprache aus; auch die Verwendung von **Kunstsprachen** (zB Esperanto) kann nicht anerkannt werden.[3] Gleiches gilt für Zeichen in **Kurzschrift**.[4] Hingegen ist die Verwendung der deutschen Sprache – anders als bei der Aufstellung des Jahresabschlusses (§ 244) – nicht zwingend vorgeschrieben.[5] Gem. § 146 Abs. 3 AO kann die Finanzbehörde Übersetzungen verlangen, wenn eine andere als die deutsche Sprache für Buchungen und die sonst erforderlichen Aufzeichnungen verwendet wird.

III. Abkürzungen, Ziffern, Buchstaben oder Symbole (Abs. 1 S. 2)

Aus dem übergreifenden Klarheitsgrundsatz folgt die Forderung, dass bei **3** der Führung der Handelsbücher nach Abs. 1 S. 2 nur Schriftzeichen mit eindeutiger Bedeutung zulässig sind. Die in der kaufmännischen Praxis üblichen Abkürzungen, Ziffern, Buchstaben oder Symbole sind insbesondere für die **EDV-Buchführung** von Bedeutung. Soweit keine allgemein üblichen Codierungen verwendet werden, muss deren Bedeutung und einheitliche Benutzung durch **Schlüsselverzeichnisse** nachgewiesen werden.[6] Die entsprechende steuerliche Vorschrift ist in § 146 Abs. 3 S. 3 AO enthalten.

IV. Vollständigkeit, Richtigkeit, Zeitnähe und Ordnung (Abs. 2)

Abs. 2 konkretisiert § 238 Abs. 1 S. 2, 3 und entspricht inhaltlich § 146 **4** Abs. 1 AO. Der darin enthaltene **Grundsatz der Vollständigkeit** verlangt die lückenlose Erfassung sämtlicher Geschäftsvorfälle. Die Verwendung von **Nebenbüchern** (etwa Debitoren-/Kreditoren- oder Anlagenbuchhaltung) ist zulässig, wenn diese mit dem **Hauptbuch** verknüpft und jederzeit abstimmbar sind. Handelsrechtlich bestehen keine Einwände gegen eine **Fernbuchführung,** die sich dadurch auszeichnet, dass sie an einem anderen Ort, ggf. auch im Ausland, vorgenommen wird. Voraussetzung dafür ist jedoch, dass die

---

[2] BeBiKo/*Winkeljohann/Lewe* Rn. 5.
[3] HdR/*Kußmaul* Rn. 2.
[4] BeBiKo/*Winkeljohann/Lewe* Rn. 5.
[5] Baumbach/Hopt/*Merkt* Rn. 1; HdR/*Kußmaul* Rn. 2.
[6] BeBiKo/*Winkeljohann/Lewe* Rn. 8.

Grundaufzeichnungen im Unternehmen selbst erfolgen und die Bücher vor Ort nachprüfbar sind.[7] Nach der **steuerlichen Vorschrift** des § 146 Abs. 2 AO sind die Bücher und die sonst erforderlichen Aufzeichnungen in der Regel im Geltungsbereich dieses Gesetzes zu führen. Unter folgenden Voraussetzungen können gem. § 146 Abs. 2a AO elektronische Bücher und sonstige erforderliche elektronische Aufzeichnungen oder Teile davon außerhalb des Geltungsbereichs dieses Gesetzes geführt und aufbewahrt werden, soweit die zuständige Finanzbehörde den schriftlichen Antrag bewilligt hat:

1. Der Steuerpflichtige teilt der zuständigen Finanzbehörde den Standort des Datenverarbeitungssystems und bei Beauftragung eines Dritten dessen Namen und Anschrift mit,
2. der Steuerpflichtige kommt seinen sich aus den §§ 90, 93, 97, 140–147 und § 200 Abs. 1 und 2 AO ergebenden Pflichten ordnungsgemäß nach,
3. der Datenzugriff ist nach § 147 Abs. 6 AO in vollem Umfang möglich und
4. die Besteuerung wird hierdurch nicht beeinträchtigt.

5   Gerade bei **EDV-Buchführungen** stößt bereits die Bestimmung des Orts der Buchführung auf Schwierigkeiten, da verschiedene Funktionen wie zB Datenerfassung, Datenverarbeitung oder Datenspeicherung in internationalen Unternehmen an verschiedenen Orten stattfinden können. Vor diesem Hintergrund stellt diese steuerliche Regelung eine Erleichterung dar, da für die von der Finanzverwaltung zu erreichenden Zwecke nicht erfordern, sämtliche für die Buchführung relevanten Vorgänge im Inland durchführen zu müssen.

6   Das **Erfordernis der materiellen Richtigkeit** besagt, dass die Buchführung auf den richtigen Grundaufzeichnungen aufbaut und die Beschreibung der Geschäftsvorfälle mit den zugrunde liegenden Tatbeständen dem Grund und der Höhe nach übereinstimmt. Fiktive Buchungen und Konten sind verboten; es gilt der Grundsatz „Keine Buchung ohne Beleg". Grundsätzlich stellt auch eine EDV-gestützte Buchführung keine Ausnahme von diesem Grundsatz dar. Jedoch kann dabei beispielsweise auf die Erstellung von Eigenbelegen verzichtet werden, soweit sichergestellt bleibt, dass „keine Buchung ohne Belegfunktion" erfolgt, dh, der verfahrensmäßige Nachweis des Zusammenhangs zwischen dem einzelnen Geschäftsvorfall und seiner Buchung gegeben ist.[8] Dabei ist Belegfunktion als der nachvollziehbare Nachweis über den Zusammenhang zwischen den realwirtschaftlichen Vorgängen und deren Abbildung in der Buchführung zu verstehen.[9] Die Belegfunktion sowie die Anforderungen an einen Beleg und die Belegsicherung sind im BMF-Schreiben vom 14.11.2014 konkretisiert.[10]

7   Die Notwendigkeit der **zeitgerechten Erfassung** betrifft den zeitlichen Zusammenhang zwischen Geschäftsvorfall und Buchung. **Kassenvorgänge** sind dabei täglich zu erfassen (§ 146 Abs. 1 S. 2 AO). Bei den übrigen Geschäftsvorfällen reicht es aus, wenn sie in kurzfristigen Zeiträumen erfasst werden. Allerdings ist in der Zwischenzeit bis zur Buchung die Vollständigkeit der Belege sicherzustellen.[11] Insbesondere wird auch ein Zusammenhang

---

[7] BeBiKo/*Winkeljohann/Lewe* Rn. 10.
[8] HdR/*Kußmaul* Rn. 5–32.
[9] *Zwirner/Busch* in Hofbauer/Kupsch Bonner-HdB Rn. 55 f.
[10] BMF 14.11.2014, BStBl. I 2014, 145 Rn. 61–70.
[11] *ADS* Rn. 26 f.; BeBiKo/*Winkeljohann/Lewe* Rn. 12.

zwischen zeitgerechter Erfassung und Unternehmensgröße dergestalt zu berücksichtigen sein, dass mit Zunehmen der Unternehmensgröße und somit einem höheren Buchungsvolumen eine kurzfristigere Erfassung als bei einem kleineren Unternehmen erforderlich ist. Bestimmte **zeitliche Grenzen** werden nicht vorgegeben, jedoch sollten kurzfristige, vernünftige Buchungsintervalle von nicht länger als einem Monat eingehalten werden.[12]

Der Forderung nach einer **geordneten Vornahme der Eintragungen** 8 wird durch eine sachgerechte Kontierung der Geschäftsvorfälle und deren hinreichend identifizierte Erfassung in einem geeigneten Kontenrahmen nachzukommen sein.[13]

V. Veränderungen (Abs. 3)

Änderungen der Eintragungen oder Aufzeichnungen sind nur dann zuläs- 9 sig, wenn der ursprüngliche Inhalt feststellbar bleibt. Es dürfen keine unausgefüllten Zwischenräume gelassen werden. Durchstreichungen, Rasuren, Überklebungen, Auslöschen etc haben zu unterbleiben. Es ist dokumentenechtes Schreibmaterial (Tinte, Kugelschreiber, Maschinenschrift etc, nicht aber Bleistift) zu verwenden. Im Hinblick auf den **Grundsatz der Klarheit** und zur **Sicherung des Dokumentationszwecks** muss sichergestellt sein, dass das Geschriebene nicht spurlos beseitigt oder geändert werden kann und es bis zum Ablauf der Aufbewahrungsfrist lesbar bleibt. Die entsprechende steuerliche Vorschrift ist in § 146 Abs. 4 AO enthalten.

Dies gilt auch und insbesondere für die Buchführung mittels **EDV.** Im 10 Grundsatz besteht hier die Möglichkeit, dass Buchungen nachträglich hinzugefügt, geändert oder gelöscht werden können. Um den GoB Genüge zu tun, sind geeignete Verfahren anzuwenden, durch die nicht identifizierbare nachträgliche Veränderungen ausgeschlossen werden können.[14]

Die Vorschrift des Abs. 3 kann gerade im EDV-Bereich nur erfüllt werden, 11 wenn eindeutig **nachprüfbare Sicherungsmechanismen** (zB lückenlose Änderungshistorie sowie die Implementierung eines internen Kontroll- und Risikomanagementsystems zur Überwachung und Steuerung des Rechnungslegungsprozesses) eingerichtet werden, welche nicht feststellbare Änderungen des ursprünglichen Inhalts verhindern.[15] Die besondere Bedeutung solcher Sicherungsmechanismen wurde durch das BilMoG zusätzlich betont, indem zumindest für kapitalmarktorientierte Kapitalgesellschaften eine Berichterstattung über die wesentlichen Merkmale eines eingerichteten internen Kontroll- und Risikomanagementsystems im Hinblick auf den Risikomanagementprozess vorgeschrieben wird (→ § 289 Rn. 23).

VI. Andere Buchführungsformen und deren Anwendungsvoraussetzungen (Abs. 4)

Soweit die GoB eingehalten werden, können die Handelsbücher und die 12 sonst erforderlichen Aufzeichnungen auch in der geordneten Ablage von Belegen oder auf Datenträgern geführt werden. Die Formulierung in Abs. 4 ist bewusst weit gehalten, um auch **neu entwickelte Buchführungssysteme** zu erfassen. So hat die traditionelle Buchführung in Form gebundener

---

[12] BFH Urt. v. 25.3.1992 – 2 I R 69/91, BB 1992, 1964.
[13] BeBiKo/*Winkeljohann/Lewe* Rn. 13.
[14] Dazu ausf. HdR/*Kußmaul* Rn. 36 f.
[15] BeBiKo/*Winkeljohann/Lewe* Rn. 22–43.

Bücher, die einstmals das Leitbild des Gesetzgebers darstellte, heute kaum noch praktische Bedeutung.

13   Das im Gesetzeswortlaut als „geordnete Ablage von Belegen" beschriebene Verfahren der Buchführung kommt als Lose-Blatt-Buchhaltung und Offene-Posten-Buchführung zur Anwendung. Die **Lose-Blatt-Buchhaltung** zeichnet sich dadurch aus, dass eine feste Bindung der Bücher fehlt. Das erfordert gleichzeitig zusätzliche organisatorische Vorkehrungen und/oder die Einrichtung zusätzlicher Kontrollen, die Fehler ausschließen, die auf das Verschwinden einzelner Seiten zurückzuführen sind.[16] Dies kann etwa durch die Übertragung des Saldos auf das Folgeblatt gewährleistet werden.[17]

14   Die **Offene-Posten-Buchführung** bietet sich in der Hauptsache für die Verwaltung der Debitoren und Kreditoren an. Dabei werden die Rechnungsbelege in der Form abgelegt, dass nach erledigten und nicht erledigten Geschäftsvorfällen unterschieden wird. Auf dem Beleg werden dann jeweils die Entstehungs- und Tilgungsbuchung vorgenommen.[18]

15   Das Gesetz erwähnt als weiteres zulässiges Verfahren die Führung der Handelsbücher und der sonst erforderlichen Aufzeichnungen auf Datenträgern. Dieser Buchführung mittels EDV kommt in der heutigen Praxis überragende Bedeutung zu. Die Zulässigkeit der **EDV-Buchführung** ist grundsätzlich – ebenso wie diejenige anderer Buchführungssysteme – anhand der Grundsätze ordnungsmäßiger Buchführung zu beurteilen. Hierzu gehören auch die Beurteilung der Ordnungsmäßigkeit und Sicherheit bei der Verwendung verschiedener Informations- und Kommunikationstechnologien über öffentlich zugängliche Netzwerke.[19] Ergänzend muss bei der Aufzeichnung mittels Datenträgern sowie bei der Verwendung von IT-Outsourcing einschließlich Cloud Computing sichergestellt sein, dass die Daten während der Dauer der Aufbewahrungsfrist verfügbar sind und jederzeit innerhalb einer angemessenen Zeitdauer lesbar gemacht werden können.[20] Zu den Besonderheiten bei IT-Outsourcing und Verwendung von Cloud Computing, siehe FAIT 5. Ansonsten gelten nach Abs. 4 S. 3 die Abs. 1–3 auch für die besonderen Aufzeichnungsformen sinngemäß.

16   Zwar bedarf es insoweit keiner neuen GoB,[21] jedoch ist eine eigenständige Auslegung der GoB erforderlich, die in den **Grundsätze zur ordnungsmäßigen Führung und Aufbewahrung von Büchern, Aufzeichnungen und Unterlagen in elektronischer Form sowie zum Datenzugriff (GoBD)** zum Ausdruck kommt.[22] Das BMF-Schreiben vom 14.11.2014 enthält ua zu den folgenden Punkten eigenständige Anforderungen an EDV-Buchführungen und löst die im BMF-Schreiben vom 7.11.1995 entwickelten Grundsätze ordnungsmäßiger DV-gestützter Buchführungssysteme (GoBS) ab:

– Beleg-, Journal- und Kontenfunktion,
– Buchung,
– Internes Kontrollsystem,
– Datensicherheit,

---

[16] *ADS* Rn. 48 f.
[17] HdR/*Kußmaul* Rn. 39.
[18] HdR/*Kußmaul* Rn. 40 f.; ferner *ADS* Rn. 50 f.
[19] *IDW* RS FAIT 2 Rn. 27 f.
[20] Vgl. dazu *IDW* RS FAIT 1 Rn. 18; diese Stellungnahme wird bezüglich der Anforderungen an elektronischen Archivierungsverfahren konkretisiert durch *IDW* RS FAIT 3.
[21] *ADS* Rn. 47.
[22] BMF 14.11.2014, BStBl. I 2014, 145.

– Unveränderbarkeit, Protokollierung von Änderungen,
– Aufbewahrung, elektronische Aufbewahrung,
– Maschinelle Auswertbarkeit,
– Elektronische Erfassung von Papierdokumenten (Scanvorgang),
– Auslagerung von Daten aus dem Produktivsystem und Systemwechsel,
– Nachvollziehbarkeit und Nachprüfbarkeit, Verfahrensdokumentation,
– Verantwortlichkeit.

Für buchführungsrelevante Unterlagen iSd § 147 AO, die mit Datenver- **17** arbeitungssystemen erstellt wurden, muss sichergestellt sein, dass während der Dauer der Aufbewahrungsfrist die Daten jederzeit verfügbar sind, unverzüglich lesbar gemacht und maschinell ausgewertet werden können (§ 146 Abs. 5 S. 2 AO und § 147 Abs. 2 AO).[23] Zudem ist der Inhalt der Bilanz sowie der Gewinn- und Verlustrechnung gem. § 5b EStG grundsätzlich von allen Steuerpflichtigen Unternehmen (§§ 140 und 141 AO) nach amtlich vorgeschriebenen Datensatz durch Datenfernübertragung zu übermitteln (sog. E-Bilanz).[24] Das XBRL-Format wurde mit dem BMF-Schreiben vom 19.1.2010 als Übermittlungsformat dieses Datensatzes festgelegt.[25] Gem. § 5b Abs. 2 EStG iVm § 150 Abs. 8 AO hat die Finanzbehörde jedoch auf die elektronische Übermittlung zu verzichten, wenn dies für den Steuerpflichtigen persönlich oder wirtschaftlich unzumutbar ist. Diese Unzumutbarkeit ist insbesondere dann gegeben, wenn er nicht über die erforderliche technische Ausstattung verfügt und diese nur mit nicht unerheblichem finanziellem Aufwand zu schaffen ist, oder nach seinen individuellen Kenntnissen und Fähigkeiten nicht oder nur eingeschränkt in der Lage ist, die Möglichkeiten einer Datenfernübertragung zu nutzen. In der Praxis dürften diese Voraussetzungen insbesondere bei Kleinstbetrieben gegeben sein.[26]

VII. Folgen der Nichtbeachtung

Vgl. Erläuterungen zu → § 238 Rn. 36 f. **18**

§ 240 Inventar

(1) **Jeder Kaufmann hat zu Beginn seines Handelsgewerbes seine Grundstücke, seine Forderungen und Schulden, den Betrag seines baren Geldes sowie seine sonstigen Vermögensgegenstände genau zu verzeichnen und dabei den Wert der einzelnen Vermögensgegenstände und Schulden anzugeben.**

(2) [1] **Er hat demnächst für den Schluß eines jeden Geschäftsjahrs ein solches Inventar aufzustellen.** [2] **Die Dauer des Geschäftsjahrs darf zwölf Monate nicht überschreiten.** [3] **Die Aufstellung des Inventars ist innerhalb der einem ordnungsmäßigen Geschäftsgang entsprechenden Zeit zu bewirken.**

---

[23] BMF 16.7.2001, BStBl. I 2001, 415.
[24] BMF 28.9.2011, BStBl. I 2011, 855; vgl. allgemein zur E-Bilanz *Bergan/Martin* DStR 2010, 1755 ff.; *Herzig/Briesemeister/Schäperclaus* DB 2011, 2509 ff.
[25] BMF 19.1.2010, BStBl. I 2010, 47; die Taxonomie für die Übermittlung des Datensatzes wurde mit dem BMF 16.5.2017 zuletzt aktualisiert. Die aktualisierten Taxonomien können unter www.esteuer.de abgerufen werden.
[26] BT-Drs. 16/10940, 10.

(3) ¹Vermögensgegenstände des Sachanlagevermögens sowie Roh-, Hilfs- und Betriebsstoffe können, wenn sie regelmäßig ersetzt werden und ihr Gesamtwert für das Unternehmen von nachrangiger Bedeutung ist, mit einer gleichbleibenden Menge und einem gleichbleibenden Wert angesetzt werden, sofern ihr Bestand in seiner Größe, seinem Wert und seiner Zusammensetzung nur geringen Veränderungen unterliegt. ²Jedoch ist in der Regel alle drei Jahre eine körperliche Bestandsaufnahme durchzuführen.

(4) Gleichartige Vermögensgegenstände des Vorratsvermögens sowie andere gleichartige oder annähernd gleichwertige bewegliche Vermögensgegenstände und Schulden können jeweils zu einer Gruppe zusammengefaßt und mit dem gewogenen Durchschnittswert angesetzt werden.

Schrifttum: (ohne die Einzelbeiträge in den verschiedenen Handbüchern der Rechnungslegung) BMF, Schreiben vom 8.3.1993, Bewertung des beweglichen Anlagevermögens und des Vorratsvermögens (§ 6 Abs. 1 Nr. 1 und 2 EStG); hier: Voraussetzungen für den Ansatz von Festwerten sowie deren Bemessung, BStBl. I 1993, 276; BMF, Schreiben vom 19.1.2010, § 5b EStG – Elektronische Übermittlung von Bilanzen sowie Gewinn- und Verlustrechnungen, BStBl. I 2010, 47; BMF, Schreiben vom 5.6.2012, E-Bilanz – Verfahrensgrundsätze zur Aktualisierung von Taxonomien – Veröffentlichung der aktualisierten Taxonomien, BStBl. I 2012, 855; *IDW*, St/HFA 1/1990, Zur körperlichen Bestandsaufnahme im Rahmen von Inventurverfahren, WPg 1990, 143; *IDW*, PS 301, Prüfung der Vorratsinventur, IDW FN 2011, 113.

Übersicht

I. Allgemeine Grundsätze

1 § 240 stellt die gesetzliche Grundlage für die Durchführung der **Inventur** und der Aufstellung des **Inventars** dar. Zusätzlich werden die **Dauer des**

Geschäftsjahres bestimmt und die Voraussetzungen für die **Fest- und Gruppenbewertung** normiert.

II. Pflicht zur Aufstellung eines Inventars (Abs. 1, 2 S. 1, 3)

1. Allgemeines. Jeder zur Buchführung verpflichtete Kaufmann hat zu 2 Beginn seines Handelsgewerbes ein **Anfangs- bzw. Eröffnungsinventar** aufzustellen. Die Aufstellung des Inventars wird am Schluss eines jeden Geschäftsjahres erneut vorgenommen. Auch in Rumpfgeschäftsjahren ist dies erforderlich.[1] Einzelkaufleute iSd § 241a sind von der Aufstellung eines Inventars befreit (auch → § 241a Rn. 1 ff.).

Inventar ist das auf einen bestimmten Zeitpunkt nach Art und Wert 3 aufgestellte Verzeichnis der einzelnen Vermögensgegenstände und Schulden. So kann zB die Anlagenkartei als Bestandteil des Inventars angesehen werden, sofern Mengen und Werte der Anlagegegenstände aus ihr problemlos überprüft werden können. Als **Vermögensgegenstände** (zum Begriff des Vermögensgegenstandes → § 246 Rn. 3) gelten im Handelsrecht grundsätzlich nur Gegenstände der Aktivseite der Bilanz, und zwar sowohl körperliche Gegenstände als auch immaterielle Güter. Damit ist der Begriff des Vermögensgegenstandes enger gefasst als der steuerliche Begriff des Wirtschaftsguts, da dieser auch Posten der Passivseite der Bilanz mit einschließt.[2] Das Inventar soll vor allem die Ergebnisse der Inventur festhalten (**Dokumentations- und Nachweisfunktion**). Steuerlich besteht nach §§ 140 und 141 AO iVm § 240 Abs. 2 HGB die Verpflichtung, für jeden Bilanzstichtag ein Bestandsverzeichnis aufzustellen. In das **Bestandsverzeichnis** müssen sämtliche beweglichen Gegenstände des Anlagevermögens, auch wenn sie bereits in voller Höhe abgeschrieben sind, aufgenommen werden. Dies gilt nicht für geringwertige Wirtschaftsgüter (§ 6 Abs. 2 EStG) sowie bei in einem Sammelposten erfassten (§ 6 Abs. 2a EStG) und für die mit einem Festwert angesetzten Wirtschaftsgüter (R 5.4 Abs. 1. EStR).

Als **Inventur** wird die Bestandsaufnahme aller Vermögensgegenstände und 4 Schulden nach Art, Menge und Wert zu einem bestimmten Stichtag (Stichtagsprinzip) bezeichnet.[3] Bilanzpositionen, die weder einen Vermögensgegenstand[4] noch eine Schuld darstellen (zB Aufwandsrückstellungen nach § 249 Abs. 1 S. 2 Nr. 1, latente Steuern[5]) sowie geringwertige Wirtschaftsgüter (§ 6 Abs. 2 EStG), in einem Sammelposten erfassten (§ 6 Abs. 2a EStG) und für die mit einem Festwert angesetzten Wirtschaftsgüter, sind nicht inventur- und inventarpflichtig.[6] Zudem ist eine Bestandsaufnahme für steuerliche Zwecke gem. R 5.4 Abs. 4. EStR nicht notwendig, wenn ein fortlaufendes Bestandsverzeichnis geführt wird. Bei mit einem **Festwert** angesetzten Wirtschaftsgütern ist im Regelfall **alle drei aber höchsten alle fünf Bilanzstichtage**

---

[1] BeBiKo/*Winkeljohann/Philipps* Rn. 1.

[2] BeBiKo/*Winkeljohann/Philipps* Rn. 3.

[3] Beck HdR/*Petersen/Zwirner* A 220 Rn. 11–77.

[4] Ob der Geschäfts- oder Firmenwert die Definitionen eines Vermögensgegenstands erfüllt, ist nach wie vor umstritten. Allerdings gilt dieser nach § 246 Abs. 1 S. 4 als Vermögensgegenstand, womit die Frage der Vermögensgegenstandeigenschaft dahingestellt bleiben kann.

[5] Latente Steuern sind gem. der Gesetzesbegründung zum BilMoG weder Vermögensgegenstände, Schulden oder Rechnungsabgrenzungsposten, sondern stellen einen Posten eigener Art dar. Vgl. BT-Drs. 16/10067, 47.

[6] Baumbach/Hopt/*Merkt* Rn. 4.

eine Inventur durchzuführen. Führt diese Bestandsaufnahme zu einem um mehr als 10 % gestiegenen Wert, ist der ermittelte Wert anzusetzen. Unter dieser Grenze kann der bisherige Festwert beibehalten werden, es sei denn der ermittelte Wert unterschreitet den derzeitigen. In diesem Fall besteht ein Wahlrecht den geringeren Wert anzusetzen (R 5.4 Abs. 3 EStR).

5   **2. Inventurgrundsätze.** Bei der Durchführung der Inventur sind die aus den GoB abgeleiteten „**Grundsätze ordnungsmäßiger Inventur**" (GoI) zu beachten.[7] Danach sind bei der Inventur neben der Einzelerfassung der Bestände (Bestände sind nach Art, Menge und Beschaffenheit grundsätzlich **einzeln** zu erfassen; Ausnahmen: Festbewertung und Gruppenbewertung, → Rn. 25 ff.) die Vollständigkeit (im Inventar sind die Bestände **sämtlicher** Vermögensgegenstände und Schulden zu erfassen), Richtigkeit (Bestandspositionen sind nach Art und Menge **zutreffend** festzustellen), Nachprüfbarkeit (Bestandsaufnahme und deren Ergebnis müssen **dokumentiert** und aufbewahrt werden) sowie die Klarheit (lebende Sprache, Definition von Symbolen und Abkürzungen) und Wirtschaftlichkeit (Abwägung von Aufwand und Sinn und Zweck der Inventur) der Bestandsaufnahme zu beachten.[8]

6   **a) Vollständigkeitsgrundsatz.** Der Kaufmann ist aufgrund des Vollständigkeitsgrundsatzes verpflichtet, sämtliche ihm wirtschaftlich zuzurechnenden Vermögenspositionen und Schulden im Inventar zu erfassen.[9] Wenn Abs. 1 vorschreibt, dass der Kaufmann „seine" Vermögensgegenstände und Schulden zu verzeichnen hat, werden nach hM[10] davon diejenigen erfasst, welche in dessen **wirtschaftlichem Eigentum** stehen.[11] Für die Inventarisierung unterwegs befindlicher Ware ist die Erlangung der Verfügungsmacht bzw. der für den Eigentumsübergang vereinbarte Gefahrenübergang maßgeblich.[12]

7   **b) Richtigkeit der Bestandsaufnahme.** Gefordert wird eine zutreffende Erfassung der Vermögensgegenstände nach **Art und Menge**.[13] Um richtige Inventurergebnisse zu erhalten, ist es erforderlich, dass alle für die Bewertung relevanten Informationen (zB Anschaffungs- oder Herstellungskosten, Qualität, Zustand, technische und wirtschaftliche Verwertbarkeit, Überbestände) so genau erfasst werden, dass nicht nur der **mengenmäßige Nachweis** des Bestandes, sondern auch die zutreffende **Bewertung** gesichert wird.[14] Im Rahmen einer Stichprobeninventur ist die Richtigkeit der Bestandsaufnahme durch die Begrenzung des Stichprobenfehlers und damit der Aussageäquivalenz zu einer vollständigen körperlichen Bestandsaufnahme sicherzustellen (→ § 241 Rn. 9).

8   **c) Einzelerfassung.** Eine ordnungsmäßige Inventur setzt grundsätzlich die Einzelerfassung sämtlicher Bestände voraus.[15] Damit wird gleichzeitig dem in § 252 Abs. 1 Nr. 3 kodifizierten **Grundsatz der Einzelbewertung** Rechnung getragen (→ § 252 Rn. 20 ff.). Die Bewertungsvereinfachungsver-

---

[7] *ADS* Rn. 18.
[8] Beck HdR/*Petersen/Zwirner* A 210 Rn. 31–63.
[9] *IDW* St/HFA 1/1990, Abschnitt B. I.; Beck HdR/*Petersen/Zwirner* A 210 Rn. 34–40.
[10] KKRD/*Morck/Drüen* Rn. 2; BeBiKo/*Winkeljohann/Philipps* Rn. 20.
[11] Vgl. dazu die Ausführungen zu → § 246 Rn. 6 ff., insbesondere auch zum Leasing als typischem Anwendungsfall.
[12] BeBiKo/*Winkeljohann/Philipps* Rn. 58.
[13] *IDW* St/HFA 1/1990, Abschnitt B. II.; Beck HdR/*Petersen/Zwirner* A 220 Rn. 49.
[14] *ADS* Rn. 21.
[15] KKRD/*Morck/Drüen* Rn. 2.

fahren in Abs. 3 und Abs. 4 stellen begründete Ausnahmefälle iSv § 252 Abs. 2 dar (dazu → § 252 Rn. 44 ff.).[16]

d) Nachprüfbarkeitsgrundsatz. Die Nachprüfbarkeit der Bestandsauf- 9 nahme setzt voraus, dass sowohl das **Verfahren** als auch die **Ergebnisse** der Bestandsaufnahme so dokumentiert werden, dass sich ein **sachverständiger Dritter** innerhalb einer angemessenen Zeit einen Überblick über Art, Menge und Beschaffenheit der aufgenommenen Bestände verschaffen kann.[17]

e) Klarheit. Der Grundsatz der Klarheit erfordert, dass Inventuraufzeich- 10 nungen gem. § 239 Abs. 1 in einer **lebenden Sprache** erfolgen müssen. Auch müssen insbesondere bei dem Einsatz von EDV die Bedeutung der verwendeten Abkürzungen und Symbole eindeutig nachvollziehbar sein. Zudem ist es notwendig, die Aufzeichnungen geordnet und übersichtlich festzuhalten, damit der Grundsatz der Nachprüfbarkeit (→ Rn. 9) erfüllt wird.[18]

f) Wirtschaftlichkeit. Der Grundsatz der Wirtschaftlichkeit schränkt die 11 in Abs. 1 geforderte Genauigkeit sowie die in → Rn. 6–10 beschriebenen GoI insofern ein, dass die Genauigkeit der Inventurarbeiten „dort ihre Grenze finden, wo der erforderliche Aufwand durch Sinn und Zweck der Inventur nicht mehr gerechtfertigt werden kann."[19] Dieser Grundsatz ist zB in Abs. 3 und Abs. 4 oder § 241 Abs. 1 in Ausnahmen von dem Grundsatz der Einzelerfassung, sowie in der Möglichkeit der zeitlichen Abweichung von Inventurstichtag vom Abschlussstichtag (§ 241 Abs. 2 und 3) kodifiziert.[20] Maßstab zur Beurteilung, inwiefern die Einschränkung der Genauigkeit der Inventur durch den Grundsatz der Wirtschaftlichkeit gerechtfertigt ist, bildet die **Wesentlichkeit** des betroffenen Bestands sowie insbesondere die erhöhten **Abweichungsrisiken** im Vergleich zu einer genaueren Erfassung.[21]

3. Inventurverfahren. Die zur Aufstellung des Inventars in Frage kom- 12 menden Inventurverfahren unterscheiden sich nach **Art** (körperliche Bestandsaufnahme, Buchinventur), **Zeitpunkt** (Stichtagsinventur, ausgeweitete Stichtagsinventur, vor- oder nachverlegte Stichtagsinventur, permanente Inventur) und **Umfang** der Bestandsaufnahme (vollständige Aufnahme, Stichprobeninventur). Nicht ausdrücklich im Gesetz erwähnt ist die **Buchinventur.** Sie ist jedoch insbesondere bei unkörperlichen Gegenständen (zB Forderungen, Rechte etc) ein für die Bestandsaufnahme anerkanntes Verfahren. **Verfahrenskombinationen** (zB Ergänzung der permanenten Inventur durch eine Buchinventur zum Abschlussstichtag) sind möglich.[22]

Eine sorgfältige Inventurplanung ist Voraussetzung einer zuverlässigen Be- 13 standsaufnahme. Die Inventurplanung sollte in einer **Inventurrichtlinie oder Inventuranweisung** niedergelegt sein und sich auf folgende Aspekte beziehen:[23]

---

[16] BeBiKo/*Winkeljohann/Philipps* Rn. 27.
[17] KKRD/*Morck/Drüen* Rn. 2; BeBiKo/*Winkeljohann/Philipps* Rn. 25.
[18] BeBiKo/*Winkeljohann/Philipps* Rn. 26; Beck HdR/*Petersen/Zwirner* A 210 Rn. 56–60.
[19] Beck HdR/*Petersen/Zwirner* A 210 Rn. 61–63.
[20] *ADS* Rn. 25.
[21] *ADS* Rn. 25.
[22] *ADS* Rn. 45; Beck HdR/*Petersen/Zwirner* A 220 Rn. 241–246.
[23] BeBiKo/*Winkeljohann/Philipps* Rn. 35–38; Beck HdR/*Petersen/Zwirner* A 220 Rn. 22–32.

- **Zeitliche Planung:** Festlegung der Inventurtermine und Aufstellen eines Jahresplans zur Koordinierung der einzelnen Termine;
- **Räumliche Planung:** sinnvolle Abgrenzung der einzelnen Inventurbereiche, um eine gezielte Zuordnung des Aufnahmepersonals sowie der zeitlichen Planung zu ermöglichen;
- **Personalplanung:** Sicherstellung der Verfügbarkeit und des richtigen Einsatzes von geeignetem fachlich qualifiziertem Personal, wobei Aspekte wie die Überwachung des eingesetzten Personals, die Sicherstellung der Funktionstrennung (aufnehmende Personen sollten nicht mit der Bestandsführung beauftragt sein, um den Kontrollzweck zu erfüllen) und die Einhaltung des Vier-Augen-Prinzips bei der Zusammenstellung der Aufnahmeteams zu berücksichtigen sind. Zudem sollten Stichproben – falls vorhanden von Mitarbeitern der internen Revision – durchgeführt werden, um die Einhaltung der GoI sicherstellen zu können.[24]

14   **a) Körperliche Bestandsaufnahme.** Bei der körperlichen Bestandsaufnahme werden die körperlich fassbaren Vermögensgegenstände durch Inaugenscheinnahme artmäßig identifiziert und mengenmäßig durch **Zählen, Messen, Wiegen** oder Schätzen festgestellt.[25] Unabhängig davon, ob die Bestandsaufnahme vollständig oder stichprobenweise erfolgt, ermöglicht sie zugleich eine **Abstimmung mit den Buchbeständen.**

15   **b) Buchinventur.** Art, Menge und Wert der Vermögensgegenstände und der Schulden werden bei der Buchinventur anhand der **Buchführungsunterlagen** festgestellt. Dieses Inventurverfahren ist bei immateriellen Vermögensgegenständen, Rechten, Forderungen und Verbindlichkeiten grundsätzlich die einzige Aufnahmemöglichkeit. Die Bestände lassen sich mittels **Belegen, Konten, Saldenlisten, Offene-Posten-Listen** etc feststellen. Da hierbei jedoch nur Sollbestände angegeben werden, sind besondere Anforderungen an die Genauigkeit der Buchführung und die Zuverlässigkeit des internen Kontrollsystems zu stellen.[26] Es muss sichergestellt sein, dass sämtliche Bestandsveränderungen zeitnah und ordnungsgemäß in den der Inventur zugrundeliegenden Büchern ihren Niederschlag finden.[27]

16   Die Buchinventur ist aber auch bei **körperlichen Gegenständen** zulässig, wenn Buchführung und internes Kontrollsystem eine zuverlässige Bestandsfortschreibung gewährleisten. So kann bspw. der Bestand der Sachanlagen durch Fortschreibung in der **Anlagekartei** ermittelt werden, wenn diese zuverlässig ist und sich aus dem Betriebsablauf zwangsläufig eine ständige Überwachung der wesentlichen Teile des Anlagevermögens ergibt.[28] Mindestbestandteile der Anlagekartei sind die genaue Bezeichnung des Gegenstandes, der Tag seiner Anschaffung oder Herstellung, die Höhe der Anschaffungs- oder Herstellungskosten, die Abschreibungsmethode und Nutzungsdauer, der Bilanzwert am Bilanzstichtag und der Tag des Abgangs; außerdem müssen Zuschreibungen und außerplanmäßige Abschreibungen erkennbar sein.[29]

---

[24] Beck HdR/*Petersen/Zwirner* A 220 Rn. 36–39; BeBiKo/*Winkeljohann/Phillips* Rn. 38.
[25] *ADS* Rn. 28; Beck HdR/*Petersen/Zwirner* A 220 Rn. 48 f.
[26] *ADS* Rn. 31 f.; Beck HdR/*Petersen/Zwirner* A 230 Rn. 3–5.
[27] HdR/*Knop* Rn. 90.
[28] *ADS* Rn. 33; Beck HdR/*Petersen/Zwirner* A 230 Rn. 1340; *IDW* St/HFA 1/1990, S. 144.
[29] *IDW* St/HFA 1/1990, Abschnitt A. II. b.

c) Stichtagsinventur. Die körperliche Bestandsaufnahme zum **Ab-** 17
schlussstichtag wird als Stichtagsinventur bezeichnet. Neben der hohen
Gewähr für das Vorhandensein der in die Bilanz zu übernehmenden Bestände
macht sie zudem eine Fortschreibung oder Rückrechnung auf den Stichtag
überflüssig. Die Stichtagsinventur ist deshalb dann anzuwenden, wenn es
wirtschaftlich geboten und wegen des Fehlens hinreichender buchungsmäßi-
ger Unterlagen erforderlich ist.[30] Notwendig ist eine körperliche Bestandsaufnahme zum Bilanzstichtag insbesondere bei **besonders wertvollen** und
ohne erhebliche Schwierigkeiten aufnehmbaren Beständen, bei Beständen
mit **starker Bewegung** und erfahrungsgemäß **starken Mengendifferenzen**
und unkontrollierbarem Schwund sowie bei Beständen, deren Buchmengen
– zB auf der Grundlage einer fiktiven Schwundrechnung – retrograd ermittelt
werden.[31]

Die Durchführung der Stichtagsinventur erfordert eine sorgfältige Vor- 18
bereitung (Ausführungen zur Inventurplanung unter → Rn. 13). Bei der körperlichen Erfassung durch Zählen, Messen oder Wiegen – die entweder
lückenlos oder in Stichproben gem. § 241 Abs. 1 erfolgen kann – sind auch
bewertungsrelevante Hinweise zu berücksichtigen.[32]

d) Ausgeweitete Stichtagsinventur. In der Praxis ist die körperliche 19
Bestandsaufnahme häufig aus den verschiedensten Gründen nicht am Bilanzstichtag durchführbar. Damit ergibt sich die Notwendigkeit, die Bestandserfassung in einem bestimmten Zeitraum vor oder nach dem Stichtag vorzunehmen. Das Verfahren der ausgeweiteten Stichtagsinventur ist aber aus
Sicherheitsgründen nur zulässig, wenn die Zeitspanne zwischen Aufnahme
und Bilanzstichtag möglichst kurz ist. In der Regel sollte ein Zeitraum von
zehn Tagen nicht überschritten werden, wobei Bestandsveränderungen bis
zum oder seit dem Abschlussstichtag nach Art, Menge und Wert auf diesen
fortgeschrieben oder rückgerechnet werden müssen.[33] An die Belege über
die Einzelbewegungen zwischen dem Aufnahme- und dem Abschlussstichtag
sind strenge Anforderungen zu stellen.[34]

e) Sonstige Verfahren. Zur Stichprobeninventur, zur permanenten In- 20
ventur und zur vor- oder nachverlegten Stichtagsinventur → § 241 Rn. 2,
13, 17 ff.

4. Auswertung der Inventur. Die Ergebnisse der körperlichen Bestands- 21
aufnahme zum Abschlussstichtag sind, soweit keine Lagerbuchführung (laufende Bestandsfortschreibung) vorliegt, in die **Bestandskonten** zu übernehmen;
existiert eine Lagerbuchführung, sind die Buchbestände mit den Inventurergeb-
nissen abzustimmen. Bei vollständiger körperlicher Aufnahme ist im Falle von
Abweichungen zum Buchbestand immer der bei der körperlichen Aufnahme
festgestellte **Ist-Bestand** maßgeblich.[35] Bei der Stichprobeninventur dagegen
ist der Buchbestand maßgeblich, solange sich die Differenz von Buchwert und
geschätztem Inventurwert innerhalb einer zulässigen Toleranzgrenze von 2 %
befindet; ansonsten ist eine vollständige körperliche Aufnahme durchzuführen

---

[30] *IDW* St/HFA 1/1990, Abschnitt C. II. a.
[31] *IDW* St/HFA 1/1990, Abschnitt C. I. a; Beck HdR/*Petersen/Zwirner* A 220 Rn. 12.
[32] BeBiKo/*Winkeljohann/Philipps* Rn. 48–50.
[33] *ADS* Rn. 38; BeBiKo/*Winkeljohann/Philipps* Rn. 43 f.; ähnlich Beck HdR/*Petersen/
Zwirner* A 220 Rn. 21.
[34] *IDW* St/HFA 1/1990, Abschnitt C. I. b.
[35] *ADS* Rn. 54; Beck HdR/*Petersen/Zwirner* A 220 Rn. 62.

(hierzu auch Erl. → § 241 Rn. 11).[36] Weist eine Gesellschaft Inventurdifferenzen bei den Vorräten auf, sind sowohl Mehr- als auch Mindermengen in der Gewinn- und Verlustrechnung zu erfassen.[37] Wendet eine Kapitalgesellschaft das Gesamtkostenverfahren nach § 275 Abs. 2 an, sind die Unterschiedsbeträge unter „Erhöhung oder Verminderung des Bestands an fertigen oder unfertigen Erzeugnissen" (Posten Nr. 2) oder unter „Aufwendungen für Roh-, Hilfs- und Betriebsstoffe und für bezogene Waren" (Posten Nr. 5 Buchst. a) auszuweisen. Wird das Umsatzkostenverfahren nach § 275 Abs. 3 angewendet, erfolgt der Ausweis unter den „Herstellungskosten der zur Erzielung der Umsatzerlöse erbrachten Leistungen" (Posten Nr. 2).[38]

22 **5. Aufstellungsfristen.** Abs. 2 S. 3 schreibt die **(Schluss-)Inventurfrist** nicht selbst vor, sondern verweist auf die GoB. Die Fristen für die Bestandsaufnahme folgen schon aus dem **Stichtagsprinzip** und aus dem jeweiligen Inventurverfahren. Praktische Bedeutung behält Abs. 2 S. 3 für die Bewertung und Fertigstellung des Inventars.[39] Da die Inventur unerlässliche Grundlage der Bilanz ist, muss so rechtzeitig inventarisiert werden, dass die Frist für die Bilanzaufstellung (§ 243 Abs. 3) eingehalten werden kann (auch → § 243 Rn. 17 ff.).[40]

III. Dauer des Geschäftsjahres (Abs. 2 S. 2)

23 Abs. 2 S. 2 bestimmt, dass die Dauer des Geschäftsjahres **zwölf Monate** nicht überschreiten darf. Als Geschäftsjahr wird dabei die vom Kaufmann festgelegte Rechnungsperiode verstanden.[41] Damit wurde die Höchstdauer für ein Geschäftsjahr festgelegt. Die Festlegung des Geschäftsjahres erfolgt üblicherweise bei Errichtung des Unternehmens. Wird es nicht ausdrücklich festgelegt, so ist es mit dem Kalenderjahr identisch.

24 Dem Kaufmann steht es jedoch frei, ein vom Kalenderjahr **abweichendes Geschäftsjahr** zu bestimmen. Ein beliebiger oder willkürlicher **Wechsel** des Geschäftsjahres ist unzulässig. In sachlich begründeten Ausnahmefällen (zB Umwandlungen, Neugründungen, Einbringungen, Begründung oder Änderung der Konzernzugehörigkeit etc) ist eine **Änderung des Geschäftsjahres** und damit ein weniger als zwölf Monate dauerndes Rumpfgeschäftsjahr zulässig.[42] Steuerlich ist eine Umstellung auf ein vom Kalenderjahr abweichendes Geschäftsjahr nur im Einvernehmen mit dem Finanzamt möglich (§ 4a Abs. 1 S. 1 Nr. 2 EStG, § 8b EStDV).

IV. Festwertverfahren (Abs. 3)

25 Der Festwertansatz ist ein besonderes Bewertungsverfahren und stellt einen begründeten **Ausnahmefall** iSv § 252 Abs. 2 dar (dazu → § 252 Rn. 44 ff.).

---

[36] *ADS* Rn. 54; Beck HdR/*Petersen/Zwirner* A 220 Rn. 181.

[37] BeBiKo/*Winkeljohann/Philipps* Rn. 49; aA Beck HdR/*Petersen/Zwirner* A 220 Rn. 71; Baetge/Kirsch/Thiele/*Quick/Wolz* Rn. 39, die es nach dem Grundsatz der Vorsicht für vertretbar halten, im Fall von Mehrbeständen von einer Erfassung abzusehen und den betroffenen Bestand bei der nächsten Bestandsaufnahme mit besonderer Sorgfalt zu erfassen und einen evtl. wiederholt auftretenden Mehrbestand einzubuchen.

[38] *ADS* Rn. 55.

[39] BeBiKo/*Winkeljohann/Philipps* Rn. 66.

[40] Baumbach/Hopt/*Merkt* Rn. 6.

[41] *ADS* Rn. 68.

[42] BeBiKo/*Winkeljohann/Philipps* Rn. 60.

Dabei wird für einen abgegrenzten Bestand von Sachanlagen oder Roh-, Hilfs- und Betriebsstoffen eine Festmenge zugrunde gelegt, und die einzelnen Gegenstände werden zu einem festen Wert angesetzt.[43] In der Bilanz erscheint der Bestand von Jahr zu Jahr mit dem gleichen **Festwert** (auch → § 256 Rn. 14). Typische Anwendungsfälle für das Festwertverfahren sind zB Formen, Walzen, Modelle, Gerüst- und Schalungsteile, Hotelgeschirr und -bettwäsche.[44]

Dem Festwertverfahren liegt die Fiktion zugrunde, dass Neuzugänge und **26** Verbrauch sich ungefähr entsprechen. **Ersatzbeschaffungen** (Zugänge) werden sofort als Aufwand verrechnet. **Abschreibungen** werden auf den Festwert nicht vorgenommen.[45] Eine jährliche körperliche Bestandsaufnahme ist nicht erforderlich.

Die Zulässigkeit des Festwertverfahrens ist nach Abs. 3 an folgende **Vo-** **27** **raussetzungen** geknüpft, die kumulativ erfüllt sein müssen:

- es muss sich um Vermögensgegenstände des Sachanlagevermögens oder Roh-, Hilfs- und Betriebsstoffe handeln;
- die betreffenden Vermögensgegenstände müssen regelmäßig ersetzt werden;
- ihr Gesamtwert darf für das Unternehmen nur von nachrangiger Bedeutung sein;
- ihr Bestand darf in seiner Größe, seinem Wert und seiner Zusammensetzung nur geringen Veränderungen unterliegen;
- eine Bestandsaufnahme ist regelmäßig durchzuführen.

Auch in der Steuerbilanz bestimmt sich die Zulässigkeit nach § 240 Abs. 3 **28** (H 6.8 EStH). Beim Vorratsvermögen darf der Festwert nur der **Erleichterung** der Inventur und der Bewertung, nicht jedoch dem Ausgleich von Preisschwankungen, insbesondere Preissteigerungen, dienen (H 6.8 EStH). Bei Wirtschaftsgütern des Sachanlagevermögens ist nach hM der Festwert erst nach Vornahme einer AfA bis zu einem Festhaltewert von etwa 40–50 % der Anschaffungs- oder Herstellungskosten zu bilden.[46]

Die Forderung nach **regelmäßigem Ersatz** der Vermögensgegenstände **29** beruht auf dem Grundgedanken der Festbewertung, dass sich Neuzugänge einerseits und Abgänge, Abschreibungen sowie Verbrauch andererseits in etwa entsprechen. Für einen „regelmäßigen" Ersatz ist es nicht erforderlich, dass umgehend oder monatlich Ersatz beschafft wird. Es dürfte ausreichen, wenn der Verbrauch eines Jahres grundsätzlich bis zum Abschlussstichtag ersetzt wird.[47]

Weiterhin darf der Gesamtwert der in die Festbewertung einbezogenen **30** Vermögensgegenstände nur **nachrangige Bedeutung** für das Unternehmen haben. Nach wohl noch hM ist diese Voraussetzung für jeden Festwert gesondert zu prüfen und nicht für die Summe aller Festwerte insgesamt.[48] Im neueren Schrifttum wird jedoch eine Gesamtbetrachtung für erforderlich gehalten.[49] Offen ist, wie der unbestimmte Rechtsbegriff der nachrangigen

---

[43] *ADS* Rn. 73.
[44] *ADS* Rn. 92–94.
[45] BeBiKo/*Winkeljohann/Philipps* Rn. 72.
[46] Schmidt/*Kulosa* EStG § 6 Rn. 617.
[47] *ADS* Rn. 78.
[48] *ADS* Rn. 79; *Biener/Berneke* BiRiLiG Erl. zu § 240 HGB, 50; HdR/*Knop* Rn. 58.
[49] BeBiKo/*Winkeljohann/Philipps* Rn. 86; Praxiskommentar BilanzR/*Petersen/Zwirner* Rn. 61, die eine Gesamtbetrachtung für erforderlich halten.

Bedeutung zu definieren ist. Nach Auffassung des BMF[50] kann eine nachrangige Bedeutung noch angenommen werden, wenn der einzelne Festwert **10 % der Bilanzsumme** nicht übersteigt. Im Schrifttum wird davon abweichend mit **5 % der Bilanzsumme** ein restriktiverer Orientierungsmaßstab für die Nachrangigkeit eines Vermögensgegenstands vertreten.[51] Demgegenüber wird teilweise die nachrangige Bedeutung im Verhältnis zu den anderen Vermögensgegenständen bestimmt, wonach nur solche Vermögensgegenstände für eine Festbewertung in Frage kämen, deren Gesamtwert deutlich unter dem des Großteils der anderen Vermögensgegenstände liegt, und die Bilanzsumme nur in Ausnahmefällen als Maßstab heranzuziehen ist.[52] Die überwiegende Meinung orientiert sich an quantitativen Richtgrößen im Vergleich zur Bilanzsumme, die jedoch nicht als absoluter Maßstab herangezogen werden können, vielmehr ist die Vereinfachung der Bewertung gegen das Fehlerpotenzial und mögliche Konsequenzen im Einzelfall abzuwägen[53]

31   Schließlich wird eine nur **geringe Veränderung** hinsichtlich Größe, Wert und Zusammensetzung des Bestandes gefordert. Unter **Größe** ist dabei die dem Festwert zugrundeliegende Menge zu verstehen. Bei geringen Veränderungen kann der Festwert unverändert fortgeführt werden. Aber auch bei größeren Mengenveränderungen ist die Anwendung des Festwertverfahrens nicht ausgeschlossen, sondern es ist lediglich eine **Festwertanpassung** erforderlich.[54]

32   **Geringe Wertveränderungen** betreffen die der Bewertung zugrunde liegenden Preisansätze. Bestände, die erfahrungsgemäß erheblichen Preisschwankungen unterliegen (zB zu Weltmarktpreisen gehandelte Rohstoffe wie Kupfer oder Blei), scheiden daher für eine Festwertbildung aus.[55]

33   Das Erfordernis der geringen Veränderung der **Bestandszusammensetzung** erfordert eine gewisse Stetigkeit, wobei es weniger auf die körperliche, als vielmehr auf die **Funktionsgleichheit** ankommt.[56] Das bedeutet, dass die Vermögensgegenstände zwar nicht unbedingt der gleichen Warengattung angehören, aber dem gleichen Verwendungszweck dienen müssen.[57] Strukturelle Änderungen sind daher bei Vorliegen der übrigen Voraussetzungen – insbesondere der Gleichwertigkeit – nicht unbedingt schädlich.[58]

34   Die **Festwertansätze** gelten **nicht unbegrenzt.** Abs. 3 S. 2 fordert, dass in der Regel alle **drei Jahre** eine körperliche Bestandsaufnahme vorzunehmen ist. Hierdurch sollen Mengenänderungen festgestellt werden. Wie die Formulierung „in der Regel" erkennen lässt, kann in Ausnahmefällen auch ein kürzerer oder längerer Zeitraum in Frage kommen. So ist bspw. bei

---

[50] BMF 8.3.1993, BStBl. I 1993, 276. S. Blümich/*Ehmcke* EStG § 6 Rn. 48.

[51] KKRD/*Morck*/*Drüen* Rn. 6a; Baumbach/Hopt/*Merkt* Rn. 7; Baetge/Kirsch/Thiele/ *Quick*/*Wolz* Rn. 77; NWB Kommentar Bilanzierung/*Hoffmann*/*Lüdenbach* Rn. 24; ähnlich BeBiKo/*Winkeljohann*/*Philipps* Rn. 87, die sich aber auf ein Verhältnis der Summe aller in das Festwertverfahren einbezogenen Vermögensgegenständen von höchstens 5 % der Bilanzsumme als Maßstab für die nachrangige Bedeutung festlegen, jedoch keine starren Grenzen angewendet wissen wollen, sondern auf die Wesentlichkeit der Festwerte abstellen.

[52] So HdR/*Knop* Rn. 58; ähnlich Beck HdR/*Petersen*/*Zwirner* A 230 Rn. 27, die eine alleinige Orientierung an der Bilanzsumme ablehnen und auf die spezifischen Gegebenheiten des Unternehmens und weitere Bilanz- bzw. Ertragsrelationen abstellen.

[53] MüKoHGB/*Ballwieser* Rn. 22.

[54] BeBiKo/*Winkeljohann*/*Philipps* Rn. 89; KKRD/*Morck*/*Drüen* Rn. 6a.

[55] MüKoHGB/*Ballwieser* Rn. 23; BeBiKo/*Winkeljohann*/*Philipps* Rn. 90.

[56] *ADS* Rn. 89.

[57] *ADS* Rn. 120.

[58] BeBiKo/*Winkeljohann*/*Philipps* Rn. 91.

Anzeichen dafür, dass das Beibehalten des Festwertansatzes ein falsches Bild der tatsächlichen Verhältnisse vermitteln würde, auch schon vor Ablauf der Dreijahresfrist eine körperliche Bestandsaufnahme durchzuführen.[59] Wird der Festwert zwischenzeitlich anhand von plausiblen Schlüsselgrößen angepasst, erscheint auch eine Überschreitung der Frist zulässig. Steuerlich ist spätestens nach dem fünften Bilanzstichtag eine körperliche Bestandsaufnahme vorzunehmen (R 5.4 EStR).[60] Festgestellte Mengenänderungen werden je nach Ausmaß und Richtung der Bestandveränderung berücksichtigt. Bei **Mehrmengen** kann der Festwert grundsätzlich beibehalten werden, solange der ermittelte Wert den bisherigen Festwert um nicht mehr als 10 % (so die steuerliche Regelung in R 5.4 Abs. 3 EStR, die auch handelsrechtlich zur Auslegung angewandt werden kann) überschreitet;[61] anderenfalls gilt der ermittelte Wert als neuer Festwert. Die Veränderung des Festwerts ist durch Zuschreibung oder Zugänge zu berücksichtigen.[62] Es wird jedoch auch als zulässig angesehen, die Anpassung nach steuerrechtlichen Regelungen (R 5.4 Abs. 4 EStR; H 6.8 EStH) in der Weise, dass der bisherige Festwert um die Zugänge des letzten Geschäftsjahres solange erhöht wird, bis der neue Festwert erreicht ist (R 5.4 Abs. 4 S. 3 EStR), durchzuführen.[63] **Minderungen** des Bestandes gegenüber dem bisherigen Festwert führen unter Beachtung des Niederstwertprinzips immer zu einer Anpassung und sind durch **Abschreibungen** oder **Abgänge** zu berücksichtigen.[64]

V. Gruppenbewertung (Abs. 4)

Abs. 4 regelt eine weitere Ausnahme von der Einzelbewertung. Gleich-   **35** artige Vermögensgegenstände des Vorratsvermögens sowie andere gleichartige oder annähernd gleichwertige bewegliche Vermögensgegenstände und Schulden können danach jeweils zu einer Gruppe zusammengefasst werden (zur Anwendbarkeit auf den Jahresabschluss → § 256 Rn. 14).

Gleichartig sind die Vermögensgegenstände dann, wenn sie zur gleichen   **36** Warengattung gehören oder in ihrer Verwertbarkeit oder Funktion bei annähernd gleichen Preisen vergleichbar sind.[65]

Annähernde Gleichwertigkeit ist gegeben, wenn die Preise der in der   **37** Gruppe zusammengefassten nicht völlig ungleichen Gegenstände nicht wesentlich voneinander abweichen. Dabei wird ein Spielraum von 20 vH noch als vertretbar angesehen.[66] Bei **Schulden**, insbesondere Rückstellungen, ist die annähernde Gleichwertigkeit der Risikoarten maßgebend.

Die Gruppenbewertung muss gem. Abs. 4 **zum gewogenen Durch-**   **38** **schnittswert** (der einfache Durchschnittswert ist nach dem Gesetzeswortlaut nicht zulässig) erfolgen. Bei dessen Ermittlung wird zwischen dem einfach gewogenen und dem gleitenden Durchschnittsverfahren unterschieden. Beim

[59] *ADS* Rn. 95–98; HdR/*Knop* Rn. 63.

[60] HdR/*Knop* Rn. 71.

[61] BeBiKo/*Winkeljohann*/*Philipps* Rn. 104 f.

[62] MüKoHGB/*Ballwieser* Rn. 25; NWB Kommentar Bilanzierung/*Hoffmann*/*Lüdenbach* Rn. 30.

[63] BeBiKo/*Winkeljohann*/*Philipps* Rn. 105; KKRD/*Morck*/*Drüen* Rn. 6 a.

[64] BeBiKo/*Winkeljohann*/*Philipps* Rn. 106; *ADS* Rn. 104; Praxiskommentar BilanzR/ *Petersen*/*Zwirner* Rn. 67; MüKoHGB/*Ballwieser* Rn. 25.

[65] Praxiskommentar BilanzR/*Petersen*/*Zwirner* Rn. 70 f.; ausf. dazu *ADS* Rn. 120–125; HdR/*Knop* Rn. 75 f.

[66] Praxiskommentar BilanzR/*Petersen*/*Zwirner* Rn. 72; BeBiKo/*Winkeljohann*/*Philipps* Rn. 137; ausf. dazu HdR/*Knop* Rn. 78–81.

einfach gewogenen Durchschnittsverfahren wird die Summe der mit den Mengen multiplizierten Preise des Anfangsbestandes und der mit den tatsächlichen Preisen bewerteten Zugänge während des Geschäftsjahres oder einer anderen Zeitperiode durch die Summe der Menge von Anfangsbestand und Zugängen des Zeitraums geteilt. Das Ergebnis ist der einfach gewogene Durchschnitt.[67] Beim **gleitenden Durchschnittsverfahren** wird nach jedem Zugang ein neuer Durchschnittswert ermittelt und jeder Abgang mit dem zuletzt ermittelten Durchschnittspreis berücksichtigt.[68]

39   Auch bei der Gruppenbewertung ist das **Niederstwertprinzip** (§ 253 Abs. 3 S. 5–6, Abs. 4) zu beachten. Ein niedrigerer Wert ist regelmäßig dann anzusetzen, wenn im Rahmen der Inventur Qualitätsminderungen oder andere Beeinträchtigungen der Gängigkeit bzw. Verwendbarkeit festgestellt wurden oder wenn die durchschnittlichen Wiederbeschaffungs- bzw. Wiederherstellungskosten oder die durchschnittlichen Absatzpreise für die in der Gruppe zusammengefassten Vermögensgegenstände am Abschlussstichtag unter dem gewogenen Durchschnitt liegen.

40   Steuerlich ist die Gruppenbewertung grundsätzlich anerkannt, soweit diese den GoB entspricht.[69] In R 6.8 Abs. 4 EStR ist geregelt, unter welchen Voraussetzungen gleichartige Wirtschaftsgüter des Vorratsvermögens zu einer Gruppe zusammengefasst und mit dem gewogenen Durchschnittswert angesetzt werden können. Hierbei wird keine Gleichwertigkeit der in einer Gruppe zusammenzufassenden Wirtschaftsgüter gefordert, jedoch muss ein Durchschnittswert bekannt sein. Das ist der Fall, wenn bei der Bewertung der gleichartigen Wirtschaftsgüter ein ohne weiteres feststellbarer, nach den Erfahrungen der betreffenden Branche sachgemäßer Durchschnittswert verwendet wird.[70]

VI. Folgen der Nichtbeachtung

41   Verstöße gegen § 240 werden handelsrechtlich nicht unmittelbar sanktioniert. Allerdings können sich im Falle der Insolvenz **strafrechtliche Konsequenzen** (§ 283 Abs. 1 Nr. 7 Buchst. b StGB, § 283b Abs. 1 Nr. 3 Buchst. b StGB) ergeben. Wegen Verstößen gegen die Bewertungsvorschriften → § 252 Rn. 47; die Ausführungen gelten auch für Gruppen- und Festbewertung.[71]

§ 241 Inventurvereinfachungsverfahren

(1) [1]**Bei der Aufstellung des Inventars darf der Bestand der Vermögensgegenstände nach Art, Menge und Wert auch mit Hilfe anerkannter mathematisch-statistischer Methoden auf Grund von Stichproben ermittelt werden.** [2]**Das Verfahren muß den Grundsätzen ordnungsmäßiger Buchführung entsprechen.** [3]**Der Aussagewert des auf diese Weise aufgestellten Inventars muß dem Aussagewert eines auf Grund einer körperlichen Bestandsaufnahme aufgestellten Inventars gleichkommen.**

---

[67] BeBiKo/*Winkeljohann/Philipps* Rn. 139.
[68] Bsp. bei BeBiKo/*Winkeljohann/Philipps* Rn. 139.
[69] BeBiKo/*Winkeljohann/Philipps* Rn. 141.
[70] *ADS* Rn. 136 f.
[71] *ADS* Rn. 142.

(2) **Bei der Aufstellung des Inventars für den Schluß eines Geschäftsjahrs bedarf es einer körperlichen Bestandsaufnahme der Vermögensgegenstände für diesen Zeitpunkt nicht, soweit durch Anwendung eines den Grundsätzen ordnungsmäßiger Buchführung entsprechenden anderen Verfahrens gesichert ist, daß der Bestand der Vermögensgegenstände nach Art, Menge und Wert auch ohne die körperliche Bestandsaufnahme für diesen Zeitpunkt festgestellt werden kann.**

(3) **In dem Inventar für den Schluß eines Geschäftsjahrs brauchen Vermögensgegenstände nicht verzeichnet zu werden, wenn**

1. **der Kaufmann ihren Bestand auf Grund einer körperlichen Bestandsaufnahme oder auf Grund eines nach Absatz 2 zulässigen anderen Verfahrens nach Art, Menge und Wert in einem besonderen Inventar verzeichnet hat, das für einen Tag innerhalb der letzten drei Monate vor oder der ersten beiden Monate nach dem Schluß des Geschäftsjahrs aufgestellt ist, und**

2. **auf Grund des besonderen Inventars durch Anwendung eines den Grundsätzen ordnungsmäßiger Buchführung entsprechenden Fortschreibungs- oder Rückrechnungsverfahrens gesichert ist, daß der am Schluß des Geschäftsjahrs vorhandene Bestand der Vermögensgegenstände für diesen Zeitpunkt ordnungsgemäß bewertet werden kann.**

Schrifttum: (ohne die Einzelbeiträge in den verschiedenen Handbüchern der Rechnungslegung) *Giezek,* Monetary Unit Sampling in der Praxis, WPg 2014, 564; *IDW,* HFA 1/1990, Zur körperlichen Bestandsaufnahme im Rahmen von Inventurverfahren, WPg 1990, 143; *IDW,* HFA 1/1981 idF 1990, Stichprobenverfahren für die Vorratsinventur zum Jahresabschluß, WPg 1990, 649; *Köhler,* Inventur und Inventar, StBp 1999, 85.

Übersicht

I. Allgemeine Grundsätze

Durch die **Inventurvereinfachungsregelung** in § 241 werden gewisse **1** Erleichterungen bei der Ermittlung des Mengengerüsts gegenüber den in § 240 Abs. 1 und Abs. 2 enthaltenen Inventurvorschriften zugelassen. Geregelt werden die **Stichprobeninventur** (Abs. 1), **bestandszuverlässige Fortschreibungsverfahren** (Abs. 2) sowie die **vor- oder nachverlegte Stichtagsinventur** (Abs. 3). Die Vereinfachungsverfahren schließen zwar grundsätzlich alle Vermögensgegenstände ein. Aufgrund der tatsächlichen Ausgestaltung kommt die Anwendung aber in der Praxis hauptsächlich beim Vorratsvermögen in Frage.[1] Zur Anwendbarkeit auf Passivposten → Rn. 22.

II. Stichprobeninventur (Abs. 1)

2   Während in § 240 eine vollständige körperliche Aufnahme vorgesehen ist, gestattet es § 241 Abs. 1, den Bestand der Vermögensgegenstände (nach Art, Menge und Wert) aufgrund von Stichproben zu ermitteln. Um dennoch zu einer hinreichend zuverlässigen Aussage über den Inventurbestand zu gelangen, ist die Anwendung an folgende Voraussetzungen geknüpft:[2]

– die Verwendung eines **anerkannten mathematisch-statistischen Verfahrens** (Abs. 1 S. 1),
– die Beachtung der **GoB** (Abs. 1 S. 2),
– die Gewährung eines identischen Aussagewertes zur Vollinventur (**Aussageäquivalenz,** Abs. 1 S. 3) und
– die **Bestandszuverlässigkeit** der Lagerbuchführung.

Die Anwendung der Stichprobeninventur ist auch steuerrechtlich zulässig.[3]

3   **1. Anerkanntes mathematisch-statistisches Verfahren.** Das angewandte Stichprobenverfahren muss wahrscheinlichkeitstheoretisch abgesichert sein. Dies setzt eine ausreichende und genau abgegrenzte **Grundgesamtheit** voraus.[4] Um eine wirtschaftliche Durchführung der Stichprobeninventur zu gewährleisten, sollte die Grundgesamtheit – ggf. durch eine dahingehende Schichtung – möglichst homogen sein.[5] Voraussetzung für zulässige Rückschlüsse von der Stichprobe auf die Grundgesamtheit ist die zufällige Auswahl der Stichprobe. Dies ist sowohl dann gewährleistet, wenn sämtliche Elemente der Grundgesamtheit mit der gleichen Wahrscheinlichkeit in der Stichprobe enthalten sein können, als auch wenn für jedes Element eine berechenbare, von Null verschiedene Chance besteht, in die Stichprobe zu gelangen.[6]

4   Als anerkannte mathematisch-statistische Schätzverfahren kommen so genannte freie Mittelwertverfahren und gebundene Verfahren in Betracht. Die Inventurwertermittlung beruht bei der einfachen Mittelwertschätzung auf der Multiplikation des Stichprobenmittelwerts mit der Anzahl der Lagerpositionen. Eine höhere Genauigkeit kann ggf. durch die Schichtung der Grundgesamtheit erreicht werden. Die gebundenen Stichprobenverfahren, zu denen die Differenz-, die Verhältnis- und die Regressionsschätzung zählen, zeichnen sich dadurch aus, dass Beziehungen zwischen Buch- und Inventurwerten bei der Hochrechnung ausgewertet werden.

5   Als geeignetes, in der Praxis weit verbreitetes Verfahren kommt unter Umständen auch das **Monetary-Unit-Sampling (MUS)** in Betracht.[7] Die Wahrscheinlichkeit, dass ein Element der Grundgesamtheit in die Stichprobe gelangt, verhält sich dabei proportional zum Buchwert des Elements. Unter der – für das Vorratsvermögen häufig zutreffenden – Annahme, dass das Risiko in einem zu hohen Ausweis liegt, zeichnet sich das Verfahren dadurch aus, dass die Auswahlwahrscheinlichkeit mit steigendem Buchwert der einzel-

---

[1] BeBiKo/*Winkeljohann/Philipps* Rn. 1.
[2] BeBiKo/*Winkeljohann/Philipps* Rn. 5.
[3] *Köhler* StBp 1999, 85.
[4] HdR/*Weiss/Heiden* Rn. 70–102.
[5] *IDW* HFA 1/1981 idF 1990, Abschnitt II. 1. b.
[6] *IDW* HFA 1/1981 idF 1990, Abschnitt II. 1. c.
[7] Zur Anwendung in der Praxis, insbes. der Abschlussprüfung, *Giezek* WPg 2014, 564.

nen Elemente zunimmt. Zu berücksichtigen ist dabei, dass Nullbestände laut Lagerbuchführung bei diesem Verfahren definitionsgemäß nicht Bestandteil der Stichprobe werden können. Dies schließt eine Anwendung grundsätzlich aus, soweit die Nullbestände nicht in anderer Form geprüft werden.

Mathematisch-statistische Testverfahren stellen unmittelbar auf die Über- **6** prüfung der Bestandszuverlässigkeit der Lagerbuchführung ab.[8] Sofern diese Verfahren mit hinreichender Sicherheit die Hypothese stützen, dass die von der Lagerbuchführung zur Verfügung gestellten Informationen zuverlässig sind, können die Buchwerte als Inventurbestände übernommen werden. Der mathematisch-statistisch anerkannte **Sequentialtest** lässt den kleinstmöglichen Stichprobenumfang erwarten,[9] da der Test idR in mehreren Stufen durchgeführt wird und die Ergebnisse der Vorstufen Einfluss auf die weitere Bestimmung des Stichprobenumfangs haben.[10]

2. Beachtung der GoB. Die Berücksichtigung der GoB hat zur Folge, **7** dass im Zusammenhang mit der Stichprobeninventur die **Grundsätze der Vollständigkeit, Richtigkeit, Einzelerfassung und Nachprüfbarkeit** sowie als Besonderheit der Stichprobeninventur der in Abs. 1 S. 3 kodifizierte Grundsatz der Aussageäquivalenz (hierzu → Rn. 9 f.) gewährleistet sein müssen.[11]

Voraussetzung für die Vornahme einer Stichprobenauswahl ist die **Voll- 8 ständigkeit** der zur Auswahl herangezogenen Unterlagen. Es muss sichergestellt sein, dass sämtliche Vermögensgegenstände der Grundgesamtheit eine gleiche oder berechenbare Chance haben, in die Stichprobe zu gelangen bzw. durch Vollerhebung erfasst zu werden. Dem Grundsatz der **Richtigkeit** wird entsprochen, wenn die Aussagen mit einer bestimmten Wahrscheinlichkeit und Genauigkeit getroffen werden können. Als **Sicherheitsgrad** werden beispielsweise durch das IDW 95 % und als **Stichprobenfehler** höchstens 1 % des Werts der Grundgesamtheit festgesetzt.[12] Dem Erfordernis der **Nachprüfbarkeit** ist Genüge getan, wenn die Zufallsauswahl der Stichprobeninventur sowie deren Auswertung für einen **sachverständigen Dritten** in angemessener Zeit nachvollziehbar sind.[13] Zudem muss kontrolliert werden können, welche Vermögensteile nach Art, Menge und Wert im Bilanzansatz erfasst sind.

3. Aussageäquivalenz. Die Durchführung einer Stichprobeninventur darf **9** grundsätzlich **keinen Informationsverlust** im Vergleich zu einer vollständigen körperlichen Bestandsaufnahme zur Folge haben.[14] Der Aussagewert der Stichprobeninventur muss deshalb demjenigen einer Vollaufnahme gleichkommen. Hinsichtlich des Gesamtwertes werden ein Sicherheitsgrad von mindestens 95 % und ein relativer Stichprobenfehler von 1 % für unverzichtbar gehalten. Inhaltlich bedeutet dies, dass in 95 % aller Stichprobeninventuren der statistisch ermittelte Inventurwert nicht mehr als 1 % vom tatsächlichen Inventurwert abweicht.

---

[8] *ADS* Rn. 10 f.
[9] *IDW* HFA 1/1981 idF 1990, Abschnitt II. 2. c.
[10] Praxiskommentar BilanzR/*Petersen/Zwirner* Rn. 33–35; BeBiKo/*Winkeljohann/Philipps* Rn. 11–15. Ausf. Beck HdR/*Petersen/Zwirner* A 220 Rn. 147–150.
[11] *ADS* Rn. 9–14 f.
[12] *IDW* HFA 1/1981 idF 1990, Abschnitt IV. 1. a. Ausführlicher hierzu Beck HdR/*Petersen/Zwirner* A 220 Rn. 158.
[13] BeBiKo/*Winkeljohann/Philipps* Rn. 21.
[14] BeBiKo/*Winkeljohann/Philipps* Rn. 22.

10   Ferner muss auch bei Durchführung einer Stichprobeninventur zwingend ein **Einzelnachweis** der Bestände gewährleistet sein. Dieser Anforderung wird entsprochen, wenn aufgrund der angewandten Inventurverfahren nicht nur ein Gesamt-, sondern auch ein Einzelnachweis nach Art, Menge und Wert erbracht werden kann.[15] Da ein solcher Einzelnachweis nicht in allen Fällen durch die der Stichprobeninventur zugrunde liegenden statistischen Verfahren zu erreichen ist,[16] sind zur Erreichung der Aussageäquivalenz besondere Anforderungen an die Qualität der **Lagerbuchhaltung** zu stellen.

11   **4. Bestandszuverlässigkeit der Lagerbuchführung.** Die erforderliche Bestandszuverlässigkeit ist gegeben, wenn die Stichprobeninventur bestätigt, dass der Umfang der **Einzelabweichungen** der Soll- und Ist-Bestände einen vertretbaren Rahmen nicht überschreitet. Für die Stichprobeninventur folgt daraus, dass das Fortschreibungsverfahren, dh die Fortschreibung und das Umfeld so organisiert sein müssen, dass – unterstützt durch ein internes Kontrollsystem – eine ausreichende Zuverlässigkeit erreicht wird. Im Regelfall wird dies bereits aus unternehmensinternen Gründen gewährleistet sein, da die Disposition von diesem Datenmaterial abhängig ist. Zur Sicherung und Beurteilung der Zuverlässigkeit ist ein adäquates **internes Kontrollsystem** von wesentlicher Bedeutung.[17] Eine Überprüfung der Lagerbuchführung wird bei der Stichprobeninventur durch die Untersuchung der Abweichungen zwischen Buch- und Istbeständen erfolgen. Größere Abweichungen zwischen Buch- und Inventurwerten, die einen Toleranzwert von 2 % übersteigen, lassen die Anwendung einer Stichprobeninventur nicht mehr zu.[18]

III. Andere Inventurverfahren (Abs. 2)

12   Nach Abs. 2 bedarf es keiner körperlichen Bestandsaufnahme der Vermögensgegenstände zum Bilanzstichtag, sofern der Bestand nach Art, Menge und Wert durch ein den GoB entsprechendes anderes Verfahren gesichert ist. Die häufigsten in diesem Zusammenhang verwendeten Verfahren sind die permanente Inventur, die Einlagerungsinventur und die systemgestützte Werkstattinventur. Zusätzlich ist die im Folgenden nicht weiter erläuterte **warenwirtschaftssystemgestützte Inventur im Handel** zu nennen, die bei einer systemseitig gesicherten, vollständigen und artikelgenauen Bestandsfortschreibung unterjährige Teilinventuren zulässt und bei der unkontrollierte Abgänge (Schwund) über differenziert ermittelte Erfahrungswerte berücksichtigt werden können (Toleranzgrenze 2 %).[19]

13   **1. Permanente Inventur.** Bei der permanenten Inventur erfolgt die körperliche Aufnahme nicht zum Bilanzstichtag und auch nicht an einem anderen für alle Gegenstände einheitlichen Stichtag, sondern verteilt über das ganze Geschäftsjahr.[20] Dazu ist es erforderlich, dass die Veränderungen der Bestände aus einer Bestandsbuchführung belegmäßig nachgewiesen werden

[15] HdR / *Weiss / Heiden* Rn. 108–111.
[16] BeBiKo / *Winkeljohann / Philipps* Rn. 22 f.
[17] BeBiKo / *Winkeljohann / Philipps* Rn. 27.
[18] Beck HdR / *Petersen / Zwirner* A 220 Rn. 181.
[19] Praxiskommentar BilanzR / *Petersen / Zwirner* Rn. 61–63; BeBiKo / *Winkeljohann / Philipps* Rn. 40–42.
[20] BeBiKo / *Winkeljohann / Philipps* Rn. 31.

können. Dazu ist es notwendig, dass die Zu- und Abgänge nach Tag, Art und Menge (Stückzahl, Gewicht oder Kubikinhalt) aufgezeichnet werden. Mindestens einmal im Geschäftsjahr sind die Sollbestände laut Bestandsbuchführung mit den Istbeständen der Gegenstände durch **körperliche Aufnahme** zu vergleichen.[21] An die Dokumentation dieser Inventuraufnahme sind die gleichen Anforderungen zu stellen wie an eine Stichtagsinventur; die über die Durchführung und das Ergebnis der körperlichen Bestandsaufnahme erstellten Protokolle unterliegen einer zehnjährigen **Aufbewahrungsfrist.** Sich aus der Bestandsaufnahme ergebende Abweichungen sind in der Bestandsbuchführung zu erfassen (zu den weitgehend entsprechenden steuerlichen Anforderungen vgl. H 5.3 EStH). Für Bestände mit **unkontrollierbaren Abgängen** (Schwund, Verdunstung, Verderb, leichte Zerbrechlichkeit etc) ist dieses Inventurverfahren ebenso wenig anwendbar wie bei **besonders wertvollen Beständen.**[22]

2. Einlagerungsinventur. Insbesondere bei Hochregallagern kommen in **14** der Praxis automatisch gesteuerte Lagersysteme zum Einsatz. Diese zeichnen sich dadurch aus, dass die Ein- und Auslagerung durch automatisch gesteuerte Arbeitsgeräte erfolgt und die Lagerung einzelner Artikel aus Effizienzgründen an wechselnden Plätzen erfolgt. Durch dieses Verfahren und die fehlende Begehbarkeit des Lagers stoßen herkömmliche Inventurverfahren an ihre Grenzen. Unter diesen Voraussetzungen kann zur Ermittlung des Mengengerüsts auf die mit der Lagersteuerung gekoppelte, EDV-gestützte **Fortschreibung** der Bestände zurückgegriffen werden, sofern im laufenden Betrieb keine menschlichen Eingriffe in das Lager möglich sind. Ferner müssen die im Geschäftsjahr nicht bewegten Gegenstände spätestens zum Bilanzstichtag aufgenommen und der gesamte Bestand dahingehend dokumentiert werden, dass Artikel und Lagerplatz erkennbar sind.[23] Die entsprechende Dokumentation erfüllt die Funktion des Inventurbelegs.

Fehlt es an einer Synchronisation von Lagersteuerung und Bestandsfort- **15** schreibung oder sind andere Bedingungen zur Ermittlung des Mengengerüsts nicht erfüllt, ist die Anwendung herkömmlicher Inventurverfahren unvermeidlich.[24]

3. Systemgestützte Werkstattinventur. Werkstattbestände sind dadurch **16** gekennzeichnet, dass es sich um Aufträge in unterschiedlichen Phasen des Produktionsprozesses handelt. Der Bestand ist insoweit nur unter Berücksichtigung des Fertigungsgrads der einzelnen Aufträge zu ermitteln. Sofern zur Steuerung des Produktionsprozesses computergestützte **Produktionsplanungs- und Steuerungssysteme (PPS)** eingesetzt werden, kann auf das dabei erzeugte Datenmaterial zur Erstellung des Inventars zurückgegriffen werden. Voraussetzung ist, dass in die Datenverarbeitung laufende Rückmeldungen einfließen, die über die Veränderungen des Mengengerüsts Auskunft geben. Ferner müssen die so gewonnenen Inventurdaten hinreichend aussagefähig und die Bestandssicherheit des PPS-Systems sichergestellt sein.[25]

---

[21] Zu der Möglichkeit der Ausweitung des zeitlichen Abstands vgl. BeBiKo/*Winkeljohann/Philipps* Rn. 32.
[22] BeBiKo/*Winkeljohann/Philipps* Rn. 33; R 5.3 Abs. 3 EStR.
[23] *IDW* HFA 1/1990, Abschnitt D. II. b.
[24] BeBiKo/*Winkeljohann/Philipps* Rn. 36.
[25] Praxiskommentar BilanzR/*Petersen/Zwirner* Rn. 57–60.

IV. Vor- oder nachverlegte Stichtagsinventur (Abs. 3)

17   Abs. 3 gestattet eine zeitliche Trennung der Inventur vom Bilanzstichtag, ohne dass es einer **mengenmäßigen** Bestandsfortschreibung bedarf (so auch die Finanzverwaltung für die Steuerbilanz).[26] Bei diesem Inventurverfahren wird das Mengengerüst der Bestände nicht in das Inventar zum Abschlussstichtag aufgenommen. Art, Menge und Wert der einzelnen Vermögensgegenstände werden vielmehr für einen abweichenden Stichtag verzeichnet und dann nur noch wertmäßig auf den Abschlussstichtag fortgeschrieben oder zurückgerechnet **(Wertfortschreibung** oder **Wertrückrechnung).**

18   Voraussetzung ist ein zeitnah – bis zu drei Monate vor und zwei Monate nach dem Schluss des Geschäftsjahres – aufgestelltes Inventar. Innerhalb dieses Zeitraums kann der Inventurstichtag frei gewählt werden. Dabei können die einzelnen (Teil-)Bestände an **unterschiedlichen Stichtagen** aufgenommen werden.[27]

19   Das vor- oder nachverlegte Inventar kann entweder durch körperliche Bestandsaufnahme oder aufgrund eines nach Abs. 2 zulässigen anderen Verfahrens aufgestellt werden (Abs. 3 Nr. 1). Dabei muss sichergestellt sein, dass der für die Bewertung am Bilanzstichtag maßgebliche Bestand durch ein den GoB entsprechendes Fortschreibungs- oder Rückrechnungsverfahren ermittelt werden kann (Abs. 3 Nr. 2).

20   Das Fortschreibungs- oder Rückrechnungsverfahren braucht – anders als bei der zeitlich ausgeweiteten, unter § 240 Abs. 2 fallenden körperlichen Bestandsaufnahme – nicht artikelgenau und mengenmäßig zu erfolgen; es genügt eine allein **wertmäßige Fortschreibung.**[28] Die Wertfortschreibung bzw. Wertrückrechnung erfolgt nach folgendem Schema:

Wertfortschreibung	**Wertrückrechnung**
(vorverlegte Inventur)	(nachverlegte Inventur)
Wert der Bestände am Inventurstichtag	Wert der Bestände am Inventurstichtag
+ Wert der Zugänge zwischen Inventur- und Bilanzstichtag	./. Wert der Zugänge zwischen Inventur- und Bilanzstichtag
./. Wert der Abgänge zwischen Inventur- und Bilanzstichtag	+ Wert der Abgänge zwischen Inventur- und Bilanzstichtag
= Wert des Bestands am Bilanzstichtag	= Wert des Bestands am Bilanzstichtag

21   Eine der Vorschrift des Abs. 3 genügende, nur wertmäßige Vor- oder Rückrechnung kann dann zu Schwierigkeiten führen, wenn am Bilanzstichtag auch Informationen über die Art, Menge und die Beschaffenheit der Bestandspositionen erforderlich sind. Dies kann sowohl für Bewertungsfragen bei der Anwendung des **Niederstwertprinzips** als auch für die Inanspruchnahme **steuerlicher Vergünstigungen** (zB Anwendung des Lifo-Verfahrens)[29] von Bedeutung sein. Aus diesen Gründen kann neben der wertmäßigen auch eine **art- und mengenmäßige** Vor- oder Rückrechnung unvermeidbar sein.[30]

22   Selbst wenn sich der Wortlaut von Abs. 3 nur auf Vermögensgegenstände bezieht, wird eine Ausweitung auf **Schulden** – und hier vor allem auf Pensionsrückstellungen – für vertretbar gehalten, da mit einer Ermittlung des

---

[26] R 5.3 Abs. 2, 3 EStR.
[27] *ADS* Rn. 37; Beck HdR/*Petersen/Zwirner* A 220 Rn. 198–201.
[28] BeBiKo/*Winkeljohann/Philipps* Rn. 53.
[29] R 5.3 Abs. 2 EStR.
[30] R 5.3 Abs. 2 EStR; *IDW* HFA 1/1990, Abschnitt C. II.

Mengengerüsts erst am Bilanzstichtag eine Verzögerung der Jahresabschlusserstellung verbunden sein könnte.[31] Diese Vorgehensweise wird in R 6a Abs. 18 EStR auch von der Finanzverwaltung für Zwecke der Steuerbilanz ausdrücklich gebilligt.

Neben der Verlegung des Inventuraufnahmetermins kann sich zur Verminderung des Arbeitsaufwands bei der Inventur uU eine Änderung des Abschlussstichtags anbieten, wenn die Bestände saisonbedingt starken Schwankungen unterliegen (hierzu auch → § 240 Rn. 24).[32] **23**

V. Kombination und Wechsel der Inventurverfahren

Der Kaufmann kann sich frei für geeignete Inventurverfahren entscheiden, sofern die Anwendungsvoraussetzungen für die zur Auswahl stehenden Verfahren erfüllt sind. Die Entscheidung wird auf Grundlage der jeweils besten Zweckeignung getroffen werden. Dabei können sich in zweifacher Hinsicht Kombinationen als geeignet erweisen: Zum einen können für **organisatorisch getrennte Lager** eines Unternehmens unterschiedliche Inventurverfahren zur Anwendung gelangen.[33] Während etwa bei besonders wertvollen Lagerbeständen eine permanente Inventur ausscheidet und insoweit eine Stichtagsinventur notwendig ist, kann die Bestandsaufnahme anderer, hierfür geeigneter Bestände durch permanente Inventur erfolgen, sofern eine räumliche Abgrenzung möglich ist. **24**

Zum anderen können sich Kombinationen durch die **Verbindung unterschiedlicher Inventurverfahren** – etwa vor- oder nachverlegte Stichtagsinventur und permanente Inventur – ergeben. Entsprechend können Stichprobenverfahren nicht nur bei der Stichtagsinventur, sondern auch bei vor- oder nachverlegter sowie permanenter Inventur angewendet werden.[34] **25**

Für die Inventurverfahren gilt kein „Stetigkeitsgrundsatz" iSd § 246 Abs. 3 und § 252 Abs. 1 Nr. 6; auch § 284 Abs. 2 Nr. 2 ist nicht einschlägig, da Inventurverfahren nicht unter die Bilanzierungs- und Bewertungsmethoden fallen.[35] Der Kaufmann kann sich also grundsätzlich in jedem Jahr neu für ein Verfahren entscheiden. Der Wechsel wird dabei insbesondere von den tatsächlichen Gegebenheiten abhängen. Beispielsweise ist mit dem Übergang von der Stichtagsinventur zur permanenten Inventur ein gewisser organisatorischer Vorlauf verbunden, sodass die Umstellung nicht kurzfristig am Jahresende erfolgen kann. **26**

§ 241a Befreiung von der Pflicht zur Buchführung und Erstellung eines Inventars

[1]**Einzelkaufleute, die an den Abschlussstichtagen von zwei aufeinander folgenden Geschäftsjahren nicht mehr als jeweils 600 000 Euro Umsatzerlöse und jeweils 60 000 Euro Jahresüberschuss aufweisen, brauchen die §§ 238 bis 241 nicht anzuwenden.** [2]**Im Fall der Neugründung treten die Rechtsfolgen schon ein, wenn die Werte des Satzes 1 am ersten Abschlussstichtag nach der Neugründung nicht überschritten werden.**

---

[31] BeBiKo/*Winkeljohann/Philipps* Rn. 50.
[32] HdR/*Weiss/Heiden* Rn. 36.
[33] BeBiKo/*Winkeljohann/Philipps* Rn. 62.
[34] *IDW* HFA 1/1990, Abschnitt D. I.
[35] BeBiKo/*Winkeljohann/Philipps* Rn. 63.

Schrifttum: (ohne die Einzelbeiträge in den verschiedenen Handbüchern der Rechnungslegung) *Ernst/Seidler,* Der Regierungsentwurf eines Gesetzes zur Modernisierung des Bilanzrechts, ZGR 2008, 631; *Schulze-Osterloh,* Ausgewählte Änderungen des Jahresabschlusses nach dem Referentenentwurf eines Bilanzrechtsmodernisierungsgesetzes, DStR 2008, 63.

I. Anwendungsbereich

1   § 241a befreit bestimmte Einzelkaufleute von der verpflichtenden Anwendung der §§ 238–241. Demnach besteht für Einzelkaufleute mit einem Umsatz mit maximal 600.000 Euro und einem Jahresüberschuss von maximal 60.000 Euro ein Wahlrecht, die Vorschriften der §§ 238–241 anzuwenden, sofern diese Schwellenwerte an den Abschlussstichtagen von zwei aufeinanderfolgenden Geschäftsjahren bzw. im Fall der Neugründung am ersten Abschlussstichtag nach der Neugründung nicht überschritten werden. Zudem befreit § 242 Abs. 4 Einzelkaufleute iSd § 241a von der Pflicht zur Aufstellung eines Jahresabschlusses nach § 242 Abs. 1–3.

2   Eine rückwirkende Ausübung oder Versagung des Wahlrechts ist nicht möglich. Das bedeutet einerseits, dass im Jahr der Neugründung zunächst die §§ 238–241 sowie § 242 Abs. 1–3 anzuwenden sind, und erst nach dem ersten Abschlussstichtag, um das Wahlrecht besteht. Andererseits tritt bei einer Überschreitung der Schwellenwerte in zwei aufeinanderfolgenden Geschäftsjahren die Anwendungspflicht der §§ 238–241 sowie § 242 Abs. 1–3 nicht rückwirkend ein, sondern diese Paragraphen sind erst für das darauf folgende Geschäftsjahr verpflichtend anzuwenden.[1]

3   Anders als § 267 Abs. 4 nennt § 241a S. 2 nicht die Umwandlung sondern ausschließlich die Neugründung als Fall, in dem die Unterschreitung an einem Abschlussstichtag ausreichend ist, um von dem Wahlrecht Gebrauch machen zu können. Daher ist im Falle der Umwandlung eine zweimalige Nichtüberschreitung Voraussetzung, um das Wahlrecht in Anspruch nehmen zu können.[2]

4   Mit diesem Wahlrecht nach § 241a hat der Gesetzgeber die bisweilen formelle Verknüpfung der Kaufmannseigenschaft und der handelsrechtlichen Buchführungspflicht teilweise aufgehoben (zur Kaufmannseigenschaft → § 238 Rn. 6 ff.).[3]

5   Steuerrechtlich gelten neben der derivativen Buchführungspflicht nach § 140 AO die Schwellenwerte von § 141 AO für die originäre steuerrechtliche Buchführungspflicht. Da diese steuerrechtlichen Schwellenwerte aufgrund unterschiedlicher Ermittlung des steuerlichen und handelsrechtlichen Gewinns nicht vollständig mit den Schwellenwerten nach § 241a übereinstimmen, kann es zu Abweichungen kommen.[4]

6   Um eine gewisse Kontinuität der Verpflichtung zur handelsrechtlichen Rechnungslegung zu erreichen, besteht die Einschränkung, dass die Schwellenwerte in zwei aufeinanderfolgenden Jahren nicht überschritten werden dürfen, um weiterhin Gebrauch von den Erleichterungen machen zu können.[5] Hierzu auch → § 267 Rn. 14.

---

[1] BeBiKo/*Winkeljohann/Lawall* Rn. 8.
[2] Baumbach/Hopt/*Merkt* Rn. 3.
[3] BT-Drs. 16/10067, 46; *Ernst/Seidler* ZGR 2008, 659; krit. zu der teilweisen Aufhebung dieser Verknüpfung s. *Schulze-Osterloh* DStR 2008, 71 f.
[4] KKRD/*Morck/Drüen* Rn. 2 a; zu einer Abgrenzung der Anwendungsbereiche der §§ 241a HGB und 141 AO vgl. Beck HdR/*Bieg/Waschbusch* A 100 Rn. 23.
[5] BT-Drs. 16/10067, 46.

II. Ermittlung des Schwellenwerts

Eine Aufstellung eines Jahresabschlusses zur Kontrolle, ob die gesetzliche 7
Verpflichtung dazu bestand, ist grundsätzlich nicht erforderlich. Es genügt
eine überschlägige Ermittlung unter Beachtung der handelsrechtlichen Bestimmungen zum Jahresabschluss, ob die Schwellenwerte zum Stichtag überschritten werden. Im ersten Jahr nach der Neugründung besteht allerdings
zunächst die Buchführungspflicht (→ Rn. 2) und erst wenn die verpflichtende Befolgung eine Nichtüberschreitung der Schwellenwerte ergibt, hat der
Einzelkaufmann für das folgende Geschäftsjahr ein Wahlrecht zur Anwendung
der entsprechenden Regelungen.[6] Die Überprüfung der Schwellenwerte hat auf Basis von 12 Monaten zu 8
erfolgen.[7]

Bei Rumpfgeschäftsjahren ist die Hochrechnung des Umsatzes oder des 9
Jahresüberschusses auf zwölf Monate grundsätzlich nicht zulässig. Es ist auf
die letzten zwölf Monate vor dem Stichtag abzustellen.[8]

Die Nichtüberschreitung der Schwellenwerte ist fortlaufend zu über 10
wachen.[9]

III. Ausübung des Wahlrechts und Rechtsfolgen

Bei Nichtüberschreiten der Schwellenwerte an den Abschlussstichtagen 11
von zwei aufeinanderfolgenden Geschäftsjahren bzw. im Fall der Neugründung am ersten Abschlussstichtag hat der Einzelkaufmann das Wahlrecht, die
§§ 238–241 sowie den § 242 Abs. 1–3 nicht anzuwenden. Dieses Wahlrecht
kann für jede Vorschrift einzeln ausgeübt werden. Entscheidet sich der Kaufmann, die Vorschriften anzuwenden, gelten keine Besonderheiten.[10]

Was anstelle der Aufstellung eines Jahresabschlusses (§ 242 Abs. 1–3) sowie 12
der allgemeine Buchführungspflicht einschließlich der Pflicht zur Aufstellung
eines Inventars (§§ 238–241) zu erfolgen hat, ist durch den Gesetzgeber nicht
weiter geregelt.[11] Doch schon in der Gesetzesbegründung vermutet der
Gesetzgeber, es sei zu erwarten, dass die betroffenen Einzelkaufleute mehrheitlich eine Einnahmen-Überschuss-Rechnung nach § 4 Abs. 3 EStG vornehmen werden.[12]

Durch die Inanspruchnahme des Wahlrechts verliert der Einzelkaufmann 13
nicht die Kaufmannseigenschaft (→ § 238 Rn. 6 ff.), sodass die übrigen daran
anknüpfenden Vorschriften weiterhin für ihn gelten.[13]

IV. Folgen der Nichtbeachtung

Da es sich bei § 241a um ein Wahlrecht für bestimmte Einzelkaufleute 14
handelt, einige Vorschriften nicht anzuwenden, treten bei der Nichtbeachtung keine Rechtsfolgen ein. Wird von dem Wahlrecht allerdings Gebrauch
gemacht, obwohl die Schwellenwerte überschritten sind, sind die Folgen der

---

[6] Baumbach/Hopt/*Merkt* Rn. 3; BeBiKo/*Winkeljohann/Lawall* Rn. 8.
[7] BeBiKo/*Winkeljohann/Lawall* Rn. 5.
[8] BeBiKo/*Winkeljohann/Lawall* Rn. 5.
[9] BT-Drs. 16/10067, 46 f.
[10] BeBiKo/*Winkeljohann/Lawall* Rn. 6.
[11] KKRD/*Morck/Drüen* Rn. 3; MüKoBilanzR/*Graf/Bisle* Rn. 16.
[12] BR-Drs. 344/08, 99; *Ernst/Seidler* ZGR 2008, 659.
[13] KKRD/*Morck/Drüen* Rn. 1.

jeweiligen nicht eingehaltenen Vorschrift, auf deren Anwendung der Einzelkaufmann verzichtet hat, zu beachten.

Zweiter Unterabschnitt. Eröffnungsbilanz. Jahresabschluß

Erster Titel. Allgemeine Vorschriften

§ 242 Pflicht zur Aufstellung

(1) [1]**Der Kaufmann hat zu Beginn seines Handelsgewerbes und für den Schluß eines jeden Geschäftsjahrs einen das Verhältnis seines Vermögens und seiner Schulden darstellenden Abschluß (Eröffnungsbilanz, Bilanz) aufzustellen.** [2]**Auf die Eröffnungsbilanz sind die für den Jahresabschluß geltenden Vorschriften entsprechend anzuwenden, soweit sie sich auf die Bilanz beziehen.**

(2) **Er hat für den Schluß eines jeden Geschäftsjahrs eine Gegenüberstellung der Aufwendungen und Erträge des Geschäftsjahrs (Gewinn- und Verlustrechnung) aufzustellen.**

(3) **Die Bilanz und die Gewinn- und Verlustrechnung bilden den Jahresabschluß.**

(4) [1]**Die Absätze 1 bis 3 sind auf Einzelkaufleute im Sinn des § 241a nicht anzuwenden.** [2]**Im Fall der Neugründung treten die Rechtsfolgen nach Satz 1 schon ein, wenn die Werte des § 241a Satz 1 am ersten Abschlussstichtag nach der Neugründung nicht überschritten werden.**

Schrifttum: (ohne die Einzelbeiträge in den verschiedenen Handbüchern der Rechnungslegung) *IDW*, ERS HFA 7 nF, Handelsrechtliche Rechnungslegung bei Personenhandelsgesellschaften, IDW Life 3/2017, 321.

I. Allgemeine Grundsätze

1   § 242 beinhaltet die öffentlich-rechtliche **Verpflichtung** des Kaufmanns **zur Aufstellung** von Eröffnungsbilanz, Bilanz sowie GuV. Abs. 1 S. 2 enthält den gesetzestechnischen Verweis, wonach die für den Jahresabschluss geltenden Vorschriften auf die – in Abs. 1 S. 1 definierte – **Eröffnungsbilanz** entsprechend anzuwenden sind.[1] In Abs. 2 wurde die Legaldefinition der **GuV**, in Abs. 3 die des **Jahresabschlusses** normiert. In Abs. 4 werden Einzelkaufleute nach § 241a dh Einzelkaufleute, welche einen Umsatz von jeweils 600.000 Euro und einen Jahresüberschuss von jeweils 60.000 Euro in zwei aufeinanderfolgenden Geschäftsjahren bzw. bei Neugründung am ersten Abschlussstichtag nicht überschreiten, von der Aufstellung eines Jahresabschlusses befreit. Diese Regelung ist die logische Konsequenz der Befreiung dieser Einzelkaufleute von der Buchführungspflicht und der Pflicht zur Aufstellung eines Inventars gem. § 241a, da somit die Aufstellung eines Jahresabschlusses – auch praktisch – unmöglich wird. Zu Einzelheiten der Voraussetzungen der Befreiung vgl. Erl. → § 241a. § 242 stellt somit eine Grundsatznorm zur handelsrechtlichen Aufstellungspflicht dar, in der die Vorschrift den Informationsgehalt über die Lage des Unternehmens nach dem **Stichtagsprinzip** (Beginn des Handelsgewerbes, Schluss des Geschäftsjahres) komprimiert. Damit stellt § 242 als zentrale Vorschrift zur Aufstellung des

---

[1] *ADS* Rn. 1.

Jahresabschlusses das Gegenstück zu § 238 als der Generalnorm zur Buchführungspflicht dar.[2] Näheres zu Form und Inhalt des Jahresabschlusses sowie zu den maßgeblichen Grundsätzen ist in §§ 243–256a und – für Kapitalgesellschaften sowie OHG/KG iSv § 264a – in §§ 264 – 289 f. geregelt.

Die entsprechenden **Regelungen zur steuerlichen Gewinnermittlung** 2 knüpfen in mehrfacher Weise an die handelsrechtlichen Vorschriften an. Zum Ersten nimmt § 140 AO Bezug auf Buchführungspflichten in außersteuerlichen Gesetzen und verlangt die Erfüllung dieser Verpflichtungen auch für steuerliche Zwecke. Zweitens knüpft die steuerliche Gewinnermittlung über den **Maßgeblichkeitsgrundsatz** (zu Einzelheiten → § 243 Rn. 23 ff.) in § 5 Abs. 1 S. 1 EStG an die handelsrechtlichen GoB bzw. die Handelsbilanz an. Drittens schließlich greift das Steuerrecht auf handelsrechtliche Jahresabschlussunterlagen zurück. Sofern ein Anhang, ein Lagebericht oder ein Prüfungsbericht vorliegen, sind diese Unterlagen ebenso wie die Bilanz und die GuV der Steuererklärung beizufügen (§ 60 Abs. 3 EStDV).

§ 242 dient neben der **Selbstinformation** und der **Selbstkontrolle** des 3 Kaufmanns letztendlich vorrangig dem Schutz von Kapitalgebern, insbesondere dem **Anleger- und Gläubigerschutz.** Die Pflichten aus § 242 betreffen grundsätzlich alle Kaufleute. Von der Verpflichtung zur Aufstellung eines Jahresabschlusses sind alle diejenigen Personen befreit, die zum Aufstellungszeitpunkt keine Position mehr innehaben, die sie zur Aufstellung verpflichtet hätte (zB ausgeschiedene Gesellschafter einer OHG, ausgeschiedene Vorstände oder Geschäftsführer) sowie Einzelkaufleute nach § 241a.[3]

II. Eröffnungsbilanz (Abs. 1)

1. Aufstellung. Die Eröffnungsbilanz bildet den Ausgangspunkt der han- 4 dels- und steuerrechtlichen Gewinnermittlung für das Erste (Rumpf-)Geschäftsjahr. Zu bilanzieren sind das im Rahmen der **Eröffnungsinventur** aufgenommene Vermögen sowie die Schulden des Kaufmanns. Insbesondere bei Einzelkaufleuten kann die **Abgrenzung von betrieblichem und privatem Vermögen** problematisch sein.[4] Da aber für Zwecke der Bilanzierung nur das unternehmerische, nicht aber das private Vermögen in Betracht kommt, ist die Zuordnung von ausschlaggebender Bedeutung. Neben einer Reihe von Gegenständen, deren Qualifikation als zum unternehmerischen Bereich (zB Produktionsmaschinen) oder zum privaten Bereich (zB ausschließlich zu eigenen Wohnzwecken genutztes Einfamilienhaus) gehörend unstrittig ist, lassen andere Vermögenspositionen (zB Wertpapiere) sowohl eine betriebliche als auch eine private Nutzung zu. In diesen Zweifelsfällen bedarf es einer eindeutigen Zuordnungsentscheidung (**„Widmungsakt"**) des Bilanzierenden (zur steuerlichen Abgrenzung des Betriebsvermögens → § 246 Rn. 12 ff.).[5]

Die Formulierung „zu Beginn" legt die Vermutung nahe, dass eine Eröff- 5 nungsbilanz ausschließlich zu **Beginn** des **Geschäftsbetriebs** aufzustellen ist. Daneben können aber auch die **Erweiterung** eines Kleingewerbes zum kaufmännischen Betrieb oder die **Übernahme** eines bestehenden Handelsgeschäfts eine Eröffnungsbilanz erforderlich werden lassen. Etwas anderes gilt

---

[2] *ADS* Rn. 2.
[3] HdR/*Ellerich/Swart* Rn. 3.
[4] *ADS* Rn. 16.
[5] *ADS* Rn. 16.

im Fall eines Gesellschafterwechsels bei einer bestehenden Gesellschaft: Da die Gesellschaft als solche unverändert bestehen bleibt, liegt kein Grund für eine Eröffnungsbilanz vor.[6]

6   Die Pflicht zur Aufstellung der Eröffnungsbilanz zu Beginn des Geschäfts-betriebs gilt auch für Kapitalgesellschaften und Kaufleute, deren Kaufmanns-eigenschaft erst durch Eintragung entsteht.[7] Liegt die tatsächliche Geschäfts-aufnahme vor der Eintragung, hat dieser frühere Zeitpunkt Vorrang vor dem Eintragungstermin.[8] Ist eine Gesellschaft **Formkaufmann,** so beginnt die Buchführungspflicht nach hM bereits ohne Rücksicht auf die Eintragung nach Abschluss des Gesellschaftsvertrags (→ § 238 Rn. 17). Damit erscheint in diesen Fällen auch die Aufstellung der Eröffnungsbilanz auf diesen Zeit-punkt sinnvoll. Liegt die tatsächliche Geschäftsaufnahme vor dem Abschluss des Gesellschaftsvertrags, dh in der Vorgründungsgesellschaft, ist zumindest aus steuerlicher Sicht die Eröffnungsbilanz der Kapitalgesellschaft dennoch auf den Zeitpunkt des Abschlusses des Gesellschaftsvertrags aufzustellen, da die von der Vorgründungsgesellschaft erzielten Einkünfte zumindest idR nicht in das der Körperschaftsteuerpflicht unterliegende Einkommen ein-zubeziehen sind (H 2 KStH 2008).

7   Bei Gründung einer **Aktiengesellschaft** ist neben der Aufstellung einer Eröffnungsbilanz grundsätzlich auch eine **Gründungsprüfung** gesetzlich vorgeschrieben (§ 33 AktG); Ausnahmen von der Gründungsprüfung sind in § 33a AktG geregelt. In jedem Fall haben die Mitglieder des Vorstands und des Aufsichtsrats den Hergang der Gründung zu prüfen (§ 34 Abs. 1 AktG). Unter bestimmten Umständen – ua bei einer Gründung mit Sacheinlagen oder Sachübernahmen – hat ferner die Prüfung durch einen externen Grün-dungsprüfer zu erfolgen (§ 33 Abs. 2 AktG). Der **Gegenstand** der Prüfung ergibt sich aus § 34 Abs. 1 Nr. 1, 2 AktG. Die Prüfung hat sich demnach darauf zu erstrecken, ob die Angaben der Gründer über die Übernahme der Aktien, über die Einlagen auf das Grundkapital und über die Festsetzungen nach §§ 26 und 27 AktG richtig sind und ob der Wert der Sacheinlagen oder Sachübernahmen den Nennbetrag der dafür zu gewährenden Aktien oder den Wert der dafür zu gewährenden Leistungen erreicht.[9]

8   Hinsichtlich des **Zeitraums,** in dem die Eröffnungsbilanz **aufzustellen** ist, wird auf die für den Jahresabschluss geltenden Vorschriften zurückgegriffen. Für Einzelkaufleute und Personengesellschaften gilt demnach auch für die Eröffnungsbilanz, dass die Aufstellung innerhalb der einem ordnungsmäßigen Geschäftsgang entsprechenden Zeit zu erfolgen hat (§ 243 Abs. 3). Ein Er-messensspielraum besteht in diesem Zusammenhang nicht nur wegen der Auslegungsbedürftigkeit des Begriffs „der einem ordnungsmäßigen Geschäfts-gang entsprechenden Zeit", sondern auch in der Festlegung des **Zeitpunkts,** in dem der **Geschäftsbetrieb aufgenommen** wurde.[10] Kapitalgesellschaften und OHG/KG iSd § 264a sind bei der Aufstellung der Eröffnungsbilanz an die gleichen Fristen gebunden, die auch für den Jahresabschluss in § 264 Abs. 1 vorgeschrieben sind.[11]

---

[6] BeBiKo/*Winkeljohann/Philipps* Rn. 4; HdR/*Ellerich/Swart* Rn. 4.

[7] *ADS* Rn. 8; BeBiKo/*Winkeljohann/Philipps* Rn. 3.

[8] Vgl. ausf. HdR/*Ellerich/Swart* Rn. 8; BeBiKo/*Winkeljohann/Philipps* Rn. 3.

[9] Zu den Einzelheiten der Gründungsprüfung vgl. *IDW* Assurance-WPH Kap. G Rn. 43–145.

[10] HdR/*Ellerich/Swart* Rn. 7.

[11] HdR/*Ellerich/Swart* Rn. 6.

2. Entsprechende Anwendung der Jahresabschlussvorschriften.

Nach § 242 Abs. 1 S. 2 sind auf die Eröffnungsbilanz die für den Jahres- 9
abschluss geltenden Vorschriften entsprechend anzuwenden. Folglich sind
bereits für die Eröffnungsbilanz die **allgemeinen Vorschriften** (§§ 243–245)
ebenso zu beachten wie die **Ansatz- und Bewertungsvorschriften** der
§§ 246–256a. Kapitalgesellschaften und Personengesellschaften iSd § 264a
müssen zudem die ergänzenden Vorschriften des zweiten Abschnitts
(§§ 264 ff.) befolgen. Dagegen bestehen für die Eröffnungsbilanzen **keine
unmittelbaren Prüfungs- oder Offenlegungspflichten.**[12] Jedoch verpflichtet § 60 Abs. 1 EStDV den Steuerpflichtigen ausdrücklich zur Einreichung einer Eröffnungsbilanz beim Finanzamt.

III. Jahresbilanz (Abs. 1)

Die Jahresbilanz ist zum **Schluss** eines jeden **Geschäftsjahres** aufzustellen 10
(zur Dauer des Geschäftsjahres → § 240 Rn. 23 f.). Am Ende des Geschäftsjahres, in dem sich das Handelsgewerbe so weit reduziert, dass das Unternehmen nach Art und Umfang keinen in kaufmännischer Weise eingerichteten
Geschäftsbetrieb mehr erfordert, oder bei Nichtüberschreiten der Schwellenwerte nach § 241a an den Abschlussstichtagen von zwei aufeinanderfolgenden
Geschäftsjahren bzw. im Fall der Neugründung am ersten Abschlussstichtag
muss keine Jahresbilanz mehr aufgestellt werden. Jedoch ist zu dem – uU
schwierig feststellbaren – Zeitpunkt, ab dem die Kaufmannseigenschaft nicht
mehr gegeben ist, eine **Schlussbilanz** aufzustellen.

Einen Sonderfall der Eröffnungsbilanz stellt die **Abwicklungseröffnungs-** 11
bilanz dar, die durch die Abwickler auf den Stichtag zu erstellen ist, an dem
die Liquidation beschlossen wird (§ 154 HGB, § 71 Abs. 1 GmbHG, § 270
Abs. 1 AktG). Diese Eröffnungsbilanz ist unter entsprechender Anwendung
der Vorschriften über den Jahresabschluss aufzustellen (§ 71 Abs. 2 S. 2
GmbHG, § 270 Abs. 2 S. 2 AktG), wobei jedoch die Beendigung der werbenden Tätigkeit der Gesellschaft ihren Niederschlag in der Bewertung der Vermögensgegenstände des Anlagevermögens nach den für das Umlaufvermögen
geltenden Vorschriften findet. Dies gilt, sofern die **Veräußerung** innerhalb
eines überschaubaren Zeitraums beabsichtigt ist oder diese Vermögensgegenstände nicht mehr dem Geschäftsbetrieb dienen (§ 71 Abs. 2 S. 3 GmbHG,
§ 270 Abs. 2 S. 3 AktG). Die Abwicklungseröffnungsbilanz ist zugleich
Schlussbilanz der werbenden Gesellschaft; der Bilanzzusammenhang bleibt
insoweit gewahrt, eine Bilanzidentität ist nach hM jedoch nicht zwingend.[13]

Die **Jahresbilanz** als **zeitpunktbezogene Gegenüberstellung** von Ver- 12
mögensgegenständen und Schulden bildet grundsätzlich einen **Vermögens-
status am Bilanzstichtag.** Werterhebliche Ereignisse sind nur insoweit zu
berücksichtigen, als sie vor dem Abschlussstichtag verursacht wurden und
somit wertaufhellenden Charakter haben.[14]

IV. Gewinn- und Verlustrechnung (Abs. 2)

Neben der Bilanz ist zum Schluss eines jeden Geschäftsjahres eine GuV 13
aufzustellen. Die GuV wird vom Gesetz als eine Gegenüberstellung von

---

[12] HdR/*Ellerich/Swart* Rn. 5.
[13] *IDW* Assurance-WHP Kap. S Rn. 398.
[14] Zu Einzelheiten vgl. Erl. → § 252; ferner BeBiKo/*Winkeljohann/Philipps* Rn. 6.

Aufwendungen und Erträgen eines Geschäftsjahres definiert. Sie ist damit ein **zeitraumbezogenes Informationsinstrument**.[15] Während die Bilanz den Status zu einem Abschlussstichtag abbildet, spiegelt die GuV die Erträge und Aufwendungen wider, die seit dem letzten Stichtag angefallen sind. Der Saldo aus Erträgen und Aufwendungen schlägt sich in der Bilanz – abgesehen von Einlagen und Entnahmen – als Veränderung des Eigenkapitals nieder. Die Rechtsbeziehungen zwischen einer **Personenhandelsgesellschaft** und ihren Gesellschaftern haben für die GuV zur Folge, dass eine Abgrenzung zwischen dem Vermögen der Gesellschaft und demjenigen der Gesellschafter stattfinden muss.[16] Je nach Ausgestaltung des Vertrages kann ein Entgelt als Ergebnisverteilung oder als Aufwand/Ertrag zu berücksichtigen sein. Steuerlich handelt es sich bei Vergütungen, die der Gesellschafter von der Gesellschaft für seine Tätigkeit im Dienst der Gesellschaft oder für die Hingabe von Darlehen oder für die Überlassung von Wirtschaftsgütern bezieht **(Sondervergütungen),** bei der Gewinnermittlung der Gesellschaft nicht um Aufwand, sondern um eine unmittelbare Einkommenszurechnung (§ 15 Abs. 1 Nr. 2 EStG). Die Ausgestaltung des Vertrages als Ergebnisverteilung oder als Aufwand/Ertrag kann aber Auswirkungen haben, wenn Verlustausgleichsbeschränkungen nach § 15a EStG vorliegen.[17] Erträge aus Beteiligungen an Kapitalgesellschaften umfassen auch die einbehaltenen Kapitalertragsteuern, die bei Einbuchung des Beteiligungsertrags als von den Gesellschaftern entnommen zu betrachten sind. Zur Herstellung der Vergleichbarkeit mit dem Abschluss einer Kapitalgesellschaft kann in der GuV jedoch in einem statistischen Posten nach dem Jahresergebnis ein fiktiver Steueraufwand ausgewiesen werden (→ § 264c Rn. 24 f.).

14   Für **Kapitalgesellschaften** und OHG/KG iSv § 264a sind in § 275 zwingende Gliederungsvorschriften (mit Erleichterungen für kleine und mittelgroße Gesellschaften (§ 276) enthalten. Für andere Gesellschaften sieht das Gesetz kein Gliederungsschema vor, jedoch ist aus den GoB abzuleiten, dass die GuV **hinreichend aufzugliedern** ist.[18] Eine Anlehnung an die für Kapitalgesellschaften sowie für OHG/KG iSv § 264a vorgeschriebene Gliederung nach dem **Gesamtkosten-** oder **Umsatzkostenverfahren** (§ 275 Abs. 2, 3) ist üblich (→ § 247 Rn. 13). Sofern der Bilanzierende nicht den ergänzenden Vorschriften der §§ 264 ff. unterliegt, steht es in seinem Ermessen, ob er die GuV in **Konto- oder Staffelform** aufstellt.

V. Jahresabschluss (Abs. 3)

15   Gem. Abs. 3 besteht der Jahresabschluss der Einzelkaufleute und Personenhandelsgesellschaften, die nicht solche iSv § 264a sind, aus der **Bilanz** und der **GuV**. Für Kapitalgesellschaften und Personengesellschaften iSd § 264a wird diese Vorschrift dahingehend modifiziert, dass der Jahresabschluss um einen **Anhang** zu erweitern ist („**erweiterter Jahresabschluss**", § 264 Abs. 1). Für Unternehmen, die dem **PublG** unterliegen, ergibt sich die Verpflichtung zur Aufstellung eines Anhangs aus § 5 Abs. 2 PublG. Für **eG** ist die entsprechende Verpflichtung in § 336 Abs. 1 enthalten.

---

[15] *ADS* Rn. 36.
[16] Vgl. zur handelsrechtlichen Rechnungslegung bei Personenhandelsgesellschaften *IDW* ERS HFA 7 nF.
[17] Schmidt/*Wacker* EStG § 15a Rn. 104.
[18] Beck HdR/*Castan*/*Böcking* B 300 Rn. 5

Anderen Unternehmen steht es jedoch frei, zusätzliche – dem Anhang **16** inhaltlich entsprechende – Unterlagen → erstellen.[19]

VI. Befreiung von den Aufstellungspflichten (Abs. 4)

Einzelkaufleute, die in zwei aufeinanderfolgenden Geschäftsjahren oder bei **17** Neugründung am ersten Abschlussstichtag einen Umsatz von jeweils unter 600.000 Euro und einen Jahresüberschuss von jeweils unter 60.000 Euro aufweisen, sind von der Aufstellung eines Jahresabschlusses befreit. Zu der Ermittlung der Schwellenwerte vgl. Erl. → § 241a).

VII. Folgen der Nichtbeachtung

Die Bedeutung der Aufstellungspflicht wird bereits dadurch verdeutlicht, **18** dass unrichtige Darstellungen in der Eröffnungsbilanz oder dem Jahresabschluss von Kapitalgesellschaften und OHG/KG iSv § 264a mit **Freiheitsstrafen** oder **Geldstrafen** sowie bei Ordnungswidrigkeiten mit **Geldbußen** geahndet werden (§ 331).[20] Mitglieder des vertretungsberechtigten Organs einer Kapitalgesellschaft oder einer OHG/KG iSv § 264a können gem. § 335 unter bestimmten Voraussetzungen vom Bundesamt für Justiz durch Festsetzung eines Ordnungsgeldes zur Befolgung ihrer Pflichten zur Offenlegung angehalten werden (§ 335 Abs. 1; auch → § 238 Rn. 36 f. sowie → § 243 Rn. 22).

§ 243 Aufstellungsgrundsatz

(1) **Der Jahresabschluß ist nach den Grundsätzen ordnungsmäßiger Buchführung aufzustellen.**

(2) **Er muß klar und übersichtlich sein.**

(3) **Der Jahresabschluß ist innerhalb der einem ordnungsmäßigen Geschäftsgang entsprechenden Zeit aufzustellen.**

Schrifttum: (ohne die Einzelbeiträge in den verschiedenen Handbüchern der Rechnungslegung) *Baetge/Kirsch/Thiele,* Bilanzen, 14. Aufl. 2017; BMF, Schreiben vom 12.3.2010, Maßgeblichkeit der handelsrechtlichen Grundsätze ordnungsmäßiger Buchführung für die steuerliche Gewinnermittlung; Änderung des § 5 Absatz 1 EStG durch das Gesetz zur Modernisierung des Bilanzrechts (Bilanzrechtsmodernisierungsgesetz – BilMoG) vom 15. Mai 2009, BStBl. I 2009, 239; BT-Drs. 15/3419 vom 24.6.2004, Entwurf eines Gesetzes zur Einführung internationaler Rechnungslegungsstandards und zur Sicherung der Qualität der Abschlussprüfung (Bilanzrechtsreformgesetz – BilReG); *Böcking,* Verbindlichkeitsbilanzierung, 1994; *Böcking/Dreisbach/Gros,* Der fair value als Wertmaßstab im Handelsbilanzrecht und dem IFRS – eine Diskussion vor dem Hintergrund des Referentenentwurfs des BilMoG, Der Konzern 2008, 207; *Böcking/Gros,* IFRS und die Zukunft der steuerlichen Gewinnermittlung, DStR 2007, 2339; *Böcking/Gros,* Ausgewählte Änderungen im Jahres- und Konzernabschluss durch das BilMoG, Der Konzern 2009, 355; EU-Kommission, Mitteilung der Kommission an den Rat, das Europäische Parlament und den Europäischen Wirtschafts- und Sozialausschuss, KOM(2003) 726 endgültig vom 24.11.2009; EU-Kommission, Vorschlag für eine Richtlinie des Rates über eine Gemeinsame konsolidierte Körperschaftsteuer-Bemessungsgrundlage (GKKB), KOM(2011) 121/4; EU-Kommission, Vorschlag für eine Richtlinie des Rates über eine Gemeinsame konsolidierte Körperschaftsteuer-

---

[19] HdR/*Ellerich/Swart* Rn. 11.
[20] *ADS* Rn. 6 f.; MüKoHGB/*Ballwieser* Rn. 25.

Bemessungsgrundlage, COM(2016) 685 final; *Gros,* Rechnungslegung in Deutschland und den USA, 2010; *Haller,* Die Grundlagen der externen Rechnungslegung in den USA unter besonderer Berücksichtigung der rechtlichen, institutionellen und theoretischen Rahmenbedingungen, 4. Aufl. 1994; *Herlinghaus,* Steuerbilanz und Europäisches Gemeinschaftsrecht, FR 2005, 1189; *Herzig,* IAS/IFRS und steuerliche Gewinnermittlung, WPg 2005, 211; *Herzig,* Steuerliche Gewinnermittlung durch modifizierte Einnahmenüberschussrechnung – Konzeption nach Aufgabe des Maßgeblichkeitsprinzips, DB 2004, 1; *Herzig/Briesemeister,* Reichweite und Folgen des Wahlrechtsvorbehalts § 5 Abs. 1 EStG, DB 2010, 917; *Herzig/Lochmann* in Krawitz, Rechnungslegung nach internationalen Grundsätzen, 2006, 143; *Knobbe-Keuk,* Bilanz- und Unternehmenssteuerrecht, 9. Aufl. 1993; *Moxter,* Grundsätze ordnungsgemäßer Rechnungslegung, 2003; *Müller,* Bruchlinien im Bilanzrecht – Konzern- und Einzelbilanz, in Henze/Hoffmann-Becking, Gesellschaftsrecht 2003, 73; *Siebert,* Grundlagen der US-amerikanischen Rechnungslegung – Ziele und Inhalte der Verlautbarungen der SEC und des FASB sowie ihre Unterschiede zum deutschen Bilanzrecht, 1996; *Sittel,* Der Grundsatz der umgekehrten Maßgeblichkeit – Beurteilung der Verbindung von Handels- und Steuerbilanz unter Berücksichtigung einer Internationalisierung der Rechnungslegung, 2003; *Spengel,* IFRS als Ausgangspunkt der steuerlichen Gewinnermittlung in der Europäischen Union – Steuerbelastungskonsequenzen im Länder- und Branchenvergleich, DB 2006, 681.

Übersicht

I. Allgemeine Grundsätze

1   Der Begriff „Grundsätze ordnungsmäßiger Buchführung" wird im HGB und in anderen Gesetzen, zB § 5 EStG verwendet, ohne dass eine Legaldefinition existiert. Sehr allgemein werden die GoB definiert als ein „System von Regeln und Konventionen, das die gesamte Rechnungslegung umfasst".[1] Die ökonomischen Notwendigkeiten eines solchen Systems liegen darin, dass Geschäftsvorfälle systematisch geordnet auf Konten und im Jahresabschluss zusammengefasst werden müssen, damit die Kapitalgeber **Rechenschaft** über die gegebenen Mittel und die Erträge daraus erhalten können.[2]

2   In der Literatur wird erörtert, wie **GoB abgeleitet** werden können. Dabei werden grundsätzlich drei Wege der Gewinnung von GoB, nämlich der **induktive,** bei der von der Ansicht der Kaufleute auf die GoB geschlossen wird, der **deduktive,** bei der die GoB durch Nachdenken aus übergeord-

---

[1] BeBiKo/*Schmidt/Usinger* Rn. 1.
[2] LexRewe/*Leffson,* 1994, 283.

neten Grundsätzen abgeleitet werden, sowie die **hermeneutische,** bei dem die handelsrechtlichen Bilanzierungsvorschriften anhand der juristischen Methodenlehre ausgelegt werden, genannt.[3]
Überwiegend wird die Meinung vertreten, dass GoB ausschließlich auf **3** deduktivem und/oder hermeneutischem Weg ermittelt werden sollen.[4] Für die Hermeneutik als das Gesetz verstehende ganzheitliche Methode spricht, dass die Deduktion bereits dadurch erschwert wird, dass das Handelsbilanzrecht keinen übergeordneten Zweck ausdrücklich benennt.[5] Andere weisen darauf hin, dass empirische Beobachtungen über die Ansichten und Gewohnheiten der Kaufleute im Sinne der **induktive GoB-Ermittlung** zwar nicht ausschließlich Grundlage für die Herleitung von GoB sein können, dass sie jedoch bei deren Ermittlung, Weiterentwicklung und Interpretation eine tragende Rolle spielen.[6] Diese wichtige Rolle der Anwender bei deren Ermittlung, Weiterentwicklung und Interpretation zeigt sich im System der internationalen sowie US-amerikanischen Entwicklung von Rechnungslegungsgrundsätzen *(standard setting process)* des IASB bzw. FASB, aber auch im privaten Rechnungslegungsgremium nach § 342 (DRSC). Die *preparers* sind in hohem Maß in diesen Prozess eingebunden. Es wird zwar auch international die in der deutschen Literatur als Kritik an der induktiven Methode bekannte Befürchtung geäußert, dass sie den *standard setting process* kontrollieren und ihre Diskussionsbeiträge ineffizient seien. Trotz der Gefahr des *„business lobbying"* wird insgesamt davon ausgegangen, dass Vorschriften entstehen, die dem Ziel der Rechnungslegung (Information und Schutz der Anteilseigner und des Kapitalmarktes) entsprechen und deren praktische Anwendbarkeit gesichert ist.[7]
Dem Standardisierungsrat im DRSC wird bei der induktiven Entwicklung **4** der die Konzernrechnungslegung betreffenden Grundsätze ordnungsmäßiger Buchführung aufgrund der **Vermutungsregelung** des § 342 Abs. 2 eine besondere Funktion zugewiesen. Danach wird die Beachtung der die Konzernrechnungslegung betreffenden Grundsätze ordnungsmäßiger Buchführung vermutet, soweit vom Bundesministerium der Justiz und für Verbraucherschutz bekannt gemachte Empfehlungen des Standardisierungsrates beachtet worden sind (vgl. Erl. zu § 342).
Die GoB lassen sich nach verschiedenen Kriterien unterteilen. Bedeutsam **5** ist die Einteilung in kodifizierte und nicht kodifizierte Grundsätze und die Einteilung in Grundsätze der Dokumentation und der Rechenschaft.[8]

II. Grundsätze ordnungsmäßiger Buchführung (Abs. 1)

1. Kodifizierte und nicht kodifizierte GoB. Die so genannte Bilanz- **6** RL (Richtlinie 2013/34/EU), welche die Vierte Richtlinie (78/660/EWG) und die 7. EU-RL (Richtlinie 83/349/EWG) zusammenführte, formuliert neben der Generalnorm (Art. 4 Abs. 3 S. 1): „Der Jahresabschluss hat ein den

---

[3] HdR/*Baetge/Fey/Fey/Klönne* Rn. 19–21.
[4] HdR/*Baetge/Fey/Fey/Klönne* Rn. 19; Beck HdR/*Ballwieser* B 105 Rn. 2; LexRewe/*Leffson*, 1994, 283; Blümich/*Krumm* EStG § 5 Rn. 209; *Böcking,* Verbindlichkeitsbilanzierung, 1994, 5 f.
[5] *Baetge/Kirsch/Thiele* Bilanzen S. 109 f.
[6] *Moxter* GoR S. 9 ff.; BeBiKo/*Schmidt/Usinger* Rn. 16; Blümich/*Krumm* EStG § 5 Rn. 209.
[7] *Siebert* Grundlagen der US-amerikanischen Rechnungslegung S. 52 ff.
[8] LexRewe/*Leffson*, 1994, 283.

tatsächlichen Verhältnissen entsprechendes Bild der Vermögens-, Finanz- und Ertragslage des Unternehmens zu vermitteln", eine Reihe von Grundsätzen zur formellen Gestaltung und zur Bewertung. Zu den wichtigsten GoB, die im HGB kodifiziert sind, zählen insbesondere folgende Grundsätze der **Dokumentation** (allg. zu den GoB → § 238 Rn. 28 f.):

- Klarheit und Übersichtlichkeit (§ 238 Abs. 1 S. 2; § 243 Abs. 2; § 247 Abs. 1),
- Vollständigkeit (§ 239 Abs. 2; § 246 Abs. 1 S. 1),
- Grundsätze der Rechenschaft, zB Stetigkeit des Kontenrahmens, Realisations- und Imparitätsprinzip zur Auslösung der Buchungspflicht,

und folgende weitere Grundsätze der Rechenschaft:

- Stichtagsprinzip (§ 242 Abs. 1, Abs. 2),
- Verrechnungs- bzw. Saldierungsverbot mit Ausnahme von Vermögensgegenständen, die dem Zugriff aller Gläubiger entzogen sind und ausschließlich zur Deckung von Altersversorgungsverpflichtungen für Arbeitnehmer dienen (§ 246 Abs. 2),
- Bilanzidentität (§ 252 Abs. 1 Nr. 1),
- Going-concern-Prinzip (§ 252 Abs. 1 Nr. 2),
- Einzelbewertung (§ 252 Abs. 1 Nr. 3),
- Ansatz- und Bewertungsstetigkeit (§ 246 Abs. 3, § 252 Abs. 1 Nr. 6),
- Anschaffungswert- bzw. Herstellungskostenprinzip (§ 253 Abs. 1 S. 1), mit Ausnahme von Vermögensgegenständen, die dem Zugriff aller Gläubiger entzogen sind und ausschließlich zur Deckung von Altersversorgungsverpflichtungen für Arbeitnehmer dienen (§ 253 Abs. 1 S. 4), auf fremde Währung lautende Vermögensgegenstände mit einer Restlaufzeit unter einem Jahr (§ 256a), sowie Finanzinstrumente des Handelsbestands bei Kredit- und Finanzdienstleistungsinstituten (§ 340e Abs. 3) und Vermögensgegenstände als Teil von Bewertungseinheiten (§ 254),
- Vorsichtsgrundsatz, konkretisiert durch das Imparitätsprinzip (§ 252 Abs. 1 Nr. 4 Hs. 1) und das Realisationsprinzip (§ 252 Abs. 1 Nr. 4 Hs. 2),
- Niederstwertprinzip (§ 253 Abs. 1, Abs. 3 S. 3–4 und Abs. 4),
- Periodengerechte Zuordnung von Aufwendungen und Erträgen (§ 252 Abs. 1 Nr. 5),
- Prinzip der wirtschaftlichen Betrachtungsweise (§ 246 Abs. 1 S. 2),
- Wertaufhellungsprinzip (§ 252 Abs. 1 Nr. 4).

7   Für Kapitalgesellschaften, OHG/KG iSv § 264a, Genossenschaften und publizitätspflichtige Unternehmen wird der Grundsatz der Klarheit durch die **Gliederungsvorschriften** der §§ 265, 266, 275 und 277 konkretisiert.

8   **Nicht kodifizierte GoB** sind mit rechtlichem Geltungsanspruch ausgestattet.[9] Sie haben wegen der Kodifizierung vieler GoB im Zuge der Umsetzung der Vierten Richtlinie[10] durch das BiRiLiG sowie durch die weitere Kodifizierung im Rahmen des BilMoGs nur noch geringen Umfang. Der Grundsatz der **wirtschaftlichen Betrachtungsweise** im Bilanzrecht[11] (mit Ausnahme des Prinzips der wirtschaftlichen Zurechnung von Vermögensgenständen (§ 246 Abs. 1 S. 2), sowie der Grundsatz der Richtigkeit und Willkürfreiheit, der Grundsatz der Objektivierung oder der Grundsatz

---

[9] *ADS* Rn. 11.
[10] Mittlerweile ersetzt durch 2013/34/EU (sog. Bilanz-Richtlinie).
[11] Zum Prinzip der wirtschaftlichen Betrachtungsweise *Moxter* GoR S. 16 f.; grundlegend *Böcking* Verbindlichkeitsbilanzierung 1994.

der Nichtberücksichtigung (ausgeglichener) schwebender Geschäfte stellen Beispiele für nicht kodifizierte GoB dar.[12]

2. Stille Reserven. Der Bilanz-Richtlinie entsprechend hat nach § 264 **9** Abs. 2 der Jahresabschluss einer **Kapitalgesellschaft** (sowie OHG/KG iSv § 264a, **eG,** § 336 Abs. 2 und Unternehmen, die unter das Publizitätsgesetz fallen) unter Beachtung der GoB ein den tatsächlichen Verhältnissen entsprechendes Bild der Vermögens-, Finanz- und Ertragslage der Gesellschaft zu vermitteln (*true and fair view;* → § 264 Rn. 23 ff.). Die „einfache" Generalklausel in § 243 sieht dagegen von einer dem § 264 Abs. 2 entsprechenden Vorschrift ab, da bei Umsetzung der Vierten Richtlinie durch das BiRiLiG die Vorschriften für **Einzelkaufleute** und **Personengesellschaften** nicht verschärft werden sollten.[13] Mit der Umsetzung der GmbH & Co.-Richtlinie durch das KapCoRiLiG erfolgte eine Ausdehnung der Anwendung der schärferen Vorschriften auf Personenhandelsgesellschaften, bei denen nicht wenigstens ein persönlich haftender Gesellschafter unmittelbar oder mittelbar eine natürliche Person ist.

Die Legung stiller Reserven verstößt gegen das Postulat der Bilanz-Richt- **10** linie bzw. deren Vorgängerrichtlinien, dass der „Jahresabschluss ein den tatsächlichen Verhältnissen entsprechendes Bild der Vermögens-, Finanz- und Ertragslage der Gesellschaft" vermitteln soll. Insofern ist es folgerichtig, dass der Gesetzgeber mit der Umsetzung des BilMoG die **Legung stiller Reserven** durch die Abschaffung von Wahlrechten stark eingeschränkt hat. So wurden ua das Wertbeibehaltungswahlrecht bei Wertaufholung auch für Personengesellschaften (§ 253 Abs. 5 aF), das Wahlrecht zur Vornahme von Abschreibungen für künftige Wertschwankungen (§ 253 Abs. 3 S. 3), sowie die Zulässigkeit von Abschreibungen im Rahmen vernünftiger kaufmännischer Beurteilung (§ 253 Abs. 4 aF) abgeschafft. Ferner wurde das Wahlrecht zum Ansatz des im Rahmen eines asset-deals entgeltlich erworbenen Geschäfts- oder Firmenwerts durch eine Aktivierungspflicht ersetzt.[14]

III. Grundsatz der Klarheit und Übersichtlichkeit (Abs. 2)

1. Anwendungsbereich. An zentraler Stelle der Bilanz-Richtlinie ist der **11** Grundsatz der Klarheit und Übersichtlichkeit festgelegt (Art. 4 Abs. 2), der durch Abs. 2 transformiert wurde. Er gilt für **alle Kaufleute,** also auch für die Kapitalgesellschaften und Unternehmen nach PublG, auch wenn für diese die Kodifizierung der Gliederungsvorschriften (§§ 265, 266, 275, 277) eine weitere Konkretisierung darstellt.[15] Der Grundsatz der Klarheit und Übersichtlichkeit betrifft den **gesamten Jahresabschluss,** und somit auch den Anhang sowie andere Berichtsbestandteile, wie zB Kapitalflussrechnung oder Eigenkapitalspiegel, sofern diese erstellt werden müssen. Zudem ist der Grundsatz der Klarheit und Übersichtlichkeit nach hM auch für den **Lagebericht** anzuwenden[16] Es muss daher gefordert werden, dass zB die Erläuterungen im Anhang erkennbaren Ordnungskriterien genügen und dass der Zu-

---

[12] *Kirsch* in Hofbauer/Kupsch Bonner-HdB Rn. 77; MüKoHGB/*Ballwieser* Rn. 12.

[13] Hierfür spricht insbesondere die Gesetzeshistorie des BiRiLiG, vgl. *Gros,* Rechnungslegung in Deutschland und den USA, 2010, 90.

[14] BT-Drs. 16/10067, 35 f.; *Böcking/Gros* Der Konzern 2009, 355 (356).

[15] BeBiKo/*Schmidt/Usinger* Rn. 71.

[16] *Kirsch* in Hofbauer/Kupsch Bonner-HdB Rn. 92; BeBiKo/*Schmidt/Usinger* Rn. 52; HdR/*Baetge/Fey/Fey/Klönne* Rn. 45.

sammenhang zwischen den erläuterten Posten und den Erläuterungen erkennbar ist.

12   Der Grundsatz wirkt sich für Gesellschaften, für die die speziellen Gliederungsvorschriften nicht gelten, dahingehend aus, dass eine Mindestgliederung, die nachvollziehbaren Ordnungskriterien genügt, gefordert werden muss. Die **Mindestgliederung** ist bezüglich des getrennten Ausweises der Posten in § 247 Abs. 1 (→ § 247 Rn. 3 f.) und hinsichtlich des grundsätzlichen Saldierungsverbots in § 246 Abs. 2 (→ § 246 Rn. 44 ff.) konkretisiert.[17]

13   **2. Regelungsinhalt.** Der Grundsatz der Klarheit und Übersichtlichkeit gehört sowohl in den Bereich der Dokumentation als auch zu den Grundsätzen der Rechenschaft. Buchführung und Jahresabschluss müssen einem **sachverständigen Dritten** (§ 238 Abs. 1 S. 2) verständlich sein. Dies ist die Grundvoraussetzung für die Vermittlung von Informationen. Die Gebote der Richtigkeit, Klarheit und Vollständigkeit ergeben sich unmittelbar aus den Zwecken der Dokumentation. In Bezug auf die Rechenschaft sind Richtigkeit (Willkürfreiheit), Klarheit und Vollständigkeit als Rahmengrundsätze gekennzeichnet.[18] Klarheit bedeutet sowohl, dass Geschäftsvorfälle richtig erfasst und im Jahresabschluss korrekt zusammengefasst sein müssen, als auch, dass der Jahresabschluss für denjenigen, der Einblick nimmt, klar erkennen lässt, was im Einzelnen dargestellt wird. Der Grundsatz der Klarheit ergänzt insofern den Grundsatz der Richtigkeit, da er festlegt, dass der Jahresabschluss **formal richtig** sein muss.[19]

14   Für **Einzelkaufleute** und **Personengesellschaften** mit Ausnahme solcher iSd § 264a ist gesetzlich kein Gliederungsschema vorgeschrieben. Die Posten des Jahresabschlusses sind in § 247 aufgezählt. Die Bezeichnungen der einzelnen Posten des Jahresabschlusses müssen **eindeutig** sein.[20] Da die in den gesetzlichen Schemata verwendeten Begriffe und deren Inhalt allgemein bei Sachverständigen bekannt sind, ist deren Verwendung ratsam. Dasselbe gilt für die Form der Darstellung (Kontoform, Staffelform in der GuV). Von den gesetzlichen Bezeichnungen sollte nur abgewichen werden, wenn der Inhalt des Postens nicht durch die vorgeschriebenen Bezeichnungen gedeckt wird (§ 265 Abs. 5 S. 2). Die **Saldierung** von Aktiv- und Passivposten ist ebenso unzulässig wie diejenige von Aufwendungen mit Erträgen, wobei dieses Verrechnungsverbot in Ausnahmefällen durchbrochen wird (vgl. Erl. § 246). Da Abs. 2 nur die äußere Form des Jahresabschlusses betrifft, hat die Norm praktisch **keine steuerliche Bedeutung**.[21]

15   Zur Klarheit gehört außerdem eine eindeutige und stringente Darstellung der Bilanz und der GuV. Die Zuordnung von Beträgen und Postenbezeichnungen und die Abgrenzung der Postenbezeichnungen müssen **eindeutig** sein. Leerposten sind nicht aufzuführen. Die Gliederungsbezeichnungen müssen durchgängig sein, dh ein weggelassener Leerposten führt nicht zur Unterbrechung einer Nummerierung, sondern zur Änderung.[22] In Bezug auf das Gliederungsschema des § 266 bedeutet dies zB, dass, wenn zu den immateriellen Vermögensgegenständen nur Konzessionen und geleistete An-

---

[17] Baumbach/Hopt/*Merkt* Rn. 4; KKRD/*Morck*/*Drüen* Rn. 4.
[18] *Leffson* GoB S. 179.
[19] *Leffson* GoB S. 207.
[20] *Kirsch* in Hofbauer/Kupsch Bonner-HdB Rn. 96–99.
[21] BeBiKo/*Schmidt*/*Usinger* Rn. 70.
[22] BeBiKo/*Schmidt*/*Usinger* Rn. 62 f.

zahlungen gehören, der entsprechende Auszug des Gliederungsschemas lauten würde:
(2) Aktivseite
A. Anlagevermögen
  I. Immaterielle Vermögensgegenstände
    1. Konzessionen
    2. geleistete Anzahlungen

3. Rechtslage bei Verstößen gegen Abs. 2. Die Verletzung des Gebots **16** der Klarheit und der Übersichtlichkeit kann handelsrechtlich mit **Freiheits-** oder **Geldstrafe** sowie der Zahlung von **Bußgeld** bestraft werden (§ 331 Nr. 1, § 334 Abs. 1 Nr. 1 Buchst. a HGB, § 20 Abs. 1 Nr. 1 PublG). Ggf. führt der Verstoß gegen Abs. 2 zur **Nichtigkeit** des Jahresabschlusses (§ 256 Abs. 4 AktG).[23] Ebenso kommt eine **strafrechtliche Sanktionierung** idR Insolvenzstraftaten (§ 283 Abs. 1 Nr. 7 Buchst. a StGB; § 283b Abs. 1 Nr. 3 Buchst. a StGB) in Betracht.

IV. Aufstellungsfrist (Abs. 3)

1. Geltungsbereich. Regelungsgegenstand des Abs. 3 ist die Aufstellungs- **17** frist für Jahresabschlüsse. Aufgrund der Stellung im Ersten Abschnitt des Dritten Buches gilt die Vorschrift grundsätzlich für alle Kaufleute. Da jedoch die Aufstellungsfristen für OHG/KG iSv § 264a in § 264 Abs. 1 und für die großen Einzelkaufleute und Personengesellschaften bereits in § 5 Abs. 1 PublG geregelt sind, erlangt § 243 Abs. 3 **nur** für die nicht vom PublG und nicht von § 264a erfassten **Einzelkaufleute und Personenhandelsgesellschaften** Bedeutung. Nach § 264 Abs. 1 und § 5 Abs. 1 PublG ist der Jahresabschluss innerhalb von **drei Monaten** nach Beendigung des Geschäftsjahres aufzustellen, für kleine Kapitalgesellschaften und OHG/KG iSd § 264a beträgt die Frist sechs Monate. Genossenschaften haben eine Frist von fünf Monaten (§ 336 Abs. 1 S. 2), Versicherungsunternehmen eine von vier Monaten (§ 341a Abs. 1) und Kreditinstitute eine von drei Monaten (§ 26 Abs. 1 KWG).

2. Zeitlicher Rahmen. Für die nicht vom PublG und nicht von § 264a **18** erfassten Einzelkaufleute und Personenhandelsgesellschaften sieht Abs. 3 jedoch keine absoluten **Aufstellungsfristen** vor, sondern verlangt eine Aufstellung „innerhalb der einem ordnungsmäßigen Geschäftsgang entsprechenden Zeit"

Da die „einem ordnungsgemäßen Geschäftsgang entsprechende Zeit" **19** einen unbestimmten Rechtsbegriff darstellt, hängt die Bemessung der Aufstellungsfrist für die nicht vom PublG erfassten Einzelkaufleute und Personenhandelsgesellschaften von den Umständen des Einzelfalls ab.[24] Für ein Unternehmen in der **Krise** und im Bereich des Insolvenzstrafrechts sind kürzere Fristen anzunehmen;[25] Fristen von mehreren Jahren sind unzulässig (vgl. BFH Urt. v. 6.12.1983).[26] Strittig ist die maximal zulässige Frist zur Aufstellung des Jahresabschlusses. Wird der Jahresabschluss innerhalb einer

---

[23] BeBiKo/*Schmidt/Usinger* Rn. 68.
[24] KKRD/*Morck/Drüen* Rn. 5.
[25] *ADS* Rn. 44; BeBiKo/*Schmidt/Usinger* Rn. 93; Baumbach/Hopt/*Merkt* Rn. 11–13.
[26] BStBl. II 1984, 227.

Frist unter einem Jahr aufgestellt, wird dies jedoch im Allgemeinen als zulässig anzusehen sein.[27]

20　Eine **Verlängerung** durch gesellschaftsvertragsrechtliche Vereinbarung ist **nicht zulässig.**[28]

21　Für **steuerliche Zwecke** gelten dieselben Grundsätze, da die Buchführung ohne die Einhaltung der Fristen nicht ordnungsgemäß ist. Die Abgabenordnung enthält Fristen nur für die Abgabe der ESt-/KSt-Erklärung (§ 149 Abs. 2 AO und § 109 Abs. 1 AO). Die Steuerbilanz ist als „Unterlage" der Steuererklärung beizufügen.[29]

22　**3. Rechtsfolgen bei Versäumung der Aufstellungsfrist.** Eine unmittelbare **handelsrechtliche Sanktionierung** für das Überschreiten der Aufstellungsfrist wurde vom Gesetzgeber nicht normiert. Da ein nicht innerhalb der von Abs. 3 festgelegten Frist aufgestellter Jahresabschluss jedoch nicht mehr den GoB entspricht, stellt die verspätete Aufstellung nach § 334 Abs. 1 Nr. 1 Buchst. a iVm § 243 Abs. 1 eine **Ordnungswidrigkeit** dar. Kommt der Kaufmann trotz Kenntnis einer **insolvenzrechtlichen Krisensituation** der Aufstellungsfrist nicht nach, sehen die **Straftatbestände** (§ 283 Abs. 1 Nr. 7 Buchst. b StGB, § 283b Abs. 1 Nr. 3 Buchst. b StGB) sowohl **Geldstrafen** als auch **Freiheitsstrafen** vor.[30]

V. Der Grundsatz der Maßgeblichkeit

23　Die sog. Maßgeblichkeit der handelsrechtlichen GoB für die **steuerliche Gewinnermittlung** ist in § 5 Abs. 1 S. 1 EStG verankert. Der sog. Maßgeblichkeitsgrundsatz bzw. das sog. Maßgeblichkeitsprinzip besagt, dass, wenn die **Handelsbilanz** nach den Grundsätzen ordnungsmäßiger Buchführung erstellt wird und nicht gegen zwingende handelsrechtliche Vorschriften verstößt, sie die Grundlage für die **steuerliche Gewinnermittlung** bildet. Der umfassende Maßgeblichkeitsgrundsatz wird **eingeschränkt** durch die steuerlichen Ansatz- und Bewertungsvorbehalte des § 5 Abs. 1a–4b, Abs. 6 EStG sowie der §§ 6, 6a und 7 EStG.

24　Vor der Verabschiedung des BilMoG unterschied die Literatur zwischen der materiellen und der formellen Maßgeblichkeit sowie der sog. „umgekehrten Maßgeblichkeit".[31] Inhalt der **materiellen Maßgeblichkeit,** die auch nach Verabschiedung des BilMoG noch die Basis der steuerlichen Gewinnermittlung darstellt,[32] ist, dass handelsrechtlich zwingende Vorschriften auch steuerlich zwingend sind (Aktivierungsgebote, -verbote bzw. Passivierungsgebote, -verbote), es sei denn, eine steuerliche Regelung steht dem entgegen. Beispielsweise ist nach diesem Grundsatz eine handelsrechtlich erforderliche Rückstellung für die Kosten der Erstellung des Jahresabschlusses

---

[27] *ADS* Rn. 39 f.; BeBiKo/*Schmidt/Usinger* Rn. 93; KKRD/*Morck/Drüen* Rn. 5; aA Baumbach/Hopt/*Merkt* Rn. 11, der in Anlehnung an die Frist für kleine Kapitalgesellschaften grundsätzlich auch für Einzelkaufleute und Personengesellschaften eine Sechsmonatsfrist für angemessen hält, die nur in Ausnahmefällen überschritten werden darf; HdR/*Baetge/Fey/Fey/Klönne* Rn. 93, die eine Frist von sechs bis neun Monaten für angemessen halten. S. auch Beck HdR/*Hentschel* B 101 Rn. 27–29 mit einer Übersicht der als zulässig angesehenen Fristen.

[28] BeBiKo/*Schmidt/Usinger* Rn. 93.

[29] BeBiKo/*Schmidt/Usinger* Rn. 94.

[30] *ADS* Rn. 47; BeBiKo/*Schmidt/Usinger* Rn. 95.

[31] Blümich/*Krumm* EStG § 5 Rn. 180–183; *Knobbe-Keuk,* Bilanz- und Unternehmenssteuerrecht, 9. Aufl. 1993, 17 ff.

[32] BMF 12.3.2010, BStBl. I 2010, 239 Rn. 1; *Herzig/Briesemeister* DB 2010, 917.

auch steuerlich zu bilden.[33] Durchbrochen wird die materielle Maßgeblichkeit durch den BFH-Grundsatz, dass handelsrechtliche Aktivierungswahlrechte steuerlich zu Aktivierungsgeboten führen, handelsrechtliche Passivierungswahlrechte zu steuerlichen Passivierungsverboten.[34] Durch die Möglichkeit, steuerliche Wahlrechte unabhängig von den handelsrechtlichen Wahlrechten auszuüben, ist die materielle Maßgeblichkeit nur noch bei Fehlen einer steuerlichen Regelung von Bedeutung.[35] Bewertungswahlrechte, die in der Handelsbilanz ausgeübt werden können, ohne dass eine eigenständige steuerliche Regelung besteht (zB die Einbeziehung von Fremdkapitalkosten in die Herstellungskosten nach § 255 Abs. 3 S. 2 bzw. R 6.3 Abs. 5 EStR), wirken somit aufgrund der Maßgeblichkeit der Handelsbilanz auch auf den Wertansatz in der Steuerbilanz.[36]

Werden **steuerliche Wahlrechte** unterschiedlich zu den handelsrecht- **25** lichen Wahlrechten ausgeübt, schreibt § 5 Abs. 1 S. 2 und 3 EStG vor, besondere, laufend zu führende **Verzeichnisse** anzulegen, in denen folgende Angaben über die betroffenen Wirtschaftsgüter enthalten sind: Tag der Anschaffung oder Herstellung, Anschaffungs- oder Herstellungskosten sowie die Vorschrift des ausgeübten steuerlichen Wahlrechts und die vorgenommenen Abschreibungen.

Die **formelle Maßgeblichkeit,** die besagt, dass steuerrechtliche Wahl- **26** rechte in Übereinstimmung mit der handelsrechtlichen Jahresbilanz auszuüben sind, wurde mit Verabschiedung des BilMoG[37] bis auf wenige Ausnahmen (zB die Ausübung des Wahlrechts zur Bildung von Bewertungseinheiten (§ 254 HGB iVm § 5 Abs. 1a EStG) **aufgehoben.**[38] Durch die formelle Maßgeblichkeit war die Inanspruchnahme von steuerlichen Vergünstigungen nur dann möglich, wenn in gleicher Weise in der Handelsbilanz bilanziert wurde, deshalb wurde auch von der **umgekehrten Maßgeblichkeit** gesprochen, da die Auswirkungen in der Steuerbilanz für die Ausübung der handelsrechtlichen Bilanzierungswahlrechte maßgeblich war.[39] Wahlrechte, die sowohl steuerrechtlich als auch handelsrechtlich bestehen (zB Verbrauchsfolgeverfahren nach § 256 HGB bzw. § 6 Abs. 1 Nr. 2a EStG, Abschreibungsverfahren nach § 253 HGB bzw. § 5 Abs. 6 EStG iVm § 7 Abs. 2 EStG), können seit BilMoG unabhängig voneinander ausgeübt werden und Wahlrechte, die nur steuerlich bestehen (zB Übertragung stiller Reserven bei der Veräußerung bestimmter Anlagegüter nach § 6b EStG), können unabhängig von den handelsrechtlichen Wertansätzen ausgeübt werden.[40] Aufgrund des Entfalls der formellen bzw. umgekehrten Maßgeblichkeit, besteht somit auch nicht mehr die Notwendigkeit, die Inanspruchnahme von steuerrechtlichen Vergünstigungen bei der Ausübung handelsrechtlicher Wahlrechte, zu berücksichtigen.

Die aufgrund von steuerlichen Ansatz- und Bewertungsvorbehalten resul- **27** tierenden (möglichen) Unterschiede zwischen Handels- und Steuerbilanz stellen sich insbesondere wie folgt dar:[41]

---

[33] BeBiKo/*Schmidt/Usinger* Rn. 113.
[34] BeBiKo/*Schmidt/Usinger* Rn. 114–118.
[35] BMF 12.3.2010, BStBl. I 2010, 239 Rn. 16 ff.
[36] BMF 12.3.2010, BStBl. I 2010, 239 Rn. 5.
[37] BMF 12.3.2010, BStBl. I 2010, 239 Rn. 5.
[38] BT-Drs. 16/1067, 99; BeBiKo/*Schmidt/Usinger* Rn. 112.
[39] BeBiKo/*Schmidt/Usinger* Rn. 121.
[40] BMF 12.3.2010, BStBl. I 2010, 239 Rn. 13, 16 ff.
[41] Die Aufzählung erhebt keinen Anspruch auf Vollständigkeit.

	Handelsbilanz	Steuerbilanz
Ansatzvorbehalte		
Rückstellungen für drohende Verluste aus schwebenden Geschäften	Ansatzpflicht (§ 249 Abs. 1)	Ansatzverbot (§ 5 Abs. 4a EStG)
Rückstellungen für bestimmte Entsorgungsverpflichtungen radioaktiver Stoffe	Ansatzpflicht (§ 249 Abs. 1)	Ansatzverbot (§ 5 Abs. 4b EStG)
Selbstgeschaffene immaterielle Vermögensgegenstände/Wirtschaftsgüter des Anlagevermögens	Ansatzwahlrecht (§ 248 Abs. 2 S. 1). Davon ausgenommen sind Marken, Drucktitel, Verlagsrechte, Kundenlisten oder vergleichbare immaterielle Vermögensgegenstände des Anlagevermögens (§ 248 Abs. 2 S. 2)	Generelles Ansatzverbot (§ 5 Abs. 2 EStG)
Ansatz von Rechnungsabgrenzungsposten für als Aufwand berücksichtigte Zölle, Verbrauchssteuern und Umsatzsteuer auf Anzahlungen	Ansatzverbot (Aufhebung des § 250 Abs. 1 S. 2 aF)	Ansatzpflicht (§ 5 Abs. 5 S. 2 Nr. 2 EStG)
Aktive latente Steuern	Ansatzwahlrecht (§ 274 Abs. 1 S. 2)	Ansatzverbot
Bewertungsvorbehalte		
Rückstellungen für Pensionen und ähnliche Verpflichtungen	Bewertung grundsätzlich mit dem nach kaufmännischer Beurteilung notwendigen Erfüllungsbetrag (§ 253 Abs. 1 S. 2); Abzinsung mit durchschnittlichem Marktzins der letzten 10 Jahre (idR von der Bundesbank bekannt gegeben) (§ 253 Abs. 2 S. 1)	Bewertung grundsätzlich zum Teilwert § 6a Abs. 3 EStG; zusätzliche Einschränkungen in § 52 EStG (zB Anwärter) und R 6a EStR; Abzinsungssatz grundsätzlich 6%
Rückstellungen (ohne Pensionsrückstellungen)	Bewertung grundsätzlich mit dem nach kaufmännischer Beurteilung notwendigen Erfüllungsbetrag, dh unter Berücksichtigung von künftigen Preis- und Kostensteigerungen (§ 253 Abs. 1 S. 2). Bei einer Laufzeit von mehr als einem Jahr Abzinsungsgebot zum durchschnittlichen Marktzins der letzten 7 Jahre (idR von der Bundesbank bekannt gegeben) (§ 253 Abs. 2 S. 1)	Bewertung von Rückstellungen auf Basis des am Abschlussstichtag geltenden Preis- und Kostenniveaus. Bei einer Laufzeit von mehr als 12 Monaten grundsätzlich Abzinsung mit einem Zinssatz von 5,5% mit Ausnahme der in § 6 Abs. 1 Nr. 3 S. 2 iVm Abs. 3a lit. e EStG aufgeführten Rückstellungen

	Handelsbilanz	Steuerbilanz
Planmäßige Abschreibungen des derivativen Geschäfts- oder Firmenwertes	Auf Basis der voraussichtlichen Nutzungsdauer (§ 253 Abs. 3 S. 2 iVm § 246 Abs. 1 S. 4), falls diese nicht verlässlich geschätzt werden kann, 10 Jahre (§ 253 Abs. 3 S. 3–4)	15 Jahre (§ 7 Abs. 1 S. 3 EStG)
Außerplanmäßige Abschreibungen/ Teilwertabschreibungen auf Anlagevermögen	Wahlrecht bei nicht dauerhafter Wertminderung § 253 Abs. 3 S. 6 für Finanzanlagen	Nur bei dauernder Wertminderung (§ 6 Abs. 1 EStG)
Außerplanmäßige Abschreibung des Umlaufvermögens bei vorübergehender Wertminderung	Pflicht (§ 253 Abs. 4)	Wahlrecht zur Abwertung auf den niedrigeren Teilwert nur bei voraussichtlich dauerhafter Wertminderung (§ 6 Abs. 1 Nr. 2 S. 2); Abwertungsverbot bei nur vorübergehender Wertminderung

Die verpflichtende Anwendung der IFRS ist derzeit auf Konzernabschlüsse **28** bestimmter Unternehmen beschränkt (vgl. Erl. zu § 315e), sodass aktuell kein direkter Zusammenhang mit dem Maßgeblichkeitsprinzip besteht. Auch die durch das BilReG eingeführte Möglichkeit, nach § 325 Abs. 2a und Abs. 2b einen freiwillig aufgestellten **IFRS-Einzelabschluss** zu Informationszwecken anstelle des handelsrechtlichen Jahresabschlusses im Bundesanzeiger offenzulegen, wirkt sich nicht auf das Maßgeblichkeitsprinzip aus, wie in der Gesetzesbegründung hervorgehoben wird.[42] Demnach wird der IFRS-Einzelabschluss als Grundlage für die Ausschüttungsbemessung und die steuerliche Gewinnermittlung als nicht geeignet angesehen.[43] Mit dem BilMoG wurde zwar eine **Annäherung an die IFRS** intendiert, aber zugleich der Argumentation des BilReG im Grundsatz weiter gefolgt und demgemäß betont, dass „der handelsrechtliche Jahresabschluss Grundlage der Gewinnausschüttung [bleibt] und die Vorzüge der Maßgeblichkeit des handelsrechtlichen Jahresabschlusses für die steuerliche Gewinnermittlung bewahrt [werden]". Damit blieben „die Eckpfeiler der handelsrechtlichen Rechnungslegung ebenso bestehen, wie das System der Grundsätze ordnungsmäßiger Buchführung".[44]

Zwar brachte die Abschaffung von Ansatz- und Bewertungswahlrechten im **29** Zuge des BilMoG in Teilbereichen sogar eine **Annäherung** des Handelsbilanzrechts an die **steuerliche Gewinnermittlung** mit sich, doch herrscht weitgehend Einigkeit, dass der bereits vor BilMoG als ausgehöhlt betrachtete

---

[42] BT-Drs. 15/3419, 21.
[43] *Herzig* WPg 2005, 211.
[44] BT-Drs. 16/10067, 32 (beide Zitate).

Maßgeblichkeitsgrundsatz[45] durch neue Durchbrechungen weiter geschwächt wurde und damit die Aufstellung einer Einheitsbilanz zunehmend erschwert wird. Dementsprechend wird bereits in der Gesetzesbegründung zum Bil-MoG die Frage gestellt, „ob dieser Jahresabschluss seine bisherige Funktion, aufgrund des Maßgeblichkeitsgrundsatzes die steuerliche Leistungsfähigkeit des bilanzierenden Kaufmanns abzubilden, weiterhin erfüllen kann. Die Informationsfunktion der Handelsbilanz tritt in den Vordergrund und das Realisationsprinzip als Gradmesser der steuerlichen Leistungsfähigkeit wird punktuell modifiziert. Daher wird zu analysieren sein, ob zur Wahrung einer nach der individuellen Leistungsfähigkeit ausgerichteten Besteuerung und auch im Hinblick auf die Bestrebungen zur Schaffung einer einheitlichen konsolidierten körperschaftsteuerlichen Bemessungsgrundlage auf EU-Ebene eine eigenständige steuerliche Gewinnermittlung notwendig ist"[46].

30　　Hinzu kommt, dass die Auslegungskompetenzen hinsichtlich des harmonisierten Handelsbilanzrechts (einschließlich der übernommenen IFRS) und des angeknüpften Steuerbilanzrechts zwischen den nationalen Gerichten und dem EuGH verteilt sind und daher das Maßgeblichkeitsprinzip vor dem Hintergrund der **Internationalisierung der Rechnungslegung** in seinem Bestand erheblich bedroht ist.[47] Auch vor diesem Hintergrund lässt die mit dem BilMoG intendierte Annäherung an die IFRS sowie die einhergehende Betonung der Informationsfunktion einen Bedeutungsgewinn der IFRS für die Auslegung des Handelsbilanzrechts sowie der europäischen Bilanzrichtlinien erwarten.

31　　Untersuchungen haben jedoch gezeigt, dass eine unmittelbare Anknüpfung der steuerlichen Gewinnermittlung an die IFRS nicht zweckmäßig wäre, da zB die Anwendung des Fair-Value-Konzeptes steuerlich zu nicht akzeptablen Ergebnissen führt bzw. mit steuerlichen Prinzipien wie zB dem der **eigentumsschonenden Besteuerung** kollidieren würde.[48] Allerdings wird ein IFRS-Einzelabschluss teilweise als geeigneter Ausgangspunkt („starting point") für die steuerliche Gewinnermittlung angesehen, an den ein eigenständiges (nationales) Steuerbilanzrecht oder eine EU-weite steuerliche Gewinnermittlungsrichtlinie anknüpfen bzw. an dem eine Überleitungsrechnung ansetzen könnte.[49] Von der auf EU-Ebene im Rahmen der Arbeitsgruppe „Gemeinsame konsolidierte Körperschaftsteuer-Bemessungsgrundlage" diskutierten Möglichkeit, die IFRS als „starting point" für eine gemeinsame Steuerbemessungsgrundlage zu verwenden,[50] wurde 2011 in einem Richtlinienvorschlag der Europäischen Kommission für eine Richtlinie über eine „Gemeinsame konsolidierte Körperschaftsteuer-Bemessungsgrundlage" wieder abgesehen bzw. der Begriff des „starting point" nur so verstanden, dass die IFRS inhaltliche Möglichkeiten zur Gestaltung eigenständiger steuerlicher Gewinnermittlungsregeln aufzeigen können. Umgekehrt wird im

---

[45] *Herzig* DB 2004, 1 (6); *Müller* in Henze/Hoffmann-Becking, Gesellschaftsrecht 2003, 76; *Sittel*, Der Grundsatz der umgekehrten Maßgeblichkeit – Beurteilung der Verbindung von Handels- und Steuerbilanz unter Berücksichtigung einer Internationalisierung der Rechnungslegung, 2003, 77 f.; vgl. zur Diskussion *Böcking/Gros* DStR 2007, 2339.

[46] BT-Drs. 16/10067, 34.

[47] *Herlinghaus* FR 2005, 1189 (1195).

[48] *Böcking/Gros* DStR 2007, 2339 (2342); *Böcking/Dreisbach/Gros* Der Konzern 2008, 207 (214); *Herzig/Lochmann* in Krawitz, Rechnungslegung nach internationalen Grundsätzen, 2006, 148; *Spengel* DB 2006, 681.

[49] *Herzig* WPg 2005, 235; *Spengel* DB 2006, 681 (683).

[50] KOM(2003) 726 endgültig, 1 u. 22.

Richtlinienvorschlag davon ausgegangen, dass sich die **Harmonisierung der Steuerbemessungsgrundlage** nicht auf die Rechnungslegung auswirkt und sich somit keine Auswirkungen auf die Erstellung von Jahresabschlüssen und konsolidierten Abschlüssen ergeben.[51] Aus dem von der Europäischen Kommission im Oktober 2016 vorgelegten Vorschlag zur Neuauflage der Gemeinsamen Konsolidierten Körperschaftsteuer-Bemessungsgrundlage ergeben sich diesbezüglich keine wesentlichen Änderungen, jedoch werden die IFRS ua für Begriffsdefinitionen herangezogen.[52]

§ 244 Sprache. Währungseinheit

Der Jahresabschluß ist in deutscher Sprache und in Euro aufzustellen.

Schrifttum: (ohne die Einzelbeiträge in den verschiedenen Handbüchern der Rechnungslegung) BT-Drs. 10/317 vom 26.8.1983, Entwurf eines Gesetzes zur Durchführung der Vierten Richtlinie des Rates der Europäischen Gemeinschaften zur Koordinierung des Gesellschaftsrechts (Bilanzrichtlinie-Gesetz).

I. Allgemeine Grundsätze

§ 244 fordert die Aufstellung des Jahresabschlusses in **deutscher Sprache** 1 und in deutscher Währung **(Euro).** Der Umfang der in dieser Form zu erstellenden Unterlagen hängt von der Rechtsform ab: Erfasst werden bei Einzelunternehmen und Personenhandelsgesellschaften mit mindestens einer natürlichen Person als unmittelbar oder mittelbar persönlich haftendem Gesellschafter die **(Eröffnungs-)Bilanz** und die **Gewinn- und Verlustrechnung** (§ 242 Abs. 3); bei Kapitalgesellschaften und OHG/KG iSv § 264a auch der **Anhang** (§ 264 Abs. 1 S. 1) sowie bei kapitalmarktorientierten Kapitalgesellschaften, die nicht zur Aufstellung eines Konzernabschlusses verpflichtet sind, zudem die **Kapitalflussrechnung,** der **Eigenkapitalspiegel** und soweit aufgestellt die **Segmentberichterstattung** (§ 264 Abs. 1 S. 2). Obwohl der Gesetzgeber die Vorschrift des § 244 nicht explizit auf den **Lagebericht** ausgedehnt hat, ist die entsprechende Anwendung erforderlich.[1] Ferner ist § 244 bei allen Formen von **Sonderbilanzen** anzuwenden, auf die die Vorschriften zum Jahresabschluss sinngemäß anzuwenden sind.[2] Durch den Verweis in § 298 Abs. 1 findet die Norm auch für den **Konzernabschluss** eines Mutterunternehmens mit Sitz im Inland Anwendung.[3] Für IFRS-Abschlüsse gelten die Vorschriften des § 244 aufgrund der Verweise in § 315e Abs. 1 und § 325 Abs. 2a entsprechend.

II. Verwendung der deutschen Sprache

Im Gegensatz zur Buchführungspflicht (§ 239 Abs. 1 S. 1), welche eine 2 „lebende" Sprache genügen lässt, verlangt § 244 ausdrücklich die Erstellung des Jahresabschlusses in „deutscher" Sprache. Dies entspricht insoweit den **steuerlichen Parallelregelungen** in § 87 Abs. 1 AO, § 146 Abs. 3 AO.

---

[51] KOM(2011) 121/4, 5.
[52] COM(2016) 685 final.
[1] *ADS* Rn. 1.
[2] *ADS* Rn. 2.
[3] *ADS* Rn. 3.

Diese Klarstellung ist insbesondere für ausländische Kaufleute von Bedeutung.[4]

III. Währung

3   Nach § 244 sind die gesamten Jahresabschlüsse inländischer – inklusive Niederlassungen ausländischer – Unternehmen in **Euro** aufzustellen. In Fremdwährung erfasste und bewertete Vermögensgegenstände sind zum Bilanzstichtag in Euro umzurechnen. § 244 bietet jedoch keinen Anhaltspunkt dafür, in welcher Form diese Umrechnung zu erfolgen hat. Insoweit stellt § 244 keine Vorschrift zur Fremdwährungsumrechnung dar; auch das **Nominalwertprinzip** (Euro = Euro) lässt sich nicht aus § 244 herleiten.[5] Zu Einzelheiten der Fremdwährungsumrechnung vgl. Erl. zu § 256a.

IV. Folgen der Nichtbeachtung

4   Nach § 334 Abs. 1 Nr. 1 Buchst. a stellt die Verletzung der Vorschrift des § 244 einen Ordnungswidrigkeitstatbestand dar, der nach § 334 Abs. 3 mit einer **Geldbuße** gegen die Mitglieder des vertretungsberechtigten Organs oder des Aufsichtsrats einer Kapitalgesellschaft geahndet werden kann.

§ 245 Unterzeichnung

[1] Der Jahresabschluß ist vom Kaufmann unter Angabe des Datums zu unterzeichnen. [2] Sind mehrere persönlich haftende Gesellschafter vorhanden, so haben sie alle zu unterzeichnen.

Schrifttum: (ohne die Einzelbeiträge in den verschiedenen Handbüchern der Rechnungslegung) *IDW*, HFA Sitzung 209, IDW-FN 2007; *Oser/Eisenhardt*, Zur Unterzeichnungspflicht von Jahresabschlüssen im Fall von Meinungsverschiedenheiten zwischen den Geschäftsführern einer GmbH, DB 2011, 717; *Schellhorn*, Der Bilanzeid nach § 264 Abs. 2 Satz 3 HGB – Anwendungsfragen und Bedeutung, DB 2009, 2363.

I. Allgemeine Grundsätze

1   § 245 normiert die öffentlich-rechtliche Verpflichtung zur datierten Unterzeichnung des Jahresabschlusses. Die Unterzeichnung dient der Bestätigung der Verantwortung für die Richtigkeit und Vollständigkeit des Jahresabschlusses sowie der Rechtsklarheit. Zudem wird dem **Beweiskrafterfordernis** des § 416 ZPO dahingehend Rechnung getragen, dass die im Jahresabschluss enthaltenen Erklärungen von den Unterzeichnenden zu den an diesem Datum möglichen Erkenntnissen abgegeben wurden, was insbesondere im Hinblick auf die **Strafvorschrift** des § 331 Bedeutung erlangen kann.[1] Hingegen können Gläubiger keine unmittelbaren Ansprüche aus dem unterschriebenen Jahresabschluss herleiten; die Unterschrift begründet **kein Schuldanerkenntnis**.[2] Allerdings können Mitgesellschafter ggf. aus der Unterzeichnung Ansprüche etwa hinsichtlich der Gewinnverteilung geltend machen.[3] Für

---

[4] BT-Drs. 10/317, 73.
[5] *ADS* Rn. 7; aA Baumbach/Hopt/*Merkt* Rn. 2.
[1] Staub/*Pöschke* Rn. 1; HdR/*Ellerich/Swart* Rn. 1.
[2] BeBiKo/*Winkeljohann/Schellhorn* Rn. 6.
[3] BeBiKo/*Winkeljohann/Schellhorn* Rn. 6; HdR/*Ellerich/Swart* Rn. 1; zurückhaltender *ADS* Rn. 15; aA Staub/*Pöschke* Rn. 2; Baetge/Kirsch/Thiele/*Hennrichs* Rn. 21.

Konzern- bzw. IFRS-Abschlüsse gilt die Vorschrift des § 245 wegen der Verweise in § 298 Abs. 1 bzw. § 315e Abs. 1 und § 325 Abs. 2a entsprechend.

II. Inhalt der Unterzeichnung

1. Zeitpunkt und Gegenstand der Unterzeichnung. Die in § 245 2 normierte Unterzeichnungspflicht bezieht sich auf den verbindlich **festgestellten Jahresabschluss,** der im Fall der Kapitalgesellschaft auch den Anhang (§ 264 Abs. 1 S. 1) sowie bei kapitalmarktorientierten Kapitalgesellschaften, die nicht zur Aufstellung eines Konzernabschlusses verpflichtet sind, zudem die Kapitalflussrechnung, den Eigenkapitalspiegel und soweit aufgestellt die Segmentberichterstattung (§ 264 Abs. 1 S. 2) mit einschließt.[4] Der **Zeitpunkt** der Unterzeichnung ist **streitig.** Eine Unterzeichnung vor der Feststellung – etwa zum Zeitpunkt der **Aufstellung** – ist möglich, aber nicht verpflichtend und ersetzt insbesondere nicht die Unterzeichnung des festgestellten Jahresabschlusses.[5] Überwiegend wird jedoch die Meinung vertreten, die Unterzeichnung solle zum Zeitpunkt der Feststellung erfolgen und die Dokumentation der Aufstellung habe anders (zB durch Protokolle, Schreiben an Prüfer oder Aufsichtsrat bzw. Gesellschafter) zu erfolgen.[6]

Obgleich eine gesetzliche Unterzeichnungspflicht nicht besteht, liegt es 3 nahe, die Unterzeichnung auch auf den **Lagebericht** auszudehnen.[7] § 245 findet auch auf **Sonderbilanzen** Anwendung, sofern für diese die Jahresabschlussvorschriften gelten. Dagegen wird die Unterzeichnung des **Inventars** nicht verlangt, wobei es jedoch naheliegend erscheint, dass einzelne Teile des Inventars von den jeweils Verantwortlichen unterzeichnet werden.[8]

Für den **Konzernabschluss** ist durch die Verweisung in § 298 Abs. 1 bzw. 4 § 315e Abs. 1 die Vorschrift des § 245 ebenfalls anzuwenden. Wird von der Möglichkeit Gebrauch gemacht, nach § 298 Abs. 2 den **Konzernanhang** und den **Anhang** des Jahresabschlusses des Mutterunternehmens zusammenzufassen, muss deutlich gemacht werden, dass sich die geleistete Unterschrift auf beide Abschlüsse erstreckt.[9]

Zu unterzeichnen ist die **Urschrift** des Jahresabschlusses, die in der Folge 5 bei dem Unternehmen verbleibt (§ 257).[10] Werden **Änderungen** am Jahresabschluss vorgenommen, so wird eine erneute Unterzeichnung mit Datumsangabe (ggf. Doppel-Datum) erforderlich.[11] Für den Fall, dass das Unternehmen zur Offenlegung des Jahresabschlusses verpflichtet ist, ist dieses Exemplar ebenfalls zu unterzeichnen.[12]

2. Kreis der unterzeichnungspflichtigen Personen. Die Unterzeich- 6 nung hat durch den **Einzelkaufmann** höchstpersönlich zu erfolgen. Eine Vertretung ist nicht möglich.[13] Bei **Erbengemeinschaften** sind sämtliche Mitglieder zeichnungspflichtig, bei einer Testamentsvollstreckung ist dagegen

---

[4] *ADS* Rn. 3; HdR/*Ellerich*/*Swart* Rn. 7 f.
[5] *ADS* Rn. 7; wohl auch HdR/*Ellerich*/*Swart* Rn. 13.
[6] Zur Diskussion vgl. Beck HdR/*Hentschel* B 101 Rn. 34.
[7] *ADS* Rn. 3.
[8] HdR/*Ellerich*/*Swart* Rn. 7; *ADS* § 240 Rn. 65.
[9] *ADS* Rn. 3; HdR/*Ellerich*/*Swart* Rn. 19.
[10] *ADS* Rn. 4.
[11] BeBiKo/*Winkeljohann*/*Schellhorn* Rn. 5; Praxiskommentar BilanzR/*Wittmann* Rn. 13.
[12] *ADS* Rn. 4; insoweit unklar HdR/*Ellerich*/*Swart* Rn. 11.
[13] *ADS* Rn. 9; HdR/*Ellerich*/*Swart* Rn. 5; *Oser*/*Eisenhardt* DB 2011, 717.

nur der **Testamentsvollstrecker** allein zeichnungsberechtigt. Der **gesetzliche Vertreter** unterzeichnet für den Vertretenen.[14]

7   Nach § 245 S. 2 müssen bei **Personenhandelsgesellschaften** sämtliche **persönlich haftende Gesellschafter** bzw. **Komplementäre** unterzeichnen. Kommanditisten werden nicht erfasst.[15]

8   Bei **Kapitalgesellschaften** haben alle – auch stellvertretende – Mitglieder des Vorstandes bzw. alle Geschäftsführer den Jahresabschluss zu unterzeichnen.[16] Bei einer **SE** mit monistischem System haben alle geschäftsführenden Direktoren den Jahresabschluss zu unterzeichnen.[17] Die Unterzeichnungspflicht ist insbesondere unabhängig von den Vertretungsregeln innerhalb der Gesellschaft. Bei Kapitalgesellschaften in Abwicklung fällt dem **Abwickler** diese Pflicht zu (§ 270 AktG). Bei einer **GmbH & Co. KG** ist der Jahresabschluss durch die GmbH zu unterzeichnen, welche wiederum durch so viele Geschäftsführer handelt, wie zur Vertretung erforderlich sind.[18] Bei einer **KGaA** unterzeichnen sämtliche persönlich haftende Gesellschafter.[19]

9   Bei zweifelsfreier **Verhinderung** aus wichtigem Grund eines von mehreren Unterzeichnungspflichtigen und drohender Fristversäumnis ist die Zulässigkeit der **willensgemäßen Vertretung** von einem anderen Mitunterzeichnungspflichtigen **streitig**.[20] Die hM sieht die Unterzeichnung als eine höchstpersönliche Pflicht an, bei der eine Vertretung nicht zulässig sei. In Fällen einer Verhinderung auf Grund höherer Gewalt sei auf eine Mitwirkung bei der Unterzeichnung zu verzichten.[21]

10   **Unterzeichnungsberechtigt** sind diejenigen Personen, welche im maßgeblichen Zeitpunkt der Unterschriftsleistung eine Stellung innehaben, welche die Unterzeichnungspflicht begründet.[22] Damit ist der Zeitpunkt der **Abschlussfeststellung** der grundsätzlich ausschlaggebende Zeitpunkt für die Bestimmung des zur Unterzeichnung berechtigten und verpflichteten Personenkreises. Bis zum Zeitpunkt der Feststellung Ausgeschiedene und Suspendierte unterliegen grundsätzlich keiner Unterzeichnungspflicht.[23] **Neu Eingetretene** haben den Jahresabschluss auch dann zu unterschreiben, wenn sie zwar im Aufstellungszeitpunkt noch keine, wohl aber im Feststellungszeitpunkt organschaftliche Vertreter der Kapitalgesellschaft waren. Eine Unterzeichnungspflicht besteht auch dann, wenn der Unterzeichnungsberechtigte mit dem Inhalt des Jahresabschlusses nicht einverstanden ist, allerdings kann oder gegebenenfalls muss ein Geschäftsführer oder ein Vorstandsmitglied seine Unterschrift verweigern, wenn nach seiner pflichtgemäß gewonnenen Überzeugung der Abschluss nicht im Einklang mit den geltenden gesetzlichen Bestimmungen steht.[24]

---

[14] *ADS* Rn. 9.
[15] *ADS* Rn. 10.
[16] *ADS* Rn. 12; BeBiKo/*Winkeljohann/Schellhorn* Rn. 2; HdR/*Ellerich/Swart* Rn. 3.
[17] BeBiKo/*Winkeljohann/Schellhorn* Rn. 2.
[18] *ADS* Rn. 11.
[19] BeBiKo/*Winkeljohann/Schellhorn* Rn. 2.
[20] HdR/*Ellerich/Swart* Rn. 5.
[21] *ADS* Rn. 13a; MüKoBilanzR/*Kleindiek* Rn. 17; BeBiKo/*Winkeljohann/Schellhorn* Rn. 2.
[22] *ADS* Rn. 14.
[23] *ADS* Rn. 14; HdR/*Ellerich/Swart* Rn. 4; BeBiKo/*Winkeljohann/Schellhorn* Rn. 2.
[24] MüKoBilanzR/*Kleindiek* Rn. 17; BeBiKo/*Winkeljohann/Schellhorn* Rn. 2; Beck HdR/*Hentschel* B 101 Rn. 37; differenzierend *Oser/Eisenhardt* DB 2011, 717.

3. Leistung der Unterschrift unter Angabe des Datums. Die Unter- 11
zeichnung erfordert die persönliche Unterschrift des Zeichnungspflichtigen
auf dem **Original** des Jahresabschlusses mit seinem Namen.[25] Die Angabe
der Firma ergibt sich aus dem Jahresabschluss; insbesondere erfolgt die Unterschrift nicht für die Firma, sondern in Erfüllung der persönlichen Verpflichtung.[26] Auf den Vornamen kann verzichtet werden. Vorstandsmitglieder
zeichnen unter dem Vermerk „Der Vorstand".[27] Eine mechanische oder
faksimilierte Unterschrift genügt nicht.[28]

Der Jahresabschluss ist unter Angabe des Datums, dh **Tag/Monat/Jahr** zu 12
unterzeichnen. Nur dann ist die Nachweisfunktion der Unterschrift vollständig gewährleistet.[29] Eine Ortsangabe wird dagegen nicht vorausgesetzt.
Zum Zeitpunkt der Unterzeichnung → Rn. 2.

Die Unterzeichnung hat sich auf den gesamten Jahresabschluss zu erstre- 13
cken. Aufgrund einer fehlenden konkreten gesetzlichen Vorschrift zum Ort
der Unterzeichnung bietet sich bei Einzelkaufleuten und Personenhandelsgesellschaften, bei denen wenigstens ein persönlich haftender Gesellschafter
unmittelbar oder mittelbar eine natürliche Person ist, eine Unterzeichnung
am **Ende der Gewinn- und Verlustrechnung,** bei Kapitalgesellschaften
und OHG/KG iSv § 264a **unter dem Anhang** an.[30] Dies setzt voraus, dass
die Teile des Jahresabschlusses fest miteinander verbunden sind; andernfalls ist
eine separate Unterzeichnung der einzelnen Bestandteile unumgänglich.[31] Da
der Bilanzeid (§ 264 Abs. 2 S. 3) nicht Bestandteil des Jahresabschlusses ist,[32]
ersetzt die Unterzeichnung des Bilanzeids grundsätzlich nicht die des Jahresabschlusses nach § 245 und es sind somit grundsätzlich **zwei Unterschriften**
zu leisten.[33] Da jedoch die Unterzeichnung des Jahresabschlusses letztlich
dieselbe Bedeutung wie der Bilanzeid hat, nämlich die Bestätigung der Verantwortung für die Richtigkeit und Vollständigkeit des Jahresabschlusses,
scheint es vertretbar, eine Unterschrift als ausreichend anzusehen, sofern der
Bilanzeid unmittelbar im Anschluss an den Anhang platziert wird.[34]

III. Fehlende Unterschrift

Die fehlende Unterzeichnung ist ein **formeller Bilanzfehler,** der bei 14
Nichtkapitalgesellschaften ohne unmittelbare handelsrechtliche Folgen
bleibt.[35] Sind hingegen Jahresabschlüsse einer Kapitalgesellschaft nicht unterzeichnet, liegt eine **Ordnungswidrigkeit** iSv § 334 Abs. 1 Nr. 1 Buchst. a
vor.[36] Bei OHG/KG iSv § 264a ergibt sich dies aus § 335b iVm § 334 Abs. 1

---

[25] *ADS* Rn. 5.
[26] *ADS* Rn. 5.
[27] *ADS* Rn. 5.
[28] BeBiKo/*Winkeljohann/Schellhorn* Rn. 2; HdR/*Ellerich/Swart* Rn. 5.
[29] BeBiKo/*Winkeljohann/Schellhorn* Rn. 3.
[30] *ADS* Rn. 6; HdR/*Ellerich/Swart* Rn. 10.
[31] *ADS* Rn. 6; HdR/*Ellerich/Swart* Rn. 10; Staub/*Pöschke* Rn. 11.
[32] *IDW* HFA Sitzung 209, IDW-FN 2007, 656, worin der HFA des IDW auf Grundlage
des Wortlauts von § 37v WpHG fordert, den Bilanzeid auf einem separaten Blatt abzugeben
und zu unterschreiben; aA MüKoHGB/*Reiner* 264 Rn. 103; der den Bilanzeid als Bestandteil des Jahresabschlusses sieht.
[33] *Schellhorn* DB 2009, 2363 (2364).
[34] HdR/*Baetge/Commandeur/Hippel* § 264 Rn. 50; NWB Kommentar Bilanzierung/*Hoff-
mann/Lüdenbach* § 264 Rn. 34 f.; MüKoHGB/*Reiner* § 264 Rn. 105; BeBiKo/*Winkel-
johann/Schellhorn* § 264 Rn. 78; WP-HdB Kap. B Rn. 165.
[35] Staub/*Pöschke* Rn. 14; BeBiKo/*Winkeljohann/Schellhorn* Rn. 6.
[36] *ADS* Rn. 16; BeBiKo/*Winkeljohann/Schellhorn* Rn. 6; HdR/*Ellerich/Swart* Rn. 15.

Nr. 1 Buchst. a. Die fehlende Unterzeichnung führt jedoch nicht zur Nichtigkeit des Jahresabschlusses.[37] Ebenso wenig ist eine nicht geleistete Unterschrift ein Abberufungsgrund für Geschäftsführer und Vorstandsmitglieder.[38] Bedeutung erlangt das Fehlen allenfalls im **Insolvenzfall** (§§ 283–283b StGB). Sofern aber keine weiteren Verstöße gegen gesetzliche Vorschriften zur Aufstellung vorliegen, können aus dem Fehlen der Unterschrift allein keine strafrechtlichen Konsequenzen hergeleitet werden.[39]

Zweiter Titel. Ansatzvorschriften

§ 246 Vollständigkeit. Verrechnungsverbot

(1) [1] **Der Jahresabschluss hat sämtliche Vermögensgegenstände, Schulden, Rechnungsabgrenzungsposten sowie Aufwendungen und Erträge zu enthalten, soweit gesetzlich nichts anderes bestimmt ist.** [2] **Vermögensgegenstände sind in der Bilanz des Eigentümers aufzunehmen; ist ein Vermögensgegenstand nicht dem Eigentümer, sondern einem anderen wirtschaftlich zuzurechnen, hat dieser ihn in seiner Bilanz auszuweisen.** [3] **Schulden sind in die Bilanz des Schuldners aufzunehmen.** [4] **Der Unterschiedsbetrag, um den die für die Übernahme eines Unternehmens bewirkte Gegenleistung den Wert der einzelnen Vermögensgegenstände des Unternehmens abzüglich der Schulden im Zeitpunkt der Übernahme übersteigt (entgeltlich erworbener Geschäfts- oder Firmenwert), gilt als zeitlich begrenzt nutzbarer Vermögensgegenstand.**

(2) [1] **Posten der Aktivseite dürfen nicht mit Posten der Passivseite, Aufwendungen nicht mit Erträgen, Grundstücksrechte nicht mit Grundstückslasten verrechnet werden.** [2] **Vermögensgegenstände, die dem Zugriff aller übrigen Gläubiger entzogen sind und ausschließlich der Erfüllung von Schulden aus Altersversorgungsverpflichtungen oder vergleichbaren langfristig fälligen Verpflichtungen dienen, sind mit diesen Schulden zu verrechnen; entsprechend ist mit den zugehörigen Aufwendungen und Erträgen aus der Abzinsung und aus dem zu verrechnenden Vermögen zu verfahren.** [3] **Übersteigt der beizulegende Zeitwert der Vermögensgegenstände den Betrag der Schulden, ist der übersteigende Betrag unter einem gesonderten Posten zu aktivieren.**

(3) [1] **Die auf den vorhergehenden Jahresabschluss angewandten Ansatzmethoden sind beizubehalten.** [2] **§ 252 Abs. 2 ist entsprechend anzuwenden.**

Schrifttum: (ohne die Einzelbeiträge in den verschiedenen Handbüchern der Rechnungslegung) BFH Urt. v. 26.1.1970 – IV R 144/66, BStBl. II 1970, 264; BFH Urt. v. 18.11.1970 – I 133/64, BStBl. II 1971, 133; BFH Urt. v. 8.3.1977 – VIII R 180/74, BStBl. II 1977, 629; BFH Urt. v. 24.11.1982 – I R 123/78, BStBl. II 1983, 113; BFH Urt. v. 30.3.1994 – I R 52/93, BStBl. II 1994, 903; BFH Beschl. v. 30.1.1995 – GrS 4/92, BStBl. II 1995, 281; BFH Urt. v. 14.1.1998 – X R 57/93, DStR 1998, 887; BFH Beschl. v. 23.8.1999 – GrS 1/97, BStBl. II 1999, 778; BFH Beschl. v. 23.8.1999 – GrS 5/97, BStBl. II 1999, 774; BFH Urt. v. 27.3.2001 – I R 42/00, BStBl. II 2001, 477; BFH Urt. v. 9.2.2006 – V R 22/03, BStBl. II 2006, 727; BFH Urt. v. 26.11.2009 – III R 40/07, BStBl. II 2010, 609; BMF, Schreiben vom

---

[37] OLG Karlsruhe Urt. v. 21.11.1986 – 15 U 78/84, WM 1987, 533 u. OLG Frankfurt a. M. Urt. v. 10.5.1988 – 5 U 285/86, BB 1989, 395.

[38] *ADS* Rn. 16.

[39] BeBiKo/*Winkeljohann/Schellhorn* Rn. 6; HdR/*Ellerich/Swart* Rn. 15.

19.4.1971, Ertragsteuerliche Behandlung von Leasing-Verträgen über bewegliche Wirtschaftsgüter, BStBl. I 1971, 264; BMF, Schreiben vom 21.3.1972, Ertragsteuerliche Behandlung von Finanzierungs-Leasing-Verträgen über unbewegliche Wirtschaftsgüter, BStBl. I 1972, 188; BMF, Schreiben vom 22.12.1975, Steuerrechtliche Zurechnung des Leasing-Gegenstandes beim Leasing-Geber, DB 1976, 172; BMF, Schreiben vom 23.12.1991, Ertragsteuerliche Behandlung von Teilamortisations-Leasing-Verträgen über unbewegliche Wirtschaftsgüter, BStBl. I 1992, 13; BT-Drs. 16/10067 vom 30.7.2008, Entwurf eines Gesetzes zur Modernisierung des Bilanzrechts (Bilanzrechtsmodernisierungsgesetz − BilMoG); *Hastedt/Mellwig*, Leasing − Rechtliche und ökonomische Grundlagen, 1999; *IDW*, RS HFA 8, Zweifelsfragen der Bilanzierung von asset backed securities-Gestaltungen und ähnlichen Transaktionen, WPg 2004, 138; *IDW*, ERS HFA 13 nF, Entwurf einer Neufassung der IDW Stellungnahme zu Rechnungslegung: Einzelfragen zum Übergang des wirtschaftlichen Eigentums und zur Gewinnrealisierung nach HGB, IDW FN 2007, 83; *IDW*, RS HFA 15, Bilanzierung von Emissionsberechtigungen nach HGB, WPg 2006, 574; *IDW*, St/HFA 1/1989, Zur Bilanzierung beim Leasinggeber, WPg 1989, 625; *IDW*, RS HFA 30 nF, Handelsrechtliche Bilanzierung von Altersversorgungsverpflichtungen, IDW Life 1/2017, 102; *Sabel*, Leasingverträge in der kapitalmarktorientierten Rechnungslegung, 2006.

Übersicht

I. Überblick

In § 246 werden grundsätzlich für alle Kaufleute der **Vollständigkeits-** 1 **grundsatz** und das **Verrechnungsverbot** vorgeschrieben. Vollständigkeitsgebot und Verrechnungsverbot dienen dem in § 243 Abs. 2 für den Jahresabschluss normierten Grundsatz der Klarheit und Übersichtlichkeit.[1] Das Vollständigkeitsgebot gilt nach Abs. 1 S. 1 nur insoweit, als gesetzlich nichts anderes bestimmt ist, und wird durch eine Reihe gesetzlich vorgesehener Ansatzwahlrechte und Ansatzverbote (→ § 248 Rn. 2–17) durchbrochen. Ähnliches gilt für das Verrechnungsverbot, von dem es verschiedene Ausnahmen gibt (→ Rn. 44–46).

---

[1] *ADS* Rn. 2.

II. Vollständigkeitsgebot (Abs. 1)

2   **1. Allgemeines.** Nach Abs. 1 S. 1 sind in der Bilanz die Vermögensgegenstände, Schulden und Rechnungsabgrenzungsposten, in der Gewinn- und Verlustrechnung die Aufwendungen und Erträge vollständig aufzunehmen, soweit gesetzlich nichts anderes bestimmt ist. Das bedeutet, dass grundsätzlich alle bilanzierungsfähigen Vermögensgegenstände, Schulden und Rechnungsabgrenzungsposten in der Bilanz zu erfassen sind, die in **personeller** Hinsicht dem Kaufmann und in **sachlicher** Hinsicht dem Betriebsvermögen zuzurechnen sind (→ Rn. 6–9).[2] Die Gewinn- und Verlustrechnung muss alle Aufwendungen und Erträge enthalten, die aus für Rechnung des Unternehmens erfolgten Geschäftsvorfällen stammen.[3] Welche Posten im Einzelnen in der Bilanz bzw. der Gewinn- und Verlustrechnung ausgewiesen werden dürfen oder müssen, bestimmen die **Ansatzvorschriften,** zB §§ 246–251, §§ 266–277.[4]

3   **2. Vermögensgegenstände und Schulden (Abs. 1 S. 1–3). a) Allgemeines.** Der Begriff des **Vermögensgegenstands** wird im Gesetz nicht definiert. Nach überwiegender Auffassung stellen alle nach der Verkehrsanschauung individualisierbaren Güter, die sich bei wirtschaftlicher Betrachtung einzeln verwerten lassen, Vermögensgegenstände dar.[5] Neben **körperlichen** Gegenständen zählen zu den Vermögensgegenständen iSv Abs. 1 auch **immaterielle Vermögensgegenstände**[6] (zB Schutzrechte, Lizenzen, Software, Emissionsrechte).[7] Diese sind handelsrechtlich allerdings nur dann aktivierbar, wenn sie selbstständig bewertbar sowie selbstständig veräußerbar bzw. verkehrsfähig sind.[8] Nach Abs. 1 S. 4 gilt der entgeltlich erworbene Geschäfts- oder Firmenwert, unabhängig von den genannten Kriterien, als zeitlich begrenzt nutzbarer Vermögensgegenstand (→ Rn. 10–12). Weiterhin stellen **Forderungen,** die rechtlich entstanden sind und noch Bestand haben, grundsätzlich Vermögensgegenstände dar und sind daher zu aktivieren.[9]

4   **Schulden** sind der Oberbegriff für **Verbindlichkeiten** und **Rückstellungen,** die Schuldcharakter besitzen (→ § 249 Rn. 3). Voraussetzung für die Annahme einer Schuld ist, dass eine rechtliche oder wirtschaftliche Verpflichtung zu einer Leistung besteht, diese am Abschlussstichtag eine wirtschaftliche Belastung begründet und selbstständig bewertbar ist. Nicht zu den Schulden iSv Abs. 1 zählen **Haftungsverhältnisse** (sog. Eventualverbindlichkeiten), die nach der speziellen Regelung des § 251 nicht in der Bilanz zu erfassen, sondern unter der Bilanz zu vermerken sind (→ § 251 Rn. 1–3).

5   Das Vollständigkeitsgebot des Abs. 1 bezieht sich für die Passivseite der Bilanz nur auf Schulden und Rechnungsabgrenzungsposten; das **Eigenkapital** wird nicht ausdrücklich genannt. Dieses ergibt sich erst als Saldo aus den in der Bilanz anzusetzenden Aktiv- und Passivposten,[10] ist aber gesondert auszuweisen (§ 247 Abs. 1).[11]

---

[2] BeBiKo/*Schmidt/Ries* Rn. 2.
[3] BeBiKo/*Schmidt/Ries* Rn. 91.
[4] Baumbach/Hopt/*Merkt* Rn. 2.
[5] *ADS* Rn. 26.
[6] Zur Aktivierbarkeit selbstgeschaffener immaterieller Vermögensgegenstände des Anlagevermögens → § 248 Rn. 8 f.
[7] Vgl. zu Emissionsrechten *IDW* RS HFA 15.
[8] Baumbach/Hopt/*Merkt* Rn. 4 f.
[9] Zu Besonderheiten vgl. *ADS* Rn. 45–76.
[10] *ADS* Rn. 79.
[11] BeBiKo/*Schmidt/Ries* Rn. 2; MüKoHGB/*Ballwieser* Rn. 4.

b) Personelle Zuordnung. Für die Zuordnung von Vermögensgegen- 6
ständen zu bestimmten Personen zum Zwecke der Rechnungslegung **(personelle Zuordnung)** ist nach Abs. 1 S. 2 nicht das zivilrechtliche, sondern das **wirtschaftliche Eigentum** maßgebend. Im Rahmen des BilMoG wurde dieses Prinzip der wirtschaftlichen Zuordnung lediglich klarstellend in die Neufassung des § 246 aufgenommen, ohne den Rechtszustand zu verändern. Somit bleiben die von der Rechtsprechung zuvor schon erarbeiteten Beurteilungskriterien, wie zB die steuerlichen Leasingerlasse, die die wirtschaftliche Zuordnung ausfüllen, weiterhin anwendbar.[12] IdR fallen zivilrechtliches und wirtschaftliches Eigentum zusammen. Es ist aber auch derjenige wirtschaftliche Eigentümer, der, ohne das rechtliche Eigentum zu haben, die **tatsächliche Sachherrschaft** über einen Vermögensgegenstand in der Weise ausübt, dass der nach bürgerlichem Recht Berechtigte wirtschaftlich auf Dauer von der Einwirkung ausgeschlossen ist.[13] Unabhängig von einem formalen Recht hat die tatsächliche Sachherrschaft über einen Vermögensgegenstand idR derjenige, bei dem der Besitz, Gefahr, Nutzen und Lasten der Sache liegen.[14] Nach der Gesetzesbegründung zum BilMoG ist ein Vermögensgegenstand demjenigen wirtschaftlich zuzurechnen, der die **wesentlichen Chancen und Risiken** an diesem Vermögensgegenstand trägt.[15] Eine ähnliche Abgrenzung enthält IDW ERS HFA 13 nF, demnach verfügt der wirtschaftliche Eigentümer regelmäßig über das Verwertungsrecht durch Nutzung oder Weiterveräußerung, trägt die Chancen und Risiken aus der laufenden Nutzung des Gegenstands, kommt in den Genuss von Wertsteigerungen und trägt das Risiko der Wertminderung bzw. des Verlustes.[16] Werden Vermögensgegenstände unter **Eigentumsvorbehalt** erworben oder an Dritte für eigene oder fremde Verbindlichkeiten verpfändet oder in anderer Weise als Sicherheit übertragen, sind sie nach diesem Grundsatz in die Bilanz des **Sicherungsgebers** aufzunehmen. Dies gilt jedoch nicht, wenn zu Sicherungszwecken Bareinlagen erfolgen; diese sind dann in die Bilanz des Sicherungsnehmers aufzunehmen.[17] Ein von den freien Vermögensgegenständen getrennter Ausweis der durch eine Sicherungsabrede gebundenen Vermögensgegenstände in der Bilanz des Sicherungsgebers ist nach überwiegender Auffassung nicht erforderlich.[18] Werden vom Sicherungsgeber zur Besicherung bestimmter Verbindlichkeiten Vermögensgegenstände an Gläubiger übereignet, so ist dies allerdings gem. § 285 S. 1 Nr. 1 Buchst. b im **Anhang** anzugeben.

Ein wichtiger Anwendungsfall für das Auseinanderfallen von rechtlichem 7
und wirtschaftlichem Eigentümer und somit für die personelle Zuordnung in der Praxis ist das **Leasing** (hierzu iE → Rn. 29 ff.).

Weitere Beispiele für ein Auseinanderfallen von rechtlichem und wirt- 8
schaftlichem Eigentum sind Treuhandverhältnisse (zB Contractual Trust Arrangements),[19] Kommissionsgeschäfte,[20] Pensionsgeschäfte (zB Sale-and-buy-

---

[12] BT-Drs. 16/10067, 47. S. hierzu auch Blümich/*Krumm* EStG § 5 Rn. 510.
[13] BeBiKo/*Schmidt/Ries* Rn. 5 f. mwN.
[14] BFH Urt. v. 8.3.1977 – VIII R 180/74, BStBl. II 1977, 629.
[15] BT-Drs. 16/10067, 47.
[16] *IDW* ERS HFA 13 nF Rn. 7.
[17] BeBiKo/*Schmidt/Ries* Rn. 19; WP-HdB Kap. F Rn. 44 f.
[18] BeBiKo/*Schmidt/Ries* Rn. 20; WP-HdB Kap. F Rn. 43.
[19] WP-HdB Kap. F Rn. 570, 575.
[20] BeBiKo/*Schmidt/Ries* Rn. 21–23.

back-Geschäfte),[21] ABS-Transaktionen (Refinanzierung von Finanzaktiva über Zweckgesellschaften),[22] Wertgarantien bei Veräußerungsgeschäften[23] oder Factoring.[24] Die personelle Zuordnung von Schulden ist zwar grundsätzlich auch anhand einer wirtschaftlichen Betrachtungsweise zu beurteilen (→ Rn. 4), dies darf jedoch nicht dazu führen, dass eine rechtlich bestehende Verpflichtung nicht bilanziert wird. Somit sind Schulden grundsätzlich von demjenigen zu bilanzieren, auf dessen Namen die Schuld eingegangen wurde.[25] Durch die wirtschaftliche Betrachtungsweise ist es jedoch möglich, dass auch nicht rechtlich, sondern nur faktisch bestehende Schulden (wie zB Rückstellung für Kulanzleistungen) bilanziert werden müssen.[26]

9   **c) Sachliche Zuordnung.** Bilanziert werden dürfen weiterhin nur Vermögensgegenstände, die **sachlich** dem unternehmerischen Bereich zuzuordnen sind; somit ist das Betriebsvermögen vom Privatvermögen des Kaufmanns abzugrenzen.[27] Dementsprechend sind Schulden auch nur die im Betrieb des Handelsgewerbes bzw. Unternehmens begründeten Verbindlichkeiten.[28] Soweit Steuerverbindlichkeiten des Einzelkaufmanns durch den Unternehmensgewinn oder das Unternehmensvermögen verursacht sind, dürfen sie in der Bilanz ausgewiesen werden; eine Verpflichtung hierzu besteht nicht.[29] Bei Kapitalgesellschaften, die kein Privatvermögen haben, ist diese Unterscheidung nicht von Bedeutung; bei Personengesellschaften ist Betriebsvermögen das **Gesamthandsvermögen.**

10   **3. Geschäfts- oder Firmenwert (Abs. 1 S. 4).** Nach Abs. 1 S. 4 gilt der entgeltlich erworbene Geschäfts- oder Firmenwert als zeitlich begrenzter Vermögensgegenstand. Diese im Rahmen des BilMoG eingeführte Fiktion ändert nicht den handelsrechtlichen Vermögensgegenstandsbegriff, beendet jedoch die zuvor geführte Diskussion der Rechtsnatur des derivativen Geschäfts- oder Firmenwerts.[30] Ferner wird die Darstellung der Vermögens-, Finanz-, und Ertragslage sowie Vergleichbarkeit der Abschlüsse durch das einheitlich anzuwendende Bilanzierungsgebot verbessert.[31]

11   Durch die Fiktion eines Vermögensgegenstands muss der **Unterschiedsbetrag** angesetzt werden, um den die für die Übernahme eines Unternehmens bewirkte Gegenleistung den Wert der einzelnen Vermögensgegenstände des Unternehmens abzüglich der Schulden im Zeitpunkt der Übernahme übersteigt. Geboten ist somit ausschließlich der Ansatz eines entgeltlich erworbenen (zB Kauf oder Tausch) bzw. **derivativen** Geschäfts- oder Firmenwerts; ein **originärer** (selbst geschaffener) Geschäfts- oder Firmenwert oder ein unentgeltlich erworbener Geschäfts- oder Firmenwert – zB bei

---

[21] Vgl. Erl. zu § 340b; *IDW* ERS HFA 13 nF, IDW-FN 2007, 83.

[22] Vgl. hierzu *IDW* RS HFA 8; WP-HdB Kap. F Rn. 1333.

[23] BeBiKo/*Schmidt/Ries* Rn. 35 f.

[24] Vgl. hierzu und zu weiteren Fällen *ADS* Rn. 274–302; BeBiKo/*Schmidt/Ries* Rn. 9–16; Rowedder/Schmidt-Leithoff/*Kessler* GmbHG Anh. I § 42a Rn. 48 ff.; WP-HdB Kap. F Rn. 32–52.

[25] *ADS* Rn. 110; BeBiKo/*Schmidt/Ries* Rn. 51.

[26] *ADS* Rn. 119 f.

[27] BeBiKo/*Schmidt/Ries* Rn. 55; Baumbach/Hopt/*Merkt* Rn. 24; dies wird auch in § 5 Abs. 4 PublG bestätigt.

[28] Baumbach/Hopt/*Merkt* Rn. 24.

[29] BeBiKo/*Schmidt/Ries* Rn. 70; *ADS* Rn. 430.

[30] HdR/*Kußmaul* Rn. 19.

[31] BT-Drs. 16/10067, 48.

Erbschaft, Schenkung, Stiftung – darf nicht aktiviert werden.[32] Für die Folge-bewertung eines aktivierten Geschäfts- oder Firmenwerts sieht § 246 keine speziellen Regelungen vor, somit sind die Regelungen bezüglich eines **zeit-lich begrenzten** Vermögensgegenstands gem. § 253 anzuwenden (→ § 253 Rn. 51-56). Allerdings ist die betriebliche Nutzungsdauer im Anhang zu erläutern (§ 285 Nr. 13, → § 285 Rn. 22). Kann diese in Ausnahmefällen nicht verlässlich geschätzt werden, ist eine Nutzungsdauer von zehn Jahren zu Grunde zu legen (§ 253 Abs. 3 S. 4, hierzu → § 253 Rn. 81).

Liegt der Unternehmenskaufpreis unter dem Wert der einzelnen Ver- **12** mögensgegenstände abzüglich der Schulden, dann liegt ein sog. **negativer Geschäfts- oder Firmenwert** vor. Da jedoch Abs. 1 S. 4 diesen Fall nicht in Betracht zieht, ist davon auszugehen, dass in diesem Fall dem Anschaf-fungskostenprinzip folgend die Zeitwerte der erworbenen Vermögensgegen-stände und Schulden entsprechend anzupassen wären. Somit bleibt der Ansatz eines negativen Geschäfts- oder Firmenwerts wohl auf Ausnahmen be-schränkt, zB auf solche Fälle, in denen nicht genügend abstockbare Aktiva und aufstockbare Passiva vorhanden sind.[33] Bleibt ein Restbetrag, so ist dieser zunächst zu passivieren.[34] Hinsichtlich der erfolgswirksamen Auflösung ist analog § 309 Abs. 2 zu verfahren (→ § 309 Rn. 17-24).

4. Rechnungsabgrenzungsposten. Das Vollständigkeitsgebot des Abs. 1 **13** gilt auch für die Rechnungsabgrenzungsposten der Aktiv- und der Passivseite der Bilanz. Rechnungsabgrenzungsposten dienen der zutreffenden Erfassung des einer bestimmten Periode zurechenbaren Erfolges.[35]

5. Aufwendungen und Erträge. In der Gewinn- und Verlustrechnung **14** müssen nach Abs. 1 grundsätzlich alle Aufwendungen und Erträge unter den dafür vorgesehenen Posten ausgewiesen werden, unsaldiert und unter Elimi-nierung von Einlagen und Entnahmen.[36]**Aufwendungen** sind der gesamte Werteverzehr an Gütern und Dienstleistungen, der das Netto- oder Rein-vermögen des Handelsgewerbes mindert und einer Geschäftsperiode zu-zurechnen ist; unter **Erträgen** wird dementsprechend jede Erhöhung des Netto- oder Reinvermögens durch Güter und Dienstleistungen, die einer Geschäftsperiode zuzurechnen sind, verstanden.[37]

6. Steuerliche Regelungen. a) Wirtschaftsgüter. Eine Aktivierung er- **15** fordert, dass am Bilanzstichtag ein aktivierungsfähiges Wirtschaftsgut, das dem Steuerpflichtigen zuzurechnen ist, vorhanden ist oder ein Rechnungs-abgrenzungsposten anzusetzen ist. Der einkommensteuerliche Begriff des Wirtschaftsguts umfasst Sachen, Tiere und nichtkörperliche Gegenstände, die am Bilanzstichtag als realisierbare Vermögenswerte oder als bloße vermögens-werte Vorteile, wie etwa tatsächliche Zustände oder konkrete Möglichkeiten, angesehen werden können. Voraussetzung ist aber, dass diese sich der Kauf-mann etwas kosten lässt, nach der Verkehrsauffassung einer **selbstständigen Bewertung** zugänglich sind und idR einen Nutzen für mehrere Wirtschafts-jahre erbringen. Für den Begriff des Wirtschaftsgutes wird die **Übertrag-**

---

[32] WP-HdB Kap. F Rn. 54.
[33] Praxiskommentar BilanzR/*Tanski* Rn. 62.
[34] BeBiKo/*Schmidt/Ries* Rn. 82.
[35] *ADS* Rn. 161; zur Frage, wann Rechnungsabgrenzungsposten anzusetzen sind, → § 250 Rn. 1 ff.
[36] BeBiKo/*Schmidt/Ries* Rn. 92.
[37] *ADS* Rn. 165–167.

barkeit zusammen mit dem Betrieb, nicht jedoch die Einzelveräußerbarkeit gefordert.[38]

16   Grundsätzlich ist jede **Sache** iSv § 90 BGB ein selbstständiges Wirtschaftsgut, abweichend vom BGB können aber auch **wesentliche Bestandteile** bilanzrechtlich selbstständige Wirtschaftsgüter sein und umgekehrt verschiedene Sachen ein Wirtschaftsgut sein, wenn sie eine wirtschaftliche Einheit bilden. Betriebliche Aufwendungen, die nicht zur Anschaffung (Herstellung) selbstständiger Wirtschaftsgüter führen, sind entweder sofort abziehbar oder Teil der Anschaffungs- oder Herstellungskosten bereits vorhandener Wirtschaftsgüter, insbesondere nachträgliche Anschaffungs- oder Herstellungskosten.[39]

17   Selbstständige Wirtschaftsgüter sind der Grund und Boden einerseits sowie das aufstehende Gebäude andererseits, obwohl zivilrechtlich eine Sache vorliegt. Gebäudeteile, die nicht in einem einheitlichen Nutzungs- und Funktionszusammenhang mit dem Gebäude stehen, sind selbstständige Wirtschaftsgüter. Ein Gebäudeteil ist selbstständig, wenn er besonderen Zwecken dient, mithin in einem von der eigentlichen Gebäudenutzung verschiedenen **Nutzungs- und Funktionszusammenhang** steht (zB Betriebsvorrichtungen, Scheinbestandteile, Ladeneinbauten, sonstige Mietereinbauten) (R 4.2 Abs. 3 EStR). Wird ein Gebäude teils eigenbetrieblich, teils fremdbetrieblich, teils zu eigenen und teils zu fremden Wohnzwecken genutzt, so ist jeder der vier unterschiedlich genutzten Gebäudeteile ein besonderes Wirtschaftsgut, weil das Gebäude in verschiedenen Nutzungs- und Funktionszusammenhängen steht (R 4.2 Abs. 4 EStR). Unselbstständige Gebäudeteile liegen hingegen vor, wenn der Gebäudeteil der eigentlichen Nutzung als Gebäude dient (zB Rolltreppen eines Kaufhauses oder Umzäunung oder Garage bei einem Wohngebäude) (H 4.2 Abs. 5 EStH).

18   Für die steuerliche Behandlung von Wirtschaftsgütern sind verschiedene Abgrenzungen erforderlich, wie zB materiell/immateriell, beweglich/unbeweglich, abnutzbar/nicht abnutzbar, Anlagevermögen/Umlaufvermögen.[40]

19   Dingliche oder obligatorische **Nutzungsrechte** sind nach hM selbstständige immaterielle Wirtschaftsgüter. Zu beachten ist, dass die bloße Nutzung eines fremden Wirtschaftsguts zu betrieblichen Zwecken nicht in ein Betriebsvermögen eingelegt werden kann. Dies gilt auch für unentgeltlich erworbene dingliche oder obligatorische Nutzungsrechte (H 4.3 Abs. 1 EStH).

20   Trägt ein Dritter Anschaffungs- oder Herstellungskosten für ein vom Steuerpflichtigen zur Erzielung von Einkünften genutztes Wirtschaftsgut, so ergibt sich hieraus keine steuerliche Abschreibungsberechtigung des Steuerpflichtigen (so genannter **Drittaufwand**).[41] Trägt ein Steuerpflichtiger aus betrieblichem Anlass die Anschaffungs- oder Herstellungskosten für ein Gebäude oder einen Gebäudeteil, die im Alleineigentum oder Miteigentum eines Dritten stehen, mit dessen Zustimmung und darf er den Eigentumsanteil des Dritten unentgeltlich nutzen, so hat er die durch die Baumaßnahme geschaffene Nutzungsbefugnis an dem fremden Gebäude oder Gebäudeteil „wie ein materielles Wirtschaftsgut" mit den Anschaffungs- oder Herstel-

---

[38] Schmidt/*Weber-Grellet* EStG § 5 Rn. 94 f.; Blümich/*Krumm* EStG § 5 Rn. 304.
[39] Schmidt/*Weber-Grellet* EStG § 5 Rn. 131–133.
[40] Vgl. zu näheren Erl. Schmidt/*Weber-Grellet* EStG § 5 Rn. 110–119.
[41] Schmidt/*Weber-Grellet* EStG § 5 Rn. 100 f.

lungskosten anzusetzen und nach den für Gebäude geltenden Regelungen abzuschreiben.[42] Beteiligt sich ein Steuerpflichtiger (Ehegatte) finanziell an den Anschaffungs- oder Herstellungskosten eines Hauses, das dem anderen Ehegatten gehört, und nutzt er Räume dieses Gebäudes zur Einkünfteerzielung, kann er die auf diese Räume entfallenden eigenen Aufwendungen grundsätzlich als Betriebsausgaben oder Werbungskosten (AfA) abziehen.[43] Bei **Miteigentümern,** die beide Anschaffungskosten/Herstellungskosten tragen, ist der jeweilige Aufwandsbeitrag in vollem Umfang primär dem jeweils eigenbetrieblich/eigenberuflich genutzten Teil zuzuordnen mit der Folge der vollen AfA, unabhängig vom Miteigentumsanteil des anderen.[44]

Der **Geschäftswert** ist nach steuerlicher Definition der Mehrwert, der 21 einem gewerblichen Unternehmen über den Substanzwert der einzelnen materiellen und immateriellen Wirtschaftsgüter abzüglich der Schulden hinaus innewohnt.[45] Dem Grund und der Höhe nach wird er durch die Gewinnaussichten bestimmt, die auf Grund bestimmter Umstände (zB Ruf, Kundenkreis, Organisation), losgelöst von der Person des Unternehmers, höher oder gesicherter erscheinen als bei einem anderen Unternehmen mit sonst vergleichbaren Wirtschaftsgütern.[46] Ein Geschäftswert ist an einen Betrieb **(Teilbetrieb)** gebunden und kann nicht ohne diesen veräußert oder „entnommen" werden.[47] Es sollte daher einiges dafür sprechen, dass kein Geschäftswert vorliegen sollte, wenn die übertragenen Wirtschaftsgüter nicht als Teilbetrieb isd UmwStG angesehen werden können (BStBl. II 1983, 113).[48] Für den Fall eines **negativen Geschäftswerts** wird – wie auch handelsrechtlich – die Abstockung der nicht in Bar- und Buchgeld bestehenden Wirtschaftsgüter bzw. Aufstockung der bisher nicht bilanziell erfassten oder unterbewerteten Schulden für zulässig gehalten. Für einen darüber hinausgehenden Betrag ist ein **„passiver Ausgleichsposten"** zu bilden, durch den spätere Verluste am Gesellschaftskapital neutralisiert werden.[49]

b) Personelle Zuordnung. Gem. § 39 Abs. 1 und Abs. 2 Nr. 1 AO sind 22 Wirtschaftsgüter dem **Eigentümer** oder abweichend davon demjenigen zuzurechnen, der die tatsächliche Herrschaft über ein Wirtschaftsgut in der Weise ausübt, dass er den Eigentümer im Regelfall für die gewöhnliche Nutzungsdauer von der Einwirkung auf das Wirtschaftsgut ausschließen kann **(wirtschaftlicher Eigentümer).** Zum möglichen Auseinanderfallen von zivilrechtlichem und wirtschaftlichem Eigentum → Rn. 6 ff.

c) Sachliche Zuordnung. Für die sachliche Zuordnung von Wirtschafts- 23 gütern zu Betriebs- oder Privatvermögen wird zwischen notwendigem Betriebsvermögen, gewillkürtem Betriebsvermögen und notwendigem Privatvermögen unterschieden. Wirtschaftsgüter, die ausschließlich und unmittelbar für eigenbetriebliche Zwecke des Steuerpflichtigen genutzt werden oder

---

[42] BFH Beschl. v. 30.1.1995 – GrS 4/92, BStBl. II 1995, 281.
[43] BFH Beschl. v. 23.8.1999 – GrS 1/97, BStBl. II 1999, 778.
[44] Schmidt/*Heinicke* EStG § 4 Rn. 139 mit Verweis auf BFH Beschl. v. 23.8.1999 – GrS 5/97, BStBl. II 1999, 774.
[45] BFH Urt. v. 27.3.2001 – I R 42/00, BStBl. II 2001, 477; BFH Entsch. v. 26.11.2009 – III R 40/07, BStBl. II 2010, 609.
[46] Schmidt/*Weber-Grellet* EStG § 5 Rn. 221.
[47] BFH Urt. v. 30.3.1994 – I R 52/93, BStBl. II 1994, 903; BFH Urt. v. 14.1.1998 – X R 57/93, DStR 1998, 887.
[48] BFH Urt. v. 24.11.1982 – I R 123/78, BStBl. II 1983, 113.
[49] Schmidt/*Weber-Grellet* EStG § 5 Rn. 226; Blümich/*Krumm* EStG § 5 Rn. 626.

dazu bestimmt sind, sind **notwendiges Betriebsvermögen**. Wirtschaftsgüter, die in einem gewissen objektiven Zusammenhang mit dem Betrieb stehen und ihn zu fördern bestimmt und geeignet sind, können als **gewillkürtes Betriebsvermögen** behandelt werden. Bei Wirtschaftsgütern, die nicht Grundstücke oder Grundstücksteile sind, liegt bei einer eigenbetrieblichen Nutzung zu mehr als 50 % in vollem Umfang notwendiges Betriebsvermögen vor. Bei einer betrieblichen Nutzung von mindestens 10 %-50 % ist ein Ausweis als gewillkürtes Betriebsvermögen möglich. Bei einer betrieblichen Nutzung unter 10 % liegt stets **notwendiges Privatvermögen** vor (R 4.2 Abs. 1 EStR). Bei Grundstücken und Grundstücksteilen liegt bei einer eigenbetrieblichen Nutzung grundsätzlich notwendiges Betriebsvermögen vor (R 4.2 Abs. 7 EStR), bei einer Nutzung zu eigenen Wohnzwecken grundsätzlich notwendiges Privatvermögen. Bei Vermietung an Dritte zu Wohnzwecken oder zur gewerblichen Nutzung kann eine Behandlung als gewillkürtes Betriebsvermögen vorgenommen werden (R 4.2 Abs. 9 EStR). Bei Gewinnermittlung nach § 4 Abs. 3 EStG kommt gewillkürtes Betriebsvermögen nur in den Fällen des Wechsels der Gewinnermittlungsart und der Nutzungsänderung in Betracht (H 4.5 Abs. 6 EStH).

24   Bei Personengesellschaften umfasst das Betriebsvermögen sowohl die Wirtschaftsgüter, die zum Gesamthandvermögen gehören, als auch diejenigen Wirtschaftsgüter, die im Eigentum eines oder mehrerer Gesellschafter stehen (Sonderbetriebsvermögen). Solche Wirtschaftsgüter, die nicht zum Gesamthandsvermögen gehören, sind notwendiges Betriebsvermögen, wenn sie entweder unmittelbar dem Betrieb der Personengesellschaft dienen **(Sonderbetriebsvermögen I)** oder unmittelbar zur Begründung oder Stärkung der Beteiligung des Mitunternehmers an der Personengesellschaft eingesetzt werden sollen **(Sonderbetriebsvermögen II).** Solche Wirtschaftsgüter können zum gewillkürten Betriebsvermögen gehören, wenn sie objektiv geeignet und subjektiv dazu bestimmt sind, den Betrieb der Gesellschaft (Sonderbetriebsvermögen I) oder die Beteiligung des Gesellschafters (Sonderbetriebsvermögen II) zu fördern (R 4.2 Abs. 2 EStR).

25   Eine **Entnahme** liegt vor, wenn ein Wirtschaftsgut aus dem betrieblichen oder beruflichen in den privaten oder einen anderen betriebs- oder berufsfremden Bereich übergeht. Eine Entnahme ist regelmäßig nur dann gegeben, wenn eine Entnahmehandlung, getragen von einem Entnahmewillen, vorgenommen wird. Eine Entnahme liegt aber auch ohne Entnahmeerklärung oder Entnahmebuchung vor, wenn der Steuerpflichtige die Nutzung des Wirtschaftsguts auf Dauer so ändert, dass es seine Beziehung zum Betrieb verliert und damit Privatvermögen wird (R 4.3 Abs. 2, 3 EStR).

26   Eine **Verbindlichkeit** ist grundsätzlich dann dem Betriebsvermögen zuzuordnen, wenn der die Schuld auslösende Vorgang einen tatsächlichen oder wirtschaftlichen Zusammenhang mit dem Betrieb aufweist. Ein rechtlicher Zusammenhang (zB Absicherung durch Grundschuld auf Betriebsgrundstück) oder ein Ausweis in der Handelsbilanz genügt nicht. Schulden, deren Entstehung nicht betrieblich veranlasst ist, gehören notwendig zum Privatvermögen.[50]

27   Mit der Entnahme eines **fremdfinanzierten Wirtschaftsguts** des Anlagevermögens wird die zur Finanzierung des Wirtschaftsguts aufgenommene betriebliche Schuld zu einer privaten Schuld. Umgekehrt wird mit der Ein-

---

[50] Schmidt/*Heinicke* EStG § 4 Rn. 226.

lage eines fremdfinanzierten Wirtschaftsguts die zur Finanzierung des Wirtschaftsguts aufgenommene private Schuld zu einer betrieblichen Schuld (R 4.2 Abs. 15 EStR).

Die Zulässigkeit sog. **Mehrkontenmodelle** wurde durch die Rechtspre- **28** chung grundsätzlich bestätigt, dh es steht dem Steuerpflichtigen frei, im Betrieb vorhandene Mittel zur Privatnutzung zu entnehmen und gleichzeitig weitere betriebliche Aufwendungen über Betriebsschulden zu bestreiten. Die Grenze zur **privaten Entnahmefinanzierung** ist dann überschritten, wenn dem Betrieb keine entnahmefähigen Finanzmittel mehr zur Verfügung stehen und die Entnahme nur dadurch möglich wird, dass Darlehensmittel in das Unternehmen fließen.[51] Zu beachten ist auch die Regelung zur Nichtabziehbarkeit von Schuldzinsen nach § 4 Abs. 4a EStG, die dann eingreift, wenn so genannte Überentnahmen getätigt werden und Darlehensmittel nicht zur Finanzierung von Wirtschaftsgütern des Anlagevermögens verwendet werden.

7. Exkurs: Leasingverträge. Leasinggeschäfte können sowohl reine **29** Miet- und Pachtverträge (Nutzungsüberlassung) als auch Rechtsgeschäfte, die nach ihrem Gesamtbild wirtschaftlich einen Ratenkaufvertrag (Eigentumsübertragung) darstellen, sowie alle denkbaren Zwischenformen (Mischverträge) beinhalten.[52] Sie werden zwischen dem juristischen Eigentümer, dem Leasinggeber (LG), und dem Nutzer, dem Leasingnehmer (LN), über bewegliche oder unbewegliche Sachen geschlossen. Für die bilanzielle Behandlung ist letztlich entscheidend, ob das **wirtschaftliche Eigentum** am Leasinggegenstand beim Leasingnehmer oder beim Leasinggeber liegt.[53]

Die Abgrenzung von Operating-Leasing und Finanzierungsleasing und **30** somit auch die Bilanzierung von Leasingverträgen ist im Handelsrecht nicht explizit geregelt, sondern stützt sich auf höchstrichterliche Rechtsprechung, IDW-Stellungnahme, Verwaltungsmeinung und eingehende Diskussion im Schrifttum. Mit den folgenden steuerrechtlichen Leasing-Erlassen wurden typisierende Regeln zur wirtschaftlichen Zurechnung von Leasinggegenständen entwickelt, die prinzipiell auch den handelsrechtlichen Grundsätzen zur Abgrenzung wirtschaftlichen Eigentums Rechnung tragen[54]:
- Schreiben des Bundesministers der Finanzen vom 19.4.1971 (zum **Mobilien-Leasing**);[55]
- Schreiben des Bundesministers für Wirtschaft und Finanzen vom 21.3.1972 (zum **Immobilien-Leasing**);[56]
- Schreiben des Bundesministers der Finanzen vom 22.12.1975 (zu **Mobilien-Leasing-Teilamortisationsverträgen**);[57]
- Schreiben des Bundesministers der Finanzen vom 23.12.1991 (zu **Immobilien-Leasing-Teilamortisationsverträgen**).[58]

---

[51] Schmidt/*Heinicke* EStG § 4 Rn. 241 f.
[52] *Hastedt/Mellwig,* Leasing – Rechtliche und ökonomische Grundlagen, 1999, 15; *Sabel,* Leasingverträge in der kapitalmarktorientierten Rechnungslegung, 2006, 11 ff.
[53] *Hastedt/Mellwig,* Leasing – Rechtliche und ökonomische Grundlagen, 1999, 31 ff.; *Sabel,* Leasingverträge in der kapitalmarktorientierten Rechnungslegung, 2006, 29 ff.
[54] *ADS* Rn. 392.
[55] BMF 19.4.1971, BStBl. I 1971, 264.
[56] BMF 21.3.1972, BStBl. I 1972, 188.
[57] BMF 22.12.1975, DB 1976, 172.
[58] BMF 23.12.1991, BStBl. I 1992, 13.

Somit werden in der Praxis in allen Fällen, in denen die steuerlichen Erlasse das wirtschaftliche Eigentum des Leasingnehmers verneinen, die Leasinggegenstände in der Bilanz des Leasinggebers erfasst.[59]

31 Von **Operating-Leasing** (Miet- und Pachtverträge) spricht man, wenn Leasinggüter im Verhältnis zur wirtschaftlichen Nutzungsdauer relativ kurzfristig überlassen werden und das Investitionsrisiko regelmäßig beim LG verbleibt.[60] Solche Verträge sind zB für Leasinggeschäfte der Automobil- oder der Computerbranche charakteristisch. Die Leasinggegenstände sind nach Ablauf der Grundmietzeit noch nicht verbraucht, sodass ein sog. Secondhand-Leasing möglich und auch üblich ist. Die bilanzielle Behandlung solcher Verträge wirft keine besonderen Probleme auf: Aufgrund von Operating-Leasing-Verträgen vermietete Vermögensgegenstände sind beim LG als zivilrechtlichem Eigentümer zu aktivieren. Der Hauptfachausschuss beim IDW hat zur Bilanzierung von Leasingbeständen beim Leasinggeber eine Stellungnahme herausgegeben (hierzu → Rn. 42 f.).[61]

32 Vom Operating-Leasing ist das **Finanzierungs-Leasing** zu unterscheiden.[62] Nach den steuerlichen Leasingerlassen ist Finanzierungs-Leasing nur anzunehmen, wenn

– der Vertrag über eine bestimmte Zeit **(Grundmietzeit)** abgeschlossen wird,
– während der Grundmietzeit der Vertrag bei vertragsgemäßer Erfüllung für beide Vertragsparteien **unkündbar** ist und
– der LN mit den in der Grundmietzeit zu entrichtenden Raten **mindestens** die Anschaffungs- oder Herstellungskosten sowie alle Nebenkosten einschließlich der Finanzierungskosten des LG deckt.

33 Beim Finanzierungs-Leasing lassen sich im Wesentlichen **fünf Vertragstypen** unterscheiden:

1. Leasingverträge, die weder eine **Kauf-** noch eine **Verlängerungsoption** für den LN enthalten, wobei zwei Fälle zu unterscheiden sind:
   – Grundmietzeit und betriebsgewöhnliche Nutzungsdauer des Leasinggegenstandes decken sich,
   – Grundmietzeit ist geringer als die betriebsgewöhnliche Nutzungsdauer des Leasinggegenstandes.
2. Leasingverträge mit **Kaufoption,** dh der LN hat das Recht, den Leasinggegenstand nach Ablauf der Grundmietzeit, die idR kürzer als dessen betriebsgewöhnliche Nutzungsdauer ist, zu erwerben.
3. Leasingverträge mit **Mietverlängerungsoption,** dh der LN hat das Recht, nach Ablauf der Grundmietzeit, die idR kürzer als die betriebsgewöhnliche Nutzungsdauer des Leasinggegenstandes ist, das Vertragsverhältnis auf bestimmte oder unbestimmte Zeit zu verlängern (dies gilt sinngemäß auch bei automatischer Vertragsverlängerung ohne ausdrückliches Optionsrecht).
4. Verträge über **Spezialleasing,** dh Verträge über speziell auf die Bedürfnisse des LN zugeschnittene Leasinggegenstände, die nach Ablauf der

---

[59] WP-HdB Kap. F Rn. 1323; zur Bilanzierung bei Zurechnung zum Leasinggeber vgl. auch *IDW* St/HFA 1/1989, Abschnitt B. 1.
[60] *ADS* Rn. 386.
[61] *IDW* St/HFA 1/1989.
[62] Zur Bilanzierung von Finanzierungs-Leasingverträgen vgl. auch BFH Urt. v. 26.1.1970 – IV R 144/66, BStBl. II 1970, 264 und BFH Urt. v. 18.11.1970 – I 133/64, BStBl. II 1971, 133.

Grundmietzeit wirtschaftlich sinnvoll nur bei diesem zu verwenden sind (mit oder ohne Optionsklausel).

5. **Teilamortisationsverträge,** bei denen während der Grundmietzeit nur eine Teilamortisation erfolgt und die restliche Amortisation über die Ausübung eines Andienungsrechts oder einer Abschlusszahlung erfolgt.

Die **steuerliche Zurechnung** der Leasinggegenstände bestimmt sich nach 34 der Vertragsgestaltung und deren tatsächlicher Durchführung. Dabei gilt für die im Einzelnen angesprochenen Vertragstypen Folgendes:

Verträge ohne Optionsrecht: 35

– Grund und Boden sind dem LG zuzurechnen.

– Gebäude und Mobilien sind dem LG zuzurechnen, wenn die Grundmietzeit mindestens 40 % und höchstens 90 % der betriebsgewöhnlichen Nutzungsdauer des Leasinggegenstandes beträgt. Beträgt die Grundmietzeit weniger als 40 % und mehr als 90 % der betriebsgewöhnlichen Nutzungsdauer, sind sie dem LN zuzurechnen.

Verträge mit Kaufoptionen: 36

– Nach dem BFH-Urteil vom 26.1.1970 (BStBl. II 1970, 264) ist der Leasinggegenstand **idR** dem LN zuzurechnen, wenn die betriebsgewöhnliche Nutzungsdauer erheblich länger als die Grundmietzeit ist und der LN eine Option hat, den Leasinggegenstand zu einem Anschlusskaufpreis zu erwerben, der sich lediglich als eine Art Anerkennungsgebühr und nicht als eine echte Gegenleistung darstellt.

– Daraus hat die Verwaltung den Schluss gezogen, dass **Grund und Boden sowie Gebäude** nur dann dem **LN** zugerechnet werden können, wenn der für den Fall der Option vorgesehene Gesamtkaufpreis nicht niedriger ist als der unter Anwendung der linearen AfA ermittelte Buchwert des Gebäudes zuzüglich des Buchwerts des Grund und Bodens oder der niedrigere gemeine Wert des Grundstücks zum Zeitpunkt der Veräußerung; der LN hat somit dem LG den wirtschaftlichen Wert des Objekts zum Ende der Grundmietzeit voll zu vergüten, wenn er Eigentümer werden will.

– **Mobilien** sind dem **LG** zuzurechnen, wenn die Grundmietzeit mindestens 40 % und höchstens 90 % der betriebsgewöhnlichen Nutzungsdauer des Leasinggegenstandes beträgt und der für den Fall der Ausübung des Optionsrechts vorgesehene Kaufpreis nicht niedriger ist als der bei Anwendung der linearen AfA ermittelte Buchwert oder niedrigere gemeine Wert im Veräußerungszeitpunkt.

– Eine andere Beurteilung der Zurechnungsfrage kann sich ergeben, wenn die **Höhe des Optionspreises** erst nach Abschluss des Vertrages oder nach Ablauf der Grundmietzeit festgelegt und verändert wird.

Verträge mit Mietverlängerungsoptionen: 37

– **Grund und Boden** sind dem **LG** zuzurechnen.

– **Gebäude** können idR **nur dann dem LG** zugerechnet werden, wenn die Anschlussmiete, die der LN für die Zeit nach Ablauf der Grundmietzeit zahlen muss, mehr als 75 % des für ein nach Art und Lage der Ausstattung vergleichbares Grundstück üblicherweise gezahlten Mietentgelts beträgt.

– **Mobilien** sind dem **LG** zuzurechnen, wenn die Grundmietzeit mindestens 40 % und höchstens 90 % der betriebsgewöhnlichen Nutzungsdauer des Leasinggegenstandes beträgt und die Anschlussmiete so bemessen ist, dass sie den Wertverzehr für den Leasinggegenstand deckt, der sich auf der Basis des unter Berücksichtigung der linearen AfA ermittelten Buchwerts oder des niedrigeren gemeinen Werts und der Restnutzungsdauer laut amtlicher AfA-Tabelle ergibt.

– Entspricht die Anschlussmiete nicht dem noch vorhandenen Wert des Leasinggegenstandes, sondern stellt sie lediglich eine Art Anerkennungsgebühr und **keine echte Gegenleistung** dar, dann kann nach Auffassung der Finanzverwaltung von vornherein davon ausgegangen werden, dass der Mieter sein Optionsrecht ausüben wird, weil es wirtschaftlich unvernünftig wäre, während der Grundmietzeit hohe Mietraten zu zahlen und danach auf die Weiternutzung des Leasinggegenstandes gegen Zahlung der viel niedrigeren Anschlussmiete zu verzichten. In diesem Fall erfolgt die Zurechnung zum **LN**.

38   **Spezial-Leasingverträge:**

    Grund und Boden, Gebäude und **Mobilien** sind idR dem LN zuzurechnen, ohne Rücksicht auf das Verhältnis von Grundmietzeit und Nutzungsdauer und ohne Rücksicht auf Optionsklauseln. Neben der Vertragsgestaltung ist auch auf die Beteiligung des LN am **Veräußerungserlös** des Leasinggegenstandes abzustellen. Die Übernahme des Risikos einer Wertveränderung des Leasinggegenstandes ist ein wesentliches Merkmal des wirtschaftlichen Eigentums. An den speziellen Zuschnitt, der zur Zurechnung des Leasinggegenstandes führt, sind besonders strenge Anforderungen zu stellen: Die Möglichkeit einer weiteren wirtschaftlichen Verwendung, einschließlich der Möglichkeit der Verschrottung bei entsprechendem Schrottwert, schließt die Annahme von Spezialleasing aus.

39   **Teilamortisationsverträge bei Mobilien-Leasing:**

    Bei Verträgen mit einer unkündbaren Grundmietzeit zwischen 40% und 90% der betriebsgewöhnlichen Nutzungsdauer des Leasinggegenstandes, aber nur einer teilweisen Amortisation der Anschaffungs- oder Herstellungskosten, der Nebenkosten und der Finanzierungskosten des LG während der Grundmietzeit durch die Leasingraten (Teilamortisationsvertrag) erfolgt die Zurechnung des Leasinggegenstandes nach den folgenden Grundsätzen (BMF vom 22.12.1975):

– Hat der LG das Recht, den Leasinggegenstand dem LN zu einem festen Preis, der bereits bei Vertragsabschluss fest vereinbart wird, **anzudienen,** der LN jedoch kein Recht zum Erwerb des Leasinggegenstandes, dann ist der Leasinggegenstand dem LG zuzurechnen. Der LG ist in diesem Falle wirtschaftlicher Eigentümer, da er bei einer Wertsteigerung das Andienungsrecht nicht ausüben muss, sondern das Wirtschaftsgut zu dem über dem Andienungspreis liegenden Marktpreis verkaufen kann.

– Der Leasinggegenstand ist ebenfalls dem LG zuzurechnen, wenn die Parteien vereinbaren, dass der Leasinggegenstand nach Ablauf der Grundmietzeit durch den LG veräußert wird und der LN eine **Abschlusszahlung** in Höhe der Differenz zwischen Restamortisation (Gesamtkosten des LG abzüglich der in der Grundmietzeit entrichteten Leasingraten) und Veräußerungserlös zu zahlen hat, bei die Restamortisation übersteigenden **Veräußerungserlösen** jedoch 75% hiervon erhält. Da der LG 25% des die Restamortisation übersteigenden Veräußerungserlöses erhält, nimmt er wirtschaftlich an den Wertsteigerungen des Leasinggegenstandes teil und ist somit wirtschaftlicher Eigentümer.

– Vereinbaren die Parteien, dass der LN den Leasingvertrag frühestens nach Ablauf einer 40 % der betriebsgewöhnlichen Nutzungsdauer entsprechenden Grundmietzeit kündigen kann, bei der Kündigung aber eine **Abschlusszahlung** in Höhe der Restamortisation zu leisten hat und dass auf diese Abschlusszahlung 90 % des vom LG erzielten **Veräußerungserlöses** anzurechnen sind, dann ist der Leasinggegenstand dem LG zuzurechnen.

Teilamortisationsverträge bei Immobilien-Leasing: 40
Hierunter fallen Leasingverträge über unbewegliche Leasinggegenstände, die während einer bestimmten Grundmietzeit nur aus wichtigem Grund gekündigt werden können und bei denen die Leasingraten die Anschaffungs- oder Herstellungskosten sowie sämtliche Nebenkosten einschließlich der Finanzierungskosten des LG nur zum Teil decken. Die Zurechnung des Leasinggegenstandes richtet sich nach der Vertragsgestaltung und deren tatsächlicher Durchführung, wobei unter Würdigung aller Umstände jeweils im Einzelfall zu entscheiden ist, wem der Leasinggegenstand zuzurechnen ist. Im Einzelnen gilt Folgendes:
Grund und Boden ist grundsätzlich demjenigen zuzurechnen, dem auch das Gebäude zugerechnet wird. **Gebäude** werden grundsätzlich dem LG und nur in bestimmten Fällen ausnahmsweise dem LN zugerechnet (BMF vom 23.12.1991, 13):

1. Bei **Spezial-Leasingverträgen** sind Gebäude ohne Rücksicht auf das Verhältnis von Grundmietzeit und Nutzungsdauer sowie auf etwaige Optionsklauseln regelmäßig dem LN zuzurechnen.

2. Bei **Leasingverträgen mit Kaufoption** werden Gebäude regelmäßig dann dem LN zugerechnet, wenn die Grundmietzeit mehr als 90 % der betriebsgewöhnlichen Nutzungsdauer beträgt oder der vorgesehene Kaufpreis geringer als der Restbuchwert unter Berücksichtigung der AfA gem. § 7 Abs. 4 EStG nach Ablauf der Grundmietzeit ist.

3. Bei **Leasingverträgen mit Mietverlängerungsoption,** bei denen die Grundmietzeit mehr als 90 % der betriebsgewöhnlichen Nutzungsdauer beträgt oder die Anschlussmiete nicht mindestens 75 % des für ein vergleichbares Grundstück üblichen Mietentgelts beträgt, sind Gebäude regelmäßig dem LN zuzurechnen.

4. Bei **Leasingverträgen mit Kauf- oder Mietverlängerungsoption** werden Gebäude stets dem LN zugerechnet, wenn diesem eine der folgenden Verpflichtungen auferlegt wird:
   – Der LN trägt die Gefahr des zufälligen ganzen oder teilweisen Untergangs des Leasinggegenstandes und die Leistungspflicht aus dem Mietvertrag mindert sich in diesen Fällen nicht.
   – Bei einer ganzen oder teilweisen Zerstörung des Leasinggegenstandes, die der LN nicht zu vertreten hat, ist er dennoch auf Verlangen des LG zur Wiederherstellung bzw. zum Wiederaufbau auf seine Kosten verpflichtet oder die Leistungspflicht aus dem Mietvertrag mindert sich trotz der Zerstörung nicht.
   – Die Leistungspflicht aus dem Mietvertrag mindert sich für den LN nicht, wenn die Nutzung des Leasinggegenstandes aufgrund eines von ihm nicht zu vertretenden Umstands langfristig ausgeschlossen ist.
   – Der LN hat dem LG die bisher nicht gedeckten Kosten – ggf. auch einschließlich einer Pauschalgebühr zur Abgeltung von Verwaltungskos-

ten – zu erstatten, wenn es zu einer vorzeitigen durch den LN nicht zu vertretenden Vertragsbeendigung kommt.

– Der LG wird vom LN von sämtlichen Ansprüchen Dritter freigestellt, die diese hinsichtlich des Leasinggegenstandes gegenüber dem LG geltend machen, es sei denn, der Anspruch des Dritten ist durch den LN verursacht worden.

– Der LN ist als Eigentümer des Grund und Bodens, auf dem der LG als Erbbauberechtigter den Leasinggegenstand errichtet, auf Grund des Erbbaurechtsvertrages aus wirtschaftlichen Gesichtspunkten gezwungen, den Leasinggegenstand nach Ablauf der Grundmietzeit zu erwerben.

41   Eine Sonderform des Leasing ist das sog. **sale-and-lease-back,** bei dem der LN ursprünglich Eigentümer des Leasingobjekts ist und es an den LG verkauft, um es dann von diesem wieder zurück zu leasen. Dabei kann es sich sowohl um neue als auch um gebrauchte Vermögensgegenstände handeln. Sale-and-lease-back dient der Generierung von **Liquidität** oder der Aufdeckung **stiller Reserven.** Die lease-back-Vereinbarungen können als Operating Leasing oder Finanzierungs-Leasing ausgestaltet sein, wobei diese Kategorisierung anhand des Verbleibs oder des Übergangs des wirtschaftlichen Eigentums zu beurteilen ist. Verbleibt das wirtschaftliche Eigentum beim LN, so handelt es sich um eine reine Beschaffung von Liquidität und der LN hat den Vermögensgegenstand zu bilanzieren (Finanzierungs-Leasing). Voraussetzung zur Aufdeckung stiller Reserven und Realisierung eines Veräußerungsgewinns ist hingegen der Übergang des wirtschaftlichen Eigentums auf den Leasinggeber.[63] Zu umsatzsteuerlichen Problematiken vgl. BFH Urteil vom 9.2.2006 – V R 22/03, wonach beim Verbleib des wirtschaftlichen Eigentums beim LN weder die Übertragung noch die Rückübertragung des zivilrechtlichen Eigentums umsatzsteuerlich als Lieferung zu behandeln ist.[64]

42   Bei **wirtschaftlichem Eigentum des LG** ist der Leasinggegenstand von diesem als Anlage- oder Umlaufvermögen (da es sich um Leasingvermögen handelt, ist idR ein gesonderter Ausweis innerhalb des Anlage- oder Umlaufvermögens erforderlich) zu bilanzieren und mit Anschaffungs- oder Herstellungskosten,[65] vermindert um nach betriebsgewöhnlicher Nutzungsdauer bestimmte AfA, zu bewerten. Für die ergebniswirksame Vereinnahmung der Leasingraten und eventueller sonstiger Entgelte ist von den **vertraglichen Vereinbarungen** auszugehen, soweit diese zu einem sachgerechten Ausgleich von Leistung und Gegenleistung in den einzelnen Perioden führen (Kongruenz von Leasingentgelten und Nutzungsverlauf bzw. Aufwandsverlauf). Sofern ein sachgerechter Ausgleich von Leistung und Gegenleistung (zB durch degressive oder progressive Ratenvereinbarungen) nicht gegeben ist, ist eine abweichende ergebniswirksame Vereinnahmung erforderlich (passive Rechnungsabgrenzung fälliger Leasingentgelte oder Aktivierung noch nicht fälliger Leasingforderungen unter den sonstigen Vermögensgegenständen). Maßgeblich für die **passive Abgrenzung** fälliger Leasingentgelte ist der Aufwandsverlauf, für die **Aktivierung** noch nicht fälliger Leasingforderungen der Nutzungsverlauf.[66]

---

[63] Vgl. *ADS* Rn. 395; BeBiKo/*Schmidt/Ries* Rn. 40.
[64] BFH Entsch. v. 9.2.2006 – V R 22/03, BStBl. II 2006, 727.
[65] Vgl. dazu IDW St/HFA 1/1989, Abschnitt C. 1.
[66] *IDW* St/HFA 1/1989, Abschnitt D. 3, D. 4.

Bei **wirtschaftlichem Eigentum des LN** aktiviert der LG eine Kauf- 43
preisforderung an den LN in Höhe der den Leasingraten zugrunde gelegten
Anschaffungs- oder Herstellungskosten, die der vom LN ausgewiesenen
Verbindlichkeit entspricht. Die Leasingraten sind in einen **Zins- und Kostenanteil** sowie in einen Anteil **Tilgung der Kaufpreisforderung** aufzuteilen.[67] Bei der Aufteilung ist zu berücksichtigen, dass sich infolge der
laufenden Tilgung der Zinsanteil verringert und der Tilgungsanteil entsprechend erhöht. Der Zins- und Kostenanteil stellt eine Betriebseinnahme des
LG bzw. eine Betriebsausgabe des LN dar, während der Tilgungsanteil
erfolgsneutral mit der Kaufpreisforderung beim LG bzw. Kaufpreisverbindlichkeit beim LN zu verrechnen ist.

III. Verrechnungsverbot (Abs. 2)

Nach dem Verrechnungsverbot des Abs. 2 dürfen Posten der Aktivseite 44
nicht mit Posten der Passivseite, Aufwendungen nicht mit Erträgen und
Grundstücksrechte nicht mit Grundstückslasten verrechnet werden. Unter
Verrechnung ist dabei jede Zusammenfassung von Aktiva und Passiva sowie
von Aufwendungen und Erträgen zu verstehen, die im Jahresabschluss für sich
nicht mehr erkennbar ist.[68] Die explizite Normierung der Unzulässigkeit
einer Verrechnung von Grundstücksrechten mit Grundstückslasten ist historisch bedingt.[69] Das Verrechnungsverbot dient nicht nur dem Grundsatz
der **Klarheit und Übersichtlichkeit** des Jahresabschlusses (§ 243 Abs. 2),
sondern auch dem **Vollständigkeitsgebot** des Abs. 1.

Sowohl in der Bilanz als auch in der Gewinn- und Verlustrechnung wird 45
das Verrechnungsverbot bzw. Saldierungsverbot jedoch durch zahlreiche
Ausnahmen durchbrochen. Insbesondere der durch das BilMoG eingefügte
Abs. 2 S. 2 durchbricht das in Abs. 2 S. 1 kodifizierte Verrechnungsverbot.
Diese Vorschrift verlangt, Vermögensgegenstände, die ausschließlich zur Deckung von Altersversorgungsverpflichtungen oder ähnlichen langfristig fälligen Verpflichtungen gegenüber Arbeitnehmern dienen **(Deckungsvermögen),** mit diesen Schulden zu verrechnen, sofern die Vermögensgegenstände dem Zugriff sämtlicher übrigen Gläubiger entzogen sind. Letzteres
verlangt insbesondere, dass im Falle einer Insolvenz des bilanzierenden Unternehmens diese Vermögensgegenstände weiterhin den Versorgungsberechtigten zustehen (Insolvenzsicherheit).[70] Dies ist gemäß IDW RS HFA 30 nF der
Fall, wenn den Versorgungsberechtigten ein Aussonderungsrecht (§ 47 InsO)
in Bezug auf die Vermögensgegenstände des Deckungsvermögen zusteht.[71]
Ferner müssen die Vermögensgegenstände jederzeit zur Erfüllung der entsprechenden Verpflichtung zur Verfügung stehen, daher ist es unzulässig,
betriebsnotwendiges Anlagevermögen als Deckungsvermögen zu klassifizieren.[72] Vor allem die Insolvenzsicherheit sollte in der Praxis durch zB entsprechende Verträge bzw. Maßnahmen gestaltbar sein und die konkrete
Gestaltung dürfte grundsätzlich dem bilanzierenden Unternehmen obliegen.
Vor diesem Hintergrund kann hier auch von einem **faktischen Wahlrecht**

---

[67] BeckHdR/*Heuning*/*Sabel* B 710 Rn. 192.
[68] *ADS* Rn. 454.
[69] Vgl. dazu *ADS* Rn. 459; HdR/*Kußmaul* Rn. 23.
[70] MüKoBilanzR/*Hennrichs* Rn. 237–247.
[71] *IDW* RS HFA 30 nF, Rn. 82–88 sowie weitere Ausführungen zur Insolvenzsicherheit
IDW RS HFA 30 nF Rn. 23 f.
[72] *IDW* RS HFA 30 nF Rn. 28 f.

gesprochen werden. Übersteigt der beizulegende Zeitwert der Vermögensgegenstände des Deckungsvermögens deren Anschaffungskosten, ist zudem
die **Ausschüttungssperre** gem. § 268 Abs. 8 zu beachten. Für den Fall, dass
der beizulegende Zeitwert der Vermögensgegenstände den Betrag der Schulden übersteigt, ist die Differenz gem. Abs. 2 S. 3 in einem gesonderten
Posten zu erfassen. Kapitalgesellschaften sowie OHG/KG iSv § 264a haben
diese Differenz in dem Posten „aktiver Unterschiedsbetrag aus der Vermögensverrechnung" auszuweisen (§ 266 Abs. 2 E). Zu saldieren sind auch
die zugehörigen Aufwendungen und Erträge aus der Abzinsung und dem zu
verrechnenden Vermögen. Steuerrechtlich ist diese Ausnahme von dem Saldierungsverbot gem. § 5 Abs. 1a S. 1 EStG nicht zulässig.[73]

46   Zudem können in der Bilanz **Forderungen und Verbindlichkeiten**
gegenüber denselben Personen bei einer Aufrechnungslage nach § 387 BGB
gegeneinander aufgerechnet werden.[74] Bei **Gesamtschuldverhältnissen**
kann eine im Außenverhältnis bestehende Gesamtschuld mit den im Innenverhältnis bestehenden Rückgriffsansprüchen gegen die Mitschuldner verrechnet werden, soweit diese rechtlich zweifelsfrei und vollwertig sind und
dadurch ein genaueres Bild der Vermögens- und Finanzlage vermittelt wird.[75]
In der Gewinn- und Verlustrechnung besteht hinsichtlich des Ausweises unter
bestimmten Voraussetzungen nach § 265 Abs. 7 die Möglichkeit der Zusammenfassung der mit arabischen Ziffern versehenen Posten. Dies gilt auch für
die mit Kleinbuchstaben versehenen Untergliederungen. Nach § 275 Abs. 2
Nr. 2 sind **Bestandserhöhungen** und Bestandsminderungen an fertigen und
unfertigen Erzeugnissen in einem Posten auszuweisen. § 276 lässt bei kleinen
und mittelgroßen Kapitalgesellschaften (§ 267 Abs. 1, 2) die Zusammenfassung verschiedener Posten (§ 275 Abs. 2 Nr. 1–5 bzw. Abs. 3 Nr. 1–3 und 6)
zu einem Posten „**Rohergebnis**" zu, was grundsätzlich auch für Nicht-
Kapitalgesellschaften gilt. **Steuererstattungen** sind nach hM in bestimmtem
Umfang mit Steuernachzahlungen zu verrechnen.[76] Darüber hinaus sind
hinsichtlich des Ausweises bspw. folgende weiteren Zusammenfassungen nach
§ 265 Abs. 7 Nr. 2 möglich:[77]

– Materialaufwand (Posten Abs. 2 Nr. 5 Buchst. a und b),
– Personalaufwand (Posten Abs. 2 Nr. 6 Buchst. a und b),
– Abschreibungen (Posten Abs. 2 Nr. 7 Buchst. a und b),
– Erträge aus Finanzanlagen und sonstige Zinsen (Posten Abs. 2 Nr. 9–11,
  Abs. 3 Nr. 8–10),
– Beteiligungsergebnis (Posten Abs. 2 Nr. 9, Abs. 3 Nr. 8 und Posten nach
  § 277 Abs. 3 S. 2),
– Zinsergebnis (Posten Abs. 2 Nr. 10, 11 und 13, Abs. 3 Nr. 9, 10 und 12),
– Finanzergebnis (Posten Abs. 2 Nr. 9–13, Abs. 3 Nr. 8–12).

IV. Ansatzstetigkeit (Abs. 3)

47   Der **Stetigkeitsgrundsatz** teilt sich in den Grundsatz der Ansatzstetigkeit
(Abs. 3) sowie in den Grundsatz der Bewertungsstetigkeit (§ 252 Abs. 2).
Daraus folgt, dass die Auslegung der Grundsätze in zeitlicher und sachlicher

---

[73] BeBiKo/*Schmidt/Ries* Rn. 120.
[74] *ADS* Rn. 465–468; BeBiKo/*Schmidt/Ries* Rn. 106–114; HdR/*Kußmaul* Rn. 24.
[75] BeBiKo/*Schmidt/Ries* Rn. 109.
[76] *ADS* Rn. 478 mwN; BeBiKo/*Schmidt/Ries* Rn. 115.
[77] Vgl. *ADS* § 275 Rn. 48.

Hinsicht grundsätzlich gleich zu erfolgen hat (zum Grundsatz der Bewertungsstetigkeit → § 252 Rn. 36–41).[78]

Der Grundsatz der Ansatzstetigkeit verlangt, die auf den vorherigen Jahres- **48** abschluss angewandten **Ansatzmethoden** beizubehalten. Der Grundsatz dient dazu, die Vergleichbarkeit von zwei aufeinander folgenden und damit auch einer Reihe von Jahresabschlüssen sicherzustellen.[79] Neben der zeitlichen Stetigkeit folgt aus dem Vergleichbarkeitspostulat ebenso die sachliche Stetigkeit, sodass bei **Ansatzwahlrechten** (zB selbst erstellte immaterielle Vermögensgegenstände nach § 248 Abs. 2) und Ermessensspielräumen keine willkürliche Änderung der Bilanzierung im Zeitablauf erfolgen darf.[80] Abweichungen sind analog zu der Durchbrechung der Bewertungsstetig- **49** keit (§ 252 Abs. 1 Nr. 6) nur in begründeten Ausnahmefällen zulässig (→ § 252 Rn. 42–45).

V. Folgen der Nichtbeachtung

Verstöße gegen die Vorschriften des § 246 werden handelsrechtlich nicht **50** unmittelbar sanktioniert. Verstöße gegen § 246 stellen jedoch bei Kapitalgesellschaften zugleich einen Verstoß gegen die Generalnorm des § 264 dar (zu den Rechtsfolgen → § 264 Rn. 51–73).[81] Nach § 334 Abs. 1 Nr. 1 Buchst. a kann zudem eine **Ordnungswidrigkeit** vorliegen.

§ 247 Inhalt der Bilanz

(1) **In der Bilanz sind das Anlage- und das Umlaufvermögen, das Eigenkapital, die Schulden sowie die Rechnungsabgrenzungsposten gesondert auszuweisen und hinreichend aufzugliedern.**

(2) **Beim Anlagevermögen sind nur die Gegenstände auszuweisen, die bestimmt sind, dauernd dem Geschäftsbetrieb zu dienen.**

Schrifttum: (ohne die Einzelbeiträge in den verschiedenen Handbüchern der Rechnungslegung) BT-Drs. 16/12407 vom 24.3.2009, Beschlussempfehlung und Bericht des Rechtsausschusse zu dem Gesetzentwurf der Bundesregierung – Drs. 16/10067 – Entwurf eines Gesetzes zur Modernisierung des Bilanzrechts (Bilanzrechtsmodernisierungsgesetz – BilMoG); *Förschle/Kropp,* Mindestinhalt der Gewinn- und Verlustrechnung für Einzelkaufleute und Personenhandelsgesellschaften, DB 1989, 1037 und 1096; *IDW,* ERS HFA 7 nF, Entwurf einer Neufassung der IDW Stellungnahme zur Rechnungslegung: Handelsrechtliche Rechnungslegung bei Personenhandelsgesellschaften, IDW Life 3/2017, 321; *IDW,* RS HFA 7, Handelsrechtliche Rechnungslegung bei Personenhandelsgesellschaften, IDW-FN 2012, 189; *Schellein,* Der Einfluß der §§ 264–289 HGB auf die Rechnungslegung der Personenhandelsgesellschaften, WPg 1988, 693.

I. Allgemeines

§ 247 enthält verschiedene Anforderungen an den Inhalt der Bilanz. Abs. 1 **1** zählt **Gliederungsposten** auf, die auf der Aktiv- und der Passivseite der Bilanz gesondert auszuweisen und hinreichend aufzugliedern sind. Abs. 2

---

[78] Praxiskommentar BilanzR/*Tanski* Rn. 97.
[79] MüKoHGB/*Ballwieser* § 243 Rn. 53; BT-Drs. 16/10067, 49.
[80] Praxiskommentar BilanzR/*Tanski* Rn. 94 f.
[81] BeBiKo/*Schmidt/Ries* Rn. 135.

enthält die Definition des **Anlagevermögens,** die auch für die Bilanz von Kapitalgesellschaften (§ 266) gültig ist.

2 Die Vorschrift des § 247 ergänzt das in § 246 Abs. 1 niedergelegte Vollständigkeitsgebot hinsichtlich des Ausweises der Aktiva und Passiva. Die Vorschrift gilt grundsätzlich für **alle Kaufleute.** Für Kapitalgesellschaften und OHG/KG iSv § 264a haben jedoch die detaillierteren Regelungen hinsichtlich der Anforderungen an die Gliederung in den §§ 264 ff. als lex specialis Vorrang vor Abs. 1.[1] Die Gliederungsvorschriften für Kapitalgesellschaften sind von Bilanzierenden, die weder Kapitalgesellschaften noch OHG/KG iSv § 264a sind, nicht unmittelbar anzuwenden; fallen diese jedoch unter das **PublG,** so müssen sie grundsätzlich die für Kapitalgesellschaften geltenden Gliederungsvorschriften anwenden (§ 5 Abs. 1 PublG).

II. Gliederung der Bilanz für alle Kaufleute (Abs. 1)

3 **1. Allgemeines.** Ein dem § 266 Abs. 2, 3 vergleichbares Gliederungsschema ist für Bilanzierende, die weder Kapitalgesellschaften noch OHG/KG iSv § 264a sind und nicht unter das PublG fallen, nicht vorgeschrieben. Nach Abs. 1 sind in der Bilanz das **Anlage- und das Umlaufvermögen,** das **Eigenkapital,** die **Schulden** und die **Rechnungsabgrenzungsposten** gesondert auszuweisen und hinreichend aufzugliedern. Damit werden aber zunächst nur Posten umrissen, die für den Ausweis in der Bilanz grundsätzlich in Frage kommen;[2] eine Bilanzgliederung, die lediglich diese Posten enthält, entspricht noch nicht den GoB.[3] Aus diesem Grund fordert Abs. 1, dass die genannten Posten „hinreichend aufzugliedern" sind; diese Formulierung hat insofern klarstellenden Charakter. Was dabei unter „hinreichend aufgliedern" zu verstehen ist, kann nur im Einzelfall entschieden werden; als Maßstab ist der in § 243 Abs. 2 niedergelegte Grundsatz der Klarheit und Übersichtlichkeit heranzuziehen.[4] Einen Anhaltspunkt stellt das für **Kapitalgesellschaften** vorgeschriebene **Gliederungsschema** dar. Obwohl das Mindestgliederungsschema nach § 266 für Bilanzierende, die weder Kapitalgesellschaften noch OHG/KG iSv § 264a sind und nicht unter das PublG fallen, nicht verbindlich sein kann, hat sich dieses in der Praxis auch für Einzelkaufleute und Personenhandelsgesellschaften durchgesetzt, zumindest in der nach § 266 Abs. 1 S. 3 für kleine Kapitalgesellschaften oder nach § 266 Abs. 1 S. 4 für Kleinstkapitalgesellschaften vorgeschriebenen verkürzten Form.[5]

4 Da Abs. 1 offen lässt, ob die Bilanz in **Konto-** oder **Staffelform** aufzustellen ist, können beide Formen als zulässig angesehen werden; die Darstellung in der Kontoform ist allerdings aus Gründen der Übersichtlichkeit vorzuziehen.[6]

5 **2. Anlagevermögen.** Das Anlagevermögen ist in Anlehnung an § 266 in
– immaterielle Vermögensgegenstände,
– Sachanlagen und
– Finanzanlagen

[1] *ADS* Rn. 7.
[2] BeBiKo/*Schubert/Waubke* Rn. 4.
[3] *ADS* Rn. 9–11; BeBiKo/*Schubert/Waubke* Rn. 5.
[4] *ADS* Rn. 20; Baumbach/Hopt/*Merkt* Rn. 2.
[5] BeBiKo/*Schubert/Waubke* Rn. 5; *ADS* Rn. 24; HdR/*Hütten/Lorson* Rn. 13; *Schellein* WPg 1988, 695; vgl. dazu auch Ausführungen bei *ADS* Rn. 23–27.
[6] *ADS* Rn. 29; BeBiKo/*Schubert/Waubke* Rn. 7.

aufzugliedern;[7] im Einzelfall können diese Gruppen weiter aufzugliedern sein. Ein **Anlagenspiegel** isv § 284 Abs. 3 kann für Bilanzierende, die weder Kapitalgesellschaften noch OHG/KG isv § 264a sind und nicht unter das PublG fallen, nicht gefordert werden. Dies gilt umso mehr als durch das BilRUG der § 268 Abs. 2 aF in eine Anhangangabepflicht überführt wurde. Dennoch ist weiterhin eine freiwillige Aufstellung auf Grund des damit verbundenen **Informationszuwachses** zu begrüßen.[8]

3. Umlaufvermögen. Beim Umlaufvermögen ist von einer Aufglie- 6 derung in die Gruppen

– Vorräte,

– Forderungen und sonstige Vermögensgegenstände,

– Wertpapiere,

– Kassenbestand, Bundesbankguthaben, Guthaben bei Kreditinstituten und Schecks

auszugehen, wobei idR die Vorräte weiter in **Roh-, Hilfs- und Betriebsstoffe, Erzeugnisse und Leistungen, Waren** sowie **geleistete Anzahlungen** zu unterteilen und unter den Forderungen die Forderungen aus Lieferungen und Leistungen getrennt von den sonstigen Vermögensgegenständen auszuweisen sind.[9] Bei Personenhandelsgesellschaften sollten wesentliche **Forderungen an Gesellschafter** gesondert ausgewiesen oder durch Vermerk kenntlich gemacht werden.[10] Bei OHG/KG isv § 264a sind diese Angaben zwingend (§ 264c Abs. 1). Die freiwillige Angabe des Betrages der Forderungen mit einer **Restlaufzeit** von **mehr als einem Jahr** analog zu § 268 Abs. 4, der nur für Kapitalgesellschaften und OHG/KG isv § 264a gilt, ist wegen des damit verbundenen Informationszuwachses zu empfehlen.[11]

4. Eigenkapital. Das Eigenkapital stellt die Saldogröße zwischen den 7 Bilanzwerten der Vermögensgegenstände und der aktiven Rechnungsabgrenzung sowie den Bilanzwerten von Rückstellungen, Verbindlichkeiten und passiver Rechnungsabgrenzung – ggf. nach Berücksichtigung latenter Steuern – dar. Auch das Eigenkapital ist nach Abs. 1 gesondert auszuweisen und hinreichend **aufzugliedern.** Eine Orientierung kann an der Gliederung gem. § 264c Abs. 2, die für OHG/KG isv § 264a zwingend vorzunehmen ist, erfolgen. Danach ist ein **gesonderter Ausweis** von Kapitalanteilen, Rücklagen, Gewinnvortrag/Verlustvortrag sowie Jahresüberschuss/Jahresfehlbetrag erforderlich.[12]

5. Schulden. Schulden sind durch die Merkmale **Leistungszwang** ge- 8 genüber einem anderen **(Außenverpflichtung), wirtschaftliche Belastung** am Abschlussstichtag und **Wahrscheinlichkeit der Inanspruchnahme** gekennzeichnet.[13] Sie sind zumindest in **Rückstellungen** (mit Schuld-

[7] *ADS* Rn. 40; HdR/*Hütten/Lorson* Rn. 20.
[8] *ADS* Rn. 43; vgl. hierzu auch WP-HdB Kap. F Rn. 987–1003.
[9] *ADS* Rn. 44 f.; auch BeBiKo/*Schubert/Huber* Rn. 55; WP-HdB Kap. F Rn. 239–242.
[10] *IDW* ERS HFA 7 nF Rn. 55; auch *IDW* RS HFA 7 Rn. 55.
[11] *ADS* Rn. 47.
[12] Zu den Besonderheiten der Bilanzierung des Eigenkapitals bei Nichtkapitalgesellschaften vgl. *ADS* Rn. 57–76; BeBiKo/*Förschle/Hoffmann* Rn. 150; *IDW* ERS HFA 7 nF Rn. 13–15.
[13] BeBiKo/*Schubert* Rn. 201–207.

charakter, vgl. hierzu auch Erl. zu § 249) und **Verbindlichkeiten** aufzugliedern. Ggf. kann eine weitere Aufgliederung erforderlich sein, bspw. der gesonderte Ausweis bedeutender Pensionsrückstellungen und die Aufgliederung der Verbindlichkeiten in Verbindlichkeiten gegenüber Kreditinstituten, erhaltene Anzahlungen, Verbindlichkeiten aus Lieferungen und Leistungen und Wechselverbindlichkeiten.[14] Bei Personenhandelsgesellschaften sollten wesentliche Verbindlichkeiten gegenüber **Gesellschaftern** gesondert ausgewiesen oder durch Vermerk kenntlich gemacht werden.[15] Bei OHG/ KG iSv § 264a sind diese Angaben zwingend (§ 264c Abs. 1). Die für Kapitalgesellschaften geforderten Angaben über **Restlaufzeiten** von Verbindlichkeiten (§ 268 Abs. 5, § 285 Nr. 1 Buchst. a) brauchen von Bilanzierenden, die weder Kapitalgesellschaften noch OHG/KG iSv § 264a sind, nicht gemacht zu werden; freiwillige Angaben hierzu wären aber wünschenswert.[16]

9   **6. Rechnungsabgrenzungsposten.** Zu den aktiven und passiven Rechnungsabgrenzungsposten vgl. die Erl. zu § 250.

10   **7. Latente Steuern.** Nach der Regierungsbegründung des BilMoG stellen latente Steuern weder Vermögensgegenstände, Schulden oder Rechnungsabgrenzungsposten dar, sondern es handelt sich um **Sonderposten eigener Art.** Dieser Sonderposten eigener Art wurde mit dem BilMoG nach § 266 sowohl auf der Aktiv- als auch auf der Passivseite als eigenständige Bilanzposition hinter den Rechnungsabgrenzungsposten eingefügt.[17] Kapitalgesellschaften sowie OHG/KG iSv § 264a haben die Regelungen des § 274 anzuwenden, wobei für kleine Kapitelgesellschaften (§ 267 Abs, 1) von der Abgrenzung latenter Steuern befreit sind (§ 274a).

11   Im Rahmen der Beschlussempfehlung des Rechtsausschusses des BilMoG wurden die Wörter „latente Steuern" aus dem § 246 Abs. 1 S. 1 HGB-E gestrichen, um somit klarzustellen, dass § 274 nur von nicht kleinen Kapitalgesellschaften sowie OHG/KG iSv § 264a verpflichtend anzuwenden ist.[18] Dennoch haben auch Personengesellschaften zu prüfen, ob für passive latente Steuern eine Rückstellungpflicht nach § 249 besteht (→ § 249 Rn. 49 ff.).

III. Gliederung der Gewinn- und Verlustrechnung für alle Kaufleute

12   Für die Gliederung der Gewinn- und Verlustrechnung von Bilanzierenden, die weder Kapitalgesellschaften noch OHG/KG iSv § 264a sind, gibt es kein gesetzlich vorgeschriebenes Gliederungsschema. Als Maßstab für die Gliederung können daher nur die Forderungen, dass die Gewinn- und Verlustrechnung den GoB entsprechen (§ 243 Abs. 1) und eine Gegenüberstellung von Aufwendungen und Erträgen darstellen muss (§ 242 Abs. 2), sowie der Grundsatz der Klarheit und Übersichtlichkeit (§ 243 Abs. 2), das Saldierungsverbot (§ 246 Abs. 2), wonach Aufwendungen nicht mit Erträgen verrechnet werden dürfen, und der Vollständigkeitsgrundsatz (§ 246 Abs. 1) dienen.[19] Da die Gewinn- und Verlustrechnung den Zweck hat, die **Erfolgsquellen**

---

[14] BeBiKo/*Schubert* Rn. 240 f.
[15] *IDW* ERS HFA 7 nF Rn. 55.
[16] *ADS* Rn. 51.
[17] BT-Drs. 16/10067, 47.
[18] BT-Drs. 16/12407, 84.
[19] *ADS* Rn. 77 f.

aufzuzeigen, aus denen sich das Jahresergebnis zusammensetzt, ist eine hinreichende Aufgliederung der Aufwendungen und Erträge erforderlich, sodass die für das Zustandekommen des Jahresergebnisses maßgeblichen Einflussfaktoren **erkennbar** werden.[20]

Entsprechend der Gliederung der Bilanz wird sich die Gliederung der **13** Gewinn- und Verlustrechnung von Nicht-Kapitalgesellschaften in der Praxis an dem für Kapitalgesellschaften vorgeschriebenen Schema des § 275 für das **Gesamtkosten- oder** das **Umsatzkostenverfahren** orientieren.[21] Unterschiede zu der für Kapitalgesellschaften und OHG/KG iSv § 264a vorgeschriebenen Gliederung dürften sich lediglich dahingehend ergeben, dass ggf. bestimmte Posten zu größeren Einheiten zusammengefasst werden.[22]

Zumindest die **wesentlichen Strukturelemente** der Gliederungsschema- **14** ta für Kapitalgesellschaften sind dabei auch von Bilanzierenden, die weder Kapitalgesellschaften noch OHG/KG iSv § 264a sind, auszuweisen, was zu folgender Grundstruktur führt, die dann in Anlehnung an § 275 ggf. weiter aufzugliedern ist:[23]

	betriebliches Ergebnis
+/–	Finanzergebnis
=	Ergebnis vor Steuern
–	ergebnisabhängige Steuern
=	Jahresergebnis

Zulässig für die Aufstellung der Gewinn- und Verlustrechnung sind sowohl **15** die **Kontoform** als auch die **Staffelform,** wobei der Staffelform der Vorzug zu geben ist.[24]

IV. Begriff des Anlagevermögens (Abs. 2)

Nach Abs. 2 sind beim **Anlagevermögen** nur die Gegenstände auszuwei- **16** sen, die bestimmt sind, **dauernd** dem **Geschäftsbetrieb** zu dienen. Demgegenüber gehören zum **Umlaufvermögen,** für das eine entsprechende gesetzliche Bestimmung fehlt und das sich daher aus der **Negativabgrenzung** zum Anlagevermögen ergibt, alle Posten, die weder dem Anlagevermögen noch den aktiven Rechnungsabgrenzungsposten zuzurechnen sind.[25] Positiv umschrieben werden somit beim Umlaufvermögen zB alle diejenigen Gegenstände ausgewiesen, die zur **Veräußerung** oder zum **Verbrauch** bzw. zur **Verarbeitung** im betrieblichen Prozess bestimmt sind.[26]

Bei der Definition des Anlagevermögens wird nicht explizit auf die **Verhält-** **17** **nisse am Bilanzstichtag** abgestellt. Das bedeutet jedoch nicht, dass es nicht in erster Linie auf die Verhältnisse an diesem Tag ankommt; es soll lediglich zum Ausdruck gebracht werden, dass auch vor oder nach dem Bilanzstichtag liegende Tatsachen Berücksichtigung finden können.[27] Entscheidend für die Zuordnung eines Gegenstands zum Anlagevermögen ist das Kriterium, ob der Gegenstand **dauernd** dem Geschäftsbetrieb dient. Der Begriff „dauernd" darf

---

[20] *ADS* Rn. 79.
[21] *ADS* Rn. 81; *IDW* ERS HFA 7 nF Rn. 41; *Schellein* WPg 1988, 693 (695).
[22] *Förschle/Kropp* DB 1989, 1037 (1039).
[23] *ADS* Rn. 90 f.
[24] *ADS* Rn. 86; *Baumbach/Hopt/Merkt* Rn. 3.
[25] *ADS* Rn. 123.
[26] HdR/*Hütten/Lorson* Rn. 4353.
[27] *ADS* Rn. 105 mwN.

dabei nicht im Sinne von „immer" oder „für alle Zeiten" verstanden werden;[28] vielmehr ist er so auszulegen, dass mit dem Vermögensgegenstand ein bestimmter Zweck, der durch eine gewisse Dauerhaftigkeit gekennzeichnet ist, verfolgt wird.[29] **Objektive Merkmale** für die **Zweckbestimmung** sind zB die Art des Vermögensgegenstands, der Geschäftszweig des Unternehmens und die tatsächliche Verwendung des Vermögensgegenstands im Unternehmen; führt die objektivierte Betrachtungsweise nicht zu eindeutigen Ergebnissen, weil der Vermögensgegenstand sowohl für den eigenen Geschäftsbetrieb verwendet als auch veräußert werden kann, muss zusätzlich als **subjektive Komponente** auf den **Willen** des Kaufmanns abgestellt werden.[30] Ändert sich die Zweckbestimmung eines Vermögensgegenstands im Zeitablauf, so ist grundsätzlich eine entsprechende **Umgliederung** vom Anlagevermögen in das Umlaufvermögen bzw. umgekehrt vorzunehmen.[31]

18   Die Vermögensgegenstände müssen außerdem dem **Geschäftsbetrieb dienen.** Dieses Kriterium setzt nicht voraus, dass die Gegenstände auch unmittelbar im Geschäftsbetrieb verwendet werden, wie zB Sachanlagen oder immaterielle Vermögensgegenstände; auch Finanzanlagen, bei denen eine unmittelbare Nutzung im Geschäftsbetrieb nicht gegeben ist, dienen dem Geschäftsbetrieb.[32]

19   Die **steuerliche Abgrenzung** zwischen Anlage- und Umlaufvermögen wird entsprechend der handelsbilanziellen Definition vorgenommen. Ob ein Wirtschaftsgut zum Anlagevermögen gehört, ergibt sich dabei aus seiner Zweckbestimmung, nicht aus seiner Bilanzierung. Ein Wirtschaftsgut des Anlagevermögens, dessen Veräußerung beabsichtigt ist, bleibt so lange Anlagevermögen, wie sich seine bisherige Nutzung nicht ändert, auch wenn bereits vorbereitende Maßnahmen zu seiner Veräußerung getroffen worden sind (R 6.1 Abs. 1 EStR).

V. Folgen der Nichtbeachtung

20   Die unrichtige Wiedergabe oder Verschleierung der Verhältnisse im Jahresabschluss ist durch § 331 Nr. 1 unter Strafe gestellt; Zuwiderhandlungen gegen die Vorschriften des § 247 werden als **Ordnungswidrigkeiten** behandelt (§ 334 Abs. 1 Nr. 1 Buchst. a). Im Falle der Insolvenz können sich **strafrechtliche Konsequenzen** (§ 283 Abs. 1 Nr. 7 Buchst. b StGB, § 283b Abs. 1 Nr. 3 Buchst. b StGB) ergeben.

§ 248 Bilanzierungsverbote und -wahlrechte

(1) **In die Bilanz dürfen nicht als Aktivposten aufgenommen werden**
1. **Aufwendungen für die Gründung eines Unternehmens,**
2. **Aufwendungen für die Beschaffung des Eigenkapitals und**
3. **Aufwendungen für den Abschluss von Versicherungsverträgen.**

---

[28] BeBiKo/*Schubert/Huber* Rn. 353 f.; Baumbach/Hopt/*Merkt* Rn. 5.

[29] *ADS* Rn. 107; BeBiKo/*Schubert/Huber* Rn. 354.

[30] BeBiKo/*Schubert/Huber* Rn. 351–356; *ADS* Rn. 110–116 mit entsprechenden Beispielen.

[31] BeBiKo/*Schubert/Huber* Rn. 360 f.; *ADS* Rn. 117–122; HdR/*Hütten/Lorson* Rn. 53; ausführlicher hierzu MüKoBilanzR/*Hennrichs* Rn. 28–32.

[32] BeBiKo/*Schubert/Huber* Rn. 354–356; Baumbach/Hopt/*Merkt* Rn. 7; MüKoHGB/*Ballwieser* Rn. 14.

(2) ¹**Selbst geschaffene immaterielle Vermögensgegenstände des Anlagevermögens können als Aktivposten in die Bilanz aufgenommen werden.** ²**Nicht aufgenommen werden dürfen selbst geschaffene Marken, Drucktitel, Verlagsrechte, Kundenlisten oder vergleichbare immaterielle Vermögensgegenstände des Anlagevermögens.**

Schrifttum: (ohne die Einzelbeiträge in den verschiedenen Handbüchern der Rechnungslegung) BT-Drs. 16/12407 vom 24.3.2009, Beschlussempfehlung und Bericht des Rechtsausschusses zu dem Gesetzentwurf der Bundesregierung – Drs. 16/ 10067 – Entwurf eines Gesetzes zur Modernisierung des Bilanzrechts (Bilanzrechtsmodernisierungsgesetz – BilMoG); *v. Eitzen/Mog/Pyschny,* Forschungs- und Entwicklungskosten nach dem Bilanzrechtsmodernisierungsgesetz (BilMoG) unter Berücksichtigung des IAS 38, KoR 2010, 357; *Gros/Wallek,* Informationeller Gläubigerschutz nach BilMoG, DK 2009, 541; *Hennrichs,* Immaterielle Vermögensgegenstände nach dem Entwurf des Bilanzrechtsmodernisierungsgesetzes (BilMoG) – Gemeinsamkeiten und verbleibende Unterschiede zwischen modernisiertem HGB-Bilanzrecht und IFRS (IAS 38, IFRS 3), DB 2008, 537; *IDW,* RS HFA 11 nF, Bilanzierung entgeltlich erworbener Software beim Anwender, IDW Life 2018, 268; *IDW,* RS HFA 15, Bilanzierung von Emissionsberechtigungen nach HGB, WPg 2006, 574; *Moxter,* Aktivierungspflicht für selbsterstellte immaterielle Anlagewerte?, DB 2008, 1514; *Theile,* Immaterielle Vermögensgegenstände nach RegE BilMoG – Akzentverschiebung beim Begriff des Vermögensgegenstands?, WPg 2008, 1064; *Weinand/Wolz,* Forschungs- und Entwicklungskosten im Mittelstand – Zur faktischen Irrelevanz eines Aktivierungswahlrechts, KoR 2010, 130.

Übersicht

I. Allgemeines

§ 248 umfasst zum einen ein **Bilanzierungsverbot** für bestimmte Auf- **1** wendungen (Abs. 1) und Vermögensgegenstände, deren **Werthaltigkeit** bzw. Einzelbewertbarkeit nur schwer zu bestimmen sind (Abs. 2 S. 2).¹ Zum anderen regelt Abs. 2 S. 1 ein **Aktivierungswahlrecht** für selbstgeschaffene

---

¹ MüKoHGB/*Ballwieser* Rn. 1.

immaterielle Vermögensgegenstände des Anlagevermögens. Dieses Wahlrecht wurde trotz der ebenfalls schwierigen Objektivierbarkeit des Werts mit dem BilMoG eingeführt, um der zunehmenden Bedeutung der immateriellen Vermögensgegenstände im Wirtschaftsleben Rechnung zu tragen.[2] Um dennoch einen hinreichenden Gläubigerschutz gewährleisten zu können, ist für Kapitalgesellschaften und OHG/KG iSv § 264a mit der Aktivierung von selbst geschaffenen immateriellen Vermögensgegenständen des Anlagevermögens eine **Ausschüttungssperre** (§ 268 Abs. 8) verbunden.[3] Weiterhin sind im Fall der Aktivierung **Anhangangaben** nach den § 285 Nr. 22 bzw. § 314 Abs. 1 Nr. 14 zu tätigen. Somit entspricht die Vorschrift dem Grundsatz der Bilanzklarheit (§ 243 Abs. 2) und grundsätzlich auch dem in § 252 Abs. 1 Nr. 4 normierten Vorsichtsprinzip (→ § 252 Rn. 25 ff.).

II. Bilanzierungsverbote (Abs. 1)

2   **1. Aufwendungen für die Gründung eines Unternehmens sowie für die Beschaffung des Eigenkapitals (Abs. 1 Nr. 1–2).** Unter **Gründung** sind alle Maßnahmen zu verstehen, die das Entstehen eines Unternehmens – hinsichtlich seiner **rechtlichen Existenz** – zum Ziel haben. Zu den Gründungsaufwendungen zählen zB Notariatskosten, Genehmigungsgebühren, Beratungsgebühren, Gründungsprüfungskosten, Gutachterkosten für Sacheinlagenbewertung oder Reisekosten der Gründer.[4] Seit der Streichung des § 269 aF durch das BilMoG werden **Ingangsetzungsaufwendungen** hinsichtlich der bilanziellen Behandlung nicht mehr von Aufwendungen für die Gründung abgegrenzt. Aufwendungen für die Ingangsetzung des Geschäftsbetriebs und dessen Erweiterung fallen seither grundsätzlich unter das Verbot des Abs. 1.[5] Die Ingangsetzung des Geschäftsbetriebs umfasst die Maßnahmen zur Er- und Einrichtung des technischen und kaufmännischen Betriebs. Nach den Umständen des Einzelfalls mögen jedoch Vermögensgegenstände entstehen (zB Sachanlagen, Roh- und Betriebsstoffe oder selbst geschaffene immaterielle Vermögensgegenstände), die nach den allgemeinen Regeln bilanzierungsfähig sind.[6] Kosten, die bereits vor der Gründung angefallen sind, sind als eigenständiger Posten in der Eröffnungsbilanz auszuweisen und müssen im ersten Geschäftsjahr aufgelöst und als sonstige betriebliche Aufwendungen ausgewiesen werden.[7]

3   Das Bilanzierungsverbot des Abs. 1 umfasst weiterhin die Aufwendungen für die **Beschaffung des Eigenkapitals.** Dies gilt sowohl für die erstmalige Kapitalaufbringung bei der Gründung als auch für sämtliche spätere Maßnahmen zur Eigenkapitalbeschaffung. Hierunter fallen insbesondere Aufwendungen in Zusammenhang mit der Ausgabe von Gesellschaftsanteilen, Kosten der Börseneinführung und alle Kosten einer Kapitalerhöhung, also zB Bankgebühren oder Druckkosten für Aktienurkunden und Börsenprospekte.[8] Abs. 1 beinhaltet nicht die Aufwendungen für die Beschaffung von Fremd-

---

[2] BT-Drs. 16/10067, 49 f.; krit. zu diesem Kompromiss MüKoHGB/*Ballwieser* Rn. 2 f.; sowie bereits *Moxter* DB 2008, 1514 (1515 f.).

[3] *Gros/Wallek* Der Konzern 2009, 541 (546).

[4] BeBiKo/*Schmidt/Usinger* Rn. 2; Baumbach/Hopt/*Merkt* Rn. 1.

[5] Baumbach/Hopt/*Merkt* Rn. 1.

[6] MüKoBilanzR/*Hennrichs* Rn. 16.

[7] MüKoHGB/*Ballwieser* Rn. 7; aA BeBiKo/*Schmidt/Usinger* Rn. 1.

[8] WP-HdB Kap. F Rn. 66; BeBiKo/*Schmidt/Usinger* Rn. 3; Baumbach/Hopt/*Merkt* Rn. 1.

kapital. Hinsichtlich der Frage der Aktivierbarkeit von **Fremdkapital-beschaffungskosten** ist jeweils zu prüfen, ob sich aus anderen Vorschriften (§ 250 Abs. 3, § 255 Abs. 3) eine Aktivierungsfähigkeit ergibt.[9] Das handelsbilanzielle Aktivierungsverbot führt auf Grund des Maßgeblich- **4** keitsprinzips auch in der **Steuerbilanz** zu einem Aktivierungsverbot.[10] Das Bilanzierungsverbot bezieht sich lediglich auf die **Aktivseite** der **5** Bilanz. Die Berücksichtigung von angefallenen Gründungsaufwendungen oder Aufwendungen für die Eigenkapitalbeschaffung im Rahmen von **Passivposten** (Rückstellungen, Verbindlichkeiten) bleibt davon unberührt.[11]

2. Aufwendungen für den Abschluss von Versicherungsverträgen **6** **(Abs. 1 Nr. 3).** Abs. 1 Nr. 3 bestimmt, dass Aufwendungen für den Abschluss von Versicherungsverträgen nicht aktiviert werden dürfen. Das Ansatzverbot umfasst bspw. Verwaltungskosten für die Antragsprüfung und Abschlussprovisionen sowie mittelbare Aufwendungen für Schulungen der Außendienstmitarbeiter oder Werbekosten.[12] Das Verbot stellt eine spezifische Regelung für **Versicherungsunternehmen** dar.[13] Das Verbot gilt auch für die Bildung eines RAP. Die Anwendung des Zillmer-Verfahrens im Rahmen der Bewertung von Deckungsrückstellungen bei Versicherungsunternehmen stellt keinen Verstoß gegen das Aktivierungsverbot dar.[14] Abs. 1 Nr. 3 gilt aufgrund des Maßgeblichkeitsprinzips auch für die **Steu-** **7** **erbilanz.**

III. Immaterielle Vermögensgegenstände

1. Selbstgeschaffene immaterielle Vermögensgegenstände des An- **8** **lagevermögens (Abs. 2 S. 1). a) Ansatzwahlrecht (Abs. 2 S. 1).** Nach Abs. 2 S. 1 besteht ein **Aktivierungswahlrecht** für selbst erstellte immaterielle Vermögensgegenstände des Anlagevermögens, sofern es sich nicht um in Abs. 2 S. 2 von der Aktivierung ausgeschlossene Vermögensgegenstände handelt. Nach dem Wortsinn ist ein immaterieller Vermögensgegenstand durch die **nicht körperliche** Erscheinungsform gekennzeichnet.[15] Zu den immateriellen Vermögensgegenständen iSd Vorschrift zählen, selbstgeschaffene **gewerbliche Schutzrechte** und **ähnliche Rechte** und **Werte** (§ 266 Abs. 2 A. I. Nr. 1). Gewerbliche Schutzrechte umfassen zB Patente, Urheber- und Leistungsschutz- sowie Geschmacksmuster- und Gebrauchsmusterrechte). Diese Rechte entstehen zum Teil (Patente, Geschmacksmuster- und Gebrauchsmusterrechte) durch einen Verwaltungsakt und können nicht selbst geschaffen werden, sind jedoch das Ergebnis von Forschungs- und Entwicklungsprozessen, die einen selbst geschaffenen immateriellen Vermögensgegenstand darstellen können.[16] Die Formulierung „oder ähnliche Recht

---

[9] BeBiKo/*Schmidt/Usinger* Rn. 3 f.; Baumbach/Hopt/*Merkt* Rn. 1; da Fremdkapitalbeschaffungskosten keine Vermögensgegenstände darstellen, ist eine Aktivierung grundsätzlich unzulässig. Auch ein Disagio stellt keine „Beschaffungs"-kosten dar, vielmehr einen vorweggenommenen Zins und damit Kosten des Kapitals (vgl. § 250 Rn. 16) KKRD/*Morck/Drüen* Rn. 3.

[10] Schmidt/*Weber-Grellet* EStG § 5 Rn. 30; BeBiKo/*Schmidt/Usinger* Rn. 5.

[11] Baumbach/Hopt/*Merkt* Rn. 1.

[12] WP-HdB Kap. F Rn. 67.

[13] MüKoHGB/*Ballwieser* Rn. 12; ähnlich KKRD/*Morck/Drüen* Rn. 4.

[14] WP-HdB Kap. F Rn. 67; BeBiKo/*Schmidt/Usinger* Rn. 7.

[15] HdR/*Baetge/Fey/Weber/Sommerhoff* Rn. 20.

[16] MüKoHGB/*Ballwieser* Rn. 22.

und Werte" stellt klar, dass der Schutz des immateriellen Guts durch ein Recht keine Voraussetzung für die Aktivierung ist.[17] **Ähnliche Werte** sind zB Produktionsverfahren, EDV-Programme oder Rezepte.

Nach IDW RS HFA 11 nF kann auch bei dem Erwerb von Standardsoftware durch die **umfangreiche Anpassung** an die betrieblichen Bedürfnisse ein selbsterstellter immaterieller Vermögensgegenstand entstehen. Dies ist der Fall, wenn die Standardsoftware in dem Ausmaß verändert wird, dass durch die Modifizierung von einer **Wesensänderung** der Standardsoftware auszugehen ist.[18]

9   Voraussetzung für die Bilanzierung eines Vermögensgegenstandes ist idR die **selbstständige Verwertbarkeit** des Guts (→ § 246 Rn. 3).[19] Im Rahmen der Beschlussempfehlung zum BilMoG hat der Rechtsausschuss klarstellend darauf hingewiesen, dass eine Aktivierung von selbsterstellten immateriellen Vermögensgegenständen des Anlagevermögens erst dann möglich ist, wenn die Vermögensgegenstandseigenschaft dieses selbsterstellten immateriellen Vermögensgegenstandes bejaht werden kann.[20] Nach dem Wortlaut des § 255 Abs. 2a S. 1 sind allerdings die Herstellungskosten, die im **Entwicklungsprozess** des Vermögensgegenstands anfallen zu aktivieren. Vor diesem Hintergrund wird es – aus Praktikabilitätserwägungen sowie um dem Aktivierungswahlrecht auch praktische Bedeutung zu geben – als vertretbar anzusehen sein, von dem Wahlrecht die Entwicklungskosten anzusetzen, Gebrauch zu machen, wenn im Entwicklungsprozess mit **hoher Wahrscheinlichkeit** davon ausgegangen werden kann, dass es gelingt, einen einzeln verwertbaren Vermögensgegenstand zu erstellen.[21] Ggf. ist dieser immaterielle Vermögensgegenstand im Entstehen als solcher in der Bilanz gesondert auszuweisen (→ § 265 Rn. 22).

10   Wird der selbsterstellte immaterielle Vermögensgegenstand nach seiner Fertigstellung **ausschließlich intern genutzt,** stellt dies kein Ausschlusskriterium für Einzelverwertbarkeit bzw. die Aktivierung der Entwicklungskosten dar. Maßgeblich ist, ob der Vermögensgegenstand einer externen nicht abstrakten Verwendung zugeführt werden könnte.[22]

11   Mit der Verabschiedung des BilMoG verfolgte der Gesetzgeber ua das Ziel, die Regelungen des HGB an die der IFRS anzunähern (→ § 243 Rn. 28). Obgleich im verabschiedeten Gesetz der Verweis auf die Kriterien der IFRS zur Aktivierung von selbstgeschaffenen Merkmalen im Gegensatz zum Referentenentwurf des BilMoG nicht mehr enthalten ist, scheint es daher **möglich**, die Wahrscheinlichkeit, ob ein Vermögensgegenstand entstehen wird, anhand der in **IAS 38.57 definierten sechs Kriterien** zu beurteilen.[23] Ein Gleichlauf der Aktivierung nach beiden Regelwerken ist dabei nicht zu erwarten, sind alle Kriterien des IAS 38.57 erfüllt „ist aber anzunehmen, dass ein Vermögenswert […] regelmäßig auch nach § 246 Abs. 1 HGB, § 248

---

[17] MüKoHGB/*Ballwieser* Rn. 17.

[18] *IDW* RS HFA 11 nF Rn. 14.

[19] So auch im Fall von selbstgeschaffenen immateriellen Vermögensgegenständen BT-Drs. 16/10067, 50.

[20] BT-Drs. 16/12407, 85.

[21] MüKoHGB/*Ballwieser* Rn. 15; Beck HdR/*Fasselt/Radde* B 211 Rn. 58–70; *Gelhausen/ Fey/Kämpfer* Rechnungslegung E Rn. 60; krit. *Theile* WPg 2008, 1066 f.; aA MüKoBilanzR/*Hennrichs* Rn. 36.

[22] *Gelhausen/Fey/Kämpfer* Rechnungslegung E Rn. 60.

[23] MüKoHGB/*Ballwieser* Rn. 18; *v. Eitzen/Mog/Pyschny* KoR 2010, 357–361; Beck HdR/*Fasselt/Radde* B 211 Rn. 66; *Weinand/Wolz* KoR 2010, 132; krit. zum interpretatorischen Rückgriff auf die IFRS *Hennrichs* DB 2008, 537 f.

Abs. 2 HGB aktiviert werden darf."[24] Die Erfüllung aller Kriterien der IFRS ist jedoch nach den handelsrechtlichen Regelungen **nicht zwingende Voraussetzung** für eine Aktivierung der Entwicklungskosten eines selbsterstellten immateriellen Vermögensgegenstands des Anlagevermögens.

Nach IAS 38.57 ist ein aus der Entwicklung entstehender immaterieller **12** Vermögenswert des Anlagevermögens nur dann anzusetzen, wenn ein Unternehmen folgendes nachweisen kann:

(a) Die Fertigstellung des immateriellen Vermögenswerts kann **technisch** soweit **realisiert** werden, dass er genutzt oder verkauft werden kann.

(b) Das Unternehmen **beabsichtigt,** den immateriellen Vermögenswert fertig zu stellen und ihn zu nutzen oder zu verkaufen.

(c) Das Unternehmen ist **fähig,** den immateriellen Vermögenswert zu nutzen oder zu verkaufen.

(d) Die Art und Weise, wie der immaterielle Vermögenswert voraussichtlich einen künftigen **wirtschaftlichen Nutzen** erzielen wird. [...]

(e) Adäquate technische, finanzielle und sonstige **Ressourcen** sind verfügbar, sodass die Entwicklung abgeschlossen und der immaterielle Vermögenswert genutzt oder verkauft werden kann.

(f) Das Unternehmen ist fähig, die dem immateriellen Vermögenswert während seiner Entwicklung zurechenbaren **Ausgaben** verlässlich zu **bewerten.**

Nach § 255 Abs. 2a sind ausschließlich **Entwicklungskosten** ansatzfähig, **13** **Forschungskosten** sind hingegen mit einem Aktivierungsverbot belegt (vgl. zu der Abgrenzung von Forschung und Entwicklung → § 255 Rn. 61 ff.). Es ist eine strikte Trennung von Forschung und Entwicklung notwendig. Kann diese **Unterscheidung** von **Forschung** und **Entwicklung** nicht verlässlich getroffen werden, ist die Aktivierung gem. § 255 Abs. 2a S. 4 untersagt.

Wird das Wahlrecht von Kapitalgesellschaften oder OHG/KG iSv § 264a **14** in Anspruch genommen und selbst erstellte Vermögensgegenstände des Anlagevermögens werden aktiviert, sieht § 268 Abs. 8 zum Schutz der Gläubiger eine **Ausschüttungssperre** vor. Die Ausschüttungssperre trägt dem Gläubigerschutz Rechnung und ermöglicht somit die mit dem BilMoG intendierte Anhebung des Informationsniveaus, ohne etwaige Interessen an der vorsichtigen Ermittlung des Ausschüttungspotentials im Sinne eines institutionellen Gläubigerschutzes einzuschränken. Vielmehr wird durch die Anhebung des Informationsniveaus einschließlich Ausschüttungssperre auch ein informationeller Gläubigerschutz erzielt (→ § 268 Rn. 24-27).[25]

Bei der Ausübung des Wahlrechts des Abs. 2 S. 1 ist grundsätzlich das **15** Gebot der **Ansatzstetigkeit** nach § 246 Abs. 3 zu beachten. Bei der Entwicklung von immateriellen Vermögensgegenständen handelt es sich idR um schwer miteinander zu vergleichende Einzelfälle, was einen begründeten Ausnahmefall zur Abweichung rechtfertigen kann.[26] Dennoch ist zumindest bei der Festlegung und der Bewertung der Kriterien, ab wann die Voraussetzungen zur Aktivierung der Entwicklungskosten erfüllt sind, stetig zu verfahren.[27]

---

[24] *Gelhausen/Fey/Kämpfer* Rechnungslegung E Rn. 47.
[25] *Gros/Wallek* Der Konzern 2009, 541 (546).
[26] Baumbach/Hopt/*Merkt* Rn. 3.
[27] *Gelhausen/Fey/Kämpfer* Rechnungslegung E Rn. 41.

16   **b) Ansatzverbote (Abs. 2 S. 2).** Ausgenommen von dem Ansatzwahlrecht des Abs. 2 S. 1 und explizit nicht bilanzierungsfähig sind nach Abs. 2 S. 2 **selbstgeschaffene Marken, Drucktitel, Verlagsrechte, Kundenlisten** oder **vergleichbare immaterielle Vermögensgegenstände** des Anlagevermögens.[28] Diese Vorgabe entspricht sinngemäß der Regelung in IAS 38.63. Begründet wird dieses Aktivierungsgebot mit der **fehlenden selbstständigen Bewertbarkeit** dieser Vermögensgegenstände, da eine Abgrenzung der zu aktivierenden Aufwendungen und des selbst geschaffenen Geschäfts- oder Firmenwerts − welcher mit einem Aktivierungsverbot belegt ist − regelmäßig nicht zweifelsfrei möglich sei.[29] Nach dieser Begründung sind vergleichbare Vermögensgegenstände solche, die nicht zweifelsfrei selbstständig bewertet, dh nicht verlässlich vom selbst erstellten Geschäfts- oder Firmenwert unterschieden werden können.[30]

17   In der **Steuerbilanz** besteht gem. § 5 Abs. 2 EStG ein allgemeines **Aktivierungsverbot** für selbsterstellte immaterielle Wirtschaftsgüter des Anlagevermögens. Danach sind immaterielle Wirtschaftsgüter des Anlagevermögens nur anzusetzen, wenn sie entgeltlich erworben wurden. Eine Einlage in ein Betriebsvermögen und eine verdeckte Einlage in eine Kapitalgesellschaft gelten hierbei auch als entgeltlicher Erwerb.[31] Aus dem steuerrechtlichen Aktivierungsverbot resultiert ein Anwendungsfall für den Ansatz latenter Steuern (vgl. hierzu Erl. zu § 274).

18   **2. Selbstgeschaffene immaterielle Vermögensgegenstände des Umlaufvermögens.** Das Aktivierungswahlrecht des Abs. 2 gilt **nicht** für immaterielle Vermögensgegenstände des **Umlaufvermögens,** sodass diese auch ohne Vorliegen eines entgeltlichen Erwerbs nach § 246 Abs. 1 **aktivierungspflichtig** sind.[32] Die Bewertung immaterieller Vermögensgegenstände des Umlaufvermögens richtet sich nach den allgemeinen Bewertungsvorschriften der §§ 252 ff.

19   Eine Besonderheit stellen Emissionsrechte dar. Nach dem Emissionshandelssystem benötigen Unternehmen **Emissionsrechte,** um Treibhausgase ausstoßen zu dürfen.[33] Die Emissionsrechte werden den Unternehmen teilweise unentgeltlich zugeteilt, wobei mit nicht benötigten Rechten gehandelt werden kann, bzw. weitere Rechte hinzu erworben werden können. Emissionsrechte stellen **immaterielle Vermögensgegenstände** dar, die im Umlaufvermögen auszuweisen sind. **Unentgeltlich erworbene** Emissionsrechte dürfen zum beizulegenden Zeitwert oder zu einem Erinnerungswert angesetzt werden. Erfolgt die Zugangsbewertung zum **Zeitwert,** ist eine sofortige Ertragsrealisierung nicht zulässig; vielmehr ist ein gesonderter Posten zwischen Eigenkapital und Fremdkapital zu bilden (→ § 265 Rn. 22). Steht den zum Abschlussstichtag verursachten Emissionen keine entsprechende Anzahl von Emissionsrechten gegenüber, so ist eine Rückstellung für noch zu erwerbende Emissionsrechte zu bilden.[34]

---

[28] Zu den einzelnen Begriffen BeBiKo/*Schmidt*/*Usinger* Rn. 16–20.
[29] BT-Drs. 16/10067, 50; MüKoBilanzR/*Hennrichs* Rn. 32.
[30] Baumbach/Hopt/*Merkt* Rn. 4.
[31] R 5.5 Abs. 2 EStR; BeBiKo/*Schmidt*/*Usinger* Rn. 45.
[32] KKRD/*Morck*/*Drüen* Rn. 7; BeBiKo/*Schmidt*/*Usinger* Rn. 14; HdR/*Baetge*/*Fey*/*Weber*/*Sommerhoff* Rn. 35.
[33] *IDW* RS HFA 15, WPg 2006, 574.
[34] *IDW* RS HFA 15, WPg 2006, 574.

3. Entgeltlich erworbene immaterielle Vermögensgegenstände. So- 20
wohl das Ansatzwahlrecht des Abs. 2 S. 1 als auch die Ansatzverbote des
Abs. 2 S. 2 betreffen ausschließlich selbsterstellte immaterielle Vermögensgegenstände des Anlagevermögens. Daraus folgt, dass bei **entgeltlichem
Erwerb** die Regelungen des § 246 Abs. 1 S. 1 anzuwenden sind und ein
grundsätzliches **Aktivierungsgebot** besteht. Entgelt umfasst zB Geld, Sacheinlagen, verdeckte Gewinnausschüttung.[35]

4. Schenkung bzw. unentgeltlicher Erwerb. Sowohl von dem entgelt- 21
lichen Erwerb als auch von der Selbsterstellung abzugrenzen ist die Schenkung eines immateriellen Vermögensgegenstandes des Anlagevermögens.
Dieser Fall ist nicht explizit im Gesetz geregelt, führt jedoch aufgrund der
Ähnlichkeit zu der Selbsterstellung (insbesondere **fehlende Bestätigung** der
Anschaffungs- bzw. Herstellungskosten durch eine **Markttransaktion**) zu
einem **Aktivierungswahlrecht** analog zu dem der selbsterstellten immateriellen Vermögensgegenstände des Anlagevermögens.[36] Voraussetzung für die
Aktivierung ist freilich das Vorliegen eines immateriellen Vermögensgegen-
stands im Sinne der selbstständigen Verwertbarkeit.

IV. Sonstige steuerliche Bilanzierungsverbote

Steuerlich sind neben dem in → Rn. 17 beschriebenen die folgenden 22
weiteren Bilanzierungsverbote zu beachten:
- Verbindlichkeiten isV § 5 Abs. 2a EStG.
  Verbindlichkeiten oder Rückstellungen, die nur zu erfüllen sind, soweit
  künftig Einnahmen oder Gewinne anfallen, sind erst anzusetzen, wenn die
  Einnahmen oder Gewinne angefallen sind. Die Regelung betrifft nur bedingt entstehende Verbindlichkeiten, nicht den Rangrücktritt und auch
  nicht eigenkapitalersetzende Darlehen.[37]
- Rückstellungen wegen Verletzung fremder Schutzrechte (§ 5 Abs. 3 EStG).
  Rückstellungen dürfen nur gebildet werden, wenn der Rechtsinhaber An-
  sprüche wegen der Rechtsverletzung geltend gemacht hat oder mit einer
  Inanspruchnahme wegen der Rechtsverletzung ernsthaft zu rechnen ist. Im
  letzteren Fall ist die Rückstellung nach drei Jahren aufzulösen, wenn An-
  sprüche nicht geltend gemacht worden sind.
- Rückstellungen für Dienstjubiläumszuwendungen (§ 5 Abs. 4 EStG).
  Rückstellungen für Dienstjubiläumszuwendungen dürfen nur gebildet wer-
  den, wenn das Dienstverhältnis mindestens zehn Jahre bestanden hat, das
  Dienstjubiläum das Bestehen eines Dienstverhältnisses von mindestens fünf-
  zehn Jahren voraussetzt, die Zusage schriftlich erteilt ist und soweit der
  Zuwendungsberechtigte seine Anwartschaft nach dem 31.12.1992 erwirbt.
- Rückstellungen für drohende Verluste (§ 5 Abs. 4a EStG).
  Rückstellungen für drohende Verluste aus schwebenden Geschäften dürfen
  steuerlich nicht gebildet werden. Dies gilt nicht für Ergebnisse im Rahmen
  von auch im handelsrechtlichen Abschluss gebildeten Bewertungseinheiten.
- Rückstellungen für schadlose Verwertung radioaktiver Reststoffe isV § 5
  Abs. 4b EStG.

---

[35] Baumbach/Hopt/*Merkt* Rn. 4.
[36] MüKoHGB/*Ballwieser* Rn. 46, 31; aA MüKoBilanzR/*Hennrichs* Rn. 59, der wegen des
Vollständigkeitsgebots des § 246 Abs. 1 von einer Ansatzpflicht ausgeht.
[37] Schmidt/*Weber-Grellet* EStG § 5 Rn. 315.

V. Folgen der Nichtbeachtung

23   Ein Verstoß gegen § 248 durch Aktivierung nicht ansatzfähiger Güter oder Vermögensgegenstände führt im Fall einer wesentlichen **Überbewertung** iSd § 256 Abs. 5 AktG bei Kapitalgesellschaften grundsätzlich zur **Nichtigkeit** des Jahresabschlusses (bei AG und KGaA: § 256 Abs. 5 Nr. 1 AktG und § 278 Abs. 3 AktG; bei GmbH analoge Anwendung der Vorschriften für AG).[38] Die unrichtige Wiedergabe oder Verschleierung der Verhältnisse im JA ist durch § 331 Nr. 1 unter **Strafe** gestellt, Zuwiderhandlungen gegen die Vorschriften des § 248 werden als **Ordnungswidrigkeiten** behandelt (§ 334 Abs. 1 Nr. 1 Buchst. a).

§ 249 Rückstellungen

(1) [1]**Rückstellungen sind für ungewisse Verbindlichkeiten und für drohende Verluste aus schwebenden Geschäften zu bilden.** [2]**Ferner sind Rückstellungen zu bilden für**

1. **im Geschäftsjahr unterlassene Aufwendungen für Instandhaltung, die im folgenden Geschäftsjahr innerhalb von drei Monaten, oder für Abraumbeseitigung, die im folgenden Geschäftsjahr nachgeholt werden,**
2. **Gewährleistungen, die ohne rechtliche Verpflichtung erbracht werden.**

(2) [1]**Für andere als die in Absatz 1 bezeichneten Zwecke dürfen Rückstellungen nicht gebildet werden.** [2]**Rückstellungen dürfen nur aufgelöst werden, soweit der Grund hierfür entfallen ist.**

Schrifttum: (ohne die Einzelbeiträge in den verschiedenen Handbüchern der Rechnungslegung) BMF Schreiben vom 14.12.2012, BStBl. I 2012, 58; BMF Schreiben vom 11.11.1999, BStBl. I 1999, 959; *Böcking,* Verbindlichkeitsbilanzierung: Wirtschaftliche versus formalrechtliche Betrachtungsweise, 1994; *Bundessteuerberaterkammer,* Verlautbarung der Bundessteuerberaterkammer zum Ausweis passiver latenter Steuern als Rückstellung in der Handelsbilanz; DStR 2012, 2296; *Eckstein/Fuhrmann,* Steuerliche Nichtanerkennung von Drohverlustrückstellungen – Abgrenzung zu anderen Rückstellungen, DB 1998, 529; *Götz/Roller,* Altlast oder Verdachtsfälle? – Zur Begriffsbestimmung bei der Teilwertabschreibung, WPg 2001, 492; *Höfer,* Rückstellungen für Altersteilzeitverpflichtungen in der Handels- und Steuerbilanz, DStR 1998, 1; *IDW* RS HFA 34, IDW Stellungnahme zur Rechnungslegung: Einzelfragen zur handelsrechtlichen Bilanzierung von Verbindlichkeitsrückstellungen, WPg Supplement 2015, 9; *IDW* RH HFA 1.009, Rückstellungen für die Aufbewahrung von Geschäftsunterlagen sowie für die Aufstellung, Prüfung und Offenlegung von Abschlüssen und Lageberichten nach § 249 Abs. 1 HGB, WPg Supplement 2010, 108; *IDW* RS HFA 3, Bilanzierung von Verpflichtungen aus Altersteilzeitregelungen nach IAS und nach handelsrechtlichen Vorschriften, WPg Supplement 2013, 39; *IDW* RS HFA 4, Zweifelsfragen zum Ansatz und zur Bewertung von Drohverlustrückstellungen, WPg Supplement 2013, 131; *IDW* RS HFA 6, Änderung von Jahres- und Konzernabschlüssen, WPg Supplement 2007, 77; *IDW* RS HFA 7 nF, IDW Stellungnahme zur Rechnungslegung: Handelsrechtliche Rechnungslegung bei Personenhandelsgesellschaften, IDW Life 2/2018, 258; *IDW* RS HFA 23, Bilanzierung und Bewertung von Pensionsverpflichtungen gegenüber Beamten und deren Hinterbliebenen, IDW Life 4/2017, 525; *IDW* RS HFA 30 nF, Handelsrechtliche Bilanzierung von Altersversorgungsverpflichtungen, IDW Life 1/2017, 102; *IDW* St/HFA 1984/1, Bilanzierungsfragen bei Zuwendungen, dargestellt am Beispiel finanzieller Zuwendungen der öffentlichen Hand, WPg 1984, 612; *Karrenbrock,* Passive latente Steuern als Verbindlichkeitsrückstellungen – Diskussion der BStBK-Verlautbarung zum Ausweis passiver latenter Steuern in der

---

[38] Rowedder/Schmidt-Leithoff/*Tiedchen* GmbHG § 42a Rn. 74 mwN.

Handelsbilanz, BB, 2013, 235; *Kirsch/Hoffmann/Siegel,* Diskussion der Bilanzierung
latenter Steuern nach § 249 Abs. 1 Satz 1 HGB, DStR 2012, 1290; *Korn,* Rückstellung
für öffentlich-rechtliche Anpassungsverpflichtung nach TA Luft 2002, SteuK 2013,
248; *Krämer,* Rückstellungen für Abraumbeseitigung und ihre Bedeutung für den
Braunkohlebergbau, BFuP 1987, 348; *Moxter,* Bilanzrechtsprechung, 6. Aufl. 2007;
Moxter, Zum Passivierungszeitpunkt von Umweltschutzrückstellungen, FS Forster,
1992, 427; *Schönborn,* Verbindlichkeitsrückstellungen bei progressiver Miete, BB 1998,
1099; *Schubert,* Das neue Umweltschadensgesetz und mögliche Auswirkungen auf die
Rückstellungsbilanzierung und -bewertung, WPg 2008, 505; *Schurbohm-Ebneth,* Rückstellungen für Risiken wegen Produkthaftung und Umwelthaftung, 1995; *Schwartmann,*
Das neue Bundes-Bodenschutzgesetz: Altlastenrisiko, Konzernhaftung und Gesamt-
schuldnerausgleich, DStR 1999, 324; *Wiedmann,* Die Bewertungseinheit im Handelsrecht, FS Moxter, 1994, 453.

Übersicht

I. Allgemeine Grundsätze

1   **1. Überblick.** In § 249 ist der **Ansatz** von Rückstellungen **dem Grunde nach** geregelt, während für die Bewertung § 253 Abs. 1 S. 2 und 3 sowie Abs. 2 anzuwenden sind.

2   Rückstellungen sind Passivposten, mit denen bestimmte künftige Aufwendungen (Vermögensabgänge und insbesondere Ausgaben) oder Aufwendungsüberschüsse gewinnmindernd erfasst werden.[1]

3   Es wird unterschieden zwischen Rückstellungen mit Verpflichtungscharakter (**Verbindlichkeitsrückstellungen** sowie **Rückstellungen für drohende Verluste** aus schwebenden Geschäften), bei denen die künftigen Aufwendungen oder Aufwendungsüberschüsse auf einer Außenverpflichtung, dh einem (rechtlichen oder faktischen) Leistungszwang gegenüber Dritten beruhen, und (reinen) **Aufwandsrückstellungen**. Bei Letzteren fehlt eine Leistungsverpflichtung gegenüber Dritten.[2] Sowohl für Verbindlichkeitsrückstellungen als auch für Aufwandsrückstellungen gilt im Grundsatz die Passivierungspflicht, die allerdings von Abs. 2 insofern eingeschränkt wird, dass nur für die in Abs. 1 aufgeführten Zwecke (→ Rn. 5) Rückstellungen gebildet werden dürfen. Dadurch werden Aufwandsrückstellungen auf zwei Fälle beschränkt (→ Rn. 75–84).

4   Der **Zweck** der Rückstellungen liegt zum einen darin, die Verpflichtungen in der Bilanz vollständig auszuweisen. Gleichzeitig und darüber hinaus werden die Periodenaufwendungen zutreffend erfasst, da durch die Passivierung von Rückstellungen bereits der Periode zuzurechnender Aufwand, der jedoch noch nicht zu einer Ausgabe geführt hat, erfasst werden kann.

5   **2. Rückstellungsarten.** Folgender Katalog von Rückstellungen ist in § 249 aufgeführt:

Die handelsrechtliche **Passivierungspflicht** gilt für Rückstellungen für

- ungewisse Verbindlichkeiten,
- drohende Verluste aus schwebenden Geschäften,
- im Geschäftsjahr unterlassene Aufwendungen für Instandhaltung, wenn Nachholung innerhalb von drei Monaten des Folgegeschäftsjahres erfolgt,
- im Geschäftsjahr unterlassene Aufwendungen für Abraumbeseitigung, die innerhalb von zwölf Monaten nach dem Bilanzstichtag nachgeholt werden,
- Gewährleistungen ohne rechtliche Verpflichtung (insbesondere Kulanz).[3]

6   **3. Rückstellungen in der Steuerbilanz.** Der Maßgeblichkeitsgrundsatz des § 5 Abs. 1 EStG wurde vom BFH in Bezug auf Rückstellungen dahingehend eingeschränkt, dass steuerlich nur **handelsbilanziell passivierungspflichtige** Rückstellungen angesetzt werden dürfen (BStBl. II 1969, 291).

7   Das Maßgeblichkeitsprinzip wird jedoch darüber hinaus sowohl hinsichtlich des Ansatzes von Rückstellungen (→ § 248 Rn. 22) als auch hinsichtlich der Bewertung von Rückstellungen (→ § 253 Rn. 23) vielfältig durch Einzelregelungen durchbrochen.[4]

---

[1] BeBiKo/*Schubert* Rn. 1.
[2] BeBiKo/*Schubert* Rn. 1–4; WP-HdB Kap. F Rn. 537.
[3] BeBiKo/*Schubert* Rn. 6.
[4] Mit einer Auflistung der steuerlichen Einzelregelungen: BeBiKo/*Schubert* Rn. 14; Beck HdR/*Scheffler* B 233 Rn. 34 f.

4. Abgrenzung zu anderen Abschlussposten. Verbindlichkeitsrückstel- 8
lungen unterscheiden sich von **Verbindlichkeiten** dadurch, dass sie dem
Grunde nach oder bezüglich ihrer Höhe ungewiss sind. Passive **Rechnungsabgrenzungsposten** nehmen nach § 250 Abs. 2 ausschließlich Einnahmen
auf, die noch nicht Ertrag geworden sind. Rückstellungen beinhalten dagegen Aufwand, der noch nicht zu Ausgaben geführt hat. Die Abgrenzung
zum Eigenkapital **(Rücklagen)** besteht darin, dass Rückstellungen nur gebildet werden müssen/dürfen, um konkreten Aufwand abzugrenzen. Dies ist
ein Vorgang, der der Ergebnisermittlung zuzurechnen ist. Die Bildung von
Rücklagen ist dagegen ein Vorgang der Ergebnisverwendung. Schließlich
sind die Rückstellungen abgegrenzt von den Eventualverbindlichkeiten durch
den Grad der Wahrscheinlichkeit der Inanspruchnahme. Bei **Eventualverbindlichkeiten** wird nach den Verhältnissen am Stichtag nicht mit der
Inanspruchnahme gerechnet. Sie sind unter der Bilanz oder im Anhang
auszuweisen (§ 251 ivm § 268 Abs. 7). Angabepflichtige Risiken und Vorteile von nicht in der Bilanz enthaltenen Geschäften (§ 285 Nr. 3) und sonstige finanzielle Verpflichtungen (§ 285 Nr. 3a) betreffen dagegen schwebende
Geschäfte, bei denen sich die Gesellschaft zu Zahlungen verpflichtet hat, die
jedoch am Bilanzstichtag in Bezug auf Leistung und Gegenleistung ausgeglichen sind.[5]

5. Grundsätze der Bildung und Beibehaltung von Rückstellungen 9
dem Grunde nach. Der Zeitpunkt für die Bildung von Verbindlichkeitsrückstellungen ist gegeben, wenn alle Voraussetzungen erfüllt sind, an die das
Gesetz und die Rechtsprechung die Passivierungspflicht knüpfen. Die Voraussetzungen werden im Folgenden in den entsprechenden Abschnitten
dargelegt.

Die Anwendung des **Stichtagsprinzips** auf den Ansatz von Rückstel- 10
lungen dem Grunde und der Höhe nach bedeutet, dass die am Bilanzstichtag
bestehenden Tatsachen maßgeblich sind. Dabei sind Informationen zu berücksichtigen, die nach dem Bilanzstichtag erlangt werden, soweit sie **wert-
aufhellend** sind. Hinsichtlich Bewertungsfragen, insbesondere zu der Berücksichtigung von Preis- und Kostensteigerungen wird auf → § 253 Rn. 18
verwiesen.

Wenn eine zu einem früheren Bilanzstichtag zu bildende Rückstellung 11
nicht angesetzt wurde, stellt sich die Frage, ob die **unterlassene Rückstellung** an einem späteren Bilanzstichtag **nachzuholen** ist bzw. nachgeholt
werden darf. In der Handelsbilanz ist eine unterlassene Pflichtrückstellung
zumindest im letzten noch nicht festgestellten Jahresabschluss nachzuholen.
Sofern die Unterlassung zur Nichtigkeit des Jahresabschlusses führt, sind
rückwirkend alle Jahresabschlüsse bis zur Quelle des Fehlers zu berichtigen.[6]

Zu den Voraussetzungen für die Änderung bereits festgestellter Jahres- 12
abschlüsse vgl. auch IDW RS HFA 6.[7] **Steuerrechtlich** gilt wie im Handelsrecht das **Nachholgebot,** es sei denn, die Grundsätze von Treu und Glauben
stehen einer Nachholung entgegen; bei Pensionsrückstellungen ist jedoch das
Nachholverbot des § 6a Abs. 4 EStG zu berücksichtigen (→ Rn. 33).[8]

---

[5] KKRD/*Morck/Drüen* Rn. 2; HdR/*Mayer-Wegelin/Kessler/Höfer* Rn. 22; Beck HdR/
Scheffler B 233 Rn. 15–21.
[6] BeBiKo/*Schubert* Rn. 19; MüKoBilanzR/*Hennrichs* Rn. 71.
[7] *IDW* RS HFA 6 Rn. 6–26.
[8] BeBiKo/*Schubert* Rn. 20.

13   Die Zulässigkeit der Nachholung einer Aufwandsrückstellung nach Abs. 1 S. 2 ist grundsätzlich abzulehnen (→ Rn. 79).

14   Nach Abs. 2 S. 2 dürfen und müssen Rückstellungen aufgelöst werden, wenn der Grund für ihre Bildung entfallen ist.[9] Der Wegfall der Wahrscheinlichkeit der Inanspruchnahme kann dadurch bedingt sein, dass neue Informationen vorliegen, die zu einer anderen Beurteilung der Verhältnisse führen. Rückstellungen sind daher zu **jedem Bilanzstichtag** dahingehend **zu überprüfen,** ob die Voraussetzungen für ihren Ansatz sowohl dem Grunde als auch der Höhe nach noch gegeben sind. Anderenfalls sind sie ergebniswirksam aufzulösen oder zu vermindern.[10] Im Fall von Rückstellungen für Sachverhalte, die Gegenstand einer gerichtlichen Auseinandersetzung sind, ist eine Auflösung grundsätzlich nur bei rechtskräftiger Klageabweisung zulässig.[11] Nach der Rechtsprechung des BFH handelt es sich bei dem Verzicht auf ein Rechtsmittel des Klägers oder das Verstreichen lassen der Rechtsmittelfrist um wertbegründende Ereignisse, die für die Bilanzierung unerheblich sind.[12] Der BFH stellt darauf ab, dass nicht die Inanspruchnahme an sich, sondern das Risiko der Inanspruchnahme zum Bilanzstichtag ausschlaggebend ist.

II. Rückstellungen für ungewisse Verbindlichkeiten

15   **1. Passivierungskriterien.** Ein Sachverhalt ist als Verbindlichkeitsrückstellung passivierungspflichtig, wenn

– eine Verpflichtung gegenüber Dritten (Außenverpflichtung) sicher oder wahrscheinlich be- oder entsteht,
– die Verpflichtung am Bilanzstichtag rechtlich oder wirtschaftlich verursacht ist,
– mit einer tatsächlichen Inanspruchnahme ernsthaft zu rechnen ist (Wahrscheinlichkeit der Inanspruchnahme),
– die künftigen Ausgaben nicht aktivierungspflichtige abnutzbare Vermögensgegenstände und damit AK/HK begründen, und
– kein Passivierungsverbot besteht (§ 249 Abs. 2; auch → Rn. 3).[13]

16   **2. Außenverpflichtung.** Ein Geschäftsvorfall besitzt Schuldcharakter, wenn eine Verpflichtung gegenüber **Dritten** vorliegt oder eine solche zumindest bei sorgfältiger Abwägung aller bekannten Umstände nicht verneint werden kann.[14] Eine ungewisse Verbindlichkeit ist allerdings nur passivierbar, wenn mit dem **Be- oder Entstehen der Verbindlichkeit** ernsthaft zu rechnen ist, dh wenn sie ausreichend konkretisiert ist.

17   Der BFH hält eine ungewisse Verbindlichkeit für ausreichend konkretisiert, wenn mehr Gründe für als gegen die Inanspruchnahme sprechen (sog. 51 %-Regel).[15] Ob eine ausreichende Konkretisierung vorliegt, kann insgesamt nur als Ermessensentscheidung im Einzelfall angesehen werden. Weiterführende Objektivierungskriterien können nicht formuliert werden. Für die **Konkretisierung einer öffentlich-rechtlichen Verpflichtung** hat der BFH gesonderte Kriterien entwickelt. Demnach ist eine Rückstellung für eine ungewis-

---

[9] MüKoHGB/*Ballwieser* Rn. 86.
[10] BeBiKo/*Schubert* Rn. 21–23.
[11] MüKoBilanzR/*Hennrichs* Rn. 139.
[12] BFH Entsch. v. 30.1.2002 – IR 68/00, BB 2002, 1139.
[13] BeBiKo/*Schubert* Rn. 24; MüKoHGB/*Ballwieser* Rn. 11–40.
[14] *ADS* Rn. 43.
[15] BFH Entsch. v. 2.10.1992 – III R 54/91, BB 1993, 181.

se öffentlich-rechtliche Verpflichtung nur dann zulässig, wenn entweder die Verfügung einer Behörde vorliegt oder die gesetzliche Regelung ein inhaltlich genau bestimmtes Handeln innerhalb eines bestimmten Zeitraums enthält und ihre Verletzung an Sanktionen geknüpft ist.[16]

Falls die Außenverpflichtung dahingehend konkretisiert ist, dass nur unge- 18
wiss ist, **wem gegenüber** die Verbindlichkeit besteht oder **wann** sie fällig wird, ist der Vorgang nicht als Rückstellung, sondern als **Verbindlichkeit** auszuweisen.[17]

Die Verpflichtung kann sich aus dem Zivilrecht oder aus öffentlichem 19
Recht[18] oder aus einem faktischen Leistungszwang ergeben.[19] Ein **faktischer Leistungszwang** besteht, wenn ein Kaufmann sich einer nicht einklagbaren Leistungsverpflichtung aus tatsächlichen, wirtschaftlichen oder sittlichen Gründen nicht entziehen kann oder glaubt, sich nicht entziehen zu können.[20] Unter die faktischen Verpflichtungen fallen ua die Rückstellungen für Gewährleistungen ohne rechtliche Verpflichtung (Kulanzrückstellung) nach Abs. 1 S. 2 Nr. 2 (dazu → Rn. 85 f.).

Umstritten ist, ob **Nebenpflichten und unselbstständige Nebenleis-** 20
tungen mit in eine Rückstellung einzubeziehen sind. Der BFH hat dies für die Schadenbearbeitungsaufwendungen eines Sachversicherers verneint.[21] Handelsrechtlich ist dieser Fall insofern eindeutig, da nach § 341g Abs. 1 in die Schadensrückstellungen alle Aufwendungen der Schadenregulierung einzubeziehen sind. Allgemein ist eine Verbindlichkeitsrückstellung nicht aus Sicht des Geld- oder Sachleistungsgläubigers zu beurteilen, sondern aus Sicht des Leistungsverpflichteten.[22] Die in die Rückstellung einbezogenen Aufwendungen müssen der Erfüllung einer ungewissen Verbindlichkeit direkt zurechenbar sein.

3. Wirtschaftliche Verursachung. Im Kriterium der wirtschaftlichen 21
Verursachung finden das Realisationsprinzip, das Vorsichtsprinzip und das Prinzip der wirtschaftlichen Betrachtungsweise Ausdruck. Abzugrenzen ist, ob künftiger Aufwand künftigen Erträgen zuzuordnen ist oder ob er bereits mit realisierten Erträgen (oder dem betrieblichen Geschehen der Vergangenheit) in Verbindung steht.[23]

Insbesondere im Rahmen der BFH-Rechtsprechung wurde eine Reihe 22
von Kriterien zur **Abgrenzung der wirtschaftlichen Verursachung** entwickelt (Verwirklichung des wesentlichen Tatbestands, Verknüpfung mit dem betrieblichen Geschehen des abgelaufenen Geschäftsjahrs, Zusammenhang von Verbindlichkeit und Anspruch, Bezugspunkt der Verbindlichkeit in der Vergangenheit, zukunftsorientierte Verpflichtung/Verpflichtung mit künftigen Gewinnchancen, öffentlich-rechtliche Verpflichtungen).[24]

---

[16] BFH Entsch. v. 19.10.1993 – VIII R 14/92, BB 1994, 37; MüKoHGB/*Ballwieser* Rn. 12; Baetge/Kirsch/Thiele/*Hommel* Rn. 62.
[17] *ADS* Rn. 76–78.
[18] *ADS* Rn. 49.
[19] BeBiKo/*Schubert* Rn. 29.
[20] BeBiKo/*Schubert* Rn. 31; kritisch Baetge/Kirsch/Thiele/*Hommel* Rn. 35, der es nicht für ausreichend ansieht, wenn der Kaufmann lediglich glaubt sich nicht entziehen zu können.
[21] BFH Entsch. v. 28.11.1969 – III 95/64, BStBl. II 1970, 236.
[22] *ADS* Rn. 58; BeBiKo/*Schubert* Rn. 27.
[23] BeBiKo/*Schubert* Rn. 34–36; *Moxter* FS Forster, 1992, 433 f.
[24] Schmidt/*Weber-Grellet* EStG § 5 Rn. 386.

23 Aufgrund des vom BFH entwickelten Kriteriums, dass die Annahme der wirtschaftlichen Verursachung voraussetzt, dass der **Tatbestand,** an den das Gesetz oder der Vertrag die Verpflichtung knüpft, **im Wesentlichen verwirklicht** ist, wird vielfach die Frage diskutiert, inwieweit das Kriterium des rechtlichen Entstehens der Außenverpflichtung mit dem Kriterium der wirtschaftlichen Verursachung verknüpft ist. Denn bei einer so verstandenen Definition des Kriteriums der wirtschaftlichen Verursachung könnte die wirtschaftliche Verursachung nicht der rechtlichen Entstehung nachfolgen.[25]

24 Nach Literaturmeinung ist das Kriterium der wirtschaftlichen Verursachung als **selbstständiges Kriterium** neben dem Kriterium der rechtlichen Entstehung zu sehen und dabei die wirtschaftliche Verursachung im Sinne des Realisationsprinzips nach Maßgabe der Zuordnung von **künftigen Aufwendungen zu realisierten Erträgen** (oder – hilfsweise – zum vergangenen betrieblichen Geschehen) zu bestimmen.[26] Dabei wird auf die Problematik der Zurechnung von Ausgaben zu bereits realisierten oder zu zukünftigen Erträgen hingewiesen.[27] Zu beachten ist jedoch, dass der Grundsatz der Vollständigkeit (der Verbindlichkeit) nicht verletzt wird. Sofern die rechtliche Entstehung einer Verbindlichkeit vor der wirtschaftlichen Verursachung liegt, kann es deshalb geboten sein, die Rückstellung im Zeitpunkt der rechtlichen Entstehung zu bilden, sofern nicht mit an Sicherheit grenzender Wahrscheinlichkeit nicht mit einer Inanspruchnahme zu rechnen ist.[28]

25 Der BFH hat für die Steuerbilanz entschieden, dass es bei zum Bilanzstichtag bereits rechtlich entstandenen Verbindlichkeiten nicht mehr auf die wirtschaftliche Verursachung ankommt, sondern vielmehr unabhängig davon in jedem Fall die Rückstellungsbildung vorzunehmen ist.[29] Nur bei Verbindlichkeiten, die **rechtlich noch nicht entstanden** sind und denen somit zum Bilanzstichtag nicht bereits der (unbedingte) Anspruch eines Gläubigers auf ein bestimmtes Tun oder Unterlassen des Kaufmanns gegenübersteht, ist das **Kriterium der wirtschaftlichen Verursachung zu prüfen.** Dabei ist zu berücksichtigen, dass der BFH für die Anerkennung von Verbindlichkeitsrückstellungen die wirtschaftliche Verursachung nach engen Maßstäben prüft. So ist ein Zusammenhang, der die Veranlassung und grundsätzliche Verursachung künftiger Aufwendungen in ein Wirtschaftsjahr legt, dann nicht ausreichend für das Kriterium der wirtschaftlichen Verursachung, wenn auch ein in gewisser Weise erheblicher Zusammenhang der künftigen Aufwendungen mit **künftigem betrieblichen Geschehen** vorliegt (zB Ablehnung der wirtschaftlichen Verursachung für künftigen Aufwand zur Überholung eines Hubschraubers, Gratifikationszusagen für künftiges Verhalten, von künftigen Kundenkäufen abhängige Bonuszahlungen oder uU künftige Nachbetreuungsleistungen bei Sehhilfen und Hörgeräten, da hier kein (unbedingter) Anspruch gegen den Kaufmann besteht und die Verpflichtung nur an Vergangenes knüpft, nicht aber Vergangenes abgilt).[30]

---

[25] BeBiKo/*Schubert* Rn. 34, 36; allgemein zur Abgrenzung der wirtschaftlichen und formalrechtlichen Betrachtungsweise *Böcking,* Verbindlichkeitsbilanzierung: Wirtschaftliche versus formalrechtliche Betrachtungsweise, 1994, 33 ff.

[26] Schmidt/*Weber-Grellet* EStG § 5 Rn. 381.

[27] *Moxter* Bilanzrechtsprechung S. 116 f.

[28] *ADS* Rn. 69; *Böcking,* Verbindlichkeitsbilanzierung: Wirtschaftliche versus formalrechtliche Betrachtungsweise, 1994, 36.

[29] BFH Entsch. v. 27.6.2001 – I R 45/97, BB 2001, 1893.

[30] Schmidt/*Weber-Grellet* EStG § 5 Rn. 389; H 5.7 Abs. 5 EStR. Vgl. hierzu auch MüKoBilanzR/*Hennrichs* Rn. 55–59 sowie ausf. Blümich/*Krumm* EStG § 5 Rn. 799–803.

Handelsrechtlich ist die Rückstellungsbildung dem Grunde nach und der **26**
Bewertung nach zu trennen. Hinsichtlich der Möglichkeit, Rückstellungen
ratierlich anzusammeln (zB wenn die Höhe der Verpflichtung im Zeitablauf
zunimmt oder wenn es wahrscheinlich ist, dass die entsprechenden Erträge
über mehrere Perioden verteilt realisiert werden), wird auf → § 253 Rn. 27 f.
verwiesen.

4. Wahrscheinlichkeit der Inanspruchnahme. Neben der Wahrschein- **27**
lichkeit, dass eine Verbindlichkeit be- oder entsteht, ist die Wahrscheinlichkeit
der Inanspruchnahme aus der Verbindlichkeit Voraussetzung für die Passivierung. Eine ungewisse Verbindlichkeit ist nur dann zu passivieren, wenn
der Kaufmann mit der Inanspruchnahme aus der Verpflichtung ernsthaft zu
rechnen hat. Es müssen **mehr Gründe für als gegen die Inanspruchnahme** sprechen, wobei nicht allein die Anzahl der Gründe sondern deren
Gewicht gegeneinander abzuwägen ist.[31] Muss der Kaufmann davon ausgehen, dass der Gläubiger seinen Anspruch (aus einem Vertrag oder einer
öffentlich-rechtlichen Verpflichtung) kennt oder voraussichtlich von ihm
Kenntnis erlangen wird, ist regelmäßig davon auszugehen, dass die Inanspruchnahme erfolgen wird, wenn das Be- oder Entstehen der Verpflichtung wahrscheinlich ist.[32]

**5. Bestimmte Verbindlichkeitsrückstellungen. a) Pensionsrückstel- 28
lungen.** Obwohl die Pensionsrückstellungen zu den Rückstellungen für
ungewisse Verbindlichkeiten gehören und daher nicht gesondert in § 249
genannt sind, ist für sie **in Teilbereichen ein Passivierungswahlrecht**
kodifiziert und damit eine explizite Ausnahme von dem Vollständigkeitsgebot
des § 246 Abs. 1 S. 1 geschaffen worden. Für **Pensionszusagen, die vor
dem 1.1.1987** erteilt wurden sowie für **mittelbare Pensionszugaben,**
besteht ein Passivierungswahlrecht (Art. 28 Abs. 1 EGHGB). Art. 28 Abs. 1
S. 1 EGHGB schließt auch die **Erhöhung dieser sog. Altzusagen** ausdrücklich in das Passivierungswahlrecht mit ein. Die nicht passivierten Beträge (Unterdeckung) sind von Kapitalgesellschaften sowie OHG/KG iSv
§ 264a im Anhang anzugeben (Art. 28 Abs. 2 EGHGB).[33] Gem. § 246
Abs. 2 sind Pensionsrückstellungen, die durch ein Deckungsvermögen gedeckt sind, mit diesen Vermögensgegenständen zu saldieren (→ § 246
Rn. 45). Steuerrechtlich ist dies nicht zulässig (§ 5 Abs. 1a EStG).

Pensions- und ähnliche Verpflichtungen sind, von der oben genannten **29**
Ausnahme abgesehen, durch eine Rückstellung zu berücksichtigen. Die Vorsorge für die Verpflichtung kann unter Einschaltung eines **externen Ver-
sorgungsträgers** vorgenommen werden (mittelbar). Sollte der externe Versorgungsträger die Pensionsverpflichtung nicht decken, ist das Unternehmen
rechtlich verpflichtet, selbst einzutreten. Eine **unmittelbare Pensionsverpflichtung** liegt vor, wenn sich das Unternehmen gegenüber dem Begünstigten selbst, ohne Einschaltung eines Dritten, zur Pensionszahlung verpflichtet. Eine solche Verpflichtung kann eine Einzelzusage sein oder auf einer
Betriebsvereinbarung beruhen.[34]

Da rechtlich unselbstständige **Sondervermögen einer Gebietskörper- 30
schaft** verpflichtet sind, nach HGB Rechnung zu legen, gelten die Grund-

---

[31] MüKoHGB/*Ballwieser* Rn. 13.
[32] BeBiKo/*Schubert* Rn. 42–45.
[33] MüKoHGB/*Ballwieser* Rn. 31; BeBiKo/*Grottel/Johannleweling* Rn. 151, 252 f.
[34] MüKoHGB/*Ballwieser* Rn. 26 f.; LexRewe/*Kußmaul/Kiehm* S. 582 f.

sätze über die Passivierung von Pensionsverpflichtungen auch für sie. Konkret haben sie gem. IDW RS HFA 23 die Zahlungen, die sie im Wege einer Umlage an die Versorgungskasse leisten, periodengleich als Aufwand zu erfassen. Für die Pensionsverpflichtung gegenüber den Beschäftigten ist nach IDW RS HFA 23 eine Rückstellung zu bilden, da die Beamten einen Anspruch auf Pensionszahlung gegenüber dem Sondervermögen haben. Die Höhe der Pensionsrückstellung ist nach IDW RS HFA 23 finanzmathematisch zu ermitteln; die Zahlung der Umlage ist betragsmindernd zu berücksichtigen. Art. 28 EGHGB ist anwendbar auf die Altzusagen.[35]

31   **Steuerrechtlich** ist die Zulässigkeit einer Pensionsrückstellung daran geknüpft, dass die Pensionsverpflichtung betrieblich veranlasst ist und die in § 6a EStG kodifizierten Voraussetzungen erfüllt sind. Dabei sind folgende Anforderungen an die Pensionszusage zu stellen. Der Pensionsberechtigte muss einen **Rechtsanspruch** auf eine laufende oder einmalige Pensionsleistung erhalten haben. Der Rechtsanspruch muss am Bilanzstichtag bereits vorliegen, dh **vereinbart** sein. Rückdatierungen, auch wenn diese zivilrechtlich wirksam sein sollten, sind dabei steuerlich unbeachtlich. Es ist für die Rückstellungsbildung nicht erforderlich, dass die Pensionsanwartschaft bereits gesetzlich unverfallbar ist. Die Pensionszusage darf unter keinem Widerrufsvorbehalt stehen, es sei denn, dass es nach allgemeinen Rechtsgrundsätzen und unter Beachtung billigen Ermessens zulässig ist. Wenn der Arbeitgeber die Zusage nach freiem Belieben widerrufen darf, liegt in jedem Fall ein schädlicher Widerrufsvorbehalt vor. Weiterhin ist erforderlich, dass die Pensionszusage schriftlich gewährt wird.[36]

32   Steuerlich darf eine Pensionsrückstellung für einen Pensionsberechtigten frühestens in dem Wirtschaftsjahr gebildet werden, bis zu dessen Mitte dieser das 23. Lebensjahr (für Altzusagen bis 2000: 30. Lebensjahr, Zusagen von 2001 bis 2008: 28. Lebensjahr, Zusagen von 2009 bis 2017: 27. Lebensjahr und für Zusagen ab 2018: 23. Lebensjahr)[37] vollendet hat oder in dem Wirtschaftsjahr in dessen Verlauf die Pensionsanwartschaft unverfallbar wird (frühestens mit dem 35. Lebensjahr für Zusagen bis 2000, bzw. 30. Lebensjahr für Zusagen ab 2001, 25. Lebensjahr für Zusagen ab 2009 und 21. Lebensjahr für Zusagen ab 2018),[38] sofern nicht bereits davor der Versorgungsfall eingetreten ist (§ 6a Abs. 2 EStG). In diesem Fall ist in dem Wirtschaftsjahr, in dem der Versorgungsfall eintritt, die Rückstellung zu passivieren.[39]

33   Das **steuerliche Nachholverbot** (§ 6a Abs. 4 EStG) besagt, dass zulässige Zuführungen zur Pensionsrückstellung, die in einem Wirtschaftsjahr nicht gebildet wurden, grundsätzlich nicht in Folgejahren nachgeholt werden dürfen. Hierbei gelten nur die folgenden **Ausnahmen.** Erhöht sich der Teilwert von Pensionsrückstellungen durch die erstmalige Anwendung neuer oder geänderter biometrischer Rechnungsgrundlagen, ist der Unterschiedsbetrag auf mindestens drei Jahre gleichmäßig zu verteilen. Bei erstmaliger Erfüllung der steuerlichen Voraussetzungen zur Rückstellungsbildung zum Ende eines Wirtschaftsjahres kann der Teilwert gleichmäßig auf drei Wirtschaftsjahre verteilt werden. Gleiches gilt, wenn sich der Barwert der künftigen Pensions-

---

[35] Hierzu ausf. *IDW RS HFA 23.*
[36] BeBiKo/*Grottel/Johannleweling* Rn. 176–194.
[37] Schmidt/*Weber-Grellet* EStG § 6a Rn. 43.
[38] BeBiKo/*Grottel/Johannleweling* Rn. 178.
[39] Schmidt/*Weber-Grellet* EStG § 6a Rn. 45; BeBiKo/*Grottel/Johannleweling* Rn. 173–175; Blümich/*H.-J. Heger* EStG § 6a Rn. 214–216.

leistungen um mehr als 25 % gegenüber dem vorangegangenen Wirtschaftsjahr erhöht. Im Jahr des Eintritts des Versorgungsfalls oder der Beendigung
des Arbeitsverhältnisses bei Unverfallbarkeit des Versorgungsanspruchs kann
die Pensionsrückstellung bis zur Höhe des Teilwerts der Pensionsverpflichtung gebildet werden oder die entsprechende Zuführung auf drei Wirtschafts-
jahre gleichmäßig verteilt werden.

Besondere steuerliche Anforderungen an die Bildung von Pensionsrückstel- **34**
lungen gelten bei Pensionszusagen gegenüber **Gesellschaftergeschäftsfüh-
rern**. Insbesondere folgende wesentliche **zusätzliche Kriterien** sind zu
erfüllen. Die Erteilung einer Pensionszusage darf grundsätzlich erst nach einer
wie unter Fremden üblichen Erprobung erfolgen. Für die steuerliche Beurteilung wird regelmäßig eine Probezeit von zwei bis drei Jahren als ausreichend angesehen.[40] Zudem bestehen weitere einschränkende, unterschiedlich
strenge Anforderungen an die Erdienbarkeit und an Altersgrenzen, in Abhängigkeit davon, ob es sich um einen beherrschenden oder einen nichtbeherr-
schenden Gesellschaftergeschäftsführer handelt.[41] Die Finanzierbarkeit der
Zusage ist dann zu verneinen, wenn der unmittelbar nach dem Bilanzstichtag
eintretende Versorgungsfall zu einer Überschuldung der Gesellschaft führen
würde.[42]

Mittelgroße und große Kapitalgesellschaften sowie Genossenschaften **35**
(§ 336 Abs. 2) und Unternehmen, die nach dem Publizitätsgesetz Rechnung
zu legen haben (§ 5 Abs. 1 PublG), sind verpflichtet, den Gesamtbetrag der
Pensionsrückstellungen **gesondert** unter dem Posten „Rückstellungen für
Pensionen und ähnliche Verpflichtungen" auszuweisen (§ 266 Abs. 3 B.
Nr. 1). **Kleine Kapitalgesellschaften** sowie **Kleinstkapitalgesellschaften**
dürfen die Pensionsrückstellungen **gemeinsam** mit den Steuerrückstellungen
und den sonstigen Rückstellungen ausweisen (§ 266 Abs. 1 S. 3 und 4).
Gem. § 246 Abs. 2 S. 2 sind Vermögensgegenstände, die ausschließlich zur
Deckung von Altersversorgungsverpflichtungen oder ähnlichen langfristig
fälligen Verpflichtungen gegenüber Arbeitnehmern dienen, mit diesen Schulden zu verrechnen, sofern die Vermögensgegenstände dem Zugriff sämtlicher
Gläubiger entzogen sind (→ § 246 Rn. 45).[43]

Die Pensionsverpflichtung kann auf der Grundlage eines **Einzelvertrags 36**
oder durch einen **Gesamtvertrag** (Tarifvertrag, Betriebsvereinbarung, Be-
soldungsordnung) entstehen. Mündliche Zusagen stehen schriftlichen Zusagen handelsrechtlich gleich, während die steuerliche Anerkennung von
einer **schriftlichen Zusage** abhängt. Die Pensionsverpflichtung entsteht im
Zeitpunkt der Zusage, dh bei Abgabe der darauf gerichteten Willenserklärung durch den Arbeitgeber. Die Einzel- und Gesamtzusagen können als
einseitige, begünstigende Willenserklärung durch den Arbeitnehmer
angesehen werden, sodass eine Annahmeerklärung durch den Begünstigten
nicht notwendig ist. Eine kollektive Pensionszusage begründet eine Verpflichtung im Zeitpunkt des Diensteintritts des Arbeitnehmers. Auch Vorschalt-
zeiten oder eine Wartezeit hindern die Entstehung der Anwartschaft nicht.[44]

Hinsichtlich der **Bewertung von Pensionsrückstellungen** wird auf **37**
→ § 253 Rn. 37 ff. verwiesen.

---

[40] BMF 14.12.2012, BStBl. I 2012, 58.
[41] Schmidt/ *Weber-Grellet* EStG § 6a Rn. 17–29.
[42] Schmidt/ *Weber-Grellet* EStG § 6a Rn. 26.
[43] Beck HdR/ *Scheffler* B 233 Rn. 80 f.
[44] BeBiKo/ *Grottel/Johannleweling* Rn. 158 f.

38   Bei **mittelbaren Pensionszusagen** ist zu berücksichtigen, inwieweit die zukünftige Belastung des die Zusage erteilenden Unternehmens durch seine Ansprüche gegenüber **externen Vermögen** gemindert wird. Passivierungsfähig ist grundsätzlich die **Differenz** von Verpflichtung und Vermögen.[45] Wird im Rahmen des handelsrechtlichen Wahlrechts gem. Art. 28 Abs. 1 S. 2 EGHGB keine Rückstellung gebildet, ist der nicht passivierte Betrag nach Art. 28 Abs. 2 EGHGB von Kapitalgesellschaften im Anhang anzugeben.[46] Bei **Contractual Trust Arrangements** (CTA), insbesondere im Wege der Überführung von Vermögensgegenständen vom verpflichteten Unternehmen auf einen rechtlich selbstständigen Treuhänder in Verbindung mit Errichtung eines doppelseitigen Treuhandverhältnisses hat das Unternehmen die **Treugütern grds. zu bilanzieren,** sofern es das wirtschaftliche Eigentum an diesen zurückbehält.[47] Sofern diese Vermögensgegenstände ausschließlich zur Deckung von Altersversorgungsverpflichtungen oder ähnlichen langfristig fälligen Verpflichtungen gegenüber Arbeitnehmern dienen, und zudem dem Zugriff sämtlicher Gläubiger entzogen sind,[48] sind sie gem. § 253 Abs. 1 S. 4 mit ihrem **beizulegenden Zeitwert** zu bewerten und gem. § 246 Abs. 2 S. 2 mit den Pensionsrückstellungen zu verrechnen (→ § 246 Rn. 45).[49]

39   **b) Umweltschutzrückstellungen. Altlastensanierung:** Die Pflicht zur Sanierung einer Altlast (Boden-/Grundwasserverunreinigung) kann sich aus privatem oder öffentlichem Recht ergeben. Als **öffentlich-rechtliche Rechtsgrundlage** dient überwiegend die Generalklausel zur Gefahrenabwehr des allgemeinen Ordnungs- und Polizeirechts sowie in Ausnahmefällen die Abfallgesetze des Bundes und der Länder, das Atomgesetz, das Bundesimmissionsschutzgesetz, das Bundes-Bodenschutzgesetz,[50] das Umweltschadengesetz[51] oder das Wasserhaushaltsgesetz.[52] **Privatrechtliche Grundlagen** sind zB im Nachbarschaftsrecht, im Deliktsrecht und im Umwelthaftungsgesetz zu finden.[53]

40   Die wirtschaftliche Verursachung einer Altlast ist zweifelsfrei.[54] Die Verpflichtung gilt als hinreichend konkretisiert, wenn eine Altlast vorliegt, der Bilanzierende diese kennt sowie für diese in Anspruch genommen werden kann.[55] Steuerrechtlich ist allerdings zu beachten, ob ggf. die Anforderungen an die Konkretisierung einer öffentlich-rechtlichen Verpflichtung erfüllt sind (dazu → Rn. 24).

41   Bei **kontaminierten Grundstücken** ist zu beachten, dass möglicherweise eine **außerplanmäßige Abschreibung** notwendig sein kann, wenn das

---

[45] BeBiKo/*Grottel/Johannleweling* Rn. 206; *IDW* RS HFA 30 nF Rn. 78.
[46] *IDW* RS HFA 30 nF Rn. 37.
[47] WP-HdB Kap. F Rn. 575.
[48] Zu den Besonderheiten bei Vorliegen von Deckungsvermögen *IDW* RS HFA 30 nF Rn. 22–35.
[49] LexRewe/*Kußmaul/Kiehm* S. 584.
[50] *Schwartmann* DStR 1999, 324; *Götz/Roller* WPg 2001, 492 ff.
[51] Ausf. zum Umweltschadengesetz und die Auswirkungen auf die Rückstellungsbilanzierung *Schubert* WPg 2008, 505 ff.
[52] BeBiKo/*Schubert* Rn. 100, Stichwort Altlastensanierung; HdR/*Mayer-Wegelin/Kessler/Höfer* Rn. 99; WP-HdB Kap. F Rn. 658 mit weiteren Beispielen.
[53] *Schurbohm-Ebneth,* Rückstellungen für Risiken wegen Produkthaftung und Umwelthaftung, 1995, 56 ff.
[54] *Moxter* FS Forster, 1992, 434.
[55] IErg auch HdR/*Mayer-Wegelin/Kessler/Höfer* Rn. 99.

Grundstück **dauerhaft wertgemindert** ist. Kann die Wertminderung durch Sanierung vollständig beseitigt werden, ist dies durch Rückstellungsbildung zu erfassen, da keine dauerhafte Wertminderung vorliegt.[56]

Anpassungsverpflichtungen: Der Kaufmann hat dafür Sorge zu tragen, 42 dass genehmigungspflichtige Anlagen im Hinblick auf Emissions- und Sicherheitsstandards den jeweiligen gesetzlichen Anforderungen entsprechen. Die öffentlich-rechtliche Verpflichtung ist hinreichend konkretisiert, sobald eine Anlage die **Grenzwerte überschreitet** und die Voraussetzungen für die vorgeschriebenen Maßnahmen erfüllt sind. Eine Rückstellung kommt nur insoweit in Betracht, als die notwendigen Maßnahmen nicht zu aktivierungspflichtigen Vermögensgegenständen führen.[57] Die Finanzverwaltung und die jüngere Rechtsprechung lehnen den Ansatz einer Rückstellung für Verpflichtungen auf Grund der Technischen Anleitung zur Reinhaltung der Luft – TA Luft – ab, da sie die wirtschaftliche Verursachung nicht in der Vergangenheit sieht.[58] Es wird argumentiert, dass die Anpassung vorgenommen wird, um die Anlage in der Zukunft weiter betreiben zu dürfen.[59]

Abfallbeseitigungs- und Entsorgungsverpflichtungen: Aus unter- 43 schiedlichen Rechtsquellen ergeben sich Verpflichtungen zur Beseitigung von Abfällen, Verwertung von Reststoffen, Rücknahme von Verpackungen und Ähnliches. Die Verpflichtungen sind zumeist durch die gesetzliche Grundlage ausreichend konkretisiert, sodass ein Handeln der Behörde nicht als Rückstellungsvoraussetzung gilt. Ausgaben für Abfallbeseitigungs- und Entsorgungsrückstände sind daher **rückstellungspflichtig.**[60] Zweifelhaft kann ggf. sein, ob bestimmte Gegenstände als Abfall oder Vermögensgegenstände (zB Altreifen) anzusehen sind.

Rekultivierungsverpflichtungen: Dazu gehören Auffüll-, Wiederanla- 44 ge-, Wiederaufforstungs- und Entfernungsverpflichtungen ebenso wie Gruben- und Schachtversatz im Bergbau.[61] Der Verpflichtungscharakter ist unbestritten. Umstritten ist allerdings, in welcher Höhe die Rückstellung zu bilden ist. Überwiegend wird davon ausgegangen, dass eine **ratierliche Ansammlung** über die Perioden angemessen sei. Der BFH hält eine Dotierung in Höhe des Betrages, der am Bilanzstichtag aufzuwenden wäre, um der bis dahin entstandenen Verpflichtung nachzukommen, für zutreffend.[62] Zur Bewertung von Rückstellungen für Aufwendungen zur Stilllegung, Rekultivierung und Nachsorge von Deponien.[63]

c) Personalbereich. Im Personalbereich sind ggf. neben Pensionsrückstel- 45 lungen Verbindlichkeitsrückstellungen für folgende Sachverhalte zu bilden:[64] Altersteilzeitarbeit, Berufsgenossenschaftsbeiträge der vergangenen Periode, Gleitzeitüberhänge (Überstunden), Resturlaub, Gratifikationen, Jubiläumszuwendungen, Sozialplan.

---

[56] *ADS* § 253 Rn. 479; WP-HdB Kap. F Rn. 658.
[57] BeBiKo/*Schubert* Rn. 100, Stichwort Anpassungsverpflichtungen.
[58] Vgl. BMF 21.1.2003, BStBl. I 2003, 125; BFH Urt. v. 6.2.2013 – I R 8/12, DStR 2013, 1018.
[59] HdR/*Mayer-Wegelin/Kessler/Höfer* Rn. 107. Zur BFH-Entsch. vgl. *Korn* SteuK 2013, 248.
[60] Beck HdR/*Scheffler* B 233, Rn. 551; WP-HdB Kap. F Rn. 612.
[61] Beck HdR/*Scheffler* B 233 Rn. 552.
[62] BeBiKo/*Schubert* Rn. 100, Stichwort Rekultivierung.
[63] BMF 25.7.2005, BStBl. I 2005, 826.
[64] Im Einzelnen BeBiKo/*Schubert* Rn. 100.

46   **Altersteilzeit:** Das Gesetz über die Altersteilzeit sieht **zwei Alternativen** vor:[65]

– Der im Altersteilzeitverhältnis stehende Arbeitnehmer arbeitet während der gesamten Laufzeit des Vertrags in der Regel 50 % der bisherigen Wochenarbeitszeit und erhält 50 % seiner bisherigen Bezüge zuzüglich eines Aufstockungsbetrags **(Gleichverteilungsmodell).**

– Der im Altersteilzeitverhältnis stehende Arbeitnehmer arbeitet während der halben Laufzeit des Vertrags vollzeitlich und scheidet entsprechend früher aus dem Arbeitsleben aus, wobei er während der Laufzeit des Vertrags in der Regel 50 % seiner bisherigen Bezüge zuzüglich eines Aufstockungsbetrags erhält **(Blockmodell).**

47   In beiden Fällen ist der **Aufstockungsbetrag zurückzustellen,** wenn die ungewisse Verbindlichkeit sich hinreichend konkretisiert hat, da die Aufstockungsbeträge in der Regel **Abfindungscharakter** für den partiellen und vorzeitigen Verlust des Arbeitsplatzes haben.[66] Dabei sind Inanspruchnahmen aus seitens der Arbeitnehmer noch nicht ausgeübten Wahlrechten auf Grundlage von Erfahrungswerten aus der Vergangenheit oder von vergleichbaren Gestaltungen anderer Unternehmen oder von Ergebnissen einer unternehmens- bzw. betriebsinternen Umfrage vorsichtig zu schätzen. Bei der Bewertung ist die Wahrscheinlichkeit des frühzeitigen Vertragsendes wegen Tod oder Invalidität zu berücksichtigen. Die nach versicherungsmathematischen Grundsätzen ermittelten Beträge sind gem. § 253 Abs. 2 S. 1 **abzuzinsen.**[67] In einigen Fällen werden von der Bundesagentur für Arbeit Erstattungsbeträge gezahlt. Wenn die Voraussetzungen für die Erstattung aus öffentlichen Mitteln vorliegen bzw. die Erfüllung der Voraussetzungen hinreichend sicher ist, was nur in sehr seltenen Fällen auftreten wird, sind diese **Erstattungsansprüche** als **Vermögensgegenstände** zu aktivieren.[68] Es kommt nicht darauf an, ob ein Verwaltungsakt erlassen wurde und ein Bescheid vorliegt. Im Falle des Blockmodells ist zusätzlich zu den Aufstockungsbeträgen eine **Rückstellung für den Erfüllungsrückstand** zu bilden, der sich in der Beschäftigungsphase, in der der Arbeitnehmer die volle Arbeitsleistung erbringt, aber nur entsprechend einer Teilzeitvereinbarung entlohnt wird, aufbaut.[69]

48   Bei Anwendung des Blockmodells sind Altersteilzeitrückstellungen während der Beschäftigungsphase **steuerlich** grundsätzlich ratierlich in Höhe der gesamten Vergütung der Freistellungsphase (in der Regel 50 % des Entgelts vor Beginn der Altersteilzeit und Aufstockungsbeträge) anzusammeln.[70] Bei durchgehender Teilzeitbeschäftigung (Gleichverteilungsmodell) handelt es sich nach Ansicht des BFH bei den Aufstockungsbeträgen vom Charakter und Zweck nach um Arbeitsentgelt. Folglich ist steuerlich eine Rückstellung nicht zulässig.[71]

---

[65] BeBiKo/*Schubert* Rn. 100, Stichwort Altersteilzeit; Beck HdR/*Scheffler* B 233 Rn. 471–473.
[66] Beck HdR/*Scheffler* B 233 Rn. 472.
[67] *IDW* RS HFA 3 Rn. 16; Beck HdR/*Scheffler* B 233 Rn. 472 f.
[68] *Höfer* DStR 1998, 4; *IDW* RS HFA 3 Rn. 24 f. iVm *IDW* RS HFA 34 Rn. 30, 33.
[69] Beck HdR/*Scheffler* B 233 Rn. 473.
[70] Schmidt/*Weber-Grellet* EStG § 5 Rn. 550, Stichwort Arbeitszeit; WP-HdB Kap. F Rn. 615. Vgl. hierzu BFH Entsch. v. 30.11.2005 – I R 110/04, BB 2006, 765.
[71] Schmidt/*Weber-Grellet* EStG § 5 Rn. 550, Stichwort Arbeitszeit.

d) Latente Steuerschulden. § 274 regelt lediglich die Bilanzierung laten- **49** ter Steuern bei Kapitalgesellschaften sowie OHG/KG isv § 264a, mit Ausnahme von kleinen Kapitalgesellschaften (§ 274a Nr. 4).[72] Somit haben kleine Kapitalgesellschaften, nicht haftungsbeschränkte Personengesellschaften sowie Einzelkaufleute zu prüfen, ob eine Rückstellungspflicht für latente Steuern nach Abs. 1 besteht, sofern diese Unternehmen nicht freiwillig den § 274 anwenden.[73] Jedoch ist in der Literatur umstritten, in welchen Fällen passive latente Steuern die Voraussetzungen zur Bildung einer Rückstellung nach Abs. 1 S. 1 erfüllen.[74]

Nach IDW RS HFA 7 nF begründet eine **Differenz** zwischen den han- **50** delsrechtlichen und steuerrechtlichen Wertansätzen eine wirtschaftliche Belastung, sofern **deren Abbau künftig zu einer Steuerbelastung führt.** Bei quasi-permanenten Differenzen ist jedoch auf absehbare Zeit nicht mit einem Eintritt der Steuerbelastung zu rechnen und daher keine Rückstellung zu bilden, jedoch zu jedem Abschlussstichtag zu prüfen, ob nicht doch aufgrund geänderter Verhältnisse in absehbarer Zeit mit einem Abbau der Differenzen zu rechnen ist.[75]

Zu passivierende latente Steuern sind nach den allgemein für Rückstel- **51** lungen geltenden Vorschriften sowie nach den GoB mit dem zu erwartenden **Erfüllungsbetrag** zu bewerten. Aufrechenbare aktive Steuerlatenzen sowie steuermindernde Verlustvorträge sind dabei rückstellungsmindernd zu berücksichtigen.[76] Strittig ist, ob Rückstellungen für passive latente Steuern nach § 253 Abs. 2 S. 1 abzuzinsen sind.[77]

e) Weitere Einzelfälle. Rückstellungen für ungewisse Verbindlichkeiten **52** sind unter den Voraussetzungen des § 249 Abs. 1 S. 1 zB zu bejahen für[78]

- Verpflichtungen zum **Abbruch** von Gebäuden;
- Verpflichtungen zur Gewährung von **Abfindungen;**
- **Aufbewahrungsverpflichtungen** von Geschäftsunterlagen;[79]
- **Aufsichtsratsvergütungen** für das abgelaufene Geschäftsjahr;
- den **Ausgleichsanspruch** des Handelsvertreters nach § 89b;
- **ausstehende, noch nicht eingegangene Rechnungen;**
- **Bergschäden;**
- das abgelaufene Geschäftsjahr betreffende **Berufsgenossenschaftsbeiträge;**
- **Boni und Rabatte** für das abgelaufene Geschäftsjahr;
- drohende Inanspruchnahme aus **Bürgschaften;**

---

[72] Dieser Anwendungsbereich wurde durch die Beschlussempfehlung des Rechtsausschusses zu dem Gesetzentwurf zum BilMoG bestätigt, indem klarstellend „latente Steuern" aus § 246 Abs. S. 1 HGB-E gestrichen wurde; BT-Drs. 16/12407, 84.

[73] *Kirsch/Hoffmann/Siegel* DStR 2012, 1290; *IDW* RS HFA 7 nF Rn. 18, 26.

[74] Ausf. MüKoBilanzR/*Hennrichs* Rn. 75–80.

[75] *Kirsch/Hoffmann/Siegel* DStR 2012, 1295; *IDW* RS HFA 7 nF Rn. 26; vgl. *Bundessteuerberaterkammer* DStR 2012, 2296 Rn. 4 ff.

[76] *IDW* RS HFA 7 nF Rn. 27.

[77] Korrespondierend zu den Regelungen des § 274 ist es gem. *IDW* RS HFA 7 nF Rn. 27 nicht zu beanstanden wenn die Abzinsung der Rückstellung für passive latente Steuern unterlassen wird; aA *Kirsch/Hoffmann/Siegel* DStR 2012, 1293, die keine Ausstrahlungswirkung des § 274 auf die Bildung von Rückstellungen nach § 249 Abs. 1 sehen; ebenso eine zwingende Abzinsung der Rückstellung nach § 253 Abs. 2 S. 1 fordernd: *Karrenbrock* BB 2013, 239; vgl. *Bundessteuerberaterkammer* DStR 2012, 2296.

[78] Mit weiteren Bsp. und Erl. *ADS* Rn. 133; BeBiKo/*Schubert* Rn. 100.

[79] Hierzu ausf. *IDW* RH HFA 1.009.

– drohende Verhängung von **Bußgeldern** für im abgelaufenen Geschäftsjahr begangene Rechtsverstöße;
– **ERA-Anpassungsfond;**[80]
– **Erfüllungsrückstände** aus Arbeits-, Miet-, Pacht-, Leasing- und Darlehensverhältnissen;
– **Gewährleistungen;**
– **Jubiläumszuwendungen;**
– die Verpflichtung zur **Erstellung, Prüfung und Veröffentlichung des JA und des Lageberichts;**[81]
– **Patentverletzungen** sowie Verletzungen anderer Schutzrechte; zur steuerlichen Regelung vgl. § 5 Abs. 3 EStG;
– Verpflichtungen aus **Produkthaftung;**
– **Prozesskosten** für am Bilanzstichtag anhängige Verfahren;
– **Rücknahmeverpflichtungen** bei Lieferungen mit Rückgaberecht;
– Leistungen auf Grund eines **Sozialplans** (§§ 111, 112 BetrVG), wenn der Unternehmer den Betriebsrat vor dem Bilanzstichtag über die geplante Betriebsänderung unterrichtet hat oder wenn vor dem Bilanzstichtag ein entsprechender Entschluss gefasst wurde oder wirtschaftlich unabwendbar war;
– die Verpflichtung zur Erstellung betrieblicher **Steuererklärungen;**
– die Verpflichtung zur Vornahme von **Uferschutz- und Entschlammungsarbeiten;**
– die sich aus einem Beherrschungs-/Gewinnabführungsvertrag oder im Rahmen eines qualifiziert faktischen Konzerns ergebende **Verpflichtung,** bis zum Bilanzstichtag entstandene **Verluste zu übernehmen;**
– die Verpflichtung zur **Veröffentlichung** im Bundesanzeiger;
– bedingt **rückzahlbare Zuschüsse,** sofern die Rückzahlung nicht an den Gewinn des Unternehmens, sondern an eine andere Bezugsgröße (zB den Erlös des geförderten Projekts) geknüpft ist.[82]

III. Rückstellungen für drohende Verluste aus schwebenden Geschäften

53 **1. Passivierungskriterien.** Voraussetzung für den Ansatz einer Rückstellung für drohende Verluste aus schwebenden Geschäften (Drohverlustrückstellung) ist, dass ein schwebendes Geschäft existiert. Handelsrechtlich muss dazu am Bilanzstichtag ein rechtswirksamer **Vertrag,** ein **Vorvertrag** oder zumindest ein verbindliches **Vertragsangebot,** mit dessen Annahme ernsthaft gerechnet wird, vorliegen. Eine Absichtserklärung (letter of intent) hat jedoch grundsätzlich keine ausreichende Bindungswirkung, um die Passivierung einer Drohverlustrückstellung zu rechtfertigen.[83] Ein Geschäft schwebt, solange es von der zur Lieferung oder sonstigen Leistung verpflichteten Partei noch **nicht voll erfüllt** ist.[84] Geleistete oder erhaltene Anzahlungen sind Finanzierungsvorgänge. Sie haben, ebenso wie die Aktivierung von Herstellungskosten, keine Auswirkung darauf, ob ein Vertrag schwebt.[85]

---

[80] BeBiKo/*Schubert* Rn. 100, Stichwort ERA-Anpassungsfonds.
[81] Hierzu ausf. *IDW* RH HFA 1.009.
[82] Vgl. St/HFA 1984/1, 614 f.
[83] *IDW* RS HFA 4 Rn. 10; glA MüKoBilanzR/*Hennrichs* Rn. 99.
[84] BeBiKo/*Schubert* Rn. 55 f.
[85] *ADS* Rn. 135; vgl. auch *IDW* RS HFA 4 Rn. 12–14.

Jegliche Bilanzierung unterbleibt, solange synallagmatische Leistung und **54**
Gegenleistung sich gleichwertig gegenüberstehen und das Gleichgewicht nicht
durch Vorleistungen oder Erfüllungsrückstände gestört ist. Aus dem Imparitätsprinzip ergibt sich, dass ein **Verpflichtungsüberschuss** passiviert werden
muss (Drohverlustrückstellung), während ein Anspruchsüberschuss nicht aktiviert werden darf,[86] da dieser noch nicht realisiert ist (Realisationsprinzip).

Für den Begriff „Geschäft" existiert **keine Legaldefinition.** Einigkeit **55**
besteht darüber, dass es sich um zweiseitige oder mehrseitige, **gegenseitig
verpflichtende Rechtsgeschäfte** oder **rechtsähnliche Handlungen** handeln muss. Einseitig verpflichtende Rechtsgeschäfte oder Willenserklärungen
können nicht schwebend sein und sind daher nicht von Abs. 1 gedeckt.
Strittig ist, ob ausschließlich Geschäfte gemeint sind, denen ein auf einen
Leistungsaustausch gerichteter schuldrechtlicher Vertrag zugrunde liegt. Die
bislang in der Literatur vertretene Meinung, dass schwebende Geschäfte sich
auch aus anderen Rechtsgeschäften, zB gesellschaftsrechtlichen, organisati-
onsrechtlichen oder öffentlich-rechtlichen, ergeben können,[87] wird in der
IDW Stellungnahme zur Rechnungslegung IDW RS HFA 4 grundsätzlich
abgelehnt. Ggf. sind aber Rückstellungen für ungewisse Verbindlichkeiten zu
bilden.[88]

Da wegen der Ungewissheit über zukünftige Ereignisse für jeden schwe- **56**
benden Vertrag die Möglichkeit des Verlustes nicht gänzlich auszuschließen
ist, ist von einem **drohenden Verlust** erst auszugehen, wenn im konkreten
Fall **Anhaltspunkte** vorliegen, die eine gewisse, ggf. auf Erfahrung beruhende, Wahrscheinlichkeit begründen, dass ein Verlust bevorsteht.[89] Hinsichtlich
des Saldierungsbereichs zur Feststellung, ob ein drohender Verlust vorliegt
wird auf → Rn. 64 verwiesen.

Der Grundsatz der Einzelbewertung gilt auch für schwebende Geschäfte. **57**
Allerdings kann, wenn ein enger rechtlicher oder wirtschaftlicher Zusammenhang besteht, die **Zusammenfassung** mehrerer Verträge zu einer Bewertungseinheit notwendig sein, um zu einer besseren Darstellung der tatsächlichen Verhältnisse zu gelangen. Dies gilt zB für Koppelungsgeschäfte
und geschlossene Positionen bei Devisentermingeschäften (→ § 252
Rn. 22).[90] Eine Bildung von Drohverlustrückstellungen ist jedoch nicht zulässig, wenn eine Bewertungseinheit nach § 254 gebildet wurde.[91]

Nach § 5 Abs. 4a EStG besteht in der **Steuerbilanz** ein **generelles Ver- 58
bot** der Passivierung von Drohverlustrückstellungen. Damit kommt steuerlich der **Abgrenzung** zwischen Rückstellungen für ungewisse Verbindlichkeiten einerseits und Drohverlustrückstellungen andererseits eine besondere
Bedeutung zu. Gemeinsam ist Drohverlustrückstellungen und Rückstellungen für ungewisse Verbindlichkeiten, dass sie für zukünftige Aufwendungen
gebildet werden, die auf einer Verpflichtung des Bilanzierenden gegenüber
Dritten (sog. Außenverpflichtung) beruhen. Bei **Rückstellungen für ungewisse Verbindlichkeiten** werden aber nur solche Aufwendungen berücksichtigt, denen **keine zukünftigen Erträge** gegenüberstehen, entweder weil

---

[86] *ADS* Rn. 136, 140; Baetge/Kirsch/Thiele/*Hommel* Rn. 130–137.1; Beck HdR/*Scheffler* B 233 Rn. 326.
[87] *ADS* Rn. 140.
[88] *IDW* RS HFA 4 Rn. 5, 3 f.
[89] *IDW* RS HFA 4 Rn. 15.
[90] *Wiedmann* FS Moxter, 1994, 455 ff.
[91] HdR/*Mayer-Wegelin* Rn. 64.

die Aufwendungen bereits in der Vergangenheit realisierten Erträgen zuzuordnen sind (zB Erfüllungsrückstand) oder weil den Aufwendungen auf Grund des besonderen Sachverhalts weder zukünftige noch vergangene Erträge gegenüberstehen. Dagegen erfassen **Drohverlustrückstellungen** solche zukünftigen Aufwendungen, die im **Zusammenhang mit zukünftigen Erträgen** stehen bzw. denen aus der Eigenart des ihnen zugrunde liegenden Geschäfts grundsätzlich noch zukünftige Erträge gegenüberstehen können.[92]

59   **2. Schwebende Geschäfte. a) Beschaffungsgeschäfte.** Schwebende Beschaffungsgeschäfte können sich auf aktivierungsfähige **Vermögensgegenstände** des Anlage- oder Umlaufvermögens und auf nicht aktivierbare **Leistungen** beziehen. Sie können auf eine einmalige Leistung oder auf ein Dauerrechtsverhältnis gerichtet sein.[93] Drohverlustrückstellungen sind zu bilden, wenn der Wert des Lieferungs- oder Leistungsanspruchs am Bilanzstichtag niedriger ist als der Wert der Gegenleistung **(Verpflichtungsüberschuss).**[94] Bei Vermögensgegenständen des Anlage- oder des Umlaufvermögens bemisst sich der Wert des Lieferungs- oder Leistungsanspruchs gem. § 255 mit der Unterstellung, dass der Vermögensgegenstand am Bilanzstichtag bereits aktiviert worden wäre. Für Beschaffungsgeschäfte im Umlaufvermögen sind in der Handelsbilanz Drohverlustrückstellungen zu bilden, wenn der **Börsen- oder Marktpreis** am Bilanzstichtag oder der den Vermögensgegenständen beizulegende Wert **unter dem vereinbarten Kaufpreis** liegt. Ob der Preis am Absatz- oder Beschaffungsmarkt relevant ist, richtet sich nach den für die Bewertung des Umlaufvermögens entwickelten Grundsätzen (→ § 253 Rn. 99–109).[95] Fraglich ist, ob eine Drohverlustrückstellung für Beschaffungsgeschäfte, die auf Vermögensgegenstände des Anlagevermögens gerichtet sind, zu bilden ist, wenn der **niedrigere Wert voraussichtlich nicht dauernd** unter dem vereinbarten Preis liegt. Dies ist mit dem Argument abzulehnen, dass in diesen Fällen über die Rückstellungsbildung Wertminderungen vorzunehmen wären, für die bei der Bewertung von Anlagevermögen ein Abschreibungsverbot (bzw. für Finanzanlagen ein Abschreibungswahlrecht) besteht (→ § 253 Rn. 85).[96]

60   Die Ermittlung der Drohverlustrückstellung kann zur **Bildung stiller Reserven** führen, da trotz gesunkener Beschaffungsmarktpreise die Preise auf den Absatzmärkten ausreichend sein können, sodass bei der Verwertung der Vorräte kein Verlust entsteht. Wenn sicher ist, dass Waren verlustfrei veräußert werden können, ist eine Drohverlustrückstellung **nicht zulässig.**[97]

61   Bei Beschaffungsgeschäften über **nicht aktivierbare einmalige Leistungen** (wie zB ein Werkvertrag über die Erstattung eines Gutachtens) kommt eine Drohverlustrückstellung im Allgemeinen nicht in Betracht. Bei einer einmaligen Leistung lässt sich der Wert nicht feststellen. Deshalb wird angenommen, dass Leistung und Gegenleistung bei solchen Verträgen ausgeglichen sind. Eine Drohverlustrückstellung wäre ausnahmsweise in Erwägung zu ziehen, wenn die vertraglich vereinbarte Leistung nicht mehr benötigt wird.[98]

---

[92] *IDW* RS HFA 4 Rn. 18.
[93] BeBiKo/*Schubert* Rn. 53 f.
[94] BeBiKo/*Schubert* Rn. 60, 63; *IDW* RS HFA 4 Rn. 15.
[95] BeBiKo/*Schubert* Rn. 70.
[96] *IDW* RS HFA 4 Rn. 31.
[97] HdR/*Mayer-Wegelin* Rn. 68; aA *ADS* Rn. 153; BeBiKo/*Schubert* Rn. 70.
[98] BeBiKo/*Schubert* Rn. 73; WP-HdB Kap. F Rn. 604.

b) Absatzgeschäfte. Bei schwebenden Absatzgeschäften ist ein Verlust **62** erkennbar, wenn die **Anschaffungskosten** bzw. die **Selbstkosten** höher sind als der vereinbarte Absatzpreis. Gründe dafür können zB sein, dass bewusst ein Verlustgeschäft eingegangen wurde, dass die kalkulierten Kosten nicht eingehalten werden können oder dass der Wert der Gegenleistung sinkt (Wechselkursrisiko).[99]

Abschreibungen auf Vermögensgegenstände, die dem Absatzgeschäft zu- **63** zuordnen sind, haben **Vorrang** vor einer Drohverlustrückstellung (→ § 253 Rn. 34 f.). Hinsichtlich der Bewertung des Werts der Lieferungs- oder Leistungsverpflichtung bei Absatzgeschäften wird auf → § 253 Rn. 34 verwiesen.

Der BFH hat im sog. Apotheker-Urteil festgelegt, dass in den **Saldie-** **64** **rungsbereich** zur Feststellung, ob ein drohender Verlust vorliegt, neben den sich aus dem Vertrag ergebenden Vorteilen und Nachteilen auch alle **sonstigen wirtschaftlichen Vorteile** (zB öffentliche Zuschüsse) einzubeziehen seien, die nach dem Inhalt des Vertrags oder nach den Vorstellungen beider Vertragspartner (subjektive Geschäftsgrundlage) eine Gegenleistung für die vereinbarte Sachleistung darstellen.[100] Es sind nur solche wirtschaftlichen Vorteile zu berücksichtigen, die in ursächlichem wirtschaftlichem **Zusammenhang** mit dem schwebenden Geschäft stehen (zB gleichzeitiger Abschluss eines verlustbehafteten Absatzgeschäfts und eines gewinnträchtigen langfristigen Wartungsvertrags). Nicht berücksichtigt werden dürfen dagegen bloße Hoffnungen oder vage Vermutungen (zB bewusst eingegangenes Verlustgeschäft mit dem Ziel der Markterschließung).[101]

c) Dauerrechtsverhältnisse. Um Dauerrechtsverhältnisse im bilanzrecht- **65** lichen Sinne handelt es sich bei **Austauschverhältnissen,** die sich über einen **längeren Zeitraum** erstrecken und bei denen auf der Grundlage einer Vereinbarung mit einem Dritten im Zeitablauf ständig neue Pflichten (Haupt-, Neben- und Schutzpflichten) entstehen und bei denen einzelne Erfüllungshandlungen das fortdauernde Vertragsverhältnis nicht erledigen.[102]

Für die Frage, ob am Bilanzstichtag ein Verlust droht, können grundsätzlich **66** drei Betrachtungsweisen herangezogen werden:[103]

– **Ganzheitsbetrachtung:** ein Verlust droht, wenn aus dem Rechtsgeschäft über seine Gesamtlaufzeit voraussichtlich ein Verlust entsteht;

– **Restwertbetrachtung:** ein Verlust droht, wenn für den noch ausstehenden Teil des Rechtsgeschäfts voraussichtlich ein Verlust entsteht;

– ein Verlust entsteht, wenn für künftige Rechnungsperioden Verluste drohen, die nicht durch Gewinne in vorhergehenden oder künftigen Perioden ausgeglichen werden.

Es kommt darauf an, dass für den schwebenden Teil des Dauerrechtsver- **67** hältnisses ein Verlust droht, dh es ist auf die **Restwertbetrachtung** abzustellen. Für den bereits erfüllten Teil des Vertrags kommt allenfalls eine Verbindlichkeitsrückstellung wegen Erfüllungsrückständen in Frage.[104]

Die **Bewertung** bei **Dauerbeschaffungsgeschäften** kann sich am Ab- **68** satz- oder am Beschaffungsmarkt orientieren. In Zeiten alter Rechtslage, bei

---

[99] BeBiKo/*Schubert* Rn. 74; WP-HdB Kap. F Rn. 605.
[100] BFH Beschl. v. 23.6.1997 – GrS 2/93, BB 1997, 1939; BeBiKo/*Schubert* Rn. 64.
[101] *IDW* RS HFA 4 Rn. 27.
[102] BeBiKo/*Schubert* Rn. 76; *ADS* Rn. 155.
[103] BeBiKo/*Schubert* Rn. 76; *ADS* Rn. 146.
[104] BeBiKo/*Schubert* Rn. 76–78; HdR/*Mayer-Wegelin/Kessler/Höfer* Rn. 70.

der ein steuerlicher Ansatz von Drohverlustrückstellungen noch zulässig war, ließ der BFH bei Dauerbeschaffungsgeschäften Drohverlustrückstellungen nicht zu, mit der Begründung, dass die Bewertung absatzmarktorientiert vorzunehmen sei, der Erfolgsbeitrag des Rechtsverhältnisses zum Gesamtunternehmenserfolg aber nicht feststellbar sei. Danach bilden nur solche Dauerbeschaffungsgeschäfte eine Ausnahme, die keinen Beitrag zum Erfolg des Unternehmens leisten (zB Leasing einer nicht benötigten Anlage). Diese Auffassung wurde kritisiert und eine **beschaffungsmarktorientierte Bewertung** für zulässig gehalten.[105] In der IDW Stellungnahme zur Rechnungslegung IDW RS HFA 4 wird jedoch eine an den Wiederbeschaffungskosten orientierte Bewertung der Gegenleistung für nicht sachgerecht befunden, da damit auch die Berücksichtigung zukünftig entgehender Gewinne einhergehe.[106]

69   **3. Bestimmte Drohverlustrückstellungen. a) Dauerrechtsverhältnisse aus dem Personalbereich. Ausbildungskosten:** Wenn die Anzahl der von einem Unternehmen beschäftigten Auszubildenden die für den eigenen Bedarf notwendige Zahl unter Berücksichtigung eines Reservebestandes übersteigt, ist ggf. eine Drohverlustrückstellung zu bilden.[107] Der Verpflichtungsüberschuss ergibt sich als **Differenz zwischen den Ausbildungsaufwendungen** und der **produktiven Arbeit des Auszubildenden,** bewertet mit der ersparten Entlohnung, die einem ausgebildeten Arbeitnehmer gezahlt werden müsste.[108]

70   **Verdienstsicherung:** Vereinbarungen, die vorsehen, dass Arbeitnehmer, die auf einen geringer entlohnten **Arbeitsplatz umgesetzt** werden, weiterhin die der höherwertigen Arbeit entsprechende Vergütung erhalten, könnten zu Drohverlustrückstellungen führen, wenn die Zulässigkeit der beschaffungsmarktorientierten Bewertung bejaht wird.[109] Die an den Wiederbeschaffungskosten orientierte Bewertung wird vor dem Hintergrund von IDW RS HFA 4 jedoch kritisch gesehen (→ Rn. 68).

71   **b) Miet-, Pacht- und Leasingverträge.** Soweit es sich um Beschaffungsverträge handelt, können die Aussagen zu den Dauerbeschaffungsgeschäften auch auf Miet-, Pacht- und Leasingverträge übertragen werden (→ Rn. 68).

72   Neben dem Fall der völligen Wertlosigkeit der durch das Dauerrechtsverhältnis beschafften Sache wird man nur bei einer **Kombination** von Beschaffungs- und Absatzgeschäften eine Drohverlustrückstellung in Erwägung ziehen können. Der Beschaffer hat eine Drohverlustrückstellung zu bilden, wenn der Preis im Beschaffungsgeschäft höher liegt als im Absatzgeschäft.

73   Eine beschaffungsmarktorientierte Bewertung ist handelsrechtlich notwendig, wenn hinsichtlich der beschafften Leistung eine vollends fehlende oder nicht nennenswerte Nutzungs- oder Verwertungsmöglichkeit vorliegt.[110]

74   Fraglich ist die Berücksichtigung von **progressiven Entgelten** zB bei einem Leasing- oder Mietvertrag. Es kann insgesamt ein ausgeglichener Vertrag vorliegen, da das Durchschnittsentgelt angemessen ist. Mit Inanspruchnahme der Leistung zu Beginn der Vertragslaufzeit bei geringen

---

[105] BeBiKo/*Schubert* Rn. 77.
[106] *IDW* RS HFA 4 Rn. 32.
[107] HdR/*Mayer-Wegelin* Rn. 229, Stichwort Ausbildungskosten.
[108] BeBiKo/*Schubert* Rn. 100, Stichwort Ausbildungskosten.
[109] BeBiKo/*Schubert* Rn. 100, Stichwort Verdienstsicherung.
[110] HdR/*Kessler* Rn. 226.

Entgeltzahlungen muss jedoch von **Unausgewogenheit zwischen Leistung und Gegenleistung** ausgegangen werden. Hierfür kommt einerseits eine Verbindlichkeitsrückstellung in Betracht, da in Bezug auf die in Anspruch genommene Leistung später Entgeltzahlungen zu leisten sind, oder eine Drohverlustrückstellung, da für die noch ausstehende Laufzeit das Entgelt über den Wert der Gegenleistung hinausgeht. Handelsrechtlich ist die Entscheidung weitgehend unerheblich, da beide Rückstellungsarten grundsätzlich zur **gleichen Aufwandsverteilung** führen sollten. Die **Verbindlichkeitsrückstellung** wäre in den Jahren, in denen das zu zahlende Entgelt unter dem Durchschnittsentgelt liegt, in Höhe der Differenz zu bilden, während sie in den Jahren, in denen das zu zahlende Entgelt über dem Durchschnittsentgelt liegt, in Anspruch zu nehmen wäre. Eine **Drohverlustrückstellung** wäre nach Ablauf der ersten Rechnungsperiode, in der ein unter dem Durchschnitt liegendes Entgelt gezahlt wurde, in Höhe der noch ausstehenden Differenz zwischen Durchschnittsentgelt und über dem Durchschnitt liegender Entgelte abzüglich der noch ausstehenden Differenz zwischen Durchschnitt und unter dem Durchschnitt liegender Entgelte zu bilden. Soweit tatsächlich ein Erfüllungsrückstand vorliegt, wovon bei progressiven Entgelten für gleich bleibende Gegenleistung ausgegangen werden muss, ist die Rückstellung als Verbindlichkeitsrückstellung zu qualifizieren und folglich auch steuerlich relevant.[111]

IV. Rückstellungen für im Geschäftsjahr unterlassene Aufwendungen für Instandhaltung, die im folgenden Geschäftsjahr innerhalb von drei Monaten nachgeholt werden

1. Abgrenzung. Rückstellungen nach Abs. 1 S. 2 Nr. 1 sind zu bilden, **75** wenn die unterlassene Instandhaltung auf einer „**Innenverpflichtung**" beruht; es handelt sich um eine Aufwandsrückstellung. Da es sich um eine Pflichtrückstellung handelt, ist sie auch in der Steuerbilanz zu bilden (R 5.7 Abs. 11 EStR). Falls die Instandhaltung wegen vertraglicher oder öffentlich-rechtlicher Bestimmungen durchzuführen ist, kann nur eine Verbindlichkeitsrückstellung in Betracht gezogen werden.[112]

Beachtlich ist die **Abgrenzung** zwischen Instandhaltungs- und **Herstel- 76 lungsaufwendungen.** Falls der Verfall des betroffenen Vermögensgegenstandes so weitgehend ist, dass die notwendigen Aufwendungen als Herstellungskosten zu qualifizieren sind, kommt nur eine außerplanmäßige Abschreibung des Vermögensgegenstandes in Frage, da Instandhaltung nicht vorliegt.[113]

2. Voraussetzungen. Das Gesetz formuliert folgende Anforderungen: **77**
– Es müssen unterlassene Aufwendungen vorliegen.
– Die Aufwendungen müssen in der Rechnungsperiode unterlassen worden sein.
– Die Aufwendungen werden innerhalb der ersten drei Monate der folgenden Rechnungsperiode anfallen.
– Es muss sich um Aufwendungen für Instandhaltung (nicht aktivierungspflichtigen Herstellungsaufwand) handeln.

---

[111] Vgl. auch *Schönborn* BB 1998, 1099; *Eckstein/Fuhrmann* DB 1998, 529.
[112] *ADS* Rn. 166.
[113] *ADS* Rn. 175; BeBiKo/*Schubert* Rn. 102 f.

78   Unterlassene Aufwendungen liegen dann vor, wenn **objektive Anhaltspunkte** dafür sprechen, dass die vorzunehmenden Arbeiten aus betriebswirtschaftlicher Sicht notwendig gewesen wären. Hinweise auf die Unterlassung
liefern zB kaufmännische Übung (Instandhaltungspläne), langfristige War-
tungsverträge oder die Empfehlung des Herstellers. Diese Indizien – insbesondere solche, die vom Kaufmann beeinflusst werden können – für eine
unterlassene Instandhaltung sind jedoch daraufhin zu überprüfen, dass nicht
eine Rückstellung für eine später vorzunehmende Instandhaltung gebildet
wird. Eine unterlassene Instandhaltung liegt zB vor, wenn ein geplanter
Instandhaltungstermin aus produktionstechnischen Gründen (zB um einen
Liefertermin einhalten zu können) verschoben werden muss. Sie liegt nicht
vor, wenn turnusmäßig am Anfang eines Geschäftsjahres Instandhaltungs-
arbeiten durchgeführt werden. Bereits begonnene Instandhaltungen, die noch
nicht abgeschlossen sind, können die Passivierung einer Rückstellung in
Höhe der noch notwendigen Aufwendungen begründen.[114]

79   Da die Aufwendungen im abgelaufenen Geschäftsjahr unterlassen worden
sein müssen, ist eine **Nachholung** der Rückstellung für in Vorjahren unterlassene Instandhaltung **nicht zulässig.**

80   Die Nachholungsfrist innerhalb der ersten **drei Monate** der nachfolgenden
Berichtsperiode ist dahingehend zu verstehen, dass die **wesentlichen In-
standhaltungsarbeiten** innerhalb dieser Frist **abgeschlossen** sein müssen.[115] Im Vorjahr zulässigerweise gebildete Rückstellungen, die nicht (innerhalb dieser Frist) in Anspruch genommen wurden, sind gem. Abs. 2 S. 2
aufzulösen.

81   Die Rückstellung für unterlassene Instandhaltung muss nicht gesondert
ausgewiesen werden, allerdings kann bei nicht unerheblichem Umfang eine
Erläuterungspflicht im Anhang nach § 285 Nr. 12 gegeben sein.

V. Rückstellungen für im Geschäftsjahr unterlassene Aufwendungen für Abraumbeseitigung, die im folgenden Geschäftsjahr nachgeholt werden

82   Es handelt sich wie bei den unterlassenen Instandhaltungen um eine Aufwandsrückstellung, die auf einer **Innenverpflichtung** beruht. Rückstellungen für die Abraumbeseitigung kommen typischerweise im Abbau von
Rohstoffen im Tagebau in Betracht. Dabei sind folgende Sachverhalte zu
unterscheiden: Die vor dem Beginn des Rohstoffabbaus anfallenden Aufwendungen zur Vorbereitung, zB Abtragen des Deckgebirges, werden als „Gru-
benaufschluss" aktiviert (Anlagegut im Sinne einer Betriebsvorrichtung).
Während der laufenden Förderungen kann es erforderlich werden, „Vor-
abraum" zu aktivieren, wenn die Abraumbeseitigung weitergeht als für den
Produktionsfortschritt notwendig. Umgekehrt muss eine Rückstellung für
Abraumbeseitigung gebildet werden, wenn die Abraumbeseitigung nicht
dem **Produktionsfortschritt** entspricht.[116]

83   Auch bei der Rückstellung für Abraumbeseitigung ist die **strenge Zeit-
raumbezogenheit** gegeben, sodass nur für in der Berichtsperiode unterlassene Abraumbeseitigung der Ansatz zulässig und geboten ist (→ Rn. 79). Die

---

[114] HdR/*Mayer-Wegelin*/*Kessler*/*Höfer* Rn. 75–89.
[115] *ADS* Rn. 178; HdR/*Mayer-Wegelin*/*Kessler*/*Höfer* Rn. 80 f.
[116] *Krämer* BFuP 1987, 348 ff.

Nachholung der Abraumbeseitigung kann allerdings innerhalb des gesamten folgenden Geschäftsjahres durchgeführt werden.

Da es sich um eine handelsrechtliche Passivierungspflicht handelt, ist steu- **84** erlich ebenfalls eine Rückstellungspflicht gegeben (R 5.7 Abs. 11 EStR).

VI. Rückstellungen für Gewährleistungen, die ohne rechtliche Verpflichtung erbracht werden

Die Rückstellung für Gewährleistung ohne rechtliche Verpflichtung gehört **85** zu den **Verbindlichkeitsrückstellungen**. Die Aufnahme in den Katalog der explizit genannten Rückstellungen hat ausschließlich klarstellenden Charakter und sichert die steuerliche Anerkennung.[117]

Die **Kulanzleistung** ist abzugrenzen von Leistungen allgemeiner Art, für **86** die eine Rückstellung nicht gebildet werden darf oder muss. Es ist daher hM, dass eine Kulanzleistung nur dann vorliegen kann, wenn die erwarteten Ausgaben im Zusammenhang mit Lieferungen oder Leistungen in der Vergangenheit stehen. Der Grund für die Kulanzleistung muss die **Beseitigung eines Mangels**, die **Ersatzlieferung** oder die **Wiederholung** der Leistung sein, wobei es auf die Ursache des Fehlers (bilanzierender Kaufmann, unsachgemäße Behandlung durch den Kunden) nicht ankommt. Das entscheidende Kriterium für die Ansatzpflicht einer Kulanzrückstellung ist die **faktische Verpflichtung** gegenüber einem **Dritten**. Auch wenn keine konkreten Fälle wahrscheinlicher Kulanzleistungen vorliegen, kann der Ansatz einer Rückstellung notwendig sein, wenn auf Grund der **Erfahrungen** aus der Vergangenheit regelmäßig mit Kulanzleistungen zu rechnen ist (Pauschalrückstellung).[118] Betriebswirtschaftlich handelt es sich bei den Kulanzleistungen auch um Aufwendungen für **Kundenbindung**.

VII. Auflösung von Rückstellungen

Rückstellungen dürfen nur aufgelöst werden, soweit der **Grund** hierfür **87** **entfallen** ist. Ist dies der Fall, sind die Rückstellungen verpflichtend aufzulösen.[119]

VIII. Folgen der Nichtbeachtung

Verstöße gegen die Vorschriften in § 249 Abs. 1 S. 1 oder Abs. 2 können **88** gem. § 334 Abs. 1 Nr. 1 Buchst. a mit einem **Bußgeld** belegt werden. Schwere Verstöße können gem. § 331 mit **Freiheitsstrafe** oder **Geldstrafe** geahndet werden. Im Falle der Insolvenz können sich **strafrechtliche Konsequenzen** aus §§ 283–283d StGB ergeben.

Hinsichtlich der Folgen einer Über- bzw. Unterbewertung von Bilanz- **89** posten wird auf → § 252 Rn. 47 verwiesen.

---

[117] BT-Drs. 16/10067, 51. Im Hinblick auf die Absicherung der steuerlichen Anerkennung vgl. auch MüKoBilanzR/*Hennrichs* Rn. 135.
[118] HdR/*Mayer-Wegelin/Kessler/Höfer* Rn. 90 f.
[119] MüKoHGB/*Ballwieser* Rn. 86.

§ 250 Rechnungsabgrenzungsposten

(1) **Als Rechnungsabgrenzungsposten sind auf der Aktivseite Ausgaben vor dem Abschlußstichtag auszuweisen, soweit sie Aufwand für eine bestimmte Zeit nach diesem Tag darstellen.**

(2) **Auf der Passivseite sind als Rechnungsabgrenzungsposten Einnahmen vor dem Abschlußstichtag auszuweisen, soweit sie Ertrag für eine bestimmte Zeit nach diesem Tag darstellen.**

(3) [1]**Ist der Erfüllungsbetrag einer Verbindlichkeit höher als der Ausgabebetrag, so darf der Unterschiedsbetrag in den Rechnungsabgrenzungsposten auf der Aktivseite aufgenommen werden.** [2]**Der Unterschiedsbetrag ist durch planmäßige jährliche Abschreibungen zu tilgen, die auf die gesamte Laufzeit der Verbindlichkeit verteilt werden können.**

Schrifttum: (ohne die Einzelbeiträge in den verschiedenen Handbüchern der Rechnungslegung) *Böcking,* Der Grundsatz der Nettobilanzierung von Zero-Bonds, zfbf 1986, 930; *Böcking,* Bilanzrechtstheorie und Verzinslichkeit, 1987; *Crezelius,* Bestimmte Zeit und passive Rechnungsabgrenzung, DB 1998, 633; *IDW,* St/HFA 1989/ 1, Zur Bilanzierung beim Leasinggeber, WPg 1989, 625; *IDW,* St/HFA 1986/1, Zur Bilanzierung von Zero-Bonds, WPg 1986, 248; *Mellwig,* Rechnungsabgrenzungsposten – Quelle struktureller Unstimmigkeiten im Bilanzrecht, FS Kossbiel, 2005, 216; *Rose,* Die Rechnungsabgrenzungsposten im Lichte der neueren Rechtsprechung des Bundesfinanzhof, StbJb 1983/84, 141; *Scheel,* Rechnungsabgrenzungsposten und steuerliche Gewinnermittlung, 2009.

I. Allgemeine Grundsätze

1   Das Gesetz definiert Rechnungsabgrenzungsposten auf der **Aktivseite** als **Ausgaben vor** dem Abschlussstichtag, soweit sie **Aufwand** für eine bestimmte Zeit **nach** diesem Tag darstellen, auf der **Passivseite Einnahmen vor** dem Abschlussstichtag, soweit sie **Ertrag** für eine bestimmte Zeit **nach** diesem Tag darstellen.

2   **Steuerlich** entspricht den Regelungen der Abs. 1 und 2 die inhaltsgleiche Definition des § 5 Abs. 5 EStG.

3   Unter den Positionen für Rechnungsabgrenzung dürfen daher nur **transitorische Posten ieS** ausgewiesen werden. Sie sind zu unterscheiden von transitorischen Posten iwS, zB Reklamefeldzüge, und von antizipativen Posten.[1] Antizipative Posten (Aufwand/Ertrag vor Auszahlung/Einzahlung) sind, sofern sie den Definitionen genügen, als sonstige Verbindlichkeiten, Forderungen, sonstige Vermögensgegenstände oder Rückstellungen auszuweisen.[2]

4   Der Ausweis von Rechnungsabgrenzungsposten dient der korrekten **Periodenabgrenzung** von Aufwendungen und Erträgen, sie werden jedoch nach hM nicht als Vermögensgegenstände oder Schulden betrachtet.[3]

5   Der Anwendungsbereich von Rechnungsabgrenzungsposten betrifft im Wesentlichen **gegenseitige Verträge,** die eine Leistung in einem bestimmten Zeitraum zum Gegenstand haben. Rechnungsabgrenzungen können aber auch bei **Forfaitierungen** oder Leistungen auf **öffentlich-rechtlicher**

---

[1] *Scheel,* Rechnungsabgrenzungsposten und steuerliche Gewinnermittlung, 2009, 7; WP-HdB Kap. F Rn. 420; BeBiKo/*Schubert/Waubke* Rn. 2 f.

[2] WP-HdB Kap. F Rn. 420; Baumbach/Hopt/*Merkt* Rn. 1; BeBiKo/*Schubert/Waubke* Rn. 4; aA *Mellwig* FS Kossbiel, 2005, 226; *Scheel,* Rechnungsabgrenzungsposten und steuerliche Gewinnermittlung, 2009, 111 f., 117.

[3] *ADS* Rn. 4 f.; Baumbach/Hopt/*Merkt* Rn. 1.

Grundlage zu bilden sein, wenn die Leistung der öffentlichen Hand und das vom Leistungsempfänger geschuldete Verhalten in einem Verhältnis stehen, das einem gegenseitigen Vertrag wirtschaftlich vergleichbar ist.[4] Ebenfalls sind Rechnungsabgrenzungsposten bei **Leasinggeschäften** mit einem inkongruenten Verhältnis von Leistung und Gegenleistung zu bilden.[5]

II. Aktive und passive Rechnungsabgrenzungsposten (Abs. 1 und 2)

Rechnungsabgrenzungsposten sind durch **drei Merkmale** gesetzlich de- 6 finiert:
– Zahlungsvorgänge vor dem Abschlussstichtag,
– Aufwand bzw. Ertrag nach dem Abschlussstichtag,
– bestimmte Zeit.

Die Aktivierung bzw. die Passivierung von Rechnungsabgrenzungsposten 7 setzt voraus, dass Ausgaben bzw. Einnahmen **vor dem Abschlussstichtag** erfolgt sind. **Ausgaben und Einnahmen** umfassen sowohl Auszahlungen und Einzahlungen wie auch das Einbuchen von Forderungen oder Verbindlichkeiten.[6]

Aufwand ist der Wertverbrauch, **Ertrag** der Wertzuwachs einer Periode.[7] 8

Ob Aufwand für eine (bestimmte) Zeit nach dem Bilanzstichtag vorliegt, 9 ist danach zu entscheiden, ob der **wirtschaftliche Grund** der Ausgaben in der Vergangenheit oder Zukunft liegt, insbesondere ob die Ausgaben durch im abgelaufenen Wirtschaftsjahr empfangene oder durch künftig zu erwartende Gegenleistungen **wirtschaftlich verursacht** sind. Ertrag für eine (bestimmte) Zeit nach dem Abschlussstichtag ist eine Einnahme, soweit sie Entgelt für noch nicht erbrachte, nach dem Bilanzstichtag zu erbringende zeitraumbezogene Leistungen (Tun, Dulden, Unterlassen) ist.[8] Die **Höhe** des Rechnungsabgrenzungspostens bestimmt sich nach dem Verhältnis von Leistung zu Gegenleistung aus den vertraglichen Vereinbarungen. Hat die Gegenleistung für den Vorleistenden keinen oder einen niedrigeren Wert, dann ist der Rechnungsabgrenzungsposten entsprechend aufzulösen.

Der Begriff der **bestimmten Zeit** wird idR eng ausgelegt und somit 10 dahingehend interpretiert, dass der Zeitraum, in dem die Zahlungsvorgänge zu Aufwand oder Ertrag werden, **kalendermäßig** bestimmt oder bestimmbar ist.[9] Umstritten ist, ob die Anforderungen an die Bestimmbarkeit geringer sein sollen, sodass auch im Wege der Schätzung der Zeitraum bestimmt werden kann (zB statistische Lebenserwartung, voraussichtliche Bauzeit eines Gebäudes).[10]

Für **passive Rechnungsabgrenzungsposten** ist der Begriff der bestimm- 11 ten Zeit im Hinblick auf das Imparitätsprinzip weniger restriktiv zu interpretieren, sodass in diesem Fall **Schätzungen** durchaus als ausreichend angesehen werden können.[11]

---

[4] BeBiKo/*Schubert/Waubke* Rn. 6–13.
[5] *IDW* St/HFA 1989/1, Abschnitt D. 2; BeBiKo/*Schubert/Waubke* Rn. 12.
[6] *ADS* Rn. 25.
[7] LexRewe/*Thiele* S. 338.
[8] Schmidt/*Weber-Grellet* EStG § 5 Rn. 248 f.
[9] WP-HdB Kap. F Rn. 422; BeBiKo/*Schubert/Waubke* Rn. 21, 24; Beck HdR/*Hayn* B 218 Rn. 18.
[10] WP-HdB Kap. F Rn. 422; KKRD/*Morck/Drüen* Rn. 4; für eine weite Auslegung *Crezelius* DB 1998, 633; Baumbach/Hopt/*Merkt* Rn. 1.
[11] *Crezelius* DB 1998, 633; BeBiKo/*Schubert/Waubke* Rn. 24.

12   Der BFH tendiert im Hinblick auf den Grundsatz zeitraumrichtiger Periodenabgrenzung zu einer **extensiveren Auslegung.** Für einen aktiven Rechnungsabgrenzungsposten kann der bestimmte Zeitraum nicht nur durch ein Zeitmaß, sondern zB durch die jeweilige Abbaumenge bestimmt werden. Für einen passiven Rechnungsabgrenzungsposten verzichtet der BFH auf einen kalendermäßig festgelegten Zeitraum und lässt – unter Hinweis auf die Funktion der Rechnungsabgrenzungsposten, nämlich eine willkürliche Beeinflussung des Gewinns zu verhindern – einen Mindestzeitraum genügen.[12]

13   Rechnungsabgrenzungsposten sind **aufzulösen,** wenn der Werteverzehr/-zuwachs eintritt. Die Erfolgswirkungen sind dann unter den entsprechenden Posten in der GuV als Aufwand oder Ertrag auszuweisen.[13]

14   Die Auflösung kann **linear oder erfolgsabhängig** (zB nach Maßgabe der jährlichen Fördermenge) erfolgen und dabei auf Grund allgemein gültiger Maßstäbe geschätzt werden.[14]

III. Disagio/Agio (Abs. 3)

15   Der **Erfüllungsbetrag** einer Verbindlichkeit ist **höher als der Auszahlungsbetrag,** wenn eine Verbindlichkeit mit einem **Disagio bei der Auszahlung** oder mit einem **Agio bei der Rückzahlung** ausgestattet ist. Der **Unterschiedsbetrag** darf unter den Rechnungsabgrenzungsposten ausgewiesen werden und muss dann, planmäßig maximal über die Laufzeit der Verbindlichkeit verteilt, aufwandswirksam werden. Es ist zulässig, einen kürzen Abschreibungszeitraum festzulegen.[15] Außerplanmäßige Abschreibungen sind zB dann vorzunehmen, wenn die Verbindlichkeit vorzeitig zurückgezahlt wird oder das Zinsniveau wesentlich sinkt.[16]

16   Bei einem Disagio iSd Abs. 3 handelt es sich nach hM um einen transitorischen Posten ieS, da es sich um einen **vorweggenommenen Zins** handelt, der eine **Ausgabe vor** dem Stichtag, jedoch einen **Aufwand** für eine bestimmte Zeit **danach** darstellt.[17] Trotz Erfüllung der Definition eines transitorischen Postens ieS wird in der Literatur auch die Ansicht vertreten, es bestünde keine Aktivierungspflicht, da Abs. 3 explizit ein Wahlrecht einräume. Dieses Wahlrecht könne nur im Jahr der Ausgabe aber für jedes Disagio neu ausgeübt werden.[18] Die Aktivierung lediglich eines Teilbetrags des Disagios wird teilweise ebenfalls für zulässig erachtet.[19] Gegen das Aktivierungswahlrecht spricht indes die Gesetzeshistorie. Demnach war das Disagio des Abs. 3 ursprünglich als Unterschiedsbetrag für Stempel- bzw. Emissionskosten verstanden und nicht als vorweggenommener Zins.[20] Vor diesem Hintergrund spricht vieles für ein **Aktivierungsgebot** nach Abs. 1, sofern der Unterschiedsbetrag einen **Zinscharakter** aufweist.[21] Das „Disagio-Wahlrecht" nach § 250 Abs. 3 stellt somit eine **Bilanzierungshilfe zum Zweck**

---

[12] Schmidt/ _Weber-Grellet_ EStG § 5 Rn. 252; _Rose_ StbJb 1983/84, 157 ff.

[13] HdR/ _Trützschler_ Rn. 75.

[14] Schmidt/ _Weber-Grellet_ EStG § 5 Rn. 254.

[15] KKRD/ _Morck/Drüen_ Rn. 6; Baumbach/Hopt/ _Merkt_ Rn. 8; BeBiKo/ _Schubert/Waubke_ Rn. 35 f., 45 f.

[16] _ADS_ Rn. 98; BeBiKo/ _Schubert/Waubke_ Rn. 49.

[17] KKRD/ _Morck/Drüen_ Rn. 6; BeBiKo/ _Schubert/Waubke_ Rn. 39.

[18] BeBiKo/ _Schubert/Waubke_ Rn. 38; KKRD/ _Morck/Drüen_ Rn. 6; Baumbach/Hopt/ _Merkt_ Rn. 8. Krit. zur Ausgestaltung als Wahlrecht MüKoHGB/ _Ballwieser_ Rn. 15.

[19] KKRD/ _Morck/Drüen_ Rn. 6; Baumbach/Hopt/ _Merkt_ Rn. 8.

[20] Zur Gesetzeshistorie vgl. _Böcking,_ Bilanzrechtstheorie und Verzinslichkeit, 1987, 171 ff.

[21] IErg ähnlich MüKoBilanzR/ _Hennrichs_ Rn. 44 f.

der Gewinnegalisierung dar und kann daher grundsätzlich nur für Ausgaben vor dem Stichtag in Betracht kommen, die nach § 250 Abs. 1 nicht anzusetzen sind.[22]

Bei **Zero-Bonds** liegt der Extremfall eines Unterschiedsbetrags zwischen 17 Auszahlungs- und Erfüllungsbetrag vor. Sie werden mit dem Ausgabebetrag passiviert und der „Zinsbetrag" wird ratierlich dem Passivposten zugeführt.[23] Kapitalgesellschaften, OHG/KG iSv § 264a haben im Falle einer Aktivie- 18 rung die Angaben nach § 268 Abs. 6 zu tätigen.

Steuerlich besteht dieses Wahlrecht zur Bildung eines aktiven Rechnungs- 19 abgrenzungspostens nicht, daher ist ein Disagio in der Steuerbilanz verpflichtend **zu aktivieren.**[24]

IV. Folgen der Nichtbeachtung

Bei einem Verstoß können Rechtsfolgen nach §§ 331, 334, 335b eintreten. 20

§ 251 Haftungsverhältnisse

[1]**Unter der Bilanz sind, sofern sie nicht auf der Passivseite auszuweisen sind, Verbindlichkeiten aus der Begebung und Übertragung von Wechseln, aus Bürgschaften, Wechsel- und Scheckbürgschaften und aus Gewährleistungsverträgen sowie Haftungsverhältnisse aus der Bestellung von Sicherheiten für fremde Verbindlichkeiten zu vermerken; sie dürfen in einem Betrag angegeben werden.** [2]**Haftungsverhältnisse sind auch anzugeben, wenn ihnen gleichwertige Rückgriffsforderungen gegenüberstehen.**

Schrifttum: (ohne die Einzelbeiträge in den verschiedenen Handbüchern der Rechnungslegung) BT-Drs. 18/4050 vom 20.2.2015, Entwurf eines Gesetzes zur Umsetzung der Richtlinie 2013/34/EU des Europäischen Parlaments und des Rates vom 26. Juni 2013 über den Jahresabschluss, den konsolidierten Abschluss und damit verbundene Berichte von Unternehmen bestimmter Rechtsformen und zur Änderung der Richtlinie 2006/43/EG des Europäischen Parlaments und des Rates und zur Aufhebung der Richtlinien 78/660/EWG und 83/349/EWG des Rates (Bilanzrichtlinie-Umsetzungsgesetz – BilRUG); *IDW*, RH HFA 1.013, Handelsrechtliche Vermerk- und Berichterstattungspflichten bei Patronatserklärungen, IDW FN 2008, 116.

I. Grundlagen

1. Begriff der Haftungsverhältnisse. Unter Haftungsverhältnissen wer- 1 den am Bilanzstichtag bestehende **einseitige rechtliche Verpflichtungen,** die beim künftigen Eintritt eines Ereignisses oder einer Bedingung zu einer **Vermögensbelastung** führen, verstanden.[1] Für die Einordnung eines Sachverhalts als Haftungsverhältnis ist wesentlich, dass mit dem **Eintritt nicht ernsthaft gerechnet** wird und dieser auch nicht mehr dem Einfluss des Kaufmanns unterliegt; ist der Eintritt der Verpflichtungen dagegen wahrscheinlich oder sicher, so kommt ein Vermerk als Haftungsverhältnis nicht in Betracht, sondern eine Passivierung geboten. Somit ist zunächst zu untersuchen, ob der Sachverhalt nicht als Verbindlichkeit oder Rückstellung

---

[22] *Böcking,* Bilanzrechtstheorie und Verzinslichkeit, 1987, 167.
[23] Zur Bilanzierung von Zerobonds vgl. ausf. *IDW* St/HFA 1986/1; WP-HdB Kap. F Rn. 161; zur Nettobilanzierung von Zero-Bonds *Böcking* zfbf 1986, 930 ff.
[24] BeBiKo/*Schubert/Waubke* Rn. 41; KKRD/*Morck/Drüen* Rn. 6.
[1] HdR/*Fey* Rn. 1.

zu passivieren ist.[2] Möglich ist auch eine **Teilpassivierung** des Haftungs-risikos; in diesem Fall ist nur der nicht passivierte Teil des Haftungsverhält-nisses unter der Bilanz zu vermerken.[3] Durch die Vermerkpflicht soll auf **Risiken** hingewiesen werden, die auf Grund bestehender Haftungsverhält-nisse auf das Unternehmen zukommen können.[4] Ein vollständiger Ausweis aller Haftungsverhältnisse ist in § 251 nicht vorgesehen. Die Angaben zu nicht in der Bilanz enthaltenen Geschäften sind § 285 Nr. 3 und 3a zu entnehmen. Gem. § 285 Nr. 3 sind Art und Zweck, Risiken und Vorteile sowie die finanziellen Auswirkungen der außerbilanziellen Geschäfte im An-hang anzugeben,[5] soweit diese wesentlich sind und deren Offenlegung für eine Beurteilung der finanziellen Lage des Unternehmens erforderlich ist.[6] § 285 Nr. 3a fordert für nicht bereits nach Nr. 3 erfasste Sachverhalte die Angabe von solchen wesentlichen sonstigen finanziellen Verpflichtungen im Anhang, die weder passiviert noch gem. § 268 Abs. 7 als Haftungsverhältnisse nach § 251 im Anhang anzugeben sind (→ § 285 Rn. 5). Vielmehr zählt § 251 die **vermerkpflichtigen Tatbestände** im Einzelnen auf:

- Verbindlichkeiten aus der Begebung und Übertragung von Wechseln,
- Verbindlichkeiten aus Bürgschaften, Wechsel- und Scheckbürgschaften,
- Verbindlichkeiten aus Gewährleistungsverträgen,
- Haftungsverhältnisse aus der Bestellung von Sicherheiten für fremde Ver-bindlichkeiten.

2   **2. Ausgestaltung des Vermerks.** Der Vermerk über die Haftungsverhält-nisse ist gem. § 251 S. 1 **unter der Bilanz** anzubringen; der Ausweis erfolgt dabei wegen des Verpflichtungscharakters zweckmäßigerweise unter der Pas-sivseite. Kapitalgesellschaften und OHG/KG iSv § 264a haben nach § 268 Abs. 7 die Angaben zu nicht passivierten Verbindlichkeiten und Haftungs-verhältnissen jedoch im Anhang zu machen.[7] Bezüglich der **Anhanganga-ben** für nach § 251 S. 1 unter der Bilanz bzw. nach § 268 Abs. 7 im Anhang ausgewiesenen Verbindlichkeiten und Haftungsverhältnissen wird auf → § 285 Rn. 52 verwiesen. Das in § 251 S. 1 enthaltene Wahlrecht, die Haftungsverhältnisse in einem Betrag anzugeben, gilt nicht für Kapitalgesell-schaften und OHG/KG iSv § 264a. Diese müssen gem. § 268 Abs. 7 die Haftungsverhältnisse jeweils **gesondert** unter **Angabe der gewährten Pfandrechte** und **sonstigen Sicherheiten** sowie **Verpflichtungen betref-fend die Altersversorgung** angeben; darüber hinaus ist eine gesonderte Angabe solcher Verpflichtungen gegenüber **verbundenen** und **assoziierten Unternehmen** vorgeschrieben.[8] Eine **Saldierung** der Haftungsverhältnisse mit möglichen **Rückgriffsforderungen** ist nach § 251 S. 2 **nicht zulässig;** entsprechende Rückgriffsforderungen können aber unter der Aktivseite der Bilanz angegeben werden.[9]

3   Die Haftungsverhältnisse sind grundsätzlich mit dem **vollen Haftungs-betrag** anzugeben und nicht mit dem Betrag, in dessen Höhe eine In-

---

[2] BeBiKo/*Grottel/Haußer* Rn. 3.
[3] *ADS* Rn. 6; BeBiKo/*Grottel/Haußer* Rn. 3.
[4] *ADS* Rn. 2.
[5] BT-Drs. 18/4050, 11.
[6] Russ/Janßen/*Götze/Völkner/Weiser* BilRUG Rn. 19.
[7] BeBiKo/*Grottel/Haußer* § 268 Rn. 50.
[8] BeBiKo/*Grottel/Haußer* § 268 Rn. 50.
[9] *ADS* Rn. 34; BeBiKo/*Grottel/Haußer* Rn. 12.

anspruchnahme wahrscheinlich wäre. Ist die Verpflichtung nicht exakt zu quantifizieren, so muss der Haftungsbetrag nach vernünftiger kaufmännischer Beurteilung **geschätzt** werden.[10] Ist auch eine Schätzung nicht möglich, ist ein **Merkposten** anzugeben, und es muss eine **verbale Erläuterung** unter der Bilanz oder im Anhang erfolgen.[11] Handelt es sich um weit in die Zukunft reichende Gewährleistungen für sukzessiv entstehende Verpflichtungen eines Dritten (zB Schuldbeitritt zu Verpflichtungen aus Mietverhältnissen), genügt es im Allgemeinen, die Jahresrate des Haftungsbetrages in den Vermerk einzubeziehen; auf die darüber hinaus bestehende Haftung ist durch einen verbalen Zusatz hinzuweisen.[12]

II. Vermerkpflichtige Tatbestände

1. Verbindlichkeiten aus der Begebung und Übertragung von 4
Wechseln. Hier ist das **Gesamtobligo** aus begebenen und übertragenen Wechseln anzugeben. Der Bilanzierende kann als Aussteller (Art. 9 Abs. 1 WG) oder als Indossant (Art. 15 Abs. 1 WG) haften. Die Bonität des Akzeptanten spielt dabei keine Rolle; sie ist lediglich bei der Bemessung von ggf. erforderlichen Rückstellungen von Bedeutung.[13] Für die Bewertung des Wechselobligos wird in der Praxis regelmäßig von dem Betrag, mit dem die Gesellschaft aus dem Wechsel verpflichtet ist, ausgegangen. Die Nebenkosten (Zinsen, Kosten des Protestes und andere Auslagen) werden nicht in die Vermerkpflicht einbezogen.[14] Die Bildung einer **Rückstellung** wird erforderlich, wenn zwischen Abschlussstichtag und Bilanzaufstellung eine Inanspruchnahme aus dem Wechselobligo bekannt wird; der entsprechende Betrag ist dann wegen der erfolgten Passivierung nicht mehr in den Vermerk einzubeziehen. Bei einem wesentlichen Wechselobligo empfiehlt sich die Bildung einer **pauschalen** Rückstellung für eine mögliche Inanspruchnahme aus dem Obligo, auch wenn noch keine Ansprüche geltend gemacht worden sind.[15] Der Rückstellungsbetrag ist dann vom Vermerkbetrag abzusetzen.

2. Verbindlichkeiten aus Bürgschaften, Wechsel- und Scheckbürg- 5
schaften. Bürgschaften sind vertragliche Verpflichtungen des Bürgen gegenüber dem Gläubiger eines Dritten, für die **Erfüllung der Verbindlichkeit des Dritten** einzustehen (§ 765 Abs. 1 BGB). Die Bürgschaftsverbindlichkeiten umfassen Bürgschaften aller Art, zB selbstschuldnerische Bürgschaft, Gewährleistungsbürgschaft, Vertragserfüllungsbürgschaft, Nachbürgschaften, Rückbürgschaften, Ausfallbürgschaften, Kreditbürgschaften, Höchstbetragsbürgschaften, Zeitbürgschaften oder auch den Kreditauftrag gem. § 778 BGB. Nicht zu den vermerkpflichtigen Bürgschaften gehören solche Bürgschaften, die Dritte für den bilanzierenden Kaufmann übernommen haben.[16]

Die **Wechselbürgschaft** dient zur Absicherung der Zahlung einer Wechsel- 6 summe. Die Bürgschaftserklärung wird dabei auf den Wechsel oder einen Anhang gesetzt. Wird die Erklärung auf der Rückseite des Wechsels abge-

---

[10] *ADS* Rn. 108; BeBiKo/*Grottel/Haußer* Rn. 11.
[11] *ADS* Rn. 109; HdR/*Fey* Rn. 28; BeBiKo/*Grottel/Haußer* Rn. 11, anders noch die Einschätzung von *Ellrott* in BeBiKo, 8. Aufl. 2012, Rn. 11, nach der zumindest von Nicht-Kapitalgesellschaften zusätzliche verbale Erläuterungen nicht zu verlangen waren.
[12] *ADS* Rn. 105 f.
[13] WP-HdB Kap. F Rn. 972.
[14] *ADS* Rn. 41; WP-HdB Kap. F Rn. 972.
[15] *ADS* Rn. 40.
[16] *ADS* Rn. 47; BeBiKo/*Grottel/Haußer* Rn. 24.

geben, so ist ein ausdrücklicher Zusatz über die Übernahme der Bürgschafts-
verpflichtung notwendig (Art. 31 Abs. 2 WG); ansonsten gelten die auf der
Vorderseite des Wechsels gesetzten Unterschriften – soweit sie nicht vom
Aussteller oder vom Bezogenen abgegeben werden – als Bürgschaftserklärung
(Art. 31 Abs. 3 WG). Auch ein Gefälligkeitsgiro (Gefälligkeitsindossament),
das zur Erhöhung der Bonität und Fungibilität des Wechsels gegeben wird,
sollte zu den Wechselbürgschaften gezählt werden.[17] Entsprechend dem Zweck
der Wechselbürgschaft dient die **Scheckbürgschaft** zur Sicherung der Zahlung einer Schecksumme. Die gesetzliche Regelung für Scheckbürgschaften
(Art. 25–27 ScheckG) entspricht weitgehend der für Wechselbürgschaften.

7   Eine Vermerkpflicht für die Bürgschaften liegt nur dann vor, wenn die
Hauptschuld am Bilanzstichtag bestanden hat (§ 767 Abs. 1 BGB); daher
richtet sich auch die Höhe der zu vermerkenden Bürgschaft nach dem
jeweiligen **Stand der Hauptschuld am Bilanzstichtag.**

8   **3. Verbindlichkeiten aus Gewährleistungsverträgen.** Der Begriff des
Gewährleistungsvertrages ist gesetzlich nicht definiert. Es handelt sich dabei
um einen eigenständigen **bilanzrechtlichen Begriff,** der jede nicht als
Bürgschaft zu qualifizierende vertragliche Verpflichtung umfasst, mit der eine
Gewährleistung bezweckt wird, also zB das Einstehen für einen Erfolg
oder eine Leistung oder für den Nichteintritt eines bestimmten Nachteils
oder Schadens.[18]

9   Da es sich um **vertraglich** übernommene Haftungen handeln muss, werden
von der Vermerkpflicht weder gesetzliche Gewährleistungen noch die Haftung für fremde Verbindlichkeiten auf Grund gesetzlicher Bestimmungen
erfasst.[19] Die Gewährleistung kann **fremde** oder **eigene** Leistungen betreffen.
Als Gewährleistungen für fremde Leistungen kommen bürgschaftsähnliche
Rechtsverhältnisse, zB kumulative Schuldübernahme, Freistellungsverpflich-
tungen und sonstige Gewährleistungen für Dritte wie Kurs- und Ausbietungs-
garantien oder Patronatserklärungen in Betracht; Nachhaftungen bei Spaltung
sind nicht von der Vermerkpflicht erfasst.[20] Bei Gewährleistungen für eigene
Leistungen handelt es sich um **unselbstständige Garantiezusagen** (knüpfen
an eine Leistungspflicht an, die bereits in einem bestehenden Vertrag enthalten
ist) oder **selbstständige Garantiezusagen** (beziehen sich auf einen über die
Vertragsmäßigkeit der eigenen Leistung hinausgehenden Erfolg).[21] Unselbstständige Garantiezusagen sind nur vermerkpflichtig, wenn sie über die bran-
chen- oder geschäftsgewöhnlichen Garantiezusagen hinausgehen oder es sich
um branchenungewöhnliche Risiken handelt.[22]

10   **4. Haftungsverhältnisse aus der Bestellung von Sicherheiten für
fremde Verbindlichkeiten.** Die Vermerkpflicht bezieht sich auch auf **dingliche Sicherheiten,** die **für fremde Verbindlichkeiten** geleistet werden.
Hierunter fallen bspw. Grundpfandrechte (zB Hypotheken, Grund- und Rentenschulden), Verpfändungen beweglicher Sachen und Rechte, Sicherungsübereignungen von Vermögensgegenständen des Bilanzierenden und Siche-
rungsabtretungen von Forderungen (auch Globalabtretungen, Mantelzessio-

---

[17] *ADS* Rn. 49; BeBiKo/*Grottel*/*Haußer* Rn. 22.
[18] *IDW* RH HFA 1.013 Rn. 5.
[19] *ADS* Rn. 60; BeBiKo/*Grottel*/*Haußer* Rn. 4.
[20] WP-HdB Kap. F Rn. 976; zu Patronatserklärungen *IDW* RH HFA 1.013.
[21] Vgl. hierzu *ADS* Rn. 62 f.; Praxiskommentar BilanzR/*Heine*/*Zenger* Rn. 49–52.
[22] BeBiKo/*Grottel*/*Haußer* Rn. 26.

nen). Für den im Vermerk anzugebenden Betrag ist dabei nicht der Wert des Sicherungsgutes maßgebend, sondern die Höhe der am Bilanzstichtag für die fremde Verbindlichkeit bestehenden **Haftung**.[23] Sicherungsübereignungen von Leasinggegenständen, die Leasinggesellschaften zur Besicherung von an Kreditinstitute verkaufte Leasingforderungen vornehmen, fallen grundsätzlich nicht unter die Vermerkpflicht, da in Höhe der erhaltenen Zahlungen bereits ein passiver Rechnungsabgrenzungsposten zu bilden ist.[24]

III. Folgen der Nichtbeachtung

Verstöße gegen § 251 können gem. § 331 oder gem. § 283b StGB auch **11** **strafrechtliche Konsequenzen** gegen Organmitglieder nach sich ziehen. Zudem kann eine **Ordnungswidrigkeit** nach § 334 vorliegen.

Dritter Titel. Bewertungsvorschriften

§ 252 Allgemeine Bewertungsgrundsätze

(1) **Bei der Bewertung der im Jahresabschluß ausgewiesenen Vermögensgegenstände und Schulden gilt insbesondere folgendes:**

1. **Die Wertansätze in der Eröffnungsbilanz des Geschäftsjahrs müssen mit denen der Schlußbilanz des vorhergehenden Geschäftsjahrs übereinstimmen.**
2. **Bei der Bewertung ist von der Fortführung der Unternehmenstätigkeit auszugehen, sofern dem nicht tatsächliche oder rechtliche Gegebenheiten entgegenstehen.**
3. **Die Vermögensgegenstände und Schulden sind zum Abschlußstichtag einzeln zu bewerten.**
4. **Es ist vorsichtig zu bewerten, namentlich sind alle vorhersehbaren Risiken und Verluste, die bis zum Abschlußstichtag entstanden sind, zu berücksichtigen, selbst wenn diese erst zwischen dem Abschlußstichtag und dem Tag der Aufstellung des Jahresabschlusses bekanntgeworden sind; Gewinne sind nur zu berücksichtigen, wenn sie am Abschlußstichtag realisiert sind.**
5. **Aufwendungen und Erträge des Geschäftsjahrs sind unabhängig von den Zeitpunkten der entsprechenden Zahlungen im Jahresabschluß zu berücksichtigen.**
6. **Die auf den vorhergehenden Jahresabschluss angewandten Bewertungsmethoden sind beizubehalten.**

(2) **Von den Grundsätzen des Absatzes 1 darf nur in begründeten Ausnahmefällen abgewichen werden.**

Schrifttum: (ohne die Einzelbeiträge in den verschiedenen Handbüchern der Rechnungslegung) BMF Schreiben vom 20.6.2005, Ertragsteuerliche Behandlung der im Zusammenhang mit dem Abschluss eines längerfristigen Mobilfunkdienstleistungsvertrages oder eines Prepaid-Vertrages gewährten Vergünstigungen; BStBl. I 2005, 801; DRSC, DRS 13, Grundsatz der Stetigkeit und Berichtigung von Fehlern Stand: 22.9.2017; *Heinhold,* Aktivierung von Werbeaufwand?, DB 2005, 2033; *IDW* ERS HFA 13 nF, Einzelfragen zum Übergang von wirtschaftlichem Eigentum und zur Gewinnrealisierung nach HGB, IDW-FN 2007, 83; *IDW* RS HFA 18, Bilanzierung von Anteilen an Personenhandelsgesellschaften, IDW-FN 2014, 417; *IDW* St/HFA 1/

---

[23] BeBiKo/*Grottel/Haußer* Rn. 44.
[24] *ADS* Rn. 98; HdR/*Fey* Rn. 61.

1989, Zur Bilanzierung beim Leasinggeber, WPg 1989, 625; *IDW RS HFA* 15, Bilanzierung von Emissionsberechtigungen nach HGB, WPg 2006, 574; *IDW RS HFA* 17, Auswirkungen einer Abkehr von der Going-Concern-Prämisse auf den handelsrechtlichen Jahresabschluss, IDW Life 2018, 777; *IDW RS HFA* 42, Auswirkungen einer Verschmelzung auf den handelsrechtlichen Jahresabschluss, WPg Supplement 2012, 91; *IDW RH HFA* 1.012, Externe (handelsrechtliche) Rechnungslegung im Insolvenzverfahren, IDW Life 2015, 610; *IDW RS HFA* 38, Ansatz- und Bewertungsstetigkeit im handelsrechtlichen Jahresabschluss, WPg Supplement 2011, 74; *IDW RS HFA* 6, Änderung von Jahres- und Konzernabschlüssen, WPg Supplement 2007, 77; *IDW PS* 270 nF, Die Beurteilung der Fortführung der Unternehmenstätigkeit im Rahmen der Abschlussprüfung, IDW Life 2018, 751; *Jungius/Schmidt,* Nichtigkeit des Jahresabschlusses aufgrund von Bewertungsfehlern (Teil 1), DB 2012, 1697; *Marten,* Bilanzielle Auswirkungen von Preisstrategien am Beispiel von Handy-Subventionen, DB 2003, 2713; *Wiedmann,* Bewertungseinheit und Realisierungsprinzip, in Neuorientierung der Rechenschaftslegung, 1994, 101.

Übersicht

I. Allgemeine Grundsätze

1 Die in Abs. 1 aufgeführten Bewertungsgrundsätze bilden einen Teil der **für die Bewertung anzuwendenden GoB.**[1] Der Gesetzgeber hat lediglich die wichtigsten GoB kodifiziert.[2] Daneben sind nicht kodifizierte GoB wie der Grundsatz der Methodenbestimmtheit zu beachten (→ § 243 Rn. 6).

2 Die Bewertungsgrundsätze haben die Aufgabe, die speziellen Bewertungsregeln zu **konkretisieren** und zu **ergänzen,** also Regelungslücken auszufüllen. Sie sind allerdings gegenüber speziellen Regelungen nachrangig. Untereinander sind sie gleichrangig.[3]

3 Die Bewertungsgrundsätze sind, soweit nicht spezielle Regelungen entgegenstehen, auch für die **steuerrechtliche Bewertung** maßgeblich.[4]

II. Identität der Wertansätze in Eröffnungs- und Schlussbilanz (Abs. 1 Nr. 1)

4 Um sicherzustellen, dass im Ergebnis keine Abweichungen zwischen der Summe der Periodenergebnisse und dem Ergebnis der Totalperiode entste-

---

[1] WP-HdB Kap. F Rn. 86.
[2] Zum Umfang der kodifizierten GoB Beck HdR/*Ballwieser* B 105 Rn. 7.
[3] BeBiKo/*Winkeljohann/Büssow* Rn. 1 f.; HdR/*Fülbier/Kuschel/Selchert* Rn. 19–29.
[4] HdR/*Fülbier/Kuschel/Selchert* Rn. 17 f.; Beck HdR/*Scheffler* B 120 Rn. 1, 5; zum Maßgeblichkeitsgrundsatz BeBiKo/*Schmidt/Usinger* § 243 Rn. 111 f.

hen, schreibt Abs. 1 Nr. 1 vor, dass die Wertansätze der Eröffnungsbilanz mit den Wertansätzen in der Schlussbilanz des vorhergehenden Geschäftsjahres übereinstimmen (sog. **Grundsatz der Bilanzidentität**).[5] Daraus ergibt sich nicht zwingend, dass der Kaufmann zu Beginn jeden 5 Jahres eine formelle **Eröffnungsbilanz** aufzustellen hat. Zur Einhaltung der Vorschrift genügt es, dass die auf den einzelnen Bestandskonten vorgetragenen Salden mit den Schlusssalden des vorhergehenden Geschäftsjahres übereinstimmen.[6] Obwohl Abs. 1 Nr. 1 dem Wortlaut nach nur die „Wertidentität" verlangt und insofern vom Wortlaut des Art. 6 Abs. 1 Buchst. e der Bilanz-Richtlinie (Richtlinie 2013/34/EU) abweicht, der verlangt, dass die Eröffnungsbilanz mit der Schlussbilanz des Vorjahres übereinstimmt, müssen sowohl das **Mengen-** als auch das **Wertgerüst** von Anfangsbilanz und Schlussbilanz des Vorjahres identisch sein.[7]

In begründeten Ausnahmefällen kann nach Abs. 2 von den Grundsätzen 6 des Abs. 1 abgewichen werden. Häufig wird der **Gewinnverwendungsbeschluss** bei der Einbuchung der Vorträge berücksichtigt, obwohl die Schlussbilanz vor Gewinnverteilungsbeschluss aufgestellt wurde. Soweit es sich um eine Um- oder Aufgliederung von Bilanzposten handelt, ist dies zulässig, da die Durchbrechung der formellen Bilanzidentität ohne Folgen bleibt.[8] Eine weitergehende Berücksichtigung des Gewinnverwendungsbeschlusses, zB die Berücksichtigung von Aufwand wegen dividendenabhängiger Vergütungen, ist nicht zulässig. Auch Abs. 2 könnte ein solches Vorgehen nicht rechtfertigen.[9]

Wenn bei **Unternehmensverkäufen** oder einer **Übertragung von Be-** 7 **teiligungen** der Übergang zum Ende des Geschäftsjahres vereinbart wird, ist fraglich, ob sowohl das übernehmende wie auch das abgebende Unternehmen die Bilanzkontinuität unterbrechen dürfen, indem sie die Schlussbilanz nach den Verhältnissen vor der Unternehmensübernahme und die Anfangsbilanz nach den Verhältnissen nach der Unternehmensübernahme darstellen. Dies wird als zulässig angesehen für Unternehmen, die **nicht** verpflichtet sind, einen **Anlagenspiegel bzw. Anhang** aufzustellen und dies auch nicht freiwillig tun.[10] Wenn ein Anlagenspiegel aufgestellt wird, muss das übernehmende Unternehmen den Zugang spätestens im neuen Geschäftsjahr ausweisen.[11] Der Abgang kann abhängig von der Gestaltung der Verträge entweder im alten oder im neuen Geschäftsjahr zu berücksichtigen sein.[12]

Bei **Verschmelzungen** ist im Verschmelzungsvertrag als Verschmelzungs- 8 stichtag der Tag anzugeben, von dem an die Handlungen der übertragenden Rechtsträger als für Rechnung des übernehmenden Rechtsträgers vorgenommen gelten. Der übernehmende Rechtsträger hat den durch die Verschmelzung erfolgenden Vermögensübergang als einen laufenden Geschäftsvorfall in seiner Buchführung zu erfassen. Liegt das **wirtschaftliche Eigentum** am

---

[5] BeBiKo/*Winkeljohann/Büssow* Rn. 3 f.; MüKoHGB/*Ballwieser* Rn. 5; WP-HdB Kap. F Rn. 87.

[6] *ADS* Rn. 11; BeBiKo/*Winkeljohann/Büssow* Rn. 5; WP-HdB Kap. F Rn. 87.

[7] *ADS* Rn. 12 f.; BeBiKo/*Winkeljohann/Büssow* Rn. 7; HdR/*Fülbier/Kuschel/Selchert* Rn. 34.

[8] *ADS* Rn. 16; BeBiKo/*Winkeljohann/Büssow* Rn. 8.

[9] HdR/*Fülbier/Kuschel/Selchert* Rn. 35.

[10] *ADS* Rn. 18; BeBiKo/*Winkeljohann/Büssow* Rn. 8; krit. HdR/*Fülbier/Kuschel/Selchert* Rn. 44.

[11] BeBiKo/*Winkeljohann/Büssow* Rn. 8.

[12] *ADS* Rn. 18; BeBiKo/*Winkeljohann/Büssow* Rn. 8.

Abschlussstichtag bereits beim übernehmenden Rechtsträger, so kann dieser aus Vereinfachungsgründen das übergehende Vermögen nach den Verhältnissen am (zeitlich vor dem Übergang des wirtschaftlichen Eigentums liegenden) Verschmelzungsstichtag einbuchen und Veränderungen dieses Vermögens (Aufwendungen und Erträge) seit dem Verschmelzungsstichtag wie eigene Geschäftsvorfälle abbilden.[13]

9   Die **Änderung** von fehlerfreien festgestellten handelsrechtlichen Jahresabschlüssen kommt unter bestimmten Voraussetzungen in Betracht, wenn gewichtige rechtliche, wirtschaftliche oder steuerliche Gründe vorliegen.[14] Die Änderung von Jahresabschlüssen, die gegen gesetzliche Bilanzierungsvorschriften verstoßen, ist grundsätzlich auch dann zulässig, wenn gewichtige rechtliche, wirtschaftliche oder steuerliche Gründe nicht vorliegen.[15] Die **Ersetzung** eines nichtigen Jahresabschlusses durch einen ordnungsgemäßen gilt nicht als eine Änderung, da einem nichtigen Jahresabschluss keine Rechtswirksamkeit zukommt.[16] **Mängel,** die nicht zur Nichtigkeit führen, können grundsätzlich immer in laufender Rechnung (nicht jedoch durch einfache Änderung der Eröffnungssalden) korrigiert werden.[17] Wird ein Jahresabschluss geändert, der **mehrere Geschäftsjahre** zurückliegt, oder ein nichtiger Jahresabschluss durch einen wirksamen ersetzt, müssen wegen des Grundsatzes der Bilanzidentität nach Abs. 1 Nr. 1 ggf. alle folgenden Jahresabschlüsse ebenfalls geänder werden, auch wenn diese bereits festgestellt sein sollten.[18]

10   **Steuerrechtlich** wird zwischen den Begriffen Bilanzberichtigung und Bilanzänderung unterschieden.[19] Eine Bilanzberichtigung liegt vor, wenn der ursprüngliche Ansatz in der Bilanz unrichtig war; eine Bilanzänderung, wenn der Steuerpflichtige bei verschiedenen zulässigen Bilanzansätzen einen anderen als den ursprünglichen Ansatz wählen will (R 4.4 EStR).[20]

11   Eine **Bilanzberichtigung** ist grundsätzlich zulässig bis zur bestandskräftigen Festsetzung der Ertragsteuern des betreffenden Wirtschaftsjahres (§ 4 Abs. 2 S. 1 EStG).[21] Nach bestandskräftiger Festsetzung ist eine Bilanzberichtigung nur im Rahmen einer Berichtigung der Veranlagung möglich, soweit eine solche Berichtigung nach den Vorschriften der Abgabenordnung zulässig ist.[22] Nach Ablauf der Festsetzungsfrist ist daher keine Bilanzberichtigung mehr möglich.[23] Strittig ist, ob an die der Veranlagung zugrunde gelegte Schlussbilanz des Vorjahres oder die materiell richtige Bilanz anzuknüpfen ist.[24] Die erste Lösung widerspricht dem Grundsatz der Abschnittsbesteuerung. Die zweite Lösung durchbricht den Grundsatz der Bilanzidentität.[25] Nach hM ist an die Veranlagungsbilanz anzuknüpfen, womit der Ermittlung

---

[13] HdR/*Fülbier/Kuschel/Selchert* Rn. 42–44; zu Einzelfragen zu Auswirkungen einer Verschmelzung auf den handelsrechtlichen Jahresabschluss *IDW* RS HFA 42.
[14] *IDW* RS HFA 6 Rn. 9 f.
[15] *IDW* RS HFA 6 Rn. 14; ausf. zur Änderung bzw. Berichtigung von Jahresabschlüssen Beck HdR/*Jacobs* B 102 Rn. 10–29.
[16] *IDW* RS HFA 6 Rn. 8, 15–20; *Jungius/Schmidt* DB 2012, 1761 ff.
[17] *IDW* RS HFA 6 Rn. 21.
[18] *IDW* RS HFA 6 Rn. 27.
[19] Beck HdR/*Jacobs* B 102 Rn. 5.
[20] Schmidt/*Heinicke* EStG § 4 Rn. 750; Beck HdR/*Jacobs* B 102 Rn. 5.
[21] Schmidt/*Heinicke* EStG § 4 Rn. 682–685; Beck HdR/*Jacobs* B 102 Rn. 31 f.
[22] Schmidt/*Heinicke* EStG § 4 Rn. 686–693.
[23] Beck HdR/*Jacobs* B 102 Rn. 32; Schmidt/*Heinicke* EStG § 4 Rn. 685.
[24] Schmidt/*Heinicke* EStG § 4 Rn. 701.
[25] Schmidt/*Heinicke* EStG § 4 Rn. 701.

des richtigen Totalgewinns (Grundsatz der Bilanzidentität) der Vorrang vor
der Ermittlung richtiger Periodengewinne (Grundsatz der Abschnittsbesteuerung) eingeräumt wird.[26]

Eine **Bilanzänderung** ist nur zulässig, wenn sie in einem engen zeitlichen   12
und sachlichen Zusammenhang mit einer Bilanzberichtigung steht und soweit die Auswirkung der Bilanzberichtigung auf den Gewinn reicht (§ 4
Abs. 2 S. 2 EStG).[27]

III. Grundsatz der Unternehmensfortführung (Abs. 1 Nr. 2)

Abs. 1 Nr. 2 kodifiziert den Grundsatz, dass bei der Bewertung von der   13
Unternehmensfortführung auszugehen ist. Es handelt sich dabei nicht um
eine Bewertungsregel ieS, sondern um eine **Prämisse für die Anwendung
der Bewertungsregeln.** Wenn nicht tatsächliche oder rechtliche Gegebenheiten dagegensprechen, ist bei der Bewertung davon auszugehen, dass Vermögensgegenstände und Schulden planmäßig innerhalb der normalen Unternehmenstätigkeit verwertet werden **(Going-Concern-Prämisse).**

Steuerlich kommt der Grundsatz der Unternehmensfortführung insbeson-   14
dere in der Definition des Teilwerts nach § 6 Abs. 1 Nr. 1 S. 3 EStG zum
Ausdruck. Danach ist der Teilwert der Betrag, den ein Erwerber des ganzen
Betriebs im Rahmen des Gesamtkaufpreises für das einzelne Wirtschaftsgut
ansetzen würde; dabei ist davon auszugehen, dass der Erwerber den Betrieb
fortführt.[28]

Die Fortführung der Unternehmenstätigkeit muss innerhalb einer **über-**   15
schaubaren Zeitspanne sichergestellt sein. Eine Konkretisierung dieser
Zeitspanne ist nur eingeschränkt möglich. Es wird die Ansicht vertreten, dass
von der Unternehmensfortführung ausgegangen werden kann, wenn für die
Zeit, die ausreichend sicher überschaubar ist, das Unternehmen seine Geschäftstätigkeit nicht einstellen kann. Ein Zeitraum von **einem Wirtschafts-**
jahr nach dem Bilanzstichtag wird grundsätzlich als angemessen angesehen,
wobei die Eigenart der Geschäftstätigkeit jedoch eine Verkürzung oder Verlängerung nahelegen kann.[29] Die Notwendigkeit, die Fortführung des Unternehmens gesondert zu untersuchen, besteht nur dann, wenn es Anzeichen
dafür gibt, dass die Fortführung gefährdet ist. Maßgeblich für die Beurteilung
sind grundsätzlich die Verhältnisse am Abschlussstichtag.[30]

Rechtliche Gegebenheiten, die der Unternehmensfortführung ent-   16
gegenstehen, sind zB:

– Eröffnung des Insolvenzverfahrens,
– beantragter Abwicklungsvergleich,
– Satzungsbestimmungen, die die Auflösung oder Abwicklung des Unternehmens zum Gegenstand haben,
– Einschränkung oder Beendigung der Unternehmenstätigkeit auf Grund
  gesetzlicher Vorschriften,
– Änderung der rechtlichen Rahmenbedingungen, zB Kauf des Unternehmens durch ein Konkurrenzunternehmen.[31]

---

[26] Schmidt/*Heinicke* EStG § 4 Rn. 702 f.
[27] *ADS* Rn. 19; Beck HdR/*Jacobs* B 102 Rn. 40–44.
[28] HdR/*Fülbier/Kuschel/Selchert* Rn. 45.
[29] BeBiKo/*Winkeljohann/Büssow* Rn. 11.
[30] *ADS* Rn. 25; BeBiKo/*Winkeljohann/Büssow* Rn. 12.
[31] HdR/*Fülbier/Kuschel/Selchert* Rn. 49 f.

17   **Tatsächliche Gegebenheiten,** die die Unternehmensfortführung verhindern können, sind hauptsächlich wirtschaftliche Schwierigkeiten. Anzeichen hierfür sind zB Unterlassen notwendiger Investitionen wegen fehlender Finanzierung, Ausschöpfung sämtlicher Kreditlinien, Verschiebung des Nachfrageverhaltens, Ausfall wichtiger Lieferanten, Kreditgeber, Abnehmer oder mangelnde Eigenkapitalausstattung, die sich in bilanzieller Überschuldung manifestiert.[32]

18   Wenn die Going-Concern-Prämisse nicht erfüllt ist, sind **Besonderheiten bei der Bewertung** zu beachten. Bei freiwilliger Unternehmenseinstellung durch Beschluss der Gesellschafter ist eine Liquidationseröffnungsbilanz aufzustellen. Bei ungeplanter Beendigung der Unternehmensfortführung ist die Auswirkung auf die Bewertung nicht gesetzlich geregelt. Die Berücksichtigung der Unternehmenssituation bei der Bewertung kann nur im konkreten Fall entschieden werden, wobei tendenziell in stärkerem Maße von der Abkehr von der Going-Concern-Prämisse auszugehen ist, je sicherer bzw. zeitlich näher das tatsächliche Ende der unternehmerischen Tätigkeit ist. Im Falle einer Abkehr von der Going-Concern-Prämisse sind nur noch bis zum Zeitpunkt der Beendigung des Geschäftsbetriebs verwertbare Vermögensgegenstände zu aktivieren und neben den bislang zu passivierenden Schulden auch solche Verpflichtungen zu berücksichtigen, die durch die Abkehr von der Going-Concern-Prämisse verursacht wurden. Die Bewertung hat unter Veräußerungsgesichtspunkten zu erfolgen.[33]

19   Falls die Fortführung nur einzelner Betriebsteile gefährdet ist, muss diese Tatsache bei der Bewertung der auf sie entfallenden Vermögensteile berücksichtigt werden.[34]

IV. Der Grundsatz der Einzelbewertung und der stichtagbezogenen Bewertung (Abs. 1 Nr. 3)

20   Die einzelnen Vermögensgegenstände und Schulden sind am Bilanzstichtag gesondert zu bilanzieren und zu bewerten (§ 240). Durch den Grundsatz der Einzelbewertung soll verhindert werden, dass Wertsteigerungen und Wertminderungen gegeneinander saldiert werden und dadurch das Vorsichtsprinzip durchbrochen würde.[35]

21   Die Bewertung setzt voraus, dass die Vermögensgegenstände voneinander abgegrenzt wurden und dass die Entscheidung darüber, ob ein Vermögensgegenstand **selbstständig** bewertbar ist oder ob er mit anderen Vermögensgegenständen zusammen eine **Bewertungseinheit** im Sinne eines einheitlich zu bewertenden Vermögensgegenstands (nicht gemeint ist hier die Bewertungseinheit iSv § 254) bildet, gefällt wurde.[36]

22   Diese Definition einer **Bewertungseinheit** knüpft an das Kriterium der **wirtschaftlich einheitlichen Verfügung** an.[37] Dh zwei Vermögensgegenstände bilden eine Bewertungseinheit, wenn sie derart miteinander verbun-

---

[32] HdR/ *Fülbier/Kuschel/Selchert* Rn. 49 f.; *IDW* PS 270 nF Rn. A5.
[33] WP-HdB Kap. F Rn. 89; im Einzelnen zu den Auswirkungen einer Abkehr von der Going-Concern-Prämisse auf den handelsrechtlichen Jahresabschluss vgl. *IDW* RS HFA 17; zur Rechnungslegung im Insolvenzverfahren vgl. *IDW* RH HFA 1.012; Beck HdR/ *Lorenzen* B 768.
[34] BeBiKo/ *Winkeljohann/Büssow* Rn. 21.
[35] BeBiKo/ *Winkeljohann/Büssow* Rn. 22.
[36] BeBiKo/ *Winkeljohann/Büssow* Rn. 23.
[37] HdR/ *Fülbier/Kuschel/Selchert* Rn. 65; BeBiKo/ *Winkeljohann/Büssow* Rn. 23.

den sind, dass eine Veräußerung getrennt voneinander nicht oder nur nach erheblichen Aufwendungen möglich ist.[38] In § 254 werden auch in einem Risikozusammenhang stehende Vermögensgegenstände und Verträge als Bewertungseinheiten bezeichnet. Dabei kommt es darauf an, dass Verträge in Bezug auf einzelne Vermögensgegenstände geeignet sind, Wertänderungsrisiken auszuhalten.[39] Hinsichtlich der Bilanzierung von Grund- und Sicherungsgeschäften als Bewertungseinheit iSv § 254 wird auf § 254 verwiesen.

Der Gesetzgeber hat für einige Bewertungsvorgänge **Vereinfachungen** 23 zugelassen, die einer Zusammenfassung zu Bewertungseinheiten gleichkommen und als Spezialregelungen anzusehen sind. In § 256 sind für bestimmte Vermögensgegenstände des Vorratsvermögens **Bewertungsvereinfachungsverfahren** (§ 256) zugelassen. Außerdem sind für bestimmte Sachanlagen sowie Roh-, Hilfs- und Betriebsstoffe das **Festwertverfahren** (→ § 240 Rn. 25 -34) und für gleichartige und etwa gleichwertige Vorräte, Vermögensgegenstände und Schulden die **Gruppenbewertung** (→ § 240 Rn. 35-40) anwendbar.[40]

Der Bewertung sind, unabhängig vom Zeitpunkt der tatsächlichen Ermitt- 24 lung des Wertes, die **Verhältnisse am Abschlussstichtag** zugrunde zu legen, wobei bei der Bewertung von Rückstellungen **zukünftige Preis- und Kostensteigerungen** zu berücksichtigen sind (→ § 253 Rn. 18). Wertaufhellende Tatsachen müssen berücksichtigt werden (→ Rn. 29).

V. Der Grundsatz der Vorsicht (Abs. 1 Nr. 4)

Das Postulat der Vorsicht ist grundsätzlich in allen Bilanzierungs- und 25 Bewertungsfragen anzuwenden. Als Bewertungsregel ieS kommt das **Vorsichtsprinzip** in allen Fällen zur Anwendung, in denen wegen unvollkommener Information oder Ungewissheit über zukünftige Ereignisse zwangsläufig Ermessensspielräume vorhanden sind.

Der Grundsatz der Vorsicht kommt außerdem in allen Einzelvorschriften 26 zum Ausdruck, die die Aktivierung beschränken und verhindern, dass „Nonvaleurs" ausgewiesen werden.[41] Das Vorsichtsprinzip schlägt sich schließlich im **Realisationsprinzip** nieder, das den Ausweis eines Gewinns von der Realisation der Erlöse abhängig macht. Zum Bilanzierungszeitpunkt bereits verursachte, aber noch nicht realisierte Risiken oder Verluste sind hingegen zu berücksichtigen **(Imparitätsprinzip).**[42]

Begrenzt wird das Vorsichtsprinzip durch das Gebot der Willkürfreiheit 27 (→ Rn. 28) sowie die seit dem BilMoG gestärkte Informationsfunktion.

Für die wenigsten Bilanzpositionen (außer zB Kasse, Bankverbindlichkei- 28 ten, gezeichnetes Kapital) lassen sich die Wertansätze direkt aus den Büchern ableiten. Für alle anderen Vorgänge muss für das Mengengerüst eine Preiszuordnung (Bewertung) stattfinden. Das Vorsichtsprinzip beschränkt die Auswahl aus einer Menge von möglichen Werten auf die ungünstigen Alternativen, wobei alle vorhersehbaren Risiken und Verluste, die bis zum Abschlussstichtag entstanden sind sowie deren Wahrscheinlichkeitsverteilun-

---

[38] HdR / *Fülbier / Kuschel / Selchert* Rn. 65.
[39] *Wiedmann*, Neuorientierung der Rechenschaftslegung, 1994, 101 ff.
[40] BeBiKo / *Winkeljohann / Büssow* Rn. 26.
[41] *ADS* Rn. 62.
[42] *ADS* Rn. 63 f.; BeBiKo / *Winkeljohann / Büssow* Rn. 29 f.

gen berücksichtigt werden müssen.[43] Faktoren die zu einer niedrigeren Bewertung führen können, sind dabei ggf. stärker zu berücksichtigen, dh es sollte eine gewisse **Risikoaversion** anstatt Risikoneutralität unterstellt werden.[44] Es darf allerdings auch nicht unbegründet der ungünstigste Schätzwert ausgewählt werden, da die bewusste Bildung stiller Reserven, insbesondere für Kapitalgesellschaften, nicht zulässig ist und der Informationsfunktion des Jahresabschlusses zuwider läuft.[45] Im Zweifel hat die Auswahl des Schätzwerts nach vernünftiger kaufmännischer Beurteilung zu erfolgen.[46]

29   Bei der Bewertung sind alle vorhersehbaren Risiken und Verluste zu berücksichtigen (Abs. 1 Nr. 4). Es muss sich dabei um **konkrete Risiken** handeln, die die Wertminderung bestimmter Aktiva oder die Entstehung bestimmter Aufwendungen zur Folge haben. Das allgemeine Unternehmensrisiko ist nicht gemeint.[47] Die Risiken müssen bereits am Bilanzstichtag bestanden haben. Die Risiken und Verluste sind auch zu berücksichtigen, wenn sie erst **nach dem Bilanzstichtag,** jedoch bis zur Bilanzaufstellung bekannt werden. Verluste, die ihre Ursache erst nach dem Bilanzstichtag haben, werden wegen des **Stichtagsprinzips** nicht berücksichtigt. Insofern sind nur nach dem Stichtag eintretende **wertaufhellende** Tatsachen, nicht aber wertbeeinflussende Tatsachen zu berücksichtigen. Wertaufhellende Tatsachen sind dabei solche Ereignisse, die im Bilanzierungszeitpunkt begründet und vorhersehbar waren (zB Insolvenzeröffnung eines sich bereits zum Bilanzstichtag in Schwierigkeiten befindlichen Schuldners). Zu den wertaufhellenden Tatsachen gehören sowohl negative als auch positive (wertmindernd oder werterhöhend). Wertbeeinflussende (oder wertbegründende) Tatsachen sind dagegen Ereignisse nach dem Bilanzstichtag, die keinen Rückschluss auf die Verhältnisse am Bilanzstichtag zulassen (zB Schadenereignis).[48] Der BFH hat sich das Begriffspaar zu eigen gemacht, sodass diese Grundsätze auch für die Steuerbilanz gelten.[49] Kapitalgesellschaften haben über wesentliche Ereignisse, die sich nach dem Bilanzstichtag ereignet haben, im Anhang zu berichten (→ § 285 Rn. 61).

30   Abs. 1 Nr. 4 besagt außerdem, dass Gewinne nur berücksichtigt werden dürfen, wenn sie am Abschlussstichtag realisiert sind. Wann Gewinne als realisiert gelten (iSd Gewinnrealisierungszeitpunkts), bestimmt sich nach den GoB im Einzelnen wie folgt:

- **Verkauf:** im Zeitpunkt der Lieferung, wenn der Anspruch auf Gegenleistung entstanden ist und die Preisgefahr auf den Käufer übergegangen ist;[50]
- **Verkauf mit Rücklieferungsrecht:** wenn die Rücklieferungsfrist abgelaufen ist;[51]
- **Mehrkomponentengeschäfte** liegen vor, wenn in einem Vertrag mehrere wesentliche unterschiedliche Leistungen geregelt sind oder mehrere Einzelverträge auf Grund ihres engen wirtschaftlichen Zusammenhangs als ein Geschäft gelten. Die Gewinnrealisierung erfolgt anhand der beizulegenden

---

[43] HdR / *Fülbier / Kuschel / Selchert* Rn. 77 f.
[44] HdR / *Fülbier / Kuschel / Selchert* Rn. 78; WP-HdB Kap. F Rn. 92.
[45] HdR / *Fülbier / Kuschel / Selchert* Rn. 78.
[46] HdR / *Fülbier / Kuschel / Selchert* Rn. 78; WP-HdB Kap. F Rn. 92.
[47] *ADS* Rn. 74.
[48] BeBiKo / *Winkeljohann / Büssow* Rn. 37 f.; Schmidt / *Weber-Grellet* EStG § 5 Rn. 81.
[49] BeBiKo / *Winkeljohann / Büssow* Rn. 40.
[50] MüKoBilanzR / *Tiedchen* Rn. 66.
[51] *ADS* Rn. 82.

Zeitwerte der Einzelleistungen, wenn diese verlässlich bestimmbar sind und der Erwerber die Einzelleistungen auch getrennt voneinander erwerben oder nutzen könnte. Falls die vorstehenden Bedingungen nicht erfüllt sind, darf die Ertragsrealisierung erst erfolgen, wenn alle Einzelleistungen erbracht sind und nach den allgemeinen Grundsätzen als realisiert gelten.[52] Das BMF hält eine wirtschaftliche Betrachtungsweise bei Mobilfunkverträgen mit gewährten Vergünstigungen für angemessen und folgt damit im Grunde den vorstehenden Ausführungen;[53]

– **Sale-and-buy-back-Geschäfte:** Eine Gewinnrealisierung bei Gestaltungen, die zur Hebung von stillen Reserven eine Veräußerung von Vermögensgegenständen und einen Rückerwerb zu einem späteren Zeitpunkt vorsehen, richtet sich grundsätzlich nach dem Übergang des wirtschaftlichen Eigentums.[54] Zum Begriff des wirtschaftlichen Eigentums → § 246 Rn. 6.

– **Tausch:** Handelsrechtlich wird überwiegend ein Wahlrecht zwischen Realisation einer möglichen positiven Differenz zwischen Verkehrswert des erhaltenen und des hingegebenen Vermögensgegenstands und der Fortführung des Buchwerts für zulässig gehalten. Steuerlich führt ein Tausch zwingend zur Realisation einer möglichen positiven Differenz zwischen gemeinem Wert des erhaltenen und des hingegebenen Wirtschaftsguts.[55]

– Bei **Dauerschuldverhältnissen** (zB Miet-, Pacht- und Leasingverträgen) erfolgt die Ertragsrealisierung pro rata temporis. Bei einem inkongruenten Verhältnis von Leistung (Nutzungsüberlassung) und Gegenleistung (Mietzins) ist eine abweichende ergebniswirksame Vereinnahmung erforderlich (passive Rechnungsabgrenzung fälliger Mietentgelte bzw. Aktivierung noch nicht fälliger Mietforderungen unter den sonstigen Vermögensgegenständen).[56]

– **Dienstleistung:** Zeitpunkt, in dem die Leistung erbracht und der Anspruch auf Gegenleistung entstanden ist;[57]

– **Gewinnbeteiligung** an Kapitalgesellschaften ohne Mehrheit der Anteile: Gewinnausschüttung muss beschlossen sein.[58]

– **Gewinnbeteiligung** an Kapitalgesellschaften mit Mehrheit der Anteile: Ist das Mutterunternehmen zu 100% an einer GmbH/AG beteiligt, die Tochter-GmbH/AG abhängiges Konzernunternehmen, die Gewinnverwendung durch die Gesellschafter- bzw. Hauptversammlung vor Beendigung der Prüfung des Jahresabschlusses des Mutterunternehmens beschlossen, haben Mutter- und Tochterunternehmen ein übereinstimmendes Wirtschaftsjahr und vermittelt der JA des Tochterunternehmens ein den tatsächlichen Verhältnissen entsprechendes Bild der Vermögens- Finanz- und Ertragslage, so müssen die Beteiligungserträge phasengleich vereinnahmt werden.[59] Dasselbe gilt bei einer Mehrheitsbeteiligung unter 100%, wenn das herrschende Mutterunternehmen allein in der Lage ist, den entsprechenden Gewinnverwendungsbeschluss durchzusetzen. Darüber hinaus besteht weiterhin ein

---

[52] BeBiKo/*Winkeljohann/Büssow* Rn. 44.
[53] BMF 20.6.2005, BStBl. I 2005, 801; aA *Heinhold* DB 2005, 2033; *Marten* DB 2003, 2713.
[54] *IDW* ERS HFA 13 nF Rn. 7 f.
[55] BeBiKo/*Winkeljohann/Büssow* Rn. 49.
[56] *IDW* HFA 1/1989 Abschnitt D; Praxiskommentar BilanzR/*Brösel/Burgardt* Rn. 50.
[57] *ADS* Rn. 82.
[58] *ADS* Rn. 82.
[59] BGH Entsch. v. 12.1.1998 – II ZR 82/93, DB 1998, 567.

Aktivierungswahlrecht gemäß BGH vom 3.11.1975.[60] In der Steuerbilanz besteht aufgrund der Rechtsprechung nur noch in äußerst seltenen Ausnahmefällen die Möglichkeit zur periodengleichen Vereinnahmung von Beteiligungserträgen.[61]

– **Gewinnbeteiligung an Personengesellschaften:** Gewinne sind grundsätzlich mit dem Ablauf des Geschäftsjahres bilanzierungspflichtig.[62]

– **Gewinnabführungsverträge:** Erträge aus Gewinnabführungsverträgen sind stets zu vereinnahmen, wenn der Bilanzstichtag der abführenden Kapitalgesellschaft nicht nach dem Bilanzstichtag des empfangenden Mutterunternehmens liegt. Drohende Verlustübernahmen des noch laufenden, abweichenden Geschäftsjahrs sind entsprechend dem Imparitätsprinzip bei dem Mutterunternehmen zu passivieren.[63]

– **Werkvertrag:** Zeitpunkt, in dem das Werk an den Auftraggeber ausgeliefert und abgenommen und damit der Anspruch auf die Gegenleistung entstanden ist.[64]

– **Zinsansprüche** aus festverzinslichen Wertpapieren und Forderungen werden unabhängig vom Zeitpunkt der Fälligkeit pro rata temporis vereinnahmt.[65]

– Die sofortige Ertragsrealisierung bei unentgeltlich ausgegebenen **Emissionsrechten** im Zeitpunkt der Ausgabe ist ausgeschlossen. Erträge können erst nach Veräußerung der Emissionsrechte realisiert werden.[66]

31 Problematisch ist das Realisationsprinzip bei Unternehmen, die überwiegend sog. **langfristige Auftragsfertigung** betreiben. Werden Gewinne erst dann realisiert, wenn der Gesamtauftrag abgewickelt ist, führt das zu wenig aussagekräftigen Jahresabschlüssen, da die Gewinne nicht auf die Perioden der Leistung verteilt werden können. Eine **Teilgewinnrealisierung** kann unter folgenden Voraussetzungen erfolgen:[67]

– Es muss sich um langfristige Fertigung handeln, dh der Fertigungsprozess geht über ein Geschäftsjahr hinaus (zB Anlagenbau).

– Die langfristige Fertigung macht einen wesentlichen Teil der Geschäftstätigkeit des Unternehmens aus.

– Eine Realisierung der Gewinne aus dem Auftrag erst nach Abschluss der langfristigen Fertigung würde zu einer erheblichen Beeinträchtigung des Einblicks in die Ertragslage des Unternehmens führen.

– Der aus der langfristigen Fertigung zu erwartende Gewinn muss sicher kalkulierbar sein, und es dürfen keine Risiken ersichtlich sein, die das Ergebnis wesentlich beeinträchtigen können.

– Unvorhersehbare Garantieleistungen und Nachbesserungen sind durch vorsichtig angesetzte Beträge zu berücksichtigen.

– Es darf nur der auf die bereits erbrachte Teilleistung anteilmäßig entfallende Gewinn berücksichtigt werden.

---

[60] BGH Entsch. v. 3.11.1975 – II ZR 67/73, BB 1975, 1545; BeBiKo/*Schubert/Waubke* § 266 Rn. 120.

[61] BeBiKo/*Schubert/Waubke* § 266 Rn. 121; Schmidt/*Heinicke* EStG § 4 Rn. 257, Schmidt/*Weber-Grellet* EStG § 5 Rn. 677.

[62] *IDW* RS HFA 18 Rn. 12–24.

[63] BeBiKo/*Schmidt/Peun* § 277 Rn. 17 f.

[64] *ADS* Rn. 82; Praxiskommentar BilanzR/*Brösel/Burgardt* Rn. 52.

[65] *ADS* Rn. 82.

[66] *IDW* RS HFA 15 Rn. 14.

[67] *ADS* Rn. 88; krit. BeBiKo/*Schubert/Hutzler* § 255 Rn. 457–464.

– Es ist eine Nachkalkulation durchzuführen, um festzustellen, ob die Ist-Kosten erheblich über den Planungen liegen. In diesem Fall darf der anteilige Gewinn nicht vereinnahmt werden.

– Es dürfen keine Anzeichen dafür vorliegen, dass der Abnehmer Einwendungen erhebt, die zu einer Gewinnschmälerung führen.

Auch wenn der Abnehmer Teilzahlungen geleistet hat, sind die oben **32** genannten Bedingungen zu beachten.[68]

Im **Imparitätsprinzip** sind das Prinzip der Vorsicht und das Realisations- **33** prinzip zusammengefasst. Das Imparitätsprinzip bringt zum Ausdruck, dass Gewinne erst durch einen Realisationsakt entstehen, der idR an eine Bestätigung durch den Markt anknüpft, dagegen sind Verluste bereits zu berücksichtigen, wenn sie vorhersehbar sind und auf Dispositionen oder latenten Ereignissen des abzuschließenden oder eines früheren Geschäftsjahres beruhen.[69]

VI. Aufwands- und Ertragsperiodisierung (Abs. 1 Nr. 5)

Das in Abs. 1 Nr. 5 gesetzlich festgeschriebene **Periodenabgrenzungs- 34 prinzip** besagt, dass Aufwendungen und Erträge des Geschäftsjahres unabhängig von den Zahlungszeitpunkten zu erfassen sind. Die Zuordnung von Zahlungen als Aufwand oder Ertrag zu bestimmten Geschäftsjahren richtet sich nach dem **Verursachungsprinzip**.[70] Aufwendungen entstehen durch den Verbrauch von Gütern und Dienstleistungen und durch die Nutzung von Gebrauchsgütern. Sie können ebenso durch Zeitablauf entstehen, zB bei nicht mehr genutzten Vermögensgegenständen, einem Unternehmen ohne direkte Gegenleistung auferlegt sein (zB Steuern) oder durch Marktereignisse begründet sein, die zu Wertminderungen führen (zB Wertpapiere).[71]

Der Zeitpunkt, zu dem Erträge entstehen, wird durch das Realisations- **35** prinzip bestimmt (→ Rn. 26, 30 f.).

VII. Grundsatz der Bewertungsstetigkeit (Abs. 1 Nr. 6)

Der **Stetigkeitsgrundsatz** verlangt, die auf den vorherigen Jahres- **36** abschluss angewandten **Bewertungsmethoden** beizubehalten. Der Grundsatz soll die Vergleichbarkeit von zwei aufeinanderfolgenden und damit auch einer Reihe von Jahresabschlüssen sicherstellen. Insbesondere die Beeinflussung der Ertragslage durch unstetige Ausübung von Bewertungswahlrechten soll unterbunden werden.[72] Mit dem BilMoG wurde die Formulierung des Abs. 1 Nr. 6 von „sollen beibehalten werden" in „sind beizubehalten" geändert und insoweit der Wortlaut verschärft. Dies dient jedoch allein klarstellenden Zwecken und vermeidet, dass der Grundsatz der Bewertungsstetigkeit als untergeordneter Grundsatz oder nur als eine Empfehlung verstanden wird.[73] Im Vordergrund steht die **interperiodische Vergleichbarkeit**.

---

[68] Der Zahlungseingang ist grundsätzlich irrelevant für die Bestimmung des Realisationszeitpunkts, Beck HdR/*Pittroff/Schmidt/Siegel* B 161 Rn. 144.
[69] BeBiKo/*Winkeljohann/Büssow* Rn. 34.
[70] BeBiKo/*Winkeljohann/Büssow* Rn. 51 f.
[71] *ADS* Rn. 98.
[72] *ADS* Rn. 103.
[73] BT-Drs. 16/10067, 52; Beck HdR/*Pittroff/Schmidt/Siegel* B 161 Rn. 58.

37   Aus dem Vergleichbarkeitspostulat folgt, dass art- und funktionsgleiche
Bewertungsobjekte nicht ohne sachlichen Grund nach unterschiedlichen
Methoden bewertet werden dürfen.[74] Ergänzt wird der Grundsatz der Be-
wertungsstetigkeit durch **Angabepflichten im Anhang** für Kapitalgesell-
schaften und Personengesellschaften isd § 264a (Angabe der angewandten
Bilanzierungs- und Bewertungsmethoden [§ 284 Abs. 2 Nr. 1]; Angabe,
Begründung und Darstellung des Einflusses auf die Vermögens-, Finanz- und
Ertragslage bei Abweichungen von Bilanzierungs- und Bewertungsmethoden
[§ 284 Abs. 2 Nr. 2]).

38   **Bewertungsmethoden** sind bestimmte Verfahren der Wertfindung, die in
ihrem Ablauf definiert sind. Erfasst sind auch die unterschiedlichen Abschreibungsmethoden, die Auswahl der in die Herstellungskosten einbezogenen
Bestandteile sowie das Verfahren zur Ermittlung der einbezogenen Gemeinkosten.[75]

39   Aufgrund des Maßgeblichkeitsgrundsatzes (→ § 243 Rn. 23-27) gilt die
Bewertungsstetigkeit auch für die Steuerbilanz.[76]

40   Bilanzansatzwahlrechte sind nicht vom Stetigkeitsgebot des § 252 erfasst,
da § 252 Abs. 1 Nr. 6 ausdrücklich von Bewertungsmethoden spricht. § 246
Abs. 3 verlangt jedoch auch eine **stetige Anwendung der Ansatzmethoden**. Dementsprechend verlangt DRS 13.7 die stetige Anwendung der Bilanzierungsgrundsätze in sachlicher sowie zeitlicher Hinsicht.[77]

41   Nur in begründeten Ausnahmefällen darf von dem Grundsatz der Bewertungsstetigkeit abgewichen werden. Begründete Ausnahmefälle sind zB Änderungen der gesetzlichen Gegebenheiten oder eine verbesserte Darstellung
der Vermögens-, Finanz- und Ertragslage bei strukturellen Änderungen (auch
→ Rn. 43 ff.).

VIII. Abweichungen von den Grundsätzen des Abs. 1 (Abs. 2)

42   Die Abweichungen von den Grundsätzen des Abs. 1 in begründeten Ausnahmefällen lassen sich in drei Kategorien einordnen:[78]
1. zwingende Abweichung auf Grund gesetzlicher Vorschriften,
2. Abweichungen auf Grund gesetzlicher Gestattung,
3. Abweichungen aus sonstigen Gründen.

43   **Zwingende Abweichungen auf Grund gesetzlicher Vorschriften** liegen insbesondere dann vor, wenn der Jahresabschluss einer Kapitalgesellschaft
oder einer Personenhandelsgesellschaft isV § 264a im Rahmen der GoB ein
den tatsächlichen Verhältnissen entsprechendes Bild der Vermögens-, Finanz-
und Ertragslage isV § 264 Abs. 2 nicht mehr vermittelt (zB bei langfristiger
Auftragsfertigung; → Rn. 31).

44   **Abweichungen auf Grund gesetzlicher Gestattungen** betreffen zB die
Bewertungsvereinfachungsverfahren (§ 240 Abs. 3 und 4). Der Grundsatz
der Bewertungsstetigkeit schränkt die Wahlrechte oft auf eine einmalige Ausübung ein, die später nur in Ausnahmefällen geändert werden können

---

[74] *IDW* RS HFA 38 Rn. 14.
[75] BeBiKo/*Winkeljohann/Büssow* Rn. 55 f.
[76] Schmidt/*Kulosa* EStG § 6 Rn. 12; BeBiKo/*Winkeljohann/Büssow* Rn. 62.
[77] Zur Ausstrahlungswirkung der DRS auf den Jahresabschluss s. Erl. zu § 342. Allgemein
zur Ansatz- und Bewertungsstetigkeit im handelsrechtlichen Jahresabschluss: *IDW* RS HFA
38.
[78] BeBiKo/*Winkeljohann/Büssow* Rn. 72–78.

(→ Rn. 37 ff.). In vielen Umwandlungsfällen gestattet § 24 UmwG und zB § 3 UmwStG dem neuen Rechtsträger Wertansätze zu den tatsächlichen Anschaffungskosten oder den bisherigen Buchwerten.[79] **Abweichungen aus sonstigen Gründen** ergeben sich nicht aus gesetzlichen Vorschriften und sind nur bei gewichtigen Gründen zulässig. Gewichtige Gründe können zB bei einer Änderung der Konzernzugehörigkeit vorliegen, wenn eine Anpassung an die Bilanzierungs- und Bewertungsmethoden der neuen Muttergesellschaft erfolgt. Auch Änderungen im System der Kostenrechnung sind zu nennen, wenn damit eine geänderte Zurechnung von Kostenbestandteilen verbunden ist und die Bewertung nach bisherigen Methoden unverhältnismäßig erschwert wird. Willkürliche Abweichungen sind unzulässig.[80]

45

IX. Folgen der Nichtbeachtung

Verstöße gegen die allgemeinen Grundsätze zur Bewertung in § 252 werden handelsrechtlich nicht unmittelbar sanktioniert. Verstöße gegen die Einzelvorschriften zur Bewertung in den §§ 253, 254, 255, 256 und 256a können gem. § 334 Abs. 1 Nr. 1 Buchst. b mit einem Bußgeld belegt werden. Schwere Verstöße können gem. § 331 mit Freiheitsstrafe oder Geldstrafe geahndet werden. Im Falle der Insolvenz können sich **strafrechtliche Konsequenzen** aus §§ 283–283d StGB ergeben.

46

Eine **Über-** bzw. **Unterbewertung** von Bilanzposten im Jahresabschluss einer **AG oder KGaA** kann wegen § 256 AktG zu einer **Nichtigkeit** des Jahresabschlusses führen.[81] Diese Vorschrift bezieht sich nicht auf einzelne Vermögensgegenstände oder Schulden, sondern auf Bilanzposten iSd § 266. Allerdings muss es sich um wesentliche Über- bzw. Unterbewertungen handeln, die außerhalb einer vernünftigen kaufmännischen Beurteilung liegen und somit die Vermögens-, Finanz- oder Ertragslage verschleiern oder unrichtig wiedergeben.[82] Der BGH hat die Vorschriften des § 256 AktG auch für eine **GmbH** entsprechend angewandt.[83] Bei Nichtigkeit durch Über- oder Unterbewertung kann ein pflichtwidriges Verhalten des Geschäftsführungs- und Aufsichtsorgans vorliegen, das eine Schadenersatzpflicht der Organmitglieder gegenüber der Gesellschaft begründet.[84]

47

§ 253 Zugangs- und Folgebewertung

(1) [1]**Vermögensgegenstände sind höchstens mit den Anschaffungs- oder Herstellungskosten, vermindert um die Abschreibungen nach den Absätzen 3 bis 5, anzusetzen.** [2]**Verbindlichkeiten sind zu ihrem Erfüllungsbetrag und Rückstellungen in Höhe des nach vernünftiger kaufmännischer Beurteilung notwendigen Erfüllungsbetrages anzusetzen.** [3]**Soweit sich die Höhe von Altersversorgungsverpflichtungen ausschließlich nach dem beizulegenden Zeitwert von Wertpapieren im Sinne des § 266 Abs. 2**

---

[79] *IDW* RS HFA 42 Rn. 34–76.

[80] *ADS* Rn. 119; *IDW* RS HFA 38 Rn. 15.

[81] Baumbach/Hopt/*Merkt* Rn. 29.

[82] *ADS* AktG § 256 Rn. 40; Baetge/Kirsch/Thiele/*Baetge/Ziesemer/Schmidt* Rn. 282; *Jungius/Schmidt* DB 2012, 1697 ff.

[83] *ADS* Vor §§ 252–256 Rn. 26; Baetge/Kirsch/Thiele/*Baetge/Ziesemer/Schmidt* Rn. 282; Baumbach/Hopt/*Merkt* Rn. 12, 29.

[84] *ADS* Vor §§ 252–256 Rn. 32 f.

A. III. 5 bestimmt, sind Rückstellungen hierfür zum beizulegenden Zeitwert dieser Wertpapiere anzusetzen, soweit er einen garantierten Mindestbetrag übersteigt. [4]Nach § 246 Abs. 2 Satz 2 zu verrechnende Vermögensgegenstände sind mit ihrem beizulegenden Zeitwert zu bewerten. [5]Kleinstkapitalgesellschaften (§ 267a) dürfen eine Bewertung zum beizulegenden Zeitwert nur vornehmen, wenn sie von keiner der in § 264 Absatz 1 Satz 5, § 266 Absatz 1 Satz 4, § 275 Absatz 5 und § 326 Absatz 2 vorgesehenen Erleichterungen Gebrauch machen. [6]Macht eine Kleinstkapitalgesellschaft von mindestens einer der in Satz 5 genannten Erleichterungen Gebrauch, erfolgt die Bewertung der Vermögensgegenstände nach Satz 1, auch soweit eine Verrechnung nach § 246 Absatz 2 Satz 2 vorgesehen ist.

(2) [1]Rückstellungen mit einer Restlaufzeit von mehr als einem Jahr sind abzuzinsen mit dem ihrer Restlaufzeit entsprechenden durchschnittlichen Marktzinssatz, der sich im Falle von Rückstellungen für Altersversorgungsverpflichtungen aus den vergangenen zehn Geschäftsjahren und im Falle sonstiger Rückstellungen aus den vergangenen sieben Geschäftsjahren ergibt. [2]Abweichend von Satz 1 dürfen Rückstellungen für Altersversorgungsverpflichtungen oder vergleichbare langfristig fällige Verpflichtungen pauschal mit dem durchschnittlichen Marktzinssatz abgezinst werden, der sich bei einer angenommenen Restlaufzeit von 15 Jahren ergibt. [3]Die Sätze 1 und 2 gelten entsprechend für auf Rentenverpflichtungen beruhende Verbindlichkeiten, für die eine Gegenleistung nicht mehr zu erwarten ist. [4]Der nach den Sätzen 1 und 2 anzuwendende Abzinsungszinssatz wird von der Deutschen Bundesbank nach Maßgabe einer Rechtsverordnung ermittelt und monatlich bekannt gegeben. [5]In der Rechtsverordnung nach Satz 4, die nicht der Zustimmung des Bundesrates bedarf, bestimmt das Bundesministerium der Justiz und für Verbraucherschutz im Benehmen mit der Deutschen Bundesbank das Nähere zur Ermittlung der Abzinsungszinssätze, insbesondere die Ermittlungsmethodik und deren Grundlagen, sowie die Form der Bekanntgabe.

(3) [1]Bei Vermögensgegenständen des Anlagevermögens, deren Nutzung zeitlich begrenzt ist, sind die Anschaffungs- oder die Herstellungskosten um planmäßige Abschreibungen zu vermindern. [2]Der Plan muss die Anschaffungs- oder Herstellungskosten auf die Geschäftsjahre verteilen, in denen der Vermögensgegenstand voraussichtlich genutzt werden kann. [3]Kann in Ausnahmefällen die voraussichtliche Nutzungsdauer eines selbst geschaffenen immateriellen Vermögensgegenstands des Anlagevermögens nicht verlässlich geschätzt werden, sind planmäßige Abschreibungen auf die Herstellungskosten über einen Zeitraum von zehn Jahren vorzunehmen. [4]Satz 3 findet auf einen entgeltlich erworbenen Geschäfts- oder Firmenwert entsprechende Anwendung [5]Ohne Rücksicht darauf, ob ihre Nutzung zeitlich begrenzt ist, sind bei Vermögensgegenständen des Anlagevermögens bei voraussichtlich dauernder Wertminderung außerplanmäßige Abschreibungen vorzunehmen, um diese mit dem niedrigeren Wert anzusetzen, der ihnen am Abschlussstichtag beizulegen ist. [6]Bei Finanzanlagen können außerplanmäßige Abschreibungen auch bei voraussichtlich nicht dauernder Wertminderung vorgenommen werden.

(4) [1]Bei Vermögensgegenständen des Umlaufvermögens sind Abschreibungen vorzunehmen, um diese mit einem niedrigeren Wert anzusetzen, der sich aus einem Börsen- oder Marktpreis am Abschlussstichtag ergibt.

[2] **Ist ein Börsen- oder Marktpreis nicht festzustellen und übersteigen die Anschaffungs- oder Herstellungskosten den Wert, der den Vermögensgegenständen am Abschlussstichtag beizulegen ist, so ist auf diesen Wert abzuschreiben.**

(5) [1] **Ein niedrigerer Wertansatz nach Absatz 3 Satz 5 oder 6 und Absatz 4 darf nicht beibehalten werden, wenn die Gründe dafür nicht mehr bestehen.** [2] **Ein niedrigerer Wertansatz eines entgeltlich erworbenen Geschäfts- oder Firmenwertes ist beizubehalten.**

(6) [1] **Im Falle von Rückstellungen für Altersversorgungsverpflichtungen ist der Unterschiedsbetrag zwischen dem Ansatz der Rückstellungen nach Maßgabe des entsprechenden durchschnittlichen Marktzinssatzes aus den vergangenen zehn Geschäftsjahren und dem Ansatz der Rückstellungen nach Maßgabe des entsprechenden durchschnittlichen Marktzinssatzes aus den vergangenen sieben Geschäftsjahren in jedem Geschäftsjahr zu ermitteln.** [2] **Gewinne dürfen nur ausgeschüttet werden, wenn die nach der Ausschüttung verbleibenden frei verfügbaren Rücklagen zuzüglich eines Gewinnvortrags und abzüglich eines Verlustvortrags mindestens dem Unterschiedsbetrag nach Satz 1 entsprechen.** [3] **Der Unterschiedsbetrag nach Satz 1 ist in jedem Geschäftsjahr im Anhang oder unter der Bilanz darzustellen.**

Schrifttum: (ohne die Einzelbeiträge in den verschiedenen Handbüchern der Rechnungslegung) BMF Schreiben vom 26.5.2005, Abzinsung von Verbindlichkeiten und Rückstellungen in der steuerlichen Gewinnermittlung nach § 6 Abs. 1 Nrn. 3 und 3a EStG i. d. F. des StEntlG 1999/2000/2002, DStR 2005, 1005; *Behrendt-Geisler/ Rimmelspacher*, Änderungen bei Vermögensgegenständen mit nicht verlässlich schätzbarer Nutzungsdauer durch das BilRUG, DB-Beil. 5/2015, 8; *Böcking,* Der Grundsatz der Netto-Bilanzierung von Zero-Bonds, zfbf 1986, 930; BT-Drs. 16/10067 vom 30.7.2008, Entwurf eines Gesetzes zur Modernisierung des Bilanzrechts (Bilanzrechtsmodernisierungsgesetz – BilMoG); BT-Drs. 16/12407 vom 24.3.2009, Beschlussempfehlung und Bericht des Rechtsausschusses (6. Ausschuss) zu dem Gesetzentwurf der Bundesregierung – Entwurf eines Gesetzes zur Modernisierung des Bilanzrechts (Bilanzrechtsmodernisierungsgesetz – BilMoG); BT-Drs. 17/11292 vom 5.11.2012, Entwurf eines Gesetzes zur Umsetzung der Richtlinie 2012/6/EU des Europäischen Parlaments und des Rates vom 14. März 2012 zur Änderung der Richtlinie 78/660/ EWG des Rates über den Jahresabschluss von Gesellschaften bestimmter Rechtsformen hinsichtlich Kleinstbetrieben (Kleinstkapitalgesellschaften-Bilanzrechtsänderungsgesetz – MicroBilG); BT-Drs. 18/4050 vom 20.2.2015, Entwurf eines Gesetzes zur Umsetzung der Richtlinie 2013/34/EU des Europäischen Parlaments und des Rates vom 26. Juni 2013 über den Jahresabschluss, den konsolidierten Abschluss und damit verbundene Berichte von Unternehmen bestimmter Rechtsformen und zur Änderung der Richtlinie 2006/43/EG des Europäischen Parlaments und des Rates und zur Aufhebung der Richtlinien 78/660/EWG und 83/349/EWG des Rates (Bilanzrichtlinie-Umsetzungsgesetz – BilRUG); BT-Drs. 18/7584 vom 17.2.2016, Beschlussempfehlung und Bericht des Ausschusses für Recht und Verbraucherschutz (6. Ausschuss) a) zu dem Gesetzentwurf der Bundesregierung – Drucksachen 18/5922, 18/6286, 18/6410 Nr. 5 – Entwurf eines Gesetzes zur Umsetzung der Wohnimmobilienkreditrichtlinie, b) zu dem Antrag der Abgeordneten Caren Lay, Klaus Ernst, Dr. Dietmar Bartsch, weiterer Abgeordneter und der Fraktion DIE LINKE. – Drucksache 18/2741 – Gesetzliche Deckelung und Veröffentlichung der Zinssätze für Dispo- und Überziehungskredite; BT-Drs. 18/11778 vom 29.3.2017, Beschlussempfehlung und Bericht des Ausschusses für Wirtschaft und Energie (9. Ausschuss) zu dem Gesetzentwurf der Bundesregierung – Drucksache 18/9949 – Entwurf eines Zweiten Gesetzes zur Entlastung insbesondere der mittelständischen Wirtschaft von Bürokratie (Zweites Bürokratieentlastungsgesetz); BT-Drs. 18/12128 vom 26.4.2017, Beschlussempfehlung und Bericht des Finanzausschusses (7. Ausschuss) zu dem Gesetzentwurf der Bundesregierung – Drucksachen 18/11233, 18/11531, 18/11683 Nr. 8 – Entwurf eines Gesetzes gegen schädliche Steuerpraktiken im Zusammenhang mit Rechteüberlassungen; *Dernberger/Matthias,* Pensionsrückstellungen nach dem BilMoG: Diskussion der möglichen Bewertungsverfahren und Prämissen, BetrAV 2008, 571; *Engbroks,* BilMoG aus aktuarieller Sicht – erste Überlegungen der Fachvereinigung Mathematische Sachverständige zu Bewertung von Pensionsverpflichtungen, BetrAV 2008, 568; EuGH Entscheidung vom 14.9.1999 – Rs. C-275/97, DB 1999, 2035; *Faller/Grieser,* Dauerhafte Wertminderung und Teilwertabschreibung auf Aktien und Aktienfonds – Gleichzeitig eine Besprechung der BFH-Entscheidungen vom 21.9.2011, DStR 2012, 727; *Herzig/Briesemeister/Joisten/Vossel,* Component approach im Handels- und Steuerbilanzrecht – Anmerkungen zu IDW RH HFA 1.016, WPg 2010, 561; *Herzig/Briesemeister,* Steuerliche Konsequenzen der Bilanzrechtsmodernisierung für Ansatz und Bewertung DB 2009, 976; *Hommel/Berndt,* Voraussichtlich dauernde Wertminderung bei der Teilwertabschreibung und Abschlussstichtagsprinzip, FR 2000, 1305; *IDW* St HFA 1/1986, Zur Bilanzierung von Zero-Bonds, WPg 1986, 248; *IDW* HFA 2/1988, Pensionsverpflichtungen im Jahresabschluss, WPg 1988, 40; *IDW* RS HFA 4, Zweifelsfragen zum Ansatz und zur Bewertung von Drohverlustrückstellungen, IDW FN 2013, 61; *IDW* RH HFA 1.016, Handelsrechtliche Zulässigkeit einer komponentenweisen planmäßigen Abschreibung von Sachanlagen, IDW FN 2009, 362; *IDW* RS HFA 10, Anwendung der Grundsätze des IDW S 1 bei der Bewertung von Beteiligungen und sonstigen Unternehmensanteilen für die Zwecke eines handelsrechtlichen Jahresabschlusses, IDW FN 2013, 62; *IDW* RS HFA 28, Übergangsregelungen des Bilanzrechtsmodernisierungsgesetzes, IDW FN 2010, 451; *IDW* RS HFA 30, Handelsrechtliche Bilanzierung von Altersversorgungsverpflichtungen, WPg Sonderheft 3/2011, 44; *IDW* RS HFA 30 nF Handelsrechtliche Bilanzierung von Altersversorgungsverpflichtungen, IDW Life 2017, 102; *IDW* RS HFA 34, Einzelfragen zur handelsrechtlichen Bilanzierung von Verbindlichkeitsrückstellungen, IDW FN 2015, 380; *IDW* S 1 idF 2008, Grundsätze zur Durchführung von Unternehmensbewertungen, IDW Life 2016, 731; *Kuhn/Moser,* Änderung der Vorschriften zur Abzinsung von Pensionsrückstellungen, WPg 2016, 381; *Küting/Harth,* Die Übergangsregelungen des § 52 Abs. 16 EStG und die Folgen für die Handelsbilanz, DStR 2000, 214; *Moxter,* Immaterielle Anlagewerte im neuen Bilanzrecht, BB 1979, 1102; *Ortmann-Babel/Bolik/Gageur,* Ausgewählte steuerliche Chancen und Risiken des BilMoG, DStR 2009, 934; *Rauschenberg,* Transparente Goodwill-Berichterstattung als Instrument der Corporate Governance, 2018; *Schurbohm-Ebneth,* Rückstellungen für Risiken wegen Produkthaftung und Umwelthaftung, 1995; *Zwirner,* Neuregelung zur handelsrechtlichen Bewertung von Pensionsrückstellungen – Überblick, Praxisauswirkungen und offene Fragen, DStR 2016, 929.

Übersicht

I. Die Bewertungskonzeption des § 253

Während in § 252 die allgemeinen Bewertungsgrundsätze kodifiziert sind, **1** stellen die §§ 253–256a die **konkretisierenden Bewertungsvorschriften** dar. Aufgrund der Stellung unter den allgemeinen Vorschriften sind die §§ 253–256a grundsätzlich für alle Kaufleute von Bedeutung. Die §§ 340e bzw. 341b beinhalten zudem besondere Vorschriften für die Bewertung von Vermögensgegenständen von Kredit- und Finanzdienstleistungsinstituten bzw. von Versicherungsunternehmen und Pensionsfonds (vgl. Erl. zu § 340e bzw. § 341b).

Abs. 1 S. 1 stellt klar, dass die nach § 255 ermittelten **Anschaffungs-** **2** **oder Herstellungskosten** nicht nur für die Erstbewertung relevant sind, sondern darüber hinaus grundsätzlich die **Obergrenze** auch **für die Folgebewertung** darstellen.[1] Ausgenommen sind von diesem Grundsatz nach § 246 Abs. 2 S. 2 mit langfristigen (Pensions-)Verpflichtungen zu verrechnende Vermögensgegenstände (Abs. 1 S. 4), auf fremde Währung lautende Vermögensgegenstände mit einer Restlaufzeit unter einem Jahr (§ 256a), Vermögensgegenstände als Teil von Bewertungseinheiten (§ 254) sowie Finanzinstrumente des Handelsbestands bei Kredit- und Finanzdienstleistungsinstituten (§ 340e Abs. 3); sie können unter bestimmten Bedingungen über den Anschaffungs- oder Herstellungskosten bilanziert werden.[2] Ferner sind

---

[1] *Wohlgemuth/Radde* in Hofbauer/Kupsch Bonner-HdB Rn. 6.
[2] BeBiKo/*Schubert/Andrejewski* Rn. 1; Beck HdR/*Scheffler* Vor A Rn. 134.

die Anschaffungs- oder Herstellungskosten bei Vermögensgegenständen des abnutzbaren Anlagevermögens grundsätzlich zugleich **Bemessungsgrundlage für die planmäßige Abschreibung.** Für alle anderen Vermögensgegenstände, deren Nutzung keiner zeitlichen Begrenzung unterliegt, gilt, dass die Anschaffungs- oder Herstellungskosten auch für die Folgebewertung maßgeblich sind, sofern nicht wertmindernde Einflussfaktoren eingetreten sind, die zu einer Abschreibung nach Abs. 3 oder 4 führen.

3   Für die Bewertung der Vermögensgegenstände wird an die **Differenzierung von Anlage- und Umlaufvermögen** angeknüpft, wie sie in § 247 Abs. 2 vorgenommen wird.[3] Während Abs. 3 die Folgebewertung des Anlagevermögens regelt, ist die Bewertung des Umlaufvermögens Gegenstand von Abs. 4. Die zentralen Unterschiede liegen in der Verpflichtung zur Vornahme von planmäßigen Abschreibungen, sofern die Nutzungsdauer zeitlich begrenzt ist sowie dem Verbot außerplanmäßiger Wertminderung des Anlagevermögens, sofern eine voraussichtlich nur vorübergehende Wertminderung vorliegt (Ausnahme gem. Abs. 3 S. 6: Finanzanlagen, für die diesbezüglich ein Wahlrecht zur Abschreibung besteht).

4   Für **Verbindlichkeiten** ist nach Abs. 1 S. 2 der Erfüllungsbetrag der maßgebliche Wertansatz; **Rückstellungen,** die ua durch die Ungewissheit der Höhe des erforderlichen Betrags gekennzeichnet sind, können auf Grund dieser Unsicherheit nur mit dem nach vernünftiger kaufmännischer Beurteilung notwendigen Erfüllungsbetrag angesetzt werden und müssen gem. Abs. 2 bei einer Restlaufzeit von mehr als einem Jahr mit dem von der Deutschen Bundesbank monatlich bekannt gegebenen Zinssatz abgezinst werden (→ Rn. 24 f.).

5   Die wichtigsten **steuerlichen Bewertungsvorschriften** enthält § 6 EStG. Er behandelt im Einzelnen:

– die Anschaffung und Herstellung abnutzbarer Wirtschaftsgüter des Anlagevermögens (§ 6 Abs. 1 Nr. 1 und 1a EStG),
– die Anschaffung und Herstellung von nicht der Abnutzung unterliegenden WG (§ 6 Abs. 1 Nr. 2–2a EStG),
– bei Steuerpflichtigen, die in den Anwendungsbereich des § 340 des Handelsgesetzbuchs fallen, die Bewertung von zu Handelszwecken erworbenen Finanzinstrumenten, die nicht Teil einer Bewertungseinheit sind (§ 6 Abs. 1 Nr. 2b EStG),
– die Bewertung von Verbindlichkeiten (§ 6 Abs. 1 Nr. 3 EStG),
– die Bewertung von Rückstellungen (§ 6 Abs. 1 Nr. 3a EStG),
– die Bewertung von Entnahmen und Einlagen (§ 6 Abs. 1 Nr. 4 und 5 EStG),
– die Bewertung bei der Eröffnung und beim entgeltlichen Erwerb eines Betriebs (§ 6 Abs. 1 Nr. 6 und 7 EStG),
– die Sofortabschreibung geringwertiger WG (§ 6 Abs. 2 und 2a EStG),
– die Bewertung bei unentgeltlichem Erwerb eines Betriebs (§ 6 Abs. 3 EStG),
– die Bewertung bei unentgeltlichem Erwerb von Einzelwirtschaftsgütern (§ 6 Abs. 4 EStG),
– die Bewertung bei Überführung von Wirtschaftsgütern zwischen verschiedenen Betriebsvermögen des Steuerpflichtigen (§ 6 Abs. 5 EStG),
– die Bewertung bei Tausch (§ 6 Abs. 6 EStG).

---

[3] *Kirsch* in Hofbauer/Kupsch Bonner-HdB § 247 Rn. 67 f.

Für die Bewertung der abnutzbaren WG des Anlagevermögens wird in § 6 **6**
Abs. 1 Nr. 1 EStG darauf hingewiesen, dass die AfA nach § 7 EStG zu
berücksichtigen sind.[4] Zu beachten sind auch Sonderregelungen für die Bewertung wie zB § 6a EStG für Pensionsrückstellungen oder §§ 3 ff. UmwStG
für Umwandlungsvorgänge.

II. Bewertung von Verbindlichkeiten, Rentenverpflichtungen und Rückstellungen (Abs. 1 S. 2–3, Abs. 2)

1. Bewertung von Verbindlichkeiten (Abs. 1 S. 2). Verbindlichkeiten **7**
sind mit dem **Erfüllungsbetrag** zu bewerten. Bei Geldleistungsverpflichtungen ist der Erfüllungsbetrag der Rückzahlungsbetrag und bei Sachleistungsoder Sachwertverpflichtungen der im Erfüllungszeitpunkt voraussichtlich aufzuwendende Geldbetrag.[5] Sofern dem Bilanzierenden für die Verbindlichkeit
Mittel zugeflossen sind, ist der Verfügungsbetrag für die Bilanzierung unerheblich (Ausnahme: Zero-Bonds, dazu → Rn. 9). Der Erfüllungsbetrag ist
nicht mit dem Nennbetrag gleichzusetzen, wenn im Nennbetrag verdeckte
Zinsen enthalten sind.[6] Falls der Erfüllungsbetrag einer Verbindlichkeit höher
ist als der Ausgabebetrag, hat der Bilanzierende die Differenz als Disagio zu
aktivieren (→ § 250 Rn. 15 f.).[7] Falls der Erfüllungsbetrag niedriger ist als der
Ausgabebetrag (Rückzahlungsdisagio), muss die Differenz zwischen dem
Erfüllungs- und dem Ausgabebetrag passiviert und über die Laufzeit aufgelöst
werden.[8]

Ist der Erfüllungsbetrag nicht bekannt, zB bei **Fremdwährungsverbind-** **8**
lichkeiten (→ Rn. 10), **Sachverbindlichkeiten** (→ Rn. 11 f.) oder **Verbindlichkeiten mit Wertsicherungsklausel,** sind die Verhältnisse zum
Zeitpunkt der Entstehung (Einbuchung) der Verbindlichkeit maßgeblich. An
jedem Bilanzstichtag ist nach dem Imparitätsprinzip zu prüfen, ob der Verbindlichkeit ein höherer Wert beizulegen ist. Ggf. muss der Wert der Verbindlichkeit ergebniswirksam erhöht werden.[9] Eine Bewertung unterhalb des
Ursprungsbetrags ist grundsätzlich nicht zulässig.[10] Ausgenommen von diesem Grundsatz sind auf fremde Währung lautende Verbindlichkeiten mit
einer Restlaufzeit von einem Jahr oder weniger (→ § 256a Rn. 2).

Bei **unverzinslichen oder niedrigverzinslichen Verbindlichkeiten** ist **9**
ebenfalls wegen des Imparitätsprinzips der Erfüllungsbetrag anzusetzen. Wenn
dem Zinsvorteil ein wirtschaftlicher Nachteil gegenübersteht, ist dies zu
berücksichtigen, jedoch nicht im Erfüllungsbetrag der Verbindlichkeit. Bei
einer zinslosen Kaufpreisstundung oder bei der Vereinbarung von Raten kann
der Kaufpreis einen Zinsanteil enthalten.[11] Der Vermögensgegenstand ist
dann zum Barwert (ohne Zinsanteil) zu aktivieren, während die Verbindlichkeit über den vollen Betrag zu passivieren ist. Die Differenz ist als Rechnungsabgrenzungsposten zu aktivieren und über die Laufzeit abzuschreiben

---

[4] BeBiKo/*Schubert/Andrejewski* Rn. 10.
[5] BT-Drs. 16/10067, 52.
[6] BeBiKo/*Schubert* Rn. 53.
[7] In der Literatur wird auch die Ansicht vertreten, es bestünde keine Aktivierungspflicht,
da § 250 Abs. 3 explizit ein Wahlrecht einräume.
[8] WP-HdB Kap. F Rn. 160.
[9] HdR/*Brösel/Olbrich* Rn. 260; WP-HdB Kap. F Rn. 159.
[10] BeBiKo/*Schubert* Rn. 55, 58; MüKoHGB/*Ballwieser* Rn. 104.
[11] BeBiKo/*Schubert* Rn. 63–67.

(→ § 250 Rn. 15 f.).[12] Als Ausnahme sind sog. Zero-Bonds anzusehen, bei denen die Zinszahlungen nicht periodisch geleistet werden, sondern in einem Betrag am Ende der Laufzeit. **Zero-Bonds** sind zwingend nach der Nettomethode zu behandeln.[13] Der Einzahlungsbetrag (Verfügungsbetrag) wird passiviert. Der Zinsanteil wird zeitanteilig der Verbindlichkeit aufwandswirksam zugeführt. Am Ende der Laufzeit ist die Verbindlichkeit in Höhe des Erfüllungsbetrags ausgewiesen.[14] Bei überverzinslichen Verbindlichkeiten kann in Ausnahmefällen eine Rückstellung für drohende Verluste aus schwebenden Geschäften notwendig sein (dazu → § 249 Rn. 53 f.).[15] Bei Verbindlichkeiten mit steigender Verzinsung ist eine Rückstellung (bei Kündigungsrecht des Gläubigers) bzw. eine Verbindlichkeit (kein Kündigungsrecht des Gläubigers) in den Jahren der niedrigeren Zinsen notwendig, die in den Jahren der höheren Zinsen in Anspruch genommen bzw. ausgeglichen wird, sodass für die gesamte Laufzeit des Kredits der Zinsaufwand konstant bleibt.[16]

10   **Fremdwährungsverbindlichkeiten** werden im Zeitpunkt der Erstverbuchung grundsätzlich mit dem Devisenkassageldkurs umgerechnet.[17] Bei der Folgebewertung von Fremdwährungsverbindlichkeiten ist der Devisenkassamittelkurs maßgeblich und je nach Restlaufzeit ist das Anschaffungskosten- und Realisationsprinzip nicht zu beachten (→ § 256a Rn. 8). Kreditinstitute und Finanzdienstleistungsinstitute haben zusätzlich die Anforderungen des § 340h zu berücksichtigen. Hinsichtlich der Bildung von Bewertungseinheiten im Rahmen von Sicherungsgeschäften für Fremdwährungsverbindlichkeiten wird auf → § 254 Rn. 9 verwiesen.

11   Wenn die Verbindlichkeit in Form von **Sachwerten** zu erfüllen ist, wird sie als Sachwertschuld bezeichnet. Von einer Geldwertschuld wird gesprochen, wenn die Verbindlichkeit zwar in finanziellen Mitteln beglichen werden muss, die Höhe der Schuld jedoch vom Marktpreis bestimmter Güter abhängt. Geldwertschulden werden unter Zugrundelegung der Verhältnisse im Zugangszeitpunkt eingebucht. Am Bilanzstichtag ist ggf. der höhere beizulegende Wert zu berücksichtigen.[18]

12   Wenn Vermögensgegenstände zur Erfüllung einer Sachwertschuld noch beschafft werden müssen, ist der Betrag einzubuchen, den das Unternehmen im Zeitpunkt der Einbuchung aufwenden müsste, um den Vermögensgegenstand zu beschaffen (Herstellung: idR Vollkosten). Sind die zur Erfüllung notwendigen Sachwerte schon im Unternehmen vorhanden, ist die Sachwertschuld mit deren Buchwerten zu bewerten.[19]

13   **Steuerrechtlich** sind zu passivierende Verbindlichkeiten in sinngemäßer Anwendung des § 6 Abs. 1 Nr. 2 EStG zu bewerten (§ 6 Abs. 1 Nr. 3 EStG), dh dass Verbindlichkeiten sinngemäß mit den Anschaffungskosten oder ihrem höheren Teilwert anzusetzen sind. Die nach § 240 Abs. 4 handelsrechtlich zulässige Durchschnittsbewertung für Schulden kann auch

---

[12] In der Literatur wird auch die Ansicht vertreten, es bestünde keine Aktivierungspflicht, da Abs. 3 explizit ein Wahlrecht einräume.

[13] BeBiKo/*Schubert* Rn. 65; Baumbach/Hopt/*Merkt* Rn. 2; zur Bilanzierung von Zerobonds vgl. ausf. *IDW* St/HFA 1/1986; WP-HdB Kap. F Rn. 161; zur Nettobilanzierung von Zero-Bonds *Böcking* zfbf 1986, 938–943.

[14] WP-HdB Kap. F Rn. 161 f.; *IDW* HFA 1/1986.

[15] BeBiKo/*Schubert* Rn. 60.

[16] *ADS* Rn. 89; HdR/*Brösel/Olbrich* Rn. 269; BeBiKo/*Schubert* Rn. 68.

[17] WP-HdB Kap. F Rn. 163.

[18] HdR/*Brösel/Olbrich* Rn. 313, 322; WP-HdB Kap. E Rn. 167.

[19] HdR/*Brösel/Olbrich* Rn. 316; WP-HdB Kap. E Rn. 167.

steuerlich angesetzt werden.[20] Mangels eigentlicher Anschaffungskosten, wie bei Forderungen, ist bei Geldschulden für den Wertansatz der Erfüllungsbetrag nach Abs. 1 maßgebend, der idR dem Nennbetrag entspricht (BStBl. II 1980, 491).[21] Verbindlichkeiten, die Sach- oder Dienstleistungsverpflichtungen zum Gegenstand haben, sind mit dem Betrag anzusetzen, der den dazu erforderlichen Aufwendungen entspricht (idR Vollkosten; BStBl. II 1986, 788).[22] Nach § 6 Abs. 1 Nr. 2 EStG erfordert der Ansatz des höheren Teilwerts sinngemäß eine voraussichtlich dauernde Werterhöhung. Damit ist der Ansatz eines höheren Teilwerts der Verbindlichkeit eingeschränkt.[23]

Nach § 6 Abs. 1 Nr. 3 EStG besteht ein grundsätzliches **Abzinsungs-** **14** **gebot** für Verbindlichkeiten (Zinssatz 5,5 %). Ausgenommen sind nur Verbindlichkeiten, deren Laufzeit am Bilanzstichtag weniger als zwölf Monate beträgt, und Verbindlichkeiten, die verzinslich sind oder auf einer Anzahlung oder Vorausleistung beruhen. Diese steuerliche Regelung zur Abzinsung von Verbindlichkeiten bedeutet eine wesentliche Abweichung von der handelsrechtlichen Bewertung, da handelsrechtlich nur langfristige Rückstellungen und nicht auch Verbindlichkeiten abzuzinsen sind.[24] Daraus resultiert ein Anwendungsfall für den **Ansatz latenter Steuern** (→ § 274 Rn. 3 f.). Zahlreiche Beispiele zur steuerrechtlichen Abzinsung von Verbindlichkeiten sind im BMF-Schreiben vom 26.5.2005 aufgeführt.[25] Eine Niedrigverzinsung nahe Null reicht grundsätzlich aus, um dem Gesetzeswortlaut zu genügen,[26] kann jedoch im Einzelfall als Missbrauch angesehen werden (BStBl. I 1999, 818).[27]

Wird eine Wandel- oder Optionsanleihe ausgegeben, ist das erhaltene **15** Aufgeld für das Optionsrecht nach § 272 Abs. 2 Nr. 2 **(Agio)** handelsrechtlich in die Kapitalrücklage einzustellen (→ § 272 Rn. 19).

2. Bewertung von Rückstellungen (Abs. 1 S. 2 Hs. 2, S. 3, Abs. 2). **16** Rückstellungen sind nach Abs. 1 S. 2 Hs. 2 nur in Höhe des **Erfüllungsbetrags** anzusetzen, der nach vernünftiger kaufmännischer Beurteilung notwendig ist.

Das Gesetz gibt damit den nach vernünftiger kaufmännischer Beurteilung **17** notwendigen Betrag für die **Erfüllung der Verbindlichkeit** als bestimmten Wert vor. Allerdings liegt es in der Natur der Rückstellung, dass der Betrag nur geschätzt werden kann. Die gesetzliche Formulierung beinhaltet damit den Schätzrahmen, der von den allgemeinen Bewertungsgrundsätzen (→ § 252 Rn. 25 f.) ausgefüllt wird.[28]

Durch die Wortwahl „Erfüllungsbetrag" verdeutlicht der Gesetzgeber, dass **18** **zukünftige Preis- und Kostensteigerungen** zu berücksichtigen und somit die erwarteten tatsächlichen Preis- und Kostenverhältnisse zum Zeitpunkt des Anfalls der Aufwendungen maßgeblich sind.[29] Die Berücksichtigung der

---

[20] Schmidt/*Kulosa* EStG § 6 Rn. 441, 627.
[21] Schmidt/*Kulosa* EStG § 6 Rn. 441.
[22] Schmidt/*Kulosa* EStG § 6 Rn. 447.
[23] BeBiKo/*Schubert* Rn. 51; Schmidt/*Kulosa* EStG § 6 Rn. 451.
[24] Schmidt/*Kulosa* EStG § 6 Rn. 454.
[25] BMF 26.5.2005, DStR 2005, 1005.
[26] BMF 26.5.2005, DStR 2005, 1005 Rn. 13.
[27] Schmidt/*Kulosa* EStG § 6 Rn. 461.
[28] *ADS* Rn. 175–190; ähnlich BeBiKo/*Schubert/Andrejewski* Rn. 158 f.
[29] BT-Drs. 16/10067, 52; Beck HdR/*Scheffler* B 233 Rn. 48.

zukünftigen Preis- und Kostensteigerungen stellt keinen Verstoß gegen das Stichtagsprinzip dar,[30] da objektive Hinweise für eine künftige Preis- und Kostensteigerung am Abschlussstichtag vorliegen müssen und dies auch zu dokumentieren ist.[31] Die Berücksichtigung von zukünftigen Ereignissen, deren Eintritt am Abschlussstichtag nicht quasi-sicher ist oder durch den Bilanzierenden selbst beeinflusst werden können, verstößt gegen den Objektivierungsgedanken und ist daher nicht zulässig.[32] Sofern Erfahrungswerte, Schätzwerte, Inflationsraten, oder Eintrittswahrscheinlichkeiten objektiv nachzuvollziehen sind, sind diese bei der Ermittlung künftiger Preis- und Kostensteigerungen zu berücksichtigen.[33] Die Berücksichtigung zukünftig erwarteter **Preis- und Kostenminderungen** ist strittig. In der Literatur wird auch die Meinung vertreten, der notwendige Erfüllungsbetrag schließe vorsichtig zu schätzende, konkretisierte und wahrscheinliche Kostenminderungen mit ein.[34] Der Gesetzgeber führt in der Gesetzesbegründung allerdings explizit nur Preis- und Kostensteigerungen – und nicht etwa Preis- und Kostenänderungen – auf.[35] Daher ist die Berücksichtigung von Preis- und Kostenminderungen vor dem Hintergrund des Vorsichtsprinzips tendenziell abzulehnen.[36]

19   § 341e Abs. 1 S. 3 schreibt für **versicherungstechnische Rückstellungen** die Bewertung nach den Wertverhältnissen zum Abschlussstichtag vor, somit ist die Berücksichtigung von künftigen Preis- und Kostensteigerungen sowie die Abzinsung (→ Rn. 24 ff.) für versicherungstechnische Rückstellungen nicht zulässig (→ § 341e Rn. 4). **Steuerrechtlich** ist die Berücksichtigung von künftigen Preis- und Kostensteigerungen ebenfalls **nicht zulässig,** da die Wertverhältnisse am Bilanzstichtag zugrunde zu legen sind.[37]

20   Für die Bewertung von Rückstellungen gilt das **Höchstwertprinzip** in dem Sinne, dass im Rahmen der Folgebewertung höhere ermittelte Erfüllungsbeträge zwingend anzusetzen sind. Der Zugangswert der Rückstellung stellt jedoch keine Wertuntergrenze im Sinne des Anschaffungskostenprinzips dar, da die jeweiligen Kenntnisse zum Abschlussstichtag zugrunde zu legen sind.[38]

21   Die einzelnen Rückstellungen sind zu **jedem Bilanzstichtag** daraufhin zu untersuchen, inwieweit sie noch notwendig sind. Nicht mehr benötigte Beträge sind erfolgswirksam aufzulösen.[39]

22   Das Vorsichtsprinzip gem. § 252 Abs. 1 Nr. 4 ist insofern anzuwenden, als der **Betrag mit der höchsten Wahrscheinlichkeit des Eintritts** (nicht der höchste Betrag) anzusetzen ist (→ § 252 Rn. 28).[40]

---

[30] BeBiKo/*Schmidt/Usinger* § 243 Rn. 33, die in der Berücksichtigung künftiger Kostenbzw. Preissteigerungen eine Neuinterpretation des Stichtagprinzips sehen; Beck HdR/*Scheffler* B 233 Rn. 49.

[31] Baumbach/Hopt/*Merkt* Rn. 3.

[32] BeBiKo/*Schubert/Andrejewski* Rn. 158; Beck HdR/*Scheffler* B 233 Rn. 52.

[33] Baumbach/Hopt/*Merkt* Rn. 3; BeBiKo/*Schubert/Andrejewski* Rn. 158 f.

[34] Haufe BilanzR/*Bertram/Kessler* Rn. 48–53; *Gelhausen/Fey/Kämpfer* Rechnungslegung I Rn. 20; Beck HdR/*Scheffler* B 233 Rn. 53.

[35] BT-Drs. 16/10067, 52.

[36] HdR/*Brösel/Olbrich* Rn. 355; BeBiKo/*Schubert/Andrejewski* Rn. 158.

[37] Schmidt/*Kulosa* EStG § 6 Rn. 484.

[38] BeBiKo/*Schubert/Andrejewski* Rn. 151; MüKoHGB/*Ballwieser* Rn. 102–104; krit. Haufe BilanzR/*Bertram/Kessler* Rn. 58–62.

[39] *ADS* Rn. 180.

[40] AA *ADS* Rn. 192, die bei einmaligen Sachverhalten für eine etwas pessimistischere anstatt der wahrscheinlichsten Schätzalternative plädieren.

Der Schätzmaßstab konkretisiert sich wie folgt: 23

Sach- und Dienstleistungsverpflichtungen: Handelsrechtlich sind diese mit dem Geldwert des erforderlichen Aufwands anzusetzen (Vollkosten), dh mit den Einzelkosten zuzüglich der notwendigen Gemeinkosten.[41] Steuerrechtlich sind Rückstellungen für Sachleistungsverpflichtungen mit den Einzelkosten und den angemessenen Teilen der notwendigen Gemeinkosten zu bewerten (§ 6 Abs. 3a Buchst. b EStG). Begrifflich lehnt sich diese Regelung damit an den Herstellungskostenbegriff des § 255 Abs. 2 an, sodass die analoge Anwendung von R 6.3 Abs. 1 EStR für die Bewertung von Rückstellungen für Sachleistungsverpflichtungen naheliegt.

Abzinsung: Abs. 2 S. 1 schreibt ausdrücklich vor, dass Rückstellungen 24 mit einer **Restlaufzeit über einem Jahr** abgezinst werden müssen. Dies gilt unabhängig davon, ob diese einen Zinsanteil enthalten und ob es sich um eine Geld- oder Sachleistung handelt.[42] Mit dieser Änderung im Rahmen des BilMoG soll die Informationsfunktion des Abschlusses gestärkt werden, indem eine realitätsgerechtere Information über die wahre Belastung erfolgt.[43] Der zu verwendende **Zinssatz** ergibt sich grundsätzlich aus dem der Restlaufzeit entsprechenden durchschnittlichen Marktzinssatz der letzten zehn Jahre für Pensionsrückstellungen und sieben Jahre für sonstige Rückstellungen (Abs. 2 S. 1).[44] Altersvorsorgeverpflichtungen oder vergleichbare langfristige fällige Verpflichtungen dürfen (Wahlrecht) pauschal mit dem Zinssatz abgezinst werden, der sich unter der Annahme einer Restlaufzeit von 15 Jahren ergibt (Abs. 2 S. 2).[45] Falls die tatsächliche Restlaufzeit deutlich von den pauschalierten 15 Jahren abweicht, ist jedoch die individuelle Restlaufzeit zugrunde zu legen.[46] Langfristige auf Rentenverpflichtungen beruhende Verbindlichkeiten, für die eine Gegenleistung nicht mehr zu erwarten ist (zB Kaufpreisverrentungen), sind grundsätzlich mit dem der Restlaufzeit entsprechenden durchschnittlichen Marktzinssatz abzuzinsen.[47] Alternativ wird es auch für zulässig anzusehen sein, den pauschalierten Zinssatz mit einer Restlaufzeit von 15 Jahren anzuwenden, sofern dies nicht zu einer wesentlichen Abweichung von der genauen Barwertermittlung führt.[48] Auf Rentenverpflichtungen beruhende Verbindlichkeiten, für die eine Gegenleistung nicht mehr zu erwarten ist, sind als Rückstellungen auszuweisen, da sie dem Grund und der Höhe nach ungewiss sind, was sich in der Verwendung biometrischer Rechnungsgrundlagen widerspiegelt.[49] Altersversorgungsverpflichtungen fallen nicht unter den Begriff der auf Rentenverpflichtungen beruhenden Verbindlichkeiten.[50]

Die je nach Restlaufzeit **anzuwendenden Zinssätze** werden von der 25 Bundesbank nach Maßgabe einer Rechtsverordnung (Rückstellungsabzin-

---

[41] HdR/*Brösel/Olbrich* Rn. 359; BeBiKo/*Schubert/Andrejewski* Rn. 159.

[42] HdR/*Brösel/Olbrich* Rn. 366; Beck HdR/*Scheffler* B 233 Rn. 57.

[43] BT-Drs. 16/10067, 54.

[44] BT-Drs. 18/7584, 45; BeBiKo/*Grottel/Johannleweling* § 249 Rn. 196.

[45] BeBiKo/*Grottel/Johannleweling* § 249 Rn. 196; NWB Kommentar Bilanzierung/*Hoffmann/Lüdenbach* Rn. 117.

[46] BT-Drs. 16/10067, 55; *Gelhausen/Fey/Kämpfer* Rechnungslegung I Rn. 87; IDW RS HFA 30 nF Rn. 57; WP-HdB Kap. F Rn. 565.

[47] Beck HdR/*Scheffler* B 233 Rn. 60; BeBiKo/*Schubert/Andrejewski* Rn. 190; WP-HdB Kap. F Rn. 164.

[48] Haufe BilanzR/*Bertram* Rn. 143.

[49] Haufe BilanzR/*Bertram* Rn. 141; aA BeBiKo/*Schubert/Andrejewski* Rn. 190, die einen Ausweis unter den Verbindlichkeiten fordern.

[50] Haufe BilanzR/*Bertram* Rn. 141.

sungsverordnung) ermittelt und monatlich auf der Internetseite der Deutschen Bundesbank veröffentlicht.[51] In dieser Rechtsverordnung bestimmt das Bundesministerium der Justiz und für Verbraucherschutz im Benehmen mit der Bundesbank insbesondere die Ermittlungsmethodik und deren Grundlagen sowie die Form der Bekanntgabe (Abs. 2 S. 5). Bei **nicht ganzjährigen Laufzeiten** ist der Abzinsungssatz grundsätzlich mittels linearer Interpolation abzuleiten, da diese Methode das genaueste Ergebnis liefert. Alternativ kann der Ganzjahreszinssatz mit der nächstkürzeren ganzjährigen Restlaufzeit[52] oder der Zinssatz, dessen Laufzeit näher an der tatsächlichen Restlaufzeit liegt, angewendet werden.[53] Grundsätzlich ist auch bei Verpflichtungen in **fremder Währung** der von der Bundesbank ermittelte Zinssatz zu verwenden. Führt dies jedoch zu einer den tatsächlichen Verhältnissen nicht entsprechenden Darstellung der Vermögens-, Finanz- und Ertragslage, ist der Zinssatz grundsätzlich nach Abs. 2 S. 1 selbst zu ermitteln oder von privaten Anbietern zu beziehen (→ § 256a Rn. 7).[54] Nach § 341e Abs. 1 S. 3 sind versicherungstechnische Rückstellungen nicht nach Abs. 2 abzuzinsen (→ § 341e Rn. 4). Bei der **Erstverbuchung von Rückstellungen** mit einer Restlaufzeit von über einem Jahr ist nach der hier vertretenen Meinung allein die Nettomethode zulässig. Bei der **Nettomethode** wird im Rahmen der Erstverbuchung der Rückstellung der bereits nach Abs. 2 S. 1 abgezinste Betrag herangezogen. Die Bruttomethode wird als unzulässig angesehen (→ § 275 Rn. 33). Rückstellungen mit einer Restlaufzeit von einem Jahr oder weniger sind grundsätzlich nicht abzuzinsen.[55] Aus Praktikabilitätserwägungen wird es jedoch nicht zu beanstanden sein, wenn kurzfristige Rückstellungen freiwillig abgezinst werden.[56] Dies gilt insbesondere für den Fall, wenn eine zunächst als langfristig klassifizierte Rückstellung am Abschlussstichtag nur noch eine Restlaufzeit von bis zu 12 Monaten aufweist.[57]

26   **Steuerlich** sind Rückstellungen für Verpflichtungen grundsätzlich mit einem Zinssatz von 5,5 vH abzuzinsen (§ 6 Abs. 1 Nr. 3a Buchst. e EStG). Ausnahmen gelten nur, wenn die Laufzeit weniger als zwölf Monate beträgt, die Verpflichtung verzinslich ist oder auf einer Anzahlung oder Vorausleistung beruht. Die maßgebende Laufzeit ist der Zeitraum bis zum Beginn der Erfüllung. Pensionsrückstellungen sind steuerrechtlich mit einem Zinssatz von 6 % abzuzinsen (§ 6a Abs. 3 S. 3 EStG).[58] Durch diese unterschiedlichen Zinssätze ergeben sich uU unterschiedliche handels- und steuerrechtliche Wertansätze und somit ein Anwendungsfall latenter Steuern (→ § 274 Rn. 5 f.).[59]

---

[51] BT-Drs. 16/10067, 54; HdR/*Brösel/Olbrich* Rn. 367; BeBiKo/*Schubert/Andrejewski* Rn. 192; Beck HdR/*Scheffler* B 233 Rn. 62.

[52] Nur bei „normaler" Zinsstrukturkurve, dh steigende Zinssätze mit zunehmender Laufzeit, zulässig. *IDW* RS HFA 34 Rn. 42.

[53] Haufe BilanzR/*Bertram/Kessler* Rn. 131; BeBiKo/*Schubert/Andrejewski* Rn. 192; *IDW* RS HFA 34 Rn. 42.

[54] BT-Drs. 16/10067, 54; HdR/*Brösel/Olbrich* Rn. 369; *IDW* RS HFA 34 Rn. 46.

[55] BT-Drs. 16/10067, 54; Beck HdR/*Scheffler* B 233 Rn. 57; vielfach wird im Schrifttum diesbezüglich von einem Abzinsungswahlrecht ausgegangen, so etwa HdR/*Brösel/Olbrich* Rn. 378; WP-HdB Kap. F Rn. 553; *Gelhausen/Fey/Kämpfer* Rechnungslegung I Rn. 44 f.; *IDW* RS HFA 4 Rn. 42; *IDW* RS HFA 34 Rn. 44.

[56] Haufe BilanzR/*Bertram/Kessler* Rn. 126; WP-HdB Kap. F Rn. 553; *IDW* RS HFA 34 Rn. 44.

[57] BeBiKo/*Schubert/Andrejewski* Rn. 180.

[58] MüKoHGB/*Ballwieser* Rn. 74.

[59] HdR/*Brösel/Olbrich* Rn. 366; BeBiKo/*Schubert/Andrejewski* Rn. 195.

Ansammlungsrückstellung: Bei der steuerlichen Bewertung von Rück- 27
stellungen, bei denen der laufende Betrieb des Unternehmens im wirtschaftlichen Sinne ursächlich für die Entstehung der Verpflichtung ist, ist der Rückstellungsbetrag durch jährliche Zuführungsraten in den Wirtschaftsjahren anzusammeln (§ 6 Abs. 1 Nr. 3a Buchst. d EStG). Dies ist insbesondere der Fall bei Verpflichtungen zur Erneuerung oder zum Abbruch von Betriebsanlagen. Verpflichtungen, die von Jahr zu Jahr nicht nur im wirtschaftlichen Sinne, sondern tatsächlich zunehmen, sind bezogen auf den am Bilanzstichtag tatsächlich entstandenen Verpflichtungsumfang zu bewerten (zB Rekultivierungsverpflichtung oder Auffüllung abgebauter Hohlräume; R 6.11 Abs. 2 EStR). Rückstellungen für die Verpflichtung, ein Kernkraftwerk stillzulegen, sind ratierlich über den Zeitraum von erstmaliger Nutzung bis Stilllegung anzusammeln. Ist der Stilllegungszeitpunkt unbekannt, ist hilfsweise ein Zeitraum von 25 Jahren zugrunde zu legen (§ 6 Abs. 1 Nr. 3a Buchst. d EStG).[60]

Seltene oder sehr hohe ungewisse Verbindlichkeiten: Die Bewertung 28
von solchen Rückstellungen kann besondere Schwierigkeiten bereiten, die jedoch nicht dazu führen dürfen, dass Rückstellungen nicht gebildet werden.[61]

Einzel- und Sammelrückstellung: Aus einer Vielzahl von Fällen und 29
Erfahrungen aus der Vergangenheit kann sich ergeben, dass nur die Zusammenfassung bestimmter Risiken gleichartiger Sachverhalte zu einer vernünftigen kaufmännischen Beurteilung führt. Für **häufig gleichartig auftretende Risiken** ist daher der Ansatz von Sammel- oder Pauschalrückstellungen notwendig und zulässig (insbesondere Garantieverpflichtungen, Bürgschaftsverpflichtungen, Wechselobligo).[62] Die Höhe bestimmt sich nach den Erfahrungen aus der Vergangenheit, zB Anteil der Aufwendungen für Garantieleistungen zum Umsatz.[63] Die Zulässigkeit der Bildung von Pauschalrückstellungen wurde vom EuGH bestätigt.[64]

Steuerlich ist bei der Bewertung von Rückstellungen für gleichartige Ver- 30
pflichtungen auf der Grundlage der Erfahrungen in der Vergangenheit aus der Abwicklung solcher Verpflichtungen die Wahrscheinlichkeit zu berücksichtigen, dass der Steuerpflichtige nur zu einem Teil der Summe dieser Verpflichtungen in Anspruch genommen wird (§ 6 Abs. 1 Nr. 3a Buchst. a EStG). Damit wird die Zulässigkeit der pauschalen Bewertung, die bereits von der Rechtsprechung vorgegeben wurde (BStBl. II 1993, 437), bestätigt.

Bei der Bewertung bestimmter Rückstellungen ist Folgendes zu beachten: 31

Ersatzansprüche: Ersatzansprüche gegen Dritte, die ungewissen Verbindlichkeiten gegenüberstehen, sind nur dann bei der Rückstellungsbewertung zu berücksichtigen, wenn die Ersatzansprüche nicht zu aktivieren sind, da andernfalls eine Verletzung des Verrechnungsverbots des § 246 Abs. 2 vorliegen würde.[65]

Die diesbezügliche Rechtsprechung des BFH (BStBl. II 1993, 437) wurde 32
für die steuerliche Bewertung in § 6 Abs. 1 Nr. 3a Buchst. c EStG dahin-

---

[60] Schmidt/*Kulosa* EStG § 6 Rn. 479.
[61] *ADS* Rn. 195.
[62] BeBiKo/*Schubert/Andrejewski* Rn. 162; Beck HdR/*Scheffler* B 233 Rn. 76; *Schurbohm-Ebneth,* Rückstellungen für Risiken wegen Produkthaftung und Umwelthaftung, 1995, 215 ff.
[63] Beck HdR/*Scheffler* B 233 Rn. 783.
[64] EuGH Urt. v. 14.9.1999 – C-275/97, DB 1999, 2035.
[65] BeBiKo/*Schubert/Andrejewski* Rn. 157.

gehend aufgenommen, dass künftige Vorteile, die mit der Erfüllung der Verpflichtung voraussichtlich verbunden sein werden, bei ihrer Bewertung wertmindernd zu berücksichtigen sind, soweit sie nicht als Forderung zu aktivieren sind. Eine Gegenrechnung setzt voraus, dass der Steuerpflichtige, zB auf Grund am Bilanzstichtag abgeschlossener Verträge, die mit der Erfüllung der Verpflichtung wirtschaftlich zusammenhängen, mit Vorteilen rechnen kann. Die bloße Möglichkeit, dass künftige wirtschaftliche Vorteile eintreten könnten, genügt für die Gegenrechnung nicht (R 6.11 Abs. 1 EStR).

33   **Drohverlustrückstellungen, Beschaffungsgeschäfte:** Drohverlustrückstellungen sind in Höhe der Differenz zwischen Leistungsverpflichtung und Gegenleistungsanspruch zu bilden. Der Gegenleistungsanspruch bei Beschaffungsgeschäften für Vermögensgegenstände des Anlagevermögens ist nach den Regeln zu bemessen, die die Höhe der Aktivierung bestimmen. Bei Vorräten sind die Regeln der Vorratsbewertung anzuwenden (→ § 249 Rn. 56 f.). Steuerrechtlich ergibt sich grds. keine Bewertungsthematik, da für Drohverlustrückstellungen ein generelles Ansatzverbot besteht (§ 5 Abs. 4 EStG). Jedoch ist die **Abgrenzung zur Abschreibung** steuerlich relevant (→ Rn. 35). Zur Abgrenzung des Saldierungsbereichs → § 249 Rn. 64.

34   **Absatzgeschäfte:** Im Fall der schwebenden Absatzgeschäfte ist der Wert der Lieferungs- oder Leistungsverpflichtung zu messen. Die voraussichtlich noch anfallenden Aufwendungen sind stets zu Vollkosten zu bewerten.[66] Die **Vollkostenbewertung** ist auch vorzunehmen, wenn ein insgesamt verlustbringendes schwebendes Absatzgeschäft mit positiven Deckungsbeiträgen zur Verbesserung der Kapazitätsauslastung abgeschlossen wird. Bei der Ermittlung der zuzurechnenden Gemeinkosten ist aber die normale Kapazitätsauslastung oder ein höherer zu erwartender Beschäftigungsgrad zugrunde zu legen.[67] Bei der Bewertung drohender Verluste sind **Kosten- und Preissteigerungen** zu berücksichtigen, die bis zur Beendigung des Schwebezustands zu erwarten sind.[68] Bereits angefallene, nicht aktivierte Aufwendungen sowie kalkulatorische Kosten oder ein Gewinnzuschlag sind in die Ermittlung der Drohverlustrückstellung nicht einzubeziehen.[69]

35   Falls bereits **auftragsbezogene Vorräte** vorhanden sind, stellt sich die Frage, ob die Abwertung dieser Vorräte vor dem Ansatz einer Rückstellung vorzunehmen ist. Grundsätzlich sind Rückstellungen nicht eine Wertberichtigung für Aktiva. Aber soweit bereits Aktivwerte vorhanden sind, die dem Verlustauftrag zuzurechnen sind, müssen diese abgewertet werden.[70] Steuerlich wurde in der Vergangenheit jedoch die Auffassung vertreten, dass der Verlust nicht in der erwarteten Gesamthöhe zu berücksichtigen sei, sondern nur anteilig nach dem Fertigstellungsgrad als **Teilwertabschreibung** zulässig ist.[71] Der BFH hat in seinem Urteil vom 7.9.2005 zur Teilwertabschreibung von unfertigen Bauten auf fremden Grundstücken entschieden,[72] dass diese dem Umlaufvermögen zuzuordnen und die antizipierten Verluste in voller

---

[66] *IDW* RS HFA 4 Rn. 33–37; BeBiKo/ *Schubert/Andrejewski* Rn. 169.

[67] *IDW* RS HFA 4 Rn. 36 f.

[68] Ähnlich *IDW* RS HFA 4 Rn. 38, wonach jedoch auch der ggf. niedrigere Umfang zu berücksichtigen ist.

[69] MüKoHGB/ *Ballwieser* § 249 Rn. 70.

[70] MüKoHGB/ *Ballwieser* § 249 Rn. 76; *IDW* RS HFA 4 Rn. 20–24; BeBiKo/ *Schubert* § 249 Rn. 68.

[71] BeBiKo/ *Schubert* § 249 Rn. 68 mwN.

[72] BFH Entsch. v. 7.9.2005 – VIII R 1/03, WPg 2006, 105.

Höhe als Teilwertabschreibung zulässig sind.[73] Die Teilwertabschreibung hat im Umlaufvermögen demnach Vorrang gegenüber der (steuerrechtlich nicht zulässigen) Drohverlustrückstellung.

Dauerschuldverhältnisse: Da es sich um langfristige Sachverhalte handeln kann, sind insbesondere die Grundsätze zur Berücksichtigung von Preis- und Kostensteigerungen (dazu → Rn. 18) und zur Abzinsung zu beachten (dazu → Rn. 24 ff.). Die Bewertung bei Dauerbeschaffungsgeschäften kann sich grundsätzlich am Absatz- oder am Beschaffungsmarkt orientieren (→ § 249 Rn. 68). **36**

Pensionsrückstellungen: Pensionsverpflichtungen sind in der Höhe des nach vernünftiger kaufmännischer Beurteilung notwendigen Erfüllungsbetrags zu passivieren, sofern es sich nicht um wertpapiergebundene Pensionsverpflichtungen handelt, die zum beizulegenden Zeitwert der entsprechenden Wertpapiere anzusetzen sind (hierzu → Rn. 48). Der nach vernünftiger kaufmännischer Beurteilung notwendige Erfüllungsbetrag wird unter Heranziehung der Regeln der Versicherungsmathematik ermittelt. Dies widerspricht nicht dem Einzelbewertungsgrundsatz, da auf diese Weise der individuelle Wert mit der größten Wahrscheinlichkeit ermittelt wird.[74] Nach Abs. 2 sind Pensionsverpflichtungen abzuzinsen, sofern die Restlaufzeit mehr als ein Jahr beträgt (→ Rn. 24 f.). Liegen Vermögensgegenstände vor, die ausschließlich zur Deckung der Pensionsverpflichtungen dienen **(Deckungsvermögen),** sind diese unter bestimmten Voraussetzungen mit den entsprechenden Pensionsrückstellungen zu saldieren (→ § 246 Rn. 45; zur Bewertung des Deckungsvermögens → Rn. 97 f.). **37**

Am Abschlussstichtag ist eine Bestandsaufnahme der Pensionszusagen durchzuführen. Es wird für zulässig angesehen, diese **Bestandsaufnahme** drei Monate vor oder zwei Monate nach dem Stichtag durchzuführen.[75] Für die handelsrechtliche Bewertung von Pensionsrückstellungen sind grundsätzlich künftig zu erwartende Lohn-, Gehalts- und Rententrends zu berücksichtigen, sofern diese hinreichend objektiviert sind (→ Rn. 18 in Bezug auf zukünftige Preis- und Kostensteigerungen).[76] Steuerrechtlich sind die Verhältnisse am Stichtag maßgeblich, dh soweit Kostensteigerungen bereits sicher feststehen (zB Lohnerhöhung wirksam ab April des Folgejahres), sind diese im Rahmen der steuerrechtlichen Bewertung zu berücksichtigen, ansonsten erst, wenn sie wirksam geworden sind (R 6a Abs. 17 EStR und H 6a Abs. 17 EStR).[77] **38**

Der Wert der Pensionsrückstellungen wird insbesondere bestimmt durch den Zinssatz und biometrische Wahrscheinlichkeiten. Hinsichtlich des zu verwendenden Zinssatzes wird auf die → Rn. 24 f. verwiesen. **39**

Die **biometrische Wahrscheinlichkeit** setzt sich ua zusammen aus der Sterbewahrscheinlichkeit, dem Invaliditätsrisiko und der Berücksichtigung einer Zusage zur Zahlung von Witwen- bzw. Witwergeld.[78] Solche Wahrscheinlichkeiten sind eingeflossen in die zurzeit gültigen Richttafeln **RT 2018 G** nach Prof. Dr. Klaus **Heubeck,** welche idR ohne betriebsindividuelle **40**

---

[73] BeBiKo/*Schubert*/*Berberich* Rn. 524.
[74] *ADS* Rn. 303–306; Haufe BilanzR/*Bertram* Rn. 75.
[75] BT-Drs. 16/10067, 55; BeBiKo/*Grottel*/*Johannleweling* § 249 Rn. 169; *IDW* RS HFA 30 nF Rn. 65; WP-HdB 2012 Bd. 1 Kap. E Rn. 232.
[76] *Gelhausen*/*Fey*/*Kämpfer* Rechnungslegung I Rn. 72 f.; Beck HdR/*Scheffler* B 233 Rn. 207.
[77] Schmidt/*Weber-Grellet* EStG § 6a Rn. 57.
[78] Beck HdR/*Scheffler* B 233 Rn. 193.

Modifikationen angewendet werden können.[79] Die Verwendung anderer Tabellen ist handelsrechtlich zulässig, wenn sie die Verpflichtung angemessen widerspiegeln.[80] Auf die Höhe der Rückstellung hat auch die **Fluktuation** der Mitarbeiter Einfluss, insbesondere wenn diese keine unverfallbaren Anwartschaften erworben haben. Eine pauschale Berücksichtigung der Fluktuation, wie dies steuerrechtlich durch die Bildung der Rückstellung erst ab Vollendung eines bestimmten Lebensalters durchgeführt wird (§ 6a EStG), ist handelsrechtlich seit der Einführung des BilMoG grundsätzlich nicht mehr zulässig.[81] Vielmehr ist die Fluktuation individuell für jedes Unternehmen, oder falls dies nicht mit vertretbarem Aufwand möglich ist, unter Heranziehung von Branchenwerten zu ermitteln.[82] Zu berücksichtigen ist auch das **voraussichtliche Renteneintrittsalter,** das sich in Abhängigkeit der Pensionierungsgewohnheiten erheblich von der vertraglichen oder gesetzlich vorgesehenen Altersgrenze unterscheiden kann.[83]

41   Die handelsrechtlichen Vorschriften schreiben kein bestimmtes versicherungstechnisches **Bewertungsverfahren** vor.[84] Bei der Wahl sollte jedoch auf die verursachungs- und sachgerechte Verteilung des Aufwands aus der Zusage der Pensionsverpflichtung über den Zeitraum, in dem der Mitarbeiter seine Leistung erbringt, geachtet werden.[85] Nach dem Grundsatz der Bewertungsstetigkeit nach § 252 Abs. 1 Nr. 6 ist die gewählte Bewertungsmethode stetig anzuwenden.[86] Für die handelsrechtliche Bewertung werden grundsätzlich folgende **finanzmathematischen Verfahren** als zulässig angesehen[87]:

– Barwert der laufenden Pensionsleistungen,
– Barwert bei Anwartschaften auf laufende Pensionsleistungen oder einmalige Kapitalzahlung, wenn keine Gegenleistung mehr zu erwarten ist,
– Anwartschaftsbarwertverfahren (Projected-Unit-Credit-Methode iSd IAS 19),
– modifiziertes bzw. versicherungstechnisches Teilwertverfahren, sofern keine vertraglichen Besonderheiten der Zusage vorliegen, die eine gleichmäßige Verteilung des Altersversorgungsaufwands über die gesamte Dienstzeit ausschließen,
– Gegenwartswert, berechnet ab dem Zeitpunkt der Pensionszusage.

---

[79] Haufe BilanzR/*Bertram* Rn. 76; BeBiKo/*Grottel/Johannleweling* § 249 Rn. 202.
[80] *ADS* Rn. 317.
[81] Haufe BilanzR/*Bertram* Rn. 77; *IDW* RS HFA 30 nF Rn. 62; WP-HdB Kap. F Rn. 563; *Gelhausen/Fey/Kämpfer* Rechnungslegung I Rn. 78.
[82] *IDW* RS HFA 30 nF Rn. 62; *Gelhausen/Fey/Kämpfer* Rechnungslegung I Rn. 77, mit dem Hinweis, dass durch die Verwendung von Branchenwerten jedoch die Darstellung der Vermögens-, Finanz- und Ertragslage nicht beeinträchtigt werden darf.
[83] *ADS* Rn. 319; Haufe BilanzR/*Bertram* Rn. 78; BeBiKo/*Grottel/Johannleweling* § 249 Rn. 202; *IDW* RS HFA 30 nF Rn. 62.
[84] BT-Drs. 16/10067, 56.
[85] Haufe BilanzR/*Bertram* Rn. 79; *Gelhausen/Fey/Kämpfer* Rechnungslegung I Rn. 81; WP-HdB Kap. F Rn. 566.
[86] *Gelhausen/Fey/Kämpfer* Rechnungslegung I Rn. 82; BeBiKo/*Grottel/Johannleweling* § 249 Rn. 198.
[87] MüKoHGB/*Ballwieser* Rn. 76; BeBiKo/*Grottel/Johannleweling* § 249 Rn. 197 f.; *Engbroks* BetrAV 2008, 570; *Gelhausen/Fey/Kämpfer* Rechnungslegung I Rn. 81; *IDW* RS HFA 30 nF Rn. 60 f.; Beck HdR/*Scheffler* B 233 Rn. 233–243; WP-HdB Kap. F Rn. 566 f. iVm Rn. 1185.

Vor dem BilMoG durfte der gem. § 6a EStG zu ermittelnde Wert handels- **42**
rechtlich nicht unterschritten werden, war aber als Bewertungsuntergrenze
zulässig.[88] Durch das BilMoG wurden die handelsrechtlichen Regelungen
jedoch insbesondere in Bezug auf den Zinssatz (→ Rn. 24 f.) sowie die Einbeziehung von künftigen Lohn-, Gehalts- und Rententrends (→ Rn. 38) von
den steuerlichen Vorschriften abgekoppelt. Seither unterscheiden sich die
handelsrechtlichen Bewertungsparameter wesentlich von den steuerrechtlichen und somit kann das **steuerrechtliche Teilwertverfahren** handelsrechtlich – auch als Mindestwert – **nicht** weiter als **zulässig** angesehen
werden.[89] Allerdings bedeutet dies nicht zwingend, dass ein vollständig gesondertes versicherungsmathematisches Gutachten für handelsrechtliche
Zwecke eingeholt werden muss, unter Umständen reicht auch die Modifikation des steuerrechtlichen Gutachtens.[90]

Soweit die Neuregelungen der Bewertungsvorschriften durch das BilMoG **43**
zu einer Erhöhung der Rückstellungen für laufende Pensionen oder Anwartschaften auf Pensionen führten, ist dieser **Zuführungsbetrag** spätestens zum
31.12.2024 in jedem Geschäftsjahr zu mindestens einem Fünfzehntel anzusammeln (Art. 67 Abs. 1 S. 1 EGHGB).[91] Der Zuführungsbetrag muss
nicht im Voraus durch einen Plan festgelegt sein, in den Grenzen des Art. 67
Abs. 1 S. 1 EGHGB können die Zuführungsbeträge zu jedem Stichtag frei
festgelegt werden.[92] Hinsichtlich der mit den Übergangsvorschriften verbundenen Anhangangaben wird auf → § 284 Rn. 7 verwiesen.

Das **Anwartschaftsbarwertverfahren** (Projected-Unit-Credit-Methode **44**
iSd IAS 19) berücksichtigt nur den Barwert der bis zum Bilanzstichtag
erdienten Pensionsansprüche unter Berücksichtigung künftiger Erhöhungen
der Bemessungsgrundlage. In Folgeperioden wird die Pensionsrückstellung –
bei planmäßigem Verlauf – um den Zinsaufwand und den Barwert des neu
erdienten Pensionsanspruchs erhöht.[93] Das Anwartschaftsbarwertverfahren
führt stets zu handelsrechtlich zulässigen Werten der Pensionsverpflichtung.[94]
Die nach **IAS 19** ermittelten Werte sind trotz Anwendung einer grundsätzlich gleichen Methode aufgrund unterschiedlicher Bewertungsparameter
(insbesondere der angewendete Zinssatz) handelsrechtlich nicht ohne weiteres
zulässig.[95]

Der Teilwert einer Pensionsanwartschaft ergibt sich an einem bestimmten **45**
Abschlussstichtag, wenn die versicherungsmathematische Gleichverteilung
nicht mit dem Zeitpunkt der Pensionszusage, sondern mit dem Diensteintritt
beginnt. Daher ist, wenn die Pension zu einem Zeitpunkt nach dem Diensteintritt zugesagt wurde, eine **Einmalrückstellung** zu bilden, die diesen
Zwischenzeitraum abdeckt. Die Erhöhungen der Leistungen werden auf das
Jahr des Diensteintritts zurückbezogen und auf die Zeit zwischen Dienstein-

---

[88] *IDW* HFA 2/1988 (ersetzt durch *IDW* RS HFA 30, ersetzt durch *IDW* RS HFA 30
nF).

[89] MüKoHGB/*Ballwieser* Rn. 74; Haufe BilanzR/*Bertram* Rn. 80; *Gelhausen/Fey/Kämpfer*
Rechnungslegung I Rn. 69; *IDW* RS HFA 30 nF Rn. 63.

[90] BT-Drs. 16/10067, 56; *Gelhausen/Fey/Kämpfer* Rechnungslegung I Rn. 78.

[91] Zu weiteren Übergangsvorschriften: *IDW* RS HFA 28 Rn. 41–45; *Gelhausen/Fey/
Kämpfer* Rechnungslegung I Rn. 115 ff.

[92] *IDW* RS HFA 28 Rn. 44.

[93] Beck HdR/*Scheffler* B 233 Rn. 241; ausf. zum Anwartschaftsbarwertverfahren: *Dern-
berger/Matthias* BetrAV 2008, 571 ff.

[94] *IDW* RS HFA 30 nF Rn. 61.

[95] WP-HdB I 2012 Kap. E Rn. 235.

tritt und Pensionierung verteilt.[96] Steuerlich ist ausschließlich das Teilwertverfahren zulässig.[97] Der Teilwert einer Pensionsanwartschaft vor Beendigung des Dienstverhältnisses ist in § 6a Abs. 3 Nr. 1 EStG als Barwert der künftigen Pensionsleistungen am Schluss des Wirtschaftsjahres abzüglich des Barwerts gleich bleibender Jahresbeträge (fiktiver Nettoprämien) nach den Verhältnissen am Bilanzstichtag auf Basis eines früheren Diensteintritts definiert. Beim steuerlichen Teilwertverfahren ist zu beachten, dass bei einem Diensteintritt vor Vollendung des 27. Lebensjahres nicht der Diensteintritt, sondern das 27. Lebensjahr zugrunde gelegt wird.[98] Handelsrechtlich ist das Teilwertverfahren nur dann zulässig, wenn die Bewertungsparameter (insbesondere Berücksichtigung der Fluktuation) modifiziert werden[99] und wenn die vertraglichen Regelungen so ausgestaltet sind, dass eine Verteilung der Verpflichtung über die gesamte Dienstzeit sachgerecht ist.[100]

46   Eine **steuerliche Sonderregelung** wird von der Finanzverwaltung gewährt, wenn eine Pensionsverpflichtung gegenüber einem Arbeitnehmer, der bisher in einem anderen Unternehmen tätig gewesen ist, unter gleichzeitiger Übernahme von Vermögenswerten übernommen wird. In diesem Fall kann auch bei noch laufendem Dienstverhältnis der **steuerliche Teilwert** der Pensionsverpflichtung bis maximal zur Höhe des Barwerts der künftigen Pensionsleistungen angesetzt werden, soweit in mindestens entsprechender Höhe Vermögenswerte mit übergegangen sind (R 6a Abs. 13 EStR).

47   Beim **Gegenwartswertverfahren** wird der notwendige Betrag wie bei dem versicherungsmathematischen Teilwertverfahren gleichmäßig verteilt. Dabei erstreckt sich der Zeitraum im Unterschied zum Teilwertverfahren jedoch über die Zeit von der Pensionszusage bis zum Pensionseintritt. Bei einer Erhöhung der Zusage wird der Betrag im Gegensatz zum Teilwertverfahren (→ Rn. 45) auf die Zeit von der Erhöhung bis zum Pensionseintritt verteilt.[101]

48   **Wertpapiergebundene Pensionszusagen:** Soweit sich die Höhe von Altersversorgungsverpflichtungen ausschließlich nach dem beizulegenden Zeitwert von Wertpapieren iSd § 266 Abs. 2 A. III. 5 bestimmt (sog. wertpapiergebundene Pensionszusagen), sind gem. Abs. 1 S. 3 die für diese Verpflichtungen zu bildenden Pensionsrückstellungen zum beizulegenden Zeitwert dieser Wertpapiere anzusetzen, soweit er einen garantierten Mindestbetrag übersteigt. Obschon der Gesetzeswortlaut nur Altersversorgungsverpflichtungen erwähnt, ist nach Auffassung des IDW RS HFA 30 nF die Vorschrift auch auf **vergleichbare langfristige Verpflichtungen** anwendbar.[102] Wertpapiere iSd § 266 Abs. 2 A. III. 5 sind zB Aktien, Fondsanteile, Schuldverschreibungen, Optionsscheine oder Wandelschuldverschreibungen (auch → § 266 Rn. 23).[103] Die Anforderungen des Abs. 1 S. 3 setzen nicht voraus, dass sich die Wertpapiere tatsächlich im Bestand des Unternehmens befinden. Der Verweis auf § 266 Abs. 2 A. III. 5 bezieht sich auf den Wertpapierbegriff, nicht jedoch auf die Zugehörigkeit zum Anlagevermögen.

---

[96] MüKoHGB/*Ballwieser* Rn. 77; Beck HdR/*Scheffler* B 233 Rn. 240.
[97] Beck HdR/*Scheffler* B 233 Rn. 237.
[98] Beck HdR/*Scheffler* B 233 Rn. 238; Schmidt/*Weber-Grellet* EStG § 6a Rn. 53, 43.
[99] Hierzu ausf. *Engbroks* BetrAV 2008, 568 ff.
[100] Haufe BilanzR/*Bertram* Rn. 81; BeBiKo/*Grottel/Johannleweling* § 249 Rn. 198.
[101] MüKoHGB/*Ballwieser* Rn. 77 f.; Beck HdR/*Scheffler* B 233 Rn. 236.
[102] *IDW* RS HFA 30 nF Rn. 77; BeBiKo/*Grottel/Johannleweling* § 249 Rn. 204; Baumbach/Hopt/*Merkt* Rn. 4.
[103] BT-Drs. 16/12407, 85; Haufe BilanzR/*Bertram* Rn. 98; *IDW* RS HFA 30 nF Rn. 73.

Eine fiktive Unterlegung ist somit ausreichend.[104] Nach hM liegt eine wertpapiergebundene Pensionszusage auch dann vor, wenn sich die Höhe der Verpflichtung nach dem beizulegenden Zeitwert einer **Rückdeckungsversicherung** bemisst, obwohl Rückdeckungsversicherungen formal keine Wertpapiere iSv § 266 Abs. 2 A. III. 5 sind. Der Wert einer Rückdeckungsversicherung bemisst sich allerdings ganz überwiegend nach der Wertentwicklung der Kapitalanlagen des Versicherungsunternehmens und somit ist Abs. 1 S. 3 analog anzuwenden.[105] Zu der Ermittlung des beizulegenden Zeitwerts der Wertpapiere wird auf → § 255 Rn. 73-77 verwiesen. Der beizulegende Zeitwert der Wertpapiere ist für die Bewertung der Pensionsverpflichtung nur maßgebend, soweit dieser einen **garantierten Mindestbetrag** übersteigt, ansonsten ist der Barwert des Erfüllungsbetrags der Pensionsverpflichtung zu passivieren.[106] Dieser Mindestbetrag ist nach den handelsrechtlich zulässigen Bewertungsverfahren des notwendigen Erfüllungsbetrags zu ermitteln (→ Rn. 40 ff.).[107]

Falls die Wertpapiere **Deckungsvermögen** iSv § 246 Abs. 2 darstellen, **49** sind diese mit dem beizulegenden Zeitwert zu bewerten (→ Rn. 98) und mit den entsprechenden Altersversorgungverpflichtungen zu verrechnen (→ § 246 Rn. 45). Kleinstkapitalgesellschaften iSv § 264a dürfen eine Bewertung zum beizulegenden Zeitwert nicht vornehmen, sofern sie bestimmte Erleichterungen in Anspruch nehmen (→ Rn. 127 f.).

Mittelbare Pensionsverpflichtungen: Wenn Unternehmen zur De- **50** ckung der Pensionsverpflichtung Unterstützungskassen einschalten, reicht wegen des nach § 4d EStG zu engen Dotierungsrahmens das Kassenvermögen idR nicht aus, um die Pensionsansprüche zu decken.[108] Da das Unternehmen selbst unmittelbar aus der Pensionszusage verpflichtet ist, muss es die **Deckungslücke ausgleichen.** Die Deckungslücke ergibt sich aus der Differenz zwischen dem notwendigen Erfüllungsbetrag der Pensionsverpflichtungen nach Abs. 1 S. 2 und dem beizulegenden Zeitwert des Vermögens der Versorgungseinrichtung.[109] Handelsrechtlich besteht für diese Differenz ein **Passivierungswahlrecht** nach Art. 28 Abs. 1 S. 2 EGHGB. Die Deckungslücke ist, wenn keine Rückstellung gebildet wird, von Kapitalgesellschaften im Anhang anzugeben (Art. 28 Abs. 2 EGHGB). Steuerrechtlich ist eine entsprechende Rückstellung nicht anerkannt.[110] Hinsichtlich Contractual Trust Arrangements (CTA) wird auf → § 249 Rn. 38 verwiesen.

III. Bewertung des Anlagevermögens (Abs. 1 S. 1 und 4, Abs. 3)

1. Planmäßige Abschreibungen (Abs. 3 S. 1–2). a) Allgemeines. Für **51** Vermögensgegenstände des Anlagevermögens, deren **Nutzung zeitlich begrenzt** ist, schreibt Abs. 3 S. 1 **zwingend** die Verminderung der Anschaffungs- oder Herstellungskosten um **planmäßige Abschreibungen** vor. Ins-

---

[104] Haufe BilanzR/*Bertram* Rn. 100; *IDW* RS HFA 30 nF Rn. 72.
[105] Haufe BilanzR/*Bertram* Rn. 101; BeBiKo/*Grottel/Johannleweling* § 249 Rn. 204; *IDW* RS HFA 30 nF Rn. 74; WP-HdB Kap. F Rn. 568.
[106] Beck HdR/*Scheffler* B 233 Rn. 215.
[107] Haufe BilanzR/*Bertram* Rn. 102; *IDW* RS HFA 30 nF Rn. 71; Beck HdR/*Scheffler* B 233 Rn. 215; WP-HdB Kap. F Rn. 568.
[108] *ADS* Rn. 333.
[109] *ADS* Rn. 333; *IDW* RS HFA 30 nF Rn. 78; BeBiKo/*Grottel/Johannleweling* § 249 Rn. 206; WP-HdB Kap. F Rn. 558.
[110] *ADS* Rn. 333; Schmidt/*Weber-Grellet* EStG § 6a Rn. 5.

besondere kommt es nicht darauf an, ob den Abschreibungen eine tatsächliche Wertminderung in der betreffenden Höhe gegenübersteht. So sind die planmäßigen Abschreibungen auch dann fortzuführen, wenn der beizulegende Wert gleich geblieben oder gestiegen ist. Darin kommt zum Ausdruck, dass die planmäßige Abschreibung weniger der Wertermittlung des Anlagevermögens zum Abschlussstichtag als vielmehr der **Periodisierung der angefallenen Ausgaben** dient.[111]

52   Eine zeitlich begrenzte Nutzung liegt immer dann vor, wenn Vermögensgegenstände der technischen oder wirtschaftlichen Abnutzung, dem **Verbrauch** oder der **Ausbeutung** unterliegen.[112] Insbesondere für immaterielle Vermögensgegenstände tritt die gesetzliche oder vertragliche **Regelung der Nutzungsdauer** als Kriterium für eine zeitliche Begrenzung der Nutzungsdauer hinzu (zur Nutzungsdauerschätzung → Rn. 73 ff.).[113] Die handelsrechtliche Terminologie „zeitlich begrenzte Nutzung" entspricht inhaltlich der steuerlichen Begriffsbestimmung „der Abnutzung unterliegend". Hinsichtlich der zeitlich begrenzten Nutzung muss die Begrenzung im Vermögensgegenstand angelegt sein; unerheblich ist, ob die Nutzung im Unternehmen nur für einen bestimmten Zeitraum vorgesehen ist.[114] **Keiner Abnutzung,** die eine planmäßige Abschreibung erfordert, unterliegen geleistete Anzahlungen und Anlagen im Bau, Grundstücke, außer wenn auszubeutende Bodenschätze untrennbar mit dem Grundstück verbunden sind, und Finanzanlagen.[115] Darüber hinaus sind einige Sonderfälle zu beachten, bei denen grundsätzlich abschreibungsfähige Vermögensgegenstände dennoch nicht planmäßig abgeschrieben werden, da zu vermuten ist, dass sie **keinem Wertverzehr** unterliegen. Hierunter fallen etwa Kunstwerke, Sammlungs- und Anschauungsobjekte, soweit diese nicht in Gebrauch sind.[116] Im Rahmen des BilRUG wurde Abs. 3 um S. 3 und S. 4 erweitert, die für selbst geschaffene immaterielle Vermögensgegenstände des Anlagevermögens sowie derivative Geschäfts- oder Firmenwerte eine **typisierte Nutzungsdauer von zehn Jahren** festlegen, wenn die tatsächliche individuelle Nutzungsdauer **nicht verlässlich schätzbar** ist.[117] Nach hM wird es sich hierbei um den Ausnahmefall handeln.[118] Neben dem Aktivierungswahlrecht für selbst geschaffene immaterielle Vermögensgegenstände des Anlagevermögens, verbunden mit einer Ausschüttungssperre und dem Wertaufholungsverbot für Geschäfts- oder Firmenwerte, wurde in diesem Zuge nunmehr eine weitere Sonderregelung für die planmäßige Folgebewertung gesetzlich verankert.[119] Grund hierfür sind die **Objektivierungs- und Werthaltigkeitsprobleme,**[120] die seit jeher mit der Bilanzierung von selbst geschaffenen immateriellen Vermögensgegenständen des

---

[111] *ADS* Rn. 342 f.; HdR/*Brösel/Olbrich* Rn. 438.

[112] *ADS* Rn. 355; BeBiKo/*Schubert/Andrejewski* Rn. 213.

[113] *ADS* Rn. 356 f.; HdR/*Brösel/Olbrich* Rn. 434 f.

[114] *ADS* Rn. 355; BeBiKo/*Schubert/Andrejewski* Rn. 212; *Wohlgemuth/Radde* in Hofbauer/Kupsch Bonner-HdB Rn. 214.

[115] *ADS* Rn. 357.

[116] *ADS* Rn. 357; BeBiKo/*Schubert/Andrejewski* Rn. 214 mit Verweis auf die BFH-Rspr.

[117] BT-Drs. 18/4050, 7; zu Einzelfragen hinsichtlich des Vorliegens einer nicht verlässlich schätzbaren Nutzungsdauer und dem Wegfall der verlässlichen Schätzbarkeit *Behrendt-Geisler/Rimmelspacher* DB-Beil. 5/2015, 8–10.

[118] BeBiKo/*Schubert/Andrejewski* Rn. 382.

[119] *Behrendt-Geisler/Rimmelspacher* DB-Beil. 5/2015, 8.

[120] Zu den Informationsdefiziten bei der Berichterstattung eines Goodwills *Rauschenberg*, Transparente Goodwill-Berichterstattung als Instrument der Corporate Governance, 2018, 29–35.

Anlagevermögens und entgeltlich erworbenen Geschäfts- oder Firmenwerten verbunden sind.[121]

Die Verpflichtung zur planmäßigen Abschreibung bedeutet insbesondere, **53** dass die jährlichen Abschreibungsbeträge nicht im Ermessen des Bilanzierenden stehen, sondern mit der Entscheidung für ein Abschreibungsverfahren und eine Nutzungsdauer (bei leistungsabhängigen Abschreibungen: mit der Schätzung der erzielbaren Gesamtleistung für den Zeitraum der Nutzung) grundsätzlich verbindlich festgelegt sind.[122] Eine **Änderung dieses Abschreibungsplans** ist nur über § 252 Abs. 2 möglich, sofern Gründe vorliegen, die ein Abgehen von der Methodenstetigkeit iSv § 252 Abs. 1 Nr. 6 rechtfertigen.[123] Durch den Abschreibungsplan sind zunächst die **Mindestabschreibungsbeträge** festgelegt.[124] Darüber hinausgehende Wertminderungen, die zu Beginn der Nutzung nicht absehbar waren und deshalb keine Berücksichtigung im Abschreibungsplan finden konnten, sind erforderlichenfalls durch außerplanmäßige Abschreibungen zu berücksichtigen.

Ausgangsbasis für die planmäßigen Abschreibungen sind die Anschaffungs- **54** oder Herstellungskosten iSv § 255. Zum Umfang der Anschaffungs- oder Herstellungskosten → § 255 Rn. 10, 42 f. Eine Orientierung an den Wiederbeschaffungskosten zum Zweck der Substanzerhaltung kommt auf Grund der eindeutigen Entscheidung des Gesetzgebers nicht in Betracht.[125]

Steuerlich sind planmäßige Abschreibungen bei Wirtschaftsgütern vor- **55** zunehmen, deren Verwendung oder Nutzung durch den Steuerpflichtigen zur Erzielung von Einkünften sich erfahrungsgemäß auf einen **Zeitraum von mehr als einem Jahr** erstreckt und die einer wirtschaftlichen oder technischen **Abnutzung** unterliegen (Absetzung für Abnutzung). Dies gilt auch für immaterielle Wirtschaftsgüter wie zB Warenzeichen und Arzneimittelzulassungen.[126] Die Zulässigkeit der Absetzung für Abnutzung auf Geschäfts- oder Firmenwerte ist gesetzlich normiert. Absetzungen für Substanzverringerung sind bei Bergbauunternehmen, Steinbrüchen und anderen Betrieben, die einen Verbrauch der Substanz mit sich bringen, zulässig (§ 7 Abs. 6 EStG).

Bemessungsgrundlage für die steuerliche AfA sind grundsätzlich die An- **56** schaffungs- oder Herstellungskosten.[127]

b) Abschreibungsverfahren. Das Gesetz schreibt kein Abschreibungsver- **57** fahren als verpflichtend vor; stattdessen ist die Zulässigkeit unter Rückgriff auf die **Grundsätze ordnungsmäßiger Buchführung** zu prüfen.[128] Grundsätzlich wäre der Abschreibungsverlauf mit den durch den Einsatz des Anlagegegenstands im betrieblichen Geschehen erzielten Erträgen zu synchronisieren. Der Wertverzehr würde somit parallel mit den durch die Nutzung erzielten Erträgen eintreten. Dieser Gleichlauf wird jedoch aus zwei

---

[121] Bereits *Moxter* BB 1979, 1102; *Behrendt-Geisler/Rimmelspacher* DB-Beil. 5/2015, 8.

[122] *ADS* Rn. 362; *Wohlgemuth/Radde* in Hofbauer/Kupsch Bonner-HdB Rn. 215.

[123] *ADS* Rn. 418; *Wohlgemuth/Radde* in Hofbauer/Kupsch Bonner-HdB Rn. 276 f.

[124] *ADS* Rn. 362–365.

[125] HdR/*Brösel/Olbrich* Rn. 452; *Wohlgemuth/Radde* in Hofbauer/Kupsch Bonner-HdB Rn. 217–219.

[126] Schmidt/*Kulosa* EStG § 7 Rn. 40 f.

[127] Zu Einzelfragen zum steuerlichen Anschaffungskostenbegriff Schmidt/*Kulosa* EStG § 6 Rn. 31–140; zu Einzelfragen zum steuerlichen Herstellungskostenbegriff Schmidt/*Kulosa* EStG § 6 Rn. 151–220.

[128] BeBiKo/*Schubert/Andrejewski* Rn. 238–240; Beck HdR/*Nordmeyer/Göbel* B 212 Rn. 153.

Gründen regelmäßig nicht zu erreichen sein: Zum einen fehlt es an eindeutigen Zuordnungskriterien bestimmter Erträge im Verhältnis zum Einsatz von Vermögensgegenständen des Anlagevermögens. Zum anderen ist bei Festlegung des Abschreibungsplans zu Beginn der Nutzungsdauer eines Vermögensgegenstands häufig nicht abzusehen, wie hoch das Nutzenpotenzial insgesamt ist und wie es sich über den Zeitraum der Nutzung verteilt.[129]

58   Insoweit stellen alle Abschreibungsmethoden typisierende Vereinfachungsverfahren dar. In der Praxis sind ganz überwiegend die **lineare** und die **degressive** Abschreibung vorherrschend. Deutlich seltener sind **leistungsabhängige Abschreibungsverfahren,** die sich an der tatsächlichen Inanspruchnahme orientieren. Für eine **progressive Abschreibung** werden sich nur wenige Anwendungsfälle finden, in denen der Nutzenverlauf steigende Abschreibungsbeträge rechtfertigt.[130] Die letztendlich gewählte Abschreibungsmethode darf nicht in offensichtlichem Gegensatz zum **tatsächlichen Nutzenverlauf** stehen. In der Regel wird bei der linearen und der degressiven Abschreibung sowie einer leistungsabhängigen Verteilung der Anschaffungs- oder Herstellungskosten davon auszugehen sein, dass diese Voraussetzung erfüllt ist.

59   **Steuerlich** sind Absetzungen für Abnutzung **grundsätzlich linear** vorzunehmen (§ 7 Abs. 1 EStG). Die degressive AfA wurde für Wirtschaftsgüter, die nach dem 1.1.2011 angeschafft wurden, abgeschafft.[131] Wirtschaftsgüter die nach dem 31.12.2008 und vor dem 1.1.2011 angeschafft wurden, können jedoch weiterhin der degressiven AfA unterliegen (§ 7 Abs. 2 S. 1 EStG). Bei einem Wechsel der AfA-Methode kommt nur der Übergang von der degressiven zur linearen AfA in Betracht, soweit die degressive AfA zulässig war.[132] AfA nach Maßgabe der Leistung kann bei beweglichen Wirtschaftsgütern des Anlagevermögens vorgenommen werden, deren Leistung in der Regel erheblich schwankt und deren Verschleiß dementsprechend wesentliche Unterschiede aufweist (R 7.4 Abs. 5 EStR).

60   Die **lineare Abschreibung** ist dadurch gekennzeichnet, dass die Anschaffungs- oder Herstellungskosten – ggf. unter Berücksichtigung eines am Ende der Nutzungsdauer zu erwartenden Restwertes (→ Rn. 66) – in **gleichen Jahresbeträgen** über die Nutzungsdauer verteilt werden. Dabei ist jedoch zu berücksichtigen, dass selbst ein gleichmäßiger Nutzenverlauf nicht unbedingt durch eine lineare Abschreibung zutreffend erfasst wird, da gegen Ende der Nutzungsdauer häufig höhere Reparatur- und Instandhaltungsaufwendungen anfallen.[133]

61   Bei **Gebäuden** ist steuerlich die Bemessung der linearen AfA nach typisierten Vomhundertsätzen vorzunehmen. Nur wenn die tatsächliche Nutzungsdauer eines Gebäudes weniger als die den typisierten Vomhundertsätzen entsprechende Nutzungsdauer beträgt, können die der tatsächlichen Nutzungsdauer entsprechenden Absetzungen für Abnutzungen vorgenommen werden (§ 7 Abs. 4

---

[129] *Wohlgemuth/Radde* in Hofbauer/Kupsch Bonner-HdB Rn. 245.

[130] WP-HdB Kap. F Rn. 171; HdR/*Brösel/Olbrich* Rn. 484; *Wohlgemuth/Radde* in Hofbauer/Kupsch Bonner-HdB Rn. 257 f. mit Beispielen.

[131] Schmidt/*Kulosa* EStG § 7 Rn. 197, mit dem Hinweis, dass damit zu rechnen sei, dass der Gesetzgeber diese in der nächsten konjunkturellen Schwächephase wieder einsetzen könnte.

[132] Schmidt/*Kulosa,* 33. Aufl. 2014, EStG § 7 Rn. 137; BeBiKo/*Schubert/Andrejewski* Rn. 247, 242.

[133] HdR/*Brösel/Olbrich* Rn. 480; *Wohlgemuth/Radde* in Hofbauer/Kupsch Bonner-HdB Rn. 249.

EStG). Die Absicht, ein zunächst noch genutztes Gebäude abzubrechen oder zu veräußern, rechtfertigt es nicht, eine kürzere Nutzungsdauer des Gebäudes zugrunde zu legen. Eine Verkürzung der Nutzungsdauer kann erst angenommen werden, wenn die Gebäudeabbruchvorbereitungen soweit gediehen sind, dass die weitere Nutzung in der bisherigen oder einer anderen Weise so gut wie ausgeschlossen ist (H 7.4 EStH).

Demgegenüber vermindern sich bei **degressiven Abschreibungsverfah-** **62** **ren** die jährlichen Abschreibungsbeträge im Laufe der Nutzung. Bei der **geometrisch-degressiven Abschreibung** kommt dies dadurch zum Ausdruck, dass die jährlichen Abschreibungen in Höhe eines konstanten Prozentsatzes bemessen werden. Nur im ersten Jahr stellen die Anschaffungs- oder Herstellungskosten die Bemessungsgrundlage dar; in der Folge bemisst sich der Abschreibungsbetrag auf Basis der (sinkenden) Restbuchwerte. Dadurch ist eine vollständige Verteilung der Anschaffungs- oder Herstellungskosten systembedingt ausgeschlossen. Um die Anschaffungs- oder Herstellungskosten dennoch vollständig verteilen zu können, ist es entweder erforderlich, am Ende der Nutzungsdauer den verbleibenden Restwert abzuschreiben oder während der Nutzungsdauer von der degressiven zur linearen Abschreibung überzugehen. In der Praxis wird überwiegend ab demjenigen Jahr zur linearen Abschreibung gewechselt, in dem die lineare Abschreibung zu höheren Abschreibungsbeträgen führt.[134] Insoweit handelt es sich bei diesem Verfahren um eine (zulässige) **Kombination von degressiver und linearer Abschreibung** und der Übergang ist nicht als berichtspflichtiger Methodenwechsel iSd § 252 Abs. 2 iVm Abs. 1 Nr. 6 anzusehen.[135] Hinsichtlich des Prozentsatzes, mit dem die geometrisch-degressive Abschreibung vorzunehmen ist, bestehen handelsrechtlich keine betragsmäßigen Grenzen.[136] Ebenso wie für die Wahl des Abschreibungsverfahrens gilt, dass die sich durch die Abschreibung ergebende Wertentwicklung in keinem offensichtlichen Gegensatz zum tatsächlichen Nutzenverlauf stehen darf.

Bei der **steuerlichen degressiven AfA** bei Gebäuden, die lediglich unter **63** den engen Voraussetzungen des § 7 Abs. 5 EStG zulässig ist, handelt es sich nicht um eine degressive AfA im obigen Sinn, sondern um die Bemessung nach festen, im Laufe der Jahre fallenden Vomhundertsätzen.

Die **arithmetisch-degressive Abschreibung** ist ebenfalls durch fallende **64** Abschreibungsbeträge gekennzeichnet. Bei der digitalen Abschreibung als Unterform der arithmetisch-degressiven Abschreibung vermindert sich die jährliche Abschreibungshöhe um gleich bleibende Beträge.[137] Die praktische Bedeutung dieses Verfahrens ist allerdings eher gering.

Die **leistungsabhängige Abschreibung** kommt dem Grundgedanken **65** einer Synchronisierung von Aufwendungen und daraus resultierenden Umsatzerlösen am nächsten, sofern die Inanspruchnahme des abnutzbaren Anlagevermögens in den gleichen Perioden erfolgt, in denen auch die damit zusammenhängenden Umsatzerlöse erzielt werden und darüber hinaus der bloße Gebrauchsverschleiß die Wertminderung zutreffend wiedergibt. Das

---

[134] Beck HdR/*Nordmeyer/Göbel* B 212 Rn. 156.
[135] BeBiKo/*Schubert/Andrejewski* Rn. 247; Beck HdR/*Nordmeyer/Göbel* B 212 Rn. 134.
[136] *Wohlgemuth/Radde* in Hofbauer/Kupsch Bonner-HdB Rn. 253, mit dem Hinweis, dass ungewöhnlich hohe Prozentsätze das Ziel der Verteilung des Abschreibungsbetrags auf die Nutzungsdauer materiell beeinträchtigen und vor diesem Hintergrund Prozentsätze über 40 % als problematisch anzusehen sind.
[137] HdR/*Brösel/Olbrich* Rn. 482.

Problem der Leistungsabschreibung liegt in der Schätzung des insgesamt zur Verfügung stehenden Leistungspotenzials, um daraus am Ende eines jeden Jahres den anteiligen Wertverzehr ermitteln zu können.[138]

66 In den Abschreibungsplan ist grundsätzlich der am Ende der Nutzungsdauer voraussichtlich noch vorhandene **Restwert** einzubeziehen. Wegen der damit verbundenen Schätzungsprobleme wird in der Praxis der Abschreibungsplan häufig auf der Grundlage eines Restwerts in Höhe von Null aufgestellt. Dies wird nur dann zu beanstanden sein, wenn sich erfahrungsgemäß bei vergleichbaren Vermögensgegenständen am Ende der Nutzungsdauer wesentlich höhere Restwerte ergeben haben.[139]

67 Die Abschreibung ist ab dem **Zeitpunkt der Betriebsbereitschaft** vorzunehmen. Sie ist erreicht, sobald der betreffende Vermögensgegenstand bestimmungsgemäß genutzt werden kann. Auf den tatsächlichen Nutzungsbeginn kommt es hingegen nicht an, da die wirtschaftliche Abnutzung im Zweifel bereits ab der Lieferung oder Fertigstellung beginnt.[140]

68 Im Jahr des Anlagenzugangs hat grundsätzlich eine **zeitanteilige Abschreibung** zu erfolgen. Angemessene **Vereinfachungsverfahren** sind zulässig.[141] Neben der Berechnung der Abschreibung auf Basis voller Monate kann für die handelsrechtliche Behandlung von geringwertigen Anlagegütern eine Orientierung an dem steuerrechtlichen Wahlrecht nach § 6 EStG erfolgen, das für bestimmte **Geringwertige Wirtschaftsgüter (GWG)** eine Alternative zur planmäßigen AfA nach § 7 EStG ermöglicht. Unter Berücksichtigung der jüngsten Gesetzgebung[142] ergeben sich **drei Gruppen von GWG:**[143]

– Wirtschaftsgüter mit Anschaffungs- oder Herstellungskosten von **bis zu 250 Euro** (netto), sog. geringwertige Wirtschaftsgüter, können im Jahr der Anschaffung, Herstellung oder Einlage **voll abgeschrieben** bzw. **als Betriebsausgabe abgezogen werden** (§ 6 Abs. 2 S. 1 EStG); hierbei handelt es sich um ein wirtschaftsgutbezogenes Wahlrecht.[144] Erfolgte die Anschaffung der Wirtschaftsgüter vor dem 1.1.2018, so ist der inzwischen geänderte Grenzwert von bis zu 150 Euro (netto) zugrunde zu legen.[145]

– Wirtschaftsgüter mit Anschaffungs- oder Herstellungskosten von **mehr als 250 Euro (netto) aber weniger als 800 Euro (netto)** können im Jahr der Anschaffung, Herstellung oder Einlage **voll abgeschrieben** bzw. **als Betriebsausgabe abgezogen werden** (§ 6 Abs. 2 S. 1 EStG) **oder** in einen wirtschaftsjahrbezogenen **Sammelposten** einbezogen werden (§ 6 Abs. 2a S. 1 EStG);[146] jedoch nur dann, wenn auch die Wirtschaftsgüter mit Anschaffungs- oder Herstellungskosten von mehr als 800 Euro (netto) aber weniger als 1.000 Euro (netto) in einen solchen Sammelposten ein-

[138] HdR/*Brösel/Olbrich* Rn. 486.
[139] Ähnlich HdR/*Brösel/Olbrich* Rn. 455; *Wohlgemuth/Radde* in Hofbauer/Kupsch Bonner-HdB Rn. 222; WP-HdB Kap. F Rn. 177.
[140] *Wohlgemuth/Radde* in Hofbauer/Kupsch Bonner-HdB Rn. 225; HdR/*Brösel/Olbrich* Rn. 460.
[141] HdR/*Brösel/Olbrich* Rn. 459.
[142] Gesetz gegen schädliche Steuerpraktiken im Zusammenhang mit Rechteüberlassungen (BGBl. 2017 I 2017) und Zweites Gesetz zur Entlastung insbesondere der mittelständischen Wirtschaft von Bürokratie (BGBl. 2017 I 2074).
[143] BeBiKo/*Schubert/Andrejewski* Rn. 275.
[144] BeBiKo/*Schubert/Andrejewski* Rn. 275.
[145] BT-Drs. 18/12128, 9; BT-Drs. 18/11778, 5; BeBiKo/*Schubert/Andrejewski* Rn. 275.
[146] Weiterführend zu den steuerrechtlichen Regelungen NWB Kommentar Bilanzierung/*Hoffmann/Lüdenbach* Rn. 173–177.

bezogen werden.[147] Erfolgte die Anschaffung der Wirtschaftsgüter vor dem 1.1.2018, so sind die inzwischen geänderten Grenzwerte von mehr als 150 Euro (netto) aber weniger als 410 Euro (netto) sowie von mehr als 410 Euro (netto) zugrunde zu legen.[148]

– Wenn für Wirtschaftsgüter mit Anschaffungs- oder Herstellungskosten von mehr als 250 Euro (netto) aber weniger als 800 Euro (netto) die Alternative des Einbezugs in einen Sammelposten zur Anwendung kommen soll, so sind auch Wirtschaftsgüter mit Anschaffungs- oder Herstellungskosten von **mehr als 800 Euro (netto)** aber **weniger als 1.000 Euro (netto)** in einen wirtschaftsjahrbezogenen **Sammelposten** einzustellen.[149] Wurde für Wirtschaftsgüter mit Anschaffungs- oder Herstellungskosten von mehr als 250 Euro (netto) aber weniger als 800 Euro (netto) hingegen die Variante der Sofortabschreibung gewählt, so ist auf die Wirtschaftsgüter mit Anschaffungs- oder Herstellungskosten von mehr als 800 Euro (netto) aber weniger als 1.000 Euro (netto) die **Regelabschreibung** anzuwenden.[150] Erfolgte die Anschaffung der Wirtschaftsgüter vor dem 1.1.2018, so sind die inzwischen geänderten Grenzwerte von mehr als 150 Euro (netto) aber weniger als 410 Euro (netto) sowie von mehr als 410 Euro (netto) zugrunde zu legen.[151]

Wurde für die GWGs in den Betragsbandbreiten von mehr als 250 Euro (netto) aber weniger als 800 Euro (netto) sowie von mehr als 800 Euro (netto) aber weniger als 1.000 Euro (netto) die Variante des wirtschaftsjahrbezogenen **Sammelpostens** gewählt, so ist dieser im Wirtschaftsjahr der Bildung und in den folgenden Wirtschaftsjahren **linear um jeweils 20 %** aufwandswirksam aufzulösen.[152] Dieser Sammelposten darf handelsrechtlich nur gebildet werden, wenn er insgesamt von unwesentlicher Bedeutung ist.[153] Die steuerrechtliche Obergrenze ist für handelsrechtliche Zwecke jedoch nicht bindend,[154] zudem ist diese Vereinfachungsregel handelsrechtlich nicht auf bewegliche Anlagegüter begrenzt und somit grundsätzlich auch auf immaterielle Vermögensgegenstände anwendbar.[155] Die **Obergrenze** kann für handelsrechtliche Zwecke **unternehmensindividuell** anhand zweckmäßiger Maßstäbe (zB Prozentsatz der Bilanzsumme) festgelegt werden. Um sicherzustellen, dass die Darstellung der Vermögens, Finanz- und Ertragslage nicht beeinträchtigt wird, ist zudem der Gesamtbetrag, der im Berichtsjahr sofort voll abgeschriebenen Vermögensgegenstände, auf Wesentlichkeit zu überprüfen.[156]

Die **Halbjahresregel,** nach der Zugänge des ersten Halbjahres mit dem **69** vollen jährlichen Abschreibungsbetrag, Zugänge des zweiten Halbjahres mit dem halben Jahresbetrag abgeschrieben werden konnten, ist steuerlich nicht mehr zulässig. Handelsrechtlich widerspricht die Anwendung der Halbjahresregel nicht den GoB.[157]

[147] BeBiKo/*Schubert/Andrejewski* Rn. 275.
[148] BT-Drs. 18/12128, 9; BT-Drs. 18/11778, 5; BeBiKo/*Schubert/Andrejewski* Rn. 275.
[149] BeBiKo/*Schubert/Andrejewski* Rn. 275.
[150] BeBiKo/*Schubert/Andrejewski* Rn. 275.
[151] BT-Drs. 18/12128, 9; BT-Drs. 18/11778, 5; BeBiKo/*Schubert/Andrejewski* Rn. 275.
[152] BeBiKo/*Schubert/Andrejewski* Rn. 275.
[153] WP-HdB Kap. F Rn. 172; BeBiKo/*Schubert/Andrejewski* Rn. 276; HdR/*Brösel/Olbrich* Rn. 517 f.
[154] *ADS* Rn. 410; WP-HdB Kap. F Rn. 172; BeBiKo/*Schubert/Andrejewski* Rn. 276.
[155] BeBiKo/*Schubert/Andrejewski* Rn. 276.
[156] Praxiskommentar BilanzR/*Brösel/Scheren/Wasmuth* Rn. 80.
[157] WP-HdB Kap. F Rn. 178.

70 Bei **nachträglichen Anschaffungs- oder Herstellungskosten** ist danach zu differenzieren, ob sie zu einer **Verlängerung der Lebensdauer** des ursprünglichen Gegenstands führen. Ist dies der Fall, so sind der Restbuchwert und die nachträglichen Anschaffungs- oder Herstellungskosten gemeinsam über die (neue) Restnutzungsdauer abzuschreiben. Bleibt die bisherige Lebensdauer hingegen unverändert, erfolgt eine Verteilung der nachträglichen Anschaffungs- oder Herstellungskosten über die ursprüngliche Restnutzungsdauer.

71 Für Vermögensgegenstände des abnutzbaren Anlagevermögens, die **vor Ende der Nutzungsdauer veräußert** werden, ist bis zum Zeitpunkt der Veräußerung grundsätzlich die **anteilige Jahresabschreibung** vorzunehmen, um eine zutreffende Aufteilung des Gesamterfolgs für Ausweiszwecke zu gewährleisten, da die Gewinne und Verluste aus Anlagenabgängen zu den sonstigen betrieblichen Erträgen bzw. den sonstigen betrieblichen Aufwendungen zählen. Allenfalls in betragsmäßig unbedeutenden Fällen kann auf eine anteilige Jahresabschreibung aus Vereinfachungsgründen verzichtet werden.[158]

72 Die Abschreibung kann sowohl in direkter Form durch **Absetzung von den aktivierten Anschaffungs- oder Herstellungskosten** als auch durch **Bildung einer passivischen Wertberichtigung** (indirekte Form) vorgenommen werden. Von praktischer Bedeutung ist jedoch nahezu ausschließlich die direkte Methode, zumal Kapitalgesellschaften, OHG/KG iSv § 264a und dem PublG unterliegenden Unternehmen die indirekte Form ohnehin verwehrt ist, obwohl das Ausweiswahlrecht für das Anlagengitter nach § 268 Abs. 2 aF im Zuge des BilRUG aufgehoben wurde,[159] womit die gesetzliche Verankerung des Verbots entfallen ist.[160]

73 **c) Nutzungsdauerschätzung.** Die voraussichtliche Nutzungsdauer ist anhand derjenigen Tatbestandsmerkmale zu schätzen, die den Wertverzehr des Anlagegegenstands bestimmen. Dies können insbesondere sein:[161]

- technische Begrenzungen der Nutzungsdauer,
- wirtschaftliche Einflussfaktoren und/oder
- rechtlich-tatsächliche Restriktionen.

74 Die **technische Nutzungsdauer** stellt die **Obergrenze** für die Nutzungsdauerschätzung dar.[162] Nach Ablauf der – ggf. durch Wartungs- und Instandhaltungsmaßnahmen verlängerten – technischen Nutzungsdauer besteht keine (sinnvolle) Möglichkeit für die betriebliche Nutzung mehr, auch nicht zu anderen als den ursprünglichen Zwecken.[163]

75 Eine **Verkürzung** der unter technischen Gesichtspunkten möglichen Nutzungsdauer wird regelmäßig **durch wirtschaftliche Gründe** eintreten.[164] Dahinter können einerseits Überlegungen stehen, die aus wirtschaftlichen Gründen eine Weiternutzung der betroffen Vermögensgegenstände nicht länger vorteilhaft erscheinen lassen, etwa weil die Wartungs- und Instandhal-

---

[158] *Wohlgemuth/Radde* in Hofbauer/Kupsch Bonner-HdB Rn. 242.
[159] BT-Drs. 18/4050, 10.
[160] BeBiKo/*Schubert/Andrejewski* Rn. 210.
[161] WP-HdB Kap. F Rn. 175; *ADS* Rn. 366 f.; HdR/*Brösel/Olbrich* Rn. 427; *Wohlgemuth/Radde* in Hofbauer/Kupsch Bonner-HdB Rn. 226.
[162] BeBiKo/*Schubert/Andrejewski* Rn. 230.
[163] *ADS* Rn. 369; *Wohlgemuth/Radde* in Hofbauer/Kupsch Bonner-HdB Rn. 226.
[164] *ADS* Rn. 368.

tungskosten ab einem bestimmten Zeitpunkt überproportional ansteigen oder weil sich mit einem neuen Anlagegegenstand höhere Stückzahlen und/oder qualitativ bessere Produkte herstellen ließen.[165] Wirtschaftliche Gründe sind auch ausschlaggebend, wenn die Nutzungsdauer auf Grund von Geschmacksänderungen auf der Abnehmerseite oder durch Konjunkturschwankungen beeinträchtigt wird.[166] Derartige Wertminderungen treten unabhängig vom technischen Verschleiß ein.

Schließlich kann die Nutzungsdauer auch durch rechtliche Gründe von **76** Beginn an oder durch Änderung zu einem späteren Zeitpunkt bestimmt sein. Dies gilt insbesondere für alle Arten von für einen bestimmten Zeitraum abgeschlossenen Verträgen über die **Nutzung von Patenten, Konzessionen** sowie für Miet- und Pachtverhältnisse.[167] Insbesondere bei immateriellen Vermögensgegenständen stellt die **rechtliche Nutzungsdauer** die Obergrenze dar, die uU durch den Zeitraum der wirtschaftlichen Nutzung unterschritten wird.

Unterscheiden sich **technische, wirtschaftliche** und **rechtlich-tatsäch- 77 liche** Nutzungsdauer, so ist die **kürzeste** sich daraus ergebende **maßgebend.**[168] Treffen etwa physischer Verschleiß eines Anlagegegenstands und wirtschaftlich bedingte Wertminderungen zusammen, so ist die im Vergleich zur theoretisch möglichen technischen Nutzungsdauer die kürzere (wirtschaftliche) Nutzungsdauer maßgebend.

Die Nutzungsdauer ist jeweils auf unternehmensindividueller Basis zu **78** schätzen.[169] Besonderheiten, die zu einer Verkürzung der Nutzungsdauer führen, sind zu berücksichtigen (zB Mehrschichtbetrieb). Durch die **Unternehmensbezogenheit der Nutzungsdauer** ist mit der Schätzung ein erheblicher Spielraum des Bilanzierenden verbunden.[170]

Vor dem Inkrafttreten des BilMoG bestand eine gewisse Normierung **79** durch die **steuerlichen AfA-Tabellen,** die eine **Nutzungsdauervermutung der Finanzverwaltung** wiedergeben, die vom Steuerpflichtigen nur durch den Nachweis abweichender Verhältnisse im Einzelfall entkräftet werden kann. Diese standardisierten Tabellen befreiten zwar nicht von der Verpflichtung zur sachgerechten Schätzung der (handelsrechtlichen) Nutzungsdauer, entfalteten aber insbesondere immer dann eine **faktische Bindungswirkung,** wenn Abweichungen zwischen Handels- und Steuerbilanz vermieden werden sollten.[171] Seit Inkrafttreten des BilMoG ist die handelsrechtliche Nutzungsdauer jedoch grundsätzlich unabhängig von den AfA-Tabellen zu schätzen,[172] was eine gleichlautende Nutzungsdauer zumindest nicht ausschließt.

Steuerrechtlich ist zwischen der technischen, wirtschaftlichen und recht- **80** lichen Nutzungsdauer zu unterscheiden, wobei der Steuerpflichtige sich auf die für ihn günstigere Alternative berufen kann.[173] Die als Hilfsmittel zur Schätzung der steuerrechtlichen Nutzungsdauer vom BMF herausgegebenen

---

[165] *Wohlgemuth/Radde* in Hofbauer/Kupsch Bonner-HdB Rn. 227.

[166] *ADS* Rn. 368.

[167] *Wohlgemuth/Radde* in Hofbauer/Kupsch Bonner-HdB Rn. 229; HdR/*Brösel/Olbrich* Rn. 425.

[168] *ADS* Rn. 369; *Wohlgemuth/Radde* in Hofbauer/Kupsch Bonner-HdB Rn. 230.

[169] *ADS* Rn. 369; *Wohlgemuth/Radde* in Hofbauer/Kupsch Bonner-HdB Rn. 225.

[170] *ADS* Rn. 378; *Wohlgemuth/Radde* in Hofbauer/Kupsch Bonner-HdB Rn. 235.

[171] Ähnlich HdR/*Brösel/Olbrich* Rn. 468 f.; Haufe BilanzR/*Heusinger/Lange* Rn. 171.

[172] Haufe BilanzR/*Heusinger/Lange* Rn. 170; BeBiKo/*Schubert/Andrejewski* Rn. 231.

[173] Schmidt/*Kulosa* EStG § 7 Rn. 155.

AfA-Tabellen haben für steuerliche Zwecke zunächst die **Vermutung der Richtigkeit** für sich, eine Abweichung von den AfA-Tabellen bedarf einer besonderen Begründung. Die (Finanz-)Gerichte sind allerdings nicht an die AfA-Tabellen gebunden, müssen aber eine generelle Abweichung in Auseinandersetzungen mit den Erfahrungen der Finanzverwaltung besonders begründen.[174]

81   Für die planmäßige Abschreibung eines **Geschäfts- oder Firmenwerts** ist steuerlich zwingend die gesetzlich vorgeschriebene Nutzungsdauer von **15 Jahren** anzuwenden (§ 7 Abs. 1 S. 3 EStG). Handelsrechtlich ist grundsätzlich keine typisierende Nutzungsdauer vorgegeben; sie ist unabhängig von der steuerlichen Regelung unternehmensindividuell zu schätzen.[175] Sofern die Nutzungsdauer im Ausnahmefall nicht verlässlich schätzbar ist, ist seit dem BilRUG eine typisierende Nutzungsdauer von zehn Jahren für die Handelsbilanz vorgegeben (→ Rn. 52).[176] Kapitalgesellschaften und OHG/ KG iSv § 264a haben den Zeitraum, über den ein entgeltlich erworbener Geschäfts- oder Firmenwert abgeschrieben wird, gem. § 285 Nr. 13 im Anhang zu erläutern.

82   Besteht ein Vermögensgegenstand aus mehreren in Relation zum gesamten Vermögensgegenstand **wesentlichen Komponenten,** die physisch voneinander separierbar sind, einem regelmäßigen Austausch unterliegen und unterschiedliche Nutzungsdauern aufweisen, ist es handelsrechtlich zulässig, den Vermögensgegenstand nach dem **Komponentenansatz** planmäßig abzuschreiben.[177] Bei dem Komponentenansatz wird der Abschreibungsbetrag des Vermögensgegenstands als Summe der planmäßigen (über die jeweilige Nutzungsdauer ermittelten) Abschreibungsbeträge jeder identifizierten Komponente ermittelt.[178] Bei Ersatz einer Komponente wird die ersetzte Komponente als Teilabgang und Ausgaben für den Ersatz als Teilzugang erfasst. Somit sind die Ausgaben als **nachträgliche Anschaffungs- oder Herstellungskosten** zu aktivieren und über die komponentenspezifische Nutzungsdauer abzuschreiben. Der Ersatz ist nicht als Erhaltungsaufwand zu erfassen.[179] Der Komponentenansatz ist mangels physischer Separierbarkeit nicht auf Großreparaturen bzw. Inspektionen anwendbar.[180] Die Überprüfung, ob bei einem nach dem Komponentenansatz behandelten Vermögensgegenstand eine dauerhafte Wertminderung vorliegt, ist auf Basis des gesamten Vermögensgegenstands durchzuführen.[181] Steuerrechtlich ist eine planmäßige Abschreibung nach dem Komponentenansatz unzulässig.[182]

83   Hinsichtlich der Korrektur der ursprünglichen Nutzungsdauerschätzung durch eine eingetretene Verkürzung der Nutzungsdauer → Rn. 84.

84   **2. Außerplanmäßige Abschreibungen (Abs. 3 S. 5). a) Allgemeines.**
Wertminderungen von abnutzbaren Vermögensgegenständen des Anlagevermögens, die im Zeitpunkt des Eintritts der Wertminderungen durch plan-

---

[174] Schmidt/*Kulosa* EStG § 7 Rn. 166.
[175] BeBiKo/*Schubert/Andrejewski* Rn. 672; WP-HdB Kap. F Rn. 308.
[176] BT-Drs. 18/4050, 7; BeBiKo/*Schubert/Andrejewski* Rn. 672.
[177] *IDW* RH HFA 1.016 Rn. 5; BeBiKo/*Schubert/Andrejewski* Rn. 278; WP-HdB Kap. F Rn. 176; krit. *Herzig/Briesemeister/Joisten/Vossel* WPg 2010, 561–573.
[178] *IDW* RH HFA 1.016 Rn. 4.
[179] *IDW* RH HFA 1.016 Rn. 6.
[180] *IDW* RH HFA 1.016 Rn. 7.
[181] *IDW* RH HFA 1.016 Rn. 10.
[182] BeBiKo/*Schubert/Andrejewski* Rn. 279.

mäßige Abschreibungen nicht hinreichend berücksichtigt werden können, stellen einen Anwendungsfall für außerplanmäßige Abschreibungen dar. Dies wird ua immer dann der Fall sein, wenn eine **Verkürzung der Nutzungsdauer** gegenüber der ursprünglichen Schätzung eintritt.[183] Hingegen kann im umgekehrten Fall einer verlängerten Restnutzungsdauer allenfalls eine Verminderung der zukünftigen jährlichen Abschreibungsbeträge eintreten; eine Rückgängigmachung der bisherigen planmäßigen Abschreibungen ist ausgeschlossen.[184] Bei Vermögensgegenständen des Anlagevermögens, deren Nutzung zeitlich nicht begrenzt ist, stellt sich die Frage nach einer außerplanmäßigen Abschreibung immer dann, wenn die ursprünglichen Anschaffungs- oder Herstellungskosten die Wertverhältnisse am Abschlussstichtag nicht (mehr) in der gesetzlich vorgeschriebenen Form widerspiegeln.

Das Gesetz unterscheidet zwischen **vorübergehenden** und **dauernden** 85 **Wertminderungen;** Erstere begründen gem. Abs. 3 S. 6 eine auf Finanzanlagen beschränkte Wahlrechtsabschreibung (gemildertes Niederstwertprinzip), während dauernde Wertminderungen verpflichtend durch eine Abschreibung zu erfassen sind (Abs. 3 S. 5). Unterbleibt im Rahmen des Wahlrechts nach Abs. 3 S. 6 die Abschreibung von Finanzanlagen auf deren beizulegenden Wert, sind die gem. § 285 Nr. 18 erforderlichen Angaben im Anhang zu tätigen. **Entfallen die Gründe** für eine außerplanmäßige Abschreibung, darf aufgrund des **Wertaufholungsgebots** nach Abs. 5 der niedrigere Wertansatz nicht beibehalten werden. Ferner haben Kapitalgesellschaften und OHG/KG iSv § 264a außerplanmäßige Abschreibungen auf Grund von § 277 Abs. 3 S. 1 entweder in der Gewinn- und Verlustrechnung gesondert auszuweisen oder im Anhang anzugeben.

Steuerlich sind Teilwertabschreibungen nur bei voraussichtlich dauernden 86 Wertminderungen zulässig. Eine **voraussichtlich dauernde Wertminderung** bedeutet dabei ein voraussichtlich nachhaltiges Absinken des Werts des Wirtschaftsguts unter den maßgeblichen Buchwert; eine nur vorübergehende Wertminderung reicht für eine Teilwertabschreibung nicht aus.[185]

b) Relevanter Wertmaßstab. Ausgangspunkt für die Prüfung eines Ab- 87 schreibungserfordernisses iSv Abs. 3 S. 5 ist bei abnutzbaren Vermögensgegenständen des Anlagevermögens der sich nach Vornahme der planmäßigen Abschreibung und eventueller früherer außerplanmäßiger Abschreibungen ergebende **Restbuchwert.** Bei nicht abnutzbaren Anlagegegenständen ist der Vergleichswert durch die **Anschaffungs- oder Herstellungskosten** bestimmt. Sofern bereits in früheren Geschäftsjahren außerplanmäßige Abschreibungen vorgenommen wurden, sind diese ebenso wie Zuschreibungen bei der Ermittlung der Restbuchwerte vor der außerplanmäßigen Abschreibung des betreffenden Geschäftsjahres einzubeziehen.[186] Wird eine Sachanlage planmäßig unter Anwendung des Komponentenansatzes abgeschrieben, ist weiterhin der Restbuchwert des gesamten Vermögensgegenstands relevant (→ Rn. 82).[187]

Als schwieriger erweist sich die Frage nach dem **beizulegenden Wert,** der 88 gem. Abs. 3 S. 5 den Vergleichsmaßstab für eine eventuell vorzunehmende

---

[183] WP-HdB Kap. F Rn. 180.
[184] Ähnlich HdR / *Brösel* / *Olbrich* Rn. 542.
[185] Schmidt/ *Kulosa* EStG § 6 Rn. 364.
[186] BeBiKo/ *Schubert* / *Andrejewski* Rn. 306.
[187] *IDW* RH HFA 1.016 Rn. 10.

außerplanmäßige Abschreibung darstellt. Der beizulegende Wert ist nicht gesetzlich definiert.[188] Er ist grundsätzlich vom beizulegenden Zeitwert nach § 255 Abs. 4 zu unterscheiden (→ § 255 Rn. 73-77), da der beizulegende Wert im Gegensatz zum beizulegenden Zeitwert unter Beachtung der **unternehmensspezifischen Verhältnisse** zu ermitteln ist.[189] Wenn nach der handelsrechtlichen Gewinnermittlungskonzeption der Wertansatz in der Bilanz iSd Informationsfunktion auch Auskunft über die – ggf. um weitere noch entstehende Aufwendungen gekürzten – zu erwartenden Erträge geben soll, so ist der beizulegende Wert als Wertobergrenze nur bei unmittelbar zum Absatz bestimmten Vermögensgegenständen (etwa Fertigerzeugnisse und Waren) durch eine Orientierung an den erzielbaren Absatzmarktpreisen vergleichsweise einfach zu bestimmen und entspricht insoweit grundsätzlich dem beizulegendem Zeitwert. Für Vermögensgegenstände des Anlagevermögens hingegen ist mit der Ermittlung der noch erzielbaren Erfolgsbeiträge eine (häufig unlösbare) **Zurechnungsproblematik** verbunden, da eine Veräußerungsabsicht im Regelfall per Definition nicht besteht und erwartete Erträge nur durch die mittels der Anlagegegenstände erzielbaren Umsatzerlöse zum Ausdruck kommen.

89   Eine **Untergrenze** für die Bewertung stellt der **Einzelveräußerungspreis** unter Berücksichtigung der mit der Veräußerung eventuell noch verbundenen Aufwendungen dar. Sofern ein solcher Veräußerungspreis hinreichend objektiviert ermittelt werden kann – gerade im Bereich von gebrauchten (Spezial-)Maschinen kann die Bestimmung dieses Preises mit erheblichen Problemen verbunden sein –, kommen darin unmittelbar die noch durch den Verkauf erzielbaren Erträge zum Ausdruck. Jedoch kann der Einzelveräußerungspreis nur dann einen Anhaltspunkt für den Umfang einer außerplanmäßigen Abschreibung darstellen, wenn absehbar ist, dass **keine anderweitigen Erträge mehr** durch den zu bewertenden Anlagegegenstand – zB im Fall von stillgelegten Anlagen – erzielbar sind.[190]

90   Der potenzielle **Veräußerungserlös** – uU nur in Höhe des Schrottwertes – steht jedoch im Fall der weiteren Nutzungsabsicht in keinem Verhältnis zu den noch erzielbaren Erträgen und ist daher nur im Ausnahmefall zur Ermittlung des beizulegenden Werts heranzuziehen.[191] Andererseits wird die unmittelbare Bestimmung des Ertragspotenzials ebenfalls nur in Ausnahmefällen (etwa bei Beteiligungen,[192] Patenten, Lizenzen oder vermieteten Vermögensgegenständen) in Frage kommen, wobei die praktische Ermittlung dieses Ertragswertes mit erheblichen Schwierigkeiten verbunden sein kann.[193] Damit werden bei der Ermittlung des beizulegenden Wertes **Hilfswerte** heranzuziehen sein, die zumindest als Indizien für ein vermindertes Ertragspotenzial gelten können. Als akzeptabler Kompromiss zwischen Imparitätsprinzip und Objektivierungserfordernissen kann insbesondere der **Wiederbeschaffungswert** angesehen werden, soweit von der Unternehmensfortführung auszugehen ist. Dahinter

---

[188] BeBiKo/*Schubert/Andrejewski* Rn. 306 f.; WP-HdB Kap. F Rn. 148.

[189] *ADS* Rn. 455; WP-HdB Kap. F Rn. 148.

[190] *Wohlgemuth/Radde* in Hofbauer/Kupsch Bonner-HdB Rn. 349 f.

[191] *ADS* Rn. 460–463; BeBiKo/*Schubert/Andrejewski* Rn. 309.

[192] Die Ermittlung des beizulegenden Werts einer Beteiligung nach den Grundsätzen des IDW S 1 „Grundsätze zur Durchführung von Unternehmensbewertungen" wird in *IDW* RS HFA 10 „Anwendung der Grundsätze des IDW S 1 bei der Bewertung von Beteiligungen und sonstigen Unternehmensanteilen für die Zwecke eines handelsrechtlichen Jahresabschlusses" konkretisiert.

[193] *Wohlgemuth/Radde* in Hofbauer/Kupsch Bonner-HdB Rn. 351–355.

steht die Vermutung, dass sich gesunkene Wiederbeschaffungskosten mit der Folge einer kostengünstigeren Produktion letztlich auch in niedrigeren Verkaufspreisen der Erzeugnisse niederschlagen, sodass gesunkene Wiederbeschaffungskosten als ein Indiz für das Risiko zukünftig nicht mehr kostendeckender Absatzpreise angesehen werden können.[194] Sofern ein Börsen- oder Marktpreis auf dem Beschaffungsmarkt existiert, ist auf diesen zurückzugreifen, andernfalls auf die Wiederbeschaffungskosten, wie sie sich an dem für das Unternehmen relevanten Beschaffungsmarkt darstellen. Schließlich ist der **Reproduktionswert** maßgeblich, falls keine Möglichkeit der Beschaffung von Dritten besteht. In allen Fällen ist zu beachten, dass die Vergleichbarkeit mit dem zu bewertenden Vermögensgegenstand gegeben sein muss. Entweder ist unmittelbar auf die Preisverhältnisse für gebrauchte Anlagegegenstände in vergleichbarem Zustand abzustellen, oder es ist ein Abschlag auf die Preise für neuwertige Gegenstände in dem Umfang der bisherigen Nutzung vorzunehmen.[195]

c) Vorübergehende und dauernde Wertminderungen. Mit Ausnahme 91
von Finanzanlagen ist bei Vermögensgegenständen des Anlagevermögens eine außerplanmäßige Abschreibung auf den niedrigeren beizulegenden Wert nur im Fall einer **dauernden Wertminderung** zulässig und geboten (Abs. 3 S. 5–6). Vor diesem Hintergrund ist eine dauernde von einer vorübergehenden Wertminderung abzugrenzen.

Eine **vorübergehende Wertminderung** im Bereich der **Finanzanlagen** 92
ist sowohl bei festverzinslichen Wertpapieren als auch bei Anteilen an anderen Unternehmen denkbar, wenn Wertschwankungen auftreten, die auf nur **vorübergehende Einflussfaktoren** zurückzuführen sind. Dies gilt etwa für Zinsschwankungen oder zeitlich begrenzte Kursausschläge am Aktienmarkt. Gleiches ist bei Anlauf- oder zeitweiligen Verlusten von Beteiligungsunternehmen denkbar.[196]

Die Entscheidung darüber, ob noch eine nur vorübergehende Wertmin- 93
derung oder bereits eine dauerhafte Wertminderung vorliegt, ist auf Grund der Ausgestaltung der **Vorschrift restriktiv** zu treffen. Die mit der dauernden Wertminderung verknüpfte Abschreibungspflicht lässt es angebracht erscheinen, das Ermessen des Bilanzierenden in dieser Frage zu begrenzen und **im Zweifel im Sinne des Vorsichtsprinzips** von einer dauernden Wertminderung auszugehen.[197] Zwar legt es die handelsrechtliche Gewinnermittlungskonzeption nahe, dass es ausreichen müsste, wenn die Werterholung bis zum Abgangszeitpunkt eingetreten ist, sodass in diesem Fall kein Verlust aus dem Abgang der betreffenden Vermögensgegenstände droht. Dem stehen jedoch Objektivierungsrestriktionen entgegen: Je weiter die erwartete Werterholung in der Zukunft liegt, desto größer sind die mit der Prognose der erwarteten Wertsteigerung verbundenen Risiken. Auch die Tatsache, dass die Bewertung zunächst stichtagsbezogen zu erfolgen hat und die Berücksichtigung nachfolgender Entwicklungen die Ausnahme darstellt, spricht für eine objektivierte Begrenzung des einzubeziehenden Zeitraums.[198]

Vor diesem Hintergrund erscheint der Lösungsvorschlag angemessen, bei 94
der **Beurteilung der Dauerhaftigkeit einer Wertminderung** nur auf die

---

[194] *ADS* Rn. 457.
[195] BeBiKo/*Schubert/Andrejewski* Rn. 308.
[196] WP-HdB Kap. F Rn. 183.
[197] Ähnlich *ADS* Rn. 476; Beck HdR/*Nordmeyer/Göbel* B 212 Rn. 166.
[198] Beck HdR/*Wehrheim* B 164 Rn. 52.

Entwicklungen bis zum **Zeitpunkt der Bilanzerstellung** abzustellen. Ist bis zu diesem Zeitpunkt noch keine Werterholung eingetreten, sollte von einer dauerhaften Wertminderung mit der Folge einer Pflichtabschreibung ausgegangen werden.[199] In der Literatur wird regelmäßig auch die Meinung vertreten, bei zeitlich begrenzt nutzbaren Vermögensgegenständen des Anlagevermögens eine dauernde Wertminderung anzunehmen, wenn der ermittelte beizulegende Wert während mindestens der halben Restnutzungsdauer oder maximal fünf Jahre unter dem planmäßigen Restbuchwert liegt.[200]

95   **d) Voraussichtlich dauernde Wertminderung nach § 6 Abs. 1 Nr. 1 EStG.** Gem. Auffassung der Finanzverwaltung liegt eine **voraussichtlich nachhaltige Wertminderung** vor, wenn der Steuerpflichtige hiermit aus der Sicht am Bilanzstichtag auf Grund **objektiver Anzeichen** ernsthaft zu rechnen hat. Aus der Sicht eines sorgfältigen und gewissenhaften Kaufmanns müssen **mehr Gründe für als gegen eine Nachhaltigkeit** sprechen. Wertminderungen aus besonderem Anlass sind regelmäßig von Dauer (zB Katastrophen oder technischer Fortschritt). Zusätzliche Erkenntnisse bis zum Zeitpunkt der Aufstellung der Handelsbilanz sind zu berücksichtigen.

96   Bei **abnutzbarem Anlagevermögen** kann von einer voraussichtlich dauernden Wertminderung ausgegangen werden, wenn der Wert des jeweiligen Wirtschaftsguts zum Bilanzstichtag mindestens unter dem Buchwert liegt, den das Wirtschaftsgut bei planmäßiger Abschreibung bis zur Hälfte der verbleibenden Restnutzungsdauer erreicht hätte (BStBl. I 2000, 372).[201] Grundsätzlich ergeben sich insbesondere aus den Gründen der Wertminderung (Katastrophen oder technischer Fortschritt deuten auf Dauerhaftigkeit hin), der Eigenart des Wirtschaftsguts (je langlebiger, desto wahrscheinlicher eine Wertaufholung) und ggf. auch aus der Höhe der Wertminderung (je höher, desto dauerhafter), **Indizien für die Dauerhaftigkeit** der Wertminderung.[202] Auch bei **nicht abnutzbarem Anlagevermögen** kommt es darauf an, ob die Gründe für die Wertminderung voraussichtlich anhalten werden (BStBl. I 2000, 372).[203] Insbesondere für die Beurteilung der **Dauerhaftigkeit** börsennotierter Finanzanlagen sind im Rahmen der Finanzrechtsprechung Typisierungen in Abhängigkeit von der Höhe der Wertminderung erfolgt, so wird ein Kursverlust innerhalb einer Bagatellgrenze von 5% des Erwerbskurses nicht als dauerhafte Wertminderung betrachtet.[204]

97   **3. Bewertung von Deckungsvermögen (Abs. 1 S. 4).** Erfüllen Vermögensgegenstände die Voraussetzungen zur Einordnung als Deckungsvermögen iSv § 246 Abs. 2 S. 2 (→ § 246 Rn. 45), sind diese gem. Abs. 1 S. 4 mit ihrem **beizulegenden Zeitwert** zu bewerten. Kleinstkapitalgesellschaften iSv § 267a dürfen das Deckungsvermögen jedoch nicht zum beizulegenden Zeitwert bewerten, sofern sie bestimmte Erleichterungen in Anspruch nehmen (→ Rn. 127). Bei der Ermittlung des beizulegenden Zeitwerts sind die Vorschriften des § 255 Abs. 4 anzuwenden (→ § 255 Rn. 73-77).[205] Die

---

[199] Beck HdR/*Wehrheim* B 164 Rn. 52 f.

[200] *ADS* Rn. 477; HdR/*Brösel/Olbrich* Rn. 600; BeBiKo/*Schubert/Andrejewski* Rn. 319; WP-HdB Kap. F Rn. 184.

[201] Schmidt/*Kulosa* EStG § 6 Rn. 366.

[202] Schmidt/*Kulosa* EStG § 6 Rn. 365.

[203] Schmidt/*Kulosa* EStG § 6 Rn. 367.

[204] Schmidt/*Kulosa* EStG § 6 Rn. 367; BFH Entsch. v. 21.9.2011 – I R 7/11, BB 2012, 248; für eine Besprechung der Entscheidung *Grieser/Faller* DStR 2012, 727–733.

[205] *IDW* RS HFA 30 nF Rn. 67; BeBiKo/*Schubert/Andrejewski* Rn. 178.

zugehörigen **Aufwendungen und Erträge** sind gem. § 246 Abs. 2 S. 2 Hs. 2 mit den **Aufwendungen und Erträgen aus der Auf-** bzw. **Abzinsung** der Altersversorgungsverpflichtungen **zu saldieren.** Übersteigt der beizulegende Zeitwert des Deckungsvermögens die ursprünglichen Anschaffungskosten, ist die **Ausschüttungssperre** nach § 268 Abs. 8 zu berücksichtigen. Kapitalgesellschaften und OHG/KG iSv § 264a haben die aus der Abzinsung resultierenden Nettoerträge gesondert unter dem Posten „Sonstige Zinsen und ähnliche Erträge" sowie Nettoaufwendungen unter dem Posten „Zinsen und ähnliche Aufwendungen" auszuweisen (§ 277 Abs. 5 S. 1).[206]

Sind Vermögensgegenstände nicht länger als Deckungsvermögen zu klassi- **98** fizieren (zB aufgrund von Rückübertragung einer Überdotierung von Treuhandvermögen), sind sie wieder mit dem **Buchwert** zu bewerten, den sie im Zeitpunkt der ursprünglichen Einordnung als Deckungsvermögen aufwiesen. Etwaige in der Zwischenzeit erforderliche außerplanmäßige Abschreibungen (Abs. 3 S. 5), Zuschreibungen (Abs. 5) sowie aufgrund der Bewertung zum beizulegenden Zeitwert nicht vorgenommene planmäßige Abschreibungen sind dabei zusätzlich zu berücksichtigen.[207]

IV. Bewertung des Umlaufvermögens (Abs. 1 S. 1, Abs. 4)

1. Bewertung auf Grund gesunkener Stichtagswerte. Abs. 4 S. 1 **99** schreibt vor, bei Vermögensgegenständen des Umlaufvermögens Abschreibungen vorzunehmen, um diese mit dem **niedrigeren Wert** anzusetzen, der sich aus einem **Börsen- oder Marktpreis** am Abschlussstichtag ergibt. Das Abschreibungserfordernis aufgrund niedrigerer Börsen- oder Marktpreise folgt unmittelbar aus dem Imparitätsprinzip:[208] Nachteilige Veränderungen der Preisverhältnisse, die sich bereits am Abschlussstichtag abzeichnen, sollen bereits zu diesem Zeitpunkt berücksichtigt werden, selbst wenn die Realisation des Verlusts noch aussteht. Da die Vermögensgegenstände des Umlaufvermögens per Definition zur Veräußerung bestimmt sind, ist die gesetzliche Konzeption konsequent, bei jeglichen Wertminderungen am Abschlussstichtag **unabhängig von deren Dauerhaftigkeit** eine Pflichtabschreibung vorzuschreiben **(strenges Niederstwertprinzip).** Die Wahrscheinlichkeit, dass spätere Werterholungen eine Abschreibung überflüssig machen könnten, ist bei Vermögensgegenständen des Umlaufvermögens auf Grund der kürzeren Verweildauer im Unternehmen wesentlich geringer als bei Anlagegegenständen (vgl. in diesem Zusammenhang auch die abweichende Ausgestaltung bei Vermögensgegenständen des Anlagevermögens in Abs. 3 S. 5, → Rn. 93).[209]

Eine so begründete Abschreibung kann immer nur auf der Überlegung **100** beruhen, dass die Anschaffungs- oder Herstellungskosten die **erwarteten Erfolgsbeiträge** der betreffenden Vermögensgegenstände übersteigen. Damit ist ein **Zurechnungsproblem** verbunden, da der Erfolgsbeitrag in Form eines erzielbaren Verkaufspreises im Bereich des Vorratsvermögens grundsätzlich nur für Fertigerzeugnisse und Waren als eindeutig bestimmbar angesehen werden kann. Unfertige Erzeugnisse sowie insbesondere Roh-, Hilfs- und Betriebsstoffe sind hingegen durch eine **Absatzmarktferne** gekennzeichnet,

---

[206] *IDW* RS HFA 30 nF Rn. 86.
[207] Haufe BilanzR/*Bertram* Rn. 123; *IDW* RS HFA 30 nF Rn. 70.
[208] BeBiKo/*Schubert/Berberich* Rn. 506.
[209] HdR/*Brösel/Olbrich* Rn. 621 f.

da diese Vermögensgegenstände erst im weiteren Produktionsprozess dahingehend eingesetzt werden, dass verwertbare Erzeugnisse entstehen.

101   Insoweit stellt sich die Frage, welche Märkte als **Bewertungsmaßstab** heranzuziehen sind. Die **Absatzmarktorientierung** ist insbesondere in den Fällen sinnvoll, in denen sich die Vorräte durch eine Nähe zum Absatzmarkt auszeichnen. Das wird insbesondere bei Fertigerzeugnissen, Handelswaren und Überbeständen an Roh-, Hilfs- und Betriebsstoffen der Fall sein. Bei unfertigen Erzeugnissen wird der maßgebliche Vergleichswert retrograd unter Berücksichtigung der voraussichtlich noch bis zur Veräußerung anfallenden Aufwendungen zu ermitteln sein, sodass letztlich auch hier eine Absatzmarktorientierung zum Tragen kommt.[210] Auf die Preisverhältnisse am **Beschaffungsmarkt** wird schließlich bei Roh-, Hilfs- und Betriebsstoffen zurückzugreifen sein, soweit es sich nicht um Überbestände handelt.[211] Hingegen kommt es bei unfertigen und fertigen Erzeugnissen grundsätzlich nicht auf die Preise des Beschaffungsmarktes an, selbst wenn ein Fremdbezug möglich ist. Sofern am Absatzmarkt keine gesunkenen Preise erkennbar sind, droht bei der zukünftigen Verwertung der Vorräte kein Verlust.[212] Aus diesem Grund ist auch eine sog. **„doppelte Maßgeblichkeit" abzulehnen,** wonach für Handelswaren sowohl die Preisverhältnisse des Absatzmarktes als auch des Beschaffungsmarktes zur Bewertung heranzuziehen wären, um eine Abschreibung auf den niedrigeren der beiden Werte vorzunehmen.[213]

102   Zur Bewertung von einzelnen Posten des Umlaufvermögens → Rn. 109 ff.

103   **a) Niedrigere Wertansätze auf Grund gesunkener Börsen- oder Marktpreise.** Als Börsenpreise gelten die an einer amtlich anerkannten Börse festgestellten Kurse. Abgrenzungsprobleme zwischen Börsen- und Marktpreis werden schon deshalb nicht von Bedeutung sein, weil bei einer zweifelhaften Qualifikation als Börsenpreis der Preis regelmäßig die Voraussetzungen eines Marktpreises erfüllen wird. Märkte zeichnen sich dadurch aus, dass räumlich abgegrenzt häufig Geschäftsabschlüsse über homogene Güter zustande kommen.[214] Der dabei erzielte Durchschnittspreis ist als Marktpreis anzusehen. Ausschlaggebend für die Bewertung iSv Abs. 4 S. 1 können dabei nur Märkte sein, zu denen der Bilanzierende auch **tatsächlich Zugang** hat.[215]

104   Nach dem eindeutigen Gesetzeswortlaut ist der relevante Wertansatz ein sich aus dem Börsen- oder Marktpreis „ergebender" Wert. Das lässt erkennen, dass offensichtlich eine unmodifizierte Übernahme den Anforderungen des Gesetzes nicht gerecht wird; es handelt sich vielmehr um einen abgeleiteten Wert.[216] Eine **Anpassung des Börsen- oder Marktpreises** kann aus zwei Gründen erforderlich sein:

105   Zum Ersten werden Modifikationen immer dann in Frage kommen, wenn der **Stichtagspreis erheblich von den Preisen unmittelbar vor oder nach dem Stichtag abweicht.** In diesen Fällen wird die Ermittlung eines

---

[210] WP-HdB Kap. F Rn. 190.

[211] HdR/*Brösel/Olbrich* Rn. 654; krit. Beck HdR/*Schmidt/Labrenz* B 214 Rn. 134 f.

[212] Beck HdR/*Schmidt/Labrenz* B 214 Rn. 135; HdR/*Brösel/Olbrich* Rn. 658; aA WP-HdB Kap. F Rn. 187.

[213] HdR/*Brösel/Olbrich* Rn. 661, anders jedoch unter Rn. 638 f.; aA BeBiKo/*Schubert/Berberich* Rn. 519; WP-HdB Kap. F Rn. 187.

[214] HdR/*Brösel/Olbrich* Rn. 626–628; *Wohlgemuth/Radde* in Hofbauer/Kupsch Bonner-HdB Rn. 386.

[215] HdR/*Brösel/Olbrich* Rn. 628.

[216] *ADS* Rn. 510; HdR/*Brösel/Olbrich* Rn. 636; Beck HdR/*Böcking/Korn* B 164 Rn. 99.

Durchschnittspreises für einen Zeitraum von vier bis sechs Wochen vor oder nach dem Stichtag als angemessenes Verfahren zur Ableitung des relevanten Wertes anzusehen sein.[217] In den Fällen, in denen der Stichtagskurs über dem so ermittelten Durchschnittspreis liegt, ist eine Abschreibung auf den niedrigeren Durchschnittspreis verpflichtend.[218] Da im umgekehrten Fall (Stichtagskurs niedriger als Durchschnittspreis) eine Bewertung zum Stichtagspreis die Antizipation von Verlusten bedeuten kann, die tatsächlich nicht drohen müssen (zB aufgrund hoher Volatilität), kann es in seltenen Einzelfällen fraglich erscheinen, ob in diesem Fall die Bewertung zum (wesentlich niedrigeren) Stichtagskurs zwingend ist, sofern eine solche der Informationsfunktion zuwider liefe.[219]

106 Zum Zweiten ist der **Börsen- oder Marktpreis** in den Fällen, in denen eine Orientierung am Beschaffungsmarkt angezeigt ist, **um** eventuelle **Anschaffungsnebenkosten zu erhöhen,** um zu den relevanten Wiederbeschaffungskosten zu gelangen. Soweit der Absatzmarkt als Bewertungsmaßstab heranzuziehen ist („Grundsatz der verlustfreien Bewertung"), sind noch **anfallende Verkaufskosten** zu berücksichtigen.[220] Ein Verzicht auf die Modifikation des Börsen- oder Marktpreises aus Vereinfachungsgründen ist vor dem Hintergrund des Gesetzeswortlauts kritisch zu beurteilen. Eine Berücksichtigung eines durchschnittlichen Gewinnzuschlags kommt in der Handelsbilanz – insbesondere seit der Aufgabe der umgekehrten Maßgeblichkeit durch das BilMoG – nicht in Betracht.[221]

107 **b) Niedrigere Wertansätze auf Grund gesunkener beizulegender Werte.** Sofern Vermögensgegenstände des Umlaufvermögens zu bewerten sind, für die ein Börsen- oder Marktpreis nicht festgestellt werden kann, ist gem. Abs. 4 S. 2 der Wert heranzuziehen, der den Vermögensgegenständen am Abschlussstichtag beizulegen ist. Hinsichtlich der Orientierung an der Absatz- bzw. Beschaffungsseite kann für den niedrigeren beizulegenden Wert nichts anderes gelten, als wenn ein Börsen- oder Marktpreis festgestellt werden könnte. So wird mit Ausnahme der Roh-, Hilfs- und Betriebsstoffe auf die – ggf. um noch anfallende Aufwendungen korrigierten – **erzielbaren Veräußerungspreise** abzustellen sein. Als Hilfsmaßstab sind bei fehlenden Marktpreisen bspw. Verkäufe in zeitlicher Nähe des Abschlussstichtags oder vertraglich vereinbarte Verkaufspreise heranzuziehen. Für Roh-, Hilfs- und Betriebsstoffe wird dementsprechend auf die letzten **Beschaffungspreise** – einschließlich der Anschaffungsnebenkosten – vor dem Bilanzstichtag abzustellen sein, soweit es sich um verwertbare Materialien handelt; anderenfalls sind zusätzliche Wertminderungen durch Gängigkeitsabschläge zu berücksichtigen.[222]

108 Für **unfertige Erzeugnisse** wird es besonders schwierig sein, einen beizulegenden Wert zu bestimmen, da im Zweifel weder Wiederbeschaffungs- noch Veräußerungspreise mit hinreichender Sicherheit ermittelt werden können. In diesem Fall können die **Wiederherstellungskosten** zumindest in

---

[217] *ADS* Rn. 511.

[218] WP-HdB Kap. F Rn. 189; HdR/*Brösel/Olbrich* Rn. 637; Beck HdR/*Böcking/Korn* B 164 Rn. 102.

[219] Restriktiver und für eine zwingende Bewertung zum niedrigeren Stichtagskurs vgl. WP-HdB Kap. F Rn. 189; *ADS* Rn. 512; HdR/*Brösel/Olbrich* Rn. 637.

[220] WP-HdB Kap. F Rn. 188.

[221] BeBiKo/*Schubert/Berberich* Rn. 523; WP-HdB Kap. F Rn. 190.

[222] WP-HdB Kap. F Rn. 190.

Ausnahmefällen einen Hilfsmaßstab für die Bestimmung des beizulegenden Wertes darstellen (→ Rn. 110). Bei der Bewertung von Erzeugnissen besteht handelsrechtlich kein Raum für einen Abschlag in Höhe eines durchschnittlichen Gewinns, da allein ein drohender Verlust durch eine Abschreibung zu berücksichtigen ist, nicht jedoch das Risiko eines entgangenen Gewinns (bereits → Rn. 106).[223]

109 **2. Bewertung ausgewählter Vermögensgegenstände des Umlaufvermögens auf Grund des strengen Niederstwertprinzips. a) Vorräte.** Für **Roh-, Hilfs- und Betriebsstoffe** sind grundsätzlich die Preisverhältnisse am **Beschaffungsmarkt** einschließlich der Anschaffungsnebenkosten heranzuziehen; nur für Überbestände hat eine Orientierung an den Absatzmarktverhältnissen unter Berücksichtigung der noch anfallenden Veräußerungskosten zu erfolgen.[224] Sind die Roh-, Hilfs- und Betriebsstoffe durch Überalterung, Beschädigung oder andere Mängel in ihrer Verwendbarkeit eingeschränkt, kann dies in Form von pauschalen Abschlägen, sog. Gängigkeitsabschreibungen, berücksichtigt werden.[225]

110 **Unfertige und fertige Erzeugnisse** sind **absatzmarktbezogen** zu bewerten.[226] Der Bilanzwert darf bei fertigen Erzeugnissen unter Berücksichtigung noch für den Verkauf anfallender Aufwendungen nicht den am Absatzmarkt erzielbaren Preis übersteigen. Bei unfertigen Erzeugnissen sind vom Absatzmarktpreis darüber hinaus noch diejenigen Aufwendungen abzusetzen, die zur Fertigstellung erforderlich sind.[227] Im Allgemeinen sind Wiederbeschaffungspreise bei unfertigen Erzeugnissen, die fremdbezogen werden können, unbeachtlich. Etwas anderes kann nur gelten, wenn unfertige Erzeugnisse tatsächlich teils selbst erstellt, teils fremdbezogen werden.[228] Bei Überbeständen an unfertigen und fertigen Erzeugnissen ergeben sich keine Besonderheiten. Dem Grundsatz der Verlustantizipation ist Genüge getan, solange der Bilanzansatz die am Absatzmarkt erzielbaren Preise nicht übersteigt. Die Berücksichtigung noch niedrigerer Wiederbeschaffungs- oder Wiederherstellungskosten[229] bedeutet demgegenüber eine nicht gerechtfertigte Antizipation entgangener Gewinne.[230]

111 Bei **Waren** ist ebenso wie bei Fertigerzeugnissen allein ein Vergleich mit den Preisen am **Absatzmarkt** angebracht, wobei wiederum noch anfallende Veräußerungskosten abzusetzen sind. Eine Berücksichtigung eines durchschnittlichen Gewinns ist handelsrechtlich unzulässig (→ Rn. 106 und 108). Für einen zusätzlichen Vergleich mit den Wiederbeschaffungskosten im Sinne einer „doppelten Maßgeblichkeit" ist kein Raum, da die gesetzlich geforderte Verlustantizipation durch eine verlustfreie Bewertung sichergestellt ist (→ Rn. 101).[231]

112 **b) Forderungen.** Auch für Forderungen gilt, dass der Ansatz zu den Anschaffungskosten oder dem niedrigeren Stichtagswert zu erfolgen hat. Als

[223] BeBiKo/*Schubert*/*Berberich* Rn. 523; WP-HdB Kap. F Rn. 190.

[224] HdR/*Brösel*/*Olbrich* Rn. 654; krit. Beck HdR/*Schmidt*/*Labrenz* B 214 Rn. 134 f.

[225] *ADS* Rn. 518; BeBiKo/*Schubert*/*Berberich* Rn. 529–531.

[226] BeBiKo/*Schubert*/*Berberich* Rn. 516.

[227] Beck HdR/*Böcking*/*Korn* B 164 Rn. 186.

[228] HdR/*Brösel*/*Olbrich* Rn. 657; Beschaffungsmarktorientierung als zulässig anerkennend, sofern Fremdbezug möglich wäre: WP-HdB Kap. F Rn. 187.

[229] So zB BeBiKo/*Schubert*/*Berberich* Rn. 517, 519; WP-HdB Kap. F Rn. 187, 190.

[230] HdR/*Brösel*/*Olbrich* Rn. 658; Beck HdR/*Schmidt*/*Labrenz* B 214 Rn. 136.

[231] HdR/*Brösel*/*Olbrich* Rn. 661.

Anschaffungskosten von Forderungen wird bei Forderungen aus Lieferungen und Leistungen der **Nennbetrag** anzusehen sein.[232] Ein niedrigerer beizulegender Wert kann insbesondere aus **Bonitätsproblemen des Schuldners** resultieren. Dem ist durch eine Abschreibung auf den voraussichtlich noch eingehenden Betrag unter Berücksichtigung der bis dahin noch anfallenden Kosten Rechnung zu tragen. Dies kann sowohl in Form von **Einzelwertberichtigungen** als auch durch Pauschalwertberichtigungen erfolgen. Einzelwertberichtigungen gelangen immer dann zur Anwendung, wenn konkrete Risiken hinsichtlich eines Schuldners bekannt sind, die den Forderungseingang ganz oder teilweise zweifelhaft erscheinen lassen.[233] Da andererseits auch bei den verbleibenden Schuldnern im Einzelnen (noch) nicht bekannte Risiken bestehen können, ist es allgemein üblich, auf den nach Abzug der einzelwertberichtigten Forderungen verbleibenden Bestand einen **pauschalen Abschlag** vorzunehmen.[234] Eine Kombination von Einzelwertberichtigung und pauschalen Verfahren liegt immer dann vor, wenn Wertberichtigungen auf Basis der **Altersstruktur** vorgenommen werden. Dabei werden die Forderungen nach der Fälligkeit klassifiziert und in Abhängigkeit der Überfälligkeit „pauschal einzelwertberichtigt". Von Wertberichtigungen ausgenommen bleiben Forderungen, soweit das Ausfallrisiko durch besondere Umstände ganz oder teilweise eliminiert ist. Davon wird etwa bei Delkredereversicherungen auszugehen sein.[235] Kreditinstitute können darüber hinaus ua Forderungen an Kreditinstitute und Kunden unter bestimmten Voraussetzungen mit einem niedrigeren als dem nach Abs. 1 S. 1 und Abs. 4 vorgeschriebenen Wert ansetzen soweit dies nach kaufmännischer Beurteilung zur Sicherung der besonderen Risiken des Geschäfts von Kreditinstituten notwendig ist (§ 340f).

Ein weiterer Abschreibungsgrund bei Forderungen kann in der **Un- bzw.** 113 **Unterverzinslichkeit** bestehen. Der relevante beizulegende Wert ergibt sich dann nach Abzug des Barwertes des Zinsverlusts. Bei einer Restlaufzeit von weniger als einem Jahr wird aus Vereinfachungsgründen auf eine Abzinsung verzichtet werden können.[236]

Schließlich kann sich ein Abwertungsbedarf bei **Fremdwährungsforde-** 114 **rungen** ergeben, wenn am Abschlussstichtag der Devisenkassamittelkurs nach § 256a der Fremdwährung gegenüber dem Euro im Vergleich zum Wechselkurs im Zeitpunkt der Forderungsentstehung gesunken ist. Sofern keine Maßnahmen der Kurssicherung (etwa durch Devisentermingeschäfte oder Währungsoptionen) getroffen wurden, ist in diesem Fall zwingend auf den sich bei Umrechnung mit dem niedrigeren **Devisenkassamittelkurs** nach § 256a ergebenden Wert abzuschreiben.[237] Bei gestiegenem Stichtagskurs würde die Umrechnung mit dem **Stichtagskurs** grundsätzlich zur Vereinnahmung von unrealisierten Gewinnen führen. Dies ist gem. der Ausnahme vom Anschaffungskostenprinzip und dem Realisationsprinzip gem. § 256a S. 2 nur im Fall von **kurzfristigen Forderungen** mit einer Laufzeit bis zu einem Jahr zulässig (→ § 256a Rn. 2).

---

[232] HdR/*Brösel/Olbrich* Rn. 663.

[233] HdR/*Brösel/Olbrich* Rn. 192, 664 f.; Haufe BilanzR/*Bertram/Kessler* Rn. 313.

[234] HdR/*Brösel/Olbrich* Rn. 192; BeBiKo/*Schubert/Berberich* Rn. 576.

[235] BeBiKo/*Schubert/Berberich* Rn. 590; HdR/*Brösel/Olbrich* Rn. 192.

[236] *ADS* Rn. 532; aA HdR/*Brösel/Olbrich* Rn. 666, die eine Abzinsung bereits bei einer Restlaufzeit von mehr als drei Monaten für geboten halten.

[237] HdR/*Brösel/Olbrich* Rn. 667.

115 **c) Wertpapiere des Umlaufvermögens.** Soweit Wertpapiere dem Umlaufvermögen zugeordnet sind, besteht die Vermutung, dass eine alsbaldige Veräußerung beabsichtigt ist. Aus diesem Grund ist bei der Bewertung am Abschlussstichtag höchstens der **erzielbare Absatzpreis** heranzuziehen. Im Fall von börsennotierten Wertpapieren ist der Börsenpreis – andernfalls der Marktpreis oder der beizulegende Wert – als der relevante Wertmaßstab um die mit einer Veräußerung verbundenen Transaktionskosten zu vermindern. Liegt der sich auf diesem Weg ergebende Wert unter dem bisherigen Buchwert, ist zwingend eine Abschreibung vorzunehmen.[238]

116 **d) Liquide Mittel.** Die Bewertung der liquiden Mittel erfolgt grundsätzlich zum **Nennwert.** Bonitätsprobleme auf Seiten der Kreditinstitute, bei denen Guthaben bestehen, können jedoch eine Abschreibung der Einlagen zur Folge haben.[239] Hinsichtlich der flüssigen Mittel in **Fremdwährung** hat die Bewertung nach § 256a grundsätzlich zum **Devisenkassamittelkurs** zu erfolgen. Davon ausgenommen sind Sorten, die grundsätzlich mit dem Devisenkassakurs umzurechnen sind (→ § 256a Rn. 4). Im Fall von gestiegenen Fremdwährungskursen stellt diese Bewertung von flüssigen Mitteln zwar einen Verstoß gegen das Realisationsprinzip dar, der jedoch wegen der kurzfristigen Verfügbarkeit der Mittel durch die Ausnahme vom Anschaffungskostenprinzip und dem Realisationsprinzip für kurzfristige Vermögensgegenstände mit einer Restlaufzeit unter einem Jahr gem. § 256a S. 2 gedeckt wird.[240]

117 **3. Steuerliche Bewertung zum niedrigeren Teilwert.** Wirtschaftsgüter des Umlaufvermögens können auf den niedrigeren Teilwert abgeschrieben werden, wenn es sich um eine voraussichtlich dauernde Wertminderung handelt (§ 6 Abs. 1 Nr. 2 EStG; R.6.8 Abs. 1 EStR idF EStÄR 2012). Dieses steuerliche **Wahlrecht** bleibt von der handelsrechtlichen Abschreibungspflicht unberührt. Verzichtet der Steuerpflichtige auf eine Teilwertabschreibung bei zwingender Abschreibung in der Handelsbilanz, sind die betroffenen Wirtschaftsgüter in besondere, laufend zu führende Verzeichnisse aufzunehmen (EStR 6.8 Abs. 1 EStR; auch → § 243 Rn. 25).[241] Bei Wirtschaftsgütern des Umlaufvermögens entspricht der Teilwert grundsätzlich den **Wiederbeschaffungskosten**. Der Teilwert von zum Absatz bestimmten Wirtschaftsgütern des Vorratsvermögens hängt jedoch auch von dem voraussichtlichen Veräußerungserlös ab.[242] Bei der Ermittlung des Teilwerts ist von dem voraussichtlichen Veräußerungserlös neben dem noch nach dem Bilanzstichtag anfallenden Aufwand auch ein durchschnittlicher Unternehmergewinn in Abzug zu bringen (R. 6.8 Abs. 2 EStR).[243] Wirtschaftsgüter des Vorratsvermögens, die **keinen Börsen- oder Marktpreis** haben, können auch bei Vorliegen eines niedrigeren Teilwerts mit den Anschaffungs- oder Herstellungskosten oder mit einem zwischen diesen Kosten und dem niedrigeren Teilwert liegenden Wert angesetzt werden, wenn und soweit bei vorsichtiger Beurteilung aller Umstände damit gerechnet werden kann, dass bei einer späteren Veräußerung der angesetzte Wert zuzüglich der Veräuße-

---

[238] HdR/*Brösel*/*Olbrich* Rn. 669.
[239] Haufe BilanzR/*Bertram*/*Kessler* Rn. 323; HdR/*Brösel*/*Olbrich* Rn. 222; NWB Kommentar Bilanzierung/*Hoffmann*/*Lüdenbach* Rn. 246; Beck HdR/*Scheffler* B 217 Rn. 31.
[240] HdR/*Brösel*/*Olbrich* Rn. 675.
[241] Schmidt/*Kulosa* EStG § 6 Rn. 361.
[242] Schmidt/*Kulosa* EStG § 6 Rn. 252.
[243] Schmidt/*Kulosa* EStG § 6 Rn. 257.

rungskosten zu erlösen ist (R 6.8 Abs. 1 EStR). Die Wirtschaftsgüter des Vorratsvermögens sind grundsätzlich einzeln zu bewerten (zum Festwertverfahren → § 240 Rn. 34, zur Gruppenbewertung → § 240 Rn. 40 und zu unterstellten Verbrauchs- und Veräußerungsfolgen → § 256 Rn. 13).

Bei der Frage, wann eine **voraussichtlich dauernde Wertminderung** 118 vorliegt, ist zu berücksichtigen, dass Wirtschaftsgüter des Umlaufvermögens nicht dazu bestimmt sind, dem Betrieb auf Dauer zu dienen. Stattdessen werden sie regelmäßig für den Verkauf oder den Verbrauch gehalten. Unter diesem Gesichtspunkt ist es aus Sicht der Finanzverwaltung ausreichend, wenn die Wertminderung bis zum **Zeitpunkt der Bilanzaufstellung** oder dem vorangegangenen **Verkaufs- oder Verbrauchszeitpunkt** andauert. Zusätzliche Erkenntnisse bis zu diesen Zeitpunkten sind zu berücksichtigen, so stellen zB Kursschwankungen von börsennotierten Wertpapieren des Umlaufvermögens zusätzliche Erkenntnisse dar und sind als solche in die Beurteilung einer voraussichtlich dauernden Wertminderung der Wirtschaftsgüter zum Bilanzstichtag einzubeziehen (BStBl. I 2000, 374).[244]

V. Wertaufholungsgebot (Abs. 5)

1. Handelsbilanzielles Wertaufholungsgebot. Abs. 5 regelt die Be- 119 handlung niedrigerer Wertansätze in Folgejahren, soweit der Grund für die Abschreibung nicht mehr besteht (Wertaufholungsgebot). Betroffen sind davon Wertansätze, die auf **außerplanmäßige Abschreibungen** nach Abs. 3 S. 5 und 6 sowie Abs. 4 **zurückzuführen** sind.[245] Hingegen greift Abs. 5 nicht bei Wertansätzen ein, die sich allein durch planmäßige Abschreibungen ergeben haben.[246] Eine Wertkorrektur mit Wirkung für die Vergangenheit scheidet in diesem Fall aus; eine Anpassung kann allenfalls durch die Änderung des Abschreibungsplans im Wege einer Verlängerung der Restnutzungsdauer erreicht werden.

Das Wertaufholungsgebot gilt nicht für den derivativen **Geschäfts- oder** 120 **Firmenwert.** Ein niedrigerer Wertansatz eines derivativen Geschäfts- oder Firmenwerts muss gem. § 253 Abs. 5 S. 2 beibehalten werden, eine Wertaufholung ist unzulässig.[247] Dieses **Wertaufholungsverbot** basiert auf der Überlegung, dass eine Wertaufholung eines Geschäfts- oder Firmenwerts nicht darauf beruht, dass die Gründe der außerplanmäßigen Abschreibung entfallen sind, sondern vielmehr eine (verbotene) Aktivierung eines selbst geschaffenen Geschäfts- oder Firmenwerts darstellen würde.[248]

Voraussetzung für die zwingend vorzunehmende Wertaufholung ist gem. 121 Abs. 5 der **Wegfall von zuvor vorhandenen Abschreibungsgründen.** Wurde die vorangegangene Abschreibung unberechtigt in Anspruch genommen, ist eine Korrektur des Bilanzierungsfehlers grundsätzlich nach den Regeln zur Bilanzberichtigung durchzuführen.[249] Sofern die ursprünglichen Gründe für die außerplanmäßige Abschreibung weiterhin bestehen, und die Wertaufholung aufgrund anderer Ereignisse eingetreten ist, ist streitig, ob die Voraussetzung „Wegfall von zuvor vorhandenen Abschreibungsgründen" er-

[244] Krit. *Hommel/Berndt* FR 2000, 1313; BeBiKo/*Schubert/Berberich* Rn. 533.
[245] BeBiKo/*Winkeljohann/Taetzner* Rn. 652; WP-HdB Kap. F Rn. 192.
[246] *ADS* Rn. 605.
[247] WP-HdB Kap. F Rn. 195; HdR/*Zündorf* Rn. 787.
[248] BT-Drs. 16/10067, 57.
[249] *ADS* § 280 Rn. 22; BeBiKo/*Winkeljohann/Taetzner* Rn. 652.

füllt ist.[250] Eine eindeutige Zuordnung der Abschreibungsgründe ist in der Praxis jedoch nicht immer zweifelsfrei möglich, daher scheint es sinnvoll allein auf die nominelle Werterholung des Vermögensgegenstands abzustellen.[251] Auch bei **teilweiser Werterholung** hat somit eine Zuschreibung zwingend zu erfolgen.[252]

122   Sofern eine Wertaufholung vorzunehmen ist, findet sie ihre **Obergrenze** in dem ursprünglich außerplanmäßig **abgeschriebenen Betrag.**[253] Eine weitere Beschränkung für die Bewertung des Vermögensgegenstands ist zudem der niedrigere Wert aus beizulegendem Wert und **(fortgeführten) Anschaffungs- oder Herstellungskosten.** Beim Umlaufvermögen und beim nicht abnutzbaren Anlagevermögen sind letzteres die Anschaffungs- oder Herstellungskosten, bei den Vermögensgegenständen des abnutzbaren Anlagevermögens sind die Anschaffungs- oder Herstellungskosten um planmäßige Abschreibungen zu vermindern. Zu diesem Zweck ist der Buchwert zu bestimmen, wie er sich ohne vorherige außerplanmäßige Abschreibung ergeben hätte. Dieser Buchwert stellt dann den Vergleichswert im Zuschreibungszeitpunkt dar, durch den das Wertaufholungsvolumen begrenzt ist.[254]

123   Als **Zeitpunkt der Wertaufholungspflicht** kommt nur der Abschlussstichtag des Geschäftsjahres in Betracht, in dem die Gründe für die Abschreibung weggefallen sind. Wertaufhellende Informationen zwischen Abschlussstichtag und Bilanzerstellung sind dabei zu berücksichtigen. Erlangt ein Unternehmen erst in den Folgejahren davon Kenntnis, dass zu einem früheren Bilanzstichtag die Gründe für eine außerplanmäßige Abschreibung nicht mehr bestanden, ist grundsätzlich eine Bilanzberichtigung vorzunehmen.[255]

124   Die Wertaufholung ist in jedem Fall als **Zuschreibung gesondert auszuweisen;** eine Saldierung mit Abschreibungen der gleichen Periode scheidet ebenso aus wie die Aussetzung der planmäßigen Abschreibung.[256]

125   Kapitalgesellschaften dürfen gem. § 58 Abs. 2a AktG bzw. § 29 Abs. 4 GmbHG eine sog. **Wertaufholungsrücklage** bilden und den Eigenkapitalanteil von Wertaufholungen in den Posten „andere Gewinnrücklagen" einstellen.[257]

126   **2. Steuerliches Wertaufholungsgebot.** Steuerrechtlich besteht ebenfalls ein Wertaufholungsgebot (§ 6 Abs. 1 Nr. 1 S. 4 und Nr. 2 S. 3 EStG (Teilwertabschreibung) sowie § 7 Abs. 1 S. 7 Hs. 2 (AfaA)).[258] Im Fall der Teilwertabschreibung muss der Steuerpflichtige grundsätzlich **jährlich aufs Neue nachweisen,** dass und in welcher Höhe der niedrigere Teilwert beibehalten werden darf.[259] Der Wertansatz eines Wirtschaftsguts für jeden

---

[250] *ADS* § 280 Rn. 13; Beck HdR/*Böcking/Gros* B 169 Rn. 26; *Küting/Harth* DStR 2000, 215 f.

[251] Beck HdR/*Böcking/Gros* B 169 Rn. 26; BeBiKo/*Winkeljohann/Taetzner* Rn. 637 f.; WP-HdB Kap. F Rn. 193; HdR/*Zündorf* Rn. 774–780.

[252] Beck HdR/*Böcking/Gros* B 169 Rn. 25; WP-HdB Kap. F Rn. 193.

[253] BeBiKo/*Winkeljohann/Taetzner* Rn. 648.

[254] *ADS* Rn. 603 f.; HdR/*Zündorf* Rn. 781; BeBiKo/*Winkeljohann/Taetzner* Rn. 648; WP-HdB Kap. F Rn. 194.

[255] Beck HdR/*Böcking/Gros* B 169 Rn. 28–30; BeBiKo/*Winkeljohann/Taetzner* Rn. 646.

[256] *ADS* Rn. 604; HdR/*Zündorf* Rn. 809.

[257] Beck HdR/*Böcking/Gros* B 169 Rn. 35–39; BeBiKo/*Winkeljohann/Taetzner* Rn. 661–664.

[258] Schmidt/*Kulosa* EStG § 6 Rn. 376; Schmidt/*Kulosa* EStG § 7 Rn. 194.

[259] Beck HdR/*Böcking/Gros* B 169 Rn. 51; *Hommel/Berndt* FR 2000, 1305; Schmidt/*Kulosa* EStG § 6 Rn. 376.

Bilanzstichtag ergibt sich nunmehr aus dem Vergleich der um die zulässigen Abzüge geminderten Anschaffungs- oder Herstellungskosten oder des an deren Stelle tretenden Werts als der Bewertungsobergrenze und dem niedrigeren Teilwert als der Bewertungsuntergrenze. Das steuerrechtliche Wertaufholungsgebot umfasst grundsätzlich **auch** den **derivativen Geschäfts- oder Firmenwert.** Hierbei muss jedoch beachtet werden, dass auch steuerrechtlich ein Aktivierungsverbot für den selbstgeschaffenen Geschäfts- oder Firmenwert besteht. Eine Wertaufholung des derivativen Geschäfts- oder Firmenwerts kommt somit nur in Betracht, wenn – bezogen auf den isoliert zu beurteilenden entgeltlich erworbenen Firmenwert – der Nachweis des weiterhin niedrigeren Teilwerts nicht möglich wäre.[260] Diese isolierte Betrachtung wird nur in sehr seltenen Ausnahmefällen gelingen, da es grundsätzlich zu einer Vermischung des derivativen mit dem selbstgeschaffenen Geschäfts- oder Firmenwert kommt.[261] Vor diesem Hintergrund beschränkt sich die steuerliche Wertaufholung des derivativen Goodwills auf seltene Ausnahmefälle.[262]

VI. Besonderheiten für Kleinstkapitalgesellschaften (Abs. 1 S. 5–6)

Nimmt eine Kleinstkapitalgesellschaft (§ 267a) eine der folgenden Erleichterungen in Anspruch, dürfen Vermögensgegenstände gem. Abs. 1 S. 4 nicht zum beizulegenden Zeitwert bewertet werden: **127**

- § 264 Abs. 1 S. 5 (Verzicht auf einen Anhang unter bestimmten Voraussetzungen),
- § 266 Abs. 1 S. 4 (Aufstellung einer verkürzten Bilanz),
- § 275 Abs. 5 (vereinfachte Gliederung für die Darstellung der GuV) oder
- § 326 Abs. 2 (Befreiung von der Offenlegung des Jahresabschlusses, bei Hinterlegung der Bilanz beim Betreiber des Bundesanzeigers).

Die Vermögensgegenstände sind in diesem Fall mit den **fortgeführten 128 Anschaffungs- und Herstellungskosten** zu bewerten, unabhängig davon, ob die Vermögensgegenstände zur Verrechnung nach § 246 Abs. 2 S. 2 vorgesehen sind.[263] Bei der im Zuge des BilRUG erfolgten Änderung des Abs. 1 S. 6 handelte es sich lediglich um eine redaktionelle Klarstellung im Nachgang zum MicroBilG.[264]

VII. Ausschüttungssperre (Abs. 6)

1. Ermittlung des Unterschiedsbetrags (Abs. 6 S. 1). Abs. 6 wurde **129** im Zuge des Gesetzes zur Umsetzung der Wohnimmobilienkreditrichtlinie eingefügt.[265] Für die Bewertung von **Rückstellungen für Altersversorgungsverpflichtungen** ist ein **zehnjähriger Durchschnittszins** maßgeblich.[266] Unternehmen haben zu jedem Abschlussstichtag in einer Nebenrech-

---

[260] *Herzig/Briesemeister* DB 2009, 979.

[261] Beck HdR/*Böcking/Gros* B 169 Rn. 19.

[262] *Herzig/Briesemeister* DB 2009, 979; ähnlich *Ortmann-Babel/Bolik/Gageur* DStR 2009, 936, die das steuerliche Wertaufholungsgebot sogar tatbestandlich für nicht einschlägig halten, da es höchst zweifelhaft sei, ob ein einmal entschwundener Geschäfts- oder Firmenwert wieder aufleben kann.

[263] BT-Drs. 17/11292, 16.

[264] BT-Drs. 18/4050, 56.

[265] BT-Drs. 18/7584, 45; BT-Drs. 18/5922, 1.

[266] BeBiKo/*Schubert* Rn. 700.

nung zusätzlich eine Bewertung der Rückstellungen für Altersversorgungsverpflichtungen anhand eines **siebenjährigen Durchschnittszinses** zu ermitteln.[267]

130   **2. Ausschüttungssperre (Abs. 6 S. 2).** Der **Unterschiedsbetrag** zwischen dem Ansatz der Rückstellungen für Altersversorgungsverpflichtungen
bei Anwendung des zehn- und des siebenjährigen Durchschnittszinssatzes
unterliegt einer Ausschüttungssperre, sofern dieser Betrag nicht durch die
nach Ausschüttung verbleibenden frei verfügbaren Rücklagen (zuzüglich
eines Gewinnvortrags und abzüglich eines Verlustvortrags) gedeckt werden
kann.[268]

131   Ob sich die Ausschüttungssperre nach Abs. 6 allein auf die Rechtsform der
Kapitalgesellschaften beschränkt oder auch auf **Einzelkaufleute** und **OHG/
KG iSv § 264a** erstreckt, ist im Schrifttum umstritten.[269]

132   Bei der Ermittlung des nach Abs. 6 S. 2 ausschüttungsgesperrten Unterschiedsbetrags sind gegenläufige Effekte auf angesetzte aktive oder passive
latente Steuern zu berücksichtigen.[270]

133   Ob die Ausschüttungssperre nach Abs. 2 S. 2 auch für die Ermittlung der
höchstmöglichen Gewinnabführung bei Bestehen eines **Gewinnabfüh-
rungsbetrags** zu berücksichtigen ist, wird im Schrifttum kontrovers diskutiert.[271]

134   **3. Ausweis des Unterschiedsbetrags (Abs. 6 S. 3).** Der ausschüttungs-
gesperrte Unterschiedsbetrag nach Abs. 1 S. 1 ist in jedem Geschäftsjahr im
Anhang anzugeben oder **unter der Bilanz** darzustellen.[272] Erfolgt die Angabe
des ausschüttungsgesperrten Unterschiedsbetrags im Anhang, so scheint eine
Darstellung im Zusammenhang mit den Angaben zu ausschüttungsgesperrten
Beträgen iSd § 268 Abs. 8 (→ § 285 Rn. 53) besonders geeignet.[273]

VIII. Folgen der Nichtbeachtung

135   Hierzu wird auf → § 252 Rn. 46 f. verwiesen.

§ 254 Bildung von Bewertungseinheiten

[1] **Werden Vermögensgegenstände, Schulden, schwebende Geschäfte
oder mit hoher Wahrscheinlichkeit erwartete Transaktionen zum Ausgleich gegenläufiger Wertänderungen oder Zahlungsströme aus dem Eintritt vergleichbarer Risiken mit Finanzinstrumenten zusammengefasst
(Bewertungseinheit), sind § 249 Abs. 1, § 252 Abs. 1 Nr. 3 und 4, § 253
Abs. 1 Satz 1 und § 256a in dem Umfang und für den Zeitraum nicht
anzuwenden, in dem die gegenläufigen Wertänderungen oder Zahlungsströme sich ausgleichen. [2] Als Finanzinstrumente im Sinn des Satzes 1
gelten auch Termingeschäfte über den Erwerb oder die Veräußerung von
Waren.**

---

[267] BeBiKo/*Schubert* Rn. 700; WP-HdB Kap. F Rn. 532.

[268] WP-HdB Kap. F Rn. 532; BeBiKo/*Schubert* Rn. 710.

[269] Eine Beschränkung auf die Rechtsform der Kapitalgesellschaften sehen *Kuhn*/*Moser*
WPg 2016, 385; WP-HdB Kap. F Rn. 533; aA *Zwirner* DStR 2016, 932.

[270] *IDW* RS HFA 30 nF Rn. 55b; WP-HdB Kap. F Rn. 535; BeBiKo/*Schubert* Rn. 710.

[271] Weiterführend hierzu WP-HdB Kap. F Rn. 536; BeBiKo/*Schubert* Rn. 714.

[272] BeBiKo/*Schubert* Rn. 720.

[273] WP-HdB Kap. F Rn. 532.

Schrifttum: (ohne die Einzelbeiträge in den verschiedenen Handbüchern der Rechnungslegung) BR-Drs. 344/08 vom 23.5.2008, Entwurf eines Gesetzes zur Modernisierung des Bilanzrechts (Bilanzrechtsmodernisierungsgesetz – BilMoG); BT-Drs. 16/12407 vom 24.3.2009, Beschlussempfehlung und Bericht des Rechtsausschusses zum Entwurf eines Gesetzes zur Modernisierung des Bilanzrechts (Bilanzrechtsmodernisierungsgesetz – BilMoG); *Hennrichs,* Zur handelsrechtlichen Beurteilung von Bewertungseinheiten bei Auslandsbeteiligungen, WPg, 2010, 1188; *IDW* RS HFA 35, Handelsrechtliche Bilanzierung von Bewertungseinheiten, WPg Supplement 3/2011, 59; *Petersen/Zwirner,* BilMoG, 2009; *Pfitzer/Scharpf/Schaber,* Voraussetzungen für die Bildung von Bewertungseinheiten und Plädoyer für die Anerkennung antizipativer Hedges (Teil 2), WPg 2007, 721.

I. Allgemeines

Im Zuge des Wegfalls der umgekehrten Maßgeblichkeit durch das BilMoG, **1** sind die Regelungen zur Übernahme steuerlicher Abschreibungen in den handelsrechtlichen Jahresabschluss entfallen und der § 254 aF wurde aufgehoben. Mit der Neufassung des § 254 wurde die bereits vorher als Grundsätze ordnungsmäßiger Bilanzierung anerkannte und auch steuerlich vorgesehene (§ 5 Abs. 1a EStG) Bilanzierung von Bewertungseinheiten im deutschen Handelsbilanzrecht erstmals ausdrücklich gesetzlich kodifiziert. Die bisherige Behandlung von Bewertungseinheiten sollte gesetzlich legitimiert werden, insofern intendierte der Gesetzgeber mit dieser Vorschrift keine Änderung der bisherigen Bilanzierungspraxis.[1]

Gem. § 252 Abs. 1 Nr. 3 sind Vermögensgegenstände und Schulden **2** grundsätzlich einzeln zu bewerten. Die in § 254 geregelte Möglichkeit, Grundgeschäfte und Sicherungsinstrumente zu einer Bewertungseinheit zusammenzufassen, stellt eine Ausnahme dieses Grundsatzes dar. Auch wird bei Bildung einer Bewertungseinheit das Realisations- und Imparitätsprinzip eingeschränkt.[2]

Gem. § 5 Abs. 1a EStG sind die Ergebnisse der in der handelsrechtlichen **3** Rechnungslegung zur Absicherung finanzwirtschaftlicher Risiken gebildeten Bewertungseinheiten auch für die steuerliche Gewinnermittlung maßgeblich. Für Zwecke der steuerlichen Gewinnermittlung bei Bewertungseinheiten ist danach unmittelbar an die tatsächliche handelsrechtliche Bilanzierung anzuknüpfen (→ § 243 Rn. 26).[3]

II. Bildung von Bewertungseinheiten

1. Grundsätzliches. Als Bewertungseinheit wird das Zusammenfassen **4** von Vermögensgegenständen, Schulden, schwebenden Geschäften oder mit hoher Wahrscheinlichkeit erwarteten Transaktionen (Grundgeschäfte) mit Finanzinstrumenten (Sicherungsinstrumente) zum Ausgleich gegenläufiger Wertänderungen oder Zahlungsströmen aus dem Eintritt vergleichbarer Risiken bezeichnet. Sofern eine Bewertungseinheit für bilanzielle Zwecke gebildet wird, ist diese so abzubilden, als ob ein neues eigenständiges Bewertungsobjekt bestünde. Die allgemeinen Bewertungsnormen der § 249 Abs. 1 (Bildung von Rückstellungen), § 252 Abs. 1 Nr. 3, 4 (Einzelbewertungsgrundsatz, Realisations- und Imparitätsprinzip), § 253 Abs. 1 S. 1 (An-

---

[1] BT-Drs. 16/10067, 57; BeBiKo/*Schmidt/Usinger* Rn. 2 f.; MüKoHGB/*Ballwieser* Rn. 1.
[2] BT-Drs. 16/10067, 58.
[3] BT-Drs. 16/10067, 59; NWB Kommentar Bilanzierung/*Hoffmann/Lüdenbach* Rn. 127; Schmidt/*Weber-Grellet* EStG § 5 Rn. 70.

schaffungskostenprinzip) sowie die Regelungen nach § 256a (Währungsumrechnung) sind dann, – in dem Umfang und für den Zeitraum in dem sich die gegenläufigen Wertänderungen oder Zahlungsströme ausgleichen – auf die einzelnen Komponenten der Bewertungseinheit, nicht mehr anzuwenden, sondern auf die Bewertungseinheit als Ganzes.[4]

5 **2. Grundgeschäft.** Nach § 254 S. 1 kommen als absicherungsfähige Grundgeschäfte Vermögensgegenstände, Schulden, schwebende Geschäfte oder mit hoher Wahrscheinlichkeit erwartete Transaktionen in Betracht. Der Gesetzgeber hat bewusst keine Beschränkung der absicherungsfähigen Grundgeschäfte auf Finanzinstrumente vorgenommen. Vielmehr sind auch weiterhin bereits praktizierte Absicherungen nicht finanzieller Art – wie zB Risiken aus dem künftigen Bezug von Roh-, Hilfs- oder Betriebsstoffen – weiterhin zulässig.[5]

6 Ein Novum im Handelsbilanzrecht stellt der mit § 254 eingeführte Begriff der „mit hoher Wahrscheinlichkeit vorgesehenen Transaktionen" dar. In diesem Fall ist zwar noch kein Rechtsgeschäft abgeschlossen worden, zumindest besteht aber eine hinreichend hohe Wahrscheinlichkeit für den tatsächlichen Abschluss in der Zukunft. Dem Zustandekommen dürfen lediglich außergewöhnliche Umstände, die außerhalb des Einflussbereichs des Bilanzierenden liegen, entgegenstehen.[6] Dadurch soll sichergestellt werden, dass auch weiterhin – im Schrifttum umstrittene[7] – antizipative Bewertungseinheiten[8] möglich sind.[9]

7 **3. Sicherungsinstrument.** Als Sicherungsinstrumente sind gem. § 254 S. 1 ausschließlich Finanzinstrumente zulässig. Hierbei kann es sich sowohl um originäre Finanzinstrumente – Eigenkapitalinstrumente (zB Aktien) und Schuldscheininstrumente (zB Kredite oder Anleihen) – als auch um derivative Finanzierungsinstrumente wie zB Optionen oder Forwards handeln.[10] Nach § 254 S. 2 gelten als Finanzinstrumente iSd § 254 S. 1 auch Termingeschäfte[11] über den Erwerb oder die Veräußerung von Waren.[12] Als Sicherungsinstrument sind solche Finanzinstrumente geeignet, bei denen keine Anzeichen dafür vorliegen, dass das Sicherungsgeschäft aufgrund von mangelnder Bonität des Vertragskontrahenten ggf. nicht werthaltig ist.[13]

---

[4] Beck HdR/*Dutzi* B 780 Rn. 9; WP-HdB Kap. F Rn. 202; KKRD/*Morck*/*Drüen* Rn. 1 f.

[5] BT-Drs. 16/10067, 58.

[6] BT-Drs. 16/10067, 58.

[7] Zur Diskussion um die Zulässigkeit von antizipativen Bewertungseinheiten *Pfitzer*/*Scharpf*/*Schaber* WPg 2007, 721 ff.

[8] *IDW* RS HFA 35 Rn. 24.

[9] BT-Drs. 16/10067, 58; *Petersen*/*Zwirner* Konzernrechnungslegung, 2009, 425; *Gelhausen*/*Fey*/*Kämpfer* Rechnungslegung H Rn. 11; NWB Kommentar Bilanzierung/*Hoffmann*/*Lüdenbach* Rn. 17–24.

[10] Aufgrund der Vielfalt und der ständigen Weiterentwicklung hat der Gesetzgeber bewusst auf eine Definition des Begriffs Finanzinstrument verzichtet. *Petersen*/*Zwirner* Konzernrechnungslegung, 2009, 426; BeBiKo/*Schmidt*/*Usinger* Rn. 20–29.

[11] Eine Definition des Begriffs Termingeschäft ist in § 1 Abs. 11 S. 4 Nr. 1 KWG enthalten.

[12] *Gelhausen*/*Fey*/*Kämpfer* Rechnungslegung H Rn. 35 ff.; WP-HdB Kap. F Rn. 210; KKRD/*Morck*/*Drüen* Rn. 2.

[13] BeBiKo/*Schmidt*/*Usinger* Rn. 27. Gemäß *IDW* RS HFA 35 Rn. 37 sind als Sicherungsinstrumente nur Finanzinstrumente geeignet, die nicht akut ausfallgefährdet sind.

4. Vergleichbare Risiken. Die Risiken der Grundgeschäfte und Siche- 8
rungsinstrumente müssen vergleichbar sein, da sich sonst die gegenläufigen
Wertänderungen oder Zahlungsströme nicht zuverlässig messen lassen. Dies
bedeutet, dass das Grundgeschäft sowie das Sicherungsinstrument demselben
Risiko (zB USD-Fremdwährungsrisiko) bzw. denselben Risiken (zB USD-
Fremdwährungsrisiko und US-Zinsrisiko) unterliegen müssen. Als Risiken
zulässig sind beispielsweise das Zins-, das Währungs-, das Ausfall- oder das
Preisänderungsrisiko. Nicht zulässig hingegen ist die Bildung einer Bewer-
tungseinheit zur Absicherung des allgemeinen Unternehmensrisikos.[14]

III. Formen von Bewertungseinheiten

Der Gesetzgeber erachtet alle in der Praxis bekannten Formen von Bewer- 9
tungseinheiten (micro, macro und portfolio hedge) grundsätzlich als zulässig.
Bei einem micro hedge steht dem aus einem einzelnen Grundgeschäft resultierenden Risiko ein einzelnes Sicherungsinstrument unmittelbar gegenüber.
Der portfolio hedge sichert die Risiken mehrerer gleichartiger Grundgeschäfte durch ein oder mehrere Sicherungsinstrumente ab. Hingegen werden beim
macro hedge ganze Gruppen von Grundgeschäften zusammenfassend betrachtet und die risikokompensierende Wirkung einzelner Gruppen berücksichtigt; nur das sich ergebende netto verbleibende Risiko wird durch ein
oder mehrere Sicherungsinstrumente abgedeckt.[15]

IV. Bilanzielle Abbildung

Für die Art und Weise der bilanziellen Abbildung von Bewertungseinheiten 10
im handelsrechtlichen Jahresabschluss enthält § 254 keine Vorschriften. Es
bleibt den Unternehmen weiterhin selbst überlassen, zwischen zwei Methoden zu wählen:[16] Nach der sog. Einfrierungsmethode (auch kompensatori-
sche Bewertung genannt) werden die sich ausgleichenden Wertänderungen
oder Zahlungsströme aufgrund des abgesicherten Risikos saldiert und somit
weder in Bilanz noch Gewinn- und Verlustrechnung berücksichtigt. Wird
die sog. Durchbuchungsmethode (auch Bruttomethode genannt) angewandt,[17] werden sämtliche sich ausgleichenden gegenläufigen Wertänderungen oder Zahlungsströme bilanziell- und erfolgswirksam erfasst oder die
Erfassung der Wert- oder Zahlungsstromänderungen erfolgt nur bilanziell.[18]
Die jeweils angewandte Methode ist stetig beizubehalten. Auch sind im
Zusammenhang mit der Bildung von Bewertungseinheiten umfangreiche
Anhangangaben (§ 285 Nr. 23) erforderlich.

---

[14] BT-Drs. 16/12407, 86; *IDW* RS HFA 35 Rn. 25–28; *Petersen/Zwirner* Konzernrechnungslegung, 2009, 427.

[15] BT-Drs. 16/10067, 58; *IDW* RS HFA 35 Rn. 16–20.

[16] BR-Drs. 344/08, 208 f.

[17] Die Durchbuchungsmethode wird als informativer angesehen. Nach den IFRS ist
zwingend die Durchbuchungsmethode zu verwenden. MüKoHGB/*Ballwieser* Rn. 21–24.

[18] Um eine Aufblähung der Gewinn- und Verlustrechnung zu vermeiden und um eine
nach der Einfrierungsmethode entsprechende Gewinn- und Verlustrechnung darzustellen,
wird als sachgerecht die Erfassung ohne Berührung der Gewinn- und Verlustrechnung
angesehen *IDW* RS HFA 35 Rn. 81; auch *Hennrichs* WPg 2010, 1188; MüKoHGB/*Ballwieser* Rn. 20.

V. Folgen der Nichtbeachtung

11   Da es sich bei § 254 um ein Wahlrecht handelt, treten bei der Nichtbeachtung grundsätzlich keine unmittelbaren Rechtsfolgen ein. Gleichwohl kann ein Verstoß gegen die Regelungen des § 254, bspw. in Form der Bildung von Bewertungseinheiten trotz Fehlen der hierfür notwendigen Voraussetzungen, gem. § 334 Abs. 1 Nr. 1 Buchst. b mit einem Bußgeld belegt werden.[19] Vgl. grundsätzlich zu den Folgen der Nichtbeachtung von Bewertungsvorschriften → § 252 Rn. 46, 47.

§ 255 Bewertungsmaßstäbe

(1) [1] **Anschaffungskosten sind die Aufwendungen, die geleistet werden, um einen Vermögensgegenstand zu erwerben und ihn in einen betriebsbereiten Zustand zu versetzen, soweit sie dem Vermögensgegenstand einzeln zugeordnet werden können.** [2] **Zu den Anschaffungskosten gehören auch die Nebenkosten sowie die nachträglichen Anschaffungskosten.** [3] **Anschaffungspreisminderungen, die dem Vermögensgegenstand einzeln zugeordnet werden können, sind abzusetzen.**

(2) [1] **Herstellungskosten sind die Aufwendungen, die durch den Verbrauch von Gütern und die Inanspruchnahme von Diensten für die Herstellung eines Vermögensgegenstands, seine Erweiterung oder für eine über seinen ursprünglichen Zustand hinausgehende wesentliche Verbesserung entstehen.** [2] **Dazu gehören die Materialkosten, die Fertigungskosten und die Sonderkosten der Fertigung sowie angemessene Teile der Materialgemeinkosten, der Fertigungsgemeinkosten und des Werteverzehrs des Anlagevermögens, soweit dieser durch die Fertigung veranlasst ist.** [3] **Bei der Berechnung der Herstellungskosten dürfen angemessene Teile der Kosten der allgemeinen Verwaltung sowie angemessene Aufwendungen für soziale Einrichtungen des Betriebs, für freiwillige soziale Leistungen und für die betriebliche Altersversorgung einbezogen werden, soweit diese auf den Zeitraum der Herstellung entfallen.** [4] **Forschungs- und Vertriebskosten dürfen nicht einbezogen werden.**

(2a) [1] **Herstellungskosten eines selbst geschaffenen immateriellen Vermögensgegenstands des Anlagevermögens sind die bei dessen Entwicklung anfallenden Aufwendungen nach Absatz 2.** [2] **Entwicklung ist die Anwendung von Forschungsergebnissen oder von anderem Wissen für die Neuentwicklung von Gütern oder Verfahren oder die Weiterentwicklung von Gütern oder Verfahren mittels wesentlicher Änderungen.** [3] **Forschung ist die eigenständige und planmäßige Suche nach neuen wissenschaftlichen oder technischen Erkenntnissen oder Erfahrungen allgemeiner Art, über deren technische Verwertbarkeit und wirtschaftliche Erfolgsaussichten grundsätzlich keine Aussagen gemacht werden können.** [4] **Können Forschung und Entwicklung nicht verlässlich voneinander unterschieden werden, ist eine Aktivierung ausgeschlossen.**

(3) [1] **Zinsen für Fremdkapital gehören nicht zu den Herstellungskosten.** [2] **Zinsen für Fremdkapital, das zur Finanzierung der Herstellung eines Vermögensgegenstands verwendet wird, dürfen angesetzt werden, soweit sie auf den Zeitraum der Herstellung entfallen; in diesem Falle gelten sie als Herstellungskosten des Vermögensgegenstands.**

---

[19] BeBiKo/*Schmidt*/*Usinger* Rn. 59.

(4) ¹**Der beizulegende Zeitwert entspricht dem Marktpreis.** ²**Soweit kein aktiver Markt besteht, anhand dessen sich der Marktpreis ermitteln lässt, ist der beizulegende Zeitwert mit Hilfe allgemein anerkannter Bewertungsmethoden zu bestimmen.** ³**Lässt sich der beizulegende Zeitwert weder nach Satz 1 noch nach Satz 2 ermitteln, sind die Anschaffungs- oder Herstellungskosten gemäß § 253 Abs. 4 fortzuführen.** ⁴**Der zuletzt nach Satz 1 oder 2 ermittelte beizulegende Zeitwert gilt als Anschaffungs- oder Herstellungskosten im Sinn des Satzes 3.**

Schrifttum: (ohne die Einzelbeiträge in den verschiedenen Handbüchern der Rechnungslegung) BFH Entscheidung vom 20.5.1988 – III R 31/84, BStBl. II 1988, 962; BFH Entscheidung vom 26.2.1975, BStBl. II 1976, 15; BFH Beschluss vom 9.7.2012 – III B 66/11, BFH/NV 2012, 1631; BFH Entscheidung vom 18.7.1972 – VIII R 16/68, BFHE 106, 432, BStBl. II 1972, 884; BFH Urt. vom 9.5.1995 – IX R 116/92, BStBl. II 1996, 632. BMF Schreiben vom 25.3.2013, Allgemeine Verwaltungsvorschrift zur Änderung der Einkommensteuer-Richtlinien 2008 (Einkommensteuer-Änderungsrichtlinien 2012 – EStÄR 2012), Herstellungskosten nach R 6.3 EStR, IV C 6 – S 2133/09/10001, DStR 2013, 705; BMF Schreiben vom 12.3.2010, Schreiben betr. Maßgeblichkeit der handelsrechtlichen Grundsätze ordnungsmäßiger Buchführung für die steuerliche Gewinnermittlung; Änderung des § 5 Absatz 1 EStG durch das Gesetz zur Modernisierung des Bilanzrechts (Bilanzrechtsmodernisierungsgesetz – BilMoG) vom 15. Mai 2009, geändert durch BMF vom 22.6.2010 (BStBl. I 2010, 597), BStBl. I 2009, 239; BMF Schreiben vom 22.6.2010, Schreiben betr. Maßgeblichkeit der handelsrechtlichen Grundsätze ordnungsmäßiger Buchführung für die steuerliche Gewinnermittlung, BStBl. I 2010, 597; *Böcking/Dreisbach/Gros,* Der fair value als Wertmaßstab im Handelsbilanzrecht und den IFRS – eine Diskussion vor dem Hintergrund des Referentenentwurfs des BilMoG, Der Konzern 2008, 210; *Böcking/Torabian,* Zeitwertbilanzierung von Finanzinstrumenten des Handelsbestands nach dem Entwurf eines BilMoG, BB 2008, 265; BT-Drs. 16/12407 vom 24.3.2009, Beschlussempfehlung und Bericht des Rechtsausschusses zu dem Gesetzentwurf der Bundesregierung – Drs. 16/10067 – Entwurf eines Gesetzes zur Modernisierung des Bilanzrechts (Bilanzrechtsmodernisierungsgesetz – BilMoG); BT-Drs. 18/4050 vom 20.2.2015, Entwurf eines Gesetzes zur Umsetzung der Richtlinie 2013/34/EU des Europäischen Parlaments und des Rates vom 26.6.2013 über den Jahresabschluss, den konsolidierten Abschluss und damit verbundene Berichte von Unternehmen bestimmter Rechtsformen und zur Änderung der Richtlinie 2006/43/EG des Europäischen Parlaments und des Rates und zur Aufhebung der Richtlinien 78/660/EWG und 83/349/EWG des Rates (Bilanzrichtlinie-Umsetzungsgesetz – BilRUG); *IDW* St/HFA 1984/1 idF 1990, Bilanzierungsfragen bei Zuwendungen, dargestellt am Beispiel finanzieller Zuwendungen der öffentlichen Hand, WPg 1984, 612; *IDW* RH HFA 1.017, Einzelfragen zur Behandlung der Umsatzsteuer im handelsrechtlichen Jahresabschluss, IDW FN 2011, 564; *IDW* RS BFA 2, Bilanzierung von Finanzinstrumenten des Handelsbestands bei Kreditinstituten, IDW FN 2010, 154; *IDW* RS HFA 31 nF, Aktivierung von Herstellungskosten, IDW Life 2018, 273; *IDW* RS HFA 41, Auswirkungen eines Formwechsels auf den handelsrechtlichen Jahresabschluss, IDW FN 2012, 539; *IDW* RS HFA 42, Auswirkungen einer Verschmelzung auf den handelsrechtlichen Jahresabschluss, IDW FN 2012, 701; *IDW* PS 314 nF, Die Prüfung von geschätzten Werten in der Rechnungslegung einschließlich von Zeitwerten, IDW FN 2009, 415; *Kahle/Haas,* Herstellungskosten selbst geschaffener immaterieller Vermögensgegenstände des Anlagevermögens, WPg 2010, 34; *Küting/Ellmann,* Die Herstellungskosten von selbst geschaffenen immateriellen Vermögensgegenständen des Anlagevermögens, DStR 2010, 1304; *Meyering/Gröne,* Die Neuregelung zu den Bestandteilen der steuerlichen Herstellungskosten – Wünschenswerte Reaktivierung der (umgekehrten) Maßgeblichkeit?, DStR 2016, 1696; *Oser/Orth/Wirtz,* Neue Vorschriften zur Rechnungslegung und Prüfung durch das Bilanzrichtlinie-Umsetzungsgesetz – Anmerkungen zum RegE vom 7.1.2015, DB 2015, 197; *Oser/Orth/Wirtz,* Das Bilanzrichtlinie-Umsetzungsgesetz (BilRUG) – Wesentliche Änderungen und Hinweise zur praktischen Umsetzung, DB 2015, 1729;

Selchert, Probleme der Unter- und Obergrenze von Herstellungskosten, BB 1986, 2298; *Theile,* Immaterielle Vermögensgegenstände nach RegE BilMoG – Akzentverschiebung beim Begriff des Vermögensgegenstands?, WPg 2008, 1066; *Zwirner,* Neuregelung des steuerlichen Herstellungskostenbegriffs: Beseitigung der bestehenden Rechtsunsicherheit und praxistaugliche Handhabung, BC 2016, 461.

Übersicht

I. Allgemeines

In § 255 werden für alle Kaufleute die Begriffe **Anschaffungskosten** und **1**
Herstellungskosten sowie der des **beizulegenden Zeitwerts** definiert.
Die Vorschrift konkretisiert insoweit die Bestimmung des § 253 Abs. 1 S.
1, wonach Vermögensgegenstände höchstens mit Anschaffungs- oder Herstellungskosten anzusetzen sind. Anschaffungs- oder Herstellungskosten stellen
somit im Regelfall die absolute Wertobergrenze der Bewertung von Vermögensgegenständen dar.[1] Ausnahmen bestehen für nach § 246 Abs. 2 S.
2 zu verrechnende Vermögensgegenstände, die mit ihrem beizulegenden Zeitwert zu bewerten sind, sowie nach § 340e für Finanzinstrumente des Handelsbestands von Kredit- und Finanzdienstleistungsinstituten, die mit ihrem
beizulegenden Zeitwert abzüglich eines Risikoabschlags zu bewerten sind.

Zu **Anschaffungskosten** sind solche Vermögensgegenstände zu bewerten, **2**
die von Dritten erworben wurden und bei denen im Unternehmen keine
Bearbeitung stattgefunden hat; bei Herstellung oder Bearbeitung der Gegenstände im eigenen Unternehmen sind dagegen die **Herstellungskosten** als
Bewertungsmaßstab zugrunde zu legen.[2] Während für die Anschaffungskosten der Wertansatz dem Wortlaut des Abs. 1 nach grundsätzlich eindeutig
bestimmt wird, bestehen bei den Herstellungskosten neben Einbeziehungspflichten für bestimmte Kostenkomponenten auch explizite sowie ggf. implizite Einbeziehungswahlrechte, sodass es für die Herstellungskosten sowohl
eine **Wertuntergrenze** als auch eine **Wertobergrenze** gibt.

Steuerlich kommt der **Abgrenzung** zwischen Herstellungs- und Anschaf- **3**
fungskosten einerseits und steuerlich **sofort abzugsfähigem Aufwand** andererseits besondere Bedeutung zu, was in BFH-Urteilen und Verwaltungsanweisungen seinen Niederschlag findet. Beispielsfälle sind die Abgrenzung
von Werbungskosten zu Anschaffungskosten im sog. Bauherrenerlass (BStBl. I
1990, 366) sowie die Abgrenzung von Anschaffungskosten zu Herstellungskosten bei immateriellen Wirtschaftsgütern des Anlagevermögens im sog.
Medienerlass (BStBl. I 2001, 175 mit Änderungen in BStBl. I 2003, 406). Im
letztgenannten Fall kann das steuerliche Aktivierungsverbot für immaterielle
Wirtschaftsgüter des Anlagevermögens bei eigener Herstellung (§ 5 Abs. 2
EStG) zu sofort steuerwirksamem Aufwand führen.[3]

II. Anschaffungskosten (Abs. 1)

1. Begriff der Anschaffungskosten (Abs. 1 S. 1). Anschaffungskosten **4**
sind nach Abs. 1 S. 1 die Aufwendungen, die geleistet werden, um einen
Vermögensgegenstand zu erwerben und ihn in einen betriebsbereiten Zustand
zu versetzen, soweit sie dem Vermögensgegenstand einzeln zugeordnet werden können. Die Anschaffungskosten sind somit durch die **Gegenleistung**
bestimmt.[4] Damit ist gewährleistet, dass der Zugang von Vermögensgegenständen **ergebnisneutral** erfasst wird und sich als eine reine Vermögensumschichtung darstellt (sog. Prinzip der Erfolgsneutralität des Beschaffungs-

---

[1] BeBiKo/*Schubert/Gadek* Rn. 1; HdR/*W. Knop/Küting/N. Knop* Rn. 1.
[2] *ADS* Rn. 2.
[3] Schmidt/*Kulosa* EStG § 6 Rn. 34; BeBiKo/*Schubert/Gadek* Rn. 21–38.
[4] *ADS* Rn. 5 (Prinzip der Maßgeblichkeit der Gegenleistung); Beck HdR/*Wohlgemuth/Radde* B 162 Rn. 6.

vorgangs).[5] Der Begriff der Anschaffungskosten für das Steuerrecht ist in § 6 EStG verwendet und insoweit inhaltsgleich zu § 255 Abs. 1 definiert.[6] Das heutige Verständnis des Anschaffungskostenbegriffs wurde schon vor dessen Kodifizierung durch die Rechtsprechung des BFH entwickelt und zu Grunde gelegt.[7]

5   Der Anschaffungsvorgang, der sich rechtlich in den Formen Kauf, Tausch, unentgeltlicher Erwerb, Sacheinlage, Umwandlung und Verschmelzung vollziehen kann, lässt sich wirtschaftlich in die Phasen **Erwerb,** also Erlangung der wirtschaftlichen Verfügungsgewalt, und **Versetzung in den Zustand der Betriebsbereitschaft** zerlegen.[8]

6   Der **Erwerb** beginnt, sobald **Aufwendungen** anfallen, die dazu bestimmt sind, das wirtschaftliche Eigentum an einem Vermögensgegenstand zu erlangen (finales Anschaffungskostenverständnis); Aufwendungen, die nur mittelbar dem Zweck der Anschaffung dienen (zB Kosten der Begutachtung von verschiedenen Kaufobjekten), sind noch keine Anschaffungskosten.[9] Der Erwerbsvorgang ist somit nicht notwendigerweise ein zeitpunktbezogener Vorgang, sondern kann auch zeitraumbezogen sein.[10] Der für die Bilanzierung beim Erwerber maßgebliche Zeitpunkt (Anschaffungszeitpunkt) ist grundsätzlich der Zeitpunkt der Erlangung der **wirtschaftlichen Verfügungsmacht** über den Vermögensgegenstand.[11]

7   Um den Anschaffungsvorgang soweit wie möglich ergebnisneutral zu behandeln,[12] werden zu den Anschaffungskosten auch noch solche Aufwendungen gerechnet, die nach der Erlangung der wirtschaftlichen Verfügungsgewalt für die Versetzung des Vermögensgegenstands in einen **betriebsbereiten Zustand** anfallen. Dafür kommen jedoch nach Abs. 1 S. 1 nur solche Aufwendungen in Frage, die sich dem Vermögensgegenstand einzeln zuordnen lassen, also Aufwendungen mit **Einzelkostencharakter,** während Gemeinkosten diese Voraussetzung idR nicht erfüllen.[13] Dies gilt auch für die Steuerbilanz.[14] Die Versetzung in den betriebsbereiten Zustand muss sich nicht unmittelbar an den Erwerbsvorgang anschließen, sondern kann auch später erfolgen; entscheidend ist, dass nur solche Kosten der Inbetriebsetzung Teil der Anschaffungskosten sind, die bei der **erstmaligen Inbetriebnahme** des Vermögensgegenstands anfallen.[15] Was als „betriebsbereiter Zustand" anzusehen ist, bestimmt sich nach dem Zweck, den der Erwerber mit der Anschaffung des Vermögensgegenstands verfolgt.[16] Die Versetzung in einen betriebsbereiten Zustand umfasst idR den innerbetrieblichen Transport des Vermögensgegenstands sowie die Vornahme weiterer für die Inbetriebnahme notwendigen Maßnahmen (zB Fundamentierungsarbeiten, Aufstellung, Montage, Anschlüsse).[17]

---

[5] *ADS* Rn. 5; BeBiKo/*Schubert/Gadek* Rn. 20; HdR/*W. Knop/Küting/N. Knop* Rn. 3, 8.

[6] Schmidt/*Kulosa* EStG § 6 Rn. 31, 33.

[7] Schmidt/*Kulosa* EStG § 6 Rn. 32 f.

[8] Beck HdR/*Wohlgemuth/Radde* B 162 Rn. 14.

[9] *ADS* Rn. 8; BeBiKo/*Schubert/Gadek* Rn. 22 mwN.

[10] *ADS* Rn. 9.

[11] BeBiKo/*Schubert/Gadek* Rn. 31; Schmidt/*Kulosa* EStG § 6 Rn. 35.

[12] *ADS* Rn. 12.

[13] WP-HdB Kap. F Rn. 109; *ADS* Rn. 16.

[14] Schmidt/*Kulosa* EStG § 6 Rn. 48.

[15] *ADS* Rn. 12.

[16] Schmidt/*Kulosa* EStG § 6 Rn. 44.

[17] BeBiKo/*Schubert/Gadek* Rn. 23.

Relevant ist die Versetzung in einen betriebsbereiten Zustand vor allem bei 8
Gegenständen des **Sachanlagevermögens;** bei Vermögensgegenständen des
Umlaufvermögens ist dies normalerweise nicht der Fall. So können Aufwendungen, die im Zusammenhang mit der Aufnahme solcher Vermögensgegenstände in ein Materiallager oder, im Falle von Handelswaren, mit deren
Einsortierung in die Verkaufsregale stehen, nicht mehr den Anschaffungskosten zugerechnet werden.[18]

Anschaffungskosten können im Wege der Einzelfeststellung, nach der 9
Durchschnittsmethode, mittels Bewertungsvereinfachungsverfahren (→ § 256
Rn. 1), Festbewertung (→ § 240 Rn. 25 ff.), Gruppenbewertung (→ § 240
Rn. 35 ff.) oder retrograd durch Abzug der Bruttospanne vom Verkaufswert
ermittelt werden.[19] Die retrograde Wertermittlung *(retail method)* wird vorwiegend bei Einzelhandelsunternehmen angewandt, bei denen die Waren
beim Einkauf durch Aufschlag der Bruttospanne mit den Verkaufspreisen
ausgezeichnet werden. Durch Rückrechnung, wobei ggf. eine Unterteilung
nach Warengruppen und eine Ausschaltung von zwischenzeitlich reduzierten
Verkaufspreisen erfolgen kann, werden die ursprünglichen durchschnittlichen
Anschaffungskosten einschließlich der Anschaffungsnebenkosten berechnet.[20]

2. Umfang der Anschaffungskosten (Abs. 1 S. 1–3). Ausgehend von 10
Abs. 1 S. 1–3 setzen sich die Anschaffungskosten wie folgt zusammen:

	Anschaffungspreis
+	Anschaffungsnebenkosten
+	nachträgliche Anschaffungskosten
−	Anschaffungspreisminderungen
=	Anschaffungskosten

Zu den Anschaffungskosten zählen grundsätzlich auch **überhöhte An-** 11
schaffungskosten. Überhöhte Aufwendungen in dem Sinne, dass den Anschaffungskosten zu günstige Annahmen über die Werthaltigkeit zugrunde
liegen, müssen jedoch zu einem entsprechend niedrigeren Wertansatz des
Vermögensgegenstands führen. Dies wird durch Abschreibungen nach § 253
Abs. 3 S. 5 oder § 253 Abs. 4 S. 1 und 2 erreicht.[21]

Zum Umfang der Anschaffungskosten im Steuerrecht vgl. Ausführungen 12
und Verweise zu den einschlägigen Stichworten in H 6.2 EStR.

a) Anschaffungspreis. Der Anschaffungspreis bildet idR den **Haupt-** 13
bestandteil der Anschaffungskosten. Er wird in erster Linie mit dem in der
Eingangsrechnung ausgewiesenen Preis (Rechnungspreis) identisch sein,[22]
kann sich aber auch aus der Bankabrechnung (bei Wertpapieren, Devisen)

---

[18] *ADS* Rn. 15; aA HdR HdR/*W. Knop/Küting/N. Knop* Rn. 12, die eine Versetzung in
einen betriebsbereiten Zustand grundsätzlich auch für Gegenstände des Umlaufvermögens
anerkennen, sofern die Aufwendungen dem Vermögensgegenstand einzeln zugeordnet werden können.

[19] BeBiKo/*Schubert/Gadek* Rn. 208–213. Nach Beck HdR/*Wohlgemuth/Radde* B 162
Rn. 23 f. kommt dies bspw. für Zwischenlagerungskosten in Betracht.

[20] BeBiKo/*Schubert/Gadek* Rn. 211.

[21] So auch Beck HdR/*Wohlgemuth/Radde* B 162 Rn. 33; Schmidt/*Kulosa* EStG § 6
Rn. 41; obschon andere Ansichten (dh sofortige niedrigere Bemessung der Anschaffungs-
kosten) diskutiert werden vgl. mwN *ADS* Rn. 18; oder, wenn auf gesellschaftsrechtlichen
Gründen beruhend, den dem Zeitwert übersteigende Unterschiedsbetrag nach rechtsform-
spezifischen Vorschriften als Rückgewährungsanspruch zu aktivieren ist WP-HdB Kap. F
Rn. 122.

[22] HdR/*W. Knop/Küting/N. Knop* Rn. 19.

oder aus einem schriftlichen Kaufvertrag ergeben (bei Grundstücken, Beteiligungen).[23] Vom Verkäufer in Rechnung gestellte Umsatzsteuer (Vorsteuer) gehört grundsätzlich zu den Anschaffungskosten, es sei denn, der Erwerber ist zum Vorsteuerabzug berechtigt; in diesem Fall ist die Umsatzsteuer nicht Bestandteil des Anschaffungspreises.[24]

14   Bei Anschaffung in **Fremdwährung** ist auf Grund von § 244 eine Umrechnung erforderlich (→ § 244 Rn. 3). Bei Barzahlung entsprechen die Anschaffungskosten grundsätzlich dem tatsächlich hingegebenen Betrag in Euro.[25] Darüber hinaus richtet sich die Währungsumrechnung nach den Regelungen des § 256a (→ § 256a Rn. 4). Streitbar ist allerdings, ob diese nur für die Folgebewertung oder auch für die **Zugangsbewertung** gelten. Zwar spricht der Gesetzeswortlaut dafür, § 256a nur für die Folgebewertung heranzuziehen, doch wird es aus Praktikabilitätsgründen auch vertretbar sein, ihn auch der Erstbewertung zu Grunde zu legen.[26] Anderenfalls werden die Anschaffungskosten durch die Umrechnung zum Geldkurs im Zeitpunkt der Erstverbuchung bestimmt.[27]

15   **b) Anschaffungsnebenkosten.** Nach Abs. 1 S. 2 gehören zu den Anschaffungskosten ausdrücklich auch Nebenkosten. Anschaffungsnebenkosten sind alle Aufwendungen, die in **unmittelbarem Zusammenhang** mit dem Erwerb und der Versetzung des Vermögensgegenstands in einen betriebsbereiten Zustand stehen und dem angeschafften Vermögensgegenstand als Einzelkosten direkt zurechenbar sind.[28] Zu den **unternehmensextern** anfallenden Anschaffungsnebenkosten zählen einerseits Nebenkosten des Erwerbs, wie zB Vermittlungs- und Maklergebühren, Provisionen, Courtagen, Kommissionskosten, Gutachtergebühren, Notariats-, Gerichts- und Registerkosten, Anlieger- und Erschließungsbeiträge sowie mit dem Erwerbsvorgang zusammenhängende Grunderwerbsteuern oder Zölle, andererseits die Nebenkosten der Anlieferung und Inbetriebnahme, wie Eingangsfrachten, Transport- und Speditionskosten, Anfuhr-, Umlade- und Abladekosten, Transportversicherungsprämien, Roll-, Wiege- und Zwischenlagergelder, Montage- und Fundamentierungskosten, Umbaukosten oder Kosten der Sicherheitsüberprüfung und Abnahme von Gebäuden und Anlagen.[29] **Unternehmensintern** anfallende Aufwendungen zur Erlangung der Betriebsbereitschaft (zB Montage durch eigenes Personal) dürfen nur dann als Anschaffungsnebenkosten aktiviert werden, wenn sie Einzelkosten darstellen.[30]

16   **Fremdkapitalzinsen** gehören nur insoweit zu den Anschaffungsnebenkosten, als sie für Kredite angefallen sind, die zur Finanzierung der Herstellung von Neuanlagen mit längerer Bauzeit durch Anzahlungen oder Voraus-

---

[23] *ADS* Rn. 19.

[24] *ADS* Rn. 20; HdR/*W. Knop/Küting/N. Knop* Rn. 20; so auch *IDW* RH HFA 1.017 Rn. 11–13, 2.

[25] BeBiKo/*Schubert/Gadek* Rn. 53; WP-HdB Kap. F Rn. 118.

[26] Vgl. hierzu HdR/*W. Knop/Küting/N. Knop* Rn. 26; Beck HdR/*Wohlgemuth/Radde* B 162 Rn. 45–50; WP-HdB Kap. F Rn. 118 sowie zunächst die RegBegr. zum BilMoG BT-Drs. 16/10067, 62 iVm der Änderung im Rahmen der Beschlussempfehlung und des Berichts des Rechtsausschusses BT-Drs. 16/12407, 86.

[27] WP-HdB Kap. F Rn. 118.

[28] BeBiKo/*Schubert/Gadek* Rn. 70.

[29] *ADS* Rn. 22–39; WP-HdB Kap. F Rn. 109.

[30] *ADS* Rn. 27–29.; BeBiKo/*Schubert/Gadek* Rn. 73; HdR/*W. Knop/Küting/N. Knop* Rn. 36–38.

zahlungen dienen.[31] Darüber hinaus ist eine Aktivierung von Finanzierungskosten nicht möglich; insbesondere die Aktivierung von Eigenkapitalzinsen ist unzulässig.

c) Nachträgliche Anschaffungskosten. Abs. 1 S. 2 bestimmt, dass auch **17** Aufwendungen, die erst **längere Zeit nach dem Erwerb** eines Vermögensgegenstands anfallen, zu den Anschaffungskosten gehören (nachträgliche Anschaffungskosten). Dabei kann es sich um nachträgliche Aufwendungen für bereits beschaffte Vermögensgegenstände handeln (zB sog. anschaffungsnahe Aufwendungen, soweit sie nach der erstmaligen Versetzung des Vermögensgegenstands in einen betriebsbereiten Zustand anfallen, auf einem Erwerb von Dritten beruhen und den Vermögensgegenstand erweitern bzw. über seinen ursprünglichen Zustand hinaus wesentlich verbessern) oder um nachträgliche Erhöhungen des ursprünglichen Anschaffungspreises, ggf. auch der ursprünglichen Anschaffungsnebenkosten.[32]

d) Anschaffungspreisminderungen. Hinsichtlich der Anschaffungs- **18** preisminderungen wurde durch die Präzisierung des Abs. 1 S. 3 im Rahmen des BilRUG klargestellt,[33] dass allein solche Anschaffungspreisminderungen von den Anschaffungskosten absetzbar sind, die dem **Vermögensgegenstand einzeln zugeordnet** werden können. Ist dies nicht gewährleistet, so ist die Anschaffungspreisminderung uU erfolgswirksam zu erfassen.[34] Vor dem Hintergrund des Postulats der Erfolgsneutralität des Anschaffungsvorgangs hat dies im Schrifttum kontroverse Diskussionen ausgelöst. Zum Teil wird davon ausgegangen, dass der Kaufmann einen zu erwartenden Bonus bei seiner Entscheidung über die Anschaffung eines Vermögensgegenstands antizipieren wird und dieser antizipierte Vorteil deshalb anschaffungskostenmindernd zu berücksichtigen ist, weil die Erfassung eines Erwerbsgewinns der handelsrechtlichen Rechnungslegung wesensfremd ist.[35] Eine restriktivere Auffassung hält die Erfassung von Boni als Anschaffungspreisminderungen nur dann als zulässig, wenn ein Bonus mittels einer **Verbrauchsfolgefiktion** auf die am Abschlussstichtag nachweislich noch im Bestand befindlichen Vermögensgegenstände zuordenbar ist.[36] Unklarheit herrscht auch dahingehend, ob die ertragswirksame Erfassung der nicht einzeln zurechenbaren Anschaffungspreisminderung in den sonstigen betrieblichen Erträgen oder gar innerhalb der Umsatzerlöse zu erfolgen hat. Einige Auffassungen sehen in der erfolgswirksamen Erfassung erhaltener Boni auf noch im Bestand befindliche Vermögensgegenstände einen Verstoß gegen das Realisationsprinzip, da Erträge nicht durch Beschaffungs-, sondern nur durch Absatzgeschäfte zu erzielen sind.[37] Andere Auffassungen streiten dafür, dass Erlöse aus Nebentätigkeiten, die bisher in den sonstigen betrieblichen Erträgen oder gar im außerordentlichen Ergebnis auszuweisen waren, im Zuge der Neudefinition der Umsatzerlöse durch das BilRUG nunmehr in den Umsatzerlösen zu zeigen sind, wozu mitunter auch nicht einzeln zurechenbare Anschaffungspreisminderun-

---

[31] WP-HdB Kap. F Rn. 111.
[32] *ADS* Rn. 40–48.
[33] BT-Drs. 18/4050, 57.
[34] *Oser/Orth/Wirtz* DB 2015, 1733.
[35] Russ/Janßen/Götze/*Baumann* BilRUG Rn. 45–47 und wohl auch *Theile* BilRUG, 2015, Rn. 3.
[36] *Oser/Orth/Wirtz* DB 2015, 1733; *Schmidt/Prinz,* BilRUG in der Praxis, 2016, Rn. 22.
[37] *Theile* BilRUG, 2015, Rn. 3

gen zählen können.[38] Praktische Relevanz entfaltet die Präzisierung insbesondere hinsichtlich mengen- oder umsatzabhängiger **Bonus- und Rabattmodelle** sowie anderer Rückvergütungsformen.[39] Eine generelle Ablehnung der Einzelzurechenbarkeit ist hieraus jedoch nicht abzuleiten, da dies dem Prinzip der Erfolgsneutralität von Anschaffungsvorgängen entgegenstünde.[40] Dies steht in Einklang mit der Begründung des Gesetzgebers, der mit der Neuformulierung keine grundlegende Änderung der bisherigen Praxis beabsichtigt.[41] Trotz des im Gesetz gewählten Wortlauts sind unter Anschaffungspreisminderungen nicht ausschließlich Minderungen des Anschaffungspreises, sondern auch solche der **Anschaffungsnebenkosten** und der nachträglichen Anschaffungskosten zu erfassen.[42] Alle Arten von Nachlässen, wie Skonti und Rabatte oder zurückgewährte Entgelte, sind daher grundsätzlich von den Anschaffungskosten abzusetzen.[43]

19   **3. Einzelfragen. a) Anschaffungskosten bei Zuschüssen, Zulagen und Subventionen.** Nicht rückzahlbare Zuwendungen Dritter, die im Zusammenhang mit der Beschaffung bestimmter Gegenstände gewährt werden, sind entweder unmittelbar **von den Anschaffungskosten abzusetzen** oder durch Einstellung in einen **gesonderten Passivposten** zu neutralisieren.[44] Die sofortige erfolgswirksame Vereinnahmung kann grundsätzlich nicht als sachgerecht angesehen werden; als Ausnahmen hiervon kommen Sanierungsfälle oder eine außerplanmäßige Abschreibung des bezuschussten Vermögensgegenstands in Frage.[45]

20   Wird ein Zuschuss von **privater Seite** geleistet und ist er nach den Parteivereinbarungen derart in einen Leistungsaustausch einbezogen, dass er sich als Entgelt für eine zukünftige Leistung des Zuschussempfängers darstellt, ist der Zuschuss als Teil der Gegenleistung zu **passivieren**.[46]

21   **b) Anschaffungskosten bei unentgeltlichem Erwerb.** Da es sich bei einem unentgeltlichen Erwerb – zB bei Erbschaft, Schenkung, Stiftung – um einen **Erwerbsvorgang ohne Gegenleistung** des Erwerbers handelt, ist das Prinzip der Bestimmung der Anschaffungskosten nach der Gegenleistung (Abs. 1 S. 1: „Anschaffungskosten sind die Aufwendungen, die geleistet werden, um einen Vermögensgegenstand zu erwerben …") nicht ohne weiteres anwendbar. Nach dem Vollständigkeitsprinzip des § 246 Abs. 1 S. 1 ist bei Vorliegen eines Vermögensgegenstands grundsätzlich von einer **Aktivierungspflicht** auszugehen; dies gilt wegen des ausdrücklichen Aktivierungswahlrechts in § 248 Abs. 2 S. 1 sowie der Aktivierungsverbote in § 248 Abs. 2 S. 2 jedoch nicht für unentgeltlich erworbene immaterielle Vermögensgegenstände des Anlagevermögens. Gemäß dem Prinzip des erfolgs-

---

[38] *Schmidt/Prinz,* BilRUG in der Praxis, 2016, Rn. 22 f., § 277 Rn. 103; *Oser/Orth/Wirtz* DB 2015, 1733.

[39] *Schmidt/Prinz,* BilRUG in der Praxis, 2016, Rn. 22.

[40] *Oser/Orth/Wirtz* DB 2015, 203.

[41] BT-Drs. 18/4050, 57.

[42] *ADS* Rn. 49; HdR/*W. Knop/Küting/N. Knop* Rn. 56.

[43] Differenzierter mwN BeBiKo/*Schubert/Gadek* Rn. 61–64; HdR/*Knop/Küting* Rn. 57–62.

[44] *ADS* Rn. 56–62; WP-HdB Kap. F Rn. 113 f.; *IDW* St/HFA 1984/1 idF 1990, 612–615.

[45] WP-HdB Kap. F Rn. 113; ausf. zu den vertretenen Auffassungen BeBiKo/*Schubert/Gadek* Rn. 115–119; HdR/*Knop/Küting* Rn. 63–75.

[46] WP-HdB Kap. F Rn. 114; BeBiKo/*Schubert/Gadek* Rn. 119.

neutralen Anschaffungsvorgangs ist allerdings bei unentgeltlich erworbenen Vermögensgegenständen ein Wertansatz grundsätzlich nicht zu bilden; bei gegebener Aktivierungsfähigkeit kann jedoch von einem am Zweck der Zuwendung orientierten **Bewertungswahlrecht** ausgegangen werden.[47] Bewertungsobergrenze ist der Wert, der bei vorsichtiger Schätzung für den Vermögensgegenstand auch sonst aufgewandt worden wäre.[48]

c) Anschaffungskosten nach UmwG. Im UmwG sind die **vier Um-** 22 **wandlungsformen** Verschmelzung, Spaltung, Vermögensübernahme und der Formwechsel vorgesehen und geregelt. Für die Bilanzierung ist zu unterscheiden zwischen der übertragenden Umwandlung (Verschmelzung, Spaltung, Vermögensübernahme), bei der ein Vermögensübergang zwischen übertragendem und übernehmendem Rechtsträger stattfindet, und der formwechselnden Umwandlung (Formwechsel), bei welcher unter Wahrung der Identität des Rechtsträgers nur das Rechtskleid wechselt.[49]

Beim **Formwechsel** sind zwingend nach allgemeinen Bilanzierungsregeln 23 die Buchwerte des formwechselnden Rechtsträgers fortzuführen, da keine Vermögensübertragung stattfindet. Der Formwechsel rechtfertigt allerdings grundsätzlich Durchbrechungen der Grundsätze der Ansatz- und Bewertungsstetigkeit, als für die neue Rechtsform abweichende Ansatz- und Bewertungsmethoden angewandt werden dürfen.[50] Bei der übertragenden Umwandlung liegt aus Sicht des übernehmenden Rechtsträgers ein Anschaffungsgeschäft vor. Die Anschaffungskosten bestimmen sich nach Maßgabe der Gegenleistung, die entweder in der Gewährung neuer Anteile ggf. unter Leistung barer Zuzahlung (Verschmelzung mit Kapitalerhöhung) oder in dem Verzicht auf durch die Verschmelzung untergehende Anteile am übertragenden Rechtsträger liegen kann. Werden vom übernehmenden Rechtsträger neue Anteile gewährt oder gehen Anteile am übertragenden Rechtsträger unter, sind diese bei der Bilanzierung zu tatsächlichen Anschaffungskosten jeweils mit dem beizulegenden Zeitwert zu bewerten, eine Bewertung zum Nennwert von neu geschaffenen Anteilen bzw. einem höheren Ausgabebetrag kommt grundsätzlich nicht in Betracht.[51] Nach § 24 UmwG hat der übernehmende Rechtsträger aber auch das Wahlrecht, die übernommenen Wirtschaftsgüter mit deren Werten aus der Schlussbilanz des übertragenden Rechtsträgers anzusetzen. Als zulässig erachtet wird auch der Ansatz eines erfolgsneutralen Zwischenwerts, um eine eventuell einhergehende Ertragssteuerbelastung zu neutralisieren.[52]

d) Anschaffungskosten bei Tausch. Beim Tausch besteht die Gegen- 24 leistung nicht in einem Kaufpreis, sondern in der **Hingabe eines anderen Vermögensgegenstands.** Die Anschaffungskosten können dabei grundsätzlich nach **drei Methoden** bestimmt werden: der „Buchwertfortführung" (der eingetauschte Vermögensgegenstand wird mit dem Buchwert des hingegebenen Gegenstandes angesetzt), der „Gewinnrealisierung" (der eingetauschte Vermögensgegenstand wird mit dem höheren Zeitwert des hingege-

---

[47] Vgl. hierzu *ADS* Rn. 83–88; ausf. zu den vertretenen Ansichten vgl. HdR/*Wohlgemuth/Radde* B 162 Rn. 62–68.
[48] BeBiKo/*Schubert/Gadek* Rn. 101; Beck HdR/*Wohlgemuth/Radde* B 162 Rn. 64.
[49] BeBiKo/*Schubert/Gadek* Rn. 42.
[50] *IDW* RS HFA 41 Rn. 22–34.
[51] BeBiKo/*Schubert/Gadek* Rn. 44.
[52] *IDW* RS HFA 42 Rn. 45–53; BeBiKo/*Schubert/Gadek* Rn. 44.

benen Gegenstandes, höchstens aber mit dem vorsichtig geschätzten Zeitwert des eingetauschten Gegenstandes angesetzt) oder der „ergebnisneutralen Behandlung" (der eingetauschte Vermögensgegenstand wird mit dem Buchwert des hingegebenen Gegenstandes zuzüglich Ertragsteuerbelastung angesetzt). Handelsrechtlich werden alle drei Methoden als zulässig angesehen.[53]

25   **4. Einzelfragen zum steuerlichen Anschaffungskostenbegriff. a) Nachträgliche Anschaffungskosten.** Kaufpreiserhöhungen sind im Wirtschaftsjahr ihres Anfallens als weitere Anschaffungskosten anzusetzen. Solche Anschaffungskosten setzen einen **wirtschaftlichen Zusammenhang** mit der Anschaffung voraus, zB bedingte Verbindlichkeiten, die erst bei ihrem Feststehen passiviert werden. Daneben können aber auch nachträgliche Anschaffungskosten in der Form bestimmter zur **Wertsteigerung/Werterhöhung** geeigneter Maßnahmen eintreten, wie zB Erschließungsbeiträge für Grundstücke und Einlagen bei Kapitalgesellschaftsanteilen, sofern diese die Verwendbarkeit des Vermögensgegenstands ändern oder wesentlich verbessern.[54] Geht es allein um die Wertveränderung der Kaufpreisverbindlichkeit, zB auf Grund einer Wertsicherungsklausel, so sind keine nachträglichen Anschaffungskosten anzusetzen.[55]

26   **b) Nachträgliche Minderung der Anschaffungskosten.** Mit dem Anschaffungsgeschäft in Zusammenhang stehende Ermäßigungen der Aufwendungen zur Anschaffung eines Wirtschaftsguts führen zu einer Minderung der Anschaffungskosten, sobald sie **tatsächlich eingetreten** sind. Als Anschaffungskostenminderung bei Kapitalgesellschaftsanteilen ist auch die Ausschüttung aus dem steuerlichen Einlagekonto anzusehen.[56]

27   **c) Zuschüsse, Zulagen.** Die Finanzverwaltung räumt ein **Wahlrecht** ein, Investitionszuschüsse als **Betriebseinnahmen** oder als **Anschaffungskosten-/Herstellungskostenminderung** zu behandeln (R 6.5 EStR). Das Wahlrecht wird allerdings nur gewährt, wenn der öffentliche oder private Zuschussgeber die Zuwendung zur Förderung eines – zumindest auch – in seinem Interesse liegenden Zwecks zuwendet.[57]

28   Steuerfrei sind nur bestimmte Zulagen, für die entsprechende gesetzliche Regelungen bestehen (zB § 13 InvZulG 2010). Andere Zuschüsse sind grundsätzlich steuerpflichtige Betriebseinnahmen, soweit nicht Einlagen gegeben sind. Bei Ertragszuschüssen, bei denen der Empfänger zu einer Leistung verpflichtet ist, kann die Passivierung eines Rechnungsabgrenzungspostens und somit die Streckung der Gewinnrealisierung in Betracht kommen.[58]

29   **d) Unentgeltlicher Erwerb.** Bei unentgeltlichem Erwerb eines Betriebs, Teilbetriebs oder Mitunternehmeranteils ist der Steuerpflichtige bei der Bemessung der AfA an die **Anschaffungs- oder Herstellungskosten des Rechtsvorgängers** gebunden (§ 6 Abs. 3 EStG, § 7 Abs. 3 EStG, R 7.3 Abs. 3 EStR). Bei unentgeltlichem Erwerb einzelner Wirtschaftsgüter gilt deren gemeiner Wert (§ 9 Abs. 2 BewG) als Anschaffungskosten (§ 6 Abs. 4 EStG).

---

[53] *ADS* Rn. 89–94; Praxiskommentar BilanzR/*Richter/Künkele/Zwirner* Rn. 57.
[54] Beck HdR/*Wohlgemuth/Radde* B 162 Rn. 123–128; BeBiKo/*Schubert/Gadek* Rn. 77.
[55] Schmidt/*Kulosa* EStG § 6 Rn. 57, 81.
[56] Schmidt/*Kulosa* EStG § 6 Rn. 67.
[57] Schmidt/*Kulosa* EStG § 6 Rn. 73.
[58] Schmidt/*Kulosa* EStG § 6 Rn. 79.

e) Tausch. Steuerrechtlich ist bei Tausch und tauschähnlichen Vorgängen 30 grundsätzlich von einer **Gewinnverwirklichung** auszugehen. Durch § 6 Abs. 6 EStG ist gesetzlich geregelt, dass sich die Anschaffungskosten eines Wirtschaftsgutes nach dem gemeinen Wert (§ 9 Abs. 2 BewG) des hingegebenen Wirtschaftsguts bemessen. Von diesem Grundsatz darf abgewichen werden, wenn die Ermittlung bzw. Schätzung des gemeinen Werts des hingegebenen Wirtschaftsguts außerordentlich schwierig oder gar unmöglich ist. In diesem Fall ist es zulässig den gemeinen Wert des hingegeben Wirtschaftsguts mit dem des empfangenen Wirtschaftsguts zu bestimmen.[59] Eine Ausnahme enthält § 6 Abs. 5 S. 3 EStG für die Übertragung eines Wirtschaftsguts aus einem Betriebsvermögen in eine Mitunternehmerschaft gegen **Gewährung von Gesellschaftsrechten.** Danach sind zwingend die bisherigen Buchwerte des Einbringenden anzusetzen, sofern die Besteuerung der stillen Reserven sichergestellt ist (→ Rn. 32).[60]

f) Einlage. Wurde das Wirtschaftsgut in das Betriebsvermögen eingelegt, 31 ist grundsätzlich der **Teilwert zum Zeitpunkt der Zuführung** anzusetzen. Wurde jedoch das zugeführte Wirtschaftsgut innerhalb der letzten drei Jahre vor dem Zeitpunkt der Zuführung angeschafft oder hergestellt oder handelt es sich um eine Beteiligung iSv § 17 EStG bzw. ein Wirtschaftsgut iSd § 20 Abs. 2 EStG, so sind höchstens die fortgeführten Anschaffungs- oder Herstellungskosten anzusetzen. Wurde das Wirtschaftsgut aus einem Betriebsvermögens entnommen, ist der Einlagewert auf den Wert begrenzt, mit dem die Entnahme angesetzt worden ist (§ 6 Abs. 1 Nr. 5 EStG).[61]

g) Überführung von Wirtschaftsgütern in ein anderes Betriebsver- 32 **mögen.** Die Überführung von Wirtschaftsgütern von einem Betriebsvermögen in ein anderes Betriebsvermögen des Steuerpflichtigen oder zB in das Betriebsvermögen einer Mitunternehmerschaft, an der der Steuerpflichtige beteiligt ist, fällt nicht unter den steuerlichen Begriff der Einlage, sondern wird in § 6 Abs. 5 EStG geregelt. Es gilt der Grundsatz der **Buchwertfortführung,** sofern die Besteuerung der stillen Reserven sichergestellt ist.[62]

h) Vorgänge nach dem Umwandlungssteuergesetz. Im Umwand- 33 lungssteuergesetz sind für bestimmte Vorgänge **steuerliche Sonderregelungen** normiert, insbesondere bei:

– Verschmelzung/Vermögensübertragung von einer Körperschaft auf eine Personengesellschaft,
– Umwandlung einer Körperschaft in eine Personengesellschaft,
– Verschmelzung/Vermögensübertragung von einer Körperschaft auf eine andere Körperschaft,
– Aufspaltung/Abspaltung,
– Einbringung eines Betriebs, Teilbetriebs oder Mitunternehmeranteils in eine Kapitalgesellschaft gegen Gewährung von Gesellschaftsanteilen,
– Einbringung eines Betriebs, Teilbetriebs oder Mitunternehmeranteils in eine Personengesellschaft.

---

[59] BFH Beschl. v. 9.7.2012 – III B 66/11, BFH/NV 2012, 1631; BFH Entsch. v. 18.7.1972 – VIII R 16/68, BStBl. II 1972, 884.
[60] BeBiKo/*Schubert/Gadek* Rn. 41.
[61] Schmidt/*Kulosa* EStG § 6 Rn. 548 f., 558, 561, 564.
[62] Schmidt/*Kulosa* EStG § 6 Rn. 681–726.

34   Soweit solche Vorgänge nach den Vorschriften des Umwandlungssteuergesetzes **zu Buchwerten** erfolgen, tritt der Übernehmer grundsätzlich in die Rechtsstellung des übertragenden Rechtsträgers bezüglich der Bewertung der übernommenen Wirtschaftsgüter, der Absetzungen für Abnutzung und der steuerlich gewinnmindernden Rücklagen ein (§ 4 Abs. 2 UmwStG, § 12 Abs. 3 UmwStG).

35   **i) Abbruch.** Wird ein Gebäude vom Steuerpflichtigen zum Zweck des Abbruchs erworben (Erwerb mit Abbruchabsicht), so gilt Folgendes: War das Gebäude technisch oder wirtschaftlich nicht verbraucht und steht der Abbruch des Gebäudes mit der Herstellung eines neuen Wirtschaftsguts (Gebäudes) in einem **engen wirtschaftlichen Zusammenhang,** so sind der Buchwert und die Abbruchkosten zu den **Herstellungskosten des neuen Wirtschaftsguts** zu rechnen. Besteht **kein enger wirtschaftlicher Zusammenhang** mit der Herstellung eines neuen Wirtschaftsguts, sind der Buchwert und die Abbruchkosten als **Anschaffungskosten des Grund und Bodens** zu behandeln. War das Gebäude im Zeitpunkt des Erwerbs objektiv wertlos, so entfällt der volle Anschaffungspreis auf den Grund und Boden. Für die Abbruchkosten gilt die oben dargestellte Zuordnung wie im Fall des Abbruches eines technisch oder wirtschaftlich nicht verbrauchten Gebäudes (H 6.4 EStR).

36   **j) Grund und Boden/Gebäude.** Grund und Boden einerseits und aufstehendes Gebäude andererseits sind selbstständige Wirtschaftsgüter, ein Gesamtkaufpreis ist aufzuteilen.[63] **Unselbstständige Gebäudeteile** bilden mit dem Gebäude ein einheitliches Wirtschaftsgut, wenn sie in einem einheitlichen **Nutzungs- und Funktionszusammenhang** mit dem Gebäude stehen (R 4.2 Abs. 3 EStR). Ein Gebäudebestandteil ist selbstständig, wenn er besonderen Zwecken dient, die nicht in einem Nutzungs- und Funktionszusammenhang mit der eigentlichen Gebäudenutzung stehen (zB Betriebsvorrichtungen, Scheinbestandteile, Ladeneinbauten, Mietereinbauten).

37   Unselbstständiger Teil des Grund und Bodens (nachträgliche Anschaffungskosten) sind der durch **Anlieger- und Erschließungsbeiträge** zur Erstanlage von Straßen erlangte Vorteil für ein angrenzendes Grundstück.[64] Werden hingegen Erschließungsanlagen ersetzt oder modernisiert, führen Erschließungsbeiträge grds. zu Erhaltungsaufwendungen (H 6.4 EStR).

III. Herstellungskosten (Abs. 2 und Abs. 2a)

38   **1. Begriff der Herstellungskosten.** Abs. 2 S. 1 definiert den Begriff der Herstellungskosten. Danach sind dies die Aufwendungen, die durch den **Verbrauch von Gütern** und **die Inanspruchnahme von Diensten** für die Herstellung eines Vermögensgegenstands, seine Erweiterung oder für eine über seinen ursprünglichen Zustand hinausgehende **wesentliche Verbesserung** entstehen. Aus dieser Definition wird bereits deutlich, dass neben dem Grundtatbestand der **Neuschaffung** eines bisher noch nicht bestehenden Vermögensgegenstands auch die **Erweiterung** eines vorhandenen Vermögensgegenstands oder eine über dessen ursprünglichen Zustand hinausgehende **wesentliche Verbesserung** zu aktivierungspflichtigen Her-

---

[63] Schmidt/*Weber-Grellet* EStG § 5 Rn. 133.
[64] Schmidt/*Weber-Grellet* EStG § 5 Rn. 142.

stellungskosten führen.[65] Eine Bewertung zu Herstellungskosten ist in erster Linie bei unfertigen und fertigen Erzeugnissen, aber auch bei selbst erstellten Vermögensgegenständen des Anlagevermögens sowie Generalüberholungen oder Reparaturen, soweit diese zu einer über den ursprünglichen Zustand hinausgehenden wesentlichen Verbesserung führen, vorzunehmen.[66]

Abs. 2 S. 1, 2 enthält eine auch für die einkommensteuerrechtliche Bewertung maßgebende Definition des Herstellungskostenbegriffs (auch → Rn. 66 f.).[67] **Steuerlich** sind Herstellungskosten insbesondere gegenüber Anschaffungskosten und Erhaltungsaufwand abzugrenzen. Herstellungskosten liegen nur vor, wenn der **Bilanzierende als Hersteller** gilt. Der Herstellerbegriff ist dabei wirtschaftlich aufzufassen. Er erfordert Einflussnahme auf das Risiko der Herstellung.[68] **Erhaltungsaufwand** ist gegeben, wenn Maßnahmen zu keiner wesentlichen Verbesserung eines Wirtschaftsgutes führen. Wesentliche Verbesserungen liegen zB nicht vor bei der modernisierenden (auch werterhöhenden) Ersetzung von abgenutzten unselbstständigen Gebäudeteilen, selbst wenn es sich um einen hohen Aufwand handelt. Zu einer **wesentlichen Verbesserung** führen dagegen Maßnahmen, die über die zeitgemäße Erneuerung hinausgehen (zB durch Verwendung hochwertiger Materialien oder besondere bauliche Gestaltung) und die außerdem den Gebrauchswert deutlich erhöhen.[69] **39**

Der bilanzrechtliche Herstellungskostenbegriff ist entsprechend dem der Anschaffungskosten **pagatorischer** Natur. Es dürfen nur **tatsächlich angefallene Aufwendungen** angesetzt werden; Kosten, die nicht mit Aufwendungen verbunden sind (zB kalkulatorische Kosten) oder denen geringere Aufwendungen gegenüberstehen (zB auf Basis der höheren Wiederbeschaffungskosten ermittelte Abschreibungen, sog. Anderskosten), gehören nicht zu den bilanziellen Herstellungskosten.[70] Mit der Orientierung an den Aufwendungen berücksichtigen die Herstellungskosten das Realisationsprinzip, wonach die Herstellung grundsätzlich **ergebnisneutral** als Vermögensumschichtung in der Bilanz zu berücksichtigen ist.[71] **40**

Die Herstellungskosten stellen wie die Anschaffungskosten lediglich den **Ausgangswert** für die Bewertung eines Vermögensgegenstands dar; letztlich ergibt sich der Wertansatz aus der Regelung des § 253.[72] **41**

2. Umfang der Herstellungskosten. In Abs. 2 S. 2–4 und Abs. 3 werden die Bestandteile der Herstellungskosten erschöpfend aufgezählt sowie in Abs. 2a für selbst geschaffene immaterielle Vermögensgenstände des Anlagevermögens konkretisiert (→ Rn. 60 ff.); weitere, hier nicht genannte Aufwendungen können nicht in die Herstellungskosten einbezogen werden. Bei der Abgrenzung der Herstellungskostenbestandteile werden **Einbeziehungs-** **42**

---

[65] Zur Abgrenzung der Herstellungsvorgänge im Einzelnen *ADS* Rn. 118–126; zur Abgrenzung von Herstellungs- und Erhaltungsaufwand in diesem Zusammenhang vgl. BeBiKo/*Schubert*/*Hutzler* Rn. 375–392; Praxiskommentar BilanzR/*Richter*/*Künkele*/*Zwirner* Rn. 195–202.

[66] WP-HdB Kap. F Rn. 126.

[67] Schmidt/*Kulosa* EStG § 6 Rn. 151.

[68] Schmidt/*Kulosa* EStG § 6 Rn. 34.

[69] Schmidt/*Kulosa* EStG § 6 Rn. 156–189.

[70] *ADS* Rn. 116; *Moxter* Bilanzrechtsprechung S. 208 f.; BeBiKo/*Schubert*/*Hutzler* Rn. 335; WP-HdB Kap. F Rn. 128.

[71] HdR/*W. Knop*/*Küting*/*N. Knop* Rn. 145 f.; *IDW* RS HFA 31 nF Rn. 4 f.

[72] HdR/*W. Knop*/*Küting*/*N. Knop* Rn. 126.

pflichten, **Einbeziehungswahlrechte** und **Einbeziehungsverbote** unterschieden.

43   **a) Einbeziehungspflichten.** Pflichtbestandteile der Herstellungskosten sind nach Abs. 2 S. 2 die Materialeinzelkosten, die Fertigungseinzelkosten und die Sondereinzelkosten der Fertigung sowie auf den Herstellungszeitraum entfallende angemessene Teile der Materialgemeinkosten, der Fertigungsgemeinkosten und des Werteverzehrs des Anlagevermögens, soweit dieser durch die Fertigung veranlasst ist. Somit wird die handelsrechtliche **Wertuntergrenze** für die Herstellungskosten wie folgt festgelegt:

	Materialeinzelkosten
+	Fertigungseinzelkosten
+	Sondereinzelkosten der Fertigung
+	Angemessene Teile der Materialgemeinkosten
+	Angemessene Teile der Fertigungsgemeinkosten
+	Angemessene Teile der Sondergemeinkosten der Fertigung
+	Angemessene Teile des Werteverzehrs des Anlagevermögens (soweit durch die Fertigung veranlasst)
=	Wertuntergrenze der handelsrechtlichen Herstellungskosten

44   Aktivierungspflichtige **Einzelkosten** sind dem hergestellten und einzeln zu bewertenden Vermögensgegenstand direkt zurechenbare Kosten, dh der durch die Herstellung des Vermögensgegenstands bedingte Einsatz an Gütern, Leistungen und Diensten muss sich in der jeweiligen Maßeinheit (Menge, Zeit, Wert) ohne weitere Schlüsselung oder Umlage auf den zu bewertenden Vermögensgegenstand beziehen lassen; entscheidend für die Zuordnung zu den Einzelkosten ist jedoch nicht die tatsächliche kostenrechnungsmäßige Zurechnung, sondern die Möglichkeit einer direkten Zurechnung der Kosten (dies betrifft sog. unechte Gemeinkosten).[73] Bei den **Gemeinkosten** handelt es sich dementsprechend um diejenigen Aufwendungen für Güter, Leistungen und Dienste, die nicht direkt in das Produkt eingehen, sondern nur über eine Schlüsselung oder Umlage zu dem hergestellten Vermögensgegenstand in Beziehung gebracht werden können.[74]

45   Zu den **Materialeinzelkosten** gehören insbesondere die verbrauchten Roh-, Hilfs- und Betriebsstoffe aber auch im Betrieb selbst gefertigte Halb- und Teilerzeugnisse sowie die in Anspruch genommenen fremdbezogenen Leistungen (zB Energiekosten), sofern Verbrauch und Inanspruchnahme den hergestellten Vermögensgegenständen unmittelbar zurechenbar sind, während die **Fertigungseinzelkosten** vor allem die bei der Fertigung unmittelbar anfallenden Personalkosten, also die Fertigungslöhne, umfassen.[75]

46   **Sondereinzelkosten der Fertigung** können bspw. den hergestellten Vermögensgegenständen unmittelbar zurechenbare Aufwendungen für Modelle, Spezialwerkzeuge, Vorrichtungen, Entwürfe, Schablonen, Schnitte, spezielle Konstruktionen, Gebühren für Fertigungslizenzen sowie auftrags- oder objektgebundene Aufwendungen für Planung, Entwicklung, Konstruktion und Versuche sein.[76]

47   **Materialgemeinkosten** sind vor allem Kosten des Einkaufs, der Warenannahme, der Material- und Rechnungsprüfung, der Lagerhaltung, der Ma-

---

[73] *IDW* RS HFA 31 nF Rn. 13–19.
[74] *IDW* RS HFA 31 nF Rn. 13–19.
[75] *ADS* Rn. 142–148; WP-HdB Kap. F Rn. 134 f.
[76] *ADS* Rn. 149–154; WP-HdB Kap. F Rn. 136.

terialverwaltung und -bewachung sowie Transport- und Versicherungskosten.[77] Zu den **Fertigungsgemeinkosten** zählen zB Kosten für Energie, Brennstoffe, Hilfsstoffe, Betriebsstoffe, laufende Instandhaltung von Betriebsbauten, Betriebseinrichtungen, Maschinen, Vorrichtungen und Werkzeuge, Anlageabschreibungen auf Fertigungsanlagen, sonstige Kosten wie Sachversicherungsprämien, Post- und Fernsprechgebühren, auf den Bereich der Fertigung anrechenbare Reiseauslagen, Lohnbüro, Arbeitsvorbereitung usw.[78] Der **Wertverzehr des Anlagevermögens** ist in die Herstellungskosten einzubeziehen, soweit er **durch die Fertigung veranlasst** ist. Der Wertverzehr kommt in den planmäßigen Abschreibungen zum Ausdruck; außerplanmäßige Abschreibungen nach § 253 Abs. 3 S. 5 oder Abschreibungen auf technisch nicht notwendige Reserveanlagen, nicht genutzte Anlagen oder Anlagen des Vertriebsbereichs gehören nicht zu den Herstellungskosten, da sie nicht durch die Fertigung verursacht werden.[79] **Sondergemeinkosten der Fertigung** sind systematisch den Material- oder Fertigungsgemeinkosten zuzurechnende Aufwendungen, die durch die Fertigung eines Erzeugnisses verursacht sind und weder Einzelkosten noch Wertverzehr von Anlagevermögen darstellen sowie auch nicht zu den allg. Verwaltungskosten oder den Vertriebskosten gehören.[80] Diese sind von den Sondereinzelkosten der Fertigung (→ Rn. 46) bisweilen schwer abgrenzbar, doch ist diese Abgrenzung seit Inkrafttreten des BilMoG von untergeordneter Bedeutung, da sämtliche Sonderkosten der Fertigung aktivierungspflichtig sind.[81]

Einbeziehungspflichtig sind jeweils nur auf den Herstellungszeitraum ent- **48** fallende, angemessene Teile der **Materialgemein- und der Fertigungsgemeinkosten** sowie des durch die Fertigung veranlassten Werteverzehrs des Anlagevermögens. **Angemessen** bedeutet in diesem Zusammenhang, dass die Zurechnung der Gemeinkosten sowie des Werteverzehrs des Anlagevermögens zu einem bestimmten Vermögensgegenstand nur insoweit erfolgen kann und darf, wie sie bei einer normalen Auslastung der technischen und personellen Fertigungskapazitäten anfallen.[82] Das Angemessenheitsprinzip beinhaltet insoweit ein Willkürverbot und erfordert die Zuordnung nach vernünftiger kaufmännischer Beurteilung unter Anwendung betriebswirtschaftlich anerkannter Kalkulationsmethoden.[83] Die Aktivierung von ungewöhnlich hohen Kosten, betriebsfremden und periodenfremden Kosten sowie außergewöhnlichen oder selten anfallenden Kosten soll damit ebenso vermieden werden wie die von Unterbeschäftigungs- und Leerkosten.[84]

b) Einbeziehungswahlrechte. In die Herstellungskosten dürfen nach **49** Abs. 2 S. 3 neben den aktivierungspflichtigen Kosten angemessene Teile der auf den Zeitraum der Herstellung entfallenden Kosten der allgemeinen Verwaltung sowie angemessene Aufwendungen für soziale Einrichtungen des Betriebs, für freiwillige soziale Leistungen und für die betriebliche Altersversorgung einbezogen werden.

---

[77] WP-HdB Kap. F Rn. 139.
[78] WP-HdB Kap. F Rn. 140.
[79] WP-HdB Kap. F Rn. 142; *IDW* RS HFA 31 nF Rn. 20–22.
[80] Blümich/*Ehmcke* EStG § 6 Rn. 488.
[81] Beck HdR/*Oestreicher* B 163 Rn. 50 f.
[82] *IDW* RS HFA 31 nF Rn. 20 f.
[83] BeBiKo/*Schubert*/*Hutzler* Rn. 355.
[84] *ADS* Rn. 158.

50   Als **Kosten der allgemeinen Verwaltung** kommen nach der in R 6.3
     EStR enthaltenen beispielhaften Aufzählung Aufwendungen für Geschäfts-
     leitung, Einkauf und Wareneingang, Betriebsrat, Personalbüro, Nachrich-
     tenwesen, Ausbildungswesen, Rechnungswesen – zB Buchführung, Be-
     triebsabrechnung, Statistik und Kalkulation –, Feuerwehr, Werkschutz
     sowie allgemeine Fürsorge einschließlich Betriebskrankenkasse, in Betracht.
     Als **Aufwendungen für soziale Einrichtungen** des Betriebs kommen zB
     Aufwendungen für Kantine einschließlich der Essenszuschüsse sowie für Frei-
     zeitgestaltung der Arbeitnehmer in Betracht; **freiwillige soziale Leistungen**
     sind zB nicht vertraglich vorgesehene Jubiläumsgeschenke, Weihnachts-
     zuwendungen oder Wohnungs- und andere Beihilfen. Besteht für soziale
     Aufwendungen eine **Leistungspflicht** (zB auf Grund eines Tarifvertrags), so
     gilt, soweit das in der Fertigung tätige Personal betroffen ist und es sich um
     Einzelkosten handelt, eine **Aktivierungspflicht** im Rahmen der Herstel-
     lungskosten. **Aufwendungen für die betriebliche Altersvorsorge** sind
     Beiträge zu Direktversicherungen, Zuwendungen an Pensions- und Unter-
     stützungskassen, Pensionsfonds sowie Zuführungen zu Pensionsrückstellun-
     gen. Da die Aktivierungsfähigkeit jeweils auf angemessene Teile beschränkt
     ist, gilt auch hier das Erfordernis, die Zuordnung nach vernünftiger kauf-
     männischer Beurteilung unter Anwendung betriebswirtschaftlich anerkannter
     Kalkulationsmethoden vorzunehmen (→ Rn. 49).

51   Abs. 2 S. 3 stellt klar, dass Aufwendungen nach Abs. 2 S. 2 und 3 nur
     insoweit berücksichtigt werden, als sie auf den **Zeitraum der Herstellung**
     entfallen. Dabei ist der Beginn der Herstellung nicht mit dem Beginn des
     technischen Herstellungsprozesses gleichzusetzen, sondern er liegt dann vor,
     wenn erstmals in sachlichem Zusammenhang mit der Leistungserstellung
     stehende Aufwendungen anfallen; somit können auch schon Kosten für **vor-
     bereitende Maßnahmen,** wie zB Architektenhonorare für Baupläne oder
     Abbruchkosten für ein in Abbruchabsicht erworbenes Gebäude, zu den Her-
     stellungskosten gehören.[85] Die Herstellung endet mit der Fertigstellung des
     Vermögensgegenstandes, dh mit der Möglichkeit seiner bestimmungsmäßigen
     Verwendung;[86] dies ist bei Vermögensgegenständen des Anlagevermögens
     regelmäßig dann der Fall, wenn sie zur bestimmungsgemäßen dauernden
     Nutzung eingesetzt werden können, bei Vermögensgegenständen des Um-
     laufvermögens dann, wenn sie auslieferungs- und/oder absatzfähig sind.[87]
     Unterbrechungen der Herstellung sind grundsätzlich nicht dem Herstellungs-
     zeitraum zuzurechnen, es sei denn, die Unterbrechung ist notwendiger Teil
     des Herstellungsprozesses.[88]

52   Zur Aktivierung von **Fremdkapitalzinsen** (Abs. 3) → Rn. 57 ff.; eine
     Aktivierung von Eigenkapitalzinsen ist nicht zulässig (dies gilt nach H 6.3
     EStR auch steuerrechtlich).

53   Unter Berücksichtigung von Abs. 2 S. 2 u. 3 sowie von Abs. 3 ergibt sich
     die handelsrechtliche **Wertobergrenze** der Herstellungskosten wie folgt

     Materialeinzelkosten
   + Fertigungseinzelkosten
   + Sondereinzelkosten der Fertigung

---

[85] *ADS* Rn. 166; *IDW* RS HFA 31 nF Rn. 6–12.
[86] *IDW* RS HFA 31 nF Rn. 11.
[87] *ADS* Rn. 169 f.
[88] *IDW* RS HFA 31 nF Rn. 10.

+ Angemessene Teile der Materialgemeinkosten
+ Angemessene Teile der Fertigungsgemeinkosten
+ Angemessene Teile der Sondergemeinkosten der Fertigung
+ Angemessene Teile des Wertverzehrs des Anlagevermögens (soweit durch die Fertigung veranlasst)
+ Angemessene Teile der Kosten der allgemeinen Verwaltung
+ Angemessene Teile der Aufwendungen für soziale Einrichtungen des Betriebs
+ Angemessene Teile der Aufwendungen für freiwillige soziale Leistungen
+ Angemessene Teile der Aufwendungen für betriebliche Altersversorgung
+ Fremdkapitalzinsen (unter bestimmten Voraussetzungen für den Zeitraum der Herstellung)
= Wertobergrenze der handelsrechtlichen Herstellungskosten

c) Einbeziehungsverbot. Nach Abs. 2 S. 4 dürfen Forschungs- und Ver- **54** triebskosten nicht in die Herstellungskosten einbezogen werden. Das explizite Verbot der Einbeziehung von **Forschungskosten** resultiert aus dem Wahlrecht des § 248 Abs. 2 S. 1, selbstgeschaffene immaterielle Vermögensgegenstände des Anlagevermögens als Aktivposten in die Bilanz aufzunehmen. Aktivierungsfähig sind nach § 255 Abs. 2a allerdings nur die Entwicklungskosten (→ Rn. 60). Hinsichtlich **Vertriebskosten** gilt das Einbeziehungsverbot nicht nur für die Vertriebsgemeinkosten, sondern auch für die Vertriebseinzelkosten, einschließlich der Sondereinzelkosten des Vertriebs.[89] Was zu den nicht aktivierbaren Vertriebskosten gehört, ist im Gesetz nicht definiert und wird kasuistisch festgelegt. Nach ganz hM sind dies alle Personal- und Sachkosten von Vertriebs-, Werbe- und Marketingabteilung, des Vertreternetzes sowie der Fertigwaren- und Vertriebslager, außerdem Kosten der Werbung, Absatzförderung und Marktforschung, Ausstellungs- und Messekosten, Verkäufer- und Kundenschulung, Reisekosten des Vertriebsbereiches, Kosten für Warenproben und Muster sowie sämtliche auf den Vertriebsbereich entfallenden Verwaltungsgemeinkosten.[90] Als typische Sondereinzelkosten des Vertriebs sind bspw. Kosten für Außenverpackungen, Ausgangsfrachten und Transportversicherung, Verkaufsprovisionen, Ausfuhr-Kreditversicherung oder Konventionalstrafen anzusehen.[91] Allerdings wird die Abgrenzung der Vertriebskosten von anderen (einbeziehungspflichtigen oder -fähigen) Kostenarten, insbesondere von den Sondereinzelkosten der Fertigung und den Verwaltungskosten, als schwierig empfunden und aufgrund des Postulats der Erfolgsneutralität des Herstellungsvorgangs dafür plädiert, den Begriff der Vertriebskosten eng auszulegen.[92]

Da Vertriebskosten auch schon während der Herstellung anfallen können, **55** ist zur Abgrenzung der Vertriebs- von den Herstellungskosten nicht auf zeitliche, sondern auf **sachliche Kriterien** abzustellen. So stellen zB Kosten für Verpackungen, die notwendig sind, um einen Vermögensgegenstand verkaufsfähig zu machen (zB Getränkeflaschen), Herstellungskosten dar, während transportbedingte Verpackungskosten Vertriebskosten sind.[93]

[89] *ADS* Rn. 211; HdR/*W. Knop/Küting/N. Knop* Rn. 268–278.
[90] *ADS* Rn. 216; BeBiKo/*Schubert/Hutzler* Rn. 443.
[91] BeBiKo/*Schubert/Hutzler* Rn. 443.
[92] HdR/*W. Knop/Küting/N. Knop* Rn. 266, 271–278.
[93] *ADS* Rn. 170; BeBiKo/*Schubert/Hutzler* Rn. 445. Vgl. insbes. die steuerliche Rspr.: BFH Entsch. v. 26.2.1975 – I R 72/73, BStBl. II 1976, 15; BFH Entsch. v. 20.5.1988 – III R 31/84, BStBl. II 1988, 962.

56   Für Kosten der **Auftragserlangung** besteht, soweit es zu einer späteren Auftragserteilung kommt, nur in sehr eingeschränktem Umfang die Möglichkeit der Einbeziehung in die Herstellungskosten.[94] Während zB Reisekosten, Kosten für Planungen oder Modelle, die dem Auftrag zuordenbar sind, als Einzelkosten Sonderkosten der Fertigung darstellen können und dann in die Wertuntergrenze der Herstellungskosten einzubeziehen sind, gehören Provisionen oder ähnliche Zahlungen (sog. „nützliche Abgaben") zu den Vertriebskosten und dürfen nicht aktiviert werden.

57   **3. Einbeziehung von Fremdkapitalzinsen.** Fremdkapitalzinsen gehören nach Abs. 3 S. 1 grundsätzlich nicht zu den Herstellungskosten. Abs. 3 S. 2 gewährt jedoch ein **Wahlrecht,** wonach Zinsen für Fremdkapital, das zur Finanzierung der Herstellung eines Vermögensgegenstands verwendet wird, angesetzt werden dürfen, soweit sie auf den **Zeitraum der Herstellung** entfallen. In diesem Fall gelten die Fremdkapitalzinsen als Herstellungskosten des Vermögensgegenstands. Gefordert ist somit sowohl ein **sachlicher Bezug** (Finanzierung der Herstellung des zu bewertenden Vermögensgegenstands) als auch ein **zeitlicher Bezug** (Zeitraum der Herstellung) der Fremdkapitalzinsen zu dem Herstellungsvorgang. Der sachliche Bezug lässt sich jedoch in der Praxis, abgesehen von dem Fall, dass ein Kreditvertrag unter konkreter Bezugnahme auf einen herzustellenden Gegenstand abgeschlossen oder verlängert wird (Objektfinanzierung), schwer nachweisen. Da betriebswirtschaftlich vereinfachend davon ausgegangen werden kann, dass die einzelnen Vermögensgegenstände entsprechend der Kapitalstruktur anteilig mit Eigen- oder Fremdkapital finanziert sind, erscheint es aber vertretbar, die gesamten Fremdkapitalzinsen quotal den einzelnen Vermögensgegenständen zuzurechnen und insoweit eine anteilige Einbeziehung der Zinsen in die Herstellungskosten vorzunehmen.[95] Zu der Forderung des zeitlichen Bezugs → Rn. 51.

58   Werden Fremdkapitalzinsen in die Herstellungskosten einbezogen, so haben Kapitalgesellschaften oder OHG/KG iSv § 264a nach § 284 Abs. 2 Nr. 4 Angaben hierüber im **Anhang** zu machen (→ § 284 Rn. 24).

59   Das Aktivierungswahlrecht gilt grundsätzlich auch in der Steuerbilanz (R 6.3 EStR). Allerdings sind Fremdkapitalzinsen zwingend in die steuerlichen Herstellungskosten einzubeziehen, wenn handelsrechtlich eine Einbeziehung erfolgt ist. Insofern entfaltet das **steuerliche Einbeziehungswahlrecht** nur Wirkung, wenn handelsrechtlich auf eine Einbeziehung verzichtet wird.

60   **4. Herstellungskosten eines selbst geschaffenen immateriellen Vermögensgegenstands des Anlagevermögens (Abs. 2a).** In Folge einer Ausübung des **Aktivierungswahlrechts** des § 248 Abs. 2 S. 1 angesetzte selbst geschaffene immaterielle Vermögensgegenstände des Anlagevermögens sind entsprechend den materiellen selbst geschaffenen Vermögensgegenständen mit den Herstellungskosten zu bewerten. Aus Abs. 2a S. 1 folgt lediglich klarstellend, dass die Herstellungskosten eines selbst geschaffenen immateriellen Vermögensgegenstands des Anlagevermögens nur die bei dessen Entwicklung angefallenen Aufwendungen **(Entwicklungskosten)** umfassen;

---

[94] *ADS* Rn. 213; BeBiKo/*Schubert/Hutzler* Rn. 456; für eine generelle Einbeziehung von Auftragserlangungskosten in die Herstellungskosten *Selchert* BB 1986, 2304 f.
[95] *ADS* Rn. 204 mit Beispiel; ebenso HdR/*Knop/W. Küting/N. Knop* Rn. 313–317; für strenge Anforderungen an das Kriterium der sachlichen Zurechenbarkeit *IDW* RS HFA 31 nF Rn. 23–28.

Forschungskosten dürfen nicht einbezogen werden (Abs. 2 S. 4). Für Bewertungszwecke gelten somit grundsätzlich die allgemeinen Bewertungsgrundsätze für Herstellungskosten (→ Rn. 38 ff.).[96]

Die mit einem **Einbeziehungsverbot** belegten **Forschungskosten** sind 61 Kosten, die bei der eigenständigen und planmäßigen Suche nach neuen wissenschaftlichen oder technischen Erkenntnissen oder Erfahrungen allgemeiner Art anfallen und keine Aussage zu technischer Verwertbarkeit und wirtschaftlichen Erfolgsaussichten bzw. zur Entstehung eines Vermögensgegenstands gemacht werden kann. Dies betrifft insbesondere die Grundlagenforschung.[97] Die Formulierung des Abs. 2a S. 3 scheint zunächst an die in IAS 38.8 enthaltene Definition angelehnt, ähnelt aber auch der in § 51 Abs. 1 Nr. 2 Buchst. u aa EStG.

Entwicklung wird definiert als die **Anwendung von Forschungsergeb-** 62 **nissen** oder von anderem Wissen für die Neuentwicklung von Gütern oder Verfahren oder die Weiterentwicklung von Gütern oder Verfahren mittels wesentlicher Änderungen. Diese Formulierung ähnelt der in IAS 38.8 enthaltenen Definition sowie § 51 Abs. 1 Nr. 2 Buchst. u bb und cc EStG.[98] Die Weiterentwicklung bezieht sich auf einen bereits fertiggestellten immateriellen Vermögensgegenstand, eine Aktivierung der Kosten der Weiterentwicklung als nachträgliche Herstellungskosten scheint geboten, dürfte jedoch eher selten anzutreffen sein.[99]

Ist **keine verlässliche Abgrenzung** von Forschungs- und Entwicklungs- 63 kosten möglich, darf nach Abs. 2a S. 4 **keine Aktivierung** des selbst geschaffenen immateriellen Vermögensgegenstands des Anlagevermögens erfolgen. Hieraus resultieren zunächst **Dokumentationsanforderungen,** um die zuverlässige Abgrenzbarkeit nachweisen zu können. Erforderlich ist beispielsweise eine entsprechende Ausgestaltung der Kostenrechnung unter Anwendung betriebswirtschaftlich anerkannter Kalkulationsmethoden. Da sich Forschungs- und Entwicklungsphase auch zeitlich überschneiden können und eine vollständige Zuordnung aller einzeln anfallenden Kosten zu Forschung oder Entwicklung nicht immer möglich oder praktikabel erscheint, dürfte sich Abs. 2a S. 4 zunächst auf die nicht eindeutig zuordenbaren einzelnen Aufwendungen und zunächst nicht auf den betreffenden immateriellen Vermögensgegenstand als Ganzes beziehen, sodass eindeutig der Entwicklungsphase zuordenbare Aufwendungen aktivierungsfähig sind. Nur in dem Fall, dass Forschungs- und Entwicklungsphase insgesamt nicht zuverlässig getrennt werden können, scheidet eine Aktivierung des selbst geschaffenen immateriellen Vermögensgegenstands aus.[100]

Der Umfang der aktivierungsfähigen Entwicklungskosten bei **mehrjähriger** 64 **Entwicklung** ist nicht abschließend geklärt. Nach der Regierungsbegründung zum BilMoG darf ggf. bereits ein immaterieller Vermögensgegenstand **in der Entstehung** aktiviert werden,[101] in der Beschlussempfehlung und Stellungnahme des Rechtsausschusses wird klarstellend darauf hingewiesen, dass

---

[96] BeBiKo/*Schubert/Hutzler* Rn. 481.
[97] WP-HdB Kap. F Rn. 144.
[98] BeBiKo/*Schubert/Hutzler* Rn. 488.
[99] Beck HdR/*Fasselt/Radde* B 211 Rn. 167; *Küting/Ellmann* DStR 2010, 1304; *Kahle/ Haas* WPg 2010, 36.
[100] WP-HdB Kap. F Rn. 293, 297; MüKoBilanzR/*Tiedchen* Rn. 110.
[101] BT-Drs. 16/10067, 60.

bereits ein immaterieller Vermögensgegenstand vorliegen muss.[102] Wird weiterer Auffassung gefolgt, stellt sich das Problem des Umgangs mit bereits vor Vollendung des Vermögensgegenstands ergebniswirksam erfassten Aufwendungen. Hier sollte grundsätzlich der Auffassung zu folgen sein, dass eine Umklassifizierung („Nachaktivierung") von bereits in den vorangegangenen Perioden erfasstem Aufwand zu Herstellungs- bzw. Entwicklungskosten nicht zulässig ist,[103] obgleich zumindest der Gesetzeswortlaut keinen Anhaltspunkt für die Geltung eines Nachaktivierungsverbotes enthält.[104] Sofern der Vermögensgegenstand im Laufe eines Geschäftsjahrs vollendet wurde, sollten jedoch die seit Periodenbeginn angefallenen Entwicklungskosten aktivierungsfähig sein. Dies kann einerseits mit einer wenig praktikablen **unterjährigen Abgrenzung** begründet werden, anderseits ist dies auch erforderlich, um dem Aktivierungswahlrecht des § 248 Abs. 2 S. 1 faktische Bedeutung zukommen zu lassen.[105] Gerade vor diesem Hintergrund kann es aber auch als vertretbar anzusehen sein, von dem Wahlrecht des § 248 Abs. 2 S. 1 bereits Gebrauch zu machen, wenn im Entwicklungsprozess mit hoher Wahrscheinlichkeit davon ausgegangen werden kann, dass es gelingt, einen einzeln verwertbaren Vermögensgegenstand zu erstellen (→ § 248 Rn. 9).[106]

65 **Steuerlich** besteht nach § 5 Abs. 2 EStG ein **Aktivierungsverbot,** sodass die angefallenen Kosten Aufwand der jeweiligen Periode darstellen.[107]

66 **5. Herstellungskosten im Steuerrecht.** Die steuerliche Wertuntergrenze war bisweilen strittig und von Rechtsunsicherheiten geprägt, entspricht ab dem Veranlagungszeitraum 2016 aber der **handelsbilanzrechtlichen Wertuntergrenze.**[108] Zu den Einbeziehungspflichten gehören somit neben den Einzelkosten im Material- und Fertigungsbereich auch angemessene Teile der notwendigen Material- und Fertigungsgemeinkosten sowie Sonderkosten der Fertigung und der durch die Herstellung des Wirtschaftsguts veranlasste Wertverzehrs des Anlagevermögens. Ein Einbeziehungswahlrecht besteht für angemessene Teile der Kosten der allgemeinen Verwaltung, angemessene Aufwendungen für soziale Einrichtungen des Betriebs, freiwillige soziale Leistungen sowie Aufwendungen für betriebliche Altersversorgung (§ 6 Abs. 1 Nr. 1b S. 1 EStG). Ein solches **Einziehungswahlrecht** bestand bereits nach R 6.3 EStR 2008, wurde jedoch mit den EStR 2012 zu einer Einbeziehungspflicht erhoben. Nach Kritik aus der Praxis wurde diesbezüglich eine Nichtanwendung der EStR 2012 durch die Finanzverwaltung nicht beanstandet,[109] sodass Steuerpflichtigen bislang eine abweichende Handhabung der Herstellungskosten in Steuer- und Handelsbilanz möglich war.[110] § 6 Abs. 1 Nr. 1b S. 2 EStG koppelt nun die Ausübung des Wahlrechts an die **Vorgehensweise in der Handelsbilanz,** was in der Literatur als eine

---

[102] BT-Drs. 16/12407, 85.

[103] BeBiKo/*Schubert/Hutzler* Rn. 489; MüKoBilanzR/*Hennrichs* § 248 Rn. 40.

[104] MüKoBilanzR/*Tiedchen* Rn. 104.

[105] Wohl aA Haufe BilanzR/*Bertram* § 248 Rn. 18–23 die eine Aktivierung erst nach Erfüllung bestimmter Voraussetzungen zulassen.

[106] MüKoHGB/*Ballwieser* Rn. 15 *Gelhausen/Fey/Kämpfer* Rechnungslegung E Rn. 60; krit. *Theile* WPg 2008, 1066 f.

[107] BeBiKo/*Schubert/Hutzler* Rn. 493.

[108] *Zwirner* BC 2016, 461.

[109] Vgl. hierzu BMF 12.3.2010, BStBl. I 2010, 239; BMF 22.6.2010, BStBl. I 2010, 597 WP-HdB Kap. E Rn. 364; BMF 25.3.2013 – IV C 6–S 2133/09/10001, DStR 2013, 705.

[110] *Zwirner* BC 2016, 461; *Meyering/Gröne* DStR 2016, 1696.

faktische Reaktivierung der mit dem BilMoG abgeschafften sog. umgekehrten Maßgeblichkeit gewürdigt wird.[111] Ein Ansatz steuerlicher „Vollkosten" erfordert zunächst den Ansatz handelsrechtlicher „Vollkosten" und umgekehrt. Die **steuerrechtliche Wertuntergrenze** setzt sich nunmehr wie folgt zusammen:

Materialeinzelkosten
+ Angemessene Teile der Materialgemeinkosten
+ Fertigungseinzelkosten
+ Angemessene Teile der Fertigungsgemeinkosten
+ Sondereinzelkosten der Fertigung
+ Angemessene Teile der Sondergemeinkosten der Fertigung
+ Angemessene Teile des Wertverzehrs des Anlagevermögens
  (soweit durch die Fertigung veranlasst)
= Wertuntergrenze der steuerrechtlichen Herstellungskosten

Der **Wertverzehr** des für die Fertigung eingesetzten Anlagevermögens ist **67** grundsätzlich mit dem Betrag anzusetzen, der bei der Bilanzierung als Absetzung für Abnutzung angesetzt wurde (R 6.3 Abs. 4 EStR).[112] Sofern steuerlich für bewegliches Anlagevermögen die degressive Abschreibung zulässig ist (zuletzt nach § 7 Abs. 2 EStG bis 31.12.2010 und zuvor häufig geändert) und in Anspruch genommen wird, kann bei der Einbeziehung des Wertverzehrs des Anlagevermögens in die Herstellungskosten dennoch von linearen Abschreibungsbeträgen ausgegangen werden (R 6.3 Abs. 4 EStR).

Die **steuerrechtliche Wertobergrenze** der Herstellungskosten ergibt sich **68** durch die Hinzurechnung der **Zinsen für Fremdkapital** (R 6.3 Abs. 5 EStR). Sind handelsrechtlich Fremdkapitalzinsen einbezogen worden, ist auch steuerlich so zu verfahren.

6. Einzelfragen zum steuerlichen Herstellungskostenbegriff. a) An- 69 schaffungsnahe Aufwendungen. Anschaffungsnahe Aufwendungen sind nach § 6 Abs. 1 Nr. 1a EStG solche Aufwendungen für Instandsetzungs- und Modernisierungsmaßnahmen, die in **zeitlicher Nähe** zur Anschaffung von Gebäuden (3 Jahre) anfallen und **15 % der Anschaffungskosten des Gebäudes übersteigen.** Sie sind steuerlich als Herstellungsaufwand des Gebäudes zu behandeln, obwohl diese bei fehlender zeitlicher Nähe zur Anschaffung als Erhaltungsaufwand sofort steuerlich abzugsfähig wären. Ausgenommen werden üblicherweise jährlich anfallende Erhaltungsarbeiten; auch können ggf. Herstellungskosten für Erweiterungen vorliegen, wenn durch die Baumaßnahme das Objekt erweitert oder über den Zustand bei Anschaffung des Objekts hinaus wesentlich verbessert wird.[113]

b) Vereinfachungsregel Erhaltungsaufwand. Betragen Aufwendungen **70** nach Fertigstellung eines Gebäudes für die einzelne Baumaßnahme nicht mehr als 4.000 Euro (ohne Umsatzsteuer) je Gebäude, so ist **auf Antrag** dieser Aufwand stets als **Erhaltungsaufwand** zu behandeln (R 21.1 Abs. 2 EStR).

c) Erhaltungs- und Herstellungsaufwand bei einheitlichen Maßnah- 71 men. Bei einheitlichen Maßnahmen, die in einem **zeitlichen, räumlichen und sachlichen Zusammenhang** stehen, sind der Erhaltungsaufwand und

[111] *Meyering/Gröne* DStR 2016, 1699.
[112] Schmidt/*Kulosa* EStG § 6 Rn. 198.
[113] Blümich/*Stuhrmann* FördG § 3 Rn. 31.

die Herstellungskosten ggf. auch im Wege der **Schätzung** auf die einzelne Maßnahme aufzuteilen.[114] Etwas anderes gilt nur, wenn ein bautechnisches Ineinandergreifen der Maßnahmen vorliegt und diese über die zeitgemäße substanzerhaltende Bestandteilserneuerung hinaus eine deutliche Erhöhung des Gebrauchswerts bewirken. Der Aufwand ist dann insgesamt als Herstellungsaufwand zu behandeln.[115]

72   **d) Herstellungskosten bei Leistungsstörungen. Verlorene Anzahlungen** führen nicht zu Herstellungskosten, da die tatsächliche Inanspruchnahme von Diensten sowie der Güterverbrauch wertbestimmend sind.[116] **Vergebliche Planungskosten** sind Herstellungskosten, wenn die ursprüngliche Planung zwar nicht verwirklicht, später aber ein die beabsichtigten Zwecke erfüllendes Gebäude erstellt wird und den Aufwendungen tatsächlich erbrachte Leistungen gegenüberstehen (H 6.4 EStR (Bauplanungskosten)). Aufwendungen zur Beseitigung von **Baumängeln** gehören zu den Herstellungskosten des Gebäudes (H 6.4 EStR (Baumängelbeseitigung)).

IV. Ermittlung des beizulegenden Zeitwerts (Abs. 4)

73   Der beizulegende Zeitwert wird in Abs. 4 S. 1 und S. 2 zunächst als ein auf einem aktiven Markt ermittelbarer **Marktpreis** definiert. Dieser verkörpert den Betrag, zu dem zwischen sachverständigen, vertragswilligen und voneinander unabhängigen Kaufleuten ein Vermögensgegenstand getauscht oder eine Verbindlichkeit beglichen werden könnte.[117] Der beizulegende Zeitwert ist ein **eigenständiger Bewertungsmaßstab** und ist vom niedrigeren beizulegenden Wert zu unterscheiden.[118] Unmittelbare handelsbilanzrechtliche Relevanz entfaltet der beizulegende Zeitwert für die Bilanzierung des **Handelsbestands bei Kredit und Finanzdienstleistungsinstituten** nach § 340e, für nach § 246 Abs. 2 S. 2 zu verrechnende Vermögensgegenstände und für nach § 253 Abs. 1 S. 3 bewertete Rückstellungen für wertpapiergebundene Altersversorgungsverpflichtungen sowie für Anhangangaben nach § 285 Nr. 18–20 bzw. § 314 Abs. 1 Nr. 10–12 und im Rahmen der Kaufpreisallokation nach § 301 Abs. 1.[119] Von Bedeutung ist der beizulegende Zeitwert ferner zB bei der Ermittlung des niedrigeren beizulegenden Werts iSd § 253 Abs. 4 S. 1 („Börsen- oder Marktpreis"), als Bewertungsalternative der Anschaffungskosten bei Tauschgeschäften (dort „vorsichtig geschätzter Zeitwert"), als Bewertungsobergrenze bei Sacheinlagen oder bei unentgeltlichem Erwerb.[120]

74   In Abs. 4 wurde das aus der internationalen Rechnungslegung bekannte **Stufenkonzept für die Ermittlung** des beizulegenden Zeitwerts (Fair Value) implementiert. Ziel ist eine möglichst marktnahe und objektivierte Bewertung im Sinne der Informationsfunktion.[121] Idealtypisch entspricht der beizulegende Zeitwert eines Vermögensgegenstands oder einer Schuld dem

---

[114] Schmidt/*Kulosa* EStG § 6 Rn. 189.
[115] BFH Urt. v. 9.5.1995 – IX R 116/92, BStBl. II 1996, 632.
[116] Schmidt/*Kulosa* EStG § 6 Rn. 207.
[117] BeBiKo/*Schubert/Hutzler* Rn. 511–513; *IDW* PS 314 nF Rn. 15.
[118] BeBiKo/*Schubert/Hutzler* Rn. 511 f.; *Böcking/Torabian* BB 2008, 266.
[119] Ausf. HdR/*Scharpf/Schaber/Märkl* Rn. 418–425.
[120] *IDW* PS 314 nF Rn. 16.
[121] BeBiKo/*Schubert/Hutzler* Rn. 514.

auf einem aktiven Markt ablesbaren (notierten) Marktpreis, dh ohne Paketzu- oder abschläge.[122]

Im Gesetzestext findet sich keine Definition des **„aktiven Markts"**, doch **75** nach der Gesetzesbegründung zu dem mit dem BilMoG eingeführten Abs. 4 kann der Marktpreis „als an einem aktiven Markt ermittelt angesehen wer- den, wenn er an einer Börse, von einem Händler, von einem Broker, von einer Branchengruppe, von einem Preisberechnungsservice oder von einer Aufsichtsbehörde leicht und regelmäßig erhältlich ist und auf aktuellen und regelmäßig auftretenden Markttransaktionen zwischen unabhängigen Dritten beruht."[123] Insofern bestätigt der Markt kontinuierlich den Marktwert und gewährleistet eine jederzeit mögliche Gewinn- oder Verlustrealisierung. Mit Ausnahme von am organisierten Kapitalmark[124] gehandelten Wertpapieren dürfte ein solcher aktiver Markt allerdings in wenigen Fällen vorliegen. Über- dies liegt auch kein aktiver Markt vor, „wenn beispielsweise wegen einer geringen Anzahl umlaufender Aktien im Verhältnis zum Gesamtvolumen der emittierten Aktien nur kleine Volumina gehandelt werden oder in einem engen Markt keine aktuellen Marktpreise verfügbar sind" („enger Markt").[125] Ein Preisverfall allein beeinträchtigt nicht das Vorliegen eines aktiven Markts.[126]

Fehlt es an einem aktiven Markt, an dem der beizulegende Zeitwert ables- **76** bar wäre, ist der beizulegende Zeitwert auf Basis **„allgemein anerkannter Bewertungsmethoden"** (mark to model) zu ermitteln. Es finden sich im Gesetzestext auch hier keine weiteren Erläuterungen, welche Verfahren unter die „allgemein anerkannten Bewertungsmethoden" zu subsumieren sind.[127] Nach der Gesetzesbegründung dient die Anwendung von Bewertungsmetho- den „dazu, den beizulegenden Zeitwert angemessen an den Marktpreis an- zunähern, wie er sich am Bewertungsstichtag zwischen unabhängigen Ge- schäftspartnern bei Vorliegen normaler Geschäftsbedingungen ergeben hätte. Denkbar ist beispielsweise der Vergleich mit dem vereinbarten Marktpreis jüngerer vergleichbarer Geschäftsvorfälle zwischen sachverständigen, vertrags- willigen und unabhängigen Geschäftspartnern oder die Verwendung von anerkannten wirtschaftlichen Bewertungsmethoden."[128] Als anerkannte Be- wertungsverfahren kommen somit zunächst **Vergleichspreise** unlängst aufgetretener Geschäftsvorfälle zwischen sachverständigen, vertragswilligen Geschäftspartnern in Betracht. Hier bietet sich eine Heranziehung der Re- gelungen des IFRS 13 an.[129] Ggf. sind **DCF-Verfahren oder Optionspreis- modelle** heranzuziehen, sofern diese marktnahe und objektivierte Bewer- tung im Sinne der Informationsfunktion ermöglichen. Das Heranziehen von Bewertungsmodellen darf keinesfalls dazu führen, dass ein marktferner Wert ermittelt und als beizulegender Zeitwert verwendet und bezeichnet wird. Dies gilt insbesondere, da in den Fällen einer Bilanzierung zum beizulegen- den Zeitwert, zB nach § 246 Abs. 2 S. 2, die Anschaffungskostenobergrenze des § 253 Abs. 1 S. 1 durchbrochen werden kann und das Realisationsprinzip

---

[122] BT-Drs. 16/10067, 61.
[123] BT-Drs. 16/10067, 61.
[124] In Deutschland betrifft dies vornehmlich den organisierten Markt iSd § 2 Abs. 5 WpHG; WP-HdB Kap. F Rn. 150 f.
[125] BT-Drs. 16/10067, 61.
[126] BeBiKo/*Schubert*/*Hutzler* Rn. 518.
[127] *Böcking*/*Dreisbach*/*Gros* Der Konzern 2008, 210; Baumbach/Hopt/*Merkt* Rn. 26.
[128] BT-Drs. 16/10067, 61.
[129] Baumbach/Hopt/*Merkt* Rn. 26; HdR/*Scharpf*/*Schaber*/*Märkl* Rn. 438–442.

nur dadurch gewahrt wird,[130] dass am Markt jederzeit eine Realisation quasi-sicher möglich sein sollte. Insofern ist für die Beschränkung der „Fair Value-Bilanzierung" auf Fälle mit einem vorhanden aktiven Markt zu plädieren.

77   Lässt sich der beizulegende Zeitwert weder auf einem aktiven Markt noch mit Bewertungsverfahren zuverlässig ermitteln, ist nach Abs. 4 S. 3 auf die **fortgeschriebenen Anschaffungs- bzw. Herstellungskosten** gem. § 253 Abs. 4 zurückzugreifen.[131] Nach der Gesetzesbegründung zum BilMoG ist von „…einer nicht verlässlichen Ermittlung des Marktwertes […] beispiels-weise auszugehen, wenn die angewandte Bewertungsmethode eine Band-breite möglicher Werte zulässt, die Abweichung der Werte voneinander signifikant ist und eine Gewichtung der Werte nach Eintrittswahrscheinlich-keiten nicht möglich ist."[132] Nach Abs. 4 S. 4 gilt der zuletzt verlässlich ermittelte beizulegende Zeitwert als Anschaffungs- oder Herstellungskos-ten.[133] Durch den ausschließlichen Verweis auf § 253 Abs. 4 ist zwingend eine Bewertung nach dem **strengen Niederstwertprinzip** vorzunehmen, dh ggf. ist auf den niedrigeren beizulegenden Wert abzuschreiben.[134]

V. Folgen der Nichtbeachtung

78   Hierzu wird auf → § 252 Rn. 46 f. verwiesen.

§ 256 Bewertungsvereinfachungsverfahren

¹ **Soweit es den Grundsätzen ordnungsmäßiger Buchführung ent-spricht, kann für den Wertansatz gleichartiger Vermögensgegenstände des Vorratsvermögens unterstellt werden, daß die zuerst oder daß die zuletzt angeschafften oder hergestellten Vermögensgegenstände zuerst verbraucht oder veräußert worden sind.** ² **§ 240 Abs. 3 und 4 ist auch auf den Jahresabschluß anwendbar.**

Schrifttum: (ohne die Einzelbeiträge in den verschiedenen Handbüchern der Rechnungslegung) *Siepe/Husemann/Borges*, Das Index-Verfahren als Bewertungsverein-fachungsverfahren iSd. § 256 HGB, WPg 1994, 645.

I. Allgemeines

1   § 256 lässt für die Bewertung von Vermögensgegenständen **Verbrauchs-folgeverfahren,** die **Festbewertung** und die **Gruppenbewertung** zu und ergänzt damit die allgemeine Bewertungsvorschrift des § 253. Die Ermittlung der Anschaffungs- und Herstellungskosten ist bei Anwendung des in § 252 Abs. 1 Nr. 3 vorgeschriebenen Prinzips der Einzelbewertung (→ § 252 Rn. 20 ff.) in der Praxis häufig mit Schwierigkeiten verbunden. Kann der **Ermittlungsaufwand** nicht mehr durch eine möglichst genaue Bewertung gerechtfertigt werden, so findet der Einzelbewertungsgrundsatz seine Gren-zen. Dies ist insbesondere bei solchen Vermögensgegenständen der Fall, bei denen die individuelle Erfassung von Zu- und Abgängen mit einem großen Arbeitsaufwand verbunden oder sogar unmöglich ist (zB bei Schüttgütern

---

[130] *IDW* RS BFA 2 Rn. 35.
[131] *Böcking/Dreisbach/Gros* Der Konzern 2008, 210.
[132] BT-Drs. 16/10067, 61.
[133] Baumbach/Hopt/*Merkt* Rn. 27.
[134] WP-HdB Kap. F Rn. 154.

oder Flüssigkeiten). Insoweit gewähren die genannten Verfahren praxisgerechte **Erleichterungen** bei der Anschaffungs- und Herstellungskostenermittlung.

Die Vorschrift gilt für alle Kaufleute. Kapitalgesellschaften und Personen- 2 handelsgesellschaften iSd § 264a haben jedoch nach § 284 Abs. 2 Nr. 3 bei Inanspruchnahme der Gruppenbewertung (§ 240 Abs. 4) und der Verbrauchsfolgeverfahren (§ 256 S. 1) gesonderte **Angaben** zu machen, wenn die Bewertung im Vergleich zu einer Bewertung auf der Grundlage des letzten vor dem Abschlussstichtag bekannten Börsenkurses oder Marktpreises einen **erheblichen Unterschied** aufweist (auch → § 284 Rn. 23).

II. Verbrauchsfolgeverfahren (§ 256 S. 1)

1. Vereinbarkeit mit den Grundsätzen ordnungsmäßiger Buchfüh- 3 **rung.** Die Verbrauchsfolgeverfahren sind gem. § 256 S. 1 nur dann zulässig, wenn ihre Anwendung den Grundsätzen ordnungsmäßiger Buchführung entspricht. Damit soll ausgeschlossen werden, dass ein Verfahren – obwohl technisch durchführbar – den mit der Rechnungslegung verfolgten Zielen widerspricht oder den Einblick in die Vermögens-, Finanz- und Ertragslage im Sinne der Informationsfunktion erschwert.[1] Diese Forderung ist jedoch nicht in dem Sinne auszulegen, dass die **tatsächliche** Verbrauchs- oder Veräußerungsfolge für die Anwendung des Verbrauchsfolgeverfahrens maßgebend ist. Der Wortlaut des Gesetzes („kann … unterstellt werden") macht deutlich, dass der Gesetzgeber hier von einer **Fiktion** ausgeht und somit zur Vereinfachung die angenommene Verbrauchsfolge durchaus von der Wirklichkeit abweichen kann. Dies darf aber nicht so weit gehen, dass die einem bestimmten Verfahren zugrunde liegende Fiktion den tatsächlichen Verhältnissen derart eklatant widerspricht, dass auch bei einer veränderten Gestaltung des Betriebsablaufs eine Übereinstimmung des tatsächlichen Ablaufs mit der Fiktion absolut undenkbar erscheint (zB Unterstellung der Lifo-Methode bei verderblichen Waren).[2] Die Anwendung des betreffenden Verbrauchsfolgeverfahrens erscheint in einem solchen Fall unzulässig, da dies der **Informationsfunktion** zuwider liefe.[3]

Grundsätzlich ist zu fordern, dass die Inanspruchnahme eines Bewertungs- 4 vereinfachungsverfahrens mit der Vermittlung eines den tatsächlichen Verhältnissen entsprechenden Bildes der Vermögens-, Finanz- und Ertragslage (Informationsfunktion) in Einklang steht, aber auch dem Vorsichtsprinzip des § 252 Abs. 1 Nr. 4 Rechnung trägt. Dazu gehört auch die Einhaltung des **strengen Niederstwertprinzips.** Die Anwendung eines Verbrauchsfolgeverfahrens entbindet somit nicht von der Prüfung, ob statt der sich aus dem Verfahren ergebenden Anschaffungs- bzw. Herstellungskosten nicht ein niedrigerer Wertansatz nach § 253 Abs. 4 zu wählen ist (sog. Niederstwerttest).

2. Anwendungsbereich der Verbrauchsfolgeverfahren. Nach dem 5 Wortlaut von § 256 S. 1 können Bewertungsvereinfachungsverfahren nur für

---

[1] *ADS* Rn. 14; BeBiKo/*Grottel/Huber* Rn. 13; *Wohlgemuth/Radde* in Hofbauer/Kupsch Bonner-HdB Rn. 9.

[2] *Wohlgemuth/Radde* in Hofbauer/Kupsch Bonner-HdB Rn. 11.

[3] *ADS* Rn. 18; *Wohlgemuth/Radde* in Hofbauer/Kupsch Bonner-HdB Rn. 20; Baetge/Kirsch/Thiele/*Quick* Rn. 24; aA BeBiKo/*Grottel/Huber* Rn. 28, 41; HdR/*Mayer-Wegelin* Rn. 21, 26.

gleichartige Vermögensgegenstände des **Vorratsvermögens** angewendet werden. Gleichartig bedeutet, dass die Vermögensgegenstände der gleichen **Warengattung** angehören oder **funktionsgleich** sind (→ § 240 Rn. 36). Eine **annähernde Gleichwertigkeit** bzw. Preisgleichheit wird in § 256 S. 1 zwar nicht explizit verlangt, könnte aber im Hinblick auf die sich durch Strukturverschiebungen zwischen gering- und hochwertigen Vermögensgegenständen innerhalb einer wertmäßig heterogenen Gruppe möglicherweise ergebenden realen Vermögensveränderung grundsätzlich geboten sein,[4] wird aber nach wohl hM nicht zwingend vorausgesetzt.[5] Wertmäßig heterogene Gruppen können aber einen Hinweis auf eine fehlende Gleichartigkeit darstellen. Strukturverschiebungen können indes zB durch geeignete Index-Verfahren berücksichtigt werden (auch → Rn. 11).[6]

6   Die Anwendung der Verbrauchsfolgeverfahren ist auf gleichartige Vermögensgegenstände des **Vorratsvermögens** beschränkt. Von der Zulässigkeit für **andere Gegenstände des Umlaufvermögens** – insbesondere im Rahmen der Bewertung von Wertpapieren – kann nicht ausgegangen werden; dagegen spricht einerseits die Begründung zum früheren Gesetzentwurf,[7] in der kein Bedarf für eine Zulässigkeit von Verbrauchsfolgeverfahren für Wertpapiere gesehen wird, andererseits die in § 341b Abs. 2 geregelte Zulässigkeit von Verbrauchsfolgeverfahren für die Bewertung der Kapitalanlagen von Versicherungsunternehmen, die bei der Zulässigkeit einer analogen Anwendung von § 256 auf Wertpapiere entbehrlich gewesen wäre.[8]

7   **3. Arten von Verbrauchsfolgeverfahren. a) Fifo-Verfahren.** Beim Fifo-Verfahren („first in – first out") wird unterstellt, dass die zuerst angeschafften oder hergestellten Vermögensgegenstände auch zuerst verbraucht oder veräußert werden. Die am Stichtag vorhandenen **Bestände** stammen somit aus den **letzten Zugängen.** Dies führt zu einer Bestandsbewertung mit zeitnahen Preisen, bei steigender Preistendenz allerdings zu Lasten einer korrekten Aufwandsverrechnung, da die Aufwendungen auf Basis von zeitfernen Preisen bewertet und somit ggf. Scheingewinne ausgewiesen werden.[9]

8   **b) Lifo-Verfahren.** Das Lifo-Verfahren („last in – first out") unterstellt, dass die zuletzt angeschafften oder hergestellten Vermögensgegenstände zuerst verbraucht oder veräußert werden. Bei diesem Verfahren stammen die Inventurbestände aus den **ältesten Zugängen.** Das Lifo-Verfahren führt zu einer Abrechnung des Materialverbrauchs zu gegenwartsnahen Preisen, was idR den Einblick in die Ertragslage verbessert; Mögliche Scheingewinne bei steigender Preistendenz, zB inflationsbedingt, werden dadurch eliminiert. Wegen der damit zwangsläufig verbundenen **(stillen) Reservenbildung** wird jedoch der zutreffende Vermögensausweis beeinträchtigt.[10] Aus diesem Grund ist das Lifo-Verfahren zB nach den auf die Kapitalmarktinformation ausgerichteten **IFRS grundsätzlich nicht zulässig.**[11] Mit dem BilMoG hat

---

[4] *ADS* Rn. 22; *Siepe/Husemann/Borges* WPg 1994, 645 f.
[5] HdR/*Mayer-Wegelin* Rn. 27–34; Baetge/Kirsch/Thiele/*Quick* Rn. 28; BeBiKo/*Grottel/ Huber* Rn. 22 f.; Schmidt/*Kulosa* EStG § 6 Rn. 414.
[6] *ADS* Rn. 22 f.; WP-HdB Kap. F Rn. 197.
[7] Begr. RegE, BT-Drs. 10/317, 91.
[8] BeBiKo/*Grottel/Huber* Rn. 4; aA *ADS* Rn. 24 f.
[9] Baetge/Kirsch/Thiele/*Quick* Rn. 34.
[10] Baetge/Kirsch/Thiele/*Quick* Rn. 35; BeBiKo/*Grottel/Huber* Rn. 62 f.
[11] MüKoHGB/*Ballwieser* Rn. 13.

der Gesetzgeber trotz der intendierten Ausrichtung auf die Informationsfunktion an der Zulässigkeit des Lifo-Verfahrens festgehalten.[12]

Hinsichtlich der technischen Durchführung des Lifo-Verfahrens lassen sich **9** das **permanente Lifo** und das **Perioden-Lifo** unterscheiden, die jeweils zu unterschiedlichen Ergebnissen führen. Beim **permanenten Lifo-Verfahren** werden die Abgänge **fortlaufend** während des ganzen Jahres erfasst, und zwar mit den Wertansätzen der letzten Zugänge; sind die Abgänge höher als die Zugänge, wird auf den Anfangsbestand zurückgegriffen. Dieses Verfahren setzt eine laufende mengen- und wertmäßige Erfassung aller Zu- und Abgänge voraus und ist daher sehr aufwändig. Beim **Perioden-Lifo** – welches wegen der einfacheren Handhabung in der Praxis gebräuchlicher ist – wird der Bestand lediglich zum **Ende des Geschäftsjahres** bewertet, wobei die Bestandsmengen am Anfang und am Ende der Periode miteinander verglichen werden und der jeweilige Endbestand nach der unterstellten Verbrauchsfolge bewertet wird.[13]

Bei der periodischen Bewertung werden Mehrbestände am Periodenende **10** vielfach als Layer („Ableger") des Anfangsbestands im Erstjahr (Basisbestand) isoliert betrachtet und in der Folgezeit jeweils für sich als eigenständige Teilmengen fortgeführt. Nach hM sind solche Layer grundsätzlich jeweils für sich dem Niederstwerttest zum Jahresende zu unterziehen.[14]

c) Index-Verfahren. Das Index-Verfahren stellt eine Sonderform des Li- **11** fo-Verfahrens dar; es ermittelt die Anschaffungskosten nicht durch einen Vergleich von Mengen, sondern durch einen **Vergleich von Werten.** Zielsetzung des Verfahrens ist die Ermittlung eines Lifo-Wertes, bei dem sich **Preissteigerungen** des Geschäftsjahres **nur auf die realen Mehrbestände** auswirken, wobei die wertmäßigen Mehrbestände sowohl aus Struktur- als auch aus Mengenänderungen resultieren können.[15] Während das (Mengen-) Lifo-Verfahren auf der Annahme beruht, dass die zuletzt angeschafften Mengeneinheiten der Vermögensgegenstände zuerst verbraucht werden, unterstellt das Index-Verfahren, dass die zuletzt angeschafften realen Werteinheiten der Vermögensgegenstände zuerst verbraucht werden.[16] Bei Anwendung des Index-Verfahrens kann auf das Erfordernis einer annähernden Gleichwertigkeit verzichtet werden (auch → Rn. 5), da ein Austausch von Anschaffungspreisniveaus zwischen einzelnen Gütern ermöglicht wird.[17]

d) Andere Verfahren. Nach dem Wortlaut von § 256 S. 1 sind nicht **12** zeitlich bestimmte Verbrauchsfolgeverfahren seit dem Inkrafttreten des BilMoG nicht mehr zulässig. Solche unzulässigen Verfahren sind zB das Hifo-, Lofo-, Kilo- oder Kifo-Verfahren.[18] Nicht mengenmäßig bestimmte Verfahren, die auch eine Gleichartigkeit der Vermögensgegenstände nicht voraussetzen, wie zB das Dollar-Value-Verfahren, das Retail-Lifo-Verfahren und die Cross-Profit-Methode sind ebenfalls nicht zulässig.[19]

---

[12] Vgl. ausführlicher hierzu und zu den Grenzen des Lifo-Verfahrens MüKoBilanzR/ *Hennrichs* Rn. 16–21.

[13] Vgl. dazu ausf. *ADS* Rn. 37–51; HdR/*Mayer-Wegelin* Rn. 46 f.

[14] BeBiKo/*Grottel*/*Huber* Rn. 53; *ADS* Rn. 53; HdR/*Mayer-Wegelin* Rn. 55–59.

[15] *ADS* Rn. 56.

[16] Vgl. hierzu iE *Siepe*/*Husemann*/*Borges* WPg 1994, 645 ff.; *ADS* Rn. 56–63.

[17] *Siepe*/*Husemann*/*Borges* WPg 1994, 645 (655); Baetge/Kirsch/Thiele/*Quick* Rn. 47.

[18] BeBiKo/*Grottel*/*Huber* Rn. 71 f.

[19] Baetge/Kirsch/Thiele/*Quick* Rn. 49; BeBiKo/*Grottel*/*Huber* Rn. 72.

III. Steuerliche Besonderheiten

13 Nach der Vorschrift des § 6 Abs. 1 Nr. 2a EStG kann für den Wertansatz gleichartiger Wirtschaftsgüter des Vorratsvermögens unterstellt werden, dass die zuletzt angeschafften oder hergestellten Wirtschaftsgüter zuerst verbraucht oder veräußert worden sind. Damit wird zumindest das **Lifo-Verfahren** steuerlich allgemein **anerkannt.** Es ist nicht erforderlich, dass das Lifo-Verfahren auch im handelsrechtlichen Jahresabschluss angewandt wird (R 6.9 Abs. 1 S. 2 EStR). Mit der Anwendung des Lifo-Verfahrens soll einerseits eine zeitnahe Verrechnung von Einkaufs- und erzielten Verkaufspreisen erfolgen und andererseits eine preissteigerungsbedingte Scheingewinnbesteuerung vermieden werden.[20] Voraussetzungen für die Anwendung sind, dass es sich um **gleichartige Wirtschaftsgüter** des **Vorratsvermögens** handelt und die Anwendung der Lifo-Methode den **handelsrechtlichen GoB** entspricht (R 6.9 Abs. 2 S. 1; auch → Rn. 3). Steuerlich ist sowohl die permanente Lifo als auch die Perioden-Lifo zulässig.[21] Bei Letztgenannter können auch Mehrbestände eines Jahres als besondere Posten (Layer) ausgewiesen werden (R 6.9 Abs. 4 EStR). Der Niederstwerttest zum Jahresende ist dann grundsätzlich bezogen auf den einzelnen Layer durchzuführen (R 6.9 Abs. 6 EStR; auch → Rn. 10). Soll in einem nachfolgenden Wirtschaftsjahr auf eine **andere Bewertungsmethode** übergegangen werden, so ist dies nur mit **Zustimmung des Finanzamts** zulässig (§ 6 Abs. 1 Nr. 2a S. 3 EStG). Andere Bewertungsvereinfachungsverfahren als das Lifo-Verfahren dürfen steuerlich grundsätzlich nicht angewendet werden.

IV. Verfahren nach § 240 Abs. 3 und 4 (§ 256 S. 2)

14 Nach § 256 S. 2 sind die gem. § 240 Abs. 3 und 4 für das Inventar zulässigen Verfahren der **Festbewertung** und der **Gruppenbewertung** auch auf den Jahresabschluss anwendbar. Die Regelung hat lediglich klarstellende Bedeutung insofern, als diese Vereinfachungsverfahren nicht nur bei der Aufstellung des **Inventars,** sondern auch bei der **Bewertung im Jahresabschluss** zulässig sind. Anderenfalls wäre eine unterschiedliche Behandlung in Inventar und Jahresabschluss erforderlich, was nicht gewünscht sein kann. Bei Vermögensgegenständen des Sachanlagevermögens und bei Roh-, Hilfs- und Betriebsstoffen darf das **Festwertverfahren** angewendet werden, sofern sie regelmäßig ersetzt werden, ihr Bestand in seiner Größe, seinem Wert und seiner Zusammensetzung nur geringen Veränderungen unterliegt, regelmäßig eine Bestandsaufnahme durchgeführt wird und ihr Gesamtwert für das Unternehmen von nachrangiger Bedeutung ist (→ § 240 Rn. 25 ff.). Die **Gruppenbewertung** darf bei gleichartigen Vermögensgegenständen des Vorratsvermögens sowie bei anderen gleichartigen oder annähernd gleichwertigen beweglichen Vermögensgegenständen vorgenommen werden (→ § 240 Rn. 35 ff.).

V. Folgen der Nichtbeachtung

15 Hierzu wird auf → § 252 Rn. 46 f. verwiesen.

[20] Schmidt/*Kulosa* EStG § 6 Rn. 418.
[21] Schmidt/*Kulosa* EStG § 6 Rn. 419.

§ 256a Währungsumrechnung

[1]Auf fremde Währung lautende Vermögensgegenstände und Verbindlichkeiten sind zum Devisenkassamittelkurs am Abschlussstichtag umzurechnen. [2]Bei einer Restlaufzeit von einem Jahr oder weniger sind § 253 Abs. 1 Satz 1 und § 252 Abs. 1 Nr. 4 Halbsatz 2 nicht anzuwenden.

Schrifttum: (ohne die Einzelbeiträge in den verschiedenen Handbüchern der Rechnungslegung) BT-Drs. 16/12407 vom 24.3.2009, Beschlussempfehlung und Bericht des Rechtsausschusses (6. Ausschuss) zu dem Gesetzentwurf der Bundesregierung – Drucksache 16/10067 – Entwurf eines Gesetzes zur Modernisierung des Bilanzrechts (Bilanzrechtsmodernisierungsgesetz – BilMoG); *IDW* RS HFA 35, Handelsrechtliche Bilanzierung von Bewertungseinheiten, WPg Supplement 3/2011, 59; DRSC DRS 25, Währungsumrechnung im Konzernabschluss, Stand 25.4.2018; BT-Drs. 16/10067 vom 30.7.2008, Entwurf eines Gesetzes zur Modernisierung des Bilanzrechts (Bilanzrechtsmodernisierungsgesetz – BilMoG); *Küting/Pfirmann/Mojadadr*, Einzelfragen der Umrechnung und Bewertung von Fremdwährungsgeschäften im Einzelabschluss nach § 256a HGB, StuB 2010, 417; *Lüdenbach/Hofmann,* Die wichtigsten Änderungen der HGB-Rechnungslegung durch das BilMoG, StuB 2009, 301; *Oser/Roß/Wader/Drögemöller,* Eckpunkte des Regierungsentwurfs zum Bilanzrechtsmodernisierungsgesetz (BilMoG), WPg 2008, 675; *Roß,* Zur Währungsumrechnung im Jahresabschluss gemäß § 256a HGB, WPg 2012, 18.

I. Allgemeines

In § 256a ist die Währungsumrechnung für nicht auf Euro lautende Vermögensgegenstände und Verbindlichkeiten am Abschlussstichtag geregelt. **1**
Die Währungsumrechnung ist notwendig, da der Jahres- bzw. Konzernabschluss gem. der § 244 bzw. § 298 Abs. 1 in Euro aufzustellen ist. Hinsichtlich der Umrechnung von auf fremde Währung lautenden Abschlüssen vor der Einbeziehung in den Konzernabschluss wird auf die Erl. unter § 308a verwiesen. Bei der Währungsumrechnung von Vermögensgegenständen und Verbindlichkeiten ist gem. § 256a S. 1 der Devisenkassamittelkurs zum Abschlussstichtag anzuwenden. Nach § 256a S. 2 sind bei Vermögensgegenständen und Verbindlichkeiten mit einer Restlaufzeit unter einem Jahr das Anschaffungskostenprinzip (§ 253 Abs. 1 S. 1) sowie das Realisationsprinzip (§ 252 Abs. 1 Nr. 4 Hs. 2) nicht anzuwenden. § 256a regelt die Währungsumrechnung von Vermögensgegenständen und Verbindlichkeiten, nicht aber die von anderen Aktiva oder Passiva, wie zB Rechnungsabgrenzungsposten oder Rückstellungen. Zudem sind die Regelungen des § 256a nicht anzuwenden, wenn eine Bewertung zum beizulegenden Zeitwert vorgesehen ist (§ 253 Abs. 1 S. 3, §§ 254, 340e Abs. 3 S. 1).[1] Im Wortlaut betrifft § 256a die Folgebewertung. Streitbar ist, ob die Regelungen grundsätzlich auch für die Zugangsbewertung anwendbar sind (→ Rn. 10). Liegt im Rahmen von Bewertungseinheiten iSv § 254 eine wirksame Sicherungsbeziehung vor, sind die Vorschriften des § 256a nicht auf die einzelnen Komponenten der Sicherungsbeziehung, sondern nur auf Ebene der gesamten Bewertungseinheit anzuwenden (Erl. → § 254 Rn. 4).[2] Kredit- und Finanzdienstleistungsinstitute haben zusätzlich die Vorschriften des § 340h zu beachten. Die Grundlagen der Währungsumrechnung sind trotz der Aufhebung des § 284 Abs. 2 Nr. 2 aF im Zuge des BilRUG weiterhin anzugeben, soweit der Jahres-

---

[1] BT-Drs. 16/12407, 86.
[2] Beck HdR/*Dutzi* B 780 Rn. 9; *IDW* RS HFA 35 Rn. 4.

abschluss wesentliche Posten enthält, die auf fremde Währung lauten.[3] Mit der Verabschiedung des Deutschen Rechnungslegungsstandards 25 (Währungsumrechnung im Konzernabschluss, DRS 25) am 8.2.2018 hat der HGB-Fachausschuss des DRSC, die Grundsätze der Währungsumrechnung nach § 308 konkretisiert (DRS 25 Rn. 1).[4] Bestimmte Anforderungen des DRS 25 sind auch auf die Währungsumrechnung im Jahresabschluss anwendbar (DRS 25 Rn. 4). Wird der endgültige DRS zur Währungsumrechnung vom Bundesministerium der Justiz bekannt gemacht, gilt die Vermutung, dass dieser zu den die Konzernrechnungslegung betreffenden Grundsätzen ordnungsmäßiger Buchführung zählt (§ 342 Abs. 2), aber grundsätzlich auch für den Jahresabschluss anwendbar ist.

II. Währungsumrechnung von Bilanzposten

2   **1. Währungsumrechnung bei der Folgebewertung. a) Berücksichtigung des Anschaffungskostenprinzips und des Realisationsprinzips in Abhängigkeit der Restlaufzeit.** Grundsätzlich sind bei der Folgebewertung die GoB auch bei Wertänderungen durch Währungsumrechnung zu berücksichtigen.[5] Davon ausgenommen sind gem. § 256a S. 2 Vermögensgegenstände und Verbindlichkeiten mit einer **Restlaufzeit von einem Jahr oder weniger.** In diesem Fall ist das Anschaffungskostenprinzip (§ 253 Abs. 1 S. 1) und das Realisationsprinzip (§ 252 Abs. 1 Nr. 4 Hs. 2) bei der Währungsumrechnung im Rahmen der Folgebewertung nicht anzuwenden.[6] Somit wird das **Vorsichtsprinzip durchbrochen.** Es ist grundsätzlich möglich, nicht realisierte Währungsgewinne auszuweisen, die zudem nicht der Ausschüttungssperre nach § 268 Abs. 8 unterliegen.[7] Bei der Währungsumrechnung langfristiger Vermögensgegenstände und Verbindlichkeiten gilt somit auch das Anschaffungskostenprinzip und das Realisationsprinzip. Im Fall einer Überschreitung der ursprünglichen Anschaffungskosten gelten diese als Obergrenze und eine Bewertung zum Stichtagskurs ist unzulässig.[8]

3   **Steuerrechtlich** ist unabhängig von der Restlaufzeit § 6 Abs. 1 Nr. 1 EStG zu berücksichtigen, wonach die Anschaffungskosten die absolute Wertobergrenze darstellen.[9]

4   **b) Folgebewertung verschiedener Bilanzposten.** § 256a regelt lediglich die Währungsumrechnung von Vermögensgegenständen und Verbindlichkeiten. Ausgenommen sind somit Rechnungsabgrenzungsposten, latente Steuern, Rückstellungen und Sonderposten.[10] Zudem nicht von § 256a geregelt ist die Währungsumrechnung des Eigenkapitals, bei dem sich grundsätzlich keine Notwendigkeit zur Währungsumrechnung ergibt, da die Po-

---

[3] Eine Änderung der materiellen Rechtslage ist mit der Streichung des § 284 Abs. 2 Nr. 2 aF durch den Gesetzgeber nicht beabsichtigt. Vielmehr sind die Angaben weiterhin durch die Anforderungen des § 284 Abs. 2 Nr. 1 erforderlich, BT-Drs 18/4050, 64; BeBiKo/*Grottel/Koeplin* Rn. 270.

[4] Beck HdR/*Dutzi* B 780 Rn. 9.

[5] Aus dem Umkehrschluss des § 256 S. 2 zumindest für das Anschaffungskosten- und das Realisationsprinzip KKRD/*Morck/Drüen* Rn. 3; *Roß* WPg 2012, 21.

[6] Der Gesetzgeber begründet diese Regelung mit Praktikabilitätserwägungen, BT-Drs. 16/10067, 62. Krit. Haufe BilanzR/*Kessler/Veldkamp* Rn. 19–22.

[7] Beck HdR/*Dutzi* B 780 Rn. 30 f.; BeBiKo/*Grottel/Koeplin* Rn. 50; HdR/*Küting/Mojadadr* Rn. 111; *Küting/Pfirmann/Mojadadr* StuB 2010, 417 f.; *Roß* WPg 2012, 21.

[8] MüKoHGB/*Ballwieser* Rn. 17.

[9] KKRD/*Morck/Drüen* Rn. 5.

[10] KKRD/*Morck/Drüen* Rn. 4; MüKoHGB/*Ballwieser* Rn. 2.

sitionen des Eigenkapitals idR originär auf Euro lauten.[11] Ebenfalls nicht von den Regelungen des §256a betroffen sind Sorten, da diese für ein den tatsächlichen Verhältnissen entsprechende Darstellung der Vermögens-, Finanz- und Ertragslage regelmäßig nur eine zu vernachlässigende Bedeutung haben.[12] Nicht von §256a erfasste Bilanzpositionen sind grundsätzlich mit dem Devisenkassakurs umzurechnen.[13] Zu den Kriterien, wann der Geld- bzw. Briefkurs maßgeblich ist, → Rn. 11. Erträge und Aufwendungen aus der Währungsumrechnung sind unter dem Posten „Sonstige betriebliche Erträge" bzw. „Sonstige betriebliche Aufwendungen" gesondert auszuweisen (§ 277 Abs. 5 S. 2).

Für **Rechnungsabgrenzungsposten** ist zum Abschlussstichtag keine **5** Währungsumrechnung erforderlich, da für diese bereits im Ansatzzeitpunkt die Umrechnung erfolgt ist und sich Währungsschwankungen im Anschluss nicht erfolgswirksam auswirken.[14]

Latente Steuern sind grundsätzlich mit dem Devisenkassakurs zum Ab- **6** schlussstichtag ohne Berücksichtigung des Anschaffungskostenprinzips (§ 253 Abs. 1 S. 1) sowie des Realisationsprinzips (§ 252 Abs. 1 Nr. 4 Hs. 2) umzurechnen.[15] Dabei sind aktive latente Steuern grundsätzlich mit dem Briefkurs und passive latente Steuern mit dem Geldkurs umzurechnen.[16]

Rückstellungen sind gem. § 253 Abs. 1 S. 2–3 und Abs. 2 zum nach **7** vernünftiger kaufmännischer Beurteilung notwendigen Erfüllungsbetrag zu bewerten und bei einer Restlaufzeit von mehr als einem Jahr abzuzinsen (→ § 253 Rn. 16 ff.). Diese Bewertung umfasst implizit eine Umrechnung zu dem am Abschlussstichtag gültigen Devisenkassakurs ohne Berücksichtigung des Anschaffungskostenprinzips (§ 253 Abs. 1 S. 1) sowie des Realisationsprinzips (§ 252 Abs. 1 Nr. 4 Hs. 2).[17] Aus Vereinfachungsgründen wird eine Umrechnung zum Devisenkassamittelkurs als zulässig angesehen, wenn die Darstellung der Vermögens-, Finanz- und Ertragslage des Unternehmens nicht wesentlich beeinträchtigt wird.[18] Hinsichtlich der geforderten Abzinsung kann es bei auf fremder Währung lautendem Erfüllungsbetrag erforderlich sein, dass das Unternehmen den anzuwendenden Abzinsungssatz selbst ermitteln oder von privaten Anbietern beziehen muss. Dies ist dann erforderlich, wenn die Verwendung des von der Deutschen Bundesbank ermittelten Euro-Abzinsungssatzes zu einem nicht den tatsächlichen Verhältnissen entsprechenden Bild der Vermögens-, Finanz- und Ertragslage führt.[19] Nur aus Vereinfachungsgründen und bei nicht wesentlichen Auswirkungen wird es als zulässig angesehen, die Fremdwährungsbeträge zunächst mit den entsprechenden Devisenterminkursen in Euro umzurechnen und im Anschluss mit den von der Deutschen Bundesbank zur Verfügung gestellten Abzinsungssätzen zu diskontieren.[20]

---

[11] BeBiKo/ *Grottel/Koeplin* Rn. 158.
[12] BT-Drs. 16/10067, 62; BeBiKo/ *Grottel/Koeplin* Rn. 150.
[13] BT-Drs. 16/10067, 62.
[14] BT-Drs. 16/10067, 62; Beck HdR/ *Dutzi* B 780 Rn. 57.
[15] BT-Drs. 16/10067, 62; *Lüdenbach/Hofmann* StuB 2009, 301; BeBiKo/ *Grottel/Koeplin* Rn. 201.
[16] Beck HdR/ *Dutzi* B 780 Rn. 60 f.; BeBiKo/ *Grottel/Koeplin* Rn. 201.
[17] BT-Drs. 16/10067, 62; KKRD/ *Morck/Drüen* Rn. 4; *Roß* WPg 2012, 21.
[18] BeBiKo/ *Grottel/Koeplin* Rn. 162.
[19] BT-Drs. 16/10067, 54.
[20] BeBiKo/ *Grottel/Koeplin* Rn. 162, 35.

8   Die Währungsumrechnung bei **Vermögensgegenständen und Verbindlichkeiten** hat gem. § 256a S. 1 mit dem Devisenkassamittelkurs zum Abschlussstichtag zu erfolgen. Der Devisenkassamittelkurs ist das arithmetische Mittel zwischen Brief- und Geldkurs des Kassakurses, zu dem ein Fremdwährungsgeschäft sofort abgewickelt und erfüllt wird.[21]

9   Steuerrechtlich bestehen keine Regelung zur Währungsumrechnung, daher sind aufgrund des Maßgeblichkeitsprinzips (→ § 243 Rn. 23 ff.) auch die Vorschriften des § 256a anzuwenden.[22] Ausgenommen davon ist die Anwendung von § 256a S. 2 (→ Rn. 3).

10   **2. Währungsumrechnung bei der Zugangsbewertung.** § 256a regelt nach dem Gesetzeswortlaut ausschließlich die Währungsumrechnung am Abschlussstichtag und somit die Folgebewertung. Streitbar ist allerdings, ob diese Regelungen nur für die Folgebewertung oder auch für die Zugangsbewertung gelten. Zwar spricht der Gesetzeswortlaut dafür, § 256a nur für die Folgebewertung heranzuziehen, doch wird es aus Praktikabilitätsgründen auch vertretbar sein, ihn auch der Erstbewertung zu Grunde zu legen, sofern die Verwendung eines Devisenkassamittelkurses sich nicht wesentlich auf die Darstellung der Vermögens-, Finanz- und Ertragslage des Unternehmens auswirkt.[23]

11   Im Rahmen der Zugangsbewertung ist jedoch grundsätzlich auf Basis der GoB im Sinne einer wirtschaftlichen Betrachtungsweise für jeden Einzelfall zu klären, ob die Währungsumrechnung zum Geld- oder zum Briefkurs zu erfolgen hat, damit die Zugangsbewertung auch mit Währungsumrechnung ergebnisneutral bleibt.[24] Daher ist bei der Zugangsbewertung zu beurteilen, ob eine fremde Währung für die Abwicklung des Geschäfts angekauft werden muss (Geldkurs, zB bei auf eine fremde Währung lautenden Anschaffungskosten eines Vermögensgegenstands), oder ob eine fremde Währung in Euro getauscht werden muss (Briefkurs, zB bei Fremdwährungsforderungen) um die Zahlungsströme in Euro zu transformieren.[25]

III. Folgen der Nichtbeachtung

12   Bei einem Verstoß gegen die Vorschriften des § 256a bei der Aufstellung oder der Feststellung des Jahresabschlusses begeht ein Mitglied des vertretungsberichtigten Organs oder des Aufsichtsrats einer Kapitalgesellschaft oder einer OHG/KG iSv § 264a (§ 335b) eine Ordnungswidrigkeit gem. § 334 Abs. 1 Nr. 1 Buchst. b. Diese Ordnungswidrigkeit kann gem. § 334 Abs. 3 mit einem Bußgeld bis zu 50.000 Euro geahndet werden.[26]

---

[21] MüKoHGB/*Ballwieser* Rn. 5–8.

[22] *Oser/Roß/Wader/Drögemöller* WPg 2008, 686.

[23] Vgl. hierzu HdR/*Knop/Küting/Knop* § 255 Rn. 26; BeBiKo/*Grottel/Koeplin* Rn. 35; Beck HdR/*Wohlgemuth/Radde* B 162 Rn. 45–50; MüKoBilanzR/*Senger/Brune* Rn. 23; WP-HdB Kap. F Rn. 232 f. sowie zunächst die RegBegr. zum BilMoG BT-Drs. 16/10067, 62 iVm der Änderung im Rahmen der Beschlussempfehlung und des Berichts des Rechtsausschusses BT-Drs. 16/12407, 86; krit. *Roß* WPg 2012, 18 ff.

[24] KKRD/*Morck/Drüen* Rn. 1; BeBiKo/*Grottel/Koeplin* Rn. 31; *Roß* WPg 2012, 19; aA Baumbach/Hopt/*Merkt* Rn. 2.

[25] MüKoHGB/*Ballwieser* Rn. 9 f.; *Roß* WPg 2012, 19; BeBiKo/*Grottel/Koeplin* Rn. 35. Zu dem Wechsel von Preis- zu Mengennotierung im Rahmen der Euro-Einführung und der damit verbundenen Umkehrung des Verständnisses von Geld- und Briefkurs vgl. HdR/*Küting/Mojadadr* Rn. 15; Beck HdR/*Dutzi* B 780 Rn. 9. Weitere Beispiele für den jeweils anzuwendenden Kurses (Geld- oder Briefkurs) ist in DRS 25 Rn. 12 enthalten.

[26] BeBiKo/*Grottel/Koeplin* Rn. 280.

Dritter Unterabschnitt. Aufbewahrung und Vorlage

§ 257 Aufbewahrung von Unterlagen. Aufbewahrungsfristen

(1) Jeder Kaufmann ist verpflichtet, die folgenden Unterlagen geordnet aufzubewahren:

1. Handelsbücher, Inventare, Eröffnungsbilanzen, Jahresabschlüsse, Einzelabschlüsse nach § 325 Abs. 2a, Lageberichte, Konzernabschlüsse, Konzernlageberichte sowie die zu ihrem Verständnis erforderlichen Arbeitsanweisungen und sonstigen Organisationsunterlagen,
2. die empfangenen Handelsbriefe,
3. Wiedergaben der abgesandten Handelsbriefe,
4. Belege für Buchungen in den von ihm nach § 238 Abs. 1 zu führenden Büchern (Buchungsbelege).

(2) Handelsbriefe sind nur Schriftstücke, die ein Handelsgeschäft betreffen.

(3) ¹Mit Ausnahme der Eröffnungsbilanzen und Abschlüsse können die in Absatz 1 aufgeführten Unterlagen auch als Wiedergabe auf einem Bildträger oder auf anderen Datenträgern aufbewahrt werden, wenn dies den Grundsätzen ordnungsmäßiger Buchführung entspricht und sichergestellt ist, daß die Wiedergabe oder die Daten

1. mit den empfangenen Handelsbriefen und den Buchungsbelegen bildlich und mit den anderen Unterlagen inhaltlich übereinstimmen, wenn sie lesbar gemacht werden,
2. während der Dauer der Aufbewahrungsfrist verfügbar sind und jederzeit innerhalb angemessener Frist lesbar gemacht werden können.

²Sind Unterlagen auf Grund des § 239 Abs. 4 Satz 1 auf Datenträgern hergestellt worden, können statt des Datenträgers die Daten auch ausgedruckt aufbewahrt werden; die ausgedruckten Unterlagen können auch nach Satz 1 aufbewahrt werden.

(4) Die in Absatz 1 Nr. 1 und 4 aufgeführten Unterlagen sind zehn Jahre, die sonstigen in Absatz 1 aufgeführten Unterlagen sechs Jahre aufzubewahren.

(5) Die Aufbewahrungsfrist beginnt mit dem Schluß des Kalenderjahrs, in dem die letzte Eintragung in das Handelsbuch gemacht, das Inventar aufgestellt, die Eröffnungsbilanz oder der Jahresabschluß festgestellt, der Einzelabschluss nach § 325 Abs. 2a oder der Konzernabschluß aufgestellt, der Handelsbrief empfangen oder abgesandt worden oder der Buchungsbeleg entstanden ist.

Schrifttum: (ohne die Einzelbeiträge in den verschiedenen Handbüchern der Rechnungslegung) BMF, Schreiben vom 14.11.2014, Grundsätze zur ordnungsmäßigen Führung und Aufbewahrung von Büchern, Aufzeichnungen und Unterlagen in elektronischer Form sowie zum Datenzugriff (GoBD), BStBl. I 2014, 1450; BT-Drs. 4/2865 vom 19.12.1964, Entwurf eines Gesetzes zur Änderung des Handelsgesetzbuches und der Reichsabgabenordnung; BT-Drs. 6/3528 vom 15.6.1972, Entwurf eines Einführungsgesetzes zur Abgabenordnung (EGAO 1974); *IDW* RS FAIT 1, Grundsätze ordnungsmäßiger Buchführung bei Einsatz von Informationstechnologie, WPg 2002, 1157; *IDW* RS FAIT 2, Grundsätze ordnungsmäßiger Buchführung bei Einsatz von Electronic Commerce, WPg 2003, 1258; *IDW* RS FAIT 3, Grundsätze ordnungsmäßiger Buchführung bei Einsatz elektronischer Archivierungsverfahren, WPg Supplement 4/2015, 48; *IDW* RS FAIT 4: Anforderungen an die Ordnungsmäßigkeit und Sicherheit IT-gestützter Konsolidierungsprozesse, WPg Supplement 4/

2012, 115, WPg Supplement 4/2015, 48; *IDW,* RS FAIT 5, Beachtung der GoB beim IT-Outsourcing einschließlich Cloud Computing, IDW Life 2016, 35.

Übersicht

I. Allgemeine Grundsätze

1   § 257 regelt **Umfang, Verfahren** und **Fristen** der kaufmännischen Pflicht zur Aufbewahrung von Unterlagen. Die handelsrechtliche Aufbewahrungspflicht ist öffentlich-rechtlicher Natur. Ihr kommt eine Dokumentations- und Beweissicherungsfunktion zu. Eine privatrechtliche Einschränkung oder Abbedingung ist daher nicht möglich.[1]

2   Die **steuerrechtliche Pflicht** zur Aufbewahrung von Unterlagen ist in § 147 AO geregelt. Unterschiede zu den handelsrechtlichen Pflichten ergeben sich im Anwendungsbereich der Vorschrift und im Umfang der aufbewahrungspflichtigen Unterlagen. Wegen der weitreichenden Übereinstimmung der handels- und der steuerrechtlichen Vorschriften gewinnt § 257 auch Bedeutung für die Aufbewahrung von Unterlagen bei Nichtkaufleuten.[2]

II. Persönlicher Anwendungsbereich (Abs. 1)

3   § 257 verpflichtet **jeden Kaufmann** (→ § 238 Rn. 5 ff.) zur Aufbewahrung. Namentlich fallen unter den Anwendungsbereich des § 257 natürliche Personen (Einzelkaufleute), Handelsgesellschaften (§ 6) und juristische Personen iSd § 33, wie Vereine (§§ 21 f. BGB), privatrechtliche Stiftungen (§§ 80 ff. BGB) sowie – mit Ausnahmen – auch Körperschaften, Stiftungen und Anstalten des öffentlichen Rechts (§ 89 BGB), soweit sie ein Handelsgewerbe betreiben. Auch **inländische Zweigniederlassungen** ausländischer

---

[1] *ADS* Vor § 257; HdR/*Isele* Rn. 4.
[2] *Krawitz* in Hofbauer/Kupsch Bonner-HdB Rn. 7; BeBiKo/*Winkeljohann/Philipps* Rn. 3 f.

Unternehmen fallen unter § 257.[3] Grundsätzlich fallen auch Einzelkaufleute iSd § 241a in den Anwendungsbereich des § 257, jedoch entfällt die handelsrechtliche Aufbewahrungspflicht für die in Folge einer Ausübung des Wahlrechts des § 241a nicht erstellten Unterlagen. Von einer Verpflichtung zur Aufbewahrung der für die Prüfung des Schwellenwertkriteriums verwendeten Überschlagsrechnung samt zugehöriger Aufzeichnungen (→ § 241a Rn. 7) sollte auszugehen sein. Ferner sind die steuerlichen Aufbewahrungsregelungen zu beachten, zB für die bei Erstellung einer Einnahmen-Überschuss-Rechnung herangezogenen Unterlagen und zugehörigen Aufzeichnungen.[4]

Die Aufbewahrungspflicht des Kaufmanns **beginnt mit der Buchfüh- 4 rungspflicht,** dh sobald die Kaufmannseigenschaft erworben bzw. die Anmeldeverpflichtung entstanden ist und aufbewahrungspflichtige Unterlagen angefallen sind. Sie **endet** mit dem **Entfallen der Kaufmannseigenschaft.** Für die Aufbewahrung ist stets der aufbewahrungspflichtige Kaufmann selbst verantwortlich, dh der Einzelkaufmann bzw. die Gesellschafter bei OHG, der persönlich haftende Gesellschafter bei KG und KGaA bzw. die gesetzlichen Vertreter bei Kapitalgesellschaften,[5] auch wenn ein Dritter mit der Buchführung beauftragt ist.[6] Ab dem Verlust der Kaufmannseigenschaft besteht die Aufbewahrungspflicht weiterhin für Unterlagen, die bis dahin aufbewahrungspflichtig waren.[7]

Im Fall eines **Handelsgewerbes kraft Eintragung** nach § 2 beginnt die 5 Aufbewahrungspflicht mit der Eintragung in das Handelsregister.[8] Steuerlich folgt die Aufbewahrungspflicht nach § 147 AO den Buchführungs- und Aufzeichnungspflichten nach § 140 AO oder anderen Steuergesetzen.

Die Aufbewahrungspflicht geht beim **Tod des Kaufmanns** auf die Erben 6 über, auch wenn das Handelsgeschäft nicht fortgeführt wird.[9] Wird das Handelsgeschäft fortgeführt, begründet dies eine eigene Kaufmannseigenschaft der Erben und mithin die Aufbewahrungspflicht.[10] Im Falle der Testamentsvollstreckung geht die Verantwortung auf den Testamentsvollstrecker über (Vollmachtlösung), im Falle der Treuhand auf den Treuhänder.[11] Während des Insolvenzverfahrens hat grundsätzlich der Insolvenzverwalter die Aufbewahrungspflicht zu erfüllen, bei Eigenverwaltung bleibt die Aufbewahrungspflicht beim Schuldner.[12]

Während der **Abwicklungsphase einer Handelsgesellschaft** wird die 7 Aufbewahrungspflicht von den Liquidatoren erfüllt (§ 268 Abs. 2 AktG, § 71 Abs. 2 GmbHG, § 89 GenG, § 156 HGB).[13] Nach Beendigung der Liquidation richtete sich die Aufbewahrung der Bücher und Schriften abhängig von der **Gesellschaftsform** nach speziellen gesetzlichen Vorschriften. Bei einer AG sind sie an einem vom Gericht bestimmten sicheren Ort zehn Jahre lang aufzubewahren (§ 273 Abs. 2 AktG). Gem. § 74 Abs. 2 GmbHG sind die Bücher und Schriften der Gesellschaft mit beschränkter Haftung für die

---

[3] *ADS* Rn. 9.
[4] BeBiKo/*Winkeljohann/Philipps* Rn. 1.
[5] BeBiKo/*Winkeljohann/Philipps* Rn. 1.
[6] *IDW* RS FAIT 1 Rn. 6, 66, 77–79, 113–115; *ADS* Rn. 9.
[7] *ADS* Rn. 10.
[8] *ADS* Rn. 9 f.
[9] *Krawitz* in Hofbauer/Kupsch Bonner-HdB Rn. 19; *ADS* Rn. 11.
[10] HdR/*Isele* Rn. 22.
[11] *ADS* Rn. 11; OLG Hamm Beschl. v. 5.2.1963 – 15 W 395/62, NJW 1963, 1554.
[12] HdR/*Isele* Rn. 24–26.
[13] HdR/*Isele* Rn. 20.

Dauer von zehn Jahren einem der Gesellschafter oder einem Dritten in Verwahrung zu geben.[14] Die Frist von zehn Jahren gilt jeweils unabhängig davon, ob und wann die Fristen nach § 257 begonnen haben zu laufen.[15]

8   Unabhängig davon, ob lediglich Anteile oder das gesamte Handelsgeschäft veräußert werden, bleibt der **Veräußerer steuerrechtlich** für die bis zu diesem Zeitpunkt angefallenen Unterlagen aufbewahrungspflichtig.[16] **Handelsrechtlich** geht im Rahmen eines redlichen Geschäfts nach überwiegender Meinung die Aufbewahrungspflicht mit den Handelsbüchern auf den **Erwerber** über. Zwar kann grundsätzlich eine öffentlich-rechtliche Pflicht nicht durch private Geschäfte abbedungen werden, jedoch ist die Aufbewahrungspflicht überwiegend durch sach- und nicht personenbezogene Merkmale bestimmt.[17] Auch sind Fragen der Praktikabilität und die Rechtsform von Bedeutung. Beispielsweise obliegt die Aufbewahrungspflicht bei der AG und GmbH der Gesellschaft bzw. dem leitenden Organ, womit sich aus einer Veränderung der Eigentümerstruktur grundsätzlich keine Auswirkung auf die Aufbewahrungspflicht ergibt.[18]

III. Aufzubewahrende Unterlagen

9   **1. Unterlagen nach Abs. 1 Nr. 1.** Der Begriff der **Handelsbücher** umfasst **sämtliche** urkundlichen und nicht urkundlichen **Informationsträger,** die dazu bestimmt und geeignet sind, die Handelsgeschäfte des Kaufmanns und die Lage seines Vermögens sichtbar zu machen.[19] Unstreitig fallen darunter die Grund-, Haupt- und Nebenbücher.[20] Ebenso gehören die für die **Konzernrechnungslegung** erforderlichen Unterlagen dazu. Die Qualifizierung als Handelsbuch ist unabhängig von der Form der Unterlagen. Sie können auch auf Datenträgern geführt werden.[21]

10   Dem **Inventarbegriff** (§ 240 Abs. 1) unterfallen zB Aufnahmelisten, Anlageverzeichnisse, Saldenlisten für Konto- und Depotauszüge.

11   Unter **Eröffnungsbilanzen** sind die gem. § 242 Abs. 1 zu Beginn des Handelsgewerbes aufzustellenden Bilanzen zu verstehen.

12   Die aufzubewahrenden **Jahresabschlüsse,** Einzelabschlüsse nach § 325 Abs. 2a sowie die Lageberichte bestimmen sich nach der Legaldefinition des § 242 Abs. 3 bzw. § 264 Abs. 1 S. 1, § 325 Abs. 2a und § 289. Freiwillig erstellte Anhänge, Lageberichte und Zwischenabschlüsse, sofern diese keine Grundlagenfunktion für andere aufbewahrungspflichtige Rechenwerke ausüben, unterliegen nicht der Aufbewahrungsfrist.[22] Selbiges sollte grundsätzlich auch für **Halbjahresfinanzberichte** nach § 37w WpHG gelten, doch müssen Halbjahresfinanzberichte nach § 24 der Wertpapierhandelsanzeige- und Insiderverzeichnisverordnung (WpAIV) mindestens zehn Jahre im Unternehmensregister der Öffentlichkeit zugänglich sein, weshalb eine entsprechend lange Aufbewahrung sachgerecht erscheint.[23] Dagegen sind Abschlüsse

---

[14] HdR/*Isele* Rn. 21.

[15] *ADS* Rn. 12.

[16] Koenig/*Cöster* AO § 147 Rn. 4.

[17] *ADS* Rn. 14.

[18] HdR/*Isele* Rn. 29.

[19] Staub/*Pöschke* Rn. 9; HdR/*Isele* Rn. 37.

[20] *ADS* Rn. 16–19; *Krawitz* in Hofbauer/Kupsch Bonner-HdB Rn. 23 f.

[21] BeBiKo/*Winkeljohann/Philipps* Rn. 20.

[22] *ADS* Rn. 23, 26.

[23] BeBiKo/*Winkeljohann/Philipps* Rn. 17.

für Rumpfgeschäftsjahre aufzubewahren. **Auseinandersetzungsbilanzen** können allenfalls nach Abs. 1 Nr. 4 aufbewahrungspflichtig sein.[24] Dagegen sind **Prüfungsberichte** sowie **Vorstands- und Aufsichtsratsprotokolle** wegen ihrer Bedeutung für das Verständnis von Geschäftsvorfällen Abs. 1 Nr. 1 zuzuordnen.[25]

Als Bestandteile des **Konzernabschlusses** (§ 297 Abs. 1) sind die Kon- **13** zernbilanz, die Konzerngewinn- und -verlustrechnung, die Kapitalflussrechnung, der Eigenkapitalspiegel, der Konzernanhang und die gegebenenfalls erstellte Segmentberichterstattung sowie daneben der Konzernlagebericht (§ 315) in der gesetzlich vorgesehenen, nach § 245 unterzeichneten (und bei prüfungspflichtigen Unternehmen) mit Testat versehenen Form aufbewahrungspflichtig.[26]

Die Aufbewahrungspflicht erstreckt sich zudem auf zum Verständnis erfor- **14** derliche **Arbeitsanweisungen** und **sonstige Organisationsunterlagen.**[27] Darunter versteht man Unterlagen, welche die Einrichtung der Buchführung oder des Datenverarbeitungssystems[28] betreffen, wie zB Kontenpläne, Kontenregister, Verfahrensdokumentationen und Arbeitsanweisungen. Auch Unterlagen zum Risikofrüherkennungssystem zählen hierzu.[29]

2. Handelsbriefe nach Abs. 1 Nr. 2, 3, Abs. 2. Handelsbriefe sind nach **15** der **Definition** des Abs. 2 Schriftstücke, die ein Handelsgeschäft betreffen, dh sämtliche Schriftstücke mit Außenwirkung **ohne Rücksicht auf die postalischen Versendungsformen,** zB Fernschreiben, Telefaxe, Telefonnotizen und Datenfernübertragungen. Aufbewahrungspflichtig sind auch im Wege der Datenfernübertragung (EDI, E-Mail, Internet usw)[30] übersendete Nachrichten; ein bestimmtes Aufbewahrungsformat wird diesbezüglich nicht vorgeschrieben.[31] Die Schriftstücke „betreffen" ein Handelsgeschäft, wenn sie dessen Vorbereitung, Abschluss, Durchführung oder Rückgängigmachung zum Gegenstand haben.[32]

Von den **abgesandten Handelsbriefen** hat der Kaufmann eine mit der **16** Urschrift übereinstimmende **Wiedergabe** zurückzubehalten (Abs. 1 Nr. 3).

3. Buchungsbelege nach Abs. 1 Nr. 4. Nach dem **Belegprinzip** darf **17** keine Buchung ohne Beleg durchgeführt werden. Dies gilt auch für Buchungen in den Nebenbüchern. Buchungsbelege können Eigen- oder Fremdbelege sein.[33] Bei autonom gebildeten Buchungen kann es sich auch um **Datenverarbeitungsprotokolle oder -listen** handeln. **Fremdbelege** entstehen, wenn Buchungen durch Rechtsgeschäfte mit Dritten veranlasst sind. Buchungsbelege sind dann zumeist die abgesandten oder die empfangenen Handelsbriefe. **Interne Buchungsbelege** entstehen insbesondere im Zusammenhang mit der Erstellung des Jahresabschlusses, zB Vornahme der Abschreibungen und Bildung der Rückstellungen.[34]

---

[24] *ADS* Rn. 26.
[25] Vgl. hierzu BeBiKo/*Winkeljohann/Philipps* Rn. 17; *ADS* Rn. 45.
[26] BeBiKo/*Winkeljohann/Philipps* Rn. 11.
[27] HdR/*Isele* Rn. 51 f.
[28] *IDW* RS FAIT 1 Rn. 62–75.
[29] BeBiKo/*Winkeljohann/Philipps* Rn. 13.
[30] Vgl. *IDW* RS FAIT 2 Rn. 47–49; *IDW* RS FAIT 3 Rn. 20–30.
[31] BeBiKo/*Winkeljohann/Philipps* Rn. 15.
[32] BT-Drs. 4/2865, 8; HdR/*Isele* Rn. 57.
[33] *ADS* Rn. 38 f.
[34] *ADS* Rn. 39.

18   Der Umfang der für **steuerliche Zwecke** aufzubewahrenden Unterlagen ist in § 147 Abs. 1 AO geregelt und entspricht weitgehend dem Umfang nach § 238 Abs. 1. Nicht enthalten sind darin Unterlagen, die Konzernabschlüsse oder -lageberichte betreffen. Dagegen sind die aufzubewahrenden Unterlagen um solche sonstigen Unterlagen **erweitert,** soweit sie **für die Besteuerung von Bedeutung** sind.

IV. Aufbewahrungsarten (Abs. 3)

19   **1. Aufbewahrungsgrundsätze.** Das Ordnungsverfahren genügt den Anforderungen, wenn es gem. § 238 Abs. 1 S. 2 ggf. einem **Dritten** erlaubt, die gesuchten Unterlagen innerhalb **angemessener Zeit** aufzufinden. Zweckmäßig können Ordnungsverfahren nach Zeit, Sachgruppe, Kontenklassen, Belegnummern etc sein.

20   **2. Aufbewahrungsort.** Ein Aufbewahrungsort wird – abgesehen von der Aufbewahrung nach Liquidationsende – im HGB **nicht vorgeschrieben** und kann daher grundsätzlich frei gewählt werden. Da die Unterlagen nach § 238 Abs. 1 S. 2 jedoch innerhalb einer angemessenen Zeit verfügbar sein müssen, wird die freie Aufbewahrungswahl durch Sachzwänge eingeengt. Nach § 146 Abs. 2 S. 1 AO, § 148 AO ist die **Aufbewahrung im Ausland** nur unter besonderen Voraussetzungen und in Ausnahmefällen erlaubt. Entsprechendes gilt im Ergebnis für eine Speicherung in der „**Cloud**", da auch hier ua eine – idR nicht gegebene – Standortkenntnis erforderlich ist.[35]

21   **3. Aufbewahrungsmittel. a) Urschrift.** Eröffnungsbilanzen, Jahres- und Konzernabschlüsse sowie Einzelabschlüsse nach § 325 Abs. 2a müssen in Urschrift, dh **im Original,** archiviert werden. Eine Aufbewahrung dieser Unterlagen auf Bild- oder sonstigen Datenträgern wird durch Abs. 3 S. 1 untersagt. Dem entspricht die steuerliche Vorschrift des § 147 Abs. 2 S. 1 AO. Werden die im Original aufzubewahrenden Unterlagen per EDV erstellt, müssen diese ausgedruckt werden, ua da sie unterschrieben bzw. mit Testat versehen aufbewahrt werden müssen.[36]

22   **b) Bild- oder andere Datenträger.** Bildträger- und Datenträger sind solche Aufbewahrungsmittel, die geeignet sind, die ursprüngliche Vorlage in ihrer inhaltlichen und äußerlichen Aufmachung wiederzugeben. Zu Bildträgern zählen zB Fotokopien und Mikrofilme. Unter Datenträger ist jedes Medium zu verstehen, das es ermöglicht, die Bücher oder Aufzeichnungen unmittelbar und jederzeit reproduzierbar festzuhalten.[37] Datenträger sind beispielsweise Magnetbänder, Festplatten, CDs, etc. Der Begriff des Datenträgers ist weit auszulegen, sodass er für neuere technische Entwicklungen offen ist.[38] Für die Archivierung auf Bild- oder sonstigen Datenträgern muss gewährleistet sein, dass die **GoB gewahrt** sind, eine **Übereinstimmung mit dem Original** vorliegt und die **kurzfristige Verfügbarkeit und Lesbarmachung** gewährleistet ist.[39] Die Originale dürfen nach ordnungsgemäßer Aufnahme bzw. Speicherung grundsätzlich vernichtet werden.

---

[35] *IDW* RS FAIT 5 Rn. 8, 34–44; BeBiKo/*Winkeljohann/Philipps* Rn. 18.
[36] HdR/*Isele* Rn. 62.
[37] BT-Drs. 6/3528, 52.
[38] BeBiKo/*Winkeljohann/Philipps* Rn. 20; *ADS* Rn. 61.
[39] S. hierzu BMF 14.11.2014, BStBl. I 2014, 1450; vgl. *auch IDW* RS FAIT 3.

Für **empfangene Handelsbriefe** und **Buchungsbelege** wird bildliche 23
Übereinstimmung verlangt, damit die Urheberschaft der angebrachten Sicht-,
Kontroll- und Bearbeitungsvermerke sowie deren Inhalt festgestellt werden
kann.[40]

Für die **übrigen Unterlagen** genügt **inhaltliche Übereinstimmung,** dh 24
Vollständigkeit und inhaltliche Richtigkeit der Wiedergaben; dies umfasst
auch die erhaltenen Allgemeinen Geschäftsbedingungen.[41]

Zu den Grundsätzen der ordnungsmäßigen Führung und Aufbewahrung 25
von Büchern, Aufzeichnungen und Unterlagen in elektronischer Form sowie
zum Datenzugriff (GoBD) vgl. IDW RS FAIT 1 „Grundsätze ordnungsmäßiger Buchführung bei Einsatz von Informationstechnologie",[42] IDW RS
FAIT 2 „Grundsätze ordnungsmäßiger Buchführung bei Einsatz von Electronic Commerce",[43] IDW RS FAIT 3 „Grundsätze ordnungsmäßiger Buchführung beim Einsatz elektronischer Archivierungsverfahren",[44] IDW RS
FAIT 4 „Anforderungen an die Ordnungsmäßigkeit und Sicherheit IT-gestützter Konsolidierungsprozesse"[45] und IDW RS FAIT 5 „Beachtung der
GoB beim IT-Outsourcing einschließlich Cloud Computing".[46]

c) Verfügbarkeit und Lesbarkeit. Nach Abs. 3 S. 1 Nr. 2 müssen die 26
Wiedergaben während der Aufbewahrungsfrist verfügbar sein und jederzeit
während einer angemessenen Frist lesbar gemacht werden können. Erforderliche Lese- oder Reproduktionsgeräte müssen zumindest kurzfristig beschafft
werden können. Die Lesbarmachungsfrist wird analog zu § 238 Abs. 1 S. 2
nach den Verhältnissen des Einzelfalls zu bestimmen sein.[47]

Bei **Datenverarbeitung außer Haus** muss der Zugriff auch über das 27
Vertragsverhältnis hinaus möglich sein.

Steuerlich muss sichergestellt sein, dass die Wiedergabe oder die Daten 28
während der Dauer der Aufbewahrungsfrist **jederzeit verfügbar** sind, unverzüglich lesbar gemacht und maschinell ausgewertet werden können (§ 147
Abs. 2 Nr. 2 AO; auch → Rn. 31).

d) Wahl und Wechsel der Aufbewahrungsmittel. Abs. 3 S. 2 gestattet 29
es dem Kaufmann, Unterlagen, die aufgrund des § 239 Abs. 4 S. 1 auf
Datenträgern hergestellt werden, auch ausgedruckt aufzubewahren oder diese
ausgedruckten Unterlagen gem. Abs. 3 S. 1 zu archivieren. Damit wird es
dem Kaufmann ermöglicht, **unabhängig vom** jeweiligen **Entstehungs-
medium,** im Rahmen der GoB die jeweils für ihn zweckmäßigste Auf-
bewahrungsform zu nutzen.

Diese Vorgehensweise für originär digitale Daten (zB elektronische Rech- 30
nungen) ist **für steuerliche Zwecke** nicht zulässig.[48]

Den Finanzbehörden wird in § 147 Abs. 6 AO das Recht gewährt, in 31
originär mit Hilfe eines Datenverarbeitungssystems erstellte Unterlagen, Einsicht zu nehmen und das Datenverarbeitungssystem zur Prüfung dieser Un-

---

[40] BeBiKo/*Winkeljohann/Philipps* Rn. 20. Zu den Handelsbriefen mit Datenfernübertragung vgl. *ADS* Rn. 58.
[41] BeBiKo/*Winkeljohann/Philipps* Rn. 20.
[42] *IDW* RS FAIT 1.
[43] *IDW* RS FAIT 2.
[44] *IDW* RS FAIT 3.
[45] *IDW* RS FAIT 4.
[46] *IDW* RS FAIT 5.
[47] *ADS* Rn. 59.
[48] BeBiKo/*Winkeljohann/Philipps* Rn. 23.

terlagen zu nutzen. Ferner kann die Finanzbehörde im Rahmen einer Außenprüfung auch verlangen, dass auf Kosten des Steuerpflichtigen die Daten maschinell ausgewertet oder ihr die gespeicherten Unterlagen und Aufzeichnungen auf einem maschinell verwertbaren Datenträger zur Verfügung gestellt werden. Grundsätze zur ordnungsmäßigen Führung und Aufbewahrung von Büchern, Aufzeichnungen und Unterlagen in elektronischer Form sowie zum Datenzugriff (GoBD)[49] werden durch BMF-Schreiben konkretisiert.[50]

V. Aufbewahrungsdauer (Abs. 4)

32   Abs. 4 differenziert zwischen zehn- und sechsjährigen Aufbewahrungsfristen. Die **Zehnjahresfrist** gilt für Unterlagen nach Abs. 1 Nr. 1 und Nr. 4 und umfasst Handelsbücher, Inventare, Eröffnungsbilanzen, Jahresabschlüsse, Einzelabschlüsse nach § 325 Abs. 2a, Lageberichte, Konzernabschlüsse, Konzernlageberichte, Arbeitsanweisungen, sonstige Organisationsunterlagen und Buchungsbelege.

33   Dagegen gilt die **Sechsjahresfrist** für empfangene Handelsbriefe und die Wiedergaben der abgesandten Handelsbriefe. Entsprechende Fristen gelten für die Bild- und Datenträger.[51]

34   Auch **steuerlich** gelten nach § 147 Abs. 3 AO die differenzierten 10- bzw. 6-jährigen Aufbewahrungsfristen, sofern sich aus anderen Steuergesetzen keine Abweichungen bzw. kürzere Fristen ergeben. Sonstige Unterlagen, soweit sie für die Besteuerung von Bedeutung sind, fallen unter die 6-jährige Aufbewahrungsfrist. Steuerlich läuft die Aufbewahrungsfrist jedoch nicht ab, soweit und solange die Unterlagen für Steuern von Bedeutung sind, für welche die Festsetzungsfrist noch nicht abgelaufen ist.

VI. Aufbewahrungsbeginn und -ende (Abs. 5)

35   Der Beginn der Aufbewahrungsfrist wurde aus Vereinfachungsgründen auf den **Schluss des Kalenderjahres** normiert, in dem der Sachverhalt verwirklicht wird, der zur Aufbewahrungspflicht führt. Dadurch verlängert sich die Aufbewahrungsdauer für Unterlagen, welche vor dem Jahresende entstanden sind, über die in Abs. 4 genannten Fristen hinaus.

36   Für die einzelnen Unterlagen differenziert Abs. 5 die Sachverhalte wie folgt:

– Bei Handelsbüchern wird auf den letzten Eintrag abgestellt. Erst mit Ablauf des Jahres, in dem die letzte Eintragung vorgenommen wurde, beginnt die Aufbewahrungsfrist abzulaufen. Wenn der Kaufmann die Bücher für jedes Geschäftsjahr gesondert führt, werden die letzten Eintragungen anlässlich des Jahresabschlusses im Folgejahr vorgenommen, sodass die Aufbewahrungsfrist mit dem Ende des Folgejahrs beginnt. Werden die Handelsbücher geändert, so stellt die Änderung die letzte Eintragung dar, sodass die Aufbewahrungsfrist mit dieser erneuten Änderung zu laufen beginnt.

– Bei Inventaren kommt es auf den Zeitpunkt der Aufstellung an.

– Bei Eröffnungsbilanzen und bei Jahresabschlüssen ist der Zeitpunkt der Feststellung (§§ 172 f. AktG, § 42a Abs. 2 S. 1 GmbHG) maßgeblich. Bei

---

Jahresabschlussänderungen ist für den Beginn der Aufbewahrungsfrist die Feststellung der geänderten Fassung maßgeblich.[52]

– Bei den – nichtfeststellungsbedürftigen – Konzernabschlüssen und Einzelabschlüssen nach § 325 Abs. 2a kommt es auf den Zeitpunkt der Aufstellung an.

– Bei Handelsbriefen ist der Empfang bzw. die Absendung maßgeblich.

– Bei den Buchungsbelegen wird auf den Entstehungszeitpunkt abgestellt. Dabei ist für Buchungsbelege auf den Sachzusammenhang mit den Handelsbüchern abzustellen.

Die entsprechende **steuerliche Regelung** ist in § 147 Abs. 4 AO enthalten. **37** Anders als für die handelsrechtliche Aufbewahrungspflicht kommt es nicht auf die Feststellung, sondern auf die **Aufstellung des Jahresabschlusses** an.

Die Aufbewahrungsfrist beginnt mit dem Schluss des Kalenderjahres, in **38** den das maßgebliche Ereignis fällt und endet nach zehn bzw. sechs Jahren mit Ablauf des 31. Dezembers (§ 188 Abs. 2 Alt. 1 BGB). Im Gegensatz zum Steuerrecht kennt das Handelsrecht keine Ablaufhemmung (§ 171 AO) der Aufbewahrungsfrist. Der handelsrechtliche Fristablauf tritt auch dann ein, wenn die Unterlagen noch von Bedeutung sind.

VII. Fristablauf

Mit Ablauf der Aufbewahrungsfrist **können** die Unterlagen, ohne dass **39** daraus ein grundsätzlicher Rechtsnachteil entsteht, **vernichtet werden**.[53] Sofern jedoch nach anderen Vorschriften längere Aufbewahrungsfristen angeordnet werden, sind diese maßgeblich. Allgemein sollten aber Unterlagen mit Dauerbedeutung unabhängig vom Ablauf gesetzlicher Aufbewahrungsfristen solange archiviert werden, wie ihnen Bedeutung zukommt.

VIII. Rechtsfolgen bei Verletzung der Aufbewahrungspflicht

Die handelsrechtliche Aufbewahrungspflicht ist nicht unmittelbar sankti- **40** onsbewehrt. Durch das Insolvenzstrafrecht (§ 283 Abs. 1 Nr. 6 StGB, § 283b Abs. 1 Nr. 2 StGB) und den Tatbestand der Urkundenunterdrückung (§ 274 Abs. 1 Nr. 1 StGB) wird jedoch ein starker **indirekter Zwang zur Einhaltung** der Vorschrift bewirkt.

Da die Aufbewahrungspflicht Bestandteil der GoB ist, kann der Abschluss- **41** prüfer bei gravierenden Verstößen Konsequenzen für den Bestätigungsvermerk ziehen.[54]

Die Aufbewahrungspflicht ist ein Teil der Buchführungs- und Aufzeich- **42** nungspflicht. Daher führen Verstöße gegen die Aufbewahrungspflicht zu den gleichen Folgen wie Verstöße gegen die Buchführungspflicht (→ § 238 Rn. 36 f.).

IX. Bedeutung der Aufbewahrungsvorschriften für den Abschlussprüfer

Im Rahmen der Prüfung des Jahresabschlusses beurteilt der Abschlussprü- **43** fer, ob die Buchführung den gesetzlichen Vorschriften entspricht. Im Rah-

---

[52] *ADS* Rn. 71.
[53] Baetge/Kirsch/Thiele/*Bartone* Rn. 112.
[54] WP-HdB Kap. M Rn. 866; BeBiKo/*Winkeljohann/Philipps* Rn. 35.

men der **Einzelfallprüfung** anhand von Belegen sollte sich der Prüfer einen Überblick verschaffen, ob die Ablage und Aufbewahrung der Belege ordnungsgemäß ist.

44 Eine Einschränkung oder Versagung des Bestätigungsvermerks wird im Allgemeinen bei mangelhafter Einhaltung der Aufbewahrungsfristen nicht gegeben sein. Eine **wesentliche Beanstandung** wird allerdings vorliegen, wenn der Mangel die Prüfbarkeit des Jahresabschlusses erheblich beeinträchtigt.

45 Die Aufbewahrungsfrist des Abschlussprüfers ist im Wesentlichen in den allgemeinen Auftragsbedingungen für WP und WPG des IDW geregelt, sie beträgt grundsätzlich 10 Jahre.[55]

§ 258 Vorlegung im Rechtsstreit

(1) **Im Laufe eines Rechtsstreits kann das Gericht auf Antrag oder von Amts wegen die Vorlegung der Handelsbücher einer Partei anordnen.**

(2) **Die Vorschriften der Zivilprozeßordnung über die Verpflichtung des Prozeßgegners zur Vorlegung von Urkunden bleiben unberührt.**

Schrifttum: (ohne die Einzelbeiträge in den verschiedenen Handbuchern der Rechnungslegung).

I. Allgemeine Grundsätze

1 Abs. 1 stellt eine selbstständige – die allgemeinen ZPO-Vorschriften ergänzende – Rechtsgrundlage zur Vorlegung von **Handelsbüchern** dar, die im Übrigen aber die sonstigen ZPO-Urkundenvorlegungsregelungen unberührt lässt (Abs. 2). Diese Sonderregelung berücksichtigt den besonderen Beweiswert der Handelsbücher.[1]

II. Anordnung des Gerichts zur Vorlegung der Handelsbücher (Abs. 1)

2 Handelsbücher sind gem. Abs. 1 vorzulegen in rechtshängigen **zivilrechtlichen Rechtsstreitigkeiten.** Die Vorschrift ist somit in arbeits- und schiedsgerichtlichen Verfahren anwendbar.[2] Bei Vermögensauseinandersetzungen und Auseinandersetzungsverfahren in Angelegenheiten der freiwilligen Gerichtsbarkeit ist § 260 anwendbar (auch → § 260 Rn. 3 f.).[3] Im **Strafprozess** ist dagegen die Beschlagnahmevorschrift des § 95 StPO lex specialis.[4]

3 Die Vorlage kann ausschließlich gegenüber einer gesetzlich zur Führung von Handelsbüchern verpflichteten Partei des Rechtsstreits für deren Handelsbücher angeordnet werden.[5]

4 Bei den nach Ablauf der Aufbewahrungsfrist **vernichteten Handelsbüchern** scheidet eine Vorlagepflicht naturgemäß aus. Nach Ablauf der

---

[55] WP-HdB Kap. A Rn. 554 f.
[1] Staub/*Pöschke* Rn. 1; BeBiKo/*Winkeljohann/Philipps* Rn. 1; Haufe BilanzR/*Leinen/Paulus* Rn. 1.
[2] *ADS* Rn. 2.
[3] *ADS* Rn. 2.
[4] HdR/*Weber/Eichenlaub* Rn. 5; *ADS* Rn. 2; Haufe BilanzR/*Leinen/Paulus* Rn. 3.
[5] *ADS* Rn. 5; Haufe BilanzR/*Leinen/Paulus* Rn. 3.

Aufbewahrungsfrist nicht vernichtete Handelsbücher bleiben vorlegungspflichtig, da mit Fristablauf die Handelsbucheigenschaft nicht aufgehoben wird.

Das **Prozessgericht** ordnet auf Antrag einer Partei oder von Amts wegen 5 nach Ausübung pflichtgemäßen Ermessens die Vorlage an.[6] Eine Verfahrensbestimmung wurde nicht getroffen. Voraussetzung für die Ermessensentscheidung des Gerichts ist ein **Sachverhaltsvortrag,** welcher darlegt, dass die Vorlage der Handelsbücher nach Überzeugung des Gerichts als Beweis für die Schlüssigkeit der Klage oder die Erheblichkeit der Einwendungen geeignet ist.[7] Das Gericht hat bei seinen Anordnungen das berechtigte Interesse des Kaufmanns an der **Geheimhaltung** zu beachten.[8] Die Vorlegung soll nicht zur allgemeinen Ausforschung einer Prozesspartei, sondern zur Klärung einer relevanten Fragestellung beitragen.[9] Einen Anspruch auf Anordnung der Vorlage räumt Abs. 1 den Parteien nicht ein.[10]

III. ZPO-Vorschriften zur Vorlegung von Urkunden (Abs. 2)

Abs. 2 ordnet an, dass die Vorschriften der ZPO über die Verpflichtung des 6 Prozessgegners zur **Vorlage von Urkunden** unberührt bleiben. Dadurch wird auf die prozessrechtlichen Vorlegungspflichten nach §§ 422, 423 ZPO verwiesen.[11]

Unerheblich ist, in welchen Schrift- oder Druckzeichen die **Urkunde** 7 abgefasst ist, worauf sie geschrieben oder gedruckt wurde, ob sie unterschrieben ist und welchem Zweck sie dient. Auch Fotokopien, Computerausdrucke und ähnliche Aufzeichnungen können Urkunden sein.[12]

Nach § 423 ZPO ergibt sich die **Vorlegungspflicht des Prozessgegners** 8 für alle in dessen Händen befindlichen Urkunden, auf die er im Prozess seinerseits zur Beweisführung – sei es auch nur in einem vorbereitenden Schriftsatz – Bezug genommen hat.[13]

Gem. § 422 ZPO besteht eine zivilprozessuale Vorlegungspflicht darüber 9 hinaus, wenn der Beweisführer nach den Vorschriften des bürgerlichen Rechts die Herausgabe oder **Vorlegung** der Urkunden verlangen kann. Hauptanspruchsgrundlagen sind §§ 809, 810 BGB und die Ansprüche auf Einsichtnahme durch Gesellschafter.[14]

IV. Rechtsfolgen

Auf Anordnung sind die Handelsbücher bzw. die sonstigen Urkunden 10 grundsätzlich im **Original** beim Gericht vorzulegen.[15] Das Gericht kann allerdings auf die Vorlage der Originale verzichten. Das Gericht ist in der Würdigung der Beweiskraft frei.[16] Allerdings begründen ordnungsgemäß

[6] *ADS* Rn. 7.
[7] Staub/*Pöschke* Rn. 9–11; Baetge/Kirsch/Thiele/*Bartone* Rn. 24.
[8] BeBiKo/*Winkeljohann*/*Philipps* Rn. 2.
[9] *ADS* Rn. 7; Staub/*Pöschke* Rn. 10f.; HdR/*Weber*/*Eichenlaub* Rn. 12.
[10] HdR/*Weber*/*Eichenlaub* Rn. 11; BeBiKo/*Winkeljohann*/*Philipps* Rn. 2.
[11] *ADS* Rn. 8; Staub/*Pöschke* Rn. 13.
[12] BeBiKo/*Winkeljohann*/*Philipps* Rn. 4.
[13] BeBiKo/*Winkeljohann*/*Philipps* Rn. 5.
[14] Staub/*Pöschke* Rn. 13–16; BeBiKo/*Winkeljohann*/*Philipps* Rn. 5.
[15] *ADS* Rn. 13; BeBiKo/*Winkeljohann*/*Philipps* Rn. 4; zum Verfahren vgl. OLG Frankfurt a. M. Entsch. v. 25.9.1979 – 5 U 210/78, WM 1980, 1246.
[16] *ADS* Rn. 13.

geführte Bücher für den Nachweis der Existenz eines Vorgangs eine erhebliche Wahrscheinlichkeit der Richtigkeit.[17]

11   Erfolgt entgegen einer gerichtlichen Anordnung **keine Vorlage,** so erwachsen der vorlagepflichtigen Partei nur dann prozessuale Nachteile, wenn eine Pflicht zur Führung und Aufbewahrung der Handelsbücher bestand.[18] Bei Nichtvorlage durch die verpflichtete Partei können die dem Antrag zugrunde liegenden Auszüge und Behauptungen gem. § 427 ZPO (analog) als richtig angesehen werden.[19]

V. Verfahren in Steuersachen

12   Auf der Grundlage des § 97 Abs. 1 AO kann die Finanzbehörde von den Beteiligten und von anderen Personen verlangen, dass sie ihre Bücher und sonstigen Aufzeichnungen zur Einsicht und Prüfung vorlegen. Es liegt im Ermessen der Behörde, ob und in welchem **Umfang** die genannten Urkunden zur Beurteilung herangezogen werden. Gem. § 97 Abs. 2 AO ist die Behörde jedoch verpflichtet, den Sachverhalt zunächst durch Auskunft des Vorlagepflichtigen aufzuklären. Im Rahmen der **Außenprüfung** sind Handelsbücher und Urkunden auf Verlangen ohne vorherige Auskunft vorzulegen (§ 200 Abs. 1 S. 2 AO). Das Finanzgericht kann auf der Grundlage des § 76 Abs. 1 S. 4 FGO die Vorlage der Handelsbücher und anderer Urkunden ohne weiteres anordnen.[20]

§ 259 Auszug bei Vorlegung im Rechtsstreit

[1] **Werden in einem Rechtsstreit Handelsbücher vorgelegt, so ist von ihrem Inhalt, soweit er den Streitpunkt betrifft, unter Zuziehung der Parteien Einsicht zu nehmen und geeignetenfalls ein Auszug zu fertigen.** [2] **Der übrige Inhalt der Bücher ist dem Gericht insoweit offenzulegen, als es zur Prüfung ihrer ordnungsmäßigen Führung notwendig ist.**

I. Allgemeine Grundsätze

1   In § 259 wird die Einsichtnahme und die **Auszugserstellung** geregelt. Er bezweckt, die Vorlegungspflicht und das damit kollidierende **Geheimhaltungsinteresse** des Kaufmanns miteinander zu vereinbaren.[1] Dabei wird durch § 259 die Einsichtnahme der Parteien auf die für die Streitpunkte relevanten Teile der Handelsbücher beschränkt, während das Gericht selbst einen über den eigentlichen Streitpunkt hinausgehenden Einblick nehmen kann.

II. Einsichtnahme durch die Parteien (S. 1)

2   Das Gericht nimmt Einsicht in die Handelsbücher unter Hinzuziehung der Parteien. Die Einsichtnahme beschränkt sich auf die für den Rechtsstreit **relevanten Teile** der Handelsbücher. Die Beweisführer müssen daher bestimmte Tatsachen behaupten, die aus den Handelsbüchern bewiesen wer-

---

[17] BeBiKo/*Winkeljohann/Philipps* Rn. 6.
[18] Baetge/Kirsch/Thiele/*Bartone* Rn. 41.
[19] Staub/*Pöschke* Rn. 23; HdR/*Weber/Eichenlaub* Rn. 18 f.
[20] Staub/*Pöschke* Rn. 24; BeBiKo/*Winkeljohann/Philipps* Rn. 7.
[1] Baetge/Kirsch/Thiele/*Bartone* Rn. 1; HdR/*Weber/Eichenlaub* Rn. 3.

den sollen, und nach Möglichkeit angeben, an welcher Stelle der Handelsbücher der Beweis zu finden ist.[2] Sodann obliegt es dem vorlegungspflichti-
gen Kaufmann, die den Streitpunkt betreffenden Teile aufzufinden und diese
dem Gericht konkret zu bezeichnen.[3] Das Gericht hat dann, ggf. mit Hilfe
von Sachverständigen,[4] unter Hinzuziehung der Parteien Einsicht zu nehmen und geeignetenfalls einen **Auszug zu fertigen** und zu den Prozess-
akten zu nehmen.[5] Ein geeigneter Fall liegt dann vor, wenn im Zuge der
Einsichtnahme für das Beweisthema relevante Eintragungen gefunden werden.[6]

III. Einsichtnahme durch das Gericht (S. 2)

Das Gericht hat ein **weitergehendes Einsichtsrecht,** um ggf. unter **3**
Zuhilfenahme eines Sachverständigen beurteilen zu können, ob die Bücher
ordnungsgemäß geführt wurden. Allerdings ist das Einsichtsrecht auf den
Umfang beschränkt, der erforderlich ist, um die **Ordnungsmäßigkeit** zu
überprüfen.[7] Die Parteien haben kein über den Streitpunkt hinausgehendes
Einsichts- und/oder Prüfungsrecht (Datenschutz).[8]

§ 260 Vorlegung bei Auseinandersetzungen

**Bei Vermögensauseinandersetzungen, insbesondere in Erbschafts-, Gü-
tergemeinschafts- und Gesellschaftsteilungssachen, kann das Gericht die
Vorlegung der Handelsbücher zur Kenntnisnahme von ihrem ganzen
Inhalt anordnen.**

I. Allgemeine Grundsätze

§ 260 trifft eine **Sonderregelung** für Vermögensauseinandersetzungen. Er **1**
erweitert die Bestimmungen der §§ 258 f., indem er die Vorlageverpflichtun-
gen in den aufgezählten Fällen nicht auf bürgerlich-rechtliche Streitigkeiten,
die der ZPO als Verfahrensordnung unterliegen, eingrenzt und die Kenntnisnahme des gesamten Inhalts der Handelsbücher zulässt. Da in den Verfahren zur Vermögensauseinandersetzung regelmäßig die gesamten Vermögensverhältnisse des kaufmännischen Betriebs von Bedeutung sind,
beschränkt sich das **Einsichtsrecht** nicht auf bestimmte Teile der Handelsbücher, sondern umfasst deren **gesamten Inhalt.**[1]

II. Voraussetzungen der Vorlegung

Die Anordnungsbefugnis des Prozessgerichts besteht nach § 260 nur in **2**
gerichtlichen **Vermögensauseinandersetzungsverfahren.** Der Gegen-

---

[2] *ADS* Rn. 4.
[3] *ADS* Rn. 5.
[4] RG JW 1927, 2416; Baetge/Kirsch/Thiele/*Bartone* Rn. 21; Haufe BilanzR/*Leinen*/
Paulus Rn. 3.
[5] Staub/*Pöschke* Rn. 8 f.; BeBiKo/*Winkeljohann*/*Philipps* Rn. 2.
[6] Staub/*Pöschke* Rn. 9.
[7] Baetge/Kirsch/Thiele/*Bartone* Rn. 31.
[8] BeBiKo/*Winkeljohann*/*Philipps* Rn. 3.
[1] *ADS* Rn. 1, 6; BeBiKo/*Winkeljohann*/*Philipps* Rn. 1 f.; Staub/*Pöschke* Rn. 2 f.

stand der Auseinandersetzung muss ein vollkaufmännisches Handelsgeschäft sein.[2] Betroffen können sowohl Personengesellschaften wie auch der Besitz sämtlicher Anteile an diesen sein. Für geringere Beteiligungen kommen die §§ 118, 166, 233 HGB, § 51a GmbHG zur Anwendung.[3]

3   § 260 gilt für jede Art der Vermögensauseinandersetzung. Die im Gesetz aufgeführten Fälle der Erbschafts-, Gütergemeinschafts- und Gesellschaftsteilungssachen stellen – wie der Begriff „insbesondere" zeigt – keine abschließende Aufzählung dar.[4]

4   Dem Wortlaut des § 260 ist nicht zu entnehmen, dass die Anhängigkeit eines Rechtsstreits vorausgesetzt wird,[5] ein **Gericht** muss aber mit der Sache befasst sein.[6] Daher ist die Vorschrift auch in den Verfahren der freiwilligen Gerichtsbarkeit anwendbar, wie zB nach §§ 363 ff. FamFG in Nachlassauseinandersetzungsangelegenheiten oder nach § 373 FamFG in der Auseinandersetzung von Gütergemeinschaften.[7]

5   Die Anordnung der Vorlegung ist in das Ermessen des Gerichts gestellt und kann von Amts wegen **ohne Antrag** der Prozessparteien angeordnet werden.[8]

§ 261 Vorlegung von Unterlagen auf Bild- oder Datenträgern

Wer aufzubewahrende Unterlagen nur in der Form einer Wiedergabe auf einem Bildträger oder auf anderen Datenträgern vorlegen kann, ist verpflichtet, auf seine Kosten diejenigen Hilfsmittel zur Verfügung zu stellen, die erforderlich sind, um die Unterlagen lesbar zu machen; soweit erforderlich, hat er die Unterlagen auf seine Kosten auszudrucken oder ohne Hilfsmittel lesbare Reproduktionen beizubringen.

Schrifttum: (ohne die Einzelbeiträge in den verschiedenen Handbüchern der Rechnungslegung) BT-Drs. 4/2865 vom 19.12.1964, Entwurf eines Gesetzes zur Änderung des Handelsgesetzbuches und der Reichsabgabenordnung.

I. Allgemeine Grundsätze

1   § 257 Abs. 3 gestattet, aufbewahrungspflichtige Unterlagen auf **Bild-** oder sonstigen **Datenträgern** aufzubewahren. § 261 ergänzt diese Vorschrift, indem er die Mitwirkungspflicht des Kaufmanns konstituiert, wenn die Unterlagen aufgrund einer Rechtspflicht zur Vorlage vorgelegt werden müssen und daher in **lesbare Form** überführt werden müssen.[1] Dem Kaufmann werden die Kosten auferlegt.[2*]

2   § 261 bezieht sich nicht nur auf Rechtsstreitigkeiten (§§ 258 f.) und Auseinandersetzungen (§ 260), sondern erstreckt sich auch auf Vorlegungen

---

[2] Baetge/Kirsch/Thiele/*Bartone* Rn. 21; HdR/*Weber/Eichenlaub* Rn. 6.
[3] *ADS* Rn. 2; BeBiKo/*Winkeljohann/Philipps* Rn. 1.
[4] Staub/*Pöschke* Rn. 3; HdR/*Weber/Eichenlaub* Rn. 5; *ADS* Rn. 3.
[5] *ADS* Rn. 4; aA Staub/*Pöschke* Rn. 2.
[6] Baetge/Kirsch/Thiele/*Bartone* Rn. 21.
[7] MüKoBilanzR/*Graf* Rn. 3; BeBiKo/*Winkeljohann/Philipps* Rn. 2.
[8] BeBiKo/*Winkeljohann/Philipps* Rn. 3.
[1] *ADS* Rn. 1, 3; Baetge/Kirsch/Thiele/*Bartone* Rn. 1 f., 22.
[2*] Staub/*Pöschke* Rn. 1; BeBiKo/*Winkeljohann/Philipps* Rn. 2.

außerhalb eines **Gerichtsverfahrens.** Für Strafverfahren findet § 261 keine Anwendung.[2]

II. Die Vorlegung nach § 261

1. Pflicht zur Lesbarmachung. Diese besteht mit Ausnahme der Eröff- 3 nungsbilanzen, Jahres- und Konzernabschlüsse (§ 257 Abs. 3 S. 1) für alle nach § 257 aufzubewahrenden Unterlagen, die **nicht im Original** aufgehoben werden.[3] Betroffen sind neben der Vorlegung nach § 258 auch die bürgerlich-rechtlichen (§ 810 BGB) und die zivilprozessualen Vorlegungspflichten (§§ 422 f. ZPO). Ist das Original nicht greifbar, müssen die Abspeicherungen lesbar gemacht werden. Solange Bild- oder Datenträger **existieren,** gilt die Vorlagepflicht nach § 257 und somit auch die Pflicht nach § 261.[4]

2. Art und Weise der Lesbarmachung. Vorgaben, wie die Lesbarkeit 4 erreicht werden soll, enthält das Gesetz nicht. Im Grundsatz reicht die Bereitstellung sachlicher und/oder personeller **Hilfsmittel** aus.[5] Wenn Unterlagen nicht am Ort der Vorlegung sichtbar gemacht werden können oder der Zweck dies erfordert, sind diese in ausgedruckter Form oder in ohne Hilfsmittel lesbarer Form beizubringen.

III. Kosten

Sämtliche Kosten, die durch die Lesbarmachung der auf Speichermedien 5 aufbewahrten Unterlagen entstehen, legt § 261 dem **vorlagepflichtigen Kaufmann** auf, da dieser die Rationalisierungseffekte des Einsatzes von Bild- und Datenträgern bei der Archivierung von Unterlagen realisiert.[6] Als Sonderregelung verdrängt § 261 die allgemeinen Kostenerstattungsvorschriften (zB § 91 ZPO, § 811 Abs. 2 BGB).[7]

IV. Verfahren in Steuersachen

In § 147 Abs. 5 und § 97 Abs. 2 AO und in § 85 FGO finden sich 6 **vergleichbare** steuerrechtliche **Regelungen.** Die Finanzbehörde kann verlangen, dass Unterlagen vollständig oder zum Teil in lesbaren Reproduktionen vorgelegt werden, ohne an den Maßstab der Erforderlichkeit gebunden zu sein.[8] Die Finanzbehörde kann Erleichterungen nach § 148 AO gewähren.[9]

Vierter Unterabschnitt. Landesrecht

§ 262 *(aufgehoben)*

---

[2] BeBiKo/*Winkeljohann/Philipps* Rn. 3; aA Baetge/Kirsch/Thiele/*Bartone* Rn. 3; für einen Überblick über die im Schrifttum vertretenen Auffassungen vgl. HdR/*Weber/Eichenlaub* Rn. 7.

[3] Baetge/Kirsch/Thiele/*Bartone* Rn. 21.

[4] Staub/*Pöschke* Rn. 3; Baetge/Kirsch/Thiele/*Bartone* Rn. 22.

[5] *ADS* Rn. 4.

[6] BT-Drs. 4/2865, 9; Staub/*Pöschke* Rn. 9.

[7] Staub/*Pöschke* Rn. 9 f.; *ADS* Rn. 6.

[8] Staub/*Pöschke* Rn. 13; Baetge/Kirsch/Thiele/*Bartone* Rn. 51 f.

[9] BeBiKo/*Winkeljohann/Philipps* Rn. 4.

§ 263 Vorbehalt landesrechtlicher Vorschriften

Unberührt bleiben bei Unternehmen ohne eigene Rechtspersönlichkeit einer Gemeinde, eines Gemeindeverbands oder eines Zweckverbands landesrechtliche Vorschriften, die von den Vorschriften dieses Abschnitts abweichen.

I. Allgemeine Grundsätze

1　§ 263 stellt Unternehmen ohne eigene Rechtspersönlichkeit einer Gemeinde, eines Gemeindeverbands oder eines Zweckverbands von der Anwendung der §§ 238–261 frei, wenn und nur soweit landesrechtliche Vorschriften **abweichende Regelungen** treffen.[1] Öffentlich-rechtliche Unternehmen mit Kaufmannseigenschaft werden aus Wettbewerbsgründen und mit Rücksicht auf die BFH-Rechtsprechung grundsätzlich allen übrigen Kaufleuten gleichgestellt und sind somit zunächst zur Anwendung der §§ 238–261 verpflichtet. Abweichungen sind nur zulässig, sofern landesrechtliche Regelungen für Unternehmen auf **kommunaler Ebene** bestehen. Unternehmen des Bundes und der Länder werden von der Befreiung nicht erfasst.[2] § 3 Abs. 2 Nr. 1a PublG enthält eine dem § 263 inhaltlich entsprechende Regelung, falls die rechtlich unselbstständigen Unternehmen nicht unter den Anwendungsbereich des HGB, sondern den des PublG fallen.[3]

II. Regelungsbereich

2　Der Hauptanwendungsbereich des § 263 liegt bei den **kommunalen Eigenbetrieben** sowie den **Regiebetrieben**[4] wie auch bei wirtschaftlichen Unternehmen ohne eigene Rechtspersönlichkeit von **Landes-, Wohlfahrts-** oder **Umlandverbänden.**[5] Der Terminus „ohne eigene Rechtspersönlichkeit" erfordert, dass die Gemeinde etc selbst Rechtsträgerin des Unternehmens ist.[6]

3　Das **Eigenbetriebsrecht** fällt nach Art. 30 GG in die Gesetzgebungskompetenz der Länder.[7]

III. Steuerliche Vorschriften

4　Auch bei Unternehmen ohne eigene Rechtspersönlichkeit sind für die wesentlichen Steuern die Vorschriften der **Abgabenordnung maßgebend** (§ 1 AO). Wirtschaftsbetriebe unterliegen der Körperschaft- (§ 1 Abs. 1 Nr. 6 KStG) und der Gewerbesteuer (§ 2 Abs. 1 GewStDV).[8]

---

[1] Staub/*Pöschke* Rn. 1, 3.
[2] BeBiKo/*Winkeljohann*/*Philipps* Rn. 1.
[3] Haufe BilanzR/*Leinen*/*Paulus* Rn. 1; BeBiKo/*Winkeljohann*/*Philipps* Rn. 1; zur Rechnungslegungspflicht nach dem PublG vgl. *ADS* Rn. 9.
[4] Zur Unterscheidung zwischen Netto- und Bruttoregiebetrieben grundlegend *ADS* Rn. 6; Staub/*Pöschke* Rn. 6.
[5] BeBiKo/*Winkeljohann*/*Philipps* Rn. 1.
[6] Staub/*Pöschke* Rn. 4.
[7] HdR/*Weber*/*Eichenlaub* Rn. 8; BeBiKo/*Winkeljohann*/*Philipps* Rn. 2.
[8] BeBiKo/*Winkeljohann*/*Philipps* Rn. 6.

Zweiter Abschnitt. Ergänzende Vorschriften für Kapitalgesellschaften (Aktiengesellschaften, Kommanditgesellschaften auf Aktien und Gesellschaften mit beschränkter Haftung) sowie bestimmte Personenhandelsgesellschaften

Erster Unterabschnitt. Jahresabschluß der Kapitalgesellschaft und Lagebericht

Erster Titel. Allgemeine Vorschriften

§ 264 Pflicht zur Aufstellung; Befreiung

(1) [1] Die gesetzlichen Vertreter einer Kapitalgesellschaft haben den Jahresabschluß (§ 242) um einen Anhang zu erweitern, der mit der Bilanz und der Gewinn- und Verlustrechnung eine Einheit bildet, sowie einen Lagebericht aufzustellen. [2] Die gesetzlichen Vertreter einer kapitalmarktorientierten Kapitalgesellschaft, die nicht zur Aufstellung eines Konzernabschlusses verpflichtet ist, haben den Jahresabschluss um eine Kapitalflussrechnung und einen Eigenkapitalspiegel zu erweitern, die mit der Bilanz, Gewinn- und Verlustrechnung und dem Anhang eine Einheit bilden; sie können den Jahresabschluss um eine Segmentberichterstattung erweitern. [3] Der Jahresabschluß und der Lagebericht sind von den gesetzlichen Vertretern in den ersten drei Monaten des Geschäftsjahrs für das vergangene Geschäftsjahr aufzustellen. [4] Kleine Kapitalgesellschaften (§ 267 Abs. 1) brauchen den Lagebericht nicht aufzustellen; sie dürfen den Jahresabschluß auch später aufstellen, wenn dies einem ordnungsgemäßen Geschäftsgang entspricht, jedoch innerhalb der ersten sechs Monate des Geschäftsjahres. [5] Kleinstkapitalgesellschaften (§ 267a) brauchen den Jahresabschluss nicht um einen Anhang zu erweitern, wenn sie

1. die in § 268 Absatz 7 genannten Angaben,
2. die in § 285 Nummer 9 Buchstabe c genannten Angaben und
3. im Falle einer Aktiengesellschaft die in § 160 Absatz 3 Satz 2 des Aktiengesetzes genannten Angaben

unter der Bilanz angeben.

(1a) [1] In dem Jahresabschluss sind die Firma, der Sitz, das Registergericht und die Nummer, unter der die Gesellschaft in das Handelsregister eingetragen ist, anzugeben. [2] Befindet sich die Gesellschaft in Liquidation oder Abwicklung, ist auch diese Tatsache anzugeben.

(2) [1] Der Jahresabschluß der Kapitalgesellschaft hat unter Beachtung der Grundsätze ordnungsmäßiger Buchführung ein den tatsächlichen Verhältnissen entsprechendes Bild der Vermögens-, Finanz- und Ertragslage der Kapitalgesellschaft zu vermitteln. [2] Führen besondere Umstände dazu, daß der Jahresabschluß ein den tatsächlichen Verhältnissen entsprechendes Bild im Sinne des Satzes 1 nicht vermittelt, so sind im Anhang zusätzliche Angaben zu machen. [3] Die gesetzlichen Vertreter einer Kapitalgesellschaft, die Inlandsemittent im Sinne des § 2 Absatz 14 des Wertpapierhandelsgesetzes und keine Kapitalgesellschaft im Sinne des § 327a ist, haben bei der Unterzeichnung schriftlich zu versichern, dass nach bestem Wissen der Jahresabschluss ein den tatsächlichen Verhältnissen

entsprechendes Bild im Sinne des Satzes 1 vermittelt oder der Anhang Angaben nach Satz 2 enthält. [4]Macht eine Kleinstkapitalgesellschaft von der Erleichterung nach Absatz 1 Satz 5 Gebrauch, sind nach Satz 2 erforderliche zusätzliche Angaben unter der Bilanz zu machen. [5]Es wird vermutet, dass ein unter Berücksichtigung der Erleichterungen für Kleinstkapitalgesellschaften aufgestellter Jahresabschluss den Erfordernissen des Satzes 1 entspricht.

(3) [1]Eine Kapitalgesellschaft, die als Tochterunternehmen in den Konzernabschluss eines Mutterunternehmens mit Sitz in einem Mitgliedstaat der Europäischen Union oder einem anderen Vertragsstaat des Abkommens über den Europäischen Wirtschaftsraum einbezogen ist, braucht die Vorschriften dieses Unterabschnitts und des Dritten und Vierten Unterabschnitts dieses Abschnitts nicht anzuwenden, wenn alle folgenden Voraussetzungen erfüllt sind:

1. alle Gesellschafter des Tochterunternehmens haben der Befreiung für das jeweilige Geschäftsjahr zugestimmt;
2. das Mutterunternehmen hat sich bereit erklärt, für die von dem Tochterunternehmen bis zum Abschlussstichtag eingegangenen Verpflichtungen im folgenden Geschäftsjahr einzustehen;
3. der Konzernabschluss und der Konzernlagebericht des Mutterunternehmens sind nach den Rechtsvorschriften des Staates, in dem das Mutterunternehmen seinen Sitz hat, und im Einklang mit folgenden Richtlinien aufgestellt und geprüft worden:
   a) Richtlinie 2013/34/EU des Europäischen Parlaments und des Rates vom 26. Juni 2013 über den Jahresabschluss, den konsolidierten Abschluss und damit verbundene Berichte von Unternehmen bestimmter Rechtsformen und zur Änderung der Richtlinie 2006/43/EG des Europäischen Parlaments und des Rates und zur Aufhebung der Richtlinien 78/660/EWG und 83/349/EWG des Rates (ABl. L 182 vom 29.6.2013, S. 19), die zuletzt durch die Richtlinie 2014/102/EU (ABl. L 334 vom 21.11.2014, S. 86) geändert worden ist,
   b) Richtlinie 2006/43/EG des Europäischen Parlaments und des Rates vom 17. Mai 2006 über Abschlussprüfungen von Jahresabschlüssen und konsolidierten Abschlüssen, zur Änderung der Richtlinien 78/660/EWG und 83/349/EWG des Rates und zur Aufhebung der Richtlinie 84/253/EWG des Rates (ABl. L 157 vom 9.6.2006, S. 87), die durch die Richtlinie 2013/34/EU (ABl. L 182 vom 29.6.2013, S. 19) geändert worden ist;
4. die Befreiung des Tochterunternehmens ist im Anhang des Konzernabschlusses des Mutterunternehmens angegeben und
5. für das Tochterunternehmen sind nach § 325 Absatz 1 bis 1b offengelegt worden:
   a) der Beschluss nach Nummer 1,
   b) die Erklärung nach Nummer 2,
   c) der Konzernabschluss,
   d) der Konzernlagebericht und
   e) der Bestätigungsvermerk zum Konzernabschluss und Konzernlagebericht des Mutterunternehmens nach Nummer 3.

[2]Hat bereits das Mutterunternehmen einzelne oder alle der in Satz 1 Nummer 5 bezeichneten Unterlagen offengelegt, braucht das Tochterunternehmen die betreffenden Unterlagen nicht erneut offenzulegen, wenn sie im Bundesanzeiger unter dem Tochterunternehmen auffindbar

sind; § 326 Absatz 2 ist auf diese Offenlegung nicht anzuwenden. [3] Satz 2 gilt nur dann, wenn das Mutterunternehmen die betreffende Unterlage in deutscher oder in englischer Sprache offengelegt hat oder das Tochterunternehmen zusätzlich eine beglaubigte Übersetzung dieser Unterlage in deutscher Sprache nach § 325 Absatz 1 bis 1b offenlegt.

(4) Absatz 3 ist nicht anzuwenden, wenn eine Kapitalgesellschaft das Tochterunternehmen eines Mutterunternehmens ist, das einen Konzernabschluss nach den Vorschriften des Publizitätsgesetzes aufgestellt hat, und wenn in diesem Konzernabschluss von dem Wahlrecht des § 13 Absatz 3 Satz 1 des Publizitätsgesetzes Gebrauch gemacht worden ist; § 314 Absatz 3 bleibt unberührt.

Schrifttum zu §§ 264, 264a, 264b, 264c: (ohne die Einzelbeiträge in den verschiedenen Handbüchern der Rechnungslegung) BT-Drs. 10/317 vom 26.8.1983, Entwurf eines Gesetzes zur Durchführung der Vierten Richtlinie des Rates der Europäischen Gemeinschaften zur Koordinierung des Gesellschaftsrechts (Bilanzrichtlinien-Gesetz); BT-Drs. 16/10067 vom 30.7.2008, Entwurf eines Gesetzes zur Modernisierung des Bilanzrechts (Bilanzrechtsmodernisierungsgesetz – BilMoG); BT-Drs. vom 5.11.2012, Entwurf eines Gesetzes zur Umsetzung der Richtlinie 2012/6/EU des Europäischen Parlaments und des Rates vom 14.3.2012 zur Änderung der Richtlinie 78/660/EWG des Rates über den Jahresabschluss von Gesellschaften bestimmter Rechtsformen hinsichtlich Kleinstbetrieben (Kleinstkapitalgesellschaften-Bilanzrechtsänderungsgesetz-MicroBilG); BT-Drs. 16/3644 vom 29.6.2011, Entwurf eines Gesetzes zur Umsetzung der Richtlinie 2004/109/EG des Europäischen Parlaments und des Rates vom 16. Dezember 2004 zur Harmonisierung der Transparenzforderungen in Bezug auf Informationen über Emittenten, deren Wertpapiere zum Handel auf einem geregelten Markt zugelassen sind, und zur Änderung der Richtlinie 2001/34/EG (Transparenzrichtlinie-Umsetzungsgesetz-TUG); DAV, Stellungnahme zum Regierungsentwurf eines Gesetzes zur Umsetzung der Transparenzrichtlinie (Transparenzrichtlinie-Umsetzungsgesetz – TUG), NZG 2006, 655; *Fleischer,* Der „deutsche" Bilanzeid nach § 264 Abs. 2 Satz 3 HGB, ZIP, 2007, 97; *BayObLG,* Frist für Jahresabschlusserstellung von kleiner Kapitalgesellschaft, BB 1987, 869; 1638; *Giese/Rabenhorst/Schindler,* Erleichterungen bei der Rechnungslegung, Prüfung und Offenlegung von Konzerngesellschaften, BB 2001, 511; *Heldt/Ziemann,* Sarbanes-Oxley in Deutschland? – Zur geplanten Einführung eines strafbewehrten „Bilanzeides" nach dem Regierungsentwurf eines Transparenzrichtlinie-Umsetzungsgesetzes, NZG 2006, 652; *Hutter/Kaulamo,* Transparenzrichtlinie-Umsetzungsgesetz: Änderungen der Regelpublizität und das neue Veröffentlichungsregime für Kapitalmarktinformationen, NJW 2007, 550; *IDW* St/SABl 3/1986: Zur Darstellung der Finanzlage i. S. v. § 264 Abs. 2 HGB, WPg 1986, 670; *IDW,* 209. Sitzung des HFA, IDW-FN 2007, 656; *Moxter,* Bilanzlehre (Band II): Einführung in das neue Bilanzrecht, 3. Aufl. 1986; *Schellhorn,* Der Bilanzeid nach § 264 Abs. 2 Satz 3 HGB – Anwendungsfragen und Bedeutung, DB 2009, 2363; *Streim,* Die Generalnorm des § 264 Abs. 2 HGB – Eine kritische Analyse, FS Moxter, 1994, 391.

Übersicht

I. Allgemeine Grundsätze

1 § 264 leitet den **Zweiten Abschnitt** des Dritten Buches ein, der ergänzende Vorschriften für Kapitalgesellschaften (Aktiengesellschaften, Kommanditgesellschaften auf Aktien, Gesellschaften mit beschränkter Haftung
und SE) enthält. Diese müssen die Vorschriften der **§§ 264–289f** zusätzlich
zu den Regelungen des Ersten Abschnitts, der die Vorschriften für alle
Kaufleute enthält **(§§ 242–256a),** beachten (zu Erleichterungen nach
Abs. 3 und 4 → Rn. 42 ff.). Gleiches gilt nach § 264a für haftungsbeschränkte Personenhandelsgesellschaften (OHG und KG) iSv § 264a. Das
sind Gesellschaften, bei denen nicht mindestens ein persönlich haftender
Gesellschafter eine natürliche Person oder eine OHG, KG oder eine andere
Personengesellschaft mit einer natürlichen Person als persönlich haftendem
Gesellschafter ist; Hauptanwendungsfall in Deutschland ist die GmbH & Co.
KG.[1]

2 **1. Überblick.** Abs. 1 S. 1 bestimmt, dass der Jahresabschluss von kapital-
und haftungsbeschränkten Personenhandelsgesellschaften iSv § 264a außer
der **Bilanz** und der **Gewinn- und Verlustrechnung** auch einen **Anhang**
umfasst. Darüber hinaus haben große und mittelgroße kapital- und haftungsbeschränkte Personenhandelsgesellschaften iSv § 264a einen **Lagebericht**
aufzustellen, der – neben dem Jahresabschluss – ein eigenständiges Element
der Rechnungslegung ist. Jahresabschluss und Lagebericht sind von den
gesetzlichen Vertretern in den ersten drei Monaten (bei kleinen Kapitalgesellschaften: in den ersten sechs Monaten, wenn dies einem ordnungsgemäßen
Geschäftsgang entspricht) aufzustellen. Kapitalmarktorientierte Gesellschaften

---

[1] WP-HdB Kap. F Rn. 1416.

iSv § 264d, die nicht zur Konzernrechnungslegung verpflichtet sind, haben gem. Abs. 1 S. 2 den Jahresabschluss zusätzlich um eine **Kapitalflussrechnung** (konkretisiert durch DRS 21) und einen **Eigenkapitalspiegel** (konkretisiert durch DRS 22) zu erweitern; freiwillig kann eine **Segmentberichterstattung** (konkretisiert durch DRS 3) aufgestellt werden (→ Rn. 11); zur Verbindlichkeit der DRS → § 342 Rn. 12. **Kleinstkapitalgesellschaften** (§ 267a) sind gem. Abs. 1 S. 5 unter bestimmten Voraussetzungen von der Pflicht zur Aufstellung eines Anhangs befreit (→ Rn. 21 f.).

Mit dem BilRUG (2015)[2] neu ins Gesetz eingeführt wurde, dass im Jahres- **3** abschluss die Firma, der Sitz, das Registergericht und die Nummer, unter der die Gesellschaft in das Handelsregister eingetragen ist, anzugeben sind. Diese Angaben dienen der eindeutigen Identifikation der Gesellschaft (Abs. 1a).

Abs. 2 S. 1–2 regelt die **Generalnorm,** nach der der Jahresabschluss von **4** kapital- und haftungsbeschränkten Personenhandelsgesellschaften iSv § 264a unter Beachtung der Grundsätze ordnungsmäßiger Buchführung ein den tatsächlichen Verhältnissen entsprechendes Bild der Vermögens-, Finanz- und Ertragslage der Kapitalgesellschaft vermitteln soll. Nach Abs. 2 S. 3 müssen die gesetzlichen Vertreter bestimmter Kapitalgesellschaften überdies einen sog. **Bilanzeid** leisten.

Abs. 3 und Abs. 4 eröffnen Tochter-Kapitalgesellschaften **Erleichterun-** **5** **gen** bei der Pflicht zur Aufstellung, Prüfung und/oder Offenlegung ihres Jahresabschlusses und (ggf. Lageberichts), falls bestimmte kasuistisch-enumerativ genannte Voraussetzungen erfüllt werden.

2. Geltungsbereich. § 264 gilt für **Kapitalgesellschaften** und – über **6** den Verweis in § 264a – für **haftungsbeschränkte Personenhandelsgesellschaften;** eine analoge Anwendung auf Kaufleute anderer Rechtsform scheidet aus.[3] Gem. § 341a sind die Regelungen des § 264, die große Kapitalgesellschaften betreffen, auch von **Versicherungsunternehmen** anzuwenden, mit der Einschränkung, dass die in Abs. 1 S. 2 festgelegte Dreimonatsfrist nicht und die Erleichterungen des Abs. 3 nur eingeschränkt gelten (§ 341a Abs. 1 S. 1, Abs. 2 S. 4). **Kredit- und Finanzdienstleistungsinstitute** haben die Vorschrift des § 264, die große Kapitalgesellschaften betreffen, ebenfalls anzuwenden, auch wenn sie nicht in der Rechtsform einer Kapitalgesellschaft organisiert sind (§ 340a Abs. 1).[4] Die Erleichterungen des Abs. 3 gelten für Kredit- und Finanzdienstleistungsinstitute nur hinsichtlich der Offenlegungsvorschriften (§ 340a Abs. 2 S. 4).[5] Bei diesen Gesellschaften wird die Reichweite der Generalnorm des Abs. 2 durch erhebliche Bewertungsspielräume (§§ 340 ff.) relativiert. Die Generalnorm des Abs. 2 ist nach § 336 Abs. 2 auch von **eingetragenen Genossenschaften** zu beachten.

Unternehmen, die dem **PublG** unterliegen, müssen – in Ermangelung **7** eines Verweises in § 5 Abs. 1 PublG – § 264 nicht beachten. Dies gilt auch für dessen Abs. 2, sodass diese Unternehmen nur die Generalnorm des § 243 zu beachten haben.[6]

---

[2] Bilanzrichtlinie-Umsetzungsgesetz, BGBl. 2015 I 1245.
[3] *ADS* Rn. 6; BeBiKo/*Winkeljohann/Schellhorn* Rn. 1; krit. MüKoHGB/*Reiner* Rn. 3.
[4] HdR/*Baetge/Commandeur/Hippel* Rn. 2.
[5] Beck HdR/*Oser* B 110 Rn. 13.
[6] *ADS* Rn. 7; HdR/*Baetge/Commandeur/Hippel* Rn. 2; BeBiKo/*Winkeljohann/Deubert* Rn. 238.

8   Unbenommen bleibt die Anwendung von § 264, insbesondere von dessen Abs. 2, durch Regelung zB in **Gesellschaftsverträgen** oder **sonstigen Vereinbarungen** (zB Kreditverträgen).[7]

9   Die Regelungen des Abs. 2 S. 5 sind lediglich von gesetzlichen Vertretern von Kapitalgesellschaften und OHG/KG iSv § 264a, die Inlandsemittenten iSv § 2 Abs. 14 WpHG und keine Kapitalgesellschaften iSv § 327a (ausschließlich Ausgabe von Schuldtiteln mit Mindeststückelung von 100.000 Euro) sind, anzuwenden (zum Begriff des gesetzlichen Vertreters → § 245 Rn. 6 ff.; zu dem Begriff Inlandsemittent → Rn. 36).

II. Aufstellung von Jahresabschluss und Lagebericht (Abs. 1)

10   **1. Aufstellungspflicht.** Gem. Abs. 1 S. 1 haben die gesetzlichen Vertreter einer Kapital- oder haftungsbeschränkten Personenhandelsgesellschaft iSv § 264a den nach § 242 aufzustellenden Jahresabschluss (Bilanz und Gewinn- und Verlustrechnung) um einen **Anhang** zu erweitern. Bilanz, Gewinn- und Verlustrechnung und Anhang bilden eine **Einheit.** Der Anhang ist ein gleichrangiges Informationsinstrument, das die quantitativen Angaben in Bilanz und Gewinn- und Verlustrechnung insbesondere durch qualitative Angaben ergänzen und entlasten, ausnahmsweise (Abs. 2 S. 2) gar korrigieren soll (vgl. §§ 284, 285).[8]

11   Darüber hinaus steht der Anhang offen für **freiwillige (nicht-) finanzielle Zusatzinformationen,** wie zB Kapitalflussrechnungen (konkretisiert durch DRS 21), Eigenkapitalspiegel (konkretisiert durch DRS 22) oder Segmentberichterstattungen (konkretisiert durch DRS 3), soweit diese nicht bereits nach Abs. 1 S. 2 verpflichtend sind (→ Rn. 11), ferner für Sozialbilanzen oder Mehrjahresübersichten.[9] Solchenfalls unterliegen indes auch die freiwilligen Zusatzinformationen grundsätzlich der Prüfungs- und Offenlegungspflicht.[10]

12   Der Feststellungsbeschluss zum Jahresabschluss erfasst auch den Anhang (nicht indes den Lagebericht, s. § 256 Abs. 1 S. 1 AktG). Wird ein Anhang rechtswidrig nicht aufgestellt, ist der Feststellungsbeschluss (und im Gefolge: der Gewinnverwendungsbeschluss) zum Jahresabschluss nichtig.[11]

13   **Kapitalmarktorientierte Gesellschaften** iSv § 264d, die nicht zur Aufstellung eines Konzernabschlusses verpflichtet sind, haben gem. Abs. 1 S. 2 den Jahresabschluss zusätzlich um eine **Kapitalflussrechnung** (konkretisiert durch DRS 21) und einen **Eigenkapitalspiegel** (konkretisiert durch DRS 22) zu erweitern und können freiwillig eine **Segmentberichterstattung** (konkretisiert durch DRS 3) erstellen (zu diesen Bestandteilen → § 297 Rn. 49; zur Bedeutung von DRS → § 342 Rn. 12).[12] Abs. 1 S. 2, der durch das BilMoG (2009)[13] ins HGB eingeführt wurde, zielt auf eine Harmonisierung der handelsrechtlichen Berichterstattungspflichten kapitalmarktorientierter Gesellschaften, da diese Elemente der Rechnungslegung – bei einer Konzernrechnungslegungspflicht nach den §§ 290–293 – zwingend Bestandteil eines IFRS-Konzernabschlusses sind.[14] Indes sind die Pflichten nach

---

[7] *ADS* Rn. 10; Beck HdR/*Hinz* B 106 Rn. 10.
[8] BT-Drs. 10/317, 75; MüKoHGB/*Reiner* Rn. 5.
[9] BeBiKo/*Grottel* § 284 Rn. 90 ff.; MüKoHGB/*Reiner* Rn. 5.
[10] BeBiKo/*Grottel* § 284 Rn. 90.
[11] Zur GmbH vgl. BGH GmbHR 1999, 1299.
[12] Beck HdR/*Hinz* B 100 Rn. 64 ff.
[13] BGBl. 2009 I 1102.
[14] BT-Drs. 16/10067, 62 f.

Abs. 1 S. 2 – anders als im IFRS-Konzernabschluss (§ 315e iVm IAS-Verordnung Nr. 1602/2002) – nach den Vorschriften des HGB (konkretisiert durch die DRS) zu erfüllen (vgl. Erl. zu § 315e).

Neben dem **Jahresabschluss** haben kapital- und haftungsbeschränkte Per- **14** sonenhandelsgesellschaften isV § 264a einen **Lagebericht** (s. § 289, konkretisiert durch DRS 20) aufzustellen (Abs. 1 S. 1), es sei denn, dass sie klein isV § 267 Abs. 1, § 267a sind (Abs. 1 S. 4; → Rn. 20). Der Lagebericht ist nicht Teil des Jahresabschlusses und kann deshalb nicht nichtig sein (→ Rn. 10).

Die Pflicht zur Aufstellung von Jahresabschluss und Lagebericht ist eine **15** **öffentlich-rechtliche Pflicht,** die nicht disponibel ist.[15] Verstöße gegen die Aufstellungspflicht sind mittelbar **sanktionsbewehrt** (→ Rn. 53 ff.).

2. Aufstellungsfristen. Nach Abs. 1 S. 3 sind Jahresabschluss und Lagebe- **16** richt in den **ersten drei Monaten** des Geschäftsjahres für das vergangene Geschäftsjahr aufzustellen.

Kleine kapital- und haftungsbeschränkte Personenhandelsgesell- 17 **schaften isV § 264a** iVm § 267 Abs. 1, die nur einen Jahresabschluss aufstellen müssen (keinen Lagebericht), dürfen nach Abs. 1 S. 4 Hs. 2 den Jahresabschluss auch später aufstellen, wenn dies einem ordnungsgemäßen Geschäftsgang entspricht; die Aufstellung muss jedoch innerhalb der **ersten** **sechs Monate** des Geschäftsjahres erfolgen. Die Einschränkung, dass die spätere Aufstellung einem ordnungsgemäßen Geschäftsgang entsprechen muss, bedeutet, dass die Aufstellung nicht ohne sachliche Gründe, also willkürlich, innerhalb der Sechsmonatsfrist verzögert werden darf.[16] Jedenfalls eröffnet Abs. 1 S. 4 Hs. 2 diesen Gesellschaften keine generelle Verlängerung der Aufstellungsfrist auf sechs Monate.[17] Entsprechendes gilt für **Kleinst-** **Kapitalgesellschaften** isV § 267a.

Für **Kredit- und Finanzdienstleistungsinstitute** gilt eine Aufstellungs- **18** frist von drei Monaten (§ 26 KWG, § 340a Abs. 1). Da diese Institute die für große Kapitalgesellschaften geltenden Regelungen des § 264 entsprechend anwenden müssen, scheidet eine Verlängerung der Aufstellungsfrist auf sechs Monate per se aus. Für **Versicherungsunternehmen und Pensionsfonds** regelt § 341a Abs. 1 eine Aufstellungsfrist von **vier Monaten;** die Sechsmonatsfrist ist ebenfalls nicht anwendbar.

Aufstellung iSd Abs. 1 ist die (technische) Erstellung und Vorlage eines **19** Jahresabschlusses, sodass er durch den Abschlussprüfer geprüft (§ 316 Abs. 1 S. 1) oder – bei kleinen Gesellschaften, die nicht prüfungspflichtig sind – von dem zuständigen Organ (Aufsichtsrat oder Gesellschafter) festgestellt werden kann.[18] Hiervon unberührt bleibt das Recht bzw. die Pflicht, nach Ablauf der Aufstellungsfrist den Jahresabschluss oder Lagebericht zu ändern (zu den Voraussetzungen s. IDW RS HFA 6).[19]

3. Verpflichteter Personenkreis. Zur Aufstellung von Jahresabschluss und **20** Lagebericht verpflichtet sind nach Abs. 1 S. 1 die **gesetzlichen Vertreter** der Kapitalgesellschaft. Dies sind bei der **AG** der **Vorstand** (vgl. § 78 AktG), bei der **KGaA** die **persönlich haftenden Gesellschafter** (vgl. § 278 Abs. 2 AktG iVm § 161 Abs. 2, §§ 125, 170) und bei der **GmbH** die **Geschäfts-**

---

[15] *ADS* Rn. 24.

[16] *ADS* Rn. 28a; MüKoHGB/*Reiner* Rn. 19; BeBiKo/*Winkeljohann/Schellhorn* Rn. 17.

[17] BayObLG Beschl. v. 5.3.1987 – BReg. 3 Z 29/87, BB 1987, 869 (1638).

[18] MüKoHGB *Reiner* Rn. 21; BeBiKo/*Winkeljohann/Schellhorn* Rn. 19.

[19] *ADS* Rn. 31; BeBiKo/*Winkeljohann/Schellhorn* Rn. 19.

führer (vgl. § 35 Abs. 1 GmbHG). Für haftungsbeschränkte Personenhandelsgesellschaften iSv § 264a regelt § 264a Abs. 2, dass die Mitglieder des vertretungsberechtigten Organs der vertretungsberechtigten Gesellschaften als
gesetzliche Vertreter der Gesellschaft gelten. Im Liquidationsstadium wird die
Gesellschaft durch die **Abwickler** bzw. **Liquidatoren** vertreten (vgl. §§ 269,
270 AktG sowie §§ 70, 71 GmbHG).

21   Die Aufstellung von Jahresabschluss und Lagebericht kann im Innenverhältnis einem oder mehreren Vorstands- oder Geschäftsführungsmitgliedern
übertragen werden (Ressortaufteilung); diese können sich für die Aufstellung
von Jahresabschluss und Lagebericht externer Erfüllungsgehilfen (zB Wirtschaftsprüfer oder Steuerberater) bedienen.[20] Für die öffentlich-rechtliche
Aufstellungspflicht bleiben indes alle gesetzlichen Vertreter verantwortlich.[21]
Die Unterzeichnung des aufgestellten Jahresabschlusses durch **alle** gesetzlichen Vertreter markiert den Abschluss der Aufstellung (vgl. Erl. zu § 245).[22]
Der Lagebericht muss nach derzeit wohl noch hM nicht zwingend unterzeichnet zu werden.[23] Trotzdem ist auch dessen Unterzeichnung unter Angabe des Datums zur Dokumentation des zeitlichen Endes der Informations-
erfassung dringend zu empfehlen.[24]

22   **4. Erleichterungen für kleine Kapitalgesellschaften und OHG/KG
iSv § 264a.** Neben der Verlängerung der Aufstellungsfrist für den Jahresabschluss auf sechs Monate (→ Rn. 15) sind kleine kapital- und haftungsbeschränkte Personenhandelsgesellschaften iSv § 264a nach Abs. 1 S. 4 Hs. 1
von der Aufstellung eines Lageberichts befreit.

23   **5. Erleichterungen für Kleinstkapitalgesellschaften und OHG/KG
iSv § 264a.** Nach Abs. 1 S. 5 können Kleinstkapitalgesellschaften (§ 267a)
auf die Aufstellung eines Anhangs verzichten, wenn sie zumindest folgende
Informationen unter der Bilanz angeben:

1. die Haftungsverhältnisse (§ 251 und § 268 Abs. 7),
2. die einem Mitglied des Geschäftsführungsorgans, eines Aufsichtsrats, eines
   Beirats oder einer ähnlichen Einrichtung jeweils für jede Personengruppe
   gewährten Vorschüsse und Kredite unter Angabe der Zinssätze, der wesentlichen Bedingungen und der gegebenenfalls im Geschäftsjahr zurückgezahlten Beträge sowie die zugunsten dieser Personen eingegangenen
   Haftungsverhältnisse (§ 285 Nr. 9 Buchst. c),
3. im Falle einer AG oder KGaA die Angaben nach § 160 Abs. 1 S. 1 Nr. 2.

Abs. 2 S. 5 ordnet mittels einer (zweifelhaften)[25] gesetzlichen Vermutung
an, dass der Jahresabschluss einer Kleinstkapitalgesellschaft ohne Anhang
grundsätzlich der Generalnorm (Abs. 2 S. 1) genüge.[26] Falls die Anwendung
der Einzelvorschriften indes ausnahmsweise kein Tatsachenbild vermittelt,
sind zusätzliche Angaben iSv Abs. 2 S. 2 unter der Bilanz erforderlich.[27]

---

[20] Baumbach/Hopt/*Merkt* Rn. 8.
[21] *ADS* Rn. 20; HdR/*Baetge/Commandeur/Hippel* Rn. 7; KKRD/*Morck/Drüen* Rn. 5.
[22] HdR/*Baetge/Commandeur/Hippel* Rn. 8.
[23] BeBiKo/*Winkeljohann/Schellhorn* Rn. 16 mit Verweis auf *ADS* § 245 Rn. 3; HdR/
Ellerich/Swart § 245 Rn. 7; MüKoHGB/*Ballwieser* § 245 Rn. 4; *Hüffer* in Ulmer HGB-
BilanzR § 245 Rn. 8.
[24] BeBiKo/*Winkeljohann/Schellhorn* Rn. 16.
[25] BeBiKo/*Winkeljohann/Schellhorn* Rn. 62.
[26] BT-Drs. 17/11292, 16.
[27] BeBiKo/*Winkeljohann/Schellhorn* Rn. 63 mwN.

6. Angaben zur Identifikation der Kapitalgesellschaft. § 264 Abs. 1a **24**
ist durch das BilRUG (2015)[28] neu ins HGB eingeführt worden; er setzt
Art. 5 Richtlinie 2013/34/EU[29] in nationales Recht um. Danach sollen zur
Identifikation der Kapitalgesellschaft im Jahresabschluss folgende Angaben
gemacht werden: Firma, Sitz, Registergericht und -nummer. Die Angaben
können „in der Überschrift des JA, auf einem gesonderten Deckblatt oder an
anderer herausgehobener Stelle gemacht werden."[30] Zweckmäßigerweise
wird die Angabe in einem einleitenden Satz zu Beginn des Anhangs verortet.[31]

Kleinstkapitalgesellschaften (§ 267a) sollten die Angaben in die Überschrift
zur Bilanz integrieren.[32] Ferner ist nach Abs. 1a S. 2 anzugeben, dass sich die
Gesellschaft (sofern zutreffend) in Liquidation oder Abwicklung befindet.

III. Generalnorm für Kapitalgesellschaften und OHG/KG iSv § 264a (Abs. 2 S. 1–2)

1. Allgemeines zur Generalnorm. Während die Generalnorm **für alle** **25**
Kaufleute in § 243 Abs. 1 lediglich fordert, dass der Jahresabschluss nach
den Grundsätzen ordnungsmäßiger Buchführung aufzustellen ist, schreibt
Abs. 2 S. 1 für kapital- und haftungsbeschränkte Personenhandelsgesellschaften iSv § 264a darüber hinaus vor, dass der Jahresabschluss „unter Beachtung
der Grundsätze ordnungsmäßiger Buchführung ein den tatsächlichen Verhältnissen entsprechendes Bild der Vermögens-, Finanz- und Ertragslage der
Kapitalgesellschaft zu vermitteln" hat. Dieses Postulat bildet die Generalnorm
für die Aufstellung des Jahresabschlusses und unterstreicht die **Informationsfunktion** eines handelsrechtlichen Abschlusses einer Kapital- oder haftungsbeschränkten Personenhandelsgesellschaft iSv § 264a.[33] Auch ist sie Leitlinie
für die Auslegung (unbestimmter) gesetzlicher Vorschriften.

Die Generalnorm des Abs. 2 resultiert aus der Umsetzung von Art. 4 **26**
Abs. 3 Bilanz-RL (Richtlinie 2013/34/EU; früher: Art. 2 Abs. 3 4. EG-
Richtlinie[34]), deren Wortlaut auf dem britischen *true and fair view* fußt.
Obwohl keine Einigkeit über die Ausdeutung des Begriffs des *true and fair
view* besteht, wurde er als handlungsleitende Zielnorm in der EU-Bilanzrichtlinie festgeschrieben.[35] Danach hat der Jahresabschluss „ein den tatsächlichen
Verhältnissen entsprechendes Bild der Vermögens-, Finanz- und Ertragslage
der Gesellschaft zu vermitteln." Diese Formulierung wurde nahezu wörtlich
(mit der Einfügung „unter Beachtung der Grundsätze ordnungsmäßiger
Buchführung", die eine Erwartungslücke vermeiden soll) in Abs. 2 S. 1 übernommen. In der Richtlinie 2013/34/EU ist der *true and fair view* als *overriding
principle* konzipiert. So bestimmt Art. 4 Abs. 4 Bilanz-RL, dass von einzelnen
Vorschriften abgewichen werden muss, falls diese mit der Vermittlung eines
den tatsächlichen Verhältnissen entsprechenden Bildes nicht vereinbar sind.

---

[28] BGBl. 2015 I 1245.
[29] ABl. 2013 L 182, 19.
[30] Begr. RegE BilRUG S. 71.
[31] *Oser/Orth/Wirth* DB 2015, 1734.
[32] *Oser/Orth/Wirth* DB 2015, 1734.
[33] Beck HdR/*Hinz* B 106 Rn. 2; BeBiKo/*Winkeljohann/Schellhorn* Rn. 35.
[34] Mittlerweile ersetzt durch 2013/34/EU, die die 4. EG-RL (Richtlinie 78/660/EWG)
und die 7. EG-RL (Richtlinie 83/349/EWG) überarbeitet und zusammenführt.
[35] *Streim* FS Moxter, 1994, 394 f.

Der deutsche Gesetzgeber hat diese Bestimmung der Richtlinie 2013/34/EU indes nicht in nationales Recht umgesetzt.[36]

27   Da nach deutschem Recht die Generalnorm des Abs. 2 S. 1 **nicht** als vorrangige Norm im Sinne eines *overriding principle* ausgestaltet ist, kann sie die für kapital- und haftungsbeschränkte Personenhandelsgesellschaften iSv § 264a geltenden Einzelvorschriften nicht verdrängen[37] („lex specialis derogat legi generali").[38] Führen besondere Umstände dazu, dass der Jahresabschluss (bei Anwendung der Einzelvorschriften) kein den tatsächlichen Verhältnissen entsprechendes Bild iSv S. 1 vermittelt (→ Rn. 32), fordert Abs. 2 S. 2 **zusätzliche Angaben** im Anhang, um der Generalnorm zu genügen.[39] *Moxter* bezeichnet diese korrektive Funktion der Anhangangaben nach Abs. 2 S. 2 als „Abkoppelungsthese".[40] Durch das BilMoG (2009), mit dem die Informationsfunktion des gesamten Jahresabschlusses spürbar gestärkt wurde, ist die Darstellung der tatsächlichen Vermögens-, Finanz- und Ertragslage indes zunehmend nicht nur dem Anhang überantwortet worden.

28   Abs. 2 S. 1, der fordert, dass der Jahresabschluss der Kapitalgesellschaft unter Beachtung der Grundsätze ordnungsmäßiger Buchführung ein den tatsächlichen Verhältnissen entsprechendes Bild der Vermögens-, Finanz- und Ertragslage vermittelt, und Abs. 2 S. 2, der zusätzliche Angaben im Anhang verlangt, falls besondere Umstände dazu führen, dass dieses Bild nicht vermittelt wird (Grundsatz der ordnungsmäßigen Informationsgewährung), stehen gleichberechtigt nebeneinander. Die detaillierten Regelungen zur Rechnungslegung (zB § 265 zur Gliederung sowie die GoB an sich, die als unbestimmter Rechtsbegriff in jeder Hinsicht erweiterungsfähig sind), lassen kaum Freiheitsgrade für eine Interpretation der Generalnorm des Abs. 2 im Sinne eines *overriding principle* (→ Rn. 24 f.). Umgekehrt verbietet sich die Annahme, dass eine Bilanzierung, die den Grundsätzen ordnungsmäßiger Buchführung entspricht, in jedem Fall das den tatsächlichen Verhältnissen entsprechende Bild nach Abs. 2 S. 1 vermittelt und keiner zusätzlichen Erläuterung iSv Abs. 2 S. 2 mehr bedarf. Vielmehr ist der Grundsatz der ordnungsmäßigen Informationsgewährung (Abs. 2 S. 2) jeweils bei der Interpretation der einzelnen Vorschriften (zB Erläuterung von sonstigen Rückstellungen nach § 285 Nr. 12, Ausweis der sonstigen betrieblichen Aufwendungen und Erträge nach § 275 Abs. 2 Nr. 4 und 8 bzw. Abs. 3 Nr. 6 und 7) mit heranzuziehen und verlangt im Zweifel weiter gehende Aufgliederungen und Angaben, die – ausnahmsweise – bis zur Offenlegung stiller Reserven (zB Angabe der Differenz zwischen Vollkosten- und Teilkostenansatz) führen können. Dabei sind die Korrekturangaben nach Abs. 2 S. 2 weit auszulegen, da durch das BilMoG (2009) die Informationsfunktion des handelsrechtlichen Abschlusses gestärkt wurde.[41]

29   **2. Inhalt der Generalnorm. a) Überblick.** Die Generalnorm des Abs. 2 überantwortet die Vermittlung eines Tatsachenbildes durch den Jahresabschluss der **Vermögens-, Finanz- und Ertragslage** gleichrangig. Zwischen den drei Teil-Lagen besteht kein Rangverhältnis iSe Über-/Unterord-

---

[36] Beck HdR/*Hinz* B 106 Rn. 4; Haufe BilanzR/*Müller* Rn. 51.
[37] Haufe BilanzR/*Müller* Rn. 51; BeBiKo/*Winkeljohann/Schellhorn* Rn. 25 ff.; WP-HdB Kap. F Rn. 25.
[38] HdR/*Baetge/Commandeur/Hippel* Rn. 19.
[39] Haufe BilanzR/*Müller* Rn. 51.
[40] *Moxter*, Bilanzlehre, Band II, 3. Aufl. 1986, 67.
[41] Ähnlich Haufe BilanzR/*Müller* Rn. 85.

nungsverhältnisses. Theoretisch lassen sich die drei Teil-Lagen voneinander scheiden, praktisch beeinflussen sie sich indes gegenseitig. So wirkt sich zB die Ertragslage auf die Zusammensetzung und die Höhe von Vermögen und Kapital und somit auf die Vermögens- und Finanzlage aus; die künftige Ertragslage hängt ihrerseits von der Vermögenslage ab, welche die Grundlage für zukünftige Gewinne des Unternehmens bildet.[42] Auch mag einer Teil-Lage – abhängig von Branche und wirtschaftlicher Situation der Gesellschaft – zeitweise eine größere Bedeutung zukommen.

Die Forderung nach der Vermittlung eines den tatsächlichen Verhältnissen 30 entsprechenden Bildes über alle drei Lagen kann zu Zielkonflikten führen (zB bei der Ausübung von Bewertungswahlrechten). Da der Gesetzgeber in Abs. 2 alle drei Lagen **gleichrangig** nebeneinander stellt, müssen solche Konflikte ggf. durch geeignete Angaben im Anhang gem. Abs. 2 S. 2 aufgelöst werden.[43]

b) Vermögenslage. Die Vermögenslage ergibt sich im Wesentlichen aus 31 der **Bilanz,**[44] die gem. § 242 Abs. 1 das Verhältnis zwischen Vermögen und Schulden am (Abschluss-)Stichtag darstellt. Die Vermögenslage bezieht sich nicht nur auf die Aktivseite der Bilanz, sondern erfasst auch das auf der Passivseite ausgewiesene Eigen- und Fremdkapital.[45] Gefordert ist die Darstellung des **bilanziellen Vermögens,** also von Vermögen und Kapital, wie sie sich aus den im Gesetz angeordneten Bilanzierungsregeln („unter Beachtung der GoB") ergeben, dh grundsätzlich ohne Berücksichtigung von ggf. höheren Zeitwerten oder niedrigeren Zerschlagungswerten.[46]

Die in der Bilanz ausgewiesenen Aktiv- und Passivposten reichen jedoch 32 zur Beurteilung der Vermögenslage nicht aus. Voraussetzung für die Vermittlung eines den tatsächlichen Verhältnissen entsprechenden Bildes der Vermögenslage ist darüber hinaus zB die Kenntlichmachung der Art der Vermögensteile und Schulden, deren Bindungsdauer oder Fristigkeit, der Bewertungsmethoden für die Vermögensteile und Schulden, der Beziehungen zu verbundenen Unternehmen und zu Unternehmen, mit denen ein Beteiligungsverhältnis besteht, des im Anlagevermögen ursprünglich investierten Kapitals, der besonderen Belastungen und Sicherheiten, der Struktur der Eigenkapitalposten, der Eventualverbindlichkeiten, der aus der Bilanz nicht erkennbaren finanziellen Verpflichtungen sowie der Veränderungen gegenüber dem Vorjahr.[47] Darüber hinaus können weitere Angaben und Erläuterungen zur Vermittlung eines den tatsächlichen Verhältnissen entsprechenden Bildes erforderlich sein.

Neben der Gegenüberstellung von Vermögen und Schulden in der Bilanz 33 hat insbesondere der Anhang eine wesentliche Funktion bei der Darstellung der Vermögenslage, da er bspw. zusätzliche Angaben zur Bewertung der Bilanzposten enthält.[48]

c) Finanzlage. Unter der Finanzlage kann die Gesamtheit aller sich auf 34 die Finanzierung einer Gesellschaft beziehenden Aspekte verstanden werden,

---

[42] HdR/*Baetge/Commandeur/Hippel* Rn. 24; Beck HdR/*Hinz* B 106 Rn. 11 f.
[43] BeBiKo/*Winkeljohann/Schellhorn* Rn. 38.
[44] KKRD/*Morck/Drüen* Rn. 9; WP-HdB Kap. F Rn. 27.
[45] HdR/*Baetge/Commandeur/Hippel* Rn. 31.
[46] ADS Rn. 64; Beck HdR/*Hinz* B 106 Rn. 13.
[47] ADS Rn. 65.
[48] BeBiKo/*Winkeljohann/Schellhorn* Rn. 37.

zB Finanzstruktur, Deckungsverhältnisse, Fristigkeiten, Finanzierungsspielräume, Investitionsvorhaben, schwebende Bestellungen und Kreditlinien sowie Angaben zu finanziellen Verpflichtungen.[49] Dementsprechend soll die Darstellung der Finanzlage Auskunft geben über Herkunft und Verwendung der im Unternehmen eingesetzten Mittel sowie deren Fristigkeiten, über die Liquidität des Unternehmens und dessen Fähigkeit, seinen Verpflichtungen in einer überschaubaren Zukunft nachkommen zu können.[50]

35   Als Instrumente zur Darstellung der Finanzlage dienen im Wesentlichen die **Bilanz** sowie die zusätzlichen Angaben im **Anhang.**[51] So sind insbesondere Angaben zu machen über die Fristigkeit von Forderungen und Verbindlichkeiten (§ 268 Abs. 4 und 5, § 285 Nr. 1 Buchst. a und Nr. 2) sowie über in der Bilanz nicht abgebildete sonstige finanzielle Verpflichtungen, sofern sie für die Beurteilung der Finanzlage von Bedeutung sind (§ 285 Nr. 3 und Nr. 3a).[52] Eine – zusätzliche Einblicke in die Finanzlage vermittelnde – **Kapitalflussrechnung** (vergangenheitsbezogen) ordnet das Gesetz nur für den Konzernabschluss (vgl. auch § 297) bzw. für den Jahresabschluss kapitalmarktorientierter Unternehmen, die keinen Konzernabschluss aufstellen (auch → Rn. 11), an; Finanzpläne (zukunftsbezogen) bieten wertvolle freiwillige Zusatzinformationen.

36   Eine Kapitalflussrechnung soll zusätzlich zu Bilanz, Gewinn- und Verlustrechnung und Anhang ergänzende Angaben über die finanzielle Entwicklung des Unternehmens enthalten, die sich aus dem Jahresabschluss nicht oder nur mittelbar entnehmen lassen. Ihre Aufgabe besteht darin, Zahlungsströme darzustellen und Auskunft darüber zu geben, wie finanzielle Mittel erwirtschaftet und welche Investitions- und Finanzierungsmaßnahmen sich im Geschäftsjahr ereignet haben. Für eine umfassendere Darstellung der Finanzlage wäre daher die Aufstellung einer Kapitalflussrechnung wünschenswert (vgl. dazu DRS 21 „Kapitalflussrechnung").

37   **d) Ertragslage.** Mit Hilfe der Ertragslage sollen die Quellen und das Zustandekommen des Erfolgs im abgelaufenen Geschäftsjahr, die Struktur der Aufwendungen und Erträge, das Betriebs-, Finanz- oder Ergebnis nach Steuern, der Einfluss periodenfremder Aufwendungen und Erträge ersichtlich gemacht werden.[53] Zu beachten ist, dass mit dem BilRUG (2015) das außerordentliche Ergebnis aus der GuV verbannt wurde (s. aber § 285 Nr. 31). Zentrales Instrument für die Darstellung der Ertragslage ist die **Gewinn- und Verlustrechnung;** außerdem enthält der **Anhang** zusätzliche Angaben, die für die Beurteilung der Ertragslage von Bedeutung sind.[54]

38   **3. Zusätzliche Erläuterungen im Anhang.** Für den Fall, dass der Jahresabschluss trotz der Anwendung der gesetzlichen (Einzel-)Vorschriften und der GoB auf Grund **besonderer Umstände** das geforderte, den tatsächlichen Verhältnissen entsprechende Bild (ausnahmsweise) nicht vermittelt, sind nach Abs. 2 S. 2 im Anhang zusätzliche Angaben zu machen. Solche besonderen Umstände liegen dann vor, wenn der Jahresabschluss trotz der Anwendung gesetzlicher (Einzel-)Vorschriften keinen getreuen Einblick in den Status (am

---

[49] WP-HdB Kap. F Rn. 80; *IDW* St/SABI. 3/1986 Rn. 2.
[50] BeBiKo/*Winkeljohann/Schellhorn* Rn. 37.
[51] KKRD/*Morck/Drüen* Rn. 9; BeBiKo/*Winkeljohann/Schellhorn* Rn. 37.
[52] Beck HdR/*Hinz* B 106 Rn. 22 mit weiteren Beispielen.
[53] *ADS* Rn. 78.
[54] Beck HdR/*Hinz* B 106 Rn. 31 f.

Stichtag) und die Entwicklung der wirtschaftlichen Lage des Unternehmens (im Zeitablauf) gewährleistet. Maßgeblich ist dabei das Gesamtbild des Jahresabschlusses. Der Gesetzeswortlaut „besondere Umstände" gebietet eine grundsätzlich **restriktive Auslegung.** Eine Berichterstattungspflicht kann nur durch exzeptionelle Sachverhalte oder Ereignisse ausgelöst werden; dabei darf die Wesentlichkeitsgrenze nicht zu niedrig bemessen werden.[55] Unerhebliche Abweichungen von den tatsächlichen Verhältnissen führen deshalb nicht zu einer erweiterten Berichtspflicht im Anhang.

Zu unterscheiden sind Fälle, in denen ein **zu günstiges** Bild der Ver- **39** mögens-, Finanz- und Ertragslage des Unternehmens, und Fälle, in denen ein **zu ungünstiges** Bild gezeichnet wird. Als Anwendungsfälle für die Korrektur eines zu günstigen Bildes kommen bspw. in Betracht: ungewöhnliche und rein bilanzpolitische Maßnahmen, insbesondere zwischen verbundenen Unternehmen, wie zB *Sale-and-lease-back*-Gestaltungen,[56] Teilliquidationen von Filialen, Werken oder Betriebsabteilungen bei Unternehmen, die nach Fortführungswerten bilanzieren,[57] Erzielung von wesentlichen Teilen des Gewinns eines inländischen Unternehmens in einer ausländischen Betriebsstätte mit hoher Inflation und daher erheblichen Scheingewinnen.[58] Von einer zusätzlichen Berichtspflicht sollte auch auszugehen sein, wenn trotz Vorliegens der Voraussetzungen des § 252 Abs. 1 Nr. 2 eine wesentliche Unsicherheit hinsichtlich der Fortsetzung der Unternehmenstätigkeit besteht.[59] In dieser Situation sind jedoch auch im Rahmen der Berichterstattung über wesentliche Chancen und Risiken entsprechende Ausführungen im Lagebericht geboten.

Die Korrektur eines zu ungünstigen Bildes ist zB erforderlich bei lang- **40** fristiger Fertigung im Schiffs- oder Anlagenbau,[60] Vermittlung eines unzutreffenden Bildes auf Grund des Nominalwertprinzips bei erheblichen Preissteigerungen und Geldwertänderungen.[61] In Ausnahmefällen können zusätzliche Angaben im Anhang auch bei wesentlichen Beeinflussungen im Rahmen eines **Vertragskonzerns** oder **faktischen Konzerns** erforderlich sein.[62]

IV. Bilanzeid (Abs. 2 S. 3)

1. Allgemeines. Nach Abs. 2 S. 3 haben die gesetzlichen Vertreter einer **41** kapital- oder haftungsbeschränkten Personenhandelsgesellschaft iSv § 264a, die Inlandsemittent iSv § 2 Abs. 14 WpHG und keine Kapitalgesellschaft iSv § 327a (ausschließlich Ausgabe von Schuldtiteln mit Mindeststückelung von 100.000 Euro) sind, bei der Unterzeichnung des Jahresabschlusses eine Versicherung abzugeben, dass nach bestem Wissen der Jahresabschluss ein den tatsächlichen Verhältnissen entsprechendes Bild iSd § 264 Abs. 2 S. 1 vermittelt oder, falls dies nicht der Fall ist, entsprechende Angaben nach § 264 Abs. 2 S. 2 im Anhang enthalten sind. Die Bezeichnung dieser Erklärung als „Bilanzeid" hat sich mittlerweile etabliert, obwohl sie weder ein Eid im

[55] *ADS* Rn. 99 ff.; BeBiKo/*Winkeljohann/Schellhorn* Rn. 49.
[56] *ADS* Rn. 117; KKRD/*Morck/Drüen* Rn. 10.
[57] Baumbach/Hopt/*Merkt* Rn. 24.
[58] *ADS* Rn. 119; BeBiKo/*Winkeljohann/Schellhorn* Rn. 50.
[59] BeBiKo/*Winkeljohann/Büssow* § 252 Rn. 15; aA *ADS* Rn. 118; kritischer Baumbach/Hopt/*Merkt* Rn. 24.
[60] *ADS* Rn. 122.
[61] WP-HdB Kap. F Rn. 982.
[62] *ADS* Rn. 127.

Rechtssinne ist noch sich auf die Bilanz beschränkt, sondern den gesamten Jahresabschluss umfasst.[63] Die Erklärung selbst ist jedoch als **„Versicherung der gesetzlichen Vertreter"** zu kennzeichnen.[64] Vergleichbare Erklärungen sind auch für den Konzernabschluss (§ 297 Abs. 2 S. 4) sowie für den Lagebericht (§ 289 Abs. 1 S. 5) bzw. Konzernlagebericht (§ 315 Abs. 1 S. 6) vorgeschrieben. Da der Bilanzeid nicht Bestandteil des Jahresabschlusses ist, besteht insoweit keine Prüfungspflicht.[65] Hinsichtlich der Offenlegung des Bilanzeids besteht eine Regelungslücke; es erscheint indes sachgerecht, dass der Bilanzeid nach § 325 analog offenzulegen ist.[66]

42   **2. Verpflichteter Personenkreis.** Die gesetzlichen Vertreter, die zur Abgabe der Versicherung verpflichtet sind, sind diejenigen, die auch für die Aufstellung des Jahresabschlusses verantwortlich sind (→ Rn. 18 f.). Im Gegensatz zur Aufstellung muss die Unterschrift des Bilanzeids höchstpersönlich erfolgen, sodass insoweit eine Vertretung ausgeschlossen ist.[67]

43   **3. Inlandsemittent.** Inlandsemittenten gem. § 2 Abs. 14 Nr. 1 WpHG sind Emittenten, für die die Bundesrepublik Deutschland der Herkunftsstaat ist, mit Ausnahme solcher Emittenten, deren Wertpapiere nicht im Inland, sondern lediglich in einem anderen Mitgliedstaat der Europäischen Union oder einem anderen Vertragspartner des Abkommens über den Europäischen Wirtschaftsraum (das sind derzeit: Island, Liechtenstein und Norwegen) zugelassen sind und die Emittenten dort den Anforderungen der Transparenzrichtlinie[68] unterliegen. Gem. § 2 Abs. 14 Nr. 2 WpHG sind auch Emittenten, deren Herkunftsstaat nicht die Bundesrepublik Deutschland, sondern ein anderer Mitgliedstaat der Europäischen Union oder ein anderer Vertragspartner des Abkommens über den Europäischen Wirtschaftsraum ist, Inlandsemittenten, sofern deren Wertpapiere nur im Inland zum Handel an einem organisierten Markt zugelassen sind (zu den Begriffen Wertpapiere und organisierter Markt → § 264d Rn. 2 ff. bzw. 5 ff.).

44   **4. Zeitpunkt und Ort der Versicherung.** Die Gesetzesformulierung „bei der Unterzeichnung" enthält keinen Verweis darauf, welches Dokument konkret gemeint ist. Es kann sich jedoch lediglich um den Jahresabschluss handeln, sodass auch der Zeitpunkt der Abgabe der Versicherung derselbe wie bei der Unterzeichnung des Jahresabschlusses ist (vgl. zur Diskussion, ob der Zeitpunkt der Auf- oder Feststellung maßgeblich ist, → § 245 Rn. 2).[69] Da der Bilanzeid nicht Bestandteil des Jahresabschlusses ist,[70] ersetzt die Unterzeichnung des Bilanzeids jedoch grundsätzlich nicht die des Jahres-

---

[63] MüKoHGB/*Reiner* Rn. 95, 98.

[64] DRS 20.K 307 formuliert diese Anforderung zumindest für den Lageberichtseid.

[65] WP-HdB Kap. B Rn. 170.

[66] BeBiKo/*Winkeljohann/Schellhorn* Rn. 82; WP-HdB Kap. B Rn. 171.

[67] HdR/*Baetge/Commandeur/Hippel* Rn. 50; Baumbach/Hopt/*Merkt* Rn. 28.

[68] Richtlinie 2004/109/EG des Europäischen Parlaments und des Rates v. 15.12.2004 zur Harmonisierung der Transparenzanforderungen in Bezug auf Informationen über Emittenten, deren Wertpapiere zum Handel auf einem geregelten Markt zugelassen sind, und zur Änderung der Richtlinie 2001/34/EG (ABl. 2004 L 390, 38), zuletzt geändert durch Art. 1 ÄndRL 2013/50/EU v. 22.10.2013 (ABl. 2013 L 294, 13).

[69] MüKoHGB/*Reiner* Rn. 105; BeBiKo/*Winkeljohann/Schellhorn* Rn. 75.

[70] *IDW* HFA 209. Sitzung, IDW-FN 2007, 656, worin der HFA des IDW auf Grundlage des Wortlauts von § 37v WpHG (heute: fordert, den Bilanzeid auf einem separaten Blatt abzugeben und zu unterschreiben; aA MüKoHGB/*Reiner* Rn. 96 der den Bilanzeid als Bestandteil des Jahresabschlusses sieht.

abschlusses nach § 245, sodass grundsätzlich zwei Unterschriften zu leisten sind.[71] Da jedoch die Unterzeichnung des Jahresabschlusses und des Bilanzeids jeweils die Verantwortung der gesetzlichen Vertreter für die Richtigkeit und Vollständigkeit des Jahresabschlusses bestätigen soll, scheint es vertretbar, eine Unterschrift als ausreichend zu erachten, sofern der Bilanzeid unmittelbar nach dem Anhang verortet wird.[72]

Strittig ist, ob der Bilanzeid mit dem Lageberichtseid nach § 289 Abs. 1 S. 5 **45** zusammengefasst, dh als eine **kombinierte Erklärung**, abgegeben werden kann. Für eine einzige Erklärung spricht insbesondere der Wortlaut in § 114 Abs. 2 Nr. 3 WpHG, nach dem der Jahresfinanzbericht *eine* den handelsrechtlichen Bestimmungen entsprechende Erklärung enthalten muss.[73] Dagegen streitet der unterschiedliche Inhalt beider handelsrechtlicher Bestimmungen. Während die Erklärung nach Abs. 2 S. 3 explizit eine Versicherung bezüglich eines den tatsächlichen Verhältnissen entsprechenden Bildes der Vermögens-, Finanz- und Ertragslage unter Beachtung der GoB fordert, sieht der Lageberichtseid nach § 289 Abs. 1 S. 5 umfassendere Aussagen vor. Vor diesem Hintergrund ist es nicht zweckmäßig, eine einzige, kombinierte Erklärung zum Inhalt des Jahresabschlusses und Lageberichts im Anhang abzugeben,[74] zumal es sich auch um zwei eigenständige Elemente der Rechnungslegung handelt.[75] DRS 20.K308 ff. lässt offen, ob die Erklärung einzeln oder kombiniert erfolgen sollte und schlägt Formulierungen für beide Fälle vor.

5. Erklärungsinhalt. DRS 20.K308 empfiehlt für eine gesonderte Erklä- **46** rung zum *Konzern*abschluss den folgenden Wortlaut:[76] „Wir versichern nach bestem Wissen, dass gemäß den anzuwendenden Rechnungslegungsgrundsätzen der Konzernabschluss ein den tatsächlichen Verhältnissen entsprechendes Bild der Vermögens-, Finanz- und Ertragslage des Konzerns vermittelt." Diese Empfehlung kann für den *Jahres*abschluss entsprechend verwendet werden.

6. Einschränkung der Versicherung mit dem Zusatz nach bestem 47 Wissen. Die Einschränkung der Versicherung durch den Zusatz „nach bestem Wissen" bringt zum Ausdruck, dass „nur vorsätzliches und nicht auch fahrlässiges Handeln" bei der Abgabe der Versicherung Rechtsfolgen begründet.[77] Ohne diese Einschränkung müssten die gesetzlichen Vertreter eine objektive Richtigkeitsgarantie für den Jahresabschluss abgeben.[78] Der Wissensvorbehalt berücksichtigt, dass der Bilanzeid aufgrund von Zuarbeiten bei der Aufstellung des Jahresabschlusses durch Erfüllungsgehilfen unrichtig sein kann.[79] Aus dem Wissensvorbehalt folgt nicht, dass ein Abstellen auf vor-

---

[71] *Schellhorn* DB 2009, 2364.

[72] HdR/*Baetge/Commandeur/Hippel* Rn. 50; BeBiKo/*Winkeljohann/Schellhorn* Rn. 78; WP-HdB Kap. B Rn. 165.

[73] Eine kombinierte Erklärung für zulässig erachtend MüKoHGB/*Reiner* Rn. 105, der es rechtlich für falsch und obendrein für unpraktisch hält, von einem Verbot einer kombinierten Erklärung auszugehen. Ebenso eine kombinierte Erklärung für zulässig und ausreichend ansehend HdR/*Baetge/Commandeur/Hippel* Rn. 50.

[74] Ähnlich DAV NZG 2006, 655 (658).

[75] Baetge/Kirsch/Thiele/*Böcking/Dutzi/Gros* § 289 Rn. 146.

[76] DRS 20.2 empfiehlt die Anwendung auch für den Lagebericht nach § 289, sodass in diesem Fall auch von einer Empfehlung zur Anwendung in Bezug auf den Jahresabschluss ausgegangen werden kann.

[77] BT-Drs. 16/3644, 58.

[78] *Heldt/Ziemann* NZG 2006, 652 (654); *Hutter/Kaulamo* NJW 2007, 550 (553).

[79] MüKoHGB/*Reiner* Rn. 108.

handenes Wissen der gesetzlichen Vertreter bereits vollständig genügt, um eine richtige Versicherung abzugeben. Der Maßstab „nach bestem Wissen" weist vielmehr auf die **Sorgfaltspflichten** hin, „wonach die gesetzlichen Vertreter bei ihrer Geschäftsführung die Sorgfalt eines ordentlichen und gewissenhaften Geschäftsleiters anzuwenden haben".[80]

Insgesamt ist die rechtliche Bedeutung des Bilanzeids gering, da den gesetzlichen Vertretern keine zusätzlichen Sanktionen als bei der Aufstellung unrichtiger Abschlüsse, die nach § 245 zu unterzeichnen sind, drohen. Mit der Einführung des Bilanzeids beabsichtigt der Gesetzgeber vielmehr eine „Warn- und Appellfunktion"[81] und damit eine erhöhte Sorgfalt der gesetzlichen Vertreter für die Aufstellung des Jahresabschlusses.[82]

V. Zusätzliche Regelungen zu Abs. 2 S. 1–2 für Kleinstkapitalgesellschaften und OHG/KG iSv § 264a (Abs. 2 S. 4–5)

48   Abs. 2 S. 4 bestimmt, dass **Kleinstkapital-** und **Kleinst-Personenhandelsgesellschaften iSv § 264a** die zusätzlichen Angaben nach Abs. 2 S. 2 unter der Bilanz anzugeben haben, falls sie keinen Anhang aufstellen. Ferner vermutet Abs. 2 S. 5 für Kleinstkapitalgesellschaften, dass ein unter Inanspruchnahme der Erleichterungen für Kleinstgesellschaften aufgestellter Jahresabschluss der Generalnorm entspricht. Diese **Vermutung** dürfte nur in äußerst seltenen Fällen zu widerlegen sein (zB wegen fehlender Angabepflichten zu erheblichen mittelbaren Altersversorgungspflichten, die nach Art. 28 EGHGB nicht passiviert sind).[83] Somit stellen Abs. 2 S. 4–5 klar, dass Kleinstkapitalgesellschaften nicht über § 264 Abs. 2 S. 1–2 zur Aufstellung eines Anhangs verpflichtet werden, sondern die Erleichterungen grundsätzlich auch bei Vorliegen besonderer Umstände gelten.[84]

VI. Befreiung von Rechnungslegungspflichten (Abs. 3, 4)

49   Abs. 3 eröffnet nicht-kapitalmarktorientierten (§ 264d) Kapitalgesellschaften, die Tochterunternehmen eines Mutterunternehmens mit Sitz in der EU/des EWR sind, Erleichterungen bei der Aufstellung, Prüfung und/oder Offenlegung ihres Jahresabschlusses und ggf. Lageberichts, wenn folgende **(Befreiungs-)Voraussetzungen kumulativ**[85] **erfüllt** sind:

1. Zustimmung aller Gesellschafter des Tochterunternehmens zur Inanspruchnahme von Erleichterungen;
2. Einstandspflicht des Mutterunternehmens für die Verpflichtungen des Tochterunternehmens;
3. Aufstellung und Prüfung von Konzernabschluss und -lagebericht des Mutterunternehmens im Einklang mit der EU-Bilanzrichtlinie und der EU-Abschlussprüfungsrichtlinie;
4. Angabe der Befreiung des Tochterunternehmens im Anhang des Konzernabschlusses des Mutterunternehmens und
5. Offenlegung bestimmter Unterlagen für das Tochterunternehmen.

---

[80] BT-Drs. 16/3644, 58.
[81] *Fleischer* ZIP 2007, 105.
[82] MüKoHGB/*Reiner* Rn. 98; BeBiKo/*Winkeljohann/Schellhorn* Rn. 67.
[83] NWB Kommentar Bilanzierung/*Hoffmann/Lüdenbach* Rn. 20; BT-Drs. 17/11292, 16.
[84] BT-Drs. 17/11292, 16.
[85] BeBiKo/*Winkeljohann/Deubert* Rn. 115; KKRD/*Morck/Drüen* Rn. 11a.

Die Erleichterungen können **selektiv** in Anspruch genommen werden.[86]

Zwischen dem befreienden und dem zu befreienden Unternehmen muss **50** ein **Mutter-/Tochterverhältnis** nach den §§ 290, 291 (→ § 290 Rn. 2) bestehen. Das Tochterunternehmen muss **tatsächlich** in dem Konzernabschluss und -lagebericht des Mutterunternehmens **vollkonsolidiert** werden (§§ 300–307); eine Bewertung der Anteile am Tochterunternehmen nach der **Anschaffungskosten- oder Equity-Methode** (bei Inanspruchnahme eines Konsolidierungswahlrechts nach § 296) hindert die Befreiung.

Der Zustimmungsbeschluss muss **einstimmig** erfolgen; Stimmenthaltun- **51** gen sind bereits schädlich. Er muss **jährlich neu gefasst** werden; ein Vorratsbeschluss für mehrere Jahre ist nicht zulässig. Der Beschluss kann, muss die Erleichterungen aber nicht konkret festlegen.

Das Mutterunternehmen hat sich bereit erklärt, für die von dem Tochter- **52** unternehmen bis zum Abschlussstichtag eingegangenen Verpflichtungen im folgenden Geschäftsjahr einzustehen (sog. **Einstandspflicht**).[87] Einstandspflicht ist eine (finanzielle) Ausstattungspflicht: Die Mutter muss ihre Tochter finanziell so ausstatten, dass die Tochter ihre bis zum Bilanzstichtag begründeten Verpflichtungen, die im – auf die Inanspruchnahme der Erleichterungen **folgenden** – (Rumpf-)Geschäftsjahr fällig werden, selbst erfüllen kann. Verletzt das Mutterunternehmen seine Ausstattungspflicht, hat das Tochterunternehmen einen (Schadenersatz-)Anspruch auf die zur Erfüllung der Verpflichtungen erforderlichen Mittel gegenüber dem Mutterunternehmen (sog. **Innenhaftung**); diesen Schadenersatzanspruch kann sich ein Gläubiger des Tochterunternehmens pfänden und zur Einziehung überweisen lassen.

Die Einstandspflicht kann durch eine **(harte) Patronatserklärung** oder **53** durch eine **Nachschusspflicht** erfüllt werden.[88] Indes muss eine Nachschusspflicht – anders als nach § 26 GmbHG – unbedingt und betraglich unbegrenzt ausgestaltet sein; sie kann lediglich zeitlich auf das folgende Geschäftsjahr begrenzt werden.

Eine **(Muster-)Erklärung einer Einstandspflicht** kann dem Gesetzes- **54** wortlaut des Abs. 3 S. 1 Nr. 2 nachgebildet werden: „Die A-Gesellschaft (Mutter) mit Sitz in (Ort) erklärt sich bereit, für die Verpflichtungen der B-Gesellschaft (Tochter) am (Bilanzstichtag) im folgenden Geschäftsjahr einzustehen".

Verpflichtungen iSv Abs. 3 S. 1 Nr. 2 sind **alle** bilanzrechtlichen Schul- **55** den (Verbindlichkeiten und Rückstellungen), Haftungsverhältnisse (Eventualverbindlichkeiten) und Verpflichtungen aus am Abschlussstichtag nicht bilanzierten schwebenden Geschäften des Tochterunternehmens.

Ist eine Tochter in einen **physischen Cash-Pool** einbezogen, ist die **56** Einstandspflicht grundsätzlich inzident durch das Recht der Tochter, sich zur Erfüllung ihrer Verpflichtungen aus dem Cash-Pool bedienen zu dürfen, erfüllt.[89]

In einem **mehrstufigen Konzern** (zB MU – TU – EU), in dem EU die **57** Erleichterungen des § 264 Abs. 3 in Anspruch nehmen möchte und nur MU einen (befreienden) Konzernabschluss und -lagebericht aufstellt, muss die Einstandspflicht entweder unmittelbar durch MU gegenüber EU erklärt oder

---

[86] Beck HdR/*Oser* B 110 Rn. 20.
[87] Ausf. *Oser* WPg 2017, 691.
[88] BT-Drs. 18/4050, 58.
[89] So Beck HdR/*Oser* B 100 Rn. 45; restriktiver *IDW* HFA IDW-Life 2016, 52.

durch eine geschlossene Kette von Einstandspflichten (zB MU gegenüber TU und TU gegenüber EU) erfüllt werden.

58   Nach dem Willen des Gesetzgebers kann die Einstandspflicht – wie vor dem BilRUG (2015) – auch durch eine **Verlustausgleichspflicht** des Mutterunternehmens gegenüber dem Tochterunternehmen erfüllt werden (§ 302 AktG, ggf. analog).[90] Das hat in der Praxis insbesondere bei Existenz einer ertragsteuerlichen Organschaft Bedeutung, die einen Gewinnabführungsvertrag (§ 14 Abs. 1 S. 1 Nr. 3 AktG iVm § 291 AktG) voraussetzt. Damit besteht für das befreiende Mutterunternehmen ein **faktisches Wahlrecht** zwischen Einstands- und Verlustausgleichspflicht. Hat ein Mutterunternehmen mehrere Tochterunternehmen, kann es jährlich für jede Tochter neu entscheiden, ob es eine Einstandspflicht oder eine (freiwillige) Verlustausgleichspflicht erklärt; es besteht insoweit **keine zeitliche oder sachliche Stetigkeit.**

59   Die befreiende Konzernrechnungslegung muss **im Einklang** mit der **EU-Bilanz-**[91] **und EU-Abschlussprüfungsrichtlinie**[92] stehen. Praktisch hat dies Bedeutung für Mutterunternehmen, die in einer Rechtsform organisiert sind, die nicht von der Bilanz- und Abschlussprüfungsrichtlinie erfasst sind. Diese müssen mithin zwecks Befreiung einer inländischen Kapitalgesellschaft nach § 264 Abs. 3 ggf. strengere Regeln bei der Aufstellung und Prüfung ihrer Konzernrechnungslegung beachten.

60   Ein nach § 315e unter Anwendung internationaler Rechnungslegungsgrundsätze **(IFRS)** aufgestellter Konzernabschluss und (ein nach lokalem, an die Richtlinie 2013/34/EU angepassten Recht aufgestellter) Konzernlagebericht haben für eine einbezogene Kapitalgesellschaft per se befreiende Wirkung (§ 291 Abs. 2 S. 1 Nr. 2 analog).

61   Ein **eingeschränkter Bestätigungsvermerk** zur befreienden Konzernrechnungslegung ist – anders als ein Versagungsvermerk – grundsätzlich unschädlich.

62   Im Anhang des befreienden Konzernabschlusses ist die Befreiung eines Tochterunternehmens unter Nennung seines Namens und seines Sitzes anzugeben. Nicht angegeben werden muss, welche Befreiungstatbestände (Aufstellung, Prüfung und/oder Offenlegung) das Tochterunternehmen tatsächlich in Anspruch nimmt.

63   Mit dem BilRUG (2015) ist die bisherige **Hinweisbekanntmachung** des § 264 Abs. 3 Nr. 4 Buchst. b aF **entfallen.**[93]

64   Nach § 264 Abs. 3 S. 1 Nr. 5 müssen für das Tochterunternehmen nach § 325 Abs. 1–1b offengelegt werden:

– der Zustimmungsbeschluss,
– die Erklärung zur Einstandspflicht/zum Verlustausgleich,
– der Konzernabschluss und -lagebericht und
– der Bestätigungsvermerk zum Konzernabschluss und -lagebericht des Mutterunternehmens.

---

[90] Entsprechend der Regierungsbegründung zum BilRUG ist Voraussetzung hierfür, dass das Mutterunternehmen Liquiditätsengpässe des Tochterunternehmens auch dann ausgleicht, wenn das Tochterunternehmen einen Jahresüberschuss ausgewiesen hat. Vgl. BT-Drs. 18/4050, 58.

[91] Richtlinie 2013/34/EU, ABl. 2013 L 182, 19.

[92] Richtlinie 2014/56/EU, ABl. 2014 L 158, 196.

[93] Zu den Konsequenzen des Entfalls der Hinweisbekanntmachung bei kumulativer Inanspruchnahme der Erleichterungen der §§ 291, 264 Abs. 3 vgl. *Oser/Ollinger* DB 2017, 2046 f.

Die Offenlegung dieser Unterlagen kann durch das Mutterunternehmen 65
erfolgen; solchenfalls müssen sie indes im Bundesanzeiger unter dem Tochterunternehmen **auffindbar** sein. Der Bundesanzeiger unterstützt die Auffind-
barkeit der Unterlagen, indem er die vom Mutterunternehmen eingereichten
Unterlagen mit allen Tochterunternehmen, die befreit werden sollen, ver-
linkt. Neu durch das BilRUG (2015) ist, dass bei Offenlegung der Unterlagen[94] durch das Mutterunternehmen eine Offenlegung in deutscher oder
englischer Sprache zulässig ist (Wahlrecht).

Bei Verzicht auf die Aufstellung eines Anhangs und/oder Lageberichts 66
bleibt die Pflicht einer Kapitalgesellschaft zur Buchführung und zur Aufstellung eines Jahresabschlusses (bestehend aus Bilanz und GuV, § 242 Abs. 3)
nach den für alle Kaufleute geltenden Vorschriften der §§ 242–256a unberührt.

Zusätzlich muss die befreite Kapitalgesellschaft – da sie tatsächlich in den 67
Konzernabschluss des Mutterunternehmens einbezogen werden muss – auch
einen an die konzerneinheitliche Bilanzierung und Bewertung (§ 300 Abs. 2,
§ 308) angepassten Abschluss aufstellen (sog. „HB II").

Bei Verzicht auf eine gesetzliche Abschlussprüfung des Jahresabschlusses 68
(HB I) und ggf. eines Lageberichts bleibt die Pflicht zur Prüfung der HB II
der Kapitalgesellschaft im Rahmen der Konzernabschlussprüfung (allerdings
unter Zugrundelegung der Konzernwesentlichkeit) unberührt (§ 317 Abs. 3
S. 1); indes entfällt eine gesonderte Berichterstattung (Prüfungsbericht und
Bestätigungsvermerk) für das Tochterunternehmen. Gleichermaßen bleibt die
Pflicht des **Aufsichtsrats** eines Tochterunternehmens, den Jahresabschluss
und ggf. Lagebericht des Tochterunternehmens zu prüfen, unberührt (§ 171
AktG, bei GmbH: iVm § 52 Abs. 1 GmbHG).

Nach **Abs. 4** genießen auch Tochter-Kapitalgesellschaften, die in einen 69
Konzernabschluss nach § 11 PublG einbezogen werden, die Erleichterungen des Abs. 3. Dies setzt indes voraus, dass im Konzernabschluss auf die
Inanspruchnahme des Wahlrechts des § 13 Abs. 3 S. 1 PublG verzichtet wird,
dh im Konzernanhang für die Mitglieder des Geschäftsführungsorgans, eines
Aufsichtsrats, eines Beirats oder einer ähnlichen Einrichtung des Mutterunternehmens die Angaben gem. § 314 Nr. 6 gemacht werden (Organbezüge
sowie Kredite und sonstige Rechtsgeschäfte).[95]

Dagegen hindert die Inanspruchnahme der im PublG eröffneten **Offenle-** 70
gungserleichterungen durch das PublG-Mutterunternehmen (zB Zusammenfassung des Eigenkapitalausweises, Verzicht auf die Offenlegung der Konzern-GuV zugunsten der Angaben nach § 5 Abs. 5 S. 3 PublG) nicht die
befreiende Wirkung nach § 264 Abs. 4 (vgl. HFA IDW-Life 2018, 849 f.),
aber die befreiende Wirkung für eine zur Teil-Konzernrechnungslegung verpflichtete Tochter-**Kapital**gesellschaft (§ 13 Abs. 3 S. 3 PublG).

VII. Folgen der Nichtbeachtung

Abs. 1: Eine nicht rechtzeitige Aufstellung von Jahresabschluss und/oder 71
Lagebericht ist nicht unmittelbar sanktionsbewehrt. Allerdings können bei
Überschreitung der Offenlegungsfristen Mitglieder des vertretungsberechtig-

---

[94] Zu restriktiv BeBiKo/*Winkeljohann/Deubert* Rn. 207 unter Hinweis auf die Gesetzesmaterialien, nach denen die Offenlegung in englischer Sprache nur für Konzernabschluss
und -lagebericht, nicht aber für die anderen in Nr. 5 genannten Unterlagen gelten soll.
[95] Haufe BilanzR/*Müller* Rn. 96.

ten Organs einer Kapitalgesellschaft gem. § 335 unter bestimmten Voraussetzungen vom Bundesamt für Justiz durch Festsetzung eines Zwangsgeldes zur Befolgung ihrer Pflichten angehalten werden. Bei einer Verletzung der Sorgfaltspflicht der gesetzlichen Vertreter in Bezug auf Abs. 1 können sich Schadensersatzansprüche und Konsequenzen für die Entlastung ergeben (§ 93 Abs. 1 AktG bzw. § 43 Abs. 1 GmbHG).[96]

72   **Abs. 2:** Die unrichtige Wiedergabe oder Verschleierung der Verhältnisse im Jahresabschluss ist durch § 331 Nr. 1 strafbewehrt, Zuwiderhandlungen gegen die Vorschriften des Abs. 2 werden als Ordnungswidrigkeiten geahndet (§ 334 Abs. 1 Nr. 1 Buchst. a). Ein Verstoß gegen Abs. 2 kann die Nichtigkeit des JA (§ 256 Abs. 1 Nr. 1 AktG; die Vorschrift ist sinngemäß auf den Jahresabschluss einer GmbH anzuwenden) zur Folge haben.[97]

73   Die Abgabe eines falschen Bilanzeids wird gem. § 331 Nr. 3a strafrechtlich bewehrt. Wird die Abgabe des Bilanzeids unterlassen, stellt dies eine Ordnungswidrigkeit nach § 334 Abs. 1 Nr. 1 dar. Zivilrechtlich kann die Abgabe eines unrichtigen oder der Verzicht auf einen Bilanzeid evtl. eine Schadensersatzpflicht nach sich ziehen.[98]

74   **Abs. 3 und 4:** Wird eine Befreiung in Anspruch genommen, obwohl nicht alle Voraussetzungen der Abs. 3 und 4 erfüllt sind, ergeben sich die Rechtsfolgen aus §§ 334 ff. Zweifelhaft ist, ob die Befreiung verwirkt wird, wenn die Erfüllung der Voraussetzungen nicht rechtzeitig erfolgt.[99]

§ 264a Anwendung auf bestimmte offene Handelsgesellschaften und Kommanditgesellschaften

(1) Die Vorschriften des Ersten bis Fünften Unterabschnitts des Zweiten Abschnitts sind auch anzuwenden auf offene Handelsgesellschaften und Kommanditgesellschaften, bei denen nicht wenigstens ein persönlich haftender Gesellschafter

1. eine natürliche Person oder

2. eine offene Handelsgesellschaft, Kommanditgesellschaft oder andere Personengesellschaft mit einer natürlichen Person als persönlich haftendem Gesellschafter

ist oder sich die Verbindung von Gesellschaften in dieser Art fortsetzt.

(2) In den Vorschriften dieses Abschnitts gelten als gesetzliche Vertreter einer offenen Handelsgesellschaft und Kommanditgesellschaft nach Absatz 1 die Mitglieder des vertretungsberechtigten Organs der vertretungsberechtigten Gesellschaften.

Schrifttum: (ohne die Einzelbeiträge in den verschiedenen Handbüchern der Rechnungslegung) BT-Drs. 14/2353 vom 14.12.1999, Entwurf eines Gesetzes zur Durchführung der Richtlinie des Rates der Europäischen Union zur Änderung der Bilanz- und der Konzernbilanzrichtlinie hinsichtlich ihres Anwendungsbereichs (90/605/EWG), zur Verbesserung der Offenlegung von Jahresabschlüssen und zur Änderung anderer handelsrechtlicher Bestimmungen (Kapitalgesellschaften- und Co.-Richtlinie-Gesetz − KapCoRiLiG); EuGH Urt. v. 16.12.2008 − C-210/06 Verlegung des Gesellschaftssitzes in einen anderen Mitgliedstaat als den Gründungsmitgliedstaat, NJW

---

[96] BeBiKo/*Winkeljohann/Schellhorn* Rn. 20.
[97] Beck HdR/*Hinz* B 106 Rn. 55 ff.; BeBiKo/*Winkeljohann/Schellhorn* Rn. 56 ff.
[98] BeBiKo/*Winkeljohann/Schellhorn* Rn. 83.
[99] Für eine Verwirkung der Befreiung *Oser* StuB 2018, 369. Gegen eine Verwirkung der Befreiung BeBiKo/*Winkeljohann/Deubert* Rn. 198.

2009, 569; EuGH Urt. v. 13.12.2005 – C-411/03 Grenzüberschreitende Verschmelzungen und Ablehnung ihrer Eintragung in nationales Handelsregister, NJW 2006, 425; *IDW* RS HFA 7, Handelsrechtliche Rechnungslegung bei Personenhandelsgesellschaften, WPg Supplement 2012, 73; IDW-FN 2012, 189; *Strobel,* Der Regierungsentwurf des Kapitalgesellschaften- und Co.-Richtlinie-Gesetzes, DB 1999, 1713.

I. Überblick

Im Zuge des KapCoRiLiG[1] (2000) wurde mit den §§ 264a–264c die **1** GmbH & Co.-Richtlinie[2] in deutsches Recht umgesetzt. Ziel der Richtlinie ist es, haftungsbeschränkte Personenhandelsgesellschaften (OHG, KG) – praktischer Hauptanwendungsfall ist die GmbH & Co. KG – für Zwecke der Rechnungslegung denselben Vorschriften wie Kapitalgesellschaften zu unterstellen. Damit soll dem Grundsatz, „dass die Publizität der Preis für Haftungsbeschränkung" ist, entsprochen werden.[3]

Abs. 1 enthält eine Definition der betroffenen Gesellschaften und ordnet **2** für diese die unmittelbare Beachtung der Vorschriften für Kapitalgesellschaften in den Unterabschnitten 1-5 des Zweiten Abschnitts des Dritten Buchs des HGB (§§ 264–335) an. **Abs.** 2 fingiert („gelten"), wer gesetzlicher Vertreter der Personenhandelsgesellschaften ist.

Haftungsbeschränkte Personenhandelsgesellschaften (OHG/KG) iSv **3** § 264a Abs. 1 sind vom persönlichen Anwendungsbereich des PublG ausgeschlossen (§ 3 Abs. 1 Nr. 1 PublG).

Auch haftungsbeschränkte OHG/KG iSv § 264a genießen – wie Kapital- **4** gesellschaften nach § 264 Abs. 3 und 4 – mit **§ 264b Erleichterungen** bei der Aufstellung, Prüfung und/oder Offenlegung ihres Jahresabschlusses und ggf. Lageberichts (vgl. hierzu Erl. unter § 264b); die Voraussetzungen für die Inanspruchnahme der Erleichterungen sind liberaler als die nach § 264 Abs. 3 und 4 (→ § 264 Rn. 42 ff.).

II. Anwendungsbereich

1. Betroffene Gesellschaften. Der persönliche Anwendungsbereich von **5** § 264a ist begrenzt auf **haftungsbeschränkte** Personen**handels**gesellschaften in der Rechtsform einer OHG und KG, bei denen nicht mindestens eine natürliche Person (un-)mittelbar persönlich haftender Gesellschafter ist.

Bei einer **OHG** haften alle Gesellschafter unbeschränkt (§ 105 Abs. 1). Bei **6** der **KG** ist dagegen die Haftung eines oder mehrerer Gesellschafter (Kommanditisten) auf den Betrag ihrer im Handelsregister eingetragenen Vermögenseinlage (Hafteinlage) beschränkt, während der/die anderen Gesellschafter (Komplementäre) unbeschränkt für die Verbindlichkeiten der KG haften (§ 161 Abs. 1). Die Haftungsbeschränkung der Kommanditisten ist ins Handelsregister einzutragen (§ 162 Abs. 1).

Die haftungsbeschränkte Personenhandelsgesellschaft muss ihren **Satzungs-** **7** sitz im Inland haben.[4]

---

[1] Gesetz zur Durchführung der Richtlinie des Rates der Europäischen Union zur Änderung der Bilanz- und der Konzernbilanzrichtlinie hinsichtlich ihres Anwendungsbereichs (90/605/EWG), zur Verbesserung der Offenlegung von Jahresabschlüssen und zur Änderung anderer handelsrechtlicher Bestimmungen (Kapitalgesellschaften- und Co.-Richtlinie-Gesetz – KapCoRiLiG).

[2] EWG-Richtlinie 90/605 v. 8.11.1990, ABl. 1990 L 317, 60 ff.

[3] BT-Drs. 14/2353, 26.

[4] Zur früheren, strittigen Diskussion → 3. Aufl. 2014, Rn. 4.

8   **2. Haftungssituation.** § 264a erfasst OHG und KG, bei denen nicht mindestens ein persönlich haftender Gesellschafter als natürliche Person (mit seinem Privatvermögen) unbegrenzt haftet. Natürliche Personen als Kommanditisten hindern die Anwendung des § 264a nicht, da diese nicht unbegrenzt haften (§ 161 Abs. 1). Mit § 264a hat der deutsche Gesetzgeber bewusste Umgehungen der Vorschrift durch Verwendung gemischter Rechtsformen, zB einer Stiftung & Co., weitestgehend verhindert.[5]

9   Das Gesetz enthält keine Regelung, bis zu welchem Zeitpunkt die persönliche Haftung eingetreten sein muss und welche Dauer für die persönliche Haftung erforderlich ist. Maßgeblich sind die Verhältnisse am jeweiligen Abschlussstichtag. Tritt ein persönlich haftender Gesellschafter **unterjährig oder am Abschlussstichtag** in die Gesellschaft ein, entfällt mithin die Pflicht zur Anwendung der für Kapitalgesellschaften geltenden Vorschriften, da der Zeitpunkt der Haftungsübernahme der Eintritt des persönlich haftenden Gesellschafters in die Gesellschaft ist.[6] Die Eintragung in das Handelsregister hat insoweit nur deklaratorischen Charakter.[7] Allerdings lässt sich der Nachweis, dass eine natürliche Person zum Abschlussstichtag persönlich haftender Gesellschafter war, durch Einsicht in das Handelsregister erbringen.[8] Tritt ein Gesellschafter erst **nach** dem Abschlussstichtag ein, besteht weiterhin die Pflicht zur Anwendung der ergänzenden Vorschriften für Kapitalgesellschaften für das abgelaufene Geschäftsjahr, die Pflicht entfällt lediglich ex nunc. Ist zum Zeitpunkt des Eintritts die Prüfung oder Offenlegung der Rechnungslegung noch nicht erfolgt, so kann diese auch für den früheren Abschluss unterlassen werden.[9]

10   Nicht relevant sind die persönlichen Vermögensverhältnisse des persönlich haftenden Gesellschafters; ein persönlich haftender Gesellschafter muss zB nicht über ein angemessenes Vermögen verfügen oder ausreichende Einkünfte aus einer Erwerbstätigkeit erzielen.[10]

11   Tritt der persönlich haftende Gesellschafter aus der Gesellschaft nach dem Abschlussstichtag aus, so sind die Gläubiger durch dessen Nachhaftung gem. § 160 geschützt. Das Ausscheiden des Vollhafters wirkt nicht auf den Abschlussstichtag zurück, sodass es nicht zu einer rückwirkenden Anwendung von § 264a kommt.[11] Gleichwohl haftet den Gläubigern der Gesellschaft für nach dem Abschlussstichtag neu eingegangene Verbindlichkeiten weder der ehemalige persönlich haftende Gesellschafter noch können die Gläubiger den Jahresabschluss als Informationsgrundlage einsehen, da nach den Verhältnissen am Abschlussstichtag keine Offenlegungspflicht bestand. Vor diesem Hintergrund ist fraglich, ob die Voraussetzungen nicht bis zum Zeitpunkt der Offenlegung aufrechterhalten werden müssten.[12] Diese Ansicht erscheint indes nicht sachgerecht, da sich auch bei Kapitalgesellschaften die nach dem Abschlussstichtag entstandenen Geschäftsvorfälle erst im nächsten Abschluss niederschlagen und dieser erst nach spätestens weiteren zwölf Monaten offengelegt werden muss.

---

[5] *Strobel* DB 1999, 1713; Baetge/Kirsch/Thiele/*Thiele/Sickmann* Rn. 22.

[6] *ADS* Rn. 35; *IDW* RS HFA 7 Rn. 4.

[7] *IDW* RS HFA 7 Rn. 5; WP-HdB Kap. F Rn. 1418; Haufe BilanzR/*Müller* Rn. 12.

[8] BeBiKo/*Schmidt*/*Usinger* Rn. 22.

[9] LG Osnabrück Beschl. v. 1.7.2005 – 15 T 6/05, GmbHR 2005, 1618; *IDW* RS HFA 7 Rn. 4.

[10] BeBiKo/*Schmidt*/*Usinger* Rn. 27; WP-HdB Kap. F Rn. 1419.

[11] *IDW* RS HFA 7 Rn. 5; Haufe BilanzR/*Müller* Rn. 10; Baetge/Kirsch/Thiele/*Thiele/Sickmann* Rn. 53.

[12] *ADS* Rn. 36.

3. Mehrstöckige Gesellschaften. OHG und KG, bei denen mindestens 12
eine natürliche Person unbegrenzt haftet, brauchen die ergänzenden Vorschriften für Kapitalgesellschaften hinsichtlich Rechnungslegung, Prüfung
und/oder Offenlegung nicht anzuwenden. Dies gilt unabhängig davon, ob
die Haftung unmittelbar, dh durch eine direkte Beteiligung an der Gesellschaft oder mittelbar, dh über eine oder mehrere zwischengeschaltete Gesellschaften sichergestellt ist. Letzterenfalls muss die Durchgriffshaftung auf die
natürliche Person als persönlich haftender Gesellschafter am Ende einer Kette
von OHG/KG iSv § 264a sichergestellt sein. Dies setzt ua voraus, dass
sämtliche zwischengeschaltete Gesellschaften in der Rechtsform einer Personengesellschaft organisiert sind.[13]

4. Rechtsfolge. Bei Vorliegen der Voraussetzungen für die Anwendung 13
des § 264a sind zusätzlich zu den für alle Kaufleute geltenden Vorschriften die
folgenden Regelungen (Unterabschnitte des Zweiten Abschnitts des HGB),
die auch von Kapitalgesellschaften zu beachten sind, anzuwenden:

– §§ 264–289f	Jahresabschluss der Kapitalgesellschaften und Lagebericht	Erster Unter-abschnitt
– §§ 290–315e	Konzernabschluss und Konzernlagebericht	Zweiter Unter-abschnitt
– §§ 316–324a	Prüfung	Dritter Unter-abschnitt
– §§ 325–329	Offenlegung. Prüfung durch den Betreiber des Bundesanzeigers	Vierter Unter-abschnitt
– § 330	Verordnungsermächtigung für Formblätter und andere Vorschriften	Fünfter Unter-abschnitt
– §§ 331–335c	Straf- und Bußgeldvorschriften. Ordnungsgelder	Sechster Unter-abschnitt

Die betroffenen Gesellschaften müssen somit einen Jahresabschluss und 14
einen Lagebericht aufstellen und prüfen lassen, soweit sie nicht als kleine oder
Kleinst-Gesellschaften iSv § 267 Abs. 1, § 267a von der Pflicht zur Aufstellung des Lageberichts und von der Prüfungspflicht befreit sind. Ferner unterliegen sie den Offenlegungsvorschriften der §§ 325 ff. Darüber hinaus sind
OHG/KG iSv § 264a als Mutterunternehmen nach §§ 290 ff. konzernrech-
nungslegungspflichtig. Die Straf-, Bußgeld- Ordnungsgeldvorschriften der
§§ 331 ff. sind ebenfalls auf OHG/KG iSv § 264a anzuwenden (§ 335b).

Gemäß dem Wortlaut des § 264a sind die aufgeführten Vorschriften un- 15
mittelbar und nicht nur sinngemäß anzuwenden. Dabei ist zu beachten, dass
§ 264c als rechtsformspezifische Ergänzung wirkt. Die in § 264c kodifizierten
Regelungen berücksichtigen die Besonderheiten von Personenhandelsgesellschaften und verdrängen insoweit die Regelungen für Kapitalgesellschaften.[14]

III. Gesetzliche Vertreter

Abs. 2 fingiert, wer gesetzlicher Vertreter einer OHG/KG iSv § 264a im 16
Rahmen der Anwendung der ergänzenden Vorschriften für Kapitalgesell-

---

[13] BeBiKo/*Schmidt/Usinger* Rn. 35 f.; Haufe BilanzR/*Müller* Rn. 13.
[14] Baetge/Kirsch/Thiele/*Thiele/Sickmann* Rn. 82; Haufe BilanzR/*Müller* Rn. 15.

schaften ist. Gesellschaften, die lt. Gesellschaftsvertrag zur Geschäftsführung und Vertretung berechtigt sind, gelten als vertretungsberechtigte Gesellschaft im Sinne dieser Vorschrift. Innerhalb dieser Gesellschaften wiederum sind die Mitglieder des vertretungsberechtigten Organs die gesetzlichen Vertreter der OHG/KG iSv § 264a. Handelt es sich bei der vertretungsberechtigten Gesellschaft um eine AG, so gilt der Vorstand als gesetzlicher Vertreter der OHG/KG iSv § 264a; im Falle einer GmbH ist/sind es der oder die Geschäftsführer. Ist der persönlich haftende Gesellschafter eine Personenhandelsgesellschaft, so gelten deren persönlich haftende Gesellschafter als gesetzliche Vertreter der OHG/KG iSv § 264a. Liegt eine Beteiligungskette vor, gelten diese Grundsätze entsprechend.[15]

IV. Folgen der Nichtbeachtung

17 Verstöße gegen die §§ 264a–264c sind durch entsprechenden Verweis in § 335b durch die §§ 331–335a sanktionsbewehrt.[16]

§ 264b Befreiung der offenen Handelsgesellschaften und Kommanditgesellschaften im Sinne des § 264a von der Anwendung der Vorschriften dieses Abschnitts

Eine Personenhandelsgesellschaft im Sinne des § 264a Absatz 1 ist von der Verpflichtung befreit, einen Jahresabschluss und einen Lagebericht nach den Vorschriften dieses Abschnitts aufzustellen, prüfen zu lassen und offenzulegen, wenn alle folgenden Voraussetzungen erfüllt sind:

1. die betreffende Gesellschaft ist einbezogen in den Konzernabschluss und in den Konzernlagebericht

a) eines persönlich haftenden Gesellschafters der betreffenden Gesellschaft oder

b) eines Mutterunternehmens mit Sitz in einem Mitgliedstaat der Europäischen Union oder einem anderen Vertragsstaat des Abkommens über den Europäischen Wirtschaftsraum, wenn in diesen Konzernabschluss eine größere Gesamtheit von Unternehmen einbezogen ist;

2. die in § 264 Absatz 3 Satz 1 Nummer 3 genannte Voraussetzung ist erfüllt;

3. die Befreiung der Personenhandelsgesellschaft ist im Anhang des Konzernabschlusses angegeben und

4. für die Personenhandelsgesellschaft sind der Konzernabschluss, der Konzernlagebericht und der Bestätigungsvermerk nach § 325 Absatz 1 bis 1b offengelegt worden; § 264 Absatz 3 Satz 2 und 3 ist entsprechend anzuwenden.

Schrifttum: (ohne die Einzelbeiträge in den verschiedenen Handbüchern der Rechnungslegung) *Bitter/Grashoff,* Anwendungsprobleme des Kapitalgesellschaften- und Co-Richtlinie-Gesetzes, DB 2000, 833; *Bitter/Grashoff,* Das Publizitätsgesetz nach Inkrafttreten des KapCoRiLiG – unterschiedliche Anforderungen an die Rechnungslegung, DB 2000, 2285; BR-Drs. 458/99 vom 13.8.1999, Entwurf eines Gesetzes zur Durchführung der Richtlinie des Rates der Europäischen Union zur Änderung der Bilanz- und der Konzernbilanzrichtlinie hinsichtlich ihres Anwendungsbereichs (90/

---

[15] Haufe BilanzR/*Müller* Rn. 16.
[16] BeBiKo/*Schmidt/Usinger* Rn. 65.

605/EWG), zur Verbesserung der Offenlegung von Jahresabschlüssen und zur Änderung anderer handelsrechtlicher Bestimmungen (Kapitalgesellschaften- und Co.-Richtlinie-Gesetz – KapCoRiLiG); *Giese/Rabenhorst/Schindler,* Erleichterungen bei der Rechnungslegung, Prüfung und Offenlegung von Konzerngesellschaften, BB 2001, 511; *IDW RS HFA 7,* Handelsrechtliche Rechnungslegung bei Personenhandelsgesellschaften, IDW Life 2018, 258; *IDW KapCoRiLiG,* 2000; *Kusterer/Kirnberger/Fleischmann,* Der Jahresabschluss der GmbH & Co. KG nach dem Kapitalgesellschaften- und Co-Richtlinie-Gesetz, DStR 2000, 606; LG Bonn, Entscheidung vom 6.5.2010 – 36 T 837/09, Der Konzern 2010, 434.

Übersicht

I. Überblick

Mit § 264b wird Art. 38 Abs. 2 Buchst. b Bilanz-RL in deutsches Recht **1** umgesetzt. Er eröffnet Tochter-**Personenhandels**gesellschaften iSv § 264a die Erleichterungen bei der Aufstellung, Prüfung und/oder Offenlegung ihrer Rechnungslegung, die Tochter-**Kapital**gesellschaften nach § 264 Abs. 3 und 4 genießen. § 264b wurde zuletzt mit dem BilRUG (2015) – ohne wesentliche materielle Auswirkungen – geändert. § 5 Abs. 6 PublG regelt entsprechende Erleichterungen für die Rechnungslegung von **nicht-haftungsbeschränkten** Personenhandelsgesellschaften iSv § 264a (§ 3 Abs. 1 Nr. 1 PublG).

II. Voraussetzungen für die Inanspruchnahme der Erleichterungen

1. Einbeziehung in einen Konzernabschluss. Die Inanspruchnahme **2** von Erleichterungen nach § 264b ist an die Erfüllung mehrerer Voraussetzungen geknüpft, die **kumulativ** („alle") erfüllt sein müssen. So muss die zu befreiende Tochter-Personenhandelsgesellschaft ua in den Konzernabschluss und -lagebericht eines

a) persönlich haftenden Gesellschafters (§ 264b S. 1 **Nr. 1**) oder

b) eines Mutterunternehmens mit Sitz innerhalb der EU/des EWR (§ 264b S. 1 **Nr. 2**)

im Wege der **Vollkonsolidierung** (§§ 300–307) einbezogen werden. Eine Quotenkonsolidierung (vgl. § 310, DRS 27) der Tochter-Personenhandelsgesellschaft (die per se nicht zulässig ist) oder eine Bewertung ihrer Anteile nach der Equity- (vgl. §§ 311 f., DRS 26) oder der Anschaffungskostenmethode (vgl. § 271 Abs. 1) sind nicht ausreichend.[1] Auch hindert eine

---

[1] *IDW* RS HFA 7 Rn. 8; BeBiKo/*Winkeljohann/Deubert* Rn. 52; Beck HdR/*Oser* B 110 Rn. 71; Haufe BilanzR/*Müller* Rn. 7; aA in Hinblick auf die Equity- und Quotenkonsolidierung *Bitter/Grashoff* DB 2000, 837.

Inanspruchnahme der Einbeziehungswahlrechte nach § 296 für die Tochter-Personenhandelsgesellschaft eine Inanspruchnahme von Erleichterungen nach § 264b.[2]

3 § 264b eröffnet **zwei Alternativen** der Einbeziehung der Tochter-Personenhandelsgesellschaft in einen Konzernabschluss und -lagebericht. Bei Einbeziehung in den Konzernabschluss und -lagebericht eines **persönlich haftenden Gesellschafters** muss – entgegen allgemeinen Grundsätzen – nicht zwingend ein Mutter-/Tochterverhältnis zwischen der zu befreienden Tochter-Personenhandelsgesellschaft und dem persönlich haftenden Gesellschafter nach dem Konzept der Beherrschungsmöglichkeit (→ § 290 Rn. 14) bestehen. Dies soll – ausweislich der Gesetzesmaterialien zum KapCoRiLiG (2000) – mit der Konzernbilanzrichtlinie (jetzt: Richtlinie 2013/34/EU) vereinbar sein.[3] Damit soll insbesondere Komplementärgesellschaften, die nicht Mutterunternehmen sind, ermöglicht werden, einen befreienden Konzernabschluss aufzustellen, sofern die inhaltlichen Anforderungen des § 264b Nr. 2 erfüllt sind.[4] Der Sitz des persönlich haftenden Gesellschafters ist nicht auf die EU/den EWR beschränkt, sodass er seinen **Sitz auch in einem Drittstaat** (zB Schweiz, USA, Japan, China etc) haben kann.

4 Bei Einbeziehung der Tochter-Personenhandelsgesellschaft in einen (ggf. freiwilligen) Konzernabschluss und -lagebericht eines Mutterunternehmens mit Sitz in der EU/des EWR kann auf die Kommentierung zu § 264 verwiesen werden (→ Rn. 50). Anders als ein persönlich haftender Gesellschafter (§ 264b Nr. 1) kann ein Mutterunternehmen (§ 264b Nr. 2) seinen **Sitz nicht in einem Drittland** haben.

5 Durch das BilRUG (2015) neu als Tatbestandsmerkmal eingeführt wurde, dass in den Konzernabschluss des Mutterunternehmens **„eine größere Mehrheit von Unternehmen"** einbezogen ist. Diese Anforderung gilt nicht bei Aufstellung eines befreienden Konzernabschlusses durch einen persönlich haftenden Gesellschafter, und zwar auch dann, wenn der persönlich haftende Gesellschafter Mutterunternehmen ist.[5] Nach der Begr. zum RegE BilRUG[6] kann eine größere Gesamtheit von Unternehmen erst angenommen werden, wenn der (Voll-)Konsolidierungskreis **mindestens drei** einbezogene Unternehmen umfasst. Für die Praxis sollte das Tatbestandsmerkmal „eine größere Mehrheit von Unternehmen" indes kein Hindernis sein, da es zB durch Gründung eines (unwesentlichen) Tochterunternehmens, das (unter Verzicht auf § 296 Abs. 2) vollkonsolidiert wird, problemlos erfüllt werden kann.[7]

6 Ist das Mutterunternehmen eine inländische, haftungsbeschränkte Personenhandelsgesellschaft iSv § 264a, kann auch sie selbst – neben dem Tochterunternehmen – für Zwecke ihres Jahresabschlusses und ggf. Lageberichts durch Einbeziehung in ihren eigenen Konzernabschluss und -lagebericht die Erleichterungen des § 264b in Anspruch nehmen (**„Selbstbefreiung"**).[8] Dagegen scheidet eine Selbstbefreiung eines Mutterunternehmens im An-

---

[2] *ADS* Rn. 22; BeBiKo/*Winkeljohann/Deubert* Rn. 34.
[3] Vgl. Begr. RegE, BR-Drs. 458/99, in *IDW*, Kapitalgesellschaften- und Co.-Richtlinie-Gesetz (KapCoRiLiG), 2000, 56.
[4] BR-Drs. 458/99, 35; WP-HdB Kap. F Rn. 14221.
[5] Vgl. BeBiKo/*Winkeljohann/Deubert* Rn. 43.
[6] Vgl. BR-Drs. 23/15, 73.
[7] Vgl. BeBiKo/*Winkeljohann/Deubert* Rn. 43.
[8] Vgl. LG Bonn Beschl. v. 30.9.2009 – 30 T 848/09, BB 2010, 1208; *IDW* RS HFA 7 Rn. 6; *v. Kanitz* WPg 2003, 327; aA Baetge/Kirsch/Thiele/*Thiele/Sickmann* Rn. 32.3.

wendungsbereich des § 264 Abs. 3 und 4 HGB und des § 5 Abs. 6 PublG
aus.

2. Anforderungen an den Konzernabschluss. Der Konzernabschluss 7
und -lagebericht muss nach dem für den persönlich haftenden Gesellschafter
(§ 264b Nr. 1) bzw. Mutterunternehmen (§ 264b Nr. 2) maßgeblichen Landesrecht aufgestellt und geprüft worden sein **und** im Einklang mit der EU-
Richtlinie 2013/34/EU **und** der EU-Abschlussprüfungsrichtlinie stehen
(→ § 264 Rn. 59).

Hat das Mutterunternehmen seinen Sitz innerhalb der EU/des EWR und 8
sind die Bilanz- und Abschlussprüfungsrichtlinien jeweils richtlinienkonform
in nationales Recht umgesetzt worden, ist diese Voraussetzung stets erfüllt.
Andernfalls ist eine Einklangprüfung erforderlich.

Ein nach **§ 315e** unter Anwendung internationaler Rechnungslegungs- 9
grundsätze (IFRS) aufgestellter Konzernabschluss und (ein nach lokalem, an
die EU-Bilanzrichtlinie angepassten Recht aufgestellter) Konzernlagebericht
haben für eine einbezogene Kapitalgesellschaft per se befreiende Wirkung.
Dies ergibt sich aus einer analogen Anwendung von § 291 Abs. 2 S. 1 Nr. 2.

Der Konzernabschluss und -lagebericht muss von einem Prüfer, der nach 10
der Abschlussprüfungsrichtlinie als Abschlussprüfer zugelassen ist, nach dem
für das den Konzernabschluss aufstellende Unternehmen maßgeblichen
Recht geprüft worden sein.[9] Hat das den Konzernabschluss und -lagebericht
aufstellende Unternehmen seinen Sitz außerhalb der EU/des EWR, ist
grundsätzlich davon auszugehen, dass die Prüfung eines dort zugelassenen
Prüfers genügt, sofern dessen Befähigung mit der eines nach der Abschlussprüfungsrichtlinie als Abschlussprüfer zugelassenen Abschlussprüfers gleichwertig ist.[10]

Die Prüfung muss zu einem Ergebnis geführt haben. Eine **Einschränkung** 11
des Bestätigungsvermerks steht der Befreiungswirkung des Konzernabschlusses grundsätzlich nicht entgegen.[11] Dagegen hindert ein **Versagungsvermerk** die Inanspruchnahme der Erleichterungen nach § 264
Abs. 3.[12]

3. Angabe der Befreiung im Konzernanhang. Die Inanspruchnahme 12
von Erleichterungen nach § 264b muss im Konzernanhang des den befreienden Konzernabschluss aufstellenden Unternehmens angegeben werden. Die
Personenhandelsgesellschaft, die Erleichterungen in Anspruch genommen
hat, ist namentlich aufzuführen. Dagegen müssen keine Angaben über den
Umfang der in Anspruch genommenen Erleichterungen gemacht werden.[13]

Bislang war strittig, ob für die Angabe der Personenhandelsgesellschaft im 13
Konzernanhang die Schutzklausel des § 313 Abs. 3 gilt. Danach müssen
Informationen über Unternehmensbeziehungen nach § 313 Abs. 2 nicht im
Konzernanhang angegeben werden, wenn diese geeignet sind, den betroffenen Unternehmen erhebliche Nachteile zuzufügen (zum Konzernanhang
→ §§ 313, 314 Rn. 34 ff.). Nach dem Beschluss des LG Bonn vom 6.5.2010[14]
hat die Angabe nach § 264b **Nr. 4** (entspricht § 264b Nr. 4a idF vor Bil-

---

[9] Beck HdR/*Oser* B 110 Rn. 76.
[10] WP-HdB Kap. F Rn. 1429.
[11] Vgl. BeBiKo/*Grottel/Kreher* § 291 Rn. 25.
[12] Beck HdR/*Oser* B 110 Rn. 81.
[13] *ADS* Rn. 34; Haufe BilanzR/*Müller* Rn. 24.
[14] Vgl. LG Bonn Entsch. v. 6.5.2010 – 36 T 837/09, Der Konzern 2010, 435.

RUG) **Vorrang vor der Schutzklausel des § 313 Abs. 3.** Mithin gehen bei Inanspruchnahme der Schutzklausel die Erleichterungen des § 264 Abs. 3 verlustig.[15]

14   Mit dem BilRUG (2015) ist die **Hinweisbekanntmachung** nach § 264b Nr. 3 Buchst. b **entfallen.** Danach musste die Inanspruchnahme von Erleichterungen der Personenhandelsgesellschaft bislang im Bundesanzeiger unter Bezugnahme auf diese Vorschrift und unter Angabe des Mutterunternehmens im Bundesanzeiger mitgeteilt werden.

15   **4. Offenlegung von Unterlagen.** Schließlich muss für die Personenhandelsgesellschaft der Konzernabschluss, der Konzernlagebericht und der Bestätigungsvermerk nach § 325 Abs. 1–1b offengelegt werden. Für den befreienden Konzernabschluss und -lagebericht besteht eine Offenlegungspflicht nach § 325 Abs. 1–1b, auch wenn der persönlich haftende Gesellschafter/das Mutterunternehmen selbst nicht unmittelbar den Offenlegungspflichten der §§ 325 ff. unterliegt.

16   Eine **Umrechnung** von in Fremdwährung aufgestellten Konzernabschlüssen in Euro ist **nicht erforderlich.**[16]

17   Die Pflicht zur Offenlegung der befreienden Konzernrechnungslegung nach § 325 Abs. 1–1b obliegt grundsätzlich den gesetzlichen Vertretern der Tochter. Erfüllt die befreite Tochter die Offenlegungspflicht und hat der persönlich haftende Gesellschafter/das Mutterunternehmen seinen Sitz im EU-/EWR-Ausland, muss die befreiende Konzernrechnungslegung in deutscher Sprache beim Bundesanzeiger eingereicht werden; die Übersetzung der Unterlagen muss zudem beglaubigt sein.[17]

18   Die Pflicht zur Offenlegung der befreienden Konzernrechnungslegung nach § 325 Abs. 1–1b kann indes auch von den gesetzlichen Vertretern des persönlich haftenden Gesellschafters/Mutterunternehmen für die zu befreiende Tochter erfüllt werden, um eine Mehrfachoffenlegung durch mehrere zu befreiende Tochterunternehmen zu vermeiden. Solchenfalls muss dies der persönlich haftende Gesellschafter/das Mutterunternehmen dem Betreiber des Bundesanzeiger ausdrücklich mitteilen, damit die befreiende Konzernrechnungslegung unter der Firma der Tochter als Suchbegriff im Bundesanzeiger **auffindbar** ist; andernfalls scheitert die Befreiung nach § 264b.

19   Bei Erfüllung der Offenlegung durch den persönlich haftenden Gesellschafter/das Mutterunternehmen kann die befreiende Konzernrechnungslegung statt in deutscher **auch in englischer Sprache** beim Bundesanzeiger eingereicht werden; eine beglaubigte Übersetzung ist insoweit nicht erforderlich. Andere Fremdsprachen sind nicht zulässig.

III. Vergleich mit § 264 Abs. 3

20   § 264b ist § 264 Abs. 3 nachgebildet.[18] Allerdings sind die Voraussetzungen weniger restriktiv.[19] Im Einzelnen bestehen die folgenden **Unterschiede:**

---

[15] Vgl. BeBiKo/*Winkeljohann/Deubert* § 264 Rn. 187.

[16] Vgl. BeBiKo/*Winkeljohann/Deubert* Rn. 71; Baetge/Kirsch/Thiele *Thiele/Sickmann* Rn. 64.

[17] AA BeBiKo/*Winkeljohann/Deubert* Rn. 71.

[18] *ADS* Rn. 2; WP-HdB Kap. F Rn. 1420; *Kusterer/Kirnberger/Fleischmann* DStR 2000, 607.

[19] *Bitter/Grashoff* DB 2000, 2287; BeBiKo/*Winkeljohann/Deubert* Rn. 3; WP-HdB Kap. F Rn. 1421.

– Nach § 264 Abs. 3 muss der befreiende Konzernabschluss und -lagebericht zwingend von einem Mutterunternehmen erstellt werden.
– Bei § 264 Abs. 3 S. 1 Nr. 1 müssen alle Gesellschafter des zu befreienden Tochterunternehmens der Befreiung zugestimmt haben; der Zustimmungsbeschluss muss gem. § 325 offengelegt werden. Für eine analoge Anwendung von § 264 Abs. 3 S. 1 Nr. 1 im Anwendungsbereich des § 264b besteht trotz der Änderung der Rechtsprechung des BGH[20] zur Zustimmungspflicht aller Gesellschafter bei der Feststellung des Jahresabschlusses als Grundlagengeschäft kein zwingendes Bedürfnis.[21]
– § 264 Abs. 3 S. 1 Nr. 3 setzt voraus, dass zwischen dem zu befreienden Tochterunternehmen und dem Mutterunternehmen eine Einstandspflicht besteht; die Erklärung muss gem. § 325 offengelegt werden.

Die Anforderungen nach § 264 Abs. 3 reichen somit deutlich weiter als **21** diejenigen nach § 264b. Insbesondere auf Grund der fehlenden Einstandspflicht für die Verpflichtungen des Tochterunternehmens sind die Gläubiger einer OHG/KG iSv § 264a weniger geschützt als die Gläubiger einer Kapitalgesellschaft, die die Erleichterungen nach § 264 Abs. 3 in Anspruch nimmt.[22]

IV. Folgen der Nichtbeachtung

Verstöße gegen die §§ 264a–264c sind durch entsprechenden Verweis in **22** § 335b auf die §§ 331–335a bewehrt.[23]

§ 264c Besondere Bestimmungen für offene Handelsgesellschaften und Kommanditgesellschaften im Sinne des § 264a

(1) [1]**Ausleihungen, Forderungen und Verbindlichkeiten gegenüber Gesellschaftern sind in der Regel als solche jeweils gesondert auszuweisen oder im Anhang anzugeben.** [2]**Werden sie unter anderen Posten ausgewiesen, so muss diese Eigenschaft vermerkt werden.**

(2) [1]**§ 266 Abs. 3 Buchstabe A ist mit der Maßgabe anzuwenden, dass als Eigenkapital die folgenden Posten gesondert auszuweisen sind:**

I. Kapitalanteile
II. Rücklagen
III. Gewinnvortrag/Verlustvortrag
IV. Jahresüberschuss/Jahresfehlbetrag.

[2]**Anstelle des Postens „Gezeichnetes Kapital" sind die Kapitalanteile der persönlich haftenden Gesellschafter auszuweisen; sie dürfen auch zusammengefasst ausgewiesen werden.** [3]**Der auf den Kapitalanteil eines persönlich haftenden Gesellschafters für das Geschäftsjahr entfallende Verlust ist von dem Kapitalanteil abzuschreiben.** [4]**Soweit der Verlust den Kapitalanteil übersteigt, ist er auf der Aktivseite unter der Bezeichnung „Einzahlungsverpflichtungen persönlich haftender Gesellschafter" unter den Forderungen gesondert auszuweisen, soweit eine Zahlungsverpflichtung be-**

---

[20] BGH Urt. v. 29.3.1996 – II ZR 269/94, DB 1996, 926; Urt. v. 15.1.2007 – II ZR 245/05, GmbHR 2007, 437.
[21] BeBiKo/*Winkeljohann/Deubert* Rn. 3.
[22] *Giese/Rabenhorst/Schindler* BB 2001, 516.
[23] BeBiKo/*Schmidt/Hoffmann* Rn. 65.

steht. [5]Besteht keine Zahlungsverpflichtung, so ist der Betrag als „Nicht durch Vermögenseinlagen gedeckter Verlustanteil persönlich haftender Gesellschafter" zu bezeichnen und gemäß § 268 Abs. 3 auszuweisen. [6]Die Sätze 2 bis 5 sind auf die Einlagen von Kommanditisten entsprechend anzuwenden, wobei diese insgesamt gesondert gegenüber den Kapitalanteilen der persönlich haftenden Gesellschafter auszuweisen sind. [7]Eine Forderung darf jedoch nur ausgewiesen werden, soweit eine Einzahlungsverpflichtung besteht; dasselbe gilt, wenn ein Kommanditist Gewinnanteile entnimmt, während sein Kapitalanteil durch Verlust unter den Betrag der geleisteten Einlage herabgemindert ist, oder soweit durch die Entnahme der Kapitalanteil unter den bezeichneten Betrag herabgemindert wird. [8]Als Rücklagen sind nur solche Beträge auszuweisen, die auf Grund einer gesellschaftsrechtlichen Vereinbarung gebildet worden sind. [9]Im Anhang ist der Betrag der im Handelsregister gemäß § 172 Abs. 1 eingetragenen Einlagen anzugeben, soweit diese nicht geleistet sind.

(3) [1]Das sonstige Vermögen der Gesellschafter (Privatvermögen) darf nicht in die Bilanz und die auf das Privatvermögen entfallenden Aufwendungen und Erträge dürfen nicht in die Gewinn- und Verlustrechnung aufgenommen werden. [2]In der Gewinn- und Verlustrechnung darf jedoch nach dem Posten „Jahresüberschuss/Jahresfehlbetrag" ein dem Steuersatz der Komplementärgesellschaft entsprechender Steueraufwand der Gesellschafter offen abgesetzt oder hinzugerechnet werden.

(4) [1]Anteile an Komplementärgesellschaften sind in der Bilanz auf der Aktivseite unter den Posten A. III.1 oder A. III.3 auszuweisen. [2]§ 272 Abs. 4 ist mit der Maßgabe anzuwenden, dass für diese Anteile in Höhe des aktivierten Betrags nach dem Posten „Eigenkapital" ein Sonderposten unter der Bezeichnung „Ausgleichsposten für aktivierte eigene Anteile" zu bilden ist.

(5) [1]Macht die Gesellschaft von einem Wahlrecht nach § 266 Absatz 1 Satz 3 oder Satz 4 Gebrauch, richtet sich die Gliederung der verkürzten Bilanz nach der Ausübung dieses Wahlrechts. [2]Die Ermittlung der Bilanzposten nach den vorstehenden Absätzen bleibt unberührt.

Schrifttum: (ohne die Einzelbeiträge in den verschiedenen Handbüchern der Rechnungslegung) BT-Drs. 14/1806 vom 15.10.1999, Entwurf eines Gesetzes zur Durchführung der Richtlinie des Rates der Europäischen Union zur Änderung der Bilanz- und der Konzernbilanzrichtlinie hinsichtlich ihres Anwendungsbereichs (90/605/EWG), zur Verbesserung der Offenlegung von Jahresabschlüssen und zur Änderung anderer handelsrechtlicher Bestimmungen (Kapitalgesellschaften- und Co.-Richtlinie-Gesetz – KapCoRiLiG); *IDW* RS HFA 7, Handelsrechtliche Rechnungslegung bei Personenhandelsgesellschaften, IDW Life 2018, 258 ff.

Übersicht

I. Überblick

§ 264c enthält rechtsformspezifische Vorschriften für haftungsbeschränkte **1**
Personenhandelsgesellschaften iSv § 264a (→ § 264a Rn. 5); sie sind **lex
specialis** zu den Vorschriften für Kapitalgesellschaften.

Im Einzelnen regelt § 264c: **2**

– den Ausweis der Ausleihungen, Forderungen und Verbindlichkeiten gegenüber Gesellschaftern,
– die Gliederung des Eigenkapitals der Personenhandelsgesellschaft,
– die Trennung von Gesellschafter- und Gesellschaftsvermögen,
– ein Wahlrecht zum Ausweis eines fiktiven Steueraufwands,
– den Ausgleichsposten für aktivierte Anteile an der Komplementärgesellschaft und
– die vereinfachte Gliederung für kleine Gesellschaften und Kleinstunternehmen in der Rechtsform einer OHG/KG iSv § 264a.

II. Ausweis von Ansprüchen und Verbindlichkeiten gegenüber den Gesellschaftern (Abs. 1)

Abs. 1 entspricht inhaltlich der Vorschrift des § 42 Abs. 3 GmbHG für **3**
GmbHs.[1] Durch den gesonderten Ausweis von Ansprüchen und Verbindlichkeiten gegenüber Gesellschaftern sollen die (ggf. nicht einem Fremdvergleich
entsprechenden) Beziehungen zwischen der Gesellschaft und den Gesellschaftern für die Adressaten transparent(er) werden (**Schutz durch Transparenz**).[2] Dabei ist unerheblich, ob der Gesellschafter beschränkt oder unbeschränkt haftet.[3]

Für den Ausweis von Ausleihungen, Forderungen und Verbindlichkeiten **4**
gegenüber Gesellschaftern besteht ein **Wahlrecht:**

– Ausweis in einem gesonderten Bilanzposten,
– Angabe im Anhang oder
– Ausweis unter anderen Bilanzposten mit einem Mitzugehörigkeitsvermerk
(zB durch einen Davon-Vermerk).[4]

Das Rangverhältnis der drei Alternativen zueinander entspricht dem bei **5**
der GmbH.[5] So sind der Ausweis in einem gesonderten Posten und die

---

[1] BeBiKo/*Schmidt*/*Hoffmann* Rn. 5.
[2] Haufe BilanzR/*Müller* Rn. 7.
[3] BeBiKo/*Schmidt*/*Hoffmann* Rn. 5.
[4] Haufe BilanzR/*Müller* Rn. 9.
[5] *ADS* Rn. 10; Baetge/Kirsch/Thiele/*Thiele*/*Sickmann* Rn. 24.

Angabe im Anhang gleichwertig, gehen aber dem Ausweis als Mitzugehörigkeitsvermerk vor.[6]

6   Der Ausweis in einem gesonderten Posten erweitert das gesetzliche Gliederungsschema gem. § 266. Bei der dann ggf. resultierenden Konkurrenz zum Ausweis gegenüber verbundenen Unternehmen oder Unternehmen, mit denen ein Beteiligungsverhältnis besteht, ist der Ausweis gem. Abs. 1 vorrangig.[7]

7   Für Forderungen auf eingeforderte Einlagen nach § 272 Abs. 1 S. 2 oder für Einzahlungsverpflichtungen persönlich haftender Gesellschafter nach § 264c Abs. 2 S. 4 gelten die Ausweisalternativen des Abs. 1 nicht, da diese Sonderausweisvorschriften ihrerseits lex specialis zu Abs. 1 sind.[8]

III. Ausweis des Eigenkapitals (Abs. 2)

8   **1. Allgemein.** Abs. 2 passt die Gliederung des Eigenkapitals gem. § 266 Abs. 3 A. an die Besonderheiten von Personenhandelsgesellschaften an.[9] Da gesellschaftsrechtliche Vorschriften zur Zusammensetzung des Eigenkapitals bei Personenhandelsgesellschaften fehlen, sind Differenzierungen zwischen gezeichnetem Kapital, Kapital- und Gewinnrücklagen, wie sie für Kapitalgesellschaften gelten, nicht übertragbar.[10]

9   Laut Abs. 2 S. 1 soll das Eigenkapital für Personenhandelsgesellschaften iSv § 264a wie folgt gegliedert werden:

    I. Kapitalanteile
    II. Rücklagen
    III. Gewinnvortrag/Verlustvortrag
    IV. Jahresüberschuss/Jahresfehlbetrag.

10   **2. Kapitalanteile.** Anstelle des Postens „Gezeichnetes Kapital" sind die Kapitalanteile der Gesellschafter auszuweisen. In der Praxis werden für einen Gesellschafter regelmäßig mehrere Kapitalkonten geführt.[11] Bei den hier auszuweisenden Beträgen muss es sich um Eigenkapital der Gesellschaft handeln. Ob die Kapitalkonten als Eigen- oder Fremdkapital zu klassifizieren sind, ist anhand der gesellschaftsvertraglichen Vereinbarungen bzw. den dazu ergänzend gefassten Beschlüssen der Gesellschafter zu beurteilen.[12] Die Beträge dürfen nach IDW RS HFA 7 „Handelsrechtliche Rechnungslegung bei Personenhandelsgesellschaften" nur dann als Eigenkapital ausgewiesen werden, wenn

    – künftige Verluste mit diesen Konten bis zur vollen Höhe – auch mit Wirkung gegenüber den Gesellschaftsgläubigern – zu verrechnen sind **(Verlustteilhabe)** und

    – im Fall der Insolvenz die Salden der Konten nicht als Insolvenzforderung geltend gemacht werden können oder wenn bei einer Liquidation der Gesellschaft Ansprüche erst nach Befriedigung aller Gesellschaftsgläubiger auszugleichen sind **(Nachrangigkeit).**[13]

---

[6] *ADS* GmbHG § 42 Rn. 48; Baetge/Kirsch/Thiele/*Thiele/Sickmann* Rn. 24, 27 mit dem Hinweis, dass im Schrifttum auch die Meinung vertreten wird, der Ausweis in der Bilanz habe Vorrang; vgl. dazu zB Lutter/Hommelhoff/*Kleindiek* GmbHG § 42 Rn. 62.

[7] *ADS* Rn. 11; *ADS* GmbHG § 42 Rn. 50.

[8] BeBiKo/*Schmidt/Hoffmann* Rn. 11; Haufe BilanzR/*Müller* Rn. 9.

[9] Ähnlich WP-HdB Kap. F Rn. 1434.

[10] MüKoBilanzR/*Graf/Bisle* Rn. 12.

[11] Baetge/Kirsch/Thiele/*Thiele/Sickmann* Rn. 32.

[12] WP-HdB Kap. F Rn. 1438.

[13] *IDW* RS HFA 7 Rn. 13.

Nach dem gesetzlichen Leitbild hat jeder Gesellschafter einer Personen- **11** handelsgesellschaft nur einen Kapitalanteil, der davon unabhängig ist, wie viele (interne) Unterkonten für das Eigenkapital eines Gesellschafters geführt werden.[14] Maßgebend für die Bestimmung der Höhe des Kapitalanteils ist die im Gesellschaftsvertrag festgelegte Pflichteinlage, welche beim persönlich haftenden Gesellschafter um die Gewinnanteile vermehrt sowie um Verlustanteile und Entnahmen vermindert werden muss (→ Rn. 14 f.).[15] Soweit die Pflichteinlage nicht voll erbracht ist, gilt § 272 Abs. 1 S. 2 entsprechend, wonach sowohl für persönlich haftende Gesellschafter als auch für Kommanditisten der Ausweis als ausstehende Einlagen angeordnet ist. Für die Einlagen, die bereits eingefordert jedoch noch nicht einbezahlt worden sind, erfolgt der Ausweis gesondert unter den Forderungen.[16]

Die ausstehenden Einlagen, die eingeforderten Einlagen und die Kapital- **12** anteile sind gem. Abs. 2 S. 6 für persönlich haftende Gesellschafter und Kommanditisten jeweils **gesondert** auszuweisen, wobei eine Zusammenfassung für jede Gesellschaftergruppe möglich ist. Jedoch dürfen negative Kapitalanteile einzelner Gesellschafter nicht mit positiven Kapitalanteilen anderer Gesellschafter saldiert werden.[17] Durch Verluste entstandene **negative Kapitalanteile** sind idR gem. Abs. 2 S. 5 als „Nicht durch Vermögenseinlagen gedeckter Verlustanteil" auszuweisen, da in der Praxis regelmäßig keine Einzahlungspflicht besteht.[18] Nur wenn eine Einzahlungspflicht besteht, ist der negative Kapitalanteil gem. Abs. 2 S. 4 als „Einzahlungsverpflichtung persönlich haftender Gesellschafter und/oder Kommanditisten" zu bezeichnen und unter den Forderungen auszuweisen.[19]

Abs. 2 S. 7 stellt klar, dass gegenüber Kommanditisten nur dann eine **13** Forderung ausgewiesen werden darf, wenn eine Einzahlungspflicht besteht. Dies ist nur dann der Fall, wenn im Gesellschaftsvertrag eine Nachschussverpflichtung vereinbart wurde oder die Voraussetzungen des Abs. 2 S. 7 Hs. 2 (Entnahme von Gewinnanteilen, während der Kapitalanteil des Kommanditisten durch Verlust unter den Betrag der Hafteinlage sinkt bzw. Absinken des Kapitalanteils eines Kommanditisten unter den Betrag der Hafteinlage durch Entnahmen) erfüllt sind.[20] Ist der Kapitalanteil durch Entnahmen **negativ** geworden, so ist neben den Verlustanteilen auch ein Ausweis des „Durch Entnahmen entstandenen negativen Kapitals" erforderlich. Führen sowohl Entnahmen als auch Verluste zu einem negativen Kapitalanteil, so erscheint es sachgerecht, wenn die Entnahmen zuerst abgesetzt werden, da diese vor Abschluss des Geschäftsjahres erfolgt sind, wogegen die Verlustanteile erst zum Schluss des Geschäftsjahres vom Kapitalanteil abgesetzt werden.[21] Besteht zur Beseitigung oder zur Verminderung der negativen Kapitalanteile eine Einzahlungspflicht seitens der Gesellschafter, so ist diese für jede Gesellschaftergruppe ebenfalls gesondert auszuweisen.

---

[14] Baetge/Kirsch/Thiele/*Thiele/Sickmann* Rn. 32; BeBiKo/*Schmidt/Hoffmann* Rn. 40; WP-HdB Kap. F Rn. 1437.

[15] Baetge/Kirsch/Thiele/*Thiele/Sickmann* Rn. 37.

[16] BeBiKo/*Schmidt/Hoffmann* Rn. 20, 31.

[17] BeBiKo/*Schmidt/Hoffmann* Rn. 21; WP-HdB Kap. F Rn. 1444.

[18] Haufe BilanzR/*Müller* Rn. 15 f.; *IDW* RS HFA 7 Rn. 50.

[19] BeBiKo/*Schmidt/Hoffmann* Rn. 43.

[20] Baetge/Kirsch/Thiele/*Thiele/Sickmann* Rn. 52 f.

[21] *IDW* RS HFA 7 Rn. 52.

14   **3. Zurechnung und Ausweis des Jahresergebnisses.** Gem. § 120 Abs. 2 ist der einem persönlich haftenden Gesellschafter zustehende Gewinn seinem Kapitalanteil zuzuschreiben. Der auf ihn entfallende Verlust vermindert entsprechend seinen Kapitalanteil (§ 264c Abs. 2 S. 3).

15   Die für den Kommanditisten bestehende Haftungsbeschränkung hat zur Folge, dass die Ergebnisverteilung in anderer Form erfolgt. Gem. § 167 Abs. 2 wird der auf den Kommanditisten entfallende Gewinn nur solange dem Kapitalanteil des Kommanditisten zugeschrieben, als dieser seine Pflichteinlage nicht geleistet hat (oder nach Leistung der Pflichteinlage Beträge entnommen hat). Für darüber hinausgehende Gewinne hat der Kommanditist nach § 169 Abs. 1 einen Anspruch auf Auszahlung, die Fremdkapital der Gesellschaft begründen.[22] Schließlich nimmt der Kommanditist nach § 167 Abs. 3 an Verlusten nur bis zur Höhe seines Kapitalanteils teil.

16   Folgt die Ergebnisverwendung dem gesetzlichen Leitbild, ist der Jahresabschluss stets unter **vollständiger Ergebnisverwendung** aufzustellen.[23] Insoweit ist – entgegen dem Gliederungsschema in Abs. 2 S. 1 – der Ausweis eines Ergebnisvortrags oder eines Jahresergebnisses nicht zulässig.

17   In der Praxis wird indes die Ergebnisverwendung idR – wie bei Kapitalgesellschaften – von einem Gewinnverwendungsbeschluss abhängig gemacht. Solchenfalls hat auch eine Personenhandelsgesellschaft einen Gewinnvortrag oder einen Jahresüberschuss auszuweisen. Ein Jahresfehlbetrag ist indes nach Abs. 2 S. 3 stets von den Kapitalanteilen abzusetzen, sodass der Ausweis eines Jahresfehlbetrags oder eines Verlustvortrags bei einer Personenhandelsgesellschaft nicht möglich ist.[24]

18   Eine Fortentwicklung der Gewinn- und Verlustrechnung in sinngemäßer Anwendung des § 158 AktG ist nicht zwingend, aber wünschenswert, um die Ergebnisverwendung bzw. Verteilung auf die Gesellschafter kenntlich zu machen.[25]

19   **4. Rücklagen.** Für haftungsbeschränkte Personenhandelsgesellschaften besteht keine gesetzliche Pflicht zur Bildung von Rücklagen. Nach Abs. 2 S. 8 ist die Bildung von Rücklagen nur nach Maßgabe gesellschaftsrechtlicher Vereinbarungen zulässig. Solche Vereinbarungen können bestimmen, dass über die Gewinnverteilung gesondert beschlossen wird oder die Rücklagen schon vorab dotiert werden dürfen.

20   Ein getrennter Ausweis von Kapital- und Gewinnrücklagen ist – anders als bei Kapitalgesellschaften – nicht erforderlich.[26]

21   Wurden in der Bilanz Rücklagen gebildet, sind entstandene Verluste vorab von den Rücklagen abzusetzen, es sei denn, dass gesonderte gesellschaftsvertragliche Regelungen dem entgegenstehen. Erst bei einem darüber hinausgehenden Verlust sind die Kapitalanteile der Gesellschafter zu vermindern.[27] Andernfalls könnten die Kapitalanteile durch Verluste vollständig aufgezehrt und ein Ausweis als Verlustanteil auf der Aktivseite erforderlich werden, obwohl weiteres Eigenkapital in Form von Rücklagen besteht.

---

[22] BeBiKo/*Schmidt/Hoffmann* Rn. 50.
[23] WP-HdB Kap. F Rn. 1448; BeBiKo/*Schmidt/Hoffmann* Rn. 40, 50.
[24] *IDW* RS HFA 7 Rn. 50; WP-HdB Kap. F Rn. 1451.
[25] WP-HdB Kap. F Rn. 1452.
[26] *ADS* Rn. 26; *IDW* RS HFA 7 Rn. 46.
[27] *IDW* RS HFA 7 Rn. 51.

5. Anhangangabe der Hafteinlage. In den Fällen, in denen die im 22
Handelsregister eingetragene Hafteinlage eines Kommanditisten höher als
dessen gesellschaftsvertraglich bedungene Pflichteinlage ist, ist im Anhang
gem. Abs. 2 S. 9 die Höhe der Hafteinlage anzugeben. Die Jahresabschlussadressaten werden über die Anhangangabe über den Umfang seiner unmittelbaren persönlichen Haftung im Außenverhältnis gegenüber den Gläubigern
der Gesellschaft informiert.[28]

IV. Abgrenzung zwischen Gesellschaftsvermögen und Gesellschaftervermögen (Abs. 3 S. 1)

Abs. 3 S. 1 stellt klar, dass das **Privatvermögen der Gesellschafter** und 23
die damit verbundenen Aufwendungen und Erträge nicht im handelsrechtlichen Jahresabschluss der Personenhandelsgesellschaft berücksichtigt werden
dürfen.

Insoweit unterscheiden sich handels- und steuerrechtliche Vermögens- 24
abgrenzung. So umfasst das steuerliche Betriebsvermögen auch das **Sonderbetriebsvermögen,** das zivilrechtlich im Privateigentum des Gesellschafters
steht, aber dem Betrieb der Gesellschaft bzw. der Beteiligung des Gesellschafters dient (zB Nutzungsüberlassung von Gegenständen). Dieses darf in
einem handelsrechtlichen Jahresabschluss nicht erfasst werden. Auf die Bilanz-
unterschiede zwischen Handels- und (steuerlicher) Sonderbilanz dürfen **keine latenten Steuern** (§ 274) erfasst werden.

Entsprechendes gilt für Mehr- oder Minderwerte in steuerlichen **Ergän-** 25
zungsbilanzen einzelner Gesellschafter. Diese Korrekturposten zu den
Buchwerten in der steuerlichen Gesamthandsbilanz reflektieren die individuellen Anschaffungskosten eines Gesellschafters beim Erwerb seines Ge-
sellschaftsanteils und sind bei der einheitlichen und gesonderten Gewinn-
feststellung (§§ 179, 180 AO) zu berücksichtigen. Auf die Bilanzunter-
schiede zwischen Handels- und (steuerlicher) Gesamthands- sowie
Ergänzungsbilanz sind **latenten Steuern** (nur für Gewerbesteuer) zu erfassen.

V. Fiktiver Steueraufwand der Gesellschafter (Abs. 3 S. 2)

Die Abgrenzung von Gesellschafts- und Privatvermögen und den daraus 26
resultierenden Aufwendungen und Erträgen bedingt, dass private Steuerzahlungen im Jahresabschluss der Gesellschaft nicht ausgewiesen werden dürfen.
Um die Abschlüsse von Personenhandels- mit denen von Kapitalgesellschaften vergleichbarer zu machen, dürfen Personenhandelsgesellschaften gem.
Abs. 3 S. 2 nach dem Jahresergebnis der Gesellschaft eine statistische Information zum Steueraufwand angeben. Andernfalls ist das Jahresergebnis einer
Personenhandelsgesellschaft systematisch stets höher.

Der fiktive Steueraufwand der Personenhandelsgesellschaft wird mit dem 27
Steuersatz der Komplementärgesellschaft ermittelt. Der so berechnete fiktive
Steueraufwand kann – mit einer erkennbaren Kennzeichnung – gesondert in
einem Posten **nach** dem Jahresüberschuss ausgewiesen werden.[29]

---

[28] BeBiKo/ *Schmidt/Hoffmann* Rn. 60 f.
[29] BeBiKo/ *Schmidt/Hoffmann* Rn. 75.

VI. Ausweis von Anteilen an der Komplementärgesellschaft (Abs. 4)

28   Die Regelung in Abs. 4 zielt auf die sog. **Einheitsgesellschaft,** bei der eine KG unmittelbar (idR alle) Anteile an ihrer Komplementärin hält. Nach Abs. 4 S. 1 sind die Anteile der KG an ihrer Komplementärin auf der **Aktivseite** unter den Finanzanlagen als Anteile an verbundenen Unternehmen (§ 271 Abs. 2) oder als Beteiligung (§ 271 Abs. 1) gesondert[30] auszuweisen. Dies kann durch eine Untergliederung des Bilanzpostens, durch Anhangangaben oder durch einen „Davon-Vermerk" erfolgen.[31]

29   Wenn und soweit sich die Komplementärin ihrerseits an der KG kapitalmäßig beteiligt, haben die Anteile der Komplementärin an der KG wirtschaftlich den Charakter „eigener Anteile" der KG (sog. Rückbeteiligung).[32]

30   Entsprechend § 272 Abs. 4 ist in Höhe des für die Anteile aktivierten Betrags (fortgeführte Anschaffungskosten) auf der **Passivseite** nach dem Posten Eigenkapital ein **Sonderposten** mit der Bezeichnung „Ausgleichsposten für aktivierte eigene Anteile" zu bilden (Abs. 4 S. 2). Ziel der Bildung des Sonderpostens ist es, den Charakter der Rückbeteiligung der Komplementärin als „eigene Anteile" der KG abzubilden (da § 272 Abs. 1a nicht anwendbar ist) respektive eine „wundersame Kapitalvermehrung"[33] bei der KG zu vermeiden. Diese würde entstehen, wenn und soweit die KG der Komplementärin Mittel zuführt (zB bei Gründung oder Kapitalerhöhung) und die Komplementärin eben diese ihr von der KG zugeführten Mittel sodann verwendet, um sich kapitalmäßig an der KG zu beteiligen. Solchenfalls würde sich – durch die Einlage der Komplementärin – das Eigenkapital der KG erhöhen („Kapitalaufblähung"), ohne dass ihr realiter zusätzliche Einlagemittel von außen zur Verfügung gestellt wurden (da die KG diese Einlage selbst finanziert hat).[34] Dem soll durch die Bildung des Sonderpostens (zu Lasten anderer Eigenkapitalbestandteile der KG, der die Eigenkapitalmehrung neutralisiert) begegnet werden.

31   Der Normzweck des Abs. 4 ist indes nur dann und insoweit erfüllt, als sich die Komplementärin (aus den ihr von der KG zugeführten Mitteln) kapitalmäßig an der KG beteiligt. Deshalb ist die Bildung eines Sonderpostens – entgegen dem überschießenden Gesetzeswortlaut – jedenfalls dann entbehrlich, falls sich die Komplementärin nicht kapitalmäßig an der KG beteiligt.[35] Zweifelhaft ist, ob Abs. 4 auch dann telelogisch reduziert werden kann, wenn die Komplementärin ihre Einlage bei der KG nicht aus den ihr von der KG zugeführten Mitteln, sondern aus ihrem eigenen (wesentlichen) Vermögen finanzieren kann.[36]

32   Werden die Anteile an der Komplementärin nicht unmittelbar von der KG, sondern **mittelbar** von einem Tochterunternehmen der KG gehalten,

---

[30] So BT-Drs. 14/1806, 21.

[31] BeBiKo/*Schmidt/Hoffmann* Rn. 80; Baetge/Kirsch/Thiele/*Thiele/Sickmann* Rn. 82; Haufe BilanzR/*Müller* Rn. 29.

[32] *ADS* Rn. 29.

[33] Begr. RegE KapCoRiLiG, BT-Drs. 14/1806, 21.

[34] HKMS/*Stöber* Rn. 32.

[35] HdR/*Ischebeck/Nissen-Schmidt* Rn. 37; BeBiKo/*Schmidt/Hoffmann* Rn. 87; HKMS/*Stöber* Rn. 32.

[36] Für eine Bildung des Sonderpostens wohl BeBiKo/*Schmidt/Hoffmann* Rn. 86.

hat nicht die KG, sondern das Tochterunternehmen den Sonderposten zu bilden.[37]

Der Sonderposten muss nach § 272 Abs. 4 bereits bei der Bilanzaufstellung **33** gebildet werden. Anders als bei einer Kapitalgesellschaft, die den Sonderposten aus frei verfügbaren Rücklagen, einem Ergebnisvortrag oder Jahresüberschuss (notfalls zu Lasten eines Bilanzverlustes) dotieren kann,[38] erscheint bei Personenhandelsgesellschaften iSv § 264a eine Bildung zu Lasten der Kapitalanteile der Komplementärin sachgerecht; dies gilt auch, wenn diese dadurch negativ und mithin auf der Aktivseite ausgewiesen werden müssen.[39]

Die Bildung des Sonderpostens zu Lasten (auch) der Kapitalanteile der **34** Kommanditisten[40] führt nur dann zu sachgerechten Ergebnissen, wenn zwischen den Gesellschaftern der Komplementärin und den Kommanditisten Personenidentität besteht.[41] Solchenfalls hat die KG von ihren Kommanditisten die Anteile an der Komplementärin erworben. Der Erwerb ist mit dem in § 172 Abs. 6 geregelten Sachverhalt vergleichbar, wonach eine Einlage des Kommanditisten gegenüber den Gläubigern der Gesellschaft als nicht geleistet gilt, sofern sie in Anteilen an der persönlich haftenden Gesellschafterin erbracht wird. Diese für die Haftung relevante Vorschrift bleibt allerdings ohne Auswirkung auf den Ausweis in der Bilanz.

Besteht dagegen keine Personenidentität zwischen den Gesellschaftern der **35** Komplementärin und den Kommanditisten, ist die Bildung des Sonderpostens zu Lasten der Kapitalanteile der Kommanditisten nicht sachgerecht. Erwirbt die KG die Anteile von den Gesellschaftern der Komplementärin, darf dieser Erwerb nicht dazu führen, dass die Kapitalanteile der Kommanditisten durch Bildung des Sonderpostens vermindert werden, zumal nicht ausgeschlossen ist, dass dieses Geschäft ohne Einverständnis der Kommanditisten vorgenommen worden ist.

Im Ergebnis führt lediglich die Bildung zu Lasten der Kapitalanteile der **36** Komplementärin zu sachgerechten Ergebnissen, zumal durch den Ausweis des ggf. negativen Kapitalanteils des Komplementärs die durch den Erwerb der Anteile an der Komplementärin geschmälerte Haftungsmasse deutlich erkennbar wird.

Der Sonderposten ist ergebnisneutral aufzulösen, wenn die Anteile, die die **37** KG an der Komplementärin hat, veräußert oder abgeschrieben werden, dh die bei der Bildung belasteten Kapitalanteile sind ggf. entsprechend zu erhöhen.

Weitergehende Forderungen, wonach der Sonderposten auch bei einer **38** Beteiligung einer KG an ihrer Kommanditistin zu bilden ist,[42] erscheinen vor dem Hintergrund einer nicht vergleichbaren Haftungssituation der Kommanditistin überzogen.[43] Den Gläubigern steht im Haftungsfall die in der Bilanz der KG ausgewiesene Beteiligung an der Kommanditistin als weiterhin werthaltiger Vermögensgegenstand zur Verwertung zur Verfügung, während eine Beteiligung an der Komplementärin wertlos wird.

---

[37] *IDW* RS HFA 7 Rn. 17; HKMS/*Stöber* Rn. 30; Baetge/Kirsch/Thiele/*Thiele/Sickmann* Rn. 88. AA BeBiKo/*Schmidt/Hoffmann* Rn. 88.

[38] *ADS* Rn. 30.

[39] *ADS* Rn. 30.

[40] *IDW* RS HFA 7 Rn. 16.

[41] Haufe BilanzR/*Müller* Rn. 34 ff.; MüKoBilanzR/*Graf/Bisle* Rn. 54; *Zeyer* BB 2008, 1446.

[42] BeBiKo/*Schmidt/Hoffmann* Rn. 83; HdR/*Ischebeck/Nissen-Schmidt* Rn. 37; Baetge/Kirsch/Thiele/*Thiele/Sickmann* Rn. 84.

[43] GlA HKMS/*Stöber* Rn. 30.

VII. Vereinfachte Bilanzgliederung für kleine und Kleinstunternehmen in der Rechtsform einer OHG/KG iSv § 264a

39   Abs. 5 S. 1 ordnet an, dass sich die Gliederungstiefe der Bilanz von kleinen und Kleinstunternehmen in der Rechtsform einer OHG/KG iSv § 264a iVm § 267 Abs. 1, § 267a nach der Ausübung der Gliederungswahlrechte in § 266 Abs. 1 S. 3 (für kleine Gesellschaften) bzw. S. 4 (für Kleinstgesellschaften) bestimmt. § 266 Abs. 1 S. 1 will klarstellen, dass die Inanspruchnahme der Erleichterungen bei der Bilanzgliederung nicht durch die Sondervorschriften der Abs. 1–4, die ua gesonderte Angaben zu einzelnen Bilanzposten (zB zum Eigenkapital der Gesellschaft in Abs. 2) fordern, konterkariert werden.[44] Indes müssen auch kleine und Kleinst-OHG/KG zB den „Ausgleichsposten für aktivierte eigene Anteile" (→ Rn. 27 ff.) in der Bilanz gesondert ausweisen, da dieser nicht zum Eigenkapital zählt („nach dem Posten Eigenkapital").[45]

VIII. Folgen der Nichtbeachtung

40   Verstöße gegen die §§ 264a–264c sind durch entsprechenden Verweis in § 335b zur Anwendung der §§ 331–335a sanktionsbewehrt.

§ 264d Kapitalmarktorientierte Kapitalgesellschaft

Eine Kapitalgesellschaft ist kapitalmarktorientiert, wenn sie einen organisierten Markt im Sinn des § 2 Absatz 11 des Wertpapierhandelsgesetzes durch von ihr ausgegebene Wertpapiere im Sinn des § 2 Absatz 1 des Wertpapierhandelsgesetzes in Anspruch nimmt oder die Zulassung solcher Wertpapiere zum Handel an einem organisierten Markt beantragt hat.

Schrifttum: (ohne die Einzelbeiträge in den verschiedenen Handbüchern der Rechnungslegung) BT-Drs. 16/10067 vom 30.7.2008, Entwurf eines Gesetzes zur Modernisierung des Bilanzrechts (Bilanzrechtsmodernisierungsgesetz – BilMoG).

I. Allgemeines

1   § 264d enthält eine **Legaldefinition** des Begriffs „kapitalmarktorientiert", auf die zahlreiche handels- und gesellschaftsrechtliche Vorschriften verweisen.[1] Sie dient der Gesetzesökonomie und damit der besseren Lesbarkeit der Normen, die diesen Begriff in Bezug nehmen.[2] Nach der gesetzlichen Definition ist eine Kapitalgesellschaft kapitalmarktorientiert, wenn sie einen organisierten Markt iSd § 2 WpHG (→ Rn. 2 ff.) durch von ihr ausgegebene Wertpapiere iSd § 2 WpHG (→ Rn. 5) in Anspruch nimmt oder die Zulassung solcher Wertpapiere zum Handel an einem organisierten Markt beantragt hat (→ Rn. 6 ff.). Die Legaldefinition des § 264d gilt durch Verweisung auch für Personenhandelsgesellschaften iSd § 264a, für PublG-Unternehmen (§ 5 Abs. 2a PublG) sowie Genossenschaften (§§ 53 ff. GenG).[3]

---

[44] HKMS/*Stöber* Rn. 34.
[45] BeBiKo/*Schmidt/Hoffmann* Rn. 90.
[1] Zu einer Übersicht aller Regelungen, die von kapitalmarktorientierten Unternehmen zu beachten sind, s. BeBiKo/*Schmidt/Hoffmann* Rn. 4.
[2] BT-Drs. 16/10067, 63.
[3] MüKoHGB/*Reiner* Rn. 2.

Für die **Konzern**rechnungslegungspflicht kapitalmarktorientierter Mutter- 2
unternehmen ist nicht § 264d, sondern **Art. 4 IAS-Verordnung Nr. 1602/
2002** maßgeblich; beide Begriffe sind indes nahezu inhaltsgleich.

II. Organisierter Markt

Ein organisierter Markt iSd § 2 Abs. 11 WpHG „ist ein im Inland, in 3
einem anderen Mitgliedstaat der Europäischen Union oder einem anderen
Vertragsstaat des Abkommens über den Europäischen Wirtschaftsraum betriebenes oder verwaltetes, durch staatliche Stellen genehmigtes, geregeltes und
überwachtes multilaterales System, das die Interessen einer Vielzahl von Personen am Kauf und Verkauf von dort zum Handel zugelassenen Finanzinstrumenten innerhalb des Systems und nach nichtdiskretionären Bestimmungen
in einer Weise zusammenbringt oder das Zusammenbringen fördert, die zu
einem Vertrag über den Kauf dieser Finanzinstrumente führt."
Zentrales Merkmal dieser Definition ist die Genehmigung, Regelung und
Überwachung des multilateralen Handelssystems durch eine staatliche Stelle.[4]
Der Begriff „organisierter Markt" iSd § 2 Abs. 11 WpHG ist identisch mit
dem Begriff des „geregelten Markts" iSd Art. 4 Abs. 1 Nr. 21 Richtlinie
2014/65/EU (MiFID II), da die Vorgaben des Art. 4 Abs. 1 Nr. 4 Richtlinie
2004/39/EG (MiFID, inzwischen ersetzt durch MiFID II) im Rahmen des
Finanzmarktrichtlinie-Umsetzungsgesetzes[5] in § 2 Abs. 5 WpHG aF (zwischenzeitlich nahezu wortgleich in § 2 Abs. 11 WpHG nF überführt) übernommen wurden (→ § 315e Rn. 11).[6]
In **Deutschland** erfüllen derzeit die Marktsegmente des regulierten Markts 4
(§§ 32 ff. BörsG) folgender Handelsplätze die Kriterien eines organisierten
Markts: Berlin, Düsseldorf, Frankfurt, Hamburg, Hannover, München, Stuttgart sowie die EUREX Terminbörse, die Europäische Energiebörse in Leipzig und Tradegate Exchange in Berlin.[7] Dagegen ist der **Freiverkehr** gem.
§ 48 BörsG (zB Basic Board und Scale der Deutschen Börse AG) **kein**
organisierter Markt.[8]
Organisierte Märkte in einem Mitgliedstaat der Europäischen Union oder 5
des Europäischen Wirtschaftsraums (das sind derzeit: Island, Liechtenstein und
Norwegen) sind denen im Inland gleichgestellt.[9] Eine **Übersicht über die
regulierten Märkte der jeweiligen Mitgliedstaaten** kann auf der **Internetseite der ESMA** (Europäische Wertpapier- und Marktaufsichtsbehörde) unter
Angabe des Datums und des Ländercodes abgerufen werden;[10] sie basiert auf
den Mitteilungen der Mitgliedstaaten gem. Art. 56 MiFID II. Die Inanspruchnahme eines organisierten Markts **außerhalb** der Europäischen Union bzw.
des Europäischen Wirtschaftsraums (zB USA, Japan oder Schweiz) führt nicht
zu einer Kapitalmarktorientierung der Kapitalgesellschaft iSv § 264d.[11]

---

[4] KKRD/*Morck/Drüen* Rn. 2.
[5] BGBl. 2007 I 1330.
[6] BWKOB/*Wollmert/Oser/Bellert* Kap. 3 Rn. 9; WP-HdB Kap. J Rn. 4.
[7] https://registers.esma.europa.eu/publication/searchRegister?core=esma_registers_mi-
fid_rma (letzter Abruf: 19.3.2018).
[8] KKRD/*Morck/Drüen* Rn. 2; BeBiKo/*Schmidt/Hoffmann* Rn. 2.
[9] Baumbach/Hopt/*Merkt* Rn. 1; BeBiKo/*Schmidt/Hoffmann* Rn. 2.
[10] https://registers.esma.europa.eu/publication/searchRegister?core=esma_registers_mi-
fid_rma (letzter Abruf: 19.3.2018).
[11] BeBiKo/*Schmidt/Hoffmann* Rn. 2; MüKoHGB/*Reiner* Rn. 3; WP-HdB Kap. J Rn. 4;
aA Baumbach/Hopt/*Merkt* Rn. 1.

III. Wertpapiere

6 Wertpapiere iSd § 2 Abs. 1 WpHG „sind, auch wenn keine Urkunden über sie ausgestellt sind, alle Gattungen von übertragbaren Wertpapieren mit Ausnahme von Zahlungsinstrumenten, die ihrer Art nach auf den Finanzmärkten handelbar sind, insbesondere

1. Aktien,
2. andere Anteile an in- oder ausländischen juristischen Personen, Personengesellschaften und sonstigen Unternehmen, soweit sie Aktien vergleichbar sind, sowie Hinterlegungsscheine, die Aktien vertreten,
3. Schuldtitel,
   a) insbesondere Genussscheine und Inhaberschuldverschreibungen und Orderschuldverschreibungen sowie Hinterlegungsscheine, die Schuldtitel vertreten,
   b) sonstige Wertpapiere, die zum Erwerb oder zur Veräußerung von Wertpapieren nach den Nummern 1 und 2 berechtigen oder zu einer Barzahlung führen, die in Abhängigkeit von Wertpapieren, von Währungen, Zinssätzen oder anderen Erträgen, von Waren, Indices oder Messgrößen bestimmt wird; nähere Bestimmungen enthält die Delegierte Verordnung (EU) 2017/565 der Kommission vom 25.4.2016 zur Ergänzung der Richtlinie 2014/65/EU des Europäischen Parlaments und des Rates in Bezug auf die organisatorische Anforderungen an Wertpapierfirmen und die Bedingungen für die Ausübung ihrer Tätigkeit sowie in Bezug auf die Definition bestimmter Begriffe für Zwecke der genannten Richtlinie (ABl. 2017 L 87), in der jeweils geltenden Fassung.“

Wertpapiere müssen nach dieser Definition **standardisiert, übertragbar und marktmäßig handelbar** sein; eine Verbriefung in einer Urkunde ist nicht erforderlich.[12] Anteile an geschlossenen Fonds qualifizieren mangels Standardisierung und marktmäßiger Handelbarkeit nicht als Wertpapiere iSd § 2 Abs. 1 WpHG.[13] Auch andere individuell an die Bedürfnisse einzelner Kunden oder Anteileigner ausgerichtete Wertpapiergestaltungen (zB hinsichtlich Laufzeit, Volumen und Basispreis) werden von § 2 Abs. 1 WpHG nicht erfasst.[14] Schließlich sind Zahlungsinstrumente wie Bargeld, Schecks und andere liquide Mittel keine Wertpapiere iSd § 2 Abs. 1 WpHG.[15]

IV. Inanspruchnahme eines organisierten Marktes/Beantragung der Zulassung zum Handel

7 Eine Kapitalgesellschaft ist kapitalmarktorientiert, wenn sie einen organisierten Markt durch von ihr ausgegebene Wertpapiere (bereits) in Anspruch nimmt oder die Zulassung von Wertpapieren zum Handel an einem organisierten Markt beantragt hat.

8 Eine Kapitalgesellschaft nimmt einen organisierten Markt in Anspruch, wenn **von ihr selbst ausgegebene** Wertpapiere an diesem Markt notiert

---

[12] Fuchs/*Fuchs* WpHG § 2 Rn. 10 f.
[13] BT-Drs. 16/4028, 54.
[14] MüKoBilanzR/*Suchan* Rn. 7.
[15] BT-Drs. 16/4028, 54.

sind;[16] eine Ausgabe von Wertpapieren durch ein Tochterunternehmen wird der Kapitalgesellschaft nicht zugerechnet (keine „Infektion").[17]

Auch wenn die Wertpapiere noch nicht an einem organisierten Markt **9** gehandelt werden, qualifiziert sich die Kapitalgesellschaft bereits als kapitalmarktorientiert, wenn eine Zulassung der Wertpapiere zum Handel an einem organisierten Markt beantragt wurde.[18] Der Antrag ist von der Kapitalgesellschaft selbst zu stellen. Nach § 32 Abs. 2 S. 1 BörsG kann ohnedies nur der Emittent der Wertpapiere zusammen mit einem Kreditinstitut, Finanzdienstleistungsinstitut oder einem nach § 53 Abs. 1 S. 1 KWG oder § 53b Abs. 1 S. 1 KWG tätigen Unternehmen die Zulassung beantragen.[19]

Maßgeblicher Zeitpunkt für die Inanspruchnahme eines organisierten **10** Markts bzw. den Antrag auf Zulassung ist **grundsätzlich** der **Bilanzstichtag** der Kapitalgesellschaft.[20] Somit müssen die Wertpapiere entweder **am** Bilanzstichtag zum Handel an einem organisierten Markt zugelassen sein oder es muss zumindest **bis** zum Bilanzstichtag ein Zulassungsantrag gestellt worden sein. Wird der Zulassungsantrag nach dem Bilanzstichtag, aber bis zum Zeitpunkt der Aufstellung des Jahresabschlusses gestellt, müssen die zusätzlichen Pflichten kapitalmarktorientierter Unternehmen noch nicht erfüllt werden.[21]

Endet die Kapitalmarktorientierung (zB durch ein De- oder Downlisting **11** oder durch Erfüllung der bisher am organisierten Markt gehandelten Schuldtitel) während eines Wirtschaftsjahres, muss die Kapitalgesellschaft für diesen Berichtszeitraum die besonderen Vorschriften für kapitalmarktorientierte Gesellschaften nicht (mehr) beachten. Dies soll nach Sinn und Zweck des § 264d auch gelten, wenn die Voraussetzungen der Kapitalmarktorientierung erst nach dem Bilanzstichtag bis zur Aufstellung des Jahresabschlusses entfallen.[22]

V. Begriffsabgrenzung

Im Folgenden soll der Begriff der Kapitalmarktorientierung iSd § 264d – **12** ohne Anspruch auf Vollständigkeit – von ähnlichen Begriffen bzw. Regelungen abgegrenzt werden.

§ 291 Abs. 3 Nr. 1 erfasst ausschließlich Mutterunternehmen, deren **13** Wertpapiere bereits zum Handel an einem organisierten Markt zugelassen sind; ein Antrag auf Zulassung der Wertpapiere zum Handel an einem organisierten Markt ist – anders als nach § 264d – nicht erfasst.[23]

§ 327a zielt auf eine Teilmenge der kapitalmarktorientierten Kapitalgesell- **14** schaften, die einen organisierten Markt durch zugelassene Schuldtitel mit einer bestimmten Mindeststückelung in Anspruch nehmen. Sie erfasst – anders als § 264d – ua nicht Unternehmen, die lediglich Eigenkapitalinstrumente ausgegeben haben.

§ 315e Abs. 2 erfasst nur Mutterunternehmen, die bis zum Bilanzstichtag **15** einen Zulassungsantrag an einem inländischen, organisierten Markt gem. § 2

---

[16] MüKoBilanzR/*Suchan* Rn. 21.
[17] BeBiKo/*Schmidt/Hoffmann* Rn. 1; WP-HdB Kap. J Rn. 7.
[18] MüKoBilanzR/*Suchan* Rn. 22.
[19] MüKoHGB/*Reiner* Rn. 1.
[20] BeBiKo/*Schmidt/Hoffmann* Rn. 1.
[21] BeBiKo/*Schmidt/Hoffmann* Rn. 1.
[22] BeBiKo/*Schmidt/Hoffmann* Rn. 1; WP-HdB Kap. J Rn. 7.
[23] MüKoHGB/*Reiner* Rn. 2.

Abs. 11 WpHG beantragt haben. Dagegen erfasst § 264d auch ausländische organisierte Märkte innerhalb der EU/des EWR.[24]

16   Der Begriff **börsennotiert** (zB „börsennotierte Gesellschaft" in § 285 Nr. 10) ist in § 3 Abs. 2 AktG legal definiert. Danach ist eine AG börsennotiert, „deren Aktien zu einem Markt zugelassen sind, der von staatlich anerkannten Stellen geregelt und überwacht wird, regelmäßig stattfindet und für das Publikum mittelbar oder unmittelbar zugänglich ist." Eine börsennotierte Gesellschaft ist stets auch kapitalmarktorientiert, wenn die Aktien an einem geregelten Markt innerhalb der Europäischen Union oder des Europäischen Wirtschaftsraums ausgegeben wurden.

17   Eine reine Börsennotierung ohne Kapitalmarktorientierung liegt vor, wenn die Aktien an einer Börse außerhalb der Europäischen Union oder des Europäischen Wirtschaftsraums ausgegeben wurden.

18   Eine Gesellschaft, die nur Schuldtitel (zB Anleihen) an einem geregelten Markt innerhalb der Europäischen Union oder des Europäischen Wirtschaftsraums ausgegeben hat, ist zwar kapitalmarktorientiert, aber nicht börsennotiert.[25]

VI. Folgen der Kapitalmarktorientierung

19   Eine kapitalmarktorientierte Kapitalgesellschaft gilt stets als **große** Kapitalgesellschaft (§ 267 Abs. 3 S. 2), die keine größenabhängigen Erleichterungen in Anspruch nehmen kann. Ferner hat eine kapitalmarktorientierte Kapitalgesellschaft verschiedene zusätzliche handels- sowie gesellschaftsrechtliche Vorschriften zu beachten. So muss eine kapitalmarktorientierte Kapitalgesellschaft zB den Jahresabschluss um eine Kapitalflussrechnung und einen Eigenkapitalspiegel erweitern, falls sie keinen Konzernabschluss aufstellen muss (§ 264 Abs. 1 S. 2 Hs. 1), im Lagebericht die wesentlichen Merkmale des internen Kontroll- und Risikomanagementsystems im Hinblick auf den Rechnungslegungsprozess beschreiben (§ 289 Abs. 4) sowie darauf achten, dass mindestens ein unabhängiges Mitglied des Aufsichtsrats (bzw. bei Einrichtung eines Prüfungsausschusses ein Mitglied dieses Ausschusses) Sachverstand auf den Gebieten Rechnungslegung oder Abschlussprüfung hat (§ 107 Abs. 4 AktG iVm § 100 Abs. 5 AktG).[26] Für eine kapitalmarktorientierte Kapitalgesellschaft gelten besondere Offenlegungsfristen (4 Monate, § 325 Abs. 4 S. 1) und besondere Ausschlusstatbestände für Abschlussprüfer (EU-Verordnung zur Abschlussprüfung iVm § 319a).

VII. Folgen der Nichtbeachtung

20   Da es sich bei § 264d um die Definition einer kapitalmarktorientierten Kapitalgesellschaft handelt, ist eine Nichtbeachtung ieS nicht möglich. Erfüllt eine Kapitalgesellschaft jedoch die Kriterien des § 264d und befolgt nicht die für kapitalmarktorientierte Kapitalgesellschaften geltenden Vorschriften, treten die jeweiligen Rechtsfolgen der nicht befolgten Vorschriften ein. Sofern

---

[24] MüKoHGB/*Reiner* Rn. 2.

[25] HdR/*Ellerich* Rn. 11; BeBiKo/*Schmidt/Hoffmann* Rn. 6; NWB Kommentar Bilanzierung/*Hoffmann/Lüdenbach* Rn. 13; MüKoHGB/*Reiner* Rn. 5.

[26] BeBiKo/*Schmidt/Hoffmann* Rn. 4; NWB Kommentar Bilanzierung/*Hoffmann/Lüdenbach* Rn. 8 ff. jeweils mit einer ausführlichen Übersicht ergänzend zu beachtender Vorschriften.

bspw. eine kapitalmarktorientierte Kapitalgesellschaft Erleichterungsvorschriften für kleine Kapitalgesellschaften in Anspruch nehmen sollte, läge eine Verletzung der Offenlegungspflichten vor, da kapitalmarktorientierte Kapitalgesellschaften gem. § 267 Abs. 3 S. 2 stets als große Kapitalgesellschaft gelten.[27]

§ 265 Allgemeine Grundsätze für die Gliederung

(1) [1]Die Form der Darstellung, insbesondere die Gliederung der aufeinanderfolgenden Bilanzen und Gewinn- und Verlustrechnungen, ist beizubehalten, soweit nicht in Ausnahmefällen wegen besonderer Umstände Abweichungen erforderlich sind. [2]Die Abweichungen sind im Anhang anzugeben und zu begründen.

(2) [1]In der Bilanz sowie in der Gewinn- und Verlustrechnung ist zu jedem Posten der entsprechende Betrag des vorhergehenden Geschäftsjahrs anzugeben. [2]Sind die Beträge nicht vergleichbar, so ist dies im Anhang anzugeben und zu erläutern. [3]Wird der Vorjahresbetrag angepaßt, so ist auch dies im Anhang anzugeben und zu erläutern.

(3) Fällt ein Vermögensgegenstand oder eine Schuld unter mehrere Posten der Bilanz, so ist die Mitzugehörigkeit zu anderen Posten bei dem Posten, unter dem der Ausweis erfolgt ist, zu vermerken oder im Anhang anzugeben, wenn dies zur Aufstellung eines klaren und übersichtlichen Jahresabschlusses erforderlich ist.

(4) [1]Sind mehrere Geschäftszweige vorhanden und bedingt dies die Gliederung des Jahresabschlusses nach verschiedenen Gliederungsvorschriften, so ist der Jahresabschluß nach der für einen Geschäftszweig vorgeschriebenen Gliederung aufzustellen und nach der für die anderen Geschäftszweige vorgeschriebenen Gliederung zu ergänzen. [2]Die Ergänzung ist im Anhang anzugeben und zu begründen.

(5) [1]Eine weitere Untergliederung der Posten ist zulässig; dabei ist jedoch die vorgeschriebene Gliederung zu beachten. [2]Neue Posten und Zwischensummen dürfen hinzugefügt werden, wenn ihr Inhalt nicht von einem vorgeschriebenen Posten gedeckt wird.

(6) Gliederung und Bezeichnung der mit arabischen Zahlen versehenen Posten der Bilanz und der Gewinn- und Verlustrechnung sind zu ändern, wenn dies wegen Besonderheiten der Kapitalgesellschaft zur Aufstellung eines klaren und übersichtlichen Jahresabschlusses erforderlich ist.

(7) Die mit arabischen Zahlen versehenen Posten der Bilanz und der Gewinn- und Verlustrechnung können, wenn nicht besondere Formblätter vorgeschrieben sind, zusammengefaßt ausgewiesen werden, wenn

1. sie einen Betrag enthalten, der für die Vermittlung eines den tatsächlichen Verhältnissen entsprechenden Bildes im Sinne des § 264 Abs. 2 nicht erheblich ist,
oder
2. dadurch die Klarheit der Darstellung vergrößert wird; in diesem Falle müssen die zusammengefaßten Posten jedoch im Anhang gesondert ausgewiesen werden.

---

[27] MüKoBilanzR/*Suchan* Rn. 24.

(8) **Ein Posten der Bilanz oder der Gewinn- und Verlustrechnung, der keinen Betrag ausweist, braucht nicht aufgeführt zu werden, es sei denn, daß im vorhergehenden Geschäftsjahr unter diesem Posten ein Betrag ausgewiesen wurde.**

Schrifttum: (ohne die Einzelbeiträge in den verschiedenen Handbüchern der Rechnungslegung) *Biener/Berneke,* Bilanzrichtlinien-Gesetz (BiRiLiG): Textausgabe des Bilanzrichtlinien-Gesetzes vom 19.12.1985, mit Begründung des Regierungsentwurfs, Bericht des Rechtsausschusses des Deutschen Bundestages, Richtlinien mit Begründung, Verweisungen, Erläuterungen, Sachverzeichnis, 1986; *Cairns,* A Guide to Applying International Accounting Standards, 1995; *IDW* St/HFA 5/1988 idF 1998: Vergleichszahlen im Jahresabschluss und im Konzernabschluss sowie ihre Prüfung, WPg 1998, 738; *IDW* RS HFA 15, Bilanzierung von Emissionsberechtigungen nach HGB, WPg 2006, 574; *IDW* RS HFA 39, Vorjahreszahlen im handelsrechtlichen Jahresabschluss, IDW-FN 1/2012, 31; *IDW* RS HFA 44, Vorjahreszahlen im handelsrechtlichen Konzernabschluss und Konzernrechnungslegung bei Änderungen des Konsolidierungskreises, IDW-FN 1/2012, 32; *Peun/Rimmelspacher,* Änderungen in der handelsrechtlichen GuV durch das BilRUG, DB-Beil. 5/2015, 12; *Zeitler/Ummenhofer,* Die bilanzielle Behandlung von Kryptowährungen nach HGB, Dargestellt am Beispiel Bitcoins, DK 2018, 442.

Übersicht

I. Überblick

Das HGB enthält in den §§ 266 und 275 bestimmte **Gliederungssche-** 1
mata für die Bilanz und die Gewinn- und Verlustrechnung von Kapitalgesell-
schaften und OHG/KG isv § 264a. Diesen werden in § 265 **allgemeine
Gliederungsgrundsätze** vorangestellt:
- Stetigkeit der Darstellung (Abs. 1),
- Angabe der Vorjahresbeträge (Abs. 2),
- Mitzugehörigkeitsvermerk (Abs. 3),
- Gliederung bei mehreren Geschäftszweigen (Abs. 4),
- Gliederungserweiterung und Zwischensummen (Abs. 5),
- Änderung der Gliederung und der Postenbezeichnungen (Abs. 6),
- Postenzusammenfassung (Abs. 7),
- Ausweis von Leerposten (Abs. 8).

Während die Grundsätze aus Abs. 1 und 8 analog auch für den **Anhang** 2
und den **Lagebericht** gelten, wird eine entsprechende Anwendung der
Abs. 2–7 auf Anhang und Lagebericht bereits durch deren Wortlaut und Sinn
ausgeschlossen.[1] Zu beachten ist jedoch, dass bei wahlweise im Anhang
gemachten Angaben und bei Postenzusammenfassungen nach Abs. 7 Nr. 2
stets auch die Vorjahreszahlen im Anhang anzugeben sind.[2]

Die allgemeinen Gliederungsvorschriften gelten grundsätzlich auch für 3
Kreditinstitute und Finanzdienstleistungsinstitute sowie **Versicherungsunternehmen**, obwohl diese ihre Bilanz und Gewinn- und Verlustrechnung nicht nach der in §§ 266, 275 vorgeschriebenen Gliederung aufstellen, sondern die branchenspezifischen Formblätter zu verwenden haben.
Allerdings ist es Kreditinstituten und Finanzdienstleistungsinstituten auf
Grund der festgelegten Formblätter verwehrt, Abs. 6, 7 anzuwenden (§ 340a
Abs. 2 S. 1); für Versicherungsunternehmen ist die Anwendung von Abs. 6
ausgeschlossen (§ 341a Abs. 2 S. 1). Dem **PublG** unterliegende Unternehmen (§ 5 Abs. 1 S. 2 PublG) sowie **eG** (§ 336 Abs. 2 S. 1) haben ihrem
Jahresabschluss die allgemeinen Gliederungsgrundsätze zu Grunde zu legen.

II. Stetigkeit der Darstellung (Abs. 1)

1. Grundsatz. Abs. 1 fordert, dass die einmal gewählte Form der Dar- 4
stellung, insbesondere der aufeinanderfolgenden Bilanzen und Gewinn- und
Verlustrechnungen, grundsätzlich beizubehalten ist. Durch diese **formelle
Bilanzkontinuität** (zur materiellen Bilanzkontinuität vgl. § 252) soll die
Vergleichbarkeit der Jahresabschlüsse im Zeitablauf gewährleistet werden,
was Voraussetzung für eine Betrachtung der Entwicklung von Vermögens-,
Finanz- und Ertragslage des Unternehmens ist.[3]

2. Anwendungsbereich. Der Gesetzestext nennt als **Geltungsbereich** 5
des Stetigkeitsgebots nur beispielhaft die Gliederung der aufeinanderfolgenden Bilanzen und Gewinn- und Verlustrechnungen. Über die Gliederungsstetigkeit hinaus muss sich das Stetigkeitsgebot aber auch auf den **Inhalt** der
einzelnen Posten und auf die **Zuordnung** von Angaben, die wahlweise in
Bilanz, Gewinn- und Verlustrechnung oder im Anhang gemacht werden

---

[1] *ADS* Rn. 3; BeBiKo/*Winkeljohann*/*Büssow* Rn. 1.
[2] *ADS* Rn. 3.
[3] BeBiKo/*Winkeljohann*/*Büssow* Rn. 2.

können, beziehen.[4] Obwohl für den **Anhang** eine Darstellungsform nicht gesetzlich konkretisiert ist, sollten auch eine einmal gewählte Strukturierung des Anhangs und die Reihenfolge der Angaben beibehalten werden; Entsprechendes gilt für den **Lagebericht**, für den eine gewisse Darstellungsstetigkeit im Aufbau des Berichts ebenfalls als zweckmäßig angesehen werden muss.[5] Darüber hinaus gilt das Stetigkeitsgebot bei Gesellschaften iSd § 264d, die nicht zur Aufstellung eines Konzernabschlusses verpflichtet sind, auch für den Eigenkapitalspiegel, die Kapitalflussrechnung sowie gegebenenfalls der Segmentberichterstattung.[6]

6   **3. Abweichungen von der Darstellungsstetigkeit.** Abweichungen von der formellen Stetigkeit sind an besondere Voraussetzungen geknüpft. Es muss sich um Ausnahmefälle handeln, in denen wegen besonderer Umstände Abweichungen erforderlich sind, die dann **im Anhang anzugeben** und zu erläutern sind. Trifft dies zu, so darf die bisherige Darstellung nicht mehr beibehalten werden; es besteht somit **kein Wahlrecht** zwischen einer Beibehaltung der Darstellung und einem Abweichen von der Darstellungsstetigkeit. Eine Abweichung von der Darstellungsstetigkeit liegt begrifflich nur in denjenigen Ausnahmefällen vor, in denen zwischen zwei gleichermaßen zulässigen Darstellungsformen gewählt werden kann,[7] dh ist zB aufgrund einer Änderung von Rechnungslegungsvorschriften nur eine andere als die bisherige Darstellungsform zulässig oder trägt die bisherige Darstellungsform nicht weiter dem Erfordernis der Klarheit und Übersichtlichkeit Rechnung, liegt keine Abweichung von der Darstellungsstetigkeit iSd Abs. 1 vor.[8] **Ausnahmefälle** für Abweichungen von der Darstellungsstetigkeit iSd Abs. 1 setzen **grundlegende Veränderungen** im Unternehmensumfeld und in den wirtschaftlichen Verhältnissen voraus (zB Wechsel des Mutterunternehmens, Änderungen des Produktionsprogramms oder Veränderungen der Bedeutung einzelner Posten, die zur Erreichung größerer Klarheit und Übersichtlichkeit weitere Untergliederungen oder Postenzusammenfassungen erforderlich machen).[9]

7   Abweichungen von der Darstellungsstetigkeit sind nach Abs. 1 S. 2 im Anhang **anzugeben** und zu **begründen**, jedoch nur bei **wesentlichen** Abweichungen.[10] Die Angabepflicht bezieht sich dabei auf die Bezeichnung der entsprechenden Sachverhalte. Die Begründung muss Ursache und Notwendigkeit der Stetigkeitsunterbrechung erkennen lassen. Im Rahmen dieser Erläuterungspflicht sind verbale Ausführungen ausreichend; die Angabe von Beträgen ist nicht erforderlich.[11]

III. Angabe der Vorjahresbeträge (Abs. 2)

8   **1. Inhalt der Angabepflicht.** Abs. 2 S. 1 verlangt von Kapitalgesellschaften und OHG/KG iSv § 264a, zu jedem Posten der Bilanz und Gewinn- und Verlustrechnung die entsprechenden Vorjahresbeträge anzugeben. Da-

---

[4] HdR / *Hütten* / *Lorson* Rn. 7 f.
[5] *ADS* Rn. 13 f.
[6] BeBiKo / *Winkeljohann* / *Büssow* Rn. 2.
[7] *ADS* Rn. 17, 19.
[8] HdR / *Hütten* / *Lorson* Rn. 20.
[9] *ADS* Rn. 20; WP-HdB Kap. F Rn. 277. Für eine Aufzählung in Frage kommender besonderer Umstände vgl. Baetge/Kirsch/Thiele/ *Ballwieser* Rn. 25.
[10] HdR / *Hütten* / *Lorson* Rn. 22–25.
[11] *ADS* Rn. 23; BeBiKo / *Winkeljohann* / *Büssow* Rn. 4.

durch wird die **Vergleichbarkeit** der Jahresabschlüsse im Zeitablauf gefördert. Die Vorschrift bezieht sich auf alle Posten der Bilanz und Gewinn- und
Verlustrechnung, somit ist auch bei **Davon-Vermerken**, vorgeschriebenen
weiteren Untergliederungen von Einzelposten sowie bei freiwilligen weiteren
Untergliederungen und bei Hinzufügen neuer Posten iSv Abs. 5 der entsprechende Vorjahresbetrag anzugeben.[12] Bei der Zusammenfassung von Posten und deren gesondertem Ausweis im **Anhang** gem. Abs. 7 Nr. 2 gilt die
Angabepflicht für die Vorjahresbeträge auch für die im Anhang ausgewiesenen Einzelposten.[13] Obwohl der Anhang in Abs. 2 S. 1 nicht ausdrücklich
erwähnt wird, erscheint die freiwillige Angabe von Vorjahresbeträgen auch
bei anderen Anhangangaben wünschenswert.[14]

Ein **Auf- oder Abrunden** der Vorjahresbeträge, bei entsprechenden Grö- **9**
ßenordnungen auch eine Angabe der Beträge in „TEUR" oder „Mio.
EUR", ist zulässig.[15]

2. Pflichten bei fehlender Vergleichbarkeit der Vorjahresbeträge. 10
Eine Vergleichbarkeit mit den Vorjahresbeträgen ist nur dann gewährleistet,
wenn der **Posteninhalt** sich in seiner Zusammensetzung gegenüber dem
Vorjahr nicht verändert hat.[16] Bei fehlender Vergleichbarkeit fordert Abs. 2
S. 2 eine **Erläuterung im Anhang.** Zu dieser Erläuterungspflicht können
bspw. ein Wechsel zwischen Umsatz- und Gesamtkostenverfahren, eine geänderte Zuordnung von Sachverhalten zu Einzelposten auf Grund von Veränderungen der rechtlichen oder tatsächlichen Verhältnisse, eine geänderte
Rechtsprechung sowie Zu- oder Abgänge von ganzen Unternehmensteilen
führen.[17] Aus der Einordnung der Regelung im Rahmen der Gliederungsvorschriften ergibt sich, dass Änderungen im Ansatz und in der Bewertung
der Posten die Vergleichbarkeit im Sinne dieser Vorschrift grundsätzlich nicht
berühren. Führen solche Abweichungen zu einer Beeinträchtigung der Vergleichbarkeit, lösen sie vielmehr eine Erläuterungspflicht nach § 284 Abs. 2
Nr. 2 aus.[18]

Die betreffenden Posten sind im Anhang **anzugeben** und die Gründe für **11**
die fehlende Vergleichbarkeit zu **erläutern.** Dabei sind zahlenmäßige Angaben nach dem Gesetzeswortlaut nicht erforderlich; **verbale** Ausführungen
sind ausreichend.[19]

3. Pflichten bei Anpassung der Vorjahresbeträge. Die Vergleichbarkeit **12**
von Vorjahreszahlen kann **alternativ** zur Erläuterung nach Abs. 2 S. 2 auch
durch eine **Anpassung der Vorjahresbeträge** nach Abs. 2 S. 2 erreicht
werden. Dies kommt insbesondere bei Veränderung der Zusammensetzung
eines Posteninhalts gegenüber dem Vorjahr, bei einem Wechsel zwischen
Gesamtkosten- und Umsatzkostenverfahren und einem Wechsel zwischen den
unterschiedlichen größenabhängigen Gliederungsschemata in Betracht.[20]
Wird eine solche Anpassung vorgenommen, so ist dies nach Abs. 2 S. 3
ebenfalls im Anhang **anzugeben** und zu **erläutern.** Dabei sind die entspre-

---

[12] *ADS* Rn. 25 f.; BeBiKo/*Winkeljohann/Büssow* Rn. 5 f.; *IDW* RS HFA 39 Rn. 1.
[13] *ADS* Rn. 28.
[14] *ADS* Rn. 29.
[15] WP-HdB Kap. F Rn. 13; BeBiKo/*Schmidt/Usinger* § 243 Rn. 64; *ADS* Rn. 29.
[16] *IDW* RS HFA 39 Rn. 4.
[17] *ADS* Rn. 31.
[18] *ADS* Rn. 30.
[19] *ADS* Rn. 32.
[20] *IDW* RS HFA 39 Rn. 10.

chenden Einzelposten anzugeben und es ist zu erläutern, in welcher Weise sie angepasst wurden.[21] Auch hier fordert das Gesetz keine Zahlenangaben; verbale Darstellungen genügen somit.

13   Eine Anpassung von Vorjahresbeträgen ist jedoch nicht in jedem Fall zweckmäßig. Erfordern bspw. **geänderte rechtliche Verhältnisse** zwingend eine abweichende Zuordnung einzelner Vermögensgegenstände oder Schulden, so würde die Anpassung der entsprechenden Vorjahreszahlen eine unzutreffende Darstellung der Vermögens-, Finanz- und Ertragslage des Vorjahres nach sich ziehen und ist damit nicht zulässig.[22]

14   Keine Anpassungspflicht besteht, wenn die Vergleichbarkeit mit dem Vorjahr aufgrund von **Verschmelzungen, Spaltungen** oder ähnlicher Vorgänge beeinträchtigt ist. In diesem Fall besteht allerdings eine Erläuterungspflicht im Anhang.[23]

IV. Mitzugehörigkeitsvermerk (Abs. 3)

15   **1. Grundsatz.** Die gesetzlich vorgeschriebene Bilanzgliederung berücksichtigt unterschiedliche, sich zT überschneidende Einteilungskriterien,[24] sodass es bei einzelnen Bilanzposten zu Abgrenzungsproblemen kommen kann. Fällt ein Vermögensgegenstand oder eine Schuld der Art nach unter mehrere Bilanzposten, so ist die **Mitzugehörigkeit** zu anderen Posten nach Abs. 3 S. 1 kenntlich zu machen. Dies kann entweder durch einen **Davon-Vermerk** bei dem Posten, unter dem der Ausweis erfolgt ist, oder durch Angabe und **Erläuterung im Anhang** geschehen. Die Vermerk- bzw. Erläuterungspflicht entsteht jedoch nur dann, wenn Klarheit und Übersichtlichkeit des Jahresabschlusses gefährdet sind. Demnach kommen hier nur **wesentliche** Fälle der Mitzugehörigkeit in Frage.[25] Maßstab zur Abgrenzung der vermerkpflichtigen Überschneidungen ist die Möglichkeit und Bedeutung von Fehlinterpretationen bei unterlassenem Vermerk.[26]

16   **2. Anwendungsfälle.** Bei Überschneidungen bedarf es einer Entscheidung, unter welchem der infrage kommenden Posten der Ausweis unter Angabe der Mitzugehörigkeit erfolgen soll. Für die Zuordnung eines Vermögensgegenstandes oder einer Schuld zu einem bestimmten Bilanzposten kommen drei verschiedene Fälle in Betracht.[27] Haben die für eine Zuordnung infrage kommenden Bilanzposten eine **annähernd gleiche Bedeutung** (fehlende Vorrangigkeit), so sollte sich der Ausweis danach richten, wie am besten ein den tatsächlichen Verhältnissen entsprechendes Bild der Vermögens- und Finanzlage vermittelt wird. Liegt eine **qualitative Vorrangigkeit** einzelner Bilanzposten vor, dann sollte der Ausweis der entsprechenden Vermögensgegenstände oder Schulden grundsätzlich unter diesen Posten erfolgen und die Mitzugehörigkeit vermerkt werden. So sind zB Ausleihungen, Forderungen und Verbindlichkeiten gegenüber den Gesellschaftern einer GmbH gem. § 42 Abs. 3 GmbHG im Regelfall als solche gesondert aus-

---

[21] HdR/*Hütten/Lorson* Rn. 42 f.

[22] *ADS* Rn. 34.

[23] Hierzu mit Verweis auf eine mögliche Drei-Spalten-Darstellung nach *IDW* RS HFA 39 Rn. 12 (unter Anwendung der Grundsätze des *IDW* RS HFA 44); vgl. BeBiKo/*Winkeljohann/Büssow* Rn. 6.

[24] Vgl. dazu *ADS* Rn. 39.

[25] WP-HdB Kap. F Rn. 281; BeBiKo/*Winkeljohann/Büssow* Rn. 8.

[26] *ADS* Rn. 40.

[27] *ADS* Rn. 42–45.

zuweisen oder im Anhang anzugeben.[28] Werden sie ausnahmsweise unter anderen Posten ausgewiesen, so ist die Mitzugehörigkeit zu vermerken. Schließlich kann der Ausweis unter einem bestimmten Posten auch zwingend vorgeschrieben sein (**zwingende Vorrangigkeit**): Nach § 42 Abs. 2 S. 2 GmbHG sind eingeforderte Nachschüsse bei der GmbH als solche gesondert auszuweisen, soweit mit ihrer Zahlung gerechnet werden kann.

V. Gliederung bei mehreren Geschäftszweigen (Abs. 4)

1. Grundsatz. Die Gliederungsschemata für Kapitalgesellschaften und **17** OHG/KG iSv § 264a (§§ 266 und 275) stellen auf die Normalfälle von **Industrie- und Handelsunternehmen** ab und berücksichtigen daher nicht die Besonderheiten anderer Wirtschaftszweige. Für andere Branchen, wie zB Banken, Versicherungsunternehmen, Wohnungsunternehmen oder Krankenhäuser, sind daher auf Grund der Ermächtigung in § 330 bestimmte **Formblätter** vorgeschrieben.

Ist eine Kapitalgesellschaft in **mehreren Geschäftszweigen** tätig und **18** bedingt dies die Anwendung unterschiedlicher Gliederungsvorschriften, so ist gem. Abs. 4 S. 1 der Jahresabschluss nach der für einen der Geschäftszweige vorgesehenen Gliederung aufzustellen und um die Besonderheiten der für die anderen Geschäftszweige vorgeschriebenen Gliederungen zu ergänzen.[29] Welche Gliederung zugrunde gelegt wird, lässt das Gesetz offen. Im Interesse der Klarheit und Übersichtlichkeit sollte die Gliederung, die möglichst wenige Ergänzungen erfordert,[30] bzw. bei Überwiegen eines Geschäftszweigs die Gliederung des Hauptgeschäftszweigs gewählt werden.[31]

2. Angabe- und Begründungspflicht im Anhang. Für die Ergänzung **19** der Grundgliederung bei Vorhandensein mehrerer Geschäftszweige besteht nach Abs. 4 S. 2 eine **Angabe- und Begründungspflicht** im Anhang. Dabei ist im Einzelnen anzugeben und zu begründen, welche Gliederung der Aufstellung des Jahresabschlusses zugrunde gelegt wurde und welche Ergänzungen vorgenommen wurden.[32]

VI. Gliederungserweiterung und Zwischensummen (Abs. 5)

1. Grundsatz. Abs. 5 lässt zur Anpassung der Gliederung an Besonderhei- **20** ten der Kapitalgesellschaft sowohl eine **weitere Untergliederung der Posten** als auch das **Hinzufügen neuer Posten** und **Zischensummen** zu. Der Einblick in die Vermögens-, Finanz- und Ertragslage darf jedoch nicht beeinträchtigt werden. Eine weitergehende Untergliederung kann dann erforderlich sein, wenn es zu Fehlinterpretationen von Bilanzposten oder zur Vermittlung eines unzutreffenden Bildes der Aufwands- und Ertragsverhältnisse kommen kann.[33] Grenzen sind einer weiteren Untergliederung auch durch den **Grundsatz der Klarheit und Übersichtlichkeit** gesetzt, der durch zu viele Untergliederungen insbesondere von unwesentlichen Posten beeinträchtigt werden kann.[34]

---

[28] BeBiKo/*Winkeljohann/Büssow* Rn. 8.
[29] *ADS* Rn. 47.
[30] *ADS* Rn. 49; WP-HdB Kap. F Rn. 283; Baumbach/Hopt/*Merkt* Rn. 4.
[31] BeBiKo/*Winkeljohann/Büssow* Rn. 12.
[32] WP-HdB Kap. F Rn. 966.
[33] *ADS* Rn. 53.
[34] BeBiKo/*Winkeljohann/Büssow* Rn. 14; Baumbach/Hopt/*Merkt* Rn. 5.

21 **2. Weitere Untergliederung von Posten.** Werden weitere Untergliederungen von Posten vorgenommen, muss aber nach Abs. 5 S. 1 Hs. 2 in jedem Fall die vorgeschriebene Gliederung beachtet werden und darf die Klarheit und Übersichtlichkeit von Bilanz und GuV nicht beeinträchtigen. Infolge der modifizierten Definition der Umsatzerlöse nach § 277 Abs. 1 im Zuge des BilRUG kann in der GuV eine Umgliederung der Umsatzerlöse erfolgen, die nicht im Rahmen des gewöhnlichen Geschäftsbetriebs erzielt wurden.[35] Eine freiwillige Ergänzung separater Posten zur Kompensation des Wegfalls der außerordentlichen Erträge und Aufwendungen ist hingegen unzulässig.[36] Eine weiter gehende Untergliederung kann unter Zugrundelegung der Gliederungsschemata der §§ 266 und 275 durch die **Aufgliederung eines Postens in einzelne Bestandteile** (zB Aufgliederung des Bilanzpostens „A. II.1. Grundstücke, grundstücksgleiche Rechte und Bauten einschließlich der Bauten auf fremden Grundstücken" in seine Bestandteile), durch **Ausgliederungen aus Sammelposten** (zB Ausgliederung der Posten „Provisionserträge", „Periodenfremde Erträge" und „Übrige Erträge" aus dem Posten „Sonstige betriebliche Erträge" in der Gewinn- und Verlustrechnung) oder durch **zusätzliche Davon-Vermerke** erfolgen.[37]

22 **3. Hinzufügen neuer Posten und Zwischensummen.** Abs. 5 S. 2 erlaubt das Hinzufügen **neuer Posten** in Bilanz und Gewinn- und Verlustrechnung, wenn entsprechende Vermögensgegenstände und Schulden sowie Aufwendungen und Erträge nicht von den vorgeschriebenen Gliederungsposten gedeckt werden. Dafür kommen vor allem **unternehmens- oder branchenspezifische Besonderheiten**, die in den auf die Normalfälle von Industrie- und Handelsunternehmen abgestellten Grundgliederungen nicht enthalten sind, in Frage; Beispiele sind Schiffe, Flugzeuge, Eisenbahnen und Gleisanlagen, Filmvermögen oder Leasingvermögen bei Leasingunternehmen sowie ggf. selbstgeschaffene immaterielle Vermögensgegenstände im Entstehen oder, aufgrund der bestehenden Unsicherheit über deren Zuordnung, Kryptowährungen.[38] Neben der Möglichkeit, zusätzliche Posten einzufügen, dürfen seit dem BilRUG auch **Zwischensummen** eingefügt werden, um bspw. branchenspezifische Größen angeben zu können.[39] Das Einfügen von Zwischensummen darf weder die Klarheit der mit dem Jahresabschluss verbundenen Aussagen gefährden noch darf eine freiwillig einfügte Zwischensumme inhaltlich einer gesetzlich vorgeschriebenen Position entsprechen.[40] Obwohl sich aus Abs. 5 S. 2 lediglich ein **Wahlrecht** zur Hinzufügung neuer Posten und Zwischensummen ergibt, kann bei bestimmten Sachverhalten auch eine **Pflicht** dazu bestehen, zB wenn es sich um wesentliche Beträge handelt, im gesetzlichen Gliederungsschema für den Sachverhalt kein Posten vorgesehen ist und auch eine Einbeziehung in einen vorhandenen Posten unter Anpassung der Bezeichnung iSv Abs. 6 nicht sachgerecht wäre.[41] Ein weiterer Anwendungsfall sind unentgeltlich erhaltene **Emissionsrechte,** die zum Zeitwert im Ausgabezeitpunkt angesetzt werden. In diesem Fall ist in gleicher Höhe ein „Sonderposten für

---

[35] *Peun/Rimmelspacher* DB-Beil. 5/2015, 15 (18); BeBiKo/*Winkeljohann/Büssow* Rn. 14.
[36] BeBiKo/*Winkeljohann/Büssow* Rn. 14.
[37] *ADS* Rn. 55–58 mit Beispielen.
[38] *Zeitler/Ummenhofer* DK 2018, 445 f.; BeBiKo/*Winkeljohann/Büssow* Rn. 15.
[39] BeBiKo/*Winkeljohann/Büssow* Rn. 15; *Zwirner* BilRUG S. 425.
[40] *Zwirner* BilRUG S. 425.
[41] *ADS* Rn. 68.

unentgeltlich ausgegebene Schadstoffemissionsrechte" zwischen Eigenkapital und Rückstellungen zu bilden.[42]

VII. Änderung der Gliederung und der Postenbezeichnungen (Abs. 6)

1. Grundsatz. Eine **Verpflichtung** zur Änderung der Gliederung und **23** der Postenbezeichnungen liegt nach Abs. 6 vor, wenn Besonderheiten der Kapitalgesellschaft bestehen, die zur Aufstellung eines klaren und übersichtlichen Jahresabschlusses die Änderung erforderlich machen. Dadurch soll zur Vermittlung eines den tatsächlichen Verhältnissen entsprechenden Bildes der Vermögens-, Finanz- und Ertragslage der Gesellschaft beigetragen werden. Solche Besonderheiten ergeben sich insbesondere aus **branchenspezifischen Sachverhalten** bei Energieversorgungs-, Transport-, Bau-, Bergbau-, Mineralöl-, Leasing- oder Dienstleistungsunternehmen und Holdinggesellschaften.[43]

2. Vorgeschriebene Änderungen. Änderungen der Gliederung sind nur **24** dann zulässig, wenn die neue Gliederung die **gesetzlich vorgeschriebene Gliederung** hinsichtlich Klarheit und Übersichtlichkeit **übertrifft;** eine in dieser Hinsicht gleichwertige Gliederung rechtfertigt noch nicht die Anwendung von Abs. 6.[44] Nach dem Wortlaut von Abs. 6 sind **nur** Änderungen der **mit arabischen Zahlen nummerierten Posten** möglich; die mit Großbuchstaben oder römischen Zahlen versehenen Posten dürfen nicht geändert werden. In den Gliederungen für die Gewinn- und Verlustrechnung nach § 275 Abs. 2 bzw. 3 gibt es ausschließlich mit arabischen Zahlen versehene Posten; römische Ziffern oder Großbuchstaben kommen hier nicht vor. So kann sich bspw. in der Gewinn- und Verlustrechnung von Holdinggesellschaften die Notwendigkeit ergeben, Aufwendungen und Erträge des Finanzbereichs voranzustellen, da diese im Gegensatz zu den Umsatzerlösen überragende Bedeutung haben.[45]

Anpassungen der Postenbezeichnung sind vorzunehmen, wenn sich **25** die tatsächlichen Verhältnisse nicht mehr in vollem Umfang mit den vorgesehenen Postenbezeichnungen decken. Die Anpassung muss vorgenommen werden, wenn eine gesetzliche Bezeichnung irreführend wäre.[46] Dies kann der Fall sein, wenn Gliederungsposten **mehrere Komponenten** enthalten, wie zB der Posten „Fertige Erzeugnisse und Waren". In einem Handelsunternehmen, in dem es keine Fertigerzeugnisse gibt, reduziert sich die entsprechende Postenbezeichnung auf „Waren".[47]

Die Postennummerierungen (Buchstaben, römische und arabische Zahlen) **26** gehören nicht zu der Postenbezeichnung iSd Vorschrift und können daher entfallen oder sind ggf. der tatsächlichen Reihenfolge anzupassen.[48]

3. Freiwillige Änderungen. Liegen die Voraussetzungen von Abs. 6 **27** nicht vor und besteht somit auch keine Pflicht zur Änderung von Gliederung und Postenbezeichnung, kommen freiwillige Änderungen in Frage. Dazu

---

[42] Zu weiteren Einzelheiten vgl. *IDW* RS HFA 15 Rn. 13.
[43] BeBiKo/*Winkeljohann/Büssow* Rn. 16; Baumbach/Hopt/*Merkt* Rn. 6.
[44] WP-HdB Kap. F Rn. 285 f.
[45] *Biener/Berneke* BiRiLiG Erl. S. 140.
[46] WP-HdB Kap. F Rn. 286.
[47] *ADS* Rn. 72 f.; *Kirsch* in Hofbauer/Kupsch Bonner-HdB Rn. 121–128.
[48] WP-HdB Kap. F Rn. 287.

zählen das Ersetzen von Bezeichnungen der im gesetzlichen Gliederungs-schema vorgesehenen Posten durch **Kurzbezeichnungen** (geleistete Anzah-lungen sind auf der Aktivseite und erhaltene Anzahlungen auf der Passivseite auszuweisen; folglich können die entsprechenden Postenbezeichnungen auf „Anzahlungen" verkürzt werden) oder die Wahl einer **engeren Postenbe-zeichnung** (zB „Tochterunternehmen" bzw. „Mutterunternehmen" statt „Verbundene Unternehmen").[49] Unzulässig sind von den gesetzlichen Be-griffen abweichende Bezeichnungen, wenn sie nicht zu einer zutreffenden Bestimmung des Posteninhalts führen.[50]

VIII. Postenzusammenfassung (Abs. 7)

28   **1. Grundsatz.** Die Zusammenfassung einzelner Posten von Bilanz und Gewinn- und Verlustrechnung ist nach Abs. 7 in zwei Fällen zulässig: Bei **unerheblichen Beträgen** (Abs. 7 Nr. 1) oder zur **Vergrößerung der Klarheit der Darstellung** (Abs. 7 Nr. 2). Bei einer Zusammenfassung zur Vergrößerung der Klarheit der Darstellung müssen allerdings die zusammen-gefassten Posten im Anhang gesondert angegeben werden. Die Zusammen-fassung ist nach dem Gesetzeswortlaut auf die mit **arabischen Zahlen** versehenen Posten beschränkt. In der Bilanz können somit Zusammenfas-sungen nur innerhalb der jeweiligen durch Buchstaben und römische Zahlen gekennzeichneten Postengruppe vorgenommen werden; während in der Gewinn- und Verlustrechnung auf Grund des Fehlens solcher Postengrup-pen Zusammenfassungen einzelner Posten zu Zwischensummen denkbar sind, zB Zusammenfassungen der mit Kleinbuchstaben versehenen Unter-gliederungen.[51]

29   Die Möglichkeit zur Zusammenfassung der Posten von Bilanz und Ge-winn- und Verlustrechnung besteht nach Abs. 7 jedoch nur in Bezug auf die gesetzlichen Gliederungsschemata der §§ 266 und 275. Sind besondere **Formblätter** vorgeschrieben, darf eine Zusammenfassung nicht vorgenom-men werden; es sei denn, die entsprechenden Formblattvorschriften lassen ausdrücklich eine Zusammenfassung zu.

30   **2. Zusammenfassung wegen Unerheblichkeit der Beträge.** Nach Abs. 7 Nr. 1 dürfen Posten zusammengefasst ausgewiesen werden, wenn sie einen Betrag enthalten, der für die Vermittlung eines den tatsächlichen Ver-hältnissen entsprechenden Bildes der Vermögens-, Finanz- und Ertragslage der Gesellschaft **nicht erheblich** ist. Dieses Wahlrecht stellt einen Ausdruck des **Grundsatzes der Wesentlichkeit** dar. Die Unerheblichkeit eines Pos-tens hängt dabei von seiner absoluten und relativen Größe, aber auch von seinem sachlichen Inhalt ab.[52]

31   Eine Zusammenfassung wegen Unerheblichkeit der Beträge ist nicht mög-lich, wenn für Posten zwingend ein gesonderter Ausweis vorgeschrieben ist.[53] Entsprechendes gilt auch für im Gliederungsschema nicht enthaltene Posten,

---

[49] *ADS* Rn. 79–85; BeBiKo/*Winkeljohann/Büssow* Rn. 16; Baumbach/Hopt/*Merkt* Rn. 6.
[50] WP-HdB Kap. F Rn. 285 f.
[51] *ADS* Rn. 86; HdR/*Hütten/Lorson* Rn. 110–112; BeBiKo/*Winkeljohann/Büssow* Rn. 17.
[52] HdR/*Hütten/Lorson* Rn. 116.
[53] WP-HdB Kap. F Rn. 288.

die auf Grund besonderer Vorschriften des HGB oder nach anderen Gesetzen gesondert auszuweisen sind.[54]

3. Zusammenfassung zur Vergrößerung der Klarheit der Darstel- 32
lung. Abs. 7 Nr. 2 lässt eine Zusammenfassung von Posten dann zu, wenn dadurch die Klarheit der Darstellung vergrößert wird. Der dadurch entstehende Informationsverlust wird durch die Forderung nach dem gesonderten Ausweis der zusammengefassten Posten im Anhang aufgefangen. Obwohl Abs. 7 Nr. 2 nur die **Klarheit der Darstellung** erwähnt, darf der Grundsatz der – auf den gesamten Jahresabschluss bezogenen – **Übersichtlichkeit** nicht unberücksichtigt bleiben. Je mehr Posten in Bilanz und Gewinn- und Verlustrechnung zusammengefasst und dadurch in den Anhang verlagert werden, desto unübersichtlicher kann dieser werden.[55] Der Anhang muss daher eine sinnvolle und klare Gliederung aufweisen und so strukturiert sein, dass die dorthin verlagerten Angaben einem entsprechenden Ausweis in Bilanz oder Gewinn- und Verlustrechnung **gleichwertig** sind. Unter dieser Voraussetzung kann auch eine Verkürzung der Bilanzgliederung nach dem Wahlrecht des § 266 Abs. 1 S. 3 (Ausweis nur der mit Buchstaben und römischen Zahlen versehenen Posten) unabhängig von der Größenordnung des Unternehmens als zulässig angesehen werden.[56]

Werden durch die Zusammenfassungen der Posten in Bilanz und Gewinn- 33
und Verlustrechnung einzelne Posten in den Anhang verlagert, so sind dort auch die entsprechenden **Vorjahresbeträge** anzugeben.[57]

IX. Ausweis von Leerposten (Abs. 8)

Nach Abs. 8 besteht für Kapitalgesellschaften und OHG/KG iSv § 264a 34
das Wahlrecht, einen Posten der Bilanz oder Gewinn- und Verlustrechnung, der keinen Betrag ausweist **(Leerposten)**, nicht aufzuführen. Dies gilt auf Grund der Angabepflicht für Vorjahresbeträge (Abs. 2 S. 1) jedoch nur dann, wenn auch im vorhergehenden Geschäftsjahr unter diesem Posten kein oder ein nur unwesentlicher Betrag ausgewiesen wurde.

Obwohl die Vorschrift ausdrücklich nur Posten der Bilanz und der Ge- 35
winn- und Verlustrechnung nennt, gilt dieses Wahlrecht auch für **Davon-Vermerke.**[58]

X. Folgen der Nichtbeachtung

Vgl. die Erl. zu → § 266 Rn. 63. 36

Zweiter Titel. Bilanz

§ 266 Gliederung der Bilanz

(1) ¹**Die Bilanz ist in Kontoform aufzustellen.** ²**Dabei haben mittel-**
große und große Kapitalgesellschaften (§ 267 Absatz 2 und 3) auf der

---

[54] *ADS* Rn. 88.
[55] *ADS* Rn. 92.
[56] *ADS* Rn. 93 f.; Baumbach/Hopt/*Merkt* Rn. 7.
[57] *ADS* Rn. 94.
[58] *ADS* Rn. 96; BeBiKo/*Winkeljohann/Büssow* Rn. 18; *Kirsch* in Hofbauer/Kupsch Bonner-HdB Rn. 141.

Aktivseite die in Absatz 2 und auf der Passivseite die in Absatz 3 bezeichneten Posten gesondert und in der vorgeschriebenen Reihenfolge auszuweisen. [3]Kleine Kapitalgesellschaften (§ 267 Abs. 1) brauchen nur eine verkürzte Bilanz aufzustellen, in die nur die in den Absätzen 2 und 3 mit Buchstaben und römischen Zahlen bezeichneten Posten gesondert und in der vorgeschriebenen Reihenfolge aufgenommen werden. [4]Kleinstkapitalgesellschaften (§ 267a) brauchen nur eine verkürzte Bilanz aufzustellen, in die nur die in den Absätzen 2 und 3 mit Buchstaben bezeichneten Posten gesondert und in der vorgeschriebenen Reihenfolge aufgenommen werden.

(2) Aktivseite

A. Anlagevermögen:

   I. Immaterielle Vermögensgegenstände:

     1. Selbst geschaffene gewerbliche Schutzrechte und ähnliche Rechte und Werte;

     2. entgeltlich erworbene Konzessionen, gewerbliche Schutzrechte und ähnliche Rechte und Werte sowie Lizenzen an solchen Rechten und Werten;

     3. Geschäfts- oder Firmenwert;

     4. geleistete Anzahlungen;

  II. Sachanlagen:

     1. Grundstücke, grundstücksgleiche Rechte und Bauten einschließlich der Bauten auf fremden Grundstücken;

     2. technische Anlagen und Maschinen;

     3. andere Anlagen, Betriebs- und Geschäftsausstattung;

     4. geleistete Anzahlungen und Anlagen im Bau;

  III. Finanzanlagen:

     1. Anteile an verbundenen Unternehmen;

     2. Ausleihungen an verbundene Unternehmen;

     3. Beteiligungen;

     4. Ausleihungen an Unternehmen, mit denen ein Beteiligungsverhältnis besteht;

     5. Wertpapiere des Anlagevermögens;

     6. sonstige Ausleihungen.

B. Umlaufvermögen:

   I. Vorräte:

     1. Roh-, Hilfs- und Betriebsstoffe;

     2. unfertige Erzeugnisse, unfertige Leistungen;

     3. fertige Erzeugnisse und Waren;

     4. geleistete Anzahlungen;

  II. Forderungen und sonstige Vermögensgegenstände:

     1. Forderungen aus Lieferungen und Leistungen;

     2. Forderungen gegen verbundene Unternehmen;

     3. Forderungen gegen Unternehmen, mit denen ein Beteiligungsverhältnis besteht;

     4. sonstige Vermögensgegenstände;

  III. Wertpapiere:

     1. Anteile an verbundenen Unternehmen;

     2. sonstige Wertpapiere;

  IV. Kassenbestand, Bundesbankguthaben, Guthaben bei Kreditinstituten und Schecks.

C. Rechnungsabgrenzungsposten.
D. Aktive latente Steuern.
E. Aktiver Unterschiedsbetrag aus der Vermögensverrechnung.

(3) Passivseite
A. Eigenkapital:
 I. Gezeichnetes Kapital;
 II. Kapitalrücklage;
 III. Gewinnrücklagen:
  1. gesetzliche Rücklage;
  2. Rücklage für Anteile an einem herrschenden oder mehrheitlich beteiligten Unternehmen;
  3. satzungsmäßige Rücklagen;
  4. andere Gewinnrücklagen;
 IV. Gewinnvortrag/Verlustvortrag;
 V. Jahresüberschuß/Jahresfehlbetrag.
B. Rückstellungen:
  1. Rückstellungen für Pensionen und ähnliche Verpflichtungen;
  2. Steuerrückstellungen;
  3. sonstige Rückstellungen.
C. Verbindlichkeiten:
  1. Anleihen,
   davon konvertibel;
  2. Verbindlichkeiten gegenüber Kreditinstituten;
  3. erhaltene Anzahlungen auf Bestellungen;
  4. Verbindlichkeiten aus Lieferungen und Leistungen;
  5. Verbindlichkeiten aus der Annahme gezogener Wechsel und der Ausstellung eigener Wechsel;
  6. Verbindlichkeiten gegenüber verbundenen Unternehmen;
  7. Verbindlichkeiten gegenüber Unternehmen, mit denen ein Beteiligungsverhältnis besteht;
  8. sonstige Verbindlichkeiten,
   davon aus Steuern,
   davon im Rahmen der sozialen Sicherheit.
D. Rechnungsabgrenzungsposten.
E. Passive latente Steuern.

Schrifttum: (ohne die Einzelbeiträge in den verschiedenen Handbüchern der Rechnungslegung) *IDW* St/HFA 1/1994: Zur Behandlung von Genußrechten im Jahresabschluß von Kapitalgesellschaften, WPg 1994, 419; *Müller/Kreipl*, Rechnungslegungserleichterungen für Kleinstkapitalgesellschaften und Tochterunternehmen ausländischer Konzernmütter durch das MicroBilG, DB 2013, 73; *Oser/Orth/Wirtz*, Das Bilanzrichtlinie-Umsetzungsgesetz (BilRUG) – Wesentliche Änderungen und Hinweise zur praktischen Umsetzung –, DB 2015, 1729; *Richter*, Anpassung der Umsatzerlösdefinition durch das BilRUG – Diskussion der Änderungen unter Berücksichtigung möglicher Folgewirkungen, DB 2015, 385.

Übersicht

I. Grundlagen der Bilanzgliederung (Abs. 1)

1   **1. Formelle Grundsätze und Anwendungsbereich.** Die Gliederungsvorschriften gelten hinsichtlich Bezeichnung, Inhalt und Reihenfolge der
einzeln ausgewiesenen Posten sowie der Grundform der aufzustellenden
Bilanz. Für die Grundform ist nach Abs. 1 S. 1 nur die **Kontoform** erlaubt;
eine Aufstellung in der Staffelform ist **nicht zulässig.** Unter Kontoform ist
dabei nicht nur die Gegenüberstellung **nebeneinander** in Form eines T-
Kontos zu verstehen, sondern Aktiva und Passiva können auch – geschlossen
und unsaldiert – **untereinander** gezeigt werden.[1]

2   Zweck der Gliederungsvorschriften ist die Konkretisierung der Generalnorm des § 264 Abs. 2 S. 1 und damit auch die Gewährleistung der Grundsätze der Bilanzklarheit, Bilanzkontinuität und der Stetigkeit nach § 265
Abs. 1 S. 1.[2]

3   Abs. 1 S. 2 fordert von **mittelgroßen und großen Kapitalgesellschaften und OHG/KG iSv § 264a** den **gesonderten Ausweis** der einzelnen
Bilanzposten. Zusammenfassungen von Posten sind grundsätzlich nicht zulässig, sie kommen nur ausnahmsweise bei Vorliegen der Voraussetzungen des
§ 265 Abs. 7 in Betracht. Darüber hinaus haben mittelgroße und große
Kapitalgesellschaften und OHG/KG iSv § 264a die in den Abs. 2 und 3
bezeichneten Posten in der dort **vorgeschriebenen Reihenfolge** auszuweisen. Ausnahmen hiervon sind nur im Falle von § 265 Abs. 6 möglich. Der
gesonderte Ausweis und die Einhaltung der vorgeschriebenen Reihenfolge

---

[1] Ebenso *ADS* Rn. 1; HdR/*Dusemond/Heusinger-Lange/Knop* Rn. 6; BeBiKo/*Schubert/
Waubke* Rn. 5; Haufe BilanzR/*Wulf/Sackbrook* Rn. 6.
[2] *ADS* Rn. 2.

der Posten gelten auch für **kleine Kapitalgesellschaften und OHG/KG iSv § 264a,** allerdings unter Berücksichtigung der Erleichterungsvorschrift des Abs. 1 S. 3, **für Kleinstkapitalgesellschaften iSv § 267a** bestehen weitere Erleichterungen (→ Rn. 9 f. bzw. 11). In bestimmten Fällen kann sich auch eine **Pflicht** zur Abweichung von dem vorgeschriebenen Gliederungsschema ergeben (hierzu sowie zu weiteren Ausnahmen § 265).

Die Gliederungsvorschriften des § 266 gelten ausschließlich für Kapitalge- **4** sellschaften und OHG/KG iSv § 264a, wobei OHG/KG iSv § 264a darüber hinaus die zusätzlichen Gliederungsvorschriften des § 264c zu beachten haben. Zu Einzelheiten vgl. Erl. § 264c. **Nicht-Kapitalgesellschaften** können die Vorschrift **freiwillig** anwenden. Sie haben lediglich § 247 Abs. 1 zu beachten und demnach in der Bilanz das Anlage- und das Umlaufvermögen, das Eigenkapital, die Schulden sowie die Rechnungsabgrenzungsposten gesondert auszuweisen und hinreichend aufzugliedern. Dennoch haben sich in der Praxis zumindest die Gliederungsvorschriften für kleine Kapitalgesellschaften und OHG/KG iSv § 264a nach Abs. 1 S. 3 allgemein durchgesetzt. Dies liegt auch daran, dass immer häufiger in Gesellschaftsverträgen die analoge Anwendung von Rechnungslegungsvorschriften der Kapitalgesellschaften verlangt wird.

Für Unternehmen, die ihre Bilanz nach den ihnen vorgeschriebenen **5** Formblättern aufstellen müssen (zB Kreditinstitute und Finanzdienstleistungsinstitute sowie Versicherungsunternehmen), gilt § 266 nicht. Dem **PublG** unterliegende Unternehmen haben gem. § 5 Abs. 1 S. 2 PublG das Gliederungsschema des § 266 sinngemäß anzuwenden, für eingetragene **Genossenschaften** gilt § 266 entsprechend (§ 336 Abs. 2).

Das Gliederungsschema des § 266 bezieht sich entsprechend der Einord- **6** nung der Vorschrift im Dritten Buch des HGB zwar nur auf die Aufstellung der Bilanz im Rahmen des **Jahresabschlusses,** eignet sich aber grundsätzlich auch für die Aufstellung von **Sonderbilanzen.**[3]

Dafür kommen insbesondere Eröffnungsbilanzen (§ 242 Abs. 1), Abwick- **7** lungsbilanzen (§ 270 Abs. 2 AktG, § 71 Abs. 2 GmbHG), Verschmelzungsbilanzen (§ 17 Abs. 2 UmwG), Bilanzen bei Vermögensübertragungen auf die öffentliche Hand (§ 176 Abs. 1 UmwG) oder auf öffentlich-rechtliche Versicherungsunternehmen (§ 178 Abs. 1 UmwG) sowie Erhöhungssonderbilanzen für Zwecke der Kapitalerhöhung aus Gesellschaftsmitteln (§ 209 Abs. 2 AktG, § 57f Abs. 1 GmbHG) in Betracht.

Grundsätzlich gilt die Vorschrift des § 266 auch für die Gliederung der **8** **Konzernbilanz;** es sei denn, die Eigenart des Konzernabschlusses macht eine Abweichung erforderlich oder es gelten besondere Vorschriften (§ 298 Abs. 1). Im Zuge des BilRUG wurde in § 298 Abs. 1 insbesondere § 264c ergänzt und somit klargestellt, dass ein Mutterunternehmen iSv § 264a im Konzernabschluss neben den Vorschriften des § 266 auch die Gliederungs- und Offenlegungsvorschriften des § 264c zu beachten hat.[4] Aufgehoben wurde hingegen § 298 Abs. 2 aF, sodass Vorräte nicht mehr unter bestimmten Bedingungen in der Konzernbilanz zusammengefasst werden dürfen.

2. Erleichterungen für kleine Kapitalgesellschaften und OHG/KG 9 iSv § 264a. Für kleine Kapitalgesellschaften iSv § 267 Abs. 1 besteht nach Abs. 1 S. 3 ein Wahlrecht, lediglich eine **verkürzte Bilanz** aufzustellen, die

---

[3] *ADS* Rn. 14; BeBiKo/*Schubert/Waubke* Rn. 3.
[4] BeBiKo/*Winkeljohann/Deubert* § 298 Rn. 59.

somit nur die mit Buchstaben und römischen Zahlen versehenen Posten der Abs. 2 und 3 enthält. Auch bei der verkürzten Bilanzgliederung sind grundsätzlich die vorgeschriebene Reihenfolge sowie der gesonderte Ausweis der einzelnen Posten zu beachten.

10   Die praktischen Anwendungsmöglichkeiten der Erleichterungsregelung können jedoch durch die gesetzlich vorgesehenen **Auskunftsrechte** der Aktionäre bzw. Gesellschafter eingeschränkt sein. So kann jeder einzelne Aktionär einer AG – entsprechendes gilt für die KGaA – nach § 131 Abs. 1 S. 3 AktG verlangen, dass ihm eine nach den Vorschriften für große Kapitalgesellschaften aufgestellte Bilanz vorgelegt wird. Das Auskunftsrecht des GmbH-Gesellschafters nach § 51a Abs. 1 GmbHG enthält zwar nicht das Recht auf die Vorlage einer nach Abs. 2 und 3 gegliederten Bilanz; ein entsprechendes Auskunftsrecht kann sich aber aus dem Gesellschaftsvertrag ergeben.[5]

11   **3. Erleichterungen für Kleinstkapitalgesellschaften § 267a.** Kleinstkapitalgesellschaften iSv § 267 haben das Wahlrecht, nur eine **verkürzte Bilanz**, die lediglich die in den Abs. 2 und 3 mit Buchstaben bezeichneten Posten enthält, aufzustellen. Die dort mit Buchstaben bezeichneten Posten sind gesondert und in der vorgeschriebenen Reihenfolge aufzunehmen. Überdies kann der Ausweis aktiver und passiver latenter Steuern entfallen, sofern das Wahlrecht des § 274a Nr. 4 genutzt wird, dass kleine Kapitalgesellschaft von der Ermittlung latenter Steuern befreit und es sich nicht um passive latente Steuern handelt, welche die Voraussetzungen zum Ansatz einer Rückstellung nach § 249 HGB erfüllen.[6] Aufgrund der damit starken Verkürzung der Bilanz sollte für eine zusätzliche Anwendung des § 265 wenig Raum bleiben.

II. Gliederung der Aktivseite (Abs. 2)

12   **1. Anlagevermögen.** Im Anlagevermögen sind gem. § 247 Abs. 2 nur die Gegenstände auszuweisen, die dazu bestimmt sind, dauernd dem Geschäftsbetrieb zu dienen. Das Anlagevermögen ist in die drei Bestandteile immaterielle Vermögensgegenstände, Sachanlagen und Finanzanlagen untergliedert.

13   **a) Immaterielle Vermögensgegenstände (Abs. 2 A. I.).** Unter den Posten immaterielle Vermögensgegenstände fallen **selbst geschaffene gewerbliche Schutzrechte und ähnliche Rechte und Werte** (Abs. 2 A. I. 1.) sowie, soweit sie entgeltlich erworben wurden, **Konzessionen und gewerbliche Schutzrechte** (zB Konzessionen, Patente, Lizenzen, Urheberrechte, Geschmacks- und Gebrauchsmuster, Marken), **ähnliche Rechte** (zB Kontingente, Nutzungsrechte, Belieferungsrechte, Vertriebsrechte), **ähnliche Werte** (zB ungeschützte Erfindungen, Know-how) sowie **Lizenzen an solchen Rechten und Werten** (Abs. 2 A. I. 2.); weiterhin gehören dazu ein entgeltlich erworbener **Geschäfts- oder Firmenwert** (Abs. 2 A. I. 3.) sowie **geleistete Anzahlungen** auf immaterielle Vermögensgegenstände (Abs. 2 A. I. 4.).

14   **b) Sachanlagen (Abs. 2 A. II.).** Das Sachanlagevermögen setzt sich zusammen aus den Einzelposten Grundstücke, grundstücksgleiche Rechte und

---

[5] *ADS* Rn. 19; BeBiKo/*Schubert/Waubke* Rn. 20.
[6] *Müller/Kreipl* DB 2013, 73 (74); BeBiKo/*Grottel* § 274a Rn. 6.

Bauten einschließlich der Bauten auf fremden Grundstücken (Abs. 2 A. II. 1.), technische Anlagen und Maschinen (Abs. 2 A. II. 2.), andere Anlagen, Betriebs- und Geschäftsausstattung (Abs. 2 A. II. 3.) sowie geleistete Anzahlungen und Anlagen im Bau (Abs. 2 A. II. 4.).

Der Posten **Grundstücke** (bebautes und unbebautes Grundvermögen), **15** **grundstücksgleiche Rechte** (Erbbaurechte, Dauerwohnrechte) und **Bauten** einschließlich der Bauten auf fremden Grundstücken (Verwaltungs-, Fabrik-, Wohngebäude, Lagerhallen, selbstständige Grundstückseinrichtungen wie zB Parkplätze) enthält das Grundvermögen einschließlich der Bauten, soweit es dazu bestimmt ist, dauernd dem Geschäftsbetrieb der Gesellschaft zu dienen. Aufgrund der zT erheblichen Unterschiede in der rechtlichen und wirtschaftlichen Bedeutung der genannten Positionen ist nach § 265 Abs. 5 eine weiter gehende freiwillige Untergliederung sowie das Hinzufügen von Zwischensummen bzw. nach § 265 Abs. 6 eine Anpassung der Postenbezeichnung zulässig.[7]

Technische Anlagen und Maschinen sind solche Vermögensgegen- **16** stände, die keine Gebäude sind und ihrer Art nach **unmittelbar** dem betrieblichen Produktionsprozess dienen (zB Produktionsanlagen, Hochöfen, Gießereien, Hafenanlagen, Kräne, Krafterzeugungsanlagen und deren Spezialreserveteile sowie Erstausstattungen an Ersatzteilen), während Anlagen, die **nicht unmittelbar** der Produktion dienen, unter **anderen Anlagen, Betriebs- und Geschäftsausstattung** (zB Gleisanlagen, Werkstätten- und Lagereinrichtungen, Werkzeuge, Fuhrpark, Büroeinrichtungen, EDV- und Telekommunikationsanlagen) ausgewiesen werden. Bei letzterem Posten handelt es sich im Prinzip um einen **Sammelposten** zur Erfassung aller Vermögensgegenstände, die sich nicht unter die anderen Posten des Sachanlagevermögens subsumieren lassen.[8]

Geleistete Anzahlungen auf Sachanlagen enthalten Anzahlungen, die **17** auf die Anschaffung eines den Sachanlagen zuzuordnenden Vermögensgegenstands gerichtet sind. Unter den **Anlagen im Bau** werden die Herstellungskosten noch nicht fertig gestellter Anlagen ausgewiesen; diese werden nach Fertigstellung der Objekte auf die einzelnen Posten des Sachanlagevermögens umgebucht.[9]

Zuordnungsprobleme können auftreten hinsichtlich der Unterscheidung **18** von Grundstücken und technischen Anlagen und Maschinen bei fest mit einem Gebäude oder dem Grund und Boden verbundenen Einrichtungen. Hier ist der Nutzungs- und Funktionszusammenhang maßgebend; dient ein Bestandteil unmittelbar oder überwiegend dem Produktionsprozess (sog. **Betriebsvorrichtung**), so ist er in jedem Fall den technischen Anlagen zuzuordnen (zB Förderanlagen, Hochregallager, Lastenaufzüge, Öfen, Kühltürme), ansonsten stellt er einen unselbstständigen Bestandteil eines Gebäudes oder des Grund und Bodens dar (zB Heizungsanlagen, Rolltreppen, Fahrstühle).[10] **Mieterein- und -umbauten** können als Bauten auf fremdem Grund auszuweisen sein, soweit sie bilanzierungsfähig sind und wenn ein vom Gebäude verschiedener Nutzungs- und Funktionszusammenhang mit dem Betrieb des Mieters besteht oder der Mieter wirtschaftlicher Eigentümer ist. Handelt es sich bei den Mietereinbauten jedoch um technische Anlagen,

---

[7] WP-HdB Kap. F Rn. 312.
[8] *ADS* Rn. 55 f.
[9] *ADS* Rn. 64.
[10] *ADS* Rn. 33; BeBiKo/*Schubert/Huber* § 247 Rn. 461.

Maschinen oder Betriebs- und Geschäftsausstattung, so hat der Ausweis unter den jeweiligen Posten zu erfolgen, auch wenn es sich um wesentliche Gebäudebestandteile handelt.[11]

19 **c) Finanzanlagen (Abs. 2 A. III.).** Die Finanzanlagen unterscheiden sich von den Sachanlagen dadurch, dass mit den darin investierten Mitteln außerhalb des Unternehmens gearbeitet wird.[12]

20 Im Einzelnen werden unter den Finanzanlagen Anteile an verbundenen Unternehmen (Abs. 2 A. III. 1.), Ausleihungen an verbundene Unternehmen (Abs. 2 A. III. 2.), Beteiligungen (Abs. 2 A. III. 3.), Ausleihungen an Unternehmen, mit denen ein Beteiligungsverhältnis besteht (Abs. 2 A. III. 4.), Wertpapiere des Anlagevermögens (Abs. 2 A. III. 5.) sowie sonstige Ausleihungen (Abs. 2 A. III. 6.) ausgewiesen.

21 **Anteile an verbundenen Unternehmen** werden in vielen Fällen auch Beteiligungen sein,[13] wobei der Ausweis unter den Anteilen an verbundenen Unternehmen dem Ausweis unter Beteiligungen vorgeht.[14] Zu den Anteilen an verbundenen Unternehmen sowie zu den Beteiligungen gehören verbriefte und unverbriefte gesellschaftsrechtliche Anteile an anderen Kapitalgesellschaften, Personengesellschaften und an ihnen gleichstehenden gesellschaftsähnlichen Kapitalanlagen. Bei Vorliegen der Voraussetzungen können auch stille Beteiligungen und Mitgliedschaften an einem Joint Venture dazu zählen.[15]

22 **Ausleihungen** enthalten alle Finanz- und Kapitalforderungen, die dem Anlagevermögen zuzuordnen und nicht unter den Wertpapieren auszuweisen sind. Als Begründung der Dauerhaftigkeit eines Darlehens wird eine Gesamtlaufzeit von wenigstens einem Jahr gefordert.[16] Forderungen aus Lieferungen und Leistungen, auch längerfristige, gehören grundsätzlich nicht hierzu.[17] Im Überschneidungsfalle geht der Ausweis unter den Ausleihungen an verbundene Unternehmen dem Ausweis unter Abs. 2 A. III. 4. (Ausleihungen an Unternehmen, mit denen ein Beteiligungsverhältnis besteht) vor.

23 Unter den **Wertpapieren des Anlagevermögens** sind solche dem Anlagevermögen zuzuordnende Wertpapiere auszuweisen, die weder zu den Anteilen an verbundenen Unternehmen noch zu den Beteiligungen gehören. Dazu zählen übertragbare Inhaber- und Orderpapiere, die der längerfristigen Kapitalanlage dienen (zB Industrie- oder Bankobligationen, öffentliche Anleihen, Wandelschuldverschreibungen, Aktien, Gewinnschuldverschreibungen, Investmentanteile).[18]

24 Die **sonstigen Ausleihungen** stellen einen Auffangposten für alle dem Anlagevermögen zuzuordnenden Ausleihungen dar, die nicht unter Abs. 2 A. III. 2. oder Abs. 2 A. III. 4. ausgewiesen werden.[19] Zu den sonstigen Ausleihungen zählen zB auf Grund von Miet- und Pachtverträgen geleistete

---

[11] *ADS* Rn. 35; BeBiKo/*Schubert/Huber* § 247 Rn. 461. Ausführlicher HdR/*Dusemond/Heusinger-Lange/Knop* Rn. 28.

[12] BeBiKo/*Schubert/Kreher* Rn. 69.

[13] Zu den Begriffen „verbundene Unternehmen" und „Beteiligungen" und deren Abgrenzung → § 271.

[14] *ADS* Rn. 70; HdR/*Dusemond/Heusinger-Lange/Knop* Rn. 42.

[15] *ADS* Rn. 71; HdR/*Dusemond/Heusinger-Lange/Knop* Rn. 45 f.; WP-HdB Kap. F Rn. 346.

[16] *ADS* Rn. 76; HdR/*Dusemond/Heusinger-Lange/Knop* Rn. 57.

[17] BeBiKo/*Schubert/Kreher* Rn. 77.

[18] *ADS* Rn. 84; BeBiKo/*Schubert/Kreher* Rn. 80.

[19] WP-HdB Kap. F Rn. 375.

Kautionen, wenn der zugrunde liegende Vertrag für mehr als ein Jahr oder auf unbestimmte Zeit abgeschlossen ist, Anteile an einem Joint Venture, das zwar Gesamthandsvermögen besitzt, dem jedoch keine Unternehmenseigenschaft zukommt.[20]

2. Umlaufvermögen. Da eine gesetzliche Bestimmung für den Begriff **25** des Umlaufvermögens im Gegensatz zum Anlagevermögen (vgl. § 247 Abs. 2) fehlt, ergibt sich der Umfang des Umlaufvermögens als Negativabgrenzung zum Anlagevermögen. Demnach gehören zum Umlaufvermögen die Gegenstände, die nicht dazu bestimmt sind, dauernd dem Geschäftsbetrieb der Gesellschaft zu dienen. Positiv umschrieben werden im Umlaufvermögen somit diejenigen Vermögensgegenstände ausgewiesen, die entweder zur Veräußerung oder zum Verbrauch bzw. zur Verarbeitung im betrieblichen Prozess bestimmt sind.[21] Nach dem Gliederungsschema des Abs. 2 sind unter dem Umlaufvermögen folgende vier Gruppen auszuweisen: Vorräte; Forderungen und sonstige Vermögensgegenstände; Wertpapiere; Kassenbestand, Bundesbankguthaben, Guthaben bei Kreditinstituten und Schecks.

a) Vorräte (Abs. 2 B. I.). Die Vorräte setzen sich nach Abs. 2 B. I. aus den **26** Posten Roh-, Hilfs- und Betriebsstoffe (Abs. 2 B. I. 1.), unfertige Erzeugnisse bzw. unfertige Leistungen (Abs. 2 B. I. 2.), fertige Erzeugnisse und Waren (Abs. 2 B. I. 3.) sowie geleistete Anzahlungen (Abs. 2 B. I. 4.) zusammen.

Roh-, Hilfs- und Betriebsstoffe sind Güter, die unmittelbar in die **27** Erzeugnisse eingehen, den Produktionsablauf bewirken oder zur Erbringung einer Dienstleistung benötigt werden.[22] Rohstoffe gehen unmittelbar als Hauptbestandteil in ein Erzeugnis ein. Hilfsstoffe gehen ebenfalls in ein Erzeugnis ein, jedoch nur als untergeordneter Bestandteil (zB Schrauben, Nägel). Betriebsstoffe dagegen stellen keinen Bestandteil eines Erzeugnisses dar, sondern werden bei dessen Herstellung verbraucht (zB Brennstoffe, Schmierstoffe).

Zu den **unfertigen Erzeugnissen** gehören Bestände, für die bereits Her- **28** stellungskosten angefallen sind, die aber am Abschlussstichtag noch nicht in einem verkaufsbereiten Zustand sind. Am Abschlussstichtag noch nicht abgeschlossene Dienstleistungen werden als **unfertige Leistungen** ausgewiesen.

Sind Vorräte versandfertig, zählen sie zu den **fertigen Erzeugnissen;** **29** dabei stellen **Waren** von Dritten bezogene Fertigerzeugnisse dar, die ohne wesentliche Be- oder Verarbeitung weiterveräußert werden.

Unter den **geleisteten Anzahlungen** sind nur Anzahlungen auf die Liefe- **30** rung von Gegenständen des Vorratsvermögens auszuweisen; dazu zählen auch Anzahlungen auf Dienstleistungen, die mit der Beschaffung der Vorräte oder mit dem Produktionsprozess in Zusammenhang stehen.[23]

b) Forderungen und sonstige Vermögensgegenstände (Abs. 2 31 B. II.). Unter diesem Posten sind nach Abs. 2 B. II. folgende Bestandteile auszuweisen: Forderungen aus Lieferungen und Leistungen (Abs. 2 B. II. 1.), Forderungen gegen verbundene Unternehmen (Abs. 2 B. II. 2.), Forderungen gegen Unternehmen, mit denen ein Beteiligungsverhältnis besteht (Abs. 2 B. II. 3.) und sonstige Vermögensgegenstände (Abs. 2 B. II. 4.).

---

[20] *ADS* Rn. 90 f.
[21] *ADS* § 247 Rn. 124.
[22] HdR/*Dusemond/Heusinger-Lange/Knop* Rn. 67.
[23] *ADS* Rn. 119; BeBiKo/*Schubert/Waubke* Rn. 109.

32   **Forderungen aus Lieferungen und Leistungen** resultieren infolge der Neudefinition der Umsatzerlöse durch BilRUG nicht wie zuvor ausschließlich aus gegenseitigen Verträgen, die die Haupttätigkeit des Unternehmens betreffen und bisher nur von dem bilanzierenden Unternehmen durch Lieferung oder Leistung erfüllt sind. Vielmehr kommt es aufgrund einer deutlichen Ausweitung der Umsatzerlöse zu einer korrespondierenden **Ausweitung der Forderungen aus Lieferungen und Leistungen**. Grundsätzlich resultieren Forderungen aus Geschäftsvorfällen – isv „Verkauf und [...] Vermietung von Produkten sowie [...] Erbringung von Dienstleistungen" (§ 277 Abs. 1) –, die in der Gewinn- und Verlustrechnung zu Umsatzerlösen führen. Das maßgebliche Kriterium – aus der Haupttätigkeit des Unternehmens resultierend – verliert somit seine Geltung.[24] Werden Forderungen aus Lieferungen und Leistungen zB durch Stundung zu einem Kreditgeschäft, ist unter Berücksichtigung von ggf. branchenabhängigen wirtschaftlichen Gesichtspunkten eine Umgliederung zu den sonstigen Vermögenswerten oder zu den Ausleihungen vorzunehmen. Eine Umgliederung wird regelmäßig erst dann für erforderlich gehalten, wenn eine Zins- und Tilgungsvereinbarung vorliegt.[25] So sind Forderungen aus bargeldlosen Umsatzgeschäften gegenüber Kreditkartenunternehmen oder anderen Zahlungsdienstleistern grundsätzlich weiter unter Forderungen aus Lieferung und Leistung auszuweisen.[26]

33   Bestehen Forderungen aus Lieferungen und Leistungen gegen verbundene Unternehmen oder gegen Unternehmen, mit denen ein Beteiligungsverhältnis besteht, so sind sie unter dem Vermerk der Mitzugehörigkeit zu den Forderungen aus Lieferungen und Leistungen unter den Forderungen gegen verbundene Unternehmen bzw. den Forderungen gegen Unternehmen, mit denen ein Beteiligungsverhältnis besteht, auszuweisen.

34   Unter den **Forderungen gegen verbundene Unternehmen** sowie den **Forderungen gegen Unternehmen, mit denen ein Beteiligungsverhältnis besteht,** sind demzufolge alle dem Umlaufvermögen zuzuordnenden Forderungen, unabhängig von ihrer Entstehungsursache, gegen die genannten Unternehmen auszuweisen. Es kommen somit neben Forderungen aus Lieferungen und Leistungen auch Forderungen aus kurzfristigen Darlehen, Gewinnausschüttungen oder Gewinnabführungsverträgen in Betracht.[27]

35   Der Posten **sonstige Vermögensgegenstände** stellt einen **Sammelposten** für diejenigen Vermögensgegenstände des Umlaufvermögens dar, die nicht unter einem anderen Posten auszuweisen sind. Dazu zählen zB kurzfristige Darlehen, Gehaltsvorschüsse, Reisekostenvorschüsse, Steuererstattungsansprüche, Forderungen aus Bürgschaftsübernahmen und Treuhandverhältnissen, debitorische Kreditoren oder Ansprüche auf Investitionszulagen.[28]

36   **c) Wertpapiere (Abs. 2 B. III.).** Die im Umlaufvermögen auszuweisenden Wertpapiere unterscheiden sich dem Grunde nach nicht von den Wertpapieren des Anlagevermögens. Die Zuordnung zum Umlaufvermögen erfolgt lediglich auf Grund ihrer anderen (bezogen auf die zeitliche Komponente eher kurzfristigen) Zwecksetzung; die Anteile müssen idR zusätzlich zu

---

[24] BeBiKo/*Schubert/Waubke* Rn. 113; Beck HdR/*Hayn/Jutz/Zündorf* B 215 Rn. 4; *Richter* DB 2015, 385; *Oser/Orth/Wirtz* DB 2015, 1729 (1732 f.).
[25] HdR/*Dusemond/Heusinger-Lange/Knop* Rn. 84; BeBiKo/*Schubert/Waubke* Rn. 113.
[26] BeBiKo/*Schubert/Waubke* Rn. 113.
[27] *ADS* Rn. 129, 132; BeBiKo/*Schubert/Waubke* Rn. 118 f.
[28] *ADS* Rn. 134; HdR/*Dusemond/Heusinger-Lange/Knop* Rn. 87; WP-HdB Kap. F Rn. 404.

den die Verbundenheit begründenden Anteilen gehalten werden und zur Veräußerung bestimmt sein.[29] Dementsprechend kommen Beteiligungen nicht als Wertpapiere des Umlaufvermögens in Frage, da sie definitionsgemäß (§ 271 Abs. 1 S. 1) dazu bestimmt sind, einer dauernden Verbindung zu einem anderen Unternehmen zu dienen.[30] Im Einzelnen sind unter den Wertpapieren des Umlaufvermögens nach Abs. 2 B. III. Anteile an verbundenen Unternehmen (Abs. 2 B. III. 1.) und sonstige Wertpapiere (Abs. 2 B. III. 2.) auszuweisen.

Anteile an verbundenen Unternehmen sind, soweit sie Wertpapier- **37** eigenschaft besitzen und nicht dem Anlagevermögen zuzuordnen sind, weil sie nur vorübergehend gehalten werden, unter den Wertpapieren des Umlaufvermögens auszuweisen. Grundsätzlich müssen die Anteile in Wertpapieren verbrieft sein, folglich können hier grundsätzlich nur Aktien eines verbundenen Unternehmens betroffen sein. Eine Ausnahme stellen Anteile an einer herrschenden oder mit Mehrheit an der Gesellschaft beteiligten GmbH dar, die trotz der fehlenden Wertpapiereigenschaft hier ausgewiesen werden sollten.[31]

Unter den **sonstigen Wertpapieren** sind alle verbleibenden Wertpapiere **38** auszuweisen, die jederzeit veräußerbar sind und nicht unter einen anderen Posten fallen. Dazu zählen zB abgetrennte Zins- und Dividendenscheine, Genussrechte in Form von Inhaber- oder Orderpapieren ohne Dauerbesitzabsicht[32] sowie Schatzwechsel des Bundes oder der Länder.[33]

d) Kassenbestand, Bundesbankguthaben, Guthaben bei Kreditinsti- 39 tuten und Schecks (Abs. 2 B. IV.). In diesem Posten werden sämtliche **flüssigen Mittel** der Gesellschaft zusammengefasst. Eine weitere Untergliederung des Postens ist nicht vorgesehen; durch die Zusammenfassung der einzelnen Bestandteile entsteht jedoch kein Informationsverlust.[34]

3. Rechnungsabgrenzungsposten (Abs. 2 C.). Zu den Rechnungs- **40** abgrenzungsposten vgl. Erl. § 250. Soweit der Posten ein Disagio enthält, ist dieses nach § 268 Abs. 6 gesondert (zB als Davon-Vermerk) auszuweisen oder im Anhang anzugeben.

4. Aktive latente Steuern (Abs. 2 D.). Im Zuge der Ausübung eines **41** Wahlrechts des § 274 Abs. 1 S. 2 sind aktivierte latente Steuern in einem gesonderten Posten in der Bilanz auszuweisen. Dies soll mögliche Unklarheiten und Unsicherheiten im Ausweis latenter Steuern ausschließen. Da nach der Regierungsbegründung zum BilMoG weder eine Klassifizierung des Postens als Vermögensgegenstand, Rechnungsabgrenzungsposten oder Bilanzierungshilfe in Frage komme, sei der Posten als Sonderposten eigener Art einzustufen.[35] Zulässig sind sowohl ein Bruttoausweis aller aktiven latenten Steuern sowie ein Ausweis des aktiven Überhangs aus der Saldierung aller aktiven und aller passiven latenten Steuern.[36] Der Überhang unterliegt nach

---

[29] BeBiKo/*Schubert/Waubke* Rn. 135; HdR/*Dusemond/Heusinger-Lange/Knop* Rn. 88. Zur Abgrenzung von Anlage- und Umlaufvermögen vgl. Erl. § 247.
[30] HdR/*Dusemond/Heusinger-Lange/Knop* Rn. 88.
[31] *ADS* Rn. 138; WP-HdB Kap. F Rn. 408.
[32] WP-HdB Kap. F Rn. 409; *IDW* St/HFA 1/1994 Abschnitt 3.1.
[33] WP-HdB Kap. F Rn. 410.
[34] *ADS* Rn. 146; BeBiKo/*Schubert/Waubke* Rn. 150.
[35] BT-Drs. 16/10067, 67.
[36] BeBiKo/*Schubert/Waubke/Larenz* Rn. 161; WP-HdB Kap. F Rn. 427.

§ 268 Abs. 8 S. 2 einer Ausschüttungssperre. Ausführlicher zu den latenten Steuern vgl. Erl. § 274.

42 **5. Aktiver Unterschiedsbetrag aus der Vermögensverrechnung (Abs. 2 E.).** Aus der Anwendung des § 246 Abs. 2 S. 2 kann sich ein aktiver Unterschiedsbetrag ergeben, wenn der beizulegende Zeitwert des Planvermögens den Betrag der zu verrechnenden Schulden übersteigt.[37] In diesem Fall ist nach § 246 Abs. 2 S. 3 der übersteigende Betrag unter einem gesonderten Posten in der Bilanz zu aktivieren. Bei dem Posten handelt es sich nicht um einen Vermögensgegenstand im handelsrechtlichen Sinne, sondern um einen Verrechnungsposten, der nach § 268 Abs. 8 ausschüttungsgesperrt ist.[38]

43 **6. Weitere Sonderposten der Aktivseite.** Neben den im Mindestgliederungsschema enthaltenen Posten sowie den freiwilligen Erweiterungen hinsichtlich neuer Posten und Zwischensummen gem. § 265 Abs. 5 sind weitere Sonderposten entweder in der Bilanz oder alternativ im Anhang gesetzlich vorgeschrieben. Dazu zählen:[39]

– Ausleihungen und Forderungen gegenüber GmbH-Gesellschaftern (§ 42 Abs. 3 GmbHG),
– Ausleihungen und Forderungen gegenüber Gesellschaftern einer OHG/ KG iSv § 264a (§ 264c Abs. 1),
– Ausleihungen und Forderungen gegenüber persönlich haftenden Gesellschaftern einer KGaA (§ 286 Abs. 2 S. 4 AktG),
– eingeforderte, jedoch noch nicht eingezahlte Einlagen auf das gezeichnete Kapital (§ 272 Abs. 1 S. 2; vgl. Erl. § 272),
– Einzahlungsverpflichtungen persönlich haftender Gesellschafter einer OHG/KG iSv § 264a (§ 264c Abs. 2 S. 4),
– von GmbH-Gesellschaftern eingeforderte Nachschüsse (§ 42 Abs. 2 GmbHG),
– Einzahlungsverpflichtungen persönlich haftender Gesellschafter einer KGaA (§ 286 Abs. 2 S. 3 AktG),
– nicht durch Eigenkapital gedeckter Fehlbetrag (§ 268 Abs. 3; vgl. Erl. § 268),
– nicht durch Vermögenseinlagen gedeckter Verlustanteil persönlich haftender Gesellschafter einer OHG/KG iSv § 264a (§ 264c Abs. 2 S. 5),
– nicht durch Vermögenseinlagen gedeckter Verlustanteil persönlich haftender Gesellschafter einer KGaA (§ 286 Abs. 2 S. 3 AktG).

III. Gliederung der Passivseite (Abs. 3)

44 **1. Eigenkapital (Abs. 3 A.).** Gem. Abs. 3 sind sämtliche Eigenkapitalposten in einer Gruppe auszuweisen. Im Einzelnen handelt es sich um die Posten Gezeichnetes Kapital (Abs. 3 A. I.), Kapitalrücklage (Abs. 3 A. II.), Gewinnrücklagen (mit weiteren Untergliederungen) (Abs. 3 A. III.), Gewinnvortrag/Verlustvortrag (Abs. 3 A. IV.) und Jahresüberschuss/Jahresfehlbetrag (Abs. 3 A. V.). Hinsichtlich der Gliederung des Eigenkapitals betreffend OHG/KG iSv 264a vgl. Erl. § 264c.

---

[37] BeBiKo/*Schubert/Waubke/Larenz* Rn. 162.
[38] BT-Drs. 16/12407, 85.
[39] *ADS* Rn. 157–177; BeBiKo/*Schubert/Waubke/Larenz* Rn. 163–167.

Als **gezeichnetes Kapital** sind bei der AG das Grundkapital (§ 152 Abs. 1 **45** S. 1 AktG) und bei der GmbH das Stammkapital (§ 42 Abs. 1 GmbHG) auszuweisen (vgl. auch Erl. § 272). Zu den Posten **Kapitalrücklage, Gewinnrücklagen, Gewinnvortrag/Verlustvortrag** und **Jahresüberschuss/Jahresfehlbetrag** vgl. Erl. § 272 bzw. § 268.

Als **Sonderposten** des Eigenkapitals können **stille Beteiligungen** sowie **46** **Genussrechtskapital** in Betracht kommen. Der Ausweis einer stillen Beteiligung an einer Gesellschaft ist gesetzlich nicht geregelt und in der Literatur strittig. Ein Ausweis als Eigenkapital ist nur dann geboten, wenn die Stellung des stillen Gesellschafters, der eines Eigenkapitalgebers sehr nahe kommt (zB dauerhafte Kapitalüberlassung, Nachrangigkeit und volle Verlustbeteiligung). Das Einfügen eines Sonderpostens „Kapital des stillen Gesellschafters" nach dem gezeichneten Kapital ist in diesem Falle sinnvoll,[40] im Regelfall werden stille Beteiligungen jedoch eher Fremdkapitalcharakter aufweisen und als Verbindlichkeit auszuweisen sein.[41]

Auch entgeltlich begebene **Genussrechte** können je nach Ausgestaltung **47** als Eigenkapital auszuweisen sein. Nach der Stellungnahme HFA 1/1994 muss das Genussrechtskapital dazu eine ausreichende Haftungsqualität besitzen, was bei Erfüllung der folgenden Kriterien gegeben ist: Rückzahlungsanspruch des Genussrechtsinhabers kann im Konkurs- oder Liquidationsfall erst nach Befriedigung aller anderen Gläubiger geltend gemacht werden, erfolgsabhängige Vergütung für die Kapitalüberlassung sowie Teilnahme am Verlust in voller Höhe, Überlassung des Genussrechtskapitals für einen längeren Zeitraum, während dessen die Rückzahlung für beide Seiten ausgeschlossen ist.[42] Wird Genussrechtskapital als Eigenkapital qualifiziert, ist ein Eigenkapitalsonderposten nach dem gezeichneten Kapital, nach den Gewinnrücklagen oder als letzter Posten des Eigenkapitals einzufügen.[43]

2. Rückstellungen (Abs. 3 B.). Nach dem Gliederungsschema des **48** Abs. 3 B. sind folgende Rückstellungen gesondert auszuweisen: Rückstellungen für Pensionen und ähnliche Verpflichtungen (Abs. 3 B. 1.), Steuerrückstellungen (Abs. 3 B. 2.) und sonstige Rückstellungen (Abs. 3 B. 3.).

Unter den **Rückstellungen für Pensionen** sind alle Ansprüche auszuwei- **49** sen, die auf Grund unmittelbarer Zusagen für laufende Pensionen und für Pensionsanwartschaften zu bilden sind. **Ähnliche Verpflichtungen** sind insbesondere Verpflichtungen gegenüber einer rechtlich selbstständigen betrieblichen Unterstützungseinrichtung, aber auch andere Verpflichtungen, die zu Ruhestandsbezügen führen (vgl. Erl. → § 249).

Die **Steuerrückstellungen** enthalten sämtliche ungewissen Verbindlich- **50** keiten aus Steuern, die die Gesellschaft selbst schuldet. Verbindlichkeiten für Steuern, für die die Gesellschaft nicht Schuldnerin ist, sondern allenfalls haftet, sind nach einer in der Literatur vertretenen Ansicht nicht hier, sondern unter den sonstigen Rückstellungen bzw. den sonstigen Verbindlichkeiten auszuweisen,[44] die hM spricht sich allerdings für den Ausweis von Haftungs-

---

[40] *ADS* Rn. 188 f.

[41] HdR /*Dusemond/Heusinger-Lange/Knop* Rn. 120 f.; Haufe BilanzR /*Wulf/Sackbrook* Rn. 130.

[42] *IDW* St/HFA 1/1994, Abschnitt 2.1.1 und 2.1.3; Baetge/Kirsch/Thiele /*Marx/Dallmann* Rn. 182 f.

[43] WP-HdB Kap. F Rn. 1308; Baumbach/Hopt/*Merkt* Rn. 16.

[44] *ADS* Rn. 206.

schulden unter den Steuerrückstellungen aus.[45] Für das laufende Jahr geleistete Vorauszahlungen sind von der sich voraussichtlich ergebenden Steuerschuld abzuziehen.

51   Unter den **sonstigen Rückstellungen** sind alle weiteren Rückstellungsarten, soweit sie nicht unter den Rückstellungen für Pensionen und ähnliche Verpflichtungen oder den Steuerrückstellungen erfasst sind, auszuweisen. Dazu zählen Rückstellungen für ungewisse Verbindlichkeiten (§ 249 Abs. 1 S. 1), Rückstellungen für drohende Verluste aus schwebenden Geschäften (§ 249 Abs. 1 S. 1), Rückstellungen für unterlassene Aufwendungen für Instandhaltung (§ 249 Abs. 1 S. 2 Nr. 1), Rückstellungen für unterlassene Abraumbeseitigung (§ 249 Abs. 1 S. 2 Nr. 1) sowie Rückstellungen für Gewährleistungen ohne rechtliche Verpflichtung (§ 249 Abs. 1 S. 2 Nr. 2).

52   **3. Verbindlichkeiten (Abs. 3 C.).** Am Abschlussstichtag der Höhe und Fälligkeit nach feststehende Verpflichtungen der Gesellschaft sind unter den Verbindlichkeiten auszuweisen. Eine Passivierungspflicht liegt dann vor, wenn es sich um eine Vermögensbelastung der Gesellschaft und damit nach den GoB um eine bilanzrechtliche Schuld handelt.[46] Die Verbindlichkeiten sind wie folgt untergliedert: Anleihen, davon konvertibel (Abs. 3 C. 1.), Verbindlichkeiten gegenüber Kreditinstituten (Abs. 3 C. 2.), erhaltene Anzahlungen auf Bestellungen (Abs. 3 C. 3.), Verbindlichkeiten aus Lieferungen und Leistungen (Abs. 3 C.4.), Verbindlichkeiten aus der Annahme gezogener Wechsel und der Ausstellung eigener Wechsel (Abs. 3 C. 5.), Verbindlichkeiten gegenüber verbundenen Unternehmen (Abs. 3 C. 6.), Verbindlichkeiten gegenüber Unternehmen, mit denen ein Beteiligungsverhältnis besteht (Abs. 3 C. 7.), sonstige Verbindlichkeiten, davon aus Steuern, davon im Rahmen der sozialen Sicherheit (Abs. 3 C. 8.).

53   Unter **Anleihen** fallen grundsätzlich alle Schuldverpflichtungen, sofern sie am öffentlichen Kapitalmarkt aufgenommen wurden; dazu gehören Schuldverschreibungen, Wandel- und Optionsanleihen, Gewinnschuldverschreibungen und Genussrechte, soweit das Genussrechtskapital Fremdkapital darstellt.[47] Als konvertibel sind solche Anleihen anzusehen, die dem Inhaber ein Umtausch- oder Bezugsrecht auf Anteile der Gesellschaft gewähren, dies ist insbesondere bei Wandelschuldverschreibungen und Optionsschuldverschreibungen der Fall.[48]

54   Als **Verbindlichkeiten gegenüber Kreditinstituten** sind sämtliche Verbindlichkeiten gegenüber inländischen und vergleichbaren ausländischen Kreditinstituten auszuweisen; dazu gehören auch Bausparkassen.[49] Nicht in Anspruch genommene Kreditlinien bei Kreditinstituten sind nicht passivierungsfähig und dürfen somit hier nicht ausgewiesen werden.[50]

55   Als **erhaltene Anzahlungen auf Bestellungen** sind Vorleistungen eines Vertragspartners im Rahmen eines schwebenden Geschäfts auszuweisen. Eine Anzahlung liegt vor, wenn ein Dritter entweder auf Grund abgeschlossener Liefer- oder Leistungsverträge, für die die Lieferung oder Leistung noch

---

[45] HdR/*Dusemond/Heusinger/Knop* Rn. 133 f.;   Baetge/Kirsch/Thiele/*Marx/Dallmann* Rn. 212; BeBiKo/*Schubert/Waubke* Rn. 201; Beck HdR/*Scheffler* B 233 Rn. 446.
[46] WP-HdB Kap. F Rn. 663.
[47] *ADS* Rn. 218; *IDW* St/HFA 1/1994, Abschnitt 2.1.3; BeBiKo/*Schubert* Rn. 216.
[48] *ADS* Rn. 221; BeBiKo/*Schubert* Rn. 213.
[49] BeBiKo/*Schubert* Rn. 221.
[50] HdR/*Dusemond/Heusinger-Lange/Knop* Rn. 150 f.

aussteht, Zahlungen getätigt hat oder zumindest der Abschluss eines Vorvertrags oder die Abgabe eines bindenden Vertragsangebots stattgefunden hat.[51] Die Umsatzsteuer auf erhaltene Anzahlungen ist seit der Verabschiedung des BilMoG und der einhergehenden Aufhebung des § 250 Abs. 1 S. 2 aF zwingend nach der **Nettomethode** (erhaltene Anzahlungen werden netto, dh ohne Umsatzsteueranteil ausgewiesen; die Umsatzsteuer wird unter den sonstigen Verbindlichkeiten passiviert) zu behandeln.[52] Die erhaltenen Anzahlungen dürfen gem. § 268 Abs. 5 S. 2 auch offen von den Vorräten abgesetzt werden (→ § 268 Rn. 19).

Unter **Verbindlichkeiten aus Lieferungen und Leistungen** fallen alle 56 Verbindlichkeiten, die im Zusammenhang mit dem Erwerb oder der Inanspruchnahme von Gegenständen und Dienstleistungen eingegangen wurden. Somit zählen hierzu sämtliche Verpflichtungen, denen Kauf- und Werkverträge, Dienstleistungsverträge, Miet- und Pachtverträge sowie ähnliche Verträge zugrunde liegen, soweit die Höhe der Gegenleistung nicht ungewiss ist. Bestehen solche Verbindlichkeiten gegenüber verbundenen Unternehmen oder Unternehmen, mit denen ein Beteiligungsverhältnis besteht, geht der Ausweis unter diesen Posten grundsätzlich vor; andernfalls ist die Mitzugehörigkeit zu vermerken.[53]

Als **Verbindlichkeiten aus der Annahme gezogener Wechsel und der** 57 **Ausstellung eigener Wechsel** sind alle Schuldwechsel auszuweisen, die das Unternehmen als Bezogener akzeptiert hat, sowie eigene Wechsel (Solawechsel). Auch **Gefälligkeitswechsel** zählen zu den Wechselverbindlichkeiten.[54] Sog. **Kautions-, Sicherungs- oder Depotwechsel,** die bei einer bestimmten Stelle (zB Bank, Verband, Treuhänder) hinterlegt werden und nur dann in Verkehr gebracht werden dürfen, wenn das Unternehmen seinen Verpflichtungen nicht nachkommt, gehören nicht zu den Wechseln.[55] Verbindlichkeiten aus Wechseln, die an verbundene Unternehmen oder an Unternehmen, mit denen ein Beteiligungsverhältnis besteht, weitergegeben werden, sind grundsätzlich unter den entsprechenden besonderen Posten (§ 266 Abs. 3 C. 6. bzw. Abs. 3 C. 7.) auszuweisen; ansonsten ist ihre Mitzugehörigkeit zu vermerken.

Verbindlichkeiten gegenüber verbundenen Unternehmen sowie 58 **Verbindlichkeiten gegenüber Unternehmen, mit denen ein Beteiligungsverhältnis besteht,** enthalten Verbindlichkeiten, die insbesondere aus dem Waren-, Leistungs- und Finanzverkehr, dem Beteiligungsverhältnis oder aus Unternehmensverträgen resultieren. Solche Verbindlichkeiten sind vorrangig unter diesen beiden Posten auszuweisen (qualitative Vorrangigkeit). Die Posten sind sachgerecht aufzugliedern, um die auf Grund der Überschneidung einzelner Bilanzposten gegebene Mitzugehörigkeit zB zu Verbindlichkeiten aus Lieferungen und Leistungen aufzeigen zu können. Erfolgt der Ausweis nach dem Grundsatz der Wesentlichkeit unter einem anderen Verbindlichkeitsposten, so ist die Mitzugehörigkeit zu den beiden oben genannten Posten zu vermerken.

---

[51] *ADS* Rn. 223; HdR/*Dusemond/Heusinger/Knop* Rn. 152 f.
[52] BeBiKo/*Schubert* Rn. 226; Praxiskommentar BilanzR/*Lentz* § 268 Rn. 49. Wohl weiterhin die Bruttomethode zulassend Baetge/Kirsch/Thiele/*Marx/Dallmann* Rn. 238.
[53] *ADS* Rn. 228.
[54] *ADS* Rn. 229; Baetge/Kirsch/Thiele/*Marx/Dallmann* Rn. 242.
[55] *ADS* Rn. 230; HdR/*Dusemond/Heusinger/Knop* Rn. 159.

59 Die **sonstigen Verbindlichkeiten** stellen einen Auffangposten für alle nicht gesondert auszuweisenden Verbindlichkeiten dar. Dazu zählen ua Steuerschulden der Gesellschaft (zB Körperschaftsteuer, Umsatzsteuer), einbehaltene und noch abzuführende Steuern (zB Lohnsteuer, Kapitalertragsteuer), rückständige Personalkosten, einbehaltene und noch abzuführende sowie von der Gesellschaft selbst zu tragende Sozialabgaben, fällige Zinsen (soweit sie nicht Bankschulden betreffen), noch auszuzahlende Dividenden, fällige Provisionen, Schuldscheindarlehen und ähnliche Verbindlichkeiten, Verbindlichkeiten gegenüber Kunden („kreditorische Debitoren"), als Fremdkapital zu qualifizierende Einlagen stiller Gesellschafter.[56] Zu den sonstigen Verbindlichkeiten sind zwei Davon-Vermerke vorgesehen. Der Vermerk „**davon aus Steuern**" umfasst dabei sowohl Verbindlichkeiten, für die die Gesellschaft selbst Steuerschuldnerin ist, als auch solche, die sie lediglich einzubehalten und abzuführen hat. Der Vermerk „**davon im Rahmen der sozialen Sicherheit**" betrifft Arbeitgeber- und einbehaltene Arbeitnehmerbeiträge zur Sozialversicherung und zu Ersatzkassen, Kosten für Sozialpläne, Leistungen an Versorgungseinrichtungen und den Pensionssicherungsverein, Rückdeckungsversicherung für Pensionszusagen, Beiträge zur Berufsgenossenschaft sowie Vorruhestandsverpflichtungen bei Einzelvereinbarungen und verbindlicher Option des Arbeitnehmers.[57]

60 **4. Rechnungsabgrenzungsposten (Abs. 3 D.).** Zu den Rechnungsabgrenzungsposten vgl. Erl. § 250.

61 **5. Passive latente Steuern (Abs. 3 E.).** Passive latente Steuern sind in ihrer Gesamtheit in einem gesonderten Posten auszuweisen, da diese nur teilweise den Charakter von Rückstellungen aufweisen.[58] Es sind sowohl ein Ausweis aller passiven latenten Steuern oder eine Verrechnung, dh der Ausweis des passiven Überhangs aller passiven latenten Steuern über alle aktiven latenten Steuern, zulässig.[59] Ausführlicher zu den latenten Steuern vgl. Erl. § 274.

62 **6. Weitere Sonderposten der Passivseite.** Zusätzliche Sonderposten, die unter bestimmten Umständen auf der Passivseite der Bilanz eingestellt werden müssen, sind beispielsweise:[60]

– Kapitalanteile persönlich haftender Gesellschafter einer OHG/KG iSv § 264a (§ 264c Abs. 2 S. 2),
– Kapitalanteile persönlich haftender Gesellschafter einer KGaA (§ 286 Abs. 2 AktG),
– Rücklage für eingeforderte Nachschüsse (§ 42 Abs. 2 S. 3 GmbHG),
– Ausgleichsposten für aktivierte eigene Anteile bei OHG/KG iSv § 264a (§ 264c Abs. 4 S. 2),
– Sonderrücklage nach § 218 S. 2 AktG,
– Ausweis der Ergebnisrücklagen bei Genossenschaften (§ 337 Abs. 2; vgl. Erl. § 337),
– Wertaufholungsrücklage (§ 58 Abs. 2a AktG, § 29 Abs. 4 GmbHG),
– Bilanzgewinn/Bilanzverlust (§ 268 Abs. 1 S. 2; vgl. Erl. § 268),

---

[56] *ADS* Rn. 235; BeBiKo/*Schubert* Rn. 246.
[57] WP-HdB Kap. F Rn. 680–683.
[58] BT-Drs. 16/10067, 67.
[59] BeBiKo/*Schubert* Rn. 262.
[60] *ADS* Rn. 238–254; HdR/*Dusemond/Heusinger-Lange/Knop* Rn. 178–185.

– Ertrag auf Grund höherer Bewertung gemäß dem Ergebnis der Sonderprüfung (§ 261 Abs. 1 S. 6 AktG) bzw. gemäß gerichtlicher Entscheidung (§ 261 Abs. 2 S. 2 AktG),
– sog. negativer Geschäfts- oder Firmenwert (analog zu § 301 Abs. 3 S. 1),
– Verbindlichkeiten gegenüber GmbH-Gesellschaftern (§ 42 Abs. 3 GmbHG),
– Verbindlichkeiten gegenüber Gesellschaftern einer OHG/KG iSv § 264a (§ 264c Abs. 1).

IV. Folgen der Nichtbeachtung

Die unrichtige Wiedergabe oder Verschleierung der Verhältnisse im JA ist **63** durch § 331 Abs. 1 Nr. 1 unter **Strafe** gestellt, Zuwiderhandlungen gegen die Vorschriften zur Gliederung des § 266 werden als **Ordnungswidrigkeiten** behandelt (§ 334 Abs. 1 Nr. 1c). Wird durch Verstöße gegen die Vorschriften über die Gliederung die Klarheit und Übersichtlichkeit wesentlich beeinträchtigt, so droht die **Nichtigkeit** des JA (§ 256 Abs. 4 AktG; die Vorschrift ist sinngemäß auf den JA einer GmbH anzuwenden).[61]

§ 267 Umschreibung der Größenklassen

(1) **Kleine Kapitalgesellschaften sind solche, die mindestens zwei der drei nachstehenden Merkmale nicht überschreiten:**
1. **6 000 000 Euro Bilanzsumme.**
2. **12 000 000 Euro Umsatzerlöse in den zwölf Monaten vor dem Abschlußstichtag.**
3. **Im Jahresdurchschnitt fünfzig Arbeitnehmer.**

(2) **Mittelgroße Kapitalgesellschaften sind solche, die mindestens zwei der drei in Absatz 1 bezeichneten Merkmale überschreiten und jeweils mindestens zwei der drei nachstehenden Merkmale nicht überschreiten:**
1. **20 000 000 Euro Bilanzsumme.**
2. **40 000 000 Euro Umsatzerlöse in den zwölf Monaten vor dem Abschlußstichtag.**
3. **Im Jahresdurchschnitt zweihundertfünfzig Arbeitnehmer.**

(3) **¹Große Kapitalgesellschaften sind solche, die mindestens zwei der drei in Absatz 2 bezeichneten Merkmale überschreiten. ²Eine Kapitalgesellschaft im Sinn des § 264d gilt stets als große.**

(4) **¹Die Rechtsfolgen der Merkmale nach den Absätzen 1 bis 3 Satz 1 treten nur ein, wenn sie an den Abschlußstichtagen von zwei aufeinanderfolgenden Geschäftsjahren über- oder unterschritten werden. ²Im Falle der Umwandlung oder Neugründung treten die Rechtsfolgen schon ein, wenn die Voraussetzungen des Absatzes 1, 2 oder 3 am ersten Abschlußstichtag nach der Umwandlung oder Neugründung vorliegen. ³Satz 2 findet im Falle des Formwechsels keine Anwendung, sofern der formwechselnde Rechtsträger eine Kapitalgesellschaft oder eine Personenhandelsgesellschaft im Sinne des § 264a Absatz 1 ist.**

(4a) **¹Die Bilanzsumme setzt sich aus den Posten zusammen, die in den Buchstaben A bis E des § 266 Absatz 2 aufgeführt sind. ²Ein auf der**

---

[61] BeBiKo/*Schubert* Rn. 265. Für Beispiele vgl. *ADS* Rn. 21.

Aktivseite ausgewiesener Fehlbetrag (§ 268 Absatz 3) wird nicht in die Bilanzsumme einbezogen.

(5) **Als durchschnittliche Zahl der Arbeitnehmer gilt der vierte Teil der Summe aus den Zahlen der jeweils am 31. März, 30. Juni, 30. September und 31. Dezember beschäftigten Arbeitnehmer einschließlich der im Ausland beschäftigten Arbeitnehmer, jedoch ohne die zu ihrer Berufsausbildung Beschäftigten.**

(6) **Informations- und Auskunftsrechte der Arbeitnehmervertretungen nach anderen Gesetzen bleiben unberührt.**

Schrifttum: (ohne die Einzelbeiträge in den verschiedenen Handbüchern der Rechnungslegung) *Biener*, Einzelfragen zum Publizitätsgesetz, WPg 1972, 1; *Peun/ Rimmelspacher*, Änderungen in der handelsrechtlichen GuV durch das BilRUG, 5/2015, 12; *Röser/Roland/Rimmelspacher*, Änderungen in der Bestimmung der Größenklassen nach §§ 267, 293 HGB durch das BilRUG, DB-Beil. 5/2015, 4; *Schellhorn*, Zur Anwendung der erhöhten Schwellenwerte des § 267 HGB in der Fassung des BilMoG und weiterer Anwendungsfragen des „§ 267 HGB", DStR 2009, 2696.

I. Allgemeines

1   Die in § 267 definierten Größenklassen sind insbesondere für die Gewährung von **größenabhängigen Erleichterungen** maßgebend. Dazu zählen Erleichterungen bei der Aufstellung von Bilanz, Gewinn- und Verlustrechnung, Anhang und Lagebericht, aber auch bei der Abschlussprüfung sowie der Offenlegung; jedoch nicht hinsichtlich der **Bewertung.** § 267 enthält dabei nur die allgemeine Regelung zur Einordnung einer Kapitalgesellschaft in eine bestimmte Größenklasse, die sich daraus ergebenden Rechtsfolgen regeln die entsprechenden Einzelvorschriften.[1] Neben den in § 267 definierten Größenklassen der kleinen, mittelgroßen und großen Kapitalgesellschaft, definiert § 267a zudem die Kleinstkapitalgesellschaft.

2   Die **Schwellenwerte** für die Größenmerkmale Bilanzsumme und Umsatzerlöse wurden zuletzt durch das BilRUG erhöht. Die Erhöhung der Schwellenwerte geht auf Art. 3 Abs. 2–4 Bilanz-RL (Richtlinie 2013/34/EU), die die 4. EU-RL (Richtlinie 78/660/EWG) und die 7. EU-RL (Richtlinie 83/349/EWG) überarbeitet und zusammenführt, zurück.[2]

3   Die derzeitigen Schwellenwerte für die Bilanzsumme und die Umsatzerlöse sind verpflichtend für nach dem 31.12.2015 beginnende Geschäftsjahre anzuwenden.[3] Außer für Kapitalgesellschaften und OHG/KG iSv § 264a gelten die Vorschriften des § 267 auch für **eG** (§ 336 Abs. 2 S. 1).[4] Für die vom PublG erfassten Unternehmen (§ 3 PublG) gelten dagegen die speziellen Bestimmungen der §§ 1 und 2 PublG. Für **Kreditinstitute** und Finanzdienstleistungsinstitute, **Versicherungsunternehmen** sowie kapitalmarktorientierte Kapitalgesellschaften gelten gem. § 340a Abs. 2 S. 1, § 341a Abs. 2 S. 1 bzw. § 267 Abs. 3 S. 2 die Größenklassen des § 267 nicht; sie haben ihren Jahresabschluss stets nach den für große Kapitalgesellschaften geltenden Vorschriften aufzustellen.

---

[1] Zu einer Übersicht über größenabhängige Erleichterungen vgl. WP-HdB Kap. F Rn. 1410.

[2] BeBiKo/*Winkeljohann/Lawall* Rn. 1.

[3] BeBiKo/*Winkeljohann/Lawall* Rn. 1.

[4] BeBiKo/*Winkeljohann/Lawall* Rn. 1.

II. Größenmerkmale

1. Bilanzsumme. Im Zuge des BilRUG wurde in Abs. 4a klarstellend für 4
alle Unternehmenskategorien der Begriff der Bilanzsumme definiert.[5] Als
Bilanzsumme isd Größenmerkmale gilt mithin die Summe der Aktivseite isv
§ 266 Abs. 2 der gem. §§ 264 ff. zum Abschlussstichtag aufgestellten Bilanz,
abzüglich eines ggf. nach § 268 Abs. 3 auf der Aktivseite ausgewiesenen
Fehlbetrags bzw. – im Falle einer KGaA – abzüglich des nach § 286 Abs. 2
S. 3 AktG auf der Aktivseite ausgewiesenen Postens „Nicht durch Vermögenseinlagen gedeckter Verlustanteil persönlich haftender Gesellschafter".[6]

Bilanzvermerke sind bei der Bestimmung der Bilanzsumme **nicht** zu 5
berücksichtigen.[7] Durch die Ausnutzung zulässiger Bilanzierungs-, Bewer-
tungs- und Ausweiswahlrechte hat die Kapitalgesellschaft grundsätzlich die
Möglichkeit, auf die Höhe der Bilanzsumme Einfluss zu nehmen; sie muss
dabei jedoch den Grundsatz der Stetigkeit beachten.[8]

2. Umsatzerlöse. Die für die Größenklasseneinteilung maßgeblichen 6
Umsatzerlöse ergeben sich aus § 277 Abs. 1. Sowohl aus der geänderten
Umsatzerlösdefinition als auch aus der Anhebung der Schwellenwerte im
Zuge des BilRUG ergeben sich Implikationen für die Größeneinstufung.[9]
Anders als vor dem BilRUG sind die unter den Umsatzerlösen auszuweisen-
den Erlöse nicht länger auf das für die gewöhnliche Geschäftstätigkeit typische
Leistungsangebot beschränkt, was zu einer **Umgliederung** der bisher im
Sammelposten „**sonstige betriebliche Erträge**" ausgewiesenen Erträge in
die Umsatzerlöse führt und damit einen Anstieg derselben verursacht.[10] Von
den Umsatzerlösen abzuziehen sind Erlösschmälerungen, die Umsatzsteuer
sowie sonstige direkt mit dem Umsatz verbundene Steuern.[11]

Da die Vorschrift des § 267 auf die Umsatzerlöse der letzten zwölf Monate 7
vor dem Abschlussstichtag abstellt, müssen im Falle eines **Rumpfgeschäftsjahres** auch die Umsätze der entsprechenden letzten Monate des vorangegangenen Geschäftsjahres berücksichtigt werden. Dieselben Umsatzerlöse werden
somit bei der Ermittlung der Größenmerkmale für zwei verschiedene Geschäftsjahre zugrunde gelegt. Es sind grundsätzlich die genauen Monats-
umsätze heranzuziehen; eine Ermittlung durch die Proportionalisierung des
gesamten Vorjahresumsatzes darf nur erfolgen, wenn die genauen Monats-
umsätze ausnahmsweise nicht feststellbar sind.[12]

3. Arbeitnehmerzahl. Wer Arbeitnehmer ist, bestimmt sich nach den 8
allgemeinen **Abgrenzungsgrundsätzen des Arbeitsrechts**.[13] Danach ist
Arbeitnehmer jede natürliche Person, die auf Grund eines privatrechtlichen
Vertrags einem anderen zur Leistung fremdbestimmter Arbeit in persönlicher
Abhängigkeit verpflichtet ist. Zu den Arbeitnehmern gehören somit auch
Heimarbeiter, Schwerbehinderte, unselbstständige Handelsvertreter und zu

---

[5] BT-Drs. 18/4050, 60; *Röser/Roland/Rimmelspacher* DB-Beil. 5/2015, 4.
[6] BeBiKo/*Winkeljohann/Lawall* Rn. 6; HdR/*Knop/Küting* Rn. 7.
[7] BeBiKo/*Winkeljohann/Lawall* Rn. 6; Haufe BilanzR/*Wulf* Rn. 14.
[8] MüKoHGB/*Reiner* Rn. 2, 6; Haufe BilanzR/*Wulf* Rn. 14 f.
[9] *Röser/Roland/Rimmelspacher* DB-Beil. 5/2015, 5.
[10] *Röser/Roland/Rimmelspacher* DB-Beil. 5/2015, 5.
[11] *Peun/Rimmelspacher* DB-Beil. 5/2015, 15 f.; BeBiKo/*Winkeljohann/Lawall* Rn. 7.
[12] HdR/*Knop/Küting* Rn. 13; BeBiKo/*Winkeljohann/Lawall* Rn. 8.
[13] *ADS* Rn. 13; *Biener* WPg 1972, 3; BeBiKo/*Winkeljohann/Lawall* Rn. 9; WP-HdB Kap.
F Rn. 275.

Wehrübungen kurzfristig freigestellte Arbeitnehmer. Im Ausland beschäftigte Arbeitnehmer sind nach Abs. 5 bei der Ermittlung der Arbeitnehmerzahl einzubeziehen, nicht jedoch die zu ihrer Berufsausbildung Beschäftigten. Bei Teilzeitbeschäftigten und Kurzarbeitern wird keine Umrechnung auf volle Arbeitskräfte vorgenommen, sondern es ist lediglich auf deren Anzahl abzustellen.[14]

9   **Nicht** zu den Arbeitnehmern zählen zB:[15]

- gesetzliche Vertreter von Kapitalgesellschaften;
- Mitglieder eines gesellschaftsrechtlichen Aufsichtsorgans, soweit es sich nicht um Arbeitnehmervertreter handelt;
- Leiharbeitnehmer, sofern sie arbeitsrechtlich nicht Arbeitnehmer der Kapitalgesellschaft sind;
- nicht in den Betrieb eingeordnete Personen, die keine fremdbestimmte Arbeit in persönlicher Abhängigkeit erbringen, weil sie bspw. ihre Arbeitszeit selbst bestimmen können;
- Personen, deren Beschäftigung nicht auf einem Dienstvertrag, sondern auf einem anderen privatrechtlichen Vertrag, zB Werkvertrag oder Gesellschaftsvertrag, beruht;
- auf Grund von Vorruhestands-, Altersteilzeit- oder Altersfreizeitregelungen ausgeschiedene Arbeitnehmer;
- mitarbeitende Familienangehörige eines Gesellschafters, sofern mit diesen kein Arbeitsvertrag abgeschlossen wurde;
- zu ihrer Berufsausbildung Beschäftigte, zB Auszubildende, Umschüler, Volontäre, Praktikanten.

10   Die Arbeitnehmerzahl ist als **Jahresdurchschnittswert** zu ermitteln. Gem. Abs. 5 gilt als durchschnittliche Zahl der Arbeitnehmer der vierte Teil der Summe aus den Zahlen der jeweils am 31.3., 30.6., 30.9. und 31.12. beschäftigten Arbeitnehmer. Dabei ist entscheidend, dass das Arbeitsverhältnis an den jeweiligen Stichtagen, bzw. am letzten Arbeitstag des jeweiligen Quartals, bestand. Diese Ermittlungsmethode ist auch in einem Rumpfgeschäftsjahr anzuwenden. Umfasst das Rumpfgeschäftsjahr weniger als vier Stichtage, müssen die letzten Stichtage vor Beginn des Rumpfgeschäftsjahrs herangezogen werden.[16]

III. Größenklassen (Abs. 1–3)

11   **1. Kleine Kapitalgesellschaften und OHG/KG iSv § 264a (Abs. 1).** Eine Gesellschaft gilt als **klein** iSd § 267, wenn sie an bestimmten Stichtagen mindestens zwei der drei Merkmale **Bilanzsumme: 6.000.000 Euro, Umsatzerlöse: 12.000.000 Euro** und durchschnittliche **Arbeitnehmerzahl: 50 nicht überschreitet** und nicht nach Abs. 3 S. 2 als große Gesellschaft gilt.

12   **2. Mittelgroße Kapitalgesellschaften und OHG/KG iSv § 264a (Abs. 2).** Eine Gesellschaft gilt als **mittelgroß** iSd § 267, wenn sie an bestimmten Stichtagen mindestens zwei der drei Merkmale nach Abs. 1 (→ Rn. 11) **überschreitet** und mindestens zwei der drei Merkmale **Bilanz-**

---

[14] BeBiKo/*Winkeljohann/Lawall* Rn. 12.

[15] *ADS* Rn. 13; Haufe BilanzR/*Wulf* Rn. 20; HdR/*Knop/Küting* Rn. 14 f.; BeBiKo/*Winkeljohann/Lawall* Rn. 11.

[16] *ADS* Rn. 15; BeBiKo/*Winkeljohann/Lawall* Rn. 12 f.

summe: 20.000.000 Euro, Umsatzerlöse: 40.000.000 Euro und durchschnittliche **Arbeitnehmerzahl: 250 nicht überschreitet.** Außerdem darf sie nicht nach Abs. 3 S. 2 als große Gesellschaft gelten.

3. Große Kapitalgesellschaften und OHG/KG iSv § 264a (Abs. 3). 13
Als **groß** iSd § 267 gilt eine Gesellschaft, wenn sie entweder an bestimmten Stichtagen mindestens zwei der drei Merkmale **Bilanzsumme: 20.000.000 Euro, Umsatzerlöse: 40.000.000 Euro** und durchschnittliche **Arbeitnehmerzahl: 250 überschreitet** oder unabhängig von den tatsächlichen Größenkriterien, wenn es sich um eine **kapitalmarktorientierte Kapitalgesellschaft** iSd § 264d handelt. Die Klassifizierung einer kapitalmarktorientierten Kapitalgesellschaft als große Kapitalgesellschaft mit den damit verbundenen höheren Informationsanforderungen dient letztlich dem Schutz der Kapitalgeber.[17]

IV. Zeitliche Voraussetzungen für den Eintritt der Rechtsfolgen (Abs. 4)

1. Grundsatz. Die Rechtsfolgen der Größenmerkmale treten nach Abs. 4 14
S. 1 nur dann ein, wenn diese an **zwei aufeinanderfolgenden Abschlussstichtagen** über- oder unterschritten werden. Ein einmaliges Über- oder Unterschreiten der Größenmerkmale kann somit – ausgenommen bei Neugründungen oder Umwandlungen – noch keine Rechtsfolgen auslösen. Es ist darüber hinaus **nicht erforderlich,** dass jeweils **dieselben Merkmale** über- oder unterschritten werden; so führt beispielsweise auch das Überschreiten der entsprechenden Schwellenwerte für Bilanzsumme und Umsatzerlöse an einem Abschlussstichtag und das Überschreiten der entsprechenden Schwellenwerte für Bilanzsumme und durchschnittliche Arbeitnehmerzahl am vorhergehenden Abschlussstichtag zu einer Klassifizierung als mittelgroße bzw. große Kapitalgesellschaft.[18]

2. Besonderheiten bei Neugründung oder Umwandlung. Die Rege- 15
lung des Abs. 4 S. 1 bezieht sich auf die kontinuierliche Fortführung eines Unternehmens. In den Fällen der Neugründung sowie der Umwandlung einer Kapitalgesellschaft treten nach Abs. 4 S. 2 die Rechtsfolgen der Größenmerkmale **schon dann** ein, **wenn am ersten Abschlussstichtag** nach der Neugründung oder Umwandlung die entsprechenden Größenmerkmale gegeben sind; die Voraussetzung des Vorliegens an zwei aufeinander folgenden Abschlussstichtag entfällt somit. Bei OGH/KG iSv § 264a sind die Verhältnisse am Abschlussstichtag der erstmaligen Anwendung des § 267 maßgeblich.[19]

Besonderheiten hinsichtlich der Ermittlung der Größenmerkmale entste- 16
hen dann, wenn dabei ein **Rumpfgeschäftsjahr** zu Grunde zu legen ist.

Keine besonderen Fragen ergeben sich in diesen Fällen bei dem stichtags- 17
bezogenen Kriterium **Bilanzsumme;** hier ist sowohl im Falle der Neugründung als auch in dem der Umwandlung von der Bilanzsumme am Abschlussstichtag des Rumpfgeschäftsjahres auszugehen. Da der Ermittlung der zeit-

---

[17] HdR/*Knop/Küting* Rn. 20.
[18] MüKoHGB/*Reiner* Rn. 12; BeBiKo/*Winkeljohann/Lawall* Rn. 14; Haufe BilanzR/ *Wulf* Rn. 25.
[19] BT-Drs. 14/1806, 22; BR-Drs. 458/99, 42 f.; MüKoHGB/*Reiner* Rn. 15; aA *Schellhorn* DStR 2009, 2699.

raumbezogenen **Umsatzerlöse** im Normalfall ein Zeitraum von zwölf Monaten zu Grunde gelegt wird, im Falle der Neugründung jedoch nur Zahlen für die Monate des Rumpfgeschäftsjahrs vorliegen, wird hier eine Hochrechnung dieser Umsatzzahlen auf einen Jahresumsatz vorzunehmen sein.[20]

18   Liegt eine **Umwandlung** iSd Abs. 2 vor, so ist grundsätzlich, soweit es sich um eine Verschmelzung handelt, auf die Umsätze der übertragenden Gesellschaften (bei Verschmelzung durch Neugründung) bzw. der übertragenden Gesellschaft(en) sowie der aufnehmenden Gesellschaft (bei Verschmelzung durch Aufnahme) zurückzugreifen, wobei ein Zeitraum von zwölf Monaten nicht überschritten werden darf. Handelt es sich um eine **Spaltung,** sollte auf die anteiligen Umsatzerlöse der bisherigen Rechtsträger zurückgegriffen werden.[21] Der im Zuge des BilRUG ergänzte Abs. 4 S. 3 nimmt den Formwechsel einer Kapitalgesellschaft bzw. einer KapCoGes als formwechselnden Rechtsträger von der Ausnahme des Abs. 4 S. 2 aus.[22] Damit wird die Kontinuität über zwei aufeinanderfolgende Geschäftsjahre nach Abs. 4 S. 1 auch für den Formwechsel gem. Abs. 4 S. 3 beibehalten, allerdings nur für Unternehmen, die sowohl vor als auch nach dem Formwechsel Kapitalgesellschaft oder OHG/KG iSv § 264a sind.[23]

19   Bei der Ermittlung der ebenfalls zeitraumbezogenen Größe **Arbeitnehmerzahl** im Falle einer Neugründung beginnt die Durchschnittsbildung mit dem ersten in Abs. 5 genannten Stichtag, der der Errichtung folgt. Die dabei ermittelte Summe ist lediglich durch die Anzahl der tatsächlich erfassten Stichtage zu teilen; fällt keiner der in Abs. 5 genannten Stichtage in das Rumpfgeschäftsjahr, dürfte die Arbeitnehmerzahl am Abschlussstichtag des Rumpfgeschäftsjahres maßgebend sein.[24] Bei einer **Umwandlung** ist, soweit das Rumpfgeschäftsjahr weniger als vier der in Abs. 5 genannten Stichtage umfasst, auf den bzw. die vor der Umwandlung bestehenden Rechtsträger zurückzugreifen und es sind die Zahlen der entsprechenden vor dem Umwandlungszeitpunkt liegenden Stichtage heranzuziehen.[25]

V. Informations- und Auskunftsrechte nach anderen Gesetzen (Abs. 6)

20   In Abs. 6 wird klargestellt, dass Informations- und **Auskunftsrechte der Arbeitnehmervertretungen** (zB Recht der Arbeitnehmer auf Erläuterung des Jahresabschlusses gem. § 108 Abs. 5 BetrVG) durch die Rechtsfolgen, die sich aus der Einteilung in Größenklassen ergeben, **nicht berührt** werden. Den Arbeitnehmervertretungen sind daher auch diejenigen Teile des Jahresabschlusses, die von kleinen und mittelgroßen Kapitalgesellschaften nicht offengelegt zu werden brauchen, im betriebsverfassungsrechtlich gebotenen Ausmaß zugänglich zu machen.[26] Eine Anwendung von Abs. 6 auf bereits bei

[20] *ADS* Rn. 19; MüKoHGB/*Reiner* Rn. 16; aA Haufe BilanzR/*Wulf* Rn. 27; HdR/*Knop* Rn. 29; BeBiKo/*Winkeljohann/Lawall* Rn. 8, die nur auf den Zeitraum des Rumpfgeschäftsjahrs abstellen.

[21] BeBiKo/*Winkeljohann/Lawall* Rn. 25.

[22] BeBiKo/*Winkeljohann/Lawall* Rn. 26.

[23] BT-Drs. 18/4050, 60; *Röser/Roland/Rimmelspacher* DB-Beil. 5/2015, 5 f.; BeBiKo/ *Winkeljohann/Lawall* Rn. 26.

[24] *ADS* Rn. 20; HdR/*Knop/Küting* Rn. 25.

[25] *ADS* Rn. 15, 22–24; HdR/*Knop/Küting* Rn. 16, 26.

[26] *ADS* Rn. 32; BeBiKo/*Winkeljohann/Lawall* Rn. 30.

der Aufstellung des Jahresabschlusses in Anspruch genommene Erleichterungen dürfte jedoch nicht in Frage kommen.[27]

§ 267a Kleinstkapitalgesellschaften

(1) [1]Kleinstkapitalgesellschaften sind kleine Kapitalgesellschaften, die mindestens zwei der drei nachstehenden Merkmale nicht überschreiten:

1. 350 000 Euro Bilanzsumme;
2. 700 000 Euro Umsatzerlöse in den zwölf Monaten vor dem Abschlussstichtag;
3. im Jahresdurchschnitt zehn Arbeitnehmer.

[2]§ 267 Absatz 4 bis 6 gilt entsprechend.

(2) Die in diesem Gesetz für kleine Kapitalgesellschaften (§ 267 Absatz 1) vorgesehenen besonderen Regelungen gelten für Kleinstkapitalgesellschaften entsprechend, soweit nichts anderes geregelt ist.

(3) Keine Kleinstkapitalgesellschaften sind:

1. Investmentgesellschaften im Sinne des § 1 Absatz 11 des Kapitalanlagegesetzbuchs,
2. Unternehmensbeteiligungsgesellschaften im Sinne des § 1a Absatz 1 des Gesetzes über Unternehmensbeteiligungsgesellschaften oder
3. Unternehmen, deren einziger Zweck darin besteht, Beteiligungen an anderen Unternehmen zu erwerben sowie die Verwaltung und Verwertung dieser Beteiligungen wahrzunehmen, ohne dass sie unmittelbar oder mittelbar in die Verwaltung dieser Unternehmen eingreifen, wobei die Ausübung der ihnen als Aktionär oder Gesellschafter zustehenden Rechte außer Betracht bleibt.

Schrifttum: (ohne die Einzelbeiträge in den verschiedenen Handbüchern der Rechnungslegung) BT-Drs. 17/11292 vom 5.11.2012, Entwurf eines Gesetzes zur Umsetzung der Richtlinie 2012/6/EU des Europäischen Parlaments und des Rates vom 14. März 2012 zur Änderung der Richtlinie 78/660/EWG des Rates über den Jahresabschluss von Gesellschaften bestimmter Rechtsformen hinsichtlich Kleinstbetrieben (Kleinstkapitalgesellschaften-Bilanzrechtsänderungsgesetz – MicroBilG); *Henckel/Rimmelspacher,* Neuregelungen für Kleinstunternehmen durch das BilRUG, DB-Beil. 5/2015, 37; *Müller,* Rechnungslegungserleichterungen für Kleinstkapitalgesellschaften und Tochterunternehmen ausländischer Konzernmütter durch das Micro-BilG, DB 2010, 73; *Zwirner/Froschhammer,* Rechnungslegung für Kleinstkapitalgesellschaften gemäß MicroBilG, Stbg 2013, 227; *Zwirner,* BilRUG: Wesentliche Änderungen für Einzel- und Konzernabschluss, DB-Beil. 6/2015, 1; *Zwirner/Petersen,* Wie reformiert das BilRUG das Bilanzrecht? – Wesentliche Änderungen für Einzel- und Konzernabschluss sowie Offenlegung, WPg 2015, 811.

I. Allgemeines

§ 267a wurde durch das Kleinstkapitalgesellschaften-Bilanzrechtsände- **1** rungsgesetz (MicroBilG) in das Handelsgesetzbuch eingefügt. Das MicroBilG verfolgt das Ziel, **Kleinstkapitalgesellschaften** von den zuvor geltenden umfangreichen Regelungen zur Rechnungslegung **zu entlasten.**[1] So wird Kleinstkapitalgesellschaften insbesondere gestattet, bei der Aufstellung des Jahresabschlusses auf einen **Anhang zu verzichten,** soweit bestimmte Infor-

---

[27] *ADS* Rn. 32; HdR/*Knop/Küting* Rn. 32.
[1] BT-Drs. 17/11292, 12.

mationen unter der Bilanz gemacht werden (→ § 264 Rn. 23), eine **vereinfachte Gliederung** für die Darstellung der **Gewinn- und Verlustrechnung** (→ § 275 Rn. 55–58) sowie für die **Darstellung der Bilanz** (→ § 266 Rn. 11) zu verwenden. Ferner werden Kleinstkapitalgesellschaften von der **Offenlegung** des Jahresabschlusses befreit, sofern die Bilanz in elektronischer Form zur dauerhaften Hinterlegung beim Betreiber des Bundesanzeigers eingereicht und ein Hinterlegungsauftrag erteilt wurde (→ § 326 Rn. 6–8).[2] Eine Anwendungspflicht der Erleichterungen besteht nicht, sodass die Kleinstkapitalgesellschaft bei jeder Erleichterung separat entscheiden kann, ob diese in Anspruch genommen wird.[3] Ferner ist zu berücksichtigen, dass bei Inanspruchnahme dieser Erleichterungen eine Bewertung zum Fair Value nicht zulässig ist (→ § 253 Rn. 127 f.) sowie ggf. bestimmte Erleichterungen für kleine und mittelgroße Kapitalgesellschaften nicht in Anspruch genommen werden können. Der im Rahmen des BilRUG neu aufgenommene Abs. 3 stellt klar, dass die Erleichterungen für Kleinstkapitalgesellschaften hinsichtlich Bilanzierung und Offenlegung von bestimmten **Investmentgesellschaften** und **Beteiligungsgesellschaften** nicht in Anspruch genommen werden können (→ Rn. 8 f.).[4]

2   Die Erleichterungen für Kleinstkapitalgesellschaften gelten erstmals für Jahres- und Konzernabschlüsse, die sich auf einen nach dem 30.12.2012 liegenden Abschlussstichtag beziehen (Art. 70 EGHGB). Auf **Genossenschaften** sind die Erleichterungen für Kleinstkapitalgesellschaften **nicht anzuwenden** (§ 336 Abs. 2 S. 3).

3   Kreditinstitute und Versicherungen sind **von den Erleichterungen** für Kleinstkapitalgesellschaften **ausgeschlossen**, da sie den Jahresabschluss stets nach den für große Kapitalgesellschaften geltenden Vorschriften aufzustellen haben.[5] Gleiches gilt für kapitalmarktorientierte Kapitalgesellschaften, was insbesondere bei Holdinggesellschaften von Relevanz ist, da diese regelmäßig die Größenkriterien für Kleinstkapitalgesellschaften unterschreiten dürften.[6]

II. Definition einer Kleinstkapitalgesellschaft (Abs. 1)

4   Eine kleine Kapitalgesellschaft gilt als Kleinstkapitalgesellschaft iSd § 267a, wenn sie an bestimmten Stichtagen mindestens zwei der drei Merkmale **Bilanzsumme: 350.000 Euro, Umsatzerlöse: 700.000 Euro,** durchschnittliche **Arbeitnehmerzahl: 10 nicht überschreitet.** Außerdem darf sie nicht nach § 267 Abs. 3 S. 2 als große Kapitalgesellschaft gelten, wobei es diesbezüglich wohl kaum Anwendungsfälle geben sollte.

5   Im Rahmen des BilRUG wurden in Abs. 1 die Wörter „nach Abzug eines auf der Aktivseite ausgewiesenen Fehlbetrags (§ 268 Abs. 3)" sowie S. 2 aF, der eine Definition der Bilanzsumme enthielt, aufgehoben. Diese Folgeänderung ist begründet in der geänderten Definition der Bilanzsumme in § 267 Abs. 4a, der seither den Begriff der Bilanzsumme eindeutig regelt und auch für § 267a maßgeblich ist.[7]

---

[2] Vgl. zu den Erleichterungen auch *Müller* DB 2013, 73 ff.; *Zwirner/Froschhammer* Stbg 2013, 227 ff.

[3] NWB Kommentar Bilanzierung/*Hoffmann/Lüdenbach* Rn. 1.

[4] *Zwirner* DB-Beil. 6/2015, 9; BeBiKo/*Winkeljohann/Lawall* Rn. 2.

[5] *Müller* DB 2013, 73 f.; BeBiKo/*Winkeljohann/Lawall* Rn. 2.

[6] *Zwirner/Froschhammer* Stbg 2013, 227.

[7] *Zwirner* BilRUG S. 444.

Abs. 1 S. 2 verweist zudem explizit auf die Vorschriften des § 267 **6**
Abs. 4–6. In diesen Vorschriften sind die **zeitlichen Voraussetzungen** für
den Eintritt der Rechtsfolgen (§ 267 Abs. 4; → § 267 Rn. 14–17), die
Berechnungsvorschrift zur **Ermittlung** der durchschnittlichen **Arbeitnehmerzahl** (§ 267 Abs. 5; → § 267 Rn. 8–10) sowie die Klarstellung, dass
Informations- und **Auskunftsrechte der Arbeitnehmervertretungen**
nach anderen Gesetzen **unberührt** bleiben (§ 267 Abs. 6; → § 267 Rn. 20),
geregelt, obschon die praktische Relevanz aufgrund der geringen Größe der
Kleinstkapitalgesellschaften begrenzt sein sollte.

III. Gültigkeit der Regelungen für kleine Kapitalgesellschaften (Abs. 2)

Abs. 2 regelt, dass die im Handelsgesetzbuch für kleine Kapitalgesellschaf- **7**
ten geltenden Regelungen entsprechend für Kleinstkapitalgesellschaften gelten, soweit nichts anderes geregelt ist. Dieser Absatz dient lediglich der Klarstellung, dass Kleinstkapitalgesellschaften als **Teil der Gruppe von kleinen
Kapitalgesellschaften** gelten, da dies eigentlich schon aus § 267 Abs. 1
hervorgeht.[8]

IV. Investment- und Beteiligungsgesellschaften (Abs. 3)

Im Zuge des BilRUG wurde § 267a um einen Abs. 3 ergänzt, der klarstellt, **8**
dass die möglichen **Erleichterungen** für Kleinstkapitalgesellschaften hinsichtlich der Bilanzierung und Offenlegung **nicht** für **Investmentgesellschaften** gem. § 1 Abs. 11 KAGB, **Beteiligungsgesellschaften** gem. § 1a
Abs. 1 UBGG sowie für Unternehmen, deren einziger Zweck im Erwerb
sowie der Verwertung und Verwaltung von Beteiligungen an anderen Unternehmen besteht (bspw. klassische **Holdinggesellschaften**), **gelten.**[9]

Beteiligungen iSd § 271 Abs. 1 sind Anteile an anderen Unternehmen, **9**
die bestimmt sind, dem eigenen Geschäftsbetrieb durch Herstellung einer
dauernden Verbindung zu jenen Unternehmen zu dienen (→ § 271 Rn. 2).
Ab einem Anteil von 20% wird dies vermutet (→ § 271 Rn. 7–9).[10] Um den
beabsichtigten Schutzgedanken des Abs. 3 Nr. 2 Rechnung zu tragen, **genügt** die **tatsächliche Holdingtätigkeit,** um die möglichen Erleichterungen für Kleinstkapitalgesellschaften **zu versagen.**[11] Wenngleich sich der
Unternehmenszweck formal aus der Satzung ergeben kann, kommt es für die
Beurteilung einer Holdingtätigkeit auf das tatsächliche Erscheinungsbild an,
wobei Bagatelltätigkeiten nicht zu berücksichtigen sind.[12]

V. Steuerrechtliche Bedeutung

Die Norm ist steuerneutral und entfaltet **keinen Einfluss** auf die steuerli- **10**
che Gewinnermittlung und die steuerrechtlichen Aufzeichnungs- und Über-
mittlungspflichten.[13]

---

[8] BT-Drs. 17/11292, 17.
[9] *Zwirner/Petersen* WPg 2015, 813; BeBiKo/*Winkeljohann/Lawall* Rn. 13 f.
[10] BT-Drs. 18/4050, 62; BeBiKo/*Winkeljohann/Lawall* Rn. 14.
[11] BeBiKo/*Winkeljohann/Lawall* Rn. 14.
[12] *Henckel/Rimmelspacher* DB-Beil. 5/2015, 38.
[13] BT-Drs. 17/11292, 15; BeBiKo/*Winkeljohann/Lawall* Rn. 15.

§ 268 Vorschriften zu einzelnen Posten der Bilanz. Bilanzvermerke

(1) [1] Die Bilanz darf auch unter Berücksichtigung der vollständigen oder teilweisen Verwendung des Jahresergebnisses aufgestellt werden. [2] Wird die Bilanz unter Berücksichtigung der teilweisen Verwendung des Jahresergebnisses aufgestellt, so tritt an die Stelle der Posten „Jahresüberschuß/Jahresfehlbetrag" und „Gewinnvortrag/Verlustvortrag" der Posten „Bilanzgewinn/Bilanzverlust"; ein vorhandener Gewinn- oder Verlustvortrag ist in den Posten „Bilanzgewinn/Bilanzverlust" einzubeziehen und in der Bilanz gesondert anzugeben. [3] Die Angabe kann auch im Anhang gemacht werden.

(2) *(aufgehoben)*

(3) Ist das Eigenkapital durch Verluste aufgebraucht und ergibt sich ein Überschuß der Passivposten über die Aktivposten, so ist dieser Betrag am Schluß der Bilanz auf der Aktivseite gesondert unter der Bezeichnung „Nicht durch Eigenkapital gedeckter Fehlbetrag" auszuweisen.

(4) [1] Der Betrag der Forderungen mit einer Restlaufzeit von mehr als einem Jahr ist bei jedem gesondert ausgewiesenen Posten zu vermerken. [2] Werden unter dem Posten „sonstige Vermögensgegenstände" Beträge für Vermögensgegenstände ausgewiesen, die erst nach dem Abschlußstichtag rechtlich entstehen, so müssen Beträge, die einen größeren Umfang haben, im Anhang erläutert werden.

(5) [1] Der Betrag der Verbindlichkeiten mit einer Restlaufzeit bis zu einem Jahr und der Betrag der Verbindlichkeiten mit einer Restlaufzeit von mehr als einem Jahr sind bei jedem gesondert ausgewiesenen Posten zu vermerken. [2] Erhaltene Anzahlungen auf Bestellungen sind, soweit Anzahlungen auf Vorräte nicht von dem Posten „Vorräte" offen abgesetzt werden, unter den Verbindlichkeiten gesondert auszuweisen. [3] Sind unter dem Posten „Verbindlichkeiten" Beträge für Verbindlichkeiten ausgewiesen, die erst nach dem Abschlußstichtag rechtlich entstehen, so müssen Beträge, die einen größeren Umfang haben, im Anhang erläutert werden.

(6) Ein nach § 250 Abs. 3 in den Rechnungsabgrenzungsposten auf der Aktivseite aufgenommener Unterschiedsbetrag ist in der Bilanz gesondert auszuweisen oder im Anhang anzugeben.

(7) Für die in § 251 bezeichneten Haftungsverhältnisse sind

1. die Angaben zu nicht auf der Passivseite auszuweisenden Verbindlichkeiten und Haftungsverhältnissen im Anhang zu machen,
2. dabei die Haftungsverhältnisse jeweils gesondert unter Angabe der gewährten Pfandrechte und sonstigen Sicherheiten anzugeben und
3. dabei Verpflichtungen betreffend die Altersversorgung und Verpflichtungen gegenüber verbundenen oder assoziierten Unternehmen jeweils gesondert zu vermerken.

(8) [1] Werden selbst geschaffene immaterielle Vermögensgegenstände des Anlagevermögens in der Bilanz ausgewiesen, so dürfen Gewinne nur ausgeschüttet werden, wenn die nach der Ausschüttung verbleibenden frei verfügbaren Rücklagen zuzüglich eines Gewinnvortrags und abzüglich eines Verlustvortrags mindestens den insgesamt angesetzten Beträgen abzüglich der hierfür gebildeten passiven latenten Steuern entsprechen. [2] Werden aktive latente Steuern in der Bilanz ausgewiesen, ist Satz 1 auf den Betrag anzuwenden, um den die aktiven latenten Steuern die passi-

ven latenten Steuern übersteigen. [3] **Bei Vermögensgegenständen im Sinn des § 246 Abs. 2 Satz 2 ist Satz 1 auf den Betrag abzüglich der hierfür gebildeten passiven latenten Steuern anzuwenden, der die Anschaffungskosten übersteigt.**

Schrifttum: (ohne die Einzelbeiträge in den verschiedenen Handbüchern der Rechnungslegung) BT-Drs. 10/4268 vom 18.11.1985, Beschlussempfehlung und Bericht des Rechtsausschusses zum BiRiLiG; *Gelhausen/Althoff,* Die Bilanzierung ausschüttungs- und abführungsgesperrter Beträge im handelsrechtlichen Jahresabschluss nach dem BilMoG (Teil 1), WPg 2009, 584; *Gros/Wallek,* Informationeller Gläubigerschutz nach BilMoG, Der Konzern 2009, 541; *IDW* RH HFA 1.013, Handelsrechtliche Vermerk- und Berichterstattungspflichten bei Patronatserklärungen, WPg Supplement, 2008, 37; *IDW* RS HFA 39, Vorjahreszahlen im handelsrechtlichen Jahresabschluss, WPg Supplement, 2012, 90; *Lanfermann/Röhricht,* § 268 Abs. 8 HGB als neue Generalnorm für außerbilanzielle Ausschüttungssperren, DStR 2009, 1216; *Limmer,* „Harte" und „weiche" Patronatserklärungen in der Konzernpraxis, DStR, 1993, 1750; *Wehrheim/Rupp,* Zum Geltungsbereich der Ausschüttungssperre des § 268 Abs. 8 HGB im Regierungsentwurf des BilMoG, DB 2009, 356.

Übersicht

I. Bilanzaufstellung unter Berücksichtigung der Ergebnisverwendung (Abs. 1)

1. Grundlagen. Das Bilanzgliederungsschema des § 266 sieht die Aufstel- **1** lung der Bilanz ohne Berücksichtigung der Verwendung des Jahresergebnisses vor. § 268 Abs. 1 eröffnet für Kapitalgesellschaften und OHG/KG iSv § 264a sowie auch für dem PublG unterliegende Unternehmen (§ 5 Abs. 1 S. 1 PublG) das Wahlrecht, die Bilanz stattdessen nach teilweiser oder vollständiger

Verwendung des Ergebnisses aufzustellen. Unter den Begriff **Ergebnisverwendung** fallen alle Vorgänge, die vom Jahresüberschuss bzw. -fehlbetrag zum Bilanzgewinn bzw. -verlust überleiten und die im Zuge der Aufstellung des Jahresabschlusses bereits zu berücksichtigen sind. Es handelt sich dabei zB um die Verrechnung des Geschäftsjahresergebnisses mit einem Ergebnisvortrag aus dem Vorjahr, Einstellungen in Gewinnrücklagen, Entnahmen aus Kapital- und Gewinnrücklagen, den Vortrag von Ergebnisbestandteilen auf neue Rechnung oder Ausschüttungen an Gesellschafter auf Grund ihrer Gesellschafterstellung.[1]

2   Voraussetzung für die Aufstellung einer Bilanz unter Berücksichtigung der Ergebnisverwendung ist somit, dass entweder eine gesetzliche oder satzungsmäßige bzw. gesellschaftsvertragliche Verpflichtung zur Rücklagendotierung oder Auflösung von Rücklagen besteht oder eine entsprechende Ermächtigung gegeben ist und in Anspruch genommen wird oder vor Bilanzaufstellung ein Gesellschafterbeschluss zur Ergebnisverwendung vorliegt.[2] Die Verwendung eines bereits ausgewiesenen Bilanzgewinns (zB nach § 174 Abs. 2 AktG) ist demnach keine Ergebnisverwendung nach Abs. 1. Ebenso nicht zur Ergebnisverwendung gehört die Ergebnisübernahme auf Grund eines Ergebnisabführungsvertrags oder entsprechender Regelungen in Satzung oder Gesellschaftsvertrag. Derartige Ansprüche oder Verpflichtungen sind Aufwand oder Ertrag.[3]

3   Auch ergebnisabhängige Aufwendungen, wie zB Tantiemen oder Verpflichtungen aus Genuss- oder Besserungsscheinen, zählen nicht zur Ergebnisverwendung, sondern fallen in den Bereich der Ergebnisermittlung.[4]

4   **2. Vollständige Ergebnisverwendung.** Die Bilanz kann unter Berücksichtigung der vollständigen Ergebnisverwendung aufgestellt werden, wenn die Verwendung des Jahresergebnisses weder zu einem verbleibenden Bilanzgewinn oder -verlust noch ausschließlich zu einem auf neue Rechnung vorzutragenden Ergebnis führt. Dies kann bei Ausgleich eines Verlustvortrages durch einen Jahresüberschuss oder eines Jahresfehlbetrages durch Auflösung von Rücklagen, bei satzungsmäßigen bzw. gesellschaftsvertraglichen Ermächtigungen zur Einstellung in Gewinnrücklagen sowie der Berücksichtigung von Vorzugsdividenden, wenn nach deren Ausschüttung eine weitere Dividendenzahlung nicht mehr möglich ist, der Fall sein.[5]

5   Bei der **GmbH** besteht die Möglichkeit, bereits vor Aufstellung und Feststellung des Jahresabschlusses über die Ergebnisverwendung zu beschließen.[6]

6   Voraussetzung für die Aufstellung der Bilanz unter Berücksichtigung der vollständigen Verwendung des Jahresergebnisses ist stets, dass eine endgültige Ergebnisverwendung spätestens bei Aufstellung der Bilanz beschlossen ist.[7]

7   Die vollständige Ergebnisverwendung kann zu einem Bilanzgewinn von Null führen. Ein möglicher auf das nächste Geschäftsjahr vorzutragender Restgewinn ist als „Bilanzgewinn" auszuweisen. Nicht zulässig ist ein Aus-

---

[1] *ADS* Rn. 15; MüKoHGB/*Reiner/Haußer* Rn. 3.
[2] *ADS* Rn. 17.
[3] *ADS* Rn. 15; BeBiKo/*Grottel/Waubke* Rn. 2.
[4] MüKoHGB/*Reiner/Haußer* Rn. 3.
[5] *ADS* Rn. 31; BeBiKo/*Grottel/Waubke* Rn. 8.
[6] MüKoHGB/*Reiner/Haußer* Rn. 6.
[7] BeBiKo/*Grottel/Waubke* Rn. 8.

weis als „Gewinnvortrag/Verlustvortrag".[8] Bei Gesellschaften iSd § 264a ist die Bilanzaufstellung unter vollständiger Verwendung des Jahresergebnisses der gesetzlich vorgesehene Regelfall (Ausnahme zB: Gesellschaftsvertrag sieht Gewinnverwendungsbeschluss vor).[9]

3. Teilweise Ergebnisverwendung. Eine teilweise Berücksichtigung der **8** Ergebnisverwendung bei der Bilanzaufstellung kommt dann in Betracht, wenn durch gesetzliche oder satzungsmäßige Verpflichtungen oder Ermächtigungen zur Einstellung in Gewinnrücklagen bzw. Auflösung von Gewinn- oder Kapitalrücklagen nicht die gesamte Ergebnisverwendung der Beschlussfassung von Haupt- bzw. Gesellschafterversammlung entzogen wird.[10]

Wird die Bilanz nach teilweiser Verwendung des Ergebnisses aufgestellt, so **9** werden nach Abs. 1 S. 2 die Posten Jahresüberschuss/Jahresfehlbetrag und Gewinnvortrag/Verlustvortrag durch den Posten **Bilanzgewinn/Bilanzverlust** ersetzt und ein darin einbezogener Gewinn/Verlust aus dem Vorjahr ist in der Bilanz oder im Anhang gesondert anzugeben (Abs. 1 S. 2 und 3).[11]

Die Aufstellung der Bilanz unter Berücksichtigung der teilweisen Ergeb- **10** nisverwendung ist nach hM verpflichtend, wenn die Einstellung in bzw. die Auflösung von Gewinnrücklagen durch Gesetz, Gesellschaftsvertrag oder einen Gesellschafterbeschluss bindend vorgeschrieben werden.[12]

Das Wahlrecht ist ebenfalls aufgehoben, wenn Einstellungen in gesetzliche **11** oder satzungsmäßige Rücklagen vorgenommen werden müssen.[13]

II. Nicht durch Eigenkapital gedeckter Fehlbetrag (Abs. 3)

1. Grundlagen. Der Ausweis des Eigenkapitals erfolgt nach § 266 Abs. 3 **12** A. grundsätzlich innerhalb einer Postengruppe auf der Passivseite der Bilanz. Ist das gesamte Eigenkapital durch Verluste aufgebraucht und ergibt sich ein Überschuss der Passivposten über die Aktivposten, so ist dieser Betrag nach Abs. 3 unter der Bezeichnung „Nicht durch Eigenkapital gedeckter Fehlbetrag" am Schluss der Bilanz auf der Aktivseite gesondert auszuweisen. Dieser Posten ist weder als Vermögensgegenstand noch als Bilanzierungshilfe anzusehen, sondern stellt eine **sich rein rechnerisch ergebende Korrekturgröße** zum Eigenkapital dar und drückt lediglich die buchmäßige Überschuldung aus.[14] **OHG/KG** iSv § 264a haben nach § 264c Abs. 2 S. 5 den entsprechenden Posten als „Nicht durch Vermögenseinlagen gedeckter Verlustanteil persönlich haftender Gesellschafter" zu bezeichnen, wenn keine Zahlungsverpflichtung von einem persönlich haftenden Gesellschafter oder Kommanditisten besteht. Unternehmen, die dem **PublG** unterliegen, sind ebenfalls verpflichtet, die Vorschriften des Abs. 3 (§ 5 Abs. 1 S. 2 PublG) anzuwenden. **KGaA** haben nach § 286 Abs. 2 S. 3 AktG den Posten „Nicht durch Vermögenseinlagen gedeckter Verlustanteil persönlich haftender Ge-

---

[8] BeBiKo/*Grottel/Waubke* Rn. 9; MüKoHGB/*Reiner/Haußer* Rn. 6; KKRD/*Morck/ Drüen* Rn. 1.

[9] BeBiKo/*Grottel/Waubke* Rn. 9.

[10] *ADS* Rn. 18; MüKoHGB/*Reiner/Haußer* Rn. 4.

[11] MüKoHGB/*Reiner/Haußer* Rn. 4.

[12] *ADS* Rn. 21; BeBiKo/*Grottel/Waubke* Rn. 5; MüKoHGB/*Reiner/Haußer* Rn. 7; HdR/*Knop/Zander* Rn. 33.

[13] BeBiKo/*Grottel/Waubke* Rn. 5; MüKoHGB/*Reiner/Haußer* Rn. 7.

[14] Ob ebenfalls eine Überschuldung iSv § 19 InsO besteht, bedarf jeweils besonderer Untersuchungen und anderer Wertansätze BeBiKo/*Grottel/Waubke* Rn. 11 f.; MüKoHGB/ *Reiner/Haußer* Rn. 28.

sellschafter" auszuweisen, wenn der Verlust den Kapitalanteil übersteigt und keine Zahlungsverpflichtung der Gesellschafter besteht.[15]

13   **2. Ausweis.** Durch den Ausweis des nicht durch Eigenkapital gedeckten Fehlbetrags auf der Aktivseite wird die Verpflichtung zum gesonderten Ausweis aller übrigen Eigenkapitalposten nicht berührt. Die einzelnen Posten der Eigenkapitalgruppe, deren Saldo null Euro beträgt, sind daher auf der Passivseite unverändert aufzuführen. Ein Verzicht auf den Ausweis auf der Passivseite würde gegen das Vollständigkeitsgebot und das Saldierungsverbot (§ 246 Abs. 1 und 2) verstoßen und ist somit unzulässig.[16]

III. Besondere Vorschriften zu Forderungen und sonstigen Vermögensgegenständen (Abs. 4)

14   **1. Vermerk der Restlaufzeit.** Der Betrag von Forderungen mit einer Restlaufzeit von mehr als einem Jahr ist nach Abs. 4 S. 1 von Kapitalgesellschaften sowie OHG/KG iSv § 264a bei **jedem gesondert ausgewiesenen Posten** zu vermerken. Dieser Bilanzvermerk soll den Einblick in die Finanz- und Liquiditätslage der Gesellschaft verbessern.[17] Die Vermerkpflicht gilt für alle Unterposten der Postengruppe § 266 Abs. 2 B. II. „Forderungen und sonstige Vermögensgegenstände": Forderungen aus Lieferungen und Leistungen, Forderungen gegen verbundene Unternehmen, Forderungen gegen Unternehmen, mit denen ein Beteiligungsverhältnis besteht, und sonstige Vermögensgegenstände (soweit darin sonstige Forderungen enthalten sind), sowie für weitere Posten, die auf Grund gesetzlicher Vorschriften unter den Forderungen des Umlaufvermögens gesondert auszuweisen sind oder im Rahmen freiwilliger Erweiterungen des Gliederungsschemas hinzugefügt werden (zB Forderungen gegenüber GmbH-Gesellschaftern).[18] Die Vermerkpflicht gilt auch für dem **PublG** unterliegende Unternehmen (§ 5 Abs. 1 S. 2 PublG). Für **Kreditinstitute** und **Versicherungsunternehmen** ist Abs. 4 S. 1 nicht anzuwenden (§ 340a Abs. 2 S. 1, § 341a Abs. 2 S. 1).[19] Dem Anlagevermögen zuzuordnende Forderungen fallen dem Sinn der Regelung entsprechend nicht unter die Vermerkpflicht.[20] Weisen zB **kleine Kapitalgesellschaften** eine verkürzte Bilanz nach § 266 Abs. 1 S. 3 und somit den Posten „Forderungen und sonstige Vermögensgegenstände" (§ 266 Abs. 2 B. II.) ohne weitere Untergliederung aus, ist nur der Gesamtbetrag der Forderungen mit einer Restlaufzeit von über einem Jahr vermerkpflichtig.[21]

15   Die Restlaufzeit einer Forderung wird durch den Zeitraum zwischen dem Bilanzstichtag und dem voraussichtlichen Eingang der Forderung bestimmt. Die Restlaufzeiten sind zu jedem Bilanzstichtag nach wirtschaftlichen Maßstäben und nicht allein nach den vertraglichen Regelungen neu zu beurteilen, wobei ggf. auch auf Schätzungen abzustellen ist.[22]

16   **2. Erläuterung von antizipativen Posten.** Werden unter dem Posten „Sonstige Vermögensgegenstände" größere Beträge ausgewiesen, die erst

---

[15] *ADS* Rn. 88 f.
[16] *ADS* Rn. 95; BeBiKo/*Grottel/Waubke* Rn. 11; MüKoHGB/*Reiner/Haußer* Rn. 28.
[17] BeBiKo/*Grottel/Waubke* Rn. 25; Praxiskommentar BilanzR/*Lentz* Rn. 38.
[18] *ADS* Rn. 99 f.
[19] MüKoHGB/*Reiner/Haußer* Rn. 29.
[20] *ADS* Rn. 96; BeBiKo/*Schubert/Waubke* Rn. 25.
[21] BeBiKo/*Schubert/Waubke* Rn. 27; Praxiskommentar BilanzR/*Lentz* Rn. 38.
[22] MüKoHGB/*Reiner/Haußer* Rn. 29.

nach dem Abschlussstichtag rechtlich entstehen, so sind diese gem. Abs. 4 S. 2 von großen und mittelgroßen Kapitalgesellschaften und OHG/KG iSv § 264a im Anhang zu erläutern. Kleine Kapitalgesellschaften und OHG/KG iSv § 264a sind nach § 274a Nr. 1 von der Erläuterungspflicht im Anhang befreit. Antizipative Forderungen, die zum Abschlussstichtag rechtlich noch nicht entstanden sind, sind selten; darunter fallen zB abgegrenzte Zinserträge, zeitanteilige Mieten und Versicherungsprämien oder bestimmte Steuererstattungsansprüche (KSt, GewSt).[23] Die Erläuterungspflicht entsteht nur bei Beträgen mit einem größeren Umfang; enthalten die sonstigen Vermögensgegenstände mehrere antizipative Forderungen, so kommt es auf den Gesamtbetrag an.[24] Für die Festlegung, was unter einem größeren Umfang zu verstehen ist, gilt der allgemeine Grundsatz der Wesentlichkeit bzw. ist die Informationsfunktion des Jahresabschlusses zu beachten.

IV. Besondere Vorschriften zu Verbindlichkeiten (Abs. 5)

1. Vermerk der Restlaufzeit. Entsprechend dem Vermerk der Forderun- **17** gen mit einer Restlaufzeit von mehr als einem Jahr verlangt Abs. 5 S. 1, den Betrag der Verbindlichkeiten mit einer Restlaufzeit von bis zu einem Jahr und auch mit Restlaufzeit von mehr als einem Jahr bei jedem gesondert ausgewiesenen Posten zu vermerken. Die Vermerkpflicht gilt für Kapitalgesellschaften und OHG/KG iSv § 264a sowie auch für dem **PublG** unterliegende Unternehmen (§ 5 Abs. 1 S. 2 PublG). Damit sollen die kurzfristigen Liquiditätsabflüsse aus dem Bestand an Verbindlichkeiten zum Abschlussstichtag gezeigt werden.[25] Die Vermerkpflicht bezieht sich auf alle Unterposten der Postengruppe § 266 Abs. 3 C. „Verbindlichkeiten".[26] Zur Bestimmung der Restlaufzeit → Rn. 15, wobei aus Gründen der Vorsicht nicht der beabsichtigte spätere Zahlungszeitpunkt, sondern der vertraglich festgelegte Fälligkeitstermin zugrunde zu legen ist.[27] Neben der Vermerkpflicht des Abs. 5 sieht das Handelsrecht weitere Pflichtangaben zu den Verbindlichkeiten im Anhang vor: den Gesamtbetrag der Verbindlichkeiten mit einer Restlaufzeit von mehr als fünf Jahren (§ 285 Nr. 1 Buchst. a) sowie den Gesamtbetrag der durch Pfandrechte oder ähnliche Rechte gesicherten Verbindlichkeiten (§ 285 Nr. 1 Buchst. b). Sämtliche Angaben, die sich auf die Verbindlichkeiten beziehen, können zur Verbesserung der Übersichtlichkeit des Jahresabschlusses in einem sog. **Verbindlichkeitenspiegel** zusammengefasst werden, der entweder in der Bilanz oder im Anhang gezeigt werden kann (auch Erl. → § 285 Rn. 4).[28]

Von kleinen Kapitalgesellschaften und OHG/KG iSv § 264a ist der Ver- **18** merk nach S. 1 für die Postengruppe Verbindlichkeiten zu machen, wenn sie die Verbindlichkeiten zu einem Posten zusammenfassen (§ 266 Abs. 1 S. 3). Von Kreditinstituten und Finanzdienstleistungsinstituten sowie Versicherungsunternehmen ist Abs. 5 S. 1 nicht anzuwenden (§§ 340a, 341a; auch → Rn. 14).

---

[23] *ADS* Rn. 106; BeBiKo/*Schubert/Waubke* Rn. 30 f.; MüKoHGB/*Reiner/Haußer* Rn. 32.

[24] *ADS* Rn. 107.

[25] *ADS* Rn. 109.

[26] HdR/*Knop/Zander* Rn. 208 f.

[27] MüKoHGB/*Reiner/Haußer* Rn. 34.

[28] BeBiKo/*Schubert* Rn. 36–38; Praxiskommentar BilanzR/*Lentz* Rn. 46; MüKoHGB/*Reiner/Haußer* Rn. 35.

19 **2. Ausweis der erhaltenen Anzahlungen.** Abs. 5 S. 2 enthält ein Wahlrecht für den Ausweis von erhaltenen Anzahlungen. Diese sind entweder unter den Verbindlichkeiten gesondert auszuweisen oder von dem Posten „Vorräte" offen abzusetzen. Für kleine Kapitalgesellschaften und OHG/KG iSv § 264a besteht nach § 266 Abs. 1 S. 3 die Möglichkeit, die erhaltenen Anzahlungen mit den übrigen Verbindlichkeitsposten des § 266 Abs. 3 C. zusammenzufassen.[29] Von Kreditinstituten und Finanzdienstleistungsinstituten sowie Versicherungsunternehmen ist Abs. 5 S. 2 nicht anzuwenden (§§ 340a, 341a).

20 **3. Erläuterung von antizipativen Posten.** Entsprechend der Erläuterungspflicht des Abs. 4 S. 2 verlangt Abs. 5 S. 3, größere Verbindlichkeiten, die erst nach dem Abschlussstichtag rechtlich entstehen, im Anhang zu erläutern. Als Anwendungsfall wird in der Literatur eine nicht auf Vertrag beruhende Verlustübernahme genannt, wenn ein faktischer Übernahmezwang besteht und der Betrag feststeht.[30] Kleine Kapitalgesellschaften und OHG/KG iSv § 264a sind nach § 274a Nr. 2 von der Erläuterungspflicht im Anhang befreit.

V. Disagio (Abs. 6)

21 Wird ein Disagio nach § 250 Abs. 3 in den Rechnungsabgrenzungsposten auf der Aktivseite aufgenommen (→ § 250 Rn. 15), so ist dieser Betrag gem. § 268 Abs. 6 gesondert in der Bilanz auszuweisen oder im Anhang anzugeben. Der gesonderte Ausweis in der Bilanz kann als Davon-Vermerk oder in Form einer Untergliederung der Rechnungsabgrenzungsposten erfolgen; als Bezeichnung des Postens kommen bspw. „Disagio", „Damnum" oder „Unterschiedsbetrag nach § 250 Abs. 3" in Betracht.[31] Bei Aktivierung mehrerer Unterschiedsbeträge aus verschiedenen Verbindlichkeiten können diese in einem Betrag zusammengefasst werden. Kleine Kapitalgesellschaften und OHG/KG iSv § 264a sind gem. § 274a Nr. 3 von der Angabepflicht des Abs. 6 befreit.

VI. Haftungsverhältnisse (Abs. 7)

22 Nach Abs. 7 sind die in § 251 bezeichneten Haftungsverhältnisse (Verbindlichkeiten aus der Begebung und Übertragung von Wechseln; Verbindlichkeiten aus Bürgschaften, Wechsel- und Scheckbürgschaften; Verbindlichkeiten aus Gewährleistungsverträgen; Haftungsverhältnisse aus der Bestellung von Sicherheiten für fremde Verbindlichkeiten) jeweils gesondert in der Bilanz oder im Anhang anzugeben.[32] Auch können unter diese Angabepflicht sog. **Patronatserklärungen** fallen. Dieser Begriff umfasst Erklärungen, in denen eine Muttergesellschaft einem Kreditgeber ihrer Tochtergesellschaft zur Förderung oder Erhaltung der Kreditbereitschaft Maßnahmen oder Unterlassungen in Aussicht stellt oder zusagt.[33] Eine Angabepflicht ergibt sich dann, wenn die Patronatserklärungen zwischen der Muttergesellschaft und dem Gläubiger der Tochtergesellschaft bürgschaftsähnliche Rechtsverhältnisse

---

[29] BeBiKo/*Schubert* Rn. 40.
[30] *ADS* Rn. 118.
[31] *ADS* Rn. 121 f.; BeBiKo/*Grottel*/*Waubke* Rn. 45 f.; Praxiskommentar BilanzR/*Lentz* Rn. 53.
[32] Vgl. zu den Haftungsverhältnissen auch Erl. zu § 251.
[33] Zu den Grundformen von Patronatserklärungen vgl. *IDW* RH HFA 1.013 Rn. 8; vgl. auch Erl. zu § 251.

begründen.[34] Nach Abs. 7 Nr. 2 sind die Haftungsverhältnisse unter Angabe der gewährten Pfandrechte und sonstigen Sicherheiten jeweils gesondert anzugeben. Hier kommen jedoch praktisch nur die Haftungsverhältnisse aus der Bestellung von **Sicherheiten für fremde Verbindlichkeiten** in Betracht. Zu den angabepflichtigen Pfandrechten und sonstigen Sicherheiten zählen insbesondere Pfandrechte an beweglichen Sachen und an Rechten (zB Forderungen, Ausleihungen, Wertpapieren, Urheber- und Patentrechten, Bankguthaben), Grundpfandrechte (Grund- und Rentenschulden, Hypotheken, Schiffshypotheken, Reallasten), Eigentumsvorbehalt, Sicherungsübereignung (Warenlager, bewegliche Sachanlagen), Sicherungsabtretung von Forderungen und Rechten.[35] § 268 Abs. 7 Nr. 3 fordert auch Anhangangaben zu Verpflichtungen die die Altersversorgung betreffen. Hier fällt zB eine Haftung für Altersversorgungsverpflichtungen im Falle eines Betriebsübergangs darunter.[36] Bestehen entsprechende Verpflichtungen gegenüber verbundenen oder assoziierten Unternehmen (iSv § 311 Abs. 1 S. 1), so sind auch diese gem. Abs. 7 Nr. 3 gesondert anzugeben. Obwohl die Angabepflichten des Abs. 7 auch für kleine Kapitalgesellschaften und OHG/KG iSv § 264a gelten, wird im Hinblick auf die Vereinfachungsregelung des § 266 Abs. 1 S. 3, nach der kleine Kapitalgesellschaften und OHG/KG iSv § 264a die Verbindlichkeiten in einem Posten ausweisen dürfen, von diesen die Anwendung des Abs. 7 nicht verlangt werden können.[37]

Ergänzt wird diese Vorschrift um die Angabepflicht des § 285 Nr. 27 (auch 23 Erl. zu § 285 Nr. 27). Anzugeben sind für nach § 251 unter der Bilanz oder nach § 268 Abs. 7 im Anhang ausgewiesene Verbindlichkeiten und Haftungsverhältnisse die Gründe der Einschätzung des Risikos der Inanspruchnahme.[38]

VII. Ausschüttungssperre (Abs. 8)

1. Allgemeines. Seit dem BilMoG ist eine Ausschüttungssperre vorgese- 24 hen im Zusammenhang mit einer Aktivierung eines selbst geschaffenen immateriellen Vermögensgegenstands des Anlagevermögens (§ 248 Abs. 2), den in der Bilanz ausgewiesenen aktiven latenten Steuern (§ 274 Abs. 1 S. 2) und der Bewertung von altersversorgungsbezogenem Planvermögen zum beizulegenden Zeitwert (§ 246 Abs. 2 S. 2 iVm § 253 Abs. 1 S. 4). Zudem besteht die Pflicht zu erläuternden Anhangangaben. Nach § 285 Nr. 28 ist der Gesamtbetrag der ausschüttungsgesperrten Beträge, untergliedert nach den in § 268 Abs. 8 genannten Posten, im Anhang anzugeben. Darüber hinaus sind diese Beträge gem. § 301 AktG auch im Rahmen von Ergebnisabführungsverträgen gesperrt (sog. Abführungssperre).[39]

2. Zweck dieser Regelung. Die Ausschüttungssperre trägt in erster Linie 25 dem Vorsichtsprinzip sowie dem Gläubigerschutzgedanken Rechnung.[40] Die

[34] Sog. „harte" Patronatserklärungen; hierzu und zur Abgrenzung von „weichen" Patronatserklärungen vgl. im Einzelnen *IDW* RH HFA 1.013 Rn. 10; *Limmer* DStR 1993, 1750 ff.

[35] *ADS* Rn. 126; *BeBiKo/Grottel/Haußer* Rn. 54.

[36] *BeBiKo/Grottel/Haußer* Rn. 55.

[37] *ADS* Rn. 125.

[38] *BeBiKo/Grottel/Haußer* Rn. 50.

[39] BT-Drs. 16/10067, 64.

[40] BT-Drs. 16/10067, 64; *MüKoBilanzR/Suchan* Rn. 79; *BeBiKo/Grottel/Huber* Rn. 65; *Baumbach/Hopt/Merkt* Rn. 9; zur Diskussion, ob Gläubiger durch „Nichtausschüttung" geschützt werden können s. NWB Kommentar Bilanzierung/*Hoffmann/Lüdenbach* Rn. 156 f.

insbesondere mit dem BilMoG ermöglichte Einbeziehung unsicherer Ergebnisbeiträge, durch og Aktiva, zugunsten einer beabsichtigten besseren Informationswirkung des handelsrechtlichen Jahresabschlusses kann zur Schwächung des Gläubigerschutzes beitragen, da teilweise vom Postulat einer vorsichtigen Gewinnermittlung abgewichen wird. Daher sah der Gesetzgeber die Notwendigkeit des Einsatzes dieser außerbilanziellen Ausschüttungssperre, um das bisherige Schutzniveau für Gläubiger beizubehalten. Das Ergebnis aus der Anwendung informationsorientierter Bilanzierungsvorschriften wird außerhalb der Bilanz mithilfe der Ausschüttungssperre im Sinne eines institutionellen Gläubigerschutzkonzepts korrigiert, das Ausschüttungspotenzial wird dadurch gemindert.[41]

26   **3. Anwendungsbereich.** Der Anwendungsbereich gilt ausschließlich für Kapitalgesellschaften.[42] Allerdings wird die Entnahmemöglichkeit für Kommanditisten einer Kommanditgesellschaft (auch für Kapitalgesellschaften und OHG/KG iSv § 264a) dahingehend beschränkt, wonach bei der Berechnung des Kapitalanteils gem. § 172 Abs. 4 S. 2 Beträge iSd § 268 Abs. 8 nicht zu berücksichtigen sind und somit eine Entnahme von ausschüttungsgesperrten Beträgen zum Wiederaufleben der persönlichen Haftung führen kann.[43]

27   **4. Berechnung der ausschüttungsgesperrten Beträge.** Gem. § 268 Abs. 8 ist bei Aktivierung entsprechender Beträge eine Ausschüttung von Gewinnen nur dann möglich, wenn die nach der Ausschüttung verbleibenden frei verfügbaren Rücklagen abzüglich eines Verlustvortrags und zuzüglich eines Gewinnvortrags mindestens den insgesamt angesetzten Beträgen, abzüglich der hierfür gebildeten passiven latenten Steuern, entsprechen. Der gesperrte Betrag ist Jahr für Jahr fortzuschreiben und wird um die im Geschäftsjahr neu hinzukommenden aktivierten Beträge erhöht bzw. um Abgänge vermindert.[44]

VIII. Folgen der Nichtbeachtung

28   Die unrichtige Wiedergabe oder Verschleierung der Verhältnisse im Jahresabschluss ist durch § 331 Nr. 1 unter **Strafe** gestellt, Zuwiderhandlungen gegen die Bestimmungen der Abs. 2–7 werden als **Ordnungswidrigkeiten** behandelt (§ 334 Abs. 1 Nr. 1 Buchst. c). Ein Verstoß gegen die – überwiegend den Schutz der Gläubiger bezweckende – Vorschrift des Abs. 8 macht den betreffenden Gewinnausschüttungsbeschluss in vollem Umfang **nichtig** (§ 134 BGB und § 241 Nr. 3 AktG). Die Ausschüttung von ausschüttungsgesperrten Beträgen kann zudem zu persönlichen **Regresspflichten** für die verantwortlichen Personen führen (insbes. Schadensersatzpflicht aus § 823 Abs. 2 BGB).[45]

---

[41] *Lanfermann/Röhricht* DStR 2009, 1220; *Gros/Wallek* Der Konzern 2009, 546.

[42] Für Gesellschafter von Personengesellschaften sowie Einzelkaufleuten misst der Gesetzgeber der Ausschüttungssperre, aufgrund deren unbeschränkten Haftung bzw. aufgrund des Fehlens strenger Entnahmegrenzen bei Kommanditgesellschaften, keine praktische Bedeutung bei, BT-Drs. 16/10067, 64, 46; aA aber *Wehrheim/Rupp* DB 2009, 357.

[43] BeBiKo/*Grottel/Huber* Rn. 65; MüKoHGB/*Reiner/Haußer* Rn. 58; Baumbach/Hopt/ *Merkt* Rn. 9.

[44] *Gelhausen/Althoff* WPg 2009, 586.

[45] BeBiKo/*Grottel/Huber* Rn. 80 f.

§ 269 *(aufgehoben)*

§ 270 Bildung bestimmter Posten

(1) **Einstellungen in die Kapitalrücklage und deren Auflösung sind bereits bei der Aufstellung der Bilanz vorzunehmen.**

(2) **Wird die Bilanz unter Berücksichtigung der vollständigen oder teilweisen Verwendung des Jahresergebnisses aufgestellt, so sind Entnahmen aus Gewinnrücklagen sowie Einstellungen in Gewinnrücklagen, die nach Gesetz, Gesellschaftsvertrag oder Satzung vorzunehmen sind oder auf Grund solcher Vorschriften beschlossen worden sind, bereits bei der Aufstellung der Bilanz zu berücksichtigen.**

I. Allgemeines

§ 270 enthält **klarstellende Bestimmungen** hinsichtlich der **Bildung** 1 **und Auflösung bestimmter Posten** sowie der diesbezüglichen Zuständigkeit.[1] Nach Abs. 1 sind Einstellungen in die **Kapitalrücklage** sowie die Auflösung der Kapitalrücklage bereits bei der Aufstellung der Bilanz vorzunehmen. Abs. 2 verlangt, dass Entnahmen aus und Einstellungen in **Gewinnrücklagen,** die nach Gesetz, Gesellschaftsvertrag oder Satzung vorzunehmen oder auf Grund solcher Vorschriften beschlossen worden sind, bereits bei der Aufstellung der Bilanz zu berücksichtigen sind, wenn diese unter Berücksichtigung der vollständigen oder teilweisen Verwendung des Jahresergebnisses aufgestellt wird.

Die **Zuständigkeit** für Einstellung in oder Auflösung aus einer Kapital- 2 rücklage liegt bei dem für die Aufstellung des JA zuständigen Organ.[2] Als **Zeitpunkt** benennt Abs. 1 die Aufstellung der Bilanz, worunter die technische Anfertigung der Bilanz zu verstehen ist.[3] In der Praxis wird aufgrund der Mitwirkungsrechte des Aufsichtsrats oder der Gesellschafterversammlung sowie ggf. der Hauptversammlung bei der Feststellung des JA in der Regel eine Abstimmung zwischen Geschäftsführung und Feststellungsorgan vorgenommen.[4]

II. Veränderungen der Kapitalrücklage (Abs. 1)

Welche Beträge in die Kapitalrücklage einzustellen sind, wird grundsätzlich 3 in § 272 Abs. 2 geregelt. Diese Beträge werden der Kapitalgesellschaft **von außen zugeführt** und unterscheiden sich so von den Gewinnrücklagen, die aus dem Ergebnis gebildet werden. Weitere Dotierungen der Kapitalrücklage können sich darüber hinaus im Falle der **AG** iVm einer Kapitalherabsetzung nach § 229 Abs. 1 AktG, §§ 231, 232, 237 Abs. 5 AktG und im Falle der **GmbH** iVm der Aktivierung von eingeforderten Nachschüssen nach § 42 Abs. 2 S. 3 GmbHG ergeben.[5] Die nach § 272 Abs. 2 vorzunehmenden Einstellungen in die Kapitalrücklage berühren die Gewinn- und Verlustrech-

---

[1] *ADS* Rn. 1.
[2] Baumbach/Hopt/*Merkt* Rn. 1; BeBiKo/*Winkeljohann/Taetzner* Rn. 1 f.; MüKoHGB/*Reiner* Rn. 1 f.
[3] BeBiKo/*Winkeljohann/Taetzner* Rn. 2; MüKoHGB/*Reiner* Rn. 4.
[4] BeBiKo/*Winkeljohann/Taetzner* Rn. 2.
[5] *ADS* Rn. 3.

nung nicht; im Falle der **vereinfachten Kapitalherabsetzung** dagegen korrespondiert der nach § 240 S. 1 AktG in der Gewinn- und Verlustrechnung auszuweisende Ertrag mit den nach § 229 Abs. 1 AktG, §§ 232 und 237 Abs. 5 AktG vorgenommenen Einstellungen in die Kapitalrücklage. **Entnahmen** aus der Kapitalrücklage sind, abgesehen von der Kapitalerhöhung aus Gesellschaftsmitteln, als **Ergebnisverwendung** anzusehen; liegt eine Auflösung vor, ist die Bilanz somit zwingend unter Berücksichtigung der teilweisen oder vollständigen Verwendung des Jahresergebnisses aufzustellen.[6] Im Sonderfall der **Kapitalerhöhung aus Gesellschaftsmitteln** (§§ 207 ff. AktG bzw. §§ 57c ff. GmbHG) liegt, soweit dabei Kapitalrücklagen in Grund- bzw. Stammkapital umgewandelt werden, **keine Auflösung** iSv Abs. 1 S. 1 vor.[7]

III. Veränderungen der Gewinnrücklagen (Abs. 2)

4   Abs. 2 bezweckt, dass bei zwingend vorzunehmenden Einstellungen in die Gewinnrücklagen diese bereits **bei der Aufstellung der Bilanz** und somit nach Berücksichtigung einer zumindest teilweisen Gewinnverwendung vorgenommen werden.[8] Die Regelung greift nur dann, wenn das Wahlrecht des § 268 Abs. 1 nicht besteht, Gewinnverwendungen also bei Aufstellung der Bilanz berücksichtigt werden müssen, oder wenn die Bilanz in Ausübung des Wahlrechts des § 268 Abs. 1 aufgestellt wird; nicht unter diese Vorschrift fallen Einstellungen in Gewinnrücklagen im Rahmen der Verwendung des Bilanzgewinns.[9]

IV. Folgen der Nichtbeachtung

5   Eine unzutreffende Anwendung des § 270 wird nicht unmittelbar sanktioniert. Da im Wesentlichen der Zeitpunkt der Bildung und Auflösung bestimmter Rücklagen geregelt wird, können sich jedoch Verstöße gegen andere Bestimmungen (zB §§ 266, 268, 275) oder eine **Nichtigkeit des JA** (§ 256 AktG) als Rechtsfolge ergeben.[10]

§ 271 Beteiligungen. Verbundene Unternehmen

(1) **[1] Beteiligungen sind Anteile an anderen Unternehmen, die bestimmt sind, dem eigenen Geschäftsbetrieb durch Herstellung einer dauernden Verbindung zu jenen Unternehmen zu dienen. [2] Dabei ist es unerheblich, ob die Anteile in Wertpapieren verbrieft sind oder nicht. [3] Eine Beteiligung wird vermutet, wenn die Anteile an einem Unternehmen insgesamt den fünften Teil des Nennkapitals dieses Unternehmens oder, falls ein Nennkapital nicht vorhanden ist, den fünften Teil der Summe aller Kapitalanteile an diesem Unternehmen überschreiten. [4] Auf die Berechnung ist § 16 Abs. 2 und 4 des Aktiengesetzes entsprechend anzuwenden. [5] Die Mitgliedschaft in einer eingetragenen Genossenschaft gilt nicht als Beteiligung im Sinne dieses Buches.**

---

[6] *ADS* Rn. 6; MüKoHGB/*Reiner* Rn. 5.
[7] *ADS* Rn. 7; BeBiKo/*Winkeljohann/Taetzner* Rn. 13.
[8] BeBiKo/*Winkeljohann/Taetzner* Rn. 16.
[9] *ADS* Rn. 9; MüKoHGB/*Reiner* Rn. 6.
[10] BeBiKo/*Winkeljohann/Taetzner* Rn. 23.

(2) **Verbundene Unternehmen im Sinne dieses Buches sind solche Unternehmen, die als Mutter- oder Tochterunternehmen (§ 290) in den Konzernabschluß eines Mutterunternehmens nach den Vorschriften über die Vollkonsolidierung einzubeziehen sind, das als oberstes Mutterunternehmen den am weitestgehenden Konzernabschluß nach dem Zweiten Unterabschnitt aufzustellen hat, auch wenn die Aufstellung unterbleibt, oder das einen befreienden Konzernabschluß nach den §§ 291 oder 292 aufstellt oder aufstellen könnte; Tochterunternehmen, die nach § 296 nicht einbezogen werden, sind ebenfalls verbundene Unternehmen.**

Schrifttum: (ohne die Einzelbeiträge in den verschiedenen Handbüchern der Rechnungslegung) BT-Drs. 10/4268 vom 18.11.1985, Beschlußempfehlung und Bericht des Rechtsausschusses (6. Ausschuß) zu dem von der Bundesregierung eingebrachten Entwurf eines Gesetzes zur Durchführung der Vierten Richtlinie des Rates der Europäischen Gemeinschaften zur Koordinierung des Gesellschaftsrechts (Bilanzrichtlinie-Gesetz) – Drs. 10/317 – Entwurf eines Gesetzes zur Durchführung der Siebenten und Achten Richtlinie des Rates der Europäischen Gemeinschaften zur Koordinierung des Gesellschaftsrechts – Drs. 10/3440 –; BT-Drs. 18/4050 vom 20.2.2015, Entwurf eines Gesetzes zur Umsetzung der Richtlinie 2013/34/EU des Europäischen Parlaments und des Rates vom 26.6.2013 über den Jahresabschluss, den konsolidierten Abschluss und damit verbundene Berichte von Unternehmen bestimmter Rechtsformen und zur Änderung der Richtlinie 2006/43/EG des Europäischen Parlaments und des Rates und zur Aufhebung der Richtlinien 78/660/EWG und 83/349/EWG des Rates (Bilanzrichtlinie-Umsetzungsgesetz – BilRUG; IDW RS HFA 18: Bilanzierung von Anteilen an Personenhandelsgesellschaften im handelsrechtlichen Jahresabschluss, IDW-FN 2014, 417; IDW HFA 1/1993: Zur Bilanzierung von Joint Ventures, WPg 1993, 441; IDW HFA 1/1994: Zur Behandlung von Genußrechten im Jahresabschluss von Kapitalgesellschaften, WPg 1994, 419; *Küting/Seel,* Neukonzeption des Mutter-Tochter-Verhältnisses nach HGB – Auswirkungen des BilMoG auf die handelsbilanzrechtliche Bilanzierung, BB 2010, 1459.

I. Beteiligungen (Abs. 1)

1. Grundlagen. Beteiligungen gem. Abs. 1 S. 1 sind Anteile an anderen **1** Unternehmen, die dazu bestimmt sind, dem eigenen Geschäftsbetrieb durch Herstellung einer dauerhaften Verbindung zu diesen Unternehmen zu dienen. Daraus wird deutlich, dass es sich bei Beteiligungen um **Anlagevermögen** handelt; der Ausweis der Beteiligungen erfolgt dementsprechend unter den **Finanzanlagen**.[1]

2. Begriffsbestimmung (Abs. 1 S. 1, 2, 5). a) Definitionskriterien. 2 Der Beteiligungsbegriff nach Abs. 1 S. 1 weist objektive und subjektive Definitionsmerkmale auf.[2] In objektiver Hinsicht muss es sich bei Beteiligungen um **Anteile an anderen Unternehmen** handeln.[3] In subjektvier Hinsicht müssen Anteile an anderen Unternehmen **dazu bestimmt** sein, dem eigenen Geschäftsbetrieb durch **Herstellung einer dauernden Verbindung** zu dienen.[4] Die Beteiligungsabsicht des Anteilseigners zielt dabei auf mehr ab, als eine reine Kapitalverzinsung.[5]

b) Anteile an anderen Unternehmen. Das Vorliegen einer Beteiligung **3** in objektiver Hinsicht hängt davon ab, dass Anteile an anderen Unternehmen

---

[1] BeBiKo/*Grottel/Kreher* Rn. 5; Beck HdR/*Scheffler* B 213 Rn. 227.
[2] BeBiKo/*Grottel/Kreher* Rn. 8.
[3] BeBiKo/*Grottel/Kreher* Rn. 8; Beck HdR/*Scheffler* B 213 Rn. 228.
[4] BeBiKo/*Grottel/Kreher* Rn. 8; *ADS* Rn. 15.
[5] WP-HdB Kap. F Rn. 350; Beck HdR/*Scheffler* B 213 Rn. 245; *ADS* Rn. 17.

gehalten werden. Deshalb ist neben der Konkretisierung des Unternehmens-
begriffs zunächst zu klären, wann **Anteile** gegeben sind.[6] Anteile stellen
grundsätzlich Mitgliedschaftsrechte dar, die sowohl **Vermögensrechte,** zB
Teilnahme am Gewinn und Liquidationserlös, als auch **Verwaltungsrechte,**
zB Mitsprache- und Informationsrechte, umfassen. Dazu zählen Kapitalanteile an Kapital- oder Personengesellschaften (zB Aktien, GmbH-Anteile, Ka-
pitaleinlagen als persönlich haftender Gesellschafter oder Kommanditeinla-
gen).[7] Abs. 1 S. 2 stellt ausdrücklich klar, dass es für das Vorliegen einer
Beteiligung unerheblich ist, ob die Anteile in Wertpapieren verbrieft sind
oder nicht.[8] Als Anteile anzusehen sind auch Gesamthandsanteile an Gesellschaften des bürgerlichen Rechts (zB bestimmte Joint Ventures).[9]

4   Grundsätzlich **nicht** zu den Anteilen zählen **Rechte auf Grund eines
schuldrechtlichen Verhältnisses.** Das Gleiche gilt grds. auch für **typische
stille Beteiligungen** und **Genussrechte,** da Letztere keine mitgliedschafts-
rechtliche Stellung begründen.[10] Die Mitgliedschaft in einer **eingetragenen
Genossenschaft** gilt nach Abs. 1 S. 5 ausdrücklich nicht als Beteiligung, und
zwar unabhängig davon, ob die Definitionsmerkmale einer Beteiligung erfüllt
sind.[11] Sinn dieser Regelung ist es, im Falle von Kleinstanteilen an einer
Kreditgenossenschaft zu verhindern, dass alle Beziehungen zu dieser Genossenschaft wie Beteiligungsverhältnisse ausgewiesen werden müssen.[12]

5   Weitere Voraussetzung für das Vorliegen einer Beteiligung ist, dass es sich
um Anteile **an einem anderen Unternehmen** handelt. Das HGB selbst
enthält keine Definition des Unternehmens.[13] Im Sinne der Vorschrift sind
auf jeden Fall die zur Buchführung verpflichteten Kaufleute als Unternehmen
anzusehen; darüber hinaus gelten aber auch solche Wirtschaftseinheiten als
Unternehmen, die eigenständige Interessen kaufmännischer oder gewerb-
licher Art mit Hilfe einer nach außen in Erscheinung tretenden Organisation
verfolgen.[14] Somit sind auch Stiftungen, Vereine, Körperschaften des öffentlichen Rechts, insbesondere Gebietskörperschaften, sowie sonstige juristische
Personen des öffentlichen Rechts (zB Staatsbanken, Versicherungsanstalten,
Rundfunkanstalten etc) als Unternehmen anzusehen, wenn sie nicht nur
ideelle Ziele verfolgen.[15]

6   c) **Zweckbestimmung.** Beteiligungen liegen in subjektiver Hinsicht nur
dann vor, wenn die Anteile **dazu bestimmt** sind, dem eigenen Geschäftsbetrieb durch die Herstellung einer **dauerhaften Verbindung** zu den

---

[6] *ADS* Rn. 6; Beck HdR/*Scheffler* B 213 Rn. 228 f.
[7] *ADS* Rn. 6; Beck HdR/*Scheffler* B 213 Rn. 228; BeBiKo/*Grottel*/*Kreher* Rn. 13 f.; zu
Anteilen an Personengesellschaften vgl. *IDW* RS HFA 18.
[8] Beck HdR/*Scheffler* B 213 Rn. 237 f.
[9] *ADS* Rn. 9; Beck HdR/*Scheffler* B 213 Rn. 230, 234; BeBiKo/*Grottel*/*Kreher* Rn. 13;
IDW HFA 1/1993 Abschnitt 2, 3.
[10] *ADS* Rn. 7; Beck HdR/*Scheffler* B 213 Rn. 232 f.; BeBiKo/*Grottel*/*Kreher* Rn. 15;
IDW HFA 1/1994 Abschnitt 1.
[11] Beck HdR/*Scheffler* B 213 Rn. 231; WP-HdB Kap. F Rn. 351.
[12] Bericht Rechtsausschuss, BT-Drs. 10/4268, 106; Beck HdR/*Hayn*/*Jutz*/*Zündorf* B 215
Rn. 8.
[13] BeBiKo/*Grottel*/*Kreher* Rn. 11; Beck HdR/*Scheffler* B 213 Rn. 176; vgl. zum Unternehmensbegriff sowie dessen Entwicklung hin zum zweckorientierten Unternehmensbegriff
MüKoAktG/*Bayer* § 15 Rn. 7–11; vgl. zum Beteiligungsausweis und Unternehmensbegriff
im internationalen Bilanzrecht Beck HdR/*Böcking*/*Korn* B 164 Rn. 136–143.
[14] *ADS* Rn. 11 f.; BeBiKo/*Grottel*/*Kreher* Rn. 11; Beck HdR/*Scheffler* B 213 Rn. 176;
HdR/*Bieg*/*Waschbusch* Rn. 12 f.
[15] *ADS* AktG § 15 Rn. 9; Beck HdR/*Scheffler* B 213 Rn. 176.

anderen Unternehmen **zu dienen.**[16] Es muss sich also um eine Daueranlage handeln, zu deren Beurteilung auf die zukunftsbezogene Besitzabsicht abzustellen ist. Darüber hinaus ist entscheidend, dass mit der Beteiligung **mehr verfolgt wird als die Absicht einer Kapitalanlage** gegen angemessene Verzinsung.[17] Indizien hierfür können zB personelle Verflechtungen, interdependente Produktionsprogramme, die gemeinsame Nutzung von Vertriebswegen, die Erschließung neuer Märkte, langfristige Liefer- oder Abnahmeverträge, gemeinsame Forschung und Entwicklung oder faktische Mitsprachemöglichkeiten sein.[18]

3. Beteiligungsvermutung (Abs. 1 S. 3, 4). Eine Beteiligung gem. **7** Abs. 1 S. 3 wird vermutet, wenn **mehr als 20 % der Anteile** gehalten werden.[19] Überschreiten die Anteile den **fünften Teil des Nennkapitals** oder, falls ein Nennkapital nicht vorhanden ist, den **fünften Teil der Summe der Kapitalanteile** an diesem Unternehmen, gilt die **Beteiligungsvermutung.**[20] Seit dem BilRUG wurde die Formulierung dahingehend geändert, dass sich diese nicht länger explizit auf Anteile an einer Kapitalgesellschaft bezieht, sondern nur noch auf **Anteile an einem Unternehmen.**[21] In den Anwendungsbereich der Norm sind damit nicht nur Kapitalgesellschaften, sondern **auch Personengesellschaften** eingeschlossen.[22] Sofern Anteile an Personengesellschaften zum Anlagevermögen iSv § 247 Abs. 2 gehören, sind diese unabhängig von der Beteiligungsquote stets als Beteiligungen iSv Abs. 1 S. 1 auszuweisen.[23]

Die **Beteiligungsvermutung ist widerlegbar,** wenn durch **objektive 8 Kriterien** und konkrete Indizien belegbar ist, dass die Merkmale einer Beteiligung bei der Würdigung des Gesamtbildes nicht vorliegen.[24] Die Widerlegung der rein subjektiven Beteiligungsabsicht genügt hierfür nicht.[25] Vielmehr muss ausgeschlossen werden, dass die Anteile der Herstellung einer **sonstigen dauernden Verbindung** zum anderen Unternehmen dienen sollen.[26] Konkrete **Indizien** für eine fehlende Beteiligungsabsicht können vorliegen, wenn:

– die Beteiligung keinen nennenswerten Nutzen oder Disnutzen für das bilanzierende Unternehmen entfaltet,
– das bilanzierende Unternehmen eine Veräußerungsabsicht bekannt gegeben hat oder hierfür notwendige Schritte eingeleitet hat,
– die relative oder absolute Höhe der Beteiligung oder die Bedeutung der Beteiligung gering ist,
– keine nennenswerten Geschäftsbeziehungen zu dem anderen Unternehmen bestehen und diese auch künftig nicht beabsichtigt sind.[27]

---

[16] BeBiKo/*Grottel/Kreher* Rn. 16; Beck HdR/*Scheffler* B 213 Rn. 245 f.
[17] *ADS* Rn. 17; BeBiKo/*Grottel/Kreher* Rn. 16; Beck HdR/*Scheffler* B 213 Rn. 245–247. Für einen Überblick über im Schrifttum divergierende Auffassungen vgl. HdR/*Bieg/Waschbusch* Rn. 14.
[18] *ADS* Rn. 19; BeBiKo/*Grottel/Kreher* Rn. 17.
[19] BT-Drs. 18/4050, 62.
[20] *Zwirner* BilRUG S. 454; *Schmidt/Prinz*, BilRUG in der Praxis, 2016, 84.
[21] *Zwirner* BilRUG S. 454.
[22] *Schmidt/Prinz*, BilRUG in der Praxis, 2016, 84.
[23] *IDW* RS HFA 18 Rn. 2; Beck HdR/*Scheffler* B 213 Rn. 255.
[24] Beck HdR/*Scheffler* B 213 Rn. 258.
[25] Beck HdR/*Scheffler* B 213 Rn. 258; BeBiKo/*Grottel/Kreher* Rn. 25.
[26] BeBiKo/*Grottel/Kreher* Rn. 25.
[27] Beck HdR/*Scheffler* B 213 Rn. 259.

9 Abs. 1 S. 4 bestimmt, dass für die **Berechnung** des der Beteiligungsvermutung zugrunde liegenden Anteilsbesitzes die **Regelungen des § 16
Abs. 2 u. 4 AktG** entsprechend anzuwenden sind. Aus der Anwendung von
§ 16 Abs. 2 AktG folgt, dass zur Ermittlung der vermutungsbegründenden
Anteilsquote das Nennkapital der Kapitalgesellschaft um eigene Anteile sowie
um Anteile, die einem anderen für Rechnung der Kapitalgesellschaft gehören, zu vermindern ist.[28] Nach § 16 Abs. 4 AktG gelten als Anteile, die
einem Unternehmen gehören, **auch** solche Anteile, die einem **von ihm
abhängigen Unternehmen** oder einem anderen für Rechnung des Unternehmens oder eines von diesem abhängigen Unternehmens gehören;[29] außerdem zählen bei dem Unternehmen eines Einzelkaufmanns auch die Anteile dazu, die in dessen sonstigem Vermögen gehalten werden.

II. Verbundene Unternehmen (Abs. 2)

10 **1. Grundlagen.** Mit Abs. 2 ist neben die in § 15 AktG enthaltene
Definition des Begriffs der verbundenen Unternehmen eine weitere Definition gestellt worden, die allerdings ausschließlich für den Bereich des
Dritten Buches des HGB sowie auf Grund der Verweisung in § 5 Abs. 1
PublG auch für nach dem PublG aufgestellte Abschlüsse anzuwenden ist.
Das HGB knüpft an den Tatbestand der verbundenen Unternehmen **besondere Ausweis- und Angabepflichten** für den Jahresabschluss, um so
die wirtschaftlichen Beziehungen der Gesellschaft zu anderen Unternehmen, auf die entweder sie einen bestimmenden Einfluss ausüben kann oder
die ihrerseits einen bestimmenden Einfluss ausüben können, transparent zu
machen. Damit soll der Erkenntnis Rechnung getragen werden, dass die
jeweilige Vermögens-, Finanz- und Ertragslage verbundener Unternehmen
durch konzerninterne Umstände in starkem Maße beeinflusst werden
kann.[30]

11 **2. Definitionsmerkmale der verbundenen Unternehmen.** Verbundene Unternehmen nach Abs. 2 müssen **Mutter- oder Tochterunternehmen** iSv § 290 sein, dh es muss ein **Beherrschungsverhältnis** vorliegen
(vgl. im Einzelnen Erl. zu § 290). Weiterhin müssen die Unternehmen im
Wege der **Vollkonsolidierung** in den Konsolidierungskreis des obersten
nach § 290 zur Aufstellung des Konzernabschlusses verpflichteten Mutterunternehmens einbezogen werden. Somit wirken sich die primär auf eine
konzeptionelle Ausweitung des Mutter-Tochter-Verhältnisses im Rahmen
der Konzernrechnungslegung ausgerichteten und mit dem BilMoG voll-
zogenen Änderungen des § 290 auch auf den § 271 aus.[31] **Gemeinschaftsunternehmen** (§ 310) und **assoziierte Unternehmen** (§ 311) sind mithin
grundsätzlich **keine verbundenen Unternehmen iSd Abs. 2;** eine äußerst seltene Ausnahme kann für Gemeinschaftsunternehmen im Falle der
mehrfachen Konzernzugehörigkeit zu zwei oder mehreren Mutterunternehmen bestehen, da hierbei auch die Auffassung vertreten wird, dass
das „Gemeinschaftsunternehmen" nach den Grundsätzen der Vollkonsolidierung als Tochterunternehmen gem. § 301 in deren Konzernabschluss ein-

---

[28] BeBiKo/*Grottel/Kreher* Rn. 26; Beck HdR/*Scheffler* B 213 Rn. 256 f.
[29] BeBiKo/*Grottel/Kreher* Rn. 26.
[30] *ADS* Rn. 34; BeBiKo/*Grottel/Kreher* Rn. 32.
[31] *Küting/Seel* BB 2010, 1464.

bezogen werden muss und damit als verbundenes Unternehmen anzusehen wäre.[32] Mutter- oder Tochterunternehmen, die in einen Konzernabschluss einzubeziehen sind, der nach § 291 oder § 292 befreiend ist, sind ebenfalls verbundene Unternehmen. Auf die **tatsächliche** Aufstellung des Konzernabschlusses kommt es für die Qualifizierung als verbundenes Unternehmen nach Abs. 2 nicht an.[33]

3. Nicht konsolidierte Tochterunternehmen. Werden Tochterunter- 12
nehmen auf Grund eines **Einbeziehungswahlrechts** (§ 296) nicht in den Konzernabschluss des obersten Mutterunternehmens einbezogen, so ist dies für deren Qualifizierung als verbundene Unternehmen **unerheblich**. Abs. 2 sieht im Hs. 2 ausdrücklich vor, dass diese Unternehmen ebenfalls verbundene Unternehmen sind.[34]

4. Nicht-Kapitalgesellschaft als Mutterunternehmen. Steht im Falle 13
eines **einstufigen** Konzerns eine inländische Kapitalgesellschaft unter dem beherrschenden Einfluss einer nach § 11 PublG zur Aufstellung eines Konzernabschlusses verpflichteten **Personengesellschaft,** so sind die Unternehmen als „verbunden" anzusehen, da es allein auf die in § 290 geregelte **Beziehungen** ankommt. In einem **mehrstufigen** Konzern gilt durch Verweis auf die Möglichkeit zur Aufstellung eines befreienden Konzernabschlusses nach § 291 jedes Unternehmen unabhängig von Rechtsform und Größe als verbundenes Unternehmen, wenn es bei der Annahme der Rechtsform der Kapitalgesellschaft Mutterunternehmen iSd § 290 wäre. Steht somit eine Kapitalgesellschaft, die gleichzeitig Mutterunternehmen iSd § 290 gegenüber anderen Unternehmen ist, unter dem **beherrschenden Einfluss einer Personengesellschaft,** so gelten alle Unternehmen, die im Verhältnis zu dieser Personengesellschaft als Tochterunternehmen iSd § 290 anzusehen sind, als untereinander verbunden.[35]

5. Mutterunternehmen mit Sitz im Ausland. Hat in einem **einstufi-** 14
gen Konzern aus der Sicht einer inländischen Kapitalgesellschaft ein Unternehmen mit **Sitz im Ausland** die Stellung eines Mutterunternehmens, so gilt dieses Unternehmen als verbundenes Unternehmen iSd Abs. 2; die Rechtsform des übergeordneten Unternehmens spielt keine Rolle.[36] Zwar könnte eine am Wortlaut des § 271 orientierte Auslegung zu einem anderen Ergebnis gelangen, doch würde dies ein betriebswirtschaftlich unbefriedigendes Ergebnis bedeuten.[37] Stehen mehrere Tochterunternehmen nebeneinander, sind sie auch untereinander verbunden. Bei einem **mehrstufigen Konzern** kann die Konzernspitze ihren Sitz in einem Mitgliedstaat der EU bzw. einem anderen Vertragsstaat des Abkommens über den EWR oder in einem anderen Staat haben. Für beide Fälle gelten grundsätzlich die gleichen Überlegungen wie bei einer inländischen Nicht-Kapitalgesellschaft als Mutterunternehmen, jedoch kann es auf das ausländische Recht im Sitzstaat ankommen.[38]

---

[32] WP-HdB Kap. C Rn. 376–378.
[33] Beck HdR/*Scheffler* B 213 Rn. 180.
[34] *ADS* Rn. 42.
[35] *ADS* Rn. 63, 72–77; BeBiKo/*Grottel/Kreher* Rn. 35.
[36] *ADS* Rn. 71.
[37] HdR/*Küting* Rn. 159; BeBiKo/*Grottel/Kreher* Rn. 35.
[38] *ADS* Rn. 78–80; HdR/*Küting* Rn. 160 f.

III. Folgen der Nichtbeachtung

15 Eine unzutreffende Anwendung des § 271 wird **nicht unmittelbar sanktioniert,** da es sich um eine Definitionsvorschrift handelt.[39] Allerdings können sich bei unzutreffender Anwendung Verstöße gegen andere Bestimmungen ergeben (zB §§ 266, 268, 275, 285, 289, 290, 311, 312, 313, 315, 319, 323, 327, 331), die ihrerseits unterschiedlich geahndet werden (zu den Sanktionen s. Erl. zu den genannten Paragrafen). Grds. können **Geld- oder Freiheitsstrafen** (§ 331), **Bußgelder** (§ 334) oder die **Nichtigkeit** des JA (§ 256 AktG) die Rechtsfolge sein.[40]

§ 272 Eigenkapital

(1) ¹**Gezeichnetes Kapital ist mit dem Nennbetrag anzusetzen.** ²**Die nicht eingeforderten ausstehenden Einlagen auf das gezeichnete Kapital sind von dem Posten „Gezeichnetes Kapital" offen abzusetzen; der verbleibende Betrag ist als Posten „Eingefordertes Kapital" in der Hauptspalte der Passivseite auszuweisen; der eingeforderte, aber noch nicht eingezahlte Betrag ist unter den Forderungen gesondert auszuweisen und entsprechend zu bezeichnen.**

(1a) ¹**Der Nennbetrag oder, falls ein solcher nicht vorhanden ist, der rechnerische Wert von erworbenen eigenen Anteilen ist in der Vorspalte offen von dem Posten „Gezeichnetes Kapital" abzusetzen.** ²**Der Unterschiedsbetrag zwischen dem Nennbetrag oder dem rechnerischen Wert und den Anschaffungskosten der eigenen Anteile ist mit den frei verfügbaren Rücklagen zu verrechnen.** ³**Aufwendungen, die Anschaffungsnebenkosten sind, sind Aufwand des Geschäftsjahrs.**

(1b) ¹**Nach der Veräußerung der eigenen Anteile entfällt der Ausweis nach Absatz 1a Satz 1.** ²**Ein den Nennbetrag oder den rechnerischen Wert übersteigender Differenzbetrag aus dem Veräußerungserlös ist bis zur Höhe des mit den frei verfügbaren Rücklagen verrechneten Betrages in die jeweiligen Rücklagen einzustellen.** ³**Ein darüber hinausgehender Differenzbetrag ist in die Kapitalrücklage gemäß Absatz 2 Nr. 1 einzustellen.** ⁴**Die Nebenkosten der Veräußerung sind Aufwand des Geschäftsjahrs.**

(2) **Als Kapitalrücklage sind auszuweisen**

1. **der Betrag, der bei der Ausgabe von Anteilen einschließlich von Bezugsanteilen über den Nennbetrag oder, falls ein Nennbetrag nicht vorhanden ist, über den rechnerischen Wert hinaus erzielt wird;**
2. **der Betrag, der bei der Ausgabe von Schuldverschreibungen für Wandlungsrechte und Optionsrechte zum Erwerb von Anteilen erzielt wird;**
3. **der Betrag von Zuzahlungen, die Gesellschafter gegen Gewährung eines Vorzugs für ihre Anteile leisten;**
4. **der Betrag von anderen Zuzahlungen, die Gesellschafter in das Eigenkapital leisten.**

(3) ¹**Als Gewinnrücklagen dürfen nur Beträge ausgewiesen werden, die im Geschäftsjahr oder in einem früheren Geschäftsjahr aus dem Ergebnis gebildet worden sind.** ²**Dazu gehören aus dem Ergebnis zu bildende**

---

[39] BeBiKo/*Grottel*/*Kreher* Rn. 40.
[40] BeBiKo/*Grottel*/*Kreher* Rn. 40.

gesetzliche oder auf Gesellschaftsvertrag oder Satzung beruhende Rücklagen und andere Gewinnrücklagen.

(4) ¹Für Anteile an einem herrschenden oder mit Mehrheit beteiligten Unternehmen ist eine Rücklage zu bilden. ²In die Rücklage ist ein Betrag einzustellen, der dem auf der Aktivseite der Bilanz für die Anteile an dem herrschenden oder mit Mehrheit beteiligten Unternehmen angesetzten Betrag entspricht. ³Die Rücklage, die bereits bei der Aufstellung der Bilanz zu bilden ist, darf aus vorhandenen frei verfügbaren Rücklagen gebildet werden. ⁴Die Rücklage ist aufzulösen, soweit die Anteile an dem herrschenden oder mit Mehrheit beteiligten Unternehmen veräußert, ausgegeben oder eingezogen werden oder auf der Aktivseite ein niedrigerer Betrag angesetzt wird.

(5) ¹Übersteigt der auf eine Beteiligung entfallende Teil des Jahresüberschusses in der Gewinn- und Verlustrechnung die Beträge, die als Dividende oder Gewinnanteil eingegangen sind oder auf deren Zahlung die Kapitalgesellschaft einen Anspruch hat, ist der Unterschiedsbetrag in eine Rücklage einzustellen, die nicht ausgeschüttet werden darf. ²Die Rücklage ist aufzulösen, soweit die Kapitalgesellschaft die Beträge vereinnahmt oder einen Anspruch auf ihre Zahlung erwirbt.

Schrifttum: (ohne die Einzelbeiträge in den verschiedenen Handbüchern der Rechnungslegung) *Busse von Colbe/Großfeld/Kley/Martens/Schlede,* Bilanzierung von Optionsanleihen im Handelsrecht, 1987; BT-Drs. 18/4050 vom 20.2.2015, Entwurf eines Gesetzes zur Umsetzung der Richtlinie 2013/34/EU des Europäischen Parlaments und des Rates vom 26.6.2013 über den Jahresabschluss, den konsolidierten Abschluss und damit verbundene Berichte von Unternehmen bestimmter Rechtsformen und zur Änderung der Richtlinie 2006/43/EG des Europäischen Parlaments und des Rates und zur Aufhebung der Richtlinien 78/660/EWG und 83/349/EWG des Rates (Bilanzrichtlinie-Umsetzungsgesetz – BilRUG); BT-Drs. 16/10067 vom 30.7.2008, Entwurf eines Gesetzes zur Modernisierung des Bilanzrechts (Bilanzrechtsmodernisierungsgesetz – BilMoG); *Hermesmeier/Heinz,* Die neue Gewinnausschüttungssperre nach § 272 Abs. 5 HGB i. d. F. BilRUG, DB-Beil. 5/2015, 20; *Hommelhoff/Priester,* Bilanzrichtliniengesetz und GmbH-Satzung, ZGR 1986, 463; *IDW* HFA 1/1994, Zur Behandlung von Genußrechten im Jahresabschluß von Kapitalgesellschaften, WPg 1994, 419, Ergänzung zu Abschnitt 3.2. in WPg 1998, 891; *IDW* HFA 2/1996 idF 2013, Zur Bilanzierung privater Zuschüsse, IDW-FN 2013, 192; *IDW* RS HFA 42, Auswirkungen einer Verschmelzung auf den handelsrechtlichen Jahresabschluss, WPg Supplement 4/2012, 91; *Küting/Kessler,* Die Problematik der „anderen Zuzahlungen" gem. § 272 Abs. 2 Nr. 4 HGB, BB 1989, 25.

Übersicht

I. Überblick

1 § 272 regelt den **Ausweis** des gezeichneten Kapitals, der ausstehenden Einlagen, der eigenen Anteile, Kapitalrücklagen, Gewinnrücklagen und der Rücklage für Anteile an einem herrschenden oder mit Mehrheit beteiligten Unternehmen **für Kapitalgesellschaften** (AG, SE, KGaA, GmbH, UG (haftungsbeschränkt). § 5 Abs. 1 PublG erweitert den Anwendungsbereich von § 272 auf alle Unternehmen, die nach dem **PublG** Rechnung legen müssen. Für OHG/KG iSv § 264a ist die Eigenkapitalgliederung auf Grund der rechtsformspezifischen Besonderheiten in § 264c ergänzend geregelt. Für Genossenschaften gilt die Sonderregelung des § 337. Kreditinstitute und Finanzdienstleistungsinstitute sowie Versicherungsunternehmen haben für die Bilanz und Gewinn- und Verlustrechnung gesonderte Formblätter zu verwenden, die sich hinsichtlich der Eigenkapitalgliederung an § 272 orientieren. Kleinstkapitalgesellschaften iSv § 267a können das Eigenkapital gem. § 266 Abs. 1 in einer Summe ausweisen.

2 § 272 enthält **keine abschließende und vollständige Definition** des Eigenkapitals, sondern wird von verschiedenen Regeln ergänzt, ua durch die Gliederungsvorschrift des § 266 Abs. 3 A., durch § 286 Abs. 2 AktG für den Bereich der KGaA, in Bezug auf die gesetzliche Rücklage in der AG durch § 150 AktG und für das Nachschusskapital im GmbH-Recht durch § 42 Abs. 2 GmbHG.

3 Neben diesen Vorschriften sind die **rechtsformspezifischen Regeln** zur Bildung und zum Ansatz der Eigenkapitalposten zu beachten.[1] Nach § 265 Abs. 5 dürfen über die Gliederungsregelung des § 266 Abs. 3 A. hinaus unter bestimmten Voraussetzungen **weitere Posten** dem bilanziellen Eigenkapital zugeordnet werden. Hier ist insbesondere das **Genussscheinkapital** zu nennen, das unter bestimmten Voraussetzungen als bilanzielles Eigenkapital zu qualifizieren sein kann.[2]

---

[1] *ADS* Rn. 3–6; HdR/*Küting/Reuter* Rn. 3 f.
[2] *IDW* HFA 1/1994 Abschnitt 2; BeBiKo/*Winkeljohann/Hoffmann* Rn. 1.

II. Gezeichnetes Kapital und ausstehende Einlagen (Abs. 1)

1. Allgemeines. Gesellschafter verpflichten sich in der Satzung bzw. dem **4** Gesellschaftsvertrag zur **Leistung eines betragsmäßig bestimmten Kapitals an die Gesellschaft.**[3] Dieses gezeichnete Kapital wird bei der AG, SE und der KGaA als **Grundkapital** (§ 152 Abs. 1 S. 1 AktG), bei der GmbH sowie der UG (haftungsbeschränkt) als **Stammkapital** (§ 42 Abs. 1 GmbHG) bezeichnet.[4] Das gezeichnete Kapital wird mit seinem **Nennbetrag,** also seinem rechnerischen Wert in der Bilanz angesetzt. Mehr- oder Mindererlöse gegenüber dem Nennbetrag sind stets in den entsprechenden Posten des Eigenkapitals abzubilden.[5] Die Kapitalanteile der persönlich haftenden Gesellschafter einer **KGaA** zählen gem. § 286 Abs. 2 S. 1 AktG nicht zum gezeichneten Kapital, sondern sind gesondert nach dem Posten „Gezeichnetes Kapital" auszuweisen.[6]

Im Zuge der **Aktienrechtsnovelle 2016** wurde der bisherige erste Satz **5** gestrichen:[7] Das gezeichnete Kapital wurde hierin als das Kapital definiert, auf das die Haftung der Gesellschafter für die Verbindlichkeiten der Kapitalgesellschaft gegenüber den Gläubigern beschränkt ist. Mit dieser Definition wurde das gezeichnete Kapital als Haftungskapital der Kapitalgesellschaft geprägt. Für Verbindlichkeiten der Gesellschaft haftet den Gesellschaftsgläubigern allerdings ausschließlich das **Gesellschaftsvermögen,** nicht das gezeichnete Kapital.[8]

2. Ausweis des gezeichneten Kapitals. § 152 Abs. 1 S. 2 AktG be- **6** stimmt, dass die **Gesamtnennbeträge der Aktien** jeder Gattung gesondert auszuweisen sind, wenn unterschiedliche Aktiengattungen existieren. Zu unterscheiden sind insbesondere **Stammaktien** von **Vorzugsaktien,** die kein Stimmrecht, regelmäßig aber ein bevorzugtes Gewinnrecht vermitteln. Ferner sind vor 1966 ausgegebene und noch bestehende mit einer erhöhten Stimmrechtskraft ausgestatteten **(Mehrstimmrechts-)Aktien** nach § 152 Abs. 1 S. 4 AktG gesondert auszuweisen.[9] Im Gegensatz zum Aktienrecht ist der Vorzugsgeschäftsanteil eines GmbH-Gesellschafters nicht auszuweisen. Eine dem § 152 Abs. 1 S. 2, 4 AktG entsprechende Vorschrift kennt das GmbH-Recht nicht.[10]

Beim **Ausweis von Kapitalerhöhungen** unterscheidet man Kapitalerhö- **7** hungen **gegen Einlagen** iSd §§ 182 ff. AktG, **bedingte Kapitalerhöhungen** iSd §§ 192 ff. AktG, **genehmigtes Kapital** iSv §§ 202 ff. AktG oder Kapitalerhöhungen **aus Gesellschaftsmitteln** iSv §§ 207 ff. AktG, 57c ff. GmbHG.[11] Sieht man von der bedingten Kapitalerhöhung ab, hat die **Eintragung der Kapitalerhöhung in das Handelsregister** konstitutive Wirkung. Werden Einlagen bereits vor diesem Zeitpunkt erbracht, sind diese

---

[3] KKRD/*Morck*/*Drüen* Rn. 2.

[4] KKRD/*Morck*/*Drüen* Rn. 2; WP-HdB Kap. F Rn. 433; BeBiKo/*Winkeljohann*/*Hoffmann* Rn. 10.

[5] BeBiKo/*Winkeljohann*/*Hoffmann* Rn. 10.

[6] BeBiKo/*Winkeljohann*/*Hoffmann* Rn. 10, 330.

[7] BGBl. 2015 I 2565 (2567).

[8] KKRD/*Morck*/*Drüen* Rn. 2.

[9] BeBiKo/*Winkeljohann*/*Hoffmann* Rn. 16; zum Erlöschen von Mehrstimmrechten vgl. § 5 EGAktG.

[10] Zur abweichenden Behandlung von Sondervorteilen *ADS* Rn. 15.

[11] Zur Übersicht der einzelnen Kapitalmaßnahmen vgl. auch BeBiKo/*Winkeljohann*/*Hoffmann* Rn. 25 mwN.

Leistungen unter der Gliederungsziffer des § 266 Abs. 3 A. als „Zur Durchführung beschlossener Kapitalerhöhungen geleistete Einlagen" zu passivieren.[12] Zu weiteren Vermerkpflichten vor Eintragung der Kapitalerhöhung in das Handelsregister vgl. § 152 Abs. 1 S. 3 AktG, § 160 Abs. 1 Nr. 4 AktG. Zur Umwandlungsfähigkeit von Gesellschaftsmitteln in gezeichnetes Kapital vgl. § 208 Abs. 1 S. 1 AktG, § 57d Abs. 1 GmbHG.

8   Beim **Ausweis von Kapitalherabsetzungen** unterscheidet man **ordentliche Kapitalherabsetzungen** nach §§ 222 ff. AktG, 58 GmbHG, **vereinfachte Kapitalherabsetzungen** nach §§ 229 ff. AktG, 58a ff. GmbHG oder Kapitalherabsetzungen **durch Einziehung von Aktien** nach §§ 237 ff. AktG. Der bilanzielle Ausweis im Rahmen des gezeichneten Kapitals erfolgt mit Wirksamwerden der Kapitalherabsetzung. Wirksam wird die jeweilige Kapitalherabsetzung in der Regel erst mit ihrer **Eintragung in das Handelsregister.** Nach §§ 234, 235 AktG, 58e, 58f GmbHG entfaltet die vereinfachte Kapitalherabsetzung **Rückwirkung.** Bei der Kapitalherabsetzung durch Einziehung von Aktien gilt – soweit die Einziehung auf Grund der Satzung erfolgt – das Kapital gem. § 238 S. 2 AktG als mit der Einziehung herabgesetzt.

9   **3. Ausstehende Einlagen (Abs. 1 S. 2).** Während **Sacheinlagen** nach den § 36a Abs. 2 S. 1 AktG, § 7 Abs. 3 GmbHG **vollständig** zu leisten sind, müssen **Bareinlagen,** unter bestimmten Voraussetzungen, nur teilweise erbracht werden.[13] Solche ausstehende Einlagen können als wirtschaftliche **Korrekturposten** zu dem zum Nennbetrag anzusetzenden gezeichneten Kapital einerseits und als **rechtliche Forderungen** der Gesellschaft gegenüber ihren Gesellschaftern andererseits verstanden werden. Abs. 1 S. 2 unterscheidet dabei ausstehende Einlagen, die bereits eingefordert sind und solche, die noch nicht eingefordert wurden. Noch **nicht eingeforderte ausstehende Einlagen** sind auf der Passivseite vom Posten „Gezeichnetes Kapital" offen abzusetzen und der verbleibende Betrag ist als Posten „Eingefordertes Kapital" auszuweisen (Nettoausweis).[14] Hingegen haben **bereits eingeforderte ausstehende Einlagen** Forderungscharakter und der noch nicht eingezahlte Betrag ist auf der Aktivseite unter den Forderungen gesondert auszuweisen und entsprechend zu bezeichnen.[15]

10   Wie alle Forderungen sind die eingeforderten ausstehenden Einlagen grundsätzlich zum **Nominalbetrag** anzusetzen, aber auf ihre **Werthaltigkeit** zu prüfen.[16] Den nicht eingeforderten ausstehenden Einlagen kommt hingegen allein der Charakter eines Korrekturpostens zum Eigenkapital zu, der nicht abgewertet werden kann.[17]

11   Aktionären und GmbH-Gesellschaftern können nach der Satzung auch **Nebenleistungspflichten** gem. §§ 55, 61 AktG, § 3 Abs. 2 GmbHG auf-

---

[12] BeBiKo/*Winkeljohann/Hoffmann* Rn. 51; *ADS* Rn. 19.

[13] BeBiKo/*Winkeljohann/Hoffmann* Rn. 30–36; NWB Kommentar Bilanzierung/*Hoffmann/Lüdenbach* Rn. 37.

[14] BeBiKo/*Winkeljohann/Hoffmann* Rn. 35; zur Kritik, der Posten „Eingefordertes Kapital" bewirke eine Vermischung von bereits geleisteten und dem Unternehmen somit zugeflossenen Einlagen und zwar eingeforderten, aber noch nicht geleisteten Einlagen vgl. BT-Drs. 16/10067, 65; HdR/*Küting/Reuter* Rn. 36.

[15] Für ein anschauliches Beispiel vgl. NWB Kommentar Bilanzierung/*Hoffmann/Lüdenbach* Rn. 38.

[16] *ADS* Rn. 66–69; BeBiKo/*Winkeljohann/Hoffmann* Rn. 36; HdR/*Küting/Reuter* Rn. 42–44.

[17] BT-Drs. 16/10067, 65.

erlegt werden, die sich auf **Barleistungen** wie auf **Sachleistungen** beziehen können. Soweit der Nebenleistungspflicht keine Gegenleistungspflicht der Gesellschaft gegenübersteht, handelt es sich um eine **Gesellschaftsforderung,** die unter dem jeweiligen Bilanzposten auszuweisen ist.[18] Ein Ausweis als ausstehende Einlagen kommt nicht in Betracht. Vereinbarte Zuzahlungen der Gesellschafter sind gleichermaßen nicht als ausstehende Einlagen auszuweisen.[19]

III. Eigene Anteile (Abs. 1a und 1b)

Die Bilanzierung des Erwerbs eigener Anteile wird durch Abs. 1a, deren **12** Veräußerung durch Abs. 1b geregelt. Die Regelungen zur bilanziellen Abbildung des **Erwerbs eigener Anteile** sind sowohl unabhängig davon, ob der Erwerb entgeltlich oder unentgeltlich erfolgt, als auch unabhängig vom Erwerbszweck und der Rechtsform der Kapitalgesellschaft.[20] Die vor Inkrafttreten des BilMoG bestehende Differenzierung zwischen eigenen Aktien und eigenen Anteilen sowie nach dem Erwerbszweck wurde aufgegeben.[21] Nach Abs. 1a ist der Nennbetrag bzw. rechnerische Wert von erworbenen eigenen Anteilen **in der Vorspalte offen** von dem Posten „Gezeichnetes Kapital" **abzusetzen.** Der verbleibende Betrag kann als „Ausgegebenes Kapital" bezeichnet werden.[22] Ergibt sich ein Unterschiedsbetrag zwischen den Anschaffungskosten und dem Nennbetrag oder dem rechnerischen Wert, ist dieser mit den **frei verfügbaren Rücklagen** zu verrechnen. **Anschaffungsnebenkosten** sind gem. Abs. 1a S. 3 als Aufwand in der Gewinn- und Verlustrechnung zu erfassen.[23] Der Begriff der „frei verfügbaren Rücklagen" wird nicht definiert, allerdings können darunter Beträge der Kapitalrücklage und der Gewinnrücklagen verstanden werden, die nicht nach gesetzlichen oder satzungsmäßigen Vorschriften gebunden bzw. für eine Ausschüttung gesperrt sind.[24] Insoweit wird, bei Anlegung einer wirtschaftlichen Betrachtungsweise, der Erwerb bzw. Rückkauf eigener Anteile, wie eine Auskehrung frei verfügbarer Rücklagen an die Anteilseigner bilanziert.[25]

Werden **eigene Anteile veräußert,** kann dies wirtschaftlich betrachtet als **13** eine Kapitalerhöhung verstanden werden.[26] Nach Abs. 1b S. 1 entfällt zunächst der Ausweis nach Abs. 1a, dh in Höhe des Nennbetrags bzw. rechnerischen Werts der wieder veräußerten eigenen Anteile ist die offene Absetzung vom gezeichneten Kapital zu kürzen.[27] Nach Abs. 1b S. 2 ist ein den Nennbetrag bzw. rechnerischen Wert übersteigender **Differenzbetrag aus dem Veräußerungserlös** bis zur Höhe des ursprünglich bei Erwerb der eigenen Anteile mit den verfügbaren Rücklagen verrechneten Betrags wieder in die jeweiligen Rücklagen einzustellen. Es sind demnach jene Rücklagen zu erhöhen, aus denen – wirtschaftlich betrachtet – der den Nennbetrag bzw.

[18] *ADS* Rn. 138 f.
[19] Zu deren Ausweis im Einzelnen *ADS* Rn. 107 mwN.
[20] BeBiKo/*Winkeljohann/Hoffmann* Rn. 131.
[21] BT-Drs. 16/10067, 65.
[22] BeBiKo/*Winkeljohann/Hoffmann* Rn. 131.
[23] WP-HdB Kap. F Rn. 445; BeBiKo/*Winkeljohann/Hoffmann* Rn. 132; Beck HdR/ *Heymann* B 231 Rn. 64.
[24] HdR/*Küting/Reuter* Rn. 51; BT-Drs. 16/10067, 66.
[25] BT-Drs. 16/10067, 66.
[26] BT-Drs. 16/10067, 66.
[27] BeBiKo/*Winkeljohann/Hoffmann* Rn. 141.

den rechnerischen Wert **übersteigende Teil der Anschaffungskosten** der eigenen Anteile entnommen wurde. Der Gesetzgeber möchte hiermit gewährleisten, dass der Anteil des Veräußerungserlöses, der den ursprünglichen Anschaffungskosten entspricht, wieder den Anteilseignern zur Verfügung gestellt wird.[28] Nur ein darüber hinausgehender Differenzbetrag ist gem. Abs. 1b S. 3, wie ein Agio bei einer Kapitalerhöhung, in die Kapitalrücklage einzustellen.[29] Nebenkosten der Veräußerung sind Aufwand des Geschäftsjahrs (Abs. 1b S. 4). Damit bleiben die Veräußerung sowie auch der Erwerb eigener Anteile bis auf die anfallenden **Nebenkosten** (ggf. auch auf die Veräußerung anfallende Ertragssteuern) grundsätzlich **ergebnisneutral**.[30]

IV. Kapitalrücklage (Abs. 2)

14   **1. Grundlagen.** Zur Kapitalrücklage zählen alle Einlagen, die weder gezeichnetes Kapital noch Einlagen oder Kapitalanteile von unbeschränkt persönlich haftenden Gesellschaftern sind.[31] Hauptsächlich sind diese Kapitalbeträge der **Gesellschaft von außen zugeführt** worden und entspringen nicht dem erwirtschafteten Ergebnis der Gesellschaft.[32]

15   **2. Ausgabeagio (Abs. 2 Nr. 1). a) Allgemeines.** Als Kapitalrücklage gem. Abs. 2 Nr. 1 ist derjenige Betrag auszuweisen, um den die vereinbarte **Gesellschafterleistung den Nennbetrag der Anteile oder Bezugsrechte übersteigt.** Kosten der Anteilsausgabe sowie der Bezugsrechtsbegründung sind nicht zu berücksichtigen, sondern als Aufwand zu behandeln.[33] Das bei der Anteilsausgabe erlangte Agio ist ungekürzt in die Kapitalrücklage einzustellen. Vom vereinbarten Agio nach Abs. 2 Nr. 1 sind freiwillige Zuzahlungen oder Zuschüsse zu unterscheiden. Diese sind nach Abs. 2 Nr. 4 in die Kapitalrücklage einzustellen.

16   **b) Agio bei Sacheinlagen.** Bei Sacheinlagen iSd § 27 Abs. 1 AktG, § 183 Abs. 1 AktG, § 5 Abs. 4 GmbHG, § 56 Abs. 1 GmbHG entsteht ein Agio, soweit die eingebrachten Vermögensgegenstände mit einem Betrag angesetzt werden, der den Nennbetrag der im Gegenzug ausgekehrten Anteile übersteigt. Der **über den Nennbetrag hinausgehende Sachwert** ist nach Abs. 2 Nr. 1 in die Kapitalrücklage einzustellen. Da der Zeitwert der Sachanlage nach wohl hM nur die Obergrenze für den Wertansatz der eingebrachten Vermögensgegenstände bildet und eine Bewertung zum Nennbetrag der ausgegebenen Anteile oder einen Zwischenwert als zulässig gilt, können im Rahmen von Sacheinlagen „stille Aufgelder" gezahlt und mithin „stille Rücklagen" gebildet werden.[34]

17   **c) Agio bei mittelbarem Bezugsrecht.** Bei Kapitalerhöhungen von Publikums-Aktiengesellschaften werden die jungen Aktien regelmäßig von Kreditinstituten oder einem Übernahmekonsortium gezeichnet. Den Alt-

---

[28] HdR/*Küting/Reuter* Rn. 52; BT-Drs. 16/10067, 66.

[29] HdR/*Küting/Reuter* Rn. 52.

[30] BeBiKo/*Winkeljohann/Hoffmann* Rn. 142; eine Ausnahme kann zB bei unter pari-Erwerb oder nicht ausreichenden frei verfügbaren Rücklagen entstehen, WP-HdB Kap. F Rn. 440; Beck HdR/*Heymann* B 231 Rn. 64.

[31] Baumbach/Hopt/*Merkt* Rn. 6.

[32] BeBiKo/*Winkeljohann/Hoffmann* Rn. 160.

[33] BeBiKo/*Winkeljohann/Hoffmann* Rn. 172.

[34] HdR/*Küting/Reuter* Rn. 70; BeBiKo/*Winkeljohann/Hoffmann* Rn. 174; im Hinblick auf Verschmelzungen *IDW* RS HFA 42 Abschnitt 4.2.2.

aktionären wird lediglich ein **mittelbares Bezugsrecht** eingeräumt. Das übernehmende Kreditinstitut oder einem Übernahmekonsortium verpflichtet sich, den Altaktionären im Verhältnis ihrer bisherigen Anteilsquote die jungen Aktien zum Bezug anzubieten. Auch bei dieser Gestaltung ist der bei Bezugsrechtsausübung und Aktienerwerb **über den Nennbetrag hinaus gewährte Betrag** ungekürzt in die Kapitalrücklage nach Abs. 2 Nr. 1 einzustellen.[35]

d) Agio bei Verschmelzung. Bei einer Verschmelzung kann ein Agio 18 entstehen, wenn im Verschmelzungsvertrag ein **höherer Ausgabebetrag** in Bezug auf die neuen Anteile vereinbart wird oder der **Wertansatz** der übernommenen Vermögensgegenstände abzüglich der Verbindlichkeiten den Nennwert der neuen Anteile an der aufnehmenden oder neu gegründeten Gesellschaft übersteigt.[36]

3. Agio bei Ausgabe von Schuldverschreibungen mit Wandlungs- 19 **und/oder Optionsrechten (Abs. 2 Nr. 2).** Nach Abs. 2 Nr. 2 ist der Betrag, der bei **Ausgabe von Schuldverschreibungen** für Wandlungs- oder Optionsrechte erzielt wird, in die Kapitalrücklage einzustellen. Dazu zählt zunächst einmal derjenige Betrag, der über den Nennbetrag der Anleihe hinaus für die **Einräumung des Wandlungs- oder Optionsrechtes** gezahlt wird. Dies entspricht idR der Differenz zwischen dem Ausgabebetrag der Schuldverschreibung und dem Ausgabebetrag bzw. Marktpreis einer vergleichbaren Schuldverschreibung ohne Wandlungs- oder Optionsrecht.[37] Hinzu kommt jegliches Entgelt, das im Zusammenhang mit der Ausgabe von Wandlungs- oder Optionsrechten erlangt wird.[38]

4. Zuzahlung bei Gewährung von Vorzügen (Abs. 2 Nr. 3). Soweit 20 ein Gesellschafter zur Erlangung gesellschaftsrechtlicher Vorzugsrechte **Zuzahlungen** leistet, sind diese nach Abs. 2 Nr. 3 in die Kapitalrücklage einzustellen. Zuzahlungen können als **Bar- oder Sachleistungen** erfolgen.[39] Zu nennen sind insoweit insbesondere Zuzahlungen zur Erlangung besonderer Rechte im Rahmen der Gewinnverteilung.[40]

5. Andere Zuzahlungen in das Eigenkapital (Abs. 2 Nr. 4). Abs. 2 21 Nr. 4 rechnet **andere Zuzahlungen** dem Eigenkapital zu und zwingt zur Einstellung in die Kapitalrücklage. Als andere Zuzahlungen sind **alle freiwilligen Zahlungen der Gesellschafter,** wie **Bar- oder Sachleistungen** sowie auch der **Erlass von Forderungen,** zu verstehen, die die Gesellschafter zweckbestimmt und gewollt ohne Gewährung von Vorzügen seitens der Gesellschaft erbringen.[41] Maßgeblich ist die zwischen dem Gesellschafter und der Gesellschaft getroffene **Vereinbarung.**[42] Damit ist es auch **möglich,** Zuschüsse eines Gesellschafters unmittelbar **ergebniswirksam** zu vereinnah-

---

[35] HdR/*Küting/Reuter* Rn. 71.

[36] Zur Bewertung der übernommenen Vermögensgegenstände *IDW* RS HFA 42 Abschnitt 4.2.2.

[37] BeBiKo/*Winkeljohann/Hoffmann* Rn. 180.

[38] BeBiKo/*Winkeljohann/Hoffmann* Rn. 180; *ADS* Rn. 113; eingehend zu den Berechnungs- und Bewertungsschwierigkeiten bei der Ermittlung des maßgeblichen Betrags *Busse von Colbe/Großfeld/Kley/Martens/Schlede,* Bilanzierung von Optionsanleihen im Handelsrecht, 1987, 71 ff.

[39] *ADS* Rn. 132; BeBiKo/*Winkeljohann/Hoffmann* Rn. 190.

[40] *ADS* Rn. 130.

[41] BeBiKo/*Winkeljohann/Hoffmann* Rn. 195.

[42] BeBiKo/*Winkeljohann/Hoffmann* Rn. 195.

men, wenn eine dahingehende Vereinbarung getroffen wird, zB wenn die Gesellschafter den Ausgleich von Verlusten beabsichtigen.[43] Fehlt es an einer entsprechenden Vereinbarung, ist davon auszugehen, dass eine Einzahlung als andere Zuzahlung in die Kapitalrücklage beabsichtigt ist.[44]

22   Beträge, die im Rahmen des **„Schütt-aus-hol-zurück-Verfahrens"** an die Gesellschaft ohne formale Kapitalerhöhung zurückfließen, sind in die Kapitalrücklage einzustellen.[45]

23   Bei der AG gibt es über Abs. 2 hinaus weitere Gründe für die Bildung einer Kapitalrücklage. Nach § 229 Abs. 1 S. 1 AktG, § 231 S. 1, 3 AktG, § 232 AktG können Beträge im Rahmen der **vereinfachten Kapitalherabsetzung** und nach § 237 Abs. 5 AktG im Rahmen der Kapitalherabsetzung durch **Einziehung von Aktien** in die Kapitalrücklage eingestellt werden. Bei der GmbH normiert § 42 Abs. 2 GmbHG, dass innerhalb des Bilanzpostens „Kapitalrücklage" die von den Gesellschaftern eingeforderten Nachschüsse gesondert auszuweisen sind.[46]

V. Gewinnrücklagen (Abs. 3)

24   **1. Allgemeines.** Gewinnrücklagen sind nach Abs. 3 S. 1 aus dem Jahresergebnis und somit durch **Gewinnthesaurierung** zu bilden und unterscheiden sich damit von der Kapitalrücklage, die durch eine Zuführung von außen dotiert wird. Zu den Gewinnrücklagen gehören nach § 266 Abs. 3 A. III. die gesetzliche Rücklage, die Rücklage für Anteile an einem herrschenden oder mehrheitlich beteiligten Unternehmen, die auf Grund der Satzung zu bildenden Rücklagen sowie die anderen Gewinnrücklagen. Andere Gewinnrücklagen werden ohne gesetzliche und statutarische Verpflichtung gebildet. **Kleine Kapitalgesellschaften** iSv § 267 Abs. 1 können auf die Untergliederung der Gewinnrücklagen verzichten und nach § 266 Abs. 1 S. 3 die **Gewinnrücklagen in einer Summe** ausweisen, Kleinstkapitalgesellschaften iSv § 267a können ohnehin das gesamte Eigenkapital in einer Summe ausweisen. Für **mittelgroße Kapitalgesellschaften** iSd § 267 Abs. 2 besteht nach § 327 Nr. 1 eine entsprechende **Erleichterung hinsichtlich der Offenlegung** des Jahresabschlusses.

25   Gewinnrücklagen werden bei der AG/KGaA nach §§ 58, 150 Abs. 1, Abs. 2 AktG gebildet und nach § 150 Abs. 3, Abs. 4 AktG aufgelöst.[47] Nach § 152 Abs. 3 AktG ist in der Bilanz selbst oder im Anhang **jeweils** zu den einzelnen Rücklagenposten **anzugeben**, welche Beträge die Hauptversammlung aus dem **Bilanzgewinn des Vorjahres** in die Gewinnrücklagen eingestellt hat, welche Beträge **aus dem Jahresüberschuss** des abgeschlossenen Geschäftsjahres in die Gewinnrücklagen eingestellt werden und welche Beträge für das laufende Geschäftsjahr **aus den Gewinnrücklagen entnommen** werden. § 158 Abs. 1 AktG regelt dies entsprechend für die GuV.

---

[43] *ADS* Rn. 137; BeBiKo/*Winkeljohann/Hoffmann* Rn. 195.
[44] Ebenso *ADS* Rn. 137; BeBiKo/*Winkeljohann/Hoffmann* Rn. 195; aA *IDW* HFA 2/1996 idF 2013, Abschnitt 2.2, wonach es einer ausdrücklichen Erklärung des Gesellschafters bedarf. So wohl auch HdR/*Küting/Reuter* Rn. 108.
[45] *ADS* Rn. 132; *Küting/Kessler* BB 1989, 36; BeBiKo/*Winkeljohann/Hoffmann* Rn. 195; aA *Hommelhoff/Priester* ZGR 1986, 463.
[46] HdR/*Küting/Reuter* Rn. 127, 129; Beck HdR/*Heymann* B 231 Rn. 99.
[47] Vgl. auch § 270 Abs. 2 und → § 270 Rn. 4.

Das GmbH-Recht regelt die Bildung von gesetzlichen Rücklagen und **26** deren Auflösung nicht ausdrücklich. Die entsprechenden Beträge werden gem. § 29 Abs. 2, Abs. 4 GmbHG von der Gesellschafterversammlung bzw. dem sonst zuständigen Gesellschaftsorgan in die Gewinnrücklagen eingestellt.[48] Im Einzelfall sind die Bestimmungen der **GmbH-Satzung** bzw. **Gesellschaftsvertrags** zu beachten. Eine korrespondierende Vorschrift zu § 152 Abs. 3 AktG, § 158 Abs. 1 AktG findet sich nicht, Angaben erfolgen insoweit bei der GmbH auf freiwilliger Basis.[49]

2. Gesetzliche Rücklage. Nach Aktienrecht besteht für **AG und KGaA 27 eine Pflicht zur Bildung** gesetzlicher Rücklagen. § 150 Abs. 1, Abs. 2 AktG bestimmt, dass grundsätzlich **5 %** des um einen etwaigen Verlustvortrag aus dem Vorjahr geminderten Jahresüberschusses in die gesetzliche Rücklage einzustellen sind. Dies gilt solange, **bis** die Summe aus der gesetzlichen Rücklage und den Kapitalrücklagen nach Abs. 2 Nr. 1–3 **10 % oder** den in der Satzung bestimmten **höheren Betrag** des nominellen Grundkapitals **erreicht.** Das GmbHG kennt einen vergleichbaren Garantiefond im Fall der **UG (haftungsbeschränkt),** der durch § 5a Abs. 3 GmbHG geregelt wird.[50]

3. Satzungsmäßige Rücklagen. Die Satzung einer **AG/KGaA** bzw. der **28** Gesellschaftsvertrag einer **GmbH** kann die verpflichtende Bildung weiterer Gewinnrücklagen vorsehen. Derartige Pflichtrücklagen sind formal von den vorgenannten gesetzlichen Rücklagen zu unterscheiden. Eine **Zweckbestimmung** kann vorgesehen werden. Enthält die Satzung bzw. der Gesellschaftsvertrag ein Wahlrecht zur Bildung satzungsmäßiger Rücklagen (satzungsmäßige Ermessensrücklagen) sind diese als Andere Gewinnrücklagen iSv § 266 Abs. 3 A. III. 4. auszuweisen.[51]

Gesellschaftsvertragliche Rücklagen können in der GmbH nur kraft des **29 Gesellschaftsvertrages** gebildet werden und sind als solche entsprechend dem Gliederungsschema nach § 266 Abs. 3 A. III. 3. auszuweisen.[52] Ein Gesellschafterbeschluss allein ist dazu nicht ausreichend, selbst wenn dieser einstimmig gefasst wird. Ein solcher führt stattdessen zum Ausweis als andere Gewinnrücklagen iSv § 266 Abs. 3 A. III. 4.[53]

4. Andere Gewinnrücklagen. Andere Gewinnrücklagen sind alle Ge- **30** winnrücklagen, die weder gesetzliche Rücklagen noch satzungsmäßige Rücklagen noch Rücklagen für Anteile an einem herrschenden oder mit Mehrheit beteiligten Unternehmen sind. Die Zuführung zu anderen Gewinnrücklagen kann auf mehreren Gründen beruhen. In Betracht kommt eine Einstellung **nach § 58 Abs. 1 AktG,** eine Einstellung im Rahmen der Feststellung des Jahresabschlusses auf Grund einer gesetzlichen oder satzungsgemäßen **Ermächtigung** sowie eine Einstellung auf Grund von Eigenkapitalanteilen bei **Wertaufholungen.** Ferner kommt eine Einstellung durch die Haupt- bzw. Gesellschafterversammlung im Rahmen der **Ergebnisverwendung** nach § 58 Abs. 3 AktG, § 29 Abs. 2 GmbHG in Betracht.

---

[48] *ADS* Rn. 144.
[49] *ADS* Rn. 145.
[50] Beck HdR/*Heymann* B 231 Rn. 103; BeBiKo/*Winkeljohann/Hoffmann* Rn. 242.
[51] HdR/*Küting/Reuter* Rn. 158; BeBiKo/*Winkeljohann/Hoffmann* Rn. 250.
[52] Im Einzelnen dazu *Hommelhoff/Priester* ZGR 1986, 497 ff.
[53] BeBiKo/*Winkeljohann/Hoffmann* Rn. 250.

VI. Rücklage für Anteile an einem herrschenden oder mit Mehrheit beteiligten Unternehmen (Abs. 4)

31 **1. Allgemeines.** Abs. 4 normiert die Pflicht zur Rücklagenbildung für Anteile an einem herrschenden oder mehrheitlich beteiligten Unternehmen. Die Rücklage ist entsprechend dem Gliederungsschema nach § 266 Abs. 3 A. III. 2. auszuweisen. Für die Definition von „herrschend" und „mit Mehrheit beteiligt" gilt der **konzernrechtliche Unternehmensbegriff** einschließlich der **Abhängigkeitstatbestände** iSd §§ 16, 17 AktG. Abs. 4 erstreckt sich nicht ohne weiteres auf wechselseitige Beteiligungen iSd § 19 AktG, sondern nur, soweit mit diesen ein Abhängigkeitstatbestand iSd §§ 16, 17 AktG einhergeht.[54]

32 Die Rücklage soll die gebotene Aktivierung der Anteile an einem herrschenden oder mit Mehrheit beteiligten Unternehmen neutralisieren und bewirkt insoweit eine **Ausschüttungssperre.** Da der Erwerb solcher Anteile wirtschaftlich einer Kapitalrückzahlung gleichkommt, soll die Rücklagenbildung sicherstellen, dass **nicht** mittelbar eine **Rückzahlung von Grund- oder Stammkapital** oder anderer gebundener Rücklagen erfolgt.[55] Die Rücklage dient dem Aktionär- bzw. Gesellschafterschutz sowie insbesondere dem Gläubigerschutz.[56] Gleichzeitig verbessert sie den Einblick in die Unternehmenszusammenhänge[57] und dient mithin der Informationsfunktion.

33 **2. Bildung.** Die Bildung der Rücklagen erfolgt im Rahmen der **Bilanzaufstellung für das Geschäftsjahr** in dem die **Anteile zugegangen** sind. Grundsätzlich mindert die Bildung der Rücklage das Bilanzergebnis der Erwerbsperiode der Anteile. Die Rücklage darf nach Abs. 4 S. 3 aber auch aus vorhandenen **frei verfügbaren Rücklagen** gebildet werden. Dadurch wird eine Umbuchung innerhalb der in der Bilanz ausgewiesenen Rücklagen vorgenommen.[58] Entsprechend der Ausführungen zur Zwecksetzung der Rücklage in → Rn. 32 dürfen somit **nur solche Rücklagen** zur Bildung herangezogen werden, **die** grundsätzlich **für eine Ausschüttung** an die Anteilseigner **zur Verfügung stünden.**[59] Nach Abs. 4 S. 2 ist der Betrag einzustellen, der dem auf der Aktivseite der Bilanz für die Anteile an dem herrschenden oder mit Mehrheit beteiligten Unternehmen angesetzten Betrag entspricht. Reichen die frei verfügbaren Rücklagen zur Bildung der Rücklage für Anteile an einem herrschenden oder mit Mehrheit beteiligten Unternehmen nicht aus, wird gleichwohl die Bildung derselben in voller Höhe verlangt, auch wenn dies zum Ausweis oder zur **Erhöhung eines Bilanzverlusts** führt.[60]

34 **3. Auflösung.** Abs. 4 S. 4 bestimmt, dass die Rücklage aufzulösen ist, soweit die Anteile an dem herrschenden oder mit Mehrheit beteiligten Unternehmen **veräußert, ausgegeben oder eingezogen** werden oder auf der Aktivseite ein **niedrigerer Betrag angesetzt** wird. Die Fortführung

---

[54] Ebenso *ADS* Rn. 204 f.
[55] Beck HdR/*Heymann* B 231 Rn. 109; BeBiKo/*Winkeljohann/Hoffmann* Rn. 301.
[56] HdR/*Küting/Reuter* Rn. 137.
[57] Beck HdR/*Heymann* B 231 Rn. 109.
[58] BeBiKo/*Winkeljohann/Hoffmann* Rn. 302; HdR/*Küting/Reuter* Rn. 147.
[59] HdR/*Küting/Reuter* Rn. 145.
[60] WP-HdB Kap. F Rn. 485; HdR/*Küting/Reuter* Rn. 155.

eines höheren Rücklagenbetrags ist nicht zulässig.[61] Obschon dies nicht explizit gesetzlich geregelt ist, sollte die Auflösung der Rücklage entsprechend ihrer Bildung vorzunehmen sein,[62] um die Informationsfunktion des Jahresabschlusses nicht zu beeinträchtigen.

Wurde die Rücklage wegen einer Abschreibung der Anteilswerte nach **35** § 253 Abs. 3 oder Abs. 4 aufgelöst, ist bei einer späteren **Wertaufholung** nach § 253 Abs. 5 S. 1 die Rücklage entsprechend wieder zu erhöhen.[63]

VII. Rücklage für unrealisierte Beteiligungserträge (Abs. 5)

Abs. 5 normiert eine ausschüttungsgesperrte Rücklage für „unrealisierte **36** Beteiligungserträge".[64] Die mit dem BilRUG kodifizierte **Gewinnausschüttungssperre** zielt im Grunde auf eine Ausschüttungssperre **phasengleich vereinnahmter Beteiligungserträge** ab.[65]

Der **wirtschaftlichen Betrachtungsweise** entsprechend müssen in der **37** Handelsbilanz zulässigerweise aktivierte und realisierte Gewinnansprüche jedoch auch weiterhin nicht durch die Bildung einer gesetzlichen Gewinnrücklage iSv Abs. 5 S. 1 neutralisiert werden.[66] Der deutsche Gesetzgeber hat damit Art. 9 Abs. 7 lit. c Richtlinie 2013/34/EU in die deutsche Rechtsordnung transformiert, gleichzeitig jedoch die **Zulässigkeit der phasengleichen Gewinnvereinnahmung** bestätigt.[67]

Nach hM ist im deutschen Handelsbilanzrecht prima facie **kein Anwen-** **38** **dungsfall** erkennbar, der zu einer Rücklagenbildung verpflichtet.[68]

VIII. Folgen der Nichtbeachtung

Wird das gezeichnete Kapital nicht zutreffend ausgewiesen, ist ein fest- **39** gestellter Jahresabschluss nach § 256 Abs. 5 AktG **nichtig.** § 256 Abs. 1 Nr. 1 AktG wird nach hM durch § 256 Abs. 5 AktG sowie auch § 256 Abs. 4 AktG (wesentlicher Verstoß gegen Gliederungsvorschriften) als lex specialis verdrängt.[69] Sind bei der Einstellung in oder der Entnahme aus Kapital- oder Gewinnrücklagen Bestimmungen des Gesetzes oder der Satzung verletzt worden, ist der Jahresabschluss nach § 256 Abs. 1 Nr. 4 AktG nichtig. § 256 Abs. 1 Nr. 1, Nr. 4, Abs. 4 und Abs. 5 AktG gelten grundsätzlich analog für den Jahresabschluss der GmbH.[70] Neben diesen Nichtigkeitsfolgen kann die Verletzung des § 272 eine **Ordnungswidrigkeit** nach § 334 Abs. 1 Nr. 1 Buchst. c, § 340n Abs. 1 Nr. 1 Buchst. c, § 341n Abs. 1 Nr. 1 Buchst. c der Mitglieder des Vertretungsorgans sowie des Aufsichtsrats begründen.

---

[61] WP-HdB Kap F Rn. 486.

[62] BeBiKo/*Winkeljohann/Hoffmann* Rn. 307; HdR/*Küting/Reuter* Rn. 157.

[63] BeBiKo/*Winkeljohann/Hoffmann* Rn. 307.

[64] BeBiKo/*Winkeljohann/Hoffmann* Rn. 315.

[65] *Schmidt/Prinz,* BilRUG in der Praxis, 2016, Rn. 83.

[66] *Hermesmeier/Heinz* DB 2015, 20; BeBiKo/*Winkeljohann/Hoffmann* Rn. 315; Russ/Janßen/Götze/*Weiser* BilRUG Rn. 48.

[67] BT-Drs. 18/4050, 41 f., 63; *Hermesmeier/Heinz* DB 2015, 22 f.

[68] BeBiKo/*Winkeljohann/Hoffmann* Rn. 315; *Hermesmeier/Heinz* DB 2015, 20; Russ/Janßen/Götze/*Weiser* BilRUG Rn. 48. Für Einzelfragen hinsichtlich Bildung, Ausweis, Auflösung, Anhang und Eigenkapitalspiegel für einen bislang nicht ersichtlichen Anwendungsfall vgl. Russ/Janßen/Götze/*Weiser* BilRUG Rn. 48–55.

[69] WP-HdB Kap. B Rn. 284; BeBiKo/*Winkeljohann/Hoffmann* Rn. 390.

[70] HdR/*Küting/Reuter* Rn. 259; *ADS* AktG § 256 Rn. 99, 101. So wohl auch BeBiKo/*Winkeljohann/Hoffmann* Rn. 391.

§ 273 *(aufgehoben)*

§ 274 Latente Steuern

(1) [1]Bestehen zwischen den handelsrechtlichen Wertansätzen von Vermögensgegenständen, Schulden und Rechnungsabgrenzungsposten und ihren steuerlichen Wertansätzen Differenzen, die sich in späteren Geschäftsjahren voraussichtlich abbauen, so ist eine sich daraus insgesamt ergebende Steuerbelastung als passive latente Steuern (§ 266 Abs. 3 E.) in der Bilanz anzusetzen. [2]Eine sich daraus insgesamt ergebende Steuerentlastung kann als aktive latente Steuern (§ 266 Abs. 2 D.) in der Bilanz angesetzt werden. [3]Die sich ergebende Steuerbe- und die sich ergebende Steuerentlastung können auch unverrechnet angesetzt werden. [4]Steuerliche Verlustvorträge sind bei der Berechnung aktiver latenter Steuern in Höhe der innerhalb der nächsten fünf Jahre zu erwartenden Verlustverrechnung zu berücksichtigen.

(2) [1]Die Beträge der sich ergebenden Steuerbe- und -entlastung sind mit den unternehmensindividuellen Steuersätzen im Zeitpunkt des Abbaus der Differenzen zu bewerten und nicht abzuzinsen. [2]Die ausgewiesenen Posten sind aufzulösen, sobald die Steuerbe- oder -entlastung eintritt oder mit ihr nicht mehr zu rechnen ist. [3]Der Aufwand oder Ertrag aus der Veränderung bilanzierter latenter Steuern ist in der Gewinn- und Verlustrechnung gesondert unter dem Posten „Steuern vom Einkommen und vom Ertrag" auszuweisen.

Schrifttum: (ohne die Einzelbeiträge in den verschiedenen Handbüchern der Rechnungslegung) *Baumhoff/Dücker/Köhler,* Besteuerung, Rechnungslegung und Prüfung der Unternehmen, FS Krawitz, 2010; DRS 18, Latente Steuern, 2010; *Gros/Wallek,* Informationeller Gläubigerschutz nach BilMoG, Der Konzern, 2009, 541; *Wendholt/Wesemann,* Zur Umsetzung der HGB-Modernisierung durch das BilMoG: Bilanzierung von latenten Steuern im Einzel- und Konzernabschluss, DB 2009, 64.

I. Allgemeines

1　　**1. Überblick.** Für die Bilanzierung, die Bewertung und den Ausweis von latenten Steuern im handelsrechtlichen Jahresabschluss[1] haben sich durch das BilMoG weitreichende Änderungen ergeben. Gem. § 274 werden latente Steuern seither mit dem international üblichen *Temporary*-Konzept ermittelt. Entgegen des zuvor angewendeten *Timing*-Konzepts werden nach dem *Temporary*-Konzept latente Steuern aufgrund abweichender handelsrechtlicher und steuerlicher Wertansätze einzelner Vermögensgegenstände, Schulden sowie Rechnungsabgrenzungsposten ermittelt.[2] Die neue bilanzorientierte Abgrenzungskonzeption soll der Zielerreichung einer verbesserten Aussagekraft des Jahresabschlusses und der besseren Vergleichbarkeit mit nach IFRS erstellten Abschlüssen dienen.[3] Auch führt die Aufhebung der umgekehrten Maßgeblichkeit und der Einführung weiterer abweichender Regelungen zwischen Handels- und Steuerbilanz durch das BilMoG zu

---

[1] Vgl. zu latenten Steuern im Konzernabschluss Erl. zu § 306.

[2] MüKoHGB/*Reiner* Rn. 1; BeBiKo/*Grottel/Larenz* Rn. 1; *Ballwieser* FS Krawitz, 2010, 544 f.; *Karrenbock* FS Krawitz, 2010, 634 f.; *Wendholt/Wesemann* DB 2009, 64 f.

[3] BT-Drs. 16/10067, 64.

einer höheren Bedeutung latenter Steuern.[4] Gem. Abs. 1 S. 1 ist ein Überhang an passiven latenten Steuern zwingend in der Bilanz anzusetzen. Ein Ansatzwahlrecht (Abs. 1 S. 2) besteht hingegen, wenn sich insgesamt nur aktive latente Steuern ergeben. Dem Gläubigerschutzgedanken wird Rechnung getragen, indem mit der Aktivierung des Überhangs eine Ausschüttungssperre gem. § 268 Abs. 8 (→ § 268 Rn. 24) in Höhe dieses Betrags einhergeht.[5]

2. Geltungsbereich. Diese Regelung gilt für Kapitalgesellschaften und 2 OHG/KG iSv § 264a sowie für dem PublG unterliegende Unternehmen (§ 5 Abs. 1 S. 2 PublG). Auch bestehen keine Bedenken, die Grundsätze des § 274 sinngemäß für andere Unternehmen anzuwenden. Kleine Kapitalgesellschaften sind gem. § 274a Nr. 4 von der Anwendung des § 274 befreit, wobei eine freiwillige Anwendung des § 274 zulässig ist.[6] Darüber hinaus ist zu beachten, dass bei Gesellschaften, die nicht dem § 274 unterliegen, im Falle von passiven latenten Steuern eine Rückstellungspflicht nach § 249 entstehen kann (→ § 249 Rn. 49).

3. Konzept der Steuerabgrenzung. Seit BilMoG liegt der Ermittlung 3 der latenten Steuern nach § 274 HGB das bilanzorientierte *Temporary*-Konzept zugrunde. Durch diese umfassende Steuerabgrenzung soll „eine den tatsächlichen Verhältnissen entsprechende Darstellung der Vermögens-, Finanz- und Ertragslage im handelsrechtlichen Jahresabschluss erreicht"[7] werden. Nach dem *Temporary*-Konzept sind zur Steuerabgrenzung grundsätzlich alle Bilanzierungs- und Bewertungsdifferenzen zwischen Handels- und Steuerbilanz in die Ermittlung latenter Steuern – auch quasi-permanente Differenzen[8] – einzubeziehen. Erfasst werden künftige Steuerbe- und -entlastungen, die aus Differenzen zwischen dem Buchwert eines Vermögensgegenstands, einer Schuld oder eines Rechnungsabgrenzungspostens in der Handelsbilanz und dem nach den maßgeblichen steuerrechtlichen Vorschriften zu bestimmendem steuerlichen Wertansatz sowie aus steuerlichen Verlustvorträgen resultieren. Dabei werden nur solche Wertdifferenzen berücksichtigt, die sich über einen absehbaren Zeitraum ausgleichen bzw. umkehren (temporäre Differenzen), und nur solche Verlustvorträge berücksichtigt, die mit zukünftigen Gewinnen verrechnet werden können. Dabei ist unerheblich, ob die Unterschiede ergebniswirksam entstanden sind oder nicht.

Ist der handelsrechtliche Wertansatz eines Vermögensgegenstands (Schuld- 4 postens) höher (niedriger) als der steuerrechtliche, ist auf diese sog. zu versteuernde zeitliche Differenz ein passiver Posten für künftige Steuerbelastungen zu bilden. Ist umgekehrt der handelsrechtliche Wertansatz eines Vermögensgegenstands (Schuldpostens) niedriger (höher) als der steuerrechtliche Wert, ist auf diese sog. abzugsfähige zeitliche Differenz ein aktiver Posten für künftige Steuerentlastungen zu bilden.[9]

---

[4] BeBiKo/*Grottel/Larenz* Rn. 1.
[5] *Gros/Wallek* Der Konzern 2009, 545 f.
[6] *ADS* Rn. 7; BeBiKo/*Grottel/Larenz* Rn. 85; Beck HdR/*Briese* B 235 Rn. 12 f.
[7] BT-Drs. 16/10067, 67.
[8] Quasi-permanent sind solche Differenzen, deren Umkehrung eine unternehmerische Disposition benötigt. BeBiKo/*Grottel/Larenz* Rn. 13.
[9] BeBiKo/*Grottel/Larenz* Rn. 5.

II. Unterschiede zwischen Handels- und Steuerbilanz

5 **1. Aktive Steuerabgrenzungsposten.** Als Beispiele für Unterschiede zwischen Handels- und Steuerbilanz, die zu aktiven Steuerabgrenzungen führen, können genannt werden:[10]

- höhere Abschreibungen von Vermögensgegenständen in der Handelsbilanz als in der Steuerbilanz auf Grund unterschiedlicher Abschreibungsmethoden oder Nutzungsdauern;
- Kürzere Nutzungsdauer eines Geschäfts- oder Firmenwerts in der Handelsbilanz gegenüber der steuerlichen Festlegung auf 15 Jahre;
- niedrigerer Ansatz der Herstellungskosten in der Handelsbilanz als in der Steuerbilanz;
- höhere Abzinsungsfaktoren auf Forderungen in der Handelsbilanz als in der Steuerbilanz;
- Nichtaktivierung des Disagios in der Handelsbilanz bei Aktivierung und planmäßiger Abschreibung in der Steuerbilanz;
- Handelsrechtliche Abschreibung des Finanzanlagevermögens bei nur vorübergehender Wertminderung (§ 253 Abs. 3 S. 3), die steuerlich nicht zulässig ist;
- Ansatz von steuerrechtlich nicht abzugsfähigen Rückstellungen in der Handelsbilanz, wie zB Rückstellungen für drohende Verluste aus schwebenden Geschäften nach § 249 Abs. 1 S. 1;
- höherer Wertansatz der Pensionsrückstellungen in der Handelsbilanz als in der Steuerbilanz.

6 **2. Passive Steuerabgrenzungsposten.** Als Beispiele für Unterschiede zwischen Handels- und Steuerbilanz, die zu passiven Steuerabgrenzungen führen, kommen in Frage:[11]

- geringere Abschreibungen von Vermögensgegenständen in der Handelsbilanz als in der Steuerbilanz auf Grund unterschiedlicher Abschreibungsmethoden oder Nutzungsdauern;
- höherer Ansatz der Herstellungskosten in der Handelsbilanz als in der Steuerbilanz;
- Ausübung des Aktivierungswahlrechts für selbst geschaffene immaterielle Vermögensgegenstände des Anlagevermögens in der Handelsbilanz (§ 248 Abs. 2);
- Zeitwertbewertung von Deckungsvermögen in der Handelsbilanz (§ 253 Abs. 1 S. 4), wenn dies zu einer höheren Bewertung als in der Steuerbilanz führt;
- niedrigere Abzinsungsfaktoren auf Forderungen in der Handelsbilanz als in der Steuerbilanz;
- niedrigerer Wertansatz der Pensionsrückstellungen in der Handelsbilanz als in der Steuerbilanz.

---

[10] Zu weiteren Ursachen, die zu aktiven latenten Steuern führen können HdR/*Spanheimer/Simlacher* Rn. 21, 22; Beck HdR/*Briese* B 235 Rn. 53; BeBiKo/*Grottel/Larenz* Rn. 31, 25; Praxiskommentar BilanzR/*Petersen/Zwirner/Busch* Rn. 51.

[11] Zu weiteren Ursachen, die zu passiven latenten Steuern führen können HdR/*Spanheimer/Simlacher* Rn. 24, 25; Beck HdR/*Briese* B 235 Rn. 54; BeBiKo/*Grottel/Larenz* Rn. 21, 25; Praxiskommentar BilanzR/*Petersen/Zwirner/Busch* Rn. 52.

III. Bewertung der latenten Steuern

Gem. Abs. 2 S. 1 ist für die Berechnung der abzugrenzenden Steuern auf **7** die individuellen – steuersubjektbezogenen – Steuersätze abzustellen, die wahrscheinlich zum Zeitpunkt der Umkehrung der zeitlichen Differenzen gültig sind. Sind die individuellen Steuersätze im Zeitpunkt der Umkehrung nicht hinreichend bekannt, sind die am Bilanzstichtag gültigen individuellen Steuersätze anzuwenden.[12] Durch die Maßgabe, die künftigen Steuersätze der Bewertung latenter Steuern zugrunde zu legen, wird die (bilanzorientierte) sog. „liability methode" (Verbindlichkeitsmethode) umgesetzt, durch die ein zutreffender Vermögensausweis erreicht werden soll. Diese Methode entspricht hinsichtlich ihrer theoretischen Fundierung dem ebenfalls bilanzorientierten *Temporary*-Konzept.[13]

Nach Abs. 2 S. 1 dürfen latente Steuern nicht abgezinst werden. Begründet **8** wird dies mit dem besonderen bilanziellen Charakter latenter Steuern als „Sonderposten eigener Art"[14] und der Schwierigkeit bei der Bestimmung des genauen Umkehrzeitpunkts.[15]

IV. Ausweis

Abs. 1 S. 3 räumt dem Bilanzierenden hinsichtlich des Ausweises der **9** latenten Steuern ein Wahlrecht ein. Zulässig ist einerseits, entweder die sich insgesamt ergebende Steuerbe- oder -entlastung auszuweisen, alternativ können im Interesse der besseren Information der Abschlussadressaten aktive latente Steueransprüche und passive latente Steuerbelastungen unverrechnet ausgewiesen werden. Eine Teilsaldierung ist nicht zulässig (DRS 18.56).[16] Bei der Wahlrechtsausübung ist der Grundsatz der Stetigkeit zu beachten (DRS 18.57).[17] Passive latente Steuern sind gem. § 266 Abs. 3 E. unter der Bezeichnung „Passive latente Steuern" nach den passiven Rechnungsabgrenzungsposten gesondert auszuweisen. Gleiches gilt für aktive latente Steuern, die gem. § 266 Abs. 2 D. unter der Bezeichnung „Aktive latente Steuern" gesondert nach den aktiven Rechnungsabgrenzungsposten auszuweisen sind.[18]

Der Aufwand und Ertrag, der aus der Veränderung von aktivierten bzw. **10** passivierten latenten Steuern resultiert, ist gesondert in der Gewinn- und Verlustrechnung unter dem Posten „Steuern vom Einkommen und vom Ertrag" auszuweisen (Abs. 2 S. 3). Gem. DRS 18.60 kann der gesonderte Ausweis in Form eines Unterpostens, einer Vorspaltenangabe oder durch einen Davon-Vermerk erfolgen (DRS 18.60).[19]

---

[12] BT-Drs. 16/10067, 68.
[13] Eine alternative Methode, die „deferred method" (Abgrenzungsmethode), zielt hingegen auf den zutreffenden Ausweis des Steueraufwands im betrachteten Geschäftsjahr ab. Die „deferred method" ist daher eher mit dem Timing-Konzept verbunden. *Ballwieser* FS Krawitz, 2010, 543; MüKoHGB/*Reiner* Rn. 51; Beck HdR/*Briese* B 235 Rn. 212.
[14] BT-Drs. 16/10067, 68.
[15] MüKoHGB/*Reiner* Rn. 51; Beck HdR/*Briese* B 235 Rn. 215.
[16] Praxiskommentar BilanzR/*Petersen/Zwirner/Busch* Rn. 96.
[17] WP-HdB Kap. F Rn. 705.
[18] BeBiKo/*Grottel/Larenz* Rn. 75.
[19] BeBiKo/*Grottel/Larenz* Rn. 76; Beck HdR/*Briese* B 235 Rn. 225.

V. Anhangangaben

11   Nach § 285 Nr. 29 ist im Anhang zu erläutern, auf welchen Differenzen oder steuerlichen Verlustvorträgen die latenten Steuern beruhen und mit welchen Steuersätzen die Bewertung erfolgt ist. Die Anhangangabe hat auch zu erfolgen, wenn unter Ausübung des Wahlrechts auf den Ansatz aktiver latenter Steuern verzichtet worden ist (DRS 18.64).[20] Von den verpflichtenden Anhangangaben sind kleine Kapitalgesellschaften gem. § 288 Abs. 1 sowie mittelgroße Kapitalgesellschaften gem. § 288 Abs. 2 S. 2 befreit.

VI. Folgen der Nichtbeachtung

12   Die unrichtige Wiedergabe oder Verschleierung der Verhältnisse im Jahresabschluss ist durch § 331 Nr. 1 unter Strafe gestellt. Zuwiderhandlungen gegen die Vorschriften des § 274 werden als Ordnungswidrigkeiten behandelt (§ 334 Abs. 1 Nr. 1 Buchst. c).[21]

§ 274a Größenabhängige Erleichterungen

Kleine Kapitalgesellschaften sind von der Anwendung der folgenden Vorschriften befreit:

1. **§ 268 Abs. 4 Satz 2 über die Pflicht zur Erläuterung bestimmter Forderungen im Anhang,**
2. **§ 268 Abs. 5 Satz 3 über die Erläuterung bestimmter Verbindlichkeiten im Anhang,**
3. **§ 268 Abs. 6 über den Rechnungsabgrenzungsposten nach § 250 Abs. 3,**
4. **§ 274 über die Abgrenzung latenter Steuern.**

Schrifttum: (ohne die Einzelbeiträge in den verschiedenen Handbüchern der Rechnungslegung).

I. Allgemeines

1   Diese Vorschrift regelt die Erleichterungen für kleine Kapitalgesellschaften und OHG/KG iSv § 264a in Bezug auf Ausweisvorschriften in der Bilanz oder entsprechende Erläuterungen im Anhang. Weitere Erleichterungsvorschriften für kleine und mittelgroße Gesellschaften sind in §§ 276, 288 enthalten (vgl. Erl. zu § 276 bzw. § 288). Die Erleichterungen für kleine Kapitalgesellschaften gelten gem. § 267a Abs. 2 grundsätzlich auch für Kleinstkapitalgesellschaften.

2   Für kleine AG ist § 274a hinsichtlich der in § 131 Abs. 1 S. 3 AktG geregelten Auskunftsrechte des Aktionärs bei der Vorlage des Jahresabschlusses in der Hauptversammlung von Bedeutung. Da die Vorschrift des § 274a in der Aufzählung des § 131 Abs. 1 S. 3 AktG nicht genannt ist, können kleine AG in diesem Fall die Erleichterung des § 274a in Anspruch nehmen und einen Jahresabschluss vorlegen, bei dem lediglich auf die Erleichterungen nach den § 266 Abs. 1 S. 3, §§ 276 und 288 verzichtet wird.[1]

---

[20] BeBiKo/*Grottel*/*Larenz* Rn. 80; teilweise aA Beck HdR/*Briese* B 235 Rn. 227 sowie Begleitschreiben zur Aufhebung des *IDW* ERS HFA 27 v. 9.9.2010.
[21] MüKoHGB/*Reiner* Rn. 53.
[1] *ADS* Rn. 4; MüKoHGB/*Reiner*/*Haußer* Rn. 1.

Für Kreditinstitute und Finanzdienstleistungsinstitute sowie für Versiche- 3
rungsunternehmen kommt eine Inanspruchnahme der Erleichterungen des
§ 274a nicht in Betracht, da sie auf Grund von § 340a bzw. § 341a auf ihren
Jahresabschluss grundsätzlich die für große Kapitalgesellschaften geltenden
Vorschriften anzuwenden haben. Demgegenüber können kleine eingetragene Genossenschaften von den Erleichterungen Gebrauch machen. Unternehmen, die zur Rechnungslegung nach den Vorschriften des PublG verpflichtet sind, fallen nicht in den Anwendungsbereich des § 274a, da die
Merkmale nach § 1 PublG oberhalb derjenigen für kleine Kapitalgesellschaften liegen.[2]

II. Einzelvorschriften

1. Erläuterung bestimmter Forderungen (§ 274a Nr. 1). Werden un- 4
ter den „Sonstigen Vermögensgegenständen" Beträge für Vermögensgegenstände ausgewiesen, die erst nach dem Abschlussstichtag rechtlich entstehen
(antizipative Aktiva) und einen größeren Umfang haben, so sind diese gem.
§ 268 Abs. 4 S. 2 im Anhang zu erläutern (→ § 268 Rn. 28). Kleine Kapitalgesellschaften und OHG/KG iSv § 264a sind von dieser Erläuterungspflicht
befreit, grundsätzlich unabhängig vom Umfang dieses Postens, es sei denn der
Umfang des Postens ist für die Beurteilung der Vermögens-, Finanz- und
Ertragslage im Sinne der Informationsfunktion wesentlich.[3]

2. Erläuterung bestimmter Verbindlichkeiten (§ 274a Nr. 2). Unter 5
dem Posten „Verbindlichkeiten" ausgewiesene Beträge, die erst nach dem
Abschlussstichtag rechtlich entstehen (antizipative Passiva) und einen größeren Umfang haben, sind gem. § 268 Abs. 5 S. 3 im Anhang zu erläutern
(→ § 268 Rn. 20). Diese Erläuterungspflicht besteht für kleine Kapitalgesellschaften und OHG/KG iSv § 264a nach Nr. 2 nicht, unabhängig vom
Umfang dieses Postens.[4] (→ Rn. 4).

3. Rechnungsabgrenzungsposten (§ 274a Nr. 3). Ein aktiviertes Dis- 6
agio muss gem. § 268 Abs. 6 gesondert in der Bilanz ausgewiesen oder im
Anhang angegeben werden. Diese Ausweis- bzw. Angabepflicht entfällt nach
§ 274a Nr. 3 für kleine Kapitalgesellschaften und OHG/KG iSv § 264a.

**4. Erläuterung über die Abgrenzung latenter Steuern (§ 274a 7
Nr. 4).** Nach § 274a Nr. 4 besteht für kleine Kapitalgesellschaften und
OHG/KG iSv § 264a eine Befreiung von der Ermittlung und eines entsprechenden Ausweises von latenten Steuern. Auch entfallen die Erläuterungen nach § 285 Nr. 29 (→ § 274 Rn. 11).

Nicht befreit werden kleine Kapitalgesellschaften und OHG/KG iSv 8
§ 264a jedoch von der Pflicht, zur Ermittlung von passiven latenten Steuern,
wenn gleichzeitig die Tatbestandsvoraussetzung für den Ansatz einer Rückstellung gem. § 249 Abs. 1 S. 1 vorliegt. Dies ist dann erfüllt, wenn wirtschaftliche oder rechtliche Ursachen im aktuellen Geschäftsjahr zur Entrichtung von künftigen Steuern führen werden. Diese passiven latenten Steuern

---

[2] MüKoHGB/*Reiner/Haußer* Rn. 1; BeBiKo/*Grottel* Rn. 1; Praxiskommentar BilanzR/
Petersen/Zwirner/Busch Rn. 3–5.
[3] BeBiKo/*Grottel* Rn. 3.
[4] BeBiKo/*Grottel* Rn. 4.

sind entsprechend als Steuerrückstellungen mit einem Davon-Vermerk unter § 266 Abs. 3 B. 2 auszuweisen und nach § 274 Abs. 2 S. 1 zu bewerten.[5]

III. Folgen der Nichtbeachtung

9   Die unrichtige Inanspruchnahme dieser Regelungen steht dem Verstoß gegen die einzelnen in § 274a genannten Normen gleich. Der Bilanzierende kann demnach ua Ordnungswidrigkeiten nach § 334 Abs. 1 Nr. 1 begehen.

Dritter Titel. Gewinn- und Verlustrechnung

§ 275 Gliederung

(1) [1]Die Gewinn- und Verlustrechnung ist in Staffelform nach dem Gesamtkostenverfahren oder dem Umsatzkostenverfahren aufzustellen. [2]Dabei sind die in Absatz 2 oder 3 bezeichneten Posten in der angegebenen Reihenfolge gesondert auszuweisen.

(2) Bei Anwendung des Gesamtkostenverfahrens sind auszuweisen:

1. Umsatzerlöse
2. Erhöhung oder Verminderung des Bestands an fertigen und unfertigen Erzeugnissen
3. andere aktivierte Eigenleistungen
4. sonstige betriebliche Erträge
5. Materialaufwand:
   a) Aufwendungen für Roh-, Hilfs- und Betriebsstoffe und für bezogene Waren
   b) Aufwendungen für bezogene Leistungen
6. Personalaufwand:
   a) Löhne und Gehälter
   b) soziale Abgaben und Aufwendungen für Altersversorgung und für Unterstützung,
   davon für Altersversorgung
7. Abschreibungen:
   a) auf immaterielle Vermögensgegenstände des Anlagevermögens und Sachanlagen
   b) auf Vermögensgegenstände des Umlaufvermögens, soweit diese die in der Kapitalgesellschaft üblichen Abschreibungen überschreiten
8. sonstige betriebliche Aufwendungen
9. Erträge aus Beteiligungen,
   davon aus verbundenen Unternehmen
10. Erträge aus anderen Wertpapieren und Ausleihungen des Finanzanlagevermögens,
    davon aus verbundenen Unternehmen
11. sonstige Zinsen und ähnliche Erträge,
    davon aus verbundenen Unternehmen
12. Abschreibungen auf Finanzanlagen und auf Wertpapiere des Umlaufvermögens
13. Zinsen und ähnliche Aufwendungen,
    davon an verbundene Unternehmen

---

[5] MüKoHGB/*Reiner*/*Haußer* Rn. 7; BeBiKo/*Grottel* Rn. 6 f.; Praxiskommentar BilanzR/ *Petersen*/*Zwirner*/*Busch* Rn. 14–17.

14. Steuern vom Einkommen und vom Ertrag
15. Ergebnis nach Steuern
16. sonstige Steuern
17. Jahresüberschuss/Jahresfehlbetrag.

(3) Bei Anwendung des Umsatzkostenverfahrens sind auszuweisen:

1. Umsatzerlöse
2. Herstellungskosten der zur Erzielung der Umsatzerlöse erbrachten Leistungen
3. Bruttoergebnis vom Umsatz
4. Vertriebskosten
5. allgemeine Verwaltungskosten
6. sonstige betriebliche Erträge
7. sonstige betriebliche Aufwendungen
8. Erträge aus Beteiligungen,
   davon aus verbundenen Unternehmen
9. Erträge aus anderen Wertpapieren und Ausleihungen des Finanzanlagevermögens,
   davon aus verbundenen Unternehmen
10. sonstige Zinsen und ähnliche Erträge,
    davon aus verbundenen Unternehmen
11. Abschreibungen auf Finanzanlagen und auf Wertpapiere des Umlaufvermögens
12. Zinsen und ähnliche Aufwendungen,
    davon an verbundene Unternehmen
13. Steuern vom Einkommen und vom Ertrag
14. Ergebnis nach Steuern
15. sonstige Steuern
16. Jahresüberschuss/Jahresfehlbetrag.

(4) Veränderungen der Kapital- und Gewinnrücklagen dürfen in der Gewinn- und Verlustrechnung erst nach dem Posten „Jahresüberschuß/Jahresfehlbetrag" ausgewiesen werden.

(5) Kleinstkapitalgesellschaften (§ 267a) können anstelle der Staffelungen nach den Absätzen 2 und 3 die Gewinn- und Verlustrechnung wie folgt darstellen:

1. Umsatzerlöse,
2. sonstige Erträge,
3. Materialaufwand,
4. Personalaufwand,
5. Abschreibungen,
6. sonstige Aufwendungen,
7. Steuern,
8. Jahresüberschuss/Jahresfehlbetrag.

Schrifttum: *IDW* St/HFA 1/1984: Bilanzierungsfragen bei Zuwendungen, dargestellt am Beispiel finanzieller Zuwendungen der öffentlichen Hand, WPg 1984, 612; *IDW* St/SABI 1/1987: Probleme des Umsatzkostenverfahrens, WPg 1987, 141; *IDW* RS HFA 18: Bilanzierung von Anteilen an Personenhandelsgesellschaften im handelsrechtlichen Jahresabschluss, IDW-FN 2012, 24; *Kirsch*, Voraussichtliche Auswirkungen des BilRUG auf die GuV-Rechnung und die GuV-Rechnung betreffenden Angaben, DStR 2015, 664; *Oser/Orth/Wirtz*, Das Bilanzrichtlinie-Umsetzungsgesetz (BilRUG) – Wesentliche Änderungen und Hinweise zur praktischen Umsetzung –, DB 2015, 1729; *Peun/Rimmelspacher*, Änderungen in der handelsrechtlichen GuV durch das BilRUG, DB-Beil. 5/2015, 12; *Schiffers/Köster*, Bestandsaufnahme und Gestaltungshinweise zum Jahresende 2016: Aktuelle Entwicklungen im Bereich der steuerlichen Gewinnermittlung – Bilanzsteuerrecht und Gewerbesteuer, DStZ 2016, 861; *Zwirner,* BilRUG: Wesentliche Änderungen für Einzel- und Konzernabschluss, DB-Beil. 6/ 2015, 1.

Übersicht

I. Grundlagen

1   Die Gewinn- und Verlustrechnung als Bestandteil des Jahresabschlusses enthält gem. § 242 Abs. 2 iVm § 246 Abs. 1 sämtliche **Aufwendungen** und **Erträge** des Geschäftsjahres, soweit gesetzlich nichts anderes bestimmt ist (Vollständigkeitsgebot). Die Verrechnung von Aufwendungen mit Erträgen ist gem. § 246 Abs. 2 unzulässig (Saldierungsverbot; zu den Ausnahmen → § 246 Rn. 45). Neben der parallel zur Bilanz bestehenden **Gewinnermittlungsfunktion** ist als Aufgabe der Gewinn- und Verlustrechnung insbesondere die Darstellung der **Ertragslage** des Unternehmens anzusehen (Informationsfunktion). Die in Abs. 2 bzw. Abs. 3 vorgeschriebenen Posten der Gewinn- und Verlustrechnung sollen die Aufwands- und Ertragsstruktur verdeutlichen und das Zustandekommen des Erfolgs aufzeigen.[1] Der dafür notwendigen Analyse der relevanten Jahresabschlussdaten dient das gesetzlich vorgesehene Gliederungsschema insbesondere durch den gesonderten Ausweis der wichtigsten Aufwands- und Ertragsposten, die Möglichkeit zur Bildung von Zwischensummen (insbesondere des Betriebs- und Finanzergebnisses) und die Angabe der entsprechenden Vorjahreszahlen.[2]

Die Gliederungsvorschriften des § 275 gelten zunächst nur für Kapitalge- **2** sellschaften und OHG/KG iSv § 264a. Es bestehen größenabhängige Erleichterungen (vgl. Erl. § 276), insbesondere können Kleinstkapitalgesellschaften iSd § 267a die Vereinfachungsregelung des Abs. 5 in Anspruch nehmen (→ Rn. 55 ff.). Für **Nicht-Kapitalgesellschaften** fehlt es an einer gesetzlichen Vorschrift zur Ausgestaltung der Gewinn- und Verlustrechnung. Allerdings hat sich die freiwillige Anwendung der Gliederungsvorschrift für die Gewinn- und Verlustrechnung weitgehend durchgesetzt.[3]

Für Unternehmen, die ihre Bilanz nach vorgeschriebenen Formblättern **3** aufstellen müssen (zB Kreditinstitute und Finanzdienstleistungsinstitute sowie Versicherungsunternehmen), wird die Gliederung nach § 275 durch die in den entsprechenden Verordnungen vorgeschriebenen Gliederungen verdrängt (§ 330; § 340a Abs. 2 S. 2, § 341a Abs. 2 S. 2). Dem **PublG** unterliegende Unternehmen haben gem. § 5 Abs. 1 S. 2 PublG das Gliederungsschema des § 275 sinngemäß anzuwenden, für eingetragene **Genossenschaften** gilt § 275 entsprechend (§ 336 Abs. 2).

II. Form der Gewinn- und Verlustrechnung (Abs. 1)

Die Gewinn- und Verlustrechnung ist nach Abs. 1 S. 1 zwingend in der **4** **Staffelform,** bei der die im Gesetz beschriebenen Posten untereinander in der angegebenen Reihenfolge (Abs. 1 S. 2) auszuweisen sind, aufzustellen. Die Staffelform ermöglicht das Aufzeigen betriebswirtschaftlich relevanter Zwischenergebnisse.[4] Die Kontoform, welche für die Gewinn- und Verlustrechnung von Kapitalgesellschaften und OHG/KG iSv § 264a grundsätzlich nicht zulässig ist, hat gegenüber der Staffelform jedoch den Vorteil größerer Übersichtlichkeit und kann daher im Rahmen der Anwendung von Formblättern gem. § 330 als sinnvoll erachtet werden.[5]

Darüber hinaus enthält Abs. 1 S. 1 das Wahlrecht, die Gewinn- und Ver- **5** lustrechnung entweder nach dem **Gesamtkostenverfahren** (Abs. 2) oder nach dem **Umsatzkostenverfahren** (Abs. 3) aufzustellen. Beide Verfahren können als gleichwertig angesehen werden; sie führen (bei identischer Bewertung der fertigen- und unfertigen Erzeugnisse) zu demselben Jahresüberschuss bzw. -fehlbetrag.[6]

Das **Gesamtkostenverfahren** stellt darauf ab, den Aufwand nach Auf- **6** wandsarten zu gliedern und so die sog. Primäraufwendungen des Geschäfts-

---

[1] *ADS* Rn. 19.
[2] *ADS* Rn. 20.
[3] Haufe BilanzR / *Wobbe* Rn. 2; *IDW* RS HFA 7 Rn. 41.
[4] *Wulf* in Hofbauer/Kupsch Bonner-HdB Rn. 16.
[5] Beck HdR / *Castan* / *Böcking* B 300 Rn. 16, 39; BeBiKo / *Schmidt* / *Peun* Rn. 11; aA Baetge/Kirsch/Thiele / *Kirsch* / *Ewelt-Knauer* Rn. 23.
[6] Beck HdR / *Castan* / *Böcking* B 300 Rn. 18.

jahres zu zeigen, unabhängig davon, ob die hergestellten Produkte oder erbrachten Leistungen auch am Markt abgesetzt worden sind oder nicht.[7] Daher sind die Posten „Bestandsveränderungen" und „andere aktivierte Eigenleistungen" notwendig.[8] Eine nach diesem Verfahren aufgestellte Gewinn- und Verlustrechnung ist **leistungsbezogen.**

7   Dagegen werden beim **Umsatzkostenverfahren** den Umsatzerlösen die Herstellungskosten der im Geschäftsjahr verkauften Produkte oder erbrachten Leistungen ohne Rücksicht darauf, in welchem Geschäftsjahr die Herstellungskosten angefallen sind, gegenübergestellt. Der Aufwand ist darüber hinaus nicht nach Aufwandsarten gegliedert, sondern nach Funktionsbereichen (Herstellung, Vertrieb, allgemeine Verwaltung).[9] Eine nach diesem Verfahren aufgestellte Gewinn- und Verlustrechnung ist **umsatzbezogen.** Da bei Anwendung des Umsatzkostenverfahrens der Materialaufwand und der Personalaufwand in der Gliederung nicht mehr erkennbar sind, fordert § 285 Nr. 8 zusätzliche Angaben hierzu im Anhang.

8   Da keinem der beiden Verfahren eindeutig der Vorzug gegeben werden kann, hängt die **Entscheidung** für eines der beiden Verfahren von Faktoren wie dem Adressatenkreis der Rechnungslegung, der Ableitbarkeit der Gewinn- und Verlustrechnung aus dem internen Rechnungswesen oder der Einbeziehung in einen Konzernabschluss ab.[10] Das Umsatzkostenverfahren stellt allerdings das international gebräuchlichere Verfahren dar.[11] Das einmal gewählte Verfahren ist aufgrund von § 265 Abs. 1 S. 1 (Gliederungsstetigkeit) beizubehalten, sofern nicht in Ausnahmefällen wegen besonderer Umstände eine Abweichung erforderlich ist und diese im Anhang angezeigt und begründet wird (§ 265 Abs. 1 S. 1, § 284 Abs. 2 Nr. 2).[12]

9   Nach Abs. 1 S. 2 sind die Einzelnen in Abs. 2 und Abs. 3 bezeichneten Posten der Gewinn- und Verlustrechnung in der **angegebenen Reihenfolge gesondert** auszuweisen. Von der vorgeschriebenen Reihenfolge bzw. Postenbezeichnung kann nur abgewichen werden, wenn eine Abweichung aus den in § 265 Abs. 6 genannten Gründen erforderlich ist, wenn Erleichterungen bestehen oder wenn andere Gliederungen vorgeschrieben sind,[13] wie zB bei Kreditinstituten und Finanzdienstleistungsinstituten (§ 340a Abs. 2 S. 2) sowie Versicherungen (§ 341a Abs. 2 S. 2), ggf. können auch Abweichungen aufgrund anderer Branchenspezifika in Betracht kommen.[14]

III. Gewinn- und Verlustrechnung nach dem Gesamtkostenverfahren (Abs. 2)

10   **1. Umsatzerlöse.** Die Umsatzerlöse werden in § 277 Abs. 1 definiert. Vgl. hierzu Erl. § 277.

11   **2. Bestandsveränderungen.** Der Posten „Erhöhung oder Verminderung des Bestands an fertigen und unfertigen Erzeugnissen" ist bei Anwendung des Gesamtkostenverfahrens notwendig, weil als Aufwendungen die **gesamten**

---

[7] *ADS* Rn. 29.
[8] HdR/*Budde* Rn. 14.
[9] *ADS* Rn. 30.
[10] BeBiKo/*Schmidt/Peun* Rn. 36; *ADS* Rn. 35.
[11] Baumbach/Hopt/*Merkt* Rn. 2; *Wulf* in Hofbauer/Kupsch Bonner-HdB Rn. 28.
[12] BeBiKo/*Schmidt/Peun* Rn. 38.
[13] BeBiKo/*Schmidt/Peun* Rn. 15–17; *ADS* Rn. 41.
[14] *Wulf* in Hofbauer/Kupsch Bonner-HdB Rn. 62; BeBiKo/*Schmidt/Peun* Rn. 16.

im Geschäftsjahr angefallenen Aufwendungen ausgewiesen werden und nicht, wie beim Umsatzkostenverfahren, nur die den Umsätzen entsprechenden Aufwendungen. Bestandserhöhungen an fertigen und unfertigen Erzeugnissen stellen somit gewissermaßen eine Ergänzung der Umsatzerlöse, Bestandsminderungen eine Korrektur der Umsatzerlöse dar, wobei sich das Wertniveau unterscheidet.[15] Zu weiteren Ausführungen über Bestandsveränderungen vgl. Erl. § 277.

3. Andere aktivierte Eigenleistungen. Unter die anderen aktivierten 12 Eigenleistungen fallen im Wesentlichen selbst erstellte Vermögensgegenstände des Anlagevermögens (zB selbst erstellte Gebäude, Werkzeuge und Maschinen oder aktivierte Aufwendungen für Großreparaturen oder selbst erstellte immaterielle Vermögensgegenstände),[16] die Bezeichnung „andere" soll verdeutlichen, dass auch die unter Abs. 2 Nr. 2 erfassten Bestandserhöhungen Eigenleistungen sind und unter Abs. 2 Nr. 3 alle aktivierten Eigenleistungen auszuweisen sind, die nicht bereits zu Abs. 2 Nr. 2 gehören.[17] In den Posten können nur solche Eigenleistungen einbezogen werden, die aktiviert wurden.

Der Posten ist nur bei **Anwendung des Gesamtkostenverfahrens** er- 13 forderlich, weil die für die Herstellung der Eigenleistungen angefallenen Aufwendungen unter den jeweiligen Primäraufwendungen (zB Materialaufwand oder Personalaufwand) in der Gewinn- und Verlustrechnung ausgewiesen sind und diese somit korrigiert werden müssen.[18] Enthalten die Aufwendungen, zB bei der Erstellung eigener Anlagen, in erheblichem Umfang fremdbezogene Leistungen und Materialien, dann sollte die sog. **Netto-Methode,** bei der diese Leistungen und Materialien direkt auf Anlagenkonten verbucht werden, angewandt werden; handelt es sich überwiegend um Eigenleistungen, ist die sog. **Brutto-Methode** angebracht, bei der die Fremdbezüge unter den Posten Abs. 2 Nr. 5 Buchst. a bzw. Nr. 5 Buchst. b verrechnet werden.[19]

4. Sonstige betriebliche Erträge. Der Posten Abs. 2 Nr. 4 stellt einen 14 Sammelposten für alle betrieblichen Erträge dar, die nicht unter einem anderen Ertragsposten (zB Erträge aus Beteiligungen, Erträge aus anderen Wertpapieren und Ausleihungen des Finanzanlagevermögens, sonstige Zinsen und ähnliche Erträge) auszuweisen sind. Für den Ausweis unter den sonstigen betrieblichen Erträgen kommen zB in Betracht:[20]

– Erträge aus dem Abgang von Gegenständen des Anlagevermögens;
– Erträge aus der Heraufsetzung von Festwerten des Sachanlagevermögens;
– Erträge aus der Herabsetzung der Pauschalwertberichtigung auf Forderungen;
– Erträge aus der Auflösung von Rückstellungen;
– Erträge aus Zuschreibungen;

---

[15] BeBiKo/*Schmidt/Peun* Rn. 75.
[16] *Wulf* in Hofbauer/Kupsch Bonner-HdB Rn. 74 f.; BeBiKo/*Schmidt/Peun* Rn. 80; HdR/*Budde* Rn. 34a.
[17] HdR/*Budde* Rn. 34.
[18] BeBiKo/*Schmidt/Peun* Rn. 80; Baumbach/Hopt/*Merkt* Rn. 7.
[19] *Wulf* in Hofbauer/Kupsch Bonner-HdB Rn. 77 f.; HdR/*Budde* Rn. 36–36b; *ADS* Rn. 63.
[20] WP-HdB Kap. F Rn. 781; *Wulf* in Hofbauer/Kupsch Bonner-HdB Rn. 82; HdR/*Budde* Rn. 39; Baumbach/Hopt/*Merkt* Rn. 8.

- Erträge aus der Währungsumrechnung;
- erhaltene Schadenersatzleistungen (soweit nicht für unter Umsatzerlösen auszuweisende Dienstleistungen oder Verkäufe);
- Erträge aus Zulagen und Zuschüssen (sofern nicht Anschaffungskostenminderung).[21]

14a   Infolge der Neudefinition der Umsatzerlöse in § 277 Abs. 1 durch das BilRUG sind künftig unter den Umsatzerlösen zB zu erfassen:[22]

- Erlöse aus dem Verkauf von Umlaufvermögen (zB Verkauf nicht mehr benötigter Roh-, Hilfs- und Betriebsstoffe);
- Erlöse aus Konzernumlagen sofern Vorliegen eines Leistungsaustauschs (zB IT-Leistungen);
- Erlöse aus nicht betriebstypischen Dienstleistungen (zB Vermietung von Werkswohnungen oder Maschinen);
- Erlöse aus Nebenbetrieben (zB Kantinenerlöse);
- Erlöse aus gelegentlicher Überlassung von Arbeitnehmern an Dritte.

15   **5. Materialaufwand.** Als Materialaufwand sind auszuweisen die Posten Abs. 2 Nr. 5 Buchst. a **„Aufwendungen für Roh-, Hilfs- und Betriebsstoffe und für bezogene Waren"** und Abs. 2 Nr. 5 Buchst. b **„Aufwendungen für bezogene Leistungen"**.

16   Unter Abs. 2 Nr. 5 Buchst. a sind sämtliche Aufwendungen für Roh-, Hilfs- und Betriebsstoffe sowie für bezogene Waren zu erfassen. Sind solche Aufwendungen den Bereichen Verwaltung oder Vertrieb zurechenbar, können sie auch unter den sonstigen betrieblichen Aufwendungen (Abs. 2 Nr. 8) ausgewiesen werden.[23] Abschreibungen auf Roh-, Hilfs- und Betriebsstoffe sowie auf bezogene Waren sind nur insoweit in Abs. 2 Nr. 5 Buchst. a zu erfassen, wie sie die in der Kapitalgesellschaft üblichen Abschreibungen nicht übersteigen; anderenfalls erfolgt der Ausweis unter Abs. 2 Nr. 7 Buchst. b. Wurde für Roh-, Hilfs- und Betriebsstoffe ein Festwert gem. § 240 Abs. 3 gebildet, so fallen laufende Ersatzbeschaffungen sowie Herauf- oder Herabsetzungen des Festwerts unter Abs. 2 Nr. 5 Buchst. a.[24] Bei Festwerten des Sachanlagevermögens können Ersatzbeschaffungen ebenfalls unter Abs. 2 Nr. 5 Buchst. a ausgewiesen werden.[25] Aufwendungen für bezogene Waren beziehen sich auf Handelswaren und entstehen durch Abschreibung oder bei Veräußerung.

17   Unter Abs. 2 Nr. 5 Buchst. b auszuweisende Aufwendungen für bezogene Leistungen müssen, entsprechend dem Gesetzeswortlaut im Gliederungsschema, Materialaufwand sein; somit kommen zunächst insbesondere alle in die Fertigung eingehenden Fremdleistungen in Betracht, also zB die von Dritten durchgeführte Lohnbe- und -verarbeitung von Fertigungsstoffen und Erzeugnissen, wie etwa Kosten für das Umschmelzen von Metallen, für Stanzarbeiten oder das Härten von Fertigungsteilen.[26] Ebenfalls unter Abs. 2 Nr. 5 Buchst. b fallen Aufwendungen für bezogene Energie sowie Mietaufwendungen, da Mieterträge infolge der Neudefinition der Umsatzerlöse in § 277

---

[21] *IDW* St/HFA 1/1984, 612.
[22] *Wulf* in Hofbauer/Kupsch Bonner-HdB Rn. 82; *Oser/Orth/Wirtz* DB 2015, 1729 (1732); *Schiffers/Köster* DStZ 2016, 861 (864); *Zwirner* DB-Beil. 6/2015, 1 (12).
[23] WP-HdB Kap. F Rn. 782; *ADS* Rn. 83; BeBiKo/*Schmidt/Peun* Rn. 116.
[24] *ADS* Rn. 86; BeBiKo/*Schmidt/Peun* Rn. 119 f.
[25] WP-HdB Kap. F Rn. 785.
[26] *ADS* Rn. 93 f.

Abs. 1 durch das BilRUG korrespondierend als Umsatzerlöse zu qualifizieren sind.[27] Grundsätzlich zählen zB Beratungsgebühren, Werbekosten, Reisespesen oder Sachverständigenhonorare nicht hierzu.[28] Allerdings kann nicht zwingend ein physischer Stoffeinsatz bzw. -bearbeitung verlangt werden, da dies heutige Leistungserstellungsprozesse, zB im Dienstleistungssektor, nicht adäquat widerspiegeln würde. Vor diesem Hintergrund wird dafür plädiert, die Zuordnung zu Aufwendungen für bezogene Leistungen danach zu richten, ob die Fremdleistung branchenspezifisch als wesentlicher bzw. prägender Bestandteil in die Leistung des Unternehmens eingeht.[29] Insofern ist allgemein eine großzügige Auslegung des Begriffs Materialaufwand bzw. ggf. sogar eine Anpassung der Postenbezeichnung zu befürworten (→ Rn. 9).[30]

6. Personalaufwand. Der Personalaufwand wird unterteilt in Abs. 2 **18** Nr. 6 Buchst. a „**Löhne und Gehälter**" und Abs. 2 Nr. 6 Buchst. b „**soziale Abgaben und Aufwendungen für Altersversorgung und für Unterstützung, davon für Altersversorgung**".

Unter Abs. 2 Nr. 6 Buchst. a sind sämtliche im Geschäftsjahr angefallenen **19** Löhne und Gehälter für gewerbliche Arbeitnehmer, Angestellte und Mitglieder des Vorstands bzw. der Geschäftsführung sowie befristet bzw. projektbezogen beschäftigte Personen auszuweisen, unabhängig davon, wann die Auszahlung erfolgt. Zu erfassen sind dabei die Bruttobeträge der Löhne und Gehälter, also die Beträge vor Abzug der Steuern und der vom Arbeitnehmer zu tragenden Sozialabgaben. Es sind dabei alle Arten von Bezügen der Mitarbeiter zu berücksichtigen, unabhängig von der Bezeichnung, der Art der dafür geleisteten Arbeit oder der Form der Vergütung.[31]

Vorschüsse auf künftige Löhne und Gehälter stellen keine Aufwendungen **20** dar, sondern Forderungen; Rückstellungen für nach dem Abschlussstichtag anfallende Lohnaufwendungen (zB für Garantiearbeiten) sollten nicht über Abs. 2 Nr. 6 Buchst. a, sondern über die sonstigen betrieblichen Aufwendungen (Abs. 2 Nr. 8) verrechnet werden.[32]

Im Abs. 2 Nr. 6 Buchst. b sind die **Sozialabgaben** und die **Aufwendun- 21 gen für Altersversorgung** sowie für **Unterstützung** zusammengefasst. Unter die sozialen Abgaben fallen nach hM lediglich die gesetzlichen Pflichtabgaben, soweit sie die Gesellschaft zu tragen hat (Arbeitgeberanteile); dazu zählen die Beiträge an die Sozialversicherung (Renten-, Kranken-, Pflege- und Arbeitslosenversicherung sowie Knappschaft) und an die Berufsgenossenschaft. Nicht zu den sozialen Abgaben gehören Aufwendungen, die aufgrund eines Tarifvertrags oder einer Betriebsvereinbarung anfallen.[33]

Bei den **Aufwendungen für Altersversorgung** handelt es sich um Pensi- **22** onszahlungen mit oder ohne Rechtsanspruch (soweit sie nicht zu Lasten von Pensionsrückstellungen geleistet werden), Zuführungen zu Pensionsrückstellungen, Zuweisungen zu anderen Versorgungseinrichtungen (Unterstützungs- und Pensionskassen), Beiträge an den Pensionssicherungsverein sowie

---

[27] BeBiKo/*Schmidt/Peun* Rn. 123; WP-HdB Kap. F Rn. 788; *Oser/Orth/Wirtz* DB 2015, 1729 (1733); *Peun/Rimmelspacher* DB-Beil. 5/2015, 15.

[28] WP-HdB Kap. F Rn. 788; *Wulf* in Hofbauer/Kupsch Bonner-HdB Rn. 94.

[29] BeBiKo/*Schmidt/Peun* Rn. 122; WP-HdB Kap. F Rn. 787.

[30] WP-HdB Kap. F Rn. 787; Beck HdR/*Winzker* B 332 Rn. 51 ff.

[31] WP-HdB Kap. F Rn. 789; BeBiKo/*Schmidt/Peun* Rn. 125–129; *ADS* Rn. 100.

[32] WP-HdB Kap. F Rn. 790; BeBiKo/*Schmidt/Peun* Rn. 126.

[33] *ADS* Rn. 115 f.; WP-HdB Kap. F Rn. 795–797; BeBiKo/*Schmidt/Peun* Rn. 133; aA HdR/*Budde* Rn. 59 f.

andere vom Unternehmen übernommene Aufwendungen für die künftige Altersversorgung von Mitarbeitern (zB Lebensversicherungsprämien).[34] Der idR erhebliche Zinsanteil in den Zuführungen zu den Pensionsrückstellungen ist unter den Zinsaufwendungen (Abs. 2 Nr. 13) und damit innerhalb des Finanzergebnisses auszuweisen (§ 277 Abs. 5 S. 1). Aufwendungen oder Erträge aus der Änderung des Diskontierungszinssatzes sind entweder im operativen Ergebnis (Abs. 2 Nr. 6 oder Nr. 4) oder im Finanzergebnis (Abs. 2 Nr. 13 oder Nr. 11) zu erfassen.[35] Zu den Aufwendungen für **Unterstützung** zählen ausschließlich solche Aufwendungen für tätige und nicht mehr tätige Mitarbeiter sowie deren Hinterbliebene, die freiwillig und damit nicht für eine Gegenleistung des Empfängers gezahlt werden, zB Krankheits- und Unfallunterstützungen, übernommene Kur- und Arztkosten, Erholungsbeihilfen, Heirats- und Geburtsbeihilfen, Unterstützungszahlungen an Invalide, Pensionäre, Hinterbliebene, Beihilfen an aktive Mitarbeiter in Notfällen, Zuweisungen an Sozialkassen, Betriebssportvereine und Unterstützungseinrichtungen des Betriebs, nicht jedoch an betriebsfremde Personen und Einrichtungen. Letztere fallen unter Abs. 2 Nr. 8.[36]

23   Die in Abs. 2 Nr. 6 Buchst. b enthaltenen Aufwendungen für Altersversorgung sind nach dem Gliederungsschema des Abs. 2 mit einem „Davon"-Vermerk gesondert anzugeben. Die gesonderte Angabe kann aber auch durch eine Untergliederung des Abs. 2 Nr. 6 Buchst. b oder nach § 265 Abs. 7 Nr. 2 im Anhang erfolgen.[37]

24   **7. Abschreibungen.** Der Posten Abschreibungen ist unterteilt in Abs. 2 Nr. 7 Buchst. a Abschreibungen „auf immaterielle Vermögensgegenstände des Anlagevermögens und Sachanlagen" und Abs. 2 Nr. 7 Buchst. b Abschreibungen „auf Vermögensgegenstände des Umlaufvermögens, soweit diese die in der Kapitalgesellschaft üblichen Abschreibungen überschreiten".

25   Der in Abs. 2 Nr. 7 Buchst. a ausgewiesene Betrag muss mit der Summe der gem. § 284 Abs. 3 S. 3 im Anhang anzugebenden Beträge übereinstimmen.[38] Außerplanmäßige Abschreibungen iSv § 253 Abs. 3 S. 5 sind nach § 277 Abs. 3 S. 1 unter § 275 Abs. 2 Nr. 7 Buchst. a gesondert auszuweisen oder im Anhang anzugeben.[39]

26   Unter Abs. 2 Nr. 7 Buchst. b werden nur Abschreibungen auf Posten des Umlaufvermögens ausgewiesen, welche die im Unternehmen sonst üblichen Abschreibungen überschreiten. In der Regel sollte dies insbesondere Abschreibungen auf Forderungen (einschließlich Forderungs- und Darlehenserlasse) betreffen;[40] zu Wertpapieren → Rn. 36. Als **unüblich** könnten Abschreibungen dann angesehen werden, wenn von den bisherigen Abschreibungsmethoden mit der Folge wesentlich höherer Abschreibungsbeträge abgewichen wird (Zeitvergleich) oder ungewöhnliche, seltene Abschreibungen (zB bei Sanierungsfällen, Katastrophen oder Schließung einzelner Betriebe) vorliegen.[41]

---

[34] BeBiKo/*Schmidt*/*Peun* Rn. 135.
[35] WP-HdB Kap. F Rn. 798; BeBiKo/*Schmidt*/*Peun* Rn. 138.
[36] WP-HdB Kap. F Rn. 799; HdR/*Budde* Rn. 60; BeBiKo/*Schmidt*/*Peun* Rn. 136; *Wulf* in Hofbauer/Kupsch Rn. 102.
[37] *ADS* Rn. 123; WP-HdB Kap. F Rn. 798.
[38] WP-HdB Kap. F Rn. 801; BeBiKo/*Schmidt*/*Peun* Rn. 142.
[39] WP-HdB Kap. F Rn. 802.
[40] BeBiKo/*Schmidt*/*Peun* Rn. 143.
[41] *ADS* Rn. 132 u. 135 f.; WP-HdB Kap. F Rn. 775 u. 804.

8. Sonstige betriebliche Aufwendungen. Abs. 2 Nr. 8 stellt einen Sam- **27** melposten für alle betrieblichen Aufwendungen dar, die nicht unter anderen Aufwandsposten auszuweisen sind. Für den Ausweis unter den sonstigen betrieblichen Aufwendungen kommen zB Verluste aus dem Abgang von Gegenständen des Anlagevermögens, Verluste aus dem Abgang von Gegenständen des Umlaufvermögens (außer Vorräten), Abschreibungen auf Forderungen und sonstige Vermögensgegenstände, soweit sie nicht die üblichen Abschreibungen überschreiten in Betracht.[42]

9. Erträge aus Beteiligungen. Abs. 2 Nr. 9 umfasst alle Erträge, die aus **28** Beteiligungen stammen; das Vorliegen einer Beteiligung ergibt sich aus § 271 Abs. 1 (vgl. Erl. § 271). Handelt es sich bei der Beteiligung gleichzeitig um ein verbundenes Unternehmen, so sind die entsprechenden Erträge in einem „Davon"-Vermerk gesondert anzugeben. Erträge aus einer Gewinngemeinschaft, einem Gewinnabführungs- oder Teilgewinnabführungsvertrag sind nicht als Erträge aus Beteiligungen, sondern nach § 277 Abs. 3 S. 2 gesondert unter entsprechender Bezeichnung auszuweisen. Als Erträge aus Beteiligungen kommen zB Dividenden, Gewinnanteile, Ausschüttungen oder Entnahmen bei Personengesellschaften in Betracht, soweit diese nicht als (erfolgs- und somit ergebnisneutrale) Kapitalrückzahlungen zu qualifizieren sind.[43]

Die Erträge aus Beteiligungen sind grundsätzlich dann zu realisieren, wenn **29** der Anspruch entstanden und der Eingang der Erträge bei vernünftiger kaufmännischer Beurteilung sicher zu erwarten ist.[44] Bei **Beteiligungen an Personenhandelsgesellschaften** ist, soweit nicht der Gesellschaftsvertrag eine abweichende Bestimmung enthält, der Gewinnanteil regelmäßig mit Ablauf des Geschäftsjahres der Personenhandelsgesellschaft entstanden. Bei gleichem Geschäftsjahr von Beteiligungsunternehmen und beteiligter Gesellschaft ist der Gewinn also in dem Jahr zu vereinnahmen, in dem er bei dem Beteiligungsunternehmen angefallen und im festgestellten Jahresabschluss ausgewiesen ist; auf eine Ausschüttung kommt es insoweit nicht an.[45] Bei **Kapitalgesellschaften** entsteht der Gewinnanspruch grundsätzlich erst mit dem Ausschüttungsbeschluss.[46] Kann jedoch das Mutterunternehmen bei einer im Mehrheitsbesitz stehenden Kapitalgesellschaft aufgrund seiner Stimmrechte in der Haupt- bzw. der Gesellschafterversammlung eine bestimmte Gewinnausschüttung durchsetzen, so kann ein entsprechender Ertrag auch schon dann vereinnahmt werden, wenn der Jahresabschluss des Tochterunternehmens festgestellt ist, der Abschlussstichtag nicht nach dem des Jahresabschlusses des Mutterunternehmens liegt und ein entsprechender Gewinnverwendungsvorschlag vorliegt (sog. **phasengleiche Gewinnvereinnahmung**).[47] Ggf. kann eine Pflicht zur phasengleichen Gewinnvereinnahmung bestehen. So hat der BGH für 100%ige Beteiligungen an Unternehmen in der Rechtsform der GmbH mit Urteil vom 12.1.1998 entschieden,

---

[42] BeBiKo/*Schmidt/Peun* Rn. 155 f. Ausführliche Übersicht in *ADS* Rn. 141 f.; WP-HdB Kap. F Rn. 805; *Wulf* in Hofbauer/Kupsch Bonner-HdB Rn. 118.

[43] Baumbach/Hopt/*Merkt* Rn. 13; *IDW* RS HFA 18 Rn. 26 f.

[44] *ADS* Rn. 150.

[45] HdR/*Budde* Rn. 79a; BeBiKo/*Schmidt/Peun* Rn. 177. Zu Ausnahmen vgl. ua *ADS* Rn. 151; *IDW* RS HFA 18 Rn. 13–19.

[46] BeBiKo/*Schmidt/Peun* Rn. 177; WP-HdB Kap. F Rn. 813.

[47] Haufe BilanzR/*Wobbe* Rn. 153 f.; WP-HdB Kap. F Rn. 814. Vgl. hierzu auch EuGH Urt. v. 27.6.1996 – C-234/94, DB 1996, 1400–1401; Urt. v. 10.7.1997 – C-234/94, DB 1997, 1513.

dass bei Vorliegen entsprechender Voraussetzungen (Tochter-GmbH ist abhängiges Konzernunternehmen iSv § 17 Abs. 2 AktG, § 18 Abs. 1 S. 1 AktG; Beschluss der Gesellschafterversammlung der Tochter-GmbH über die Feststellung des Jahresabschlusses und die Gewinnverwendung für das abgelaufene Geschäftsjahr vor Beendigung der Jahresabschlussprüfung bei dem Mutterunternehmen; übereinstimmendes Geschäftsjahr bei Mutter- und Tochterunternehmen) eine Verpflichtung zur phasengleichen Gewinnvereinnahmung besteht.[48] Dass die phasengleiche Gewinnvereinnahmung durch den BFH für die steuerliche Gewinnermittlung weitgehend abgelehnt wird,[49] ist für den Jahresabschluss ohne Auswirkung.[50] Sofern in der Handelsbilanz unter den genannten Voraussetzungen von der Möglichkeit der phasengleichen Gewinnvereinnahmung Gebrauch gemacht wird oder werden muss, resultiert daraus ein Anwendungsfall für den Ansatz passiver latenter Steuern (vgl. Erl. § 274).

30   Der Ausweis der Beteiligungserträge erfolgt **brutto**, dh die einbehaltene KapESt darf nicht von den Erträgen abgesetzt werden;[51] die Saldierung der Erträge mit Verlusten und Abschreibungen aus anderen Beteiligungen ist unzulässig.[52]

31   **10. Erträge aus anderen Wertpapieren und Ausleihungen des Finanzanlagevermögens.** Abs. 2 Nr. 10 enthält sämtliche Erträge aus Finanzanlagen (§ 266 Abs. 2 A. III.), die nicht als Erträge aus Beteiligungen (Abs. 2 Nr. 9) oder als Erträge aus Gewinngemeinschaften, Gewinnabführungs- oder Teilgewinnabführungsverträgen (§ 277 Abs. 3 S. 2) auszuweisen sind.[53] Für den Ausweis unter Abs. 2 Nr. 10 kommen insbesondere Zinserträge, Dividendenerträge und ähnliche Ausschüttungen auf Wertpapiere des Anlagevermögens sowie Zinserträge aus Ausleihungen in Betracht; auch Erträge aus periodisch erfolgenden Aufzinsungen langfristiger Ausleihungen fallen unter diesen Posten.[54]

32   Der Ausweis erfolgt entsprechend den Erträgen aus Beteiligungen (Abs. 2 Nr. 9) nach dem **Bruttoprinzip**. Stammen die Erträge aus verbundenen Unternehmen, so sind sie in einem „Davon"-Vermerk gesondert anzugeben.[55]

33   **11. Sonstige Zinsen und ähnliche Erträge.** Dieser Posten stellt einen Sammelposten für alle Zinsen und ähnlichen Erträge dar, die nicht bereits unter Abs. 2 Nr. 9 und Nr. 10 bzw. nach § 277 Abs. 3 S. 2 gesondert auszuweisen sind. Zu den sonstigen Zinsen gehören insbesondere Zinsen auf Guthaben, Termingelder und andere Einlagen bei Kreditinstituten, Zinsen aus Forderungen an Kunden, Lieferanten, Mitarbeiter und andere Dritte, Zinsen und Dividenden aus Wertpapieren des Umlaufvermögens, Erträge aus Aufzinsungen von Forderungen und Darlehen des Umlaufvermögens, den Kunden berechnete Verzugszinsen sowie ggf. Erträge aus der Abzinsung von

---

[48] WP-HdB Kap. F Rn. 814; *Wulf* in Hofbauer/Kupsch Bonner-HdB Rn. 181; *ADS* Rn. 152; BGH Urt. v. 12.1.1998 – II ZR 82/93, BB 1998, 635 ff.
[49] BFH Beschl. v. 7.8.2000 – GrS 2/99, BStBl. II 2000, 632 ff.
[50] *Wulf* in Hofbauer/Kupsch Bonner-HdB Rn. 181.
[51] WP-HdB Kap. F Rn. 811.
[52] WP-HdB Kap. F Rn. 812; Haufe BilanzR/*Wobbe* Rn. 151.
[53] *ADS* Rn. 154.
[54] *ADS* Rn. 155; BeBiKo/*Schmidt*/*Peun* Rn. 187; HdR/*Budde* Rn. 80.
[55] Haufe BilanzR/*Wobbe* Rn. 159; BeBiKo/*Schmidt*/*Peun* Rn. 185; HdR/*Budde* Rn. 80b.

Rückstellungen bei Zinssatzänderungen (→ Rn. 22).[56] Die Anwendung der Bruttomethode bei der Erstverbuchung von Rückstellungen mit einer Restlaufzeit von über einem Jahr, dh Zuführung mit dem Erfüllungsbetrag (zunächst einschließlich Zinsanteil) und gleichzeitige ergebniswirksame Abzinsung (Zinsertrag), wird nach der hier vertretenen Meinung nicht als zulässig angesehen. Es ist allein die Nettomethode zulässig, dh die Erstverbuchung mit dem bereits nach § 253 Abs. 2 S. 1 abgezinsten Betrag.[57] Als ähnliche Erträge kommen Erträge aus einem Agio oder Disagio, Kreditprovisionen, Erträge aus Kreditgarantien, Teilzahlungszuschläge uÄ in Betracht.[58]

Der Ausweis erfolgt entsprechend der Behandlung des Abs. 2 Nr. 9 und **34** Nr. 10 **brutto**; Saldierungen von Zinserträgen und Zinsaufwendungen sind grundsätzlich unzulässig (Ausnahme → § 246 Rn. 45).[59] Nach § 277 Abs. 5 S. 1 sind Erträge aus der Abzinsung gesondert auszuweisen. Enthalten die Zinsen und ähnlichen Erträge solche aus verbundenen Unternehmen, so sind diese gesondert in einem „Davon"-Vermerk anzugeben.

12. Abschreibungen auf Finanzanlagen und auf Wertpapiere des **35** **Umlaufvermögens.** Abs. 2 Nr. 12 enthält alle Abschreibungen des Geschäftsjahrs auf die in der Bilanz gezeigten Finanzanlagen sowie auf Wertpapiere des Umlaufvermögens (§ 266 Abs. 2 A. III. u. B. III.). Für den Ausweis in Abs. 2 Nr. 12 kommen sowohl Pflichtabschreibungen (§ 253 Abs. 3, Abs. 4) als auch Abschreibungen, für die ein Wahlrecht besteht (§ 253 Abs. 3 S. 6), in Betracht.[60] Die außerplanmäßigen Abschreibungen auf Finanzanlagen nach § 253 Abs. 3 S. 5 und S. 6 sind als Unterposten oder als „Davon"-Vermerk jeweils gesondert auszuweisen oder im Anhang anzugeben (§ 277 Abs. 3 S. 1).[61]

Nach dem Gesetzeswortlaut wären Abschreibungen auf Wertpapiere des **36** Umlaufvermögens, soweit sie die in der Gesellschaft üblichen Abschreibungen überschreiten, nicht hier, sondern unter Abs. 2 Nr. 7 Buchst. b auszuweisen. Dem Ausweis unter Abs. 2 Nr. 12 ist jedoch der Vorzug zu geben, da einerseits die Gliederung der Gewinn- und Verlustrechnung nach § 275 es nahelegt, die Aufwendungen und Erträge des Finanzbereichs gesondert und in sich geschlossen zu zeigen, und andererseits auch bei Anwendung des Umsatzkostenverfahrens (Abs. 3) eine Ausgliederung der entsprechenden Abschreibungen aus dem gleich lautenden Abs. 3 Nr. 11 nicht vorgesehen ist.[62]

13. Zinsen und ähnliche Aufwendungen. Abs. 2 Nr. 13 enthält alle **37** Zinsaufwendungen und ähnliche Aufwendungen, die auf lang-, mittel- oder kurzfristige Verbindlichkeiten oder Rückstellungen entfallen; eine Saldierung mit Zinserträgen ist grundsätzlich nicht zulässig (Ausnahme → § 246 Rn. 45).[63] Im Einzelnen kann es sich dabei um Zinsen für aufgenommene

---

[56] HdR/*Budde* Rn. 81; Haufe BilanzR/*Wobbe* Rn. 166; WP-HdB Kap. F Rn. 823.

[57] Ebenso WP-HdB Kap. F Rn. 826; *IDW* RS HFA 30 nF Rn. 59; *IDW* RS HFA 34 Rn. 11; *IDW* RS HFA 4 Rn. 43; aA Haufe BilanzR/*Wobbe* § 277 Rn. 18–22; *Gelhausen/Fey/Kämpfer* Rechnungslegung I Rn. 63.

[58] *ADS* Rn. 158; HdR/*Budde* Rn. 81a; Haufe BilanzR/*Wobbe* Rn. 167.

[59] *ADS* Rn. 159; BeBiKo/*Schmidt/Peun* Rn. 193.

[60] *Wulf* in Hofbauer/Kupsch Bonner-HdB Rn. 192.

[61] WP-HdB Kap. F Rn. 829.

[62] *ADS* Rn. 169; BeBiKo/*Schmidt/Peun* Rn. 201; WP-HdB Kap. F Rn. 829; HdR/*Budde* Rn. 82.

[63] *ADS* Rn. 173 f.; Haufe BilanzR/*Wobbe* Rn. 176.

Kredite jeder Art (zB für Bankkredite, Hypotheken, Schuldverschreibungen, Schuldscheindarlehen, Darlehen, Lieferantenkredite und Genussscheine), Diskontbeträge für Wechsel und Schecks, Verzugszinsen, Kreditprovisionen, Überziehungsprovisionen, Bürgschafts- und Avalprovisionen, Kreditbereitstellungsgebühren, Verwaltungskostenbeiträge, Vermittlungsprovisionen und Frachtenstundungsgebühren, Besicherungskosten und andere Nebenkosten, Abschreibungen auf ein aktiviertes Agio, Disagio oder Damnum, den Zinsanteil der Zuführungen zu Pensionsrückstellungen und sonstigen Rückstellungen sowie um Aufwendungen aus der Änderung des Diskontierungszinssatzes (→ Rn. 22) handeln.[64] Die Aufwendungen aus der Aufzinsung von Rückstellungen sind nach § 277 Abs. 5 S. 1 gesondert auszuweisen. Gegenüber verbundenen Unternehmen angefallene Zinsen und ähnliche Aufwendungen sind in einem „Davon"-Vermerk gesondert auszuweisen.[65]

38 **14. Steuern vom Einkommen und vom Ertrag.** Im Rahmen der Gliederung der Gewinn- und Verlustrechnung ist ein gesonderter Ausweis der erfolgsabhängigen Steuern vorgesehen. Die **Steuern vom Einkommen und vom Ertrag** (Abs. 2 Nr. 14) sind getrennt von den **sonstigen Steuern** (Abs. 2 Nr. 16) auszuweisen. Steueraufwendungen und -erträge dürfen saldiert ausgewiesen werden.[66]

39 Unter die Steuern vom Einkommen und vom Ertrag fallen im Wesentlichen die Körperschaftsteuer (einschließlich aller Art von Ergänzungsabgaben und vor Abzug etwaiger anrechenbarer Kapitalertragsteuer), der Solidaritätszuschlag, als Quellensteuer erhobene Kapitalertragsteuer iSd § 43 Abs. 1 Nr. 7 EStG und die Gewerbeertragsteuer, außerdem ausländische Steuern, die den deutschen Steuern vom Einkommen und vom Ertrag entsprechen,[67] sowie latente Steuern (vgl. Erl. § 274). Es müssen alle Steuern ausgewiesen werden, für die das Unternehmen wirtschaftlich Steuerschuldner ist.[68] Dh Abzugssteuern, die für Rechnung Dritter abgeführt werden, fallen nicht unter Abs. 2 Nr. 14.[69]

40 **15. Ergebnis nach Steuern.** Das Ergebnis nach Steuern umfasst als einzige Zwischensumme der GuV-Gliederung nach BilRUG den Saldo des Abs. 2 Nr. 1–14 und somit das Betriebsergebnis, das Finanzergebnis sowie die Steuern vom Einkommen und vom Ertrag. Sprachlich missverständlich ist die Postenbezeichnung insoweit, dass es sich bei dem nachgelagerten Abs. 2 Nr. 16 ebenfalls um Steuern – „sonstige Steuern" – handelt, welche in die Zwischensumme von Abs. 2 Nr. 15 nicht miteinbezogen werden.[70] Eine Präzisierung der Postenbezeichnung – bspw. „Ergebnis nach Steuern vom Einkommen vom Ertrag" – gem. § 265 Abs. 6 wird als zulässig erachtet.[71]

41 **16. Sonstige Steuern.** Unter den sonstigen Steuern sind alle Steuern auszuweisen, die nicht unter Abs. 2 Nr. 14 fallen; dazu zählen zB Grund-

---

[64] BeBiKo/*Schmidt/Peun* Rn. 206; WP-HdB Kap. F Rn. 831; *Wulf* in Hofbauer/Kupsch Bonner-HdB Rn. 199.

[65] WP-HdB Kap. F Rn. 831.

[66] WP-HdB Kap. F Rn. 839; BeBiKo/*Schmidt/Peun* Rn. 246.

[67] WP-HdB Kap. F Rn. 834; *Wulf* in Hofbauer/Kupsch Bonner-HdB Rn. 208–214.

[68] WP-HdB Kap. F Rn. 834; *ADS* Rn. 184.

[69] BeBiKo/*Schmidt/Peun* Rn. 235; Haufe BilanzR/*Wobbe* Rn. 189.

[70] *Kirsch* DStR 2015, 667.

[71] WP-HdB Kap. F Rn. 842; Haufe BilanzR/*Wobbe* Rn. 193; *Peun/Rimmelspacher* DB-Beil. 5/2015, 18 f.

steuer, Erbschaftsteuer, Schenkungsteuer;[72] außerdem entsprechende ausländische Steuern.[73] Abgaben, Gebühren, Bußgelder, Säumniszuschläge uÄ gehören nicht zu Abs. 2 Nr. 16, sondern werden idR unter den sonstigen betrieblichen Aufwendungen (Abs. 2 Nr. 8) ausgewiesen.[74] Soweit Steuern Anschaffungsnebenkosten darstellen (zB Eingangszölle), müssen diese entsprechend aktiviert werden.[75]

Zur Frage der Darstellung des Steueraufwands in der Gewinn- und Verlust- 42
rechnung von OHG/KG iSv § 264a vgl. Erl. § 264c.

17. Jahresüberschuss/Jahresfehlbetrag. Abs. 2 Nr. 17 weist den im Ge- 43
schäftsjahr erzielten Gewinn oder eingetretenen Verlust vor Rücklagenbewegungen aus, der sich als Saldo aller in der Gewinn- und Verlustrechnung ausgewiesenen Erträge und Aufwendungen ergibt. Wird die Bilanz nicht unter Berücksichtigung der vollständigen oder teilweisen Verwendung des Jahresergebnisses aufgestellt (§ 268 Abs. 1 S. 1), so endet die Gewinn- und Verlustrechnung mit Abs. 2 Nr. 17; dieser muss dann mit dem entsprechenden Bilanzposten (§ 266 Abs. 3 A. V.) übereinstimmen. Wird die Verwendung des Jahresergebnisses dagegen bei Aufstellung der Bilanz vollständig oder teilweise berücksichtigt, so können die entsprechenden Posten auch in die Gewinn- und Verlustrechnung im Anschluss an Abs. 2 Nr. 17 aufgenommen werden (für AG bzw. KGaA gem. § 158 Abs. 1 AktG Pflicht, soweit die entsprechenden Angaben nicht im Anhang gemacht werden).[76]

IV. Gewinn- und Verlustrechnung nach dem Umsatzkostenverfahren (Abs. 3)

1. Umsatzerlöse. Der Posten Umsatzerlöse stimmt inhaltlich mit dem 44
entsprechenden Abs. 3 Nr. 1 des Gesamtkostenverfahrens überein. Insoweit auch hier der Verweis auf die Erl. § 277.

2. Herstellungskosten der zur Erzielung der Umsatzerlöse erbrach- 45
ten Leistungen. Mit Abs. 3 Nr. 2 sollen entsprechend dem Charakter und der Zielsetzung des Umsatzkostenverfahrens die Herstellungskosten der verkauften Produkte und in Rechnung gestellten Leistungen nachgewiesen werden, und zwar unabhängig davon, ob sie im letzten oder in früheren Geschäftsjahren angefallen sind.[77] Für die Bestimmung des Inhalts der Herstellungskosten kann § 255 Abs. 2 herangezogen werden. Damit sind Herstellungskosten nach der im Rahmen des BilMoG erfolgten weitgehenden Hinwendung zum Vollkostenbewertungskonzept in GuV und Bilanz grundsätzlich gleich definiert,[78] zuvor geführte Diskussionen haben zumindest an Bedeutung verloren. Dennoch erachtet die hM zwecks einer verbesserten Darstellung der Ertragslage und der Zielsetzung des Umsatzkostenverfahrens

---

[72] Baumbach/Hopt/*Merkt* Rn. 20.

[73] *ADS* Rn. 197; Haufe BilanzR/*Wobbe* Rn. 194.

[74] *ADS* Rn. 200; WP-HdB Kap. F Rn. 843.

[75] *Wulf* in Hofbauer/Kupsch Bonner-HdB Rn. 219; BeBiKo/*Schmidt/Peun* Rn. 257.

[76] *ADS* Rn. 207; Haufe BilanzR/*Wobbe* Rn. 211; *Wulf* in Hofbauer/Kupsch Bonner-HdB Rn. 222.

[77] WP-HdB Kap. F Rn. 877; Haufe BilanzR/*Wobbe* Rn. 214.

[78] Wohl tendenziell ähnlich Baumbach/Hopt/*Merkt* Rn. 25 anders Rn. 24. Weiterhin die hM darstellend sowie für einen erfolgsrechnungsorientierten Ausweis der Herstellungskosten in der GuV plädierend zB Haufe BilanzR/*Wobbe* Rn. 216 f.; BeBiKo/*Schmidt/Peun* Rn. 270. Ausf. zu Diskussion *Wulf* in Hofbauer/Kupsch Bonner-HdB Rn. 132.

Unterschiede, insbesondere bei der Berücksichtigung von allgemeinen Verwaltungskosten, nicht aktivierbaren Gemeinkosten bzw. Unterbeschäftigungskosten, Zinsen und sonstige Steuern (soweit diese die Herstellung betreffen), für geboten.[79]

46 Somit umfasst der Begriff der Herstellungskosten in der Gewinn- und Verlustrechnung alle in § 255 Abs. 2 und ggf. § 255 Abs. 3 aufgezählten Aufwandsbestandteile. Allerdings sind nach Abs. 3 Allgemeine Verwaltungskosten als eigenständiger Posten Nr. 5 auszuweisen. Soweit angemessene Teile dieser Kosten bei der Bestandsbewertung mit einbezogen wurden, kann nicht verlangt werden, dass sie bei der Veräußerung der entsprechenden Produkte umgegliedert werden.[80] Selbiges sollte für Zinsen und Steuern (Abs. 3 Nr. 12 bzw. Nr. 15) gelten.[81] Der Umfang der unter Abs. 3 Nr. 2 ausgewiesenen Herstellungskosten muss im Rahmen der Erläuterung der Bilanzierungs- und Bewertungsmethoden im Anhang angegeben werden. Inventurdifferenzen und Aufwand aus der Bewertung der Vorräte sind ebenfalls in den Herstellungskosten als Aufwand anzusetzen. Infolge des BilRUG kommt es insgesamt zu einem größeren Umfang der Herstellungskosten, korrespondierend zur erweiternden Neudefinition der Umsatzerlöse. Beispielsweise zählen Pacht- und Mieterträge indessen zu den Umsatzerlösen, sodass verbundene Aufwendungen (zB Materialaufwand und Abschreibungen) entsprechend unter Herstellungskosten zu erfassen sind. Für das Gesamtkostenverfahren ergibt sich hieraus grundsätzlich keine Veränderung, da Aufwendungen unabhängig vom Bezug zu den Umsatzerlösen entsprechend ihrer Art zu erfassen sind.[82]

47 Beim Verkauf von **Handelswaren,** die ohne Bearbeitung weiterveräußert werden, treten die Anschaffungskosten an die Stelle der Herstellungskosten; bei einem größeren Umfang der Warenverkäufe kann im Hinblick auf § 265 Abs. 6 auch eine Änderung der Postenbezeichnung in Betracht kommen. Bei reinen Handelsbetrieben ist die Postenbezeichnung entsprechend anzupassen, zB „Anschaffungskosten der verkauften Waren".[83]

48 **3. Bruttoergebnis vom Umsatz.** Der Posten stellt eine Zwischensumme dar, die sich als Saldo aus Abs. 3 Nr. 1 und Nr. 2 ergibt. Liegt hier ausnahmsweise ein Aufwandsüberschuss vor, sollte dies durch ein entsprechendes Vorzeichen kenntlich gemacht werden.[84]

49 **4. Vertriebskosten.** Unter den Vertriebskosten sind alle während des abgelaufenen Geschäftsjahrs angefallenen Aufwendungen auszuweisen, die dem Vertriebsbereich entweder direkt oder indirekt über Umlagen oder Schlüsselungen zuzuordnen sind. Dazu zählen sämtliche Aufwendungen der Verkaufsabteilungen, Werbeabteilungen, Marketingabteilungen, des Vertreternetzes, der verschiedenen Formen der Absatzförderung usw.[85] Auszuweisen sind hier auch angefallene Vertriebsaufwendungen für Produkte, die erst in späteren Perioden veräußert werden; der Gesichtspunkt des Umsatzbezuges ist bei diesem Posten somit ohne Bedeutung.[86]

---

[79] BeBiKo/*Schmidt*/*Peun* Rn. 273–277.
[80] Vgl. hierzu WP-HdB Kap. F Rn. 877 f.; BeBiKo/*Schmidt*/*Peun* Rn. 275.
[81] WP-HdB Kap. F Rn. 882; BeBiKo/*Schmidt*/*Peun* Rn. 275, 308.
[82] *Kirsch* DStR 2016, 665.
[83] WP-HdB Kap. F Rn. 884; Haufe BilanzR/*Wobbe* Rn. 215.
[84] *ADS* Rn. 235.
[85] WP-HdB Kap. F Rn. 886.
[86] *ADS* Rn. 236; Haufe BilanzR/*Wobbe* Rn. 239.

5. Allgemeine Verwaltungskosten. Unter Abs. 3 Nr. 5 sind alle wäh- **50** rend des Geschäftsjahrs angefallenen Verwaltungsaufwendungen auszuweisen, soweit sie weder zu den Herstellungskosten (→ Rn. 45 f.) noch zu den Vertriebskosten zählen.[87] Das können Aufwendungen für die Geschäftsführung, das Rechnungswesen, ein Rechenzentrum, die Personalverwaltung, die Finanz-, Rechts-, Steuer- oder Revisionsabteilung sein.[88]

6. Sonstige betriebliche Erträge. Abs. 3 Nr. 6 stimmt inhaltlich weit- **51** gehend mit Abs. 2 Nr. 4 des Gesamtkostenverfahrens überein. Werden Eigenleistungen der Gesellschaft im Anlagevermögen aktiviert, so wird es wegen des Fehlens eines dem Posten Nr. 3 (andere aktivierte Eigenleistungen) des Gesamtkostenverfahrens entsprechenden Postens im Umsatzkostenverfahren als zulässig angesehen, einen Gegenposten unter Abs. 3 Nr. 6 einzustellen.[89] Vorzuziehen ist in diesem Fall aber die direkte Umbuchung von den jeweiligen Aufwandsposten auf die Bestandskonten.[90]

7. Sonstige betriebliche Aufwendungen. Wie bei dem entsprechenden **52** Posten des Gesamtkostenverfahrens handelt es sich auch bei Abs. 3 Nr. 7 um einen Sammelposten für alle Aufwendungen, die nicht unter einem anderen Posten der Gewinn- und Verlustrechnung auszuweisen sind. Der hier auszuweisende Aufwand wird allerdings im Vergleich zum Gesamtkostenverfahren niedriger ausfallen, weil der überwiegende Teil der in Frage kommenden Aufwandsarten bereits den Herstellungskosten (Abs. 3 Nr. 2), den Vertriebskosten (Abs. 3 Nr. 4) oder den allgemeinen Verwaltungskosten (Abs. 3 Nr. 5) zuzurechnen sein wird.[91] Der Inhalt des Sammelpostens hängt somit insbesondere vom Umfang der Herstellungskosten der umgesetzten Leistung (Abs. 3 Nr. 2) bzw. dem Verständnis des Herstellungskostenbegriffs (→ Rn. 45 f.) ab.[92] Für einen Ausweis unter den sonstigen betrieblichen Aufwendungen kommen zB Aufwendungen für solche Nebenleistungen, bei denen die entsprechenden Erträge nicht unter Abs. 3 Nr. 1, sondern unter Abs. 3 Nr. 6 ausgewiesen werden, oder die nach § 255 Abs. 2 S. 4 mit einem Aktivierungsverbot belegten Forschungskosten und nicht aktivierte Entwicklungskosten in Betracht. Allerdings kann für Forschungs- und Entwicklungskosten auch die Bildung eines gesonderten Postens erfolgen.[93]

8. Abs. 3 Nr. 8–16 des Umsatzkostenverfahrens. Abs. 3 Nr. 8–16 des **53** Umsatzkostenverfahrens stimmen inhaltlich weitgehend mit den entsprechenden Abs. 2 Nr. 9–17 des Gesamtkostenverfahrens überein. Unterschiede können sich bei Abs. 3 Nr. 11 (Abschreibungen auf Finanzanlagen und auf Wertpapiere des Umlaufvermögens), da hier im Gegensatz zum Gesamtkostenverfahren zwingend auch für die Gesellschaft unübliche Abschreibungen auszuweisen sind, sowie bei Abs. 3 Nr. 12 (Zinsen und ähnliche Aufwendungen, davon an verbundene Unternehmen) und Abs. 3 Nr. 15 (sonstige Steuern), von denen Zinsen und Steuern abzusetzen sind, die dem Abs. 3 Nr. 2, 4 oder 5 zugerechnet wurden, ergeben. Die Zulässigkeit der Bildung eines Gegenpostens bzw. Ausgleichspostens für die Abs. 3 Nr. 2, 4 oder 5 zuge-

---

[87] BeBiKo/*Schmidt/Peun* Rn. 290; WP-HdB Kap. F Rn. 889.
[88] WP-HdB Kap. F Rn. 889.
[89] Krit. BeBiKo/*Schmidt/Peun* Rn. 300.
[90] *ADS* Rn. 242; WP-HdB Kap. F Rn. 891.
[91] WP-HdB Kap. F Rn. 892; *IDW* St/SABI 1/1987, III. 4, 143.
[92] BeBiKo/*Schmidt/Peun* Rn. 306.
[93] *ADS* Rn. 246; BeBiKo/*Schmidt/Peun* Rn. 307; HdR/*Budde* Rn. 142b.

rechneten Zinsen und Steuern unter Abs. 3 Nr. 6[94] und mithin ein Doppelausweis in Abs. 3 Nr. 2, 4 oder 5 und Nr. 12 oder 15 wird in der Literatur kritisch gesehen und ist abzulehnen.[95]

V. Veränderungen der Kapital- und Gewinnrücklagen (Abs. 4)

54   Sollen die Veränderungen von Kapital- und Gewinnrücklagen auch in der Gewinn- und Verlustrechnung ausgewiesen werden, so darf dies gem. Abs. 4 erst nach dem Posten „Jahresüberschuss/Jahresfehlbetrag" geschehen (Posten Nr. 16 bzw. Nr. 17). Der Ausweis der Veränderung von Kapital- und Gewinnrücklagen in der Gewinn- und Verlustrechnung ist nicht zwingend. § 158 Abs. 1 S. 1 AktG bestimmt zwar, wie AG und KGaA die Gewinn- und Verlustrechnung nach dem Posten „Jahresüberschuss/Jahresfehlbetrag" zu ergänzen haben; § 158 Abs. 1 S. 2 AktG gestattet jedoch auch, diese Angaben im Anhang zu machen.

VI. Erleichterung für Kleinstkapitalgesellschaften (Abs. 5)

55   Der mit dem MicroBilG eingeführte Abs. 5 ermöglicht Kleinstkapitalgesellschaften iSd § 267a, eine vereinfachte Gliederung für die Darstellung der Gewinn- und Verlustrechnung zu verwenden. Deren Aufbau entspricht einem **verkürzten Gesamtkostenverfahren iSd Abs. 2,** wird aber im Gesetzestext nicht als Gesamtkostenverfahren bezeichnet. Die Regelung ist als **Wahlrecht** ausgestaltet, nach Abs. 5 kann folgendes Gliederungsschema verwendet werden:

1. Umsatzerlöse,
2. sonstige Erträge,
3. Materialaufwand,
4. Personalaufwand,
5. Abschreibungen,
6. sonstige Aufwendungen,
7. Steuern,
8. Jahresüberschuss/Jahresfehlbetrag.

56   Die Posten **„sonstige Erträge"** und **„sonstige Aufwendungen"** fassen nach der Regierungsbegründung zum MicroBilG mehrere Posten der Staffelung der GuV nach § 275 Abs. 2 und 3 zusammen. „So sind Bestandsmehrungen an fertigen und unfertigen Erzeugnissen und aktivierte Eigenleistungen ebenso wie sonstige betriebliche Erträge und finanzielle Erträge (Zinserträge, Wertpapiererträge, Beteiligungserträge) [...] in sonstigen Erträgen zusammengefasst. Bestandsminderungen an fertigen und unfertigen Erzeugnissen, sonstige betriebliche Aufwendungen und Zinsen und ähnliche Aufwendungen [...] sind in den sonstigen Aufwendungen zusammengefasst."[96]

57   Durch die verkürzte GuV wird auf die **gesonderte Darstellung** des betrieblichen Ergebnisses und des Finanzergebnisses **verzichtet.** Dem liegt die Annahme zugrunde, dass bei Kleinstkapitalgesellschaften bspw. das Finanzergebnis im Regelfall nur geringen Einfluss auf den Jahresüberschuss

---

[94] *ADS* Rn. 249; WP-HdB Kap. F Rn. 896.
[95] BeBiKo/*Schmidt/Peun* Rn. 308 f.; HdR/*Budde* Rn. 118–120b; Haufe BilanzR/*Wobbe* Rn. 256 f.
[96] BT-Drs. 17/11292, 17–18.

oder den Jahresfehlbetrag hat.[97] Allerdings dürfen Kleinstkapitalgesellschaften bei Anwendung des Abs. 5 die Erleichterung des § 276 S. 1, welche die Zusammenfassung der Posten Umsatzerlöse, sonstige Erträge und Materialaufwand zu einem Posten „Rohergebnis" ermöglicht, **nicht in Anspruch nehmen** (§ 276 S. 2).[98] Gem. § 264 Abs. 2 S. 5 führt die Aufstellung einer verkürzten GuV entsprechend der Erleichterungsvorschriften für Kleinstkapitalgesellschaften zur Vermittlung eines den **tatsächlichen Verhältnissen entsprechenden Bildes der Vermögens-, Finanz- und Ertragslage.**

Wird diese Vermutung widerlegt, sind gem. § 264 Abs. 2 S. 2 zusätzliche **58** Angaben im Anhang notwendig. Wird dieser nicht erstellt (§ 264 Abs. 1 S. 5), haben die Erläuterungen gem. § 264 Abs. 2 S. 4 unter der Bilanz zu erfolgen.[99] Dies sollte allerdings nur in Ausnahmefällen erforderlich sein, was durch § 264 Abs. 2 S. 5 klargestellt wird.[100]

VII. Folgen der Nichtbeachtung

Die unrichtige Wiedergabe oder Verschleierung der Verhältnisse im JA ist **59** durch § 331 Nr. 1 unter **Strafe** gestellt, Zuwiderhandlungen gegen die Vorschriften zur Gliederung des § 275 werden als **Ordnungswidrigkeiten** behandelt (§ 334 Abs. 1 Nr. 1 Buchst. c). Wird durch Verstöße gegen die Vorschriften über die Gliederung die Klarheit und Übersichtlichkeit wesentlich beeinträchtigt, so droht die **Nichtigkeit** des JA (§ 256 Abs. 4 AktG; die Vorschrift ist sinngemäß auf den JA einer GmbH anzuwenden).

§ 276 Größenabhängige Erleichterungen

[1] **Kleine und mittelgroße Kapitalgesellschaften (§ 267 Abs. 1, 2) dürfen die Posten § 275 Abs. 2 Nr. 1 bis 5 oder Abs. 3 Nr. 1 bis 3 und 6 zu einem Posten unter der Bezeichnung „Rohergebnis" zusammenfassen.** [2] **Die Erleichterungen nach Satz 1 gelten nicht für Kleinstkapitalgesellschaften (§ 267a), die von der Regelung des § 275 Absatz 5 Gebrauch machen.**

I. Betroffene Gesellschaften

Die Erleichterungen des § 276 S. 1 können grundsätzlich alle **Kapitalge- 1 sellschaften** in Anspruch nehmen, die nach den in § 267 Abs. 1 und 2 definierten Größenklassen als **klein oder mittelgroß** zu qualifizieren sind. Gleiches gilt für **OHG/KG iSv § 264a**, die die jeweiligen Größenmerkmale aufweisen. Kreditinstitute und Finanzdienstleistungsinstitute sowie Versicherungsunternehmen haben ihren Jahresabschluss unabhängig von ihrer Rechtsform stets nach den für große Kapitalgesellschaften geltenden Vorschriften aufzustellen (§ 340a Abs. 1 bzw. § 341a Abs. 1); damit sind die Erleichterungsvorschriften für diese Unternehmen nicht anwendbar. Für dem PublG unterliegende Unternehmen gilt § 276 ebenfalls nicht, da § 276 nicht zu den in § 5 Abs. 1 S. 2 PublG genannten Vorschriften zählt. Dagegen steht die Anwendung der größenabhängigen Erleichterungen des § 276 **eingetragenen Genossenschaften** in den entsprechenden Größenklassen offen.

---

[97] BT-Drs. 17/11292, 18.
[98] BT-Drs. 17/11292, 17.
[99] BT-Drs. 17/11292, 18.
[100] Vgl. auch BT-Drs. 17/11292, 18.

2   **Kleinstkapitalgesellschaften** iSv § 267a dürfen nach § 276 S. 2 die Erleichterungen des § 276 **nicht** in Anspruch nehmen, sofern sie das Wahlrecht des § 275 Abs. 5 ausüben und eine **verkürzte GuV** aufstellen (→ § 275 Rn. 57). Der bisherige § 276 S. 2 aF, nach dem kleine Kapitalgesellschaften von der bedingten Pflicht zur Erläuterung außerordentlicher Erträge und Aufwendungen im Anhang befreit wurden, wurde durch das BilRUG aufgehoben.[1] Hierbei handelte es sich um eine reine Folgeänderung, da die gesonderten Posten „außerordentliche Erträge", „außerordentliche Aufwendungen" und „außerordentliches Ergebnis" in § 275 Abs. 2 und Abs. 3 im Zuge des BilRUG gestrichen wurden.[2]

II. Ausweis des Rohergebnisses (§ 276 S. 1)

3   § 276 S. 1 gewährt **kleinen und mittelgroßen** Kapitalgesellschaften und OHG/KG iSv § 264a Erleichterungen bei der **Aufstellung** der Gewinn- und Verlustrechnung. Diese dürfen bei Anwendung des Gesamtkostenverfahrens (§ 275 Abs. 2) die Posten Nr. 1–5 und bei Anwendung des Umsatzkostenverfahrens (§ 275 Abs. 3) die Posten Nr. 1–3 und 6 zu einem Posten mit der Bezeichnung **„Rohergebnis"** zusammenfassen. Damit wird erreicht, dass die Umsatzerlöse nicht angegeben werden müssen.

4   Unternehmen, deren Umsatztätigkeit nur auf wenige Produkte gerichtet ist oder die nur für einen/wenige Abnehmer arbeiten, können sich so vor **Wettbewerbsnachteilen** schützen.[3] Die Gewinn- und Verlustrechnung wird dadurch verkürzt; allerdings hat der Posten „Rohergebnis", je nachdem, ob das Gesamtkosten- oder das Umsatzkostenverfahren angewendet wird, einen unterschiedlichen Inhalt.[4] Die Aussagefähigkeit des Postens „Rohergebnis" muss als gering angesehen werden.[5]

5   Bei **AG** muss zumindest **intern eine Gewinn- und Verlustrechnung ohne die Erleichterungen** des § 276 aufgestellt werden, da nach § 131 Abs. 1 S. 3 AktG jeder Aktionär verlangen kann, dass ihm in der über den Jahresabschluss beschließenden **Hauptversammlung** eine Gewinn- und Verlustrechnung in der Form vorgelegt wird, die sie ohne die Anwendung von § 276 hätte. Für **GmbH** sollte aufgrund des Auskunfts- und Einsichtsrechts des § 51a GmbHG **grundsätzlich ähnliches** gelten.[6] Die Ermittlung der Umsatzerlöse iSd § 277 Abs. 1 ist überdies erforderlich, um das Vorliegen der **Größenkriterien** des § 267 zu prüfen.[7]

III. Ausnahme für Kleinstkapitalgesellschaften (§ 276 S. 2)

6   Grundsätzlichen gelten die besonderen Regelungen für kleine Kapitalgesellschaften iSd § 267 Abs. 1, soweit nichts anderes geregelt ist, gem. § 267a Abs. 2 entsprechend für Kleinstkapitalgesellschaften.[8] § 276 S. 2 stellt eine

---

[1] Russ/Janßen/Götze/*Hanke* BilRUG Rn. 65.

[2] BT-Drs. 18/4050, 63; Russ/Janßen/Götze/*Hanke* BilRUG Rn. 65; *Schmidt/Prinz,* BilRUG in der Praxis, 2016, Rn. 98.

[3] BeBiKo/*Schmidt/Peun* Rn. 2; HdR/*Budde* Rn. 2.

[4] *ADS* Rn. 9; Baumbach/Hopt/*Merkt* Rn. 1.

[5] HdR/*Budde* Rn. 6; *Wulf* in Hofbauer/Kupsch Bonner-HdB Rn. 29.

[6] BeBiKo/*Schmidt/Peun* Rn. 3; HdR/*Budde* Rn. 4. Zum Umfang und Grenzen des Auskunfts- und Einsichtsrecht des § 51a GmbHG s. zB Baumbach/Hueck/*Zöllner/Noack* GmbHG § 51a Rn. 10–32; MüKoGmbHG/*Hillmann* GmbHG § 51a Rn. 26, 62–92.

[7] WP-HdB Kap. F Rn. 742; BeBiKo/*Schmidt/Peun* Rn. 3.

[8] BeBiKo/*Schmidt/Peun* Rn. 6.

Ausnahme von diesem Grundsatz dar: Eine **Zusammenfassung** von Posten zum Rohergebnis dürfen Kleinstkapitalgesellschaften **nur dann** vornehmen, wenn die Gewinn- und Verlustrechnung **entsprechend § 275 Abs. 2 oder Abs. 3 erstellt** wurde.[9] Wurde nämlich eine verkürzte Gewinn- und Verlustrechnung nach § 275 Abs. 5 erstellt, ist eine zusätzliche Zusammenfassung zum Rohergebnis nicht zulässig.[10]

§ 277 Vorschriften zu einzelnen Posten der Gewinn- und Verlustrechnung

(1) **Als Umsatzerlöse sind die Erlöse aus dem Verkauf und der Vermietung oder Verpachtung von Produkten sowie aus der Erbringung von Dienstleistungen der Kapitalgesellschaft nach Abzug von Erlösschmälerungen und der Umsatzsteuer sowie sonstiger direkt mit dem Umsatz verbundener Steuern auszuweisen.**

(2) **Als Bestandsveränderungen sind sowohl Änderungen der Menge als auch solche des Wertes zu berücksichtigen; Abschreibungen jedoch nur, soweit diese die in der Kapitalgesellschaft sonst üblichen Abschreibungen nicht überschreiten.**

(3) **[1]Außerplanmäßige Abschreibungen nach § 253 Absatz 3 Satz 5 und 6 sind jeweils gesondert auszuweisen oder im Anhang anzugeben. [2]Erträge und Aufwendungen aus Verlustübernahme und auf Grund einer Gewinngemeinschaft, eines Gewinnabführungs- oder eines Teilgewinnabführungsvertrags erhaltene oder abgeführte Gewinne sind jeweils gesondert unter entsprechender Bezeichnung auszuweisen.**

(4) *(aufgehoben)*

(5) **[1]Erträge aus der Abzinsung sind in der Gewinn- und Verlustrechnung gesondert unter dem Posten „Sonstige Zinsen und ähnliche Erträge" und Aufwendungen gesondert unter dem Posten „Zinsen und ähnliche Aufwendungen" auszuweisen. [2]Erträge aus der Währungsumrechnung sind in der Gewinn- und Verlustrechnung gesondert unter dem Posten „Sonstige betriebliche Erträge" und Aufwendungen aus der Währungsumrechnung gesondert unter dem Posten „Sonstige betriebliche Aufwendungen" auszuweisen.**

Schrifttum: (ohne die Einzelbeiträge in den verschiedenen Handbüchern der Rechnungslegung) BT-Drs. 10/317 vom 26.8.1983, Entwurf eines Gesetzes zur Durchführung der Vierten Richtlinie des Rates der Europäischen Gemeinschaften zur Koordinierung des Gesellschaftsrechts (Bilanzrichtlinie-Gesetz); BT-Drs. 16/12407 vom 24.3.2009, Beschlussempfehlung und Bericht des Rechtsausschusses (6. Ausschuss) zu dem Gesetzentwurf der Bundesregierung – Drs. 16/10067 – Entwurf eines Gesetzes zur Modernisierung des Bilanzrechts (Bilanzrechtsmodernisierungsgesetz – BilMoG); BT-Drs. 18/4050 vom 20.2.2015, Entwurf eines Gesetzes zur Umsetzung der Richtlinie 2013/34/EU des Europäischen Parlaments und des Rates vom 26.6.2013 über den Jahresabschluss, den konsolidierten Abschluss und damit verbundene Berichte von Unternehmen bestimmter Rechtsformen und zur Änderung der Richtlinie 2006/43/EG des Europäischen Parlaments und des Rates und zur Aufhebung der Richtlinien 78/660/EWG und 83/349/EWG des Rates (Bilanzrichtlinie-Umsetzungsgesetz – BilRUG); BT-Drs. 18/5256 vom 17.6.2015, Beschlussempfehlung

---

[9] BeBiKo/*Schmidt/Peun* Rn. 6; WP-HdB Kap. F Rn. 746.
[10] BeBiKo/*Schmidt/Peun* Rn. 6; WP-HdB Kap. F Rn. 746; Baumbach/Hopt/*Merkt* Rn. 1.

und Bericht des Ausschusses für Recht und Verbraucherschutz (6. Ausschuss) zu dem Gesetzentwurf der Bundesregierung – Drs. 18/4050, 18/4351 – Entwurf eines Gesetzes zur Umsetzung der Richtlinie 2013/34/EU des Europäischen Parlaments und des Rates vom 26.6.2013 über den Jahresabschluss, den konsolidierten Abschluss und damit verbundene Berichte von Unternehmen bestimmter Rechtsformen und zur Änderung der Richtlinie 2006/43/EG des Europäischen Parlaments und des Rates und zur Aufhebung der Richtlinien 78/660/EWG und 83/349/EWG des Rates (Bilanzrichtlinie-Umsetzungsgesetz – BilRUG); *Peun/Rimmelspacher*, Änderungen in der handelsrechtlichen GuV durch das BilRUG, DB-Beil. 5/2015, 12.

I. Überblick

1   Die Vorschriften des § 277 enthalten Umschreibungen zu einzelnen **Posten der Gewinn- und Verlustrechnung.** Im Zuge des BilRUG erfuhren die Vorschriften des § 277 umfangreiche Veränderungen.[1] Seither knüpft die **Umsatzerlösdefinition** des Abs. 1 nicht länger an die gewöhnliche Geschäftstätigkeit des Unternehmens.[2] Zudem mindern auch **direkt mit dem Umsatz verbundene Steuern** die Umsatzerlöse, zusätzlich zu den Erlösschmälerungen und der Umsatzsteuer.[3] § 277 Abs. 4 aF wurde gänzlich aufgehoben: Die bisherige Erläuterungspflicht für außerordentliche Aufwendungen und Erträge ist damit entfallen und wird seither durch eine **Erläuterungspflicht** zu Erträgen und Aufwendungen von **außergewöhnlicher Größenordnung** oder **Bedeutung** gem. § 285 Nr. 31 ersetzt.[4]

2   Durch § 277 soll nach der ursprünglichen Begründung des Gesetzgebers sichergestellt werden, dass die entsprechenden Posten der Gewinn- und Verlustrechnung jeweils **übereinstimmen** und die Zwischensummen **vergleichbar** sind.[5] **Kreditinstitute und Finanzdienstleistungsinstitute** sind von der Anwendung von Abs. 1, 2, 3 S. 1 ausgenommen (§ 340a Abs. 2 S. 1); für **Versicherungsunternehmen** beschränkt sich die Ausnahme auf die Anwendung von Abs. 1 und 2 (§ 341a Abs. 2 S. 1). Für dem PublG unterliegende Unternehmen gilt § 277 ohne Einschränkung (§ 5 Abs. 1 PublG); eingetragene **Genossenschaften** brauchen Abs. 3 S. 1 nicht anzuwenden (§ 336 Abs. 2 S. 1 Nr. 2).

II. Besondere Vorschriften im Einzelnen

3   **1. Umsatzerlöse (Abs. 1).** Abs. 1 umschreibt die Erlöse, die sowohl bei Anwendung des Gesamtkostenverfahrens (§ 275 Abs. 2) als auch bei Anwendung des Umsatzkostenverfahrens (§ 275 Abs. 3) als Umsatzerlöse auszuweisen sind. Die **Legaldefinition** der Umsatzerlöse wurde im Zuge des **BilRUG grundlegend verändert.**[6] Nach der bisherigen Fassung des § 277 Abs. 1 aF waren alle aus dem Verkauf und der Vermietung oder Verpachtung von für die **gewöhnliche Geschäftstätigkeit** der Kapitalgesellschaft typischen Erzeugnissen und Waren sowie aus von für die gewöhnliche Geschäftstätigkeit typischen Dienstleistungen von der Umsatzerlösdefinition erfasst. Erlöse, die außerhalb der gewöhnlichen Geschäftstätigkeit anfielen, gehörten bis zum BilRUG nicht zu den Umsatzerlösen.

[1] BT-Drs. 18/4050, 11.
[2] BT-Drs. 18/4050, 63.
[3] BT-Drs. 18/4050, 11; Russ/Janßen/Götze/*Baumann* BilRUG Rn. 68.
[4] BT-Drs. 18/4050, 64.
[5] BT-Drs. 10/317, 85 f.
[6] BT-Drs. 18/4050, 63.

Die **erweiterte Umsatzerlösdefinition** stellte eine der bedeutsamsten **4** Änderungen des BilRUG dar.[7] Die drei wesentlichen Unterschiede zur vorherigen Definition der Umsatzerlöse drücken sich darin aus, dass

– die **Begrenzung** des Umsatzerlösbegriffs auf Erlöse aus Erzeugnissen, Waren und Dienstleistungen, die für die **gewöhnliche Geschäftstätigkeit** des Unternehmens typisch sind, **entfallen** ist,
– statt der Begriffe „Erzeugnisse" und „Waren" der **Begriff der „Produkte"** verwendet wird,
– Umsatzerlöse seither zwingend um **direkt mit dem Umsatz verbundene Steuern** zu kürzen sind.[8]

Der **Wegfall der Begrenzung** der Umsatzerlöse auf jene Erlöse, die für **5** die **gewöhnliche Geschäftstätigkeit** typisch sind, führt zu einer **neuen Abgrenzungsproblematik** zwischen dem Inhalt der Posten „Umsatzerlöse" und „sonstige betriebliche Erträge".[9] Dem Gesetzeswortlaut ist zu entnehmen, dass Umsatzerlöse aus dem Verkauf und der Vermietung oder Verpachtung von Produkten sowie aus der Erbringung von Dienstleistungen resultieren: Im weitesten Sinne handelt es sich hierbei demnach um Einnahmen aus der **Erbringung von Leistungen an Dritte.**[10] Damit sind seither auch zahlreiche Erlöse, die zuvor als sonstige betriebliche Erträge erfasst wurden, seither als Umsatzerlöse auszuweisen.[11]

Einnahmen, die lediglich auf innerbetrieblichen Vorgängen und Bewertun- **6** gen resultieren, sind demgemäß nicht den Umsatzerlösen sondern den sonstigen betrieblichen Erträgen zuzurechnen, da sie nicht aus einem **Leistungsaustausch** mit Dritte resultieren.[12] Darüber hinaus muss zwischen der Erbringung der Leistung und den Umsatzerlösen ein **Verursachungszusammenhang** bestehen.[13] Bei einer rein gesellschaftsrechtlich begründeten Leistungsbeziehung liegt eine solche Leistungsaustauschbeziehung nicht vor.[14] Anders als nach HGB aF[15] gehören zu den Umsatzerlösen nunmehr auch:

– Erlöse aus der **Vermietung und Verpachtung** sowie der **Lizenzierung,** auch wenn dies nicht zum Kerngeschäft des Unternehmens gehört,
– Erlöse aus **Reparatur-, Instandhaltungs- und Wartungsleistungen,** auch wenn diese nur gelegentlich erzielt werden,
– **Provisionserlöse** aus gelegentlichen Vermittlungsgeschäften,[16]
– Erlöse aus **Beratungsleistungen** oder **Personalüberlassungen** eines Produktionsunternehmens,
– Erlöse aus dem **Verkauf von überzähligen Roh-, Hilfs- und Betriebsstoffen,**[17]

---

[7] Vgl. ausf. hierzu *Schmidt/Prinz*, BilRUG in der Praxis, 2016, Rn. 101; WP-HdB Kap. F Rn. 767.
[8] *Peun/Rimmelspacher* DB-Beil. 5/2015, 12; *Russ/Janßen/Götze/Baumann* BilRUG Rn. 75.
[9] *Russ/Janßen/Götze/Baumann* BilRUG Rn. 76.
[10] *Russ/Janßen/Götze/Baumann* BilRUG Rn. 77.
[11] *Russ/Janßen/Götze/Baumann* BilRUG Rn. 67.
[12] *Peun/Rimmelspacher* DB-Beil. 5/2015, 12; *Russ/Janßen/Götze/Baumann* BilRUG Rn. 77; BeBiKo/*Schmidt/Peun* § 275 Rn. 52.
[13] *Russ/Janßen/Götze/Baumann* BilRUG Rn. 78.
[14] *Russ/Janßen/Götze/Baumann* BilRUG Rn. 78.
[15] Vgl. zur vorherigen Rechtslage BeBiKo/*Förschle/Peun*, 9. Aufl. 2014, § 275 Rn. 54.
[16] *Peun/Rimmelspacher* DB-Beil. 5/2015, 15.
[17] Vgl. hierzu weiterführend *Peun/Rimmelspacher* DB-Beil. 5/2015, 13.

– Erlöse aus dem **Verkauf von Produktionsabfällen** ebenso wie **Schrott-verkäufe,**

– **Kantinenerlöse.**[18]

7 Mit der Verwendung des Begriffs der „**Produkte**" anstelle der Begriffe „Erzeugnisse" und „Waren" nach HGB aF geht keine materielle Änderung einher.[19] Der Begriff der „Produkte" ist als **Oberbegriff** zu verstehen, der die Begriffe „Erzeugnisse" und „Waren" zusammenfasst.[20]

8 Der Auslegung des Begriffs der „Produkte" kommt seither deshalb eine größere Bedeutung zu, weil die Abgrenzung der Umsatzerlöse von den sonstigen betrieblichen Erträgen nicht länger anhand des Bezugs zur gewöhnlichen Geschäftstätigkeit des Unternehmens erfolgt.[21] Um **Produkte** iSd Abs. 1 handelt es nämlich auch bei **fertigen Erzeugnissen und Waren** gem. § 266 Abs. 2 B. I. 3.[22] Da es sich bei diesen um Vermögensgegenstände des im Umlaufvermögen auszuweisenden Vorratsvermögens handelt, stellen Vermögensgegenstände des Anlagevermögens im Umkehrschluss **keine Produkte** iSd Abs. 1 dar.[23] Der aus dem **Verkauf von Anlagevermögen** erzielte **Veräußerungsgewinn** ist demgemäß weiterhin unter den **sonstigen betrieblichen Erträgen** auszuweisen.[24] Ebenso stellen Einnahmen aus dem Verkauf von Vermögensgegenständen des Umlaufvermögens, die nicht zum Vorratsvermögen gehören, wie bspw. **Wertpapiere des Umlaufvermögens** und **sonstige Vermögensgegenstände** sonstige betriebliche Erträge dar.[25]

9 Da der Begriff der „**Dienstleistungen**" unverändert zur Rechtslage nach HGB aF übernommen wurde, ist davon auszugehen, dass sich auch die Auslegung des Dienstleistungsbegriffs **nicht verändert** hat.[26] Erträge, die **mangels Erbringung einer Dienstleistung** oder eines für eine Dienstleistung typischen **Leistungsaustausches** generiert wurden, bspw.

– Erträge aus der Auflösung von Rückstellungen,

– Erträge aus Zuschreibungen,

– Erträge aus Währungsumrechnungen,

– Erträge aus gesetzlichem oder vertraglichem, sog. „echtem" Schadensersatz,

sind somit unverändert unter den **sonstigen betrieblichen Erträgen** auszuweisen.[27]

10 **Erlösschmälerungen,** wie Preisnachlässe oder zurückgewährte Entgelte,[28] sind unverändert von den (Brutto-)Erlösen **abzusetzen.** Bereits nach Abs. 1 aF waren die Umsatzerlöse um die auf sie entfallende **Umsatzsteuer** zu

---

[18] Russ/Janßen/Götze/*Baumann* BilRUG Rn. 85; *Peun/Rimmelspacher* DB-Beil. 5/2015, 15; vgl. für eine umfängliche Aufzählung von Umsatzerlösen und sonstigen betrieblichen Erträgen Russ/Janßen/Götze/*Baumann* BilRUG Rn. 85 f.

[19] BT-Drs. 18/4050, 63.

[20] Russ/Janßen/Götze/*Baumann* BilRUG Rn. 80; BT-Drs. 18/4050, 63.

[21] BT-Drs. 18/5256, 82; *Peun/Rimmelspacher* DB-Beil. 5/2015, 12.

[22] *Peun/Rimmelspacher* DB-Beil. 5/2015, 12.

[23] *Peun/Rimmelspacher* DB-Beil. 5/2015, 12.

[24] BT-Drs. 18/5256, 82; *Peun/Rimmelspacher* DB-Beil. 5/2015, 12; Russ/Janßen/Götze/*Baumann* BilRUG Rn. 86 mit einer umfänglichen Aufzählung sonstiger betrieblicher Erträge.

[25] *Peun/Rimmelspacher* DB-Beil. 5/2015, 12 f.

[26] *Peun/Rimmelspacher* DB-Beil. 5/2015, 13.

[27] *Peun/Rimmelspacher* DB-Beil. 5/2015, 13; Russ/Janßen/Götze/*Baumann* BilRUG Rn. 86.

[28] *ADS* Rn. 29.

kürzen. Die Kürzung der Umsatzerlöse wurde im Rahmen des BilRUG zudem auf „**sonstige[r] direkt mit dem Umsatz verbundene[r] Steuern**" ausgeweitet.[29] **Verbrauchsteuern** und **Monopolabgaben** wie bspw. Tabaksteuer, Biersteuer, Energiesteuer und Schaumweinsteuer sind seither ebenso wie die **Mineralöl- bzw. Energiesteuer** aus den Umsatzerlösen **herauszurechnen** und in einer Vorspalte von diesen abzusetzen.[30]

2. Bestandsveränderungen (Abs. 2). Der Ausweis von Erhöhungen **11** oder Verminderungen des Bestands an fertigen oder unfertigen Erzeugnissen ist nur bei Anwendung des **Gesamtkostenverfahrens** erforderlich. In dem Posten Bestandsveränderungen sind nach Abs. 2 Hs. 1 sowohl **Wert-** als auch **Mengenänderungen** zu berücksichtigen. Gehen jedoch Änderungen des Wertes auf Abschreibungen zurück, so sind diese nach Abs. 2 Hs. 2 nur insoweit einzubeziehen, als sie die in der Kapitalgesellschaft sonst üblichen Abschreibungen nicht überschreiten. Dieser Klarstellung hätte es eigentlich nicht bedurft, da bereits in der Gliederung des Gesamtkostenverfahrens (§ 275 Abs. 2 Nr. 7 Buchst. b) der gesonderte Ausweis der für die Kapitalgesellschaft unüblichen Abschreibungen vorgeschrieben ist.[31]

3. Außerplanmäßige Abschreibungen (Abs. 3 S. 1). Abschreibungen **12** auf Vermögensgegenstände des Anlagevermögens auf einen niedrigeren Wert, der ihnen am Abschlussstichtag beizulegen ist (§ 253 Abs. 3 S. 5 und S. 6), sind gem. Abs. 3 S. 1 in der Gewinn- und Verlustrechnung **gesondert auszuweisen oder im Anhang anzugeben**. Die Anpassung des Querverweises auf § 253 in Abs. 3 im Rahmen des BilRUG ist allein redaktioneller Natur.[32] Wird der gesonderte Ausweis in der Gewinn- und Verlustrechnung gewählt, so kommt entweder ein Sonderausweis unter entsprechender Bezeichnung oder ein Unterposten (zB in Form eines „Davon"-Vermerks) zu dem jeweiligen Aufwandsposten in Betracht; einfacher, ggf. auch übersichtlicher sowie in der Praxis verbreiteter ist jedoch die Angabe im Anhang.[33]

4. Erträge und Aufwendungen aus Verlustübernahme und auf Grund einer Gewinngemeinschaft, eines Gewinnabführungs- oder Teilgewinnabführungsvertrags erhaltene oder abgeführte Gewinne (Abs. 3 S. 2). Die Gliederungsschemata des § 275 Abs. 2 und 3 enthalten **13** keine besonderen Posten für Erträge und Aufwendungen aus **Verlustübernahme** (zB §§ 302, 324 Abs. 2 AktG) und für auf Grund einer **Gewinngemeinschaft** (§ 292 Abs. 1 Nr. 1 AktG), eines **Gewinnabführungs-** (§ 291 Abs. 1 AktG) oder eines **Teilgewinnabführungsvertrags** (§ 292 Abs. 1 Nr. 2 AktG) erhaltene oder abgeführte Gewinne. Abs. 3 S. 2 verlangt indes den **gesonderten Ausweis** solcher Erträge und Aufwendungen unter entsprechender Bezeichnung. Wo dieser gesonderte Ausweis in der GuV erfolgen soll, ist gesetzlich nicht ausdrücklich geregelt. So kann dieser gesonderte Ausweis entweder in **gesonderten Posten,** die nach pflichtgemäßen Ermessen des Unternehmens in die gesetzlichen Gliederungsschemata eingeordnet werden, oder als **Untergliederung (zB „Davon"-Vermerk)**

---

[29] BT-Drs. 18/4050, 11.

[30] BeBiKo/*Schmidt/Peun* § 275 Rn. 66; zu den hiermit verbundenen Auswirkungen auf die Einordnung in die Größenklassen gem. §§ 267, 267a und 293 vgl. *Peun/Rimmelspacher* DB-Beil. 5/2015, 16.

[31] HdR/*Isele/Urner-Hemmeter* Rn. 78b.

[32] Russ/Janßen/Götze/*Baumann* BilRUG Rn. 115.

[33] *ADS* Rn. 49; BeBiKo/*Schmidt/Peun* Rn. 3.

der Posten, unter denen die Erträge und Aufwendungen ohne die Regelung des Abs. 3 S. 2 auszuweisen wären, erfolgen.[34]

14 **5. Erträge und Aufwendungen aus der Ab-/Aufzinsung von Rückstellungen sowie aus der Währungsumrechnung (Abs. 5).** Abs. 5 wurde aufgrund des Berichts und der Beschlussempfehlung des Rechtsausschusses zum BilMoG aufgenommen, um für die Abschlussadressaten kenntlich zu machen, in welchem Umfang Aufwendungen oder Erträge aus der Auf- und Abzinsung von Rückstellungen sowie aus der Währungsumrechnung resultieren.[35] Zu diesem Zweck sind die Aufwendungen bzw. Erträge aus der **Auf- und Abzinsung von Rückstellungen** in der Gewinn- und Verlustrechnung unter dem Posten „Sonstige Zinsen und ähnliche Erträge" bzw. „Zinsen und ähnliche Aufwendungen" **gesondert auszuweisen;**[36] Erträge und Aufwendungen aus der **Währungsumrechnung** sind unter dem Posten „Sonstige betriebliche Erträge" bzw. „Sonstige betriebliche Aufwendungen" **gesondert auszuweisen.** Hierzu ist ein Unterposten (zB in Form eines **„Davon"-Vermerks**) zu dem jeweiligen Ertrags- oder Aufwandsposten zu bilden. Obschon sich dies nicht unmittelbar aus dem Gesetzeswortlaut ergibt, wird teilweise auch eine **Aufgliederung der betroffenen Posten im Anhang** als ausreichend angesehen.[37] Zumindest der oben angeführten Zielsetzung wird damit entsprochen.

III. Folgen der Nichtbeachtung

15   Die unrichtige Wiedergabe oder Verschleierung der Verhältnisse im JA ist durch § 331 Nr. 1 unter Strafe gestellt, Zuwiderhandlungen gegen die Gliederungsbestimmungen des § 277 werden als **Ordnungswidrigkeiten** behandelt (§ 334 Abs. 1 Nr. 1 Buchst. c). Wird durch Verstöße gegen die Vorschriften über die Gliederung die Klarheit und Übersichtlichkeit wesentlich beeinträchtigt, so droht die **Nichtigkeit** des JA (§ 256 Abs. 4 AktG; die Vorschrift ist sinngemäß auf den JA einer GmbH anzuwenden).

§ 278 *(aufgehoben)*

Vierter Titel. Bewertungsvorschriften

§§ 279–283 *(aufgehoben)*

Fünfter Titel. Anhang

§ 284 Erläuterung der Bilanz und der Gewinn- und Verlustrechnung

(1) **¹In den Anhang sind diejenigen Angaben aufzunehmen, die zu den einzelnen Posten der Bilanz oder der Gewinn- und Verlustrechnung vor-**

---

[34] WP-HdB Kap. F Rn. 748–757; HdR/*Isele/Urner-Hemmeter* Rn. 105; BeBiKo/*Schmidt/Peun* Rn. 6 f.
[35] BT-Drs. 16/12407, 87.
[36] BT-Drs. 16/12407, 87.
[37] BeBiKo/*Schmidt/Peun* Rn. 26; Haufe BilanzR/*Wobbe* Rn. 23 f.

geschrieben sind; sie sind in der Reihenfolge der einzelnen Posten der Bilanz und der Gewinn- und Verlustrechnung darzustellen. [2]Im Anhang sind auch die Angaben zu machen, die in Ausübung eines Wahlrechts nicht in die Bilanz oder in die Gewinn- und Verlustrechnung aufgenommen wurden.

(2) Im Anhang müssen

1. die auf die Posten der Bilanz und der Gewinn- und Verlustrechnung angewandten Bilanzierungs- und Bewertungsmethoden angegeben werden;
2. Abweichungen von Bilanzierungs- und Bewertungsmethoden angegeben und begründet werden; deren Einfluß auf die Vermögens-, Finanz- und Ertragslage ist gesondert darzustellen;
3. bei Anwendung einer Bewertungsmethode nach § 240 Abs. 4, § 256 Satz 1 die Unterschiedsbeträge pauschal für die jeweilige Gruppe ausgewiesen werden, wenn die Bewertung im Vergleich zu einer Bewertung auf der Grundlage des letzten vor dem Abschlußstichtag bekannten Börsenkurses oder Marktpreises einen erheblichen Unterschied aufweist;
4. Angaben über die Einbeziehung von Zinsen für Fremdkapital in die Herstellungskosten gemacht werden.

(3) [1]Im Anhang ist die Entwicklung der einzelnen Posten des Anlagevermögens in einer gesonderten Aufgliederung darzustellen. [2]Dabei sind, ausgehend von den gesamten Anschaffungs- und Herstellungskosten, die Zugänge, Abgänge, Umbuchungen und Zuschreibungen des Geschäftsjahrs sowie die Abschreibungen gesondert aufzuführen. [3]Zu den Abschreibungen sind gesondert folgende Angaben zu machen:

1. die Abschreibungen in ihrer gesamten Höhe zu Beginn und Ende des Geschäftsjahrs,
2. die im Laufe des Geschäftsjahrs vorgenommenen Abschreibungen und
3. Änderungen in den Abschreibungen in ihrer gesamten Höhe im Zusammenhang mit Zu- und Abgängen sowie Umbuchungen im Laufe des Geschäftsjahrs.

[4]Sind in die Herstellungskosten Zinsen für Fremdkapital einbezogen worden, ist für jeden Posten des Anlagevermögens anzugeben, welcher Betrag an Zinsen im Geschäftsjahr aktiviert worden ist.

Schrifttum: (ohne die Einzelbeiträge in den verschiedenen Handbüchern der Rechnungslegung) BT-Drs. 10/4268 vom 18.11.1985, Beschlußempfehlung und Bericht zu dem von der Bundesregierung eingebrachten Entwurf eines Gesetzes zur Durchführung der Vierten Richtlinie des Rates der Europäischen Gemeinschaften zur Koordinierung des Gesellschaftsrechts (Bilanzrichtlinie-Gesetz) – Drs. 10/317 – Entwurf eines Gesetzes zur Durchführung der Siebenten und Achten Richtlinie des Rates der Europäischen Gemeinschaften zur Koordinierung des Gesellschaftsrechts – Drs. 10/3440 –; BT-Drs. 16/10067 vom 30.7.2008, Entwurf eines Gesetzes zur Modernisierung des Bilanzrechts (Bilanzrechtsmodernisierungsgesetz – BilMoG); BT-Drs. 18/4050 vom 20.2.2015, Entwurf eines Gesetzes zur Umsetzung der Richtlinie 2013/34/EU des Europäischen Parlaments und des Rates vom 26.6.2013 über den Jahresabschluss, den konsolidierten Abschluss und damit verbundene Berichte von Unternehmen bestimmter Rechtsformen und zur Änderung der Richtlinie 2006/43/EG des Europäischen Parlaments und des Rates und zur Aufhebung der Richtlinien 78/660/EWG und 83/349/EWG des Rates (Bilanzrichtlinie-Umsetzungsgesetz – BilRUG); *DRSC,* DRS 3, Segmentberichterstattung Stand: 22.9.2017; *DRSC,* DRS 20, Konzernlagebericht Stand: 22.9.2017; *DRSC,* DRS 21, Kapitalflussrechnung Stand: 22.9.2017; *DRSC,* DRS 22, Konzerneigenkapital Stand: 22.9.2017; *Fink/Theile,* Anhang und Lagebericht nach dem RegE zum Bilanzrichtlinie-Umsetzungsgesetz, DB 2015, 753; *IDW* RS HFA 38, Ansatz- und Bewertungsstetigkeit im handelsrechtlichen Jahresabschluss, *IDW* FN 2011, 560; *Mansch/Stolberg/v. Wysocki,* Die Kapitalflußrechnung als Ergänzung des Jahres- und Konzernabschlusses, WPg 1995, 185; *Rimmelspacher/Meyer,* Änderungen im (Konzern-)Anhang durch das BilRUG, DB-Beil. 5/2015, 23.

Übersicht

I. Grundlagen

1 **1. Funktionen des Anhangs.** Der Anhang stellt gem. § 264 Abs. 1 neben Bilanz und GuV den dritten notwendigen **Bestandteil des Jahresabschlusses** von Kapitalgesellschaften und OHG/KG iSv § 264a dar, wenn sie als Tochterunternehmen nicht die Befreiungen nach § 264 Abs. 3, Abs. 4 oder § 264b in Anspruch nehmen. Gem. § 274a und § 288 bestehen für mittelgroße (§ 267 Abs. 2) und kleine (§ 267 Abs. 1) Kapitalgesellschaften und OHG/KG iSv § 264a **Erleichterungen,** nach denen für bestimmte Angaben Wahlrechte bestehen.[1] Kleinstkapitalgesellschaften können auf die Aufstellung eines Anhangs verzichten, müssen bestimmte Angaben jedoch gem. § 264

---

[1] BeBiKo/*Grottel* Rn. 1.

Abs. 1 unter der Bilanz angeben.[2] Durch den Anhang werden Bilanz und GuV erläutert und ergänzt; darüber hinaus werden zusätzliche Informationen vermittelt. Dem Anhang kommen im Einzelnen die folgenden **Funktionen** zu:[3]

- **Informationsvermittlungsfunktion:** Im Anhang werden die in Bilanz und GuV enthaltenen Posten interpretiert, darüber hinaus enthält der Anhang Informationen über zusätzliche Sachverhalte, die sich der Bilanzierung entziehen.[4]
- **Entlastungsfunktion:** Bestimmte in Bilanz und GuV vorgesehene Angaben können wahlweise auch in den Anhang verlagert werden, wodurch sich die Übersichtlichkeit und die Aussagefähigkeit des Jahresabschlusses erhöhen.
- **Erläuterungsfunktion:** Veränderungen gegenüber dem Vorjahr müssen nicht nur angegeben werden, sondern es ist auch ihr Einfluss auf die Vermögens-, Finanz- und Ertragslage darzustellen.
- **Ergänzungsfunktion:** Kann der Jahresabschluss in Ausnahmefällen ein den tatsächlichen Verhältnissen entsprechendes Bild der Vermögens-, Finanz- und Ertragslage der Gesellschaft nicht vermitteln, so sind gem. § 264 Abs. 2 S. 2 im Anhang zusätzliche Angaben zu machen (→ § 264 Rn. 25 f.).

In Ausnahmefällen kann der Anhang zudem eine spezielle **Korrekturfunktion** übernehmen, bspw. bei der Anpassung von Vorjahresbeträgen gem. § 265 Abs. 2 S. 3.[5]

2. Anforderungen an Inhalt und Form des Anhangs. Als gleichwertiger Bestandteil des Jahresabschlusses muss auch der Anhang nach § 264 Abs. 2 S. 1 unter **Beachtung der GoB** ein den tatsächlichen Verhältnissen entsprechendes Bild der Vermögens-, Finanz- und Ertragslage der Gesellschaft vermitteln. Für den Anhang gelten somit nicht nur der Grundsatz der gewissenhaften und getreuen Rechenschaftslegung, sondern die allgemeinen Vorschriften für den Jahresabschluss insgesamt.[6] Der Anhang muss **klar und übersichtlich** sein (§ 243 Abs. 2) und die Angaben im Anhang müssen **wahr** sein, also den tatsächlichen Verhältnissen entsprechen. Darüber hinaus muss der Anhang **vollständig** sein, dh es muss über alle Sachverhalte berichtet werden, zu denen Angaben gesetzlich vorgeschrieben sind. Der Vollständigkeitsgrundsatz wird allerdings durch den Grundsatz der Wesentlichkeit eingeschränkt. Zur Gewährleistung der Vollständigkeit der Angaben bei der Aufstellung des Anhangs haben sich in der Praxis **Checklisten** als zweckmäßig erwiesen.[7]

Eine **Darstellungsreihenfolge** für die Angaben im Anhang wurde erstmals im Zuge des BilRUG explizit normiert.[8] Die Darstellung hat in der Reihenfolge der Posten der Bilanz und der Gewinn- und Verlustrechnung zu

2

3

---

[2] BeBiKo/*Winkeljohann*/*Lawall* § 267a Rn. 9.
[3] *ADS* Rn. 12–15; Beck HdR/*Andrejewski* B 40 Rn. 6.
[4] Beck HdR/*Böcking*/*Gros* B 169 Rn. 8–10.
[5] BeBiKo/*Grottel* Rn. 8; eine allgemeine Korrekturfunktion des Anhangs kommt deshalb nicht in Betracht, weil eine unzutreffende Darstellung in Bilanz und Gewinn- und Verlustrechnung nicht etwa durch Anhangangaben geheilt werden kann. *ADS* Rn. 15.
[6] *ADS* Rn. 16.
[7] *ADS* Rn. 17; für eine solche Checkliste s. WP-HdB Kap. F Rn. 926; BeBiKo/*Grottel* Rn. 45–61; Beck HdR/*Andrejewski* B 40 Rn. 533.
[8] BT-Drs. 18/4050, 30.

erfolgen.[9] Dies entsprach bereits vor der expliziten Regelung in Abs. 1 S. 1 gängiger Praxis,[10] da die Form des Anhangs gem. § 243 Abs. 2 durch den **Grundsatz der Klarheit und Übersichtlichkeit** geprägt ist.[11] Beziehen sich Angaben auf mehrere Positionen der Bilanz oder der Gewinn- und Verlustrechnung, wird unverändert als zulässig betrachtet, diese zusammengefasst darzustellen.[12] Angaben ohne unmittelbaren Bezug zu Posten der Bilanz oder der Gewinn- und Verlustrechnung, wie Angaben zu nahe stehenden Unternehmen und Personen oder die durchschnittliche Arbeitnehmerzahl, können nach hM weiterhin in einem besonderen Abschnitt am Ende des Anhangs gemacht werden.[13] Eine einmal gewählte Darstellungsform des Anhangs sollte im Wesentlichen beibehalten werden.[14]

4   Hinsichtlich der **Struktur des Anhangs** könnte sich die folgende Gliederung anbieten:[15]

– Allgemeine Angaben zu Bilanzierungs- und Bewertungsmethoden,
– Erläuterungen der Posten der Bilanz,
– Erläuterungen der Posten der Gewinn- und Verlustrechnung,
– sonstige Angaben,
– Angaben bzgl. Aufsichtsrat und Vorstand bzw. Geschäftsführung.

Üblicherweise werden die Angaben über die Mitglieder des Geschäftsführungsorgans und des Aufsichtsrats im Anschluss an die sonstigen Angaben gemacht; sie können jedoch auch in die sonstigen Angaben einbezogen werden.[16]

5   **3. Besondere materielle Anforderungen.** Bei der Berichterstattung im Anhang werden verschiedene **Formen der Berichterstattung** unterschieden:[17]

– **Angabe:** Zum einen der Oberbegriff für alle Formen der Berichterstattung im Anhang, zum anderen die Nennung von Fakten oder Beschreibung von Sachverhalten, die verbal oder zahlenmäßig erfolgen kann,
– **Aufgliederung:** Zahlenmäßige Aufgliederung eines umfassenden Berichtsgegenstands in einzelne Untergruppen, um die Art der Zusammensetzung aufzuzeigen,
– **Ausweis:** Zahlenmäßige Nennung von Beträgen,
– **Darstellung:** Faktennennung oder Sachverhaltsbeschreibung die so aufzubereiten ist, dass sie über eine reine Angabe hinausgeht und aus sich heraus verständlich wird; bspw. durch Aufgliederungen oder Erläuterungen, die verbal oder zahlenmäßig erfolgen kann,[18]
– **Erläuterung:** Weitergehende Erklärung, Kommentierung und Interpretation eines Sachverhalts über die reine Darstellung hinaus, die auf die Hintergründe und Konsequenzen von Sachverhalten oder Maßnahmen schließen lässt,

---

[9] BT-Drs. 18/4050, 30.
[10] WP-HdB, 14. Aufl. 2012, Kap. F Rn. 675
[11] Russ/Janßen/Götze/*Völkner/Weiser* BilRUG Rn. 7; BeBiKo/*Grottel* Rn. 25.
[12] *Rimmelspacher/Meyer* DB-Beil. 5/2015, 30; BeBiKo/*Grottel* Rn. 27.
[13] *Fink/Theile* DB 2015, 754; BeBiKo/*Grottel* Rn. 27.
[14] *ADS* Rn. 27; strenger hinsichtlich formeller Stetigkeit BeBiKo/*Grottel* Rn. 28; dazu aA WP-HdB Kap. F Rn. 914.
[15] *ADS* Rn. 28; WP-HdB Kap. F Rn. 912; BeBiKo/*Grottel* Rn. 31.
[16] WP-HdB Kap. F Rn. 913.
[17] *ADS* Rn. 24; WP-HdB Kap. F Rn. 917; BeBiKo/*Grottel* Rn. 18.
[18] DRS 20.11 verwendet die Begriffe Angabe und Darstellung hingegen synonym.

– **Begründung:** Verbale Offenlegung der Gründe und Motive für ein bestimmtes Verhalten oder einen bestimmten Vorgang.

Überschneidungen zwischen den einzelnen Begriffen sind denkbar.[19] Die Anwendung und Auslegung der Begriffe hat stets vor dem Hintergrund der Generalnorm des § 264 Abs. 2 S. 1 zu erfolgen,[20] unter Beachtung der Grundsätze ordnungsmäßiger Buchführung ein den tatsächlichen Verhältnissen entsprechendes Bild der Vermögens-, Finanz- und Ertragslage der Kapitalgesellschaft zu vermitteln.

II. Inhalt des Anhangs (Abs. 1)

1. Pflichtangaben. Nach Abs. 1 sind in den Anhang zunächst diejenigen **6** Angaben aufzunehmen, die zu den einzelnen Posten der Bilanz oder der GuV vorgeschrieben sind (sog. Pflichtangaben):

Pflichtangaben nach HGB und EGHGB (betreffen alle Kapitalgesell- **7** schaften und OHG/KG iSv § 264a, für größenabhängige Erleichterungen → Rn. 1) die erforderlichenfalls im Anhang zu machen sind:

– § 264 Abs. 2 S. 2: zusätzliche Angaben, wenn **kein den tatsächlichen Verhältnissen entsprechendes Bild** vermittelt wird;
– § 265 Abs. 1 S. 2: Angabe und Begründung von **Abweichungen** bei **Darstellung und Gliederung** in der Bilanz oder der Gewinn- und Verlustrechnung **im Vergleich zum Vorjahr;**
– § 265 Abs. 2 S. 2: Angabe und Erläuterung von **nicht vergleichbaren Vorjahreszahlen** in der Bilanz oder der Gewinn- und Verlustrechnung;
– § 265 Abs. 2 S. 3: Angabe und Erläuterung von **Anpassungen von Vorjahreszahlen** in der Bilanz oder der Gewinn- und Verlustrechnung;
– § 265 Abs. 4 S. 2: Angabe und Begründung der **Ergänzung des Jahresabschlusses** nach der für **andere Geschäftszweige** vorgeschriebenen **Gliederung** im Falle mehrerer Geschäftszweige;
– § 265 Abs. 7 Nr. 2: **gesonderter Ausweis von Einzelposten,** die in der Bilanz oder der Gewinn- und Verlustrechnung zulässigerweise zusammengefasst ausgewiesen werden;
– § 268 Abs. 4 S. 2: Erläuterung von **größeren antizipative Posten** in den **sonstigen Vermögensgegenständen,** die erst nach dem Abschlussstichtag rechtlich entstehen;
– § 268 Abs. 5 S. 3: Erläuterung von **größeren antizipative Posten** in den **Verbindlichkeiten,** die erst nach dem Abschlussstichtag rechtlich entstehen;
– § 268 Abs. 7 Nr. 1: Angabe der **nicht auf der Passivseite auszuweisenden Verbindlichkeiten** oder **Haftungsverhältnisse** für die in § 251 bezeichneten Haftungsverhältnisse;
– § 268 Abs. 7 Nr. 2: Angabe der **gewährten Pfandrechte** und **sonstigen Sicherheiten** für die in § 251 bezeichneten Haftungsverhältnisse;
– § 268 Abs. 7 Nr. 3: Angabe der **Verpflichtungen** betreffend die **Altersversorgung** und **Verpflichtungen gegenüber verbundenen oder assoziierten Unternehmen** für die in § 251 bezeichneten Haftungsverhältnisse;
– § 284 Abs. 2 Nr. 1: Angabe der angewandten **Bilanzierungs- und Bewertungsmethoden;**

---

[19] *ADS* Rn. 24.
[20] *ADS* Rn. 24; WP-HdB Kap. F Rn. 917.

- § 284 Abs. 2 Nr. 2: Angabe und Begründung von **Abweichungen** von **Bilanzierungs- und Bewertungsmethoden** sowie gesonderte Darstellung deren **Einfluss** auf die Vermögens-, Finanz- und Ertragslage;
- § 284 Abs. 2 Nr. 3: Ausweis der **Unterschiedsbeträge,** wenn die Bewertung **bei Anwendung** des **Gruppenbewertungsverfahrens** gem. § 340 Abs. 4 oder des **Verbrauchsfolgeverfahrens** gem. § 256 S. 1 im Vergleich zu einer Bewertung auf der Grundlage des Börsenkurses oder des Marktpreises einen erheblichen Unterschied aufweist;
- § 284 Abs. 2 Nr. 4: Angaben über die **Einbeziehung von Fremdkapitalzinsen** in die **Herstellungskosten;**
- § 284 Abs. 3: Darstellung des **Brutto-Anlagenspiegels** einschließlich Abschreibungen und der im Geschäftsjahr in die Herstellungskosten **einbezogenen Fremdkapitalzinsen;**
- § 285 Nr. 1: Angabe des Gesamtbetrags der **Verbindlichkeiten** mit **Restlaufzeit von über fünf Jahren** und der **gesicherten Verbindlichkeiten;**
- § 285 Nr. 2: **Aufgliederung** der in der Bilanz ausgewiesenen Verbindlichkeiten mit einer Restlaufzeit von über fünf Jahren und der gesicherten Verbindlichkeiten **nach** dem vorgeschriebenen **Gliederungsschema;**
- § 285 Nr. 3. Art und Zweck sowie Risiken, Vorteile und finanzielle Auswirkungen von **nicht in der Bilanz enthaltenen Geschäften,** soweit die Risiken und Vorteile **wesentlich** sind und die Offenlegung **für die Beurteilung** der Finanzlage des Unternehmens **erforderlich** ist;
- § 285 Nr. 3a: Angabe des Gesamtbetrags der **sonstigen finanziellen Verpflichtungen,** die nicht in der Bilanz enthalten sind und die nicht nach § 268 Abs. 7 oder Nr. 3 anzugeben sind, sofern diese Angabe für die Beurteilung der Finanzlage von Bedeutung ist; wobei Verpflichtungen betreffend die **Altersversorgung** oder **Verpflichtungen gegenüber verbundenen oder assoziierten Unternehmen** jeweils **gesondert anzugeben** sind;
- § 285 Nr. 4: Aufgliederung der **Umsatzerlöse** nach **Tätigkeitsbereichen** sowie nach **geografisch** bestimmten Märkten, soweit sich diese untereinander erheblich unterscheiden;
- § 285 Nr. 7: Angabe der **durchschnittlichen Zahl** der während des Geschäftsjahrs beschäftigten **Arbeitnehmer** getrennt nach Gruppen;
- § 285 Nr. 8 Buchst. a: Angabe des **Materialaufwands** bei Anwendung des **Umsatzkostenverfahrens;**
- § 285 Nr. 8 Buchst. b: Angabe des **Personalaufwands** bei Anwendung des **Umsatzkostenverfahrens;**
- § 285 Nr. 9 Buchst. a S. 1–4: Angabe der **Gesamtbezüge** sowie die Anzahl der ausgegebenen **Aktienbezugsrechte** u. ä. für die Mitglieder des Geschäftsführungsorgans, eines Aufsichtsrats, eines Beirats oder einer ähnlichen Einrichtung jeweils für jede Personengruppe;
- § 285 Nr. 9 Buchst. a S. 5–8: für börsennotierte Aktiengesellschaften zusätzliche Angabe der der **individualisierten Vorstandsbezüge;**
- § 285 Nr. 9 Buchst. b: Angabe der **Gesamtbezüge** der **früheren Mitglieder** des Geschäftsführungsorgans, eines Aufsichtsrats, eines Beirats oder einer ähnlichen Einrichtung und ihrer **Hinterbliebenen** sowie der gebildeten und nicht gebildeten **Pensionsrückstellungen** für **ehemalige Organmitglieder** und deren **Hinterbliebene;**

- § 285 Nr. 9 Buchst. c: Angabe der **Vorschüsse** und **Kredite** unter Angabe der Zinssätze und wesentlichen Bedingungen sowie die zugunsten der Organmitglieder eingegangenen **Haftungsverhältnisse;**
- § 285 Nr. 10: Angabe der **Namen** aller Mitglieder des Geschäftsführungsorgans und eines Aufsichtsrats sowie deren **ausgeübten Berufs;** bei börsennotierten Gesellschaften zusätzlich Angabe der **Mitgliedschaften in weiteren Aufsichtsräten** oder **anderen Kontrollgremien** isd § 125 Abs. 1 S. 5 AktG;
- § 285 Nr. 11: Angaben zum **Anteilsbesitz** (Name und Sitz anderer Unternehmen, die Höhe der Anteile, das Eigenkapital, sowie das Ergebnis des letzten Geschäftsjahres);
- § 285 Nr. 11a: Angabe des Namens, Sitzes und der Rechtsform der Unternehmen, deren unbeschränkt haftender Gesellschafter die Kapitalgesellschaft ist **(Komplementärkapitalgesellschaft);**
- § 285 Nr. 11b: Angaben zum **Beteiligungsbesitz** bei börsennotierten Gesellschaften, soweit die Beteiligungen **fünf Prozent** der Stimmrechte **überschreiten;**
- § 285 Nr. 12: Erläuterung von nicht gesondert ausgewiesenen **sonstigen Rückstellungen;**
- § 285 Nr. 13: Erläuterung des jeweiligen **Abschreibungszeitraums** von entgeltlich erworbenen **Geschäfts- oder Firmenwerten;**
- § 285 Nr. 14: Angabe von Name und Sitz des **Mutterunternehmens,** das den **Konzernabschluss** für den **größten Kreis** von Unternehmen **aufstellt,** sowie der Ort, wo dieser Konzernabschluss erhältlich ist;
- § 285 Nr. 14a: Angabe von Name und Sitz des **Mutterunternehmens,** das den **Konzernabschluss** für den **kleinsten Kreis** von Unternehmen **aufstellt,** sowie der Ort, wo dieser Konzernabschluss erhältlich ist;
- § 285 Nr. 15a: Angaben zu ausgegebenen **Genussscheinen** und **ähnliche Rechte auf Gewinnbezug** (Genussscheine, Genussrechte, Wandelschuldverschreibungen, Optionsscheine, Optionen, Besserungsscheine oder vergleichbare Wertpapiere oder Rechte), unter Angabe der **Anzahl** und der **Rechte,** die sie verbriefen;
- § 285 Nr. 16: Angaben zu Abgabe und zum Veröffentlichungsort der **Entsprechenserklärung** zum Deutschen Corporate Governance Kodex für börsennotierte Aktiengesellschaften gem. § 161 AktG;
- § 285 Nr. 17: Angaben zum für das Geschäftsjahr berechnete **Gesamthonorar des Abschlussprüfers** in aufgeschlüsselter Form;
- § 285 Nr. 18: Angaben über **Finanzinstrumente,** die **über** ihren **beizulegenden Zeitwert ausgewiesen** werden und zu den Finanzanlagen gehören, da eine außerplanmäßige Abschreibung gem. § 253 Abs. 3 S. 6 unterblieben ist;
- § 285 Nr. 19: Angaben zu **jeder Kategorie** von nicht zum beizulegenden Zeitwert bilanzierten **derivativen Finanzinstrumenten** sowie Begründung bei **fehlender Bestimmbarkeit** des beizulegenden Zeitwerts;
- § 285 Nr. 20: Angaben über die mit dem **beizulegenden Zeitwert** bewerteten **Finanzinstrumenten;**
- § 285 Nr. 21: Angaben über bestimmte **Geschäfte mit nahe stehenden Unternehmen und Personen;**
- § 285 Nr. 22: Angabe des **Gesamtbetrags der Forschungs- und Entwicklungskosten** des Geschäftsjahrs sowie der davon auf **selbst geschaf-**

fene immaterielle Vermögensgegenstände des Anlagevermögens entfallende Betrag (bei Aktivierung nach § 248 Abs. 2);

– § 285 Nr. 23: Angaben zu **Bewertungseinheiten** gem. § 254;

– § 285 Nr. 24: Angaben zu den **Bewertungsgrundlagen** für **Pensionsrückstellungen**;

– § 285 Nr. 25: Angaben zu den nach § 246 Abs. 2 S. 2 **verrechneten Vermögensgegenständen und Schulden** sowie den **verrechneten Aufwendungen und Erträgen**;

– § 285 Nr. 26: Angaben zu **Anteilen an Sondervermögen** oder **Anlageaktien an Investmentvermögen**;

– § 285 Nr. 27: Begründung der **Einschätzung des Risikos** der Inanspruchnahme aus den nach § 268 Abs. 7 ausgewiesenen **Verbindlichkeiten** und **Haftungsverhältnissen**;

– § 285 Nr. 28: Angabe des **Gesamtbetrags ausschüttungsgesperrter Beträge** iSd § 268 Abs. 8 und Aufgliederung in Beträge aus der Aktivierung **selbst geschaffener immaterieller Vermögensgegenstände** des Anlagevermögens, aus der Aktivierung **latenter Steuern** und aus der Aktivierung von Vermögensgegenständen zum **beizulegenden Zeitwert**;

– § 285 Nr. 30. Angaben zu **latenten Steuern**;

– § 285 Nr. 31: Angabe von Betrag und Art der Erträge und Aufwendungen von **außergewöhnlicher Größenordnung** oder **außergewöhnlicher Bedeutung**;

– § 285 Nr. 32: Erläuterung **periodenfremder Erträge und Aufwendungen** hinsichtlich ihres Betrags und ihrer Art;

– § 285 Nr. 33: Angabe von **Vorgängen von besonderer Bedeutung nach** dem **Bilanzstichtag**, die weder in der Gewinn- und Verlustrechnung noch in der Bilanz berücksichtigt sind, unter Angabe ihrer **Art** und ihrer **finanziellen Auswirkungen**;

– § 285 Nr. 34: Angabe des Vorschlags bzw. Beschlusses zur **Ergebnisverwendung**;

– § 286 Abs. 2: Angabe der **Inanspruchnahme** der **Ausnahmeregelung** hinsichtlich des **Unterlassens der Aufgliederung der Umsatzerlöse** nach § 285 Nr. 4;

– § 286 Abs. 3 S. 4: Angabe der **Inanspruchnahme** der **Schutzklausel** bei Weglassen von Angaben über den Anteilsbesitz, die nach vernünftiger kaufmännischer Beurteilung geeignet sind, einen erheblichen Nachteil zuzufügen;

– § 291 Abs. 2 Nr. 4: Angabe von Name und Sitz des Mutterunternehmens, das den **befreienden Konzernabschluss** und **Konzernlagebericht** aufstellt, Hinweis auf die Befreiung von der Verpflichtung sowie Erläuterung der im befreienden Konzernabschluss angewandten Bilanzierungs-, Bewertungs- und Konsolidierungsmethoden, die von deutschem Recht abweichen;

– § 292 Abs. 2: Angabe analog zu § 291 Abs. 2 Nr. 4 sowie der Angabe, **nach welchen der in § 292 Abs. 1 Nr. 1 genannten Vorgaben** und ggf. nach dem **Recht welchen Staates** der befreiende Konzernabschluss und Konzernlagebericht aufgestellt worden ist;

– § 324 Abs. 1 S. 2 Nr. 1: Begründung für das **Nichteinrichten eines Prüfungsausschusses** durch bestimmte Kapitalgesellschaften;

– Art. 28 Abs. 2 EGHGB: Angabe des **Fehlbetrags** zu nicht in der Bilanz ausgewiesenen **Rückstellungen für laufende Pensionen, Anwartschaften auf Pensionen** und **ähnliche Verpflichtungen** iSd Art. 28 Abs. 1 EGHGB;

– Art. 67 Abs. 1 S. 4 EGHGB: Angabe des **Betrags der Überdeckung** bei Ausübung des Wertbeibehaltungswahlrechts gem. Art. 67 Abs. 1 S. 2 EGHGB für Pensionsrückstellungen und sonstige Rückstellungen;

– Art. 67 Abs. 2 EGHGB: Angabe des **Fehlbetrags** zu nicht in der Bilanz ausgewiesenen **Rückstellungen für laufende Pensionen, Anwartschaften auf Pensionen** und **ähnliche Verpflichtungen** iSd Art. 67 Abs. 1 S. 1 EGHGB;

– Art. 67 Abs. 4 EGHGB: Angaben zur **Beibehaltung steuerrechtlicher Anschreibungen** (§ 281 Abs. 2 S. 1 aF) sowie **Beeinflussung des Jahresergebnisses** durch **steuerrechtliche Bewertungsmaßnahmen** (§ 285 Nr. 5 aF);

– Art. 75 Abs. 2 S. 3 EGHGB: Angabe der **fehlenden Vergleichbarkeit** der **Umsatzerlöse** bei der erstmaligen Anwendung des **BilRUG**.

Pflichtangaben nach HGB und EGHGB (zusätzlich für OHG/KG iSv § 264a): **8**

– § 264c Abs. 2 S. 9: Angabe des Betrags der im Handelsregister eingetragenen **Hafteinlagen**, soweit sie nicht geleistet sind;

– § 285 Nr. 15: Angaben zu Name und Sitz der Gesellschaften, die persönlich haftende Gesellschafter sind **(Komplementärkapitalgesellschaft)**, sowie deren gezeichnetes Kapital;

– Art. 48 Abs. 5 S. 3 EGHGB: Angabe zur Verwendung der **Buchwerte des vorherigen Abschlusses** bei **erstmaliger Aufstellung des Anlagenspiegels** statt der Anschaffungs- oder Herstellungskosten;

– Art. 48 Abs. 6 EGHGB: Angabe des **Fehlbetrags** bei **Rückstellungen für laufende Pensionen, Anwartschaften auf Pensionen** und **ähnliche Verpflichtungen** iSd Art. 28 Abs. 1 EGHGB.

Pflichtangaben nach AktG (betreffen AG und KGaA): **9**

– § 160 Abs. 1 Nr. 1 AktG: Angaben über den Bestand und Zugang von **Vorratsaktien;**

– § 160 Abs. 1 Nr. 2 AktG: Angaben über den Bestand an **eigenen Aktien;**

– § 160 Abs. 1 Nr. 4 AktG: Angabe des **genehmigten Kapitals;**

– § 160 Abs. 1 Nr. 5 AktG: Angabe der **Zahl der Bezugsrechte** gem. § 192 Abs. 2 Nr. 3 AktG;

– § 160 Abs. 1 Nr. 7 AktG: Angabe über das **Bestehen** einer **wechselseitigen Beteiligungen;**

– § 160 Abs. 1 Nr. 8 AktG: Angabe von nach § 20 AktG **schriftlich mitgeteilten Beteiligungen;**

– § 240 S. 3 AktG: Erläuterung zu den aus einer **vereinfachten Kapitalherabsetzung** gem. § 229 AktG gewonnenen Beträgen;

– § 261 Abs. 1 S. 3 und S. 4 AktG: Angaben bei **Sonderprüfung wegen unzulässiger Unterbewertung.**

2. Wahlpflichtangaben. Neben den genannten Pflichtangaben sind nach **10** Abs. 1 auch diejenigen Angaben in den Anhang aufzunehmen, die in Ausübung eines Wahlrechts nicht in die Bilanz oder in die GuV aufgenommen wurden (sog. Wahlpflichtangaben):

11   Wahlpflichtangaben nach HGB:

– § 253 Abs. 6 S. 3: Darstellung des **Unterschiedsbetrags** zwischen dem Ansatz von Rückstellungen für **Altersversorgungsverpflichtungen** nach Maßgabe des durchschnittlichen **Marktzinssatzes** der vergangenen **zehn** und dem Ansatz der Rückstellung nach Maßgabe des durchschnittlichen Marktzinssatzes der vergangenen **sieben** Geschäftsjahre;

– § 264 Abs. 1a: Angabe von **Firma, Sitz, Registergericht** und **Handelsregisternummer** sowie ggf. die Angabe darüber, dass sich die Gesellschaft in **Liquidation** oder **Abwicklung** befindet;

– § 265 Abs. 3: Angabe der **Mitzugehörigkeit** von einem Bilanzposten zu einem anderen;

– § 268 Abs. 1 S. 3: Angabe des **Gewinn- oder Verlustvortrags,** bei Bilanzaufstellung unter teilweiser Ergebnisverwendung;

– § 268 Abs. 5 S. 1: Ausweis des Betrags der **Verbindlichkeiten** mit einer Restlaufzeit **bis zu einem Jahr** und des Betrags der Verbindlichkeiten mit einer Restlaufzeit von **mehr als einem Jahr;**

– § 268 Abs. 6: Ausweis eines **aktivierten Disagios,**

– § 277 Abs. 3 S. 1: Angabe von **außerplanmäßigen Abschreibungen des Anlagevermögens** nach § 253 Abs. 3 S. 5–6;

– § 327 Nr. 1 S. 2: Angabe **bestimmter Bilanzposten** von **mittelgroßen** Kapitalgesellschaften und OHG/KG iSv § 264a, die ihre **Bilanz nach der für kleine Kapitalgesellschaften** und OHG/KG iSv § 264a vorgeschriebenen **Form** beim Betreiber des Bundesanzeigers einreichen;

– Art. 67 Abs. 3 EGHGB: Angabe der **Vorschriften,** nach denen **Sonderposten mit Rücklageanteil** fortgeführt werden und Angabe der **Erträge aus der Auflösung** gem. § 281 Abs. 2 S. 2 aF;

– Art. 67 Abs. 4 EGHGB: Angabe der **Vorschriften,** nach denen **niedrigere Wertansätze** gem. § 254 aF iVm § 279 Abs. 2 aF im Zuge der BilMoG-Umstellung beibehalten werden;

– Art. 67 Abs. 5 S. 1 EGHGB: Angabe der **Beibehaltung von Bilanzierungshilfen** für Aufwendungen für die Ingangsetzung und Erweiterung des Geschäftsbetriebs im Zuge der BilMoG-Umstellung.

12   Wahlpflichtangaben nach HGB (zusätzlich für OHG/KG iSv § 264a):

– § 264c Abs. 1: Ausweis von **Ausleihungen an Gesellschafter** sowie **Forderungen** und **Verbindlichkeiten gegenüber Gesellschaftern.**

13   Wahlpflichtangaben nach AktG:

– § 58 Abs. 2a S. 2 AktG: Angabe von **Wertaufholungsrücklagen** aus Einstellung des Eigenkapitalanteils von Wertaufholungen und steuerlichen Passivposten;[21]

– § 152 Abs. 2 AktG: Angabe von **Einstellungen** und **Entnahmen** in und aus der **Kapitalrücklage** (kleine Aktiengesellschaften in der Bilanz, nicht anzuwenden für Kleinstkapitalgesellschaften);

– § 152 Abs. 3 AktG: Angabe von **Einstellungen** und **Entnahmen** in und aus den **Gewinnrücklagen** (kleine Aktiengesellschaften in der Bilanz, nicht anzuwenden für Kleinstkapitalgesellschaften);

– § 158 Abs. 1 S. 2 AktG: Darstellung der **Entwicklung** des **Jahresüberschusses/-fehlbetrages** zum **Bilanzgewinn/-verlust** (gilt nicht für Kleinstkapitalgesellschaften);

---

[21] Beck HdR/*Böcking/Gros* B 169 Rn. 35–39.

- § 160 Abs. 1 Nr. 3 AktG: Angabe über unterschiedliche **Aktiengattungen** (gilt nicht für Kleinstkapitalgesellschaften).

Wahlpflichtangaben nach GmbHG: 14

- § 29 Abs. 4 S. 2 GmbHG: Ausweis des Betrags von **Wertaufholungsrücklagen** isd § 29 Abs. 4 S. 1 GmbHG;
- § 42 Abs. 3 GmbHG: Ausweis von **Genussscheinkapital,** welches als Fremdkapital ausgewiesen und von den Gesellschaftern gehalten wird.

3. Freiwillige Angaben. Der Anhang kann über die Pflichtangaben und 15 Wahlpflichtangaben hinaus um freiwillige Angaben erweitert werden. Auch diese zusätzlichen Angaben unterliegen der **Offenlegungspflicht** und bei mittelgroßen und großen Kapitalgesellschaften und OHG/KG iSv § 264a der **Prüfungspflicht.**[22] Freiwillige Angaben sind insbesondere auch im Hinblick auf den **Grundsatz der ordnungsmäßigen Informationsgewährung** erforderlich (→ § 264 Rn. 26). Als freiwillige Anhangangaben kommen zB Sozialbilanzen, Bewegungsbilanzen, Kapitalflussrechnungen (DRS 21),[23] Segmentberichterstattung (DRS 3), Eigenkapitalspiegel (DRS 22), Angaben zu Zeitwerten von Vermögensgegenständen, Substanzerhaltungsrechnungen oder Kapitalerhaltungsrechnungen in Betracht.[24] Der Umfang der freiwilligen Angaben im Anhang wird durch den **Grundsatz der Klarheit und Übersichtlichkeit** begrenzt. Die freiwilligen Angaben können ggf. statt im Anhang auch im Lagebericht gemacht werden.[25]

III. Allgemeine Angaben im Anhang (Abs. 2)

1. Bilanzierungs- und Bewertungsmethoden (Abs. 2 Nr. 1). Nach 16 Abs. 2 Nr. 1 sind die auf die Posten der Bilanz und der GuV angewandten Bilanzierungs- und Bewertungsmethoden im Anhang anzugeben. Das Gesetz definiert dabei nicht, was unter Bilanzierungsmethoden einerseits und Bewertungsmethoden andererseits zu verstehen ist. Aus der Gesetzessystematik lässt sich jedoch ableiten, dass die Bilanzierungsmethoden diejenigen **Entscheidungen** umfassen, die den **Ansatz** in Bilanz und GuV zum Gegenstand haben, während unter Bewertungsmethoden bestimmte, in ihrem Ablauf definierte und den GoB entsprechende **Verfahren der Wertfindung** zu verstehen sind.[26] Die **Abschreibungsmethoden** werden den Bewertungsmethoden zugerechnet und daher nicht eigens erwähnt.[27]

Angabepflichten zu Bilanzierungsmethoden ergeben sich insbesondere aus 17 **Ansatzwahlrechten;** bei eindeutigen gesetzlichen Vorgaben, wie zu bilanzieren ist, sind Angaben im Anhang nicht erforderlich.

Folgende **Ansatzwahlrechte** sind im HGB enthalten:[28] 18

- § 248 Abs. 2 S. 1: Selbst geschaffene immaterielle Vermögensgegenstände des Anlagevermögens;
- § 249 Abs. 1 S. 1 HGB iVm Art. 28 Abs. 1 S. 1 EGHGB: Nichtansatz von Pensionsrückstellungen für Altzusagen unter bestimmten Voraussetzungen;

---

[22] BeBiKo/*Grottel* Rn. 90.
[23] *Mausch/Stalberg/v. Wysocki* WPg 1995, 185.
[24] BeBiKo/*Grottel* Rn. 90; *ADS* § 289 Rn 13.
[25] BeBiKo/*Grottel* Rn. 93; einschränkend *ADS* § 289 Rn 13.
[26] *ADS* Rn. 55 u. 60; *IDW* RS HFA 38 Rn. 8.
[27] WP-HdB Kap. F Rn. 937.
[28] *ADS* Rn. 58; WP-HdB Kap. F Rn. 934; BeBiKo/*Grottel* Rn. 106.

- § 249 Abs. 1 S. 1 HGB iVm Art. 28 Abs. 1 S. 2 EGHGB: Nichtansatz von Rückstellungen für mittelbare Pensionsverpflichtungen und ähnliche Verpflichtungen unter bestimmten Voraussetzungen;
- § 250 Abs. 3 S. 1: Aufnahme eines Disagios in den aktiven Rechnungsabgrenzungsposten;
- § 274 Abs. 1 S. 2: Überhang aktiver latenter Steuern;
- § 274 Abs. 1 S. 3: Unverrechneter Ausweis aktiver und passiver latenter Steuern.

19   **Begründungen** für eine Bilanzierungsentscheidung sind dabei im Rahmen der Angabepflicht nicht gefordert.[29] Auch bei den Bewertungsmethoden besteht eine Angabepflicht vor allem in den Fällen, in denen Bewertungswahlrechte vorgesehen sind.[30]

20   Das HGB enthält folgende, ggf. implizite **Bewertungswahlrechte;** Übergangsbestimmungen des EGHGB werden hierbei vernachlässigt:[31]

- § 240 Abs. 3 S. 1 iVm § 256 S. 2: Festwertansatz bei Sachanlagen und Roh-, Hilfs- und Betriebsstoffen;
- § 240 Abs. 4 iVm § 256 S. 2: Gruppenbewertung im Vorratsvermögen und anderen beweglichen Vermögensgegenständen sowie Schulden;
- § 253 Abs. 3 S. 1 u. 2: Bemessung der planmäßigen Abschreibungen;
- § 253 Abs. 3 S. 6: Abschreibungen auf Finanzanlagen bei voraussichtlich nicht dauernder Wertminderung;
- § 253 Abs. 2 S. 2: Abzinsung von Rückstellungen für Altersversorgungsverpflichtungen oder vergleichbare langfristig fällige Verpflichtungen;
- § 253 Abs. 2 S. 3 iVm S. 2: Abzinsung von Rentenverpflichtungen, für die eine Gegenleistung nicht mehr zu erwarten ist;
- § 254: Bildung von Bewertungseinheiten;
- § 255 Abs. 2 S. 3: Bemessung der Herstellungskosten;
- § 255 Abs. 2a iVm Abs. 2 S. 3: Bemessung der Herstellungs- bzw. Entwicklungskosten von selbst geschaffenen immateriellen Vermögensgegenständen des Anlagevermögens;
- § 255 Abs. 3: Berücksichtigung von Zinsen für Fremdkapital im Rahmen der Herstellungskosten;
- § 255 Abs. 4 S. 2: Ermittlung des beizulegenden Zeitwerts mit Hilfe allgemein anerkannter Bewertungsmethoden, sofern kein aktiver Markt zur Bestimmung des Marktpreises vorliegt;
- § 256 S. 1: Anwendung von Verbrauchsfolgeverfahren (Lifo, Fifo) im Vorratsvermögen.

21   Die Angaben sind in jedem Jahresabschluss zu machen, ein Verweis auf einen früheren Anhang ist nicht zulässig.[32]

22   **2. Abweichungen von Bilanzierungs- und Bewertungsmethoden (Abs. 2 Nr. 2).** Gem. Abs. 2 Nr. 2 sind Abweichungen von Bilanzierungs- und Bewertungsmethoden **anzugeben und zu begründen,** darüber hinaus ist der Einfluss dieser Abweichungen auf die Vermögens-, Finanz- und Ertragslage gesondert darzustellen. Dadurch soll die **Vergleichbarkeit** des Jahresabschlusses insbesondere hinsichtlich der im Vorjahr angewandten Bi-

---

[29] BeBiKo/*Grottel* Rn. 108.
[30] WP-HdB Kap. F Rn. 936.
[31] *ADS* Rn. 63; BeBiKo/*Grottel* Rn. 116.
[32] BeBiKo/*Grottel* Rn. 115.

lanzierungs- und Bewertungsmethoden hergestellt werden.[33] Für die **Darstellung der Auswirkungen** von Abweichungen auf die Vermögens-, Finanz- und Ertragslage ist es bei wesentlichen Auswirkungen erforderlich, über verbale Erläuterungen hinaus auch **zahlenmäßige Angaben** zu machen.[34]

3. Unterschiedsbeträge bei Bewertungsvereinfachungsverfahren **23** **(Abs. 2 Nr. 3).** Werden im Jahresabschluss die **Gruppenbewertung** (§ 240 Abs. 4) oder **Verbrauchsfolgeverfahren** (§ 256 S. 1) angewendet, dann sind nach Abs. 2 Nr. 3 im Anhang pauschal für jede Gruppe die **Unterschiedsbeträge** anzugeben, wenn die Bewertung im Vergleich zu einer Bewertung auf der Grundlage des letzten vor dem Abschlussstichtag bekannten Börsenkurses oder Marktpreises einen **erheblichen Unterschied** aufweist. Dies gilt insbesondere seit der Klarstellung des § 252 Abs. 1 Nr. 6 im Rahmen des BilMoG.[35] Die Angabepflicht besteht nur bei einem erheblichen Bewertungsunterschied. Ist ein Börsen- oder Marktpreis nicht feststellbar, entfällt die Angabepflicht.[36] Kleine Kapitalgesellschaften und kleine OHG/KG iSv § 264a sind von der Angabe der Unterschiedsbeträge befreit (§ 288 S. 1).

4. Einbeziehung von Fremdkapitalzinsen in die Herstellungskosten **24** **(Abs. 2 Nr. 4).** Werden zulässigerweise nach § 255 Abs. 3 S. 2 Fremdkapitalzinsen in die Herstellungskosten einbezogen, so sind gem. Abs. 2 Nr. 4 im Anhang Angaben hierüber zu machen. Ein **zahlenmäßiger Ausweis** von Beträgen ist dabei **nicht erforderlich;**[37] es muss jedoch deutlich werden, bei welchem Bilanzposten das Aktivierungswahlrecht ausgeübt wurde.[38]

IV. Anlagenspiegel (Abs. 3)

1. Grundlagen. Nach Abs. 3 ist die Entwicklung der einzelnen Posten des **25** Anlagevermögens (sog. **Anlagenspiegel,** auch **Anlagengitter**) in einer gesonderten Aufgliederung darzustellen. Das Wahlrecht, die Angaben alternativ in der Bilanz zu machen, wurde im Zuge des BilRUG gestrichen.[39] Damit ist ebenfalls die bisher verpflichtende Angabe von Vorjahreszahlen iVm § 265 Abs. 2 entfallen.[40] Mit Hilfe des Anlagenspiegels sollen das im Anlagevermögen **gebundene Kapital,** die **Altersstruktur** der Anlagen sowie die **Entwicklung** im abgelaufenen Geschäftsjahr dargestellt werden.[41]

Der Anlagenspiegel ist zwingend nach der sog. **direkten Bruttomethode** **26** aufzustellen, die im Wesentlichen dadurch gekennzeichnet ist, dass ausgehend von den gesamten historischen Anschaffungs- und Herstellungskosten der zum Anlagevermögen gehörenden Vermögensgegenstände die Entwicklung zu den Buchwerten am Ende des Geschäftsjahrs zu zeigen ist.[42]

---

[33] *ADS* Rn. 103; BeBiKo/*Grottel* Rn. 172.

[34] *ADS* Rn. 106; WP-HdB Kap. F Rn. 959; BeBiKo/*Grottel* Rn. 196 f.; *IDW* RS HFA 38, Rn. 25.

[35] BT-Drs. 16/10067, 52.

[36] *ADS* Rn. 154; WP-HdB Kap. F Rn. 983; BeBiKo/*Grottel* Rn. 205.

[37] BeBiKo/*Grottel* Rn. 210; WP-HdB Kap. F Rn. 986.

[38] *ADS* Rn. 156.

[39] BT-Drs. 18/4050, 10; BeBiKo/*Grottel* Rn. 221.

[40] *Fink/Theile* DB 2015, 757; BeBiKo/*Grottel* Rn. 221.

[41] BeBiKo/*Grottel* Rn. 222.

[42] *ADS* § 268 Rn. 39; BeBiKo/*Grottel* Rn. 220.

27   **Kleine** Kapitalgesellschaften und OHG/KG iSv § 264a sowie **Kleinst-kapitalgesellschaften** sind von der Verpflichtung zur Aufstellung eines Anlagenspiegels **ausgenommen** (§ 288 Abs. 1 Nr. 1).

28   Für **Kreditinstitute** und **Versicherungsunternehmen** gelten die besonderen Vorschriften gem. §§ 340a, 341a.[43]

29   **2. Bestandteile des Anlagenspiegels.** Für den Anlagenspiegel ergibt sich eine **14-spaltige Darstellung:**[44]

1. **Anschaffungs- und Herstellungskosten** zu **Beginn** des Geschäftsjahrs (gesamt);
2. **Zugänge** zu Anschaffungs- und Herstellungskosten (Geschäftsjahr);
3. **Abgänge** von Anschaffungs- und Herstellungskosten (Geschäftsjahr);
4. **Umbuchungen** in den Anschaffungs- und Herstellungskosten (Geschäftsjahr);
5. **Anschaffungs- und Herstellungskosten** am **Ende** des Geschäftsjahrs (gesamt);
6. **Abschreibungen** zu **Beginn** des Geschäftsjahrs (gesamt);
7. **Abschreibungen** (Geschäftsjahr);
8. **Zuschreibungen** (Geschäftsjahr);
9. **Änderungen** der **Abschreibungen** im Zusammenhang mit **Zugängen** (gesamt);
10. **Änderungen** der **Abschreibungen** im Zusammenhang mit **Abgängen** (gesamt);
11. **Änderungen** der **Abschreibungen** im Zusammenhang mit **Umbuchungen** (gesamt);
12. **Abschreibungen** am **Ende** des Geschäftsjahrs (gesamt);
13. **Buchwerte** am **Ende** des Geschäftsjahrs;
14. Buchwerte am Anfang des Geschäftsjahrs/**Vorjahresbuchwerte.**

Wenngleich sich die Buchwerte am Ende des Geschäftsjahrs ebenso wie die Vorjahresbuchwerte rechnerisch aus den Pflichtangaben der gesamten Anschaffungs- und Herstellungskosten sowie der Abschreibungsentwicklung errechnen lassen, hat sich eine freiwillige Angabe in der Praxis durchgesetzt.[45] Weder die **Anzahl** der zu bildenden Spalten noch die **Reihenfolge** der Spalten ist gesetzlich festgelegt.[46]

30   **a) Gesamte Anschaffungs- und Herstellungskosten.** Der Vortrag des Anlagenspiegels enthält die historisch kumulierten Anschaffungs- und Herstellungskosten zu Beginn des Geschäftsjahrs. Deshalb müssen auch alle Zugänge, Abgänge und Umbuchungen des Geschäftsjahrs zu ihren **gesamten historischen Anschaffungs- und Herstellungskosten** ausgewiesen werden.[47] Nur auf diese Weise ist eine Überleitung der gesamten Anschaffungs- und Herstellungskosten am Ende des Geschäftsjahres möglich. Im Zuge des BilRUG wurde die Darstellung der **mengenmäßigen Entwicklung** des Anlagevermögens zu Bruttowerten, sog. **Bruttoprinzip,** auch gesetzlich kodifiziert.[48] Die ursprünglichen Anschaffungs- und Herstellungskosten sind für alle am Beginn des Geschäftsjahrs vorhandenen Vermögensgegenstände

---

[43] *ADS* § 268 Rn. 42; BeBiKo/*Grottel* Rn. 220.
[44] BeBiKo/*Grottel* Rn. 222–224; WP-HdB Kap. F Rn. 988 mwN.
[45] WP-HdB Kap. F Rn. 988; BeBiKo/*Grottel* Rn. 224.
[46] BeBiKo/*Grottel* Rn. 226.
[47] BeBiKo/*Grottel* Rn. 227.
[48] BT-Drs. 18/4050, 64; BeBiKo/*Grottel* Rn. 227.

auszuweisen, also auch dann, wenn diese bereits voll abgeschrieben, jedoch noch nicht abgegangen sind.[49] Der Umfang der Anschaffungs- und Herstellungskosten bestimmt sich nach § 255.

b) Nachträgliche Änderung der Anschaffungs- und Herstellungs- 31
kosten. Bei der nachträglichen Änderung von Anschaffungs- und Herstellungskosten ist zu unterscheiden zwischen:[50]

– rein **wertmäßigen Erhöhungen,** die nachträglich die Anschaffungs- oder Herstellungskosten von bereits aktivierten Vermögensgegenständen erhöhen,

– **mengenmäßigen Vermehrungen** von bereits im Anlagenspiegel enthaltenen Vermögensgegenständen durch nachträgliche Anschaffungs- oder Herstellungskosten,

– **Nachaktivierungen** von bislang unberücksichtigten, jedoch bereits in Vorjahren entstandener Anschaffungs- oder Herstellungskosten.

Rein **wertmäßige Erhöhungen** der Anschaffungs- oder Herstellungskos- 32
ten liegen bspw. vor, wenn Anschaffungsnebenkosten nachträglich entstanden sind oder sich der Kaufpreis selbst nachträglich erhöht hat.[51] Im **Zugangsjahr** führen diese nachträglichen Anschaffungs- oder Herstellungskosten zu einer unmittelbaren Berücksichtigung in der Spalte Zugänge.[52] Wird die wertmäßige Erhöhung hingegen erst in Folgejahren nachgeholt, so kann alternativ auch ein Ausweis in der Spalte Zuschreibungen in Betracht kommen.[53] Im **Folgejahr** ist sodann eine Umgliederung des Zugangs zu den Anschaffungs- oder Herstellungskosten vorzunehmen.[54]

Bei den nachträglichen Anschaffungs- oder Herstellungskosten handelt es 33
sich hingegen um eine **mengenmäßige Zunahme** von bereits im Anlagenspiegel enthaltenen Vermögensgegenständen des Anlagevermögens.[55] Sie können bspw. bei aktivierungsfähigen Erweiterungen, Verbesserungen und Umbauten vorkommen und sind in der Spalte **Zugänge** auszuweisen.[56]

Bei **Nachaktivierungen** handelt es sich, im Unterschied zu den vorheri- 34
gen Erscheinungsformen nachträglicher Änderungen von Anschaffungs- oder Herstellungskosten, um in Vorjahren entstandene Anschaffungs- oder Herstellungskosten, die jedoch bislang unberücksichtigt blieben.[57] Sie können das Ergebnis einer steuerlichen Außenprüfung darstellen, in deren Ergebnis zunächst **fehlerhaft erfasster Erhaltungsaufwand** zu korrigieren und als Herstellungskosten zu aktivieren ist. Für eine Nachaktivierung wird im Schrifttum sowohl eine Darstellung als **Zugang**[58] als auch als **Zuschreibung**[59] als zulässig betrachtet. Eine erfolgswirksame Nachaktivierung kann

---

[49] WP-HdB Kap. F Rn. 989.
[50] *ADS* § 268 Rn. 52.
[51] *ADS* § 268 Rn. 53.
[52] *ADS* § 268 Rn. 53; WP-HdB Kap. F Rn. 991.
[53] *ADS* § 268 Rn. 53; WP-HdB Kap. F Rn. 991; wohl auch Praxiskommentar BilanzR/ *Lentz* § 268 Rn. 23; aA wohl HdR/*Lorson* Rn. 192.
[54] Praxiskommentar BilanzR/*Lentz* § 268 Rn. 23.
[55] *ADS* § 268 Rn. 54.
[56] *ADS* § 268 Rn. 54; Praxiskommentar BilanzR/*Lentz* § 268 Rn. 24.
[57] *ADS* § 268 Rn. 52.
[58] BeBiKo/*Grottel* Rn. 229; WP-HdB Kap. F Rn. 991.
[59] Beck HdR/*Böcking/Gros* B 169 Rn. 3; *ADS* § 268 Rn. 55; BeBiKo/*Grottel* Rn. 228 f.; aA hingegen HdR/*Lorson* Rn. 193.

nach verbreiteter Auffassung deshalb im Folgejahr als Zuschreibung ausgewiesen werden, weil es sich hierbei um eine wertmäßige Veränderung und nicht um eine mengenmäßige Veränderung handelt.[60] In der Folge werden die gesamten Anschaffungs- und Herstellungskosten erhöht. Um die Entwicklung der gesamten Anschaffungs- oder Herstellungskosten zutreffend dazustellen, wird der Anlagenspiegel in diesem Fall ausnahmsweise um eine zusätzliche Spalte „Zuschreibungen AK/HK" erweitert.[61]

35   **c) Zugänge.** Unter einem Zugang ist jede tatsächliche **mengenmäßige Zunahme** von Gegenständen des Anlagevermögens zu verstehen. Zugänge zum Anlagevermögen sind idR erfolgsneutral und beinhalten auch Vermögensgegenstände, die bereits im Zugangsjahr vollständig abgeschrieben wurden oder bereits wieder abgegangen sind.[62] Für den Zugangszeitpunkt ist generell der Zeitpunkt der Erlangung der **wirtschaftlichen Verfügungsgewalt** über den Vermögensgegenstand maßgebend. Zugänge sind mit den nach § 255 zu ermittelnden gesamten Anschaffungs- und Herstellungskosten auszuweisen;[63] eine Kürzung der Zugänge um die auf das Geschäftsjahr entfallenden Abschreibungen ist unzulässig (Bruttoprinzip).[64]

36   Eine **nachträgliche Erhöhung** der Anschaffungs- und Herstellungskosten eines Vermögensgegenstands, der bereits in vorherigen Jahren zugegangen ist, wird idR als Zugang erfasst (→ Rn. 31–33) und dementsprechend in der Spalte „Zugänge AK/HK" ausgewiesen.[65] Wenn es sich hierbei um eine **wesentliche Nachaktivierung** (→ Rn. 33) handelt, sollte diese zudem gem. § 285 Nr. 32 als **periodenfremd** erläutert werden.[66] Eine Kürzung der Abschreibungen des Vorjahres scheidet deshalb aus, weil es sich bei der (erfolgswirksamen) Zuschreibung nicht um eine Korrektur früherer Abschreibungen handelt.[67]

37   Eine **Umgliederung** eines Vermögensgegenstands **vom Umlauf- ins Anlagevermögen** sollte ebenfalls als Zugang ausgewiesen werden, da es sich hierbei um eine mengenmäßige Zunahme des Anlagevermögens handelt.[68] Alternativ kommt eine Umgliederung als positive Umbuchung in das Anlagevermögen in Betracht: Da die Umbuchungsspalte in diesem Fall jedoch in Summe nicht ausgeglichen ist, ist eine zusätzliche Erläuterung anzuraten.[69]

38   **d) Abgänge.** Abgänge sind **mengenmäßige Verringerungen** des Anlagevermögens, wenn der Vermögensgegenstand endgültig aus der **Verfügungsmacht** des Unternehmens ausgeschieden ist. Als Ursache dafür kommen zB Veräußerung, Ausbau oder Vernichtung in Frage. Wertmäßige Verringerungen stellen dagegen keine Abgänge, sondern Abschreibungen dar.[70] Eine Saldierung von Abgängen mit Zugängen ist nicht zulässig.[71] Die Abgänge sind mit den Anschaffungs- und Herstellungskosten, mit denen sie

---

[60] *ADS* § 268 Rn. 53; wohl auch Praxiskommentar BilanzR/*Lentz* § 268 Rn. 23.

[61] BeBiKo/*Grottel* Rn. 228.

[62] Praxiskommentar BilanzR/*Lentz* § 268 Rn. 24.

[63] *ADS* § 268 Rn. 50.

[64] MüKoHGB/*Reiner/Haußer* § 268 Rn. 16.

[65] WP-HdB Kap. F Rn. 991.

[66] BeBiKo/*Grottel* Rn. 228.

[67] *ADS* § 268 Rn. 55; BeBiKo/*Grottel* Rn. 228.

[68] Praxiskommentar BilanzR/*Lentz* § 268 Rn. 24.

[69] *ADS* § 268 Rn. 51; Praxiskommentar BilanzR/*Lentz* § 268 Rn. 24.

[70] *ADS* § 268 Rn. 56.

[71] HdR/*Lorson* Rn. 180.

ursprünglich als Zugang ausgewiesen wurden, und nicht mit den Restbuchwerten aufzuführen (Bruttoprinzip).[72]

Eine **nachträgliche Minderung** der Anschaffungs- und Herstellungskosten eines Vermögensgegenstands ist im Jahr der Entstehung als Abgang zu erfassen.[73]

Eine **Umgliederung** eines Vermögensgegenstands **vom Anlage- ins Umlaufvermögen** sollte als Abgang ausgewiesen werden, weil es sich hierbei um eine mengenmäßige Minderung des Anlagevermögens handelt.[74] Alternativ kommt eine Umgliederung als negative Umbuchung in das Anlagevermögen in Betracht: Da die Umbuchungsspalte in diesem Fall jedoch in Summe nicht ausgeglichen ist, ist eine zusätzliche Erläuterung anzuraten.[75]

e) Umbuchungen. Da es sich bei Umbuchungen weder um mengenmäßige noch um wertmäßige Veränderungen des Anlagevermögens handelt, stellen sie lediglich eine **Ausweisänderungen** dar.[76] Umbuchungen sind grundsätzlich stichtagsbezogen zu betrachten. Sie zeigen die veränderte Zuordnung der am Schluss des vorangegangenen Geschäftsjahres unter einem bestimmten Posten ausgewiesenen Vermögensgegenstände zu anderen Posten des Anlagevermögens. Technische Anlagen sind zB bis zu ihrer Fertigstellung als „Anlagen im Bau" auszuweisen. Erst mit Fertigstellung der Anlage und Übernahme in den Betrieb erfolgt die Umbuchung in den Posten „Technische Anlagen und Maschinen."[77] Auch der Ausweis von **Umgliederungen** vom Anlagevermögen in das Umlaufvermögen bzw. umgekehrt unter den Umbuchungen muss als **zulässig** angesehen werden.[78] Da in diesem Fall die Umbuchungsspalte in Summe unausgeglichen bleibt, sollte eine Erläuterung zur betreffenden Umbuchung erfolgen.[79] Wie Zugänge und Abgänge sind auch Umbuchungen zu den gesamten historischen Anschaffungskosten auszuweisen; zwischenzeitlich bereits berücksichtigte Abschreibungen sind daher innerhalb des Anlagenspiegels umzugliedern.

f) Zuschreibungen. Zuschreibungen sind **wertmäßige Erhöhungen** des Anlagevermögens, die wegen des Nominalwertprinzips nur Korrekturen von in früheren Jahren vorgenommenen Abschreibungen darstellen können.[80] Nach Abs. 3 S. 2 sind Zuschreibungen im Sinne von **Wertaufholungen** früherer Abschreibungen nicht kumulativ, sondern lediglich auf das Geschäftsjahr bezogen auszuweisen;[81] die Behandlung von Zuschreibungen aus Vorjahren ist nicht geregelt. Blieben sie im Anlagenspiegel unberücksichtigt, könnte die Entwicklung von den Anschaffungs- und Herstellungskosten bis zum Endbestand des Geschäftsjahrs rechnerisch nicht nachvollzogen werden.[82] Entsprechend ihrem Charakter als Korrektur früherer Abschreibungen, sind die **Zuschreibungen aus Vorjahren** daher mit den kumulierten Ab-

---

[72] WP-HdB Kap. F Rn. 993.
[73] Praxiskommentar BilanzR/*Lentz* § 268 Rn. 25.
[74] Praxiskommentar BilanzR/*Lentz* § 268 Rn. 25.
[75] *ADS* § 268 Rn. 51; Praxiskommentar BilanzR/*Lentz* § 268 Rn. 25.
[76] WP-HdB Kap. F Rn. 993; Praxiskommentar BilanzR/*Lentz* § 268 Rn. 26.
[77] *ADS* § 268 Rn. 59.
[78] *ADS* § 268 Rn. 51; WP-HdB Kap. F Rn. 994; HdR/*Lorson* Rn. 188.
[79] Praxiskommentar BilanzR/*Lentz* Rn. 26, 24.
[80] Zum Zuschreibungsbegriff ausf. Beck HdR/*Böcking/Gros* B 169 Rn. 5 f.
[81] BeBiKo/*Grottel* Rn. 231.
[82] *ADS* § 268 Rn. 61; MüKoHGB/*Reiner/Haußer* § 268 Rn. 17 f.

39

40

41

42

schreibungen der Vorjahre zu verrechnen.[83] Die kumulierten Zuschreibungen können aber auch in Form einer freiwilligen Erweiterung des Anlagenspiegels ausgewiesen werden.[84]

43   Im Schrifttum wird mitunter die Meinung vertreten, dass **wertmäßige Erhöhungen** der Anschaffungs- oder Herstellungskosten, die erst **in Folgejahren nachgeholt** werden (→ Rn. 31), ebenso wie **Nachaktivierungen** (→ Rn. 33) alternativ zur Darstellung als Zugang auch als Zuschreibungen ausgewiesen werden können.[85] Um eine übersichtlichere Darstellung der Entwicklung der Zuschreibungen zu erreichen, kann als freiwillige Ergänzung zum Anlagenspiegel ein sog. **Zuschreibungsspiegel** erstellt werden, der vom Bestand an kumulierten Zuschreibungen zu Beginn des Geschäftsjahrs über Zu- und Abgänge sowie Umbuchungen zum Endbestand der Zuschreibungen kommt.[86]

44   **g) Kumulierte Abschreibungen.** Abschreibungen erfassen sämtliche **wertmäßigen Verminderungen** der Vermögensgegenstände und sind buchhalterisch als Aufwand zu erfassen. Die kumulierten Abschreibungen enthalten grundsätzlich alle Vorjahresabschreibungen sowie die Abschreibungen des laufenden Geschäftsjahrs. Aufgrund des Bruttoprinzips sind **bis zum Zeitpunkt des Ausscheidens** eines Vermögensgegenstandes aus dem Anlagevermögen alle Wertminderungen unter den kumulierten Abschreibungen zu erfassen. Mit dem Abgang erfolgt eine Verrechnung der bis dahin aufgelaufenen Abschreibungen mit den Anschaffungs- und Herstellungskosten. Unter die kumulierten Abschreibungen fallen planmäßige und außerplanmäßige Abschreibungen. Erst mit dem Abgang eines Vermögensgegenstandes erfolgt eine Umbuchung der bis dahin aufgelaufenen Abschreibungen auf die Abgänge und damit die Eliminierung der kumulierten Abschreibungen, sodass auch voll abgeschriebene Vermögensgegenstände noch im Anlagenspiegel geführt werden.[87]

45   **h) Abschreibungen des Geschäftsjahrs.** Gem. Abs. 3 Nr. 2 sind die im Laufe des Geschäftsjahrs vorgenommenen Abschreibungen gesondert anzugeben.[88] Nach ganz hM handelt es sich hierbei um die in der Gewinn- und Verlustrechnung **erfolgswirksam erfassten Abschreibungen** des Geschäftsjahrs, einschließlich der Abschreibungen auf Abgänge.[89]

46   **i) Änderungen der Abschreibungen im Zusammenhang mit Zu-, Abgängen und Umbuchungen.** Bei den Änderungen in den Abschreibungen in ihrer gesamten Höhe im Zusammenhang mit Zu- und Abgängen sowie Umbuchungen im Laufe des Geschäftsjahrs gem. Abs. 3 S. 3 Nr. 3 handelt es sich im Unterschied zu den Abschreibungen des Geschäftsjahrs (→ Rn. 44) um **historische Abschreibungen**, die vor dem Zugangs-, Abgangs- bzw. Umbuchungszeitpunkt erfasst worden sind.[90]

47   Die im Zuge des BilRUG geschaffene Spalte **Änderungen im Zusammenhang mit Zugängen**[91] betrifft die Bruttoerfassung von Anlagenzugän-

[83] BT-Drs. 10/4268, 105.
[84] *ADS* § 268 Rn. 63; HdR/*Lorson* Rn. 199.
[85] *ADS* § 268 Rn. 53; BeBiKo/*Grottel* Rn. 228 f.; aA HdR/*Lorson* Rn. 193.
[86] *ADS* Rn. 63; HdR/*Lorson* Rn. 203.
[87] *ADS* § 268 Rn. 64; HdR/*Lorson* Rn. 204–207.
[88] HdR/*Lorson* Rn. 210.
[89] BeBiKo/*Grottel* Rn. 230; WP-HdB Kap. F Rn. 998.
[90] *Rimmelspacher/Meyer* DB-Beil. 5/2015, 24; WP-HdB Kap. F Rn. 999.
[91] BT-Drs. 18/4050, 11.

gen. Im Anlagenspiegel sind die gesamten Anschaffungs- und Herstellungskosten zum eigentlichen **Zugangszeitpunkt** darzustellen.[92] Eine Darstellung mit dem rechnerischen Restbuchwert zum Zeitpunkt der späteren Erfassung ist unzulässig, da dies gegen das Prinzip der Bruttodarstellung der Anschaffungs- und Herstellungskosten verstieße.[93] Die bis zum Zugangs- bzw. Zuschreibungszeitpunkt kumulierten Abschreibungen werden seit dem BilRUG in einer **separaten Spalte** berücksichtigt.[94] Die Differenz zwischen dem Bruttowert und dem zu aktivierenden Nettowert ist seither in der Spalte „Änderungen der gesamten Abschreibung im Zusammenhang mit Zugängen" auszuweisen, da es sich hierbei um eine **erfolgsneutrale Korrektur** der brutto erfassten Anschaffungs- und Herstellungskosten handelt.[95]

j) Im Geschäftsjahr aktivierte Fremdkapitalzinsen. Betragsmäßig sind **48** die aktivierten Fremdkapitalzinsen bereits in den Zugängen des Geschäftsjahrs enthalten.[96] Hierbei handelt es sich allein um die **im Geschäftsjahr** aktivierten Zinsen, nicht jedoch um den kumulierten Gesamtbetrag der in Vorjahren aktivierten Zinsen.[97] Bei der Angabe handelt es sich um einen **„Davon-Vermerk"** zu den Zugängen zum Anlagevermögen, der aus Gründen der Klarheit und Übersichtlichkeit auch getrennt vom Anlagenspiegel vorgenommen werden kann.[98]

V. Folgen der Nichtbeachtung

Die unrichtige Wiedergabe oder Verschleierung der Verhältnisse im Jahres- **49** abschluss einer Kapitalgesellschaft oder einer OHG/KG iSv § 264a durch Mitglieder des vertretungsberechtigten Organs oder des Aufsichtsrats ist nach § 331 Nr. 1 ein Straftatbestand, der mit **Freiheitsstrafe** oder **Geldstrafe** geahndet werden kann. Eine **Ordnungswidrigkeit** begeht, wer als eine der vorgenannten Personen bei der Aufstellung oder Feststellung des Jahresabschlusses einer Vorschrift des § 284 oder des § 285 über die in der Bilanz, unter der Bilanz oder im Anhang zu machenden Angaben zuwiderhandelt (§ 334 Abs. 1 Nr. 1 Buchst. d). Fehlt dem Jahresabschluss der Anhang, so ist er nichtig.[99]

§ 285 Sonstige Pflichtangaben

Ferner sind im Anhang anzugeben:

1. zu den in der Bilanz ausgewiesenen Verbindlichkeiten

    a) der Gesamtbetrag der Verbindlichkeiten mit einer Restlaufzeit von mehr als fünf Jahren,

    b) der Gesamtbetrag der Verbindlichkeiten, die durch Pfandrechte oder ähnliche Rechte gesichert sind, unter Angabe von Art und Form der Sicherheiten;

---

[92] BeBiKo/*Grottel* Rn. 229.
[93] BeBiKo/*Grottel* Rn. 229.
[94] BT-Drs. 18/4050, 11; weiterführend hierzu BeBiKo/*Grottel* Rn. 229, 234.
[95] WP-HdB Kap. F Rn. 991.
[96] BeBiKo/*Grottel* Rn. 238.
[97] *Rimmelspacher/Meyer* DB-Beil. 5/2015, 24; WP-HdB Kap. F Rn. 1003; BeBiKo/*Grottel* Rn. 238.
[98] *Rimmelspacher/Meyer* DB-Beil. 5/2015, 24; WP-HdB Kap. F Rn. 1003; BeBiKo/*Grottel* Rn. 238.
[99] BeBiKo/*Grottel* Rn. 320 mit Verweis auf OLG Stuttgart Urt. v. 11.2.2004 – 14 U 23/03, ZIP 2004, 909.

2. die Aufgliederung der in Nummer 1 verlangten Angaben für jeden Posten der Verbindlichkeiten nach dem vorgeschriebenen Gliederungsschema;

3. Art und Zweck sowie Risiken, Vorteile und finanzielle Auswirkungen von nicht in der Bilanz enthaltenen Geschäften, soweit die Risiken und Vorteile wesentlich sind und die Offenlegung für die Beurteilung der Finanzlage des Unternehmens erforderlich ist;

3a. der Gesamtbetrag der sonstigen finanziellen Verpflichtungen, die nicht in der Bilanz enthalten sind und die nicht nach § 268 Absatz 7 oder Nummer 3 anzugeben sind, sofern diese Angabe für die Beurteilung der Finanzlage von Bedeutung ist; davon sind Verpflichtungen betreffend die Altersversorgung und Verpflichtungen gegenüber verbundenen oder assoziierten Unternehmen jeweils gesondert anzugeben;

4. die Aufgliederung der Umsatzerlöse nach Tätigkeitsbereichen sowie nach geografisch bestimmten Märkten, soweit sich unter Berücksichtigung der Organisation des Verkaufs, der Vermietung oder Verpachtung von Produkten und der Erbringung von Dienstleistungen der Kapitalgesellschaft die Tätigkeitsbereiche und geografisch bestimmten Märkte untereinander erheblich unterscheiden;

5. *(aufgehoben)*

6. *(aufgehoben)*

7. die durchschnittliche Zahl der während des Geschäftsjahrs beschäftigten Arbeitnehmer getrennt nach Gruppen;

8. bei Anwendung des Umsatzkostenverfahrens (§ 275 Abs. 3)

    a) der Materialaufwand des Geschäftsjahrs, gegliedert nach § 275 Abs. 2 Nr. 5,

    b) der Personalaufwand des Geschäftsjahrs, gegliedert nach § 275 Abs. 2 Nr. 6;

9. für die Mitglieder des Geschäftsführungsorgans, eines Aufsichtsrats, eines Beirats oder einer ähnlichen Einrichtung jeweils für jede Personengruppe

    a) die für die Tätigkeit im Geschäftsjahr gewährten Gesamtbezüge (Gehälter, Gewinnbeteiligungen, Bezugsrechte und sonstige aktienbasierte Vergütungen, Aufwandsentschädigungen, Versicherungsentgelte, Provisionen und Nebenleistungen jeder Art). In die Gesamtbezüge sind auch Bezüge einzurechnen, die nicht ausgezahlt, sondern in Ansprüche anderer Art umgewandelt oder zur Erhöhung anderer Ansprüche verwendet werden. Außer den Bezügen für das Geschäftsjahr sind die weiteren Bezüge anzugeben, die im Geschäftsjahr gewährt, bisher aber in keinem Jahresabschluss angegeben worden sind. Bezugsrechte und sonstige aktienbasierte Vergütungen sind mit ihrer Anzahl und dem beizulegenden Zeitwert zum Zeitpunkt ihrer Gewährung anzugeben; spätere Wertveränderungen, die auf einer Änderung der Ausübungsbedingungen beruhen, sind zu berücksichtigen. Bei einer börsennotierten Aktiengesellschaft sind zusätzlich unter Namensnennung die Bezüge jedes einzelnen Vorstandsmitglieds, aufgeteilt nach erfolgsunabhängigen und erfolgsbezogenen Komponenten sowie Komponenten mit langfristiger Anreizwirkung, gesondert anzugeben. Dies gilt auch für:

aa) Leistungen, die dem Vorstandsmitglied für den Fall einer vorzeitigen Beendigung seiner Tätigkeit zugesagt worden sind;

bb) Leistungen, die dem Vorstandsmitglied für den Fall der regulären Beendigung seiner Tätigkeit zugesagt worden sind, mit ihrem Barwert, sowie den von der Gesellschaft während des Geschäftsjahrs hierfür aufgewandten oder zurückgestellten Betrag;

cc) während des Geschäftsjahrs vereinbarte Änderungen dieser Zusagen;

dd) Leistungen, die einem früheren Vorstandsmitglied, das seine Tätigkeit im Laufe des Geschäftsjahrs beendet hat, in diesem Zusammenhang zugesagt und im Laufe des Geschäftsjahrs gewährt worden sind.

Leistungen, die dem einzelnen Vorstandsmitglied von einem Dritten im Hinblick auf seine Tätigkeit als Vorstandsmitglied zugesagt oder im Geschäftsjahr gewährt worden sind, sind ebenfalls anzugeben. Enthält der Jahresabschluss weitergehende Angaben zu bestimmten Bezügen, sind auch diese zusätzlich einzeln anzugeben;

b) die Gesamtbezüge (Abfindungen, Ruhegehälter, Hinterbliebenenbezüge und Leistungen verwandter Art) der früheren Mitglieder der bezeichneten Organe und ihrer Hinterbliebenen. Buchstabe a Satz 2 und 3 ist entsprechend anzuwenden. Ferner ist der Betrag der für diese Personengruppe gebildeten Rückstellungen für laufende Pensionen und Anwartschaften auf Pensionen und der Betrag der für diese Verpflichtungen nicht gebildeten Rückstellungen anzugeben;

c) die gewährten Vorschüsse und Kredite unter Angabe der Zinssätze, der wesentlichen Bedingungen und der gegebenenfalls im Geschäftsjahr zurückgezahlten oder erlassenen Beträge sowie die zugunsten dieser Personen eingegangenen Haftungsverhältnisse;

10. alle Mitglieder des Geschäftsführungsorgans und eines Aufsichtsrats, auch wenn sie im Geschäftsjahr oder später ausgeschieden sind, mit dem Familiennamen und mindestens einem ausgeschriebenen Vornamen, einschließlich des ausgeübten Berufs und bei börsennotierten Gesellschaften auch der Mitgliedschaft in Aufsichtsräten und anderen Kontrollgremien im Sinne des § 125 Abs. 1 Satz 5 des Aktiengesetzes. Der Vorsitzende eines Aufsichtsrats, seine Stellvertreter und ein etwaiger Vorsitzender des Geschäftsführungsorgans sind als solche zu bezeichnen;

11. Name und Sitz anderer Unternehmen, die Höhe des Anteils am Kapital, das Eigenkapital und das Ergebnis des letzten Geschäftsjahrs dieser Unternehmen, für das ein Jahresabschluss vorliegt, soweit es sich um Beteiligungen im Sinne des § 271 Absatz 1 handelt oder ein solcher Anteil von einer Person für Rechnung der Kapitalgesellschaft gehalten wird;

11a. Name, Sitz und Rechtsform der Unternehmen, deren unbeschränkt haftender Gesellschafter die Kapitalgesellschaft ist;

11b. von börsennotierten Kapitalgesellschaften sind alle Beteiligungen an großen Kapitalgesellschaften anzugeben, die 5 Prozent der Stimmrechte überschreiten;

12. Rückstellungen, die in der Bilanz unter dem Posten „sonstige Rückstellungen" nicht gesondert ausgewiesen werden, sind zu erläutern, wenn sie einen nicht unerheblichen Umfang haben;

13. jeweils eine Erläuterung des Zeitraums, über den ein entgeltlich erworbener Geschäfts- oder Firmenwert abgeschrieben wird;

14. Name und Sitz des Mutterunternehmens der Kapitalgesellschaft, das den Konzernabschluss für den größten Kreis von Unternehmen aufstellt, sowie der Ort, wo der von diesem Mutterunternehmen aufgestellte Konzernabschluss erhältlich ist;

14a. Name und Sitz des Mutterunternehmens der Kapitalgesellschaft, das den Konzernabschluss für den kleinsten Kreis von Unternehmen aufstellt, sowie der Ort, wo der von diesem Mutterunternehmen aufgestellte Konzernabschluss erhältlich ist;

15. soweit es sich um den Anhang des Jahresabschlusses einer Personenhandelsgesellschaft im Sinne des § 264a Abs. 1 handelt, Name und Sitz der Gesellschaften, die persönlich haftende Gesellschafter sind, sowie deren gezeichnetes Kapital;

15a. das Bestehen von Genussscheinen, Genussrechten, Wandelschuldverschreibungen, Optionsscheinen, Optionen, Besserungsscheinen oder vergleichbaren Wertpapieren oder Rechten, unter Angabe der Anzahl und der Rechte, die sie verbriefen;

16. dass die nach § 161 des Aktiengesetzes vorgeschriebene Erklärung abgegeben und wo sie öffentlich zugänglich gemacht worden ist;

17. das von dem Abschlussprüfer für das Geschäftsjahr berechnete Gesamthonorar, aufgeschlüsselt in das Honorar für

   a) die Abschlussprüfungsleistungen,

   b) andere Bestätigungsleistungen,

   c) Steuerberatungsleistungen,

   d) sonstige Leistungen,

   soweit die Angaben nicht in einem das Unternehmen einbeziehenden Konzernabschluss enthalten sind;

18. für zu den Finanzanlagen (§ 266 Abs. 2 A. III.) gehörende Finanzinstrumente, die über ihrem beizulegenden Zeitwert ausgewiesen werden, da eine außerplanmäßige Abschreibung nach § 253 Absatz 3 Satz 6 unterblieben ist,

   a) der Buchwert und der beizulegende Zeitwert der einzelnen Vermögensgegenstände oder angemessener Gruppierungen sowie

   b) die Gründe für das Unterlassen der Abschreibung einschließlich der Anhaltspunkte, die darauf hindeuten, dass die Wertminderung voraussichtlich nicht von Dauer ist;

19. für jede Kategorie nicht zum beizulegenden Zeitwert bilanzierter derivativer Finanzinstrumente

   a) deren Art und Umfang,

   b) deren beizulegender Zeitwert, soweit er sich nach § 255 Abs. 4 verlässlich ermitteln lässt, unter Angabe der angewandten Bewertungsmethode,

   c) deren Buchwert und der Bilanzposten, in welchem der Buchwert, soweit vorhanden, erfasst ist, sowie

   d) die Gründe dafür, warum der beizulegende Zeitwert nicht bestimmt werden kann;

20. für mit dem beizulegenden Zeitwert bewertete Finanzinstrumente

a) die grundlegenden Annahmen, die der Bestimmung des beizulegenden Zeitwertes mit Hilfe allgemein anerkannter Bewertungsmethoden zugrunde gelegt wurden, sowie

b) Umfang und Art jeder Kategorie derivativer Finanzinstrumente einschließlich der wesentlichen Bedingungen, welche die Höhe, den Zeitpunkt und die Sicherheit künftiger Zahlungsströme beeinflussen können;

21. zumindest die nicht zu marktüblichen Bedingungen zustande gekommenen Geschäfte, soweit sie wesentlich sind, mit nahe stehenden Unternehmen und Personen, einschließlich Angaben zur Art der Beziehung, zum Wert der Geschäfte sowie weiterer Angaben, die für die Beurteilung der Finanzlage notwendig sind; ausgenommen sind Geschäfte mit und zwischen mittel- oder unmittelbar in 100-prozentigem Anteilsbesitz stehenden in einen Konzernabschluss einbezogenen Unternehmen; Angaben über Geschäfte können nach Geschäftsarten zusammengefasst werden, sofern die getrennte Angabe für die Beurteilung der Auswirkungen auf die Finanzlage nicht notwendig ist;

22. im Fall der Aktivierung nach § 248 Abs. 2 der Gesamtbetrag der Forschungs- und Entwicklungskosten des Geschäftsjahrs sowie der davon auf die selbst geschaffenen immateriellen Vermögensgegenstände des Anlagevermögens entfallende Betrag;

23. bei Anwendung des § 254,

a) mit welchem Betrag jeweils Vermögensgegenstände, Schulden, schwebende Geschäfte und mit hoher Wahrscheinlichkeit erwartete Transaktionen zur Absicherung welcher Risiken in welche Arten von Bewertungseinheiten einbezogen sind sowie die Höhe der mit Bewertungseinheiten abgesicherten Risiken;

b) für die jeweils abgesicherten Risiken, warum, in welchem Umfang und für welchen Zeitraum sich die gegenläufigen Wertänderungen oder Zahlungsströme künftig voraussichtlich ausgleichen einschließlich der Methode der Ermittlung,

c) eine Erläuterung der mit hoher Wahrscheinlichkeit erwarteten Transaktionen, die in Bewertungseinheiten einbezogen wurden,

soweit die Angaben nicht im Lagebericht gemacht werden;

24. zu den Rückstellungen für Pensionen und ähnliche Verpflichtungen das angewandte versicherungsmathematische Berechnungsverfahren sowie die grundlegenden Annahmen der Berechnung, wie Zinssatz, erwartete Lohn- und Gehaltssteigerungen und zugrunde gelegte Sterbetafeln;

25. im Fall der Verrechnung von Vermögensgegenständen und Schulden nach § 246 Abs. 2 Satz 2 die Anschaffungskosten und der beizulegende Zeitwert der verrechneten Vermögensgegenstände, der Erfüllungsbetrag der verrechneten Schulden sowie die verrechneten Aufwendungen und Erträge; Nummer 20 Buchstabe a ist entsprechend anzuwenden;

26. zu Anteilen an Sondervermögen im Sinn des § 1 Absatz 10 des Kapitalanlagegesetzbuchs oder Anlageaktien an Investmentaktiengesellschaften mit veränderlichem Kapital im Sinn der §§ 108 bis 123 des Kapitalanlagegesetzbuchs oder vergleichbaren EU-Investmentvermögen oder vergleichbaren ausländischen Investmentvermögen von mehr als dem zehnten Teil, aufgegliedert nach Anlagezielen,

deren Wert im Sinn der §§ 168, 278 des Kapitalanlagegesetzbuchs oder des § 36 des Investmentgesetzes in der bis zum 21. Juli 2013 geltenden Fassung oder vergleichbarer ausländischer Vorschriften über die Ermittlung des Marktwertes, die Differenz zum Buchwert und die für das Geschäftsjahr erfolgte Ausschüttung sowie Beschränkungen in der Möglichkeit der täglichen Rückgabe; darüber hinaus die Gründe dafür, dass eine Abschreibung gemäß § 253 Absatz 3 Satz 6 unterblieben ist, einschließlich der Anhaltspunkte, die darauf hindeuten, dass die Wertminderung voraussichtlich nicht von Dauer ist; Nummer 18 ist insoweit nicht anzuwenden;

27. für nach § 268 Abs. 7 im Anhang ausgewiesene Verbindlichkeiten und Haftungsverhältnisse die Gründe der Einschätzung des Risikos der Inanspruchnahme;

28. der Gesamtbetrag der Beträge im Sinn des § 268 Abs. 8, aufgegliedert in Beträge aus der Aktivierung selbst geschaffener immaterieller Vermögensgegenstände des Anlagevermögens, Beträge aus der Aktivierung latenter Steuern und aus der Aktivierung von Vermögensgegenständen zum beizulegenden Zeitwert;

29. auf welchen Differenzen oder steuerlichen Verlustvorträgen die latenten Steuern beruhen und mit welchen Steuersätzen die Bewertung erfolgt ist;

30. wenn latente Steuerschulden in der Bilanz angesetzt werden, die latenten Steuersalden am Ende des Geschäftsjahrs und die im Laufe des Geschäftsjahrs erfolgten Änderungen dieser Salden;

31. jeweils der Betrag und die Art der einzelnen Erträge und Aufwendungen von außergewöhnlicher Größenordnung oder außergewöhnlicher Bedeutung, soweit die Beträge nicht von untergeordneter Bedeutung sind;

32. eine Erläuterung der einzelnen Erträge und Aufwendungen hinsichtlich ihres Betrags und ihrer Art, die einem anderen Geschäftsjahr zuzurechnen sind, soweit die Beträge nicht von untergeordneter Bedeutung sind;

33. Vorgänge von besonderer Bedeutung, die nach dem Schluss des Geschäftsjahrs eingetreten und weder in der Gewinn- und Verlustrechnung noch in der Bilanz berücksichtigt sind, unter Angabe ihrer Art und ihrer finanziellen Auswirkungen;

34. der Vorschlag für die Verwendung des Ergebnisses oder der Beschluss über seine Verwendung.

Schrifttum: (ohne die Einzelbeiträge in den verschiedenen Handbüchern der Rechnungslegung) BT-Drs. 13/9712 vom 28.1.1998, Entwurf eines Gesetzes zur Kontrolle und Transparenz im Unternehmensbereich (KonTraG); BT-Drs. 14/1806 vom 15.10.1999, Entwurf eines Gesetzes zur Durchführung der Richtlinie des Rates der Europäischen Union zur Änderung der Bilanz- und der Konzernbilanzrichtlinie hinsichtlich ihres Anwendungsbereichs (90/605/EWG), zur Verbesserung der Offenlegung von Jahresabschlüssen und zur Änderung anderer handelsrechtlicher Bestimmungen (Kapitalgesellschaften- und Co-Richtlinie-Gesetz – KapCoRiLiG); BT-Drs. 16/10067 vom 30.7.2008, Entwurf eines Gesetzes zur Modernisierung des Bilanzrechts (Bilanzrechtsmodernisierungsgesetz – BilMoG); BT-Drs. 16/12278 vom 17.3.2009, Entwurf eines Gesetzes zur Angemessenheit der Vorstandsvergütung (VorstAG); BT-Drs. 15/5577 vom 31.5.2005, Entwurf eines Gesetzes über die Offenlegung der Vorstandsvergütungen (Vorstandsvergütungs-Offenlegungsgesetz – VorstOG); BT-Drs. 17/12294 vom 6.2.2013, Entwurf eines Gesetzes zur Umsetzung der Richtlinie 2011/61/EU über die Verwalter alternativer Investmentfonds (AIFM-Umsetzungsgesetz – AIFM-UmsG); BT-Drs. 18/4050 vom 20.2.2015, Entwurf eines Gesetzes zur Umset-

zung der Richtlinie 2013/34/EU des Europäischen Parlaments und des Rates vom
26.6.2013 über den Jahresabschluss, den konsolidierten Abschluss und damit verbundene Berichte von Unternehmen bestimmter Rechtsformen und zur Änderung der
Richtlinie 2006/43/EG des Europäischen Parlaments und des Rates und zur Aufhebung der Richtlinien 78/660/EWG und 83/349/EWG des Rates (Bilanzrichtlinie-
Umsetzungsgesetz – BilRUG); BT-Drs. 18/9982 vom 17.10.2016, Entwurf eines
Gesetzes zur Stärkung der nichtfinanziellen Berichterstattung der Unternehmen in
ihren Lage- und Konzernlageberichten (CSR-Richtlinie-Umsetzungsgesetz); *DRSC*,
DRS 18, Latente Steuern Stand: 22.9.2017; *Gelhausen*, Die Aktienrechtsreform 1997:
Reform der externen Rechnungslegung und ihrer Prüfung durch den Wirtschaftsprüfer, AG-Sonderheft 1997, 8; *IDW* St/SABI 3/1986: Zur Darstellung der Finanzlage
iSv. § 264 Abs. 2 HGB, WPg 1986, 670; *IDW* RS HFA 18, Bilanzierung von Anteilen
an Personenhandelsgesellschaften im handelsrechtlichen Jahresabschluss, IDW FN
2014, 417; *IDW* RH HFA 1.005, Anhangangaben nach § 285 Nr. 18, 19 und 20 HGB
zu bestimmten Finanzinstrumenten, IDW Life 2018, 696; *IDW* RS HFA 7 nF, Handelsrechtliche Rechnungslegung bei Personenhandelsgesellschaften, IDW Life 2018,
258; *IDW* RS HFA 30 nF, Handelsrechtliche Bilanzierung von Altersversorgungsverpflichtungen, IDW Life 2016, 102; *IDW* RS HFA 36 nF, Anhangangaben nach §§ 285
Nr. 17, 314 Abs. 1 Nr. 9 HGB über das Abschlussprüferhonorar, IDW Life 2016, 996;
IDW RS HFA 32, Anhangangaben nach §§ 285 Nr. 3, 314 Abs. 1 Nr. 2 HGB zu
nicht in der Bilanz enthaltenen Geschäften, IDW FN 2010, 478; *IDW* RS HFA 34,
Auswirkungen einer Spaltung auf den handelsrechtlichen Jahresabschluss, IDW FN
2012, 714; *Kühne/Melcher/Wesemann*, Latente Steuern nach BilMoG – Grundlagen und
Zweifelsfragen (Teil 1), WPg 2009, 1005; *Oser/Orth/Wirtz*, Neue Vorschriften zur
Rechnungslegung und Prüfung durch das Bilanzrichtlinie-Umsetzungsgesetz – Anmerkungen zum RegE vom 7.1.2015, DB 2015, 197; *Oser/Orth/Wirtz*, Das Bilanzrichtlinie-Umsetzungsgesetz (BilRUG) – Wesentliche Änderungen und Hinweise zur praktischen Umsetzung –, DB 2015, 1729; *Rimmelspacher/Meyer*, Änderungen im (Kon-
zern-)Anhang durch das BilRUG, DB-Beil. 5/2015, 23; *Rimmelspacher/Reitmeier*,
Anwendungsfragen zum (Konzern-)Anhang nach BilRUG, WPg 2015, 1003.

Übersicht

I. Grundlagen

1   § 285 sieht einen Katalog von Pflichtangaben vor, die grundsätzlich im Anhang jeder Kapitalgesellschaft bzw. OHG/KG iSv § 264a enthalten sein müssen. Allerdings müssen nur **börsennotierte Aktiengesellschaften** alle in § 285 geforderten Angaben machen; für kapitalmarktorientierte oder börsennotierte Gesellschaften bestehen umfangreiche Angabepflichten; für

kleine und **mittelgroße** Gesellschaften (§ 267 Abs. 1 u. 2) gelten nach § 288 Erleichterungen bei der Aufstellung des Anhangs. Kapitalmarktorientierte Kapitalgesellschaften gelten gem. § 264d stets als groß iSd § 267 Abs. 3 S. 2. **Kleinstkapitalgesellschaften** iSv § 267a brauchen ihren Jahresabschluss hingegen nicht um einen Anhang zu erweitern, wenn sie bestimmte Angaben unter der Bilanz machen.[1] Dasselbe gilt für Gesellschaften, die die Erleichterungsvorschriften nach § 264 Abs. 3 oder § 264b anwenden.[2] Die Angaben nach § 285 müssen in jedem Jahresabschluss gemacht werden; die Bezugnahme auf einen früheren Anhang entbindet nicht von der Angabepflicht.[3] Gem. § 298 Abs. 2 S. 1 kann der **Anhang des Mutterunternehmens** mit dem **Konzernanhang zusammengefasst** werden, wenn der Jahresabschluss des Mutterunternehmens gemeinsam mit dem Konzernabschluss offengelegt wird.[4]

Der **Generalnorm** des § 264 Abs. 2 S. 1 entsprechend, müssen die Aus- **2** führungen im Anhang zusammen mit der Bilanz und der Gewinn- und Verlustrechnung unter Beachtung der GoB ein den **tatsächlichen Verhältnissen entsprechendes Bild** der Vermögens-, Finanz- und Ertragslage der Kapitalgesellschaft vermitteln.[5] Die Berichterstattung im Anhang unterliegt den allgemeinen Grundsätzen einer gewissenhaften und getreuen Rechenschaftslegung:[6] Angaben und Erläuterungen im Anhang müssen wahr, klar und übersichtlich sowie vollständig sein.[7] Sind Sachverhalte nicht vorhanden, ist hierzu **keine Fehlanzeige** erforderlich.[8] Die Anhangangaben zu den Posten der Bilanz und der Gewinn- und Verlustrechnung müssen der **Reihenfolge** der Posten der Bilanz und der Gewinn- und Verlustrechnung entsprechen.[9] Ein nach § 325 Abs. 2a freiwillig offengelegter **Einzelabschluss nach IFRS** hat neben den Angaben nach IFRS auch die handelsrechtlichen Anhangangaben, einschließlich § 285 Nr. 7, 8 Buchst. b, Nr. 9–11a, 14–17, zu machen.[10]

II. Angabepflichten des § 285 im Einzelnen

1. Angaben zu den in der Bilanz ausgewiesenen Verbindlichkeiten 3 (§ 285 Nr. 1). Nach § 285 Nr. 1 sind im Anhang zu den in der Bilanz ausgewiesenen Verbindlichkeiten der Gesamtbetrag der Verbindlichkeiten mit einer **Restlaufzeit von mehr als fünf Jahren** (§ 285 Nr. 1 Buchst. a) sowie der Gesamtbetrag der **durch Pfandrechte oder ähnliche Rechte gesicherten** Verbindlichkeiten (§ 285 Nr. 1 Buchst. b) anzugeben. Die Angabepflicht schließt alle in § 266 Abs. 3 C. aufgeführten Verbindlichkeiten ein. Maßgebend für die Angabe nach § 285 Nr. 1 Buchst. a ist die **Restlaufzeit,** also der zwischen dem Abschlussstichtag und dem voraussichtlichen, vereinbarten oder gesetzlich festgelegten Fälligkeitstermin liegende Zeitraum und

---

[1] WP-HdB Kap. F Rn. 897.
[2] BeBiKo/*Grottel* Rn. 1.
[3] WP-HdB Kap. F Rn. 906; BeBiKo/*Grottel* Rn. 2.
[4] WP-HdB Kap. F Rn. 901.
[5] WP-HdB Kap. F Rn. 902; BeBiKo/*Grottel* § 284 Rn. 10.
[6] *ADS* § 248 Rn. 16; BeBiKo/*Grottel* § 284 Rn. 10.
[7] WP-HdB Kap. F Rn. 904; BeBiKo/*Grottel* § 284 Rn. 11; zu Ausnahmen zum Vollständigkeitsgrundsatz im Zusammenhang mit der Schutzklausel des § 286 Abs. 1 vgl. BeBiKo/*Grottel* § 286 Rn. 10–14.
[8] BeBiKo/*Grottel* Rn. 2; WP-HdB Kap. F Rn. 909.
[9] BeBiKo/*Grottel* Rn. 2; WP-HdB Kap. F Rn. 910.
[10] WP-HdB Kap. F Rn. 897.

nicht die vereinbarte Laufzeit der Verbindlichkeit.[11] Dabei sind die **objektiven Verpflichtungen** maßgebend, die subjektive Bereitschaft oder die voraussichtliche Zahlungsfähigkeit ist nicht zu berücksichtigen.[12] Neben dem Gesamtbetrag der gesicherten Verbindlichkeiten ist nach § 285 Nr. 1 Buchst. b die Besicherung durch die Angabe von **Art und Form der Sicherheiten** zu erläutern. Dabei sind als Art der Sicherheiten die Rechtsgattung (zB Hypothek, Eigentumsvorbehalt, Pfandrecht) und als Form die Art und Weise der Verbriefung (zB Sicherungsübereignung, Buchgrundschuld, Briefgrundschuld) anzugeben.[13]

4   **2. Aufgliederung der nach § 285 Nr. 1 verlangten Angaben (§ 285 Nr. 2).** § 285 Nr. 2 verlangt im Anhang die Angabe der **Beträge** von Verbindlichkeiten mit einer Restlaufzeit von mehr als fünf Jahren und der gesicherten Verbindlichkeiten für **jeden einzelnen Posten** der Verbindlichkeiten, wie sie sich aus § 266 Abs. 3 C. ergeben, aufzugliedern. Dies gilt uneingeschränkt jedoch nur für große Kapitalgesellschaften (§ 267 Abs. 3); für kleine und mittelgroße Kapitalgesellschaften (§ 267 Abs. 1 u. 2) sind Erleichterungen vorgesehen (§ 288 Abs. 1 u. § 327 Nr. 2). Haben die geforderten Angaben einen größeren Umfang, empfiehlt sich die Darstellung in Form eines sog. **Verbindlichkeitenspiegels**.[14] Dieser Verbindlichkeitenspiegel könnte zB wie folgt aufgebaut sein:[15]

	Restlaufzeit bis zu einem Jahr	Restlaufzeit von mehr als einem Jahr	davon Restlaufzeit von mehr als fünf Jahren	Gesamtbetrag	davon durch Pfandrechte und ähnliche Rechte gesichert	Art und Form der Sicherheit
einzelne Posten der Verbindlichkeiten						

Durch die Zusammenfassung dieser Angaben im Anhang wird die Klarheit und Übersichtlichkeit der Aussage erhöht.[16]

5   **3. Art und Zweck sowie Risiken und Vorteile von nicht in der Bilanz enthaltenen Geschäften (§ 285 Nr. 3).** Die mit dem BilMoG eingeführte Neufassung des § 285 Nr. 3 verlangt Angaben über Art und Zweck sowie Risiken und Vorteile von nicht in der Bilanz enthaltenen Geschäften (sog. außerbilanzielle Geschäfte), sofern diese für die Gesellschaft wesentlich sind und die Offenlegung für die Beurteilung der Finanzlage notwendig ist.[17] Im Zuge des BilRUG wurde die Angabepflicht auf wesentliche Risiken und Vorteile begrenzt. Semantisch ergab sich außerdem die Änderung, dass die Offenlegung für die Beurteilung der Finanzlage des Unternehmens nicht länger „notwendig", sondern fortan **„erforderlich"**

---

[11] BeBiKo/*Grottel* Rn. 15; *ADS* Rn. 10.
[12] BeBiKo/*Grottel* Rn. 15.
[13] BeBiKo/*Grottel* Rn. 15; HdR/*Oser*/*Holzwarth* §§ 284–288 Rn. 296.
[14] WP-HdB Kap. F Rn. 1008; BT-Drs. 18/4050, 61 f.; *IDW* St/SABI 3/1986, 18 f.
[15] BeBiKo/*Grottel* Rn. 38.
[16] WP-HdB Kap. F Rn. 1008; BeBiKo/*Grottel* Rn. 39.
[17] BT-Drs. 16/10067, 69 f.

sein muss.[18] Beide Änderungen sind nur deklaratorisch und verursachen keine materielle Änderung im Vergleich zur vorherigen Rechtslage.[19] Die Ergänzung des Gesetzestextes um die Angabe der **finanziellen Auswirkungen** der außerbilanziellen Geschäfte weist ebenfalls klarstellenden Charakter auf:[20] Zu den Auswirkungen der Risiken und Vorteile auf die Liquiditätslage des Unternehmens waren nach hM bereits nach alter Rechtslage **quantitative Angaben** erforderlich.[21] Unter nicht in der Bilanz enthaltenen Geschäften sind alle Transaktionen zu verstehen, die von vornherein **dauerhaft keinen Eingang** in die Handelsbilanz finden oder einen dauerhaften Abgang von Vermögensgegenständen oder Schulden aus der Handelsbilanz nach sich ziehen (zB Errichtung/Nutzung von Zweckgesellschaften oder Offshore-Geschäfte).[22] Nicht in der Bilanz enthaltene Geschäfte können, müssen jedoch keine **schwebenden Rechtsgeschäfte** im Sinne des Handelsbilanzrechts sein.[23] Die Erforderlichkeit zur Beurteilung der Finanzlage, die Voraussetzung für die Angabepflicht ist, ist in jedem Einzelfall gesondert zu beurteilen und vorrangig von den (potenziellen) finanziellen Auswirkungen des jeweiligen nicht in der Bilanz enthaltenen Geschäfts abhängig; dies impliziert auch die **Wesentlichkeit** der mit dem Geschäft verbundenen **Risiken und Vorteile.**[24] Angaben zu wesentlichen Risiken und Vorteilen sind etwa Informationen, die eine künftige wesentliche Verbesserung oder Verschlechterung der Liquiditätslage des Unternehmens erwarten lassen oder dass ein Unternehmen künftig wesentlich besser oder schlechter zur Erfüllung seiner Verpflichtungen in der Lage ist.[25] Über Risiken und Vorteile ist getrennt zu berichten.[26] Daneben ist über **Art** (im Sinne einer Klassifizierung, zB nach Art ihres Gegenstandes, dh etwa Forderungsverbriefungen, Leasinggeschäfte oder Pensionsgeschäfte) und **Zweck** (dh Gründe für die Eingehung des Geschäfts, zB Beschaffung liquider Mittel) der Geschäfte zu berichten.[27] Auch mittelgroße Kapitalgesellschaften und OHG/KG iSv § 264a müssen seit dem BilRUG in vollem Umfang über außerbilanzielle Geschäfte berichten,[28] während deren Angabepflichten zuvor auf Art und Zweck der außerbilanziellen Geschäfte beschränkt war. Für kleine Kapitalgesellschaften iSv § 267 Abs. 1 und kleine OHG/KG iSv § 264a entfällt die Angabepflicht (§ 288 Abs. 1).

4. Sonstige finanzielle Verpflichtungen (§ 285 Nr. 3a). § 285 Nr. 3a **6** verlangt die Angabe des **Gesamtbetrags** der nicht bilanzierten, also weder als Verbindlichkeit noch als Rückstellung passivierten, finanziellen Verpflichtungen, die auch nicht als Haftungsverhältnisse nach § 268 Abs. 7 oder bereits

---

[18] BT-Drs. 18/4050, 11.

[19] So auch BeBiKo/*Grottel* Rn. 41; Russ/Janßen/Götze/*Völkner/Weiser* BilRUG Rn. 19.

[20] BT-Drs. 18/4050, 11; *Rimmelspacher/Meyer* DB-Beil. 5/2015, 29; BeBiKo/*Grottel* Rn. 63.

[21] *Oser/Orth/Wirtz* DB 2015, 1735; Russ/Janßen/Götze/*Völkner/Weiser* BilRUG Rn. 19; BeBiKo/*Grottel* Rn. 63; so auch bereits *IDW* RS HFA 32 Rn. 21 zur Rechtslage vor BilRUG.

[22] BT-Drs. 16/10067, 69; weitere Beispiele bilanzunwirksamer Geschäfte WP-HdB Kap. F Rn. 1011; BeBiKo/*Grottel* Rn. 54 f.

[23] BT-Drs. 16/10067, 69.

[24] BT-Drs. 16/10067, 69; nach BeBiKo/*Grottel* Rn. 41 kann mangels materieller Änderungen durch das BilRUG zur Auslegung der Vorschrift weiterhin auf die Begründung des Regierungsentwurfs zum BilMoG zurückgegriffen werden.

[25] BT-Drs. 16/10067, 69; *IDW* RS HFA 32 Rn. 18 f.

[26] BT-Drs. 16/10067, 69; *IDW* RS HFA 32 Rn. 23.

[27] BT-Drs. 16/10067, 69 *IDW* RS HFA 32 Rn. 16 f.

[28] BT-Drs. 18/4050, 13; BeBiKo/*Grottel* Rn. 42.

nach Nr. 3 anzugeben sind. Der Begriff „Sonstige" stellt damit einen Auffangtatbestand dar.[29] Bereits nach der Rechtslage vor dem BilRUG waren
Verpflichtungen gegenüber **verbundenen Unternehmen** gesondert anzugeben. Seit dem BilRUG sind sonstige finanzielle Verpflichtungen betreffend die **Altersvorsorge** und Verpflichtungen gegenüber verbundenen oder
assoziierten Unternehmen gesondert anzugeben.[30] Als nicht eindeutig
wird in diesem Zusammenhang betrachtet, ob seither zwei oder drei gesonderte Angaben erforderlich sind.[31] Die Verbindung durch die Konjunktion
„oder" legt einerseits nahe, dass die Angabe der sonstigen Verpflichtungen
gegenüber verbundenen oder assoziierten Unternehmen zusammengefasst in
einem Betrag zu erfolgen hat.[32] Andererseits handelt es sich bei § 285 Nr. 3a
Hs. 2 um eine Folgeänderung aus § 268 Abs. 7, in dem der Wortlaut abweichend „jeweils gesondert" statt „gesondert" lautet, woraus sich eine weitere
Untergliederung der Betragsangabe hinsichtlich der sonstigen Verpflichtungen gegenüber verbundenen Unternehmen und der sonstigen Verpflichtungen gegenüber assoziierten Unternehmen ergäbe.[33] Ebenfalls für eine weitere
betragsmäßige Untergliederung spricht das Argument, dass verbundene Unternehmen und assoziierte Unternehmen ihrem Wesen nach unterschiedliche
Gläubiger darstellen, der Charakter der Verpflichtungen deshalb unterschiedlich ist.[34] Die Angabe nach § 285 Nr. 3a ist jedoch nur zu machen, wenn sie
für die Beurteilung der Finanzlage von Bedeutung ist. Die Befreiung von der
Angabepflicht für kleine Kapitalgesellschaften und kleine OHG/KG iSv
§ 264a gem. § 288 Abs. 1 ist im Zuge des BilRUG entfallen.[35] Unter finanziellen Verpflichtungen werden idR **künftige Zahlungsansprüche Dritter**
zum Bilanzstichtag verstanden, die zu künftigen Ausgaben führen.[36] Als
angabepflichtige **finanzielle Verpflichtungen** kommen zB mehrjährige
Verpflichtungen aus Miet- oder Leasingverträgen (auch Sale-and-lease-back-
Verträge), Verpflichtungen aus langfristigen Abnahmeverträgen, Verpflichtungen zum Erwerb von Sachanlagen (soweit sie über das bei dem Unternehmen
übliche Reinvestitionsvolumen wesentlich hinausgehen), Verpflichtungen zur
Übernahme von Beteiligungen, Verpflichtungen zur Abführung von Liquidi-
tätsüberschüssen, Verpflichtungen zur Verlustabdeckung bei Beteiligungsgesellschaften, Verpflichtungen zur Einräumung von Krediten gegenüber
Dritten, ggf. Verpflichtungen und Belastungen aus drohenden Großreparaturen sowie Verpflichtungen aus sonstigen Dauerschuldverhältnissen in Betracht,[37] aber auch wesentliche schwebende Geschäfte (zB Derivate), soweit sie
mit Geldleistungsverpflichtungen verbunden sind. Demgegenüber bleiben
Sachleistungsverpflichtungen an dieser Stelle unberücksichtigt. Zu den **sonstigen finanziellen Verpflichtungen** betreffend die Altersversorgung zählen

---

[29] BeBiKo/*Grottel* Rn. 96.
[30] BT-Drs. 18/4050, 11.
[31] Russ/Janßen/Götze/*Völkner/Weiser* BilRUG Rn. 23.
[32] Russ/Janßen/Götze/*Völkner/Weiser* BilRUG Rn. 23; BeBiKo/*Grottel* Rn. 115; WP-
HdB Kap. F Rn. 1031; aA *Rimmelspacher/Meyer* DB-Beil. 5/2015, 25.
[33] Ebenso *Rimmelspacher/Meyer* DB-Beil. 5/2015, 25, die zudem darauf verweisen, dass die
entsprechende Vorschrift für den Konzernanhang ebenfalls den Wortlaut „jeweils gesondert"
verwendet.
[34] *Rimmelspacher/Meyer* DB-Beil. 5/2015, 25.
[35] BT-Drs. 18/4050, 13.
[36] BeBiKo/*Grottel* Rn. 95; zur Abgrenzung der sonstigen finanziellen Verpflichtungen
von den Haftungsverhältnissen → § 251 Rn. 1.
[37] *IDW* St/SABI 3/1986, 19.

bspw. die Haftung für Alterversorgungsverpflichtungen im Fall eines Betriebsübergangs nach § 613a Abs. 2 BGB.[38] Ein weiterer denkbarer Anwendungsfall
betreffend die Altersversorgung ist die Nachhaftung des übertragenden
Rechtsträgers bei im Rahmen einer Spaltung übertragenen Altersversorgungsverpflichtungen.[39] Die Bewertung hat der von Verbindlichkeiten und Rückstellungen zu entsprechen.[40] Im Falle von Dauerschuldverhältnissen können
die Verpflichtungen abgezinst werden.[41] Bei langfristigen Verpflichtungen mit
mehreren variablen Kriterien ist die Höhe zu schätzen. Bei der Bewertung
unbefristeter finanzieller Verpflichtungen ist die Restlaufzeit zu bestimmen:
Hier für kann entweder der Zeitraum bis zur frühestmöglichen Kündigung
herangezogen werden, oder der Zeitraum, der zur Erfüllung der Verpflichtung
ernsthaft in Aussicht genommen wird.[42] Ist eine Schätzung der Höhe oder des
Zeitraums nicht möglich, so ist die Tragweite der möglichen finanziellen Verpflichtung zu erläutern, wenn der Sachverhalt für die Beurteilung der Finanzlage wesentlich ist.[43]

5. Aufgliederung der Umsatzerlöse (§ 285 Nr. 4). Nach § 285 Nr. 4 **7**
sind im Anhang die Umsatzerlöse nach Tätigkeitsbereichen und geografisch
bestimmten Märkten aufzugliedern, falls diese sich unter Berücksichtigung
der **Organisation des Verkaufs** von Produkten, der **Organisation der
Vermietung und Verpachtung** von Produkten und der **Erbringung von
Dienstleistungen** der Kapitalgesellschaft untereinander **erheblich unterscheiden**.[44] Im Zuge des BilRUG wurde der vorherige Begriff der „Erzeugnisse" durch den Begriff der „Produkte" ersetzt.[45] Der Begriff der Produkte
ist analog zu § 277 Abs. 1 als Zusammenfassung von Waren und Erzeugnissen
zu verstehen.[46] Im Schrifttum wurden die Begriffe bereits vor der Änderung
des Gesetzeswortlauts durch das BilRUG häufig synonym verwendet.[47] Für
kleine und mittelgroße Kapitalgesellschaften bzw. OHG/KG iSv § 264a
entfällt die Angabepflicht (§ 288 Abs. 1 Nr. 1 u. Abs. 2 S. 2); große Kapitalgesellschaften bzw. OHG/KG iSv § 264a können sich ggf. auf die Schutzklausel des § 286 Abs. 2 berufen. § 285 Nr. 4 verlangt die Aufgliederung der
Umsatzerlöse nach **Tätigkeitsbereichen** und **geografisch bestimmten
Märkten**. Eine Abgrenzung von Tätigkeitsbereichen kann zB in organisatorischer, sachlicher, funktionaler oder örtlicher Hinsicht vorgenommen werden.[48] Geografisch bestimmte Märkte können Ländergruppen oder einzelne
Länder, aber auch Regionen innerhalb eines Landes sein.[49]

**6. Ergebnisbeeinflussung durch Anwendung steuerrechtlicher Ver- 8
günstigungsvorschriften (§ 285 Nr. 5).** (Aufgehoben, → 2. Aufl. 2008,
§ 285 Rn. 7).

---

[38] *Rimmelspacher/Meyer* DB-Beil. 5/2015, 25; *IDW* RS HFA 30 nF Rn. 99.

[39] *Rimmelspacher/Meyer* DB-Beil. 5/2015, 25; *IDW* RS HFA 43 Rn. 30; BeBiKo/*Grottel*
Rn. 110.

[40] BeBiKo/*Grottel* Rn. 105.

[41] Ebenso *ADS* Rn. 78; WP-HdB Kap. F Rn. 1030; aA BeBiKo/*Grottel* Rn. 105.

[42] BeBiKo/*Grottel* Rn. 107.

[43] BeBiKo/*Grottel* Rn. 107.

[44] BT-Drs. 18/4050, 11 f.

[45] BT-Drs. 18/4050, 12.

[46] BT-Drs. 18/4050, 63; Russ/Janßen/Götze/*Völkner/Weiser* BilRUG Rn. 27.

[47] BeBiKo/*Grottel*, 9. Aufl. 2014, Rn. 91; Russ/Janßen/Götze/*Völkner/Weiser* BilRUG H
Rn. 27.

[48] *ADS* Rn. 88.

[49] BeBiKo/*Grottel* Rn. 180 f.

9   7. Aufteilung der Einkommen- und Ertragsteuerbelastung (§ 285 Nr. 6). (Aufgehoben, → 3. Aufl. 2014, § 285 Rn. 8).

10   8. Arbeitnehmerzahl (§ 285 Nr. 7). § 285 Nr. 7 verlangt die Angabe der durchschnittlichen Zahl der Arbeitnehmer während des Geschäftsjahrs, getrennt nach Gruppen. Die **Ermittlung des Durchschnitts** erfolgt idR nach der in § 267 Abs. 5 vorgesehenen Methode, wonach der vierte Teil der Summe aus den Arbeitnehmerzahlen der jeweils am 31.3., 30.6., 30.9. und 31.12. beschäftigten Arbeitnehmer als die maßgebliche Zahl gilt.[50] Die Ermittlungsmethode ist allerdings nicht festgelegt.[51] Als alternative Berechnungsmethode kann der Durchschnitt auch analog zu § 1 Abs. 2 S. 5 PublG als der zwölfte Teil der Summe aus den Zahlen der am Ende eines jeden Monats des Geschäftsjahres beschäftigen Arbeitnehmer ermittelt werden.[52] Dies ist allerdings nur zulässig, wenn allein auf diese Weise ein den tatsächlichen Verhältnissen entsprechendes Bild der Gesellschaft vermittelt wird.[53] Wer Arbeitnehmer ist, bestimmt sich analog zu § 267 nach den allgemeinen **Abgrenzungsgrundsätzen des Arbeitsrechts** (→ § 267 Rn. 8).[54] Nicht zu den Arbeitnehmern zählen zB:[55]

– gesetzliche Vertreter von Kapitalgesellschaften;
– Mitglieder eines gesellschaftsrechtlichen Aufsichtsorgans, soweit es sich nicht um Arbeitnehmervertreter handelt;
– Leiharbeitnehmer, sofern sie arbeitsrechtlich nicht Arbeitnehmer der Kapitalgesellschaft sind;
– nicht in den Betrieb eingeordnete Personen, die keine fremdbestimmte Arbeit in persönlicher Abhängigkeit erbringen, weil sie bspw. ihre Arbeitszeit selbst bestimmen können;
– Personen, deren Beschäftigung nicht auf einem Dienstvertrag, sondern auf einem anderen privatrechtlichen Vertrag, zB Werkvertrag oder Gesellschaftsvertrag, beruht;
– auf Grund von Vorruhestands-, Altersteilzeit- oder Altersfreizeitregelungen ausgeschiedene Arbeitnehmer;
– mitarbeitende Familienangehörige eines Gesellschafters, sofern mit diesen kein Arbeitsvertrag abgeschlossen wurde;
– zu ihrer Berufsausbildung Beschäftigte, zB Auszubildende, Umschüler, Volontäre, Praktikanten.

Für die nach § 285 Nr. 7 geforderte **Gruppenbildung** bietet sich eine Aufteilung in gewerbliche Arbeitnehmer, Angestellte und leitende Angestellte an.[56] Kleine Kapitalgesellschaften und kleine OHG/KG iSv § 264a sind seit dem BilRUG gem. § 288 Abs. 1 nur noch hinsichtlich der Gruppenbildung von der Angabepflicht befreit: Die durchschnittliche Zahl der während des Geschäftsjahrs beschäftigten Arbeitnehmer haben sie nunmehr ebenfalls anzugeben.[57]

---

[50] *ADS* Rn. 144.
[51] BeBiKo/*Grottel* Rn. 180 f.
[52] BeBiKo/*Grottel* Rn. 200.
[53] *ADS* Rn. 145; WP-HdB Kap. F Rn. 1040; BeBiKo/*Grottel* Rn. 200.
[54] *ADS* Rn. 13; BeBiKo/*Winkeljohann/Lawall* Rn. 9; WP-HdB Kap. F Rn. 275.
[55] *ADS* Rn. 13; Haufe BilanzR/*Wulf* Rn. 20; HdR/*Knop/Küting* Rn. 14 f.; BeBiKo/*Winkeljohann/Lawall* Rn. 11.
[56] *ADS* Rn. 150; BeBiKo/*Grottel* Rn. 205.
[57] BT-Drs. 18/4050, 13; BeBiKo/*Grottel* Rn. 190.

9. Material- und Personalaufwand beim Umsatzkostenverfahren 11
(§ 285 Nr. 8). Wird bei der Aufstellung der GuV das Umsatzkostenverfahren
(§ 275 Abs. 3) angewandt, so gehen **Material- und Personalaufwand** nicht
aus der GuV hervor. Sie sind dann nach § 285 Nr. 8 in einer § 275 Abs. 2
Nr. 5 (Materialaufwand nach Gesamtkostenverfahren) bzw. § 275 Abs. 2
Nr. 6 (Personalaufwand nach Gesamtkostenverfahren) entsprechenden Gliederung im Anhang anzugeben. Diese Angabepflicht gilt uneingeschränkt nur
für große Kapitalgesellschaften; kleine und mittelgroße Kapitalgesellschaften
können von Erleichterungen Gebrauch machen (§ 288 Abs. 1 u. § 327
Nr. 2). Entsprechendes gilt für OHG/KG iSv § 264a der jeweiligen Größenklasse.

10. Gesamtbezüge für aktive und ehemalige Organmitgliedern 12
(§ 285 Nr. 9). § 285 Nr. 9 verlangt verschiedene Angaben zu den aktiven und
den ehemaligen Mitgliedern des Geschäftsführungsorgans, eines Aufsichtsrats,
eines Beirats oder einer ähnlichen Einrichtung. Dazu zählen:
– die **Gesamtbezüge** (§ 285 Nr. 9 Buchst. a S. 1–3) und Anzahl der ausgegebenen **Bezugsrechte** (§ 285 Nr. 9 Buchst. a S. 4) für **tätige Organmitglieder;**
– bei börsennotierten Aktiengesellschaften **individualisierte Vorstandsbezüge** (§ 285 Nr. 9 Buchst. a S. 5–8);
– die **Gesamtbezüge** (inkl. Abfindungen) sowie die gebildeten und nicht
  gebildeten **Pensionsrückstellungen** für **ehemalige Organmitglieder**
  und deren **Hinterbliebene** (§ 285 Nr. 9 Buchst. b);
– gewährte **Vorschüsse, Kredite** und **Haftungsverhältnisse** sowie die vereinbarten Konditionen (§ 285 Nr. 9 Buchst. c).

Bei Gesellschaften, die nicht börsennotierte Aktiengesellschaften sind, ist für 13
jede Personengruppe jeweils nur der **Gesamtbetrag** anzugeben. Durch das
KonTraG wurde die Angabepflicht der § 285 Nr. 9 Buchst. a um Bezugsrechte erweitert.[58] Diese Ergänzung erfolgte im Hinblick darauf, dass nunmehr die Gewährung von Bezugsrechten auch an Organmitglieder der Gesellschaft oder eines verbundenen Unternehmens zulässig ist (§ 192 Abs. 2 Nr. 3
AktG).[59] Durch das Vorstandsvergütungs-Offenlegungsgesetz (VorstOG) wurde neben den erweiterten Angabepflichten für börsennotierte Aktiengesellschaften (→ Rn. 14) auch die Bewertung der Bezugsrechte geregelt.[60] Durch
Erweiterung von § 285 Nr. 9 Buchst. a um S. 4 wurde in diesem Zuge
klargestellt, dass die **Bezugsrechte** und die **sonstigen aktienbasierten Vergütungen** mit ihrem **beizulegenden Zeitwert** zum Zeitpunkt der Gewährung in die Gesamtbezüge einzurechnen sind und dass die entsprechende
Anzahl anzugeben ist.[61] Die Ermittlung des beizulegenden Zeitwertes erfolgt
unter Anwendung der einschlägigen **Regeln des IFRS 2,** auf den in der
Gesetzesbegründung Bezug genommen wird.[62] Durch das Gesetz zur Angemessenheit der Vorstandsvergütung (VorstAG) wurden die Anforderungen
an die Angaben zu Leistungen sowohl für den Fall einer vorzeitigen wie einer
regulären **Beendigung** der Vorstandstätigkeit erweitert.[63] Das Bilanzricht-

---

[58] BT-Drs. 13/9712, 7.
[59] BT-Drs. 13/9712, 23 f.
[60] BT-Drs. 15/5577, 6 f.
[61] BT-Drs. 15/5577, 3.
[62] BT-Drs. 15/5577, 7.
[63] BT-Drs. 16/12278, 7.

linie-Umsetzungsgesetz (BilRUG) hat klargestellt, dass neben den gem. § 285 Nr. 9 Buchst. c gewährten Vorschüssen und Krediten auch die im Geschäftsjahr **erlassenen Beträge** anzugeben sind,[64] was nach hM bereits nach vorheriger Rechtslage unter den wesentlichen Bedingungen zu subsumieren war und deshalb keine materielle Änderung der Angabepflichten darstellte.[65]

14   Durch das VorstOG sind insbesondere die Angabepflichten für **börsennotierte Aktiengesellschaften** zum Umfang der Gesamtbezüge und zu den Gesamtbezügen jedes einzelnen Vorstandsmitglieds erweitert worden.[66] Die Vorschriften des VorstOG sind eingeführt worden, um die Transparenz für (potentielle) Anteilseigner in Bezug auf die **Beurteilung der Angemessenheit** der Gesamtbezüge jedes einzelnen Vorstandmitglieds zu seinen Aufgaben und zur Lage der Gesellschaft zu erhöhen.[67] Börsennotierte Aktiengesellschaften sind durch § 285 Nr. 9 Buchst. a S. 5–8 verpflichtet, die geforderten Angaben zu den Bezügen **je Vorstandmitglied** unterteilt nach **erfolgsunabhängigen** und **erfolgsabhängigen** Komponenten sowie **Komponenten mit langfristiger Anreizwirkung** anzugeben.[68] Nach den durch das VorstAG geänderten Vorschriften sind gem. § 285 Nr. 9 Buchst. a S. 6 zudem zusätzliche Angaben zu machen zu:[69]

– aa) Leistungen für den Fall einer **vorzeitigen Beendigung** der Vorstandstätigkeit;
– bb) Leistungen für den Fall einer **regulären Beendigung** der Vorstandstätigkeit (einschließlich des Barwerts sowie des von der Gesellschaft während des Geschäftsjahrs hierfür aufgewandten oder zurückgestellten Betrag);
– cc) während des Geschäftsjahrs vereinbarten **Änderungen der Zusagen** sowie
– dd) während des Geschäftsjahrs zugesagten und gewährten **Leistungen an ein ausgeschiedenes Vorstandsmitglied.**

Überdies sind nach § 285 Nr. 9 Buchst. a S. 7 auch Angaben zu **Leistungen von Dritten** im Hinblick auf die Tätigkeit als Vorstandsmitglied zu gefordert. Die Angaben gem. § 285 Nr. 9 Buchst. a S. 5–8 dürfen, sofern sie gem. § 289a Abs. 2 S. 2 zusammen mit den Angaben zu den **Grundzügen des Vergütungssystems** gemacht werden,[70] auch im sog. **Vergütungsbericht des Lageberichts** gemacht werden, der für börsennotierte Aktiengesellschaften vorgeschrieben ist (§ 289a Abs. 2 S. 1).

15   Lassen sich anhand der in § 285 Nr. 9 Buchst. a und b verlangten Angaben zu den Gesamtbezügen die Bezüge eines der dort genannten Organmitglieder feststellen, so können diese Angaben nach § 286 Abs. 4 für Gesellschaften, die nicht börsennotierte Aktiengesellschaften sind, unterbleiben (→ § 286 Rn. 14 ff.). Die in § 285 Nr. 9 Buchst. a S. 5–8 verlangten Angaben können gem. § 286 Abs. 5 unterbleiben, wenn die **Hauptversammlung** dies mit einer **Mehrheit von mindestens drei Viertel** des bei der Beschlussfassung vertretenen Grundkapitals beschließt. Kleine Kapitalgesellschaften und kleine OHG/KG iSv § 264a sind von den Angaben nach § 285 Nr. 9 Buchst. a und b gem. § 288 Abs. 1 befreit. Vorbehaltlich dieser Befreiungsvorschriften

---

[64] BT-Drs. 18/4050, 65.
[65] BeBiKo/*Grottel* Rn. 341; Russ/Janßen/Götze/*Völkner/Weiser* BilRUG Rn. 30.
[66] BT-Drs. 15/5577, 6.
[67] BT-Drs. 15/5577, 6; BeBiKo/*Grottel* Rn. 260 f.
[68] BT-Drs. 15/5577, 6.
[69] BT-Drs. 16/12278, 7.
[70] BeBiKo/*Grottel* Rn. 264.

sind bei OHG/KG iSv § 264a die Gesamtbezüge anzugeben, die den Geschäftsführern der persönlich haftenden Personenhandelsgesellschaft für die Geschäftsführung auf schuldrechtlicher Basis gewährt worden sind.[71]

11. Mitglieder des Geschäftsführungsorgans und Aufsichtsrats 16 (§ 285 Nr. 10). Alle Mitglieder des Geschäftsführungsorgans und eines Aufsichtsrats sind nach § 285 Nr. 10 mit dem **Familiennamen** und mindestens einem ausgeschriebenen **Vornamen** anzugeben, auch wenn sie im Geschäftsjahr oder später ausgeschieden sind. Diese Angabepflicht für die Organmitglieder ist im Zuge des KonTraG um deren **ausgeübten Beruf** und bei börsennotierten Gesellschaften um deren **Mitgliedschaft in Aufsichtsräten und anderen Kontrollgremien** erweitert worden,[72] wodurch einerseits Fälle von Personalunion bzw. Geschäftsleitungsverflechtungen offengelegt werden können[73] und andererseits **mögliche Interessenkonflikte** aufgezeigt werden sollen, die aus der Tätigkeit in Aufsichtsräten oder ähnlichen Kontrollgremien in konkurrierenden Unternehmen resultieren.[74] Wurde ein Aufsichtsrat mit entsprechenden Befugnissen auf **freiwilliger Basis** eingerichtet oder ist statt eines Aufsichtsrats ein mit entsprechenden Befugnissen ausgestatteter **Beirat** vorhanden, so sind die Angaben für die Mitglieder dieser Organe zu machen.[75] Auch **stellvertretende** Mitglieder des Vorstands bzw. der Geschäftsführung sind anzugeben.[76] Der **Vorsitzende** eines Aufsichtsrats, seine Stellvertreter und ein etwaiger Vorsitzender des Geschäftsführungsorgans sind nach § 285 Nr. 10 als solche zu bezeichnen.[77] Die Pflicht zur gesonderten Bezeichnung bezieht sich nicht auf einen Sprecher des Geschäftsführungs- oder Aufsichtsorgans, da dessen Funktion nicht mit der eines Vorsitzenden übereinstimmt; es bestehen jedoch keine Bedenken gegen eine entsprechende Kennzeichnung.[78] Bei OHG/KG iSv § 264a sind gem. § 264a Abs. 2 die Geschäftsführungsmitglieder der unbeschränkt haftenden Kapitalgesellschaft zu nennen.[79] Durch das BilRUG sind kleine Kapitalgesellschaften und kleine OHG/KG iSv § 264a von der Angabepflicht befreit worden.[80]

12. Anteilsbesitz (§ 285 Nr. 11). Der sachliche Anwendungsbereich von **17** § 285 Nr. 11 wurde durch das Bilanzrichtlinie-Umsetzungsgesetz (BilRUG) wesentlich verändert.[81] § 285 Nr. 11 verlangt nunmehr verschiedene Angaben zu Unternehmen, an denen das berichtende Unternehmen eine **Beteiligung** iSd § 271 Abs. 1 hält bzw. ihr diese zuzurechnen ist, wobei die

---

[71] *IDW* RS HFA 7 Rn. 34.
[72] BT-Drs. 13/9712, 7.
[73] *Gelhausen* AG-Sonderheft 1997, 8.
[74] BT-Drs. 13/9712, 17.
[75] *ADS* Rn. 207; BeBiKo/*Grottel* Rn. 356.
[76] *ADS* Rn. 209; HdR/*Oser/Holzwarth* Rn. 448; auch BeBiKo/*Grottel* Rn. 355 empfiehlt nunmehr die Angabe Stellvertretender Mitglieder des Geschäftsführungsorgans, verweist jedoch darauf, dass nach dem Wortlaut des § 285 Nr. 10 diese nicht als solche bezeichnet werden müssten, da der Gesetzgeber im Gesetzestext, anders als beim Aufsichtsratsvorsitzenden, auf die explizite Angabe eines Stellvertreters des Vorsitzenden des Geschäftsführerorgans verzichtet hat; aA noch BeBiKo/*Ellrott*, 8. Aufl. 2012, Rn. 223 („brauchen nach dem Wortlaut der Nr. 10 an sich nicht als solche bezeichnet zu werden").
[77] *ADS* Rn. 211; BeBiKo/*Grottel* Rn. 355.
[78] *ADS* Rn. 209; BeBiKo/*Grottel* Rn. 355.
[79] BeBiKo/*Grottel* Rn. 351.
[80] BT-Drs. 18/4050, 13; BeBiKo/*Grottel* Rn. 350.
[81] BT-Drs. 18/4050, 12; Russ/Janßen/Götze/*Völkner/Weiser* BilRUG Rn. 31.

bisherige Begrenzung auf Beteiligungen mit einem Kapitalanteil von mindestens 20 % entfallen ist.[82] Die ehemals in § 285 Nr. 11 aF enthaltene Konkretisierung der Berechnung des Anteilsbesitzes gem. § 16 Abs. 2 und 4 AktG bedarf es damit ebenfalls nicht mehr.[83] Die **Berechnung der Anteile** ergibt sich nunmehr mittelbar aus § 271 Abs. 1 S. 4. Durch den Wegfall der quantitativen Anforderungen an das Vorliegen einer Beteiligung von mindestens 20 % am Kapital des anderen Unternehmens, können sich zwei wesentliche Veränderungen im Vergleich zur alten Rechtslage ergeben:[84] Zum einen kann eine Beteiligung nunmehr auch dann vorliegen, wenn die Kapitalgesellschaft **gleich oder weniger als 20 %** am Kapital des anderen Unternehmens hält,[85] zum anderen kann auch eine Kapitalbeteiligung von **mehr als 20 %** zu einer Nichtangabe führen, wenn die **Beteiligungsvermutung** des § 271 Abs. 1 S. 3 widerlegt wird.[86] Zum geänderten Beteiligungsbegriff → § 271 Rn. 2–6, zur Beteiligungsvermutung → § 271 Rn. 7–9. Der Kapitalgesellschaft werden nach § 285 Nr. 11 auch solche Anteile zugerechnet, die eine für ihre Rechnung handelnde Person besitzt, also zB auch von Treuhändern gehaltene Anteile.[87] Anteile an OHG/KG iSv § 264a sind, sofern sie gem. § 247 Abs. 2 zum Anlagevermögen gehören, stets als Beteiligungen iSv § 271 Abs. 1 S. 1 auszuweisen.[88]

18   Der Umfang der Pflichtangaben blieb durch das BilRUG unverändert. Nach wie vor umfassen diese **Name** und **Sitz** des Unternehmens, **Höhe des Kapitalanteils, Betrag des Eigenkapitals** und des **Ergebnisses** des letzten Geschäftsjahrs des Unternehmens. Die Angaben zum Beteiligungsbesitz nach § 285 Nr. 11 können unterbleiben, wenn sie für die Darstellung der Vermögens-, Finanz- und Ertragslage nach § 264 Abs. 2 von untergeordneter Bedeutung sind (§ 286 Abs. 3 S. 1 Nr. 1) oder wenn sie nach vernünftiger kaufmännischer Beurteilung geeignet sind, der Kapitalgesellschaft oder dem anderen Unternehmen einen erheblichen Nachteil zuzufügen (§ 286 Abs. 3 S. 1 Nr. 2; die Schutzklausel ist jedoch nicht für kapitalmarktorientierte Unternehmen anwendbar, § 286 Abs. 3 S. 3). Wenn das andere Unternehmen seinen Jahresabschluss nicht offenzulegen hat und die berichtende Kapitalgesellschaft bzw. OHG/KG iSv § 264a keinen beherrschenden Einfluss auf das betreffende Unternehmen ausüben kann, können zumindest die Angabe des Eigenkapitals und des Jahresergebnisses unterbleiben (§ 286 Abs. 3 S. 2).

19   **13. Zusatzangaben zur Stellung als unbeschränkt haftender Gesellschafter (§ 285 Nr. 11a).** Gegenstand der Angaben nach § 285 Nr. 11a ist die Tatsache der Stellung als unbeschränkt haftender Gesellschafter zum Bilanzstichtag der Gesellschaft.[89] Die im Zuge des KapCoRiLiG eingefügte Angabepflicht sieht vor, dass die Aufstellung des Anteilsbesitzes von Kapitalgesellschaften und OHG/KG iSv § 264a um **Name, Sitz** und **Rechtsform**

---

[82] BT-Drs. 18/4050, 12; BeBiKo/*Grottel* Rn. 360 f.

[83] Russ/Janßen/Götze/*Völkner/Weiser* BilRUG Rn. 31; BeBiKo/*Grottel* Rn. 361.

[84] Russ/Janßen/Götze/*Völkner/Weiser* BilRUG Rn. 31.

[85] BT-Drs. 18/4050, 65; *Rimmelspacher/Meyer* DB-Beil. 5/2015, 25; Russ/Janßen/Götze/ *Völkner/Weiser* BilRUG Rn. 31; BeBiKo/*Grottel* Rn. 361.

[86] BT-Drs. 18/4050, 65; *Rimmelspacher/Meyer* DB-Beil. 5/2015, 25; Russ/Janßen/Götze/ *Völkner/Weiser* BilRUG Rn. 31.

[87] Baumbach/Hopt/*Merkt* Rn. 12.

[88] *IDW* RS HFA 18 Rn. 2; BeBiKo/*Grottel* Rn. 361.

[89] BeBiKo/*Grottel* Rn. 410.

der Unternehmen zu erweitern ist, deren unbeschränkt haftender Gesellschafter sie ist.[90] Die Angabe von Beteiligungen als unbeschränkt haftender Gesellschafter an anderen Unternehmen hat **unabhängig von der Beteiligungshöhe** zu erfolgen.[91] Die Angabepflicht besteht auch dann, wenn keine Einlage besteht, ebenso wie in Fällen der Nachhaftung eines Gesellschafters nach dem Ausscheiden aus der Gesellschaft.[92] Der Adressat soll hierdurch auf das mit einer persönlichen Haftung verbundene erhöhte Risiko des Unternehmens hingewiesen werden.[93] Auf die Angaben kann nur unter den bestimmten Voraussetzungen nach § 286 Abs. 1 verzichtet werden, nach denen dieser für das Wohl der Bundesrepublik Deutschland oder eines ihrer Länder erforderlich sein muss. Der Eintritt des persönlich haftenden Gesellschafters wird im Zeitpunkt des Vertragsabschlusses mit den übrigen Gesellschaftern wirksam, wenn die Gesellschaft ihre Geschäfte mit Zustimmung des Eintretenden fortsetzt (§ 123 Abs. 2).[94] Die nur deklaratorische Eintragung in das Handelsregister ist für die wirksame Begründung der Stellung als persönlich haftender Gesellschafter nicht erforderlich. Der Austritt des persönlich haftenden Gesellschafters nach dem Abschlussstichtag wirkt nicht auf den Beurteilungszeitpunkt zurück.[95]

14. Zusatzangaben zum Anteilsbesitz börsennotierter Kapitalgesellschaften (§ 285 Nr. 11b). Gegenstand der Angabepflicht nach § 285 Nr. 11b sind alle am Bilanzstichtag bestehenden Beteiligungen der berichtenden Gesellschaft an großen Kapitalgesellschaften, die **5 % der Stimmrechte** überschreiten.[96] Diese zusätzliche Angabepflicht besteht nur für börsennotierte Kapitalgesellschaften (AG und KGaA iSd § 3 Abs. 2 AktG).[97] Anzugeben sind allein Beteiligungen an Kapitalgesellschaften die als **groß iSd § 267 Abs. 3** gelten. Die Angabepflicht verfolgt den Zweck, den Abschlussadressaten einen Einblick in die kapitalmäßigen Verflechtungen der Gesellschaft zu gewähren.[98] Unter den Voraussetzungen des § 286 Abs. 1 und § 286 Abs. 3 hat bzw. darf diese Zusatzangabe unterbleiben.[99] **20**

15. Nicht gesondert ausgewiesene Sonstige Rückstellungen (§ 285 Nr. 12). Sind in dem Bilanzposten „Sonstige Rückstellungen" (§ 266 Abs. 3 B.3.) Rückstellungen mit einem nicht unerheblichen Umfang enthalten (Ausprägung des Wesentlichkeitsgrundsatzes),[100] die nicht gesondert ausgewiesen werden, so sind diese nach § 285 Nr. 12 im Anhang zu erläutern. Dabei müssen auf jeden Fall die **Art** der gebildeten Rückstellungen und der **Grund** für ihre Bildung angegeben werden; auch Aussagen zur Größenordnung sind erforderlich.[101] In Bezug auf den „nicht unerheblichen Umfang" muss der **Einfluss auf das Gesamtbild der Bilanz** (unter besonderer **21**

---

[90] BT-Drs. 14/1806, 6.

[91] *IDW* RS HFA 18 Rn. 41; BeBiKo/*Grottel* Rn. 410.

[92] WP-HdB Kap. F Rn. 1089.

[93] MüKoHGB/*Poelzig* Rn. 272.

[94] *IDW* RS HFA 7 nF Rn. 5.

[95] *IDW* RS HFA 7 nF Rn. 5.

[96] Angabepflicht wurde im Zuge des BilRUG lediglich redaktionell aus § 285 Nr. 11 aF ausgegliedert und in die neue § 285 Nr. 11b verschoben, BT-Drs. 18/4050, 65.

[97] BeBiKo/*Grottel* Rn. 420.

[98] BeBiKo/*Grottel* Rn. 360.

[99] WP-HdB Kap. F Rn. 1091; BeBiKo/*Grottel* Rn. 420.

[100] WP-HdB Kap. F Rn. 1093.

[101] *ADS* Rn. 242 f.; BeBiKo/*Grottel* Rn. 431.

Berücksichtigung des Eigenkapitals und des Jahresergebnisses) sowie unter der Berücksichtigung der sonstigen Rückstellungen im Übrigen beurteilt werden.[102] Für große Kapitalgesellschaften gilt die Angabepflicht nach § 285 Nr. 12 uneingeschränkt. Kleine Kapitalgesellschaften iSv § 267 Abs. 1 brauchen die Angabe nicht zu machen. Mittelgroße Kapitalgesellschaften iSv § 267 Abs. 2 dürfen die Angabe gem. § 327 Nr. 2 bei der Offenlegung weglassen.[103] Gleiches gilt für OHG/KG iSv § 264a der jeweiligen Größenklassen.

22 **16. Abschreibungszeitraum eines derivativen Geschäfts- oder Firmenwerts (§ 285 Nr. 13).** Seit dem BilMoG gilt der entgeltlich erworbene Geschäfts- oder Firmenwert gem. § 246 Abs. 1 S. 4 als zeitlich begrenzt nutzbarer Vermögensgegenstand.[104] Die ebenfalls durch das BilMoG neu gefasste § 285 Nr. 13 aF forderte in diesem Zusammenhang die Angabe von Gründen, wenn von einer betrieblichen Nutzungsdauer des entgeltlich erworbenen Geschäfts- oder Firmenwerts von mehr als fünf Jahren ausgegangen wurde.[105] An die Stelle der Begründung einer Nutzungsdauer trat mit dem BilRUG die Pflicht zur **Erläuterung des Zeitraums,** über den ein entgeltlich erworbener Geschäfts- oder Firmenwert abgeschrieben wird.[106] Nach hM führt die seit dem BilRUG geforderte „Erläuterung" des Zeitraums im Vergleich zur vormals geforderten Angabe der „Gründe" zu keiner materiellen Änderung der Angabepflicht,[107] da eine Erläuterung (im Unterschied zur bloßen Darstellung, → § 284 Rn. 5) stets auch die Angabe von **Voraussetzungen** und **Ursachen** für den gewählten Zeitraum erfordere.[108] Als Anhaltspunkte für die Schätzung einer individuellen betrieblichen Nutzungsdauer kommen etwa Art und voraussichtliche Bestandsdauer des erworbenen Unternehmens, Stabilität und Bestandsdauer der Branche des erworbenen Unternehmens, Lebenszyklus der Produkte des erworbenen Unternehmens uÄ in Betracht.[109] Setzt sich der entgeltlich erworbene Geschäfts- oder Firmenwert aus **mehreren Erwerbsvorgängen** zusammen, ist grundsätzlich einzeln („jeweils") zu berichten.[110] Wenn entgeltlich erworbene Geschäfts- oder Firmenwerte aus gleichen Gründen erworben wurden oder diese gleiche betriebliche Nutzungsdauern aufweisen, werden zusammenfassende Angaben als zulässig erachtet, sofern hierbei der Grundsatz der Klarheit und Übersichtlichkeit beachtet wird.[111]

23 Der sachliche Anwendungsbereich der Vorschrift wurde durch das BilRUG dahingehend ausgeweitet, dass seither auch in den Fällen, in denen die Nutzungsdauer **genau oder weniger als fünf Jahre** beträgt, stets eine Erläuterung des Abschreibungszeitraums vorzunehmen ist.[112] Sofern die voraussichtliche Nutzungsdauer eines entgeltlich erworbenen Geschäfts- oder Firmenwerts nicht verlässlich geschätzt werden kann, ist dieser gem. § 253 Abs. 3 S. 4 iVm § 253 Abs. 3 S. 3 planmäßig über zehn Jahre abzuschreiben.

---

[102] *ADS* Rn. 241; WP-HdB Kap. F Rn. 1093.

[103] WP-HdB Kap. F Rn. 1092.

[104] BT-Drs. 16/10067, 6.

[105] BT-Drs. 16/10067, 9.

[106] BT-Drs. 18/4050, 12; Russ/Janßen/Götze/*Völkner/Weiser* BilRUG Rn. 35.

[107] BeBiKo/*Grottel* Rn. 411; Russ/Janßen/Götze/*Völkner/Weiser* BilRUG Rn. 35.

[108] *Rimmelspacher/Meyer* DB-Beil. 5/2015, 31; BeBiKo/*Grottel* Rn. 411; Russ/Janßen/Götze/*Völkner/Weiser* BilRUG H Rn. 35.

[109] BT-Drs. 16/10067, 48 mit weiteren Anhaltspunkten.

[110] BeBiKo/*Grottel* Rn. 443.

[111] WP-HdB Kap. F Rn. 1097; BeBiKo/*Grottel* Rn. 443.

[112] Russ/Janßen/Götze/*Völkner/Weiser* BilRUG Rn. 36.

Ob der Abschreibungszeitraum auch in diesem Fall gem. § 285 Nr. 13 erläutert werden muss, ist nicht eindeutig geregelt.[113] Da ein bloßer Verweis auf die Inanspruchnahme der Typisierungsregelung auch als eine Angabe zu den Bilanzierungs- und Bewertungsmethoden gem. § 284 Abs. 4 S. 2 Nr. 1 subsumiert werden könnte, wird in der Literatur in diesen Fällen mitunter als erforderlich erachtet, eine Erläuterung der **Gründe für die nicht verlässliche Schätzbarkeit** der Nutzungsdauer vorzunehmen.[114] Über eine außerplanmäßige Abschreibung des entgeltlich erworbenen Geschäfts- oder Firmenwerts ist nach § 285 Nr. 13 nicht zu berichten, wohl aber nach § 277 Abs. 3 S. 1.[115]

17. Mutterunternehmen für den größten Kreis (§ 285 Nr. 14). Die **24** Angabepflichten zu Mutterunternehmen nach § 285 Nr. 14 aF wurden im Zuge des BilRUG auf § 285 Nr. 14 und § 285 Nr. 14a aufgeteilt.[116] Die Angabepflichten nach § 285 Nr. 14 betreffen das Mutterunternehmen der Kapitalgesellschaft, das den **Konzernabschluss für den größten Kreis** von Unternehmen (also das in der Konzernhierarchie am höchsten stehende Unternehmen) aufstellt;[117] die nach § 285 Nr. 14a das Mutterunternehmen der Kapitalgesellschaft, das den Konzernabschluss für den kleinsten Kreis von Unternehmen (also das der Kapitalgesellschaft in der Konzernhierarchie am nächsten stehende Mutterunternehmen) aufstellt (→ Rn. 25). Die Angaben umfassen **Name** und **Sitz** des Mutterunternehmens, das den Konzernabschluss für den größten Kreis von Unternehmen aufstellt, sowie den **Ort,** wo dieser Konzernabschluss erhältlich ist. Nach vorheriger Rechtslage war der Ort, an dem der Konzernabschluss erhältlich ist, nur dann anzugeben, wenn der Konzernabschluss auch offengelegt wurde: Diese Einschränkung ist mit dem BilRUG entfallen.[118] Zwischen dem berichterstattenden Tochterunternehmen und dem Mutterunternehmen, das einen Konzernabschluss aufstellt, besteht eine besondere Beziehung: Zweck der Angabepflicht ist es, diese offenzulegen.[119] Denn trotz ihrer rechtlichen Selbstständigkeit nimmt die berichterstattende Gesellschaft nicht einzeln am Wirtschaftsleben teil, sondern ist aufgrund ihrer besonderen Verbindung zum Mutterunternehmen auch in eine fremdbestimmte Interessensphäre eingebunden.[120] Kleine Kapitalgesellschaften und kleine OHG/KG iSv § 264a sind im Zuge des BilRUG von der Angabe nach § 285 Nr. 14 befreit worden.[121]

18. Mutterunternehmen für den kleinsten Kreis (§ 285 Nr. 14a). Die **25** Angabepflichten nach § 285 Nr. 14a decken sich grundsätzlich mit denen nach § 285 Nr. 14. Allein an die Stelle des Mutterunternehmens der Kapitalgesellschaft, das den Konzernabschluss für den größten Kreis von Unternehmen aufstellt (→ Rn. 24); tritt hier das Mutterunternehmen der Kapitalgesellschaft, das den Konzernabschluss für den **kleinsten Kreis von**

---

[113] Russ/Janßen/Götze/ *Völkner/Weiser* BilRUG Rn. 37.
[114] So etwa Russ/Janßen/Götze/ *Völkner/Weiser* BilRUG Rn. 37.
[115] BeBiKo/ *Grottel* Rn. 444.
[116] BT-Drs. 18/4050, 12.
[117] Die Angabepflicht besteht nur dann, wenn ein Mutterunternehmen einen Konzernabschluss aufstellt, dabei ist es gleich, ob dieser freiwillig aufgestellt wird oder eine gesetzliche Aufstellungspflicht besteht, BeBiKo/ *Grottel* Rn. 458.
[118] BT-Drs. 18/4050, 12; Russ/Janßen/Götze/ *Völkner/Weiser* BilRUG Rn. 40.
[119] BeBiKo/ *Grottel* Rn. 452.
[120] BeBiKo/ *Grottel* Rn. 452.
[121] BT-Drs. 18/4050, 12.

Unternehmen aufstellt.[122] Die Angaben umfassen **Name** und **Sitz** des Mutterunternehmens, das den Konzernabschluss für den kleinsten Kreis von Unternehmen aufstellt, sowie den **Ort,** wo dieser Konzernabschluss erhältlich ist. Nach vorheriger Rechtslage war der Ort, an dem der Konzernabschluss erhältlich ist, nur dann anzugeben, wenn der Konzernabschluss auch offengelegt wurde: Diese Einschränkung ist mit dem BilRUG entfallen.[123] Zum Zweck der Angabe → Rn. 24. Während kleine Kapitalgesellschaften und kleine OHG/KG iSv § 264a durch das BilRUG von der Angabe nach § 285 Nr. 14 gänzlich befreit wurden, beschränkt sich die Befreiung hinsichtlich der Angabe nach § 285 Nr. 14a lediglich auf die Angabe des Ortes, wo der Konzernabschluss erhältlich ist.[124]

26   **19. Angaben zu persönlich haftenden Gesellschaftern (§ 285 Nr. 15).** Im Anhang großer und mittelgroßer OHG/KG iSv § 264a sind gem. § 285 Nr. 15 seit dem KapCoRiLiG **Name** (Firma), **Sitz** und das **gezeichnete Kapital** der Gesellschaften anzugeben, die an der berichterstattenden Personenhandelsgesellschaft als persönlich haftende Gesellschafter beteiligt sind.[125] Die Angabepflicht ist auf Gesellschaften beschränkt; die Angabe von natürlichen Personen, die als Vollhafter fungieren, ist nach dem Gesetzeswortlaut nicht vorgesehen.[126] Das gezeichnete Kapital einer persönlich haftenden Kapitalgesellschaft ergibt sich aus dem zum Bilanzstichtag im Handelsregister eingetragenen **Grund- bzw. Stammkapital.**[127] Handelt es sich bei der persönlich haftenden Gesellschaft um eine Personenhandelsgesellschaft, so sind die Kapitalanteile ihrer Gesellschafter anzugeben.[128] Kleine OHG/KG iSv § 267 Abs. 1 sind gem. § 288 Abs. 1 S. 1 von der Angabe nach § 285 Nr. 15 befreit. Die Angabepflicht unterfällt nicht der Ausnahmeregelung des § 286 Abs. 3 S. 1, da es sich nicht um eine Angabe über Beteiligungen handelt, sondern um eine Angabe über Gesellschafter.[129]

27   **20. Angaben zu Genussscheinen und anderen Rechten auf Gewinnbezug (§ 285 Nr. 15a).** Im Zuge des BilRUG wurde § 160 Abs. 1 Nr. 6 AktG aF in modifizierter Form in die neu eingefügte Nr. 15a verlagert.[130] Demnach ist über den Bestand von Genussscheinen, Genussrechten, Wandelschuldverschreibungen, Optionsscheinen, Optionen, Besserungsscheinen oder vergleichbaren Wertpapieren oder Rechten, unter Angabe der **Anzahl** und der **Rechte,** die sie verbriefen, zu berichten.[131] Dem Gesetzestext ist hierbei nicht explizit zu entnehmen, dass sich die Angabe nur auf von der Gesellschaft begebene Finanzinstrumente bzw. gewährte Rechte erstreckt.[132] Dies ergibt sich jedoch sowohl aus § 160 Abs. 1 Nr. 6 AktG aF als auch aus der korrespondierenden Angabepflicht für den Konzernanhang nach § 314

---

[122] BeBiKo/*Grottel* Rn. 470.
[123] BT-Drs. 18/4050, 12; Russ/Janßen/Götze/*Völkner/Weiser* BilRUG Rn. 40.
[124] BT-Drs. 18/4050, 13; BeBiKo/*Grottel* Rn. 451.
[125] BT-Drs. 14/1806, 7; WP-HdB Kap. F Rn. 1102.
[126] BeBiKo/*Grottel* Rn. 471.
[127] WP-HdB Kap. F Rn. 1102; BeBiKo/*Grottel* Rn. 472.
[128] WP-HdB Kap. F Rn. 1102.
[129] BeBiKo/*Grottel* Rn. 474.
[130] Russ/Janßen/Götze/*Völkner/Weiser* BilRUG Rn. 43.
[131] Derartige Finanzinstrumente verbriefen den Gläubigern regelmäßig Rechte auf Zahlungen aus dem Gewinn oder dem Liquidationserlös. BeBiKo/*Grottel* Rn. 481.
[132] Russ/Janßen/Götze/*Völkner/Weiser* BilRUG Rn. 44.

Abs. 1 Nr. 7b.[133] Zweck der Angabe ist es, die **künftige Belastung** des Unternehmens offenzulegen.[134] Der persönliche Anwendungsbereich der Vorschrift wurde durch die Verlagerung aus dem AktG in das HGB erweitert.[135] Die Angabepflicht ist nicht länger auf AG und KGaA beschränkt:[136] Auch Kapitalgesellschaften in der Rechtsform der GmbH sowie OHG/KG iSv § 264a haben gem. § 285 Nr. 15a seither zusätzliche Anhangangaben im Hinblick auf den Bestand und Bestandsveränderungen insbesondere an fremdgehaltenen und eigenen Aktien und Bezugsrechten zu machen.[137] Entgegen der bisherigen Vorschrift des § 160 Abs. 1 Nr. 6 AktG aF ist eine gesonderte Angabe der im Geschäftsjahr neu entstandenen Rechten nicht länger erforderlich. Kleine Kapitalgesellschaften und kleine OHG/KG iSv § 264a sind gem. § 288 Abs. 1 Nr. 1 von der Angabepflicht befreit.[138]

21. Entsprechenserklärung zum DCGK (§ 285 Nr. 16). Börsennotierte Aktiengesellschaften iSd § 3 Abs. 2 AktG und Gesellschaften iSd § 161 Abs. 1 S. 2 AktG müssen im Anhang Angaben über die jährliche **Entsprechenserklärung** zum DCGK iSd § 161 AktG machen. Angabepflichtig ist, ob die Erklärung des Vorstands und des Aufsichtsrats iSd § 161 AktG erfolgt ist und wo sie den Aktionären **dauerhaft zugänglich** gemacht wurde. Hierbei ist idR die Internetseite der Gesellschaft, auf der die Angaben zu finden sind, anzugeben.[139] Nach Ziffer 3.10 DCGK soll die Gesellschaft nicht mehr aktuelle Entsprechenserklärungen zum Kodex **fünf Jahre lang auf ihrer Internetseite** zugänglich halten. Die Angabepflicht bezieht sich dagegen nicht auf den Inhalt der Erklärung, sodass nicht darauf einzugehen ist, ob und in welchem Umfang die Gesellschaft die im amtlichen Teil des BAnz. bekannt gemachten Empfehlungen des DCGK befolgt oder nicht befolgt hat und warum nicht.[140] **28**

22. Angaben über das im Geschäftsjahr berechnete Gesamthonorar des Abschlussprüfers (§ 285 Nr. 17). § 285 Nr. 17 fordert im Anhang die die Angabe der Honorare des Abschlussprüfers iSd § 319 Abs. 1 S. 1 und 2. Untergliedert werden soll hierbei in das vom Abschlussprüfer im Geschäftsjahr berechnete Honorar für **29**

– die Abschlussprüfungsleistungen,
– andere Bestätigungsleistungen,
– Steuerberatungsleistungen,
– sonstige Leistungen.

Das Honorar für die **Abschlussprüfung** umfasst im Wesentlichen die Beträge, die für Prüfungsleistungen im Rahmen der Jahresabschlussprüfung angefallen sind, so zB auch für Nachtragsprüfungen, Prüfungsleistungen im Rahmen von gesetzlichen Abschlussprüfungen (zB Prüfung Risikofrüherkennungssystem iSd § 91 Abs. 2 AktG, Abhängigkeitsbericht nach § 313 AktG, Prüfungen nach § 53 HGrG) und die Prüfung von sog. Konzern-Reporting- **30**

---

[133] Hierzu weiterführend Russ/Janßen/Götze/*Völkner/Weiser* BilRUG Rn. 44.
[134] BeBiKo/*Grottel* Rn. 488.
[135] Russ/Janßen/Götze/*Völkner/Weiser* BilRUG Rn. 45.
[136] BT-Drs. 14/1806, 66; *Oser/Orth/Wirtz* DB 2015, 1735.
[137] BT-Drs. 14/1806, 66; *Oser/Orth/Wirtz* DB 2015, 1735.
[138] BT-Drs. 14/1806, 13.
[139] BT-Drs. 16/10067, 70; BeBiKo/*Grottel* Rn. 490.
[140] BeBiKo/*Grottel* Rn. 493.

Packages.[141] Die **anderen Bestätigungsleistungen** umfassen in erster Linie andere berufstypische Leistungen, die nicht unter die Angaben zu Nr. 17 Buchst. a fallen (zB Gründungs-, Verschmelzungs- oder Spaltungsprüfung, Prüfung von Zwischenabschlüssen, freiwillige Abschlussprüfungen, prüferische Durchsichten, Sonderprüfungen nach UmwG, Mittelverwendungsprüfungen).[142] Unter **Steuerberatungsleistungen** fallen zB laufende Steuerberatung, Aufzeigen von Gestaltungsalternativen, Steuerplanung, Führung von Einspruchsverfahren und Vertretung vor Finanzgerichten.[143] Der Posten **sonstige Leistungen** ist als Auffangposten für Leistungen zu verstehen, die nicht unter die Kategorien Nr. 17 Buchst. a–c fallen (zB Sonderprüfungen oder Bewertungsleistungen). Wegen § 319 und insbesondere § 319a sind Beratungs- und Bewertungsleistungen durch den Abschlussprüfer jedoch nur eingeschränkt möglich.[144]

31 Mit der Neufassung der § 285 Nr. 17 durch das BilMoG wurde vom Gesetzgeber die einschränkende Vorschrift hinzugefügt, dass die Angaben nur vorzunehmen sind, soweit die Angaben nicht in einem das Unternehmen einbeziehenden Konzernabschluss enthalten sind. Somit ist eine **zusammenfassende Angabe** sämtlicher im Konzern angefallener Prüferhonorare, untergliedert in die Kategorien Nr. 17 Buchst. a–d, im Konzernanhang ausreichend.[145] Für kleine und mittelgroße Kapitalgesellschaften bzw. OHG/KG iSv § 264a entfällt die Angabepflicht nach § 285 Nr. 17 (§ 288 Abs. 1 u. Abs. 2 S. 2); mittelgroße Kapitalgesellschaften sind jedoch bei Nichtangabe gem. § 288 Abs. 2 S. 3 verpflichtet, diese der WPK auf deren schriftliche Anforderung zu übermitteln.

32 **23. Angaben zu über ihrem beizulegenden Zeitwert ausgewiesenen Finanzinstrumenten in den Finanzanlagen (§ 285 Nr. 18).** Nach § 285 Nr. 18 sind für zu den Finanzanlagen iSd § 266 Abs. 2 A. III. gehörende Finanzinstrumente, die über ihrem beizulegenden Zeitwert ausgewiesen werden, da eine **außerplanmäßige Abschreibung** in Ausübung des Wahlrechts nach § 253 Abs. 3 S. 6 (gemildertes Niederstwertprinzip) **unterblieben** ist, folgende Angaben erforderlich:[146]

– **Buchwert** und **beizulegender Zeitwert** der einzelnen Vermögensgegenstände oder angemessener Gruppierungen von Vermögensgegenständen,
– **Gründe für das Unterlassen** einer Abschreibung einschließlich der Anhaltspunkte dafür, dass die Wertminderung voraussichtlich nicht von Dauer ist.

33 Sämtliche in § 266 Abs. 2 A. III. genannten Vermögensgegenstände erfüllen die Definition von Finanzinstrumenten und unterliegen daher der Angabepflicht, wenn eine Abschreibung auf den niedrigeren beizulegenden Wert ganz oder teilweise unterlassen wurde.[147] Eine **Gruppenbildung** ist dann zulässig, wenn gleichartige Gründe für das Unterlassen einer Abschreibung vorliegen (zB Restrukturierungsprogramme für mehrere Tochterunterneh-

---

[141] *IDW* RS HFA 36 nF Anlage, Kategorie a; BeBiKo/*Grottel* Rn. 516.
[142] *IDW* RS HFA 36 nF Anlage, Kategorie b; MüKoHGB/*Poelzig* Rn. 313; BeBiKo/*Grottel* Rn. 517.
[143] *IDW* RS HFA 36 nF Anlage, Kategorie c.
[144] *IDW* RS HFA 36 nF Anlage, Kategorie d; BeBiKo/*Grottel* Rn. 519.
[145] BT-Drs. 16/10067, 71; MüKoHGB/*Poelzig* Rn. 314.
[146] WP-HdB Kap. F Rn. 1123; BeBiKo/*Grottel* Rn. 530.
[147] WP-HdB Kap. F Rn. 1124.

men wurden verabschiedet) und der jeweilige Buchwert den beizulegenden Zeitwert übersteigt, sodass eine Verrechnung von stillen Reserven und Lasten ausgeschlossen ist.[148]

Der beizulegende Zeitwert ist grds. nach den gleichen Vorschriften wie für **34** § 285 Nr. 19 zu ermitteln (→ Rn. 39). Zusätzlich sind die **Gründe** für das Unterlassen einer Abschreibung und die **Anhaltspunkte** für eine nur vorübergehende Wertminderung anzugeben.[149] Wird eine **Steigerung** der beizulegenden Zeitwerte durch konkrete Maßnahmen erwartet (zB Kostensenkungsprogramme, Restrukturierungsmaßnahmen, Zusammenlegung von Produktionsstandorten), so sind diese zu erläutern. Erwartungen über steigende Marktpreise müssen konkretisiert und begründet werden. Erkenntnisse bis zum Ende des Aufhellungszeitraums sind zu berücksichtigen.[150] Gründe für die Einschätzung einer nur vorübergehenden Wertminderung können auch etwa Anlaufluste bei neu gegründeten Gesellschaften oder kurzfristige Schwankungen des Marktzinses sein.[151] Kleine Kapitalgesellschaften und kleine OHG/KG iSv § 264a sind gem. § 288 Abs. 1 Nr. 1 von der Angabepflicht befreit.

24. Angaben zu derivativen Finanzinstrumenten (§ 285 Nr. 19). 35 § 285 Nr. 19 beinhaltet Pflichtangaben zu nicht zum beizulegenden Zeitwert bilanzierten derivativen Finanzinstrumenten. Kleine Kapitalgesellschaften und kleine OHG/KG iSv § 264a brauchen die Angaben gem. § 288 Abs. 1 nicht zu machen. Für jede Kategorie von derivativen Finanzinstrumenten sind folgende **Angaben** verpflichtend:[152]

– Art und Umfang der Finanzinstrumente;
– deren beizulegender Wert zum Bilanzstichtag unter Angabe der Bewertungsmethode;
– Buchwert und Bilanzausweis;
– Gründe, warum der beizulegende Zeitwert ggf. nicht bestimmt werden kann.

Derivative Finanzinstrumente sind unbestimmte Rechtsbegriffe.[153] Grund- **36** sätzlich handelt es sich um als Fest- oder Optionswert ausgestaltete **Termingeschäfte,** deren Wert von einer Basisvariablen abhängt und deren Verpflichtungen durch Geldzahlung oder Zu- bzw. Abgang von Finanzinstrumenten zu erfüllen ist (brutto oder netto).[154]

Derivative Finanzinstrumente können folgenden **Kategorien** zugeordnet **37** werden:[155]

– zinsbezogene Geschäfte;
– währungsbezogene Geschäfte;
– aktien-/indexbezogene Geschäfte;
– sonstige Geschäfte (bspw. auf Derivate bezogene Geschäfte).

Bei einer Zugehörigkeit zu mehreren Kategorien (zB Cross-Currency- **38** Zinsswaps) sind die Angaben in einer eigenständigen Kategorie oder gesondert

---

[148] *IDW* RH HFA 1.005 Rn. 16 f.; WP-HdB Kap. F Rn. 1128.
[149] WP-HdB Kap. F Rn. 1129; BeBiKo/*Grottel* Rn. 545.
[150] *IDW* RH HFA 1.005 Rn. 19 f.
[151] BeBiKo/*Grottel* Rn. 545.
[152] *IDW* RH HFA 1.005 Rn. 22; WP-HdB Kap. F Rn. 1130.
[153] BeBiKo/*Grottel* Rn. 555.
[154] *IDW* RH HFA 1.005 Rn. 26; BeBiKo/*Grottel* Rn. 555.
[155] *IDW* RH HFA 1.005 Rn. 26.

unter den sonstigen Geschäften auszuweisen.[156] Als **Arten** sind insbesondere Optionen, Futures, Swaps und Forwards zu unterscheiden.[157] Die Angabe des **Umfangs** erfordert die Nennung des Nominalwerts der derivativen Finanzinstrumente.[158]

39   Der **beizulegende Zeitwert** entspricht nach § 255 Abs. 4 S. 1 grds. dem Marktwert, sofern dieser verlässlich ermittelbar ist (zB wenn ein öffentlich notierter Marktpreis verfügbar ist).[159] Ist dies nicht der Fall, dann hat die Ermittlung anhand **anerkannter Bewertungsverfahren** (→ § 255 Rn. 73–77) zu erfolgen.[160] Kann der beizulegende Zeitwert nicht verlässlich ermittelt werden, sind die **Gründe** dafür anzugeben (§ 285 Nr. 19 Buchst. d). Mögliche Gründe können sein, dass der Anteil der Schätzungen und Annahmen sehr groß ist, keine anerkannten Modelle und Methoden zur Verfügung stehen oder vergleichbare Derivate fehlen.

40   **Buchwert** und **Bilanzposten** (§ 285 Nr. 19 Buchst. c) sind anzugeben, um dem Adressaten ein vollständiges Bild über die Auswirkung von derivativen Finanzinstrumenten auf die Bilanz zu vermitteln. Handelsrechtlich handelt es sich idR um nicht zu bilanzierende schwebende Geschäfte, es sei denn, es sind Anschaffungskosten angefallen oder es drohen Verluste aus dem Geschäft oder es sind erhaltene Zahlungen zu passivieren.[161]

41   **25. Angaben zu mit dem beizulegenden Zeitwert bewerteten Finanzinstrumenten (§ 285 Nr. 20).** Während sich die Angabepflichten nach § 285 Nr. 19 auf nicht zum beizulegenden Zeitwert bilanzierte derivative Finanzinstrumente beschränken, betreffen die Angaben nach § 285 Nr. 20 die zum beizulegenden Zeitwert bilanzierten Finanzinstrumente, einschließlich derivativer Finanzinstrumente.[162] Die Angabepflichten des § 285 Nr. 20 wurden erstmals im Zuge des BilMoG eingefügt.[163] Nach bisheriger Rechtslage waren seither für Finanzinstrumente des Handelsbestands, die nach § 340e Abs. 3 S. 1 mit dem beizulegenden Zeitwert bewertet werden, bestimmte Angaben im Anhang zu machen. Der sachliche Anwendungsbereich der Vorschrift wurde durch das CSR-Richtlinie-Umsetzungsgesetz dahingehend ausgeweitet, dass die Wörter „gemäß § 340e Abs. 3 Satz 1" gestrichen wurden.[164] Die Beschränkung der Angabepflicht auf **von Kreditinstituten im Handelsbestand gehaltene Finanzinstrumente** gem. § 340e wurde damit aufgehoben, sodass nunmehr für alle zum beizulegenden Zeitwert bewerteten Finanzinstrumente zusätzliche Angaben im Anhang erforderlich sind.[165] Die folgenden Angaben zu machen:

– die zentralen **Annahmen,** die der Bestimmung des beizulegenden Zeitwertes mit Hilfe allgemein anerkannter Bewertungsmethoden zugrunde gelegt wurden;

---

[156] *IDW* RH HFA 1.005 Rn. 27.
[157] *IDW* RH HFA 1.005 Rn. 29.
[158] IDW RH HFA 1.005 Rn. 30; BeBiKo/*Grottel* Rn. 565.
[159] BeBiKo/*Grottel* Rn. 571.
[160] BeBiKo/*Grottel* Rn. 571.
[161] BeBiKo/*Grottel* Rn. 580.
[162] BeBiKo/*Grottel* Rn. 551.
[163] BT-Drs. 16/10067, 10, 71.
[164] BT-Drs. 18/89982, 7.
[165] BT-Drs. 18/89982, 7, 42.

– **Umfang** und **Art** einschließlich der wesentlichen **Bedingungen,** welche
die Höhe, Zeitpunkt und die Sicherheit künftiger Zahlungsströme beeinflussen können.

In Bezug auf die Vorgaben der § 285 Nr. 20 Buchst. a sind detaillierte **42**
Angaben zu den Annahmen, die der Bestimmung des beizulegenden Zeitwerts zugrunde liegen, nur dann erforderlich, wenn der beizulegende **Zeitwert nicht unmittelbar auf Marktpreisen** basiert, sondern anhand eines
Bewertungsmodells bestimmt wurde. In diesem Fall sind die zentralen Annahmen im Sinne wesentlicher objektiv nachvollziehbarer Parameter im
Rahmen der Bewertung anzugeben.[166] Die Angabepflichten der § 285
Nr. 20 Buchst. b stimmen im Wesentlichen mit denen der § 285 Nr. 19
überein; die Kategorisierung nach **Art** des Finanzinstruments kann demgemäß erfolgen (→ Rn. 37). Für die Angabe des **Umfangs** sind Informationen
über den Nominalwert des derivativen Finanzinstruments gefordert.[167] Zudem sind für jede der gebildeten Kategorien die **Bedingungen** anzugeben,
die Höhe, Zeitpunkt und Sicherheit künftiger Zahlungsströme beeinflussen
und somit für die Risikobeurteilung durch den Adressaten hilfreich sind.[168]

26. Angaben zu nicht marktüblichen Geschäften mit nahe stehen- **43**
den Unternehmen und Personen (§ 285 Nr. 21). Die im Zuge des
BilMoG neu eingefügte § 285 Nr. 21 fordert Angaben zu den wesentlichen
Geschäften der Gesellschaft mit nahe stehenden Unternehmen und Personen,
die nicht zu marktüblichen Bedingungen zustande gekommen sind; einschließlich Angaben zu ihrem **Wertumfang,** zur **Art der Beziehung** zu
den nahe stehenden Unternehmen und Personen sowie **weitere Angaben**
zu den Geschäften, die für eine Beurteilung der Finanzlage der Gesellschaft
notwendig sind.[169] Der Kreis der nahe stehenden Personen und Unternehmen ist nach den Regelungen und **Definitionen des IAS 24** zu bestimmen.[170] Gemäß Regierungsbegründung zum BilMoG ist der Begriff „Geschäft" in einem weiten Sinne zu verstehen. Er beinhaltet nicht allein
Rechtsgeschäfte, sondern auch weitere **Maßnahmen,** die eine entgeltliche
oder unentgeltliche Übertragung von Vermögensgegenständen und Schulden
zum Gegenstand haben.[171] Auszugehen ist von allen Transaktionen rechtlicher oder wirtschaftlicher Art, die **Auswirkungen auf die Finanzlage** des
Unternehmens haben.[172] Beispiele umfassen etwa Käufe/Verkäufe von
Grundstücken oder fertigen/unfertigen Waren/Erzeugnissen, Bezug/Erbringung von Dienstleistungen, Nutzung/Nutzungsüberlassung von Vermögensgegenständen, Finanzierungen, oÄ.[173] Mindestens darzustellen sind nach dem
Wortlaut der Nr. 21 die nicht zu marktüblichen Bedingungen zustande gekommenen Geschäfte. Zur Identifizierung eines marktunüblichen Geschäfts
ist ein **Drittvergleich** heranzuziehen.[174]

---

[166] BT-Drs. 16/10067, 71.
[167] BT-Drs. 16/10067, 71; BeBiKo/*Grottel* Rn. 597.
[168] BT-Drs. 16/10067, 71; MüKoHGB/*Poelzig* Rn. 345 f.
[169] BT-Drs. 16/10067, 10.
[170] BT-Drs. 16/10067, 72.
[171] BT-Drs. 16/10067, 72; WP-HdB Kap. F Rn. 1152 mit Beispielen für Rechtsgeschäfte
und Maßnahmen.
[172] BT-Drs. 16/10067, 72; zur Begrenzung auf die Beurteilung der Finanzlage, anstatt der
gesamten Vermögens-, Finanz- und Ertragslage BeBiKo/*Grottel* Rn. 600.
[173] BT-Drs. 16/10067, 72 mit weiteren Beispielen.
[174] BT-Drs. 16/10067, 72; MüKoHGB/*Poelzig* Rn. 369.

44   § 285 Nr. 21 ermöglicht die Bündelung von Informationen durch **Zusammenfassung** der Geschäfte **nach Geschäftsarten,** sofern eine getrennte
Angabe für die Beurteilung der Auswirkungen auf die Finanzlage nicht
notwendig ist. Eine Angabepflicht ist für solche Geschäfte ausgeschlossen, die
zwischen mittel- oder unmittelbar in hundertprozentigem Anteilsbesitz des
Mutterunternehmens stehenden in den Konzernabschluss einbezogenen Unternehmens eingegangen werden.[175] Kleine Kapitalgesellschaften sind von der
Angabepflicht der § 285 Nr. 21 nach § 288 Abs. 1 befreit. Für mittelgroße
Kapitalgesellschaften wurde der sachliche Anwendungsbereich von § 285
Nr. 21 im Zuge des BilRUG eingeschränkt.[176] Die Angaben haben
gem. § 288 Abs. 2 S. 3 nur zu erfolgen, „sofern die Geschäfte direkt oder
indirekt mit einem Gesellschafter, Unternehmen, an denen die Gesellschaft
selbst eine Beteiligung hält, oder Mitgliedern des Geschäftsführungs-, Auf-
sichts- oder Verwaltungsorgans abgeschlossen wurden."[177] Die Einschränkung
nach vorheriger Rechtslage, nach der es die Angabe nur von mittelgroßen
Kapitalgesellschaften der Rechtsform AG zu erfolgen hatte, ist in diesem
Zuge entfallen.[178]

45   **27. Forschungs- und Entwicklungskosten (§ 285 Nr. 22).** Nach
§ 285 Nr. 22 sind für den Fall einer Ausübung des durch das BilMoG eingeführten Aktivierungswahlrechts von selbst geschaffenen immateriellen Vermögensgegenständen des Anlagevermögens nach § 248 Abs. 2 der **Gesamtbetrag** der Forschungs- und Entwicklungskosten des Geschäftsjahrs sowie
der davon auf die selbst geschaffenen immateriellen Vermögensgegenstände
des Anlagevermögens entfallene Betrag anzugeben.[179] Wird das Aktivierungswahlrecht ausgeübt, so sind lediglich die **Entwicklungskosten** zu aktivieren,
Forschungskosten unterliegen gem. § 255 Abs. 2 S. 4 einem Aktivierungsverbot. Bei Nichtausübung des Aktivierungswahlrechts sind keine Anhangangaben nach § 285 Nr. 22 erforderlich. In diesem Fall beschränkt sich die
Berichterstattung über Forschung und Entwicklung auf die Angaben im
Lagebericht nach § 289 Abs. 2 Nr. 2.[180]

46   Die Angaben sollen die Adressaten in die Lage versetzen, ein besseres
Verständnis für Forschungs- und Entwicklungskosten und ihr Verhältnis zueinander zu entwickeln sowie den **Innovationsgrad** des Unternehmens
abschätzen zu können.[181] Kleine Kapitalgesellschaften und kleine OHG/KG
iSv § 264a sind von der Angabepflicht nach § 285 Nr. 22 gem. § 288 Abs. 1
befreit.

47   **28. Angaben zu Bewertungseinheiten (§ 285 Nr. 23).** Der durch das
BilMoG neu eingefügte § 285 Nr. 23 steht im Zusammenhang mit § 254,
nach dem die Bildung von Bewertungseinheiten seit BilMoG ausdrücklich
erlaubt ist.[182] So können nach § 254 S. 1 Vermögenswerte, Schulden, schwebende Geschäfte oder mit hoher Wahrscheinlichkeit erwartete Transaktionen
zum Ausgleich gegenläufiger Wertänderungen oder Zahlungsströme aus dem

---

[175] BT-Drs. 16/10067, 72.
[176] Russ/Janßen/Götze/*Völkner/Weiser* BilRUG Rn. 47.
[177] BT-Drs. 18/4050, 13.
[178] Russ/Janßen/Götze/*Völkner/Weiser* BilRUG Rn. 48.
[179] BT-Drs. 16/10067, 72 f.; zu den Kostenbestandteilen des Gesamtbetrags WP-HdB
Kap. F Rn. 1166.
[180] BeBiKo/*Grottel* Rn. 682; MüKoHGB/*Poelzig* Rn. 389.
[181] BT-Drs. 16/10067, 73.
[182] BT-Drs. 16/10067, 73.

Eintritt vergleichbarer Risiken mit Finanzinstrumenten in einer Bewertungseinheit zusammengefasst werden (§ 254). Bei Anwendung des § 254 verlangt § 285 Nr. 23 die folgenden Angaben: Nach § 285 Nr. 23 Buchst. a sind zunächst detaillierte Angaben zu den gebildeten Bewertungseinheiten zu machen, insbesondere zum **Betrag** der jeweils einbezogenen Vermögensgegenstände, Schulden, schwebenden Geschäfte und mit hoher Wahrscheinlichkeit erwarteter Transaktionen, zur Art der abzusichernden Risiken (etwa Preisänderungsrisiken, Zinsrisiken, Währungsrisiken, Ausfallrisiken oder Liquiditätsrisiken),[183] zur **Art** der Bewertungseinheiten sowie zur **Höhe** der mit Bewertungseinheiten abgesicherten Risiken (aufgeschlüsselt nach Risikoart).[184] Nach § 285 Nr. 23 Buchst. b sind Angaben zur **Wirksamkeit der Sicherungsbeziehung** zu machen. So ist für die jeweils abgesicherten Risiken anzugeben, **warum**, in welchem **Umfang** und für welchen **Zeitraum** sich die gegenläufigen Wertänderungen oder Zahlungsströme künftig voraussichtlich angleichen.[185] Insbesondere für den Bereich des **macro hedgings** ist hierbei die Verbindung zum Risikomanagement zu erläutern und darzustellen, wie Risiken verifiziert und gemessen werden; zudem ist darauf einzugehen, aus welchen Gründen die abgesicherten Risiken nicht eintreten.[186] Ferner ist nach § 285 Nr. 23 Buchst. b auf die **Methode der Wirksamkeitsbestimmung** der Bewertungseinheiten einzugehen. Nach § 285 Nr. 23 Buchst. c ist über **antizipative Bewertungseinheiten** zu berichten, dh die mit hoher Wahrscheinlichkeit erwarteten Transaktionen, die in Bewertungseinheiten einbezogen wurden, zu erläutern.

Die Angabepflichten nach § 285 Nr. 23 stehen in engem Zusammenhang **48** zu den Publizitätsvorschriften des Lageberichts in § 289 Abs. 2 Nr. 1 Buchst. a und Abs. 4, wonach auch über die Risikomanagementziele und -methoden der Gesellschaft einschließlich ihrer Methoden zur Absicherung aller wichtigen Arten von Transaktionen, die im Rahmen der Bilanzierung von Sicherungsgeschäften erfasst werden, zu berichten ist. Um Überschneidungen zu vermeiden und einen „Risikobericht aus einem Guss"[187] zu bieten, beinhaltet § 285 Nr. 23 das Wahlrecht, die Angaben, anstatt im Anhang, **gebündelt im in einem besonderen Abschnitt des Lageberichts** zu machen.[188] Nimmt die Gesellschaft dieses Wahlrecht in Anspruch, so kann sie im Anhang auf die entsprechende Berichterstattung im Lagebericht hinweisen.[189]

29. Angaben zu Rückstellungen für Pensionen und ähnliche Ver- 49 pflichtungen (§ 285 Nr. 24). Die durch das BilMoG neu eingefügte § 285 Nr. 24 verlangt Angaben zu den angewandten **versicherungsmathematischen Berechnungsverfahren** für Rückstellungen für Pensionen und ähnliche Verpflichtungen sowie zu den grundlegenden **Annahmen** der Berechnung, wie Lohn- und Gehaltssteigerungen und zugrunde gelegte Sterbetafeln. Die konkretisierende Vorschrift zielt auf eine erhöhte Vereinheitlichung und Vergleichbarkeit der Angaben ab, da Unternehmen die geforderten Angaben nach vorheriger Rechtslage gem. § 284 Abs. 2 S. 1

---

[183] BT-Drs. 16/10067, 73.
[184] BeBiKo/*Grottel* Rn. 700.
[185] BeBiKo/*Grottel* Rn. 700.
[186] BT-Drs. 16/10067, 73; BeBiKo/*Grottel* Rn. 711.
[187] BT-Drs. 16/10067, 73.
[188] BT-Drs. 16/10067, 73; BeBiKo/*Grottel* Rn. 730.
[189] MüKoHGB/*Poelzig* Rn. 416.

Nr. 1 machen mussten, wonach im Anhang allgemein die Bilanzierungs- und Bewertungsmethoden anzugeben sind, die auf die Posten der Bilanz und der GuV angewandt wurden.[190] Kleine Kapitalgesellschaften und kleine OHG/KG iSv § 264a sind von der Angabepflicht nach § 285 Nr. 24 gem. § 288 Abs. 1 befreit.

50 **30. Angaben zur Verrechnung von Altersversorgungsverpflichtungen (§ 285 Nr. 25).** Die durch das BilMoG neu eingefügte § 285 Nr. 25 steht im Zusammenhang mit § 246 Abs. 2 S. 2. Verrechnen Unternehmen nach § 246 Abs. 2 S. 2 Vermögenswerte und Schulden aus Altersversorgungsverpflichtungen, so sind nach § 285 Nr. 25 die **Anschaffungskosten** und der **beizulegende Zeitwert** der verrechneten Vermögensgegenstände, der **Erfüllungsbetrag** der verrechneten Schulden sowie die verrechneten **Aufwendungen und Erträge** anzugeben. Zudem ist mit Verweis auf § 285 Nr. 20 Buchst. a auch auf die grundlegenden **Annahmen,** die der Bestimmung des beizulegenden Zeitwerts mit Hilfe allgemein anerkannter **Bewertungsmethoden** zugrunde gelegt wurden, einzugehen. Die Angabepflichten der § 285 Nr. 25 sollen den Adressaten Informationen zur Verrechnung von Aktiv- und Passivposten in der Bilanz sowie Aufwendungen und Erträge in der GuV liefern.[191] Es findet insofern eine Informationsverlagerung von Bilanz bzw. GuV in den Anhang statt.[192] Sofern keine Verrechnung nach § 246 Abs. 2 S. 2 vorliegt, ist keine Fehlanzeige notwendig.[193] Kleine Kapitalgesellschaften und kleine OHG/KG iSv § 264a sind von der Angabepflicht nach § 285 Nr. 25 gem. § 288 Abs. 1 befreit.

51 **31. Angaben zu Anteilen oder Anlageaktien an Investmentvermögen (§ 285 Nr. 26).** Nach § 285 Nr. 26 haben Unternehmen zu Anteilen an Sondervermögen und Anlageaktien an Investmentvermögen bestimmte Angaben zu machen, sofern die **Anteilsquote** am Abschlussstichtag jeweils **mehr als 10 %** beträgt.[194] Die im Zuge des BilMoG eingeführte Vorschrift nahm ursprünglich Bezug auf das Investmentgesetz (InvG), welches im Jahr 2013 durch das Kapitalanlagegesetzbuch (KAGB) abgelöst wurde.[195] Die Vorschrift zielt auf eine Verbesserung der Informationsfunktion ab, da hierdurch stille Reserven und stille Lasten offengelegt werden sollen.[196] Der sachliche **Anwendungsbereich** der Vorschrift umfasst:[197]

– Anteile an inländischen Sondervermögen iSd § 1 Abs. 10 KAGB,
– Anlageaktien an inländischen Investmentaktiengesellschaften iSd §§ 108–123 KAGB,
– Anteile bzw. Anlageaktien an vergleichbaren EU-Investmentvermögen iSd § 1 Abs. 8 KAGB oder Anteile bzw. Anlageaktien an vergleichbaren ausländischen, dem Recht eines Drittstaats unterliegenden Investmentvermögen.

51a Übersteigt der Anteils- bzw. Anlageaktienbesitz der berichterstattenden Gesellschaft 10 % der in Umlauf befindlichen Anteile bzw. Anlageaktien, sind

---

[190] BT-Drs. 16/10067, 73.
[191] BT-Drs. 16/10067, 73.
[192] BT-Drs. 16/10067, 73.
[193] MüKoHGB/*Poelzig* Rn. 434.
[194] WP-HdB Kap. F Rn. 1195; BeBiKo/*Grottel* Rn. 730.
[195] BT-Drs. 16/10067, 10; BT-Drs. 17/12294, 2, 172; WP-HdB Kap. F Rn. 1196.
[196] BeBiKo/*Grottel* Rn. 760.
[197] BeBiKo/*Grottel* Rn. 765; WP-HdB Kap. F Rn. 1196.

aufgegliedert nach Anlagezielen, jeweils die folgenden Einzelangaben zu machen:[198] Ziel der Anlage; Wert der Anteile bzw. Anlageaktien isd §§ 168, 278 KAGB; Differenz des Wertes der Anteile bzw. Anlageaktien zum Buchwert; für das Geschäftsjahr erfolgte Ausschüttung; Beschränkungen in der Möglichkeit der täglichen Rückgabe; wenn eine Abschreibung gem. § 253 Abs. 3 S. 6 unterblieben ist, sind hierfür die Gründe anzugeben, einschließlich der Anhaltspunkte, die auf eine voraussichtlich nicht dauerhafte Wertminderung hindeuten.[199] Bei umfangreichem Anteils- bzw. Anlageaktienbesitz empfiehlt sich eine tabellarische Darstellung.[200] Kleine Kapitalgesellschaften isd § 267 Abs. 1 sind von der Angabepflicht nach § 285 Nr. 26 gem. § 288 Abs. 1 befreit.

32. Angaben zu den Haftungsverhältnissen nach § 268 Abs. 7 iVm 52 § 251 (§ 285 Nr. 27). Nach der im Zuge des BilMoG eingefügten § 285 Nr. 27 sind für nach § 268 Abs. 7 ausgewiesene Verbindlichkeiten und Haftungsverhältnisse bestimmte Angaben im Anhang zu machen. § 268 Abs. 7 nimmt Bezug auf die Haftungsverhältnisse isd § 251. Beispiele für nicht in der Bilanz enthaltene Haftungsverhältnisse **(Eventualverbindlichkeiten)** sind Verbindlichkeiten aus der Begebung und Übertragung von Wechseln; aus Bürgschaften; Wechsel- und Scheckbürgschaften und aus Gewährleistungsverträgen sowie Haftungsverhältnisse aus der Bestellung von Sicherheiten für fremde Verbindlichkeiten.[201] Für die im Anhang angegebenen Haftungsverhältnisse sind die **Gründe** der Einschätzung des **Risikos der Inanspruchnahme** anzugeben. Die bloße Angabe, dass mit einer Inanspruchnahme des Unternehmens am Abschlussstichtag nicht zu rechnen ist, weil diese nicht droht, sehr unwahrscheinlich oder so gut wie ausgeschlossen ist, kann als Begründung jedoch nicht genügen.[202] Hierbei würde es sich lediglich um eine Wiederholung der gesetzlichen Voraussetzung für das Vorliegen eines Haftungsverhältnisses handeln.[203] Nach § 285 Nr. 27 sind vielmehr die dieser Risikoeinschätzung zugrunde liegenden **Erwägungen** zu erläutern.[204] Hierbei sind insbesondere die **Entscheidungskriterien** zu erläutern, die dazu geführt haben, dass für den zugrunde liegenden Sachverhalt eben keine Rückstellung passiviert wurde.[205] Quantitative Angaben, wie bspw. prozentuale Angaben der Eintrittswahrscheinlichkeit der Inanspruchnahme, sind hierbei nicht zwingend erforderlich.[206] Die Vorschrift zielt darauf ab, die Transparenz des Jahresabschlusses zu erhöhen.[207] Die Angabe sonstiger finanzieller Verpflichtungen, die nicht nach § 286 Abs. 7 iVm § 251 anzugeben sind, erfolgt durch § 285 Nr. 3a (→ Rn. 6). Sie fallen nicht unter die Angabepflicht nach § 285 Nr. 27.[208] Kleine Kapitalgesellschaften isd § 267 Abs. 1 sind von der Angabepflicht nach § 285 Nr. 27 gem. § 288 Abs. 1 befreit.

---

[198] WP-HdB Kap. F Rn. 1197.
[199] WP-HdB Kap. F Rn. 1197; BeBiKo/*Grottel* Rn. 761.
[200] WP-HdB Kap. F Rn. 1197.
[201] BeBiKo/*Grottel* Rn. 790; WP-HdB Kap. F Rn. 1197.
[202] WP-HdB Kap. F Rn. 1204; BeBiKo/*Grottel* Rn. 791.
[203] BT-Drs. 16/10067, 74; BeBiKo/*Grottel* Rn. 791.
[204] WP-HdB Kap. F Rn. 1204; BeBiKo/*Grottel* Rn. 791.
[205] WP-HdB Kap. F Rn. 1204; HdR/*Oser*/*Holzwarth* §§ 284–288 Rn. 772; BeBiKo/ *Grottel* Rn. 791.
[206] HdR/*Oser*/*Holzwarth* §§ 284–288 Rn. 772.
[207] BT-Drs. 16/10067, 75.
[208] WP-HdB Kap. F Rn. 1203; BeBiKo/*Grottel* Rn. 790.

53   **33. Angaben zu ausschüttungsgesperrten Beträgen iSd § 268 Abs. 8 (§ 285 Nr. 28).** § 285 Nr. 28 wurde im Zusammenhang mit der durch das BilMoG eingeführten Ausschüttungssperre von bestimmten Erträgen gem. § 268 Abs. 8 neu eingefügt. Angabepflichtig ist hierbei der **Gesamtbetrag** der ausschüttungsgesperrten Beträge iSd § 268 Abs. 8 sowie eine **Aufgliederung** des Gesamtbetrags in Beträge aus der Aktivierung selbst geschaffener immaterieller Vermögensgegenstände des Anlagevermögens (§ 268 Abs. 8 S. 1), Beträge aus der Aktivierung latenter Steuern (§ 268 Abs. 8 S. 2) und Beträge aus der Aktivierung von Vermögensgegenständen zum beizulegenden Zeitwert iSd § 246 Abs. 2 S. 2 (§ 268 Abs. 8 S. 3). Durch die Angaben soll Transparenz hinsichtlich des Umfangs des ausschüttungsgesperrten Teils des Jahresergebnisses geschaffen werden.[209] Die Angaben nach § 285 Nr. 28 dienen somit, ebenso wie die Ausschüttungssperre nach § 268 Abs. 8, dem Gläubigerschutz sowie den Informationsbedürfnissen der Adressaten.[210] Kleine Kapitalgesellschaften iSd § 267 Abs. 1 sind von der Angabepflicht nach § 285 Nr. 28 gem. § 288 Abs. 1 befreit. OHG/KG iSv § 264a sind, unabhängig von ihrer Größe, von der Angabepflicht befreit, weil sie keiner Haftungsbeschränkung unterliegen.[211]

54   **34. Angaben zu latenten Steuern (§ 285 Nr. 29).** Die durch das BilMoG neu eingefügte § 285 Nr. 29 steht in engem Zusammenhang mit der Umstellung vom zuvor verwendeten Timing-Konzept zum **Temporary-Konzept** bei der Erfassung latenter Steuern nach § 274 und dem damit verbundenen Aktivierungswahlrecht für aktive latente Steuern nach § 274 Abs. 1 S. 2.[212] Um das aus dem Wahlrecht entstehende Informationsdefizit auszugleichen, fordert § 285 Nr. 29 Angaben darüber, auf welchen Differenzen oder steuerlichen Verlustvorträgen die latenten Steuern beruhen und mit welchen **Steuersätzen** die Bewertung erfolgt ist.[213] Die Angabe der Differenzen umfasst hierbei die **Art** des Vermögensgegenstandes, Rechnungsabgrenzungspostens und Schuldpostens.[214] Nach hM sind **qualitative Angaben** zur Art der bestehenden Differenzen oder zu den steuerlichen Verlustvorträgen regelmäßig ausreichend.[215] Der für die Bewertung relevante Steuersatz ergibt sich als unternehmensindividueller Steuersatz im Zeitpunkt des Abbaus der Differenzen (§ 274 Abs. 2 S. 1);[216] die **konkreten Steuersätze** sind anzugeben, ein bloßer Verweis auf § 274 Abs. 2 genügt nicht.[217] § 285 Nr. 29 gilt nur für große Kapitalgesellschaften iSv § 267 Abs. 3, für kleine und mittelgroße Kapitalgesellschaften iSv § 267 Abs. 1 und 2 bzw. OHG/KG iSv § 264a entfällt die Angabepflicht (§ 288 Abs. 1 und Abs. 2 S. 1).

---

[209] BT-Drs. 16/10067, 75.

[210] MüKoHGB/*Poelzig* Rn. 456.

[211] *IDW* RS HFA 7 nF Rn. 38; BeBiKo/*Grottel* Rn. 801.

[212] Zu den wesentlichen Unterschieden der beiden Konzepte BeBiKo/*Grottel/Larenz*, 9. Aufl. 2014, § 274 Rn. 4–13.

[213] MüKoHGB/*Poelzig* Rn. 464.

[214] BeBiKo/*Grottel* Rn. 833.

[215] BeBiKo/*Grottel* Rn. 833; *Gelhausen/Fey/Kämpfer* Rechnungslegung O Rn. 262; wohl auch WP-HdB Kap. F Rn. 1214; *Rimmelspacher/Meyer* DB-Beil. 5/2015, 27; ebenfalls DRS 18.65; aA hingegen *Kühne/Melcher/Wesemann* WPg 2009, 1013.

[216] BT-Drs. 16/10067, 68; BeBiKo/*Grottel* Rn. 835.

[217] MüKoHGB/*Poelzig* Rn. 472.

35. Angaben zu latenten Steuerschulden (§ 285 Nr. 30). Nach § 285 55
Nr. 30 sind die latenten **Steuersalden am Ende des Geschäftsjahrs** und
die im Laufe des Geschäftsjahrs **erfolgten Änderungen** dieser Salden anzugeben, wenn latente Steuerschulden in der Bilanz angesetzt werden.[218] Die
im Zuge des BilRUG eingeführte Vorschrift ist als eine Erweiterung der
bisherigen Angabepflichten nach § 285 Nr. 29 zu verstehen,[219] nach der im
Anhang anzugeben ist, auf welchen Differenzen und steuerlichen Verlustvorträgen die latenten Steuern beruhen und mit welchen Steuersätzen ihre
Bewertung erfolgt ist.[220] Während jedoch die Angabepflicht nach § 285
Nr. 29 nach hM keine quantitativen Angaben zu den bestehenden Differenzen erfordert (Fn. 233),[221] sind gem. § 285 Nr. 30 nunmehr auch **quantitative Angaben** zu den latenten Steuersalden und ihren Bewegungen im
Geschäftsjahr erforderlich.[222] Anzugeben ist insbesondere, wie sich die entsprechenden latenten Steuern im Geschäftsjahr abgebaut oder aufgebaut
haben.[223] Kleine Kapitalgesellschaften iSd § 267 Abs. 1 sind von der Angabepflicht nach § 285 Nr. 30 gem. § 288 Abs. 1 befreit. Mittelgroße Kapitalgesellschaften iSd § 267 Abs. 2 sind nicht von der Angabepflicht nach § 285
Nr. 30 befreit, wohl aber von der Angabe nach § 285 Nr. 29.[224]

Im Zusammenhang mit der Anwendung der Vorschriften des § 285 Nr. 30 56
ergeben sich zwei zentrale Auslegungsfragen:[225] Zum einen ist der die Berichtspflicht auslösende **Tatbestand der „angesetzten Steuerschuld"** kon-
kretisierungsbedürftig, zum anderen der **Umfang der (Mindest-)Angaben.**
Auslöser der Angabepflicht ist der Bilanzansatz einer Steuerschuld iSv passiven
latenten Steuern.[226] Da § 274 Abs. 1 S. 3 sowohl einen unsaldierten als auch
einen saldierten Ausweis der latenten Steuern ermöglicht, stellt sich deshalb
die Frage, ob die Angabepflicht nur bei einem **unmittelbaren Ansatz**
passiver latenter Steuern (unsaldierter Ausweis oder Passivüberhang) besteht,
oder bereits bei einem **mittelbaren Ansatz** von passiven latenten Steuern
(vor einer Saldierung mit aktiven latenten Steuern) zum Tragen kommt.[227] In
der Literatur zeichnet sich diesbezüglich bislang kein Konsens ab,[228] weshalb
als auslösender Tatbestand sowohl ein unmittelbarer als auch ein mittelbarer
Ansatz infrage kommen kann. Hinsichtlich des Umfangs der Angabepflicht
besteht Gewissheit dahingehend, dass quantitative Angaben zu machen
sind.[229] Ungewiss hingegen ist bisweilen, in welchem **Umfang** und welchem
Detaillierungsgrad diese quantitativen Angaben zu erfolgen haben.[230] Den
Mindestumfang der Angabepflicht bilden nach hM die **Beträge** der aktiven
und passiven latenten Steuern (getrennt) zum **Geschäftsjahresende** sowie

---

[218] BT-Drs. 18/4050, 12.

[219] BT-Drs. 18/4050, 66.

[220] BT-Drs. 18/4050, 66; *Rimmelspacher/Meyer* DB-Beil. 5/2015, 27.

[221] *Rimmelspacher/Meyer* DB-Beil. 5/2015, 27.

[222] BT-Drs. 8/4050, 66.

[223] BT-Drs. 18/4050, 66.

[224] WP-HdB Kap. F Rn. 1217.

[225] Russ/Janßen/Götze/*Völkner/Weiser* BilRUG Rn. 53.

[226] *Rimmelspacher/Reitmeier* WPg 2015, 1005; BeBiKo/*Grottel* Rn. 845.

[227] Grundlegend hierzu Russ/Janßen/Götze/*Völkner/Weiser* BilRUG Rn. 53.

[228] Für eine Angabepflicht bei unmittelbarem Ansatz etwa BeBiKo/*Grottel* Rn. 846; WP-
HdB Kap. F Rn. 1218; hingegen für eine Angabepflicht bei mittelbarem Ansatz *Rimmel-
spacher/Reitmeier* WPg 2015, 1005; *Rimmelspacher/Meyer* DB-Beil. 5/2015, 27; Russ/Janßen/
Götze/*Völkner/Weiser* BilRUG H Rn. 54.

[229] BT-Drs. 18/4050, 66.

[230] Grundlegend hierzu Russ/Janßen/Götze/*Völkner/Weiser* BilRUG Rn. 55.

deren **Veränderung im Laufe des Geschäftsjahrs.**[231] Darüber hinaus wird eine zusätzliche Angabe auch des Standes der Beträge zum Geschäftsjahresanfang empfohlen.[232] Eine weitergehende Untergliederung nach Bilanzposten ist hingegen nicht erforderlich.[233]

57   **36. Angaben zu außergewöhnlichen Aufwands- und Ertragsposten (§ 285 Nr. 31).** § 285 Nr. 31 verlangt die Angabe von **Betrag** und **Art** der einzelnen Erträge und Aufwendungen von **außergewöhnlicher Größenordnung** oder **außergewöhnlicher Bedeutung.**[234] Die Vorschrift wurde im Zuge des BilRUG eingeführt.[235] Sie steht im Zusammenhang mit der im selben Zuge erfolgten Streichung der außerordentlichen Beträge aus dem Gliederungsschema der GuV (§ 275 aF) sowie der korrespondierenden Angabepflicht im Anhang (§ 277 Abs. 4 aF).[236] Die betreffenden Posten sind im Anhang **einzeln darzustellen,** die Angabe eines Gesamtbetrags wie in der GuV nach vorheriger Rechtslage (§ 277 Abs. 4 aF) ist nicht mehr zulässig.[237] Da außergewöhnliche Erträge und Aufwendungen in nahezu allen GuV-Positionen enthalten sein können, kann es sich anbieten, die Angaben nach § 285 Nr. 31 jeweils im Zusammenhang mit den Angaben der betreffenden GuV-Posten vorzunehmen.[238] Alternativ ist auch eine geschlossene **tabellarische Darstellung** denkbar, die auch die Angaben nach § 285 Nr. 32 beinhalten könnte (→ Rn. 60).[239] Auch kleine Kapitalgesellschaften sind von der Pflicht zur Angabe von Betrag und Art der einzelnen Ertrags- und Aufwandsposten von außergewöhnlicher Größenordnung oder von außergewöhnlicher Bedeutung erfasst.[240]

58   Eine **außergewöhnliche Größenordnung** ist laut der Begründung des Regierungsentwurfs im Hinblick auf die das Unternehmen ansonsten prägenden Größenordnungen zu bestimmen.[241] Hierbei handelt es sich um eine relative Betrachtung, bei der **quantitative Ausreißer** zu identifizieren sind.[242] Als Vergleichsmaßstab sollte die Größenordnung der im Unternehmen üblichen Geschäftsvorfälle herangezogen werden.[243] Da diese Ausreißer in allen GuV-Positionen auftreten können, existieren nunmehr auch Erträge und Aufwendungen außergewöhnlicher Größenordnung, die der gewöhnlichen Geschäftstätigkeit zuzurechnen sind, was einen wesentlichen Unterschied zur vorherigen Rechtslage darstellt,[244] bspw. eine außergewöhnliche Veränderung der Umsatzerlöse aufgrund des Abschlusses eines bedeutsamen Liefervertrages oder auch außergewöhnlich hohe außerplanmäßige Ab-

---

[231] WP-HdB Kap. F Rn. 1219; BeBiKo/*Grottel* Rn. 850.

[232] BeBiKo/*Grottel* Rn. 850.

[233] *Rimmelspacher/Reitmeier* WPg 2015, 1005; *Rimmelspacher/Meyer* DB-Beil. 5/2015, 27; WP-HdB Kap. F Rn. 1219.

[234] BeBiKo/*Grottel* Rn. 895–897.

[235] BT-Drs. 18/4050, 12, 67.

[236] BT-Drs. 18/4050, 67; WP-HdB Kap. F Rn. 1220; zur begrifflichen Akzentverschiebung von außergewöhnlich („exceptional") zu außerordentlich („extraordinary") Russ/Janßen/Götze/*Völkner/Weiser* BilRUG H Rn. 60.

[237] BT-Drs. 18/4050, 67.

[238] *Rimmelspacher/Meyer* DB-Beil. 5/2015, 28; WP-HdB Kap. F Rn. 1226.

[239] WP-HdB Kap. F Rn. 1226; BeBiKo/*Grottel* Rn. 897 f.

[240] BT-Drs. 18/4050, 67.

[241] BT-Drs. 18/4050, 67.

[242] WP-HdB Kap. F Rn. 1224; BeBiKo/*Grottel* Rn. 875.

[243] *Oser/Orth/Wirtz* DB 2015, 200.

[244] BT-Drs. 18/4050, 7.

schreibungen, für die nach vorherigem Recht keine Angabepflicht im Anhang bestand.[245]

Eine **außergewöhnliche Bedeutung** ist laut der Begründung des Regie- 59 rungsentwurfs im Hinblick auf die das Unternehmen prägenden **Vorgänge** zu bestimmen.[246] Im Unterschied zur Bestimmung einer außergewöhnlichen Größenordnung, die auf Geschäftsvorfälle abstellt, bietet sich hier ein Beurteilungsmaßstab anhand aggregierter Größen wie **Bilanzsumme** und **Umsatzerlöse** an.[247] Die Teilbedingung der außergewöhnlichen Bedeutung deckt die Geschäftsvorfälle ab, die nach vorheriger Rechtslage im außerordentlichen Ergebnis aufgeführt wurden:[248] Dementsprechend können für die Abgrenzung jene **Kriterien** als Indizien herangezogen werden, die nach vorheriger Rechtslage für die Abgrenzung der gewöhnlichen Geschäftstätigkeit von außerordentlichen Geschäftsvorfällen (§ 277 Abs. 4 aF) entwickelt worden sind.[249] Erträge und Aufwendungen sind demnach dann von außergewöhnlicher Bedeutung, wenn sie ungewöhnlich in der Art, selten im Vorkommen und von einiger materieller Bedeutung sind.[250] Damit kommen sowohl **quantitative** als auch **qualitative Ausreißer** in Betracht.[251]

37. Periodenfremde Erträge und Aufwendungen (§ 285 Nr. 32). Die 60 Vorschriften nach § 285 Nr. 32 sind inhaltlich identisch mit den im Zuge des BilRUG aufgehobenen Angaben nach § 277 Abs. 4 S. 3 aF hinsichtlich Erträgen und Aufwendungen, die einem anderen Geschäftsjahr zuzurechnen sind, sog. periodenfremde Erträge und Aufwendungen.[252] Diese sind gem. § 285 Nr. 32 hinsichtlich ihres **Betrags** und ihrer **Art** zu erläutern, soweit die Beträge nicht von untergeordneter Bedeutung sind.[253] Die Angabepflicht hat als **Erläuterung** zu erfolgen, die über eine bloße Angabe hinausgeht und auch die Ursachen einschließt (→ § 284 Rn. 5). Bei den periodenfremden Erträgen und Aufwendungen handelt es sich idR um **Fehleinschätzungen** der Vergangenheit, die in der laufenden Periode korrigiert werden.[254] Hierzu zählen bspw. die Nachholung von Abschreibungen, Erträge aus der Auflösung von Rückstellungen sowie Buchgewinne und Buchverluste aus der Veräußerung von abnutzbaren Vermögensgegenständen des Sachanlagevermögens.[255] Da periodenfremde Erträge und Aufwendungen in nahezu allen GuV-Positionen enthalten sein können, kann es sich anbieten, die Angaben nach § 285 Nr. 32 jeweils im Zusammenhang mit den Angaben der betreffenden GuV-Posten vorzunehmen.[256] Alternativ ist auch eine geschlossene

---

[245] WP-HdB Kap. F Rn. 1224; Russ/Janßen/Götze/*Völkner/Weiser* BilRUG Rn. 63; mit weiteren Beispielen für Erträge und Aufwendungen von außergewöhnlicher Größenordnung BeBiKo/*Grottel* Rn. 890; *Rimmelspacher/Meyer* DB-Beil. 5/2015, 28; *Rimmelspacher/Reitmeier* WPg 2015, 1007; Russ/Janßen/Götze/*Völkner/Weiser* BilRUG Rn. 65.
[246] BT-Drs. 18/4050, 67.
[247] BeBiKo/*Grottel* Rn. 875; WP-HdB Kap. F Rn. 1224.
[248] *Rimmelspacher/Reitmeier* WPg 2015, 1007; BeBiKo/*Grottel* Rn. 880.
[249] WP-HdB Kap. F Rn. 1224.
[250] *ADS* § 277 Rn. 79; → 3. Aufl. 2014, § 277 Rn. 6.
[251] BeBiKo/*Grottel* Rn. 884; Beispiele für Erträge und Aufwendungen von außergewöhnlicher Bedeutung BeBiKo/*Grottel* Rn. 891; *Rimmelspacher/Meyer* DB-Beil. 5/2015, 28; *Rimmelspacher/Reitmeier* WPg 2015, 1007; Russ/Janßen/Götze/*Völkner/Weiser* BilRUG H Rn. 65; WP-HdB Kap. F Rn. 1222.
[252] BT-Drs. 18/4050, 67.
[253] Zum Umfang der Angabepflicht BeBiKo/*Grottel* Rn. 925–928.
[254] WP-HdB Kap. F Rn. 1229; BeBiKo/*Grottel* Rn. 915.
[255] BeBiKo/*Grottel* Rn. 916; WP-HdB Kap. F Rn. 1230 mit weiteren Beispielen.
[256] *Rimmelspacher/Meyer* DB-Beil. 5/2015, 28; WP-HdB Kap. F Rn. 1231.

tabellarische Darstellung denkbar, die auch die Angaben nach § 285 Nr. 31 beinhalten könnte (→ Rn. 57).[257] Kleine und mittelgroße Kapitalgesellschaften sind gem. § 288 Abs. 1 Nr. 1 bzw. Abs. 2 S. 1 von der Angabepflicht befreit.[258]

61   38. Ereignisse nach dem Abschlussstichtag (§ 285 Nr. 33). Nach § 285 Nr. 33 sind Vorgänge von **besonderer Bedeutung,** die nach dem Schluss des Geschäftsjahrs eingetreten und weder in der Gewinn- und Verlustrechnung noch in der Bilanz berücksichtigt sind, unter Angabe ihrer **Art** und ihrer **finanziellen Auswirkungen** anzugeben. Die Norm ersetzt die Verpflichtung zur Berichterstattung im Lagebericht gem. § 289 Abs. 2 Nr. 1 aF (sog. Nachtragsbericht), die im Zuge des BilRUG aus § 289 gestrichen und inhaltlich konkretisiert in die neu eingefügte § 285 Nr. 33 aufgenommen wurde.[259] Eine Berichtspflicht besteht nur für **wertbegründende Ereignisse,** da werterhellende Ereignisse bereits bei der Aufstellung des Abschlusses zu berücksichtigen sind und sich damit in der in der Gewinn- und Verlustrechnung und der Bilanz niederschlagen.[260] Nach hM sind Vorgänge dann von **besonderer Bedeutung,** wenn sie die Vermögens-, Finanz- und Ertragslage erheblich beeinflusst hätten, wenn sie sich bereits vor dem Bilanzstichtag ereignet hätten.[261] Hierbei kann es sich sowohl um positive als auch um negative Vorgänge handeln.[262] Eine Ausweitung der Angabepflicht im Vergleich zur vorherigen Berichtspflicht im Lagebericht gem. § 289 Abs. 2 Nr. 1 aF besteht darin, dass neben der Art auch die **finanziellen Auswirkungen** der Ereignisse von besonderer Bedeutung erforderlich sind.[263] Die verwendete Formulierung der „finanziellen Auswirkungen" ist hierbei jedoch nicht mit Auswirkungen gleichzusetzen, die sich allein auf die Finanzlage des Unternehmens beschränken.[264] Anzugeben sind auch jene Auswirkungen, die sich auf die **Vermögens- und/oder die Ertragslage** des Unternehmens auswirken.[265] Ein Erfordernis der Quantifizierung der Angabe lässt sich aus dem Begriff „finanzielle Auswirkungen" nach hM nicht direkt ableiten, weshalb **qualitative, verbale Aussagen** und **Umschreibungen** als ausreichend betrachtet werden.[266] In zeitlicher Hinsicht erstreckt sich die Berichtspflicht vom Beginn des neuen Geschäftsjahrs bis zur Aufstellung des Jahresabschlusses; in besonderen Fällen bis zum Zeitpunkt der Feststellung des Jahresabschlusses.[267] Kleine Kapitalgesellschaften sind gem. § 288 Abs. 1 Nr. 1 von der Angabepflicht befreit.

62   39. Ergebnisverwendungsvorschlag oder -beschluss (§ 285 Nr. 34). Die im Zuge des BilRUG neu aufgenommene § 285 Nr. 34 sieht vor, dass der **Vorschlag** für die Verwendung des Ergebnisses oder der **Beschluss** über

---

[257] WP-HdB Kap. F Rn. 1231; BeBiKo/*Grottel* Rn. 923, 880.

[258] Krit. zur Befreiung mittelgroßer Gesellschaften Russ/Janßen/Götze/*Völkner/Weiser* BilRUG Rn. 68.

[259] BT-Drs. 18/4050, 67.

[260] WP-HdB Kap. F Rn. 1234; Russ/Janßen/Götze/*Völkner/Weiser* BilRUG Rn. 70.

[261] *Rimmelspacher/Meyer* DB-Beil. 5/2015, 29; WP-HdB Kap. F Rn. 1234.

[262] BeBiKo/*Grottel* Rn. 935.

[263] BT-Drs. 18/4050, 67; Russ/Janßen/Götze/*Völkner/Weiser* BilRUG Rn. 71.

[264] *Rimmelspacher/Reitmeier* WPg 2015, 1008; Russ/Janßen/Götze/*Völkner/Weiser* BilRUG Rn. 71.

[265] *Rimmelspacher/Reitmeier* WPg 2015, 1008; Russ/Janßen/Götze/*Völkner/Weiser* BilRUG Rn. 71.

[266] BeBiKo/*Grottel* Rn. 943; WP-HdB Kap. F Rn. 1235.

[267] *ADS* § 289 Rn. 102; BeBiKo/*Grottel* Rn. 950.

seine Verwendung im Anhang anzugeben ist.[268] Da zum Zeitpunkt der Aufstellung des Jahresabschlusses üblicherweise lediglich ein Ergebnisverwendungsvorschlag vorliegen wird, hat in diesen Fällen, wie auch nach vorheriger Rechtslage, auch weiterhin eine **gesonderte Offenlegung** des Beschlusses gem. § 325 Abs. 1b S. 2 zu erfolgen.[269] Anzugeben ist, wie das gesamte Ergebnis verwendet werden soll.[270] Im Falle eines Jahresüberschusses ist demnach dazustellen, wie viel bzw. welcher Teil ausgeschüttet, in die Rücklagen eingestellt oder auf neue Rechnung vorgetragen werden soll.[271] Sofern eine Gewinnausschüttung vorgeschlagen wird, dürfte laut der Begründung des Regierungsentwurfs die Angabe genügen, welcher Teil des Gewinns ausgeschüttet werden soll;[272] eine Angabe Bezugsberechtigten der Gewinnausschüttung kann zur Wahrung des Datenschutzes unterbleiben.[273] Demzufolge stellt die Angabe nach § 285 Nr. 34 eine **inhaltsgleiche,** nicht aber wörtliche **Wiedergabe des Gewinnverwendungsvorschlags** dar.[274] Eine Angabepflicht besteht nur dann, wenn eine Gewinnverwendung auch beschlossen werden muss,[275] womit sich zahlreiche Ausnahmen von der Angabepflicht ergeben, bspw. für OHG/KG iSv § 264a für Kapitalgesellschaften bei Vorliegen eines Ergebnisabführungsvertrags oder eines Bilanzverlusts oder für GmbH ohne Aufsichtsrat.[276] Kleine Kapitalgesellschaften sind gem. § 288 Abs. 1 Nr. 1 von der Angabepflicht befreit.

III. Folgen der Nichtbeachtung

Hierzu wird auf die Anmerkungen zu → § 284 Rn. 49 verwiesen. **63**

§ 286 Unterlassen von Angaben

(1) **Die Berichterstattung hat insoweit zu unterbleiben, als es für das Wohl der Bundesrepublik Deutschland oder eines ihrer Länder erforderlich ist.**

(2) **Die Aufgliederung der Umsatzerlöse nach § 285 Nr. 4 kann unterbleiben, soweit die Aufgliederung nach vernünftiger kaufmännischer Beurteilung geeignet ist, der Kapitalgesellschaft einen erheblichen Nachteil zuzufügen; die Anwendung der Ausnahmeregelung ist im Anhang anzugeben.**

(3) ¹**Die Angaben nach § 285 Nr. 11 und 11b können unterbleiben, soweit sie**

1. **für die Darstellung der Vermögens-, Finanz- und Ertragslage der Kapitalgesellschaft nach § 264 Abs. 2 von untergeordneter Bedeutung sind oder**

2. **nach vernünftiger kaufmännischer Beurteilung geeignet sind, der Kapitalgesellschaft oder dem anderen Unternehmen einen erheblichen Nachteil zuzufügen.**

[268] BT-Drs. 18/4050, 67 f.; BeBiKo/*Grottel* Rn. 960.
[269] WP-HdB Kap. F Rn. 1236.
[270] BT-Drs. 18/4050, 67; BeBiKo/*Grottel* Rn. 695.
[271] *Rimmelspacher/Reitmeier* WPg 2015, 1010; BeBiKo/*Grottel* Rn. 965.
[272] BT-Drs. 18/4050, 67 f.
[273] BT-Drs. 18/4050, 68; BeBiKo/*Grottel* Rn. 965.
[274] *Rimmelspacher/Reitmeier* WPg 2015, 1010; WP-HdB Kap. F Rn. 1237.
[275] WP-HdB Kap. F Rn. 1238.
[276] WP-HdB Kap. F Rn. 1238; BeBiKo/*Grottel* Rn. 970–973 mit weiteren Ausnahmen.

² Die Angabe des Eigenkapitals und des Jahresergebnisses kann unterbleiben, wenn das Unternehmen, über das zu berichten ist, seinen Jahresabschluß nicht offenzulegen hat und die berichtende Kapitalgesellschaft keinen beherrschenden Einfluss auf das betreffende Unternehmen ausüben kann. ³ Satz 1 Nr. 2 ist nicht anzuwenden, wenn die Kapitalgesellschaft oder eines ihrer Tochterunternehmen (§ 290 Abs. 1 und 2) am Abschlussstichtag kapitalmarktorientiert im Sinn des § 264d ist. ⁴ Im Übrigen ist die Anwendung der Ausnahmeregelung nach Satz 1 Nr. 2 im Anhang anzugeben.

(4) Bei Gesellschaften, die keine börsennotierten Aktiengesellschaften sind, können die in § 285 Nr. 9 Buchstabe a und b verlangten Angaben über die Gesamtbezüge der dort bezeichneten Personen unterbleiben, wenn sich anhand dieser Angaben die Bezüge eines Mitglieds dieser Organe feststellen lassen.

(5) ¹ Die in § 285 Nr. 9 Buchstabe a Satz 5 bis 8 verlangten Angaben unterbleiben, wenn die Hauptversammlung dies beschlossen hat. ² Ein Beschluss, der höchstens für fünf Jahre gefasst werden kann, bedarf einer Mehrheit, die mindestens drei Viertel des bei der Beschlussfassung vertretenen Grundkapitals umfasst. ³ § 136 Abs. 1 des Aktiengesetzes gilt für einen Aktionär, dessen Bezüge als Vorstandsmitglied von der Beschlussfassung betroffen sind, entsprechend.

Schrifttum: (ohne die Einzelbeiträge in den verschiedenen Handbüchern der Rechnungslegung) *Bischof/Oser,* Frankfurt locuta, causa finita – Enforcement der Angabe der Vorstandsbezüge bei einem Alleinvorstand, BB 2012, 2615; *BMJ,* Schreiben vom 6. März 1995 – III A 3–3507/1–13 (D)-1 II-32–2014/94, Transformation der Mittelstandsrichtlinie in Bezug auf die Organbezüge (§ 286 HGB), DB 1995, 639; OLG Düsseldorf Beschl. vom 26. Juni 1997 – 19 W 2/97, Auskunftsanspruch eines Aktionärs betreffend die Gesamtbezüge des Vorstandes trotz berechtigter Nichtangabe im Jahresabschluss, DB 1997, 1609; OLG Frankfurt Beschl. v. 31.5.2012 – WpÜG 2/12, WpÜG 3/12; *Pfitzer/Wirth,* Die Änderungen des Handelsgesetzbuchs – Umsetzung der Mittelstandsrichtlinie, DB 1994, 1937; *Zwirner/Boecker,* Erleichterungsmöglichkeiten für den Anhang: Unter welchen Voraussetzungen dürfen Angaben weggelassen werden?, BC 2017, 570.

I. Allgemeines

1   Die Regelung des § 286 ergänzt die Vorschriften über den Anhang und sieht vor, dass unter bestimmten Voraussetzungen **Angaben im Anhang unterlassen** werden dürfen bzw. müssen. Die einzelnen Ausnahmeregelungen beziehen sich ausschließlich auf den Anhang und nicht auf Bilanz, GuV oder Lagebericht, was einerseits aus der Gesetzessystematik folgt und sich andererseits daraus ergibt, dass durch Abs. 1 ein mittelbarer und durch Abs. 2–5 ein unmittelbarer Bezug zur Berichterstattung im Anhang hergestellt wird.[1] Bei Vorliegen der entsprechenden Voraussetzungen dürfen bzw. müssen die betreffenden Anhangangaben unabhängig von der Größe der Gesellschaft unterbleiben; insoweit ist die Vorschrift des § 286 von § 288, der größenabhängige Erleichterungen einräumt, abzugrenzen. Während in Abs. 1 die Unterlassung bestimmter Angaben zwingend vorgeschrieben wird, handelt es sich bei den Erleichterungen in Abs. 2–4 um Wahlrechte, deren Nutzung in das Ermessen der Unternehmen gestellt wird.

---

[1] *ADS* Rn. 6.

II. Unterbleiben der Berichterstattung aus Gründen des Allgemeinwohls (Abs. 1)

Nach Abs. 1 hat die Berichterstattung im Anhang insoweit zu unterbleiben, als es für das Wohl der Bundesrepublik Deutschland oder eines ihrer Länder erforderlich ist (sog. **Schutzklausel**). Ob dies der Fall ist, haben Vorstand bzw. Geschäftsführung nach pflichtgemäßem Ermessen zu entscheiden.[2] Wird ein Sachverhalt, für den die tatbestandlichen Voraussetzungen gegeben sind, festgestellt, dann ist die Unterlassung der Angabe zwingend.[3] **2**

Durch die Vorschrift des Abs. 1 sollen insbesondere **Landesverrat** und die Offenbarung von **Staatsgeheimnissen** verhindert werden.[4] Für die Ausnahmeregelung kommen vor allem Angaben, die mit Aufträgen der Bundeswehr oder der Polizei in Zusammenhang stehen, aber auch andere im öffentlichen Interesse übernommene Aufträge, wie zB Forschungs- und Entwicklungsaufträge, in Betracht.[5] Die schlechte wirtschaftliche Lage eines Unternehmens, an dem der Bund oder eines der Länder beteiligt ist, rechtfertigt jedoch nicht das Unterlassen einer Angabe im Hinblick auf das Staatsinteresse.[6] **3**

Wird die Schutzklausel in Anspruch genommen, darf über die Anwendung im **Anhang nicht berichtet** werden, da sonst der berichtspflichtige Sachverhalt auf diesem Wege erkennbar werden könnte. Dies kann als Umkehrschluss aus Abs. 2 S. 1 Hs. 2 und Abs. 3 S. 4 abgeleitet werden. Hier wird explizit eine Anhangangabe zur Anwendung der Ausnahmeregelung gefordert.[7] **4**

Entsprechend dem Stellenwert der Vorschrift ist das Unterlassen entsprechender Angaben für alle Kapitalgesellschaften und gem. § 336 Abs. 2 auch für eingetragene Genossenschaften, gem. §§ 340, 340a für Kreditinstitute und Finanzdienstleistungsinstitute, gem. §§ 341, 341a für Versicherungsunternehmen und Pensionsfonds und gem. § 5 Abs. 2 S. 2 PublG für dem PublG unterliegende Unternehmen verpflichtend vorgeschrieben.[8] **5**

III. Unterlassen der Aufgliederung der Umsatzerlöse (Abs. 2)

Die in § 285 Nr. 4 geforderte Aufgliederung der Umsatzerlöse nach Tätigkeitsbereichen sowie nach geographisch bestimmten Märkten (→ § 285 Rn. 7) kann nach Abs. 2 unterbleiben, wenn diese Angaben nach vernünftiger kaufmännischer Beurteilung geeignet sind, der Kapitalgesellschaft einen **erheblichen Nachteil** zuzufügen. Durch das BilRUG ist die Erleichterung durch das Unterlassen der Aufgliederung der Umsatzerlöse für diejenigen Unternehmen weggefallen, an denen die Kapitalgesellschaft mindestens 20 % der Anteile besitzt.[9] Aufgrund der Erleichterungsregelung des § 288 (→ § 288 Rn. 6, 9), wonach kleine und mittelgroße Kapitalgesellschaften bzw. nach § 264 Abs. 1 S. 5 Kleinstkapitalgesellschaften iSv § 267a ohnehin **6**

---

[2] WP-HdB Kap. F Rn. 1270.

[3] *ADS* Rn. 10; BeBiKo/*Grottel* Rn. 11; HdR/*Oser/Holzwarth* §§ 284–288 Rn. 903.

[4] BeBiKo/*Grottel* Rn. 12; Baumbach/Hopt/*Merkt* Rn. 1.

[5] WP-HdB Kap. F Rn. 1270.

[6] *ADS* Rn. 16.

[7] *ADS* Rn. 17; Baumbach/Hopt/*Merkt* Rn. 1; BeBiKo/*Grottel* Rn. 13.

[8] BeBiKo/*Grottel* Rn. 4.

[9] BT-Drs. 18/4050, 13; Baumbach/Hopt/*Merkt* Rn. 2; BeBiKo/*Grottel* Rn. 20; *Zwirner/Boecker* BC 2017, 571 f.

sowie OHG/KG iSv § 264a von dieser Angabepflicht befreit sind, hat die Vorschrift nur für **große** Kapitalgesellschaften bzw. OHG/KG iSv § 264a Bedeutung.[10]

7   Ein „**erheblicher Nachteil**" muss nicht notwendigerweise mit dem Eintritt eines konkret messbaren Schadens verbunden sein; schon die Beeinträchtigung immaterieller Werte, wie zB ein Imageverlust, ist ausreichend.[11] Es ist zu differenzieren, ob ein erheblicher Nachteil durch die Aufgliederung der Umsatzerlöse nach Tätigkeitsbereichen oder nach geografisch bestimmten Märkten entsteht. Treffen die Voraussetzungen nur für eine Aufgliederung zu, ist die entsprechend andere Aufgliederung im Anhang anzugeben.[12] Zur Anwendung der Vorschrift reicht die Eignung der Angaben zur Nachteilszufügung aus, soweit sie nach vernünftiger kaufmännischer Beurteilung mit großer Wahrscheinlichkeit gegeben oder zumindest plausibel ist.[13] Als Nachteile können beispielsweise befürchtete Absatzeinbußen oder Maßnahmen von Konkurrenten, die ohne die geforderten Angaben nicht erfolgen würden, angesehen werden.[14] Die Nachteile müssen **erheblich** – also für das Unternehmen spürbar – sein; Nachteile von untergeordneter Bedeutung sind in Kauf zu nehmen und dürfen nicht zum Weglassen der geforderten Angaben führen.[15]

8   Die Anwendung der Ausnahmeregelung führt gem. Abs. 2 S. 1 Hs. 2 seit dem BilRUG zu einer **verpflichtenden Angabe** im Anhang.[16] Die zuvor kontrovers diskutierte hM einer nur vermeintlich verpflichtenden Anhangangabe wurde entsprechend der Umsetzung des Art. 18 Abs. 2 S. 3 Richtlinie 2013/34/EU durch das BilRUG konkretisiert.[17]

9   Für Kreditinstitute und Finanzdienstleistungsinstitute ist die Vorschrift des Abs. 2 ebenfalls anwendbar. Da bei Versicherungsunternehmen die Angaben nach § 285 Nr. 4 durch die gesonderte Regelung in § 341a Abs. 2 S. 2 iVm § 51 Abs. 4 RechVersV verdrängt werden, kommt auch die Erleichterung des Abs. 2 nicht zum Tragen.[18] Eingetragene Genossenschaften und Unternehmen, die nach dem PublG zur Rechnungslegung verpflichtet sind, können die Aufgliederung der Umsatzerlöse unterlassen.

IV. Unterlassen der Angaben zum Anteilsbesitz (Abs. 3)

10   Gem. Abs. 3 können die nach § 285 Nr. 11 und Nr. 11b (→ § 285 Rn. 17, 20) geforderten Angaben (Name, Sitz, Höhe des Anteils am Kapital, Eigenkapital und Ergebnis des letzten Geschäftsjahres von Unternehmen, bei denen eine Beteiligung iSd § 271 Abs. 1 und ein Jahresabschluss vorliegt oder ein solcher Anteil von einer Person für Rechnung der Kapitalgesellschaft gehalten wird; Beteiligungen an großen Kapitalgesellschaften, von denen die börsennotierte Kapitalgesellschaft mehr als 5 % der Stimmrechte besitzt) unterbleiben, wenn sie entweder

---

[10] *ADS* Rn. 18.
[11] *ADS* Rn. 23.
[12] BeBiKo/*Grottel* Rn. 22.
[13] BeBiKo/*Grottel* Rn. 26.
[14] WP-HdB Kap. F Rn. 1038.
[15] *ADS* Rn. 24; BeBiKo/*Grottel* Rn. 25.
[16] BeBiKo/*Grottel* Rn. 23; WP-HdB Kap. F Rn. 1038.
[17] Richtlinie 2013/34/EU des Europäischen Parlaments und des Rates v. 26.6.2013, ABl. 2013 L 182, 19–76; *ADS* Rn. 20.
[18] MüKoBilanzR/*Kessler* Rn. 1.

– für die Darstellung der Vermögens-, Finanz- und Ertragslage der Kapitalgesellschaft nach § 264 Abs. 2 von **untergeordneter Bedeutung** sind (Abs. 3 S. 1 Nr. 1) oder
– nach vernünftiger kaufmännischer Beurteilung geeignet sind, der Kapitalgesellschaft oder dem anderen Unternehmen einen **erheblichen Nachteil** zuzufügen (Abs. 3 S. 1 Nr. 2).

Von **untergeordneter Bedeutung** sind die Angaben immer dann, wenn **11** die Jahresabschlussadressaten durch die Angaben in ihren Entscheidungen nicht beeinflusst werden; es ist jedoch zu beachten, dass bei Anteilsbesitz an mehreren Unternehmen von untergeordneter Bedeutung diese insgesamt durchaus von erheblicher Bedeutung für die Darstellung der Vermögens-, Finanz- und Ertragslage sein können und in diesem Fall eine Berichterstattung notwendig ist.[19] Zur Zufügung eines **erheblichen Nachteils** vgl. die Ausführungen zu Abs. 2. In Abs. 3 S. 4 wird analog zu Abs. 2 S. 1 Hs. 2 verlangt, die Anwendung der Ausnahmeregelung nach Abs. 3 S. 1 Nr. 2 im Anhang anzugeben; eine Begründung für das Unterlassen der Angaben braucht nicht gegeben zu werden.[20] Kapitalmarktorientierte Unternehmen iSv § 264d dürfen von der Ausnahmeregelung des Abs. 3 S. 1 Nr. 2 gem. Abs. 3 S. 3 keinen Gebrauch machen; diese Vorschrift gilt auch für berichtende Mutterunternehmen, wenn eines ihrer Tochterunternehmen kapitalmarktorientiert iSv § 264d ist.

Darüber hinaus kann nach Abs. 3 S. 2 die Angabe des Eigenkapitals und **12** des Jahresergebnisses unterbleiben, wenn das Unternehmen, über das zu berichten ist, seinen Jahresabschluss nicht **offenlegen** muss und die berichtende Kapitalgesellschaft **keinen beherrschenden Einfluss** auf das betreffende Unternehmen ausüben kann (es sich nicht um ein Tochterunternehmen iSd § 290 Abs. 1 S. 1 handelt). Dies gilt in erster Linie für Anteile an solchen **Personenhandelsgesellschaften,** die nicht zur Offenlegung verpflichtet sind, weil sie weder zu den OHG/KG iSv § 264a zählen noch eine Kapitalgesellschaften gem. § 325 oder rechnungslegungs- und offenlegungspflichtig gem. § 9 Abs. 1 PublG sind.[21] Angaben über **kleine Kapitalgesellschaften** oder kleine OHG/KG iSv § 264a sowie Kleinstkapitalgesellschaften iSv § 267a fallen nicht prinzipiell unter die Ausnahmeregelung, da Erleichterungen bei der Offenlegung (zB § 326) nicht von der grundsätzlichen Offenlegungspflicht befreien. Für den Fall, dass von den Offenlegungserleichterungen Gebrauch gemacht wurde und die Angaben des Eigenkapitals und des Jahresergebnisses von dem Unternehmen, über das zu berichten ist, auch nicht (freiwillig) gemacht wurden, können diese Angaben auch bei der berichtenden Kapitalgesellschaft unterbleiben.[22]

Es ist der Grundsatz der **Ausweisstetigkeit** zu beachten. Die Anwendung **13** der Ausnahmeregelung liegt im Ermessen der Kapitalgesellschaft, wonach entweder die Angabe zum Eigenkapital und Jahresergebnis gemeinsam weggelassen werden kann oder nur eine Angabe unterbleibt. Die weiteren Angaben nach § 285 Nr. 11 (Name, Sitz, Höhe des Anteils am Kapital) sind indes weiterhin anzugeben.[23]

---

[19] BeBiKo/*Grottel* Rn. 32, 36.
[20] *ADS* Rn. 45; BeBiKo/*Grottel* Rn. 38.
[21] *ADS* Rn. 47; MüKoHGB/*Poelzig* Rn. 54.
[22] WP-HdB Kap. F Rn. 1087; BeBiKo/*Grottel* Rn. 39; aA da engere Auslegung: *ADS* Rn. 48; MüKoHGB/*Poelzig* Rn. 56.
[23] BeBiKo/*Grottel* Rn. 39.

**V. Unterlassen der Angaben über Gesamtbezüge von aktiven und
ehemaligen Organmitgliedern sowie deren Hinterbliebenen für
Gesellschaften, die keine börsennotierten Aktiengesellschaften sind
(Abs. 4)**

14   Die in § 285 Nr. 9 Buchst. a und Nr. 9 Buchst. b (→ § 285 Rn. 12)
vorgeschriebenen Angaben über die **Organbezüge** (Gesamtbezüge der aktiven Organmitglieder, Gesamtbezüge der ehemaligen Organmitglieder und
deren Hinterbliebenen sowie die Beträge der für diese Personengruppe gebildeten und nicht gebildeten Pensionsrückstellungen) können gem. Abs. 4
unterbleiben, wenn sich anhand dieser Angaben die Bezüge eines Mitglieds
dieser Organe feststellen lassen.[24] Abs. 4 bezieht sich auf mittelgroße sowie
große Kapitalgesellschaften und OHG/KG iSv § 264a; kleine Gesellschaften
iSv § 267 Abs. 1 und Kleinstkapitalgesellschaften iSv § 267a sind nach § 288
Abs. 1 ohnehin von diesen Angaben befreit. Des Weiteren gilt die Vorschrift
auch für dem PublG unterliegende anhangpflichtige Unternehmen iSv § 5
Abs. 2 S. 2 PublG, Kreditinstitute iSv § 340a Abs. 2 und Versicherungsunternehmen iSv § 341a Abs. 2.[25] Von der Befreiung ausgenommen sind jedoch
börsennotierte Aktiengesellschaften, die zu einer individualisierten Offenlegung verpflichtet sind, sofern die Hauptversammlung keinen entsprechenden
Beschluss gefasst hat (→ Rn. 17).[26]

15   Hintergrund dieser Vorschrift ist, dass die Bezüge eines einzelnen Organmitglieds aus **Datenschutzgründen** für die Öffentlichkeit nicht erkennbar
sein sollen. Betroffen ist jedoch ausschließlich das Schutzinteresse gegenüber
den Abschlussadressaten (zB die **Öffentlichkeit**); wenn bei einem zweiköpfi-
gen Organ das einzelne Organmitglied die Bezüge des jeweils anderen ermitteln kann, greift die Befreiungsmöglichkeit nicht.[27] Der Hauptanwendungsfall von Abs. 4 liegt vor, wenn ein Organ nur aus einer Person besteht
(zB Alleingeschäftsführer) und auch kein Wechsel während des Geschäftsjahres eingetreten ist.[28] Als **weitere Anwendungsfälle** kommen in Frage:

– Von mehreren Organmitgliedern wird nur ein einzelnes Organmitglied
  von der Gesellschaft vergütet, während die anderen von verbundenen
  Unternehmen entlohnt werden. Voraussetzung dabei ist, dass der Ver-
  gütungsmodus der Öffentlichkeit bekannt sein muss;[29]
– Vergütungsregeln sind bspw. durch Satzungsbestimmungen oder Hauptversammlungsbeschluss hinsichtlich der Aufsichtsratsvergütung bekannt oder
  der Öffentlichkeit zugänglich;[30]
– Angaben zu Ruhestandsbezügen, wenn bekannt ist, dass die Gesellschaft
  nur ein im Ruhestand befindliches Organmitglied hat.[31]

16   Umstritten ist die Anwendung der Ausnahmeregelung, wenn lediglich die
Ermittlung der durchschnittlichen Bezüge möglich ist. Nach dem Wortlaut

---

[24] BeBiKo/*Grottel* Rn. 41; aA, nach denen die Pensionsrückstellungen nicht zu den
Gesamtbezügen gezählt werden und demnach immer angabepflichtig sind: WP-HdB Kap. F
Rn. 1064; MüKoHGB/*Poelzig* Rn. 65.
[25] MüKoHGB/*Poelzig* Rn. 62.
[26] BeBiKo/*Grottel* Rn. 40.
[27] *ADS* Rn. 53; WP-HdB Kap. F Rn. 1062; BeBiKo/*Grottel* Rn. 43.
[28] *ADS* Rn. 54.
[29] MüKoHGB/*Poelzig* Rn. 70.
[30] MüKoBilanzR/*Kessler* Rn. 24.
[31] *ADS* Rn. 54.

des Abs. 4 wäre die Angabe in diesem Fall vorzunehmen.[32] Nach der Auffassung des BMJ kann die Angabe aber schon dann unterbleiben, wenn die Größenordnung der Bezüge eines Organmitglieds geschätzt werden kann, auch wenn so die Ausnahme des Abs. 4 zur Regel werden kann.[33] Ob aus der Durchschnittsrechnung die Größenordnung der Bezüge einzelner Organmitglieder tatsächlich zutreffend geschätzt werden kann, wäre allerdings nach dieser Auffassung im Einzelfall zu prüfen; eine verbindliche Auslegung bleibt letztlich der Rechtsprechung vorbehalten.[34] Nach Ansicht des OLG Düsseldorf ist das Unterlassen von Angaben nach Abs. 4 gerechtfertigt, wenn die Bezüge der Organmitglieder nicht bedeutend voneinander abweichen und somit in Unkenntnis der Vergütungsregeln durch einfache Division zu ermitteln wären.[35]

VI. Unterlassen der Angaben der individualisierten Vorstandsbezüge börsennotierter Aktiengesellschaften (Abs. 5)

Der Verzicht auf die Angabe der **individualisierten Vorstandsbezüge** **17** gem. § 285 Nr. 9 Buchst. a S. 5–8 bei börsennotierten Aktiengesellschaften (→ § 285 Rn. 14) ist zulässig, wenn die **Hauptversammlung** dies mit einer Mehrheit von 75 % des bei der Beschlussfassung vertretenen Grundkapitals beschlossen hat. Der Befreiungsbeschluss darf für höchstens fünf Jahre gefasst werden und muss bis zum Ende der Aufstellungsphase des Abschlusses vorliegen.[36] Entsprechend der Anwendung des § 136 Abs. 1 AktG ist ein Aktionär, dessen Bezüge als Vorstandsmitglied von der Beschlussfassung betroffen sind, gem. Abs. 5 S. 3 von der Abstimmung ausgeschlossen.[37] Die Pflicht zur Offenlegung der Gesamtbezüge des Vorstands nach § 285 Nr. 9 Buchst. a S. 1 bleibt weiterhin bestehen (Schutzklausel → Rn. 14–16). Dies gilt ebenfalls für den Fall eines Alleinvorstands; ein Verzicht auf die Offenlegung der Gesamtbezüge (auch wenn diese identisch mit den individuellen Bezügen sind) ist trotz Beschluss der Hauptversammlung nach § 286 Abs. 5 nicht möglich.[38] Im Rahmen des Vergütungsberichts iSd § 289a Abs. 2 ist auf den Befreiungsbeschluss hinzuweisen.[39] Eine Angabe in der **Entsprechenserklärung zum DCGK** gem. § 161 AktG ist bei Unterlassen der Angaben nach § 285 Nr. 9 Buchst. a S. 5–8 nicht notwendig, da es sich gem. DCGK Ziffer 4.2.4 nicht um eine Empfehlung, sondern um eine Wiedergabe des Gesetzeswortlauts handelt.[40] Hingegen ist anzugeben, dass der Empfehlung zur individuellen Aufschlüsselung der Vorstandsvergütung gemäß den Mustertabellen nach DCGK Ziffer 4.2.5 nicht entsprochen wurde und wird und warum nicht.

Gemäß der zweiten europäischen Aktionärsrechterichtlinie ist ein Unter- **18** lassen der Angaben der individualisierten Vorstandsbezüge börsennotierter

---

[32] *ADS* Rn. 54; *Pfitzer/Wirth* DB 1994, 1938.

[33] BMJ 6.3.1995, DB 1995, 639.

[34] BMJ 6.3.1995, DB 1995, 639; MüKoHGB/*Poelzig* Rn. 68.

[35] OLG Düsseldorf Beschl. v. 26.6.1997 – 19 W 2/97 AktE, DB 1997, 1609.

[36] BeBiKo/*Grottel* Rn. 51–52; WP-HdB Kap. J Rn. 13.

[37] BeBiKo/*Grottel* Rn. 51.

[38] OLG Frankfurt Beschl. v. 31.5.2012 – WpÜG 2/12, WpÜG 3/12; BeBiKo/*Grottel* Rn. 50; *Bischof/Oser* BB 2012, 2615.

[39] BeBiKo/*Grottel* Rn. 52.

[40] BeBiKo/*Grottel* Rn. 52.

Aktiengesellschaften durch einen Hauptversammlungsbeschluss nicht vorgesehen.[41] Durch die Umsetzung der zweiten Aktionärsrechterichtlinie (ARUG II) ist eine Aufhebung des Abs. 5 vorgesehen.[42]

§ 287 *(aufgehoben)*

§ 288 Größenabhängige Erleichterungen

(1) **Kleine Kapitalgesellschaften (§ 267 Absatz 1) brauchen nicht**

1. **die Angaben nach § 264c Absatz 2 Satz 9, § 265 Absatz 4 Satz 2, § 284 Absatz 2 Nummer 3, Absatz 3, § 285 Nummer 2, 3, 4, 8, 9 Buchstabe a und b, Nummer 10 bis 12, 14, 15, 15a, 17 bis 19, 21, 22, 24, 26 bis 30, 32 bis 34 zu machen;**
2. **eine Trennung nach Gruppen bei der Angabe nach § 285 Nummer 7 vorzunehmen;**
3. **bei der Angabe nach § 285 Nummer 14a den Ort anzugeben, wo der vom Mutterunternehmen aufgestellte Konzernabschluss erhältlich ist.**

(2) [1]**Mittelgroße Kapitalgesellschaften (§ 267 Absatz 2) brauchen die Angabe nach § 285 Nummer 4, 29 und 32 nicht zu machen.** [2]**Wenn sie die Angabe nach § 285 Nummer 17 nicht machen, sind sie verpflichtet, diese der Wirtschaftsprüferkammer auf deren schriftliche Anforderung zu übermitteln.** [3]**Sie brauchen die Angaben nach § 285 Nummer 21 nur zu machen, sofern die Geschäfte direkt oder indirekt mit einem Gesellschafter, Unternehmen, an denen die Gesellschaft selbst eine Beteiligung hält, oder Mitgliedern des Geschäftsführungs-, Aufsichts- oder Verwaltungsorgans abgeschlossen wurden.**

I. Allgemeines

1   § 288 regelt, dass kleine und mittelgroße Kapitalgesellschaften von bestimmten Anhangangaben befreit sind. Für OHG/KG iSv § 264a, die die Größenmerkmale des § 267 Abs. 1 bzw. Abs. 2 aufweisen, gelten die Befreiungen ebenfalls. Für Kleinstkapitalgesellschaften iSv § 267a gelten gem. § 267a Abs. 2 die besonderen Regelungen für kleine Kapitalgesellschaften, soweit dem keine expliziten anderen Regelungen entgegenstehen. Zusätzlich werden Erleichterungen für den Anhang in den §§ 274a und 276 sowie für die Offenlegung in den §§ 326 und 327 eingeräumt. Bei der Inanspruchnahme der Erleichterungen des § 288 ist jedoch zu beachten, dass jeder Aktionär einer AG nach § 131 Abs. 1 S. 3 AktG auf der Hauptversammlung die Vorlage eines Anhangs, wie er für große Kapitalgesellschaften vorgeschrieben ist, verlangen kann.[1] Die Gesellschafter einer GmbH haben nach § 51a Abs. 1 GmbHG mindestens die gleichen, wenn nicht sogar weitergehende Auskunftsrechte.[2] Für OHG/KG sind die Kontrollrechte der Gesellschafter in

---

[41] Vgl. RL (EU) 2017/828 des Europäischen Parlaments und des Rates vom 17.5.2017 zur Änderung der RL 2007/36/EG im Hinblick auf die Förderung der langfristigen Mitwirkung der Aktionäre (ABl. L 132, 1, Erwägungsgrund 34).
[42] Vgl. RefE des BMJV: Entwurf eines Gesetzes zur Umsetzung der zweiten Aktionärsrechterichtlinie (ARUG II), S. 21.
[1] Dies gilt gem. § 131 Abs. 1 S. 3 AktG auch bei einer Inanspruchnahme der Erleichterungen der § 266 Abs. 1 S. 3 und § 276; MüKoHGB/*Poelzig* Rn. 6.
[2] BeBiKo/*Grottel* Rn. 1.

§ 118 bzw. § 166 geregelt und dürften bezogen auf die Angabepflichten im Anhang ähnlich weit reichen wie bei einer Kapitalgesellschaft. Die eingeräumten Erleichterungen sollen neben einem reduzierten Verwaltungsaufwand vor vermuteten negativen Auswirkungen der Publizität schützen.[3] Diese Schutzwirkung ist somit auf die Preisgabe bestimmter Informationen gegenüber der Öffentlichkeit, nicht jedoch gegenüber den Anteilseignern ausgerichtet.

Durch den Verweis in § 336 Abs. 2 S. 1 können auch kleine eingetragene **2** Genossenschaften auf die in § 288 genannten Angaben verzichten. Nach dem PublG zur Rechnungslegung verpflichtete Unternehmen haben einen Anhang gemäß den für große Kapitalgesellschaften geltenden Vorschriften zu erstellen; es gelten die Angaben nach §§ 284–286.[4] Auch Kreditinstituten und Finanzdienstleistungsinstituten (§ 340a Abs. 2 S. 1) sowie Versicherungsunternehmen (§ 341a Abs. 2 S. 1) ist die Inanspruchnahme der Erleichterungen verwehrt.

II. Erleichterungen für kleine Kapitalgesellschaften und kleine OHG/ KG iSv § 264a (Abs. 1)

Gem. Abs. 1 sind kleine Kapitalgesellschaften und kleine OHG/KG iSv **3** § 264a von der in § 264c Abs. 2 S. 9 geforderten Angabe des Betrags der im Handelsregister eingetragenen Einlagen, sofern diese nicht geleistet sind, befreit.[5]

Zudem sind kleine Kapitalgesellschaften und kleine OHG/KG iSv § 264a **4** von der Angabe und der Begründung einer ergänzenden Gliederung des Jahresabschlusses entsprechend den Vorgaben der weiteren Geschäftszweige gem. § 265 Abs. 4 S. 2 befreit.[6]

Auch die nach § 284 Abs. 2 Nr. 3 geforderte Angabe der Unterschieds- **5** beträge bei Anwendung einer Bewertungsmethode nach § 240 Abs. 4 (Gruppenbewertung) und § 256 S. 1 (Verbrauchsfolgeverfahren) ist nicht zu machen.[7] Die nach § 284 Abs. 3 geforderten Anhangangaben des Anlagevermögens in Form eines Bruttoanlagenspiegels inklusive der Abschreibungen und des Betrags der im Geschäftsjahr aktivierten Zinsen für Fremdkapital, das zur Finanzierung der Herstellung eines Vermögensgegenstands verwendet wird, sind nicht zu machen.[8]

Darüber hinaus werden kleine Kapitalgesellschaften und kleine OHG/KG **6** iSv § 264a durch diese Vorschrift von den folgenden Angabepflichten des § 285 befreit:[9]

– Aufgliederung des Gesamtbetrages der Verbindlichkeiten mit einer Restlaufzeit von mehr als fünf Jahren und der Verbindlichkeiten, die durch Pfandrechte oder ähnliche Rechte gesichert sind, für jeden Posten der Verbindlichkeiten nach dem vorgeschriebenen Gliederungsschema (§ 285 Nr. 2);
– Art und Zweck sowie Risiken, Vorteile und finanzielle Auswirkungen von nicht in der Bilanz enthaltenen Geschäften, soweit die Risiken und Vorteile

---

[3] MüKoHGB/*Poelzig* Rn. 4.
[4] MüKoHGB/*Poelzig* Rn. 7.
[5] BeBiKo/*Grottel* Rn. 10.
[6] BeBiKo/*Grottel* Rn. 10.
[7] MüKoHGB/*Poelzig* Rn. 9.
[8] BeBiKo/*Grottel* Rn. 11.
[9] BeBiKo/*Grottel* Rn. 10.

wesentlich sind und die Offenlegung für die Beurteilung der Finanzlage des Unternehmens erforderlich ist (§ 285 Nr. 3);

– Aufgliederung der Umsatzerlöse nach Tätigkeitsbereichen sowie nach geografisch bestimmten Märkten (§ 285 Nr. 4);

– Aufgliederung des Materialaufwands des Geschäftsjahrs bei Anwendung des Umsatzkostenverfahrens (§ 275 Abs. 3) nach § 275 Abs. 2 Nr. 5 (§ 285 Nr. 8 Buchst. a);

– Aufgliederung des Personalaufwands des Geschäftsjahrs bei Anwendung des Umsatzkostenverfahrens (§ 275 Abs. 3) nach § 275 Abs. 2 Nr. 6 (§ 285 Nr. 8 Buchst. b);

– Gesamtbezüge für aktive Organmitglieder sowie die individualisierten Vorstandsbezüge für börsennotierte Aktiengesellschaften (§ 285 Nr. 9 Buchst. a);

– Gesamtbezüge sowie gebildete und nicht gebildete Pensionsrückstellungen für ehemalige Organmitglieder und deren Hinterbliebene (§ 285 Nr. 9 Buchst. b);

– Namens- und Berufsnennung der Mitglieder des Geschäftsführungsorgans und eines Aufsichtsrats inkl. weiterer Angaben für börsennotierte Gesellschaften (§ 285 Nr. 10);

– Name und Sitz anderer Unternehmen, die Höhe des Anteils am Kapital, das Eigenkapital und das Ergebnis des letzten Geschäftsjahrs dieser Unternehmen, sofern es sich um eine Beteiligung iSd § 271 Abs. 1 oder einen Anteilsbesitz handelt (§ 285 Nr. 11);

– Name, Sitz und Rechtsform der Unternehmen, deren unbeschränkt haftender Gesellschafter die Kapitalgesellschaft ist (§ 285 Nr. 11a);

– für börsennotierte Kapitalgesellschaften alle Beteiligungen an großen Kapitalgesellschaften, deren Stimmrechte 5 % übersteigen (§ 285 Nr. 11b);

– Erläuterung von nicht gesondert ausgewiesenen sonstigen Rückstellungen (§ 285 Nr. 12);

– Angabe von Name und Sitz des Mutterunternehmens, das den Konzernabschluss für den größten Konsolidierungskreis aufstellt, sowie den Ort, an dem der Konzernabschluss erhältlich ist (§ 285 Nr. 14);

– für OHG/KG iSv § 264a Abs. 1 Angaben zu Name und Sitz der Gesellschaften, die persönlich haftende Gesellschafter sind, sowie deren gezeichnetes Kapital (§ 285 Nr. 15);

– Angaben zum Bestand und den verbrieften Rechten von Genussscheinen, Genussrechten, Wandelschuldverschreibungen, Optionsscheinen, Optionen, Besserungsscheinen oder vergleichbaren Wertpapieren oder Rechten (§ 285 Nr. 15a);

– aufgeschlüsselte Angaben über das von dem Abschlussprüfer für das Geschäftsjahr berechnete Gesamthonorar, soweit die Angaben nicht in einem das Unternehmen einbeziehenden Konzernabschluss enthalten sind (§ 285 Nr. 17);

– Angaben über zu den Finanzanlagen gehörende Finanzinstrumente, die über ihrem beizulegenden Zeitwert ausgewiesen werden (§ 285 Nr. 18);

– Angaben zu nicht zum beizulegenden Zeitwert bilanzierten derivativen Finanzinstrumenten (§ 285 Nr. 19);

– Angaben zu nicht zu marktüblichen Bedingungen zustande gekommenen Geschäften mit nahe stehenden Unternehmen und Personen (§ 285 Nr. 21);

- Gesamtbetrag der Forschungs- und Entwicklungskosten sowie der davon auf die selbst geschaffenen immateriellen Vermögensgegenstände des Anlagevermögens entfallende Betrag, sofern von dem Aktivierungswahlrecht des § 248 Abs. 2 Gebrauch gemacht wurde (§ 285 Nr. 22);
- Angaben zu den Berechnungsverfahren sowie den grundlegenden Annahmen für Pensionsrückstellungen (§ 285 Nr. 24);
- Angaben zu Anteilen an Sondervermögen oder Anlageaktien an Investitionsgesellschaften (§ 285 Nr. 26);
- Gründe der Einschätzung des Risikos der Inanspruchnahme für die nach § 268 Abs. 7 ausgewiesenen Verbindlichkeiten und Haftungsverhältnisse (§ 285 Nr. 27);
- Angaben zu dem Gesamtbetrag der ausschüttungsgesperrten Beträge iSv § 268 Abs. 8 (§ 285 Nr. 28);
- Angaben zu den Differenzen oder steuerlichen Verlustvorträgen, auf denen die latenten Steuern beruhen sowie zu den Steuersätzen, mit denen die Bewertung erfolgt ist (§ 285 Nr. 29);
- Im Falle der Ansetzung latenter Steuerschulden in der Bilanz sind die Steuersalden am Ende des Geschäftsjahres und die Änderungen derer im Geschäftsjahr anzugeben (§ 285 Nr. 30);
- Erläuterung des Betrags und der Art der periodenfremden Erträge oder Aufwendungen, soweit die Beträge nicht von untergeordneter Bedeutung sind (§ 285 Nr. 32);
- Angaben und deren finanzielle Auswirkungen zu Vorgängen von besonderer Bedeutung, die nach dem Bilanzstichtag eingetreten sind und weder in der GuV noch in der Bilanz berücksichtigt sind (§ 285 Nr. 33);
- Vorschlag oder Beschluss über die Ergebnisverwendung (§ 285 Nr. 34).

Gem. § 288 Abs. 1 Nr. 2 sind kleine Kapitalgesellschaften und kleine **7** OHG/KG iSv § 264a zudem von der durch das BilRUG eingeführten Trennung nach Gruppen bei der Angabe zur durchschnittlichen Zahl der während des Geschäftsjahres beschäftigten Arbeitnehmer nach § 285 Nr. 7 befreit (§ 288 Abs. 1 Nr. 2).[10] Kleine Kapitalgesellschaften und kleine OHG/KG iSv § 264a sind außerdem nach § 288 Abs. 1 Nr. 3 von der Angabe nach § 285 Nr. 14a befreit, den Ort anzugeben, an dem der vom Mutterunternehmen aufgestellte Konzernabschluss erhältlich ist.[11]

Bzgl. der Regelungen für Kleinstkapitalgesellschaften → Rn. 1. **8**

III. Erleichterungen für mittelgroße Kapitalgesellschaften und mittelgroße OHG/KG iSv § 264a (Abs. 2)

Abs. 2 befreit mittelgroße Kapitalgesellschaften und mittelgroße OHG/KG **9** iSv § 264a von den folgenden Angabepflichten des § 285:
- Aufgliederung der Umsatzerlöse nach Tätigkeitsbereichen sowie nach geografisch bestimmten Märkten (§ 285 Nr. 4);
- Angaben über das Abschlussprüferhonorar (§ 285 Nr. 17) unter der Voraussetzung, dass diese Angaben der Wirtschaftsprüferkammer auf deren schriftliche Anforderung übermittelt werden;
- Angaben über nicht zu marktüblichen Bedingungen zustande gekommenen Geschäften mit nahe stehenden Unternehmen und Personen (§ 285

---

[10] *Zwirner/Boecker* BC 2017, 575.
[11] BeBiKo/*Grottel* Rn. 13.

Nr. 21), sofern diese nicht direkt oder indirekt mit einem Gesellschafter, Unternehmen, an denen die Gesellschaft selbst eine Beteiligung hält, oder Mitglieder des Geschäftsführungs-, Aufsichts- oder Verwaltungsorgans abgeschlossen wurden;
- Angaben zu den Differenzen oder steuerlichen Verlustvorträgen, auf denen die latenten Steuern beruhen sowie zu den Steuersätzen, mit denen die Bewertung erfolgt ist (§ 285 Nr. 29);
- Erläuterungen zu den periodenfremden Erträgen und Aufwendungen hinsichtlich ihres Betrags und ihrer Art (§ 285 Nr. 32) wurden im Zuge des BilRUG als weitere Erleichterung ergänzt.

Sechster Titel. Lagebericht

§ 289 Inhalt des Lageberichts

(1) [1]Im Lagebericht sind der Geschäftsverlauf einschließlich des Geschäftsergebnisses und die Lage der Kapitalgesellschaft so darzustellen, dass ein den tatsächlichen Verhältnissen entsprechendes Bild vermittelt wird. [2]Er hat eine ausgewogene und umfassende, dem Umfang und der Komplexität der Geschäftstätigkeit entsprechende Analyse des Geschäftsverlaufs und der Lage der Gesellschaft zu enthalten. [3]In die Analyse sind die für die Geschäftstätigkeit bedeutsamsten finanziellen Leistungsindikatoren einzubeziehen und unter Bezugnahme auf die im Jahresabschluss ausgewiesenen Beträge und Angaben zu erläutern. [4]Ferner ist im Lagebericht die voraussichtliche Entwicklung mit ihren wesentlichen Chancen und Risiken zu beurteilen und zu erläutern; zugrunde liegende Annahmen sind anzugeben. [5]Die Mitglieder des vertretungsberechtigten Organs einer Kapitalgesellschaft im Sinne des § 264 Abs. 2 Satz 3 haben zu versichern, dass nach bestem Wissen im Lagebericht der Geschäftsverlauf einschließlich des Geschäftsergebnisses und die Lage der Kapitalgesellschaft so dargestellt sind, dass ein den tatsächlichen Verhältnissen entsprechendes Bild vermittelt wird, und dass die wesentlichen Chancen und Risiken im Sinne des Satzes 4 beschrieben sind.

(2) [1]Im Lagebericht ist auch einzugehen auf:
1. a) die Risikomanagementziele und -methoden der Gesellschaft einschließlich ihrer Methoden zur Absicherung aller wichtigen Arten von Transaktionen, die im Rahmen der Bilanzierung von Sicherungsgeschäften erfasst werden, sowie
   b) die Preisänderungs-, Ausfall- und Liquiditätsrisiken sowie die Risiken aus Zahlungsstromschwankungen, denen die Gesellschaft ausgesetzt ist,

   jeweils in Bezug auf die Verwendung von Finanzinstrumenten durch die Gesellschaft und sofern dies für die Beurteilung der Lage oder der voraussichtlichen Entwicklung von Belang ist;
2. den Bereich Forschung und Entwicklung sowie
3. bestehende Zweigniederlassungen der Gesellschaft.

[2]Sind im Anhang Angaben nach § 160 Absatz 1 Nummer 2 des Aktiengesetzes zu machen, ist im Lagebericht darauf zu verweisen.

(3) Bei einer großen Kapitalgesellschaft (§ 267 Abs. 3) gilt Absatz 1 Satz 3 entsprechend für nichtfinanzielle Leistungsindikatoren, wie Infor-

mationen über Umwelt- und Arbeitnehmerbelange, soweit sie für das Verständnis des Geschäftsverlaufs oder der Lage von Bedeutung sind.

(4) **Kapitalgesellschaften im Sinn des § 264d haben im Lagebericht die wesentlichen Merkmale des internen Kontroll- und des Risikomanagementsystems im Hinblick auf den Rechnungslegungsprozess zu beschreiben.**

Schrifttum: (ohne die Einzelbeiträge in den verschiedenen Handbüchern der Rechnungslegung) *Baetge/Schulze,* Möglichkeiten der Objektivierung der Lageberichterstattung über Risiken der künftigen Entwicklung, DB 1998, 937; BayObLG, Entscheidung vom 11.5.1979 – 1 Z 21/79, BB 1980, 335; *Bertram,* Der Abhängigkeitsbericht der KGaA: Wer ist eigentlich abhängig und wer berichtet?, WPg 2009, 411; *Bischof/Selch,* Neuerungen für den Lagebericht nach dem Regierungsentwurf eines Bilanzrechtsmodernisierungsgesetzes (BilMoG); *Böcking/Gros/Koch/Wallek,* Der neue Konzernlagebericht nach DRS 20, Der Konzern 2013, 30; BT-Drs. 16/1003 vom 17.3.2006, Entwurf eines Gesetzes zur Umsetzung der Richtlinie 2004/25/EG des Europäischen Parlaments und des Rates vom 21. April 2004 betreffend Übernahmeangebote (Übernahmerichtlinie-Umsetzungsgesetz); BT-Drs. 15/3419 vom 9.12.2004, Gesetz zur Einführung internationaler Rechnungslegungsstandards und zur Sicherung der Qualität der Abschlussprüfung (Bilanzrechtsreformgesetz BilReG); *DRSC* DRS 20, Konzernlagebericht Stand 22.9.2017; *Gelhausen,* Die Aktienrechtsreform 1997: Reform der externen Rechnungslegung und ihrer Prüfung durch den Wirtschaftsprüfer, AG-Sonderheft 1997, 73; *IDW* PS 350 nF, Prüfung des Lageberichts im Rahmen der Abschlussprüfung, IDW Life 2018, 225; *Strieder,* Der aktienrechtliche Abhängigkeitsbericht bei der kapitalistischen Kommanditgesellschaft auf Aktien, DB 2004, 799; *Stein,* Eine ökonomische Analyse der Entwicklung der Lageberichtsqualität, 2010.

Übersicht

I. Überblick

1   **1. Allgemeines.** Zur Aufstellung eines Lageberichts sind gem. § 264 Abs. 1 S. 1 grundsätzlich alle Kapitalgesellschaften und über § 264a Abs. 1 auch alle OHG/KG iSv § 264a verpflichtet. Ausgenommen sind **kleine** Kapitalgesellschaften (zu den Größenmerkmalen → § 267 Rn. 4 ff.) und OHG/ KG iSv § 264a; nach § 264 Abs. 1 S. 4 Hs. 1 brauchen sie keinen Lagebericht aufzustellen. Im Falle der freiwilligen Offenlegung eines IFRS-EA gem. § 325 Abs. 2a ist ein zusammengefasster Lagebericht zum handelsrechtlichem und dem IFRS-Abschluss aufzustellen. Dieser zusammengefasste Lagebericht muss alle Informationen zum handelsrechtlichen Jahresabschluss enthalten sowie in dem erforderlichen Umfang auch auf den IFRS-EA Bezug nehmen.[1] Ebenfalls zur Aufstellung eines Lageberichts verpflichtet sind Unternehmen, die nach dem PublG rechnungslegungspflichtig sind (§ 5 Abs. 2 PublG), Genossenschaften (§ 336), Kreditinstitute (§ 340a Abs. 1) und Versicherungsunternehmen (§ 341a Abs. 1). Obwohl der Lagebericht als wesentlicher Bestandteil der Rechenschaftslegung eines Unternehmens im Rahmen seiner externen Informationspflichten angesehen werden muss,[2] ist er nicht Bestandteil des Jahresabschlusses, was auch unmittelbar aus der Formulierung von § 264 Abs. 1 S. 1 folgt. Der Lagebericht stellt einen eigenständigen Teil der Rechenschaftslegung dar und soll den Jahresabschluss der Kapitalgesellschaft um zusätzliche Informationen allgemeiner Art ergänzen sowie der Analyse und Kommentierung relevanter Kennzahlen und Sachverhalte dienen.[3]

2   Zur Erhöhung der Qualität und der Aussagekraft des Lageberichts wurden die Vorschriften zum Lagebericht durch das Bilanzrechtsreformgesetzes (BilReG), das Vorstandsvergütungs-Offenlegungsgesetz (VorstOG), das Übernahmerichtlinie-Umsetzungsgesetz (ÜbernRLUmsG), das Transparenzrichtlinie-Umsetzungsgesetz (TUG) sowie das Gesetz zur Modernisierung des Bilanzrechts (BilMoG) wesentlich geändert und erweitert.[4] Zuletzt wurden die Vorschriften zum Lagebericht durch das Bilanzrichtlinie-Umsetzungsgesetz (BilRUG) und insbesondere durch das CSR-Richtlinie-Umsetzungsgesetz (CSRRLUmsG) ergänzt und neu strukturiert. Bzgl. weiterer Einzelheiten hierzu wird auf die Erläuterungen zum Konzernlagebericht → § 315 Rn. 2 f. verwiesen.

3   Die gesetzlichen Anforderungen an den Konzernlagebericht werden durch den **DRS 20** „Konzernlagebericht" konkretisiert. Soweit es sich bei den die Konzernlageberichterstattung konkretisierenden DRS 20 um Auslegungen der allgemeinen gesetzlichen Grundsätze zur Lageberichterstattung

---

[1] WP-HdB Kap. F Rn. 1340; Vgl. auch *IDW* PS 350 nF Rn. 12 mit dem Hinweis, dass der Abschlussprüfer in diesem Fall auch zu prüfen hat, ob der Lagebericht mit dem IFRS-Einzelabschluss nach § 325 Abs. 2a im Einklang steht.

[2] *ADS* Rn. 8.

[3] BeBiKo/*Grottel* Rn. 5.

[4] Zu den Neuerungen der einzelnen Änderungsgesetze vgl. ausf. *Stein*, Eine ökonomische Analyse der Entwicklung der Lageberichtsqualität, 2010, 154 ff., 205 ff.; sowie zu den Änderungen durch das BilMoG zudem *Bischof/Selch* WPg 2008, 1021 ff.

handelt, sind diese grundsätzlich auch von Bedeutung für den Lagebericht nach § 289. DRS 20 empfiehlt die Anwendung dieses Standards auf die Lageberichterstattung nach § 289. Bzgl. weiterer Einzelheiten zu DRS 20 wird auf die Erläuterungen zum Konzernlagebericht unter → § 315 Rn. 3 f. verwiesen.

Im Lagebericht sind nach Abs. 1 **zumindest** der **Geschäftsverlauf,** das **4** **Geschäftsergebnis** und die **Lage** der Kapitalgesellschaft so darzustellen, dass ein den tatsächlichen Verhältnissen entsprechendes Bild vermittelt wird. Ferner sind der Geschäftsverlauf und die Lage der Gesellschaft unter Einbeziehung der bedeutsamsten **finanziellen Leistungsindikatoren** (für große Kapitalgesellschaften und OHG/KG iSv § 264a auch die **nichtfinanziellen Leistungsindikatoren** gem. Abs. 3) zu **analysieren.** Weiterhin ist im Lagebericht auch auf die wesentlichen **Chancen und Risiken der künftigen Entwicklung** unter Angabe der zugrunde liegenden Annahmen einzugehen. Die gesetzlichen Vertreter einer Kapitalgesellschaft iSv § 264 Abs. 2 S. 3 haben zusätzlich einen sog. **Lageberichtseid** abzugeben. Darüber hinaus ist im Lagebericht gem. Abs. 2 auch auf die **Risikoberichterstattung zu Finanzinstrumenten,** auf den Bereich **Forschung und Entwicklung** sowie auf bestehende **Zweigniederlassungen** der Gesellschaft einzugehen und auf die Angaben nach § 160 Abs. 1 Nr. 2 AktG im Anhang zu verweisen. Kapitalgesellschaften iSv § 264d haben gem. Abs. 5 zudem die wesentlichen Merkmale des internen Kontroll- und des **Risikomanagementsystems im Hinblick auf den Rechnungslegungsprozess** zu beschreiben. Zusätzliche Angabepflichten bestehen gem. § 289a für Gesellschaften der Rechtsform AG und KGaA, die stimmberechtigte Aktien an einem organisierten Markt iSd § 2 Abs. 7 WpÜG ausgegeben haben (**übernahmerelevante Angaben und Vergütungsbericht**). Eine Kapitalgesellschaft, die die Merkmale des § 289b Abs. 1 erfüllt, hat zudem die Anforderungen der §§ 289b–289e **(nichtfinanzielle Erklärung)** zu beachten. Börsennotierte AG und Aktiengesellschaften, die andere Wertpapiere als Aktien zum Handel an einem organisierten Markt ausgegeben haben und deren Aktien auf eigene Veranlassung über ein multilaterales Handelssystem gehandelt werden, sind gem. § 289f verpflichtet, eine **Erklärung zur Unternehmensführung** in den Lagebericht aufzunehmen oder diese Erklärung auf ihrer Internetseite zu veröffentlichen. In diesen Fall ist im Lagebericht auf die Internetseite zu verweisen. Zum Inhalt der Erklärung wird auf die Erläuterungen unter § 289f verwiesen.

Mit den §§ 289–289f wird jedoch nur der **Mindestumfang** der Lagebe- **5** richterstattung festgelegt. Eine Erweiterung um zusätzliche **freiwillige Angaben** ist üblich und erwünscht.[5] Als freiwillige Angaben kommen Zusatzrechnungen wie Kapitalflussrechnungen, Eigenkapitalspiegel,[6] Segmentberichterstattung, Bewegungsbilanzen und Substanzerhaltungsrechnungen, aber auch Wertschöpfungsrechnungen oder Sozialbilanzen in Frage.[7] Durch das BilRUG wurde die Formulierung des Eingangssatzes von Abs. 2 neu gefasst. Die neue Formulierung stellt klar, dass die in Abs. 2 genannten Angaben stets

---

[5] Baumbach/Hopt/*Merkt* Rn. 1.
[6] Zur Verpflichtung für kapitalmarktorientierte Kapitalgesellschaften, die keinen Konzernabschluss aufstellen, eine Kapitalflussrechnung und einen Eigenkapitalspiegel in den Abschluss aufzunehmen, → § 264 Rn. 2.
[7] BeBiKo/*Grottel* Rn. 210.

im Lagebericht zu machen sind, sofern die Umstände vorliegen.[8] Eine materielle Änderung der Anforderungen ist nicht erfolgt, da bereits zuvor hM war, dass die Ausgestaltung des vorherigen Abs. 2 als Soll-Vorschrift nicht bedeutete, dass hinsichtlich der Berichterstattung für die Gesellschaft ein Wahlrecht bestand. Grundsätzlich ist somit von einer Berichterstattungspflicht auszugehen, soweit die Sachverhalte nicht von untergeordneter Bedeutung für das Unternehmen sind.[9]

6   Der Lagebericht ist nach § 264 Abs. 1 S. 2 zusammen mit dem Jahresabschluss von den gesetzlichen Vertretern **in den ersten drei Monaten des Geschäftsjahrs** für das vergangene Geschäftsjahr aufzustellen.

7   Bei **freiwilliger** Aufstellung eines Lageberichts und expliziter Bezeichnung als solcher sind grundsätzlich die Anforderungen der §§ 289–289f zu befolgen, sofern für den Jahresabschluss des Unternehmens der handelsrechtliche Bestätigungsvermerk nach § 322 einschließlich des sich auf den Lagebericht beziehenden Abs. 6 erteilt werden soll.[10] Lediglich für den Fall, dass ein ähnlicher Bericht freiwillig veröffentlicht wird, dieser jedoch nicht als Lagebericht bezeichnet ist, ist es freilich nicht erforderlich, diesen den nach § 289 für Kapitalgesellschaften geltenden Anforderungen zu unterwerfen. In Bezug auf den Umfang der Prüfung eines (freiwillig) aufgestellten Lageberichts unterscheidet IDW PS 350 nF zwischen prüfungspflichtigen lageberichtstypischen und (sofern entsprechend gekennzeichnet) nicht prüfungspflichtigen lageberichtsfremden Angaben.[11] Dies ist ggf. bereits bei der Erstellung des Lageberichts entsprechend zu berücksichtigen.

8   **2. Funktion und Aufgaben des Lageberichts.** Dem Lagebericht kommt sowohl eine **Rechenschafts-** als auch eine **Informations- und Ergänzungsfunktion** zu.[12] Der Lagebericht soll einerseits einen umfassenden Überblick über die wirtschaftliche Lage des Unternehmens geben; ergänzend zum Jahresabschluss soll Rechenschaft über das wirtschaftliche Gesamtgeschehen gelegt werden. Der Lagebericht soll die Jahresabschlussadressaten in die Lage versetzen, die tatsächliche Unternehmensentwicklung während des abgelaufenen Geschäftsjahrs sowie die voraussichtliche Entwicklung der Gesellschaft einzuschätzen.[13] Andererseits soll der Lagebericht den Jahresabschluss um wichtige Informationen ergänzen, die sich nicht aus Bilanz, Gewinn- und Verlustrechnung oder Anhang erkennen lassen. Da das Zahlenwerk des Jahresabschlusses für den Adressaten zur Beurteilung der wirtschaftlichen Lage nicht ausreicht, sind im Lagebericht gleichermaßen auch betriebswirtschaftliche, technische, rechtliche, sozialpolitische und volkswirtschaftliche Aspekte zu berücksichtigen.[14]

9   **3. Grundsätze der Berichterstattung.** Nach der Vorschrift des Abs. 1 sind im Lagebericht der Geschäftsverlauf und die Lage der Kapitalgesellschaft so darzustellen, dass ein **den tatsächlichen Verhältnissen entsprechendes**

---

[8] BT-Drs. 18/4050, 70.
[9] ADS Rn. 94 f.; *Kirsch* in Hofbauer/Kupsch Bonner-HdB Rn. 171; HdR/*Kajüter* Rn. 31; WP-HdB Kap. F Rn. 1385.
[10] ADS Rn. 6; BeBiKo/*Grottel* Rn. 13; MüKoHGB/*Lange* Rn. 12.
[11] *IDW* PS 350 nF Rn. 25–26.
[12] ADS Rn. 19–23; BeBiKo/*Grottel* Rn. 5; HdR/*Kajüter* Rn. 4 f.
[13] ADS Rn. 19.
[14] BeBiKo/*Grottel* Rn. 6.

Bild vermittelt wird. Damit wird das für den Jahresabschluss gültige Prinzip des *true and fair view* auch auf den Lagebericht übertragen.[15]

Vorschriften über die **Form** und die **Gliederung** des Lageberichts im 10 Einzelnen enthält das HGB nicht. Es besteht somit grundsätzlich Gestaltungs-freiheit hinsichtlich der äußeren Form des Lageberichts, seines Aufbaus und Umfangs. Zu beachten sind allerdings die allgemeinen Grundsätze der Re-chenschaftslegung wie **Vollständigkeit, Wahrheit, Klarheit, Übersicht-lichkeit** und **Verständlichkeit.**[16] DRS 20 ergänzt diese Grundsätze um die Vermittlung der Sicht der Unternehmensleitung sowie die Grundsätze der Wesentlichkeit und der Informationsabstufung.

Hinsichtlich der Gliederung wird in DRS 20 gefordert, den Lagebericht in 11 inhaltlich abgegrenzte Abschnitte zu untergliedern und dass diese Gliederung durch Überschriften zu den einzelnen Abschnitten deutlich werden muss (vgl. DRS 20.25). Obschon keine konkrete Gliederung vorgegeben ist, sollte im Sinne der interperiodischen Vergleichbarkeit die Gliederung im Zeitablauf stetig fortgeführt werden.[17]

Der Lagebericht ist in **deutscher Sprache** abzufassen; Auswirkungen von 12 Fremdwährungsumrechnungen auf die Lage der Gesellschaft sollten zum Ausdruck gebracht werden.[18] Zur Gewährleistung der Vergleichbarkeit mit dem Vorjahr gilt auch für den Lagebericht das **Stetigkeitsgebot** des § 265 Abs. 1, wonach die Form der Darstellung beizubehalten ist, wenn nicht in Ausnahmefällen wegen besonderer Umstände Abweichungen erforderlich sind. Fehlanzeigen über regelmäßig vorgesehene, im Einzelfall aber nicht erscheinende Berichtsteile sind nicht erforderlich.[19] Dagegen ist die Angabe von Vorjahreszahlen im Lagebericht zu befürworten, da dies die intertempo-räre Vergleichbarkeit fördert.[20]

Eine der **Schutzklausel** des § 286 für den Anhang vergleichbare Rege- 13 lung für den Lagebericht enthält das HGB nicht. Trotzdem müssen Anga-ben, wenn sie durch sie das Wohl der Bundesrepublik Deutschland oder eines ihrer Länder gefährdet wäre, unterbleiben können.[21] Umstritten ist jedoch, ob eine Unterlassung von Angaben auch für den Fall der Zufügung eines erheblichen Nachteils für die Kapitalgesellschaft oder ein Unternehmen, an dem sie beteiligt ist, zulässig ist; idR wird dies aber nicht erforderlich sein, da ein Gesamtbild der wirtschaftlichen Verhältnisse der Kapitalgesellschaft auch ohne die Veröffentlichung von vertraulichen Informationen vermittelt werden kann. Insbesondere bei dem erforderlichen Risikobericht wird die Gefahr einer sich selbst erfüllenden Prophezeiung gesehen; die Informations-interessen der Adressaten und der mögliche Nachteil für das berichtende Unternehmen sind daher sorgfältig gegeneinander abzuwägen.[22] Grundsätz-lich sind die Grenzen der Berichterstattungspflicht in den Fällen erreicht, in denen die Preisgabe von konkreten einzelfallbezogenen Informationen zu nachvollziehbaren erheblichen Nachteilen für das berichtende Unternehmen führen oder mit den Sorgfalts- und Verschwiegenheitspflichten der gesetzli-

---

[15] BeBiKo/*Grottel* Rn. 7.
[16] *ADS* Rn. 30; WP-HdB Kap. F Rn. 1347; HdR/*Kajüter* Rn. 42.
[17] *Böcking/Gros/Koch/Wallek* Der Konzern 2013, 30–43.
[18] *ADS* Rn. 31; WP-HdB Kap. F Rn. 1341.
[19] *ADS* Rn. 33 u. 35; WP-HdB Kap. F Rn. 1348.
[20] WP-HdB Kap. F Rn. 1348; aA *ADS* Rn. 33.
[21] *ADS* Rn. 54; HdR/*Kajüter* Rn. 58; Baumbach/Hopt/*Merkt* Rn. 1.
[22] *Gelhausen* AG-Sonderheft 1997, 74; *Baetge/Schulze* DB 1998, 943.

chen Vertreter kollidieren würde.[23] Hierbei kann jedoch durch eine entsprechende Gestaltung der Darstellung das Ziel einer Schutzklausel erreicht werden.[24]

II. Berichterstattung zum Geschäftsverlauf und der Lage der Gesellschaft sowie zur voraussichtlichen Entwicklung (Abs. 1)

14   **1. Darstellung von Geschäftsverlauf, Geschäftsergebnis und Lage der Kapitalgesellschaft (Abs. 1 S. 1).** Entsprechend der Konzernlageberichterstattung (§ 315 Abs. 1) fordert § 289 Abs. 1 die **Darstellung des Geschäftsverlaufs.** Diese Darstellung soll einen Überblick über die Geschäftstätigkeit im abgelaufenen Geschäftsjahr aus Sicht der Unternehmensleitung geben. Sie stellt somit eine vergangenheitsorientierte, zeitraumbezogene Berichterstattung dar. Es soll gezeigt werden, wie sich das Unternehmen während der Berichtsperiode entwickelt hat und welche Umstände für diese Entwicklung ursächlich waren.[25] Im Einzelnen können dazu folgende Punkte ausgeführt werden: gesamtwirtschaftliche, rechtliche und branchenspezifische Rahmenbedingungen, Ergebnis, Absatzentwicklung, Wettbewerbsposition, Produktion, Beschaffung, wesentliche Investitionen, Finanzbereich, Beteiligungen, Personal- und Sozialbereich, Umweltschutz, Rechtsstreitigkeiten sowie andere besondere Ereignisse im Geschäftsjahr.[26] Bzgl. weiterer Einzelheiten wird auf die Erläuterungen zum Konzernlagebericht unter → § 315 Rn. 10 ff. verwiesen.

15   **2. Analyse des Geschäftsverlaufs und der Lage der Kapitalgesellschaft unter Angabe und Erläuterung der wesentlichen finanziellen Leistungsindikatoren (Abs. 1 S. 2 und 3).** Gem. Abs. 1 S. 2 und 3 ist der Geschäftsverlauf und die Lage der Gesellschaft unter Einbeziehung der bedeutsamsten finanziellen Leistungsindikatoren (für große Kapitalgesellschaften und OHG/KG iSv § 264a auch die nichtfinanziellen Leistungsindikatoren gem. Abs. 3) zu analysieren. Die Analyse hat ausgewogen und umfassend zu erfolgen und ist dem Umfang und der Komplexität der Geschäftstätigkeit anzupassen. Dementsprechend hat die Analyse unter Wesentlichkeitsaspekten alle Geschäfts- und Funktionsbereiche des Unternehmens abzudecken und sowohl positive als auch negative Aspekte mit der entsprechenden Gewichtung zu berücksichtigen.[27] Der Detaillierungsgrad ist an Art und Umfang der Geschäftstätigkeit anzupassen.[28] In diesem Zusammenhang ist der Grundsatz der Informationsabstufung nach DRS 20 zu berücksichtigen. Für Unternehmen mit mehreren Geschäftsbereichen sind demnach detailliertere Angaben erforderlich als für ein Unternehmen mit nur einem Geschäftsbereich. Vom Wortlaut her stimmt Abs. 1 S. 2 und 3 mit § 315 Abs. 1 S. 2 und Abs. 3 überein. Bzgl. weiterer Einzelheiten wird daher auf die Erläuterungen unter → § 315 Rn. 16 ff. verwiesen.

---

[23] Baetge/Kirsch/Thiele/*Böcking/Dutzi/Gros* Rn. 54; HdR/*Kajüter* Rn. 57–59; *Scholtissek* INF 1984, 390 (392); *ADS* Rn. 54; aA MüKoBilanzR/*Kleindiek* Rn. 35.
[24] BeBiKo/*Grottel* Rn. 36.
[25] HdR/*Kajüter* Rn. 61 f.
[26] *ADS* Rn. 66.
[27] WP-HdB Kap. F Rn. 1354.
[28] BeBiKo/*Grottel* Rn. 50.

3. Beurteilung und Erläuterung der voraussichtlichen Entwicklung 16
mit ihren wesentlichen Chancen und Risiken und Angabe der zu-
grunde liegenden Annahmen (Abs. 1 S. 4). Im **Prognosebericht**[29] des
Lageberichts ist nach dem Gesetzeswortlaut eine Berichterstattung über die
voraussichtliche Entwicklung mit den wesentlichen Chancen und Risiken
vorzunehmen. Hinsichtlich der Möglichkeiten, eine zusammengefasste oder
getrennte Berichterstattung vorzunehmen, wird auf die Erl. → § 315 Rn. 22
verwiesen.

Gem. Abs. 1 S. 4 soll im Lagebericht auch die **voraussichtliche Entwick-** 17
lung der Kapitalgesellschaft beurteilt und erläutert werden. Dabei handelt es
sich um eine Berichterstattung mit Prognosecharakter, die auf bestimmten
Annahmen beruhende Einschätzungen und Erwartungen der Geschäftsleitung
über die zukünftige Entwicklung zum Gegenstand hat. Es wird sich dabei
weniger um zahlenmäßige als vielmehr um qualitative Angaben handeln, die
aber nicht so vage und allgemein formuliert sein dürfen, dass sie inhaltsleer
werden.[30] Ist eine jedoch eine qualitative Berichterstattung nicht geeignet, hat
eine quantitative Berichterstattung zu erfolgen.[31] Bzgl. weiterer Einzelheiten
wird auf → § 315 Rn. 21 ff. verwiesen, da der Wortlaut von § 315 Abs. 1 S. 4
mit dem des § 289 Abs. 1 S. 4 übereinstimmt.

4. Versicherung der Mitglieder des vertretungsberechtigten Organs 18
(Abs. 1 S. 5). Gem. Abs. 1 S. 5 haben die Mitglieder des vertretungsberechtigten Organs einer Kapitalgesellschaft iSd § 264 Abs. 2 S. 3 zu versichern,
dass nach bestem Wissen im Lagebericht der Geschäftsverlauf einschließlich
des Geschäftsergebnisses und die Lage der Kapitalgesellschaft so dargestellt
sind, dass ein den tatsächlichen Verhältnissen entsprechendes Bild vermittelt
wird, und dass die wesentlichen Chancen und Risiken iSd Abs. 1 S. 4
beschrieben sind. Eine ähnliche Erklärung wird für den Jahresabschluss durch
§ 264 Abs. 2 S. 3 gefordert.[32] Ob diese beiden Erklärungen zusammengefasst
werden können ist strittig. Da jedoch der Jahresabschluss im Gegensatz zum
Lagebericht unter Beachtung der GoB aufzustellen ist, scheint eine gemeinsame Erklärung nicht zweckmäßig (→ § 264 Rn. 40). DRS 20 enthält in
Bezug auf Konzernabschluss und Konzernlagebericht sowohl für die separaten als auch für die zusammengefasste Erklärung Formulierungsvorschläge
(vgl. DRS 20.K234-K235). Diese sind mit sprachlichen Anpassungen auch
auf den Lagebericht anwendbar. Zu der Bedeutung der Einschränkung der
Versicherung mit dem Zusatz „nach bestem Wissen" wird auf → § 264
Rn. 42 verwiesen.

III. Weitere Angaben im Lagebericht (Abs. 2)

1. Allgemeines. Gem. Abs. 2 sind folgende **Pflichtangaben** zu tätigen: 19
– Risikomanagementziele und -methoden der Gesellschaft einschließlich ihrer
Methoden zur Absicherung aller wichtigen Arten von Transaktionen, die im
Rahmen der Bilanzierung von Sicherungsgeschäften erfasst werden, sowie
Preisänderungs-, Ausfall- und Liquiditätsrisiken sowie die Preisänderungs-,
Ausfall und Liquiditätsrisiken, denen die Gesellschaft ausgesetzt ist, jeweils in

---

[29] WP-HdB Kap. F Rn. 1367.
[30] HdR/*Kajüter* Rn. 90; Baetge/Kirsch/Thiele/*Böcking*/*Dutzi* Rn. 58, 111.
[31] Zur Quantifizierung von Chancen und Risiken vgl. WP-HdB Kap. F Rn. 1379.
[32] BeBiKo/*Grottel* Rn. 80.

Bezug auf die Verwendung von Finanzinstrumenten durch die Gesellschaft und sofern dies für die Beurteilung der Lage oder der voraussichtlichen Entwicklung von Belang ist (vgl. zu den Einzelheiten → § 315 Rn. 34 ff.),
- Ausführungen zum Bereich Forschung und Entwicklung der Gesellschaft (vgl. zu den Einzelheiten → § 315 Rn. 40 ff.),
- Angaben zu den bestehenden Zweigniederlassungen der Gesellschaft (vgl. zu den Einzelheiten → Rn. 20 f.)
- Verweis auf die Angaben nach § 160 Abs. 1 Nr. 2 AktG im Anhang (Angaben betreffend den Erwerb eigener Aktien; zu den Einzelheiten → § 315 Rn. 46 ff.).

20 2. Bestehende Zweigniederlassungen der Gesellschaft (Abs. 2 Nr. 3).
Gem. Abs. 2 Nr. 3 ist im Lagebericht auch auf bestehende Zweigniederlassungen der Gesellschaft eingehen. Hintergrund dieser Regelung ist, dass der wirtschaftliche Einfluss von Zweigniederlassungen mit dem von selbstständigen Tochterunternehmen vergleichbar sein kann; außerdem sollte das Unterlaufen nationaler Offenlegungsvorschriften durch ausländische Gesellschaften mittels der Errichtung von Zweigniederlassungen verhindert werden.[33]

21   Mit dem BilRUG wurde der Zweigniederlassungsbericht auch für den Konzernlagebericht eingeführt. Daher wird mit der Maßgabe, dass im Lagebericht alle bestehenden in- und ausländischen Zweigniederlassungen aufzuführen sind, auf die Erläuterungen in → § 315 Rn. 43 ff. verwiesen. Für Betriebsstätten oder Repräsentanzen ohne organisatorische Selbstständigkeit besteht keine Angabepflicht. Auf die Eintragung als Zweigniederlassung in das Handelsregister gem. §§ 13 ff. kommt es nicht an.[34]

IV. Angabe und Erläuterung der nichtfinanziellen Leistungsindikatoren großer Kapitalgesellschaften (Abs. 3)

22   § 289 Abs. 3 verlangt bei großen Kapitalgesellschaften zusätzlich zur Berücksichtigung von finanziellen Leistungsindikatoren die Angabe und Erläuterung von nicht finanziellen Leistungsindikatoren, soweit sie für das Verständnis des Geschäftsverlauf oder der Lage der Gesellschaft von Bedeutung sind. Als nicht finanzielle Leistungsindikatoren nennt der Gesetzestext beispielhaft Informationen zu Umwelt- und Arbeitnehmerbelangen. Weitere mögliche nicht finanzielle Leistungsindikatoren umfassen regelmäßig die Entwicklung des Kundenstammes, die Kundenzufriedenheit, die Lieferantenbeziehungen, die Produktqualität und unter Umständen auch die – zB durch Sponsoring oder karitative Zuwendungen seitens des Unternehmens geförderte – gesellschaftliche Reputation der Gesellschaft zählen.[35] Vom Wortlaut her stimmt Abs. 3 überein mit § 315 Abs. 3. Bzgl. weiterer Erläuterungen wird daher auf → § 315 Rn. 19 f. verwiesen.

V. Bericht über die wesentlichen Merkmale des internen Kontroll- und Risikomanagementsystems (Abs. 4)

23   Kapitalgesellschaften iSv § 264d haben den Lagebericht gem. Abs. 5 um einen Bericht über die wesentlichem Merkmale des internen Kontroll- und

---

[33] *ADS* Rn. 120; *Fey* DB 1994, 485.
[34] Vgl. BayObLG Beschl. v. 11.5.1979 – 1 Z 21/79, BB 1980, 335 f.; *ADS* Rn. 122.
[35] BT-Drs. 15/3419, 31.

des Risikomanagementsystems im Hinblick auf den Rechnungslegungsprozess zu erweitern. Der Umfang der Beschreibung ist an den individuellen Gegebenheiten der Gesellschaft auszurichten; es ist darauf zu achten, dass es dem verständigen Lageberichtsadressaten ermöglicht wird, sich ein Bild von den wesentlichen Merkmalen zu machen und somit die mit dem Rechnungslegungsprozess verbundenen Risiken besser einschätzen zu können.[36] Der Begriff des Rechnungslegungsprozesses ist vom Gesetzgeber nicht definiert, sollte jedoch in diesem Zusammenhang stets weit ausgelegt werden. Somit ist insbesondere über Strukturen und Prozesse zur richtigen Erfassung, Aufbereitung und Würdigung von Geschäftsvorfällen und deren Verarbeitung bis zur Rechnungslegungsgröße zu berichten.[37] Eine Aussage zur Effektivität des internen Kontroll- und Risikomanagementsystems im Hinblick auf den Rechnungslegungsprozess ist nicht erforderlich.[38] Diese Anforderung des Abs. 5 stimmt vom Wortlaut her mit § 315 Abs. 2 Nr. 5 überein. Vor diesem Hintergrund wird bzgl. weiterer Ausführungen auf → § 315 Rn. 47 ff. verwiesen.

VI. Rechtsformspezifische Angaben im Lagebericht

Nach der rechtsformspezifischen Vorschrift des § 312 Abs. 3 S. 3 AktG **24** müssen AG die sog. **Schlusserklärung** zum Abhängigkeitsbericht (Bericht über Beziehungen zu verbundenen Unternehmen) in den Lagebericht aufnehmen.[39] Obschon in § 312 nur der „Vorstand einer abhängigen Gesellschaft" genannt wird und eine KGaA keinen Vorstand besitzt, hat auch eine KGaA diese Schlusserklärung im Lagebericht aufzunehmen.[40] Fehlt diese Schlusserklärung, obwohl ein Abhängigkeitsbericht nach den gesetzlichen Voraussetzungen aufzustellen war, so ist der Lagebericht unvollständig; mit der Folge, dass der Abschlussprüfer den Bestätigungsvermerk nach § 322 Abs. 3 S. 1 einzuschränken hätte.[41] Kleine Kapitalgesellschaften, die nach § 264 Abs. 1 S. 4 keinen Lagebericht aufstellen müssen, haben die Schlusserklärung nach hM in den Anhang mit aufzunehmen, um die Schutzwirkung des Abhängigkeitsberichts nicht zu schwächen.[42]

VII. Folgen der Nichtbeachtung

Kommt der Vorstand/die Geschäftsführung der Verpflichtung zur Aufstel- **25** lung und Veröffentlichung (zur Veröffentlichung → § 325 Rn. 2 ff.) des Lageberichts nicht nach, so ist vom Bundesamt für Justiz ein Ordnungsgeldverfahren durchzuführen (§ 335). Sind die Angaben im Lagebericht unvollständig, so liegt eine Ordnungswidrigkeit vor, die mit einer Geldbuße gegen das vertretungsberechtigte Organ oder den Aufsichtsrat einer Kapitalgesellschaft geahndet werden kann (§ 334). Unrichtige Wiedergaben oder

---

[36] BT-Drs. 16/10067, 76.
[37] BeBiKo/*Ellrott* Rn. 185 f.
[38] BT-Drs. 16/10067, 76.
[39] Vgl. ausf. zum Inhalt des Abhängigkeitsberichts, Beck HdR/*Scheffler* C 860 Rn. 72–77.
[40] WP-HdB Kap. F Rn. 1408 mit der Argumentation, dass die §§ 311–318 AktG aufgrund ihres engen Sinnzusammenhangs eine Einheit bilden und in § 311 AktG die KGaA explizit aufgeführt wird; vgl. auch BeBiKo/*Ellrott* Rn. 200; *Strieder* DB 2004, 799; *Bertram* WPg 2009, 411 f.
[41] *ADS* Rn. 128; WP-HdB Kap. O Rn. 123.
[42] WP-HdB Kap. F Rn. 1408; WP-HdB Kap. O Rn. 95; BeBiKo/*Grottel* Rn. 200, 478.

Verschleierungen der Verhältnisse der Gesellschaften im Lagebericht stellen dagegen einen Straftatbestand dar (§ 331 Nr. 1), welcher über eine Geldstrafe hinaus auch mit einer Freiheitsstrafe von bis zu drei Jahren geahndet werden kann.

§ 289a Ergänzende Vorgaben für bestimmte Aktiengesellschaften und Kommanditgesellschaften auf Aktien

(1) [1] Aktiengesellschaften und Kommanditgesellschaften auf Aktien, die einen organisierten Markt im Sinne des § 2 Absatz 7 des Wertpapiererwerbs- und Übernahmegesetzes durch von ihnen ausgegebene stimmberechtigte Aktien in Anspruch nehmen, haben im Lagebericht außerdem anzugeben:

1. die Zusammensetzung des gezeichneten Kapitals unter gesondertem Ausweis der mit jeder Gattung verbundenen Rechte und Pflichten und des Anteils am Gesellschaftskapital;
2. Beschränkungen, die Stimmrechte oder die Übertragung von Aktien betreffen, auch wenn sie sich aus Vereinbarungen zwischen Gesellschaftern ergeben können, soweit sie dem Vorstand der Gesellschaft bekannt sind;
3. direkte oder indirekte Beteiligungen am Kapital, die 10 Prozent der Stimmrechte überschreiten;
4. die Inhaber von Aktien mit Sonderrechten, die Kontrollbefugnisse verleihen, und eine Beschreibung dieser Sonderrechte;
5. die Art der Stimmrechtskontrolle, wenn Arbeitnehmer am Kapital beteiligt sind und ihre Kontrollrechte nicht unmittelbar ausüben;
6. die gesetzlichen Vorschriften und Bestimmungen der Satzung über die Ernennung und Abberufung der Mitglieder des Vorstands und über die Änderung der Satzung;
7. die Befugnisse des Vorstands insbesondere hinsichtlich der Möglichkeit, Aktien auszugeben oder zurückzukaufen;
8. wesentliche Vereinbarungen der Gesellschaft, die unter der Bedingung eines Kontrollwechsels infolge eines Übernahmeangebots stehen, und die hieraus folgenden Wirkungen;
9. Entschädigungsvereinbarungen der Gesellschaft, die für den Fall eines Übernahmeangebots mit den Mitgliedern des Vorstands oder mit Arbeitnehmern getroffen sind.

[2] Die Angaben nach Satz 1 Nummer 1, 3 und 9 können unterbleiben, soweit sie im Anhang zu machen sind. [3] Sind Angaben nach Satz 1 im Anhang zu machen, ist im Lagebericht darauf zu verweisen. [4] Die Angaben nach Satz 1 Nummer 8 können unterbleiben, soweit sie geeignet sind, der Gesellschaft einen erheblichen Nachteil zuzufügen; die Angabepflicht nach anderen gesetzlichen Vorschriften bleibt unberührt.

(2) [1] Eine börsennotierte Aktiengesellschaft hat im Lagebericht auch auf die Grundzüge des Vergütungssystems der Gesellschaft für die in § 285 Nummer 9 genannten Gesamtbezüge einzugehen. [2] Werden dabei auch Angaben entsprechend § 285 Nummer 9 Buchstabe a Satz 5 bis 8 gemacht, können diese im Anhang unterbleiben.

Schrifttum: (ohne die Einzelbeiträge in den verschiedenen Handbüchern der Rechnungslegung).

I. Allgemeine Grundsätze

Im Rahmen der Neustrukturierung der Vorschriften zum Konzernlage- **1** bericht durch das CSR-Richtlinie-Umsetzungsgesetz (CSRRLUmsG) wurden die Anforderungen des vorherigen § 289 Abs. 4 in den neuen § 289a ausgegliedert. Materielle Änderungen sind durch diese Neustrukturierung nicht beabsichtigt. Bzgl. weiterer Einzelheiten hierzu wird auf die Erläuterungen zum Konzernlagebericht unter → § 315a Rn. 2 und zu den allgemeinen Grundsätzen zur Konzernlageberichterstattung auf die Erläuterungen unter → § 315 Rn. 1 ff. verwiesen.

II. Zusätzliche Angabepflichten für AG und KGaA, die stimmberechtigte Aktien an einem organisierten Markt iSd § 2 Abs. 7 WpÜG ausgegeben haben (Abs. 1)

AG und KGaA, die durch von ihnen ausgegebene stimmberechtigte Aktien **2** einen organisierten Markt iSd § 2 Abs. 7 WpÜG in Anspruch nehmen, haben gem. Abs. 1 folgende **zusätzliche Pflichtangaben** zu machen:

– die Zusammensetzung des gezeichneten Kapitals unter gesondertem Ausweis der mit jeder Gattung verbundenen Rechte und Pflichten sowie des Anteils am Gesamtkapital,
– Beschränkungen, die Stimmrechte oder die Übertragung von Aktien betreffen, auch wenn sie sich aus Vereinbarungen zwischen Gesellschaftern ergeben können, soweit sie dem Vorstand der Gesellschaft bekannt sind,
– direkte oder indirekte Beteiligungen am Kapital, die 10 von Hundert der Stimmrechte überschreiten,
– Inhaber von Aktien mit Sonderrechten, die Kontrollbefugnisse verleihen; die Sonderrechte sind zu beschreiben,
– die Art der Stimmrechtskontrolle, wenn Arbeitnehmer am Kapital beteiligt sind und ihre Kontrollrechte nicht unmittelbar ausüben,
– gesetzliche Vorschriften und Bestimmungen der Satzung über die Ernennung und Abberufung der Mitglieder des Vorstands und über die Änderung der Satzung,
– Befugnisse des Vorstands, insbesondere hinsichtlich der Möglichkeit, Aktien auszugeben oder zurückzukaufen,
– wesentliche Vereinbarungen des Mutterunternehmens, die unter der Bedingung eines Kontrollwechsels infolge eines Übernahmeangebots stehen; die Angaben können unterbleiben, soweit sie geeignet sind, dem Mutterunternehmen einen erheblichen Nachteil zuzufügen,
– Entschädigungsvereinbarungen des Mutterunternehmens, die für den Fall eines Übernahmeangebots mit den Mitgliedern des Vorstands oder Arbeitnehmern getroffen sind.

Da Abs. 1 vom Wortlaut her mit § 315a Abs. 1 übereinstimmt, wird – bzgl. der Möglichkeit, bei einigen geforderten Pflichtangaben auf die Ausführungen im Anhang zu verweisen sowie bzgl. weiterer Erläuterungen – auf → § 315a Rn. 4 ff. verwiesen.

III. Angaben zum Vergütungssystem von Organmitgliedern börsennotierter Aktiengesellschaften (Abs. 2)

3   Nach Abs. 2 haben börsennotierte Aktiengesellschaften im Lagebericht auch die Grundzüge des Vergütungssystems für die in § 285 Nr. 9 genannten Gesamtbezüge einzugehen. Da diese Vorschrift vom Wortlaut her mit § 315a Abs. 2 übereinstimmt, wird bzgl. weiterer Erläuterungen auf → § 315a Rn. 14 ff. verwiesen.

IV. Folgen der Nichtbeachtung

4   Bzgl. der Folgen der Nichtbeachtung der Vorschriften des 289a wird auf → § 289 Rn. 27 verwiesen.

§ 289b Pflicht zur nichtfinanziellen Erklärung; Befreiungen

(1) [1] Eine Kapitalgesellschaft hat ihren Lagebericht um eine nichtfinanzielle Erklärung zu erweitern, wenn sie die folgenden Merkmale erfüllt:

1. die Kapitalgesellschaft erfüllt die Voraussetzungen des § 267 Absatz 3 Satz 1,
2. die Kapitalgesellschaft ist kapitalmarktorientiert im Sinne des § 264d und
3. die Kapitalgesellschaft hat im Jahresdurchschnitt mehr als 500 Arbeitnehmer beschäftigt.

[2] § 267 Absatz 4 bis 5 ist entsprechend anzuwenden. [3] Wenn die nichtfinanzielle Erklärung einen besonderen Abschnitt des Lageberichts bildet, darf die Kapitalgesellschaft auf die an anderer Stelle im Lagebericht enthaltenen nichtfinanziellen Angaben verweisen.

(2) [1] Eine Kapitalgesellschaft im Sinne des Absatzes 1 ist unbeschadet anderer Befreiungsvorschriften von der Pflicht zur Erweiterung des Lageberichts um eine nichtfinanzielle Erklärung befreit, wenn

1. die Kapitalgesellschaft in den Konzernlagebericht eines Mutterunternehmens einbezogen ist und
2. der Konzernlagebericht nach Nummer 1 nach Maßgabe des nationalen Rechts eines Mitgliedstaats der Europäischen Union oder eines anderen Vertragsstaats des Abkommens über den Europäischen Wirtschaftsraum im Einklang mit der Richtlinie 2013/34/EU aufgestellt wird und eine nichtfinanzielle Konzernerklärung enthält.

[2] Satz 1 gilt entsprechend, wenn das Mutterunternehmen im Sinne von Satz 1 einen gesonderten nichtfinanziellen Konzernbericht nach § 315b Absatz 3 oder nach Maßgabe des nationalen Rechts eines Mitgliedstaats der Europäischen Union oder eines anderen Vertragsstaats des Abkommens über den Europäischen Wirtschaftsraum im Einklang mit der Richtlinie 2013/34/EU erstellt und öffentlich zugänglich macht. [3] Ist eine Kapitalgesellschaft nach Satz 1 oder 2 von der Pflicht zur Erstellung einer nichtfinanziellen Erklärung befreit, hat sie dies in ihrem Lagebericht mit einer Erläuterung anzugeben, welches Mutterunternehmen den Konzernlagebericht oder den gesonderten nichtfinanziellen Konzernbericht öffentlich zugänglich macht und wo der Bericht in deutscher oder englischer Sprache offengelegt oder veröffentlicht ist.

(3) [1] Eine Kapitalgesellschaft im Sinne des Absatzes 1 ist auch dann von der Pflicht zur Erweiterung des Lageberichts um eine nichtfinanzielle

Erklärung befreit, wenn die Kapitalgesellschaft für dasselbe Geschäftsjahr einen gesonderten nichtfinanziellen Bericht außerhalb des Lageberichts erstellt und folgende Voraussetzungen erfüllt sind:

1. der gesonderte nichtfinanzielle Bericht erfüllt zumindest die inhaltlichen Vorgaben nach § 289c und

2. die Kapitalgesellschaft macht den gesonderten nichtfinanziellen Bericht öffentlich zugänglich durch

   a) Offenlegung zusammen mit dem Lagebericht nach § 325 oder

   b) Veröffentlichung auf der Internetseite der Kapitalgesellschaft spätestens vier Monate nach dem Abschlussstichtag und mindestens für zehn Jahre, sofern der Lagebericht auf diese Veröffentlichung unter Angabe der Internetseite Bezug nimmt.

[2] Absatz 1 Satz 3 und die §§ 289d und 289e sind auf den gesonderten nichtfinanziellen Bericht entsprechend anzuwenden.

(4) Ist die nichtfinanzielle Erklärung oder der gesonderte nichtfinanzielle Bericht inhaltlich überprüft worden, ist auch die Beurteilung des Prüfungsergebnisses in gleicher Weise wie die nichtfinanzielle Erklärung oder der gesonderte nichtfinanzielle Bericht öffentlich zugänglich zu machen.

Schrifttum: (ohne die Einzelbeiträge in den verschiedenen Handbüchern der Rechnungslegung) *Althoff/Wirth*, Nichtfinanzielle Berichterstattung und Prüfung im DAX 30: Eine Analyse der Erstanwendung des CSR-Richtlinie-Umsetzungsgesetzes, WPg 2018, 1138; *Blöink/Halbleib*, Umsetzung der sog. CSR-Richtlinie 2014/95/EU: Aktueller Überblick über die verabschiedeten Regelungen des CSR-Richtlinie-Umsetzungsgesetzes, DK 2017, 182; *Böcking/Althoff*, Konzernlagebericht: Änderungen von DRS 20 – Kein grundsätzlicher Anpassungsbedarf der Konzernlageberichterstattung durch das CSR-Richtlinie-Umsetzungsgesetz?, WPg 2017, 1450; *Böcking/Althoff*, Paradigmenwechsel in der (Konzern-)Lageberichterstattung über nicht-monetäre Erfolgsfaktoren, DK 2017, 246; BT-Drs. 15/3419 vom 24.6.2014, Entwurf eines Gesetzes zur Einführung internationaler Rechnungslegungsstandards und zur Sicherung der Qualität der Abschlussprüfung (Bilanzrechtsreformgesetz – BilReG); BT-Drs. 18/9982 vom 17.10.2016, Entwurf eines Gesetzes zur Stärkung der nichtfinanziellen Berichterstattung der Unternehmen in ihren Lage- und Konzernlageberichten (CSR-Richtlinie-Umsetzungsgesetz); *Henckel/Rimmelspacher/Schäfer*, Erfahrungen aus der erstmaligen Anwendung des DRS 20, DK 2014, 386; *Hennrichs*, CSR-Umsetzung – Neue Pflichten für Aufsichtsräte, NZG 2017, 841; *Hennrichs/Pöschke*, Die Pflicht des Aufsichtsrats zur Prüfung des „CSR-Berichts", NZG 2017, 121; *Hommelhoff*, FS Kübler, 2015, 291; *IDW* PS 202, Die Beurteilung von zusätzlichen Informationen, die von Unternehmen zusammen mit dem Jahresabschluss veröffentlicht werden, WPg Supplement 4/2010, 1; *Kajüter*, Nichtfinanzielle Berichterstattung nach dem CSR-Richtlinie-Umsetzungsgesetz, DB 2017, 617; *Kumm/Woodtli*, Nachhaltigkeitsberichterstattung: Die Umsetzung der Ergänzungen der Bilanzrichtlinie um die Pflicht zu nichtfinanziellen Angaben im RefE eines CSR-Richtlinie-Umsetzungsgesetzes, DK 2016, 218; *Lanfermann*, Prüfung der CSR-Berichterstattung durch den Aufsichtsrat, BB 2017, 747; *Nietsch*, Nachhaltigkeitsberichterstattung im Unternehmensbereich ante portas – der Regierungsentwurf des CSR-Richtlinie-Umsetzungsgesetzes, NZG 2016, 1330; RefE CSR-RUG vom 11.3.2016, Referentenentwurf zum Entwurf eines Gesetzes zur Stärkung der nichtfinanziellen Berichterstattung der Unternehmen in ihren Lage- und Konzernlageberichten (CSR-Richtlinie-Umsetzungsgesetz); *Richter/Johne/König*, Umsetzung der CSR-Richtlinie in nationales Recht – Was sind die Implikationen für die Praxis?, WPg 2017, 566; *Rimmelspacher/Schäfer/Schönberger*, Das CSR-Richtlinie-Umsetzungsgesetz: Neue Anforderungen an die nichtfinanzielle Berichterstattung und darüber hinaus, KoR 2017, 225.

Übersicht

I. Allgemeine Grundsätze

1　　Der im Rahmen des CSR-Richtlinie-Umsetzungsgesetzes[1] neu eingeführte § 289b dient der nationalen Umsetzung des Art. 19a CSR-RL.[2] Ziel der CSR-RL ist es, Adressaten künftig einen leichteren Zugang zu Informationen über die **Auswirkungen des unternehmerischen Handelns** bestimmter großer Unternehmen zu verschaffen.[3] In der Folge müssen betroffene Unternehmen über die bereits seit 2004 in ihren Lagebericht einzubeziehenden nichtfinanziellen Leistungsindikatoren (wie bspw. Informationen über Umwelt- und Arbeitnehmerbelange)[4] hinaus zusätzliche Angaben hinsichtlich ihrer *Corporate Social Responsibility* (CSR) offenlegen.[5]

2　　**Regelungsgegenstand** des § 289b ist der allgemeine Anwendungsbereich (Abs. 1), Befreiungsvorschriften für bestimmte Kapitalgesellschaften (Abs. 2),

---

[1] BGBl. 2017 I 802.

[2] BT-Drs. 18/9982, 28; Richtlinie 2014/95/EU des Europäischen Parlaments und des Rates v. 22.10.2014 zur Änderung der Richtlinie 2013/34/EU im Hinblick auf die Angabe nichtfinanzieller und die Diversität betreffender Informationen durch bestimmte große Unternehmen und Gruppen v. 22.10.2014, ABl. 2014 L 330, 1.

[3] BT-Drs. 18/9982, 26; *Böcking/Althoff* WPg 2017, 1450; *Blöink/Halbleib* DK 2017, 183.

[4] BT-Drs. 15/3419, 6.

[5] BT-Drs. 18/9982, 1; BeBiKo/*Winkeljohann/Schäfer* Rn. 1.

die Voraussetzungen zur Möglichkeit der Veröffentlichung eines gesonderten nichtfinanziellen Berichts und die damit einhergehende Befreiung von der Abgabe einer nichtfinanziellen Erklärung (Abs. 3) sowie die Rechtsfolgen im Falle einer freiwilligen externen Prüfung hinsichtlich der Veröffentlichung des Prüfungsurteils (Abs. 4).[6]

II. Anwendungsbereich (Abs. 1)

1. Betroffene Unternehmen. Der Berichtspflicht unterworfen sind Ka- 3 pitalgesellschaften und OHG/KG iSv § 264a, welche die Voraussetzungen des § 267 Abs. 3 S. 1, Abs. 4–5 erfüllen (also **groß** sind), wenn sie mehr als **500 Arbeitnehmer** beschäftigen und zugleich **kapitalmarktorientiert** iSd § 264d sind.[7] Die Größenkriterien nach § 267 Abs. 3 S. 1 müssen tatsächlich erfüllt sein; die Fiktion nach § 267 Abs. 3 S. 2, nach der eine kapitalmarktorientierte Kapitalgesellschaft iSd § 264d stets als „groß" gilt, greift nicht.[8]

Von besonderer Bedeutung sind die auslösenden **Schwellenwerte** in Be- 4 zug auf die Bilanzsumme, die Umsatzerlöse sowie die durchschnittliche Arbeitnehmerzahl.[9] Da § 289b Abs. 1 S. 1 Nr. 1 lediglich auf § 267 Abs. 3 S. 1, nicht jedoch auf § 267 Abs. 3 S. 2 Bezug nimmt, muss stets überprüft werden, ob die Größenmerkmale für die Klassifizierung als große Kapitalgesellschaft tatsächlich gegeben sind.[10] Die Fiktion nach § 267 Abs. 3 S. 2, nach der eine kapitalmarktorientierte Kapitalgesellschaft iSd § 264d stets als groß gilt, ist insoweit nicht anwendbar.[11] Gem. § 267 Abs. 3 S. 1 gilt für die **Bilanzsumme** ein Schwellenwert von 20 Mio. Euro am Abschlussstichtag sowie für die **Umsatzerlöse** ein Schwellenwert von 40 Mio. Euro in den zwölf Monaten vor dem Abschlussstichtag.[12] Im Unterschied zu § 267 Abs. 3 S. 1 gilt für die **durchschnittliche Arbeitnehmeranzahl** gem. § 289b Abs. 1 S. 1 Nr. 3 ein Schwellenwert von 500 statt 250 Arbeitnehmern.[13] Während die drei Schwellenwerte zur allgemeinen Klassifizierung als große Kapitalgesellschaft gleichrangig nebeneinander stehen, muss das Merkmal der durchschnittlichen **Arbeitnehmeranzahl von 500** in jedem Fall überschritten werden und zusätzlich mindestens ein weiter der beiden Schwellenwerte Bilanzsumme oder Umsatzerlöse.[14] Die Schwellenwerte müssen grundsätzlich an **zwei aufeinander folgenden Abschlussstichtagen** erfüllt sein. Lediglich im Falle von Neugründungen ist auf den ersten Abschlussstichtag abzustellen.[15] Da für das Merkmal der durchschnittlichen Arbeitnehmeranzahl stets der Schwellenwert von 500 Arbeitnehmern überschritten sein muss, ist für die auslösende Berichtspflicht erforderlich, dass der Schwellenwert für dieses Merkmal an zwei aufeinanderfolgenden Abschlussstichtagen überschritten wird, wohingegen es für die Merkmale Bilanzsumme und Umsatz-

---

[6] HKMS/*Mock* Rn. 1.
[7] BT-Drs. 15/3419, 44; *Rimmelspacher/Schäfer/Schönberger* KoR 2017, 225.
[8] BT-Drs. 15/3419, 44; BeBiKo/*Winkeljohann/Schäfer* Rn. 5.
[9] *Nietsch* NZG 2016, 1331.
[10] HKMS/*Mock* Rn. 30.
[11] BT-Drs. 18/9982, 44.
[12] Für Kreditinstitute und Versicherungsunternehmen existiert keine gesetzliche Definition der Umsatzerlöse. Vgl. hierzu *Rimmelspacher/Schäfer/Schönberger* KoR 2017, 226.
[13] BeBiKo/*Winkeljohann/Schäfer* Rn. 8.
[14] BeBiKo/*Winkeljohann/Schäfer* Rn. 12.
[15] *Nietsch* NZG 2016, 1331.

erlöse nicht erforderlich ist, dass an zwei aufeinanderfolgenden Stichtagen jeweils derselbe Schwellenwert überschritten wird.[16]

5   Unabhängig von den Größenkriterien muss die Kapitalgesellschaft bzw. OHG/KG iSv § 264a **kapitalmarktorientiert** iSd § 264d sein. Im Hinblick auf die Zielsetzung der nichtfinanziellen Berichterstattung, mittels transparenter Informationen über die *Corporate Social Responsibility* das Vertrauen relevanter Interessengruppen zu stärken,[17] ist nicht erforderlich, dass das Merkmal der Kapitalmarktorientierung an zwei aufeinanderfolgenden Abschlussstichtagen erfüllt ist.[18] Bereits die **Beantragung auf die Zulassung** von Wertpapieren zum Handel an einem organisierten Markt genügt (→ § 264d Rn. 6), um von der Berichtspflicht betroffen zu sein.[19] Endet hingegen die Kapitalmarktorientierung während eines Wirtschaftsjahres (bspw. durch ein De- oder Downlisting oder durch Erfüllung der bisher am organisierten Markt gehandelten Schuldtitel), muss die Kapitalgesellschaft bzw. OHG/KG iSv § 264a für diesen Berichtszeitraum die besonderen Vorschriften des § 289b nicht mehr beachten (→ § 264d Rn. 10).[20] Nach dem Sinn und Zweck des § 264d soll dies auch gelten, wenn die Voraussetzungen der Kapitalmarktorientierung erst nach dem Bilanzstichtag bis zur Aufstellung des Jahresabschlusses entfallen.[21]

6   Die Regelung des § 336 Abs. 2 S. 1 Nr. 2 bringt darüber hinaus dieselben Pflichten auch für **eingetragene Genossenschaften** zur Anwendung, wenn diese die drei Kriterien der Kapitalmarktorientierung, der Klassifizierung als groß iSd § 267 sowie mehr 500 Arbeitnehmer im Jahresdurchschnitt kumulativ erfüllen.[22]

7   Keiner Regelung an dieser Stelle bedarf die Erfassung von **Kreditinstituten** und **Versicherungsunternehmen**. Diese sind wie bisher in den Spezialvorschriften der § 340a Abs. 1a (→ § 340a Rn. 2) und § 341a Abs. 1a (→ § 341a Rn. 2) geregelt.[23] Kreditinstitute und Versicherungsunternehmen, die mehr als 500 Arbeitnehmer beschäftigen und die zugleich mindestens eines der für große Kapitalgesellschaften geltenden Größenkriterien (analog § 267 Abs. 3 S. 1) überschreiten (Bilanzsumme über 20 Mio. Euro oder Umsatzerlöse über 40 Mio. Euro), sind ebenfalls verpflichtet, eine nichtfinanzielle Erklärung zu erstellen.[24] Dies gilt abweichend zum Anwendungsbereich des § 289b Abs. 1 unabhängig von einer Kapitalmarktorientierung iSd § 264d.[25]

8   **2. Erklärendes Organ.** Ihrem Wesen nach stellt die nichtfinanzielle Erklärung eine Erweiterung der Lageberichterstattung dar.[26] Die Pflicht zur Erstellung der nichtfinanziellen Erklärung obliegt somit den **gesetzlichen Vertretern** der Kapitalgesellschaft bzw. OHG/KG iSv § 264a.

---

[16] BeBiKo/*Winkeljohann/Schäfer* Rn. 13.

[17] *Böcking/Althoff* DK 2017, 249; *Althoff/Wirth* WPg 2018, 1138 f.

[18] So auch *Rimmelspacher/Schäfer/Schönberger* KoR 2017, 226; BeBiKo/*Winkeljohann/Schäfer* Rn. 14.

[19] BeBiKo/*Winkeljohann/Schäfer* Rn. 14.

[20] BeBiKo/*Winkeljohann/Schäfer* Rn. 14.

[21] BeBiKo/*Schmidt/H. Hoffmann* § 264d Rn. 1; WP-HdB Kap. J Rn. 7.

[22] BT-Drs. 15/3419, 33, 60 f.; *Blöink/Halbleib* DK 2017, 184 mwN.

[23] BT-Drs. 15/3419, 44.

[24] BT-Drs. 15/3419, 61 f.

[25] BeBiKo/*Winkeljohann/Schäfer* Rn. 7; krit. zum Anwendungsbereich für Kreditinstitute und Versicherungsunternehmen *Rimmelspacher/Schäfer/Schönberger* KoR 2017, 226.

[26] BT-Drs. 18/9982, 27; BeBiKo/*Winkeljohann/Schäfer* Rn. 20; *Althoff/Wirth* WPg 2018, 1138 (1149).

3. Ort der nichtfinanziellen Erklärung. Die nichtfinanzielle Bericht- 9
erstattung gem. § 289b kann an zwei Orten erfolgen. Entweder als eine
Erweiterung der Lageberichterstattung, allein dann handelt es sich terminologisch um eine nichtfinanzielle Erklärung, oder in der Form eines
gesonderten nichtfinanziellen Berichts (→ Rn. 22). Beide Varianten
können wiederum in zwei unterschiedlichen Ausprägungen umgesetzt werden; im Falle der nichtfinanziellen Erklärung entweder in einem besonderen
Abschnitt des Lageberichts oder durch eine vollständige Integration der
Pflichtangaben im Lagebericht.[27]

Der **RefE** zum CSR-Richtlinie-Umsetzungsgesetz sah für die nichtfinan- 10
zielle Erklärung noch allein die Ausprägung als **besonderen Abschnitt** des
Lageberichts vor.[28] Dieser Ausprägung der nichtfinanziellen Erklärung dürfte
insbesondere aus der Sicht der Adressaten Vorrang zur integrierten Ausprägung einzuräumen sein,[29] wobei auch die Integration der nichtfinanziellen
Erklärung, also die Verteilung über verschiedene Stellen innerhalb des Lageberichts, als zulässig betrachtet wird.[30] Die **integrierte Variante** der nichtfinanziellen Erklärung könnte deshalb von Nachteil sein, weil sie dem Adressaten den Zugang zur nichtfinanziellen Erklärung erschweren könnte und
sich auf diese Weise die durch einen Abschlussprüfer prüfungspflichtigen
Lageberichtsangaben nur schwer von den nicht extern prüfungspflichtigen
Angaben der nichtfinanziellen Erklärung abgrenzen lassen,[31] was die bereits
bestehende **Erwartungslücke** vergrößern könnte.

Gem. Abs. 1 S. 3 darf die Kapitalgesellschaft auf die an anderer Stelle im 11
Lagebericht enthaltenen nichtfinanziellen Angaben verweisen, wenn die
nichtfinanzielle Erklärung einen besonderen Abschnitt des Lageberichts bildet. Zu beachten ist, dass die **Verweismöglichkeit** auf Angaben innerhalb
des Lageberichts beschränkt ist.[32] Verweise auf den Anhang sind grundsätzlich
unzulässig. Verweise auf Informationen außerhalb des Lageberichts werden
nur dann als zulässig betrachtet, wenn es sich hierbei nicht um Pflichtangaben,
sondern nur um freiwillige zusätzliche Informationen handelt.[33]

Als Bestandteil des Lageberichts gelten für die nichtfinanzielle Erklärung 12
dieselben **zeitlichen Anforderungen** hinsichtlich Aufstellung (→ § 264
Rn. 16) und Offenlegung (→ § 325 Rn. 4).[34]

---

[27] *Hennrichs* NZG 2017, 843; *Blöink/Halbleib* DK 2017, 190; BeBiKo/*Winkeljohann/
Schäfer* Rn. 26.
[28] RefE CSRRLUmsG v. 11.3.2016, 6.
[29] IErg ähnlich HKMS/*Mock* Rn. 36; *Kumm/Woodtli* DK 2016, 221; *Richter/Johne/König*
WPg 2017, 567; *Althoff/Wirth* WPg 2018, 1149.
[30] Etwa *Hennrichs* NZG 2017, 843; *Kajüter* DB 2017, 619; BeBiKo/*Winkeljohann/Schäfer*
Rn. 27, die jedoch auf potenzielle Abgrenzungsprobleme hinweisen, die die Vergleichbarkeit
der nichtfinanziellen Berichterstattung zwischen Unternehmen uU einschränken könnten;
aA HKMS/*Mock* Rn. 36 („muss [...] einen eigenen Gliederungspunkt im Lagebericht
ausmachen").
[31] So auch *Richter/Johne/König* WPg 2017, 567; HKMS/*Mock* Rn. 36, der die Integration
der nichtfinanziellen Erklärung in den Lagebericht auch unter Verweis auf die richtlini-
enkonforme Auslegung von Art. 19a Abs. 1 CSR-RL ablehnt; aA *Hennrichs* NZG 2017, 843
der eine hinreichende Abgrenzung der voll- und der nur eingeschränkt oder nur formell
geprüften Bestandteile der Lageberichterstattung auch bei der integrierten Ausprägung der
nichtfinanziellen Erklärung, bspw. durch entsprechende grafische Kennzeichnung, als gewährleistet betrachtet. Die Möglichkeit einer Übersicht sehen auch BeBiKo/*Winkeljohann/
Schäfer* Rn. 27 und DRS 20.242.
[32] Vgl. weiterführend BeBiKo/*Winkeljohann/Schäfer* Rn. 26.
[33] *Henckel/Rimmelspacher/Schäfer* DK 2014, 387; BeBiKo/*Winkeljohann/Schäfer* Rn. 26.
[34] BeBiKo/*Winkeljohann/Schäfer* Rn. 28.

III. Befreiungsvorschriften (Abs. 2)

13   **1. Befreiende Konzernberichterstattung.** Da außer Kapitalgesellschaften und OHG/KG iSv § 264a gem. § 315b auch Muttergesellschaften von Konzernen zur nichtfinanziellen Berichterstattung verpflichtet sind, sieht Abs. 2 Befreiungstatbestände für **Tochterunternehmen** vor.[35]

14   Unbeschadet anderer Befreiungsvorschriften (→ Rn. 21) darf die Befreiungsmöglichkeit nur in Anspruch genommen werden, wenn das Tochterunternehmen in den Konzernlagebericht des Mutterunternehmens einbezogen wird (→ Rn. 18 f.), dieser Konzernlagebericht im Einklang mit der EU-Bilanzrichtlinie aufgestellt wurde (→ Rn. 20) und eine nichtfinanzielle Konzernerklärung enthält.[36]

15   Die Befreiungstatbestände gelten **unabhängig vom Ort der nichtfinanziellen Erklärung,** also gem. Abs. 2 S. 2 auch für den Fall, dass das Mutterunternehmen einen gesonderten nichtfinanziellen Konzernbericht aufstellt.[37]

16   Nimmt ein Tochterunternehmen die Befreiung von der Berichterstattung für sich in Anspruch, so hat es gem. Abs. 2 S. 3 die Tatsache der Inanspruchnahme der Befreiung in seinem Lagebericht anzugeben.[38] Darüber hinaus hat das Tochterunternehmen in seinem Lagebericht zu erläutern, **welches Mutterunternehmen** den befreienden, um die nichtfinanzielle Konzernerklärung erweiterten, Konzernlagebericht (bzw. den gesonderten nichtfinanziellen Konzernbericht) erstellt hat und bei welchem **Register** bzw. auf welcher **Internetseite** dieser Bericht in deutscher oder englischer Sprache öffentlich verfügbar ist.[39]

17   Schließlich kann die Befreiungsvorschrift nur dann in Anspruch genommen werden, wenn die nichtfinanzielle Konzernerklärung oder der nichtfinanzielle Konzernbericht des Mutterunternehmens in **deutscher oder englischer Sprache** offengelegt wurde.[40] Erfolgt die Offenlegung der nichtfinanziellen Konzernerklärung oder des nichtfinanziellen Konzernberichts weder in deutscher noch in englischer Sprache, so muss das Tochterunternehmen, das die Befreiung in Anspruch nehmen will, für eine deutsche oder englische Übersetzung desselben Sorge tragen und angeben, wo diese öffentlich zugänglich gemacht wurde.[41] Anderenfalls kann das Tochterunternehmen die Befreiung von der Erstellung und Veröffentlichung einer eigenen nichtfinanziellen Erklärung bzw. eines nichtfinanziellen Berichts nicht in Anspruch nehmen.

18   **2. Konkrete Befreiungstatbestände. a) Einbeziehung als Tochterunternehmen (Abs. 2 S. 1 Nr. 1).** Um von dem Befreiungstatbestand des Abs. 2 S. 1 Nr. 1 Gebrauch machen zu können, ist maßgeblich, dass das Mutterunternehmen einen **beherrschenden Einfluss** auf das Tochterunternehmen ausüben kann.[42] Ein lediglich maßgeblicher Einfluss iSd § 311 ist

---

[35] BT-Drs. 18/9982, 44; HKMS/*Mock* Rn. 40.
[36] BT-Drs. 18/9982, 44; *Blöink/Halbleib* DK 2017, 189.
[37] *Blöink/Halbleib* DK 2017, 189.
[38] BeBiKo/*Winkeljohann/Schäfer* Rn. 40.
[39] *Blöink/Halbleib* DK 2017, 190; HKMS/*Mock* Rn. 50 f.
[40] HKMS/*Mock* Rn. 52.
[41] *Blöink/Halbleib* DK 2017, 190; HKMS/*Mock* Rn. 52; BeBiKo/*Winkeljohann/Schäfer* Rn. 42.
[42] BT-Drs. 18/9982, 44; BeBiKo/*Winkeljohann/Schäfer* Rn. 31; HKMS/*Mock* Rn. 41.

hingegen nicht ausreichend, um die Befreiungsvorschrift in Anspruch zu nehmen.[43]

Das Erfordernis eines **Unterordnungsverhältnisses** zwischen dem Mut- 19 terunternehmen und dem Tochterunternehmen schließt eine Selbstbefreiung des obersten Mutterunternehmens aus.[44] Da die Befreiungstatbestände des Abs. 2 keine Anwendung auf das oberste Mutterunternehmen finden, muss dieses grundsätzlich sowohl eine nichtfinanzielle Erklärung bzw. einen nichtfinanziellen Bericht auf Ebene des Einzelabschlusses als auch eine nichtfinanzielle Konzernerklärung bzw. einen nichtfinanziellen Konzernbericht auf Ebene des Konzernabschlusses erstellen.[45] Jedoch besteht die Möglichkeit, die nichtfinanzielle Berichterstattung für das Einzelunternehmen und die des Konzerns in der Form einer **zusammengefassten nichtfinanziellen Erklärung** bzw. eines zusammengefassten nichtfinanziellen Berichts zusammenzufassen (zu den Voraussetzungen → § 315b Rn. 9 f.).[46]

b) Aufstellung im Einklang mit der EU-Bilanzrichtlinie (Abs. 2 S. 1 20 **Nr. 2).** Der Konzernlagebericht des Mutterunternehmens kann zudem nur dann befreiende Wirkung entfalten, wenn dieser nach Maßgabe des nationalen Rechts eines Mitgliedstaats der EU oder des EWR im Einklang mit der **EU-Bilanzrichtlinie** aufgestellt und um eine nichtfinanzielle Konzernerklärung erweitert wurde.[47] Dementsprechend kann die befreiende nichtfinanzielle Konzernberichterstattung sowohl nach einschlägigen handelsrechtlichen Normen erfolgen (§§ 315b, 315c) als auch nach dem nationalen Bilanzrecht des betreffenden Staats der EU bzw. des EWR.[48]

c) Andere Befreiungsvorschriften (Abs. 2 S. 1). Da die Befreiungs- 21 tatbestände des Abs. 2 S. 1 Nr. 1 und 2 „unbeschadet anderer Befreiungsvorschriften" (Abs. 2 S. 1) bestehen, sind auch Kapitalgesellschaften im Anwendungsbereich des § 289b, die unter den Voraussetzungen des § 264 Abs. 3 die Erleichterung in Anspruch nehmen, **keinen Lagebericht** aufzustellen, von der nichtfinanziellen Berichterstattung befreit.[49] OHG/KG iSv § 264a im Anwendungsbereich des § 289b sind dann von der nichtfinanziellen Berichterstattung befreit, wenn diese unter den Voraussetzungen des § 264b die Erleichterung in Anspruch nehmen, keinen Lagebericht aufzustellen.[50]

IV. Gesonderter nichtfinanzieller Bericht (Abs. 3)

1. Nichtfinanzielle Berichterstattung außerhalb des Lageberichts. 22 Durch Abs. 3 wird berichtspflichtigen Kapitalgesellschaften und OHG/KG iSv § 264a die Möglichkeit eingeräumt, anstelle einer nichtfinanziellen Erklärung, einen gesonderten nichtfinanziellen Bericht (Abs. 3 S. 1) außerhalb des Lageberichts zu erstellen.[51] Voraussetzung für die Anwendung des **Befreiungstatbestands** ist, dass der gesonderte nichtfinanzielle Bericht die gleichen

---

[43] BeBiKo/*Winkeljohann/Schäfer* Rn. 31.
[44] *Rimmelspacher/Schäfer/Schönberger* KoR 2017, 229; BeBiKo/*Winkeljohann/Schäfer* Rn. 32.
[45] HKMS/*Mock* Rn. 49.
[46] *Rimmelspacher/Schäfer/Schönberger* KoR 2017, 230.
[47] *Blöink/Halbleib* DK 2017, 189; *Böcking/Althoff* WPg 2017, 1452.
[48] BeBiKo/*Winkeljohann/Schäfer* Rn. 35.
[49] *Rimmelspacher/Schäfer/Schönberger* KoR 2017, 229.
[50] BeBiKo/*Winkeljohann/Schäfer* Rn. 44.
[51] BT-Drs. 18/9982, 45.

Inhalte aufweist, die für die nichtfinanzielle Erklärung gem. § 289c vorgeschrieben sind (Abs. 3 S. 1 Nr. 1) und das der gesonderte nichtfinanzielle
Bericht entweder zusammen mit dem Lagebericht nach § 325 im Bundesanzeiger offengelegt oder aber auf der Internetseite des Unternehmens veröffentlicht wird (Abs. 3 S. 1 Nr. 2).[52]

23   Der **Zeitpunkt der Aufstellung** des gesonderten nichtfinanziellen Berichts darf nach der Aufstellung des Lageberichts liegen.[53] **Wertaufhellende
Ereignisse,** auch nach der Aufstellung des Lageberichts, sind in Anlehnung
an § 252 Abs. 1 Nr. 3 zu berücksichtigen.[54]

24   Analog zur Möglichkeit, die nichtfinanzielle Konzernerklärung mit der
nichtfinanziellen Erklärung des Mutterunternehmens zusammenfassen (DRS
20.245),[55] kann auch der gesonderte nichtfinanzielle Bericht mit dem gesonderten nichtfinanziellen Konzernbericht zusammengefasst werden, bspw. unter der Bezeichnung **zusammengefasster gesonderter nichtfinanzieller
Bericht** (DRS 20.248; zu den Voraussetzungen → § 315b Rn. 9 f.). Im
Unterschied zu den Voraussetzungen zur Zusammenfassung einer nichtfinanziellen Erklärung mit einer nichtfinanziellen Konzernerklärung ist dies unabhängig davon möglich, ob das Mutterunternehmen einen zusammengefassten Lagebericht erstellt oder nicht.

25   **Verweise** auf Informationen die im Lagebericht bzw. der Erklärung zur
Unternehmensführung enthalten sind, sind auch bei der Erstellung eines
gesonderten nichtfinanziellen Berichts zulässig, wohingegen Verweise auf den
Anhang grundsätzlich nicht zulässig sind.[56] Zudem kann das Unternehmen
auch bei der Erstellung eines gesonderten nichtfinanziellen Berichts **Rahmenwerke** heranziehen (→ § 289d Rn. 1) und **nachteiliege Angaben
weglassen** (→ § 289e Rn. 2).[57]

26   **2. Inhaltliche Anforderungen an den gesonderten nichtfinanziellen
Bericht (Abs. 3 S. 1 Nr. 1).** Der gesonderte nichtfinanzielle Bericht muss
den inhaltlichen Vorgaben des § 289c entsprechen, sodass für ihn dieselben
Mindestanforderungen wie für die nichtfinanzielle Erklärung gelten, maW
hat die Erstellung eines gesonderten nichtfinanziellen Berichts keinen Einfluss
auf den Umfang der Berichterstattung **(Äquivalenzerfordernis).**[58] Da
Abs. 3 rechtstechnisch als Befreiungstatbestand ausgestaltet ist, können inhaltliche Mängel des gesonderten nichtfinanziellen Berichts zu einem **Entfallen
der Befreiungswirkung** führen.[59] Hiermit bliebe die Verpflichtung zur
Erstellung einer gesonderten nichtfinanziellen Erklärung als Ergänzung des
Lageberichts fortbestehen, was im Ergebnis als Nichtvorlage einer nichtfinanziellen Erklärung zu behandeln wäre.[60]

---

[52] BT-Drs. 18/9982, 45.
[53] BeBiKo/*Winkeljohann/Schäfer* Rn. 55.
[54] BeBiKo/*Winkeljohann/Schäfer* Rn. 55.
[55] BT-Drs. 18/9982, 56.
[56] *Rimmelspacher/Schäfer/Schönberger* KoR 2017, 227; BeBiKo/*Winkeljohann/Schäfer*
Rn. 26 mwN.
[57] HKMS/*Mock* Rn. 60.
[58] HKMS/*Mock* Rn. 55; BeBiKo/*Winkeljohann/Schäfer* Rn. 51; *Kumm/Woodtli* DK 2016,
227.
[59] *Kumm/Woodtli* DK 2016, 227.
[60] *Kumm/Woodtli* DK 2016, 227; zu den damit verbundenen Folgefragen hinsichtlich
Prüfung und Sanktionierung *Kumm/Woodtli* DK 2016, 228–232.

3. Veröffentlichungsort und Form des gesonderten nichtfinanziel- 27
len Berichts (Abs. 3 S. 1 Nr. 2). Der gesonderte nichtfinanzielle Bericht
kann entweder zusammen mit dem Lagebericht nach § 325 im **Bundesanzeiger** offengelegt werden oder auf der **Internetseite** des Unternehmens
veröffentlicht werden.[61] Macht ein Unternehmen von der Veröffentlichung
im Internet Gebrauch, so ist im Lagebericht auf diese getrennte Veröffentlichung hinzuweisen, indem die Internetadresse anzugeben ist, unter der die
Veröffentlichung erfolgt.[62] Der auf der Internetseite veröffentlichte gesonderte nichtfinanzielle Bericht ist mindestens für eine Dauer von zehn Jahren
verfügbar zu halten.[63]

Unabhängig vom Ort der Offenlegung bzw. der Veröffentlichung des 28
gesonderten nichtfinanziellen Berichts stellt sich die Frage nach der konkreten Form des gesonderten nichtfinanziellen Berichts. Da § 289c und § 289e
lediglich als **Mindestanforderungen** zu verstehen sind, muss sich der Inhalt
des gesonderten nichtfinanziellen Berichts nicht auf diese Anforderungen
beschränken, sondern kann hierüber auch hinausgehen.[64] Aus diesem Grund
kommen neben der Form eines eigenständigen Berichts auch Formen in
Betracht, in denen der gesonderte nichtfinanzielle Bericht Bestandteil eines
anderen Unternehmensberichts ist.[65]

a) Eigenständiger Bericht. Der gesonderte nichtfinanzielle Bericht kann 29
nach Abs. 3 einen eigenständigen Bericht darstellen. Aus der Zielsetzung des
CSR-Richtlinie-Umsetzungsgesetzes, Investoren, Unternehmen sowie Ver-
brauchern mehr und bessere Informationen über die **Geschäftstätigkeit
von Unternehmen im Hinblick auf nichtfinanzielle Belange** zur Verfügung zu stellen,[66] kann abgeleitet werden, dass hiermit auch eine stärkere
Verknüpfung von finanziellen und nichtfinanziellen Angaben beabsichtigt
war.[67] Ein eigenständiger Bericht, losgelöst von der Finanzberichterstattung
und einer ggf. freiwilligen Nachhaltigkeitsberichterstattung, birgt die Gefahr
einer inkonsistenten Unternehmensberichterstattung, die dem Adressaten
den Einblick in die **Interdependenzen** zwischen finanziellen und nichtfinanziellen Kennzahlen erschweren kann.[68]

b) Bestandteil eines anderen Unternehmensberichts. Der gesonderte 30
nichtfinanzielle Bericht kann ebenso Bestandteil eines anderen Unternehmensberichts sein und in diesem entweder einen **besonderen Abschnitt**
ausmachen oder vollständig in den anderen Unternehmensbericht **integriert**
werden.[69] Bei einer Integration in einen anderen Unternehmensbericht ist in
diesem darauf hinzuweisen, dass dieser die Angaben zur nichtfinanziellen
Berichterstattung enthält.[70] Gegen die vollständige Integration der Pflichtangaben des gesonderten nichtfinanziellen Berichts in einen anderen Unter-

---

[61] BT-Drs. 18/9982, 45.
[62] BT-Drs. 18/9982, 45.
[63] BT-Drs. 18/9982, 45; *Blöink/Halbleib* DK 2017, 191.
[64] BeBiKo/*Winkeljohann/Schäfer* Rn. 52.
[65] BeBiKo/*Winkeljohann/Schäfer* Rn. 52.
[66] BT-Drs. 18/9982, 1.
[67] *Böcking/Althoff* DK 2017, 255; *Althoff/Wirth* WPg 2018, 1149.
[68] *Althoff/Wirth* WPg 2018, 1149.
[69] BeBiKo/*Winkeljohann/Schäfer* Rn. 52.
[70] BeBiKo/*Winkeljohann/Schäfer* Rn. 52; DRS 20.255 empfiehlt für diesen Fall eine
Übersicht darüber aufzunehmen, wo die nichtfinanziellen Pflichtangaben innerhalb des
anderen Konzernberichts gemacht wurden.

nehmensbericht sprechen in verstärkter Weise die gleichen Argumente, die zuvor hinsichtlich der integrierten Variante einer nichtfinanziellen Erklärung aufgeführt wurden (→ Rn. 10).

31   Für die Veröffentlichung des gesonderten nichtfinanziellen Berichts in der Form eines besonderen Abschnitts innerhalb eines anderen Unternehmensberichts kommt insbesondere der **Geschäftsbericht** in Frage, uU wohl auch der Nachhaltigkeitsbericht.[71] Die Veröffentlichung des gesonderten nichtfinanziellen Berichts als Bestandteil des Geschäftsberichts ist einer Veröffentlichung innerhalb des Nachhaltigkeitsberichts vorzuziehen, da dem Adressaten auf diese Weise eine unkompliziertere **Verknüpfung von finanziellen und nichtfinanziellen Angaben** des Unternehmens ermöglicht wird.

32   **4. Veröffentlichungszeitpunkt des gesonderten nichtfinanziellen Berichts.** Die Offenlegung im Bundesanzeiger gem. § 325 hat zeitgleich mit der **Offenlegung des Lageberichts** zu erfolgen, im Falle kapitalmarktorientierter Unternehmen idR binnen einer Frist von maximal vier Monaten ab dem Abschlussstichtag.[72] Veröffentlicht das Unternehmen den gesonderten nichtfinanziellen Bericht auf seiner Internetseite, gilt hierfür gem. Abs. 3 S. 1 Nr. 2 Buchst. b ebenfalls eine Frist von maximal vier Monaten ab dem Abschlussstichtag.[73] Da insbesondere große kapitalmarktorientierte Kapitalgesellschaften ihren Jahresabschluss und Lagebericht regelmäßig deutlich vor der maximalen Frist von vier Monaten offenlegen, besteht hierdurch grds. die Möglichkeit, den gesonderten nichtfinanziellen Bericht der finanziellen Berichterstattung zeitlich nachgelagert zu veröffentlichen.[74] Der RegE eines CSR-Richtlinie-Umsetzungsgesetzes sah für die Veröffentlichung auf der Internetseite noch eine Frist von sechs Monaten vor.[75] Die im Rahmen der parlamentarischen Beratungen des Deutschen Bundestages vorgenommene Verkürzung der Veröffentlichungsfrist auf vier Monate ist deutlicher Indikator für die Absicht des Gesetzgebers, die **Vergleichbarkeit von finanzieller und nichtfinanzieller Unternehmensberichterstattung** zu gewährleisten, für die ein zeitlicher Gleichlauf der Veröffentlichungsfristen eine wesentliche Voraussetzung darstellt.[76]

V. Freiwillige externe Prüfung (Abs. 4)

33   **1. Erstanwendung.** Abs. 4 trat am 1.1.2019 in Kraft und war erstmalig auf Geschäftsjahre anzuwenden, die nach dem 31.12.2018 begonnen haben, wobei eine freiwillige vorherige Anwendung zulässig war.[77]

34   **2. Formelle Prüfung durch den Abschlussprüfer.** Die nichtfinanzielle Erklärung bzw. der gesonderte nichtfinanzielle Bericht ist nur eingeschränkt in die externe Abschlussprüfung einzubeziehen.[78] Konkret handelt es sich bei § 317 Abs. 2 S. 4 allein um eine **formelle Prüfung,** ob die nichtfinanzielle

---

[71] BeBiKo/*Winkeljohann/Schäfer* Rn. 52.
[72] *Blöink/Halbleib* DK 2017, 191; BeBiKo/*Winkeljohann/Schäfer* Rn. 54.
[73] *Böcking/Althoff* DK 2017, 249.
[74] BeBiKo/*Winkeljohann/Schäfer* Rn. 54.
[75] BT-Drs. 18/9982, 45.
[76] *Blöink/Halbleib* DK 2017, 191
[77] BeBiKo/*Winkeljohann/Schäfer* Rn. 61; *Althoff/Wirth* WPg 2018, 1148 mit einer Übersicht über die freiwillige Beauftragung einer externen Überprüfung der DAX 30 Unternehmen im Kalenderjahr 2017.
[78] BT-Drs. 18/9982, 46.

Erklärung bzw. der gesonderte nichtfinanzielle Bericht vorgelegt wurde.[79] Wenngleich eine inhaltliche Prüfung durch den gesetzlichen Abschlussprüfer gem. § 317 Abs. 2 S. 4 nicht vorgeschrieben ist, schließt die formelle Prüfung durch den Abschlussprüfer ein **kritisches Lesen**[80] isv IDW PS 202 ein.[81]

3. Gründe und Folgen der Beauftragung einer freiwilligen inhalt- 35 lichen Prüfung. Obwohl eine inhaltliche Prüfung durch den externen Abschlussprüfer durch das CSR-Richtlinie-Umsetzungsgesetz nicht vorgesehen ist, suggeriert der RegE eine **faktische Prüfungspflicht:**[82] „Eine externe inhaltliche Überprüfung, insbesondere durch den Abschlussprüfer, kann das Vertrauen in die nichtfinanziellen Informationen erhöhen".[83] Auch die Ergänzung des § 111 Abs. 2 AktG um einen vierten Satz, nach dem der Aufsichtsrat „eine externe inhaltliche Überprüfung der nichtfinanziellen Erklärung oder des gesonderten nichtfinanziellen Berichts" (§ 111 Abs. 2 S. 4 AktG) beauftragen kann, legt die Vermutung nahe, dass ein Aufsichtsratsmandat, welches in der Form eines Nebenamts ausgeübt wird, mit einer vollkommen **eigenständigen inhaltlichen Prüfung** der nichtfinanziellen Berichterstattung idR unvereinbar scheint.[84] Eine empirische Auswertung des DAX 30 liefert hierfür ebenfalls starke Indikatoren:[85] Im Jahr der Erstanwendung des CSR-Richtlinie-Umsetzungsgesetzes hat lediglich ein einziger Aufsichtsrat von insgesamt 27 Aufsichtsräten keine freiwillige externe Prüfung der nichtfinanziellen Berichterstattung iSd CSR-Richtlinie-Umsetzungsgesetzes beauftragt.[86] Wenngleich die externe Überprüfung nicht obligatorisch ist, bildet sie in der Unternehmenspraxis wohl auch unter Berücksichtigung etwaiger **Haftungsrisiken** den Regelfall.[87]

Macht der Aufsichtsrat von seinem Recht zur Beauftragung einer externer **36** inhaltlichen Überprüfung nach § 111 Abs. 2 S. 4 AktG Gebrauch, so ist die **Beurteilung des Prüfungsergebnisses** in gleicher Weise hinsichtlich des Ortes sowie des Zeitpunkts, wie die nichtfinanzielle Erklärung bzw. der gesonderte nichtfinanzielle Bericht gemeinsam **öffentlich zugänglich zu machen.**[88] Darüber hinaus stellt die explizite Aussage darüber, dass eine zusätzliche externe inhaltliche Überprüfung vorgenommen wurde, eine aus Adressatensicht wichtige Information dar, die das Vertrauen in die nichtfinanziellen Informationen erhöhen kann.[89]

VI. Folgen der Nichtbeachtung

Da eine Verletzung der Vorschriften §§ 289b, 289c, 289d und 289e nicht **37** gesondert gegenüber den Vorschriften über den Lagebericht sanktioniert ist,

---

[79] *Hennrichs* NZG 2017, 843; *Lanfermann* BB 2017, 749.

[80] *IDW* PS 202 Rn. 6–10a.

[81] *Richter/Johne/König* WPg 2017, 570; und wohl auch *Hennrichs* NZG 2017, 844.

[82] *Böcking/Althoff* DK 2017, 245; aA *Hennrichs/Pöschke* NZG 2017, 127.

[83] BT-Drs. 18/9982, 46.

[84] IErg wohl auch *Hommelhoff* FS Kübler 2015, 298; aA *Hennrichs/Pöschke* NZG 2017, 127.

[85] *Althoff/Wirth* WPg 2018, 1138–1149.

[86] *Althoff/Wirth* WPg 2018, 1148; drei Unternehmen des DAX 30 führen ein vom Kalenderjahr abweichendes Geschäftsjahr und waren deshalb im Kalenderjahr 2017 noch nicht zur Erstanwendung verpflichtet. *Althoff/Wirth* WPg 2018, 1140.

[87] Bereits *Böcking/Althoff* DK 2017, 251; krit. iErg jedoch ähnlich Hüffer/Koch/*Koch* AktG § 171 Rn. 5.

[88] BT-Drs. 18/9982, 46; BeBiKo/*Winkeljohann/Schäfer* Rn. 60.

[89] BT-Drs. 18/9982, 46; *Böcking/Althoff* DK 2017, 247.

greifen die für den Lagebericht einschlägigen Regelungen zu den **Straftatbeständen** nach § 331 sowie den **Ordnungswidrigkeiten** nach § 334,
weshalb auf die entsprechenden Ausführungen nach § 289 verwiesen wird
(→ § 289 Rn. 25).[90]

§ 289c Inhalt der nichtfinanziellen Erklärung

(1) **In der nichtfinanziellen Erklärung im Sinne des § 289b ist das Geschäftsmodell der Kapitalgesellschaft kurz zu beschreiben.**

(2) **Die nichtfinanzielle Erklärung bezieht sich darüber hinaus zumindest auf folgende Aspekte:**

1. **Umweltbelange, wobei sich die Angaben beispielsweise auf Treibhausgasemissionen, den Wasserverbrauch, die Luftverschmutzung, die
Nutzung von erneuerbaren und nicht erneuerbaren Energien oder den
Schutz der biologischen Vielfalt beziehen können,**
2. **Arbeitnehmerbelange, wobei sich die Angaben beispielsweise auf die
Maßnahmen, die zur Gewährleistung der Geschlechtergleichstellung
ergriffen wurden, die Arbeitsbedingungen, die Umsetzung der grundlegenden Übereinkommen der Internationalen Arbeitsorganisation,
die Achtung der Rechte der Arbeitnehmerinnen und Arbeitnehmer,
informiert und konsultiert zu werden, den sozialen Dialog, die Achtung der Rechte der Gewerkschaften, den Gesundheitsschutz oder die
Sicherheit am Arbeitsplatz beziehen können,**
3. **Sozialbelange, wobei sich die Angaben beispielsweise auf den Dialog
auf kommunaler oder regionaler Ebene oder auf die zur Sicherstellung
des Schutzes und der Entwicklung lokaler Gemeinschaften ergriffenen
Maßnahmen beziehen können,**
4. **die Achtung der Menschenrechte, wobei sich die Angaben beispielsweise auf die Vermeidung von Menschenrechtsverletzungen beziehen
können, und**
5. **die Bekämpfung von Korruption und Bestechung, wobei sich die
Angaben beispielsweise auf die bestehenden Instrumente zur Bekämpfung von Korruption und Bestechung beziehen können.**

(3) **Zu den in Absatz 2 genannten Aspekten sind in der nichtfinanziellen Erklärung jeweils diejenigen Angaben zu machen, die für das Verständnis des Geschäftsverlaufs, des Geschäftsergebnisses, der Lage der
Kapitalgesellschaft sowie der Auswirkungen ihrer Tätigkeit auf die in
Absatz 2 genannten Aspekte erforderlich sind, einschließlich**

1. **einer Beschreibung der von der Kapitalgesellschaft verfolgten Konzepte, einschließlich der von der Kapitalgesellschaft angewandten Due-
Diligence-Prozesse,**
2. **der Ergebnisse der Konzepte nach Nummer 1,**
3. **der wesentlichen Risiken, die mit der eigenen Geschäftstätigkeit der
Kapitalgesellschaft verknüpft sind und die sehr wahrscheinlich schwerwiegende negative Auswirkungen auf die in Absatz 2 genannten Aspekte haben oder haben werden, sowie die Handhabung dieser Risiken
durch die Kapitalgesellschaft,**
4. **der wesentlichen Risiken, die mit den Geschäftsbeziehungen der Kapitalgesellschaft, ihren Produkten und Dienstleistungen verknüpft sind
und die sehr wahrscheinlich schwerwiegende negative Auswirkungen**

---

[90] BeBiKo/*Winkeljohann/Schäfer* Rn. 65.

auf die in Absatz 2 genannten Aspekte haben oder haben werden, soweit die Angaben von Bedeutung sind und die Berichterstattung über diese Risiken verhältnismäßig ist, sowie die Handhabung dieser Risiken durch die Kapitalgesellschaft,

5. **der bedeutsamsten nichtfinanziellen Leistungsindikatoren, die für die Geschäftstätigkeit der Kapitalgesellschaft von Bedeutung sind,**
6. **soweit es für das Verständnis erforderlich ist, Hinweisen auf im Jahresabschluss ausgewiesene Beträge und zusätzliche Erläuterungen dazu.**

(4) **Wenn die Kapitalgesellschaft in Bezug auf einen oder mehrere der in Absatz 2 genannten Aspekte kein Konzept verfolgt, hat sie dies anstelle der auf den jeweiligen Aspekt bezogenen Angaben nach Absatz 3 Nummer 1 und 2 in der nichtfinanziellen Erklärung klar und begründet zu erläutern.**

Schrifttum: (ohne die Einzelbeiträge in den verschiedenen Handbüchern der Rechnungslegung) *Althoff/Wirth*, Nichtfinanzielle Berichterstattung und Prüfung im DAX 30: Eine Analyse der Erstanwendung des CSR-Richtlinie-Umsetzungsgesetzes, WPg 2018, 1138; *Blöink/Halbleib*, Umsetzung der sog. CSR-Richtlinie 2014/95/EU: Aktueller Überblick über die verabschiedeten Regelungen des CSR-Richtlinie-Umsetzungsgesetzes, DK 2017, 182; *Böcking/Althoff*, Konzernlagebericht: Änderungen von DRS 20 – Kein grundsätzlicher Anpassungsbedarf der Konzernlageberichterstattung durch das CSR-Richtlinie-Umsetzungsgesetz?, WPg 2017, 1450; *Böcking/Althoff*, Paradigmenwechsel in der (Konzern-)Lageberichterstattung über nicht-monetäre Erfolgsfaktoren, DK 2017, 246; BT-Drs. 15/3419 vom 24.6.2014, Entwurf eines Gesetzes zur Einführung internationaler Rechnungslegungsstandards und zur Sicherung der Qualität der Abschlussprüfung (Bilanzrechtsreformgesetz – BilReG); BT-Drs. 18/9982 vom 17.10.2016, Entwurf eines Gesetzes zur Stärkung der nichtfinanziellen Berichterstattung der Unternehmen in ihren Lage- und Konzernlageberichten (CSR-Richtlinie-Umsetzungsgesetz); *DRSC*, DRS 20, Konzernlagebericht Stand: 22.9.2017; *Rimmelspacher/Schäfer/Schönberger*, Das CSR-Richtlinie-Umsetzungsgesetz: Neue Anforderungen an die nichtfinanzielle Berichterstattung und darüber hinaus, KoR 2017, 225.

Übersicht

I. Allgemeine Grundsätze

1   Der im Rahmen des CSR-Richtlinie-Umsetzungsgesetzes[1] neu eingeführte § 289c dient der nationalen Umsetzung des Art. 19a CSR-RL.[2] Die Vorgaben über den Inhalt der nichtfinanziellen Erklärung dienen dazu, die **Vergleichbarkeit von nichtfinanziellen Angaben** der Unternehmen zu verbessern, ohne die Grundsätze der bisherigen Finanzberichterstattung zu verlassen.[3] Auf Konzernebene (§ 315c) erfolgte eine entsprechende Konkretisierung der Vorgaben zum Inhalt der nichtfinanziellen Konzernerklärung durch den DRS 20 (DRS 20.232-20.305).[4] Für die nichtfinanzielle Berichterstattung gem. § 289c ist von derselben **Ausstrahlungswirkung** des DRS 20 auszugehen[5] wie auf die Lageberichterstattung nach § 289.[6] Die Grundsätze der Lageberichterstattung sind für die nichtfinanzielle Berichterstattung sinngemäß zu berücksichtigen (DRS 20.12–20.35; → § 289 Rn. 10).[7]

2   Ein wesentlicher Unterschied zu den Grundsätzen der bisherigen Finanzberichterstattung besteht darin, dass in der nichtfinanziellen Erklärung unter bestimmten Voraussetzungen Informationen anzugeben sind, die nur einen mittelbaren Zusammenhang mit dem **Verantwortungsbereich der gesetzlichen Vertreter** des berichterstattenden Unternehmens aufweisen.[8] Dies betrifft bspw. die wesentlichen Risiken, die mit den **Geschäftsbeziehungen,** den **Produkten** und **Dienstleistungen** des Unternehmens verknüpft sind (DRS 20.278). Aus dem besonderen Umstand, dass hier vom dem berichterstattenden Unternehmen unter bestimmten Voraussetzungen Informationen verlangt werden, die außerhalb der eigenen (unmittelbaren) Möglichkeit zur Einwirkung und Steuerung liegen, ergibt sich die besondere Relevanz der Angaben über die angewandten **Due-Diligence-Prozesse** (→ Rn. 23) sowie der Risiken innerhalb der **Lieferkette** des Unternehmens (→ Rn. 29 f.).[9]

3   Zur Orientierung darüber, was Gegenstand der Berichterstattung nach § 289c sein sollte, können nationale, internationale und europäische **Rah-**

---

[1] BGBl. 2017 I 802.

[2] BT-Drs. 18/9982, 28; Richtlinie 2014/95/EU des Europäischen Parlaments und des Rates v. 22.10.2014 zur Änderung der Richtlinie 2013/34/EU im Hinblick auf die Angabe nichtfinanzieller und die Diversität betreffender Informationen durch bestimmte große Unternehmen und Gruppen v. 22.10.2014, ABl. 2014 L 330, 1.

[3] BT-Drs. 18/9982, 46.

[4] BeBiKo/*Winkeljohann/Schäfer* Rn. 5.

[5] Zur Ausstrahlungswirkung des DRS 20 WP-HdB Kap. F Rn. 1351–1353.

[6] BeBiKo/*Winkeljohann/Schäfer* Rn. 6.

[7] BeBiKo/*Winkeljohann/Schäfer* Rn. 7.

[8] BeBiKo/*Winkeljohann/Schäfer* Rn. 6.

[9] Ähnlich BeBiKo/*Winkeljohann/Schäfer* Rn. 6.

menwerke genutzt werden (→ § 289d Rn. 5),[10] wobei manche der in Art. 19a Abs. 1 UAbs. 5 CSR-RL beispielhaft genannten Rahmenwerke allerdings nur Teilaspekte der Pflichtangaben nach § 289c abdecken.[11] Die nichtfinanzielle Erklärung kann auch ohne Bezugnahme auf ein Rahmenwerk erstellt werden, solange sichergestellt ist, dass sie alle von § 289c geforderten Berichtselemente abdeckt.[12]

Regelungsgegenstand des § 289c ist eine kurze Beschreibung des Ge- 4 schäftsmodells (Abs. 1), Angaben zu den nichtfinanziellen Aspekten, die die Reichweite der Berichterstattung determinieren (Abs. 2), weiterführende Angaben zu den berichtspflichtigen Aspekten (Abs. 3) sowie die Angabepflichten bei Fehlen eines Konzepts (Abs. 4).[13]

II. Geschäftsmodell (Abs. 1)

Gem. Abs. 1 ist in die nichtfinanzielle Erklärung eine **„kurze" Beschrei-** 5 **bung** des Geschäftsmodells aufzunehmen (DRS 20.257).[14] Formal stellt dies eine Erweiterung der Berichterstattung im Vergleich zur bisherigen Lageberichterstattung gem. § 289 dar. In der Praxis wurde bereits vor dem CSR-Richtlinie-Umsetzungsgesetz regelmäßig im Rahmen der Darstellung der Grundlagen des Unternehmens eine Beschreibung des Geschäftsmodells in den Lagebericht aufgenommen (DRS 20.36-20.52).[15]

Hinsichtlich des Inhalts der kurzen Beschreibung ist, soweit für das **Ver-** 6 **ständnis des Geschäftsmodells** erforderlich, auf die folgenden Merkmale einzugehen (DRS 20.357, DRS 20.37):

– den Geschäftszweck,
– die organisatorische Struktur des Konzerns (zB Segmente, Standorte),
– die notwendigen Einsatzfaktoren für die Durchführung der Geschäftstätigkeit (zB Personal, Material, Fremdleistungen, immaterielle Werte),
– Geschäftsprozesse (zB Beschaffung, Produktion, Vertrieb),
– Produkte und Dienstleistungen,
– Beschaffungs- und Absatzmärkte,
– die externen Einflussfaktoren für das Geschäft (zB rechtliche, politische, wirtschaftliche, ökologische und soziale Rahmenbedingungen).

Ebenfalls zulässig ist, auf die ausführliche Beschreibung des Geschäftsmodells im Lagebericht zu verweisen (DRS 20.37).[16]

Nach der RegBegr. zum CSR-Richtlinie-Umsetzungsgesetz ist das Ge- 7 schäftsmodell gegenüber nichtfinanziellen Aspekten eigenständig.[17] Nach der hier vertretenen Auffassung ist diese Aussage allein auf die Berichterstattung, nicht aber auf das Geschäftsmodell selbst zu beziehen.[18] Ein Verständnis nach dem sich das Geschäftsmodell bezogen auf nichtfinanzielle

---

[10] *Böcking/Althoff* WPg 2017, 1453.
[11] BT-Drs. 18/9982, 46.
[12] BT-Drs. 18/9982, 46.
[13] HKMS/*Mock* Rn. 1.
[14] BT-Drs. 18/9982, 46.
[15] BT-Drs. 18/9982, 46; *Böcking/Althoff* WPg 2017, 1454 f.; BeBiKo/*Winkeljohann/Schäfer* Rn. 16.
[16] *Böcking/Althoff* WPg 2017, 1455; BeBiKo/*Winkeljohann/Schäfer* Rn. 16.
[17] BT-Drs. 18/9982, 47.
[18] Wohl auch *Rimmelspacher/Schäfer/Schönberger* KoR 2017, 230; BeBiKo/*Winkeljohann/Schäfer* Rn. 17, nach denen die bisherige Darstellung des Geschäftsmodells ggf. um nichtfinanziellen Aspekte zu ergänzen ist.

Aspekte vom Geschäftsmodell bezogen auf finanzielle Aspekte unterscheidet, ließe außer Acht, dass es sich bei den nichtfinanziellen Aspekten nicht um das Gegenteil von finanziellen Aspekten handelt, sondern vielmehr um eine Vorstufe derselben.[19] Zutreffender als die Bezeichnung dieser Größen als „nichtfinanzielle" Aspekte und Leistungsindikatoren wäre demnach eine Bezeichnung als Pre-Financials bzw. **Pre-Financial Performance Indicators,**[20] um die noch bevorstehenden finanziellen Auswirkungen zu verdeutlichen.[21]

III. Nichtfinanzielle Aspekte (Abs. 2)

8   **1. Bedeutung für die Reichweite der Berichterstattung.** Nach Abs. 2 bezieht sich die nichtfinanzielle Erklärung mindestens auf die **fünf Aspekte** Umweltbelange, Arbeitnehmerbelange, Sozialbelange, Achtung der Menschenrechte sowie Bekämpfung von Korruption und Bestechung. Da sämtliche Einzelangaben nach Abs. 3 „jeweils" für die berichtspflichtigen Aspekte zu machen sind, sind die Aspekte des Abs. 2 die zentrale Determinante für den **Umfang** der nichtfinanziellen Berichterstattung.[22]

9   Der Gesetzeswortlaut „mindestens" bringt zum Ausdruck, dass es sich dabei nicht um eine abschließende Liste handelt, sondern ggf. **weitere Aspekte** berichtspflichtig sein können, wenn diese die Voraussetzungen der Wesentlichkeit iSv § 289c Abs. 3 erfüllen.[23] So wurde im Rahmen des Gesetzgebungsprozesses bspw. auf die Erweiterung um den Aspekt Kundenbelange verzichtet:[24] In Abhängigkeit vom Geschäftsmodell des berichtenden Unternehmens können Angaben zu Datenschutz und Datensicherheit hiervon ungeachtet dennoch wesentlich für das Verständnis der Geschäftstätigkeit und deren Auswirkungen sein.[25]

10   Eine **freiwillige Ergänzung** von nicht berichtspflichtigen Aspekten ist zulässig, sofern diese nicht gegen den Grundsatz der Klarheit und Übersichtlichkeit verstößt.[26] Nach hM ist eine vollumgängliche Beachtung der Vorschriften des § 289c für nicht berichtspflichtige Angaben nicht erforderlich, jedoch sollten die freiwilligen Angaben entsprechend gekennzeichnet werden, um eine **Abgrenzung von den Pflichtangaben** zu verdeutlichen.[27]

11   **2. Differenzierung zwischen Aspekt- und Sachverhaltsebene.** Jeder Aspekt kann einen oder mehrere Sachverhalte umfassen (DRS 20.259). Bei den Sachverhalten handelt es sich um Beispiele für mögliche **Themen innerhalb eines Aspekts** (DRS 20.B53). Die Differenzierung zwischen Aspekt- und Sachverhaltsebene ist insbesondere für die **Darstellung der Konzepte** gem. Abs. 3 (→ Rn. 21 f.) von besonderer Bedeutung.

12   Grundsätzlich bestehen **Konzepte auf Sachverhaltsebene;** so kann es bspw. ein Konzept für CO2-Emissionen und ein weiteres Konzept für Abfallvermeidung geben: beides Themen innerhalb des Aspekts „Umweltbelange"

[19] *Böcking/Althoff* DK 2017, 246.
[20] *Böcking/Althoff* DK 2017, 246.
[21] *Böcking/Althoff* DK 2017, 246; BeBiKo/*Winkeljohann/Schäfer* Rn. 31.
[22] BT-Drs. 18/9982, 47; BeBiKo/*Winkeljohann/Schäfer* Rn. 20.
[23] *Blöink/Halbleib* DK 2017, 186; BeBiKo/*Winkeljohann/Schäfer* Rn. 21.
[24] *Blöink/Halbleib* DK 2017, 186; BeBiKo/*Winkeljohann/Schäfer* Rn. 21.
[25] BeBiKo/*Winkeljohann/Schäfer* Rn. 21 mit weiteren Beispielen.
[26] BeBiKo/*Winkeljohann/Schäfer* Rn. 23.
[27] BeBiKo/*Winkeljohann/Schäfer* Rn. 23.

(DRS 20.B53). Stellt sich hingegen heraus, dass ein Unternehmen aus We-
sentlichkeitsgesichtspunkten zu einem Aspekt **keine Untergliederung** in
Sachverhalte vornimmt, kann ein **Konzept auch auf Aspektebene** bestehen: bspw. ein Konzept für Umweltbelange (DRS 20.B53). Berührt ein
Konzept **mehrere Aspekte gleichzeitig,** können die Angaben zusammenhängend dargestellt werden. Unabhängig von der Struktur muss die nichtfinanzielle Erklärung bzw. Konzernerklärung die berichtspflichtigen Aspekte
vollständig abdecken (DRS 20.B53).

3. Die fünf Mindestaspekte. a) Umweltbelange (Abs. 2 Nr. 1). Im **13**
Hinblick auf Umweltbelange werden in Anlehnung an Erwägungsgrund 7
der Richtlinie 2014/95/EU bestimmte Umweltaspekte beispielhaft aufgezählt, über die im Einzelfall zu berichten sein kann.[28] In Betracht kommt
unter anderem eine Berichterstattung über (DRS 20.259):[29]

– die Treibhausgasemissionen,
– den Wasserverbrauch,
– die durch das Unternehmen verursachte Luftverschmutzung,
– die Nutzung von erneuerbaren und nicht erneuerbaren Energien,
– den Schutz der biologischen Vielfalt sowie
– Einzelheiten der aktuellen und vorhersehbaren Auswirkungen der Geschäftstätigkeit auf die Umwelt.

Das schließt weitere Angaben, etwa zu Auswirkungen der Geschäftstätigkeit des Unternehmens auf die Gesundheit und die Umweltsicherheit oder
auf Bodenbelastungen, nicht aus, falls diese im Hinblick auf die konkrete
Geschäftstätigkeit relevant sind.[30] Auch globale Umwelt- und Klimaziele
können im Ermessen des berichtenden Unternehmens berücksichtigt werden.[31]

b) Arbeitnehmerbelange (Abs. 2 Nr. 2). Im Hinblick auf Arbeitneh- **14**
merbelange werden in Anlehnung an Erwägungsgrund 7 Richtlinie 2014/
95/EU bestimmte Arbeitnehmerbelange beispielhaft aufgezählt, über die im
Einzelfall zu berichten sein kann.[32] In Betracht kommt unter anderem eine
Berichterstattung über (DRS 20.259):[33]

– die Einhaltung von Rechtsvorschriften und anerkannten Standards,
– Maßnahmen hinsichtlich der Geschlechtergleichstellung,
– Maßnahmen hinsichtlich der Arbeitsbedingungen,
– Maßnahmen hinsichtlich der Umsetzung der grundlegenden Übereinkommen der Internationalen Arbeitsorganisation,
– Maßnahmen zur Achtung der Rechte der Arbeitnehmerinnen und Arbeitnehmer, informiert und konsultiert zu werden sowie gegebenenfalls mit-
bestimmen zu können,
– Maßnahmen betreffend den sozialen Dialog,
– die Achtung der Rechte der Gewerkschaften,
– den Gesundheitsschutz sowie
– die Sicherheit am Arbeitsplatz.

---

[28] BT-Drs. 18/9982, 46.
[29] BT-Drs. 18/9982, 47.
[30] BT-Drs. 18/9982, 47.
[31] BT-Drs. 18/9982, 47.
[32] BT-Drs. 18/9982, 48.
[33] BT-Drs. 18/9982, 48.

Auch Angaben zur Personalplanung im Hinblick auf benötigte Fachkräfte, zu Krankheitsquoten, Unfall- und Fluktuationsraten können ebenfalls in Frage kommen.[34]

15   **c) Sozialbelange (Abs. 2 Nr. 3).** Im Hinblick auf Sozialbelange werden in Anlehnung an Erwägungsgrund 7 Richtlinie 2014/95/EU bestimmte Sozialbelange beispielhaft aufgezählt, über die im Einzelfall zu berichten sein kann.[35] In Betracht kommt unter anderem eine Berichterstattung über (DRS 20.259):[36]

– den Dialog auf kommunaler oder regionaler Ebene,
– Maßnahmen zur Sicherstellung des Schutzes und der Entwicklung lokaler Gemeinschaften.

16   **d) Achtung der Menschenrechte (Abs. 2 Nr. 4).** Im Hinblick auf die Achtung der Menschenrechte kommen in Anlehnung an die Erwägungsgrund 7 und 8 Richtlinie 2014/95/EU beispielsweise Maßnahmen zur Vermeidung von Menschenrechtsverletzungen in Betracht (DRS 20.259).[37]

17   **e) Bekämpfung von Korruption und Bestechung (Abs. 2 Nr. 5).** Im Hinblick auf die Bekämpfung von Korruption und Bestechung kommt in Anlehnung an Erwägungsgrund 7 Richtlinie 2014/95/EU insbesondere eine Berichterstattung über bestehende Instrumente zur Bekämpfung von Korruption und Bestechung in Betracht (DRS 20.259).[38] Dazu gehören auch die Maßnahmen und Prozesse zur Vermeidung und Aufdeckung von Korruption und Bestechung.[39] Da Korruption und Bestechung für das Gemeinwesen besonders problematisch ist (und deshalb durch viele Rechtsvorschriften geächtet wird), ist es nach der RegBegr. zum CSR-Richtlinie-Umsetzungsgesetz besonders entscheidend, dass dieses Verständnis auch in den Unternehmen gelebt wird.[40]

IV. Weitere Angaben zu den berichtspflichtigen Aspekten des Abs. 2 (Abs. 3)

18   **1. Doppelter Wesentlichkeitsvorbehalt (Abs. 3 S. 1).** Welche konkreten Einzelangaben zu den gem. Abs. 2 genannten nichtfinanziellen Aspekten berichtspflichtig sind, ist gem. Abs. 3 S. 1 anhand eines **doppelten Wesentlichkeitsvorbehalts** zu beurteilen.[41] Die Angaben gem. Abs. 3 müssen nur gemacht werden, wenn sie:

– sowohl für das Verständnis des **Geschäftsverlaufs,** des **Geschäftsergebnisses,** der **Lage** des Unternehmens
– als auch für das Verständnis der **Auswirkungen** der Geschäftstätigkeit des Unternehmens **auf die nichtfinanziellen Aspekte**

---

[34] BT-Drs. 18/9982, 48.
[35] BT-Drs. 18/9982, 48.
[36] BT-Drs. 18/9982, 48.
[37] BT-Drs. 18/9982, 48.
[38] BT-Drs. 18/9982, 48.
[39] BT-Drs. 18/9982, 48.
[40] BT-Drs. 18/9982, 48.
[41] *Böcking/Althoff* WPg 2017, 1455; *Althoff/Wirth* WPg 2018, 1140; BeBiKo/*Winkeljohann/Schäfer* Rn. 30, die von einer „zweistufigen Wesentlichkeitsbeurteilung" sprechen.

erforderlich sind (DRS 20.261).[42] Die Einzelangaben nach Abs. 3 Nr. 1–6 sind dann als wesentlich und mithin als berichtpflichtig einzustufen, wenn beide Teilvoraussetzungen des doppelten Wesentlichkeitsvorbehalts **kumulativ** erfüllt sind.

Der Begriff „**erforderlich**" wurde wörtlich aus der Richtlinie 2014/95/ **19** EU übernommen und weicht vom Wortlaut der bisherigen Voraussetzung für die nichtfinanzielle Lageberichterstattung gem. § 289 Abs. 3 (von Bedeutung) ab. Allerdings wurde bereits in der RegBegr. zum BilReG im Hinblick auf § 289 Abs. 3 klargestellt, dass damit ebenfalls die Erforderlichkeit für das Verständnis gemeint ist.[43]

2. Verfolgte Konzepte einschließlich der angewandten Due-Dili- 20 gence-Prozesse (Abs. 3 Nr. 1). a) Begriff des Konzepts. Mit der Beschreibung der von dem Unternehmen verfolgten Konzepte sind Ausführungen dazu gemeint, welche **Ziele** sich das Unternehmen in Bezug auf einen nichtfinanziellen Aspekt setzt, welche **Maßnahmen** es dazu in welchem **Zeitraum** treffen will, wie die **Einbindung der Unternehmensführung** in diese Maßnahmen erfolgt ist und welche **zukünftigen Prozesse** es durchführen will.[44]

Bei der Darstellung eines Konzepts muss stets deutlich werden, auf welchen **21** Aspekt bzw. Sachverhalt sich dieses bezieht (DRS 20.266). Bei der Darstellung der Maßnahmen sind Angaben zu deren **Inhalt** und **Zeitbezug** zu machen (DRS 20.268).

Insbesondere wenn das Unternehmen aufgrund seines Geschäftsmodells **22** wesentlich von einer Lieferkette in Bezug auf seine Produkte oder Dienstleistungen abhängt, sollte es in diesem Zusammenhang darstellen, bis zu welcher **Tiefe seiner Lieferkette** nichtfinanzielle Themen adressiert werden.[45]

b) Due-Diligence-Prozesse. Im Rahmen der Beschreibung der Konzep- **23** te sind auch die angewandten Due-Diligence-Prozesse zu beschreiben.[46] Unter Due-Diligence-Prozessen werden **Verfahren** zur Erkennung, Verhinderung und Abschwächung bestehender oder potenzieller negativer Auswirkungen, die mit der Geschäftätigkeit des Unternehmens verbunden sind, verstanden (DRS 20.11).[47]

3. Ergebnisse der verfolgten Konzepte (Abs. 3 Nr. 2). Auch die Er- **24** gebnisse der Konzepte gem. Abs. 3 Nr. 1 in Bezug auf die nichtfinanziellen Aspekte sind darzustellen. Gemeint sind in erster Linie **feststellbare Auswirkungen** der Anwendung der Konzepte. Hat ein Konzept noch nicht zu feststellbaren Auswirkungen geführt, ist auch das als Ergebnis zu berichten (Negativanzeige).[48]

4. Risiken aus der eigenen Geschäftätigkeit (Abs. 3 Nr. 3). Risiko **25** ist allgemein definiert als mögliche künftige Entwicklungen oder Ereignisse, die zu einer negativen **Abweichung von Prognosen bzw. Zielen** führen

---

[42] BT-Drs. 18/9982, 48.
[43] BT-Drs. 18/9982, 48; BT-Drs. 15/3419, 31; BeBiKo/*Winkeljohann/Schäfer* Rn. 30.
[44] BT-Drs. 18/9982, 49.
[45] BT-Drs. 18/9982, 49.
[46] BT-Drs. 18/9982, 49.
[47] BT-Drs. 18/9982, 49.
[48] BT-Drs. 18/9982, 50.

können (DRS 20.11). Der **modifizierte Risikobegriff** des Abs. 3 Nr. 3
wird hingegen nicht allein bilanzrechtlich bestimmt, sondern adressiert insbesondere Risiken für die nichtfinanziellen Aspekte außerhalb des Unternehmens.[49] Durch die Einbeziehung von Risiken für nichtfinanzielle Aspekte
außerhalb des Unternehmens zielt die Berichterstattung nicht ausschließlich
auf eine Reduktion von Informationsasymmetrien, sondern mittelbar auch
auf eine **Verhaltensteuerung**. Im Unterschied zur bisherigen Risikoberichterstattung über mögliche negative Abweichungen von den Finanzprognosen
des Unternehmens[50] ist somit künftig verstärkt über Risiken zu berichten, die
zu negativen Abweichungen von den **Erwartungen der wesentlichen
Stakeholder** des Unternehmens (die keine Kapitalgeber sind) führen können
(DRS 20.B82). Dies setzt voraus, dass das Unternehmen die Erwartungen der
wesentlichen Stakeholder auch kennt (DRS 20.B82). Ein mehr oder weniger
strukturierter **Dialog mit Stakeholdern** wird diesbezüglich als ein geeignetes Mittel für die Identifizierung dieser Erwartungen betrachtet.[51]

26   Gemäß Abs. 3 Nr. 3 sind wesentliche Risiken, die mit der **eigenen Geschäftstätigkeit** des Unternehmens verknüpft sind und die sehr wahrscheinlich schwerwiegende negative Auswirkungen auf die in Abs. 2 genannten
nichtfinanziellen Aspekte haben oder haben werden, sowie wie die Handhabung dieser Risiken durch das Unternehmen, zu berichten. Gemeint sind
damit Risiken, die untrennbar mit dem unternehmerischen Handeln des
Unternehmens verbunden sind.[52] Neben dem doppelten Wesentlichkeitsvorbehalt des Abs. 3 S. 1 (→ Rn. 18) sieht Abs. 3 Nr. 3 ein weiteres (drittes)
Wesentlichkeitskriterium vor, nämlich sind nur solche Risiken zu berichten,
die **sehr wahrscheinlich schwerwiegende negative Auswirkungen** auf
die nichtfinanziellen Aspekte haben oder haben werden (DRS 20.B83).[53] Die
Berichtspflicht über die Risiken besteht formal nur, wenn alle drei Wesent-
lichkeitsvorbehalte überschritten werden.[54]

27   Die **Identifizierung der Risiken** erfolgt iRd Lageberichterstattung gem.
§ 289 entweder vor Umsetzung von Risikobegrenzungsmaßnahmen (Brutto-
risiko) oder nach Umsetzung von Risikobegrenzungsmaßnahmen (Nettorisi-
ko) (DRS 20.B87). Dasselbe gilt für die nichtfinanzielle Erklärung bzw.
Konzernerklärung (DRS 20.B87).

28   **5. Risiken aus Geschäftsbeziehungen, Produkten und Dienstleistungen (Abs. 3 Nr. 4).** Zum allgemeinen und modifizierten Risikobegriff iRd
nichtfinanziellen Berichterstattung gem. Abs. 3 Nr. 3 und Nr. 4 (→ Rn. 25).

29   Gem. Abs. 3 Nr. 4 sind wesentliche Risiken, die mit den **Geschäftsbeziehungen** des Unternehmens, seinen **Produkten** und **Dienstleistungen** verknüpft sind und die sehr wahrscheinlich schwerwiegende negative Auswirkungen auf die in Abs. 2 genannten nichtfinanziellen Aspekte haben oder
haben werden, soweit die Angaben von Bedeutung sind und die Berichterstattung über diese Risiken verhältnismäßig ist, sowie die Handhabung
dieser Risiken durch das Unternehmen, zu berichten. Gemeint sind insbesondere Risiken, die **von anderen Unternehmen verursacht** werden

[49] BT-Drs. 18/9982, 50; BeBiKo/*Winkeljohann*/*Schäfer* Rn. 55.
[50] BT-Drs. 18/9982, 50; BeBiKo/*Winkeljohann*/*Schäfer* Rn. 55.
[51] Weiterführend hierzu DRS 20.B82; BeBiKo/*Winkeljohann*/*Schäfer* Rn. 55.
[52] BeBiKo/*Winkeljohann*/*Schäfer* Rn. 58.
[53] BeBiKo/*Winkeljohann*/*Schäfer* Rn. 60 f.
[54] Weiterführend hierzu BeBiKo/*Winkeljohann*/*Schäfer* Rn. 63.

und deshalb nur mittelbar in der Verfügungsgewalt des berichterstattenden Unternehmens liegen.[55] Gemäß Erwägungsgrund 8 Richtlinie 2014/95/EU umfasst dies insbesondere wesentliche Angaben über die **Lieferkette** und die **Kette von Subunternehmern,** falls dies relevant und verhältnismäßig ist.[56]

Die Berichterstattung über Risiken, die mit den Geschäftsbeziehungen, **30** Produkten und Dienstleistungen verknüpft sind (Abs. 3 Nr. 4), steht über den dreifachen Wesentlichkeitsvorbehalt nach Abs. 3 Nr. 3 (→ Rn. 26) unter dem zusätzlichen Vorbehalt, dass diese bedeutsam und verhältnismäßig ist (DRS 20.B84).[57] Für den Begriff der **Bedeutsamkeit** ist hierbei auf das allgemeine Verständnis nach § 289 Abs. 3, § 315 Abs. 3 abzustellen (DRS 20.B75), weshalb aus dieser zusätzlichen Voraussetzung praktisch keine Einschränkungen verbunden sein werden:[58] Risiken, die sowohl für das Verständnis des Geschäftsverlaufs, des Geschäftsergebnisses, der Lage des Unternehmens als auch für das Verständnis der Auswirkungen der Geschäftstätigkeit des Unternehmens auf die nichtfinanziellen Aspekte wesentlich sind, werden stets auch bedeutsam sein. Anderes dürfte wohl in Bezug auf den Begriff der **Verhältnismäßigkeit** gelten, der anhand einer Abwägung verschiedener Faktoren zu konkretisieren ist, bspw. der Schwere und Eintrittswahrscheinlichkeit eines drohenden Schadens, den Kosten der Informationsbeschaffung sowohl für das berichterstattende Unternehmen als auch für die Unternehmen seiner Lieferkette bzw. die Kette seiner Subunternehmer und dem Informationsnutzen der Adressaten (DRS 20.280).

6. Bedeutsamste nichtfinanzielle Leistungsindikatoren (Abs. 3 31 Nr. 5). In die nichtfinanzielle Erklärung sind gem. Abs. 3 Nr. 5 zudem die bedeutsamsten nichtfinanziellen Leistungsindikatoren aufzunehmen, die für die betreffende Geschäftstätigkeit von Bedeutung sind.[59] Die Neuregelung knüpft damit an die Regelung gem. § 289 Abs. 3 an, geht aber darüber hinaus, da die Leistungsindikatoren nicht mehr nur im Rahmen der Analyse des Geschäftsverlaufs und der Geschäftsentwicklung zu berücksichtigen, sondern selbstständig darzustellen sind.[60] Eine **selbstständige Darstellung** wird nur dann verwirklicht, wenn die bedeutsamsten nichtfinanziellen Leistungsindikatoren innerhalb der nichtfinanziellen Erklärung leicht identifizierbar und leicht auffindbar sind (DRS 20.285). Dies kann bspw. durch eine abgegrenzte Darstellung von der Analyse des Geschäftsverlaufs und/oder durch die Verwendung von Tabellen erreicht werden (DRS 20.285).

Welche bedeutsamsten Leistungsindikatoren zu berichten sind, hängt vom **32 Geschäftsmodell** des berichterstattenden Unternehmens ab.[61] Als bedeutsamste nichtfinanzielle Leistungsindikatoren kommen bspw. in Betracht (DRS 20.286):

Für den Aspekt **Umweltbelange:**

– Wasserverbrauch pro Jahr,
– Tonnen CO_2-Ausstoß pro Jahr,
– Energieeffizienz der eigenen Produkte.

---

[55] *Rimmelspacher/Schäfer/Schönberger* KoR 2017, 228; BeBiKo/*Winkeljohann/Schäfer* Rn. 65.
[56] BT-Drs. 18/9982, 51.
[57] BT-Drs. 18/9982, 51.
[58] BeBiKo/*Winkeljohann/Schäfer* Rn. 66.
[59] BT-Drs. 18/9982, 51.
[60] BT-Drs. 18/9982, 51.
[61] BT-Drs. 18/9982, 51.

Für den Aspekt **Arbeitnehmerbelange:**
- Personalfluktuation
- Mitarbeiterzufriedenheit,
- Anzahl Arbeitsunfälle.

Für den Aspekt **Sozialbelange:**
- Spenden an gemeinnützige Organisationen,
- Anzahl der Mitarbeitern gewährten Sonderurlaubstage für gemeinnützige Tätigkeiten.

Für den Aspekt **Achtung der Menschenrechte:**
- Anteil der im Hinblick auf Menschenrechte zertifizierten Lieferanten bzw. Subunternehmen,
- Anzahl der Fälle von Kinderarbeit bei überprüften Lieferanten.

Für den Aspekt **Bekämpfung von Korruption und Bestechung:**
- Anteil der Mitarbeiter, die ein Compliance-Training absolviert haben,
- Anzahl bestätigter Korruptionsfälle im Geschäftsjahr.

Auch ist davon auszugehen, dass Aspekte, die für die Bemessung der Vergütung von Organmitgliedern von Bedeutung sind, zu den bedeutsamsten nicht nichtfinanziellen Leistungsindikatoren zählen.

33   **7. Hinweise auf im Jahresabschluss ausgewiesene Beträge (Abs. 3 Nr. 6).** Soweit es für das Verständnis der nichtfinanziellen Erklärung erforderlich ist, ist gem. Abs. 3 Nr. 6 auf einzelne im **Jahresabschluss** ausgewiesene Beträge hinzuweisen und diese zu erläutern.[62] Dies ist bspw. dann denkbar, wenn es für das Verständnis der nichtfinanziellen Erklärung erforderlich ist, im Zusammenhang mit Umweltbelangen auf im Jahresabschluss gebildete Rückstellungen für umweltrelevante Sachverhalte hinzuweisen. Die Angabe eines Betrages allein reicht nicht aus: vielmehr ist eine **weitergehende Erklärung,** Kommentierung und Interpretation des Sachverhalts erforderlich, der über die reine Darstellung hinausgeht (DRS 20.11). Die Erläuterung dient der Information über die Voraussetzungen, Ursachen oder Konsequenzen von Sachverhalten oder Maßnahmen und wird idR verbal abgegeben (DRS 20.11).

V. Begründungspflicht bei Fehlen eines Konzepts (Abs. 4)

34   Abs. 4 führt den Ansatz **Comply or Explain-Ansatz** auch für die nichtfinanzielle Erklärung ein.[63] Im Rahmen des § 289c ist der Ansatz auf die Frage begrenzt, ob sich das berichterstattende Unternehmen dafür entscheidet, ein **Konzept** zum Umgang mit einem nichtfinanziellen Aspekt zu entwickeln.[64] Existiert ein Konzept, so muss dieses Konzept und seine Ergebnisse nach Abs. 3 Nr. 1 Nr. 2 dargestellt werden (→ Rn. 20–22). Existiert hingegen kein Konzept, so ist dies gem. Abs. 4 unter **Angabe von Gründen** zu erläutern (DRS 20.290).

VI. Folgen der Nichtbeachtung

35   Da eine Verletzung der Vorschriften §§ 289b, 289c, 289d und 289e nicht gesondert gegenüber den Vorschriften über den Lagebericht sanktioniert ist,

---

[62] BT-Drs. 18/9982, 52.
[63] BT-Drs. 18/9982, 52.
[64] BT-Drs. 18/9982, 52.

greifen die für den Lagebericht einschlägigen Regelungen zu den Straftatbeständen nach § 331 sowie den **Ordnungswidrigkeiten** nach § 334, weshalb auf die entsprechenden Ausführungen nach § 289 verwiesen wird (→ § 289 Rn. 25).[65]

§ 289d Nutzung von Rahmenwerken

[1] **Die Kapitalgesellschaft kann für die Erstellung der nichtfinanziellen Erklärung nationale, europäische oder internationale Rahmenwerke nutzen.** [2] **In der Erklärung ist anzugeben, ob die Kapitalgesellschaft für die Erstellung der nichtfinanziellen Erklärung ein Rahmenwerk genutzt hat und, wenn dies der Fall ist, welches Rahmenwerk genutzt wurde, sowie andernfalls, warum kein Rahmenwerk genutzt wurde.**

Schrifttum: (ohne die Einzelbeiträge in den verschiedenen Handbüchern der Rechnungslegung) BT-Drs. 18/9982 vom 17.10.2016, Entwurf eines Gesetzes zur Stärkung der nichtfinanziellen Berichterstattung der Unternehmen in ihren Lage- und Konzernlageberichten (CSR-Richtlinie-Umsetzungsgesetz); *Böcking/Althoff*, Paradigmenwechsel in der (Konzern-)Lageberichterstattung über nicht-monetäre Erfolgsfaktoren, Der Konzern 2017, 250; *DRSC*, DRS 20, Konzernlagebericht Stand 22.9.2017; *Hecker/Bröcker*, Die CSR-Berichtspflicht in der Hauptversammlungssaison 2018, AG 2017, 765; *Kajüter*, Neuerungen in der Lageberichterstattung nach dem Referentenentwurf des CSR-Richtlinie-Umsetzungsgesetzes, KoR 2016, 236; *Kajüter*, Nichtfinanzielle Berichterstattung nach dem CSR-Richtlinie-Umsetzungsgesetz, DB 2017, 623; Leitlinien der Europäischen Kommission vom 5.7.2017, ABl. 2017 C 215, 1; *Scheid/Müller*, Leitlinien der Europäischen Kommission zur nichtfinanziellen Berichterstattung, DStR 2017, 2240–2246; *Nietsch*, Nachhaltigkeitsberichterstattung im Unternehmensbereich ante portas – der Regierungsentwurf des CSR-Richtlinie-Umsetzungsgesetzes, NZG 2016, 1329; *Holzmeier/Burth/Hachmeister*, Die nichtfinanzielle Konzernberichterstattung nach dem CSR-Richtlinie-Umsetzungsgesetz, IRZ 2017, 219; *Spießhofer*, Die neue europäische Richtlinie über die Offenlegung nichtfinanzieller Informationen – Paradigmenwechsel oder Papiertiger?, NZG 2014, 1281; *Velte*, Prüfung der nichtfinanziellen Erklärung nach dem CSR-Richtlinie-Umsetzungsgesetz – Neue Erwartungslücke beim Aufsichtsrat?, IRZ 2017, 326.

I. Nutzung nationaler, europäischer oder internationaler Rahmenwerke zur Erstellung der nichtfinanziellen Erklärung

1. Allgemeines. Der Gesetzgeber ermöglicht, den unter die Berichtspflicht **1** einer nichtfinanziellen Erklärung fallenden Unternehmen ein **hohes Maß an Flexibilität** bei der Ausgestaltung der Offenlegung. Eine einheitliche, verpflichtende Sollnorm hinsichtlich der Wahl des Rahmenwerks ist gem. § 289d nicht vorgeschrieben.[1] Vielmehr greift das **Konzept der Wahlfreiheit.**[2] Die Unternehmen können zur Erstellung von nichtfinanziellen Erklärungen sowohl **nationale, EU-basierte als auch internationale Rahmenwerke** heranziehen.[3] Allerdings ist zu konstatieren, dass diese Rahmenwerke nicht explizit im finalen § 289d, sondern vielmehr im Regierungsentwurf sowie den von der EU-Kommission veröffentlichten unverbindlichen Leitlinien beispielhaft aufgeführt werden. Hinsichtlich ihrer Funktion, Methodik und

---

[65] BeBiKo/*Winkeljohann/Schäfer* § 289b Rn. 65.
[1] BT-Drs. 18/9982, 27; *Kajüter* KoR 2016, 236.
[2] Vgl. HKMS/*Mock* Rn. 3.
[3] Vgl. dazu *Mitteilung der Kommission* v. 5.7.2017, ABl. 2017 C 215, 1 (2).

inhaltlicher Vorgaben unterscheiden sich die anerkannten Rahmenwerke erheblich voneinander.[4]

2 **2. Sinn und Zweck der Regelung.** Der Gesetzgeber schreibt kein bestimmtes Rahmenwerk vor und stellt somit auf das jeweilige **Geschäftsmodell,** die operierenden Märkte und Länder, in welchen das Unternehmen tätig ist, ab.[5] Ebenfalls kann je nach Branche eine unternehmensspezifische Gestaltung der nichtfinanziellen Erklärung zweckmäßig sein. Durch das Höchstmaß an Flexibilität ist es den Unternehmen zudem möglich, auf altbewährte oder in der Praxis bereits **anerkannte Rahmenwerke** zurückzugreifen.[6] Die Zwecksetzung dieser Regelung fußt auf einer europaweiten Harmonisierung der Berichterstattung über nichtfinanzielle Aspekte. Es ist zu betonen, dass eine nichtfinanzielle Berichterstattung – mit *Pre-Financial Performance Indicators* als Vorstufe und nicht als Gegensatz von Financial Performance Indicators – wesentlich für eine verständliche und nachhaltige Finanzberichterstattung ist.[7] Da die Rahmenwerke grundsätzlich von stark interessensgeleiteten Institutionen publiziert werden, ist es positiv zu bewerten, dass bis dato **kein verbindliches Rahmenwerk** vorgeschrieben ist.[8] Von einer regulatorischen Festsetzung eines verpflichtend anzuwendenden Rahmenwerks ist im Sinne der Weiterentwicklung einer effektiven CSR-Berichterstattung abzusehen.

3 Die im Regierungsentwurf beispielhaft genannten Rahmenwerke dienen als **Orientierungshilfe**[9] und können zudem zur **intertemporalen Vergleichbarkeit** der einzelnen nichtfinanziellen Erklärungen beitragen. Die gesetzlich fixierte Wahlfreiheit zwischen den Orientierungshilfen ist zudem der Qualität der Rechnungslegung dienlich. Der Mehrwert der variierenden Inhalte der Rahmenwerke kann so vollumfänglich genutzt und die Angaben zu den einzelnen nichtfinanziellen Aspekten auf das jeweilige Geschäftsmodell angepasst werden. Gleichzeitig wird allerdings die zwischenbetriebliche Vergleichbarkeit konterkariert.[10] Die Verankerung des *comply-or-explain*-Ansatzes bewirkt die Auseinandersetzung mit den verschiedenen Rahmenwerken und zieht die Pflicht nach sich, dass im Falle der Nichtanwendung eines Rahmenwerks eine Begründung dessen geliefert werden muss.[11] Die Auswahl des richtigen Rahmenwerks liegt in der Verantwortung der Unternehmensleitung.[12] Hierbei hat selbige besonders darauf zu achten, dass das gewählte Rahmenwerk bzw. die gewählten Rahmenwerke den inhaltlichen Anforderungen des § 289c genügen. Dies ist nicht immer gegeben, da sowohl die Schwerpunktsetzung als auch der Umfang der Berichterstattung eines Rahmenwerks erheblich von den gesetzlichen Normen abweichen können.[13] Somit liegt es im Vorstandsermessen, sich mit der Anwendbarkeit und ggf. nötigen Ergänzungen auseinanderzusetzen.

---

[4] Vgl. *Nietsch* NZG 2016, 1329; *Spießhofer* NZG 2014, 1281 (1284).
[5] Vgl. BT-Drs. 18/9982, 27.
[6] Vgl. BT-Drs. 18/9982, 27.
[7] Vgl. *Böcking/Althoff* DK 2017, 250.
[8] Vgl. HKMS/*Mock* Rn. 1.
[9] Vgl. *Kajüter* DB 2017, 623.
[10] Vgl. *Velte* IRZ 2017, 326.
[11] Vgl. *Holzmeier/Burth/Hachmeister* IRZ 2017, 219.
[12] Vgl. *Pfeifer/Wulf* ZCG 2017, 181.
[13] Vgl. *Hecker/Bröcker* AG 2017, 765.

Auch gem. DRS 20.296, dessen Konkretisierung hinsichtlich der Konzern- **4** rechnungslegung ebenfalls Empfehlungscharakter für die Lageberichterstellung nach § 289 entfaltet, steht es den Unternehmen frei, ein oder mehrere Rahmenwerke umfassend oder nur in Teilen zu nutzen. Dabei ist jeweils darauf zu verweisen, welches Rahmenwerk vollständig oder nur in Teilen innerhalb welchen Abschnitts der nichtfinanziellen Erklärung angewendet wurde.[14] Gleichwohl müssen die geforderten Angaben der nichtfinanziellen Erklärung allesamt erfüllt werden. Eine Entbindung von der Pflicht, über die Mindestinhalte der nichtfinanziellen Erklärung zu berichten, sofern diese nicht von dem angewandten Rahmenwerk abgedeckt werden, besteht auch nach dem DRS 20 nicht.[15]

II. Beispiele nationaler, europäischer und internationaler Rahmenwerke

Beispiele der zu verwendenden Rahmenwerke sind der Deutsche Nach- **5** haltigkeitskodex (DNK), der United Nations (UN) Global Compact (GC) oder die G4-Leitlinien der Global Reporting Initiative (GRI). Im Regierungsentwurf wurden weitere Rahmenwerke aufgeführt, darunter Leitsätze der OECD für multinationale Unternehmen, das Umweltmanagement- und -betriebsprüfungssystem EMAS, die Leitprinzipien für Wirtschaft und Menschenrechte der Vereinten Nationen, die ISO 26000 der Internationalen Organisation für Normung, die dreigliedrige Grundsatzerklärung über multinationale Unternehmen und Sozialpolitik der Internationalen Arbeitsorganisation. Die aufgezählten Rahmenwerke gelten als bereits anerkannte Rahmenwerke, die in der Praxis etabliert sind und multilateral Anwendung finden.[16]

Der **Deutsche Nachhaltigkeitskodex** liefert ein international anwend- **6** bares Rahmenwerk für eine nachhaltige Berichterstattung. Er wurde vom Rat für Nachhaltige Entwicklung (RNE) in einem Multi-Stakeholder-Prozess angefertigt und im Oktober 2011 verabschiedet. Um Rechtskonformität mit dem CSR-RUG herzustellen und somit den inhaltlichen Anforderungen der nichtfinanziellen Erklärung gem. § 289c zu entsprechen, unterlag der DNK einem umfassenden Überarbeitungsprozess.

Der **Global Compact** ist eine strategische Initiative der Vereinten Natio- **7** nen und fördert mit zehn allgemein anerkannten Prinzipien in den Bereichen Menschenrechte, Arbeitsnormen, Umwelt und Korruptionsprävention gesellschaftlich verantwortliches Handeln der Unternehmen.

Die **G4-Leitlinien der Global Reporting Initiative (GRI)** gelten als **8** weltweit anerkannter und universell genutzter Standard. Zentraler Gegenstand der aktualisierten G4-Richtlinien ist der Aspekt der Wesentlichkeit. Ein unternehmerischer Aspekt ist wesentlich, sofern dieser essentielle Auswirkungen auf Ökonomie, Soziales und Umwelt hat. Sofern die Entscheidungen oder Beurteilungen der Stakeholder beeinflusst werden, ist der zugrunde liegende Aspekt ebenfalls als essentiell einzustufen und folglich berichtspflichtig. Der Schwerpunkt der Wesentlichkeit fördert eine relevante, zuverlässige und benutzerfreundliche Berichterstattung, welche in Einklang mit den Regelungen des CSR-RUG steht.

---

[14] Vgl. DRS 20.297 f.
[15] Vgl. BeBiKo/*Winkeljohann/Schäfer* Rn. 3.
[16] Vgl. *Mitteilung der Kommission* v. 5.7.2017, ABl. 2017 C 215, 1–20.

9   Die **Europäische Kommission** erarbeitete gemäß dem Auftrag nach
Art. 2 Richtlinie 2014/95/EU eigene Leitlinien für die Berichterstattung im
Rahmen der nichtfinanziellen Erklärung und veröffentlichte diese **Leitlinien**
am 5.7.2017.[17] In den EU-Leitlinien werden von der EU empfohlene Rahmenwerke aufgelistet, welche alternativ oder ergänzend zu bestehenden Rahmenwerken verwendet werden können. Ebenfalls konkretisieren die Leitlini-
en mit einer praxisorientierten Ausrichtung, dh anhand von Beispielen, die
berichtspflichtigen Angaben.[18]

III. Folgen der unterlassenen Nutzung von Rahmenwerken

10   Die dem § 289d zugrunde liegende Wahlfreiheit umfasst auch, dass der
Gesetzgeber keine verpflichtende Anwendung eines Rahmenwerks vorsieht.
Rechtsfolgen bzw. Sanktionen sind bei unterlassener Nutzung von Rahmenwerken für die Anwender demnach nicht zu befürchten. Gleichwohl ist
zu berücksichtigen, dass bei unterlassener Nutzung eines Rahmenwerks eine
entsprechende Begründung erforderlich ist (*comply-or-explain*-Ansatz).

§ 289e Weglassen nachteiliger Angaben

**(1) Die Kapitalgesellschaft muss in die nichtfinanzielle Erklärung aus-
nahmsweise keine Angaben zu künftigen Entwicklungen oder Belangen,
über die Verhandlungen geführt werden, aufnehmen, wenn**

**1. die Angaben nach vernünftiger kaufmännischer Beurteilung der Mit-
glieder des vertretungsberechtigten Organs der Kapitalgesellschaft geeignet sind, der Kapitalgesellschaft einen erheblichen Nachteil zuzufügen, und**

**2. das Weglassen der Angaben ein den tatsächlichen Verhältnissen ent-
sprechendes und ausgewogenes Verständnis des Geschäftsverlaufs, des
Geschäftsergebnisses, der Lage der Kapitalgesellschaft und der Auswirkungen ihrer Tätigkeit nicht verhindert.**

**(2) Macht eine Kapitalgesellschaft von Absatz 1 Gebrauch und entfallen
die Gründe für die Nichtaufnahme der Angaben nach der Veröffentlichung der nichtfinanziellen Erklärung, sind die Angaben in die darauf
folgende nichtfinanzielle Erklärung aufzunehmen.**

Schrifttum: (ohne die Einzelbeiträge in den verschiedenen Handbüchern der
Rechnungslegung) *Blöink/Halbleib*, Umsetzung der sog. CSR-Richtlinie 2014/95/
EU: Aktueller Überblick über die verabschiedeten Regelungen des CSR-Richtlinie-
Umsetzungsgesetzes, DK 2017, 182; *Böcking/Althoff*, Konzernlagebericht: Änderungen
von DRS 20 – Kein grundsätzlicher Anpassungsbedarf der Konzernlageberichterstat-
tung durch das CSR-Richtlinie-Umsetzungsgesetz?, WPg 2017, 1450; BT-Drs. 18/
9982 vom 17.10.2016, Entwurf eines Gesetzes zur Stärkung der nichtfinanziellen
Berichterstattung der Unternehmen in ihren Lage- und Konzernlageberichten (CSR-
Richtlinie-Umsetzungsgesetz); *DRSC*, DRS 20, Konzernlagebericht Stand: 22.9.2017;
IDW, Positionspapier Pflichten und Zweifelsfragen zur nichtfinanziellen Erklärung als
Bestandteil der Unternehmensführung Stand: 14.6.2017; *Kumm/Woodtli*, Nachhaltig-
keitsberichterstattung: Die Umsetzung der Ergänzungen der Bilanzrichtlinie um die
Pflicht zu nichtfinanziellen Angaben im RefE eines CSR-Richtlinie-Umsetzungsgeset-
zes, DK 2016, 218.

---

[17] Vgl. Richtlinie 2014/95/EU, ABl. 2014 L 330, 1, Erwägungsgrund 17; vgl. *Mitteilung
der Kommission* v. 5.7.2017, ABl. 2017 C 215, 1–20; *Scheid/Müller* DStR 2017, 2240–2246.
[18] Vgl. *Scheid/Müller* DStR 2017, 2246.

I. Anwendung der Schutzklausel (Abs. 1)

Der im Rahmen des CSR-Richtlinie-Umsetzungsgesetzes[1] neu eingeführ- **1**
te § 289e dient der nationalen Umsetzung des Art. 19a Abs. 1 UAbs. 4
CSR-RL.[2] Mit Abs. 1 wurde in diesem Zuge erstmals eine **Schutzklausel**
im Rahmen der Lageberichterstattung explizit kodifiziert, die jedoch allein
auf die Informationen der nichtfinanziellen Berichterstattung begrenzt ist
und **keine Ausstrahlungswirkung** auf die übrigen Teile des Lageberichts
entfaltet.[3] Mit der Ausnahmemöglichkeit zum Weglassen nachteiliger Angaben soll dem Umstand Rechnung getragen werden, dass die Berichtspflicht
uU auch Betriebs- und Geschäftsgeheimnisse der Unternehmen berühren
kann, dadurch sog. *proprietary cost* entstehen und eine Interessenabwägung in
Ausnahmefällen erforderlich ist.[4] Gem. § 315c Abs. 3 findet die Schutzklausel entsprechende Anwendung für den Inhalt der nichtfinanziellen Konzernerklärung (→ § 315c Rn. 3).

Die Möglichkeit zum Weglassen nachteiliger Angaben beschränkt sich auf **2**
künftige Entwicklungen oder Belange, über die Verhandlungen geführt
werden, wenn folgende **Bedingungen kumulativ** erfüllt sind (entsprechend
DRS 20.302):

– die Angaben sind nach vernünftiger kaufmännischer Beurteilung der Mitglieder des vertretungsberechtigten Organs des Unternehmens geeignet,
 dem Unternehmen einen erheblichen Nachteil zuzufügen und
– das Weglassen der Angaben verhindert nicht ein den tatsächlichen Verhältnissen entsprechendes und ausgewogenes Verständnis des Geschäftsverlaufs,
 des Geschäftsergebnisses, der Lage sowie der Auswirkungen der Geschäftstätigkeit des Unternehmens auf die berichtspflichtigen Aspekte.

Der Anwendungsbereich der Schutzklausel ist damit **sehr restriktiv,** die
die Ausnahmemöglichkeit zum Weglassen nachteiliger Angaben weiter einschränkt, als dies in den im HGB bislang bekannten Schutzklauseln der Fall
ist.[5]

II. Nachholen der Angaben bei Entfallen der Gründe für Inanspruchnahme (Abs. 2)

Entfallen die Gründe für das Weglassen nachteiliger Angaben zu einem **3**
späteren Zeitpunkt, sind die Angaben gem. Abs. 2 in der nächsten nichtfinanziellen Erklärung nachzuholen.[6] Auf diese Weise soll den Adressaten
ermöglicht werden, die Angaben im Nachhinein nachzuvollziehen.[7]

---

[1] BGBl. 2017 I 802.
[2] BT-Drs. 18/9982, 28; Richtlinie 2014/95/EU des Europäischen Parlaments und des
Rates v. 22.10.2014 zur Änderung der Richtlinie 2013/34/EU im Hinblick auf die Angabe
nichtfinanzieller und die Diversität betreffender Informationen durch bestimmte große
Unternehmen und Gruppen v. 22.10.2014, ABl. 2014 L 330, 1.
[3] BeBiKo/*Winkeljohann/Schäfer* Rn. 1; *IDW* PP (Pflichten und Zweifelsfragen zur nichtfinanziellen Erklärung als Bestandteil der Unternehmensführung), S. 11.
[4] BT-Drs. 18/9982, 30; *Blöink/Halbleib* DK 2017, 189.
[5] *Kumm/Woodtli* DK 2016, 223; *Böcking/Althoff* WPg 2017, 1453.
[6] BT-Drs. 18/9982, 53; BeBiKo/*Winkeljohann/Schäfer* Rn. 4.
[7] BT-Drs. 18/9982, 53.

§ 289f Erklärung zur Unternehmensführung

(1) [1]Börsennotierte Aktiengesellschaften sowie Aktiengesellschaften, die ausschließlich andere Wertpapiere als Aktien zum Handel an einem organisierten Markt im Sinn des § 2 Absatz 11 des Wertpapierhandelsgesetzes ausgegeben haben und deren ausgegebene Aktien auf eigene Veranlassung über ein multilaterales Handelssystem im Sinn des § 2 Absatz 8 Satz 1 Nummer 8 des Wertpapierhandelsgesetzes gehandelt werden, haben eine Erklärung zur Unternehmensführung in ihren Lagebericht aufzunehmen, die dort einen gesonderten Abschnitt bildet. [2]Sie kann auch auf der Internetseite der Gesellschaft öffentlich zugänglich gemacht werden. [3]In diesem Fall ist in den Lagebericht eine Bezugnahme aufzunehmen, welche die Angabe der Internetseite enthält.

(2) In die Erklärung zur Unternehmensführung sind aufzunehmen

1. die Erklärung gemäß § 161 des Aktiengesetzes;
2. relevante Angaben zu Unternehmensführungspraktiken, die über die gesetzlichen Anforderungen hinaus angewandt werden, nebst Hinweis, wo sie öffentlich zugänglich sind;
3. eine Beschreibung der Arbeitsweise von Vorstand und Aufsichtsrat sowie der Zusammensetzung und Arbeitsweise von deren Ausschüssen; sind die Informationen auf der Internetseite der Gesellschaft öffentlich zugänglich, kann darauf verwiesen werden;
4. bei börsennotierten Aktiengesellschaften die Festlegungen nach § 76 Absatz 4 und § 111 Absatz 5 des Aktiengesetzes und die Angabe, ob die festgelegten Zielgrößen während des Bezugszeitraums erreicht worden sind, und wenn nicht, Angaben zu den Gründen;
5. die Angabe, ob die Gesellschaft bei der Besetzung des Aufsichtsrats mit Frauen und Männern jeweils Mindestanteile im Bezugszeitraum eingehalten hat, und wenn nicht, Angaben zu den Gründen, sofern es sich um folgende Gesellschaften handelt:
   a) börsennotierte Aktiengesellschaften, die auf Grund von § 96 Absatz 2 und 3 des Aktiengesetzes Mindestanteile einzuhalten haben oder
   b) börsennotierte Europäische Gesellschaften (SE), die auf Grund von § 17 Absatz 2 oder § 24 Absatz 3 des SE-Ausführungsgesetzes Mindestanteile einzuhalten haben;
6. bei Aktiengesellschaften im Sinne des Absatzes 1, die nach § 267 Absatz 3 Satz 1 und Absatz 4 bis 5 große Kapitalgesellschaften sind, eine Beschreibung des Diversitätskonzepts, das im Hinblick auf die Zusammensetzung des vertretungsberechtigten Organs und des Aufsichtsrats in Bezug auf Aspekte wie beispielsweise Alter, Geschlecht, Bildungs- oder Berufshintergrund verfolgt wird, sowie der Ziele dieses Diversitätskonzepts, der Art und Weise seiner Umsetzung und der im Geschäftsjahr erreichten Ergebnisse.

(3) Auf börsennotierte Kommanditgesellschaften auf Aktien sind die Absätze 1 und 2 entsprechend anzuwenden.

(4) [1]Andere Unternehmen, deren Vertretungsorgan und Aufsichtsrat nach § 36 oder § 52 des Gesetzes betreffend die Gesellschaften mit beschränkter Haftung oder nach § 76 Absatz 4 des Aktiengesetzes, auch in Verbindung mit § 34 Satz 2 und § 35 Absatz 3 Satz 1 des Versicherungsaufsichtsgesetzes, oder nach § 111 Absatz 5 des Aktiengesetzes, auch in Verbindung mit § 35 Absatz 3 Satz 1 des Versicherungsaufsichtsgesetzes, verpflichtet sind, Zielgrößen für den Frauenanteil und Fristen für deren

Erreichung festzulegen, haben in ihrem Lagebericht als gesonderten Abschnitt eine Erklärung zur Unternehmensführung mit den Festlegungen und Angaben nach Absatz 2 Nummer 4 aufzunehmen; Absatz 1 Satz 2 und 3 gilt entsprechend. [2] Gesellschaften, die nicht zur Offenlegung eines Lageberichts verpflichtet sind, haben eine Erklärung mit den Festlegungen und Angaben nach Absatz 2 Nummer 4 zu erstellen und gemäß Absatz 1 Satz 2 zu veröffentlichen. [3] Sie können diese Pflicht auch durch Offenlegung eines unter Berücksichtigung von Satz 1 erstellten Lageberichts erfüllen.

(5) Wenn eine Gesellschaft nach Absatz 2 Nummer 6, auch in Verbindung mit Absatz 3, kein Diversitätskonzept verfolgt, hat sie dies in der Erklärung zur Unternehmensführung zu erläutern.

Schrifttum: (ohne die Einzelbeiträge in den verschiedenen Handbüchern der Rechnungslegung) *Böcking/Althoff,* Konzernlagebericht: Änderungen von DRS 20 – Kein grundsätzlicher Anpassungsbedarf der Konzernlageberichterstattung durch das CSR-Richtlinie-Umsetzungsgesetz?, WPg 2017, 1450; *Böcking/Eibelshäuser,* Die Erklärung zur Unternehmensführung nach BilMoG (§ 289a HGB), Der Konzern 2009, 563; *Böcking/Eibelshäuser/Arlt,* Kritische Würdigung der Veröffentlichung der Erklärung zur Unternehmensführung gemäß § 289a HGB – Ableitung eines Vorschlags zur einheitlichen Berichterstattung, Der Konzern 2010, 614; *DRSC,* DRS 20, Konzernlagebericht; *Herb,* Gesetz für die gleichberechtigte Teilhabe an Führungspositionen – Umsetzung in der Praxis, DB 2015, 964; *IDW* PS 202, Die Beurteilung von zusätzlichen Informationen, die von Unternehmen zusammen mit dem Jahresabschluss veröffentlicht werden, WPg Supplement 4/2010, 1; *IDW* PS 345, Auswirkungen des Deutschen Corporate Governance Kodex auf die Abschlussprüfung, IDW Life 9/2017, 1036; *IDW* EPS 350 nF, Prüfung des Lageberichts im Rahmen der Abschlussprüfung, IDW Life 3/2016, 139; *Kajüter,* Neuerungen in der Lageberichterstattung nach dem Referentenentwurf des CSR-Richtlinie-Umsetzungsgesetzes, KoR 2016, 230; *Melcher/Mattheus,* Zur Umsetzung der HGB-Modernisierung durch das BilMoG: Neue Offenlegungspflichten zur Corporate Governance, DB-Beil. 5/2009, 77; *Ruhnke/Schmidt,* Veröffentlichungs- und Prüfungspflichten im Zusammenhang mit der Erklärung zur Unternehmensführung und der nichtfinanziellen Erklärung, DB 2017, 2557; *Velte,* Zur Entscheidungsnützlichkeit des corporate governance statements gem. § 289a HGB, KoR 2011, 121; *Wasmann/Rothenburg,* Praktische Tipps zum Umgang mit der Frauenquote, DB 2015, 291; *Weber/Velte,* Grundsätze ordnungsmäßigen Corporate Governance Reportings, DB 2012, 1824; *Withus,* Die Entsprechenserklärung zum DCGK: Geänderte Anforderungen durch das BilMoG, Der Aufsichtsrat 2009, 142; *Wollmert/Oser/Orth,* Reformüberlegungen zum Corporate Governance Framework in Europa – Würdigung des aktuellen EU Grünbuchs „Europäischer Corporate Governance-Rahmen" aus deutscher Sicht, DB 2011, 1432.

Übersicht

I. Allgemeine Grundsätze

1   **1. Inhalt und Zweck.** Mit der Erklärung zur Unternehmensführung wurden Anforderungen des Art. 46a der Bilanzrichtlinie 2006/46/EG idF der Abänderungsrichtlinie[1] durch den deutschen Gesetzgeber im Zuge des BilMoG in nationales Recht umgesetzt. Eine inhaltliche Erweiterung der Erklärung zur Unternehmensführung erfolgte mit dem Gesetz für die gleichberechtigte Teilhabe von Frauen und Männern an Führungspositionen in der Privatwirtschaft und im öffentlichen Dienst vom 24.4.2015. Weitere Vorgaben wurden durch das CSR-Richtlinie-Umsetzungsgesetz vom 11.4.2017 aufgenommen; zudem wurden die bisher in § 289a enthaltenen Vorgaben in den neu geschaffenen § 289f verschoben.[2]

2   Die Erklärung zur Unternehmensführung besteht aus sechs inhaltlichen Teilen und soll den Adressaten Informationen zur **unternehmensinternen Corporate Governance und Praktiken** sowie **Methoden der Unternehmensführung** liefern (zum Anwendungsbereich der einzelnen Vorschriften des § 289f Abs. 2 → Rn. 7–11). Zunächst ist gem. § 289f Abs. 2 Nr. 1 die **Entsprechenserklärung** zu den Empfehlungen des Deutschen Corporate Governance Kodex (DCGK) nach § 161 AktG aufzunehmen. Ferner sind gem. § 289f Abs. 2 Nr. 2 relevante Angaben zu den über die gesetzlichen Anforderungen hinaus angewandten **Unternehmensführungspraktiken** gefordert, nebst dem Hinweis, wo diese öffentlich zugänglich sind. Zudem soll gem. § 289f Abs. 2 Nr. 3 die **Arbeitsweise von Vorstand und Aufsichtsrat** sowie die **Zusammensetzung und die Arbeitsweise deren Ausschüsse** beschrieben werden. Nach § 289f Abs. 2 Nr. 4 sind außerdem die unternehmensindividuell festzulegenden **Zielgrößen für den Frauenanteil** im Aufsichtsrat und Vorstand (§ 111 Abs. 5 AktG) sowie in den beiden Führungsebenen unterhalb des Vorstands (§ 76 Abs. 4 AktG) aufzunehmen und über die Zielerreichung unter Angabe von Gründen zu berichten. Weiterhin muss nach § 289f Abs. 2 Nr. 5 über die Einhaltung der **fixen Geschlechterquote** von jeweils mindestens 30% Frauen und Männer im Aufsichtsrat (§ 96 Abs. 2 AktG) sowie ggf. über Gründe für eine Nichteinhaltung berichtet werden. Zuletzt ist nach § 289f Abs. 2 Nr. 6 die Beschreibung des im Unternehmen implementierten **Diversitätskonzepts** in die Erklärung zur Unternehmensführung aufzunehmen und insbesondere auf die Ziele des Konzepts, die Art und Weise der Umsetzung und die im Geschäftsjahr erzielten Ergebnisse abzustellen. Sofern eine Gesellschaft kein Diversitätskonzept verfolgt, hat sie dies gem. § 289f Abs. 5 zu erläutern.

3   Die Erklärung zur Unternehmensführung kann entweder in einem **gesonderten Abschnitt im Lagebericht** oder in einem **gesonderten Bericht,** der auf der **Internetseite der Gesellschaft** zu veröffentlichen ist, erfolgen.

---

[1] Richtlinie 2006/46/EG des Europäischen Parlaments und des Rates v. 14.6.2006, ABl. 2006 L 224, 1.

[2] Entsprechend verweist das Schrifttum vor Inkrafttreten des CSR-Richtlinie-Umsetzungsgesetzes im Zusammenhang mit der Erklärung zur Unternehmensführung stets auf § 289a. An dieser Stelle sei auch auf die Kommentierung von § 315d zur Konzernerklärung zur Unternehmensführung hingewiesen.

In letztem Fall ist im Lagebericht ein **Verweis** auf die Internetseite auf- zunehmen.[3] Der Verweis sollte klar und deutlich sein, um Informationsein- bußen aus Sicht des Adressaten auszuschließen; dies gilt auch für die Verweise auf die Internetseiten gem. § 289f Abs. 2 Nr. 2 und 3. Die Erklärung ist **jährlich abzugeben** und unterliegt keiner unterjährigen Aktualisierungs- pflicht.[4] Bei wesentlichen Änderungen ist eine unterjährige Aktualisierung jedoch zu empfehlen.[5]

In der **Unternehmenspraxis** der DAX 30-Unternehmen zeigte sich bei- **4** spielhaft, dass jeweils 37 % der Unternehmen die Erklärung zur Unterneh- mensführung ausschließlich im Internet bzw. ausschließlich im Lagebericht veröffentlichten. 22 % der Unternehmen veröffentlichten die Erklärung zur Unternehmensführung sowohl im Lagebericht als auch zusätzlich auf der Internetseite des Unternehmens.[6]

2. Anwendungsbereich. Gem. § 289f Abs. 1 S. 1 ist die Erklärung zur **5** Unternehmensführung von **börsennotierten Aktiengesellschaften** sowie Aktiengesellschaften, die ausschließlich andere Wertpapiere als Aktien zum Handel an einem organisierten Markt ausgegeben haben und deren ausgege- bene Aktien auf eigene Veranlassung über ein **multilaterales Handelssys- tem** gehandelt werden, zu erbringen. Werden Aktien eines Unternehmens ohne eigene Veranlassung über ein multilaterales Handelssystem gehandelt und erlangt das Unternehmen hiervon keinerlei Kenntnis, so sind diese von der Pflicht zur Abgabe der Erklärung zur Unternehmensführung befreit.[7]

Börsennotiert in diesem Sinne sind Aktiengesellschaften gem. § 3 **6** Abs. 2 AktG, wenn deren Aktien an einem Markt zugelassen sind, der von staatlich anerkannten Stellen geregelt und überwacht wird, regelmäßig statt- findet und für das Publikum mittelbar oder unmittelbar zugänglich ist.

Gem. § 289f Abs. 3 finden § 289f Abs. 1 und 2 auch auf **börsennotierte** **7** **Kommanditgesellschaften auf Aktien (KGaA)** entsprechend Anwen- dung. Die für Aktiengesellschaften anwendbaren Regelungen gelten somit gleichermaßen für KGaA, die daher ebenfalls eine Erklärung zur Unterneh- mensführung erstellen und veröffentlichen müssen. Es handelt sich bei § 289f Abs. 3 um eine klarstellende Regelung des Gesetzgebers.[8]

Der Gesetzgeber hat den **Kreis der betroffenen Unternehmen** für die **8** Angaben nach § 289f Abs. 2 Nr. 4–6 unterschiedlich im Vergleich zu den Angaben nach § 289f Abs. 2 Nr. 1–3 definiert. Nicht alle Gesellschaften, die zur Erstellung und Veröffentlichung einer Erklärung zur Unternehmensfüh- rung verpflichtet sind, müssen somit sämtliche Inhalte des § 289f Abs. 2 in die Erklärung aufnehmen.

So wird die Pflicht zur **Berichterstattung über die Zielgrößen für den** **9** **Frauenanteil** (§ 289f Abs. 2 Nr. 4) neben **börsennotierten Aktiengesell- schaften** und **börsennotierten KGaA** gem. § 289f Abs. 4 auch auf sämtliche **Gesellschaften ausgeweitet,** die nach dem Gesetz für die gleichberechtigte Teilhabe von Frauen und Männern an Führungspositionen in der Privatwirt- schaft und im öffentlichen Dienst verpflichtet sind, solche Zielgrößen zu

---

[3] BT-Drs. 16/10067, 77.
[4] Baumbach/Hopt/*Merkt* Rn. 2; *IDW* PS 345 Rn. 10; MüKoBilanzR/*Kleindiek* Rn. 14.
[5] HdR/*Kajüter* § 289a Rn. 193.
[6] *Böcking/Eibelshäuser/Arlt* Der Konzern 2009, 563 (618 f.).
[7] BT-Drs. 16/10067, 77.
[8] BT-Drs. 18/3784, 133; BeBiKo/*Grottel* Rn. 11.

definieren. Betroffen von dieser Regelung sind etwa nicht-börsennotierte Aktiengesellschaften, nicht-börsennotierte KGaA, mitbestimmte Gesellschaften mit beschränkter Haftung, mitbestimmte Versicherungsgesellschaften auf Gegenseitigkeit, mitbestimmte eingetragene Genossenschaften und börsennotierte oder mitbestimmte Europäische Gesellschaften (SE).[9] Diese Unternehmen haben lediglich die Berichtspflichten nach § 289f Abs. 2 Nr. 4 zu erfüllen, nicht jedoch zwingend auch die übrigen Inhalte des § 289f Abs. 2.[10]

10 Die Angaben zur **geschlechterspezifischen Mindestbesetzung des Aufsichtsrats** nach § 289f Abs. 2 Nr. 5 sind von allen Aktiengesellschaften und KGaA zu tätigen, die sowohl **börsennotiert** sind als auch der **Mitbestimmung** unterliegen (§ 96 Abs. 2 AktG). Zudem sind die Angaben von börsennotierten Gesellschaften, die aus einer grenzüberschreitenden Verschmelzung hervorgegangen sind und bei denen nach dem Gesetz über die Mitbestimmung der Arbeitnehmer bei einer grenzüberschreitenden Verschmelzung das Aufsichts- oder Verwaltungsorgan aus derselben Zahl von Anteilseigner- und Arbeitnehmervertretern besteht, zu erbringen (§ 289f Abs. 3). Ebenfalls gelten die Regelungen für börsennotierte und mitbestimmte SE (§ 17 Abs. 2 SEAG, § 24 Abs. 3 SEAG).

11 Die Angaben zum Diversitätskonzept sind gem. § 289f Abs. 2 Nr. 6 von allen börsennotierten Aktiengesellschaften sowie Aktiengesellschaften, die ausschließlich andere Wertpapiere als Aktien zum Handel an einem organisierten Markt ausgegeben haben und deren ausgegebene Aktien auf eigene Veranlassung über ein multilaterales Handelssystem gehandelt werden, zu erbringen, sofern es sich um große Kapitalgesellschaften nach § 267 Abs. 3 S. 1 und Abs. 4–5 handelt. Große börsennotierte KGaA und SE haben die Regelung analog anzuwenden.[11]

II. Inhalt der Erklärung zur Unternehmensführung

12 **1. Entsprechenserklärung gem. § 161 AktG.** Gem. § 161 Abs. 1 AktG erklären Vorstand und Aufsichtsrat von börsennotierten Gesellschaften jährlich, dass den Empfehlungen des DCGK entsprochen wurde und wird oder welche Empfehlungen nicht angewendet wurden oder werden und warum nicht (**„comply or explain"-Prinzip**).[12] Selbiges gilt für Vorstand und Aufsichtsrat einer Gesellschaft, die ausschließlich andere Wertpapiere als Aktien zum Handel an einem organisierten Markt iSd § 2 Abs. 5 WpHG ausgegeben hat und deren ausgegebene Aktien auf eigene Veranlassung über ein multilaterales Handelssystem iSd § 2 Abs. 3 S. 1 Nr. 8 WpHG gehandelt werden.

13 Der **DCGK** „stellt wesentliche gesetzliche Vorschriften zur Leitung und Überwachung deutscher börsennotierter Gesellschaften (Unternehmensführung) dar und enthält international und national anerkannte Standards guter und verantwortungsvoller Unternehmensführung. Der Kodex hat zum Ziel, das deutsche Corporate Governance System transparent und nachvollziehbar zu machen. Er will das Vertrauen der internationalen und nationalen Anleger, der Kunden, der Mitarbeiter und der Öffentlichkeit in die Leitung und Über-

---

[9] BeBiKo/*Grottel* Rn. 16, 17.
[10] BT-Drs. 18/3784, 133.
[11] BT-Drs. 18/9982, 54.
[12] Beck HdR/*Orth* B 950 Rn. 36; Haufe BilanzR/*Paetzmann* § 289a Rn. 8; *Wollmert/Oser/Orth* DB 2011, 1439.

wachung deutscher börsennotierter Gesellschaften fördern" (DCGK Präambel S. 1). In der Regel wird der DCGK einmal jährlich durch die Regierungskommission Deutscher Corporate Governance Kodex überprüft und unter Beteiligung eines öffentlichen Konsultationsverfahrens aktualisiert bzw. angepasst. Der DCGK besteht aus Gesetzeswiedergabe, Empfehlungen und Anregungen. Empfehlungen sind im DCGK mit dem Wort „soll", Anregungen mit dem Wort „sollte" gekennzeichnet (DCGK Präambel S. 2).[13] Lediglich die **Umsetzung der Empfehlungen des DCGK** durch das jeweilige Unternehmen ist **Gegenstand der Entsprechenserklärung** nach § 161 AktG.

Die Entsprechenserklärung ist gem. § 161 Abs. 2 AktG **dauerhaft auf der** **14** **Internetseite der Gesellschaft öffentlich zugänglich zu machen.** Im Zusammenhang mit den Vorschriften des § 289f kann hiervon isd § 289f Abs. 1 S. 2 und 3 davon ausgegangen werden, wenn die Erklärung zur Unternehmensführung vollständig und dauerhaft auf der Unternehmenswebsite veröffentlicht wird und im Lagebericht darauf verwiesen wird.[14] Entscheidend ist hierbei die dauerhafte Veröffentlichung, die in § 289f Abs. 1 S. 2 nicht explizit gefordert wird. Für den Fall, dass die Erklärung zur Unternehmensführung in einem gesonderten Abschnitt im Lagebericht veröffentlicht wird, hängt es von der **konkreten Ausgestaltung** ab, ob die dauerhafte Zugänglichmachung des Lageberichts auf der Internetseite der Gesellschaft den Anforderungen nach § 161 Abs. 2 AktG genügt oder ob für diesen Zweck ein separates Dokument auf die Unternehmenswebsite eingestellt werden sollte.[15] Der DCGK empfiehlt in diesem Zusammenhang, nicht mehr aktuelle Entsprechenserklärungen fünf Jahre lang auf der Internetseite der Gesellschaft zugänglich zu halten (DCGK Ziffer 3.10).

Ferner ist im **Anhang** gem. § 285 Nr. 16 anzugeben, dass die Entspre-　**15** chenserklärung nach § 161 AktG abgegeben und wo sie öffentlich zugänglich gemacht worden ist.

2. Relevante Angaben zu Unternehmensführungspraktiken. Gem.　**16** § 289f Abs. 2 Nr. 2 sind alle **angewandten relevanten Unternehmens-** **führungspraktiken,** die über die gesetzlichen Regelungen hinausgehen, zu benennen. Von relevanten Unternehmensführungspraktiken ist hierbei auszugehen, wenn diesen eine **gewisse Bedeutung für das gesamte Unter-** **nehmen** beizumessen ist.[16] Eine Berichterstattung über alle im Unternehmen vorhandenen organisatorischen Regelungen oder Vorschriften ist vom Gesetzgeber indes nicht beabsichtigt.[17] Vielmehr ist etwa über unternehmensweit gültige **ethische Standards, Arbeits- und Sozialstandards** oÄ zu berichten.[18] Denkbar wäre auch eine Berichterstattung über unternehmensspezifische Compliance- und Nachhaltigkeitsstandards sowie ggf. über die innere Organisation der Unternehmensorgane, soweit Dopplungen mit den Angaben nach § 289f Abs. 2 Nr. 3 vermieden werden.[19] Auch eine

---

[13] Für eine tabellarische Auflistung der drei unterschiedlichen Kategorien *IDW* PS 345.

[14] *Gelhausen/Fey/Kämpfer* Rechnungslegung P Rn. 47.

[15] *Gelhausen/Fey/Kämpfer* Rechnungslegung P Rn. 46, 47.

[16] Vgl. ua zum Grundsatz der Wesentlichkeit im Rahmen des Corporate Governance Reportings *Weber/Velte* DB 2012, 1824 (1829).

[17] BT-Drs. 16/10067, 78.

[18] BT-Drs. 16/10067, 78.

[19] *Böcking/Eibelshäuser* Der Konzern 2009, 563 (569); mit Einschränkungen HdR/*Kajüter* § 289a Rn. 198.

Nennung der im DCGK enthaltenen **Anregungen**, die von der Gesellschaft befolgt werden, ist in diesem Zusammenhang anzuführen und gängige Praxis.[20]

17   Die zu berichtenden Unternehmensführungspraktiken sind im **Zusammenhang mit dem vom Unternehmen angewandten Unternehmensführungskodex** (im Zusammenhang mit § 289f ist hier der DCGK einschlägig) zu sehen. So sollen diese praktische Umsetzungen des Unternehmensführungskodexes darstellen bzw. Regelungsbereiche abdecken, die auch durch den Unternehmensführungskodex geregelt werden könnten.[21]

18   Die Angaben zu Unternehmensführungspraktiken sind öffentlich zugänglich zu machen. Daher fordert § 289f Abs. 2 Nr. 2 einen **Hinweis** darauf, wo die Dokumente, aus denen sich Informationen zu den Unternehmensführungspraktiken erkennen lassen, verfügbar sind.[22] Implizit lässt sich hieraus wohl auch eine Pflicht zur Veröffentlichung solcher Dokumente ableiten.[23] Eine zusätzliche Dokumentationspflicht ergibt sich jedoch nicht, da die Offenlegung ausschließlich solche Dokumente betrifft, die im Unternehmen ohnehin bereits vorhanden sein sollten und die jeweilige Praxis der Unternehmensführung bekunden.[24]

19   **3. Beschreibung der Arbeitsweise und Zusammensetzung der Unternehmensorgane und ihrer Ausschüsse.** Gem. § 289f Abs. 2 Nr. 3 ist in der Erklärung zur Unternehmensführung die **Arbeitsweise und Zusammensetzung von Vorstand und Aufsichtsrat sowie ihrer Ausschüsse** zu beschreiben.

20   Angaben zur Zusammensetzung von Vorstand und Aufsichtsrat sind bereits nach § 285 Nr. 10 im **Anhang** anzugeben. Zur **Vermeidung von Doppelangaben** kann auf diese Angaben im Rahmen der Erklärung zur Unternehmensführung daher verzichtet werden.[25] Eine **Anlehnung** an die in § 285 Nr. 10 vorzunehmenden Angaben ist jedoch bei den Angaben zur Zusammensetzung der Ausschüsse des Vorstands und des Aufsichtsrats zu empfehlen.[26] Dies umfasst etwa den Familiennamen und mindestens einen ausgeschriebenen Vornamen, den ausgeübten Beruf sowie bei börsennotierten Gesellschaften die Mitgliedschaft in Aufsichtsräten und anderen Kontrollgremien analog zu § 125 Abs. 1 S. 5 AktG.

21   Die Regierungsbegründung zum BilMoG verweist in Bezug auf die Beschreibung der Arbeitsweise und Zusammensetzung der Unternehmensorgane und ihrer Ausschüsse auf **konkretisierende Empfehlungen der EU-Kommission** zu den Aufgaben von nicht geschäftsführenden Direktoren/Aufsichtsratsmitgliedern börsennotierter Gesellschaften sowie zu den Ausschüssen des Verwaltungs-/Aufsichtsrats vom 15.2.2005.[27] So sollen etwa spezialisierte Ausschüsse des Verwaltungs-/Aufsichtsrats, insbesondere Nominierungs-, Vergütungs- und Prüfungsausschuss, gebildet werden sowie etwaige nach einzelstaatlichem Recht zulässige Übertragungen von Entschei-

---

[20] BeBiKo/*Grottel* Rn. 66.
[21] BT-Drs. 16/10067, 78.
[22] BT-Drs. 16/10067, 78.
[23] *Gelhausen/Fey/Kämpfer* Rechnungslegung P Rn. 54.
[24] MüKoHGB/*Lange* § 289a Rn. 11.
[25] BT-Drs. 16/10067, 78.
[26] BT-Drs. 16/10067, 78.
[27] BT-Drs. 16/10067, 78; Empfehlung der Kommission v. 15.2.2005, ABl. 2005 L 52, 52 ff.

dungsbefugnissen detailliert beschrieben und offengelegt werden.[28] Zudem soll der Verwaltungs-/Aufsichtsrat einmal jährlich eine Selbstbeurteilung vornehmen, die seine Zusammensetzung, Organisation und Arbeitsweise sowie die Kompetenz und Leistung seiner einzelnen Mitglieder und Ausschüsse sowie eine Beurteilung der Gesamtleistung im Vergleich zu den Leistungsvorgaben beinhaltet.[29] Ferner soll der Verwaltungs-/Aufsichtsrat mindestens einmal jährlich über seine interne Organisation und Verfahren, einschließlich eines Hinweises, inwieweit die Selbstbeurteilung des Verwaltungs-/Aufsichtsrats konkrete Änderungen zur Folge hatte, informieren.[30] Die Empfehlungen der EU-Kommission gelten freilich nur für Verwaltungs-/Aufsichtsräte und sind somit für die Beschreibung der Arbeitsweise und Zusammensetzung des Vorstands und seiner Ausschüsse grundsätzlich nicht sachgerecht.[31]

Eine inhaltliche Orientierung zumindest für die den **Aufsichtsrat und** 22 **seine Ausschüsse** betreffenden Informationen kann auch anhand des **schriftlichen Berichts des Aufsichtsrats nach § 171 Abs. 2 AktG an die Hauptversammlung** erfolgen. Neben einer Berichterstattung über Art und Umfang der Prüfung der Geschäftsführung während des Geschäftsjahres sind ferner Informationen über die gebildeten Ausschüsse des Aufsichtsrats sowie über die Anzahl der Sitzungen des Aufsichtsratsplenums sowie seiner Ausschüsse gefordert.[32] Auch die Angabe und Beschreibung der Qualifikation des/der Finanzexperten (financial expert/s) im Prüfungsausschuss nach § 100 Abs. 5 AktG iVm § 107 Abs. 4 AktG kann an dieser Stelle erfolgen.[33]

Die Beschreibung der **Arbeitsweise des Vorstands und seiner Aus-** 23 **schüsse** kann sich an **wesentlichen unternehmensspezifischen Regelungen der Satzungen und Geschäftsordnungen** orientieren. Hierbei sollte insbesondere auf die innere Ordnung des Vorstands, auf Ressortzuständigkeiten und Aufgabenbereiche einzelner Vorstandsmitglieder und Ausschüsse, auf das interne Informationsmanagement, auf interne Konsultationspflichten sowie auf die Sitzungshäufigkeiten des Vorstands und seiner Ausschüsse eingegangen werden.[34]

Sofern die Informationen auf der Internetseite der Gesellschaft verfügbar 24 sind, kann auf diese im Rahmen der Erklärung zur Unternehmensführung **verwiesen** werden.

4. Angaben zu Zielgrößen für den Frauenanteil. Nach § 289f Abs. 2 25 Nr. 4 ist in der Erklärung zur Unternehmensführung über **Zielgrößen** für den Frauenanteil im Aufsichtsrat und Vorstand sowie in den beiden Führungsebenen unterhalb des Vorstands zu berichten.

Gem. § 111 Abs. 5 AktG legt der Aufsichtsrat von börsennotierten oder 26 mitbestimmten Gesellschaften für den **Frauenanteil im Aufsichtsrat und im Vorstand** Zielgrößen und Fristen fest.[35] Zudem bestimmt der Vorstand

---

[28] Empfehlung der Kommission v. 15.2.2005, ABl. 2005 L 52, 55, Abschnitt II, Nr. 5, 6.2.

[29] Empfehlung der Kommission v. 15.2.2005, ABl. 2005 L 52, 55, Abschnitt II, Nr. 8.

[30] Empfehlung der Kommission v. 15.2.2005, ABl. 2005 L 52, 55, Abschnitt II, Nr. 9.1.

[31] *Gelhausen/Fey/Kämpfer* Rechnungslegung P Rn. 62; Praxiskommentar BilanzR/*Wittmann/Boecker/Zwirner* § 289a Rn. 33.

[32] Baumbach/Hopt/*Merkt* Rn. 5; *Gelhausen/Fey/Kämpfer* Rechnungslegung P Rn. 60.

[33] MüKoHGB/*Lange* § 289a Rn. 13; *Melcher/Mattheus* DB 2009, 82.

[34] *Gelhausen/Fey/Kämpfer* Rechnungslegung P Rn. 63; Beck HdR/*Kirsch/Köhrmann* B 510 Rn. 275.

[35] Gilt für den Aufsichtsrat bereits eine Quote nach § 96 Abs. 2 AktG, so sind die Festlegungen an dieser Stelle nur für den Vorstand vorzunehmen.

von börsennotierten oder mitbestimmten Gesellschaften gem. § 76 Abs. 4 AktG für den **Frauenanteil in den beiden Führungsebenen unterhalb des Vorstands** unternehmensindividuelle Zielgrößen und Fristen. Die Führungsebenen sind anhand der tatsächlich im konkreten Unternehmen eingerichteten Hierarchieebenen zu bestimmen; ist eine flache Hierarchie bspw. derart gestaltet, dass nur eine Leitungsebene unterhalb des Vorstands besteht, bezieht sich die Verpflichtung auch nur auf diese.[36] Für die Regelungen der § 111 Abs. 5 AktG und § 76 Abs. 4 AktG gilt, dass bei einem bestehenden Frauenanteil unter 30 % die Zielgrößen den jeweils erreichten Anteil nicht wieder unterschreiten dürfen (Verschlechterungsverbot). Die Fristen dürfen in beiden Fällen fünf Jahre nicht überschreiten.

27   Konkret müssen nach § 289f Abs. 2 Nr. 4 zunächst die **Zielquoten und Fristen** nach § 111 Abs. 5 AktG und § 76 Abs. 4 AktG in die Erklärung zur Unternehmensführung aufgenommen werden. Üblicherweise wird es sich bei der festzulegenden Zielquote um einen Prozentsatz handeln.[37] Zudem muss die Angabe getätigt werden, ob die festgelegten Zielgrößen während des Bezugszeitraums **erreicht** worden sind. Analog zur Systematik der Entsprechenserklärung gem. § 161 AktG müssen nach dem „comply or explain"-Prinzip **Gründe** angegeben werden, sofern die Zielgrößen im Zielerreichungszeitraum nicht erreicht wurden. Der Vorstand hat in diesem Fall nachvollziehbar darzulegen, was er unternommen hat und weshalb er keinen Erfolg hatte.[38]

28   **5. Angaben zur geschlechterspezifischen Mindestbesetzung des Aufsichtsrats.** In der Erklärung zur Unternehmensführung ist gem. § 289f Abs. 2 Nr. 5 über die **fixe Geschlechterquote für den Aufsichtsrat** zu berichten.

29   § 96 Abs. 2 AktG legt eine **fixe Mindestquote für den Anteil von Frauen und Männern in Höhe von jeweils 30 %** für den Aufsichtsrat von börsennotierten und paritätisch mitbestimmten Unternehmen fest.[39] Grundsätzlich ist die Quote auf den gesamten Aufsichtsrat als Organ anzuwenden (Gesamterfüllung), kann jedoch bei einem Widerspruch von Anteilseigner- und Arbeitnehmerseite für beide Bänke gesondert erfüllt werden (Getrennterfüllung).[40] In allen Fällen ist mathematisch auf volle Personenzahlen zu runden. Ein Nichterfüllen der Quote kann zu nichtigen Wahlbeschlüssen führen.[41]

30   Die konkrete Berichtspflicht im Rahmen der Erklärung zur Unternehmensführung umfasst nach § 289f Abs. 2 Nr. 5 zunächst die **Angabe**, ob die **fixe Geschlechterquote** im Bezugszeitraum **eingehalten wurde.** Zudem wird in der Regierungsbegründung zum Gesetz für die gleichberechtigte Teilhabe von Frauen und Männern an Führungspositionen in der Privatwirtschaft und im öffentlichen Dienst empfohlen, anzugeben, wie viele Mitglieder jeden Geschlechts im Aufsichtsrat auf jeder Bank vertreten sind.[42]

---

[36] BT-Drs. 18/3784, 119; BeBiKo/*Grottel* Rn. 84.
[37] BT-Drs. 18/3784, 119.
[38] BT-Drs. 18/3784, 119.
[39] Für Europäische Gesellschaften (SE) gelten analog die § 17 Abs. 2 und § 24 Abs. 3 SEAG.
[40] BT-Drs. 18/3784, 120; BeBiKo/*Grottel* Rn. 91.
[41] Zur praktischen Anwendung der Geschlechterquote *Wasmann/Rothenburg* DB 2015, 291; *Herb* DB 2015, 964.
[42] BT-Drs. 18/3784, 133.

Gemäß des „comply-or-explain"-Prinzips müssen außerdem **Gründe** angegeben werden, sofern die Quote im Bezugszeitraum nicht erfüllt wurde.

6. Angaben zum Diversitätskonzept. Gem. § 289f Abs. 2 Nr. 6 iVm **31** § 289f Abs. 5 soll in der Erklärung zur Unternehmensführung auch eine Beschreibung des **Diversitätskonzepts** erfolgen. Ist ein solches Konzept nicht im Unternehmen vorhanden, so sind die Gründe hierfür zu erläutern. Die Vorgaben wurden durch das CSR-Richtlinie-Umsetzungsgesetz vom 11.4.2017 eingeführt.

Nach § 289f Abs. 2 Nr. 6 soll zunächst eine **Beschreibung des Diver- 32 sitätskonzepts** erfolgen. Das Konzept soll sich auf die Zusammensetzung des vertretungsberechtigten Organs und des Aufsichtsrats beziehen und Aspekte wie Alter, Geschlecht, Bildungs- oder Berufshintergrund beinhalten.[43] Hierbei handelt es sich lediglich um eine beispielhafte Aufzählung, weitere Kriterien sind denkbar und werden in der Praxis heranzuziehen sein.[44] Zudem sollen konkrete **Ziele des Diversitätskonzepts** sowie die die **Art und Weise der Umsetzung** dargestellt werden. Dies kann bspw. eine Beschreibung der zur Zielerreichung eingesetzten Prozesse beinhalten.[45] Schlussendlich sollen auch über die im Geschäftsjahr **erreichten Ergebnisse** berichtet werden.

Verfolgt eine Gesellschaft **kein Diversitätskonzept,** so hat sie nach § 289f **33** Abs. 5 die **Gründe** hierfür in der Erklärung zur Unternehmensführung zu erläutern. Das **„comply or explain"-Prinzip** findet somit analog zu § 289f Abs. 2 Nr. 1, 4 und 5 auch für das Diversitätskonzept Anwendung.[46]

Soweit die Erklärung zur Unternehmensführung im Rahmen der Angaben **34** zu Unternehmensführungspraktiken nach § 289f Abs. 2 Nr. 2 **bereits Informationen zum Diversitätskonzept enthält,** so kann auf diese Angaben **verwiesen** werden.[47] Auch die bestehenden Berichtspflichten zu Zielquoten für den Frauenanteil im Aufsichtsrat und Vorstand sowie in den beiden Führungsebenen unterhalb des Vorstands (§ 289f Abs. 2 Nr. 4) und zur Geschlechterquote im Aufsichtsrat (§ 289f Abs. 2 Nr. 5) sind zu berücksichtigen.[48]

III. Zur Prüfungspflicht durch den Abschlussprüfer

Gem. § 317 Abs. 2 S. 6 sind die Angaben in der Erklärung zur Unter- **35** nehmensführung **nicht** in die gesetzliche Prüfung durch den Abschlussprüfer einzubeziehen, unabhängig davon, ob die Erklärung als Teil des Lageberichts oder auf der Unternehmenswebsite publiziert wurde.[49] Auch wenn die Angaben nicht auf ihre inhaltliche Richtigkeit zu prüfen sind, so ist die **Erfüllung der Angaben dem Grunde nach** zu prüfen, dh hinsichtlich ihres

---

[43] In der CSR-Richtlinie ist die Rede von „Verwaltungs-, Leitungs- und Aufsichtsorganen". Richtlinie 2014/95/EU des Europäischen Parlaments und des Rates v. 22.10.2014, ABl. 2014 L 330.
[44] Die exemplarischen Aspekte zur inhaltlichen Ausrichtung des Diversitätskonzepts wurden vom deutschen Gesetzgeber 1:1 aus der CSR-Richtlinie übernommen.
[45] Analog zur Konzernerklärung zur Unternehmensführung DRS 20.K231f-l; *Böcking/ Althoff* WPg 2017, 1451.
[46] BT-Drs. 18/9982, 54.
[47] BT-Drs. 18/9982, 54.
[48] *Kajüter* KoR 2016, 232.
[49] BeBiKo/*Grottel* Rn. 120; *Gelhausen/Fey/Kämpfer* Rechnungslegung P Rn. 35.

formalen Vorhandenseins.[50] Dies betrifft auch die Erläuterung nach § 289f Abs. 5, sofern eine Gesellschaft kein Diversitätskonzept verfolgt.

36   Wurde die Erklärung zur Unternehmensführung als Teil des Lageberichts veröffentlicht, so hat der Abschlussprüfer somit zu **prüfen,** ob der Lagebericht einen gesonderten Teil mit der Erklärung zur Unternehmensführung enthält und ob diese Erklärung alle in § 289f Abs. 2 und Abs. 5 geforderten Angaben enthält.[51] Wurde die Erklärung zur Unternehmensführung auf der Internetseite der Gesellschaft veröffentlicht, so hat der Abschlussprüfer zunächst zu **prüfen,** ob im Lagebericht der in § 289f Abs. 1 S. 3 geforderte Hinweis auf die Internetseite, auf der die Informationen verfügbar sind, enthalten ist. Zudem ist zu prüfen, ob die Internetseite existiert und öffentlich zugänglich ist sowie die in § 289f Abs. 2 und Abs. 5 geforderten Angaben enthält.[52]

37   Kommt der Abschlussprüfer im Rahmen seiner Prüfung zu dem Ergebnis, dass die Erklärung zur Unternehmensführung erforderlich wäre, jedoch fehlt bzw. unvollständig ist, so hat er den **Bestätigungsvermerk** insoweit **einzuschränken.**[53]

38   Wurde die Erklärung zur Unternehmensführung als gesonderter Teil im Lagebericht veröffentlicht, so ist neben der formalen Prüfung, ob die Erklärung vorliegt, es dem Abschlussprüfer anzuraten, die Erklärung zur Unternehmensführung auch einer kritischen inhaltlichen Durchsicht (**„kritisches Lesen"**) zu unterziehen.[54] Ziel dieser kritischen Durchsicht soll es sein, etwaige **Unstimmigkeiten** zwischen den Informationen im geprüften Jahresabschluss und Lagebericht sowie den zusätzlichen Informationen, die vom Unternehmen zusammen mit dem Jahresabschluss veröffentlicht werden, hier die Erklärung zur Unternehmensführung, identifizieren zu können.[55] Aber auch wenn die Erklärung zur Unternehmensführung auf der Internetseite der Gesellschaft veröffentlicht wurde, ist eine kritische Durchsicht des Abschlussprüfers anzuraten.[56] Die Informationen auf der Internetseite wurden in diesem Fall zwar nicht zusammen mit dem Jahresabschluss veröffentlicht, das Wahlrecht im Hinblick auf den Ort der Offenlegung sollte jedoch insbesondere im Hinblick auf die Informationsbedürfnisse der Adressaten nicht zu unterschiedlichen Konsequenzen für Vorstand, Aufsichtsrat und Abschlussprüfer führen.[57]

---

[50] BeBiKo/*Grottel* Rn. 120; Praxiskommentar BilanzR/*Wittmann*/*Boecker*/*Zwirner* § 289a Rn. 45.

[51] Beck HdR/*Kirsch*/*Nimwegen* B 605 Rn. 62–70; *IDW* EPS 350 nF Rn. 12.

[52] Beck HdR/*Kirsch*/*Nimwegen* B 605 Rn. 64; *Gelhausen*/*Fey*/*Kämpfer* Rechnungslegung P Rn. 38; *IDW* EPS 350 nF Rn. 12.

[53] Baetge/Kirsch/Thiele/*Böcking*/*Dutzi*/*Eibelshäuser* § 289a Rn. 72; in Bezug auf eine fehlende, unvollständige oder unzutreffende Entsprechenserklärung *IDW* PS 345 Rn. 31; zu Konsequenzen detailliert *Ruhnke*/*Schmidt* DB 2017, 2558.

[54] *IDW* PS 202 Rn. 10a; *Gelhausen*/*Fey*/*Kämpfer* Rechnungslegung P Rn. 40; Praxiskommentar BilanzR/*Wittmann*/*Boecker*/*Zwirner* § 289a Rn. 46; vgl. auch *IDW* EPS 350 nF Rn. 12.

[55] *IDW* PS 202 Rn. 7; ebenso *Gelhausen*/*Fey*/*Kämpfer* Rechnungslegung P Rn. 41.

[56] *IDW* PS 202 Rn. 10a; Baetge/Kirsch/Thiele/*Böcking*/*Dutzi*/*Eibelshäuser* § 289a Rn. 79; *Böcking*/*Eibelshäuser* Der Konzern 2009, 563 (571); *Withus* Der Aufsichtsrat 2009, 143; Praxiskommentar BilanzR/*Wittmann*/*Boecker*/*Zwirner* § 289a Rn. 47; aA *Gelhausen*/*Fey*/*Kämpfer* Rechnungslegung P Rn. 42; vgl. auch krit. zum Ausweiswahlrecht *Velte* KoR 2011, 121 (122 f.).

[57] Baetge/Kirsch/Thiele/*Böcking*/*Dutzi*/*Eibelshäuser* § 289a Rn. 79; *Böcking*/*Eibelshäuser* Der Konzern 2009, 563 (571).

IV. Folgen der Nichtbeachtung

Eine fehlende, unvollständige oder fehlerhafte Erklärung zur Unterneh- 39
mensführung stellt gem. § 334 Abs. 1 Nr. 3 eine **Ordnungswidrigkeit** des
Mitglieds des vertretungsberechtigten Organs oder des Aufsichtsrats einer
Kapitalgesellschaft dar.[58] Die Ordnungswidrigkeit kann gem. § 334 Abs. 3
S. 1 grundsätzlich mit einer **Geldbuße** bis zu 50.000 Euro geahndet werden.

Im Zuge des CSR-Richtlinie-Umsetzungsgesetzes wurde der **Bußgeld-** 40
rahmen für kapitalmarktorientierte Unternehmen **erhöht,** um Verstöße
gegen inhaltliche Vorschriften zur Aufstellung von Konzern-/Jahresabschlüs-
sen sowie (Konzern-)Lageberichten und Verstöße gegen Vorschriften zur
Bekanntmachung vergleichbar sanktionieren zu können.[59] Im Falle von kapitalmarktorientierten Kapitalgesellschaften kann die Geldbuße gegen ein
Mitglied des vertretungsberechtigten Organs oder des Aufsichtsrats gem.
§ 334 Abs. 3 S. 2 daher bis zu dem zweifachen des aus der Ordnungswidrigkeit gezogenen wirtschaftlichen Vorteils betragen, wobei der Betrag auf
2 Mio. Euro begrenzt ist. Wird eine Geldbuße gegen die kapitalmarktorientierte Gesellschaft als juristische Person verhängt, so beläuft sich der maximale
Bußgeldrahmen gem. § 334 Abs. 3a auf den höheren Betrag aus 10 Mio.
Euro, 5 % des jährlichen Gesamtumsatzes oder dem zweifachen des aus der
Ordnungswidrigkeit gezogenen wirtschaftlichen Vorteils.

Zweiter Unterabschnitt. Konzernabschluß und
Konzernlagebericht

Erster Titel. Anwendungsbereich

§ 290 Pflicht zur Aufstellung

(1) **¹Die gesetzlichen Vertreter einer Kapitalgesellschaft (Mutterunternehmen) mit Sitz im Inland haben in den ersten fünf Monaten des
Konzerngeschäftsjahrs für das vergangene Konzerngeschäftsjahr einen
Konzernabschluss und einen Konzernlagebericht aufzustellen, wenn diese auf ein anderes Unternehmen (Tochterunternehmen) unmittel- oder
mittelbar einen beherrschenden Einfluss ausüben kann. ²Ist das Mutterunternehmen eine Kapitalgesellschaft im Sinn des § 325 Abs. 4 Satz 1,
sind der Konzernabschluss sowie der Konzernlagebericht in den ersten
vier Monaten des Konzerngeschäftsjahrs für das vergangene Konzerngeschäftsjahr aufzustellen.**

(2) **Beherrschender Einfluss eines Mutterunternehmens besteht stets,
wenn**

1. **ihm bei einem anderen Unternehmen die Mehrheit der Stimmrechte
der Gesellschafter zusteht;**
2. **ihm bei einem anderen Unternehmen das Recht zusteht, die Mehrheit
der Mitglieder des die Finanz- und Geschäftspolitik bestimmenden
Verwaltungs-, Leitungs- oder Aufsichtsorgans zu bestellen oder abzuberufen, und es gleichzeitig Gesellschafter ist;**

---

[58] BeBiKo/*Grottel* Rn. 130; Baetge/Kirsch/Thiele/*Böcking/Dutzi/Eibelshäuser* § 289a
Rn. 101.
[59] BT-Drs. 18/9982, 60.

3. ihm das Recht zusteht, die Finanz- und Geschäftspolitik auf Grund eines mit einem anderen Unternehmen geschlossenen Beherrschungsvertrages oder auf Grund einer Bestimmung in der Satzung des anderen Unternehmens zu bestimmen oder

4. es bei wirtschaftlicher Betrachtung die Mehrheit der Risiken und Chancen eines Unternehmens trägt, das zur Erreichung eines eng begrenzten und genau definierten Ziels des Mutterunternehmens dient (Zweckgesellschaft). Neben Unternehmen können Zweckgesellschaften auch sonstige juristische Personen des Privatrechts oder unselbständige Sondervermögen des Privatrechts sein, ausgenommen Spezial-Sondervermögen im Sinn des § 2 Absatz 3 des Investmentgesetzes oder vergleichbare ausländische Investmentvermögen oder als Sondervermögen aufgelegte offene inländische Spezial-AIF mit festen Anlagebedingungen im Sinn des § 284 des Kapitalanlagegesetzbuchs oder vergleichbare EU-Investmentvermögen oder ausländische Investmentvermögen, die den als Sondervermögen aufgelegten offenen inländischen Spezial-AIF mit festen Anlagebedingungen im Sinn des § 284 des Kapitalanlagegesetzbuchs vergleichbar sind.

(3) [1] Als Rechte, die einem Mutterunternehmen nach Absatz 2 zustehen, gelten auch die einem anderen Tochterunternehmen zustehenden Rechte und die den für Rechnung des Mutterunternehmens oder von Tochterunternehmen handelnden Personen zustehenden Rechte. [2] Den einem Mutterunternehmen an einem anderen Unternehmen zustehenden Rechten werden die Rechte hinzugerechnet, über die es selbst oder eines seiner Tochterunternehmen auf Grund einer Vereinbarung mit anderen Gesellschaftern dieses Unternehmens verfügen kann. [3] Abzuziehen sind Rechte, die

1. mit Anteilen verbunden sind, die von dem Mutterunternehmen oder von dessen Tochterunternehmen für Rechnung einer anderen Person gehalten werden, oder

2. mit Anteilen verbunden sind, die als Sicherheit gehalten werden, sofern diese Rechte nach Weisung des Sicherungsgebers oder, wenn ein Kreditinstitut die Anteile als Sicherheit für ein Darlehen hält, im Interesse des Sicherungsgebers ausgeübt werden.

(4) [1] Welcher Teil der Stimmrechte einem Unternehmen zusteht, bestimmt sich für die Berechnung der Mehrheit nach Absatz 2 Nr. 1 nach dem Verhältnis der Zahl der Stimmrechte, die es aus den ihm gehörenden Anteilen ausüben kann, zur Gesamtzahl aller Stimmrechte. [2] Von der Gesamtzahl aller Stimmrechte sind die Stimmrechte aus eigenen Anteilen abzuziehen, die dem Tochterunternehmen selbst, einem seiner Tochterunternehmen oder einer anderen Person für Rechnung dieser Unternehmen gehören.

(5) Ein Mutterunternehmen ist von der Pflicht, einen Konzernabschluss und einen Konzernlagebericht aufzustellen befreit, wenn es nur Tochterunternehmen hat, die gemäß § 296 nicht in den Konzernabschluss einbezogen werden brauchen.

Schrifttum: (ohne die Einzelbeiträge in den verschiedenen Handbüchern der Rechnungslegung) Deutscher Rechnungslegungs Standard Nr. 19 Pflicht zur Konzernrechnungslegung und Abgrenzung des Konsolidierungskreises, bekannt gemacht 2011; *Findeisen/Sabel/Klube* Reduktion des Konsolidierungskreises durch BilMoG? Rangverhältnis der neuen Konsolidierungskriterien am Beispiel einer Leasinggesellschaft, DB 2010, 965; *Küting/Mojadadr,* Komplexität des mehrstufigen Prüfungsansatzes der kapitalmarktorientierten Konzernrechnungslegungspflicht – Zugleich ein Vergleich der Beherrschungskonzepte nach HGB und IFRS, DStR 2012, 199 und 252; *Oser/ Weidle,* Konsolidierung von Unterstützungskassen nach HGB und IFRS, IRZ 2012, 63; *Stibi,* Auswirkungen des BilMoG auf den Konzernabschluss in Baetge/Kirsch, Anwendungsprobleme des BilMoG und Perspektiven, 2010, 97.

Übersicht

I. Allgemeine Grundsätze

In § 290 werden die Voraussetzungen für die **Pflicht zur Aufstellung** 1 eines Konzernabschlusses und eines Konzernlageberichts festgelegt. Von einer Definition des Konzerns hat der Gesetzgeber abgesehen.

Die Pflicht zur Aufstellung eines Konzernabschlusses und eines Konzern- 2 lageberichts knüpft an das Vorliegen eines Mutter-Tochterverhältnisses an. Dies liegt gem. Abs. 1 S. 1 vor, wenn ein Mutterunternehmen die Möglichkeit hat, auf ein anderes Unternehmen unmittel- oder mittelbar einen beherrschenden Einfluss auszuüben. Das beherrschte Unternehmen ist ein Tochterunternehmen. Wenn ein Mutterunternehmen nur Tochterunternehmen hat, die gem. § 296 nicht in den Konzernabschluss einbezogen werden brauchen, besteht keine Pflicht zur Aufstellung eines Konzernabschlusses (§ 296).

Die Konzernrechnungslegungspflicht trifft **alle Kapitalgesellschaften,** die 3 die Voraussetzungen des Abs. 1 erfüllen. Dies gilt sowohl für nicht kapitalmarktorientierte als auch für kapitalmarktorientierte Kapitalgesellschaften iSd § 315e. § 315e Abs. 1 macht für kapitalmarktorientierte Kapitalgesellschaften, die ihren Konzernabschluss nach internationalen Rechnungslegungsvorschriften aufzustellen haben, die Konsolidierungspflicht von den §§ 290–293 abhängig.[1] Daneben wurde das Anwendungsgebiet der 4. und 7. EU-RL durch die GmbH & Co. KG-Richtlinie (Richtlinie des Rates v. 8.11.1990 (90/604/EWG)) auf Personengesellschaften erweitert, wenn alle unbeschränkt haftenden Gesellschafter Kapitalgesellschaften sind. Die Umsetzung

---

[1] *Küting/Mojadadr* DStR 2012, 252.

dieser Richtlinie durch das Kapitalgesellschaften- & Co.-Richtlinie-Gesetz (KapCoRiLiG) führt über § 264a Abs. 1 zur Konzernrechnungslegungspflicht für bestimmte **Kapitalgesellschaften & Co.** (vgl. Erl. zu § 264a). Für Unternehmen, die nicht die Rechtsform einer AG, GmbH, KGaA oder Kapitalgesellschaft & Co. haben, kann sich die Konzernrechnungslegungspflicht aus den §§ 11 ff. PublG ergeben.

4 Seit der Umsetzung der 7. EU-RL (Konzernabschluss-RL 1983) gilt das **Weltabschlussprinzip,** sodass grundsätzlich neben den inländischen alle ausländischen Konzernunternehmen in den Konzernabschluss einzubeziehen sind.

5 Das Gesetz sieht außerdem vor, dass in mehrstufigen Konzernen **Teilkonzernabschlüsse** und ein Gesamtkonzernabschluss aufzustellen sind. Das Konzept der Erstellung von Teilkonzernabschlüssen auf allen Stufen eines Konzerns wird in der deutschen Literatur als „Tannenbaumprinzip" bezeichnet.[2] Die Teilkonzernabschlüsse sollen der besseren Information von Minderheitsgesellschaftern, Gläubigern und Arbeitnehmern der Zwischenholdings dienen. In der Literatur wird die beschränkte Aussagefähigkeit von Teilkonzernabschlüssen kritisiert, da der Teilkonzernabschluss grundsätzlich den gleichen Informationsmängeln wie ein Einzelabschluss eines Unternehmens in einem Konzernverbund unterliegt.[3]

6 Die Pflicht zur Konzernrechnungslegung baut auf dem **Stufenkonzept** des Konzerns auf. Das Konzept postuliert eine stufenweise vermögens- und erfolgsrechnerische Integration von Unternehmen in den Konzernabschluss.[4] Der Gesetzgeber unterscheidet nach Tochterunternehmen, die nach der Methode der Vollkonsolidierung (§§ 300 ff.) in den Konzernabschluss aufgenommen werden, Gemeinschaftsunternehmen, auf die die Quotenkonsolidierung (§ 310) oder die Equity-Methode (§§ 311 f.) angewandt wird, und assoziierten Unternehmen, die im Konzernabschluss nach der Equity-Methode (§§ 311 f.) bewertet werden.

II. Pflicht zur Aufstellung eines Konzernabschlusses und eines Konzernlageberichts

7 **1. Beherrschung.** Die Pflicht zur Aufstellung eines Konzernabschlusses und eines Konzernlageberichts knüpft § 290 an die Existenz eines Mutter-Tochter-Verhältnisses zwischen zwei Unternehmen.

8 Ein **Mutter-Tochter-Verhältnis** wird in Abs. 1 allgemein definiert als Möglichkeit eines Unternehmens auf ein anderes Unternehmen unmittel- oder mittelbar einen beherrschenden Einfluss auszuüben. Ein beherrschender Einfluss wird bejaht, wenn ein Unternehmen die Möglichkeit hat, die Finanz- und Geschäftspolitik eines anderen Unternehmens dauerhaft zu bestimmen, um daraus Nutzen zu ziehen.[5] Auf die tatsächliche Ausübung des beherrschenden Einflusses kommt es nicht an (DRS 19.10).

9 Im Abs. 2 ist eine Liste von Vermutungtatbeständen für das Vorliegen eines Mutter-Tochter-Verhältnisses enthalten. Ein Beherrschungsverhältnis liegt nach Abs. 2 stets vor, wenn bestimmte Rechte des Mutterunternehmens bestehen. Außerdem wurde aus der internationalen Rechnungslegung (IAS

---

[2] HdBKo/*Siebourg* Rn. 3.
[3] *Busse von Colbe/Ordelheide/Gebhardt/Pellens* Konzernabschlüsse S. 71.
[4] *Busse von Colbe/Ordelheide/Gebhardt/Pellens* Konzernabschlüsse S. 59.
[5] Beschlussempfehlung und Bericht des Rechtsausschusses, BT-Drs. 16/12407, 89.

27, SIC 12)[6] die Regel übernommen, dass ein beherrschender Einfluss auf eine Zweckgesellschaft vorliegt, wenn ein Mutterunternehmen die Mehrheit der Risiken und Chancen trägt. Die Tatbestände des Abs. 2 sind gleichrangig anzusehen und von jedem potentiellen Mutterunternehmen jeweils zu prüfen (DRS 19.20).[7]

Bei Vorliegen eines Mutter-Tochter-Verhältnisses kommt es für die Kon- 10
zernrechnungslegung nicht auf die **Rechtsform der Tochtergesellschaft** an. Für die Aufstellungspflicht gem. § 290 ist allein Voraussetzung, dass die Muttergesellschaft eine Kapitalgesellschaft oder eine Kapitalgesellschaft & Co. mit Sitz im Inland ist und das Tochterunternehmen ein Unternehmen.[8] Im DRS 19 ist ein **Unternehmen** definiert als eine Wirtschaftseinheit mit Sitz im In- oder Ausland, die Interessen kaufmännischer oder wirtschaftlicher Art unabhängig von der Rechtsform mittels einer nach außen in Erscheinung tretenden Organisation verfolgt (DRS 19.6).

Zu den wesentlichen **finanzpolitischen Entscheidungen** gehören die 11
Budgetierung, die Aspekte der Kapitalstruktur und der Liquiditätslage. In einen Konzernverbund eingebundene Tochterunternehmen sind im Allgemeinen sowohl in die Budgetplanung des Konzerns wie auch die Kapital- und Liquiditätsplanung (Cash Pooling) einbezogen, da dies die wesentlichen Steuerungsinstrumente der Konzernleitung sind. Zu den wesentlichen **geschäftspolitischen Entscheidungen** gehören die Unternehmensstrategie und das Geschäftsmodell, sowie Fragen der Personalbeschaffung, der Sortimentsplanung und der Forschungs- und Entwicklungsaktivitäten (DRS 19.11).

Sofern an einem Tochterunternehmen weniger als 100 % der Kapital- und 12
Stimmanteile gehalten werden, insbesondere, wenn ein größerer Anteil in der Hand eines anderen Gesellschafters ist, werden in vielen Fällen Rechte des **Minderheitsgesellschafters** vereinbart. Solche Rechte stehen der Möglichkeit der Beherrschung nicht entgegen, wenn sie dem Zweck dienen, die Vermögensinteressen des Minderheitsgesellschafters zu schützen. Hierzu gehören insbesondere die Mitsprache bei Grundlagengeschäften, die das Organisationsverhältnis des Unternehmens betreffen, Kapitalerhöhungen oder Änderungen des Geschäftszwecks. Sofern den Minderheitsgesellschaftern dagegen substanzielle Mitwirkungsrechte zustehen, verhindert dies die Möglichkeit des Mehrheitsgesellschafters, beherrschenden Einfluss auszuüben. Dazu gehört typischerweise das Recht des Minderheitsgesellschafters zur Zustimmung zum Budget oder zu wesentlichen personalpolitischen Entscheidungen (DRS 19.13). Dennoch kann gem. § 290 Abs. 2 Nr. 1 ein Mutter-Tochter-Verhältnis vorliegen, wenn die Mehrheitsgesellschaft über die Mehrheit der Stimmrechte verfügt.[9]

Andere **Rechte Dritter** können ebenfalls der Möglichkeit zur Beherr- 13
schung entgegenstehen. Bei der Beurteilung von Rechten Dritter kommt es darauf an, ob diese Rechte auf Dauer die Möglichkeit zur Durchsetzung des Willens hinsichtlich der Finanz- und Geschäftspolitik verhindern. Insbeson-

---

[6] Vgl. hierzu auch BT-Drs. 16/12407, 89.

[7] AA *Findeisen/Sabel/Klube* DB 2010, 969.

[8] § 11 PublG beinhaltet eine allgemeine Pflicht zur Aufstellung eines Konzernabschlusses für Unternehmen mit Sitz im Inland, die die dort festgelegten Größenkriterien überschreiten.

[9] *Stibi* in Baetge/Kirsch, Anwendungsprobleme des BilMoG und Perspektiven, 2010, 105 f.

dere ist zu berücksichtigen, welche Art und welche Anzahl von Geschäften von der Zustimmung Dritter betroffen ist und welche Bedeutung diese Geschäfte für das Unternehmen haben. Relevant können zB Zustimmungsrechte von Kreditgebern sein (DRS 19.14).

14   **a) Regelung.** Gem. Abs. 2 besteht ein beherrschender Einfluss eines Mutterunternehmens stets, wenn:

– ihm bei einem Unternehmen (Tochterunternehmen) die **Mehrheit der Stimmrechte der Gesellschaft** zusteht,

– ihm das Recht zusteht, die **Mehrheit der Mitglieder des die Finanz- und Geschäftspolitik bestimmenden Verwaltungs-, Leitungs- oder Aufsichtsorgans** zu bestellen oder abzuberufen, wenn es gleichzeitig Gesellschafter ist,

– ihm das Recht zusteht, die Finanz- und Geschäftspolitik auf Grund eines Beherrschungsvertrages oder einer Satzungsbestimmung des anderen Unternehmens zu bestimmen, oder

– ihm bei einer Zweckgesellschaft bei wirtschaftlicher Betrachtungsweise die Mehrheit der Risiken und Chancen zusteht.

15   **b) Die Mehrheit der Stimmrechte.** Das Vorliegen der Stimmrechtsmehrheit führt unwiderlegbar zu einem Mutter-Tochter-Verhältnis.

16   Es ist nicht zu prüfen, ob die Rechte faktisch ausgeübt werden. Die Stimmrechtsmehrheit errechnet sich als einfache Mehrheit nach dem Verhältnis der Zahl der Stimmrechte, die dem Mutterunternehmen aus ihm gehörenden Anteile zustehen, zur Gesamtzahl der Stimmrechte (DRS 19.21). Ein Mutter-Tochter-Verhältnis liegt auch dann vor, wenn für die Bestimmung der Finanz- und Geschäftspolitik wesentliche Entscheidungen mit einer qualifizierten Mehrheit zu treffen sind. In diesen Fällen kommt das Einbeziehungswahlrecht nach § 296 Abs. 1 Nr. 1 in Betracht. DRS 19.81 enthält die Empfehlung, in diesen Fällen auf die Einbeziehung zu verzichten.

17   Auf die **Mehrheit der Kapitalbeteiligung** kommt es nicht an. Kontrollrechte entstehen durch die **Stimmrechtsmehrheit** in der Gesellschafterversammlung. Allerdings muss eine rechtlich abgesicherte Mehrheit bestehen. Eine nur zufällige **Präsenzmehrheit** in der Hauptversammlung reicht nicht (DRS 19.22).

18   Eine **Präsenzmehrheit** kann allerdings nach den allgemeinen Grundsätzen des Abs. 1 zur Konsolidierungspflicht führen, wenn dadurch ein beherrschender Einfluss für eine gewisse Dauer und nicht nur vorübergehend ausgeübt werden kann.[10] Dazu muss eine nicht nur zufällige Mehrheit der Präsenzstimmen gegeben sein. Dies setzt neben dem Hauptgesellschafter eine Vielzahl von anderen Gesellschaftern voraus. Dadurch ist strukturell die Wahrscheinlichkeit, dass die anderen Gesellschafter sich zu einer einheitlichen Willensbildung zusammenschließen, mit hinreichender Sicherheit gering. Diese Situation muss in der Vergangenheit vorgelegen haben. Zudem dürfen zwischenzeitlich keine Entwicklungen eingetreten sein, die es wahrscheinlich erscheinen lassen, dass eine solche Präsenzmehrheit bei der nächsten Hauptversammlung nicht vorliegen wird. Wenn Erfahrungswerte nicht vorliegen, müssen zumindest deutliche Hinweise gegeben sein, dass bei einer Hauptversammlung, bei der wesentliche Entscheidungen getroffen werden, eine

---

[10] Beschlussempfehlung und Bericht des Rechtsausschusses, BT-Drs. 16/12407, 89.

nicht nur zufällige Präsenzmehrheit vorliegen wird (DRS 19.70 ff.). Außerdem muss erwartet werden, dass die Präsenzmehrheit mit einer gewissen Dauer besteht.[11]

Allein das passive Verhalten eines anderen bedeutenden Anteilseigners **19** reicht nicht für die Begründung eines Beherrschungsverhältnisses durch den aktiven Anteilseigner, auch wenn der passive Gesellschafter nicht an den Gesellschafterversammlungen teilnimmt und dadurch eine Präsenzmehrheit entsteht. Das gleiche gilt, wenn andere Aktionäre zufällig im gleichen Sinne wie das (potentielle) Mutterunternehmen abstimmen, da dies nicht zu einer abgesicherten Mehrheit führt.[12]

Ein anderer Indikator für die Möglichkeit eines beherrschenden Einflusses **20** sind sog. potentielle Stimmrechte. Diese liegen vor, wenn die Anteile, aus denen die Stimmrechte abgeleitet werden, zwar nicht rechtlich aber wirtschaftlich einer Partei zuzurechnen sind. Eine Konstellation, in der das der Fall sein könnte, ist die Kombination einer Call-Option mit einer Put-Option bei der Gegenpartei mit identischen Ausübungsbedingungen.[13] In der Gesamtschau ist zu beurteilen, ob das Mutterunternehmen zu dem Zeitpunkt, in dem Entscheidungen zu treffen sind, einen beherrschenden Einfluss ausüben können wird.

Es ist nicht notwendig, dass das Mutterunternehmen die Mehrheit der **21** Stimmrechte für alle Entscheidungsbereiche innehat. Für das Vorliegen der Voraussetzungen reicht es, dass dies für die Bestimmung der Finanz- und Geschäftspolitik **wesentlichen Entscheidungsbereiche** der Fall ist. Die vertragliche Beschränkung der Ausübung der Stimmrechtsmehrheit zB über Stimmrechtsbindungs-, Stimmrechtsausschluss-, Entherrschungs- und Überlassungsverträge steht dem Vorliegen eines Mutter-Tochter-Verhältnisses nicht entgegen.[14] In diesen Fällen kommt das Einbeziehungswahlrecht aus § 296 Abs. 1 S. 1 Nr. 1 zum Tragen.

Näheres zur **Berechnung des Teils der Stimmrechte,** der einem Unter- **22** nehmen zusteht, regelt Abs. 3 S. 1. Danach gehören zu den Rechten, die einem Mutterunternehmen zustehen, auch die Rechte, die einem Tochterunternehmen zustehen, die Rechte, die einer für Rechnung des Mutterunternehmens handelnden Person zustehen, oder die Rechte, die für Rechnung des Tochterunternehmens handelnden Personen zustehen. Das Gesetz bezieht mit dieser Vorschrift alle **mittelbaren Rechte,** die irgendeinem Tochterunternehmen – gleichgültig auf welcher Konzernstufe – zustehen, direkt auf das Mutterunternehmen, auch wenn das Mutterunternehmen nicht über unmittelbare Rechte verfügt. Durch Abs. 3 S. 2, der für Rechnung des Mutter- oder eines Tochterunternehmens handelnde Dritte betrifft, wird die Zurechnung der Rechte zum Mutterunternehmen geregelt. Dadurch werden zum Beispiel uneigennützige Verwaltungs-Treuhandschaften, Sicherungstreuhandschaften und echte Pensionsgeschäfte erfasst.

Um sicherzustellen, dass die Rechte dem **wirtschaftlichen Eigentümer,** **23** nicht dem rechtlichen zugerechnet werden, bestimmt Abs. 3 S. 3, dass folgende Rechte von den Rechten, die einem Mutterunternehmen mittel- oder unmittelbar zustehen, **abzuziehen** sind:

---

[11] Beschlussempfehlung und Bericht des Rechtsausschusses, BT-Drs. 16/12407, 89.
[12] *Gelhausen/Fey/Kämpfer* Rechnungslegung Q Rn. 33.
[13] WP-HdB Kap. G Rn. 25.
[14] BeBiKo/*Grottel/Kreher* Rn. 46.

Rechte, die mit Anteilen verbunden sind, die

- von dem Mutterunternehmen für Rechnung einer anderen Person gehalten werden (Abs. 3 S. 3 Nr. 1 Alt. 1),
- von Tochterunternehmen für Rechnung einer anderen Person gehalten werden (Abs. 3 S. 3 Nr. 1 Alt. 2),
- als Sicherheit gehalten werden, sofern diese Rechte nach Weisung des Sicherungsgebers oder, wenn ein Kreditinstitut die Anteile als Sicherheit für ein Darlehen hält, im Interesse des Sicherungsgebers ausgeübt werden (Abs. 3 S. 3 Nr. 2).

24   Abs. 4 S. 2 schreibt vor, dass von der Gesamtheit der Stimmrechte die **Stimmrechte aus eigenen Anteilen** abzuziehen sind, die

- dem Tochterunternehmen selbst,
- einem seiner Tochterunternehmen (Rückbeteiligung),
- einem Dritten für Rechnung des Tochterunternehmens oder einem seiner Tochterunternehmen gehören.

25   **c) Recht zur Besetzung der Mehrheit der Leitungsorgane.** Die Konzernrechnungslegungspflicht ergibt sich auch für Gesellschafter, denen das Recht zusteht, die Mehrheit der Mitglieder des Verwaltungs-, Leitungs- oder Aufsichtsorgans, das die Möglichkeit hat, die Finanz- und Geschäftspolitik zu bestimmen, zu bestellen oder abzuberufen. Nicht relevant sind Besetzungsrechte für fakultative Gremien, die ausschließlich beratende Funktion haben, da diese nicht die Möglichkeit haben, die Finanz- und Geschäftspolitik zu bestimmen (DRS 19.27).

26   Es ist einerseits unerlässlich, dass das verpflichtete Unternehmen **Gesellschafter** ist. Die Entsendungsrechte Dritter (zB Kreditinstitute) lösen nicht die Konzernrechnungslegungspflicht aus. Eine kapitalmäßige Beteiligung ist andererseits nicht notwendig. Auch eine **indirekte Gesellschafterstellung** ist daher relevant.[15]

27   Die Möglichkeit, die Mehrheit eines Aufsichtsorgans zu besetzen, muss **rechtlich abgesichert** sein. Die Möglichkeit, auf Grund einer nicht nur zufälligen Präsenzmehrheit in der Hauptversammlung (DRS 19.70 ff.) die Organmehrheit zu besetzen, kann ausreichen (DRS19.29 iVm DRS 19.22).

28   **d) Beherrschender Einfluss auf Grund Beherrschungsvertrag oder Satzungsbestimmung.** Die dritte Alternative in Abs. 2 legt die Pflicht zur Konzernrechnungslegung allen Kapitalgesellschaften mit Sitz im Inland auf, die die Finanz- und Geschäftspolitik eines anderen Unternehmens auf Grund eines Beherrschungsvertrages oder einer Satzungsbestimmung des beherrschten Unternehmens bestimmen können. Eine Gesellschafterstellung oder eine Kapitalbeteiligung ist in Abs. 2 Nr. 3 nicht vorausgesetzt.

29   Für die **AG und die KGaA** sind die § 291 Abs. 1 AktG und § 293 AktG der Beurteilung, ob ein wirksamer Beherrschungsvertrag vorliegt, zugrunde zu legen. Die aktienrechtliche Eingliederung einer Gesellschaft (§§ 319, 323 AktG) begründet ebenfalls ein Beherrschungsverhältnis (DRS 19.33). Der Vorstand der Hauptgesellschaft ist gegenüber dem Vorstand der eingegliederten AG weisungsberechtigt (§ 323 AktG).[16]

---

[15] *ADS* Rn. 49.
[16] *ADS* Rn. 55.

Für die **GmbH** existiert keine gesetzliche Bestimmung über Beherr- 30
schungsverträge. Dem AktG nachgebildete Verträge werden jedoch von
GmbHs häufig abgeschlossen, um eine steuerliche Organschaft zu begründen.
Soweit ein solcher Vertrag inhaltlich den Anforderungen des Aktienrechts
entspricht, kann von einem Konzernverhältnis ausgegangen werden.[17]

e) Zweckgesellschaften. Unter den **Begriff** Zweckgesellschaften werden 31
gem. Abs. 2 Nr. 4 Unternehmen gefasst, die zur Erreichung eines eng begrenzten und genau definierten Ziels des Mutterunternehmens dienen. Diese
Unternehmen sind zu konsolidieren, wenn bei wirtschaftlicher Betrachtungsweise das Mutterunternehmen die Mehrheit der Risiken und Chancen trägt.
Sie werden wirtschaftlich beherrscht, auch wenn rechtliche Beherrschung
nicht vorliegt. Sofern Tochterunternehmen sowohl die Merkmale einer
Zweckgesellschaft aufweisen als auch rechtlich beherrscht werden, werden sie
in der Praxis häufig nicht als Zweckgesellschaften, sondern als klassische
Mutter-Tochter-Verhältnisse qualifiziert.[18] Bei asymmetrischer Chancen- und
Risikenverteilung ist vorrangig auf die Risiken abzustellen (DRS 19.61). In
der Praxis kommen Zweckgesellschaften in den verschiedensten Ausprägungen vor. Häufig anzutreffen sind sie in der Form von Leasing-Objekt-
gesellschaften, die einen Gegenstand an das Mutterunternehmen verleasen,
Spezialfonds mit dem Zweck, Wertpapiere für das Mutterunternehmen zu
verwalten, Gesellschaften für ausgelagerten Forschungs- und Entwicklungsaktivitäten oder Verbriefungsvehikel,[19] Unterstützungskassen und ähnlichen
Versorgungseinrichtungen.[20]

Bei einer **Zweckgesellschaft** ist in der Regel kein aktives, laufendes 32
Management notwendig, da die Geschäftstätigkeit derart vorbestimmt ist, dass
keine wesentlichen Entscheidungen mehr zu treffen sind. Eine Zweckgesellschaft kann auch vorliegen, wenn im Rahmen der engen Zwecksetzung ein
Handlungs- und Entscheidungsbedarf verbleibt oder nicht nur ein einziges
Ziel festgelegt wurde oder die Gesellschaft nicht ausschließlich auf Ziele des
Mutterunternehmens oder des Konzerns ausgerichtet ist. Ein sog. Autopilot-
mechanismus, bei dem keinerlei oder nur unwesentlicher Handlungsspiel-
raum verbleibt, ist nicht zwingend erforderlich. Da die Grenzen zwischen
aktiven Gesellschaften und Zweckgesellschaften fließend sind, ist in jedem
Einzelfall zu entscheiden, ob eine Zweckgesellschaft vorliegt (DRS 19.39 f.).
Es kann auch nicht ausgeschlossen werden, dass diese Ermessensentscheidung
unterschiedlich ausgeübt wird und so bspw. eine Gesellschaft auf Grund der
Mehrheit der Stimmrechte konsolidiert wird, während ein anderes Unternehmen die gleiche Gesellschaft als Zweckgesellschaft qualifiziert.[21]

In der Beschlussempfehlung zum BilMoG werden folgende Umstände als 33
Indizien für das Vorliegen einer Zweckgesellschaft genannt:

a) Die Geschäftstätigkeit der Zweckgesellschaft wird zugunsten der besonderen Geschäftsbedürfnisse eines anderen Unternehmens geführt.

b) Ein anderes Unternehmen kann mittels Entscheidungsmacht die Mehrheit
des Nutzens aus der Geschäftstätigkeit der Zweckgesellschaft ziehen oder

---

[17] BeBiKo/*Grottel*/*Kreher* Rn. 58; DRS 19.32.
[18] *Küting*/*Mojadadr* DB 2013, 592.
[19] Beschlussempfehlung und Bericht des Rechtsausschusses, BT-Drs. 16/12407, 89.
[20] *Oser*/*Weidle* IRZ 2012, 63 (64).
[21] *Stibi* in Baetge/Kirsch, Anwendungsprobleme des BilMoG und Perspektiven, 2010,
106.

hat diese Entscheidungsmacht mittelbar durch die Einrichtung eines „Autopilot"-Mechanismus.

c) Ein anderes Unternehmen verfügt über das Recht, die Mehrheit des Nutzens aus der Zweckgesellschaft zu ziehen und ist deshalb unter Umständen Risiken ausgesetzt, die mit der Geschäftstätigkeit der Zweckgesellschaft verbunden sind.

d) Ein anderes Unternehmen behält die Mehrheit der mit der Geschäftstätigkeit der Zweckgesellschaft verbundenen Residual- oder Eigentumsrisiken oder Vermögensgegenstände, um daraus Nutzen für seine Geschäftstätigkeit zu ziehen.[22]

34   Die **Praxis** hat gezeigt, dass die Kriterien in Ziff. a) und b) häufig nicht zu eindeutigen Zuordnungen führen, da mehr als eine Partei in Bezug auf eine Zweckgesellschaft das Kriterium erfüllen könnte. ZB sind Gesellschaften mit dem Zweck der Verbriefung von Forderungen so ausgestaltet, dass sie dem Unternehmen, der Bank und den Investoren dienen. Daher ist für die Entscheidung, ob ein konsolidierungspflichtiges Unternehmen vorliegt, idR auf das Kriterium der Mehrheit der Risiken oder Chancen zurückzugreifen.[23] Dies ist im Gesetzeswortlaut reflektiert.

35   Eine **konsolidierungspflichtige Zweckgesellschaft** liegt nur dann vor, wenn das Mutterunternehmen die (absolute) Mehrheit der Risiken und Chancen trägt. Dies muss im Wege einer qualitativen Gesamtbetrachtung aller Umstände des Einzelfalls beurteilt werden. Es handelt sich um eine zukunftsgerichtete Analyse, bei der die Eintrittswahrscheinlichkeit relevanter Umweltzustände zu berücksichtigen ist (DRS 19.57 ff.). Inhaltlich sind Risiken und Chancen weit zu fassen. Chancen (Risiken) sind dem Grunde oder Höhe nach unsichere künftige positive (negative) finanzielle Auswirkungen (DRS 19.51 u. 52). Chancen können zB Kapitalzuflüsse, Kostenreduktionen oder Verwertungsmöglichkeiten sein, die das Mutterunternehmen auch gegen den Willen anderer Beteiligter durchsetzen kann. Risiken entstehen typischerweise aus der Verwertung des Vermögens der Gesellschaft, zB durch Garantien für Restwertrisiken, Mieterdarlehen bei Leasingzweckgesellschaften, First-Loss-Garantien oder das Halten der die wesentlichen Risiken tragenden Tranchen bei ABS Transaktionen. Nicht in die Abwägung der Chancen und Risiken einzubeziehen sind Synergien, die nicht bei der Zweckgesellschaft entstehen.[24]

36   Die Beurteilung des wirtschaftlichen Eigentums führt im Einzel- und Konzernabschluss nicht zwingend zum gleichen Ergebnis. Im Einzelabschluss sind bei Leasingverhältnissen die steuerlichen Leasingerlasse als Grundlage für die Zurechnung eines Leasinggegenstandes zum wirtschaftlichen Eigentümer anzuwenden. Wenn der Leasinggegenstand in einer Leasingobjektgesellschaft gehalten wird, kann trotzdem eine Bilanzierung im Konzernabschluss des Leasinggebers notwendig sein, weil die Leasingobjektgesellschaft zu konsolidieren ist.[25]

37   Abs. 2 Nr. 4 S. 2 stellt klar, dass neben Unternehmen auch sonstige juristische Personen des Privatrechts oder unselbstständige Sondervermögen des Privatrechts, ausgenommen Spezial-Sondervermögen iSd § 2 Abs. 3 InvG, Zweckgesellschaften sein können. Eine Zweckgesellschaft kann auch Teil

---

[22] Beschlussempfehlung und Bericht des Rechtsausschusses, BT-Drs. 16/12407, 89.
[23] *IDW* RS HFA 2 Rn. 60.
[24] BeBiKo/*Grottel*/*Kreher* Rn. 75 f.
[25] *Kessler*/*Leinen*/*Strickmann* BilMoG-HdB S. 669 mit Beispiel.

einer größeren Einheit sein, wenn die Risiken und Chancen dieses Teils von dem Rest eindeutig abgetrennt werden können und auf Ebene der größeren Einheit kein Risiken- und Chancenausgleich stattfindet (zellulare oder **Silostrukturen**) (DRS 19.44).

Unternehmen bedienen sich zur Erfüllung der **Altersversorgungsver-** 38 **pflichtungen** regelmäßig externer Versorgungsträger, zB Unterstützungskassen, Pensionsfonds, Pensionskassen. Diese Einrichtungen können die Legaldefinition einer Zweckgesellschaft erfüllen, da nach Abs. 2 Nr. 4 S. 2 die Unternehmenseigenschaft nicht gegeben sein muss. Die Ausnahmevorschrift des § 296 Abs. 1 Nr. 1, die ein Konsolidierungswahlrecht bei Zugriffsbeschränkung einräumt, ist bei Zweckgesellschaften nicht anwendbar.[26] Bei Zweckgesellschaften stehen die Risiken und Chancen automatisch dem Mutterunternehmen zu – eine Zugriffsmöglichkeit ist nicht notwendig.

2. Sonderfälle. a) Gleichordnungskonzerne. § 18 Abs. 2 AktG de- 39 finiert den Gleichordnungskonzern als einen Unternehmensverbund, in dem rechtlich selbstständige Unternehmen unter einheitlicher Leitung stehen, ohne dass gleichzeitig zwischen ihnen ein Abhängigkeitsverhältnis besteht. Die einheitliche Leitung wird nicht auf Grund der Herrschaftsmacht eines Unternehmens erzwungen, sondern wird freiwillig akzeptiert. Die Glieder des Gleichordnungskonzerns haben im Idealfall an der einheitlichen Leitung teil. In diesem Fall entsteht keine Konzernrechnungslegungspflicht, da kein Konzernunternehmen durch ein anderes Unternehmen beherrscht wird.

b) Gemeinschaftsunternehmen. Als Gemeinschaftsunternehmen ist ein 40 Unternehmen anzusehen, an dem mindestens zwei andere Unternehmen beteiligt sind (Gesellschafterunternehmen), die das Gemeinschaftsunternehmen **gemeinsam leiten oder führen.** Mit einem Gemeinschaftsunternehmen werden Zwecke von gemeinsamem Interesse verfolgt. Eine speziell für die Quotenkonsolidierung zugrunde zu legende Beschreibung von Gemeinschaftsunternehmen enthält § 310.

Häufig handelt es sich bei Gemeinschaftsunternehmen um einen Unter- 41 nehmensverbund, bei dem zwei Gesellschafterunternehmen zu je 50 % an einem dritten Unternehmen beteiligt sind (Joint Venture). Ob die Konzernabschlusspflicht nach Abs. 1 entsteht, ist danach zu unterscheiden, ob eines der Gesellschafterunternehmen trotz der paritätischen Kapitalbeteiligung tatsächlich ein Übergewicht in der Führung hat. Dann würde ein beherrschender Einfluss dieses Unternehmens vorliegen. Typischerweise werden die Rechte der Gesellschafter neben der Satzung in einem zusätzlichen Joint Venture Vertrag vereinbart. Für eine beherrschende Stellung eines Gesellschafters kann zB sprechen, dass der Gesellschafter den Vorsitzenden des Geschäftsführungsgremiums stellt und der Vorsitzende im Zweifel die entscheidende Stimme hat.

Bei tatsächlich gleichgewichtiger Führung kommt die Einbeziehung in 42 einen Konzernabschluss gem. § 310 in Betracht. Allerdings muss die Pflicht zur Erstellung eines Konzernabschlusses, in den das Joint Venture nach § 310 bzw. §§ 311, 312 einzubeziehen wäre, dann bereits auf Grund anderer Sachverhalte begründet sein. Alternativ ist die Beteiligung im Konzernabschluss nach der Equity-Methode gem. § 312 zu bewerten.

---

[26] WP-HdB Kap. G Rn. 206; DRS 19.86 hält die Vorschrift für Gesellschaften mit einem Autopilotmechanismus für nicht anwendbar, weil die Rechte als ausgeübt gelten müssen.

43   **c) Mutterunternehmen in Abwicklung.** Obwohl dies nicht explizit im Gesetz geregelt ist, besteht auch für Mutterunternehmen in Abwicklung die Pflicht zur Aufstellung eines Konzernabschlusses. Weder aus den Vorschriften zur Abwicklung noch aus deren Zweck ließe sich ein anderer Schluss ziehen.[27]

44   Bei der Aufstellung des Konzernabschlusses sind die Besonderheiten, die sich aus dem Abwicklungsstatus der Muttergesellschaft ergeben, bei Ansatz und Bewertung zu beachten. Der Grundsatz der konzerneinheitlichen Bilanzierungs- und Bewertungsmethoden (§§ 300, 308) ist insofern nicht anwendbar, als dass für Tochterunternehmen, die sich nicht in der Abwicklung befinden, liquidationsspezifische Bilanzierungs- und Bewertungsmethoden nicht anzuwenden sind.[28]

45   **d) GmbH & Co. KG.** Personenhandelsgesellschaften, bei denen nicht wenigstens eine natürliche Person persönlich haftender Gesellschafter ist, sind bezüglich der Konzernrechnungslegung den Kapitalgesellschaften gleichgestellt (§ 264a). Eine GmbH & Co. KG, auf die diese Voraussetzung zutrifft, ist damit zur Aufstellung eines Konzernabschlusses verpflichtet, wenn sie nach § 290 Abs. 1 und 2 ein Tochterunternehmen hat.[29] Die Konzernrechnungslegungspflicht entfällt nach § 291, wenn die GmbH & Co. KG in den übergeordneten Konzernabschluss der Komplementär-GmbH einbezogen wird.

46   **3. Aufstellungsfrist.** In Abs. 1 wird bestimmt, dass der Konzernabschluss **innerhalb von fünf Monaten** nach dem Stichtag des Konzernabschlusses aufzustellen ist. Für kapitalmarktorientierte Kapitalgesellschaften gem. § 264d verkürzt sich die Aufstellungsfrist gem. § 290 Abs. 1 auf vier Monate. Um die Richtigkeit des Konzernabschlusses sicherzustellen, muss gewährleistet werden, dass die Einzelabschlüsse nach ihrer Einbeziehung in den Konzernabschluss nicht mehr wesentlich geändert werden.[30] Änderungen, die auf der Grundlage des Konzernabschlusses als unwesentlich qualifiziert werden, sind unbeachtlich.

III. Folgen der Nichtbeachtung

47   Kommt ein Mutterunternehmen der Verpflichtung des § 290 nicht nach und unterbleibt damit auch die Offenlegung nach § 325, ist gem. § 335 Abs. 1 wegen des pflichtwidrigen Unterlassens der rechtzeitigen Offenlegung vom Bundesamt für Justiz ein Ordnungsgeldverfahren gegen die Mitglieder des vertretungsberechtigten Organs durchzuführen. Das Verfahren kann nach § 335 Abs. 1 S. 2 auch gegen die Kapitalgesellschaft durchgeführt werden. Das Ordnungsgeld beträgt mindestens 2.500 Euro und höchstens 250.000 Euro. Bei Ordnungsgeldverfahren gegen kapitalmarktorientierte Gesellschaften bzw. deren gesetzliche Vertreter erhöht sich der Ordnungsgeldrahmen nach Maßgabe von § 335 Abs. 1a.

[27] *ADS* Rn. 126.
[28] *ADS* Rn. 130.
[29] MüKoHGB/*Busse von Colbe* Rn. 84.
[30] *ADS* Rn. 158.

§ 291 Befreiende Wirkung von EU/EWR-Konzernabschlüssen

(1) [1]Ein Mutterunternehmen, das zugleich Tochterunternehmen eines Mutterunternehmens mit Sitz in einem Mitgliedstaat der Europäischen Union oder in einem anderen Vertragsstaat des Abkommens über den Europäischen Wirtschaftsraum ist, braucht einen Konzernabschluß und einen Konzernlagebericht nicht aufzustellen, wenn ein den Anforderungen des Absatzes 2 entsprechender Konzernabschluß und Konzernlagebericht seines Mutterunternehmens einschließlich des Bestätigungsvermerks oder des Vermerks über dessen Versagung nach den für den entfallenden Konzernabschluß und Konzernlagebericht maßgeblichen Vorschriften in deutscher Sprache offengelegt wird. [2]Ein befreiender Konzernabschluß und ein befreiender Konzernlagebericht können von jedem Unternehmen unabhängig von seiner Rechtsform und Größe aufgestellt werden, wenn das Unternehmen als Kapitalgesellschaft mit Sitz in einem Mitgliedstaat der Europäischen Union oder in einem anderen Vertragsstaat des Abkommens über den Europäischen Wirtschaftsraum zur Aufstellung eines Konzernabschlusses unter Einbeziehung des zu befreienden Mutterunternehmens und seiner Tochterunternehmen verpflichtet wäre.

(2) [1]Der Konzernabschluß und Konzernlagebericht eines Mutterunternehmens mit Sitz in einem Mitgliedstaat der Europäischen Union oder in einem anderen Vertragsstaat des Abkommens über den Europäischen Wirtschaftsraum haben befreiende Wirkung, wenn

1. das zu befreiende Mutterunternehmen und seine Tochterunternehmen in den befreienden Konzernabschluß unbeschadet des § 296 einbezogen worden sind,
2. der befreiende Konzernabschluss nach dem auf das Mutterunternehmen anwendbaren Recht im Einklang mit der Richtlinie 2013/34/EU oder im Einklang mit den in § 315e Absatz 1 bezeichneten internationalen Rechnungslegungsstandards aufgestellt und im Einklang mit der Richtlinie 2006/43/EG geprüft worden ist,
3. der befreiende Konzernlagebericht nach dem auf das Mutterunternehmen anwendbaren Recht im Einklang mit der Richtlinie 2013/34/EU aufgestellt und im Einklang mit der Richtlinie 2006/43/EG geprüft worden ist,
4. der Anhang des Jahresabschlusses des zu befreienden Unternehmens folgende Angaben enthält:
   a) Name und Sitz des Mutterunternehmens, das den befreienden Konzernabschluß und Konzernlagebericht aufstellt,
   b) einen Hinweis auf die Befreiung von der Verpflichtung, einen Konzernabschluß und einen Konzernlagebericht aufzustellen, und
   c) eine Erläuterung der im befreienden Konzernabschluß vom deutschen Recht abweichend angewandten Bilanzierungs-, Bewertungs- und Konsolidierungsmethoden.

[2]Satz 1 gilt für Kreditinstitute und Versicherungsunternehmen entsprechend; unbeschadet der übrigen Voraussetzungen in Satz 1 hat die Aufstellung des befreienden Konzernabschlusses und des befreienden Konzernlageberichts bei Kreditinstituten im Einklang mit der Richtlinie 86/635/EWG des Rates vom 8. Dezember 1986 über den Jahresabschluß und den konsolidierten Abschluß von Banken und anderen Finanzinstituten (ABl. EG Nr. L 372 S. 1) und bei Versicherungsunternehmen im Einklang mit der Richtlinie 91/674/EWG des Rates vom 19. Dezember 1991 über

den Jahresabschluß und den konsolidierten Jahresabschluß von Versicherungsunternehmen (ABl. EG Nr. L 374 S. 7) in ihren jeweils geltenden Fassungen zu erfolgen.

(3) Die Befreiung nach Absatz 1 kann trotz Vorliegens der Voraussetzungen nach Absatz 2 von einem Mutterunternehmen nicht in Anspruch genommen werden, wenn

1. das zu befreiende Mutterunternehmen einen organisierten Markt im Sinn des § 2 Absatz 11 des Wertpapierhandelsgesetzes durch von ihm ausgegebene Wertpapiere im Sinn des § 2 Absatz 1 des Wertpapierhandelsgesetzes in Anspruch nimmt,

2. Gesellschafter, denen bei Aktiengesellschaften und Kommanditgesellschaften auf Aktien mindestens 10 vom Hundert und bei Gesellschaften mit beschränkter Haftung mindestens 20 vom Hundert der Anteile an dem zu befreienden Mutterunternehmen gehören, spätestens sechs Monate vor dem Ablauf des Konzerngeschäftsjahrs die Aufstellung eines Konzernabschlusses und eines Konzernlageberichts beantragt haben.

Übersicht

I. Allgemeine Grundsätze

1 **1. Überblick.** § 290 Abs. 2 verpflichtet grundsätzlich alle Mutterunternehmen, einen Konzernabschluss aufzustellen, auch wenn sie selbst Tochterunternehmen eines Mutterunternehmens sind (Tannenbaumprinzip). Die §§ 291 und 292 befreien ein Mutterunternehmen, das selbst Tochterunternehmen ist, unter den dort genannten Voraussetzungen von der Aufstellungspflicht. § 291 beinhaltet die Regeln für **befreiende Konzernabschlüsse** von Mutterunternehmen mit Sitz in der Europäischen Union oder in einem Vertragsstaat des Abkommens über den Europäischen Wirtschaftsraum (EWR), § 292 die für sonstige ausländische Mutterunternehmen. Das den befreienden Konzernabschluss und Konzernlagebericht aufstellende Unternehmen muss nicht an der Konzernspitze stehen.[1]

2 Die Befreiungsvorschriften mildern die Pflicht zur Aufstellung von (Teil-) Konzernabschlüssen, die sich aus dem angelsächsischen Control-Konzept

---

[1] *ADS* Rn. 1.

ergibt.[2] Die **Aufstellung von (Teil-)Konzernabschlüssen und (Teil-) Konzernlageberichten** verursacht erhebliche Mehrarbeit und Mehrkosten, ohne dass für Minderheitsaktionäre, Gläubiger und andere Interessengruppen der Teilkonzerne dementsprechende Informationsverbesserungen erzielt werden. Ein (Teil-)Konzernabschluss ist nur in dem Ausnahmefall zu erstellen, dass weder die §§ 291, 292 noch die Vorschriften über kleine Konzerne (§ 293) einschlägig sind.

2. Voraussetzungen. Die nachfolgenden Voraussetzungen müssen **ku-** 3 **mulativ** erfüllt sein, um ein Mutterunternehmen von der Aufstellung eines (Teil-)Konzernabschlusses und eines (Teil-)Konzernlageberichts nach § 291 zu befreien:

– Das zu befreiende Mutterunternehmen ist Tochterunternehmen eines weiteren Mutterunternehmens mit Sitz in der EU oder im EWR.
– Der befreiende Konzernabschluss und der Konzernlagebericht werden einschließlich des Bestätigungsvermerks oder des Vermerks über seine Versagung in deutscher Sprache nach den für den entfallenden Konzernabschluss und Konzernlagebericht maßgeblichen Vorschriften offengelegt.
– Das zu befreiende Mutterunternehmen und seine Tochterunternehmen werden unter Beachtung der Vorschriften über die Einbeziehungswahlrechte (§ 296) in den befreienden Konzernabschluss einbezogen.
– Der befreiende Konzernabschluss und der befreiende Konzernlagebericht müssen dem für das übergeordnete Mutterunternehmen geltenden Recht im Einklang mit der Richtlinie 2013/34/EU oder den in § 315e Abs. 1 bezeichneten internationalen Rechnungslegungsstandards in ihrer jeweils geltenden Fassung entsprechen.
– Der befreiende Konzernabschluss und der befreiende Konzernlagebericht sind im Einklang mit der Richtlinie 2006/43/EU geprüft worden.
– Der Anhang des Jahresabschlusses des zu befreienden Unternehmens enthält folgende Angaben:
   1. Name und Sitz des Mutterunternehmens, das den befreienden Konzernabschluss und den befreienden Konzernlagebericht aufstellt,
   2. Hinweis auf die Befreiung von der Verpflichtung einen Konzernabschluss und einen Konzernlagebericht aufzustellen,
   3. Erläuterung der im befreienden Konzernabschluss vom deutschen Recht abweichend angewandten Bilanzierungs-, Bewertungs- und Konsolidierungsmethoden.
– Das zu befreiende Mutterunternehmen hat am Abschlussstichtag keine Wertpapiere ausgegeben, die an einem organisierten Markt iSd § 1 Abs. 11 WpHG gehandelt werden (Abs. 3 Nr. 1).
– Die Minderheiten fordern nicht auf Grundlage der ihnen nach Abs. 3 Nr. 2 zustehenden Rechte die Aufstellung eines (Teil-)Konzernabschlusses und eines (Teil-) Konzernlageberichts.

II. Befreiende Konzernabschlüsse und Konzernlageberichte

1. Anforderungen an das den befreienden Konzernabschluss und 4 **Konzernlagebericht aufstellende Mutterunternehmen.** An das **übergeordnete Mutterunternehmen** sind die Anforderungen zu stellen, dass es

---

[2] *Pellens/Fülbier/Gassen/Sellhorn* Internationale Rechnungslegung S. 124.

– Unternehmenseigenschaft besitzt,
– sein Sitz innerhalb der EU oder des EWR ist und
– dass es mit dem zu befreienden Unternehmen in einem Mutter-Tochter-Verhältnis steht.

5   Anders als in § 290 verlangt der Gesetzgeber in § 291 Abs. 1 S. 2 explizit, dass ein befreiender Konzernabschluss von einem Mutterunternehmen aufzustellen ist, das **Unternehmenseigenschaft** besitzt. Auf die Rechtsform des Mutterunternehmens kommt es nicht an. Privatpersonen, Bund, Länder und Gemeinden können keinen befreienden Konzernabschluss und Konzernlagebericht aufstellen. Es ist allerdings möglich, dass freiwillig oder wegen PublG (zB von nicht den Bestimmungen des § 264a unterliegenden Personenhandelsgesellschaften) aufgestellte Konzernabschlüsse und Konzernlageberichte, sofern den übrigen Anforderungen der §§ 291, 292 genügt wird, befreiende Wirkung haben. Dies gilt auch für juristische Personen des öffentlichen Rechts, sofern sie Unternehmenseigenschaft besitzen.

6   Die befreiende Wirkung des Einbezugs eines (Teil-)Konzernabschlusses tritt allerdings nur ein, wenn zwischen dem Mutterunternehmen des Teilkonzerns und dem höherrangigen Mutterunternehmen eine **unmittelbare oder mittelbare Mutter-Tochter-Beziehung** besteht. Wird ein Teilkonzern freiwillig in einen Konzernabschluss einbezogen, ohne dass ein Mutter-Tochter-Verhältnis vorliegt, entfaltet dieser nicht den gesetzlichen Vorschriften entsprechende Konzernabschluss keine befreiende Wirkung.

7   Ob ein Mutter-Tochter-Verhältnis vorliegt, richtet sich nach dem Recht, das für den befreienden Konzernabschluss gilt. Sofern das **Mutterunternehmen seinen Sitz nicht im Inland** hat, können die unterschiedlichen nationalen Umsetzungen der Wahlrechte der Richtlinie 2013/34/EU zu unterschiedlichen Konsolidierungskreisen führen.[3]

8   **2. Anforderungen an den befreienden Konzernabschluss und Konzernlagebericht. a) Konsolidierungskreis.** Der Konzernabschluss und Konzernlagebericht eines Mutterunternehmens haben befreiende Wirkung, wenn das zu befreiende Unternehmen und seine Tochterunternehmen in den befreienden Konzernabschluss unbeschadet des § 296 einbezogen worden sind.

9   Die **Abgrenzung des Konsolidierungskreises** ist aus der Sicht des den befreienden Konzernabschluss und Konzernlagebericht aufstellenden Mutterunternehmens zu beurteilen. Der Kreis der Unternehmen, die in den Teilkonzernabschluss einzubeziehen wären oder auf Grund von Konsolidierungswahlrechten einbezogen werden, kann sich daher vom Konsolidierungskreis des Teilkonzerns, der in den befreienden Konzernabschluss einbezogen wird, unterscheiden, ohne dass die befreiende Wirkung verloren geht. Das Mutterunternehmen des zu befreienden Teilkonzerns muss dagegen in den Konsolidierungskreis des oberen Mutterunternehmens einbezogen sein. Ansonsten geht die Befreiungswirkung verloren.[4]

10   Fraglich ist, ob auch ein **übergeordneter IFRS-Konzernabschluss** befreiende Wirkung entfalten kann, wenn zwischen dem übergeordneten Unternehmen und dem Unternehmen, das die befreiende Wirkung gem. § 291

---

[3] *Busse von Colbe/Ordelheide/Gebhardt/Pellens* Konzernabschlüsse S. 77; BeBiKo/*Grottel/Kreher* Rn. 15.
[4] WP-HdB Kap. G Rn. 122.

in Anspruch nehmen möchte, zwar gemäß der IFRS-Regeln ein Mutter-Tochter-Verhältnis besteht, allerdings kein Mutter-Tochter-Verhältnis nach § 290 vorliegt. Ausgehend vom Wortlaut des § 291 Abs. 1 S. 1 müsste in diesem Fall die befreiende Wirkung versagt werden, da ein Mutter-Tochter-Verhältnis iSd § 290 verlangt wird. Ausgehend vom Sinn und Zweck des Gesetzes wird eine Befreiungswirkung bejaht, da auf Grund der Einbeziehung in den IFRS-Konzernabschluss kein Informationsverlust zu befürchten ist.[5]

b) Anzuwendendes Recht. Maßgeblich für den Inhalt des befreienden **11** Konzernabschlusses ist das **Recht des Landes, in dem das Mutterunternehmen, das den befreienden Konzernabschluss und Konzernlagebericht aufstellt, seinen Sitz hat.** Wenn das Mutterunternehmen seinen Sitz im Inland hat, ist der befreiende Konzernabschluss nach den handelsrechtlichen Vorschriften aufzustellen. Sofern das den befreienden Konzernabschluss aufstellende Mutterunternehmen seinen Sitz innerhalb der EU hat, wird der Konzernabschluss nach den jeweiligen landesrechtlichen Vorschriften aufgestellt. Wenn das Mutterunternehmen seinen Sitz in einem anderen Vertragsstaat des EWR hat, der nicht Mitgliedstaat der EU ist, ist im Einzelfall festzustellen, ob das Recht im Einklang mit der Richtlinie 2013/34/EU steht. Unabhängig vom Sitzland kann ein Konzernabschluss befreiend wirken, wenn er nach den in § 315e bezeichneten internationalen Rechnungslegungsstandards aufgestellt wird. Allerdings sind von Mutterunternehmen mit Sitz im Inland die über die Anforderungen der internationalen Rechnungslegungsstandards hinausgehenden, in § 315e Abs. 1 genannten handelsrechtlichen Vorschriften zu beachten.[6] In jedem Fall, auch wenn die internationalen Rechnungslegungsstandards angewandt werden, ist ein im Einklang mit der Richtlinie 2013/34/EU stehender Konzernlagebericht aufzustellen. [7]

Falls der befreiende Konzernabschluss nach **PublG** aufgestellt wird, muss **12** auf die Erleichterungen bei der Aufstellung des Konzernabschluss gem. § 13 Abs. 3 PublG verzichten, es sein denn, das zu befreiende Mutterunternehmen könnte für seinen Konzernabschluss selbst diese Erleichterungen in Anspruch nehmen.[8]

c) Prüfung des befreienden Konzernabschlusses und Konzernlage- 13 berichts. Ein Konzernabschluss ist gem. § 291 Abs. 2 Nr. 2 nur dann befreiend, wenn er im Einklang mit der Richtlinie 2006/43/EU geprüft wird. Ein Konzernabschluss eines Mutterunternehmens mit Sitz im Inland ist demnach nach §§ 316 ff. zu prüfen.

Wenn die Prüfung des befreienden Konzernabschlusses mit der **Einschrän- 14 kung oder Versagung des Testats** des Abschlussprüfers endet, kommt trotzdem grundsätzlich die Befreiung zur Wirkung, außer wenn gegen die Voraussetzungen des § 291 verstoßen wird. Dies lässt sich insbesondere daraus schließen, dass eine Offenlegung des befreienden Konzernabschlusses einschließlich des Bestätigungsvermerks oder eines Versagungsvermerks gefordert wird.[9]

---

[5] BeBiKo/ *Grottel/Kreher* Rn. 18.
[6] WP-HdB Kap. G Rn. 125 ff.
[7] WP-HdB Kap. G Rn. 129.
[8] WP-HdB Kap. G Rn. 131.
[9] HdBKo/ *Siebourg* Rn. 30 f.

15 **3. Offenlegungspflichten.** Der Gesetzgeber knüpft bei der Regelung der Offenlegungspflichten an das für den **(befreiten) (Teil-)Konzernabschluss geltende Recht** an. Damit ermöglicht er, dass den Interessenten des unterlassenen (Teil-)Konzernabschlusses eine Informationsquelle zur Verfügung gestellt wird. Der befreiende Konzernabschluss und Konzernlagebericht sind daher einschließlich des Bestätigungsvermerks oder des Vermerks über seine Einschränkung oder Versagung nach den maßgeblichen Vorschriften der befreiten (Teil-)Konzernmutter offenzulegen.

16 Dabei kann es praktisch zu Schwierigkeiten führen, dass **die für den Teilkonzern maßgeblichen Termine** einzuhalten sind.[10]

17 Der Abschluss ist in die deutsche **Sprache** zu übersetzen. Die Umrechnung der Währungseinheiten in Euro ist nicht vorgesehen. Der deutsche Gesetzgeber hat auf die Option verzichtet, dass eine beglaubigte Übersetzung des ausländischen befreienden Abschlusses vorzulegen ist.[11]

18 Der **Jahresabschluss des von der (Teil-)Konzernabschlusspflicht befreiten Mutterunternehmens** hat zu enthalten:

– Name und Sitz des Mutterunternehmens, das den befreienden Konzernabschluss und Konzernlagebericht aufstellt, und

– einen Hinweis auf die Befreiung von der Verpflichtung, einen Konzernabschluss und einen Konzernlagebericht aufzustellen.

– Erläuterung der im befreienden Konzernabschluss vom deutschen Recht abweichend angewandten Bilanzierungs-, Bewertungs- und Konsolidierungsmethoden.

19 **4. Minderheitenrechte.** Gesellschafter, denen mindestens 10 vom Hundert (bei AG und KGaA) bzw. 20 vom Hundert (GmbH) der Anteile an dem zu befreienden Mutterunternehmen gehören, können bis spätestens sechs Monate vor dem Ablauf des Konzerngeschäftsjahres die Aufstellung eines Konzernabschlusses und Konzernlageberichts auf Antrag verlangen (Abs. 3 Nr. 2).

20 Ein bestimmtes Verfahren für die Antragstellung ist nicht vorgesehen. Die Minderheitsanteilseigner müssen lediglich in geeigneter Weise ihren Willen den gesetzlichen Vertretern der Gesellschaft zur Kenntnis bringen. Die 10%- bzw. 20%-Grenze muss nicht in einem einzelnen Antrag überschritten werden, sondern die Anteilseigner können ihren Willen getrennt zur Kenntnis geben. Die Addition der Anträge ist entscheidend. Der Antrag ist jährlich zu stellen. Dadurch soll vermieden werden, dass Teilkonzernabschlüsse auf Grund zurückliegender Anträge von Minderheitsanteilseignern aufgestellt werden, obwohl kein Interesse mehr an ihnen besteht.[12]

21 Auch KapCoGes sind zur Aufstellung eines Konzernabschlusses verpflichtet (§ 264a). Für einen ausreichenden Minderheitenschutz erscheint es ausreichend, wenn die Vorschriften des § 291 Abs. 3 Nr. 2 sinngemäß angewendet werden. Demnach wäre bei einer AG/KGaA & Co. KG eine Anteilsquote von 10% und bei einer GmbH & Co. KG eine Quote von 20% ausreichend, sofern nicht andere Vereinbarungen im Gesellschaftervertrag getroffen wurden.[13]

---

[10] HdBKo/*Siebourg* Rn. 28 f.; WP-HdB Kap. G Rn. 132.

[11] BeBiKo/*Grottel*/*Kreher* Rn. 10.

[12] *ADS* Rn. 47.

[13] BeBiKo/*Grottel*/*Kreher* Rn. 36.

III. Folgen der Nichtbeachtung

Liegen die Voraussetzungen für eine Befreiung gem. § 291 nicht vor, so **22** greift weiterhin die Aufstellungspflicht des § 290. Eine Verletzung des § 291 stellt damit gleichzeitig eine Verletzung des § 290 dar (zu den Rechtsfolgen → § 290 Rn. 47).

§ 292 Befreiende Wirkung von Konzernabschlüssen aus Drittstaaten

(1) Ein Mutterunternehmen, das zugleich Tochterunternehmen eines Mutterunternehmens mit Sitz in einem Staat, der nicht Mitglied der Europäischen Union und auch nicht Vertragsstaat des Abkommens über den Europäischen Wirtschaftsraum ist, braucht einen Konzernabschluss und einen Konzernlagebericht nicht aufzustellen, wenn dieses andere Mutterunternehmen einen dem § 291 Absatz 2 Nummer 1 entsprechenden Konzernabschluss (befreiender Konzernabschluss) und Konzernlagebericht (befreiender Konzernlagebericht) aufstellt sowie außerdem alle folgenden Voraussetzungen erfüllt sind:

1. **der befreiende Konzernabschluss wird wie folgt aufgestellt:**

   a) **nach Maßgabe des Rechts eines Mitgliedstaats der Europäischen Union oder eines anderen Vertragsstaats des Abkommens über den Europäischen Wirtschaftsraum im Einklang mit der Richtlinie 2013/34/EU,**

   b) **im Einklang mit den in § 315e Absatz 1 bezeichneten internationalen Rechnungslegungsstandards,**

   c) **derart, dass er einem nach den in Buchstabe a bezeichneten Vorgaben erstellten Konzernabschluss gleichwertig ist, oder**

   d) **derart, dass er internationalen Rechnungslegungsstandards entspricht, die gemäß der Verordnung (EG) Nr. 1569/2007 der Kommission vom 21. Dezember 2007 über die Einrichtung eines Mechanismus zur Festlegung der Gleichwertigkeit der von Drittstaatemittenten angewandten Rechnungslegungsgrundsätze gemäß den Richtlinien 2003/71/EG und 2004/109/EG des Europäischen Parlaments und des Rates (ABl. L 340 vom 22.12.2007, S. 66), die durch die Delegierte Verordnung (EU) Nr. 310/2012 (ABl. L 103 vom 13.4.2012, S. 11) geändert worden ist, in ihrer jeweils geltenden Fassung festgelegt wurden;**

2. **der befreiende Konzernlagebericht wird nach Maßgabe der in Nummer 1 Buchstabe a genannten Vorgaben aufgestellt oder ist einem nach diesen Vorgaben aufgestellten Konzernlagebericht gleichwertig;**

3. **der befreiende Konzernabschluss ist von einem oder mehreren Abschlussprüfern oder einer oder mehreren Prüfungsgesellschaften geprüft worden, die auf Grund der einzelstaatlichen Rechtsvorschriften, denen das Unternehmen unterliegt, das diesen Abschluss aufgestellt hat, zur Prüfung von Jahresabschlüssen zugelassen sind;**

4. **der befreiende Konzernabschluss, der befreiende Konzernlagebericht und der Bestätigungsvermerk sind nach den für den entfallenden Konzernabschluss und Konzernlagebericht maßgeblichen Vorschriften in deutscher Sprache offengelegt worden.**

(2) ¹Die befreiende Wirkung tritt nur ein, wenn im Anhang des Jahresabschlusses des zu befreienden Unternehmens die in § 291 Absatz 2

Satz 1 Nummer 4 genannten Angaben gemacht werden und zusätzlich angegeben wird, nach welchen der in Absatz 1 Nummer 1 genannten Vorgaben sowie gegebenenfalls nach dem Recht welchen Staates der befreiende Konzernabschluss und der befreiende Konzernlagebericht aufgestellt worden sind. [2]Im Übrigen ist § 291 Absatz 2 Satz 2 und Absatz 3 entsprechend anzuwenden.

(3) [1]Ist ein nach Absatz 1 zugelassener Konzernabschluß nicht von einem in Übereinstimmung mit den Vorschriften der Richtlinie 2006/43/EG zugelassenen Abschlußprüfer geprüft worden, so kommt ihm befreiende Wirkung nur zu, wenn der Abschlußprüfer eine den Anforderungen dieser Richtlinie gleichwertige Befähigung hat und der Konzernabschluß in einer den Anforderungen des Dritten Unterabschnitts entsprechenden Weise geprüft worden ist. [2]Nicht in Übereinstimmung mit den Vorschriften der Richtlinie 2006/43/EG zugelassene Abschlussprüfer von Unternehmen mit Sitz in einem Drittstaat im Sinn des § 3 Abs. 1 Satz 1 der Wirtschaftsprüferordnung, deren Wertpapiere im Sinn des § 2 Absatz 1 des Wertpapierhandelsgesetzes an einer inländischen Börse zum Handel am regulierten Markt zugelassen sind, haben nur dann eine den Anforderungen der Richtlinie gleichwertige Befähigung, wenn sie bei der Wirtschaftsprüferkammer gemäß § 134 Abs. 1 der Wirtschaftsprüferordnung eingetragen sind oder die Gleichwertigkeit gemäß § 134 Abs. 4 der Wirtschaftsprüferordnung anerkannt ist. [3]Satz 2 ist nicht anzuwenden, soweit ausschließlich Schuldtitel im Sinne des § 2 Absatz 1 Nummer 3 des Wertpapierhandelsgesetzes

1. mit einer Mindeststückelung zu je 100 000 Euro oder einem entsprechenden Betrag anderer Währung an einer inländischen Behörde zum Handel am regulierten Markt zugelassen sind oder
2. mit einer Mindeststückelung zu je 50 000 Euro oder einem entsprechenden Betrag anderer Währung an einer inländischen Börse zum Handel am regulierten Markt zugelassen sind und diese Schuldtitel vor dem 31. Dezember 2010 begeben worden sind.

[4]Im Falle des Satzes 2 ist mit dem Bestätigungsvermerk nach Absatz 1 Nummer 4 auch eine Bescheinigung der Wirtschaftsprüferkammer gemäß § 134 Absatz 2a der Wirtschaftsprüferordnung über die Eintragung des Abschlussprüfers oder eine Bestätigung der Wirtschaftsprüferkammer gemäß § 134 Absatz 4 Satz 8 der Wirtschaftsprüferordnung über die Befreiung von der Eintragungsverpflichtung offenzulegen.

Schrifttum: (ohne die Einzelbeiträge in den verschiedenen Handbüchern der Rechnungslegung, vgl. im Übrigen die Angaben zu § 291 HGB); *Erchinger/Melcher,* Neuregelung der SEC zu IFRS-Abschlüssen von Foreign Private Issuers, DB 2007, 2635; *Kommission der Europäischen Gemeinschaft,* Stellungnahme zur Gleichwertigkeit von Abschlüssen von Unternehmen aus Drittländern, Brüssel, 15.3.1991, XV/109/90 – DE; Verordnung (EG) Nr. 1289/2008 der Kommission vom 12.12.2008 zur Änderung der Verordnung (EG) Nr. 809/2004 zur Umsetzung der Richtlinie 2003/71/EG des Europäischen Parlaments und des Rates im Hinblick auf bestimmte Angaben für den Prospekt und auf Werbung

I. Allgemeine Grundsätze

1   **1. Überblick.** Für Mutterunternehmen mit Sitz außerhalb der EU und des EWR enthält § 292 die Voraussetzung dafür, dass der Konzernabschluss und der Konzernlagebericht ein nachgeordnetes Mutterunternehmen von

der Pflicht zur Aufstellung eines Konzernabschlusses und eines Konzernlageberichtes befreien kann.

Grundsätzlich kann der Konzernabschluss und der Konzernlagebericht 2 eines Mutterunternehmens mit Sitz außerhalb der EU und des EWR befreiend wirken, wenn er entsprechend § 291 Abs. 2 Nr. 1 aufgestellt ist. § 292 enthält Vorschriften hinsichtlich der angewendeten Rechnungslegungsgrundsätze sowie der Grundsätze der Aufstellung des Konzernlagebericht, der Prüfung und der Qualifikation des Abschlussprüfers, der Offenlegung und zu Angaben im Anhang des Jahresabschlusses des befreiten Mutterunternehmens.

2. Voraussetzungen. Die Befreiungsverordnung gilt für **deutsche Teil-** 3 **konzerne** unabhängig davon, ob sie nach HGB oder nach PublG (§ 13 Abs. 4 PublG) zur Aufstellung von (Teil-)Konzernabschlüssen und (Teil-)Konzernlageberichten verpflichtet sind. Mit dem Ziel der Gleichbehandlung sind die Voraussetzungen für die Befreiung in § 292 im Prinzip denen des § 291 gleich.

Die **Voraussetzungen** im Einzelnen: 4

– Ein Mutterunternehmen mit Sitz in einem Staat außerhalb der EU und des EWR existiert (§ 292).

– Das zu befreiende Mutterunternehmen und seine Tochterunternehmen werden unbeschadet des § 296 in den befreienden Konzernabschluss einbezogen (§ 292 Abs. 1).

– Der befreiende Konzernabschluss nach Maßgabe des Rechts eines Mitgliedstaates der EU oder eines anderen Vertragslandes des EWR im Einklang mit der Richtlinie 2013/34/EU aufgestellt wurde oder im Einklang mit den in § 315e bezeichneten internationalen Rechnungslegungsregeln oder der Art, dass er einem nach Maßgabe des Rechts eines Mitgliedstaates der EU oder eines anderen Vertragslandes des EWR im Einklang mit der Richtlinie 2013/34/EU aufgestellten Abschluss gleichwertig ist oder derart, dass er internationalen Rechnungslegungsstandards entspricht, die als Gleichwertig anerkannt wurden (§ 292 Abs. 1 Nr. 1).

– Der befreiende Konzernabschluss wird nach Maßgabe des Rechts eines Mitgliedstaates der EU oder eines anderen Vertragslandes des EWR im Einklang mit der Richtlinie 2013/34/EU aufgestellt oder ist einem nach diesen Vorgaben aufgestellten Konzernlagebericht gleichwertig (§ 292 Abs. 1 Nr. 2).

– Der befreiende Konzernabschluss wurde von einem Abschlussprüfer geprüft, der nach den Anforderungen des Sitzlandes des den Abschluss aufstellenden Mutterunternehmens zugelassen ist (§ 292 Abs. 1 Nr. 3). Die in Abs. 3 genannten Besonderheiten sind zu beachten.

– Der befreiende Konzernabschluss, Konzernlagebericht und der Bestätigungsvermerk sind in deutscher Sprache nach den Offenlegungspflichten des (Teil-)Konzernabschlusses und des (Teil-)Konzernlageberichts offengelegt worden (§ 292 Abs. 1 Nr. 4).

– Der Einzelabschluss des befreiten Mutterunternehmens des Teilkonzerns weist die in § 291 Abs. 2 S. 1 Nr. 4 geforderten Angaben auf, sowie die Angabe, nach welchen Rechnungslegungsgrundsätzen bzw. welchem Recht der Konzernlagebericht aufgestellt wurde (§ 292 Abs. 2).

– Die Minderheitsgesellschafter verzichten auf die ihnen zustehenden Rechte und es handelt sich bei der zu befreienden Gesellschaft um kein kapitalmarktorientiertes Unternehmen iSd § 2 Abs. 11 WpHG (§ 292 Abs. 2 S. 2).

5　Wegen der im Wesentlichen gleichen Regelungen der §§ 291 und 292 wird im Folgenden nur auf Besonderheiten für Mutterunternehmen mit Sitz außerhalb der EU hingewiesen, ansonsten gilt die entsprechende Kommentierung des § 291.

6　In Abs. 1 ist eingeräumt, dass die Anerkennung befreiender Konzernabschlüsse davon abhängig gemacht werden kann, dass die nach HGB aufgestellten Konzernabschlüsse im Sitzland der außereuropäischen höherrangigen Mutter als **gleichwertig** anerkannt werden. Die Gegenseitigkeit wurde in die KonBefrV nicht aufgenommen, da mit den wichtigsten Ländern außerhalb der EU und der EWR noch keine Einigkeit über die gegenseitige Anerkennung der Konzernabschlüsse erzielt werden konnte. Seit dem 15.11.2007 erkennt die US-amerikanische Börsenaufsichtsbehörde (SEC) einen nach den International Financial Reporting Standards (IFRS) aufgestellten Jahresabschluss als gleichwertig zu einem nach US-GAAP aufgestellten Abschluss an.[1]

II. Anforderungen an den befreienden Konzernabschluss und Konzernlagebericht

7　**1. Mutter-Tochter-Verhältnis.** § 292 verweist auf § 291 Abs. 2 Nr. 1. Der Konzernabschluss und -lagebericht des oberen Mutterunternehmens mit Sitz außerhalb der EU und des EWR kann daher nur dann befreiend sein, wenn zwischen dem Mutterunternehmen und dem zu befreienden konzernabschlusspflichtigen Tochterunternehmen ein Mutter-Tochter-Verhältnis nach § 290 besteht.[2]

8　**2. Bestandteile der befreienden Konzernrechnungslegung.** Die Konzernrechnungslegung einer außereuropäischen höherrangigen Mutter kann nur dann befreiende Wirkung haben, wenn sie zumindest aus einem Konzernabschluss und einem Konzernlagebericht besteht.

9　**3. Anzuwendendes Recht.** Der befreiende Konzernabschluss kann entweder nach Maßgabe des Rechts eines Mitgliedstaates der EU oder des EWR aufgestellt werden, das im Einklang mit der Richtlinie 2013/34/EU ist oder im Einklang mit den in § 315e bezeichneten internationalen Rechnungslegungsregeln. Befreiend kann auch ein Konzernabschluss und -lagebericht sein, der einem nach solchem Recht aufgestellten Konzernabschluss und -lagebericht gleichwertig ist.

10　Hinsichtlich des Rechts eines Mitgliedstaates, das der Aufstellung des Konzernabschlusses und -lageberichts zu Grunde gelegt wird oder anhand dessen die Gleichwertigkeit beurteilt wird, hat das obere Mutterunternehmen faktisch ein Wahlrecht, das stetig auszuüben ist.[3] Bei der Prüfung der Gleichwertigkeit ist insbesondere festzustellen, ob wesentliche Elemente von den Regelungen der Richtlinie 2013/34/EU unabhängig von der Ausübung der in der Richtlinie eingeräumten Mitgliedstaatenwahlrechte abweichen. Gleichwertigkeit ist möglicherweise auch durch geeignete Angaben im Anhang herzustellen. Wel-

---

[1] *Erchinger/Melcher* DB 2007, 2635.
[2] BeBiKo/*Grottel/Kreher* Rn. 7.
[3] BeBiKo/*Grottel/Kreher* Rn. 22.

che Abweichung von den handelsrechtlichen Vorschriften, nach denen der zu befreiende Konzernabschluss und -lagebericht aufzustellen wäre, der Gleichwertigkeit entgegensteht, lässt sich nur im Einzelbild und durch Gesamtwürdigung des Abschlusses und des Lageberichts beurteilen. [4]

Befreiend kann auch ein Konzernabschluss und -lagebericht sein, der nach **11** nationalen Rechnungslegungsstandards in Ländern außerhalb der EU/des EWR aufgestellte Konzernabschlüsse wurde, wenn er gleichwertig zu einem nach internationalen Rechnungslegungsstandards aufgestellten Konzernabschluss ist. Konzernabschlüsse können für Zwecke von Wertpapieremissionen im Hinblick auf die Anforderungen für historische Finanzinformationen als gleichwertig anerkannt werden. In der EU wurde ein Mechanismus zur Festlegung der Gleichwertigkeit etabliert (Verordnung EG 1569/2007). Im Rahmen dieser Verordnung wurden bisher die IFRS, wie sie vom IASB verabschiedet wurden, die Rechnungslegungsstandards der Vereinigen Staaten und Japans (Verordnung EG 961/2008) sowie Chinas, Kanadas und Südkoreas (Delegierte Verordnung EG 311/2012) als gleichwertig anerkannt. Diese Abschlüsse sind entsprechend nach Abs. 1 Nr. 1 Buchst. d als gleichwertig anzusehen.

Der befreiende Konzernlagebericht muss nach dem Recht des befreiten **12** Mutterunternehmens oder nach diesem gleichwertigen Regeln im Einklang mit der Richtlinie 2013/34/EU aufgestellt werden. [5]

4. Prüfung. Der befreiende Konzernabschluss unterliegt Abs. 1 Nr. 3 der **13** **Prüfungspflicht.** Im Rahmen des BilMoG[6] wurde der Lagebericht explizit aus dieser Vorschrift gestrichen, sodass nunmehr lediglich der Konzernabschluss der Prüfungspflicht unterliegt. [7] Der Abschlussprüfer muss auf Grund von einzelstaatlichen Regelungen zur Prüfung des Unternehmens, das den Abschluss aufstellt, zugelassen sein. Ist der Konzernabschluss nicht von einem Prüfer geprüft worden, der in Übereinstimmung mit den Vorschriften der Richtlinie 2006/43/EG zugelassen wurde, so tritt die befreiende Wirkung nur dann ein, wenn der Abschlussprüfer eine dieser Richtlinie gleichwertige Befähigung hat und der Konzernabschluss in einer den Anforderungen des Dritten Unterabschnitts des HGB entsprechenden Weise geprüft wurde. Abschlussprüfer, die Mitglied einer Berufsorganisation sind, deren Prüfungsgrundsätze oder nationale Vorschriften den Richtlinien der IFAC genügen, können im Allgemeinen als gleichwertig angesehen werden. [8]

Für befreiende Mutterunternehmen, deren Wertpapiere iSd § 2 Abs. 1 **14** WpHG an einer inländischen Börse zum Handel zugelassen sind, werden in Abs. 3 S. 2 weitere Anforderungen an die Abschlussprüfer gestellt. In diesen Fällen hat ein nicht in Übereinstimmung mit Richtlinie 2006/43/EG zugelassener Abschlussprüfer nur dann eine gleichwertige Befähigung, wenn eine Eintragung gem. § 134 Abs. 1 WPO bei der Wirtschaftsprüferkammer in Deutschland erfolgt ist oder die Gleichwertigkeit nach § 134 Abs. 4 WPO anerkannt wurde. Diese Anforderungen zur Gleichwertigkeit sind nicht anzuwenden, wenn ausschließlich Schuldtitel iSd § 2 Abs. 1 Nr. 3 WpHG zum Handel am regulierten Markt zugelassen sind, die die weiteren in § 292 Abs. 3 S. 3 genannten Voraussetzungen erfüllen.

---

[4] WP-HdB Kap. G Rn. 147.
[5] BeBiKo/*Grottel*/*Kreher* Rn. 26.
[6] Art. 13 Abs. 2 des Gesetzes v. 25.5.2009 (BGBl. 2009 I 1102).
[7] BeBiKo/*Grottel*/*Kreher* Rn. 28; Baetge/Kirsch/Thiele/*Kirsch*/*Berentzen* Rn. 64.
[8] WP-HdB Kap. G Rn. 150.

15 Die Einschränkung des Testats verhindert nicht zwangsläufig, dass die befreiende Wirkung eintritt (dazu → § 291 Rn. 15). Ein Versagungsvermerk reicht nach dem Wortlaut des Gesetzes dagegen bei Drittstaatenabschlüssen nicht aus. In der Literatur wird jedoch diskutiert, dass diese Ungleichbehandlung nicht gerechtfertigt sei. Eine Gleichstellung von Abschlüssen nach § 291 und § 292 würde jedoch die Änderung des insofern eindeutig unterschiedlich formulierten Gesetzes erfordern. [9]

16 **5. Offenlegung.** Der befreiende Konzernabschluss und Konzernlagebericht muss nach den Vorschriften, die für das befreite Tochterunternehmen gelten (§ 325 Abs. 3–5, § 328), in **deutscher Sprache** offengelegt werden. Eine beglaubigte Übersetzung und die Umrechnung in Euro sind nicht vorgeschrieben (→ § 291 Rn. 18).

17 Der befreiende Konzernabschluss und Konzernlagebericht muss vor Ablauf des **12. Monats ab Bilanzstichtag** des zu befreienden deutschen Mutterunternehmens im Bundesanzeiger bekannt gemacht werden (§ 325 Abs. 1 S. 1 und 2, Abs. 1 Buchst. a).

18 **6. Minderheitenschutz.** Der Schutz der Minderheiten ergibt sich gem. § 292 Abs. 2 S. 2 aus § 291 Abs. 3 (→ § 291 Rn. 19).

19 **7. Angaben im Anhang des zu befreienden Mutterunternehmens.** Gem. Abs. 2 tritt die befreiende Wirkung der Konzernrechnungslegung des außereuropäischen Mutterunternehmens nur ein, wenn im **Anhang des Jahresabschlusses der befreiten deutschen Tochter** folgende Angaben gemacht werden:

a) Name und Sitz des Mutterunternehmens, das den befreienden Konzernabschluss aufstellt, und

b) ein Hinweis auf die Befreiung von der Verpflichtung einen Konzernabschluss und einen Konzernlagebericht aufzustellen und

c) eine Erläuterung der im befreienden Konzernabschluss vom deutschen Recht abweichend angewandten Bilanzierungs-, Bewertungs- und Konsolidierungsmethoden;

d) Angabe, nach welchen der in Abs. 1 Nr. 1 genannten Vorgaben der befreiende Konzernabschluss und -lagebericht aufgestellt wurden.

§ 292a *(aufgehoben)*

§ 293 Größenabhängige Befreiungen

(1) [1]**Ein Mutterunternehmen ist von der Pflicht, einen Konzernabschluß und einen Konzernlagebericht aufzustellen, befreit, wenn**

1. **am Abschlußstichtag seines Jahresabschlusses und am vorhergehenden Abschlußstichtag mindestens zwei der drei nachstehenden Merkmale zutreffen:**

   a) **Die Bilanzsummen in den Bilanzen des Mutterunternehmens und der Tochterunternehmen, die in den Konzernabschluß einzubeziehen wären, übersteigen insgesamt nicht 24 000 000 Euro.**

---

[9] WP-HdB Kap. G Rn. 151.

b) Die Umsatzerlöse des Mutterunternehmens und der Tochterunternehmen, die in den Konzernabschluß einzubeziehen wären, übersteigen in den zwölf Monaten vor dem Abschlußstichtag insgesamt nicht 48 000 000 Euro.

c) Das Mutterunternehmen und die Tochterunternehmen, die in den Konzernabschluß einzubeziehen wären, haben in den zwölf Monaten vor dem Abschlußstichtag im Jahresdurchschnitt nicht mehr als 250 Arbeitnehmer beschäftigt;

oder

2. am Abschlußstichtag eines von ihm aufzustellenden Konzernabschlusses und am vorhergehenden Abschlußstichtag mindestens zwei der drei nachstehenden Merkmale zutreffen:

a) Die Bilanzsumme übersteigt nicht 20 000 000 Euro.

b) Die Umsatzerlöse in den zwölf Monaten vor dem Abschlußstichtag übersteigen nicht 40 000 000 Euro.

c) Das Mutterunternehmen und die in den Konzernabschluß einbezogenen Tochterunternehmen haben in den zwölf Monaten vor dem Abschlußstichtag im Jahresdurchschnitt nicht mehr als 250 Arbeitnehmer beschäftigt.

[2] Auf die Ermittlung der durchschnittlichen Zahl der Arbeitnehmer ist § 267 Abs. 5 anzuwenden.

(2) Auf die Ermittlung der Bilanzsumme ist § 267 Absatz 4a entsprechend anzuwenden.

(3) *(aufgehoben)*

(4) [1] Außer in den Fällen des Absatzes 1 ist ein Mutterunternehmen von der Pflicht zur Aufstellung des Konzernabschlusses und des Konzernlageberichts befreit, wenn die Voraussetzungen des Absatzes 1 nur am Abschlußstichtag oder nur am vorhergehenden Abschlußstichtag erfüllt sind und das Mutterunternehmen am vorhergehenden Abschlußstichtag von der Pflicht zur Aufstellung des Konzernabschlusses und des Konzernlageberichts befreit war. [2] § 267 Abs. 4 Satz 2 und 3 ist entsprechend anzuwenden.

(5) Die Absätze 1 und 4 sind nicht anzuwenden, wenn das Mutterunternehmen oder ein in dessen Konzernabschluss einbezogenes Tochterunternehmen am Abschlussstichtag kapitalmarktorientiert im Sinn des § 264d ist oder es den Vorschriften des Ersten oder Zweiten Unterabschnitts des Vierten Abschnitts unterworfen ist.

Übersicht

I. Allgemeine Grundsätze

1 **1. Überblick.** Anknüpfend an Größenmerkmale (Bilanzsumme, Umsatz, durchschnittliche Zahl der Arbeitnehmer) befreit der Gesetzgeber „kleine" Konzerne, die nicht kapitalmarktorientiert isd § 264d sind, von der Konzernrechnungslegungspflicht. Der deutsche Gesetzgeber hat die höchstmöglichen Schwellenwerte der Richtlinie 2013/34/EU in das HGB übernommen. Durch die Befreiungsregeln soll eine übermäßige Belastung kleiner Unternehmensgruppen, zu denen **keine börsennotierten Unternehmen, Kreditinstitute oder Versicherungsunternehmen als Tochterunternehmen** gehören, durch Konzernrechnungslegung vermieden werden.[1] Dahinter verbirgt sich die Vermutung, dass bei diesen Konzernen kein durch einen Konzernabschluss zu befriedigender Informationsbedarf besteht.

2 Die Vorschriften zur Konzernrechnungslegung sind in vollem Umfang auch auf Konzerne anzuwenden, deren Mutterunternehmen eine Kapitalgesellschaft & Co. isd § 264a ist.

3 Die größenabhängige Befreiung ist nicht für Kreditinstitute (§ 340i Abs. 1 S. 1) und Versicherungskonzerne (§ 341j Abs. 1 S. 2) übernommen worden, obwohl die branchenspezifischen Regelungen der §§ 340 ff. sich ansonsten weitgehend an die allgemeinen Konzernrechnungslegungsregeln der §§ 290 ff. anlehnen.

4 **2. Voraussetzungen. Kleine Konzerne** sind von der Pflicht, einen Konzernabschluss und einen Konzernlagebericht aufzustellen (Teil- oder Gesamtkonzern), nach § 293 mit der Ausnahme von Abs. 5 befreit. Die **Definition** kleiner Konzerne besteht aus einer **Größenkomponente** und einer **Zeitkomponente.**

5 Für kleine Konzerne gelten die folgenden Größenkriterien:[2]
– Die Bilanzsumme übersteigt 24 (20) Mio. Euro nicht.
– Die Umsatzerlöse übersteigen nicht 48 (38,50) Mio. Euro.
– Die durchschnittliche Anzahl der Arbeitnehmer ist nicht größer als 250.

6 Das Gesetz gibt jeweils zwei Werte für die Beurteilung der Grenze an, weil es dem Bilanzierenden freisteht, die **Brutto- oder die Nettomethode** zur Qualifizierung des „kleinen" Konzerns heranzuziehen. Bei der Bruttomethode wird von den addierten Größen der Einzelabschlüsse der einzubeziehenden Unternehmen, also den Summenbilanzen und Summenumsatzerlösen ausgegangen. Die Nettokriterien, die oben in Klammern angegeben sind, beziehen sich dagegen auf konsolidierte Zahlen.

7 Die Konzernabschluss- und Konzernlageberichtspflicht ist aufgehoben, wenn am Stichtag und am vorangehenden Stichtag zwei der drei genannten Kriterien nach der Netto- oder nach der Bruttomethode eingehalten werden. Es müssen nicht an beiden Stichtagen dieselben Kriterien sein. Die Netto- und die Bruttomethode gelten allerdings **alternativ.** Es darf nicht ein Wert nach der einen und der andere Wert nach der anderen Methode beurteilt werden. Das Wahlrecht der Methode kann von Jahr zu Jahr unterschiedlich ausgeübt werden.[3]

---

[1] BeBiKo/*Grottel*/*Kreher* Rn. 1.
[2] Jeweils angegeben für die Brutto- und (Nettomethode).
[3] Beck HdR/*Ebeling* C 200 Rn. 55; BeBiKo/*Grottel*/*Kreher* Rn. 12; WP-HdB Kap. M Rn. 132; *ADS* Rn. 11.

II. Größenabhängige Befreiungen

1. Stichtag und Konsolidierungskreis. Für beide Methoden ist der 8 Bilanzstichtag des Mutterunternehmens maßgeblich. Für die Bruttomethode ergibt sich dies direkt aus Abs. 1 Nr. 1. Nach dem Wortlaut des Abs. 1 Nr. 2 muss bei der Nettomethode der Abschlussstichtag des aufzustellenden Konzernabschlusses herangezogen werden. Dieser bestimmt sich nach § 299 Abs. 1 ebenfalls nach dem Abschlussstichtag des Mutterunternehmens.

Bei der Anwendung der Bruttomethode werden Zwischenabschlüsse 9 nicht verlangt. Wenn Zwischenabschlüsse aufgestellt werden, dürfen entweder konzerneinheitliche oder landesrechtliche Vorschriften angewandt werden.[4]

Die Bruttomethode ermöglicht es, ohne übermäßigen Aufwand zu ent- 10 scheiden, ob der Befreiungstatbestand gegeben ist. Die zugrunde liegenden Abschlüsse können entweder landesrechtliche Abschlüsse sein oder an konzerneinheitliche Bilanzierungsmethoden angepasste Handelsbilanzen II. Kommt die Befreiung nach der Bruttomethode nicht in Betracht, ist es trotzdem möglich, dass sie nach der Nettomethode gegeben ist.[5]

Die Abgrenzung des (potenziellen) **Konsolidierungskreises** ist für die 11 Bemessung der Größenkriterien von unmittelbarer Bedeutung. Der § 293 beinhaltet keine klaren Vorschriften dazu. Es ist davon auszugehen, dass die Abgrenzung der in die Beurteilung einzubeziehenden Unternehmen den § 294 bzw. § 296 genügen muss. Tochterunternehmen, für die ein Konsolidierungswahlrecht gilt, dürfen einbezogen werden, eine Einbeziehungspflicht besteht nicht.[6]

Bei **Veränderungen des Konsolidierungskreises** ist darauf zu achten, 12 dass die zeitraumbezogenen Kriterien Umsatzerlöse und Arbeitnehmer erst ab dem Zeitpunkt des Erwerbs relevant sind.[7]

2. Bilanzsumme. Die Ermittlung des Größenkriteriums Bilanzsumme 13 geschieht bei der **Bruttomethode** durch Addition der Bilanzsummen der Mutter- und Tochterunternehmen.

Für die **Nettomethode** ist eine Konzernbilanz aufzustellen. Alle erforder- 14 lichen Maßnahmen der Kapital- und Schuldenkonsolidierung sind durchzuführen. Ansatz- und Bewertungswahlrechte können frei ausgeübt werden.[8]

Es ist empfehlenswert, bei der Anwendung der Nettomethode zunächst zu 15 prüfen, ob sich die Befreiung bereits aus den Größenkriterien Umsatzerlöse und Arbeitnehmerzahl ergibt. Dann ist die Aufstellung einer Konzernbilanz im Befreiungsfall nicht notwendig.[9]

3. Umsatzerlöse. Bei Anwendung der **Bruttomethode** werden Innen- 16 und Außenumsatzerlöse von Mutter und Töchtern der letzten 12 Monate vor dem Abschlussstichtag addiert.

Wenn nach der **Nettomethode** vorgegangen wird, müssen die Innen- 17 umsätze festgestellt werden. Alle Umsatzerlöse, die auf Lieferungen und

---

[4] *ADS* Rn. 14.
[5] WP-HdB Kap. G Rn. 164.
[6] WP-HdB Kap. G Rn. 159.
[7] WP-HdB Kap. G Rn. 164 f.
[8] *ADS* Rn. 23.
[9] *Busse von Colbe/Ordelheide/Gebhardt/Pellens* Konzernabschlüsse S. 72.

Leistungen innerhalb des Konsolidierungskreises beruhen, sind von der Summe der Umsatzerlöse abzuziehen.[10]

18   **4. Zahl der Arbeitnehmer.** Die Zahl der durchschnittlich **in den letzten 12 Monaten vor dem Abschlussstichtag** beschäftigten Arbeitnehmer errechnet sich nach der im § 267 Abs. 5 kodifizierten Methode. Der Durchschnitt ergibt sich als vierter Teil der Summe der jeweils zu den Quartalsenden beschäftigten Arbeitnehmer. Naturgemäß unterscheiden sich die Brutto- und die Nettomethode nicht in der Ermittlung der Zahl der Arbeitnehmer.

19   Auch wenn ein Konzernrumpfgeschäftsjahr vorliegt, sind die zeitraumbezogenen Größenkriterien Umsatzerlöse und Zahl der Arbeitnehmer auf Grundlage der letzten 12 Monate zu bemessen.[11]

20   **5. Erleichterungen.** Um zu vermeiden, dass bei einmaligem Überschreiten der Größenkriterien ein Konzernabschluss und Konzernlagebericht aufgestellt werden muss, führt Abs. 4 ein zeitliches Kriterium für den Verlust des Befreiungsprivilegs ein. Wenn nur am Abschlussstichtag oder nur am vorherigen Abschlussstichtag die Größenkriterien erfüllt sind und das Mutterunternehmen am vorherigen Abschlussstichtag von der Aufstellung befreit war, ist es am Abschlussstichtag trotz Überschreitens der Größenkriterien befreit. Gem. § 293 Abs. 4 S. 2 iVm § 267 Abs. 4 S. 2 treten die Rechtsfolgen einer Über- bzw. Unterschreitung der Größenkriterien bei einer Umwandlung oder einer Neugründung bereits am ersten Abschlussstichtag ein. Gem. § 267 Abs. 4 S. 3 findet S. 2 keine Anwendung bei einer Umwandlung einer KapGes oder einer KapCoGes. Die Rechtsfolgen treten also bei diesen Rechtsträgern nicht bereits am ersten Abschlussstichtag ein.[12]

21   **6. Kapitalmarktorientierte Unternehmen.** Wenn das Mutterunternehmen oder ein in den Konzernabschluss einzubeziehendes Unternehmen am Abschlussstichtag ein kapitalmarktorientiertes Unternehmen iSd § 264d ist, dh einen organisierten Markt nach § 2 Abs. 11 WpHG durch von ihm ausgegebene Wertpapiere iSd § 2 Abs. 1 S. 1 WpHG in Anspruch nimmt oder die Zulassung an einem organisierten Markt beantragt wurde, sind die größenabhängigen Befreiungen nach § 293 Abs. 1–4 nicht anwendbar. Ein Konzernabschluss ist unabhängig von der Größe des Konzerns aufzustellen (vgl. Abs. 5). Das Gleiche gilt, wenn das Mutterunternehmen (§ 340i Abs. 1, § 341i Abs. 1) oder ein Tochterunternehmen Kreditinstitut oder Versicherung ist.

III. Folgen der Nichtbeachtung

22   Soweit § 293 Wahlrechte beinhaltet, kann eine Verletzung der Norm nicht vorliegen. Soweit § 293 Befreiungstatbestände beinhaltet, wird ein Verstoß nicht explizit sanktioniert. Wird die Befreiung gem. § 293 allerdings fälschlicherweise in Anspruch genommen, liegt darin eine Verletzung der Pflicht zur Aufstellung eines Konzernabschlusses gem. § 290. Die Verletzung des § 290 kann gem. § 335 Abs. 1, Abs. 1a ein Ordnungsgeld zur Folge haben.

---

[10] WP-HdB Kap. G Rn. 172.
[11] BeBiKo/*Grottel*/*Kreher* Rn. 25.
[12] BeBiKo/*Grottel*/*Kreher* Rn. 20–22.

Zweiter Titel. Konsolidierungskreis

§ 294 Einzubeziehende Unternehmen. Vorlage- und Auskunftspflichten

(1) In den Konzernabschluß sind das Mutterunternehmen und alle Tochterunternehmen ohne Rücksicht auf den Sitz und die Rechtsform der Tochterunternehmen einzubeziehen, sofern die Einbeziehung nicht nach § 296 unterbleibt.

(2) Hat sich die Zusammensetzung der in den Konzernabschluß einbezogenen Unternehmen im Laufe des Geschäftsjahrs wesentlich geändert, so sind in den Konzernabschluß Angaben aufzunehmen, die es ermöglichen, die aufeinanderfolgenden Konzernabschlüsse sinnvoll zu vergleichen.

(3) [1] Die Tochterunternehmen haben dem Mutterunternehmen ihre Jahresabschlüsse, Einzelabschlüsse nach § 325 Abs. 2a, Lageberichte, gesonderten nichtfinanziellen Berichte, Konzernabschlüsse, Konzernlageberichte, gesonderten nichtfinanziellen Konzernberichte und, wenn eine Abschlussprüfung stattgefunden hat, die Prüfungsberichte sowie, wenn ein Zwischenabschluß aufzustellen ist, einen auf den Stichtag des Konzernabschlusses aufgestellten Abschluß unverzüglich einzureichen. [2] Das Mutterunternehmen kann von jedem Tochterunternehmen alle Aufklärungen und Nachweise verlangen, welche die Aufstellung des Konzernabschlusses, des Konzernlageberichts und des gesonderten nichtfinanziellen Konzernberichts erfordert.

I. Allgemeine Grundsätze

In den §§ 294, 296 regelt der Gesetzgeber, welche Unternehmen zum **1** Konsolidierungskreis zu rechnen sind. Diese Unternehmen sind mit der Methode der Vollkonsolidierung in den Konzernabschluss aufzunehmen. Zwar erweitern die §§ 310 und 311 den Kreis der Unternehmen, die sich im Konzernabschluss wiederfinden, jedoch ist die **Existenz eines mittelbaren oder unmittelbaren Mutter-Tochter-Verhältnisses** die conditio sine qua non für die **Pflicht zur Aufstellung eines Konzernabschlusses** (§ 290). Ob ein Konzernabschluss auch aufzustellen ist, wenn zwar ein Mutter-Tochter-Verhältnis existiert, die Vollkonsolidierung nach § 296 jedoch unterbleibt, ist nicht eindeutig geregelt. Die § 310 Abs. 1 und § 311 Abs. 1 als lex specialis gegenüber § 290 setzen jedoch die Existenz eines Konzernabschlusses und somit zumindest ein voll zu konsolidierendes Tochterunternehmen voraus.[1]

Grundsätzlich gilt das **Vollständigkeitsgebot.** Alle Tochterunternehmen **2** sind nach § 294 in den Konzernabschluss einzubeziehen.[2]

§ 296 vervollständigt die Vorschriften über den Konsolidierungskreis, da er **3** **Einbeziehungswahlrechte** enthält. Die Wahlrechte in § 296 Abs. 1 Nr. 1–3 und Abs. 2 gelten für jedes einzelne Tochterunternehmen. Es muss in jedem Geschäftsjahr geprüft werden, ob die Voraussetzungen für die Inanspruchnahme der Wahlrechte weiterhin gegeben sind. Der Grundsatz der Stetigkeit, obwohl der Konsolidierungskreis vom Gesetzgeber nicht aus-

---

[1] *Küting/Weber,* Der Konzernabschluß, 13. Aufl. 2012, 161; BeBiKo/*Winkeljohann/Deubert* Rn. 5; *Busse von Colbe/Ordelheide/Gebhardt/Pellens* Konzernabschlüsse S. 83.
[2] Beck HdR/*Hartle* C 10 Rn. 71.

drücklich in das Stetigkeitsgebot einbezogen wurde, sollte im Interesse der Aussagefähigkeit des Konzernabschlusses auch auf die Ausübung der Konsolidierungswahlrechte angewandt werden.[3]

II. Einzubeziehende Unternehmen

4   **1. Vollständigkeitsgrundsatz.** Aus dem Vollständigkeitsgrundsatz des § 294 folgt einerseits das **Weltabschlussprinzip,** andererseits das **Verbot einer freiwilligen Vollkonsolidierung** von Nicht-Tochterunternehmen.

5   Zur Beurteilung, ob ein Tochterunternehmen vorliegt, ist auf den § 290 zurückzugreifen. Die Vollkonsolidierung darf unterlassen werden, wenn § 296 einschlägig ist.[4]

6   **2. Weltabschlussprinzip.** Mit dem Vollständigkeitsgrundsatz des § 294 wird das Weltabschlussprinzip kodifiziert. Damit wird die Aussagefähigkeit der Konzernabschlüsse, wenn **weltweite Unternehmensverflechtungen** vorliegen, sichergestellt. Die Beschränkung der Einbeziehungspflicht auf deutsche Tochterunternehmen würde es ermöglichen, die wirtschaftliche Lage des Konzerns durch entsprechende Transaktionen zwischen einbeziehungspflichtigen und anderen Konzernunternehmen zu verschleiern. Konzernabschlüsse gäben selbst ohne solche Transaktionen ein unvollständiges Bild des Konzerns wieder, insbesondere wenn der Anteil des Auslandsvermögens relativ hoch ist. Den Vorteilen des Weltabschlussprinzips steht hoher Aufwand für die notwendigen Maßnahmen, wie die Erstellung einer Handelsbilanz II für die Anpassung der Bilanzierungs- und Bewertungsmethoden der ausländischen Töchter an das Recht der inländischen Mutter und die Währungsumrechnung, gegenüber.[5]

III. Veränderung des Konsolidierungskreises

7   Der Konzernabschluss dient in erster Linie der Informationsfunktion. Dem wird mit der Vorschrift des § 294 Rechnung getragen. Die **Vergleichbarkeit mit dem Vorjahreskonzernabschluss** muss trotz wesentlicher Änderung des Konsolidierungskreises ermöglicht werden, entweder durch zusätzliche Angaben im Anhang oder durch die Anpassung der Vorjahreszahlen.

8   Die Vergleichbarkeit geht damit über die Vorschriften für den Einzelabschluss zur **formellen und materiellen Stetigkeit** hinaus. In einem Einzelunternehmen sind bei Vorgängen wie dem Kauf/Verkauf einer Beteiligung, der Stilllegung von Betriebsteilen uÄ entsprechend angepasste Vorjahreszahlen nicht anzugeben.[6]

9   Die Stellungnahme **IDW RS HFA 44** Abschnitt 3.2 Rn. 10, 11 führt zu wesentlichen Änderungen des Konsolidierungskreises Folgendes aus: „Änderungen des Konsolidierungskreises liegen dann vor, wenn sich die Zusammensetzung der in den Konzernabschluss einbezogenen Tochter- und/oder Gemeinschaftsunternehmen durch Zu- oder Abgänge gegenüber dem Vorjahresabschluss geändert hat. Dazu zählt auch der gebotene Wechsel von der Quoten- zur Vollkonsolidierung oder der Wechsel von diesen zur Equity-Bilanzierung. Dagegen stellen Zu- oder Abgänge im Bereich der assoziierten

---

[3] WP-HdB Kap. G Rn. 225.
[4] BeBiKo/*Winkeljohann/Deubert* Rn. 1.
[5] *ADS* Rn. 13.
[6] *Heymann* Rn. 8.

Unternehmen für sich allein keine Änderung des Konsolidierungskreises dar. Die vorstehenden Änderungen sind wesentlich, wenn sie die Vergleichbarkeit der aufeinanderfolgenden Konzernabschlüsse in Bezug auf die Vermögens-, Finanz- oder Ertragslage beeinträchtigen. Dies ist dann der Fall, wenn die Entwicklung, die ohne die Änderungen des Konsolidierungskreises zu verzeichnen war, nicht erkennbar ist." Die Stellungnahme beinhaltet alternative **Vorschläge für die Herstellung der Vergleichbarkeit** bei wesentlichen Änderungen des Konsolidierungskreises:

– Angaben über die Auswirkungen auf wichtige Postengruppen der Konzernbilanz und der Konzern-GuV,
– vollständige Darstellung des Vorjahres unter Zugrundelegung des neuen Konsolidierungskreises,
– vollständige Anpassung der aktuellen Beträge an den vorjährigen Konsolidierungskreis.

Bei der vollständigen Anpassung aller Zahlen, wie in Alternative zwei und **10** drei dargestellt, müssen die tatsächlichen Zahlen weiterhin angegeben werden. Empfohlen wird eine Drei-Spalten-Darstellung. Falls die Alternative eins gewählt wird, werden die zusätzlichen Angaben in den Anhang aufgenommen. Verbale Ausführungen reichen in der Regel nicht aus, wesentliche Punkte sind zu quantifizieren.[7] Bei der unterjährigen Änderung des Konsolidierungskreises, soweit kein Zwischenabschluss aufgestellt wurde, kann zum Zweck der Abgrenzung der Beträge (zB Umsätze) eine Schätzung vorgenommen werden. Für die Schätzung der auf den Konzern entfallenden Aufwendungen und Erträge kann von einem gleichmäßigen Geschäftsverlauf ausgegangen werden, sofern dies dem tatsächlichen Geschäftsverlauf nicht völlig widerspricht.[8]

IV. Vorlage- und Auskunftspflichten

1. Vorlagepflichten der Tochterunternehmen gegenüber dem Mut- 11 terunternehmen. Alle Tochterunternehmen sind nach Abs. 3 verpflichtet, bestimmte Unterlagen dem Mutterunternehmen vorzulegen. Diese vom Mutterunternehmen **einklagbare Pflicht** ist allen Tochterunternehmen auferlegt, auch wenn sie tatsächlich nicht in den Konzernabschluss einbezogen werden.

Der Umfang der Vorlagepflichten ist im Gesetz festgelegt auf: **12**
– Jahresabschlüsse, Einzelabschlüsse nach § 325 Abs. 2a und Lageberichte sowie gesonderte nichtfinanzielle Berichte,
– ggf. Konzernabschlüsse und Konzernlageberichte sowie gesonderte nichtfinanzielle Konzernberichte,
– ggf. Prüfungsberichte,
– ggf. Zwischenabschlüsse.

Die **Tochterunternehmen** sind vorrangig zur Vorlage derjenigen **Unter- 13 lagen** verpflichtet, zu deren Aufstellung sie **gesetzlich verpflichtet** sind. Das Mutterunternehmen kann jedoch **weitere Unterlagen** verlangen, wenn diese für die Erstellung des Konzernabschlusses erforderlich sind. Dazu gehören auch die Informationen, die erforderlich sind, um eine Handelsbilanz II aufzustellen.

---

[7] *IDW* RS HFA 44 Rn. 12 ff.
[8] *IDW* RS HFA 44 Rn. 24.

14   Die Vorlage von Konzernabschlüssen und -lageberichten und gesonderten nichtfinanziellen Konzernberichten, Prüfungsberichten und Zwischenabschlüssen ist für diejenigen Tochterunternehmen vorgeschrieben, die entsprechende Unterlagen auf Grund gesetzlicher Vorschriften erstellen müssen. Das Mutterunternehmen kann jedoch auch von Tochterunternehmen, die gesetzlich nicht zur Aufstellung eines Lageberichts oder eines gesonderten nichtfinanziellen Berichts verpflichtet sind, alle erforderlichen Informationen für den Konzernlagebericht oder den gesonderten nichtfinanziellen Konzernbericht nach Abs. 3 S. 2 verlangen.[9]

15   Die Tochterunternehmen sind zur **unverzüglichen Vorlage der Unterlagen** verpflichtet. Da der Konzernabschluss in den ersten fünf Monaten des folgenden Geschäftsjahres aufgestellt werden muss, ist eine genaue Terminplanung und -absprache zwischen Mutter- und Tochterunternehmen notwendig, damit die von den Tochterunternehmen einzureichenden Unterlagen rechtzeitig beim Mutterunternehmen vorliegen.[10]

16   Falls ein Tochterunternehmen **nach dem Stichtag aus dem Konzern ausscheidet,** kann die Durchsetzung der Vorlagepflichten für das Mutterunternehmen problematisch werden. Unzweifelhaft besteht eine Konsolidierungspflicht, wenn das Tochterunternehmen zum Stichtag zum Konzernverbund gehörte. Falls die für die Vollkonsolidierung notwendigen Informationen wegen des Ausscheidens des Tochterunternehmens nicht erhältlich sind, kommen § 296 Abs. 1 Nr. 1 bzw. 2 zur Anwendung.[11]

17   **2. Auskunftsrechte des Mutterunternehmens gegenüber den Tochterunternehmen.** Über die in Abs. 3 S. 1 kodifizierten Vorlagepflichten hat ein Mutterunternehmen nach Abs. 3 S. 2 **Auskunftsrechte** bezüglich aller für den Konzernabschluss und den Konzernlagebericht und den gesonderten nichtfinanziellen Konzernbericht notwendigen Informationen. Das Auskunftsrecht erstreckt sich tatsächlich auf alle direkt oder indirekt notwendigen Informationen. Es ist allerdings auch durch die Notwendigkeit für die Konzernberichterstattung begrenzt. Nicht notwendige Informationen können nicht verlangt werden.

18   In Ausnahmefällen kann die **Durchsetzung dieses Anspruchs gegenüber ausländischen Tochterunternehmen** problematisch werden, da eine in Deutschland zu erwirkende Verurteilung eines ausländischen Unternehmens zur Auskunftserteilung im Ausland nicht gültig ist.[12] Die Auskunftspflichten stehen möglicherweise im Widerspruch zu landesrechtlichen Vorschriften, die für das Tochterunternehmen gelten.[13]

V. Folgen der Nichtbeachtung

19   Eine Nichtbeachtung des § 294 Abs. 1 kann gem. § 334 Abs. 1 Nr. 2 Buchst. a bzw. § 20 Abs. 1 Nr. 2 Buchst. a PublG mit einer Geldbuße iHv bis zu 50.000 Euro bzw. im Fall von kapitalmarktorientierten Gesellschaften iSd § 264d mit den in § 334 Abs. 3 S. 2 und Abs. 3a genannten höheren Beträgen geahndet werden. Zur Durchsetzung der Vorlage- und Auskunftspflichten ist ein **Zwangsgeldverfahren** nach § 335 **nicht** möglich, die Ver-

---

[9] Baetge/Kirsch/Thiele/*v. Keitz* Rn. 55.
[10] *Heymann* Rn. 15 ff.
[11] BeBiKo/*Winkeljohann/Deubert* Rn. 26.
[12] HdBKo/*Sahner/Sauermann* Rn. 22.
[13] *ADS* Rn. 43.

letzung von § 294 Abs. 2 und 3 kann nicht mit einem Bußgeld geahndet werden. Eine Freiheitsstrafe bis zu fünf Jahren oder eine Geldstrafe ist dagegen vorgesehen, wenn die Mitglieder des vertretungsberechtigten Organs der Gesellschaft vorsätzlich eine falsche Darstellung der Verhältnisse des Konzerns geben oder ein Mutter- oder Tochterunternehmen falsche Aufklärungen oder Nachweise liefert (§ 331).

§ 295 *(aufgehoben)*

§ 296 Verzicht auf die Einbeziehung

(1) **Ein Tochterunternehmen braucht in den Konzernabschluß nicht einbezogen zu werden, wenn**

1. **erhebliche und andauernde Beschränkungen die Ausübung der Rechte des Mutterunternehmens in bezug auf das Vermögen oder die Geschäftsführung dieses Unternehmens nachhaltig beeinträchtigen,**
2. **die für die Aufstellung des Konzernabschlusses erforderlichen Angaben nicht ohne unverhältnismäßig hohe Kosten oder unangemessene Verzögerungen zu erhalten sind oder**
3. **die Anteile des Tochterunternehmens ausschließlich zum Zwecke ihrer Weiterveräußerung gehalten werden.**

(2) **¹Ein Tochterunternehmen braucht in den Konzernabschluß nicht einbezogen zu werden, wenn es für die Verpflichtung, ein den tatsächlichen Verhältnissen entsprechendes Bild der Vermögens-, Finanz- und Ertragslage des Konzerns zu vermitteln, von untergeordneter Bedeutung ist. ²Entsprechen mehrere Tochterunternehmen der Voraussetzung des Satzes 1, so sind diese Unternehmen in den Konzernabschluß einzubeziehen, wenn sie zusammen nicht von untergeordneter Bedeutung sind.**

(3) **Die Anwendung der Absätze 1 und 2 ist im Konzernanhang zu begründen.**

Schrifttum: (ohne die Einzelbeiträge in den verschiedenen Handbüchern der Rechnungslegung) *Heydemann/Koenen,* Die Abgrenzung des Konsolidierungskreises bei Kapitalgesellschaften in Theorie und Praxis, DB 1992, 2253.

Übersicht

I. Allgemeine Grundsätze

Das **Vollständigkeitsgebot** in Bezug auf die Einbeziehung der Tochter- 1
unternehmen in den Konzernabschluss wird durch einen Katalog von Ein-

beziehungswahlrechten im § 296 durchbrochen. Es soll den Unternehmen ermöglicht werden, diejenigen Konzernunternehmen, deren Einbeziehung zu einer **falschen Beurteilung der Lage des Konzerns** führt, aus dem Konsolidierungskreis auszuschließen.

2   Die Einbeziehungswahlrechte ermöglichen außerdem die Berücksichtigung von Grundsätzen des Konzernabschlusses, die in Einzelfällen dem Vollständigkeitsgebot entgegenstehen können, weil trotz der Existenz eines Mutter-Tochter-Verhältnisses auf Grund tatsächlicher Gegebenheiten **die Tochter außerhalb der Einheit Konzern** steht.

3   Des Weiteren wird den Grundsätzen der **Wesentlichkeit und der Wirtschaftlichkeit** der Rechnungslegung Bedeutung beigemessen.

4   Die Voraussetzungen für das Vorliegen eines Konsolidierungswahlrechtes sind **eng auszulegen.**[1] Die Nichteinbeziehung auf Grund § 296 ist im Konzernanhang zu begründen.

5   Die Voraussetzungen für die Anwendung der Konsolidierungswahlrechte sind zu jedem Stichtag **neu zu überprüfen.** Das Stetigkeitsgebot gem. § 297 Abs. 3 ist zu beachten.[2]

6   Der DSR regelt die Einbeziehungswahlrechte des § 296 im DRS 19 „Pflicht zur Konzernrechnungslegung und Abgrenzung des Konsolidierungskreises".

II. Einbeziehungswahlrechte

7   **1. Beeinträchtigung der Ausübung der Rechte des Mutterunternehmens.** Gem. Abs. 1 Nr. 1 braucht ein Tochterunternehmen nicht in den Konzernabschluss einbezogen zu werden, wenn die **Ausübung der Rechte des Mutterunternehmens** in Bezug auf das Vermögen oder die Geschäftsführung dieses Unternehmens durch erhebliche und andauernde Beschränkungen nachhaltig beeinträchtigt ist.

8   Das Wahlrecht, auf die Einbeziehung eines Tochterunternehmens aufgrund von erheblichen und andauernden Beschränkungen der Ausübung der Rechte des Mutterunternehmens zu verzichten, wird in DRS 19.81 enger formuliert und ein Verzicht auf die Einbeziehung empfohlen (DRS 19.81).

9   Das **Einbeziehungswahlrecht** des Abs. 1 Nr. 1 ist für Mutter-Tochter-Verhältnisse relevant, die sich aus **§ 290 Abs. 2 ergeben.** Für eine Zweckgesellschaft, bei der keine wesentlichen Entscheidungen mehr zu treffen sind (Autopilotmechanismus), darf allerdings das Wahlrecht aus § 296 Abs. 1 Nr. 1 nicht mit Hinweis darauf, dass es sich um einen Autopilotmechanismus handelt, in Anspruch genommen werden. Bei einem Autopilotmechanismus werden die Rechte auf Grund der Einrichtung des Autopilotmechanismus als ausgeübt angesehen (DRS 19.86). Relevant ist das Wahlrecht allerdings bei Zweckgesellschaften, wenn einer Partei, die Rechte nach § 290 Abs. 2 Nr. 1–3 innehat, nicht die Mehrheit der Risiken und Chancen zusteht (DRS 19.85h).

10   Die **Beschränkungen der Rechte des Mutterunternehmens** können sich auf das Vermögen oder auf die Geschäftsführung beziehen. Vermögensrechtliche Beschränkungen müssen zumindest den wesentlichen Teil des Ver-

---

[1] Baetge/Kirsch/Thiele/*v. Keitz/Ewelt* Rn. 6 f.
[2] BeBiKo/*Winkeljohann/Deubert* Rn. 3.

mögens umfassen. **Beschränkungen bezüglich einzelner Vermögensteile** begründen das Konsolidierungswahlrecht nicht.[3]

Das Mutterunternehmen ist Beschränkungen hinsichtlich der Geschäfts- **11**
führung unterworfen, wenn seine **Maßnahmen nachhaltig verhindert**
werden. Beschränkungen, die sich aus gesetzlichen Bestimmungen oder anderen Zwängen ergeben, die eine ganze Branche oder Region betreffen,
genügen nicht (zB Umweltschutzauflagen, kartellrechtliche Bestimmungen).[4]

Die Beschränkung der Rechte des Mutterunternehmens kann **rechtliche** **12**
oder tatsächliche Gründe haben. Bei jeder Art von vertraglichen oder
gesetzlichen Beschränkungen muss nachgewiesen werden, dass auch tatsächlich eine Einschränkung der Rechte vorliegt. Die freiwillige Nichtausübung
von Rechten kann die Inanspruchnahme des Wahlrechts zu Einbeziehung
eines Tochterunternehmens nicht begründen (DRS 19.82).

Grund für die Einschränkung der Rechte des Mutterunternehmens können **13**
staatliche Maßnahmen wie Produktionsbeschränkungen und Preisfestset-
zungen sein, die insbesondere bei ausländischen Tochterunternehmen vorkommen.[5] Solche Einschränkungen führen jedoch nur dann zum Wahlrecht
gem. § 296, wenn sich dadurch tatsächlich eine Beschränkung der Geschäftsführung ergibt.[6] Sofern die Konzernleitung die mögliche Geschäftspolitik des
ausländischen Unternehmens trotz vorliegender Beschränkungen sinnvoll in
die Konzernstrategie einfügen kann, kommt § 296 nicht zur Anwendung.[7]
Beispielsweise kann das Verbot der Besetzung von Organen mit Repräsentan-
ten des Mutterunternehmens zwar die personelle Verflechtung behindern, die
Ausübung der Rechte in Bezug auf das Vermögen und die Geschäftsführung
wird dadurch jedoch nicht unmöglich.[8]

Für die Beurteilung der vom Gesetz geforderten **Nachhaltigkeit** wird eine **14**
zukunftsorientierte Sichtweise herangezogen. Es reicht nicht aus, dass im
abgelaufenen Geschäftsjahr die Rechte zufällig oder vorübergehend beschränkt waren, sondern unter Würdigung aller Umstände darf in absehbarer
Zeit nicht damit gerechnet werden, dass die Beschränkung wegfällt (DRS
19.84).

2. Unverhältnismäßig hohe Kosten oder Verzögerungen. Wenn die **15**
für die Aufstellung des Konzernabschlusses erforderlichen Angaben nicht
ohne unverhältnismäßig hohe Kosten oder Verzögerungen zu erhalten sind,
kann von der Einbeziehung in den Konzernabschluss abgesehen werden
(Abs. 1 Nr. 2).

Die Vorschrift bringt den **Grundsatz der Wirtschaftlichkeit der Rech-** **16**
nungslegung zur Geltung.[9] Dieser fordert, dass zwischen den Kosten einer
Informationsrechnung und dem Nutzen der durch sie vermittelten Informationen ein angemessenes Verhältnis bestehen soll.[10]

Gemäß DRS 19.88 ist „im Regelfall [..] davon auszugehen, dass die für **17**
eine Vollkonsolidierung notwendigen Informationen aufgrund der Möglichkeit des beherrschenden Einflusses zeitgerecht und zu vertretbaren Kosten zu

---

[3] BeBiKo/*Winkeljohann/Deubert* Rn. 8.
[4] WP-HdB Kap. G Rn. 198.
[5] *Busse von Colbe/Ordelheide/Gebhardt/Pellens* Konzernabschlüsse S. 113.
[6] BeBiKo/*Winkeljohann/Deubert* Rn. 11.
[7] *v. Wysocki/Wohlgemuth/Brösel* Konzernrechnungslegung S. 53.
[8] HdBKo/*Sahner/Sauermann* Rn. 10.
[9] WP-HdB Kap. G Rn. 208.
[10] *Busse von Colbe/Ordelheide/Gebhardt/Pellens* Konzernabschlüsse S. 54.

beschaffen sind." Da die Konkretisierung des Begriffs „unverhältnismäßig" praktisch nicht möglich ist, muss auch für die in Abs. 1 Nr. 2 formulierte Ausnahme vom Vollständigkeitsgebot eine **sehr restriktive Inanspruchnahme** gefordert werden (DRS 19.88). Eine Anwendung ist zB denkbar, wenn der Zusammenbruch der Datenverarbeitung, ein Streik, Brand oder Verlust der Unterlagen unvorhersehbar die Konsolidierung verzögert. In der Literatur wird der Anwendungsfall der **Einbeziehung von Tochterunternehmen genannt, die gerade zum Konzernkreis hinzugekommen sind.**[11] Für die Einbeziehung im ersten Jahr wird man daher, wenn die Voraussetzungen erfüllt sind, ein Einbeziehungswahlrecht annehmen können. Spätestens am darauffolgenden Konzernstichtag sollte das Tochterunternehmen jedoch einbezogen werden.[12]

18 Eine **unverhältnismäßige Verzögerung** liegt dann nicht vor, wenn der Termin der Hauptversammlung, auf der der Konzernabschluss vorgelegt werden muss, innerhalb des gesetzlich zulässigen Zeitraums nach hinten verschoben werden muss (DRS 19.90).

19 **3. Weiterveräußerungsabsicht.** Ein Tochterunternehmen braucht dann nicht konsolidiert zu werden, wenn die Anteile ausschließlich zum **Zwecke der Weiterveräußerung gehalten** werden (Abs. 1 Nr. 3). Die beabsichtigte Veräußerung darf nicht innerhalb des Konzerns geschehen, da ansonsten eine Veräußerung aus Konzernsicht nicht vorliegt.[13]

20 Insbesondere bei **Finanzbeteiligungen,** die nicht durch Lieferungs-, Leistungs- oder andere Beziehungen in den Konzern integriert sind, muss das Wahlrecht **sehr restriktiv ausgelegt** werden. Es besteht ansonsten die Gefahr, dass gerade verlustbringende Finanzbeteiligungen nicht konsolidiert werden und das den tatsächlichen Verhältnissen entsprechende Bild der Vermögens-, Finanz- und Ertragslage dadurch eingeschränkt wird. Während also grundsätzlich nur gefordert wird, dass eine Weiterveräußerungsabsicht vorliegt, ohne dass bereits Vorverträge oder Ähnliches vorweisbar sein müssen, sollten bei Finanzbeteiligungen konkretere Nachweise vorgelegt werden können.[14]

21 Obwohl das Gesetz nicht fordert, dass die Beteiligung **zum Zweck der Weiterveräußerung erworben** wurde, wird man davon ausgehen können, dass Beteiligungen, die bereits in den Konzern integriert sind, zu keinem Zeitpunkt ausschließlich zur Weiterveräußerung gehalten werden. Für sie kommt daher die Nichteinbeziehung in den Konzern normalerweise nicht in Frage. Das Wahlrecht ist daher von Bedeutung, um die Stetigkeit des Konsolidierungskreises aufrechtzuerhalten, wenn **Beteiligungen nur vorübergehend im Konzern** gehalten werden. Es trägt dann zur Verbesserung der Darstellung der Vermögens-, Finanz- und Ertragslage des Konzerns bei.[15] Ein typischer Anwendungsfall ist der Erwerb einer Unternehmensgruppe unter wettbewerbsrechtlichen Auflagen, die die Weiterveräußerung von Teilen der Gruppe beinhalten.

22 Nach DRS 19.97 muss die Weiterveräußerungsabsicht bereits zum Zeitpunkt des Erwerbs der Anteile bestehen. Bereits eine kurzfristige Einflussnahme des Mutterunternehmens führt hierbei zu einer Nichtanwendbarkeit

---

[11] *Heydemann/Koenen* DB 1992, 2253 ff.
[12] *Busse von Colbe/Ordelheide/Gebhardt/Pellens* Konzernabschlüsse S. 114 f.
[13] *Busse von Colbe/Ordelheide/Gebhardt/Pellens* Konzernabschlüsse S. 116.
[14] *Busse von Colbe/Ordelheide/Gebhardt/Pellens* Konzernabschlüsse S. 117.
[15] *ADS* Rn. 28.

des § 296 Abs. 1 Nr. 3. Zwar kommt es ausschließlich auf den Willen des Bilanzierenden an, dennoch muss die Weiterveräußerungsabsicht nachweisbar sein. Insbesondere muss die Realisierbarkeit innerhalb eines angemessenen Zeitraums gegeben sein. Die Anteile werden im Umlaufvermögen ausgewiesen. Eine zunehmende Haltedauer spricht gegen die Veräußerungsabsicht (DRS 19.98 f.).

4. Untergeordnete Bedeutung. Wenn es für die Verpflichtung, ein den **23** tatsächlichen Verhältnissen entsprechendes Bild der Vermögens-, Finanz und Ertragslage des Konzerns zu vermitteln, von untergeordneter Bedeutung ist, kann von der Einbeziehung grundsätzlich konsolidierungspflichtiger Tochterunternehmen abgesehen werden (Abs. 2 S. 1). Entscheidend ist die Perspektive des Adressaten des Konzernabschlusses (DRS 19.102).

Die Frage, ob ein Unternehmen von untergeordneter Bedeutung ist, kann **24** weder durch eine starre Verhältniszahl noch durch die Ausrichtung an einer bestimmten Größe (zB Umsatz) beantwortet werden.[16] Sobald die Konsolidierung des Tochterunternehmens für die Darstellung eines der drei Aspekte – Vermögen, Finanzen, Ertrag – notwendig ist, kann es nicht auf Grund Abs. 2 S. 1 von der Vollkonsolidierung ausgeschlossen werden.[17] In die Analyse sind sowohl qualitative als auch quantitative Faktoren einzubeziehen (DRS 19.104). Wenn zweifelhaft ist, ob ein Unternehmen wesentlich ist, muss von der Einbeziehungspflicht ausgegangen werden.

Die Geringfügigkeit der Bedeutung ist nicht für jede Tochter einzeln zu **25** beurteilen; wenn die Nichteinbeziehung mehrerer Töchter nach Abs. 2 S. 1 in Frage kommt, müssen sie **in der Gesamtheit unbedeutend** sein.[18]

III. Begründungspflicht im Anhang

Für jedes der in § 296 aufgeführten **Einbeziehungswahlrechte** ist die **26** Inanspruchnahme **im Konzernanhang zu begründen** (Abs. 3). Die entsprechenden **Einzelabschlüsse sind nicht offenlegungspflichtig,** wenn sie nicht nach anderen Vorschriften offenzulegen sind.[19] Die bloße Bezugnahme auf die gesetzliche Vorschrift reicht nicht aus. Es ist anzugeben, welche konkreten Gründe die Inanspruchnahme des Wahlrechts rechtfertigen. Falls mehrere Tochterunternehmen vom gleichen Grund betroffen sind, können sie zusammengefasst werden. Auch wenn die Begründung zu Nachteilen für das Tochterunternehmen führen könnte, ist die Begründungspflicht nicht ausgeschlossen. Die Schutzklausel des § 313 Abs. 3 S. 1 gilt nicht (DRS 19.116).

IV. Bewertung nach der Equity-Methode

Obwohl dies im Gesetz nicht ausdrücklich festgestellt ist, kommt grund- **27** sätzlich die **Equity-Methode für die Bewertung von nicht konsolidierten Tochtergesellschaften** in Frage.[20]

---

[16] WP-HdB Kap. G Rn. 217.
[17] BeBiKo/*Winkeljohann/Deubert* Rn. 34.
[18] BeBiKo/*Winkeljohann/Deubert* Rn. 36.
[19] WP-HdB Kap. G Rn. 221.
[20] WP-HdB Kap. G Rn. 222.

28   Es ist in jedem Fall zu prüfen, ob die Voraussetzungen des § 311 vorliegen.
Die Nichtkonsolidierung begründet also weder eine Pflicht zur Equity-Bewertung noch schließt sie diese aus.

V. Folgen der Nichtbeachtung

29   Eine Verletzung des § 296 wird im Gesetz nicht explizit sanktioniert. Wird
ein Tochterunternehmen – gestützt auf § 296 – fälschlicherweise nicht einbezogen, so ist darin ein Verstoß gegen § 294 Abs. 1 zu sehen (→ § 294
Rn. 19). Daneben kommt im Einzelfall eine Verletzung des § 297 Abs. 2 in
Betracht (→ § 297 Rn. 56 ff.).

Dritter Titel. Inhalt und Form des Konzernabschlusses

§ 297 Inhalt

(1) ¹Der Konzernabschluss besteht aus der Konzernbilanz, der Kon-
zern-Gewinn- und Verlustrechnung, dem Konzernanhang, der Kapitalflussrechnung und dem Eigenkapitalspiegel. ²Er kann um eine Segmentberichterstattung erweitert werden.

(1a) ¹Im Konzernabschluss sind die Firma, der Sitz, das Registergericht
und die Nummer, unter der das Mutterunternehmen in das Handelsregister eingetragen ist, anzugeben. ²Befindet sich das Mutterunternehmen in Liquidation oder Abwicklung, ist auch diese Tatsache anzugeben.

(2) ¹Der Konzernabschluß ist klar und übersichtlich aufzustellen. ²Er
hat unter Beachtung der Grundsätze ordnungsmäßiger Buchführung ein
den tatsächlichen Verhältnissen entsprechendes Bild der Vermögens-,
Finanz- und Ertragslage des Konzerns zu vermitteln. ³Führen besondere
Umstände dazu, daß der Konzernabschluß ein den tatsächlichen Verhältnissen entsprechendes Bild im Sinne des Satzes 2 nicht vermittelt, so sind
im Konzernanhang zusätzliche Angaben zu machen. ⁴Die gesetzlichen
Vertreter eines Mutterunternehmens, das Inlandsemittent im Sinne des
§ 2 Absatz 14 des Wertpapierhandelsgesetzes und keine Kapitalgesellschaft im Sinne des § 327a ist, haben bei der Unterzeichnung schriftlich
zu versichern, dass nach bestem Wissen der Konzernabschluss ein den
tatsächlichen Verhältnissen entsprechendes Bild im Sinne des Satzes 2
vermittelt oder der Konzernanhang Angaben nach Satz 3 enthält.

(3) ¹Im Konzernabschluß ist die Vermögens-, Finanz- und Ertragslage
der einbezogenen Unternehmen so darzustellen, als ob diese Unternehmen insgesamt ein einziges Unternehmen wären. ²Die auf den vorhergehenden Konzernabschluß angewandten Konsolidierungsmethoden sind
beizubehalten. ³Abweichungen von Satz 2 sind in Ausnahmefällen zulässig. ⁴Sie sind im Konzernanhang anzugeben und zu begründen. ⁵Ihr
Einfluß auf die Vermögens-, Finanz- und Ertragslage des Konzerns ist
anzugeben.

Schrifttum: (ohne die Einzelbeiträge in den verschiedenen Handbüchern der
Rechnungslegung) Deutscher Rechnungslegungs Standard Nr. 3 Segmentberichterstattung bekannt gemacht 1999, zuletzt geändert 2016; Deutscher Rechnungslegungs
Standard Nr. 13 Grundsatz der Stetigkeit und Berichtigung von Fehlern bekannt
gemacht 2002, zuletzt geändert 2017; Deutscher Rechnungslegungs Standard Nr. 21
Kapitalflussrechnung bekannt gemacht 2014, zuletzt geändert 2017; Deutscher Rechnungslegungs Standard Nr. 22 Konzerneigenkapital bekannt gemacht 2016, zuletzt

geändert 2017; *Böcking/Benecke,* Der Entwurf des DRSC zur Segmentberichterstattung „E-DRS 3", WPg 1999, 839; *Busse von Colbe,* Eigenkapitalveränderungsrechnung nach dem E-DRS 7, BB 2000, 2405; *Dusemond,* Ausprägungen und Reichweite des Stetigkeitsgrundsatzes im Konzern, WPg 1994, 721; *Müller,* Die Nadel im Heuhaufen oder ein unvollständiges Bild – Wie umfangreich müssen der Antrag und der Lagebericht sein?, BC 2017, 394; *v. Wysocki,* DRS 2: Neue Regeln des Deutschen Rechnungslegungs Standards Committee zur Aufstellung von Kapitalflußrechnungen, DB 1999, 2373.

Übersicht

I. Allgemeine Grundsätze

Der Konzernabschluss besteht aus den Teilen **Konzernbilanz, Konzern-** 1 **Gewinn- und Verlustrechnung, Konzernanhang, Kapitalflussrechnung und dem Eigenkapitalspiegel** (Abs. 1 S. 1). Ferner kann der Konzernabschluss gem. Abs. 1 S. 2 um eine Segmentberichterstattung erweitert werden. Da sie laut Gesetz eine Einheit bilden, gelten alle Aufstellungs-, Prüfungs- und Offenlegungspflichten für die Bestandteile zugleich.

Obwohl das Gesetz in Abs. 3 verlangt, dass der Konzernabschluss ein den 2 tatsächlichen Verhältnissen entsprechendes Bild der Vermögens-, Finanz- und Ertragslage *(true and fair view)* wiedergibt, wurde ein **gesondertes Instrument** für die Darstellung der **Finanzlage** entgegen internationalen Standards erst durch das BilReG für alle Mutterunternehmen verpflichtend eingeführt. Erst im Rahmen des BilReG wurden die Kapitalflussrechnung und darüber hinaus der Eigenkapitalspiegel für alle Mutterunternehmen zu Pflichtbestand-

teilen erklärt und sind für alle nach dem 31.12.2004 beginnenden Geschäfts-
jahre in den Konzernabschluss aufzunehmen (Art. 58 Abs. 3 EGHGB).
Die Kapitalflussrechnung ist nach DRS 21, der Eigenkapitalspiegel nach
DRS 22 aufzustellen.

3   Der Jahresabschluss eines wirtschaftlich selbstständigen Unternehmens, das
nicht unter der einheitlichen Leitung eines Mutterunternehmens steht, hat
sowohl Zahlungsbemessungsfunktion (Anteilseigner, Fiskus) als auch Informationsfunktion. Der Konzernabschluss hat dagegen ausschließlich Informationsfunktion.[1] Insofern sind die Grundsätze der **Klarheit und Übersichtlichkeit** (Abs. 2) und das Gebot der **Stetigkeit** bei der Anwendung von
Konsolidierungsmethoden (Abs. 3 S. 2) von besonderer Bedeutung.[2]

4   Die Rechnungslegung für Konzerne ist vorgeschrieben für rechtlich selbstständige, jedoch wirtschaftlich zusammengeschlossene Unternehmen. Daraus
ergibt sich, dass eine Rechnungslegung für das Gesamtgebilde entweder mit
der Fiktion der wirtschaftlichen Selbstständigkeit der Konzernunternehmen
arbeiten kann (zB Abhängigkeitsbericht im faktischen Konzern nach § 311
AktG) oder mit der Fiktion der rechtlichen Einheit, die der Konzernrechnungslegung nach HGB zugrunde liegt (Abs. 3 S. 1).[3]

II. Bestandteile des Konzernabschlusses

5   Gem. Abs. 1 besteht der Konzernabschluss aus den fünf Pflichtbestand-
teilen Konzernbilanz, Konzern-Gewinn- und Verlustrechnung, Konzernanhang, Kapitalflussrechnung und Eigenkapitalspiegel, die gemeinsam **eine
Einheit** bilden. Der **Konzernanhang** ist ein gleichrangiges Informationsinstrument. In bestimmten Fällen ist es freigestellt, eine Information entweder
in der Konzernbilanz bzw. in der Konzern-Gewinn- und Verlustrechnung
oder im Anhang zu geben. Die Generalnorm wird so verstanden, dass der
**Konzernabschluss insgesamt ein den tatsächlichen Verhältnissen ent-
sprechendes Bild der Vermögens-, Finanz- und Ertragslage** herzustellen hat.[4]

6   Im Rahmen des BilReG wurde § 297 dahingehend modifiziert, dass eine
Kapitalflussrechnung und ein Eigenkapitalspiegel zu eigenständigen Pflicht-
bestandteilen für alle Mutterunternehmen erklärt wurden. Daneben steht es
dem jeweiligen Unternehmen frei, den Konzernabschluss um eine Segmentberichterstattung zu erweitern.

7   Sowohl das Instrument der Segmentberichterstattung als auch die Kapitalflussrechnung sind **Informationsinstrumente,** die der Gesetzgeber in
Anlehnung an angelsächsische und internationale Grundsätze der Berichterstattung übernommen hat. Der Gesetzgeber hat **keinerlei Vorgaben zur
Ausgestaltung** der Kapitalflussrechnung und der Segmentberichterstattung
gemacht. Der DRSC hat dazu den Deutschen Rechnungslegungsstandard
(DRS) Nr. 21 „Kapitalflussrechnung" verabschiedet, der Mutterunternehmen, die einen Konzernabschluss gem. § 290 HGB bzw. § 11 PublG
aufstellen, verpflichtet, bei der Erstellung der Kapitalflussrechnung die
Regelungen des DRS 21 anzuwenden. Unternehmen, die freiwillig eine

[1] *v. Wysocki / Wohlgemuth / Brösel* Konzernrechnungslegung S. 4.
[2] *Heymann* Rn. 13 und 24.
[3] *Busse von Colbe / Ordelheide / Gebhardt / Pellens* Konzernabschlüsse S. 24 ff.
[4] Beck HdR / *Hachmeister / Zeyer* C 600 Rn. 7.

Kapitalflussrechnung aufstellen, wird die Anwendung des DRS 21 empfohlen (DRS 21.7).

Das DRSC hat weiterhin den Deutschen Rechnungslegungsstandard Nr. 3 **8** (DRS 3) verabschiedet, der die inhaltliche Ausgestaltung der Segmentberichterstattung regelt. Dieser Standard ist für Konzernabschlüsse von Mutterunternehmen, die einen Konzernabschluss nach § 290 bzw. § 11 PublG aufstellen, verpflichtend anzuwenden.

Zur Konkretisierung des Eigenkapitalspiegels hat das DRSC den Deut- **9** schen Rechnungslegungsstandard Nr. 22 (DRS 22) verabschiedet, der nach DRS 22.3 für alle Mutterunternehmen gilt, die nach § 290 HGB zur Aufstellung eines Konzernabschlusses verpflichtet sind. Unternehmen, die für den Konzernabschluss nach § 11 PublG freiwillig einen Eigenkapitalspiegel erstellen, sollen gem. DRS 22.7 ebenfalls diesen Standard befolgen. DRS 22 regelt die systematische Darstellung der Entwicklung des Konzerneigenkapitals in einem Konzerneigenkapitalspiegel und enthält Schemata des Konzerneigenkapitalspiegels für verschiedene Rechtsformen.

III. Konsolidierungsgrundsätze

1. Klarheit und Übersichtlichkeit. Der in Abs. 2 S. 1 formulierte **10** Grundsatz der Klarheit und Übersichtlichkeit entspricht dem Grundsatz für den Jahresabschluss, der in § 243 Abs. 2 kodifiziert ist. Er konkretisiert sich zudem in einer Reihe von Einzelvorschriften (§§ 266 und 275, 244–256), die nach § 298 Abs. 1 auch für den Konzernabschluss gelten.

Klarheit- und Übersichtlichkeit der Konzernbilanz und der Konzern-Ge- **11** winn- und Verlustrechnung ergeben sich aus der zwingenden Vorschrift, dass die **Gliederungsschemata für große Kapitalgesellschaften** anzuwenden sind. Es ist sicherzustellen, dass diese bei allen Konzernunternehmen angewandt werden und dass gleiche Geschäftsvorfälle ihren Niederschlag in gleichen Positionen der Bilanz und der Gewinn- und Verlustrechnung finden. Dies wird insbesondere durch konzerneinheitliche Kontenpläne bzw. Überleitungsvorschriften verwirklicht.[5]

Falls Unternehmen zum Konzern gehören, die einer **branchenspezi-** **12** **fischen Gliederung** zu folgen haben, ist die Konzerngliederung ggf. um zusätzliche Positionen zu erweitern. Möglicherweise kann es genügen, branchenspezifische Sachverhalte in „sonstigen" Positionen auszuweisen, zB sonstige betriebliche Erträge. Wesentliche Positionen sind im Anhang zu erläutern und aufzugliedern.

Konsolidierungsspezifische Sonderposten (zB nicht beherrschende **13** Anteile § 307) sind daher sachgerecht und eindeutig zu bezeichnen und an geeigneter Stelle in das Gliederungsschema einzufügen. Aus der Postenbezeichnung muss der Inhalt unmittelbar deutlich werden.[6]

Der **Grundsatz der Klarheit** gilt auch für den Konzernanhang als Teil des **14** Konzernabschlusses. Die optische Gestaltung muss die Klarheit der Darstellung unterstützen. Wenn Angaben aus der Konzernbilanz oder aus der Konzern-Gewinn- und Verlustrechnung in den Anhang verlagert werden, müssen sie eindeutig identifizierbar und den entsprechenden Positionen zuzuordnen sein.[7]

---

[5] *Busse von Colbe/Ordelheide/Gebhardt/Pellens* Konzernabschlüsse S. 42 f.
[6] Baetge/Kirsch/Thiele/*Ballwieser* Rn. 111 f.
[7] Baetge/Kirsch/Thiele/*Ballwieser* Rn. 112.

15 Die **Rundung von Beträgen,** die zB eine Darstellung in vollen Tausend oder vollen Millionen Euro ermöglicht, wird vom Klarheitsgrundsatz gedeckt, sofern keine wesentlichen Informationen verloren gehen.[8]

16 Auch ein Übermaß an **freiwilligen Angaben** ist zu vermeiden. Es widerspricht zum einem dem Grundsatz der Wesentlichkeit und birgt außerdem die Gefahr, die Sicht auf relevante Informationen zu verstellen.[9]

17 **2. Generalnorm.** Die Generalklausel des Abs. 2 S. 2 lautet, dass der Konzernabschluss unter Beachtung der Grundsätze ordnungsmäßiger Buchführung ein den tatsächlichen Verhältnissen entsprechendes Bild der Vermögens-, Finanz- und Ertragslage vermitteln muss.

18 Dies entspricht dem § 264 Abs. 2 für den Jahresabschluss. Wegen des **Fehlens des Einflusses rein steuerlich bedingter Bilanzierung und Bewertung** besteht im Konzernabschluss eher die Möglichkeit, insgesamt ein den tatsächlichen Verhältnissen entsprechendes Bild der Lage des Konzerns zu vermitteln.[10]

19 In Art. 16 Abs. 2 Konzernabschluss-RL 1983 (7. EU-RL) war darüber hinaus vorgesehen und nicht in deutsches Recht übernommen worden, dass von gesetzlichen Vorschriften abgewichen werden muss, wenn dies notwendig ist, um ein den tatsächlichen Verhältnissen entsprechendes Bild der Lage des Konzerns zu vermitteln. Darin verdeutlicht sich die **Bedeutung der Generalklausel** als aus der angelsächsischen Rechtstradition stammendes *overriding principle.* Die **Generalklausel** wird in Deutschland so interpretiert, dass sie als Auslegungsmaßstab für Einzelregelungen und bei der Schließung von Gesetzeslücken heranzuziehen ist.[11] Gem. Abs. 2 S. 3 sind zusätzliche **Angaben im Anhang** notwendig, wenn den Informationsanforderungen nicht genügt wird. Diese Angaben sollen dazu führen, dass der **Konzernabschluss insgesamt der Generalklausel entspricht.**[12]

20 Die Generalklausel verweist auf die Grundsätze ordnungsmäßiger Buchführung. Es muss davon ausgegangen werden, dass neben den GoB für die Jahresabschlüsse spezielle **Grundsätze ordnungsmäßiger Konsolidierung** formuliert werden müssen.[13]

21 Nach Abs. 2 S. 4 haben die gesetzlichen Vertreter des Mutterunternehmens bei Unterzeichnung eine Versicherung abzugeben, dass der Konzernabschluss nach bestem Wissen ein den tatsächlichen Verhältnissen entsprechendes Bild iSv Abs. 2 S. 2 vermittelt oder dass entsprechende Angaben nach Abs. 2 S. 3 enthalten sind, falls dies nicht der Fall ist.

22 **3. Fiktion der rechtlichen Einheit.** Im Konzernabschluss ist die Vermögens-, Finanz- und Ertragslage so darzustellen, als ob diese Unternehmen insgesamt ein einziges Unternehmen wären (Abs. 3 S. 1).

23 Die **Einheitstheorie** („als ob diese Unternehmen ein einziges Unternehmen wären") konkretisiert die Generalnorm (Darstellung der Vermögens-, Finanz- und Ertragslage) und ist daher in allen Zweifelsfällen zur Klärung heranzuziehen.[14]

---

[8] *ADS* § 297 Rn. 14.
[9] *Müller,*BC 2017, 394.
[10] *Heymann* Rn. 16.
[11] *Busse von Colbe/Ordelheide/Gebhardt/Pellens* Konzernabschlüsse S. 35 f.
[12] BeBiKo/*Winkeljohann/Rimmelspacher* Rn. 188.
[13] *Busse von Colbe/Ordelheide/Gebhardt/Pellens* Konzernabschlüsse S. 54 f.
[14] BeBiKo/*Winkeljohann/Rimmelspacher* Rn. 190–193.

Die **Grundsätze ordnungsmäßiger Konsolidierung** müssen in Zwei- 24
felsfragen, die das Gesetz offenlässt, gewährleisten, dass die Vermögens-,
Finanz- und Ertragslage des Konzerns so dargestellt wird, als ob er ein
einzelnes rechtlich und wirtschaftlich selbstständiges Unternehmen wäre, das
einen (Einzel-)Jahresabschluss vorlegt. Daraus folgt, dass die Methode der
Vollkonsolidierung anzuwenden ist. Durch diese werden die Anteilseigner
des Mutterunternehmens und andere Anteilseigner (außerhalb des Konzerns
stehende, nicht beherrschende Minderheitsgesellschafter bei Tochterunternehmen) insofern gleich behandelt, als dass sie als Eigenkapitalgeber des
Konzerns angesehen werden. Folglich ist ein Ausgleichsposten für die **Anteile anderer Gesellschafter innerhalb des Konzerneigenkapitals** unter
der Bezeichnung „nicht beherrschende Anteile" auszuweisen (§ 307 Abs. 1,
DRS 22 Anlage 1).[15]

4. Stetigkeit der Konsolidierungsmethoden. a) Stetigkeitsgebot 25
und Ausnahmen. Gem. Abs. 3 S. 2 sind die **auf den vorhergehenden
Konzernabschluss angewandten Konsolidierungsmethoden** beizubehalten. Die Formulierung als Sollvorschrift ist dahingehend zu interpretieren,
dass Methodenstetigkeit grundsätzlich vorgeschrieben ist, in Ausnahmefällen
(Abs. 3 S. 3) allerdings davon abgewichen werden kann.[16]

Zu den Konsolidierungsmethoden zählen im Einzelnen: 26
– Kapitalkonsolidierung (§§ 301, 307, 309) mit Minderheitenausweis,
– Schuldenkonsolidierung (§ 303),
– Aufwands- und Ertragskonsolidierung (§ 305),
– Zwischenergebniseliminierung (§ 304).

Da der Begriff **„Konsolidierungsmethoden" nicht gesetzlich definiert** 27
ist und sich in Literatur und Praxis keine einheitliche Definition entwickelt
hat, ist im Sinne der Informationsfunktion des Konzernabschlusses eine weite
Interpretation zu wählen. Das Stetigkeitsprinzip gilt **umfassend** für die angewandten **Konzernbewertungs- und Umrechnungsmethoden**[17] und für
die Darstellung.[18] Auszudehnen ist es außerdem auf die **Equity-Methode**
ebenso wie auf die Entscheidung, ob ein **Gemeinschaftsunternehmen** nach
der Equity-Methode oder durch die Quotenkonsolidierung in den Konzernabschluss einbezogen wird.[19] Durch das Gesetz lässt sich diese weite Auslegung
allerdings kaum begründen. Die strikte Anwendung des Stetigkeitsprinzips ist
im Interesse der Informationsfunktion. Sie verbessert die **intertemporale
Vergleichbarkeit** der Konzernabschlüsse, da Wahlrechte im Zeitablauf gleich
bleibend (zeitliche Stetigkeit) und für alle zu einem Zeitpunkt einbezogenen
Unternehmen einheitlich (sachliche Stetigkeit) ausgeübt werden.[20]

Vom **Stetigkeitsgebot kann in Ausnahmefällen abgewichen werden** 28
(Abs. 3 S. 3). Wenn dieses Recht in Anspruch genommen wird, ist dies im
Anhang zu begründen und es ist darzustellen, welchen Einfluss die Abwei-
chung auf die Vermögens-, Finanz- und Ertragslage hat (Abs. 3 S. 4 u. 5).

Ausnahmen sind zulässig, wenn sie durch den Zweck des Konzernabschlus- 29
ses gerechtfertigt werden. Zur Beurteilung, ob ein die Abweichung begrün-

---

[15] Beck HdR/*Hartle* C 10 Rn. 98 ff.
[16] *Dusemond* WPg 1994, 721 ff.
[17] BeBiKo/*Winkeljohann/Rimmelspacher* Rn. 200.
[18] *Dusemond* WPg 1994, 721 ff.
[19] BeBiKo/*Winkeljohann/Rimmelspacher* Rn. 200.
[20] *Busse von Colbe/Ordelheide/Gebhardt/Pellens* Konzernabschlüsse S. 50 ff.

dender Ausnahmefall vorliegt, ist zunächst danach zu unterscheiden, ob die Änderung zu einer Verbesserung oder einer Verschlechterung der Darstellung führt. Eine Durchbrechung der Stetigkeit ist zulässig, wenn neue rechtliche Vorschriften anzuwenden sind oder wenn ein geänderter DRS anzuwenden ist. Darüber hinaus kann davon ausgegangen werden, dass von einer bisher in Anspruch genommenen Vereinfachung der Konsolidierung Abstand genommen werden kann. Die sich daraus ergebende vorübergehende Verschlechterung der Information durch die Durchbrechung der Stetigkeit wird dadurch ausgeglichen wird, dass genauere Information gegeben wird. Für solche Fälle ist die Durchbrechung des Stetigkeitsprinzips zulässig.[21] Nicht zu einer Durchbrechung des Stetigkeitsprinzips zählt eine Methodenänderung, die wegen einer **Änderung des zugrunde liegenden Sachverhalts** notwendig wird.

30   Auch DRS 13.8 betont, dass eine Durchbrechung des Stetigkeitsgrundsatzes nur in begründeten **Ausnahmefällen** in Betracht kommt. Als solche sind insbesondere anzusehen:
- Änderung der rechtlichen Gegebenheiten (Gesetze, Richtlinien, Rechtsprechung),
- Anpassung an geänderte oder neue DRS,
- Verbesserung der Darstellung der Vermögens-, Finanz- und Ertragslage bei strukturellen Veränderungen im Konzern,
- Anpassung an konzerneinheitliche Bilanzierungsgrundsätze bei der erstmaligen Einbeziehung in den Konzernabschluss.

30a   Daneben sind gem. DRS 13.25 **Fehler aus Vorperioden** zu berichtigen. Ein Abschluss ist nach DRS 13.27 nur dann fehlerhaft, wenn der Kaufmann oder andere zur Rechnungslegung Verpflichtete bewusst oder fahrlässig gehandelt haben. Die Auswirkungen aus der Korrektur von Fehlern sind grundsätzlich im Ergebnis der Berichtsperiode zu berücksichtigen. Fehler einer früheren Periode, welche die Darstellung der Vermögens-, Finanz- und Ertragslage beeinträchtigen, erfordern die Änderung der betreffenden Abschlüsse aller Vorperioden nur soweit sie nach Feststellung des Fehlers zu veröffentlichen sind oder freiwillig veröffentlicht werden.

31   **b) Angabepflichten im Anhang.** Durch die Erläuterung im Anhang soll der Leser des Konzernabschlusses in die Lage versetzt werden, sich ein Bild davon zu machen, welche Auswirkung die Durchbrechung des Stetigkeitsprinzips auf den Konzernabschluss hat. Dazu reichen verbale Angaben idR nicht aus. Die Unterschiedsbeträge sind zu nennen und die Auswirkung muss quantifiziert werden. Häufig genügen zB Prozentsätze und Näherungsverfahren den Anforderungen. Der Grundsatz der Wesentlichkeit ist zu beachten.

32   Folgende Angaben müssen in den Anhang aufgenommen werden:
- Auf die Abweichung ist hinzuweisen.
- Die bisherige Methode ist zu nennen.
- Die im Berichtsjahr angewandte Methode ist zu nennen und
- der Anwendungsbereich der geänderten Methode ist anzugeben.

33   Für den Leser muss anhand der Begründung ersichtlich sein, dass der Methodenwechsel nicht willkürlich vorgenommen wurde.[22]

---

[21] BeBiKo/*Winkeljohann/Rimmelspacher* Rn. 202.
[22] BeBiKo/*Winkeljohann/Rimmelspacher* Rn. 203.

DRS 13.28-13.32 konkretisiert bzw. erweitert dies dahingehend, dass die **34**
Bilanzierungsgrundsätze einzeln zu erläutern sind. Ferner sind die Gründe für
eine Änderung anzugeben und die Auswirkungen aus der Anwendung eines
anderen Bilanzierungsgrundsatzes betragsmäßig einzeln für die betreffenden
Bilanzposten darzustellen. Für die maßgeblichen Posten der Vorjahresabschlüsse sind Proforma-Angaben (Abschlusszahlen der Vorperioden, die an
geänderte Bilanzierungsgrundsätze angepasst wurden), zu machen und zu
erläutern, soweit die Angaben nicht bereits im Abschluss selbst gemacht
wurden. Bei Änderungen von Schätzungen, die sich auf die Vermögens-,
Finanz- und Ertragslage auswirken, sind deren Auswirkungen für die Berichtsperiode betragsmäßig anzugeben und zu erläutern. Auf Auswirkungen
in Folgeperioden ist hinzuweisen.

IV. Kapitalflussrechnung

1. Grundlagen. Die Verpflichtung, den Konzernabschluss um eine Kapi- **35**
talflussrechnung (KFR) zu erweitern, dient dem Ziel, den nach den Vorschriften des HGB aufgestellten Konzernabschluss an den international üblichen Umfang der Berichterstattung in Konzernabschlüssen anzupassen.[23]
DRS 21, der die Ausgestaltung der Kapitalflussrechnung regelt, lehnt sich
stark an **internationale Standards** an.

2. Aufgaben und Grundsätze. Nach DRS 21.1 ist es Aufgabe der KFR, **36**
ergänzende Informationen über die Fähigkeiten des Unternehmens, künftige
finanzielle Überschüsse zu erwirtschaften, jederzeit seinen fälligen Zahlungsverpflichtungen nachkommen zu können und Gewinne an die Anteilseigner
auszuschütten, zu geben. Dazu soll die KFR Zahlungsströme der Berichtsperiode darstellen und darlegen, wie das Unternehmen Finanzmittel erwirtschaftet hat und welche Investitions- und Finanzierungsmaßnahmen vorgenommen wurden.

Zur Realisierung dieser Zielsetzung sind folgende **Grundsätze** bei der **37**
Erstellung der Kapitalflussrechnung zu beachten:
- Mindestgliederung: Die Zahlungsströme der KFR sind mindestens den
  betrieblichen Bereichen laufende Geschäftstätigkeit, Investitionstätigkeit
  und Finanzierungstätigkeit zuzuordnen (DRS 21.15).
- Grundsatz der Nachprüfbarkeit: Die KFR ist aus dem Rechnungswesen
  und der daraus nach anerkannten Grundsätzen erstellten Bilanz und Ge-
  winn- und Verlustrechnung abzuleiten (DRS 21.10).
- Grundsatz der Stetigkeit (DRS 21.23): zB ist die Abgrenzung des Finanzmittelfonds und die Abgrenzung zwischen den Bereichen laufende Geschäftstätigkeit, Investitions- und Finanzierungstätigkeit ist beizubehalten.
- Grundsatz der Wesentlichkeit: Vorgänge von wesentlicher Bedeutung sind
  innerhalb der Bereiche stets gesondert auszuweisen (DRS 21.227).
- Staffelform: Die KFR ist in Staffelform unter Beachtung der im Standard
  enthaltenen Mindestgliederung darzustellen (DRS 21.21).
- Bruttoprinzip: Einzahlungen und Auszahlungen sind unsaldiert auszuweisen, außer bei der indirekten Darstellung des Cash Flows aus der laufenden
  Geschäftstätigkeit. Ausnahmsweise ist eine Saldierung bei hoher Um-
  schlagshäufigkeit, großen Beträgen und kurzen Laufzeiten möglich (DRS
  21.26).

---

[23] WP-HdB Kap. G Rn. 814.

38   **3. Abgrenzung des Finanzmittelfonds.** Die KFR soll nach DRS 21.15 die Veränderung des Finanzmittelfonds als Summe der Zahlungsströme aus den drei Tätigkeitsbereichen nach gesonderter Berücksichtigung von nicht zahlungswirksamen wechselkursbedingten und sonstigen Wertänderungen darstellen. In den Finanzmittelfonds ist der Bestand an Zahlungsmitteln und **Zahlungsmitteläquivalenten** (als Liquiditätsreserve gehaltene kurzfristige, äußerst liquide Finanzmittel, die jederzeit in Zahlungsmittel umgewandelt werden können und nur unwesentlichen Wertschwankungen unterliegen) einzubeziehen. DRS 21.34 verlangt, dass jederzeit fällige Bankverbindlichkeiten sowie andere kurzfristige Kreditaufnahmen, die zur Disposition der liquiden Mittel gehören, in den Finanzmittelfonds einbezogen und offen abgesetzt werden.

39   **4. Aufstellungstechniken der Kapitalflussrechnung.** Die Ermittlung der Zahlungsströme kann gemäß DRS 21.12 entweder **derivativ** als Ableitung aus den Posten der Bilanz und Gewinn- und Verlustrechnung oder **originär** durch unmittelbare Erfassung der einzelnen zahlungswirksamen Geschäftsvorfälle erfolgen. In der Praxis wird zumindest für den Cash Flow aus laufender Geschäftstätigkeit die derivative Ermittlung vorgezogen.[24]

40   Ein Wahlrecht zur indirekten Darstellung gewährt der DRS 21.24 nur für den Zahlungsstrom aus laufender Geschäftstätigkeit. Bei der indirekten Darstellung wird der Zahlungsstrom retrograd ermittelt, indem das Periodenergebnis um zahlungsunwirksame Aufwendungen und Erträge, Bestandsveränderungen bei Posten des Nettoumlaufvermögens und Posten, die der Investitions- und Finanzierungstätigkeit zuzuordnen sind, korrigiert wird.

41   Die **Konzern-KFR** kann darüber hinaus nach DRS 21.11 statt aus der Konzernbilanz und Konzern-Gewinn- und Verlustrechnung auch durch Konsolidierung der KFR der einbezogenen Tochterunternehmen ermittelt werden. Dabei ist zunächst eine KFR für jedes der einbezogenen Tochterunternehmen zu erstellen. Die Konsolidierung kann dann entweder auf der Ebene der Tochterunternehmen oder zentral in einer durch Zusammenfassung der Rechnungen der einbezogenen Unternehmen ermittelten Summenkapitalflussrechnung erfolgen. Konzerninterne Beziehungen sind aus der KFR zu eliminieren, zB Aufnahme und Tilgung von konzernintern vergebenen Darlehen.[25]

42   **5. Währungsumrechnung.** Nach DRS 21.22 sind Zahlungen der einbezogenen Unternehmen in Fremdwährung grundsätzlich mit den zum Zahlungszeitpunkt gültigen Wechselkursen in die Berichtswährung des Konzerns umzurechnen. Vereinfachend lässt DRS 21.22 jedoch zu, die Umrechnung mit Durchschnittskursen vorzunehmen, wenn diese näherungsweise den tatsächlichen Transaktionskursen zum Zahlungszeitpunkt entsprechen.

43   **6. Veränderungen des Konsolidierungskreises.** Veränderungen des Konsolidierungskreises durch Erwerb oder Verkauf von Anteilen wirken sich sowohl über den Abfluss bzw. Zufluss liquider Mittel in Höhe des Kaufpreises als auch über die übernommenen bzw. abgegebenen Finanzmittel des zu konsolidierenden bzw. bisher konsolidierten Unternehmens auf die Finanzlage des Konzerns aus. DRS 21.46 legt fest, dass Einzahlungen aus Abgängen

---

[24] *Busse von Colbe/Ordelheide/Gebhardt/Pellens* Konzernabschlüsse S. 571 ff.
[25] WP-HdB Kap. G Rn. 819.

und getrennt davon Auszahlungen für Zugänge zum Konsolidierungskreis in der KFR im Bereich der Investitionstätigkeit auszuweisen sind. Außerdem sind Konsolidierungskreis bedingte Änderungen im Finanzmittelfonds auszuweisen (DRS 21 Anlage 1).

7. Ergänzende Angaben. Neben den genannten Angaben sind gemäß **44** DRS 21.52 folgende gesonderte und ergänzende Angaben zur KFR vorgesehen:

(1) Definition des Finanzmittelfonds,
(2) Zusammensetzung des Finanzmittelfonds, ggf. einschließlich einer rechnerischen Überleitung zu den entsprechenden Bilanzposten, soweit der Finanzmittelfonds nicht dem Bilanzposten »Schecks, Kassenbestand, Bundesbankguthaben, Guthaben bei Kreditinstituten« entspricht,
(3) wesentliche zahlungsunwirksame Investitions- und Finanzierungsvorgänge und Geschäftsvorfälle,
(4) Bestände des Finanzmittelfonds von quotal einbezogenen Unternehmen und
(5) Bestände, die Verfügungsbeschränkungen unterliegen.

V. Darstellung und Entwicklung des Konzerneigenkapitals

1. Grundlagen und Aufgabe. Die Verpflichtung zur Aufstellung eines **45** Eigenkapitalspiegels wird durch den am 3.4.2001 vom DRSC verabschiedeten DRS 22 „Konzerneigenkapital" konkretisiert. Inhalt des DRS 22, der nach DRS 22.3 für alle Mutterunternehmen gilt, die nach § 290 HGB oder § 11 PublG zur Aufstellung eines Konzernabschlusses verpflichtet sind, ist die Verpflichtung zur systematischen Darstellung der Entwicklung des Konzerneigenkapitals und des Konzerngesamtergebnisses in einem **Konzerneigenkapitalspiegel** (KEK). Da die Veränderung des Konzerneigenkapitals für den Abschlussadressaten aus der Konzernbilanz und Konzern-Gewinn- und Verlustrechnung nicht in vollem Umfang nachvollziehbar ist, wird nach den Internationalen Rechnungslegungsstandards üblicherweise die Veröffentlichung einer Eigenkapitalveränderungsrechnung vorgenommen.[26] Der DRS 22 geht jedoch noch über internationale Regeln hinaus, indem er mit dem KEK ein bestimmtes Format für die Darstellung der Veränderung des Konzerneigenkapitals vorschreibt.[27]

2. Inhalt des Konzerneigenkapitalspiegels. Im KEK ist die Zusammen- **46** setzung und die Entwicklung des Konzerneigenkapitals bestehend aus dem Eigenkapital des Mutterunternehmens und den nicht beherrschenden Anteilen systematisch anhand der Regeln des DRS 22 darzustellen. Dabei ist nach DRS 22.7 für das Eigenkapital des Mutterunternehmens in der Rechtsform einer Kapitalgesellschaft die Veränderung folgender Posten aufzuzeigen (DRS 22 Anlage 1):

    gezeichnetes Kapital
−   nicht eingeforderte ausstehende Einlagen
−   eigene Anteile
+   Kapitalrücklage
+   Gewinnrücklagen

---

[26] *Busse von Colbe* BB 2000, 2405.
[27] *Busse von Colbe* BB 2000, 2405.

+/- Eigenkapitaldifferenz aus Währungsumrechnung
   +/-Gewinnvortrag/ Verlustvortrag
   +/-Konzernjahresüberschuss/-fehlbetrag, der dem Mutterunternehmen zuzurechnen ist.
= Eigenkapital des Mutterunternehmens gemäß Konzernbilanz

47   Dem so ermittelten Eigenkapital des Mutterunternehmens ist das **Eigenkapital der Minderheitsgesellschafter (nicht beherrschende Anteile),** unterteilt nach (DRS 22 Anlage 1)
   Nicht beherrschende Anteile vor Eigenkapitaldifferenz aus Währungsumrechnung und Jahresergebnis

+/- Auf nicht beherrschende Anteile entfallende Eigenkapitaldifferenz aus Währungsumrechnung
+/- Auf nicht beherrschende Anteile entfallende Gewinne/Verluste.

48   Nach DRS 22.21 wird empfohlen, den KEK auch für das Vorjahr aufzustellen. Das Gliederungsschema ist nach DRS 22.11 stets an die rechtsform- und branchenspezifischen Besonderheiten des Mutterunternehmens anzupassen.

VI. Segmentberichterstattung

49   **1. Grundlagen.** Um den Anforderungen an eine kapitalmarktorientierte Rechnungslegung zu genügen und eine Anpassung an den international üblichen Umfang der Berichterstattung zu erreichen, hatte der Gesetzgeber im Rahmen des KonTraG (1998) für börsennotierte Mutterunternehmen die Verpflichtung eingefügt, den Konzernanhang um eine Segmentberichterstattung zu erweitern. Im Zuge des TransPuG (2002) wurde eine Segmentberichterstattung verpflichtend für alle Mutterunternehmen, die einen organisierten Markt iSd § 2 Abs. 11 WpHG durch die Ausgabe von Wertpapieren in Anspruch nahmen oder die Zulassung solcher Wertpapiere zum Handel an einem organisierten Markt beantragt hatten. Durch das BilReG (2004) gelten für alle kapitalmarktorientierten Gesellschaften die IFRS, womit eine Pflicht zu Aufstellung eines Segmentberichts einhergeht. Für alle anderen Muttergesellschaften ist die Segmentberichterstattung nunmehr freiwilliger Bestandteil des Konzernabschlusses.[28]

49a   Die Regelung der Ausgestaltung der Segmentberichterstattung hat der Gesetzgeber dem Deutschen Standardisierungsrat überlassen, der am 20.12.1999 den **DRS 3 „Segmentberichterstattung"** verabschiedet hat (Stand 4.12.2017).

50   **2. Aufgabe.** Die Segmentberichterstattung trägt der Bedeutung der **Informationsfunktion** Rechnung. Gegenüber den im Konzernabschluss aggregierten Informationen soll die Segmentberichterstattung durch Disaggregation einzelner Posten Informationen über die wesentlichen Geschäftsfelder eines Unternehmens bereitstellen und den Adressaten einen verbesserten Einblick in die Vermögens-, Finanz- und Ertragslage sowie in die Risikosituation der einzelnen Unternehmensbereiche ermöglichen (DRS 3.10).[29]

---

[28] *Busse von Colbe/Ordelheide/Gebhardt/Pellens* Konzernabschlüsse S. 598.
[29] MüKoHGB/*Busse von Colbe* Rn. 30.

3. Segmentierungsgrundsätze. DRS 3.9 legt fest, dass die Segmentie- 51
rung primär anhand der **operativen Segmente** des Unternehmens zu erfolgen hat, also anhand der internen Organisations- und Berichtsstruktur vorzunehmen ist (DRS 3.10).[30] Die Segmente sind dadurch charakterisiert, dass
ihre Geschäftstätigkeit potenziell oder tatsächlich zu externen oder intersegmentären Umsatzerlösen führt und dass sie regelmäßig von der Unternehmensleitung überwacht werden. Nach DRS 3.8 kann die Abgrenzung der
Segmente **produktorientiert oder geographisch** erfolgen. Bestehen in der
internen Organisations- und Berichtsstruktur mehrere Segmentierungen nebeneinander, so hat sich nach DRS 3.11 die Unternehmensleitung an der
Chancen- und Risikostruktur zu orientieren und in Übereinstimmung mit
dem sog. *risk and reward approach* für eine Segmentierung zu entscheiden.

Über ein **operatives Segment** ist gemäß DRS 3.15 zu **berichten,** wenn 52
seine Segmentumsatzerlöse, sein Segmentergebnis oder sein Segmentver-
mögen mindestens 10 % der Summe aller operativen Segmente ausmachen.
Segmente, die keines dieser Größenmerkmale überschreiten, dürfen nach
DRS 3.16 in die Berichterstattung einbezogen werden, wenn dadurch die
Klarheit und Übersichtlichkeit der Segmentberichterstattung nicht beein-
trächtigt wird. Eine Zusammenfassung operativer Segmente ist nach DRS
3.13 möglich, wenn diese im Verhältnis zueinander homogene Chancen und
Risiken aufweisen. Insgesamt müssen nach DRS 3.12 die den anzugebenden
Segmenten zugeordneten Umsatzerlöse mindestens 75 % der konsolidierten
Umsatzerlöse des Unternehmens ausmachen.

4. Angabepflichten. Neben der Beschreibung der anzugebenden Seg- 53
mente anhand von zuordenbaren Produkten, Tätigkeiten oder geographi-
scher Zusammensetzung fordern DRS 3.25 und DRS 3.26 die Erläuterung
der Abgrenzung und der Zusammenfassung von operativen Segmenten.
Ferner sind nach DRS 3.31 folgende Beträge für jedes anzugebende Segment
zu nennen:

– Segmentumsatzerlöse, getrennt nach externen und intersegmentären Erlösen,
– Segmentergebnis,
– in den Segmentergebnissen enthaltene Abschreibungen, andere wesentlich
  nicht zahlungswirksame Posten, Ergebnisse aus Beteiligungen an assoziierten Unternehmen und Erträgen aus sonstigen Beteiligungen,
– Segmentvermögen einschließlich der Beteiligungen,
– Segmentinvestitionen in das langfristige Vermögen,
– Segmentschulden.

Weitere Angabepflichten ergeben sich zB aus DRS 3.42, der die Angabe 54
von Umsätzen mit Großkunden fordert, und aus DRS 3.32 und DRS 3.33
die Angaben zu Zinsen und Steuern fordern, sowie aus DRS 3.36, der die
Angabe des Cash Flow aus laufender Geschäftstätigkeit je Segment empfiehlt.
Den anzugebenden Größen sind nach DRS 3.43 die entsprechenden Beträge
für das Vorjahr gegenüberzustellen. Die Angabe von Vorjahreszahlen ist nicht
verpflichtend, wird jedoch empfohlen (DRS 3.43).

5. Ermittlung der Segmentdaten. Die Segmentberichterstattung als Teil 55
des Konzernabschlusses hat nach DRS 3.19 und DRS 3.20 nicht anhand der
Daten des internen Berichtswesens, sondern in Übereinstimmung mit den

---

[30] *Böcking/Benecke* WPg 1999, 842.

Bilanzansatz- und Bewertungsmethoden des zugrunde liegenden Abschlusses zu erfolgen. DRS 3.37 verlangt eine Überleitung der anzugebenden Beträge auf die entsprechenden Posten des Konzernabschlusses.

VII. Folgen der Nichtbeachtung

56   Die strafrechtlichen Rechtsfolgen eines Verstoßes gegen § 297 sind in § 331 Nr. 2, 3 und 3a geregelt. Danach können gem. § 331 Nr. 2 die Mitglieder des vertretungsberechtigten Organs oder des Aufsichtsrates bei einer vorsätzlichen unrichtigen Wiedergabe bzw. Verschleierung der Verhältnisse des Konzerns im Konzernabschluss, im Konzernlagebericht bzw. im Konzernzwischenabschluss nach § 340i Abs. 4 mit einer Freiheitsstrafe bis zu drei Jahren oder einer Geldstrafe bestraft werden. Das Gleiche gilt für Konzernabschlüsse und Konzernlageberichte, die zum Zwecke der Befreiung nach § 291 Abs. 1 und 2 bzw. § 292 offengelegt werden. Eine nicht richtig abgegebene Versicherung gem. § 297 Abs. 2 S. 4 kann in gleichem Maße sanktioniert werden.

57   Ferner handelt ein Mitglied des vertretungsberechtigten Organs oder des Aufsichtsrats einer Kapitalgesellschaft gem. § 334 Abs. 1 Nr. 2 Buchst. b ordnungswidrig, wenn bei der Aufstellung des Konzernabschlusses § 297 Abs. 2 bzw. 3 verletzt werden. Im Hinblick auf Kreditinstitute bzw. Versicherungsunternehmen sind die Spezialvorschriften der §§ 340n und 341n zu beachten.

58   Im Hinblick auf die Adressaten eines Konzernabschlusses können sich daneben schuldhaft handelnde Organmitglieder gem. § 823 Abs. 2 BGB schadenersatzpflichtig machen, da die genannten Normen als Schutzgesetz zu qualifizieren sind.[31]

§ 298 Anzuwendende Vorschriften. Erleichterungen

(1) **Auf den Konzernabschluß sind, soweit seine Eigenart keine Abweichung bedingt oder in den folgenden Vorschriften nichts anderes bestimmt ist, die §§ 244 bis 256a, 264c, 265, 266, 268 Absatz 1 bis 7, die §§ 270, 271, 272 Absatz 1 bis 4, die §§ 274, 275 und 277 über den Jahresabschluß und die für die Rechtsform und den Geschäftszweig der in den Konzernabschluß einbezogenen Unternehmen mit Sitz im Geltungsbereich dieses Gesetzes geltenden Vorschriften, soweit sie für große Kapitalgesellschaften gelten, entsprechend anzuwenden.**

(2) **[1]Der Konzernanhang und der Anhang des Jahresabschlusses des Mutterunternehmens dürfen zusammengefaßt werden. [2]In diesem Falle müssen der Konzernabschluß und der Jahresabschluß des Mutterunternehmens gemeinsam offengelegt werden. [3]Aus dem zusammengefassten Anhang muss hervorgehen, welche Angaben sich auf den Konzern und welche Angaben sich nur auf das Mutterunternehmen beziehen.**

Schrifttum: (ohne die Einzelbeiträge in den verschiedenen Handbüchern der Rechnungslegung) *Beine,* Ergebnisausweis im Konzernabschluß, DB 1996, 945.

---

[31] BeBiKo/*Winkeljohann/Rimmelspacher* Rn. 216.

Übersicht

I. Allgemeine Grundsätze

Der aus der Umsetzung des Art. 17 Konzernabschluss-RL (7. EU-RL) **1**
entstandene § 298 verweist auf die **Ansatz-, Bewertungs- und Gliederungsvorschriften für den Jahresabschluss,** da die 7. EU-RL diesbezüglich keine eigenen detaillierten Vorschriften enthält.[1]

Maßgebend sind die für große Kapitalgesellschaften geltenden Vorschriften. **2**
Größenabhängige Erleichterungen gibt es nicht. Für Konzerngesellschaften, die in ihren Jahresabschlüssen solche Erleichterungen in Anspruch nehmen, ist für den Konzernabschluss eine entsprechende Anpassung vorzunehmen. Ein für alle Konzernunternehmen einheitlicher Kontenplan ist ein für die Erstellung des Konzernabschlusses nützliches, in vielen Fällen auch notwendiges Instrument. Die in den §§ 300 und 308 geforderte Anwendung der für das Mutterunternehmen zulässigen Bilanzierungsgrundsätze und die konzerneinheitliche Bewertung lassen diesbezügliche Konzernrichtlinien unerlässlich erscheinen.[2]

Die Anwendung der für den Jahresabschluss geltenden Vorschriften findet **3**
ihre Grenzen in den Besonderheiten der Rechnungslegung für eine Unternehmensgruppe. Die Zusammenfassung der Jahresabschlüsse verschiedener Unternehmen kann es erfordern, dass im Konzernabschluss **Besonderheiten der Rechtsform oder des Geschäftszweiges** bestimmter Tochterunternehmen zu berücksichtigen sind.

Die Vorschriften zum Jahresabschluss sind zum Teil für die Anwendung im **4**
Konzernabschluss zu modifizieren (systembedingte Abweichungen). Der **Anlagenspiegel für den Konzern** weist Besonderheiten auf, zB um die Änderung des Konsolidierungskreises zu berücksichtigen.

Der Gesetzgeber regelt in den §§ 299 ff. die gesetzlich bestimmten Abwei **5**
chungen von den Vorschriften zum Jahresabschluss, die die besonderen **konsolidierungstechnischen Sonderposten** betreffen.[3]

Abs. 2 enthält Erleichterungen, die für den Konzernabschluss in Anspruch **6**
genommen werden können. Diese betreffen die Erlaubnis, den **Anhang des Mutterunternehmens mit dem Konzernanhang zusammenzufassen** (Abs. 2 S. 1). Aus dem zusammengefassten Anhang muss hervorgehen, wel-

---

[1] HdBKo/*Berndt* Rn. 1.
[2] BeBiKo/*Winkeljohann/Deubert* Rn. 8.
[3] *ADS* Rn. 9.

che Angaben sich auf den Konzern und welche Angaben sich nur auf das Mutterunternehmen beziehen (Abs. 2 S. 3).

II. Anzuwendende Vorschriften

7 **1. Rechtsform- und branchenspezifische Besonderheiten. a) Rechtsformspezifische Besonderheiten.** Wenn die Konzernspitze die Rechtsform einer AG oder einer KGaA hat, sind die § 58 Abs. 2a S. 2 AktG, §§ 150, 152, 158, 160, 161, 232, 240, 261 und 286 AktG zu beachten, soweit die Eigenart des Konzernabschlusses keine Abweichung von diesen Vorschriften bedingt (Abs. 1).

8 § 158 Abs. 1 AktG schreibt die Ergänzung der GuV um eine **Gewinnverwendungsrechnung** vor. Der Ausweis einer Gewinnverwendungsrechnung im Konzernabschluss entspricht jedoch nicht den tatsächlichen Verhältnissen, da das Konzernergebnis nicht Grundlage der Gewinnverwendung ist. Im Schrifttum wird daher überwiegend die Auffassung vertreten, dass die Eigenart des Konzernabschlusses eine Abweichung von der Vorschrift des § 158 Abs. 1 AktG bedingt.[4] Ein freiwilliger Ausweis einer Ergebnisverwendungsrechnung wird unter Hinweis auf die damit verbundenen praktischen Probleme für zulässig gehalten.[5] DRS 22.20 empfiehlt die Aufstellung einer Konzernergebnisverwendungsrechnung.

9 In der Praxis wird häufig im Konzernabschluss als **Bilanzgewinn** der Bilanzgewinn des Mutterunternehmens ausgewiesen. Dies bringt, insbesondere wenn zunehmend nur die Konzernabschlüsse dem Publikum zur Verfügung gestellt werden, einen Informationsgewinn mit sich.[6] Wenn diese Vorgehensweise gewählt wird, müssen die Unterschiede im Jahresüberschuss/-fehlbetrag, die zwischen dem Jahresabschluss des Mutterunternehmens und dem Konzernabschluss normalerweise auftreten, durch eine Zuführung oder Entnahme aus den Rücklagen ausgeglichen werden. Zuführungen oder Entnahmen aus den Rücklagen sind dann in der Gewinnverwendungsrechnung im Jahresabschluss und im Konzernabschluss unterschiedlich.[7] Wenn die Konzernbilanz unter Berücksichtigung der vollständigen oder teilweisen Verwendung des Konzernjahresüberschusses/-fehlbetrags aufgestellt wird, sieht DRS 22.16 vor, dass die Posten des Konzerneigenkapitalspiegels entsprechend § 268 Abs. 1 iVm § 298 Abs. 1 anzupassen (DRS 22.15 ff.) sind.

10 **§ 158 Abs. 2 AktG** schreibt vor, dass von einem Ertrag aus einem Gewinnabführungsvertrag oder einem Teilgewinnabführungsvertrag ein vertraglich zu leistender Ausgleich an außenstehende Gesellschafter abzusetzen ist. Diese Vorschrift ist im Konzern anzuwenden auf Unternehmen, die Gewinne an den Konsolidierungskreis abführen, die jedoch **nicht in den Konsolidierungskreis** einbezogen werden. Für die in den Konsolidierungskreis einbezogenen Unternehmen werden die Ausgleichszahlungen als anderen Gesellschaftern zustehende Gewinne ausgewiesen.

11 Der nach § 291 **AktG** vorgesehene Ausweis eines Ertrages auf Grund höherer Bewertung hat für die Konzernbilanz **keine Bedeutung,** da regel-

---

[4] BeBiKo/*Winkeljohann/Deubert* Rn. 84; WP-HdB Kap. G Rn. 277.
[5] *ADS* Rn. 195 ff.
[6] AA *Beine* DB 1996, 945 (946 f.).
[7] *Busse von Colbe/Ordelheide/Gebhardt/Pellens* Konzernabschlüsse S. 466 ff.

mäßig ausschließlich der Einzelabschluss eines Konzernunternehmens betroffen ist.

Aus dem **GmbHG** könnte für einen Konzern, der von einer GmbH als **12** Muttergesellschaft geführt wird, **§ 42 Abs. 2 und 3** für den Konzernabschluss relevant sein. Darin wird vorgeschrieben, dass Ausleihungen, Forderungen und Verbindlichkeiten gegenüber Gesellschaftern der GmbH gesondert auszuweisen sind.

Die sich für den Konzernabschluss daraus ergebenden Fragen lauten: **13**

– Ist der gesonderte Ausweis von Ausleihungen, Forderungen und Verbindlichkeiten von Tochterunternehmen gegenüber Minderheitsgesellschaftern in den Konzernabschluss zu übernehmen?

– Sind Ausleihungen, Forderungen und Verbindlichkeiten von Tochterunternehmen gegenüber den Gesellschaftern der Mutter-GmbH in der Konzernbilanz gesondert auszuweisen?

Die verpflichtende Anwendung der Neubewertungsmethode im Rahmen **14** der Kapitalkonsolidierung wurde ua damit begründet, dass ein Konzernabschluss auch Informationen über vorhandene **Minderheitsgesellschafter** beinhalten soll. Um diesem Gedanken gerecht zu werden, scheint es sinnvoll, zumindest für die Vermögens-, Finanz- und Ertragslage wesentliche Ausleihungen, Forderungen und Verbindlichkeiten gegenüber Minderheitsgesellschaftern kenntlich zu machen, zB mithilfe eines Davon-Vermerks oder einer Angabe im Konzernanhang.[8]

Die zweite Frage ist ebenfalls positiv zu beantworten. Aus der Sicht der **15** Einheitstheorie ist es sachgerecht, von der **Rechnungslegung eines GmbH-Konzerns** die gleichen Informationen zu fordern wie vom Jahresabschluss einer GmbH als Einzelunternehmen. Die Ausleihungen, Forderungen und Verbindlichkeiten aller Tochterunternehmen gegenüber den Gesellschaftern der GmbH-Mutter sind anzugeben.[9]

b) Branchenspezifische Besonderheiten. Die **Gliederung des Kon-** **16** **zernabschlusses** ist an der Branche auszurichten, die im Konzern die größte Bedeutung hat. Wesentliche Posten aus Gliederungen abweichender Branchen müssen zusätzlich ausgewiesen werden. Bei Mutterunternehmen, die sich bei der Gliederung der Bilanz und GuV an Formblätter halten müssen (Versicherungen, Kreditinstitute), sind diese Formblätter auch im Konzernabschluss anzuwenden, ggf. zu erweitern. Häufig wird es zweckmäßig sein, die Vermögensgegenstände und Schulden, Aufwendungen und Erträge branchenfremder Tochterunternehmen als sonstige Positionen auszuweisen und im Anhang zahlenmäßig aufzugliedern und zu erläutern.

2. Der Konzernanlagenspiegel. a) Ausweis bei voll konsolidierten **17** **Tochterunternehmen.** Zu den auch für den Konzernabschluss relevanten Regelungen des Einzelabschlusses gehört § 268 Abs. 2 über den **Anlagenspiegel.** Danach ist für den Konzernabschluss die Entwicklung der Posten des Anlagevermögens darzustellen. Die Darstellung muss beinhalten:

1. Anfangsbestand zu Anschaffungs-/Herstellungskosten,
2. Zugänge zu Anschaffungs-/Herstellungskosten,
3. Abgänge zu Anschaffungs-/Herstellungskosten,

---

[8] BeBiKo/*Winkeljohann/Deubert* Rn. 85.
[9] *ADS* Rn. 202.

4. Umbuchungen zwischen den einzelnen Posten des Anlagevermögens zu
Anschaffungs-/Herstellungskosten,
5. Zuschreibungen des Geschäftsjahres,
6. kumulierte Abschreibungen.

18   Ausgehend von den summierten Anlagenspiegeln der Tochtergesellschaften
und des Mutterunternehmens sind für den **Konzernanlagenspiegel Korrekturen** vorzunehmen, damit dieser der Fiktion der rechtlichen Einheit des
Konzerns entspricht.[10]

19   Die Anschaffungs-/Herstellungskosten sind, wenn die Vermögensgegenstände im Laufe der Konzernzugehörigkeit angeschafft werden, durch § 255
iVm § 298 Abs. 1 und § 308 zu bestimmen. Ggf. ist § 304 zu beachten.

20   Für **Vermögensgegenstände, die bereits im Zeitpunkt der Erstkonsolidierung** vorhanden sind, ist die Fiktion des Einzelerwerbs anzuwenden.
Sie sind daher mit ihrem Anschaffungswert aus Konzernsicht zu bewerten.
Da bei der **Erstkonsolidierung stille Rücklagen oder stille Lasten** aufgelöst werden, unterscheidet sich dieser von den Werten in den Einzelabschlüssen (vgl. für die Anwendung der Neubewertungsmethode Anm. zu
§ 301).

21   Falls die so **ermittelten Konzernanschaffungs-/-herstellungskosten**
wesentlich unter den Buchwerten in den Einzelabschlüssen liegen, ist es nicht
zulässig, die höheren Jahresabschlusswerte im Konzernanlagenspiegel und die
Wertunterschiede im Konzernabschluss als Abschreibungen auszuweisen, da
diese Vorgehensweise der Fiktion des Einzelerwerbs widerspricht. In der
Literatur wird häufig entgegengehalten, dass durch den Ausweis mithilfe solch
einer Bruttodarstellung die Altersstruktur der Anlagengegenstände besser zu
erkennen ist. Jedoch ist auch bei einem regulären Erwerb von gebrauchten
Anlagen solch ein Bruttoausweis nicht zulässig.[11]

22   Beim Ausweis der **Zugänge** ist im Konzernanlagenspiegel zu beachten,
dass konzerninterne Vorgänge (Veräußerung innerhalb des Konsolidierungskreises) rückgängig zu machen sind. Aus Konzernsicht hat, wenn ein Vermögensgegenstand aus dem Anlagevermögen eines Konzernunternehmens in
das Anlagevermögen eines anderen verkauft wird, keine Änderung stattgefunden, da es unbeachtlich ist, bei welcher Konzerngesellschaft der Vermögensgegenstand im Einzelabschluss zu finden ist. Beim Wertansatz müssen eventuell angefallene Zwischengewinne/-verluste eliminiert werden.[12] Falls auf die
Zwischengewinn-/-verlusteliminierung zulässigerweise verzichtet wird,
muss die Werterhöhung/-minderung als Zuschreibung oder Abschreibung
ausgewiesen werden, da es sich um eine rein wertmäßige Änderung handelt.[13]

23   Die bei der Erstkonsolidierung eines Tochterunternehmens übernommenen Vermögensgegenstände sind mit ihren Konzernanschaffungs-/-herstel-
lungskosten als Zugang auszuweisen. Bei einer **wesentlichen Erweiterung
des Konzerns** erhöht ein gesonderter Ausweis der entsprechenden Zugänge
die Transparenz des Anlagenspiegels.[14]

---

[10] *Busse von Colbe/Ordelheide/Gebhardt/Pellens* Konzernabschlüsse S. 450.
[11] *Busse von Colbe/Ordelheide/Gebhardt/Pellens* Konzernabschlüsse S. 450 f.; aA BeBiKo/
Winkeljohann/Deubert Rn. 64.
[12] HdBKo/*Berndt* Rn. 35.
[13] BeBiKo/*Winkeljohann/Deubert* Rn. 64.
[14] *IDW* RS HFA 44. Rn. 17; BeBiKo/*Winkeljohann/Deubert* Rn. 65.

Zu den auszuweisenden Zugängen gehört ebenfalls ein eventuell entstan- 24 dener **Geschäfts- oder Firmenwert.**[15]

Bezüglich der **Abgänge von einzelnen Vermögensgegenständen** bei 25 Tochterunternehmen ist im Konzernanlagenspiegel zu beachten, dass aus Konzernsicht bei der Erstkonsolidierung vom Einzelabschluss abweichende Werte angesetzt wurden. Im Konzernanlagenspiegel wären entsprechend andere Konzernanschaffungs-/-herstellungskosten und kumulierte Abschreibungen als Abgang zu berücksichtigen.

Bei der Erstkonsolidierung ist, falls die **Beteiligung im gleichen Jahr** 26 **erworben** wurde, der Zugang der Beteiligung beim Mutterunternehmen im Konzernanlagenspiegel zu eliminieren, da stattdessen die Vermögensgegenstände des Anlagevermögens der erworbenen Tochter als Zugänge gezeigt werden. Wurde die Beteiligung allerdings schon in der Vorjahresbilanz gezeigt, zB weil es sich um einen sukzessiven Erwerb handelt, sodass zum Stichtag der Zugang nicht eliminiert werden kann, muss für die konsolidierte Beteiligung in Höhe des Beteiligungsbuchwertes im Konzernanlagenspiegel ein Abgang gezeigt werden.

Beim **Ausscheiden eines Tochterunternehmens** sind als Folge der Ent- 27 konsolidierung die aus dem Konsolidierungskreis ausscheidenden Vermögensgegenstände einzeln als Abgänge zu zeigen (Anschaffungs-/Herstellungskosten; kumulierte Abschreibungen). Dies gilt auch für einen eventuell noch nicht voll abgeschriebenen Geschäfts- oder Firmenwert.[16]

Im Konzernanlagenspiegel können über die Zusammenfassung der einzel- 28 nen Anlagenspiegel hinausgehende **Umbuchungen** notwendig werden, wenn aus Konzernsicht ein Vermögensgegenstand, der **konzernintern** den Eigentümer gewechselt hat, beim neuen Besitzer in eine andere Vermögenskategorie gehört als beim Vorbesitzer, zB eine Maschine, die beim Empfänger zu Anlagen im Bau gehört.[17]

Die **kumulierten Abschreibungen** setzen sich aus planmäßigen und 29 außerplanmäßigen Abschreibungen zusammen. Die Summe kann im Konzernanlagenspiegel von der Addition der kumulierten Abschreibungen der einbezogenen Konzernunternehmen abweichen, wenn konzernspezifische Umbewertungen (Erstkonsolidierung) vorgenommen wurden.[18]

b) Ausweis bei Anwendung der Equity-Methode. Die **Beteiligungen** 30 **an assoziierten Unternehmen** sind nach § 311 Abs. 1 S. 1 **gesondert** auszuweisen. Da sie zum Anlagevermögen gehören, sind für sie ebenfalls die oben genannten Werte und Veränderungen im Anlagenspiegel darzustellen.

Nach dem Wortlaut des Gesetzes sind alle assoziierten Unternehmen in 31 einer Position zusammenzufassen, unabhängig davon, ob sie nach der Equity-Methode bewertet werden. Da die Zusammenfassung von Vermögensgegenständen, die mit sehr unterschiedlichen Methoden bewertet werden, den Aussagegehalt des Konzernabschlusses mindert, wird es für zulässig erachtet, die nach der **Equity-Methode** bewerteten assoziierten Unternehmen **getrennt** darzustellen.[19] Im **Erwerbsjahr der Beteiligung** ist im Konzern-

---

[15] *Busse von Colbe/Ordelheide/Gebhardt/Pellens* Konzernabschlüsse S. 248; vgl. für die Behandlung eines Geschäfts- oder Firmenwerts Anmerkungen zu § 309 HGB.
[16] *Busse von Colbe/Ordelheide/Gebhardt/Pellens* Konzernabschlüsse S. 452 f.
[17] *Busse von Colbe/Ordelheide/Gebhardt/Pellens* Konzernabschlüsse S. 454.
[18] *ADS* Rn. 135 f.
[19] *Busse von Colbe/Ordelheide/Gebhardt/Pellens* Konzernabschlüsse S. 456.

anhang der **Zugang** statt unter Beteiligungen unter dieser Position („Anteile an assoziierten Unternehmen") als Zugang zu zeigen. Der ausgewiesene Wert im Konzernanlagenspiegel entspricht den Anschaffungskosten für die Beteiligung.

32 **Abgänge** sind in Höhe des Wertes zu zeigen, mit dem das assoziierte Unternehmen im letzten vor dem Verkauf der Beteiligung aufgestellten Konzernabschluss ausgewiesen war.[20]

33 Problematisch ist der Ausweis der **Fortschreibungen des Equitywertes** um die Abschreibungen anteiliger erworbener stiller Rücklagen und der Geschäfts- oder Firmenwerte sowie um anteilige Jahresüberschüsse und möglicherweise um anteilige Zwischengewinneliminierung (→ § 312 Rn. 38 f.).

34 **c) Berücksichtigung von ausländischen Tochtergesellschaften.** Werden Tochterunternehmen, die ihren Sitz **außerhalb der Euro-Zone** haben, in den Konzernabschluss einbezogen, müssen die in Landeswährungseinheiten aufgestellten (Einzel-)Jahresabschlüsse in Euro umgerechnet werden. Die auf die Vermögensgegenstände entfallenden, im Anlagenspiegel ausgewiesenen Veränderungen sind mit dem **gleichen Wechselkurs** umzurechnen wie die Bestandswerte.

35 Bei Anwendung der **Stichtagskursmethode** auf die Bestände und die Veränderungen im ausländischen Anlagenspiegel lässt sich der Euro-Endbestandswert des Vorjahres nicht mehr aus den Euro-Bruttoanschaffungskosten und den kumulierten Euro-Abschreibungen herleiten. Um der Vorschrift des § 298 Abs. 1 iVm § 252 Abs. 1 Nr. 1 zu entsprechen, müssen bei der Anwendung der Stichtagsmethode weitere Angaben gemacht werden.

36 Mit dem Ziel, dass die zeilenweise Queraddition zum Buchwert des Geschäftsjahres führt, wird folgende Vorgehensweise vorgeschlagen: Die Bruttoanschaffungskosten und ggf. auch die kumulierten Abschreibungen werden zum historischen Kurs umgerechnet. Die Darstellung der Differenz zur Umrechnung der Positionen zum Stichtagskurs in einer gesonderten Spalte stellt die höchste Transparenz her. Die Einbeziehung von **Umrechnungsdifferenzen** in die Positionen Zugänge/Abgänge wird für zulässig gehalten,[21] allerdings ist sie inkonsistent, da wertmäßige Veränderungen (Wechselkursdifferenzen) mit mengenmäßigen Veränderungen zusammengefasst werden. Der Ausweis von negativen Umrechnungsdifferenzen als Abschreibungen ist unzweckmäßig, da er bei erheblichen Wechselkursänderungen zu einer Verzerrung der Position führt. Ein Ausweis des Anteils der Umrechnungsdifferenz an den Abschreibungen ist dann notwendig.[22]

III. Zusammenfassung Anhang

37 Unter der Voraussetzung, dass der Konzernabschluss und der Jahresabschluss des Mutterunternehmens **gemeinsam offengelegt** werden, erlaubt Abs. 2 S. 1 bzw. Abs. 2 S. 2, dass der Konzernanhang und der Anhang des Jahresabschlusses des Mutterunternehmens zusammengefasst werden. Für die Zusammenfassung ist keine bestimmte Form vorgeschrieben. Sowohl die Anforderungen der §§ 284 f. als auch der §§ 313 f. müssen erfüllt sein.

---

[20] *Busse von Colbe/Ordelheide/Gebhardt/Pellens* Konzernabschlüsse S. 456.
[21] BeBiKo/*Winkeljohann/Deubert* Rn. 66.
[22] *Busse von Colbe/Ordelheide/Gebhardt/Pellens* Konzernabschlüsse S. 469 f.

IV. Folgen der Nichtbeachtung

Eine Verletzung des § 298 Abs. 1 wird von der Bußgeldvorschrift des **38** § 334 Abs. 1 Nr. 2 Buchst. b erfasst. Nach § 334 Abs. 1 Nr. 2 Buchst. b wird ein Verstoß gegen die §§ 244–248, 249 Abs. 1 S. 1, § 249 Abs. 2, § 250 Abs. 1 und § 251 als Ordnungswidrigkeit sanktioniert.

§ 299 Stichtag für die Aufstellung

(1) **Der Konzernabschluss ist auf den Stichtag des Jahresabschlusses des Mutterunternehmens aufzustellen.**

(2) **¹Die Jahresabschlüsse der in den Konzernabschluß einbezogenen Unternehmen sollen auf den Stichtag des Konzernabschlusses aufgestellt werden. ²Liegt der Abschlußstichtag eines Unternehmens um mehr als drei Monate vor dem Stichtag des Konzernabschlusses, so ist dieses Unternehmen auf Grund eines auf den Stichtag und den Zeitraum des Konzernabschlusses aufgestellten Zwischenabschlusses in den Konzernabschluß einzubeziehen.**

(3) **Wird bei abweichenden Abschlußstichtagen ein Unternehmen nicht auf der Grundlage eines auf den Stichtag und den Zeitraum des Konzernabschlusses aufgestellten Zwischenabschlusses in den Konzernabschluß einbezogen, so sind Vorgänge von besonderer Bedeutung für die Vermögens-, Finanz- und Ertragslage eines in den Konzernabschluß einbezogenen Unternehmens, die zwischen dem Abschlußstichtag dieses Unternehmens und dem Abschlußstichtag des Konzernabschlusses eingetreten sind, in der Konzernbilanz und der Konzern-Gewinn- und Verlustrechnung zu berücksichtigen oder im Konzernanhang anzugeben.**

I. Allgemeine Grundsätze

Der handelsrechtliche Konzernabschluss ist, wie der Jahresabschluss, zu **1** einem bestimmten Stichtag aufzustellen. Aus der Fiktion der rechtlichen Einheit des Konzerns folgt, dass **alle einbezogenen Jahresabschlüsse** (Vollkonsolidierung und Quotenkonsolidierung) **zum gleichen Stichtag** aufgestellt sein müssen. Dieser Grundsatz der Einheitlichkeit der Stichtage wird durch Abs. 2 aufgeweicht, der die Einbeziehung von Jahresabschlüssen mit vom Konzernjahresabschluss abweichendem Stichtag zulässt. Unter bestimmten Voraussetzungen sind in diesen Fällen jedoch **Zwischenabschlüsse** aufzustellen oder zusätzlich Geschäftsvorfälle in die Konzernbilanz oder Konzerngewinn- und Verlustrechnung aufzunehmen bzw. entsprechende Angaben im Konzernanhang zu machen.

II. Stichtag für die Aufstellung des Konzernabschlusses

Der Konzernabschluss ist gem. Abs. 1 auf den **Stichtag** des Jahresabschlus- **2** ses des Mutterunternehmens aufzustellen.

Der **Wechsel des Konzerngeschäftsjahres** ist möglich, wenn hierfür eine **3** sachliche Begründung vorliegt. Diese kann zB in der wesentlichen Änderung des Konsolidierungskreises liegen. Durch die Änderung des Konzernabschlussstichtages muss gewährleistet sein, dass in Zukunft durch diese Maßnahme eine bessere Darstellung der Vermögens-, Finanz- und Ertragslage möglich ist. Bei

Wechsel des Geschäftsjahres muss ggf. ein Rumpfgeschäftsjahr gebildet werden, um zu verhindern, dass ein Geschäftsjahr länger als 12 Monate dauert.[1]

III. Stichtag für die einbezogenen Jahresabschlüsse

4   **1. Grundsatz.** Gemäß dem Grundsatz der **Einheitlichkeit der Stichtage** sollten die in den Konzernabschluss einbezogenen Jahresabschlüsse einheitlich zum Konzernstichtag aufgestellt sein. Abs. 2 beinhaltet jedoch nur eine Sollvorschrift und ermöglicht damit, dass Jahresabschlüsse in den Konzernabschluss einbezogen werden, die einen **abweichenden Stichtag** haben.[2] Um zu verhindern, dass dadurch die Darstellung eines den tatsächlichen Verhältnissen entsprechenden Bildes der Vermögens-, Finanz- und Ertragslage gefährdet wird, sind unter bestimmten Bedingungen Zwischenabschlüsse aufzustellen. Konzerne vereinheitlichen in der Praxis die Stichtage der Tochterunternehmen, um den Aufwand der Aufstellung von Zwischenabschlüssen zu vermeiden. In vielen Konzernen werden für die interne Steuerung und die externe Berichterstattung weitgehend einheitliche Zahlen verwendet, sodass regelmäßig unterjährlich Zahlen zusammengestellt werden – zB auf monatlicher Basis. Dabei handelt es sich zumeist nur um Teile von Zwischenabschlüssen. Bei weltweit tätigen Unternehmen lassen sich ggf. abweichende Stichtage von Tochterunternehmen nicht vermeiden, da in bestimmten Ländern die Abschlussstichtage einheitlich gesetzlich vorgeschrieben sind. Auch bei Erwerb eines Unternehmens kann der Fall eines abweichenden Stichtages praktisch relevant sein.[3]

5   **2. Abweichende Stichtage.** Liegt der **Stichtag des Jahresabschlusses eines einbezogenen Unternehmens** um mehr als **drei Monate** vor dem Konzernbilanzstichtag oder liegt er nach diesem Stichtag, muss ein **Zwischenabschluss** aufgestellt werden (Abs. 2). Bei abweichenden Stichtagen kann also auf die Aufstellung eines Zwischenabschlusses nur verzichtet werden, wenn der Stichtag des einbezogenen Einzelabschlusses maximal drei Monate vor dem Stichtag des Konzernabschlusses liegt. Dann sind wesentliche Änderungen, wenn sich nach dem Stichtag des Jahresabschlusses ergeben haben, im Konzernabschluss darzustellen (Abs. 3).

6   Die Vorschriften des § 299 sind auch auf quotal konsolidierte Unternehmen anzuwenden.[4] DRS 9.9 fordert dagegen, dass ein Zwischenabschluss des Gemeinschaftsunternehmens aufzustellen ist.

7   **3. Besonderheiten bei der Erstellung von Zwischenabschlüssen.** Der Zwischenabschluss ermöglicht es, die **abweichende Rechnungsperiode eines Konzernunternehmens** aufrechtzuerhalten, ohne dass der Aussagewert des Konzernabschlusses durch die Einbeziehung eines auf der Grundlage einer abweichenden Rechnungsperiode aufgestellten Jahresabschlusses beeinträchtigt wird. Durch ihn wird ein Abrechnungszeitraum für das Konzernunternehmen geschaffen, der dem des Konzerns gleicht. Deshalb kann nur ein Abschluss, der auf Stichtag und Zeitraum des Konzernabschlusses aufgestellt ist, als Zwischenabschluss gelten.[5]

---

[1] BeBiKo/*Winkeljohann*/*Deubert* Rn. 3 f.
[2] *Heymann* Rn. 10.
[3] *Busse von Colbe*/*Ordelheide*/*Gebhardt*/*Pellens* Konzernabschlüsse S. 40 ff.; *Heymann* Rn. 1 ff.
[4] *Busse von Colbe*/*Ordelheide*/*Gebhardt*/*Pellens* Konzernabschlüsse S. 40.
[5] *ADS* Rn. 33.

Bei der Aufstellung des Zwischenabschlusses sind die Grundsätze ord- **8**
nungsmäßiger Buchführung sowie die für die Übernahme in den Konzernabschluss maßgeblichen Vorschriften zu beachten. Mithin gelten für den
Zwischenabschluss dieselben Rechnungslegungsvorschriften wie für einen in
die Konsolidierung einzubeziehenden Jahresabschluss.[6]

Der Zwischenabschluss muss **ordnungsgemäß aus den Büchern abge-** **9**
leitet werden. Ein gesonderter Abschluss der Bücher ist jedoch nicht notwendig. Die Unterlagen über die Herleitung des Zwischenabschlusses sind
ein Teil der Bücher und wie diese aufzubewahren.[7]

Der Zwischenabschluss ist nach § 317 Abs. 3 S. 1 grundsätzlich durch den **10**
Konzernabschlussprüfer zu prüfen.

Der Zwischenabschluss, der ausschließlich Bedeutung für die Erstellung des **11**
Konzernabschlusses hat, muss **nicht dem Aufsichtsrat zur Billigung** vorgelegt werden.

Aufgrund der geringeren rechtlichen Bedeutung und bei großer Nähe zu **12**
einem vorangehenden geprüften Jahresabschluss ergeben sich bei der Erstellung und Prüfung eines Zwischenabschlusses **Erleichterungen** gegenüber
der Vorgehensweise beim Jahresabschluss.[8] Wegen der fehlenden rechtlichen
Bedeutung als alleinstehender Abschluss sind zB die Wesentlichkeitsgrenzen
ausschließlich aus Konzernsicht zu quantifizieren.

Hinsichtlich der Vermögensgegenstände und Schulden können die **Anfor-** **13**
derungen an die Bestandsnachweise geringer angesetzt werden, wenn der
Zwischenabschluss von untergeordneter Bedeutung für den Konzernabschluss
ist oder wenn seit dem Stichtag des Jahresabschlusses nur verhältnismäßig
wenig Zeit verstrichen ist.

Wenn zwischen dem Tochterunternehmen und der Konzernobergesell- **14**
schaft ein **Ergebnisabführungsvertrag** besteht, ist im Zwischenabschluss
nur der auf das Konzerngeschäftsjahr entfallende Teil als Aufwand oder Ertrag
in der Zwischen-GuV zu berücksichtigen. Einfacher ist es jedoch, den für das
gesamte Geschäftsjahr des Tochterunternehmens abgeführten Gewinn/Ver-
lust als Aufwand/Ertrag zu verbuchen. Dadurch wird in der Zwischen-GuV
im Gegensatz zum Jahresabschluss ein Jahresüberschuss/-fehlbetrag hinsichtlich der Periode, die zum Konzerngeschäftsjahr gehört, die jedoch noch nicht
in einem Jahresabschluss des Tochterunternehmens erfasst ist ausgewiesen. Im
Konzernabschluss bewirkt dieser Jahresüberschuss/-fehlbetrag zusammengenommen mit dem Jahresüberschuss des Mutterunternehmens (abgeführter
Gewinn), dass durch die Einbeziehung des Zwischen-GuV genau das auf das
Konzerngeschäftsjahr entfallende Ergebnis des Tochterunternehmens ausgewiesen wird. Das Ergebnis setzt sich, bezogen auf die Rechnungsperioden
des Einzelabschlusses, aus je einem Anteil aus zwei aufeinander folgenden
Jahresabschlüssen zusammen.[9]

Bezüglich der **ertragsabhängigen Steuern** sind für die Zwischen- **15**
abschlüsse Annahmen zu treffen, die es sinnvoll ermöglichen, fiktive Ertragsteuern zu berücksichtigen.[10]

---

[6] BeBiKo/*Winkeljohann/Deubert* Rn. 11.
[7] Beck HdR/*Lange* C 320 Rn. 39.
[8] Beck HdR/*Lange* C 320 Rn. 40.
[9] Zahlenbeispiel bei *ADS* Rn. 43.
[10] *Busse von Colbe/Ordelheide/Gebhardt/Pellens* Konzernabschlüsse S. 41.

IV. Vorgänge von besonderer Bedeutung bei abweichendem Stichtag

16　　**1. Abgrenzung.** Falls auf die Aufstellung von Zwischenabschlüssen verzichtet wird, weil der Stichtag des Jahresabschlusses weniger als drei Monate vor dem Abschlussstichtag des Konzernabschlusses liegt, besteht die Verpflichtung, **Vorgänge von besonderer Bedeutung** für die Vermögens-, Finanz- und Ertragslage eines in den Konzernabschluss einbezogenen Unternehmens darzustellen. Die Bedeutung der zwischen den Stichtagen eingetretenen Vorgänge wird nicht an ihrer Auswirkung auf den Konzernabschluss gemessen, sondern an der Auswirkung auf die Darstellung der Vermögens-, Finanz- und Ertragslage irgendeines der in die Konsolidierung einbezogenen Unternehmen. Diese Vorgänge sind bezogen auf das einzelne Tochterunternehmen in ihrer Gesamtheit zu beurteilen.[11]

17　　**2. Berücksichtigung in der Bilanz und in der Gewinn- und Verlustrechnung.** Wenn ein Unternehmen **nicht** auf Grund eines zum Konzernabschlussstichtag aufgestellten **(Zwischen-)Abschlusses** konsolidiert wird, können bei der Kapitalkonsolidierung, bei der Schuldenkonsolidierung, bei der Aufwands- und Ertragskonsolidierung und bei der Zwischenergebniseliminierung erhebliche **konsolidierungstechnische Schwierigkeiten** entstehen. Beispielsweise kann bei der Schuldenkonsolidierung die Situation auftreten, dass ein Kredit, der zwischen den beiden Stichtagen zwischen zwei Konzernunternehmen vergeben wurde, zwar bei einem Unternehmen verbucht ist, in dem anderen, mit dem früheren Stichtag jedoch nicht.[12] Die bei der **Schuldenkonsolidierung entstehenden Schwierigkeiten** können dadurch beseitigt werden, dass man

1. die betreffenden Positionen nicht in die Schuldenkonsolidierung einbezieht, sie also behandelt, als ob ein Geschäft mit Dritten zugrunde läge, oder
2. fiktive Korrekturbuchungen vornimmt, die eine Anpassung an den früheren (abweichenden) Stichtag erwirken, oder
3. fiktive Korrekturbuchungen vornimmt, die eine Anpassung an den Konzernabschlussstichtag erwirken.[13]

18　　Die dritte Alternative führt dazu, dass ein partieller, nur die bedeutenden Vorgänge berücksichtigender Zwischenabschluss aufgestellt wird. Dies scheint den Anforderungen des Abs. 3 iSd Berücksichtigung solcher Vorgänge in der Konzernbilanz oder in der Konzern-Gewinn- und Verlustrechnung zu genügen.

19　　**3. Berücksichtigung im Konzernanhang.** Wenn von dem Wahlrecht Gebrauch gemacht wird, über Vorgänge von besonderer Bedeutung statt in der Konzernbilanz und in der Konzern-Gewinn- und Verlustrechnung im Anhang zu berichten, müssen die **Angaben im Anhang gleichwertige Informationen** liefern. Dies erfordert in der Regel eine entsprechende Nebenrechnung, um Zahlenangaben und Erläuterungen zu ermitteln, die die Auswirkungen der angabepflichtigen Vorgänge erkennbar machen. Es kann notwendig sein, zusätzliche Erläuterungen zu den Zahlenangaben hinzuzufügen. Wenn mehrere Unternehmen mit abweichenden Stichtagen einbezo-

---

[11] BeBiKo/*Winkeljohann/Deubert* Rn. 33.
[12] *ADS* Rn. 83, 88.
[13] HdBKo/*Trützschler* Rn. 25.

gen werden, können gleiche Sachverhalte zusammengefasst werden. Die Angabe der Unternehmen mit abweichenden Stichtagen und die Nennung der Stichtage ist sinnvoll.

V. Folgen der Nichtbeachtung

Eine Verletzung des § 299 wird vom Gesetz nicht explizit sanktioniert. 20 Soweit eine Verletzung dieser Vorschrift allerdings zur Folge hat, dass die Verhältnisse des Konzerns im Konzernabschluss, im Konzernlagebericht etc unrichtig wiedergegeben oder verschleiert werden, kommt eine strafrechtliche Verfolgung der Mitglieder des vertretungsberechtigten Organs oder des Aufsichtsrats einer Kapitalgesellschaft gem. § 331 Nr. 2 in Betracht.

Vierter Titel. Vollkonsolidierung

§ 300 Konsolidierungsgrundsätze. Vollständigkeitsgebot

(1) [1] In dem Konzernabschluß ist der Jahresabschluß des Mutterunternehmens mit den Jahresabschlüssen der Tochterunternehmen zusammenzufassen. [2] An die Stelle der dem Mutterunternehmen gehörenden Anteile an den einbezogenen Tochterunternehmen treten die Vermögensgegenstände, Schulden, Rechnungsabgrenzungsposten und Sonderposten der Tochterunternehmen, soweit sie nach dem Recht des Mutterunternehmens bilanzierungsfähig sind und die Eigenart des Konzernabschlusses keine Abweichungen bedingt oder in den folgenden Vorschriften nichts anderes bestimmt ist.

(2) [1] Die Vermögensgegenstände, Schulden und Rechnungsabgrenzungsposten sowie die Erträge und Aufwendungen der in den Konzernabschluß einbezogenen Unternehmen sind unabhängig von ihrer Berücksichtigung in den Jahresabschlüssen dieser Unternehmen vollständig aufzunehmen, soweit nach dem Recht des Mutterunternehmens nicht ein Bilanzierungsverbot oder ein Bilanzierungswahlrecht besteht. [2] Nach dem Recht des Mutterunternehmens zulässige Bilanzierungswahlrechte dürfen im Konzernabschluß unabhängig von ihrer Ausübung in den Jahresabschlüssen der in den Konzernabschluß einbezogenen Unternehmen ausgeübt werden. [3] Ansätze, die auf der Anwendung von für Kreditinstitute oder Versicherungsunternehmen wegen der Besonderheiten des Geschäftszweigs geltenden Vorschriften beruhen, dürfen beibehalten werden; auf die Anwendung dieser Ausnahme ist im Konzernanhang hinzuweisen.

I. Allgemeine Grundsätze

Das Grundprinzip der Erstellung eines Konzernabschlusses ist die Zusam- 1 menfassung der für diesen Zweck vorbereiteten Jahresabschlüsse der Konzernunternehmen und die Korrektur des summierten Abschlusses um konzerninterne Vorgänge.[1]

Die **Zielsetzung** des Konzernabschlusses bedingt es, dass nicht mehr die 2 Beteiligungen des Mutterunternehmens an den Tochterunternehmen ausgewiesen werden, sondern an deren Stelle die Vermögensgegenstände, Schulden, Rechnungsabgrenzungsposten, Bilanzierungshilfen und Sonderposten

---

[1] *Busse von Colbe/Ordelheide/Gebhardt/Pellens* Konzernabschlüsse S. 193.

der Tochterunternehmen (Abs. 1 S. 2). Maßgeblich für die Bilanzierung ist das **Recht des Mutterunternehmens,** wenn nicht die Eigenart des Konzernabschlusses eine Abweichung bedingt oder in den Vorschriften zum Konzernabschluss etwas anderes bestimmt wird.

3   Die postenweise Addition der Jahresabschlüsse der Konzernunternehmen begründet die **Methode der Vollkonsolidierung.** Es werden nämlich unabhängig von der Beteiligungsquote die Posten des Einzelabschlusses eines Tochterunternehmens in voller Höhe übernommen.[2]

4   Die Darstellung der wirtschaftlichen Einheit Konzern wird durch den in Abs. 2 S. 2 kodifizierten Grundsatz der Anwendung der Bilanzierungspflichten, Bilanzierungsverbote und Bilanzierungswahlrechte, die für das Mutterunternehmen gelten, erzielt. Die Ausübung von Wahlrechten in den Jahresabschlüssen der Konzernunternehmen ist davon unabhängig. Diese Regelung ermöglicht es, für den Konzernabschluss eine eigene Bilanzpolitik zu betreiben, zB steuerliche Einflüsse zu eliminieren.[3] Die Anpassung an das Bilanzierungsrecht des Mutterunternehmens ist insbesondere in Bezug auf ausländische Tochterunternehmen von Bedeutung.

5   Das **Recht des Mutterunternehmens** liegt dem Vollständigkeitsgebot des Abs. 2 S. 1 zugrunde. Es ist nicht zu verwechseln mit dem Gebot der Vollständigkeit des Konsolidierungskreises (§ 294 Abs. 2). Die Vermögensgegenstände, Schulden, Rechnungsabgrenzungsposten, Sonderposten und Aufwendungen und Erträge der Konzernunternehmen sind nach dem Recht des Mutterunternehmens vollständig in den Konzernabschluss aufzunehmen.[4] Das kann dazu führen, dass Sachverhalte, die bei einem **Tochterunternehmen** nicht bilanzierungspflichtig oder -fähig sind, im Konzernabschluss aufgenommen werden müssen, wenn sie nach dem Recht des Mutterunternehmens bilanzierungspflichtig sind. Das Vollständigkeitsgebot bedeutet auch, dass Vorgänge, die nicht dem Konzern zuzuordnen sind, nicht im Konzernabschluss erfasst werden dürfen. ZB sind Aufwendungen und Erträge erst ab dem Zeitpunkt der Erstkonsolidierung als dem Zeitpunkt, zu dem ein Unternehmen Tochterunternehmen wird, in der KonzernGuV zu zeigen.[5]

6   Schließlich beinhaltet Abs. 2 S. 3 besondere Bestimmungen für Versicherungen und Kreditinstitute.

II. Zusammenfassung der Jahresabschlüsse der Konzernunternehmen

7   Für Zwecke der Konzernrechnungslegung tritt der Konzernabschluss als Abschluss der größeren wirtschaftlichen Einheit an die Stelle der Jahresabschlüsse der einzelnen, rechtlich selbstständigen Unternehmen.[6] Dabei wird der Konzernabschluss „grundsätzlich nicht als originärer Abschluss aus einer eigens für diese Zwecke eingerichteten Konzernbuchführung",[7] sondern durch Zusammenfassung der vorbereiteten Jahresabschlüsse der Tochterunternehmen und Korrektur um konzerninterne Vorgänge entwickelt. Eine **be-**

---

[2] BeBiKo/*Winkeljohann*/*Kroner* Rn. 12.
[3] *Busse von Colbe*/*Ordelheide*/*Gebhardt*/*Pellens* Konzernabschlüsse S. 125 f.
[4] BeBiKo/*Winkeljohann*/*Kroner* Rn. 13.
[5] BeBiKo/*Winkeljohann*/*Kroner* Rn. 12, 16.
[6] WP-HdB Kap. G Rn. 1 f.
[7] *ADS* Rn. 3.

sondere Konzernbuchführung ist dennoch notwendig, um die Überleitung der Handelsbilanzen II aus den Jahresabschlüssen sowie die Konsolidierungsbuchungen und die mit ihnen verbundenen Nebenrechnungen zu erfassen und zu dokumentieren. Der Konzernabschluss wird am Ende eines jeden Konzerngeschäftsjahres aus den vorliegenden Einzelabschlüssen entwickelt, dabei werden zahlreiche Fortschreibungen von Konsolidierungsbuchungen der Vorjahre erforderlich.[8] Die **ordnungsgemäße Dokumentation und Aufbewahrung** der Bewertungsanpassungen, Konsolidierungsbuchungen und Nebenrechnungen ist daher wesentliche Grundlage für die Erstellung des Konzernabschlusses.

Der erste Schritt zur Erstellung eines Konzernabschlusses ist die **Addition** **8** **der Jahresabschlüsse** der in den Konzernabschluss einzubeziehenden Konzernunternehmen (bei quotal konsolidierten Gemeinschaftsunternehmen nur der dem Konzern zuzurechnende Teil). Dazu wird ein sog. Summenabschluss erstellt. Die dort ausgewiesenen Positionen entsprechen jeweils der Summe der in den Einzelabschlüssen ausgewiesenen Beträge. Bei den Handelsbilanzen II muss sichergestellt sein, dass sie formal (Gliederung) mit dem Konzernabschluss übereinstimmen. Insbesondere müssen gleiche Geschäftsvorfälle bei den Konzernunternehmen ihren Niederschlag in der gleichen Position finden. Dazu sind entsprechende **Konzernbuchungs- und Bilanzierungsrichtlinien** meist notwendig. Es ist daher unerlässlich, dass vor der Zusammenfassung **konsolidierungsfähige Einzelabschlüsse** vorliegen. Obwohl meist auch Anpassungen in der GuV notwendig sind, werden die konsolidierungsfähigen Einzelabschlüsse **Handelsbilanz II** genannt.[9]

Bei der **Überleitung der Jahresabschlüsse** der Konzernunternehmen auf **9** die konsolidierungsfähigen Jahresabschlüsse sind folgende Schritte ggf. durchzuführen:[10]

1. Anpassung an das Recht des Mutterunternehmens (abweichende Bilanzierungsge- und -verbote, Abs. 1 S. 2, Abs. 2 S. 1),
2. Anpassung an die konzerneinheitliche Ausübung von Bewertungswahlrechten (§ 308),
3. Anpassung an den konzerneinheitlichen Ausweis (§§ 265, 266 und 275 iVm § 298 Abs. 1),
4. Umrechnung ausländischer Abschlüsse in Euro (§ 244 iVm § 298 Abs. 1 und § 308a),
5. Steuerabgrenzung.

Der nächste Schritt ist die **Eliminierung der Anteile des Mutterunter-** **10** **nehmens an den Tochterunternehmen,** da insofern in der Summenbilanz eine Doppelerfassung vorliegt. Eine Doppelerfassung findet sich ebenfalls im **Eigenkapital der Summenbilanz.** Diese Mehrfacherfassungen werden durch die Kapitalkonsolidierung beseitigt. Die dazu anzuwendende Methode ist in § 301 festgelegt.[11]

Das Gesetz erlaubt, **vom Recht des Mutterunternehmens abzuwei-** **11** **chen,** wenn dies durch die Eigenart des Konzernabschlusses bedingt ist oder es in den §§ 301–310 geregelt ist.

---

[8] *ADS* Vor § 290 Rn. 62.
[9] *Busse von Colbe/Ordelheide/Gebhardt/Pellens* Konzernabschlüsse S. 127.
[10] *Baetge/Kirsch/Thiele* KonzernBilanzen S. 69 ff.
[11] *v. Wysocki/Wohlgemuth/Brösel* Konzernrechnungslegung S. 79.

III. Vollständigkeitsgebot und Ausübung von Ansatzwahlrechten im Konzernabschluss

12 Das in Abs. 2 S. 1 kodifizierte Vollständigkeitsgebot besagt, dass unter **Anwendung des Rechts des Mutterunternehmens** Vermögensgegenstände, Schulden, Rechnungsabgrenzungsposten und Sonderposten, Aufwendungen und Erträge, wenn für sie ein Bilanzierungsgebot besteht, auch dann in den Konzernabschluss (bzw. zunächst in die HB II) aufzunehmen sind, wenn sie im Einzelabschluss nicht bilanziert werden (dürfen). Ebenso ist den Bilanzierungsverboten auch entgegen den Verhältnissen in den Einzelabschlüssen zu folgen.[12]

13 Der Grundsatz der **Unabhängigkeit der Konzernbilanzierung,** der in Abs. 2 S. 2 zum Ausdruck kommt, bedeutet, dass für den Konzernabschluss die nach dem Recht des Mutterunternehmens zulässigen Bilanzierungswahlrechte für den Konzernabschluss neu ausgeübt werden dürfen. Das gilt für das Mutterunternehmen und alle Tochterunternehmen. § 246 Abs. 3 enthält den Grundsatz, dass Ansatzmethoden im Zeitablauf beizubehalten sind. Daraus ergibt sich, dass nicht nur die Bewertungs- sondern auch die Ansatzwahlrechte im Konzernabschluss einheitlich auszuüben sind.[13]

14 Schließlich räumt Abs. 2 S. 3 das Recht ein, dass Ansätze, die auf der Anwendung von für **Kreditinstitute und Versicherungsunternehmen** wegen der Besonderheiten des Geschäftszweigs geltenden Vorschriften beruhen, beibehalten werden dürfen. Auf die Anwendung dieser Ausnahme ist im Konzernanhang hinzuweisen. Dies gilt auch, wenn das Mutterunternehmen selbst nicht unter die Sondervorschriften fällt. Wenn das Mutterunternehmen ein Kreditinstitut oder ein Versicherungskonzern ist, kann auf eine Anpassung des Bilanzansatzes ausländischer Banken bzw. Versicherungsunternehmen verzichtet werden, falls andere abweichende Vorschriften in dem Herkunftsland des Tochterunternehmens vorliegen.[14]

IV. Folgen der Nichtbeachtung

15 Ein Verstoß gegen § 300 Abs. 1 wird von § 334 Abs. 1 Nr. 2 Buchst. c erfasst und als Ordnungswidrigkeit qualifiziert. § 340n Abs. 1 Nr. 2 Buchst. c bzw. § 341n Abs. 1 Nr. 2 Buchst. c beinhalten insoweit Spezialvorschriften für Kreditinstitute bzw. Versicherungsunternehmen. Soweit § 300 Wahlrechte beinhaltet, kann eine Verletzung nicht in Betracht gezogen werden.

§ 301 Kapitalkonsolidierung

(1) [1]**Der Wertansatz der dem Mutterunternehmen gehörenden Anteile an einem in den Konzernabschluß einbezogenen Tochterunternehmen wird mit dem auf diese Anteile entfallenden Betrag des Eigenkapitals des Tochterunternehmens verrechnet.** [2]**Das Eigenkapital ist mit dem Betrag anzusetzen, der dem Zeitwert der in den Konzernabschluß aufzunehmenden Vermögensgegenstände, Schulden, Rechnungsabgrenzungsposten und Sonderposten entspricht, der diesen an dem für die Verrechnung nach Absatz 2 maßgeblichen Zeitpunkt beizulegen ist.** [3]**Rückstellungen**

---

[12] Baetge/Kirsch/Thiele/*Kirsch*/*Hepers*/*Dettenrieder* Rn. 51 f.
[13] WP-HdB Kap. G Rn. 290.
[14] BeBiKo/*Winkeljohann*/*Kroner* Rn. 53.

sind nach § 253 Abs. 1 Satz 2 und 3, Abs. 2 und latente Steuern nach § 274 Abs. 2 zu bewerten.

(2) [1]Die Verrechnung nach Absatz 1 ist auf Grundlage der Wertansätze zu dem Zeitpunkt durchzuführen, zu dem das Unternehmen Tochterunternehmen geworden ist. [2]Können die Wertansätze zu diesem Zeitpunkt nicht endgültig ermittelt werden, sind sie innerhalb der darauf folgenden zwölf Monate anzupassen. [3]Stellt ein Mutterunternehmen erstmalig einen Konzernabschluss auf, sind die Wertansätze zum Zeitpunkt der Einbeziehung des Tochterunternehmens in den Konzernabschluss zugrunde zu legen, soweit das Tochterunternehmen nicht in dem Jahr Tochterunternehmen geworden ist, für das der Konzernabschluss aufgestellt wird. [4]Das Gleiche gilt für die erstmalige Einbeziehung eines Tochterunternehmens, auf die bisher gemäß § 296 verzichtet wurde. [5]In Ausnahmefällen dürfen die Wertansätze nach Satz 1 auch in den Fällen der Sätze 3 und 4 zugrunde gelegt werden; dies ist im Konzernanhang anzugeben und zu begründen.

(3) [1]Ein nach der Verrechnung verbleibender Unterschiedsbetrag ist in der Konzernbilanz, wenn er auf der Aktivseite entsteht, als Geschäfts- oder Firmenwert und, wenn er auf der Passivseite entsteht, unter dem Posten „Unterschiedsbetrag aus der Kapitalkonsolidierung" nach dem Eigenkapital auszuweisen. [2]Der Posten und wesentliche Änderungen gegenüber dem Vorjahr sind im Anhang zu erläutern.

(4) Anteile an dem Mutterunternehmen, die einem in den Konzernabschluss einbezogenen Tochterunternehmen gehören, sind in der Konzernbilanz als eigene Anteile des Mutterunternehmens mit ihrem Nennwert oder, falls ein solcher nicht vorhanden ist, mit ihrem rechnerischen Wert, in der Vorspalte offen von dem Posten „Gezeichnetes Kapital" abzusetzen.

Schrifttum: (ohne die Einzelbeiträge in den verschiedenen Handbüchern der Rechnungslegung) DRS 23, Kapitalkonsolidierung (Einbeziehung von Tochterunternehmen in den Konzernabschluss), Stand: 25.9.2015; *Schmidbauer,* Der Deutsche Rechnungslegungsstandard Nr. 4. Zur Bilanzierung von Unternehmenserwerben im Konzernabschluß, DStR 2001, 365; *Stibi,* Die handelsrechtliche Konzernrechnungslegung nach dem Regierungsentwurf des BilMoG, KoR 2008, 517; *Weber/Küting/Dusemond/Wirth,* Praxis der handelsrechtlichen Kapitalkonsolidierung (Teil 1), DB 2015, 1053.

Übersicht

I. Allgemeine Grundsätze

1 Durch die im Gesetz vorgesehene **Zusammenfassung der Jahresabschlüsse** des Mutter- und der Tochterunternehmen (Summenabschluss) ist es notwendig, für den Konzernabschluss die wegen der Kapitalverflechtungen im Summenabschluss vorkommenden **Mehrfacherfassungen** zu beseitigen. Der im Jahresabschluss des Mutterunternehmens ausgewiesenen **Beteiligung** entsprechen im Wesentlichen die Vermögenswerte und Schulden des Tochterunternehmens.[1] Ein **Tochterunternehmen** ist in der Summenbilanz umso häufiger vertreten, je weiter unten in der Konzernhierarchie es angesiedelt ist und je mehr Stufen ein Konzern hat. Die Doppelerfassung ist so zu eliminieren, dass der Konzernabschluss dem Abschluss eines rechtlich einheitlichen Unternehmens entspricht.[2]

2 Grundsätzlich sind in der Rechnungslegungstheorie verschiedene Konzeptionen denkbar, wie ein Tochterunternehmen bei einer Konsolidierung in den Konzernabschluss aufgenommen wird. Dabei wird im Wesentlichen zwischen den folgenden Methoden unterschieden:[3]

---

[1] Die Doppelerfassung erstreckt sich somit auch auf den der Beteiligung entsprechenden Eigenkapitalanteil der Untergesellschaft.

[2] *Busse von Colbe/Ordelheide/Gebhardt/Pellens* Konzernabschlüsse S. 193 f.

[3] *Busse von Colbe/Ordelheide/Gebhardt/Pellens* Konzernabschlüsse S. 194 f.

– Bei der sog. **Erwerbsmethode** (purchase method) wird das Tochterunternehmen zu Anschaffungskosten, idR der Marktwert, der Beteiligung in die Konzernbilanz einbezogen.

– Im Rahmen der **Interessenzusammenführungsmethode** (pooling of interest method) wird das bilanzielle Reinvermögen des Tochterunternehmens als der Saldo aller Vermögensgegenstände und Schulden zu Buchwerten herangezogen. Dies führt idR zu einer starken Abweichung vom Marktwert des erworbenen Unternehmens.

– Wird ein Unternehmen einer ähnlichen Größenordnung wie das Mutterunternehmen erworben und es entsteht dabei ein neues gemeinsames Unternehmen, können mit der sog. **Neugründungsmethode** (fresh start method) beide (erwerbendes und erworbenes) Unternehmen mit den Marktwerten zum Erwerbszeitpunkt in den Konzernabschluss einbezogen werden.

Die **Neugründungsmethode** wird seit Jahren in der Literatur diskutiert, **3** findet jedoch keine praktische Anwendung und wird im Handelsgesetzbuch nicht berücksichtigt. Die Interessenzusammenführungsmethode ist seit der Einführung des BilMoG nicht mehr zulässig. Diese Entscheidung wird mit der mangelnden Trennschärfe der Anwendungskriterien zwischen der Erwerbsmethode (§ 301) und der Interessenzusammenführungsmethode (§ 302 aF) und des hierdurch entstandenen faktischen Wahlrechts begründet.[4] Somit ist nunmehr nach dem Handelsgesetzbuch die Erwerbsmethode als einzig zulässige Konsolidierungsmethode vorgeschrieben.

Folgende Parameter müssen im Rahmen der Kapitalkonsolidierung festgelegt werden:[5]

1. Wertansatz für die zu verrechnenden Anteile, dh die Anschaffungskosten im Erwerbszeitpunkt oder der Buchwert der Anteile in der betrachteten Periode;
2. Betrag des anzusetzenden Eigenkapitals, welcher dem beizulegenden Zeitwert der in den Konzernabschluss aufzunehmenden Vermögensgegenstände, Schulden, Rechnungsabgrenzungsposten und Sonderposten entspricht (Abs. 1 S. 2);
3. Komponenten des anteiligen Eigenkapitals der Tochtergesellschaft, die in die Verrechnung mit der Beteiligung einzubeziehen sind;
4. Quote, nach der bei einer Beteiligung von weniger als 100% das mit dem Beteiligungsbuchwert zu verrechnende anteilige Eigenkapital bestimmt wird, und
5. Stichtag, zu dem die Anteile mit dem auf sie entfallenden Eigenkapital verrechnet werden (gem. Abs. 2 S. 1 Zeitpunkt an dem das Unternehmen Tochterunternehmen geworden ist).

Dem § 301 liegt die Erwerbsmethode mit der **Fiktion des Einzelerwerbs** **4** zugrunde. Für die Bilanzierung wird unterstellt, dass der Konzern nicht Anteile an einem Tochterunternehmen erwirbt, sondern einzelne Vermögensgegenstände und Schulden. Deshalb werden diese grundsätzlich mit ihren Tageswerten im Zeitpunkt des Erwerbs der Beteiligung angesetzt.[6]

---

[4] *Küting/Weber*, Der Konzernabschluß, 13. Aufl. 2012, 283.
[5] Angelehnt an HdBKo/*Dusemond/Weber/Zündorf* Rn. 6.
[6] BeBiKo/*Winkeljohann/Deubert* Rn. 2.

5   International ist die Erwerbsmethode das vorherrschende Verfahren der Kapitalkonsolidierung.[7] Wesentlicher Inhalt des DRS 23 „Kapitalkonsolidierung (Einbeziehung von Tochterunternehmen in den Konzernabschluss)", der nach DRS 23.2 für alle Unternehmen gilt, die nach §§ 290, 264a HGB bzw. § 11 PublG zur Aufstellung eines Konzernabschlusses verpflichtet sind, ist die konkrete **Ausgestaltung der Erwerbsmethode** bei der Bilanzierung von Unternehmenserwerben.

II. Konsolidierungspflichtige Anteile

6   **1. Abgrenzung der Anteile.** Gegenstand der Kapitalkonsolidierung sind die **gesellschaftsrechtlichen Anteile** des Mutterunternehmens am Eigenkapital der Tochter. Nicht Gegenstand der Kapitalkonsolidierung sind dagegen schuldrechtliche Beziehungen, auch wenn Kapitalbeträge Eigenkapital bei der Tochter ersetzen oder eigenkapitalgeberähnlichen Risiken unterliegen (zB Genussrechte, partiarische Darlehen).[8] In die Kapitalkonsolidierung sind alle Anteile, auch diejenigen, die nur vorübergehend gehalten werden, einzubeziehen.[9]

7   Bei der Beteiligung an einer **AG** sind „Aktien" in die Kapitalkonsolidierung einzubeziehen. Um welche Gattung von Aktien es sich handelt sowie deren Ausstattung mit Stimmrechten, spielt keine Rolle.[10] Neben Aktien kommen noch Zwischenscheine (§ 10 Abs. 3 AktG) für die Kapitalkonsolidierung in Frage, alle anderen Formen der Kapitalausstattung des Tochterunternehmens durch die Mutter dagegen nicht.

8   Für einen Kommanditaktionär einer **KGaA** gelten dieselben Regelungen wie für die Beteiligung an einer AG. Für die Bestimmung der Anteile des persönlich haftenden Gesellschafters gilt der Betrag, der für den Erwerb der Gesellschafterstellung für die sich im Kapitalanteil der persönlich haftenden Gesellschafter niederschlagenden Mitgliedschaftsrechte aufgewendet wurde.[11]

9   Bei der **GmbH** beschränkt sich die Kapitalkonsolidierung auf den Ansatz der „Geschäftsanteile" (§ 14 GmbHG).[12] Die Stellung der Mutter als Gesellschafter ergibt sich aus dem Gesellschaftsvertrag. Bei der GmbH und der AG kommt möglicherweise der Einbezug in die Kapitalkonsolidierung schon während der Gründungsphase in Betracht, wenn die in Gründung befindliche Kapitalgesellschaft bereits unternehmerisch tätig wird.

10   Abgrenzungsschwierigkeiten treten bei der Zuordnung von **Zwischenformen der Finanzierung,** insbesondere bei stillen Beteiligungen, partiarischen Darlehen, Kapital ersetzenden Darlehen und Genussrechten auf. Wenn diese Papiere eine **Gläubigerstellung** verbriefen, sind sie in die Schuldenkonsolidierung einzubeziehen. In Ausnahmefällen können solche Ansprüche Eigenkapitalcharakter haben und sind dann in die Kapitalkonsolidierung einzubeziehen (DRS 23.19). Kriterien für die Begründung von Mitgliedschaftsrechten sind insbesondere neben Nachrangigkeit, Erfolgsabhängigkeit der Vergütung, Teilnahme am Verlust bis zur vollen Höhe, Längerfristigkeit der Kapitalüberlassung auch die Gewährung von besonderen Kontroll- und Mit-

---

[7] IFRS 3 schreibt die Erwerbsmethode als einzig zulässiges Verfahren der Kapitalkonsolidierung vor (vgl. IFRS 3.4).
[8] *ADS* Rn. 11.
[9] Beck HdR/*Hachmeister/Beyer* C 401 Rn. 63.
[10] Beck HdR/*Hachmeister/Beyer* C 401 Rn. 61.
[11] Beck HdR/*Hachmeister/Beyer* C 401 Rn. 61.
[12] *Busse von Colbe/Ordelheide/Gebhardt/Pellens* Konzernabschlüsse S. 317.

spracherechten. Der Ausweis als Anteile an verbundenen Unternehmen ist nicht allein entscheidend.[13]

Für die Beurteilung der Beteiligung an einer **Personenhandelsgesell-** 11 **schaft** kommt es auf die mitgliedschaftliche Stellung (Einfluss/Überwachung der Geschäftsführung) und die Beteiligung am Eigenkapital (Gewinn/Verlust, Liquidation) an.

Bei einer Beteiligung an einem **ausländischen Tochterunternehmen** ist 12 in Zweifelsfällen bei der Frage, was zu den konsolidierungspflichtigen Anteilen zu rechnen ist, darauf abzustellen, ob mit der Zurverfügungstellung des Kapitals die typischen Eigenkapitalgeberrechte verbunden sind. Insbesondere ist darauf zu achten, ob Einfluss- und Kontrollmöglichkeiten auf die Geschäftsführung und die Teilnahme an Gewinn/Verlust mit den Anteilen verbunden sind.

2. Dem Mutterunternehmen gehörende Anteile. Die „dem Mutter- 13 unternehmen gehörenden Anteile" sind im Sinne des **wirtschaftlichen Eigentums** abzugrenzen. Dazu gehören sowohl unmittelbar wie auch mittelbar gehaltene Anteile. Sämtliche vom Mutterunternehmen oder von einem anderen in den Konzernabschluss einbezogenen Unternehmen gehaltenen Anteile an einem Tochterunternehmen sind in der Kapitalkonsolidierung aufzurechnen.[14]

Grundsätzlich kommen als dem Mutterunternehmen zuzurechnende An- 14 teile nur Anteile in Betracht, die von ebenfalls **voll konsolidierten Tochterunternehmen** gehalten werden.[15] Anteile an einbezogenen Tochterunternehmen, die von **assoziierten Unternehmen** gehalten werden, sind nicht in die Kapitalkonsolidierung einzubeziehen. Diskutiert wird in der Literatur die Frage, ob Anteile an einbezogenen Tochterunternehmen, die von quotal nach § 310 einbezogenen **Gemeinschaftsunternehmen** gehalten werden, in die Kapitalkonsolidierung einzubeziehen sind.[16] Da bei einem Nichteinbezug der Anteile neben den Vermögensgegenständen und Schulden des zu konsolidierenden Tochterunternehmens in der Konzernbilanz eine Beteiligung in Höhe der von dem Gemeinschaftsunternehmen gehaltenen Anteile und gleichzeitig ein Ausgleichsposten in Höhe des darauf entfallenden Eigenkapitals ausgewiesen würde, wird es für vertretbar gehalten, diese Anteile in die Kapitalkonsolidierung einzubeziehen.[17] Nach DRS 23.17. sind diese Anteile einzubeziehen.

Anteile an Tochterunternehmen, die von auf Grund der Ausübung von 15 Einbeziehungswahlrechten (§ 296) **nicht einbezogenen Tochterunternehmen** gehalten werden, können nicht in die Kapitalkonsolidierung einbezogen werden, da sie nicht in der Summenbilanz enthalten sind. Das ihnen anteilig zuzurechnende Eigenkapital ist daher unter dem Ausgleichsposten für Anteile anderer Gesellschafter zu erfassen. Eine Bezeichnung des Postens (Ausgleichsposten für Anteile Dritter und nicht konsolidierter Tochterunternehmen), ein Ausweis in einem gesonderten Posten oder ein (Davon-)Vermerk in der Bilanz oder im Anhang würde dabei den Aussagewert des

---

[13] Beck HdR/*Hachmeister/Beyer* C 401 Rn. 62.
[14] Beck HdR/*Hachmeister/Beyer* C 401 Rn. 64 f.
[15] *ADS* Rn. 19.
[16] *ADS* Rn. 20.
[17] HdBKo/*Dusemond/Weber/Zündorf* Rn. 26; MüKoHGB/*Busse von Colbe* Rn. 25 f.; für eine Konsolidierungspflicht der Anteile *ADS* Rn. 20.

Konzernabschlusses erhöhen. In der Literatur wird alternativ auch eine **mittelbare Konsolidierung** oder **Sprungkonsolidierung** vorgeschlagen. Dabei wird die Beteiligung des Mutterunternehmens an dem nicht einbezogenen Tochterunternehmen in Höhe des Buchwerts der Anteile des nicht einbezogenen Tochterunternehmens am zu konsolidierenden Tochterunternehmen mit dem anteiligen Eigenkapital aufgerechnet. Eine Verpflichtung zu solch einer Sprungkonsolidierung wird jedoch dem Wortlaut des Abs. 1 S. 1 nicht entnommen.[18]

16   **3. Bewertung der Anteile.** Die zu konsolidierenden Anteile sind mit ihren **Anschaffungskosten,** die sich gemäß DRS 23.21 nach der Gegenleistung des erwerbenden Unternehmens bemessen, zuzüglich Anschaffungsnebenkosten anzusetzen. DRS 23 konkretisiert zudem die Bilanzierung nachträglicher Kaufpreisänderungen. Dabei wird erstmals unterschieden zwischen Wertsicherungsklauseln und Earn-Out-Klauseln. Wertsicherungsklauseln stellen dabei Wertgarantien für das zu erwerbende Unternehmen dar, die sich auf den Zeitpunkt des Erwerbs beziehen. Führen diese Wertgarantien dazu, dass der Käufer einen Ausgleichsbetrag an den Verkäufer zu zahlen hat, liegen nachträgliche Anschaffungskosten der Beteiligung nach § 255 Abs. 1 S. 2 HGB vor (DRS 23.29). Dagegen beziehen sich Zahlungen des Käufers an den Verkäufer aufgrund des Erreichens von vertraglich fixierten Leistungsindikatoren („Earn-Out-Klauseln") auf den Zeitraum nach dem Erwerbszeitpunkt. Sofern eine verlässliche Bewertung der Earn-Out-Klausel im Erwerbszeitpunkt nicht möglich ist, stellt die Zahlung nachträgliche Anschaffungskosten der Anteile dar und ist auch nach dem Einjahres-Zeitraum im Rahmen der Folgekonsolidierung zu berücksichtigen (DRS 23.31). Dabei ist zu beachten, dass in diesem Fall der Betrag in Form des Barwerts zu aktivieren ist, der sich bereits im Erwerbszeitpunkt ergeben hätte.[19] Die Differenz zum tatsächlichen Anpassungsbetrag, der, sobald der Eintritt der Bedingung wahrscheinlich wird, als Rückstellung zu passivieren ist, ist als Zinsaufwand zu erfassen (DRS 23.32).[20] Anschließend sind die nachträglichen Anschaffungskosten in der Regel mit dem fortgeführten Geschäfts- oder Firmenwert zu verrechnen.[21] Ein sich ergebender Unterschiedsbetrag zwischen den nachträglichen Anschaffungskosten und dem fortgeführten Geschäfts- oder Firmenwert ist ebenfalls erfolgsneutral zu erfassen (DRS 23.161).

17   **Beispiel:** Das Unternehmen U_1 erwirbt das Unternehmen U_2 am 1.1.X1 für 300 GE. Hierbei entsteht ein Geschäfts- oder Firmenwert in Höhe von 200 GE, der über 10 Jahre abgeschrieben wird. Im Rahmen des Kaufvertrages wurde vereinbart, dass U_1 dem Verkäufer am Ende von X4 weitere 50 GE zahlt, wenn das kumulierte EBITDA des Erwerbsobjekts mindestens 100 GE beträgt. Erst in X2 wird wahrscheinlich, dass U_1 zahlen muss. Der Barwert der Verpflichtung zum Erwerbszeitpunkt (1.1.X1) beträgt 40 GE.

Im ersten Schritt ist zum 31.12.X2 eine Rückstellung in Höhe des Erfüllungsbetrags von 45 GE einzubuchen. Dabei ist der Erfüllungsbetrag aufzuteilen auf die nachträg-

---

[18] *Busse von Colbe/Ordelheide/Gebhardt/Pellens* Konzernabschlüsse S. 319.
[19] *Weber/Küting/Dusemond/Wirth* DB 2015, 1053 (1057).
[20] BeBiKo/*Winkeljohann/Deubert* Rn. 28.
[21] DRS 23.160 sieht grundsätzlich eine Zuordnung der nachträglichen Änderungen des Wertansatzes auf den Geschäfts- oder Firmenwert vor. Eine Zuordnung auf die übernommenen Vermögensgegenstände und Schulden ist nur dann einschlägig, wenn die Kaufpreisanpassung in deren Neubewertung begründet ist. Vgl. auch *Weber/Küting/Dusemond/Wirth* DB 2015, 1053 (1056).

lichen Anschaffungskosten (40 GE) und den Zinsaufwand, der sich aus der Aufzinsung des Barwerts auf den 31.12.X2 ergibt:[22]

per nachträgliche Anschaffungskosten 40 GE
per Zinsaufwand 5 GE   an Rückstellung 45 GE

Im zweiten Schritt sind nun die nachträglichen Anschaffungskosten retraspektiv auf den Erwerbszeitpunkt dem Geschäfts- oder Firmenwert zuzuordnen und bis zum Bilanzstichtag fortzuführen. Der fortgeführte Betrag ermittelt sich im Beispiel mit 32 GE. Die Differenz ist als Aufwand zu erfassen (8 GE). Diese Differenz stellt die zusätzliche Abschreibung des Geschäfts- oder Firmenwerts aufgrund der nachträglichen (bedingten) Anschaffungskosten dar.

Wurden die Anteile **konzernintern** von einem anderen einbezogenen **18** Unternehmen erworben, sind die Konzernanschaffungskosten anzusetzen. Eventuell entstandene Zwischenergebnisse sind zu eliminieren.[23]

Erfolgt der Erwerb durch **Tausch** gegen Hingabe anderer Vermögens- **19** gegenstände, wird in der Literatur davon ausgegangen, dass die Anteile wahlweise mit dem Buchwert der hingegebenen Vermögensgegenstände, einem höheren beizulegenden Wert (Marktwert) oder einem Zwischenwert angesetzt werden können.[24] In Anlehnung an IFRS 3 empfiehlt DRS 23.26, dass die Anteile mit dem beizulegenden Wert der hingegebenen Vermögensgegenstände, höchstens jedoch mit dem beizulegenden Zeitwert der erworbenen Anteile anzusetzen sind.

III. Konsolidierungspflichtiges Eigenkapital

Der Kapitalkonsolidierung ist das **bilanzielle Eigenkapital** des Tochter- **20** unternehmens, soweit es auf die konsolidierungspflichtigen Anteile entfällt, zu Grunde zu legen. Dazu gehören auch ein bei der Erstkonsolidierung vorhandener Ergebnisvortrag und das Jahresergebnis aus „vorkonzernlicher" Zeit, soweit es nicht den früheren Anteilseignern zusteht.

Für Tochtergesellschaften, die die Form einer **AG** haben, ergibt sich das zu **21** konsolidierende Eigenkapital aus § 266 Abs. 3 A. I. –V. iVm § 268 Abs. 1 S. 2.

Folgende Besonderheiten sind bei anderen Rechtsformen zu beachten: **22**

– **KGaA:** Die Vermögenseinlage des persönlich haftenden Gesellschafters gehört zum konsolidierungspflichtigen Kapital.

– **Personengesellschaft:** Konsolidierungspflichtiges Kapital sind die Einlagen, die die Beteiligung der Gesellschafter am Vermögen des Unternehmens zum Ausdruck bringen. Die zum Zeitpunkt der Erstkonsolidierung bestehenden Ergebniskonten werden in die Kapitalkonsolidierung einbezogen, während Gesellschafterdarlehen der Schuldenkonsolidierung unterliegen. Für **ausländische Tochtergesellschaften** ist eine entsprechende Abgrenzung des Eigenkapitals vorzunehmen.[25]

In der Bilanz werden ggf. folgende **Korrekturposten zum Eigenkapital 23** ausgewiesen:

1. ausstehende Einlagen auf das gezeichnete Kapital,
2. eigene Anteile oder
3. nicht durch Eigenkapital gedeckter Fehlbetrag.

---

[22] Die Ermittlung des Barwerts sowie des Zinsaufwands wurden für Zwecke des Beispiels geschätzt und nicht anhand zinsmathematischer Formeln ermittelt.
[23] Beck HdR/*Hachmeister/Beyer* C 401 Rn. 69; DRS 23.22.
[24] BeBiKo/*Winkeljohann/Deubert* Rn. 22.
[25] *ADS* Rn. 47 ff.

24   **Ausstehende Einlagen,** soweit sie nicht eingefordert sind, sind im Jahresabschluss gem. § 272 Abs. 1 S. 3 offen vom gezeichneten Kapital abzusetzen. Sind die offenen Einlagen von einem in den Konzernabschluss einzubeziehenden Unternehmen zu leisten oder beim Mutterunternehmen offen, so ist im Rahmen der Kapitalkonsolidierung keine weitere Korrektur notwendig. Wird die offene Einlage hingegen von einem Konzernfremden geschuldet, sind diese von dem Ausgleichsposten für Anteile anderer Gesellschafter abzuziehen.[26]

25   **Eingeforderte ausstehende Einlagen** gegenüber einem anderen Konzernunternehmen sind iRd Schuldenkonsolidierung (§ 303) zu eliminieren. Die Forderung (§ 272 Abs. 1 S. 3) gegenüber dem anderen Konzernunternehmen wird mit der bei diesem Unternehmen ausgewiesenen Verbindlichkeit verrechnet.

26   Eingeforderte ausstehende Einlagen Dritter sind mit entsprechender Bezeichnung gesondert unter den Forderungen auszuweisen (§ 272 Abs. 1 S. 3 iVm § 298 Abs. 1). Eine Verrechnung mit den Anteilen anderer Gesellschafter ist wegen des Saldierungsverbots nicht zulässig.[27]

27   Werden Anteile am Mutterunternehmen von einem einbezogenen Tochterunternehmen gehalten (Rückbeteiligung), sind diese Anteile in der Konzernbilanz als eigene Anteile offen vom Posten **Gezeichnetes Kapital** abzusetzen. Hierbei ist der Nennwert oder, falls dieser nicht vorhanden ist, ein rechnerischer Wert anzusetzen.[28] Falls Minderheitsgesellschafter Anteile an der Rückbeteiligung halten, ist dieser Anteil mit dem Ausgleichsposten für Anteile anderer Gesellschafter zu verrechnen.[29]

28   Eigene Anteile, die von in den Konzernabschluss einbezogenen Tochterunternehmen gehalten werden, sind gem. § 272 Abs. 1a iVm § 298 Abs. 1 mit dem konsolidierungspflichtigen Eigenkapital des Tochterunternehmens zu verrechnen. Analog zu der Behandlung von Rückbeteiligungen (→ Rn. 27) sind Anteile Konzernfremder im Ausgleichsposten für Anteile anderer Gesellschafter zu berücksichtigen.[30]

29   Neben der in § 272 Abs. 1a vorgeschriebenen Behandlung von eigenen Anteilen, wird in der Literatur die alternative Behandlung nach den allgemeinen Grundsätzen der Kapitalkonsolidierung diskutiert. Hiernach würden die von einbezogenen Tochterunternehmen gehaltenen eigenen Anteile dem Mutterunternehmen zugerechnet und als Beteiligung in den Konzernabschluss einbezogen. Diese Vorgehensweise wird jedoch nur für kurzfristig gehaltene Anteile (zB im Rahmen einer Ausgabe an Mitarbeiter) als zulässig erachtet.[31]

30   Sofern die Tochtergesellschaft einen **nicht durch Eigenkapital gedeckten Fehlbetrag** ausweist, ist dieser im Rahmen der Kapitalkonsolidierung dem Buchwert der Anteile hinzuzurechnen. Es ist dann entsprechend der Neubewertungsmethode weiter zu verfahren.[32]

---

[26] BeBiKo/ *Winkeljohann/Deubert* Rn. 41.

[27] BeBiKo/ *Winkeljohann/Deubert* Rn. 41.

[28] § 301 Abs. 4. Ein rechnerischer Wert ist insbesondere bei nennwertlosen Stückaktien (vgl. § 8 Abs. AktG) zu ermitteln. Dieser bestimmt sich nach dem Verhältnis der Anzahl der Aktien zum Grundkapital. Beck HdR/ *Heymann* B 231 Rn. 51.

[29] *Küting/Weber,* Der Konzernabschluß, 13. Aufl. 2012, 346.

[30] *Küting/Weber,* Der Konzernabschluß, 13. Aufl. 2012, 346 f.

[31] *Küting/Weber,* Der Konzernabschluß, 13. Aufl. 2012, 347; BeBiKo/ *Winkeljohann/Deubert* Rn. 17; DRS 23.42 f.

[32] *ADS* Rn. 53.

IV. Die Erstkonsolidierung

1. 100 %-Tochtergesellschaften. Die Kapitalkonsolidierung muss gem. **31** § 301 Abs. 1 S. 2 mithilfe der sog. **Neubewertungsmethode,** die eine Form der Erwerbsmethode darstellt, durchgeführt werden. Bei der Erstkonsolidierung nach der Neubewertungsmethode wird das Eigenkapital der Tochtergesellschaft noch vor der eigentlichen Kapitalkonsolidierung, jedoch nach Anpassung des Jahresabschlusses an die Bilanzansätze und die Bewertungsmethoden des Konzernabschlusses (Handelsbilanz II), neu bewertet. Dabei werden alle stillen Reserven und Lasten vollständig, dh unabhängig von der Höhe der Beteiligungsquote, aufgedeckt.[33]

Die Neubewertung findet idR in einer Ergänzungsrechnung, der sog. **32** **Neubewertungsbilanz** (oder Handelsbilanz III) statt. Durch die Bewertung der in den Konzernabschluss einzubeziehenden Aktiva und Passiva zum beizulegenden Zeitwert verändert sich das Eigenkapital des Tochterunternehmens. Die entstehende Veränderung des Reinvermögens sollte in einem gesonderten Posten im Eigenkapital (zB Neubewertungsrücklage) erfasst werden. Das durch die Neubewertung ermittelte Eigenkapital des Tochterunternehmens ist dann Gegenstand der Kapitalkonsolidierung.[34]

Eine Ausnahme bei der Neubewertung der einzubeziehenden Vermögens- **33** gegenstände und Schulden bilden nach § 301 Abs. 1 S. 3 **Rückstellungen** und **latente Steuern.** Hiernach sind Rückstellungen nach den geltenden Vorschriften im Einzelabschluss zu bewerten, dh nach den Bewertungsgrundsätzen in § 253 Abs. 1–2 anzusetzen. Für die Bewertung von latenten Steuern ist § 274 Abs. 2 maßgebend. Bei diesen beiden Ausnahmen handelt es sich im Wesentlichen um Vereinfachungsregeln für die Neubewertung im Rahmen der Kapitalkonsolidierung.[35]

Bei der Kapitalkonsolidierung wird der Buchwert der Beteiligung mit dem **34** neubewerteten Eigenkapital der Tochter verrechnet. Ein hierbei entstehender **positiver (aktivischer) Unterschiedsbetrag** ist gem. Abs. 3 S. 1 als Geschäfts- oder Firmenwert zu aktivieren und in den Folgejahren planmäßig über die betriebliche Nutzungsdauer abzuschreiben. Sofern in Ausnahmefällen die voraussichtliche Nutzungsdauer nicht verlässlich geschätzt werden kann, ist nach § 309 Abs. 1 iVm § 253 Abs. 3 S. 3 und 4 eine Abschreibungsdauer von zehn Jahren zugrunde zu legen.

Wenn der Beteiligungsbuchwert niedriger ist als das anteilige Eigenkapital, **35** wird die Differenz als „**Unterschiedsbetrag aus der Kapitalkonsolidierung**" ausgewiesen (Abs. 3 S. 1) und entsprechend § 309 Abs. 2 aufgelöst.

2. Tochtergesellschaften mit Minderheitenbeteiligung. Im Rahmen **36** der Neubewertungsmethode werden alle stillen Reserven und Lasten aufgedeckt, unabhängig von dem Beteiligungsanteil des Mutterunternehmens. Diese Vorgehensweise begründet sich durch die in der Konzernbilanz zu Grunde gelegte Einheitstheorie. Der Vermögenseffekt aus der Neubewertung, welcher auf andere Gesellschafter entfällt, ist gem. § 307 Abs. 1 in einem Ausgleichsposten zu erfassen.[36]

---

[33] Beck HdR/*Hachmeister/Beyer* C 401 Rn. 53 ff.

[34] BeBiKo/*Winkeljohann/Deubert* Rn. 53–55; *Küting/Weber,* Der Konzernabschluß, 13. Aufl. 2012, 287 f.; DRS 23.34

[35] WP-HdB Kap. M Rn. 371.

[36] BeBiKo/*Winkeljohann/Deubert* Rn. 53; DRS 23.93 f.

V. Die Erstkonsolidierung nach DRS 23

37 Analog zu den Vorschriften des § 301 Abs. 1 wird auch in DRS 23.62 die Neubewertung aller Vermögenswerte und Schulden des erworbenen Unternehmens zum beizulegenden Zeitwert festgelegt. Maßgebend sind hierbei die Wertansätze zum Zeitpunkt des Unternehmenserwerbs. Gemäß dem Prinzip der vollständigen Neubewertung müssen Anteile von Minderheitsgesellschaftern bei der Neubewertung mit einbezogen werden (vgl. DRS 23.94). Die Aufdeckung stiller Reserven im Rahmen der Neubewertung wird nicht durch die Anschaffungskosten der Beteiligung begrenzt.

38 Bezüglich des **Ansatzes der erworbenen Vermögensgegenstände und Schulden** in der HB II regelt DRS 23.51, dass dieser unabhängig vom Ansatz in der Bilanz des erworbenen Unternehmens vollständig und einzeln aus Sicht des Erwerbers zu erfolgen hat. Insbesondere sind selbst erstellte **immaterielle Vermögensgegenstände** des erworbenen Unternehmens aus Sicht des Erwerbers entgeltlich erworben und damit nach DRS 23.51 in der Konzernbilanz anzusetzen. Unter bestimmten Voraussetzungen kann es zulässig sein, im Rahmen der Neubewertung **Restrukturierungsrückstellungen** in der Neubewertungsbilanz des Tochterunternehmens auszuweisen. Hierbei ist es nach DRS 23.58 von grundlegender Bedeutung, dass zum Zeitpunkt der erstmaligen Einbeziehung eine Außenverpflichtung besteht. Dies kann der Fall sein, wenn das Reinvermögen des Tochterunternehmens mit nicht bilanzierten Verpflichtungen belastet ist, die unabhängig von dem konkreten Erwerber entstehen.[37] Mit einer Innenverpflichtung begründete Restrukturierungsrückstellungen führen aus Konzernsicht zu keiner Vermögensbelastung, sodass ein Ansatz nicht zulässig ist (vgl. § 249 Abs. 2). Ein Ansatz von Restrukturierungsrückstellungen in der Neubewertungsbilanz kommt nur in Frage, wenn dafür im Zeitpunkt der Erstkonsolidierung eine Außenverpflichtung des Tochterunternehmens besteht.[38] Der Ansatz von Restrukturierungsrückstellungen bei Abwesenheit einer Außenverpflichtung ist nach DRS 23 aufgrund der nach BilMoG nicht mehr zulässigen Bildung von Aufwandsrückstellungen nicht mehr vorgesehen.

39 DRS 23 konkretisiert **weitgehende Anhangangaben.** Dabei sind insbesondere unter Berücksichtigung von größenabhängigen Erleichterungen Angaben zu den Bilanzierungs- und Bewertungsmethoden in Zusammenhang mit (Erst-)Konsolidierung nach § 313 Abs. 1 S. 3 Nr. 1 zu machen. Darüber hinaus sieht § 301 Abs. 3 Angaben zum Geschäfts- oder Firmenwert oder eines etwaigen passiven Unterschiedsbetrags vor.

VI. Der Unterschiedsbetrag zwischen anteiligem Eigenkapital und Beteiligungsbuchwert

40 **1. Entstehungsgründe.** Der Buchwert der aufzurechnenden Anteile und das anteilig neubewertete Eigenkapital des erworbenen Unternehmens werden bei der Erstkonsolidierung idR voneinander abweichen, so dass ein aktiver oder passiver Unterschiedsbetrag entsteht.[39]

41 Ein aktiver Unterschiedsbetrag entsteht, wenn der Beteiligungsbuchwert das anteilige neu bewertete Eigenkapital des Tochterunternehmens über-

---

[37] BeBiKo/*Winkeljohann/Deubert* Rn. 66.
[38] Beck HdR/*Hachmeister/Beyer* C 401 Rn. 111.
[39] WP-HdB Kap. M Rn. 372.

schreitet. Folgende Ursachen können einem aktiven Unterschiedsbetrag zu Grunde liegen:[40]

– Gegenwert nicht bilanzierter immaterieller Vermögensgegenstände, weil sie nicht die Kriterien eines Vermögensgegenstandes nach HGB erfüllen, zB Know-how und Qualität der Mitarbeiter oder Marktstellung des erworbenen Tochterunternehmens;

– Barwert künftiger Ertragserwartungen aus der Fortführung des Unternehmens, die über den Substanzwert des Vermögens hinausgehen;

– Synergieeffekte aus dem Zusammenschluss mit anderen Unternehmen des Konzerns oder

– Erweiterung der strategischen Handlungsalternativen durch den Erwerb des Tochterunternehmens.

Ein passiver Unterschiedsbetrag entsteht, sobald das neu bewertete anteilige **42** Eigenkapital des Tochterunternehmens den Beteiligungsbuchwert in der Bilanz des Mutterunternehmens überschreitet. Folgende Sachverhalte können zu einem passiven Unterschiedsbetrag führen:[41]

– Überbewertung von Aktiva oder Unterbewertung von Passiva;

– im Kaufpreis berücksichtigte Verlusterwartungen;

– günstiges Gelegenheitsgeschäft (sog. *Lucky Buy*) oder

– Gewinnthesaurierung zwischen dem Erwerbszeitpunkt und dem Zeitpunkt der erstmaligen Einbeziehung des Tochterunternehmens in den Konzernabschluss.

2. Ausweis. Ein entstandener aktiver Unterschiedsbetrag ist gem. § 301 **43** Abs. 3 auf der Aktivseite als Geschäfts- oder Firmenwert anzusetzen. Dabei ist das Gliederungsschema nach § 266 zu berücksichtigen, wonach der Geschäfts- oder Firmenwert gem. § 266 Abs. 2 A. I. 3. auszuweisen ist.

Die in DRS 23.84 beschriebene Vorgehensweise ist analog zu den Vor- **44** schriften des § 301 Abs. 3. Hiernach ist der Betrag, um den die Anschaffungskosten der Beteiligung das neu bewertete anteilige Eigenkapital des Tochterunternehmens übersteigen, als Goodwill (Geschäfts- oder Firmenwert) zu aktivieren.

Der gemeinsame Ausweis mit den Geschäfts- und Firmenwerten aus den **45** Jahresabschlüssen der einbezogenen Tochterunternehmen ist zulässig. Allerdings sollte der aus der Kapitalkonsolidierung stammende Geschäfts- oder Firmenwert im Hinblick auf die Klarheit und Übersichtlichkeit des Konzernabschlusses mit einem **Davon-Vermerk** kenntlich gemacht werden.[42]

Ein **negativer Unterschiedsbetrag** ist gem. § 301 Abs. 3 S. 1 unter der **46** Bezeichnung „**Unterschiedsbetrag aus der Kapitalkonsolidierung**" auf der Passivseite nach dem Eigenkapital auszuweisen.

Geschäfts- und Firmenwerte und passive Unterschiedsbeträge aus der Ka- **47** pitalkonsolidierung dürfen nicht miteinander saldiert werden.[43]

3. Anhangangaben. Im Konzernanhang sind nach Abs. 3 S. 2 die Unter- **48** schiedsbeträge und ihre wesentlichen Änderungen gegenüber dem Vorjahr zu erläutern. Veränderungen des Geschäfts- oder Firmenwerts können dem Anlagenspiegel entnommen werden. Dementsprechend müssen im Anhang

---

[40] WP-HdB Kap. M Rn. 373.
[41] WP-HdB Kap. M Rn. 375.
[42] BeBiKo/*Winkeljohann/Deubert* Rn. 151.
[43] BeBiKo/*Winkeljohann/Deubert* Rn. 158.

nur wesentliche Zu- und Abgänge, zB auf Grund von Veränderungen des Konsolidierungskreises erläutert werden. Eine Erläuterung des Postens Geschäfts- oder Firmenwert ist zudem erforderlich, wenn er neben aktivischen Unterschiedsbeträgen auch Geschäftswerte aus den Einzelabschlüssen einbezogener Unternehmen enthält. Der Zeitraum, über den ein entgeltlich erworbener Geschäfts- oder Firmenwert abgeschrieben ist, ist zu erläutern (vgl. § 314 Abs. 1 Nr. 20). Daneben ist in jedem Fall die angewandte Abschreibungsmethode anzugeben. Angefallene außerplanmäßige Abschreibungen sind im Konzernanhang anzugeben, falls kein gesonderter Ausweis in der Konzern GuV stattfindet.[44] Darüber hinaus ist nach DRS 23.28 f. die Vorgehensweise bei der Bestimmung der außerplanmäßigen Abschreibung des Geschäfts- oder Firmenwerts anzugeben.

49   Für einen passiven Unterschiedsbetrag muss dessen Charakter erläutert werden.[45] Zudem sind Angaben über die geplante zukünftige Inanspruchnahme des passiven Unterschiedsbetrags nach § 309 Abs. 2 zu machen.[46] Darüber hinaus ist nach DRS 23.28 f. die Vorgehensweise bei der Bestimmung der außerplanmäßigen Abschreibung des Geschäfts- oder Firmenwerts anzugeben.

VII. Stichtag der Erstkonsolidierung

50   Die Erstkonsolidierung ist auf den Zeitpunkt abzustellen, an dem ein Unternehmen Tochterunternehmen geworden ist. Hierfür ist § 290 maßgeblich, wonach der Zeitpunkt heranzuziehen ist, ab dem das Mutterunternehmen auf das Tochterunternehmen einen **beherrschenden Einfluss** ausüben kann. Ab diesem Zeitpunkt müssen alle Vermögensgegenstände, Schulden, der aktive oder passive Unterschiedsbetrag und die Aufwendungen und Erträge in dem Konzernabschluss erfasst werden.[47]

51   Ein beherrschender Einfluss besteht dann, wenn das Mutterunternehmen die Finanz- und Geschäftspolitik des Tochterunternehmens dauerhaft bestimmen und hieraus einen Nutzen ziehen kann. Zu beachten ist hierbei, dass bereits die Möglichkeit eines beherrschenden Einflusses eine Konzernzugehörigkeit begründet. Ein tatsächliches Eingreifen in die Finanz- und Geschäftspolitik des Tochterunternehmens ist nicht erforderlich.[48] Eine Beteiligung bzw. Anteilsbesitz an dem Tochterunternehmen ist dabei keine erforderliche Voraussetzung für einen beherrschenden Einfluss. Dieser kann auch auf vertraglichen Vereinbarungen (zB Geschäftsführungsvertrag) basieren.[49]

52   Wenn der Zeitpunkt der Beherrschung und der Bilanzstichtag des Mutterunternehmens auseinanderfallen, müsste grundsätzlich ein **Zwischenabschluss** erstellt werden.[50] Nach DRS 23.11 besteht hingegen explizit keine Verpflichtung, solch einen Zwischenabschluss zu erstellen, wenn es sich um eine erstmalige Einbeziehung eines Tochterunternehmens handelt, jedoch wird eine Aufstellung empfohlen. Wird auf die Aufstellung eines Zwischen-

---

[44] BeBiKo/*Winkeljohann*/*Deubert* Rn. 160.

[45] Es muss angegeben werden, ob ein passiver Unterschiedsbetrag Eigenkapital- oder Fremdkapitalcharakter (zB Rückstellungen) hat. S. auch Beck HdR/*Hachmeister*/*Beyer* C 401 Rn. 198.

[46] BeBiKo/*Winkeljohann*/*Deubert* Rn. 161.

[47] Beck HdR/*Hachmeister*/*Beyer* C 401 Rn. 41; *Stibi* KoR 2008, 521; DRS 23.9.

[48] *Küting*/*Weber*, Der Konzernabschluß, 13. Aufl. 2012, 121.

[49] *Busse von Colbe*/*Ordelheide*/*Gebhardt*/*Pellens* Konzernabschlüsse S. 100.

[50] Beck HdR/*Hachmeister*/*Beyer* C 401 Rn. 46.

abschlusses verzichtet, so muss eine Rückrechnung auf Basis des Jahresabschlusses des Tochterunternehmens im Erwerbsjahr durchgeführt werden.[51]

Abweichend von dem in Abs. 2 S. 1 genannten Erstkonsolidierungszeit- **53**
punkt gibt es zwei Ausnahmen. Wenn das Mutterunternehmen zum Zeitpunkt des Entstehens eines Mutter-Tochter-Verhältnisses nach § 293 von der
Aufstellung eines Konzernabschlusses befreit ist, so gelten nicht die Wertansätze nach Abs. 2 S. 1. Vielmehr sind in solch einem Fall gem. Abs. 2 S. 3
die Wertansätze zu dem Zeitpunkt heranzuziehen, an dem das Tochterunternehmen erstmalig in den Konzernabschluss einbezogen wird.[52] Wird ein
Tochterunternehmen aufgrund des Wahlrechts nach § 296 nicht in den
Konzernabschluss mit einbezogen, gelten auch in solchen Fällen die Wertansätze, die zum Zeitpunkt der erstmaligen Erfassung im Konzernabschluss
vorliegen (vgl. Abs. 2 S. 4; DRS 23.14 f.).

Gleichwohl lässt § 301 Abs. 2 S. 5 auch eine Rückausnahme zu. Demnach **54**
ist es in Ausnahmefällen möglich, auch in Fällen des Abs. 2 S. 3 und 4 die
Wertansätze nach S. 1 zu verwenden, dh die Wertansätze zu dem Zeitpunkt,
an dem das Unternehmen Tochterunternehmen geworden ist. Die Rückausnahme des Abs. 2 S. 5 ist jedoch nur einheitlich für alle Tochterunternehmen zulässig, für die entsprechende Informationen vorliegen, zB weil das
Mutterunternehmen bisher in einen übergeordneten Konzernabschluss einbezogen wurde (vgl. DRS 23.15).

Erfolgt der Erwerb der Anteile an einem Tochterunternehmen zu mehre- **55**
ren Zeitpunkten (**sukzessiver Erwerb**), so ist die Kapitalkonsolidierung auf
den Zeitpunkt abzustellen, an dem die Definition eines Konzernverhältnisses
nach § 290 vorliegt. Dies kann bspw. der Erwerbszeitpunkt der Tranche sein,
durch welche ein beherrschender Einfluss auf das Tochterunternehmen erlangt wird.[53]

Sind zu dem Zeitpunkt der Erstkonsolidierung die Wertansätze nicht ein- **56**
deutig ermittelbar, müssen diese innerhalb der folgenden 12 Monate angepasst werden (vgl. Abs. 2 S. 2).

VIII. Währungsumrechnung bei der Erstkonsolidierung ausländischer Tochtergesellschaften

Der Neubewertungsabschluss ausländischer Tochterunternehmen muss **vor** **57**
der Kapitalkonsolidierung in Euro umgerechnet werden, wenn die
Beteiligung von einem deutschen Mutterunternehmen unmittelbar gehalten
wird (zur Methodik der Währungsumrechnung vgl. Kommentierung zu
§ 308a). Die im Neubewertungsabschluss aufgedeckten und bis zum jeweiligen Konzernabschlussstichtag fortgeführten stillen Reserven und Lasten sind
Teil des im Ausland investierten Reinvermögens (DRS 23.100).

Es ist auch möglich, die **Kapitalaufrechnung vor der Währungs-** **58**
umrechnung vorzunehmen, wenn der Neubewertungsabschluss des Tochterunternehmens in der gleichen Währung aufgestellt ist, in der die Beteiligung
im Konzern gehalten wird. Erst anschließend wird in Konzernwährung umgerechnet.[54]

---

[51] BeBiKo/*Winkeljohann/Deubert* Rn. 130.
[52] Beck HdR/*Hachmeister/Beyer* C 401 Rn. 50.
[53] Beck HdR/*Hachmeister/Beyer* C 401 Rn. 43 f.
[54] *ADS* Rn. 294.

IX. Kapitalkonsolidierung im mehrstufigen Konzern

59   **1. Kettenkonsolidierung.** Die gesetzlich formulierten Konsolidierungsvorschriften beziehen sich auf einen einstufigen Konzern. In der Realität sind Konzerne dagegen häufig **mehrstufig** aufgebaut. Solch ein mehrstufiger Konzern kann entstehen, wenn ein unmittelbares Tochterunternehmen (Zwischenholding) einen beherrschenden Einfluss über ein weiteres Unternehmen (Enkelunternehmen) erlangt oder wenn das Mutterunternehmen ein untergeordnetes Mutterunternehmen erwirbt. Grundsätzlich sind die Regelungen für die **Erstkonsolidierung auch im mehrstufigen Konzern anzuwenden.**[55] Eine Methode, solch einen mehrstufigen Konzern zu konsolidieren ist, die einzelnen Unternehmen in aufsteigender Reihenfolge einzubeziehen **(Kettenkonsolidierung).**

60   Bei der Kettenkonsolidierung beginnt man mit der Erstellung eines Teilkonzernabschlusses auf der untersten Ebene, dh Tochterunternehmen, die selbst keine weiteren Tochtergesellschaften beherrschen, werden mit ihren unmittelbaren Muttergesellschaften zusammengefasst. Danach werden die erstellten Teilkonzerne mit den jeweiligen Mutterunternehmen auf der nächsthöheren Ebene zusammengefasst. Auf der obersten Ebene, dh bei dem Mutterunternehmen, welches letztlich den Konzernabschluss erstellt, wird die Beteiligung des Mutterunternehmens mit dem Eigenkapital der höchstrangigen Teilkonzernabschlüsse verrechnet.[56]

61   Wenn an einer Zwischenholding außenstehende Gesellschafter beteiligt sind, muss beachtet werden, dass diese dritten Gesellschafter indirekt auch an allen darunter liegenden Konzernebenen beteiligt sind.[57] In solchen Konstellationen muss die Frage gestellt werden, ob für die indirekten Minderheitsgesellschafter ein anteiliger Geschäfts- oder Firmenwert bzw. passiver Unterschiedsbetrag im Ausgleichsposten für Anteile anderer Gesellschafter zu berücksichtigen ist. Dabei kann nach der **additiven** oder der **multiplikativen** Methode vorgegangen werden.[58]

62   Bei der additiven Methode erfolgt die Kapitalkonsolidierung aus Sicht der direkten Muttergesellschaft. Hierbei partizipieren alle indirekten Minderheitsgesellschafter des Mutterunternehmens oder aus höheren Konzernebennen an einem entstehenden Geschäfts- oder Firmenwert bzw. passiven Unterschiedsbetrag.[59]

63   Bei der multiplikativen Methode findet die Kapitalkonsolidierung aus Sicht der Konzernmutter, dh das Mutterunternehmen auf höchster Ebene, statt. Hierbei wird der Anteil der Konzernmutter an dem untersten Tochterunternehmen multiplikativ errechnet. Indirekte Anteile anderer Gesellschafter werden von Beginn an nicht berücksichtigt.[60]

64   **Beispiel:** Das Mutterunternehmen ist an einem Tochterunternehmen (T_1) mit 80 % beteiligt. Dieses Tochterunternehmen erwirbt wiederum einen Anteil von 80 % an einem weiteren Tochterunternehmen (T_2) zu einem Betrag von 1.000. Das Eigenkapital von T_2 beträgt 1.000, zudem weist das Unternehmen stille Reserven iHv 125 auf. Nach der **additiven Methode** würden im Konzernabschluss das anteilige neu

---

[55] *Küting/Weber*, Der Konzernabschluß, 13. Aufl. 2012, 421.
[56] *Busse von Colbe/Ordelheide/Gebhardt/Pellens* Konzernabschlüsse S. 304.
[57] *Küting/Weber*, Der Konzernabschluß, 13. Aufl. 2012, 421 f.
[58] *Busse von Colbe/Ordelheide/Gebhardt/Pellens* Konzernabschlüsse S. 305 mwN.
[59] *Küting/Weber*, Der Konzernabschluß, 13. Aufl. 2012, 423 f.
[60] *Küting/Weber*, Der Konzernabschluß, 13. Aufl. 2012, 426 f.

bewertete Eigenkapital von T_2 (0,8 $\star$ 1.125 = 900) mit dem Beteiligungsbuchwert von T_1 (1.000) verrechnet werden und ein Geschäfts- oder Firmenwert iHv 100 (1.000–900) entstehen. Diese auf Ebene von T_1 ermittelten Werte werden in den Konzernabschluss des Mutterunternehmens übernommen. Dabei muss jedoch berücksichtigt werden, dass 20% des entstandenen Geschäfts- oder Firmenwerts anderen indirekten Gesellschaftern zusteht und demnach ein Betrag von 20 (0,2 $\star$ 100) als Anteil anderer Gesellschafter ausgewiesen werden muss. Bei der **multiplikativen** Methode verrechnet das Mutterunternehmen lediglich seinen Anteil (80% $\star$ 80% = 64%) des neu bewerteten Eigenkapitals mit dem anteiligen Beteiligungsbuchwert (80%). Daraus entsteht ein Geschäfts- oder Firmenwert von 80 (0,8 $\star$ 1.000 − 0,64 $\star$ 1.125). Dieser Geschäfts- oder Firmenwert enthält keine Anteile von indirekten Minderheitsgesellschaftern des Tochterunternehmens T_2.[61]

Die additive und multiplikative Methode unterscheiden sich im Wesentlichen in der Höhe des ausgewiesenen Geschäfts- oder Firmenwerts bzw. passiven Unterschiedsbetrags. Während bei der additiven Methode die Anteile von indirekten Minderheitsgesellschaftern an einem dieser Posten mit ausgewiesen und entsprechend in einem Ausgleichsposten berücksichtigt werden, weist die Konzernmutter bei der multiplikativen Methode nur die direkten eigenen Anteile aus, ohne jegliche Berücksichtigung der Anteile von indirekten Minderheitsgesellschaftern. Bei beiden Methoden werden alle stillen Reserven bzw. Lasten unabhängig von einer Beteiligung Dritter aufgedeckt (Neubewertungsmethode).[62] **65**

Bei **Erwerb eines Teilkonzerns** ist bei der erstmaligen Einbeziehung in den Konzernabschluss der Erwerbszeitpunkt des Teilkonzerns aus Sicht des Gesamtkonzerns maßgeblich. Die **Rücklagenveränderungen** im Teilkonzern auf Grund von Ergebnissen zwischen dem Erstkonsolidierungszeitpunkt im Teilkonzern und dem Erstkonsolidierungszeitpunkt für den Teil-Konzernabschluss gehören aus Gesamtkonzernsicht zum erworbenen Kapital und sind aufzurechnen, während sie im Teil-Konzernabschluss als Gewinnrücklagen auszuweisen sind. Falls ein Teil-Konzernabschluss aufgestellt werden muss, können die Abweichungen zwischen den Erstkonsolidierungszeitpunkten im Teil-Konzernabschluss und für den Teilkonzern im Gesamtkonzernabschluss dazu führen, dass zwei Ergänzungsrechnungen geführt werden müssen.[63] **66**

2. Simultankonsolidierung. Statt der stufenweisen Konsolidierung ist es auch möglich, **alle Konzernunternehmen in einem Schritt zu konsolidieren.** Die Konsolidierung ist dann als Lösung eines linearen Gleichungssystems angelegt. Insbesondere bei gegenseitigen Beteiligungen ist diese Vorgehensweise anwendbar. Wenn es bei der Simultankonsolidierung verfahrenstechnisch zu einer Saldierung von aktiven und passiven Unterschiedsbeträgen aus der Kapitalkonsolidierung kommt, ist dieses Vorgehen nach dem HGB nicht zulässig.[64] DRS 23.191 empfiehlt zudem die Anwendung der Kettenkonsolidierung. **67**

X. Veränderungen im Buchwert konsolidierungspflichtiger Anteile

1. Erhöhung des Buchwerts der Anteile. Der Buchwert der Anteile kann sich erhöhen durch eine **Kapitalerhöhung bei der Tochtergesellschaft,** ohne dass sich die Beteiligungsquote ändert. Wenn die Kapitalerhö- **68**

---

[61] Beispiel angelehnt an *Küting/Weber*, Der Konzernabschluß, 13. Aufl. 2012, 422 ff.
[62] *Küting/Weber*, Der Konzernabschluß, 13. Aufl. 2012, 428.
[63] *Busse von Colbe/Ordelheide/Gebhardt/Pellens* Konzernabschlüsse S. 308.
[64] BeBiKo/*Winkeljohann/Hoffmann* Rn. 371.

hung gegen Bareinlage durchgeführt wird, kann ein Unterschiedsbetrag zwischen dem zusätzlichen Buchwert der Anteile und dem zusätzlichen zu konsolidierenden Eigenkapital in Höhe der aktivierungspflichtigen Anschaffungsnebenkosten entstehen. Dieser Unterschiedsbetrag ist nach DRS 23.166 sofort als Aufwand im Konzernabschluss zu erfassen. Die Aktivierung als Geschäfts- und Firmenwerts erscheint nicht sachgerecht, da es sich nicht um bezahlte Zukunftserwartungen handelt.[65]

69   Wenn die **Kapitalerhöhung gegen Sacheinlage** durchgeführt wird, kann ein Unterschiedsbetrag dadurch entstehen, dass die Sacheinlagen im Konzernabschluss niedriger bewertet werden als für die Berechnung des Buchwerts der Anteile (Zeitwert − Buchwert). Der aktive Unterschiedsbetrag repräsentiert die stillen Reserven und ist den Vermögensgegenständen zuzuordnen. Zu beachten ist, dass ggf. eine Zwischengewinneliminierung nach § 304 durchzuführen ist. Die Sacheinlage darf maximal mit den Konzernanschaffungs- oder -herstellungskosten in der Konzernbilanz bewertet sein.[66]

70   Der Buchwert der Anteile erhöht sich, wenn weitere **Anteile von Dritten erworben** werden. Es handelt sich somit um eine Aufstockung von Anteilen an einem Tochterunternehmen, welche nach DRS 23.171 entweder als Erwerbs- oder Kapitalvorgang zu klassifizieren ist. Im Fall einer Abbildung als Erwerbsvorgang, erfolgt eine Neubewertung der Vermögensgegenstände und Schulden anteilig in Höhe des Zuerwerbs. Die Anschaffungskosten werden mit dem anteilig neubewerteten Eigenkapital verrechnet. Ein entstehender aktiver oder passiver Unterschiedsbetrag ist nach allgemeinen Grundsätzen zu behandeln (DRS 23.172). Wird die Aufstockung als Kapitalvorgang interpretiert, erfolgt keine Neubewertung des anteiligen Eigenkapitals. Die Anschaffungskosten der hinzuerworbenen Anteile sind mit dem entsprechenden Anteil anderer Gesellschafter erfolgsneutral zu verrechnen (DRS 23.175).

71   **2. Reduzierung des Buchwerts der Anteile.** Der Buchwert der Anteile reduziert sich durch **Verkauf** eines Teils der Anteile oder durch **Abschreibungen.**

72   **Abschreibungen** auf den Buchwert der Anteile im Jahresabschluss des Mutterunternehmens sind im Konzernabschluss zurückzunehmen. Für den Konzernabschluss ist zu erwägen, ob die Vermögensgegenstände oder der Geschäfts- oder Firmenwert außerplanmäßig abzuschreiben sind. Bei einer dauerhaften Wertminderung der Beteiligung muss der Geschäfts- oder Firmenwert abgeschrieben werden.

73   Wenn Anteile an einem einbezogenen Unternehmen **an Dritte veräußert** werden, das Tochterunternehmen jedoch weiterhin gem. § 290 einbezogen wird, muss eine Anpassung gemäß des Abgangs durchgeführt werden. Bei der Veräußerung handelt es sich um einen Vorgang zwischen Gesellschaftern des Mutterunternehmens und den anderen Gesellschaftern des Konzerns. Unabhängig von der Abbildung der Abstockung der Beteiligung als Veräußerungs- oder Kapitalvorgang (§ 307), erhöhen sich die Anteile anderer Gesellschafter um die anteiligen Buchwerte der Vermögensgegenstände und Schulden des Tochterunternehmens.[67] Die Differenz zwischen Verkaufspreis der Anteile und dem anteiligen Reinvermögen ist im Fall einer Darstellung als Veräußerungsvorgang erfolgswirksam oder erfolgsneutral bei Abbildung als

---

[65] *Busse von Colbe/Ordelheide/Gebhardt/Pellens* Konzernabschlüsse S. 330.
[66] *Busse von Colbe/Ordelheide/Gebhardt/Pellens* Konzernabschlüsse S. 330.
[67] BeBiKo/*Winkeljohann/Deubert* Rn. 235.

Kapitalvorgang zu erfassen (DRS 23.173 und FTD 23.176). Dabei ist ein vorhandener Geschäfts- oder Firmenwert in Höhe der fortgeführten Anschaffungskosten beizubehalten. Die in der Konzernbilanz ausgewiesenen Vermögensgegenstände und Schulden (inkl. stiller Reserven/Lasten) des Tochterunternehmens bleiben unberührt, da diese unabhängig von der Beteiligungsquote aufgedeckt und ausgewiesen werden.[68] Die Methode der Abbildung von Aufstockungen und Abstockungen ist einheitlich zu wählen und stetig anzuwenden (DRS 23.171).

XI. Veränderung der Beteiligungsquote durch Kapitalerhöhung

Der **Anteil Dritter an einem Tochterunternehmen kann** sich dadurch **74** erhöhen, dass das Mutterunternehmen an einer Kapitalerhöhung beim Tochterunternehmen nicht teilnimmt. Wenn das Tochterunternehmen weiterhin in den Konzernabschluss einbezogen wird, ist die Veränderung oder die Bildung des Ausgleichspostens für Anteile anderer Gesellschafter zu berücksichtigen. Der Ausgleichsposten wird in Höhe der Beteiligungsquote der anderen Gesellschafter am Nennkapital gebildet. Dadurch entfällt ein Teil des **Aufgeldes aus der Kapitalerhöhung** auf die Mehrheitsgesellschafter. In diesem Fall sind nach DRS 23.168 die Grundsätze zur Bilanzierung von Abstockungen einer Mehrheitsbeteiligung ohne Verlust der Beherrschung anzuwenden (→ Rn. 73). Das Aufgeld, welches dabei die anteilig vergüteten stillen Reserven bzw. einen Geschäfts- oder Firmenwert übersteigt, ist abhängig von der Einstufung des Vorgangs als Erwerbs- oder Kapitalvorgang erfolgswirksam oder erfolgsneutral im Konzerneigenkapital zu erfassen, welches auf die Gesellschafter des Mutterunternehmens entfällt (DRS 23.168 ff.).

XII. Folgekonsolidierung

1. Verrechnung der Bilanzansatz- und Bewertungskorrekturen. Die **75** Folgekonsolidierung dient der **Weiterverrechnung der Bilanzansatz- und Bewertungskorrekturen und der Geschäftswerte aus der Erstkonsolidierung.**

Entsprechend sind alle in der Erstkonsolidierung durchgeführten Korrektu- **76** ren der Summenbilanz für die Folgekonsolidierung fortzuschreiben.[69] Das betrifft:

1. Vermögensgegenstände, denen stille Reserven zugeordnet wurden:
   Die aufgedeckten Reserven sind wie die Vermögensgegenstände erfolgswirksam abzuschreiben.
2. Außerplanmäßige Abschreibung auf aufgedeckte stille Reserven:
   Im Konzernabschluss sind ggf. höhere außerplanmäßige Abschreibungen auf Vermögensgegenstände, bei denen bei der Erstkonsolidierung stille Reserven aufgedeckt wurden, vorzunehmen.
3. Sonstige Korrekturen bei der Erstkonsolidierung:
   Anpassungen in nachfolgenden Perioden sind ebenfalls erforderlich. Nach Verkauf eines Grundstückes, dem stille Reserven bei der Erstkonsolidierung zugeordnet wurden, ist zB im Konzernabschluss der höhere Abgangswert und damit ein geringeres Veräußerungsergebnis zu beachten.

---

[68] WP-HdB Kap. M Rn. 417.
[69] *Busse von Colbe/Ordelheide/Gebhardt/Pellens* Konzernabschlüsse S. 246 ff.; HdBKo/*Dusemond/Weber/Zündorf* Rn. 161 ff.; *ADS* Rn. 143 ff.

4. Rückstellungen:
Soweit sie nur in der Konzernbilanz gebildet wurden, können Rückstellungen auch nur in der Konzernbilanz in Anspruch genommen oder aufgelöst werden.

5. Die weitere Behandlung der Geschäfts- oder Firmenwerte und passiver Unterschiedsbeträge regelt § 309.

6. Anteile anderer Gesellschafter:
Korrekturen müssen auch auf „andere Gesellschafter" zugeordnet werden.

77   Wegen unterschiedlicher Wertansätze von Vermögensgegenständen und Schulden, die zwischen Konzernabschluss und der Summe der Einzelabschlüsse entstehen, ist die Steuerabgrenzung gem. § 306 zu beachten.

78   **2. Folgekonsolidierung der „Anteile anderer Gesellschafter".** Im Rahmen der Kapitalkonsolidierung werden die neu bewerteten Vermögensgegenstände und Schulden vollständig, dh auch die Anteile anderer Gesellschafter, gemäß der Einheitstheorie in der Konzernbilanz berücksichtigt. Somit muss in der Folgekonsolidierung der ausgewiesene Anteil anderer Gesellschafter bei den einzelnen Korrekturen entsprechend angepasst werden.[70]

79   Die Abschreibungen führen ebenfalls zu einer **Veränderung des Ausgleichspostens für andere Gesellschafter,** da das auf sie entfallende Jahresergebnis entsprechend zu korrigieren ist.[71]

XIII. Entkonsolidierung und Übergangskonsolidierung

80   **1. Entkonsolidierung.** Die Veräußerung eines Tochterunternehmens schlägt sich im Jahresabschluss des Mutterunternehmens im **Abgang der Beteiligung** nieder. Der **Veräußerungserfolg** ergibt sich als Differenz aus dem Beteiligungsbuchwert und dem Veräußerungserlös. Aus Konzernsicht gehen dagegen beim Verlust der Möglichkeit der Beherrschung die einzelnen Bestandteile des Reinvermögens ab. Daraus kann sich ein anderer Veräußerungserfolg ergeben, zB weil im Konzernabschluss Teile der Anschaffungskosten bereits erfolgswirksam geworden sein können. Im Konzernabschluss ist daher ein Entkonsolidierungserfolg zu ermitteln.[72]

81   Da die Entkonsolidierung in der Erwerbsmethode spiegelbildlich zur Erstkonsolidierung ist, muss sie **erfolgswirksam** sein. Die Notwendigkeit zur Entkonsolidierung ergibt sich auch aus dem Grundsatz der Bilanzidentität nach § 298 Abs. 1 iVm § 252 Abs. 1 Nr. 1. In der fiktiven Konzerneröffnungsbilanz des Jahres, in dem eine Beteiligung veräußert wird, sind die einzelnen Bestandteile des Reinvermögens[73] des veräußerten Tochterunternehmens vorhanden. Mit Hilfe einer konsistenten Buchungstechnik ist der Abgang im Laufe des Jahres in der Jahresschlussbilanz des Konzerns auszuweisen.[74]

---

[70] *Busse von Colbe/Ordelheide/Gebhardt/Pellens* Konzernabschlüsse S. 262.
[71] *Busse von Colbe/Ordelheide/Gebhardt/Pellens* Konzernabschlüsse S. 263.
[72] BeBiKo/*Winkeljohann/Deubert* Rn. 305 f.
[73] Bestandteile des Reinvermögens sind Vermögensgegenstände, Schulden, Rechnungsabgrenzungsposten, Sonderposten und ein ggf. bilanzierter Geschäfts- oder Firmenwert oder negativer Unterschiedsbetrag.
[74] HdBKo/*Dusemond/Weber/Zündorf* Rn. 362; vgl. *Küting/Weber*, Der Konzernabschluß, 13. Aufl. 2012, 406.

Gemäß der Fiktion des Einzelabgangs gehen die Bestandteile des Rein- 82 vermögens des Tochterunternehmens mit den im Konzernabschluss erfassten Werten ab.[75]

Der Abgangswert eines Geschäfts- oder Firmenwerts bestimmt sich nach 83 dem aktuellen Buchwert, dh aus dem ursprünglichen Buchwert abzüglich der bis zum Zeitpunkt der Veräußerung aufgelaufenen kumulierten Abschreibungen. Wurde der Geschäfts- oder Firmenwert hingegen nach dem Wahlrecht vor der Einführung des BilMoG erfolgsneutral mit den Rücklagen verrechnet, so stellt sich die Frage, ob dieser erfolgsneutral verrechnete Geschäftsoder Firmenwert im Rahmen der Entkonsolidierung weiterhin erfolgsneutral oder erfolgswirksam behandelt werden muss. In der vorherrschenden Literatur wird die erfolgswirksame Rücknahme der erfolgsneutralen Verrechnung für unerlässlich gehalten. Eine erfolgsneutrale Behandlung des Geschäftsoder Firmenwerts im Rahmen der Entkonsolidierung widerspricht dem Grundsatz der Vollständigkeit des Erfolgsausweises.[76] In der Praxis ist auch anzutreffen, dass der Teil des Geschäftswerts, der bei Aktivierung und planmäßiger bzw. außerplanmäßiger Abschreibung noch ausgewiesen wäre, erfolgswirksam bei der Entkonsolidierung erfasst wird.

Ein **passiver Unterschiedsbetrag** ist bei der Entkonsolidierung ertrags- 84 wirksam aufzulösen, weil der Gewinn als realisiert angesehen werden kann.[77]

Entsprechende Regelungen zur erfolgswirksamen Entkonsolidierung hat 85 auch der DSR in DRS 23.178 ff. getroffen. Gemäß DRS 23.182 bemisst sich der Veräußerungserfolg aus dem Verkauf sämtlicher Anteile an einem Tochterunternehmen als Unterschied zwischen dem Veräußerungserlös und den im Konzernabschluss zum Veräußerungszeitpunkt erfassten Reinvermögen des Tochterunternehmens einschließlich des Geschäfts- oder Firmenwerts. Noch nicht erfolgswirksam aufgelöste negative Unterschiedsbeträge sind erfolgswirksam zu vereinnahmen.

Wenn an dem veräußerten Tochterunternehmen **Minderheitsgesell-** 86 **schafter** beteiligt sind, wird der Abgang des Reinvermögens nur in Höhe des Anteils des Mutterunternehmens berücksichtigt, der Rest wird erfolgsneutral gegen die Anteile anderer Gesellschafter ausgebucht (DRS 23.183 f.).

2. Übergangskonsolidierung. a) Übergang auf die Equity-Methode. 87 Ein zuvor voll konsolidiertes Tochterunternehmen ist ggf. in einer späteren Periode *at equity* zu bilanzieren. In diesem Fall ist zunächst eine **Entkonsolidierung** notwendig und gleichzeitig ist ein **Zugang unter den Beteiligungen an assoziierten Unternehmen** auszuweisen. Nach DRS 23.187 gilt als Anschaffungskosten der Beteiligung das entsprechende Reinvermögen zu Konzernbilanzbuchwerten. Der Vorgang ist bezüglich der verbleibenden Anteile erfolgsneutral.[78]

b) Übergang auf die Quotenkonsolidierung. Der Übergang von der 88 Voll- auf die Quotenkonsolidierung geschieht, wenn er mit dem Verkauf von Anteilen verbunden ist, indem in **Höhe des Abgangs von Anteilen entkonsolidiert** wird. Die Minderheitenanteile konzernfremder Gesellschafter an den Vermögensgegenständen und Schulden sind nach DRS 23.283 f. ergebnisneutral gegen deren Eigenkapitalanteil zu verrechnen. Für

---

[75] BeBiKo/*Winkeljohann*/*Deubert* Rn. 306.
[76] *Busse von Colbe*/*Ordelheide*/*Gebhardt*/*Pellens* Konzernabschlüsse S. 270.
[77] *Küting*/*Weber*, Der Konzernabschluß, 13. Aufl. 2012, 403.
[78] WP-HdB Kap. M Rn. 450.

die im Konzernabschluss verbleibenden anteiligen Vermögenswerte sind keine weiteren Unterschiede gegenüber der Vollkonsolidierung zu beachten.[79]

89 **c) Übergang auf die Anschaffungskostenmethode.** Der Übergang von der Vollkonsolidierung auf die Anschaffungskostenmethode wird in DRS 23.190 wie der Übergang auf die Equity-Methode als ergebnisneutraler Vorgang behandelt. Als Anschaffungskosten der Beteiligung gilt nach DRS 23.190 das entsprechende Reinvermögen zu Konzernbilanzbuchwerten.[80]

XIV. Ausweis im Anlagenspiegel

90 **1. Erstkonsolidierung.** Aus der Erwerbsfiktion folgt, dass die Vermögensgegenstände des Anlagevermögens, die in die Erstkonsolidierung einbezogen werden sowie ein entstehender Geschäfts- oder Firmenwert, im Anlagenspiegel als **Zugänge** auszuweisen sind. Wenn es sich um wesentliche Zugänge handelt, kann der Erläuterungspflicht im Anhang Genüge getan werden, indem die Zugänge aus Erstkonsolidierung in eine **gesonderte Spalte** aufgenommen werden. Die Beträge ergeben sich aus der Erstkonsolidierung nach Aufdeckung der anteiligen stillen Reserven.

91 Falls die Beteiligung im vorhergehenden Abschluss als Finanzanlage ausgewiesen wurde, ist dort ein entsprechender Abgang auszuweisen.[81]

92 **2. Folgekonsolidierung.** Im Konzernanlagenspiegel sind die sich aus der Erstkonsolidierung ergebenden **Werte fortzuführen.**

93 Bei Abgängen sind für Gegenstände des Anlagevermögens, die bei der Erstkonsolidierung bereits vorhanden waren, die Beträge der Anschaffungs- oder Herstellungskosten des Konzernzugangs (Erstkonsolidierung) und die kumulierten Abschreibungen aus Konzernsicht als Abgang auszuweisen.[82]

94 **3. Entkonsolidierung.** Für die Darstellung der Entkonsolidierung im Konzernanlagenspiegel ist eine gesonderte Spalte „**Abgänge wegen Veränderung des Konsolidierungskreises**" sinnvoll. Die Verrechnung von Zugängen aus der Erstkonsolidierung und Abgängen wegen des Ausscheidens aus dem Konzern sollte unterlassen werden.[83]

XV. Folgen der Nichtbeachtung

95 Eine Verletzung des § 301 ist als mittelbare Verletzung des § 300 Abs. 1 zu qualifizieren. Eine Nichtbeachtung des § 301 wird damit vom Tatbestand des § 334 Abs. 1 Nr. 2 Buchst. c erfasst. Daneben kann im Einzelfall eine Ordnungswidrigkeit gem. § 334 Abs. 1 Nr. 2 Buchst. b vorliegen.[84]

§ 302 *(aufgehoben)*

---

[79] WP-HdB Kap. M Rn. 449.

[80] WP-HdB Kap. M Rn. 451.

[81] *ADS* Rn. 112 f.

[82] *ADS* Rn. 161.

[83] *Busse von Colbe/Ordelheide/Gebhardt/Pellens* Konzernabschlüsse S. 273. *IDW* RS HFA 44 Rn. 17 lässt auch eine Zusammenfassung von Zu- und Abgängen zu.

[84] BeBiKo/*Winkeljohann/Deubert* Rn. 395.

§ 303 Schuldenkonsolidierung

(1) **Ausleihungen und andere Forderungen, Rückstellungen und Verbindlichkeiten zwischen den in den Konzernabschluß einbezogenen Unternehmen sowie entsprechende Rechnungsabgrenzungsposten sind wegzulassen.**

(2) **Absatz 1 braucht nicht angewendet zu werden, wenn die wegzulassenden Beträge für die Vermittlung eines den tatsächlichen Verhältnissen entsprechenden Bildes der Vermögens-, Finanz- und Ertragslage des Konzerns nur von untergeordneter Bedeutung sind.**

Übersicht

I. Allgemeine Grundsätze

In der Schuldenkonsolidierung werden **konzerninterne Schuldverhält-** 1 **nisse** gemäß der Einheitstheorie für den Konzernabschluss aufbereitet. Da rechtlich unselbstständige Betriebsteile keine Ansprüche oder Verpflichtungen gegeneinander haben können, konkretisiert § 303 den Grundsatz aus § 297, indem er vorschreibt, dass Ausleihungen und andere Forderungen, Rückstellungen, Verbindlichkeiten und entsprechende Rechnungsabgrenzungsposten zwischen den in den Konzernabschluss einbezogenen Unternehmen wegzulassen sind. Die Aufzählung ist nicht abschließend, sondern im Sinne einer vollständigen Berücksichtigung aller konzerninternen Ansprüche und Verpflichtungen in der Schuldenkonsolidierung zu verstehen.[1]

Bei der Schuldenkonsolidierung können jedoch, wenn entsprechende For- 2 derungen und Verbindlichkeiten in den Einzelabschlüssen der Konzernunter-

---

[1] BeBiKo/*Winkeljohann/Deubert* Rn. 1.

nehmen nicht in gleicher Höhe bilanziert wurden oder Verbindlichkeiten (insbesondere Rückstellungen) keine Forderungen gegenüberstehen, **Differenzen** entstehen, die zum Teil eine erfolgswirksame Schuldenkonsolidierung notwendig machen.

3   Auf den Totalerfolg des Konzerns hat die Verbuchung der konzerninternen Kreditgeschäfte keinen Einfluss. Bei der Schuldenkonsolidierung steht das Ziel im Vordergrund, die Auswirkungen der internen Schuldenverhältnisse in der jährlichen Rechnungslegung zu eliminieren.[2]

II. Erfolgsneutrale Schuldenkonsolidierung

4   Für eine Reihe von konzerninternen Schuldverhältnissen stehen die Forderungen eines Konzernunternehmens gegenüber einem anderen Konzernunternehmen **gleich hohen** Verbindlichkeiten im Einzelabschluss der beiden Unternehmen gegenüber. Werden diese Abschlüsse in der Summenbilanz zusammengefasst, so kann die der Einheitstheorie widersprechende Aufblähung der Konzernbilanz durch einfaches „Weglassen" (Abs. 1) beseitigt werden. In der Summen-GuV wären im Rahmen der Aufwands- und Ertragskonsolidierung sowohl die **Zinsaufwendungen als auch die Zinserträge** erfasst. Im Normalfall schlagen sie sich in gleicher Höhe nieder und haben keinen Einfluss auf das Konzernergebnis. Es entspricht der Einheitstheorie, dass Zinsaufwendungen und -erträge aus den entsprechenden Posten herausgebucht werden.[3]

III. Erfolgswirksame Schuldenkonsolidierung

5   **1. Schuldenkonsolidierung bei Differenzen.** Forderungen und Verbindlichkeiten zwischen Konzernunternehmen sind gem. Abs. 1 wegzulassen. Bilanzierungs- und Bewertungsregeln, buchungstechnische Gegebenheiten sowie Kreditbeziehungen mit ausländischen Tochterunternehmen führen in einigen Fällen dazu, dass sich keine entsprechenden Forderungen und Verbindlichkeiten in der Summenbilanz gegenüberstehen oder dass sie in **unterschiedlicher Höhe** ausgewiesen sind. Solche Aufrechnungsdifferenzen können eingeteilt werden in „echte" und „unechte" Differenzen.

6   Die „echten" Differenzen werden bei der erstmaligen Konsolidierung einer konzerninternen Anspruchs-/Verpflichtungsbeziehung erfolgswirksam behandelt und erhöhen/mindern das Konzernjahresergebnis. In den darauffolgenden Perioden sind die Differenzen jeweils mit dem Ergebnisvortrag oder den Gewinnrücklagen zu verrechnen. Die **„unechten"** Aufrechnungsdifferenzen sind bereits vor Durchführung der Schuldenkonsolidierung zu beseitigen. Die Unterscheidung in „unechte" und „echte" Differenzen ist daher für die richtige Durchführung der Schuldenkonsolidierung grundlegend.

7   **2. Ursachen für Differenzen. „Unechte"** Differenzen können darauf beruhen, dass Fehlbuchungen durchgeführt wurden oder dass das Schuldverhältnis beim Gläubiger und beim Schuldner nicht zeitgleich verbucht wird. Dies ist zB der Fall, wenn eine Forderung aus Lieferung und Leistung beim leistenden Unternehmen mit Ausgang der Lieferung verbucht wird, beim empfangenden Unternehmen allerdings erst bei Empfang, und wenn diese

---

[2] *Busse von Colbe/Ordelheide/Gebhardt/Pellens* Konzernabschlüsse S. 345.
[3] *Busse von Colbe/Ordelheide/Gebhardt/Pellens* Konzernabschlüsse S. 346.

Ware zum Bilanzstichtag noch unterwegs ist. Diese Differenzen können durch die Abstimmung der gegenseitigen Forderungen und Verbindlichkeiten vor Erstellung der Einzelabschlüsse, ggf. bei der Erstellung der HB II, vermieden werden.[4] Treten unechte Differenzen dennoch auf, sollten die Abstimmungen im Rahmen des Konzernabschlusses vor der Schuldenkonsolidierung nachgeholt und entsprechende Buchungen durchgeführt werden.[5]

„Echte" Aufrechnungsdifferenzen beruhen auf zwingenden oder dis- **8** positiven Bilanzierungs- und Bewertungsunterschieden; sie können daher nicht durch eine Abstimmung vor der Konsolidierung ausgeglichen werden. Folgende Ursachen sind zu berücksichtigen:

1. Gewährung eines konzerninternen Darlehens mit Disagio.
Der Gläubiger bilanziert das Darlehen mit dem Ausgabebetrag und stockt es über die Laufzeit auf, der Schuldner behandelt das Disagio in der ersten Periode als Aufwand.[6]
2. Abschreibung von Forderungen gegenüber einbezogenen Unternehmen.
3. Konzerninterne Rückstellungen.
Ein Konzernunternehmen bildet eine Rückstellung für eine ungewisse Verbindlichkeit, die gegenüber einem anderen Konzernunternehmen besteht. Im Normalfall steht dem keine Forderung gegenüber.
4. Aktivisch abgesetzter Zinsabschlag wegen Zinslosigkeit.
Der Gläubiger eines zinsfrei oder niedrigverzinslich gewährten Darlehens aktiviert den Barwert, während der Schuldner den Rückzahlungsbetrag zu passivieren hat.[7]
5. Anwendung unterschiedlicher Kurse zur Umrechnung einer Forderung bzw. Verbindlichkeit in Fremdwährung.

3. Steuerabgrenzung. Für die bei der Schuldenkonsolidierung auftreten- **9** den Differenzen ist eine Steuerabgrenzung nach § 306 vorzunehmen, wenn die Schuldenkonsolidierung **erfolgswirksam** ist und die Differenzen zeitlich befristet sind.[8]

4. Technik der Schuldenkonsolidierung. Echte Aufrechnungsdiffe- **10** **renzen** entstehen in der Regel durch Buchungen im Einzelabschluss, die Auswirkungen auf den Erfolg haben. Diese Erfolgswirksamkeit muss in der Schuldenkonsolidierung neutralisiert werden. Dies kann erreicht werden, indem alle die innerkonzernlichen Schuldenverhältnisse betreffenden Buchungen rückgängig gemacht werden.[9]

Stattdessen können **aktive und passive echte Aufrechnungsdifferenzen** **11** miteinander verrechnet werden. Der daraus resultierende Saldo beeinflusst, je nachdem, ob es sich um eine erstmalige Verrechnung oder um eine wiederholte handelt, das Konzernjahresergebnis, den Ergebnisvortrag oder die Gewinnrücklagen.[10] Die echten Aufrechnungsdifferenzen aus der Schuldenkonsolidierung dürfen nur in dem Jahr den Konzernjahresüberschuss verändern, in dem sie auch in der Einzelbilanz erfolgswirksam waren. Aus Vorjahren

---

[4] *v. Wysocki/Wohlgemuth/Brösel* Konzernrechnungslegung S. 223.
[5] *Busse von Colbe/Ordelheide/Gebhardt/Pellens* Konzernabschlüsse S. 346.
[6] WP-HdB Kap. G Rn. 507.
[7] *Busse von Colbe/Ordelheide/Gebhardt/Pellens* Konzernabschlüsse S. 348.
[8] *Busse von Colbe/Ordelheide/Gebhardt/Pellens* Konzernabschlüsse S. 353 f.
[9] *v. Wysocki/Wohlgemuth/Brösel* Konzernrechnungslegung S. 225.
[10] *ADS* Rn. 42.

stammende Aufrechnungsdifferenzen müssen ohne Berührung der GuV im Eigenkapital gebucht werden.[11]

12   Folgende Vorgehensweise ist sinnvoll: Im Jahr der **erstmaligen Schuldenkonsolidierung** wird der gesamte Saldo der Aufrechnungsdifferenzen erfolgswirksam (Konzern-GuV) behandelt, falls es sich um Differenzen handelt, die im laufenden Jahr entstanden sind. In gleicher Höhe sollte innerhalb des Eigenkapitals ein Sonderposten ausgewiesen werden (zu Besonderheiten der erstmaligen Schuldenkonsolidierung im Jahr der Erstkonsolidierung → Rn. 22).[12]

13   Im **Folgejahr** ist wiederum der Saldo der echten Aufrechnungsdifferenzen aus der Schuldenkonsolidierung festzustellen. Erfolgswirksam (Konzern-GuV) wird jedoch nur die Differenz zum Vorjahressaldo berücksichtigt. Da die Konzernbilanz jährlich aus der Summenbilanz abgeleitet wird, ist in einer Anpassungsbuchung (im Anschluss an die Ermittlung des Konzernjahresergebnisses) die Aufrechnungsdifferenz aus dem Vorjahr erneut einzustellen. Im Konzerneigenkapital ist dann die Aufrechnungsdifferenz aus der Schuldenkonsolidierung als Saldo oder Summe des Vorjahres und der Differenz des Saldos des laufenden Jahres zum Vorjahressaldo erfasst.[13]

IV. Besonderheiten bei der Konsolidierung bestimmter Verpflichtungen

14   **1. Eingeforderte ausstehende Einlagen.** Eingeforderte ausstehende Einlagen haben **Forderungscharakter.** Das Unternehmen, gegenüber dem die Einzahlungsforderung geltend gemacht wurde, muss eine Verbindlichkeit ausweisen. Im Rahmen der Schuldenkonsolidierung werden die Forderung und die Verbindlichkeit gegeneinander aufgerechnet (DRS 22 Rn. 28a). Soweit ausstehende Einlagen von Konzerndritten eingefordert wurden, wird die Forderung auch im Konzernabschluss ausgewiesen (DRS 22 Rn. 28b).[14]

15   **2. Geleistete Anzahlungen.** Geleistete und erhaltene Anzahlungen zwischen Konzernunternehmen unterliegen der **Schuldenkonsolidierung.** Anzahlungen, die auf Sachanlagen geleistet werden, werden mit den Anlagen im Bau gemeinsam ausgewiesen. Die Aufgliederung des zusammengefassten Betrages kann problematisch sein. In diesem Fall wird bei der praktischen Durchführung der Schuldenkonsolidierung der Betrag, der als „erhaltene Anzahlung" im Jahresabschluss des empfangenden Konzernunternehmens erfasst wurde, der Verrechnung zugrunde gelegt.[15]

16   **3. Rechnungsabgrenzungsposten.** Wenn Rechnungsabgrenzungsposten auf konzerninternen Schuldverhältnissen beruhen, unterliegen sie der **Schuldenkonsolidierung** und sind im Konzernabschluss wegzulassen.[16]

17   Da die Behandlung des **Disagios** beim Schuldner und beim Gläubiger nicht spiegelbildlich sein muss, können bei konzerninternen Schuldverhältnissen, die mit einem Disagio verbunden sind, echte Aufrechnungsdifferenzen aus der Schuldenkonsolidierung entstehen. Sie sind vorübergehender Art, da

---

[11] *v. Wysocki/Wohlgemuth/Brösel* Konzernrechnungslegung S. 227.
[12] *v. Wysocki/Wohlgemuth/Brösel* Konzernrechnungslegung S. 227 f.
[13] Mit ausf. Beispielen: *ADS* Rn. 42; *v. Wysocki/Wohlgemuth/Brösel* Konzernrechnungslegung S. 228.
[14] HdBKo/*Harms* Rn. 17.
[15] *ADS* Rn. 8 f.
[16] HdBKo/*Harms* Rn. 20.

sie darauf beruhen, dass der implizite Zinsaufwand beim Schuldner früher berücksichtigt wird als beim Gläubiger.[17]

4. Rückstellungen. Soweit Rückstellungen aus ungewissen **Verbindlich-** 18 **keiten, Gewährleistungen** oder für **drohende Verluste aus schwebenden Geschäften** aus konzerninterner Geschäftstätigkeit herrühren, sind sie wegzulassen. Die entsprechenden Aufwendungen müssen rückgängig gemacht werden. Dabei ist jedoch zu berücksichtigen, ob aus Konzernsicht ein Aufwand anderer Art wegen des gleichen Geschäftsvorfalls entstehen kann.[18] Eine Pflicht zur Übernahme in den Konzernabschluss kann sich zB für auf **konzerninterne Lieferungen entfallende Gewährleistungsrückstellungen** ergeben, wenn die Vermögensgegenstände noch in den Vorräten erfasst sind. In Höhe der Gewährleistung besteht aus Konzernsicht Reparaturbedarf. Deshalb sind solche Rückstellungen zwar aus Konzernsicht aufzulösen, der Aufwand bleibt in Form von Wertminderungen des gelieferten Vermögens im Rahmen der Bewertungsvorschriften für Vorräte (§ 253 Abs. 4) weiterhin zu berücksichtigen.[19]

5. Konzerninterne Anleiheverpflichtungen. Hat ein Konzernunter- 19 nehmen **Teilschuldverschreibungen** eines anderen Konzernunternehmens direkt oder über Dritte erworben, so liegt ein konzerninternes Schuldverhältnis vor. Im Einzelabschluss darf ein Unternehmen, das Anteile einer von ihm emittierten Schuldverschreibung gekauft hat, diese solange nicht mit der Schuld verrechnen, wie es ihm möglich ist, die Teilschuldverschreibungen wieder zu veräußern. Daher ist auch im Konzernabschluss eine Verrechnung der Anteile, die ein anderes Konzernunternehmen hält, mit der Schuld des emittierenden Unternehmens untersagt.[20]

6. Drittschuldverhältnisse. Wenn **mehrere Konzernunternehmen** 20 **Forderungen und Verbindlichkeiten** gegenüber einem **nicht in die Konsolidierung einbezogenen Unternehmen** haben, so sind diese gemäß der Einheitstheorie in der Schuldenkonsolidierung grundsätzlich aufzurechnen. Forderungen und Verbindlichkeiten gegenüber einem Schuldner werden im Einzelabschluss saldiert, sofern nicht gegen das Saldierungsverbot des § 246 Abs. 2 verstoßen wird und die Anforderungen der Gleichartigkeit, Gleichwertigkeit und Gleichfristigkeit erfüllt sind. Nach § 303 besteht jedoch keine Verpflichtung zur Aufrechnung.[21]

V. Besonderheiten bei der Schuldenkonsolidierung

1. Erstmalige Schuldenkonsolidierung. Nach dem Wortlaut des § 303 21 ist die Verrechnung von Forderungen und Verbindlichkeiten der in den Konzernabschluss einbezogenen Unternehmen vorzunehmen, unabhängig davon, ob sie bereits vor der erstmaligen Einbeziehung eines Unternehmens in den Konsolidierungskreis entstanden sind. Die Differenzbeträge wären dann mit den Gewinnrücklagen des Konzerns zu verrechnen.[22]

---

[17] *Busse von Colbe/Ordelheide/Gebhardt/Pellens* Konzernabschlüsse S. 348.
[18] WP-HdB Kap. G Rn. 504 ff.
[19] *Busse von Colbe/Ordelheide/Gebhardt/Pellens* Konzernabschlüsse S. 361 f.
[20] *Busse von Colbe/Ordelheide/Gebhardt/Pellens* Konzernabschlüsse S. 360.
[21] HdBKo/*Harms* Rn. 25 f.
[22] WP-HdB Kap. G Rn. 52.

22   **2. Abweichende Stichtage.** Durch die Ausnahmeregelung des § 299 ist es möglich, dass die dem Konzernabschluss zugrunde liegenden Einzelabschlüsse zu Stichtagen aufgestellt werden, die bis zu drei Monate voneinander abweichen. In dieser Periode können Schuldverhältnisse erloschen oder neu entstanden sein. Die daraus entstehenden Differenzen sind wie „unechte" Differenzen bei der Abstimmung der Einzelabschlüsse zu beseitigen oder spätestens bei der Vorbereitung des Konzernabschlusses zu korrigieren. Bei unwesentlichen Beträgen braucht die Korrektur nicht vorgenommen zu werden.[23]

23   **3. Währungsumrechnung.** Wenn in die Schuldenkonsolidierung Forderungen und Verbindlichkeiten einbezogen werden müssen, die in die Konzernwährung umzurechnen sind, können sich Differenzen ergeben, weil

1. unterschiedliche Wechselkurse an verschiedenen Börsen berücksichtigt wurden,
2. Veränderungen des Wechselkurses in den Perioden des Bestehens der Verbindlichkeit/Forderung zu einer Wertänderung in den Einzelabschlüssen geführt haben.

24   Der erste Fall begründet eine **„unechte" Differenz,** die sich durch geeignete **Abstimmungen im Rahmen der Konzernabschlusserstellung** beseitigen lässt, indem konzerninterne Forderungen und Verbindlichkeiten mit einheitlichen Kursen (konzerninterner Verrechnungskurs) umgerechnet werden.

25   Wenn die Wechselkursänderungen während des Bestehens der Forderung/Verbindlichkeit in den Einzelabschlüssen zur erfolgswirksamen Berücksichtigung (unrealisierter) Währungsverluste geführt haben, sind diese Aufwendungen für den Konzernabschluss rückgängig zu machen, weil aus Konzernsicht kein Verlust vorliegt.[24]

26   **4. Entkonsolidierung.** Die Notwendigkeit der Entkonsolidierung kann nur bei der **erfolgswirksamen Schuldenkonsolidierung** auftreten. Bei Ausscheiden eines Unternehmens aus dem Konsolidierungskreis, das erfolgswirksam konsolidierte Schuldbeziehungen zu anderen Konzernunternehmen unterhält, ist die Erfolgswirkung nur für die Jahre der Konzernzugehörigkeit rückgängig zu machen, während nach Ausscheiden des Unternehmens Aufwendungen oder Erträge für den Konzern vorliegen. Sind also beispielsweise die Konzernrücklagen um das Disagio eines konzerninternen Darlehens erhöht, so darf diese Erhöhung nur für die Perioden der Konzernzugehörigkeit aufrechterhalten werden.[25]

VI. Eventualverbindlichkeiten und Haftungsverhältnisse

27   Die gem. § 298 Abs. 1 iVm § 268 Abs. 7 und § 251 anzugebenden Verpflichtungen, die nicht passiviert werden, sondern im Anhang anzugeben sind, **entfallen** im Konzernabschluss, **sofern sie gegenüber Konzernunternehmen bestehen.**[26]

28   Außerdem sind Eventualverbindlichkeiten im Konzernabschluss dann nicht auszuweisen, wenn „sie zwar gegenüber Dritten, dh. gegenüber nicht ein-

---

[23] *ADS* Rn. 38 ff.
[24] *Küting/Weber,* Der Konzernabschluß, 13. Aufl. 2012, 510 f.
[25] *Busse von Colbe/Ordelheide/Gebhardt/Pellens* Konzernabschlüsse S. 372 f.
[26] BeBiKo/*Winkeljohann/Deubert* Rn. 38.

bezogenen Unternehmen, bestehen, sich aber auf Verbindlichkeiten oder Verpflichtungen beziehen, die im Konzernabschluss bereits als Verbindlichkeiten des Konzerns ausgewiesen werden müssen".

VII. Wesentlichkeit

Abs. 2 erlaubt es, die Schuldenkonsolidierung zu unterlassen, wenn sie für **29** die Vermittlung eines den tatsächlichen Verhältnissen entsprechenden Bildes der Vermögens-, Finanz- und Ertragslage **von untergeordneter Bedeutung** ist. Dies ist eine Konkretisierung des Wesentlichkeits- und Wirtschaftlichkeitsgrundsatzes für den Konzernabschluss.

Der Beurteilung der Wesentlichkeit ist eine **Gesamtbetrachtung** zugrun- **30** de zu legen. Allgemeine Maßstäbe können nicht angegeben werden. Als Beurteilungsmaßstab für die Wesentlichkeit kann der Einfluss, den das Unterlassen der Schuldenkonsolidierung auf Kennzahlen der Vermögens- und Finanzanalyse hat, dienen. Ebenso ist zu beachten, ob die Vergleichbarkeit mit dem Vorjahr noch gewährleistet ist. Einen Anhaltspunkt bietet auch das Verhältnis der in die Schuldenkonsolidierung einbezogenen zu den unverändert übernommenen Beträgen.[27]

VIII. Folgen der Nichtbeachtung

Eine Verletzung des § 303 wird vom Gesetz nicht explizit sanktioniert. Im **31** Einzelfall kann allerdings ein Verstoß gegen § 297 Abs. 2 in Betracht kommen, wenn der Konzernabschluss kein den tatsächlichen Verhältnissen entsprechendes Bild der Vermögens-, Finanz- und Ertragslage vermittelt (→ § 297 Rn. 56 f.).

§ 304 Behandlung der Zwischenergebnisse

(1) **In den Konzernabschluß zu übernehmende Vermögensgegenstände, die ganz oder teilweise auf Lieferungen oder Leistungen zwischen in den Konzernabschluß einbezogenen Unternehmen beruhen, sind in der Konzernbilanz mit einem Betrag anzusetzen, zu dem sie in der auf den Stichtag des Konzernabschlusses aufgestellten Jahresbilanz dieses Unternehmens angesetzt werden könnten, wenn die in den Konzernabschluß einbezogenen Unternehmen auch rechtlich ein einziges Unternehmen bilden würden.**

(2) **Absatz 1 braucht nicht angewendet zu werden, wenn die Behandlung der Zwischenergebnisse nach Absatz 1 für die Vermittlung eines den tatsächlichen Verhältnissen entsprechenden Bildes der Vermögens-, Finanz- und Ertragslage des Konzerns nur von untergeordneter Bedeutung ist.**

Übersicht

[27] BeBiKo/*Winkeljohann*/*Deubert* Rn. 70–72.

I. Allgemeine Grundsätze

1   Mit Abs. 1 wird das Realisationsprinzip für den Konzernabschluss konkretisiert. Demnach können Erträge im Konzernabschluss nur dann als realisiert gelten, wenn sie aus Umsätzen mit Konzerndritten (auch Tochterunternehmen, die nicht in den Konzernabschluss einbezogen sind) entstanden sind. Die aus **konzerninternen Umsätzen** resultierenden Erträge (und Verluste), die in der Summen-GuV enthalten sind, müssen daher eliminiert werden. Abs. 1 bezieht sich jedoch nur auf die Eliminierung von Zwischenergebnissen in Wertansätzen der in der Konzernbilanz enthaltenen Vermögensgegenstände. Wenn Vermögensgegenstände den Konzernkreis verlassen haben, sind auch die Zwischenergebnisse aus der konzerninternen Lieferung realisiert. Die sich aus mehrstufigen Konzerngeschäften ergebenden Doppelerfassungen in der Summen-GuV werden im Wege der Aufwands- und Ertragskonsolidierung (§ 305) eliminiert.[1] § 304 bezieht sich nicht auf konzerninterne Leistungen, die sich nur in der GuV niederschlagen, zB Zinszahlungen für konzerninterne Kredite. Solche konzerninternen Leistungen sind ebenfalls in der Aufwands- und Ertragskonsolidierung zu erfassen.

2   Der Vorgang der Zwischenergebniseliminierung bei Wertansätzen der konzernintern hergestellten Vermögensgegenstände ist eine Auf- oder Abwertung dieser Vermögensgegenstände zum Zweck der Bewertung mit den Konzernanschaffungs- oder -herstellungskosten.[2]

3   In konsequenter Anwendung der Einheitstheorie sind nach Abs. 1 Zwischenergebnisse vollständig zu eliminieren, auch wenn Minderheiten beteiligt sind. Ein Wahlrecht zur anteiligen Eliminierung von Zwischengewinnen, wie es die 7. EU-RL (Bilanz-RL 1978) zuließ, wurde jedoch nicht in die EU-Bilanzrichtlinie übernommen[3] Folglich ist einzig die vollständige Eliminierung von Zwischengewinnen zulässig. Insoweit ergeben sich keine Veränderungen für das Handelsrecht, da der deutsche Gesetzgeber das Wahlrecht zur anteiligen Eliminierung seinerzeit nicht übernommen hat.

[1] *Busse von Colbe/Ordelheide/Gebhardt/Pellens* Konzernabschlüsse S. 373 f.
[2] WP-HdB Kap. G Rn. 533.
[3] Art. 24 Abs. 7 Buchst. c. Bilanz-RL.

II. Konzernanschaffungs- und Konzernherstellungskosten

1. Definition. Das Gesetz definiert weder den Begriff des Zwischener- 4
gebnisses, noch spricht es von Konzernanschaffungs- oder -herstellungskos-
ten. Die Bewertung der in den Konzernabschluss zu übernehmenden Vermögensgegenstände, die ganz oder teilweise auf Lieferungen oder Leistungen
zwischen in den Konzernabschluss einbezogenen Unternehmen beruhen, ist
so vorzunehmen, als ob der Konzern auch rechtlich ein einziges Unternehmen wäre (Abs. 1).[4]

Die **Konzernanschaffungskosten** für Vermögensgegenstände, die von 5
konzernfremden Unternehmen gekauft und ohne Be- oder Verarbeitung
innerhalb des Konzerns weiterveräußert wurden (zB bei konzernzentraler
Beschaffung) bestimmen sich daher nach § 253 Abs. 1 S. 1 und § 255
Abs. 1.

Als Konzernanschaffungskosten sind alle direkt zurechenbaren Aufwendun- 6
gen von Konzernunternehmen anzusehen, die dazu dienen, den Vermögensgegenstand zu erwerben und in einen betriebsbereiten Zustand zu versetzen.
Gemeinkosten gehören wie im Jahresabschluss nicht dazu (vgl. § 255 Abs. 1).
Entsprechend sind nachträgliche Anschaffungskosten und Nebenkosten hinzuzurechnen, während Minderungen abzuziehen sind. Wahlrechte für die
Bemessung der Anschaffungskosten sieht das Gesetz nicht vor. Transaktionskosten bei konzerninternen Geschäften sind zu aktivieren, soweit sie einzeln
zurechenbar sind. Dies gilt zum Beispiel für Aufwendungen im Rahmen von
konzerninternen Grundstückskäufen (Notar, Grunderwerbsteuer) oder
Transportkosten zur Verbringung an den konzerninternen Bestimmungsort.[5]

Die **Konzernherstellungskosten** sind analog zu § 255 Abs. 2 u. 3 zu 7
ermitteln. Daraus ergibt sich, dass auch aus Konzernsicht ein Mindest- und
ein Höchstwert existieren. Die Wertuntergrenze ist die Summe der nach der
Fiktion der rechtlichen Einheit des Konzerns aktivierungspflichtigen Kosten.
Die aktivierungsfähigen Einzel- und Gemeinkosten (vgl. § 255 Abs. 2) des
Konzerns beinhalten die bei den an der Herstellung direkt beteiligten Konzernunternehmen anfallenden Aufwendungen. Im Konzern sind außerdem
diejenigen Aufwendungen zu beachten, die bei Konzernunternehmen (insbes. beim Mutterunternehmen) anfallen, die nicht direkt an der Herstellung
beteiligt sind, soweit diese Aufwendungen auf den Zeitraum der Herstellung
entfallen. Dabei ist jedoch zu berücksichtigen, dass die Aufwendungen der
Konzernverwaltung möglicherweise bereits im Wege der Konzernumlage Teil
der Verwaltungsaufwendungen der Tochterunternehmen geworden sind. Sie
dürfen nicht doppelt in die Konzernherstellungskosten eingerechnet werden.[6]

Maßgeblich für die Ausübung der Wahlrechte bei der Bemessung der 8
Konzernherstellungskosten sind die **konzerneinheitlichen Bewertungs-
richtlinien.**[7]

2. Besonderheiten. Gegenüber der Summe der in den Einzelabschlüssen 9
aktivierten Herstellungskostenbestandteile ergeben sich ggf. aus Konzernsicht
Herstellungskostenmehrungen oder -minderungen.[8]

---

[4] BeBiKo/*Winkeljohann/Schellhorn* Rn. 2.
[5] BeBiKo/*Winkeljohann/Schellhorn* Rn. 12; WP-HdB Kap. G Rn. 534.
[6] *Busse von Colbe/Ordelheide/Gebhardt/Pellens* Konzernabschlüsse S. 376.
[7] Beck HdR/*Klein* C 430 Rn. 48.
[8] Beck HdR/*Klein* C 430 Rn. 49.

10 Gem. § 255 Abs. 2 S. 4 sind **Vertriebskosten** im Einzelabschluss nicht als Herstellungskosten aktivierungsfähig. Dies gilt auch für den Konzernabschluss. Allerdings sind möglicherweise Aufwendungen, die im Einzelabschluss als Vertriebskosten zu qualifizieren sind, aus Konzernsicht anders zu beurteilen. Die Aufwendungen für den Transport vom liefernden zum empfangenden Konzernunternehmen sind für den Konzernabschluss als Transportaufwendungen zwischen zwei unselbstständigen Betriebsstätten anzusehen und damit nicht als Vertriebskosten. Andere Bestandteile der Vertriebskosten der Einzelunternehmen sind allerdings auch aus Konzernsicht als solche zu behandeln, zB werbewirksames Verpackungsmaterial, anteilige Werbeaufwendungen.[9]

11 Höhere **Abschreibungen im Konzern** wegen der Aufdeckung stiller Reserven bei der Kapitalkonsolidierung können/müssen die Herstellungskosten erhöhen.[10]

12 Herstellungskostenminderungen sind zu berücksichtigen, wenn die Herstellungskosten **Lizenzgebühren** enthalten, die an ein Konzernunternehmen gezahlt wurden.[11]

13 Ebenfalls nicht zu den Konzernherstellungskosten gehören ggf. aktivierte **Fremdkapitalzinsen,** die an andere Konzernunternehmen gezahlt wurden.[12]

III. Abgrenzung der eliminierungspflichtigen Zwischenergebnisse

14 **1. Zwischengewinne und Zwischenverluste.** Der **Zwischengewinn** ist die Differenz aus dem (höheren) Buchwert, wie er in der der Konsolidierung zugrunde liegenden Jahresbilanz (HB II) ausgewiesen ist, und dem Konzernanschaffungs- oder -herstellungswert. Wenn in der Jahresbilanz des Konzernunternehmens eine zwingende Abschreibung vorgenommen wurde, zB um Wertabschläge wegen Überalterung oder Schwund zu berücksichtigen, sind diese in den Konzernabschluss zu übernehmen, wenn aus Konzernsicht keine andere Beurteilung notwendig ist.[13]

15 Da die Konzernanschaffungs- oder -herstellungskosten sich zwischen der **Ober- und Untergrenze des § 255 Abs. 2** bewegen können, wird häufig von eliminierungspflichtigen und -fähigen Zwischengewinnen gesprochen.[14] Wegen § 308 Abs. 2 S. 1 sind Vermögensgegenstände im Konzernabschluss nach den für das Mutterunternehmen zulässigen Methoden einheitlich zu bewerten. Daraus ergibt sich, dass die Bemessung der Konzernanschaffungs- oder -herstellungskosten konzerneinheitlich festzulegen ist. Die Differenz zu dem so ermittelten Konzernwert muss dann als Zwischengewinn eliminiert werden.[15]

16 Ein **Zwischenverlust** ergibt sich dementsprechend, wenn der Buchwert eines aus Konzernlieferungen stammenden Gegenstandes unterhalb des Wertes liegt, den der Konzern mindestens ansetzen müsste, wenn die in den Konzernabschluss einbezogenen Unternehmen ein einziges Unternehmen wären (Konzernmindestwert).[16]

---

[9] *Busse von Colbe/Ordelheide/Gebhardt/Pellens* Konzernabschlüsse S. 382 f.
[10] BeBiKo/*Winkeljohann/Schellhorn* Rn. 15.
[11] *Busse von Colbe/Ordelheide/Gebhardt/Pellens* Konzernabschlüsse S. 383.
[12] BeBiKo/*Winkeljohann/Schellhorn* Rn. 12.
[13] *Busse von Colbe/Ordelheide/Gebhardt/Pellens* Konzernabschlüsse S. 377.
[14] Beck HdR/*Klein* C 430 Rn. 48; WP-HdB Kap. M Rn. 331.
[15] BeBiKo/*Winkeljohann/Schellhorn* Rn. 13 f.
[16] BeBiKo/*Winkeljohann/Schellhorn* Rn. 16.

2. Latente Steuern. Für die Ermittlung der Ertragsteuern werden die 17 Konzernunternehmen nicht nur als rechtlich, sondern auch als wirtschaftlich selbstständig angesehen. Gewinne, die aus Konzernsicht noch nicht entstanden sind, unterliegen bei den Konzernunternehmen der Besteuerung. Entsprechend weist der Steueraufwand der Konzern-GuV diese Beträge aus. Die Zwischenergebniseliminierung führt zu geringeren oder höheren Wertansätzen von Vermögensgegenständen in der Konzernbilanz als in der Steuerbilanz, die regelmäßig nur vorübergehend, insbesondere wenn sie das Umlaufvermögen oder das abnutzbare Anlagevermögen betreffen, bestehen. Für eliminierte Zwischenergebnisse sind daher latente Steuern nach § 306 zu bilden.[17]

IV. Technik der Zwischenergebniseliminierung

1. Vorratsvermögen. a) Ermittlung der Konzernvorräte. Für jedes 18 der einbezogenen Unternehmen muss festgestellt werden, welcher Teil der Rohstoffbestände oder der übrigen Vorräte (teilweise) von anderen Konzernunternehmen bezogen wurde. Um diese Arbeit zu erleichtern, sollten bereits bei der Verwaltung der Vorräte die aus konzerninternen Lieferungen stammenden Gegenstände getrennt werden.

In einem ersten Schritt wird von der **Bewertung der Einzelabschlüsse** 19 ausgegangen, da die empfangenden Konzernunternehmen die konzerninternen Vorräte feststellen müssen, jedoch die Konzernanschaffungs- oder -herstellungskosten oftmals nicht kennen, da auch innerhalb eines Konzerns die Gewinnspannen häufig nicht offengelegt werden.

Für **Rohstoffe** und **bezogene Waren** können sich Probleme ergeben, 20 wenn die Lieferungen der Abrechnungsperiode nicht zu gleichen Preisen vom anderen Konzernunternehmen bezogen wurden oder wenn gemischte Bestände aus gleichen Gegenständen des Vorratsvermögens, die innerhalb des Konzerns gekauft wurden, und solchen, die von außerhalb bezogen wurden, bestehen.[18]

Für ausschließlich konzernintern bezogene Bestände mit unterschiedlichen 21 Bezugspreisen können die **Bewertungsvereinfachungsverfahren** des § 256 angewandt werden.[19]

Auch bei gemischten Beständen kann mit **Verbrauchsfolgefiktionen** ge- 22 arbeitet werden. Dabei wird unterschieden:[20]

– Alle Vermögensgegenstände des Lagers werden mit der gleichen Wahrscheinlichkeit entnommen (gewichteter Durchschnitt).
– Die zuletzt/zuerst eingegangenen Vermögensgegenstände verlassen das Lager zuerst (Lifo/Fifo).
– Die konzernintern bezogenen Vermögensgegenstände verlassen das Lager zuerst/zuletzt (Kifo/Kilo).

Die Verbrauchsfolgefiktionen können auch auf Vorratsbestände angewandt 23 werden, die zu **Gruppen zusammengefasst** sind. Dies ist im Vorratsvermögen zulässig (vgl. § 240) und sinnvoll, wenn die in Gruppen zusammenge-

---

[17] BeBiKo/*Grottel*/*Larenz* § 306 Rn. 24.
[18] *Busse von Colbe*/*Ordelheide*/*Gebhardt*/*Pellens* Konzernabschlüsse S. 387.
[19] *Küting*/*Weber*, Der Konzernabschluß, 13. Aufl. 2012, 532 f.
[20] Mit Beispielen: *Busse von Colbe*/*Ordelheide*/*Gebhardt*/*Pellens* Konzernabschlüsse S. 388 ff.

fassten Vermögensgegenstände gemeinsame repräsentative Mengeneigenschaften haben.[21]

24   b) Bewertung der Konzernvorräte zu Konzernanschaffungs- oder -herstellungskosten. Die bei den empfangenden Unternehmen festgestellten Konzernvorräte sind mit den Konzernanschaffungs- oder -herstellungskosten zu bewerten. Die Bewertung wird in der Praxis überwiegend von den **Lieferunternehmen** nach Anweisung der Konsolidierungsstelle vorgenommen.[22] Dabei ist von der Konsolidierungsstelle zu beachten, dass unter der Fiktion der rechtlichen Einheit die Aktivierungsfähigkeit einiger Aufwandsbestandteile anders als für den Einzelabschluss zu beurteilen ist.

25   Statt den Zwischengewinn lieferungs- oder bestandsindividuell zu ermitteln, ist die Verwendung von **Pauschsätzen** zulässig.[23] Dafür werden folgende Vorgehensweisen vorgeschlagen und handelsrechtlich für zulässig gehalten:[24]

– Für alle Lieferungen **eines** Lieferanten während der Abrechnungsperiode werden durchschnittliche Zwischenerfolgsspannen ermittelt.

– Die durchschnittliche Zwischenerfolgsspanne wird für Lieferungen in der Abrechnungsperiode **mehrerer** einbezogener Unternehmen ermittelt.

– Die durchschnittlichen Zwischenerfolge werden für Gruppen von Vorräten bestimmt.

– Die Zwischenerfolge werden auf Grund der Bruttogewinne des Lieferanten geschätzt.

26   2. Sonstiges Umlaufvermögen. Von der Pflicht zur Zwischenerfolgseliminierung können auch andere Vermögensgegenstände des Umlaufvermögens betroffen sein, insbesondere konzerninterner Handel mit **Wertpapieren des Umlaufvermögens.**[25]

27   3. Anlagevermögen. Bei konzerninternen Lieferungen in das **abnutzbare Anlagevermögen** eines Konzernunternehmens sind neben der Zwischenergebniseliminierung die Abschreibungen für den Konzernabschluss an die Konzernwerte anzupassen. Da am Ende der Nutzungsdauer des Vermögensgegenstandes der Wert in der Einzelbilanz und in der Konzernbilanz gleich ist, ist ersichtlich, dass sich das Zwischenergebnis über die Abschreibungsdauer realisiert. Die Differenz zwischen den Wertansätzen im Einzel- und Konzernabschluss lässt eine Konzernanlagenbuchführung nützlich, wenn nicht sogar unerlässlich erscheinen.[26]

28   Zum **nicht abnutzbaren Anlagevermögen** können Beteiligungen an voll oder quotal konsolidierten Tochterunternehmen gehören, die auf Grund eines konzerninternen Verkaufs Zwischengewinne/-verluste enthalten. Obwohl die Beteiligung wegen der Kapitalkonsolidierung nicht in der Konzernbilanz erscheint, ist das Zwischenergebnis zu eliminieren. Ansonsten wäre bei der Kapitalkonsolidierung von einem neuen Wert auszugehen. Wegen der Fiktion der rechtlichen Einheit liegt jedoch aus Konzernsicht kein Neuzugang eines Tochterunternehmens und infolgedessen kein Fall der Erstkonsolidierung vor.[27]

---

[21] *Busse von Colbe/Ordelheide/Gebhardt/Pellens* Konzernabschlüsse S. 392.
[22] *ADS* Rn. 73.
[23] BeBiKo/*Winkeljohann/Schellhorn* Rn. 39.
[24] *Busse von Colbe/Ordelheide/Gebhardt/Pellens* Konzernabschlüsse S. 393 ff.
[25] *Busse von Colbe/Ordelheide/Gebhardt/Pellens* Konzernabschlüsse S. 401.
[26] *ADS* Rn. 84.
[27] *Busse von Colbe/Ordelheide/Gebhardt/Pellens* Konzernabschlüsse S. 405.

Konzernintern erworbene **immaterielle Vermögensgegenstände,** die 29
vom veräußernden Unternehmen selbst geschaffen wurden, sind aus Konzernsicht weiterhin selbst erstellt. Wird im Konzernabschluss vom Aktivierungswahlrecht des § 248 Abs. 2 Gebrauch gemacht, sind die **Umsatzerlöse**
des veräußernden Unternehmens in Höhe des Zwischenergebnisses mit dem
Aktivposten (und ggf. den Abschreibungen) in der Kaufperiode zu verrechnen. Die danach verbleibenden Umsatzerlöse sind in der Konzern-GuV
abhängig vom gewählten Gliederungsschema (Gesamt- oder Umsatzkostenverfahren) in die anderen aktivierten Eigenleistungen umzugliedern oder mit
den auf sie entfallenden Aufwendungen zu verrechnen. In den Folgeperioden
sind die Abschreibungen ergebniswirksam, um die über die Nutzungsdauer
verteilten Zwischenergebnisse zu korrigieren.[28] Wird vom Aktivierungswahlrecht im Konzernabschluss kein Gebrauch gemacht oder unterliegen die
immateriellen Vermögensgegenstände aus Konzernsicht dem Aktivierungsverbot nach § 248 Abs. 2 S. 2, sind die **Umsatzerlöse** des veräußernden
Unternehmens in voller Höhe mit dem Aktivposten (und ggf. den Abschreibungen) in der Kaufperiode zu verrechnen. In späteren Perioden sind jeweils
die Periodenabschreibungen erfolgswirksam rückgängig zu machen und der
Aktivposten einschließlich der kumulierten Abschreibungen (= ursprüngliche
Investition) vom Eigenkapital abzuziehen.[29]

4. Verrechnung eliminierter Zwischenergebnisse. Da die Zwi- 30
schenergebniseliminierung an Vermögensgegenstände anknüpft, ist die
Korrektur der Aktivseite der Konzernbilanz gegenüber der Summenbilanz
notwendig. Die Korrektur wird im **Konzerneigenkapital** gegengebucht.
Welche Posten des Eigenkapitals betroffen sind, hängt davon ab, ob das Zwischenergebnis in der Abrechnungsperiode erstmalig eliminiert wird oder ob
es bereits aus Vorperioden übernommen wurde.[30]

Die **Zwischenergebnisse,** die auf Lieferungen und Leistungen der Ab- 31
rechnungsperiode beruhen, sind **erfolgswirksam** zu eliminieren. Sie verändern das Konzernjahresergebnis. Falls der Vermögensgegenstand sich im
Folgejahr noch im Konzernvermögen befindet, müssen die Zwischenergebnisse erfolgsneutral mit den Gewinnrücklagen (Ergebnisvortrag) verrechnet
werden.[31]

Die **Zwischenergebnisse realisieren** sich, wenn der Vermögensgegen- 32
stand den Konzernkreis verlässt. Im Vorratsvermögen entsteht dann im Konzern ein um das Zwischenergebnis vom Einzelabschluss abweichender Erfolg.
Das Zwischenergebnis im abnutzbaren Anlagevermögen realisiert sich durch
die Differenz in den Abschreibungen.[32]

Da sowohl die zugehenden als auch die sich realisierenden Zwischener- 33
gebnisse erfolgswirksam zu behandeln sind, ist es technisch am einfachsten,
die Korrektur des Jahresüberschusses aus den Zwischenerfolgen in den Beständen herzuleiten.[33]

Erfolgswirksam wird die Veränderung der im Bestand enthaltenen Zwi- 34
schenergebnisse gebucht. Der aus dem Vorjahr übernommene Bestand an

---

[28] BeBiKo/*Winkeljohann/Schellhorn* Rn. 35.
[29] BeBiKo/*Winkeljohann/Schellhorn* Rn. 30.
[30] BeBiKo/*Winkeljohann/Schellhorn* Rn. 50 f.
[31] BeBiKo/*Winkeljohann/Schellhorn* Rn. 51.
[32] *ADS* Rn. 80.
[33] *Busse von Colbe/Ordelheide/Gebhardt/Pellens* Konzernabschlüsse S. 419.

enthaltenen Zwischenergebnissen wird erfolgsneutral mit dem Eigenkapital verrechnet.[34]

V. Erleichterung

35   Der Grundsatz der Wesentlichkeit drückt sich in Abs. 2 aus. Dieser erlaubt, Zwischenergebnisse nicht zu eliminieren, wenn sie für die Darstellung eines den tatsächlichen Verhältnissen entsprechenden Bildes der Vermögens-, Finanz- und Ertragslage von **untergeordneter Bedeutung** sind. Eine Angabe im Anhang ist nicht vorgesehen.

36   Die Beurteilung der Wesentlichkeit hat sich an einer Gesamtbetrachtung zu orientieren. Es ist sowohl der Einfluss auf die Darstellung der Vermögenslage als auch der Ertragslage zu beachten.[35]

VI. Folgen der Nichtbeachtung

37   Eine Verletzung des § 304 wird vom Gesetz nicht explizit sanktioniert. Im Einzelfall kann allerdings ein Verstoß gegen § 297 Abs. 2 in Betracht kommen, wenn der Konzernabschluss kein den tatsächlichen Verhältnissen entsprechendes Bild der Vermögens-, Finanz- und Ertragslage vermittelt (→ § 297 Rn. 61 f.).

§ 305 Aufwands- und Ertragskonsolidierung

(1) **In der Konzern-Gewinn- und Verlustrechnung sind**

1. **bei den Umsatzerlösen die Erlöse aus Lieferungen und Leistungen zwischen den in den Konzernabschluß einbezogenen Unternehmen mit den auf sie entfallenden Aufwendungen zu verrechnen, soweit sie nicht als Erhöhung des Bestands an fertigen und unfertigen Erzeugnissen oder als andere aktivierte Eigenleistungen auszuweisen sind,**

2. **andere Erträge aus Lieferungen und Leistungen zwischen den in den Konzernabschluß einbezogenen Unternehmen mit den auf sie entfallenden Aufwendungen zu verrechnen, soweit sie nicht als andere aktivierte Eigenleistungen auszuweisen sind.**

(2) **Aufwendungen und Erträge brauchen nach Absatz 1 nicht weggelassen zu werden, wenn die wegzulassenden Beträge für die Vermittlung eines den tatsächlichen Verhältnissen entsprechenden Bildes der Vermögens-, Finanz- und Ertragslage des Konzerns nur von untergeordneter Bedeutung sind.**

Schrifttum: (ohne die Einzelbeiträge in den verschiedenen Handbüchern der Rechnungslegung) *Bohnefeld/Ebeling*, DRS 22 im Widerspruch zur Klarstellung in DRS 23, WPg 2017, 375; *Haselmann/Schick*, Phasengleiche Aktivierung von Dividendenansprüchen: Das Verwirrspiel im EuGH-Verfahren ist noch nicht beendet, DB 1996, 1529; *IDW* Verlautbarung des HFA: Zur phasengleichen Vereinnahmung von Erträgen aus Beteiligungen an Kapitalgesellschaften nach dem Urteil des BGH vom 12. Januar 1998, WPg 1998, 427.

---

[34] *Busse von Colbe/Ordelheide/Gebhardt/Pellens* Konzernabschlüsse S. 419 f., 464 f.
[35] BeBiKo/*Winkeljohann/Schellhorn* Rn. 60–62.

Übersicht

I. Allgemeine Grundsätze

In der Summen-GuV sind Aufwendungen und Erträge enthalten, die bei **1** den rechtlich selbstständigen Konzernunternehmen auf Grund von Geschäf-ten mit anderen Konzernunternehmen entstanden sind. Aus Sicht des Ge-samtkonzerns sind diese Geschäfte so zu behandeln wie ein Lieferungs- oder Leistungsaustausch zwischen verschiedenen Betriebsteilen. Umsatzerlöse ent-stehen nur, wenn Umsätze mit Konzernexternen realisiert werden. Ziel der Aufwands- und Ertragskonsolidierung ist es, die Summen-GuV so zu modifi-zieren, dass sie als Konzern-GuV der GuV eines Einzelunternehmens für den Konzernverbund entspricht. Dafür ist es notwendig, dass Aufwendungen und Erträge ggf. **miteinander verrechnet** werden und ggf. **umgegliedert** wer-den (Abs. 1). In der Konzern-GuV stehen sich Außenumsatzerlöse und primäre Konzernaufwendungen gegenüber.

Beispiel: Ein Konzernunternehmen (U₁) liefert an ein anderes (U₂) Teile, die U₂ zu **2** einem Erzeugnis weiterverarbeitet und dann verkauft. In den Einzelbilanzen würde U₁ einen Umsatzerlös und entsprechenden Aufwand für die Herstellung der Teile aus-weisen. U₂ würde Aufwand für die bezogenen Teile und weiterer Herstellungs- und sonstigen Aufwand sowie den Außenumsatzerlös ausweisen. Aus Konzernsicht sind der Außenumsatzerlös sowie die darauf entfallenden primären Aufwendungen bei U₁ und U₂ entstanden. Der Innenumsatzerlös bei U₁ und der Aufwand für die bezogenen Teile bei U₂ sind also zu verrechnen. In der Konzern-GuV verbleiben dann noch die in der Summen-GuV enthaltenen Aufwendungen von U₁ für die Herstellung der Teile und die weiteren Herstellungs- und sonstigen Aufwendungen von U₂ für die Fertigstellung des Produkts sowie der Außenumsatzerlös. In diesem Beispiel kommt es bei der Ver-rechnung nicht auf die Existenz von Zwischengewinnen (§ 304) an, da am Ende der Periode keine Vermögensgegenstände aus dieser Lieferung im Konzern verbleiben.

Die Aufwands- und Ertragskonsolidierung wird notwendig für **konzern- 3 interne Lieferungen und Leistungen, Zinsaufwendungen und –erträge und Beteiligungserträge.** Wenn auf die bilanzielle Bereinigung der kon-zerninternen Beziehungen zB wegen Unwesentlichkeit verzichtet wird, ist auch eine Berücksichtigung in der Aufwands- und Ertragskonsolidierung nicht zulässig.[1]

4   Die Aufwands- und Ertragskonsolidierung ist unabhängig davon, ob die Lieferung oder Leistung ein Zwischenergebnis enthält. Die Eliminierung von Zwischenergebnissen setzt bei Vermögensgegenständen an und bezieht sich daher auf die Bilanz. Von dort ergeben sich Auswirkungen auf die GuV. Die Aufwands- und Ertragskonsolidierung setzt dagegen bei der GuV an und soll den **Einheitsgrundsatz für die GuV** verwirklichen.

II. Aufwands- und Ertragskonsolidierung bei internen Lieferungs- und Leistungsverflechtungen

5   **1. Lieferung von Gegenständen des Vorratsvermögens. a) Gesamt-kostenverfahren.** Für die Vorgehensweise bei der Aufwands- und Ertragskonsolidierung ist danach zu unterscheiden, ob:

– die gelieferten Gegenstände bereits an Unternehmensexterne weiterveräußert wurden

oder

– beim empfangenden Unternehmen noch vorhanden sind

und

– ob sie beim Lieferanten hergestellt wurden

oder

– Handelsware sind.

6   Wenn die gelieferten Gegenstände **weiterveräußert** wurden, kommt es weder darauf an, ob die Gegenstände beim Lieferanten hergestellt wurden noch ob das empfangende Unternehmen die Gegenstände weiterverarbeitet oder unverarbeitet verkauft hat. Auch ein Zwischengewinn oder -verlust im konzerninternen Geschäft ist unerheblich. Der Aufwand des empfangenden Unternehmens für den Einsatz der konzernintern bezogenen Gegenstände wird mit den gleich hohen (Innen-)Umsatzerlösen des liefernden Unternehmens verrechnet.[2]

7   Wenn die Gegenstände dagegen noch beim empfangenden Unternehmen **vorhanden** sind, hängt die Konsolidierung der Innenumsatzerlöse davon ab, ob der Lieferant die Gegenstände hergestellt hat.

8   Lediglich umgegliedert wird, wenn die **gelieferten Gegenstände unverarbeitet** beim empfangenden Unternehmen liegen. Dann muss bei Gegenständen, die der Lieferant hergestellt hat, für die Konzern-GuV von Umsatzerlösen auf Bestandserhöhungen und in der Konzernbilanz von Waren auf unfertige Erzeugnisse umgebucht werden.[3] Eventuell enthaltene Zwischengewinne sind erfolgswirksam aufzulösen (vgl. § 304).

9   **Beispiel:** Konzernunternehmen U_1 liefert an Konzernunternehmen U_2 Erzeugnisse im Wert von 100. U_2 hat diese Lieferung zum Bilanzstichtag noch im Lager. U_1 hat dafür Gesamtaufwendungen, die vereinfachend den Konzernherstellungskosten entsprechen, von 80 und realisiert daher in seiner Jahres-GuV einen Gewinn von 20. U_2 aktiviert die Lieferung unter Roh-, Hilfs- und Betriebsstoffen mit dem Wert von 100. Aus Konzernsicht ist ein Lager von unfertigen Erzeugnissen mit einem Wert von 80 entstanden. Die Aufwands- und Ertragskonsolidierung, verbunden mit der Zwischenerfolgseliminierung, umfasst folgende Schritte:

---

[1] *Busse von Colbe/Ordelheide/Gebhardt/Pellens* Konzernabschlüsse S. 426.
[2] BeBiKo/*Winkeljohann/Schellhorn* Rn. 16.
[3] BeBiKo/*Winkeljohann/Schellhorn* Rn. 17.

Der Zwischenerfolg ist zu eliminieren.

per Umsatzerlöse an Roh-, Hilfs- und Betriebsstoffe   20

Der restliche Umsatzerlös ist auf Bestandserhöhungen umzubuchen.

per Umsatzerlös an Bestandserhöhungen   80

Der Bestand ist von Roh-, Hilfs- und Betriebsstoffen auf unfertige
Erzeugnisse umzubuchen.

per unfertige Erzeugnisse an Roh-, Hilfs- und Betriebsstoffen   80

In der Konzern-GuV bleiben dann die Aufwendungen, die U_1 in seiner **10**
Einzel-GuV verbucht hatte. Diese werden neutralisiert durch eine gleich
hohe Bestandserhöhung. In der Konzernbilanz werden unfertige Erzeugnisse
in gleicher Höhe aktiviert.

Wenn das empfangende Unternehmen die Gegenstände dagegen bereits **11**
weiterverarbeitet hat, ist der Innenumsatzerlös mit Materialaufwand zu verrechnen. Eine Umgliederung ist nicht notwendig, da das empfangende Unternehmen wegen der Weiterverarbeitung den Aufwand bereits durch die
Buchung einer Bestandserhöhung in der GuV und die Aktivierung unter
unfertige Erzeugnisse berücksichtigt hat.

Beispiel: U_2 hat die von U_1 gelieferten Gegenstände weiterverarbeitet. In der **12**
Einzel-GuV hat es dafür Aufwand in Höhe von 100 für die bezogenen Gegenstände
und Aufwand in Höhe von 150 für die weitere Verarbeitung verbucht. Die fertigen
Erzeugnisse lagern zum Bilanzstichtag noch bei U_2. Aus Konzernsicht ist ein Lager an
fertigen Erzeugnissen vorhanden, für dessen Aufbau bei U_1 und U_2 Aufwand entstanden ist. Die Aufwands- und Ertragskonsolidierung in Verbindung mit der Zwischenerfolgseliminierung umfasst folgende Schritte:
Der Zwischenerfolg ist zu eliminieren.
per Bestandserhöhungen an fertige Erzeugnisse   20
Der Innenumsatzerlös ist mit dem Materialaufwand zu verrechnen.
per Umsatzerlöse an Materialaufwand   100

In der Konzern-GuV bleibt der bei U_1 verbuchte Aufwand in Höhe von **13**
80 und der bei U_2 verbuchte Aufwand für die Weiterverarbeitung in Höhe
von 150 stehen. Die Bestandserhöhung auf der Ertragsseite der Konzern-
GuV hat noch eine Höhe von $250 - 20 = 230 (= 80 + 150)$.

Bei der Technik der Verrechnung und Umgliederung im Rahmen der **14**
Aufwands- und Ertragskonsolidierung kommt es nicht darauf an, ob ein
Zwischenergebnis angefallen ist. Die Zwischenergebniseliminierung (vgl.
§ 304) ist, wie die Beispiele oben zeigen, eine zusätzliche Maßnahme.

In der Periode, in der die **Gegenstände den Konzernkreis verlassen,** ist **15**
in der Konzern-GuV der Umsatzerlös aus der Einzel-GuV des veräußernden
Unternehmens zu übernehmen. Als Konzernaufwand sind die primären Aufwendungen der an der Erstellung des Produkts beteiligten Unternehmen
auszuweisen.

Beispiel: U_2 verkauft die in der Vorperiode eingelagerten Erzeugnisse zu 300 an **16**
Konzernexterne. Bei U_2 entsteht in der Verkaufsperiode ein Überschuss von 50
(Umsatzerlöse 300 abzüglich Bestandsverminderung 250). Aus Konzernsicht entsteht
ebenfalls der Umsatzerlös von 300, allerdings beträgt die Bestandsverminderung nur
230 (siehe oben). Folgende Buchungsschritte sind notwendig:
Die Zwischengewinneliminierung der Vorperiode ist erfolgsneutral zu wiederholen.
per Gewinnrücklagen an fertige Erzeugnisse   20
Die Bestandsverringerung ist erfolgswirksam zu reduzieren.
per fertige Erzeugnisse an Bestandsverringerungen   20

17 Der Zwischengewinn von 20, der im Einzelabschluss von U_1 bereits in der Vorperiode realisiert wurde, wird jetzt durch den Außenumsatz auch im Konzernergebnis wirksam. Er ist von der Periode des konzerninternen in die Periode des konzernexternen Umsatzes verlagert worden.

18 Wenn es sich bei den gelieferten Gegenständen um **Handelsware des Lieferanten** handelt, wird ggf. nach vorheriger Zwischenergebniseliminierung der Wareneinsatz (Aufwand) des Lieferanten mit seinem Umsatzerlös verrechnet.

19 **Beispiel:** U_2 liefert von ihm bezogene Ware an U_1, Umsatz 100, Wareneinsatz 70, sonstiger aktivierungspflichtiger Aufwand 10. U_1 hat diese Waren am Bilanzstichtag unverarbeitet am Lager. Aufwands- und Ertragskonsolidierung einschließlich Zwischenerfolgseliminierung:

Der Zwischenerfolg ist erfolgswirksam zu eliminieren.

| per Umsatzerlöse | an Waren | 20 |

Der restliche Umsatzerlös ist mit den Aufwendungen bei U1 zu verrechnen.

| per Umsatzerlöse | an Waren | 70 |
| | an sonstigen Aufwand | 10 |

20 Im Konzernabschluss bleibt ein Warenlager mit dem Wert 80, der sich zusammensetzt aus dem Preis, den „der Konzern" an Externe für die Ware zahlen musste, und den aktivierungspflichtigen Aufwendungen.

21 **b) Umsatzkostenverfahren.** Die Aufwands- und Ertragskonsolidierung ist, wenn die Summen-GuV nach dem Umsatzkostenverfahren aufgestellt ist, einfacher, weil die Bestandsveränderungen nicht in der GuV zu berücksichtigen sind.

22 Wenn Gegenstände des Vorratsvermögens geliefert wurden, die beim Empfänger noch im Vorratsvermögen **vorhanden** sind, muss nach einer ggf. notwendigen Zwischenerfolgseliminierung lediglich der Innenumsatzerlös mit den auf ihn entfallenden Aufwendungen verrechnet werden.

23 Wenn die Lieferung den **Konzernkreis verlassen** hat, ist der Innenumsatzerlös mit den entsprechenden Herstellungskosten des empfangenden Konzernunternehmens zu verrechnen. Möglicherweise ist außerdem eine Umgliederung innerhalb der beim Hersteller ausgewiesenen sekundären Aufwandsarten notwendig. Zum Beispiel sind Vertriebsaufwendungen für den innerkonzernlichen Transport aus Konzernsicht Herstellungskosten zur Erzielung der Umsatzerlöse.[4]

24 **2. Sonstige Lieferungen und Leistungen.** Sofern Gegenstände des **sonstigen Umlaufvermögens oder des Anlagevermögens** konzernintern veräußert werden, sind in der Einzel-GuV der Ertrag und der Aufwand aus dem Abgang des Vermögensgegenstandes normalerweise saldiert als Aufwand oder Ertrag ausgewiesen. Dieser Betrag wird im Zuge der Zwischengewinneliminierung erfolgswirksam aus der Summen-GuV ausgebucht (vgl. § 304).

25 Im Gesamtkostenverfahren muss, wenn ein Gegenstand, der beim liefernden Konzernunternehmen hergestellt wurde, in das Anlagevermögen des empfangenden Unternehmens aufgenommen wird, auf aktivierte Eigenleistungen umgegliedert werden.

---

[4] BeBiKo/*Winkeljohann*/*Schellhorn* Rn. 21.

Erträge aus Leistungen zwischen Konzernunternehmen, die nicht als Um- **26** satzerlöse ausgewiesen werden, zB Mieten, Leasinggebühren uÄ, erscheinen in der Summen-GuV als Ertrag des Vermieters und als Aufwand des Mieters. Diese Beträge sind gegeneinander zu saldieren.[5]

III. Aufwands- und Ertragskonsolidierung bei Beteiligungsverhältnissen

1. Mit Gewinnabführungsvertrag. Wenn zwischen dem Mutter- und **27** einem Tochterunternehmen ein Ergebnisabführungsvertrag geschlossen wurde, werden die Gewinne/Verluste **zeitgleich** von der Mutter gebucht. In der Summen-GuV wird dann der Beteiligungsertrag, der bei der Mutter gebucht ist, mit dem Aufwand aus Ergebnisabführung der Tochter verrechnet. Das hat keinen Einfluss auf die Höhe des Konzernergebnisses.

Wenn **Minderheiten** an dem Tochterunternehmen beteiligt sind, haben sie **28** Anspruch auf eine Ausgleichszahlung oder Garantiedividende. Die Mutter kann dann zwar den vollen Jahresüberschuss des Tochterunternehmens als Forderung ausweisen, muss jedoch den Ertrag um die den Minderheiten zustehenden Ausschüttungen kürzen und eine entsprechende Verbindlichkeit einbuchen. Aus Konzernsicht (Einheitstheorie) wäre dagegen der volle Jahresüberschuss als Ertrag anzusehen. Die den Minderheiten zustehende Dividende würde nach dem Jahresüberschuss ausgewiesen und in der Bilanz in den Ausgleichsposten für andere Gesellschafter eingebucht. Dagegen stellt DRS 23.159 klar, dass auch im Konzernabschluss ein Ausweis der Ausgleichszahlung als Verbindlichkeit zu erfolgen hat. Zudem ist das Konzernergebnis zu kürzen.[6]

2. Ohne Gewinnabführungsvertrag. Zur zeitkongruenten Vereinnah- **29** mung von Gewinnen, wenn das **Tochterunternehmen eine Personengesellschaft** ist, äußert sich der HFA in seiner Stellungnahme IDW RS HFA 18[7] „Bilanzierung von Anteilen an Personenhandelsgesellschaften" in der Fassung vom 4.6.2014 wie folgt: „Der einem Gesellschafter zukommende Anteil am Gewinn einer Personenhandelsgesellschaft ist insoweit realisiert (§ 252 Abs. 1 Nr. 4 HGB) und damit als Forderung bilanzierungspflichtig, als dem Gesellschafter hierauf ein Anspruch zusteht, über den er individuell und losgelöst von seinem Gesellschaftsanteil verfügen kann. Der Anspruch des Gesellschafters auf den Gewinnanteil entsteht rechtlich zwar erst mit der Feststellung des Jahresabschlusses der Personenhandelsgesellschaft, die als eine den Gesellschaftern obliegende Angelegenheit der laufenden Verwaltung anzusehen ist. Im Rahmen der für die Bilanzierung gebotenen wirtschaftlichen Betrachtungsweise bedarf es indessen für die phasengleiche Vereinnahmung des Beteiligungsertrags durch den Gesellschafter keines bereits entstandenen Rechtsanspruchs auf den Gewinnanteil; es genügt, dass das Entstehen eines Rechtsanspruchs hinreichend sicher ist. (...) nach den gesetzlichen Bestimmungen (§§ 120–122 HGB, § 161 Abs. 2 HGB, §§ 167 und 169 HGB) (ist) bei Personenhandelsgesellschaften das Entstehen eines individuellen Anspruchs auf den Gewinnanteil regelmäßig bereits zum Abschlussstichtag der Personenhandelsgesellschaft dem Grunde nach tatsächlich gesichert. Anders als bei Kapitalgesellschaften steht der Gewinnanteil den Gesellschaftern einer

---

[5] *Busse von Colbe/Ordelheide/Gebhardt/Pellens* Konzernabschlüsse S. 441.
[6] *Bohnefeld/Ebeling* WPg 2017, 375 (380 f.).
[7] *IDW* RS HFA 18 ersetzt die Stellungnahme HFA 1/1991 „Zur Bilanzierung von Anteilen an Personenhandelsgesellschaften".

Personenhandelsgesellschaft an deren Abschlussstichtag ohne weiteren Gesellschafterbeschluss unmittelbar zu".

30   Um den Gewinnanteil bilanziell als realisiert anzusehen, müssen folgende Voraussetzungen kumuliert vorliegen:[8]

– Das Geschäftsjahr der Personenhandelsgesellschaft muss spätestens mit dem des Gesellschafters enden.

– Die auszuweisende Forderung muss innerhalb des für den Abschluss des Gesellschafters maßgeblichen Wertaufhellungszeitraums der Höhe nach durch das Festlegen aller wesentlichen Bilanzierungs- und Bewertungsentscheidungen hinreichend konkretisiert sein. Der Nachweis über die Konkretisierung kann regelmäßig über die Feststellung des Jahresabschlusses oder den Bestätigungsvermerk eines Abschlussprüfers erbracht werden.

31   Dasselbe gilt, wenn **Tochtergesellschaften in der Form der Kapitalgesellschaften,** obwohl kein Gewinnabführungsvertrag vorliegt, Gewinne zeitkongruent ausschütten. Dies ist jedoch nur in bestimmten Fällen möglich.[9] Der BGH vertritt die Auffassung, dass der Gewinnanspruch eines Unternehmens (Muttergesellschaft), das an einem anderen Unternehmen (Tochtergesellschaft) allein oder mit Mehrheit beteiligt sei, auch ohne Ausschüttungsbeschluss bereits zum Stichtag der Bilanz der Tochtergesellschaft so weitgehend konkretisiert sei, dass er als zu seinem Vermögen gehörig angesehen werden könne. Daraus folgt, dass diese Forderung „phasengleich" mit der Entstehung der entsprechenden Verpflichtung bei der Tochtergesellschaft in den Jahresabschluss der Muttergesellschaft aufgenommen werden müsse (→ § 275 Rn. 28 ff.).[10]

32   **Ohne** Gewinnabführungsvertrag oder sonstige **zeitkongruente Vereinnahmung** von Gewinnabführungen wird die Ausschüttung später ausgewiesen als der Jahresüberschuss des Tochterunternehmens. Der Beteiligungsertrag, der bei der Muttergesellschaft ausgewiesen wird, bezieht sich dann nicht auf den laufenden Jahresüberschuss des Tochterunternehmens. In den Konzernabschluss wird der Jahresüberschuss, den die Tochtergesellschaft in der Rechnungsperiode erzielt hat, einbezogen. Im Jahr der Gewinnausschüttung ist daher der Beteiligungsertrag, der über die Einzel-GuV der Mutter in der Summen-GuV enthalten ist, und damit der Jahresüberschuss zu kürzen.[11] Die Gegenbuchung erhöht den Ergebnisvortrag oder die Gewinnrücklagen.[12]

33   Die Korrektur der Beteiligungserträge ist auch notwendig, wenn quotal konsolidiert wird und bei Anwendung der Equity-Methode.

IV. Aufwands- und Ertragskonsolidierung bei konzerninternen Kreditverhältnissen

34   Die Aufwendungen des Kreditnehmers und die Erträge des Kreditgebers entsprechen sich im Normalfall. Bei konzerninternen Kreditgeschäften werden sie daher weggelassen. Der Vorgang ist erfolgsneutral.

---

[8] *IDW* RS HFA 18 idF v. 4.6.2014, Rn. 14 f.

[9] *Busse von Colbe/Ordelheide/Gebhardt/Pellens* Konzernabschlüsse S. 429 ff.

[10] BGH Urt. v. 12.1.1998 – II ZR 82/93, BB 1998, 635 ff.; vgl. auch *IDW*, Verlautbarung des HFA: Zur phasengleichen Vereinnahmung von Erträgen aus Beteiligungen an Kapitalgesellschaften nach dem Urteil des BGH Urt. v. 12.1.1998, WPg 1998, 427 f.

[11] *Busse von Colbe/Ordelheide/Gebhardt/Pellens* Konzernabschlüsse S. 429 f.

[12] HdBKo/*Telkamp* Rn. 43; *Busse von Colbe/Ordelheide/Gebhardt/Pellens* Konzernabschlüsse S. 468.

Differenzen aus der Schuldenkonsolidierung können entstehen, wenn der **35** Kredit mit Disagio ausgezahlt wurde (vgl. § 303). Soweit deshalb Aufwendungen und Erträge der Parteien des Kreditgeschäftes in unterschiedlicher Höhe in die Summen-GuV eingehen, verändert die Aufwands- und Ertragskonsolidierung den Konzernjahresüberschuss genau in Höhe der Veränderung des Differenzbetrages aus der Schuldenkonsolidierung (vgl. § 303).[13]

V. Veränderungen des Konsolidierungskreises

Grundsätzlich muss die Erstkonsolidierung zu dem Zeitpunkt erfolgen, an **36** dem das zu konsolidierende Unternehmen Tochterunternehmen geworden ist (vgl. § 301 Abs. 2 S. 1), zB durch Erwerb. In der **Konzern-GuV des Erwerbsjahres** müssten jene Aufwendungen und Erträge konsolidiert werden, die nach dem Zeitpunkt des Erwerbs des Tochterunternehmens entstanden sind. Die Abgrenzung der entsprechenden Aufwendungen und Erträge kann mit Hilfe eines Zwischenabschlusses vorgenommen werden.

Falls ein **Zwischenabschluss** (auch für interne Zwecke) nicht aufgestellt **37** wird, kann die Abgrenzung im Wege der sachgerechten Schätzung, zB durch zeitanteilige Verteilung der am Ende des Geschäftsjahres festgestellten Aufwendungen und Erträge, durchgeführt werden. Nach dem IDW RS HFA 44 Rn. 25 ist folgende Vereinfachung zulässig: „Kommt den Aufwendungen und Erträgen erstmals konsolidierter Unternehmen im Vergleich zu den Gesamtaufwendungen und -erträgen des Konzerns keine wesentliche Bedeutung zu, darf vereinfachend von einer Aufteilung und anteiligen Einbeziehung abgesehen werden. Je nach dem Zeitraum der Konzernzugehörigkeit dürfen die Aufwendungen und Erträge dann für das gesamte Konzerngeschäftsjahr in die Konzern-Gewinn- und Verlustrechnung in vollem Umfang einbezogen bzw. darf auf deren Einbeziehung gänzlich verzichtet werden".

VI. Erleichterungen

Nach Abs. 2 darf nach dem Grundsatz der Wesentlichkeit auf die Auf- **38** wands- und Ertragskonsolidierung (teilweise) verzichtet werden. Die Voraussetzung dafür ist, dass die wegzulassenden Beträge für die Vermittlung eines den tatsächlichen Verhältnissen entsprechenden Bildes der Vermögens-, Finanz- und Ertragslage von untergeordneter Bedeutung sind.

Ebenso wie bei der Schuldenkonsolidierung (§ 303 Abs. 2) und der Zwi- **39** schenergebniseliminierung (§ 304 Abs. 2) darf die Erleichterung nur in Anspruch genommen werden, wenn die untergeordnete Bedeutung auf die Gesamtsumme der nicht weggelassenen Beträge zutrifft. Sofern die Aufwands- und Ertragskonsolidierung (teilweise) unterbleibt, scheint ein Ausweis von „Davon"-Vermerken bei den jeweiligen Positionen der Konzern-GuV sachgerecht.[14]

VII. Folgen der Nichtbeachtung

Ein Verstoß gegen § 305 wird von § 334 Abs. 1 Nr. 2 Buchst. b erfasst. **40** § 305 ist zwar nicht explizit benannt; eine Verletzung des § 305 impliziert allerdings gleichzeitig eine Verletzung des § 297 Abs. 2.[15]

---

[13] *Busse von Colbe/Ordelheide/Gebhardt/Pellens* Konzernabschlüsse S. 431 f.
[14] *ADS* Rn. 101.
[15] BeBiKo/*Winkeljohann/Schellhorn* Rn. 60.

§ 306 Latente Steuern

[1]Führen Maßnahmen, die nach den Vorschriften dieses Titels durchgeführt worden sind, zu Differenzen zwischen den handelsrechtlichen Wertansätzen der Vermögensgegenstände, Schulden oder Rechnungsabgrenzungsposten und deren steuerlichen Wertansätzen und bauen sich diese Differenzen in späteren Geschäftsjahren voraussichtlich wieder ab, so ist eine sich insgesamt ergebende Steuerbelastung als passive latente Steuern und eine sich insgesamt ergebende Steuerentlastung als aktive latente Steuern in der Konzernbilanz anzusetzen. [2]Die sich ergebende Steuerbe- und die sich ergebende Steuerentlastung können auch unverrechnet angesetzt werden. [3]Differenzen aus dem erstmaligen Ansatz eines nach § 301 Abs. 3 verbleibenden Unterschiedsbetrages bleiben unberücksichtigt. [4]Das Gleiche gilt für Differenzen, die sich zwischen dem steuerlichen Wertansatz einer Beteiligung an einem Tochterunternehmen, assoziierten Unternehmen oder einem Gemeinschaftsunternehmen im Sinn des § 310 Abs. 1 und dem handelsrechtlichen Wertansatz des im Konzernabschluss angesetzten Nettovermögens ergeben. [5]§ 274 Abs. 2 ist entsprechend anzuwenden. [6]Die Posten dürfen mit den Posten nach § 274 zusammengefasst werden.

Schrifttum: (ohne die Einzelbeiträge in den verschiedenen Handbüchern der Rechnungslegung) DRS 18 Latente Steuern bekannt gemacht 2010; *Kühne/Melcher/Wesemann,* Latente Steuern nach BilMoG – Grundlagen und Zweifelsfragen, WPg 2009, 1005 u. 1057; *Küting/Seel,* Das neue deutsche Konzernbilanzrecht – Änderungen der Konzernrechnungslegung durch das Bilanzrechtsmodernisierungsgesetz (BilMoG), DStR 2009 Beihefter zu Heft 26, 37; *Wendholt/Wesemann,* Zur Umsetzung der HGB-Modernisierung durch das BilMoG: Bilanzierung von latenten Steuern im Einzel- und Konzernabschluss, DB Sonderdruck Beilage zu Nr. 5/2009, 64; *Wolz,* Latente Steuern nach BilMoG: Analyse der konzeptionellen Neuregelung im Einzel- und Konzernabschluss, DB 2010, 2625.

Übersicht

I. Allgemeine Grundsätze

1   Die Abgrenzung latenter Steuern im Konzernabschluss ist notwendig, da der Konzern keine **steuerliche Einheit** ist. Der in der Summen-GuV ausgewiesene Steueraufwand setzt sich primär zusammen aus der Steuerzahlpflicht auf Grund der steuerlichen Gewinnermittlung und den latenten Steuern in den Einzelabschlüssen.

2   Die im Konzernabschluss ausgewiesenen latenten Steuern können drei Ursachen haben:

– latente Steuern, die in den konsolidierten Einzelabschlüssen angesetzt werden,

– Bilanzierungs- und Bewertungsanpassungen in der HB II (DRS 18.14),
– erfolgswirksame Konsolidierungsmaßnahmen (DRS 18.25).

§ 306 beinhaltet nur die Regelung der Steuerabgrenzung wegen **Konsoli-** 3
dierungsmaßnahmen, die zu Differenzen zwischen den handelsrechtlichen
Wertansätzen der Vermögensgegenstände, Schulden und Rechnungsabgrenzungsposten und deren steuerlichen Wertansätzen führen. Sofern diese Differenzen sich in späteren Jahren wieder abbauen, sind für Steuerbe- und
-entlastungen passive bzw. aktive latente Steuern anzusetzen. Die Be- und
Entlastungen können entweder saldiert oder unsaldiert ausgewiesen werden.
Für aktive latente Steuern, die auf dieser Ursache beruhen, besteht ein
Aktivierungsgebot. Ein wesentlicher Unterschied zu internationalen Regeln
ist, dass sich die Vorschriften des HGB auf saldierte aktive und passive latente
Steuern beziehen.

Für Differenzen, die sich aus der Bewertungsanpassung ergeben, sind 4
latente Steuern nach den Vorschriften des § 274 iVm § 298 Abs. 1 zu bilden.
Der Ansatz aktiver latenter Steuern für Anpassungen an die konzerneinheitliche Bewertung nach § 308 ist daher ein Wahlrecht (DRS 18.14).

II. Bilanzierung- und Bewertungsanpassungen in der HB II

Latente Steuern werden nach der Konzeption des HGB gebildet für tem- 5
poräre Differenzen. Dies sind Unterschiedsbeträge zwischen dem Buchwert
in der Bilanz und dem entsprechenden steuerlichen Wertansatz, die sich
voraussichtlich abbauen und daraus eine Erhöhung oder Verminderung des
künftigen zu versteuernden Einkommens erwarten lassen (DRS 18.8 f.).
Passive latente Steuern entstehen auf Grund von Differenzen, die in
späteren Jahren zu höherem zu versteuernden Einkommen und somit zu
einer späteren Steuerbelastung führen. Typische Beispiele dafür sind Differenzen, die durch höhere steuerlich zulässige Abschreibungen entstehen. Passive
latente Steuern sind stets anzusetzen (§ 274 und § 306).

Aktive latente Steuern entstehen, wenn in späteren Jahren auf Grund 6
von Differenzen mit einer Steuerentlastung zu rechnen ist. Außer für entsprechende Differenzen entstehen aktive latente Steuern wegen Verlustvorträgen, Zinsvorträgen und Steuergutschriften nach § 274. Für aktive latente
Steuern, außer wenn sie auf Grund von Konsolidierungsmaßnahmen entstehen, besteht ein Aktivierungswahlrecht (DRS 18.12). In § 274 bezieht sich
das Aktivierungswahlrecht auf die sich voraussichtlich insgesamt ergebende
Steuerentlastung, also nach Saldierung mit entsprechenden passiven latenten
Steuern (DRS 18.15).

Das Wahlrecht zur Aktivierung latenter Steuern ist stetig auszuüben. Es ist 7
nicht zulässig, nur für ausgewählte Einzelsachverhalte oder für einen Teilbetrag latente Steuern zu aktivieren. Daher ist das Wahlrecht einheitlich für
aktive latente Steuern aus den konsolidierten Jahresabschlüssen und aus den
HB II-Anpassungen auszuüben.[1] Für den Ansatz latenter Steuern ist das Vorsichtsprinzip zu beachten. Der Ansatz ist daher nachvollziehbar aus einer auf
der Unternehmensplanung beruhenden Steuerplanung abzuleiten (DRS
18.15 ff.). Eine voraussichtliche Realisierung aktiver latenter Steuern ist gegeben, wenn entweder zu versteuernde kongruente Differenzen gegenüberstehen (hinsichtlich Realisationszeitpunkt, verrechenbare Steuerart, Steuer-

---

[1] *Kühne/Melcher/Wesemann* WPg 2009, 1063.

gläubiger) oder zu erwartende steuerliche Gewinne, die zB auch durch steuerliche Gestaltungmaßnahmen entstehen können (DRS 18.23).

8   Aktive latente Steuern auf **Verlustvorträge, Zinsvorträge und Steuergutschriften** sind nur dann anzusetzen, wenn die daraus resultierende Steuerentlastung voraussichtlich in den nächsten fünf Jahren realisiert werden kann. Wenn ein Überhang an zu versteuernden temporären Differenzen besteht, so sind Verlustvorträge zu berücksichtigen, auch wenn sie voraussichtlich erst nach mehr als fünf Jahren realisiert werden können, sofern sie entsprechend lange vortragbar sind (DRS 18.22).

9   Entsteht bei der Ermittlung der latenten Steuern auf Konsolidierungsmaßnahmen ein Überhang an passiven latenten Steuern, so darf dieser mit aktiven latenten Steuern aus dem Einzelabschluss saldiert werden, auch wenn diese dem Wahlrecht folgend, nicht angesetzt werden. Dies gilt auch für einen Teilbetrag der aktiven latenten Steuern, sodass im Konzernabschluss keine latenten Steuern ausgewiesen werden.[2]

10   Die nach § 308a durchzuführende Währungsumrechnung für Tochterunternehmen, die nicht im Euroraum sitzen, führt zu Differenzen. Diese Differenzen sind als sog. *outside basis differences* zu qualifizieren und unterliegen daher dem Ansatzverbot des § 306 S. 4 (DRS 18.30).[3]

III. Konsolidierungsmaßnahmen

11   Sofern ein Tochterunternehmen durch Erwerb der Kapitalanteile (share deal) erworben wurde, sind auf zeitliche Differenzen, die bei der Aufdeckung stiller Reserven und Lasten im Rahmen der **Kapitalkonsolidierung** entstehen, latente Steuern anzusetzen.[4] DRS 23.72 geht weitgehender davon aus, dass auf die Differenz zwischen dem beizulegenden Zeitwert eines im Konzernabschluss anzusetzenden Postens und dem entsprechenden steuerlichen Wert latente Steuern zu erfassen sind. Das Ansatzwahlrecht nach § 274 Abs. 1 S. 2 iVm § 298 Abs. 1 kann demnach nicht in der Neubewertungsbilanz, sondern erst für Veränderungen an den darauf folgenden (Konzern-) Bilanzstichtagen in Anspruch genommen werden.[5] Die Buchwerte der angesetzten aktiven und passiven latenten Steuern mindern oder erhöhen den Buchwert des Geschäfts- oder Firmenwertes bzw. des negativen Unterschiedsbetrags. Auf den Unterschiedsbetrag nach § 301 Abs. 3 selbst dürfen keine latenten Steuern angesetzt werden. Auch in Folgeperioden werden auf den sich ändernden Unterschiedsbetrag keine latenten Steuern abgegrenzt. Die Vorschriften des § 306 sind analog auf die Konsolidierung von Gemeinschaftsunternehmen nach § 310 und von assoziierten Unternehmen nach § 312 anzuwenden (DRS 18.26).

12   Sofern ein Tochterunternehmen im Wege des **Erwerbs von einzelnen Vermögensgegenständen und Schulden** erworben wurde (asset deal), werden diese schon auf Ebenen des Einzelabschlusses nach § 274 angesetzt. Entsteht dabei eine Differenz hinsichtlich der Höhe eines ggf. entstehenden Geschäfts- oder Firmenwerts ist fraglich, ob auch in diesem Fall ein Ansatzverbot besteht. Dagegen spricht, dass eine zeitlich begrenzte Differenz vorliegt und keine Ausnahmevorschrift für den Einzelabschluss in das Gesetz

---

[2] BeBiKo/*Grottel/Larenz* Rn. 8.
[3] BeBiKo/*Grottel/Larenz* Rn. 9; aA *Wolz* DB 2010, 2625 (2632).
[4] BeBiKo/*Grottel/Larenz* Rn. 11.
[5] WP-HdB Kap. G Rn. 599.

aufgenommen wurde. Beide Fälle (share deal und asset deal) wurden im Zuge des BilMoG neu geregelt, zudem wurde in § 246 Abs. 1 S. 4 explizit aufgenommen, dass der Geschäfts- oder Firmenwert ein zeitlich begrenzt nutzbarer Vermögensgegenstand ist. Als solcher unterliegt er den Regeln des § 274.[6] Für ein Ansatzverbot spricht, dass der Wortlaut des § 246 Abs. 1 S. 4 den Geschäfts- oder Firmenwert als einfache Differenz definiert. Eine anspruchsvolle In-sich-Berechnung der latenten Steuern auf einen Geschäfts- oder Firmenwert scheint durch diese Vorschriften nicht gefordert. Vielmehr kann man § 246 Abs. 1 S. 4 als abschließende Regel der Zugangsbewertung des Geschäfts- oder Firmenwerts als Saldogröße verstehen, die keinen Raum lässt für den Ansatz von latenten Steuern.[7]

DRS 18.25 lässt den Ansatz von latenten Steuern auf Buchwertdifferenzen **13** beim Geschäft- oder Firmenwert zu, soweit sie auf temporären Differenzen beruhen, die auf einen steuerlich abzugsfähigen Geschäfts- oder Firmenwert bzw. einen steuerlich zu berücksichtigenden passiven Unterschiedsbetrag zurückzuführen sind. Die Regel wäre auch auf den Erwerb von Kapitalanteilen (share deal) anzuwenden, sofern dabei nach ausländischem Steuerrecht ein steuerlich abzugsfähiger Geschäfts- oder Firmenwert entsteht.

§ 301 Abs. 2 schreibt vor, dass die erworbenen Vermögensgegenstände, **14** Schulden und Rechnungsabgrenzungsposten eines Tochterunternehmens zum Zeitpunkt des Erwerbs zu bewerten sind. Wenn die Wertansätze zu diesem Zeitpunkt nicht zuverlässig ermittelt werden können, sind sie innerhalb der darauf folgenden zwölf Monate anzupassen. Wenn auf Basis der Einschätzung zum **Zeitpunkt des Erwerbs** latente Steuern nicht erfasst werden, diese jedoch auf Grund von geänderten Erwartungen innerhalb der folgenden zwölf Monate angesetzt werden, so sind sie ergebnisneutral gegen den Geschäfts- oder Firmenwert zu erfassen. Das gleiche gilt für den umgekehrten Fall (DRS 18.55). § 301 schreibt dies jedoch nur für die Fälle vor, in denen zum Zeitpunkt des Erwerbs die Wertansätze nicht zuverlässig ermittelt werden können.[8] Die weitgehende Formulierung in DRS 18.55 verengt den Ermessensspielraum im Verhältnis zu § 301, da keine Unterscheidung in wertaufhellende und wertbegründende Informationen enthalten ist. Insofern kann die Anwendung von DRS 18.55 auf wertbegründende Tatsachen nicht gefordert werden.

Latente Steuern dürfen auf Differenzen, die sich zwischen dem steuerlichen **15** Wertansatz einer Beteiligung an einem Tochterunternehmen, assoziierten Unternehmen oder einem Gemeinschaftsunternehmen iSd § 310 Abs. 1 und dem handelsrechtlichen Wertansatz des im Konzernabschluss angesetzten Nettovermögens ergeben, nicht angesetzt werden. Mit dem Verbot des Ansatzes von latenten Steuern auf sog. **outside basis differences** weicht der deutsche Gesetzgeber von internationalen Regeln ab. Dies findet seine Berechtigung darin, dass die entsprechenden internationalen Regeln in der Praxis nur mit erheblichem Aufwand und nur für wesentliche Fälle umgesetzt werden können. Insofern wurde vom Gesetzgeber der Praktikabilität der Vorzug vor der konzeptionellen Konsistenz gegeben.[9]

---

[6] *Wolz* DB 2010, 2625 (2630); BeBiKo/*Winkeljohann/Buchholz* § 274 Rn. 195; *Kessler/ Leinen/Strickmann* BilMoG-HdB S. 724 f.

[7] *Wendholt/Wesemann* DB 2009, 72; *Gelhausen/Fey/Kämpfer* Rechnungslegung M Rn. 20 ff.

[8] BeBiKo/*Winkeljohann/Deubert* § 301 Rn. 115.

[9] *Gelhausen/Fey/Kämpfer* Rechnungslegung Q Rn. 313 unter Verweis auf die Beschlussempfehlung und Bericht des Rechtsausschusses zum BilMoG (BT-Drs. 16/12407).

16   Durch Maßnahmen der **Schuldenkonsolidierung** können latente Steuern durch Aufrechnungsdifferenzen entstehen. Beispiele dafür sind Rückstellungen für konzerninterne Vorgänge, bei denen keine Forderung angesetzt wurde, oder Forderungen, die beim Gläubiger abgezinst sind, beim Schuldner jedoch nicht. Solche Differenzen in der Schuldenkonsolidierung werden gegen das Konzernergebnis ausgeglichen. Im Hinblick auf die Bildung latenter Steuern ist zu berücksichtigen, wie der Vorgang sich steuerlich niedergeschlagen hat. ZB würde eine Drohverlustrückstellung für eine konzerninterne Transaktion steuerlich nicht berücksichtigt. Da in der Schuldenkonsolidierung die Drohverlustrückstellung auch aus Konzernsicht zu eliminieren ist, entsteht keine Differenz und eine latente Steuer ist nicht zu bilden. Anders dagegen, wenn zB ein Konzernunternehmen eine Rückstellung für ausstehende Rechnungen im Einzelabschluss und steuerlich bildet, für eine Vergütung an ein anderes Konzernunternehmen, die der Höhe nach strittig ist. Das leistungserbringende Unternehmen hat eine entsprechende Forderung nicht erfasst. In der Schuldenkonsolidierung wird die Rückstellung konzernergebniserhöhend eliminiert. Da ein steuerlicher Schuldposten vorhanden ist, ist eine passive latente Steuer zu bilden.[10]

17   Durch die Eliminierung von **Zwischenergebnissen** wird das Konzernergebnis um Erfolgsbeiträge bereinigt, die in den Einzelabschlüssen und steuerlichen Ergebnisrechnungen enthalten sind, die aus konzerninternen Transaktionen stammen. Sie sind aus Konzernsicht noch nicht zu realisieren. Bei Einzelbetrachtung führt die Eliminierung von Zwischengewinnen zu aktiven latenten Steuern, die Eliminierung von Zwischenverlusten zu passiven latenten Steuern.[11]

18   Die **Aufwands- und Ertragskonsolidierung** bezieht sich nur auf Posten der GuV, daher ist sie für die Bildung latenter Steuern nicht relevant. Differenzen bei Bilanzposten entstehen durch die Aufwands- und Ertragskonsolidierung nicht.

19   Bei der Ermittlung latenter Steuern werden für die einzelnen Vermögensgegenstände, Schulden und Rechnungsabgrenzungsposten die Buchwerte im Konzernabschluss mit den entsprechenden steuerlichen Werten verglichen. Bei der Ermittlung der steuerlichen Werte einer Personengesellschaft sind **Sonderbilanzen** einzelner Gesellschafter nicht zu berücksichtigen, es sei denn, sie sind einem Gesellschafter zuzurechnen, der zum Konsolidierungskreis gehört. Steuerliche **Ergänzungsbilanzen** sind einer Personengesellschaft zuzurechnen und daher bei der Ermittlung der steuerlichen Werte zu berücksichtigen (DRS 18.36 ff.).

20   Bei der Durchführung der Erstkonsolidierung und der Bewertung der erworbenen Vermögensgegenstände und Schulden sind die **erworbenen aktiven latenten Steuern auf Verlustvorträge** neu zu bewerten. Es ist möglich, dass diese durch den Unternehmenszusammenschluss entweder nicht mehr nutzbar sind (zB § 8c KStG) oder dass sich ihre Nutzbarkeit verbessert. In beiden Fällen sind die aktiven latenten Steuern entsprechend zu bewerten und erfolgsneutral im Zuge der Erstkonsolidierung zu erfassen.[12] Das Wahlrecht des § 274 besteht auch in diesem Fall hinsichtlich eines auf HB II Ebene entstehenden Aktivüberhangs.[13] DRS 23.72 geht dagegen da-

---

[10] *Busse von Colbe/Ordelheide/Gebhardt/Pellens* Konzernabschlüsse S. 354 f.
[11] BeBiKo/*Grottel/Larenz* Rn. 24.
[12] *Küting/Seel* DStR 2009, 43 f.
[13] BeBiKo/*Grottel/Larenz* Rn. 11; WP-HdB Kap. M Rn. 500.

von aus, dass das Aktivierungswahlrecht im Zuge der Erstkonsolidierung nicht besteht.[14] Wird durch den Erwerb des Tochterunternehmens ein steuerlicher Verlustvortrag beim Mutterunternehmen oder einem anderen Konzernunternehmen nutzbar, zB weil mit Synergieeffekten zu rechnen ist, ist der ggf. daraus entstehende Bewertungseffekt erfolgswirksam zu erfassen (DRS 23.76).

IV. Höhe der Steuerabgrenzung

Für die Bewertung latenter Steuern ist derjenige **individuelle Steuersatz** 21 heranzuziehen, der bei Umkehrung der Differenzen voraussichtlich in der Besteuerung angewandt wird. Damit sind sowohl künftige Steuersätze zu berücksichtigen als auch die individuellen Steuersätze der jeweiligen Tochterunternehmen. Ein einheitlicher Steuersatz, zB der des Mutterunternehmens, darf nur dann verwandt werden, wenn die daraus resultierenden Abweichungen unwesentlich sind. Wenn der Steuersatz in Abhängigkeit von der Höhe des Ergebnisses variiert, so ist ein Durchschnittssatz, der für die Periode, in der sich die Differenzen umkehren, erwartet wird, anzuwenden. Bei konzerninternen Lieferungen und Leistungen ist der Steuersatz des empfangenden Unternehmens zu verwenden. Künftige Steuerrechtsänderungen dürfen erst berücksichtig werden, wenn die maßgebliche gesetzgebende Körperschaft die Änderung verabschiedet hat (DRS 18.41 ff.). Anpassungen auf Grund von Steuerrechtsänderungen sind erfolgswirksam zu erfassen (DRS 18.54).

Latente Steuern auf Konsolidierungsmaßnahmen dürfen nach § 306 S. 5 22 mit Verweis auf § 274 Abs. 2 nicht abgezinst werden. Der Hinweis im Gesetz bewirkt ua, dass im Rahmen der Kapitalkonsolidierung entstehende latente Steuern nicht mit ihrem Zeitwert, der als Barwert einer Steuerschuld oder eines Steuerforderung zu verstehen wäre, angesetzt werden dürfen.[15]

V. Ausweis im Konzernabschluss

Grundsätzlich sind Ansatz und Auflösung latenter Steuern ergebniswirksam 23 zu erfassen. Sofern die Transaktion, die zur Entstehung der Differenz geführt hat, erfolgsneutral erfasst wird – zB eine Sacheinlage –, wird es für sachgerecht gehalten, auch die latenten Steuern erfolgsneutral zu erfassen. Die im Rahmen der Erstkonsolidierung erfassten latenten Steuern auf aufgedeckte stille Reserven werden wie die stillen Reserven erfolgsneutral erfasst. Die in der Folgekonsolidierung ggf. vorzunehmenden Abschreibungen und Wertminderung werden erfolgswirksam erfasst – entsprechend ist auch die latente Steuer erfolgswirksam (DRS 18.50 ff.).

§ 306 S. 1 lässt zu, dass die künftige Steuerbelastung oder -entlastung, die 24 im Konzernabschluss ausgewiesen ist, als Saldogröße aus aktiven und passiven latenten Steuern ermittelt wird. Im Konzernabschluss wäre nur der Überhang zu sehen. Dabei ist zusätzlich zu berücksichtigen, dass die Aktivierungswahlrechte des § 274 im Konzernabschluss für Differenzen auf der Ebene der Einzelabschlüsse und der HB II bestehen bleiben. Im Einklang mit den internationalen Regeln lässt § 306 S. 2 auch zu, dass aktive und passive latente Steuern aus Konsolidierungsmaßnahmen unsaldiert ausgewiesen wer-

---

[14] So auch WP-HdB Kap. G Rn. 604.
[15] *Wendholt/Wesemann* DB 2009, 74.

den. Selbst wenn diese Variante gewählt wird, ist der Ausweis der latenten Steuern im Konzernabschluss nach HGB nicht mit einem internationalen Abschluss vergleichbar, da latente Steuern, die nicht aus Konsolidierungsmaßnahmen kommen, gem. § 274 dem Aktivierungswahlrecht auch im Konzernabschluss unterliegen.

VI. Anhangangaben

25   Gem. § 314 Abs. 1 Nr. 21 ist anzugeben, auf welchen Differenzen oder steuerlichen Verlustvorträgen die latenten Steuern beruhen und mit welchen Steuersätzen die Bewertung erfolgt ist. Sofern latente Steuerschulden in der Konzernbilanz angesetzt wurden, fordert DRS 18.62c außerdem die Angabe der latenten Steuersalden am Ende des Geschäftsjahrs und deren Änderungen im Laufe des Geschäftsjahrs.

26   DRS 18 beinhaltet in Rn. 63–67 weitergehende und insofern nicht zwingende Anhangangaben. Insbesondere soll in einer Überleitungsrechnung der Zusammenhang zwischen dem unter Anwendung des in Deutschland geltenden Steuersatzes (oder eines durchschnittlichen Konzernsteuersatzes) erwarteten Steueraufwand/-ertrag und dem ausgewiesenen Steueraufwand/-ertrag dargestellt werden. Der erwartete Steueraufwand/-ertrag wird auf Basis des ausgewiesenen Konzernergebnisses ermittelt. Mit der durch DRS 18.67 geforderten Überleitungsrechnung wird dem GuVorientierten Konzept (deferred method) der latenten Steuern zumindest im Anhang Rechnung getragen. Bei diesem Konzept ist die Zielsetzung, den Steueraufwand der Periode sachgerecht auszuweisen. Die Überleitungsrechnung zeigt an, warum der ausgewiesene Steueraufwand/-ertrag nicht zum ausgewiesenen Konzernergebnis passt. Gründe hierfür sind zB abweichende Steuersätze der Tochterunternehmen, Ansatzverbote oder -wahlrechte für latente Steuern, periodenfremde Effekte, wie zB Erfassung von Steuerbe- oder -entlastungen auf Grund von Betriebsprüfungen, Wertberichtigungen von aktiven latenten Steuern oder Steuersatzänderungen.

VII. Folgen der Nichtbeachtung

27   Ein Verstoß gegen § 306 wird von § 334 Abs. 1 Nr. 2 Buchst. c erfasst. § 306 ist zwar nicht explizit benannt; eine Verletzung des § 306 impliziert allerdings gleichzeitig eine Verletzung des § 300.[16]

§ 307 Anteile anderer Gesellschafter

(1) In der Konzernbilanz ist für nicht dem Mutterunternehmen gehörende Anteile an in den Konzernabschluß einbezogenen Tochterunternehmen ein Ausgleichsposten für die Anteile der anderen Gesellschafter in Höhe ihres Anteils am Eigenkapital unter dem Posten „nicht beherrschende Anteile" innerhalb des Eigenkapitals gesondert auszuweisen.

(2) In der Konzern-Gewinn- und Verlustrechnung ist der im Jahresergebnis enthaltene, anderen Gesellschaftern zustehende Gewinn und der auf sie entfallende Verlust nach dem Posten „Jahresüberschuß/Jahresfehlbetrag" unter dem Posten „nicht beherrschende Anteile" gesondert auszuweisen.

---

[16] BeBiKo/*Grottel*/*Larenz* Rn. 44.

Schrifttum: (ohne die Einzelbeiträge in den verschiedenen Handbüchern der Rechnungslegung) *Bohnefeld/Ebeling,* DRS 22 im Widerspruch zur Klarstellung in DRS 23, WPg 2017, 375; *DRSC,* DRS 23, Kapitalkonsolidierung (Einbeziehung von Tochterunternehmen in den Konzernabschluss und Abgrenzung des Konsolidierungskreises), bekannt gemacht 2016, zuletzt geändert 2017.

I. Allgemeine Grundsätze

Wenn die Anteile an einem Tochterunternehmen nicht vollständig inner- **1** halb des Konsolidierungskreises gehalten werden, ist ein gesonderter Ausweis der Anteile der Minderheiten notwendig.[1]

Die Einheitstheorie und ihr folgend die Methoden der erfolgswirksamen **2** Vollkonsolidierung sehen vor, dass die **Vermögensgegenstände und Schulden** des Tochterunternehmens, auch wenn Minderheiten beteiligt sind, **vollständig** in den Konzernabschluss aufzunehmen sind.[2] Die Existenz von Minderheiten wird durch einen **getrennten Ausweis ihres Anteils am Eigenkapital** der Tochter dargestellt (§ 307 Abs. 1; DRS 23.93). Die Anteile anderer Gesellschaften sind sowohl in der Bilanz als auch in der Gewinn- und Verlustrechnung als „nicht beherrschende Anteile" zu bezeichnen (§ 307 Abs. 1 und 2).

II. Abgrenzung der Anteile anderer Gesellschafter

Die Abgrenzung der in den Ausgleichsposten für die Anteile anderer **3** Gesellschafter einzubeziehenden Anteile richtet sich nach dem Kriterium, ob die Anteile einem in die Konsolidierung (voll oder quotal) einbezogenen Unternehmen gehören. Zu den Anteilen anderer Gesellschafter zählen alle Anteile, die entweder nicht in den Konzernverbund eingeschlossenen Dritten oder nicht einbezogenen Tochterunternehmen, assoziierten Unternehmen und sonstigen Beteiligungsunternehmen gehören. Falls bedeutende Anteile von einem Tochterunternehmen gehalten werden, das nach § 296 HGB nicht in den Konzernabschluss einbezogen worden ist, erhöht es die Aussagefähigkeit des Konzernabschlusses, dem Ausgleichsposten für andere Gesellschafter einen „Davon"-Vermerk für **Anteile nicht einbezogener Tochterunternehmen** hinzuzufügen oder im Konzernanhang anzugeben (DRS 23.97).

Hält ein in den Konzernabschluss einbezogenes Tochterunternehmen An- **4** teile an dem Mutterunternehmen (sog. Rückbeteiligungen), so sind diese mit ihrem Nennwert oder, falls dieser nicht vorhanden ist, mit ihrem rechnerischen Wert, in der Vorspalte offen vom gezeichneten Kapital abzusetzen.[3] Diese Vorgehensweise trägt dem Gedanken der wirtschaftlichen Einheit Rechnung, indem die Rückbeteiligungen als eigene Anteile des Mutterunternehmens klassifiziert werden.[4]

Im mehrstufigen Konzern ist zu beachten, dass den **Minderheiten einer** **5** **Zwischenholding** „indirekte" Anteile eines Tochterunternehmens dieser Zwischenholding zustehen können (vgl. § 301).

---

[1] BeBiKo/*Winkeljohann/Hoffmann* Rn. 1.

[2] HdBKo/*Weber/Zündorf* Rn. 1.

[3] § 301 Abs. 4. Ein rechnerischer Wert ist insbesondere bei nennwertlosen Stückaktien (vgl. § 8 Abs. 3 AktG) zu ermitteln. Dieser bestimmt sich nach dem Verhältnis der Anzahl der Aktien zum Grundkapital. Beck HdR/*Heymann* B 231 Rn. 51.

[4] WP-HdB Kap. G Rn. 480.

III. Berücksichtigung bei der Kapitalkonsolidierung

6   **1. Erstkonsolidierung.** Die absolute Höhe der Anteile anderer Gesellschafter am Eigenkapital des Tochterunternehmens wird auf Grund der Neubewertungsbilanz ermittelt, um die nach der Neubewertungsmethode aufzudeckenden stillen Reserven bzw. Lasten, die anteilig auf die Minderheiten entfallen, zu berücksichtigen. Ein dem Geschäfts- oder Firmenwert entsprechender Betrag wird für die Minderheiten nicht ausgewiesen.[5]

7   **2. Folgekonsolidierung.** In den Folgekonsolidierungen werden die aufgedeckten stillen Reserven und Lasten fortgeschrieben. Dabei ist die Fortschreibung an die Entwicklung der Posten gekoppelt, denen die stillen Reserven und Lasten zuvor zugeordnet wurden und erfolgt grundsätzlich erfolgswirksam.

8   Die sonstigen **ergebniswirksamen Konsolidierungsmaßnahmen,** da sie auf das Eigenkapital des Konzerns einwirken, müssten folgerichtig ebenfalls in einen Anteil für die Gesellschafter des Mutterunternehmens und für die Minderheiten aufgeteilt werden. Da dies jedoch mit erheblichen praktischen Problemen verbunden sein kann, ist abzuwägen, ob die bei Aufteilung entstehenden Informationskosten angemessen sind.[6] Wegen der Wirtschaftlichkeit der Konzernrechnungslegung wird nach überwiegender Meinung die Aufteilung der ergebniswirksamen Konsolidierungsdifferenzen abgelehnt.[7]

9   **3. Veränderung der Beteiligungsquote.** Werden an einem bereits in den Konzernabschluss einbezogenen Unternehmen neue Anteile erworben, kann dieser Vorgang nach DRS 23.171 entweder erfolgswirksam als Erwerbsvorgang oder als erfolgsneutraler Kapitalvorgang abgebildet werden. Die gewählte Methode ist einheitlich für alle Auf- und Abstockungsfälle sowie zeitlich stetig anzuwenden (DRS 23.171). Bei der Darstellung als Erwerbsvorgang sind die stillen Reserven, die auf den neu hinzuerworbenen Anteil entfallen, aufzudecken. Dazu ist eine Neubewertungsbilanz erforderlich. Allerdings werden von den dort aufgedeckten stillen Reserven nur die auf die hinzuerworbenen Anteile entfallenden aufgedeckt. Einen Ergebniseffekt wird eine Erhöhung der Beteiligungsquote darüber hinaus haben, wenn ein aktiver oder passiver Unterschiedsbetrag aus der Differenz der Anschaffungskosten der neuen Anteile und dem neu hinzuerworbenen anteiligen Eigenkapital der Tochtergesellschaft entsteht und dieser erfolgswirksam abgeschrieben (aktiver Unterschiedsbetrag) oder aufgelöst (passiver Unterschiedsbetrag) wird.[8] Die Abbildung der Aufstockung als Kapitalvorgang erfordert keine Neubewertung der Vermögensgegenstände und Schulden. Die Anschaffungskosten der hinzuerworbenen Anteile sind mit dem Anteil anderer Gesellschafter am Eigenkapital zum Erwerbszeitpunkt erfolgsneutral zu verrechnen (DRS 23.175).

10   **Beispiel zum Erwerbsvorgang:** Das Mutterunternehmen hält zunächst 80 % der Anteile am Tochterunternehmen. Später werden weitere 10 % hinzuerworben. Zum Zeitpunkt des Erwerbs (oder der erstmaligen Einbeziehung) der zusätzlichen 10 % der Anteile ist eine Neubewertungsbilanz erstellt worden, die stille Reserven aufdeckt. Der Geschäfts- oder Firmenwert für die zusätzlichen Anteile wird errechnet als Differenz aus

---

[5] BeBiKo/*Winkeljohann*/*Hoffmann* Rn. 26.
[6] *Busse von Colbe*/*Ordelheide*/*Gebhardt*/*Pellens* Konzernabschlüsse S. 481.
[7] *ADS* Rn. 38 ff.; so auch DRS 23.153.
[8] *Busse von Colbe*/*Ordelheide*/*Gebhardt*/*Pellens* Konzernabschlüsse S. 327.

anteiligem Eigenkapital (10 %) und Anschaffungskosten. Der Summenabschluss setzt sich zu 10 % aus dem Neubewertungsabschluss und zu 90 % aus dem fortgeführten Neubewertungsabschluss, der bei der Erstkonsolidierung der 80 % der Anteile erstellt wurde, zusammen. Die Minderheitenanteile werden entsprechend geringer ausgewiesen.

Der **Verkauf von Anteilen eines konsolidierten Tochterunterneh-** 11
mens an Dritte, ohne dass sich der Status als Tochterunternehmen ändert, führt nicht zu einer Entkonsolidierung der Anteile. Vielmehr handelt es sich um eine Transaktion zwischen den Eigenkapitalgebern.[9] Unabhängig von der Abbildung der Abstockung der Beteiligung als Veräußerungs- oder Kapitalvorgang erhöhen sich die Anteile anderer Gesellschafter im Zeitpunkt der Transaktion um die anteiligen Buchwerte der Vermögensgegenstände und Schulden des Tochterunternehmens. Die Differenz zwischen Verkaufspreis der Anteile und dem anteiligen Reinvermögen ist im Fall einer Darstellung als Veräußerungsvorgang erfolgswirksam oder erfolgsneutral bei Abbildung als Kapitalvorgang zu erfassen (DRS 23.173 und DRS 23.176).

Ist der Kaufpreis für die Anteile höher oder niedriger als die anteiligen 12
Buchwerte, stillen Reserven und Geschäfts- oder Firmenwert, wird der daraus resultierende Veräußerungsgewinn oder -verlust idR den sonstigen betrieblichen Erträgen oder Aufwendungen des Konzerns zugerechnet (DRS 23.182).

IV. Berücksichtigung im Konzernergebnis

1. Ohne Gewinnabführungsvertrag. Abs. 2 sieht vor, dass der auf die 13
Minderheiten entfallende Anteil am Jahresergebnis im Anschluss an den Posten Jahresüberschuss/Jahresfehlbetrag unter dem Posten „nicht beherrschende Anteile" **gesondert auszuweisen** ist. Ein gesonderter Ausweis hat auch nach DRS 23.157 zu erfolgen. Der Betrag wird ermittelt, indem die Beteiligungsquote der Minderheiten mit dem in die Konsolidierung eingeflossenen Jahresergebnis des Tochterunternehmens multipliziert wird.[10] Wird im Rahmen der Gewinnverwendung ein Teil des Jahresüberschusses in die Gewinnrücklagen eingestellt, so ist in der Konzernbilanz nur die anteilige Zuführung in die Gewinnrücklagen auszuweisen. Der Anteil der anderen Gesellschafter an dem thesaurierten Jahresüberschuss ist in der GuV als nicht beherrschenden Anteilen zustehender Gewinn anzugeben.[11]

2. Mit Gewinnabführungsvertrag. Wenn zwischen Mutter- und Toch- 14
terunternehmen ein Gewinnabführungsvertrag besteht, haben die Minderheiten nach § 304 AktG Anspruch auf eine wiederkehrende Ausgleichszahlung. Diese ist aufwandswirksam in der GuV des Mutterunternehmens enthalten und wird mit den abgeführten Gewinnen/Verlusten des Tochterunternehmens im Jahresabschluss des Mutterunternehmens saldiert, wenn die Mutter sie leistet. Im Konzernabschluss ist die Ausgleichszahlung als Verbindlichkeit gegenüber den anderen Gesellschaftern auszuweisen. Der korrespondierende Aufwandsposten ist in der Gewinn- und Verlustrechnung gesondert vor dem Konzern-Jahresüberschuss/Jahresfehlbetrag auszuweisen ist (DRS 23.159). Die Ausgleichszahlung nach § 304 AktG ist somit nicht Bestandteil des Postens „nicht beherrschenden Anteilen zustehendes Kon-

---

[9] BeBiKo/*Winkeljohann/Deubert* § 301 Rn. 235.
[10] BeBiKo/*Winkeljohann/Hoffmann* Rn. 81.
[11] *ADS* Rn. 70.

zernergebnis" iSd § 307 Abs. 2.[12] Im Gegensatz dazu lässt DRS 22 einen Ausweis des zu zahlenden Ausgleichs im Ausgleichsposten für Anteile anderer Gesellschafter und damit im Konzerneigenkapital zu.[13] Diese auch in Teilen der Literatur vertretene Vorgehensweise findet ihre Begründung im einheitstheoretischen Grundsatz nach § 297 Abs. 3 S. 1.[14] Korrespondierend erfolgt die Erfassung des Ausgleichs nach DRS 22 nicht aufwandswirksam in der Gewinn- und Verlustrechnung. Vielmehr ist der Ausgleich nach dem Konzernjahresergebnis als Ergebnisverwendung in der Eigenkapitalveränderungsrechnung des Konzerns zu erfassen.[15]

15   Leistet dagegen die Tochter die Ausgleichszahlung selbst, so wird der von der Tochter verbuchte Aufwand für die Ausgleichszahlung erfolgswirksam rückgängig gemacht. Dadurch steigt der Konzernjahresüberschuss. In gleicher Höhe wird die Position „anderen Gesellschaftern zustehender Gewinn bzw. abgeführte Gewinne" erhöht, sodass der Konzernbilanzgewinn unverändert bleibt.[16] Diese Argumentation folgt der Darstellung nach DRS 22. Dagegen unterscheidet DRS 23 nicht, wer die Ausgleichszahlung leistet, sodass auch im Fall der Zahlung durch das Tochterunternehmen DRS 23.159 einschlägig ist. Entsprechend ist die Ausgleichszahlung im Konzern aufwandswirksam zu erfassen, sodass eine Eliminierung entfällt.

V. Ausweis

16   Die den anderen Gesellschaftern zustehenden Gewinne und Verluste sind nach dem Posten „Jahresüberschuss/Jahresfehlbetrag" getrennt auszuweisen. Sie dürfen saldiert ausgewiesen werden, wenn der Betrag im Anhang aufgegliedert wird. Die Posten in der Bilanz und Gewinn- und Verlustrechnung sind als „nicht beherrschende Anteile" (§ 307 Abs. 1 und 2) zu bezeichnen.

VI. Folgen der Nichtbeachtung

17   Ein Verstoß gegen § 306 wird von § 334 Abs. 1 Nr. 2 erfasst. § 307 ist zwar nicht explizit benannt; eine Verletzung des § 307 kann als eine mittelbare Verletzung des § 297 Abs. 2 oder des § 300 eingestuft werden. Je nachdem gelangt man zu einer Sanktionierung gem. § 334 Abs. 1 Nr. 2 Buchst. b oder Nr. 2 Buchst. c.[17]

Fünfter Titel. Bewertungsvorschriften

§ 308 Einheitliche Bewertung

(1) [1]Die in den Konzernabschluß nach § 300 Abs. 2 übernommenen Vermögensgegenstände und Schulden der in den Konzernabschluß einbezogenen Unternehmen sind nach den auf den Jahresabschluß des Mutterunternehmens anwendbaren Bewertungsmethoden einheitlich zu bewerten. [2]Nach dem Recht des Mutterunternehmens zulässige Bewer-

---

[12] BeBiKo/*Winkeljohann/Hoffmann* Rn. 16.
[13] DRS 22, Anlage 3, Beispiel 1, Variante B.
[14] *Bohnefeld/Ebeling* WPg 2017, 375 (378 f.).
[15] *Bohnefeld/Ebeling* WPg 2017, 375 (380).
[16] *ADS* Rn. 76 ff.; *Busse von Colbe/Ordelheide/Gebhardt/Pellens* Konzernabschlüsse S. 428 f.
[17] BeBiKo/*Winkeljohann/Hoffmann* Rn. 88.

tungswahlrechte können im Konzernabschluß unabhängig von ihrer Ausübung in den Jahresabschlüssen der in den Konzernabschluß einbezogenen Unternehmen ausgeübt werden. [3] Abweichungen von den auf den Jahresabschluß des Mutterunternehmens angewandten Bewertungsmethoden sind im Konzernanhang anzugeben und zu begründen.

(2) [1] Sind in den Konzernabschluß aufzunehmende Vermögensgegenstände oder Schulden des Mutterunternehmens oder der Tochterunternehmen in den Jahresabschlüssen dieser Unternehmen nach Methoden bewertet worden, die sich von denen unterscheiden, die auf den Konzernabschluß anzuwenden sind oder die von den gesetzlichen Vertretern des Mutterunternehmens in Ausübung von Bewertungswahlrechten auf den Konzernabschluß angewendet werden, so sind die abweichend bewerteten Vermögensgegenstände oder Schulden nach den auf den Konzernabschluß angewandten Bewertungsmethoden neu zu bewerten und mit den neuen Wertansätzen in den Konzernabschluß zu übernehmen. [2] Wertansätze, die auf der Anwendung von für Kreditinstitute oder Versicherungsunternehmen wegen der Besonderheiten des Geschäftszweigs geltenden Vorschriften beruhen, dürfen beibehalten werden; auf die Anwendung dieser Ausnahme ist im Konzernanhang hinzuweisen. [3] Eine einheitliche Bewertung nach Satz 1 braucht nicht vorgenommen zu werden, wenn ihre Auswirkungen für die Vermittlung eines den tatsächlichen Verhältnissen entsprechenden Bildes der Vermögens-, Finanz- und Ertragslage des Konzerns nur von untergeordneter Bedeutung sind. [4] Darüber hinaus sind Abweichungen in Ausnahmefällen zulässig; sie sind im Konzernanhang anzugeben und zu begründen.

I. Allgemeine Grundsätze

Aus der **Fiktion der rechtlichen Einheit des Konzerns,** die in § 297 **1** Abs. 3 kodifiziert ist, folgt unmittelbar auch, dass im Konzernabschluss einheitliche Bewertungsmethoden angewandt werden müssen (Abs. 1). Die anwendbaren Bewertungsmethoden beschränken sich auf die nach dem Recht des Mutterunternehmens zulässigen. Daraus folgt, dass die Jahresabschlüsse der Tochterunternehmen, die dem Recht des Mutterunternehmens nicht entsprechen, angepasst werden müssen. Außerdem dürfen die nach dem Recht des Mutterunternehmens existierenden Wahlrechte im Konzernabschluss originär ausgeübt werden. Auch die Ausübung der Bewertungswahlrechte im Einzelabschluss des Mutterunternehmens ist nicht maßgeblich für den Konzernabschluss.

§ 308 Abs. 1 betrifft explizit nur die einheitliche Bewertung im Konzern- **2** abschluss. Fraglich ist, ob auch **Ansatzwahlrechte** einheitlich auszuüben sind, zB die Ansatzwahlrechte der § 248 Abs. 2, § 274 Abs. 1. Aus der Einfügung des § 246 Abs. 3 kann abgeleitet werden, dass der Grundsatz der Ansatzstetigkeit nicht nur – wie im Gesetz explizit formuliert – im Zeitablauf sondern auch innerhalb einer Periode für gleichartige Sachverhalte anzuwenden ist. Auch der Grundsatz der Bewertungsstetigkeit ist explizit in § 256 Abs. 1 Nr. 6 ausschließlich für den Zeitablauf, nicht aber für gleichartige Sachverhalte festgeschrieben. Dennoch ist der Grundsatz, dass für gleichartige Sachverhalte einheitliche Bewertungsmethoden anzuwenden sind, allgemein anerkannt. Insofern soll dies auch für die Ansatzstetigkeit gelten.[1]

---

[1] *Baetge/Kirsch/Thiele* KonzernBilanzen S. 143 f.

3   Die Vorschriften über die einheitliche Bewertung im Konzernabschluss ermöglichen es, eine **eigenständige Konzernabschlusspolitik** zu betreiben. Im Konzernabschluss können stille Reserven, die durch die Maßgeblichkeit des handelsrechtlichen Jahresabschlusses für die steuerliche Gewinnermittlung und die umgekehrte Maßgeblichkeit bedingt sind, aufgedeckt und ein höheres Eigenkapital ausgewiesen werden. Dadurch wird die internationale Vergleichbarkeit zB der Eigenkapitalquote verbessert.[2] Hinsichtlich der Neuausübung von Ermessensentscheidungen sowie die Änderung von Schätzgrößen gegenüber den Jahresabschlüssen der einbezogenen Unternehmen ist der Grundsatz der Willkürfreiheit zu beachten. Eine Neuausübung ist in der Regel nur zum Zweck der Einheitlichkeit der Bewertung zulässig.

II. Grundsatz der einheitlichen Bewertung

4   Für die (Bilanzierung und) Bewertung im Konzernabschluss ist ausschließlich das **für das Mutterunternehmen geltende Recht** (Abs. 1) anwendbar. Deshalb besteht insbesondere bei Tochterunternehmen, die keine Kapitalgesellschaften sind, und bei ausländischen Tochtergesellschaften aufgrund von Anpassungsbedarf an die anwendbaren Vorschriften.[3] **Anpassungen an die Bilanzierungs- und Bewertungsvorschriften des Mutterunternehmens** werden von in der sog. HB II durchgeführt. Sie sind im Rahmen der Erstkonsolidierung erfolgsneutral zu behandeln. Bilanzierungs- und Bewertungsunterschiede während der Konzernzugehörigkeit werden erfolgswirksam behandelt.[4] Die Bewertungsanpassungen sind in den Folgejahren fortzuführen bzw. abzuschreiben oder aufzulösen. Die damit notwendigen Nebenrechnungen sind auch Gegenstand der Prüfung des Konzernabschlusses[5] und unterliegen den Aufbewahrungs- und Vorlagepflichten (§§ 257–261).

5   Innerhalb der anwendbaren Vorschriften der Bewertung gibt es eine Reihe von **Wahlrechten,** sodass sich die Frage stellt, inwieweit die Wahlrechte einheitlich ausgeübt werden müssen. Grundsätzlich lässt sich dies mit Hilfe der Einheitstheorie beantworten. Strengere Maßstäbe als im Einzelabschluss sind nicht anzulegen. Der Einzelbewertungsgrundsatz (§ 252), der Grundsatz der Bewertungsstetigkeit (§ 252) und der Grundsatz der Willkürfreiheit (§ 252) sind zu beachten. Im Wesentlichen gleiche Sachverhalte (art- und funktionsgleich) dürfen nicht nach unterschiedlichen Methoden und unter Anwendung unterschiedlicher Rechengrößen (zB Nutzungsdauer) bewertet werden. Gleiche Sachverhalte liegen vor, wenn art- und funktionsgleiche Vermögensgegenstände unter gleichen wertbestimmenden Bedingungen bewertet werden. Gleiche Sachverhalte sind zwar einzeln zu bewerten, jedoch unter Anwendung identischer Verfahren der Wertfindung. Dies ist auch zu beachten, wenn für die Wertfindung Schätzungen notwendig sind.[6]

6   Die Wahlrechte bei der Bemessung der **Herstellungskosten** sind daher für gleichartige Produkte in den Tochterunternehmen gleich auszuüben, außer es bestehen bewertungsrelevante Unterschiede zwischen den Tochterunternehmen.[7]

---

[2] *ADS* Rn. 67 ff.
[3] *ADS* Rn. 32.
[4] *Busse von Colbe / Ordelheide / Gebhardt / Pellens* Konzernabschlüsse S. 143.
[5] *IDW* PS 320 Rn. 33.
[6] HdR / *Küting / Weber* Rn. 17.
[7] *ADS* Rn. 20 f.; aA *Heymann* Rn. 12, der auch ohne zwingende Gründe eine unterschiedliche Bewertung zulässt.

An die Prüfung der **Gleichheit von Sachverhalten** sind strenge Maßstäbe 7
anzulegen, da ansonsten der ebenso zu beachtende Grundsatz, dass verschiedene Sachverhalte auch unterschiedlich zu bewerten sind, verletzt werden
könnte. Nach IDW RH HFA 1008 Rn. 4 ist es möglich, dass länderspezi-
fische Unterschiede die Anwendung unterschiedlicher Bewertungsmethoden
rechtfertigen können.

Abs. 1 S. 2 lässt zu, dass nach dem Recht des Mutterunternehmens 8
zulässige **Bewertungswahlrechte** unabhängig von ihrer Ausübung in den
Jahresabschlüssen der in den Konzernabschluss einbezogenen Unternehmen
ausgeübt werden. Damit können auch bei dem Mutterunternehmen die
Bewertungswahlrechte für den Konzernabschluss erneut ausgeübt werden.
Das Gesetz geht allerdings davon aus, dass auf den Konzernabschluss
grundsätzlich die Bewertungsmethoden angewendet werden, die das Mutterunternehmen in seinem Jahresabschluss tatsächlich anwendet. Abs. 1 S. 3
fordert daher, dass Bewertungsmethoden im Konzernabschluss, die von
denen im Jahresabschluss des Mutterunternehmens abweichen, im Konzernanhang angegeben und begründet werden müssen. Eine Berichterstattung über die Auswirkung auf das Konzernergebnis gehört nicht zu den
Angabepflichten.[8]

Wenn die einzubeziehenden Jahresabschlüsse nicht den Anforderungen der 9
einheitlichen Bewertung genügen, werden die notwendigen Anpassungen
zweckmäßigerweise in einer Ergänzungsrechnung zum Zwecke der Konsolidierung (HB II) vorgenommen.

Die Aufstellung der Ergänzungsrechnung (HB II) kann im Hinblick auf die 10
Organisation entweder „vor Ort" durchgeführt werden oder in der Kon-
zernzentrale. Bei dezentraler Erstellung ist es sinnvoll, dass die konzerneinheitlichen Bilanzierungs- und Bewertungsmethoden schriftlich festgelegt
werden (zB in Form einer Konzernrichtlinie oder eines Accounting Manual).
Dabei sind insbesondere in internationalen Konzernen mehrsprachige Ausgaben notwendig.[9] Diese Festlegung der Bilanzierungs- und Bewertungsmethoden wird häufig zu ergänzen sein durch Formblätter (zumeist durch
entsprechende Konsolidierungssoftware), in denen die für die Konsolidierung
notwendigen Daten in konzerneinheitlicher Form erfasst und an die Konsolidierungsstelle geleitet werden.

III. Ausnahmen vom Grundsatz der einheitlichen Bewertung

1. Kreditinstitute und Versicherungsunternehmen. Für Kreditinstitu- 11
te und Versicherungsunternehmen sind wegen der Besonderheiten der Geschäftszweige in den §§ 340e–340g bzw. §§ 341b–341h sowie in RechVersV
spezielle Bewertungsvorschriften kodifiziert worden. Die entsprechenden Bewertungen dürfen beibehalten werden, auch wenn die Wertansätze nicht den
Bewertungsmethoden entsprechen, die auf den Konzernabschluss angewendet werden. Eine einheitliche Inanspruchnahme der Erleichterungsregel kann
nicht gefordert werden.

Die speziellen Bewertungsvorschriften müssen beibehalten werden, wenn 12
das Mutterunternehmen ebenfalls Kreditinstitut bzw. Versicherung ist, weil

---

[8] *Heymann* Rn. 16.
[9] v. Wysocki/Wohlgemuth/Brösel Konzernrechnungslegung S. 26; *Busse von Colbe/Ordel-
heide/Gebhardt/Pellens* Konzernabschlüsse S. 481 f.

die Spezialvorschriften dann das Recht des Mutterunternehmens iSd Abs. 1 S. 1 darstellen.

13   Auch Spezialvorschriften für Kreditinstitute und Versicherungsunternehmen, die ausländische Tochterunternehmen sind, können beibehalten werden.

14   Wenn Wertansätze der branchenfremden Tochterunternehmen unverändert in den Konzernabschluss übernommen werden, ist nach Abs. 2 S. 2 eine Angabe im Anhang erforderlich.

15   **2. Grundsatz der Wesentlichkeit.** Der Grundsatz der Wesentlichkeit kommt auch bei der Pflicht zur Bewertungsanpassung (Abs. 2 S. 1) zur Anwendung. Von der konzerneinheitlichen Bewertung abweichende Wertansätze dürfen beibehalten werden, wenn sie insgesamt von untergeordneter Bedeutung für die Vermittlung eines den tatsächlichen Verhältnissen entsprechenden Bildes der Vermögens-, Finanz- und Ertragslage sind (Abs. 2 S. 3).

16   Ob die Bewertungsanpassung von untergeordneter Bedeutung ist, muss insgesamt und aus Konzernsicht beurteilt werden und erfordert zumindest eine überschlägige Anpassung. Es ist an jedem Stichtag neu zu prüfen, ob die Bedingungen noch vorliegen.[10] Der Grundsatz der **Willkürfreiheit** ist zu beachten. Solange die Wesentlichkeit des Umbewertungsvorgangs verneint wird, kann das Wahlrecht beliebig ausgeübt werden. Der Stetigkeitsgrundsatz greift nicht, da die Ausübung des Wahlrechts ex definitione keine Auswirkung auf die Vermittlung des *true and fair view* hat.[11] Eine Pflicht zur Angabe im Anhang besteht nicht.

17   **3. Sonstige begründete Ausnahmefälle.** Abs. 2 S. 4 lässt Abweichungen von der Bewertungsanpassung „in Ausnahmefällen" zu. Ziel dieser Vorschrift ist es, die Praktikabilität der Konsolidierung zu gewährleisten. Da die fehlende Anpassung an die konzerneinheitliche Bewertung die Aussagekraft des Konzernabschlusses erheblich einschränken kann, ist eine restriktive Anwendung der Ausnahmeregel notwendig. Als Beispiele werden genannt:[12]
– neu erworbene Tochterunternehmen, wenn die Bewertungsanpassung im Jahr des Erwerbs wirtschaftlich unzumutbar ist oder zu erheblichen Verzögerungen führen würde,
– finanzielle (vor allem steuerliche oder devisenrechtliche) Nachteile im Tochterunternehmen durch die Bewertungsanpassung.

18   Im Konzernanhang ist auf den Verzicht der Bewertungsanpassung hinzuweisen und zu begründen, warum von der einheitlichen Bewertung abgewichen wurde. Es ist nicht vorgeschrieben, die Auswirkungen des Verzichts zu quantifizieren (Abs. 2 S. 4).

IV. Folgen der Nichtbeachtung

19   Eine Verletzung des § 308 Abs. 1 S. 1 bzw. Abs. 2 stellt eine Ordnungswidrigkeit gem. § 334 Abs. 1 Nr. 2 Buchst. d dar. Eine Nichtbeachtung des § 308 Abs. 1 S. 3 wird durch § 334 Abs. 1 Nr. 2 Buchst. f sanktioniert.

---

[10] *ADS* Rn. 46 ff.
[11] BeBiKo/*Grottel/F. Huber* Rn. 29.
[12] *ADS* Rn. 49 ff.; BeBiKo/*Grottel/Huber* Rn. 31 f.

§ 308a Umrechnung von auf fremde Währung lautenden Abschlüssen

[1] **Die Aktiv- und Passivposten einer auf fremde Währung lautenden Bilanz sind, mit Ausnahme des Eigenkapitals, das zum historischen Kurs in Euro umzurechnen ist, zum Devisenkassamittelkurs am Abschlussstichtag in Euro umzurechnen.** [2] **Die Posten der Gewinn- und Verlustrechnung sind zum Durchschnittskurs in Euro umzurechnen.** [3] **Eine sich ergebende Umrechnungsdifferenz ist innerhalb des Konzerneigenkapitals nach den Rücklagen unter dem Posten „Eigenkapitaldifferenz aus Währungsumrechnung" auszuweisen.** [4] **Bei teilweisem oder vollständigem Ausscheiden des Tochterunternehmens ist der Posten in entsprechender Höhe erfolgswirksam aufzulösen.**

Schrifttum: (ohne die Einzelbeiträge in den verschiedenen Handbüchern der Rechnungslegung) DRS Nr. 23 Kapitalkonsolidierung (Einbeziehung von Tochterunternehmen in den Konzernabschluss), bekannt gemacht 2018; *Busse von Colbe/ Schurbohm-Ebneth,* Neue Vorschriften für den Konzernabschluss nach dem Entwurf für ein BilMoG, BB 2008, 98; *Küting/Seel* Das neue deutsche Konzernbilanzrecht – Änderungen der Konzernrechnungslegung durch das Bilanzrechtsmodernisierungsgesetz (BilMoG), DStR 2009, Beihefter zu Heft 26, 37.

I. Allgemeine Grundsätze

Für Tochterunternehmen mit Sitz in einem Land außerhalb der Euro-Zone **1** sind die Werte des Einzelabschlusses vor der Einbeziehung in den Konzernabschluss aus der Fremdwährung in Euro umzurechnen.

Es werden daher in der Literatur mehrere **Methoden** diskutiert, die von **2** unterschiedlichen Grundvoraussetzungen ausgehen. Allein die Frage, ob die Währungsumrechnung eine reine Transformation der Werte von einer Währung in eine andere oder ein Vorgang der Bewertung ist, ist umstritten. Wenn es sich um einen **Bewertungsvorgang** handelt, muss der Grundsatz der einheitlichen Bewertung auch auf die Währungsumrechnung angewandt werden. Ziel der Umrechnungsmethode ist es dann, dass die Vermögensgegenstände und Schulden der HB II des ausländischen Tochterunternehmens mit einem Wert in Euro ausgewiesen werden, als ob sie direkt in Euro bilanziert würden.[1]

Wenn die Währungsumrechnung dagegen als reine **Transformation** ver- **3** standen wird, werden einheitliche Kurse zur Umrechnung herangezogen. Die Währungsumrechnung hat dann den Vorteil, dass sie einfach durchzuführen ist und die Struktur des ausländischen Jahresabschlusses erhalten bleibt.[2]

International kommt das **Konzept der funktionalen Währung** zur An- **4** wendung. Dabei wird im ersten Schritt entschieden, welches die funktionale Währung des Tochterunternehmens ist. Wenn das Tochterunternehmen relativ selbstständig operiert und in die Wirtschaft seines Sitzlandes stark integriert ist, gilt die Währung des Sitzlandes als funktionale Währung und die Stichtagskursmethode wird angewandt. Der Vorgang der Umrechnung des Jahresabschlusses ist eine reine Transformation, da in dieser Konstellation die Wechselkursschwankungen keine wesentlichen Auswirkungen auf die Ertragslage des Konzerns haben. Wenn die Tochtergesellschaft weitgehend in

---

[1] *Busse von Colbe/Ordelheide/Gebhardt/Pellens* Konzernabschlüsse S. 155.
[2] WP-HdB Kap. G Rn. 356.

den übrigen Konzern integriert ist, wird nach der Zeitbezugsmethode umgerechnet.[3]

5   In der **Zeitbezugsmethode** kommen jeweils die Kurse zur Anwendung, die zeitlich zur Bewertung der Positionen passen. Anschaffungs- oder Herstellungskosten werden mit dem historischen Kurs zum Zeitpunkt der Anschaffung oder Herstellung, Tageswerte mit dem Stichtagskurs umgerechnet. Wenn bei der Zeitbezugsmethode außerdem ein Niederstwerttest durchgeführt wird, genügt die Währungsumrechnung dem Äquivalenzprinzip, dh alle in Euro umgerechneten Werte sind so interpretierbar, als ob sie direkt in Euro bilanziert worden wären. Mit dem Niederstwerttest wird festgestellt, ob die (fortgeführten) Anschaffungs- oder Herstellungskosten umgerechnet mit dem Stichtagskurs zu einem niedrigeren Wertansatz führen als bei der Umrechnung zu historischen Kursen. Wegen des Niederstwertprinzips ist der niedrigere Wert anzusetzen.[4]

6   Bei der **Stichtagskursmethode** werden alle Posten der Bilanz mit dem Stichtagskurs umgerechnet, Aufwendungen und Erträge werden mit dem Jahresdurchschnittskurs, das Jahresergebnis kann mit dem Stichtagskurs oder dem Durchschnittskurs umgerechnet werden. Bei der modifizierten Stichtagskursmethode wird das Eigenkapital mit historischen Kursen bei Zugang bzw. Rücklagendotierung umgerechnet.[5]

7   Der deutsche Gesetzgeber hat entschieden, allein die **modifizierte Stichtagskursmethode** für die Umrechnung von auf ausländische Währung lautende Abschlüsse zu kodifizieren. Damit wird ein Unterschied zur internationalen Rechnungslegung aus Vereinfachungsgründen in Kauf genommen. Da in der Praxis internationaler Konzerne das Konzept der funktionalen Währung zur Anwendung kommt, stellt sich die Frage, ob diese Vereinfachung gerechtfertigt ist.[6]

II. Währungsumrechnung

8   **1. Umrechnung der Aktiv- und Passivposten.** Der Konzernabschluss ist in Euro aufzustellen. Daher sind die **Bilanzposten von auf andere Währung lautenden Abschlüssen** – mit Ausnahme des Eigenkapitals – nach § 308a S. 1 mit dem Stichtagskurs umzurechnen. Das gezeichnete Kapital sowie die in den Vorjahren dotierten Rücklagen sind mit historischen Kursen umzurechnen. Sofern Tochterunternehmen ausnahmsweise gem. § 299 Abs. 2 mit einem Abschluss einbezogen werden, der einen **abweichenden Stichtag** aufweist und in fremder Währung aufgestellt ist, ist der Stichtagskurs des abweichenden Abschlussstichtages anzuwenden (DRS 23.55). Ggf. sind Anpassungen für wesentliche Transaktionen zwischen den beiden Stichtagen vorzunehmen. Diese können vereinfachend mit dem Kurs am Transaktionsstichtag umgerechnet werden.[7]

9   **2. Umrechnung der Gewinn- und Verlustrechnung.** Die Posten der GuV werden mit dem Durchschnittskurs in Euro umgerechnet. Die Zwischensummen der GuV und der Jahresüberschuss bzw. -fehlbetrag sind keine eigenen Umrechnungsposten, sondern ergeben sich als Saldo der umgerech-

---

[3] *Busse von Colbe/Ordelheide/Gebhardt/Pellens* Konzernabschlüsse S. 181 mit Kritik.
[4] *Busse von Colbe/Ordelheide/Gebhardt/Pellens* Konzernabschlüsse S. 171 ff.
[5] WP-HdB Kap. G Rn. 358.
[6] *Busse von Colbe/Schurbohm-Ebneth* BB 2008, 101.
[7] BeBiKo/*Grottel/Koeplin* Rn. 45.

neten GuV. § 308a enthält mit dieser Vorschrift eine Vereinfachung, da sich aus dem Zeitbezug der GuV grundsätzlich ergeben würde, dass die Posten der GuV mit den Kursen am jeweiligen Transaktionstag umzurechnen sind. Der Durchschnittskurs ist angemessen zu ermitteln, wobei die Volatilität des Wechselkurses und die Verteilung des Geschäftsverlaufs im Jahr zu berücksichtigen sind. In der Praxis werden häufig gewichtete Monatsdurchschnittskurse verwandt, da für interne Zwecke monatlich eine GuV aufgestellt wird.[8]

3. **Erfassung von Umrechnungsdifferenzen.** Danach sind Differenzen, **10** die bei der Umrechnung des Abschlusses einer Unternehmenseinheit aus ihrer Landeswährung in die Berichtswährung entstehen, in einen Ausgleichsposten im Eigenkapital einzustellen und gesondert nach den Rücklagen unter dem Posten „Eigenkapitaldifferenz aus der Währungsumrechnung" auszuweisen. Umrechnungsdifferenzen sind den Minderheitsgesellschaftern anteilig zuzurechnen. Eine Differenz, die sich aus der Umrechnung des Jahresergebnisses in der Bilanz, die eigentlich mit dem Stichtagskurs durchzuführen wäre, und in der GuV (Saldo aus mit dem Durchschnittskurs umgerechneten Aufwendungen und Erträgen) ergibt, wird ebenfalls im Eigenkapital erfasst. Tatsächlich wird in der Bilanz das Jahresergebnis aus der GuV übernommen.[9] Wird eine Unternehmenseinheit teilweise oder vollständig veräußert, wer- **11** den bisher erfolgsneutral ausgewiesene Differenzen entsprechend teilweise oder vollständig erfolgswirksam erfasst.

4. **Umrechnung von Konsolidierungsmaßnahmen.** In der Erstkon- **12** solidierung aufgedeckte stille Reserven oder Lasten beim Erwerb eines Tochterunternehmens das nicht im Euroraum ansässig ist, werden in Fremdwährung dem Tochterunternehmen zugeordnet. Sie sind in den auf die Erstkonsolidierung folgenden Konzernabschlüssen mit dem Devisenkassamittelkurs am Abschlussstichtag in Euro umzurechnen.[10] Sofern sich ein Geschäfts- oder Firmenwert in der fremden Währung realisiert, ist er wie ein Vermögenswert des ausländischen Tochterunternehmens zu behandeln und mit dem Devisenmittelkurs im maßgeblichen Erstkonsolidierungszeitpunkt in die fremde Währung umzurechnen (DRS 18.60).

Obwohl bei der **Schuldenkonsolidierung,** wenn man der Einheitstheorie **13** folgt, keine Gewinne- oder Verluste aus der Währungsumrechnung erfasst werden sollten, ist es in der Praxis aus Vereinfachungsgründen üblich und akzeptabel, die Erfolgsbeiträge, die auf Ebene der Einzelunternehmen entstehen, beizubehalten.[11] Erfolgsneutral werden dagegen Währungsdifferenzen aus Ausleihungen an das Tochterunternehmen, die den **Charakter von Eigenkapital** haben, da eine Rückzahlung weder vereinbart noch geplant ist, erfasst. Die Währungsdifferenzen werden erst bei Rückzahlung des Darlehens aus dem Eigenkapital in der Gewinn- und Verlustrechnung umgebucht und somit erfolgswirksam (DRS 18.79).

5. **Weitere Besonderheiten. a) Hochinflationsländer. Abschlüsse** **14** **von Tochterunternehmen in einem Hochinflationsland** sind um Inflationseffekte zu bereinigen, um die Werte der Abschlussposten in Kaufkraft-

---

[8] *Gelhausen/Fey/Kämpfer* Rechnungslegung Q Rn. 367 f.
[9] *Busse von Colbe/Ordelheide/Gebhardt/Pellens* Konzernabschlüsse S. 166.
[10] DRS 23.59.
[11] *Gelhausen/Fey/Kämpfer* Rechnungslegung Q Rn. 397; aus Vereinfachungsgründen auch zulässig nach DRS 18.80.

einheiten des Abschlussstichtags auszudrücken. Wird dies unterlassen, enthält die Bilanz in der Währung des Hochinflationslandes Nominalbeträge von Posten, die zu unterschiedlichen Zeitpunkten angeschafft wurden, die gleichhoch erscheinen, deren realer Wert jedoch erheblich unterschiedlich sein kann. Wenn diese Posten mit der Stichtagskursmethode umgerechnet und so in den Konzernabschluss übernommen werden, enthält dieser ebenfalls Posten, die nicht die tatsächlichen Verhältnisse widerspiegeln.[12] Wenn es sich um ein wesentliches Tochterunternehmen in einem Hochinflationsland handelt, steht die Einbeziehung eines so umgerechneten Abschlusses nicht im Einklang mit § 297 Abs. 2.[13] § 308a enthält keine Regel für Hochinflationsländer. Das DRSC lässt entweder die Erstellung von Hartwährungsabschlüssen oder die Indexierung des auf dem Prinzip von Anschaffungskosten-/ Nominalwertprinzip beruhenden und in der (hochinflationären) Landeswährung aufgestellten Jahresabschlusses zu (DRS 18.99). Gem. DRS 18.97 liegt ein Hochinflationsland regelmäßig dann vor, wenn die kumulierte Inflationsrate über drei Jahre über 100 % beträgt.

15 Folgende weiteren Indikatoren weisen darüber hinaus auf Hochinflation hin:

– Die Bevölkerung zieht es vor, Vermögen in Sachwerten oder in relativ stabiler Auslandswährung zu halten.

– Beträge in Inlandswährung werden unverzüglich in Auslandswährung umgetauscht, um die Kaufkraft zu erhalten.

– Geldbeträge werden im Allgemeinen von der Bevölkerung nicht in der eigenen Währung sondern in einer relativ stabilen Auslandswährung gerechnet. Preise werden in der stabilen Währung ausgedrückt.

– Bei Käufen und Verkäufen auf Ziel wird ein Inflationsausgleich vereinbart, auch wenn die Zeitspanne zwischen der Transaktion und Zahlung relativ kurz ist.

– Zinsen, Löhne und Preise sind an einen Preisindex geknüpft

– Von staatlicher Seite wird eine strikte Devisenbewirtschaftung bzw. -kontrolle durchgeführt.

16 **b) Gemeinschaftsunternehmen und assoziierte Unternehmen.** Gemeinschaftsunternehmen werden gem. § 310 entsprechend dem Anteil am Kapital, der dem Mutterunternehmen zuzurechnen ist, in den Konzernabschluss einzubeziehen. Die Regeln der Konsolidierung von Tochterunternehmen sind entsprechend anzuwenden. Dazu gehören auch die Regeln der Währungsumrechnung.

17 § 312 über die Bilanzierung von assoziierten Unternehmen im Konzernabschluss enthält keine Vorschrift über die Währungsumrechnung bei assoziierten Unternehmen, die ihren Abschluss nicht in Euro aufstellen. Bei der erstmaligen Einbeziehung eines assoziierten Unternehmens wird das anteilige Eigenkapital mit dem Devisenkassamittelkurs am Tag der erstmaligen Einbeziehung (historischer Kurs) umgerechnet (DRS 18.88). DRS 18.90 lässt für Fortschreibung des Equity-Wertes ein Wahlrecht zu.[14] Vorzugsweise soll der Equity-Wert mit dem Stichtagskurs umgerechnet werden. Die Differenz zum

---

[12] *Busse von Colbe/Ordelheide/Gebhardt/Pellens* Konzernabschlüsse S. 185 f.

[13] *Busse von Colbe/Schurbohm-Ebneth* BB 2008, 101; aA *Küting/Seel* DStR 2009, 47, die allgemein die Einbeziehung eines nach der modifizierten Stichtagskursmethode umgerechneten Abschlusses eines Tochterunternehmens nicht im Einklang mit § 297 Abs. 2 sehen.

[14] BeBiKo/*Grottel/Koeplin* Rn. 61 f.

historischen Kurs wird in der Eigenkapitaldifferenz aus Währungsumrechnung erfasst. Alternativ wird der Equity-Wert mit dem historischen Kurs umgerechnet und die Differenz zum Stichtagskurs wird im Posten „Anteile aus assoziierten Unternehmen" ausgewiesen oder dort oder im Konzernanhang vermerkt.

§ 309 Behandlung des Unterschiedsbetrags

(1) **Die Abschreibung eines nach § 301 Abs. 3 auszuweisenden Geschäfts- oder Firmenwertes bestimmt sich nach den Vorschriften des Ersten Abschnitts.**

(2) **Ein nach § 301 Absatz 3 auf der Passivseite auszuweisender Unterschiedsbetrag kann ergebniswirksam aufgelöst werden, soweit ein solches Vorgehen den Grundsätzen der §§ 297 und 298 in Verbindung mit den Vorschriften des Ersten Abschnitts entspricht.**

Schrifttum: (ohne die Einzelbeiträge in den verschiedenen Handbüchern der Rechnungslegung) *DRSC,* DRS 23, Kapitalkonsolidierung (Einbeziehung von Tochterunternehmen in den Konzernabschluss), Stand: 25.9.2015; *Schmidbauer,* Der Deutsche Rechnungslegungsstandard Nr. 4 zur Bilanzierung von Unternehmenserwerben im Konzernabschluss, DStR 2001, 365; *Stibi,* Die handelsrechtliche Konzernrechnungslegung nach dem Regierungsentwurf des BilMoG, KoR 2008, 517–524; *Stock/Nikolaus,* Negative Unterschiedsbeträge bei Unternehmenstransaktionen nach HGB und TFRS, IRZ 2019, 111.

Übersicht

I. Allgemeine Grundsätze

In der **Erstkonsolidierung** können Differenzbeträge zwischen dem Buch- **1** wert der Beteiligung sowie dem anteiligen Eigenkapital und den anteiligen aufgedeckten stillen Reserven und Lasten entstehen. Wenn der Buchwert der Beteiligung das anteilige Eigenkapital und die anteiligen stillen Reserven und Lasten übersteigt, ist er als Geschäfts- oder Firmenwert auf der Aktivseite der Konzernbilanz auszuweisen (§ 301 Abs. 3 S. 1). Ist der Buchwert dagegen geringer, ist der Differenzbetrag auf der Passivseite als **„Unterschiedsbetrag aus der Kapitalkonsolidierung"** auszuweisen (§ 301 Abs. 3 S. 1).

§ 309 schreibt vor, wie diese Differenzbeträge weiter behandelt werden. **2** Der **Geschäfts- oder Firmenwert** ist dabei erfolgswirksam über seine betriebliche Nutzungsdauer abzuschreiben.[1] Die Möglichkeit, den Geschäfts- oder Firmenwert erfolgsneutral mit den Konzernrücklagen zu verrechnen

---

[1] *Stibi* KoR 2008, 517 (522).

(§ 309 Abs. 1 S. 3 aF), ist seit der Einführung des BilMoG nicht mehr zulässig.[2]

3   Der **(passive) Unterschiedsbetrag** aus der Kapitalkonsolidierung kann nach Abs. 2 grundsätzlich nicht planmäßig aufgelöst werden. Die Art der bilanziellen Fortführung ist von der Entstehungsursache abhängig (DRS 23.139). Im Fall eines passiven Unterschiedsbetrags mit Fremdkapitalcharakter *(badwill)* ist dieser ergebniswirksam aufzulösen, wenn entweder die negative Entwicklung des Tochterunternehmens, die als Abschlag auf den Kaufpreis der Beteiligung bereits vorweggenommen wurde, tatsächlich eintritt oder wenn am Abschlussstichtag feststeht, dass der Unterschiedsbetrag einem realisierten Gewinn entspricht. Resultiert der passive Unterschiedsbetrag aus einem günstigen Gelegenheitskauf *(lucky buy)*, erfolgt die ergebniswirksame Auflösung planmäßig über die gewichtete Restnutzungsdauer der erworbenen abnutzbaren Vermögensgegenstände (DRS 23.145). Soweit technische Aufrechnungsdifferenzen im Rahmen der Kapitalkonsolidierung zu einem passiven Unterschiedsbetrag führen, wird dieser je nach Ursache mit der Kapitalrücklage verrechnet oder in späteren Perioden erfolgswirksam vereinnahmt.[3]

4   Bei der Quotenkonsolidierung (§ 310) und der Equity-Methode (§ 312) sind die Unterschiedsbeträge unter Anwendung von § 309 zu behandeln.

II. Geschäfts- oder Firmenwert

5   **1. Behandlung des Geschäfts- oder Firmenwertes.** Aus **ökonomischer Sicht** enthält der Geschäfts- oder Firmenwert zukünftige Gewinne. Diese Gewinnerwartungen können auf Faktoren wie Produktqualität, Innovationen, Personalstamm, Markennamen, Standort uam beruhen.[4] Er wird als reine Residualgröße zwischen dem Beteiligungsbuchwert der Anteile und dem neubewerteten anteiligen Eigenkapital des Tochterunternehmens ermittelt.

6   Bei der bilanziellen Behandlung des Geschäfts- oder Firmenwertes in der Konzernbilanz verweist § 309 Abs. 1 auf die Vorschriften des ersten Abschnitts des HGB. Somit ist ein Geschäfts- oder Firmenwert auf Konzernebene analog zu den Regelungen im Einzelabschluss nach § 246 Abs. 1 S. 4 zu behandeln. Hiernach handelt es sich bei einem derivativen Geschäfts- oder Firmenwert um einen abnutzbaren Vermögensgegenstand.

7   Voraussetzung für eine planmäßige Abschreibung ist eine zuverlässige und darzulegende Schätzung der betrieblichen Nutzung des Geschäfts- oder Firmenwerts.[5] Gemäß DRS 23.120 ist die Nutzungsdauer anhand „objektiv nachvollziehbarer Kriterien festzulegen." Hierzu kann die Beurteilung beispielsweise anhand des Lebenszyklus der Produkte oder der Laufzeit von Absatz- und Beschaffungsverträgen erfolgen (DRS 23.121). Da idR bereits die Zusammensetzung eines Geschäfts- oder Firmenwerts nicht zweifelsfrei ermittelt werden kann, ist eine verlässliche Schätzung der betrieblichen Nutzungsdauer in der Praxis kaum zuverlässig möglich.[6] Um dem Vorsichtsprinzip nach § 252 Abs. 1 Nr. 4 gerecht zu werden, müssen Schätzungsunsicherheiten zu einer eher kürzeren Nutzungsdauer führen. Der durch das BilRUG

---

[2] *Küting/Weber*, Der Konzernabschluß, 13. Aufl. 2012, 367 f.
[3] DRS 23.147 ff.
[4] BeBiKo/*Winkeljohann/Hoffmann* Rn. 5.
[5] *ADS* Rn. 20.
[6] *Küting/Weber*, Der Konzernabschluß, 13. Aufl. 2012, 368 f.

geänderte § 253 Abs. 3 S. 3 iVm S. 4 stellt klar, dass nur für den Ausnahmefall, dass eine voraussichtliche Nutzungsdauer nicht verlässlich geschätzt werden kann, ein Abschreibungszeitraum von zehn Jahren zugrunde zu legen ist. Dabei stellen Schätzunsicherheiten oder größere Schätzbandbreiten keinen solchen Ausnahmefall dar.[7]

Wenn das zu konsolidierende Unternehmen aus **mehreren Geschäfts- 8 feldern** besteht, ist nach DRS 23.85 der Geschäfts- oder Firmenwert den betreffenden Geschäftsfeldern zuzuordnen. Die Nutzungsdauer ist dann nach DRS 23.116 für die einzelnen Teile des Geschäfts- oder Firmenwerts gesondert zu ermitteln. Um eine gewisse Objektivierung des Abschreibungszeitraums zu erreichen, enthält DRS 23.121 eine nicht abschließende Aufzählung von Anhaltspunkten für die Schätzung der Nutzungsdauer, wie zB die voraussichtliche Bestandsdauer der Branche, Lebenszyklus der Produkte, Laufzeit wichtiger Absatz- und Beschaffungsverträge oder voraussichtliche Dauer der Tätigkeit von wichtigen Mitarbeitern des erworbenen Unternehmens. Die **Werthaltigkeit des Geschäfts- oder Firmenwerts** ist im Hinblick auf die Notwendigkeit einer außerplanmäßigen Abschreibung oder einer Verkürzung der Restnutzungsdauer nach DRS 23.123 zu jedem Stichtag zu überprüfen.

Bei unerwarteten Wertminderungen des Geschäfts- oder Firmenwerts (zB 9 Führungskräfte scheiden unerwartet aus) ist eine **außerplanmäßige** Abschreibung vorzunehmen, sofern es sich um eine voraussichtlich dauernde Wertminderung handelt (DRS 23.124).

Wenn der beizulegende Zeitwert des Geschäfts- oder Firmenwerts unter 10 dem fortgeführten Buchwert liegt, so hat nach Abs. 1 iVm § 253 Abs. 3 S. 5 eine außerplanmäßige Abschreibung zu erfolgen.[8] Beruht dagegen die Abschreibung des Beteiligungsbuchwerts nur auf einer voraussichtlich vorübergehenden Wertminderung, wird der Geschäfts- oder Firmenwert gemäß dem gemilderten Niederstwertprinzip in § 253 Abs. 3 HGB nicht abgeschrieben. Eine **Zuschreibung** des Geschäfts- oder Firmenwerts, weil der Grund für die außerplanmäßige Abschreibung entfallen ist, ist nach § 253 Abs. 5 S. 2 nicht zulässig.[9]

Die planmäßige Abschreibung für einen Geschäfts- oder Firmenwert hat 11 erstmalig im Zugangsjahr zu erfolgen. Bei einem unterjährigen Zugang muss anteilig abgeschrieben werden.[10]

2. Ausweis. Der aktivierte Geschäfts- oder Firmenwert ist nach dem Glie 12 derungsschema des § 266 Abs. 2 A. I. 3. (Geschäfts- oder Firmenwert) auszuweisen. Ein derivativer Geschäfts- oder Firmenwert ist gem. § 246 Abs. 1 S. 4 ein immaterieller Vermögensgegenstand, sodass er nach § 268 Abs. 2 in den Anlagenspiegel aufgenommen werden muss. Das gilt auch, wenn er im Jahr des Zugangs voll abgeschrieben wird. Die Zusammenfassung mit den Geschäfts- oder Firmenwerten aus den Einzelabschlüssen ist zulässig. Bei wesentlichen Beträgen sollten die verschiedenen Geschäftswerte, gegliedert nach Einzelabschluss, Vollkonsolidierung und Quotenkonsolidierung, zumindest im Anhang getrennt ausgewiesen werden.[11]

---

[7] BeBiKo/*Winkeljohann*/*Hoffmann* Rn. 12.
[8] BeBiKo/*Winkeljohann*/*Hoffmann* Rn. 13.
[9] BeBiKo/*Winkeljohann*/*Hoffmann* Rn. 16.
[10] Beck HdR/*Hachmeister*/*Beyer* C 401 Rn. 173.
[11] HdBKo/*Weber*/*Zündorf* Rn. 62.

13   Im Anlagenspiegel wird der Geschäfts- oder Firmenwert im **Jahr der Erst-konsolidierung** als Zugang ausgewiesen und planmäßig abgeschrieben.

14   Eine Saldierung aktiver und passiver Unterschiedsbeträge ist mit der Streichung des Wahlrechts in § 301 Abs. 3 S. 3 HGB aF im Rahmen des BilMoG nicht mehr zulässig. Die Abschaffung dieses Wahlrechts bezieht sich auch auf Unterschiedsbeträge, die aus Erwerbsvorgängen vor dem 31.12.2009 resultieren.[12]

15   Außerplanmäßige Abschreibungen für einen Geschäfts- oder Firmenwert sind nach § 277 Abs. 3 S. 1 in der Konzern-GuV gesondert auszuweisen oder im Anhang zu erläutern.[13]

16   In der GuV bei Anwendung des **Gesamtkostenverfahrens** sind die Abschreibungsbeträge bei den „Abschreibungen auf immaterielle Vermögensgegenstände des Anlagevermögens und Sachanlagen" auszuweisen. Im **Umsatzkostenverfahren** erfolgt die Zuordnung der Abschreibungen soweit möglich zu den Funktionsbereichen. Andernfalls sind die Abschreibungen im sonstigen betrieblichen Ergebnis auszuweisen (DRS 23.133 und DRS 23.134).[14]

III. Passiver Unterschiedsbetrag aus der Kapitalkonsolidierung

17   **1. Behandlung des Unterschiedsbetrages.** Die Entstehung eines negativen Differenzbetrages in der Erstkonsolidierung kann darauf beruhen, dass im Kaufpreis der Anteile erwartete Verluste des Tochterunternehmens vorweggenommen wurden, dass Wertminderungen vorhanden sind, die sich (noch) nicht im Eigenkapital der Tochter niedergeschlagen haben (zB für Umstrukturierungsmaßnahmen) oder dass ein günstiger Kaufpreis *(lucky buy)* ausgehandelt wurde. Davon zu unterscheiden sind zudem aufgrund der Konsolidierungstechnik entstandene passive Unterschiedsbeträge (sog. technische passive Unterschiedsbeträge), die zB dann entstehen, wenn das Tochterunternehmen zwischen dem Erwerbszeitpunkt und dem Zeitpunkt der Erstkonsolidierung Gewinnrücklagen gebildet hat.[15]

18   Die negative Differenz muss gem. § 301 Abs. 3 S. 1 unter der Bezeichnung **„Unterschiedsbetrag aus der Kapitalkonsolidierung"** passiviert werden.

19   Nach § 309 Abs. 2 sind für die Fortschreibung des passiven Unterschiedsbetrags die allgemeinen Vorschriften für Konzernabschlüsse anzuwenden.[16] Die in DRS 23 konkretisierten Grundsätze zur Behandlung des passiven Unterschiedsbetrags entsprechen im Wesentlichen den vor BilRUG entwickelten Regelungen. Demnach ist es weiterhin erforderlich, die Ursachen für die Entstehung des passiven Unterschiedsbetrags zu untersuchen und daraus die Art der Fortschreibung abzuleiten (DRS 23.139). In den meisten Fällen entsteht der Unterschiedsbetrag aus den ersten beiden oben genannten Gründen (passiver Unterschiedsbetrag mit Schuldcharakter, badwill), ein „*lucky buy*" ist in der Praxis selten. Denkbar ist auch, dass der negative Differenzbetrag anteilig auf beide Ursachen entfällt und daher entsprechend aufzuteilen ist.[17] Wenn die erwarteten negativen Entwicklungen eintreten oder die erwarteten Aufwen-

---

[12] WP-HdB Kap. M Rn. 383.

[13] BeBiKo/*Winkeljohann/Hoffmann* Rn. 15.

[14] Zum Ausweis der Abschreibungen bei Anwendung des Umsatzkostenverfahrens in den sonstigen betrieblichen Aufwendungen s. auch *ADS* Rn. 88 f.

[15] BeBiKo/*Winkeljohann/Deubert* § 301 Rn. 155; *Welling/Lewand* DB 2011, 2737.

[16] BeBiKo/*Winkeljohann/Hoffmann* Rn. 21.

[17] *Stoeck/Nikolaus* IRZ 2019, 111 (114).

dungen entstanden sind, muss der Unterschiedsbetrag ertragserhöhend aufgelöst werden (DRS 23.143). Darüber hinaus ist die Auflösung erst dann geboten, wenn die Entstehungsursache entfallen ist. In der Konzernbilanz wird dadurch der Aufwand oder Verlust (teilweise) neutralisiert.

Wenn eine erwartete ungünstige Ertragslage eintritt, ist es schwierig, die **20** **Höhe der Auflösung** willkürfrei zu bestimmen. Zur Bestimmung der Höhe kann eine planmäßige Verteilung zB über die erwarteten Verlustjahre sachgerecht sein.[18]

Wenn am Abschlussstichtag sicher ist, dass der Unterschiedsbetrag einem **21** **realisierten Gewinn** entspricht, wird er erfolgserhöhend aufgelöst. Da nach dem Realisationsprinzip der Gewinn erst bei Weiterveräußerung des Tochterunternehmens zu einem entsprechenden Preis realisiert ist, ist eine Gewinnverwirklichung grundsätzlich erst zum Zeitpunkt der Veräußerung der Anteile möglich. Es wird jedoch auch als zulässig angesehen, den Unterschiedsbetrag erfolgserhöhend aufzulösen, wenn nach vernünftiger kaufmännischer Beurteilung zB bei nachhaltiger positiver Entwicklung des Tochterunternehmens sicher erscheint, dass er realisiert ist. Spätestens bei der Entkonsolidierung ist der Unterschiedsbetrag erfolgserhöhend aufzulösen.[19]

Soweit der negative Unterschiedsbetrag nicht auf erwarteten Aufwendungen **22** und Verlusten beruht, dh es sich um einen sog. *lucky buy* handelt,[20] ist nach DRS 23.145 der Anteil, der die beizulegenden Zeitwerte der erworbenen nichtmonetären Vermögensgegenstände nicht übersteigt, planmäßig über die gewichtete durchschnittliche Restnutzungsdauer der erworbenen abnutzbaren Vermögensgegenstände aufzulösen. Für den Fall, dass das erworbene Vermögen im Wesentlichen aus nicht abnutzbaren Vermögensgegenständen besteht, erfolgt die Auflösung insoweit, als dass die Vermögensgegenstände außerplanmäßig abgeschrieben oder veräußert werden (DRS 23.146). Hinsichtlich technisch bedingter Unterschiedsbeträge ist zu unterscheiden, ob es sich um Gewinnthesaurierungen handelt oder um eine zulässige Unterbewertung der Anschaffungskosten der Beteiligung.[21] Im ersten Fall ist der passive Unterschiedsbetrag erfolgsneutral mit den Konzerngewinnrücklagen zu verrechnen (DRS 23.148), während DRS 23.149 im Fall der Unterbewertung eine Auflösung entsprechend der Fortschreibung der Konzernbuchwerte vorsieht.

2. Ausweis. Ein negativer Unterschiedsbetrag muss gem. § 301 Abs. 3 S. 1 **23** nach dem Eigenkapital als **Unterschiedsbetrag aus der Kapitalkonsolidierung** ausgewiesen werden. Ein vor dem BilMoG alternativer Ausweis in den Rücklagen oder Rückstellungen ist mit der Konkretisierung des Ausweises eines passiven Unterschiedsbetrags nicht mehr möglich und erhöht somit die Vergleichbarkeit des Konzernabschlusses.[22]

In der **GuV** sollten die Auflösungsbeträge, wenn sie Aufwendungen betref- **24** fen, die aus der gewöhnlichen Geschäftstätigkeit resultieren, unter sonstigen betrieblichen Erträgen aufgeführt werden. Unbedenklich ist auch ein Ausweis als gesonderter Posten unter den sonstigen betrieblichen Erträgen oder als letzter Posten vor dem Jahresüberschuss/Jahresfehlbetrag.[23]

---

[18] BeBiKo/*Winkeljohann/Hoffmann* Rn. 23.
[19] *ADS* Rn. 75 ff.
[20] *Schmidbauer* DStR 2001, 365 (370).
[21] BeBiKo/*Winkeljohann/Deubert* § 301 Rn. 155.
[22] WP-HdB Kap. M Rn. 382.
[23] HdBKo/*Weber/Zündorf* Rn. 91 ff.; *ADS* Rn. 94 ff.

IV. Folgen der Nichtbeachtung

25 § 334 sanktioniert eine Verletzung des § 309 nicht explizit. Im Einzelfall kann eine Nichtbeachtung des § 309 allerdings unter den Tatbestand des § 331 Nr. 2 bzw. § 334 Abs. 1 Nr. 2 Buchst. b iVm § 297 Abs. 2 fallen.

Sechster Titel. Anteilmäßige Konsolidierung

§ 310 Anteilmäßige Konsolidierung

(1) **Führt ein in einen Konzernabschluß einbezogenes Mutter- oder Tochterunternehmen ein anderes Unternehmen gemeinsam mit einem oder mehreren nicht in den Konzernabschluß einbezogenen Unternehmen, so darf das andere Unternehmen in den Konzernabschluß entsprechend den Anteilen am Kapital einbezogen werden, die dem Mutterunternehmen gehören.**

(2) **Auf die anteilmäßige Konsolidierung sind die §§ 297 bis 301, §§ 303 bis 306, 308, 308a, 309 entsprechend anzuwenden.**

Schrifttum: (ohne die Einzelbeiträge in den verschiedenen Handbüchern der Rechnungslegung) *DRSC*, DRS 9, Bilanzierung von Anteilen an Gemeinschaftsunternehmen im Konzernabschluss, Stand: 22.9.2017; *IDW*, HFA 1/1993, Zur Bilanzierung von Joint Ventures, Oktober 1993.

Übersicht

I. Allgemeine Grundsätze

1 Das Recht der Konzernrechnungslegung beinhaltet das Konzept des **stufenweisen Übergangs** vom Konzern zum konzernfremden Bereich, während das frühere deutsche Recht von einer strengen Dichotomie ausging. Die Stufen des Übergangs sind gekennzeichnet durch den Grad der Einflussnahme der Muttergesellschaft auf das Beteiligungsunternehmen. Konzernunternehmen sind nur diejenigen Unternehmen, die mit Hilfe der Vollkonsolidierung in den Konzernabschluss aufgenommen werden. Da ein Konzernabschluss voraussetzt, dass Mutter- und Tochterunternehmen vorhanden sind, kann die ausschließliche Existenz von Gemeinschaftsunternehmen die Pflicht zur Aufstellung eines Konzernabschlusses nicht auslösen.[1]

2 Die anteilmäßige Konsolidierung (Quotenkonsolidierung) ist keine Alternative zur Vollkonsolidierung, sondern kann nur wahlweise zur Equity-Methode angewandt werden, wenn die Voraussetzungen erfüllt sind.[2]

---

[1] *Busse von Colbe/Ordelheide/Gebhardt/Pellens* Konzernabschlüsse S. 392; BeBiKo/*Winkeljohann/Lewe* Rn. 1–3.
[2] BeBiKo/*Winkeljohann/Lewe* Rn. 2.

Der DSR hat am 13.9.2001 den Deutschen Rechnungslegungsstandards 3
Nr. 9 verabschiedet (veröffentlicht durch das BMJ am 11.12.2001), der nach
DRS 9.1 die Bilanzierung von Anteilen an Gemeinschaftsunternehmen im
Konzernabschluss regelt. Nach DRS 9.4 sind Anteile an Gemeinschaftsunter-
nehmen wahlweise quotal oder nach der Equity-Methode zu bilanzieren.

II. Abgrenzung des Anwendungsbereichs der Quotenkonsolidierung

1. Gemeinsame Führung. Abs. 1 enthält das Wahlrecht, die Quoten- 4
konsolidierung auf Jahresabschlüsse von Unternehmen, die gemeinsam mit
anderen, nicht in den Konzernabschluss einbezogenen Unternehmen geführt
werden, anzuwenden. Wenn die Quotenkonsolidierung nicht angewandt
wird, muss das Unternehmen nach der **Equity-Methode** bewertet werden.[3]

Die Gesellschafter dürfen an dem Gemeinschaftsunternehmen nicht nur 5
kapitalmäßige Anteile haben, sondern müssen an der Leitung tatsächlich
beteiligt sein. Dazu bedarf es einer Mitwirkung, die über die üblichen Gesellschafterrechte hinausgeht. Sie kann durch satzungsmäßige oder vertragliche
Bestimmungen vereinbart sein, indem über wichtige Fragen der Geschäftspolitik nur gemeinsam und einstimmig beschlossen werden kann.[4] Die Mitwirkung an der täglichen Geschäftsführung ist dagegen nicht notwendig.[5]

Häufig ergibt sich die gemeinsame Führung durch die Zwecksetzung des 6
Gemeinschaftsunternehmens, wenn es für die Verfolgung bestimmter gemeinsamer Ziele, zB Forschung, Markterschließung oder Prospektionsvor-
haben, gegründet wurde *(joint venture)*.

In Ausnahmefällen kann ein Unternehmen die **Stimmrechtsmehrheit** 7
haben, ohne dass einheitliche Leitung vorliegt, zB wenn die Stimmrechtsaus-
übung vertraglich eingeschränkt ist.[6] Es ist nicht Voraussetzung für ein Gemeinschaftsunternehmen, dass von allen Beteiligten gleich viele Anteile gehalten werden.[7]

Auf die Dauer, auf die ein Gemeinschaftsunternehmen angesetzt ist, 8
kommt es bei der Beurteilung der Unternehmenseigenschaft nicht an.[8] Somit
kann auch eine selbstständig bilanzierende Arbeitsgemeinschaft als Gemeinschaftsunternehmen betrachtet werden.[9]

Gemäß DRS 9.3 muss für das Vorliegen eines Gemeinschaftsunternehmens 9
die gemeinsame Führung tatsächlich ausgeübt werden.

2. Die einzubeziehenden Anteile. Bei der Quotenkonsolidierung wer- 10
den nur diejenigen Anteile berücksichtigt, die dem Mutterunternehmen
zustehen. Hierzu gehören auch Anteile an dem Gemeinschaftsunternehmen,
die durch ein anderes in den Konzernabschluss einbezogenes Tochterunternehmen gehalten werden und damit indirekt dem Mutterunternehmen zuzurechnen sind.[10]

Bei der Zuordnung von mittelbaren Anteilen des Mutterunternehmens 11
sind einige Besonderheiten zu beachten. Grundsätzlich sind nur solche mit-

---

[3] BeBiKo/*Winkeljohann/Lewe* Rn. 8.
[4] BeBiKo/*Winkeljohann/Lewe* Rn. 15.
[5] *ADS* Rn. 23.
[6] *ADS* Rn. 22.
[7] *v. Wysocki/Wohlgemuth/Brösel* Konzernrechnungslegung S. 142.
[8] *IDW* RS HFA 1/1993 in 10. Erg.-Lfg. Oktober 1993, 249.
[9] *Küting/Weber*, Der Konzernabschluß, 13. Aufl. 2012, 183.
[10] BeBiKo/*Winkeljohann/Lewe* Rn. 30.

telbaren Anteile zu berücksichtigen, die Tochterunternehmen gehören. Kapitalanteile an einem (potenziellen) Gemeinschaftsunternehmen, die zB einem assoziierten Unternehmen gehören, werden dem Mutterunternehmen nicht zugerechnet.[11]

12   Nach überwiegender Meinung bleiben die Anteile an Gemeinschaftsunternehmen, die Tochterunternehmen gehören, die wegen § 296 nicht in den Konzernabschluss einbezogen wurden, bei der quotalen Konsolidierung unberücksichtigt. Da diese Auffassung jedoch nicht gesetzlich gestützt ist, wird vorgeschlagen, den Anteil, der einem nicht voll konsolidierten Tochterunternehmen zusteht, quotal zu konsolidieren und auf der Passivseite als „Anteile nicht einbezogener Tochterunternehmen am Kapital von quotal konsolidierten Gemeinschaftsunternehmen" auszuweisen.[12] Sofern die Unterlassung der Einbeziehung auf § 296 Abs. 1 Nr. 1 beruht, kann von einer tatsächlichen (indirekten) gemeinschaftlichen Führung nicht ausgegangen werden. Daher ist in diesen Fällen eine Zurechnung der Anteile nicht zulässig.[13]

13   Durch die Zurechnung von mittelbaren Anteilen kann es zu einer Quote von über 50 % kommen. Sie muss jedoch der Qualifizierung als Gemeinschaftsunternehmen nicht entgegenstehen.[14]

III. Das Quotenkonsolidierungsverfahren

14   Bei der Quotenkonsolidierung werden alle Posten der Bilanz und der GuV des Jahresabschlusses des Gemeinschaftsunternehmens mit dem Beteiligungsprozentsatz der Obergesellschaft in den **Summenabschluss** übernommen. Der Ausweis eines Minderheitenanteils entfällt, weil nur das quotale Eigenkapital des Tochterunternehmens in den Summenabschluss übernommen wird.[15]

15   Die Vorschriften über die Vollkonsolidierung mit Ausnahme von § 307 (Ausweis der Anteile anderer Gesellschafter) sind entsprechend anzuwenden.

16   Problematisch kann die **Anpassung an die Bilanzierungs- und Bewertungsmethoden** des Mutterunternehmens sein, da das Tochterunternehmen ggf. für mehrere Konzernabschlüsse jeweils seinen Jahresabschluss anpassen bzw. die dafür notwendigen Informationen vorhalten muss. Ob die Ausnahmevorschrift des § 308 Abs. 2 S. 4 greift, scheint zweifelhaft. Zumindest die deutschen GoB müssen eingehalten werden. Bei bedeutenden Gemeinschaftsunternehmen, die quotal konsolidiert werden sollen, ist auf die Einhaltung der einheitlichen Bilanzierungs- und Bewertungsmethoden zu achten. Falls eine Anpassung nicht möglich ist, sollte die Equity-Methode gewählt werden, die die einheitliche Bilanzierung und Bewertung nicht voraussetzt.[16]

17   Die Kapitalkonsolidierung wird analog der Neubewertungsmethode gem. § 301 durchgeführt. Dabei entfällt der Ausweis von Anteilen anderer Gesellschafter, da diese von Beginn an nicht berücksichtigt werden.[17]

18   Bei der **Schuldenkonsolidierung** ist zu beachten, dass durch die quotale Einbeziehung des Tochterunternehmens Forderungen und Verbindlichkeiten

---

[11] *ADS* Rn. 29 f.
[12] *ADS* Rn. 30; *Busse von Colbe/Ordelheide/Gebhardt/Pellens* Konzernabschlüsse S. 498 f.
[13] BeBiKo/*Winkeljohann/Lewe* Rn. 30.
[14] *ADS* Rn. 30.
[15] *Küting/Weber*, Der Konzernabschluß, 13. Aufl. 2012, 569 f.
[16] *Busse von Colbe/Ordelheide/Gebhardt/Pellens* Konzernabschlüsse S. 500 f.
[17] *Busse von Colbe/Ordelheide/Gebhardt/Pellens* Konzernabschlüsse S. 501.

jeweils quotal konsolidiert werden.[18] Der Restbetrag der Forderung oder Verbindlichkeit wird als nicht konzernintern von der Konsolidierung ausgenommen und als Forderung/Verbindlichkeit gegenüber Dritten behandelt.

Die **Zwischenerfolgseliminierung** wird ebenfalls anteilig vorgenommen.[19] Eine vollständige Eliminierung von Zwischenergebnissen, wie sie bei der Equity-Methode erlaubt ist, widerspricht der anteilmäßigen Konsolidierung.   **19**

Die **Aufwands- und Ertragskonsolidierung** wird anteilmäßig durchgeführt.[20] Bei untergeordneter Bedeutung kann entsprechend § 305 Abs. 2 auf die Aufwands- und Ertragskonsolidierung verzichtet werden.   **20**

IV. Folgen der Nichtbeachtung

§ 310 beinhaltet ein Wahlrecht. Eine Verletzung des § 310 ist daher nicht möglich.[21]   **21**

Siebenter Titel. Assoziierte Unternehmen

§ 311 Definition. Befreiung

(1) **[1]Wird von einem in den Konzernabschluß einbezogenen Unternehmen ein maßgeblicher Einfluß auf die Geschäfts- und Finanzpolitik eines nicht einbezogenen Unternehmens, an dem das Unternehmen nach § 271 Abs. 1 beteiligt ist, ausgeübt (assoziiertes Unternehmen), so ist diese Beteiligung in der Konzernbilanz unter einem besonderen Posten mit entsprechender Bezeichnung auszuweisen. [2]Ein maßgeblicher Einfluß wird vermutet, wenn ein Unternehmen bei einem anderen Unternehmen mindestens den fünften Teil der Stimmrechte der Gesellschafter innehat.**

(2) **Auf eine Beteiligung an einem assoziierten Unternehmen brauchen Absatz 1 und § 312 nicht angewendet zu werden, wenn die Beteiligung für die Vermittlung eines den tatsächlichen Verhältnissen entsprechenden Bildes der Vermögens-, Finanz- und Ertragslage des Konzerns von untergeordneter Bedeutung ist.**

Schrifttum: (ohne die Einzelbeiträge in den verschiedenen Handbüchern der Rechnungslegung) *DRSC*, DRS 8, Bilanzierung von Anteilen an assoziierten Unternehmen im Konzernabschluss, Stand: 22.9.2017; *Melcher/Murer*, Die Auswirkungen des BilMoG auf die Equity-Methode nach § 312 HGB, DB 2010, 1597; *Schruff*, Bilanzierung von Anteilen an assoziierten Unternehmen im Konzernabschluss nach dem E-DRS 8, BB 2001, 87.

I. Allgemeine Grundsätze

Der Siebente Titel des HGB (§§ 311, 312) über die assoziierten Unternehmen regelt die Behandlung derjenigen Unternehmen, die die dritte Stufe des Übergangs vom Konzern zur Umwelt darstellen. Das Mutterunternehmen übt auf die assoziierten Unternehmen im Vergleich zu den Tochterunternehmen (§ 290) und den Gemeinschaftsunternehmen (§ 310) den schwächsten Einfluss aus und verfügt im Grundsatz über weniger Anteile. Der Einfluss und   **1**

---

[18] *Küting/Weber*, Der Konzernabschluß, 13. Aufl. 2012, 571.
[19] BeBiKo/*Winkeljohann/Lewe* Rn. 65.
[20] *Busse von Colbe/Ordelheide/Gebhardt/Pellens* Konzernabschlüsse S. 504.
[21] BeBiKo/*Winkeljohann/Lewe* Rn. 85.

der Anteilsbesitz sind jedoch so wesentlich, dass es für die Darstellung eines den tatsächlichen Verhältnissen entsprechenden Bildes der Vermögens-, Finanz- und Ertragslage für notwendig angesehen wird, die Beteiligung nach der Equity-Methode und nicht zu den Anschaffungskosten zu bewerten.[1]

2   Die Bewertung von Beteiligungen nach der Equity-Methode wäre auch im Jahresabschluss (Art. 59 Bilanz-RL 1978 (4. EU-RL)) möglich. Da der Wert jedoch über die Anschaffungskosten hinausgehen kann und somit gegen das Anschaffungskostenprinzip verstößt, fand die Equity-Methode über die 7. EU-RL nur Eingang in Konzernabschlüsse.[2]

3   DRS 8 „Bilanzierung von Anteilen an assoziierten Unternehmen im Konzernabschluss" lehnt sich stark an IAS 28 (rev. 2008) „Accounting for Investments in Associates" an.

II. Abgrenzung assoziierter Unternehmen

4   **1. Beteiligung und maßgeblicher Einfluss.** Assoziierte Unternehmen können nach Abs. 1 S. 1 grundsätzlich nur solche Unternehmen sein,

- an denen ein Konzernunternehmen (Mutter- oder Tochterunternehmen) eine Beteiligung besitzt **und**
- die nicht Konzernunternehmen sind **und**
- auf die das Konzernunternehmen einen maßgeblichen Einfluss bezüglich der Geschäfts- und Finanzpolitik tatsächlich ausübt. Bei Anteilsbesitz von mindestens 20 % wird widerlegbar vermutet, dass ein **maßgeblicher Einfluss** ausgeübt wird (Abs. 1 S. 2).[3]

5   Für die Definition der **Beteiligung** wird auf § 271 Abs. 1 verwiesen. Bei der Definition kommt es wesentlich darauf an, dass zwischen dem Unternehmen, das die Beteiligung hält, und den Beteiligungsunternehmen eine dauerhafte Beziehung hergestellt werden soll. Bei einem Anteilsbesitz von mehr als 20 % wird widerlegbar vermutet, dass eine Beteiligung existiert (vgl. § 271).

6   DRS 8.3 definiert entsprechend der Regelung in Abs. 1 S. 1 ein assoziiertes Unternehmen als „Unternehmen, auf dessen Geschäfts- oder Finanzpolitik ein in den Konzernabschluss einbezogenes Unternehmen einen maßgeblichen Einfluss ausübt und das weder Tochterunternehmen noch Gemeinschaftsunternehmen ist". Die in Abs. 1 S. 1 genannte Voraussetzung des Vorliegens einer Beteiligung nach § 271 wird in die Definition des DRS 8 nicht einbezogen.

7   Im Gesetz wird nicht definiert, unter welchen Umständen ein Unternehmen einen **maßgeblichen Einfluss** auf ein anderes ausübt. Da die Equity-Methode international schon länger gebräuchlich ist, sind Definitionskriterien bekannt und erprobt, die auch für die Auslegung des § 311 nützlich sein können. In Anlehnung an IAS 28 sind in DRS 8.3 beispielhaft folgende Anhaltspunkte für das Vorliegen eines maßgeblichen Einflusses aufgezählt:

- Zugehörigkeit eines Vertreters des beteiligten Unternehmens zum Verwaltungsorgan oder zu einem gleichartigen Leitungsgremium des Beteiligungsunternehmens,
- Mitwirkung an der Geschäftspolitik des Beteiligungsunternehmens,

---

[1] *Busse von Colbe / Ordelheide / Gebhardt / Pellens* Konzernabschlüsse S. 59 f.
[2] *ADS* Rn. 3. Die 4. und 7. EU-RL wurden durch die EU-Bilanzrichtlinie ersetzt. Das in Art. 9 vorgesehene Wahlrecht für Mitgliedstaaten, die Equity-Methode auch im Jahresabschluss anzuwenden, wurde durch das BilRUG nicht in das HGB übernommen.
[3] *Melcher / Murer* DB 2010, 1597.

– Austausch von Führungspersonal zwischen dem beteiligten Unternehmen und dem Beteiligungsunternehmen,
– wesentliche Geschäftsbeziehungen zwischen dem beteiligten Unternehmen und dem Beteiligungsunternehmen,
– Bereitstellung von wesentlichem technischem Know-how durch das beteiligte Unternehmen.

Die Aufzählung ist jedoch nicht vollständig. Die Beurteilung der Gesamt- **8** umstände des Einzelfalls ist notwendig. Der maßgebliche Einfluss äußert sich nicht unbedingt dadurch, dass tatsächliche Einflussnahme auf einzelne unternehmenspolitische Entscheidungen möglich ist. Der Einfluss auf die **Grundsatzentscheidungen** der Geschäfts- und Finanzpolitik genügt. Allerdings muss dieser Einfluss tatsächlich und andauernd ausgeübt werden und wesentlich über die Wahrnehmung der allgemeinen Gesellschafterrechte hinausgehen.[4] Die Forderung, dass der maßgebliche Einfluss tatsächlich ausgeübt wird, steht sowohl im Gegensatz zu internationalen Regelungen als auch im systematischen Gegensatz zu § 290 Abs. 2.[5]

Der maßgebliche Einfluss muss von einem in den **Konzernabschluss** **9** **einbezogenen Unternehmen** ausgeübt werden, dh vom Mutterunternehmen oder von einem (oder mehreren) im Wege der Vollkonsolidierung einbezogenen Tochterunternehmen.

Wenn ein Tochterunternehmen wegen der Ausnahmeregelungen in § 296 **10** nicht voll konsolidiert wird und es einen maßgeblichen Einfluss auf ein Beteiligungsunternehmen ausübt, wird die Beteiligung nur nach der Equity-Methode bewertet, wenn das Tochterunternehmen unter einheitlicher Leitung des Mutterunternehmens steht.[6] Eine von einem Gemeinschaftsunternehmen gehaltene Beteiligung kann nicht assoziiertes Unternehmen sein. Die Qualifizierung als assoziiertes Unternehmen hinge ansonsten von der Ausübung des Wahlrechts zur Quotenkonsolidierung ab.[7]

2. Assoziierungsvermutung. Da die Beurteilung, ob tatsächlich ein **11** maßgeblicher Einfluss vorliegt, intersubjektiv schwer überprüfbar ist, hat der Gesetzgeber eine objektivierte Vermutung formuliert. Es wird widerlegbar vermutet, dass maßgeblicher Einfluss ausgeübt wird, wenn die in den Konzernabschluss einbezogenen Unternehmen **über mindestens 20 % der Stimmrechte** verfügen. Der DSR hat diese Assoziierungsvermutung in DRS 8.3 übernommen. Bei weniger als 20 % der Stimmrechte ist die tatsächliche Ausübung eines maßgeblichen Einflusses nicht ausgeschlossen. Sie muss dann im Einzelnen nachgewiesen werden. Andererseits kann die Vermutung bei einem Stimmrechtsanteil von mindestens 20 % widerlegt werden, wenn ein maßgeblicher Einfluss tatsächlich nicht ausgeübt wird. Die Vermutung kann zB dadurch widerlegt werden, dass die zwingend notwendigen Angaben nicht zu erhalten sind. Allerdings ist die Widerlegung der Assoziierungsvermutung wegen fehlender Information problematisch, da der vorhandene maßgebliche Einfluss auch dazu genutzt werden kann, die erforderlichen Informationen zurückzuhalten. Ein Informationsdefizit liegt nur dann vor, wenn die unverzichtbaren Informationen nicht erlangt werden können. Dies sind die erforderlichen Informationen zur Ermittlung des Unterschiedsbetrags

---

[4] BeBiKo/*Winkeljohann/Lewe* Rn. 15.
[5] WP-HdB Kap. G Rn. 610.
[6] *ADS* Rn. 34.
[7] *ADS* Rn. 35.

und zur Neubewertung. Ein weiterer Widerlegungsgrund ist außerdem, dass der Anteilsbesitz weder aus Sicht des Einzelunternehmens noch aus Konzernsicht als Beteiligung anzusehen ist.[8]

12   Bei der **Berechnung der Stimmrechte,** die dem Konzern zuzurechnen sind, ist es unbeachtlich, ob ein Tochterunternehmen in den Konzernabschluss einbezogen wird. Die Zurechnungsvorschrift bezieht sich nur auf Konzernunternehmen. Stimmrechte, die Gemeinschaftsunternehmen oder assoziierten Unternehmen zustehen, werden daher nicht mitgerechnet.[9]

13   **3. Sonstige Gründe für die Anwendung der Equity-Methode.** Auch für Unternehmen, die nach § 296 nicht voll konsolidiert werden, greift im Prinzip die Assoziierungsvermutung, sodass auf die Beteiligungen die Equity-Methode angewandt werden muss, auch wenn dies im Gesetz nicht erwähnt ist. Bei der Beschränkung der Rechte des Mutterunternehmens ist zu prüfen, ob die Rechte derart eingeschränkt sind, dass auch ein maßgeblicher Einfluss nicht möglich ist. Wenn die Anteile nur zur Weiterveräußerung gehalten werden, ist zu prüfen, ob eine Beteiligung vorliegt. Ggf. ist nur ein Teil der Anteile nach §§ 311 f. zu handhaben.[10] Bei Unternehmen, die aufgrund von untergeordneter Bedeutung nicht voll konsolidiert werden, wird im Allgemeinen Abs. 2 greifen.[11] Allerdings ist dies im Einzelfall zu prüfen, denn die Bedeutung als Tochterunternehmen kann sich von der Bedeutung als Beteiligung unterscheiden.

14   Für **Gemeinschaftsunternehmen** gilt ein Wahlrecht, sie entweder quotal zu konsolidieren oder nach §§ 311 f. in den Konzernabschluss einzubeziehen.

III. Ausweis

15   Der **gesonderte** Ausweis der Beteiligung an assoziierten Unternehmen wird in Abs. 1 S. 1 gefordert. Es handelt sich dabei um eine Position, die originär in der Konzernbilanz entsteht. Daher ist das Gliederungsschema des § 266 entsprechend zu erweitern. Da es sich bei assoziierten Unternehmen um Beteiligungen handelt, ist der Posten im **Finanzanlagevermögen** anzusiedeln. Die Bezeichnung „Beteiligungen an assoziierten Unternehmen" entspricht den Anforderungen. Der Posten sollte vor den Beteiligungen ausgewiesen werden.[12]

16   Alle Beteiligungen, auf die § 311 angewendet wird, können zusammen ausgewiesen werden. Wenn jedoch Tochterunternehmen darunter sind, ist ein Vermerk der **Mitzugehörigkeit** zum Posten „Anteile an verbundenen Unternehmen" notwendig. Beteiligungen, die wegen Unwesentlichkeit nicht *at equity* bewertet werden, sollten nicht in den gesonderten Posten einbezogen werden.[13]

IV. Befreiung

17   Für Beteiligungen von **untergeordneter Bedeutung** für die Vermittlung eines den tatsächlichen Verhältnissen entsprechenden Bildes der Vermögens-,

---

[8] *ADS* Rn. 45.
[9] *ADS* Rn. 40 ff.
[10] *ADS* Rn. 61 ff.
[11] BeBiKo/*Winkeljohann/Lewe* Rn. 6.
[12] BeBiKo/*Winkeljohann/Lewe* Rn. 25.
[13] *ADS* Rn. 72 ff.

Finanz- und Ertragslage erlaubt Abs. 2 den Verzicht auf die Anwendung der §§ 311 f. Die Beteiligung wird dann mit den Anschaffungskosten im Konzernabschluss bewertet und sollte nicht unter dem Posten „Beteiligungen an assoziierten Unternehmen" ausgewiesen werden.

Für die Beurteilung, ob eine Beteiligung von untergeordneter Bedeutung **18** ist, sollten im Einzelfall folgende Grundsätze herangezogen werden:

– Es ist in einer Gesamtbetrachtung festzustellen, ob die Beteiligung für jeden Teilaspekt der Lage des Konzerns von untergeordneter Bedeutung ist.

– Der allgemeine Grundsatz der Wesentlichkeit gebietet, dass alle assoziierten Unternehmen, die nicht nach der Equity-Methode ausgewiesen werden, zusammen von untergeordneter Bedeutung sein müssen, obwohl dies in Abs. 2 nicht ausdrücklich festgestellt wird.[14]

Eine entsprechende Regelung enthält DRS 8.5, nach der das Kriterium **19** der untergeordneten Bedeutung sowohl für jedes als unwesentlich anzusehende Unternehmen gesondert als auch für alle als unwesentlich anzusehende Unternehmen zusammen zu prüfen ist. Darüber hinaus schließt DRS 8.6 in Anlehnung an internationale Grundsätze bei einem **nur vorübergehenden maßgeblichen Einfluss** die Anwendung der Equity-Methode aus.[15] Beispielhaft wird in DRS 8.7 erläutert, dass ein maßgeblicher Einfluss dann nur vorübergehend besteht, wenn die Anteile ausschließlich zum Zweck der Weiterveräußerung in der nahen Zukunft erworben wurden.

V. Folgen der Nichtbeachtung

Eine Verletzung des § 311 Abs. 1 S. 1 iVm § 312 über die Behandlung **20** assoziierter Unternehmen wird gem. § 334 Abs. 1 Nr. 2 Buchst. e als Ordnungswidrigkeit eingestuft.

§ 312 Wertansatz der Beteiligung und Behandlung des Unterschiedsbetrags

(1) [1] **Eine Beteiligung an einem assoziierten Unternehmen ist in der Konzernbilanz mit dem Buchwert anzusetzen.** [2] **Der Unterschiedsbetrag zwischen dem Buchwert und dem anteiligen Eigenkapital des assoziierten Unternehmens sowie ein darin enthaltener Geschäfts- oder Firmenwert oder passiver Unterschiedsbetrag sind im Konzernanhang anzugeben.**

(2) [1] **Der Unterschiedsbetrag nach Absatz 1 Satz 2 ist den Wertansätzen der Vermögensgegenstände, Schulden, Rechnungsabgrenzungsposten und Sonderposten des assoziierten Unternehmens insoweit zuzuordnen, als deren beizulegender Zeitwert höher oder niedriger ist als ihr Buchwert.** [2] **Der nach Satz 1 zugeordnete Unterschiedsbetrag ist entsprechend der Behandlung der Wertansätze dieser Vermögensgegenstände, Schulden, Rechnungsabgrenzungsposten und Sonderposten im Jahresabschluss des assoziierten Unternehmens im Konzernabschluss fortzuführen, abzuschreiben oder aufzulösen.** [3] **Auf einen nach Zuordnung nach Satz 1 verbleibenden Geschäfts- oder Firmenwert oder passiven Unterschieds-**

---

[14] *ADS* Rn. 76.
[15] *Schruff* BB 2001, 87 (88).

betrag ist § 309 entsprechend anzuwenden. [4] § 301 Abs. 1 Satz 3 ist entsprechend anzuwenden.

(3) [1] Der Wertansatz der Beteiligung und der Unterschiedsbetrag sind auf der Grundlage der Wertansätze zu dem Zeitpunkt zu ermitteln, zu dem das Unternehmen assoziiertes Unternehmen geworden ist. [2] Können die Wertansätze zu diesem Zeitpunkt nicht endgültig ermittelt werden, sind sie innerhalb der darauf folgenden zwölf Monate anzupassen. [4] § 301 Absatz 2 Satz 3 bis 5 gilt entsprechend.

(4) [1] Der nach Absatz 1 ermittelte Wertansatz einer Beteiligung ist in den Folgejahren um den Betrag der Eigenkapitalveränderungen, die den dem Mutterunternehmen gehörenden Anteilen am Kapital des assoziierten Unternehmens entsprechen, zu erhöhen oder zu vermindern; auf die Beteiligung entfallende Gewinnausschüttungen sind abzusetzen. [2] In der Konzern-Gewinn- und Verlustrechnung ist das auf assoziierte Beteiligungen entfallende Ergebnis unter einem gesonderten Posten auszuweisen.

(5) [1] Wendet das assoziierte Unternehmen in seinem Jahresabschluß vom Konzernabschluß abweichende Bewertungsmethoden an, so können abweichend bewertete Vermögensgegenstände oder Schulden für die Zwecke der Absätze 1 bis 4 nach den auf den Konzernabschluß angewandten Bewertungsmethoden bewertet werden. [2] Wird die Bewertung nicht angepaßt, so ist dies im Konzernanhang anzugeben. [3] Die §§ 304 und 306 sind entsprechend anzuwenden, soweit die für die Beurteilung maßgeblichen Sachverhalte bekannt oder zugänglich sind.

(6) [1] Es ist jeweils der letzte Jahresabschluß des assoziierten Unternehmens zugrunde zu legen. [2] Stellt das assoziierte Unternehmen einen Konzernabschluß auf, so ist von diesem und nicht vom Jahresabschluß des assoziierten Unternehmens auszugehen.

Schrifttum: (ohne die Einzelbeiträge in den verschiedenen Handbüchern der Rechnungslegung) *Deubert/Lewe*, Wesentliche Änderungen im Bereich der handelsrechtlichen Konzernrechnungslegung durch das BilRUG, DB-Beil. 5/2015, 49; *DRSC*, DRS 8, Bilanzierung von Anteilen an assoziierten Unternehmen im Konzernabschluss, Stand: 22.9.2017; *DRSC*, DRS 23, Kapitalkonsolidierung (Einbeziehung von Tochterunternehmen in den Konzernabschluss), Stand: 25.9.2015; DRS 25, Währungsumrechung im Konzernabschluss, Stand: 8.2.2018; *IDW*, St/HFA 4/1988, Konzernrechnungslegung bei unterschiedlichen Abschlußstichtagen, WPg 1988, 682; *Küting/Mojadadr*, Währungsumrechnung im Einzel- und Konzernabschluss nach dem RegE zum BilMoG, DB 2008, 1869; *Melcher/Murer*, Die Auswirkungen des BilMoG auf die Equity-Methode nach § 312 HGB, DB 2010, 1597; Schmalenbach-Gesellschaft – Deutsche Gesellschaft für Betriebswirtschaft e. V., AK „Weltabschlüsse", Aufstellung internationaler Konzernabschlüsse, ZfbF-Sonderheft 9/1979; *Schruff*, Bilanzierung von Anteilen an assoziierten Unternehmen im Konzernabschluss nach dem E-DRS 8, BB 2001, 87.

Übersicht

I. Allgemeine Grundsätze

Beteiligungen an assoziierten Unternehmen, die in § 311 definiert werden, **1** sind im Konzernabschluss grundsätzlich nach der in § 312 geregelten Equity-Methode zu bewerten.

Die Equity-Methode ermöglicht es, die bei der Anschaffungskostenmetho- **2** de zwangsläufig durch einbehaltene Gewinne entstehenden stillen Reserven zu vermeiden.[1] Bei der Equity-Methode wird die Beteiligung mit einem Bilanzansatz ausgewiesen, der vom Beteiligungsbuchwert (idR die Anschaffungskosten) ausgeht und in den Folgejahren an die Entwicklung des anteiligen Eigenkapitals angepasst wird. Dies erfordert im Grundsatz zwei Schritte:[2]

– Aufrechnung der Anschaffungskosten der Beteiligung mit dem anteiligen Eigenkapital zum Zeitpunkt, zu dem das Unternehmen assoziiertes Unternehmen wird, mit Aufdeckung von stillen Reserven und der Feststellung des Geschäfts- oder Firmenwerts und erfolgswirksame Auflösung der zugeordneten Beträge in den Folgejahren. Nach der Neufassung des Abs. 1 durch das BilMoG ist im Einklang mit DRS 8.17 f. nur noch die Buchwertmethode für die Aufrechnung zulässig.[3]
– In den Folgejahren werden darüber hinaus die anteiligen Jahresüberschüsse/Jahresfehlbeträge erfolgswirksam vereinnahmt, während die Gewinnausschüttungen erfolgsneutral mit dem Beteiligungsbuchwert verrechnet werden. Der Beteiligungsbuchwert erhöht sich so um die anteiligen thesaurierten Gewinne bzw. vermindert sich um die anteiligen Jahresfehlbeträge.

Auf längere Sicht wird damit eine **Übereinstimmung zwischen dem** **3** **Buchwert der Beteiligung und dem anteiligen Eigenkapital** der Beteiligungsgesellschaft erzielt. Die Durchbrechung des Anschaffungskostenprinzips wird in Kauf genommen.[4] Falls jedoch der Marktwert des Unternehmens voraussichtlich dauerhaft unter den Equity-Wert fällt, wird eine **außerplanmäßige Abschreibung** des Beteiligungswertes für notwendig gehalten.[5]

Die **Jahresüberschüsse/Jahresfehlbeträge** der assoziierten Unterneh- **4** men werden grundsätzlich periodengleich in den Konzernabschluss übernommen. Dadurch wird eine zeitliche Kongruenz zwischen Ergebnis des assoziierten Unternehmens und der Erfassung im Konzernabschluss erreicht. Bei Anwendung des Anschaffungskostenprinzips ist es möglich, dass bei der

---

[1] HdBKo/*Küting*/*Zündorf* Rn. 2.
[2] *Busse von Colbe*/*Ordelheide*/*Gebhardt*/*Pellens* Konzernabschlüsse S. 514 f.
[3] WP-HdB Kap. M Rn. 538.
[4] BeBiKo/*Winkeljohann*/*Lewe* Rn. 1.
[5] *ADS* Rn. 197; HdBKo/*Küting*/*Zündorf* Rn. 82 ff.

Tochter bereits Verluste entstehen, während wegen der periodenverschobenen Gewinnausschüttung bei der Obergesellschaft (und damit im Konzernabschluss) noch Beteiligungserträge ausgewiesen werden.[6] Häufig liegen in der Praxis die Jahresabschlüsse der assoziierten Unternehmen nicht rechtzeitig vor, so dass der Equity-Bewertung jeweils der **vorjährige Abschluss** zugrunde gelegt wird. Gemäß DRS 8.12 f. darf der Stichtag des Abschlusses des assoziierten Unternehmens höchstens drei Monate vor dem Abschlussstichtag des Mutterunternehmens liegen.

II. Abgrenzung des aufzurechnenden anteiligen Eigenkapitals

5 Das in die Aufrechnung einzubeziehende Eigenkapital ergibt sich aus den in § 266 Abs. 3 und § 272 unter der Bezeichnung **Eigenkapital** auf der Passivseite auszuweisenden Posten. Davon sind die Korrekturposten zum Eigenkapital (ausstehende Einlagen, eigene Anteile, nicht durch Eigenkapital gedeckte Fehlbeträge) abzuziehen (vgl. § 301).[7]

6 Wenn das assoziierte Unternehmen Konzernobergesellschaft ist und einen **(Teil-)Konzernabschluss** aufstellt, ist das im (Teil-)Konzernabschluss ausgewiesene Eigenkapital für die Equity-Bewertung heranzuziehen (Abs. 6 S. 2). **Unterschiedsbeträge** aus der Schuldenkonsolidierung, der Zwischenerfolgseliminierung und der Währungsumrechnung sind im anteiligen Eigenkapital zu berücksichtigen. **Anteile anderer Gesellschafter** werden nicht in die Kapitalaufrechnung der Equity-Bewertung einbezogen (DRS 8.11). Das anteilige Eigenkapital kann sich nur auf den Teil des Nettovermögens beziehen, an dem durch die Beteiligung partizipiert wird. Die Anteile anderer Gesellschafter repräsentieren gerade den anderen Teil des Nettovermögens. Im Fall einer Liquidation des assoziierten Konzerns stünden diese Teile des Vermögens den außenstehenden Gesellschaftern der Tochtergesellschaften zu. Mit der Einheitstheorie kann die Berücksichtigung der Anteile anderer Gesellschafter im anteiligen Eigenkapital nicht begründet werden, weil assoziierte Unternehmen nicht zum Konzernverbund gehören und deshalb die Einheitstheorie auf die Equity-Bewertung nicht anwendbar ist.[8]

III. Equity-Bewertung

7 **1. Erstmalige Anwendung.** Die Beteiligung an einem assoziierten Unternehmen wird mit dem **Buchwert,** der bei der erstmaligen Anwendung in der Regel mit den Anschaffungskosten übereinstimmt, in den Konzernabschluss übernommen. Dazu ist lediglich eine **Umbuchung** in den gesonderten Posten „Beteiligungen an assoziierten Unternehmen" notwendig.[9] In einer Nebenrechnung ist der **Unterschiedsbetrag** zwischen dem Buchwert der Beteiligung und dem anteiligen Eigenkapital festzustellen und wie bei der Vollkonsolidierung auf anteilige stille Reserven bzw. Lasten und Geschäfts- oder Firmenwert aufzuteilen (Abs. 2 S. 1; DRS 8.19).[10] Reicht der Unterschiedsbetrag nicht aus, um alle anteiligen stillen Reserven aufzudecken, ent-

---

[6] HdBKo/*Küting*/*Zündorf* Rn. 2.

[7] *Busse von Colbe*/*Ordelheide*/*Gebhardt*/*Pellens* Konzernabschlüsse S. 532 f.

[8] *Busse von Colbe*/*Ordelheide*/*Gebhardt*/*Pellens* Konzernabschlüsse S. 532 f.; BeBiKo/*Winkeljohann*/*Lewe* § 311 Rn. 1.

[9] WP-HdB Kap. M Rn. 553.

[10] *Busse von Colbe*/*Ordelheide*/*Gebhardt*/*Pellens* Konzernabschlüsse S. 535 mit Beispiel.

steht ein negativer Unterschiedsbetrag.[11] Anteilige **stille Lasten** werden stets vollständig aufgedeckt (vgl. § 301). Der Unterschiedsbetrag sowie der darin enthaltene Geschäfts- oder Firmenwert oder passiver Unterschiedsbetrag sind in jedem Geschäftsjahr im Konzernanhang anzugeben (§ 312 Abs. 1 S. 2).

Nach § 306 HGB sind latente Steuern nur auf Bewertungsunterschiede, **8** die durch Konsolidierungsmaßnahmen gem. §§ 300–307 entstehen, zu bilden. Wie bereits nach DRS 18.26 f. und wie bisher von der hM in der Literatur gefordert, sind nunmehr auch nach Abs. 5 S. 3 auf temporäre Differenzen bei Anwendung der Equity-Methode latente Steuern zu bilden.[12] Auf den verbleibenden Geschäfts- oder Firmenwert bzw. passiven Unterschiedsbetrag dürfen nach § 306 S. 3 keine latenten Steuern angesetzt werden. Für aktive latente Steuern, die sich aus der Anpassung an konzerneinheitliche Bilanzierungs- und Bewertungsmethoden ergeben, besteht nach DRS 18.14 ein Ansatzwahlrecht. Differenzen zwischen dem Equity-Wert der Beteiligung im Konzernabschluss und dem Buchwert der Beteiligung im Jahresabschluss (sog. Outside Basis Differences) sind nach § 306 S. 4 bei der Ermittlung der latenten Steuern nicht zu berücksichtigen.[13]

2. Fortschreibung der Equity-Werte. a) Fortschreibung der stillen 9 Reserven und des Geschäfts- oder Firmenwerts. Die bei der erstmaligen Equity-Bewertung einer Beteiligung an einem assoziierten Unternehmen aufgedeckten stillen Reserven werden in den Folgeperioden in einer Nebenrechnung fortgeführt und wie die entsprechenden Vermögensgegenstände abgeschrieben. Die Wertminderung schlägt sich im Wertansatz der Beteiligung nieder. Sie ist erfolgswirksam. Soweit aufgedeckte stille Reserven auf abnutzbare Vermögensgegenstände entfallen, lösen sich so während der Nutzungsdauer der Vermögensgegenstände die Unterschiedsbeträge (bzw. die Bewertungsunterschiede) auf. Spätestens beim Abgang sind sie erfolgswirksam auszubuchen. Stille Reserven auf nicht abnutzbare Vermögensgegenstände werden durch außerplanmäßige Abschreibungen oder beim Abgang des Vermögensgegenstandes erfolgswirksam.[14]

Der **Geschäfts- oder Firmenwert** wird nach den Regeln des § 309 iVm **10** § 253 behandelt. Er ist planmäßig über seine voraussichtliche Nutzungsdauer bzw. sofern geboten außerplanmäßig abzuschreiben.[15]

Ein negativer Unterschiedsbetrag ist gem. § 309 Abs. 2 zu behandeln (vgl. **11** § 309).

Nach den Regelungen des § 253 Abs. 3 S. 3 und 4 ist grundsätzlich über **12** die betriebsgewöhnliche Nutzungsdauer abzuschreiben, in begründeten Ausnahmefällen ist eine Nutzungsdauer von 10 Jahren zugrunde zu legen. Die gewählte Abschreibungsdauer und -methode sind nach DRS 8.47 bei erstmaliger Einbeziehung nach der Equity-Methode im Konzernanhang anzugeben. Nach § 314 Abs. 1 Nr. 20 ist der Abschreibungszeitraum im Konzernanhang zu erläutern.

---

[11] *Busse von Colbe/Ordelheide/Gebhardt/Pellens* Konzernabschlüsse S. 536; BeBiKo/*Winkeljohann/Lewe* Rn. 12; aA WP-HdB Kap. G Rn. 626, die in diesem Vorgehen einen Widerspruch zur Buchwertmethode sehen.

[12] *Deubert/Lewe* DB-Beil. 5/2015, 49 (56).

[13] WP-HdB Kap. M Rn. 562; *Melcher/Murer* DB 2010, 1597 (1599) mwN.

[14] *ADS* Rn. 83 ff.

[15] BeBiKo/*Winkeljohann/Lewe* Rn. 30.

13 **b) Anteil am Jahresüberschuss.** In den Folgejahren sind die **anteiligen Ergebnisse** der assoziierten Unternehmen erfolgswirksam im Jahr ihrer Entstehung in den Konzernabschluss zu übernehmen. Anteilige Gewinne erhöhen den Beteiligungsbuchwert, anteilige Verluste mindern ihn. Ausgeschüttete Ergebnisse werden als Aktivtausch erfolgsneutral berücksichtigt (Liquide Mittel/Forderungen an Beteiligung an assoziierten Unternehmen).[16] Die Erträge aus Beteiligungen aus dem Einzelabschluss des Mutterunternehmens sind zu eliminieren.[17]

14 Nach DRS 8.45 f. ist das Ergebnis aus der erfolgswirksamen Änderung des Equity-Wertansatzes in der Konzern-GuV unter entsprechender Bezeichnung als gesonderter Posten nach Kürzung um Ertragsteuern (Nettoausweis) auszuweisen.

15 Durch die andauernde Übernahme von **anteiligen Jahresfehlbeträgen** kann der Beteiligungsbuchwert auf Null oder darunter absinken. Der DSR ist mit seinen Regelungen der internationalen Praxis gefolgt, die Nullgrenze nicht zu unterschreiten, sondern stattdessen die Equity-Bewertung auszusetzen. Der **negative Equity-Wert** ist nach DRS 8.27 statistisch in einer Nebenrechnung weiterzuführen. Werden danach wieder Jahresüberschüsse erzielt, muss zunächst der statistisch vorgetragene Verlust ausgeglichen werden. Sobald der statistisch fortgeführte negative Equity-Wert durch angefallene Gewinne oder Leistungen der Gesellschafter ausgeglichen wurde, ist nach DRS 8.27 die Aktivierung des Equity-Werts geboten. § 312 enthält keine explizite Regelung, untersagt den Ausweis eines negativen Beteiligungsbuchwerts jedoch nicht. Im Schrifttum wurde daher auch vorgeschlagen, die Equity-Methode generell beizubehalten.[18] Wenn die Verluste des Beteiligungsunternehmens ausgeglichen werden müssen, weist die Obergesellschaft im Einzelabschluss eine entsprechende Verbindlichkeit oder Rückstellung aus, die im Konzernabschluss beibehalten wird, jedoch als negativer Equity-Wert auszuweisen wäre. Da bei Beteiligungsunternehmen, für die keine Verlustübernahmepflicht besteht, der Verlust der Obergesellschaft auf den Wert der Beteiligung beschränkt ist, und soweit die assoziierten Unternehmen nicht Tochterunternehmen sind, ist der Ausweis negativer Equity-Werte nicht sinnvoll. Der Einheitsgrundsatz ist nicht anzuwenden. Da über den Beteiligungsbuchwert hinausgehende Verluste den Konzern nicht treffen können, würde die Vermögens- und Ertragslage durch negative Equity-Werte fehlerhaft dargestellt.[19]

16 Gemäß DRS 8.49 ist die **Summe der negativen Equity-Werte** im Konzernanhang zu jedem Abschlussstichtag anzugeben.

17 Ob auf den Equity-Wert § 253 Abs. 2 S. 3 anzuwenden ist und eine im Einzelabschluss vorgenommene **Abschreibung auf die Beteiligung** in den Konzernabschluss übernommen werden kann, wird in der Literatur kontrovers diskutiert. Nach hM ist, wenn der beizulegende Wert unter dem Equity-Wert liegt, bei voraussichtlich dauerhafter Wertminderung außerplanmäßig abzuschreiben, bei voraussichtlich vorübergehender Wertminderung besteht ein Wahlrecht. Bei Wegfall des Grundes der Abschreibung besteht ein Wertaufholungsgebot.[20] Ist die außerplanmäßige Abschreibung auf erwarteten

---

[16] WP-HdB Kap. M Rn. 569.
[17] BeBiKo/*Winkeljohann/Lewe* Rn. 36.
[18] *ADS* Rn. 111 ff.
[19] *Busse von Colbe/Ordelheide/Gebhardt/Pellens* Konzernabschlüsse S. 551 f.
[20] *ADS* Rn. 195 ff.

negativen Erfolgsbeiträgen des Equity-Unternehmens begründet, ist jedoch zur Vermeidung einer Doppelerfassung dieser Erfolgsbeiträge im Konzern darauf zu achten, dass die in Folgejahren tatsächlich eintretenden Fehlbeträge nur noch in der Höhe, in der sie die Abschreibungen überschreiten, als Minderung des Beteiligungsbuchwerts erfasst werden.[21]

Der DSR fordert in Anlehnung an internationale Standards, den Equity- **18** Wert an jedem Konzernabschluss-Stichtag auf seine Werthaltigkeit zu überprüfen. Übersteigt der Equity-Wert den beizulegenden Zeitwert, ist nach DRS 8.28 eine außerplanmäßige Abschreibung vorzunehmen. Gemäß DRS 8.29 vermindert die außerplanmäßige Abschreibung in der Nebenrechnung zunächst den Geschäfts- oder Firmenwert, nach dessen vollständiger Abschreibung wird der verbleibende Equity-Wert verringert. Bei Wegfall des Grundes der Abschreibung ist die außerplanmäßige Abschreibung auf den Goodwill wieder rückgängig zu machen. Eine Wertaufholung kommt jedoch nur bis zu dem Wert in Betracht, der bei planmäßiger Abschreibung des Geschäfts- oder Firmenwerts anzusetzen wäre.[22] Der nicht auf dem Geschäfts- oder Firmenwert basierende Equity-Wert ist nach DRS 8.29 höchstens bis zum anteiligen bilanziellen Eigenkapital im Bewertungszeitpunkt abzüglich bzw. zuzüglich der fortgeführten stillen Reserven und Lasten zuzuschreiben.

IV. Einheitliche Bilanzierungs- und Bewertungsmethoden

Die Anpassung der Bilanzierung und Bewertung des assoziierten Unter- **19** nehmens an die konzerneinheitliche Bilanzierung und Bewertung ist in Abs. 5 S. 1 und 2 als **Wahlrecht** zugelassen. Der Verzicht auf die Anpassung ist nach Abs. 5 S. 2 im Konzernanhang anzugeben. DRS 8.8 fordert, dass die Bilanzierungs-, Bewertungs- und Konsolidierungsmethoden den Vorschriften des HGB sowie den Regelungen der DRS entsprechen müssen. Nicht geregelt ist jedoch die Vorgehensweise, wenn eine Anpassung an deutsches Recht nicht durchführbar ist.[23] Da der Einfluss auf ein assoziiertes Unternehmen geringer ist als auf ein Konzernunternehmen, kann die Aufstellung einer HB II mit erheblichen Problemen verbunden sein. Auf eine Anwendung der Equity-Methode zu verzichten, da der Einfluss nicht ausreicht, die für die Anpassung erforderlichen Daten des assoziierten Unternehmens zu erlangen, erscheint jedoch nicht sachgerecht.[24]

V. Eliminierung von Zwischenergebnissen

Soweit die für die Beurteilung der Zwischenergebnisse maßgeblichen **20** Sachverhalte bekannt und zugänglich sind, ist § 304 über die Behandlung von Zwischengewinnen auch bei der Equity-Bewertung anzuwenden (Abs. 5 S. 3). Durch das BilRUG wurde Abs. 5 S. 4 gestrichen, der explizit eine anteilige Eliminierung der Zwischenergebnisse zuließ. Allerdings geht die hM mit Verweis auf § 310, der weiterhin eine anteilige Eliminierung vor-

---

[21] *ADS* Rn. 198; HdBKo/*Küting/Zündorf* Rn. 83.
[22] *Schruff* BB 2001, 89.
[23] *Schruff* BB 2001, 88.
[24] *ADS* Rn. 129 ff.; *Schruff* BB 2001, 87 (88); aA *Schmalenbach-Gesellschaft* ZfbF-Sonderheft 9/1979, 134 ff.

sieht, weiterhin von der Zulässigkeit der anteiligen Zwischenergebniseliminierung bei der Equity-Bewertung aus.[25]

21   Ob sich die Verpflichtung zur Zwischenergebniseliminierung sowohl auf sog. Up-stream-Lieferungen vom assoziierten Unternehmen an die Muttergesellschaft als auch auf sog. Down-stream-Lieferungen des Konzerns an das assoziierte Unternehmen bezieht, wurde in der Literatur kontrovers diskutiert.[26] § 304 knüpft die Zwischenergebniseliminierung an die aus konzerninternen Lieferungen stammenden Bestände, die in der Konzernbilanz ausgewiesen sind. Bestände assoziierter Unternehmen werden jedoch nicht in die Konzernbilanz übernommen. Maßgebliche Stimmen in der Literatur folgerten daraus, dass eine Verpflichtung zur Zwischenergebniseliminierung nur für Up-stream-Lieferungen besteht.[27] In Anlehnung an internationale Grundsätze hat der DSR in DRS 8.30 und DRS 8.31 die Zwischenergebniseliminierung sowohl für Up-stream- als auch für Down-stream-Lieferungen vorgeschrieben.

22   Für die Zwischenergebniseliminierung bei Up-stream-Lieferungen müssen die Kalkulationsgrundlagen der assoziierten Unternehmen bekannt sein. Die Informationsbeschaffung kann mit Problemen behaftet sein, da eine gesetzliche Grundlage wie das dem Mutterunternehmen gegenüber Tochterunternehmen nach § 294 Abs. 3 zustehende Auskunftsrecht fehlt. Der Gesetzgeber hat die Pflicht zur Zwischenergebniseliminierung daher auf die Fälle beschränkt, in denen die maßgeblichen Sachverhalte bekannt oder zugänglich sind.[28] Nach DRS 8 besteht jedoch eine generelle Verpflichtung zur Zwischenergebniseliminierung.

23   Gemäß DRS 8.30 ist die Zwischenergebniseliminierung entsprechend der bestehenden Beteiligungsquote vorzunehmen. Soweit es sich um assoziierte Unternehmen und nicht um Tochter- oder Gemeinschaftsunternehmen handelt, die ausnahmsweise mit dem Equity-Wert in der Konzernbilanz ausgewiesen werden, wurde in der Literatur bisher bereits die beteiligungsproportionale Eliminierung für sachgerecht gehalten.[29]

24   Die Verrechnung der zu eliminierenden Zwischenergebnisse hat nach DRS 8.32 mit dem Equity-Wert zu erfolgen. Eine Verrechnung mit den Bilanzposten, die Bestände aus Lieferungen von assoziierten Unternehmen enthalten, ist nach dem Standard nicht zulässig.

VI. Stichtag der erstmaligen Anwendung der Equity-Methode und maßgeblicher Abschluss des assoziierten Unternehmens

25   Grundsätzlich ist die Berechnung des Equity-Wertes nach Abs 3 S. 1, übereinstimmend mit DRS 8.14 ff., auf den Zeitpunkt vorzunehmen, zu dem das Unternehmen assoziiertes Unternehmen geworden ist.

26   Dies betrifft auch die Fälle des stufenweisen Erwerbs, dh Erwerb der Anteile bis zum Status als assoziiertes Unternehmen erfolgt zu mehreren Zeitpunkten oder eine bisher im Konzernabschluss zu Anschaffungskosten bilanzierte Beteiligung ist nun wegen Erhöhung der Beteiligungsquote nach

---

[25] *Deubert/Lewe* DB-Beil. 5/2015, 49 (55); BeBiKo/*Winkeljohann/Lewe* Rn. 71.
[26] *Schruff* BB 1001, 87 (90).
[27] Vgl. statt aller *ADS* Rn. 156 ff.
[28] *ADS* Rn. 165 ff.
[29] WP-HdB Kap. M Rn. 575 ff.

der Equity-Methode zu bilanzieren.[30] Eine tranchenweise Ermittlung der Unterschiedsbeträge ist nach HGB idF nach BilMoG nicht mehr zulässig,[31] Diese Regelung entspricht § 301 Abs. 2 S. 1 zur Vollkonsolidierung.

Wird die Equity-Methode erst zu einem späteren Zeitpunkt angewendet, **27** zB wegen bisheriger untergeordneter Bedeutung des assoziierten Unternehmens (§ 311 Abs. 2) oder das Mutterunternehmen ist erstmals zur Aufstellung eines Konzernabschlusses nach § 290 ff. verpflichtet, ist durch das BilRUG die bisher hM zulässige Vorgehensweise, den Equity-Wert zu Beginn des Konzerngeschäftsjahres zu berechnen, in dem das assoziierte Unternehmen erstmals nach der Equity-Methode einbezogen wird, durch Abs. 3 S. 3 gesetzlich kodifiziert worden.[32]

Können die Wertansätze im Jahr der erstmaligen Anwendung der Equity- **28** Methode nicht endgültig ermittelt werden, ist eine vorläufige Zuordnung des Unterschiedsbetrages vorzunehmen, die innerhalb von 12 Monaten nach dem Zeitpunkt, zu dem das Unternehmen assoziiertes Unternehmen geworden ist, anzupassen ist.[33] Eine notwendige Anpassung der Kaufpreisallokation ist grundsätzlich erfolgsneutral, da sie aus einem Anschaffungsvorgang resultiert, und retrospektiv, ggf. unter Anpassung der Vorjahreszahlen, vorzunehmen.[34]

Um den eingeschränkten Einflussmöglichkeiten der beteiligten Unterneh- **29** men Rechnung zu tragen, ist im HGB zur Vereinfachung vorgeschrieben, dass für die Berechnung des Equity-Wertes jeweils der letzte Jahresabschluss zugrunde zu legen ist (Abs. 6 S. 1).[35] Der Gesetzgeber verzichtet damit auf die Aufstellung von Zwischenabschlüssen bei abweichenden Stichtagen der assoziierten Unternehmen.

Als **„letzter Jahresabschluss"** des assoziierten Unternehmens gilt der **30** Letzte aufgestellte Jahresabschluss; eine Feststellung im Rechtssinn ist entsprechend dem Gesetzeswortlaut nicht erforderlich. Über die Prüfung dieses Abschlusses im Rahmen der Anwendung der Equity-Methode enthält das Gesetz ebenfalls keine Aussage; die Anwendung der Equity-Methode unterliegt aber der Prüfung durch den Konzern-Abschlussprüfer nach § 317 Abs. 2.[36]

DRS 8.12 hebt die Vereinfachungsregel des Abs. 6 S. 1 auf und regelt, dass **31** zur Ermittlung des anteiligen Eigenkapitals ein auf den Konzernabschlussstichtag aufgestellter Abschluss des assoziierten Unternehmens zugrunde zu legen ist. Weichen die Stichtage des Konzerns und des assoziierten Unternehmens voneinander ab, ist grundsätzlich ein Zwischenabschluss aufzustellen. Ein Verzicht auf die Aufstellung eines Zwischenabschlusses ist nach DRS 8.13 nur möglich, wenn das Geschäftsjahr des assoziierten Unternehmens höchstens drei Monate vor dem Konzernabschlussstichtag endet. Vorgänge von besonderer Bedeutung zwischen den beiden Stichtagen sind bei einem Verzicht auf die Aufstellung eines Zwischenabschlusses in der Konzernbilanz und der Konzern-Gewinn- und Verlustrechnung zu berücksichtigen.

---

[30] BeBiKo/*Winkeljohann/Lewe* Rn. 18.
[31] WP-HdB Kap. M Rn. 594; BeBiKo/*Winkeljohann/Lewe* Rn. 18.
[32] *Deubert/Lewe* DB-Beil. 5/2015, 49 (55).
[33] BeBiKo/*Winkeljohann/Lewe* Rn. 22; *Melcher/Murer* DB 2010, 1597 (1599).
[34] *Melcher/Murer* DB 2010, 1597 (1599) mwN.
[35] *ADS* Rn. 181.
[36] *IDW* St/HFA 4/1988, WPg 1988, 682 Rn. 9. § 317 Abs. 2 aF entspricht § 317 Abs. 3 nF.

32 Wenn das assoziierte Unternehmen selbst **Obergesellschaft eines Konzerns** ist, muss der letzte Konzernabschluss der Equity-Bewertung zugrunde gelegt werden (Abs. 6 S. 2). Diese Vorschrift ist zwingend. Sie führt jedoch nicht dazu, dass ausschließlich zum Zweck der Equity-Bewertung ein Konzernabschluss aufgestellt werden muss.[37]

VII. Ausländische assoziierte Unternehmen

33 Zur Ermittlung der **Unterschiedsbeträge** bei der erstmaligen Equity-Bewertung ist es notwendig, dass der Fremdwährungsabschluss eines assoziierten Unternehmens außerhalb der Eurozone in Euro umgerechnet wird. Obwohl § 312 nicht auf § 308a verweist, wird in der Literatur die Meinung vertreten, dass im Rahmen der Equity-Methode die **modifizierte Stichtagskursmethode** nach § 308a angewendet werden sollte (DRS 25.90).[38] Zum Zeitpunkt der erstmaligen Einbeziehung des assoziierten Unternehmens wird das anteilige Eigenkapital mit dem Devisenkassamittelkurs umgerechnet (DRS 25.88).[39] Zukünftige Veränderungen des anteiligen Eigenkapitals aus Wechselkursschwankungen sind erfolgsneutral in den Konzernabschluss unter dem Posten „Eigenkapitaldifferenz aus Währungsumrechnung" zu übernehmen.[40] Daneben sieht DRS 25.90 vor, dass der Equity-Wert mit historischen Kursen umgerechnet wird. Die Differenz zum Stichtagskurs ist im Posten „Anteile aus assoziierten Unternehmen" auszuweisen und dort oder im Anhang zu vermerken.

34 Erfolgsneutrale Veränderungen des Eigenkapitals, zB aus der Währungsumrechnung, des assoziierten Unternehmens sind anteilig erfolgsneutral in den Konzernabschluss zu übernehmen.[41] Stellt das assoziierte Unternehmen einen Konzernabschluss auf (Abs. 6 S. 2, DRS 8.9), ist die beim assoziierten Unternehmen gebildete „Eigenkapitaldifferenz aus Währungsumrechnung" anteilig in den Konzernabschluss zu übernehmen.[42]

35 Der **Wert der Beteiligung,** sofern sie in fremder Währung erworben wurde, muss ebenfalls in Euro **umgerechnet** werden. Dies geschieht bereits für den Einzelabschluss des Mutterunternehmens, so dass der Wert von dort übernommen werden kann.

VIII. Ausweis im Konzernanhang und -anlagenspiegel

36 Im Konzernanhang anzugeben sind:
– Höhe des Unterschiedsbetrags zwischen Buchwert und anteiligem Eigenkapital des assoziierten Unternehmens sowie Höhe eines darin enthaltenen Geschäfts- oder Firmenwerts oder passiven Unterschiedsbetrags. Die Angaben sind zu jedem Bilanzstichtag notwendig (Abs. 1 S. 2),
– Abweichung von den Bilanzierungs- und Bewertungsmethoden des Konzerns (Abs. 5 S. 2),
– Name, Sitz und Anteil am Kapital der assoziierten Unternehmen (§ 313 Abs. 2 Nr. 2 S. 1),

---

[37] *ADS* Rn. 188 ff.
[38] BeBiKo/*Grottel/Koeplin* § 308a Rn. 61; *Melcher/Murer* DB 2010, 1597 (1601).
[39] BeBiKo/*Grottel/Koeplin* § 308a Rn. 61.
[40] *Melcher/Murer* DB 2010, 1597 (1601).
[41] BeBiKo/*Grottel/Koeplin* § 308a Rn. 63.
[42] BeBiKo/*Grottel/Koeplin* § 308a Rn. 63; DRS 25.93.

– Nichtanwendung der Equity-Methode wegen untergeordneter Bedeutung der Beteiligung für die Vermögens-, Finanz- und Ertragslage des Konzerns (§ 313 Abs. 2 Nr. 2 S. 2).

DRS 8 fordert darüber hinausgehende Anhangangaben. Bei der erstmali- **37** gen Einbeziehung sind nach DRS 8.47 für jedes assoziierte Unternehmen zusätzlich die Anteile an den Stimmrechten, der Stichtag der erstmaligen Einbeziehung, die Höhe der Anschaffungskosten sowie die Abschreibungs- dauer und -methode (ggf. mit Begründung) für den Geschäfts- oder Firmen- wert anzugeben. Weiterhin sind zu jedem Abschlussstichtag nach DRS 8.49 umfangreiche Angaben, wie zB die vom assoziierten Unternehmen ange- wandten Bilanzierungs- und Bewertungsmethoden, die Summe der negati- ven Equity-Werte oder eine zusammengefasste Gewinn- und Verlustrech- nung für die wesentlichen assoziierten Unternehmen zu machen, die über die Anforderungen der §§ 312 und 313 hinausgehen.

Da für die Beteiligungen an assoziierten Unternehmen ein **gesonderter** **38** **Ausweis** in der **Bilanz** erforderlich ist (§ 311 Abs. 1 S. 1), muss die Position entsprechend auch gesondert im **Konzernanlagenspiegel** ausgewiesen wer- den. Bei Kauf oder Verkauf von Beteiligungen an assoziierten Unternehmen ist die Veränderung als Zugang oder Abgang auszuweisen. Wenn die Betei- ligung sukzessiv erworben wurde, kann eine Umbuchung von „Sonstigen Beteiligungen" notwendig sein. Informativer ist es, eine Zusatzspalte für die Veränderungen des Konsolidierungskreises einzuführen.[43]

Für die **Veränderungen des Beteiligungswertes** wegen der Abschrei- **39** bungen der Unterschiedsbeträge aus der erstmaligen Anwendung und der Behandlung von Jahresüberschüssen und Gewinnausschüttungen sind entwe- der die Spalten Zu- und Abschreibungen zu verwenden. Alternativ können neue Spalten für den Ausweis der assoziierten Unternehmen geschaffen werden, um die Aussagefähigkeit des Anlagenspiegels zu verbessern.[44]

IX. Veränderung der Beteiligungsquote

Bei **vollständigem Verkauf** der Beteiligung ist eine „Entkonsolidierung" **40** durchzuführen. Ziel ist es, den Veräußerungsgewinn/-verlust des Konzerns im Konzernabschluss auszuweisen. Dieser wird sich im Allgemeinen vom Veräußerungsergebnis im Einzelabschluss unterscheiden. Der Konzernerfolg aus der Veräußerung ergibt sich aus der Differenz zwischen dem Veräuße- rungserlös und dem Equity-Wert der Beteiligung. Eine entsprechende Rege- lung hat auch der DSR in DRS 8.36 getroffen: „… so bestimmt sich der Veräußerungserfolg durch Gegenüberstellung des Veräußerungserlöses und des Equity-Wertes im Veräußerungszeitpunkt". Falls Geschäfts- oder Firmen- werte bei der erstmaligen Anwendung der Equity-Methode nach HGB idF vor BilMoG erfolgsneutral mit den Konzernrücklagen verrechnet wurden, sind sie bei Abgang der Beteiligung erfolgswirksam zu behandeln.[45]

Falls die Beteiligung unterjährig verkauft wird, muss der Equity-Wert bis **41** zu diesem Zeitpunkt fortgeschrieben werden. Dabei ist neben der üblichen Fortschreibung, die jeweils jahresanteilig durchgeführt wird, darauf zu achten, ob und in welcher Höhe dem Erwerber die Gewinnausschüttung auf das

---

[43] WP-HdB Kap. M Rn. 226 ff.
[44] *Busse von Colbe/Ordelheide/Gebhardt/Pellens* Konzernabschlüsse S. 566 f.
[45] HdBKo/*Küting/Zündorf* Rn. 122.

Ergebnis des Vorjahres zusteht. Diese ist im Equity-Wert enthalten und muss entsprechend eliminiert werden.[46]

42   Der **Verkauf eines Teils der Beteiligung** oder ein sonstiger Umstand kann dazu führen, dass der Status als assoziiertes Unternehmen nicht mehr gegeben ist. Im Fall eines Teilverkaufs der Beteiligung ist für diesen Teil der Veräußerungserfolg des Konzerns analog der Ermittlung beim vollständigen Verkauf festzustellen. Für die übrigen Anteile wird in der handelsrechtlichen Kommentierung die Auffassung vertreten, dass sie in der Konzernbilanz wie im Einzelabschluss mit den Anschaffungskosten zu bewerten und auf die Position „Sonstige Anteile" umzubuchen sind (auch im Anlagenspiegel). Differenzen zum übrigen Equity-Wert werden erfolgsneutral mit den Rücklagen des Konzerns verrechnet.[47] DRS 8.37 sieht vor, dass als Anschaffungskosten der anteilig verbleibende Equity-Wert im Veräußerungszeitpunkt gilt. Der Übergang auf die Anschaffungskostenmethode ist damit hinsichtlich der nicht veräußerten Anteile erfolgsneutral (DRS 8.38). Diese Vorgehensweise kann einen Verstoß gegen das Anschaffungswertprinzip des § 253 Abs. 1 bedeuten, wenn der Equity-Wert über den Anschaffungskosten liegt. Um die beabsichtigte Angleichung der Konzernrechnungslegung an internationale Grundsätze zu erreichen, kann ein solcher Verstoß jedoch hingenommen werden.[48]

43   Bei **weiterem Erwerb von Anteilen** sind die zugehenden Anteile erstmalig nach der Equity-Methode zu bewerten ohne methodischen Unterschied zu einer Neubeteiligung. DRS 8.35 weist ergänzend darauf hin, dass die Kapitalaufrechnung für die neu erworbenen Anteile auf den Stichtag des Erwerbs vorzunehmen ist.

44   Der Status des assoziierten Unternehmens kann sich auch dahingehend ändern, dass eine quotale oder eine Vollkonsolidierung notwendig wird. Nach DRS 8.33 und DRS 8.34 stellt in diesen Fällen der Equity-Wert im Zeitpunkt des Übergangs auf die Voll- bzw. Quotenkonsolidierung die Anschaffungskosten der entsprechenden Beteiligung dar.

X. Folgen der Nichtbeachtung

45   Eine Verletzung des § 312 iVm § 311 Abs. 1 S. 1 über die Behandlung assoziierter Unternehmen wird gem. § 334 Abs. 1 Nr. 2 Buchst. e als Ordnungswidrigkeit eingestuft.

Achter Titel. Konzernanhang

§ 313 Erläuterung der Konzernbilanz und der Konzern-Gewinn- und Verlustrechnung. Angaben zum Beteiligungsbesitz

(1) [1]**In den Konzernanhang sind diejenigen Angaben aufzunehmen, die zu einzelnen Posten der Konzernbilanz oder der Konzern-Gewinn- und Verlustrechnung vorgeschrieben sind; diese Angaben sind in der Reihenfolge der einzelnen Posten der Konzernbilanz und der Konzern-Gewinn- und Verlustrechnung darzustellen. [2]Im Konzernanhang sind auch die Angaben zu machen, die in Ausübung eines Wahlrechts nicht in die**

---

[46] *Busse von Colbe/Ordelheide/Gebhardt/Pellens* Konzernabschlüsse S. 553 f.
[47] BeBiKo/*Winkeljohann/Lewe* Rn. 58.
[48] *Schruff* BB 2001, 87 (90).

Konzernbilanz oder in die Konzern-Gewinn- und Verlustrechnung aufgenommen wurden. [3] Im Konzernanhang müssen

1. die auf die Posten der Konzernbilanz und der Konzern-Gewinn- und Verlustrechnung angewandten Bilanzierungs- und Bewertungsmethoden angegeben werden;
2. Abweichungen von Bilanzierungs-, Bewertungs- und Konsolidierungsmethoden angegeben und begründet werden; deren Einfluß auf die Vermögens-, Finanz- und Ertragslage des Konzerns ist gesondert darzustellen.

(2) Im Konzernanhang sind außerdem anzugeben:

1. [1] Name und Sitz der in den Konzernabschluß einbezogenen Unternehmen, der Anteil am Kapital der Tochterunternehmen, der dem Mutterunternehmen und den in den Konzernabschluß einbezogenen Tochterunternehmen gehört oder von einer für Rechnung dieser Unternehmen handelnden Person gehalten wird, sowie der zur Einbeziehung in den Konzernabschluß verpflichtende Sachverhalt, sofern die Einbeziehung nicht auf einer der Kapitalbeteiligung entsprechenden Mehrheit der Stimmrechte beruht. [2] Diese Angaben sind auch für Tochterunternehmen zu machen, die nach § 296 nicht einbezogen worden sind;
2. [1] Name und Sitz der assoziierten Unternehmen, der Anteil am Kapital der assoziierten Unternehmen, der dem Mutterunternehmen und den in den Konzernabschluß einbezogenen Tochterunternehmen gehört oder von einer für Rechnung dieser Unternehmen handelnden Person gehalten wird. [2] Die Anwendung des § 311 Abs. 2 ist jeweils anzugeben und zu begründen;
3. Name und Sitz der Unternehmen, die nach § 310 nur anteilmäßig in den Konzernabschluß einbezogen worden sind, der Tatbestand, aus dem sich die Anwendung dieser Vorschrift ergibt, sowie der Anteil am Kapital dieser Unternehmen, der dem Mutterunternehmen und den in den Konzernabschluß einbezogenen Tochterunternehmen gehört oder von einer für Rechnung dieser Unternehmen handelnden Person gehalten wird;
4. Name und Sitz anderer Unternehmen, die Höhe des Anteils am Kapital, das Eigenkapital und das Ergebnis des letzten Geschäftsjahrs dieser Unternehmen, für das ein Jahresabschluss vorliegt, soweit es sich um Beteiligungen im Sinne des § 271 Absatz 1 handelt oder ein solcher Anteil von einer Person für Rechnung des Mutterunternehmens oder eines anderen in den Konzernabschluss einbezogenen Unternehmens gehalten wird;
5. alle nicht nach den Nummern 1 bis 4 aufzuführenden Beteiligungen an großen Kapitalgesellschaften, die 5 Prozent der Stimmrechte überschreiten, wenn sie von einem börsennotierten Mutterunternehmen, börsennotierten Tochterunternehmen oder von einer für Rechnung eines dieser Unternehmen handelnden Person gehalten werden;
6. Name, Sitz und Rechtsform der Unternehmen, deren unbeschränkt haftender Gesellschafter das Mutterunternehmen oder ein anderes in den Konzernabschluss einbezogenes Unternehmen ist;
7. Name und Sitz des Unternehmens, das den Konzernabschluss für den größten Kreis von Unternehmen aufstellt, dem das Mutterunternehmen als Tochterunternehmen angehört, und im Falle der Offenlegung des von diesem anderen Mutterunternehmen aufgestellten Konzernabschlusses der Ort, wo dieser erhältlich ist;

8. **Name und Sitz des Unternehmens, das den Konzernabschluss für den kleinsten Kreis von Unternehmen aufstellt, dem das Mutterunternehmen als Tochterunternehmen angehört, und im Falle der Offenlegung des von diesem anderen Mutterunternehmen aufgestellten Konzernabschlusses der Ort, wo dieser erhältlich ist.**

(3) ¹Die in Absatz 2 verlangten Angaben brauchen insoweit nicht gemacht zu werden, als nach vernünftiger kaufmännischer Beurteilung damit gerechnet werden muß, daß durch die Angaben dem Mutterunternehmen, einem Tochterunternehmen oder einem anderen in Absatz 2 bezeichneten Unternehmen erhebliche Nachteile entstehen können. ²Die Anwendung der Ausnahmeregelung ist im Konzernanhang anzugeben. ³Satz 1 gilt nicht, wenn ein Mutterunternehmen oder eines seiner Tochterunternehmen kapitalmarktorientiert im Sinn des § 264d ist. ⁴Die Angaben nach Absatz 2 Nummer 4 und 5 brauchen nicht gemacht zu werden, wenn sie für die Vermittlung eines den tatsächlichen Verhältnissen entsprechenden Bilds der Vermögens-, Finanz- und Ertragslage des Konzerns von untergeordneter Bedeutung sind. ⁵Die Pflicht zur Angabe von Eigenkapital und Ergebnis nach Absatz 2 Nummer 4 braucht auch dann nicht erfüllt zu werden, wenn das in Anteilsbesitz stehende Unternehmen seinen Jahresabschluss nicht offenlegt.

(4) § 284 Absatz 2 Nummer 4 und Absatz 3 ist entsprechend anzuwenden.

1   S. Kommentierung zu § 314.

§ 314 Sonstige Pflichtangaben

(1) Im Konzernanhang sind ferner anzugeben:

1. der Gesamtbetrag der in der Konzernbilanz ausgewiesenen Verbindlichkeiten mit einer Restlaufzeit von mehr als fünf Jahren sowie der Gesamtbetrag der in der Konzernbilanz ausgewiesenen Verbindlichkeiten, die von in den Konzernabschluß einbezogenen Unternehmen durch Pfandrechte oder ähnliche Rechte gesichert sind, unter Angabe von Art und Form der Sicherheiten;

2. Art und Zweck sowie Risiken, Vorteile und finanzielle Auswirkungen von nicht in der Konzernbilanz enthaltenen Geschäften des Mutterunternehmens und der in den Konzernabschluss einbezogenen Tochterunternehmen, soweit die Risiken und Vorteile wesentlich sind und die Offenlegung für die Beurteilung der Finanzlage des Konzerns erforderlich ist.

2a. der Gesamtbetrag der sonstigen finanziellen Verpflichtungen, die nicht in der Konzernbilanz enthalten sind und die nicht nach § 298 Absatz 1 in Verbindung mit § 268 Absatz 7 oder nach Nummer 2 anzugeben sind, sofern diese Angabe für die Beurteilung der Finanzlage des Konzerns von Bedeutung ist; davon sind Verpflichtungen betreffend die Altersversorgung sowie Verpflichtungen gegenüber Tochterunternehmen, die nicht in den Konzernabschluss einbezogen werden, oder gegenüber assoziierten Unternehmen jeweils gesondert anzugeben;

3. die Aufgliederung der Umsatzerlöse des Konzerns nach Tätigkeitsbereichen sowie nach geografisch bestimmten Märkten, soweit sich unter Berücksichtigung der Organisation des Verkaufs, der Ver-

mietung oder Verpachtung von Produkten und der Erbringung von Dienstleistungen des Konzerns die Tätigkeitsbereiche und geografisch bestimmten Märkte untereinander erheblich unterscheiden;

4. die durchschnittliche Zahl der Arbeitnehmer der in den Konzernabschluss einbezogenen Unternehmen während des Geschäftsjahrs, getrennt nach Gruppen und gesondert für die nach § 310 nur anteilmäßig konsolidierten Unternehmen, sowie, falls er nicht gesondert in der Konzern-Gewinn- und Verlustrechnung ausgewiesen ist, der in dem Geschäftsjahr entstandene gesamte Personalaufwand, aufgeschlüsselt nach Löhnen und Gehältern, Kosten der sozialen Sicherheit und Kosten der Altersversorgung;

5. *(aufgehoben)*

6. für die Mitglieder des Geschäftsführungsorgans, eines Aufsichtsrats, eines Beirats oder einer ähnlichen Einrichtung des Mutterunternehmens, jeweils für jede Personengruppe:

   a) die für die Wahrnehmung ihrer Aufgaben im Mutterunternehmen und den Tochterunternehmen im Geschäftsjahr gewährten Gesamtbezüge (Gehälter, Gewinnbeteiligungen, Bezugsrechte und sonstige aktienbasierte Vergütungen, Aufwandsentschädigungen, Versicherungsentgelte, Provisionen und Nebenleistungen jeder Art). In die Gesamtbezüge sind auch Bezüge einzurechnen, die nicht ausgezahlt, sondern in Ansprüche anderer Art umgewandelt oder zur Erhöhung anderer Ansprüche verwendet werden. Außer den Bezügen für das Geschäftsjahr sind die weiteren Bezüge anzugeben, die im Geschäftsjahr gewährt, bisher aber in keinem Konzernabschluss angegeben worden sind. Bezugsrechte und sonstige aktienbasierte Vergütungen sind mit ihrer Anzahl und dem beizulegenden Zeitwert zum Zeitpunkt ihrer Gewährung anzugeben; spätere Wertveränderungen, die auf einer Änderung der Ausübungsbedingungen beruhen, sind zu berücksichtigen. Ist das Mutterunternehmen eine börsennotierte Aktiengesellschaft, sind zusätzlich unter Namensnennung die Bezüge jedes einzelnen Vorstandsmitglieds, aufgeteilt nach erfolgsunabhängigen und erfolgsbezogenen Komponenten sowie Komponenten mit langfristiger Anreizwirkung, gesondert anzugeben. Dies gilt auch für:

      aa) Leistungen, die dem Vorstandsmitglied für den Fall einer vorzeitigen Beendigung seiner Tätigkeit zugesagt worden sind;

      bb) Leistungen, die dem Vorstandsmitglied für den Fall der regulären Beendigung seiner Tätigkeit zugesagt worden sind, mit ihrem Barwert, sowie den von der Gesellschaft während des Geschäftsjahrs hierfür aufgewandten oder zurückgestellten Betrag;

      cc) während des Geschäftsjahrs vereinbarte Änderungen dieser Zusagen;

      dd) Leistungen, die einem früheren Vorstandsmitglied, das seine Tätigkeit im Laufe des Geschäftsjahrs beendet hat, in diesem Zusammenhang zugesagt und im Laufe des Geschäftsjahrs gewährt worden sind.

   Leistungen, die dem einzelnen Vorstandsmitglied von einem Dritten im Hinblick auf seine Tätigkeit als Vorstandsmitglied zugesagt oder im Geschäftsjahr gewährt worden sind, sind ebenfalls anzugeben. Enthält der Konzernabschluss weitergehende Angaben zu bestimmten Bezügen, sind auch diese zusätzlich einzeln anzugeben;

b) die für die Wahrnehmung ihrer Aufgaben im Mutterunternehmen und den Tochterunternehmen gewährten Gesamtbezüge (Abfindungen, Ruhegehälter, Hinterbliebenenbezüge und Leistungen verwandter Art) der früheren Mitglieder der bezeichneten Organe und ihrer Hinterbliebenen; Buchstabe a Satz 2 und 3 ist entsprechend anzuwenden. Ferner ist der Betrag der für diese Personengruppe gebildeten Rückstellungen für laufende Pensionen und Anwartschaften auf Pensionen und der Betrag der für diese Verpflichtungen nicht gebildeten Rückstellungen anzugeben;

c) die vom Mutterunternehmen und den Tochterunternehmen gewährten Vorschüsse und Kredite unter Angabe der gegebenenfalls im Geschäftsjahr zurückgezahlten oder erlassenen Beträge sowie die zugunsten dieser Personen eingegangenen Haftungsverhältnisse;

7. der Bestand an Anteilen an dem Mutterunternehmen, die das Mutterunternehmen oder ein Tochterunternehmen oder ein anderer für Rechnung eines in den Konzernabschluß einbezogenen Unternehmens erworben oder als Pfand genommen hat; dabei sind die Zahl und der Nennbetrag oder rechnerische Wert dieser Anteile sowie deren Anteil am Kapital anzugeben;

7a. die Zahl der Aktien jeder Gattung der während des Geschäftsjahrs im Rahmen des genehmigten Kapitals gezeichneten Aktien des Mutterunternehmens, wobei zu Nennbetragsaktien der Nennbetrag und zu Stückaktien der rechnerische Wert für jede von ihnen anzugeben ist;

7b. das Bestehen von Genussscheinen, Wandelschuldverschreibungen, Optionsscheinen, Optionen oder vergleichbaren Wertpapiere oder Rechten, aus denen das Mutterunternehmen verpflichtet ist, unter Angabe der Anzahl und der Rechte, die sie verbriefen;

8. für jedes in den Konzernabschluss einbezogene börsennotierte Unternehmen, dass die nach § 161 des Aktiengesetzes vorgeschriebene Erklärung abgegeben und wo sie öffentlich zugänglich gemacht worden ist;

9. das von dem Abschlussprüfer des Konzernabschlusses für das Geschäftsjahr berechnete Gesamthonorar, aufgeschlüsselt in das Honorar für

a) die Abschlussprüfungsleistungen,

b) andere Bestätigungsleistungen,

c) Steuerberatungsleistungen,

d) sonstige Leistungen;

10. für zu den Finanzanlagen (§ 266 Abs. 2 A. III.) gehörende Finanzinstrumente, die in der Konzernbilanz über ihrem beizulegenden Zeitwert ausgewiesen werden, da eine außerplanmäßige Abschreibung gemäß § 253 Absatz 3 Satz 6 unterblieben ist,

a) der Buchwert und der beizulegende Zeitwert der einzelnen Vermögensgegenstände oder angemessener Gruppierungen sowie

b) die Gründe für das Unterlassen der Abschreibung einschließlich der Anhaltspunkte, die darauf hindeuten, dass die Wertminderung voraussichtlich nicht von Dauer ist;

11. für jede Kategorie nicht zum beizulegenden Zeitwert bilanzierter derivativer Finanzinstrumente

a) deren Art und Umfang,

b) deren beizulegender Zeitwert, soweit er sich nach § 255 Abs. 4 verlässlich ermitteln lässt, unter Angabe der angewandten Bewertungsmethode,

c) deren Buchwert und der Bilanzposten, in welchem der Buchwert, soweit vorhanden, erfasst ist, sowie

d) die Gründe dafür, warum der beizulegende Zeitwert nicht bestimmt werden kann;

12. für mit dem beizulegenden Zeitwert bewertete Finanzinstrumente

a) die grundlegenden Annahmen, die der Bestimmung des beizulegenden Zeitwertes mit Hilfe allgemein anerkannter Bewertungsmethoden zugrunde gelegt wurden, sowie

b) Umfang und Art jeder Kategorie derivativer Finanzinstrumente einschließlich der wesentlichen Bedingungen, welche die Höhe, den Zeitpunkt und die Sicherheit künftiger Zahlungsströme beeinflussen können;

13. zumindest die nicht zu marktüblichen Bedingungen zustande gekommenen Geschäfte des Mutterunternehmens und seiner Tochterunternehmen, soweit sie wesentlich sind, mit nahe stehenden Unternehmen und Personen, einschließlich Angaben zur Art der Beziehung, zum Wert der Geschäfte sowie weiterer Angaben, die für die Beurteilung der Finanzlage des Konzerns notwendig sind; ausgenommen sind Geschäfte zwischen in einen Konzernabschluss einbezogenen nahestehenden Unternehmen, wenn diese Geschäfte bei der Konsolidierung weggelassen werden; Angaben über Geschäfte können nach Geschäftsarten zusammengefasst werden, sofern die getrennte Angabe für die Beurteilung der Auswirkungen auf die Finanzlage des Konzerns nicht notwendig ist;

14. im Fall der Aktivierung nach § 248 Abs. 2 der Gesamtbetrag der Forschungs- und Entwicklungskosten des Geschäftsjahres der in den Konzernabschluss einbezogenen Unternehmen sowie der davon auf die selbst geschaffenen immateriellen Vermögensgegenstände des Anlagevermögens entfallende Betrag;

15. bei Anwendung des § 254 im Konzernabschluss,

a) mit welchem Betrag jeweils Vermögensgegenstände, Schulden, schwebende Geschäfte und mit hoher Wahrscheinlichkeit erwartete Transaktionen zur Absicherung welcher Risiken in welche Arten von Bewertungseinheiten einbezogen sind sowie die Höhe der mit Bewertungseinheiten abgesicherten Risiken;

b) für die jeweils abgesicherten Risiken, warum, in welchem Umfang und für welchen Zeitraum sich die gegenläufigen Wertänderungen oder Zahlungsströme künftig voraussichtlich ausgleichen einschließlich der Methode der Ermittlung;

c) eine Erläuterung der mit hoher Wahrscheinlichkeit erwarteten Transaktionen, die in Bewertungseinheiten einbezogen wurden,

soweit die Angaben nicht im Konzernlagebericht gemacht werden;

16. zu den in der Konzernbilanz ausgewiesenen Rückstellungen für Pensionen und ähnliche Verpflichtungen das angewandte versicherungsmathematische Berechnungsverfahren sowie die grundlegenden Annahmen der Berechnung, wie Zinssatz, erwartete Lohn- und Gehaltssteigerungen und zugrunde gelegte Sterbetafeln;

17. im Fall der Verrechnung von in der Konzernbilanz ausgewiesenen Vermögensgegenständen und Schulden nach § 246 Abs. 2 Satz 2 die Anschaffungskosten und der beizulegende Zeitwert der verrechneten Vermögensgegenstände, der Erfüllungsbetrag der verrechneten Schulden sowie die verrechneten Aufwendungen und Erträge; Nummer 12 Buchstabe a ist entsprechend anzuwenden;

18. zu den in der Konzernbilanz ausgewiesenen Anteilen an Sondervermögen im Sinn des § 1 Absatz 10 des Kapitalanlagegesetzbuchs oder Anlageaktien an Investmentaktiengesellschaften mit veränderlichem Kapital im Sinn der §§ 108 bis 123 des Kapitalanlagegesetzbuchs oder vergleichbaren EU-Investmentvermögen oder vergleichbaren ausländischen Investmentvermögen von mehr als dem zehnten Teil, aufgegliedert nach Anlagezielen, deren Wert im Sinn der §§ 168, 278 des Kapitalanlagegesetzbuchs oder des § 36 des Investmentgesetzes in der bis zum 21. Juli 2013 geltenden Fassung oder vergleichbarer ausländischer Vorschriften über die Ermittlung des Marktwertes, die Differenz zum Buchwert und die für das Geschäftsjahr erfolgte Ausschüttung sowie Beschränkungen in der Möglichkeit der täglichen Rückgabe; darüber hinaus die Gründe dafür, dass eine Abschreibung gemäß § 253 Absatz 3 Satz 6 unterblieben ist, einschließlich der Anhaltspunkte, die darauf hindeuten, dass die Wertminderung voraussichtlich nicht von Dauer ist; Nummer 10 ist insoweit nicht anzuwenden;

19. für nach § 268 Abs. 7 im Konzernanhang ausgewiesene Verbindlichkeiten und Haftungsverhältnisse die Gründe der Einschätzung des Risikos der Inanspruchnahme;

20. jeweils eine Erläuterung des Zeitraums, über den ein entgeltlich erworbener Geschäfts- oder Firmenwert abgeschrieben wird;

21. auf welchen Differenzen oder steuerlichen Verlustvorträgen die latenten Steuern beruhen und mit welchen Steuersätzen die Bewertung erfolgt ist;

22. wenn latente Steuerschulden in der Konzernbilanz angesetzt werden, die latenten Steuersalden am Ende des Geschäftsjahrs und die im Laufe des Geschäftsjahrs erfolgten Änderungen dieser Salden;

23. jeweils den Betrag und die Art der einzelnen Erträge und Aufwendungen von außergewöhnlicher Größenordnung oder außergewöhnlicher Bedeutung, soweit die Beträge nicht von untergeordneter Bedeutung sind;

24. eine Erläuterung der einzelnen Erträge und Aufwendungen hinsichtlich ihres Betrages und ihrer Art, die einem anderen Konzerngeschäftsjahr zuzurechnen sind, soweit die Beträge für die Beurteilung der Vermögens-, Finanz- und Ertragslage des Konzerns nicht von untergeordneter Bedeutung sind;

25. Vorgänge von besonderer Bedeutung, die nach dem Schluss des Konzerngeschäftsjahrs eingetreten und weder in der Konzern-Gewinn- und Verlustrechnung noch in der Konzernbilanz berücksichtigt sind, unter Angabe ihrer Art und ihrer finanziellen Auswirkungen;

26. der Vorschlag für die Verwendung des Ergebnisses des Mutterunternehmens oder gegebenenfalls der Beschluss über die Verwendung des Ergebnisses des Mutterunternehmens.

(2) Mutterunternehmen, die den Konzernabschluss um eine Segmentberichterstattung erweitern (§ 297 Abs. 1 Satz 2), sind von der Angabepflicht gemäß Absatz 1 Nr. 3 befreit.

(3) [1] **Für die Angabepflicht gemäß Absatz 1 Nr. 6 Buchstabe a Satz 5 bis 8 gilt § 286 Abs. 5 entsprechend.** [2] **Für die Angabepflicht gemäß Absatz 1 Nummer 6 Buchstabe a und b gilt § 286 Absatz 4 entsprechend.**

Schrifttum: (ohne die Einzelbeiträge in den verschiedenen Handbüchern der Rechnungslegung) *DRSC,* DRS 23, Kapitalkonsolidierung (Einbeziehung von Tochterunternehmen in den Konzernabschluss), Stand: 25.9.2015; *DRSC,* DRS 8, Bilanzierung von Anteilen an assoziierten Unternehmen im Konzernabschluss, Stand: 5.1.2010; *DRSC,* DRS 9, Bilanzierung von Anteilen an Gemeinschaftsunternehmen im Konzernabschluss, Stand: 5.1.2010; *DRSC,* DRS 17, Berichterstattung über die Vergütung der Organmitglieder, Stand: 13.12.2010.

Übersicht

I. Allgemeine Grundsätze

Der Konzernanhang ist integraler Pflichtbestandteil des Konzernabschlus- **1** ses. Er bildet mit der Konzernbilanz und der Konzern-GuV eine Einheit. Daher ist es möglich, dass der Gesetzgeber die Option einräumt, Detailinformationen statt in der Bilanz oder in der GuV im Anhang anzugeben. Der Entlastungseffekt wird durch die Vorschrift des § 298 Abs. 2 S. 1, die die Zusammenfassung mit dem Anhang des Mutterunternehmens zulässt, noch verstärkt.[1] Größenabhängige Erleichterungen wie für den Anhang im Jahresabschluss gibt es für den Konzernanhang nicht. Der Konzernanhang muss dazu beitragen, dass der Konzernabschluss ein den tatsächlichen Verhältnissen entsprechendes Bild der Vermögens-, Finanz- und Ertragslage wiedergibt.

---

[1] *Busse von Colbe/Ordelheide/Gebhardt/Pellens* Konzernabschlüsse S. 617.

2   Die Einheitstheorie ist auch auf den Konzernanhang anzuwenden. Daraus ergibt sich, dass die Angaben nicht durch die Addition der Anhänge der Jahresabschlüsse der Tochterunternehmen entstehen, sondern aus Konzernsicht neu zu erstellen sind. Konzerninterne Beziehungen sind ggf. wegzulassen (zB sonstige finanzielle Verpflichtungen).[2]

3   Ein **ausländischer Konzernabschluss** entfaltet befreiende Wirkung für einen deutschen Teilkonzern nur, wenn in ihm ein Konzernanhang enthalten ist.

4   Die Vorschriften über den **Inhalt des Konzernanhangs** sind Mindestvorschriften. Freiwillige Angaben sind zulässig. Vorjahreszahlen werden nur für die Bilanz und die GuV verlangt. Für Angaben, die originär im Anhang auszuweisen sind, werden sie jedoch häufig freiwillig angegeben. Dies ist insbesondere für die Vermittlung eines den tatsächlichen Verhältnissen entsprechenden Bildes der Vermögens-, Finanz- und Ertragslage, wenn sich der Konsolidierungskreis geändert hat, wichtig und üblich.[3] Die Grenze der Zulässigkeit zusätzlicher Angaben im Anhang liegt bei der Verletzung der Grundsätze der Klarheit, Übersichtlichkeit und Wesentlichkeit.[4] Über den Wortlaut des Gesetzes hinaus verlangen nur noch wenige DRS die Angabe von Vorjahreszahlen auch im Anhang (zB DRS 17.13).[5]

5   Der Konzernanhang hat den allgemeinen Anforderungen an die inhaltliche Gestaltung von Jahresabschlüssen zu genügen. Er ist nach § 298 Abs 1 iVm § 244 in deutscher Sprache und in Euro aufzustellen. Insbesondere folgende **Grundsätze** sind zu beachten:[6]

– Klarheit und Übersichtlichkeit,
– Vollständigkeit,
– Wahrheit,
– Wesentlichkeit.

6   Die Vorschriften für den Anhang sind nicht ausschließlich in den §§ 313, 314 geregelt. In **anderen Vorschriften** werden zusätzlich Angaben im Anhang gefordert. Handelsrechtlich sind insgesamt drei Gruppen von Angabepflichten im Konzernanhang zu unterscheiden:[7]

– Angabepflichten, die sich unmittelbar aus den Vorschriften der §§ 290 ff. ergeben,
– Angabepflichten aus den §§ 313, 314,
– bestimmte Vorschriften des Anhangs zum Jahresabschluss, die über § 298 Abs. 1 auch für den Konzernanhang relevant sind.

7   Die Angabe der Bilanzierungs- und Bewertungsmethoden beinhaltet nicht eine Erläuterung einzelner Posten der Bilanz und der GuV. Sie dient vielmehr in erster Linie dazu, über die **Ausübung der Wahlrechte** zu informieren. Über die gesetzlichen Vorschriften hinaus verlangen DRS 23.207 ff. (Kapitalkonsolidierung (Einbeziehung von Tochterunternehmen in den Konzernabschluss)), DRS 8.47 ff. (Bilanzierung von Anteilen an assoziierten Unternehmen im Konzernabschluss), DRS 9.20 ff. (Bilanzierung von Anteilen an Gemeinschaftsunternehmen im Konzernabschluss), DRS 13.28 ff. (Grundsatz

---

[2] BeBiKo/*Grottel* § 313 Rn. 12.
[3] BeBiKo/*Grottel* § 313 Rn. 15; *IDW* RS HFA 44 Rn. 9 ff.
[4] *ADS* § 313 Rn. 45.
[5] BeBiKo/*Grottel* § 313 Rn. 20.
[6] *ADS* § 313 Rn. 25 ff.
[7] WP-HdB Kap. M Rn. 677.

der Stetigkeit und Berichtigung von Fehlern) und DRS 18.63 ff. (Latente Steuern) zusätzliche Angaben und/oder Erläuterungen.

Darüber hinaus ergeben sich umfangreiche Angabepflichten aus den Rech- **8** nungslegungsstandards des DSR. Zur Erläuterung der Angabepflichten verweisen wir auf die Kommentierungen zu den jeweiligen Vorschriften.

II. Angaben zu einzelnen Posten der Konzernbilanz und der Konzern-Gewinn- und Verlustrechnung

Aus den §§ 290 ff. ergeben sich direkte Angabepflichten, die die folgende **9** Liste zusammenfasst. Die Angabepflichten sind bereits im Zusammenhang mit den jeweiligen Vorschriften kommentiert worden.

Pflichtangaben im Anhang gemäß der §§ 290–312 **10**

§ 294 Abs. 2	Angaben über wesentliche Veränderungen der Zusammensetzung der in den Konzernabschluss einbezogenen Unternehmen	Angaben
§ 296 Abs. 3	Verzicht auf die Einbeziehung	Begründung
§ 297 Abs. 2 S. 3	Beeinträchtigung der Vermittlung eines den tatsächlichen Verhältnissen entsprechenden Bildes der Vermögens-, Finanz- und Ertragslage	Angaben
§ 297 Abs. 3 S. 4	Abweichung von der Konsolidierungsmethode des Vorjahres	Angaben und Begründung
§ 297 Abs. 3 S. 5	Einfluss von Abweichungen auf die Vermögens-, Finanz- und Ertragslage	Angaben
§ 298 Abs. 1	Entsprechende Anwendung der Vorschriften über den Anhang zum Jahresabschluss	
§ 299 Abs. 3	Vorgänge von besonderer Bedeutung für die Vermögens-, Finanz- und Ertragslage bei Abweichung der Abschlussstichtage und Verzicht auf Aufstellung eines Zwischenabschlusses bei fehlender Berücksichtigung in der Konzernbilanz und der Konzern-GuV	Angaben
§ 300 Abs. 2 S. 3	Beibehaltung der besonderen Ansatzvorschriften für Versicherungen und Kreditinstitute	Hinweis
§ 301 Abs. 2 S. 5 Hs 2	Verrechnung auf Grundlage von Wertansätzen nicht zum Zeitpunkt der erstmaligen Konsolidierung sondern zum Zeitpunkt an dem das Unternehmen Tochterunternehmen geworden ist	Angaben und Begründung
§ 301 Abs. 3 S. 2	Geschäfts- und Firmenwert bzw. passivischer Unterschiedsbetrag und wesentliche Veränderungen gegenüber dem Vorjahr	Angabe und Erläuterung
§ 308 Abs. 1 S. 3	Abweichungen von den auf den Jahresabschluss des Mutterunternehmens angewandten Bewertungsmethoden	Angabe und Begründung
§ 308 Abs. 2 S. 2	Beibehaltung der besonderen Bewertungsvorschriften für Versicherungen und Kreditinstitute	Hinweis
§ 308 Abs. 2 S. 4	Unterlassen der einheitlichen Bewertung	Angabe und Begründung

§ 310 Abs. 2	Anteilmäßige Konsolidierung	Angaben und ggf. Begründung
§ 312 Abs. 1 S. 2	Unterschiedsbetrag bei assoziierten Unternehmen	Angabe
§ 312 Abs. 5 S. 2	Unterlassung der Bewertungsanpassungen bei assoziierten Unternehmen	Angabe

III. Angaben zu den Bilanzierungs- und Bewertungsmethoden (§ 313 Abs. 1 S. 3 Nr. 1)

11   Die Bilanzierungs- und Bewertungsmethoden für die Posten der Konzernbilanz und der Konzern-GuV sind gem. § 313 Abs. 1 S. 3 Nr. 1 im Konzernanhang anzugeben.

12   Für den Konzernanhang werden weitgehend die gleichen Angaben verlangt wie für den Anhang des Jahresabschlusses (vgl. §§ 284 ff.). Soweit die Bilanzierungs- und Bewertungsmethoden des Konzernabschlusses mit dem Jahresabschluss des Mutterunternehmens übereinstimmen, können die Angaben übernommen werden, wenn nicht ohnehin die Anhangangaben zusammengefasst werden (§ 298 Abs. 3 S. 1).

13   Neben der Darstellung der Methoden der Bilanzierung und Bewertung sind Angaben darüber erforderlich, ob und inwieweit die **konzerneinheitliche Bilanzierung und Bewertung** (§ 308 Abs. 1 S. 1) verwirklicht ist, ob von den im Jahresabschluss des Mutterunternehmens angewandten Bewertungsmethoden abgewichen wurde (§ 308 Abs. 1 S. 3).

IV. Angabe der Abweichungen von Bilanzierungs-, Bewertungs- und Konsolidierungsmethoden (§ 313 Abs. 1 S. 3 Nr. 2)

14   Neben den bereits oben erwähnten Angaben über die Abweichungen von den Bewertungsmethoden, die im Jahresabschluss des Mutterunternehmens angewandt wurden (§ 308 Abs. 1 S. 3), und der Beibehaltung von Bewertungsbesonderheiten bei Kreditinstituten und Versicherungen sind weitere Angaben notwendig, wenn das Stetigkeitsgebot durchbrochen oder sonst von den üblichen Bewertungsmethoden abgewichen wurde.

15   Für Konsolidierungsmaßnahmen sind weiter gehende Angaben notwendig, wenn die Konsolidierungs- oder Bewertungsmethode gewechselt wurde. Dies gilt für alle Teile der Konsolidierung (Kapital, Schulden, Aufwand und Ertrag, Zwischengewinne).

16   Die Abweichungen von den Konsolidierungsmethoden sind zu begründen. Ihre Auswirkung auf die Darstellung der Vermögens-, Finanz- und Ertragslage ist zu erläutern.[8]

17   DRS 13.29 konkretisiert diese Angabepflichten dahingehend, dass die Auswirkungen aus der Anwendung eines anderen Bilanzierungsgrundsatzes betragsmäßig einzeln für die betreffenden Bilanzposten darzustellen sind. Für die maßgeblichen Posten der Vorjahresabschlüsse sind Proforma-Angaben zu machen und zu erläutern, soweit die Angaben nicht bereits im Abschluss selbst gemacht wurden.

---

[8] WP-HdB Kap. M Rn. 720.

V. Angaben zu den einbezogenen Unternehmen und zu Beteiligungen (§ 313 Abs. 2)

1. Einbezogene Unternehmen. Der Anhang des Konzernabschlusses hat 18 eine vollständige Liste der in den Konzernabschluss einbezogenen Tochterunternehmen zu enthalten. Für jedes Tochterunternehmen sind aufzuführen:

– Name,
– Sitz,
– Anteil am Kapital,
– der zur Einbeziehung verpflichtende Sachverhalt, wenn die Einbeziehungspflicht nicht auf der Mehrheit der Stimmrechte beruht.

Die für die Nachvollziehbarkeit notwendigen Angaben sind erforderlich. 19 In einigen Fällen (zB Stimmrechtsanteil weicht vom Kapitalanteil ab) reicht die Nennung des Grundes (DRS 19 Rn. 107–112).

Sofern es Tochterunternehmen gibt, die nach § 296 nicht einbezogen wer- 20 den, sind die genannten Angaben auch für diese Unternehmen zu machen.

2. Assoziierte Unternehmen. Für assoziierte Unternehmen, die nach 21 der Equity-Methode bewertet werden, ist im Konzernanhang ebenfalls anzugeben:

– Name,
– Sitz,
– Anteil am Kapital.

Wenn § 311 Abs. 2, der die Nichtanwendung der Equity-Methode auf 22 assoziierte Unternehmen von untergeordneter Bedeutung zulässt, in Anspruch genommen wurde, muss dies angegeben und begründet werden.

3. Quotenkonsolidierte Unternehmen. Unternehmen, die nach § 310 23 anteilsmäßig in den Konzernabschluss einbezogen sind, sind im Anhang mit folgenden Angaben anzuführen:

– Name,
– Sitz,
– Anteil am Kapital,
– Tatbestand, aus dem sich die Anwendung des § 310 ergibt.

Bezüglich der Tatbestände, aus denen sich die Anwendung des § 310 24 ergibt, sind die sachlichen und rechtlichen Grundlagen darzulegen. Insbesondere, wenn das Gemeinschaftsunternehmen von mehr als zwei Unternehmen geführt wird, ist die gemeinschaftliche Führung darzulegen.

4. Sonstige Unternehmensanteile. Für alle Unternehmen, an denen der 25 Konzern mindestens 20 % der Anteile besitzt, die nicht mit Hilfe der oben genannten Methoden in den Konzernabschluss einbezogen werden, ist eine Liste zu erstellen, die für jedes dieser Unternehmen folgende Angaben enthält:

– Name,
– Sitz,
– Anteil am Kapital,
– Höhe des Eigenkapitals,
– Höhe des Ergebnisses des letzten Geschäftsjahres, für das ein Abschluss aufgestellt worden ist.

5. Angaben für börsennotierte Konzernunternehmen. Anzugeben 26 sind alle Beteiligungen an großen Kapitalgesellschaften an denen am Bilanzstichtag mindestens 5 % der Stimmrechte von börsennotierten Mutter- oder Tochterunternehmen gehalten werden, wenn diese Beteiligungen nicht bereits im Rahmen der Angaben unter § 313 Abs. 2 Nr. 1–4 gemacht wurden. Anzugeben sind alle Kapitalgesellschaften mit Sitz im In- und Ausland. Die genaue Höhe der Beteiligung muss nicht angegeben werden, vielmehr genügt der Hinweis, dass die Beteiligung mehr als 5 % der Stimmrechte entspricht.[9]

27 **6. Angaben zu Unternehmen, deren unbeschränkt haftender Gesellschafter das Mutterunternehmen ist.** Zu Unternehmen, deren unbeschränkt haftender Gesellschafter das Mutterunternehmen ist, sind Name, Sitz und Rechtsform anzugeben. Diese Vorschrift entspricht der Vorschrift des § 285 Nr. 11a und hat auch im Konzernanhang unabhängig von der Beteiligungshöhe zu erfolgen.[10]

28 **7. Angaben zu Mutterunternehmen für den größten und den kleinsten Konzernkreis.** Durch das BilRUG wurden die Vorschriften des § 313 Abs. 2 Nr. 7 und Nr. 8 hinzugefügt und somit ein Gleichklang zwischen Konzernanhang und Anhang des Jahresabschlusses hergestellt.[11] Die Angaben zum Mutterunternehmen, das den Konzernabschluss für den größten bzw. kleinsten Kreis von Unternehmen aufstellt umfassen:

– Name,

– Sitz,

– Ort, wo der Konzernabschluss zugänglich ist im Falle einer Offenlegung.

Sofern es nur ein Mutterunternehmen gibt, ist keine doppelte Angabe nach § 313 Abs. 2 Nr. 7 und Nr. 8 erforderlich, eine Erläuterung, dass der größte Konzernkreis übereinstimmt mit dem kleinsten Konzernkreis, ist zu empfehlen.[12]

VI. Schutzklausel bei Nachteilszufügung

29 Gem. § 313 Abs. 3 gestattet das Gesetz für die in § 313 Abs. 2 geforderten Angaben, dass sie unterlassen werden, wenn dem Mutterunternehmen oder einem betroffenen Unternehmen nach vernünftiger kaufmännischer Beurteilung erhebliche Nachteile entstehen können.

30 Die Schutzklausel bezieht sich ausschließlich auf den § 313 Abs. 2, andere für den Anhang geforderte Angaben sind dadurch nicht betroffen. Die Anwendung der Schutzklausel ist im Anhang anzugeben.

31 Die im § 313 Abs. 2 geforderten Angaben dürfen nur insoweit unterlassen werden, als sie speziell einen erheblichen Nachteil erwarten lassen. Die Begründung für die Anwendung der Schutzklausel muss auf jede unterlassene Angabe im Einzelnen zutreffen. Abs. 3 S. 1 ist nicht anwendbar, wenn das Mutterunternehmen oder eines der Tochterunternehmen eine kapitalmarktorientierte Gesellschaft nach § 264d ist.

32 Weiterhin sehen § 313 Abs. 3 S. 4 und S. 5 Ausnahmen in Bezug auf Angaben zu anderen Beteiligungsunternehmen iSd § 313 Abs. 2 Nr. 4 und Nr. 5 vor, sofern die Angaben für die Darstellung eines den tatsächlichen Verhältnissen entsprechenden Bildes der Vermögens-, Finanz- und Ertragslage von untergeordneter Bedeutung sind. Das Eigenkapital und das Ergebnis

---

[9] BeBiKo/*Grottel* § 313 Rn. 225.
[10] BeBiKo/*Grottel* § 313 Rn. 230.
[11] BeBiKo/*Grottel* § 313 Rn. 235.
[12] BeBiKo/*Grottel* § 313 Rn. 241.

müssen zudem nicht offengelegt werden, wenn das im Anteilsbesitz stehende Unternehmen seinen Jahresabschluss nicht offenzulegen hat.

VII. Anlagenspiegel und Aktivierung von Fremdkapitalzinsen

Durch das BilRUG finden die Pflicht zur Angabe der Entwicklung des **33** Anlagevermögens sowie die Angabe zur Einbeziehung von Fremdkapitalzinsen in die Herstellungskosten Einzug in die Vorschriften zum Konzernanhang. Eine inhaltliche Änderung der bisherigen Regelungen ist damit nicht verbunden. Es handelt sich vielmehr um eine Änderung in der Gesetzessystematik und den damit verbundenen Verweisungen zwischen den Vorschriften für den Jahresabschluss und dem Konzernabschluss.[13]

VIII. Sonstige Pflichtangaben (§ 314)

Abs. 1 Nr. 1	Gesamtbetrag der in der Konzernbilanz ausgewiesenen Verbindlichkeiten mit einer Restlaufzeit von mehr als fünf Jahren, Gesamtbetrag der in der Konzernbilanz ausgewiesenen Verbindlichkeiten, die durch Pfandrechte oder ähnliche Rechte gesichert sind, Angabe von Art und Form der Sicherung	**34**
Abs. 1 Nr. 2	Angabe von Art und Zweck sowie der Risiken und Vorteile von nicht in der Konzernbilanz enthaltenen Geschäften des Mutterunternehmens und aller einbezogenen Tochterunternehmen, wenn die Angabe für die Beurteilung der Finanzlage des Konzerns von Bedeutung ist	
Abs. 1 Nr. 2a	Gesamtbetrag der wesentlichen sonstigen finanziellen Verpflichtungen, die nicht in der Konzernbilanz erscheinen und nicht nach § 298 Abs. 1 iVm § 268 Abs. 7 oder nach Nummer 2 anzugeben sind. Von diesen Beträgen und von den Haftungsverhältnissen nach § 268 Abs. 7 iVm § 251 sind diejenigen betreffend die Altersversorgung sowie Verpflichtungen gegenüber nicht in den Konzernabschluss einbezogenen Tochterunternehmen gesondert auszuweisen.	
Abs. 1 Nr. 3	Aufgliederung der Umsatzerlöse nach Tätigkeitsbereichen sowie nach geographisch bestimmten Märkten	
Abs. 1 Nr. 4	durchschnittliche Zahl der Arbeitnehmer der in den Konzernabschluss nach den Grundsätzen der Vollkonsolidierung einbezogenen Unternehmen, getrennt nach Gruppen, im Geschäftsjahr verursachter Personalaufwand (nur bei Umsatzkostenverfahren), getrennt davon die durchschnittliche Zahl der Arbeitnehmer von anteilmäßig konsolidierten Unternehmen	
Abs. 1 Nr. 5	aufgehoben	
Abs. 1 Nr. 6	jeweils für die Mitglieder des Geschäftsführungsorgans, des Aufsichtsrats, eines Beirats oder einer ähnlichen Einrichtung des Mutterunternehmens: – (a) gewährte Gesamtbezüge einschließlich erworbener Ansprüche, Bezugsrechte mit Anzahl und beizulegendem Zeitwert; für börsennotierte Aktiengesellschaften gelten gem. § 314 Abs. 1 Nr. 6 Buchst. a S. 5–8 zusätzliche Angabepflichten – (b) gewährte Gesamtbezüge der früheren Mitglieder der genannten Organe und ihrer Hinterbliebenen – (c) gewährte Vorschüsse und Kredite. Die Angaben gem. § 314 Abs. 1 Nr. 6 Buchst. a S. 5–8 können alternativ im Rahmen eines Vergütungsberichts im Lagebericht angegeben werden, soweit das Mutterunternehmen eine börsennotierte Aktiengesellschaft ist (vgl. § 315 Abs. 2 Nr. 4 S. 2).	

---

[13] BeBiKo/*Grottel* § 313 Rn. 310 f.

Abs. 1 Nr. 7	für Anteile an dem Mutterunternehmen, die – das Mutterunternehmen, – ein Tochterunternehmen oder – ein Dritter für Rechnung eines dieser Unternehmen erworben oder als Pfand genommen hat, ist anzugeben: – Zahl, – Nennbetrag und – Anteil am Kapital
Abs. 1 Nr. 7a	für jede Gattung der während des Geschäftsjahrs im Rahmen des genehmigten Kapitals gezeichneten Aktien des Mutterunternehmens ist die Zahl der Aktien anzugeben, wobei für Nennbetragsaktien der Nennbetrag und für Stückaktien der rechnerische Wert anzugeben ist.
Abs. 1 Nr. 7b	Genussscheine, Wandelschuldverschreibungen, Optionsscheine, Optionen oder vergleichbare Wertpapiere oder Rechte, aus denen das Mutterunternehmen verpflichtet wird, sind unter Angabe der Anzahl und der Rechte zu nennen.
Abs. 1 Nr. 8	für in den Konzernabschluss einbezogene börsennotierte Unternehmen: – die Abgabe und Zugänglichmachung der nach § 161 AktG vorgeschriebenen Erklärung
Abs. 1 Nr. 9	das Honorar des Abschlussprüfers für Abschlussprüfungsleistungen, andere Bestätigungsleistungen, Steuerberaterleistungen und sonstige Leistungen
Abs. 1 Nr. 10	für alle Finanzinstrumente in den Finanzanlagen gem. § 266 Abs. 2 A. III., die zum beizulegenden Zeitwert ausgewiesen sind, da eine außerplanmäßige Abschreibung nach § 253 Abs. 3 S. 6 nicht vorgenommen wurde: a) Der Buchwert und der beizulegende Zeitwert der einzelnen Vermögensgegenstände oder von Gruppen von Vermögensgegenständen sowie b) die Gründe der Unterlassung einer außerplanmäßigen Abschreibung einschließlich der Hinweise, die auf eine lediglich vorübergehende Wertminderung schließen lassen
Abs. 1 Nr. 11	für jede Kategorie derivativer Finanzinstrumente, die nicht zum beizulegenden Zeitwert bilanziert sind: a) Art und Umfang b) beizulegender Zeitwert, soweit dieser nach § 255 Abs. 4 verlässlich ermittelt werden kann und die angewandten Bewertungsmethoden c) Buchwert, einschließlich der Bilanzposten, in denen der Buchwert (soweit vorhanden) erfasst ist d) die Gründe dafür, warum der beizulegende Zeitwert nicht bestimmt werden kann
Abs. 1 Nr. 12	für alle Finanzinstrumente die mit dem beizulegenden Zeitwert bewertet sind: a) die grundlegenden Annahmen, die zur Ermittlung des beizulegenden Zeitwerts mit Hilfe von anerkannten Bewertungsmethoden zugrunde gelegt wurden sowie b) Umfang und Art jeder Kategorie derivativer Finanzinstrumente, einschließlich der Bedingungen, die zukünftige Zahlungsströme in ihrer Höhe, ihrem Zeitpunkt und ihrer Sicherheit beeinflussen können
Abs. 1 Nr. 13	alle Geschäfte oder zumindest solche, die nicht zu marktüblichen Konditionen zustande gekommen und wesentlich sind, mit nahe stehenden Unternehmen und Personen, einschließlich der Art der Beziehung, den Wert des Geschäfts sowie weiterer Angaben, die für die Beurteilung der Finanzlage des Konzerns notwendig sind. Hiervon sind Geschäfte mit nahestehenden Unternehmen, wenn diese Geschäfte in der Konsolidierung weggelassen werden, ausgenommen. Eine in Geschäftsarten zusammengefasste Angabe ist zulässig, sofern die getrennte Angabe für die Beurteilung der Auswirkungen auf die Finanzlage des Konzerns nicht notwendig ist.

Abs. 1 Nr. 14	bei der Aktivierung von selbst geschaffenen immateriellen Vermögensgegenständen des Anlagevermögens nach § 248 Abs. 2: der Gesamtbetrag der Forschungs- und Entwicklungskosten des Geschäftsjahres aller in den Konzernabschluss einbezogenen Unternehmen und den Anteil, welcher auf die nach § 248 Abs. 2 aktivierten Vermögensgegenstände entfällt
Abs. 1 Nr. 15	bei der Bildung von Bewertungseinheiten nach § 254 im Konzernabschluss: a) Angabe des Betrags, mit dem jeweils Vermögensgegenstände, Schulden, schwebende Geschäfte und mit hoher Wahrscheinlichkeit vorgesehene Transaktionen mit vergleichbaren Risiken in eine Bewertungseinheit zusammengefasst wurden. Ferner sind die Arten der Risiken und Bewertungseinheiten, einschließlich die Höhe der Risiken anzugeben. b) für die abgesicherten Risiken: Angabe der Gründe, warum und in welchem Umfang sich gegenläufige Wertentwicklungen oder Zahlungsströme der zusammengefassten Geschäfte voraussichtlich ausgleichen werden, einschließlich des Zeitraums und der Methode der Ermittlung. c) Erläuterung von mit hoher Wahrscheinlichkeit erwarteten Transaktionen, die in Bewertungseinheiten einbezogen wurden, soweit die Angaben nicht im Lagebericht des Konzerns gemacht wurden,
Abs. 1 Nr. 16	für alle in der Konzernbilanz ausgewiesenen Rückstellungen für Pensionen und ähnliche Verpflichtungen sind anzugeben: Das angewandte versicherungsmathematische Berechnungsverfahren, die zugrunde gelegten Annahmen in der Berechnung, wie zB der Zinssatz, die erwarteten Lohn- und Gehaltssteigerungen und die zugrunde gelegten Sterbetafeln. Zusätzliche Anhangangaben gem. Art. 67 Abs. 1 S. 4 und Abs. 2 EGHGB müssen beachtet werden.
Abs. 1 Nr. 17	soweit in der Konzernbilanz eine Verrechnung von ausgewiesenen Vermögensgegenständen und Schulden nach § 246 Abs. 2 S. 2 vorgenommen wurde: die Anschaffungskosten und der beizulegende Zeitwert der verrechneten Vermögensgegenstände, der Erfüllungsbetrag der verrechneten Schulden sowie die verrechneten Aufwendungen und Erträge. Ferner müssen die bei der Ermittlung des beizulegenden Zeitwerts mit anerkannten Bewertungsmethoden zugrunde gelegten Annahmen angegeben werden (vgl. Abs. 1 Nr. 12 Buchst. a).
Abs. 1 Nr. 18	für alle in der Konzernbilanz ausgewiesenen Anteile an einem inländischen Investmentvermögen iSd § 1 InvG oder ausländischen Investmentanteilen iSd § 2 Abs. 9 InvG von mehr als 10 % müssen angegeben werden: Eine Aufgliederung dieser Anteile nach Anlagezielen, der Wert der Anteile gem. § 36 InvG, bzw. vergleichbarer ausländischer Vorschriften über die Marktwertermittlung, den Unterschiedsbetrag zwischen Markt- und Buchwert, die Ausschüttung für das Geschäftsjahr und vorhandene Beschränkungen in der Möglichkeit der täglichen Rückgabe der Anlagen. Ferner sind die Gründe einer unterbliebenen Abschreibung gem. § 253 Abs. 3 S. 6 anzugeben, einschließlich der herangezogenen Anhaltspunkte, die auf eine lediglich vorübergehende Wertminderung hindeuten. § 314 Abs. 1 Nr. 10 ist entsprechend nicht anzuwenden.
Abs. 1 Nr. 19	Für Verbindlichkeiten und Haftungsverhältnisse, die gem. § 268 Abs. 7 im Anhang angegeben werden, sind die Gründe der Einschätzung des Risikos der Inanspruchnahme anzugeben.
Abs. 1 Nr. 20	Für einen in der Konzernbilanz ausgewiesenen entgeltlich erworbenen Geschäfts- oder Firmenwert muss der Abschreibungszeitraum erläutert werden.

Abs. 1 Nr. 21	Angabe der Differenzen oder steuerlichen Verlustvorträge, auf denen die latenten Steuern beruhen und die zur Bewertung herangezogenen Steuersätze
Abs. 1 Nr. 22	bei Ansatz latenter Steuersalden in der Konzernbilanz die Angabe latenten Steuersalden am Ende des Geschäftsjahrs und die Änderungen im Laufe des Geschäftsjahres
Abs. 1 Nr. 23	Angabe des Betrags und Art der Erträge und Aufwendungen von außergewöhnlicher Größenordnung oder Bedeutung
Abs. 1 Nr. 24	Erträge und Aufwendungen, die einem anderen Konzerngeschäftsjahr zuzuordnen sind, sind bezüglich ihrer Art und ihres Betrages zu erläutern, sofern diese nicht von untergeordneter Bedeutung für die Vermögens-, Finanz- und Ertragslage sind.
Abs. 1 Nr. 25	Für Vorgänge von besonderer Bedeutung nach dem Schluss des Konzerngeschäftsjahres, die weder in der Konzern-Gewinn- und Verlustrechnung, noch in der Konzernbilanz berücksichtigt wurden, sind hinsichtlich ihrer Art und ihrer finanziellen Auswirkungen zu erläutern.
Abs. 1 Nr. 26	Der Ergebnisverwendungsvorschlag oder der Beschluss darüber ist zu nennen.
Abs. 2	Mutterunternehmen, die den Konzernabschluss um eine Segmentberichterstattung erweitern, sind von den Angabepflichten gem. § 314 Abs. 1 Nr. 3 befreit.
Abs. 3	Bei börsennotierten Aktiengesellschaften können die Angaben gem. § 314 Abs. 1 Nr. 6 Buchst. a S. 5–9 unterbleiben, wenn dies von der Hauptversammlung beschlossen wird.

IX. Erläuterung zu den sonstigen Angabepflichten

35   Die Angabepflichten nach § 314 sind zum Teil wörtlich aus § 285 übernommen worden (vgl. § 285).

36   Folgende Erläuterungspflichten aus § 285 sind jedoch in § 314 nicht enthalten, da sie zum Teil für den Konzernabschluss nicht relevant sind:

– Materialaufwand bei Anwendung des Umsatzkostenverfahrens,
– Mitglieder des Geschäftsführungsorgans und des Aufsichtsrats,
– nicht gesondert ausgewiesene sonstige Rückstellungen,
– Ausschüttungsgesperrte Beträge iSd § 268 Abs. 8.

37   Der Betrag der Verbindlichkeiten mit einer Restlaufzeit von bis zu einem Jahr ist gem. § 298 Abs. 1 iVm § 268 Abs. 5 bei den jeweiligen Positionen in der Bilanz anzugeben. Stattdessen kann ein **Konzernverbindlichkeitenspiegel** im Konzernanhang ausgewiesen werden. Die Aufspaltung der Verbindlichkeiten mit einer Restlaufzeit von mehr als fünf Jahren kann freiwillig vorgenommen werden.[14] Maßstab für die Beurteilung der Bedeutung der **sonstigen finanziellen Verpflichtungen** ist der Konzern als wirtschaftliche Einheit. Angaben, die im Anhang eines Tochterunternehmens ausgewiesen sind, können aus Sicht des Konzerns von untergeordneter Bedeutung sein. Allerdings ist zu prüfen, ob der Gesamtbetrag der wegen ihrer untergeordneten Bedeutung in den Jahresabschlüssen der einbezogenen Unternehmen nicht ausgewiesenen Verpflichtungen für den Konzern wesentlich ist.

---

[14] BeBiKo/*Grottel* Rn. 13.

Die Aufgliederung der **Umsatzerlöse nach Tätigkeitsbereichen** und 38
geographisch getrennten Märkten bezieht sich auf die Konzernaußen-
umsatzerlöse. Die Aufgliederung der Umsatzerlöse setzt voraus, dass Tätigkeitsbereiche und geographische Märkte abgegrenzt werden können, die sich
wesentlich voneinander unterscheiden. Die geographische Aufgliederung
richtet sich nach den Absatzmärkten. Optional kann der Konzernabschluss
gem. § 297 Abs. 1 S. 2 um eine Segmentberichterstattung erweitert werden.

Unter den **Organbezügen** (§ 314 Abs. 1 Nr. 6) sind die Bezüge, die 39
aktive oder ehemalige Organmitglieder für die Wahrnehmung von Aufgaben
im Mutterunternehmen und Tochterunternehmen erhalten, auszuweisen
(Einzelheiten in DRS 17). In die Angabe einzubeziehen sind solche Bezüge,
die aus der Wahrnehmung von Aufgaben im Mutterunternehmen erzielt
werden, zudem sind auch die Gesamtbezüge für die Wahrnehmung von
Aufgaben in den Organen der Tochterunternehmen zu berücksichtigen.
Nicht einbezogen werden Bezüge, die ehemalige Mitglieder der Organe der
Muttergesellschaft für eine gegenwärtige Tätigkeit bei einer Tochtergesellschaft erhalten.[15] § 314 Abs. 1 Nr. 6 Buchst. a S. 4–8 stimmen vom Wortlaut
her mit § 285 Nr. 9 Buchst. a S. 4–8 überein. Insoweit wird daher auf die
Erläuterungen unter → § 285 Rn. 11 f. verwiesen.

X. Folgen der Nichtbeachtung

Soweit eine Verletzung der §§ 313, 314 zur Folge hat, dass die Verhältnisse 40
des Konzerns im Konzernlagebericht unrichtig wiedergegeben oder verschleiert werden, wird dies durch § 331 Nr. 2 sanktioniert. Daneben qualifiziert § 334 Abs. 1 Nr. 2 Buchst. f einen Verstoß gegen §§ 313 bzw. 314 als
Ordnungswidrigkeit.

Neunter Titel. Konzernlagebericht

§ 315 Inhalt des Konzernlageberichts

(1) **[1]Im Konzernlagebericht sind der Geschäftsverlauf einschließlich des
Geschäftsergebnisses und die Lage des Konzerns so darzustellen, dass ein
den tatsächlichen Verhältnissen entsprechendes Bild vermittelt wird. [2]Er
hat eine ausgewogene und umfassende, dem Umfang und der Komplexität der Geschäftstätigkeit entsprechende Analyse des Geschäftsverlaufs
und der Lage des Konzerns zu enthalten. [3]In die Analyse sind die für die
Geschäftstätigkeit bedeutsamsten finanziellen Leistungsindikatoren einzubeziehen und unter Bezugnahme auf die im Konzernabschluss ausgewiesenen Beträge und Angaben zu erläutern. [4]Ferner ist im Konzernlagebericht die voraussichtliche Entwicklung mit ihren wesentlichen
Chancen und Risiken zu beurteilen und zu erläutern; zugrunde liegende
Annahmen sind anzugeben. [5]Die Mitglieder des vertretungsberechtigten
Organs eines Mutterunternehmens im Sinne des § 297 Abs. 2 Satz 4
haben zu versichern, dass nach bestem Wissen im Konzernlagebericht
der Geschäftsverlauf einschließlich des Geschäftsergebnisses und die Lage
des Konzerns so dargestellt sind, dass ein den tatsächlichen Verhältnissen
entsprechendes Bild vermittelt wird, und dass die wesentlichen Chancen
und Risiken im Sinne des Satzes 4 beschrieben sind.**

---

[15] BeBiKo/*Grottel* Rn. 106.

(2) [1] Im Konzernlagebericht ist auch einzugehen auf:

1. a) die Risikomanagementziele und -methoden des Konzerns einschließlich seiner Methoden zur Absicherung aller wichtigen Arten
   von Transaktionen, die im Rahmen der Bilanzierung von Sicherungsgeschäften erfasst werden, sowie
   b) die Preisänderungs-, Ausfall- und Liquiditätsrisiken sowie die Risiken aus Zahlungsstromschwankungen, denen der Konzern ausgesetzt ist,

   jeweils in Bezug auf die Verwendung von Finanzinstrumenten durch
   den Konzern und sofern dies für die Beurteilung der Lage oder der
   voraussichtlichen Entwicklung von Belang ist;
2. den Bereich Forschung und Entwicklung des Konzerns und
3. für das Verständnis der Lage des Konzerns wesentliche Zweigniederlassungen der insgesamt in den Konzernabschluss einbezogenen Unternehmen.

[2] Ist das Mutterunternehmen eine Aktiengesellschaft, hat es im Konzernlagebericht auf die nach § 160 Absatz 1 Nummer 2 des Aktiengesetzes im
Anhang zu machenden Angaben zu verweisen.

(3) Absatz 1 Satz 3 gilt entsprechend für nichtfinanzielle Leistungsindikatoren, wie Informationen über Umwelt- und Arbeitnehmerbelange,
soweit sie für das Verständnis des Geschäftsverlaufs oder der Lage des
Konzerns von Bedeutung sind.

(4) Ist das Mutterunternehmen oder ein in den Konzernabschluss einbezogenes Tochterunternehmen kapitalmarktorientiert im Sinne des
§ 264d, ist im Konzernlagebericht auch auf die wesentlichen Merkmale
des internen Kontroll- und Risikomanagementsystems im Hinblick auf
den Konzernrechnungslegungsprozess einzugehen.

(5) § 298 Absatz 2 über die Zusammenfassung von Konzernanhang
und Anhang ist entsprechend anzuwenden.

Schrifttum: (ohne die Einzelbeiträge in den verschiedenen Handbüchern der
Rechnungslegung) *Bischof/Selch,* Neuerungen für den Lagebericht nach dem Regierungsentwurf eines Bilanzrechtsmodernisierungsgesetzes (BilMoG), WPg 2008, 1021;
Böcking/Althoff, Konzernlagebericht: Änderungen von DRS 20, WPg 2017, 1450;
Böcking/Althoff, Paradigmenwechsel in der (Konzern-)Lageberichterstattung über
nicht-monetäre Erfolgsfaktoren – Pre-Financial Performance Indicators als Vorstufe,
nicht als Gegensatz von Financial Performance Indicators –, Der Konzern 2017, 246;
Böcking/Gros/Koch/Wallek, Der neue Konzernlagebericht nach DRS 20, Der Konzern,
2013, 30; BT-Drs. 15/3419 vom 24.6.2004, Entwurf eines Gesetzes zur Einführung
internationaler Rechnungslegungsstandards und zur Sicherung der Qualität der Abschlussprüfung (Bilanzrechtsreformgesetz – BilReG); BT-Drs. 15/5577 vom 31.5.2005,
Entwurf eines Gesetzes über die Offenlegung der Vorstandsvergütungen (Vorstandsvergütungs-Offenlegungsgesetz – VorstOG); BT-Drs. 16/1003 vom 17.3.2006, Entwurf eines Gesetzes zur Umsetzung der Richtlinie 2004/25/EG des Europäischen
Parlaments und des Rates vom 21. April 2004 betreffend Übernahmeangebote (Übernahmerichtlinie-Umsetzungsgesetz); *DRSC,* DRS 20, Konzernlagebericht Stand:
22.9.2017; *Fey,* Die Angabe bestehender Zweigniederlassungen im Lagebericht nach
§ 289 Abs. 2 Nr. 4 HGB, DB 1994, 485; *Gödel,* Unverzichtbarkeit der Prognoseberichterstattung im (Konzern-)Lagebericht, DB 2010, 431; *IDW* PS 261 nF, Feststellung
und Beurteilung von Fehlerrisiken und Reaktionen des Abschlussprüfers auf die beurteilten Fehlerrisiken, IDW life 2018, 172; *Küting/Hütten,* Die Lageberichterstattung
über Risiken der künftigen Entwicklung, AG 1997, 250; *Melcher/Mattheus,* Zur Umsetzung der HGB-Modernisierung durch das BilMoG: Neue Offenlegungspflichten
zur Corporate Governance, DB 2009, 77; OLG Frankfurt, Entscheidung vom

24.11.2009 – WpÜG 12/09; *Stein,* Eine ökonomische Analyse der Entwicklung der Lageberichtsqualität, 2010.

Übersicht

I. Allgemeine Grundsätze

Neben der Pflicht zur Aufstellung eines Konzernabschlusses beinhaltet der **1** § 290 die **Pflicht** zur Erstellung eines Konzernlageberichts. Damit ist der Konzernlagebericht zwar verpflichtend zu erstellen, jedoch nicht Bestandteil des Konzernabschlusses.

Der Inhalt des Konzernlageberichts ist in den §§ 315–315d geregelt. Um **2** eine Erhöhung der Qualität und der Aussagekraft des Konzernlageberichts zu gewährleisten, hat der Gesetzgeber in der Vergangenheit § 315 mehrfach geändert bzw. um weitere Paragrafen ergänzt. Änderungen wurden vorgenommen im Rahmen des Bilanzrechtsreformgesetzes (BilReG), dem Vorstandsvergütungs-Offenlegungsgesetz (VorstOG), dem Übernahmerichtlinie-Umsetzungsgesetz (ÜbernRLUmsG), dem Transparenzrichtlinie-Umsetzungsgesetz (TUG), dem Gesetz zur Modernisierung des Bilanzrechts (BilMoG)[1] sowie dem Bilanzrichtlinie-Umsetzungsgesetz (BilRUG). Zuletzt

---

[1] Zu den Neuerungen der einzelnen Änderungsgesetze vgl. ausf. *Stein,* Eine ökonomische Analyse der Entwicklung der Lageberichtsqualität, 2010, 154 ff., 205 ff.; sowie zu den Änderungen durch das BilMoG zudem *Bischof/Selch* WPg 2008, 1021 ff.

wurde § 315 im Rahmen des CSR-Richtlinie-Umsetzungsgesetzes (CSRRLUmsG) neu strukturiert. Durch die Änderungen soll die Struktur des § 315 sich stärker an der des § 289 orientieren und die Auslagerung der nur für bestimmte Mutterunternehmen geltenden Vorschriften in § 315a der Vereinfachung dienen.[2] Zudem wurden neue Berichtspflichten zur Stärkung der nichtfinanziellen Berichterstattung in die §§ 315b–315c eingeführt.[3] § 315d bzgl. der Konzernerklärung zur Unternehmensführung wurde durch das BilRUG zunächst in § 315 Abs. 5 eingeführt, im Rahmen der Umstrukturierung der Regelungen zum Konzernlagebericht durch das CSRRLUmsG wurde diese Regelung schließlich in § 315d verschoben.

3   Das DRSC hat am 2.11.2012 DRS 20 „Konzernlagebericht" verabschiedet, der die gesetzlichen Anforderungen gem. § 315 an die Konzernlageberichterstattung konkretisiert (vgl. DRS 20.1). Der DRS 20 wurde am 4.12.2012 durch das BMJ bekannt gemacht und ist anzuwenden auf alle nach dem 31.12.2012 beginnenden Geschäftsjahre, wobei eine frühere vollumfängliche Anwendung möglich ist und von DRS 20 empfohlen wird (vgl. DRS 20.236). Aufgrund des CSRRLUmsG wurde DRS 20 durch DRÄS 8 aktualisiert und hierbei vorwiegend um die neuen Berichtspflichten zur Stärkung der nichtfinanziellen Berichterstattung ergänzt.[4] DRÄS 8 wurde am 22.9.2017 vom DRSC verabschiedet und am 4.12.2017 durch das BMJV bekannt gemacht. Bzgl. der Verbindlichkeit der Anwendung von DRS wird auf Erläuterungen unter → § 342 Rn. 7 f. verwiesen.

4   Inhaltlich verlangt § 315, dass der Konzernlagebericht eine Darstellung des **Geschäftsverlaufs** einschließlich des **Geschäftsergebnisses** und der **Lage** des Konzerns unter Beachtung eines den tatsächlichen Verhältnissen entsprechenden Bildes der Vermögens-, Finanz- und Ertragslage beinhaltet. Dabei soll eine ausgewogene und umfassende, dem Umfang und der Komplexität der Geschäftstätigkeit entsprechende **Analyse** des Geschäftsverlaufs und der Lage des Konzerns vorgenommen werden. Diese Analyse hat auch die für die Geschäftstätigkeit bedeutsamsten **finanziellen Leistungsindikatoren** einzubeziehen und zu erläutern. Darüber hinaus ist auf **nichtfinanzielle Leistungsindikatoren** (zB Informationen über Umwelt- und Arbeitnehmerbelange etc) einzugehen, soweit sie für das Verständnis des Geschäftsverlaufs oder der Lage von Bedeutung sind (Abs. 3). Schließlich ist im Konzernlagebericht die **voraussichtliche Entwicklung** mit ihren wesentlichen **Chancen und Risiken** zu beurteilen und zu erläutern. Ferner haben gem. Abs. 1 S. 5 die Mitglieder des vertretungsberechtigten Organs eines Mutterunternehmens iSv § 297 Abs. 2 S. 4 einen sog. **Lageberichtseid** abzugeben. Abs. 2 und 4 listen darüber hinaus weitere Pflichtangaben auf (**Risikoberichterstattung zu Finanzinstrumenten**, Angaben zu **Forschung und Entwicklung**; **Zweigniederlassungsbericht; Verweis auf die Angaben nach § 160 Abs. 1 Nr. 2 AktG im Anhang**). Die Angaben, die nur von Mutterunternehmen verpflichtend sind, die einen organisierten Markt iSd § 2 Abs. 7 WpÜG durch von ihnen ausgegebene stimmberechtigte Aktien in Anspruch nehmen, sind in § 315a geregelt (**übernahmerelevante Angaben und Vergütungsbericht**). Eine Kapitalgesellschaft, die Mutterunternehmen

---

[2] BT-Drs. 18/9982, 54.

[3] Zu den Neuerungen in der nichtfinanziellen Berichterstattung vgl. ausf. *Böcking/Althoff* Der Konzern 2017, 246 ff.

[4] Zu den Neuerungen in DRS 20 durch DRÄS 8 vgl. ausf. *Böcking/Althoff* WPg 2017, 1450 ff.

ist und die Merkmale des § 315b Abs. 1 erfüllt, hat zudem die Anforderungen der §§ 315b und 315c bzgl. der **nichtfinanziellen Konzernerklärung** zu beachten. Eine mit der **Erklärung zur Unternehmensführung** gem. § 289f vergleichbare Vorschrift für den Konzernlagebericht ist in § 315d enthalten (zu der Berichtspflicht für den Lagebericht vgl. Erl. zu § 289f).

Die gesetzlichen Bestimmungen des § 315 beziehen sich auf den **Konzern** 5 **als Gesamtheit.** Der Geschäftsverlauf kann daher erheblich von dem des Mutterunternehmens abweichen, zB wenn das Mutterunternehmen in großem Umfang eigene Geschäftstätigkeit hat. Zu den Möglichkeiten, den Lagebericht des Mutterunternehmens und den Konzernlageberichts zusammenzufassen, wird auf → Rn. 53 verwiesen. Die Darstellung des Konzerns als Gesamtheit erfordert auch die Berücksichtigung von nicht in den Konzernabschluss einbezogenen Unternehmen.[5]

Der Inhalt des Konzernlageberichts wird durch die Vorschriften der 6 §§ 315–315d nur in seinem **Mindestumfang** definiert. Weitere Informationen dürfen hinzugefügt werden und müssen hinzugefügt werden, wenn sie für die Vermittlung eines den tatsächlichen Verhältnissen entsprechenden Bilds der Vermögens-, Finanz- und Ertragslage erforderlich sind. Vorschriften über die **Form** und die **Gliederung** im Einzelnen enthält das HGB nicht. Es besteht somit grundsätzlich Gestaltungsfreiheit hinsichtlich der äußeren Form des Konzernlageberichts, seines Aufbaus und Umfangs. Allerdings müssen die Grundsätze der **Vollständigkeit, Wahrheit, Klarheit, Übersichtlichkeit** und **Verständlichkeit** gewahrt bleiben.[6] DRS 20 führt im Wesentlichen die gleichen Grundsätze auf und ergänzt sie um den Grundsatz der Vermittlung der Sicht der Konzernleitung sowie die Grundsätze der Wesentlichkeit und der Informationsabstufung. Die freiwilligen Angaben, soweit sie Teil des Konzernlageberichts sind, unterliegen grundsätzlich der Prüfungspflicht nach § 316, sofern diese nicht als lageberichtsfremd und ungeprüft eindeutig von den übrigen inhaltlich geprüften Angaben abgegrenzt sind (vgl. IDW EPS 350 nF Rn. 15).

Hinsichtlich der Gliederung wird in DRS 20 gefordert, den Konzernlage- 7 bericht in inhaltlich abgegrenzte Abschnitte zu untergliedern und dass diese Gliederung durch Überschriften zu den einzelnen Abschnitten deutlich werden muss (vgl. DRS 20.25). Obschon keine konkrete Gliederung vorgegeben ist, sollte im Sinne der interperiodischen Vergleichbarkeit die Gliederung im Zeitablauf stetig fortgeführt werden.

Eine der **Schutzklausel** des § 286 für den Anhang vergleichbare Regelung 8 für den Konzernlagebericht enthält das HGB nicht. Zu der Diskussion, welche Art von Informationen trotzdem unterlassen werden können bzw. müssen, wird auf → § 289 Rn. 13 verwiesen.

Der Konzernlagebericht wird häufig als Teil eines Geschäftsberichts in 9 gedruckter Form von den Unternehmen veröffentlicht. Auch in dieser gedruckten Fassung dürfen weder im Konzernabschluss noch im Konzernlagebericht Angaben (mit Ausnahme von eindeutig als ungeprüft gekennzeichneten lageberichtsfremden Angaben; → Rn. 6) gemacht werden, die nicht der Prüfung unterlegen haben. Zum Umfang der Prüfung des Konzernlageberichts wird auf die Erläuterungen unter → § 317 Rn. 20 ff. verwiesen.[7]

---

[5] MüKoHGB/*Fülbier/Pellens* Rn. 18; Beck HdR/*Hachmeister/Glaser* C 610 Rn. 11; WP-HdB Kap. G Rn. 890 f.

[6] *ADS* § 289 Rn. 30 iVm *ADS* § 315 Rn. 3; WP-HdB Kap. G Rn. 882.

[7] *Busse von Colbe/Ordelheide/Gebhardt/Pellens* Konzernabschlüsse S. 637.

II. Angaben zum Geschäftsverlauf einschließlich des Geschäftsergebnisses und zur Lage des Konzerns (Abs. 1 S. 1)

10 Analog zum Lagebericht der Kapitalgesellschaft (vgl. § 289) verlangt § 315 Abs. 1 die Berichterstattung über den **Geschäftsverlauf einschließlich des Geschäftsergebnisses und die Lage** des Konzerns. Die Ausführungen über den Geschäftsverlauf und zur Lage der Gesellschaft sind inhaltlich idR nur schwer voneinander zu trennen. Es erscheint somit zweckmäßig, im Rahmen einer gemeinsamen Berichterstattung aufbauend auf der Beschreibung des Geschäftsverlaufs die Lage der Gesellschaft zu verdeutlichen.[8] Die Angaben gehen über den Konzernabschluss hinaus und sollen Kenntnisse vermitteln, die nicht ohne weiteres aus dem Konzernabschluss erkennbar sind.[9]

11 Der Ausgangspunkt der Angaben zum Geschäftsverlauf und der wirtschaftlichen Lage des Konzerns sind gem. DRS 20 Informationen zu den Grundlagen des Konzerns, wie insbesondere das Geschäftsmodell. Hierzu fordert DRS 20 Angaben über die organisatorische Struktur des Konzerns, Segmente, Standorte, Produkte und Dienstleistungen, Geschäftsprozesse, Absatzmärkte sowie externe Einflüsse auf das Geschäft (vgl. DRS 20.36–37). Ferner sieht DRS 20 Angaben zu Forschung und Entwicklung (DRS 20.48 ff.; hierzu → Rn. 40 ff.) sowie freiwillig Angaben zu Zielen und Strategien vor (DRS 20.39 ff.). Sofern das Mutterunternehmen kapitalmarktorientiert ist, werden zudem Angaben zum Steuerungssystem gefordert (DRS 20.K45 ff.).

12 Die Ausführungen zum Geschäftsverlauf und zur Lage des Konzerns haben die bedeutsamsten finanziellen und – soweit für das Verständnis des Geschäftsverlaufs und der Lage des Konzerns von Bedeutung – auch die nichtfinanziellen Leistungsindikatoren (→ Rn. 19 ff.) zu enthalten. Überdies sind die gesamtwirtschaftlichen sowie branchenbezogenen Rahmenbedingungen sowie deren Veränderungen im Vergleich zum Vorjahr darzustellen (DRS 20.53 und DRS 20.59 ff.). Entsprechend dem Grundsatz der Vermittlung der Sicht der Konzernleitung sind gem. DRS 20.102 bzw. DRS 20.106 jene Kennzahlen offenzulegen, die auch zur internen Steuerung herangezogen werden. Die Berichterstattung zum Geschäftsverlauf und zur Lage des Konzerns muss zudem erkennen lassen, ob die Konzernleitung die Entwicklung insgesamt als günstig oder ungünstig beurteilt (DRS 20.58). Sofern finanzielle und nichtfinanzielle Leistungsindikatoren intern unter dem Aspekt der Nachhaltigkeit verwendet werden, ist dieser Bezug offenzulegen (DRS 20.111 f.).

13 Die Berichterstattung über den Geschäftsverlauf des Konzerns stellt eine zeitraumbezogene und vergangenheitsorientierte Darstellung der Geschäftstätigkeit im Berichtszeitraum dar und hat auch die Entwicklungen und Ereignisse mit einzubeziehen, die ursächlich für den Geschäftsverlauf des Konzerns waren (DRS 20.62).[10] Der Geschäftsverlauf ist ausdrücklich einschließlich des **Geschäftsergebnisses** (Jahresergebnis iSd § 275 Abs. 2 Nr. 17 bzw. Abs. 3 Nr. 16 iVm § 298 Abs. 1 bzw. die entsprechende Ergebnisgröße nach IFRS (DRS 20.11)) darzustellen. Andere Ergebniskennzahlen können ergänzend zum Geschäftsergebnis dargestellt werden. Auch Abweichungen der Entwicklung von früher berichteten Prognosen sind zu erläutern

---

[8] *ADS* § 289 Rn. 80 iVm *ADS* § 315 Rn. 11; WP-HdB Kap. G Rn. 889.
[9] WP-HdB Kap. G Rn. 889–893.
[10] WP-HdB Kap. F Rn. 1354–1357 iVm WP-HdB Kap. G Rn. 889.

(DRS 20.57). Dieser **Soll-Ist-Vergleich** ermöglicht dem Adressaten, die Prognosefähigkeit bzw. Prognosequalität der Konzernleitung zu beurteilen.

Zu den Informationen über die Geschäftsentwicklung im Konzern- **14** geschäftsjahr gehören somit zum Beispiel:

– Entwicklung der Erlöse und Aufwendungen,
– Geschäftsergebnis,
– Entwicklung der Beschaffungs-, Produktions- und Absatzbereiche,
– Fortschritte bei Rationalisierungsvorhaben,
– Auslastungsgrad, Beschäftigungsniveau,
– Investitionen in Sachanlagevermögen und in immaterielles Anlagevermögen.

Weiterer Berichtsgegenstand im Konzernlagebericht ist nach Abs. 1 neben **15** dem Geschäftsverlauf die **Lage** des Konzerns. In **sachlicher Hinsicht** kann unter der Lage die **Gesamtheit** der Vermögens-, Finanz- und Ertragslage iSv § 297 Abs. 2 S. 2 verstanden werden. Da ein Bild der Vermögens-, Finanz- und Ertragslage unter Beachtung der GoB aber schon in Konzernbilanz, Konzern-Gewinn- und Verlustrechnung und Konzernanhang vermittelt werden soll, kommt dem Konzernlagebericht die Aufgabe zu, durch zusätzliche Informationen die Vermittlung eines den tatsächlichen Verhältnissen entsprechenden Bildes von der Lage des Konzerns insgesamt zu ermöglichen.[11] In **zeitlicher Hinsicht** ist die Lage des Konzerns sowohl stichtagsbezogen als auch zukunftsorientiert darzustellen, da die Lage eines Konzerns zu einem bestimmten Stichtag nicht nur durch die Verhältnisse zu diesem Zeitpunkt, sondern insbesondere auch durch Entwicklungserwartungen charakterisiert wird.[12]

III. Analyse des Geschäftsverlaufs und der Lage des Konzerns unter Angabe und Erläuterung der wesentlichen finanziellen Leistungsindikatoren (Abs. 1 S. 2 und 3)

Nach DRS 20.11 ist eine Analyse das Aufzeigen von Ursachen und Wir- **16** kungszusammenhängen. Die Analyse bezieht sich grundsätzlich auf Informationen, die im Rahmen der Darstellung des Geschäftsverlaufs und der Lage des Konzerns anzugeben sind (→ Rn. 10 ff.). Vor diesem Hintergrund kann die Darstellung und Analyse des Geschäftsverlaufs und der Lage des Konzerns auch gemeinsam erfolgen (DRS 20.55). Die Analyse hat ausgewogen und umfassend zu erfolgen und ist dem Umfang und der Komplexität der Geschäftstätigkeit anzupassen. Dementsprechend hat die Analyse unter Wesentlichkeitsaspekten alle Geschäfts- und Funktionsbereiche des Konzerns abzudecken und sowohl positive als auch negative Aspekte mit der ihrer Bedeutung entsprechenden Gewichtung zu berücksichtigen.[13] Der Grundsatz der Informationsabstufung fordert, den Detaillierungsgrad an die spezifischen Gegebenheiten des Konzerns anzupassen. Dies umfasst insbesondere Art und Umfang der Geschäftstätigkeit, die Größe sowie die Inanspruchnahme des Kapitalmarkts (DRS 20.34, 20.35).

---

[11] *ADS* § 289 Rn. 81 iVm *ADS* § 315 Rn. 11; zur Darstellung der Vermögens-, Finanz- und Ertragslage im Konzernlagebericht vgl. auch DRS 20.64-20.113.
[12] Baetge/Kirsch/Thiele/*Böcking*/*Dutzi*/*Gros* § 289 Rn. 40 iVm Baetge/Kirsch/Thiele/ *Böcking*/*Dutzi*/*Gros* § 315 Rn. 14.
[13] WP-HdB Kap. F Rn. 1354 iVm WP-HdB Kap. G Rn. 889.

17   Unter den explizit in die Analyse einzubeziehenden wesentlichen finanziellen Leistungsindikatoren sind Kennzahlen zu verstehen, die auch für die Abschlussanalyse verwendet werden bzw. solche, die der Konzern zur internen Steuerung heranzieht (Management Approach).[14] Als Beispiele für finanzielle Leistungsindikatoren nennt DRS 20 Eigen-, Gesamt-, oder Umsatzrendite, Working Capital, sowie EBIT, EBITDA (DRS 20.103). Ferner ist regelmäßig eine Berichterstattung über folgende Kennzahlen zu erwarten:

– Ergebniskomponenten wie Zins-, Beteiligungs- oder Wechselkursergebnis
– Cashflow (zB nach DFVA/SG)
– Return on Investment (ROI)
– Return on Capital Employed (ROCE)
– Liquiditäts-, Verschuldungsgrade
– Eigenkapitalquote.

18   Die verwendeten Kennzahlen sind stetig beizubehalten und angemessen zu definieren, dh ihre Berechnung ist darzustellen, falls dies nicht im Konzernanhang erfolgt (DRS 20.104).[15] Eine Überleitung aus den Zahlen des Konzernabschlusses ist ggf. darzustellen, insbesondere bei bereinigten Beträgen. Zusätzlich kann auch eine Investitionsanalyse (zB Dauer der Vermögensbindung) oder eine Finanzierungsanalyse (zB Innenfinanzierungskraft, Verschuldungsfähigkeit) aufgenommen werden. Eine kennzahlenbasierte Analyse ist stets durch eine qualitative Analyse zu ergänzen.[16]

IV. Angaben der nichtfinanziellen Leistungsindikatoren, soweit sie für das Verständnis des Geschäftsverlaufs oder der Lage von Bedeutung sind (Abs. 3)

19   Nach Abs. 3 sind in die mit der Konzernlageberichterstattung verbundene Analyse auch die wichtigsten nichtfinanziellen Leistungsindikatoren einzubeziehen, sofern sie für die Geschäftstätigkeit des Konzerns von Bedeutung und für das Verständnis seines Geschäftsverlaufs und seiner Lage erforderlich sind. DRS 20 sieht grundsätzlich eine parallele Gestaltung der Berichtsanforderungen an finanzielle und nichtfinanzielle Leistungsindikatoren vor und stärkt somit die Bedeutung der Berichterstattung über nichtfinanzielle Leistungsindikatoren.[17] Eine weitere Stärkung der nichtfinanziellen Berichterstattung ist durch die Einführung der nichtfinanziellen Konzernerklärung nach § 315b und § 315c erfolgt. Die Leistungsindikatoren sind im Konzernlagebericht offenzulegen, sofern sie zur internen Steuerung des Konzerns herangezogen werden (DRS 20.102 und DRS 20.105). Sofern quantitative Angaben zu diesen Leistungsindikatoren zur internen Steuerungen verwendet werden und diese für den verständigen Adressaten wesentlich sind, sind diese quantitativen Angaben auch im Konzernlagebericht offenzulegen (DRS 20.108).

20   Die im Gesetzeswortlaut besonders erwähnten Belange der

– Arbeitnehmer (zB Managementqualität, Humankapital, Fluktuation, Betriebszugehörigkeit, Vergütungsstrukturen, Sozialleistungen, Ausbildungsstrukturen, Fortbildungsmaßnahmen, interne Fördermaßnahmen, Arbeitsschutz, Mitarbeiterzufriedenheit)

---

[14] WP-HdB Kap. F Rn. 1361 f. iVm WP-HdB Kap. G Rn. 889.
[15] WP-HdB Kap. F Rn. 1364 iVm WP-HdB Kap. G Rn. 889.
[16] BeBiKo/*Grottel* Rn. 93.
[17] *Böcking/Gros/Koch/Wallek* Der Konzern 2013, 38.

– und des Umweltschutzes (zB Emissionswerte, Energieverbrauch, Durchführung eines Umwelt-Audits, Umweltschutzprogramme, Umweltbericht, Umweltschäden)

bilden keine abschließende Aufzählung und zwingen auch nicht zu einer entsprechenden Schwerpunktsetzung.[18]

DRS 20.107 nennt folgende weitere Beispiele für nichtfinanzielle Leistungsindikatoren:

– Kundenbelange (Indikatoren zum Kundenstamm, Kundenzufriedenheit),
– Indikatoren zu Forschung und Entwicklung (sofern diese Angaben nicht im Forschungs- und Entwicklungsbericht nach Abs. 2 Nr. 3 gemacht werden),
– und die gesellschaftliche Reputation des Konzerns (Indikatoren zum sozialen und kulturellen Engagement, Wahrnehmung gesellschaftlicher Verantwortung).

V. Beurteilung und Erläuterung der voraussichtlichen Entwicklung mit ihren Chancen und Risiken unter Angabe der zugrunde liegenden Annahmen (Abs. 1 S. 4)

Nach dem Gesetzeswortlaut ist im Konzernlagebericht eine Berichterstat- **21** tung über die voraussichtliche Entwicklung mit den wesentlichen Chancen und Risiken unter Angabe der zugrunde liegenden Annahmen vorzunehmen. Damit soll der Gehalt des Konzernlageberichts an entscheidungsrelevanten Informationen erhöht und Soll-Ist-Vergleiche ermöglicht werden.[19] Insbesondere soll dem Adressaten ermöglicht werden, die voraussichtliche Entwicklung des Konzerns mit deren Chancen und Risiken besser beurteilen zu können (DRS 20.116).

Die Berichterstattung über die voraussichtliche Entwicklung des Konzerns **22** (Prognoseberichterstattung) (→ Rn. 23 ff.) kann grundsätzlich zusammen oder getrennt mit der über Chancen und Risiken erfolgen. Zudem kann grundsätzlich getrennt oder gemeinsam über Chancen (→ Rn. 28) und Risiken (→ Rn. 29) berichtet werden, unabhängig davon, ob einer dieser Berichte in den Prognosebericht integriert wird. Erfolgt die Berichterstattung von Chancen und/oder Risiken getrennt von der Prognoseberichterstattung, ist auf die Zusammenhänge zu Chancen und Risiken im Prognosebericht einzugehen, sofern diese nicht offensichtlich sind. Die Entscheidung, ob die Berichterstattung getrennt oder gemeinsam erfolgt, hat sich daran zu orientieren, wie aus Sicht der Konzernleitung dem Adressaten ein klareres Bild der voraussichtlichen Entwicklung mit ihren wesentlichen Chancen und Risiken vermittelt wird (DRS 20.117).

Die Prognoseberichterstattung ist eng mit der Darstellung des Geschäfts- **23** verlaufs, des Geschäftsergebnisses und der wirtschaftlichen Lage verknüpft. DRS 20 fordert die Angabe von Prognosen zu den bedeutsamsten finanziellen und nichtfinanziellen Leistungsindikatoren, auf die auch im Wirtschaftsbericht Bezug genommen wurde (DRS 20.126). Aufgrund der inhärenten Unsicherheit von Prognosen sind im Rahmen der Prognoseberichterstattung weniger quantitative als vielmehr qualitative Angaben zu machen, die aber

---

[18] BT-Drs. 15/3419, 31.
[19] BT-Drs. 15/3419, 30.

nicht so vage und allgemein formuliert sein dürfen, dass sie inhaltsleer werden.[20] Ist jedoch eine qualitative Berichterstattung nicht geeignet, hat eine quantitative Berichterstattung zu erfolgen.[21] Nach DRS 20 ist sowohl die Richtung als auch die Intensität der erwarteten Veränderung der prognostizierten Leistungsindikatoren im Vergleich zum jeweiligen Istwert anzugeben (DRS 20.128). Prognosearten, die dieses Kriterium erfüllen, sind zB (DRS 20.130 und 11):

- Punktprognosen (zB „Wir erwarten für das Geschäftsjahr 20XX einen Umsatz von X Euro"),
- Intervallprognosen (zB „Wir rechnen für das Geschäftsjahr 20XX mit einem Umsatz zwischen X und Y Euro") oder
- qualifiziert komparative Prognosen (zB „Wir erwarten für das Geschäftsjahr 20XX einen leicht steigenden Umsatz").

24   Um zu verhindern, dass dem Adressaten bei der Verwendung von quantitativen Angaben (Punktprognose oder Intervallprognose) eine Scheingenauigkeit suggeriert wird, muss insbesondere bei Zahlenangaben, durch die Formulierung der Aussagen zur voraussichtlichen Entwicklung der Prognosecharakter und damit ihre Unsicherheit verdeutlicht werden (DRS 20.125).[22]

25   Öffentlich verfügbare Prognosen zu den wesentlichen externen Rahmenbedingungen (zB Branchenentwicklungen, Konjunktur) sind nur in dem Maße anzugeben, wie dies zum Verständnis der zukünftigen Entwicklung des Konzerns notwendig ist (DRS 20.124). Aussagen über die Entwicklung der Gesellschaft (zB Änderung der Geschäftspolitik, Erschließung neuer Märkte, Verwendung neuer Verfahren, Erweiterung des Leistungsspektrums) und die daraus resultierenden finanzwirtschaftlichen Auswirkungen sind zu erläutern. Die im Prognosebericht dargestellten voraussichtlichen Entwicklungen sind zu einer Gesamtaussage zu verdichten (DRS 20.118). Zusätzlich sind auch die zugrunde liegenden **Annahmen** anzugeben, um die wesentlichen Prämissen transparent zu machen, auf denen zukunftsbezogene Aussagen der Geschäftsleitung basieren, und um dem Adressaten Soll-Ist-Vergleiche zu ermöglichen (zB Annahmen zu Währungskurs- oder Zinsentwicklungen).[23] Die Annahmen müssen mit denen übereinstimmen, die dem Konzernabschluss zugrunde gelegt wurden (DRS 20.120). Über Geschäfts- und Betriebsgeheimnisse ist nicht zu berichten.

26   Die voraussichtliche Entwicklung der Gesellschaft sollte für einen **überschaubaren Zeitraum** dargestellt werden, da Aussagen über Zukunftserwartungen einerseits mit zunehmendem Vorhersagezeitraum unsicherer werden, andererseits bei einem zu kurzen Zeitraum als Entscheidungshilfe nicht mehr brauchbar sind. Die Länge des Prognosezeitraums kann dabei nicht generell festgelegt werden, sondern wird sich an den Eigenarten der jeweiligen Branche, der Größe des Unternehmens oder dem Gegenstand der Berichterstattung orientieren.[24] DRS 20 fordert einen Prognosezeitraum von **mindestens einem Jahr,** gerechnet vom letzten Konzernabschlussstichtag, wobei absehbare Sondereinflüsse nach diesem Prognosezeitraum darzustellen und zu ana-

---

[20] Baetge/Kirsch/Thiele/*Böcking/Dutzi/Gros* § 289 Rn. 58, 111 iVm Baetge/Kirsch/Thiele/*Böcking/Dutzi* § 315 Rn. 41; MüKoHGB/*Lange* § 289 Rn. 87 iVm MüKoHGB/*Fülbier/Pellens* § 315 Rn. 42.
[21] Zur Quantifizierung von Chancen und Risiken vgl. auch WP-HdB Kap. F Rn. 1394 f.
[22] MüKoHGB/*Lange* § 289 Rn. 88 iVm MüKoHGB/*Fülbier/Pellens* § 315 Rn. 42.
[23] BT-Drs. 15/3419, 30.
[24] *ADS* § 289 Rn. 111 iVm *ADS* § 315 Rn. 11.

lysieren sind (DRS 20.126). Hinsichtlich eines Prognosezeitraums von einem Jahr ist zu beachten, dass dieser gegebenenfalls je nach Produkt- bzw. Marktzyklus oder je nach Ausreizung der Aufstellungs- bzw. Offenlegungspflichten bei nicht kapitalmarktorientierten Unternehmen nicht ausreichend sein kann und dementsprechend erweitert werden muss.[25]

Im Fall von besonders großer Unsicherheit in Bezug auf die künftige **27** Entwicklung des Konzerns aufgrund von besonderen Umständen der gesamtwirtschaftlichen Rahmenbedingungen, sind rein komparative Prognosen (Wir erwarten für das Geschäftsjahr 20XX einen steigenden Umsatz) oder die Prognose der Entwicklungen in verschiedenen Szenarien ausreichend. In diesem Fall sind jedoch die besonderen Umstände, die eine genauere Prognose nicht möglich erscheinen lassen sowie deren Auswirkung auf die Prognostizierbarkeit der künftigen Entwicklung darzustellen (DRS 20.133). Ein vollkommener Verzicht auf eine Prognoseberichterstattung ist jedoch nicht zulässig.[26]

Weiterer Gegenstand der Berichterstattung nach Abs. 1 S. 5 sind die we- **28** sentlichen **Chancen** bzw. **Risiken** der künftigen Entwicklung. Chancen bzw. Risiken sind mögliche künftige Entwicklungen oder Ereignisse, die zu einer für das Unternehmen positiven bzw. negativen Prognose- bzw. Zielabweichung führen können (DRS 20.11). Chancen und Risiken dürfen nicht gegeneinander aufgerechnet werden und es ist ausgewogen, über Chancen und Risiken zu berichten, damit nicht ein verzerrtes Bild der Lage des Konzerns dargestellt wird (DRS 20.166 f.). Die Berichterstattung über wesentliche Risiken kann grds. nicht vollständig unterbleiben. Bestehen Maßnahmen zur Risikobegrenzung (zB Versicherungsvertrag, Termingeschäft), besteht hinsichtlich der Darstellung im Konzernlagebericht ein Wahlrecht zwischen Brutto- und Nettodarstellung dieser Risiken. Im Rahmen der Bruttodarstellung werden zum einen die Risiken vor den ergriffenen Maßnahmen zur Risikobegrenzung sowie diese Maßnahmen separat voneinander dargestellt. Bei der Nettodarstellung werden hingegen nur noch das Restrisiko sowie die getroffenen Risikobegrenzungsmaßnahmen im Konzernlagebericht angegeben. Im Konzernabschluss gebildete Rückstellungen oder Wertberichtigungen stellen keine Risikobegrenzungsmaßnahme, sondern eine bilanzielle Vorsorge dar (DRS 20.157 f.). Bestehen in Ausnahmefällen keine wesentlichen Chancen oder Risiken, so ist auch darauf im Konzernlagebericht hinzuweisen (Negativerklärung). Risiken sind gem. DRS 20.152 zu quantifizieren, wenn dies zur internen Steuerung des Konzerns erfolgt und diese quantitativen Angaben eine für den verständigen Adressaten wesentlich ist.

Zu berichten ist über **wesentliche Risiken,** die die Entscheidungen der **29** Adressaten des Konzernlageberichts beeinflussen können. Zudem ist auf die Konsequenzen für den Konzern beim Eintritt dieser Risiken einzugehen (DRS 20.149). Dabei ist zu beachten, dass verschiedene, für sich betrachtet unwesentliche Einzelrisiken sich zu einem wesentlichen Gesamtrisiko kumulieren können.[27] Es ist eine über die reine Nennung der Risiken hinausgehende Beurteilung und Erläuterung erforderlich. Der Schwerpunkt der Berichterstattung richtet sich nach den spezifischen Gegebenheiten der

[25] Baetge/Kirsch/Thiele/*Böcking/Dutzi/Gros* § 289 Rn. 113 iVm Baetge/Kirsch/Thiele/*Böcking/Dutzi/Gros* § 315 Rn. 41; MüKoBilanzR/*Senger/Brune* Rn. 22 f.
[26] OLG Frankfurt a. M. Beschl. v. 24.11.2009 – WpÜG 12/09; *Gödel* DB 2010, 431 ff.
[27] MüKoHGB/*Lange* § 289 Rn. 86 iVm MüKoHGB/*Fülbier/Pellens* § 315 Rn. 42.

Gesellschaft und den mit der Geschäftstätigkeit verbundenen Risiken. In Betracht kommen zB Umfeldrisiken, Branchenrisiken, unternehmensstrategische Risiken, leistungswirtschaftliche Risiken, Personalrisiken, informationstechnische Risiken oder finanzwirtschaftliche Risiken. Zu den wesentlichen Risiken gehören insbesondere auch bestandsgefährdende Risiken (vgl. IDW PS 270 nF, zB Angaben über die voraussichtliche Entwicklung der Zahlungsfähigkeit, langfristig sich abzeichnende Vermögensverluste und nicht mehr gegebene Ertragsperspektiven, Wegfall von Absatzmärkten, gravierende Personalprobleme, Beschaffungsengpässe, anhängige Prozesse). Des Weiteren ist auch über konkretisierte Überlegungen zu einer offenen oder stillen Liquidation des Unternehmens (§§ 264 ff. AktG, §§ 60 ff. GmbHG), Angaben zu rechtlichen Bestandsgefährdungspotenzialen, wie zB drohende oder eingetretene Zahlungsunfähigkeit (§§ 17 und 18 InsO), Überschuldung (§ 19 InsO; § 92 Abs. 2 AktG und § 64 Abs. 1 GmbHG) und Rücknahme von Bestands- oder Ertragsgarantien (Patronatserklärungen, Unternehmensverträge) zu berichten. Die Berichterstattungspflicht enthält keine Einschränkungen hinsichtlich der darzustellenden Risiken und beschränkt sich daher nicht nur auf solche Risiken, die sich aus den Aktivitäten oder Entscheidungen des berichtenden Unternehmens selbst ergeben haben.[28] Sofern das Mutterunternehmen kapitalmarktorientiert ist, ist zusätzlich das Risikomanagementsystem in angemessenem Umfang zu beschreiben (DRS 20.K137 ff.).

VI. Versicherung der Mitglieder des vertretungsberechtigten Organs (Abs. 1 S. 5)

30   Nach Abs. 1 S. 5 haben die Mitglieder des vertretungsberechtigten Organs eines kapitalmarktorientierten Mutterunternehmens iSd § 297 Abs. 2 S. 4 eine Versicherung abzugeben, dass im Konzernlagebericht nach bestem Wissen der Geschäftsverlauf einschließlich des Geschäftsergebnisses und die Lage des Konzerns so dargestellt sind, dass ein den tatsächlichen Verhältnissen entsprechendes Bild vermittelt wird und dass die wesentlichen Chancen und Risiken iSv § 315 Abs. 1 S. 5 beschrieben sind. Eine ähnliche Erklärung für den Konzernabschluss wird von § 297 Abs. 2 S. 4 gefordert.[29] Ob diese beiden Erklärungen zusammengefasst werden können, ist strittig. Da jedoch der Konzernabschluss im Gegensatz zum Konzernlagebericht unter Beachtung der GoB aufzustellen ist, scheint entsprechend → § 289 Rn. 18 eine gemeinsame Erklärung nicht zweckmäßig (vgl. zur Diskussion in Bezug auf Jahresabschluss und Lagebericht → § 264 Rn. 40). DRS 20 enthält in Bezug auf Konzernabschluss und Konzernlagebericht sowohl für die separaten als auch für die zusammengefasste Erklärung Formulierungsvorschläge (vgl. DRS 20.K234-20.K235). Zu der Bedeutung der Einschränkung der Versicherung mit dem Zusatz „nach bestem Wissen" wird auf → § 264 Rn. 42 verwiesen.

VII. Weitere Angaben (Abs. 2)

31   **1. Allgemeines.** Im Rahmen des BilRUG wurde der Eingangssatz des Abs. 2 neu gefasst. Zuvor war die Vorschrift dem Wortlaut nach als Soll-

---

[28] *Küting/Hütten* AG 1997, 252.
[29] BeBiKo/*Grottel* § 289 Rn. 65 iVm BeBiKo/*Grottel* § 315 Rn. 155.

Vorschrift ausgestaltet. Die neue Formulierung stellt nunmehr klar, dass im Konzernlagebericht die in Abs. 2 genannten Angaben zu machen sind, sofern die Umstände vorliegen.[30] Eine materielle Änderung der Anforderungen ist nicht erfolgt, da bereits zuvor hM war, dass die in Abs. 2 geforderten Informationen als Ergänzung zu Abs. 1 mit klarstellendem Charakter zu verstehen waren und kein Wahlrecht zur Berichterstattung bestand. Bei der Abwägung, was und in welchem Umfang berichtet werden soll, ist zu beachten, dass der Konzern als Gesamtheit Gegenstand der Information ist und dass die Wesentlichkeit aus Konzernsicht zu beurteilen ist. Abs. 2 fordert im Einzelnen folgende **Pflichtangaben** zu tätigen:

2. Risikoberichterstattung über Finanzinstrumente (Abs. 2 S. 1 32 **Nr. 1).** Nach Abs. 2 S. 1 Nr. 1 soll der Konzernlagebericht in Bezug auf die Verwendung von Finanzinstrumenten durch den Konzern – sofern dies für die Beurteilung der Lage oder der voraussichtlichen Entwicklung von Belang ist – auch eingehen auf die

– Risikomanagementziele und -methoden einschließlich ihrer Methoden zur Absicherung aller wichtigen Arten von Transaktionen, die im Rahmen der Bilanzierung von Sicherungsgeschäften erfasst werden (Abs. 2 S. 1 Nr. 1 Buchst. a), sowie

– die Preisänderungs-, Ausfall-, und Liquiditätsrisiken sowie die Risiken aus Zahlungsstromschwankungen, denen der Konzern ausgesetzt ist (Abs. 2 S. 1 Nr. 1 Buchst. b).

Eine Form für die Berichterstattung ist nicht vorgeschrieben. Allerdings kann gem. DRS 20.180 die Risikoberichterstattung über Finanzinstrumente in den allgemeinen **Chancen- und Risikobericht** einbezogen werden, sofern dies nicht die Klarheit und Übersichtlichkeit des Konzernlageberichts beeinträchtigt.[31]

Finanzinstrumente iSd Vorschrift sind Verträge, die für eine der betei- 33 ligten Seiten einen finanziellen Vermögenswert und für die andere Seite eine finanzielle Verbindlichkeit oder ein Eigenkapitalinstrument schaffen (DRS 20.11). Dazu gehören, soweit die vorgenannten Voraussetzungen erfüllt sind, zB Wertpapiere, Geldmarktinstrumente, Devisen, Derivate und Darlehensverbindlichkeiten, sofern diese vom Konzern zum Bilanzstichtag verwendet wurden.[32]

Der **Umfang der Berichterstattung** richtet sich nach Art, Umfang und 34 Struktur der Risiken, denen der Konzern ausgesetzt ist. Über verbale Erläuterungen hinausgehende Angaben, wie zB die Quantifizierung einzelner Parameter, sind regelmäßig nicht erforderlich.[33] Die Erläuterungspflicht umfasst nicht das gesamte Risikomanagementsystem iSv § 91 Abs. 2 AktG, da nur über die Verwendung von Finanzinstrumenten zu berichten ist; es besteht jedoch ein gewisser Zusammenhang.[34] Die Pflicht zur Berichterstattung besteht unabhängig davon, ob oder in welcher Weise die Finanzinstrumente bilanziell zu erfassen sind (DRS 20.187); somit sind auch schwebende Geschäfte zu berücksichtigen.[35]

[30] BT-Drs. 18/4050, 70 und 76.
[31] WP-HdB Kap. F Rn. 1387 iVm WP-HdB Kap. G Rn. 902.
[32] MüKoHGB/*Lange* § 289 Rn. 102 iVm MüKoHGB/*Fülbier/Pellens* § 315 Rn. 51.
[33] BeBiKo/*Grottel* § 289 Rn. 90 iVm BeBiKo/*Grottel* § 315 Rn. 167.
[34] MüKoHGB/*Lange* § 289 Rn. 103 iVm MüKoHGB/*Fülbier/Pellens* § 315 Rn. 51.
[35] BeBiKo/*Grottel* § 289 Rn. 90 iVm BeBiKo/*Grottel* § 315 Rn. 169.

35   Die Berichterstattung über die **Risikomanagementziele und -metho-
den** erfordert grds. Aussagen zur Risikobereitschaft des Unternehmens (DRS
20.184). Ferner ist auf

- die Art der Risiken die gesichert werden,
- die Art der Sicherungsbeziehung (Absicherung von einzelnen Posten und
  Postengruppen oder Absicherung von Nettopositionen),
- Maßnahmen zur Sicherstellung der beabsichtigten Effektivität der Risiko-
  absicherungen (zB die Vorgabe von Risiko- oder Kontrahentenlimiten),
- antizipative Sicherungsbeziehungen (zB Absicherung von geplanten aber
  noch nicht kontrahierten Bestellungen) einzugehen (DRS 20.185).

35a Methoden der Absicherung in Bezug auf die Verwendung von Finanzinstrumenten sind insbesondere die sog. Hedge-Geschäfte in ihren verschiedenen Ausprägungen. Im Hinblick auf die Risikomanagementmethoden ist
darzustellen und zu erläutern, wie eingegangene Risiken im Bezug auf
Finanzinstrumente im Konzern gesteuert werden. Über die beim Abschluss
von Hedge-Geschäften verwendete Systematik und Art und Kategorien der
verschiedenen Sicherungsgeschäfte ist daher an dieser Stelle zu berichten,
sofern diese bestimmten, risikoverursachenden Geschäfte eindeutig zugeordnet werden können (DRS 20.185); die Berichterstattung erfasst auch alle
wichtigen Arten geplanter Transaktionen, soweit sie im Rahmen der Bilanzierung von Sicherungsgeschäften verbucht werden.[36]

36   Die **Risikokategorien** werden nach DRS 20.11 wie folgt definiert:

- **Preisänderungsrisiko** (in DRS 20 als Marktpreisrisiko bezeichnet): Risiko aus nachteiligen Veränderungen von Marktpreisen oder preisbeeinflus-
  senden Parametern. Dazu gehören insbesondere Zinsänderungsrisiken,
  Währungsrisiken, Preisrisiken von Eigenkapitaltiteln, bspw. Aktienkursrisi-
  ken, sowie Rohstoff- und sonstige Preisrisiken;
- **Ausfallrisiko:** Risiko des teilweisen oder vollständigen Ausfalls von Forderungen oder anderen schuldrechtlichen Instrumenten. Das Ausfallrisiko
  bzw. Adressenausfallrisiko umschließt vor allem das Kreditrisiko, das Emit-
  tentenrisiko und das Kontrahentenrisiko (jeweils einschließlich des Länder-
  risikos);
- **Liquiditätsrisiko:** Risiko, Zahlungsverpflichtungen im Zeitpunkt der Fälligkeit nicht nachkommen zu können. Dazu gehören auch das Refinanzie-
  rungsrisiko und das Marktliquiditätsrisiko;
- **Risiken aus Zahlungsstromschwankungen** resultieren daraus, dass die
  zukünftigen, aus einem Finanzinstrument erwarteten Zahlungsströme
  Schwankungen unterworfen und damit betragsmäßig nicht festgelegt sind.
  Beispielsweise können sich im Fall von variabel verzinslichen Fremdkapital-
  instrumenten solche Schwankungen auf Grund von Veränderungen der
  effektiven Verzinsung des Finanzinstruments ergeben, ohne dass damit
  nennenswerte korrespondierende Veränderungen des entsprechenden beizulegenden Zeitwerts eintreten.[37]

37   Zu erläutern sind nur offene, nicht durch konkrete Sicherungsgeschäfte
gedeckte Risiken. Insbesondere ist in Bezug auf die Verwendung von Finanzinstrumenten im Konzern auf die resultierenden Risikoarten, denen der
Konzern ausgesetzt ist inklusive deren Ausmaß, die Risikomanagementziele

---

[36] BT-Drs. 15/3419, 31.
[37] DRS 20 definiert Risiken aus Zahlungsstromschwankungen nicht; zu der verwendeten
Definition; WP-HdB Kap. F Rn. 1390 iVm WP-HdB Kap. G Rn. 889.

für die einzelnen Risikoarten, denen der Konzern ausgesetzt ist, sowie die Risikomanagementmethoden einzugehen (DRS 20.181). In Betracht kommen zB Ausführungen zum Umfang von Währungsrisiken, zur Konzentration von Ausfallrisiken, etwa auf einzelne Großkunden (sog. „Klumpenrisiken"), oder zu mit der Refinanzierung zusammenhängenden Risiken, wenn diese für den Konzern bedeutsam sind.

3. Bereich Forschung und Entwicklung (Abs. 2 S. 1 Nr. 2). Die in 38
Abs. 2 S. 1 Nr. 2 geforderten Angaben über den Bereich Forschung und Entwicklung sind naturgemäß nur bei solchen Konzernen sinnvoll, die **selbst** Forschung und Entwicklung in nicht unerheblichem Ausmaß betreiben oder von Dritten Forschungs- und Entwicklungstätigkeiten **für sich** durchführen lassen (DRS 20.48),[38] was vornehmlich Gesellschaften aus den Wirtschaftszweigen Chemie, Pharma, Luft- und Raumfahrt, Gentechnik, Elektronik, Informationstechnologie, Automobilindustrie oder Anlagenbau sein dürften. Eine Berichterstattungspflicht entsteht auch dann, wenn in Unternehmen vergleichbarer Branche und Größe Forschungs- und Entwicklungstätigkeiten üblich sind, solche Tätigkeiten im berichtenden Unternehmen aber nicht durchgeführt werden.[39] Die Berichterstattungspflicht besteht unabhängig davon, ob im Konzernabschluss Entwicklungskosten aktiviert wurden (DRS 20.52).[40]

Gegenstand der Berichterstattungspflicht ist der gesamte Bereich Forschung 39 und Entwicklung. Forschung umfasst gem. § 255 Abs. 2a S. 3 die eigenständige und planmäßige Suche nach neuen wissenschaftlichen oder technischen Erkenntnissen oder Erfahrungen allgemeiner Art, über deren technische Verwertbarkeit und wirtschaftliche Erfolgsaussichten grundsätzlich keine Aussagen getroffen werden können (hierzu auch → § 255 Rn. 60 ff.). Entwicklung ist gem. § 255 Abs. 2a S. 3 die Anwendung von Forschungsergebnissen oder von anderem Wissen für die Neuentwicklung von Gütern oder Verfahren oder die Weiterentwicklung von Gütern oder Verfahren mittels wesentlicher Änderungen (hierzu auch → § 255 Rn. 61 ff.). Ähnliche Definitionen von Forschung und Entwicklung sind auch in IAS 38 enthalten (vgl. IAS 38.8). Forschungs- und Entwicklungstätigkeiten **im Auftrag von Dritten** fallen nicht unter die Angabepflicht von Abs. 2 Nr. 2.[41]

Für Art und Umfang der Darstellung der Forschungs- und Entwicklungs- 40 tätigkeiten bestehen keine gesetzlichen Vorgaben. DRS 20 fordert, dass die Berichterstattung einen Einblick in die allgemeine Ausrichtung der Forschung und Entwicklung gewährleistet; quantitative Angaben zum Faktoreinsatz und zu den Forschungs- und Entwicklungsergebnissen sind zu tätigen, wenn diese für den verständigen Adressaten wesentlich sind (DRS 20.49). Quantitative Angaben zum Faktoreinsatz können hierbei zB sein: Gesamtbetrag des Forschungs- und Entwicklungsaufwands, der Forschungs- und Entwicklungsinvestitionen sowie die im Forschungs- und Entwicklungsbereich tätigen Mitarbeiter. Angaben zu den Forschungs- und Entwicklungsergebnissen können zB Angaben zu neuen Patenten oder Lizenzen sowie deren finanzielle Bedeutung für den Konzern sein (DRS 20.50). Wurden

---

[38] BeBiKo/*Grottel* § 289 Rn. 95 iVm BeBiKo/*Grottel* § 315 Rn. 185; WP-HdB Kap. G Rn. 903.
[39] *ADS* § 289 Rn. 112 iVm *ADS* § 315 Rn. 11; WP-HdB Kap. F Rn. 1393 iVm WP-HdB Kap. G Rn. 903.
[40] WP-HdB Kap. F Rn. 1393 iVm WP-HdB Kap. G Rn. 903.
[41] *ADS* § 289 Rn. 116 iVm *ADS* § 315 Rn. 11.

Entwicklungskosten in wesentlichem Ausmaß aktiviert, ist der Anteil der aktivierten Entwicklungskosten an den gesamten Forschungs- und Entwicklungskosten des Konzerns sowie im Berichtszeitraum auf aktivierte Entwicklungskosten fallende Abschreibungen anzugeben (DRS 20.52). Über Geschäfts- und Betriebsgeheimnisse ist nicht zu berichten; eine Berichterstattung über konkrete Forschungsergebnisse oder Entwicklungsvorhaben kann aus Konkurrenzschutzgründen nicht erwartet werden und hat zudem zu unterbleiben, soweit es das Wohl der Bundesrepublik Deutschland oder eines ihrer Länder erfordert.[42]

41   **4. Angaben betreffend Zweigniederlassungen (Abs. 2 'S. 1 Nr. 3).** Nach dem durch das BilRUG eingeführten Abs. 2 S. 1 Nr. 3 sind im Konzernlagebericht die für das Verständnis der Lage des Konzerns wesentlichen – dh nicht alle im Konzern vorhandenen –Zweigniederlassungen der insgesamt in den Konzernabschluss einbezogenen Unternehmen anzugeben. Zur Beurteilung, ob eine Zweigniederlassung als wesentlich einzustufen und somit in den Zweigniederlassungsbericht im Konzernlagebericht aufzunehmen ist, ist somit die Bedeutung der Zweigniederlassung für das Verständnis der Lage des Konzerns.[43] Die Bedeutung der Zweigniederlassung für den Konzern ist im Konzernlagebericht darzustellen (DRS 20.38a).

42   Zweigniederlassungen sind gem. DRS 20.11 ein auf Dauer angelegter, räumlich und organisatorisch von der Hauptniederlassung getrennter Unternehmensteil ohne eigene Rechtspersönlichkeit, der im Außenverhältnis selbstständig handelt und im Innenverhältnis weisungsgebunden ist.

43   Die Berichterstattung über Zweigniederlassungen kann sich vom **Umfang** her auf den Sitz aller für das Verständnis der Lage des Konzerns wesentlichen in- und ausländischen Zweigniederlassungen, abweichende Firmierungen, die eine Zugehörigkeit zur Firma des Gesamtunternehmens nicht mehr erkennen lassen, sowie auf wesentliche Veränderungen gegenüber dem Vorjahr hinsichtlich Errichtung, Aufhebung und Sitzverlegung von Zweigniederlassungen beschränken (DRS 20.38c). Zusätzlich erhöhen Angaben zu wirtschaftlichen Eckdaten (zB Umsätze, Mitarbeiter) den Informationsgehalt. Bei einer Vielzahl von Zweigniederlassungen empfiehlt sich eine tabellarische Darstellung.[44]

44   **5. Angaben betreffend den Erwerb eigener Aktien (Abs. 2 S. 2).** Durch das CSR-Richtlinie-Umsetzungsgesetz wurde zur Umsetzung von Art. 29 Abs. 1 iVm Art. 19 Abs. 2 Buchst. c Bilanz-RL (Richtlinie 2013/34/EU) § 315 Abs. 2 S. 2 eingeführt. Danach haben Mutterunternehmen, die Aktiengesellschaften sind, im Konzernlagebericht auf die nach § 160 Abs. 1 Nr. 2 AktG im Anhang zu machenden Angaben **(Angaben betreffend den Erwerb eigener Aktien)** zu verweisen. Erstellt das Mutterunternehmen (zulässigerweise) keinen Anhang, sind die Angaben im Konzernlagebericht darzustellen.[45]

45   **6. Angaben zu den wesentlichen Merkmalen des internen Kontroll- und des Risikomanagementsystems im Hinblick auf den Konzernrechnungslegungsprozess (Abs. 4).** Die durch das BilMoG in Abs. 2 Nr. 5 eingeführten und mittlerweile in Abs. 4 geregelten Anforderungen

---

[42] WP-HdB Kap. F Rn. 1396 iVm WP-HdB Kap. G Rn. 903.
[43] BeBiKo/*Grottel* Rn. 196.
[44] BeBiKo/*Grottel* § 289 Rn. 100.
[45] BeBiKo/*Grottel* Rn. 200.

verlangen, dass der Konzernlagebericht eine Beschreibung der wesentlichen Merkmale des internen Kontroll- und des Risikomanagementsystems im Hinblick auf den Konzernrechnungslegungsprozess enthalten soll, sofern eines der in den Konzernabschluss einbezogenen Tochterunternehmen oder das Mutterunternehmen kapitalmarktorientiert iSd § 264d ist (vgl. § 264d).

Die Berichterstattungspflicht begründet keine Einrichtungspflicht eines **46** internen Kontroll- und Risikomanagementsystem bezogen auf den Konzernrechnungslegungsprozess. Diese Entscheidung ist weiterhin den geschäftsführenden Organen überlassen, wobei die unzureichende Einrichtung eines solchen Systems unter Umständen eine Sorgfaltspflichtverletzung darstellen kann.[46] Auch ist eine Aussage zur Effektivität des implementierten internen Kontroll- und Risikomanagementsystems nicht erforderlich. Sofern kein internes Kontroll- und Risikomanagementsystem eingerichtet ist, muss dies in Form einer Fehlanzeige angegeben werden.[47]

Der Konzernrechnungslegungsprozess umfasst sowohl die Rechnungs- **47** legungsprozesse der einbezogenen Unternehmen (von der buchhalterischen Erfassung eines Geschäftsvorfalls bis zur abschließenden Jahresabschlusserstellung)[48] als auch die Konsolidierungs- und Berichtsprozesse (DRS 20.K173).[49] Die Berichterstattungspflicht umfasst insbesondere Strukturen und Prozesse des internen Kontroll- und Risikomanagementsystems in diesem Zusammenhang; eine Ausweitung der Berichterstattung auf andere Bereiche oder sogar das gesamte interne Kontroll- und Risikomanagementsystem ist von Abs. 2 Nr. 5 nicht gefordert. Im Hinblick auf den Konzernrechnungslegungsprozess ist die Bedeutung des internen Kontrollsystems höher einzuschätzen als die des internen Risikomanagementsystems.[50]

Der Umfang der Berichterstattung ist von den individuellen Gegebenhei- **48** ten des jeweiligen Konzerns abhängig, muss dem verständigen Adressaten allerdings ermöglichen, die mit dem Konzernrechnungslegungsprozess verbunden Risiken besser einschätzen zu können (DRS 20.K168).[51] Beruht das interne Kontroll- und Risikomanagementsystem auf einem allgemein anerkannten Rahmenkonzept, ist dies anzugeben (DRS 20.K172).[52]

Im Hinblick auf das interne Kontrollsystem sollte die Berichterstattung die **49** Grundsätze, Maßnahmen und Verfahren zur Sicherung der Wirksamkeit und Wirtschaftlichkeit der Kontrollen im Konzernrechnungslegungsprozess zur Sicherstellung der Ordnungsmäßigkeit der Rechnungslegung sowie der Einhaltung der maßgeblichen rechtlichen Vorschriften umfassen (DRS 20.K175).[53] Sofern die Maßnahmen der internen Revision auf den Konzernrechnungslegungsprozess ausgerichtet sind, ist auch das interne Revisions-

---

[46] Baetge/Kirsch/Thiele/*Böcking/Dutzi/Gros* § 289 Rn. 313 iVm Baetge/Kirsch/Thiele/ *Böcking/Dutzi/Gros* § 315 Rn. 41.
[47] BT-Drs. 16/10067, 76 iVm BT-Drs. 16/10067, 86; Baetge/Kirsch/Thiele/*Böcking/ Dutzi/Gros* § 289 Rn. 319 iVm Baetge/Kirsch/Thiele/*Böcking/Dutzi/Gros* § 315 Rn. 41.
[48] WP-HdB Kap. F Rn. 1407 iVm WP-HdB Kap. G Rn. 910.
[49] WP-HdB Kap. G Rn. 910.
[50] BT-Drs. 16/10067, 76 iVm BT-Drs. 16/10067, 86; *Gelhausen/Fey/Kämpfer* Rechnungslegung O Rn. 299 iVm *Gelhausen/Fey/Kämpfer* Rechnungslegung R Rn. 92.
[51] BT-Drs. 16/10067, 76 iVm BT-Drs. 16/10067, 86.
[52] Zu dem COSO-Rahmenkonzept in Bezug auf die Merkmale eines rechnungslegungsbezogenen internen Kontroll- und Risikomanagementsystems *Gelhausen/Fey/Kämpfer* Rechnungslegung O Rn. 306 ff.
[53] *IDW* PS 261 Rn. 20, 22; Baetge/Kirsch/Thiele/*Böcking/Dutzi/Gros* § 289 Rn. 321 iVm Baetge/Kirsch/Thiele/*Böcking/Dutzi/Gros* § 315 Rn. 41.

system als Bestandteil des internen Kontrollsystems zu beschreiben. In Bezug auf die Rechnungslegungsprozesse der einbezogenen Unternehmen können die Angaben zB folgendes umfassen: Bilanzierungsrichtlinien, Organisation und Kontrolle der Buchhaltung, Grundzüge der Funktionstrennung zwischen den Abteilungen, Aufgaben der internen Revision im Zusammenhang mit der Rechnungslegung (DRS 20.K175 mit weiteren Beispielen). Angaben im Zusammenhang mit der Konsolidierung können zB auf konzerninterne Richtlinien zur Abstimmung konzerninterner Liefer- und Leistungsbeziehungen, von Dritten erbrachte Tätigkeiten im Rahmen der Konzernabschlusserstellung oder Kontrollprozesse wie das Vier-Augen-Prinzip hinsichtlich der Konzernrechnungslegung (DRS 20.K176 mit weiteren Beispielen) abzielen.

50   Die Berichterstattung über die wesentlichen Merkmale des Risikomanagementsystems im Hinblick auf den Rechnungslegungsprozess bezieht sich auf die eingerichteten Maßnahmen zur Identifizierung, Bewertung, Begrenzung sowie adäquater Berücksichtigung von wesentlichen Risiken bei der Erstellung des Konzernabschlusses (DRS 20.K177).[54] Gemäß der Gesetzesbegründung können die Angaben zum internen Risikomanagementsystem im Hinblick auf den Rechnungslegungsprozess mit den Angaben nach Abs. 2 S. 1 Nr. 1 zusammengefasst werden, um eine doppelte Berichterstattung zu vermeiden.[55] DRS 20 hingegen sieht nicht nur eine Zusammenfassung der Ausführungen zum internen Risikomanagementsystem für möglich an, sondern auch der zum Kontrollsystem (jeweils im Hinblick auf den Konzernrechnungslegungsprozess) mit denen zum allgemeinen Risikomanagementsystem innerhalb des Chancen- und Risikoberichts, sofern dies nicht die Klarheit und Übersichtlichkeit des Konzernlageberichts beeinträchtigt (DRS 20.K169). In diesen allgemeinen Risikobericht gestattet DRS 20 auch die Integration der Angaben nach Abs. 2 S. 1 Nr. 1 (→ Rn. 34).

VIII. Zusammenfassung des Konzernlageberichts mit dem Lagebericht des Mutterunternehmens (Abs. 5)

51   Der Konzernlagebericht und der Lagebericht des Mutterunternehmens dürfen **zusammengefasst** werden. Dies setzt voraus, dass der Jahresabschluss des Mutterunternehmens und der Konzernabschluss **gemeinsam offengelegt** werden (§ 298 Abs. 2 S. 2 iVm § 315 Abs. 5). Wiederholungen, Doppelangaben und Überschneidungen werden damit vermieden. In dem als „Zusammengefasster Lagebericht" zu bezeichnenden Bericht sind alle Informationen anzugeben, die notwendig sind, um sowohl den Geschäftsverlauf einschließlich des Geschäftsergebnisses und der Lage des Konzerns als auch der Muttergesellschaft beurteilen zu können. Dementsprechend ist auf die jeweiligen Besonderheiten für das Mutterunternehmen und den Konzern einzugehen (DRS 20.23-20.24). Es ist zwingend erforderlich, dass in dem zusammengefassten Lagebericht alle Anforderungen der §§ 289–289f und der §§ 315–315d erfüllt werden.[56]

---

[54] WP-HdB Kap. G Rn. 910.
[55] BT-Drs. 16/10067, 77 iVm BT-Drs. 16/10067, 86.
[56] BeBiKo/*Grottel* Rn. 230 f.; MüKoHGB/*Fülbier/Pellens* Rn. 74; Beck HdR/*Hachmeister/Glaser* C 610 Rn. 11.

IX. Folgen der Nichtbeachtung

Eine Verletzung des § 315 kann den Tatbestand der § 331 Nr. 2, § 334 **52** Abs. 1 Nr. 4, § 335 Abs. 1 S. 1 Nr. 1 verwirklichen. Abhängig von der Zwecksetzung der einzelnen Norm sind daran unterschiedliche Rechtsfolgen geknüpft (Strafe, Bußgeld, Ordnungsgeld).

§ 315a Ergänzende Vorschriften für bestimmte Aktiengesellschaften und Kommanditgesellschaften auf Aktien

(1) [1]Mutterunternehmen (§ 290), die einen organisierten Markt im Sinne des § 2 Absatz 7 des Wertpapiererwerbs- und Übernahmegesetzes durch von ihnen ausgegebene stimmberechtigte Aktien in Anspruch nehmen, haben im Konzernlagebericht außerdem anzugeben:

1. die Zusammensetzung des gezeichneten Kapitals unter gesondertem Ausweis der mit jeder Gattung verbundenen Rechte und Pflichten und des Anteils am Gesellschaftskapital;
2. Beschränkungen, die Stimmrechte oder die Übertragung von Aktien betreffen, auch wenn sie sich aus Vereinbarungen zwischen Gesellschaftern ergeben können, soweit die Beschränkungen dem Vorstand der Gesellschaft bekannt sind;
3. direkte oder indirekte Beteiligungen am Kapital, die 10 Prozent der Stimmrechte überschreiten;
4. die Inhaber von Aktien mit Sonderrechten, die Kontrollbefugnisse verleihen, und eine Beschreibung dieser Sonderrechte;
5. die Art der Stimmrechtskontrolle, wenn Arbeitnehmer am Kapital beteiligt sind und ihre Kontrollrechte nicht unmittelbar ausüben;
6. die gesetzlichen Vorschriften und Bestimmungen der Satzung über die Ernennung und Abberufung der Mitglieder des Vorstands und über die Änderung der Satzung;
7. die Befugnisse des Vorstands insbesondere hinsichtlich der Möglichkeit, Aktien auszugeben oder zurückzukaufen;
8. wesentliche Vereinbarungen des Mutterunternehmens, die unter der Bedingung eines Kontrollwechsels infolge eines Übernahmeangebots stehen, und die hieraus folgenden Wirkungen;
9. Entschädigungsvereinbarungen des Mutterunternehmens, die für den Fall eines Übernahmeangebots mit den Mitgliedern des Vorstands oder mit Arbeitnehmern getroffen sind.

[2]Die Angaben nach Satz 1 Nummer 1, 3 und 9 können unterbleiben, soweit sie im Konzernanhang zu machen sind. [3]Sind Angaben nach Satz 1 im Konzernanhang zu machen, ist im Konzernlagebericht darauf zu verweisen. [4]Die Angaben nach Satz 1 Nummer 8 können unterbleiben, soweit sie geeignet sind, dem Mutterunternehmen einen erheblichen Nachteil zuzufügen; die Angabepflicht nach anderen gesetzlichen Vorschriften bleibt unberührt.

(2) [1]Ist das Mutterunternehmen eine börsennotierte Aktiengesellschaft, ist im Konzernlagebericht auch auf die Grundzüge des Vergütungssystems für die in § 314 Absatz 1 Nummer 6 genannten Gesamtbezüge einzugehen. [2]Werden dabei auch Angaben entsprechend § 314 Absatz 1 Nummer 6 Buchstabe a Satz 5 bis 8 gemacht, können diese im Konzernanhang unterbleiben.

Schrifttum: (ohne die Einzelbeiträge in den verschiedenen Handbüchern der Rechnungslegung) *Rabenhorst,* Zusätzliche Angabepflichten im Lagebericht durch das Übernahmerichtlinie-Umsetzungsgesetz, WPg 2008, 139.

I. Allgemeine Grundsätze

1   Im Rahmen der Neustrukturierung der Vorschriften zum Konzernlagebericht durch das CSR-Richtlinie-Umsetzungsgesetz (CSRRLUms) wurden die Anforderungen des vorherigen § 315 Abs. 4 in den neuen § 315a Abs. 1 ausgegliedert. Zudem wurden die Anforderungen des vorherigen § 315 Abs. 2 Nr. 4 (Angaben zum Vergütungssystem von Organmitgliedern börsennotierter Aktiengesellschaften) in § 315a Abs. 2 verlagert; → Rn. 14 ff. Materielle Änderungen sind durch diese Neustrukturierung nicht beabsichtigt.[1] Zu den allgemeinen Grundsätzen zur Konzernlageberichterstattung wird auf die Erläuterungen unter → § 315 Rn. 1 ff. verwiesen.

2   Ursprünglich entstammen die Anforderungen des § 315a Abs. 1 dem Gesetz zur Umsetzung der Richtlinie 2004/25/EG des Europäischen Parlaments und des Rates vom 21.4.2004 betreffend Übernahmeangebote (Übernahmerichtlinie-Umsetzungsgesetz), welches am 19.5.2006 vom Bundestag verabschiedet wurde. Ziel der Übernahmerichtlinie ist die Schaffung einer Rahmenregelung für Übernahmeverfahren. Sie dient dem Schutz der Interessen der Aktionäre bei Übernahmeangeboten und sonstigen Kontrollerwerben. Mit der Festlegung von Mindestvorgaben bei der Abwicklung von Übernahmeangeboten sollen gemeinschaftsweit Klarheit und Transparenz geschaffen werden.[2] Dem Art. 10 Richtlinie 2004/25/EG entsprechend wird die Verpflichtung zur **Offenlegung von Übernahmehindernissen** im Lagebericht von Gesellschaften, die einen organisierten Markt iSd § 2 Abs. 7 WpÜG durch von ihnen ausgegebene stimmberechtigte Aktien in Anspruch nehmen, umgesetzt. Damit wird dem Informationsbedürfnis möglicher Bieter sowie der Anleger Rechnung getragen. Potenzielle Bieter sollen in die Lage versetzt werden, sich vor Abgabe eines Angebots ein umfassendes Bild über die mögliche Zielgesellschaft und ihre Struktur sowie etwaige Übernahmehindernisse zu machen. Diese Angaben sind unabhängig davon vorzunehmen, ob ein Übernahmeangebot vorliegt oder zu erwarten ist.[3]

3   Der **Geltungsbereich** des Abs. 1 ist auf Mutterunternehmen begrenzt, die einen organisierten Markt iSd § 2 Abs. 7 WpÜG durch von ihnen ausgegebene stimmberechtigte Aktien in Anspruch nehmen. Dadurch werden in Deutschland Aktiengesellschaften sowie Kommanditgesellschaften auf Aktien erfasst, sofern diese stimmberechtigte Aktien auf einem solchen Markt ausgegeben haben. Die Offenlegungspflichten gelten somit nicht für Unternehmen, die lediglich mit Schuldverschreibungen, Genussscheine, Anleihen oder stimmrechtslose Vorzugsaktien notiert sind.[4]

---

[1] BT-Drs. 18/9982, 55.
[2] BT-Drs. 16/1003, 12.
[3] BT-Drs. 16/1003, 24.
[4] WP-HdB Kap. F Rn. 1406 iVm WP-HdB Kap. G Rn. 913; BT-Drs. 16/1003, 24.

II. Zusätzliche Angabepflichten der Mutterunternehmen, die stimmberechtigte Aktien an einem organisierten Markt iSd § 2 Abs. 7 WpÜG ausgegeben haben

Nach Abs. 1 sind folgende Angaben im Konzernlagebericht erforderlich, **4** denen die Verhältnisse am Bilanzstichtag zu Grunde zu legen sind (DRS 20.K189), wobei unter Umständen wesentliche weitergehende Erkenntnisse bis zum Aufstellungszeitpunkt des Konzernlageberichts zu berücksichtigen sind.[5]

1. Die Zusammensetzung des gezeichneten Kapitals. Bei verschiede- **5** nen Aktiengattungen sind für jede Gattung die damit verbundenen Rechte und Pflichten und der Anteil am Gesellschaftskapital anzugeben. Maßgeblich ist das gezeichnete Kapital gem. § 272 Abs. 1 S. 1,[6] das dem Grundkapital oder Stammkapital des Einzelabschlusses der Muttergesellschaft entspricht.[7] Im Einzelnen ist hierbei die Anzahl der ausgegebenen Aktien, deren Nennwert (sofern vorhanden), sowie Art der ausgegebenen Aktien (Nennwert-, Stück-, Inhaber-, Namens- oder vinkulierte Namensaktie) anzugeben (DRS 20.K191). Lässt sich das gezeichnete Kapital in verschiedene Aktiengattungen einteilen, sind diese Angaben hinsichtlich ihres Anteils am Gesellschaftskapital und der durch sie vermittelten Rechte und Pflichten je Aktiengattung anzugeben. Dabei richtet sich die Bestimmung einer Aktiengattung nach § 11 AktG. Aktien mit gleichen Rechten, die hiernach eine Gattung bilden, sind zB Stammaktien, stimmrechtslose Vorzugsaktien, stimmberechtigte Vorzugsaktien und Aktien mit Nebenpflichten. Die Angaben sind auch zwingend Wertpapiere, die nicht auf einem geregelten Markt eines Mitgliedstaates der EU gehandelt werden, zu machen. Hierunter fallen Wertpapiere, die nicht oder in einem Drittstaat zum Handel zugelassen sind.[8] Die Angaben nach Abs. 1 S. 1 Nr. 1 können unterbleiben, sofern sie im Konzernanhang zu machen sind (Abs. 1 S. 2). In diesem Fall ist gem. Abs. 1 S. 3 im Konzernlagebericht auf die Angaben im Konzernanhang zu verweisen.

2. Beschränkungen, die Stimmrechte oder die Übertragung von 6 Aktien betreffen, auch wenn sie sich aus Vereinbarungen zwischen Gesellschaftern ergeben können, soweit sie dem Vorstand der Gesellschaft bekannt sind. Die nach Abs. 1 S. 1 Nr. 2 anzugebenden Beschränkungen der von Stimmrechten oder der Übertragbarkeit von Wertpapieren können aus gesetzlichen Vorschriften, Satzungsbestimmungen oder auch aus Vereinbarungen zwischen Gesellschaftern stammen; sofern die Beschränkung auf gesetzliche Regelungen zurückzuführen sind, reicht ein Verweis auf die gesetzlichen Vorschriften aus (DRS 20.K195). Beschränkungen der Übertragbarkeit umfassen zB Beschränkungen des Wertpapierbesitzes oder das Erfordernis einer Genehmigung der Gesellschaft oder anderer Wertpapierinhaber zur Übertragung von Wertpapieren. Im deutschen Aktienrecht trifft dies auf vinkulierte Namensaktien gem. § 68 Abs. 2 AktG zu.[9] Vereinbarungen zwischen Gesellschaftern zur Einschränkung der Übertragung von Wertpapieren und/oder Stimmrechten, wie zB Stimmbindungsverträge, sind nur

---

[5] *Rabenhorst* WPg 2008, 140; WP-HdB Kap. F Rn. 1406 iVm WP-HdB Kap. G Rn. 913.
[6] BT-Drs. 16/1003, 24.
[7] BeBiKo/*Winkeljohann*/*Deubert* § 298 Rn. 72.
[8] BT-Drs. 16/1003, 24.
[9] BT-Drs. 16/1003, 25.

offenzulegen, soweit sie dem Vorstand der angabepflichtigen Gesellschaft bekannt sind. Hierdurch ergibt sich weder ein Auskunftsrecht noch eine Erkundigungspflicht des Vorstands noch eine Verpflichtung der Aktionäre, bestehende Stimmbindungsverträge anzuzeigen (DRS 20.K196).

7   **3. Direkte oder indirekte Beteiligungen am Kapital, die 10 vom Hundert der Stimmrechte überschreiten.** Nach Abs. 1 S. 1 Nr. 3 sind alle unmittelbar oder mittelbar gehaltenen Beteiligungen anzugeben, die den Schwellenwert von 10 % der Stimmrechte überschreiten. Anzugeben sind mindestens Namen und Staat, in dem sich der Wohnort befindet, bzw. Firma, Sitz und Staat, in dem sich der Sitz befindet (vgl. DRS 20.K22).[10] Unter die Angabepflicht fallen auch Pyramidenstrukturen und wechselseitige Beteiligungen.[11] Zur Ermittlung können die Regelungen der §§ 22 f. WpHG herangezogen werden (DRS 20.K199).[12] Diese Angaben können entfallen, sofern sie im Konzernanhang zu machen sind (Abs. 1 S. 2). In diesem Fall ist gem. Abs. 1 S. 3 im Konzernlagebericht auf die Angaben im Konzernanhang zu verweisen.

8   **4. Die Inhaber von Aktien mit Sonderrechten, die Kontrollbefugnisse verleihen; die Sonderrechte sind zu beschreiben.** Die Inhaber von Aktien mit Sonderrechten, die Kontrollbefugnisse verleihen, sind namentlich zu bezeichnen. Daneben ist die Ausgestaltung dieser Sonderrechte zu beschreiben. Im deutschen Aktienrecht ist dies insbesondere für Entsendungsrechte in den Aufsichtsrat (§ 101 Abs. 2 AktG) relevant (vgl. DRS 20.K203).

9   **5. Die Art der Stimmrechtskontrolle, wenn Arbeitnehmer am Kapital beteiligt sind und ihre Kontrollrechte nicht unmittelbar ausüben.** Nach Abs. 1 S. 1 Nr. 5 ist die Art der Stimmrechtskontrolle anzugeben, wenn im Rahmen von Mitarbeiterbeteiligungsprogrammen Arbeitnehmer am Kapital beteiligt sind und die Kontrollrechte von ihnen nicht unmittelbar ausgeübt werden. Aufgrund der aktienrechtlichen Unzulässigkeit der Trennung von Stimmrecht und Aktie (§ 12 Abs. 1 S. 1 AktG) dürfte diese Konstellation in deutschen Unternehmen im Regelfall so nicht anzutreffen sein.[13] Diese Konstellation wäre zB denkbar, „wenn von Arbeitnehmern gehaltene Aktien diesen in gemeinsamer Berechtigung zustehen und die Stimmrechte aus diesen Aktien durch einen gemeinsamen Vertreter ausgeübt werden, oder wenn von Arbeitnehmern gehaltene Stimmrechte von einem Mitarbeiteraktionärsverein ausgeübt werden" (DRS 20.K205).

10   **6. Die gesetzlichen Vorschriften und Bestimmungen der Satzung über die Ernennung und Abberufung der Mitglieder des Vorstands und über die Änderung der Satzung.** Die einschlägigen gesetzlichen Vorschriften für die Bestellung und Abberufung von Mitgliedern des Vorstands sind §§ 84, 85 AktG. Abweichende oder ergänzende Bestimmungen der Satzung sind ebenfalls darzulegen. Anzugeben sind schließlich die Vorschriften über die Änderung der Satzung (§ 179 AktG). Soweit es um gesetzliche Vorschriften geht, wird die Angabepflicht im Regelfall durch Bezugnahme

---

[10] WP-HdB Kap. J Rn. 78 iVm WP-HdB Kap. G Rn. 915.
[11] BT-Drs. 16/1003, 25, 26.
[12] WP-HdB Kap. F Rn. 77 iVm WP-HdB Kap. G Rn. 915.
[13] BT-Drs. 16/1003, 25; WP-HdB Kap. J Rn. 80 iVm WP-HdB Kap. G Rn. 915.

auf die entsprechenden Vorschriften genügt. Hingegen wird der wesentliche Inhalt einer Satzungsbestimmung anzugeben sein, insbesondere, wenn hierdurch gesetzliche Vorschriften ergänzt werden oder von dispositiven Vorschriften abgewichen wird (vgl. auch DRS 20.K208).

7. Die Befugnisse des Vorstands insbesondere hinsichtlich der Mög- 11
lichkeit, Aktien auszugeben oder zurückzukaufen. Nach der Gesetzesbegründung sollen nicht die allgemeinen gesetzlichen Aufgaben und Befugnisse des Vorstands angegeben werden. Von Bedeutung sind vielmehr die kraft dispositiven Rechts vermittelten Befugnisse, die relevant für potenzielle Übernahmen sein können. Insoweit sind in erster Linie konkrete Ermächtigungen zur Ausgabe und zum Rückerwerb von stimmberechtigten Aktien anzugeben; Angaben zu stimmrechtslosen Aktien sind nicht zwingend erforderlich.[14] Die Angabepflicht umfasst somit zB Ermächtigungen zum Erwerb eigener Aktien (vgl. § 71 Abs. 1 Nr. 6–8 AktG), zur Ausgabe von neuen Aktien aus dem genehmigten Kapital (vgl. §§ 202 ff. AktG), zur Ausgabe von Wandelschuldverschreibungen sowie auch Gewinnverschreibungen oder Genussrechten, sofern diese ein Umtausch- bzw. Bezugsrecht auf Aktien beinhalten (vgl. § 221 AktG) (DRS 20.K210).[15]

8. Wesentliche Vereinbarungen des Mutterunternehmens, die unter 12
der Bedingung eines Kontrollwechsels infolge eines Übernahme-
angebots stehen, und die hieraus folgenden Wirkungen; die Angabe
kann unterbleiben, soweit sie geeignet ist, dem Mutterunternehmen
einen erheblichen Nachteil zuzufügen. Nach Abs. 1 S. 1 Nr. 8 sollen diejenigen Vereinbarungen erfasst werden, die mit der Gesellschaft in der Weise getroffen werden, dass sie im Falle eines Kontrollwechsels infolge eines Übernahmeangebots wirksam werden, sich ändern oder enden. Dies gilt insbesondere für „change of control"-Klauseln, die Sonderregelungen für den Fall eines Wechsels der Unternehmenskontrolle beinhalten. Angabepflichtig sind nur Vereinbarungen, die das Mutterunternehmen mit Dritten geschlossen hat; Vereinbarung zwischen Tochterunternehmen und Dritten sind von der Angabepflicht nicht betroffen. Vereinbarungen sind als wesentlich einzustufen, wenn diese für die zukünftige Vermögens-, Finanz- und Ertragslage von Bedeutung sein können und somit Einfluss auf ein Übernahmeangebot haben können. Dabei können auch mehrere einzeln als unwesentlich einzustufende Vereinbarungen in ihrer Gesamtheit wesentlich sein. Eine zusammenfassende Darstellung des wesentlichen Inhalts der Vereinbarung sowie der möglichen wirtschaftlichen Folgen in Form von qualitativen Aussagen ist grundsätzlich ausreichend. Die Angaben nach Abs. 1 S. 1 Nr. 8 können – mit Hinweis auf das Unterlassen – unterbleiben, wenn sie geeignet sind, der Gesellschaft einen erheblichen Nachteil zuzufügen. Die Beurteilung, ob der Gesellschaft ein erheblicher Nachteil zugefügt wird, ist nach vernünftiger kaufmännischer Beurteilung festzustellen, wobei es nicht erforderlich ist, dass sich der Schaden quantifizieren lässt (DRS 20.K212 ff.).[16]

---

[14] BT-Drs. 16/1003, 25; BeBiKo/*Grottel* § 289 Rn. 144 iVm BeBiKo/*Grottel* § 315 Rn. 240; WP-HdB Kap. J Rn. 82 iVm WP-HdB Kap. G Rn. 915.
[15] WP-HdB Kap. J Rn. 83 iVm WP-HdB Kap. G Rn. 915.
[16] WP-HdB Kap. J Rn. 84–86 iVm WP-HdB Kap. G Rn. 915.

13   **9. Entschädigungsvereinbarungen des Mutterunternehmens, die für den Fall eines Übernahmeangebots mit den Mitgliedern des Vorstands oder Arbeitnehmern getroffen sind.** Nach Abs. 1 S. 1 Nr. 9 sind Entschädigungsvereinbarungen anzugeben, die das Mutterunternehmen mit Mitgliedern des Vorstands für den Fall eines Übernahmeangebots getroffen hat. Neben Vereinbarungen, die für den Fall geschlossen werden, dass Vorstandsmitglieder oder Arbeitnehmer wegen eines Übernahmeangebots kündigen, ohne triftigen (in ihrer Person liegenden) Grund entlassen werden oder ihr Dienst- oder Arbeitsverhältnis endet, sind auch entsprechende Entschädigungsvereinbarungen zwingend anzugeben, die nicht zur Beendigung des Dienst- oder Arbeitsverhältnisses führen. Dies gilt auch für entsprechende Vereinbarungen zwischen dem Mutterunternehmen und dort beschäftigte Arbeitnehmer (DRS 20.K220), Angaben zwischen Tochterunternehmen und deren Vorstandsmitgliedern und Arbeitnehmern sind nicht von der Angabepflicht betroffen (DRS 20.K221). Anzugeben ist eine zusammenfassende Darstellung der wesentlichen Inhalte solcher Vereinbarungen; die Darstellung hat – sofern unmittelbar aus dem Inhalt der Vereinbarung ersichtlich – die vereinbarte Höhe der Entschädigung und anderenfalls die entsprechend vereinbarte Berechnungsformel zu enthalten (DRS 20.K223). Es ist nicht notwendig, dass ein Übernahmeangebot vorliegt oder zu erwarten ist, damit die Angabepflicht Bestand hat.[17] Die Angaben nach Abs. 1 S. 1 Nr. 9 können unterbleiben, sofern sie im Konzernanhang zu machen sind (Abs. 1 S. 2). In diesem Fall ist gem. Abs. 1 S. 3 im Konzernlagebericht auf die Angaben im Konzernanhang zu verweisen.

III. Angaben zum Vergütungssystem von Organmitgliedern börsennotierter Aktiengesellschaften (Abs. 2)

14   Abs. 2 wurde ursprünglich durch das VorstOG eingeführt (damals noch unter § 315 Abs. 2 Nr. 4; zur Umstrukturierung der Vorschriften zum Konzernlagebericht → Rn. 1), um für die Aktionäre einer Muttergesellschaft, die börsennotierte AG ist, mehr Transparenz in Bezug auf die Vergütungssysteme für die Organe der Gesellschaft zu schaffen (sog. **Vergütungsbericht**). Vergleichbare Empfehlungen sind auch im Corporate Governance Kodex Ziffer 4.2.3 enthalten. Die Angaben dienen der Erläuterung und damit dem besseren Verständnis hinsichtlich der einzelnen Vergütungsparameter und der Zusammensetzung der Bezüge einschließlich bestehender Anreizpläne.[18]

15   Im Vergütungsbericht ist auf die **Grundzüge der Vergütungssysteme** sämtlicher Organe der Gesellschaft einzugehen, dh auch auf die Regelungen für aktive und frühere Organmitglieder sowie deren Hinterbliebene. Zu den Grundzügen eines Vergütungssystems gehören:[19]

– Überblick über die Vergütungspolitik;
– Allgemeine Konzepte für die Gestaltung von Organverträgen (Dauer, Kündigungsfristen, Regelungen und Leistungen bei vorzeitigem Ausscheiden);
– Erläuterungen zu Form (Geld-, Sachbezüge), Struktur (fix, variabel) und Höhe der Vergütung;
– Erläuterungen zu Komponenten mit langfristiger Anreizwirkung (Parameter, Bedingungen);

---

[17] WP-HdB Kap. J Rn. 87 iVm WP-HdB Kap. G Rn. 915.
[18] BT-Drs. 15/5577, 8.
[19] BeBiKo/*Grottel* § 289 Rn. 105 iVm BeBiKo/*Grottel* § 315 Rn. 200.

– Erläuterungen zur Behandlung der Bezüge von Dritten oder Tochterunternehmen im Rahmen der Gesamtbezüge;
– Erläuterungen zu den Regelungen der Versorgungs-, Vorruhestands- und Ruhestandsleistungen.

Zusätzlich sind wesentliche Veränderungen im Vergütungssystem zum Vorjahr anzugeben.

Die Angaben zur Vergütungsstruktur können **unterbleiben,** soweit sie **16** nach vernünftiger kaufmännischer Beurteilung geeignet sind, der Gesellschaft einen **erheblichen Nachteil** zuzufügen. Dies betrifft in erster Linie Fälle, in denen Anreize an Ziele eines Unternehmens geknüpft sind, die nicht notwendigerweise für die Veröffentlichung bestimmt sind (zB Steigerung des Umsatzes in einem bestimmten Geschäftsfeld oder einem bestimmten regionalen Absatzmarkt). Diese für die Geschäftspolitik wichtigen, aber sensiblen Informationen brauchen nicht im Lagebericht veröffentlicht zu werden, da diese Informationen zu Wettbewerbsnachteilen führen können (DRS 17.81).[20]

Die Regelung in Abs. 2 S. 2 ermöglicht börsennotierten Aktiengesellschaf- **17** ten, die **Anhangangaben** gem. § 314 Abs. 1 Nr. 6 Buchst. a S. 5–8 zur individualisierten Offenlegung der Vorstandsbezüge **alternativ im Konzernlagebericht** zu machen (DRS 17.11). Zu den Angaben im Einzelnen vgl. ausführlich DRS 17.14–36. Damit wird die Möglichkeit eröffnet, neben den „Soll-Angaben" zur Vergütungsstruktur auch die individuellen Pflichtangaben zusammenhängend in einem eigenständigen Vergütungsbericht darzustellen.[21] Die Verlagerung der Individualangaben der Vorstandsvergütungen in den Konzernlagebericht ist nur dann zulässig, wenn zugleich auch die grundlegenden Angaben zur Vergütungsstruktur gemacht werden (DRS 17.82). Die Angaben gem. § 314 Abs. 1 Nr. 6 Buchst. a S. 5–8 zur individualisierten Offenlegung der Vorstandsbezüge kann gem. § 314 Abs. 3 S. 1 sowohl im Konzernanhang als auch im Konzernlagebericht unterbleiben, wenn dies von der Hauptversammlung mit einer Dreiviertelmehrheit des bei Beschlussfassung vertretenen Grundkapitals beschlossen wurde (DRS 17.6). Die Angaben gem. § 314 S. 1 Nr. 6 Buchst. a S. 1–4 können nach dem Wortlaut des Gesetzes nicht im Konzernlagebericht gemacht werden, da Art. 43 Abs. 1 Nr. 12 Richtlinie 78/660/EWG hinsichtlich der Gesamtbezüge zwingend die Angabepflicht für den Anhang vorschreibt.[22] Dessen ungeachtet erscheint aus Sicht der Adressaten eine geschlossene Darstellung an einer Stelle zielführender, was jedoch Doppelangaben in Konzernanhang und Konzernlagebericht oder zumindest einen Verweis im Konzernlagebericht auf die entsprechenden Angaben im Konzernanhang erfordert (DRS 17.12).

IV. Folgen der Nichtbeachtung

Eine Verletzung des § 315a kann den Tatbestand der § 331 Nr. 2, § 334 **18** Abs. 1 Nr. 4, § 335 Abs. 1 S. 1 Nr. 1 verwirklichen. Abhängig von der Zwecksetzung der einzelnen Norm sind daran unterschiedliche Rechtsfolgen geknüpft (Strafe, Bußgeld, Ordnungsgeld).

[20] BT-Drs. 15/5577, 8.
[21] BT-Drs. 15/5577, 8.
[22] BT-Drs. 15/5577, 8.

§ 315b Pflicht zur nichtfinanziellen Konzernerklärung; Befreiungen

(1) [1] Eine Kapitalgesellschaft, die Mutterunternehmen (§ 290) ist, hat ihren Konzernlagebericht um eine nichtfinanzielle Konzernerklärung zu erweitern, wenn die folgenden Merkmale erfüllt sind:

1. die Kapitalgesellschaft ist kapitalmarktorientiert im Sinne des § 264d,

2. für die in den Konzernabschluss einzubeziehenden Unternehmen gilt:

   a) sie erfüllen die in § 293 Absatz 1 Satz 1 Nummer 1 oder 2 geregelten Voraussetzungen für eine größenabhängige Befreiung nicht und

   b) bei ihnen sind insgesamt im Jahresdurchschnitt mehr als 500 Arbeitnehmer beschäftigt.

[2] § 267 Absatz 4 bis 5 sowie § 298 Absatz 2 sind entsprechend anzuwenden. [3] Wenn die nichtfinanzielle Konzernerklärung einen besonderen Abschnitt des Konzernlageberichts bildet, darf die Kapitalgesellschaft auf die an anderer Stelle im Konzernlagebericht enthaltenen nichtfinanziellen Angaben verweisen.

(2) [1] Ein Mutterunternehmen im Sinne des Absatzes 1 ist unbeschadet anderer Befreiungsvorschriften von der Pflicht zur Erweiterung des Konzernlageberichts um eine nichtfinanzielle Konzernerklärung befreit, wenn

1. das Mutterunternehmen zugleich ein Tochterunternehmen ist, das in den Konzernlagebericht eines anderen Mutterunternehmens einbezogen ist, und

2. der Konzernlagebericht nach Nummer 1 nach Maßgabe des nationalen Rechts eines Mitgliedstaats der Europäischen Union oder eines anderen Vertragsstaats des Abkommens über den Europäischen Wirtschaftsraum im Einklang mit der Richtlinie 2013/34/EU aufgestellt wird und eine nichtfinanzielle Konzernerklärung enthält.

[2] Satz 1 gilt entsprechend, wenn das andere Mutterunternehmen im Sinne des Satzes 1 einen gesonderten nichtfinanziellen Konzernbericht nach Absatz 3 oder nach Maßgabe des nationalen Rechts eines Mitgliedstaats der Europäischen Union oder eines anderen Vertragsstaats des Abkommens über den Europäischen Wirtschaftsraum im Einklang mit der Richtlinie 2013/34/EU erstellt und öffentlich zugänglich macht. [3] Ist ein Mutterunternehmen nach Satz 1 oder 2 von der Pflicht zur Erstellung einer nichtfinanziellen Konzernerklärung befreit, hat es dies in seinem Konzernlagebericht mit der Erläuterung anzugeben, welches andere Mutterunternehmen den Konzernlagebericht oder den gesonderten nichtfinanziellen Konzernbericht öffentlich zugänglich macht und wo der Bericht in deutscher oder englischer Sprache offengelegt oder veröffentlicht ist.

(3) [1] Ein Mutterunternehmen im Sinne des Absatzes 1 ist auch dann von der Pflicht zur Erweiterung des Konzernlageberichts um eine nichtfinanzielle Konzernerklärung befreit, wenn das Mutterunternehmen für dasselbe Geschäftsjahr einen gesonderten nichtfinanziellen Konzernbericht außerhalb des Konzernlageberichts erstellt und folgende Voraussetzungen erfüllt:

1. der gesonderte nichtfinanzielle Konzernbericht erfüllt zumindest die inhaltlichen Vorgaben nach § 315c in Verbindung mit § 289c und

2. das Mutterunternehmen macht den gesonderten nichtfinanziellen Konzernbericht öffentlich zugänglich durch

a) Offenlegung zusammen mit dem Konzernlagebericht nach § 325 oder

b) Veröffentlichung auf der Internetseite des Mutterunternehmens spätestens vier Monate nach dem Abschlussstichtag und mindestens für zehn Jahre, sofern der Konzernlagebericht auf diese Veröffentlichung unter Angabe der Internetseite Bezug nimmt.

² Absatz 1 Satz 3, die §§ 289d und 289e sowie § 298 Absatz 2 sind auf den gesonderten nichtfinanziellen Konzernbericht entsprechend anzuwenden.

(4) Ist die nichtfinanzielle Konzernerklärung oder der gesonderte nichtfinanzielle Konzernbericht inhaltlich überprüft worden, ist auch die Beurteilung des Prüfungsergebnisses in gleicher Weise wie die nichtfinanzielle Konzernerklärung oder der gesonderte nichtfinanzielle Konzernbericht öffentlich zugänglich zu machen.

Schrifttum: (ohne die Einzelbeiträge in den verschiedenen Handbüchern der Rechnungslegung) *Althoff/Wirth,* Nichtfinanzielle Berichterstattung und Prüfung im DAX 30: Eine Analyse der Erstanwendung des CSR-Richtlinie-Umsetzungsgesetzes, WPg 2018, 1138; *Blöink/Halbleib,* Umsetzung der sog. CSR-Richtlinie 2014/95/EU: Aktueller Überblick über die verabschiedeten Regelungen des CSR-Richtlinie-Umsetzungsgesetzes, DK 2017, 182; *Böcking/Althoff,* Konzernlagebericht: Änderungen von DRS 20 – Kein grundsätzlicher Anpassungsbedarf der Konzernlageberichterstattung durch das CSR-Richtlinie-Umsetzungsgesetz?, WPg 2017, 1450; *Böcking/Althoff,* Paradigmenwechsel in der (Konzern-)Lageberichterstattung über nicht-monetäre Erfolgsfaktoren, DK 2017, 246; BT-Drs. 18/9982 vom 17.10.2016, Entwurf eines Gesetzes zur Stärkung der nichtfinanziellen Berichterstattung der Unternehmen in ihren Lage- und Konzernlageberichten (CSR-Richtlinie-Umsetzungsgesetz); *DRSC,* DRS 20, Konzernlagebericht Stand: 22.9.2017; *Hennrichs,* CSR-Umsetzung – Neue Pflichten für Aufsichtsräte, NZG 2017, 841; *IDW,* Positionspapier Pflichten und Zweifelsfragen zur nichtfinanziellen Erklärung als Bestandteil der Unternehmensführung Stand: 14.6.2017; *Rimmelspacher/Schäfer/Schönberger,* Das CSR-Richtlinie-Umsetzungsgesetz: Neue Anforderungen an die nichtfinanzielle Berichterstattung und darüber hinaus, KoR 2017, 225.

I. Allgemeine Grundsätze

Der im Rahmen des CSR-Richtlinie-Umsetzungsgesetzes¹ neu eingeführte § 315b dient der nationalen Umsetzung des Art. 29a CSR-RL und regelt den Anwendungsbereich der Pflicht zu einer nichtfinanziellen Erklärung auf Konzernebene.² Dabei folgt § 315b weitgehend der Struktur des § 289b und weicht grundsätzlich nur dort ab, wo entweder die CSR-RL oder der **Bezug zur Konzernebene** Abweichungen erforderlich machen.³ Deshalb wird nachfolgend auch auf die entsprechenden Erläuterungen zu § 289b verwiesen (→ § 289b Rn. 1 ff.). Die Vorgaben für die nichtfinanzielle Konzernerklärung und den gesonderten nichtfinanziellen Konzernbericht richten sich nach dem Recht der Bundesrepublik Deutschland, auch wenn ein Teil der einbezogenen Tochterunternehmen ihren Sitz im Ausland haben.⁴

1

---

¹ BGBl. 2017 I 802.

² BT-Drs. 18/9982, 29, 56; Richtlinie 2014/95/EU des Europäischen Parlaments und des Rates v. 22.10.2014 zur Änderung der Richtlinie 2013/34/EU im Hinblick auf die Angabe nichtfinanzieller und die Diversität betreffender Informationen durch bestimmte große Unternehmen und Gruppen v. 22.10.2014, ABl. 2014 L 330, 1.

³ BT-Drs. 18/9982, 56; BeBiKo/*Winkeljohann/Schäfer* Rn. 1.

⁴ BT-Drs. 18/9982, 56.

2   **Regelungsgegenstand** des § 315b ist der allgemeine Anwendungsbereich (Abs. 1), Befreiungsvorschriften (Abs. 2), die Voraussetzungen zur Möglichkeit der Veröffentlichung eines gesonderten nichtfinanziellen Konzernberichts und die damit einhergehende Befreiung von der Abgabe einer nichtfinanziellen Konzernerklärung (Abs. 3) sowie die Rechtsfolgen im Falle einer freiwilligen externen Prüfung hinsichtlich der Veröffentlichung des Prüfungsurteils (Abs. 4).

II. Anwendungsbereich (Abs. 1)

3   **1. Betroffene Mutterunternehmen.** Berichtspflichtig sind Mutterunternehmen, die selbst kapitalmarktorientierte Kapitalgesellschaften iSv § 264d sind (Abs. 1 S. 1 Nr. 1).[5] Die weiteren **(kumulativen) Voraussetzungen** für die Berichtspflicht nach Abs. 1 sind auf Konzernebene zu bestimmen:

– Zum einen müssen gem. Abs. 1 S. 1 Nr. 2 Buchst. a die in § 293 Abs. 1 geregelten **Schwellenwerte überschritten** werden, sodass die in den Konzernabschluss einzubeziehenden Unternehmen nicht die Voraussetzungen für eine **größenabhängige Befreiung** erfüllen (→ § 293 Rn. 8).[6] Eine Berichtspflicht besteht dann, wenn im Konzern bei Addition der Werte des Mutterunternehmens mit den Werten der einzubeziehenden Tochterunternehmen **(Brutto-Methode)** nach § 293 Abs. 1 S. 1 Nr. 1 mindestens zwei der drei Größenkriterien (Bilanzsumme über 24 Mio. Euro, Umsatzerlöse über 48 Mio. Euro, im Jahresdurchschnitt 250 Arbeitnehmer) oder bei konsolidierter Betrachtung **(Netto-Methode)** mindestens zwei der drei Größenkriterien nach § 293 Abs. 1 S. 1 Nr. 2 (Bilanzsumme über 20 Mio. Euro, Umsatzerlöse über 40 Mio. Euro, im Jahresdurchschnitt 250 Arbeitnehmer) überschritten sind.[7]

– Zum anderen müssen die in den Konzernabschluss einzubeziehenden Unternehmen, einschließlich des Mutterunternehmens, im Jahresdurchschnitt insgesamt **mehr als 500 Arbeitnehmer** beschäftigen.[8]

4   Gem. Abs. 1 S. 2 ist für die Bestimmung der **Bilanzsumme** auf die Regelungen § 267 Abs. 4a (→ § 267 Rn. 4) und für die Bestimmung der durchschnittlichen **Arbeitnehmerzahl** auf die Regelungen des § 267 Abs. 5 (→ § 267 Rn. 8) zurückzugreifen.[9] Maßgeblich für die Bestimmung der **Umsatzerlöse** iSd Größenmerkmale des § 267 sind ihrer Art nach die Umsatzerlöse iSd § 277 Abs. 1 (→ § 277 Rn. 3).[10] Von besonderer Bedeutung ist, dass die relevanten **Größenmerkmale tatsächlich** erfüllt sein müssen. Die Regelung des § 293 Abs. 5, nach dem § 293 Abs. 1–4 nicht zur Anwendung kommen, wenn das Mutterunternehmen oder ein in dessen Konzernabschluss einbezogenes Tochterunternehmen am Abschlussstichtag kapitalmarktorientiert iSd § 264d ist oder es den Vorschriften des Ersten oder Zweiten Unterabschnitts des Vierten Abschnitts unterworfen ist, greift nicht für die Beurteilung des Anwendungsbereichs des § 315b.[11] Die Ermittlung der Werte hat

---

[5] BT-Drs. 18/9982, 56; BeBiKo/*Winkeljohann/Schäfer* Rn. 5.
[6] BT-Drs. 18/9982, 56; BeBiKo/*Winkeljohann/Schäfer* Rn. 5.
[7] BT-Drs. 18/9982, 56; WP-HdB Kap. G Rn. 171 f.
[8] BT-Drs. 18/9982, 56.
[9] BT-Drs. 18/9982, 56; BeBiKo/*Winkeljohann/Schäfer* Rn. 8; WP-HdB Kap. G Rn. 167–170, 174 f.
[10] BeBiKo/*Winkeljohann/Lawall* § 267 Rn. 7 f.; WP-HdB Kap. G Rn. 171–173.
[11] BeBiKo/*Winkeljohann/Schäfer* Rn. 7.

auch dann nach Maßgabe des HGB zu erfolgen, wenn das Mutterunternehmen tatsächlich einen Konzernabschluss nach IFRS aufstellt.[12] Während die drei Schwellenwerte gem. § 293 Abs. 1 gleichrangig nebeneinander stehen, ist es für eine Berichtspflicht gem. Abs. 1 S. 1 Nr. 2 Buchst. b jedoch in jedem Fall erforderlich, dass der Schwellenwert für das Kriterium der durchschnittlichen **Arbeitnehmerzahl von 500** überschritten ist.[13]

Die **Schwellenwerte** für die Merkmale auf Konzernebene (durchschnitt- **5** liche Arbeitnehmerzahl sowie Bilanzsumme oder Umsatzerlöse) müssen an den Abschlussstichtagen **zweier aufeinanderfolgender Geschäftsjahre** überschritten werden, während das Merkmal der **Kapitalmarktorientierung** des Mutterunternehmens am Abschlussstichtag selbst erfüllt sein muss (DRS 20.234, DRS 20.236).[14]

Aus dem Wortlaut des Abs. 1 nach dem die relevanten Größenmerkmale **6** für die in den Konzernabschluss **einzubeziehenden Unternehmen** zu bestimmen sind, ist nicht eindeutig zu entnehmen, ob hierunter iSd § 293 Abs. 1 allein das Mutterunternehmen und die einzubeziehenden Tochterunternehmen zu verstehen sind oder auch die anteilmäßig zu konsolidierenden Gemeinschaftsunternehmen.[15]

Keiner Regelung an dieser Stelle bedarf die Erfassung von **Kreditinstitu- 7 ten** und **Versicherungsunternehmen**. Diese sind in den Spezialvorschriften der § 340i Abs. 5 (→ § 340i Rn. 34) und § 341j Abs. 4 (→ § 341j Rn. 2a) geregelt.[16]

2. Erklärendes Organ. Ihrem Wesen nach stellt die nichtfinanzielle Kon- **8** zernerklärung eine Erweiterung der Konzernlageberichterstattung dar.[17] Die Pflicht zur Erstellung der nichtfinanziellen Konzernerklärung obliegt somit den **gesetzlichen Vertretern** des Mutterunternehmens.[18]

3. Ort der nichtfinanziellen Konzernerklärung. Die nichtfinanzielle **9** Berichterstattung gem. § 315b kann an zwei Orten erfolgen. Entweder als eine **Erweiterung der Konzernlageberichterstattung**, allein dann handelt es sich terminologisch um eine nichtfinanzielle Konzernerklärung, oder in der Form eines **gesonderten nichtfinanziellen Konzernberichts** (→ Rn. 16). Beide Varianten können wiederum in zwei unterschiedlichen Ausprägungen umgesetzt werden; im Falle der nichtfinanziellen Konzernerklärung entweder in einem besonderen Abschnitt des Konzernlageberichts oder durch eine vollständige Integration der Pflichtangaben im Konzernlagebericht (DRS 20.241).[19]

Gem. Abs. 1 S. 3 darf die Kapitalgesellschaft auf die an anderer Stelle im **10** Konzernlagebericht enthaltenen nichtfinanziellen Angaben verweisen, wenn

---

[12] BeBiKo/*Winkeljohann/Schäfer* Rn. 8 mwN.

[13] BT-Drs. 18/9982, 56; BeBiKo/*Winkeljohann/Schäfer* Rn. 10.

[14] BeBiKo/*Winkeljohann/Schäfer* Rn. 11 f.

[15] Für den Einbezug ausschließlich des Mutterunternehmens und der Tochterunternehmen, nicht hingegen der Gemeinschaftsunternehmen *Rimmelspacher/Schäfer/Schönberger* KoR 2017, 230; BeBiKo/*Winkeljohann/Schäfer* Rn. 9; aA *IDW* PP (Pflichten und Zweifelsfragen zur nichtfinanziellen Erklärung als Bestandteil der Unternehmensführung), S. 11.

[16] Vgl. hierzu weiterführend BT-Drs. 18/9982, 61, 63; BeBiKo/*Winkeljohann/Schäfer* Rn. 6.

[17] BT-Drs. 18/9982, 27; BeBiKo/*Winkeljohann/Schäfer* Rn. 15; *Althoff/Wirth* WPg 2018, 1138 (1149).

[18] BeBiKo/*Winkeljohann/Schäfer* Rn. 15.

[19] *Hennrichs* NZG 2017, 843; *Blöink/Halbleib* DK 2017, 190; BeBiKo/*Winkeljohann/Schäfer* Rn. 20.

die nichtfinanzielle Konzernerklärung einen **besonderen Abschnitt** des Konzernlageberichts bildet. Da Abs. 1 S. 3 nahezu wortgleich mit § 289b ist, wird auf die Erläuterungen zur nichtfinanziellen Erklärung verwiesen (→ § 298b Rn. 10–12).

11   **4. Zusammenfassung der nichtfinanziellen Konzernerklärung mit der nichtfinanziellen Erklärung des Mutterunternehmens.** Wenn das Mutterunternehmen einen **zusammengefassten Lagebericht** erstellt, kann es darin gem. Abs. 1 S. 1 auch die nichtfinanzielle Konzernerklärung mit der nichtfinanziellen Erklärung des Mutterunternehmens zusammenfassen (DRS 20.245),[20] bspw. unter der Bezeichnung **zusammengefasste nichtfinanzielle Erklärung.** Die Zusammenfassung der nichtfinanziellen Konzernerklärung mit der nichtfinanziellen Erklärung des Mutterunternehmens setzt voraus, dass der Konzernabschluss und der Jahresabschluss des Mutterunternehmens gem. § 315 Abs. 5 **gemeinsam offengelegt** werden (→ § 315 Rn. 51).[21] Entsprechendes gilt für den gesonderten nichtfinanziellen Bericht des Mutterunternehmens und dem nichtfinanziellen Konzernbericht (DRS 20.245),[22] unabhängig davon, ob das Mutterunternehmen einen zusammengefassten Lagebericht erstellt oder nicht.

12   Soweit sich die Berichtsinhalte der zusammengefassten nichtfinanziellen Erklärung sowohl auf den Konzern als auch auf das Mutterunternehmen beziehen, muss nur einmal berichtet werden, was der **Vermeidung von Doppelangaben,** Verweisen und Wiederholungen dient.[23] Entsprechend der analogen Anwendung des § 298 Abs. 2 S. 3 muss aus der zusammengefassten Erklärung hervorgehen, welche Angaben sich auf den Konzern und welche Angaben sich auf das Mutterunternehmen beziehen (→ § 298 Rn. 37):[24] Die Angaben, die den Konzern betreffen, sind von den Informationen zu trennen, die sich nur auf das Mutterunternehmen beziehen (DRS 20.245).

III. Befreiungsvorschriften (Abs. 2)

13   **1. Befreiende Konzernberichterstattung. Vier Voraussetzungen** müssen **kumulativ** erfüllt sein, damit ein Mutterunternehmen von der Pflicht, den Konzernlagebericht um eine nichtfinanzielle Konzernerklärung zu erweitern, befreit ist:

– das zu befreiende Mutterunternehmen ist **zugleich Tochterunternehmen** eines anderen Mutterunternehmens und wird in den Konzernlagebericht des übergeordneten Mutterunternehmens einbezogen;[25]
– der Konzernlagebericht des übergeordneten Mutterunternehmens wird nach Maßgabe des nationalen Rechts eines Mitgliedstaats der EU oder des EWR **im Einklang mit der EU-Bilanzrichtlinie** aufgestellt und um eine nichtfinanzielle Konzernerklärung erweitert;[26]

---

[20] BT-Drs. 18/9982, 56.
[21] BT-Drs. 18/9982, 56; BeBiKo/*Grottel* § 315 Rn. 260.
[22] BeBiKo/*Winkeljohann/Schäfer* Rn. 25.
[23] BT-Drs. 18/9982, 56; BeBiKo/*Winkeljohann/Schäfer* Rn. 25.
[24] BT-Drs. 18/9982, 57; BeBiKo/*Winkeljohann/Schäfer* Rn. 25.
[25] BT-Drs. 18/9982, 57; *Rimmelspacher/Schäfer/Schönberger* KoR 2017, 229; *Böcking/Althoff* DK 2017, 250.
[26] BT-Drs. 18/9982, 57; *Rimmelspacher/Schäfer/Schönberger* KoR 2017, 229; *Blöink/Halbleib* DK 2017, 189; *Böcking/Althoff* WPg 2017, 1452.

– die befreiende nichtfinanzielle Konzernberichterstattung ist in **deutscher oder englischer Sprache** offengelegt worden;[27]

– das zu befreiende Mutternunternehmen hat in seinem Lagebericht über die **Tatsache der Befreiung** von der nichtfinanziellen Berichterstattung zu **berichten** und darüber hinaus zu erläutern, welches Mutterunternehmen der nichtfinanziellen Konzernberichterstattung nachkommt und wo diese in deutscher oder englischer Sprache öffentlich zugänglich ist.[28]

Da die Anforderungen an die Konzernbefreiung gem. Abs. 2 nahezu wortgleich mit denen des § 289b Abs. 2 sind, wird auf die Erläuterungen zur nichtfinanziellen Erklärung verwiesen (→ § 298b Rn. 13–21).

Die Befreiungsmöglichkeit gilt gem. § 340i Abs. 5 S. 2 iVm § 289b Abs. 2 **14** und § 341j Abs. 4 S. 2 iVm § 289b Abs. 2 auch für **Kreditinstitute** (→ § 340i Rn. 34) und **Versicherungsunternehmen** (→ § 341j Rn. 2a).

2. Andere Befreiungstatbestände. Sollte ein Mutterunternehmen im **15** Anwendungsbereich des § 315b Abs. 1 ausnahmsweise **keinen Konzernlagebericht** erstellen müssen, bspw. weil die Befreiungsvorschriften der § 291 oder § 292 einschlägig sind, so besteht auch keine Pflicht zur Erstellung einer nichtfinanziellen Konzernerklärung (DRS 20.239).[29]

IV. Gesonderter nichtfinanzieller Konzernbericht (Abs. 3)

Abs. 3 eröffnet die Möglichkeit zur Erstellung eines gesonderten nicht- **16** finanziellen Konzernberichts **außerhalb des Konzernlageberichts** anstelle einer nichtfinanziellen Konzernerklärung.[30] Die Regelung erfolgt spiegelbildlich zur Regelung in § 289b Abs. 3,[31] sodass die Erläuterungen dort entsprechend gelten (→ § 289b Rn. 22–32).

V. Freiwillige externe Prüfung (Abs. 4)

Abs. 4 über die **Veröffentlichung eines Prüfurteils** über eine freiwillige **17** Überprüfung der nichtfinanziellen Konzernerklärung oder des gesonderten nichtfinanziellen Konzernberichts entspricht § 289b Abs. 4, sodass die Erläuterungen dort entsprechend gelten (→ § 289b Rn. 33–36).

VI. Folgen der Nichtbeachtung

Da eine Verletzung der Vorschriften § 315b und § 315c nicht gesondert **18** gegenüber den Vorschriften über den Konzernlagebericht sanktioniert ist, wird auf die entsprechenden Ausführungen nach § 315 verwiesen (→ § 315 Rn. 52).[32]

---

[27] *Rimmelspacher/Schäfer/Schönberger* KoR 2017, 229 f.; BeBiKo/*Winkeljohann/Schäfer* Rn. 31.

[28] *Rimmelspacher/Schäfer/Schönberger* KoR 2017, 230; BeBiKo/*Winkeljohann/Schäfer* Rn. 31.

[29] BeBiKo/*Winkeljohann/Schäfer* Rn. 35 f.

[30] BT-Drs. 18/9982, 57; BeBiKo/*Winkeljohann/Schäfer* Rn. 40.

[31] BT-Drs. 18/9982, 57.

[32] BeBiKo/*Winkeljohann/Schäfer* Rn. 55.

§ 315c Inhalt der nichtfinanziellen Konzernerklärung

(1) Auf den Inhalt der nichtfinanziellen Konzernerklärung ist § 289c entsprechend anzuwenden.

(2) § 289c Absatz 3 gilt mit der Maßgabe, dass diejenigen Angaben zu machen sind, die für das Verständnis des Geschäftsverlaufs, des Geschäftsergebnisses, der Lage des Konzerns sowie der Auswirkungen seiner Tätigkeit auf die in § 289c Absatz 2 genannten Aspekte erforderlich sind.

(3) Die §§ 289d und 289e sind entsprechend anzuwenden.

Schrifttum: (ohne die Einzelbeiträge in den verschiedenen Handbüchern der Rechnungslegung) BT-Drs. 18/9982 vom 17.10.2016, Entwurf eines Gesetzes zur Stärkung der nichtfinanziellen Berichterstattung der Unternehmen in ihren Lage- und Konzernlageberichten (CSR-Richtlinie-Umsetzungsgesetz); *DRSC*, DRS 20, Konzernlagebericht Stand: 22.9.2017.

I. Inhalt der nichtfinanziellen Konzernerklärung (Abs. 1)

1   Abs. 1 enthält die Vorgaben für den **Inhalt** der nichtfinanziellen Konzernerklärung. Dabei wird im Wesentlichen auf die spiegelbildlichen Vorgaben für die nichtfinanzielle Erklärung in § 289c verwiesen,[1] weshalb auf die entsprechenden Erläuterungen zu § 289c verwiesen (→ § 289c Rn. 1 ff.) wird.

II. Wesentlichkeit (Abs. 2)

2   Abs. 2 stellt klar, dass die Bestimmung der Wesentlichkeit von nichtfinanziellen Informationen im Rahmen der nichtfinanziellen Konzernerklärung mit Blick auf die Lage und Entwicklung des Konzerns insgesamt zu erfolgen hat.[2] Für die **Wesentlichkeitsbeurteilung aus Konzernsicht** ist auf den gesamten Konsolidierungskreis iSd § 294 Abs. 1 abzustellen, einschließlich Gemeinschaftsunternehmen (Einklangserfordernis) (DRS 20.4).[3]

III. Nutzung von Rahmenwerken und Anwendung der Schutzklausel (Abs. 3)

3   Abs. 3 verweist spiegelbildlich auf die Vorgaben zur für die nichtfinanzielle Erklärung in den § 289d und § 289e, weshalb auf die entsprechenden Erläuterungen zur **Nutzung von Rahmenwerken** (→ § 289d Rn. 1 ff.) sowie zur Anwendung der **Schutzklausel** (→ § 289e Rn. 1 ff.) verwiesen wird.

IV. Folgen der Nichtbeachtung

4   Da eine Verletzung der Vorschriften § 315b und § 315c nicht gesondert gegenüber den Vorschriften über den Konzernlagebericht sanktioniert ist, wird auf die entsprechenden Ausführungen nach § 315 verwiesen (→ § 315 Rn. 52).[4]

---

[1] BT-Drs. 18/9982, 57.
[2] BT-Drs. 18/9982, 57.
[3] BeBiKo/*Winkeljohann/Schäfer* Rn. 6.
[4] BeBiKo/*Winkeljohann/Schäfer* § 315b Rn. 55.

§ 315d Konzernerklärung zur Unternehmensführung

¹Ein **Mutterunternehmen, das eine Gesellschaft im Sinne des § 289f Absatz 1 oder Absatz 3 ist, hat für den Konzern eine Erklärung zur Unternehmensführung zu erstellen und als gesonderten Abschnitt in den Konzernlagebericht aufzunehmen.** ² § 289f ist entsprechend anzuwenden.

Schrifttum: (ohne die Einzelbeiträge in den verschiedenen Handbüchern der Rechnungslegung) *Böcking/Althoff,* Konzernlagebericht: Änderungen von DRS 20 – Kein grundsätzlicher Anpassungsbedarf der Konzernlageberichterstattung durch das CSR-Richtlinie-Umsetzungsgesetz?, WPg 2017, 1450; *DRSC,* DRS 20, Konzernlagebericht; *Rimmelsbacher/Schäfer/Schönberger,* Das CSR-Richtlinie-Umsetzungsgesetz: Neue Anforderungen an die nichtfinanzielle Berichterstattung und darüber hinaus, KoR 2017, 225; *Schäfer/Rimmelsbacher,* Änderungen im (Konzern-)Lagebericht inkl. der Erklärung zur Unternehmensführung durch das BilRUG, DB-Beil. 5/2015, 57.

I. Allgemeine Grundsätze

1. Inhalt und Zweck. Mit dem **Bilanzrichtlinie-Umsetzungsgesetz** 1 **(BilRUG)** wurde in Umsetzung der Richtlinie 2013/34/EU[1] die verpflichtende Erstellung und Veröffentlichung einer **Erklärung zur Unternehmensführung auf Konzernebene** eingeführt. Die Erklärung soll den Adressaten Informationen zur **unternehmensinternen Corporate Governance und Praktiken** sowie **Methoden der Unternehmensführung** im Konzern liefern. Die durch das BilRUG ursprünglich in § 315 Abs. 5 eingeführten Vorschriften wurden durch das CSR-Richtlinie-Umsetzungsgesetz in den neu geschaffenen § 315d überführt.

Die in **§ 289f enthaltenen Vorschriften,** die sich auf die Erstellung einer 2 Erklärung zur Unternehmensführung für Einzelunternehmen beziehen, sind grundsätzlich auch für die Erstellung der Konzernerklärung zur Unternehmensführung auf Konzernebene **heranzuziehen.**[2] Das Mutterunternehmen soll hierbei eine **auf den Konzern bezogene, generalisierende Gesamtaussage** zu den Grundzügen der Unternehmensführung erstellen.[3]

2. Anwendungsbereich. Die Konzernerklärung zur Unternehmensfüh- 3 rung ist von Mutterunternehmen iSd § 289f Abs. 1 und 3 zu erstellen. Namentlich handelt es sich hierbei um börsennotierte Aktiengesellschaften, Europäische Gesellschaften (SE) und Kommanditgesellschaften auf Aktien (KGaA) sowie um Aktiengesellschaften, SE und KGaA, die ausschließlich andere Wertpapiere als Aktien zum Handel an einem organisierten Markt ausgegeben haben und deren ausgegebene Aktien auf eigene Veranlassung über ein multilaterales Handelssystem gehandelt werden. Der Verweis auf § 289f Abs. 3 wurde durch das CSR-Richtlinie-Umsetzungsgesetz eingefügt und diente der Klarstellung, dass die Vorschrift auch für KGaA als Mutterunternehmen gilt und diese Regelung ursprünglich bereits durch das BilRUG so beabsichtigt war.[4] Sofern mehrere Tochterunternehmen, nicht jedoch das Mutterunternehmen börsennotiert sind oder ausschließlich andere Wertpapiere als Aktien zum Handel an einem organisierten Markt ausgegeben

---

[1] Richtlinie 2013/34/EU des Europäischen Parlaments und des Rates v. 26.6.2013, ABl. 2013 L 182, 19.
[2] BeBiKo/*Grottel* Rn. 1.
[3] BT-Drs. 18/5256, 84; BeBiKo/*Grottel* Rn. 2.
[4] BT-Drs. 18/9982, 57.

haben, bleiben die Tochterunternehmen selbstständig dem § 289a HGB oder vergleichbaren auf sie anwendbaren ausländischen Vorschriften unterworfen.[5] Zur Differenzierung des Anwenderkreises für die unterschiedlichen Angaben nach § 289f Abs. 2 Nr. 1–6 sei auf die Erläuterungen unter § 289f verwiesen.

4   Dem Mutterunternehmen wird ein **Wahlrecht** analog des § 289f Abs. 1 gewährt, die Angaben entweder in einem **gesonderten Abschnitt im Konzernlagebericht** zu tätigen oder anstelle dessen gesondert auf der **Internetseite des Unternehmens** zu veröffentlichen und im Konzernlagebericht lediglich auf die Fundstelle zu verweisen.[6] Die durch das CSR-Richtlinie-Umsetzungsgesetz vollzogene Überführung der ursprünglich in § 315 Abs. 5 eingeführten Vorschriften in den neu eingeführten § 315d diente laut Gesetzesbegründung der Verdeutlichung, dass die Konzernerklärung zur Unternehmensführung auch außerhalb des Konzernlageberichts stehen kann; insoweit wurden die Vorgaben systematisch an eine spiegelbildliche Regelung zur Erklärung zur Unternehmensführung angenähert.[7]

II. Inhalt der Konzernerklärung zur Unternehmensführung

5   **1. Inhaltliche Verknüpfung des § 315d mit § 289f.** Da die **Konzernerklärung zur Unternehmensführung** nach den **Vorschriften des § 289f** zu erstellen ist, ist regelmäßig davon auszugehen, dass die Erklärung zur Unternehmensführung eines Mutterunternehmens nach § 289f und die Konzernerklärung zur Unternehmensführung nach § 315d **inhaltlich weitgehend übereinstimmen** wird.[8] Nach § 289f Abs. 2 Nr. 1 ist zunächst die **Entsprechenserklärung** zu den Empfehlungen des Deutschen Corporate Governance Kodex (DCGK) nach § 161 AktG aufzunehmen. Ferner sind nach § 289f Abs. 2 Nr. 2 relevante Angaben zu den über die gesetzlichen Anforderungen hinaus angewandten **Unternehmensführungspraktiken** gefordert, nebst dem Hinweis, wo diese öffentlich zugänglich sind. Zudem soll gem. § 289f Abs. 2 Nr. 3 die **Arbeitsweise von Vorstand und Aufsichtsrat** sowie die **Zusammensetzung und die Arbeitsweise deren Ausschüsse** beschrieben werden. Nach § 289f Abs. 2 Nr. 4 sind außerdem die unternehmensindividuell festzulegenden **Zielgrößen für den Frauenanteil** im Aufsichtsrat und Vorstand (§ 111 Abs. 5 AktG) sowie in den beiden Führungsebenen unterhalb des Vorstands (§ 76 Abs. 4 AktG) aufzunehmen und über die Zielerreichung unter Angabe von Gründen zu berichten. Weiterhin muss nach § 289f Abs. 2 Nr. 5 über die Einhaltung der **fixen Geschlechterquote** von jeweils mindestens 30 % Frauen und Männer im Aufsichtsrat (§ 96 Abs. 2 AktG) sowie ggf. über Gründe für eine Nichteinhaltung berichtet werden. Zuletzt ist nach § 289a Abs. 2 Nr. 6 die Beschreibung des im Unternehmen implementierten **Diversitätskonzepts** in die Erklärung zur Unternehmensführung aufzunehmen und insbesondere auf die Ziele des Konzepts, die Art und Weise der Umsetzung und die im Geschäftsjahr erzielten Ergebnisse abzustellen. Sofern kein Diversitätskonzept verfolgt wird, ist dies gem. § 289f Abs. 5 zu erläutern.

6   Laut Gesetzesbegründung zum BilRUG sollen Mutterunternehmen für den Konzern und für sich selbst **gleiche Unternehmensführungsgrund-**

---

[5] BT-Drs. 18/4050, 76.
[6] BT-Drs. 18/4050, 76.
[7] BT-Drs. 18/9982, 57.
[8] WP-HdB Kap. G Rn. 923.

sätze zu Grunde legen.[9] Daher sei an dieser Stelle auf die detaillierten Erläuterungen zu § 289f verwiesen. Inhaltliche Besonderheiten zur Darstellung der Angaben nach § 289f Abs. 2 Nr. 1–6 in der Konzernerklärung zur Unternehmensführung werden im Folgenden kurz thematisiert.

2. Inhaltliche Besonderheiten der Konzernerklärung zur Unterneh- 7 mensführung. Im Hinblick auf die **DCGK-Entsprechenserklärung** nach § 289f Abs. 2 Nr. 1 und auf die Angaben zu **Unternehmensführungspraktiken** nach § 289f Abs. 2 Nr. 2 dürften die Regelungen laut Beschlussempfehlung und Bericht des Ausschusses für Recht und Verbraucherschutz so zu verstehen sein, dass die auf den gesamten Konzern bezogenen Inhalte vor allem in die Konzernerklärung nach § 315d und die nur auf das Einzelunternehmen selbst bezogenen Inhalte vor allem in die Erklärung nach § 289f einzubeziehen sind.[10] Bei der Abgrenzung soll dem **Wesentlichkeitsgrundsatz** mit Blick auf die unterschiedlichen Ziele von § 289f und § 315d entsprochen werden. Die Erklärung nach § 289f soll eine etwas **größere Informationstiefe** in Bezug auf die berichtende Kapitalgesellschaft aufweisen. Die Erklärung nach § 315d soll eine etwas **größere Informationsbreite** bezogen auf die Gesamtverhältnisse des Konzerns bei gleichzeitiger Begrenzung der Informationstiefe enthalten.[11] Es scheint zudem sachgerecht, in der Konzernerklärung zur Unternehmensführung neben den konzernweit gültigen Praktiken und Standards auch über regionale Abweichungen bei deren Anwendung zu berichten.[12]

Zur Beschreibung der **Arbeitsweise und Zusammensetzung der Un- 8 ternehmensorgane und ihrer Ausschüsse** genügen die nach § 289f Abs. 2 Nr. 3 spezifizierten Angaben in Bezug auf das Mutterunternehmen als Konzernspitze. Der Inhalt der Konzernerklärung nach § 315d sollte insoweit regelmäßig mit dem Inhalt der Erklärung nach § 289f **identisch** sein.[13]

Die Angaben zu **Zielgrößen für den Frauenanteil** nach § 289f Abs. 2 9 Nr. 4 und zur **geschlechterspezifischen Mindestbesetzung des Aufsichtsrats** nach § 289f Abs. 2 Nr. 5 sollten in der Konzernerklärung nach § 315d und in der Erklärung nach § 289f ebenfalls regelmäßig **identisch** sein.[14] Die Vorgaben des DRS 20 empfehlen in diesem Zusammenhang, zudem im Konzernlagebericht darzustellen, wie im Konzern die erste und zweite Führungsebene unterhalb des Vorstands abgegrenzt wird (DRS 20.K231b).

Hinsichtlich der Angaben zum **Diversitätskonzept** nach § 289a Abs. 2 10 Nr. 6 erscheint es sachgerecht, die Angaben auf den Vorstand und den Aufsichtsrat des Mutterunternehmens zu beschränken, weshalb **keine inhaltlichen Abweichungen** zwischen der Erklärung zur Unternehmensführung des Mutterunternehmens und der Konzernerklärung zur Unternehmensführung bestehen sollten.[15] Konkretisierende Hinweise zur Beschreibung des Diversitätskonzepts für den Konzern wurden durch DRÄS 8 in den DRS 20 aufgenommen.[16]

---

[9] BT-Drs. 18/4050, 76.
[10] BT-Drs. 18/5256, 85.
[11] BT-Drs. 18/5256, 85; BeBiKo/*Grottel* Rn. 17.
[12] *Schäfer/Rimmelsbacher* DB-Beil. 5/2015, 57 (59).
[13] BT-Drs. 18/5256, 85; BeBiKo/*Grottel* Rn. 18.
[14] *Schäfer/Rimmelsbacher* DB-Beil. 5/2015, 57 (59).
[15] *Rimmelsbacher/Schäfer/Schönberger* KoR 2017, 231.
[16] *Böcking/Althoff* WPg 2017, 1450 (1451).

11   Da die Konzernerklärung zur Unternehmensführung nach § 315d regelmäßig einen **hohen inhaltlichen Übereinstimmungsgrad** mit der Erklärung zur Unternehmensführung nach § 289f aufweist, erscheint es denkbar, eine **gemeinsame Erklärung** auf der Internetseite der Gesellschaft zu veröffentlichen und im Lagebericht und im Konzernlagebericht jeweils hierauf zu verweisen. Bestehen inhaltliche Abweichungen, sollte in Anlehnung an § 315 Abs. 5 iVm § 298 Abs. 2 aus der Erklärung klar hervorgehen, welche Aussagen sich nur auf das Mutterunternehmen und welche sich auf den gesamten Konzern beziehen.[17]

III. Zur Prüfungspflicht durch den Abschlussprüfer

12   Gemäß den Vorgaben des § 317 Abs. 2 S. 6 unterliegt die Konzernerklärung zur Unternehmensführung nach § 315d, analog zur Erklärung zur Unternehmensführung nach § 289f, **keiner gesetzlichen Prüfungspflicht** durch den Abschlussprüfer.[18] Die Erfüllung der Angaben ist jedoch dem Grunde nach zu prüfen, dh hinsichtlich ihres formalen Vorhandenseins. Ferner sei hierzu auf die Erläuterungen unter § 289f verwiesen.

IV. Folgen der Nichtbeachtung

13   Hierzu sei auf die Erläuterungen unter § 289f verwiesen.

Zehnter Titel. Konzernabschluss nach internationalen Rechnungslegungsstandards

§ 315e [Konzernabschluss nach internationalen Rechnungslegungsstandards]

(1) Ist ein Mutterunternehmen, das nach den Vorschriften des Ersten Titels einen Konzernabschluss aufzustellen hat, nach Artikel 4 der Verordnung (EG) Nr. 1606/2002 des Europäischen Parlaments und des Rates vom 19. Juli 2002 in der jeweils geltenden Fassung verpflichtet, die nach den Artikeln 2, 3 und 6 der genannten Verordnung übernommenen internationalen Rechnungslegungsstandards anzuwenden, so sind von den Vorschriften des Zweiten bis Achten Titels nur § 294 Abs. 3, § 297 Absatz 1a, 2 Satz 4, § 298 Abs. 1, dieser jedoch nur in Verbindung mit den §§ 244 und 245, ferner § 313 Abs. 2 und 3, § 314 Abs. 1 Nr. 4, 6, 8 und 9, Absatz 3 sowie die Bestimmungen des Neunten Titels und die Vorschriften außerhalb dieses Unterabschnitts, die den Konzernabschluss oder den Konzernlagebericht betreffen, entsprechend anzuwenden.

(2) Mutterunternehmen, die nicht unter Absatz 1 fallen, haben ihren Konzernabschluss nach den dort genannten internationalen Rechnungslegungsstandards und Vorschriften aufzustellen, wenn für sie bis zum jeweiligen Bilanzstichtag die Zulassung eines Wertpapiers im Sinne des § 2 Absatz 1 des Wertpapierhandelsgesetzes zum Handel an einem organisierten Markt im Sinne des § 2 Absatz 11 des Wertpapierhandelsgesetzes im Inland beantragt worden ist.

(3) [1]Mutterunternehmen, die nicht unter Absatz 1 oder 2 fallen, dürfen ihren Konzernabschluss nach den in Absatz 1 genannten internationalen

---

[17] *Schäfer/Rimmelsbacher* DB-Beil. 5/2015, 57 (60).
[18] BeBiKo/*Grottel* Rn. 30.

Rechnungslegungsstandards und Vorschriften aufstellen. [2] **Ein Unternehmen, das von diesem Wahlrecht Gebrauch macht, hat die in Absatz 1 genannten Standards und Vorschriften vollständig zu befolgen.**

Schrifttum: (ohne die Einzelbeiträge in den verschiedenen Handbüchern der Rechnungslegung) BT-Drs. 16/12407 vom 24.3.2009, Beschlussempfehlung und Bericht des Rechtsausschusses (6. Ausschuss) zu dem Gesetzentwurf der Bundesregierung – Drs. 16/160067 vom 30.7.2008, Entwurf eines Gesetzes zur Modernisierung des Bilanzrechts (Bilanzrechtsmodernisierungsgesetz – BilMoG); BT-Drs. 15/3419 vom 24.6.2004, Entwurf eines Gesetzes zur Einführung internationaler Rechnungslegungsstandards und zur Sicherung der Qualität der Abschlussprüfung (Bilanzrechtsreformgesetz – BilReG); BT-Drs. 18/4050 vom 20.2.2015, Entwurf eines Gesetzes zur Umsetzung der Richtlinie 2013/34/EU des Europäischen Parlaments und des Rates vom 26.6.2013 über den Jahresabschluss, den konsolidierten Abschluss und damit verbundene Berichte von Unternehmen bestimmter Rechtsformen und zur Änderung der Richtlinie 2006/43/EG des Europäischen Parlaments und des Rates und zur Aufhebung der Richtlinien 78/660/EWG und 83/349/EWG des Rates (Bilanzrichtlinie-Umsetzungsgesetz – BilRUG); BT-Drs. 18/9982 vom 17.10.2016, Entwurf eines Gesetzes zur Stärkung der nichtfinanziellen Berichterstattung der Unternehmen in ihren Lage- und Konzernlageberichten (CSR-Richtlinie-Umsetzungsgesetz); BT-Drs. 18/11775, Beschlussempfehlung und Bericht des Finanzausschusses (7. Ausschuss) a) zu dem Gesetzentwurf der Bundesregierung – Drs. 18/10936, Drs. 18/11290, Drs. 18/11472 Nr. 1.4 – Entwurf eines Zweiten Gesetzes zur Novellierung von Finanzmarktvorschriften auf Grund europäischer Rechtsakte (Zweites Finanzmarktnovellierungsgesetz – 2. FiMaNoG), b) zu dem Antrag der Abgeordneten Uwe Kekeritz, Dr. Gerhard Schick, Harald Ebner, weiterer Abgeordneter und der Fraktion BÜNDNIS 90/ DIE GRÜNEN – Drs. 18/11173 – zu dem Vorschlag für eine Delegierte Verordnung der Kommission zur Ergänzung der Richtlinie 2014/65/EU des Europäischen Parlaments und des Rates durch technische Regulierungsstandards für die Anwendung von Positionslimits für Warenderivate; *Engelmann/Zülch,* Pflicht zur Aufstellung eines IFRS-Konzernabschlusses trotz nach HGB unwesentlicher Tochterunternehmen?, DB 2006, 293; *Glander/Blecher,* Die adäquate Abbildung von Zweckgesellschaften im Konzernabschluss, KoR 2011, 467; *Knorr/Buchheim/Schmidt,* Konzernrechnungslegungspflicht und Konsolidierungskreis – Wechselwirkung und Folgen für die Verpflichtung zur Anwendung der IFRS, BB 2005, 2399; *Küting/Gattung/Kessler,* Zweifelsfragen zur Konzernrechnungslegungspflicht in Deutschland, DStR 2006, 529 bzw. 579; *Mujkanovic,* Rechnungslegung und erstmalige Zwischenberichterstattung nach IFRS unter Berücksichtigung der Transparenzrichtlinie, KoR 2005, 146.

I. Allgemeine Grundsätze und Entstehungsgeschichte

1. Überblick. Im Zusammenhang mit den Bestrebungen, eine Harmonisierung der internationalen Konzernrechnungslegung zu erreichen, haben das Europäische Parlament und der Rat per 19.7.2002 eine Verordnung beschlossen[1] (sog. **IAS-VO**), die alle Unternehmen mit Sitz in der EU unmittelbar verpflichtet, **Konzernabschlüsse ab 2005 unter Anwendung der IFRS** aufzustellen, wenn diese Unternehmen den öffentlichen Kapitalmarkt durch Ausgabe von Anteilen oder Anleihen in Anspruch nehmen. Der deutsche Gesetzgeber hat dieser Verordnung im Rahmen des Bilanzrechtsreformgesetzes (BilReG) Rechnung getragen und § 315a aF ins HGB aufgenommen,[2] welcher die unmittelbar als nationales Recht wirksame IAS-VO ergänzt.[3] Im

---

[1] Verordnung (EG) Nr. 1606/2002 des Europäischen Parlaments und des Rates v. 19.7.2002 betreffend die Anwendung internationaler Rechnungslegungsstandards, ABl. 2002 L 243, 1.

[2] BT-Drs. 15/3419, 8.

[3] BeBiKo/*Grottel/Kreher* Rn. 1; Baumbach/Hopt/*Merkt* Rn. 1.

Zuge des BilRUG wurde § 315a aF redaktionell leicht geändert und durch das CSR-Richtlinie-Umsetzungsgesetz in § 315e verschoben.[4]

2   Der § 315e konkretisiert die IAS-VO im Hinblick auf die **Wahlrechte,** die den Mitgliedstaaten durch Art. 5 IAS-VO eingeräumt werden. Im Einzelnen eröffnet Art. 5 IAS-VO nachfolgende Wahlrechte:

- Ausdehnung der IFRS-Pflicht bei kapitalmarktorientierten Unternehmen auch auf den Einzelabschluss (keine Umsetzung ins HGB),
- Ausdehnung der IFRS-Pflicht bei nicht-kapitalmarktorientierten Unternehmen auch auf den Einzelabschluss und/oder Konzernabschluss (im Rahmen des § 315e Abs. 2 teilweise umgesetzt),
- Einführung eines IFRS-Anwendungswahlrechts bei kapitalmarktorientierten Unternehmen für den Einzelabschluss (im Rahmen des § 325 Abs. 2a (für Offenlegungszwecke) teilweise umgesetzt (→ § 325 Rn. 12 ff.),
- Einführung eines IFRS-Anwendungswahlrechts bei nicht-kapitalmarktorientierten Unternehmen für den Einzelabschluss und/oder Konzernabschluss (hinsichtlich des Einzelabschlusses für Offenlegungszwecke) im Rahmen des § 325 Abs. 2a teilweise und hinsichtlich des Konzernabschlusses im Rahmen des § 315e Abs. 3 ebenfalls teilweise umgesetzt. Weitere Wahlrechte ergeben sich aus Art. 9 IAS-VO im Hinblick auf mögliche Übergangsbestimmungen, welche jedoch nur für Geschäftsjahre einschlägig waren, die vor 2007 begonnen haben.

3   Im Rahmen des BilReG wurde auch § 11 Abs. 6 S. 1 Nr. 2 **PublG** geändert.[5] Diese Vorschrift bestimmt, dass § 315e im Anwendungsbereich des PublG sinngemäß gilt. Daraus folgt, dass alle kapitalmarktorientierten Mutterunternehmen, die keine Kapitalgesellschaften sind, aber einen Konzernabschluss nach PublG erstellen müssen und vom Rechtsformbegriff der IAS-VO erfasst werden, einen Konzernabschluss nach IFRS aufzustellen haben. Nicht vom Rechtsformbegriff der IAS-VO erfasst sind Mutterunternehmen in der Rechtsform eines Einzelkaufmanns bzw. einer Stiftung.[6]

4   **2. Voraussetzungen.** § 315e Abs. 1 begründet die **Verpflichtung für kapitalmarktorientierte Mutterunternehmen,** einen Konzernabschluss nach IFRS aufzustellen, wenn das Mutterunternehmen nach den Vorschriften des Ersten Titels (§§ 290–293) einen Konzernabschluss aufzustellen hat.[7] Darüber hinaus stellt § 315e Abs. 1 klar, welche Vorschriften zur Erstellung eines Konzernabschlusses heranzuziehen sind. Dies sind zum einen die in das EU-Recht **übernommenen IFRS** und zum anderen eine Reihe von explizit benannten **HGB-Vorschriften,** die unter anderem ergänzend zu den IFRS eine Pflicht zur Aufstellung eines Konzernlageberichts statuieren.

5   Durch § 315e Abs. 2 hat der deutsche Gesetzgeber sein in Art. 5 Buchst. d IAS-VO eingeräumtes Mitgliedstaatenwahlrecht ausgeübt und **über den Kreis der Pflichtanwender hinaus** die verbindliche Anwendung der IFRS auf Mutterunternehmen ausgeweitet, die **bis zum jeweiligen Bilanzstichtag** die Zulassung eines Wertpapiers zum Handel an einem inländischen, organisierten Markt gem. § 2 Abs. 11 WpHG beantragt haben.[8]

---

[4] BT-Drs. 18/4050, 19, 76; BT-Drs. 18/9982, 14; Baumbach/Hopt/*Merkt* Rn. 1.
[5] BT-Drs. 15/3419, 53.
[6] BeBiKo/*Grottel*/*Kreher* Rn. 20.
[7] WP-HdB Kap. K Rn. 2.
[8] BT-Drs. 18/11775, 51 f.

Daneben räumt § 315e Abs. 3 S. 1 Mutterunternehmen, die nicht von **6** Abs. 1 bzw. 2 erfasst werden, ein **Wahlrecht** ein, die in Abs. 1 genannten Internationalen Rechnungslegungsstandards im Hinblick auf die Erstellung eines Konzernabschlusses **freiwillig anzuwenden**. Macht ein Mutterunternehmen allerdings von diesem Wahlrecht Gebrauch, hat es nach § 315e Abs. 3 S. 2 sämtliche in Abs. 1 genannten Vorschriften und ins EU-Recht übernommene IFRS zu beachten.

Mutterunternehmen, die nach § 315e Abs. 1 bzw. 2 zur Aufstellung eines **7** Konzernabschlusses nach IFRS verpflichtet sind bzw. gem. § 315e Abs. 3 freiwillig einen Konzernabschluss nach IFRS aufstellen, sind von der **Aufstellungspflicht eines Konzernabschlusses nach HGB befreit,**[9] haben jedoch in Abs. 1 abschließend aufgezählte HGB-Vorschriften zusätzlich zu befolgen (→ Rn. 16).

II. Konzernabschluss nach internationalen Rechnungslegungsstandards

1. Kapitalmarktorientiertes Mutterunternehmen. Die Pflicht zur Auf- **8** stellung eines Konzernabschlusses nach IFRS knüpft gem. Art. 4 IAS-VO an die Kapitalmarktorientierung des Mutterunternehmens an. § 315e Abs. 1 nimmt unmittelbar Bezug auf die **IAS-VO** und somit auch auf deren Definition des **Begriffs der Kapitalmarktorientierung** (anders als zB in § 264d und mittelbar in § 293 Abs. 5, § 313 Abs. 3 S. 3, § 315 Abs. 4, bei denen die Definition der Kapitalmarktorientierung durch einen Verweis auf § 2 Abs. 11 WpHG geregelt wurde). **Kapitalmarktorientiert** iSd IAS-VO ist ein Mutterunternehmen, wenn es **Wertpapiere** ausgegeben hat, die am Abschlussstichtag zum Handel an einem **geregelten Markt** in einem beliebigen Mitgliedstaat zugelassen sind.[10] Im Rahmen des § 315e wird ein Mutterunternehmen nicht zur Aufstellung eines Konzernabschlusses nach IFRS verpflichtet, wenn ausschließlich ein Tochterunternehmen Wertpapiere emittiert hat.[11]

2. Aufstellungspflicht. Die Frage, ob ein Unternehmen zur Aufstellung **9** eines Konzernabschlusses verpflichtet ist, überlässt die IAS-VO den jeweiligen nationalen Gesetzgebern. In § 315e Abs. 1 hat dies der deutsche Gesetzgeber dahingehend geregelt, dass sich die **Pflicht zur Aufstellung eines Konzernabschlusses nach den §§ 290–293** bestimmt. § 290 knüpft die Pflicht zur Konzernrechnungslegung an die Existenz eines Mutter-Tochter-Verhältnisses zwischen zwei Unternehmen an, was durch § 290 Abs. 1 und Abs. 2 über das **Control-Konzept** unter Einbeziehung des **Konsolidierungskonzepts der möglichen Beherrschung** konkretisiert wird (→ § 290 Rn. 7 ff.). Obgleich mit dem BilMoG eine Annäherung an die Regelungen der IFRS beabsichtigt war,[12] sind die Regelungen des § 290 Abs. 1 und Abs. 2 nicht vollumfänglich deckungsgleich mit den Regelungen der in der EU übernommenen IFRS, die sich zu diesem Zeitpunkt in IAS 27 bzw. SIC 12 befanden bzw. heute in IFRS 10 verortet sind, sodass es in Einzelfällen wie zB bei der Konsolidierung von Zweckgesellschaften zu Abweichung kommen kann.[13] Aufgrund der Tatsache, dass es allein dem

---

[9] *Küting/Gattung/Kessler* DStR 2006, 579.
[10] WP-HdB Kap. K Rn. 1.
[11] BeBiKo/*Grottel/Kreher* Rn. 11.
[12] BT-Drs. 16/12407, 79.
[13] MüKoHGB/*Busse von Colbe* § 315a Rn. 19; *Glander/Blecher* KoR 2011, 467.

nationalen Gesetzgeber überlassen wurde zu bestimmen, unter welchen Voraussetzungen eine Pflicht zur Konzernrechnungslegung besteht, gehen in einem derartigen Fall die §§ 290–293 dem IFRS 10 vor. Wird eine Aufstellungspflicht bejaht, richten sich die konkrete Aufstellung des Konzernabschlusses sowie der Konsolidierungskreis jedoch alleine nach den IFRS.[14]

10   Die Pflicht zur Aufstellung eines IFRS-Konzernabschlusses hat der Gesetzgeber zunächst lediglich durch einen Verweis auf den Ersten Titel, dh die §§ 290–293 geregelt, womit zunächst auch kein unmittelbarer Bezug auf die §§ 294, 296 genommen wird. Allerdings wurde mit dem BilMoG durch § 290 Abs. 5 klargestellt, dass ein kapitalmarktorientiertes Unternehmen, das nur über **Tochtergesellschaften von untergeordneter Bedeutung** gem. § 296 Abs. 2 verfügt, nicht zur Erstellung eines IFRS-Konzernabschlusses verpflichtet ist.[15]

11   **3. Geregelter Markt.** Betreffend die Definition des Begriffs des geregelten Marktes verweist die IAS-VO in Art. 4 auf die Richtlinie 93/22/EWG, welche per 30.4.2006 durch die Richtlinie 2004/39/EG abgelöst wurde, welche per 3.1.2018 durch die Richtlinie 2014/65/EU abgelöst wurde, die durch die Richtlinie (EU) 2016/1034 verlängert wurde. Art. 4 Abs. 1 Nr. 21 Richtlinie 2014/65/EU definiert einen „**geregelten Markt**" als „ein von einem Marktbetreiber betriebenes und/oder verwaltetes multilaterales System, das die Interessen einer Vielzahl Dritter am Kauf und Verkauf von Finanzinstrumenten innerhalb des Systems und nach seinen nichtdiskretionären Regeln in einer Weise zusammenführt oder das Zusammenführen fördert, die zu einem Vertrag in Bezug auf Finanzinstrumente führt, die gemäß den Regeln und/oder den Systemen des Marktes zum Handel zugelassen wurden, sowie eine Zulassung erhalten hat und ordnungsgemäß und gemäß Titel III dieser Richtlinie funktioniert".[16] Im Amtsblatt der Europäischen Union wird einmal jährlich eine Liste mit denjenigen Märkten veröffentlicht, die seitens des jeweiligen Mitgliedstaates entsprechend der Definition als „geregelter Markt" einstuft wurden.[17] Demnach fallen in Deutschland unter den Begriff des „geregelten Marktes" neben dem **regulierten Markt** der jeweiligen deutschen Börsen (Börse Berlin, Düsseldorfer Börse, Frankfurter Wertpapierbörse, Niedersächsische Börse zu Hannover, Börse München, Baden-Württembergische Wertpapierbörse, Hanseatischen Wertpapierbörse Hamburg) auch die **Terminbörse Eurex** Deutschland, die **Europäische Energiebörse** in Leipzig sowie der **Tradegate Exchange** in Berlin,[18] nicht jedoch der Freiverkehr gem. § 48 BörsG.[19]

---

[14] Beck HdR/*Ebeling* C 200 Rn. 103.

[15] MüKoHGB/*Busse von Colbe* § 315a Rn. 8; zur vorherigen Diskussion vgl. *Engelmann/Zülch* DB 2006, 293 ff.; s. auch *Küting/Gattung/Kessler* DStR 2006, 529 ff. bzw. 579 ff.; *Knorr/Buchheim/Schmidt* BB 2005, 2399 ff.

[16] Richtlinie 2014/365/EU des Europäischen Parlaments und des Rates v. 15.5.2014 über Märkte für Finanzinstrumente sowie zur Änderung der Richtlinien 2002/92/EG und 2011/61/EU (ABl. 2014 L 173, 349, ber. ABl. 2015 L 74, 38, ABl. 2016 L 188, 28, ABl. 2016 L 273,35, ABl. 2017 L 64, 116, ABl. 2017 L 278, 56).

[17] S. hierzu https://ec.europa.eu/info/node/7511.

[18] Mit Anmerkungen versehene Übersicht über die geregelten Märkte und Einzelstaatlichen Rechtsvorschriften zur Umsetzung der entsprechenden Anforderungen der Richtlinie über Märkte für Finanzinstrumente (MiFID) (Richtlinie 2004/39/EG), ABl. 2011 C 209 (2011 C 209, 13), 23; BeBiKo/*Grottel/Kreher* Rn. 4.

[19] BeBiKo/*Grottel/Kreher* Rn. 4; WP-HdB Kap. J Rn. 5.

Im Gegensatz zur IAS-VO, die den Begriff des „geregelten Marktes" ver- **12** wendet und dem Abs. 1 zugrunde liegt, nimmt § 315e Abs. 2 auf den **„organisierten Markt iSd § 2 Abs. 11 WpHG"** Bezug. Aus dieser terminologischen Unterscheidung ergibt sich allerdings keine inhaltliche Unterscheidung.[20]

4. Wertpapier. Die IAS-VO definiert den Begriff des Wertpapiers nicht, **13** allerdings enthält die Richtlinie 2014/65/EU in Art. 4 Nr. 44 eine Begriffsbestimmung von „übertragbaren Wertpapieren", die zur inhaltlichen Ausfüllung des Wertpapierbegriffs der IAS-VO herangezogen werden kann. Somit können unter **Wertpapieren iSd IAS-VO** alle Gattungen von Wertpapieren, die auf dem Kapitalmarkt gehandelt werden können, mit Ausnahme von Zahlungsinstrumenten, verstanden werden, wie:

– Aktien und andere, Aktien oder Anteile an Gesellschaften, Personengesellschaften oder anderen Rechtspersönlichkeiten gleichzustellende Wertpapiere sowie Aktienzertifikate;

– Schuldverschreibungen oder andere verbriefte Schuldtitel, einschließlich Zertifikate (Hinterlegungsscheine) für solche Wertpapiere;

– alle sonstigen Wertpapiere, die zum Kauf oder Verkauf solcher Wertpapiere berechtigen oder zu einer Barzahlung führen, die anhand von übertragbaren Wertpapieren, Währungen, Zinssätzen oder -erträgen, Waren oder anderen Indizes oder Messgrößen bestimmt wird.[21]

Im Unterschied zu § 315e Abs. 1 nimmt § 315e Abs. 2 zur Definition des **14** Begriffs „Wertpapier" Bezug auf das WpHG, welches auch diesbezüglich im Rahmen des Finanzmarktrichtlinie-Umsetzungsgesetz zumindest weitgehend an die in → Rn. 13 angeführte Begriffsbestimmung der Richtlinie 2014/65/EU angepasst wurde. **Wertpapiere gem. § 2 Abs. 1 S. 1 WpHG** sind, auch wenn keine Urkunden über sie ausgestellt sind, alle Gattungen von übertragbaren Wertpapieren mit Ausnahme von Zahlungsinstrumenten, die ihrer Art nach auf den Finanzmärkten handelbar sind, insbesondere

– Aktien, andere Anteile an in- oder ausländischen juristischen Personen, Personengesellschaften und sonstigen Unternehmen, soweit sie Aktien vergleichbar sind, sowie Hinterlegungsscheine, die Aktien vertreten;

– Schuldtitel, insbesondere Genussscheine und Inhaberschuldverschreibungen und Orderschuldverschreibungen sowie Hinterlegungsscheine, die Schuldtitel vertreten;

– sonstige Wertpapiere, die zum Erwerb oder zur Veräußerung von vorstehend genannten Wertpapieren berechtigen oder zu einer Barzahlung führen, die in Abhängigkeit von Wertpapieren, von Währungen, Zinssätzen oder anderen Erträgen, von Waren, Indices oder Messgrößen bestimmt wird.

5. Anzuwendende Vorschriften. Gem. Abs. 1 hat ein Unternehmen, **15** das zur Aufstellung des Konzernabschlusses nach **internationalen Rechnungslegungsvorschriften** verpflichtet ist, die nach den Art. 2, 3 und 6 IAS-VO übernommenen Internationalen Rechnungslegungsstandards (IFRS) anzuwenden. Für die Erstellung bzw. Fortentwicklung der IFRS ist das International Accounting Standards Board (IASB) verantwortlich. Rechtsver-

---

[20] WP-HdB Kap. J Rn. 5; BeBiKo/*Grottel/Kreher* Rn. 13; *Mujkanovic* KoR 2005, 147.
[21] Art. 4 Nr. 44 Richtlinie 2014/65/EU; WP-HdB Kap. J Rn. 6.

bindlichkeit im Bereich der Mitgliedstaaten erlangen die IFRS allerdings erst, nachdem sie im Rahmen eines sog. **Komitologieverfahrens** ins EU-Recht übernommen wurden. Einen Überblick über die bereits übernommenen IFRS sowie die vom IASB veröffentlichten IFRS (einschließlich Interpretationen), den jeweiligen Stand des Anerkennungsverfahrens und das jeweils erwartete Erstanwendungsdatum gewährt der von der European Financial Reporting Advisory Group (EFRAG) erstellte und laufend aktualisierte „EU endorsement status report", welcher im Internet unter www.efrag.org einsehbar ist.

16   Ergänzend zur Anwendung der IFRS hat ein Mutterunternehmen bei der Aufstellung eines IFRS-Konzernabschlusses eine den gesetzlichen Anforderungen entsprechende zugrunde liegende **Buchführung vorzuhalten** (§ 342b) und auch die in § 315e Abs. 1 abschließend aufgezählten **HGB-Vorschriften** zu befolgen. Im Einzelnen sind dies:[22]

- § 294 Abs. 3: Vorlage- und Auskunftspflichten der Tochterunternehmen gegenüber dem Mutterunternehmen;
- § 297 Abs. 1a: Firma, Sitz, Registergericht und die Nummer, unter der das Mutterunternehmen in das Handelsregister eingetragen ist;
- § 297 Abs. 2 S. 4: Konzernbilanzeid;
- § 298 Abs. 1 iVm §§ 244, 245: Aufstellung des Konzernabschlusses in deutscher Sprache und Euro und Pflicht zur Unterzeichnung;
- § 313 Abs. 2 und 3: Anteilsliste des Konzerns;
- § 314 Abs. 1 Nr. 4, 6, 8, 9 sowie Abs. 3: Mitarbeiterzahlen, Organbezüge und Organbeziehungen, Abgabeerklärung gem. § 161 AktG; Angaben zum Honorar des Konzernabschlussprüfers;
- §§ 315, 315a, 315b, 315c, 315d: Bestimmungen des Neunten Titels Konzernlagebericht nebst nichtfinanzieller Konzernerklärung und Konzernerklärung zur Unternehmensführung;
- sämtliche Vorschriften außerhalb des Zweiten Unterabschnitts, die den Konzernabschluss oder den Konzernlagebericht betreffen (Offenlegung, Prüfung, Veröffentlichung, Vervielfältigung, Sanktionen).

III. Folgen der Nichtbeachtung

17   Rechtsfolgen bzw. Sanktionen für einen Verstoß gegen Art. 4 IAS-VO sind nicht in der IAS-VO geregelt. Da die IAS-VO nicht das Bestehen einer Konzernrechnungslegungspflicht regelt, sondern § 315e Abs. 1 hinsichtlich der Konzernrechnungslegungspflicht auf den Ersten Titel verweist und auch hinsichtlich des § 315e Abs. 2 und Abs. 3 die Frage des Bestehens einer Konzernrechnungslegungspflicht nach den HGB-Vorschriften zu entscheiden ist, ergeben sich Rechtsfolgen bzw. Sanktionen unmittelbar aus den handelsrechtlichen Vorschriften.[23] Gem. § 335 Abs. 1 S. 1 Nr. 1 kann daher gegen die Mitglieder des vertretungsberechtigten Organs einer Kapitalgesellschaft bei Verstoß gegen § 315e ein **Zwangsgeld** festgesetzt werden (§ 335).

---

[22] BeBiKo/ *Grottel/Kreher* Rn. 10.
[23] BeBiKo/ *Grottel/Kreher* Rn. 22.

Dritter Unterabschnitt. Prüfung

§ 316 Pflicht zur Prüfung

(1) [1]Der Jahresabschluß und der Lagebericht von Kapitalgesellschaften, die nicht kleine im Sinne des § 267 Abs. 1 sind, sind durch einen Abschlußprüfer zu prüfen. [2]Hat keine Prüfung stattgefunden, so kann der Jahresabschluß nicht festgestellt werden.

(2) [1]Der Konzernabschluß und der Konzernlagebericht von Kapitalgesellschaften sind durch einen Abschlußprüfer zu prüfen. [2]Hat keine Prüfung stattgefunden, so kann der Konzernabschluss nicht gebilligt werden.

(3) [1]Werden der Jahresabschluß, der Konzernabschluß, der Lagebericht oder der Konzernlagebericht nach Vorlage des Prüfungsberichts geändert, so hat der Abschlußprüfer diese Unterlagen erneut zu prüfen, soweit es die Änderung erfordert. [2]Über das Ergebnis der Prüfung ist zu berichten; der Bestätigungsvermerk ist entsprechend zu ergänzen.

Schrifttum: (ohne die Einzelbeiträge in den verschiedenen Handbüchern der Rechnungslegung) *Biener,* Die Erwartungslücke – eine endlose Geschichte, in Internationale Wirtschaftsprüfung, FS Havermann, 1995, 37; *Blöink/Kumm,* AReG-RefE: neue Pflichten zur Verbesserung der Qualität und Steigerung der Aussagekraft der Abschlussprüfung, BB 2015, 1067; *Böcking/Orth,* Kann das „Gesetz zur Kontrolle und Transparenz im Unternehmensbereich (KonTraG)" einen Beitrag zur Verringerung der Erwartungslücke leisten? – Eine Würdigung auf Basis von Rechnungslegung und Kapitalmarkt, WPg 8/1998, 351; *IDW* PS 200, Ziele und allgemeine Grundsätze der Durchführung von Abschlussprüfungen, WPg 2000, 706, WPg 2015, Supplement 3; *IDW* PS 400 nF, Bildung eines Prüfungsurteils und Erteilung eines Bestätigungsvermerks, IDW Life 2018, 29; *Mertin/Schmidt,* Internationale Harmonisierung der Anforderungen an die Abschlussprüfung auf der Grundlage der Verlautbarungen der IFAC, WPg 2001, 317; *Schruff,* Die Rolle des Hauptfachausschusses (HFA) des IDW, WPg 1–2/2006, 1; *Lanfermann,* Modernisierte EU-Richtlinie zur gesetzlichen Abschlussprüfung, DB 2005, 2645.

Übersicht

I. Allgemeines

Eine gesetzlich vorgeschriebene jährliche Prüfung des Jahresabschlusses von **1** Kapitalgesellschaften gibt es in Deutschland erst seit 1931. Die erste Notverordnung des Reichspräsidenten vom 19.9.1931 verpflichtete **AG** und **KGaA** zur jährlichen Prüfung ihres Jahresabschlusses durch einen oder mehrere sachverständige Prüfer. Parallel hierzu verlief die Entstehung des Berufsstandes der Wirtschaftsprüfer: In der ersten Durchführungsverordnung vom 15.12.1931 zur Durchführung der aktienrechtlichen Vorschriften wurde geregelt, dass die

Abschlussprüfung von **Wirtschaftsprüfern** oder **Wirtschaftsprüfungs-gesellschaften** durchgeführt werden sollte.[1]

2   Eine entscheidende Veränderung erfuhren die gesetzlichen Regelungen zur Jahresabschlussprüfung im Rahmen der **Harmonisierung der Rechnungs-legungsvorschriften in der EG** insbesondere durch die Transformation der 4., 7. und 8. EG-Richtlinie in deutsches Recht. Die Vorschriften zur Jahres-abschlussprüfung von Kapitalgesellschaften sind nunmehr einheitlich in den §§ 316–324a des HGB zusammengefasst, außerdem wurde der Kreis der prüfungspflichtigen Gesellschaften um die Rechtsform der **GmbH** erweitert. Darüber hinaus sind über das Kapitalgesellschaften- und Co-Richtlinie-Gesetz vom 24.2.2000 (BGBl. 2000 I 154) nunmehr auch die Jahresabschlüsse und die Lageberichte der OHG und der KG iSv § 264a Abs. 1 prüfungspflichtig.

3   Am 27.5.2014 wurden die **Abschlussprüferverordnung**[2] (EU-APrVO) zur Abschlussprüfung von Unternehmen von öffentlichem Interesse (sog. Public Interest Entities – PIE) und die geänderte **Abschlussprüferricht-linie**[3] (Abschlussprüfer-RL) im Amtsblatt der EU veröffentlicht. Sowohl die Abschlussprüfer-RL als auch die EU-VO sind am 16.6.2014 in Kraft getreten, wobei die Richtlinie von den EU-Mitgliedstaaten bis zum 17.6.2016 in nationales Recht umgesetzt werden musste. Die EU-APrVO ist ebenfalls seit dem 17.6.2016 unmittelbar geltendes Recht. In Deutschland wurden die Vorgaben der Abschlussprüfer-RL durch das **Abschlussprüfungsreformge-setz**[4] (AReG) in nationales Recht transformiert und die in der EU-APrVO enthaltenen Mitgliedstaatenwahlrechte ausgeübt. Aufsichtsrechtliche und be-rufsrechtliche Regelungen wurden durch das **Abschlussprüferaufsichts-reformgesetz**[5] (APAReG) umgesetzt. Abgesehen von einzelnen Übergangs-regelungen sind das AReG und das APAReG am 17.6.2016 in Kraft getreten.

4   In den Anwendungsbereich fallen Abschlussprüfungen bei **Unternehmen von öffentlichem Interesse.** Nach der Definition in Art. 2 Nr. 13 Ab-schlussprüfer-RL sind das Unternehmen, die unter das Recht eines Mitglied-staats fallen und deren übertragbare Wertpapiere zum Handel auf einem geregelten Markt eines Mitgliedstaats zugelassen sind, bestimmte Kreditinsti-tute und Versicherungsunternehmen sowie Unternehmen, die von Mitglied-staaten als Unternehmen von öffentlichem Interesse bestimmt werden. Der deutsche Gesetzgeber hat von der Möglichkeit, den Kreis der Unternehmen von öffentlichem Interesse eigenständig zu erweitern, keinen Gebrauch ge-macht und kapitalmarktorientierte Unternehmen wie folgt definiert:

---

[1] *ADS* Rn. 5 und 10 ff.

[2] Verordnung (EU) Nr. 537/2014 des Europäischen Parlaments und des Rates v. 16.4.2014 über spezifische Anforderungen an die Abschlussprüfung bei Unternehmen von öffentlichem Interesse und zur Aufhebung des Beschlusses 2005/909/EG der Kommission, ABl. 2014 L 158, 77, Berichtigung, ABl. 2016 L 170, 66.

[3] Richtlinie 2014/56/EU des Europäischen Parlaments und des Rates v. 16.4.2014 zur Änderung der Richtlinie 2006/43/EG über Abschlussprüfungen von Jahresabschlüssen und konsolidierten Abschlüssen (ABl. 2014 L 158, 196).

[4] Gesetz zur Umsetzung der prüfungsbezogenen Regelungen der Richtlinie 2014/56/EU sowie zur Ausführung der entsprechenden Vorgaben der Verordnung (EU) Nr. 537/2014 im Hinblick auf die Abschlussprüfung bei Unternehmen von öffentlichem Interesse (Abschluss-prüfungsreformgesetz – AReG) v. 10.5.2016 (BGBl. 2016 I 1142).

[5] Gesetz zur Umsetzung der aufsichts- und berufsrechtlichen Regelungen der Richtlinie 2014/56/EU sowie zur Ausführung der entsprechenden Vorgaben der Verordnung (EU) Nr. 537/2014 im Hinblick auf die Abschlussprüfung bei Unternehmen von öffentlichem Interesse (Abschlussprüferaufsichtsreformgesetz – APAReG) v. 31.3.2016 (BGBl. 2016 I 518).

– Unternehmen, die **kapitalmarktorientiert** isd § 264d sind (§ 317 Abs. 3a);
– **CRR-Kreditinstitute** isd § 1 Abs. 3d S. 1 KWG, mit Ausnahme der in § 2 Abs. 1 Nr. 1 und 2 KWG genannten Institute" (§ 340k Abs. 1);
– **Versicherungsunternehmen** isd Art. 2 Abs. 1 Richtlinie 91/674/EWG (§ 341k Abs. 1).

Gesetzliche Abschlussprüfungen von börsennotierten AG unterliegen damit ausnahmslos den sich aus der EU-APrVO ergebenden Anforderungen.

Da die Regelungen der **EU-APrVO unmittelbar anwendbar** sind und 5 auch keiner Auslegung durch den nationalen Gesetzgeber zugänglich sind,[6] sind die Vorschriften zur Abschlussprüfung von Unternehmen von öffentlichem Interesse nicht mehr abschließend deutschen Gesetzen zu entnehmen. Stattdessen sind bei der Prüfung von Unternehmen von öffentlichem Interesse die sich aus der EU-APrVO ergebenden zusätzlichen Anforderungen zu beachten.

Die Vorschrift des § 316 enthält die Prüfungspflicht für den Jahresabschluss 6 und den Lagebericht (Abs. 1) sowie den Konzernabschluss und den Konzernlagebericht (Abs. 2). Außerdem ist an dieser Stelle die sog. Nachtragsprüfung (Abs. 3) geregelt.

II. Aufgaben und Zielsetzung der handelsrechtlichen Jahresabschlussprüfung

Die Prüfung des Jahresabschlusses dient dem Schutz der Gesellschafter, der 7 Gläubiger und der Öffentlichkeit.[7] Sie erfüllt im Wesentlichen drei Funktionen: die Kontroll-, die Informations- und die Beglaubigungsfunktion.[8] Im Rahmen der **Kontrollfunktion** wird geprüft, ob die für den Jahresabschluss relevanten gesetzlichen Vorschriften und sie ergänzende Bestimmungen des Gesellschaftsvertrags oder der Satzung beachtet sind (§ 317 Abs. 1 S. 2).[9] Die Jahresabschlussprüfung bestätigt die Verlässlichkeit der in Jahresabschluss und Lagebericht enthaltenen Informationen und führt zu einer Erhöhung ihrer Glaubwürdigkeit. Die Verlässlichkeit dieser Informationen schließt auch deren **Ordnungsmäßigkeit** ein.[10]

Die **Informationsfunktion** der Jahresabschlussprüfung gegenüber den 8 gesetzlichen Vertretern der Gesellschaft, einem ggf. bestehenden Aufsichtsrat sowie den Gesellschaftern wird vor allem durch den **Prüfungsbericht** (vgl. Erl. zu § 321) erfüllt.

Die Jahresabschlussprüfung hat schließlich auch eine **Beglaubigungsfunk-** 9 **tion** gegenüber den Adressaten des Jahresabschlusses, indem nach dem abschließenden Ergebnis der Prüfung entweder ein uneingeschränkter **Bestätigungsvermerk** erteilt oder dieser eingeschränkt bzw. versagt wird (vgl. hierzu die Erl. zu § 322).

In den letzten Jahren ist das Interesse der Öffentlichkeit an der Jahres- 10 abschlussprüfung und ihren Ergebnissen erheblich angestiegen. Die vom Gesetzgeber vorgesehenen Aufgaben und die Zielsetzung der Jahresabschlussprüfung decken sich jedoch nicht mit den entsprechenden Erwar-

---

[6] *Blöink/Kumm* BB 2015, 1070.
[7] *ADS* Rn. 16.
[8] *ADS* Rn. 16; MüKoHGB/*Ebke* Rn. 24 ff.
[9] *ADS* Rn. 18.
[10] *IDW* PS 200, WPg 2000, 706 ff. Rn. 8.

tungen der Öffentlichkeit.[11] Die Erteilung eines uneingeschränkten Bestätigungsvermerks, der lediglich die Übereinstimmung der handelsrechtlichen Rechnungslegung mit den für sie geltenden Normen bescheinigt, wird in der Praxis regelmäßig auch als Bestätigung für gesunde wirtschaftliche Verhältnisse eines Unternehmens interpretiert. Die Abgabe eines Urteils über die wirtschaftlichen Verhältnisse oder auch über die Ordnungsmäßigkeit der Geschäftsführung (soweit sich nicht eine Verpflichtung hierzu auf Grund von Sondervorschriften wie zB § 53 Abs. 1 GenG, § 53 HGrG ergibt) ist jedoch **nicht** Ziel der Jahresabschlussprüfung.[12] Um dieser „Erwartungslücke" entgegenzuwirken, enthält der Bestätigungsvermerk ua eine Beschreibung von Art und Umfang der Prüfung, um hierdurch weitergehenden oder unzutreffenden Erwartungen der Adressaten im Hinblick auf die Tragweite der Prüfung zu begegnen.[13] Ferner hat der Abschlussprüfer im Bestätigungsvermerk auf Risiken, die den Fortbestand des Unternehmens gefährden (bestandsgefährdende Risiken), gesondert einzugehen (§ 322 Abs. 2 S. 3). Durch die Neufassung des IDW PS 400 zur Bildung eines Prüfungsurteils und Erteilung eines Bestätigungsvermerks sowie die Anforderung, bei der Prüfung von Unternehmen von öffentlichem Interesse über besonders wichtige Prüfungssachverhalte im Bestätigungsvermerk zu berichten, soll die Aussagekraft der Berichterstattung über die Ergebnisse der Abschlussprüfung im Bestätigungsvermerk weiter gestärkt werden (vgl. Erl. zu § 322).

III. Gesetzlich vorgeschriebene Prüfungen

11   **1. Prüfung des Jahresabschlusses (Abs. 1).** Gem. Abs. 1 S. 1 sind Jahresabschluss und Lagebericht (zum Prüfungsgegenstand vgl. Erl. zu § 317) von großen und mittelgroßen Kapitalgesellschaften (§ 267 Abs. 2 und 3) durch einen **Abschlussprüfer** (vgl. Erl. zu § 319) zu prüfen. Dabei ist auch die Vorschrift des § 267 Abs. 3 S. 2 zu beachten, wonach Kapitalgesellschaften stets als große gelten, wenn sie kapitalmarktorientiert iSd § 264d sind.[14] Gem. § 264a Abs. 1 gilt § 316 auch für OHG und KG, bei denen ausschließlich Kapitalgesellschaften persönlich haftende Gesellschafter sind.

12   Neben den Kapitalgesellschaften (AG, GmbH, KGaA) und den OHG/KG iSv § 264a sind eine Reihe weiterer Unternehmen auf Grund ihrer **Rechtsform**, ihrer **Größe** oder ihrer Zugehörigkeit zu bestimmten **Wirtschaftszweigen** zur Abschlussprüfung verpflichtet, da in den jeweils anzuwendenden Vorschriften auf §§ 316 ff. verwiesen wird. Dazu zählen ua:[15]

- Kredit- und Finanzdienstleistungsinstitute (§ 340k),
- Versicherungsunternehmen (§ 341k),
- Genossenschaften (§§ 53 ff. GenG),
- publizitätspflichtige Unternehmen (§ 6 iVm § 1 PublG),
- Unternehmensbeteiligungsgesellschaften (§ 8 UBGG idF der Bek. vom 9.9.1998 (BGBl. 1998 I 2765), zuletzt geändert durch Art. 4 Abs. 20 des Gesetzes vom 23.6.2017 (BGBl. 2017 I 1693),

---

[11] Sog. „Erwartungslücke"; vgl. *ADS* Rn. 23; *Biener* FS Havermann, 1995, 39 ff.
[12] WP-HdB Kap. R Rn. 5.
[13] *Böcking/Orth* WPg 1998, 353.
[14] *ADS* Rn. 24.
[15] *ADS* Rn. 35; BeBiKo/*Schmidt/Küster* Rn. 4 ff.

- Elektrizitätsversorgungsunternehmen (§ 6b EnWG vom 7.7.2005 (BGBl. 1970 I 3621), zuletzt geändert durch Art. 2 Abs. 6 des Gesetzes vom 20.7.2017 (BGBl. 2017 I 2808).

Auch im **Liquidationszeitraum** besteht für AG, KGaA und GmbH die **13** Prüfungspflicht weiter; das Registergericht kann jedoch von der Prüfung befreien, wenn die Verhältnisse der Gesellschaft so überschaubar sind, dass eine Prüfung im Interesse der Gläubiger und Aktionäre bzw. Gesellschafter nicht geboten erscheint (§ 270 Abs. 3 S. 1 AktG, § 71 Abs. 3 S. 1 GmbHG).

Eine Abschlussprüfung hat erst dann stattgefunden, wenn der Abschluss- **14** prüfer alle von ihm als notwendig erachteten Prüfungshandlungen durchgeführt hat und ein Prüfungsbericht, in den auch der Bestätigungs- bzw. der Versagungsvermerk aufgenommen wurde (§ 322 Abs. 7 S. 2), den gesetzlichen Vertretern bzw. dem auftraggebenden Aufsichtsrat vorliegt (vgl. Erl. zu § 321). Die Abschlussprüfung ist nach Abs. 1 S. 2 unabdingbare Voraussetzung für die rechtsgültige **Feststellung** des Jahresabschlusses, allerdings nur, soweit auch eine gesetzliche Prüfungspflicht besteht. Wird der Jahresabschluss trotz fehlender Pflichtprüfung festgestellt, ist er nichtig (§ 256 Abs. 1 Nr. 2 AktG, der nach BGH-Rspr. auch für GmbH gilt).[16] Bei einem Verstoß gegen § 256 Abs. 1 Nr. 2 AktG entfällt auch die Möglichkeit der Heilung der Nichtigkeit gem. § 256 Abs. 6 AktG.

2. Prüfung des Konzernabschlusses (Abs. 2). Sind Kapitalgesellschaf- **15** ten (AG, GmbH, KGaA) zur Aufstellung von Konzernabschluss und Konzernlagebericht verpflichtet (vgl. Erl. zu §§ 290 ff.), so sind gem. Abs. 2 S. 1 der Konzernabschluss und der Konzernlagebericht durch einen Abschlussprüfer (vgl. Erl. zu § 319) zu prüfen. Soweit von OHG und KG iSv § 264a ein Konzernabschluss aufgestellt werden muss, so ist auch dieser nach § 316 prüfungspflichtig. Darüber hinaus besteht eine Prüfungspflicht für nach gesetzlichen Vorschriften aufzustellende Konzernabschlüsse auch bei

- Kreditinstituten und Versicherungsunternehmen sowie deren Holdings, unabhängig von Rechtsform und Größe (§§ 340k, 340i Abs. 3, 341k, 341i Abs. 2) und
- publizitätspflichtigen Unternehmen (§ 14 PublG), wozu noch Genossenschaften (soweit keine Kreditinstitute, § 14 Abs. 2 PublG), Konzernholdings als Einzelkaufleute oder Personengesellschaften (§ 11 Abs. 5 S. 2 PublG) sowie inländische Teilkonzerne ausländischer Mutterunternehmen (§ 11 Abs. 3 PublG) gehören.[17]

Der Konzernabschluss muss im Gegensatz zum Jahresabschluss nicht fest- **16** gestellt werden, sodass sich ein Verweis auf Abs. 1 S. 2 erübrigt.[18] Ein ungeprüfter Konzernabschluss ist daher auch nicht unwirksam; er hat allerdings keine befreiende Wirkung iSd §§ 291, 292 und § 11 Abs. 6 PublG. Auch ein freiwillig erstellter Konzernabschluss und Konzernlagebericht haben keine befreiende Wirkung, wenn sie nicht (freiwillig) geprüft wurden.

Eine Prüfung des Konzernabschlusses/Konzernlageberichts ist jedoch Vo- **17** raussetzung für die Billigung des Konzernabschlusses (§ 316 Abs. 2 S. 2). Rechtsfolgen sind mit einer fehlenden Billigung des Konzernabschlusses nicht verknüpft, da dieser weder rechtsbegründende noch -begrenzende

[16] Vgl. BeBiKo/*Schmidt/Küster* Rn. 11.
[17] BeBiKo/*Schmidt/Küster* Rn. 16 f.
[18] *ADS* Rn. 57.

Wirkungen hat (vgl. Begr. RegE zum TransPuG). Das Fehlen der Billigung durch den Aufsichtsrat ist allerdings in dessen Bericht über die Prüfung zu vermerken (§ 171 Abs. 2 AktG), der nach § 325 Abs. 1 Nr. 2 offenzulegen ist.

18   **3. Nachtragsprüfung (Abs. 3).** Bei einer Änderung des Jahresabschlusses, Konzernabschlusses, Lageberichts oder Konzernlageberichts nach Vorlage des Prüfungsberichts schreibt Abs. 3 S. 1 eine erneute Prüfung dieser Unterlagen durch den Abschlussprüfer vor (sog. Nachtragsprüfung), **soweit es die Änderung erfordert.** Eine Änderung ist immer dann gegeben, wenn der Inhalt oder die Form eines Jahresabschlusses bzw. Konzernabschlusses oder eines Lageberichts bzw. Konzernlageberichts geändert werden, zB die Änderung der Bewertung von Aktiv- oder Passivposten, die Änderung der Postenbezeichnungen, der Aufgliederung oder Zusammenfassung von Bilanzposten oder geänderte Formulierungen bei verbalen Erläuterungen im Anhang oder im Lagebericht. Nicht unter den Begriff der „Änderung" fallen Berichtigungen von Schreib- oder Druckfehlern, die Korrektur unglücklich formulierter Sätze oder sprachlicher Verdeutlichungen.[19] Dabei ist die Frage, ob eine Änderung eine Nachtragsprüfung notwendig macht, durch den Abschlussprüfer und nicht durch die zu prüfende Gesellschaft zu beurteilen.[20] Unter dem Zeitpunkt der Vorlage ist dabei die Auslieferung der unterzeichneten Fassung des Prüfungsberichts an die gesetzlich vorgesehenen Empfänger zu verstehen.

19   Die Nachtragsprüfung ist nur durchzuführen, „soweit es die Änderung erfordert". Der Abschlussprüfer muss allen unmittelbaren und mittelbaren Auswirkungen der Änderung nachgehen, insbesondere hat er die Änderungen auf ihre Vereinbarkeit mit den gesetzlichen Vorschriften und den sie ggf. ergänzenden Vorschriften des Gesellschaftsvertrags oder der Satzung zu prüfen; Teile des Jahresabschlusses, Konzernabschlusses, Lageberichts und Konzernlageberichts, die offensichtlich nicht von der Änderung betroffen sind, brauchen jedoch nicht erneut geprüft zu werden.[21]

20   Nach Abs. 3 S. 2 ist über das Ergebnis der Nachtragsprüfung zu berichten, außerdem ist der Bestätigungsvermerk entsprechend zu ergänzen. Die Berichterstattung hat ebenso wie die Berichterstattung über die ursprüngliche Abschlussprüfung schriftlich zu erfolgen, um die Vollständigkeit der Berichterstattung und die Aktualität der in § 321 Abs. 1 S. 2 und 3 notwendigen Feststellungen und Erläuterungen zu gewährleisten; dies kann entweder durch einen formellen Ergänzungsbericht oder, bei nur geringfügigen Änderungen, auch in Form eines Briefes geschehen.[22] Bei umfangreicheren Änderungen kann es sinnvoll sein, den bereits ausgelieferten Prüfungsbericht einzuziehen und nach Einarbeitung der Änderungen erneut vorzulegen.[23] Der Bestätigungsvermerk ist aufgrund der durchgeführten Nachtragsprüfung zu ergänzen und hat einen Hinweis nach IDW PS 406 zu enthalten, in dem erklärt wird, dass der Bestätigungsvermerk auf Grundlage der ursprünglichen, abgeschlossenen Prüfung sowie der Nachtragsprüfung erteilt wird, der Bestätigungsvermerk sich auf einen geänderten Abschluss oder Lagebericht bezieht

---

[19] *ADS* Rn. 65.
[20] *ADS* Rn. 65.
[21] *ADS* Rn. 67; HdR/*Baetge/Fischer/Sickmann* Rn. 20; MüKoHGB/*Ebke* Rn. 17 f.
[22] *ADS* Rn. 69.
[23] *ADS* Rn. 69.

und der Gegenstand der Änderung bezeichnet wird.[24] Der Bestätigungsvermerk ist mit einem Doppeldatum (ursprüngliche Beendigung der Prüfung und Beendigung der Nachtragsprüfung) zu unterzeichnen, wobei beim Datum der Beendigung der Nachtragsprüfung auf den Hinweis zur Nachtragsprüfung verwiesen werden muss.[25] Wird eine Nachtragsprüfung nicht durchgeführt, so kann bei entsprechender Anwendung von Abs. 1 S. 2 der Jahresabschluss nicht festgestellt werden.[26] Ein festgestellter geänderter Jahresabschluss ist analog zu § 256 Abs. 1 Nr. 2 AktG ohne Nachtragsprüfung nichtig.

IV. Freiwillige Prüfungen

Liegt keine gesetzliche Verpflichtung zur Prüfung des Jahresabschlusses vor, **21** kann das Unternehmen eine **freiwillige Abschlussprüfung** durchführen lassen. Häufig sehen auch Satzung oder Gesellschaftsvertrag eine Prüfung vor (sog **statutarische** Abschlussprüfung). Anlass einer freiwilligen Abschlussprüfung ist idR die Absicht, zB gegenüber Gesellschaftern oder Kreditgebern die Ordnungsmäßigkeit des Jahresabschlusses zu belegen.[27]

Grundsätzlich können bei freiwilligen Abschlussprüfungen Gegenstand **22** und Umfang der Prüfung zwischen Unternehmensleitung und Abschlussprüfer frei vereinbart werden.[28] Soll jedoch ein **Bestätigungsvermerk** iSv § 322 erteilt werden, so muss die Prüfung nach Art und Umfang einer Pflichtprüfung gem. §§ 316 ff. durchgeführt werden;[29] bei statutarischen Abschlussprüfungen ist dies idR bereits in der Satzung bzw. im Gesellschaftsvertrag bestimmt.[30] Wird die Abschlussprüfung nicht nach Art und Umfang der Pflichtprüfung durchgeführt, kann nur eine sog. **Bescheinigung** erteilt werden.

§ 317 Gegenstand und Umfang der Prüfung

(1) [1]**In die Prüfung des Jahresabschlusses ist die Buchführung einzubeziehen.** [2]**Die Prüfung des Jahresabschlusses und des Konzernabschlusses hat sich darauf zu erstrecken, ob die gesetzlichen Vorschriften und sie ergänzende Bestimmungen des Gesellschaftsvertrags oder der Satzung beachtet worden sind.** [3]**Die Prüfung ist so anzulegen, daß Unrichtigkeiten und Verstöße gegen die in Satz 2 aufgeführten Bestimmungen, die sich auf die Darstellung des sich nach § 264 Abs. 2 ergebenden Bildes der Vermögens-, Finanz- und Ertragslage des Unternehmens wesentlich auswirken, bei gewissenhafter Berufsausübung erkannt werden.**

(2) [1]**Der Lagebericht und der Konzernlagebericht sind darauf zu prüfen, ob der Lagebericht mit dem Jahresabschluß, gegebenenfalls auch mit dem Einzelabschluss nach § 325 Abs. 2a, und der Konzernlagebericht mit dem Konzernabschluß sowie mit den bei der Prüfung gewonnenen Erkenntnissen des Abschlußprüfers in Einklang stehen und ob der Lagebericht insgesamt ein zutreffendes Bild von der Lage des Unterneh-**

---

[24] Vgl. hierzu *IDW* PS 400 nF, IDW Life 2018 Rn. 89.
[25] *IDW* PS 400 nF, IDW Life 2018 Rn. 90.
[26] *ADS* Rn. 75 f.
[27] *ADS* Rn. 36.
[28] WP-HdB Kap. R Rn. 15.
[29] *IDW* PS 400 nF, IDW Life 2018, 29 ff. Rn. 3.
[30] *ADS* Rn. 36.

mens und der Konzernlagebericht insgesamt ein zutreffendes Bild von der Lage des Konzerns vermittelt. [2] Dabei ist auch zu prüfen, ob die Chancen und Risiken der künftigen Entwicklung zutreffend dargestellt sind. [3] Die Prüfung des Lageberichts und des Konzernlageberichts hat sich auch darauf zu erstrecken, ob die gesetzlichen Vorschriften zur Aufstellung des Lage- oder Konzernlageberichts beachtet worden sind. [4] Im Hinblick auf die Vorgaben nach den §§ 289b bis 289e und den §§ 315b und 315c ist nur zu prüfen, ob die nichtfinanzielle Erklärung oder der gesonderte nichtfinanzielle Bericht, die nichtfinanzielle Konzernerklärung oder der gesonderte nichtfinanzielle Konzernbericht vorgelegt wurde. [5] Im Fall des § 289b Absatz 3 Satz 1 Nummer 2 Buchstabe b ist vier Monate nach dem Abschlussstichtag eine ergänzende Prüfung durch denselben Abschlussprüfer durchzuführen, ob der gesonderte nichtfinanzielle Bericht oder der gesonderte nichtfinanzielle Konzernbericht vorgelegt wurde; § 316 Absatz 3 Satz 2 gilt entsprechend mit der Maßgabe, dass der Bestätigungsvermerk nur dann zu ergänzen ist, wenn der gesonderte nichtfinanzielle Bericht oder der gesonderte nichtfinanzielle Konzernbericht nicht innerhalb von vier Monaten nach dem Abschlussstichtag vorgelegt worden ist. [6] Die Prüfung der Angaben nach § 289f Absatz 2 und 5 sowie § 315d ist darauf zu beschränken, ob die Angaben gemacht wurden.

(3) [1] Der Abschlußprüfer des Konzernabschlusses hat auch die im Konzernabschluß zusammengefaßten Jahresabschlüsse, insbesondere die konsolidierungsbedingten Anpassungen, in entsprechender Anwendung des Absatzes 1 zu prüfen. [2] Sind diese Jahresabschlüsse von einem anderen Abschlussprüfer geprüft worden, hat der Konzernabschlussprüfer dessen Arbeit zu überprüfen und dies zu dokumentieren.

(3a) Auf die Abschlussprüfung bei Unternehmen, die kapitalmarktorientiert im Sinne des § 264d sind, sind die Vorschriften dieses Unterabschnitts nur insoweit anzuwenden, als nicht die Verordnung (EU) Nr. 537/2014 des Europäischen Parlaments und des Rates vom 16. April 2014 über spezifische Anforderungen an die Abschlussprüfung bei Unternehmen von öffentlichem Interesse und zur Aufhebung des Beschlusses 2005/909/EG der Kommission (ABl. L 158 vom 27.5.2014, S. 77, L 170 vom 11.6.2014, S. 66) anzuwenden ist.

(4) Bei einer börsennotierten Aktiengesellschaft ist außerdem im Rahmen der Prüfung zu beurteilen, ob der Vorstand die ihm nach § 91 Abs. 2 des Aktiengesetzes obliegenden Maßnahmen in einer geeigneten Form getroffen hat und ob das danach einzurichtende Überwachungssystem seine Aufgaben erfüllen kann.

(4a) Soweit nichts anderes bestimmt ist, hat die Prüfung sich nicht darauf zu erstrecken, ob der Fortbestand des geprüften Unternehmens oder die Wirksamkeit und Wirtschaftlichkeit der Geschäftsführung zugesichert werden kann.

(5) Bei der Durchführung einer Prüfung hat der Abschlussprüfer die internationalen Prüfungsstandards anzuwenden, die von der Europäischen Kommission in dem Verfahren nach Artikel 26 Absatz 3 der Richtlinie 2006/43/EG des Europäischen Parlaments und des Rates vom 17. Mai 2006 über Abschlussprüfungen von Jahresabschlüssen und konsolidierten Abschlüssen, zur Änderung der Richtlinien 78/660/EWG und 83/349/EWG des Rates und zur Aufhebung der Richtlinie 84/253/EWG des Rates (ABl. EU Nr. L 157 S. 87), die zuletzt durch die Richtlinie

2014/56/EU (ABl. L 158 vom 27.5.2014, S. 196) geändert worden ist, angenommen worden sind.

(6) **Das Bundesministerium der Justiz und für Verbraucherschutz wird ermächtigt, im Einvernehmen mit dem Bundesministerium für Wirtschaft und Energie durch Rechtsverordnung, die nicht der Zustimmung des Bundesrates bedarf, zusätzlich zu den bei der Durchführung der Abschlussprüfung nach Absatz 5 anzuwendenden internationalen Prüfungsstandards weitere Abschlussprüfungsanforderungen vorzuschreiben, wenn dies durch den Umfang der Abschlussprüfung bedingt ist und den in den Absätzen 1 bis 4 genannten Prüfungszielen dient.**

Schrifttum: (ohne die Einzelbeiträge in den verschiedenen Handbüchern der Rechnungslegung) *Biener,* Wäre die Übernahme der IFAC oder anderer Berufsorganisationen geeignet, die Qualität der Abschlußprüfung in Deutschland zu verbessern?, FS Baetge, 1997, 639; *Böcking/Orth,* Kann das „Gesetz zur Kontrolle und Transparenz im Unternehmensbereich (KonTraG)" einen Beitrag zur Verringerung der Erwartungslücke leisten? – Eine Würdigung auf Basis von Rechnungslegung und Kapitalmarkt, WPg 1998, 351; *Dörner,* Von der Wirtschaftsprüfung zur Unternehmensberatung, WPg 1998, 302; *Forster,* Abschlußprüfung nach dem Regierungsentwurf des KonTraG, WPg 1998, 41; *IDW,* Neue rechtliche Vorschriften mit Auswirkungen auf die Arbeit der Wirtschaftsprüfer (KonTraG, KapAEG), IDW-FN 1998, 229; *IDW* PS 201, Rechnungslegungs- und Prüfungsgrundsätze für die Abschlussprüfung, WPg 2015, Supplement 2; *IDW* PS 210, Zur Aufdeckung von Unregelmäßigkeiten im Rahmen der Abschlussprüfung, WPg 2013, Supplement 1; *IDW* PS 261 nF, Feststellung und Beurteilung von Fehlerrisiken und Reaktionen des Abschlussprüfers auf die beurteilten Fehlerrisiken, WPg 2012, Supplement 2, WPg 2013, Supplement 3; *IDW* PS 320 nF, Besondere Grundsätze für die Durchführung von Konzernabschlussprüfungen (einschließlich der Verwertung der Tätigkeit von Teilbereichsprüfern), WPg 2012, Supplement 2; *IDW* PS 340, Die Prüfung des Risikofrüherkennungssystems nach § 317 Abs. 4 HGB, WPg 1999, 658; *IDW* PS 350, Prüfung des Lageberichts, WPg 2006, 1293, WPg 2009, Supplement 4; *IDW* PS 880, Projektbegleitende Prüfung beim Einsatz von Informationstechnologie, WPg 2010, Supplement 2; *Kaiser,* Jahresabschlussprüfung und prüfungsnahe Beratung bei zukunftsorientierter Lageberichterstattung gemäß dem Bilanzrechtsreformgesetz, DB 2005, 2309; *Lück,* Elemente eines Risikomanagementsystems, DB 1998, 9; *Schindler/Gärtner,* Verantwortung des Abschlussprüfers zur Berücksichtigung von Verstößen (fraud) im Rahmen der Abschlussprüfung, WPg 2004, 1233; *Schindler/Rabenhorst,* Auswirkungen des KonTraG auf die Abschlußprüfung, Teil I und II, BB 1998, 1886; *Schruff,* Zur Aufdeckung von Top-Management-Fraud durch den Wirtschaftsprüfer im Rahmen der Jahresabschlussprüfung, WPg 2003, 901; *Schüppen,* Abschlussprüfung, 2017.

Übersicht

I. Allgemeines

1 Die Vorschrift des § 317 regelt neben § 316 den **Gegenstand der Prüfung** der Rechnungslegung der Kapitalgesellschaft sowie der Konzernrechnungslegung und bestimmt den **Prüfungsumfang,** indem bei der Prüfung der einzelnen Prüfungsgegenstände heranzuziehende Kriterien genannt werden.[1]

2 Der Anwendungsbereich von § 317 betrifft zunächst alle nach § 316 durchzuführenden Pflichtprüfungen, also die von Jahresabschlüssen von **mittelgroßen** und **großen Kapitalgesellschaften** sowie von **Konzernabschlüssen.**

3 Dies gilt auch für Konzernabschlüsse, die nach internationalen Rechnungslegungsstandards aufgestellt worden sind (§ 315e). Auch Prüfungen der Jahres- und Konzernabschlüsse von mittelgroßen und großen Personenhandelsgesellschaften iSv § 264a fallen unter diese Vorschrift. Über § 324a iVm § 325 Abs. 2a gilt § 317 auch für die Prüfung eines nach internationalen Rechnungslegungsstandards aufgestellten Einzelabschlusses. Daneben verweisen die ergänzenden Vorschriften für **Kreditinstitute** (§ 340k) und für **Versicherungsunternehmen** (§ 341k) auf § 317. Ähnliches gilt für die Vorschriften des **PublG,** das in § 6 Abs. 1 (Jahresabschluss und Lagebericht) auf § 317 Abs. 1 und in § 14 Abs. 1 (Konzernabschluss und -lagebericht) auf § 317 verweist. Für publizitätspflichtige Unternehmen gelten allerdings verschiedene Besonderheiten, da zB Personengesellschaften und Einzelkaufleute gem. § 5 Abs. 2 PublG keinen Anhang und keinen Lagebericht aufstellen müssen, sodass diese auch nicht Gegenstand der Prüfung sind.[2]

4 Bei **freiwilligen** Abschlussprüfungen richtet sich die Anwendbarkeit von § 317 nach der Ausgestaltung des Prüfungsauftrags. Soll ein Bestätigungsvermerk iSv § 322 erteilt werden, muss die Prüfung nach Art und Umfang der Pflichtprüfung den Vorschriften des HGB entsprechen. Dabei können sich uU Änderungen hinsichtlich Gegenstand und Umfang der Prüfung ergeben. So müssen zB kleine Kapitalgesellschaften nach § 264 Abs. 1 S. 3 keinen Lagebericht aufstellen; bei freiwilligen Prüfungen von Nicht-Kapitalgesellschaften richten sich Gegenstand und Umfang der Prüfung danach, inwieweit die Kernfassung des Bestätigungsvermerks vollständig oder nur teilweise übernommen werden soll.[3]

II. Prüfung von Jahres- und Konzernabschluss (Abs. 1, Abs. 2)

5 **1. Gegenstand der Prüfung.** In die Prüfung der Rechnungslegung einer Kapitalgesellschaft ist neben dem **Jahresabschluss,** bestehend aus Bilanz, Gewinn- und Verlustrechnung sowie Anhang, und dem **Lagebericht** (§ 316 Abs. 1) nach Abs. 1 auch die **Buchführung** einzubeziehen. Zur Buchfüh-

---

[1] *ADS* Rn. 1 u. 3.
[2] Zu weiteren Besonderheiten vgl. *ADS* Rn. 10 f.
[3] *ADS* Rn. 12.

rung zählen die Finanzbuchhaltung, die Anlagenbuchhaltung, die Lohn- und Gehaltsbuchhaltung und die Lagerbuchhaltung, aber auch das **Inventar.**[4]

Obwohl die **Kostenrechnung** nicht unmittelbar Gegenstand der Ab-   **6** schlussprüfung ist, muss sie insoweit in die Prüfung einbezogen werden, als sie Grundlage für Ansatz und Bewertung einzelner Bilanzposten ist; für die Prüfung einer nach dem Umsatzkostenverfahren aufgestellten Gewinn- und Verlustrechnung ist die Kostenstellen- und die Kostenträgerrechnung heranzuziehen.[5]

Außerbuchhalterische Bereiche (im Wesentlichen Rechtsgrundlagen   **7** und Rechtsbeziehungen des Unternehmens) sind insoweit in die Abschlussprüfung einzubeziehen, als von ihnen Wirkungen ausgehen können, die sich in der Buchhaltung niederschlagen; zB bei den Bilanzposten Kapital und Rücklagen.[6] Der **Versicherungsschutz** ist **nicht** Gegenstand der Abschlussprüfung.[7]

Unabdingbar ist die Prüfung des **internen Kontrollsystems,** da sie Vo-   **8** raussetzung für die Einschätzung des Kontrollrisikos ist und dementsprechend Art, zeitliche Abfolge und Umfang der Prüfungshandlungen durch den Abschlussprüfer festgelegt werden.[8]

Bei börsennotierten Aktiengesellschaften hat der Abschlussprüfer nach   **9** Abs. 4 auch zu beurteilen, ob der Vorstand seiner nach § 91 Abs. 2 AktG bestehenden Verpflichtung zur Einrichtung eines **Risikofrüherkennungssystems** nachgekommen ist und ob dieses Risikofrüherkennungssystem seine Aufgaben erfüllen kann.

Der Gegenstand der **Prüfung der Konzernrechnungslegung** (auch   **10** → § 264 Rn. 34) wird anders als der Prüfungsgegenstand des Jahresabschlusses nicht um die Buchführung erweitert, da der Konzern keiner selbstständigen Buchführungspflicht unterliegt.[9]

Die Konzernabschlussprüfung wird um die Prüfung der **Kapitalflussrech-**   **11** **nung** und des **Eigenkapitalspiegels** erweitert, die nach § 297 Abs. 1 bei börsennotierten Mutterunternehmen Pflichtbestandteile des Konzernanhangs sind und damit der Prüfungspflicht unterliegen (zur Kapitalflussrechnung und zur Segmentberichterstattung → § 264 Rn. 8 bzw. → § 297 Rn. 6 ff.). Soweit freiwillig eine **Segmentberichterstattung** für den Konzernabschluss erstellt wird (§ 297 Abs. 1 S. 2), unterliegt auch diese der Prüfungspflicht.[10] Ebenso erstreckt sich die Jahresabschlussprüfung von kapitalmarktorientierten Kapitalgesellschaften, die nicht zur Aufstellung eines Konzernabschlusses verpflichtet sind, auf die Kapitalflussrechnung und den Eigenkapitalspiegel, um die der Jahresabschluss nach § 264 Abs. 1 S. 2 zu erweitern ist; gleiches gilt für eine freiwillig erstellte Segmentberichterstattung.

2. Umfang der Prüfung von Jahres- und Konzernabschluss. Abs. 1   **12** S. 2 bestimmt, dass sich die Prüfung von Jahres- und Konzernabschluss darauf zu erstrecken hat, ob die gesetzlichen Vorschriften und sie ergänzende Bestim-

---

[4] Baumbach/Hueck/*Schulze-Osterloh* GmbHG § 41 Rn. 77; BeBiKo/*Schmidt/Almeling* Rn. 5.

[5] BeBiKo/*Schmidt/Almeling* Rn. 5.

[6] WP-HdB Kap. R Rn. 7.

[7] BeBiKo/*Schmidt/Almeling* Rn. 7.

[8] WP-HdB Kap. R Rn. 270 ff.; *IDW* PS 261, WPg 2012, Supplement 2; 2013, Supplement 3 Rn. 35 ff.

[9] Vgl. hierzu *ADS* Vor §§ 290–315 Rn. 44.

[10] BeBiKo/*Schmidt/Almeling* Rn. 30.

mungen des Gesellschaftsvertrages oder der Satzung beachtet sind. Bereits aus Abs. 1 S. 1 ergibt sich, dass auch die Buchführung in diesen Prüfungsumfang einzubeziehen ist. Die Jahresabschlussprüfung kann somit als eine **Gesetz-, Satzungs- und Ordnungsmäßigkeitsprüfung** charakterisiert werden.[11]

13   Nach Abs. 1 S. 3 ist die Prüfung so anzulegen, dass Unrichtigkeiten und Verstöße gegen die gesetzlichen Vorschriften und sie ergänzende Vorschriften des Gesellschaftsvertrags oder der Satzung, die sich auf die Darstellung eines den tatsächlichen Verhältnissen entsprechenden Bildes der Vermögens-, Finanz- und Ertragslage des Unternehmens wesentlich auswirken, bei gewissenhafter Berufsausübung erkannt werden. Diese Anforderung wird durch den IDW PS 210 konkretisiert, der Grundsätze hinsichtlich der Ausrichtung der Abschlussprüfung, der Aufdeckung von Unrichtigkeiten und Verstößen sowie den zu ergreifenden Maßnahmen für den Berufsstand der Wirtschaftsprüfer enthält.[12] Im Hinblick auf die Zielsetzung einer Abschlussprüfung ist diese Vorschrift jedoch mit verschiedenen Einschränkungen zu versehen. Zum einen geht es nur um solche Unrichtigkeiten und Verstöße, die **wesentliche** Auswirkungen auf die Vermögens-, Finanz- und Ertragslage des Unternehmens haben. Zum anderen müssen die Vorgänge im Rahmen der **gewissenhaften Berufsausübung** erkannt werden. Damit wird verdeutlicht, dass Prüfungshandlungen zur Aufdeckung von Unregelmäßigkeiten und Verstößen nicht den Umfang einer Sonderprüfung (zB einer Unterschlagungsprüfung) annehmen können.[13] Ferner ergibt sich aus der gesetzlichen Aufgabenstellung, dass der in Abs. 1 umrissene Prüfungsumfang weder vom Abschlussprüfer noch durch vertragliche Vereinbarungen zwischen Abschlussprüfer und Gesellschaft **eingeschränkt** werden kann. Auftragserweiterungen hingegen sind möglich und in der Regel auch Bestandteile der Jahresabschlussprüfung.[14]

14   Zu der Frage, ob die Jahresabschlussprüfung auch die Prüfung der wirtschaftlichen Verhältnisse der Gesellschaft einschließt, → § 316 Rn. 10.

15   Bei der Prüfung auf Einhaltung der gesetzlichen Vorschriften über die Aufstellung des Jahresabschlusses und des Konzernabschlusses sind insbesondere die handelsrechtlichen Vorschriften der §§ 238–288 bzw. der §§ 290–314, die die Rechnungslegung betreffenden Übergangsvorschriften des EGHGB, die rechtsformspezifischen Vorschriften für AG und KGaA (zB §§ 58, 150, 152, 158, 160, 286, 288 AktG), für GmbH (zB § 42 GmbHG), für Genossenschaften (zB §§ 336–338) sowie die besonderen Vorschriften für Kreditinstitute und Versicherungsunternehmen (§§ 340a–340j bzw. 341a–341j) zu berücksichtigen. Außerdem ist neben den gesetzlich festgelegten GoB auch auf die nicht kodifizierten GoB zu achten, was bedingt, dass der Abschlussprüfer sich über die fachliche Entwicklung in diesem Bereich auf dem Laufenden halten und bei Zweifelsfragen alles Geeignete tun muss, um sich Klarheit zu verschaffen.[15] Hinsichtlich der Rechnungslegungsstandards des Deutschen Rechnungslegungs Standards Committee (DRSC) gilt nach § 342 Abs. 2 die gesetzliche Vermutung, dass es sich dabei um die Konzernrechnungslegung betreffende GoB handelt, soweit die Standards vom Bundesministerium der Justiz (BMJ) bekannt gemacht worden sind.

---

[11] HdR/*Baetge/Fischer/Siefke* Rn. 9.
[12] *IDW* PS 210, WPg 2013, Supplement 1.
[13] *Schindler/Gärtner* WPg 2004, 1237.
[14] *ADS* Rn. 22 f.
[15] *ADS* Rn. 26; WP-HdB Kap. R Rn. 11; *IDW* PS 201, WPg 2015, Supplement 2.

Bei der Jahresabschlussprüfung sind darüber hinaus zahlreiche weitere ge- **16** setzliche Vorschriften zu berücksichtigen. Der Abschlussprüfer muss zwar nicht feststellen, ob bspw. Vorschriften des Steuerrechts, des Sozialversicherungs- und Arbeitsrechts, des Gesetzes gegen Wettbewerbsbeschränkungen, des Außenwirtschaftsrechts oder ggf. Verbraucher- oder Umweltschutzbestimmungen eingehalten worden sind. Es können sich jedoch aus diesen und anderen Gesetzen im Jahresabschluss zu berücksichtigende Auswirkungen ergeben; außerdem ist zu untersuchen, ob sich aus der Nichtbeachtung solcher Gesetze erfahrungsgemäß Risiken ergeben, denen im Lagebericht Rechnung getragen werden muss.[16]

Da die von den Fachausschüssen des Instituts der Wirtschaftsprüfer abge- **17** gebenen **IDW Stellungnahmen zur Rechnungslegung** die Berufsauffassung zu Rechnungslegungsfragen darlegen, hat der Abschlussprüfer sorgfältig zu prüfen, ob diese in der von ihm durchzuführenden Prüfung zu beachten sind. Eine Nichtbeachtung durch den Abschlussprüfer ohne Vorliegen gewichtiger Gründe kann zB in Regressfällen zu seinem Nachteil ausgelegt werden.[17] Die **IDW Rechnungslegungshinweise** sowie Entwürfe von **IDW Stellungnahmen zur Rechnungslegung** besitzen einen weniger hohen Grad der Verbindlichkeit; gleichwohl wird ihre Anwendung empfohlen.[18]

Bei den die gesetzlichen Vorschriften ergänzenden Bestimmungen des **18** **Gesellschaftsvertrages** oder der **Satzung** ist die Einhaltung von allen Bestimmungen zu prüfen, die einen Einfluss auf den Jahresabschluss haben können. Dazu zählen zB Bestimmungen über die Höhe von Grund- oder Stammkapital und Regelungen über die Gewinnverwendung oder die Inanspruchnahme zweckgebundener Rücklagen.[19] Satzungsbestimmungen, die sich nicht auf die Rechnungslegung beziehen, sind nicht Gegenstand der Jahresabschlussprüfung nach § 317.[20]

Ggf. kann durch die Abschlussprüfung auch die Einhaltung **international** **19** **anerkannter** oder **anderer nationaler Rechnungslegungsgrundsätze** festzustellen sein (zB auf Grund von § 315e oder besonderer Beauftragung). EU-Richtlinien zur Rechnungslegung sind von den Mitgliedstaaten in nationales Recht zu transformieren. Darüber hinaus haben international anerkannte oder andere nationale Rechnungslegungsgrundsätze keine Bedeutung für einen nach deutschen Rechnungslegungsgrundsätzen zu beurteilenden Jahresabschluss und dessen Prüfung.[21]

3. Umfang der Lageberichtsprüfung. Nach Abs. 2 S. 1 und 3 ist der **20** Lagebericht darauf zu prüfen, ob er mit dem Jahresabschluss **sowie** mit den bei der Prüfung gewonnenen Erkenntnissen des Abschlussprüfers in Einklang steht, ob er insgesamt eine zutreffende Vorstellung von der Lage des Unternehmens vermittelt und ob gesetzlichen Vorschriften zur Aufstellung des Lageberichts beachtet worden sind. Im Falle eines Einzelabschlusses nach § 325 Abs. 2a ist auch zu prüfen, ob der Lagebericht mit diesem Einzelabschluss in Einklang steht.

---

[16] *IDW* PS 201, WPg 2015, Supplement 2 Rn. 9.
[17] *IDW* PS 201, WPg 2015, Supplement 2 Rn. 13.
[18] *IDW* PS 201, WPg 2018, Supplement 2, WPg 2015, Supplement 2 Rn. 14f.
[19] WP-HdB Kap. R Rn. 12.
[20] BeBiKo/*Schmidt/Almeling* Rn. 17.
[21] *IDW* PS 201, WPg 2015, Supplement 2 Rn. 17–19.

21   Auf ihren Einklang mit dem Jahresabschluss können nur die Informationen des Lageberichts geprüft werden, die sich auch im Jahresabschluss niederschlagen. Darunter fallen vor allem die Angaben zum Geschäftsverlauf und zur Lage der Gesellschaft, aber auch einzelne Angaben nach § 289 Abs. 2; zB können sich Erwartungen über die voraussichtliche Entwicklung sowie erwähnte Risiken der Kapitalgesellschaft auch in den Rückstellungen oder den Wertberichtigungen auf Forderungen widerspiegeln, und Angaben zum Bereich Forschung und Entwicklung können teilweise aus dem Jahresabschluss abgeleitet werden.[22] Die **sonstigen Angaben,** also diejenigen, die sich nicht im Jahresabschluss niederschlagen, sind darauf zu prüfen, ob sie nicht eine falsche Vorstellung von der Lage des Unternehmens vermitteln, womit gemeint ist, ob die im Lagebericht vorgenommenen Wertungen aus der Sicht des Abschlussprüfers nachvollziehbar sind, was insbesondere für die zukunftsorientierten Angaben gilt.

22   Neben dem Einklang des Lageberichts mit dem Jahresabschluss ist auch der Einklang des Lageberichts mit den bei der Prüfung gewonnenen Erkenntnissen des Abschlussprüfers zu prüfen. Dabei sind bspw. in den Fällen, in denen der Abschlussprüfer hinsichtlich Aussagen im Lagebericht zur Vermögens-, Finanz- und Ertragslage zwar einen Einklang mit dem Jahresabschluss, nicht aber mit den bei der Prüfung gewonnenen Erkenntnissen feststellt, Einwendungen gegen den Lagebericht und den Jahresabschluss zu erheben. Ansonsten bezieht sich die Prüfung des Einklangs mit den bei der Prüfung gewonnenen Erkenntnissen vorrangig auf solche Aussagen im Lagebericht, die sich nicht im Jahresabschluss niederschlagen, also zB die Darstellung der zukünftigen Entwicklung.[23]

23   Besondere Anforderungen an den Abschlussprüfer stellt die Prüfung der zutreffenden Darstellung der **Chancen und Risiken der künftigen Entwicklung** dar.[24] Obwohl sich diese Prüfungspflicht bereits daraus ergibt, dass § 289 die Berichterstattung über die Chancen und Risiken der künftigen Entwicklung fordert und diese somit verpflichtend zum Inhalt des Lageberichts und somit zum Prüfungsgegenstand gehört, wird sie in § 317 noch einmal explizit aufgeführt, was den hohen Stellenwert, den der Gesetzgeber diesem Aspekt beimisst, unterstreicht.[25] Dies wird zusätzlich noch durch die in § 321 Abs. 1 S. 2 geregelte Vorwegberichterstattung des Abschlussprüfers über seine Beurteilung der Lageberichtsdarstellung sowie zu den wesentlichen Chancen und Risiken im Prüfungsbericht betont. Die Darstellung der Risiken der künftigen Entwicklung sollte sich im Interesse der Klarheit des Lageberichts auf solche Risiken beschränken, die entweder bestandsgefährdend sind oder einen wesentlichen Einfluss auf die Vermögens-, Finanz- und Ertragslage haben können. Dabei dürfen Chancen und Risiken nicht saldiert werden. Der Prognosezeitraum sollte mindestens ein Jahr betragen (DRS 20.127).

24   Der Abschlussprüfer muss sich hinreichend Gewissheit darüber verschaffen, ob für alle Chancen und Risiken die verfügbaren Informationen verwendet wurden, die grundlegenden Annahmen für die Berichterstattung des Vorstands realistisch und in sich widerspruchsfrei sind und ob Prognoseverfahren richtig gehandhabt wurden. **Eigene Prognosen und Risikoeinschätzun-**

---

[22] *ADS* Rn. 165.
[23] *ADS* Rn. 165.
[24] *Dörner* WPg 1998, 304; *Forster* WPg 1998, 46.
[25] *Schindler/Rabenhorst* BB 1998, 1890; BeBiKo/*Schmidt/Almeling* Rn. 60 f.; DRS 15.

gen des Abschlussprüfers können dabei jedoch **nicht verlangt** werden; die Prüfung ist als Vollständigkeits- und Plausibilitätsprüfung anzusehen.[26] Dabei verlangt insbesondere die Einschätzung der Vollständigkeit eine intensive Prüfung, die profunde Kenntnisse des Unternehmens und der Branche voraussetzt.[27] Der detaillierten Berichterstattung im Lagebericht steht jedoch gerade in wirtschaftlich schwierigen Situationen die Gefahr der *self fulfilling prophecy* gegenüber. Im Einzelfall ist daher eine Abwägung zwischen dem Interesse der Geschäftsleitung, den Unternehmensfortbestand nicht durch zu detaillierte Angaben zu gefährden, und der gesetzlichen Berichterstattungspflicht erforderlich, wobei dem Informationsinteresse der Jahresabschlussadressaten tendenziell Vorrang einzuräumen ist.[28]

Muss eine abhängige Gesellschaft nach § 312 Abs. 1 AktG einen **Abhän-** 25 **gigkeitsbericht** erstellen, so ist die nach § 312 Abs. 3 S. 3 AktG in den Lagebericht aufzunehmende Erklärung des Vorstands (sog. Schlusserklärung) ebenfalls Prüfungsgegenstand. Der Abhängigkeitsbericht selbst ist nach § 313 AktG im Falle einer für den Jahresabschluss bestehenden Prüfungspflicht (also zB nicht bei kleinen Kapitalgesellschaften) auch durch den Abschlussprüfer zu prüfen. Die Prüfung erstreckt sich darauf, ob

– die tatsächlichen Angaben des Berichts richtig sind,
– bei den im Bericht aufgeführten Rechtsgeschäften nach den Umständen, die im Zeitpunkt ihrer Vornahme bekannt waren, die Leistung der Gesellschaft nicht unangemessen hoch war; soweit sie dies war, ob die Nachteile ausgeglichen worden sind,
– bei den im Bericht aufgeführten Maßnahmen keine Umstände für eine wesentlich andere Beurteilung als die durch den Vorstand sprechen.

Die Anforderungen betreffend die Prüfung des Lageberichts gelten für die 26 Prüfung des **Konzernlageberichts** entsprechend.

4. Prüfungspflichten hinsichtlich der Erklärung zur Unternehmens- 27 **führung und der nichtfinanziellen Erklärung/des gesonderten nichtfinanziellen Berichts.** Nach § 289f sind börsennotierte AG und Aktiengesellschaften, die andere Wertpapiere als Aktien zum Handel an einem organisierten Markt ausgegeben haben und deren Aktien auf eigene Veranlassung über ein multilaterales Handelssystem gehandelt werden, verpflichtet, eine Erklärung zur Unternehmensführung abzugeben. Entsprechendes gilt nach § 315d für Mutterunternehmen, die eine solche Erklärung für den Konzern abgeben müssen. Durch § 317 Abs. 2 S. 6 wird klargestellt, dass für diese Erklärung **keine Prüfungspflicht** durch den Abschlussprüfer besteht. Die Ausnahme von der Prüfungspflicht gilt gleichermaßen für den Fall der Aufnahme der Erklärung in den Lagebericht wie für die Veröffentlichung im Internet mit Aufnahme eines Hinweises im Lagebericht. Ausgenommen ist die inhaltliche Prüfung der Angaben, nicht jedoch die Prüfung des Vorhandenseins der Erklärung als solche, weil andernfalls der Lagebericht unvollständig bzw. der Verweis auf die Veröffentlichung im Internet unzutreffend und damit durch den Abschlussprüfer zu beanstanden wäre.[29]

Ein vergleichbares Konzept wie bei der Prüfung des Vorhandenseins der 28 Erklärung zur Unternehmensführung durch den Abschlussprüfer hat der

---

[26] *IDW* PS 350, WPg 2006, 1293, WPg 2009, Supplement 4 Rn. 8, 20.
[27] BeBiKo/*Schmidt/Almeling* Rn. 60.
[28] *Schindler/Rabenhorst* BB 1998, 1891.
[29] *Gelhausen/Fey/Kämpfer* Rechnungslegung Q Rn. 14.

Gesetzgeber auch bei der Regelung der Prüfung der nichtfinanziellen Berichterstattung in Form einer nichtfinanziellen Erklärung oder des gesonderten nichtfinanziellen Berichts (§§ 289b–289e) bzw. der nichtfinanziellen Konzernerklärung oder des gesonderten nichtfinanziellen Konzernberichts (§§ 315b und 315c) verfolgt.

29 Auch für die in der nichtfinanziellen Berichterstattung zu machenden Angaben besteht keine inhaltliche Prüfungspflicht, sondern lediglich eine formale Prüfungspflicht, ob die entsprechende Berichterstattung vorgelegt wurde. Aufgrund der unterschiedlichen Varianten der Berichterstattung (Erweiterung des Lageberichts um eine nichtfinanzielle Erklärung; Erstellung eines gesonderten nichtfinanziellen Berichts, der zusammen mit dem Lagebericht nach § 325 offengelegt wird; Erstellung eines gesonderten nichtfinanziellen Berichts, der spätestens vier Monate nach dem Abschlussstichtag auf der Internetseite für mindestens zehn Jahre veröffentlicht wird und auf dessen Veröffentlichung im Lagebericht unter Angabe der Internetseite Bezug genommen wird) ergeben sich jedoch Besonderheiten bei der **Prüfung der Vorlage.** Während bei der Aufnahme in den Lagebericht die Prüfung des Vorhandenseins bereits während der Abschlussprüfung möglich ist, bedarf es bei der Prüfung der Vorlage eines erst zu einem späteren Zeitpunkt veröffentlichten gesonderten nichtfinanziellen Berichts einer – der Abschlussprüfung zeitlich nachgelagerten – ergänzenden Prüfung. Diese **ergänzende Prüfung** folgt den Grundsätzen der Nachtragsprüfung nach § 316 Abs. 3, wobei sich Auswirkungen auf den Bestätigungsvermerk nur in dem Fall ergeben, dass eine Vorlage nicht innerhalb der Vier Monats-Frist erfolgt ist.

30 Unbeschadet des gesetzlichen „Regelfalls", dass die nichtfinanzielle Berichterstattung keiner inhaltlichen Prüfung durch den Abschlussprüfer unterliegt, hat der Aufsichtsrat die Möglichkeit, auf der Grundlage von § 111 Abs. 2 S. 4 AktG eine **externe inhaltliche Prüfung der nichtfinanziellen Berichterstattung** zu beauftragen. Dies ist insofern folgerichtig, als dem Aufsichtsrat nach § 171 Abs. 1 S. 4 selbst eine Prüfungspflicht der nichtfinanziellen Berichterstattung auferlegt ist und er insoweit Bedarf an einer Unterstützungstätigkeit durch einen externen Prüfer haben kann. Die Beauftragung dieser Prüfung kann sowohl als Ergänzung der Abschlussprüfung als auch im Rahmen einer gesonderten Prüfung erfolgen. Anders als die formale Prüfung der Vorlage der nichtfinanziellen Berichterstattung ist die inhaltliche Prüfung nicht dem Abschlussprüfer vorbehalten, sodass sich der Aufsichtsrat auch für einen anderen Sachverständigen entscheiden kann. Da die nichtfinanzielle Berichterstattung jedoch inhaltliche Überschneidungen zu nichtfinanziellen Angaben im Lagebericht aufweist, die bereits der Prüfung durch den Abschlussprüfer unterliegen, wird häufig die Beauftragung des Abschlussprüfers nahe liegen.

III. Prüfung der im Konzernabschluss zusammengefassten Jahresabschlüsse (Abs. 3)

31 Abs. 3 S. 1 bestimmt, dass in die Prüfung der Konzernrechnungslegung neben dem Konzernabschluss und dem Konzernlagebericht (§ 316 Abs. 2) auch die **im Konzernabschluss zusammengefassten Jahresabschlüsse** einzubeziehen sind. Aufgrund der Verweisung auf Abs. 1 hat sich die Prüfung der einbezogenen Jahresabschlüsse darauf zu erstrecken, ob die gesetzlichen Vorschriften und sie ergänzende Bestimmungen des Gesellschaftsvertrags oder

der Satzung beachtet worden sind. Der Konzernabschlussprüfer hat sich dabei vor allem ein Urteil darüber zu bilden, dass sich auf die Gesetz- und Ordnungsmäßigkeit des Konzernabschlusses auswirkende Vorschriften und Bestimmungen beachtet worden sind.[30] Die konsolidierungsbedingten Anpassungen sind auf ihre Ordnungsmäßigkeit zu prüfen.[31] Unter konsolidierungsbedingten Anpassungen sind dabei sowohl Konsolidierungsmaßnahmen als auch Änderungen in der Handelsbilanz II zur Vereinheitlichung von Bilanzansatz und Bewertung im Konzernabschluss zu verstehen.[32]

Bei nach Abs. 3 S. 2 durch einen anderen Abschlussprüfer geprüften Jah- **32** resabschlüssen kann der Konzernabschlussprüfer diese Prüfungsergebnisse verwerten, ohne diese jedoch unbesehen übernehmen zu können. Vielmehr hat der Abschlussprüfer die Arbeit zu überprüfen und dies zu dokumentieren. Wie in IDW PS 320 nF näher ausgeführt, beschränkt sich die Verantwortlichkeit des Konzernabschlussprüfers nicht auf eine Würdigung der Tätigkeit der anderen Abschlussprüfer im Nachhinein, sondern schließt ua die Gewinnung eines Verständnisses über die Teilbereichsprüfer, die Festlegung der Art der Tätigkeiten in Bezug auf die Rechnungslegungsinformationen von Teilbereichen und die Einbindung des Konzernprüfungsteams in die Tätigkeit von Teilbereichsprüfern ein.[33]

IV. Vorrang der EU-APrVO bei der Prüfung von Unternehmen von öffentlichem Interesse (Abs. 3a)

Nachdem die Vorschriften der EU-APrVO zur Prüfung von Unternehmen **33** von öffentlichem Interesse unmittelbar geltendes Recht darstellen, wird durch Abs. 3a klargestellt, dass die Vorschriften des Dritten Unterabschnitts zur Prüfung nur insoweit anzuwenden sind, als die EU-APrVO keine eigenständigen Regelungen enthält. Damit stehen die Regelungen des HGB und der EU-APrVO bei der Prüfung von Unternehmen von öffentlichem Interesse nebeneinander und sind kumulativ zu beachten, da die EU-APrVO nicht alle im Dritten Unterabschnitte enthaltenen Regelungen durch eigenständige Vorschriften ersetzt.[34]

V. Prüfung des Überwachungssystems (Abs. 4)

Bei börsennotierten Aktiengesellschaften ist der Vorstand nach § 91 Abs. 2 **34** AktG verpflichtet, ein Überwachungssystem einzurichten, damit Entwicklungen, die den Fortbestand der Gesellschaft gefährden, früh erkannt werden können. Nach der Begründung des Gesetzgebers umfasst ein solches System ein angemessenes Risikomanagement sowie eine angemessene interne Revision.[35] Die Regelung des Abs. 4 verlangt vom Abschlussprüfer bei börsennotierten Aktiengesellschaften eine Beurteilung, ob der Vorstand ein entsprechendes Überwachungssystem eingerichtet hat und ob dieses seine Aufgaben erfüllen kann. Diese erweiterte Prüfungspflicht ist nicht identisch mit der Prüfung des primär auf das Rechnungswesen ausgerichteten Internen Kontrollsystems, sondern geht darüber hinaus und betrifft jeden Bereich des

---

[30] *ADS* Rn. 205.
[31] *ADS* Rn. 205.
[32] Begr. RegE, BR-Drs. 872/97, 72.
[33] *IDW* PS 320 nF, WPg 2012, Supplement 2 Rn. 16 ff.
[34] *Schüppen,* Abschlussprüfung, 2017, § 317 Rn. 25.
[35] Begr. RegE, BT-Drs. 13/9712, 15.

unternehmerischen Prozesses.[36] Gegenstand der Prüfung nach Abs. 4 ist das nach § 91 Abs. 2 AktG einzuführende **Risikofrüherkennungssystem,** das jedoch nur einen Teilaspekt des gesamten Risikomanagementsystems der Gesellschaft darstellt. Das Risikobewältigungssystem, also die Reaktionen des Vorstands auf die erfassten und kommunizierten Risiken, ist nicht Gegenstand der Maßnahmen nach § 91 Abs. 2 AktG und somit auch nicht Prüfungsgegenstand.[37] Ein solches Überwachungssystem ist auch auf Konzernebene zu etablieren und zu prüfen, sofern von Tochterunternehmen den Fortbestand des Mutterunternehmens gefährdende Entwicklungen ausgehen können.[38]

35   Am Beginn der Prüfung des Risikofrüherkennungssystems steht die Aufnahme der getroffenen Maßnahmen, die sich auf eine vom Unternehmen erstellte Dokumentation stützen sollte. Liegt keine ausreichende Dokumentation vor, so hat der Abschlussprüfer die getroffenen Maßnahmen – idR im Rahmen einer Vor- oder Zwischenprüfung – selbst aufzunehmen.[39] Zur Beurteilung der Eignung der getroffenen Maßnahmen, die gesetzlichen Anforderungen zu erfüllen, ist zu prüfen, ob durch das Risikofrüherkennungssystem eine zutreffende und frühzeitige Erfassung, Bewertung und Kommunikation aller wesentlichen Risiken gewährleistet ist. Der Abschlussprüfer muss auf der Grundlage seiner im Verlauf der Abschlussprüfung gewonnenen Kenntnisse über die Risikosituation des Unternehmens beurteilen, ob die durch das System identifizierten Risiken alle wesentlichen Risikofelder abdecken.[40] Schließlich ist auch eine Beurteilung der im Rahmen der Risikoerfassung und Risikokommunikation eingerichteten organisatorischen Maßnahmen sowie die Prüfung, ob die Funktionsfähigkeit des Systems durch das eingerichtete Überwachungssystem (zB die interne Revision) gewährleistet wird, erforderlich.[41]

36   Zum Abschluss ist im Rahmen einer Funktionsprüfung in Stichproben zu untersuchen, ob die Handlungsvorgaben eingehalten werden, wobei sich Gespräche mit Mitarbeitern und die Durchsicht von Unterlagen, in denen die Umsetzung der vorgesehenen Maßnahmen dokumentiert ist, anbieten. Unter Umständen (zB bei der Beurteilung technischer Risiken) ist die Hinzuziehung von Spezialisten oder sachverständigen Dritten erforderlich.[42]

VI. Negativabgrenzung des Prüfungsumfangs (Abs. 4a)

37   Der Gesetzgeber hat durch die Einfügung des Abs. 4a eine Negativabgrenzung des Prüfungsumfangs dahingehend vorgenommen, dass sich die Prüfung – soweit nichts anderes bestimmt ist – nicht auf die Zusicherung des Fortbestands des geprüften Unternehmens oder die Wirksamkeit und Wirtschaftlichkeit der Geschäftsführung erstreckt. Damit wurde die entsprechende Regelung in Art. 25a Abschlussprüfer-RL in deutsches Recht transformiert. Mit dieser Ergänzung soll erkennbar einer Erwartungslücke entgegengewirkt werden, die auf einer über die gesetzlichen Anforderungen

---

[36] *Böcking/Orth* WPg 1998, 359; *Dörner* WPg 1998, 304; *Lück* DB 1998, 9.
[37] *IDW* PS 340, WPg 1999, 658 ff. Rn. 6; *ADS* Rn. 224.
[38] Begr. RegE, BT-Drs. 13/9712, 15.
[39] *IDW* PS 340, WPg 1999, 658 ff. Rn. 24 f.
[40] *IDW* PS 340, WPg 1999, 658 ff. Rn. 27.
[41] *IDW* PS 340, WPg 1999, 658 ff. Rn. 29 f.
[42] *Schindler/Rabenhorst* BB 1998, 1892.

hinausgehenden Erwartung von Teilen der Öffentlichkeit an die Abschlussprüfung beruht.[43]

Die Negativabgrenzung hinsichtlich der Zusicherung des Fortbestands des **38** geprüften Unternehmens entbindet den Abschlussprüfer nicht von seiner Pflicht, die Angemessenheit der Annahme der Unternehmensfortführung durch die Geschäftsleitung und die Risikoberichterstattung im Lagebericht zu würdigen.[44] Die Erteilung eines uneingeschränkten Bestätigungsvermerks auf der Grundlage dieser Prüfung bedeutet **keine Zusicherung des Fortbestands des Unternehmens.** Gleichwohl wird damit zum Ausdruck gebracht, dass die Geschäftsleitung nach dem Ergebnis der Prüfung begründet von der Annahme der Unternehmensfortführung ausgehen konnte und etwaige bestandsgefährdende Risiken im Anhang und Lagebericht zutreffend angegeben wurden.

Weitergehende Anforderungen an die Prüfung in Bezug auf die Wirksam- **39** keit und Wirtschaftlichkeit der Geschäftsführung können sich aus einer Erweiterung des Prüfungsauftrags aus § 53 HGrG oder § 53 Abs. 1 GenG ergeben. Durch den Einschub „soweit nichts anderes bestimmt ist" wird klargestellt, dass solche gesetzlichen Prüfungspflichten durch Abs. 4a nicht aufgehoben werden.

VII. Anwendung internationaler Prüfungsstandards und Verordnungsermächtigung (Abs. 5, Abs. 6)

Durch die Ergänzung von § 317 um die Abs. 5 und 6 hat der Gesetzgeber **40** bereits eine Öffnungsklausel für die Anwendung internationaler Prüfungsstandards in Form der **International Standards on Auditing (ISA)** geschaffen. Die Verpflichtung zur Anwendung dieser Prüfungsstandards steht jedoch unter dem Vorbehalt der Annahme dieser Standards durch die EU in einem der Annahme der International Financial Reporting Standards (IFRS) vergleichbaren Komitologieverfahren. Da die Annahme der ISA durch die EU noch aussteht, hat die Vorschrift – ebenso wie die in Abs. 6 geregelte Verordnungsermächtigung für zusätzliche Prüfungsanforderungen und für Ausnahmen von der Anwendung der ISA – keine unmittelbare Bedeutung. Da in nahezu allen EU-Mitgliedstaaten zwischenzeitlich die ISA auch ohne Annahme dieser Standards durch die EU übernommen worden sind, ist fraglich, ob es noch zu einer förmlichen Annahme durch die EU kommen wird.

Unter praktischen Gesichtspunkten hat die bisher noch nicht erfolgte **41** Annahme der ISA für die Durchführung von Abschlussprüfungen nur geringe Bedeutung. Da die ISA durch das IDW kontinuierlich in deutsche Prüfungsstandards transformiert werden, würde sich der Pflichtenkatalog eines Abschlussprüfers durch die unmittelbare Anwendung der ISA materiell nicht ändern. Zudem hat das IDW begonnen, ISA nicht mehr zu transformieren, sondern unter Berücksichtigung nationaler Modifikationen zu übernehmen. Als erster Standard liegt der ISA 720 (Revised) (DE) *Verantwortlichkeit des Abschlussprüfers im Zusammenhang mit sonstigen Informationen* im Entwurf vor, [45] der neben der Übersetzung des entsprechenden ISA in deutscher Sprache

---

[43] *Schüppen,* Abschlussprüfung, 2017, § 317 Rn. 28, der die Regelung als „Anti-Erwartungslücke-Klausel" bezeichnet.

[44] *Schüppen,* Abschlussprüfung, 2017, § 317 Rn. 29.

[45] *IDW* ISA 720 (Revised) (E-DE), IDW Life, 1272 ff.

zusätzliche „D-Textziffern" aufgrund spezifischer gesetzlicher Regelungen in
Deutschland enthält. Allerdings hätte die Anwendung der ISA aufgrund der
Verweisung im HGB den Charakter einer gesetzlichen Verpflichtung, während das bisherige Standardsetting durch berufsständische Verlautbarungen
des IDW erfolgte.

42   Von der Ermächtigung des BMJ, im Einvernehmen mit dem BMWi durch
Rechtsverordnung weitere Abschlussprüfungsanforderungen vorzuschreiben,
ist bisher kein Gebrauch gemacht worden, da die Annahme der ISA durch
die EU noch nicht erfolgt ist.

§ 318 Bestellung und Abberufung des Abschlußprüfers

(1) [1]Der Abschlußprüfer des Jahresabschlusses wird von den Gesellschaftern gewählt; den Abschlußprüfer des Konzernabschlusses wählen
die Gesellschafter des Mutterunternehmens. [2]Bei Gesellschaften mit beschränkter Haftung und bei offenen Handelsgesellschaften und Kommanditgesellschaften im Sinne des § 264a Abs. 1 kann der Gesellschaftsvertrag
etwas anderes bestimmen. [3]Der Abschlußprüfer soll jeweils vor Ablauf
des Geschäftsjahrs gewählt werden, auf das sich seine Prüfungstätigkeit
erstreckt. [4]Die gesetzlichen Vertreter, bei Zuständigkeit des Aufsichtsrats
dieser, haben unverzüglich nach der Wahl den Prüfungsauftrag zu erteilen. [5]Der Prüfungsauftrag kann nur widerrufen werden, wenn nach Absatz 3 ein anderer Prüfer bestellt worden ist.

(1a) [1]Die Höchstlaufzeit des Prüfungsmandats nach Artikel 17 Absatz 1
Unterabsatz 2 der Verordnung (EU) Nr. 537/2014 verlängert sich auf
20 Jahre, wenn der Wahl für das elfte Geschäftsjahr in Folge, auf das sich
die Prüfungstätigkeit des Abschlussprüfers erstreckt, ein im Einklang mit
Artikel 16 Absatz 2 bis 5 der Verordnung (EU) Nr. 537/2014 durch-
geführtes Auswahl- und Vorschlagsverfahren vorausgeht. [2]Werden ab
dem in Satz 1 genannten elften Geschäftsjahr mehrere Wirtschaftsprüfer
oder Wirtschaftsprüfungsgesellschaften gemeinsam zum Abschlussprüfer
bestellt, verlängert sich die Höchstlaufzeit des Prüfungsmandats gemäß
Artikel 17 Absatz 1 Unterabsatz 2 der Verordnung (EU) Nr. 537/2014 auf
24 Jahre.

(1b) Eine Vereinbarung, die die Wahlmöglichkeiten nach Absatz 1 auf
bestimmte Kategorien oder Listen von Prüfern oder Prüfungsgesellschaften beschränkt, ist nichtig.

(2) [1]Als Abschlußprüfer des Konzernabschlusses gilt, wenn kein anderer
Prüfer bestellt wird, der Prüfer als bestellt, der für die Prüfung des in den
Konzernabschluß einbezogenen Jahresabschlusses des Mutterunterneh-
mens bestellt worden ist. [2]Erfolgt die Einbeziehung auf Grund eines
Zwischenabschlusses, so gilt, wenn kein anderer Prüfer bestellt wird, der
Prüfer als bestellt, der für die Prüfung des letzten vor dem Konzern-
abschlußstichtag aufgestellten Jahresabschlusses des Mutterunternehmens
bestellt worden ist.

(3) [1]Auf Antrag der gesetzlichen Vertreter, des Aufsichtsrats oder von
Gesellschaftern, deren Anteile bei Antragstellung zusammen den zwan-
zigsten Teil der Stimmrechte oder des Grundkapitals oder einen Börsenwert von 500 000 Euro erreichen, hat das Gericht nach Anhörung der
Beteiligten und des gewählten Prüfers einen anderen Abschlussprüfer zu
bestellen, wenn

1. dies aus einem in der Person des gewählten Prüfers liegenden Grund geboten erscheint, insbesondere, wenn ein Ausschlussgrund nach § 319 Absatz 2 bis 5 oder nach den §§ 319a und 319b besteht oder ein Verstoß gegen Artikel 5 Absatz 4 Unterabsatz 1 oder Absatz 5 Unterabsatz 2 Satz 2 der Verordnung (EU) Nr. 537/2014 vorliegt, oder
2. die Vorschriften zur Bestellung des Prüfers nach Artikel 16 der Verordnung (EU) Nr. 537/2014 oder die Vorschriften zur Laufzeit des Prüfungsmandats nach Artikel 17 der Verordnung (EU) Nr. 527/2014 nicht eingehalten worden sind.

[2] Der Antrag ist binnen zwei Wochen nach dem Tag der Wahl des Abschlussprüfers zu stellen; Aktionäre können den Antrag nur stellen, wenn sie gegen die Wahl des Abschlussprüfers bei der Beschlussfassung Widerspruch erklärt haben. [3] Wird ein Befangenheitsgrund erst nach der Wahl bekannt oder tritt ein Befangenheitsgrund erst nach der Wahl ein, ist der Antrag binnen zwei Wochen nach dem Tag zu stellen, an dem der Antragsberechtigte Kenntnis von den befangenheitsbegründenden Umständen erlangt hat oder ohne grobe Fahrlässigkeit hätte erlangen müssen. [4] Stellen Aktionäre den Antrag, so haben sie glaubhaft zu machen, dass sie seit mindestens drei Monaten vor dem Tag der Wahl des Abschlussprüfers Inhaber der Aktien sind. [5] Zur Glaubhaftmachung genügt eine eidesstattliche Versicherung vor einem Notar. [6] Unterliegt die Gesellschaft einer staatlichen Aufsicht, so kann auch die Aufsichtsbehörde den Antrag stellen. [7] Der Antrag kann nach Erteilung des Bestätigungsvermerks, im Fall einer Nachtragsprüfung nach § 316 Abs. 3 nach Ergänzung des Bestätigungsvermerks nicht mehr gestellt werden. [8] Gegen die Entscheidung ist die Beschwerde zulässig.

(4) [1] Ist der Abschlußprüfer bis zum Ablauf des Geschäftsjahrs nicht gewählt worden, so hat das Gericht auf Antrag der gesetzlichen Vertreter, des Aufsichtsrats oder eines Gesellschafters den Abschlußprüfer zu bestellen. [2] Gleiches gilt, wenn ein gewählter Abschlußprüfer die Annahme des Prüfungsauftrags abgelehnt hat, weggefallen ist oder am rechtzeitigen Abschluß der Prüfung verhindert ist und ein anderer Abschlußprüfer nicht gewählt worden ist. [3] Die gesetzlichen Vertreter sind verpflichtet, den Antrag zu stellen. [4] Gegen die Entscheidung des Gerichts findet die Beschwerde statt; die Bestellung des Abschlußprüfers ist unanfechtbar.

(5) [1] Der vom Gericht bestellte Abschlußprüfer hat Anspruch auf Ersatz angemessener barer Auslagen und auf Vergütung für seine Tätigkeit. [2] Die Auslagen und die Vergütung setzt das Gericht fest. [3] Gegen die Entscheidung findet die Beschwerde statt; die Rechtsbeschwerde ist ausgeschlossen. [4] Aus der rechtskräftigen Entscheidung findet die Zwangsvollstreckung nach der Zivilprozeßordnung statt.

(6) [1] Ein von dem Abschlußprüfer angenommener Prüfungsauftrag kann von dem Abschlußprüfer nur aus wichtigem Grund gekündigt werden. [2] Als wichtiger Grund ist es nicht anzusehen, wenn Meinungsverschiedenheiten über den Inhalt des Bestätigungsvermerks, seine Einschränkung oder Versagung bestehen. [3] Die Kündigung ist schriftlich zu begründen. [4] Der Abschlußprüfer hat über das Ergebnis seiner bisherigen Prüfung zu berichten; § 321 ist entsprechend anzuwenden.

(7) [1] Kündigt der Abschlußprüfer den Prüfungsauftrag nach Absatz 6, so haben die gesetzlichen Vertreter die Kündigung dem Aufsichtsrat, der nächsten Hauptversammlung oder bei Gesellschaften mit beschränkter Haftung den Gesellschaftern mitzuteilen. [2] Den Bericht des bisherigen

Abschlußprüfers haben die gesetzlichen Vertreter unverzüglich dem Aufsichtsrat vorzulegen. ³Jedes Aufsichtsratsmitglied hat das Recht, von dem Bericht Kenntnis zu nehmen. ⁴Der Bericht ist auch jedem Aufsichtsratsmitglied oder, soweit der Aufsichtsrat dies beschlossen hat, den Mitgliedern eines Ausschusses auszuhändigen. ⁵Ist der Prüfungsauftrag vom Aufsichtsrat erteilt worden, obliegen die Pflichten der gesetzlichen Vertreter dem Aufsichtsrat einschließlich der Unterrichtung der gesetzlichen Vertreter.

(8) Die Wirtschaftsprüferkammer ist unverzüglich und schriftlich begründet durch den Abschlussprüfer und die gesetzlichen Vertreter der geprüften Gesellschaft von der Kündigung oder dem Widerruf des Prüfungsauftrages zu unterrichten.

Schrifttum: (ohne die Einzelbeiträge in den verschiedenen Handbüchern der Rechnungslegung) *Gelhausen,* Reform der externen Rechnungslegung und ihrer Prüfung durch den Wirtschaftsprüfer, AG 1997, 73; *IDW* PS 220, Beauftragung des Abschlussprüfers, WPg 2001, 895, WPg 2009, Supplement 4; *IDW* PS 240, Grundsätze der Planung von Abschlussprüfungen, WPg 2000, 846, WPg 2006, 218, 2011 Supplement 1; WPg 2011, Supplement 1; *Pfitzer/Oser/Orth,* Offene Fragen und Systemwidrigkeiten des Bilanzrechtsreformgesetzes (BilReG), DB 2004, 2593.

Übersicht

I. Allgemeines

1 Grundlage für das Tätigwerden des Abschlussprüfers ist seine **Bestellung.** In § 318 werden die Zuständigkeit und die Form für Bestellung und Abberufung des Abschlussprüfers sowie dessen Kündigungsrecht bei der Prüfung des Einzel- und des Konzernabschlusses geregelt. Die Bestellung des Abschlussprüfers erfolgt idR in den drei Verfahrensschritten: **Wahl** des Abschlussprüfers durch die Gesellschafter (Abs. 1 S. 1) bzw. das sonst zuständige Organ (Abs. 1 S. 2), **Auftragserteilung** durch die gesetzlichen Vertreter bzw. den Aufsichtsrat und **Annahme** des Prüfungsauftrags durch den Abschlussprüfer.[1] Alle drei Schritte müssen zur Begründung der Stellung als gesetzlicher Abschlussprüfer vollzogen sein.[2]

---

[1] BeBiKo/*Schmidt/Heinz* Rn. 2.
[2] *ADS* Rn. 47.

Um den Eindruck einer zu großen Nähe des Prüfers zum Vorstand zu 2 vermeiden, bestimmt § 111 AktG, dass für die Erteilung des Prüfungsauftrags beim Jahres- und Konzernabschluss (einer AG) der Aufsichtsrat verantwortlich ist (§ 111 Abs. 2 S. 3 AktG).[3] Die Verantwortlichkeit des Aufsichtsrats zur Erteilung des Prüfungsauftrages gilt auf Grund der expliziten Verweisung in § 52 Abs. 1 GmbHG auch für GmbH, die nach dem Gesellschaftsvertrag einen Aufsichtsrat zu bestellen haben; bei einem obligatorischen Aufsichtsrat nach § 25 Abs. 1 S. 1 Nr. 2 MitbestG 1976 oder § 1 Abs. 1 S. 1 Nr. 3 DrittelbG (Nachfolgeregelung zu § 77 Abs. 1 S. 2 BetrVG 1952) ist ebenfalls die Vorschrift des § 111 AktG anzuwenden.[4] Durch die Kompetenz des Aufsichtsrats zur Auftragserteilung soll die Unterstützungsfunktion des Abschlussprüfers für den Aufsichtsrat bei der Bewältigung seiner Kontrolltätigkeit sowie die Unabhängigkeit des Abschlussprüfers vom Management unterstrichen werden.[5] In diesem Zusammenhang hat der Aufsichtsrat auch die Vergütung des Abschlussprüfers zu vereinbaren; ferner hat er die Möglichkeit, eigene Prüfungsschwerpunkte festzulegen. Die stärkere Betonung der Funktion des Aufsichtsrats wird jedoch zumindest nach dem Gesetzeswortlaut dadurch relativiert, dass der Aufsichtsrat der Hauptversammlung lediglich einen Vorschlag zur Wahl des Prüfers unterbreiten kann, ihm also nach wie vor nicht die Auswahl des Prüfers obliegt (§ 318 Abs. 1 S. 1 AktG, § 119 Abs. 1 Nr. 4 AktG, § 124 Abs. 3 S. 1 AktG).[6]

Die Vorschrift des § 318 gilt unmittelbar für alle nach § 316 Abs. 1 S. 1 3 und Abs. 2 prüfungspflichtigen Kapitalgesellschaften, außerdem für die den Kapitalgesellschaften gleichgestellten Personenhandelsgesellschaften iSd § 264a Abs. 1. Hinsichtlich der Prüfung von Kreditinstituten verweist § 340k Abs. 1 S. 1 auf die entsprechende Anwendung der §§ 316 ff. Ähnliches gilt für Versicherungsunternehmen, allerdings mit einer Einschränkung hinsichtlich der Wahl des Abschlussprüfers (§ 341k Abs. 1 u. 2). Darüber hinaus verweist noch eine Reihe von Spezialgesetzen auf die Vorschrift des § 318, so zB §§ 6, 14 PublG, § 28 KWG oder § 36 VAG.[7]

Die Vorschriften des § 318 zur Bestellung des Abschlussprüfers werden bei 3a der Prüfung von Unternehmen von öffentlichem Interesse überlagert vom unmittelbar anwendbaren Recht der EU-APrVO, das zum einen eine externe Rotation des Abschlussprüfers vorschreibt, zum anderen Vorgaben für ein Ausschreibungsverfahren macht, das der Bestellung des Abschlussprüfers vorangeht.

II. Bestellung des Abschlussprüfers des Jahresabschlusses (Abs. 1–1b)

1. Wahl des Abschlussprüfers. Nach Abs. 1 S. 1 Hs. 1 wird der Ab- 4 schlussprüfer des Jahresabschlusses von den **Gesellschaftern** gewählt.

Bei der **AG** erfolgt die Wahl des Abschlussprüfers somit durch die Haupt- 5 versammlung, was auch in § 119 Abs. 1 Nr. 4 AktG zwingend vorgeschrieben ist.[8] Damit soll eine von den übrigen Organen der AG unabhängige Prüfung der Rechnungslegung erreicht werden. Der Aufsichtsrat hat gem.

---

[3] Vgl. Begr. RegE, BT-Drs. 13/9712, 16.
[4] Vgl. Lutter/Hommelhoff/*Lutter/Hommelhoff* GmbHG § 52 Rn. 10.
[5] Begr. RegE, BT-Drs. 13/9712, 16.
[6] So auch *Gelhausen* AG 1997, 77.
[7] Vgl. hierzu *ADS* Rn. 7 ff.; BeBiKo/*Schmidt/Heinz* Rn. 141 ff.
[8] *ADS* Rn. 104.

§ 124 Abs. 3 AktG der Hauptversammlung einen Abschlussprüfer zur Wahl vorzuschlagen; diese ist jedoch an den Vorschlag nicht gebunden.[9] In der Praxis wird dem Vorschlag allerdings idR zugestimmt werden.[10]

6   Wie bei der AG erfolgt die Wahl des Abschlussprüfers auch bei der **KGaA** durch die Hauptversammlung (§ 285 Abs. 1 AktG), wobei die persönlich haftenden Gesellschafter nach § 285 Abs. 1 S. 2 Nr. 6 AktG bei dieser Wahl kein Stimmrecht haben und dieses auch nicht auf einen anderen übertragen dürfen. Dadurch soll ein Einfluss der den Jahresabschluss aufstellenden Komplementäre auf die Wahl des Abschlussprüfers verhindert werden.[11] Die Zustimmung der persönlich haftenden Gesellschafter zur Wahl des Abschlussprüfers durch die Hauptversammlung ist folgerichtig ebenfalls nicht erforderlich (§ 285 Abs. 2 S. 2 AktG).

7   Auch bei der **GmbH** wird der Abschlussprüfer grundsätzlich von den Gesellschaftern gewählt (Abs. 1 S. 1 iVm § 48 Abs. 1 GmbHG). Hier besteht allerdings die Besonderheit, dass nach Abs. 1 S. 2 diese Kompetenz auch auf **andere Gremien** übertragen werden kann. Dafür kommt zB ein fakultativer Aufsichtsrat, ein Beirat oder ein Gesellschafterausschuss in Frage.[12] Eine Übertragung der Wahlkompetenz auf einen Geschäftsführer oder Geschäftsführer-Ausschuss wird mittlerweile in der Literatur auf Grund möglicherweise entstehender Interessenkonflikte abgelehnt.[13] Der Gesellschafter-Geschäftsführer kann nach hM bei der Wahl des Abschlussprüfers mitstimmen; ein Stimmverbot gem. § 47 Abs. 4 GmbHG greift nicht, da die Abschlussprüfung keine Geschäftsführungsprüfung ist.[14] Diese Dispositionsmöglichkeiten entsprechen den dem GmbH-Recht besonderen weitgehenden Gestaltungsmöglichkeiten.[15] Bei der **Kapitalgesellschaft & Co.** sind sowohl deren Komplementäre als auch die Kommanditisten wahlberechtigt.[16] Auch hier kann durch den Gesellschaftsvertrag etwas anderes bestimmt werden, zB kann die Kompetenz zur Wahl auf den Beirat einer Kapitalgesellschaft & Co. verlagert werden.

8   Nach Abs. 1 S. 3 soll der Abschlussprüfer jeweils **vor Ablauf** des Geschäftsjahrs gewählt werden, auf das sich seine Prüfungstätigkeit erstreckt. Eine frühzeitige Wahl des Abschlussprüfers soll gewährleisten, dass ausreichend Zeit für die Planung, Vorbereitung und Durchführung der Abschlussprüfung zur Verfügung steht;[17] insbesondere soll die Teilnahme an der zum Abschlussstichtag stattfindenden Inventur möglich sein.[18] Abs. 1 S. 3 ist zwar als **Soll-Vorschrift** ausgestaltet, bedeutet aber de facto eine „Muss"-Vorschrift. Andernfalls wird den Gesellschaftern (bzw. dem berechtigten Personenkreis) das Wahlrecht aberkannt. Sofern keine Wahl erfolgte, sind die gesetzlichen Vertreter nach Abs. 4 verpflichtet, unmittelbar nach Ablauf des

---

[9] HdR/*Baetge/Thiele* Rn. 5 ff.

[10] *ADS* Rn. 107.

[11] *ADS* Rn. 112.

[12] BeBiKo/*Schmidt/Heinz* Rn. 15; Baumbach/Hueck/*Schulze-Osterloh*, 18. Aufl. 2006, GmbHG § 41 Rn. 84.

[13] Rowedder/Schmidt-Leithoff/*Tiedchen* GmbHG § 42a Rn. 30; HdR/*Baetge/Thiele* Rn. 27; Baumbach/Hueck/*Schulze-Osterloh*, 18. Aufl. 2006, GmbHG § 41 Rn. 84; Baumbach/Hopt/*Merkt* Rn. 1; noch aA *ADS* Rn. 126.

[14] Vgl. im Einzelnen *ADS* Rn. 118; BeBiKo/*Schmidt/Heinz* Rn. 16.

[15] *ADS* Rn. 115.

[16] BGH Urt. v. 24.3.1980 – II ZR 88/79, BB 1980, 695.

[17] BeBiKo/*Schmidt/Heinz* Rn. 20.

[18] *ADS* Rn. 134.

Geschäftsjahres beim Gericht einen Antrag auf Bestellung eines Prüfers zu stellen.[19] Die Wahl des Prüfers ist aber – trotz der damit verbundenen Probleme für die Prüfungsdurchführung – grundsätzlich noch zulässig, wenn sie **nach Ablauf** des Geschäftsjahrs erfolgt; allerdings nur solange keine gerichtliche Bestellung erfolgt ist.[20]

Zu dem für die Wahl als Abschlussprüfer in Frage kommenden **Personen- 9 kreis** vgl. die Erläuterungen zu § 319 und § 319a. Durch Abs. 1a wird festgelegt, dass Vereinbarungen, die die Wahlmöglichkeit bei der Wahl des Abschlussprüfers vorab auf bestimmte Kategorien von Prüfern oder Prüfungsgesellschaften beschränkt, nichtig sind. Damit soll die Wahlfreiheit des den Abschlussprüfer wählenden Gremiums und eine „Chancengleichheit" gewährleistet werden, um nicht bestimmte potentielle Abschlussprüfer auszuschließen. Gleichwohl können sachliche Gründe (Vorhandensein notwendiger Kapazitäten zur Prüfungsdurchführung, notwendiges Branchen-Know how) den Kreis der in Frage kommenden Abschlussprüfer einengen. Neben diese für die Abschlussprüfung aller Unternehmen geltende Vorschrift tritt bei der Prüfung von Unternehmen von öffentlichem Interesse die unmittelbar geltende Vorschrift in Art. 16 Abs. 6 EU-APrVO, wonach Vertragsklauseln zwischen einem Unternehmen von öffentlichem Interesse und Dritten mit dem Gegenstand einer Beschränkung der Auswahlmöglichkeit des Abschlussprüfers nichtig sind. Damit soll einer Einflussnahme von Dritten (zB Kreditgebern) auf die Auswahl des Abschlussprüfers begegnet werden.

Eine Restriktion bei der Wahl des Abschlussprüfers besteht bei der Prüfung **9a** von Unternehmen von öffentlichem Interesse, bei denen nach Art. 17 Abs. 1 UAbs. 2 EU-APrVO grundsätzlich ein Prüferwechsel (**„externe Rotation"**) nach einer Höchstlaufzeit von zehn Jahren vorgeschrieben ist. Der deutsche Gesetzgeber hat von dem Mitgliedstaatenwahlrecht Gebrauch gemacht, diese Höchstlaufzeit unter bestimmten Umständen zu verlängern. Zum einen besteht die Möglichkeit, vor der Wahl des Abschlussprüfers für das elfte Jahr ein Ausschreibungsverfahren durchzuführen, das den Vorgaben des Art. 16 Abs. 2–5 EU-APrVO an ein Auswahl- und Vorschlagsverfahren entspricht. Wird der bisherige Abschlussprüfer auf der Grundlage dieses Ausschreibungsverfahrens erneut zum Abschlussprüfer gewählt, verlängert sich die Höchstlaufzeit auf 20 Jahre. Zum anderen verlängert sich die Höchstlaufzeit auf 24 Jahre, sofern ab dem elften Jahr mehrere Abschlussprüfer zu einer Gemeinschaftsprüfung („Joint Audit") bestellt werden. Bei den Prüfungen von Banken und Versicherungen wurde das Mitgliedstaatenwahlrecht nicht genutzt (§ 340k Abs. 1 S. 1, § 341k Abs. 1 S. 1), sodass es hier bei einer Höchstlaufzeit von zehn Jahren verbleibt. Nach Ablauf der Höchstlaufzeit ist der bisherige Abschlussprüfer für einen Vier-Jahres-Zeitraum von der Durchführung weiterer Abschlussprüfungen bei dem betreffenden Unternehmen von öffentlichem Interesse ausgeschlossen (Art. 17 Abs. 3 EU-APrVO).

Ferner wird durch Art. 16 EU-APrVO näher geregelt, wie ein Ausschrei- **9b** bungsverfahren ausgestaltet sein muss, das der Bestellung des Abschlussprüfers vorangeht. Durch diese Vorgaben soll gewährleistet werden, dass das Auswahlverfahren transparent und diskriminierungsfrei durchgeführt wird. Dabei dürfen Unternehmen, die weniger als 15 % der von Unternehmen von öffentlichem Interesse gezahlten Gesamthonorare erhalten haben, ausdrück-

---

[19] BeBiKo/*Schmidt*/*Heinz* Rn. 22.
[20] *ADS* Rn. 405; BeBiKo/*Schmidt*/*Heinz* Rn. 22.

lich nicht vom Ausschreibungsverfahren ausgeschlossen werden. Das Unternehmen ist verpflichtet, über die im Auswahlverfahren gezogenen Schlussfolgerungen einen Bericht zu erstellen, der vom Prüfungsausschuss zu validieren ist. Zudem unterliegt das Auswahlverfahren der Überprüfung durch die APAS, sodass das Unternehmen auf Verlangen der APAS in der Lage sein muss, darzulegen, dass das Auswahlverfahren auf faire Weise durchgeführt wurde.

10   **2. Erteilung des Prüfungsauftrags.** Unverzüglich (dh ohne schuldhaftes Zögern, § 121 Abs. 1 BGB) nach der Wahl des Abschlussprüfers hat das nach Gesetz oder Gesellschaftsvertrag zuständige Organ den Prüfungsauftrag zu erteilen (Abs. 1 S. 4). Die unverzügliche Auftragserteilung liegt im Interesse der Gesellschaft, da der Prüfer in der Lage sein muss, rechtzeitig mit der Prüfungsplanung[21] sowie mit der eigentlichen Prüfungsdurchführung zu beginnen und Zwischenprüfungen vorzunehmen. Die unverzügliche Erteilung des Prüfungsauftrages dient aber zugleich dem öffentlichen Interesse, eine zügige Durchführung des Prüfungs-, Feststellungs- und Offenlegungsverfahrens zu gewährleisten.[22] Wird der Prüfungsauftrag durch den Vorstand bzw. die Geschäftsführung erteilt, sind sämtliche Vorstandsmitglieder bzw. Geschäftsführer für die Auftragserteilung verantwortlich; die Mitwirkung der zur Vertretung der Gesellschaft erforderlichen Anzahl von Vorständen bzw. Geschäftsführern reicht jedoch aus. Erteilt der Aufsichtsrat den Prüfungsauftrag, so ist davon auszugehen, dass dies auch allein durch den Aufsichtsratsvorsitzenden, der gewissermaßen der „geborene Erklärungsvertreter" des Aufsichtsrats ist,[23] vorgenommen werden kann. Bei der Kapitalgesellschaft & Co. erteilen die gesetzlichen Vertreter der Kapitalgesellschaft den Prüfungsauftrag, sofern im Gesellschaftsvertrag nichts anderes festgelegt ist.[24] Ein ggf. bei der Kapitalgesellschaft & Co. installierter Beirat oder ein anderes bezeichnetes Gremium erfüllen nicht die Kriterien eines Aufsichtsrats für Kapitalgesellschaften, sodass die Regelungen bezüglich der Auftragserteilung nicht analog angewendet werden dürfen.

11   Der Abschlussprüfer sollte die Erklärung über die Annahme des Auftrags vor Beginn der Prüfungshandlungen aus Nachweisgründen schriftlich abgeben.[25] Die Annahme des Prüfungsauftrags durch den Abschlussprüfer führt zu einem schuldrechtlichen **Prüfungsvertrag,** der einen Geschäftsbesorgungsvertrag gem. § 675 BGB darstellt, auf den ein Teil der Vorschriften über den Auftrag entsprechende Anwendung findet.[26] Der Prüfungsauftrag enthält Elemente des **Werk-** und des **Dienstvertrags,**[27] wobei der Werkvertragscharakter überwiegt.[28] Dem Prüfungsauftrag werden idR die Allgemeinen Auftragsbedingungen für Wirtschaftsprüfer und Wirtschaftsprüfungsgesellschaften zugrunde gelegt; außerdem wird eine Vereinbarung über die Höhe des Prüfungshonorars getroffen.[29]

---

[21] Vgl. hierzu im Einzelnen *IDW* PS 240, WPg 2000, 846 ff., WPg 2006, 218 ff.; WPg 2011, Supplement 1.

[22] *ADS* Rn. 140.

[23] Vgl. hierzu auch Kölner Komm AktG/*Mertens* AktG § 107 Rn. 46.

[24] *ADS* Rn. 154.

[25] *IDW* PS 220, WPg 2001, 895 ff., WPg 2009, Supplement 4 Rn. 6.

[26] *ADS* Rn. 191.

[27] Baumbach/Hueck/*Schulze-Osterloh* GmbHG § 41 Rn. 85.

[28] *ADS* Rn. 192.

[29] *ADS* Rn. 199.

Der Abschlussprüfer hat zu prüfen, ob die Bestellung ordnungsgemäß **12** erfolgt ist, und bis zur Beendigung der Prüfung weiter darauf zu achten, ob zwischenzeitlich Umstände eingetreten sind, die eine Pflicht zur Kündigung begründen.[30]

Lehnt der Abschlussprüfer den Prüfungsauftrag ab, hat er nach § 51 WPO **13** die Ablehnung gegenüber dem Auftraggeber unverzüglich zu erklären. Der Abschlussprüfer hat in jedem Fall vor Auftragsannahme zu prüfen, ob nach den Berufspflichten ein Prüfungsauftrag angenommen werden darf und ob die besonderen Kenntnisse und Erfahrungen vorliegen, um die Prüfung sachgerecht durchführen zu können.[31] Bei Vorliegen eines der Ausschlusstatbestände des § 319 bzw. § 319a (vgl. Erl. zu § 319 bzw. § 319a) oder bei Besorgnis der Befangenheit **muss** der Abschlussprüfer die Annahme des Prüfungsauftrags ablehnen. Wird der Prüfungsauftrag abgelehnt, kann das zuständige Organ einen anderen Prüfer wählen; ebenfalls zulässig ist ein Antrag auf Bestellung eines Abschlussprüfers durch das Gericht nach Abs. 4.[32]

3. Widerruf des Prüfungsauftrags. Der Widerruf des Prüfungsauftrags **14** ist nach Abs. 1 S. 5 nur zulässig, wenn das Gericht gem. Abs. 3 aus einem in der Person des gewählten Abschlussprüfers liegenden Grund einen anderen Prüfer bestellt hat. Somit entfällt für die Vertragsparteien grundsätzlich die Möglichkeit, den Prüfungsvertrag ordentlich zu kündigen oder einvernehmlich aufzuheben; ausgenommen ist lediglich die Kündigung aus wichtigem Grund nach Abs. 6.[33] Da gegen die Entscheidung des Gerichts die sofortige Beschwerde und darauf die sofortige weitere Beschwerde zulässig sind, muss vor dem Widerruf die formelle Rechtskraft der gerichtlichen Entscheidung abgewartet werden.[34] Der Widerruf wird durch die gesetzlichen Vertreter der Gesellschaft oder durch sonstige Vertreter erklärt; bei Auftragserteilung durch den Aufsichtsrat erklärt dieser den Widerruf. Er muss dem betroffenen Abschlussprüfer zugehen.[35]

III. Bestellung des Konzernabschlussprüfers (Abs. 2)

Wird kein anderer Abschlussprüfer bestellt, so gilt nach Abs. 2 S. 1 als **15** Abschlussprüfer des Konzernabschlusses der Abschlussprüfer des Mutterunternehmens als bestellt. Dafür spricht, dass dieser die Verhältnisse des Mutterunternehmens und häufig auch die Verhältnisse der wichtigsten Konzernunternehmen kennt.[36] Diese **Fiktion** der Identität von Einzel- und Konzernabschlussprüfer ist jedoch nicht zwingend. Es kann auch ein besonderer Konzernabschlussprüfer gewählt werden, zB wenn die Kapazität des Abschlussprüfers des Mutterunternehmens für die Konzernabschlussprüfung nicht ausreicht.[37] Die Fiktion gilt nicht nur bei der Bestellung des Abschlussprüfers durch die Gesellschaft, sondern auch bei der Bestellung durch das Gericht nach Abs. 4.[38]

---

[30] *IDW* PS 220, WPg 2001, 895 ff., WPg 2009, Supplement 4 Rn. 12.
[31] *IDW* PS 220, WPg 2001, 895 ff., WPg 2009, Supplement 4 Rn. 11.
[32] *ADS* Rn. 198.
[33] *ADS* Rn. 260 f.; BeBiKo/*Schmidt/Heinz* Rn. 44; Baumbach/Hopt/*Merkt* Rn. 13.
[34] *ADS* Rn. 265 und 382.
[35] *ADS* Rn. 265 f.
[36] *ADS* Rn. 285.
[37] *ADS* Rn. 285.
[38] *ADS* Rn. 286 und 291.

16   Wird das Mutterunternehmen auf Grund eines **Zwischenabschlusses**
(§ 299 Abs. 2 S. 2) in den Konzernabschluss einbezogen, so gilt nach Abs. 2
S. 2 die Fiktion für den Prüfer des letzten vor dem Konzernabschlussstichtag
aufgestellten Jahresabschlusses des Mutterunternehmens.

IV. Gerichtliche Ersetzung des Abschlussprüfers (Abs. 3)

17   Gem. Abs. 3 S. 1 hat das Gericht auf Antrag einen anderen Abschlussprüfer
zu bestellen, wenn dies aus einem in der Person des gewählten Prüfers
liegenden Grund geboten erscheint, insbesondere wenn ein Ausschlussgrund
nach § 319 Abs. 2–5, §§ 319a oder 319b besteht. Bei der Prüfung von
Unternehmen von öffentlichem Interesse treten weitere Ausschlussgründe
hinzu, die sich aus

- Art. 5 Abs. 4 UAbs. 1 EU-APrVO: Erbringung von (erlaubten) Nicht-
prüfungsleistungen ohne Billigung durch den Aufsichtsrat,
- Art. 5 Abs. 5 UAbs. 2 S. 2 EU-APrVO: Erbringung von (nicht erlaubten)
Nichtprüfungsleistungen, ohne dass begründet werden kann, dass diese
Nichtprüfungsleistungen die fachliche Einschätzung und den Bestätigungs-
vermerk nicht beeinträchtigen,
- Art. 16 EU-APrVO: Nichteinhaltung der Vorschriften zur Bestellung des
Prüfers,
- Art. 17 EU-APrVO: Nichteinhaltung der Vorschriften zur Laufzeit des
Prüfungsmandats.

ergeben. Durch das gerichtliche Ersetzungsverfahren wird die Möglichkeit
eröffnet, Bedenken gegen einen Prüfer in einem schnellen und einfachen
Verfahren der freiwilligen Gerichtsbarkeit geltend zu machen und so die
Prüfung durch einen geeigneten Prüfer sicherzustellen.[39] Dabei ist durch das
Gericht rechtliches Gehör zu gewähren, das allen Verfahrensbeteiligten –
Antragsteller, betroffener Gesellschaft und dem gewählten Prüfer – zusteht.
Die Ersetzung erfolgt in den Schritten **Abberufung** des gewählten und
Bestellung eines anderen Prüfers durch das Gericht; bei der Bestellung kann
das Gericht den Vorschlägen der Antragsteller und der Beteiligten folgen.[40]
Ist der Abschlussprüfer nach § 319 Abs. 2 u. 3 ausgeschlossen, kommt das
Ersetzungsverfahren nicht in Betracht, da in diesem Fall der gesamte Bestel-
lungsakt **nichtig** ist; Voraussetzung für die Anwendung von Abs. 3 ist, dass
der möglicherweise befangene Prüfer zunächst wirksam Abschlussprüfer geworden ist.[41]

18   Die gerichtliche Ersetzung kann nur durch Gründe, die in der Person des
Abschlussprüfers liegen, gerechtfertigt werden. Dazu gehört insbesondere die
Besorgnis der Befangenheit. Diese liegt vor allem dann vor, wenn nahe
Beziehungen des Abschlussprüfers zu einem Beteiligten oder zum Gegenstand der Beurteilung bestehen, die geeignet sein können, die Urteilsbildung
zu beeinflussen.[42] Als weitere Ersetzungsgründe können mangelnde persönliche Zuverlässigkeit, mangelnde personelle und sachliche Ausstattung des
Prüfers oder – in Ausnahmefällen – auch mangelnde fachliche Qualifikation
in Frage kommen.[43]

---

[39] *ADS* Rn. 315.
[40] BeBiKo/*Schmidt*/*Heinz* Rn. 81 f.
[41] *ADS* Rn. 320; BeBiKo/*Schmidt*/*Heinz*, 10. Aufl. 2016, Rn. 17.
[42] *ADS* Rn. 352 ff.; vgl. hierzu auch Berufssatzung der WPK § 21.
[43] Vgl. im Einzelnen *ADS* Rn. 371 ff.; HdR/*Baetge*/*Thiele* Rn. 100 ff.

Antragsberechtigt sind nach Abs. 3 S. 1 die gesetzlichen Vertreter, der **19** Aufsichtsrat und die Gesellschafter, bei AG und KGaA jedoch nur, wenn die Anteile dieser Gesellschafter bei Antragstellung zusammen 20 % des Grundkapitals oder den Börsenwert von 500.000 Euro erreichen. Aktionäre sind nur dann zur Antragstellung berechtigt, wenn sie gegen die Wahl des Prüfers bei der Beschlussfassung Widerspruch erklärt haben und seit mindestens drei Monaten vor dem Tag der Wahl des Abschlussprüfers Inhaber der Aktien sind (Abs. 3 S. 2 Hs. 2 u. S. 4). Zur Glaubhaftmachung des dreimonatigen Aktienbesitzes genügt nach Abs. 3 S. 5 eine eidesstattliche Versicherung vor einem Notar. Bei Unternehmen, die einer staatlichen Aufsicht unterliegen, ist gem. Abs. 3 S. 6 auch die **Aufsichtsbehörde** zur Antragstellung berechtigt. Nach Erteilung des Bestätigungsvermerks oder im Falle der Nachtragsprüfung (§ 316 Abs. 3) nach Ergänzung des Bestätigungsvermerks kann gem. Abs. 3 S. 7 kein Antrag mehr gestellt werden.

Der Antrag ist binnen **zwei Wochen** nach dem Tag der Wahl des Ab- **20** schlussprüfers zu stellen (Abs. 3 S. 2 Hs. 1). Es handelt sich um eine zwingende Ausschlussfrist. Wird der Antrag nicht rechtzeitig gestellt, ist die Antragstellung nicht möglich;[44] wird der Abschlussprüfer nicht von einer Haupt- oder Gesellschafterversammlung gewählt, beginnt die Antragsfrist dann, wenn der Wahlbeschluss oder die Entscheidung zustande kommt.[45] Treten die in der Person des Abschlussprüfers liegenden Gründe erst später ein oder werden sie erst später erkennbar, kann der Antrag auch nach Ablauf der Antragsfrist gestellt werden.[46]

Sofern der Befangenheitsgrund erst nach der Wahl des Abschlussprüfers **21** eintritt oder wenn ein bereits zum Zeitpunkt der Wahl des Abschlussprüfers bestehender Befangenheitsgrund erst nach der Wahl des Abschlussprüfers bekannt wird, ist der Antrag binnen **zwei Wochen** nach dem Tag zu stellen, an dem der Antragsberechtigte Kenntnis von den befangenheitsbegründenden Umständen erhält oder ohne grobe Fahrlässigkeit hätte erlangen müssen (Abs. 3 S. 3).

Gegen die Entscheidung des Gerichts ist nach Abs. 3 S. 8 die sofortige **22** Beschwerde zulässig. Beschwerdebefugt ist auch der gewählte Abschlussprüfer.[47] Das Verfahren der gerichtlichen Ersetzung gilt nicht für durch Satzung vorgeschriebene oder sonstige freiwillige Prüfungen, sondern nur für die gesetzliche Pflichtprüfung.[48]

V. Gerichtliche Bestellung des Abschlussprüfers (Abs. 4)

1. Verfahren der gerichtlichen Bestellung. Im Unterschied zu Abs. 3 **23** zielt das Verfahren nach Abs. 4 nicht darauf ab, die Bestellung des Prüfers durch die Gesellschaft zu überprüfen und ggf. zu korrigieren. Vielmehr hat auf Antrag der gesetzlichen Vertreter, des Aufsichtsrats oder eines Gesellschafters das Amtsgericht am Sitz der zu prüfenden Gesellschaft bzw. das registerführende Gericht den Abschlussprüfer zu bestellen, wenn dieser bis zum Ablauf des Geschäftsjahrs nicht gewählt worden ist (Abs. 4 S. 1) bzw. wenn ein gewählter Abschlussprüfer die Annahme des Prüfungsauftrags abge-

---

[44] *ADS* Rn. 340.
[45] *ADS* Rn. 340.
[46] *ADS* Rn. 343; Baumbach/Hopt/*Merkt* Rn. 9.
[47] Baumbach/Hueck/*Schulze-Osterloh* GmbHG § 41 Rn. 89.
[48] *ADS* Rn. 316 f.

lehnt hat, weggefallen ist oder am rechtzeitigen Abschluss der Prüfung verhindert ist und ein anderer Abschlussprüfer nicht gewählt worden ist (Abs. 4
S. 2). Dadurch soll die rechtzeitige Durchführung der Abschlussprüfung
gesichert werden, falls die Wahl des Prüfers nicht zum Erfolg geführt hat.[49]
Zu einem **nachträglichen Wegfall** des gewählten Prüfers kommt es bei Tod
des Abschlussprüfers, eintretender Geschäftsunfähigkeit oder Verlust der Be-
stellung als Wirtschaftsprüfer sowie bei Kündigung gem. Abs. 6.[50] Auch die
Nichtigkeit der Bestellung aus Gründen des § 319 Abs. 2 u. 3 sowie § 319a
Abs. 1 oder die erfolgreiche Anfechtung der Wahl führen zum nachträglichen
Wegfall.[51] Eine **nicht rechtzeitige Beendigung der Prüfung** kann aus
Krankheit oder dem Ausfall von Mitarbeitern resultieren.[52]

24   Der Antrag bei **fehlender Wahl** des Abschlussprüfers (Abs. 4 S. 1) kann
nach dem Gesetzeswortlaut erst nach Ablauf des Geschäftsjahrs gestellt werden, auch wenn abzusehen ist, dass der Wahlbeschluss vor Ablauf des Geschäftsjahrs nicht zustande kommen wird.[53] Dies gilt auf Grund des Verweises
in Abs. 4 S. 2 auch für die weiteren Antragsgründe.

25   Nach Abs. 4 S. 4 kann gegen die Entscheidung des Gerichts sofortige
Beschwerde eingelegt werden. Gegen die Beschwerdeentscheidung ist die
sofortige Rechtsbeschwerde zulässig, über die das Oberlandesgericht entscheidet und mit der nur die Verletzung des Gesetzes gerügt werden kann
(§§ 70 ff. FamFG). Die gerichtliche Bestellung des Abschlussprüfers kann
aber nicht mehr angefochten werden (Abs. 4 S. 4 Hs. 2).

26   **2. Vergütung des gerichtlich bestellten Abschlussprüfers (Abs. 5).**
Der gerichtlich bestellte Abschlussprüfer hat gem. Abs. 5 S. 1 Anspruch auf
Ersatz angemessener barer Auslagen und auf Vergütung seiner Tätigkeit.
Hinsichtlich der Festsetzung der Auslagen und der Vergütung können der
gerichtlich bestellte Abschlussprüfer und die Gesellschaft Vereinbarungen
treffen. Eine Festsetzung durch das Gericht ist **nicht zwingend erforderlich**
– obwohl dies aus dem Wortlaut von Abs. 5 S. 2 geschlossen werden könnte – und erfolgt nur auf Antrag.[54] Das Rechtsmittel gegen die Entscheidung
des Gerichts ist die Beschwerde innerhalb eines Monats ab Bekanntmachung
des Beschlusses (§ 63 Abs. 1 FamFG); die weitere Beschwerde ist ausgeschlossen (Abs. 5 S. 3). Dem Abschlussprüfer steht gem. Abs. 5 S. 4 auf Grund der
rechtskräftigen Entscheidung ein Zwangsvollstreckungstitel nach der Zivilprozessordnung zu.

VI. Kündigung des Prüfungsauftrages (Abs. 6–8)

27   Der vom Abschlussprüfer angenommene Prüfungsauftrag kann von der
Gesellschaft überhaupt nicht und vom Abschlussprüfer gem. Abs. 6 S. 1 nur
aus **wichtigem Grund** gekündigt werden.[55] Zweck dieser Bestimmung ist
es, zum einen die Unabhängigkeit des Abschlussprüfers gegenüber der zu
prüfenden Gesellschaft zu stärken und zum anderen der öffentlich-rechtlichen

---

[49] *ADS* Rn. 386.
[50] *ADS* Rn. 409; BeBiKo/*Schmidt/Heinz* Rn. 30.
[51] BeBiKo/*Schmidt/Heinz* Rn. 113; Baumbach/Hopt/*Merkt* Rn. 6.
[52] HdR/*Baetge/Thiele* Rn. 130.
[53] *ADS* Rn. 401; HdR/*Baetge/Thiele* Rn. 124.
[54] *ADS* Rn. 430; BeBiKo/*Schmidt/Heinz* Rn. 120 ff.
[55] *ADS* Rn. 432.

Funktion der Prüfung Rechnung zu tragen.[56] Das Vorliegen eines wichtigen Grundes ist daher nach einem strengen Maßstab zu beurteilen.[57] Als wichtiger Grund kommt bspw. das nachträgliche Eintreten von Ausschlussgründen nach § 319 Abs. 2–4 oder § 319a in Betracht.[58] Meinungsverschiedenheiten über den Inhalt des Bestätigungsvermerks, seine Einschränkung oder Versagung sind nach Abs. 6 S. 2 **nicht** als wichtiger Grund anzusehen. Dies gilt auch für die Verweigerung der von der Gesellschaft nach § 320 Abs. 2 zu erbringenden Aufklärungen und Nachweise.

Der Abschlussprüfer muss die Kündigung gegenüber der Gesellschaft **er-** **28** **klären,** was grundsätzlich formlos möglich ist.[59] Die Kündigung ist nach Abs. 6 S. 3 **schriftlich zu begründen.** Dies dient der Offenlegung und damit der Nachprüfbarkeit der Kündigungsgründe.[60] Durch die Kündigung endet nicht nur der schuldrechtliche Prüfungsvertrag, sondern auch gleichzeitig die Stellung des Prüfers als gesetzlicher Abschlussprüfer.[61] Nach Abs. 6 S. 4 hat der Abschlussprüfer über das Ergebnis seiner bisherigen Prüfung zu berichten, wobei für den Bericht § 321 entsprechend anzuwenden ist. Der Bericht muss somit schriftlich erstattet, vom Prüfer unterzeichnet und den gesetzlichen Vertretern vorgelegt werden.[62]

Hat der Abschlussprüfer die Kündigung erklärt, so haben nach Abs. 7 S. 1 **29** die gesetzlichen Vertreter der Gesellschaft diese Kündigung dem Aufsichtsrat, der nächsten Hauptversammlung oder – bei GmbH – den Gesellschaftern mitzuteilen. Bei Auftragserteilung durch den Aufsichtsrat obliegen diesem die Pflichten der gesetzlichen Vertreter; dazu zählt auch die Unterrichtung der gesetzlichen Vertreter (Abs. 7 S. 5). Der Bericht des bisherigen Abschlussprüfers ist von den gesetzlichen Vertretern unverzüglich dem Aufsichtsrat vorzulegen; dabei hat jedes Aufsichtsratsmitglied das Recht zur **Kenntnisnahme** und kann auch, sofern der Aufsichtsrat nichts anderes beschlossen hat, die **Aushändigung** des Berichts verlangen (Abs. 7 S. 2–4). Dabei ist auch die Aushändigung an die Mitglieder eines aus dem Aufsichtsrat gebildeten Bilanzausschusses möglich, sofern der Aufsichtsrat dies beschlossen hat. Obwohl das Gesetz keine entsprechende Regelung enthält, haben auch die Gesellschafter einer **GmbH** in analoger Anwendung von § 42a Abs. 1 S. 2 GmbHG das Recht auf Kenntnisnahme und Aushändigung des Berichts.[63]

Zu den Pflichten im Fall einer vorzeitigen Beendigung des Prüfungsauf- **30** trags zählt es ferner, dass sowohl der Abschlussprüfer als auch die gesetzlichen Vertreter der geprüften Gesellschaft die WPK von der Kündigung oder dem Widerruf des Prüfungsauftrags zu unterrichten haben. Zur Beurteilung des Sachverhalts durch die WPK wird insbesondere die Darlegung der einschlägigen Gründe von Bedeutung sein. Die Anforderung ist insofern vergleichbar mit derjenigen in Abs. 6 S. 3, wonach der Abschlussprüfer bei der Kündigung des Prüfungsauftrags ebenfalls zur schriftlichen Begründung verpflichtet ist.[64]

---

[56] *ADS* Rn. 433; BeBiKo/*Schmidt/Heinz* Rn. 130; Rowedder/Schmidt-Leithoff/*Tiedchen* GmbHG § 42a Rn. 32.

[57] *ADS* Rn. 435; BeBiKo/*Schmidt/Heinz* Rn. 130.

[58] Baumbach/Hopt/*Merkt* Rn. 13; zu den Kündigungsgründen im Einzelnen vgl. *ADS* Rn. 435.

[59] *ADS* Rn. 444.

[60] *ADS* Rn. 445.

[61] *ADS* Rn. 446.

[62] *ADS* Rn. 451.

[63] *ADS* Rn. 459 ff.; BeBiKo/*Schmidt/Heinz* Rn. 138.

[64] *Gelhausen/Fey/Kämpfer* Rechnungslegung S Rn. 42.

§ 319 Auswahl der Abschlussprüfer und Ausschlussgründe

(1) [1] Abschlussprüfer können Wirtschaftsprüfer und Wirtschaftsprüfungsgesellschaften sein. [2] Abschlussprüfer von Jahresabschlüssen und Lageberichten mittelgroßer Gesellschaften mit beschränkter Haftung (§ 267 Abs. 2) oder von mittelgroßen Personenhandelsgesellschaften im Sinne des § 264a Abs. 1 können auch vereidigte Buchprüfer und Buchprüfungsgesellschaften sein. [3] Die Abschlussprüfer nach den Sätzen 1 und 2 müssen über einen Auszug aus dem Berufsregister verfügen, aus dem sich ergibt, dass die Eintragung nach § 38 Nummer 1 Buchstabe h oder Nummer 2 Buchstabe f der Wirtschaftsprüferordnung vorgenommen worden ist; Abschlussprüfer, die erstmalig eine gesetzlich vorgeschriebene Abschlussprüfung nach § 316 des Handelsgesetzbuchs durchführen, müssen spätestens sechs Wochen nach Annahme eines Prüfungsauftrages über den Auszug aus dem Berufsregister verfügen. [4] Die Abschlussprüfer sind während einer laufenden Abschlussprüfung verpflichtet, eine Löschung der Eintragung unverzüglich gegenüber der Gesellschaft anzuzeigen.

(2) Ein Wirtschaftsprüfer oder vereidigter Buchprüfer ist als Abschlussprüfer ausgeschlossen, wenn während des Geschäftsjahres, für dessen Schluss der zu prüfende Jahresabschluss aufgestellt wird, oder während der Abschlussprüfung Gründe, insbesondere Beziehungen geschäftlicher, finanzieller oder persönlicher Art, vorliegen, nach denen die Besorgnis der Befangenheit besteht.

(3) [1] Ein Wirtschaftsprüfer oder vereidigter Buchprüfer ist insbesondere von der Abschlussprüfung ausgeschlossen, wenn er oder eine Person, mit der er seinen Beruf gemeinsam ausübt,

1. Anteile oder andere nicht nur unwesentliche finanzielle Interessen an der zu prüfenden Kapitalgesellschaft oder eine Beteiligung an einem Unternehmen besitzt, das mit der zu prüfenden Kapitalgesellschaft verbunden ist oder von dieser mehr als zwanzig vom Hundert der Anteile besitzt;

2. gesetzlicher Vertreter, Mitglied des Aufsichtsrats oder Arbeitnehmer der zu prüfenden Kapitalgesellschaft oder eines Unternehmens ist, das mit der zu prüfenden Kapitalgesellschaft verbunden ist oder von dieser mehr als zwanzig vom Hundert der Anteile besitzt;

3. über die Prüfungstätigkeit hinaus bei der zu prüfenden oder für die zu prüfende Kapitalgesellschaft in dem zu prüfenden Geschäftsjahr oder bis zur Erteilung des Bestätigungsvermerks

   a) bei der Führung der Bücher oder der Aufstellung des zu prüfenden Jahresabschlusses mitgewirkt hat,

   b) bei der Durchführung der internen Revision in verantwortlicher Position mitgewirkt hat,

   c) Unternehmensleitungs- oder Finanzdienstleistungen erbracht hat oder

   d) eigenständige versicherungsmathematische oder Bewertungsleistungen erbracht hat, die sich auf den zu prüfenden Jahresabschluss nicht nur unwesentlich auswirken,

sofern diese Tätigkeiten nicht von untergeordneter Bedeutung sind; dies gilt auch, wenn eine dieser Tätigkeiten von einem Unternehmen für die zu prüfende Kapitalgesellschaft ausgeübt wird, bei dem der Wirtschaftsprüfer oder vereidigte Buchprüfer gesetzlicher Vertreter, Arbeitnehmer, Mitglied des Aufsichtsrats oder Gesellschafter, der mehr als zwanzig vom Hundert der den Gesellschaftern zustehenden Stimmrechte besitzt, ist;

4. bei der Prüfung eine Person beschäftigt, die nach den Nummern 1 bis 3 nicht Abschlussprüfer sein darf;

5. in den letzten fünf Jahren jeweils mehr als dreißig vom Hundert der Gesamteinnahmen aus seiner beruflichen Tätigkeit von der zu prüfenden Kapitalgesellschaft und von Unternehmen, an denen die zu prüfende Kapitalgesellschaft mehr als zwanzig vom Hundert der Anteile besitzt, bezogen hat und dies auch im laufenden Geschäftsjahr zu erwarten ist; zur Vermeidung von Härtefällen kann die Wirtschaftsprüferkammer befristete Ausnahmegenehmigungen erteilen. [2] Dies gilt auch, wenn der Ehegatte oder der Lebenspartner einen Ausschlussgrund nach Satz 1 Nr. 1, 2 oder 3 erfüllt.

(4) [1] Wirtschaftsprüfungsgesellschaften und Buchprüfungsgesellschaften sind von der Abschlussprüfung ausgeschlossen, wenn sie selbst, einer ihrer gesetzlichen Vertreter, ein Gesellschafter, der mehr als zwanzig vom Hundert der den Gesellschaftern zustehenden Stimmrechte besitzt, ein verbundenes Unternehmen, ein bei der Prüfung in verantwortlicher Position beschäftigter Gesellschafter oder eine andere von ihr beschäftigte Person, die das Ergebnis der Prüfung beeinflussen kann, nach Absatz 2 oder Absatz 3 ausgeschlossen sind. [2] Satz 1 gilt auch, wenn ein Mitglied des Aufsichtsrats nach Absatz 3 Satz 1 Nr. 2 ausgeschlossen ist oder wenn mehrere Gesellschafter, die zusammen mehr als zwanzig vom Hundert der den Gesellschaftern zustehenden Stimmrechte besitzen, jeweils einzeln oder zusammen nach Absatz 2 oder Absatz 3 ausgeschlossen sind.

(5) Absatz 1 Satz 3 sowie die Absätze 2 bis 4 sind auf den Abschlussprüfer des Konzernabschlusses entsprechend anzuwenden.

Schrifttum: (ohne die Einzelbeiträge in den verschiedenen Handbüchern der Rechnungslegung) *Gelhausen/Heinz,* Der befangene Abschlussprüfer, seine Ersetzung und sein Honoraranspruch, WPg 2005, 693; *Hülsmann,* Stärkung der Abschlussprüfung durch das Bilanzrechtsreformgesetz – Neue Bestimmungen zur Trennung von Prüfung und Beratung, DStR 2005, 166; *Mai,* Rechtsverhältnis zwischen Abschlußprüfer und prüfungspflichtiger Kapitalgesellschaft, 1993; *Pfitzer/Oser/Hettich,* Stärkung der Unabhängigkeit des Abschlussprüfers? – Kritische Würdigung des Referentenentwurfs zum Bilanzrechtsreformgesetz, DStR 2004, 328; *Pfitzer/Oser/Orth,* Offene Fragen und Systemwidrigkeiten des Bilanzrechtsreformgesetzes (BilReG), DB 2004, 2593; *Polt/Winter,* Der Honoraranspruch des Abschlussprüfers, WPg 2004, 1127; *Ring,* Gesetzliche Neuregelungen der Unabhängigkeit des Abschlussprüfers, WPg 2005, 197; *Sahner/Schulte-Groß/Clauß,* Das System der Qualitätskontrolle im Berufsstand der Wirtschaftsprüfer und vereidigten Buchprüfer, WPK-Mitteilungen, Sonderheft 2001, 9; *Veltins,* Verschärfte Unabhängigkeitsanforderungen an Abschlussprüfer, DB 2004, 445; *WPK,* Berufssatzung der Wirtschaftsprüferkammer, 2016; *WPK,* Verlautbarung des Vorstandes der Wirtschaftsprüferkammer zur Abgrenzung von Prüfung und Erstellung (§ 319 Abs. 2 Nr. 5 HGB), DB 1996, 1434; *v. Wysocki,* Zum Prüfungsverbot nach § 319 Abs. 2 Nr. 5 HGB. Zugleich Anmerkungen zum Urteil des OLG Karlsruhe vom 23.11.1995, FS Ludewig, 1996, 1129.

Übersicht

I. Allgemeines

1 Die Vorschrift des § 319 legt fest, welcher **Personenkreis** bei der nach § 316 vorgeschriebenen Jahresabschlussprüfung Abschlussprüfer sein kann bzw. darf. Grundsätzlich können nach Abs. 1 nur Wirtschaftsprüfer, Wirtschaftsprüfungsgesellschaften, vereidigte Buchprüfer und Buchprüfungsgesellschaften Abschlussprüfer sein. Abs. 2 enthält mit der Besorgnis der Befangenheit den zentralen Grundsatz zur Unabhängigkeit des Abschlussprüfers. Abs. 3 und 4 enthalten einen detaillierten Katalog von **Ausschlusstatbeständen,** bei deren Vorliegen die genannten Personen nicht Abschlussprüfer sein dürfen.

2 Die Folgen des § 319 sind durch die Rechtsprechung verschärft worden; die Urteile des BGH vom 30.4.1992[1] sowie vom 3.6.2004[2] klassifizieren § 319 als Verbotsgesetz iSv § 134 BGB, was bei Verstoß gegen Abs. 2–4 die Nichtigkeit des Bestellungsaktes nach sich zieht. Durch das letztgenannte Urteil wurde durch den BGH auch klargestellt, dass § 49 WPO als Verhaltensregel nur an den Wirtschaftsprüfer bzw. die Wirtschaftsprüfungsgesellschaft gerichtet ist und keine unmittelbare Auswirkung auf den Abschluss des Prüfungsvertrages hat.

3 § 319 stellt **zwingendes Recht** hinsichtlich der Auswahl und des Ausschlusses von Abschlussprüfern dar. Hinsichtlich der Auswahl des Abschlussprüfers bei Unternehmen von öffentlichem Interesse ist zusätzlich § 319a zu beachten (vgl. Erläuterungen zu § 319a). Darüber hinausgehende Einschränkungen bei der Auswahl des Abschlussprüfers (zB in der Satzung) sind möglich, wenn dadurch das Wahlrecht nicht wesentlich eingeengt wird.[3] Allerdings finden solche Einschränkungen ihre Grenze in § 318 Abs. 1b, wonach Vereinbarungen, die Wahlmöglichkeiten auf bestimmte Kategorien oder Listen von Prüfern oder Prüfungsgesellschaften beschränken, nichtig sind.

II. Qualifikation des Abschlussprüfers (Abs. 1)

4 Nach Abs. 1 kommen als Abschlussprüfer lediglich **Wirtschaftsprüfer** und **Wirtschaftsprüfungsgesellschaften** in Frage; bei der Prüfung von

---

[1] BGH Urt. v. 30.4.1992 – III ZR 151/91, DStR 1992, 1140.
[2] BGH Urt. v. 3.6.2004 – X ZR 104/03, DB 2004, 1605.
[3] *ADS* Rn. 9; BeBiKo/*Schmidt/Nagel* Rn. 5.

Jahresabschlüssen und Lageberichten mittelgroßer GmbHs (§ 267 Abs. 2) sowie mittelgroßer Kapitalgesellschaften & Co. dürfen nach Abs. 1 S. 2 auch **vereidigte Buchprüfer** und **Buchprüfungsgesellschaften** Abschlussprüfer sein.

Wirtschaftsprüfer werden öffentlich bestellt (§§ 15 ff. WPO), wobei die 5 Bestellung an bestimmte vom Bewerber zu erfüllende Voraussetzungen gebunden ist.[4] Wirtschaftsprüfungsgesellschaften können nach § 27 WPO in der Rechtsform der AG, KGaA, GmbH, OHG, KG oder als Partnerschaftsgesellschaft anerkannt werden. Die Voraussetzungen für ihre Anerkennung regelt § 28 WPO.[5] Vereidigte Buchprüfer und Buchprüfungsgesellschaften (§ 128 WPO) konnten nach einer Neueröffnung des Berufes im Jahr 1986 kurzzeitig wieder bestellt bzw. anerkannt werden. Mittlerweile ist der Zugang zum Berufsstand allerdings wieder geschlossen.[6]

Die Bestellung zum Wirtschaftsprüfer, die Anerkennung als Wirtschafts- 6 prüfungsgesellschaft, die Bestellung zum vereidigten Buchprüfer oder die Anerkennung als Buchprüfungsgesellschaft muss nicht nur zum Zeitpunkt der Wahl, sondern bis zur Erteilung des Bestätigungsvermerks bzw. Auslieferung des Prüfungsberichts gegeben sein.[7]

Wirtschaftsprüfer und Wirtschaftsprüfungsgesellschaften, die gesetzliche 7 Abschlussprüfungen durchführen, müssen dies unter Angabe von Art und Umfang der Abschlussprüfungen bei der Wirtschaftsprüferkammer spätestens zwei Wochen nach Annahme des Prüfungsauftrags anzeigen (§ 57a Abs. 1 WPO). Auf der Grundlage dieser Anzeige erfolgt eine Eintragung der Tätigkeit als gesetzlicher Abschlussprüfung in das Berufsregister (§ 38 Nr. 1 Buchst. h WPO für Wirtschaftsprüfer, § 38 Nr. 2 Buchst. f WPO für Wirtschaftsprüfungsgesellschaften). Ein entsprechender Auszug aus dem Berufsregister ist Voraussetzung zur Durchführung von gesetzlichen Abschlussprüfungen. Ein etwaiger Wegfall dieser Voraussetzung durch Löschung der Eintragung ist während einer laufenden Abschlussprüfung unverzüglich gegenüber der Gesellschaft anzuzeigen, da unter dieser Voraussetzung die Prüfung nicht weiter durchgeführt und abgeschlossen werden kann.

Die frühere Teilnahmebescheinigung nach § 57a Abs. 6 S. 7 WPO aF ist 7a entfallen. Gleichwohl bleibt ein Abschlussprüfer, der gesetzlich vorgeschriebene Abschlussprüfungen durchführt, verpflichtet, sich einer Qualitätskontrolle nach § 57a Abs. 1 WPO zu unterziehen. Nach der erstmaligen Anzeige hat eine Qualitätskontrolle spätestens drei Jahre nach Beginn der ersten gesetzlichen Abschlussprüfung zu erfolgen (§ 57a Abs. 2 S. 5 WPO); weitere Qualitätskontrollen finden auf Grundlage einer Risikoanalyse auf Entscheidung der Kommission für Qualitätskontrolle mindestens alles sechs Jahre statt (§ 57a Abs. 2 S. 4 und 6 WPO). Die Teilnahme am Verfahren der Qualitätskontrolle stellt sicher, dass das in der Praxis des Abschlussprüfers eingeführte Qualitätssicherungssystem im Einklang mit den gesetzlichen Vorschriften sowie mit der Berufssatzung der WPK steht. Hiermit soll gewährleistet werden, dass bei Prüfungsaufträgen, bei denen das Berufssiegel geführt wird, eine ordnungsgemäße Abwicklung der Prüfungsaufträge gewährleistet ist.[8]

---

[4] Zu den Berufszugangsvoraussetzungen vgl. im Einzelnen WP-HdB Kap. A Rn. 57.
[5] Zu Einzelheiten vgl. WP-HdB Kap. A Rn. 125.
[6] HdR/*Baetge/Thiele* Rn. 14 ff.; zum Berufsbild des vereidigten Buchprüfers vgl. auch WP-HdB Kap. C Rn. 1 ff.
[7] BeBiKo/*Schmidt/Nagel* Rn. 10.
[8] Vgl. zum System der Qualitätskontrolle BeBiKo/*Schmidt/Nagel* Rn. 15 ff.

III. Allgemeiner Grundsatz – Besorgnis der Befangenheit (Abs. 2)

8   Abs. 2 definiert als allgemeinen Grundsatz die Besorgnis der Befangenheit. Ein Wirtschaftsprüfer bzw. vereidigter Buchprüfer ist als Abschlussprüfer ausgeschlossen, sofern Gründe, insbesondere Beziehungen geschäftlicher, finanzieller oder persönlicher Art vorliegen, nach denen die Besorgnis der Befangenheit besteht.

9   Die Begründung des RegE zum BilReG führt bei § 319 Abs. 2 folgende Faktoren als Beurteilungskriterien auf:

– wirtschaftliche oder sonstige Eigeninteressen des Abschlussprüfers,
– Mitwirkung an der Erstellung des Abschlusses (Selbstprüfung),
– Interessenvertretung für das zu prüfende Unternehmen,
– übermäßige Vertrautheit zwischen Abschlussprüfer und dem zu prüfenden Unternehmen,
– besondere Einflussnahme durch das zu prüfende Unternehmen.

Diese Faktoren liegen auch den Katalogtatbeständen in Abs. 3 und § 319a zugrunde. Abs. 2 stellt einen Auffangtatbestand dar, wenn die in Abs. 3 und 4 sowie in § 319a genannten Ausschlussgründe nicht greifen. Entscheidend für die Beurteilung der Besorgnis der Befangenheit ist nicht die tatsächliche Befangenheit des Abschlussprüfers, sondern das Vorliegen objektiver, die Besorgnis der Befangenheit begründender Tatbestände aus Sicht eines Dritten.[9]

IV. Ausschluss von der Tätigkeit als Abschlussprüfer

10   **1. Ausschlusstatbestände für natürliche Personen (Abs. 3). a) Gemeinsame Berufsausübung.** Die Ausschlussgründe des Abs. 3 liegen nach dem Gesetzeswortlaut nicht nur dann vor, wenn der Abschlussprüfer selbst die Tatbestandsvoraussetzungen erfüllt, sondern auch, wenn dies für eine Person gilt, mit der er seinen Beruf gemeinsam ausübt. Die sog. Sozietätsklausel geht von der Gleichrichtung der Interessen aus, die zwischen den in derselben Praxis freiberuflich oder im Angestelltenverhältnis tätigen Wirtschaftsprüfern und den bei den Prüfungen beschäftigten Personen für den Regelfall anzunehmen ist.[10] Sie ist nicht nur auf Wirtschaftsprüfer und vereidigte Buchprüfer, sondern auch auf Rechtsanwälte, Steuerberater oder andere Angehörige freier Berufe, mit denen der Wirtschaftsprüfer-Beruf gemeinsam ausgeübt wird, anzuwenden.[11] Es kann sich dabei auch um eine juristische Person oder eine Personengesellschaft handeln.[12]

11   Unter Berücksichtigung des Normzwecks ist unter der gemeinsamen Berufsausübung jede Zusammenarbeit zu verstehen, die durch eine Gleichrichtung der wirtschaftlichen Interessen durch ganze oder teilweise Vergemeinschaftung von Einnahmen und Ausgaben gekennzeichnet ist.[13] Die gemeinsame Berufsausübung ist auch in einem internationalen Verbund möglich.

12   Nach Abs. 3 S. 2 gelten die Ausschlussgründe nach Abs. 3 S. 1 Nr. 1–3 auch dann, wenn der Ehegatte oder Lebenspartner des Abschlussprüfers die entsprechenden Kriterien erfüllt.

---

[9] BeBiKo/*Schmidt/Nagel* Rn. 29.
[10] BeBiKo/*Schmidt/Nagel* Rn. 31.
[11] *ADS* Rn. 57 ff.; BeBiKo/*Schmidt/Nagel* Rn. 31.
[12] *Biener/Berneke* BiRiLiG S. 415.
[13] *ADS* Rn. 58; HdR/*Baetge/Thiele* Rn. 29 ff.

b) Anteilsbesitz oder andere finanzielle Interessen an der zu prüfen- 13
den Kapitalgesellschaft (Abs. 3 S. 1 Nr. 1). Nach Abs. 3 S. 1 Nr. 1 darf nicht Abschlussprüfer sein, wer Anteile oder andere nicht nur unwesentliche finanzielle Interessen an der zu prüfenden Kapitalgesellschaft besitzt. Als Anteilsbesitz gelten alle Beteiligungen am gezeichneten Kapital der zu prüfenden Kapitalgesellschaft, also Aktien, GmbH-Anteile sowie bei einer KGaA der Kapitalanteil des Komplementärs. Dies gilt auch, sofern der Abschlussprüfer eine Beteiligung an einem Unternehmen hält, das mit der zu prüfenden Gesellschaft verbunden ist oder von dieser mehr als 20 vH der Anteile besitzt. Die Abgrenzung des „verbundenen Unternehmens" richtet sich nach § 271 Abs. 2.[14]

Anteile an Publikumsfonds und grundsätzlich auch stille Beteiligungen 14
erfüllen nicht den Ausschlusstatbestand des Abs. 3 S. 1 Nr. 1.[15] Hat der stille Gesellschafter jedoch Vermögens- und Verwaltungsrechte, die denen eines Gesellschafters einer Kapitalgesellschaft entsprechen, kann die stille Beteiligung als Anteil an einer Kapitalgesellschaft iSd Abs. 3 S. 1 Nr. 1 angesehen werden.[16]

Unter anderen finanziellen Interessen sind zB Schuldverschreibungen, 15
Schuldscheine, Optionen oder sonstige Wertpapiere zu verstehen.[17] Diese führen jedoch nur im Falle eines nicht unwesentlichen Interesses zu einer unwiderlegbaren Vermutung der Befangenheit. Andere finanzielle Bindungen (zB Darlehen) führen in der Regel nicht zu einer Befangenheit, insbesondere wenn diese nicht wesentlich sind und zu marktüblichen Konditionen abgeschlossen wurden.

c) Personelle Verflechtung (Abs. 3 S. 1 Nr. 2). Als Abschlussprüfer 16
ausgeschlossen nach Abs. 3 S. 1 Nr. 2 sind solche Wirtschaftsprüfer oder vereidigte Buchprüfer, die gesetzlicher Vertreter, Mitglied des Aufsichtsrats oder Arbeitnehmer der zu prüfenden Kapitalgesellschaft sind.

Gesetzliche Vertreter sind bei der AG jedes Vorstandsmitglied, bei der 17
GmbH jeder Geschäftsführer und bei der KGaA die Komplementäre (§ 282 AktG). Dem Aufsichtsrat gleichgestellt sind andere Gremien mit Überwachungsfunktion, wie zB Beiräte oder Verwaltungsräte.[18] Arbeitnehmer sind solche Personen, die auf Grund eines Anstellungsvertrags in einem Arbeitsverhältnis mit dem zu prüfenden Unternehmen stehen;[19] Praktikanten- oder freiberufliche Tätigkeiten zählen nicht hierzu.[20]

Wirtschaftsprüfer oder vereidigte Buchprüfer, die gesetzlicher Vertreter, 18
Mitglied des Aufsichtsrats oder Arbeitnehmer eines Unternehmens sind, das mit der zu prüfenden Kapitalgesellschaft verbunden ist oder von dieser mehr als 20 vH der Anteile besitzt, dürfen ebenfalls nicht nach Abs. 3 S. 1 Nr. 2 Abschlussprüfer sein.

Die Vorschrift zielt in erster Linie auf Anstellungsverhältnisse bei einer der 19
zu prüfenden Kapitalgesellschaft nahe stehenden **Wirtschaftsprüfungs-
oder Buchprüfungsgesellschaft,** da nach § 43a Abs. 3 WPO Anstellungs-

---

[14] *ADS* Rn. 97; Baumbach/Hopt/*Merkt* Rn. 16.
[15] *ADS* Rn. 72 ff.; teilweise aA Baumbach/Hopt/*Merkt* Rn. 16; HdR/*Baetge/Thiele* Rn. 47, 52. Die Vorschrift erfasst jeden Anteilsbesitz, also auch Kleinstbeträge.
[16] *ADS* Rn. 75.
[17] BeBiKo/*Schmidt/Nagel* Rn. 36.
[18] *ADS* Rn. 89.
[19] HdR/*Baetge/Thiele* Rn. 60.
[20] BeBiKo/*Schmidt/Nagel* Rn. 41.

verhältnisse außerhalb von Berufsgesellschaften untersagt sind. Außerdem wird die Anstellung bei einer natürlichen Person erfasst, wobei es sich ebenfalls nur um einen Wirtschaftsprüfer bzw. vereidigten Buchprüfer handeln kann.[21] Hinsichtlich des Begriffs „verbundene Unternehmen" vgl. die Erläuterungen zu Abs. 3 S. 1 Nr. 1.

20   **d) Ausübung bestimmter Tätigkeiten.** Sofern die nachfolgend aufgezählten Tätigkeiten nicht von untergeordneter Bedeutung sind (Abs. 3 S. 1 Nr. 3 Hs. 2), kann nicht Abschlussprüfer sein, wer als Wirtschaftsprüfer bzw. vereidigter Buchprüfer eine dieser Tätigkeiten ausübt oder ausgeübt hat. Dies gilt auch, wenn die Tätigkeiten von einem Unternehmen für den Wirtschaftsprüfer ausgeübt werden, bei dem der Wirtschaftsprüfer oder vereidigte Buchprüfer gesetzlicher Vertreter, Arbeitnehmer, Mitglied des Aufsichtsrats oder Gesellschafter, der mehr als 20 vH der den Gesellschaftern zustehenden Stimmrechte besitzt, ist.

21   **aa) Mitwirkung bei der Buchführung oder der Aufstellung des Jahresabschlusses (Abs. 3 S. 1 Nr. 3 Buchst. a).** Nach Abs. 3 S. 1 Nr. 3 Buchst. a darf nicht Abschlussprüfer sein, wer bei der Führung der Bücher oder der Aufstellung des zu prüfenden Jahresabschlusses mitgewirkt hat. Ziel dieser Vorschrift ist die Gewährleistung einer zuverlässigen und unabhängigen Jahresabschlussprüfung insbesondere im Hinblick auf den Grundsatz des Gläubigerschutzes. Der Ausschluss als Abschlussprüfer wird durch jede Mitwirkungshandlung bedingt, unabhängig davon, ob sie vor oder nach der Bestellung zum Abschlussprüfer begangen wird. Aus der zeitlich vorrangigen Mitwirkung folgt die Nichtigkeit des Wahlbeschlusses der Hauptversammlung (§ 241 AktG) und des schuldrechtlichen Vertrages (§ 134 BGB); die zeitlich nachrangige Mitwirkung bedingt nach den BGH-Urteilen vom 30.4.1992[22] und 3.6.2004[23] nicht die Nichtigkeit des Wahlbeschlusses, sondern nur die Nichtigkeit des schuldrechtlichen Vertrages.

22   Die zum Ausschluss führende **Mitwirkung** ist jedoch zu unterscheiden von der durch Abs. 3 S. 1 Nr. 3 Buchst. a nicht erfassten **Beratungstätigkeit.** Es gilt der Grundsatz, dass die Beratung oder Vertretung eines Auftraggebers in steuerlichen und wirtschaftlichen Angelegenheiten mit der gleichzeitigen Abschlussprüfung vereinbar ist, soweit sie nicht über eine fachliche oder wissenschaftliche Sachklärung oder eine gutachterliche Darstellung von Alternativen, also eine Entscheidungshilfe, hinausgeht. Entscheidend ist letztendlich, dass die funktionelle Entscheidungskompetenz beim Beratenen verbleibt; das Unterbreiten von Entscheidungsalternativen (im Einzelfall auch von konkreten Entscheidungsvorschlägen), das Hinwirken auf eine korrekte Bilanzierung im Vorgriff auf die Prüfung oder die prüfungsbegleitende Beratung im Hinblick auf eine Verbesserung der Aussagefähigkeit der Rechnungslegung und der Organisation des Rechnungswesens werden daher nicht von Abs. 3 S. 1 Nr. 3 Buchst. a erfasst.[24] In die gleiche Richtung geht auch die Rechtsprechung des BGH.[25] Danach sind Abschlussprüfung und Beratung

---

[21] *ADS* Rn. 107.
[22] BGH Urt. v. 6.11.1991 – XII ZR 240/90, NJW 1992, 438.
[23] BGH Urt. v. 3.6.2004 – X ZR 104/03, DB 2004, 1605.
[24] So auch WPK DB 1996, 1435; *ADS* Rn. 118 ff.; grundsätzlich zum Prüfungsverbot nach Abs. 2 Nr. 5, auch mit Hinweis auf internationale Entwicklung vgl. *v. Wysocki* FS Ludewig, 1996, 1131 ff.
[25] BGH Urt. v. 21.4.1997 – II ZR 317/95, NJW 1997, 574.

vereinbar, wenn sich die Beratung auf das Aufzeigen von Handlungsmöglichkeiten und Konsequenzen beschränkt, dem Unternehmer aber die endgültige Entscheidung bei der Aufstellung des Jahresabschlusses verbleibt. Erst wenn die Mitwirkung des Abschlussprüfers so weit geht, dass er anstelle des Mandanten unternehmerische Entscheidungen trifft, greift Abs. 3 S. 1 Nr. 3 Buchst. a ein.

bb) Mitwirkung bei der Durchführung der internen Revision 23
(Abs. 3 S. 1 Nr. 3 Buchst. b). Sofern der Wirtschaftsprüfer bzw. vereidigte Buchprüfer an der Durchführung der internen Revision in verantwortlicher Position mitgewirkt hat, kann er nicht Abschlussprüfer der Kapitalgesellschaft sein. Insbesondere die vollständige Übernahme der internen Revision durch einen Abschlussprüfer soll mit dieser Regelung verhindert werden. Zulässig ist jedoch weiterhin die Übernahme einzelner Prüfungsaufträge für abgegrenzte Bereiche im Auftrag der internen Revision.[26]

cc) Erbringung von Unternehmensleitungs- oder Finanzdienstleis- 24
tungen (Abs. 3 S. 1 Nr. 3 Buchst. c). Die Erbringung von Unternehmensleitungs- oder Finanzdienstleistungen ist nicht mit der Stellung als Abschlussprüfer vereinbar, da es in diesen Fällen oftmals zu einer besonders engen Beziehung zum zu prüfenden Unternehmen kommt sowie möglicherweise gleichgerichtete Interessen vorliegen.[27] Dieser Ausschlussgrund wurde im Rahmen des BilReG vor allem vor dem Hintergrund der entsprechenden Regelungen des Sarbanes-Oxley-Act in den USA als gesondertes Kriterium eingefügt, wobei insbesondere die Unternehmensleitungsdienstleistungen teilweise bereits durch Abs. 3 S. 1 Nr. 2 abgedeckt sind. Abs. 3 S. 1 Nr. 3 Buchst. c geht jedoch weiter.

Auch für den Bereich der schädlichen Finanzdienstleistungen ist auf die 25
SEC-Regelungen zurückzugreifen, wonach bspw. Entscheidungen über den Erwerb von Finanzanlagen, die Abwicklung von Geschäften oder Werbung für Anlagen des zu prüfenden Unternehmens nicht mit der Stellung als Abschlussprüfer vereinbar sind.[28]

dd) Erbringung eigenständiger versicherungsmathematischer oder 26
Bewertungsleistungen (Abs. 3 S. 1 Nr. 3 Buchst. d). Die Erbringung eigenständiger versicherungsmathematischer Berechnungen oder andere Bewertungsleistungen sind für einen Abschlussprüfer unzulässig, sofern sie nicht nur eine unwesentliche Auswirkung auf den Jahresabschluss haben. Beispielsweise sind die Berechnung von Pensionsrückstellungen oder ähnliche versicherungs- oder finanzmathematische Berechnungen schädlich, da deren Werte idR unverändert in den zu prüfenden Abschluss übernommen werden. Sofern jedoch in Einzelfällen Bewertungsleistungen erbracht werden, die nur indirekt für die Bilanzierung relevant sind, zB zu Vergleichszwecken, kann die Bewertungsleistung nach den Umständen des Einzelfalles unschädlich sein.[29]

e) Beschäftigung einer befangenen Person (Abs. 3 S. 1 Nr. 4). Der 27
Wirtschaftsprüfer bzw. vereidigte Buchprüfer darf nach Abs. 3 S. 1 Nr. 4 bei

---

[26] BeBiKo/*Schmidt/Nagel* Rn. 58.
[27] BeBiKo/*Schmidt/Nagel* Rn. 59 f.; Baumbach/Hopt/*Merkt* Rn. 18.
[28] BeBiKo/*Schmidt/Nagel* Rn. 60.
[29] Baumbach/Hopt/*Merkt* Rn. 19 ff.

der Prüfung keine Person beschäftigen, die nach Abs. 3 S. 1 Nr. 1–3 als Abschlussprüfer ausgeschlossen ist. Dadurch wird dem Umstand Rechnung getragen, dass auch bei der Prüfung eingesetzte Mitarbeiter einen nicht unerheblichen Einfluss auf das Prüfungsergebnis haben können. Hierfür kommen nur Mitarbeiter (auch freie Mitarbeiter) in Betracht, die **fachlich** bei der Prüfungsdurchführung einschließlich der Berichterstattung mitwirken, also kein Verwaltungspersonal wie zB Schreibkräfte.[30]

28   **f) Umsatzabhängigkeit (Abs. 3 S. 1 Nr. 5).** Nach Abs. 3 S. 1 Nr. 5 ist als Abschlussprüfer ausgeschlossen, wer in den letzten fünf Jahren mehr als 30 vH der Gesamteinnahmen aus seiner beruflichen Tätigkeit von der zu prüfenden Kapitalgesellschaft und von Unternehmen, an denen die zu prüfende Kapitalgesellschaft mehr als 20 vH der Anteile besitzt, bezogen hat und bei dem dies auch im laufenden Geschäftsjahr zu erwarten ist. Die Festlegung einer kritischen Honorargrenze resultiert aus der überwachenden Funktion von Abschlussprüfungen, die zu Meinungsverschiedenheiten über die Richtigkeit des Jahresabschlusses zwischen Prüfer und Unternehmensleitung führen kann. In diesem Fall wird es dem Abschlussprüfer umso schwerer fallen, seine Auffassung durchzusetzen, je höher die finanzielle Einbuße im Falle der Beendigung des Auftragsverhältnisses durch das zu prüfende Unternehmen ist.[31] Als **Gesamteinnahmen** gelten alle Einnahmen, die der Abschlussprüfer aus seiner beruflichen Tätigkeit bei einem Mandanten erzielt, unabhängig davon, aus welcher Tätigkeit er diese Einnahmen bei dem Mandanten erzielt.[32] Maßgebend sind die fünf Geschäftsjahre des Wirtschaftsprüfers oder vereidigten Buchprüfers, die vor der Bestellung zum Abschlussprüfer abgelaufen waren.[33] Nach Abs. 3 S. 1 Nr. 5 letzter Hs. kann die Wirtschaftsprüferkammer zur Vermeidung von Härtefällen befristete **Ausnahmegenehmigungen** erteilen. Die Gewährung liegt im Ermessen der Wirtschaftsprüferkammer; entsprechende Härtefälle können insbesondere bei der Eröffnung oder Verlegung einer Praxis vorliegen.[34]

29   **2. Ausschlusstatbestände für Prüfungsgesellschaften (Abs. 4).** Für die Frage, ob eine Prüfungsgesellschaft als Abschlussprüfer ausgeschlossen ist, greift Abs. 4 auf die Kriterien der Abs. 2 und 3 zurück. Die in diesen Absätzen definierten Kriterien werden nicht für Zwecke der Prüfungsgesellschaften spezifiziert. Dabei ist entscheidend, ob sie selbst oder einer der nachfolgenden Beteiligten die Kriterien der Abs. 2 oder 3 erfüllen:

– ein gesetzlicher Vertreter der Prüfungsgesellschaft,
– ein Gesellschafter der Prüfungsgesellschaft, der mehr als 20 vH der den Gesellschaftern zustehenden Stimmrechte besitzt,
– ein verbundenes Unternehmen der Prüfungsgesellschaft,
– ein bei der Prüfung in verantwortlicher Position beschäftigter Gesellschafter der Prüfungsgesellschaft, oder
– eine andere von der Prüfungsgesellschaft beschäftigte Person, die das Ergebnis der Prüfung beeinflussen kann.

---

[30] *ADS* Rn. 142 ff.; BeBiKo/*Schmidt*/*Nagel* Rn. 68 f.
[31] Begr. RegE, BT-Drs. 10/317, 97 zu § 277 HGB-E.
[32] *ADS* Rn. 153; Baumbach/Hopt/*Merkt* Rn. 24.
[33] *ADS* Rn. 156.
[34] HdR/*Baetge*/*Thiele* Rn. 111.

Dies gilt auch, wenn ein Mitglied des Aufsichtsrats der Prüfungsgesellschaft nach Abs. 3 S. 1 Nr. 2 ausgeschlossen ist oder wenn mehrere Gesellschafter, die zusammen mehr als 20 vH der den Gesellschaftern zustehenden Stimmrechte besitzen, allein oder zusammen nach Abs. 2 oder 3 ausgeschlossen sind.

3. Ausschlusstatbestände bei der Prüfung des Konzernabschlusses 30
(Abs. 5). Die Pflicht zur Teilnahme am Verfahren der Qualitätskontrolle nach Abs. 1 S. 3 sowie die Ausschlusstatbestände der Abs. 2–4 gelten auf Grund des Verweises in Abs. 5 für den Abschlussprüfer des Konzernabschlusses entsprechend. Somit ist für jeden der dort enthaltenen Ausschlussgründe zu ermitteln, ob und inwieweit sie Bedeutung für die Konzernabschlussprüfung haben.[35]

V. Rechtsfolgen bei Verstoß gegen § 319

Wird eine natürliche oder juristische Person zum Abschlussprüfer bestellt, 31 die nach § 319 Abs. 1 nicht Abschlussprüfer sein kann, so ist der Bestellungsakt nichtig. Ein von dieser Person geprüfter Jahresabschluss ist nach § 256 Abs. 1 Nr. 3 AktG ebenfalls nichtig.[36] Diese Vorschriften finden nach hM auch auf die prüfungspflichtige GmbH Anwendung.[37] Demgegenüber führt ein Verstoß gegen Abs. 2–4 nicht zur Nichtigkeit des Jahresabschlusses, da ein solcher Verstoß nicht von § 256 Abs. 1 Nr. 3 AktG erfasst wird;[38] stattdessen ist der Verstoß für den Abschlussprüfer als Ordnungswidrigkeit mit Bußgeld bedroht (§ 334 Abs. 2). Dies wird damit begründet, dass das Vorliegen der zahlreichen Ausschlussgründe der Abs. 2 und 3 der Einflusssphäre der zu prüfenden Gesellschaft weitgehend entzogen wird, zumal diese für sie nur schwer erkennbar sind und die Nichtigkeitsfolge damit unverhältnismäßig und daher unangemessen wäre. Als Folge dieser Regelung bleibt daher auch bei Bestellung eines befangenen Abschlussprüfers der von ihm geprüfte Jahresabschluss grundsätzlich rechtsbeständig.[39]

§ 319a Besondere Ausschlussgründe bei Unternehmen von öffentlichem Interesse

(1) [1]**Ein Wirtschaftsprüfer ist über die in § 319 Abs. 2 und 3 genannten Gründe hinaus auch dann von der Abschlussprüfung eines Unternehmens, das kapitalmarktorientiert im Sinn des § 264d, das CRR-Kreditinstitut im Sinne des § 1 Absatz 3d Satz 1 des Kreditwesengesetzes, mit Ausnahme der in § 2 Absatz 1 Nummer 1 und 2 des Kreditwesengesetzes genannten Institute, oder das Versicherungsunternehmen im Sinne des Artikels 2 Absatz 1 der Richtlinie 91/674/EWG ist, ausgeschlossen, wenn er**

1. *(aufgehoben)*
2. in dem Geschäftsjahr, für dessen Schluss der zu prüfende Jahresabschluss aufzustellen ist, über die Prüfungstätigkeit hinaus Steuerberatungsleistungen im Sinne des Artikels 5 Absatz 1 Unterabsatz 2

---

[35] Zu Besonderheiten vgl. die Ausführungen bei BeBiKo/*Schmidt*/*Nagel* Rn. 87 ff.
[36] *ADS* Rn. 243 u. 248 mit Hinweis auf mögliche Heilung der Nichtigkeit des Jahresabschlusses.
[37] *ADS* Rn. 243 u. 248.
[38] BeBiKo/*Schmidt*/*Nagel* Rn. 92; Baumbach/Hopt/*Merkt* Rn. 29.
[39] Vgl. *ADS* Rn. 250 mwN; *Ring* WPg 2005, 200; Baumbach/Hopt/*Merkt* Rn. 29.

Buchstabe a Ziffer i und iv bis vii der Verordnung (EU) Nr. 537/2014 erbracht hat, die sich einzeln oder zusammen auf den zu prüfenden Jahresabschluss unmittelbar und nicht nur unwesentlich auswirken; eine nicht nur unwesentliche Auswirkung liegt insbesondere dann vor, wenn die Erbringung der Steuerberatungsleistungen im zu prüfenden Geschäftsjahr den für steuerliche Zwecke zu ermittelnden Gewinn im Inland erheblich gekürzt hat oder ein erheblicher Teil des Gewinns ins Ausland verlagert worden ist, ohne dass eine über die steuerliche Vorteilserlangung hinausgehende wirtschaftliche Notwendigkeit für das Unternehmen besteht, oder

3. in dem zu prüfenden Geschäftsjahr oder bis zur Erteilung des Bestätigungsvermerks über die Prüfungstätigkeit hinaus bei der zu prüfenden oder für die zu prüfende Kapitalgesellschaft Bewertungsleistungen im Sinne des Artikels 5 Absatz 1 Unterabsatz 2 Buchstabe f der Verordnung (EU) Nr. 537/2014 erbracht hat, die sich einzeln oder zusammen auf den zu prüfenden Jahresabschluss unmittelbar und nicht nur unwesentlich auswirken.

[2] § 319 Abs. 3 Satz 1 Nr. 3 letzter Teilsatz, Satz 2 und Abs. 4 gilt für die in Satz 1 genannten Ausschlussgründe entsprechend. [3] Satz 1 Nummer 1 bis 3 gilt auch, wenn Personen, mit denen der Wirtschaftsprüfer seinen Beruf gemeinsam ausübt, die dort genannten Ausschlussgründe erfüllen; erbringt der Wirtschaftsprüfer Steuerberatungsleistungen im Sinne des Artikels 5 Absatz 1 Unterabsatz 2 Buchstabe a Ziffer i und iv bis vii der Verordnung (EU) Nr. 537/2014 oder Bewertungsleistungen im Sinne des Artikels 5 Absatz 1 Unterabsatz 2 Buchstabe f der Verordnung (EU) Nr. 537/2014, so hat er deren Auswirkungen auf den zu prüfenden Jahresabschluss im Prüfungsbericht darzustellen und zu erläutern. [4] Verantwortlicher Prüfungspartner ist, wer den Bestätigungsvermerk nach § 322 unterzeichnet oder als Wirtschaftsprüfer von einer Wirtschaftsprüfungsgesellschaft als für die Durchführung einer Abschlussprüfung vorrangig verantwortlich bestimmt worden ist.

(1a) Auf Antrag des Abschlussprüfers kann die Abschlussprüferaufsichtsstelle beim Bundesamt für Wirtschaft und Ausfuhrkontrolle diesen von den Anforderungen des Artikels 4 Absatz 2 Unterabsatz 1 der Verordnung (EU) Nr. 537/2014 ausnahmsweise für höchstens ein Geschäftsjahr ausnehmen, allerdings nur bis zu 140 Prozent des Durchschnitts der in Artikel 4 Absatz 2 Unterabsatz 1 der Verordnung (EU) Nr. 537/2014 genannten Honorare.

(2) [1] Absatz 1 ist auf den Abschlussprüfer des Konzernabschlusses entsprechend anzuwenden. [2] Als verantwortlicher Prüfungspartner gilt auf Konzernebene auch, wer als Wirtschaftsprüfer auf der Ebene bedeutender Tochterunternehmen als für die Durchführung von deren Abschlussprüfung vorrangig verantwortlich bestimmt worden ist.

(3) [1] Der Prüfungsausschuss des Unternehmens muss der Erbringung von Steuerberatungsleistungen im Sinne des Artikels 5 Absatz 1 Unterabsatz 2 Buchstabe a Ziffer i und iv bis vii der Verordnung (EU) Nr. 537/2014 durch den Abschlussprüfer vorher zustimmen. [2] Falls das Unternehmen keinen Prüfungsausschuss eingerichtet hat, muss die Zustimmung durch seinen Aufsichts- oder Verwaltungsrat erfolgen.

Schrifttum: S. Schrifttum zu § 319.

I. Allgemeines

Nach bisherigem Recht enthielt § 319a besondere Ausschlussgründe bei **1** kapitalmarktorientierten Unternehmen iSd § 264d, die einerseits einen niedrigeren Grenzwert von 15% der Gesamteinnahmen aus der beruflichen Tätigkeit (gegenüber 30% bei sonstigen Unternehmen) und andererseits weitere unzulässige Tätigkeiten umfassten. Da nunmehr ein Grenzwert von 15% der vereinnahmten Honorare in Art. 4 Abs. 2 EU-APrVO sowie ein Verbot der Erbringung bestimmter Nichtprüfungsleistungen bei Unternehmen von öffentlichem Interesse in Art. 5 EU-APrVO geregelt ist und der deutsche Gesetzgeber von der in Art. 5 Abs. 2 EU-APrVO eröffneten Möglichkeit, weitere Leistungen zu verbieten, wenn sie eine Gefährdung der Unabhängigkeit darstellen, keinen Gebrauch gemacht hat, ist der ursprüngliche Regelungszweck von § 319a weitgehend entfallen. Demgegenüber hat der deutsche Gesetzgeber das in Art. 5 Abs. 3 EU-APrVO angelegte **Mitgliedstaatenwahlrecht** genutzt, **bestimmte Nichtprüfungsleistungen zuzulassen.**

Der Kreis der von § 319a erfassten Unternehmen wurde gegenüber der **2** bisherigen Fassung, die ausschließlich an kapitalmarktorientierte Unternehmen iSd § 264d gerichtet war, auf alle Unternehmen von öffentlichem Interesse erweitert. Damit unterliegen zum einen weiterhin Wirtschaftsprüfer von Kapitalgesellschaften, die einen organisierten Markt iSd § 2 Abs. 11 WpHG durch von ihnen ausgegebene Wertpapiere iSd § 2 Abs. 1 WpHG in Anspruch nehmen oder die Zulassung solcher Wertpapiere zum Handel an einem organisierten Markt beantragt haben, weitergehenden Unabhängigkeitsvorschriften. Zum anderen gelten jetzt auch für Wirtschaftsprüfer von bestimmten Kreditinstituten und Versicherungsunternehmen die besonderen Ausschlussgründe, die sich aus der EU-APrVO ergeben einschließlich der in Abs. 1 Nr. 2 und 3 gewährten Rückausnahmen.

II. Nach Art. 5 Abs. 1 EU-APrVO verbotene Nichtprüfungsleistungen

Art. 5 Abs. 1 EU-APrVO enthält als unmittelbar anwendbares Recht einen **3** **Katalog von Nichtprüfungsleistungen,** deren Erbringung dem Abschlussprüfer eines Unternehmens von öffentlichem Interesse sowie Netzwerkgesellschaften des Abschlussprüfers **untersagt** ist, sofern nicht auf der Grundlage eines ausgeübten Mitgliedstaatenwahlrechts nach Abs. 3 bezogen auf ausgewählte Nichtprüfungsleistungen diese wiederum für zulässig erklärt wurden. Teilweise überschneiden sich die verbotenen Nichtprüfungsleistungen mit den bereits in § 319 enthaltenen Ausschlussgründen, reichen jedoch im Einzelfall – zB bei Leistungen im Zusammenhang mit der internen Revision – weiter. Dabei erstreckt sich das Verbot nicht nur auf das geprüfte Unternehmen selbst, sondern auch dessen Mutterunternehmen oder vom geprüften Unternehmen beherrschte Unternehmen.

Ferner wird der Zeitraum, in dem solche verbotenen Nichtprüfungsleis- **4** tungen nicht erbracht werden dürfen, näher konkretisiert. Dieser Zeitraum reicht grundsätzlich vom Beginn des zu prüfenden Geschäftsjahrs bis zum Datum des Bestätigungsvermerks. Weitergehend ist bei der Gestaltung und Umsetzung von internen Kontroll- oder Risikomanagementverfahren, die bei der Erstellung und/oder Kontrolle von Finanzinformationen oder Finanzinformationstechnologiesystemen zum Einsatz kommen, die Erbringung dieser Leistungen bereits in dem dem geprüften Geschäftsjahr vorausgehenden Jahr unzulässig.

5   Die Liste der verbotenen Nichtprüfungsleistungen nach Art. 5 EU-APrVO umfasst folgende Leistungen:

– bestimmte Steuerberatungsleistungen,
– Managementleistungen,
– Buchhaltung und Abschlusserstellung,
– Lohn- und Gehaltsabrechnung,
– Gestaltung und Umsetzung interner Kontroll- oder Risikomanagementverfahren, die bei der Erstellung und/oder Kontrolle von Finanzinformationen oder Finanzinformationstechnologiesystemen zum Einsatz kommen,
– Bewertungsleistungen,
– bestimmte juristische Leistungen,
– Leistungen im Zusammenhang mit der internen Revision des geprüften Unternehmens,
– bestimmte Leistungen im Zusammenhang mit der Finanzierung, der Kapitalstruktur und -ausstattung sowie der Anlagestrategie des geprüften Unternehmens,
– Werbung für, Handel mit oder Zeichnung von Aktien des geprüften Unternehmens,
– bestimmte Personaldienstleistungen.

III. Rückausnahmen aufgrund von Mitgliedstaatenwahlrechten (Abs. 1 Nr. 2 und 3, Abs. 3)

6   Art. 5 Abs. 2 EU-APrVO ermöglicht es den Mitgliedstaaten, bestimmte, nach Abs. 1 Buchst. a und f verbotene Prüfungsleistungen zuzulassen, sofern die Leistungen allein oder kumuliert keine direkten oder nur unwesentliche Auswirkungen auf die geprüften Abschlüsse haben, die Einschätzung der Auswirkung im Prüfungsbericht umfassend dokumentiert und erläutert wird und der Abschlussprüfer die Unabhängigkeitsgrundsätze der Abschlussprüfer-RL erfüllt. Der deutsche Gesetzgeber hat von diesem Mitgliedstaatenwahlrecht Gebrauch gemacht, sodass die folgenden Nichtprüfungsleistungen unter den genannten Voraussetzungen erbracht werden dürfen:

– Erstellung von Steuererklärungen,
– Ermittlung von staatlichen Beihilfen und steuerlichen Anreizen (auch ohne die Einschränkung, dass die Unterstützung durch den Abschlussprüfer gesetzlich vorgeschrieben ist),
– Unterstützung hinsichtlich Steuerprüfungen durch die Steuerbehörden (auch ohne die Einschränkung, dass die Unterstützung durch den Abschlussprüfer gesetzlich vorgeschrieben ist),
– Berechnung der direkten und indirekten sowie latenter Steuern,
– Erbringung von Steuerberatungsleistungen und
– Bewertungsleistungen, einschließlich Bewertungsleistungen in Zusammenhang mit Leistungen im Bereich der Versicherungsmathematik und der Unterstützung bei Rechtsstreitigkeiten.

7   Ferner hat der deutsche Gesetzgeber bezogen auf Steuerberatungsleistungen eine Konkretisierung des in Art. 5 Abs. 3 Buchst. a EU-APrVO angeleg-

ten Wesentlichkeitskriteriums vorgenommen. Zu diesem Zweck ist in Abs. 1 Nr. 2 Hs. 2 eine Negativabgrenzung aufgenommen worden. Von einer nicht nur unwesentlichen Auswirkung ist demnach insbesondere dann auszugehen, wenn

– die Erbringung der Steuerberatungsleistung den im zu prüfenden Geschäftsjahr ermittelten steuerlichen Gewinn erheblich gekürzt hat oder,

– ein erheblicher Teil des Gewinns ins Ausland verlagert worden ist, ohne dass eine über die steuerliche Vorteilserlangung hinausgehende wirtschaftliche Notwendigkeit für das Unternehmen besteht.

Wenn in Abs. 1 Nr. 2 spezifizierte Steuerberatungsleistungen erbracht **8** werden, wird in Abs. 3 eine **vorherige Zustimmung des Prüfungsausschusses** bzw. bei Fehlen eines solchen die Zustimmung des Aufsichts- oder Verwaltungsrats vorgeschrieben. Für aufgrund der Rückausnahme zulässige Bewertungsleistungen fehlt eine vergleichbare Anforderung. Da jedoch aufgrund von Art. 5 Abs. 4 EU-APrVO *zulässige* Nichtprüfungsleistungen einer Billigungspflicht durch den Prüfungsausschluss unterliegen, wird auch bei der Erbringung von grundsätzlich *unzulässigen* Nichtprüfungsleistungen, die durch die Rückausnahme in § 319a ermöglicht werden, auch ohne eine gesonderte Regelung im HGB von einer solchen Billigungspflicht auszugehen sein.

IV. Weitere Ausschlussgründe aufgrund der EU-APrVO

1. Billigungspflicht für zulässige Nichtprüfungsleistungen (Art. 5 9 Abs. 4 EU-APrVO). Die Erbringung von Beratungsleistungen unterliegt nicht nur dahingehend Restriktionen, dass bestimmte Nichtprüfungsleistungen ausnahmslos – abgesehen von den durch die Rückausnahmen in Abs. 1 S. 1 Nr. 2 und 3 zugelassenen Leistungen – untersagt sind, sondern auch durch die Billigungspflicht von zulässigen Beratungsleistungen durch den Prüfungsausschuss. Damit wird dem Prüfungsausschuss das Recht eingeräumt und die Pflicht auferlegt, über die Erbringung von Nichtprüfungsleistungen durch den Abschlussprüfer individuell zu entscheiden.

2. Relative Honorarbegrenzung für zulässige Nichtprüfungsleistun- 10 gen (Art. 4 Abs. 2 EU-APrVO). Durch Art. 4 Abs. 2 EU-APrVO wird eine relative Honorarbegrenzung („Fee Cap") für die Erbringung zulässiger Nichtprüfungsleistungen eingeführt. Demnach dürfen die Honorare eines Abschlussprüfers für **Nichtprüfungsleistungen** in einem ununterbrochenen Drei-Jahres-Zeitraum **70 %** der in diesem Zeitraum durchschnittlich gezahlten **Abschlussprüfungshonorare** nicht übersteigen. Von dem Mitgliedstaatenwahlrecht zur Einführung strengerer Anforderungen hat der deutsche Gesetzgeber keinen Gebrauch gemacht. Demgegenüber wurde das in Art. 4 Abs. 2 UAbs. 2 EU-APrVO eingeräumte Mitgliedstaatenwahlrecht zur Gewährung von Ausnahmeregelungen in der Form genutzt, dass die APAS auf Antrag des Abschlussprüfers für höchstens ein Geschäftsjahr die Überschreitung der 70 %-Grenze gewähren kann, allerdings begrenzt auf 140 % der Abschlussprüfungshonorare.

Bei der Ermittlung der 70 %-Grenze stehen im Zähler die Honorare für **11** Nichtprüfungsleistungen, die der Abschlussprüfer an das geprüfte Unternehmen, dessen Muttergesellschaft sowie die von diesem beherrschten Unternehmen erbracht hat. Im Nenner stehen die vom geprüften Unternehmen, ggf. dessen Mutterunternehmen und der vom Unternehmen beherrschten Unternehmen gezahlten Abschlussprüfungshonorare. Anders als bei der Ermittlung der Honorare für Nichtprüfungsleistungen ist der Umfang der Abschlussprüfungshonorare nicht auf die vom Abschlussprüfer von dem Unternehmen von öffentlichem Interesse vereinnahmten Honorare begrenzt, sondern schließt auch Honorare ein, die der Abschlussprüfer – nicht jedoch Mitglieder seines Netzwerks – von dem Kreis der betroffenen Unternehmen vereinnahmt hat.

12   **3. Umsatzabhängigkeit (Art. 4 Abs. 3 EU-APrVO).** Während in § 319 Abs. 3 Nr. 5 mit Ausnahme der dort vorgesehenen Härtefallregelung das Überschreiten der Umsatzgrenze von dort 30 % einen absoluten Ausschlussgrund darstellt, resultiert aus der in Art. 4 Abs. 3 EU-APrVO verankerten 15%igen Umsatzgrenze zunächst lediglich eine Erörterungspflicht mit dem Prüfungsausschuss. Anknüpfungspunkt sind die in den letzten drei aufeinanderfolgenden Geschäftsjahren von dem Unternehmen gezahlten Honorare. Sofern diese in jedem der Jahre 15 % der insgesamt vereinnahmten Honorare übersteigen, löst dies eine Erörterungspflicht mit dem Prüfungsausschuss aus.

13   **4. Interne Rotation (Art. 17 Abs. 7 EU-APrVO iVm § 319a Abs. 1 S. 4 und Abs. 2).** Die bisher ebenfalls in § 319a geregelte interne Rotation des verantwortlichen Prüfungspartners ergibt sich nunmehr unmittelbar aus Art. 17 Abs. 7 EU-APrVO, sodass in § 319a lediglich die Definition des verantwortlichen Prüfungspartners verblieben ist. Unverändert sind demnach die Unterzeichner des Bestätigungsvermerks – unabhängig von einer etwaig anderslautenden Bezeichnung innerhalb der Wirtschaftsprüferpraxis – **verantwortliche Prüfungspartner.** Der im Gesetz vorgesehenen zweiten Alternative, wonach neben den Unterzeichnern des Bestätigungsvermerks auch ein von einer Wirtschaftsprüfungsgesellschaft für die Durchführung einer Abschlussprüfung vorrangig verantwortlich bestimmter Wirtschaftsprüfer verantwortlicher Prüfungspartner ist, kommt keine eigenständige Bedeutung zu, da nach § 44 Abs. 1 BS WP/vBP der Bestätigungsvermerk zumindest von dem für die Auftragsdurchführung Verantwortlichen unterzeichnet werden muss.

14   Abs. 1 ist auf den Konzernabschlussprüfer entsprechend anzuwenden. Darüber hinaus wird der Kreis der verantwortlichen Prüfungspartner insofern bei Konzernabschlussprüfungen weiter gezogen, als auch Wirtschaftsprüfer, die für die **Prüfung auf Ebene bedeutender Tochterunternehmen** als vorrangig verantwortliche bestimmt worden sind, der Rotationspflicht unterworfen werden. Insofern abstrahiert die Vorschrift hier von der Person der Unterzeichner des Bestätigungsvermerks zum Konzernabschluss. Dahinter steht der Gedanke, dass der Einfluss der Prüfung von bedeutenden Teilen des Konzerns auch ohne Unterzeichnung des Bestätigungsvermerks zum Konzernabschluss so ausgeprägt sein kann, dass gerechtfertigt erscheint, auch die Verantwortlichen für die Prüfung dieser bedeutenden Tochterunternehmen der Rotation zu unterwerfen. Als in diesem Sinne „bedeutende Tochterunternehmen" sind nach der Gesetzesbegründung solche Gesellschaften anzusehen, die mehr als 20 % zum Konzernumsatz oder zum Konzernvermögen beitragen.[1]

---

[1] BeBiKo/*Schmidt/Nagel* Rn. 39.

Die durch Art. 17 Abs. 7 EU-APrVO vorgeschriebene interne Rotation **15** knüpft abweichend vom bisherigen deutschen Recht an einen **Sieben-Jahres-Zeitraum** und nicht an die Anzahl der Unterzeichnungen des Bestätigungsvermerks als für die Abschlussprüfung Verantwortlicher an. Der Zeitraum beginnt mit der Bestellung zum Abschlussprüfer. Nach Ablauf des Sieben-Jahres-Zeitraums ist eine erneute Mitwirkung an der Abschlussprüfung frühestens nach Ablauf von drei Jahren möglich. Sofern ein verantwortlicher Prüfungspartner innerhalb des Sieben-Jahres-Zeitraums in einem oder mehreren Jahren den Bestätigungsvermerk nicht unterzeichnet hat, führt das nicht zu einer Verlängerung des Zeitraums, es sei denn, er hat für mindestens drei Jahre nach Beendigung seiner Teilnahme nicht an der Abschlussprüfung mitgewirkt.

Neben die auf die verantwortlichen Prüfungspartner bezogene interne **16** Rotationspflicht tritt nach § 17 EU-APrVO die Verpflichtung für den Abschlussprüfer oder die Wirtschaftsprüfungsgesellschaft, ein **angemessenes graduelles Rotationssystem** für das an der Abschlussprüfung Führungspersonal einzurichten. Diese Verpflichtung bezieht sich ausdrücklich nicht auf das gesamte Prüfungsteam und ist ferner auf die „als Abschlussprüfer geführte Personen" beschränkt. Dies wird so zu verstehen sein, dass Wirtschaftsprüfer und nicht etwa bei einer Prüfung eingesetzte, vom Abschlussprüfer beschäftigte Sachverständige davon erfasst werden sollen. Ferner müssen nicht notwendigerweise sämtliche bei einer Abschlussprüfung eingesetzte Wirtschaftsprüfer als Führungspersonal zu qualifizieren sein, selbst wenn angestellte Wirtschaftsprüfer als leitende Angestellte gelten. Damit haben der jeweilige Abschlussprüfer bzw. die Wirtschaftsprüfungsgesellschaft ein Ermessen sowohl dahingehend, wie weit sie den Kreis des beteiligten Führungspersonals ziehen als auch hinsichtlich des Rotationszeitraums, der auch länger als der für die verantwortlichen Prüfungspartner vorgeschriebene Sieben-Jahres-Zeitraum sein kann.

V. Rechtsfolgen bei Verstoß gegen § 319a

Die Rechtsfolgen bei einem Verstoß gegen § 319a entsprechen denen bei **17** einem Verstoß gegen § 319 Abs. 2–4. Der geprüfte Abschluss ist nicht nichtig, allerdings führt der Verstoß zu einer Nichtigkeit des Prüfungsauftrages und ggf. zu Schadensersatzansprüchen gegen den Abschlussprüfer.[2]

§ 319b Netzwerk

(1) **[1]Ein Abschlussprüfer ist von der Abschlussprüfung ausgeschlossen, wenn ein Mitglied seines Netzwerks einen Ausschlussgrund nach § 319 Abs. 2, 3 Satz 1 Nr. 1, 2 oder Nr. 4, Abs. 3 Satz 2 oder Abs. 4 erfüllt, es sei denn, dass das Netzwerkmitglied auf das Ergebnis der Abschlussprüfung keinen Einfluss nehmen kann. [2]Er ist ausgeschlossen, wenn ein Mitglied seines Netzwerks einen Ausschlussgrund nach § 319 Abs. 3 Satz 1 Nr. 3 oder § 319a Abs. 1 Satz 1 Nr. 2 oder 3 erfüllt. [3]Ein Netzwerk liegt vor, wenn Personen bei ihrer Berufsausübung zur Verfolgung gemeinsamer wirtschaftlicher Interessen für eine gewisse Dauer zusammenwirken.**

---

[2] Baumbach/Hopt/*Merkt* Rn. 12; s. auch Erläuterungen zu § 319.

(2) **Absatz 1 ist auf den Abschlussprüfer des Konzernabschlusses entsprechend anzuwenden.**

Schrifttum: S. Schrifttum zu § 319.

I. Allgemeines

1   Durch die Ausdehnung der Ausschlussgründe auf Netzwerkgesellschaften werden die Unabhängigkeitsanforderungen an den Abschlussprüfer verschärft. §§ 319, 319a stellen vorrangig auf Sachverhalte ab, die durch den Wirtschaftsprüfer/die Wirtschaftsprüfungsgesellschaft verwirklicht werden. Eine Ausweitung erfolgt lediglich in Hinblick auf Tätigkeiten, die durch ein Unternehmen erbracht werden, bei denen der Wirtschaftsprüfer eine Funktion als gesetzlicher Vertreter, Arbeitnehmer, Mitglied des Aufsichtsrats oder Gesellschafter mit mehr als 20 vH der Stimmrechte ausübt. Sofern jedoch keine Verbindung besteht, die in eine der genannten Kategorien fällt, sind Ausschlussgründe nicht gegeben.

2   § 319b trägt der Tatsache Rechnung, dass **Kooperationen zwischen Wirtschaftsprüfern** nicht unbedingt auf gesellschaftsrechtlicher Ebene erfolgen – was zumindest bei länderübergreifenden Kooperationen mit Wirtschaftsprüfern außerhalb der EU auch berufsrechtlichen Restriktionen unterliegt –, sondern in Form der Zusammenarbeit in Netzwerken. Um auch den insoweit vermuteten nachteiligen Auswirkungen auf die Unabhängigkeit des Abschlussprüfers zu begegnen, werden die Ausschlussgründe in § 319b auch auf Fälle erstreckt, in denen durch Netzwerkmitglieder Tätigkeiten erbracht werden, die bei Erbringung durch den Wirtschaftsprüfer/die Wirtschaftsprüfungsgesellschaft selbst schädlich für die Einhaltung der Unabhängigkeitsanforderungen wären.

II. Netzwerkdefinition (Abs. 1 S. 3)

3   Da ein Netzwerk keinen an anderer Stelle definierten Begriff darstellt, werden in Abs. 1 S. 3 die Kriterien genannt, die ein Netzwerk ausmachen. Im Zweifel sind allein diese **Kriterien** maßgeblich dafür, ob von einem Netzwerk auszugehen ist. Die Tatsache, dass Wirtschaftsprüfer nach außen als Mitglied eines Netzwerkes auftreten, wird in der Regel ein starkes Indiz darstellen, ist aber – sofern die Merkmale der gesetzlichen Definition nicht gegeben sind – weder notwendige noch hinreichende Voraussetzung.

4   Wenn der Gesetzeswortlaut auf „Personen" abstellt, fallen darunter zunächst natürliche und juristische Personen, ohne dass dadurch Konstrukte aus anderen Rechtsräumen ausgeschlossen wären, die nicht in diesen Kategorien verfasst sind.[1] Durch das Kriterium „Verfolgung gemeinsamer wirtschaftlicher Interessen" werden andere Formen des Zusammenwirkens ausgeschlossen. So wird ein rein fachlicher Austausch allein noch nicht zu der Annahme eines Netzwerkes führen. In Anlehnung an die in der 8. EU-Richtlinie genannten Faktoren können zB eine Gewinn- und Kostenteilung oder die Verbindung durch gemeinsame Faktoren wie Geschäftsstrategie, Eigentum, Kontrolle und Geschäftsführung, Qualitätssicherungsverfahren und -maßnahmen, Marke und Nutzung fachlicher Ressourcen das Vorliegen eines Netzwerkes begründen.[2] Das Kriterium einer „gewissen Dauer" dient der Negativabgrenzung,

---

[1] *Gelhausen/Fey/Kämpfer* Rechnungslegung T Rn. 130; BeBiKo/*Schmidt/Nagel* Rn. 7.
[2] BeBiKo/*Schmidt/Nagel* Rn. 9.

um lediglich einmalige oder vorübergehende Kooperationen nicht zu erfassen. Andernfalls könnte bereits die Durchführung einer Gemeinschaftsprüfung zur Annahme eines Netzwerks führen.

III. Verwirklichung von Ausschlussgründen durch Netzwerkmitglieder

1. Bedingte Ausschlussgründe (Abs. 1 S. 1). Die Ausschlussgründe, 5 die durch ein Netzwerkmitglied erfüllt sein können, knüpfen unmittelbar an die in § 319 genannten Tatbestände an. Dazu zählt zunächst die „Generalklausel" des § 319 Abs. 2, die einen Ausschluss von der Abschlussprüfung nach sich zieht, wenn Gründe vorliegen, nach denen die Besorgnis der Befangenheit besteht, insbesondere Beziehungen geschäftlicher, finanzieller oder persönlicher Art. Ferner sind die konkreten Sachverhalte in § 319 Abs. 3 S. 1 Nr. 1 (Anteile oder andere nicht unwesentliche finanzielle Interessen an der zu prüfenden Kapitalgesellschaft), § 319 Abs. 3 Nr. 2 (gesetzlicher Vertreter, Mitglied des Aufsichtsrats oder Arbeitnehmer der zu prüfenden Kapitalgesellschaft) oder § 319 Abs. 3 Nr. 4 (Beschäftigung einer Person bei der Prüfung, die ihrerseits aufgrund der Ausschlussgründe nicht Abschlussprüfer sein darf) einschlägig. Schließlich sind die Ausschlussgründe auch maßgeblich, wenn sie in der Person des Ehegatten oder des Lebenspartners liegen (§ 319 Abs. 3 S. 2). Schließlich gelten die Ausschlussgründe auch entsprechend für Wirtschaftsprüfungsgesellschaften (§ 319 Abs. 4).

Diese durch ein Netzwerkmitglied ausgelösten Ausschlussgründe kommen 6 jedoch dann nicht zum Tragen, wenn das Netzwerkmitglied keinen Einfluss auf das Ergebnis der Abschlussprüfung nehmen kann. Die Bedingung der Einflussnahme auf das Prüfungsergebnis ist insofern überraschend, als bereits der Berufsgrundsatz der Eigenverantwortlichkeit (§ 43 Abs. 1 WPO) eine solche Einflussnahme ausschließen sollte. Deshalb kann hier nur eine Form der Einflussnahme gemeint sein, die sich in ihrer Intensität unterhalb der berufsrechtlich zulässigen Einflussnahme bewegt.

2. Unbedingte Ausschlussgründe (Abs. 1 S. 2). Anders als bei den 7 Ausschlussgründen nach Abs. 1 S. 1 sind die weiteren Ausschlussgründe in Abs. 1 S. 2 unabhängig von der Möglichkeit zur Einflussnahme auf das Prüfungsergebnis, führen also unmittelbar zum Ausschluss von der Abschlussprüfung. Dies betrifft die Ausschlussgründe in § 319 Abs. 3 S. 1 Nr. 3 aufgrund der Mitwirkung an der Führung der Bücher oder Aufstellung des Jahresabschlusses, der Durchführung der internen Revision in verantwortlicher Position, der Erbringung von Unternehmensleitungs- oder Finanzdienstleistungen sowie von eigenständigen versicherungsmathematischen oder Bewertungsleistungen, die sich auf den zu prüfenden Jahresabschluss nicht nur unwesentlich auswirken. Bei Unternehmen im öffentlichen Interesse ist darüber hinaus die Erbringung von über die Prüfungstätigkeit hinausgehenden Steuerberatungs- und Bewertungsleistungen unzulässig, die sich jeweils einzeln oder zusammen auf den zu prüfenden Jahresabschluss unmittelbar und nicht nur unwesentlich auswirken. Für den Fall der Steuerberatungsleistungen hat der deutsche Gesetzgeber in § 319a Abs. 1 Nr. 2 eine dahingehende Konkretisierung vorgenommen, dass eine nicht unwesentliche Auswirkung insbesondere dann vorliegt, wenn die Erbringung der Steuerberatungsleistungen im zu prüfenden Geschäftsjahr den für steuerliche Zwecke zu ermittelnden Gewinn im Inland erheblich gekürzt hat oder ein erheblicher Teil des

Gewinns ins Ausland verlagert worden ist, ohne dass eine über die steuerliche Vorteilserlangung hinausgehende wirtschaftliche Notwendigkeit für das Unternehmen besteht.

§ 320 Vorlagepflicht. Auskunftsrecht

(1) [1] Die gesetzlichen Vertreter der Kapitalgesellschaft haben dem Abschlußprüfer den Jahresabschluß, den Lagebericht und den gesonderten nichtfinanziellen Bericht unverzüglich nach der Aufstellung vorzulegen. [2] Sie haben ihm zu gestatten, die Bücher und Schriften der Kapitalgesellschaft sowie die Vermögensgegenstände und Schulden, namentlich die Kasse und die Bestände an Wertpapieren und Waren, zu prüfen.

(2) [1] Der Abschlußprüfer kann von den gesetzlichen Vertretern alle Aufklärungen und Nachweise verlangen, die für eine sorgfältige Prüfung notwendig sind. [2] Soweit es die Vorbereitung der Abschlußprüfung erfordert, hat der Abschlußprüfer die Rechte nach Absatz 1 Satz 2 und nach Satz 1 auch schon vor Aufstellung des Jahresabschlusses. [3] Soweit es für eine sorgfältige Prüfung notwendig ist, hat der Abschlußprüfer die Rechte nach den Sätzen 1 und 2 auch gegenüber Mutter- und Tochterunternehmen.

(3) [1] Die gesetzlichen Vertreter einer Kapitalgesellschaft, die einen Konzernabschluß aufzustellen hat, haben dem Abschlußprüfer des Konzernabschlusses den Konzernabschluß, den Konzernlagebericht, den gesonderten nichtfinanziellen Konzernbericht, die Jahresabschlüsse, Lageberichte, die gesonderten nichtfinanziellen Berichte und, wenn eine Prüfung stattgefunden hat, die Prüfungsberichte des Mutterunternehmens und der Tochterunternehmen vorzulegen. [2] Der Abschlußprüfer hat die Rechte nach Absatz 1 Satz 2 und nach Absatz 2 bei dem Mutterunternehmen und den Tochterunternehmen, die Rechte nach Absatz 2 auch gegenüber den Abschlußprüfern des Mutterunternehmens und der Tochterunternehmen.

(4) Der bisherige Abschlussprüfer hat dem neuen Abschlussprüfer auf schriftliche Anfrage über das Ergebnis der bisherigen Prüfung zu berichten; § 321 ist entsprechend anzuwenden.

(5) [1] Ist die Kapitalgesellschaft als Tochterunternehmen in den Konzernabschluss eines Mutterunternehmens einbezogen, das seinen Sitz nicht in einem Mitgliedstaat der Europäischen Union oder einem anderen Vertragsstaat des Abkommens über den Europäischen Wirtschaftsraum hat, kann der Prüfer nach Absatz 2 zur Verfügung gestellte Unterlagen an den Abschlussprüfer des Konzernabschlusses weitergeben, soweit diese für die Prüfung des Konzernabschlusses des Mutterunternehmens erforderlich sind. [2] Die Übermittlung personenbezogener Daten muss im Einklang mit den Vorgaben der Verordnung (EU) 2016/679 und den allgemeinen datenschutzrechtlichen Vorschriften stehen.

Schrifttum: (ohne die Einzelbeiträge in den verschiedenen Handbüchern der Rechnungslegung) *Elkart/Naumann*, Zur Fortentwicklung der Grundsätze für die Erteilung von Bestätigungsvermerken bei Abschlußprüfungen nach § 322 HGB (Teil I und II), WPg 1995, 357; *IDW* PS 300 nF, Prüfungsnachweise im Rahmen der Abschlussprüfung, IDW Life 2016, 624; *IDW* PS 301, Prüfung der Vorratsinventur, WPg 2003, 715, WPg 2011, Supplement 1; *IDW* PS 303 nF, Erklärungen der gesetzlichen Vertreter gegenüber dem Abschlussprüfer, WPg 2009, Supplement 4; *IDW* PS

400 nF, Bildung eines Prüfungsurteils und Erteilung eines Bestätigungsvermerks, IDW Life 2018, 29; *Kaminski/Marks,* Die Qualität der Abschlußprüfung in der internationalen Diskussion, FS Havermann, 1995, 247.

I. Allgemeines

Die Vorschrift des § 320 verpflichtet die gesetzlichen Vertreter einer prü- **1** fungspflichtigen Gesellschaft, dem Abschlussprüfer bzw. Konzernabschlussprüfer alle notwendigen Unterlagen vorzulegen und Informationen zu geben, die er für eine **ordnungsmäßige Durchführung der Abschlussprüfung** benötigt. Die Verpflichtungen gegenüber dem Abschlussprüfer aus § 320 können nicht durch Vertrag mit diesem, Satzung oder Gesellschaftsvertrag aufgehoben werden und sind insofern **zwingend.**[1] § 320 gilt unmittelbar für die Prüfung des Jahresabschlusses und des Konzernabschlusses von Kapitalgesellschaften (§ 316 Abs. 1 und 2), für Einzelabschlüsse nach § 325 Abs. 2a (§ 324a Abs. 1 S. 1), für die Nachtragsprüfung nach § 316 Abs. 3 sowie – auf Grund der dort enthaltenen Verweisung – für die Abschlussprüfung von Personengesellschaften iSd § 264a Abs. 1; außerdem durch Verweis für Abschlussprüfungen nach § 340k Abs. 1 (Kreditinstitute) und § 341k Abs. 1 (Versicherungsunternehmen). Zudem wird durch Abs. 5 eine Grundlage für die Weitergabe von für die Konzernabschlussprüfung notwendigen Unterlagen an den Konzernabschlussprüfer eines Mutterunternehmens mit Sitz außerhalb der EU bzw. des EWR geschaffen.

§ 320 gilt in Teilen ferner sinngemäß für Prüfungen nach § 6 Abs. 1 **2** PublG und § 14 Abs. 1 S. 2 PublG, nach § 313 Abs. 1 S. 3 AktG (Abhängigkeitsbericht), nach § 209 Abs. 4 S. 2 AktG und § 57f Abs. 3 S. 2 GmbHG (Kapitalerhöhung aus Gesellschaftsmitteln) sowie nach § 11 Abs. 1 S. 1 UmwG (Verschmelzung/Spaltung).

Die Vorlagepflichten und Auskunftsrechte können sich bei freiwilligen **3** Jahres- und Konzernabschlussprüfungen nach der Gesetzessystematik nicht aus § 320 ergeben. Insofern sind dann entsprechende Auskunftsrechte im Prüfungsauftrag zu vereinbaren.[2]

Auskunftsrechte beziehen sich dabei nicht nur auf die Nachweise für Ver- **4** mögensgegenstände, Schulden, Aufwendungen und Erträge. Soweit es Anforderungen an die Abschlussprüfung notwendig machen, erstreckt sich das Auskunftsrecht auch zB auf interne Kontrollsysteme sowie Unregelmäßigkeiten.

II. Jahresabschlussprüfung (Abs. 1 und 2)

1. Vorlagepflicht. Der Jahresabschluss, der Lagebericht und der gesonder- **5** te nichtfinanzielle Bericht sind dem Abschlussprüfer nach Abs. 1 S. 1 von den gesetzlichen Vertretern der Kapitalgesellschaft unverzüglich nach der Aufstellung vorzulegen. Da diese Unterlagen bei prüfungspflichtigen Gesellschaften innerhalb der ersten drei Monate des Geschäftsjahrs für das vergangene Geschäftsjahr aufzustellen sind, müssen sie auch spätestens nach dieser Frist dem Abschlussprüfer vorliegen. Damit für die Abschlussprüfung ein angemessener Zeitraum verbleibt, ist es angebracht, dem Abschlussprüfer prüfungsfähige Teile des Rechenwerks bereits **vorab** zugänglich zu machen;[3]

---

[1] *ADS* Rn. 3; MüKoHGB/*Ebke* Rn. 3.
[2] *IDW* PS 303 nF, WPg 2009, Supplement 4 Rn. 10.
[3] *ADS* Rn. 13.

dazu sieht Abs. 2 S. 2 vor, dass der Abschlussprüfer Auskunftsansprüche und Einsichtsrechte zur Vorbereitung der Prüfung bereits vor Aufstellung des Jahresabschlusses hat. Dies entspricht der gängigen Praxis, denn auf Grund der immer größer werdenden Komplexität von Jahres- und Konzernabschlüssen sowie der immer knapper werdenden, aus der Zeitplanung der geprüften Unternehmen folgenden Termine finden die Aufstellung im Sinne einer hinreichenden Konkretisierung der Posten des Jahresabschlusses und die Prüfung zeitlich parallel statt.[4]

6   **2. Einsichts- und Auskunftsrechte.** Über die Vorlage der wesentlichen Prüfungsgegenstände Jahresabschluss und Lagebericht hinaus haben die gesetzlichen Vertreter dem Abschlussprüfer nach Abs. 1 S. 2 zu gestatten, die Bücher und Schriften der Kapitalgesellschaft einzusehen und zu prüfen. **Bücher** sind alle Handelsbücher gem. §§ 238 ff.; dem Abschlussprüfer ist auf sein Verlangen die gesamte Buchführung einschließlich Nebenbuchhaltungen vorzulegen, wozu auch auf Datenträgern gespeicherte Daten zählen.[5] Als **Schriften** sind in erster Linie Belege und Geschäftspapiere, zB Rechnungen, Quittungen, Buchungsanweisungen und Frachtbriefe, aber auch sonstige Unterlagen wie Verträge, Prüfungsberichte der Internen Revision, Protokolle von Aufsichtsrats-, Vorstands- und Beiratssitzungen, ggf. Personalunterlagen, Unterlagen über das Überwachungssystem zur Risikofrüherkennung, sowie in die Zukunft gerichtete Aufzeichnungen wie Planungs- und Investitionsrechnungen, anzusehen.[6] Obwohl nach dem Wortlaut des Gesetzes das Einsichts- und Prüfungsrecht unbeschränkt ist, lässt es sich vom Zweck der Prüfung her nur für solche Bücher und Schriften rechtfertigen, die, wenn auch nur mittelbar, für die Abschlussprüfung Relevanz haben.[7]

7   Das Prüfungsrecht nach Abs. 1 S. 2 erstreckt sich darüber hinaus auch auf die **Vermögensgegenstände** und **Schulden** der Kapitalgesellschaft, beispielhaft werden die Kasse und die Bestände an Wertpapieren und Waren aufgeführt. Die Begriffe „Vermögensgegenstände" und „Schulden" stehen dabei aber für alle Posten der Aktiv- bzw. Passivseite einschließlich ihrer Erläuterungen und der Ergänzungen im Anhang.[8] Im Rahmen der Bestandsprüfung ist zB regelmäßig die Anwesenheit des Abschlussprüfers bei der Vorratsinventur erforderlich, sofern das Vorratsvermögen wesentlich für den Abschluss ist.[9]

8   Nach Abs. 2 S. 1 kann der Abschlussprüfer von den gesetzlichen Vertretern alle Aufklärungen und Nachweise verlangen, die für eine sorgfältige Prüfung notwendig sind.[10]**Aufklärungen** sind Auskünfte, Erklärungen und Begründungen, die idR mündlich erteilt werden können, während **Nachweise** schriftliche Unterlagen darstellen, die zur Belegung der verlangten Aufklärungen erheblich sind.[11] Nachweise sind zB Bürgschaftserklärungen, Patente

---

[4] *ADS* Rn. 13; MüKoHGB/*Ebke* Rn. 5.
[5] *ADS* Rn. 17.
[6] *ADS* Rn. 18 und Rn. 20.
[7] *ADS* Rn. 19.
[8] *ADS* Rn. 24; HdR/*Baetge/Göbel* Rn. 13 f.; Baumbach/Hueck/*Schulze-Osterloh,* 18. Aufl. 2006, GmbHG § 41 Rn. 121.
[9] BeBiKo/*Schmidt/Heinz* Rn. 7; *IDW* PS 301, WPg 203, 715 ff., WPg 2011, Supplement 1 Rn. 7.
[10] Die Verpflichtung zur Einholung legt auch IDW PS 303 nF, WPg 2009, Supplement 4 Rn. 8 ff. fest.
[11] *ADS* Rn. 28; BeBiKo/*Schmidt/Heinz* Rn. 12.

und Steuerakten. Der Abschlussprüfer hat von dem geprüften Unternehmen eine sog. **Vollständigkeitserklärung** einzuholen, in der die Vollständigkeit der erteilten Aufklärungen und Nachweise – üblicherweise durch die gesetzlichen Vertreter – versichert wird.[12] Muster für Vollständigkeitserklärungen sind vom IDW ausgearbeitet worden.[13]

Dem Abschlussprüfer stehen nach Abs. 2 S. 2 die Einsichts- und Aus- **9** kunftsrechte nach Abs. 1 S. 2 und nach Abs. 2 S. 1 auch schon **vor** der Aufstellung des Jahresabschlusses zu, soweit es die Vorbereitung der Abschlussprüfung erfordert. Dadurch bietet sich die Möglichkeit, **Vor- oder Zwischenprüfungen** durchzuführen.

Die Auskunftsrechte des Abs. 2 S. 1 u. 2 hat der Abschlussprüfer nach **10** Abs. 2 S. 3 auch gegenüber **Mutter- und Tochterunternehmen,** soweit es für eine sorgfältige Prüfung notwendig ist. Die Begriffe „Mutterunternehmen" und „Tochterunternehmen" sind mit denen des § 290 identisch.[14]

III. Konzernabschlussprüfung (Abs. 3)

1. Vorlagepflicht. Die gesetzlichen Vertreter einer Kapitalgesellschaft, die **11** einen Konzernabschluss aufzustellen hat, haben nach Abs. 3 S. 1 dem Abschlussprüfer des Konzernabschlusses den Konzernabschluss, den Konzernlagebericht, die Jahresabschlüsse, Lageberichte, den gesonderten nichtfinanziellen Konzernbericht und, wenn eine Prüfung stattgefunden hat, die Prüfungsberichte des Mutterunternehmens und der Tochterunternehmen vorzulegen. Neben den genannten Unterlagen umfasst die Vorlagepflicht auch die Zwischenabschlüsse sowie die Konsolidierungsunterlagen.[15] Obwohl es nicht explizit erwähnt wird, ist davon auszugehen, dass die gesetzlichen Vertreter des Mutterunternehmens die Unterlagen wie bei der Jahresabschlussprüfung **unverzüglich** nach der Aufstellung des Konzernabschlusses, die nach § 290 Abs. 1 in den ersten fünf Monaten des Konzerngeschäftsjahrs erfolgen muss, vorzulegen haben.[16]

Abs. 3 S. 1 ist auch bei der Aufstellung eines Konzernabschlusses mit **12** befreiender Wirkung (zB nach § 291) zu beachten.[17]

2. Einsichts- und Auskunftsrechte. Der Konzernabschlussprüfer hat **13** nach Abs. 3 S. 2 die Rechte nach Abs. 1 S. 2 und nach Abs. 2 bei dem Mutterunternehmen und den in den Konzernabschluss einbezogenen und nicht einbezogenen Tochterunternehmen, die Rechte nach Abs. 2 auch gegenüber den Abschlussprüfern des Mutterunternehmens und der Tochterunternehmen. Die gesetzlichen Vertreter des Mutterunternehmens sowie der Tochterunternehmen haben somit dem Abschlussprüfer zu gestatten, die Bücher und Schriften der Unternehmen sowie die Vermögensgegenstände und Schulden zu prüfen; außerdem kann er alle Aufklärungen und Nachweise verlangen, die für eine sorgfältige Prüfung notwendig sind. Diese Rechte stehen ihm auch schon im Rahmen von Vor- und Zwischenprüfungen zu. Diese Rechte sind insbesondere dann von Bedeutung, wenn ein einbezogenes Tochterunternehmen nicht befreiend geprüft wurde und der Konzern-

---

[12] *IDW* PS 303 nF, WPg 2009, Supplement 4 Rn. 23 ff.
[13] *IDW* PS 303 nF, WPg 2009, Supplement 4 Rn. 28.
[14] *ADS* Rn. 38; BeBiKo/*Schmidt/Heinz* Rn. 16.
[15] *ADS* Rn. 59 ff.; BeBiKo/*Schmidt/Heinz* Rn. 21.
[16] *ADS* Rn. 61.
[17] *ADS* Rn. 56, BeBiKo/*Schmidt/Heinz* Rn. 20.

abschlussprüfer selbst zur Prüfung des Jahresabschlusses verpflichtet ist.[18] Die in Abs. 3 S. 2 Hs. 2 gewährten Rechte gegenüber den Abschlussprüfern der Jahresabschlüsse bestehen auch, wenn der Jahresabschluss eines Tochterunternehmens freiwillig geprüft wird.[19] Der Konzernabschlussprüfer muss die für den Konzernabschluss erforderlichen Folgerungen ziehen können. In diesem Umfang stehen ihm die Auskunftsrechte zu; dies gilt insbesondere, wenn die Einzel-Abschlussprüfer ihre Testate eingeschränkt oder versagt haben.[20]

IV. Unterrichtung des neuen Abschlussprüfers (Abs. 4)

14   In Abs. 4 wird für den Fall des (vorzeitigen oder eines regulären) Wechsels des Abschlussprüfers dem Folgeprüfer ein eigenständiges Informationsrecht gegenüber dem bisherigen Abschlussprüfer eingeräumt. Auf schriftliche Anfrage hat der bisherige Prüfer über das Ergebnis seiner Prüfung zu berichten. Allerdings beschränkt sich die Berichtspflicht auf Vorlage des Prüfungsberichts nach § 322 oder – bei vorzeitiger Beendigung der Prüfung – der Berichterstattung nach § 318 Abs. 6 S. 4, sodass keine eigenständige, gesonderte Berichterstattung erforderlich ist.[21] In welchem Umfang der bisherige Prüfer darüber hinaus eine Entbindung von der Verschwiegenheit durch den Auftraggeber voraussetzt, dem Folgeprüfer weitere Informationen zugänglich macht, etwa durch Einsichtsgewährung in die Auftragsdokumentation, liegt in seinem Ermessen;[22] die gesetzliche Informationspflicht ist auf die Vorlage der Berichterstattung beschränkt. Für den Folgeprüfer erschließt sich durch das gesetzliche Informationsrecht gegenüber dem bisherigen Abschlussprüfer keine zusätzliche Informationsquelle, da er bei seiner Prüfung ein inhaltlich identisches Informationsrecht gegenüber der zu prüfenden Gesellschaft hat.[23]

15   Über die Unterrichtung des Folgeprüfers auf der Grundlage von Abs. 4 bei allen gesetzlichen Abschlussprüfungen hinaus ist in Art. 18 EU-APrVO für Abschlussprüfungen von Unternehmen von öffentlichem Interesse eine weitergehende Information des Folgeprüfers vorgeschrieben. Offensichtlich hat der europäische Gesetzgeber vor dem Hintergrund einer vorgeschriebenen externen Rotation Handlungsbedarf gesehen, um die Informationsgewinnung des neuen Prüfers zu erleichtern, wobei die Verpflichtung zur Informationsbereitstellung bei jedem Prüferwechsel bei diesen Unternehmen zum Tragen kommt, also auch solche Wechsel, die nicht auf einer verpflichtenden Rotation beruhen.[24]

16   Der bisherige Abschlussprüfer hat die Übergabeakte dem neuen Prüfer auf Verlangen zur Verfügung zu stellen; macht der neue Prüfer keinen Gebrauch von der Möglichkeit, eine Übergabeakte anzufordern, besteht für den bisherigen Prüfer keine eigenständige Handlungspflicht.[25] Inhaltlich geht die unter

---

[18] *ADS* Rn. 62.

[19] *ADS* Rn. 66; BeBiKo/*Schmidt/Heinz* Rn. 25.

[20] BeBiKo/*Schmidt/Heinz* Rn. 25.

[21] *Gelhausen/Fey/Kämpfer* Rechnungslegung S Rn. 44 f.; MüKoHGB/*Ebke* Rn. 32.

[22] MüKoHGB/*Ebke* Rn. 36.

[23] *Gelhausen/Fey/Kämpfer* Rechnungslegung S Rn. 44; MüKoHGB/*Ebke* Rn. 36.

[24] *Schüppen*, Abschlussprüfung, 2017, Anh. § 320: EU-APrVO Art. 18 Rn. 1.

[25] *IDW*, EU-Regulierung der Abschlussprüfung – IDW Positionspapier zu Inhalten und Zweifelsfragen der EU-Verordnung und der Abschlussprüferrichtlinie (4. Aufl. mit Stand vom 23.5.2018), https://www.idw.de/blob/86498/ea346a862c94cf8619af57187ea153ee/down-positionspapier-zweifelsfragen-data.pdf, S. 65; *Schüppen*, Abschlussprüfung, 2017, Anh. § 320: EU-APrVO Art. 18 Rn. 2.

dem Begriff „Übergabeakte" gefasste Informationspflicht über die Zurverfügungstellung des letzten Prüfungsberichts hinaus, indem einerseits auch Prüfungsberichte weiter zurückliegender Jahre davon erfasst sind, andererseits auch solche Informationen einschließt, die der Abschlussprüfer auf der Grundlage von Art. 12 und 13 EU-APrVO übermittelt hat.[26] Ferner ist davon auszugehen, dass auch die Vollständigkeitserklärung der gesetzlichen Vertreter in Zusammenhang mit der letzten durchgeführten Abschlussprüfung, die Aufstellung nicht korrigierter Prüfungsdifferenzen iSd IDW PS 303 nF Rn. 28 und IDW PS 250 nF Rn. 24, die Kommunikation des bisherigen Abschlussprüfers an den Prüfungsausschuss oder das Aufsichtsratsplenum und ein etwaiger Management Letter Bestandteile der Übergabeakte darstellen.[27] Demgegenüber begründet die Verpflichtung zur Überlassung einer Übergabeakte keine weitergehenden Auskunfts- und Einsichtsrechte, etwa in die Arbeitspapiere des bisherigen Abschlussprüfers.[28]

V. Grenzen der Rechte aus § 320

Die Grenzen der Rechte aus § 320 ergeben sich aus dem Zweck der **17** Abschlussprüfung. Die Ausübung der Rechte muss sich im Rahmen der in den §§ 316, 317 beschriebenen Aufgaben des Abschlussprüfers halten. Diese Begrenzung der Rechte wird durch die Formulierung des Abs. 2 S. 1 und 3 „soweit für eine sorgfältige Prüfung notwendig" verdeutlicht. Dabei ist auch ein nur mittelbarer Zusammenhang ausreichend, um das Auskunftsverlangen zu rechtfertigen. Die Vorlage bspw. von Vorstands- und Aufsichtsratsprotokollen kann nur verlangt werden, wenn die darin behandelten Fragen für die Abschlussprüfung von Bedeutung sind.[29] Weitere Grenzen des § 320 resultieren aus den bei jeder Rechtsausübung zu beachtenden Grundsätzen von Treu und Glauben, insbesondere dem Schikaneverbot des § 226 BGB.[30] Die Vorlage von Schriften oder Aufklärungen und Nachweise können von den gesetzlichen Vertretern nicht aus **Geheimhaltungsgründen** verweigert werden, da die Gesellschaft durch die strengen Verschwiegenheitspflichten des Abschlussprüfers und seiner Gehilfen (§§ 323, 333) gesichert ist.[31]

VI. Durchsetzung der Rechte aus § 320

Werden dem Abschlussprüfer die Rechte aus § 320 verweigert, so kann er **18** diese nach hM nicht im Wege der Klage oder einstweiligen Verfügung durchsetzen.[32] Der Abschlussprüfer wird sich – sofern vorhanden – an den Aufsichtsrat der zu prüfenden Gesellschaft wenden, da die Vertreter des Aufsichtsrats ein unmittelbares Auskunftsrecht gegenüber den gesetzlichen Vertretern

[26] *Schüppen,* Abschlussprüfung, 2017, Anh. § 320: EU-APrVO Art. 18 Rn. 3.
[27] *IDW,* EU-Regulierung der Abschlussprüfung – IDW Positionspapier zu Inhalten und Zweifelsfragen der EU-Verordnung und der Abschlussprüferrichtlinie (4. Aufl. mit Stand vom 23.5.2018), https://www.idw.de/blob/86498/ea346a862c94cf8619af57187ea153ee/down-positionspapier-zweifelsfragen-data.pdf, S. 66.
[28] *IDW,* EU-Regulierung der Abschlussprüfung – IDW Positionspapier zu Inhalten und Zweifelsfragen der EU-Verordnung und der Abschlussprüferrichtlinie (4. Aufl. mit Stand vom 23.5.2018), https://www.idw.de/blob/86498/ea346a862c94cf8619af57187ea153ee/down-positionspapier-zweifelsfragen-data.pdf, S. 67; aA *Schüppen,* Abschlussprüfung, 2017, Anh. § 320: EU-APrVO Art. 18 Rn. 2.
[29] *ADS* Rn. 76 f.; BeBiKo/*Schmidt/Heinz* Rn. 30.
[30] *ADS* Rn. 80; BeBiKo/*Schmidt/Heinz* Rn. 31; MüKoHGB/*Ebke* Rn. 19.
[31] *ADS* Rn. 81; MüKoHGB/*Ebke* Rn. 22.
[32] *ADS* Rn. 82; BeBiKo/*Schmidt/Heinz* Rn. 35; HdR/*Baetge/Göbel* Rn. 50.

haben (§ 90 AktG) und da sie auch selbst Prüfungsrechte haben (§ 111 Abs. 2 AktG). Der Aufsichtsrat ist zwar nicht verpflichtet, dem Abschlussprüfer Auskunft zu geben,[33] es gehört jedoch auch zu seinen Pflichten, auf die gesetzlichen Vertreter einzuwirken, damit sie ihrer gesetzlichen Verpflichtung aus § 320 nachkommen. Die gesetzlichen Vertreter sind für den Schaden der Gesellschaft, der sich aus der Verweigerung zur Erteilung von Auskünften und Nachweisen ergibt, regresspflichtig.[34] In diesem Fall hat der Abschlussprüfer zunächst im Prüfungsbericht (§ 321 Abs. 2 S. 6) darzustellen, dass Auskünfte und Nachweise nicht erbracht wurden. Betreffen die verweigerten Auskünfte und Nachweise Tatbestände, die für die Urteilsbildung des Abschlussprüfers wesentlich sind, so ist der Bestätigungsvermerk einzuschränken oder zu versagen.[35]

VII. Weitergabe von Unterlagen an Konzernabschlussprüfer in Drittstaaten (Abs. 5)

19   Mit der Einfügung des Abs. 5 wurde in Umsetzung von Art. 23 Abs. 5 Abschlussprüfer-RL dahingehend Rechtssicherheit geschaffen, dass der Abschlussprüfer eines Tochterunternehmens in dem für Zwecke der Konzernabschlussprüfung erforderlichen Umfang erhaltene Unterlagen an einen Konzernabschlussprüfer außerhalb der EU bzw. des EWR weitergeben kann. Bei der Konzernabschlussprüfung eines Mutterunternehmens mit Sitz innerhalb der EU wird dies aufgrund des harmonisierten Rechts ohne weitere Regelung für zulässig angesehen.[36] Dem Abschlussprüfer obliegt zum einen die Entscheidung, ob er von der gesetzlich eröffneten Möglichkeit zur Übermittlung Gebrauch macht, zum anderen hat er abzuwägen, in welchem Umfang eine Übermittlung für Zwecke der Konzernabschlussprüfung erforderlich ist.[37] Schließlich ist die Übermittlung personenbezogener Daten durch die Datenschutz-Grundverordnung und den allgemeinen datenschutzrechtlichen Vorschriften beschränkt.

§ 321 Prüfungsbericht

(1) **¹Der Abschlußprüfer hat über Art und Umfang sowie über das Ergebnis der Prüfung zu berichten; auf den Bericht sind die Sätze 2 und 3 sowie die Absätze 2 bis 4a anzuwenden. ²Der Bericht ist schriftlich und mit der gebotenen Klarheit abzufassen; in ihm ist vorweg zu der Beurteilung der Lage des Unternehmens oder Konzerns durch die gesetzlichen Vertreter Stellung zu nehmen, wobei insbesondere auf die Beurteilung des Fortbestandes und der künftigen Entwicklung des Unternehmens unter Berücksichtigung des Lageberichts und bei der Prüfung des Konzernabschlusses von Mutterunternehmen auch des Konzerns unter Berücksichtigung des Konzernlageberichts einzugehen ist, soweit die geprüften Unterlagen und der Lagebericht oder der Konzernlagebericht eine solche Beurteilung erlauben. ³Außerdem hat der Abschlussprüfer über bei**

---

[33] *ADS* Rn. 83.
[34] *ADS* Rn. 89.
[35] *ADS* Rn. 85; BeBiKo/*Schmidt*/*Heinz* Rn. 36; *IDW* PS 400, WPg 2010, Supplement 4, WPg 2013, Supplement 1 Rn. 56 u. 68a; aA jedoch *Elkart*/*Naumann* WPg 1995, 360, die in diesen Fällen uU eine Verweigerung jedweden Prüfungsvermerks fordern.
[36] *Schüppen*, Abschlussprüfung, 2017, Anh. § 320: EU-APrVO Art. 18 Rn. 19.
[37] *Schüppen*, Abschlussprüfung, 2017, Anh. § 320: EU-APrVO Art. 18 Rn. 19.

Durchführung der Prüfung festgestellte Unrichtigkeiten oder Verstöße gegen gesetzliche Vorschriften sowie Tatsachen zu berichten, die den Bestand des geprüften Unternehmens oder des Konzerns gefährden oder seine Entwicklung wesentlich beeinträchtigen können oder die schwerwiegende Verstöße der gesetzlichen Vertreter oder von Arbeitnehmern gegen Gesetz, Gesellschaftsvertrag oder die Satzung erkennen lassen.

(2) [1] Im Hauptteil des Prüfungsberichts ist festzustellen, ob die Buchführung und die weiteren geprüften Unterlagen, der Jahresabschluss, der Lagebericht, der Konzernabschluss und der Konzernlagebericht den gesetzlichen Vorschriften und den ergänzenden Bestimmungen des Gesellschaftsvertrags oder der Satzung entsprechen. [2] In diesem Rahmen ist auch über Beanstandungen zu berichten, die nicht zur Einschränkung oder Versagung des Bestätigungsvermerks geführt haben, soweit dies für die Überwachung der Geschäftsführung und des geprüften Unternehmens von Bedeutung ist. [3] Es ist auch darauf einzugehen, ob der Abschluss insgesamt unter Beachtung der Grundsätze ordnungsmäßiger Buchführung oder sonstiger maßgeblicher Rechnungslegungsgrundsätze ein den tatsächlichen Verhältnissen entsprechendes Bild der Vermögens-, Finanz- und Ertragslage der Kapitalgesellschaft oder des Konzerns vermittelt. [4] Dazu ist auch auf wesentliche Bewertungsgrundlagen sowie darauf einzugehen, welchen Einfluss Änderungen in den Bewertungsgrundlagen einschließlich der Ausübung von Bilanzierungs- und Bewertungswahlrechten und der Ausnutzung von Ermessensspielräumen sowie sachverhaltsgestaltende Maßnahmen insgesamt auf die Darstellung der Vermögens-, Finanz- und Ertragslage haben. [5] Hierzu sind die Posten des Jahres- und des Konzernabschlusses aufzugliedern und ausreichend zu erläutern, soweit diese Angaben nicht im Anhang enthalten sind. [6] Es ist darzustellen, ob die gesetzlichen Vertreter die verlangten Aufklärungen und Nachweise erbracht haben.

(3) [1] In einem besonderen Abschnitt des Prüfungsberichts sind Gegenstand, Art und Umfang der Prüfung zu erläutern. [2] Dabei ist auch auf die angewandten Rechnungslegungs- und Prüfungsgrundsätze einzugehen.

(4) [1] Ist im Rahmen der Prüfung eine Beurteilung nach § 317 Abs. 4 abgegeben worden, so ist deren Ergebnis in einem besonderen Teil des Prüfungsberichts darzustellen. [2] Es ist darauf einzugehen, ob Maßnahmen erforderlich sind, um das interne Überwachungssystem zu verbessern.

(4a) Der Abschlussprüfer hat im Prüfungsbericht seine Unabhängigkeit zu bestätigen.

(5) [1] Der Abschlußprüfer hat den Bericht zu unterzeichnen und den gesetzlichen Vertretern vorzulegen; § 322 Absatz 7 Satz 3 und 4 gilt entsprechend. [2] Hat der Aufsichtsrat den Auftrag erteilt, so ist der Bericht ihm und gleichzeitig einem eingerichteten Prüfungsausschuss vorzulegen. [3] Im Fall des Satzes 2 ist der Bericht unverzüglich nach Vorlage dem Geschäftsführungsorgan mit Gelegenheit zur Stellungnahme zuzuleiten.

Schrifttum: (ohne die Einzelbeiträge in den verschiedenen Handbüchern der Rechnungslegung) *Böcking/Orth,* Kann die „Gesetz zur Kontrolle und Transparenz im Unternehmensbereich (KonTraG)" einen Beitrag zur Verringerung der Erwartungslücke leisten? – Eine Würdigung auf Basis von Rechnungslegung und Kapitalmarkt, WPg 1998, 351; *Dörner,* Von der Wirtschaftsprüfung zur Unternehmensberatung, WPg 1998, 302; *Dörner/Schwegler,* Anstehende Änderungen der externen Rechnungslegung sowie deren Prüfung durch den Wirtschaftsprüfer, DB 1997, 285; *Forster,* Abschlußprüfung nach dem Regierungsentwurf des KonTraG, WPg 1998, 41; *Forster,* Zur

Lagebeurteilung im Prüfungsbericht nach dem Referentenentwurf zum KonTraG, FS Baetge, 1997, 935; *Gelhausen,* Reform der externen Rechnungslegung und ihrer Prüfung durch den Wirtschaftsprüfer, AG Sonderheft 1997, 73; *Gross/Möller,* Auf dem Weg zu einem problemorientierten Prüfungsbericht, WPg 2004, 317; *IDW* PS 450 nF, Grundsätze ordnungsmäßiger Berichterstattung bei Abschlussprüfungen, IDW Life 2018, 145; *Ludewig,* Gedanken zur Berichterstattung des Abschlußprüfers nach der Neufassung des § 321 HGB, WPg 1998, 597; *Rabenhorst,* Neue Anforderungen an die Berichterstattung des Abschlussprüfers durch das TransPuG, DStR 2003, 436; *Schindler/Rabenhorst,* Auswirkungen des KonTraG auf die Abschlußprüfung, Teil I und II, BB 1998, 1886; *Wolz,* Die Erwartungslücke vor und nach Verabschiedung des KonTraG, WPK-Mitt. 2/1998, 122.

Übersicht

I. Überblick

1   Die Vorschrift des § 321 fordert vom Abschlussprüfer, über das Ergebnis der handelsrechtlichen Pflichtprüfung schriftlich zu berichten und den Bericht dem den Prüfungsauftrag erteilenden Organ vorzulegen. Die Prüfung ist nachweislich erst dann beendet, wenn der Prüfungsbericht den gesetzlichen Vertretern bzw. dem Aufsichtsrat der Kapitalgesellschaft vorliegt.[1] Die wesentliche **Aufgabe** des Prüfungsberichts besteht in der Unterrichtung der **Kontrollorgane** über Art und Umfang sowie das Ergebnis der Prüfung. Er unterstützt damit auch den Aufsichtsrat bei der Wahrnehmung seines allgemeinen Überwachungsauftrages gem. § 111 Abs. 1 AktG.[2]

2   Ferner dient der Prüfungsbericht als Nachweis für die **gesetzlichen Vertreter,** dass sie ihrer Pflicht zur ordnungsgemäßen Führung der Bücher und zur Beachtung der gesetzlichen Vorschriften bei der Rechnungslegung nachgekommen sind.[3]

---

[1] *ADS* Rn. 30; WP-HdB Kap. Q Rn. 9 f.
[2] WP-HdB Kap. Q Rn. 31.
[3] *ADS* Rn. 32 ff.; HdR/*Kuhner/Päßler* Rn. 7; zu den Adressaten des Prüfungsberichts vgl. im Einzelnen WP-HdB Kap. Q Rn. 13.

Die besondere Bedeutung des Prüfungsberichts **für den Abschlussprüfer** 3 liegt in dem Nachweis darüber, dass er seine Pflichten erfüllt hat; dies gilt insbesondere im Regressfall.[4] Der Prüfungsbericht ist vertraulich und nicht für die Öffentlichkeit bestimmt.

§ 321 gilt für alle prüfungspflichtigen Kapitalgesellschaften und OHG/KG 4 iSv § 264a. Kleine Kapitalgesellschaften und Unternehmen anderer Rechtsform fallen nur insoweit darunter, als sie auf Grund anderer Vorschriften (zB §§ 340k, 341k; §§ 6, 14 PublG, §§ 53 GenG) prüfungspflichtig sind.[5] § 321 gilt ferner für Konzernabschlussprüfungen und freiwillige Prüfungen, sofern diese nach Art und Umfang einer Pflichtprüfung nach § 316 entsprechen. Erweiterte Berichterstattungspflichten im Prüfungsbericht ergeben sich für Kreditinstitute und Versicherungsunternehmen sowie bei der Prüfung von Unternehmen im Mehrheitsbesitz von Gebietskörperschaften.[6]

Zudem werden die Vorschriften zur Berichterstattung im Prüfungsbericht 4a bei Unternehmen von öffentlichem Interesse ähnlich wie die Vorschriften zum Bestätigungsvermerk durch die unmittelbar anwendbaren Vorschriften der EU-APrVO überlagert.[7] Der deutsche Gesetzgeber hat dem dadurch Rechnung getragen, dass in § 317 Abs. 3a klargestellt wird, dass die Vorschriften in §§ 316–324a nur insoweit anwendbar sind, als nicht die EU-APrVO unmittelbar anzuwenden ist. Für den Prüfungsbericht über die Abschlussprüfung bei Unternehmen von öffentlichem Interesse bedeutet dies, dass der Inhalt über § 321 hinaus auch durch Art. 11 EU-APrVO vorgegeben wird.

Eine **Verletzung** der Berichtspflicht nach § 321 kann für den Abschluss- 5 prüfer zivilrechtlich eine Schadenersatzpflicht nach § 323, berufsrechtlich eine Maßnahme nach §§ 67, 68 WPO und strafrechtlich Freiheits- oder Geldstrafen nach § 332 und nach § 403 AktG nach sich ziehen.

II. Grundsätze der Berichterstattung

Der Prüfungsbericht hat über die Vorschrift des § 321 hinaus eine Reihe 6 von Grundanforderungen zu erfüllen, die sich insbesondere aus den allgemeinen Berufspflichten des Wirtschaftsprüfers ergeben. Nach dem vom IDW herausgegebenen Prüfungsstandard PS 450 nF „Grundsätze ordnungsmäßiger Erstellung von Prüfungsberichten" hat der Abschlussprüfer im Prüfungsbericht über das Prüfungsergebnis unparteiisch, vollständig, wahrheitsgetreu und mit der gebotenen Klarheit schriftlich zu berichten.[8]

Der Grundsatz der **Unparteilichkeit** verlangt eine sachgerechte Wertung 7 der Sachverhalte unter Berücksichtigung aller verfügbaren Informationen; auf abweichende Auffassungen der gesetzlichen Vertreter des geprüften Unternehmens ist ggf. hinzuweisen.[9] Der Abschlussprüfer ist somit zu einer objektiven Berichterstattung verpflichtet.[10] Der Grundsatz der Unparteilichkeit ist auch in § 323 Abs. 1 HGB und in § 43 Abs. 1 WPO explizit enthalten.

Nach dem Grundsatz der **Vollständigkeit** hat der Abschlussprüfer im 8 Prüfungsbericht alle in den jeweiligen gesetzlichen Vorschriften oder ver-

---

[4] *ADS* Rn. 35.
[5] BeBiKo/*Schmidt/Deicke* Rn. 17.
[6] Vgl. dazu BeBiKo/*Schmidt/Deicke* Rn. 175 ff.
[7] WP-HdB Kap. M Rn. 4.
[8] *IDW* PS 450 nF, IDW Life 2018, 145 ff. Rn. 8 ff.
[9] *IDW* PS 450 nF, IDW Life 2018, 145 ff. Rn. 11.
[10] WP-HdB Kap. Q Rn. 61 f.

traglichen Vereinbarungen geforderten Feststellungen zu treffen und darüber zu berichten, welche **wesentlichen** Tatsachen die Prüfung erbracht hat.[11] Wesentlich sind dabei solche Tatsachen, die für eine ausreichende Information der Berichtsempfänger und für die Vermittlung eines klaren Bildes über das Prüfungsergebnis von Bedeutung sind.[12] Der Grundsatz ergibt sich auch aus § 332 und aus § 403 AktG, wonach das Verschweigen erheblicher Umstände im Prüfungsbericht unter Strafe gestellt wird. Der Abschlussprüfer muss nach eigenem pflichtgemäßem Ermessen entscheiden, wie weit die Berichterstattung im Einzelfall zu gehen hat.[13] Der Grundsatz der Vollständigkeit umfasst auch den Grundsatz der **Einheitlichkeit,** wonach die Berichterstattung als einheitliches Ganzes anzusehen ist, auch wenn mehrere Berichte (zB Hauptbericht, Bericht über Zwischenprüfungen oder Sonderberichte) vorliegen.[14] Nach IDW PS 450 nF sind solche Teilberichte insoweit zulässig, als ihre Erstellung zeitlich oder sachlich geboten ist.[15] Im Hauptbericht ist auf die Teilberichte und deren Gegenstand hinzuweisen und es sind deren (zusammengefasste) Ergebnisse aufzunehmen.[16]

9   Der Grundsatz der **Wahrheit** erfordert, dass der Inhalt des Prüfungsberichts nach der Überzeugung des Abschlussprüfers den tatsächlichen Gegebenheiten entspricht.[17] Der Prüfungsbericht darf nicht den Eindruck erwecken, dass Sachverhalte geprüft wurden, obwohl eine Prüfung oder abschließende Beurteilung (noch) nicht möglich war; nicht geprüfte Gebiete müssen klar erkennbar sein.[18] Außerdem muss der Bericht erkennen lassen, ob Feststellungen auf eigenen Prüfungen oder auf Prüfungen, Gutachten oder Auskünften Dritter beruhen.[19] Bei Bestellung **mehrerer Abschlussprüfer** nebeneinander sind Meinungsverschiedenheiten zwischen diesen über die Würdigung eines Sachverhalts im Prüfungsbericht zum Ausdruck zu bringen.[20]

10   Der Grundsatz der **Klarheit** erfordert eine verständliche, eindeutige und problemorientierte Darlegung im Prüfungsbericht.[21] Diese Forderung bezieht sich sowohl auf den **formalen Aufbau** als auch auf den **materiellen Inhalt** des Prüfungsberichts. Dazu gehören eine übersichtliche Gliederung, ein einfacher und sachlicher Stil und die Beschränkung auf das Wesentliche.[22] Hinsichtlich des formalen Aufbaus gibt der Gesetzeswortlaut nunmehr explizit vor, welche Abschnitte der Prüfungsbericht zu enthalten hat; IDW PS 450 nF empfiehlt eine Gliederung des Prüfungsberichts, die den gesetzlichen Vorgaben Rechnung trägt.[23] Darüber hinaus wird in Abs. 1 S. 2 ausdrücklich auf die „gebotene Klarheit" der Berichterstattung hingewiesen. In materieller Hinsicht sind die Formulierungen im Prüfungsbericht so zu wählen, dass Fehlinterpretationen vermieden werden. So dürfen Aussagen insbesondere nicht verschlüsselt, versteckt oder beschönigend sein.[24] Nach der Begründung

---

[11] *IDW* PS 450 nF; IDW Life 2018, 145 ff. Rn. 10.
[12] *IDW* PS 450 nF; IDW Life 2018, 145 ff. Rn. 10.
[13] Vgl. hierzu *ADS* Rn. 42 f.; WP-HdB Kap. Q Rn. 48 f.
[14] *ADS* Rn. 45.
[15] *IDW* PS 450 nF; IDW Life 2018, 145 ff. Rn. 17.
[16] *IDW* PS 450 nF; IDW Life 2018, 145 ff. Rn. 17.
[17] *IDW* PS 450 nF; IDW Life 2018, 145 ff. Rn. 9.
[18] *ADS* Rn. 48.
[19] HdR/*Kuhner*/*Päßler* Rn. 7.
[20] *ADS* Rn. 49; WP-HdB Kap. Q Rn. 46.
[21] *IDW* PS 450 nF; IDW Life 2018, 145 ff. Rn. 12.
[22] WP-HdB Kap. Q Rn. 63; so auch *ADS* Rn. 40 f.
[23] *IDW* PS 450 nF; IDW Life 2018, 145 ff. Rn. 12.
[24] *ADS* Rn. 40.

des Gesetzgebers muss der Abschlussprüfer den Prüfungsbericht so formulieren, dass er auch von nicht sachverständigen Aufsichtsratsmitgliedern verstanden wird.[25] Die in Abs. 1 S. 2 geforderte „gebotene Klarheit" im Hinblick auf diese Begründung zu interpretieren, dürfte jedoch zu weit gehen, da ein gewisses Grundverständnis für Fragen der Rechnungslegung bei Aufsichtsratsmitgliedern zur Wahrnehmung ihrer Aufgabe vorausgesetzt werden sollte.[26] Insoweit kann dieser Anforderung lediglich klarstellender Charakter zukommen, da es sich um einen **allgemeinen Berichtsgrundsatz** handelt.[27]

III. Form und Inhalt des Prüfungsberichts

1. Bericht über das Ergebnis der Prüfung in Schriftform und mit 11
der gebotenen Klarheit (Abs. 1 S. 1, S. 2 Hs. 1). Nach Abs. 1 S. 1 und
S. 2 Hs. 1 hat der Abschlussprüfer über **Art und Umfang** (→ Rn. 25 f.)
sowie über das **Ergebnis** der Prüfung **schriftlich** und mit der gebotenen
Klarheit (→ Rn. 10) zu berichten.

Diese Vorschriften können als Grundnorm bezeichnet werden, die durch 12
die in Abs. 1 S. 2 und 3 und Abs. 2–4a aufgeführten Berichtspflichten konkretisiert wird. Die dort festgelegten Berichtspflichten können durch weitere Feststellungen ergänzt werden, die mit der Abschlussprüfung in einem sachlichen Zusammenhang stehen, zB Ausführungen zum Prüfungsauftrag, Darstellung der Entwicklung der rechtlichen und wirtschaftlichen Grundlagen.[28] Im Prüfungsbericht ist auch über das Ergebnis von Prüfungen auf Grund von Erweiterungen des Prüfungsauftrages (zB Prüfung der Ordnungsmäßigkeit der Geschäftsführung oder der Zweckzuwendungen) zu berichten.[29] Ziel des Prüfungsberichts ist es, dem Berichtsleser ein eigenes Urteil über die Angemessenheit des vom Abschlussprüfer erteilten oder versagten Bestätigungsvermerks zu ermöglichen.[30]

2. Vorwegberichterstattung zur Lagebeurteilung der gesetzlichen 13
Vertreter und über Unrichtigkeiten oder Verstöße gegen gesetzliche
Vorschriften sowie über unternehmensgefährdende Tatsachen (Abs. 1
S. 2 Hs. 2 und 3). Im Prüfungsbericht ist gem. Abs. 1 S. 2 Hs. 2 vorweg zu
der Beurteilung der Lage des Unternehmens durch die gesetzlichen Vertreter
Stellung zu nehmen. Dabei ist insbesondere auf die Beurteilung des Fortbestandes und der künftigen Entwicklung des Unternehmens unter Berücksichtigung des Lageberichts einzugehen, allerdings nur, soweit die geprüften Unterlagen und der Lagebericht eine solche Beurteilung erlauben (Abs. 1 S. 2 Hs. 2).

Diese „Vorweg"-Berichterstattung ist – der gesetzlichen Forderung entsprechend – in einer in sich geschlossenen Darstellung unmittelbar an den 14
Beginn des Prüfungsberichts zu stellen. Die im IDW PS 450 nF dargelegte berufsrechtliche Auffassung beginnt mit den Ausführungen zum Prüfungsauftrag. Die Vorwegberichterstattung erfolgt dann anschließend unter dem Gliederungspunkt „Grundsätzliche Feststellungen". Die Gliederung des Prü-

---

[25] Begr. RegE, BT-Drs. 13/9712, 28.
[26] *ADS* AktG § 171 Rn. 29; *Forster* WPg 1998, 50.
[27] *Dörner/Schwegler* DB 1997, 287.
[28] *ADS* Rn. 53.
[29] *IDW* PS 450 nF; IDW Life 2018, 145 ff. Rn. 19.
[30] *ADS* Rn. 54.

fungsberichts gem. IDW PS 450 nF dürfte der gesetzlichen Forderung entsprechen, da zum einen die Vorwegberichterstattung auch hierbei an besonderer Stelle erfolgt und zum anderen der Abschnitt zum Prüfungsauftrag auch entfallen kann, sofern die entsprechenden Angaben auf dem Deckblatt des Prüfungsberichts gemacht werden.[31]

15   Die Stellungnahme des Abschlussprüfers zur Beurteilung durch die gesetzlichen Vertreter gem. Abs. 1 S. 2 wird nur insoweit gefordert, als es die **geprüften Unterlagen** und der Lagebericht erlauben. Bei den geprüften Unterlagen handelt es sich gem. § 317 Abs. 1 um die Buchführung und den Jahresabschluss. Diese Einschränkung unterstreicht die Verantwortlichkeit der gesetzlichen Vertreter, indem eine Stellungnahme des Abschlussprüfers nur verlangt wird, wenn die von der Geschäftsleitung erstellten Unterlagen hinreichend aussagekräftig sind.[32] In der Vorwegberichterstattung sollen die für die Berichtsadressaten wesentlichen Aussagen im Jahresabschluss und Lagebericht der gesetzlichen Vertreter, zu denen der Abschlussprüfer gem. Abs. 1 S. 2 Stellung zu nehmen hat, hervorgehoben, erläutert und beurteilt werden.[33] Dies soll den Berichtsadressaten als Grundlage für die eigene Beurteilung dienen, sodass sie ihrer Überwachungsfunktion nachkommen können. Die Stellungnahme des Abschlussprüfers ist im Sinne einer gewissenhaften Berufsausübung auf eine eigene betriebswirtschaftliche Analyse der Lage zu gründen. Hierbei sollen wichtige Veränderungen und Entwicklungstendenzen aufgezeigt werden, die die Lage des Unternehmens im abgelaufenen Geschäftsjahr beeinflusst haben und vermutlich auch in der Zukunft weiter beeinflussen werden.[34] Vertiefende Erläuterungen und die Angabe von Ursachen zu den einzelnen Entwicklungen können dazugehören.[35] Die Vorwegberichterstattung kann in Form einer verbalen Würdigung verbunden mit betriebswirtschaftlichen Kennzahlen erfolgen, wobei auch segmentbezogene Erläuterungen in Betracht kommen.[36]

16   Es ist jedoch nicht die Aufgabe des Abschlussprüfers, eigene Prognoseentscheidungen zu treffen; er soll lediglich die Beurteilung des Vorstands bewerten und hinterfragen, wenn Veranlassung dazu besteht.[37] Durch die Vorwegbeurteilung soll der Abschlussprüfer auch dazu angehalten werden, seine möglicherweise kritischen Anmerkungen an exponierter Stelle im Prüfungsbericht zum Ausdruck zu bringen.[38]

17   Im Rahmen der Vorwegberichterstattung ist weiterhin nach Abs. 1 S. 3 über **bei Durchführung der Prüfung** festgestellte
– Unrichtigkeiten oder Verstöße gegen gesetzliche Vorschriften sowie
– Tatsachen,
– die den Bestand des geprüften Unternehmens gefährden oder seine Entwicklung wesentlich beeinträchtigen können oder
– die schwerwiegende Verstöße der gesetzlichen Vertreter oder von Arbeitnehmern gegen Gesetz, Gesellschaftsvertrag oder Satzung erkennen lassen,
zu berichten.

[31] *IDW* PS 450 nF, IDW Life 2018, 145 ff. Rn. 12.
[32] Begr. RegE, BT-Drs. 13/9712, 28; *Dörner* WPg 1998, 304 f.
[33] *ADS* Rn. 57; BeBiKo/*Schmidt/Deicke* Rn. 30.
[34] *ADS* Rn. 57.
[35] *IDW* PS 450 nF, IDW Life 2018, 145 ff. Rn. 29.
[36] *Schindler/Rabenhorst* BB 1998, 1940.
[37] Begr. RegE, BT-Drs. 13/9712, 28.
[38] *Forster* FS Baetge, 1997, 940; *Wolz* WPK-Mitt. 1998, 131.

Mit der Formulierung „**bei Durchführung der Prüfung**" soll einerseits 18
die Problemorientierung der Abschlussprüfung deutlich gemacht, andererseits
aber auch zum Ausdruck gebracht werden, dass nur solche Erkenntnisse zu
verwerten sind, die sich im Rahmen der gesetzlich vorgeschriebenen Prüfung
ergeben.[39] An dieser Stelle ist über alle Sachverhalte – auch solche, die erst
nach dem Bilanzstichtag begründet werden – zu berichten, die für die
Adressaten des Prüfungsberichts von Interesse sind, wobei es nicht darauf
ankommt, ob diese Tatsachen bereits auf anderem Wege bekannt geworden
oder in früheren Prüfungsberichten erwähnt worden sind.[40]

Unrichtigkeiten resultieren aus unbewussten Fehlern in der Buchfüh- 19
rung, Jahresabschluss und Lagebericht. Sie entstehen durch Irrtümer, Unkenntnis sowie unbeabsichtigte falsche Anwendung von Rechnungslegungsvorschriften.[41] **Verstöße** sind bewusste Abweichungen von Gesetzen oder
sonstigen Vorschriften. Über Unrichtigkeiten und Verstöße gegen „gesetzliche Vorschriften" gem. Abs. 1 S. 3 Hs. 1 ist stets zu berichten, wenn es sich
um Verstöße gegen gesetzlichen Vorschriften iSd § 317 Abs. 1 S. 2, dh die
für die Aufstellung des Jahresabschlusses und des Lageberichts geltenden
Rechnungslegungsvorschriften sowie gegen die Grundsätze ordnungsmäßiger
Buchführung und ggf. einschlägiger Normen der Satzung und des Gesellschaftsvertrages handelt.[42] Über Verstöße und Unrichtigkeiten im Jahresabschluss und Lagebericht, die im Laufe der Prüfung behoben wurden, ist
grundsätzlich nicht zu berichten, es sei denn, diese sind für die Wahrnehmung der Überwachungsfunktion der Aufsichtsgremien wesentlich.[43]

Entwicklungsbeeinträchtigende oder bestandsgefährdende Tatsa- 20
chen sind bereits dann zu nennen, wenn sie eine Entwicklungsbeeinträchti-
gung oder eine Gefährdung des Unternehmensfortbestands ernsthaft zur
Folge haben können, und nicht erst dann, wenn die Entwicklung des geprüften Unternehmens bereits wesentlich beeinträchtigt oder sein Bestand konkret gefährdet ist (zB drohender Abzug von Fremdkapital ohne Ersatzaussich-
ten, ständige Zuschüsse der Anteilseigner oder der Ausfall großer Forderungen durch Insolvenz wichtiger Kunden).[44] Berichtspflichtig sind allerdings
nur solche Sachverhalte, die eine **wesentliche** Auswirkung auf die Vermittlung eines den tatsächlichen Verhältnissen entsprechenden Bildes der Ver-
mögens-, Finanz- und Ertragslage des Unternehmens haben; gibt es keine
berichtswürdigen Sachverhalte, so ist im Rahmen der in Abs. 1 S. 3 vorgesehenen Berichterstattung eine Fehlanzeige nicht erforderlich.[45]

Berichtspflichtig sind weiterhin erkennbare schwerwiegende Verstöße der 21
gesetzlichen Vertreter oder Arbeitnehmer gegen Gesetz, Gesellschaftsvertrag
oder Satzung, soweit sich diese nicht auf die Rechnungslegung beziehen
(→ Rn. 19). Diese Verstöße müssen Gesetze betreffen, die das Unternehmen
oder ihre Organe als solche verpflichten. Verstöße der gesetzlichen Vertreter
oder Arbeitnehmer im privaten Bereich werden von dieser Vorschrift nicht
erfasst.[46] Zu den gesetzlichen Vorschriften zählen zB das AktG, HGB sowie

---

[39] Begr. RegE, BT-Drs. 13/9712, 28; *IDW* PS 450 nF, IDW Life 2018, 145 ff. Rn. 37.
[40] *IDW* PS 450 nF, IDW Life 2018, 145 ff. Rn. 38; *Schindler/Rabenhorst* BB 1998, 1940.
[41] *IDW* PS 450 nF, IDW Life 2018, 145 ff. Rn. 46. Zu den besonderen Prüfungspflichten
hinsichtlich Unrichtigkeiten und Verstößen vgl. auch *IDW* PS 210 WPg 2013, Supplement 1.
[42] *IDW* PS 450 nF, IDW Life 2018, 145 ff. Rn. 45.
[43] *IDW* PS 450 nF, IDW Life 2018, 145 ff. Rn. 47.
[44] *IDW* PS 450 nF, IDW Life 2018, 145 ff. Rn. 36.
[45] *IDW* PS 450 nF, IDW Life 2018, 145 ff. Rn. 39; BeBiKo/*Schmidt/Deicke* Rn. 53 ff.
[46] *ADS* Rn. 84.

das PublG. Ferner hat der Abschlussprüfer auch über wesentliche Verletzungen von Aufstellungs- und Publizitätspflichten im Zusammenhang mit Konzern- bzw. Vorjahresabschlüssen zu berichten.[47] Verstöße gegen Gesellschaftsvertrag oder Satzung sind insbesondere Überschreitungen des Unternehmensgegenstandes oder die Vornahme von Geschäften ohne die erforderliche Genehmigung des Aufsichtsrats.[48] Kriterien für schwerwiegende Verstöße sind vor allem das für die Gesellschaft damit verbundene Risiko, die Bedeutung der verletzten Rechtsnorm sowie der Grad des Vertrauensbruches, dessen Kenntnis Bedenken gegen die Eignung der gesetzlichen Vertreter oder der Arbeitnehmer begründen könnte.[49]

22   **3. Berichterstattung nach Abs. 2 S. 1–4.** Gem. Abs. 2 S. 1 ist im **Hauptteil** des Prüfungsberichts festzustellen, ob die Buchführung und die weiteren geprüften Unterlagen (zB Kostenrechnung, Unterlagen zum internen Kontrollsystem) (auch → § 317 Rn. 5 ff.), der Jahresabschluss und der Lagebericht den gesetzlichen Vorschriften und den ergänzenden Bestimmungen des Gesellschaftsvertrags oder der Satzung entsprechen. Sofern dies der Fall ist, beschränkt sich der Abschlussprüfer in der Regel auf eine kurze diesbezügliche Feststellung im Prüfungsbericht.[50] Andernfalls sind Mängel in der Buchführung oder den weiteren geprüften Unterlagen sowie Einwendungen gegen den Jahresabschluss oder den Lagebericht darzulegen, wobei auf ggf. bestehende Auswirkungen auf die Rechnungslegung, das Prüfungsergebnis und den Bestätigungsvermerk einzugehen ist.[51] Hierbei sind auch wesentliche zwischenzeitlich behobene Mängel in der Buchführung oder festgestellte wesentliche Mängel in den nicht auf den Jahresabschluss oder Lagebericht bezogenen Bereichen des internen Kontrollsystems zu nennen, sofern deren Kenntnis nach Einschätzung des Abschlussprüfers für die Berichtsadressaten von Bedeutung ist. Es ist auch über Beanstandungen zu berichten, die zwar nicht zur Einschränkung oder Versagung des Bestätigungsvermerks geführt haben, aber für die Überwachung der Geschäftsführung und des Unternehmens von Bedeutung sind (Abs. 2 S. 2).[52] Wurden alle verlangten Aufklärungen und Nachweise durch das Unternehmen erbracht, ist eine kurze positive Feststellung im Prüfungsbericht zu treffen. Auf die Einholung einer Vollständigkeitserklärung sollte hingewiesen werden.[53] Haben die gesetzlichen Vertreter die verlangten Aufklärungen und Nachweise, die für die Prüfung von wesentlicher Bedeutung sind, nicht erbracht, hat der Abschlussprüfer hierauf nach Abs. 2 S. 6 ausführlicher einzugehen und die Auswirkungen dieser Unterlassungen auf die Prüfungsdurchführung und das Prüfungsergebnis darzustellen.[54]

23   Abs. 2 S. 3 verlangt vom Abschlussprüfer eine explizite Feststellung, ob der Abschluss insgesamt unter Beachtung der Grundsätze ordnungsmäßiger Buchführung oder sonstiger maßgeblicher Rechnungslegungsgrundsätze ein den tatsächlichen Verhältnissen entsprechendes Bild der Vermögens-, Finanz- und Ertragslage des Unternehmens vermittelt. Mit dem Zusatz „insgesamt"

---

[47] *IDW* PS 450 nF, IDW Life 2018, 145 ff. Rn. 50.
[48] *ADS* Rn. 85.
[49] *IDW* PS 450 nF, IDW Life 2018, 145 ff. Rn. 49.
[50] *ADS* Rn. 91.
[51] Vgl. auch *IDW* PS 450 nF, IDW Life 2018, 145 ff. Rn. 65.
[52] *IDW* PS 450 nF, IDW Life 2018, 145 ff. Rn. 62.
[53] *IDW* PS 450 nF, IDW Life 2018, 145 ff. Rn. 59.
[54] *IDW* PS 450 nF, IDW Life 2018, 145 ff. Rn. 59.

wird verdeutlicht, dass Bilanz, Gewinn- und Verlustrechnung und Anhang als Einheit zu beurteilen sind und somit eine insgesamt zutreffende Vorstellung von der Lage des Unternehmens auch dann vermittelt wird, wenn beispielsweise Defizite hinsichtlich der Einblicksforderung in der Bilanz durch die Darstellung im Anhang ausgeglichen werden (auch → § 264 Rn. 22 f.).[55] Bezugnahme auf sonstige maßgebliche Rechnungslegungsgrundsätze bezieht sich auf die Prüfung von Abschlüssen nach §§ 315e, 325 Abs. 2a.[56] Nach Abs. 2 S. 4 ist hierzu auf wesentliche Bewertungsgrundlagen sowie darauf einzugehen, welchen Einfluss Änderungen in den Bewertungsgrundlagen einschließlich der Ausübung von Bilanzierungs- und Bewertungswahlrechten und der Ausnutzung von Ermessensspielräumen sowie sachverhaltsgestaltende Maßnahmen insgesamt auf die Darstellung der Vermögens-, Finanz- und Ertragslage haben.

4. Aufgliederung und Erläuterung der Posten des Jahresabschlusses 24
(Abs. 2 S. 5). Die Posten des Jahresabschlusses sind nach Abs. 2 S. 5 **nur dann** aufzugliedern und ausreichend zu erläutern, wenn diese Angaben nicht im Anhang enthalten sind. Nach dieser Einschränkung werden zusätzliche Erläuterungen zu einzelnen Posten des Jahresabschlusses regelmäßig nicht mehr erforderlich sein. Erscheinen im Einzelfall zusätzliche Erläuterungen über die im Anhang enthaltenen Angaben (zB Besonderheiten beim Ausweis, Ausübung von Ansatzwahlrechten, angewandte Bewertungsmethoden, wesentliche Veränderungen gegenüber dem Vorjahr) hinaus oder Zusatzinformationen zu einzelnen Posten (zB Rückstellungsspiegel) erforderlich, dann können diese Informationen auch an einer anderen Stelle im Prüfungsbericht angebracht werden, sodass ein gesonderter Erläuterungsteil entbehrlich ist.[57]

5. Gegenstand, Art und Umfang der Prüfung (Abs. 3). Abs. 3 ver- 25
langt, Gegenstand, Art und Umfang der Prüfung in einem besonderen Abschnitt des Prüfungsberichts zu erläutern. Hierdurch soll eine bessere Beurteilung der Tätigkeit des Abschlussprüfers möglich werden.[58] Die Ausführungen dienen allerdings nicht als Nachweis der durchgeführten Prüfungshandlungen, da dieser grundsätzlich durch die Arbeitspapiere zu erbringen ist.[59]

Bei der Erläuterung des Prüfungsgegenstands sind Buchführung, Jahres- 26
abschluss, Lagebericht sowie ggf. das nach § 91 Abs. 2 AktG einzurichtende Überwachungssystem zu nennen.[60] Ist der Gegenstand der Prüfung gegenüber § 317 erweitert worden, ist hierauf im Prüfungsbericht einzugehen.[61] Im Rahmen der Erläuterung von Art und Umfang der Prüfung sind zunächst die Grundsätze anzugeben, nach denen die Prüfung durchgeführt wurde. Hierzu ist auf §§ 316 ff. und auf die vom IDW festgestellten deutschen Grundsätze ordnungsmäßiger Abschlussprüfung Bezug zu nehmen.[62] Weicht der Abschlussprüfer in sachlich begründeten Fällen von den Grundsätzen ordnungsmäßiger Abschlussprüfung ab, ist dies im Prüfungsbericht zu erläu-

---

[55] *Schindler/Rabenhorst* BB 1998, 1940.
[56] BeBiKo/*Schmidt/Deicke* Rn. 100.
[57] *Schindler/Rabenhorst* BB 1998, 1941.
[58] Begr. RegE, BT-Drs. 13/9712, 29.
[59] *IDW* PS 450 nF, IDW Life 2018, 145 ff. Rn. 51.
[60] *IDW* PS 450 nF, IDW Life 2018, 145 ff. Rn. 52.
[61] *IDW* PS 450 nF, IDW Life 2018, 145 ff. Rn. 54.
[62] *IDW* PS 450 nF, IDW Life 2018, 145 ff. Rn. 55.

tern.[63] Ferner gehören zu den berichtspflichtigen Angaben insbesondere die zugrunde gelegte Prüfungsstrategie, die Prüfungsschwerpunkte, die Auswirkungen der Prüfung des rechnungslegungsbezogenen internen Kontrollsystems auf den Umfang der Einzelprüfungen sowie die Zielsetzung und Verwendung stichprobengestützter Prüfungsverfahren.[64] Zur Verdeutlichung, in welchem Zeitraum der Abschlussprüfer seine Prüfung durchgeführt hat, ist der Prüfungszeitraum kalendermäßig anzugeben.[65] Zur Sicherstellung, dass den Berichtsadressaten sämtliche für sie bestimmten Informationen zur Kenntnis gelangen, hat der Abschlussprüfer in diesem Abschnitt des Prüfungsberichts eine geschlossene Darstellung über alle von ihm erstatteten Teilberichte und deren Gegenstand zu geben.[66]

27   Im Rahmen des BilReG wurde Abs. 3 um S. 2 erweitert. Danach ist im Rahmen der Erläuterung von Art und Umfang der Prüfung auch auf die angewandten Rechnungslegungs- und Prüfungsgrundsätze einzugehen. Da diese Angaben jedoch bereits bisher gängige Praxis darstellen, ergeben sich durch diese Erweiterung keine wesentlichen Änderungen.[67]

28   **6. Beurteilung des Überwachungssystems (Abs. 4).** Ist im Rahmen der Prüfung eine Beurteilung des Überwachungssystems bei amtlich notierten Aktiengesellschaften nach § 317 Abs. 4 abgegeben worden, so ist gem. Abs. 4 S. 1 das Ergebnis dieser Beurteilung in einem besonderen Teil des Prüfungsberichts darzustellen. Darüber hinaus ist nach Abs. 4 S. 2 darauf einzugehen, **ob** Maßnahmen zur Verbesserung des Überwachungssystems erforderlich sind. Somit sind im Prüfungsbericht lediglich die Bereiche zu nennen, in denen das Überwachungssystem seine Aufgaben nicht vollständig erfüllt; es ist **nicht** auszuführen, welche konkreten Verbesserungsmaßnahmen erforderlich sind.[68]

29   **7. Bestätigung der Unabhängigkeit (Abs. 4a).** Die Bestätigung der Unabhängigkeit des Abschlussprüfers im Prüfungsbericht hat deklaratorischen Charakter, da mit ihr lediglich die Einhaltung der Unabhängigkeitsvorschriften zum Ausdruck gebracht wird. Auch vor Aufnahme dieser zusätzlichen Informationspflicht in § 321 hatte der Abschlussprüfer zu gewährleisten, dass die Unabhängigkeitsanforderungen eingehalten wurden.[69] Im Regelfall wird es sich um die gesetzlich geregelten Unabhängigkeitsanforderungen handeln; ausnahmsweise können weitergehende Regelungen einschlägig sein, etwa bei einer ausländischen Börsennotierung des zu prüfenden Unternehmens oder eines Mutterunternehmens.[70] Die Berichterstattung kann sich auf die Mitteilung der Tatsache beschränken; weitergehende Anforderungen zur Erläuterung bestehen nicht. Das IDW hat in IDW PS 450 nF Rn. 23a den folgenden Formulierungsvorschlag aufgenommen: „Wir bestätigen gemäß § 321 Abs. 4a HGB, dass wir bei unserer Abschlussprüfung die anwendbaren Vorschriften zur Unabhängigkeit beachtet haben." Zu weitergehenden Bestätigungen zur Unabhängigkeit bei Unternehmen von öffentlichem Interesse → Rn. 36.

---

[63] *IDW* PS 450 nF, IDW Life 2018, 145 ff. Rn. 55.

[64] Vgl. im Einzelnen *IDW* PS 450 nF, IDW Life 2018, 145 ff. Rn. 57.

[65] *ADS* Rn. 135.

[66] *IDW* PS 450 nF, IDW Life 2018, 145 ff. Rn. 56.

[67] BeBiKo/*Schmidt/Deicke* Rn. 127.

[68] *Dörner* WPg 1998, 305. Einzelheiten zur Prüfung des Risikofrüherkennungssystems nach § 317 Abs. 4 s. *IDW* PS 340, WPg 1999, 658 ff.

[69] *Gelhausen/Fey/Kämpfer* Rechnungslegung S Rn. 67.

[70] *Gelhausen/Fey/Kämpfer* Rechnungslegung S Rn. 65; MüKoHGB/*Ebke* Rn. 80.

IV. Bericht über die Konzernabschlussprüfung

Über die Konzernabschlussprüfung ist grundsätzlich unabhängig von der **30** Berichterstattung über die Prüfung des Jahresabschlusses des Mutterunternehmens selbstständig zu berichten.[71] Gem. § 298 Abs. 3 S. 3 und § 315 Abs. 3 ist es bei Zusammenfassung des Konzernanhangs und Anhangs bzw. Konzernlageberichts und Lageberichts des Mutterunternehmens möglich, den Prüfungsbericht zum Jahres- bzw. Einzelabschluss nach § 325 Abs. 2a des Mutterunternehmens und den Prüfungsbericht zum Konzernabschluss **zusammenzufassen** (§ 325 Abs. 3a). Die Aufgaben des Konzernprüfungsberichts entsprechen weitgehend denen des Prüfungsberichts über die Jahresabschlussprüfung; er dient der unabhängigen und sachverständigen Unterrichtung des Aufsichtsrats und der Anteilseigner über die Konzernrechnungslegung.[72] Grundsätzlich gelten alle Vorschriften des § 321 auch für den Konzernprüfungsbericht, bei den einzelnen Regelungen wird jeweils explizit auf den Konzernabschluss verwiesen.[73]

Gem. § 322 Abs. 7 S. 2 ist der Bestätigungsvermerk bzw. der Vermerk über **31** die Versagung im Prüfungsbericht wiederzugeben.

V. Unterzeichnung des Prüfungsberichts und Vorlage (Abs. 5)

Der Prüfungsbericht ist von dem beauftragten Abschlussprüfer nach Abs. 5 **32** S. 1 eigenhändig zu unterzeichnen und zu siegeln (§ 48 Abs. 1 S. 1 WPO).[74] Die Unterzeichnung des Prüfungsberichts hat – analog zu der Unterzeichnung des Bestätigungsvermerks nach § 322 Abs. 7 S. 1 – unter Angabe von Ort und Datum zu erfolgen. Diese Angaben müssen grundsätzlich mit denen unter dem Bestätigungsvermerk übereinstimmen.[75] In der Regel wird der Prüfungsbericht von denselben Personen unterzeichnet, die auch den Bestätigungsvermerk unterschrieben haben.[76] Soweit die Abschlussprüfung durch eine Wirtschaftsprüfungs-/Buchprüfungsgesellschaft durchgeführt wurde, hat die Unterzeichnung zumindest durch den Wirtschaftsprüfer zu erfolgen, der die Prüfung durchgeführt hat. In der Praxis wird die Unterzeichnung – den üblichen Vertretungsregelungen folgend – in diesen Fällen häufig durch zwei Wirtschaftsprüfer erfolgen; eine berufsrechtliche Notwendigkeit besteht hierfür jedoch nicht. Der Prüfungsbericht ist nach Abs. 5 S. 1 den gesetzlichen Vertretern vorzulegen. Hat jedoch der Aufsichtsrat den Prüfungsauftrag erteilt, so ist nach Abs. 5 S. 2 Hs. 1 ihm und gleichzeitig einem eingerichteten Prüfungsausschuss auch der Prüfungsbericht vorzulegen; dies gilt grundsätzlich auch bei GmbH und Unternehmen, die unter das PublG fallen.[77] Die Vorlage des Prüfungsberichts erfolgt in diesem Fall an den Aufsichtsratsvorsitzenden,[78] der ihn dann an sämtliche Aufsichtsratmitglieder weiterzuleiten hat sowie an den Vorsitzenden des Prüfungsausschusses.

---

[71] *IDW* PS 450 nF, IDW Life 2018, 145 ff. Rn. 118.

[72] *ADS* Rn. 182.

[73] Zu Besonderheiten vgl. *ADS* Rn. 176 ff.

[74] *IDW* PS 450 nF, IDW Life 2018, 145 ff. Rn. 115.

[75] *IDW* PS 450 nF, IDW Life 2018, 145 ff. Rn. 116.

[76] *IDW* PS 450 nF, IDW Life 2018, 145 ff. Rn. 115.

[77] Vgl. hierzu *Schindler/Rabenhorst* BB 1998, 1887 (1888).

[78] *IDW* PS 450 nF, IDW Life 2018, 145 ff. Rn. 117; *Dörner/Schwegler* DB 1997, 289; *Gelhausen* AG-Sonderheft August 1997, 78; *Schindler/Rabenhorst* BB 1998, 1888.

33   Nach Abs. 5 S. 3 ist nach Vorlage an den Aufsichtsrat der Prüfungsbericht unverzüglich auch dem Geschäftsführungsorgan mit Gelegenheit zur Stellungnahme zuzuleiten. Typischerweise wird der Abschlussprüfer dem Geschäftsführungsorgan bereits ein Entwurfsexemplar des Prüfungsberichts zur Verfügung stellen, um die Richtigkeit der Fakten zu gewährleisten.[79] Damit wird einer Stellungnahme auf der Grundlage des finalen Prüfungsberichts keine große praktische Bedeutung zukommen, da begründete Anmerkungen des Geschäftsführungsorgans eine Abänderung des bereits dem Aufsichtsrat vorliegenden Prüfungsberichts nach sich ziehen würden.

34   Zumindest ist durch die gesetzliche Regelung eindeutig klargestellt, dass die endgültige Fassung des Prüfungsberichts den gesetzlichen Vertretern nicht vorenthalten werden kann, da Gegenstand der Prüfung der von den gesetzlichen Vertretern aufgestellte Jahresabschluss ist und diese folglich in der Lage sein müssen, Konsequenzen aus den Prüfungsfeststellungen zu ziehen.[80]

VI. Besonderheiten der Berichterstattung bei der Prüfung von Unternehmen von öffentlichem Interesse

35   Durch Art. 11 EU-APrVO wird für die Prüfung von Unternehmen von öffentlichem Interesse ein „Zusätzlicher Bericht an den Prüfungsausschuss" vorgeschrieben. Dieser an den deutschen Prüfungsbericht nach § 321 angelehnte schriftliche Bericht ist dem Prüfungsausschuss nicht später als der Bestätigungsvermerk vorzulegen (Art. 11 Abs. 1 EU-APrVO). Die Inhalte dieses Berichts überschneiden sich mit denjenigen des Prüfungsberichts nach § 321, sodass im Fall der Prüfung von Unternehmen von öffentlichem Interesse der zusätzliche Bericht an den Prüfungsausschuss „den Prüfungsbericht" darstellt, der um Angaben nach § 321 erweitert wird.[81] Damit gehen die Anforderungen an den Prüfungsbericht bei der Prüfung von Unternehmen von öffentlichem Interesse über diejenigen bei anderen gesetzlichen Abschlussprüfungen hinaus. In der Neufassung des IDW Prüfungsstandards: Grundsätze ordnungsmäßiger Erstellung von Prüfungsberichten (IDW PS 450 nF) werden an den relevanten Stellen die relevanten Anforderungen aus Art. 11 EU-APrVO wiedergegeben und die in Art. 11 Abs. 2 S. 2 Buchst. a–p EU-APrVO aufgeführten Angaben an den entsprechenden Stellen durch mit P gekennzeichnete Randnummern erläutert.[82]

36   Der nach Art. 11 Abs. 2 S. 2 Buchst. a–p EU-APrVO zu erstattende Bericht hat neben einer Erläuterung der Ergebnisse der durchgeführten Abschlussprüfung zumindest Folgendes zu enthalten:

– Erklärung über die Unabhängigkeit,
– Angabe der an der Prüfung beteiligten Prüfungspartner,
– Hinweis auf Durchführung bestimmter Tätigkeiten durch nicht demselben angehörige Prüfungsgesellschaften oder Arbeiten externer Sachverständigen sowie die erhaltene Bestätigung zur Unabhängigkeit dieser Prüfungsgesellschaften oder Sachverständigen,

---

[79] *Schindler/Rabenhorst* BB 1998, 1888; ebenfalls für ein Vorabexemplar *Böcking/Orth* WPg 1998, 360 Fn. 89; *Gelhausen* AG-Sonderheft August 1997, 78.
[80] *ADS* Rn. 172.
[81] *IDW* PS 450 nF; IDW Life 2018, 145 ff. Rn. P3/2.
[82] *IDW* PS 450 nF; IDW Life 2018, 145 ff. Rn. P10/1.

- Beschreibung der Art, der Häufigkeit und des Umfangs der Kommunikation mit dem Prüfungsausschuss, dem Unternehmensleitungsorgan und dem Aufsichtsorgan,
- Beschreibung des Umfangs und des Zeitplans der Prüfung,
- Feststellungen aus Erweiterungen des Prüfungsauftrags,
- Beschreibung der Aufgabenverteilung im Fall eines Joint Audits,
- Beschreibung der verwendeten Methode (aussagebezogene Prüfungshandlungen und Systemprüfung) bei der Prüfung der Bilanzposten,
- Darlegung der quantitativen Wesentlichkeitsgrenze,
- Angabe und Erläuterung von Einschätzungen zu Ereignissen und Gegebenheiten, die erhebliche Zweifel an der Unternehmensfortführung aufwerfen können, sowie die Angabe und Erläuterung von Einschätzungen, ob diese Ereignisse und Gegebenheiten eine wesentliche Unsicherheit darstellen; ferner eine Zusammenfassung von unterstützenden Maßnahmen, die bei der Beurteilung der Unternehmensfortführung berücksichtigt wurden,
- Angabe von bedeutsamen Mängeln im rechnungslegungsbezogenen Internen Kontrollsystem,
- Angabe und Einschätzung der bei den Abschlussposten angewandten Bewertungsmethoden einschließlich etwaiger Auswirkungen von Methodenänderungen,
- Erläuterung des Konsolidierungskreises bei Konzernabschlüssen und der Ausschlusskriterien für nichtkonsolidierte Unternehmen sowie die Angabe, dass die angewandten Kriterien im Einklang mit den Rechnungslegungsregeln stehen,
- Angabe von Prüfungsarbeiten von Prüfern aus einem Drittland, die nicht demselben Netzwerk wie der Konzernprüfer angehören,
- Angabe, ob das geprüfte Unternehmen alle erlangten Erläuterungen und Unterlagen geliefert hat,
- Angaben über etwaige bedeutsame Schwierigkeiten bei der Abschlussprüfung, sich aus der Abschlussprüfung ergebende bedeutsame Sachverhalte, über die mit dem Management kommuniziert wurde und etwaige sonstige für die Aufsicht über den Rechnungslegungsprozess bedeutsame Sachverhalte.

§ 321a Offenlegung des Prüfungsberichts in besonderen Fällen

(1) [1] Wird über das Vermögen der Gesellschaft ein Insolvenzverfahren eröffnet oder wird der Antrag auf Eröffnung des Insolvenzverfahrens mangels Masse abgewiesen, so hat ein Gläubiger oder Gesellschafter die Wahl, selbst oder durch einen von ihm zu bestimmenden Wirtschaftsprüfer oder im Falle des § 319 Abs. 1 Satz 2 durch einen vereidigten Buchprüfer Einsicht in die Prüfungsberichte des Abschlussprüfers über die aufgrund gesetzlicher Vorschriften durchzuführende Prüfung des Jahresabschlusses der letzten drei Geschäftsjahre zu nehmen, soweit sich diese auf die nach § 321 geforderte Berichterstattung beziehen. [2] Der Anspruch richtet sich gegen denjenigen, der die Prüfungsberichte in seinem Besitz hat.

(2) [1] Bei einer Aktiengesellschaft oder einer Kommanditgesellschaft auf Aktien stehen den Gesellschaftern die Rechte nach Absatz 1 Satz 1 nur zu, wenn ihre Anteile bei Geltendmachung des Anspruchs zusammen den einhundertsten Teil des Grundkapitals oder einen Börsenwert von 100 000 Euro erreichen. [2] Dem Abschlussprüfer ist die Erläuterung des

Prüfungsberichts gegenüber den in Absatz 1 Satz 1 aufgeführten Personen gestattet.

(3) [1]Der Insolvenzverwalter oder ein gesetzlicher Vertreter des Schuldners kann einer Offenlegung von Geheimnissen, namentlich Betriebs- oder Geschäftsgeheimnissen, widersprechen, wenn die Offenlegung geeignet ist, der Gesellschaft einen erheblichen Nachteil zuzufügen. [2]§ 323 Abs. 1 und 3 bleibt im Übrigen unberührt. [3]Unbeschadet des Satzes 1 sind die Berechtigten nach Absatz 1 Satz 1 zur Verschwiegenheit über den Inhalt der von ihnen eingesehenen Unterlagen nach Absatz 1 Satz 1 verpflichtet.

(4) Die Absätze 1 bis 3 gelten entsprechend, wenn der Schuldner zur Aufstellung eines Konzernabschlusses und Konzernlageberichts verpflichtet ist.

Schrifttum: *Pfitzer/Oser/Orth,* Offene Fragen und Systemwidrigkeiten des Bilanzrechtsreformgesetzes, DB 2004, 2593.

I. Einsichtnahme im Insolvenzfall (Abs. 1)

1   Durch § 321a soll ein verbesserter Schutz von Anlegern und Gesellschaftern im Fall einer Unternehmenskrise gewährleistet werden. Das Recht zur Einsichtnahme bezieht sich auf den Prüfungsbericht sowie nach Ansicht der Literatur auch auf den Jahresabschluss bzw. Lagebericht.[1] Ein Rechtsanspruch auf Einsichtnahme besteht im Falle der Eröffnung des Insolvenzverfahrens (§ 11 InsO) oder der Ablehnung eines Insolvenzverfahrens mangels Masse (§ 26 InsO) für alle Gläubiger oder Gesellschafter, denen ein berechtigtes Interesse an den Ursachen für die Eröffnung des Insolvenzverfahrens zuzubilligen ist.[2] Das Recht auf Einsichtnahme kann ohne Begründung auf einen Wirtschaftsprüfer, eine Wirtschaftsprüfungsgesellschaft oder im Fall der Prüfung einer mittelgroßen Kapitalgesellschaft auf einen vereidigten Buchprüfer oder eine Buchprüfungsgesellschaft übertragen werden.

2   Allerdings ist das Recht auf Einsichtnahme durch Abs. 1 S. 1 nur auf die nach § 321 geforderte Berichterstattung, also die Pflichtbestandteile des Prüfungsberichts, für die letzten drei Geschäftsjahre begrenzt. Andere branchen- oder rechtsformspezifischen Bestandteile des Prüfungsberichts (zB nach KWG) fallen nicht unter das Recht zur Einsichtnahme.[3]

3   Das Recht auf Einsichtnahme richtet sich gegen denjenigen, der den oder die Prüfungsberichte in seinem Besitz hat. Dies wird im Falle der Insolvenz neben den gesetzlichen Vertretern oftmals der Insolvenzverwalter sein.

4   Gegen andere Parteien, die Prüfungsberichte in ihrem Besitz haben, zB Banken oder den Abschlussprüfer der Gesellschaft, dürfte sich der Anspruch auf Einsichtnahme nach herrschender Meinung nicht richten, da diesen Personen kein Widerspruchsrecht nach Abs. 3 zusteht.[4]

II. Grenzen des Rechts auf Einsichtnahme (Abs. 2)

5   Für Aktiengesellschaften und Kommanditgesellschaften auf Aktien hat der Gesetzgeber das Recht auf Einsichtnahme mit Schwellenwerten in Bezug auf

---

[1] BeBiKo/*Schmidt/Deicke* Rn. 5.
[2] BeBiKo/*Schmidt/Deicke* Rn. 2 f.
[3] Baumbach/Hopt/*Merkt* Rn. 1.
[4] BeBiKo/*Schmidt/Deicke* Rn. 12.

den Anteilsbesitz verbunden, um den Aufwand für die insolvente Gesellschaft in Grenzen zu halten. Einsichtsberechtigt ist nur, wer zum Zeitpunkt der Antragstellung mindestens 1 vH des Grundkapitals oder einen Börsenwert von mindestens 100.000 Euro hält. Mehrere Anteilseigner können sich zusammenschließen, um die Schwellenwerte zu erreichen.[5] Aufgrund der im Allgemeinen deutlich geringeren Anzahl von Anteilseignern sind für die GmbH und Personengesellschaften iSd § 264a keine Schwellenwerte vorgesehen.

Der Abschlussprüfer kann den Prüfungsbericht gegenüber den in Abs. 1 **6** S. 1 genannten Personen erläutern (Abs. 2 S. 2). Das Auskunftsrecht des Abschlussprüfers ist nicht von den oben genannten Schwellenwerten abhängig.[6] Das Auskunftsrecht soll nicht über direkte Erläuterungen zu den Inhalten des Prüfungsberichts hinausgehen.

III. Verweigerung der Einsichtnahme (Abs. 3)

Über das dem Insolvenzverwalter bzw. den gesetzlichen Vertretern zuste- **7** hende Widerspruchsrecht gegen einen Einsichtnahme können diese der Verschwiegenheitsverpflichtung nachkommen. Danach ist immer dann keine Einsichtnahme zu gewähren, wenn dies der Gesellschaft einen erheblichen Nachteil zufügen würde.[7]

Diese Schutzklausel besteht auch hinsichtlich der Erläuterungen des Ab- **8** schlussprüfers der Gesellschaft nach Abs. 2 S. 2. Nach Absprache mit dem Insolvenzverwalter bzw. den gesetzlichen Vertretern kann der Abschlussprüfer die Erläuterung des Prüfungsberichts verweigern. Anderenfalls würde das Widerspruchsrecht des Insolvenzverwalters bzw. der gesetzlichen Vertreter ins Leere laufen.[8]

Die Einsichtsberechtigten sind nach Abs. 3 S. 3 ebenfalls zur Verschwie- **9** genheit über die Inhalte der von ihnen eingesehenen Unterlagen verpflichtet.

IV. Einsichtnahme in den Konzernabschluss (Abs. 4)

Die Regelungen der Abs. 1–3 gelten entsprechend, wenn der Schuldner **10** zur Aufstellung eines Konzernabschlusses und Konzernlageberichts verpflichtet ist. Das Einsichtnahmerecht bezieht sich jedoch nicht auf die Prüfungsberichte der einbezogenen Tochterunternehmen, weil diese nicht unmittelbar von der Insolvenz des Mutterunternehmens betroffen sind.[9]

§ 322 Bestätigungsvermerk

(1) **[1]Der Abschlussprüfer hat das Ergebnis der Prüfung schriftlich in einem Bestätigungsvermerk zum Jahresabschluss oder zum Konzernabschluss zusammenzufassen. [2]Der Bestätigungsvermerk hat Gegenstand, Art und Umfang der Prüfung zu beschreiben und dabei die angewandten Rechnungslegungs- und Prüfungsgrundsätze anzugeben; er hat ferner eine Beurteilung des Prüfungsergebnisses zu enthalten. [3]In einem einleitenden Abschnitt haben zumindest die Beschreibung des Gegen-**

---

[5] BeBiKo/*Schmidt/Deicke* Rn. 13.
[6] Baumbach/Hopt/*Merkt* Rn. 2.
[7] Baumbach/Hopt/*Merkt* Rn. 3.
[8] BeBiKo/*Schmidt/Deicke* Rn. 17.
[9] *Pfitzer/Oser/Orth* DB 2004, 2593.

stands der Prüfung und die Angabe zu den angewandten Rechnungslegungsgrundsätzen zu erfolgen.

(1a) Bei der Erstellung des Bestätigungsvermerks hat der Abschlussprüfer die internationalen Prüfungsstandards anzuwenden, die von der Europäischen Kommission in dem Verfahren nach Artikel 26 Absatz 3 der
Richtlinie 2006/43/EG angenommen worden sind.

(2) [1] Die Beurteilung des Prüfungsergebnisses muss zweifelsfrei ergeben, ob

1. ein uneingeschränkter Bestätigungsvermerk erteilt,
2. ein eingeschränkter Bestätigungsvermerk erteilt,
3. der Bestätigungsvermerk aufgrund von Einwendungen versagt oder
4. der Bestätigungsvermerk deshalb versagt wird, weil der Abschlussprüfer nicht in der Lage ist, ein Prüfungsurteil abzugeben.

[2] Die Beurteilung des Prüfungsergebnisses soll allgemein verständlich und
problemorientiert unter Berücksichtigung des Umstandes erfolgen, dass
die gesetzlichen Vertreter den Abschluss zu verantworten haben. [3] Auf
Risiken, die den Fortbestand des Unternehmens oder eines Konzernunternehmens gefährden, ist gesondert einzugehen. [4] Auf Risiken, die
den Fortbestand eines Tochterunternehmens gefährden, braucht im Bestätigungsvermerk zum Konzernabschluss des Mutterunternehmens
nicht eingegangen zu werden, wenn das Tochterunternehmen für die
Vermittlung eines den tatsächlichen Verhältnissen entsprechenden Bildes
der Vermögens-, Finanz- und Ertragslage des Konzerns nur von untergeordneter Bedeutung ist.

(3) [1] In einem uneingeschränkten Bestätigungsvermerk (Absatz 2 Satz 1
Nr. 1) hat der Abschlussprüfer zu erklären, dass die von ihm nach § 317
durchgeführte Prüfung zu keinen Einwendungen geführt hat und dass
der von den gesetzlichen Vertretern der Gesellschaft aufgestellte Jahresoder Konzernabschluss aufgrund der bei der Prüfung gewonnenen Erkenntnisse des Abschlussprüfers nach seiner Beurteilung den gesetzlichen
Vorschriften entspricht und unter Beachtung der Grundsätze ordnungsmäßiger Buchführung oder sonstiger maßgeblicher Rechnungslegungsgrundsätze ein den tatsächlichen Verhältnissen entsprechendes Bild der
Vermögens-, Finanz- und Ertragslage des Unternehmens oder des Konzerns vermittelt. [2] Der Abschlussprüfer kann zusätzlich einen Hinweis auf
Umstände aufnehmen, auf die er in besonderer Weise aufmerksam
macht, ohne den Bestätigungsvermerk einzuschränken.

(4) [1] Sind Einwendungen zu erheben, so hat der Abschlussprüfer seine
Erklärung nach Absatz 3 Satz 1 einzuschränken (Absatz 2 Satz 1 Nr. 2)
oder zu versagen (Absatz 2 Satz 1 Nr. 3). [2] Die Versagung ist in den Vermerk, der nicht mehr als Bestätigungsvermerk zu bezeichnen ist, aufzunehmen. [3] Die Einschränkung oder Versagung ist zu begründen; Absatz 3 Satz 2 findet Anwendung. [4] Ein eingeschränkter Bestätigungsvermerk darf nur erteilt werden, wenn der geprüfte Abschluss unter Beachtung
der vom Abschlussprüfer vorgenommenen, in ihrer Tragweite erkennbaren
Einschränkung ein den tatsächlichen Verhältnissen im Wesentlichen entsprechendes Bild der Vermögens-, Finanz- und Ertragslage vermittelt.

(5) [1] Der Bestätigungsvermerk ist auch dann zu versagen, wenn der
Abschlussprüfer nach Ausschöpfung aller angemessenen Möglichkeiten
zur Klärung des Sachverhalts nicht in der Lage ist, ein Prüfungsurteil
abzugeben (Absatz 2 Satz 1 Nr. 4). [2] Absatz 4 Satz 2 und 3 gilt entsprechend.

(6) ¹Die Beurteilung des Prüfungsergebnisses hat sich auch darauf zu erstrecken, ob der Lagebericht oder der Konzernlagebericht nach dem Urteil des Abschlussprüfers mit dem Jahresabschluss und gegebenenfalls mit dem Einzelabschluss nach § 325 Abs. 2a oder mit dem Konzern- abschluss in Einklang steht, die gesetzlichen Vorschriften zur Aufstellung des Lage- oder Konzernlageberichts beachtet worden sind und der Lage- oder Konzernlagebericht insgesamt ein zutreffendes Bild von der Lage des Unternehmens oder des Konzerns vermittelt. ²Dabei ist auch darauf einzugehen, ob die Chancen und Risiken der zukünftigen Entwicklung zutreffend dargestellt sind.

(6a) ¹Wurden mehrere Prüfer oder Prüfungsgesellschaften gemeinsam zum Abschlussprüfer bestellt, soll die Beurteilung des Prüfungsergebnis- ses einheitlich erfolgen. ²Ist eine einheitliche Beurteilung ausnahmsweise nicht möglich, sind die Gründe hierfür darzulegen; die Beurteilung ist jeweils in einem gesonderten Absatz vorzunehmen. ³Die Sätze 1 und 2 gelten im Fall der gemeinsamen Bestellung von

1. Wirtschaftsprüfern oder Wirtschaftsprüfungsgesellschaften,
2. vereidigten Buchprüfern oder Buchprüfungsgesellschaften sowie
3. Prüfern oder Prüfungsgesellschaften nach den Nummern 1 und 2.

(7) ¹Der Abschlussprüfer hat den Bestätigungsvermerk oder den Ver- merk über seine Versagung unter Angabe des Ortes der Niederlassung des Abschlussprüfers und des Tages der Unterzeichnung zu unterzeich- nen; im Fall des Absatzes 6a hat die Unterzeichnung durch alle bestellten Personen zu erfolgen. ²Der Bestätigungsvermerk oder der Vermerk über seine Versagung ist auch in den Prüfungsbericht aufzunehmen. ³Ist der Abschlussprüfer eine Wirtschaftsprüfungsgesellschaft, so hat die Unter- zeichnung zumindest durch den Wirtschaftsprüfer zu erfolgen, welcher die Abschlussprüfung für die Prüfungsgesellschaft durchgeführt hat. ⁴Satz 3 ist auf Buchprüfungsgesellschaften entsprechend anzuwenden.

Schrifttum: (ohne die Einzelbeiträge in den verschiedenen Handbüchern der Rechnungslegung) *Böcking/Orth/Brinkmann,* Die Anwendung der International Stan- dards on Auditing (ISA) im Rahmen der handelsrechtlichen Konzernabschlussprüfung und deren Berücksichtigung im Bestätigungsvermerk, WPg 2000, 216; *Böcking/Orth,* Kann das „Gesetz zur Kontrolle und Transparenz im Unternehmensbereich (Kon- TraG)" einen Beitrag zur Verringerung der Erwartungslücke leisten? – Eine Würdigung auf Basis von Rechnungslegung und Kapitalmarkt, WPg 1998, 351; *Elkart/Naumann,* Zur Fortentwicklung der Grundsätze für die Erteilung von Bestätigungsvermerken bei Abschlußprüfungen nach § 322 HGB (Teil I und II), WPg 1995; *IDW* PS 201, Rechnungslegungs- und Prüfungsgrundsätze für die Abschlussprüfung, WPg 2015, Supplement 2; *IDW* PS 270 nF, Die Beurteilung der Fortführung der Unternehmens- tätigkeit im Rahmen der Abschlussprüfung, IDW Life 2018, 752; *IDW* PS 400, Grund- sätze für die ordnungsmäßige Erteilung von Bestätigungsvermerken bei Abschlussprü- fungen, WPg 2010, Supplement 4, WPg 2013, Supplement 1; WPg 2015, Supplement 4; *IDW* PS 400 nF, Bildung eines Prüfungsurteils und Erteilung des Bestätigungsver- merks, IDW Life 2018, 29; *IDW* PS 401, Mitteilung besonders wichtiger Sachverhalte im Bestätigungsvermerk, IDW Life 2018, 87; *IDW* PS 405, Modifizierung des Prü- fungsvermerks im Bestätigungsvermerk, IDW Life 2018, 101; *IDW* PS 450 nF, Grund- sätze ordnungsmäßiger Erstellung von Prüfungsberichten, IDW Life 2018, 145; WPg 2009, Supplement 4; *IDW* PH 9450.2, Zur Wiedergabe des Vermerks über die Ab- schlussprüfung im Prüfungsbericht, WPg 2004, 433; *IDW,* Verlautbarung des HFA: Zur phasengleichen Vereinnahmung von Erträgen aus Beteiligungen an Kapitalgesell- schaften nach dem Urteil des BGH vom 12. Januar 1998, WPg 1998, 427; *Kirsch,* Erwartungslücke und Bestätigungsvermerk, FS Baetge, 1997, 955; *Lehwald,* Die Ertei- lung des Bestätigungsvermerk bei Abschlussprüfungen, DStR 2000, 259; *Mai,* Rechtsverhältnis zwischen Abschlußprüfer und prüfungspflichtiger Kapitalgesellschaft, 1993; *Pfitzer/Oser/Orth,* Offene Fragen und Systemwidrigkeiten des Bilanzrechtsreformgesetzes (BilReG), DB 2004, 2593; *Schindler/Rabenhorst,* Auswirkungen des KonTraG auf die Abschlußprüfung, Teil I und II, BB 1998, 1886; *Wolz,* Die Erwartungslücke vor und nach Verabschiedung des KonTraG, WPK-Mitt. 2/1998, 122.

Übersicht

I. Allgemeines

1   § 322 regelt die Grundlagen des Bestätigungsvermerks für den Jahres- und den Konzernabschluss bei Unternehmen, deren Abschlüsse einer gesetzlichen Abschlussprüfung nach §§ 316 ff. zu unterziehen sind.[1] Bei Unternehmen von öffentlichem Interesse ergeben sich die Anforderungen an den Bestätigungsvermerk aus Art. 10 EU-APrVO als unmittelbar anwendbarem Recht.

2   Inhaltlich handelt es sich bei dem Bestätigungsvermerk eher um einen **Bestätigungsbericht,** denn bis auf einen Kernsatz wird vom Gesetz keine Formulierung vorgeschrieben.[2] Der Bestätigungsvermerk entspricht weitgehend dem nach internationalen Prüfungsgrundsätzen (ISA 700) verwendeten „Auditor's Report", der bestimmte **Standardformulierungen** enthält. Mit den IDW Prüfungsstandards **„Bildung eines Prüfungsurteils und Erteilung eines Bestätigungsvermerks (IDW PS 400 nF)", „Mitteilung besonders wichtiger Prüfungssachverhalte im Bestätigungsvermerk (IDW PS 401)", „Modifizierungen des Prüfungsurteils im Bestätigungsvermerk (IDW PS 405)"** und **„Hinweise im Bestätigungsvermerk (IDW PS 406)"** werden die entsprechenden internationalen

---

[1] *ADS* Rn. 13.
[2] Vgl. dazu *Schindler/Rabenhorst* BB 1998, 1941.

Prüfungsgrundsätze ISA 700 bis ISA 706 unter Berücksichtigung nationaler Besonderheiten transformiert.[3] Der in Abs. 1a vorgeschriebenen Anwendung der von der Europäischen Kommission angenommenen internationalen Prüfungsstandards kommt derzeit keine unmittelbare praktische Bedeutung zu, da eine solche Annahme bisher nicht erfolgt ist. Allerdings wird durch die Übernahme der ISA durch das IDW im Ergebnis ebenfalls eine Beachtung der ISA, ggf. unter Berücksichtigung deutscher Besonderheiten, gewährleistet.

Die Vorschrift des § 322 gilt für die Pflichtprüfung des **Jahresabschlusses** 3 **von Kapitalgesellschaften, von Personenhandelsgesellschaften** iSv **§ 264a Abs. 1** (§ 264a iVm § 316), des Einzelabschlusses nach § 325 Abs. 2a und von **Konzernabschlüssen** nach § 316; außerdem für die Prüfung von **Kreditinstituten** (§ 340k) und **Versicherungsunternehmen** (§ 341k). Handelt es sich um Unternehmen von öffentlichem Interesse, richtet sich die Berichterstattung im Bestätigungsvermerk vorrangig nach Art. 11 EU-APrVO. Für Unternehmen, die nach dem **PublG** rechnungslegungspflichtig sind, gilt § 322 nach §§ 6, 14 Abs. 1 PublG sinngemäß; die Kernfassung des Bestätigungsvermerks ist jedoch ggf. anzupassen, da von diesen Unternehmen nicht sämtliche ergänzenden Vorschriften des HGB zum Jahresabschluss von Kapitalgesellschaften anzuwenden sind.[4] Bei der Prüfung von **Genossenschaften** ist § 322 nur dann entsprechend anzuwenden, wenn die Genossenschaft die Größenmerkmale von § 267 Abs. 3 erfüllt (§ 58 Abs. 2 GenG).

Wird bei nicht prüfungspflichtigen Unternehmen auf **freiwilliger Basis** 4 eine Abschlussprüfung nach den für die Pflichtprüfung geltenden Grundsätzen durchgeführt, kann ebenfalls ein Bestätigungsvermerk erteilt werden.[5] Wird auftragsgemäß nur in eingeschränktem Umfang geprüft, kann nur eine **Bescheinigung** erteilt werden.

II. Bedeutung des Bestätigungsvermerks

Der Bestätigungsvermerk enthält das auf der Grundlage einer pflichtgemä- 5 ßen und nach geltenden Berufsgrundsätzen durchgeführten Prüfung gebildete Gesamturteil des Abschlussprüfers. Er richtet sich nicht nur an den Auftraggeber, sondern vor allem auch an Kapitaleigner, potenzielle Aktienerwerber, Gesellschafter, Gläubiger, andere Marktpartner, Arbeitnehmer und die interessierte Öffentlichkeit.[6] Daher ist der Bestätigungsvermerk gem. § 325 Abs. 1 S. 1 auch Gegenstand der Offenlegungspflicht. Mit dem Bestätigungs- oder dem Versagungsvermerk wird der **Öffentlichkeit** gegenüber verdeutlicht, dass die Prüfungspflicht nach § 316 Abs. 1 oder 2 erfüllt wurde. Vor diesem Hintergrund ist auch die gesetzliche Vorschrift des Abs. 2 S. 2 zu sehen, derzufolge die Beurteilung des Prüfungsergebnisses allgemein verständlich und problemorientiert erfolgen soll. Die Allgemeinverständlichkeit stellt ab auf das Verständnis der Adressaten des Bestätigungsvermerks, wobei ein Grundwissen für die Rechnungslegung vorausgesetzt wird. Die Forderung nach der problemorientierten Darstellung wird insbesondere durch die

---

[3] *IDW* PS 400 nF, IDW Life 2018, 29 ff. Rn. 2.
[4] BeBiKo/*Schmidt/Küster* Rn. 230; MüKoHGB/*Ebke* Rn. 11.
[5] *IDW* PS 400 nF, IDW Life 2018, 29 ff. Rn. 3.
[6] MüKoHGB/*Ebke* Rn. 2; *Lehwald* DStR 2000, 259; WP-HdB Kap. Q Rn. 331; HdR/*Lück* Rn. 12.

Erläuterung der bestandsgefährdenden Risiken erfüllt.[7] Ein **uneinge-schränkter** Bestätigungsvermerk ist zu erteilen, wenn die Abschlussprüfung zu keinen Einwendungen geführt hat (dazu → Rn. 18 f.). Ggf. kann dieser mit einem Hinweis auf Umstände versehen werden, die nach Ansicht des Abschlussprüfers Aufmerksamkeit verdienen. Eine **Einschränkung** ist mög-lich, wenn wesentliche Einwendungen zu erheben sind, die aber nicht um-fassend sind bzw. Prüfungshemmnisse mit möglichen wesentlichen, aber nicht umfassenden Auswirkungen vorliegen; bei umfassenden Auswirkungen ist ein **Vermerk über die Versagung** des Bestätigungsvermerks zu erteilen.[8] Der Bestätigungsvermerk stellt keine Beurteilung der wirtschaftlichen Lage und der Geschäftsführung dar **(kein „Gesundheitstestat").**[9]

Die Beurteilung des Prüfungsergebnisses muss zweifelsfrei ergeben, ob

– ein uneingeschränkter Bestätigungsvermerk erteilt,
– ein eingeschränkter Bestätigungsvermerk erteilt,
– der Bestätigungsvermerk auf Grund von Einwendungen versagt, oder
– der Bestätigungsvermerk deshalb versagt wird, weil der Abschlussprüfer nicht in der Lage ist, ein Prüfungsurteil abzugeben.

6   Die **rechtliche Bedeutung** des Bestätigungsvermerks liegt vor allem da-rin, dass das Vorliegen des Prüfungsberichts (§ 321) mit dem erteilten Bestäti-gungsvermerk bzw. Versagungsvermerk grundsätzlich Voraussetzung für die Feststellung des Jahresabschlusses ist.[10] Eine Einschränkung des Bestätigungs-vermerks oder ein Versagungsvermerk kann sich insbesondere bei der Ent-lastung der Gesellschaftsorgane nachteilig auswirken.[11]

7   Die Gesellschaft hat nach hM einen **Rechtsanspruch** auf die Erteilung des Bestätigungsvermerks, wenn die Voraussetzungen dafür erfüllt sind.[12] Glei-ches gilt für den Vermerk über die Versagung, da sonst die Beendigung der Abschlussprüfung als Voraussetzung für die Feststellung des Jahresabschlusses nicht dokumentiert werden kann.[13] Der Anspruch kann in Form einer Leis-tungsklage durchgesetzt werden.[14]

8   Die Erteilung eines inhaltlich unrichtigen Bestätigungs- oder Versagungs-vermerks fällt unter die Strafvorschrift des § 332 (vgl. auch Erl. zu § 332).

III. Bestätigungsvermerk zum Jahresabschluss von Kapitalgesellschaften

9   **1. Allgemeines.** Der Bestätigungsvermerk enthält die folgenden **Grund-bestandteile:**[15]

– Überschrift,
– Empfänger,

---

[7] *ADS* Rn. 94.
[8] *ADS* Rn. 16; WP-HdB Kap. Q Rn. 337 f.; *IDW* PS 405 nF, IDW Life 2018, 29 ff. Rn. 12.
[9] Vgl. zur sog. Erwartungslücke vgl. auch die Erl. zu § 316.
[10] *ADS* Rn. 34 und 37; BeBiKo/*Schmidt/Küster* Rn. 13; HdR/*Lück* Rn. 8.
[11] MüKoHGB/*Ebke* Rn. 3.
[12] *ADS* Rn. 355 ff.; BeBiKo/*Schmidt/Küster* Rn. 17; Rowedder/Schmidt-Leithoff/*Tied-chen* GmbHG § 42a Rn. 48; Baumbach/Hueck/*Schulze-Osterloh*, 18. Aufl. 2006, GmbHG § 41 Rn. 163.
[13] *Elkart/Naumann* WPg 1995, 359.
[14] *ADS* Rn. 355.
[15] *IDW* PS 400 nF, IDW Life 2018, 29 ff. Rn. 30 ff. Zu Besonderheiten des Bestätigungs-vermerks bei Unternehmen von öffentlichen Interessen → Rn. 53 ff.

– einleitender Abschnitt,
– Prüfungsurteile,
– Grundlage für die Prüfungsurteile,
– sonstige Informationen,
– Verantwortung der gesetzlichen Vertreter und des Aufsichtsrats für den Jahresabschluss und den Lagebericht,
– Verantwortung des Abschlussprüfers für die Prüfung des Jahresabschlusses und den Lagebericht,
– ggf. Hinweis auf wesentliche Unsicherheit im Zusammenhang mit der Fortführung der Unternehmenstätigkeit,
– Ort der Niederlassung des Abschlussprüfers, Datum und Unterschrift.

Bis auf den in Abs. 3 S. 1 vorgegebenen **Kernsatz** (→ Rn. 18) schreibt das **10** Gesetz keine Formulierung vor. Eine völlig freie Formulierung der wiederkehrenden Bestandteile des Bestätigungsvermerks erscheint jedoch nicht sachgerecht, da einerseits die Qualität des Bestätigungsvermerks von der Formulierungskunst des Abschlussprüfers abhängig gemacht und andererseits die Wahrscheinlichkeit, dass die Unternehmensleitung Einfluss auf den materiellen Inhalt des Bestätigungsvermerks nimmt, steigen würde.[16] Die Prüfungsstandards IDW PS 400 nF, IDW PS 405 und IDW PS 406 enthalten daher **Standardformulierungen** für die verschiedenen Bestandteile des Bestätigungsvermerks.[17]

2. Überschrift und Empfänger. Vermerke mit positiver Gesamtaussage **11** sind als „Bestätigungsvermerk" zu bezeichnen. Nach Abs. 4 S. 2 darf bei einer Versagung der Vermerk nicht als Bestätigungsvermerk bezeichnet werden. In diesem Fall ist für die **Überschrift** die Bezeichnung „Versagungsvermerk" zu verwenden.[18] Darüber hinaus sollte in der Überschrift auf den Abschlussprüfer Bezug genommen werden („Bestätigungsvermerk des unabhängigen Abschlussprüfers"), um zu verdeutlichen, dass der Bestätigungsvermerk durch einen unabhängigen, seinem Berufseid verpflichteten Prüfer erteilt wurde, und um Verwechslungen mit anderen Vermerken auszuschließen. Die gleichen Überschriften sind auch für Vermerke über freiwillige Jahresabschlussprüfungen zu verwenden.

Während in der Vergangenheit eine Adressierung des Bestätigungsvermerks **12** im Fall von gesetzlichen Abschlussprüfungen nicht vorgesehen war, da sich die Adressaten aus der gesetzlichen Regelung ergeben,[19] ist nunmehr in Einklang mit den internationalen Regelungen eine Adressierung ausnahmslos vorgeschrieben.[20]

3. Einleitender Abschnitt. Der dem Prüfungsurteil unmittelbar voran- **13** gestellte **einleitende Abschnitt** beginnt mit einer Beschreibung des **Gegenstands** der Prüfung (Abs. 1 S. 2 und 3). Um den Bestätigungsvermerk nicht unnötig aufzublähen, sollte dabei eine Beschränkung auf die notwendigsten Angaben erfolgen.[21] Als Gegenstand der Prüfung sind der Jahresabschluss, der Lagebericht sowie ggf. das nach § 91 Abs. 2 AktG einzurichtende Risiko-

---

[16] *Schindler/Rabenhorst* BB 1998, 1941; *Böcking/Orth* WPg 1998, 352 mwN.
[17] *IDW* PS 400 nF, IDW Life 2018, 29 ff.; *IDW* PS 405, IDW Life 2018, 101 ff.; *IDW* PS 406, IDW Life 2018, 130 ff.
[18] *IDW* PS 405, IDW Life 2018, 101 ff., Anlage 6.
[19] *IDW* PS 400, WPg 2010, Supplement 4, WPg 2013, Supplement 1 Rn. 22.
[20] *IDW* PS 400 nF, IDW Life 2018, 29 ff. Rn. 32 iVm Rn. A25.
[21] *Schindler/Rabenhorst* BB 1998, 1942.

früherkennungssystem zu nennen; außerdem sind das geprüfte Unternehmen, der Abschlussstichtag und das dem Jahresabschluss zugrunde liegende Geschäftsjahr zu bezeichnen.[22] Sofern einschlägig, ist im einleitenden Abschnitt auch darauf hinzuweisen, dass bestimmte in den Lagebericht aufgenommene Angaben, nämlich die Erklärung zur Unternehmensführung (§ 289f Abs. 2 und 5 sowie § 315d) und die nichtfinanzielle Erklärung (§§ 289b–289e und §§ 315b und 315c) nicht Gegenstand einer inhaltlichen Prüfung waren. Weitergehende, in der Vergangenheit ebenfalls im einleitenden Abschnitt enthaltene Ausführungen

– zur Verantwortung der Geschäftsleitung für die Aufstellung des Jahresabschlusses und des Lageberichts,
– zur Aufgabe des Abschlussprüfers, mit dem Bestätigungsvermerk ein zusammenfassendes Urteil über die Rechnungslegung des geprüften Unternehmens als Ergebnis seiner Prüfung abzugeben, und
– zu Rechnungslegungsvorschriften, nach denen der Abschluss erstellt wurde,

bleiben gesonderten Abschnitten vorbehalten.

14   Das IDW schlägt, sofern keine besonderen Umstände vorliegen, folgende Formulierung für den einleitenden Abschnitt vor:[23]
„Wir haben den Jahresabschluss der … [Gesellschaft] – bestehend aus der Bilanz zum … [Datum] und der Gewinn- und Verlustrechnung für das Geschäftsjahr vom … [Datum] bis zum … [Datum] sowie dem Anhang, einschließlich der Darstellung der Bilanzierungs- und Bewertungsmethoden – geprüft. Darüber hinaus haben wir den Lagebericht der … [Gesellschaft] für das Geschäftsjahr vom … [Datum] bis zum … [Datum] geprüft.".

15   Besondere Umstände können bei der Erweiterung oder Beschränkung des Prüfungsumfangs auf Grund gesetzlicher Vorschriften vorliegen. Dies gilt zB bei Erweiterungen nach landesrechtlichen Vorschriften für Krankenhäuser (§ 34 KHG NRW und § 20 SKHG). Eine Einschränkung des Prüfungsumfangs kann sich zB aus § 5 Abs. 1 und 2 PublG bzgl. des Anhangs und des Lageberichts von Personengesellschaften ergeben. In diesen Fällen weicht die Formulierung des Bestätigungsvermerks von der og Musterformulierung ab („Ich/Wir habe(n) den Jahresabschluss, bestehend aus Bilanz und Gewinn- und Verlustrechnung … geprüft.").

16   **4. Prüfungsurteile und Grundlagen für die Prüfungsurteile.** Während bisher das Prüfungsurteil am Ende des Bestätigungsvermerks zu finden war, hat sich die Neustrukturierung des Bestätigungsvermerks in den ISA auch auf die vom IDW transformierten IDW PS ausgewirkt. Um den Adressaten des Bestätigungsvermerks, der im Vergleich umfangreicher geworden ist, die Orientierung zu erleichtern, ist das in den Prüfungsurteilen zusammengefasste Ergebnis der Abschlussprüfung nunmehr unmittelbar nach dem einleitenden Abschnitt positioniert. Der Abschlussprüfer beurteilt in seinen **Prüfungsurteilen** auf Grund pflichtgemäßer Prüfung die Beachtung der maßgeblichen Normen durch das Unternehmen.[24] Dabei werden die Prüfungsurteile zum Jahresabschluss und zum Lagebericht zwar in einem gemeinsamen Abschnitt abgegeben; gleichwohl handelt es sich um zwei eigen-

---

[22] *IDW* PS 400, WPg 2010, Supplement 4, WPg 2013, Supplement 1 Rn. 24.
[23] *IDW* PS 400 nF; IDW Life 2018, 29 ff. Anlage 1.1.
[24] *IDW* PS 400 nF; IDW Life 2018, 29 ff. Rn. 15.

ständige Urteile, sodass etwa das Prüfungsurteil zum Jahresabschluss eingeschränkt, das Prüfungsurteil zum Lagebericht jedoch uneingeschränkt sein kann. Abhängig vom jeweiligen Sachverhalt ist das Prüfungsurteil in einer der folgenden Formen abzugeben:[25]

– in allen wesentlichen Belangen in Übereinstimmung mit den maßgebenden Rechnungslegungsgrundsätzen aufgestellter Abschluss (uneingeschränktes Prüfungsurteil),
– wesentliche, aber nicht umfassende Einwendungen bzw. mögliche Auswirkungen aus wesentlichen, aber nicht umfassenden Prüfungshemmnissen (eingeschränktes Prüfungsurteil),
– versagtes Prüfungsurteil (Versagungsvermerk)
  – auf Grund von Einwendungen
  – auf Grund von gravierenden Prüfungshemmnissen.

Ein **uneingeschränktes** Prüfungsurteil zum Jahresabschluss ist abzugeben, **17** wenn der Abschlussprüfer keine wesentlichen Einwendungen gegen den Jahresabschluss zu erheben hat und keine wesentlichen Prüfungshemmnisse vorgelegen haben.[26] Der Abschlussprüfer stellt weiterhin fest, dass der Jahresabschluss unter Beachtung der Grundsätze ordnungsmäßiger Buchführung ein den tatsächlichen Verhältnissen entsprechendes Bild der Vermögens-, Finanz- und Ertragslage der Gesellschaft vermittelt. Das Prüfungsurteil ist entsprechend der Vorgaben nach Abs. 6 zu formulieren, sodass mit einem uneingeschränkten Prüfungsurteil zum Lagebericht bestätigt wird, dass der Lagebericht insgesamt ein zutreffendes Bild von der Lage der Gesellschaft vermittelt, der Lagebericht in allen wesentlichen Belangen in Einklang mit dem Jahresabschluss steht, den deutschen gesetzlichen Vorschriften entspricht und die Chancen und Risiken der zukünftigen Entwicklung zutreffend darstellt. Ist der Wortlaut des Prüfungsurteils in bestimmten Fällen nicht angemessen, ist er entsprechend anzupassen. So entfällt beispielsweise das auf den Lagebericht bezogene Prüfungsurteil, wenn dieser zulässigerweise nicht erstellt wurde (bei kleinen Kapitalgesellschaften nach § 264 Abs. 1 S. 3); eine solche Kürzung stellt keine Einschränkung der Bestätigung dar.

Die Prüfungsurteile, die mit einem kurzen **Kernsatz** beginnen, sollten bei **18** uneingeschränkt positiver Gesamtaussage wie folgt formuliert werden:[27]

„Nach unserer Beurteilung aufgrund der bei der Prüfung gewonnenen Erkenntnisse

– entspricht der beigefügte Jahresabschluss in allen wesentlichen Belangen den deutschen, für Kapitalgesellschaften geltenden handelsrechtlichen Vorschriften und vermittelt unter Beachtung der deutschen Grundsätze ordnungsmäßiger Buchführung ein den tatsächlichen Verhältnissen entsprechendes Bild der Vermögens- und Finanzlage der Gesellschaft zum … [Datum] sowie ihrer Ertragslage für das Geschäftsjahr vom … [Datum] bis zum … [Datum] und
– vermittelt der beigefügte Lagebericht insgesamt ein zutreffendes Bild von der Lage der Gesellschaft. In allen wesentlichen Belangen steht dieser Lagebericht in Einklang mit dem Jahresabschluss, entspricht den deutschen gesetzlichen Vorschriften und stellt die Chancen und Risiken der zukünftigen Entwicklung zutreffend dar.

---

[25] *IDW* PS 400 nF, IDW Life 2018, 29 ff. Rn. 23 f.
[26] *IDW* PS 400 nF, IDW Life 2018, 29 ff. Rn. 24.
[27] *IDW* PS 400 nF, IDW Life 2018, 29 ff. Rn. 37.

Gemäß § 322 Abs. 3 Satz 1 HGB erklären wir, dass unsere Prüfung zu keinen Einwendungen gegen die Ordnungsmäßigkeit des Jahresabschlusses und des Lageberichts geführt hat."

Ohne den Bestätigungsvermerk einzuschränken, kann der Abschlussprüfer nach Abs. 3 S. 2 einen Hinweis auf Umstände aufnehmen, auf die er in besonderer Weise aufmerksam macht.

19 Wird der Abschluss um eine Kapitalflussrechnung ergänzt, zB bei einem Konzernabschluss gem. § 297 Abs. 1, kann die Formulierung erweitert werden um:

„… Ertragslage sowie der Zahlungsströme der Gesellschaft …"

20 Sind wesentliche, aber nicht umfassende **Einwendungen** gegen abgrenzbare Teile des Jahresabschlusses oder Lageberichts zu erheben oder können abgrenzbare Teile des Prüfungsgegenstandes auf Grund von wesentlichen, aber nicht umfassenden Prüfungshemmnissen nicht als zutreffend beurteilt werden, so ist im Rahmen eines eingeschränkten Prüfungsurteils eine **eingeschränkt positive Gesamtaussage** zu treffen.[28]

21 Einwendungen gegen den Abschluss sind zu erheben, wenn der Abschlussprüfer auf der Grundlage der erlangten Prüfungsnachweise die Schlussfolgerung zieht, dass der Abschluss als Ganzes falsche Darstellungen enthält, die einzeln oder kumuliert wesentlich sind bzw. wenn der Lagebericht insgesamt nicht bzw. nur mit Ausnahmen in allen wesentlichen Belangen den maßgebenden Rechnungslegungsgrundsätzen entspricht. Zur Beurteilung der relativen Bedeutung eines Mangels hat der Abschlussprüfer diesen in Beziehung zu entsprechenden Größen (zB Betrag der betroffenen Jahresabschlussposition) zu setzen und in seiner Auswirkung auf die Beurteilung der Vermögens-, Finanz- und Ertragslage des Unternehmens zu würdigen. Mehrere, isoliert betrachtet, unwesentliche Beanstandungen können in ihrer Gesamtheit wesentlich sein. Um eine Einschränkung zu rechtfertigen, müssen diese wesentlichen Beanstandungen zum Zeitpunkt des Abschlusses der Prüfung noch vorliegen.

22 Einschränkungen sind zu begründen (Abs. 4 S. 3) und so darzustellen, dass ihre Tragweite erkennbar wird (Abs. 4 S. 4). Soweit der Jahresabschluss trotz der erkennbaren Tragweite der Einschränkung nicht mehr ein den tatsächlichen Verhältnissen entsprechendes Bild der Vermögens-, Finanz- und Ertragslage der Gesellschaft vermittelt, darf ein eingeschränkter Bestätigungsvermerk nicht mehr erteilt werden.

23 Die Einschränkung des Prüfungsurteils hat das Wort „Einschränkung" zu enthalten. Das IDW empfiehlt folgende Formulierung:[29]

„Nach unserer Beurteilung aufgrund der bei der Prüfung gewonnenen Erkenntnisse entspricht der beigefügte Jahresabschluss mit Ausnahme der Auswirkungen des im Abschnitt „Grundlage für das eingeschränkte Prüfungsurteil zum Jahresabschluss" beschriebenen Sachverhalts in allen wesentlichen Belangen den deutschen, für Kapitalgesellschaften geltenden handelsrechtlichen Vorschriften."

Daran anschließend ist der Einschränkungsgrund anzugeben.[30]

24 Einwendungen, die sich auf den Jahresabschluss als Ganzen auswirken und so umfassend sind, dass eine Einschränkung des Bestätigungsvermerks nach

---

[28] *IDW* PS 405, IDW Life 2018, 101 ff. Rn. 10.
[29] *IDW* PS 405, IDW Life 2018, 101 ff. Rn. 27.
[30] Vgl. Musterformulierungen bei Vorliegen weiterer Gründe für die Einschränkung: *IDW* PS 405, IDW Life 2018, 101 ff., Anlage.

dem Urteil des Abschlussprüfers zur Verdeutlichung der missverständlichen oder unvollständigen Darstellung im Jahresabschluss nicht mehr angemessen ist, müssen zu einer Versagung des Prüfungsurteils führen.[31] Auch wenn die Auswirkungen von Prüfungshemmnissen so umfassend sind, dass der Abschlussprüfer nicht mehr zu einem Prüfungsurteil mit positiver bzw. eingeschränkt positiver Gesamtaussage gelangen kann (zB nicht behebbare Mängel der Buchführung oder Verletzung von wesentlichen Vorlage- und Auskunftspflichten nach § 320, soweit nicht alternative Prüfungshandlungen eine positive Gesamtaussage ermöglichen), ist ein Versagungsvermerk zu erteilen. Nach Abs. 4 S. 3 sind im Versagungsvermerk alle wesentlichen Gründe für die Versagung zu beschreiben und zu erläutern.

Im Abschnitt „Grundlage für die Prüfungsurteile" werden die relevanten **25** Vorschriften und Prüfungsstandards für die Abschlussprüfung bezeichnet, ohne dass jedoch das Prüfungsvorgehen im Einzelnen dargestellt wird. Dies erfolgt ausführlich im Abschnitt „Verantwortung des Abschlussprüfers für die Prüfung des Jahresabschlusses und des Lageberichts". Ferner enthält der Abschnitt „Grundlage für die Prüfungsurteile" eine Aussage zur Unabhängigkeit sowie die Erklärung, dass die erlangten Prüfungsnachweise ausreichend und geeignet sind, um als Grundlage für die Prüfungsurteile zu dienen.

Für den Abschnitt „Grundlage für die Prüfungsurteile" ist in IDW PS 400 **26** nF folgende Formulierung vorgesehen:

„Wir haben unsere Prüfung des Jahresabschlusses und des Lageberichts in Übereinstimmung mit § 317 HGB unter Beachtung der vom Institut der Wirtschaftsprüfer (IDW) festgestellten deutschen Grundsätze ordnungsmäßiger Abschlussprüfung durchgeführt. Unsere Verantwortung nach diesen Vorschriften und Grundsätzen ist im Abschnitt „Verantwortung des Abschlussprüfers für die Prüfung des Jahresabschlusses und des Lageberichts" unseres Bestätigungsvermerks weitergehend beschrieben. Wir sind von dem Unternehmen unabhängig in Übereinstimmung mit den deutschen handelsrechtlichen und berufsrechtlichen Vorschriften und haben unsere sonstigen deutschen Berufspflichten in Übereinstimmung mit diesen Anforderungen erfüllt. Wir sind der Auffassung, dass die von uns erlangten Prüfungsnachweise ausreichend und geeignet sind, um als Grundlage für unsere Prüfungsurteile zum Jahresabschluss und zum Lagebericht zu dienen."

5. Sonstige Informationen. Aus der Übernahme des ISA 720 (Revised) **27** in Form eines – derzeit als Entwurf vorliegenden – ISA 720 (Revised) (DE) ergibt sich eine zusätzliche, nicht durch § 322 vorgegebene Berichtspflicht innerhalb des Bestätigungsvermerks für den Fall, dass der Abschluss und der Bestätigungsvermerk innerhalb eines Geschäftsberichts wiedergegeben werden. Der Abschlussprüfer hat die innerhalb des Geschäftsberichts neben dem Abschluss und dem Bestätigungsvermerk enthaltenen sonstigen Informationen zu lesen und daraufhin zu würdigen, ob eine wesentliche Unstimmigkeit zwischen den sonstigen Informationen und dem Abschluss bzw. den bei der Abschlussprüfung erlangten Kenntnissen des Abschlussprüfers vorliegt.

Während über die Verpflichtung zum Lesen und Würdigen als solche in **28** jedem Fall im Bestätigungsvermerk zu berichten ist, kann über die Ergebnisse nur berichtet werden, falls der Abschlussprüfer wirksam von seiner Verschwiegenheitspflicht entbunden ist, da sich eine Anforderung zum Lesen

---

[31] *IDW* PS 405, IDW Life 2018, 101 ff. Rn. 12.

und Würdigen sonstiger Informationen nicht aus den Prüfungspflichten des HGB herleiten lässt.

29   Damit unterscheidet sich der in ISA 720 (Revised) (DE) vorgeschlagene Wortlaut für die Berichterstattung in Abhängigkeit vom Vorliegen der Entbindung von der Verschwiegenheit:

„Die gesetzlichen Vertreter sind für die sonstigen Informationen verantwortlich. Die sonstigen Informationen umfassen [genaue Bezeichnung, z. B. „die nicht inhaltlich geprüften Bestandteile des Lageberichts", „die Erklärung zur Unternehmensführung nach § 289f Abs. 4 HGB (Angaben zur Frauenquote)" oder „den Corporate Governance Bericht nach Nr. 3.10 des Deutschen Corporate Governance Kodex"].

Unsere Prüfungsurteile zum Jahresabschluss und Lagebericht erstrecken sich nicht auf die sonstigen Informationen, und dementsprechend geben wir weder ein Prüfungsurteil noch irgendeine andere Form von Prüfungsschlussfolgerung hierzu ab.

Im Zusammenhang mit unserer Prüfung haben wir die Verantwortung, die sonstigen Informationen zu lesen und dabei zu würdigen, ob die sonstigen Informationen

– wesentliche Unstimmigkeiten zum Jahresabschluss, Lagebericht oder unseren bei der Prüfung erlangten Kenntnissen aufweisen oder

– anderweitig wesentlich falsch dargestellt erscheinen."

Bei einer Entbindung von der Verschwiegenheit ist der nachfolgende Passus zu ergänzen:

„Falls wir auf Grundlage der von uns durchgeführten Arbeiten den Schluss ziehen, dass eine wesentliche falsche Darstellung dieser sonstigen Informationen vorliegt, sind wir verpflichtet, über diese Tatsache zu berichten. Wir haben in diesem Zusammenhang nichts zu berichten.".

30   **6. Verantwortung der gesetzlichen Vertreter und des Aufsichtsrats für den Jahresabschluss und den Lagebericht.** Ferner ist im Bestätigungsvermerk eine **Abgrenzung der Verantwortlichkeiten** vorzunehmen. In einem Abschnitt „Verantwortung der gesetzlichen Vertreter und des Aufsichtsorgans" wird die Verantwortung der gesetzlichen Vertreter für die Aufstellung des Abschlusses und die Beurteilung der Fähigkeit zur Unternehmensfortführung[32] sowie die Verantwortung des Aufsichtsorgans für die Überwachung des Rechnungslegungsprozesses dargestellt.[33] Insbesondere der Hinweis auf die Verantwortung des Aufsichtsorgans für die Überwachung des Rechnungslegungsprozesses in den Bestätigungsvermerk ist eine Neuerung im Bestätigungsvermerk.

31   Die Darstellung der Verantwortung der gesetzlichen Vertreter umfasst die folgenden Aspekte:

– Aufstellung des Abschlusses, der den maßgeblichen Rechnungslegungsvorschriften in allen wesentlichen Belangen entspricht;

– Vermittlung eines den tatsächlichen Verhältnissen entsprechenden Bildes der Vermögens-, Finanz- und Ertragslage durch den Abschluss;

– Einrichtung von internen Kontrollen, die für die Aufstellung eines von wesentlichen falschen Darstellungen freien Abschlusses notwendig sind;

---

[32] *IDW* PS 400 nF, IDW Life 2018, 29 ff. Rn. 54.
[33] *IDW* PS 400 nF, IDW Life 2018, 29 ff. Rn. 55.

– Beurteilung der Fähigkeit der Gesellschaft zur Fortführung der Unternehmenstätigkeit;
– Angabe von Sachverhalten in Zusammenhang mit der Fortführung der Unternehmenstätigkeit, sofern einschlägig;
– Bilanzierung auf der Grundlage des Rechnungslegungsgrundsatzes der Fortführung der Unternehmenstätigkeit, sofern dem nicht tatsächliche oder rechtliche Gegebenheiten entgegenstehen.

7. Verantwortung des Abschlussprüfers für die Prüfung des Jahresabschlusses und den Lagebericht. Das Gegenstück zur Beschreibung der Verantwortlichkeiten der gesetzlichen Vertreter und des Aufsichtsorgans ist die Darstellung der Verantwortung des Abschlussprüfers. Damit wird der gesetzlichen Anforderung in Abs. 1 S. 2 Genüge getan, wonach im Bestätigungsvermerk Art und Umfang der Prüfung zu beschreiben sind. Die Ausführungen zur Verantwortung des Abschlussprüfers müssen die folgenden Aspekte abdecken:[34]   **32**

– Zielsetzung der Abschlussprüfung (Erlangung einer hinreichenden Sicherheit, ob der Abschluss frei von wesentlichen falschen Angaben ist, und die Erteilung eines Vermerks mit einem Prüfungsurteil zum Abschluss);
– Erklärung, dass hinreichende Sicherheit ein hohes Maß an Sicherheit ist, aber keine Garantie für einen fehlerfreien Abschluss darstellt;
– Erklärung, dass falsche Angaben aus Verstößen oder Unrichtigkeiten resultieren können;
– Erklärung, dass die Abschlussprüfung in Übereinstimmung mit § 317 unter Beachtung der vom IDW festgestellten deutschen Grundsätze ordnungsmäßiger Abschlussprüfung durchgeführt wurde;
– Beschreibung der Abschlussprüfung (Risikobeurteilung, Gewinnung eines Verständnisses über das für die Abschlussprüfung relevante IKS, Beurteilung der von den gesetzlichen Vertretern angewandten Rechnungslegungsmethoden sowie die Vertretbarkeit von geschätzten Werten und damit zusammenhängenden Angaben, Schlussfolgerung über die Angemessenheit der Annahme der Unternehmensfortführung);
– Bei Konzernabschlussprüfungen: Erklärung der Verantwortung für die Einholung ausreichender und angemessener Prüfungsnachweise, um ein Prüfungsurteil zum Konzernabschluss abzugeben, Verantwortung für die Anleitung, Überwachung und Durchführung der Konzernabschlussprüfung, alleinige Verantwortung für das Prüfungsurteil;
– Erklärung, dass der Abschlussprüfer den geplanten Umfang und die Zeitplanung der Prüfung sowie bedeutsame Prüfungsfeststellungen mit dem Aufsichtsorgan erörtert.

8. Hinweis auf wesentliche Unsicherheit im Zusammenhang mit der Fortführung der Unternehmenstätigkeit. Abs. 2 S. 3 schreibt vor, **auf Risiken, die den Fortbestand des Unternehmens** gefährden, gesondert einzugehen. Dabei dürfte ein entsprechender Hinweis auf die Art des bestehenden Risikos und dessen Darstellung im Lagebericht im Anschluss an das Prüfungsurteil ausreichen.[35] Auf diese Weise werden bestandsgefährdende Risiken hervorgehoben, ohne den Bestätigungsvermerk einzuschränken oder   **33**

---

[34] *IDW* PS 400 nF, IDW Life 2018, 29 ff. Rn. 66.
[35] *IDW* PS 270 nF, IDW Life 2018, 752 ff. Rn. 29.

zu versagen. Das IDW empfiehlt für den Hinweis auf bestandsgefährdende Risiken folgende Formulierung:[36]

„Wir verweisen auf Angabe A im Anhang sowie die Angaben in Abschnitt B des Lageberichts, in denen die gesetzlichen Vertreter beschreiben, dass … [bspw. sich die Gesellschaft in einer angespannten Liquiditätssituation befindet]. Wie in Angabe A und Abschnitt B dargelegt, deuten diese Ereignisse und Gegebenheiten [ggf. zusammen mit den anderen dort ausgeführten Sachverhalten] auf das Bestehen einer wesentlichen Unsicherheit hin, die bedeutsame Zweifel an der Fähigkeit der Gesellschaft zur Fortführung der Unternehmenstätigkeit aufwerfen kann und die ein bestandsgefährdendes Risiko im Sinne des § 322 Abs. 2 Satz 3 HGB darstellt. Unsere Prüfungsurteile sind bezüglich dieses Sachverhalts nicht modifiziert."

34   Fehlt eine angemessene Darstellung im Anhang und im Lagebericht, wird der Abschlussprüfer die bestehenden Risiken und deren Auswirkungen im Bestätigungsvermerk angeben sowie eine Einschränkung oder Versagung des Testats vornehmen müssen.[37]

35   Nach der Begründung des Gesetzgebers soll es ua an dieser Stelle dem Abschlussprüfer ermöglicht werden, durch eine „vorbildliche Formulierung" die sog. **Erwartungslücke** zu schließen.[38] Durch die Aufnahme in den Bestätigungsvermerk werden diese Hinweise einem größeren Adressatenkreis zugänglich gemacht.[39]

36   Die Anforderung an die Berichterstattung des Unternehmens im Anhang und Lagebericht anzuknüpfen, gilt uneingeschränkt, da andernfalls der Anhang und/oder Lagebericht unvollständig wären.

37   Auf Risiken, die den Fortbestand von Tochterunternehmen gefährden, muss im Bestätigungsvermerk zum Konzernabschluss nicht gesondert eingegangen werden, wenn das Tochterunternehmen für die Vermittlung eines den tatsächlichen Verhältnissen entsprechenden Bildes der Vermögens-, Finanz- und Ertragslage des Konzerns von untergeordneter Bedeutung ist.

38   **9. Widerruf des Bestätigungsvermerks.** Kommt der Abschlussprüfer nach Erteilung des Bestätigungsvermerks auf Grund von nachträglichen neuen Erkenntnissen zu dem Ergebnis, dass die Voraussetzungen für die Erteilung des Bestätigungsvermerks nicht vorgelegen haben, und ist die Gesellschaft nicht bereit, die notwendigen Schritte zu einer Änderung des geprüften Abschlusses und zur Information derjenigen zu unternehmen, die von dem geprüften Abschluss Kenntnis erlangt haben, hat der Abschlussprüfer grundsätzlich den Bestätigungsvermerk zu widerrufen.[40] Wenn die Vermeidung eines falschen Eindrucks über das Ergebnis der Abschlussprüfung auf Grund von Informationen der Adressaten des Bestätigungsvermerks sichergestellt ist (zB wenn ein geänderter Jahres- bzw. Konzernabschluss die Adressaten nicht wesentlich später erreicht als ein möglicher Widerruf), ist ein **Widerruf nicht nötig.**[41] Der Widerruf als Maßnahme zur Beseitigung der Irreführung der Öffentlichkeit muss in jedem Fall verhältnismäßig sein.[42] Eine Verpflichtung zum Widerruf ist idR dann anzunehmen, wenn es sich um einen

---

[36] *IDW* PS 270 nF, IDW Life 2018, 752 ff. Anlage 1.
[37] *IDW* PS 400, WPg 2010, Supplement 4, WPg 2013, Supplement 1 Rn. 78.
[38] Begr. RegE, BT-Drs. 13/9712, 29.
[39] *Wolz* WPK-Mitt. 1998, 131; *Kirsch* FS Baetge, 1997, 955 (969 u. 972).
[40] *IDW* PS 400 nF, IDW Life 2018, 29 ff. Rn. 92.
[41] *IDW* PS 400nF, IDW Life 2018, 29 ff. Rn. 92.
[42] *ADS* Rn. 364.

wesentlichen Fehler in der Rechnungslegung handelt und auch noch die Nichtigkeit des Jahresabschlusses im Hinblick auf § 256 Abs. 6 AktG geltend gemacht werden könnte.[43]

Der Widerruf ist **schriftlich** an den Auftraggeber, dh grds. an den Auf- **39** sichtsrat, zu richten und zu **begründen;** uU ist auch im Interesse des Abschlussprüfers eine Unterrichtung von Aufsichtsgremien, Registergericht und anderen Personen, die vom Bestätigungsvermerk Kenntnis haben dürften, geboten.[44] Die Gesellschaft darf den widerrufenen Bestätigungsvermerk nicht mehr verwenden.[45] Ist der erteilte Bestätigungsvermerk bereits nach §§ 325 ff. offengelegt worden, hat der Abschlussprüfer von der Gesellschaft die Bekanntgabe des Widerrufs im Bundesanzeiger sowie die Einreichung in das Handelsregister zu verlangen.[46]

Von dem Widerruf wird die Rechtsgültigkeit des bereits festgestellten **40** Jahresabschlusses nicht berührt, es sei denn, der materielle Grund, der zu dem Widerruf geführt hat, begründet gleichzeitig die Nichtigkeit des Jahresabschlusses. Ist der Bestätigungsvermerk hingegen vor der Feststellung des Jahresabschlusses bzw. des Konzernabschlusses widerrufen und ist daher die Prüfung mangels Erteilung eines wirksamen Bestätigungsvermerks noch nicht beendet worden, kann der Jahresabschluss gem. § 316 Abs. 1 S. 2 nicht festgestellt werden.[47]

Nach einem Widerruf ist – sofern die Voraussetzungen vorliegen – ein **41** neuer Bestätigungsvermerk zu erteilen.[48]

10. Bedingte Erteilung des Bestätigungsvermerks. Die Erteilung des **42** Bestätigungsvermerks unter Vorbehalt, dh unter aufschiebender Bedingung, kann in Betracht kommen, wenn in einem geprüften Jahresabschluss bereits Sachverhalte berücksichtigt sind, die zwar inhaltlich bereits festgelegt sind, zu ihrer rechtlichen Wirksamkeit noch zusätzlicher, von der Feststellung des geprüften Jahresabschlusses unabhängiger Beschlüsse des Aufsichtsrats, der Gesellschafterversammlung oder noch der Eintragung in das Handelsregister bedürfen.[49] Die Erteilung unter einer aufschiebenden Bedingung ist dabei nur zulässig, wenn der noch nicht wirksame Sachverhalt nach Eintritt der Bedingung auf den geprüften Abschluss zurückwirkt. Der Bestätigungsvermerk unter Vorbehalt ist noch nicht erteilt, der entsprechende Jahresabschluss noch nicht geprüft.[50] Der Bestätigungsvermerk wird erst mit Eintritt der Bedingung wirksam. Die aufschiebende Bedingung ist unmittelbar vor dem Text des Bestätigungsvermerks aufzuführen.[51]

11. Bestätigungsvermerk bei Gemeinschaftsprüfungen. Obwohl die **43** gemeinsame Bestellung von mehreren Prüfern oder Prüfungsgesellschaften zum Abschlussprüfer (Gemeinschaftsprüfung oder „Joint Audit") in Deutschland bisher nur in Ausnahmefällen erfolgte, hat der Gesetzgeber in Abs. 6a eine Regelung eingefügt, dass in diesen Fällen eine einheitliche Beurteilung des Prüfungsergebnisses erfolgen soll. Für den Fall, dass eine solche gemein-

---

[43] *ADS* Rn. 365; BeBiKo/*Schmidt/Küster* Rn. 256 f.
[44] *IDW* PS 400 nF, IDW Life 2018, 29 ff. Rn. 93.
[45] *ADS* Rn. 372; zu weiteren Folgen vgl. WP-HdB Kap. Q Rn. 619.
[46] *ADS* Rn. 370.
[47] *ADS* Rn. 373 f.
[48] *IDW* PS 400 nF, IDW Life 2018, 29 ff. Rn. 94 f.
[49] *IDW* PS 400 nF, IDW Life 2018, 29 ff. Rn. 96.
[50] *IDW* PS 400 nF, IDW Life 2018, 29 ff. Rn. 190.
[51] *IDW* PS 400 nF, IDW Life 2018, 29 ff. Rn. 98.

same Beurteilung nicht möglich ist, weil zwischen den beteiligten Prüfern unterschiedliche Auffassungen bestehen, sind die Gründe darzulegen und die (abweichenden) Beurteilungen in einem gesonderten Absatz vorzunehmen. Es bleibt aber bei einem gemeinsamen Bestätigungsvermerk.[52]

IV. Unterzeichnung des Bestätigungsvermerks

44   Nach Abs. 7 S. 1 hat der Abschlussprüfer den Bestätigungsvermerk oder den Vermerk über seine Versagung unter Angabe von des Ortes der Niederlassung und des Tages der Unterzeichnung eigenhändig zu unterzeichnen.[53] Neben der Unterschrift haben die Abschlussprüfer gem. § 18 WPO die Bezeichnung „Wirtschaftsprüfer" anzugeben. Für Wirtschaftsprüfer, Wirtschaftsprüfungsgesellschaften, vereidigte Buchprüfer und Buchprüfungsgesellschaften besteht nach § 48 Abs. 1 WPO bzw. § 130 iVm § 48 Abs. 1 WPO die berufsrechtliche Verpflichtung, bei der Erteilung von Bestätigungs- oder Versagungsvermerken ein **Berufssiegel** anzubringen. Wird die Abschlussprüfung durch eine Wirtschaftsprüfungs- oder Buchprüfungsgesellschaft durchgeführt, hat nach Abs. 7 S. 3 und 4 zumindest der für die Abschlussprüfung verantwortliche Wirtschaftsprüfer den Bestätigungsvermerk zu unterzeichnen; die Unterzeichnung des Bestätigungsvermerks durch den verantwortlichen Wirtschaftsprüfer entspricht insofern der berufsrechtlichen Anforderung des § 44 Abs. 1 BS WP/vBP.

45   Für die Angabe des Tages der Unterzeichnung ist von Bedeutung, dass der Bestätigungsvermerk bzw. der Versagungsvermerk dann erteilt werden soll, wenn die Jahresabschlussprüfung materiell abgeschlossen (zB Tag der Schlussbesprechung) und eine zeitnahe Vollständigkeitserklärung eingeholt worden ist.[54] Sofern zwischen dem Datum des Bestätigungsvermerks und seiner Auslieferung ein nicht unbeachtlicher Zeitraum liegt (dabei sollte grundsätzlich von einem Zeitraum von mehr als vier Wochen ausgegangen werden) oder auch bei einem kürzeren Zeitraum das Eintreten wesentlicher Ereignisse zu erwarten ist, hat der Abschlussprüfer vor der Auslieferung mit den gesetzlichen Vertretern zu klären, ob zwischenzeitliche Ereignisse und Entwicklungen die Aussage des Bestätigungsvermerks berühren.[55] Die Angabe des Orts bezieht sich auf den Ort der beruflichen Niederlassung des Abschlussprüfers bzw. der Sitz der Niederlassung der Wirtschaftsprüfungsgesellschaft, die die Verantwortung für den Prüfungsauftrag hat.[56] Der Bestätigungsvermerk ist auf mindestens einem Exemplar des Jahresabschlusses anzubringen oder mit diesem und – sofern erstellt – dem Lagebericht fest zu verbinden. Üblicherweise leisten auch die gesetzlichen Vertreter gem. § 245 ihre Unterschrift auf diesem Exemplar, welches dann als „Testatsexemplar" im Original zu den Akten des Unternehmens genommen wird, um der Aufbewahrungspflicht

---

[52] Anders bisher *IDW* PS 208, WPg 1999, 707 ff., WPg 2011, Supplement 1 Rn. 29, der vor der Einfügung von Abs. 6a von getrennten Bestätigungsvermerken der beteiligten Prüfer im Fall einer unterschiedlichen Beurteilung ausging.

[53] Zur Unterzeichnung bei Bestellung von Wirtschaftsprüfungsgesellschaften, Wirtschaftsprüfer-Sozietäten, vereidigten Buchprüfern und Buchprüfungsgesellschaften zu Abschlussprüfern sowie bei gemeinsamer Bestellung mehrerer Abschlussprüfer vgl. WP-HdB Kap. Q Rn. 341 und 571; *IDW* PS 400, WPg 2010, Supplement 4, WPg 2013, Supplement 1 Rn. 84.

[54] *IDW* PS 400 nF, IDW Life 2018, 29 ff. Rn. 75.

[55] *IDW* PS 203 nF, WPg 2009, Supplement 4 Rn. 19.

[56] *IDW* PS 400 nF, IDW Life 2018, 29 ff. Rn. 71.

gem. § 257 zu genügen.[57] Der Bestätigungs- bzw. Versagungsvermerk darf nur in Verbindung mit dem entsprechenden Jahresabschluss verwendet werden.

Der Bestätigungs- bzw. Versagungsvermerk ist ferner gem. Abs. 7 S. 2 **46** unter Angabe von Ort, Datum und Namen des bzw. der unterzeichnenden Wirtschaftsprüfer in den Prüfungsbericht aufzunehmen.[58] Dieser Bestätigungs- bzw. Versagungsvermerk muss im Allgemeinen neben der Unterzeichnung des Prüfungsberichts nicht noch einmal separat unterzeichnet werden.[59]

V. Bestätigungsvermerk zum Konzernabschluss

Inhaltlich deckt der Bestätigungsvermerk zum Konzernabschluss die Ord- **47** nungsmäßigkeit des Konzernabschlusses, die ordnungsmäßige Konsolidierung sowie den Konzernlagebericht ab.[60]

Hinsichtlich der Fragen zur Erteilung des uneingeschränkten Bestätigungs- **48** vermerks, zu Ergänzungen, Einschränkungen, Versagung, Anspruch auf Erteilung und Widerruf gelten grundsätzlich die Ausführungen zum Bestätigungsvermerk beim Jahresabschluss entsprechend (→ Rn. 9–44).[61]

Werden der Konzernanhang und der Anhang des Jahresabschlusses des **49** Mutterunternehmens in Anwendung des § 298 Abs. 3 S. 1 bzw. der Konzernlagebericht und der Lagebericht des Mutterunternehmens nach § 315 Abs. 3 iVm § 298 Abs. 3 **zusammengefasst,** so dürfen gem. § 298 Abs. 3 S. 3 auch die Prüfungsberichte und die Bestätigungsvermerke jeweils zusammengefasst werden.[62] Voraussetzung hierfür ist, dass der Jahres- und der Konzernabschluss von demselben Abschlussprüfer geprüft werden. Andernfalls liegt eine gemeinsame Abschlussprüfung nicht vor.[63] Wenn der Bestätigungsvermerk zum Jahresabschluss und/oder zum Konzernabschluss eingeschränkt wurde, ist ebenfalls eine Zusammenfassung der Bestätigungsvermerke möglich.[64] Auch eine Zusammenfassung der Versagung der Bestätigungsvermerke zum Einzel- und Konzernabschluss ist nach dem Gesetz nicht ausgeschlossen.[65]

Einwendungen gegen die in den Konzernabschluss einbezogenen Jahres- **50** abschlüsse führen – auch wenn deren Prüfung zu einer Einschränkung oder Versagung des Bestätigungsvermerks geführt hat – nur dann zu Einwendungen gegen den Konzernabschluss, wenn die festgestellten Mängel der Jahresabschlüsse nicht im Rahmen der Konsolidierung behoben wurden und für den Konzernabschluss von wesentlicher Bedeutung sind.

Nach § 315e besteht für börsennotierte Mutterunternehmen die Verpflich- **51** tung zur Aufstellung eines **befreienden Konzernabschlusses** nach international anerkannten Rechnungslegungsgrundsätzen (vgl. auch Erl. zu § 315e). Bei der Formulierung des Bestätigungsvermerks zu einem solchen befreienden Konzernabschluss sind im einleitenden Abschnitt die im konkreten Fall angewandten Rechnungslegungsregeln zu bezeichnen. Darüber hinaus ist

---

[57] *ADS* Rn. 334.
[58] *IDW* PS 450 nF, IDW Life 2018, 145 ff. Rn. 109; *IDW* PH 9450.2, WPg 2004, 433 f.
[59] *ADS* Rn. 348; WP-HdB Kap. Q Rn. 341.
[60] *ADS* Rn. 380.
[61] Zu Besonderheiten vgl. WP-HdB Kap. Q Rn. 739.
[62] *IDW* PS 400 nF, IDW Life 2018, 29 ff. Rn. 99 f.
[63] WP-HdB Kap. Q Rn. 758.
[64] *ADS* Rn. 405; WP-HdB Kap. Q Rn. 760.
[65] *ADS* Rn. 405; aA BeBiKo/*Schmidt/Küster* Rn. 276.

darzulegen, aus welchen Bestandteilen die Konzernrechnungslegung besteht.[66] Im beschreibenden Abschnitt ist zwingend festzuhalten, dass die Durchführung der Abschlussprüfung nach **deutschen Prüfungsgrundsätzen** erfolgt,[67] obwohl der Abschluss nicht nach deutschen Rechnungslegungsgrundsätzen erstellt wurde.

VI. Vermerk zum Einzelabschluss nach § 325 Abs. 2a

52   Nach § 325 Abs. 2a haben große Kapitalgesellschaften iSd § 267 Abs. 3 die Möglichkeit, einen nach § 315e aufgestellten Einzelabschluss offenzulegen. Die Befreiungswirkung eines solchen Einzelabschlusses tritt nur dann ein, wenn statt dem Bestätigungsvermerk zum Jahresabschluss oder einem Vermerk über dessen Versagung ein entsprechender Vermerk zum Einzelabschluss erteilt wird. Dabei ist ergänzend zu den allgemeinen Vorschriften auch insbesondere auf die verwendeten Rechnungslegungsgrundsätze einzugehen.[68]

VII. Bestätigungsvermerk bei Unternehmen von öffentlichem Interesse

53   Für den Fall der Prüfung von Unternehmen von öffentlichem Interesse sind die Anforderungen an den Bestätigungsvermerk nicht mehr abschließend (§ 322) zu entnehmen. Vielmehr sind zusätzlich die Vorgaben in Art. 10 Abs. 2 EU-APrVO zu beachten, die eine Reihe von Einzelangaben im Bestätigungsvermerk bei der Prüfung von Unternehmen von öffentlichen Interesse verlangen. Im Mittelpunkt steht dabei die „Beschreibung der bedeutsamsten beurteilten Risiken wesentlicher falscher Darstellungen, einschließlich der beurteilten Risiken wesentlicher falscher Darstellungen aufgrund von Betrug" (Art. 10 Abs. 2 Buchst. b EU-APrVO). Die sich insoweit zusätzlich aus der EU-APrVO ergebenden Anforderungen an die Berichterstattung im Bestätigungsvermerk entsprechen im Wesentlichen denjenigen aus dem ISA 701 „Communicating Key Audit Matters in the Independent Auditor's Report" (Stand: Januar 2015), der ebenfalls zusätzliche Berichtspflichten im Bestätigungsvermerk von kapitalmarktnotierten Unternehmen in Form einer Mitteilung besonders wichtiger Prüfungssachverhalte (*„Key Audit Matters")*[69] enthält.

54   Die Bestimmung der besonders wichtigen Prüfungssachverhalte erfolgt typischerweise in einem dreistufigen **Auswahlprozess.**[70] Auf einer ersten Stufe stellen die mit dem Aufsichtsorgan erörterten Sachverhalte die „Grundgesamtheit" dar, aus der die Auswahl der Sachverhalte erfolgt. In einem zweiten Schritt sind daraus die Sachverhalte auszuwählen, die eine besondere Befassung bei der Prüfung des Abschluss erforderten. Für die Fokussierung auf die Sachverhalte mit der größten Relevanz sind in einem letzten Schritt aus diesen bereits vorselektierten Sachverhalten die bedeutsamsten Sachverhalte auszuwählen.

---

[66] *IDW* PS 400, WPg 2010, Supplement 4, WPg 2013, Supplement 1 Rn. 90; zur Formulierung vgl. auch *IDW* PS 400 nF, IDW Life 2018, 29 ff., Anlage 4.
[67] *IDW* PS 201, WPg 2015, Supplement 2 Rn. 20.
[68] Für ein Formulierungsbeispiel vgl. BeBiKo/*Schmidt/Küster*, 10. Aufl. 2016, Rn. 78.
[69] *IDW* PS 401, IDW Life 2018, 87 ff. Rn. 9.
[70] *IDW* PS, IDW Life 2018, 87 ff. Rn. 11.

Bei der Darstellung der besonders wichtigen Prüfungssachverhalte muss der **55**
Abschlussprüfer unter Hinweis auf etwaige zugehörige Angaben im Abschluss
– den Grund für die Auswahl als besonders wichtiger Prüfungssachverhalt,
– die Behandlung bei der Abschlussprüfung, einschließlich der Reaktion und
– ggf. wichtige Feststellungen zu diesem Sachverhalt
angeben.[71]

Die Darstellung besonders wichtiger Prüfungssachverhalte im Bestätigungs- **56**
vermerk gilt es recht zu verstehen. Weder kann diese Mitteilung eine Modifizierung des Prüfungsurteils oder einen Bestandsgefährdungshinweis ersetzen, noch kann sie an die Stelle fehlender Abschlussangaben treten. Auch
stellt diese Berichterstattung **kein Prüfungsurteil zu einzelnen Sachverhalten** dar; das Grundkonzept, dass der Bestätigungsvermerk ein Gesamturteil über den Abschluss und den Lagebericht darstellt, bleibt unberührt.[72]

Neben der Berichterstattung über besonders wichtige Prüfungssachverhalte **57**
sind in den Bestätigungsvermerk auf Grundlage der EU-APrVO die folgenden weiteren Angaben aufzunehmen:
– Nennung der EU-APrVO bei den bei der Prüfung beachteten Vorschriften;
– Erklärung der Abgabe einer Unabhängigkeitserklärung;
– Erklärung, dass keine unzulässigen Nichtprüfungsleistungen erbracht wurden und die Unabhängigkeit gewahrt wurde.
– Erklärung, dass die besonders wichtigen Prüfungssachverhalte aus den mit
dem Aufsichtsorgan erörterten Sachverhalten ausgewählt wurden.

Soweit nach Art. 10 Abs. 2 EU-APrVO erforderliche Angaben nicht be- **58**
reits in anderen Abschnitten des Bestätigungsvermerks enthalten sind, werden
diese im Bestätigungsvermerk innerhalb des Abschnitts „Sonstige rechtliche
und gesetzliche Anforderungen" in einem gesonderten Abschnitt unter der
Überschrift **„Übrige Angaben nach Art. 10 EU-APrVO"** gemacht.[73]
Dies betrifft im Einzelnen die
– Angabe des Organs, das den Abschlussprüfer bestellt hat, also im Fall der
AG die Hauptversammlung, die den Abschlussprüfer wählt und der Auf-
sichtsrat, der den Prüfungsauftrag erteilt,[74]
– Angabe des Datums der Bestellung des Abschlussprüfers und der gesamten
ununterbrochenen Mandatsdauer,
– Bestätigung des Einklangs des Prüfungsurteils mit dem Prüfungsbericht,
– Angabe von durch den Abschlussprüfer zusätzlich erbrachten Leistungen,
die im Abschluss oder Lagebericht nicht angegeben wurden.

Die weiteren nach Art. 10 Abs. 2 EU-APrVO vorgeschriebenen Angaben **59**
zu den bedeutsamsten beurteilten Risiken wesentlicher falscher Darstellungen, der Eignung der Abschlussprüfung zur Aufdeckung von Unregelmäßigkeiten, einschließlich Betrug, und die Erklärung, dass keine verbotenen
Nichtprüfungsleistungen erbracht wurden, überschneiden sich mit den bereits
im „Vermerk zur Prüfung des Abschlusses" enthaltenen Angaben und müssen
deshalb nicht nochmals in dem gesonderten Abschnitt wiederholt werden.[75]

---

[71] *IDW* PS 401, IDW Life 2018, 87 ff. Rn. 16.
[72] *IDW* PS 401, IDW Life 2018, 87 ff. Rn. 4. Zu ersten Erfahrungen mit der Berichterstattung über besonders wichtige Prüfungssachverhalte vgl. *Knappstein* DB 2017, 1792.
[73] *IDW* PS 400 nF, IDW Life 2018, 29 ff. Rn. 69.
[74] *IDW* PS 400 nF, IDW Life 2018, 29 ff. Rn. A64.
[75] *IDW* PS 400 nF, IDW Life 2018, 29 ff. Rn. A67.

§ 323 Verantwortlichkeit des Abschlußprüfers

(1) [1] Der Abschlußprüfer, seine Gehilfen und die bei der Prüfung mitwirkenden gesetzlichen Vertreter einer Prüfungsgesellschaft sind zur gewissenhaften und unparteiischen Prüfung und zur Verschwiegenheit verpflichtet; § 57b der Wirtschaftsprüferordnung bleibt unberührt. [2] Sie dürfen nicht unbefugt Geschäfts- und Betriebsgeheimnisse verwerten, die sie bei ihrer Tätigkeit erfahren haben. [3] Wer vorsätzlich oder fahrlässig seine Pflichten verletzt, ist der Kapitalgesellschaft und, wenn ein verbundenes Unternehmen geschädigt worden ist, auch diesem zum Ersatz des daraus entstehenden Schadens verpflichtet. [4] Mehrere Personen haften als Gesamtschuldner.

(2) [1] Die Ersatzpflicht von Personen, die fahrlässig gehandelt haben, beschränkt sich auf eine Million Euro für eine Prüfung. [2] Bei Prüfung einer Aktiengesellschaft, deren Aktien zum Handel im regulierten Markt zugelassen sind, beschränkt sich die Ersatzpflicht von Personen, die fahrlässig gehandelt haben, abweichend von Satz 1 auf vier Millionen Euro für eine Prüfung. [3] Dies gilt auch, wenn an der Prüfung mehrere Personen beteiligt gewesen oder mehrere zum Ersatz verpflichtende Handlungen begangen worden sind, und ohne Rücksicht darauf, ob andere Beteiligte vorsätzlich gehandelt haben.

(3) Die Verpflichtung zur Verschwiegenheit besteht, wenn eine Prüfungsgesellschaft Abschlußprüfer ist, auch gegenüber dem Aufsichtsrat und den Mitgliedern des Aufsichtsrats der Prüfungsgesellschaft.

(4) Die Ersatzpflicht nach diesen Vorschriften kann durch Vertrag weder ausgeschlossen noch beschränkt werden.

Schrifttum: *Böcking/Orth,* Kann das „Gesetz zur Kontrolle und Transparenz im Unternehmensbereich (KonTraG)" einen Beitrag zur Verringerung der Erwartungslücke leisten? – Eine Würdigung auf Basis von Rechnungslegung und Kapitalmarkt, WPg 1998, 351; *Marks/Schmidt,* Externe Qualitätskontrollen nach dem Regierungsentwurf eines Wirtschaftsprüferordnungs-Änderungsgesetzes (WPOÄG), WPg 2000, 409; *Peemöller/Finsterer/Weller,* Vergleich von handelsrechtlichem und genossenschaftlichem Prüfungswesen, WPg 1999, 345; *Pohl,* Risikoeinschätzung und Haftung des Wirtschaftsprüfers und vereidigten Buchprüfers – national –, WPK-Mitt. Sonderheft 1996; Versicherergemeinschaft für das wirtschaftliche Prüfungs- und Treuhandwesen, Berufliche Haftungsfragen – Einige Aspekte der Dritthaftung des Wirtschaftsprüfers, WPK-Mitt. 2/1991, 65.

Übersicht

I. Überblick – Regelungsrahmen

§ 323 normiert die Verhaltenspflichten, die der Abschlussprüfer, seine Ge- **1** hilfen und die bei der Prüfung mitwirkenden gesetzlichen Vertreter der Prüfungsgesellschaft bei einer **gesetzlich vorgeschriebenen Prüfung** zu beachten haben, sowie die Verpflichtung zum Schadensersatz bei einem Verstoß gegen diese Pflichten. Mit dem Begriff „Gehilfen" des Abschlussprüfers sind insbesondere Prüfungsleiter, Prüfungsassistenten und Mitarbeiter aus der Berichtskritik gemeint sowie Sachverständige, die der Abschlussprüfer im Rahmen der Prüfung heranzieht (zB Juristen für die Klärung von Rechtsfragen bei der Prüfung).[1] Die Verhaltenspflichten erstrecken sich auf sämtliche Tätigkeiten im Rahmen der Prüfung, neben den eigentlichen Prüfungshandlungen sind von § 323 auch die Einholung von Auskünften, die Berichterstattung sowie insbesondere auch die Erteilung oder Versagung des Bestätigungsvermerks erfasst. Zur Einhaltung der Pflichten iSd Abs. 1 ist der WP/vBP bereits nach § 43 Abs. 1 WPO verpflichtet; Verstöße gegen die Pflichtenbindung werden daher im Rahmen der §§ 67 ff. WPO berufsrechtlich geahndet. Die Aufnahme dieser Pflichten auch in das HGB war die Voraussetzung dafür, als Sanktion für die Verletzung dieser Pflichten eine spezifische, von den allgemeinen Bestimmungen des BGB abweichende zivilrechtliche und nicht nur eine berufsrechtliche Haftung anzuordnen.[2]

Gesetzlich vorgeschriebene Prüfungen sind insbesondere die Jahres- **2** abschlussprüfung (§ 316), die Gründungsprüfung (§ 49 AktG), Sonderprüfungen (§ 258 Abs. 5 S. 1 AktG) und die Verschmelzungsprüfung (§ 11 UmwG). § 323 gilt ferner auch zB für die Prüfung von Kapitalerhöhungen aus Gesellschaftsmitteln (§ 209 Abs. 4 S. 2 AktG, § 57f Abs. 3 S. 2 GmbHG), für die Nachgründungsprüfung (§ 52f AktG) und für die Prüfung von Unternehmensverträgen (§ 293d Abs. 2 AktG). Grundsätzlich ist § 323 bei allen gesetzlich vorgeschriebenen Prüfungen anzuwenden, auch wenn keine ausdrückliche Verweisung erfolgt.[3]

§ 323 gilt idR nicht bei freiwilligen Abschlussprüfungen. Eine Ausnahme **3** hiervon bildet ua die Prüfung eines freiwillig erstellten Konzernabschlusses und Konzernlageberichts, der befreiende Wirkung haben soll.[4]

II. Pflichten des Abschlussprüfers

1. Allgemeiner Pflichteninhalt. Abs. 1 S. 1 verpflichtet zunächst zur **4** **gewissenhaften** und **unparteiischen** Prüfung. Diese Pflicht erstreckt sich auf alle Tätigkeiten, die in den §§ 316–324a zusammengefasst sind.

Eine Prüfung erfolgt gewissenhaft, wenn sie nach bestem Wissen und **5** Gewissen so durchgeführt wird, dass ihr Ziel, die Abgabe eines Prüfungsurteils, erreicht wird.[5] Hierbei geben gesetzliche Bestimmungen nur zum Teil (zB § 317) vor, was zu einer gewissenhaften Prüfung gehört. Zur weiteren Konkretisierung ist der sog. objektivierte Sorgfaltsmaßstab des Bürgerlichen Rechts zu beachten,[6] dh der Maßstab, der nach der allgemeinen Auffassung

---

[1] MüKoHGB/*Ebke* Rn. 20.
[2] BeBiKo/*Schmidt/Feldmüller* Rn. 2.
[3] BeBiKo/*Schmidt/Feldmüller* Rn. 4 mwN.
[4] Zu weiteren Einzelheiten vgl. *ADS* Rn. 9.
[5] *ADS* Rn. 21.
[6] BeBiKo/*Schmidt/Feldmüller* Rn. 11 f.

von Berufsangehörigen üblich und notwendig ist. Hierbei erlangen die von dem IDW verabschiedeten Prüfungsstandards und Stellungnahmen zur Rechnungslegung sowie ergänzend auch die Prüfungs- und Rechnungslegungshinweise eine herausragende Bedeutung.[7] Die Beachtung dieser Prüfungsstandards und Stellungnahmen stellt für den Prüfer einen verlässlichen Anhaltspunkt dar, da sie das Maß an Umsicht und Sorgfalt besonnener und gewissenhafter Berufsangehöriger widerspiegeln.[8] Darüber hinaus sind auch die konkretisierenden Bestimmungen der Berufssatzung (Allgemeine Berufspflichten, insbesondere §§ 1–16) der WPK zu beachten. Fachliche Verlautbarungen internationaler Berufsorganisationen (zB IAASB) können Anhaltspunkte zur Konkretisierung bieten, allerdings nur soweit die dargelegten Grundsätze nicht den nationalen Gegebenheiten entgegenstehen.[9] Durch die fortlaufende Transformation der ISA in deutsche Prüfungsstandards war bereits bisher ein weitgehender Gleichlauf gewährleistet, soweit aufgrund nationaler Anforderungen keine weitergehenden Prüfungspflichten (etwa Prüfung des Lageberichts oder Erstellung eines Prüfungsberichts) bestehen. Da das IDW zukünftig die vom IAASB herausgegebenen ISA nicht mehr transformiert, sondern diese unter Berücksichtigung nationaler Modifikationen im Rahmen der im vom IDW festgestellten Grundsätze ordnungsmäßiger Abschlussprüfung unmittelbar in Deutschland anzuwenden sein werden,[10] wird zukünftig eine weitgehende Konvergenz mit den ISA gewährleistet sein. Zur Übernahme der ISA in der EU vgl. Erläuterungen zu § 317 Abs. 5.

6　　Ausfluss der Gewissenhaftigkeit ist auch die Einhaltung der nach § 57a WPO vorgeschriebenen externen Qualitätskontrolle (vgl. dazu die Kommentierung von § 319) sowie einer angemessenen internen Qualitätssicherung.[11]

7　　Da die Prüfung nicht im Interesse einer einzelnen Gruppe, sondern im Interesse des Unternehmens, der Gläubiger und der Allgemeinheit zu erfolgen hat, muss der Abschlussprüfer die Prüfung unparteiisch, das heißt unabhängig von bestimmten Vorstellungen einzelner Personen, Personengruppen oder Gesellschaftsorgane durchführen.[12] Der Abschlussprüfer darf nur seinem eigenen Urteil folgen und ausschließlich sachliche Argumente gelten lassen.[13] Dies setzt seine Unabhängigkeit und seine Unbefangenheit voraus (vgl. hierzu § 319).

8　　**2. Verschwiegenheitspflicht.** Abs. 1 S. 1 und Abs. 3 verpflichten – ganz allgemein und ohne Einschränkungen – zur **Verschwiegenheit** gegenüber Unternehmensfremden, aber auch gegenüber Mitarbeitern der Prüfungsgesellschaft, die mit der Prüfung nicht betraut sind.[14] Diese Pflicht bezieht sich inhaltlich grundsätzlich auf alles, was der Abschlussprüfer im Zusammenhang mit der Durchführung der Prüfung erfahren hat; sie gilt über das Vertragsverhältnis hinaus.[15] Keine Verschwiegenheitspflicht besteht gegenüber

---

[7] Vgl. zu deren rechtlicher Bedeutung MüKoHGB/*Ebke* Rn. 27 ff.

[8] *ADS* Rn. 22.

[9] *ADS* Rn. 22a.

[10] Vorbemerkung zu International Standard on Auditing 720 (Revised) (Entwurf-DE), Verantwortlichkeiten des Abschlussprüfers im Zusammenhang mit sonstigen Informationen, IDW Life 2017, 1272.

[11] Vgl. auch IDW QS 1 Anforderungen an die Qualitätssicherung in der Wirtschaftsprüferpraxis, IDW Life 2017, 887 ff.

[12] S. auch § 43 Abs. 1 S. 2 WPO und §§ 28 ff. der Berufssatzung der WPK.

[13] *ADS* Rn. 29.

[14] BeBiKo/*Schmidt/Feldmüller* Rn. 31 und 38; Begr. zu § 10 der Berufssatzung der WPK.

[15] BeBiKo/*Schmidt/Feldmüller* Rn. 31; WP-HdB Kap. A Rn. 350.

dem gesetzlichen Vertretungsorgan der zu prüfenden Gesellschaft sowie dem auftraggebenden Aufsichtsrat bzw. dessen Bilanzausschuss, da diese Personen zur Wahrnehmung ihrer Aufgaben über sämtliche Verhältnisse der zu prüfenden Unternehmung informiert werden müssen. Ist eine Prüfungsgesellschaft Abschlussprüfer, besteht die Verschwiegenheitspflicht auch gegenüber dem eigenen Überwachungsorgan (Aufsichtsrat/Beirat) und auch gegenüber dessen Vorsitzenden; insofern ist die Berichterstattungspflicht des Vertretungsorgans der Prüfungsgesellschaft eingeschränkt.[16]

Eine Ausnahme von der Verschwiegenheitspflicht kann aus der sog. Redepflicht bzw. dem Rederecht resultieren. Ein Rederecht kann sich sowohl ergeben, wenn der Abschlussprüfer von seiner Verschwiegenheit entbunden wird,[17] als auch aus der Wahrnehmung berechtigter Interessen gem. §§ 34, 193 StGB, zB bei Regressprozessen. Hierbei ist der Abschlussprüfer allerdings weiterhin verpflichtet, die Interessen des geprüften Unternehmens an der Geheimhaltung zu berücksichtigen. Er hat daher seine Angaben auf das zur Erreichung seiner prozessualen Ziele notwendige Maß zu beschränken.[18] Eine Redepflicht kann sich bspw. dort ergeben, wo für den Abschlussprüfer eine gesetzliche Verpflichtung besteht, über den Gegenstand der Verschwiegenheitspflicht zu sprechen, zB im Rahmen des Auskunftsrechts des Konzernabschlussprüfers nach § 320 Abs. 3 S. 2. Eine Redepflicht auf Grund der Zeugenstellung in einem staatlichen Gerichts- und/oder Ermittlungsverfahren besteht – sofern dies im Widerspruch zur Verschwiegenheitspflicht stehen würde – nicht, da das Gesetz[19] in diesen Fällen dem Abschlussprüfer sowie den sonst grundsätzlich der Verschwiegenheitspflicht unterliegenden Personen ein Zeugnisverweigerungsrecht einräumt und dieses Recht zB durch Abs. 1 S. 2 zu einer **Pflicht** zur Zeugnisverweigerung wird.[20] Das prozessuale Zeugnisverweigerungsrecht entfällt jedoch dann, wenn der Abschlussprüfer von der Verschwiegenheitspflicht entbunden wird.

Die Verschwiegenheitspflicht wird gem. § 57b WPO für die Teilnahme an **10** der externen Qualitätskontrolle (§ 57a WPO) eingeschränkt.[21] Diese Einschränkung ist einerseits für die wirksame Durchführung von Auftragsprüfungen, andererseits aber auch für die Beurteilung der auftragsunabhängigen Qualitätssicherung erforderlich. So kann zB zur Beurteilung der auftragsunabhängigen Qualitätssicherung die Vorlage von Mandantenunterlagen notwendig sein, um die organisatorischen Maßnahmen zur Einhaltung des Grundsatzes der Unabhängigkeit zu beurteilen. Die Geheimhaltung der Mandanteninformationen wird dadurch sichergestellt, dass auch die Prüfer für Qualitätskontrolle gem. § 57b Abs. 1 WPO zur Verschwiegenheit verpflichtet sind. Ferner besteht durch den Verweis in § 57b Abs. 4 WPO auf die Bestimmungen des § 323 für die Prüfer der externen Qualitätskontrolle die Verpflichtung zur gewissenhaften und unparteiischen Prüfung. Bei vorsätzlicher oder fahrlässiger Verletzung dieser Pflichten sind die Prüfer nach

---

[16] *ADS* Rn. 42.
[17] BeBiKo/*Schmidt/Feldmüller* Rn. 46.
[18] BeBiKo/*Schmidt/Feldmüller* Rn. 47.
[19] § 383 Abs. 1 Nr. 6 ZPO, § 53 Abs. 1 Nr. 3, § 161a Abs. 1 S. 2 StPO, § 102 Abs. 1 Nr. 3 Buchst. b AO iVm § 84 FGO – dazu im Einzelnen auch BeBiKo/*Schmidt/Feldmüller* Rn. 40 ff.
[20] Die Pflicht zur Zeugnisverweigerung kann sich ferner aus § 43 WPO und § 203 StGB ergeben.
[21] BeBiKo/*Schmidt/Feldmüller* Rn. 39.

den Bestimmungen des § 323 zum Ersatz des daraus entstandenen Schadens verpflichtet.[22]

11   Bei Verletzung der Verschwiegenheitspflicht drohen Sanktionen nach § 333.

12   **3. Verwertungsverbot.** Nach Abs. 1 S. 2 ist es dem Abschlussprüfer untersagt, **Geschäfts- und Betriebsgeheimnisse,** die er im Rahmen seiner Prüfertätigkeit erfahren hat, für sich oder Dritte unbefugt zu verwerten.

13   Eine unbefugte Verwertung iSd Abs. 1 S. 2 liegt vor, wenn der Abschlussprüfer für sich oder einen anderen Betriebs- oder Geschäftsgeheimnisse gegen den Willen oder ohne Wissen der gesetzlichen Vertreter dazu benutzt, sich oder einem anderen einen Vermögensvorteil zu verschaffen.

14   § 11 der Berufssatzung der WPK geht zur Sicherung der Pflicht zu berufswürdigem Verhalten über die Vorgaben des § 323 hinaus, indem sich das berufsrechtliche Verwertungsverbot nicht nur auf Geheimnisse erstreckt, die mit dem Geschäft oder dem Betrieb der geprüften Gesellschaft sowie deren verbundenen Unternehmen zusammenhängen, sondern auch Betriebs- und Geschäftsgeheimnisse Dritter umfasst, die dem Abschlussprüfer bei seiner Prüfung zur Kenntnis gelangen. Die unbefugte Verwertung von Betriebs- und Geschäftsgeheimnissen Dritter stellt insofern zwar einen Verstoß gegen § 11 der Berufssatzung der WPK dar, ist aber weder zivilrechtlich nach § 323 noch strafrechtlich nach § 333 Abs. 2 S. 2 sanktioniert.[23]

III. Haftung des Abschlussprüfers

15   **1. Voraussetzungen.** Wird vorsätzlich oder fahrlässig gegen die in Abs. 1 S. 1 und 2 genannten Pflichten verstoßen, so ist der Abschlussprüfer der Gesellschaft oder den verbundenen Unternehmen gegenüber zum Ersatz des aus dem Verstoß resultierenden Schadens verpflichtet. So kann zB eine unberechtigte Versagung oder Einschränkung des Bestätigungsvermerks wegen Kreditschädigung der Gesellschaft eine Haftung zur Folge haben. Für die Haftung ist, neben einer Pflichtverletzung das Verschulden sowie ein kausaler Schaden erforderlich. Im Regressprozess hat der Anspruchsteller die Darlegungs- und Beweislast für die Pflichtverletzung dh dass der Anspruchsteller – in der Regel ist dies die geprüfte Gesellschaft – darlegen und ggf. beweisen muss, dass zB bei Vornahme der nach den Umständen erforderlichen und der Berufsauffassung entsprechenden Prüfungshandlungen ein bestimmter Sachverhalt aufgedeckt worden wäre.[24] Aufgrund der nur sehr allgemeinen gesetzlichen Regelungen in § 317 ist bei dieser Darlegung die Berufsauffassung unter Berücksichtigung von Sinn und Zweck der Prüfung zu beachten.[25]

16   **2. Haftungsausmaß.** Die allgemeine Haftungshöchstgrenze von 1.000.000 Euro (§ 323 Abs. 2 S. 1) gilt grundsätzlich für alle gesetzlich vorgeschriebenen Abschlussprüfungen, und zwar sowohl für die gesetzlich vorgesehene Prüfungsaufgabe als auch für Erweiterungen von Gegenstand und Umfang der Prüfung durch Sonderregeln (zB § 317 Abs. 4 HGB, § 53 HGrG). Bei der Prüfung von Aktiengesellschaften, deren Aktien zum Handel im regulierten Markt zugelassen sind, beträgt die Haftungshöchstgrenze

---

[22] *Marks/Schmidt* WPg 2000, 414.
[23] *ADS* Rn. 69.
[24] BeBiKo/*Schmidt/Feldmüller* Rn. 102.
[25] *ADS* Rn. 78.

4.000.000 Euro (§ 323 Abs. 2 S. 2). Prüfungen von Unternehmen, deren Papiere im Freiverkehr gehandelt bzw. zugelassen sind, haben demzufolge eine Haftungshöchstgrenze von 1 Million Euro. In gleichem Maße wie die Haftungshöchstgrenze hat sich der Abschlussprüfer gem. § 54 Abs. 1 S. 2 WPO mindestens zu versichern. Die Haftungshöchstgrenzen gelten für jede einzelne Abschlussprüfung, nicht für einen Fehler oder eine Person.[26] Wird ein Fehler mehrere Jahre hintereinander in den Jahresabschlüssen fortgeführt und wird dieser jeweils für die Entstehung eines neuen Schadens ursächlich, so gilt für jede einzelne Prüfung die Haftungshöchstgrenze. Für Schadensersatzansprüche aus parallel anzuwendenden Haftungsnormen, insbesondere für die allgemeine Deliktshaftung nach § 823 Abs. 1, Abs. 2 BGB gelten die Haftungshöchstgrenzen nicht. § 323 ist in diesem Zusammenhang kein Schutzgesetz iSd § 823 Abs. 2 BGB.

Die Haftungshöchstgrenzen gelten im Falle der „Fahrlässigkeit", sie gelten **17** nicht bei Vorsatz. Bei der groben oder leichten Fahrlässigkeit kann der Abschlussprüfer zwar die Pflichtwidrigkeit seines Handelns, zB das Unterlassen weiterer Prüfungshandlungen, nicht gänzlich ausschließen, vertraut aber dennoch (fahrlässig) darauf, dass dies keine negativen Folgen haben wird: nämlich keinen unrichtigen Bestätigungsvermerk und/oder keinen unrichtigen Prüfungsbericht. Hat der Abschlussprüfer mit der Pflichtwidrigkeit seines Handelns gerechnet, aber trotzdem nicht anders oder weiter geprüft, liegt es nahe, dass er seinen Verstoß billigend in Kauf genommen und insofern vorsätzlich gehandelt hat.[27] Bei Vorsatz haften der Prüfer oder seine Gehilfen unbeschränkt.[28]

Die Haftungshöchstgrenze ist gem. Abs. 4 zwingend und steht nicht zur **18** Disposition der Parteien; eine vertragliche Haftungseinschränkung ist nach § 134 BGB nichtig. Demgegenüber ist eine vertragliche Haftungserweiterung über den Rahmen des § 323 hinaus zivilrechtlich zulässig und wirksam. Sie verstößt jedoch bei einer gesetzlichen Haftungsbeschränkung wegen unerlaubter Konkurrenz gegen die Berufsauffassung.[29]

3. Haftungsmilderndes Mitverschulden. Die Haftung des Abschluss- **19** prüfers kann nach § 254 BGB gegenüber der geprüften Kapitalgesellschaft teilweise oder vollständig entfallen, soweit der Geschädigte für den Schaden mitverantwortlich ist. Für die Gewichtung der einzelnen Verursachungs- und Verschuldensbeiträge gelten die allgemeinen Maßstäbe.[30] Im Hinblick auf Sinn und Zweck der Abschlussprüferhaftung nach § 323 sind einige Besonderheiten zu beachten.

Werden der Jahresabschluss und/oder die diesem zugrunde liegenden Un- **20** terlagen von Personen, die der geprüften Kapitalgesellschaft zuzurechnen sind, vorsätzlich verfälscht und wird dies vom Abschlussprüfer fahrlässig nicht erkannt, greift die Regelung des § 254 BGB ein. Dabei wird die Ersatzpflicht des Abschlussprüfers fast immer ausgeschlossen sein. Nur in Ausnahmefällen – etwa bei grobem Verschulden – wird es zu einer, wenn auch erheblich geminderten Ersatzpflicht des Abschlussprüfers kommen.[31] Handeln sowohl

---

[26] BeBiKo/*Schmidt*/*Feldmüller* Rn. 133.

[27] BeBiKo/*Schmidt*/*Feldmüller* Rn. 131; *Peemöller*/*Finsterer*/*Weller* WPg 1999, 352.

[28] *ADS* Rn. 130; BeBiKo/*Schmidt*/*Feldmüller* Rn. 131 f.

[29] *ADS* Rn. 141 mwN; zur Haftungsbegrenzung bei gesetzlich nicht vorgeschriebenen Abschlussprüfungen vgl. § 54a Abs. 1 WPO und *Pohl* WPK-Mitt. Sonderheft 1996, 15.

[30] *ADS* Rn. 134 ff.; BeBiKo/*Schmidt*/*Feldmüller* Rn. 121 mwN.

[31] BeBiKo/*Schmidt*/*Feldmüller* Rn. 122.

die der geprüften Kapitalgesellschaft zuzurechnenden Personen als auch der Abschlussprüfer selbst vorsätzlich, kommt eine Schadensteilung in Betracht. Handeln beide Personengruppen fahrlässig, kommt nach der Ratio der Abschlussprüferhaftung nur dann eine Schadensteilung in Betracht, wenn die der geprüften Kapitalgesellschaft zuzurechnenden Personen grob fahrlässig gehandelt haben. Handeln alle Personen nur einfach fahrlässig, bleibt es bei der ausschließlichen Haftung des Abschlussprüfers. Dieser Sichtweise hat sich die Rechtsprechung hinsichtlich der Haftung des Gründungsprüfers im Rahmen des § 49 AktG angeschlossen.[32]

IV. Haftung des Abschlussprüfers gegenüber Dritten

21   § 323 schließt nicht jegliche Haftung des Abschlussprüfers gegenüber Personen aus, die nicht zum Kreis der nach Abs. 1 S. 2 Anspruchsberechtigten gehören. Neben der allgemeinen Deliktshaftung nach §§ 823 ff. BGB[33] ist vorrangig die vertragliche oder quasivertragliche Haftung des Abschlussprüfers zu untersuchen.

22   Zunächst ist darauf hinzuweisen, dass die Haftung nach § 323 bewusst auf die geprüfte Kapitalgesellschaft sowie auf die mit ihr verbundenen Unternehmen beschränkt sein sollte. Die Ausdehnung und Einbeziehung der verbundenen Unternehmen in den Haftungsverbund beruht auf der Auskunftspflicht des verbundenen Unternehmens gegenüber dem Abschlussprüfer der geprüften Kapitalgesellschaft.[34] Eine Haftung des Abschlussprüfers nach § 323 gegenüber den Aktionären sowie gegenüber Gesellschaftsgläubigern ist jedoch grundsätzlich ausgeschlossen. § 323 entfaltet keine Drittwirkung.[35]

23   Vorbehaltlich besonderer Absprachen sind vertragliche Ansprüche Dritter ausgeschlossen, soweit es um den Bereich der **Pflichtprüfung** geht. § 323 will für den Bereich fahrlässiger Pflichtverletzungen verhindern, dass das geprüfte Unternehmen die Haftungsmasse, die es beim Abschlussprüfer als Schadensersatz erhält, möglicherweise teilen muss. Der dadurch gezogene Haftungsrahmen darf nicht ohne weiteres durch eine extensive Anerkennung vertraglicher oder quasivertraglicher Ansprüche Dritter durchbrochen werden.[36] Vertragliche oder quasivertragliche Ansprüche Dritter sind daher – vorbehaltlich anderweitiger Absprachen – nur bei **freiwilligen Prüfungen** denkbar.[37]

24   Auch im Rahmen freiwilliger Prüfungen billigt die Rechtsprechung Personen, die nicht selbst Vertragspartei sind, eigene Ersatzansprüche zu, soweit die Voraussetzungen des **Vertrages mit Schutzwirkung zugunsten Dritter** gegeben sind. Die verschuldete Verletzung (sekundärer) Sorgfaltspflichten

---

[32] BGH Urt. v. 27.2.1975 – II ZR 111/72, BGHZ 64, 52 = NJW 1975, 974; ferner BeBiKo/*Schmidt/Feldmüller* Rn. 123.

[33] BeBiKo/*Schmidt/Feldmüller* Rn. 172 ff.

[34] BeBiKo/*Schmidt/Feldmüller* Rn. 116, 171.

[35] *ADS* Rn. 184; BeBiKo/*Schmidt/Feldmüller* Rn. 171 mwN.

[36] Zutr. BeBiKo/*Schmidt/Feldmüller* Rn. 191 f.

[37] Anders insoweit der BGH in WPg 1998, 647 ff. die Haftung des Abschlussprüfers gegenüber Dritten auch im Rahmen der Pflichtprüfung einer Kapitalgesellschaft für möglich hält. Dies ist der Fall, wenn die Vertragsparteien bei der Auftragserteilung oder auch zu einem späteren Zeitpunkt übereinstimmend davon ausgehen, dass die Prüfung auch im Interesse eines bestimmten Dritten durchgeführt wurde und das Ergebnis diesem Dritten als Entscheidungsgrundlage dienen sollte, BGH Urt. v. 2.4.1998 – III ZR 245-96, WPg 1998, 647 (649). Diese Tendenz hat der BGH auch in späteren Urteilen nicht aufgegeben (BeBiKo/*Schmidt/Feldmüller* Rn. 190–193).

führt zur Einstandspflicht des Abschlussprüfers, soweit die Voraussetzungen eines Vertrages mit Schutzwirkungen zugunsten Dritter vorliegen.[38]

Ein Vertrag mit Schutzwirkung zugunsten des Dritten ist anzunehmen, wenn **25** (1.) der Dritte vereinbarungsgemäß mit der Leistung des Schuldners an den Gläubiger in Kontakt kommt (**Leistungsnähe des Dritten**), (2.) der Schuldner auch gegenüber dem Dritten zu Schutz und Fürsorge verpflichtet ist oder die Leistung dem Dritten nach dem Parteiwillen – der ggf. anhand der objektiven Interessenlage zu ermitteln ist – zumindest auch zugutekommen soll (**Schutzpflicht des Gläubigers**) und (3.) die Einbeziehung des Dritten in die Schutz- und Obhutspflicht des Schuldners und damit in den zu schützenden Personenkreis *erkennbar* ist (**Erkennbarkeit der Einbeziehung des Dritten**).

Die Leistungen des Abschlussprüfers, mit der Dritte nicht nur zufällig in **26** Berührung kommen, sind dessen Prüfungsbericht sowie dessen Bestätigungsvermerk. Als Dritte, die dadurch einen Schaden erleiden können, kommen insbesondere Banken, sonstige Kreditgeber der betreffenden Gesellschaft sowie die Gesellschafter selbst in Betracht.

Die Rechtsprechung hat die Anforderungen an das Merkmal der Schutz- **27** pflicht des Gläubigers im Laufe der Zeit immer weiter gelockert. Gegenwärtig wird angenommen, dass unabhängig von den Fürsorgepflichten und der Interessenlage ausschließlich ausschlaggebend ist, ob die Vertragsparteien den Dritten in den Schutzbereich einbeziehen wollten. Diese Rechtsprechung wurde ursprünglich in Bezug auf Gutachten von gerichtlich bestellten und vereidigten Grundstückssachverständigen entwickelt[39] und ist seit 1986 auf die Haftung von StB/WP erstreckt worden.[40] Der Einwand gegenteiliger Interessenlage in Bezug auf Prüfungsmandate und die Beziehungen zu den Dritten greift danach nicht mehr durch.[41]

Ein Parteiwille, den Dritten in den Schutzbereich des Vertrages einzubezie- **28** hen, ist im Übrigen nur dann gegeben, wenn durch Einschaltung des Wirtschaftsprüfers das hervorgehobene Vertrauen, das einem Wirtschaftsprüfer typischerweise entgegengebracht wird, konkret in Anspruch genommen worden ist.[42] Dies ist der Fall, wenn der Auftraggeber ein besonderes Interesse an der Einbeziehung des Wirtschaftsprüfers besitzt. Dann ist davon auszugehen, dass die erbetene Stellungnahme des Wirtschaftsprüfers auch im Interesse Dritter eingeholt wird und dass der Wirtschaftsprüfer für seine Stellungnahme nach bestem Wissen und Gewissen auch gegenüber Dritten einzustehen hat.[43] Hinsichtlich des Kreises der in den Schutzbereich einbezogenen Dritten müssen diese dem Wirtschaftsprüfer zwar nicht bekannt, aber doch derart erkennbar sein, dass er sein Haftungsrisiko abschätzen kann. Ist der Vertrag mit dem Wirtschaftsprüfer von vornherein so angelegt, dass eine Abgrenz-

---

[38] *Rabenhorst* in Marsch-Barner/Schäfer Börsennotierte AG-HdB, 4. Aufl. 2018, § 58 Rn. 241.

[39] BGH Urt. v. 28.4.1982 – IVa ZR 312/80, WM 1982, 762; Urt. v. 29.9.1982 – IVa ZR 309/80, WM 1983, 35; Urt. v. 2.11.1983 – IVa ZR 20/82, WM 1984, 34; Urt. v. 23.1.1985 – IVa ZR 66/83, WM 1985, 450.

[40] BGH Urt. v. 19.3.1986 – IVa ZR 127/84, WM 1986, 711; vgl. ferner BeBiKo/ *Schmidt/Feldmüller* Rn. 194 ff.

[41] MüKoBilanzR/*Bormann/Greulich* Rn. 138. S. auch BGH Urt. v. 17.5.1990 – IX ZR 85/89, WM 1990, 1554; Urt. v. 2.4.1998 – III ZR 245/96, WM 1998, 1032.

[42] BGH Urt. v. 26.11.1986 – IVa ZR 86/85, WM 1987, 257; Urt. v. 15.12.2005 – III ZR 424/04, WM 2006, 423; vgl. ausf. BeBiKo/*Schmidt/Feldmüller* Rn. 198.

[43] S. auch BGH Urt. v. 10.11.1994 – III ZR 50/94, WM 1995, 204; Urt. v. 2.4.1998 – III ZR 245/96, WM 1998, 1032.

barkeit des betroffenen Personenkreises unmöglich ist, besteht kein Vertrag mit Schutzwirkung zugunsten Dritter.[44]

29   Darüber hinaus wird bisweilen erörtert, ob zwischen dem Wirtschaftsprüfer und dem Dritten ein eigenständiger **Auskunftsvertrag** zustande kommt oder ob der Wirtschaftsprüfer gegenüber dem Dritten zumindest unter dem Gesichtspunkt der **culpa in contrahendo** haftbar ist. Diese Überlegungen spielen insbesondere eine Rolle, wenn individual-vertragliche Haftungsbeschränkungen zwischen dem Wirtschaftsprüfer und dem (primären) Vertragspartner einer weitergehenden Haftbarmachung entgegenstehen. Nach der neueren Rechtsprechung wird ein eigenständiger Auskunftsvertrag zwischen dem Wirtschaftsprüfer und dem Dritten nur angenommen, wenn der Dritte die Auskunft des Wirtschaftsprüfers für diesen erkennbar zur Grundlage eigener wirtschaftlicher Entscheidungen machen will. Mittelbare Geschäftskontakte genügen daher von vornherein nicht. Bei unmittelbaren Geschäftskontakten, insbesondere im Umfeld der Einschätzung der Bonität und Kreditwürdigkeit einer Person, sind die Gesamtumstände unter Berücksichtigung der Verkehrsauffassung zu würdigen.[45]

30   Auch aus dem Berufsbild des Wirtschaftsprüfers lässt sich ohne weiteres kein derartiges persönliches Vertrauen begründen, das eine gesonderte Haftung aus culpa in contrahendo rechtfertigen könnte. Eine eigenständige Sachwalterhaftung als Wirtschaftsprüfer ist daher nicht anzuerkennen.[46]

§ 324 Prüfungsausschuss

(1) [1]**Unternehmen, die kapitalmarktorientiert im Sinne des § 264d sind, die keinen Aufsichts- oder Verwaltungsrat haben, der die Voraussetzungen des § 100 Abs. 5 des Aktiengesetzes erfüllen muss, sind verpflichtet, einen Prüfungsausschuss im Sinn des Absatzes 2 einzurichten, der sich insbesondere mit den in § 107 Abs. 3 Satz 2 und 3 des Aktiengesetzes beschriebenen Aufgaben befasst.** [2]**Dies gilt nicht für**

1. **Kapitalgesellschaften im Sinn des Satzes 1, deren ausschließlicher Zweck in der Ausgabe von Wertpapieren im Sinn des § 2 Absatz 1 Satz 1 des Wertpapierhandelsgesetzes besteht, die durch Vermögensgegenstände besichert sind; im Anhang ist darzulegen, weshalb ein Prüfungsausschuss nicht eingerichtet wird;**
2. **Kreditinstitute im Sinn des § 340 Abs. 1, die einen organisierten Markt im Sinn des § 2 Absatz 11 des Wertpapierhandelsgesetzes nur durch die Ausgabe von Schuldtiteln im Sinn des § 2 Absatz 1 Nummer 3 Buchstabe a des Wertpapierhandelsgesetzes in Anspruch nehmen, soweit deren Nominalwert 100 Millionen Euro nicht übersteigt und keine Verpflichtung zur Veröffentlichung eines Prospekts nach der Verordnung (EU) 2017/1129 des Europäischen Parlaments und des Rates vom 14. Juni 2017 über den Prospekt, der beim öffentlichen Angebot von**

---

[44] OLG Düsseldorf Urt. v. 15.11.1990 – 5 U 105/90, Stbg 1991, 449; Versicherergemeinschaft für das wirtschaftliche Prüfungs- und Treuhandwesen WPK-Mitt. 2/1991, 65. S. hierzu auch BGH Urt. v. 2.4.1998 – III ZR 245/96, WM 1998, 1032; Urt. v. 15.12.2005 – III ZR 424/04, WM 2006, 423; Urt. v. 6.4.2006 – III ZR 256/04, WM 2006, 1052.

[45] BGH Urt. v. 17.9.1985 – IVa ZR 73/84, WM 1985, 1531; Urt. v. 19.3.1986 – IVa ZR 127/84, WM 1986, 711; Urt. v. 17.9.1985 – VI ZR 73/84, NJW 1986, 180; Urt. v. 11.7.1988 – II ZR 232/87, DB 1988, 2398; Urt. v. 16.10.1990 – XI ZR 165/88, DB 1990, 2516; Urt. v. 3.4.1990 – XI ZR 206/88, WM 1990, 966.

[46] Ebenso *Böcking/Orth* WPg 1998, 357; BeBiKo/*Schmidt/Feldmüller* Rn. 211 mwN.

Wertpapieren oder bei deren Zulassung zum Handel an einem geregelten Markt zu veröffentlichen ist und zur Aufhebung der Richtlinie
2003/71/EG (ABl. L 168 vom 30.6.2017, S. 12) besteht;
3. Investmentvermögen im Sinne des § 1 Absatz 1 des Kapitalanlagegesetzbuchs.

(2) [1] Die Mitglieder des Prüfungsausschusses sind von den Gesellschaftern zu wählen. [2] Die Mitglieder müssen in ihrer Gesamtheit mit dem
Sektor, in dem das Unternehmen tätig ist, vertraut sein; die Mehrheit der
Mitglieder, darunter der Vorsitzende, muss unabhängig sein und mindestens ein Mitglied muss über Sachverstand auf den Gebieten Rechnungslegung oder Abschlussprüfung verfügen. [3] Der Vorsitzende des Prüfungsausschusses darf nicht mit der Geschäftsführung betraut sein. [4] § 107 Absatz 3 Satz 5, § 124 Abs. 3 Satz 2 und § 171 Abs. 1 Satz 2 und 3 des
Aktiengesetzes sind entsprechend anzuwenden.

(3) [1] Die Abschlussprüferaufsichtsstelle beim Bundesamt für Wirtschaft
und Ausfuhrkontrolle kann zur Erfüllung ihrer Aufgaben gemäß Artikel 27 Absatz 1 Buchstabe c der Verordnung (EU) Nr. 537/2014 von
einem Unternehmen, das kapitalmarktorientiert im Sinne des § 264d, das
CRR-Kreditinstitut im Sinne des § 1 Absatz 3d Satz 1 des Kreditwesengesetzes, mit Ausnahme der in § 2 Absatz 1 Nummer 1 und 2 des Kreditwesengesetzes genannten Institute, oder das Versicherungsunternehmen
im Sinne des Artikels 2 Absatz 1 der Richtlinie 91/674/EWG ist, eine
Darstellung und Erläuterung des Ergebnisses sowie der Durchführung
der Tätigkeit seines Prüfungsausschusses verlangen. [2] Die Abschlussprüferaufsichtsstelle soll zunächst auf Informationen aus öffentlich zugänglichen Quellen zurückgreifen. [3] Satz 1 findet keine Anwendung, wenn das
Unternehmen eine Genossenschaft, eine Sparkasse oder ein sonstiges
landesrechtliches öffentlich-rechtliches Kreditinstitut ist.

I. Allgemeines

§ 324 regelt die Verpflichtung zur Bildung eines Prüfungsausschusses für **1**
bestimmte Gesellschaften und die Anforderungen an dessen Mitglieder. Dass
Regelungen zur Gremienbildung und -besetzung der zu prüfenden Gesellschaften im Unterabschnitt Prüfung des HGB getroffen werden, erscheint
unsystematisch. Ausschlaggebend für die Nutzung des durch die Aufhebung
des bisherigen § 324 entstandenen Freiraums für diese Vorschrift mag gewesen
sein, dass die Vorschrift rechtsformübergreifenden Charakter hat.[1] Durch die
Aufnahme in das HGB erübrigt sich die Einfügung entsprechender Vorschriften in die rechtsformspezifischen Gesetze. Mit der Vorschrift wird insoweit
eine Regelungslücke gefüllt, als von der Vorschrift bestimmte Rechtsformen
erfasst werden, die bisher noch nicht vergleichbaren Regelungen unterlagen.[2]

Von der Bildung eines Prüfungsausschusses einerseits, der Vertrautheit der **2**
Mitglieder mit dem Unternehmenssektor, der Unabhängigkeitsanforderung
an die Mehrzahl der Mitglieder und den Vorsitzenden und der Aufnahme
mindestens eines Mitglieds mit Sachverstand auf den Gebieten Rechnungslegung oder Abschlussprüfung andererseits erwartet sich der Gesetzgeber eine
verbesserte Überwachungstätigkeit des Aufsichtsrats in Hinblick auf Rechnungslegung und Abschlussprüfung.

---

[1] *Gelhausen/Fey/Kämpfer* Rechnungslegung K Rn. 76.
[2] *Gelhausen/Fey/Kämpfer* Rechnungslegung K Rn. 77.

II. Kreis der betroffenen Gesellschaften

3   Die Abgrenzung des Kreises der von der Vorschrift betroffenen Gesellschaften ist vergleichsweise komplex und beschränkt den Anwendungsbereich auf einen überschaubaren Kreis von Unternehmen. Erste Voraussetzung für die Anwendbarkeit der Vorschrift ist die Kapitalmarktorientierung iSv § 264d, die die Inanspruchnahme eines organisierten Marktes durch ausgegebene Wertpapiere (Eigen- oder Fremdkapitaltitel) oder zumindest die Antragstellung zur Zulassung zum Handel an einem solchen Markt. Als zweite Voraussetzung muss es sich um eine Gesellschaft handeln, die nicht bereits nach § 100 Abs. 5 AktG dazu verpflichtet ist, mindestens ein unabhängiges Mitglied des Aufsichtsrats zu haben, das über Sachverstand auf den Gebieten Rechnungslegung oder Abschlussprüfung verfügt. Damit fallen AG und ihnen durch Verweisung auf § 100 Abs. 5 AktG gleichgestellte Gesellschaften (KGaA, dualistisch verfasste SE, mitbestimmte GmbH, als GmbH verfasste Kapitalanlagegesellschaft) nicht in den Anwendungsbereich von § 324; gleiches gilt aufgrund entsprechender Vorschriften für die Genossenschaft, die Europäische Genossenschaft und die monistisch verfasste SE.[3]

4   Damit fallen grundsätzlich in den Anwendungsbereich die mitbestimmungsfreie GmbH, OHG und KG iSd § 264a HGB, Kreditinstitute in der Rechtsform einer Personenhandelsgesellschaft und Versicherungsvereine auf Gegenseitigkeit.[4] Dritte Voraussetzung für die Anwendbarkeit der Vorschrift ist, dass nicht einer der Befreiungstatbestände eingreift. Dadurch sind solche Gesellschaften wiederum befreit, die zwar die Voraussetzungen zur Einrichtung eines Prüfungsausschusses nach Abs. 1 S. 1 erfüllen, aber unter die in Abs. 1 S. 2 Nr. 1 oder 2 genannten Gesellschaften fallen. Dies betrifft erstens Kapitalgesellschaften, deren ausschließlicher Zweck in der Ausgabe von Wertpapieren (Aktien; andere, Aktien vergleichbare Anteile; Zertifikate, die Aktien vertreten; Schuldtitel) besteht, die durch Vermögensgegenstände besichert sind. Diese Kapitalgesellschaften haben im Anhang anzugeben, warum ein Prüfungsausschuss nicht eingerichtet wird. Zweitens sind Kreditinstitute ausgenommen, die einen organisierten Markt nur durch die Ausgabe von Schuldtiteln in Anspruch nehmen, deren Nominalwert 100 Millionen Euro nicht übersteigt und die nicht zur Veröffentlichung eines Prospektes nach dem WpPG verpflichtet sind. Drittens sind nach der Erstreckung des Anwendungsbereichs von § 324 auf „Unternehmen" Investmentvermögen iSd des § 1 Abs. 1 KAGB von der Anwendung ausgenommen worden.

III. Wahl der Mitglieder des Prüfungsausschusses und Aufgabenbereich (Abs. 2)

5   Die Wahl der Mitglieder des Prüfungsausschusses wird durch Abs. 2 den Gesellschaftern zugewiesen. Damit ist ausgeschlossen, dass die Mitglieder des Prüfungsausschusses etwa durch einen vorhandenen Aufsichts- oder Verwaltungsrat bestimmt würden, der seinerseits die Voraussetzungen des § 100 Abs. 5 AktG nicht erfüllt. Bei der Auswahl der zu wählenden Mitglieder haben die Gesellschafter zu beachten, dass sich unter den zu wählenden Mitgliedern mindestens eine Person befindet, die über den erforderlichen

---

[3] *Gelhausen/Fey/Kämpfer* Rechnungslegung K Rn. 80 ff.; BeBiKo/*Grottel* Rn. 8; MüKoHGB/*Ebke* Rn. 6.

[4] *Gelhausen/Fey/Kämpfer* Rechnungslegung K Rn. 87; BeBiKo/*Grottel* Rn. 9.

Sachverstand auf den Gebieten Rechnungslegung oder Prüfung verfügt. Darüber hinaus müssen die Mitglieder – wie auch die Mitglieder eines den Anforderungen des § 100 Abs. 5 AktG zu bildenden Aufsichtsrats – mit dem Sektor, in dem das Unternehmen tätig ist, vertraut sein. Schließlich tritt die Anforderung der Unabhängigkeit hinzu, die von der Mehrzahl der Mitglieder einschließlich des Vorsitzenden zu erfüllen ist. Die Anzahl der zu wählenden Mitglieder und der Zeitraum, für den die Wahl erfolgt, liegt im Ermessen der Gesellschafter.[5] Da anders als bei der Besetzung des Aufsichtsrats nach den Vorschriften des AktG (§ 107 Abs. 1 AktG) die Mitgliedschaft in dem nach § 324 zu bildenden Prüfungsausschuss nicht unvereinbar mit der Stellung als gesetzlicher Vertreter der Gesellschaft ist, wird durch Abs. 2 S. 3 vorgeschrieben, dass zumindest der Vorsitzende des Prüfungsausschusses nicht mit der Geschäftsführung betraut sein darf. Damit soll sichergestellt werden, dass der Prüfungsausschuss der ihm zugedachten Überwachungsfunktion in Fragen der Rechnungslegung und Prüfung nachkommen kann.

Der Aufgabenbereich des Prüfungsausschusses wird durch den Verweis auf **6** entsprechend anzuwendende Vorschriften des Aktiengesetzes konkretisiert.[6] Demnach kommt dem Prüfungsausschuss durch Verweisung auf § 124 Abs. 3 S. 2 AktG die Aufgabe zu, eine Empfehlung zur Wahl des Abschlussprüfers abzugeben. Während bei der Aktiengesellschaft diese Empfehlung die Basis für den Wahlvorschlag des Aufsichtsrats an die Hauptversammlung darstellt, richtet sich die Empfehlung eines Prüfungsausschusses nach § 324 an das zur Wahl des Abschlussprüfers befugte Gremium, ohne dass dieses an die Empfehlung gebunden wäre.[7] Über die Verweisung auf § 107 Abs. 3 S. 5 AktG wird gewährleistet, dass auch über die Arbeit eines nach § 324 einzurichtenden Prüfungsausschusses dem Aufsichtsrat zu berichten ist.

Durch den Verweis auf § 171 Abs. 1 S. 2 und 3 AktG wird ferner klar- **7** gestellt, dass auch bei einem nach § 324 eingerichteten Prüfungsausschuss der Abschlussprüfer an der Bilanzsitzung dieses Ausschusses teilzunehmen und über die wesentlichen Ergebnisse seiner Prüfung, insbesondere wesentliche Schwächen des internen Kontroll- und Risikomanagementsystems bezogen auf den Rechnungslegungsprozess, zu berichten hat. Ferner ist der Abschlussprüfer auch gegenüber dem Prüfungsausschuss zur Information über Umstände, die seine Befangenheit besorgen lassen und über Leistungen, die er zusätzlich zu den Abschlussprüfungsleistungen erbracht hat, verpflichtet. Damit ist lediglich der Mindestumfang der Tätigkeit des Prüfungsausschusses umrissen. Welche weiteren Tätigkeiten der Ausschuss für erforderlich hält, liegt im Ermessen der Mitglieder des Ausschusses.

IV. Auskunftsrecht der APAS (Abs. 3)

Während in den Anwendungsbereich von Abs. 1 und 2 nur Prüfungsaus- **8** schüsse von ausgewählten kapitalmarktorientierten Unternehmen fallen, werden durch den durch das AReG neu eingefügten Abs. 3 Auskunftsrechte der APAS gegenüber allen Unternehmen von öffentlichem Interesse mit Ausnahme von Genossenschaften, Sparkassen und sonstigen landesrechtlichen öffentlich-rechtlichen Kreditinstituten geregelt. Um die europarechtlich aufgrund von Art. 27 Abs. 1 Buchst. c EU-APrVO gebotene Überwachungs-

---

[5] *Gelhausen/Fey/Kämpfer* Rechnungslegung K Rn. 107 f.
[6] *Gelhausen/Fey/Kämpfer* Rechnungslegung K Rn. 98.
[7] *Gelhausen/Fey/Kämpfer* Rechnungslegung K Rn. 100; *BeBiKo/Grottel* Rn. 72.

funktion gegenüber Prüfungsausschüssen wahrnehmen zu können, kommt auf der Grundlage von Abs. 3 ein abgestuftes Verfahren zur Anwendung. Danach ist ein Auskunftsbegehren gegenüber dem Unternehmen zur Darstellung und Erläuterung des Ergebnisses sowie der Durchführung der Tätigkeit seines Prüfungsausschusses grundsätzlich subsidiär zur Nutzung der Informationen aus öffentlich zugänglichen Quellen, wobei die praktische Bedeutung der Nutzung dieser Informationen gegenüber einer unmittelbaren Anfrage beim Unternehmen fraglich ist.[8]

§ 324a Anwendung auf den Einzelabschluss nach § 325 Abs. 2a

(1) [1]Die Bestimmungen dieses Unterabschnitts, die sich auf den Jahresabschluss beziehen, sind auf einen Einzelabschluss nach § 325 Abs. 2a entsprechend anzuwenden. [2]An Stelle des § 316 Abs. 1 Satz 2 gilt § 316 Abs. 2 Satz 2 entsprechend.

(2) [1]Als Abschlussprüfer des Einzelabschlusses nach § 325 Abs. 2a gilt der für die Prüfung des Jahresabschlusses bestellte Prüfer als bestellt. [2]Der Prüfungsbericht zum Einzelabschluss nach § 325 Abs. 2a kann mit dem Prüfungsbericht zum Jahresabschluss zusammengefasst werden.

I. Überblick

1   § 324a stellt die Grundlage für die Prüfung eines Einzelabschlusses nach § 325 Abs. 2a dar. Für die Aufstellung eines solchen Einzelabschlusses sind die Vorschriften des Dritten Unterabschnittes (§§ 316–324a) des Zweiten Abschnittes des Dritten Buches des HGB anzuwenden, soweit sie den Jahresabschluss betreffen. Einziger Unterschied zum Jahresabschluss ist die Tatsache, dass dieser Einzelabschluss nicht wie der Jahresabschluss festgestellt, sondern nach § 316 Abs. 2 gebilligt wird (§ 324a Abs. 1 S. 2).

2   Zweck der Vorschrift ist es, zu gewährleisten, dass auch ein freiwillig aufgestellter, veröffentlichter IFRS-Einzelabschluss nach § 325 Abs. 2a das Vertrauen der Adressaten in seine Aussagekraft wie der gesetzlich vorgeschriebene Jahresabschluss genießen kann.[1]

II. Abschlussprüfer und Prüfungsbericht

3   Der für die Prüfung des Jahresabschlusses bestellte Abschlussprüfer gilt auch als für die Prüfung des Einzelabschlusses nach § 325 Abs. 2a bestellt. Im Gegensatz zu der Regelung des § 318 Abs. 2 S. 1 zur Bestellung des Konzernabschlussprüfers besteht allerdings keine Alternative zur Bestellung dieses Abschlussprüfers.[2] Eine gesonderte Bestellung ist insoweit nicht erforderlich. Dies ist insbesondere auch für die Prüfung des gemeinsamen Lageberichts nach § 325 Abs. 2a S. 4 als sachgerecht anzusehen.

4   Die Regelung des Abs. 2 S. 2 ermöglicht es dem Abschlussprüfer, den Prüfungsbericht über den Jahresabschluss mit dem Prüfungsbericht zum Einzelabschluss zusammenzufassen. Dies erscheint aufgrund des gemeinsamen Lageberichts nach § 325 Abs. 2a S. 4 sachgerecht. Im Falle der zusammengefassten Berichterstattung ist insbesondere auf die Klarheit und Übersichtlich-

---

[8] *Schüppen,* Abschlussprüfung, 2017, § 314 Rn. 32.
[1] BeBiKo/*Grottel* Rn. 1.
[2] BeBiKo/*Grottel* Rn. 15.

keit der Darstellung zu achten. Die Grundsätze des § 321 für die Berichterstattung sind sowohl für den Jahresabschluss nach HGB als auch für den Einzelabschluss nach IFRS anzuwenden. Sofern der Prüfungsbericht über den Einzelabschluss mit dem Prüfungsbericht über den Konzernabschluss zusammengefasst wurde, kann auch eine Zusammenfassung der Bestätigungsvermerke erfolgen.[3]

III. Rechtsfolgen der Verletzung des § 324a

Da es sich bei § 324a um die Ausübung von Wahlrechten handelt, ent- 5 halten die §§ 331 ff. keine Straf- und Bußgeldvorschriften für den Fall einer Verletzung des § 324a.

Sofern jedoch ein Verstoß gegen die Prüfungspflicht nach § 324a iVm 6 § 316 Abs. 1 erfolgt, kann der Einzelabschluss nicht gebilligt werden. Ein solcher ungeprüfter und ungebilligter Einzelabschluss kann keine befreiende Wirkung im Rahmen der Offenlegung nach § 325 Abs. 2a entfalten.

Vierter Unterabschnitt. Offenlegung. Prüfung durch den Betreiber des Bundesanzeigers

§ 325 Offenlegung

(1) [1]Die Mitglieder des vertretungsberechtigten Organs von Kapitalgesellschaften haben für die Gesellschaft folgende Unterlagen in deutscher Sprache offenzulegen:

1. den festgestellten oder gebilligten Jahresabschluss, den Lagebericht und den Bestätigungsvermerk oder den Vermerk über dessen Versagung sowie
2. den Bericht des Aufsichtsrats und die nach § 161 des Aktiengesetzes vorgeschriebene Erklärung.

[2]Die Unterlagen sind elektronisch beim Betreiber des Bundesanzeigers in einer Form einzureichen, die ihre Bekanntmachung ermöglicht.

(1a) [1]Die Unterlagen nach Absatz 1 Satz 1 sind spätestens ein Jahr nach dem Abschlussstichtag des Geschäftsjahrs einzureichen, auf das sie sich beziehen. [2]Liegen die Unterlagen nach Absatz 1 Satz 1 Nummer 2 nicht innerhalb der Frist vor, sind sie unverzüglich nach ihrem Vorliegen nach Absatz 1 offenzulegen.

(1b) [1]Wird der Jahresabschluss oder der Lagebericht geändert, so ist auch die Änderung nach Absatz 1 Satz 1 offenzulegen. [2]Ist im Jahresabschluss nur der Vorschlag für die Ergebnisverwendung enthalten, ist der Beschluss über die Ergebnisverwendung nach seinem Vorliegen nach Absatz 1 Satz 1 offenzulegen.

(2) Die Mitglieder des vertretungsberechtigten Organs der Kapitalgesellschaft haben für diese die in Absatz 1 bezeichneten Unterlagen jeweils unverzüglich nach der Einreichung im Bundesanzeiger bekannt machen zu lassen.

(2a) [1]Bei der Offenlegung nach Absatz 2 kann an die Stelle des Jahresabschlusses ein Einzelabschluss treten, der nach den in § 315e Absatz 1 bezeichneten internationalen Rechnungslegungsstandards aufgestellt

---

[3] BeBiKo/*Grottel* Rn. 22.

worden ist. [2]Ein Unternehmen, das von diesem Wahlrecht Gebrauch macht, hat die dort genannten Standards vollständig zu befolgen. [3]Auf einen solchen Abschluss sind § 243 Abs. 2, die §§ 244, 245, 257, § 264 Absatz 1a, 2 Satz 3, § 285 Nr. 7, 8 Buchstabe b, Nr. 9 bis 11a, 14 bis 17, § 286 Abs. 1, 3 und 5 anzuwenden. [4]Die Verpflichtung, einen Lagebericht offenzulegen, bleibt unberührt; der Lagebericht nach § 289 muss in dem erforderlichen Umfang auch auf den Einzelabschluss nach Satz 1 Bezug nehmen. [5]Die übrigen Vorschriften des Zweiten Unterabschnitts des Ersten Abschnitts und des Ersten Unterabschnitts des Zweiten Abschnitts gelten insoweit nicht. [6]Kann wegen der Anwendung des § 286 Abs. 1 auf den Anhang die in Satz 2 genannte Voraussetzung nicht eingehalten werden, entfällt das Wahlrecht nach Satz 1.

(2b) **Die befreiende Wirkung der Offenlegung des Einzelabschlusses nach Absatz 2a tritt ein, wenn**

1. statt des vom Abschlussprüfer zum Jahresabschluss erteilten Bestätigungsvermerks oder des Vermerks über dessen Versagung der entsprechende Vermerk zum Abschluss nach Absatz 2a in die Offenlegung nach Absatz 2 einbezogen wird,

2. der Vorschlag für die Verwendung des Ergebnisses und gegebenenfalls der Beschluss über seine Verwendung unter Angabe des Jahresüberschusses oder Jahresfehlbetrags in die Offenlegung nach Absatz 2 einbezogen werden und

3. der Jahresabschluss mit dem Bestätigungsvermerk oder dem Vermerk über dessen Versagung nach Absatz 1 und 1a Satz 1 offen gelegt wird.

(3) **Die Absätze 1 bis 2 und 4 Satz 1 gelten entsprechend für die Mitglieder des vertretungsberechtigten Organs einer Kapitalgesellschaft, die einen Konzernabschluss und einen Konzernlagebericht aufzustellen haben.**

(3a) **Wird der Konzernabschluss zusammen mit dem Jahresabschluss des Mutterunternehmens oder mit einem von diesem aufgestellten Einzelabschluss nach Absatz 2a bekannt gemacht, können die Vermerke des Abschlussprüfers nach § 322 zu beiden Abschlüssen zusammengefasst werden; in diesem Fall können auch die jeweiligen Prüfungsberichte zusammengefasst werden.**

(4) [1]**Bei einer Kapitalgesellschaft im Sinn des § 264d, die keine Kapitalgesellschaft im Sinn des § 327a ist, beträgt die Frist nach Absatz 1a Satz 1 längstens vier Monate.** [2]**Für die Wahrung der Fristen nach Satz 1 und Absatz 1a Satz 1 ist der Zeitpunkt der Einreichung der Unterlagen maßgebend.**

(5) **Auf Gesetz, Gesellschaftsvertrag oder Satzung beruhende Pflichten der Gesellschaft, den Jahresabschluss, den Einzelabschluss nach Absatz 2a, den Lagebericht, den Konzernabschluss oder den Konzernlagebericht in anderer Weise bekannt zu machen, einzureichen oder Personen zugänglich zu machen, bleiben unberührt.**

(6) **Die §§ 11 und 12 Abs. 2 gelten für die beim Betreiber des Bundesanzeigers einzureichenden Unterlagen entsprechend; § 325a Abs. 1 Satz 3 und § 340l Absatz 2 Satz 6 bleiben unberührt.**

Schrifttum: (ohne Einzelbeiträge in den verschiedenen Handbüchern der Rechnungslegung) *Schneider*, Die „Nullbilanz“: ein rechtlicher Nullum, notfalls strafrechtlich sanktioniert, DB 2018, 2946.

I. Überblick

Der Gesetzgeber hat im Vierten Unterabschnitt ($\S\S$ 325–329) die Offenle- **1**
gungs- und Veröffentlichungsvorschriften aufgenommen. Der Prozess der
Offenlegung umfasst dabei die Einreichung in elektronischer Form beim
Betreiber des Bundesanzeigers und die Bekanntmachung im Bundesanzeiger.

II. Einreichung und Bekanntmachung (Abs. 1–2, 4 und 6)

1. Offenlegungspflicht und Frist. Die Offenlegungspflicht ist durch die **2**
Mitglieder des vertretungsberechtigten Organs von Kapitalgesellschaften zu
erfüllen. Dies sind bei der AG der Vorstand ($\S$ 78 Abs. 1 AktG), bei der
KGaA ($\S$ 278 Abs. 2 AktG iVm $\S$ 161 iVm $\S$ 125 Abs. 1) die persönlich
haftenden Gesellschafter und bei der GmbH die Geschäftsführer ($\S$ 35 Abs. 1
GmbHG). Bei OHG und KG, bei denen keine natürliche Person unmittelbar
oder mittelbar persönlich haftender Gesellschafter ist, obliegt diese Verpflichtung den Mitgliedern des vertretungsberechtigten Organs der vertretungsberechtigten Gesellschaft.

Bei **nicht-kapitalmarktorientierten Gesellschaften** müssen die Unter- **3**
lagen gem. Abs. 1a S. 1 spätestens vor Ablauf des zwölften Monats nach dem
Abschlussstichtag beim Betreiber des Bundesanzeigers elektronisch eingereicht werden. Die frühere Verpflichtung, den Jahresabschluss unverzüglich
nach Vorlage an die Gesellschafter beim Betreiber des Bundesanzeigers einzureichen, ist mit der Änderung des $\S$ 325 durch das BilRUG entfallen; die
Ausschöpfung des **Zwölf-Monats-Zeitraums** ist nunmehr **unabhängig
vom Zeitpunkt der Vorlage an die Gesellschafter** möglich. Für die
Wahrung der Frist ist die Einreichung der Unterlagen maßgebend; sofern die
Bekanntmachung im Bundesanzeiger außerhalb der Frist erfolgt, ist dies
insoweit unschädlich. Eine fristwahrende Offenlegung des ungeprüften und/
oder nicht festgestellten Jahresabschlusses und des Lageberichts mit späterer
Einreichung der restlichen Unterlagen ist nicht zulässig.[1] Allerdings können
der Bericht des Aufsichtsrats und die Entsprechenserklärung nach $\S$ 161
AktG bei Nichtvorliegen innerhalb der Frist unverzüglich nach Vorliegen
offengelegt werden. Wird der Jahresabschluss bei der Feststellung geändert, ist
die Änderung ebenfalls einzureichen.

Für **kapitalmarktorientierte Kapitalgesellschaften** gem. $\S$ 264d ver- **4**
kürzt sich die Frist zur Einreichung der Unterlagen auf **vier Monate,** es sei
denn es handelt sich um eine Kapitalgesellschaft, die ausschließlich zum
Handel an einem organisierten Markt zugelassene Schuldtitel mit einer Mindeststückelung von 50.000 Euro oder dem am Ausgabetag entsprechenden
Gegenwert einer anderen Währung begibt ($\S$ 327a). Darüber hinaus unterscheiden sich die Offenlegungspflichten kapitalmarktorientierter Kapitalgesellschaften nicht von denjenigen der übrigen Kapitalgesellschaften. Durch
die verkürzte Frist kann es bei AG, die die Hauptversammlung nicht innerhalb der ersten vier Monate nach dem Abschlussstichtag durchführen, erforderlich werden, den Jahres-/Konzernabschluss bereits vor der Vorlage an die
Aktionäre in der Hauptversammlung beim Betreiber des Bundesanzeigers
einzureichen, um die Frist zu wahren.

---

[1] Vgl. hierzu ausf. *Schneider* DB 2018, 2946 ff.

5 **2. Umfang und Form der Offenlegung.** Folgende Unterlagen unterliegen gem. Abs. 1 S. 1 und Abs. 1b S. 2 der Offenlegungspflicht:

- der festgestellte oder gebilligte Jahresabschluss,
- der Lagebericht,
- der Bestätigungsvermerk oder der Vermerk über dessen Versagung,
- der Bericht des Aufsichtsrats,
- die nach § 161 AktG vorgeschriebene Erklärung zum Corporate Governance Kodex,
- der Beschluss über die Ergebnisverwendung, sofern im Jahresabschluss nur der Ergebnisverwendungsvorschlag enthalten ist.

Eine Befreiung von der Offenlegung des Ergebnisverwendungsbeschlusses für GmbH, wenn sich daraus die Gewinnanteile natürlicher Personen feststellen lassen, ist durch die Änderung des § 325 durch das BilRUG entfallen, da die EU-rechtliche Vorgabe hier keine Ausnahme vorsieht.[2] Nicht erwähnt wird in § 325 Abs. 1 die von den gesetzlichen Vertretern abzugebende Versicherung nach § 264 Abs. 2 S. 3 bzw. § 289 Abs. 1 S. 5 (Bilanzeid). Faktisch besteht auch für diese eine Offenlegungspflicht, da ohne Offenlegung des Bilanzeids im Rahmen der handelsrechtlichen Offenlegung nach § 325 eine eigenständige Offenlegungspflicht für einen Jahresfinanzbericht nach § 114 WpHG aufleben würde.

6 Die einzureichenden Unterlagen sind in elektronischer Form einzureichen. Die durch § 11 eingeräumte Möglichkeit, offenzulegende Dokumente zusätzlich in einer Amtssprache der EU zu übermitteln, wird für die offenlegungspflichtigen Unterlagen der Rechnungslegung ebenfalls gewährt. Davon unberührt bleibt die Verpflichtung, den Jahresabschluss und den Lagebericht originär in deutscher Sprache aufzustellen und offenzulegen. Soweit für Zweigniederlassungen in § 325a und § 340l (Zweigniederlassungen von Kreditinstituten) Erleichterungen in Hinblick auf die Sprache der offenzulegenden Dokumente eingeräumt werden, bleiben diese unberührt.

7 Eine vollständige Offenlegungspflicht der Unterlagen besteht nur für große Kapitalgesellschaften. Mittelgroßen Kapitalgesellschaften hingegen wird nach § 327 die Offenlegung einer verkürzten Bilanz und eines verkürzten Anhangs erlaubt. Kleine Kapitalgesellschaften brauchen gem. § 326 nur die Bilanz und den Anhang offenzulegen, wobei letzterer keine Angaben zur Gewinn- und Verlustrechnung enthalten muss.

III. Offenlegungsvorschriften für zur Konzernrechnungslegung verpflichtete Kapitalgesellschaften (Abs. 3)

8 **1. Offenlegungspflicht und Frist.** Die Offenlegungspflichten für den Konzernabschluss orientieren sich an den Vorschriften für den Jahresabschluss und sind in Abs. 3 dargestellt. Zur Offenlegung verpflichtet sind die gesetzlichen Vertreter der Kapitalgesellschaft, die den Konzernabschluss nach den §§ 290–293 aufzustellen haben.[3]

9 Die in Abs. 4 vorgegebene Fristverkürzung für die Offenlegung bei kapitalmarktorientierten Unternehmen iSv § 264d gilt für den Konzernabschluss derartiger Mutterunternehmen in gleicher Weise wie für den Jahresabschluss.

---

[2] Russ/Janßen/Götze/*Voigt* BilRUG M Rn. 98.
[3] Zu den Pflichten der gesetzlichen Vertreter im Falle eines befreienden Konzernabschlusses nach §§ 291, 292 sowie bei Inanspruchnahme von Erleichterungen nach § 264 Abs. 3 vgl. BeBiKo/*Grottel* Rn. 75 ff.

2. Umfang und Form der Offenlegung. Die offenlegungspflichtigen **10**
Unterlagen umfassen den Konzernabschluss und Konzernlagebericht, den
Bericht des Aufsichtsrats sowie den Bestätigungsvermerk oder den Vermerk
über dessen Versagung.

Für die Form gelten die identischen Vorschriften wie für die Offenlegung **11**
des Jahresabschlusses (→ Rn. 6).

IV. Befreiende Offenlegung eines IFRS-Einzelabschlusses
(Abs. 2a und Abs. 2b)

Abs. 2a resultiert aus der Umsetzung der IAS-VO Nr. 1606/2002 des **12**
Europäischen Parlaments und des Rates vom 19.7.2002, wonach die Mitgliedstaaten ermächtigt werden, den Unternehmen in ihrem Regelungsbereich die Anwendung der IFRS auch für den Einzelabschluss zu gestatten.[4]

Gem. § 325 Abs. 2a kann bei großen Kapitalgesellschaften bei der Offenle- **13**
gung des Abschlusses nach § 325 Abs. 2 an die Stelle des Jahresabschlusses
nach HGB ein Einzelabschluss nach IFRS treten, der nach den in § 315e
Abs. 1 bezeichneten internationalen Rechnungslegungsstandards aufgestellt
worden ist. Die von der EU übernommenen IFRS müssen in einem solchen
Einzelabschluss vollständig angewendet werden, wobei die folgenden Paragrafen des HGB ebenfalls zu beachten sind:

– Klarheit und Übersichtlichkeit (§ 243 Abs. 2),
– Sprache, Währungseinheit (§ 244),
– Unterzeichnung (§ 245),
– Aufbewahrung von Unterlagen, Aufbewahrungsfristen (§ 257),
– Angabe der Firma, des Sitzes, des Registergerichts und der Registernum-
  mer sowie der Tatsache, ob sich die Gesellschaft in Liquidation oder
  Abwicklung befindet (§ 264 Abs. 1a),
– Versicherung der gesetzlichen Vertreter (§ 264 Abs. 2 S. 3),
– Versicherung der gesetzlichen Vertreter (§ 264 Abs. 2 S. 3).

Die Bestandteile des Einzelabschlusses bestimmen sich nach den Vorschrif- **14**
ten der IFRS. Der Einzelabschluss-Anhang hat neben den Anhangangaben
nach IFRS auch die folgenden Angaben zu enthalten, sofern nicht die Pflicht
bzw. die Möglichkeit zum Verzicht auf einzelne Angaben auf der Grundlage
von § 286 Abs. 1, 3 und 5 besteht:

– zur durchschnittlichen Zahl der während des Geschäftsjahrs beschäftigten
  Arbeitnehmer (§ 285 Nr. 7);
– zum Personalaufwand des Geschäftsjahrs (§ 285 Nr. 8 Buchst. b);
– zur Vergütung des Geschäftsführungsorgans, eines Aufsichtsrats, eines Beirats oder einer ähnlichen Einrichtung (§ 285 Nr. 9);
– zu den Mitgliedern des Geschäftsführungsorgans und eines Aufsichtsrats
  (§ 285 Nr. 10);
– Name und Sitz anderer Unternehmen, die Höhe des Anteils am Kapital,
  das Eigenkapital und das Ergebnis des letzten Geschäftsjahres dieser Unternehmen, für das ein Jahresabschluss vorliegt, soweit es sich um Beteiligungen iSd § 271 handelt oder ein solcher Anteil von einer Person für Rechnung der Kapitalgesellschaft gehalten wird (§ 285 Nr. 11);
– Name, Sitz und Rechtsform der Unternehmen, deren unbeschränkt haftender Gesellschafter die Kapitalgesellschaft ist (§ 285 Nr. 11a);

---

[4] Vgl. im Detail BeBiKo/*Grottel* Rn. 56.

– Name und Sitz des Mutterunternehmens, das den Konzernabschluss für den kleinsten/größten Kreis von Unternehmen aufstellt, sowie der Ort, wo diese Konzernabschlüsse erhältlich sind (§ 285 Nr. 14 und 14a);

– Angaben zu Name, Sitz und gezeichnetem Kapital des persönlichen haftenden Gesellschafters im Fall einer Personenhandelsgesellschaft iSd § 264a Abs. 1 (§ 285 Nr. 15);

– Angaben zum Bestehen von Genussscheinen, Genussrechten, Wandelschuldverschreibungen, Optionsscheinen, Optionen, Besserungsscheinen oder vergleichbaren Wertpapieren oder Rechten, unter Angabe der Anzahl und der Rechte, die sie verbriefen (§ 285 Nr. 15a);

– zur Abgabe der Entsprechenserklärung nach § 161 AktG (§ 285 Nr. 16);

– zum vom Abschlussprüfer berechneten Gesamthonorar (§ 285 Nr. 17).

Gegebenenfalls sind die Anhangangaben so zu gestalten, dass diese sowohl den Anforderungen der IFRS als auch den in § 325 Abs. 2a genannten Anforderungen entsprechen.

15   Im Lagebericht nach § 289 ist auf diesen Einzelabschluss in dem erforderlichen Umfang Bezug zu nehmen (Abs. 2a S. 4).

16   Der Einzelabschluss muss vor seiner Offenlegung durch den Aufsichtsrat gebilligt werden (§ 171 Abs. 4 AktG). Der Bericht des Aufsichtsrats ist offenzulegen.

17   Abs. 2b legt hinsichtlich der **Befreiungswirkung** fest, dass diese nur dann gegeben ist, wenn folgende **drei Kriterien kumulativ erfüllt** sind:

(a) der Bestätigungsvermerk oder der Versagungsvermerk des Abschlussprüfers zum IFRS-Einzelabschluss ist der Offenlegung beizufügen,

(b) der Vorschlag für die Verwendung des Ergebnisses und gegebenenfalls der Beschluss über seine Verwendung unter Angabe des Jahresüberschusses oder Jahresfehlbetrages sind in die Offenlegung nach Abs. 2 einbezogen, und

(c) der Jahresabschluss mit dem Bestätigungsvermerk oder dem Vermerk über dessen Versagung wird nach Abs. 1 S. 1 und 2 offengelegt.

Insbesondere aus der Anforderung unter (c) ist erkennbar, dass der IFRS-Einzelabschluss hinsichtlich der Aufstellung und Offenlegung keine Erleichterung bringt. Somit hat ein IFRS-Einzelabschluss allenfalls die Funktion, dass Gesellschaften, die keinen Konzernabschluss aufstellen (können), Finanzinformationen in Übereinstimmung mit den IFRS vorlegen können.

18   Durch Einführung des § 325 Abs. 2a wird im HGB entgegen der bisherigen nicht eindeutigen Verwendung der Begriffe „Jahresabschluss" und „Einzelabschluss" wie folgt unterschieden: Der Jahresabschluss stellt den nach den deutschen handelsrechtlichen Vorschriften aufgestellten Jahresabschluss dar. Der Einzelabschluss bzw. Einzelabschluss nach § 325 Abs. 2a bezeichnet einen nach Internationalen Rechnungslegungsgrundsätzen (IFRS), wie sie in der EU anzuwenden sind, aufgestellten Einzelabschluss.

V. Zusammenfassung der Bestätigungsvermerke/Prüfungsberichte zum Jahres-/Einzelabschluss und Konzernabschluss (Abs. 3a)

19   Abs. 3a stellt klar, dass für den Fall einer gemeinsamen Bekanntmachung von Jahres-/Einzelabschluss des Mutterunternehmens mit dem Konzernabschluss auch die Vermerke des Abschlussprüfers und die Prüfungsberichte zusammengefasst werden können.

VI. Anderweitige Bekanntmachungspflichten

Solche gesetzlich festgelegten Informationspflichten ergeben sich bspw. aus **20** § 131 Abs. 1 S. 3 AktG, § 26 Abs. 1 S. 1, Abs. 3 S. 1 KWG oder § 37 Abs. 1 und 3 VAG. Auf Gesetz, Gesellschaftsvertrag oder Satzung beruhende Pflichten, den Jahresabschluss, den Einzelabschluss nach § 325 Abs. 2a, den Lagebericht, Konzernabschluss oder Konzernlagebericht in anderer Weise bekannt zu machen, einzureichen oder Personen zugänglich zu machen, bleiben nach Abs. 5 unberührt.

§ 325a Zweigniederlassungen von Kapitalgesellschaften mit Sitz im Ausland

(1) [1] Bei inländischen Zweigniederlassungen von Kapitalgesellschaften mit Sitz in einem anderen Mitgliedstaat der Europäischen Union oder Vertragsstaat des Abkommens über den Europäischen Wirtschaftsraum haben die in § 13e Abs. 2 Satz 4 Nr. 3 genannten Personen oder, wenn solche nicht angemeldet sind, die gesetzlichen Vertreter der Gesellschaft für diese die Unterlagen der Rechnungslegung der Hauptniederlassung, die nach dem für die Hauptniederlassung maßgeblichen Recht erstellt, geprüft und offengelegt oder hinterlegt worden sind, nach den §§ 325, 328, 329 Abs. 1 und 4 offenzulegen. [2] Die Unterlagen sind in deutscher Sprache einzureichen. [3] Soweit dies nicht die Amtssprache am Sitz der Hauptniederlassung ist, können die Unterlagen der Hauptniederlassung auch

1. in englischer Sprache oder
2. in einer von dem Register der Hauptniederlassung beglaubigten Abschrift oder,
3. wenn eine dem Register vergleichbare Einrichtung nicht vorhanden oder diese nicht zur Beglaubigung befugt ist, in einer von einem Wirtschaftsprüfer bescheinigten Abschrift, verbunden mit der Erklärung, dass entweder eine dem Register vergleichbare Einrichtung nicht vorhanden oder diese nicht zur Beglaubigung befugt ist,

eingereicht werden; von der Beglaubigung des Registers ist eine beglaubigte Übersetzung in deutscher Sprache einzureichen.

(2) Diese Vorschrift gilt nicht für Zweigniederlassungen, die von Kreditinstituten im Sinne des § 340 oder von Versicherungsunternehmen im Sinne des § 341 errichtet werden.

(3) [1] Bei der Anwendung von Absatz 1 ist für die Einstufung einer Kapitalgesellschaft als Kleinstkapitalgesellschaft (§ 267a) und für die Geltung von Erleichterungen bei der Rechnungslegung das Recht des anderen Mitgliedstaates der Europäischen Union oder das Recht des Vertragsstaates des Abkommens über den Europäischen Wirtschaftsraum maßgeblich. [2] Darf eine Kleinstkapitalgesellschaft nach dem für sie maßgeblichen Recht die Offenlegungspflicht durch die Hinterlegung der Bilanz erfüllen, darf sie die Offenlegung nach Absatz 1 ebenfalls durch Hinterlegung bewirken. [3] § 326 Absatz 2 gilt entsprechend.

I. Überblick

§ 325a regelt die Offenlegungspflichten für inländische Zweigniederlassun- **1** gen von Kapitalgesellschaften mit Sitz in einem Mitgliedstaat der EU oder in einem Vertragsstaat des EWR. Zweigniederlassungen von Kreditinstituten iSd § 340 oder Versicherungsunternehmen iSd § 341 werden von § 325a Abs. 1 nicht erfasst (vgl. § 325a Abs. 2).

II. Einreichung und Offenlegung

2 **1. Offenlegungspflicht.** Die Pflicht zur Offenlegung für die Zweigniederlassung besteht immer dann, wenn während der Tätigkeit der Zweigniederlassung im Inland, dh in Deutschland, die Hauptniederlassung ihre Rechnungslegung offenzulegen hat. Zur Offenlegung verpflichtet sind die ständigen Vertreter für die Tätigkeit der Zweigniederlassung (vgl. § 13e Abs. 2 S. 4 Nr. 3) oder die gesetzlichen Vertreter der Gesellschaft, sofern keine ständigen Vertreter angemeldet sind.[1]

3 **2. Offenlegungsfrist.** Nach dem Wortlaut des Gesetzes wird die Offenlegung in Deutschland zeitlich nach der Erstellung, Prüfung und Offenlegung der Unterlagen im Ursprungsland gefordert. Außerdem muss die Offenlegung gem. § 325a unmittelbar an die Offenlegung am Sitz der Hauptniederlassung anschließen.[2]

4 **3. Umfang der Offenlegung.** Die Offenlegungspflicht umfasst die Unterlagen der Rechnungslegung, die nach dem für die Hauptniederlassung maßgeblichen Recht erstellt, geprüft und offengelegt worden sind. Der Umfang nach § 325a richtet sich also nach dem Umfang der ausländischen Rechnungslegungspflicht. Die offenzulegenden Unterlagen können sich im Zusammenhang mit dem Jahresabschluss bspw. folgendermaßen zusammensetzen: der gebilligte Jahresabschluss, der Lagebericht, der Bericht der mit der Abschlussprüfung beauftragten Person, der Bestätigungsvermerk bzw. im Falle der Einschränkung oder Verweigerung des Bestätigungsvermerks die Gründe dafür, der Vorschlag zur Verwendung des Ergebnisses und die Verwendung des Ergebnisses.[3]

5 **4. Verfahren der Offenlegung.** Das Verfahren der Offenlegung richtet sich nach den §§ 325, 328 und 329 Abs. 1. Damit erfolgt die Offenlegung auch für die hier betroffenen Zweigniederlassungen durch Einreichung der Unterlagen der ausländischen Kapitalgesellschaft beim Betreiber des Bundesanzeigers. Die Unterlagen sind grundsätzlich in deutscher Sprache einzureichen, können aber – soweit Deutsch nicht die Amtssprache am Sitz der Hauptniederlassung ist – auch in englischer Sprache oder in einer vom Register der Hauptniederlassung beglaubigten Abschrift eingereicht werden. Im letzteren Falle ist von der Beglaubigung eine beglaubigte Übersetzung in deutscher Sprache einzureichen. Wenn sich die Hauptniederlassung des Unternehmens, dessen deutsche Zweigniederlassung die Rechnungslegungsunterlagen der Hauptniederlassung einreichen muss, in einem Land befindet, in dem eine dem deutschen Handelsregister bzw. Unternehmensregister vergleichbare Einrichtung nicht vorhanden ist oder nicht mit Beglaubigungsbefugnissen ausgestattet ist, genügt die Einreichung einer von einem Wirtschaftsprüfer bescheinigten Abschrift und einer Erklärung hinsichtlich des

---

[1] *BeBiKo/Grottel* Rn. 20.
[2] *ADS* Rn. 35; *BeBiKo/Grottel* Rn. 41.
[3] *ADS* Rn. 23.

Fehlens einer dem deutschen Handels- bzw. Unternehmensregister vergleichbaren Einrichtung.

5. Erleichterungen für Zweigniederlassungen von Kleinstkapitalge- 6
sellschaften mit Sitz im Ausland. Nachdem Kleinstkapitalgesellschaften mit Sitz im Inland Erleichterungen bei der Offenlegung in Anspruch nehmen können (vgl. § 326 Abs. 2), wird auch Kleinstkapitalgesellschaften mit Sitz im Ausland, die inländische Zweigniederlassungen unterhalten, die Möglichkeit der Hinterlegung der Bilanz anstelle der Offenlegung nach Abs. 1 eingeräumt, sofern die Kleinstkapitalgesellschaft mit Sitz im Ausland ihre dortigen Offenlegungspflichten ebenfalls durch die Hinterlegung der Bilanz erfüllen kann.

Zudem wird durch Abs. 3 S. 1 klargestellt, dass für die Beurteilung, ob es 7 sich bei der ausländischen Kapitalgesellschaft um eine Kleinstkapitalgesellschaft handelt, auf das Recht des Sitzstaates abzustellen ist, sich also die Beurteilung nicht nach § 267a richtet.

6. Verstoß gegen die Offenlegungspflicht. Der Verstoß gegen die Of- 8
fenlegungspflichten kann nach § 335 Abs. 1 Nr. 2 zur Festsetzung eines Ordnungsgeldes gegen die gesetzlichen Vertreter der Kapitalgesellschaft führen. Sind ständige Vertreter für die Tätigkeit der Zweigniederlassung angemeldet, ist das Zwangsgeld gegen sie zu richten; die Anmeldung ständiger Vertreter kann ihrerseits durch Zwangsgeld erzwungen werden (§ 14). Ferner kann das Ordnungsgeldverfahren auch gegen die (ausländische) Kapitalgesellschaft geführt werden.

§ 326 Größenabhängige Erleichterungen für kleine Kapitalgesellschaften und Kleinstkapitalgesellschaften bei der Offenlegung

(1) **¹Auf kleine Kapitalgesellschaften (§ 267 Abs. 1) ist § 325 Abs. 1 mit der Maßgabe anzuwenden, daß die gesetzlichen Vertreter nur die Bilanz und den Anhang einzureichen haben. ²Der Anhang braucht die die Gewinn- und Verlustrechnung betreffenden Angaben nicht zu enthalten.**

(2) **¹Die gesetzlichen Vertreter von Kleinstkapitalgesellschaften (§ 267a) können ihre sich aus § 325 Absatz 1 bis 2 ergebenden Pflichten auch dadurch erfüllen, dass sie die Bilanz in elektronischer Form zur dauerhaften Hinterlegung beim Betreiber des Bundesanzeigers einreichen und einen Hinterlegungsauftrag erteilen. ²§ 325 Absatz 1 Satz 2, Absatz 1a und 1b ist entsprechend anzuwenden. ³Kleinstkapitalgesellschaften dürfen von dem in Satz 1 geregelten Recht nur Gebrauch machen, wenn sie gegenüber dem Betreiber des Bundesanzeigers mitteilen, dass sie zwei der drei in § 267a Absatz 1 genannten Merkmale für die nach § 267 Absatz 4 maßgeblichen Abschlussstichtage nicht überschreiten.**

I. Anwendungsbereich

Durch § 326 werden kleinen Kapitalgesellschaften iSd § 267 Abs. 1 sowie 1
diesen gleichgestellten Personenhandelsgesellschaften iSd § 264a gewisse Erleichterungen in Bezug auf die Offenlegung gewährt. Die Anwendung von § 326 stellt ein Wahlrecht nur für kleine Gesellschaften dar. Diese Erleichterungen gelten nicht für den Konzernabschluss und auch nicht für Kredit-

institute sowie Versicherungsunternehmen. Darüber hinausgehend wird Kleinstkapitalgesellschaften iSd § 267a zusätzlich die Möglichkeit eingeräumt, den Offenlegungspflichten durch Hinterlegung beim Betreiber des Bundesanzeigers nachzukommen.

II. Erleichterungen für die Offenlegung von kleinen Kapitalgesellschaften

2 **1. Offenlegung des Jahresabschlusses.** § 326 schränkt § 325 Abs. 1 dementsprechend ein, dass nur die Bilanz und der wahlweise um die die Gewinn- und Verlustrechnung betreffenden Angaben verkürzte Anhang offengelegt werden müssen. Auf das Einreichen folgender Unterlagen kann demnach verzichtet werden: Gewinn- und Verlustrechnung und diese betreffende Angaben im Anhang, Lagebericht, Bericht des Aufsichtsrats sowie etwaige Angaben zum Ergebnisverwendungsbeschluss. Diese Vereinfachungen stellen kleine Kapitalgesellschaften jedoch nicht von der Aufstellung der genannten Unterlagen frei.

3 Kleine Kapitalgesellschaften dürfen eine verkürzte Bilanz (§ 266 Abs. 1 S. 3) und einen verkürzten Anhang (§ 288 S. 1) aufstellen.[1]

4 **2. Gespaltene Publizität.** Es ist zu beachten, dass die für die Offenlegung geltenden Vereinfachungen des § 326 nicht gegenüber den Gesellschaftern einer Kapitalgesellschaft in Anspruch genommen werden dürfen. So sind zB den Aktionären einer AG (vgl. § 175 Abs. 2 AktG) bzw. den Gesellschaftern einer GmbH (vgl. § 42a Abs. 1 S. 1 GmbHG) ggf. Unterlagen vorzulegen, für die auf Grund der Erleichterungsvorschriften des § 326 keine Offenlegungspflicht besteht.

5 Hieraus resultiert, dass bei der Aufstellung, ebenso wie bei der Offenlegung, drei Formen des Jahresabschlusses in Betracht kommen: (1) der nach den gesetzlichen Vorschriften unter Berücksichtigung von Erleichterungen (§ 266 Abs. 1 S. 3, §§ 274a, 276, 288 S. 1) aufzustellende Jahresabschluss, (2) der unter Inanspruchnahme von Erleichterungen gem. § 326 offenzulegende Jahresabschluss und (3) der auf Antrag eines Aktionärs (gem. § 131 Abs. 1 S. 3 AktG) in der Hauptversammlung vorzulegende Jahresabschluss, der ohne größenabhängige Erleichterungen aufgestellt wurde.[2] Bei der Feststellung sowie einer etwaigen Prüfung muss deshalb klar definiert werden, auf welchen Jahresabschluss sie sich beziehen.

III. Erleichterungen für Kleinstkapitalgesellschaften

6 Neben den in § 264 Abs. 1 S. 5 eingeräumten Erleichterungen bei der Aufstellung des Jahresabschlusses von Kleinstkapitalgesellschaften iSd § 267a können diese Gesellschaften von weiteren Erleichterungen bei der Offenlegung Gebrauch machen, die über diejenigen hinausgehen, die für kleine Kapitalgesellschaften gelten. Gleichwohl bleibt es den dazu berechtigten

---

[1] Hieraus resultiert die Frage, ob die bei der Aufstellung des Jahresabschlusses von kleinen Kapitalgesellschaften in Anspruch genommenen Erleichterungsvorschriften bei der Offenlegung nachgeholt werden müssen. Vgl. hierzu zB *ADS* Rn. 15–31, insbes. Rn. 20–22; BeBiKo/*Grottel* Rn. 14 f.

[2] *ADS* Rn. 34.

Gesellschaften unbenommen, die Offenlegung in dem für kleine Kapitalgesellschaften vorgeschriebenen Mindestumfang vorzunehmen.[3]

Unabhängig von der tatsächlichen Aufstellung eines Anhangs können 7 Kleinstkapitalgesellschaften einerseits die Einreichung beim Betreiber des Bundesanzeigers auf die Bilanz beschränken und andererseits einen **Hinterlegungsauftrag** erteilen, durch den der Zugang zu dem Jahresabschluss über das Internet ausgeschlossen wird. Stattdessen haben Interessenten einen Antrag nach § 9 Abs. 6 S. 3 zu stellen, um Einsicht in die Bilanz in Form einer übermittelten Kopie nehmen zu können.

Voraussetzung für die Inanspruchnahme der für Kleinstkapitalgesellschaften 8 vorgesehenen Offenlegungserleichterungen ist die Mitteilung an den Betreiber des Bundesanzeigers, dass die Voraussetzungen für das Vorliegen einer Kleinstkapitalgesellschaft gegeben sind, also an den nach § 267 Abs. 4 maßgeblichen Stichtagen zwei der für Kleinstkapitalgesellschaften geltenden Größenmerkmale nicht überschritten sind.

§ 327 Größenabhängige Erleichterungen für mittelgroße Kapitalgesellschaften bei der Offenlegung

Auf mittelgroße Kapitalgesellschaften (§ 267 Abs. 2) ist § 325 Abs. 1 mit der Maßgabe anzuwenden, daß die gesetzlichen Vertreter

1. **die Bilanz nur in der für kleine Kapitalgesellschaften nach § 266 Abs. 1 Satz 3 vorgeschriebenen Form beim Betreiber des Bundesanzeigers einreichen müssen. In der Bilanz oder im Anhang sind jedoch die folgenden Posten des § 266 Abs. 2 und 3 zusätzlich gesondert anzugeben:**

Auf der Aktivseite
A I 1   Selbst geschaffene gewerbliche Schutzrechte und ähnliche Rechte und Werte;
A I 2   Geschäfts- oder Firmenwert;
A II 1   Grundstücke, grundstücksgleiche Rechte und Bauten einschließlich der Bauten auf fremden Grundstücken;
A II 2   technische Anlagen und Maschinen;
A II 3   andere Anlagen, Betriebs- und Geschäftsausstattung;
A II 4   geleistete Anzahlungen und Anlagen im Bau;
A III 1 Anteile an verbundenen Unternehmen;
A III 2 Ausleihungen an verbundene Unternehmen;
A III 3 Beteiligungen;
A III 4 Ausleihungen an Unternehmen, mit denen ein Beteiligungsverhältnis besteht;
B II 2   Forderungen gegen verbundene Unternehmen;
B II 3   Forderungen gegen Unternehmen, mit denen ein Beteiligungsverhältnis besteht;
B III 1 Anteile an verbundenen Unternehmen.

Auf der Passivseite
C 1   Anleihen,
**   davon konvertibel;**
C 2   Verbindlichkeiten gegenüber Kreditinstituten;

---

[3] BeBiKo/*Grottel* Rn. 40.

C 6   **Verbindlichkeiten gegenüber verbundenen Unternehmen;**
C 7   **Verbindlichkeiten gegenüber Unternehmen, mit denen ein Beteiligungsverhältnis besteht;**
2. **den Anhang ohne die Angaben nach § 285 Nr. 2 und 8 Buchstabe a, Nr. 12 beim Betreiber des Bundesanzeigers einreichen dürfen.**

I. Überblick

1   § 327 gewährt mittelgroßen Kapitalgesellschaften (§ 267 Abs. 2) sowie diesen gleichgestellten Personenhandelsgesellschaften iSd § 264a Erleichterungen bei der Offenlegung ihres Jahresabschlusses. Die Offenlegungserleichterungen gelten für alle mittelgroßen Gesellschaften und können auch von Unternehmen der öffentlichen Hand in Anspruch genommen werden. Sie gelten nicht für Kreditinstitute und Versicherungsunternehmen (vgl. § 340a Abs. 1, § 341a Abs. 1).

II. Offenlegungserleichterungen

2   **1. Gewinn- und Verlustrechnung sowie Anhang.** Die in § 276 S. 1 und § 288 S. 2 enthaltenen Aufstellungserleichterungen für mittelgroße Kapitalgesellschaften können bei der Offenlegung uneingeschränkt nachgeholt werden.[1] Dies bringt mit sich, dass die Gewinn- und Verlustrechnung sowie der Anhang zum Zwecke der Offenlegung verkürzt dargestellt werden können.

3   **2. Bilanz.** Die Bilanz von mittelgroßen Kapitalgesellschaften kann gem. § 327 S. 1, abweichend von den Normen des § 266 Abs. 2 und Abs. 3, in der für kleine Kapitalgesellschaften gem. § 266 Abs. 1 S. 3 vorgeschriebenen Form eingereicht werden. Die in § 327 S. 2 angegebenen Posten müssen jedoch in der Bilanz oder im Anhang zusätzlich gesondert angegeben werden. Im Übrigen richtet sich die Offenlegung nach § 325.

4   **3. Gespaltene Publizität.** Die Ausführungen zur gespaltenen Publizität bei kleinen Kapitalgesellschaften (→ § 326 Rn. 4, 5) gelten entsprechend auch für mittelgroße Kapitalgesellschaften.

§ 327a Erleichterung für bestimmte kapitalmarktorientierte Kapitalgesellschaften

§ 325 Abs. 4 Satz 1 ist auf eine Kapitalgesellschaft nicht anzuwenden, wenn sie ausschließlich zum Handel an einem organisierten Markt zugelassene Schuldtitel im Sinn des § 2 Absatz 1 Satz 1 Nr. 3 des Wertpapierhandelsgesetzes mit einer Mindeststückelung von 100 000 Euro oder dem am Ausgabetag entsprechenden Gegenwert einer anderen Währung begibt.

1   Grundsätzlich wird die Offenlegungsfrist für kapitalmarktorientierte Gesellschaften (Inanspruchnahme eines organisierten Marktes iSd § 2 Abs. 11 WpHG durch ausgegebene Wertpapiere iSd § 2 Abs. 1 S. 1 WpHG in der EU oder im EWR bzw. Beantragung der Zulassung zum Handel an einem solchen Markt) durch § 325 Abs. 4 S. 1 von zwölf auf vier Monate verkürzt.

---

[1] *ADS* Rn. 11.

Durch § 327a werden hiervon bestimmte Kapitalgesellschaften ausgenommen, für die dann wiederum die allgemeine Offenlegungsfrist von zwölf Monaten gilt. Voraussetzung dafür ist, dass die Kapitalgesellschaft lediglich Schuldtitel emittiert hat, die an einem organisierten Markt zugelassen sind und diese eine Mindeststückelung von 100.000 Euro aufweisen.

§ 328 Form und Inhalt der Unterlagen bei der Offenlegung, Veröffentlichung und Vervielfältigung

(1) ¹Bei der Offenlegung des Jahresabschlusses, des Einzelabschlusses nach § 325 Absatz 2a, des Konzernabschlusses oder des Lage- oder Konzernlageberichts sind diese Abschlüsse und Lageberichte so wiederzugeben, dass sie den für ihre Aufstellung maßgeblichen Vorschriften entsprechen, soweit nicht Erleichterungen nach §§ 326 und 327 in Anspruch genommen werden oder eine Rechtsverordnung des Bundesministeriums der Justiz und für Verbraucherschutz nach Absatz 4 hiervon Abweichungen ermöglicht. ²Sie haben in diesem Rahmen vollständig und richtig zu sein. ³Die Sätze 1 und 2 gelten auch für die teilweise Offenlegung sowie für die Veröffentlichung oder Vervielfältigung in anderer Form auf Grund des Gesellschaftsvertrages oder der Satzung.

(1a) ¹Das Datum der Feststellung oder Billigung der in Absatz 1 Satz 1 bezeichneten Abschlüsse ist anzugeben. ²Wurde der Abschluss auf Grund gesetzlicher Vorschriften durch einen Abschlussprüfer geprüft, so ist jeweils der vollständige Wortlaut des Bestätigungsvermerks oder des Vermerks über dessen Versagung wiederzugeben; wird der Jahresabschluss wegen der Inanspruchnahme von Erleichterungen nur teilweise offengelegt und bezieht sich der Bestätigungsvermerk auf den vollständigen Jahresabschluss, ist hierauf hinzuweisen. ³Bei der Offenlegung von Jahresabschluss, Einzelabschluss nach § 325 Absatz 2a oder Konzernabschluss ist gegebenenfalls darauf hinzuweisen, dass die Offenlegung nicht gleichzeitig mit allen anderen nach § 325 offenzulegenden Unterlagen erfolgt.

(2) ¹Werden Abschlüsse in Veröffentlichungen und Vervielfältigungen, die nicht durch Gesetz, Gesellschaftsvertrag oder Satzung vorgeschrieben sind, nicht in der nach Absatz 1 vorgeschriebenen Form wiedergegeben, so ist jeweils in einer Überschrift darauf hinzuweisen, daß es sich nicht um eine der gesetzlichen Form entsprechende Veröffentlichung handelt. ²Ein Bestätigungsvermerk darf nicht beigefügt werden. ³Ist jedoch auf Grund gesetzlicher Vorschriften eine Prüfung durch einen Abschlußprüfer erfolgt, so ist anzugeben, zu welcher der in § 322 Abs. 2 Satz 1 genannten zusammenfassenden Beurteilungen des Prüfungsergebnisses der Abschlussprüfer in Bezug auf den in gesetzlicher Form erstellten Abschluss gelangt ist und ob der Bestätigungsvermerk einen Hinweis nach § 322 Abs. 3 Satz 2 enthält. ⁴Ferner ist anzugeben, ob die Unterlagen bei dem Betreiber des Bundesanzeigers eingereicht worden sind.

(3) ¹Absatz 1 ist auf den Lagebericht, den Konzernlagebericht, den Vorschlag für die Verwendung des Ergebnisses und den Beschluß über seine Verwendung entsprechend anzuwenden. ²Werden die in Satz 1 bezeichneten Unterlagen nicht gleichzeitig mit dem Jahresabschluß oder dem Konzernabschluß offengelegt, so ist bei ihrer nachträglichen Offenlegung jeweils anzugeben, auf welchen Abschluß sie sich beziehen und wo dieser offengelegt worden ist; dies gilt auch für die nachträgliche

Offenlegung des Bestätigungsvermerks oder des Vermerks über seine Versagung.

(4) **Die Rechtsverordnung nach § 330 Abs. 1 Satz 1, 4 und 5 kann dem Betreiber des Bundesanzeigers Abweichungen von der Kontoform nach § 266 Abs. 1 Satz 1 gestatten.**

(5) **Für die Hinterlegung der Bilanz einer Kleinstkapitalgesellschaft (§ 326 Absatz 2) gilt Absatz 1 entsprechend.**

Schrifttum: *IDW* PS 400 nF, Bilder eines Prüfungsurteils und Erteilung eines Bestätigungsvermerks, IDW Life 2018 ,29.

I. Allgemeine Grundsätze

1 § 328 regelt, in welcher Form und mit welchem Inhalt die nach § 325 offenlegungspflichtigen Unterlagen beim Betreiber des Bundesanzeigers einzureichen und im Bundesanzeiger bekannt zu machen sind. Darüber hinaus gilt die Vorschrift auch für sonstige Veröffentlichungen und Vervielfältigungen dieser Unterlagen.[1]

2 Abs. 1 betrifft die **Pflichtpublizität** für den Jahresabschluss, den Einzelabschluss nach § 325 Abs. 2a und den Konzernabschluss. Ergänzt wird diese Regelung durch Abs. 3, der sich auf die Offenlegung sonstiger Unterlagen bezieht. In Abs. 2 werden die bei **freiwilliger Publizität** notwendigen Hinweise in den Veröffentlichungen und Vervielfältigungen normiert, soweit diese in Form und Inhalt von Abs. 1 abweichen.

3 § 328 ist **zwingendes Recht** und eine Änderung durch Gesellschaftsvertrag oder Satzung ist nicht möglich.[2] Im Falle der satzungsgemäßen Publizität kann jedoch mit satzungsändernder Mehrheit die Publizitätspflicht aufgehoben und dementsprechend die Anwendung von Abs. 1 umgangen werden.[3]

II. Pflichtpublizität (Abs. 1 und Abs. 1a)

4 Abs. 1 betrifft **Form** und **Inhalt** bei vollständiger oder teilweiser Offenlegung des Abschlusses sowie bei Veröffentlichung oder Vervielfältigung in anderer Form auf Grund des Gesellschaftsvertrags oder der Satzung.

5 **1. Vollständigkeit und Richtigkeit (Abs. 1).** Bei der **Pflichtpublizität** gilt für die Form und den Inhalt der Wiedergabe der Abschlüsse das **Gebot der Vollständigkeit und Richtigkeit.** Die Kongruenz zwischen der Vorlage in der Form des aufgestellten Abschlusses und der Wiedergabe muss gewährleistet sein. Dies bedeutet, dass bei Kapitalgesellschaften, soweit sie nicht die Erleichterungen nach §§ 326, 327 in Anspruch nehmen können, der offengelegte Abschluss „den für ihre Aufstellung maßgeblichen Vorschriften" in Inhalt und Form entsprechen muss. Bei **Änderung der Firma** nach dem Bilanzstichtag ist unter der neuen Firma aufzustellen, festzustellen und zu publizieren.[4] Aus dem **Grundsatz der Vollständigkeit** folgt, dass keine Kürzungen des Abschlusses vorgenommen werden dürfen.[5]

---

[1] Zu den Begriffen „Offenlegung", „Veröffentlichung" und „Vervielfältigung" vgl. BeBiKo/*Grottel* Rn. 2.

[2] Vgl. *ADS* Rn. 12.

[3] Vgl. *ADS* Rn. 13.

[4] Vgl. dazu *ADS* Rn. 44.

[5] Zu den Erleichterungen nach §§ 326, 327 im Zusammenhang mit Pflichtveröffentlichungen und -vervielfältigungen s. *ADS* Rn. 31 ff.

2. Datum der Feststellung oder Billigung (Abs. 1a S. 1). Gem. § 325 **6**
Abs. 1a iVm Abs. 1 S. 1 Nr. 1 ist die Offenlegung des festgestellten oder
gebilligten Jahresabschlusses erforderlich; eine fristwahrende Offenlegung vor
Feststellung oder Billigung ist demnach ebenso wenig möglich wie eine fristwahrende Offenlegung eines ungeprüften Jahresabschlusses. [6] Damit ist der
bisherige Zweck der Vorschrift, durch Angabe des Datums der Feststellung
oder Billigung ersichtlich zu machen, ob das zuständige Organ der offenge-
legten Fassung bereits zugestimmt hat oder ob evtl. noch Änderungen an-
stehen, obsolet geworden. Insofern ist mit der Datumsangabe lediglich die
Informationsfunktion über den Zeitpunkt der Feststellung/Billigung verbunden.

3. Wiedergabe des Bestätigungsvermerks (Abs. 1a S. 2). Bei Ab- **7**
schlüssen, die auf Grund gesetzlicher Vorschriften durch einen Abschlussprüfer geprüft werden, ist der vollständige Wortlaut des Bestätigungs- oder
Versagungsvermerks wiederzugeben. [7] Bezieht sich bei teilweiser Offenlegung
– wegen Inanspruchnahme von Erleichterungen – der Bestätigungsvermerk
auf den vollständigen Abschluss, ist hierauf bei der Wiedergabe des Bestätigungsvermerks hinzuweisen. [8]

4. Besonderheiten bei Voraboffenlegung (Abs. 1a S. 3). Solange die **8**
Offenlegung insgesamt innerhalb von zwölf Monaten erfolgt, ist nicht ausgeschlossen, dass einzelne den Jahres-, den Einzel- oder den Konzernabschluss
betreffende Unterlagen bereits zu einem früheren Zeitpunkt offengelegt
werden. [9] Um dahingehend Transparenz zu schaffen, ist nach Abs. 1a S. 3
darauf hinzuweisen, wenn die Offenlegung von Jahres-, Einzel- oder Konzernabschluss nicht gleichzeitig mit den diese Abschlüsse betreffenden Unterlagen erfolgt. [10]

III. Freiwillige Publizität (Abs. 2)

Abs. 2 regelt die Handhabung der nicht durch Gesetz, Satzung oder Gesell- **9**
schaftsvertrag vorgeschriebenen Wiedergabe der Abschlüsse in Veröffentlichungen und Vervielfältigungen, bei denen nicht die in Abs. 1 vorgeschriebene Form verwendet wurde. In diesen Fällen ist in einer Überschrift, zB mit
dem Hinweis „Kurzfassung", anzumerken, dass es sich nicht um eine der
gesetzlichen Form entsprechende Veröffentlichung handelt. [11] Gem. Abs. 2
S. 2 darf ein **Bestätigungsvermerk** nicht aufgenommen werden. Bei gesetzlicher Prüfungspflicht ist jedoch anzugeben, zu welcher der in § 322 Abs. 2
S. 1 genannten zusammenfassenden Beurteilung des Prüfungsergebnisses der
Abschlussprüfer in Bezug auf den in gesetzlicher Form erstellten Abschluss
gelangt ist und ob der Bestätigungsvermerk einen Hinweis nach § 322 Abs. 3
S. 2 enthält. [12]

---

[6] Vgl. Russ/Janßen/Götze/*Voigt* BilRUG M Rn. 4 f.
[7] Ausf. dazu *ADS* Rn. 51 ff.
[8] Vgl. *IDW* PS 400 nF, IDW Life 2018, 29 Rn. 103.
[9] Vgl. BeBiKo/*Grottel* Rn. 14.
[10] Vgl. Russ/Janßen/Götze/*Voigt* BilRUG M Rn. 19.
[11] Zur Kürzung und Erweiterung vgl. *ADS* Rn. 84 ff.
[12] Zur Handhabung bei Veröffentlichungen in Tageszeitungen oder Börsenzulassungspro-
spekten vgl. BeBiKo/*Grottel* Rn. 18.

IV. Offenlegung sonstiger Unterlagen (Abs. 3)

10   Abs. 3 stellt eine Ergänzung zu Abs. 1 dar. Es wird bestimmt, dass Abs. 1 auf den Lagebericht, den Konzernlagebericht, den Vorschlag über die Verwendung des Ergebnisses und den Beschluss über seine Verwendung entsprechend anzuwenden ist. Gleiches gilt für die Aufstellung des Anteilsbesitzes.[13]

11   Abs. 3 S. 2 erfasst nur die gesetzliche Offenlegung, nicht jedoch die Veröffentlichung und Vervielfältigung. In Abs. 3 S. 2 wird – in Ergänzung zu Abs. 1 Nr. 2 – bestimmt, dass in den Fällen der nachträglichen Offenlegung der „sonstigen Unterlagen" bei ihrer **nachträglichen Offenlegung** anzugeben ist, auf welchen Jahres- oder Konzernabschluss sie sich beziehen und wo diese offengelegt sind. Abs. 3 S. 2 ist – abweichend von Abs. 3 S. 1 – nur auf die Offenlegung, nicht hingegen auf Veröffentlichungen oder Vervielfältigungen nach **Gesellschaftsvertrag** oder **Satzung** anzuwenden.[14]

V. Verstöße gegen § 328

12   Der vorsätzliche Verstoß gegen § 328 wird in § 334 Abs. 1 Nr. 5 als **Ordnungswidrigkeit** geahndet. Verantwortlich sind alle Mitglieder des vertretungsberechtigten Organs.

§ 329 Prüfungs- und Unterrichtungspflicht des Betreibers des Bundesanzeigers

(1) [1]Der Betreiber des Bundesanzeigers prüft, ob die einzureichenden Unterlagen fristgemäß und vollzählig eingereicht worden sind. [2]Der Betreiber des Unternehmensregisters stellt dem Betreiber des Bundesanzeigers die nach § 8b Abs. 3 Satz 2 von den Landesjustizverwaltungen übermittelten Daten zur Verfügung, soweit dies für die Erfüllung der Aufgaben nach Satz 1 erforderlich ist. [3]Die Daten dürfen vom Betreiber des Bundesanzeigers nur für die in Satz 1 genannten Zwecke verwendet werden.

(2) [1]Gibt die Prüfung Anlass zu der Annahme, dass von der Größe der Kapitalgesellschaft abhängige Erleichterungen oder die Erleichterung nach § 327a nicht hätten in Anspruch genommen werden dürfen, kann der Betreiber des Bundesanzeigers von der Kapitalgesellschaft innerhalb einer angemessenen Frist die Mitteilung der Umsatzerlöse (§ 277 Abs. 1) und der durchschnittlichen Zahl der Arbeitnehmer (§ 267 Abs. 5) oder Angaben zur Eigenschaft als Kapitalgesellschaft im Sinn des § 327a verlangen. [2]Unterlässt die Kapitalgesellschaft die fristgemäße Mitteilung, gelten die Erleichterungen als zu Unrecht in Anspruch genommen.

(3) In den Fällen des § 325a Abs. 1 Satz 3 und des § 340l Absatz 2 Satz 6 kann im Einzelfall die Vorlage einer Übersetzung in die deutsche Sprache verlangt werden.

(4) Ergibt die Prüfung nach Absatz 1 Satz 1, dass die offen zu legenden Unterlagen nicht oder unvollständig eingereicht wurden, wird die jeweils

---

[13] Zu weiteren Einzelheiten vgl. BeBiKo/*Grottel* Rn. 20 f. Zur Anwendbarkeit von Abs. 3 S. 1 bei freiwilliger Publizität vgl. *ADS* Rn. 112 ff.

[14] Vgl. BeBiKo/*Grottel* Rn. 22. Zur Handhabung des Bestätigungs- oder Versagungsvermerks vgl. *ADS* Rn. 119.

für die Durchführung von Ordnungsgeldverfahren nach den §§ 335, 340o und 341o zuständige Verwaltungsbehörde unterrichtet.

I. Allgemeine Grundsätze

Der **Prüfungsumfang** des Betreibers des Bundesanzeigers erstreckt sich 1 gem. Abs. 1 auf die **Fristmäßigkeits- und Vollständigkeitskontrolle** der zum Handelsregister eingereichten Unterlagen. Zudem besteht nach Abs. 2 die zusätzliche Pflicht nachzuforschen, ob die **größenabhängigen Erleichterungen** nicht **unberechtigterweise in Anspruch genommen** worden sind.

Der **persönliche Anwendungsbereich** des § 329 bezieht sich vom Wort- 2 laut her nur auf Kapitalgesellschaften. Durch die Ausweitung der für Kapitalgesellschaften geltenden Vorschriften in § 264a Abs. 1 auf OHG und KG, bei denen keine natürliche Person unmittelbar oder mittelbar persönlich haftender Gesellschafter ist, erstreckt sich die Prüfungspflicht des Betreibers des Bundesanzeigers auch auf die von diesen Gesellschaften eingereichten Unterlagen.

II. Umfang der Prüfung (Abs. 1), Rechtsfolgen (Abs. 3)

Der Betreiber des Bundesanzeigers hat die **Vollzähligkeit** der eingereich- 3 ten Unterlagen zu prüfen. Der Umfang der einzureichenden Unterlagen ergibt sich aus § 325 Abs. 1–3. Darüber hinaus obliegt dem Betreiber des Bundesanzeigers auch die Prüfung, ob die offenlegungspflichtigen Unterlagen in dem dafür vorgesehenen Zeitraum zur Offenlegung eingereicht wurden, um über die in Abs. 4 geregelte Unterrichtung der zuständigen Verwaltungsbehörde die Einleitung eines Ordnungsgeldverfahrens zu ermöglichen.

Die **Kontrollpflicht** des Betreibers des Bundesanzeigers ist **rein formal.** 4 Die Prüfung umfasst **nicht** den **materiellen Inhalt** der eingereichten Unterlagen.[1] Auch die Inanspruchnahme von Aufstellungserleichterungen (§§ 266, 276, 288) oder größenabhängigen Erleichterungen bei der Offenlegung von Unterlagen (§§ 326, 327) sind nicht Gegenstand der Prüfung. Selbst eine **offenbare Unrichtigkeit,** wie zB eine fehlende Abschlussprüfung (§ 316), prüft der Betreiber des Bundesanzeigers nicht. Allerdings sind beim Fehlen des Bestätigungsvermerks (§ 322) die eingereichten Unterlagen nicht vollständig.[2] Unterbleibt eine vollständige oder teilweise Einreichung der Unterlagen, erfolgt nach Abs. 3 eine Unterrichtung der für das Ordnungsgeldverfahren zuständigen Verwaltungsbehörde.

III. Informationsrecht des Betreibers des Bundesanzeigers (Abs. 2)

1. Umfang (Abs. 2 S. 1). Gelangt der Betreiber des Bundesanzeigers bei 5 der Prüfung nach Abs. 1 zur Auffassung, dass größenabhängige Aufstellungs- oder Offenlegungserleichterungen nicht hätten in Anspruch genommen werden dürfen, kann er von der Kapitalgesellschaft die **Mitteilung der Umsatzerlöse** (§ 277 Abs. 1) und der **durchschnittlichen Arbeitnehmerzahl** (§ 267 Abs. 5) sowie bei Zweigniederlassungen oder Zweigstellen von Kreditinstituten in bestimmten Fällen die Mitteilung der **Bilanzsumme** ver-

---

[1] Vgl. BeBiKo/*Grottel* Rn. 5.
[2] Weitere Hinweise bei *ADS* Rn. 7.

langen.[3] Die Reichweite des Informationsrechts geht allerdings nur so weit, wie die Offenlegungserleichterungen bei der Vollzähligkeit der Unterlagen für den Prüfungsumfang nach Abs. 1 von Bedeutung sind. Ein Unterrichtungsrecht besteht daher nicht, wenn ein Unternehmen von den Erleichterungen keinen Gebrauch gemacht hat.[4]

6   Das in Abs. 2 normierte **Informationsrecht** setzt voraus, dass die Prüfung nach Abs. 1 einen **Anlass zur Annahme** gibt, dass größenabhängige Erleichterungen nicht hätten in Anspruch genommen werden dürfen. Anlass besteht nicht schon dann, wenn das Unternehmen seine Größenklasse nicht belegt hat. Die Zweifel wird der Betreiber des Bundesanzeigers in der Regel aus der Bilanzsumme ableiten. Selbst wenn diese nicht überschritten sein sollte (vgl. § 267 Abs. 1 und 2), können sich aus den Kriterien **Umsatzerlöse** oder **Arbeitnehmeranzahl** gegenteilige Erkenntnisse ergeben. Die **Richtigkeit** der vom Unternehmen im Rahmen von Abs. 2 S. 1 auf Anfrage gemachten Angaben wird vom Betreiber des Bundesanzeigers **nicht geprüft.**[5]

7   **2. Rechtsfolgen bei Unterlassung (Abs. 2 S. 2).** Für den Fall, dass das Unternehmen die vom Betreiber des Bundesanzeigers verlangten Angaben nicht oder nicht fristgerecht einreicht, gilt nach Abs. 2 S. 2 die **gesetzliche Fiktion,** dass die Erleichterungen zu Unrecht in Anspruch genommen wurden. Die zum Gericht eingereichten Unterlagen wären demgemäß nicht vollständig.

Fünfter Unterabschnitt. Verordnungsermächtigung für Formblätter und andere Vorschriften

§ 330 [Verordnungsermächtigung für Formblätter und andere Vorschriften[

(1) [1]**Das Bundesministerium der Justiz und für Verbraucherschutz wird ermächtigt, im Einvernehmen mit dem Bundesministerium der Finanzen und dem Bundesministerium für Wirtschaft und Energie durch Rechtsverordnung, die nicht der Zustimmung des Bundesrates bedarf, für Kapitalgesellschaften Formblätter vorzuschreiben oder andere Vorschriften für die Gliederung des Jahresabschlusses oder des Konzernabschlusses oder den Inhalt des Anhangs, des Konzernanhangs, des Lageberichts oder des Konzernlageberichts zu erlassen, wenn der Geschäftszweig eine von den §§ 266, 275 abweichende Gliederung des Jahresabschlusses oder des Konzernabschlusses oder von den Vorschriften des Ersten Abschnitts und des Ersten und Zweiten Unterabschnitts des Zweiten Abschnitts abweichende Regelungen erfordert. [2]Die sich aus den abweichenden Vorschriften ergebenden Anforderungen an die in Satz 1 bezeichneten Unterlagen sollen den Anforderungen gleichwertig sein, die sich für große Kapitalgesellschaften (§ 267 Abs. 3) aus den Vorschriften des Ersten Abschnitts und des Ersten und Zweiten Unterabschnitts des Zweiten Abschnitts sowie den für den Geschäftszweig geltenden Vorschriften ergeben. [3]Über das geltende Recht hinausgehende Anforderungen dürfen nur gestellt werden, soweit sie auf Rechtsakten des Rates der Europäischen Union beruhen.**

---

[3] *ADS* Rn. 21 f.

[4] Zu den größenabhängigen Aufstellungserleichterungen ausf. BeBiKo/*Grottel* Rn. 7.

[5] BeBiKo/*Grottel* Rn. 8.

[4] Die Rechtsverordnung nach Satz 1 kann auch Abweichungen von der Kontoform nach § 266 Abs. 1 Satz 1 gestatten. [5] Satz 4 gilt auch in den Fällen, in denen ein Geschäftszweig eine von den §§ 266 und 275 abweichende Gliederung nicht erfordert.

(2) [1] Absatz 1 ist auf Kreditinstitute im Sinne des § 1 Abs. 1 des Gesetzes über das Kreditwesen, soweit sie nach dessen § 2 Abs. 1, 4 oder 5 von der Anwendung nicht ausgenommen sind, und auf Finanzdienstleistungsinstitute im Sinne des § 1 Abs. 1a des Gesetzes über das Kreditwesen, soweit sie nach dessen § 2 Abs. 6 oder 10 von der Anwendung nicht ausgenommen sind, sowie auf Institute im Sinne des § 1 Absatz 3 des Zahlungsdiensteaufsichtsgesetzes, nach Maßgabe der Sätze 3 und 4 ungeachtet ihrer Rechtsform anzuwenden. [2] Satz 1 ist auch auf Zweigstellen von Unternehmen mit Sitz in einem Staat anzuwenden, der nicht Mitglied der Europäischen Gemeinschaft und auch nicht Vertragsstaat des Abkommens über den Europäischen Wirtschaftsraum ist, sofern die Zweigstelle nach § 53 Abs. 1 des Gesetzes über das Kreditwesen als Kreditinstitut oder als Finanzinstitut gilt. [3] Die Rechtsverordnung bedarf nicht der Zustimmung des Bundesrates; sie ist im Einvernehmen mit dem Bundesministerium der Finanzen und im Benehmen mit der Deutschen Bundesbank zu erlassen. [4] In die Rechtsverordnung nach Satz 1 können auch nähere Bestimmungen über die Aufstellung des Jahresabschlusses und des Konzernabschlusses im Rahmen der vorgeschriebenen Formblätter für die Gliederung des Jahresabschlusses und des Konzernabschlusses sowie des Zwischenabschlusses gemäß § 340a Abs. 3 und des Konzernzwischenabschlusses gemäß § 340i Abs. 4 aufgenommen werden, soweit dies zur Erfüllung der Aufgaben der Bundesanstalt für Finanzdienstleistungsaufsicht oder der Deutschen Bundesbank erforderlich ist, insbesondere um einheitliche Unterlagen zur Beurteilung der von den Kreditinstituten und Finanzdienstleistungsinstituten durchgeführten Bankgeschäfte und erbrachten Finanzdienstleistungen zu erhalten.

(3) [1] Absatz 1 ist auf Versicherungsunternehmen nach Maßgabe der Sätze 3 und 4 ungeachtet ihrer Rechtsform anzuwenden. [2] Satz 1 ist auch auf Niederlassungen im Geltungsbereich dieses Gesetzes von Versicherungsunternehmen mit Sitz in einem anderen Staat anzuwenden, wenn sie zum Betrieb des Direktversicherungsgeschäfts der Erlaubnis durch die deutsche Versicherungsaufsichtsbehörde bedürfen. [3] Die Rechtsverordnung bedarf der Zustimmung des Bundesrates und ist im Einvernehmen mit dem Bundesministerium der Finanzen zu erlassen. [4] In die Rechtsverordnung nach Satz 1 können auch nähere Bestimmungen über die Aufstellung des Jahresabschlusses und des Konzernabschlusses im Rahmen der vorgeschriebenen Formblätter für die Gliederung des Jahresabschlusses und des Konzernabschlusses sowie Vorschriften über den Ansatz und die Bewertung von versicherungstechnischen Rückstellungen, insbesondere die Näherungsverfahren, aufgenommen werden. [5] Die Zustimmung des Bundesrates ist nicht erforderlich, soweit die Verordnung ausschließlich dem Zweck dient, Abweichungen nach Absatz 1 Satz 4 und 5 zu gestatten.

(4) [1] In der Rechtsverordnung nach Absatz 1 in Verbindung mit Absatz 3 kann bestimmt werden, daß Versicherungsunternehmen, auf die die Richtlinie 91/674/EWG nach deren Artikel 2 in Verbindung mit den Artikeln 4, 7 und 9 Nummer 1 und 2 sowie Artikel 10 Nummer 1 der Richtlinie 2009/138/EG des Europäischen Parlaments und des Rates vom 25. November 2009 betreffend die Aufnahme und Ausübung der Versicherungs- und der Rückversicherungstätigkeit (Solvabilität II) (ABl. L

335 vom 17.12.2009, S. 1) nicht anzuwenden ist, von den Regelungen des Zweiten Unterabschnitts des Vierten Abschnitts ganz oder teilweise befreit werden, soweit dies erforderlich ist, um eine im Verhältnis zur Größe der Versicherungsunternehmen unangemessene Belastung zu vermeiden; Absatz 1 Satz 2 ist insoweit nicht anzuwenden. [2]In der Rechtsverordnung dürfen diesen Versicherungsunternehmen auch für die Gliederung des Jahresabschlusses und des Konzernabschlusses, für die Erstellung von Anhang und Lagebericht und Konzernanhang und Konzernlagebericht sowie für die Offenlegung ihrer Größe angemessene Vereinfachungen gewährt werden.

(5) **Die Absätze 3 und 4 sind auf Pensionsfonds (§ 236 Absatz 1 des Versicherungsaufsichtsgesetzes) entsprechend anzuwenden.**

I. Allgemeine Grundsätze

1   Da die Gliederungsvorschriften des Gesetzes für den Jahresabschluss von Kapitalgesellschaften, insbesondere § 266 und § 275, grundsätzlich auf Gegebenheiten abstellen, wie sie bei Industrie- und Handelsunternehmen zu finden sind, enthält das Gesetz in Abs. 1 S. 1 eine **Verordnungsermächtigung** zum Erlass von sog. **Formblättern** und von **anderen Vorschriften für die Gliederung** des Jahres- und Konzernabschlusses sowie für den Inhalt des Anhangs/Konzernanhangs und des Lageberichts/Konzernlageberichts.

2   § 330 gilt für Kapitalgesellschaften und für durch § 3 Abs. 1 PublG erfasste Unternehmen sowie für OHG und KG, bei denen keine natürliche Person unmittelbar oder mittelbar persönlich haftender Gesellschafter ist. Für Kreditinstitute finden sich in Abs. 2, für Versicherungsunternehmen in den Abs. 3 und 4 weitere Regelungen. Ergänzende Vorschriften für Kreditinstitute und Finanzdienstleistungsinstitute enthalten die §§ 340 ff. und für Versicherungsunternehmen die §§ 341 ff.

II. Inhalt und Erlassverfahren der Ermächtigungsvorschrift

3   Abs. 1 enthält eine **Ermächtigung** für das Bundesministerium der Justiz, im Einvernehmen mit dem Bundesministerium für Finanzen und dem Bundesministerium für Wirtschaft und Technologie durch **Rechtsverordnung** Formblätter vorzuschreiben oder von den §§ 266, 275 abweichende Gliederungsvorschriften zu erlassen. Die Anforderungen an die Unterlagen sollen gegenüber den Anforderungen, die für große Kapitalgesellschaften gelten, gleichwertig sein. Sie dürfen über das geltende Recht nur hinausgehen, sofern sie auf Rechtsakten des Rates der Europäischen Union beruhen.

4   Abs. 1 S. 1 ermächtigt nur dann zum Erlass von Formblattvorschriften und anderen Vorschriften, wenn der **Geschäftszweig** abweichende Regelungen **erfordert.** Abs. 1 gestattet keine Abweichungen von den Ansatzvorschriften oder den Bewertungsvorschriften, von den Vorschriften über die Prüfung, über die Offenlegung und auch nicht von den Sanktionen.[1]

5   Für **Kreditinstitute** und **Finanzdienstleister** (Abs. 2 S. 1) sowie **Versicherungsunternehmen** (Abs. 3 S. 1) sind die Verordnungsermächtigungen des Abs. 1 jeweils auf alle anderen Rechtsformen erweitert, soweit diese nach dem KWG und dem VAG zulässig sind. Rechtsverordnungen gelten derzeit für die Rechnungslegung der Kreditinstitute und Finanzdienstleis-

---

[1] BeBiKo/*Winkeljohann/Lawall* Rn. 11.

tungsinstitute,[2] für die Rechnungslegung der Zahlungsinstitute,[3] für die Rechnungslegung von Versicherungsunternehmen,[4] für die Gliederung des Jahresabschlusses von Verkehrsunternehmen,[5] für die Krankenhausbuchführung,[6] für die Rechnungslegung von Pensionsfonds[7] sowie die Pflegebuchführung[8] und für die Formblätter über die Gliederung des Jahresabschlusses für Wohnungsunternehmen.[9]

III. Rechtsfolgen bei der Verletzung von Formblattverordnungen

Beim Verstoß gegen eine auf Grund des Abs. 1 erlassene Rechtsverordnung **6** handelt es sich, soweit die Rechtsverordnung für einen bestimmten Tatbestand auf die Bußgeldvorschrift des § 334 verweist, um eine Ordnungswidrigkeit, die mit einer Geldbuße bis zu 50.000 Euro geahndet werden kann (§ 334 Abs. 1 Nr. 6, Abs. 3). Diese Regelung findet auf Kreditinstitute und Finanzdienstleistungsinstitute iSv § 340 und auf Versicherungsunternehmen iSv § 341 Abs. 1 keine Anwendung (§ 334 Abs. 4), da §§ 340n, 341n eigene Bußgeldvorschriften enthalten.

Sechster Unterabschnitt. Straf- und Bußgeldvorschriften. Ordnungsgelder

Erster Titel. Straf- und Bußgeldvorschriften

§ 331 Unrichtige Darstellung

Mit Freiheitsstrafe bis zu drei Jahren oder mit Geldstrafe wird bestraft, wer

1. **als Mitglied des vertretungsberechtigten Organs oder des Aufsichtsrats einer Kapitalgesellschaft die Verhältnisse der Kapitalgesellschaft in der Eröffnungsbilanz, im Jahresabschluß, im Lagebericht einschließlich der nichtfinanziellen Erklärung, im gesonderten nichtfinanziellen Bericht oder im Zwischenabschluß nach § 340a Abs. 3 unrichtig wiedergibt oder verschleiert,**

1a. **als Mitglied des vertretungsberechtigten Organs einer Kapitalgesellschaft zum Zwecke der Befreiung nach § 325 Abs. 2a Satz 1, Abs. 2b einen Einzelabschluss nach den in § 315e Absatz 1 genannten internationalen Rechnungslegungsstandards, in dem die Verhältnisse der**

---

[2] BGBl. 1998 I 3658, zuletzt geändert durch BilRUG Art. 8 Abs. 13 v. 17.7.2015, BGBl. 2015 I 1245.
[3] BGBl. 2009 I 3680, zuletzt geändert durch BilRUG Art. 8 Abs. 8 v. 17.7.2015, BGBl. 2015 I 1245.
[4] BGBl. 1994 I 3378, zuletzt geändert durch BilRUG Art. 8 Abs. 14 v. 17.7.2015, BGBl. 2015 I 1245.
[5] BGBl. 1968 I 193, zuletzt geändert durch BilRUG Art. 8 Abs. 11 v. 17.7.2015, BGBl. 2015 I 1245.
[6] BGBl. 1987 I 1045, zuletzt geändert durch Verordnung v. 21.12.2016, BGBl. 2016 I 3076.
[7] BGBl. 2003 I 246, zuletzt geändert durch BilRUG Art. 8 Abs. 15 v. 17.7.2015, BGBl. 2015 I 1245.
[8] BGBl. 1995 I 1528, zuletzt geändert durch Verordnung v. 21.12.2016, BGBl. 2016 I 3076.
[9] BGBl. 1970 I 1334, zuletzt geändert durch BilRUG Art. 8 Abs. 12, BGBl. 2017 I 1245.

Kapitalgesellschaft unrichtig wiedergegeben oder verschleiert worden sind, vorsätzlich oder leichtfertig offen legt,

2. **als Mitglied des vertretungsberechtigten Organs oder des Aufsichtsrats einer Kapitalgesellschaft die Verhältnisse des Konzerns im Konzernabschluß, im Konzernlagebericht einschließlich der nichtfinanziellen Konzernerklärung, im gesonderten nichtfinanziellen Konzernbericht oder im Konzernzwischenabschluß nach § 340i Abs. 4 unrichtig wiedergibt oder verschleiert,**

3. **als Mitglied des vertretungsberechtigten Organs einer Kapitalgesellschaft zum Zwecke der Befreiung nach § 291 Abs. 1 und 2 oder nach § 292 einen Konzernabschluß oder Konzernlagebericht, in dem die Verhältnisse des Konzerns unrichtig wiedergegeben oder verschleiert worden sind, vorsätzlich oder leichtfertig offenlegt,**

3a. **entgegen § 264 Abs. 2 Satz 3, § 289 Abs. 1 Satz 5, § 297 Abs. 2 Satz 4 oder § 315 Absatz 1 Satz 5 eine Versicherung nicht richtig abgibt,**

4. **als Mitglied des vertretungsberechtigten Organs einer Kapitalgesellschaft oder als Mitglied des vertretungsberechtigten Organs oder als vertretungsberechtigter Gesellschafter eines ihrer Tochterunternehmen (§ 290 Abs. 1, 2) in Aufklärungen oder Nachweisen, die nach § 320 einem Abschlußprüfer der Kapitalgesellschaft, eines verbundenen Unternehmens oder des Konzerns zu geben sind, unrichtige Angaben macht oder die Verhältnisse der Kapitalgesellschaft, eines Tochterunternehmens oder des Konzerns unrichtig wiedergibt oder verschleiert.**

I. Allgemeines

1   § 331 sanktioniert die unrichtige Darstellung oder Verschleierung der Verhältnisse

– in der Eröffnungsbilanz, im Jahresabschluss, im Lagebericht einschließlich der nichtfinanziellen Erklärung, im gesonderten nichtfinanziellen Bericht oder im Zwischenabschluss nach § 340a Abs. 3 (Nr. 1),
– im befreienden Einzelabschluss nach § 325 Abs. 2a (§ 331 Nr. 1a),
– im Konzernabschluss, im Konzernlagebericht oder im Konzernzwischenabschluss (§ 331 Nr. 2),
– im befreienden Konzernabschluss, im Konzernlagebericht einschließlich der nichtfinanziellen Konzernerklärung oder im gesonderten nichtfinanziellen Konzernbericht (§ 331 Nr. 3),
– gegenüber dem Abschlussprüfer bzw. Konzernabschlussprüfer (§ 331 Nr. 4).

§ 331 sanktioniert jedoch nicht die Unterlassung der Offenlegung.

II. Betroffener Personenkreis

2   Der Personenkreis, dem die Straftatbestände nach § 331 zur Last gelegt werden können, ist in Abhängigkeit der unterschiedlichen Tatbestände der Nr. 1–4 abgegrenzt. Von **§ 331 Nr. 1, Nr. 1a** und **Nr. 2** sind jeweils **die Mitglieder des vertretungsberechtigten Organs oder des Aufsichtsrats** der Kapitalgesellschaft betroffen, während **§ 331 Nr. 3** nur bei **Mitgliedern des vertretungsberechtigten Organs** einschlägig ist und **§ 331 Nr. 4** sich darüber hinaus an **Mitglieder des vertretungsberechtigten Organs oder vertretungsberechtigte Gesellschafter von Tochterunternehmen** rich-

tet. In jedem Fall haften die genannten Personen über § 278 BGB für Vergehen ihrer Erfüllungsgehilfen, während andere Personengruppen auf Grund der abschließenden Aufzählung nicht in Betracht kommen.[1] Die Strafvorschriften des § 331 gelten auch für OHG und KG, bei denen keine natürliche Person unmittelbar oder mittelbar persönlich haftender Gesellschafter ist (vgl. Erl. zu § 335b). Bei diesen Gesellschaften richtet sich die Strafandrohung an die Mitglieder des vertretungsberechtigten Organs der vertretungsberechtigten Gesellschaften.

III. Straftatbestände

Die Delikte, die in § 331 aufgezählt sind, lassen sich danach unterscheiden, 3
ob sie den Jahres-, Einzel- oder den Konzernabschluss betreffen. Die **Bilanzfälschung oder –verschleierung** nach § 331 Nr. 1 betrifft ausschließlich den **Jahresabschluss, einschließlich der nichtfinanziellen Erklärung oder des gesonderten nichtfinanziellen Berichts, § 331 Nr. 1a den befreienden Einzelabschluss,** während § 331 Nr. 2 die identischen Delikte in Verbindung mit dem **Konzernabschluss, einschließlich der nichtfinanziellen Konzernerklärung oder des gesonderten nichtfinanziellen Konzernberichts,** unter Strafe stellt. § 331 Nr. 3 ist in den Fällen einschlägig, in denen ein **zum Zweck der Befreiung offengelegter Konzernabschluss** die **Verhältnisse des einbezogenen Teilkonzerns unrichtig wiedergibt oder verschleiert.** Durch § 331 Nr. 3a wird die unrichtige Abgabe von bestimmten Versicherungen („Bilanzeid") als Straftatbestände erfasst, während die Nichtabgabe keinen Straftatbestand darstellt.

Die Verhältnisse der Kapitalgesellschaft/des Konzerns werden dann unrich- 4
tig wiedergegeben, wenn die Darstellung ihrer Lage **mit der Wirklichkeit nicht übereinstimmt.**[2] Eine Verschleierung liegt vor, wenn **Tatsachen so undeutlich oder unkenntlich** wiedergegeben werden, dass sich der wirkliche Tatbestand nur schwer oder überhaupt nicht erkennen lässt.[3] Eine Abgrenzung zwischen Bilanzfälschung und Bilanzverschleierung erübrigt sich insoweit, als beide Vergehen in gleicher Weise unter Strafe gestellt werden.[4] Die unrichtige Darstellung oder Verschleierung muss sich auf die Verhältnisse der Kapitalgesellschaft beziehen. Typische Fälle für eine unrichtige Wiedergabe oder Verschleierung können die Einstellung fiktiver Posten in den Jahresabschluss, das Weglassen tatsächlicher Posten, das Unterlassen von Pflichtangaben im Anhang, eine falsche Gliederung oder die unzutreffende Bewertung von Aktiv- und Passivposten sein.[5]

Schließlich betrifft § 331 Nr. 4 die Sanktionierung von **unrichtigen An- 5
gaben bzw. der unrichtigen Wiedergabe oder der Verschleierung der Verhältnisse gegenüber dem Abschlussprüfer.** Voraussetzung dafür ist ein Widerspruch zwischen den gemachten Angaben und der Vollständigkeitserklärung; die bloße Verweigerung von Auskünften fällt nicht unter § 331 Nr. 4.[6]

---

[1] BeBiKo/*Grottel*/*H. Hoffmann* Rn. 18.
[2] GHEK/*Fuhrmann* AktG § 400 Rn. 20; MüKoAktG/*Schaal* AktG § 400 Rn. 34 ff.
[3] GHEK/*Fuhrmann* AktG § 400 Rn. 22; MüKoAktG/*Schaal* AktG § 400 Rn. 40 ff.
[4] HdR/*Pfennig* Rn. 12; *Maier* in Hofbauer/Kupsch Bonner-HdB Rn. 6.
[5] BeBiKo/*Grottel*/*Hoffmann* Rn. 12 ff.; *Maier* in Hofbauer/Kupsch Bonner-HdB Rn. 7 f.
[6] HdR/*Pfennig* Rn. 29; *Maier* in Hofbauer/Kupsch Bonner-HdB Rn. 27.

IV. Strafbarkeitsvoraussetzungen

6   Mit Ausnahme von § 331 Nr. 1a und Nr. 3, die auch bereits ein leichtfertiges Vergehen unter Strafe stellen, ist **Vorsatz** Voraussetzung für die Strafbarkeit, wobei bereits bedingter Vorsatz genügt. Dieser ist anzunehmen, wenn der Täter ernsthaft mit der Möglichkeit rechnet, die Darstellung könne unrichtig oder verschleiert sein, und diese Möglichkeit bewusst und billigend in Kauf nimmt.[7] Vorsätzliches Handeln ist jedenfalls dann nicht gegeben, wenn es dem Täter nicht bekannt war, dass er objektiv falsche Angaben gemacht hat. Nach dem Sinn und dem Wortlaut der Vorschrift ist es offensichtlich, dass nur **wesentliche Verstöße** der Bestrafung unterliegen.[8] Da jeweils auf die Verhältnisse der Kapitalgesellschaft, des Konzerns oder eines Tochterunternehmens abgestellt wird,[9] können geringfügige Verstöße keinen Einfluss auf die unrichtige Wiedergabe oder eine Verschleierung haben. In der Rechnungslegung wird dann von Wesentlichkeit gesprochen, wenn der Leser eines Jahresabschlusses auf Grund unrichtiger Darstellungen andere Schlussfolgerungen als bei gesetzeskonformer Darstellung ziehen muss, zB bei Investitionsentscheidungen, Krediteinräumungen, Eingehen eines Angestelltenverhältnisses usw.[10]

7   Schließlich kann eine unrichtige Darstellung nur dann strafbar sein, wenn die Darstellung nach dem einstimmigen Urteil von Fachleuten **eindeutig falsch** und keinesfalls mehr vertretbar ist.[11] So kann etwa eine (noch) zulässige Wahlrechtsausübung nicht die Rechtsfolgen dieser Vorschrift auslösen. Unter Berücksichtigung dieser Einschränkungen ist die praktische Bedeutung von § 331 eher gering.

V. Rechtsfolgen

8   Jeder Verstoß gegen § 331 wird mit **Freiheitsstrafe** bis zu drei Jahren oder mit **Geldstrafe** geahndet. Da § 331 ein Schutzgesetz iSd § 823 Abs. 2 BGB darstellt, können Personen, die durch eine Straftat gem. § 331 einen Vermögensschaden erlitten haben, vom Täter Schadenersatz verlangen.

9   Der Jahresabschluss einer AG bzw. KGaA ist unter den Voraussetzungen des § 256 AktG nichtig. Für die GmbH kommt § 256 AktG analog zur Anwendung.[12]

10   Die Verjährungsfrist beträgt fünf Jahre (§ 78 Abs. 3 Nr. 4 StGB). Sie beginnt mit der Beendigung der Tat.

§ 332 Verletzung der Berichtspflicht

(1) **Mit Freiheitsstrafe bis zu drei Jahren oder mit Geldstrafe wird bestraft, wer als Abschlußprüfer oder Gehilfe eines Abschlußprüfers über das Ergebnis der Prüfung eines Jahresabschlusses, eines Einzelabschlusses nach § 325 Abs. 2a, eines Lageberichts, eines Konzernabschlusses, eines**

---

[7] *Fischer*, 65. Aufl. 2018, StGB § 15 Rn. 9.
[8] HdR/*Pfennig* Rn. 16; BeBiKo/*Grottel/Hoffmann* Rn. 20.
[9] Zur Problematik des unbestimmten Begriffs „Verhältnisse" vgl. BeBiKo/*Grottel/Hoffmann* Rn. 16 f.
[10] HdR/*Pfennig* Rn. 16.
[11] BeBiKo/*Grottel/Hoffmann* Rn. 11.
[12] BeBiKo/*Grottel/Hoffmann* Rn. 40.

Konzernlageberichts einer Kapitalgesellschaft oder eines Zwischen-abschlusses nach § 340a Abs. 3 oder eines Konzernzwischenabschlusses gemäß § 340i Abs. 4 unrichtig berichtet, im Prüfungsbericht (§ 321) erhebliche Umstände verschweigt oder einen inhaltlich unrichtigen Be-stätigungsvermerk (§ 322) erteilt.

(2) Handelt der Täter gegen Entgelt oder in der Absicht, sich oder einen anderen zu bereichern oder einen anderen zu schädigen, so ist die Strafe Freiheitsstrafe bis zu fünf Jahren oder Geldstrafe.

I. Strafrechtliche Sanktionen bei Verletzung der Berichtspflicht

Verletzt der Abschlussprüfer oder ein Gehilfe seine Pflichten im Rahmen **1** der Prüfung, regelt § 323 zunächst die zivilrechtliche Schadenersatzpflicht gegenüber dem betroffenen Unternehmen und ggf. ebenfalls geschädigten verbundenen Unternehmen. Darüber hinaus sind an bestimmte Vergehen auch **strafrechtliche Sanktionen** geknüpft. Dies betrifft im Einzelnen die Verletzung der Geheimhaltungspflicht (vgl. § 333) und die in § 332 an-gesprochene **Verletzung der Berichtspflicht.** Sonstiges Fehlverhalten des Abschlussprüfers ist zumindest nach den Vorschriften des HGB strafrechtlich nicht relevant, soweit es keine Auswirkungen auf den Prüfungsbericht und/ oder den Bestätigungsvermerk hat. Davon unabhängig ist jedoch im Einzelfall eine Verwirklichung von Straftatbeständen des StGB denkbar.

II. Betroffener Personenkreis

§ 332 richtet sich gleichermaßen an den Abschlussprüfer wie an Gehilfen **2** des Abschlussprüfers. Sofern eine **Wirtschaftsprüfungsgesellschaft** oder eine Buchprüfungsgesellschaft Abschlussprüfer ist, liegt die strafrechtliche **Verantwortlichkeit bei den gesetzlichen Vertretern,** insbesondere wenn diese an der Prüfung mitgewirkt und den Prüfungsbericht bzw. den Bestäti-gungsvermerk unterzeichnet haben.[1] **Prüfungsgehilfen** können sich strafbar machen, soweit sie dahingehend **Einfluss genommen** haben, dass einer der genannten Tatbestände erfüllt ist. Dabei kommt es nicht darauf an, ob der Abschlussprüfer die Unrichtigkeit des Prüfungsberichts oder des Bestäti-gungsvermerks kennt. Aus Sicht des Gehilfen liegt entweder **Mittäterschaft** oder **Beihilfe** vor (bei Kenntnis des Abschlussprüfers); andernfalls hat der Gehilfe die Tat als **mittelbarer Täter** begangen (bei Unkenntnis des Ab-schlussprüfers).

III. Straftatbestände im Einzelnen

Im Einzelnen stellt § 332 drei verschiedene Vergehen unter Strafe: die **3** unrichtige Berichterstattung über das Prüfungsergebnis, das Verschweigen erheblicher Umstände im Prüfungsbericht und die Erteilung eines unrichti-gen Bestätigungsvermerks. Voraussetzung für die Strafbarkeit ist ein vorsätzli-ches Handeln; der Abschlussprüfer muss wider besseren Wissens bestimmte Sachverhalte nicht im Prüfungsbericht angesprochen haben. Dabei genügt bedingter Vorsatz, dh der Abschlussprüfer muss die Gefahr der unrichtigen Berichterstattung, des Verschweigens erheblicher Umstände bzw. der Ertei-

---

[1] Für eine abschließende Beschränkung auf gesetzliche Vertreter, die den Prüfungsbericht bzw. den Bestätigungsvermerk unterzeichnet haben: *Maier* in Hofbauer/Kupsch Bonner-HdB Rn. 4.

lung eines inhaltlich unrichtigen Bestätigungsvermerks erkannt und billigend in Kauf genommen haben.[2]

4   1. Unrichtige Berichterstattung. Von unrichtiger Berichterstattung ist auszugehen, wenn der Prüfungsbericht des Abschlussprüfers gem. § 321 nicht mit den Feststellungen übereinstimmt, die der Abschlussprüfer im Rahmen seiner Prüfung gemacht hat. Dabei kommt es auf den **subjektiven Kenntnisstand** des Abschlussprüfers an: Ist er durch seine Prüfung zu objektiv falschen Ergebnissen (zB auf Grund einer fehlerhaften Vorgehensweise) gelangt, so liegt eine unrichtige Berichterstattung nicht vor, wenn diese seiner subjektiven Einschätzung entspricht. Strafrechtlich relevant kann dieses Handeln schon deshalb nicht sein, weil in dieser Konstellation nicht von Vorsatz auszugehen ist.

5   Zwar wird in Verbindung mit der unrichtigen Berichterstattung nicht die „Erheblichkeit" als Voraussetzung für die Strafbarkeit erwähnt; dennoch wird wie bei dem Tatbestand des Verschweigens von Umständen (→ Rn. 8 ff.) gelten müssen, dass eine unrichtige Berichterstattung über völlig unwesentliche Sachverhalte ohne Folgen bleibt, solange davon nicht die Darstellung des Prüfungsergebnisses beeinträchtigt wird.

6   Die Beurteilung der unrichtigen Berichterstattung hat sich allein auf den **Inhalt des Prüfungsberichts** zu stützen. Weder kann sich der Abschlussprüfer dadurch exkulpieren, dass er unrichtige Angaben im Prüfungsbericht durch Aufklärung in anderer Form oder an anderer Stelle korrigiert hat, noch fallen falsche Aussagen außerhalb des Prüfungsberichts unter die Strafvorschrift des § 332.

7   Sofern die unrichtige Berichterstattung in einem vorsätzlich mit falschem Inhalt erteilten Bestätigungsvermerk zum Ausdruck kommt, ist dieser Fall der unrichtigen Berichterstattung als gesonderter Tatbestand genannt (→ Rn. 10).

8   2. Verschweigen erheblicher Umstände. Das Verschweigen erheblicher Umstände im Prüfungsbericht kann als Unterfall der unrichtigen Berichterstattung über das Prüfungsergebnis angesehen werden, bei der die Unrichtigkeit in der **Nichterwähnung bestimmter berichtswesentlicher Tatbestände** liegt.

9   Ein Vergehen kann erst dann vorliegen, wenn ein Prüfungsbericht ausgeliefert wurde; bei (noch) nicht vorliegendem Prüfungsbericht kann die Vorschrift nicht eingreifen. Schließlich kommt eine Strafbarkeit nur bei Verschweigen **erheblicher** Umstände in Betracht. Die Erheblichkeit wird daran zu messen sein, ob ein Berichtsleser bei Kenntnis dieser Umstände zu einer anderen Beurteilung hinsichtlich der Gesellschaft gelangt wäre. Zudem wird die Nichteinhaltung von gesetzlich bzw. auf dem Verordnungswege besonders geregelten Berichtspflichten (zB § 321 Abs. 2–4 oder PrüfBV für Kreditinstitute) regelmäßig einem Verschweigen gleichkommen.

10   3. Erteilung eines unrichtigen Bestätigungsvermerks. Der Tatbestand der Erteilung eines unrichtigen Bestätigungsvermerks ist erfüllt, wenn der **Bestätigungsvermerk nicht den nach dem Ergebnis der Prüfung erforderlichen Inhalt** hat. Dies kann bei einem uneingeschränkten Bestätigungsvermerk der Fall sein, wenn eine Ergänzung oder Einschränkung erforderlich gewesen wäre. Gleiches gilt jedoch auch im umgekehrten Fall.

---

[2] BeBiKo/*Grottel*/*Hoffmann* Rn. 41.

IV. Qualifizierte Tatbestände (Abs. 2)

Abs. 2 stellt folgende zusätzliche Tatbestandsmerkmale dar, die die Tat **11** besonders schwerwiegend erscheinen lassen und deshalb mit einer erhöhten Strafandrohung verbunden sind: Das strafbare Verhalten des Abschlussprüfers bzw. des Prüfungsgehilfen **erfolgt gegen Entgelt** oder mit der Absicht, sich oder einen anderen **zu bereichern** oder einen anderen **zu schädigen.** Das Vorliegen einer Entgeltvereinbarung reicht bspw. zur Erfüllung des Tatbestandes aus.[3]

V. Rechtsfolgen

Die Tat wird mit Freiheits- oder Geldstrafe bestraft. Das in Abs. 1 vor- **12** gesehene Strafmaß (Freiheitsstrafe bis zu drei Jahren oder Geldstrafe) erhöht sich unter den Voraussetzungen des Abs. 2 auf eine Freiheitsstrafe von bis zu fünf Jahren oder Geldstrafe. Die Verjährungsfrist beträgt fünf Jahre nach Vollendung der Tat (§ 78 Abs. 3 Nr. 4 StGB).

§ 333 Verletzung der Geheimhaltungspflicht

(1) **Mit Freiheitsstrafe bis zu einem Jahr oder mit Geldstrafe wird bestraft, wer ein Geheimnis der Kapitalgesellschaft, eines Tochterunternehmens (§ 290 Abs. 1, 2), eines gemeinsam geführten Unternehmens (§ 310) oder eines assoziierten Unternehmens (§ 311), namentlich ein Betriebs- oder Geschäftsgeheimnis, das ihm in seiner Eigenschaft als Abschlußprüfer oder Gehilfe eines Abschlußprüfers bei Prüfung des Jahresabschlusses, eines Einzelabschlusses nach § 325 Abs. 2a oder des Konzernabschlusses bekannt geworden ist, oder wer ein Geschäfts- oder Betriebsgeheimnis oder eine Erkenntnis über das Unternehmen, das ihm als Beschäftigter bei einer Prüfstelle im Sinne von § 342b Abs. 1 bei der Prüftätigkeit bekannt geworden ist, unbefugt offenbart.**

(2) **[1]Handelt der Täter gegen Entgelt oder in der Absicht, sich oder einen anderen zu bereichern oder einen anderen zu schädigen, so ist die Strafe Freiheitsstrafe bis zu zwei Jahren oder Geldstrafe. [2]Ebenso wird bestraft, wer ein Geheimnis der in Absatz 1 bezeichneten Art, namentlich ein Betriebs- oder Geschäftsgeheimnis, das ihm unter den Voraussetzungen des Absatzes 1 bekannt geworden ist, unbefugt verwertet.**

(3) **Die Tat wird nur auf Antrag der Kapitalgesellschaft verfolgt.**

I. Betroffener Personenkreis

Eine Verletzung der Geheimhaltungspflicht kann vom Abschlussprüfer und **1** seinen Gehilfen begangen werden. Die Eingrenzung des Kreises der Prüfungsgehilfen geht hier weiter als in § 332; Täter können zB auch Schreibkräfte und die Hausdruckerei sein.

Darüber hinaus umfasst der betroffene Personenkreis auch die Beschäftigten **2** einer Prüfstelle iSd § 342b Abs. 2, also der Deutschen Prüfstelle für Rechnungslegung eV.

---

[3] HdR/*Pfennig* Rn. 31.

II. Straftatbestand

3   § 333 ist die bei der Verletzung von Betriebs- oder Geschäftsgeheimnissen durch den Abschlussprüfer einschlägige **Strafrechtsnorm.** Die Vorschrift korrespondiert insoweit mit **§ 323,** der die **zivilrechtlichen Folgen** einer derartigen Pflichtverletzung regelt, wobei die Verschwiegenheitspflicht nach § 323 weiter reicht.[1] Während bei Pflichtprüfungen § 333 als lex specialis den strafrechtlichen Bestimmungen in §§ 203 ff. StGB vorgeht, können bei vergleichbaren Vergehen bei freiwilligen Prüfungen, auf die § 333 nicht anwendbar ist, die StGB-Vorschriften zum Tragen kommen.[2] Um den Abschlussprüfer vor zwangsläufigen Verstößen gegen seine Verschwiegenheitspflicht zu bewahren, wird dem Wirtschaftsprüfer und seinem Gehilfen in § 53 StPO ein **Zeugnisverweigerungsrecht** im Ermittlungs- und im Gerichtsverfahren eingeräumt.[3] Dieses Recht findet jedoch seine Grenze im seltenen Fall des § 138 StGB (Kenntnis von der Planung von Straftaten) einerseits sowie im Fall der Entbindung von der Schweigepflicht durch den Mandanten andererseits.[4]

4   Die Pflicht zur Geheimhaltung erstreckt sich auf die Offenbarung von Geheimnissen aller Art der in Abs. 1 genannten Unternehmen. Die Hervorhebung von **Betriebs- oder Geschäftsgeheimnissen** bedeutet keine Beschränkung der Strafbarkeit auf die Mitteilung derartiger Geheimnisse; unter den Begriff der Geheimnisse fallen vielmehr alle Kenntnisse in Bezug auf die betroffenen Unternehmen, die der Öffentlichkeit nicht bekannt und aus Unternehmenssicht auch nicht für diese bestimmt sind.[5] Die unbefugte Offenbarung bzw. Verwertung muss vorsätzlich begangen worden sein. Auch hierbei genügt bereits bedingter Vorsatz, wenn zB der Täter geheime Unterlagen nicht sicher verwahrt und damit die Einsichtnahme durch Nichtberechtigte billigend in Kauf nimmt.

III. Qualifizierte Tatbestände (Abs. 2)

5   Abs. 2 stellt eine **Strafverschärfung** in Aussicht, sofern eine **Bereicherungsabsicht** oder die Absicht, einen anderen zu schädigen, hinzutritt. Ebenfalls mit einer höheren Strafandrohung ist die unbefugte Verwertung von Unternehmensgeheimnissen belegt. Darunter kann auch der An- oder Verkauf von Aktien auf Grund der im Rahmen der Jahresabschlussprüfung gewonnenen, nicht öffentlich zugänglichen Kenntnisse fallen.[6]

IV. Rechtsfolgen

6   Bei Vorliegen der Voraussetzungen des Abs. 1 wird die Tat mit einer Freiheitsstrafe bis zu einem Jahr oder mit Geldstrafe geahndet. Bei Vorliegen der Qualifikationen des Abs. 2 erhöht sich die Strafandrohung auf Freiheitsstrafe bis zu zwei Jahren oder Geldstrafe. Voraussetzung für eine Strafverfolgung ist der **Antrag der geschädigten Kapitalgesellschaft;** die Ermittlungsbehörden werden nicht von Amts wegen tätig. Dieses Verfahren wird von dem

---

[1] *Maier* in Hofbauer/Kupsch Bonner-HdB Rn. 3.
[2] BeBiKo/*Grottel*/*Hoffmann* Rn. 3.
[3] HdR/*Pfennig* Rn. 7.
[4] BeBiKo/*Grottel*/*Hoffmann* Rn. 13.
[5] HdR/*Pfennig* Rn. 8 ff.; *Maier* in Hofbauer/Kupsch Bonner-HdB Rn. 4.
[6] HdR/*Pfennig* Rn. 35.

Gedanken bestimmt, dass dem Interesse der Kapitalgesellschaft als geschädigter Partei Vorrang vor einer Strafverfolgung aus öffentlichem Interesse zukommen soll. Der **Antrag** ist von den gesetzlichen Vertretern der Kapitalgesellschaft **innerhalb von drei Monaten** nach Kenntnis von der Tat und der Person des Täters zu stellen; die Verjährungsfrist beträgt drei Jahre im leichten Fall des Abs. 1, in den schweren Fällen des Abs. 2 fünf Jahre.[7] Anders als bspw. im Fall des Antrags auf Festsetzung eines Zwangsgeldes nach § 335 besteht bis zum Abschluss des Strafverfahrens die jederzeitige Möglichkeit zur **Antragsrücknahme.**[8] Da § 333 ein Schutzgesetz iSd § 823 Abs. 2 BGB zu Gunsten der Kapitalgesellschaft darstellt, kann diese gegenüber dem Täter Schadenersatzansprüche geltend machen.

§ 333a Verletzung der Pflichten bei Abschlussprüfungen

Mit Freiheitsstrafe bis zu einem Jahr oder mit Geldstrafe wird bestraft, wer als Mitglied eines nach § 324 Absatz 1 Satz 1 eingerichteten Prüfungsausschusses
1. **eine in § 334 Absatz 2a bezeichnete Handlung begeht und dafür einen Vermögensvorteil erhält oder sich versprechen lässt oder**
2. **eine in § 334 Absatz 2a bezeichnete Handlung beharrlich wiederholt.**

I. Betroffener Personenkreis

Von dem durch das AReG[1] eingefügten § 333a eigenständigen Straftatbestand werden Mitglieder eines nach § 324 Abs. 1 S. 1 eingerichteten Prüfungsausschusses erfasst. **1**

II. Straftatbestand

Die bereits durch § 334 Abs. 2a als Ordnungswidrigkeit erfassten Handlungen (zu den Handlungen im Einzelnen vgl. Erl. zu § 334) werden im Fall von besonders gravierenden Verstößen als Straftatbestand qualifiziert, da die dort genannten Verstöße bei **Begehung gegen Gewährung oder Versprechens eines Vermögensvorteils** oder **beharrlicher Wiederholung** eine kriminelle Energie vermuten lassen, die eine Sanktionierung als Ordnungswidrigkeit nicht ausreichend erscheinen lässt.[2] **2**

III. Rechtsfolgen

Während die Ordnungswidrigkeit nach § 334 Abs. 2a mit einer Geldbuße von bis zu 50.000 Euro sanktioniert werden kann, beträgt der Strafrahmen nach § 333a bis zu einem Jahr Freiheitsstrafe oder einer Geldstrafe. Von einer gesonderten gesetzlichen Verankerung eines Berufsverbots von einem bis zu fünf Jahren hat der deutsche Gesetzgeber abgesehen, da unter den engen verfassungsrechtlichen Vorgaben die bestehende Verankerung in § 70 StGB als ausreichend erachtet wurde.[3] **3**

---

[7] BeBiKo/*Grottel*/*Hoffmann* Rn. 21 und 40.
[8] HdR/*Pfennig* Rn. 38; BeBiKo/*Grottel*/*Hoffmann* Rn. 21.
[1] Abschlussprüfungsreformgesetz – AReG, BGBl. 2016 I 1142.
[2] RegBegr. AReG, BT-Drs. 18/7219, 48.
[3] RegBegr. AReG, BT-Drs. 18/7219, 48.

§ 334 Bußgeldvorschriften

(1) **Ordnungswidrig handelt, wer als Mitglied des vertretungsberechtigten Organs oder des Aufsichtsrats einer Kapitalgesellschaft**

1. **bei der Aufstellung oder Feststellung des Jahresabschlusses einer Vorschrift**
   a) **des § 243 Abs. 1 oder 2, der §§ 244, 245, 246, 247, 248, 249 Abs. 1 Satz 1 oder Abs. 2, des § 250 Abs. 1 oder 2, des § 251 oder des § 264 Absatz 1a oder Absatz 2 über Form oder Inhalt,**
   b) **des § 253 Absatz 1 Satz 1, 2, 3, 4, 5 oder Satz 6, Abs. 2 Satz 1, auch in Verbindung mit Satz 2, Absatz 3 Satz 1, 2, 3, 4 oder Satz 5, Abs. 4 oder 5, des § 254 oder des § 256a über die Bewertung,**
   c) **des § 265 Abs. 2, 3, 4 oder 6, der §§ 266, 268 Absatz 3, 4, 5, 6 oder Absatz 7, der §§ 272, 274, 275 oder des § 277 über die Gliederung oder**
   d) **des § 284 oder des § 285 über die in der Bilanz, unter der Bilanz oder im Anhang zu machenden Angaben,**
2. **bei der Aufstellung des Konzernabschlusses einer Vorschrift**
   a) **des § 294 Abs. 1 über den Konsolidierungskreis,**
   b) **des § 297 Absatz 1a, 2 oder 3 oder des § 298 Abs. 1 in Verbindung mit den §§ 244, 245, 246, 247, 248, 249 Abs. 1 Satz 1 oder Abs. 2, dem § 250 Abs. 1 oder dem § 251 über Inhalt oder Form,**
   c) **des § 300 über die Konsolidierungsgrundsätze oder das Vollständigkeitsgebot,**
   d) **des § 308 Abs. 1 Satz 1 in Verbindung mit den in Nummer 1 Buchstabe b bezeichneten Vorschriften, des § 308 Abs. 2 oder des § 308a über die Bewertung,**
   e) **des § 311 Abs. 1 Satz 1 in Verbindung mit § 312 über die Behandlung assoziierter Unternehmen oder**
   f) **des § 308 Abs. 1 Satz 3, des § 313 oder des § 314 über die im Konzernanhang zu machenden Angaben,**
3. **bei der Aufstellung des Lageberichts oder der Erstellung eines gesonderten nichtfinanziellen Berichts einer Vorschrift der §§ 289 bis 289b Absatz 1, §§ 289c, 289d, 289e Absatz 2, auch in Verbindung mit § 289b Absatz 2 oder 3, oder des § 289f über den Inhalt des Lageberichts oder des gesonderten nichtfinanziellen Berichts,**
4. **bei der Aufstellung des Konzernlageberichts oder der Erstellung eines gesonderten nichtfinanziellen Konzernberichts einer Vorschrift der §§ 315 bis 315b Absatz 1, des § 315c, auch in Verbindung mit § 315b Absatz 2 oder 3, oder des § 315d über den Inhalt des Konzernlageberichts oder des gesonderten nichtfinanziellen Konzernberichts,**
5. **bei der Offenlegung, Hinterlegung, Veröffentlichung oder Vervielfältigung einer Vorschrift des § 328 über Form oder Inhalt oder**
6. **einer auf Grund des § 330 Abs. 1 Satz 1 erlassenen Rechtsverordnung, soweit sie für einen bestimmten Tatbestand auf diese Bußgeldvorschrift verweist,**

zuwiderhandelt.

(2) **Ordnungswidrig handelt, wer zu einem Jahresabschluss, zu einem Einzelabschluss nach § 325 Abs. 2a oder zu einem Konzernabschluss, der aufgrund gesetzlicher Vorschriften zu prüfen ist, einen Vermerk nach § 322 Abs. 1 erteilt, obwohl nach § 319 Abs. 2, 3, 5, § 319a Abs. 1 Satz 1, Abs. 2, § 319b Abs. 1 Satz 1 oder 2 er oder nach § 319 Abs. 4, auch in**

Verbindung mit § 319a Abs. 1 Satz 2, oder § 319b Abs. 1 die Wirtschaftsprüfungsgesellschaft oder die Buchprüfungsgesellschaft, für die er tätig wird, nicht Abschlussprüfer sein darf.

(2a) Ordnungswidrig handelt, wer als Mitglied eines nach § 324 Absatz 1 Satz 1 eingerichteten Prüfungsausschusses

1. die Unabhängigkeit des Abschlussprüfers oder der Prüfungsgesellschaft nicht nach Maßgabe des Artikels 4 Absatz 3 Unterabsatz 2, des Artikels 5 Absatz 4 Unterabsatz 1 Satz 1 oder des Artikels 6 Absatz 2 der Verordnung (EU) Nr. 537/2014 des Europäischen Parlaments und des Rates vom 16. April 2014 über spezifische Anforderungen an die Abschlussprüfung bei Unternehmen von öffentlichem Interesse und zur Aufhebung des Beschlusses 2005/909/EG der Kommission (ABl. L 158 vom 27.5.2014, S. 77, L 170 vom 11.6.2014, S. 66) überwacht,

2. eine Empfehlung für die Bestellung eines Abschlussprüfers oder einer Prüfungsgesellschaft vorlegt, die den Anforderungen nach Artikel 16 Absatz 2 Unterabsatz 2 oder 3 der Verordnung (EU) Nr. 537/2014 nicht entspricht oder der ein Auswahlverfahren nach Artikel 16 Absatz 3 Unterabsatz 1 der Verordnung (EU) Nr. 537/2014 nicht vorangegangen ist, oder

3. den Gesellschaftern einen Vorschlag für die Bestellung eines Abschlussprüfers oder einer Prüfungsgesellschaft vorlegt, der den Anforderungen nach Artikel 16 Absatz 5 Unterabsatz 1 der Verordnung (EU) Nr. 537/2014 nicht entspricht.

(3) [1]Die Ordnungswidrigkeit kann mit einer Geldbuße bis zu fünfzigtausend Euro geahndet werden. [2]Ist die Kapitalgesellschaft kapitalmarktorientiert im Sinne des § 264d, beträgt die Geldbuße in den Fällen des Absatzes 1 höchstens den höheren der folgenden Beträge:

1. zwei Millionen Euro oder

2. das Zweifache des aus der Ordnungswidrigkeit gezogenen wirtschaftlichen Vorteils, wobei der wirtschaftliche Vorteil erzielte Gewinne und vermiedene Verluste umfasst und geschätzt werden kann.

(3a) Wird gegen eine kapitalmarktorientierte Kapitalgesellschaft im Sinne des § 264d in den Fällen des Absatzes 1 eine Geldbuße nach § 30 des Gesetzes über Ordnungswidrigkeiten verhängt, beträgt diese Geldbuße höchstens den höchsten der folgenden Beträge:

1. zehn Millionen Euro,

2. 5 Prozent des jährlichen Gesamtumsatzes, den die Kapitalgesellschaft in dem der Behördenentscheidung vorausgegangenen Geschäftsjahr erzielt hat oder

3. das Zweifache des aus der Ordnungswidrigkeit gezogenen wirtschaftlichen Vorteils, wobei der wirtschaftliche Vorteil erzielte Gewinne und vermiedene Verluste umfasst und geschätzt werden kann.

(3b) [1]Gesamtumsatz im Sinne des Absatzes 3a Nummer 2 ist der Betrag der Umsatzerlöse nach § 277 Absatz 1 oder der Betrag der Nettoumsatzerlöse nach Maßgabe des auf das Unternehmen anwendbaren nationalen Rechts im Einklang mit Artikel 2 Nummer 5 der Richtlinie 2013/34/EU. [2]Handelt es sich bei der Kapitalgesellschaft um ein Mutterunternehmen oder um ein Tochterunternehmen im Sinne des § 290, ist anstelle des Gesamtumsatzes der Kapitalgesellschaft der Gesamtumsatz im Konzernabschluss des Mutterunternehmens maßgeblich, der für den größten Kreis von Unternehmen aufgestellt wird. [3]Wird der Konzernabschluss für den größten Kreis von Unternehmen nicht nach den in Satz 1 genannten

Vorschriften aufgestellt, ist der Gesamtumsatz nach Maßgabe der den Umsatzerlösen vergleichbaren Posten des Konzernabschlusses zu ermitteln. [4]Ist ein Jahres- oder Konzernabschluss für das maßgebliche Geschäftsjahr nicht verfügbar, ist der Jahres- oder Konzernabschluss für das unmittelbar vorausgehende Geschäftsjahr maßgeblich; ist auch dieser nicht verfügbar, kann der Gesamtumsatz geschätzt werden.

(4) [1]Verwaltungsbehörde im Sinn des § 36 Abs. 1 Nr. 1 des Gesetzes über Ordnungswidrigkeiten ist in den Fällen der Absätze 1 und 2a das Bundesamt für Justiz, in den Fällen des Absatzes 2 die Abschlussprüferaufsichtsstelle beim Bundesamt für Wirtschaft und Ausfuhrkontrolle.

(5) Die Absätze 1 bis 4 sind auf Kreditinstitute im Sinn des § 340 und auf Versicherungsunternehmen im Sinn des § 341 Abs. 1 nicht anzuwenden.

I. Betroffener Personenkreis

1   Für die durch **Abs. 1** mit Bußgeld bedrohten Ordnungswidrigkeiten kommen Mitglieder des vertretungsberechtigten Organs – in der Regel also **Vorstandsmitglieder** und **Geschäftsführer** – sowie **Aufsichtsratsmitglieder** als Täter in Betracht. Eine Ausweitung auf andere Personengruppen, wie leitende Angestellte oder Mitglieder eines freiwilligen Beirats, ist auf Grund des eindeutigen Gesetzeswortlauts ausgeschlossen. Die Zwangsgeldvorschriften des § 334 gelten auch für OHG und KG, bei denen keine natürliche Person unmittelbar oder mittelbar persönlich haftender Gesellschafter ist (vgl. Erl. zu § 335b). Bei diesen Gesellschaften richtet sich die Bußgeldandrohung an die Mitglieder des vertretungsberechtigten Organs der vertretungsberechtigten Gesellschaften. Bei Ordnungswidrigkeiten gem. **Abs. 2** stellen **Wirtschaftsprüfer** oder **vereidigte Buchprüfer,** die Abschlussprüfer sind oder für eine Wirtschaftsprüfungsgesellschaft oder Buchprüfungsgesellschaft einen **Bestätigungsvermerk unterzeichnen,** den potenziellen Täterkreis dar.[1] Anders als bei §§ 332, 333 handelt es sich bei den in Abs. 2 genannten Vergehen um Tatbestände, die naturgemäß nicht in der Person von Gehilfen eines Abschlussprüfers verwirklicht sein können, da diese keinen Bestätigungsvermerk erteilen. Ferner werden nach Abs. 2a **Mitglieder eines Prüfungsausschusses** erfasst, der auf der Grundlage des § 324 Abs. 1 S. 1 eingerichtet wurde, sofern sie ihren Pflichten in Zusammenhang mit der Abschlussprüfung nicht nachkommen. Verstöße von Aufsichts- oder Verwaltungsratsmitgliedern von Unternehmen, die den Anforderungen des § 100 Abs. 5 AktG unterliegen, fallen nicht in den Regelungsbereich des Abs. 2a, sondern werden auf der Grundlage rechtsform- oder branchenspezifischer Parallelvorschriften sanktioniert.[2]

II. Zu ahndende Ordnungswidrigkeiten

2   Als Ordnungswidrigkeit werden nach Abs. 1 und 2 Zuwiderhandlungen gegen folgende Vorschriften qualifiziert:

3   **1. Zuwiderhandlungen bei der Aufstellung oder Feststellung des Jahresabschlusses. a) Zuwiderhandlungen gegen Vorschriften über Form und Inhalt des Jahresabschlusses.**

---

[1] BeBiKo/*Grottel*/*Hoffmann* Rn. 27.
[2] BeBiKo/*Grottel*/*Hoffmann* Rn. 29.

– Aufstellung des Jahresabschlusses nach den Grundsätzen ordnungsmäßiger Buchführung (§ 243 Abs. 1);
– Klarheit und Übersichtlichkeit des Jahresabschlusses (§ 243 Abs. 2);
– Aufstellung in deutscher Sprache und in Euro (§ 244);
– Unterzeichnung durch den Kaufmann oder die persönlich haftenden Gesellschafter unter Angabe des Datums (§ 245);
– Vollständigkeit des Jahresabschlusses (§ 246 Abs. 1);
– Verrechnungsverbot und Verrechnungsgebot für Vermögensgegenstände des Deckungsvermögens für Altersversorgungsverpflichtungen (§ 246 Abs. 2);
– Ansatzstetigkeit (§ 246 Abs. 3);
– Inhalt der Bilanz (§ 247);
– Bilanzierungsverbote (§ 248);
– Rückstellungsbildung (§ 249 Abs. 1 S. 1 oder Abs. 2);
– Rechnungsabgrenzungsposten (§ 250 Abs. 1 oder Abs. 2);
– Haftungsverhältnisse (§ 251);
– Angabe der Firma, des Sitzes, des Registergerichts und der Registernummer sowie der Tatsache, ob sich die Gesellschaft in Liquidation oder Abwicklung befindet (§ 264 Abs. 1a);
– Vermittlung eines den tatsächlichen Verhältnissen entsprechenden Bildes der Vermögens-, Finanz- und Ertragslage (§ 264 Abs. 2).

b) Zuwiderhandlungen gegen Vorschriften über die Bewertung. **4**
– Wertansätze von Vermögensgegenständen (§ 253 Abs. 1 S. 1 iVm § 255 Abs. 1 oder Abs. 2 oder Abs. 2a)
– Wertansätze von Schulden (§ 253 Abs. 1 S. 2, 3 oder Abs. 2);
– Bewertung von Vermögensgegenständen des Anlagevermögens (§ 253 Abs. 3);
– Bewertung von Vermögensgegenständen des Umlaufvermögens (§ 253 Abs. 4);
– Wertaufholungsgebot (§ 253 Abs. 5 S. 1);
– Beibehaltungsgebot eines niedrigeren Wertansatzes eines entgeltlich erworbenen Geschäfts- oder Firmenwertes (§ 253 Abs. 5 S. 1);
– Bildung von Bewertungseinheiten (§ 254);
– Währungsumrechnung (§ 256a).

c) Zuwiderhandlungen gegen Vorschriften über die Gliederung. **5**
– Angabe von Vorjahresbeträgen (§ 265 Abs. 2);
– Mitzugehörigkeit zu anderen Posten der Bilanz (§ 265 Abs. 3);
– Gliederung des Jahresabschlusses bei unterschiedlichen Geschäftszweigen (§ 265 Abs. 4);
– Pflicht zur abweichenden Gliederung und Bezeichnung der mit arabischen Zahlen versehenen Posten der Bilanz und der Gewinn- und Verlustrechnung zwecks Klarheit und Übersichtlichkeit (§ 265 Abs. 6);
– Gliederung der Bilanz (§ 266);
– Darstellung der Entwicklung der einzelnen Posten des Anlagevermögens (§ 268 Abs. 2);
– Ausweis eines nicht durch Eigenkapital gedeckten Fehlbetrags (§ 268 Abs. 3);

- zusätzliche Angaben bei Forderungen und sonstigen Vermögensgegenständen (§ 268 Abs. 4);
- zusätzliche Angaben bei Verbindlichkeiten (§ 268 Abs. 5);
- Ausweis eines Unterschiedsbetrags nach § 250 Abs. 3 (§ 268 Abs. 6);
- gesonderte Angabe der in § 251 bezeichneten Haftungsverhältnisse (§ 268 Abs. 7);
- Gliederung des Eigenkapitals (§ 272);
- Ausweis einer Rückstellung für latente Steuern (§ 274);
- Gliederung der Gewinn- und Verlustrechnung (§ 275);
- Vorschriften zu einzelnen Posten der Gewinn- und Verlustrechnung (§ 277).

6   d) Zuwiderhandlungen gegen Vorschriften über in der Bilanz oder im Anhang zu machende Angaben.

- Erläuterung der Bilanz und der Gewinn- und Verlustrechnung im Anhang (§ 284);
- sonstige Pflichtangaben im Anhang (§ 285 HGB).

7   2. Zuwiderhandlungen bei der Aufstellung oder Billigung des Konzernabschlusses.

- Grundsätze für die Einbeziehung des Mutterunternehmens und der Tochterunternehmen (§ 294 Abs. 1);
- Angabe der Firma, des Sitzes, des Registergerichts und der Registernummer des Mutterunternehmens sowie der Tatsache, ob sich das Mutterunternehmen in Liquidation oder Abwicklung befindet (§ 297 Abs. 1a);
- Form und Inhalt des Konzernabschlusses (§ 297 Abs. 2 oder Abs. 3);
- entsprechende Anwendung von Vorschriften über den Jahresabschluss über Inhalt und Form auf den Konzernabschluss (§ 298 Abs. 1);
- Konsolidierungsgrundsätze und Vollständigkeitsgebot (§ 300);
- einheitliche Bewertung (§ 308 Abs. 1 S. 1 iVm einer der unter § 334 Abs. 1 Nr. 2 Buchst. d genannten Bewertungsvorschriften oder § 308 Abs. 2);
- Umrechnung von auf fremde Währung lautenden Abschlüssen (§ 308a);
- Wertansatz der Beteiligung und Behandlung des Unterschiedsbetrags bei der Einbeziehung assoziierter Unternehmen (§ 311 Abs. 1 S. 1 iVm § 312);
- Anhangangabe zu Abweichungen von den auf den Jahresabschluss des Mutterunternehmens angewendeten Bewertungsmethoden (§ 308 Abs. 1 S. 3);
- sonstige Konzernanhangangaben (§§ 313 oder 314).

8   3. Zuwiderhandlungen bei der Aufstellung des Lageberichts, der Erstellung eines gesonderten nichtfinanziellen Berichts oder der Erklärung zur Unternehmensführung.

- Inhalt des Lageberichts (§ 289);
- ergänzende Vorschriften für bestimmte Aktiengesellschaften und Kommanditgesellschaften auf Aktien zum Inhalt des Lageberichts (§ 289a);
- Inhalt der nichtfinanziellen Erklärung bzw. des gesonderten nichtfinanziellen Berichts (§§ 289b–289e);
- Inhalt der Erklärung zur Unternehmensführung (§ 289f).

4. Zuwiderhandlungen bei der Aufstellung des Konzernlage- 9
berichts oder der Erstellung eines nichtfinanziellen Konzernberichts.
– Inhalt des Konzernlageberichts (§ 315);
– ergänzende Vorschriften für bestimmte Aktiengesellschaften und Kommanditgesellschaften auf Aktien zum Inhalt des Lageberichts (§ 315a);
– Inhalt der nichtfinanziellen Konzernerklärung bzw. des gesonderten nichtfinanziellen Konzernberichts (§§ 315b–315c);
– Inhalt der Konzernerklärung zur Unternehmensführung (§ 315d).

5. Zuwiderhandlungen bei der Offenlegung, Veröffentlichung oder 10
Vervielfältigung.
– Form und Inhalt der Unterlagen bei der Offenlegung, Veröffentlichung oder Vervielfältigung (§ 328).

6. Zuwiderhandlungen gegen eine auf Grund des § 330 Abs. 1 S. 1 11
erlassene Rechtsverordnung. Derartige Verordnungen existieren für die Rechnungslegung von Verkehrsunternehmen, Krankenhäusern, Pflegeeinrichtungen und Wohnungsunternehmen.

7. Ordnungswidrige Erteilung eines Bestätigungsvermerks. Eine 12
Ordnungswidrigkeit begehen auch Wirtschaftsprüfer bzw. Wirtschaftsprüfungsgesellschaften, sofern sie zu einem Jahresabschluss, zu einem Einzelabschluss nach § 325 Abs. 2a oder einem Konzernabschluss einen **Bestätigungsvermerk** iSv § 322 erteilen, obwohl einer der in § 319 Abs. 2, 3, 5, § 319a Abs. 1 S. 1, Abs. 2, § 319b Abs. 1 S. 1 oder S. 2, § 319 Abs. 4 auch iVm § 319a Abs. 1 S. 2, oder § 319b Abs. 1 genannten Gründe vorliegt, nach denen der Wirtschaftsprüfer bzw. die Wirtschaftsprüfungsgesellschaft nicht Abschlussprüfer sein darf. Gegen den Tatbestand des Abs. 2 können nur Wirtschaftsprüfer oder gesetzliche Vertreter bzw. Prüfungsgehilfen von Wirtschaftsprüfungsgesellschaften verstoßen, die selbst den Bestätigungsvermerk unterzeichnen.

8. Pflichtverstöße eines nach § 324 Abs. 1 S. 1 eingerichteten Prü- 12a
fungsausschusses. Durch das AReG[3] wurden Pflichtverstöße eines nach § 324 Abs. 1 S. 1 eingerichteten Prüfungsausschusses in Verbindung mit seinen auf die Abschlussprüfung bezogenen Aufgaben in den Katalog der Ordnungswidrigkeiten aufgenommen. Im Einzelnen werden davon Verstöße gegen die folgenden, sich aus der EU-APrVO ergebenden Verpflichtungen erfasst:
– Entscheidung anhand objektiver Gründe über die weitere Durchführung der Abschlussprüfung für einen Zeitraum von höchstens zwei Jahren durch einen Abschlussprüfer bei einem über 15 % hinausgehenden Honoraranteil an den Gesamthonoraren (Art. 4 Abs. 3 UAbs. 2 EU-APrVO);
– Billigung von nicht verbotenen Nichtprüfungsleistungen (Art. 5 Abs. 4 UAbs. 1 EU-APrVO);
– Erörterung der Gefahren für die Unabhängigkeit sowie der zur Verminderung der Gefahren angewendeten Schutzmaßnahmen mit dem Abschlussprüfer (Art. 6 Abs. 2 EU-APrVO);
– Vorlage einer begründeten Empfehlung für die Bestellung des Abschlussprüfers an das Verwaltungs- oder Aufsichtsorgan (Art. 16 Abs. 2 UAbs. 2 und 3 EU-APrVO);

---

[3] Abschlussprüfungsreformgesetz – AReG, BGBl. 2016 I 1142.

– Vorlage eines Vorschlags für die Bestellung des Abschlussprüfers an die Gesellschafterversammlung oder Aktionärshauptversammlung (Art. 16 Abs. 5 UAbs. 1 EU-APrVO);

Zu Fällen, in denen aufgrund verschärfender Umstände entsprechende Pflichtverstöße einen Straftatbestand begründen, vgl. Erl. zu § 333a.

III. Verfahren zur Verfolgung und Ahndung der Ordnungswidrigkeiten

13   Voraussetzung für die Ahndung der beschriebenen Ordnungswidrigkeiten ist **vorsätzliches Handeln** der Täter.[4] Aufgrund der fehlenden Erwähnung in § 334 ist fahrlässiges Handeln nicht mit einer Geldbuße (Grundsatz von § 10 OWiG) bedroht. Die Verfolgung der Ordnungswidrigkeiten erfolgt durch das Bundesamt für Justiz als zuständiger Verwaltungsbehörde, im Fall von Verstößen eines nach § 324 Abs. 1 S. 1 eingerichteten Prüfungsausschusses die Abschlussprüferaufsichtsstelle beim Bundesamt für Wirtschaft und Ausfuhrkontrolle. Die Verfolgung der Ordnungswidrigkeiten erfolgt von Amts wegen; eines Antrags bedarf es insoweit nicht.[5]

IV. Rechtsfolgen

14   Die Ordnungswidrigkeit kann – soweit es sich nicht um kapitalmarktorientierte Gesellschaften iSd § 264d handelt – mit einer Geldbuße geahndet werden, die grundsätzlich bis zu 50.000 Euro betragen kann. Die Höhe ist abhängig von der Bedeutung der Ordnungswidrigkeit und der Schwere des Vorwurfs gegen den Täter.[6] Da mit der Geldbuße der wirtschaftliche Erfolg des Täters abgeschöpft werden soll, kann der Betrag auch über den gesetzlichen Rahmen hinausgehen, wenn nur so das mit der Strafe angestrebte Ziel erreicht werden kann (§ 17 Abs. 4 OWiG). Die Geldbuße kann sowohl gegen ein Organmitglied als auch gegen die Kapitalgesellschaft selbst verhängt werden.[7]

15   Für die Mitglieder des vertretungsberechtigten Organs oder des Aufsichtsrats kapitalmarktorientierter Gesellschaften iSd § 264d wurde der Bußgeldrahmen durch das CSR-Richtlinie-Umsetzungsgesetz deutlich angehoben, um bei Verstößen gegen inhaltliche Vorschriften zur Aufstellung von Jahres- und Konzernabschlüssen sowie Lage- und Konzernlageberichten vergleichbare Sanktionen wie bei Offenlegungsverstößen anzudrohen.[8] Danach beläuft sich der maximale Bußgeldrahmen gegen Mitglieder des vertretungsberechtigten Organs oder des Aufsichtsrats auf den höchsten Betrag aus 2.000.000 Euro, das Zweifache des aus der Ordnungswidrigkeit gezogenen wirtschaftlichen Vorteils.

16   Ferner wurde eine gegen die kapitalmarktorientierte Gesellschaft iSd § 264d selbst gerichtete Sanktionsmöglichkeit geschaffen, sodass eine Geldbuße nach § 30 OWiG festgesetzt werden kann. In diesem Fall beläuft sich die Geldbuße auf bis zu dem höchsten Betrag aus 10.000.000 Euro, 5% des

---

[4] HdR/*Pfennig* Rn. 22; *Maier* in Hofbauer/Kupsch Bonner-HdB Rn. 2.
[5] BeBiKo/*Grottel*/*Hoffmann* Rn. 33.
[6] BeBiKo/*Grottel*/*Hoffmann* Rn. 40.
[7] BeBiKo/*Grottel*/*Hoffmann* Rn. 41.
[8] RegBegr., BT-Drs. 18/9982, 60.

Gesamtumsatzes im vorangegangenen Geschäftsjahr oder das Zweifache des aus der Ordnungswidrigkeit gezogenen wirtschaftlichen Vorteils.

Verstöße des Wirtschaftsprüfers gegen § 334 Abs. 2 führen nicht zur Nichtigkeit des Jahresabschlusses. **17**

V. Nichtanwendbarkeit auf Kreditinstitute und Versicherungsunternehmen

Abs. 5 stellt klar, dass die Bußgeldvorschrift in § 334 auf Kreditinstitute **18** und Versicherungsunternehmen nicht angewendet werden kann. Stattdessen enthalten §§ 340n, 341n eigenständige Bußgeldvorschriften, die in weiten Teilen mit § 334 übereinstimmen, gleichzeitig jedoch auch die Sanktionierung von Verstößen gegen geschäftszweigspezifische Regelungen zum Gegenstand haben.

Zweiter Titel. Ordnungsgelder

§ 335 Festsetzung von Ordnungsgeld; Verordnungsermächtigungen

(1) ¹Gegen die Mitglieder des vertretungsberechtigten Organs einer Kapitalgesellschaft, die

1. § 325 über die Pflicht zur Offenlegung des Jahresabschlusses, des Lageberichts, des Konzernabschlusses, des Konzernlageberichts und anderer Unterlagen der Rechnungslegung oder

2. § 325a über die Pflicht zur Offenlegung der Rechnungslegungsunterlagen der Hauptniederlassung

nicht befolgen, ist wegen des pflichtwidrigen Unterlassens der rechtzeitigen Offenlegung vom Bundesamt für Justiz (Bundesamt) ein Ordnungsgeldverfahren nach den Absätzen 2 bis 6 durchzuführen; im Fall der Nummer 2 treten die in § 13e Absatz 2 Satz 5 Nummer 3 genannten Personen, sobald sie angemeldet sind, an die Stelle der Mitglieder des vertretungsberechtigten Organs der Kapitalgesellschaft. ²Das Ordnungsgeldverfahren kann auch gegen die Kapitalgesellschaft durchgeführt werden, für die die Mitglieder des vertretungsberechtigten Organs die in Satz 1 Nr. 1 und 2 genannten Pflichten zu erfüllen haben. ³Dem Verfahren steht nicht entgegen, dass eine der Offenlegung vorausgehende Pflicht, insbesondere die Aufstellung des Jahres- oder Konzernabschlusses oder die unverzügliche Erteilung des Prüfauftrags, noch nicht erfüllt ist. ⁴Das Ordnungsgeld beträgt mindestens zweitausendfünfhundert und höchstens fünfundzwanzigtausend Euro. ⁵Eingenommene Ordnungsgelder fließen dem Bundesamt zu.

(1a) ¹Ist die Kapitalgesellschaft kapitalmarktorientiert im Sinne des § 264d, beträgt das Ordnungsgeld höchstens den höheren der folgenden Beträge:

1. zehn Millionen Euro,

2. 5 Prozent des jährlichen Gesamtumsatzes, den die Kapitalgesellschaft im der Behördenentscheidung vorausgegangenen Geschäftsjahr erzielt hat, oder

3. das Zweifache des aus der unterlassenen Offenlegung gezogenen wirtschaftlichen Vorteils; der wirtschaftliche Vorteil umfasst erzielte Gewinne und vermiedene Verluste und kann geschätzt werden.

[2]Wird das Ordnungsgeld einem Mitglied des gesetzlichen Vertretungsorgans der Kapitalgesellschaft angedroht, beträgt das Ordnungsgeld abweichend von Satz 1 höchstens den höheren der folgenden Beträge:

1. zwei Millionen Euro oder
2. das Zweifache des aus der unterlassenen Offenlegung gezogenen Vorteils; der wirtschaftliche Vorteil umfasst erzielte Gewinne und vermiedene Verluste und kann geschätzt werden.

(1b) [1]Gesamtumsatz im Sinne des Absatzes 1a Satz 1 Nummer 2 ist

1. im Falle von Kreditinstituten, Zahlungsinstituten und Finanzdienstleistungsinstituten im Sinne des § 340 der sich aus dem auf das Institut anwendbaren nationalen Recht im Einklang mit Artikel 27 Nummer 1, 3, 4, 6 und 7 oder Artikel 28 Nummer B1, B2, B3, B4 und B7 der Richtlinie 86/635/EWG des Rates vom 8. Dezember 1986 über den Jahresabschluss und den konsolidierten Abschluss von Banken und anderen Finanzinstituten (ABl. L 372 vom 31.12.1986, S. 1) ergebende Gesamtbetrag, abzüglich der Umsatzsteuer und sonstiger direkt auf diese Erträge erhobener Steuern,
2. im Falle von Versicherungsunternehmen der sich aus dem auf das Versicherungsunternehmen anwendbaren nationalen Recht im Einklang mit Artikel 63 der Richtlinie 91/674/EWG des Rates vom 19. Dezember 1991 über den Jahresabschluss und den konsolidierten Abschluss von Versicherungsunternehmen (ABl. L 374 vom 31.12.1991, S. 7) ergebende Gesamtbetrag, abzüglich der Umsatzsteuer und sonstiger direkt auf diese Erträge erhobener Steuern,
3. im Übrigen der Betrag der Umsatzerlöse nach § 277 Absatz 1 oder der Nettoumsatzerlöse nach Maßgabe des auf das Unternehmen anwendbaren nationalen Rechts im Einklang mit Artikel 2 Nummer 5 der Richtlinie 2013/34/EU.

[2]Handelt es sich bei der Kapitalgesellschaft um ein Mutterunternehmen oder um ein Tochterunternehmen im Sinne von § 290, ist anstelle des Gesamtumsatzes der Kapitalgesellschaft der Gesamtumsatz im Konzernabschluss des Mutterunternehmens maßgeblich, der für den größten Kreis von Unternehmen aufgestellt wird. [3]Wird der Konzernabschluss für den größten Kreis von Unternehmen nicht nach den in Satz 1 genannten Vorschriften aufgestellt, ist der Gesamtumsatz nach Maßgabe der den in Satz 1 Nummer 1 bis 3 vergleichbaren Posten des Konzernabschlusses zu ermitteln. [4]Ist ein Jahresabschluss oder Konzernabschluss für das maßgebliche Geschäftsjahr nicht verfügbar, ist der Jahres- oder Konzernabschluss für das unmittelbar vorausgehende Geschäftsjahr maßgeblich; ist auch dieser nicht verfügbar, kann der Gesamtumsatz geschätzt werden.

(1c) Soweit dem Bundesamt Ermessen bei der Höhe eines Ordnungsgeldes zusteht, hat es auch frühere Verstöße der betroffenen Person zu berücksichtigen.

(1d) [1]Das Bundesamt unterrichtet die Bundesanstalt für Finanzdienstleistungsaufsicht unverzüglich über jedes Ordnungsgeld, das gemäß Absatz 1 gegen eine Kapitalgesellschaft im Sinne des § 264d oder gegen ein Mitglied ihrer Vertretungsorgane festgesetzt wird. [2]Wird gegen eine solche Ordnungsgeldfestsetzung Beschwerde eingelegt, unterrichtet das Bundesamt die Bundesanstalt für Finanzdienstleistungsaufsicht über diesen Umstand sowie über den Ausgang des Beschwerdeverfahrens.

(2) [1] Auf das Verfahren sind die §§ 15 bis 19, § 40 Abs. 1, § 388 Abs. 1, § 389 Abs. 3, § 390 Abs. 2 bis 6 des Gesetzes über das Verfahren in Familiensachen und in den Angelegenheiten der freiwilligen Gerichtsbarkeit sowie im Übrigen § 11 Nr. 1 und 2, § 12 Abs. 1 Nr. 1 bis 3, Abs. 2 und 3, §§ 14, 15, 20 Abs. 1 und 3, § 21 Abs. 1, §§ 23 und 26 des Verwaltungsverfahrensgesetzes nach Maßgabe der nachfolgenden Absätze entsprechend anzuwenden. [2] Das Ordnungsgeldverfahren ist ein Justizverwaltungsverfahren. [3] Zur Vertretung der Beteiligten sind auch Wirtschaftsprüfer und vereidigte Buchprüfer, Steuerberater, Steuerbevollmächtigte, Personen und Vereinigungen im Sinn des § 3 Nr. 4 des Steuerberatungsgesetzes sowie Gesellschaften im Sinn des § 3 Nr. 2 und 3 des Steuerberatungsgesetzes, die durch Personen im Sinn des § 3 Nr. 1 des Steuerberatungsgesetzes handeln, befugt.

(2a) [1] Die Akten einschließlich der Verfahrensakten in der Zwangsvollstreckung werden elektronisch geführt. [2] Auf die elektronische Aktenführung und die elektronische Kommunikation ist § 110c des Gesetzes über Ordnungswidrigkeiten entsprechend anzuwenden, jedoch dessen Satz 1

1. nicht in Verbindung mit dessen Satz 2 und § 32b der Strafprozessordnung auf

   a) die Androhung eines Ordnungsgeldes nach Absatz 3 Satz 1,

   b) die Kostenentscheidung nach Absatz 3 Satz 2 und

   c) den Erlass von Zwischenverfügungen;

2. nicht in Verbindung mit den §§ 32d und 32e Absatz 3 Satz 1 und 2 der Strafprozessordnung auf das Verfahren insgesamt sowie

3. einschließlich dessen Sätze 2 und 3 nicht auf die Beitreibung nach dem Justizbeitreibungsgesetz.

[3] Satz 2 gilt entsprechend auch für Verfügungen im Sinne der Absätze 3 und 4, die automatisiert erlassen werden können.

(3) [1] Den in Absatz 1 Satz 1 und 2 bezeichneten Beteiligten ist unter Androhung eines Ordnungsgeldes in bestimmter Höhe aufzugeben, innerhalb einer Frist von sechs Wochen vom Zugang der Androhung an ihrer gesetzlichen Verpflichtung nachzukommen oder die Unterlassung mittels Einspruchs gegen die Verfügung zu rechtfertigen. [2] Mit der Androhung des Ordnungsgeldes sind den Beteiligten zugleich die Kosten des Verfahrens aufzuerlegen. [3] Der Einspruch kann auf Einwendungen gegen die Entscheidung über die Kosten beschränkt werden. [4] Der Einspruch gegen die Androhung des Ordnungsgeldes und gegen die Entscheidung über die Kosten hat keine aufschiebende Wirkung. [5] Führt der Einspruch zu einer Einstellung des Verfahrens, ist zugleich auch die Kostenentscheidung nach Satz 2 aufzuheben.

(4) [1] Wenn die Beteiligten nicht spätestens sechs Wochen nach dem Zugang der Androhung der gesetzlichen Pflicht entsprochen oder die Unterlassung mittels Einspruchs gerechtfertigt haben, ist das Ordnungsgeld festzusetzen und zugleich die frühere Verfügung unter Androhung eines erneuten Ordnungsgeldes zu wiederholen. [2] Haben die Beteiligten die gesetzliche Pflicht erst nach Ablauf der Sechswochenfrist erfüllt, hat das Bundesamt das Ordnungsgeld wie folgt herabzusetzen:

1. auf einen Betrag von 500 Euro, wenn die Beteiligten von dem Recht einer Kleinstkapitalgesellschaft nach § 326 Absatz 2 Gebrauch gemacht haben;

2. auf einen Betrag von 1 000 Euro, wenn es sich um eine kleine Kapitalgesellschaft im Sinne des § 267 Absatz 1 handelt;

3. auf einen Betrag von 2 500 Euro, wenn ein höheres Ordnungsgeld angedroht worden ist und die Voraussetzungen der Nummern 1 und 2 nicht vorliegen, oder

4. jeweils auf einen geringeren Betrag, wenn die Beteiligten die Sechswochenfrist nur geringfügig überschritten haben.

[3] Bei der Herabsetzung sind nur Umstände zu berücksichtigen, die vor der Entscheidung des Bundesamtes eingetreten sind.

(5) [1] Waren die Beteiligten unverschuldet gehindert, in der Sechswochenfrist nach Absatz 4 Einspruch einzulegen oder ihrer gesetzlichen Verpflichtung nachzukommen, hat ihnen das Bundesamt auf Antrag Wiedereinsetzung in den vorigen Stand zu gewähren. [2] Das Verschulden eines Vertreters ist der vertretenen Person zuzurechnen. [3] Ein Fehlen des Verschuldens wird vermutet, wenn eine Rechtsbehelfsbelehrung unterblieben ist oder fehlerhaft ist. [4] Der Antrag auf Wiedereinsetzung ist binnen zwei Wochen nach Wegfall des Hindernisses schriftlich beim Bundesamt zu stellen. [5] Die Tatsachen zur Begründung des Antrags sind bei der Antragstellung oder im Verfahren über den Antrag glaubhaft zu machen. [6] Die versäumte Handlung ist spätestens sechs Wochen nach Wegfall des Hindernisses nachzuholen. [7] Ist innerhalb eines Jahres seit dem Ablauf der Sechswochenfrist nach Absatz 4 weder Wiedereinsetzung beantragt noch die versäumte Handlung nachgeholt worden, kann Wiedereinsetzung nicht mehr gewährt werden. [8] Die Wiedereinsetzung ist nicht anfechtbar. [9] Haben die Beteiligten Wiedereinsetzung nicht beantragt oder ist die Ablehnung des Wiedereinsetzungsantrags bestandskräftig geworden, können sich die Beteiligten mit der Beschwerde nicht mehr darauf berufen, dass sie unverschuldet gehindert waren, in der Sechswochenfrist Einspruch einzulegen oder ihrer gesetzlichen Verpflichtung nachzukommen.

(6) [1] Liegen dem Bundesamt in einem Verfahren nach den Absätzen 1 bis 5 keine Anhaltspunkte über die Einstufung einer Gesellschaft im Sinne des § 267 Absatz 1 bis 3 oder des § 267a vor, kann es den in Absatz 1 Satz 1 und 2 bezeichneten Beteiligten aufgeben, die Bilanzsumme nach Abzug eines auf der Aktivseite ausgewiesenen Fehlbetrags (§ 268 Absatz 3), die Umsatzerlöse (§ 277 Absatz 1) und die durchschnittliche Zahl der Arbeitnehmer (§ 267 Absatz 5) für das betreffende Geschäftsjahr und für diejenigen Geschäftsjahre, die für die Einstufung erforderlich sind, anzugeben. [2] Unterbleiben die Angaben nach Satz 1, so wird für das weitere Verfahren vermutet, dass die Erleichterungen der §§ 326 und 327 nicht in Anspruch genommen werden können. [3] Die Sätze 1 und 2 gelten für den Konzernabschluss und den Konzernlagebericht entsprechend mit der Maßgabe, dass an die Stelle der §§ 267, 326 und 327 der § 293 tritt.

(7) [1] Das Bundesministerium der Justiz und für Verbraucherschutz kann zur näheren Ausgestaltung der elektronischen Aktenführung und elektronischen Kommunikation nach Absatz 2a in der ab dem 1. Januar 2018 geltenden Fassung durch Rechtsverordnung, die nicht der Zustimmung des Bundesrates bedarf,

1. die Weiterführung von Akten in Papierform gestatten, die bereits vor Einführung der elektronischen Aktenführung in Papierform angelegt wurden,

2. die organisatorischen und dem Stand der Technik entsprechenden technischen Rahmenbedingungen für die elektronische Aktenführung

einschließlich der einzuhaltenden Anforderungen des Datenschutzes, der Datensicherheit und der Barrierefreiheit festlegen,

3. die Standards für die Übermittlung elektronischer Akten zwischen dem Bundesamt und einer anderen Behörde oder einem Gericht näher bestimmen,

4. die Standards für die Einsicht in elektronische Akten vorgeben,

5. elektronische Formulare einführen und

   a) bestimmen, dass die in den Formularen enthaltenen Angaben ganz oder teilweise in strukturierter maschinenlesbarer Form zu übermitteln sind,

   b) eine Kommunikationsplattform vorgeben, auf der die Formulare im Internet zur Nutzung bereitzustellen sind, und

   c) bestimmen, dass eine Identifikation des Formularverwenders abweichend von Absatz 2a in Verbindung mit § 110c des Gesetzes über Ordnungswidrigkeiten und § 32a Absatz 3 der Strafprozessordnung durch Nutzung des elektronischen Identitätsnachweises nach § 18 des Personalausweisgesetzes [*ab 1.11.2019*: § 12 des ID-Karte-Gesetzes] oder § 78 Absatz 5 des Aufenthaltsgesetzes erfolgen kann,

6. Formanforderungen und weitere Einzelheiten für den automatisierten Erlass von Entscheidungen festlegen,

7. die Einreichung elektronischer Dokumente, abweichend von Absatz 2a in Verbindung mit § 110c des Gesetzes über Ordnungswidrigkeiten und § 32a der Strafprozessordnung, erst zum 1. Januar des Jahres 2019 oder 2020 zulassen und

8. die Weiterführung der Akten in der bisherigen elektronischen Form bis zu einem bestimmten Zeitpunkt vor dem 1. Januar 2026 gestatten.

²Das Bundesministerium der Justiz und für Verbraucherschutz kann die Ermächtigungen des Satzes 1 durch Rechtsverordnung ohne Zustimmung des Bundesrates auf das Bundesamt für Justiz übertragen.

I. Betroffener Personenkreis

Zur Einhaltung der gesetzlichen Verpflichtungen in Verbindung mit dem 1 Jahresabschluss und Lagebericht bzw. dem Konzernabschluss und Konzernlagebericht können die Mitglieder des vertretungsberechtigten Organs durch ein Zwangsgeld angehalten werden. Davon betroffen sind die **Vorstandsmitglieder** oder **Geschäftsführer** der Kapitalgesellschaft. Die Ordnungsgeldvorschriften des § 335 gelten auch für OHG und KG, bei denen keine natürliche Person unmittelbar oder mittelbar persönlich haftender Gesellschafter ist (vgl. Erl. zu § 335b). Bei OHG und KG, bei denen keine natürliche Person unmittelbar oder mittelbar persönlich haftender Gesellschafter ist, richtet sich daher die Zwangsgeldandrohung an die Mitglieder des vertretungsberechtigten Organs der vertretungsberechtigten Gesellschaften. Ferner kann das Ordnungsgeldverfahren auch gegen die Kapitalgesellschaft bzw. die OHG und KG, bei denen keine natürliche Person unmittelbar oder mittelbar persönlich haftender Gesellschafter ist, eingeleitet werden.

II. Zu ahndende Pflichtverletzungen

Mit Ordnungsgeld bedroht sind die folgenden Pflichtverletzungen: 2

1. **Verstöße gegen die Pflicht zur Offenlegung des Jahresabschlusses, des Lageberichts, des Konzernabschlusses, des Konzernlage-**

berichts und anderer Unterlagen der Rechnungslegung (§ 325). Die Sanktionierung knüpft allein an die unterlassene Offenlegung der in Abs. 1 Nr. 1 bezeichneten Unterlagen an.

2. **Verstöße gegen die Pflicht zur Offenlegung der Rechnungslegungsunterlagen der Hauptniederlassung (§ 325a).** → Rn. 2 gilt entsprechend.

III. Voraussetzungen und Verfahren zur Festsetzung eines Ordnungsgelds

3   Das pflichtwidrige Unterlassen der rechtzeitigen Offenlegung wird vom Bundesamt für Justiz von Amts wegen verfolgt. Dabei kommt es nicht darauf an, ob zeitlich vorgelagerte Verpflichtungen wie die Aufstellung des betroffenen Abschlusses oder die Beauftragung der Abschlussprüfung noch nicht erfüllt sind.

4   Sofern die Offenlegung nicht in dem dafür vorgesehenen Zeitraum erfolgt ist, wird den zur Offenlegung Verpflichteten eine **Frist von sechs Wochen** gesetzt, um die Offenlegung vorzunehmen oder im Wege des Einspruchs Gründe für die unterlassene Offenlegung vorzubringen. Die Durchsetzung der gesetzlichen Verpflichtung wird durch die Androhung eines Ordnungsgeldes unterstützt, das im Fall der weiterhin unterbleibenden Offenlegung mehrmals festgesetzt werden kann. Zugleich werden den gesetzlichen Vertretern bzw. den Beteiligten die Kosten des Verfahrens auferlegt.

5   Nach Ablauf der Sechs-Wochen-Frist, in der entweder die Offenlegung erfolgt oder Einspruch erhoben werden muss, ist das zuvor angedrohte Ordnungsgeld festzusetzen. Bei einer Offenlegung, die nicht innerhalb dieser Frist erfolgt, ist das Ordnungsgeld in Abhängigkeit der Umstände herabzusetzen. Maßgeblich dafür sind die Größenklasse der betroffenen Gesellschaft (Reduzierung für kleine Kapitalgesellschaften und Kleinstkapitalgesellschaften), die Höhe des angedrohten Ordnungsgeldes (Reduzierung auf 2.500 Euro, sofern ein höherer Betrag angedroht wurde) sowie der Umstand, ob die Frist nur geringfügig überschritten wurde.

6   Schließlich sieht Abs. 5 auf Antrag innerhalb von zwei Wochen die Wiedereinsetzung in den vorherigen Stand vor, wenn die Vornahme der Offenlegung oder die Einlegung des Einspruchs innerhalb der Sechs-Wochen-Frist unterblieben ist, ohne dass ein Verschulden der Beteiligten vorliegt. Nach Wegfall des Hindernisses ist innerhalb von sechs Wochen die versäumte Handlung (Offenlegung) nachzuholen.

IV. Bemessung des Ordnungsgelds bei kapitalmarktorientierten Unternehmen

7   Ebenso wie bei der Bemessung von Bußgeldern nach § 334 sind für kapitalmarktorientierte Unternehmen erhöhte Ordnungsgelder für das pflichtwidrige Unterlassen der rechtzeitigen Offenlegung vorgesehen. Bei gegen die Kapitalgesellschaft festgesetzten Ordnungsgeldern wird die für sonstige Kapitalgesellschaften geltende Obergrenze von 25.000 Euro bei kapitalmarktorientierten Unternehmen auf den höheren Betrag aus 10.000.000 Euro, 5 % des Gesamtumsatzes im vorangegangenen Geschäftsjahr oder das Zweifache des aus der unterlassenen Offenlegung gezogenen wirtschaftlichen Vorteils angehoben. Bei der Festsetzung gegen ein Mitglied des gesetzlichen Vertretungs-

organs beläuft sich der Betrag bei diesen Unternehmen auf 2.000.000 Euro oder das Zweifache des aus der unterlassenen Offenlegung gezogenen wirtschaftlichen Vorteils.

§ 335a Beschwerde gegen die Festsetzung von Ordnungsgeld; Rechtsbeschwerde; Verordnungsermächtigung

(1) Gegen die Entscheidung, durch die das Ordnungsgeld festgesetzt oder der Einspruch oder der Antrag auf Wiedereinsetzung in den vorigen Stand verworfen wird, sowie gegen die Entscheidung nach § 335 Absatz 3 Satz 5 findet die Beschwerde nach den Vorschriften des Gesetzes über das Verfahren in Familiensachen und in den Angelegenheiten der freiwilligen Gerichtsbarkeit statt, soweit sich aus den nachstehenden Absätzen nichts anderes ergibt.

(2) ¹Die Beschwerde ist binnen einer Frist von zwei Wochen einzulegen; über sie entscheidet das für den Sitz des Bundesamtes zuständige Landgericht. ²Zur Vermeidung von erheblichen Verfahrensrückständen oder zum Ausgleich einer übermäßigen Geschäftsbelastung wird die Landesregierung des Landes, in dem das Bundesamt seinen Sitz unterhält, ermächtigt, durch Rechtsverordnung die Entscheidung über die Rechtsmittel nach Satz 1 einem anderen Landgericht oder weiteren Landgerichten zu übertragen. ³Die Landesregierung kann diese Ermächtigung auf die Landesjustizverwaltung übertragen. ⁴Ist bei dem Landgericht eine Kammer für Handelssachen gebildet, so tritt diese Kammer an die Stelle der Zivilkammer. ⁵Entscheidet über die Beschwerde die Zivilkammer, so sind die §§ 348 und 348a der Zivilprozessordnung entsprechend anzuwenden; über eine bei der Kammer für Handelssachen anhängige Beschwerde entscheidet der Vorsitzende. ⁶Das Landgericht kann nach billigem Ermessen bestimmen, dass den Beteiligten die außergerichtlichen Kosten, die zur zweckentsprechenden Rechtsverfolgung notwendig waren, ganz oder teilweise aus der Staatskasse zu erstatten sind. ⁷Satz 6 gilt entsprechend, wenn das Bundesamt der Beschwerde abhilft. ⁸§ 91 Absatz 1 Satz 2 und die §§ 103 bis 107 der Zivilprozessordnung gelten entsprechend. ⁹§ 335 Absatz 2 Satz 3 ist anzuwenden.

(3) ¹Gegen die Beschwerdeentscheidung ist die Rechtsbeschwerde statthaft, wenn das Landgericht sie zugelassen hat. ²Für die Rechtsbeschwerde gelten die Vorschriften des Gesetzes über das Verfahren in Familiensachen und in den Angelegenheiten der freiwilligen Gerichtsbarkeit entsprechend, soweit sich aus diesem Absatz nichts anderes ergibt. ³Über die Rechtsbeschwerde entscheidet das für den Sitz des Landgerichts zuständige Oberlandesgericht. ⁴Die Rechtsbeschwerde steht auch dem Bundesamt zu. ⁵Vor dem Oberlandesgericht müssen sich die Beteiligten durch einen Rechtsanwalt vertreten lassen; dies gilt nicht für das Bundesamt. ⁶Absatz 2 Satz 6 und 8 gilt entsprechend.

(4) Auf die elektronische Aktenführung des Gerichts und die Kommunikation mit dem Gericht nach den Absätzen 1 bis 3 sind die folgenden Vorschriften entsprechend anzuwenden:

1. § 110a Absatz 1 Satz 1 und § 110c des Gesetzes über Ordnungswidrigkeiten sowie

2. § 110a Absatz 1 Satz 2 und 3, Absatz 2 Satz 1 und § 134 Satz 1 des Gesetzes über Ordnungswidrigkeiten mit der Maßgabe, dass die Lan-

desregierung des Landes, in dem das Bundesamt seinen Sitz hat, die Rechtsverordnung erlässt und die Ermächtigungen durch Rechtsverordnung auf die Landesjustizverwaltung übertragen kann.

Schrifttum: *Stützel,* Das geänderte Ordnungsgeldverfahren bei Verletzung von Offenlegungspflichten, DB 2013, 2345.

1 Durch § 335a wird geregelt, dass sich die Betroffenen gegen Entscheidungen des Bundesamts für Justiz mittels der **Beschwerde** zur Wehr setzen können. Dies betrifft sowohl die Entscheidung über die Festsetzung eines Ordnungsgelds als auch das Verwerfen des Einspruchs oder des Antrags in den vorigen Stand durch das Bundesamt für Justiz. Das Beschwerdeverfahren unterliegt den Vorschriften des FamFG, soweit § 335a keine abweichenden Regelungen enthält.

2 Sofern das Bundesamt für Justiz keine Abhilfe gewährt, gibt es die Beschwerde an das LG Bonn als zuständigem LG ab.[1] Gegen die Ablehnung der Beschwerde auch durch das LG Bonn ist nunmehr die **Rechtsbeschwerde** zulässig, sofern das LG eine solche zugelassen hat. Als zweite Instanz entscheidet das OLG Köln über die Rechtsbeschwerde.

Dritter Titel. Gemeinsame Vorschriften für Straf-, Bußgeld- und Ordnungsgeldverfahren

§ 335b Anwendung der Straf- und Bußgeld- sowie der Ordnungsgeldvorschriften auf bestimmte offene Handelsgesellschaften und Kommanditgesellschaften

[1]Die Strafvorschriften der §§ 331 bis 333a, die Bußgeldvorschrift des § 334 sowie die Ordnungsgeldvorschrift des § 335 gelten auch für offene Handelsgesellschaften und Kommanditgesellschaften im Sinn des § 264a Abs. 1. [2]Das Verfahren nach § 335 ist in diesem Fall gegen die persönlich haftenden Gesellschafter oder gegen die Mitglieder der vertretungsberechtigten Organe der persönlich haftenden Gesellschafter zu richten. [3]Es kann auch gegen die offene Handelsgesellschaft oder gegen die Kommanditgesellschaft gerichtet werden. [4]§ 335a ist entsprechend anzuwenden.

1 Durch § 335b wird klargestellt, dass Verstöße gegen die Rechnungslegungs- und Prüfungsvorschriften, die bei Kapitalgesellschaften den in §§ 331–335a beschriebenen Sanktionen unterliegen, auch für die in § 264a Abs. 1 beschriebenen Personengesellschaften einschlägig sind. Soweit sich die Sanktionsandrohung bei Kapitalgesellschaften gegen die gesetzlichen Vertreter richtet, treten auf Grund von § 264a Abs. 2 die Mitglieder des vertretungsberechtigten Organs der persönlich haftenden Gesellschaft an deren Stelle.

§ 335c Mitteilungen an die Abschlussprüferaufsichtsstelle

(1) Das Bundesamt für Justiz übermittelt der Abschlussprüferaufsichtsstelle beim Bundesamt für Wirtschaft und Ausfuhrkontrolle alle Bußgeldentscheidungen nach § 334 Absatz 2a.

---

[1] *Stützel* DB 2013, 2349.

(2) ¹In Strafverfahren, die eine Straftat nach § 333a zum Gegenstand haben, übermittelt die Staatsanwaltschaft im Falle der Erhebung der öffentlichen Klage der Abschlussprüferaufsichtsstelle die das Verfahren abschließende Entscheidung. ²Ist gegen die Entscheidung ein Rechtsmittel eingelegt worden, ist die Entscheidung unter Hinweis auf das eingelegte Rechtsmittel zu übermitteln.

Nachdem die APAS nach § 69 WPO auf ihrer Internetseite berufsaufsicht- 1 liche Maßnahmen, rechtskräftige Bußgeldentscheidungen und rechtskräftige Verurteilungen wegen einer Straftat jeweils aufgrund der Verletzung der in § 69 Abs. 1a WPO genannten Rechtsvorschriften bekannt zu machen hat, regelt § 335c die Bereitstellung der entsprechenden Informationen über entsprechende Verstöße. Die Zentralisierung der Veröffentlichung entsprechender Sanktionen bei der APAS soll dazu dienen, den Marktteilnehmern eine einheitliche Informationsplattform zur Bekanntmachung der abschlussprüfungsbezogenen Entscheidungen zur Verfügung zu stellen.¹

Abs. 1 betrifft durch das BfJ nach § 334 Abs. 2a verhängte Bußgelder aus- 2 schließlich gegen Mitglieder eines nach § 324 Abs. 1. S. 1 eingerichteten Prüfungsausschusses. Die Sanktionierung entsprechender Verstöße von Mitgliedern aufgrund anderer Vorschriften eingerichteter Prüfungsausschüsse sind in den jeweiligen Spezialgesetzen (etwa in § 405 Abs. 3b–3d AktG) geregelt. Dort ist ebenfalls eine Mitteilungspflicht an die APAS vorgeschrieben (§ 407a AktG). Zu den Verstößen im Einzelnen, die als Ordnungswidrigkeit mit einem Bußgeld belegt werden, → § 334 Rn. 12a.

Abs. 2 betrifft die Mitteilung von Strafverfahren auf der Grundlage von 3 § 333a. Gegenstand dieser Strafverfahren sind die gleichen wie die in § 334 Abs. 2a genannten Vergehen, sofern die Handlung gegen Erhalt oder Versprechen eines Vermögensvorteils begangen wird oder eine solche Handlung beharrlich wiederholt wird. In diesem Fall teilt die Staatsanwaltschaft, die das Verfahren abschließende Entscheidung der APAS, ggf. unter Hinweis auf eingelegte Rechtsmittel, mit.

Einzelheiten zur Bekanntmachung der mitgeteilten Sachverhalte durch die 4 APAS sind in § 69 WPO geregelt. Insbesondere darf die Bekanntmachung keine personenbezogenen Daten enthalten. Ferner ist eine Anonymisierung des betroffenen Unternehmens vorgesehen, wenn die Nennung des Unternehmens den Beteiligten einen unverhältnismäßig großen Schaden zufügen würde, wovon insbesondere auszugehen ist, wenn durch die Nennung des betroffenen Unternehmens Rückschlüsse auf die betroffene natürliche Person ergeben würden.²

---

¹ RegBegr. AReG, BT-Drs. 18/7219, 59.
² RegBegr. AReG, BT-Drs. 18/7219, 60.

Dritter Abschnitt. Ergänzende Vorschriften für eingetragene Genossenschaften

§ 336 Pflicht zur Aufstellung von Jahresabschluß und Lagebericht

(1) [1]Der Vorstand einer Genossenschaft hat den Jahresabschluß (§ 242) um einen Anhang zu erweitern, der mit der Bilanz und der Gewinn- und Verlustrechnung eine Einheit bildet, sowie einen Lagebericht aufzustellen. [2]Der Jahresabschluß und der Lagebericht sind in den ersten fünf Monaten des Geschäftsjahrs für das vergangene Geschäftsjahr aufzustellen.

(2) [1]Auf den Jahresabschluss und den Lagebericht sind, soweit in diesem Abschnitt nichts anderes bestimmt ist, die folgenden Vorschriften entsprechend anzuwenden:

1. § 264 Absatz 1 Satz 4 erster Halbsatz und Absatz 1a, 2,
2. die §§ 265 bis 289e, mit Ausnahme von § 277 Absatz 3 Satz 1 und § 285 Nummer 17,
3. § 289f Absatz 4 nach Maßgabe des § 9 Absatz 3 und 4 des Genossenschaftsgesetzes.

[2]Sonstige Vorschriften, die durch den Geschäftszweig bedingt sind, bleiben unberührt. [3]Genossenschaften, die die Merkmale für Kleinstkapitalgesellschaften nach § 267a Absatz 1 erfüllen (Kleinstgenossenschaften), dürfen auch die Erleichterungen für Kleinstkapitalgesellschaften nach näherer Maßgabe des § 337 Absatz 4 und § 338 Absatz 4 anwenden.

(3) § 330 Abs. 1 über den Erlaß von Rechtsverordnungen ist entsprechend anzuwenden.

Schrifttum: *Bergmann,* Das neue Bilanzrecht für Genossenschaften, ZfgG 1986, 85; *Bültmann,* Rechnungslegung von Genossenschaften, Diss. Göttingen 2000; *Brixner,* Genossenschaften in anderen Rechtsformen, in Genossenschaftslexikon, 1992, 250 (zit. Genossenschaftslexion/*Brixner*); *Düfler,* Begriff der Genossenschaft, in Genossenschaftslexikon, 1992, 57(zit. Genossenschaftslexion/*Düfler*); *Großfeld/Reemann,* Die neue Genossenschaftsbilanz, FS Goerdeler, 1987, 149; *Hoppert,* Legaldefinition der Genossenschaft, in Genossenschaftslexikon, 1992, 411(zit. Genossenschaftslexion/*Hoppert*); *Kühnberger/Keßler,* Stille Reserven und das True-and-fair-view-Gebot: Besonderheiten der Genossenschaftsbilanz und ihre Folgen, WPg 2000, 1007; *Lang/Weidmüller/Metz/ Schaffland,* Genossenschaftsgesetz, 38. Aufl. 2016; *Müller,* Kommentar zum Gesetz betreffend die Erwerbs- und Wirtschaftsgenossenschaften, 2. Aufl. 1991; *Ohlmeyer/ Bergmann,* Das neue genossenschaftliche Bilanzrecht, 1986; *Zerche/Schmale/Blome-Drees,* Einführung in die Genossenschaftslehre, 1998.

Übersicht

I. Rechtsformspezifische Regelungen für Genossenschaften

Genossenschaften können dadurch charakterisiert werden, dass mehrere **1** Haushalte oder Individualbetriebe sich organisatorisch zusammenschließen, um durch einen gemeinschaftlich getragenen Geschäftsbetrieb Leistungen zugunsten ihrer Mitgliederwirtschaften zu erbringen. Diese unstrittige Struktur des „genossenschaftlichen Gesamtkomplexes"[1] nimmt der Gesetzgeber in die rechtliche Definition einer Genossenschaft durch § 1 Abs. 1 GenG auf. Diese Definition legt indes nicht eine besondere Rechtsform fest. Daher können auch Gesellschaften anderer Rechtsformen, wie etwa eine AG oder eine OHG, Genossenschaften sein, wenn sie die rechtlichen Merkmale der nicht geschlossenen Mitgliederzahl, des Förderauftrages sowie des gemeinschaftlichen Geschäftsbetriebes in ihren Satzungen verankern.[2] Diese Genossenschaften werden als Genossenschaften im weiteren[3] Sinn bezeichnet. Sie fallen nicht unter das GenG, sondern haben auf Grund ihrer Rechtsform – unabhängig von ihrem genossenschaftlichen Charakter – nur die für die jeweilige Rechtsform einschlägigen Rechtsvorschriften zu beachten. Ferner bestimmt die Rechtsform auch die anzuwendenden Rechnungslegungsvorschriften.

Die Vorschriften des Genossenschaftsgesetzes haben nur solche Genossen- **2** schaften zu beachten, die durch die Eintragung in das Genossenschaftsregister gem. § 10 GenG die Rechtsform der eingetragenen Genossenschaft (eG) angenommen haben.[4] Diese eG werden als Genossenschaften ieS[5] bezeichnet. Genossenschaftliche Funktion und genossenschaftliche Rechtsform fallen also nicht in allen Fällen zusammen.[6]

Die eG weist von ihrer Struktur her personalistische und kapitalistische **3** Züge auf, weshalb sie als Zwitter zwischen Personen- und Kapitalgesellschaft angesehen wird.[7] Der personenrechtliche Charakter der eG zeigt sich vor allem in dem einzig zulässigen Unternehmenszweck, der Förderung des Erwerbs oder der Wirtschaften der Mitglieder gem. § 1 Abs. 1 GenG, daneben aber auch in der mitgliederorientierten Ausgestaltung der Gesellschaft

---

[1] Genossenschaftslexikon/*Düfler* S. 57.

[2] Genossenschaftslexikon/*Brixner* S. 251.

[3] Lang/Weidmüller/*Metz/Schaffland*, 38. Aufl. 2016, GenG § 1 Rn. 2.

[4] Auch die eG, die noch nicht in das Genossenschaftsregister eingetragen sind, dies aber beabsichtigen, zählen zu den Genossenschaften im rechtlichen Sinn. Vgl. bzgl. der unterschiedlichen Auffassungen über die Rechtsstellung dieser „Genossenschaften i. G." *K. Schmidt* GesR S. 1268 f.

[5] Lang/Weidmüller/*Metz/Schaffland*, 38. Aufl. 2016, GenG § 1 Rn. 2.

[6] *K. Schmidt* GesR S. 1265.

[7] *Kühnberger/Keßler* WPg 2000, 1007.

(zB § 9 Abs. 2 GenG, §§ 43 ff. GenG) oder in dem Mehrstimmrecht von maximal drei Stimmen der Mitglieder gem. § 43 Abs. 3 GenG.

4   Parallelen zu Kapitalgesellschaften zeigen sich durch Merkmale wie das Bestehen der Organe gem. § 9 Abs. 1 GenG oder die Gewaltenteilung zwischen ihnen (§ 37 GenG). Der Vorstand leitet die eG gem. § 27 Abs. 1 GenG eigenverantwortlich, dh frei von geschäftspolitischen Weisungen der Generalversammlung.[8]

5   EG sind gem. § 17 Abs. 2 GenG Kaufleute iSd HGB. Daher unterliegen eG zunächst den für alle Kaufleute geltenden Vorschriften der §§ 238–263. Darüber hinaus haben eG die **ergänzenden Vorschriften für eingetragene Genossenschaften** (§§ 336–339) zu beachten. Durch die Verweisung in Abs. 2 S. 1 haben eG ferner bestimmte Vorschriften für Kapitalgesellschaften „entsprechend" anzuwenden, sofern die §§ 336–339 keine eigenständige Regelung vorsehen. Der Dritte Abschnitt des Dritten Buches des HGB (§§ 336–339) enthält damit die zum Ersten Abschnitt (§§ 238–263) ergänzenden und die vom Zweiten Abschnitt (§§ 264–335) abweichenden Vorschriften.[9] Aus dem GenG ergeben sich der Grundsatz der Buchführungspflicht (§ 33 GenG) sowie ergänzende rechtsformspezifische Besonderheiten, wie zB die Vorschriften über die Prüfung und die Prüfungsverbände in §§ 53 ff. GenG.[10]

II. Aufstellung von Jahresabschluss und Lagebericht (Abs. 1)

6   **1. Umfang.** Der Jahresabschluss iSv § 242 ist gem. § 336 Abs. 1 um einen Anhang zu erweitern, der mit der Bilanz und der GuV eine Einheit bildet. Der Vorstand einer eG hat ferner einen **Lagebericht** aufzustellen. Dies entspricht den für Kapitalgesellschaften geltenden Regelungen in § 264 Abs. 1 S. 1, sodass in dieser Hinsicht eG und Kapitalgesellschaften den gleichen Anforderungen unterliegen. Kleine eG brauchen ebenso wie kleine Kapitalgesellschaften den Lagebericht nicht aufzustellen (§ 336 Abs. 2 iVm § 264 Abs. 1 S. 3 Hs. 1). Zudem wurden die Erleichterungen, die Kleinstkapitalgesellschaften iSd § 267a eingeräumt wurden, durch das BilRUG auf Kleinstgenossenschaften erstreckt.[11] Diese Ausnahmen für kleine und Kleinstgenossenschaften gelten nicht für Kreditgenossenschaften; Kreditinstitute sind unabhängig von ihrer Größe und ihrer Rechtsform zur Aufstellung eines Lageberichts verpflichtet (§ 340a).

7   Der Jahresabschluss ist in seinen sämtlichen Bestandteilen zusammen mit dem Lagebericht unverzüglich zur Überprüfung und Stellungnahme dem Aufsichtsrat und mit dessen (schriftlichen) Bemerkungen der Generalversammlung vorzulegen (§ 33 Abs. 1 GenG).[12] Die Generalversammlung stellt den Jahresabschluss gem. § 48 Abs. 1 GenG fest. Ihre Zuständigkeit kann

---

[8] Bis zum Gesetz zur Änderung des Gesetzes betreffend die Erwerbs- und Wirtschaftsgenossenschaften v. 9.10.1973 war die Mitgliederversammlung oberstes Willensbildungsorgan der Genossenschaft. Vgl. *Zerche/Schmale/Blome-Drees,* Einführung in die Genossenschaftslehre, 1998, 13.

[9] *Müller,* Gesetz betreffend die Erwerbs- und Wirtschaftsgenossenschaften, 2. Aufl. 1991, GenG Anh. § 33 Rn. 122; *Bergmann* ZfgG 1986, 89; *Ohlmeyer/Bergmann,* Das neue genossenschaftliche Bilanzrecht, 1986, 14.

[10] BR-Drs. 10/317, 71.

[11] Russ/Janßen/Götze/*Harr* BilRUG N Rn. 2.

[12] Lang/Weidmüller/*Metz/Schaffland,* 38. Aufl. 2016, GenG § 33 Rn. 28.

weder auf ein anderes Organ übertragen noch durch die Satzung in irgend-
einer Form eingeschränkt werden.[13]

2. Aufstellungspflichtige. Die Pflicht zur Aufstellung von Jahresabschluss 8
und Lagebericht trifft den Vorstand in seiner Gesamtheit. Sofern der Vorstand
bei der Aufstellung des Jahresabschlusses Dritte hinzuzieht oder die Aufgabe
an einzelne Vorstandsmitglieder delegiert, ändert sich dadurch nichts an der
Verantwortlichkeit des Gesamtvorstands.[14] Vorstandsmitglieder, die gegen den Jahresabschluss gestimmt haben, können sich der Unterzeichnung
des Jahresabschlusses gem. § 245 nicht entziehen. Die Unterzeichnung auch
des Lageberichts ist die Regel, obwohl gesetzlich nicht gefordert.[15]

3. Aufstellungsfrist. Der Jahresabschluss und der Lagebericht von eG sind 9
nach Abs. 1 S. 2 innerhalb der ersten fünf Monate des folgenden Geschäftsjahrs aufzustellen. Dies bedeutet eine Verlängerung der Aufstellungsfrist im
Vergleich zur dreimonatigen Frist für mittelgroße und große Kapitalgesellschaften. Zusätzliche Fristverlängerungen für kleine eG – vergleichbar der
Regelung für kleine Kapitalgesellschaften in § 264 Abs. 1 S. 4 Hs. 2 – werden nicht eingeräumt. Branchenspezifische **Sonderfristen** (zB drei Monate
bei Kreditinstituten oder bei gemeinnützigen Wohnungsbaugenossenschaften
mit Spareinrichtung) verdrängen ggf. die allgemeine Aufstellungsfrist.

III. Anwendung von Vorschriften für Kapitalgesellschaften (Abs. 2)

1. Überblick. Durch den Verweis auf § 264 Abs. 2 unterliegen der Jahres- 10
abschluss und der Lagebericht der eG ebenso der Einblicksforderung des
§ 264 Abs. 2 wie diejenigen einer Kapitalgesellschaft. Die weiteren Vorschriften der §§ 265–289e sind grundsätzlich entsprechend, dh unter Berücksichtigung der Mischformcharakteristik der Genossenschaft, die insofern zwischen
Kapital- und Personengesellschaft angesiedelt ist,[16] anzuwenden. Allerdings
wird in Abs. 2 Nr. 2 für ausgewählte Vorschriften ein Wahlrecht eingeräumt.
Durch das zwingende Abstellen auf § 264 Abs. 2 wird gewährleistet, dass 11
auch der Jahresabschluss der eG unter Beachtung der GoB ein den tatsächlichen Verhältnissen entsprechendes Bild der **Vermögens-, Ertrags- und
Finanzlage** vermittelt.

2. Bedeutung der Verweisung auf das Recht der Kapitalgesellschaf- 12
ten. Die Verweisung des Abs. 2 besagt, dass eG die Rechnungslegungsvorschriften für Kapitalgesellschaften teilweise „entsprechend" anzuwenden haben. Dies bedeutet, dass die Rechnungslegungsvorschriften für Kapitalgesellschaften nicht unmittelbar oder automatisch – ohne jede Abweichung – von
den eG zu adaptieren sind. Vielmehr wird den eG die Möglichkeit gegeben,
ihre rechtsformspezifischen Besonderheiten für Zwecke der Rechnungslegung zu berücksichtigen. Die Rechnungslegungsvorschriften für Kapitalgesellschaften dienen der Rechnungslegung von eG somit als Maßstab, der den
genossenschaftsspezifischen Besonderheiten anzupassen ist.
Wollte man eine „entsprechende" Anwendung als weiten Gestaltungsspiel- 13
raum auffassen, so könnte dies bedeuten, dass die eG von den gesetzlichen

---

[13] Pöhlmann/Fandrich/Bloehs/*Bloehs* GenG § 48 Rn. 5.
[14] Pöhlmann/Fandrich/Bloehs/*Bloehs* GenG § 33 Rn. 5.
[15] BeBiKo/*Schmidt/Schäfer* Rn. 10: „erscheint geboten"; Lang/Weidmüller/*Metz/Schaff-
land*, 38. Aufl. 2016, GenG § 33 Rn. 25.
[16] BeBiKo/*Schmidt/Schäfer* Rn. 16.

Regelungen der § 264 Abs. 2, §§ 265–289e abweichen dürfen. Dies ist jedoch unzulässig. Im deutschen Recht gibt es hierfür keine Rechtsgrundlage. Die rechtsformspezifischen Besonderheiten können nur im Einzelfall, insbesondere bei der Ausübung von Ansatz- und Bewertungswahlrechten, die grundsätzlich auch für die Kapitalgesellschaften gelten, Eingang in die Rechnungslegung der eG finden. In den Fällen, in denen das Gesetz kein Wahlrecht vorsieht, ist hingegen mangels einer fehlenden Rechtsgrundlage eine Abweichung von der grundlegenden Rechnungslegungsvorschrift für Kapitalgesellschaften unstatthaft. Somit haben eG und Kapitalgesellschaften die §§ 264 ff. einheitlich auszulegen und anzuwenden, soweit eG keine gesetzlichen Anwendungswahlrechte eingeräumt werden.

14   EG haben die Pflicht, Vorschriften, durch die Bestimmungen der 4. EG-Richtlinie in das deutsche Recht umgesetzt wurden, richtlinienkonform auszulegen und anzuwenden. Die Pflicht zur richtlinienkonformen Auslegung gilt jedoch nicht uneingeschränkt. Der Gesetzgeber sieht in Abs. 2 Nr. 2 vor, dass bestimmte Vorschriften (gesonderter Ausweis oder Anhangangabe der außerplanmäßigen Abschreibungen nach § 253 Abs. 3 S. 5 und 6 (§ 277 Abs. 3 S. 1); Angabe des Gesamthonorars des Abschlussprüfers (§ 285 Nr. 17) von der entsprechenden Anwendung ausgenommen sind. Wie in der früheren Fassung, in der es heißt, dass diese Vorschriften nicht angewendet werden „brauchen", ist davon auszugehen, dass der Gesetzgeber damit zum Ausdruck bringen will, dass die Beachtung dieser Vorschriften nicht nötig, aber möglich ist.[17] Entscheidet sich eine eG dafür, von dem Wahlrecht keinen Gebrauch zu machen und die eG-fakultativen Rechnungslegungsvorschriften zu beachten, sind die auf europäischem Recht basierenden Vorschriften des HGB richtlinienkonform auszulegen. Entscheidet sich die eG hingegen dafür, von dem Wahlrecht Gebrauch zu machen und eine für Kapitalgesellschaften zwingende Vorschrift nicht anzuwenden, so entzieht sie sich dem Geltungsbereich der 4. EG-Richtlinie. In diesem Fall sind nur die deutschen Auslegungsmethoden zu beachten.

15   **3. Anwendungswahlrechte.** Im Einzelnen brauchen eG die folgenden Vorschriften nicht anzuwenden:
   – § 277 Abs. 3 S. 1: Gesonderter Ausweis bzw. Angabe im Anhang von außerplanmäßigen Abschreibungen nach § 253 Abs. 3 S. 5 und 6
   – § 285 Nr. 17:   Vom Abschlussprüfer für das Geschäftsjahr berechnete Gesamthonorar.

16   Darüber hinaus bleibt es bei der entsprechenden Anwendung der §§ 264–289e, soweit dem nicht durch den Geschäftszweig bedingte Vorschriften entgegenstehen. Dies kommt etwa für Kreditinstitute in Betracht, für die der Umfang der Anwendbarkeit der für Kapitalgesellschaften geltenden Vorschriften in §§ 340–340o gesondert geregelt und teilweise durch eigenständige Vorschriften ergänzt ist.

17   **4. Größenabhängige Erleichterungen.** Da auch § 267, der die Umschreibung der Größenklassen zum Inhalt hat, bei eG Anwendung findet, können die entsprechenden an die Größe gekoppelten Erleichterungen in

---

[17] So stellte der Rechtsausschuss fest, dass es keine Notwendigkeit gab, für eG aus Anlass der 4. EG-Richtlinie strengere Rechnungslegungsvorschriften zu erlassen; vgl. BR-Drs. 10/317, 71.

Anspruch genommen werden.[18] So können kleine eG nach Abs. 2 S. 1 iVm § 266 Abs. 1 S. 3, § 267 Abs. 1 eine **verkürzte Bilanz** aufstellen.

Die **GuV** von kleinen und mittelgroßen eG kann vereinfacht aufgestellt 18 werden, indem bestimmte Posten nach § 336 Abs. 2 iVm § 276 unter der Bezeichnung „**Rohergebnis**" zusammengefasst werden. Außerdem dürfen kleine eG auf Anhangangaben zu den außerordentlichen Aufwendungen und Erträgen verzichten. Für die Darstellung der GuV ist ebenso wie bei Kapitalgesellschaften die **Staffelform** vorgeschrieben.

Nachdem eG von der Inanspruchnahme von darüber hinausgehenden 19 Erleichterungen für Kleinstkapitalgesellschaften im Rahmen des MicroBilG zunächst ausgeschlossen waren, wurden diese Erleichterungen durch das BilRUG auch auf Kleinstgenossenschaften ausgeweitet, wobei § 337 Abs. 4 (zur Bilanz) und § 338 Abs. 4 (zum Anhang) zusätzliche Bestimmungen für den Fall der Inanspruchnahme dieser Erleichterungen enthalten.[19]

Für mittelgroße eG sind nur Erleichterungen bei der Offenlegung vorgese- 20 hen (§ 339). Zu weiteren größenabhängigen Erleichterungen vgl. §§ 274a, 276, 288.

IV. Regelungen zum Anhang von eG

§ 338 enthält gegenüber §§ 284 ff. ergänzende Vorschriften für den An- 21 hang, welche den Besonderheiten der eG Rechnung tragen sollen. Dies ergibt sich aus dem Wort „auch" in § 338 Abs. 1 S. 1. Für große eG sind daher zunächst sämtliche in § 284 Abs. 2 und § 285 normierte **Pflichtangaben** zu beachten.

Allerdings brauchen eG gem. Abs. 2 S. 1 folgende Angabe nicht zu ma- 22 chen:

– für das Geschäftsjahr berechnete Gesamthonorar des Abschlussprüfers aufgeschlüsselt in das Honorar für Abschlussprüfungsleistungen, andere Bestätigungsleistungen, Steuerberatungsleistungen und sonstige Leistungen (§ 285 Nr. 17).

Mittelgroße eG iSv § 267 Abs. 2 brauchen nach § 336 iVm § 288 Abs. 2 23 die Angaben nach § 285 Nr. 4, 29 und 32 nicht zu machen, die Angabe nach § 285 Nr. 21 nur, sofern die Geschäfte direkt oder indirekt mit einem Gesellschafter, Unternehmen, an denen die Gesellschaft selbst eine Beteiligung hält, oder Mitgliedern des Geschäftsführungs-, Aufsichts- oder Verwaltungsorgans abgeschlossen wurden.

Kleine eG iSv § 267 Abs. 1 haben nach § 336 iVm § 288 Abs. 1 im 24 gleichen Umfang wie kleine Kapitalgesellschaften die Möglichkeit, auf einzelne Anhangangaben zu verzichten.

Darüber hinaus haben eG – sofern die tatbestandlichen Voraussetzungen 25 vorliegen – die aus den §§ 264–283 sich ergebenden zusätzlichen Bestimmungen zu beachten, die zu Angaben im Anhang verpflichten oder wahlweise Angaben für die Bilanz, die GuV oder den Anhang vorschreiben.

Nach § 264 Abs. 2 S. 2 sind „im Anhang zusätzliche Angaben zu machen", 26 wenn auf Grund „besonderer Umstände" sonst ein den tatsächlichen Verhältnissen entsprechendes Bild iSd § 264 Abs. 2 S. 1 nicht vermittelt wird. Allerdings müssen „besondere Umstände" vorliegen. Dies wird dahin ver-

---

[18] WP-HdB Kap. H Rn. 22.
[19] Russ/Janßen/Götze/*Harr* BilRUG N Rn. 5.

standen werden können, dass nur Sachverhalte von außergewöhnlicher Bedeutung und einmaliger Art, für die sonst keine Erläuterungspflicht besteht, zu zusätzlichen Angaben zwingen.[20]

27   Ebenfalls keine Anhangangaben werden über Fehlbeträge bei **Pensionsrückstellungen** verlangt, da Art. 28 EGHGB nur für Kapitalgesellschaften gilt.

V. Erlass von Rechtsverordnungen (Abs. 3)

28   Über Abs. 3 findet § 330 Abs. 1, der die **Verordnungsermächtigung** für Formblätter und andere Vorschriften für die Gliederung des Jahresabschlusses, den Inhalt des Anhangs oder des Lageberichts beinhaltet, auch bei eG Anwendung. Von praktischer Bedeutung ist diese Öffnungsklausel etwa bei in der Rechtsform der eG verfassten Kreditinstituten, die damit auch der auf dem Verordnungswege erlassenen RechKredV unterworfen sind. Materielle Regelungen, wie Ansatz- und Bewertungsvorschriften, bleiben von der Ermächtigung ausgenommen.[21] Gegenstand einer nach § 330 Abs. 1 ergehenden Rechtsverordnung können hingegen sein:

– Formblätter für den Jahresabschluss/Konzernabschluss
– andere Vorschriften für
    – die Gliederung des Jahresabschlusses/Konzernabschlusses,
    – den Inhalt des Anhangs/Konzernanhangs,
    – den Lagebericht/Konzernlagebericht.

29   Hingegen bleiben Ansatz- und Bewertungsvorschriften von der Ermächtigungsvorschrift ausgenommen.

§ 337 Vorschriften zur Bilanz

(1) [1]**An Stelle des gezeichneten Kapitals ist der Betrag der Geschäftsguthaben der Mitglieder auszuweisen.** [2]**Dabei ist der Betrag der Geschäftsguthaben der mit Ablauf des Geschäftsjahrs ausgeschiedenen Mitglieder gesondert anzugeben.** [3]**Werden rückständige fällige Einzahlungen auf Geschäftsanteile in der Bilanz als Geschäftsguthaben ausgewiesen, so ist der entsprechende Betrag auf der Aktivseite unter der Bezeichnung „Rückständige fällige Einzahlungen auf Geschäftsanteile" einzustellen.** [4]**Werden rückständige fällige Einzahlungen nicht als Geschäftsguthaben ausgewiesen, so ist der Betrag bei dem Posten „Geschäftsguthaben" zu vermerken.** [5]**In beiden Fällen ist der Betrag mit dem Nennwert anzusetzen.** [6]**Ein in der Satzung bestimmtes Mindestkapital ist gesondert anzugeben.**

(2) **An Stelle der Gewinnrücklagen sind die Ergebnisrücklagen auszuweisen und wie folgt aufzugliedern:**
1. **Gesetzliche Rücklage;**
2. **andere Ergebnisrücklagen; die Ergebnisrücklage nach § 73 Abs. 3 des Genossenschaftsgesetzes und die Beträge, die aus dieser Ergebnisrücklage an ausgeschiedene Mitglieder auszuzahlen sind, müssen vermerkt werden.**

---

[20] WP-HdB Kap. F Rn. 960.
[21] Vgl. *ADS* § 330 Rn. 5.

(3) **Bei den Ergebnisrücklagen sind in der Bilanz oder im Anhang gesondert aufzuführen:**

1. **Die Beträge, welche die Generalversammlung aus dem Bilanzgewinn des Vorjahrs eingestellt hat;**

2. **die Beträge, die aus dem Jahresüberschuß des Geschäftsjahrs eingestellt werden;**

3. **die Beträge, die für das Geschäftsjahr entnommen werden.**

(4) **Kleinstgenossenschaften, die von der Erleichterung für Kleinstkapitalgesellschaften nach § 266 Absatz 1 Satz 4 Gebrauch machen, haben den Betrag der Geschäftsguthaben der Mitglieder sowie die gesetzliche Rücklage in der Bilanz im Passivposten A Eigenkapital wie folgt auszuweisen:**
Davon:
Geschäftsguthaben der Mitglieder
gesetzliche Rücklage.

Schrifttum: S. Schrifttum zu § 336.

I. Rechtsformspezifische Gliederungs- und Ausweisvorschriften

Grundsätzlich haben eG nach § 336 Abs. 2 die für Kapitalgesellschaften 1 geltenden Gliederungsvorschriften für die Bilanz (§ 266) sowie die Vorschriften zum Eigenkapital (§§ 272, 283) entsprechend anzuwenden. Um den mit der Rechtsform der Genossenschaft verbundenen Besonderheiten hinsichtlich des Eigenkapitalausweises gerecht zu werden, enthält Abs. 1 Bestimmungen für die **Geschäftsguthaben** und ersetzt damit § 272 Abs. 1 und § 283. Abs. 2 legt eine auf die eG abgestellte **Gliederung** der Ergebnisrücklagen fest, die den Gewinnrücklagen gem. § 272 Abs. 3 entsprechen. Damit können die bei der eG üblichen Rücklagenbegriffe beibehalten werden.

II. Geschäftsguthaben und rückständige fällige Einzahlungen auf Geschäftsanteile (Abs. 1)

Abs. 1 S. 1 regelt, dass bei eG an Stelle des gezeichneten Kapitals (§ 266 2 Abs. 3, § 272 Abs. 1) der Betrag der Geschäftsguthaben der Genossen auszuweisen ist. Das Geschäftsguthaben ist der Betrag, mit dem das Mitglied tatsächlich finanziell an der eG beteiligt ist. Er wird gebildet aus den Einlagen der Mitglieder zuzüglich der Gewinnrücklagen abzüglich der Verlustabschreibungen.[1] Das Geschäftsguthaben verkörpert den Vermögenswert der Mitgliedschaft und ist insbesondere bedeutsam für die Gewinn- und Verlustverteilung (§ 19 GenG), die Verzinsung des Geschäftsguthabens (§ 21a GenG), die Bilanzaufstellung (§§ 33 GenG, §§ 242, 243 HGB) und die Auseinandersetzung (§ 73 GenG). Obwohl die Genossenschaft vom Grundsatz her nicht kapitalistisch ausgestaltet ist, unterliegt das Geschäftsguthaben dem allgemeinen gesellschaftsrechtlichen Charakter der Kapitalerhaltung und darf daher den Mitgliedern während der Mitgliedschaft nicht ausgezahlt werden (§ 22 Abs. 4 S. 1 GenG).

Nach Abs. 1 S. 2 ist der Betrag der Geschäftsguthaben der mit Ablauf des 3 Geschäftsjahres ausgeschiedenen Mitglieder gesondert anzugeben, entweder als „Davon"-Vermerk oder als untergliederter Posten.[2]

---

[1] Pöhlmann/Fandrich/Bloehs/*Fandrich* GenG § 7 Rn. 5.
[2] *Heymann* Rn. 1.

4   Von dem Begriff des Geschäftsguthabens ist der des Geschäftsanteils zu
unterscheiden: Der Geschäftsanteil ist eine Rechengröße, die lediglich die
höchstmögliche, nicht aber unbedingt die tatsächliche finanzielle Beteiligung
der einzelnen Mitglieder wiedergibt. Der Erwerb mehrerer Geschäftsanteile
ist möglich, soweit die Satzung dies vorsieht (§ 71 GenG). Der Geschäftsanteil ist nicht der Inbegriff aller Mitgliedschaftsrechte.[3] Im Gegensatz zum
variablen Betrag des Geschäftsguthabens ist der Geschäftsanteil eine konstante
Größe.

5   Das Statut muss im Interesse einer Mindestförderkapitalbasis und vor allem
einer Mindestliquidität der eG für alle Geschäftsanteile die in § 7 Nr. 1 GenG
bestimmte Pflichteinzahlungsquote fordern und muss diese Einzahlungspflicht
mindestens bis zu einem Zehntel nach Betrag und Zeit (Frist oder Raten)
genau festsetzen. Für rückständige Einzahlungen auf Geschäftsanteile bestehen nach Abs. 1 S. 3 und 4 zwei alternative Bilanzierungsmöglichkeiten:[4]

– Die rückständigen fälligen Einzahlungen können als Geschäftsguthaben
  ausgewiesen werden; in diesem Fall ist der entsprechende Betrag auf der
  Aktivseite unter der Bezeichnung „Rückständige fällige Einzahlungen auf
  Geschäftsanteile" mit dem Nennwert auszuweisen (Abs. 1 S. 3 und 5).
– Werden die rückständigen Einzahlungen nicht als Geschäftsguthaben aus-
  gewiesen, so ist der Betrag bei dem Posten „Geschäftsguthaben" mit dem
  Nennwert zu vermerken (Abs. 1 S. 4 und 5).

6   Notwendige Abwertungen auf rückständige Einzahlungen (wegen Zahlungsunfähigkeit einzelner Mitglieder) können wie bei Kapitalgesellschaften
nur durch zusätzliche offene Absetzungen bei dem entsprechenden Aktivposten abgebildet werden. In der Praxis werden solche Abwertungen selten
sein, da der Geschäftsanteil herabgesetzt werden kann (§ 22 GenG) oder eine
Übertragung des Geschäftsguthabens auf ein anderes Mitglied nach Austritt
aus der Genossenschaft ohne Auseinandersetzung möglich ist (§§ 73, 76
GenG).[5]

III. Ergebnisrücklagen (Abs. 2, 3)

7   Im **Gliederungsschema** der Bilanz von eG ist der Posten A. III. der
Passivseite nicht als Gewinnrücklage (§ 266 Abs. 3, § 272 Abs. 3), sondern
als **Ergebnisrücklage** zu bezeichnen. Dabei erfolgt nach Abs. 2 die Aufgliederung in gesetzliche Rücklagen (Abs. 2 Nr. 1) und andere Ergebnisrücklagen (Abs. 2 Nr. 2).

8   Gem. § 7 Nr. 2 GenG muss die Satzung einer eG Bestimmungen über die
Bildung einer gesetzlichen Rücklage enthalten. Diese Rücklage unterliegt
einer Zweckbindung, indem sie nur zur Deckung von Bilanzverlusten verwendet werden darf. Allerdings enthält das GenG im Gegensatz zum AktG
keine Regelungen hinsichtlich eines Mindestbetrags und der Höhe der jährlichen Einstellung in die gesetzliche Rücklage.[6]

9   Der Begriff **andere Ergebnisrücklagen** umfasst alle anderen aus dem
laufenden Ergebnis gebildeten Rücklagen. Über ihre Verwendung können
die Generalversammlung oder das sonst dafür zuständige Genossenschafts-

---

[3] Pöhlmann/Fandrich/Bloehs/*Fandrich* GenG § 7 Rn. 1; Lang/Weidmüller/*Metz/Schaff-
land*, 38. Aufl. 2016, GenG § 7 Rn. 5 ff.
[4] WP-HdB Kap. H Rn. 30.
[5] BeBiKo/*Schmidt/Schäfer* Rn. 3.
[6] Lang/Weidmüller/*Metz/Schaffland*, 38. Aufl. 2016, GenG § 7 Rn. 31.

organ (etwa Vorstand und Aufsichtsrat) frei beschließen. Das Statut oder die Generalversammlung kann jedoch vorschreiben, dass andere Ergebnisrücklagen nur für bestimmte Zwecke, zB für bestimmte Investitionen, verwendet werden dürfen. In solchen Fällen dürfen aus solchen Rücklagen Beträge nur für die festgelegten Zwecke entnommen werden. Andernfalls ist zuvor eine Umwidmung durch dasjenige Organ vorzunehmen, welches die Zweckbindung festgelegt hat. Es gelten hierbei die allgemeinen Grundsätze des Gesellschaftsrechts.[7]

Ein Bestandteil der anderen Ergebnisrücklagen ist die Ergebnisrücklage **10** nach § 73 Abs. 3 GenG. Diese ist zu bilden, wenn das Statut vorsieht, dass Mitglieder, die ihren Geschäftsanteil voll eingezahlt haben, für den Fall des Ausscheidens einen Anspruch auf Auszahlung eines Anteils an dieser Ergebnisrücklage haben. Das Statut kann den Anspruch von einer Mindestdauer der Mitgliedschaft der Mitglieder abhängig machen sowie weitere Erfordernisse aufstellen und Beschränkungen des Anspruchs vorsehen.

Die Ergebnisrücklage nach § 73 Abs. 3 GenG und die Beträge, die daraus **11** an die **ausgeschiedenen Mitglieder** auszuzahlen sind, müssen vermerkt werden. In solchen Fällen müssen die nach ihrem Ausscheiden zum Bilanzstichtag noch nicht regulierten Beträge in der Bilanz entweder als Vorspaltenvermerk gezeigt oder als besonderer Unterposten ausgewiesen werden. Es handelt sich um solche Beträge, die aus dem bilanziellen Eigenkapital an ehemalige Mitglieder noch zu vergüten sind. Nach einem Beschluss über derartige Ausschüttungen handelt es sich um Verbindlichkeiten.[8]

Allerdings erhebt § 73 Abs. 2 GenG die Buchwertabfindung in einer eG **12** zum Regelfall.[9] Die ausscheidenden Mitglieder erhalten danach keinen Anteil an stillen und grundsätzlich auch nicht an den offenen Rücklagen. Sie haben regelmäßig nur Anspruch auf das Auseinandersetzungsguthaben. Ein Auseinandersetzungsguthaben der ausscheidenden Mitglieder entsteht, wenn die Bilanz im Zeitpunkt der Beendigung der Mitgliedschaft keine Überschuldung der Genossenschaft aufweist. Der Höhe nach ist das Auseinandersetzungsguthaben das Geschäftsguthaben am Ende des Geschäftsjahres unter Berücksichtigung der im Laufe des Geschäftsjahres erfolgten Einzahlungen sowie der Gewinnzuschreibungen oder Verlustabschreibungen.[10] Grundlage für die Berechnung des Auseinandersetzungsguthabens und des Anteils an der Ergebnisrücklage ist der Jahresabschluss.[11] Das ausscheidende Mitglied hat weder einen Anspruch darauf, dass erwirtschaftete Gewinne ausgeschüttet werden, noch dass ein Verlust statt durch Abschreibung von dem Geschäftsguthaben zunächst aus den gesetzlichen oder sonstigen Rücklagen gedeckt wird. Die praktische Relevanz von § 73 Abs. 3 GenG ist insofern von untergeordneter Bedeutung.

Neben der gesetzlichen und anderen Ergebnisrücklagen ist, etwa durch **13** „Eintrittsgelder", die Bildung einer Kapitalrücklage iSd § 272 Abs. 2 möglich.[12]

---

[7] BeBiKo/*Schmidt/Schäfer* Rn. 8.

[8] BeBiKo/*Schmidt/Schäfer* Rn. 7.

[9] *Großfeld/Reemann* FS Goerdeler, 1987, 165.

[10] Pöhlmann/Fandrich/Bloehs/*Fandrich* GenG § 73 Rn. 6; Lang/Weidmüller/*Metz/Schaffland*, 38. Aufl. 2016, GenG § 73 Rn. 15; *Müller*, Kommentar zum Gesetz betreffend die Erwerbs- und Wirtschaftsgenossenschaften, 2. Aufl. 1991, GenG § 73 Rn. 2.

[11] Pöhlmann/Fandrich/Bloehs/*Fandrich* GenG § 73 Rn. 4; Lang/Weidmüller/*Metz/Schaffland*, 38. Aufl. 2016, GenG § 73 Rn. 3; *Müller*, Kommentar zum Gesetz betreffend die Erwerbs- und Wirtschaftsgenossenschaften, 2. Aufl. 1991, GenG § 73 Rn. 8 f.

[12] Beuthien/*Beuthien* GenG § 7 Rn. 18.

14   In der Bilanz oder im Anhang sind nach Abs. 3 bei den Ergebnisrücklagen die von der **Generalversammlung** eingestellten Beträge aus dem Bilanzgewinn des Vorjahres (Abs. 3 Nr. 1), die aus dem Jahresüberschuss des Geschäftsjahrs eingestellten Beträge (Abs. 3 Nr. 2) und die Beträge, die für das Geschäftsjahr entnommen werden (Abs. 3 Nr. 3), gesondert aufzuführen. Entnahmen aus Rücklagen kommen namentlich vor:

– zur Auffüllung der Geschäftsguthaben bis zur Höhe des Geschäftsanteils, sofern nicht das Statut eine Verzinsung zu Lasten der Aufwendungen vorsieht; dies entspricht im Ergebnis einer Kapitalerhöhung aus Gesellschaftsmitteln bei Kapitalgesellschaften;

– zur Einstellung in andere Ergebnisrücklagen (ggf. mit Zweckbindung);

– aus der gesetzlichen Rücklage oder aus anderen Ergebnisrücklagen zur Deckung eines Bilanzverlustes gemäß Statut.

15   Die Möglichkeit der Entwicklungsdarstellung für die einzelnen Ergebnisrücklagen im Anhang entspricht derjenigen die bei Kapitalgesellschaften gegeben ist. Die Verlagerung der Darstellung der Rücklagenentwicklung in den Anhang kann so zu einer größeren Übersichtlichkeit der Bilanz führen.

IV. Angaben zum Eigenkapital bei Kleinstgenossenschaften (Abs. 4)

16   Nachdem Kleinstgenossenschaften auf der Grundlage von § 266 Abs. 1 Nr. 4 die Möglichkeit hätten, das Eigenkapital in einer Summe anzugeben und damit die Geschäftsguthaben der Mitglieder und die gesetzliche Rücklage nicht mehr ersichtlich wären, wird durch Abs. 4 eine Davon-Angabe für diese Bestandteile des Eigenkapitals vorgeschrieben.[13]

§ 338 Vorschriften zum Anhang

(1) [1]Im Anhang sind auch Angaben zu machen über die Zahl der im Laufe des Geschäftsjahrs eingetretenen oder ausgeschiedenen sowie die Zahl der am Schluß des Geschäftsjahrs der Genossenschaft angehörenden Mitglieder. [2]Ferner sind der Gesamtbetrag, um welchen in diesem Jahr die Geschäftsguthaben sowie die Haftsummen der Mitglieder sich vermehrt oder vermindert haben, und der Betrag der Haftsummen anzugeben, für welche am Jahresschluß alle Mitglieder zusammen aufzukommen haben.

(2) Im Anhang sind ferner anzugeben:

1. Name und Anschrift des zuständigen Prüfungsverbandes, dem die Genossenschaft angehört;

2. alle Mitglieder des Vorstands und des Aufsichtsrats, auch wenn sie im Geschäftsjahr oder später ausgeschieden sind, mit dem Familiennamen und mindestens einem ausgeschriebenen Vornamen; ein etwaiger Vorsitzender des Aufsichtsrats ist als solcher zu bezeichnen.

(3) [1]An Stelle der in § 285 Nr. 9 vorgeschriebenen Angaben über die an Mitglieder von Organen geleisteten Bezüge, Vorschüsse und Kredite sind lediglich die Forderungen anzugeben, die der Genossenschaft gegen Mitglieder des Vorstands oder Aufsichtsrats zustehen. [2]Die Beträge dieser Forderungen können für jedes Organ in einer Summe zusammengefaßt werden.

---

[13] Russ/Janßen/Götze/*Harr* BilRUG N Rn. 9.

(4) **Kleinstgenossenschaften brauchen den Jahresabschluss nicht um einen Anhang zu erweitern, wenn sie unter der Bilanz angeben:**
1. **die in den §§ 251 und 268 Absatz 7 genannten Angaben und**
2. **die in den Absätzen 1, 2 Nummer 1 und Absatz 3 genannten Angaben.**

Schrifttum: S. Schrifttum zu § 336.

I. Ergänzende Vorschriften zum Anhang

§ 336 Abs. 2 regelt grundsätzlich, dass eG die für Kapitalgesellschaften **1** geltenden Vorschriften anzuwenden haben. Ferner sind dort eine Reihe von Vorschriften genannt, die ua auch den Anhang betreffen, und deren Anwendung für eG fakultativ ist. Demgegenüber regelt § 338 diejenigen Sachverhalte, für die eG im Vergleich zu Kapitalgesellschaften zusätzliche Angaben in den Anhang aufzunehmen haben (Abs. 1 und 2) und für die die für Kapitalgesellschaften vorgeschriebenen Angabepflichten variiert werden (Abs. 3). Ferner werden für Kleinstgenossenschaften die unter der Bilanz zu machenden Angaben vorgegeben, sofern auf die Aufstellung eines Anhangs verzichtet wird (Abs. 4).

II. Zusatzangaben nach Abs. 1

Die Zusatzangaben nach Abs. 1 dienen der allgemeinen Unterrichtung der **2** Genossenschaftsmitglieder und resultieren aus dem personenrechtlichen Charakter der eG.

1. Entwicklung der Mitgliederzahl. Abs. 1 S. 1 fordert im Anhang die **3** getrennte Angabe über die Zahl der im laufenden Geschäftsjahr eingetretenen und ausgeschiedenen Mitglieder. Zudem ist die Anzahl der zum Schluss des Geschäftsjahrs der eG angehörigen Mitglieder anzugeben. Diejenigen Mitglieder, die zum Ende des Geschäftsjahrs ausscheiden, sind nicht mehr als angehörige Mitglieder anzusehen. Bei eG in **Liquidation** sind hingegen die Mitglieder mit anzugeben, die gem. § 75 GenG ausgeschieden sind. Für die Angabe „Zahl der Mitglieder" ist von Bedeutung, dass ein Mitglied der Genossenschaft erst angehört, wenn seine Mitgliedschaft durch Eintragung in die Mitgliederliste durch den Vorstand der Genossenschaft vollzogen ist (§ 15 Abs. 1 S. 2 GenG).

Die Mitgliedschaft kann durch ordentliche oder außerordentliche **Kündi-** **4** **gung** bzw. durch **Ausschluss** enden. Das Ausscheiden des Mitglieds setzt nach § 69 GenG die Eintragung der Kündigung oder der Ausschließung in der Mitgliederliste voraus. Das Ausscheiden erfolgt, unabhängig vom Zeitpunkt der Eintragung, grundsätzlich zum Schluss des Geschäftsjahrs (§ 65 Abs. 2 S. 1 GenG, § 68 Abs. 1 S. 1 GenG). Durch Statut kann eine längere Kündigungsfrist von bis zu maximal fünf Jahren festgesetzt werden (§ 65 Abs. 2 S. 3 GenG).

2. Geschäftsguthaben und Haftsumme. Nach Abs. 1 S. 2 sind im An- **5** hang ergänzende Ausführungen bezüglich des Gesamtbetrags, um den sich im letzten Geschäftsjahr die Geschäftsguthaben und die Haftsumme der Mitglieder vermehrt oder vermindert haben, anzugeben. Zudem ist der Betrag der Haftsumme darzustellen, für welche am Jahresschluss alle Mitglieder zusammen aufkommen müssen. Die Haftsumme ist der Höchstbetrag, bis zu dem die Mitglieder zur Leistung von Nachschüssen herangezogen werden können.[1] Der Gesamtbetrag der Haftsummen der Mitglieder darf nicht niedriger sein als derjenige der Geschäftsanteile.[2] Satzungsgemäß darf die Haftsumme aber höher als der Geschäftsanteil festgesetzt werden. Die zu nennenden Veränderungen bei den Geschäftsguthaben und deren Gesamtbetrag in der Bilanz sind am Jahresende infolgedessen regelmäßig niedriger als die Haftsumme. Dagegen braucht die Veränderung der Zahl der Geschäftsanteile nicht angegeben zu werden.

III. Zusatzangaben nach Abs. 2

6   Die Zusatzangaben nach Abs. 2 dienen der besseren Unterrichtung der Mitglieder über die Verwaltungs- und Kontrollorgane ihrer eG.

7   **1. Prüfungsverband (Abs. 2 Nr. 1).** Abs. 2 Nr. 1 fordert als zusätzliche Anhangangabe den Namen und die Anschrift des zuständigen Prüfungsverbandes, dem die eG angehört. Gehört die eG zwei Prüfungsverbänden als Mitglied an, können beide Verbände angegeben werden. Hierbei soll jedoch derjenige, welcher die **gesetzliche Prüfung** durchführt, als solcher bezeichnet werden.

8   **2. Personalien der Organe (Abs. 2 Nr. 2).** Nach Abs. 2 Nr. 2 sind alle Mitglieder des **Vorstands** und des **Aufsichtsrats** mit dem Familiennamen und mindestens einem ausgeschriebenen Vornamen anzugeben. Diese Angaben sind auch dann vorzunehmen, wenn die Mitglieder im Geschäftsjahr oder später ausgeschieden sind. Zusätzlich kann auch deren Anschrift angegeben werden. Der **Aufsichtsratsvorsitzende** ist als solcher zu bezeichnen. Die Liste der Organe der Genossenschaft (Vorstand und Aufsichtsrat) tritt an die Stelle der Angabepflicht nach § 285 S. 1 Nr. 10. Die Formulierung ist ähnlich, es entfällt jedoch die Angabe eines Vorstandsvorsitzenden, weil dieser dem Recht der Genossenschaft fremd ist, sowie die Angabe von Stellvertretern des Aufsichtsratsvorsitzenden. Ebenfalls wurde die in § 285 S. 1 Nr. 10 aufgenommene Verpflichtung zur Angabe des ausgeübten Berufs der Organmitglieder nicht in Abs. 2 Nr. 2 übernommen.

IV. Anpassung von Angaben nach Abs. 3

9   Nach § 285 Nr. 9 müssen Kapitalgesellschaften und OHG/KG iSv § 264a die Bezüge, Vorschüsse und Kredite unter Angabe der Zinssätze, der wesentlichen Bedingungen der im Geschäftsjahr zurückgezahlten Beträge sowie die zugunsten von Mitgliedern der Geschäftsführung, des Aufsichtsrats, eines Beirats oder einer ähnlichen Einrichtung eingegangenen Haftungsverhältnisse angeben.

10   Demgegenüber haben eG nach Abs. 3 S. 1 lediglich Angaben über diejenigen Forderungen zu machen, welche der eG gegen die Mitglieder des **Vorstands** oder des **Aufsichtsrats** zustehen. Angaben zu den Bezügen von Vorstand und Aufsichtsrat sind gesetzlich nicht gefordert. Damit wird die Angabepflicht nach § 285 Nr. 9 erheblich eingeschränkt. Zudem können die Forderungsbeträge für jedes Organ (Vorstand und Aufsichtsrat) in einer Summe zusammengefasst werden (Abs. 3 S. 2).

---

[1] Pöhlmann/Fandrich/Bloehs/*Pöhlmann* GenG § 119 Rn. 1.
[2] Lang/Weidmüller/*Metz*/*Schaffland*, 38. Aufl. 2016, GenG § 119 Rn. 1 ff.

V. Angaben unter der Bilanz bei Kleinstgenossenschaften

Kleinstgenossenschaften wird ebenso wie Kleinstkapitalgesellschaften das **11** Wahlrecht eingeräumt, auf die Aufstellung eines Anhangs zu verzichten, sofern bestimmte Angaben unter der Bilanz gemacht werden. Im Einzelnen umfassen diese Angaben die Haftungsverhältnisse nach § 251 in der nach § 268 Abs. 7 geforderten Form sowie die in Abs. 1, 2 und 3 geforderten genossenschaftsspezifischen Anhangangaben mit Ausnahme der Angabe der Mitglieder des Vorstands und des Aufsichtsrats.

§ 339 Offenlegung

(1) ¹**Der Vorstand hat unverzüglich nach der Generalversammlung über den Jahresabschluß, jedoch spätestens vor Ablauf des zwölften Monats des dem Abschlussstichtag nachfolgenden Geschäftsjahrs, den festgestellten Jahresabschluß, den Lagebericht und den Bericht des Aufsichtsrats beim Betreiber des Bundesanzeigers elektronisch einzureichen.** ²**Ist die Erteilung eines Bestätigungsvermerks nach § 58 Abs. 2 des Genossenschaftsgesetzes oder nach Artikel 10 Absatz 1 der Verordnung (EU) Nr. 537/2014 vorgeschrieben, so ist dieser mit dem Jahresabschluß einzureichen; hat der Prüfungsverband die Bestätigung des Jahresabschlusses versagt, so muß dies auf dem eingereichten Jahresabschluß vermerkt und der Vermerk vom Prüfungsverband unterschrieben sein.** ³**Ist die Prüfung des Jahresabschlusses im Zeitpunkt der Einreichung der Unterlagen nach Satz 1 nicht abgeschlossen, so ist der Bestätigungsvermerk oder der Vermerk über seine Versagung unverzüglich nach Abschluß der Prüfung einzureichen.** ⁴**Wird der Jahresabschluß oder der Lagebericht nach der Einreichung geändert, so ist auch die geänderte Fassung einzureichen.**

(2) **§ 325 Absatz 1 Satz 2, Absatz 2, 2a und 6 sowie die §§ 326 bis 329 sind entsprechend anzuwenden.** ²**Hat eine Kleinstgenossenschaft von der Erleichterung für Kleinstkapitalgesellschaften nach § 326 Absatz 2 Gebrauch gemacht, gilt § 9 Absatz 6 Satz 3 entsprechend.**

(3) ¹**Die §§ 335 und 335a finden mit den Maßgaben entsprechende Anwendung, dass sich das Ordnungsgeldverfahren gegen die Mitglieder des Vorstands der Genossenschaft richtet und nur auf Antrag des Prüfungsverbandes, dem die Genossenschaft angehört, oder eines Mitglieds, Gläubigers oder Arbeitnehmers der Genossenschaft durchzuführen ist.** ²**Das Ordnungsgeldverfahren kann auch gegen die Genossenschaft durchgeführt werden, für die die Mitglieder des Vorstands die in Absatz 1 genannten Pflichten zu erfüllen haben.**

Schrifttum: S. Schrifttum zu § 336.

I. Besonderheiten der Genossenschaftspublizität

Obwohl die Vorschriften zur Offenlegung des Jahresabschlusses, des La- **1** geberichts und des Aufsichtsratsberichts der eG an die für Kapitalgesellschaften und OHG/KG iSv § 264a geltenden Regelungen angelehnt sind, wurde die **Genossenschaftspublizität** in § 339 **gesondert geregelt,** da sich die Offenlegungsvorschriften für eG punktuell von denjenigen für Kapitalgesellschaften unterscheiden. Soweit in §§ 326–329 **größenabhängige Erleich-**

terungen eingeräumt werden, wird in Abs. 2 eine **entsprechende Anwendung** für zulässig erklärt.

II. Einreichung beim Betreiber des Bundesanzeigers (Abs. 1)

2   Der **Vorstand** der eG ist nach Abs. 1 verpflichtet, unverzüglich nach der **Generalversammlung** über den Jahresabschluss (§ 48 GenG) den festgestellten **Jahresabschluss**, den **Lagebericht** und den **Aufsichtsratsbericht** elektronisch beim Betreiber des Bundesanzeigers einzureichen. Wie bei Kapitalgesellschaften und OHG/KG iSv § 264a wurde die allgemeine Frist von zwölf Monaten auch für eG festgeschrieben.

3   Sofern es sich um eine große eG handelt, ist auch der durch den Prüfungsverband erteilte **Bestätigungsvermerk** (§ 58 Abs. 2 GenG iVm § 322 HGB oder Art. 10 Abs. 1 EU-APrVO) beizufügen. Dies gilt auch für mit einer **Ergänzung** oder einer **Einschränkung** versehene Bestätigungsvermerke. Im Falle einer Versagung muss diese auf dem eingereichten Jahresabschluss vermerkt und vom Prüfungsverband unterschrieben werden. § 328 Abs. 1 Nr. 1 S. 3 ist insoweit sinngemäß anzuwenden.

4   Somit brauchen weder ein **Gewinnverwendungsvorschlag** noch der **Gewinnverwendungsbeschluss** eingereicht zu werden.[1]

5   War die Prüfung des Jahresabschlusses im Zeitpunkt der Einreichung der Unterlagen beim Betreiber des Bundesanzeigers noch nicht abgeschlossen, so ist der **Bestätigungs-** oder **Versagungsvermerk** unverzüglich nachzureichen (Abs. 1 S. 3).

6   Die Pflicht zur Einreichung des Bestätigungsvermerks beim Betreiber des Bundesanzeigers beschränkt sich nach Abs. 1 S. 2 ausdrücklich auf große eG, für die nach § 58 Abs. 2 GenG die Vorschriften des § 322 oder Art. 10 Abs. 1 EU-APrVO über den Bestätigungsvermerk entsprechend anzuwenden sind. Mittelgroße und kleine eG dürfen einen auf Grund einer freiwilligen oder durch das Statut vorgeschriebenen Prüfung erteilten Bestätigungsvermerk dann einreichen, wenn Art und Umfang der Prüfung derjenigen nach §§ 53 ff. GenG ggf. iVm §§ 316 ff. HGB entsprechen.

7   Bei einer nachträglichen Änderung nach der Einreichung sind der Jahresabschluss und der Lagebericht in der nunmehr geänderten Fassung beim Betreiber des Bundesanzeigers nachzureichen (Abs. 1 S. 4). War die Prüfung nach § 53 GenG bereits abgeschlossen und wird der Jahresabschluss anlässlich seiner Feststellung durch die **Generalversammlung** geändert, bleibt der **Feststellungsbeschluss** zunächst schwebend unwirksam.[2] Die vor der erneuten Prüfung gefassten Beschlüsse über die Feststellung des Jahresabschlusses werden erst dann wirksam, wenn auf Grund einer erneuten Prüfung ein **uneingeschränkter Bestätigungsvermerk** erteilt worden ist (§ 48 Abs. 2 S. 2 GenG). Daher wird ein unverzügliches Handeln des Vorstands zu verlangen sein.[3]

8   Der Betreiber des Bundesanzeigers prüft, ob die einzureichenden Unterlagen fristgemäß und vollständig eingereicht worden sind (§ 329 Abs. 1 S. 1 entsprechend).

---

[1] BeBiKo/*Schmidt/Schäfer* Rn. 5.
[2] BeBiKo/*Schmidt/Schäfer* Rn. 8.
[3] *Heymann* Rn. 3.

III. Entsprechende Anwendung von § 325 Abs. 1 S. 2, Abs. 2, Abs. 2a und Abs. 6 sowie §§ 326–329 (Abs. 2)

Über Abs. 2 werden Teile von § 325 sowie die §§ 326–329 auch für eG als **9** entsprechend anwendbar erklärt. Dies beinhaltet für die eG Offenlegungserleichterungen, Anweisungen hinsichtlich Form und Inhalt bei der Offenlegung, Vorschriften zur Veröffentlichung und Vervielfältigung und Regelungen hinsichtlich der Prüfungspflicht des Registergerichts. Im Einzelnen sind die folgenden Vorschriften entsprechend anzuwenden:

§ 325 Abs. 1 S. 2: Einreichung der Rechnungslegungsunterlagen in einer Form, die eine Bekanntmachung im Bundesanzeiger ermöglicht

§ 325 Abs. 2: Verpflichtung der gesetzlichen Vertreter zur unverzüglichen Bekanntmachung der offenlegungspflichtigen Unterlagen im Bundesanzeiger

§ 325 Abs. 2a: Wahlrecht zur Erfüllung der Offenlegungspflichten durch Offenlegung eines Einzelabschlusses, der nach den in § 315e Abs. 1 bezeichneten internationalen Rechnungslegungsstandards aufgestellt worden ist

§ 325 Abs. 6: Anwendbarkeit von § 11 (zusätzliche Einreichung von Dokumenten beim Handelsregister in der Amtssprache eines Mitgliedstaats der Europäischen Union) und § 12 Abs. 2 (Verpflichtung zur Einreichung von Dokumenten in elektronischer Form)

§§ 326, 327: Anwendbarkeit größenabhängiger Erleichterungen bei der Offenlegung für kleine und mittelgroße Genossenschaften

§ 328: Form und Inhalt der Unterlagen bei der Offenlegung, Veröffentlichung und Vervielfältigung

§ 329: Prüfungs- und Unterrichtungspflicht des Betreibers des Bundesanzeigers.

Über die entsprechende Anwendung von § 326 haben die gesetzlichen **10** Vertreter von kleinen eG nur die Bilanz und den Anhang zu veröffentlichen. Dies hat spätestens vor Ablauf des zwölften Monats des dem Bilanzstichtag nachfolgenden Geschäftsjahres zu erfolgen. Der Anhang braucht in diesem Fall keine die GuV betreffenden Angaben zu enthalten. Kleinstgenossenschaften können der Offenlegungsverpflichtung in Form einer dauerhaften Hinterlegung beim Bundesanzeiger nachkommen, wenn sie dem Bundesanzeiger mitteilen, dass sie zwei der drei in § 267a Abs. 1 genannten Merkmale für die nach den § 267 Abs. 4 maßgeblichen Stichtage nicht überschreiten (§ 326 Abs. 2). Wie für Kleinstkapitalgesellschaften gilt, dass die Einsichtnahme in die Bilanz auf Antrag durch Übermittlung einer Kopie erfolgt (§ 9 Abs. 6 S. 3).

Mittelgroße eG müssen zwar den gesamten Jahresabschluss nebst Lagebe- **11** richt einreichen (Abs. 1), sie dürfen jedoch die Bilanz nach der den kleinen eG gestatteten Form, ergänzt um die in § 327 Nr. 1 aufgelisteten **Zusätze** einreichen. Für den **Anhang** ist § 327 Nr. 2 zu beachten, der eine fakultative Freistellung von den sonstigen Pflichtangaben nach § 285 Nr. 2, Nr. 8 Buchst. a und Nr. 12 bei der Offenlegung vorsieht. Große eG müssen hingegen **Bilanz, GuV** sowie **Anhang** ungekürzt publizieren.

12   Durch die Verweisung auf § 328 bestimmen sich Form und Inhalt der Unterlagen bei Einreichung, Veröffentlichung und Vervielfältigung durch die eG nach dieser Vorschrift. Dem unterfallen auch die im Statut festgelegten Veröffentlichungspflichten (§ 6 Nr. 5 GenG). Zu den Einzelheiten vgl. Erläuterungen zu § 328.

13   Mit der entsprechenden Anwendung des § 329 wird die Prüfungspflicht des Betreibers des Bundesanzeigers auch auf genossenschaftsrechtliche Belange ausgedehnt.

IV. Sanktionen

14   Der Vorstand der eG wird durch die Festsetzung von Ordnungsgeld zur Erfüllung seiner Offenlegungspflichten angehalten. Das Ordnungsgeld kann gegen den Vorstand und die eG verhängt werden. Es kommt grundsätzlich das Verfahren nach § 335 zur Anwendung; auf die Erläuterungen zu § 335 wird insoweit verwiesen. Anders als in § 335 vorgeschrieben, wird im Fall von Offenlegungsverstößen von eG ein Ordnungsgeldverfahren aufgrund von Offenlegungsverstößen nur auf Antrag

– des Prüfungsverbands, dem die Genossenschaft angehört,
– eines Mitglieds,
– eines Gläubigers oder
– eines Arbeitnehmers der Genossenschaft
durchgeführt.

15   Damit werden Offenlegungsverstöße nicht von Amts wegen verfolgt, sondern lediglich auf Antrag. Dieser Unterschied in der Sanktionierung von Offenlegungsverstößen im Vergleich zu anderen Rechtsformen wird darin gesehen, dass es nur äußerst selten Beschwerden über die eine fehlende Offenlegung von eG gab, sodass ein Ordnungsgeldverfahren auf Antrag durch diejenigen Personen, die regelmäßig ein Interessen an der Offenlegung haben können, als ausreichend betrachtet wird.[4]

---

[4] Vgl. Begr. RegE eines Gesetzes zur Erleichterung unternehmerischer Initiativen aus bürgerschaftlichem Engagement und zum Bürokratieabbau bei Genossenschaften, BT-Drs. 18/11506, 34.

Vierter Abschnitt. Ergänzende Vorschriften für Unternehmen bestimmter Geschäftszweige

Erster Unterabschnitt. Ergänzende Vorschriften für Kreditinstitute und Finanzdienstleistungsinstitute

Erster Titel. Anwendungsbereich

§ 340 [Anwendungsbereich]

(1) [1]Dieser Unterabschnitt ist auf Kreditinstitute im Sinne des § 1 Abs. 1 des Gesetzes über das Kreditwesen anzuwenden, soweit sie nach dessen § 2 Abs. 1, 4 oder 5 von der Anwendung nicht ausgenommen sind, sowie auf CRR-Kreditinstitute im Sinne des § 1 Absatz 3d Satz 1 des Kreditwesengesetzes, soweit sie nicht nach § 2 Absatz 1 Nummer 1 und 2 des Kreditwesengesetzes von der Anwendung ausgenommen sind, und auf Zweigniederlassungen von Unternehmen mit Sitz in einem Staat, der nicht Mitglied der Europäischen Gemeinschaft und auch nicht Vertragsstaat des Abkommens über den Europäischen Wirtschaftsraum ist, sofern die Zweigniederlassung nach § 53 Abs. 1 des Gesetzes über das Kreditwesen als Kreditinstitut gilt. [2]§ 340l Abs. 2 und 3 ist außerdem auf Zweigniederlassungen im Sinne des § 53b Abs. 1 Satz 1 und Abs. 7 des Gesetzes über das Kreditwesen, auch in Verbindung mit einer Rechtsverordnung nach § 53c Nr. 1 dieses Gesetzes, anzuwenden, sofern diese Zweigniederlassungen Bankgeschäfte im Sinne des § 1 Abs. 1 Satz 2 Nr. 1 bis 5 und 7 bis 12 dieses Gesetzes betreiben. [3]Zusätzliche Anforderungen auf Grund von Vorschriften, die wegen der Rechtsform oder für Zweigniederlassungen bestehen, bleiben unberührt.

(2) Dieser Unterabschnitt ist auf Unternehmen der in § 2 Abs. 1 Nr. 4 und 5 des Gesetzes über das Kreditwesen bezeichneten Art insoweit ergänzend anzuwenden, als sie Bankgeschäfte betreiben, die nicht zu den ihnen eigentümlichen Geschäften gehören.

(3) Dieser Unterabschnitt ist auf Wohnungsunternehmen mit Spareinrichtung nicht anzuwenden.

(4) [1]Dieser Unterabschnitt ist auch auf Finanzdienstleistungsinstitute im Sinne des § 1 Abs. 1a des Gesetzes über das Kreditwesen anzuwenden, soweit sie nicht nach dessen § 2 Abs. 6 oder 10 von der Anwendung ausgenommen sind, sowie auf Zweigniederlassungen von Unternehmen mit Sitz in einem anderen Staat, der nicht Mitglied der Europäischen Gemeinschaft und auch nicht Vertragsstaat des Abkommens über den Europäischen Wirtschaftsraum ist, sofern die Zweigniederlassung nach § 53 Abs. 1 des Gesetzes über das Kreditwesen als Finanzdienstleistungsinstitut gilt. [2]§ 340c Abs. 1 ist nicht anzuwenden auf Finanzdienstleistungsinstitute und Kreditinstitute, soweit letztere Skontroführer im Sinne des § 27 Abs. 1 Satz 1 des Börsengesetzes und nicht CRR-Kreditinstitute im Sinne des § 1 Abs. 3d Satz 1 des Gesetzes über das Kreditwesen sind. [3]Zusätzliche Anforderungen auf Grund von Vorschriften, die wegen der Rechtsform oder für Zweigniederlassungen bestehen, bleiben unberührt.

(5) [1]Dieser Unterabschnitt ist auch auf Institute im Sinne des § 1 Absatz 3 des Zahlungsdiensteaufsichtsgesetzes anzuwenden. [2]Zusätzliche

Anforderungen auf Grund von Vorschriften, die wegen der Rechtsform oder für Zweigniederlassungen bestehen, bleiben unberührt.

Schrifttum: (ohne die Einzelbeiträge in den verschiedenen Handbüchern der Rechnungslegung) *Ausschuß für Bilanzierung des Bundesverbandes deutscher Banken* (BdB), Bankbilanzrichtlinie-Gesetz. Arbeitsmaterialien zur Anwendung von Bilanzrichtlinie-Gesetz und Rechnungslegungsverordnung, 1993; *BaFin*, Rundschreiben 09/2017 (BA) – Mindestanforderungen an das Risikomanagement (MaRisk) vom 27.10.2017; *Bär/ Wiechens*, Handelsrechtliche Kreditrisikovorsorge im Wandel der Zeit vor dem Hintergrund von IFRS 9, KoR 2016, 455; *Bauer,* Die EG-Bankbilanzrichtlinie und ihre Auswirkungen auf die Bilanzierungsvorschriften der deutschen Kreditinstitute, WM 1987, 861; *Bieg,* Die externe Rechnungslegung der Kreditinstitute und Finanzdienstleistungsinstitute, 1999; *Bieg,* Bankbilanzierung nach HGB und IFRS, 3. Aufl. 2017; *Bieg/Waschbusch/Käufer,* Die Bilanzierung von Pensionsgeschäften im Jahresabschluss der Kreditinstitute nach HGB und IFRS, ZBB 2008, 63; *Birck/Meyer,* Die Bankbilanz, 3. Aufl., 3., 4. und 5. Teillieferung, 1977, 1979 und 1989; *Böcking,* CSR-Richtlinie-Umsetzungsgesetz: Gesellschaftliche Verantwortung und Wertewandel – Neue Herausforderungen und Chancen für die Nachhaltigkeit, DB 2017, M5; *Böcking,* Bilanzrechtstheorie und Verzinslichkeit, 1988; *Böcking/Ernsting/Fitzner/Wagener/Freiling,* Zur praktischen Umsetzung der Bankbilanzrichtlinie in den Jahresabschlüssen 1993 deutscher Kreditinstitute – Ausgewählte Ergebnisse einer empirischen Erhebung, WPg 1995, 461; *Böcking/Torabian,* Auswirkungen des Entwurfs des BilMoG auf die Bilanzierung von Finanzinstrumenten, BB 2008, 265; *Deutsche Bundesbank,* Das neue Bilanzierungsrecht für Kreditinstitute ab 1993 und seine Auswirkungen auf die monatliche Bilanzstatistik, Monatsbericht der Deutschen Bundesbank, Mai 1992, 39; *Ernst/Seidler,* Gesetz zur Modernisierung des Bilanzrechts nach Verabschiedung durch den Bundestag, BB 2009, 766; *Feld,* IDW ERS BFA 3: Einzelfragen der verlustfreien Bewertung von zinsbezogenen Geschäften des Bankbuchs (Zinsbuchs), RdF 2012, 69; *Göttgens/ Schmelzeisen,* Bankbilanzrichtlinie-Gesetz, 2. Aufl. 1992; *Goldschmidt/Meyding-Metzger/ Weigel,* Änderungen in der Rechnungslegung von Kreditinstituten nach dem Bilanzrechtsmodernisierungsgesetz, Teil I: Finanzinstrumente des Handelsbestands, Bilanzierung von Bewertungseinheiten, IRZ 2010, 21; *Goldschmidt/Meyding-Metzger/Weigel,* Änderungen in der Rechnungslegung von Kreditinstituten nach dem Bilanzrechtsmodernisierungsgesetz, Teil II: Kreditrisikovorsorge, Währungsumrechnung und latente Steuern, IRZ 2010, 64; *Hanenberg,* Die neuen Vorschriften zur Rechnungslegung der Finanzdienstleistungsinstitute, WPg 1999, 85; *Hartung,* Wertpapierleihe und Bankbilanz, BB 1993, 1175; *Helke/Wiechens/Klaus,* Zur Umsetzung der HGB-Modernisierung durch das BilMoG: Die Bilanzierung von Finanzinstrumenten, DB-Beil. 5/2009, 30; *Hossfeld,* Die Kompensationsmöglichkeiten in der Gewinn- und Verlustrechnung von Kreditinstituten nach der Transformation der EG-Bankbilanzrichtlinie, WPg 1993, 337; *IDW,* Entwurf einer Neufassung der *IDW,* Stellungnahme zur Rechnungslegung: Einzelfragen zum Übergang vom wirtschaftlichen Eigentum und zur Gewinnrealisierung nach HGB (IDW ERS HFA 13 n. F.), FN-IDW 2007, 83; *IDW,* Positionspapier des IDW zu Bilanzierungs- und Bewertungsfragen im Zusammenhang mit der Subprime-Krise, FN-IDW 2008, 1; *IDW,* IDW Rechnungslegungshinweis: Umwidmung und Bewertung von Forderungen und Wertpapieren nach HGB (IDW RH HFA 1.014), FN-IDW 2009, 58; *IDW,* IDW Stellungnahme zur Rechnungslegung: Bilanzierung von Finanzinstrumenten des Handelsbestands bei Kreditinstituten (IDW RS BFA 2), FN-IDW 2010, 154; *IDW,* IDW Stellungnahme zur Rechnungslegung: Besonderheiten der handelsrechtlichen Fremdwährungsumrechnung bei Instituten (IDW RS BFA 4), FN-IDW 2011, 649; *IDW,* IDW Stellungnahme zur Rechnungslegung: Einzelfragen der verlustfreien Bewertung von zinsbezogenen Geschäften des Bankbuchs (Zinsbuchs) (IDW RS BFA 3 n. F.), IDW Life 2018, 278; *IDW,* IDW Prüfungsstandard: Grundsätze für die prüferische Durchsicht von Abschlüssen (IDW PS 900), WPg 2001, 1078; *Kajüter,* Nichtfinanzielle Berichterstattung nach dem CSR-Richtlinie-Umsetzungsgesetz, DB 2017, 618; *Langenbucher,* Die Umrechnung von Fremdwährungsgeschäften, 1998; *Luz/Neus/Schaber/Schneider/Wagner/Weber,* Kreditwesengesetz (KWG), Kommentar zu KWG, CRR, FKAG, SolvV, WuSolvV, GroMiKV, LiqV und weiteren aufsichtsrechtlichen Vorschriften, 3. Aufl. 2015; *Meyer/Isenmann*, Bankbilanzrichtlinie-Gesetz, 1993; *Naumann*, Fremdwährungsumrechnung in Bankbilanzen nach neuem Recht, 1992; *Oser/Orth/Wirtz*, Neue Vorschriften zur Rechnungslegung und Prüfung durch das Bilanzrichtlinie-Umsetzungsgesetz, DB 2014, 1877; *Prahl*, Die neuen Vorschriften des Handelsgesetzbuches für Kreditinstitute, WPg 1991, 401; *Prahl/Naumann*, Bankkonzernrechnungslegung nach neuem Recht, WPg 1993, 235; *Scharpf et al.*, Bilanzierung von Finanzinstrumenten des Handelsbestands bei Kreditinstituten – Erläuterung von IDW RS BFA 2, WPg 2010, 439 (Teil 1), 501 (Teil 2); *Scharpf/Schaber*, Handbuch Bankbilanz, 7. Aufl. 2018 (zit. *Scharpf/Schaber* Bankbilanz-HdB); *Scharpf/Sohler*, Leitfaden zum Jahresabschluß nach dem Bankbilanzrichtlinie-Gesetz: Bilanz, GuV und Anhang, 1992; *Sopp/Grünberger*, Die Bilanzierung von Derivaten zur Steuerung der Zinsrisiken im Bankbuch, KoR 2014, 36; *Treuberg/Scharpf*, Pensionsgeschäfte und deren Behandlung im Jahresabschluß von Kapitalgesellschaften nach § 340b HGB, DB 1991, 1233; *Vietze/Bär/Briesemeister/Löw/Schaber/Weigel/Wolfgarten*, Weitere Einzelfragen zur verlustfreien Bewertung von zinsbezogenen Geschäften des Bankbuchs (Zinsbuchs), WPg 2018, 763; *Walter*, Zinsbuch: Verlustfreie Bewertung, BankPraktiker 2010, 233; *Walter*, Verlustfreie Bewertung des Zinsbuchs nach IDW BFA 3, ZfgK 2015, 1069; *Waschbusch*, Die Rechnungslegung der Kreditinstitute bei Pensionsgeschäften. Zur Rechtslage nach § 340b HGB, BB 1993, 172; *Waschbusch*, Bilanzierung bei Kreditinstituten, in Petersen/Zwirner, Handbuch Bilanzrecht, 2. Aufl. 2018, 997.

Übersicht

I. Systematik der handelsrechtlichen Rechnungslegungsvorschriften für Kredit- und Finanzdienstleistungsinstitute

Die **Vorschriften zur Rechnungslegung der Kredit- und Finanz- 1 dienstleistungsinstitute** sind **rechtsform- und größenunabhängig** gefasst.[1] Weder sind Erleichterungen etwa für in der Rechtsform des Einzelunternehmens oder der Personengesellschaft betriebene Institute vorgesehen noch hängt der Umfang der zu beachtenden Rechnungslegungsvorschriften von der Größe des Instituts ab.

Die Einfügung eines Unterabschnitts mit ergänzenden Vorschriften für 2 Institute entspricht der Konzeption des HGB, nach der auf die für alle Kaufleute geltenden Bestimmungen, (§§ 238–263) die ergänzenden Vorschriften für Kapitalgesellschaften sowie bestimmte Personenhandelsgesellschaften

---

[1] Vgl. MüKoHGB/*Böcking/Becker/Helke* Vor § 340 Rn. 15.

(§§ 264–335c) und für Genossenschaften (§§ 336–339) **branchenspezifische Rechnungslegungsvorschriften für Kredit- und Finanzdienstleistungsinstitute** (§§ 340–340o), Versicherungsunternehmen und Pensionsfonds (§§ 341–341o) und bestimmte Unternehmen des Rohstoffsektors (§§ 341q, 341r) folgen.

3   Die ergänzenden Vorschriften für Kredit- und Finanzdienstleistungsinstitute sind wie folgt gegliedert:

– Anwendungsbereich (§ 340),
– Jahresabschluss, Lagebericht, Zwischenabschluss (§§ 340a–340d),
– Bewertungsvorschriften (§§ 340e–340g),
– Währungsumrechnung (§ 340h),
– Konzernabschluss, Konzernlagebericht, Konzernzwischenabschluss (§§ 340i, 340j),
– Prüfung (§ 340k),
– Offenlegung (§ 340l),
– Straf- und Bußgeldvorschriften, Zwangsgelder (§§ 340m–340o).

4   Auf der Ermächtigungsgrundlage des § 330 Abs. 2 wurde die **Verordnung über die Rechnungslegung der Kreditinstitute und Finanzdienstleistungsinstitute (RechKredV)** vom 11.12.1998 (BGBl. 1998 I 3654) erlassen. In der RechKredV sind weitere Vorschriften zur Rechnungslegung der Kredit- und Finanzdienstleistungsinstitute, insbesondere zu den Formblättern der Bilanz und Gewinn- und Verlustrechnung, zu den einzelnen Posten der Bilanz und GuV sowie zu weiteren spezifischen Anhangangaben enthalten.

5   Die Bestimmungen der RechKredV haben den folgenden Inhalt:

– Anwendungsbereich (§ 1),
– Bilanz und Gewinn- und Verlustrechnung (§§ 2–11),
– Vorschriften zu einzelnen Posten der Bilanz (Formblatt 1) (§§ 12–27),
– Vorschriften zu einzelnen Posten der Gewinn- und Verlustrechnung (Formblätter 2 und 3) (§§ 28–33),
– Anhang (§§ 34–36),
– Konzernrechnungslegung (§ 37),
– Ordnungswidrigkeiten (§ 38),
– Schlussvorschriften (§§ 39, 40).

6   Mit den Vorschriften in **§§ 340–340o** sowie den Bestimmungen der RechKredV sind die von Kredit- und Finanzdienstleistungsinstituten zu beachtenden Rechnungslegungsvorschriften **nicht abschließend** beschrieben. Neben den von allen Kaufleuten anzuwendenden Vorschriften (§§ 238–263) treten die für (große) Kapitalgesellschaften sowie bestimmte Personenhandelsgesellschaften geltenden Regelungen (§§ 264–335c) hinzu, soweit die Anwendung nicht auf Grund von § 340a Abs. 2 ausgeschlossen ist. Die allgemeinen Vorschriften für Kaufleute (einschließlich der GoB) und für Kapitalgesellschaften sowie die ergänzenden Vorschriften für Institute sind als Einheit zu betrachten.[2]

7   Bei der Rechnungslegung der Kredit- und Finanzdienstleistungsinstitute sind die folgenden Vorschriften zu beachten:

– §§ 340–340o,
– RechKredV,

---

[2] Vgl. Beck HdR/*Bieg/Waschbusch* B 900 Rn. 8 ff.; *Grewe* in Hofbauer/Kupsch Bonner-HdB Vor § 340 Rn. 14. S. hierzu auch MüKoHGB/*Böcking/Becker/Helke* Vor § 340 Rn. 16.

– rechtsform- und zweigniederlassungsspezifische Anforderungen,
– ergänzende Vorschriften für (große) Kapitalgesellschaften und bestimmte Personenhandelsgesellschaften, soweit nicht durch Vorschriften nach §§ 340–340o oder Vorschriften der RechKredV verdrängt,
– Vorschriften für alle Kaufleute, soweit in §§ 340–340o nichts anderes bestimmt ist.

II. Anwendungsbereich

1. Kreditinstitute isv § 1 Abs. 1 KWG. Die ergänzenden Vorschriften **8** für Kreditinstitute sind zunächst auf Kreditinstitute iSv § 1 Abs. 1 KWG anzuwenden, sofern diese nicht in § 2 Abs. 1 oder 4 KWG dergestalt ausgenommen sind, dass sie nicht als Kreditinstitute gelten.[3] § 1 Abs. 1 KWG knüpft an die **bankgeschäftliche Tätigkeit** an, soweit deren Umfang einen in **kaufmännischer Weise eingerichteten Geschäftsbetrieb** erfordert. Bankgeschäfte in diesem Sinne sind:

– die Annahme fremder Gelder als Einlagen oder anderer unbedingt rückzahlbarer Gelder des Publikums, sofern der Rückzahlungsanspruch nicht in Inhaber- oder Orderschuldverschreibungen verbrieft wird, ohne Rücksicht darauf, ob Zinsen vergütet werden (Einlagengeschäft),
– die in § 1 Abs. 1 S. 2 des Pfandbriefgesetzes bezeichneten Geschäfte (Pfandbriefgeschäft),
– die Gewährung von Gelddarlehen und Akzeptkrediten (Kreditgeschäft),
– der Ankauf von Wechseln und Schecks (Diskontgeschäft),
– die Anschaffung und Veräußerung von Finanzinstrumenten im eigenen Namen für fremde Rechnung (Finanzkommissionsgeschäft),
– die Verwahrung und Verwaltung von Wertpapieren für andere (Depotgeschäft),
– die Tätigkeit als Zentralverwahrer isd § 1 Abs. 6 KWG
– die Eingehung der Verpflichtung, zuvor veräußerte Darlehensforderungen vor Fälligkeit zurückzuerwerben,
– die Übernahme von Bürgschaften, Garantien und sonstigen Gewährleistungen für andere (Garantiegeschäft),
– die Durchführung des bargeldlosen Scheckeinzugs (Scheckeinzugsgeschäft), Wechseleinzugs (Wechseleinzugsgeschäft) und die Ausgabe von Reiseschecks (Reisescheckgeschäft),
– die Übernahme von Finanzinstrumenten für eigenes Risiko zur Platzierung oder die Übernahme gleichwertiger Garantien (Emissionsgeschäft),
– die Tätigkeit als zentrale Gegenpartei.

2. CRR-Kreditinstitute. CRR-Kreditinstitute iSd § 1 Abs. 3d S. 1 **9** KWG sind Kreditinstitute iSd Art. 4 Abs. 1 Nr. 1 der Verordnung (EU) Nr. 575/2013 (CRR).[4] Nach dieser Definition ist ein Kreditinstitut ein Unternehmen, dessen Tätigkeit darin besteht, Einlagen oder andere rückzahlbare Gelder des Publikums entgegenzunehmen und Kredite für eigene Rechnung zu gewähren. Aufgrund der möglichen unterschiedlichen Auslegung von Begrifflichkeiten auf nationaler und europäischer Ebene ist es theoretisch

---

[3] Vgl. *Krumnow/Sprißler/Bellavite-Hövermann* Rn. 7.
[4] Verordnung (EU) Nr. 5775/2013 des Europäischen Parlaments und des Rates v. 26.6.2013 über Aufsichtsanforderungen an Kreditinstitute und Wertpapierfirmen und zur Änderung der Verordnung (EU) Nr. 646/2012, ABl. 2013 L 176, 1.

denkbar, dass ein CRR-Kreditinstitut iSd § 1 Abs. 3d KWG nicht auch zugleich Kreditinstitut iSd § 1 KWG ist.[5] Daneben ist nicht jedes Kreditinstitut iSd § 1 Abs. 1 KWG zugleich auch CRR-Kreditinstitut. Beispielsweise ist ein Unternehmen, das das Kreditgeschäft betreibt, ohne sich über die Annahme von Einlagen oder anderen rückzahlbaren Geldern des Publikums zu finanzieren, EU-rechtlich kein Kreditinstitut (kein CRR-Kreditinstitut), aber ein Kreditinstitut nach § 1 Abs. 1 Nr. 2 KWG.[6] Die Ausweitung des Anwendungsbereichs der §§ 340 ff. auf CRR-Kreditinstitute iSd § 1 Abs. 3d S. 1 KWG, soweit sie nicht nach § 2 Abs. 1 Nr. 1 (Deutsche Bundesbank) und Abs. 1 Nr. 2 (Kreditanstalt für Wiederaufbau) des Kreditwesengesetzes von der Anwendung ausgenommen sind, wurde mit dem Abschlussprüfungsreformgesetz (AReG) vom 10.5.2016[7] eingefügt, um ua die Entstehung von Regelungslücken zu vermeiden.[8]

10   **3. Finanzdienstleistungsinstitute iSv § 1 Abs. 1a KWG.** Mit dem Inkrafttreten der 6. KWG-Novelle am 1.1.1998 wurden die ergänzenden Rechnungslegungsvorschriften für Kreditinstitute grundsätzlich auf Finanzdienstleistungsinstitute ausgedehnt.[9]

11   Nach der Legaldefinition in § 1 Abs. 1a KWG handelt es sich dabei um Unternehmen, die Finanzdienstleistungen für andere gewerbsmäßig oder in einem Umfang erbringen, der einen in kaufmännischer Weise eingerichteten Geschäftsbetrieb erfordert, und die keine Kreditinstitute sind.

12   Im Einzelnen werden folgende Geschäfte zu den Finanzdienstleistungen gezählt:

– Anlagevermittlung,
– Anlageberatung,
– Betrieb eines multilateralen Handelssystems,
– Platzierungsgeschäft,
– der Betrieb eines organisierten Handelssystems,
– Abschlussvermittlung,
– Finanzportfolioverwaltung,
– Eigenhandel,
– Drittstaateneinlagenvermittlung,
– Sortengeschäft,
– Factoring,
– Finanzierungsleasing,
– Anlageverwaltung,
– eingeschränktes Verwahrgeschäft,
– das Eigengeschäft (sofern die Voraussetzungen des § 1 Abs. 1a S. 3 KWG vorliegen).

13   Die ergänzenden Vorschriften für Kreditinstitute gelten auch für Finanzdienstleistungsinstitute (§ 340 Abs. 4).[10] Gem. Abs. 4 S. 3 aF waren die Offenlegungsvorschriften des § 340l nur für Finanzdienstleistungsinstitute in der Rechtsform der Kapitalgesellschaft relevant. Abs. 4 S. 3 aF wurde durch

---

[5] Vgl. BR–Drs. 635/15, 57.
[6] Vgl. *Beck/Samm/Kokemoor/Reschke* KWG § 1 Rn. 60.
[7] Vgl. AReG v. 10.5.2016, BGBl. 2016 I 1142.
[8] Vgl. BR–Drs. 635/15, 57.
[9] Vgl. *Bieg,* Bankbilanzierung nach HGB und IFRS, 3. Aufl. 2017, 38.
[10] Zu Besonderheiten der Rechnungslegung von Finanzdienstleistungsinstituten vgl. *Hanenberg* WPg 1999, 85.

das BilRUG gestrichen. Es handelt sich bei der Streichung um die Beseitigung früherer Redaktionsversehen. Die Vorschriften der §§ 340 ff. sind auch für Finanzdienstleistungsinstitute rechtsformunabhängig anzuwenden.[11] Finanzdienstleistungsinstitute mit anderer Rechtsform als einer Kapitalgesellschaft haben erstmals den Jahresabschluss für ein nach dem 31.12.2015 beginnendes Geschäftsjahr nach § 340l Abs. 1 offenzulegen (Art. 75 Abs. 1 EGHGB). Die in § 340c Abs. 1 vorgeschriebene Verrechnung von Erträgen und Aufwendungen kann von Finanzdienstleistungsinstituten nicht vorgenommen werden. Da diese Unternehmen einen wesentlichen Teil ihrer Erträge und Aufwendungen aus derartigen Geschäften erwirtschaften, hätte die Darstellung als Saldoposten eine wesentlich verringerte Aussagekraft der Gewinn- und Verlustrechnung zur Folge. Dieses Verrechnungsverbot gilt im Übrigen auch für Kreditinstitute, soweit sie Skontroführer iSv § 27 Abs. 1 S. 1 BörsG und darüber hinaus nicht die Merkmale eines CRR-Kreditinstituts iSv § 1 Abs. 3d KWG aufweisen.

14 Im Sinne der gesetzestechnischen Vereinfachung fasst **§ 1 Abs. 1b KWG** Kredit- und Finanzdienstleistungsinstitute unter dem Begriff **Institut** zusammen.

15 **4. Zweigniederlassungen von ausländischen Unternehmen.** Sofern **Zweigniederlassungen von Unternehmen mit Sitz außerhalb der Europäischen Union, des Europäischen Wirtschaftsraums oder gleichgestellter Staaten** Bankgeschäfte oder Finanzdienstleistungen in einem Umfang betreiben, der einen in kaufmännischer Weise eingerichteten Geschäftsbetrieb erfordert, gelten diese Zweigniederlassungen nach § 53 Abs. 1 KWG als Institut und unterliegen in vollem Umfang den Vorschriften der §§ 340–340o.[12]

16 Unternehmen, deren **Hauptniederlassung sich in einem EU-Mitgliedstaat** befindet und die ferner als Kreditinstitute geltende **Zweigniederlassungen im Inland** unterhalten (§ 53 Abs. 1 KWG), haben lediglich die Offenlegungsvorschriften iSv § 340l Abs. 2 zu beachten. Die **Offenlegung** beschränkt sich dabei auf die in § 340l Abs. 1 S. 1 genannten Unterlagen der Hauptniederlassung.

17 **5. Versicherungsunternehmen und Unternehmen des Pfandleihgewerbes mit Bankgeschäften, die nicht zu den ihnen eigentümlichen Geschäften gehören (§ 2 Abs. 1 Nr. 4 und 5 KWG). Versicherungsunternehmen** und **Unternehmen des Pfandleihgewerbes gelten grundsätzlich nicht als Kreditinstitute** und unterliegen damit auch grundsätzlich nicht den besonderen **Vorschriften** der §§ 340–340o. Die institutsspezifischen Rechnungslegungsvorschriften sind allerdings dennoch zu **beachten, soweit Bankgeschäfte betrieben werden, die nicht zu den eigentümlichen Geschäften gehören** (§ 340 Abs. 2). Während jedoch die Bestimmungen des KWG unter diesen Voraussetzungen auch von Unternehmensbeteiligungsgesellschaften zu beachten sind, ist die Anwendung der ergänzenden Rechnungslegungsvorschriften auf Versicherungsunternehmen und Unternehmen des Pfandleihgewerbes mit Bankgeschäften beschränkt.[13] Versicherungsunternehmen und Unternehmen des Pfandleih-

---

[11] Vgl. BT Drs. 18/4050, 80.

[12] Vgl. *Krumnow/Sprißler/Bellavite-Hövermann* Rn. 24.

[13] Zur Nichtberücksichtigung von Unternehmensbeteiligungsgesellschaften vgl. *Krumnow/Sprißler/Bellavite-Hövermann* Rn. 34 f.

gewerbes mit Bankgeschäften, die nicht zu den ihnen eigentümlichen Geschäften gehören, haben die Vorschriften der RechKredV nicht anzuwenden; § 1 RechKredV nimmt nur Bezug auf Institute und Zweigniederlassungen.[14]

18   **6. Institute iSd § 1 Abs. 3 ZAG.** Mit dem Gesetz zur Umsetzung der aufsichtsrechtlichen Vorschriften der Zahlungsdiensterichtlinie (Zahlungsdiensteumsetzungsgesetz, ZDUG) wurde in § 340 ein neuer Abs. 5 eingefügt.[15] § 340 Abs. 5 setzt Art. 15 Abs. 1 und 2 RL 2007/64/EG[16] des Europäischen Parlaments und des Rates vom 13.11.2007 über Zahlungsdienste im Binnenmarkt um.[17] Ziel der Ersten Zahlungsdiensterichtlinie war die Schaffung eines modernen und rechtlich kohärenten Zahlungsverkehrsraums im europäischen Binnenmarkt.[18] Mit der Zweiten Zahlungsdiensterichtlinie[19] soll der durch die Erste Zahlungsdiensterichtlinie geschaffene europäische Binnenmarkt für unbare Zahlungen fortentwickelt, gestärkt und den technischen Veränderungen angepasst werden.[20] Die aufsichtsrechtlichen Vorschriften der Zweiten Zahlungsdiensterichtlinie werden durch das neu gefasste ZAG umgesetzt.

19   Gem. § 340 Abs. 5 sind die Regelungen für Kreditinstitute auch auf Institute iSd § 1 Abs. 3 ZAG anzuwenden. Institute iSd ZAG umfassen Zahlungsinstitute E-Geld-Institute. Zahlungsinstitute und E-Geld-Institute haben für die Rechnungslegung neben den für Kreditinstitute geltenden §§ 340 ff. auch die RechZahlV zu beachten (§ 340 Abs. 5 HGB iVm § 1 RechZahlV). Gem. Abs. 5 S. 2 aF waren die Offenlegungsvorschriften des § 340l nur für Institute iSd § 1 Abs. 3 ZAG in der Rechtsform der Kapitalgesellschaft relevant. S. 2 aF wurde durch das BilRUG gestrichen. Es handelt sich bei der Streichung um die Beseitigung früherer Redaktionsversehen. Die Vorschriften der §§ 340 ff. sind auch für Institute iSd § 1 Abs. 3 ZAG rechtsformunabhängig anzuwenden.[21] Institute iSd § 1 Abs. 3 ZAG mit anderer Rechtsform als einer Kapitalgesellschaft haben erstmals den Jahresabschluss für ein nach dem 31.12.2015 beginnendes Geschäftsjahr nach § 340l Abs. 1 offenzulegen (Art. 75 Abs. 1 EGHGB).

III. Ausgenommene Unternehmen

20   Der Unterabschnitt mit den ergänzenden Vorschriften für Kreditinstitute ist nicht auf Wohnungsunternehmen mit Spareinrichtung anzuwenden (§ 340 Abs. 3). Daraus wird zwingend zu folgern sein, dass ein Wohnungsunternehmen ohne Spareinrichtung, die insoweit zwar Kreditinstitutseigen-

[14] Vgl. *Meyer/Isenmann,* Bankbilanzrichtlinie-Gesetz, 1993, 23.

[15] Vgl. Art. 6 Nr. 2 des ZDUG v. 25.6.2009 (BGBl. 2009 I 1506).

[16] Richtlinie 2007/64/EG des Europäischen Parlaments und des Rates v. 13.11.2007 über Zahlungsdienste im Binnenmarkt, zur Änderung der Richtlinien 97/7/EG, 2002/65/EG, 2005/60/EG und 2006/48/EG sowie zur Aufhebung der Richtlinie 97/5/EG, ABl. 2007 L 319, 1.

[17] Vgl. BT-Drs. 16/11613, 60.

[18] Vgl. BT-Drs. 16/11613, 1.

[19] Richtlinie (EU) 2015/2366 des Europäischen Parlaments und des Rates v. 25.11.2015 über Zahlungsdienste im Binnenmarkt, zur Änderung der Richtlinien 2001/65/EG, 2009/110/EG und 2013/36/EU und der Verordnung (EU) Nr. 1093/2010 sowie zur Aufhebung der Richtlinie 2007/64/EG, ABl. 2015 L 337, 35.

[20] Vgl. BT-Drs. 18/11495, 78.

[21] Vgl. BT-Drs. 18/4050, 80.

schaft besitzen können, aber vom Leitbild des Kreditinstituts weiter entfernt sind als Erstere, ebenfalls nicht den Vorschriften der §§ 340–340o unterliegen.[22]

Von der ergänzenden Anwendung der Vorschriften für Kreditinstitute sind **21** nach Abs. 1 S. 1 iVm § 2 Abs. 1 KWG diejenigen Unternehmen ausgenommen, die nach den Vorschriften des KWG nicht als Kreditinstitute gelten. Dies betrifft ua die Deutsche Bundesbank, die Kreditanstalt für Wiederaufbau, die Sozialversicherungträger und die Bundesanstalt für Arbeit.

Gem. § 340 Abs. 1 S. 1 und Abs. 2 sind die institutsspezifischen Regelungen **22** auf Versicherungsunternehmen und Pfandleiher nur insoweit anzuwenden, als diese Unternehmen Bankgeschäfte betreiben, die nicht zu ihren eigentümlichen Geschäften gehören. Es wird in der Literatur teilweise auf einen redaktionellen Fehler zurückgeführt, dass Gleiches nicht für Unternehmensbeteiligungsgesellschaften vorgesehen ist, da es keine ersichtlichen Gründe für diese Sonderstellung von Beteiligungsunternehmen im Vergleich zu Versicherungsunternehmen und Pfandleihern gibt.[23]

Einige Unternehmen, die materiell aufgrund ihrer Tätigkeit als **Finanz-** **23** **dienstleistungsinstitut** zu qualifizieren wären, gelten nach § 2 Abs. 6 oder Abs. 10 KWG nicht als solche und sind nach § 340 Abs. 4 auch vom Anwendungsbereich der institutsspezifischen Rechnungslegungsvorschriften ausgenommen.

Die BaFin kann nach § 340 Abs. 1 S. 1 HGB iVm § 2 Abs. 4 KWG im **24** Einzelfall Unternehmen durch **Verwaltungsakt** von der Beachtung der §§ 340–340o befreien, sofern sie nicht der Aufsicht bedürfen.

Neben den ausdrücklich erwähnten Unternehmen, bei denen die ergän- **25** zenden Vorschriften nicht greifen, sind weitere Unternehmen von der Anwendung der Rechnungslegungsvorschriften für Kreditinstitute nicht betroffen, da sie nicht als Kreditinstitute iSv § 1 Abs. 1 KWG bzw. Finanzdienstleistungsinstitute iSv § 1 Abs. 1a KWG gelten und folglich nicht unter § 340 zu subsumieren sind. Dies gilt insbesondere für die in § 1 Abs. 3 KWG aufgeführten Finanzunternehmen, die auch für Zwecke des KWG nicht als Kreditinstitute anzusehen sind. Die Haupttätigkeiten solcher Unternehmen umfassen den Beteiligungserwerb einschließlich der Haltung, den entgeltlichen Erwerb von Geldforderungen, Leasingobjektgesellschaft iSv § 2 Abs. 6 S. 1 Nr. 17 KWG zu sein, den Handel mit Finanzinstrumenten auf eigene Rechnung, die Beratung bei der Anlage in Finanzinstrumenten, die Unternehmensberatung und Geldmaklergeschäfte.

IV. Rechtsform- und zweigniederlassungsspezifische Vorschriften

§ 340 Abs. 1 S. 3, Abs. 4 S. 4 sowie Abs. 5 S. 3 stellt klar, dass sonstige **26** rechtsformspezifische Vorschriften sowie Vorschriften für Zweigniederlassungen neben den institutsspezifischen Vorschriften des Ersten Unterabschnitts des Vierten Abschnitts weiterhin anzuwenden sind. In Abhängigkeit von der Rechtsform des Instituts sind ergänzend die Vorschriften des AktG (für AG und KGaA), des GmbHG (für GmbH) sowie des GenG (für Genossenschaf-

---

[22] Vgl. *Krumnow/Sprißler/Bellavite-Hövermann* Rn. 30.
[23] Vgl. *Krumnow/Sprißler/Bellavite-Hövermann* Rn. 35.

ten) zu beachten.[24] Die größenabhängigen Erleichterungsvorschriften für Kapitalgesellschaften sind für Institute gegenstandslos.[25]

Zweiter Titel. Jahresabschluß, Lagebericht, Zwischenabschluß

§ 340a Anzuwendende Vorschriften

(1) [1]**Kreditinstitute, auch wenn sie nicht in der Rechtsform einer Kapitalgesellschaft betrieben werden, haben auf ihren Jahresabschluß die für große Kapitalgesellschaften geltenden Vorschriften des Ersten Unterabschnitts des Zweiten Abschnitts anzuwenden, soweit in den Vorschriften dieses Unterabschnitts nichts anderes bestimmt ist.** [2]**Kreditinstitute haben außerdem einen Lagebericht nach den für große Kapitalgesellschaften geltenden Bestimmungen aufzustellen.**

(1a) [1]**Ein Kreditinstitut hat seinen Lagebericht um eine nichtfinanzielle Erklärung zu erweitern, wenn es in entsprechender Anwendung des § 267 Absatz 3 Satz 1 und Absatz 4 bis 5 als groß gilt und im Jahresdurchschnitt mehr als 500 Arbeitnehmer beschäftigt.** [2]**Wenn die nichtfinanzielle Erklärung einen besonderen Abschnitt des Lageberichts bildet, darf das Kreditinstitut auf die an anderer Stelle im Lagebericht enthaltenen nichtfinanziellen Angaben verweisen.** [3]**§ 289b Absatz 2 bis 4 und die §§ 289c bis 289e sind entsprechend anzuwenden.**

(1b) **Ein Kreditinstitut, das nach Absatz 1 in Verbindung mit § 289f Absatz 1 eine Erklärung zur Unternehmensführung zu erstellen hat, hat darin Angaben nach § 289f Absatz 2 Nummer 6 aufzunehmen, wenn es in entsprechender Anwendung des § 267 Absatz 3 Satz 1 und Absatz 4 bis 5 als groß gilt.**

(2) [1]**§ 265 Abs. 6 und 7, §§ 267, 268 Abs. 4 Satz 1, Abs. 5 Satz 1 und 2, §§ 276, 277 Abs. 1, 2, 3 Satz 1, § 284 Absatz 2 Nummer 3, § 285 Nr. 8 und 12, § 288 sind nicht anzuwenden.** [2]**An Stelle von § 247 Abs. 1, §§ 251, 266, 268 Absatz 7, §§ 275, 284 Absatz 3, 285 Nummer 1, 2, 4, 9 Buchstabe c und Nummer 27 sind die durch Rechtsverordnung erlassenen Formblätter und anderen Vorschriften anzuwenden.** [3]**§ 246 Abs. 2 ist nicht anzuwenden, soweit abweichende Vorschriften bestehen.** [4]**§ 264 Abs. 3 und § 264b sind mit der Maßgabe anzuwenden, daß das Kreditinstitut unter den genannten Voraussetzungen die Vorschriften des Vierten Unterabschnitts des Zweiten Abschnitts nicht anzuwenden braucht.** [5]**§ 285 Nummer 31 ist nicht anzuwenden; unter den Posten „außerordentliche Erträge" und „außerordentliche Aufwendungen" sind Erträge und Aufwendungen auszuweisen, die außerhalb der gewöhnlichen Geschäftstätigkeit anfallen.** [6]**Im Anhang sind diese Posten hinsichtlich ihres Betrags und ihrer Art zu erläutern, soweit die ausgewiesenen Beträge für die Beurteilung der Ertragslage nicht von untergeordneter Bedeutung sind.**

(3) [1]**Sofern Kreditinstitute einer prüferischen Durchsicht zu unterziehende Zwischenabschlüsse zur Ermittlung von Zwischenergebnissen im Sinne des Artikels 26 Absatz 2 der Verordnung (EU) Nr. 575/2013 des Europäischen Parlaments und des Rates vom 26. Juni 2013 über Aufsichtsanforderungen an Kreditinstitute und Wertpapierfirmen und zur Ände-**

---

[24] Vgl. zu den rechtsformspezifischen Regelungen im Einzelnen *Krumnow/Sprißler/Bellavite-Hövermann* Rn. 36.
[25] Vgl. WP-HdB I 2012 Kap. J Rn. 25.

rung der Verordnung (EU) Nr. 646/2012 (ABl. L 176 vom 27.6.2013, S. 1) aufstellen, sind auf diese die für den Jahresabschluss geltenden Rechnungslegungsgrundsätze anzuwenden. [2] Die Vorschriften über die Bestellung des Abschlussprüfers sind auf die prüferische Durchsicht entsprechend anzuwenden. [3] Die prüferische Durchsicht ist so anzulegen, dass bei gewissenhafter Berufsausübung ausgeschlossen werden kann, dass der Zwischenabschluss in wesentlichen Belangen den anzuwendenden Rechnungslegungsgrundsätzen widerspricht. [4] Der Abschlussprüfer hat das Ergebnis der prüferischen Durchsicht in einer Bescheinigung zusammenzufassen. [5] § 320 und § 323 gelten entsprechend.

(4) Zusätzlich haben Kreditinstitute im Anhang zum Jahresabschluß anzugeben:

1. alle Mandate in gesetzlich zu bildenden Aufsichtsgremien von großen Kapitalgesellschaften (§ 267 Abs. 3), die von gesetzlichen Vertretern oder anderen Mitarbeitern wahrgenommen werden;
2. alle Beteiligungen an großen Kapitalgesellschaften, die fünf vom Hundert der Stimmrechte überschreiten.

Schrifttum: S. Schrifttum zu § 340.

Übersicht

I. Grundsatz der Orientierung am Leitbild der großen Kapitalgesellschaft

1   Institute haben neben den Vorschriften der §§ 340–340o die Vorschriften für große Kapitalgesellschaften auf ihren Jahresabschluss und ihren Lagebericht anzuwenden (§ 340a Abs. 1), auch wenn sie nicht in der Rechtsform einer Kapitalgesellschaft betrieben werden. Sofern die institutsspezifischen Vorschriften keine abweichenden Regelungen enthalten, haben Institute rechtsform- und größenunabhängig bei der Aufstellung des Jahresabschlusses und Lageberichts die für große Kapitalgesellschaften geltenden Vorschriften der §§ 264–289f anzuwenden. Somit sind keine größenabhängigen Erleichterungen vorgesehen. Auch bei der Erstellung des Lageberichts haben Institute die für große Kapitalgesellschaften geltenden Regelungen der §§ 289–298f einzuhalten.[1] Ein Verweis auf die für alle Kaufleute geltenden Bestimmungen (§§ 238–263) in § 340a erübrigt sich, da alle Institute auf Grund ihrer Kaufmannseigenschaft diesen Regelungen unterliegen.[2] Die Anwendung von zusätzlichen Vorschriften, die wegen Rechtsform oder für Zweigniederlassungen bestehen, wird bereits durch § 340 Abs. 1 S. 3 sichergestellt.

2   Mit Inkrafttreten des CSRRLUmsG (CSR-Richtlinie-Umsetzungsgesetz) haben Institute, die mehr als 500 Arbeitnehmer beschäftigen und die zugleich mindestens eines der für große Kapitalgesellschaften geltenden Größenkriterien (analog § 267 Abs. 3 S. 1) überschreiten (Bilanzsumme über 20 Mio. Euro oder Umsatzerlöse über 40 Mio. Euro), für Geschäftsjahre, die nach dem 31.12.2016 beginnen, eine **nichtfinanzielle Erklärung** in ihren Lagebericht aufzunehmen (Abs. 1a). Für die Definitionen der Begriffe Arbeitnehmerzahl und Bilanzsumme gilt § 267 Abs. 4a und 5. Die Schwellenwerte sind gem. § 267 Abs. 4 iVm § 340a Abs. 1a nicht nur einmalig, sondern an den Abschlussstichtagen von zwei aufeinanderfolgenden Geschäftsjahren zu überschreiten, wenn das Institut nicht neu gegründet oder aus einer Umwandlung entstanden ist. Während nichtkapitalmarktorientierte Unternehmen mit mehr als 500 Arbeitnehmern von der neuen Berichtspflicht befreit sind, werden große Institute mit mehr als 500 Arbeitnehmern den kapitalmarktorientierten Unternehmen im Hinblick auf die nichtfinanzielle Berichterstattung gleichgestellt.[3] Für die nichtfinanzielle Erklärung gelten die Befreiungstatbestände des § 289b Abs. 2 und 3, die Regelung des § 289b Abs. 4 (§ 289b) und die Regelungen der § 289c–§ 289e (§§ 289c, 289d,

---

[1] Diese Präzisierung der für den Lagebericht geltenden Vorschriften wurde mit dem BilReG eingeführt. Vgl. BGBl. 2004 I 3174.
[2] Vgl. *Bieg*, Bankbilanzierung nach HGB und IFRS, 3. Aufl. 2017, 44.
[3] Vgl. *Kajüter* DB 2017, 618.

289e) entsprechend.[4] Die nichtfinanzielle Erklärung kann entweder als Teil des Lageberichts oder ausgelagert in einem gesonderten nichtfinanziellen Bericht veröffentlicht werden.[5] Sofern sich das Institut für eine Darstellung im Lagebericht entscheidet, besteht hier die Möglichkeit, die nichtfinanziellen Angaben entweder an verschiedenen Stellen des Lageberichts zu integrieren oder sie in einem separaten Abschnitt des Lageberichts zu bündeln.[6] Doppelangaben zu nichtfinanziellen Angaben können mittels Verweistechnik von der nichtfinanziellen Erklärung hin zu anderen Stellen des Lageberichts gem. Abs. 1a S. 2 vermieden werden. In der nichtfinanziellen Erklärung ist neben einer kurzen Beschreibung des Geschäftsmodells auch zumindest auf Umwelt-, Arbeitnehmer- und Sozialbelange sowie die Achtung der Menschenrechte und Bekämpfung von Korruption und Bestechung einzugehen, sofern diese Angaben für das Verständnis des Geschäftsverlaufs, des Geschäftsergebnisses und der Lage des Instituts sowie der Auswirkungen der Geschäftstätigkeiten auf die nichtfinanziellen Aspekte erforderlich sind (§ 289c).

Die Anpassung des § 340a Abs. 1 durch das BilRUG stellt klar, dass Kredit- **3** institute, die börsennotierte Aktiengesellschaften oder Kommanditgesellschaften auf Aktien sind, auch die Regelungen des § 289f zur Erklärung zur Unternehmensführung anzuwenden haben.[7] Diese Institute haben nach Abs. 1b iVm § 289f Abs. 2 Nr. 6 (→ § 289f Rn. 31) mit Inkrafttreten des CSRRLUmsG Angaben zum Diversitätskonzept aufzunehmen. Abs. 1b stellt klar, dass kleine und mittelgroße Kapitalgesellschaften, wie auch im Rahmen von § 289f Abs. 2 Nr. 6, von dieser Angabepflicht ausgenommen sind, wobei hier im Vergleich zum Abs. 1a der Arbeitnehmerzahl keine zentrale Bedeutung zukommt.[8] Die Diversitätsangaben umfassen neben einer Beschreibung des Diversitätskonzepts und seiner Ziele auch eine Erläuterung der Art und Weise der Umsetzung und der im Geschäftsjahr erreichten Ergebnisse.

Die branchenspezifischen Besonderheiten sind bei der Auslegung der An- **4** forderungen für große Kapitalgesellschaften zu berücksichtigen.[9] Somit sind bei der Erstellung des Lageberichts die Besonderheiten der Risikoberichterstattung von Instituten zu beachten.[10]

II. Von der Anwendung ausgenommene Vorschriften

1. Gliederungsvorschriften (§ 265 Abs. 6 und 7). a) Änderung von **5** **Gliederung und Postenbezeichnungen der Bilanz und der Gewinn- und Verlustrechnung (§ 265 Abs. 6).** Da die für große Kapitalgesellschaften geltenden Gliederungsvorschriften nach § 266 für die Bilanz und § 275 für die Gewinn- und Verlustrechnung im Jahresabschluss der Kredit- und Finanzdienstleistungsinstitute durch § 2 Abs. 1 RechKredV und im Jahresabschluss der Zahlungsinstitute und E-Geld-Institute durch § 2 RechZahlV

---

[4] Vgl. BT Drs. 18/9982, 61.
[5] Vgl. *Böcking* DB 2017, M5.
[6] Vgl. *Kajüter* DB 2017, 618 (619).
[7] Vgl. BT Drs. 18/4050, 80, wobei hier auf den § 289a aF verwiesen wird, der durch das CSRRLUmsG in § 289f unbenannt wird.
[8] Vgl. BT Drs. 18/9982, 61.
[9] Vgl. Kölner Komm RLR/*Braun* Rn. 8.
[10] Zu den Besonderheiten der Risikoberichterstattung von Kredit- und Finanzdienstleistungsinstituten vgl. DRS 20 Anlage 1. Der Standard bezieht sich primär auf den Konzernlagebericht, eine entsprechende Anwendung auf den Lagebericht nach § 289 wird aber empfohlen.

ersetzt werden, entfällt auch die den Kapitalgesellschaften eingeräumte Möglichkeit, die Gliederung und Bezeichnung der mit arabischen Zahlen versehenen Posten der Bilanz und der Gewinn- und Verlustrechnung zu ändern, um Besonderheiten der Kapitalgesellschaft zu berücksichtigen. Die in den von Kredit- und Finanzdienstleistungsinstituten bzw. Zahlungsinstituten und E-Geld-Instituten anzuwendenden **Formblättern** vorgeschriebenen **Gliederungen** sind durch weitreichende Unterschiede zur Gliederung bei Nichtinstituten gekennzeichnet, da sie **auf die Besonderheiten des Geschäftszweigs zugeschnitten** sind. Zu beachten ist, dass die Möglichkeit einer weiteren Untergliederung iSv § 265 Abs. 5 unberührt bleibt. Eine Anpassung von in den Formblättern vorgesehenen Postenbezeichnungen wird nur in eng begrenzten Ausnahmefällen zulässig sein.[11]

6   **b) Zusammenfassung von Posten der Bilanz und der Gewinn- und Verlustrechnung (§ 265 Abs. 7).** Die für große Kapitalgesellschaften geltende Vorschrift zur Zusammenfassung von Posten der Bilanz und der Gewinn- und Verlustrechnung wird ebenfalls durch eine explizite Regelung in § 2 Abs. 2 RechKredV ersetzt, die in der Sache der Vorschrift in § 265 Abs. 7 entspricht.[12] Eine **Zusammenfassung der in den Formblättern mit kleinen Buchstaben versehenen Posten** ist demnach zulässig, sofern die Posten einen Betrag enthalten, der für die Vermittlung eines den tatsächlichen Verhältnissen entsprechenden Bildes iSd § 264 Abs. 2 nicht erheblich ist, oder dadurch die Klarheit der Darstellung vergrößert wird. Eine solche Zusammenfassung von Einzelposten ist nach § 2 Abs. 2 S. 2 RechKredV in den bei der Deutschen Bundesbank und der BaFin einzureichenden Bilanzen und Gewinn- und Verlustrechnungen nicht zulässig.

7   **2. Größenklassen (§ 267) und größenabhängige Erleichterungen (§§ 276, 288).** Da sich die Rechnungslegung von Instituten generell an den für große Kapitalgesellschaften geltenden Vorschriften orientiert, findet die Umschreibung der Größenklassen auf Grundlage von Bilanzsumme, Umsatzerlösen und Arbeitnehmerzahl bei Instituten keine Anwendung. Die für kleine und mittelgroße Kapitalgesellschaften eingeräumten **Erleichterungen** bei der Aufgliederung der Gewinn- und Verlustrechnung sowie bei einzelnen Anhangangaben **können** von Instituten aus dem gleichen Grund **nicht in Anspruch genommen werden.** Der Hinweis auf die Nichtanwendbarkeit dieser Vorschriften hat insofern klarstellenden Charakter, als Institute ihren Jahresabschluss bereits auf Grundlage von Abs. 1 unabhängig von den Größenmerkmalen des Einzelfalls nach den für große Kapitalgesellschaften geltenden Vorschriften aufzustellen haben. Soweit § 274a kleinen Kapitalgesellschaften weitere Erleichterungen einräumt, kommen diese bei Instituten ebenfalls nicht zum Tragen, selbst wenn es an einer Erwähnung in Abs. 2 S. 1 fehlt.

8   **3. Fristengliederung (§ 268 Abs. 4 S. 1, Abs. 5 S. 1) und gesonderter Ausweis von erhaltenen Anzahlungen auf Bestellungen (§ 268 Abs. 5 S. 2).** Die Rechnungslegungsvorschriften für Kredit- und Finanzdienstleistungsinstitute sowie Zahlungsinstitute und E-Geld-Institute enthalten eigenständige Vorschriften zur vorzunehmenden **Fristengliederung** (vgl. § 340d HGB iVm § 9 RechKredV sowie § 7 RechZahlV), die über die

---

[11] Vgl. *Krumnow/Sprißler/Bellavite-Hövermann* RechKredV § 2 Rn. 10.
[12] Vgl. *Krumnow/Sprißler/Bellavite-Hövermann* RechKredV § 2 Rn. 8.

für alle Kapitalgesellschaften geltenden Regelungen hinsichtlich Umfang und Detailliertheit der anzugebenden Restlaufzeiten hinausgehen.

Der gesonderte Ausweis von **erhaltenen Anzahlungen** auf Bestellungen 9 innerhalb der Verbindlichkeiten, soweit diese Anzahlungen nicht offen von den Vorräten abgesetzt werden, ist eine auf Industrie- oder Handelsunternehmen zugeschnittene Vorschrift, für die im Bereich von Instituten keine sinnvolle analoge Anwendungsmöglichkeit erkennbar ist.

4. Vorschriften zu einzelnen Posten der Gewinn- und Verlustrech- 10 **nung (§ 277 Abs. 1, 2, 3 S. 1).** Die Definition der als **Umsatzerlöse** auszuweisenden Erfolgsbestandteile ist auf das Geschäft der Institute nicht sinnvoll anwendbar. Die Regelung ist insoweit entbehrlich, als die Einzelnen für Institute relevanten Ertragskomponenten in den zu verwendenden Formblättern abschließend aufgezählt sind.

Für **Bestandsveränderungen,** die denjenigen bei Industrieunternehmen 11 vergleichbar sein könnten, fehlt es bei Instituten an einer Entsprechung, so dass die allgemeine Regelung keine Anwendung bei Instituten findet.

Außerplanmäßige Abschreibungen auf Vermögensgegenstände des An- 12 lagevermögens iSv § 253 Abs. 3 sind von Instituten nicht gesondert auszuweisen oder im Anhang anzugeben. Dies ist sowohl durch die fehlende Trennung von Anlage- und Umlaufvermögen als auch durch die den Instituten eingeräumten Kompensationsmöglichkeiten begründet, die durch eine Angabepflicht konterkariert würden.[13]

5. Anhangangaben bei Anwendung der Gruppenbewertung und 13 **Verbrauchsfolgeverfahren (§ 284 Abs. 2 Nr. 3).** Sofern von **Bewertungsvereinfachungsverfahren** nach § 240 Abs. 4 (Gruppenbewertung) oder § 256 S. 1 (Verbrauchsfolgeverfahren) Gebrauch gemacht wird, sind von Kapitalgesellschaften gem. § 284 Abs. 2 Nr. 3 im Anhang die **Unterschiedsbeträge** anzugeben, die aus der **Abweichung des ausgewiesenen Wertansatzes** gegenüber dem letzten bekannten **Börsen- oder Marktpreis** vor dem Abschlussstichtag resultieren, sofern es sich um einen erheblichen Betrag handelt. Diese Angabepflicht entfällt für Institute.

6. Anhangangaben bei Anwendung des Umsatzkostenverfahrens 14 **und Erläuterung des Postens „Sonstige Rückstellungen" (§ 285 Nr. 8 und 12).** Die zusätzlichen Anhangangaben hinsichtlich des Material- und Personalaufwands bei Anwendung des **Umsatzkostenverfahrens** kommen für Kreditinstitute nicht in Frage, da die zu verwendenden Formblätter das Gesamtkostenverfahren zwingend vorschreiben.[14]

Auf eine **Erläuterungspflicht der sonstigen Rückstellungen** nach 15 § 285 Nr. 12 ist für Kreditinstitute insbesondere deshalb verzichtet worden, da in § 340c Abs. 1 S. 2 und § 340f Abs. 3 weitgehende Verrechnungsmöglichkeiten eingeräumt werden, die auch die Zuführung und Auflösung von Rückstellungen für Eventualverbindlichkeiten und Kreditrisiken umfassen. Eine Erläuterung einzelner Rückstellungen unter den sonstigen Rückstellungen würde diesen Kompensationsmöglichkeiten zuwiderlaufen.

---

[13] Vgl. *Krumnow/Sprißler/Bellavite-Hövermann* Rn. 53.
[14] Vgl. *Krumnow/Sprißler/Bellavite-Hövermann* Rn. 56.

III. Durch Vorschriften außerhalb von §§ 340–340o ersetzte Regelungen

16   **1. Gliederung der Bilanz (§ 247 Abs. 1, § 266).** Die in § 247 Abs. 1 von allen Kaufleuten zwingend geforderte Aufgliederung der Bilanzpositionen und die in § 266 für Kapitalgesellschaften vorgegebene Bilanzgliederung wird durch § 2 Abs. 1 RechKredV bzw. § 2 RechZahlV ersetzt, die in weit stärkerem Maße auf die Besonderheiten der Kredit- und Finanzdienstleistungsinstitute bzw. Zahlungsinstitute und E-Geld-Institute abstellt. Im Unterschied zu der von Kapitalgesellschaften anderer Branchen zu verwendenden **Bilanzgliederung** ist die Bilanz der Institute auf der Aktivseite **nach abnehmender Liquidität,** auf der Passivseite **nach abnehmender Dringlichkeit der Rückzahlung** gegliedert.[15]

17   **2. Gliederung der Gewinn- und Verlustrechnung (§ 275).** Ebenso wie bei der Bilanzgliederung sind Kredit- und Finanzdienstleistungsinstitute zur Verwendung der in § 2 Abs. 1 RechKredV vorgeschriebenen Formblätter verpflichtet, wobei alternativ die **Konto-** oder die **Staffelform** verwendet werden kann.[16] Institute iSd § 1 Abs. 3 ZAG haben abweichend von § 275 das Formblatt 2 der RechZahlV zu verwenden (§ 2 RechZahlV). Im Vergleich zur RechKredV ist gemäß RechZahlV für die GuV die Staffelform vorgeschrieben.

18   **3. Haftungsverhältnisse (§§ 251, 268 Abs. 7).** Die von allen Kaufleuten vorzunehmende Angabe der Haftungsverhältnisse wird für Kredit- und Finanzdienstleistungsinstitute durch § 26 RechKredV ersetzt. Entsprechendes gilt für die gesonderte Angabe im Anhang für Kapitalgesellschaften, die für Kredit- und Finanzdienstleistungsinstitute durch § 35 Abs. 4 RechKredV geregelt ist. Im Unterschied zur Vorschrift des § 268 Abs. 7 ist eine gesonderte Angabe der gegenüber verbundenen Unternehmen bestehenden Verpflichtungen für Institute nicht vorgesehen.

19   Neben diesen **Eventualverbindlichkeiten** sind von Kredit- und Finanzdienstleistungsinstituten **weitere Verpflichtungen** anzugeben. Die Angabepflichten im Einzelnen resultieren aus §§ 26, 27 RechKredV. Die folgende Aufgliederung ist in der Bilanz unter dem Strich durch das Formblatt 1 RechKredV festgelegt:

1. Eventualverbindlichkeiten
    a) Eventualverbindlichkeiten aus weitergegebenen abgerechneten Wechseln
    b) Verbindlichkeiten aus Bürgschaften und Gewährleistungsverträgen
    c) Haftung aus der Bestellung von Sicherheiten für fremde Verbindlichkeiten
2. Andere Verpflichtungen
    a) Rücknahmeverpflichtungen aus unechten Pensionsgeschäften
    b) Platzierungs- und Übernahmeverpflichtungen
    c) Unwiderrufliche Kreditzusagen.

20   Zahlungsinstitute und E-Geld-Institute sind gemäß Formblatt 1 RechZahlV verpflichtet, folgende Aufgliederung in der Bilanz unter dem Strich vorzunehmen:

---

[15] Vgl. WP-HdB I 2012 Kap. J Rn. 56.
[16] Vgl. WP-HdB I 2012 Kap. J Rn. 50.

1. Unwiderrufliche Kreditzusagen
   a) aus Zahlungsdiensten und aus der Ausgabe von E-Geld
   b) aus sonstigen Tätigkeiten
2. Eventualverbindlichkeiten
   a) aus Zahlungsdiensten und aus der Ausgabe von E-Geld
   b) aus sonstigen Tätigkeiten.

4. Entwicklung des Anlagevermögens (§ 284 Abs. 3). Die in § 284 **21** Abs. 3 verlangten Angaben im Anlagenspiegel sind bei Instituten für Vermögensgegenstände iSd § 340e Abs. 1 zu machen (§ 34 Abs. 3 S. 1 RechKredV, § 28 Abs. 3 S. 1 RechZahlV). Die Verpflichtung zur Erstellung eines Anlagenspiegels im Anhang gem. § 284 Abs. 3 erstreckt sich somit auch auf Finanzanlagen. Abweichend von § 268 Abs. 2 HGB aF verlangt § 284 Abs. 3 zwingend einen erweiterten Bruttoanlagenspiegel, dem zusätzlich zur Entwicklung der Anschaffungskosten auch die Entwicklung der Abschreibungen zu entnehmen ist. Für Finanzanlagen besteht bei Instituten die Besonderheit, Zuschreibungen, Abschreibungen und Wertberichtigungen mit anderen Posten zusammenfassen zu dürfen (§ 34 Abs. 3 S. 2 RechKredV, § 28 Abs. 3 S. 2 RechZahlV), was eine Entsprechung der in § 340c Abs. 2 enthaltenen Verrechnungsmöglichkeiten darstellt (§ 340c).

5. Aufgliederung der Verbindlichkeiten nach Restlaufzeiten und 22 Art und Form gegebener Sicherheiten (§ 285 Nr. 1 und 2). Die gesonderte Angabe sämtlicher **Verbindlichkeiten** mit Restlaufzeiten von mehr als fünf Jahren wird für Institute durch eine stärker **detaillierte Fristengliederung** ebenso wie bei den Restlaufzeiten der Forderungspositionen auf der Aktivseite ersetzt. An die Stelle von § 285 Nr. 1 tritt insoweit § 340d iVm § 9 RechKredV bzw. 7 RechZahlV.

Die Angabe der zur Sicherung von Verbindlichkeiten übertragenen Ver- **23** mögensgegenstände erfolgt bei Kredit- und Finanzdienstleistungsinstituten auf Grundlage von § 35 Abs. 5 RechKredV.

6. Aufgliederung der Umsatzerlöse (§ 285 Nr. 4). Statt dieser Vor- **24** schrift haben Kredit- und Finanzdienstleistungsinstitute § 34 Abs. 2 S. 1 Nr. 1 RechKredV und Zahlungsinstitute und E-Geld-Institute § 28 Abs. 2 S. 1 Nr. 1 RechZahlV zur Aufgliederung bestimmter Erträge nach geographischen Märkten anzuwenden. Die Schutzvorschrift (§ 34 Abs. 2 S. 2 RechKredV bzw. § 28 Abs. 2 S. 2 RechZahlV), auf Grund derer eine solche Aufgliederung unterbleiben kann, entspricht derjenigen für Kapitalgesellschaften in § 286 Abs. 2.

7. Angabe von gewährten Vorschüssen und Krediten an aktive Or- 25 ganmitglieder (§ 285 Nr. 9 Buchst. c). Im Anhang des Jahresabschlusses von Kapitalgesellschaften sind die Mitgliedern des Geschäftsführungsorgans, eines Aufsichtsrats, eines Beirats oder einer ähnlichen Einrichtung jeweils für jede Personengruppe gewährten Vorschüsse und Kredite unter Angabe der Zinssätze, der wesentlichen Bedingungen und der ggf. im Geschäftsjahr zurückgezahlten Beträge sowie die zugunsten dieser Personen eingegangenen Haftungsverhältnisse anzugeben. Für Kredit- und Finanzdienstleistungsinstitute wird diese Vorschrift durch § 34 Abs. 2 Nr. 2 RechKredV und für Zahlungsinstitute und E-Geld-Institute durch § 28 Abs. 2 S. 1 Nr. 2 RechZahlV ersetzt, wobei im Vergleich zu der allgemeinen Regelung für Kapitalgesellschaften die Zinssätze, die wesentlichen Bedingungen und die im Geschäftsjahr zurückgezahlten Beträge nicht anzugeben sind.[17]

26   **8. Angabe der Gründe der Einschätzung des Risikos der Inanspruchnahme der im Anhang ausgewiesenen Verbindlichkeiten und Haftungsverhältnisse (§ 285 Nr. 27).** Im Anhang des Jahresabschlusses von Kapitalgesellschaften sind für die nach § 268 Abs. 7 ausgewiesenen Verbindlichkeiten und Haftungsverhältnisse die Gründe der Einschätzung des Risikos der Inanspruchnahme anzugeben. Für Kredit- und Finanzdienstleistungsinstitute wird diese Vorschrift durch § 34 Abs. 2 Nr. 4 RechKredV ersetzt. Danach sind Institute verpflichtet, für gem. §§ 26 und 27 RechKredV unter dem Strich angegebene Eventualverbindlichkeiten und andere Verpflichtungen eine begründete Einschätzung des Risikos der Inanspruchnahme abzugeben.

27   **9. Angaben zu Erträgen und Aufwendungen von außergewöhnlicher Größenordnung oder außergewöhnlicher Bedeutung (§ 285 Nr. 31).** Durch das BilRUG hat der Gesetzgeber den Postenausweis von außerordentlichen Erträgen und Aufwendungen in § 275 iVm § 277 Abs. 4 für Nichtbanken gestrichen. Institute sind dagegen weiterhin verpflichtet, in ihrer Gewinn- und Verlustrechnung die Posten **außerordentliche Erträge und Aufwendungen** auszuweisen. Der Gesetzgeber hat dies damit begründet, dass die Bankbilanz-Richtlinie[18] bisher nicht geändert wurde und diese für Institute vorrangig zur Bilanz-Richtlinie (Richtlinie 2013/34/EU)[19] anzuwenden ist.[20] Unter den Posten außerordentliche Erträge und außerordentliche Aufwendungen fallen gem. § 340a Abs. 2 S. 5 solche, die außerhalb der gewöhnlichen Geschäftstätigkeit anfallen. Im **Anhang** sind diese Posten gem. § 340a Abs. 2 S. 6 hinsichtlich ihres Betrags und ihrer Art zu erläutern, soweit die ausgewiesenen Beträge für die Beurteilung der Ertragslage nicht von untergeordneter Bedeutung sind. Daneben sind die im Posten enthaltenen wichtigsten Einzelbeträge, sofern sie für die Beurteilung des Jahresabschlusses nicht unwesentlich sind, gem. § 35 Abs. 1 Nr. 4 RechKredV bzw. § 29 Abs. 1 Nr. 3 Buchst. e und Buchst. f RechZahlV hinsichtlich der Beträge und ihrer Art zu erläutern. Eine zusätzliche Angabepflicht im Hinblick auf die in allen Ertrags- und Aufwandsposten enthaltenen Erträge und Aufwendungen von außergewöhnlicher Größenordnung oder von außergewöhnlicher Bedeutung gem. § 285 Nr. 31 besteht nach § 340a Abs. 2 S. 5 nicht, um Doppelangaben zu vermeiden.[21]

IV. Nichtanwendungsvoraussetzungen von § 246 Abs. 2

28   Das **Verrechnungsverbot** gem. § 246 Abs. 2 gilt grundsätzlich auch für Institute, sofern keine abweichenden Vorschriften bestehen (§ 340a Abs. 2

---

[17] Vgl. Beck HdR/*Bieg/Waschbusch* B 900 Rn. 386.

[18] Richtlinie 86/635/EWG des Rates v. 8.12.1986 über den Jahresabschluß und den konsolidierten Abschluß von Banken und anderen Finanzinstituten, ABl. 1986 L 372, 1.

[19] Richtlinie 2013/34/EU des Europäischen Parlaments und des Rates v. 26.6.2013 über den Jahresabschluss, den konsolidierten Abschluss und damit verbundene Berichte von Unternehmen bestimmter Rechtsformen und zur Änderung der Richtlinie 2006/43/EG des Europäischen Parlaments und des Rates und zur Aufhebung der Richtlinien 78/660/EWG und 83/349/EWG des Rates, ABl. 2013 L 182, 19.

[20] Vgl. BT Drs. 18/5256, 86.

[21] Vgl. BT Drs. 18/5256, 86.

S. 3). Für Institute sind hinsichtlich des **Saldierungsverbots von Erträgen und Aufwendungen** drei **Ausnahmen** zu beachten, die entweder ein **Wahlrecht oder** eine **Pflicht zur Saldierung** nach sich ziehen (§§ 340c, 340f):

– Erträge und Aufwendungen aus Geschäften mit Finanzinstrumenten des Handelsbestands und dem Handel mit Edelmetall sowie der Erträge aus Zuschreibungen und Aufwendungen aus Abschreibungen bei diesen Vermögensgegenständen, ferner Aufwendungen für die Bildung von Rückstellungen für drohende Verluste aus den genannten Geschäften und die Erträge aus der Auflösung dieser Rückstellungen (Verrechnungspflicht, vgl. § 340c Abs. 1). Diese Vorschrift gilt nicht für Finanzdienstleistungsinstitute sowie für Kreditinstitute, soweit letztere Skontroführer iSv § 27 Abs. 1 S. 1 BörsG und nicht CRR-Kreditinstitute iSv § 1 Abs. 3d S. 1 KWG sind (§ 340 Abs. 4 S. 2).

– Aufwendungen als Abschreibungen auf Beteiligungen, Anteile an verbundenen Unternehmen und wie Anlagevermögen behandelte Wertpapiere sowie Erträge aus Zuschreibungen zu solchen Vermögensgegenständen, ferner Aufwendungen und Erträge aus Geschäften mit solchen Vermögensgegenständen (Verrechnungswahlrecht, § 340c Abs. 2).

– Aufwendungen und Erträge aus der Anwendung von § 340f Abs. 1 (Vorsorge für allgemeine Bankrisiken) und aus Geschäften mit Wertpapieren der Liquiditätsreserve, Erträge aus der Zuschreibung zu diesen Wertpapieren, Aufwendungen und Abschreibungen auf Forderungen, Zuführungen zu Rückstellungen für Eventualverbindlichkeiten und für Kreditrisiken sowie Erträge aus Zuschreibungen zu Forderungen oder aus deren Eingang nach teilweiser oder vollständiger Abschreibung und aus Auflösungen von Rückstellungen für Eventualverbindlichkeiten und für Kreditrisiken (Verrechnungswahlrecht, § 340f Abs. 3).

Ergänzend zu den in das HGB eingefügten Vorschriften sind auch die in **29** §§ 10, 16 Abs. 4 RechKredV für Bilanzposten vorgeschriebenen **Verrechnungsgebote** zu berücksichtigen. Schließlich werden in Einzelfällen weiterhin Verrechnungen auf Grund des wirtschaftlichen Zusammenhangs oder aus buchungstechnischen Gründen für möglich gehalten.[22]

V. Anwendung der § 264 Abs. 3, § 264b

Soweit gem. § 264 Abs. 3 bzw. § 264b **Erleichterungen hinsichtlich 30 der Jahresabschlüsse von Tochterunternehmen** eingeräumt werden, so ist diese Vorschrift für Kreditinstitute aus aufsichtsrechtlichen Gründen nicht uneingeschränkt anwendbar.[23] Kreditinstitute, die die Voraussetzungen des § 264 Abs. 3 erfüllen,[24] werden nur von der Anwendung der Vorschriften zur Offenlegung (§§ 325–329) befreit, nicht jedoch von der Anwendung der §§ 264–289f sowie §§ 316–324a.

---

[22] Vgl. *Ausschuß für Bilanzierung des BdB*, Bankbilanzrichtlinie-Gesetz, 1993, 71, mit zahlreichen Beispielen; *Krumnow/Sprißler/Bellavite-Hövermann* Rn. 69.

[23] Vgl. WP-HdB I 2012 Kap. J Rn. 17 f.

[24] Zu den Voraussetzungen im Einzelnen vgl. Erl. zu § 264.

VI. Zwischenabschlüsse

31 Kredit- und Finanzdienstleistungsinstituten wird in Art. 26 Abs. 2 Verordnung (EU) Nr. 575/2013 die Möglichkeit eingeräumt, **Zwischenabschlüsse** zu erstellen, um auf dieser Basis **Zwischengewinne** iSv Art. 26 Abs. 1 Buchst. c Verordnung (EU) Nr. 575/2013 bei der **Ermittlung des Kernkapitals** berücksichtigen zu können. Voraussetzung für die Berücksichtigung ist, dass die Zwischengewinne nicht für voraussichtliche Gewinnausschüttungen oder Steueraufwendungen gebunden sind (Art. 26 Abs. 1 Buchst. b Verordnung (EU) Nr. 575/2013). Die Vorschrift in Abs. 3 deckt sich mit der Regelung in Art. 26 Abs. 2 Verordnung (EU) Nr. 575/2013, wonach diese Zwischenabschlüsse den für den Jahresabschluss geltenden Grundsätzen entsprechen müssen und durch den Abschlussprüfer einer prüferischen Durchsicht zu unterziehen sind. Die prüferische Durchsicht ist so anzulegen, dass bei gewissenhafter Berufsausübung ausgeschlossen werden kann, dass der Zwischenabschluss in wesentlichen Belangen den anzuwendenden Rechnungslegungsgrundsätzen widerspricht (§ 340a Abs. 3 S. 3). Für die Durchführung der prüferischen Durchsicht gelten die Grundsätze für die prüferische Durchsicht von Abschlüssen des IDW PS 900. Die handelsrechtlichen Vorschriften über die Bestellung des Abschlussprüfers sowie die Vorlagepflicht und des Auskunftsrechts (§ 320) und der Verantwortlichkeit des Abschlussprüfers (§ 323) sind auf die prüferische Durchsicht entsprechend anzuwenden (§ 340a Abs. 3 S. 2 und S. 5). Das Ergebnis der prüferischen Durchsicht hat der Abschlussprüfer in einer Bescheinigung zusammenzufassen (§ 340 Abs. 3 S. 4).

VII. Anhangangaben nach Abs. 4

32 Durch das **KonTraG** wurde § 340a um einen Abs. 4 ergänzt, der **zusätzliche Angabepflichten im Anhang** für alle Kreditinstitute unabhängig von der Rechtsform regelt. Danach haben Kreditinstitute alle **Mandate in gesetzlich zu bildenden Aufsichtsgremien von großen Kapitalgesellschaften** iSd § 267 Abs. 3 anzugeben, die von gesetzlichen Vertretern oder anderen Mitarbeitern wahrgenommen werden.

33 Außerdem sollen auch alle **Beteiligungen an großen Kapitalgesellschaften, die fünf vom Hundert der Stimmrechte überschreiten,** im Anhang offengelegt werden. Auf diesem Weg sollen die bestehenden Bankenbeteiligungen „durchsichtiger"[25] gemacht werden. Diese Angabepflicht erstreckt sich auch auf Beteiligungen an nicht börsennotierten Unternehmen, sofern sie die Größenmerkmale des § 267 Abs. 3 erreichen.

§ 340b Pensionsgeschäfte

(1) **Pensionsgeschäfte sind Verträge, durch die ein Kreditinstitut oder der Kunde eines Kreditinstituts (Pensionsgeber) ihm gehörende Vermögensgegenstände einem anderen Kreditinstitut oder einem seiner Kunden (Pensionsnehmer) gegen Zahlung eines Betrags überträgt und in denen gleichzeitig vereinbart wird, daß die Vermögensgegenstände später gegen Entrichtung des empfangenen oder eines im voraus vereinbarten**

---

[25] Vgl. BT-Drs. 13/9712, 30.

anderen Betrags an den Pensionsgeber zurückübertragen werden müssen oder können.

(2) Übernimmt der Pensionsnehmer die Verpflichtung, die Vermögensgegenstände zu einem bestimmten oder vom Pensionsgeber zu bestimmenden Zeitpunkt zurückzuübertragen, so handelt es sich um ein echtes Pensionsgeschäft.

(3) Ist der Pensionsnehmer lediglich berechtigt, die Vermögensgegenstände zu einem vorher bestimmten oder von ihm noch zu bestimmenden Zeitpunkt zurückzuübertragen, so handelt es sich um ein unechtes Pensionsgeschäft.

(4) [1] Im Falle von echten Pensionsgeschäften sind die übertragenen Vermögensgegenstände in der Bilanz des Pensionsgebers weiterhin auszuweisen. [2] Der Pensionsgeber hat in Höhe des für die Übertragung erhaltenen Betrags eine Verbindlichkeit gegenüber dem Pensionsnehmer auszuweisen. [3] Ist für die Rückübertragung ein höherer oder ein niedrigerer Betrag vereinbart, so ist der Unterschiedsbetrag über die Laufzeit des Pensionsgeschäfts zu verteilen. [4] Außerdem hat der Pensionsgeber den Buchwert der in Pension gegebenen Vermögensgegenstände im Anhang anzugeben. [5] Der Pensionsnehmer darf die ihm in Pension gegebenen Vermögensgegenstände nicht in seiner Bilanz ausweisen; er hat in Höhe des für die Übertragung gezahlten Betrags eine Forderung an den Pensionsgeber in seiner Bilanz auszuweisen. [6] Ist für die Rückübertragung ein höherer oder ein niedrigerer Betrag vereinbart, so ist der Unterschiedsbetrag über die Laufzeit des Pensionsgeschäfts zu verteilen.

(5) [1] Im Falle von unechten Pensionsgeschäften sind die Vermögensgegenstände nicht in der Bilanz des Pensionsgebers, sondern in der Bilanz des Pensionsnehmers auszuweisen. [2] Der Pensionsgeber hat unter der Bilanz den für den Fall der Rückübertragung vereinbarten Betrag anzugeben.

(6) Devisentermingeschäfte, Finanztermingeschäfte und ähnliche Geschäfte sowie die Ausgabe eigener Schuldverschreibungen auf abgekürzte Zeit gelten nicht als Pensionsgeschäfte im Sinne dieser Vorschrift.

Schrifttum: S. Schrifttum zu § 340.

Übersicht

I. Legaldefinition der Pensionsgeschäfte in § 340b

1   Der Gesetzgeber hat den Vorschriften zur Rechnungslegung von Pensionsgeschäften eine verbindliche **Definition der Pensionsgeschäfte** vorangestellt. Eine solche Legaldefinition erscheint insbesondere deshalb bedeutsam, weil in der Praxis eine Vielzahl von unterschiedlichen Geschäften unter dieser Bezeichnung abgeschlossen wird.[1] Nach der eindeutigen gesetzlichen Begriffsbestimmung ist für Zwecke der Bilanzierung zwischen zwei Ausprägungen von Pensionsgeschäften zu unterscheiden.

2   Gemeinsames Merkmal aller Pensionsgeschäfte ist ein gegenseitiger Vertrag, der die entgeltliche Übertragung von Vermögensgegenständen zum Gegenstand hat und in dem gleichzeitig bestimmt wird, dass eine Rückübertragung zu einem späteren Zeitpunkt zum gleichen oder zu einem abweichenden Betrag möglich bzw. verpflichtend ist. Bei einer bereits **verbindlich vereinbarten Rückübertragung** liegt ein **echtes Pensionsgeschäft** vor (Abs. 2). Das Eigentum an dem Pensionsgegenstand geht also nur vorübergehend auf den Pensionsnehmer über; „es handelt sich um den gleichzeitigen Verkauf von Vermögensgegenständen per Kasse und den Rückkauf per Termin."[2] Ist hingegen nur ein **Wahlrecht des Pensionsnehmers** vorgesehen, die **Vermögensgegenstände zurückzuübertragen,** handelt es sich um ein **unechtes Pensionsgeschäft** (Abs. 3). Dieser Fall lässt sich als Verkauf des Pensionsgegenstands per Kasse bei gleichzeitiger Einräumung eines Optionsrechts zur Rückübertragung interpretieren. In jedem Fall ist jedoch der **Pensionsgeber zur Rücknahme verpflichtet.**[3]

3   Bei der vereinbarten Rückübertragung muss es ausreichen, wenn bei vertretbaren Gegenständen die Rückgabe gleichartiger Gegenstände erfolgt, während die Vereinbarung über die Rückübertragung (nur) gleichwertiger Gegenstände die Qualifikation als Pensionsgeschäft ausschließt.[4]

4   Die Zuordnung des Pensionsgegenstands erfolgt nach wirtschaftlichen Gesichtspunkten,[5] für die das Vorliegen einer Verpflichtung oder einer bloßen Berechtigung zur Rückübertragung die ausschlaggebenden Indizien sind.

5   **Gegenstand eines Pensionsgeschäfts** können

– Wertpapiere,
– Darlehensforderungen,
– Wechsel,
– Schatzwechsel und
– andere Vermögensgegenstände

sein, nicht jedoch Schulden, Rechnungsabgrenzungsposten und Bilanzierungshilfen.[6]

6   Pensionsgeschäfte sind nach den Mindestanforderungen an das Risikomanagement wie alle Wertpapierhandelsgeschäfte grundsätzlich zu marktgerech-

---

[1] Vgl. *Krumnow/Sprißler/Bellavite-Hövermann* Rn. 4.
[2] *Ausschuß für Bilanzierung des BdB*, Bankbilanzrichtlinie-Gesetz, 1993, 107; ferner Beck HdR/*Bieg/Waschbusch* B 900 Rn. 34.
[3] Vgl. *Scharpf/Schaber* Bankbilanz-HdB S. 35; Beck HdR/*Bieg/Waschbusch* B 900 Rn. 35; *Krumnow/Sprißler/Bellavite-Hövermann* Rn. 12.
[4] Vgl. *Scharpf/Schaber* Bankbilanz-HdB S. 39; *Krumnow/Sprißler/Bellavite-Hövermann* Rn. 9.
[5] Vgl. Beck HdR/*Bieg/Waschbusch* B 900 Rn. 36.
[6] Vgl. *Scharpf/Schaber* Bankbilanz-HdB S. 36 f.; *Meyer/Isenmann*, Bankbilanzrichtlinie-Gesetz, 1993, 41.

ten Bedingungen auszugestalten.[7] Mit dem Abschluss von Pensionsgeschäften können **unterschiedliche Zwecke** verfolgt werden, wie etwa **Kreditsicherung, Liquiditätssteuerung, Verbesserung der Kapitalstruktur, Bilanzpolitik oder auch steuerliche Zwecke.**[8] Dies entspricht der Zielsetzung bei verwandten Geschäften wie Repo-Geschäften oder Wertpapierleihgeschäften (→ Rn. 23).

II. Bilanzierung und Bewertung von echten Pensionsgeschäften

1. Bilanzierung und Bewertung beim Pensionsgeber. Liegt ein **echtes Pensionsgeschäft** vor, hat der **Ausweis** der verpensionierten Vermögensgegenstände unverändert **beim Pensionsgeber** zu erfolgen (Abs. 4 S. 1).[9] Dem für die Übertragung erhaltenen Kaufpreis ist ein Passivposten in gleicher Höhe gegenüberzustellen (Abs. 4 S. 2),[10] der je nach Vertragspartner entweder eine Verbindlichkeit gegenüber Kunden oder Kreditinstituten darstellt.[11] Die bilanzielle Abbildung eines echten Pensionsgeschäfts entspricht einer Kreditaufnahme gegen Sicherungsübereignung des Vermögensgegenstands.[12] 7

Weicht der vom Pensionsgeber zu leistende Rückübertragungsbetrag vom Kaufpreis bei der ursprünglichen Hingabe des Pensionsgegenstands ab, so muss der **Unterschiedsbetrag** nach Abs. 4 S. 3 über die Laufzeit des Pensionsgeschäfts verteilt werden. Dies erscheint gerechtfertigt, da diese Differenz als Zinsanteil zu interpretieren ist. Die Art und Weise der Abgrenzung ist im Gesetz nicht abschließend geregelt. 8

Bei einem **höheren Rückkaufpreis** besteht die Möglichkeit, den Passivposten in Höhe des für die Rückübertragung vereinbarten Betrags sowie korrespondierend einen aktiven Rechnungsabgrenzungsposten, der über die Laufzeit des Geschäfts aufzulösen ist, zu bilanzieren **(Brutto-Methode).**[13] Alternativ dazu ist auf Grundlage des Wortlauts von Abs. 4 S. 2 auch der Ansatz einer Verbindlichkeit in Höhe des für die Übertragung erhaltenen Betrags denkbar, die pro rata temporis bis zum Erfüllungsbetrag (höheren Rückzahlungsbetrag) aufzustocken ist **(Netto-Methode).**[14] Da insofern ein Konflikt zwischen § 253 Abs. 1 S. 2 (Ansatz von Verbindlichkeiten zum Erfüllungsbetrag) und Abs. 4 S. 2 besteht, wird keine der beiden Methoden auszuschließen sein.[15] Im Hinblick auf den höheren Informationsgehalt der Brutto-Methode ist jedoch die **Verteilung durch einen Rechnungsabgrenzungsposten** in Anlehnung an § 250 Abs. 3 **zu bevorzugen.**[16] 9

---

[7] Vgl. BaFin-Rundschreiben 09/2017 v. 27.10.2017, Gliederungspunkt BTO 2.2.1.

[8] Vgl. *Ausschuß für Bilanzierung des BdB*, Bankbilanzrichtlinie-Gesetz, 1993, 107.

[9] Vgl. *Scharpf/Schaber* Bankbilanz-HdB S. 42; WP-HdB I 2012 Kap. J Rn. 96; *Ausschuß für Bilanzierung des BdB*, Bankbilanzrichtlinie-Gesetz, 1993, 107; *Meyer/Isenmann*, Bankbilanzrichtlinie-Gesetz, 1993, 42.

[10] Vgl. *Scharpf/Schaber* Bankbilanz-HdB S. 43; WP-HdB I 2012 Kap. J Rn. 96; *Ausschuß für Bilanzierung des BdB*, Bankbilanzrichtlinie-Gesetz, 1993, 107; *Meyer/Isenmann*, Bankbilanzrichtlinie-Gesetz, 1993, 42 f.

[11] Vgl. Beck HdR/*Bieg/Waschbusch* B 900 Rn. 37.

[12] Vgl. Beck HdR/*Bieg/Waschbusch* B 900 Rn. 37.

[13] Vgl. MüKoHGB/*Böcking/Becker/Helke* Rn. 20.

[14] Vgl. MüKoHGB/*Böcking/Becker/Helke* Rn. 20.

[15] Vgl. *Birck/Meyer*, Die Bankbilanz, 1989, V 419; *Grewe* in Hofbauer/Kupsch Bonner-HdB Rn. 52; *Krumnow/Sprißler/Bellavite-Hövermann* Rn. 22; *Bieg*, Die externe Rechnungslegung der Kreditinstitute und Finanzdienstleistungsinstitute, 1999, 139.

[16] Vgl. *Birck/Meyer*, Die Bankbilanz, 1989, V 419; *Krumnow/Sprißler/Bellavite-Hövermann* Rn. 22.

10   Liegt der **Rückkaufpreis unter dem Ankaufpreis,** stellt sich das Problem der Abgrenzung unter umgekehrtem Vorzeichen. Der Pensionsgeber kann die Verbindlichkeit nach § 253 Abs. 1 S. 2 zum Erfüllungsbetrag (niedrigen Rückzahlungsbetrag) passivieren, den Differenzbetrag passivisch abgrenzen und über die Laufzeit des Pensionsgeschäfts auflösen. Daneben besteht die Möglichkeit nach § 340b Abs. 4 S. 2, die Verbindlichkeit mit dem erhaltenen Betrag einschließlich des ratierlich aufzulösenden Unterschiedsbetrags anzusetzen.[17] Da hier eine Einnahme vor dem Abschlussstichtag vorliegt, die einen Ertrag für eine bestimmte Zeit nach diesem Tag darstellt, sind die Voraussetzungen für einen **passiven Rechnungsabgrenzungsposten** nach § 250 Abs. 2 erfüllt, sodass die erste Methode vorzuziehen ist.[18] Die jährliche Auflösung ist in der Gewinn- und Verlustrechnung im Zinsergebnis zu zeigen.

11   Die Bewertung der weiterhin beim Pensionsgeber bilanzierten Pensionsgegenstände folgt den allgemeinen Bewertungsvorschriften;[19] insbesondere ergeben sich durch einen abweichenden Rückkaufpreis keine neuen Anschaffungskosten.[20] Die während der Laufzeit des Pensionsgeschäfts aus dem Pensionsgegenstand resultierenden **laufenden Erträge** sind weiterhin **vom Pensionsgeber zu vereinnahmen,**[21] selbst wenn sie zunächst dem Pensionsnehmer als zivilrechtlichem Eigentümer zufließen.[22] Sofern eine Vereinbarung getroffen wurde, dass diese Erträge dem Pensionsnehmer zustehen sollen, ist eine Verrechnung beim Pensionsgeber gleichwohl ausgeschlossen; ein Brutto-Ausweis in der Gewinn- und Verlustrechnung ist zwingend.

12   **2. Bilanzierung und Bewertung beim Pensionsnehmer.** Da im Falle des echten Pensionsgeschäfts der Pensionsgegenstand weiter vom Pensionsgeber zu bilanzieren ist, hat der **Pensionsnehmer** lediglich eine **Forderung zur Neutralisierung des abgeflossenen Kaufpreises** einzubuchen.[23] Ob es sich um eine Forderung an Kreditinstitute oder an Kunden handelt, hängt wiederum vom Vertragspartner ab.[24] Die Bewertung der Forderung richtet sich nach den allgemeinen Bewertungsvorschriften; Besonderheiten durch das abgeschlossene Pensionsgeschäft ergeben sich insoweit nicht.

13   Bei einem **abweichenden Rückkaufbetrag** ist der Unterschiedsbetrag ebenfalls über die Laufzeit zu verteilen. Analog der Bilanzierung beim Pensionsgeber kommen hierfür grundsätzlich die Brutto- oder die Netto-Methode in Frage, wobei ein **Brutto-Ausweis** wiederum **vorzuziehen** ist.[25]

III. Bilanzierung und Bewertung von unechten Pensionsgeschäften

14   **1. Bilanzierung und Bewertung beim Pensionsgeber.** Während der Pensionszeit werden nach Abs. 5 bei unechten Pensionsgeschäften die Pensionsgegenstände nicht mehr in der Bilanz des Pensionsgebers ausgewiesen,

---

[17] Vgl. MüKoHGB/*Böcking/Becker/Helke* Rn. 21.
[18] Vgl. *Grewe* in Hofbauer/Kupsch Bonner-HdB Rn. 51; *Krumnow/Sprißler/Bellavite-Hövermann* Rn. 24.
[19] Vgl. *Scharpf/Schaber* Bankbilanz-HdB S. 44; *Meyer/Isenmann,* Bankbilanzrichtlinie-Gesetz, 1993, 43.
[20] Vgl. *Scharpf/Schaber* Bankbilanz-HdB S. 44; Beck HdR/*Bieg/Waschbusch* B 900 Rn. 36.
[21] Vgl. Beck HdR/*Bieg/Waschbusch* B 900 Rn. 39.
[22] Vgl. *Scharpf/Schaber* Bankbilanz-HdB S. 45.
[23] Vgl. WP-HdB I 2012 Kap. J Rn. 97; *Scharpf/Schaber* Bankbilanz-HdB S. 46.
[24] Vgl. Beck HdR/*Bieg/Waschbusch* B 900 Rn. 37.
[25] Vgl. MüKoHGB/*Böcking/Becker/Helke* Rn. 26 mwN.

sondern in der Bilanz des Pensionsnehmers. Das zivilrechtliche als grundsätzlich auch das wirtschaftliche Eigentum gehen auf den Pensionsnehmer über, da er keiner Rückübertragungspflicht unterliegt, wie es bei echten Pensionsgeschäften der Fall ist.[26] Der Pensionsgeber hat die Pensionsgeschäfte auszubuchen und flüssige Mittel oder eine Forderung in Höhe des Verkaufspreises auszuweisen (Aktivtausch Pensionsgegenstand gegen Barreserve bzw. Forderung).[27]

Sofern beim unechten Pensionsgeschäft der Verkaufspreis den Buchwert **15** des Pensionsguts übersteigt und die Rücknahmeverpflichtung zu demselben Preis besteht, ist eine Gewinnrealisierung nicht zulässig, da der Pensionsgeber weiterhin das Wertminderungsrisiko trägt. In Höhe der Differenz zwischen dem erhaltenen Betrag und Buchwert ist eine Verbindlichkeit zu passivieren.[28] Eine partielle Gewinnrealisierung ist allerdings insoweit möglich, wie der Rücknahmepreis den ursprünglichen Verkaufspreis unterschreitet. In diesem Fall ist nur die Differenz zwischen Rücknahmepreis und Buchwert als Verbindlichkeit zu passivieren.[29]

Darüber hinaus muss die Wertentwicklung des Pensionsgegenstands ebenso **16** weiterverfolgt werden, als würde sich der Gegenstand noch im Bestand befinden. Insbesondere ist am Abschlussstichtag eine **Wertminderung** zu berücksichtigen, da der Pensionsgeber das Risiko einer Rückübertragung trägt. Mangels eines abschreibungsfähigen Aktivums wird dieser Sachverhalt durch eine **Rückstellung für drohende Verluste aus schwebenden Geschäften** zu berücksichtigen sein.[30]

Falls am Ende der Laufzeit des Pensionsgeschäfts eine Rückübertragung des **17** Vermögensgegenstands auf den Pensionsgeber vorgenommen wird, entstehen dabei keine neuen Anschaffungskosten.[31] Eine etwaige gebildete Verbindlichkeit in Höhe der Differenz zwischen dem erhaltenen Betrag bzw. Rücknahmepreis und dem Buchwert ist auszubuchen. Ggf. zusätzlich gebildete Rückstellungen für drohende Verluste aus schwebenden Geschäften sind zur Herabsetzung des Rückkaufpreises auf den Niedrigstwert zu verbrauchen.[32] Nutzt der Pensionsnehmer das Recht zur Rückübertragung nicht, so hat der Pensionsgeber den Rückstellungsbetrag erfolgswirksam aufzulösen.[33] Der Verbindlichkeitsbetrag ist auszubuchen und als Veräußerungsgewinn zu vereinnahmen.

Wenn der Pensionsgegenstand zu einem unter dem Buchwert liegenden **18** Preis an den Pensionsnehmer übertragen wird, ist dies beim Pensionsgeber unmittelbar als Verlust unabhängig vom vereinbarten späteren Rückübertragungsbetrag zu erfassen.[34] Tritt der Fall der Rückübertragung ein, ist eine Zuschreibung bis zum Marktpreis, höchstens jedoch bis zu den ursprünglichen Anschaffungskosten, möglich.[35]

---

[26] Vgl. *IDW* ERS HFA 13 nF Rn. 23; *Treuberg/Scharpf* DB 1991, 1233 (1237); *Waschbusch* BB 1993, 172 (176).

[27] Vgl. MüKoHGB/*Böcking/Becker/Helke* Rn. 30.

[28] Vgl. *IDW* ERS HFA 13 nF Rn. 24.

[29] Vgl. *IDW* ERS HFA 13 nF Rn. 24.

[30] Vgl. *Göttgens/Schmelzeisen*, Bank-Bilanzrichtlinie-Gesetz, 2. Aufl. 1992, 23; *Krumnow/Sprißler/Bellavite-Hövermann* Rn. 37.

[31] Vgl. *Birck/Meyer*, Die Bankbilanz, 1989, V 465.

[32] Vgl. *Scharpf/Schaber* Bankbilanz-HdB S. 50 f.

[33] Vgl. *Waschbusch* BB 1993, 172 (178).

[34] Vgl. *Meyer/Isenmann*, Bankbilanzrichtlinie-Gesetz, 1993, 44.

[35] Vgl. *Birck/Meyer*, Die Bankbilanz, 1989, V 465; *Bieg*, Die externe Rechnungslegung der Kreditinstitute und Finanzdienstleistungsinstitute, 1999, 150.

19   **2. Bilanzierung und Bewertung beim Pensionsnehmer.** Beim Pensionsnehmer ist der Pensionsgegenstand mit den **Anschaffungskosten in Höhe des für die Übertragung gezahlten Betrags** zu aktivieren.[36] Für die **Folgebewertung** stellt der vereinbarte **Rückübertragungspreis** grundsätzlich die **Untergrenze** dar; im Falle eines darunter liegenden Wertes wird der Pensionsnehmer von seinem Recht zur Rückübertragung Gebrauch machen, so dass ihm kein weiter reichender Verlust droht.[37] Der Pensionsnehmer hat aber im Pensionsgeber begründete Bonitätsrisiken zu berücksichtigen.[38]

20   Ein Unterschiedsbetrag, der sich aus einem im Vergleich zu den Anschaffungskosten höheren Rückkaufpreis ergibt, ist erst bei einer tatsächlich erfolgten Rückübertragung als realisiert anzusehen. Ein niedrigerer Rückübertragungsbetrag bleibt unerheblich, da der Pensionsnehmer nicht zur Rückübertragung an den Pensionsgeber verpflichtet ist.

21   Die Vereinnahmung von aus dem Vermögensgegenstand fließenden laufenden Erträgen erfolgt entsprechend der wirtschaftlichen Zuordnung des Pensionsgegenstands ebenfalls beim Pensionsnehmer.

IV. Nicht als Pensionsgeschäfte geltende Geschäfte

22   Als explizit nicht nach den Vorschriften für Pensionsgeschäfte zu behandelnde Geschäfte werden beispielhaft **Devisentermingeschäfte** und **Börsentermingeschäfte** genannt. Unter die anderen „Ähnlichen Geschäfte" fallen ferner **Swap-Geschäfte** sowie **Transaktionen, bei denen mehr als zwei Parteien beteiligt sind.** Aufgrund der Erwähnung in Abs. 6 ist auch die Ausgabe eigener Schuldverschreibungen auf abgekürzte Zeit nicht unter die Pensionsgeschäfte zu subsumieren.

23   Die Bilanzierung von **Wertpapierleihgeschäften** ist gesetzlich nicht geregelt. Wertpapierleihgeschäfte weisen eine starke Ähnlichkeit zu echten Pensionsgeschäften auf. Bei beiden Geschäftstypen wird ein vertretbarer Vermögensgegenstand auf begrenzte Zeit und gegen Leistung eines Entgelts verliehen. Nach Ablauf der Leihfrist genügt die Rückgabe von Wertpapieren gleicher Art. Faktisch unterscheidet sich die Wertpapierleihe von einem echten Pensionsgeschäft lediglich darin, dass bei einem echten Pensionsgeschäft der Entleiher über den Zeitraum der Leihe einen entsprechenden Gegenwert beim Verleiher hinterlässt. Wie bei echten Pensionsgeschäften verbleiben die wesentlichen Chancen und Risiken des Vermögensgegenstands beim Verleiher, der somit auch wirtschaftlicher Eigentümer bleibt.[39] Demzufolge ist eine Ausbuchung des Vermögensgegenstands beim Verleiher nicht gerechtfertigt. Sachgerechter wäre eine Orientierung an der Bilanzierung echter Pensionsgeschäfte.[40]

V. Anwendbarkeit von § 340b auf Unternehmen anderer Branchen

24   Die Vorschriften zur Rechnungslegung von Pensionsgeschäften sind unter den ergänzenden Vorschriften für Kredit- und Finanzdienstleistungsinstitute

---

[36] Vgl. *Scharpf/Schaber* Bankbilanz-HdB S. 53; *Meyer/Isenmann*, Bankbilanzrichtlinie-Gesetz, 1993, 45; Beck HdR/*Bieg/Waschbusch* B 900 Rn. 42.

[37] Vgl. *Scharpf/Schaber* Bankbilanz-HdB S. 53.

[38] Vgl. MüKoHGB/*Böcking/Becker/Helke* Rn. 38.

[39] Vgl. *Prahl/Naumann* WM 1992, 1176 ff.; *Hartung* BB 1993, 1175 ff.

[40] Vgl. MüKoHGB/*Böcking/Becker/Helke* Rn. 41; *Scharpf/Schaber* Bankbilanz-HdB S. 420.

eingeordnet.[41] Aufgrund dieser Stellung unter den branchenspezifischen Vorschriften ist die Anwendung der Vorschrift formal zunächst auf Institute begrenzt. Für Nichtbanken fehlt es hingegen an einer expliziten Regelung zur Bilanzierung von Pensionsgeschäften; die Zurechnungsfrage und der Erfolgsausweis müssten sich somit nach den allgemeinen Grundsätzen richten.

Dennoch ist davon auszugehen, dass in der **Regelung für Institute** ein   25 **allgemeiner GoB** zu sehen ist, der die Vermögenszuordnung nach dem wirtschaftlichen Eigentum regelt.[42] Dies erscheint insoweit sachgerecht, als weder wirtschaftliche noch rechtliche Gründe erkennbar sind, die in diesem Zusammenhang eine Ungleichbehandlung von Instituten und Nichtbanken erforderlich erscheinen ließen.[43]

VI. Anhangangaben und Angabepflichten unter der Bilanz

Der Pensionsgeber hat bei **echten Pensionsgeschäften** den **Buchwert**   26 **der in Pension gegebenen Vermögensgegenstände** nach Abs. 4 S. 4 im **Anhang** anzugeben. Dabei muss es sich um eine gesonderte Angabe handeln; der Betrag darf nicht im Gesamtbetrag der als Sicherheit übertragenen Vermögensgegenstände nach § 35 Abs. 5 RechKredV aufgehen.[44] Auf Seiten des Pensionsnehmers ist eine vergleichbare Angabe hinsichtlich der Ansprüche aus dem Pensionsgeschäft nicht verpflichtend, sodass an dieser Stelle allenfalls eine freiwillige Angabe in Frage kommt.[45]

Bei **unechten Pensionsgeschäften** hat der Pensionsgeber **unter der**   27 **Bilanz** den vereinbarten **Rückübertragungsbetrag** im Rahmen der „Anderen Verpflichtungen" unter Rücknahmeverpflichtungen aus unechten Pensionsgeschäften gem. Abs. 5 S. 2 anzugeben.[46] Sofern die unter den „Anderen Verpflichtungen" angegebenen Verbindlichkeiten für die Gesamttätigkeit des Kreditinstituts von wesentlicher Bedeutung sind, ist ferner eine Anhangangabe nach § 35 Abs. 6 RechKredV erforderlich, aus der Art und Höhe der einzelnen Geschäfte zu entnehmen ist.[47]

§ 340c Vorschriften zur Gewinn- und Verlustrechnung und zum Anhang

(1) ¹**Als Ertrag oder Aufwand des Handelsbestands ist der Unterschiedsbetrag aller Erträge und Aufwendungen aus Geschäften mit Finanzinstrumenten des Handelsbestands und dem Handel mit Edelmetallen sowie**

---

[41] Durch das Zahlungsdiensteumsetzungsgesetz (ZDUG) v. 25.6.2009 wurde § 340 Abs. 5 ins HGB eingefügt. Die Regelungen für Kreditinstitute sind somit auch auf Institute iSd § 1 Abs. 3 ZAG anzuwenden. Gem. § 1 Abs. 3 ZAG sind Institute iSd ZAG Zahlungsinstitute und E-Geld-Institute. Zahlungsinstitute und E-Geld-Institute haben für die Rechnungslegung neben dem für Kreditinstitute geltenden §§ 340 ff. auch die RechZahlV zu beachten (§ 340 Abs. 5 iVm § 1 RechZahlV). Vgl. Kommentierung des → § 340 Rn. 18 f.

[42] Vgl. *ADS* § 246 Rn. 336; *Krumnow/Sprißler/Bellavite-Hövermann* Rn. 2 f. mwN; Mü-KoHGB/*Böcking/Becker/Helke* Rn. 2.

[43] Ebenso *Krumnow/Sprißler/Bellavite-Hövermann* Rn. 2, zumindest für die Ausweisfrage.

[44] Vgl. *Krumnow/Sprißler/Bellavite-Hövermann* Rn. 25.

[45] Vgl. Beck HdR/*Bieg/Waschbusch* B 900 Rn. 38.

[46] Vgl. *Meyer/Isenmann,* Bankbilanzrichtlinie-Gesetz, 1993, 44; *Krumnow/Sprißler/Bellavite-Hövermann* Rn. 31.

[47] Vgl. *Meyer/Isenmann,* Bankbilanzrichtlinie-Gesetz, 1993, 44; Beck HdR/*Bieg/Waschbusch* B 900 Rn. 46; *Krumnow/Sprißler/Bellavite-Hövermann* Rn. 31.

der zugehörigen Erträge aus Zuschreibungen und Aufwendungen aus Abschreibungen auszuweisen. [2]In die Verrechnung sind außerdem die Aufwendungen für die Bildung von Rückstellungen für drohende Verluste aus den in Satz 1 bezeichneten Geschäften und die Erträge aus der Auflösung dieser Rückstellungen einzubeziehen.

(2) [1]Die Aufwendungen aus Abschreibungen auf Beteiligungen, Anteile an verbundenen Unternehmen und wie Anlagevermögen behandelte Wertpapiere dürfen mit den Erträgen aus Zuschreibungen zu solchen Vermögensgegenständen verrechnet und in einem Aufwand- oder Ertragsposten ausgewiesen werden. [2]In die Verrechnung nach Satz 1 dürfen auch die Aufwendungen und Erträge aus Geschäften mit solchen Vermögensgegenständen einbezogen werden.

(3) Kreditinstitute, die dem haftenden Eigenkapital nicht realisierte Reserven nach § 10 Abs. 2b Satz 1 Nr. 6 oder 7 des Gesetzes über das Kreditwesen in der bis zum 31. Dezember 2013 geltenden Fassung zurechnen, haben den Betrag, mit dem diese Reserven dem haftenden Eigenkapital zugerechnet werden, im Anhang zur Bilanz und zur Gewinn- und Verlustrechnung anzugeben.

Schrifttum: S. Schrifttum zu § 340.

Übersicht

I. Grundsätzliche Verrechnungskonzeptionen im Jahresabschluss der Institute

Das Verrechnungsverbot des § 246 Abs. 2 ist gem. § 340a Abs. 2 S. 3 bei **1**
Kredit- und Finanzdienstleistungsinstituten insoweit nicht anzuwenden, als
die Rechnungslegungsvorschriften für Kredit- und Finanzdienstleistungsinstitute abweichende Regelungen enthalten (→ § 340 Rn. 18 f.).[1]

Hinsichtlich der Verrechnung von Erträgen und Aufwendungen finden sich **2**
entsprechende Vorschriften in § 340c Abs. 1 und 2 sowie in § 340f Abs. 3.
Nach § 340c Abs. 1 sind die Ergebnisbeiträge des Handelsbestands zwingend
in einem GuV-Posten auszuweisen. Dabei sind Finanzdienstleistungsinstitute
sowie Kreditinstitute, soweit diese Skontroführer iSv § 27 Abs. 1 S. 1 BörsG
und nicht CRR-Kreditinstitut iSv § 1 Abs. 3d S. 1 KWG sind, von der
Anwendung des § 340c Abs. 1 ausgenommen (§ 340 Abs. 4 S. 2). Abs. 2
ermöglicht die Verrechnung von Abschreibungen und Zuschreibungen von
Finanzanlagen. § 340f erklärt für die Vorsorge für allgemeine Bankrisiken im
Rahmen einer „**Überkreuzkompensation**" eine Verrechnung von Ertrā-
gen und Aufwendungen mit anderen Aufwands- und Ertragskomponenten
(zB Zuführung zu Rückstellungen für Kreditrisiken mit Erträgen aus Zuschreibungen zu Wertpapieren der Liquiditätsreserve) für zulässig.

II. Abgrenzung der unterschiedlichen Wertpapierkategorien

Der Begriff der **Wertpapiere** ist für Zwecke der Bilanzierung bei Institu- **3**
ten in § 7 Abs. 1 RechKredV definiert worden.[2] Gemeinsames Merkmal der
Wertpapiere gem. § 7 Abs. 1 RechKredV ist die hohe Liquiditätsnähe bzw.
Fungibilität. Die Qualifikation als Wertpapier ist unabhängig davon, ob diese
verbrieft, als Wertrecht ausgestaltet oder die Papiere vinkuliert sind. Die
Zugehörigkeit zu den Wertpapieren iSd Rechnungslegungsvorschriften wird
dabei maßgeblich durch die Kriterien der Börsenfähigkeit (§ 7 Abs. 2 Rech-
KredV) und der Börsennotierung (§ 7 Abs. 3 RechKredV) bestimmt.[3] Gem.
§ 7 RechKredV gelten als Wertpapiere Aktien, Zwischenscheine, Anteile
oder Aktien an Investmentvermögen, Optionsscheine, Zins- und Gewinn-
anteilsscheine. Die Börsenfähigkeit ist bei Inhaber- und Ordergenussscheinen,
Inhaberschuldverschreibungen und Orderschuldverschreibungen als Teile einer Gesamtemission sowie bei anderen festverzinslichen Inhaberpapieren
Voraussetzung für die Qualifikation als Wertpapier. Andere nicht festverzinsliche Wertpapiere gelten nur als Wertpapiere, wenn sie börsennotiert sind.
Alle nicht börsenfähigen Inhaberschuldverschreibungen, nicht börsenfähigen
Orderschuldverschreibungen, die Teile einer Gesamtemission sind und alle
Orderschuldverschreibungen, die nicht Teile einer Gesamtemission sind, gel-
ten somit nicht als Wertpapiere und sind als Buchforderungen zu bilanzieren.

---

[1] Durch das Zahlungsdiensteumsetzungsgesetz (ZDUG) v. 25.6.2009 wurde § 340 Abs. 5
ins HGB eingefügt. Die Regelungen für Kreditinstitute sind somit auch auf Institute iSd § 1
Abs. 3 ZAG anzuwenden. Gem. § 1 Abs. 3 ZAG sind Institute iSd ZAG Zahlungsinstitute
und E-Geld-Institute. Zahlungsinstitute und E-Geld-Institute haben für die Rechnungslegung neben den für Kreditinstitute geltenden §§ 340 ff. auch die RechZahlV zu beachten
(§ 340 Abs. 5 HGB iVm § 1 RechZahlV).

[2] Für Institute iSd § 1 Abs. 3 ZAG ist § 5 RechZahlV zu beachten, der inhaltsgleich mit
§ 7 RechKredV ist.

[3] Zur Definition der Börsenfähigkeit und Börsennotierung vgl. MüKoHGB/*Böcking/
Helke/Morawietz* § 340a Rn. 30 f.

Gleiches gilt für Namensschuldverschreibungen (§ 14 S. 3 RechKredV bzw. § 10 S. 2 RechZahlV).

4   Für die Bewertung und den Ausweis werden die Wertpapiere entsprechend der §§ 340c, 340e und 340f in drei Kategorien eingeteilt. Diese sind Wertpapiere des Handelsbestands, Wertpapiere der Liquiditätsreserve und Wertpapiere des Anlagebestands. Wertpapiere des Handelsbestands und der Liquiditätsreserve sind dem Umlaufvermögen und Wertpapiere des Anlagebestands dem Anlagevermögen zugeordnet.

5   Im Gesetz wurde auf eine klare Zuordnung der Wertpapiere zu diesen Kategorien verzichtet. Für die Kategorisierung ist die Zweckbestimmung der Wertpapiere im Zugangszeitpunkt maßgeblich.[4] Eine Entscheidung des Instituts, dass der Wertpapierbestand dauernd dem Geschäftsbetrieb dienen soll und somit dem wie Anlagevermögen behandelten Bestand zugehört, ist zum Erwerbszeitpunkt von der Geschäftsleitung schriftlich zu dokumentieren.[5]

6   Wertpapiere, die mit der Absicht einer kurzfristigen Erzielung eines Eigenhandelserfolgs erworben und veräußert werden, sind dem Handelsbestand zuzurechnen.[6] Die im Zugangszeitpunkt bestehende Handelsabsicht ist bei Geschäftsabschluss nach den Vorschriften der MaRisk zu dokumentieren.[7] Dabei kann eine depotmäßige Trennung der Wertpapiere des Anlagebestands und der Liquiditätsreserve von denen des Handelsbestands ausreichend sein.[8]

7   Die **Liquiditätsreserve** stellt schließlich die **Residualgröße** dar; hierzu sind alle Wertpapiere zu zählen, die weder zur dauerhaften Anlage vorgesehen noch dem Handelsbestand zuzurechnen sind. Eine spätere **Änderung** der erstmaligen **Zweckbestimmung** ist auch nach den Änderungen durch das BilMoG nicht ausgeschlossen.[9] Bei einer späteren Umwidmung sind allerdings die Restriktionen des § 340e Abs. 3 S. 2–4 für Finanzinstrumente des Handelsbestands zu berücksichtigen. Selbst wenn eine Umwidmung dem Willkürverbot unterliegt, verbleiben **erhebliche Gestaltungsmöglichkeiten,** da bereits in der Änderung der subjektiven Zweckbestimmung ein hinreichender Grund für eine geänderte Zuordnung gesehen wird.[10] Ferner werden Institute an einer Umwidmung weder durch den Grundsatz der Bewertungs- noch den Grundsatz der formellen Darstellungsstetigkeit gehindert.[11]

8   Die **Differenzierung** zwischen den Wertpapierkategorien ist zunächst für **Bewertungszwecke relevant;** darüber hinaus hängt davon die **Möglichkeit der Bildung stiller Reserven** nach § 340f ab. Schließlich ist die Qualifikation als Wertpapier des Anlagevermögens, des Handelsbestands oder der Liquiditätsreserve ausschlaggebend dafür, in welchem Umfang Erträge und Aufwendungen aus diesen Wertpapieren mit anderen Erfolgskomponenten verrechnet werden dürfen oder müssen und unter welchem Posten das jeweilige Ergebnis in der Gewinn- und Verlustrechnung auszuweisen ist.

9   Die Auswirkungen der Zuordnung zu einer der drei Wertpapierkategorien sind in der nachfolgenden Übersicht zusammengestellt:

---

[4] Vgl. *IDW* RH HFA 1.014 Rn. 2.
[5] Vgl. *IDW* RH HFA 1.014 Rn. 11.
[6] Vgl. BT-Drs. 16/12407, 92.
[7] Vgl. *IDW* RS BFA 2 Rn. 12.
[8] Vgl. *IDW* RS BFA 2 Rn. 15, unter Bezugnahme auf *IDW* RH HFA 1.014 Rn. 11.
[9] Vgl. *App/Wiehagen-Knopke* KoR 2010, 95.
[10] Vgl. *Krumnow/Sprißler/Bellavite-Hövermann* § 340e Rn. 33.
[11] Vgl. *Krumnow/Sprißler/Bellavite-Hövermann* § 340e Rn. 37 f.

	Wertpapiere des Handelsbestands	Wertpapiere der Liquiditätsreserve	Wertpapiere des Anlagevermögens
Bewertung	§ 340e Abs. 3 S. 1 HGB Bewertung zum beizulegenden Zeitwert abzüglich eines Risikoabschlags	§ 340e Abs. 1 S. 2 HGB Bewertung wie Umlaufvermögen nach dem strengen Niederstwertprinzip	§ 340e Abs. 1 S. 1 HGB Bewertung wie Anlagevermögen nach dem gemilderten Niederstwertprinzip
Bildung stiller Reserven	nicht möglich nach § 340f HGB, da keine Einbeziehung in die Erfolgskompensation gestattet	§ 340f Abs. 1 HGB Bewertung mit niedrigerem Wertansatz als § 253 Abs. 1 S. 1, Abs. 4 HGB möglich bis maximal zur Höhe von 4 % der Forderungen an Kreditinstitute und Kunden, Schuldverschreibungen und andere festverzinsliche Wertpapiere sowie der Aktien und anderen nicht festverzinslichen Wertpapiere	nicht möglich nach § 340f HGB, da keine Einbeziehung in die Erfolgskompensation gestattet
Posten der GuV	Nettoertrag bzw. Nettoaufwand des Handelsbestands	Abschreibungen und Wertberichtigungen auf Forderungen und bestimmte Wertpapiere sowie Zuführungen zu Rückstellungen im Kreditgeschäft bzw. Erträge aus Zuschreibungen zu Forderungen und bestimmten Wertpapieren sowie aus der Auflösung von Rückstellungen im Kreditgeschäft	Abschreibungen und Wertberichtigungen auf Beteiligungen, Anteile an verbundenen Unternehmen und wie Anlagevermögen zu behandelnde Wertpapiere bzw. Erträge aus Zuschreibungen zu Beteiligungen, Anteilen an verbundenen Unternehmen und wie Anlagevermögen behandelten Wertpapieren
Verrechnung	Pflicht zur Verrechnung nach § 340c Abs. 1 HGB	Wahlrecht zur Verrechnung nach § 340f Abs. 3 HGB und § 32 RechKredV bzw. § 26 RechZahlV	Wahlrecht zur Verrechnung nach § 340c Abs. 2 HGB iVm § 33 RechKredV bzw. 27 RechZahlV

III. Verrechnung von Aufwendungen und Erträgen des Handelsbestands (Abs. 1)

1. Umfang des Handelsbestands. Gem. Abs. 1 ist als Ertrag oder Aufwand des Handelsbestands der Unterschiedsbetrag aller Erträge und Aufwendungen aus Geschäften mit Finanzinstrumenten des Handelsbestands und dem Handel mit Edelmetallen auszuweisen. Dem Handelsbestand sind alle Finanzinstrumente und Edelmetalle zuzuordnen, die mit der Absicht einer kurzfristigen Erzielung eines Eigenhandelserfolgs erworben und veräußert werden.[12] Der Begriff **„Finanzinstrument"** wird im HGB im Vergleich zu **10**

---

[12] Vgl. *IDW RS BFA 2* Rn. 10.

§ 1 Abs. 11 KWG und § 2 WpHG Abs. 4 nicht definiert.[13] Gem. § 1a
Abs. 3 KWG (in der bis 31.12.2013 geltenden Fassung) sind Finanzinstrumente alle Verträge, die für eine der beteiligten Seiten einen finanziellen
Vermögenswert und für die andere Seite eine finanzielle Verbindlichkeit oder
ein Eigenkapitalinstrument schaffen.[14] Unter die Finanzinstrumente fallen
auch die **Derivate** (§ 1 Abs. 11 Nr. 8 KWG).[15] Ein Derivat ist (a) ein
Vertragsverhältnis, (b) dessen Wert auf Änderungen des Wertes eines Basis-
objekts zB eines Zinssatzes, Wechselkurses, Rohstoffpreises, Preis- oder Zins-
indexes oder einer anderen Variablen reagiert, (c) bei dem Anschaffungskosten nicht oder nur in sehr geringem Umfang anfallen und (d) das erst in
der Zukunft erfüllt wird.[16]

11   Gem. § 340c Abs. 1 iVm § 35 Abs. 1 Nr. 1a RechKredV sind **Edelmetalle** bei Vorliegen einer Handelsabsicht bilanziell dem Handelsbestand
zuzuordnen und das Ergebnis des Handels mit Edelmetallen ist im Nettoertrag bzw. Nettoaufwand des Handelsbestands auszuweisen.[17] Nach dem
Wortlaut von § 340c Abs. 1 zählen Edelmetalle nicht zu den Finanzinstrumenten, da sie ausdrücklich neben den Finanzinstrumenten aufgeführt sind.[18]
Der Gesetzgeber hat den Begriff Edelmetalle nicht definiert. Institute handeln
Edelmetalle hauptsächlich in Form von An- und Verkauf von Gold, Silber
sowie Platin als Münzen und Barren.[19]

12   Finanzielle Verbindlichkeiten gehören zum Handelsbestand, wenn das Institut sie mit der Absicht eingeht, diese zur Erzielung eines Handelserfolgs
kurzfristig zurückzukaufen.[20] Im Rahmen der Aufnahme von externen Fi-
nanzmitteln durch den Handelsbereich eines Instituts zur **Refinanzierung
bestimmter Handelsaktivitäten** sind diese Verbindlichkeiten als Handelspassiva dem Handelsbestand zuzuordnen, wenn dies in Übereinstimmung mit
der internen Steuerung steht.[21] Sicherungsinstrumente sind lediglich dann in
den Handelsbestand einzubeziehen, wenn durch sie ein Eigenhandelserfolg
gesichert, dh festgeschrieben wird.[22]

13   Eine Zuordnung zum Handelsbestand ist nicht möglich, wenn sich der
beizulegende Zeitwert von vornherein nicht nach § 255 Abs. 4 S. 1 oder 2
ermitteln lässt. Die Bewertung hat dann nach den allgemeinen Vorschriften
zu erfolgen. Da die Zuordnung zum Handelsbestand nach § 340e Abs. 3 S. 2
nur zum Zugangszeitpunkt erfolgen kann, ist auch für den Fall, dass zu einem
späteren Zeitpunkt eine Zeitwertermittlung möglich ist, eine Behandlung als
Finanzinstrument des Handelsbestands ausgeschlossen.[23]

14   **2. Nettoausweis in der Gewinn- und Verlustrechnung.** Als Ertrag
oder Aufwand des Handelsbestand ist der Unterschiedsbetrag aller Erträge
und Aufwendungen aus Geschäften mit Finanzinstrumenten des Handelsbestands und dem Handel mit Edelmetallen sowie der zugehörigen Erträge

---

[13] Vgl. *Gelhausen/Fey/Kämpfer* Rechnungslegung V Rn. 87; *Helke/Wiechens/Klaus* DB-
Beil. 5/2009, 30 (36).
[14] Vgl. *IDW* RS BFA 2 Rn. 5.
[15] Vgl. BT-Drs. 16/12407, 92.
[16] Vgl. *IDW* RS BFA 2 Rn. 6.
[17] Vgl. *Scharpf et al.* WPg 2010, 439 (441).
[18] Vgl. Kölner Komm RLR/*Braun* Rn. 8.
[19] Vgl. *Scharpf et al.* WPg 2010, 439 (441).
[20] Vgl. *IDW* RS BFA 2 Rn. 10.
[21] Vgl. *Scharpf et al.* WPg 2010, 439 (442).
[22] Vgl. *Scharpf et al.* WPg 2010, 439 (442).
[23] Vgl. *IDW* RS BFA 2 Rn. 21.

aus Zuschreibungen und Aufwendungen aus Abschreibungen auszuweisen (§ 340c Abs. 1 S. 1). Die in § 340c Abs. 1 aufgeführten Aufwendungen und Erträge sind zwingend zu saldieren.[24] Das Handelsergebnis umfasst zumindest das **Abgangsergebnis** (realisierte Gewinne und Verluste) und das **Bewertungsergebnis** (unrealisierte Gewinne und Verluste aus der Bewertung zum beizulegenden Zeitwert) einschließlich der Aufwendungen für den **Risikoabschlag** für Finanzinstrumente des Handelsbestands nach § 340e Abs. 3.[25] Die Wertänderungen aus Sicherungsbeziehungen sind im Ertrag oder Aufwand des Handelsbestand einzubeziehen, sofern durch sie ein Eigenhandelserfolg gesichert wird.[26] **Provisionsaufwendungen und -erträge,** die im Zusammenhang mit dem Erwerb oder der Veräußerung von Finanzinstrumenten des Handelsbestands oder von Edelmetallen anfallen, sind zwingend im Handelsergebnis auszuweisen.[27]

Neben dem Risikoabschlag des § 340e Abs. 3 S. 1 sieht das Gesetz eine **15** **Zuführung zum Sonderposten** „Fonds für allgemeine Bankrisiken" nach § 340g vor (§ 340e Abs. 4). Im Gesetz ist nicht geregelt, in welchem GuV-Posten die Zuführung zum Sonderposten gem. § 340e Abs. 4 zu erfassen ist.[28] Der Ausweis im Nettoergebnis des Handelsbestands ist einem Ausweis im Posten, in dem die Zuführungen zum „Fonds für allgemeine Bankrisiken" iSv § 340g auszuweisen sind, vorzuziehen.[29]

Die RechKredV enthält keine explizite Regelung, in welchem Posten die **16** **mit den Handelsbeständen korrespondierenden laufenden Aufwendungen bzw. Erträge** (zB Zinsen) in der GuV auszuweisen sind. Es wird als zulässig erachtet, die laufenden Zinserträge und -aufwendungen, alternativ zu einem Ausweis im Nettoergebnis des Handelsbestands, auch im Zinsergebnis (brutto) zu zeigen, sofern dies mit der internen Steuerung übereinstimmt.[30]

Zinsaufwendungen für Verbindlichkeiten, die der Refinanzierung von **17** Handelsaktivitäten dienen, gehören zum Handelsergebnis, wenn die zugrunde liegenden Verbindlichkeiten auch bilanziell dem Handelsbestand zugewiesen wurden.[31]

Eine gesetzliche Auskunftspflicht gegenüber den Aktionären in Hinblick **18** auf die Zusammensetzung des Saldos des GuV-Postens „Nettoertrag bzw. Nettoaufwand des Handelsbestands" besteht gem. § 131 Abs. 3 Nr. 6 AktG nicht.

3. Bruttoausweis in der Gewinn- und Verlustrechnung bestimmter **19** **Institute.** § 340c Abs. 1 ist nicht anzuwenden auf Finanzdienstleistungsinstitute und Kreditinstitute, soweit letztere Skontroführer iSv § 27 Abs. 1 S. 1 BörsG und nicht CRR-Kreditinstitute iSv § 1 Abs. 3d S. 1 KWG sind (§ 340 Abs. 4 S. 2). Für diese Institute gilt der Bruttoausweis; sie weisen getrennte Posten für „Aufwand des Handelsbestands" und „Ertrag des Handelsbestands" (Fn. 7 der GuV-Formblätter) aus.

---

[24] Vgl. WP-HdB I 2012 Kap. J Rn. 125.
[25] Vgl. *Gelhausen/Fey/Kämpfer* Rechnungslegung V Rn. 204.
[26] Vgl. BT-Drs. 16/12407, 92.
[27] Vgl. *IDW* RS BFA 2 Rn. 75.
[28] S. hierzu ausf. MüKoHGB/*Böcking/Becker/Helke* Rn. 14.
[29] Vgl. *IDW* RS BFA 2 Rn. 62.
[30] Vgl. *IDW* RS BFA 2 Rn. 75.
[31] Vgl. *IDW* RS BFA 2 Rn. 73.

IV. Fakultative Verrechnung von Erträgen und Aufwendungen aus Abschreibungen und Zuschreibungen auf Beteiligungen, Anteilen an verbundenen Unternehmen und wie Anlagevermögen behandelten Wertpapieren sowie von Geschäften mit solchen Vermögensgegenständen (Abs. 2)

20   **1. Umfang der betroffenen Vermögensgegenstände.** Zur Verrechnung können Erträge und Aufwendungen herangezogen werden, die in Verbindung mit den folgenden Vermögensgegenständen stehen:

– Beteiligungen,
– Anteile an verbundenen Unternehmen,
– wie Anlagevermögen behandelte Wertpapiere.

21   Die Legaldefinition der Beteiligungen und der Anteile an verbundenen Unternehmen in § 271 ist auch für die Bestimmung der relevanten Vermögensgegenstände in § 340c anzuwenden.[32] Vgl. insoweit die Kommentierung des § 271.

Im Folgenden wird daher nur auf branchenspezifische Besonderheiten eingegangen.

22   **a) Besonderheiten bei von Instituten gehaltenen Anteilen.** Die Widerlegung der Beteiligungsvermutung bei einem 20 % der Anteile übersteigenden Anteilsbesitz gewinnt für Institute in Verbindung mit dem Pakethandel und Stützungsaktionen für bedrohte Unternehmen besondere Bedeutung. Bei im Rahmen des Pakethandels am Abschlussstichtag gehaltenen Anteilen ist die alsbaldige Veräußerungsabsicht offensichtlich. Obwohl der subjektiven Widmung für die Unterscheidung von wie Anlagevermögen bzw. wie Umlaufvermögen zu bewertenden Vermögensgegenständen bei Instituten eine zentrale Bedeutung zukommt, werden **im Rahmen des Pakethandels übernommene Anteile** unabhängig von der tatsächlichen Anteilshöhe nicht zu den Beteiligungen zu rechnen sein. Im Gegensatz dazu kann bei **Anteilen an Unternehmen, die zum Zweck der Rettung von Kreditforderungen** erworben wurden, in der Regel von einer faktischen Daueranlage ausgegangen werden, da eine Veräußerung unwahrscheinlich ist.

23   Liegt neben den Voraussetzungen einer Beteiligung zusätzlich der **Sachverhalt eines verbundenen Unternehmens** iSv § 271 Abs. 2 vor, hat die Zuordnung unter Anteile an verbundenen Unternehmen zu erfolgen, da vorrangig das Spezialverhältnis gilt.[33]

24   Die **Mitgliedschaft in einer eingetragenen Genossenschaft** gilt nach § 271 Abs. 1 S. 5 nicht als Beteiligung. Die Vorschrift gilt auch für Institute. Allerdings haben Kreditgenossenschaften und genossenschaftliche Zentralbanken nach § 18 RechKredV sowie Institute iSd § 1 Abs. 3 ZAG in der Rechtsform der eingetragenen Genossenschaft Geschäftsguthaben bei Genossenschaften unter den Beteiligungen auszuweisen. Damit wird der Tatsache Rechnung getragen, dass zwischen den genossenschaftlichen Instituten erhebliche Verflechtungen bestehen, die durch einen Ausweis von Genossenschaftsanteilen unter den sonstigen Vermögensgegenständen nicht angemessen zum Ausdruck kämen.[34]

---

[32] Vgl. *Krumnow/Sprißler/Bellavite-Hövermann* Rn. 164.
[33] Vgl. *ADS* § 266 Rn. 70.
[34] Vgl. *Krumnow/Sprißler/Bellavite-Hövermann* Rn. 178.

b) Besonderheiten bei wie Anlagevermögen behandelten Wert- 25
papieren. Der Begriff der „Wie Anlagevermögen behandelten Wertpapiere"
ist auf die fehlende Abgrenzung von Anlage- und Umlaufvermögen für
Ausweiszwecke im Jahresabschluss der Institute zurückzuführen. Zwar ist die
Unterscheidung der Kategorien für Zwecke der Bewertung durchaus bedeutsam; sie führt aber nicht zu einem getrennten Bilanzausweis von Vermögensgegenständen des Anlage- und des Umlaufvermögens.[35] Die **wie**
Anlagevermögen behandelten Wertpapiere stellen die **Restgröße des**
Finanzanlagevermögens neben den Beteiligungen und den Anteilen an
verbundenen Unternehmen dar. Sofern eine dokumentierte Daueranlageabsicht für die Wertpapiere besteht und es sich nicht um Beteiligungen oder
Anteile an verbundenen Unternehmen handelt, liegen wie Anlagevermögen
zu behandelnde Wertpapiere vor.

2. Saldierungsfähige Ergebniskomponenten. Nach Abs. 2 S. 1 dürfen 26
Aufwendungen aus Abschreibungen auf und Erträge aus Zuschreibungen zu
Finanzanlagen (Beteiligungen, Anteile an verbundenen Unternehmen und
wie Anlagevermögen behandelte Wertpapiere) saldiert werden (sog. Bewertungsergebnisse).[36] Ein Aufwandssaldo ist in der GuV unter dem Posten
„Abschreibungen und Wertberichtigungen auf Beteiligungen, Anteile an verbundenen Unternehmen und wie Anlagevermögen behandelte Wertpapiere"
auszuweisen, ein Ertragssaldo in dem Posten „Erträge aus Zuschreibungen zu
Beteiligungen, Anteilen an verbundenen Unternehmen und wie Anlagevermögen behandelten Wertpapieren". Eine teilweise Verrechnung der Erträge
aus Finanzanlagen mit Aufwendungen aus Finanzanlagen ist nicht zulässig
(§ 33 RechKredV[37]). Wird auf eine Verrechnung gem. Abs. 2 S. 1 verzichtet,
sind die Ergebniskomponenten einzeln auszuweisen.

In die Saldierung der Aufwendungen aus Abschreibungen mit Erträgen aus 27
Zuschreibungen zu Finanzanlagen dürfen gem. Abs. 2 S. 2 auch die Aufwen-
dungen und Erträge aus Geschäften mit Finanzanlagen einbezogen werden,
wobei eine teilweise Verrechnung unzulässig ist.[38] Werden die genannten
Gewinne und Verluste aus Finanzanlagen nicht in die Verrechnung gem.
Abs. 2 S. 1 einbezogen, sind sie in den GuV-Posten „Sonstige betriebliche
Erträge" bzw. „Sonstige betriebliche Aufwendungen" jeweils brutto zu erfas-
sen.[39]

Die **Aufwendungen aus Abschreibungen** können nur aus außerplan- 28
mäßigen Abschreibungen resultieren, da die hier betroffenen Vermögensgegenstände sich dadurch auszeichnen, dass ihre Nutzung nicht zeitlich begrenzt iSv § 253 Abs. 3 S. 1 ist.[40] Dabei umfasst der Begriff Abschreibungen
sämtliche Aufwendungen aus Abschreibungen auf Finanzanlagen, unabhängig

---

[35] Vgl. WP-HdB I 2012 Kap. J Rn. 311.
[36] Vgl. *Bieg,* Die externe Rechnungslegung der Kreditinstitute und Finanzdienstleistungsinstitute, 1999, 370.
[37] Für Zahlungsinstitute und E-Geld-Institute (Institute iSd § 1 Abs. 3 ZAG) ist § 27
RechZahlV zu beachten. Die Bestimmung des § 27 RechZahlV entspricht § 33 Rech-
KredV.
[38] Vgl. BT-Drs. 11/6275, 20; *Bieg,* Die externe Rechnungslegung der Kreditinstitute und
Finanzdienstleistungsinstitute, 1999, 370 ff.
[39] Vgl. WP-HdB I 2012 Kap. J Rn. 128. Nach *Krumnow/Sprißler/Bellavite-Hövermann*
Rn. 213 ist in diesem Fall auch ein Ausweis unter dem Aufwands- bzw. Ertragsposten des
Finanzanlageergebnisses zulässig.
[40] Vgl. *Krumnow/Sprißler/Bellavite-Hövermann* Rn. 222.

davon, aus welchem Anlass die Abschreibung vorgenommen wird.[41] Es kommt nicht darauf an, ob es sich um die aufwandswirksame Berücksichtigung nur vorübergehender Wertminderungen oder um dauerhafte Wertminderungen handelt. Dabei sind auch Abschreibungen, die nur auf einer Wahlrechtsausübung beruhen, in die Verrechnung einzubeziehen. Die betroffenen Abschreibungen können auf Grundlage von § 340e Abs. 1 S. 1 iVm § 253 Abs. 3 S. 6 (Wahlrechtsabschreibung bei einer nur vorübergehenden Wertminderung) bzw. § 253 Abs. 3 S. 5 (Pflichtabschreibung bei einer voraussichtlich dauernden Wertminderung) vorgenommen werden. Dabei kommen beide Ausprägungen der Abschreibung für Finanzanlagen in Frage.

29   **Erträge aus Zuschreibungen** heben auf Grund einer tatsächlichen Werterhöhung die in früheren Perioden durchgeführten Abschreibungen auf.[42] Gemäß dem Wertaufholungsgebot des § 253 Abs. 5 dürfen niedrigere Werte nicht beibehalten werden, die bei Gegenständen des Anlagevermögens durch außerplanmäßige Abschreibungen (§ 253 Abs. 3 S. 5 oder S. 6) entstanden sind, wenn die Gründe für die Abschreibung nicht mehr bestehen. Die historischen Anschaffungskosten gem. § 253 Abs. 1 bilden dabei die Ansatzobergrenze. Bei der Zuschreibung aufgelaufener Zinsen zu Abzinsungspapieren (zB Zero-Bonds) handelt es sich dagegen nicht um Erträge aus Zuschreibungen, sondern um Aufzinsungsbeträge, die im Zinsergebnis zu erfassen sind (§ 28 RechKredV[43]).

30   Die **Aufwendungen und Erträge aus Geschäften mit Finanzanlagen,** die gem. Abs. 2 S. 2 in die Verrechnung einbezogen werden können, sind im Gesetz nicht näher definiert. Hierunter werden grundsätzlich alle Aufwendungen und Erträge gefasst, die aus der aktiven Durchführung von Geschäften mit Finanzanlagen resultieren. Dazu zählen im Wesentlichen die Gewinne bzw. Verluste aus der Veräußerung von Finanzanlagen. Daneben sind auch vereinnahmte Gebühren (zB aus Wertpapierleihegeschäften), Aufwendungen und Erträge für die Bildung bzw. Auflösung von Rückstellungen für drohende Verluste aus schwebenden Geschäften mit Finanzanlagen sowie Erfolge aus Währungsumrechnungen von Finanzanlagen hierunter zu fassen.[44]

31   Hingegen fehlt bei Personal- und Sachaufwendungen eine hinreichend enge Verbindung mit einzelnen Geschäften. Laufende Erträge und Aufwendungen wie etwa Zinsen sind ebenfalls unter den jeweiligen Aufwands- oder Ertragspositionen auszuweisen und zählen nicht zu den Aufwendungen und Erträgen aus Geschäften mit Finanzanlagen.[45]

V. Erforderliche Anhangangaben in Verbindung mit Abs. 1

32   Nach § 34 Abs. 2 S. 1 Nr. 1 RechKredV ist der Nettoertrag des Handelsbestands im Anhang nach geographischen Märkten aufzugliedern, soweit diese Märkte sich vom Standpunkt der Organisation des Instituts wesentlich voneinander unterscheiden und dem Institut oder einem Beteiligungsunternehmen durch die Aufgliederung kein erheblicher Nachteil entsteht. Hat das

---

[41] Vgl. *Bieg,* Die externe Rechnungslegung der Kreditinstitute und Finanzdienstleistungsinstitute, 1999, 369.

[42] Vgl. *Birck/Meyer,* Die Bankbilanz, 1989, V 210.

[43] Für Institute iSd § 1 Abs. 3 ZAG ist § 21 RechZahlV zu beachten, der inhaltlich § 28 RechKredV entspricht.

[44] Vgl. *Scharpf/Schaber* Bankbilanz-HdB S. 1249 f.; *Krumnow/Sprißler/Bellavite-Hövermann* Rn. 259.

[45] Vgl. *Krumnow/Sprißler/Bellavite-Hövermann* Rn. 254, 261 ff.

Institut einen zentralen Handel, der nicht nach Regionen, sondern nach Produkten unterscheidet, ist keine Aufgliederung im Anhang vorzunehmen.[46]

VI. Anhangangabe zu dem haftenden Eigenkapital zugerechneten nicht realisierten Reserven nach § 10 Abs. 2b S. 1 Nr. 6 oder 7 KWG in der bis zum 31.12.2013 geltenden Fassung

Für Kreditinstitute bestehen besondere Anforderungen hinsichtlich der **33** Höhe des haftenden Eigenkapitals, die in § 10 Abs. 1 S. 1 KWG damit begründet werden, dass Institute im Interesse der Erfüllung ihrer Verpflichtungen gegenüber ihren Gläubigern, insbesondere im Interesse der Sicherheit der ihnen anvertrauten Vermögenswerte, eine angemessene Eigenmittelausstattung haben müssen. Nach Abs. 3 sind Institute verpflichtet, soweit sie dem haftenden Eigenkapital nicht realisierte Bewertungsreserven aus Grundbesitz und/oder Wertpapieren (sog. Neubewertungsreserven iSv § 10 Abs. 2b S. 1 Nr. 6 oder 7 KWG in der bis zum 31.12.2013 geltenden Fassung) zurechnen, den Betrag der zugerechneten Reserven im Anhang anzugeben.

Wird von der (wahlweisen) Hinzurechnung der nicht realisierten Reserven **34** kein Gebrauch gemacht, entfällt auch die Notwendigkeit einer diesbezüglichen Anhangangabe.

§ 340d Fristengliederung

[1] **Die Forderungen und Verbindlichkeiten sind im Anhang nach der Fristigkeit zu gliedern.** [2] **Für die Gliederung nach der Fristigkeit ist die Restlaufzeit am Bilanzstichtag maßgebend.**

Schrifttum: S. Schrifttum zu § 340.

I. Fristengliederung nach Restlaufzeiten

Für Zwecke der Fristengliederung wird nach § 340d auf die jeweiligen **1** Restlaufzeiten abgestellt. Die im Anhang vorzunehmende Gliederung von Forderungen und Verbindlichkeiten nach der Fristigkeit wird in § 340d zunächst nur in allgemeiner Form geregelt. Einzelheiten zu Art und Umfang der erforderlichen Aufgliederung enthalten für Kredit- und Finanzdienstleistungsinstitute § 8 und § 9 RechKredV. Zahlungsinstitute und E-Geld-Institute (Institute iSd § 1 Abs. 3 ZAG) haben § 6 und § 7 RechZahlV zu beachten (§ 340 Abs. 5 HGB iVm § 1 RechZahlV; → 340 Rn. 18 f.).[1]

Allgemein wird in der **Offenlegung von Restlaufzeiten** eine **verbes-** **2** **serte Einblicksmöglichkeit in die Liquiditätsstruktur** der Kreditinstitute gesehen.[2]

---

[46] Vgl. *IDW* RS BFA 2 Rn. 88.
[1] Durch das Zahlungsdiensteumsetzungsgesetz (ZDUG) v. 25.6.2009 wurde § 340 Abs. 5 ins HGB eingefügt. Die Regelungen für Kreditinstitute sind somit auch auf Institute iSd § 1 Abs. 3 ZAG anzuwenden. Zahlungsinstitute und E-Geld-Institute haben für die Rechnungslegung neben den für Kreditinstitute geltenden §§ 340 ff. auch die RechZahlV zu beachten (§ 340 Abs. 5 HGB iVm § 1 RechZahlV).
[2] Vgl. *Bauer* WM 1987, 861 (863); Deutsche Bundesbank Monatsbericht Mai 1992, 48, zugleich jedoch kritisch, weil es sich um eine „Momentaufnahme" handelt, die bei Offenlegung der Bilanz bereits überholt ist.

II. Betroffene Bilanzposten und maßgebliche Restlaufzeiten gemäß RechKredV

3   Die einzelnen von der Fristengliederung betroffenen Bilanzposten der Kredit- und Finanzdienstleistungsinstitute sind in § 9 Abs. 1 RechKredV abschließend aufgezählt. Danach sind von der vorzunehmenden Fristengliederung betroffen:

– andere Forderungen an Kreditinstitute mit Ausnahme der darin enthaltenen Bausparguthaben aus abgeschlossenen Bausparverträgen,
– Forderungen an Kunden,
– Verbindlichkeiten gegenüber Kreditinstituten mit vereinbarter Laufzeit oder Kündigungsfrist,
– Spareinlagen mit vereinbarter Kündigungsfrist von mehr als drei Monaten,
– andere Verbindlichkeiten gegenüber Kunden mit vereinbarter Laufzeit oder Kündigungsfrist sowie
– andere verbriefte Verbindlichkeiten.

4   Anteilige Zinsen sind dem zugehörigen Posten der Aktiv- oder Passivseite zuzuordnen, sofern sie bei Kreditinstituten den Charakter von bankgeschäftlichen und bei Finanzdienstleistungsinstituten den Charakter von für diese Institute typischen Forderungen und Verbindlichkeiten haben, ohne dass eine Aufgliederung nach Restlaufzeiten für die Zinsen erforderlich wäre (§ 11 RechKredV).

5   Für die Aufgliederung der genannten Posten sind die **relevanten Restlaufzeiten** in § 9 Abs. 2 RechKredV festgelegt. Danach sind die Posten zu gliedern nach einer Restlaufzeit von

– bis zu drei Monaten,
– mehr als drei Monaten bis zu einem Jahr,
– mehr als einem Jahr bis zu fünf Jahren sowie
– mehr als fünf Jahren.

6   Weiterhin sind die in den **Forderungen an Kunden** enthaltenen Forderungen **mit unbestimmter Laufzeit gesondert anzugeben** (§ 9 Abs. 3 Nr. 1 RechKredV). Außerdem müssen im Anhang auch die Beträge genannt werden, die in den Schuldverschreibungen und anderen festverzinslichen Wertpapieren und in den begebenen Schuldverschreibungen enthalten sind und im auf den Abschlussstichtag folgenden Jahr fällig werden (§ 9 Abs. 3 Nr. 2 RechKredV). Hingegen sind Schuldverschreibungen und andere festverzinsliche Wertpapiere selbst nicht nach Restlaufzeiten zu untergliedern, da sie nicht unter die abschließend aufgezählten Posten fallen.[3]

7   Besteht die Möglichkeit einer vorzeitigen Kündigung, so ist für die Fristengliederung die Kündigungsfrist zuzüglich einer eventuellen Kündigungssperrfrist maßgeblich; **vorzeitige Kündigungsmöglichkeiten bei Forderungen** sind nicht zu berücksichtigen (§ 8 Abs. 1 RechKredV). Hingegen wirkt bei **Verbindlichkeiten** ein **vorzeitiges Kündigungsrecht** restlaufzeitverkürzend.[4]

---

[3] Vgl. *Ausschuß für Bilanzierung des BdB*, Bankbilanzrichtlinie-Gesetz, 1993, 113.
[4] Vgl. *Krumnow/Sprißler/Bellavite-Hövermann* RechKredV § 8 Rn. 5; WP-HdB I 2012 Kap. J Rn. 61; *Scharpf/Schaber* Bankbilanz-HdB S. 28; *Meyer/Isenmann*, Bankbilanzrichtlinie-Gesetz, 1993, 58 f.

Bei Forderungen und Verbindlichkeiten mit Rückzahlungen in regelmäßi- 8
gen Raten ist der Gesamtbetrag aufzuteilen und den unterschiedlichen Fris-
tigkeitszeiträumen zuzuordnen (§ 8 Abs. 2 RechKredV).

III. Betroffene Bilanzposten und maßgebliche Restlaufzeiten gemäß RechZahlV

Zahlungsinstitute und E-Geld-Institute haben für ihre Fristengliederung 9
im Anhang § 6 und § 7 RechZahlV anzuwenden. § 6 RechZahlV definiert,
welche Frist bei Kündigungsgeldern als Restlaufzeit anzusehen ist und entspricht § 8 Abs. 1 RechKredV.

Gem. § 7 RechZahlV sind im Anhang von Zahlungsinstituten und E- 10
Geld-Instituten die Beträge des Aktivpostens 3 „Forderungen an Kunden"
und des Passivpostens 2 „Verbindlichkeiten gegenüber Kunden" gesondert
nach folgenden Restlaufzeiten aufzugliedern: (1) bis drei Monate, (2) mehr
als drei Monate bis sechs Monate, (3) mehr als sechs Monate bis zwölf Monate
und (4) mehr als zwölf Monate. Die Fristengliederung für Institute iSd § 1
Abs. 3 ZAG weicht von der Fristengliederung für Kredit- und Finanzdienstleistungsinstitute nach § 9 RechKredV ab, da für Zahlungsinstitute und E-
Geld-Institute kein Bedürfnis für eine so weitgehende Fristengliederung wie
bei Kredit- und Finanzdienstleistungsinstituten besteht.

Anteilige Zinsen brauchen nicht nach Restlaufzeiten aufgegliedert werden 11
(§ 8 S. 3 RechZahlV). § 8 S. 3 RechZahlV entspricht § 11 S. 3 RechKredV.

Dritter Titel. Bewertungsvorschriften

§ 340e Bewertung von Vermögensgegenständen

(1) [1]Kreditinstitute haben Beteiligungen einschließlich der Anteile an
verbundenen Unternehmen, Konzessionen, gewerbliche Schutzrechte
und ähnliche Rechte und Werte sowie Lizenzen an solchen Rechten und
Werten, Grundstücke, grundstücksgleiche Rechte und Bauten einschließlich der Bauten auf fremden Grundstücken, technische Anlagen und
Maschinen, andere Anlagen, Betriebs- und Geschäftsausstattung sowie
Anlagen im Bau nach den für das Anlagevermögen geltenden Vorschriften zu bewerten, es sei denn, daß sie nicht dazu bestimmt sind, dauernd
dem Geschäftsbetrieb zu dienen; in diesem Falle sind sie nach Satz 2 zu
bewerten. [2]Andere Vermögensgegenstände, insbesondere Forderungen
und Wertpapiere, sind nach den für das Umlaufvermögen geltenden Vorschriften zu bewerten, es sei denn, daß sie dazu bestimmt werden, dauernd dem Geschäftsbetrieb zu dienen; in diesem Falle sind sie nach Satz 1
zu bewerten. [3]§ 253 Absatz 3 Satz 6 ist nur auf Beteiligungen und Anteile
an verbundenen Unternehmen im Sinn des Satzes 1 sowie Wertpapiere
und Forderungen im Sinn des Satzes 2, die dauernd dem Geschäftsbetrieb zu dienen bestimmt sind, anzuwenden.

(2) [1]Abweichend von § 253 Abs. 1 Satz 1 dürfen Hypothekendarlehen
und andere Forderungen mit ihrem Nennbetrag angesetzt werden, soweit
der Unterschiedsbetrag zwischen dem Nennbetrag und dem Auszahlungsbetrag oder den Anschaffungskosten Zinscharakter hat. [2]Ist der
Nennbetrag höher als der Auszahlungsbetrag oder die Anschaffungskosten, so ist der Unterschiedsbetrag in den Rechnungsabgrenzungsposten
auf der Passivseite aufzunehmen; er ist planmäßig aufzulösen und in

seiner jeweiligen Höhe in der Bilanz oder im Anhang gesondert anzugeben. [3]Ist der Nennbetrag niedriger als der Auszahlungsbetrag oder die Anschaffungskosten, so darf der Unterschiedsbetrag in den Rechnungsabgrenzungsposten auf der Aktivseite aufgenommen werden; er ist planmäßig aufzulösen und in seiner jeweiligen Höhe in der Bilanz oder im Anhang gesondert anzugeben.

(3) [1]Finanzinstrumente des Handelsbestands sind zum beizulegenden Zeitwert abzüglich eines Risikoabschlags zu bewerten. [2]Eine Umgliederung in den Handelsbestand ist ausgeschlossen. [3]Das Gleiche gilt für eine Umgliederung aus dem Handelsbestand, es sei denn, außergewöhnliche Umstände, insbesondere schwerwiegende Beeinträchtigungen der Handelbarkeit der Finanzinstrumente, führen zu einer Aufgabe der Handelsabsicht durch das Kreditinstitut. [4]Finanzinstrumente des Handelsbestands können nachträglich in eine Bewertungseinheit einbezogen werden; sie sind bei Beendigung der Bewertungseinheit wieder in den Handelsbestand umzugliedern.

(4) [1]In der Bilanz ist dem Sonderposten „Fonds für allgemeine Bankrisiken" nach § 340g in jedem Geschäftsjahr ein Betrag, der mindestens 10 vom Hundert der Nettoerträge des Handelsbestands entspricht, zuzuführen und dort gesondert auszuweisen. [2]Dieser Posten darf nur aufgelöst werden

1. zum Ausgleich von Nettoaufwendungen des Handelsbestands sowie
2. zum Ausgleich eines Jahresfehlbetrags, soweit er nicht durch einen Gewinnvortrag aus dem Vorjahr gedeckt ist,
3. zum Ausgleich eines Verlustvortrags aus dem Vorjahr, soweit er nicht durch einen Jahresüberschuss gedeckt ist, oder
4. soweit er 50 vom Hundert des Durchschnitts der letzten fünf jährlichen Nettoerträge des Handelsbestands übersteigt.

[3]Auflösungen, die nach Satz 2 erfolgen, sind im Anhang anzugeben und zu erläutern.

Schrifttum: S. Schrifttum zu § 340.

Übersicht

I. Abgrenzung zwischen wie Anlagevermögen und wie Umlaufvermögen zu bewertenden Vermögensgegenständen (Abs. 1)

1. Abgrenzung der Vermögenskategorien. Im Jahresabschluss der In- **1** stitute wird die für alle Kaufleute in § 247 Abs. 1 kodifizierte Trennung von Anlage- und Umlaufvermögen nicht übernommen (§ 340a Abs. 2 S. 2; → § 340 Rn. 18 f.).[1] Vielmehr erfolgt eine eigenständige, institutsspezifische Abgrenzung, die zumindest qualitativ teilweise an die Bilanzgliederung nach § 266 anknüpft. Für die Bewertung der Vermögensgegenstände ist, unabhängig davon, dass für den Ausweis in der Bilanz nicht zwischen Anlage- oder Umlaufvermögen unterschieden wird, maßgebend, ob es sich um Vermögensgegenstände des Anlage- bzw. Umlaufvermögens handelt.[2]

Der Verzicht auf einen getrennten Ausweis von Anlage- und Umlaufver- **2** mögen ist in der spezifischen Geschäftstätigkeit der Institute begründet, die sich grundlegend von derjenigen der Produktions- oder Handelsunternehmen unterscheidet. Insbesondere hat nur ein geringer Anteil der Vermögensgegenstände die Aufgabe, dauernd dem Geschäftsbetrieb zu dienen.[3] Es ist jedoch strikt zu unterscheiden zwischen der nicht vorgenommenen Trennung von Anlage- und Umlaufvermögen für Gliederungszwecke und den nach wie vor relevanten Unterschieden für Fragen der Bewertung.[4] Demnach ist das Institut verpflichtet, für Bewertungszwecke eine **Zuordnung** zu den verschiedenen Vermögenskategorien vorzunehmen, die aber in der Bilanz nicht in Erscheinung tritt, sondern **nur im Anlagenspiegel** (§ 34 Abs. 3 RechKredV[5] iVm § 284 Abs. 3) erkennbar wird.[6] Die zur Abgrenzung von Anlage- und Umlaufvermögen im Jahresabschluss von Nichtbanken entwickelten Kriterien (vgl. Kommentierung des § 247) sind bei Instituten nur begrenzt geeignet; insbesondere bei der Qualifikation der Wertpapiere kommen institutsspezifische Besonderheiten zum Tragen.

---

[1] Durch das Zahlungsdiensteumsetzungsgesetz (ZDUG) v. 25.6.2009 wurde § 340 Abs. 5 ins HGB eingefügt. Die Regelungen für Kreditinstitute sind nun auch auf Institute iSd § 1 Abs. 3 ZAG anzuwenden. Gem. § 1 Abs. 3 ZAG sind Institute iSd ZAG Zahlungsinstitute und E-Geld-Institute. Zahlungsinstitute und E-Geld-Institute haben für die Rechnungslegung neben den für Kreditinstitute geltenden §§ 340 ff. auch die RechZahlV zu beachten (§ 340 Abs. 5 HGB iVm § 1 RechZahlV).

[2] Vgl. WP-HdB I 2012 Kap. J Rn. 311.

[3] Vgl. BT-Drs. 11/6275, 22; ferner *Krumnow/Sprißler/Bellavite-Hövermann* Rn. 1.

[4] Vgl. *Krumnow/Sprißler/Bellavite-Hövermann* Rn. 2.

[5] Für Institute iSd § 1 Abs. 3 ZAG ist § 28 Abs. 3 RechZahlV zu beachten, der inhaltsgleich mit § 34 Abs. 3 RechKredV ist.

[6] Vgl. *Krumnow/Sprißler/Bellavite-Hövermann* Rn. 8.

3   **2. Nach den für das Anlagevermögen geltenden Vorschriften zu bewertende Vermögensgegenstände.** Die nach den für das Anlagevermögen geltenden Vorschriften zu bewertenden Vermögensgegenstände werden in Abs. 1 S. 1 zunächst in Form einer Aufzählung aufgeführt, die an die Untergliederung des Anlagevermögens in § 266 Abs. 2 angelehnt ist. Demnach besteht für die folgenden Positionen eine „**Anlagevermutung**":[7]

- Beteiligungen einschließlich der Anteile an verbundenen Unternehmen,
- Konzessionen, gewerbliche Schutzrechte und ähnliche Rechte und Werte sowie Lizenzen an solchen Rechten und Werten,
- Grundstücke, grundstücksgleiche Rechte und Bauten einschließlich der Bauten auf fremden Grundstücken,
- technische Anlagen und Maschinen,
- andere Anlagen, Betriebs- und Geschäftsausstattung sowie
- Anlagen im Bau.

4   Sofern die in Abs. 1 S. 1 aufgezählten Vermögensgegenstände nicht dazu bestimmt sind, dauernd dem Geschäftsbetrieb zu dienen, sind sie nach den für das Umlaufvermögen geltenden Vorschriften zu bewerten (Abs. 1 S. 1 Hs. 2). Es bestehen folglich Ausnahmen von der Zuordnungsregel in Abs. 1 S. 1 in Form eines Bewertungsvorbehalts. Für Beteiligungen dürfte dieser Bewertungsvorbehalt nicht greifen, da der Legaldefinition in § 271 Abs. 1 die dauerhafte Nutzung immanent ist (§ 271 Abs. 1 S. 1).[8]

5   Für Vermögensgegenstände, die wie Anlagevermögen zu bewerten sind, besteht bei einer voraussichtlich dauernden Wertminderung eine Pflicht zur außerplanmäßigen Abschreibung auf den zum Bilanzstichtag niedrigeren beizulegenden Wert (§ 253 Abs. 3 S. 5). Außerplanmäßige Abschreibungen bei nur vorübergehender Wertminderung dürfen Institute nur für Beteiligungen und Anteile an verbundenen Unternehmen sowie die wie Anlagevermögen behandelten Wertpapiere und Forderungen vornehmen (§ 340e Abs. 1 S. 3 iVm § 253 Abs. 3 S. 6).

6   **3. Nach den für das Umlaufvermögen geltenden Vorschriften zu bewertende Vermögensgegenstände.** Die grundsätzlich nach den für das Umlaufvermögen geltenden Vorschriften zu bewertenden Vermögensgegenstände werden durch eine **Negativabgrenzung** bestimmt. Hierzu gehören demnach alle nicht in Abs. 1 S. 1 aufgezählten Vermögensgegenstände, sofern sie nicht dazu bestimmt sind, dauernd dem Geschäftsbetrieb zu dienen.

7   Forderungen sind grundsätzlich nicht dazu bestimmt, dauernd dem Geschäftsbetrieb zu dienen und folglich sind sie nach den für das Umlaufvermögen geltenden Vorschriften zu bewerten.[9] Der Geschäftszweck der Institute besteht in der entgeltlichen Zurverfügungstellung von Kapital auf Zeit und die Kreditforderungen sind somit Bestandteil des laufenden Geschäfts.[10] Eine Zuordnung von Forderungen zum Anlagevermögen wird nur in Ausnahmefällen für zulässig erachtet, zB bei Schuldscheindarlehen und Namensschuldverschreibungen.[11]

---

[7] Vgl. *Krumnow/Sprißler/Bellavite-Hövermann* Rn. 17: „Anscheinsbeweis".

[8] Vgl. *Birck/Meyer*, Die Bankbilanz, 1989, V 85 f.

[9] Vgl. *Scharpf/Schaber* Bankbilanz-HdB S. 125. Zur Berücksichtigung von Kreditrisiken bei der Bewertung von Forderungen in Form von Einzel- und Pauschalwertberichtigungen s. MüKoHGB/*Böcking/Morawietz/Torabian* Rn. 29 ff.

[10] Vgl. *Birck/Meyer*, Die Bankbilanz, 1989, V 62.

[11] Vgl. *IDW* RH HFA 1.014 Rn. 4.

Bei Vermögensgegenständen, die wie Umlaufvermögen zu bewerten sind, **8** ist das sog. strenge Niederstwertprinzip nach § 253 Abs. 4 anzuwenden, wonach stets auf den am Bilanzstichtag niedrigeren Börsen- oder Marktpreis bzw. den niedrigeren beizulegenden Wert[12] abzuschreiben ist.

4. Besonderheiten bei Wertpapieren. Wertpapiere werden bei Instituten **9** in drei Kategorien eingeteilt: Wertpapiere des Handelsbestands, Wertpapiere des Anlagebestands und Wertpapiere der Liquiditätsreserve. Wertpapiere des Handelsbestands und der Liquiditätsreserve sind dem Umlaufvermögen und Wertpapiere des Anlagebestands dem Anlagevermögen zugeordnet (→ § 340c Rn. 3 ff.). Für die Kategorisierung ist die Zweckbestimmung der Wertpapiere im Erwerbs- bzw. Zugangszeitpunkt maßgeblich.

Finanzinstrumente des Handelsbestands sind zum beizulegenden Zeitwert **10** abzüglich eines Risikoabschlags zu bewerten (§ 340e Abs. 3 S. 1). Bei Wertpapieren des Anlagebestands besteht nach § 253 Abs. 3 nur bei einer voraussichtlich dauernden Wertminderung eine Pflicht zur außerplanmäßigen Abschreibung auf den zum Bilanzstichtag niedrigeren beizulegenden Wert (§ 253 Abs. 3 S. 5). Daneben dürfen Institute bei Wertpapieren des Anlagebestands außerplanmäßige Abschreibungen bei nur vorübergehender Wertminderung vornehmen (§ 340e Abs. 1 S. 3 iVm § 253 Abs. 3 S. 4). Die Wertpapiere der Liquiditätsreserve sind nach dem für das Umlaufvermögen geltenden strengen Niederstwert des § 253 Abs. 4 zu bewerten. Institute dürfen diese Wertpapiere nach § 340f Abs. 1 mit einem niedrigeren als dem nach § 253 Abs. 1 S. 1, Abs. 4 vorgeschriebenen oder zugelassenen Wert ansetzen, soweit dies nach vernünftiger kaufmännischer Beurteilung zur Sicherung gegen die besonderen Risiken des Geschäftszweigs der Kreditinstitute notwendig ist.

5. Im Rahmen der fakultativen Risikovorsorge nach § 340f abwei- 11 chend von den allgemeinen Vorschriften zu bewertende Vermögensgegenstände. Für Forderungen an Kreditinstitute und Kunden, Schuldverschreibungen und andere festverzinsliche Wertpapiere sowie Aktien und andere nicht verzinsliche Wertpapiere, die weder wie Anlagevermögen behandelt werden noch Teil des Handelsbestands sind, sind besondere Bewertungsvorschriften zu berücksichtigen. Diese Vermögensgegenstände sind zwar grundsätzlich wie Umlaufvermögen zu bewerten;[13] es ergeben sich jedoch Besonderheiten, sofern eine Vorsorge für allgemeine Bankrisiken iSv § 340f getroffen wird. Institute dürfen diese Vermögensgegenstände nach § 340f Abs. 1 mit einem niedrigeren als dem nach § 253 Abs. 1 S. 1, Abs. 4 vorgeschriebenen oder zugelassenen Wert ansetzen, soweit dies nach vernünftiger kaufmännischer Beurteilung zur Sicherung gegen die besonderen Risiken des Geschäftszweigs der Kreditinstitute notwendig ist (zu Einzelheiten vgl. Kommentierung des § 340f).

II. Behandlung von Unterschiedsbeträgen zwischen Nennbetrag und Auszahlungsbetrag von Hypothekendarlehen und Forderungen (Abs. 2)

1. Partielle Durchbrechung des Anschaffungswertprinzips. Der für **12** alle Kaufleute in § 253 Abs. 1 S. 1 kodifizierte Grundsatz, dass Vermögens-

---

[12] Zur Definition des beizulegenden Werts bei Forderungen vgl. *Bär/Wiechen* KoR 2016, 455 (458–460).

[13] Vgl. *Krumnow/Sprißler/Bellavite-Hövermann* Rn. 19.

gegenstände höchstens zu den Anschaffungs- oder Herstellungskosten anzusetzen sind, wird für die Bilanzierung von Hypothekendarlehen und anderen Forderungen bei Instituten durch § 340e Abs. 2 in **eng begrenztem Umfang** durch eine **spezielle Regelung** ersetzt. Von der Vorschrift des Abs. 2 sind diejenigen Fälle betroffen, in denen der Rückzahlungsanspruch des Instituts aus einer Forderung (Nennbetrag) vom Auszahlungsbetrag bzw. den Anschaffungskosten abweicht. Eine Nominalwertbilanzierung für Hypothekendarlehen und andere Forderungen kommt nur in Betracht, wenn der **Unterschiedsbetrag** zwischen Nennbetrag und Anschaffungskosten bzw. Auszahlungsbetrag **Zinscharakter** besitzt. Die Regelung des Abs. 2 kann bei originär entstandenen Hypothekendarlehen und anderen Forderungen als auch durch das Institut von Dritten erworbenen Forderungen angewandt werden.

13   Eine Bewertung mit dem Nominalwert bei gleichzeitiger Bildung eines Rechnungsabgrenzungspostens führt zu einer **periodengerechten Darstellung der Erfolgswirksamkeit.** Dies setzt jedoch voraus, dass es sich tatsächlich um Forderungen handelt, bei denen der Unterschiedsbetrag zeitabhängig als Zinsbestandteil vereinnahmt wird. Dadurch sind Forderungen des Handelsbestands ausdrücklich ausgeschlossen, die nur kurzfristig auf spekulativer Basis gehalten werden.[14]

14   **2. Wahlrecht zur Nominalwertbilanzierung.** Der Ansatz zum Nennwert der betroffenen Positionen ist ausdrücklich als Wahlrecht ausgestaltet; eine Bewertung mit den Anschaffungskosten ist ebenso möglich.

15   Die Möglichkeit zur Ausnutzung des Wahlrechts zur Nominalwertbilanzierung gem. Abs. 2 stellt ein Wertansatzrecht dar. Bei seiner Ausübung ist der Grundsatz der **Bewertungsstetigkeit** (§ 252 Abs. 1 Nr. 6) zu beachten.[15] Danach sollen gleichartige Sachverhalte in aufeinanderfolgenden Abschlüssen sowie im gleichen Abschluss in Bezug auf die Ausnutzung des Wahlrechts nicht unterschiedlich gehandhabt werden.

16   Hat sich das Institut für eine Nominalwertbilanzierung entschieden, so ist der Ansatz des Unterschiedsbetrags als **passiver Rechnungsabgrenzungsposten** zwingend, wenn der **Nennbetrag höher als der Auszahlungsbetrag oder die Anschaffungskosten** ist.[16] Werden anstatt der möglichen Bilanzierung zum Nennwert die Anschaffungskosten angesetzt, ist der Zinscharakter besitzende Unterschiedsbetrag zeitanteilig den Forderungen zuzuschreiben. Ein Verstoß gegen das Anschaffungswertprinzip liegt nicht vor.[17]

17   Liegt der Auszahlungsbetrag bzw. liegen die Anschaffungskosten über dem Nennwert und lässt sich der Unterschiedsbetrag auf eine nominelle Überverzinslichkeit zurückführen, können Institute zwischen einer Nominalwertbilanzierung und einer Bilanzierung zu Anschaffungskosten wählen. Entscheidet sich das Institut, die Forderung zum Nennwert anzusetzen, besteht weiterhin die Möglichkeit, den Unterschiedsbetrag in den aktiven Rech-

---

[14] Vgl. Ausschuß für Bilanzierung des BdB, Bankbilanzrichtlinie-Gesetz, 1993, 106 f.; Beck HdR/*Bieg/Waschbusch* B 900 Rn. 262.
[15] Vgl. BeBiKo/*Winkeljohann/Büssow* § 252 Rn. 56; *Krumnow/Sprißler/Bellavite-Hövermann* Rn. 56.
[16] Vgl. *Göttgens/Schmelzeisen*, Bankbilanzrichtlinie-Gesetz, 2. Aufl. 1992, 70; Ausschuß für Bilanzierung des BdB, Bankbilanzrichtlinie-Gesetz, 1993, 106.
[17] Vgl. *Böcking*, Bilanzrechtstheorie und Verzinslichkeit, 1988, 175; *Grewe* in Hofbauer/Kupsch Bonner-HdB Rn. 46.

nungsabgrenzungsposten einzustellen und planmäßig aufzulösen oder ihn sofort aufwandswirksam zu verrechnen.

3. Auflösung des Rechnungsabgrenzungspostens. Sowohl der aktive **18** **Rechnungsabgrenzungsposten** auf Grund eines niedrigeren Nennbetrags als auch der passive Rechnungsabgrenzungsposten auf Grund eines höheren Nennbetrags sind **planmäßig aufzulösen.** Neben der Auflösung des Unterschiedsbetrages nach der Effektivzinsmethode kann zB bei Fälligkeitsdarlehen aus Vereinfachungsgründen auch eine lineare Auflösung des Unterschiedsbetrages in Betracht kommen.

Da der Zinscharakter Voraussetzung für die Aufnahme des Unterschieds- **19** betrags in den Rechnungsabgrenzungsposten ist, muss sich die jährliche Auflösung im Zinsergebnis niederschlagen. Die **Auflösung des passiven Rechnungsabgrenzungspostens** führt zu einem **Zinsertrag,** kommt doch in dem niedrigeren Auszahlungsbetrag bzw. den niedrigeren Anschaffungskosten ein vorweggenommener Zinsanteil zum Ausdruck, der nun periodisiert als Ertrag zu vereinnahmen ist.

Hingegen ist in der **Auflösung des aktiven Rechnungsabgrenzungs-** **20** **postens kein Zinsaufwand,** sondern vielmehr die **Korrektur des relativ zu hohen Nominalzinses** zu sehen. Die Auflösung des Unterschiedsbetrags erfolgt als Minderung des Zinsertrags.[18]

4. Angabe in der Bilanz oder im Anhang. Die in Verbindung mit der **21** Nominalwertbilanzierung als Rechnungsabgrenzungsposten angesetzten Unterschiedsbeträge sind entweder in der Bilanz oder im Anhang gesondert anzugeben. Die gesonderte Angabe in der Bilanz kann als Davon-Vermerk zur betreffenden Bilanzposition oder durch einen Unterposten zum Rechnungsabgrenzungsposten erfolgen.

III. Bilanzierung von Finanzinstrumenten des Handelsbestands (Abs. 3 und Abs. 4)

1. Abgrenzung der Finanzinstrumente des Handelsbestands. Für die **22** Zuordnung zum **Handelsbestand** ist die Zweckbestimmung der Finanzinstrumente im Zugangszeitpunkt maßgeblich.[19] Alle Finanzinstrumente[20] und Edelmetalle,[21] die mit der Absicht einer kurzfristigen Erzielung eines Eigenhandelserfolgs erworben und veräußert werden, sind dem Handelsbestand zuzurechnen.[22] Die im Zugangszeitpunkt bestehende Handelsabsicht ist bei Geschäftsabschluss nach den Vorschriften der MaRisk zu dokumentieren.[23]

Der Handelsbestand kann sowohl originäre als auch derivative Finanz- **23** instrumente umfassen. Finanzielle Verbindlichkeiten gehören zum Handelsbestand, wenn das Institut diese mit der Absicht eingeht, sie zur Erzielung eines Handelserfolgs kurzfristig zurückzukaufen.[24] Eine Kategorisierung als

---

[18] Vgl. *Birck/Meyer,* Die Bankbilanz, 1989, V 419; *Krumnow/Sprißler/Bellavite-Hövermann* Rn. 59.
[19] Vgl. *IDW* RH HFA 1.014 Rn. 2.
[20] Zur Definition des Begriffs Finanzinstrumenten → § 340c Rn. 10.
[21] Nach dem Wortlaut von § 340c Abs. 1 zählen Edelmetalle nicht zu den Finanzinstrumenten, da sie ausdrücklich neben den Finanzinstrumenten aufgeführt sind.
[22] Vgl. BT-Drs. 16/12407, 92.
[23] Vgl. *IDW* RS BFA 2 Rn. 12.
[24] Vgl. *IDW* RS BFA 2 Rn. 10.

Handelspassiva ist für finanzielle Verbindlichkeiten daneben möglich, wenn sie zur Refinanzierung bestimmter Handelsaktivitäten dienen und dies in Übereinstimmung mit der internen Steuerung steht.[25] Sicherungsinstrumente einer Bewertungseinheit gem. § 254 zählen nicht zum Handelsbestand. Dagegen sind Sicherungsinstrumente dem Handelsbestand zuzuordnen, wenn durch sie ein Eigenhandelserfolg gesichert, dh festgeschrieben wird.[26]

24   **2. Umwidmungen (Abs. 3 S. 2–4).** Eine Umgliederung in den Handelsbestand ist nach Abs. 3 S. 2 ausgeschlossen. Eine Ausnahme besteht gem. Abs. 3 für Finanzinstrumente, die bereits beim Erstansatz dem Handelsbestand zugeordnet wurden und nachträglich in eine **Bewertungseinheit** einbezogen werden. Diese Finanzinstrumente sind bei Beendigung der Bewertungseinheit wieder zum beizulegenden Zeitwert in den Handelsbestand umzugliedern (Abs. 3 S. 4).

25   Gem. Abs. 3 S. 3 ist eine Umgliederung aus dem Handelsbestand nur dann möglich, wenn **außergewöhnliche Umstände,** insbesondere schwerwiegende Beeinträchtigungen der Handelbarkeit der Finanzinstrumente, zu einer Aufgabe der Handelsabsicht durch das Institut führen.[27] „Gewöhnliche" Ereignisse schließt der Gesetzgeber dagegen als Begründung für eine Umwidmung aus, sodass mit dem Tagesgeschäft in Zusammenhang stehende Gründe unzureichend sind.[28] Insbesondere sind Umgliederungen ausgeschlossen, die nur zur Gestaltung des Jahresergebnisses vorgenommen werden sollen.[29] Bei einer Umwidmung aus dem Handelsbestand gilt der beizulegende Zeitwert im Umwidmungszeitpunkt als Anschaffungskosten für die weitere Bilanzierung nach der Umwidmung in den Anlagebestand bzw. als Wertpapiere der Liquiditätsreserve.[30]

26   Der **Grundsatz der Bewertungsstetigkeit** (§ 252 Abs. 1 Nr. 6) wird durch die Umwidmung nicht verletzt, da es sich nicht um eine Änderung der Bewertungsmethode handelt, sondern um einen veränderten Sachverhalt.[31] § 35 Abs. 1 Nr. 6b RechKredV verlangt sowohl qualitative als auch quantitative Anhangangaben zu den vorgenommenen Umwidmungen.

27   **3. Bewertung von Finanzinstrumenten des Handelsbestands (Abs. 3 S. 1).** Nach Abs. 3 sind Finanzinstrumente des Handelsbestands zum beizulegenden Zeitwert abzüglich eines Risikoabschlags zu bewerten. Änderungen des beizulegenden Zeitwerts sind erfolgswirksam zu erfassen. Der **beizulegende Zeitwert ist in § 255 Abs. 4 definiert** und entspricht dem Marktpreis, der auf einem aktiven Markt[32] ermittelt wird.[33] Paketzu- oder -abschläge dürfen nicht berücksichtigt werden.[34] Ist kein Marktpreis verfügbar, erfolgt die Ermittlung des beizulegenden Zeitwerts anhand allgemein anerkannter Bewertungsmethoden (§ 255 Abs. 4 S. 2). Sofern kein aktiver Markt existiert und der beizulegende Zeitwert auch nicht mit Hilfe einer

---

[25] Vgl. *Scharpf et al.* WPg 2010, 439 (442).
[26] Vgl. *Scharpf et al.* WPg 2010, 439 (442).
[27] Vgl. *Waschbusch* in Petersen/Zwirner BilanzR-HdB Rn. 100.
[28] Vgl. *Scharpf et al.* WPg 2010, 439 (444 f.).
[29] Vgl. BT-Drs. 16/12407, 92.
[30] Vgl. *IDW* RS BFA 2 Rn. 29.
[31] Vgl. *Birck/Meyer,* Die Bankbilanz, 1989, V 46 f.; *IDW* RH HFA 1.014 Rn. 23.
[32] Zur Definition eines aktiven Markts s. *Böcking/Torabian* BB 2008, 265 (266); *IDW* FN-IDW 2008, 1 f.
[33] Vgl. *Helke/Wiechens/Klaus* DB-Beil. 5/2009, 36.
[34] Vgl. BT Drs. 16/10067, 61.

Bewertungsmethode verlässlich ermittelt werden kann, sind nach § 255 Abs. 4 S. 3 die Anschaffungskosten gem. § 253 Abs. 4 fortzuführen. Dabei gilt der zuletzt anhand eines Marktwerts auf einen aktiven Markt oder anhand eines allgemein anerkannten Bewertungsverfahrens ermittelte Zeitwert als Anschaffungskosten (§ 255 Abs. 4 S. 4).

Zur Wahrung des Vorsichtsprinzips sind die Finanzinstrumente des Han- 28
delsbestands zum beizulegenden Zeitwert abzüglich eines Risikoabschlags zu bewerten. Der Risikoabschlag vermindert den ausgewiesenen realisierbaren Ertrag aus Handelsgeschäften und führt damit zu einer **ausschüttungssperrenden Wirkung.**[35] Die Höhe des Risikoabschlags „muss den Ausfallwahrscheinlichkeiten der realisierbaren Gewinne Rechnung tragen"[36].[37]

Bei Finanzinstrumenten des Handelsbestands ist die Methode der Ermitt- 29
lung des Risikoabschlags nebst den wesentlichen Annahmen, insbesondere die Haltedauer, der Beobachtungszeitraum und das Konfidenzniveau sowie der absolute Betrag des Risikoabschlags anzugeben (§ 35 Abs. 1 Nr. 6a RechKredV).[38]

4. Sonderposten „Fonds für allgemeine Bankrisiken" (Abs. 4). Zu- 30
sätzlich zu dem Risikoabschlag hat der Gesetzgeber mit Abs. 4 (Pflicht zur Bildung eines Sonderpostens „Fonds für allgemeine Bankrisiken" nach § 340g) eine **zweite risikovorsorgende Maßnahme** eingeführt. Dem Fonds für allgemeine Bankrisiken sind jedes Jahr mindestens 10 % der Nettoerträge des Handelsbestands (nach Vornahme des Risikoabschlags, aber vor Veränderung des Sonderpostens iSd § 340e Abs. 4) zuzuführen, bis dieser Posten 50 % des Durchschnitts der Nettoerträge des Handelsbestands der letzten fünf Jahre übersteigt.[39] Als Bemessungsgrundlage ist ausschließlich der Sonderposten und nicht der gesamte Fonds nach § 340g als Bemessungsgrundlage zu verwenden. Ferner sind nur Geschäftsjahre mit einem Nettohandelsertrag in die Ermittlung des Durchschnitts einzubeziehen.

Der Sonderposten darf nur aufgelöst werden, wenn er zum Ausgleich von 31
Nettoaufwendungen des Handelsbestands genutzt wird (Abs. 4 S. 2 Nr. 1), dem Ausgleich eines Jahresfehlbetrags dient, soweit er nicht durch einen Gewinnvortrag aus dem Vorjahr gedeckt ist (Abs. 4 S. 2 Nr. 2), zum Ausgleich eines Verlustvortrags aus dem Vorjahr verwendet wird, soweit er nicht durch einen Jahresüberschuss gedeckt ist (Abs. 4 S. 2 Nr. 3) oder soweit er 50 % des Durchschnitts der letzten fünf jährlichen Nettoerträge des Handelsbestands übersteigt (Abs. 4 S. 2 Nr. 4). Daneben ist eine Auflösung des Sonderpostens iSd § 340e Abs. 4 zulässig, sofern der Handel eingestellt und der Handelsbestand aufgelöst wird.[40] Die Auflösungen im Sonderposten, die nach Abs. 4 S. 2 erfolgen, sind im Anhang anzugeben und zu erläutern (Abs. 4 S. 3). Abs. 4 S. 2 Nr. 3 und Nr. 4 sowie Abs. 4 S. 3 wurden durch das Gesetz zur Anpassung von Gesetzen auf dem Gebiet des Finanzmarktes eingefügt.[41] Aufgrund der Erweiterung in Abs. 4 darf auch dieser Teil des

---

[35] Vgl. *Deutsche Bundesbank* Monatsbericht September 2010, 56.
[36] BT-Drs. 16/10067, 95.
[37] Ausf. zum Risikoabschlag s. MüKoHGB/*Böcking/Morawietz/Torabian* Rn. 52 f.
[38] Vgl. *Helke/Wiechens/Klaus* DB-Beil. 5/2009, 35.
[39] Vgl. *IDW* RS BFA 2 Rn. 61.
[40] Vgl. *Ernst/Seidler* BB 2009, 766 (769); *IDW* RS BFA 2 Rn. 67.
[41] Vgl. BGBl. 2014 I 934.

Sonderpostens nach § 340g zur Deckung jeder Art von Verlusten und Risiken verwendet werden.[42]

32   Der gesonderte Ausweis des Sonderpostens nach § 340e Abs. 4 im „Fonds für allgemeine Bankrisiken" hat mittels des Davon-Vermerks „davon Sonderposten nach § 340e Abs. 4" zu erfolgen.[43] Auch in der GuV ist die entsprechende Zuführung und Auflösung über einen Davon-Vermerk gesondert auszuweisen.[44] Im Gesetz ist nicht geregelt, in welchem GuV-Posten die Zuführung zum Sonderposten gem. § 340e Abs. 4 zu erfassen ist. Möglich ist ein Ausweis im Nettoergebnis des Handelsbestands als auch im Posten, in dem die Zuführungen zum „Fonds für allgemeine Bankrisiken" iSv § 340g auszuweisen sind.[45]

IV. Verlustfreie Bewertung von zinsbezogenen Geschäften des Bankbuchs (Zinsbuchs)

33   Kreditinstitute[46] steuern ihre finanziellen Vermögensgegenstände (Finanzinstrumente) und Derivate des Bankbuchs mit der Zielsetzung der Erzielung einer positiven Zinsmarge.[47] Ergibt sich auf Basis des Gesamtgeschäfts des Bankbuchs aus den am Abschlussstichtag noch offenen (schwebenden) Zinsansprüchen und -verpflichtungen einschließlich Risiko- und Verwaltungskosten ein Verpflichtungsüberschuss, ist eine Drohverlustrückstellung gem. § 249 Abs. 1 S. 1 zu bilden.[48] Die Bewertung der Verpflichtungsseite erfolgt demzufolge zu Vollkosten.[49] Ein drohender Verlust im Bankbuch kann beispielsweise durch das Eingehen von Fristentransformationen entstehen, wenn sich die Zinsstrukturkurve ändert.[50]

34   Das Bankbuch umfasst alle bilanziellen und außerbilanziellen zinsbezogenen Geschäfte außerhalb des Handelsbestands (einschließlich der Wertpapiere der Liquiditätsreserve und der Wertpapiere des Anlagebestands). Demzufolge sind auch die derivativen Zinsinstrumente zu berücksichtigen, die der Steuerung des allgemeinen Zinsrisikos im Bankbuch dienen.[51] Die am häufigsten verwendeten Derivate zur Steuerung des Zinsänderungsrisikos sind Zinsswaps.[52] Das Imparitätsprinzip ist aufgrund des geschäftstypisch engen wirtschaftlichen Zusammenhangs von Geldanlage und der Refinanzierung auf das Bankbuch (bzw. die einzelnen Zinsbücher)[53] als Saldierungsbereich anzuwenden.[54] Es dürfen nur solche Finanzinstrumente in den Saldierungsbereich des Bankbuchs einbezogen werden, die in einem **einheitlichen Nutzungs- und Funktionszusammenhang** (dem Refinanzierungsverbund) stehen und im

---

[42] Vgl. BT-Drs. 18/1648, 66.
[43] Vgl. *IDW* RS BFA 2 Rn. 69.
[44] Vgl. *Goldschmidt/Meyding-Metzger/Weigel* IRZ 2010, 23.
[45] Vgl. *IDW* RS BFA 2 Rn. 62.
[46] Für Finanzdienstleistungsinstitute gilt der *IDW* RS BFA 3 nF „Einzelfragen der verlustfreien Bewertung von zinsbezogenen Geschäften des Bankbuchs (Zinsbuchs)" entsprechend, wenn sie ein bei wirtschaftlicher Betrachtung mit dem Bankbuch von Kreditinstituten vergleichbares Geschäftsmodell haben. Vgl. *IDW* RS BFA 3 nF Rn. 2.
[47] Vgl. *IDW* RS BFA 3 nF Rn. 2.
[48] Vgl. *IDW* RS BFA 3 nF Rn. 3.
[49] Vgl. *Feld* RdF 2012, 69.
[50] Vgl. *Walter* ZfgK 2015, 1069.
[51] Vgl. *Scharpf/Schaber* Bankbilanz-HdB S. 148; *Walter* BankPraktiker 2010, 233 (234).
[52] Vgl. *Sopp/Grünberger* KoR 2014, 36 (42).
[53] Vgl. *IDW* RS BFA 3 nF Rn. 25.
[54] Vgl. *IDW* RS BFA 3 nF Rn. 17.

Risikomanagementsystem als Gesamtheit gesteuert werden.[55] Die Abgrenzung des Bankbuchs hat sich am internen Risikomanagement zu orientieren.[56]

Bonitätsbedingte Einzel- und Pauschalwertberichtigungen sind ebenso wie **35** außerplanmäßige Abschreibungen von Finanzinstrumenten unabhängig von den Grundsätzen der verlustfreien Bewertung des Bankbuchs vorzunehmen.[57]

Zur Ermittlung der Drohverlustrückstellung kann die GuV-orientierte **36** (periodische) und die barwertige (statische) Betrachtungsweise verwendet werden.[58] Beide Methoden sind gleichwertig und führen zu identischen Ergebnissen, sofern die gleichen Prämissen zugrunde liegen.[59]

Sofern sich aus der verlustfreien Bewertung ein Verpflichtungsüberschuss **37** ergibt, ist die Drohverlustrückstellung in dem Passivposten „andere Rückstellungen" in der **Bilanz** auszuweisen.[60] Bezüglich des **Ausweises von Aufwendungen** aus der Zuführung **bzw. Erträgen** aus der Auflösung dieser Drohverlustrückstellung besteht ein **Wahlrecht**, wobei eine korrespondierende Behandlung der entsprechenden Aufwendungen und Erträge geboten ist: entweder Ausweis unter „Abschreibungen und Wertberichtigungen auf Forderungen und bestimmte Wertpapiere sowie Zuführungen zu Rückstellungen im Kreditgeschäft" bzw. „Erträge aus der Zuschreibung zu Forderungen und bestimmten Wertpapieren sowie aus der Auflösung von Rückstellungen im Kreditgeschäft" oder unter „sonstige betriebliche Aufwendungen" bzw. „sonstige betriebliche Erträge".[61]

Das Verfahren zur verlustfreien Bewertung des Bankbuchs ist nach § 340a **38** iVm § 284 Abs. 2 Nr. 1 im **Anhang** anzugeben und zu erläutern.[62] Falls eine im Rahmen der verlustfreien Bewertung ermittelte Drohverlustrückstellung passiviert wird, ist diese ebenfalls im Anhang zu erläutern.[63] Aus Transparenzgründen sollte eine Angabe hinsichtlich der in der GuV gewählten Ausweisposten und bei wesentlichen Beträgen auch eine Angabe des Betrags der Zuführung bzw. der Auflösung der Drohverlustrückstellung im Anhang vorgenommen werden.[64]

§ 340f Vorsorge für allgemeine Bankrisiken

(1) [1]**Kreditinstitute dürfen Forderungen an Kreditinstitute und Kunden, Schuldverschreibungen und andere festverzinsliche Wertpapiere sowie Aktien und andere nicht festverzinsliche Wertpapiere, die weder wie Anlagevermögen behandelt werden noch Teil des Handelsbestands sind, mit einem niedrigeren als dem nach § 253 Abs. 1 Satz 1, Abs. 4 vorgeschriebenen oder zugelassenen Wert ansetzen, soweit dies nach vernünftiger kaufmännischer Beurteilung zur Sicherung gegen die besonde-**

---

[55] Vgl. *Vietze/Bär/Briesemeister/Löw/Schaber/Weigel/Wolfgarten* WPg 2018, 764.
[56] Vgl. *IDW* RS BFA 3 nF Rn. 14.
[57] Vgl. *IDW* RS BFA 3 nF Rn. 9.
[58] Ausf. zu den Methoden der verlustfreien Bewertung des Bankbuchs s. *IDW* RS BFA 3 nF Rn. 50–54.
[59] Vgl. *IDW* RS BFA 3 nF Rn. 34.
[60] Vgl. *IDW* RS BFA 3 nF Rn. 55.
[61] Vgl. *IDW* RS BFA 3 nF Rn. 56.
[62] Vgl. *IDW* RS BFA 3 nF Rn. 57.
[63] Vgl. *IDW* RS BFA 3 nF Rn. 55.
[64] Vgl. *IDW* RS BFA 3 nF Rn. 58.

ren Risiken des Geschäftszweigs der Kreditinstitute notwendig ist. [2]Der
Betrag der auf diese Weise gebildeten Vorsorgereserven darf vier vom
Hundert des Gesamtbetrags der in Satz 1 bezeichneten Vermögens-
gegenstände, der sich bei deren Bewertung nach § 253 Abs. 1 Satz 1,
Abs. 4 ergibt, nicht übersteigen. [3]Ein niedrigerer Wertansatz darf beibe-
halten werden.

(2) *(aufgehoben)*

(3) Aufwendungen und Erträge aus der Anwendung von Absatz 1 und
aus Geschäften mit in Absatz 1 bezeichneten Wertpapieren und Aufwendungen aus Abschreibungen sowie Erträge aus Zuschreibungen zu diesen
Wertpapieren dürfen mit den Aufwendungen aus Abschreibungen auf
Forderungen, Zuführungen zu Rückstellungen für Eventualverbindlichkeiten und für Kreditrisiken sowie mit den Erträgen aus Zuschreibungen
zu Forderungen oder aus deren Eingang nach teilweiser oder vollständiger Abschreibung und aus Auflösungen von Rückstellungen für Eventualverbindlichkeiten und für Kreditrisiken verrechnet und in der Gewinn-
und Verlustrechnung in einem Aufwand- oder Ertragsposten ausgewiesen
werden.

(4) Angaben über die Bildung und Auflösung von Vorsorgereserven
nach Absatz 1 sowie über vorgenommene Verrechnungen nach Absatz 3
brauchen im Jahresabschluß, Lagebericht, Konzernabschluß und Konzernlagebericht nicht gemacht zu werden.

Schrifttum: S. Schrifttum zu § 340.

I. Begründung der zusätzlichen Risikovorsorge bei Instituten

1   Die Instituten (→ § 340 Rn. 18 f.)[1] eingeräumten Möglichkeiten einer
zusätzlichen Bildung stiller Reserven sind ohne Parallele im Bereich der
Rechnungslegung von Kapitalgesellschaften anderer Branchen, die gerade
von dem Grundsatz geprägt ist, stille Reserven zu beschränken. Darüber
hinaus stellt § 340f die (punktuelle) Aufgabe des Verrechnungsverbots
nach § 246 Abs. 2 S. 1 dar.[2] Worin die besonderen Risiken des Geschäftszweigs der Kreditinstitute im Einzelnen bestehen, lässt der Gesetzeswortlaut
offen. Die Begründung der Bildung stiller Reserven wird allgemein mit der
extremen Vertrauensempfindlichkeit des Kreditgewerbes begründet, dem ein
offener Ausweis negativer Geschäftsentwicklungen nicht in der für andere
Kapitalgesellschaften unumgänglichen Deutlichkeit abverlangt werden soll.[3]
Ergebnisschwankungen können möglicherweise zu einer Verunsicherung der
Kunden des Kreditinstituts führen und den massiven Abfluss von Kunden-
einlagen (Bank Run) nach sich ziehen. Das Liquiditätsproblem einer einzelnen Bank kann sich auf andere Banken übertragen und ein allgemeines Miss-
trauen gegenüber dem Kreditgewerbe auslösen. Dieser Dominoeffekt kann
im äußersten Fall eine Systemkrise hervorrufen.

---

[1] Durch das Zahlungsdiensteumsetzungsgesetz (ZDUG) v. 25.6.2009 wurde § 340 Abs. 5
ins HGB eingefügt. Die Regelungen für Kreditinstitute sind somit auch auf Institute iSd § 1
Abs. 3 ZAG anzuwenden. Gem. § 1 Abs. 3 ZAG sind Institute iSd ZAG Zahlungsinstitute
und E-Geld-Institute. Zahlungsinstitute und E-Geld-Institute haben für die Rechnungslegung neben dem für Kreditinstitute geltenden §§ 340 ff. auch die RechZahlV zu beachten
(§ 340 Abs. 5 HGB iVm § 1 RechZahlV).
[2] Vgl. Beck HdR/*Bieg/Waschbusch* B 900 Rn. 338.
[3] Vgl. *Bauer* WM 1987, 861 (864).

Die Begründung der **stillen Reservenbildung** ist **nicht unumstritten;** 2 insbesondere im Prozess der Harmonisierung der Bankenrechnungslegung stand diese nahezu ausschließlich auf Deutschland beschränkte Rechnungs-legungsphilosophie unter erheblichem Druck. Mit der Legung stiller Reser-ven wird immer in gewissem Umfang auch eine **Fehlinformation der Anleger** in Kauf genommen, da das den Anteilseignern zur Verfügung stehende Jahresergebnis verkürzt wird. Darüber hinaus erschwert die ebenfalls stille Auflösung der Reserven eine rationale Anlageentscheidung.

II. Ausmaß der zulässigen Reservenbildung

Die Möglichkeit zur Bildung stiller Reserven ist beschränkt. Abs. 1 S. 1 3 konkretisiert die Bemessungsgrundlage für die Bildung stiller Vorsorgereser-ven.

Als Basis für die Bestimmung einer über das für Unternehmen anderer 4 Branchen zulässige Maß hinausgehenden Abschreibung dienen

– Forderungen an Kreditinstitute und Kunden,
– Schuldverschreibungen und andere festverzinsliche Wertpapiere sowie
– Aktien und andere nicht festverzinsliche Wertpapiere.

Dabei sind Wertpapiere nur dann in die Bemessungsgrundlage einzubezie-hen, wenn sie weder wie Anlagevermögen behandelt werden noch Teil des Handelsbestands sind. Die Anwendung des § 340f beschränkt sich folglich auf Wertpapiere der Liquiditätsreserve[4] (zur Abgrenzung der unterschiedlichen Kategorien § 340c).

Neben der Begrenzung durch den Umfang der Bemessungsgrundlage ist 5 die niedrigere Bewertung als mit dem nach § 253 Abs. 1 S. 1, Abs. 4 vor-geschriebenen oder zugelassenen Wert nur dann möglich, soweit dies nach vernünftiger kaufmännischer Beurteilung zur Sicherung gegen die besonde-ren Risiken des Geschäftszweigs der Kreditinstitute notwendig ist (qualitative Beschränkung). Daneben wird die mögliche Vorsorgereservenbildung durch Abs. 1 S. 2 auf maximal vier vom Hundert der Bewertungsbasis begrenzt (quantitative Beschränkung)[5]. Zu beachten ist ferner, dass die Reservenbil-dung nach § 340f nur **eine** Möglichkeit der Reservenbildung darstellt, die bei Bedarf durch die Bildung eines – allerdings offen zu zeigenden – Sonder-postens nach § 340g ergänzt werden kann.

Die durch § 340f eingeräumten Möglichkeiten zur stillen Bildung und 6 Auflösung von Reserven bringen eine **Verschiebung der Jahresabschluss-zwecke** im Vergleich zum Jahresabschluss von Nichtinstituten mit sich. **Institutspezifische Gläubigerschutzerwägungen** gewinnen gegenüber den originären handelsrechtlichen Jahresabschlusszwecken Informations- und Einkommensbemessungsfunktion deutlich an Gewicht. Zwar ist die Anwen-dung der institutsspezifischen Spezialregelung nicht unter Berufung auf die im deutschen Recht vergleichsweise schwach ausgestaltete Generalnorm in

---

[4] Vgl. *Göttgens/Schmelzeisen*, Bankbilanzrichtlinie-Gesetz, 2. Aufl. 1992, 71.
[5] Zur geringen praktischen Bedeutung der 4%-Grenze vgl. *Krumnow/Sprißler/Bellavite-Hövermann* Rn. 14; ferner *Prahl* WPg 1991, 439; Deutsche Bundesbank Monatsbericht Mai 1992, 43.

§ 264 Abs. 2 auszuschließen,[6] doch gerade die ökonomischen Implikationen der stillen Reserven sind zu hinterfragen.[7]

III. Vorgehensweise bei der Reservenbildung in der Bilanz

7   Die **Bildung stiller Reserven** ist auf Grund des Gesetzeswortlauts **auf eine niedrigere Bewertung** der in Frage kommenden **aktiven Bilanzposten beschränkt**.[8] Weder kommt eine Höherbewertung von Passiva in Frage, noch kann eine Risikovorsorge nach § 340f durch den Ansatz einer zusätzlichen Passivposition vorgenommen werden. Letzteres verhinderte gerade eine in diesem Zusammenhang gewünschte **stille** Reservenbildung.[9] Es können also nur die definierten Aktivposten im Umfang der für notwendig erachteten Vorsorgereserven abgewertet werden.

8   Die **Abschreibung steht in keiner Verbindung mit einer tatsächlichen Wertminderung** der Vermögensgegenstände.[10] Von welchen Vermögenspositionen (Forderungen an Kreditinstitute oder Kunden und bestimmte Wertpapiere) die Vorsorgereserve ganz oder teilweise aktivisch abgesetzt wird, steht demzufolge im Ermessen der Geschäftsleitung des bilanzierenden Instituts; insbesondere wird keine anteilige Abwertung der betreffenden Vermögensgegenstände verlangt.[11] Um die Informationsmöglichkeiten der externen Bilanzadressaten nicht zusätzlich zu beeinträchtigen, wird eine Umschichtung zwischen den abgewerteten Vermögensgegenständen auf ein Minimum zu begrenzen sein. Eine solche Umschichtung ist insbesondere dann unumgänglich, wenn eine im Vorjahr abgewertete Position im gegenwärtigen Jahresabschluss nicht mehr enthalten ist. Darüber hinausgehende Neuverteilungen etwa auf Grund „neuer Risikoschwerpunkte"[12] sind grundsätzlich kritisch zu beurteilen, zeichnen sich die hier zu beurteilenden Reserven doch gerade durch den fehlenden Bezug zu einzelnen Bilanzposten aus. In der **Gewinn- und Verlustrechnung** schlagen sich nur die **Netto-Veränderungen** der Vorsorgereserven nieder; Verschiebungen zwischen einzelnen Bilanzposten bleiben ohne Effekt in der Gewinn- und Verlustrechnung.[13]

IV. Beibehaltungswahlrecht

9   Nach Abs. 1 S. 3 darf ein niedrigerer Wertansatz beibehalten werden. Das Wertbeibehaltungswahlrecht stellt eine Ausnahme vom allgemeinen Wertaufholungsgebot des § 253 Abs. 5 S. 1 für Zwecke der Bildung einer stillen Vorsorgereserve dar.

---

[6] Ebenso *Naumann*, Fremdwährungsumrechnung in Bankbilanzen nach neuem Recht, 1992, 17; *Ausschuß für Bilanzierung des BdB*, Bankbilanzrichtlinie-Gesetz, 1993, 97 f.; *Krumnow/Sprißler/Bellavite-Hövermann* Rn. 17 ff.

[7] Vgl. *Krumnow/Sprißler/Bellavite-Hövermann* Rn. 21.

[8] Vgl. *Ausschuß für Bilanzierung des BdB*, Bankbilanzrichtlinie-Gesetz, 1993, 100; Beck HdR/*Bieg/Waschbusch* B 900 Rn. 323.

[9] Vgl. zur insoweit abweichenden Konzeption des Sonderpostens für allgemeine Bankrisiken § 340g.

[10] Vgl. *Bauer* WM 1987, 861 (864).

[11] Vgl. *Scharpf/Schaber* Bankbilanz-HdB S. 341.

[12] Vgl. *Ausschuß für Bilanzierung des BdB*, Bankbilanzrichtlinie-Gesetz, 1993, 100; *Krumnow/Sprißler/Bellavite-Hövermann* Rn. 38.

[13] Vgl. *Ausschuß für Bilanzierung des BdB*, Bankbilanzrichtlinie-Gesetz, 1993, 100; *Krumnow/Sprißler/Bellavite-Hövermann* Rn. 39.

Der Gesetzgeber lässt dabei offen, ob sich das Wertbeibehaltungsrecht auch **10** auf die Beibehaltung des niedrigeren Wertansatzes beziehen kann, sofern aufgrund der Reduzierung der Bewertungsbasis die quantitative 4%-Grenze des Abs. 1 S. 2 überschritten wird. In der Literatur besteht Uneinigkeit, ob die quantitative Begrenzung des Abs. 1 S. 2[14] oder das Wertbeibehaltungs-wahlrecht des Abs. 1 S. 3[15] Vorrang hat.

V. Kompensationsmöglichkeiten bei Aufwendungen und Erträgen in Verbindung mit der Reservenbildung

Abs. 3 stellt einen derjenigen Sachverhalte dar, bei denen die **Anwendung 11 von § 246 Abs. 2 S. 1** auf Grundlage von § 340a Abs. 2 S. 3 **durch eine abweichende Vorschrift verdrängt** wird.[16] Ein gesonderter Ausweis der Aufwendungen und Erträge in der Gewinn- und Verlustrechnung wäre mit dem Grundgedanken der Bildung stiller Reserven unvereinbar.[17] Zur insofern abweichenden Konzeption der Bildung offener Rücklagen nach § 340g vgl. Kommentierung des § 340g. Um die im Rahmen der allgemeinen Risikovorsorge angefallenen **Aufwendungen und Erträge in der Gewinn- und Verlustrechnung nicht erkennbar** werden zu lassen, wird den Instituten die Möglichkeit eingeräumt,

– Aufwendungen aus der Bildung/Erträge aus der Auflösung von stillen Reserven iSv § 340f Abs. 1,
– Abschreibungen und Zuschreibungen auf Wertpapiere der Liquiditätsreserve,
– Aufwendungen und Abschreibungen bzw. Erträge und Zuschreibungen in Verbindung mit Forderungen einschließlich Erträgen aus dem Eingang von teilweise oder vollständig abgeschriebenen Forderungen sowie
– Aufwendungen und Erträge in Verbindung mit der Bildung und Auflösung von Rückstellungen für Eventualverbindlichkeiten und für Kreditrisiken

saldiert in einem Gesamtbetrag zu zeigen. Der im Fall der Verrechnung verbleibende Saldo ist als Ertrag in dem Posten **(Erträge aus Zuschreibungen zu Forderungen und bestimmten Wertpapieren sowie aus der Auflösung von Rückstellungen im Kreditgeschäft)** oder als Aufwandsposten **(Abschreibungen und Wertberichtigungen auf Forderungen und bestimmte Wertpapiere sowie Zuführungen zu Rückstellungen im Kreditgeschäft)** in der Gewinn- und Verlustrechnung auszuweisen.

Diese wahlweise „**Überkreuzkompensation**" kann nur in vollem **12** Umfang erfolgen; eine **partielle Kompensation** ausgewählter Aufwands- und Ertragspositionen ist auf Grund von § 32 S. 3 RechKredV bzw. § 26 S. 3 RechZahlV **unzulässig**. Ferner kann auch keine Separierung einzelner Teilbereiche (etwa nach Kredit- und Wertpapiergeschäft) erfolgen, für die dann isoliert von der Kompensationsmöglichkeit Gebrauch gemacht werden könnte.[18] Damit ist zumindest erkennbar, ob von der Kompensation überhaupt Gebrauch gemacht wurde; sofern entweder unter der Er-

---

[14] Vgl. Beck HdR/*Bieg/Waschbusch* B 900 Rn. 331.
[15] Vgl. *Scharpf/Schaber* Bankbilanz-HdB S. 347.
[16] Vgl. Beck HdR/*Bieg/Waschbusch* B 900 Rn. 338.
[17] Vgl. Beck HdR/*Bieg/Waschbusch* B 900 Rn. 336.
[18] Vgl. *Ausschuß für Bilanzierung des BdB*, Bankbilanzrichtlinie-Gesetz, 1993, 101; Beck HdR/*Bieg/Waschbusch* B 900 Rn. 339; *Krumnow/Sprißler/Bellavite-Hövermann* Rn. 41.

trags- oder unter der Aufwandsposition in der Gewinn- und Verlustrechnung **kein** Betrag ausgewiesen ist, liegt eine Überkreuzkompensation vor.[19] Hingegen bedeutet die Tatsache der Überkreuzkompensation nicht, dass im betreffenden Geschäftsjahr tatsächlich eine Veränderung der stillen Reserven erfolgte.[20]

13   Durch die eingeräumten Verrechnungsmöglichkeiten ist mit hinreichender Sicherheit gewährleistet, dass **für den externen Jahresabschlussadressaten** eine **stille Reservenbildung** tatsächlich **nicht erkennbar** ist, was zugleich mit einem (vollständigen) Informationsverlust über die Zusammensetzung des erzielten Nettoerfolgs einhergeht.[21]

VI. Verzicht auf Angaben in Jahresabschluss, Lagebericht, Konzernabschluss und Konzernlagebericht

14   Die Besonderheit der Vorsorgereserven nach Abs. 1 liegt darin, dass die Bildung und Auflösung dieser Reserven für den Bilanzadressaten nicht erkennbar ist.[22] Insofern ist es zwingend, dass Abs. 4 eine **umfassende Befreiung von Angabepflichten** vorsieht.[23]

15   Die Anwendung von § 340f führt zu Differenzen zwischen Handelsbilanz und Steuerbilanz. Obwohl die Wertunterschiede nicht bestimmten Vermögenswerten zuzurechnen sind, ist die bilanzpostenbezogene Differenzenbetrachtung zwischen Handels- und Steuerbilanz zulässig. Die Befreiung von Angabepflichten gilt auch für Angaben im Zusammenhang mit der Bilanzierung von **latenten Steuern**.[24]

§ 340g Sonderposten für allgemeine Bankrisiken

(1) **Kreditinstitute dürfen auf der Passivseite ihrer Bilanz zur Sicherung gegen allgemeine Bankrisiken einen Sonderposten „Fonds für allgemeine Bankrisiken" bilden, soweit dies nach vernünftiger kaufmännischer Beurteilung wegen der besonderen Risiken des Geschäftszweigs der Kreditinstitute notwendig ist.**

(2) **Die Zuführungen zum Sonderposten oder die Erträge aus der Auflösung des Sonderpostens sind in der Gewinn- und Verlustrechnung gesondert auszuweisen.**

Schrifttum: S. Schrifttum zu § 340.

---

[19] Vgl. *Ausschuß für Bilanzierung des BdB*, Bankbilanzrichtlinie-Gesetz, 1993, 101; *Hossfeld* WPg 1993, 338; Beck HdR/*Bieg/Waschbusch* B 900 Rn. 339; *Krumnow/Sprißler/Bellavite-Hövermann* Rn. 41.

[20] Vgl. *Hossfeld* WPg 1993, 338; Beck HdR/*Bieg/Waschbusch* B 900 Rn. 339.

[21] Vgl. *Ausschuß für Bilanzierung des BdB*, Bankbilanzrichtlinie-Gesetz, 1993, 100 f.; *Hossfeld* WPg 1993, 339.

[22] Vgl. *Ausschuß für Bilanzierung des BdB*, Bankbilanzrichtlinie-Gesetz, 1993, 101.

[23] Vgl. *Krumnow/Sprißler/Bellavite-Hövermann* Rn. 43.

[24] Vgl. *Scharpf/Schaber* Bankbilanz-HdB S. 349.

I. Sonderposten „Fonds für allgemeine Bankrisiken" als Alternative zur Bildung stiller Reserven

Mit dem Fonds für allgemeine Bankrisiken wird Instituten (→ § 340 **1** Rn. 18 f.)[1] eine **Alternative zur Risikovorsorge nach § 340f** eingeräumt, die einer identischen Zielsetzung folgt.[2] Der Unterschied liegt einerseits in der **fehlenden quantitativen Begrenzung** im Vergleich zur Risikovorsorge nach § 340f,[3] zum anderen im **offenen Ausweis** des Sonderpostens (der Veränderung des Sonderpostens) in der Bilanz (der Gewinn- und Verlustrechnung) und der damit verbundenen Erkennbarkeit für externe Bilanzadressaten.[4] Eine **Kombination beider Vorsorgeformen ist** insbesondere auch dann **möglich**, wenn die (volumenmäßig beschränkte) Vorsorge nach § 340f als nicht ausreichend erachtet wird.[5] In der Praxis nehmen Kreditinstitute sowohl die Möglichkeit der stillen Risikovorsorge nach § 340f als auch die der offenen Risikovorsorge nach § 340g rege in Anspruch. Eine durch *Böcking/Gros/Torabian* vorgenommene Auswertung der Jahresabschlüsse 2016 der 100 nach Bilanzsumme größten deutschen Kreditinstitute zeigt, dass 47 Kreditinstitute in ihren HGB-Jahresabschlüssen auf die freiwillige Bildung von stillen Vorsorgereserven gem. § 340f hinweisen und 93 eine offene Risikovorsorge gem. 340g gebildet haben. Davon haben 45 Kreditinstitute sowohl stille als auch offene Vorsorgereserven gebildet.[6]

II. Voraussetzung für die Bildung und Bemessung des Sonderpostens

Da der Sonderposten offensichtlich nicht zur Abdeckung bestimmter Risi- **2** ken dienen kann und soll, stellt sich die Frage, unter welchen Voraussetzungen und in welchem Umfang der Sonderposten gebildet werden kann. Im Unterschied zur stillen Reservenbildung nach § 340f (maximal 4 % des Gesamtbetrags der in Frage kommenden Vermögensgegenstände, der sich bei einer Bewertung nach § 253 Abs. 1 S. 1, Abs. 4 ergibt) ist **keine eng**

---

[1] Durch das Zahlungsdiensteumsetzungsgesetz (ZDUG) v. 25.6.2009 wurde § 340 Abs. 5 ins HGB eingefügt. Die Regelungen für Kreditinstitute sind somit auch auf Institute iSd § 1 Abs. 3 ZAG anzuwenden. Gem. § 1 Abs. 3 ZAG sind Institute iSd ZAG Zahlungsinstitute und E-Geld-Institute. Zahlungsinstitute und E-Geld-Institute haben für die Rechnungslegung neben dem für Kreditinstitute geltenden §§ 340 ff. auch die RechZahlV zu beachten (§ 340 Abs. 5 HGB iVm § 1 RechZahlV).

[2] Vgl. Beck HdR/*Bieg/Waschbusch* B 900 Rn. 348; *Ausschuß für Bilanzierung des BdB*, Bankbilanzrichtlinie-Gesetz, 1993, 102; *Meyer/Isenmann*, Bankbilanzrichtlinie-Gesetz, 1993, 78; *Krumnow/Sprißler/Bellavite-Hövermann* § 340f Rn. 1. Daneben wurde durch das BilMoG der Sonderposten nach § 340e Abs. 4 eingeführt, der im „Fonds für allgemeine Bankrisiken" mittels eines Davon-Vermerks „davon Zuführungen nach § 340e Abs. 4" gesondert auszuweisen ist. S. hierzu die Kommentierung des § 340e Abs. 4.

[3] Vgl. *Ausschuß für Bilanzierung des BdB*, Bankbilanzrichtlinie-Gesetz, 1993, 102; Beck HdR/*Bieg/Waschbusch* B 900 Rn. 349.

[4] Vgl. *Ausschuß für Bilanzierung des BdB*, Bankbilanzrichtlinie-Gesetz, 1993, 102; Beck HdR/*Bieg/Waschbusch* B 900 Rn. 350; *Böcking/Ernsting/Fitzner/Wagener/Freiling* WPg 1995, 461 (464).

[5] Vgl. *Ausschuß für Bilanzierung des BdB*, Bankbilanzrichtlinie-Gesetz, 1993, 102; *Krumnow/Sprißler/Bellavite-Hövermann* Rn. 8; *Böcking/Ernsting/Fitzner/Wagener/Freiling* WPg 1995, 461 (464).

[6] MüKoHGB/*Böcking/Gros/Torabian* Vor §§ 340f, 340g Rn. 4.

umrissene Begrenzung hinsichtlich des Volumens vorgesehen, da auch eine Anknüpfung an bestimmte Bilanzgrößen fehlt.[7]

3   Zur Beurteilung der Angemessenheit wird auf die gleichen Kriterien zurückzugreifen sein wie bei der Risikovorsorge nach § 340f Abs. 1, die ebenfalls auf die vernünftige kaufmännische Beurteilung abstellt und der gleichen Zielsetzung folgt.[8] Neben der **Willkürfreiheit** wird insbesondere die **gesellschaftsrechtliche Treuepflicht** gegenüber den Anteilseignern ein zu berücksichtigender Aspekt sein. Die Einstellung von Beträgen in den Fonds für allgemeine Bankrisiken ist nicht Teil der Beschlussfassung über die Ergebnisverwendung, sodass die Vorschriften über die Ergebnisverwendung, wie § 58 AktG oder § 29 GmbHG, nicht anzuwenden sind.[9] Regelmäßig wird sich eine Restriktion hinsichtlich des zur Risikovorsorge verwendeten Betrags eher wegen der geschäftspolitischen Gegebenheiten als auf Grund der in dieser Hinsicht eher vagen gesetzlichen Vorschrift ergeben.[10] Bei der Ermittlung des zur Vorsorge für erforderlich gehaltenen Gesamtbetrags ist jedoch grundsätzlich eine ggf. auf Grundlage von § 340f gebildete (stille) Reserve einzubeziehen. In jüngerer Zeit sind die Reservenbildung nach § 340g und insbesondere deren qualitative Beschränkungen sowie der sich ergebende weite Ermessensspielraum der Geschäftsleitung jedoch zunehmend der Diskussion ausgesetzt.[11]

III. Ausweis der Zuführungen und der Erträge aus der Auflösung des Sonderpostens in der Gewinn- und Verlustrechnung

4   Die **Veränderungen des Sonderpostens** sind **gesondert in der Gewinn- und Verlustrechnung auszuweisen;** eine Verrechnung mit anderen Aufwands- oder Ertragspositionen ist damit ausdrücklich ausgeschlossen. In den Formblättern 2 und 3 der RechKredV bzw. im Formblatt 2 der Rech-ZahlV ist hierfür kein eigener Posten vorgesehen. Der Ausweis kann in einem gesonderten Posten oder als Unterposten[12] vorgenommen werden.[13] Da der Sonderposten nicht an einzelne Sachverhalte oder Bilanzpositionen, sondern an das allgemeine Risiko des Geschäftszweigs der Institute anknüpft, kann in einem Geschäftsjahr entweder nur eine Zuführung oder eine Auflösung vorliegen.[14] Eine Einfügung eines gesonderten Postens bietet sich in Anlehnung an den Gesetzeswortlaut in Abs. 2 unter der Bezeichnung „Zuführungen zum Fonds für allgemeine Bankrisiken" nach dem Aufwandsposten „Ab-

---

[7] Vgl. *Göttgens/Schmelzeisen*, Bankbilanzrichtlinie-Gesetz, 2. Aufl. 1992, 72; *Scharpf/Sohler*, Leitfaden zum Jahresabschluß, 1992, 95; *Ausschuß für Bilanzierung des BdB*, Bankbilanzrichtlinie-Gesetz, 1993, 102; Beck HdR/*Bieg/Waschbusch* B 900 Rn. 349; *Krumnow/Sprißler/Bellavite-Hövermann* Rn. 4.

[8] Vgl. Beck HdR/*Bieg/Waschbusch* B 900 Rn. 349.

[9] Vgl. BT-Drs. 11/6275, 2; *Scharpf/Schaber* Bankbilanz-HdB S. 356; *Krumnow/Sprißler/Bellavite-Hövermann* Rn. 10; WP-HdB I 2012 Kap. J Rn. 345.

[10] Vgl. Beck HdR/*Bieg/Waschbusch* B 900 Rn. 349.

[11] Vgl. zur Diskussion *Mülbert/Sajnovits* WM 2017, 1725; *Schmidberger* BKR 2017, 309.

[12] *Scharpf/Schaber* Bankbilanz-HdB S. 356 schlagen bspw. einen Unterposten bei dem Posten „Abschreibungen und Wertberichtigungen auf Forderungen und bestimmte Wertpapiere sowie Zuführungen zu Rückstellungen aus dem Kreditgeschäft" bzw. „Erträge aus Zuschreibungen zu Forderungen und bestimmten Wertpapieren sowie aus der Auflösung von Rückstellungen im Kreditgeschäft" vor.

[13] Vgl. *Scharpf/Schaber* Bankbilanz-HdB S. 356.

[14] Teilweise aA *Ausschuß für Bilanzierung des BdB*, Bankbilanzrichtlinie-Gesetz, 1993, 103; *Krumnow/Sprißler/Bellavite-Hövermann* Rn. 13, die aber im Ergebnis ebenfalls für einen Ausweis als saldierte Größe in der Gewinn- und Verlustrechnung plädieren.

schreibungen und Wertberichtigungen auf Forderungen und bestimmte Wertpapiere sowie Zuführungen zu Rückstellungen im Kreditgeschäft", für Erträge unter der Bezeichnung „Erträge aus der Auflösung des Fonds für allgemeine Bankrisiken" nach dem Ertragsposten „Erträge aus Zuschreibungen zu Forderungen und bestimmten Wertpapieren sowie aus der Auflösung von Rückstellungen im Kreditgeschäft" an.[15]

Vierter Titel. Währungsumrechnung

§340h Währungsumrechnung

§256a gilt mit der Maßgabe, dass Erträge, die sich aus der Währungsumrechnung ergeben, in der Gewinn- und Verlustrechnung zu berücksichtigen sind, soweit die Vermögensgegenstände, Schulden oder Termingeschäfte durch Vermögensgegenstände, Schulden oder andere Termingeschäfte in derselben Währung besonders gedeckt sind.

Schrifttum: S. Schrifttum zu §340.

Übersicht

I. Kodifizierung von Grundsätzen der Währungsumrechnung

Gem. §244 ist der Jahresabschluss in Euro aufzustellen. Daraus ergibt sich **1** die Notwendigkeit der Umrechnung von in Fremdwährung denominierten Vermögensgegenständen und Verbindlichkeiten sowie Erträgen und Aufwendungen in Euro.[1]

Mit den Regelungen von §256a für den Jahresabschluss und §308a für **2** den Konzernabschluss haben erstmals **explizite branchenunabhängige Vorschriften zur Währungsumrechnung** Eingang in das HGB gefunden.[2] Für Kreditinstitute bestand mit §340h aF bereits eine rechtsformspezifische Regelung zur Währungsumrechnung, die durch die Umsetzung der Bankbilanzrichtlinie in das HGB aufgenommen wurde.[3] Nach §256a S. 1 ist eine Umrechnung zum Devisenkassamittelkurs am Abschlussstichtag vorzunehmen. Die Erfassung der positiven oder negativen Umrechnungseffekte als Aufwand oder Ertrag ist abhängig von der Restlaufzeit der Vermögensgegenstände und Verbindlichkeiten, die in Fremdwährung denominiert sind (§256a S. 2). Sofern die Restlaufzeit mehr als ein Jahr beträgt, erfolgt die Währungsumrechnung unter Beachtung des Anschaffungs- bzw.

---

[15] Vgl. *Krumnow/Sprißler/Bellavite-Hövermann* Rn. 13.
[1] Vgl. BeBiKo/*Grottel/Koeplin* §256a Rn. 1.
[2] Vgl. *IDW* RS BFA 4 Rn. 1; *Gelhausen/Fey/Kämpfer* Rechnungslegung J Rn. 62; WP-HdB I 2012 Kap. J Rn. 349.
[3] Vgl. *Krumnow/Sprißler/Bellavite-Hövermann* §340h Rn. 9.

Herstellungskostenprinzips (§ 253 Abs. 1 S. 1) sowie des Realisationsprinzips (§ 252 Abs. 1 Nr. 4), dh eine Erfassung in der GuV erfolgt nur für Aufwendungen aus der Währungsumrechnung. Im Gegensatz dazu finden nach § 256a S. 2 die zuvor beschriebenen Prinzipien bei einer Restlaufzeit von unter einem Jahr keine Anwendung, folglich sind Aufwendungen und Erträge aus der Währungsumrechnung ergebniswirksam in der GuV zu erfassen. § 256a S. 2 beinhaltet eine Pflicht zur restlaufzeitenabhängigen Erfolgsrealisierung („sind").[4]

3   Kredit- und Finanzdienstleistungsinstitute (→ § 340 Rn. 18 f.)[5] können Erträgen aus der Währungsumrechnung auch bei einer Restlaufzeit von mehr als einem Jahr vollständig ergebniswirksam vereinnahmen, wenn gem. § 340h Vermögensgegenstände bzw. Schulden durch andere Vermögensgegenstände bzw. Schulden **in derselben Währung besonders gedeckt** sind (besondere Deckung).[6] Stehen Bilanzposten bzw. Termingeschäfte in einer besonderen Deckung, fingiert das Gesetz, dass der Erfolg aus der Währungsumrechnung bei den besonders gedeckten Geschäften und bei den Deckungsgeschäften im Zeitpunkt der Bildung der besonderen Deckung ausnahmsweise feststeht und zu realisieren ist (gesetzliche Fiktion).[7] Nach dem eindeutigen Wortlaut von § 340h („sind") besteht eine Pflicht zur Ertragsrealisierung, soweit die Kriterien der besonderen Deckung vorliegen; eine Umgehung der Bildung von besonderen Deckungsverhältnissen ist nicht gerechtfertigt.[8] Das Vorliegen der besonderen Deckung führt zu einer verpflichtenden Ertragsrealisierung unabhängig von der Restlaufzeit.[9] Durch den Verweis in § 340h auf § 256a richtet sich die Währungsumrechnung bei Kreditinstituten grundsätzlich nach den allgemein gültigen Regelungen von § 256a zur Währungsumrechnung. Die handelsrechtliche Fremdwährungsumrechnung bei Instituten wird durch eine Verlautbarung des IDW (IDW Stellungnahme zur Rechnungslegung: Besonderheiten der handelsrechtlichen Fremdwährungsumrechnung bei Instituten, IDW RS BFA 4) konkretisiert.[10]

4   Sofern **Bewertungseinheiten** zur Absicherung von Fremdwährungsgeschäften gegen Währungsrisiken gebildet werden, ist die Anwendung von § 256a gem. § 254 S. 1 ausgeschlossen. Erträge sind nur in dem Umfang zu realisieren, als ein Ausgleich entsprechender Aufwendungen im Rahmen der Bewertungseinheit gegeben ist.[11]

5   Die Fremdwährungsumrechnung gem. § 340h iVm § 256a bezieht sich auf **„auf fremde Währung"** lautende Vermögensgegenstände (künftige Fremdwährungseinzahlungen) und Verbindlichkeiten (künftige Fremdwährungsaus-

---

[4] Vgl. *IDW* RS BFA 4 Rn. 20; *Scharpf/Schaber* Bankbilanz-HdB S. 359.

[5] Durch das Zahlungsdiensteumsetzungsgesetz (ZDUG) v. 25.6.2009 wurde § 340 Abs. 5 ins HGB eingefügt. Die Regelungen für Kreditinstitute sind somit auch auf Institute iSd § 1 Abs. 3 ZAG anzuwenden. Gem. § 1 Abs. 3 ZAG sind Institute iSd ZAG Zahlungsinstitute und E-Geld-Institute. Zahlungsinstitute und E-Geld-Institute haben für die Rechnungslegung neben dem für Kreditinstitute geltenden §§ 340 ff. auch die RechZahlV zu beachten (§ 340 Abs. 5 HGB iVm § 1 RechZahlV).

[6] Der Gesetzeswortlaut von § 256a beinhaltet den Begriff „Verbindlichkeiten", wohingegen in § 340h der Begriff „Schulden" verwendet wird, der neben Verbindlichkeiten auch Rückstellungen beinhaltet. Dies ist vermutlich ein redaktionelles Versehen. Vgl. *IDW* RS BFA 4 Rn. 1, Fn. 3.

[7] Vgl. *Scharpf/Schaber* Bankbilanz-HdB S. 382.

[8] Vgl. *IDW* RS BFA 4 Rn. 20; *Scharpf/Schaber* Bankbilanz-HdB S. 381.

[9] Vgl. MüKoHGB/*Böcking/Becker/Helke* Rn. 2.

[10] *IDW* RS BFA 4 abgedruckt in FN-IDW 10/2011, 649 ff.

[11] Vgl. *Scharpf/Schaber* Bankbilanz-HdB S. 387.

zahlungen) sowie schwebende Devisenkassa- und Devisentermingeschäfte.[12] Sachverhalte, die bereits vor dem Abschlussstichtag vollständig abgewickelt sind (zB Erwerb von Sachanlagen, immateriellen Vermögensgegenständen), sind nicht Gegenstand der Währungsumrechnung, da sie bereits mit Eurowerten in der Bilanz enthalten sind.[13] **Latente Steuern, Rückstellungen, Rechnungsabgrenzungsposten und das Eigenkapital** fallen nicht in den Anwendungsbereich von § 256a und § 340h, da es sich hierbei weder um Vermögensgegenstände noch Verbindlichkeiten handelt.[14] Des Weiteren sind die Regelungen zur Währungsumrechnung nicht auf Sorten anzuwenden.[15] Rückstellungen und latente Steuern sind am Abschlussstichtag neu zu bewerten bzw. zu ermitteln und mit dem Stichtagskurs (Devisenkassamittelkurs des Stichtages) umzurechnen.[16] Die Umrechnung von **Eventualverbindlichkeiten** kann zum Geld- oder zum Devisenkassamittelkurs erfolgen.[17] Die Bilanzierung **schwebender Geschäfte** hängt von deren Verwendungszweck und folglich von der Zuordnung zum Handelsbestand (§ 340e Abs. 3) oder dem Bankbuch sowie einer Einbeziehung in eine Bewertungseinheit iSv § 254 ab.[18] Upfront Payments (erhaltene oder bezahlte), Optionsprämien, Variation Margins und Sicherheitsleistungen werden wie Vermögensgegenstände und Verbindlichkeiten umgerechnet.[19]

Aufwendungen und Erträge werden nur im Zeitpunkt der erstmaligen **6** Erfassung mit dem dann gültigen Devisenkassakurs oder mit dem Devisenkassakurs umgerechnet, der für die Umrechnung eines korrespondierenden Bilanzpostens heranzuziehen ist. Eine Folgebewertung erübrigt sich.[20] In Ermangelung institutsspezifischer Regelungen gelten für Kreditinstitute für die Umrechnung von auf fremde Währung lautenden Aufwendungen und Erträgen die Grundsätze ordnungsmäßiger Buchführung.[21]

Die Euro-Anschaffungskosten im Anschaffungszeitpunkt ergeben sich für **7** Vermögensgegenstände und Verbindlichkeiten aus den in Euro umgerechneten Anschaffungskosten in Fremdwährung.[22]

Bei der **Folgebewertung** von in Fremdwährung denominierten bilanziel **8** len Geschäften ist entsprechend der bisherigen Vorgehensweise nach § 340h in **zwei Schritten** vorzugehen.[23] **Im ersten Schritt** erfolgt die Bewertung der Vermögensgegenstände, Schulden sowie schwebender Geschäfte in der jeweiligen Fremdwährung nach den jeweiligen Bewertungsvorschriften des Anlage- oder Umlaufvermögens. Für Finanzinstrumente des Handelsbestandes ist der beizulegende Zeitwert in fremder Währung gem. § 340e Abs. 3 zu ermitteln.

---

[12] Vgl. *IDW* RS BFA 4 Rn. 2.
[13] Vgl. *Gelhausen/Fey/Kämpfer* Rechnungslegung J Rn. 73 f. und V Rn. 139, 143; *Scharpf/Schaber* Bankbilanz-HdB S. 371.
[14] Vgl. BT-Drs. 16/10067, 62.
[15] Vgl. BT-Drs. 16/10067, 62.
[16] Vgl. BT-Drs. 16/10067, 62; *Gelhausen/Fey/Kämpfer* Rechnungslegung J Rn. 79 f. und 86 f.; *Scharpf/Schaber* Bankbilanz-HdB S. 373.
[17] Dies ist in einer fehlenden Berücksichtigung im Gesetz und in der Gesetzesbegründung begründet. Vgl. *Scharpf/Schaber* Bankbilanz-HdB S. 373; WP-HdB I 2012 Kap. J Rn. 361.
[18] Vgl. WP-HdB I 2012 Kap. J Rn. 362.
[19] Vgl. *IDW* RS BFA 4 Rn. 2.
[20] Vgl. BT-Drs. 16/10067, 62.
[21] Vgl. *IDW* RS BFA 4 Rn. 19.
[22] Vgl. *IDW* RS BFA 4 Rn. 11.
[23] Vgl. im Folgenden *IDW* RS BFA 4 Rn. 12; *Gelhausen/Fey/Kämpfer* Rechnungslegung V Rn. 149; *Goldschmidt/Meyding-Metzger/Weigel* IRZ 2010, 64; WP-HdB I 2012 Kap. J Rn. 351.

Für die Bewertung des Nicht-Handelsbestands sind unter Beachtung des § 340e Abs. 1 und 2 die allgemeinen Bewertungsvorschriften (§§ 249, 252, 253) sowie die Regelungen von §§ 340f, 340g anzuwenden. Handelsbestände und Nicht-Handelsbestände sind folglich strikt zu trennen. **Im zweiten Schritt** werden die im ersten Schritt ermittelten Fremdwährungsbeträge der bilanzwirksamen Währungsaktiva und -passiva gem. § 256a mit dem Devisenkassamittelkurs des Abschlussstichtages (Stichtagskurs) in Euro umgerechnet. Diese zweistufige Bewertung ist auch für Vermögensgegenstände und Verbindlichkeiten, soweit sie besonders gedeckt sind, anzuwenden.[24]

9   Die Verwendung des **Devisenkassamittelkurses** gem. § 256a S. 1 anstelle von Geld- und Briefkursen dient der Vereinfachung[25] und entspricht dem bisherigen Vorgehen in der Praxis.[26] Das arithmetische Mittel aus Geld- und Briefkurs wird als Mittelkurs bezeichnet.[27] Der Kassakurs ist der Kurs, zu dem ein Devisengeschäft bei sofortiger Erfüllung ausgeführt wird; der Kassakurs am Bilanzstichtag wird idR als Stichtagskurs bezeichnet.[28] Davon zu unterscheiden ist der Terminkurs, der bei einem späteren Erfüllungstermin maßgeblich ist.[29] Die Verwendung von durch die EZB veröffentlichten Referenzkursen ist ebenso möglich, wie die Verwendung von aus den im Interbankenmarkt quotierten Kursen abgeleiteten Mittelkursen.[30]

10   Für die Umrechnung **nicht abgewickelter Kassageschäfte** in Fremdwährung ist ebenfalls der Devisenkassamittelkurs heranzuziehen.[31]

11   In Abhängigkeit vom Transaktionszweck ist die Umrechnung von noch **nicht abgewickelten Devisentermingeschäften** nach den GoB entweder mit dem ungespaltenen Terminkurs (Devisentermingeschäfte zur Absicherung von Käufen und Verkäufen sowie stand-alone Devisentermingeschäfte im Bankbuch) oder mit dem gespaltenen Terminkurs (Absicherung zinstragender Positionen) durchzuführen.[32] Die Differenz zwischen Kassa- und Terminkurs zweier Währungen entspricht der Swapdifferenz und spiegelt die Differenz zwischen den Zinsniveaus dieser Währungen wider. Bei einer Aufspaltung des Terminkurses sind die vereinbarten Swapbeträge zeitanteilig abzugrenzen und die Ermittlung der Veränderung des Kassakurses erfolgt durch Vergleich der kontrahierten Kassabasis mit dem Kassakurs am Abschlussstichtag.[33] Eine Verrechnung von positiven und negativen Kassakursdifferenzen innerhalb derselben Währung aus dieser Umrechnung ist sachgerecht; der Ausweis des Saldos erfolgt in dem Bilanzposten „Sonstige Vermögensgegenstände" bzw. „Sonstige Verbindlichkeiten".[34]

II. Kriterium der besonderen Deckung

12   Im Rahmen der Einführung des BilMoG wurde die in § 340h aF enthaltene Differenzierung zwischen besonders gedeckten und sonstigen gedeckten

---

[24] Vgl. *IDW* RS BFA 4 Rn. 15.
[25] Vgl. BT-Drs. 16/12407, 86.
[26] Vgl. *Bieg,* Bankbilanzierung nach HGB und IFRS, 3. Aufl. 2017, 510.
[27] Vgl. *Scharpf/Schaber* Bankbilanz-HdB S. 362.
[28] Vgl. BeBiKo/*Grottel/Koeplin* § 256a Rn. 12.
[29] Vgl. *Scharpf/Schaber* Bankbilanz-HdB S. 363.
[30] Vgl. *IDW* RS BFA 4 Rn. 14.
[31] Vgl. *IDW* RS BFA 4 Rn. 13.
[32] Vgl. *IDW* RS BFA 4 Rn. 16 ff.
[33] Vgl. *IDW* RS BFA 4 Rn. 17.
[34] Vgl. *IDW* RS BFA 4 Rn. 17.

Geschäften in derselben Währung aufgehoben.[35] Die Formulierung von § 340h Abs. 2 S. 2 aF wurde in § 340h nF nahezu unverändert übernommen und enthält nunmehr nur noch den Verweis auf Vermögensgegenstände, Schulden oder andere Termingeschäfte, die **in derselben Währung besonders gedeckt sind.** Eine Begriffserklärung erfolgt vom Gesetzgeber nicht. Der Begriff besondere Deckung ist nach § 340h nF folglich inhaltsgleich zur Geltung des § 340h aF zu verwenden und es ist mithin ein Rückgriff auf das zu § 340h aF veröffentliche Schrifttum möglich.[36]

Das Wechselkursänderungsrisiko kann durch einzelne Gegengeschäfte be- **13** seitigt werden oder sich im Rahmen der gesamten, in einer Währung im Nicht-Handelsbestand getätigten Geschäfte vollständig oder teilweise aufheben (Annahme: zeitliche Inkongruenzen können durch Anschlussgeschäfte beseitigt werden). Maßgeblich für die Beurteilung des Vorliegens eines Wechselkursänderungsrisikos ist die Gesamtposition je Währung, dh die Zusammenfassung aller bilanzwirksamen und nicht bilanzwirksamen Geschäfte in dieser Währung.[37]

Der **Anwendungsbereich** der besonderen Deckung **(deckungsfähig)** **14** umfasst Vermögensgegenstände (auch wie Anlagevermögen behandelte Vermögensgegenstände), Verbindlichkeiten[38] und schwebende Devisengeschäfte, die nicht dem Handelsbestand zugeordnet sind.[39] Nicht deckungsfähig sind Eventualverbindlichkeiten und Eventualansprüche in Fremdwährung, aufgrund der Unsicherheit der Zahlung.[40] Die Beurteilung der Deckungsfähigkeit ist als Einzelfallbetrachtung vorzunehmen.[41] Ebenfalls nicht in den Anwendungsbereich der besonderen Deckung fallen Posten, die nicht von den Regelungen des § 256a umfasst sind (→ Rn. 5).

Eine besondere Deckung liegt vor, wenn das Wechselkursänderungsrisiko **15** ausgeschaltet ist, dh sich alle Ansprüche und Verpflichtungen in derselben Währung **(Währungsidentität)** betraglich ausgleichen **(Betragsidentität).**[42] Betragsidentität liegt nur in Höhe der Betragsübereinstimmung vor, folglich besteht kein Wechselkursänderungsrisiko, da alle Posten gedeckt sind. Ein Wechselkursänderungsrisiko besteht nur bei einem Überhang der Ansprüche oder Verpflichtungen.[43] Der verbleibende, ungedeckte Betrag ist dann als **offene Position** zu behandeln; die besondere Deckung liegt nur in Höhe des geringeren Betrags vor.[44] Liegt eine geschlossene Position vor, ist zu prüfen, ob eine bilanzielle Bewertungseinheit nach § 254 vorliegt (→ Rn. 4).[45] Sog. Cross-Currency-Hedges sind im Rahmen der besonderen

---

[35] Vgl. BT-Drs. 16/10067, 95.
[36] Vgl. *Scharpf/Schaber* Bankbilanz-HdB S. 381.
[37] Vgl. *IDW* RS BFA 4 Rn. 5 f.
[38] Hinsichtlich des vermutlichen redaktionellen Versehens bei der Verwendung des Begriffes Schulden im § 340h vgl. *IDW* RS BFA 4 Rn. 1, Fn. 3.
[39] Vgl. *IDW* RS BFA 4 Rn. 7.
[40] Vgl. *Bieg,* Bankbilanzierung nach HGB und IFRS, 3. Aufl. 2017, 539; *Scharpf/Schaber* Bankbilanz-HdB S. 386.
[41] Vgl. *Bieg,* Bankbilanzierung nach HGB und IFRS, 3. Aufl. 2017, 540.
[42] Vgl. *IDW* RS BFA 4 Rn. 9; *Krumnow/Sprißler/Bellavite-Hövermann* § 340h Rn. 42 mwN.
[43] Vgl. *IDW* RS BFA 4 Rn. 9; *Bieg,* Bankbilanzierung nach HGB und IFRS, 3. Aufl. 2017, 542; WP-HdB I 2012 Kap. J Rn. 366.
[44] Vgl. WP-HdB I 2012 Kap. J Rn. 366.
[45] Vgl. WP-HdB I 2012 Kap. J Rn. 366.

Deckung nach hM nicht möglich, da sie das Kriterium der einheitlichen Währung nicht erfüllen.[46]

16 **Laufzeit- oder Fristenkongruenz** der in die besondere Deckung einbezogenen Ansprüche und Verpflichtungen ist aufgrund der Möglichkeit des Abschlusses von Anschlussgeschäften nicht notwendig. Das bilanzierende Kreditinstitut hat die Absicht zum Abschluss von Anschlussgeschäften zu dokumentieren.[47]

17 Vermögensgegenstände, die akut **ausfallgefährdet** sind, dürfen nicht in die Deckungsrechnung einbezogen werden.[48]

18 Bei Erfüllung der Kriterien für die besondere Deckung durch die Ansprüche und Verpflichtungen in einer Währung sind sie alle in gleicher Weise für die Einbeziehung in die besondere Deckung geeignet. Die Entscheidung, ob bei verschiedenen Fremdwährungsgeschäften in einer Währung eine besondere Deckung vorliegen soll oder nicht, liegt im subjektiven Zuordnungsbereich des bilanzierenden Kreditinstituts.[49] Auch kann das bilanzierende Kreditinstitut die besondere Deckung als erfüllt ansehen, wenn es die einzelnen Posten je Währung zusammenfasst und in die Währungsgesamtposition des Instituts übernimmt.[50]

19 Das Kriterium besondere Deckung liegt im **subjektiven Zuordnungsbereich** des bilanzierenden Institutes. Es ist sachgerecht, wenn in folgenden Konstellationen von dem Vorliegen einer besonderen Deckung seitens der Institute ausgegangen wird:

– das Währungsrisiko über eine Währungsposition gesteuert wird und die einzelnen Währungsposten in die Währungsposition übernommen werden oder

– einzelne Geschäfte gesondert behandelt oder verschiedene Währungspositionen in verschiedenen Abteilungen/örtlichen Organisationseinheiten geführt werden oder

– in Einzelfällen (etwa bei geringfügigem Währungsgeschäft) Fristengleichheit als Kriterium gewählt wird. Sofern die Abschlussabsicht und -möglichkeit für Anschlussgeschäfte besteht, ist eine Fristenabweichung möglich.[51]

20 Die Kriterien für die besondere Deckung liegen im subjektiven Ermessen der bilanzierenden Kreditinstitute, weshalb folglich eine willkürfreie Definition sowie objektive Nachvollziehbarkeit der Festlegung und Durchführung einschließlich einer entsprechenden **Dokumentation** als Nachweis erforderlich sind.[52] Nach hM verlangt der Objektivierungsgrundsatz, dass ein aktenkundiger Beschluss der zuständigen Organe vorliegt, in dem die gedeckten Positionen bzw. Geschäfte gekennzeichnet sind.[53] Jedoch kann die mit dem Vorliegen einer besonderen Deckung verbundene verpflichtende Vereinnahmung von Erträgen aus der Währungsumrechnung dadurch umgangen werden, dass das Kreditinstitut auf die Dokumentation besonderer Deckungsverhältnisse verzichtet.

---

[46] Vgl. *Krumnow/Sprißler/Bellavite-Hövermann* Rn. 44; *Scharpf/Schaber* Bankbilanz-HdB S. 386.

[47] Vgl. WP-HdB I 2012 Kap. J Rn. 367.

[48] Vgl. *IDW* RS BFA 4 Rn. 8.

[49] Vgl. *IDW* RS BFA 4 Rn. 10.

[50] Vgl. WP-HdB I 2012 Kap. J Rn. 368.

[51] Vgl. *IDW* RS BFA 4 Rn. 9.

[52] Vgl. *IDW* RS BFA 4 Rn. 10.

[53] Vgl. Beck HdR/*Bieg/Waschbusch* B 900 Rn. 379.

Die Anwendung des Konzepts der besonderen Deckung stellt eine Bewer-   21
tungsmethode iSv § 252 Abs. 1 Nr. 6 dar und unterliegt folglich dem Prinzip
der Bewertungsstetigkeit. Eine Änderung ist nur unter den Voraussetzungen
des § 252 Abs. 2 möglich.[54]

III. Ausweis von Währungsumrechnungsergebnissen bei Kreditinstituten

Grundsätzlich besteht ein Wahlrecht zum Ausweis der Ergebnisse aus der   22
Währungsumrechnung in der Gewinn- und Verlustrechnung nach § 340a
Abs. 1 iVm § 277 Abs. 5 S. 2 und einem Ausweis nach den Vorschriften der
RechKredV bzw. RechZahlV, wobei die zweite Ausweisvariante nach IDW
RS BFA 4 zu präferieren ist:[55]

Die erste Variante umfasst einen gesonderten Bruttoausweis der Erträge   23
und Aufwendungen aus Fremdwährungsumrechnung in den Posten „Sonstige betriebliche Erträge" und „Sonstige betriebliche Aufwendungen". Möglichkeiten für den gesonderten Ausweis umfassen einen Ausweis als Davon-
Vermerk, eine Aufgliederung in der Vorspalte oder – im Hinblick auf die
Klarheit und Übersichtlichkeit der Darstellung der Gewinn- und Verlustrechnung – durch Angaben im Anhang.

Die zweite präferierte Ausweisvariante erlaubt einen Ausweis der Fremd-   24
währungsumrechnungsergebnisse in der Gewinn- und Verlustrechnung bei
dem Posten, bei dem die sonstigen Bewertungsergebnisse ausgewiesen werden. Im Falle der Terminkursspaltung sind die aus der Swapabgrenzung
resultierenden Beträge, soweit sie die Sicherung von zinstragenden Bilanzposten betreffen, nach § 28 S. 2 RechKredV und § 29 S. 2 RechKredV bzw.
§ 21 Nr. 4 RechKredV und § 22 Nr. 5 RechZahlV im Zinsergebnis auszuweisen. Ein Ausweis von Swapaufwendungen als Korrektur der Zinserträge
bzw. Swaperträge als Korrektur des Zinsaufwands ist möglich. Bei der Anwendung eines bilanzpostenbezogenen Ausweises sind Umrechnungsergebnisse aus der Umrechnung von Verbindlichkeiten und sonstigen Vermögensgegenständen (zB Steuerforderungen) in dem Posten „Sonstige betriebliche
Aufwendungen/Erträge" auszuweisen, eine diesbezüglich Angabe im Anhang
ist erforderlich.

Für besonders gedeckte Geschäfte hat der Ausweis der Fremdwährungs-   25
umrechnungsergebnisse stets netto im sonstigen betrieblichen Ergebnis zu
erfolgen.

IV. Erforderliche Anhangangaben

Bei dem Kriterium der besonderen Deckung handelt es sich um ein   26
Bewertungsverfahren gem. § 252 Abs. 1 Nr. 6,[56] eine Angabe im Anhang zu
den angewendeten Bilanzierungs- und Bewertungsmethoden ist gem. § 284
Abs. 2 Nr. 1 erforderlich. Durch das BilRUG wurde der bisherige § 284
Abs. 2 Nr. 2 aF (Angabe der Grundlagen für die Umrechnung in Euro)
gestrichen. Die Streichung entspricht der Systematik des europäischen

---

[54] Vgl. *IDW* RS BFA 4 Rn. 10.
[55] Vgl. im Folgenden *IDW* RS BFA 4 Rn. 22.
[56] Vgl. *IDW* RS BFA 4 Rn. 10 und Erläuterungen in Rn. 21.

Rechts, da die neue Bilanz-Richtlinie (RL 2013/34/EU v. 26.6.2013)[57] mit Art. 16 Abs. 1 Buchst. a Bilanz-RL nur noch eine allgemeine Vorgabe zur Angabe der angewandten Bewertungsmethoden enthält, während Art. 43 Abs. 1 Nr. 1 Bilanz-RL 1978 (4. EG-Richtlinie)[58] noch ergänzend eine ausdrückliche Regelung zu den Grundlagen der Fremdwährungsumrechnung enthielt. Eine Änderung der materiellen Rechtslage ist mit der Streichung vom Gesetzgeber aber nicht beabsichtigt.[59] Gemäß IDW RS BFA 4 sind folgende Angaben erforderlich:[60]

– Beschreibung der Abgrenzungskriterien der besonderen Deckung,
– Angabe des bzw. der Posten, in dem/denen das Umrechnungsergebnis ausgewiesen wird,
– Hinweis auf die Spaltung des Terminkurses und die Abgrenzung von Swapstellen.

27   Hinzu tritt nach § 35 Abs. 1 Nr. 6 RechKredV bzw. § 29 Abs. 1 Nr. 5 RechZahlV die zusätzliche Verpflichtung, den **Gesamtbetrag der auf Fremdwährung lautenden Vermögensgegenstände und Schulden jeweils in Euro** anzugeben. Dabei wird es sich um die aus fremder Währung umgerechneten Vermögensgegenstände und Schulden handeln müssen.[61] Ferner sind in der in den Anhang nach § 36 RechKredV bzw. § 30 RechZahlV aufzunehmende Aufstellung über die am Bilanzstichtag noch nicht abgewickelten Termingeschäfte unter anderem auch **Termingeschäfte in fremden Währungen** zu berücksichtigen.[62]

V. Tabellarische Darstellung

28   Die folgende Übersicht zeigt die unterschiedlichen Vorschriften zur Währungsumrechnung und Bewertung von bilanziellen und außerbilanziellen Geschäften in Fremdwährung.[63]

Umfang	Aktiva und Passiva sowie außerbilanzielle bzw. schwebende Geschäfte in Fremdwährung	
Zuordnung	Handelsbestand	Nicht-Handelsbestand
Bewertung	Beizulegender Zeitwert § 340e Abs. 3	Allgemeine Bewertungsgrundsätze §§ 249, 252, 253
Währungsumrechnung	Devisenkassamittelkurs	

---

[57] Richtlinie 2013/34/EU des Europäischen Parlaments und des Rates v. 26.6.2013 über den Jahresabschluss, den konsolidierten Abschluss und damit verbundene Berichte von Unternehmen bestimmter Rechtsformen und zur Änderung der Richtlinie 2006/43/EG des Europäischen Parlaments und des Rates und zur Aufhebung der Richtlinien 78/660/EWG und 83/349/EWG des Rates, ABl. 2013 L 182, 19.

[58] Vierte Richtlinie 78/660/EWG des Rates v. 25.7.1978 aufgrund von Art. 54 Abs. 3 Buchst. g. des Vertrages über den Jahresabschluß von Gesellschaften bestimmter Rechtsformen, ABl. 1978 L 222, 11.

[59] Vgl. BT-Drs. 18/4050, 64.

[60] Vgl. *IDW* RS BFA 4 Rn. 23.

[61] Zur Begründung und zu weiteren Einzelheiten vgl. *Krumnow/Sprißler/Bellavite-Hövermann* RechKredV § 35 Rn. 34 f.

[62] Zu Angabepflichten bei Termingeschäften im Einzelnen vgl. Beck HdR/*Bieg/Waschbusch* B 900 Rn. 398.

[63] Vgl. *Gelhausen/Fey/Kämpfer* Rechnungslegung V Rn. 141.

Restlaufzeit	≤ 1 Jahr	> 1 Jahr	≤ 1 Jahr	> 1 Jahr
Erfolgswirksamkeit der Umrechnung von Fremdwährung in Euro	Aufwendungen und Erträge	Aufwendungen	Aufwendungen und Erträge	Aufwendungen
Deckung	nicht relevant		besondere § 340h	keine
Erfolgswirksamkeit der Bewertung in Fremdwährung	Aufwendungen und Erträge abzgl. Risikoabschlag abzgl. Zuführung/zzgl. Auflösung Fonds für allgemeine Bankrisiken nach § 340g		Aufwendungen und Erträge	Aufwendungen Erträge nur soweit abgesichertes Risiko § 254

Fünfter Titel. Konzernabschluß, Konzernlagebericht, Konzernzwischenabschluß

§ 340i Pflicht zur Aufstellung

(1) [1]Kreditinstitute, auch wenn sie nicht in der Rechtsform einer Kapitalgesellschaft betrieben werden, haben unabhängig von ihrer Größe einen Konzernabschluß und einen Konzernlagebericht nach den Vorschriften des Zweiten Unterabschnitts des Zweiten Abschnitts über den Konzernabschluß und Konzernlagebericht aufzustellen, soweit in den Vorschriften dieses Unterabschnitts nichts anderes bestimmt ist. [2]Zusätzliche Anforderungen auf Grund von Vorschriften, die wegen der Rechtsform bestehen, bleiben unberührt.

(2) [1]Auf den Konzernabschluß sind, soweit seine Eigenart keine Abweichung bedingt, die §§ 340a bis 340g über den Jahresabschluß und die für die Rechtsform und den Geschäftszweig der in den Konzernabschluß einbezogenen Unternehmen mit Sitz im Geltungsbereich dieses Gesetzes geltenden Vorschriften entsprechend anzuwenden, soweit sie für große Kapitalgesellschaften gelten. [2]Die §§ 293, 298 Absatz 1, § 314 Abs. 1 Nr. 1, 3, 6 Buchstabe c und Nummer 23 sind nicht anzuwenden. [3]In den Fällen des § 315e Abs. 1 finden von den in Absatz 1 genannten Vorschriften nur die §§ 290 bis 292, 315e Anwendung; die Sätze 1 und 2 dieses Absatzes sowie § 340j sind nicht anzuwenden. [4]Soweit § 315e Absatz 1 auf § 314 Absatz 1 Nummer 6 Buchstabe c verweist, tritt an dessen Stelle § 34 Absatz 2 Nummer 2 in Verbindung mit § 37 der Kreditinstituts-Rechnungslegungsverordnung in der Fassung der Bekanntmachung vom 11. Dezember 1998 (BGBl. I S. 3658), die zuletzt durch Artikel 8 Absatz 13 des Gesetzes vom 17. Juli 2015 (BGBl. I S. 1245) geändert worden ist, in der jeweils geltenden Fassung. [5]Im Übrigen findet die Kreditinstituts-Rechnungslegungsverordnung in den Fällen des § 315e Absatz 1 keine Anwendung.

(3) Als Kreditinstitute im Sinne dieses Titels gelten auch Mutterunternehmen, deren einziger Zweck darin besteht, Beteiligungen an Tochterunternehmen zu erwerben sowie die Verwaltung und Verwertung dieser Beteiligungen wahrzunehmen, sofern diese Tochterunternehmen ausschließlich oder überwiegend Kreditinstitute sind.

(4) [1]Sofern Kreditinstitute einer prüferischen Durchsicht zu unterziehende Konzernzwischenabschlüsse zur Ermittlung von Konzernzwischenergebnissen im Sinne des Artikel 26 Absatz 2 in Verbindung mit Artikel 11 der Verordnung (EU) Nr. 575/2013 aufstellen, sind auf diese die für den Konzernabschluss geltenden Rechnungslegungsgrundsätze anzuwenden. [2]Die Vorschriften über die Bestellung des Abschlussprüfers sind auf die prüferische Durchsicht entsprechend anzuwenden. [3]Die prüferische Durchsicht ist so anzulegen, dass bei gewissenhafter Berufsausübung ausgeschlossen werden kann, dass der Zwischenabschluss in wesentlichen Belangen den anzuwendenden Rechnungslegungsgrundsätzen widerspricht. [4]Der Abschlussprüfer hat das Ergebnis der prüferischen Durchsicht in einer Bescheinigung zusammenzufassen. [5]§ 320 und § 323 gelten entsprechend.

(5) [1]Ein Kreditinstitut, das ein Mutterunternehmen (§ 290) ist, hat den Konzernlagebericht um eine nichtfinanzielle Konzernerklärung zu erweitern, wenn auf die in den Konzernabschluss einzubeziehenden Unternehmen die folgenden Merkmale zutreffen:

1. sie erfüllen die in § 293 Absatz 1 Satz 1 Nummer 1 oder 2 geregelten Voraussetzungen für eine größenabhängige Befreiung nicht und
2. bei ihnen sind insgesamt im Jahresdurchschnitt mehr als 500 Arbeitnehmer beschäftigt.

[2]§ 267 Absatz 4 bis 5, § 298 Absatz 2, § 315b Absatz 2 bis 4 und § 315c sind entsprechend anzuwenden. [3]Wenn die nichtfinanzielle Konzernerklärung einen besonderen Abschnitt des Konzernlageberichts bildet, darf das Kreditinstitut auf die an anderer Stelle im Konzernlagebericht enthaltenen nichtfinanziellen Angaben verweisen.

(6) Ein Kreditinstitut, das nach Absatz 1 in Verbindung mit § 315d eine Konzernerklärung zur Unternehmensführung zu erstellen hat, hat darin Angaben nach § 315d in Verbindung mit § 289f Absatz 2 Nummer 6 aufzunehmen, wenn es in entsprechender Anwendung des § 267 Absatz 3 Satz 1 und Absatz 4 bis 5 als groß gilt.

Schrifttum: S. Schrifttum zu § 340.

Übersicht

I. Aufstellungspflicht und Aufstellungsfrist

Die **Verpflichtung zur Aufstellung eines Konzernabschlusses** erstreckt sich gem. § 340i Abs. 1 S. 1 auf **alle Kredit- und Finanzdienstleistungsinstitute (im Folgenden Institute)** (→ § 340 Rn. 18 f.)[1] **ohne Rücksicht auf die Größe und die Rechtsform.**[2] Insbesondere gelten für Institute nicht die größenabhängigen Befreiungen des § 293, wie sie bei Kapitalgesellschaften anderer Branchen zum Tragen kommen (§ 340i Abs. 2 S. 2).[3] **1**

Institute haben den Konzernabschluss und einen Konzernlagebericht nach § 290 Abs. 1 S. 1 grundsätzlich in dem für alle Kapitalgesellschaften geltenden Zeitraum von fünf Monaten nach dem Abschlussstichtag zu erstellen, da eine anderweitige Vorschrift für Institute nicht existiert. Im Falle eines kapitalmarktorientierten Unternehmens iSv § 325 Abs. 4 S. 1 verkürzt sich der Aufstellungszeitraum auf vier Monate (§ 290 Abs. 1 S. 2 iVm § 340i Abs. 1 S. 1). Der in § 26 Abs. 1 S. 1 KWG vorgeschriebene Aufstellungszeitraum von drei Monaten betrifft nur den Jahresabschluss; für den Konzernabschluss fehlt in § 26 Abs. 3 S. 1 KWG eine entsprechende Zeitraumangabe.[4] Für unter das ZAG fallende Institute enthält § 22 ZAG eine vergleichbare Regelung für den Jahres- und Konzernabschluss. Es ist zu beobachten, dass **2**

---

[1] Durch das Zahlungsdiensteumsetzungsgesetz (ZDUG) v. 25.6.2009 wurde § 340 Abs. 5 im HGB eingefügt. Die Regelungen für Kreditinstitute sind somit auch auf Institute iSd § 1 Abs. 3 ZAG anzuwenden. Gem. § 1 Abs. 3 ZAG sind Institute iSd ZAG Zahlungsinstitute und E-Geld-Institute. Zahlungsinstitute und E-Geld-Institute haben für die Rechnungslegung neben die für Kreditinstitute geltenden § 340 ff. auch die RechZahlV zu beachten (§ 340 Abs. 5 HGB iVm § 1 RechZahlV).
[2] Vgl. *Krumnow/Sprißler/Bellavite-Hövermann* §§ 340i, j Rn. 11.
[3] Vgl. *Krumnow/Sprißler/Bellavite-Hövermann* §§ 340i, j Rn. 11; WP-HdB I 2012 Kap. J Rn. 420.
[4] Vgl. *Krumnow/Sprißler/Bellavite-Hövermann* §§ 340i, j Rn. 41.

Jahres- und Konzernabschluss idR zeitgleich − folglich innerhalb der für den Jahresabschluss gem. § 26 Abs. 1 S. 1 KWG geltenden drei Monatsfrist − veröffentlicht werden.[5]

3   Handelt es sich um ein kapitalmarktorientiertes[6] Mutterunternehmen, ist nach Art. 4 der IAS-Verordnung der Konzernabschluss nach internationalen Rechnungslegungsvorschriften (IFRS) unter Beachtung der ergänzenden Anforderungen nach § 315e Abs. 1 aufzustellen.[7] Das in § 315e Abs. 3 eingeräumte Wahlrecht für alle übrigen nicht kapitalmarktorientierten Unternehmen, einen Konzernabschluss nach IFRS aufzustellen, erstreckt sich auf alle Institute, unabhängig von ihrer Rechtsform.

4   Auch sog. Holding-Gesellschaften, die ausschließlich Beteiligungen an anderen Unternehmen erwerben, verwalten und verwerten, haben nach § 340i Abs. 3 unabhängig von ihrer Rechtsform und Größe einen Konzernabschluss aufzustellen, sofern es sich bei den Tochterunternehmen ausschließlich oder überwiegend um Institute handelt.[8]

II. Anzuwendende Vorschriften

5   Bei der Aufstellung des Konzernabschlusses und des Konzernlageberichts sind die für alle Kapitalgesellschaften geltenden Vorschriften in §§ 290−315d zu beachten, soweit keine entgegenstehenden Bestimmungen in §§ 340i, 340j enthalten oder einzelne Vorschriften von der Anwendung ausgeschlossen sind (§ 340i Abs. 1 und 2). Zu den für alle Kapitalgesellschaften geltenden Vorschriften vgl. im Einzelnen Erläuterungen zu §§ 290−315d. Ferner sind nach § 37 RechKredV auf den Konzernabschluss für Institute die §§ 1−36 RechKredV bzw. die §§ 1−30 RechZahlV gem. § 31 RechZahlV entsprechend anzuwenden, soweit die Eigenart des Konzernabschlusses keine Abweichung bedingt. Das schließt insbesondere die Verwendung der in der RechKredV bzw. RechZahlV vorgesehenen Formblätter − unter Ergänzung konzernspezifischer Posten − mit ein.

6   Wird der handelsrechtliche Konzernabschluss entsprechend § 315e durch einen nach internationalen Rechnungslegungsvorschriften aufgestellten Konzernabschluss ersetzt, finden bis auf die in Abs. 2 S. 3−5 genannten Vorschriften die handelsrechtlichen Bestimmungen keine Anwendung auf den Konzernabschluss. Demnach ist ua § 315e für den Konzernabschluss von Instituten relevant, der die Beachtung der Konzernabschlussaufstellungspflicht (§§ 290−292 sowie § 315e Abs. 1), der Prüfungspflicht (§§ 316−324) und der Offenlegungspflicht (§ 325) fordert. Des Weiteren verlangt § 315e bei der Erstellung eines Konzernabschlusses nach IFRS die Anwendung von § 294 Abs. 3, der die Mitwirkungspflicht von Tochterunternehmen bei der Aufstellung eines Konzernabschlusses regelt (§ 297 Abs. 1a), der Angaben zur Firma, zum Sitz, zum Registergericht und zur Handelsregister-Nummer des Mutterunternehmens verlangt, die Aufnahme eines Bilanzeides nach § 297 Abs. 2 S. 4 und von § 298 Abs. 1 bezüglich Sprache, Währung und Unter-

---

[5] Vgl. *Krumnow/Sprißler/Bellavite-Hövermann* §§ 340i, j Rn. 41.

[6] Institute gelten als kapitalmarktorientiert iSd Art. 4 IAS-VO, wenn Wertpapiere des Unternehmens am Bilanzstichtag auf einem geregelten Markt eines beliebigen Mitgliedstaates gehandelt werden (vgl. Erläuterungen zu § 315e). Im Rahmen des BilMoG wurde die Definition Kapitalmarktorientierung in § 264d übernommen.

[7] Vgl. WP-HdB I 2012 Kap. J Rn. 433.

[8] Vgl. WP-HdB I 2012 Kap. J Rn. 421.

zeichnung des Konzernabschlusses. Außerdem sind einige Angabepflichten des Konzernanhangs (§ 313 Abs. 2 und 3 sowie § 314 Abs. 1 Nr. 4, 6, 8 und 9, Abs. 3) zu beachten.

Im Folgenden werden nur diejenigen Problemfelder bei der Aufstellung **7** des handelsrechtlichen Konzernabschlusses von Instituten angesprochen, bei denen Besonderheiten im Vergleich zum Konzernabschluss von Kapitalgesellschaften anderer Branchen zu beachten sind.

III. Von der Anwendung ausgeschlossene Vorschriften

1. Größenabhängige Befreiungen (§ 293). Die für Kapitalgesellschaf- **8** ten, die keine Institute sind, geltenden **größenabhängigen Befreiungen** nach § 293 finden bei Instituten gem. § 340i Abs. 2 S. 2 **keine Anwendung.** Ein Konzernabschluss ist damit in jedem Fall aufzustellen, sofern die Voraussetzungen des § 290 gegeben sind und darüber hinaus §§ 291–292 hinsichtlich eines befreienden Konzernabschlusses nicht zur Anwendung kommen.

2. Entsprechende Anwendung allgemeiner Jahresabschlussvor- 9 schriften auf den Konzernabschluss (§ 298 Abs. 1). Der generelle **Verweis auf den Jahresabschluss betreffende Vorschriften,** der für sonstige zur Erstellung eines Konzernabschlusses verpflichtete Unternehmen in § 298 Abs. 1 vorgenommen wird, ist für Institute durch die Bezugnahme in § 340i Abs. 2 S. 1 auf §§ 340a–340g ersetzt. Die Anwendung von für Nichtbanken geltenden Vorschriften findet durch die Einschränkungen in § 340a Abs. 1 und 2 ihre Grenze.

3. Anhangangaben zu Verbindlichkeiten mit einer Restlaufzeit von 10 mehr als fünf Jahren und zu durch Pfandrechte oder ähnliche Rechte gesicherten Verbindlichkeiten (§ 314 Abs. 1 Nr. 1). Im Konzernanhang der Institute ist ebenso wie im Anhang des Jahresabschlusses (vgl. Erläuterungen zu § 340d) eine im Vergleich zu Nichtbanken weiter reichende Aufgliederung der Restlaufzeiten vorzunehmen. Die den Konzernanhang anderer Kapitalgesellschaften betreffenden Vorschriften werden durch die institutsspezifischen Vorschriften in § 37 RechKredV iVm § 9 und § 35 Abs. 5 RechKredV bzw. in § 31 RechZahlV iVm § 7 RechZahlV verdrängt.

4. Aufgliederung der Umsatzerlöse nach Tätigkeitsbereichen und 11 geographisch bestimmten Märkten (§ 314 Abs. 1 Nr. 3). Wie im Jahresabschluss (vgl. Erläuterungen zu § 340a) wird die Anhangangabe zur Aufgliederung der Umsatzerlöse nach Tätigkeitsbereichen sowie nach geographisch bestimmten Märkten für Institute durch die Regelung in § 34 Abs. 2 Nr. 1 RechKredV bzw. § 28 Abs. 2 Nr. 1 RechZahlV ersetzt, die nach § 37 RechKredV bzw, § 31 RechZahlV auch auf den Konzernabschluss anzuwenden ist.

5. Anhangangabe zu von Mutter- und Tochterunternehmen ge- 12 währten Vorschüssen und Krediten an Organmitglieder sowie zugunsten dieser eingegangener Haftungsverhältnisse (§ 314 Abs. 1 Nr. 6 Buchst. c). An die Stelle der bei sonstigen Kapitalgesellschaften erforderlichen Angaben zu gewährten Vorschüssen und Krediten sowie eingegangener Haftungsverhältnisse zugunsten von Organmitgliedern tritt im Abschluss des Instituts eine eigenständige, in § 34 Abs. 2 Nr. 2 RechKredV bzw. § 28 Abs. 2 Nr. 2 RechZahlV geregelte Anhangangabe, die nach § 37 RechKredV bzw. § 31 RechZahlV auch im Konzernabschluss vorzunehmen ist. Danach müssen Institute die im Geschäftsjahr zurückgezahlten oder erlassenen Beträge nicht im Anhang angeben.[9]

13   **6. Angaben zu Erträgen und Aufwendungen von außergewöhnlicher Größenordnung oder außergewöhnlicher Bedeutung (§ 314 Abs. 1 Nr. 23).** Die Formblätter der RechKredV bzw. RechZahlV sind gem. § 37 RechKredV bzw. § 31 RechZahlV auch auf den Konzernabschluss anzuwenden und demzufolge sind außerordentliche Aufwendungen und Erträge gesondert in der Gewinn- und Verlustrechnung zu zeigen. Im Anhang ist der Posten gem. § 340a Abs. 2 S. 6 iVm § 340i Abs. 2 S. 1 hinsichtlich seines Betrags und seiner Art zu erläutern, soweit die ausgewiesenen Beträge für die Beurteilung der Ertragslage nicht von untergeordneter Bedeutung sind. Daneben sind die in den Posten enthaltenen wichtigsten Einzelbeträge, sofern sie für die Beurteilung des Jahresabschlusses nicht unwesentlich sind, gem. § 35 Abs. 1 Nr. 4 RechKredV iVm § 37 RechKredV bzw. § 29 Abs. 1 Nr. 3 Buchst. e und f RechZahlV iVm § 31 RechZahlV hinsichtlich der Beträge und ihrer Art zu erläutern. Eine zusätzliche Angabepflicht im Hinblick auf die in allen Aufwands- und Ertragsposten enthaltenen Aufwendungen und Erträge von außergewöhnlicher Größenordnung oder von außergewöhnlicher Bedeutung gem. § 314 Nr. 23 besteht nach § 340i Abs. 2 S. 2 nicht, um Doppelangaben zu vermeiden.

IV. Besonderheiten beim Konzernabschluss von Instituten

14   **1. Nichtinstitut als Mutterunternehmen iSv § 290 Abs. 1.** Grundsätzlich ist auch denkbar, dass ein **Institut als Tochterunternehmen** in den Konzernabschluss eines **Mutterunternehmens** einbezogen wird, welches selbst **kein Institut** ist. Von praktischer Bedeutung ist dieser Fall unter anderem bei **Allfinanzkonzernen,** die neben Kreditinstituten und Finanzdienstleistungsinstituten iSv § 1 Abs. 1 KWG und § 1a KWG insbesondere auch Versicherungen umfassen können.

15   Wenn es sich bei dem den Konzernabschluss aufstellenden Mutterunternehmen nicht um ein Institut handelt, besteht ein **Wahlrecht hinsichtlich der Beibehaltung von bankspezifischen Bilanzierungs- und Bewertungsvorschriften** im Konzernabschluss,[10] das für die Ansatzfrage in § 300 Abs. 2 S. 3, für die Bewertungsfrage in § 308 Abs. 2 S. 2 verankert ist (zur Bewertung → Rn. 27 ff.). Auf die Anwendung dieser Ausnahme ist jeweils im Anhang hinzuweisen, eine Darstellung der Auswirkungen ist nicht erforderlich.[11] In Verbindung mit der Ansatzfrage ist insbesondere ein nach § 340g gebildeter Fonds für allgemeine Bankrisiken bedeutsam.[12]

16   Hinsichtlich der **Gliederung des Konzernabschlusses** hat eine **Orientierung an der Bedeutung der in den Konzernabschluss einbezogenen Unternehmen** zu erfolgen. Überwiegen die Institute, wird der Konzern-

---

[9] Vgl. auch zu den Gründen *Krumnow/Sprißler/Bellavite-Hövermann* RechKredV § 34 Rn. 21.
[10] Vgl. *ADS* § 298 Rn. 212 sowie § 308 Rn. 37 ff.; *Krumnow/Sprißler/Bellavite-Hövermann* §§ 340i, j Rn. 80; *BeBiKo/Winkeljohann/Kroner* § 300 Rn. 52.
[11] Vgl. *BeBiKo/Winkeljohann/Kroner* § 300 Rn. 52.
[12] Vgl. *MüKoHGB/Böcking/Becker/Helke* §§ 340i, j Rn. 28 f.

abschluss unter Verwendung der von Instituten zu verwendenden Formblätter zu erstellen sein; dabei muss nicht der Geschäftszweig des Mutterunternehmens ausschlaggebend sein.[13] Ggf. sind die Formblätter über die konzernspezifischen Besonderheiten hinaus zu ergänzen bzw. zu modifizieren, so etwa, wenn Versicherungsunternehmen eine erhebliche Bedeutung innerhalb der einzubeziehenden Unternehmen haben.[14] Umgekehrt kann die bankspezifische Gliederung durch die allgemeinen Gliederungsvorschriften verdrängt werden, sofern die Institute innerhalb des Konzerns nur von untergeordneter Bedeutung sind.[15]

2. Befreiende Konzernabschlüsse und Konzernlageberichte iSv 17 **§§ 291–292.** Hinsichtlich der Anerkennung befreiender Konzernabschlüsse gelten für Institute die **gleichen Voraussetzungen wie für sonstige Kapitalgesellschaften** (vgl. im Detail Erläuterungen zu §§ 291 und 292). Insbesondere muss es sich bei dem Mutterunternehmen nicht zwingend um ein Institut handeln.[16]

3. Währungsumrechnung. Obwohl die Rechnungslegungsvorschriften 18 für Institute mit § 256a iVm § 340h (vgl. Erläuterungen zu § 340h) eine explizite Regelung zur Währungsumrechnung von Vermögensgegenständen und Schulden im Jahresabschluss enthalten, wird auf diese Vorschrift für Zwecke des Konzernabschlusses in Abs. 2 S. 1 kein Bezug genommen. Jedoch spricht einiges dafür, dass es sich dabei um ein redaktionelles Versehen im Gesetzgebungsprozess handelt, sodass für die **Umrechnung einzelner Vermögensgegenstände und Schulden** dennoch auf diese Vorschrift zurückgegriffen werden kann.[17] Dabei ist jedoch die Restriktion durch § 308 zu beachten, wonach die Bewertung nach den für das Mutterunternehmen anwendbaren Bewertungsmethoden einheitlich erfolgen muss. Die Umrechnung von **auf fremde Währung lautenden Abschlüssen** erfolgt gem. § 308a iVm § 340i Abs. 1 S. 1. Demnach sind auf eine fremde Währung lautende Aktiv- und Passivposten – mit Ausnahme des Eigenkapitals – zum Devisenkassamittelkurs am Abschlussstichtag (sog. Stichtagskurs) in Euro umzurechnen. Die Umrechnung des Eigenkapitals erfolgt zum historischen Kurs (§ 308a S. 1), für die Umrechnung von Posten der GuV ist der Durchschnittskurs zu verwenden (§ 308a S. 2).

4. Verzicht auf Konsolidierungsmaßnahmen in besonderen Fällen. 19 Ein Verzicht auf bestimmte Konsolidierungsmaßnahmen kann auf unterschiedliche Ursachen zurückzuführen sein. Aus Wirtschaftlichkeitsüberlegungen werden Unternehmen bei der Aufstellung des Konzernabschlusses unter anderem dann Erleichterungen eingeräumt, wenn die zusätzliche Information in keinem Verhältnis zu dem zusätzlichen Aufwand steht.[18] Diese **Erleichterungen** kommen etwa **durch die Nichteinbeziehung bestimmter Kon-**

---

[13] Vgl. *Krumnow/Sprißler/Bellavite-Hövermann* §§ 340i, j Rn. 100 f.; BeBiKo/*Winkeljohann/Deubert* § 298 Rn. 92 f.

[14] Vgl. *Ausschuß für Bilanzierung des BdB*, Bankbilanzrichtlinie-Gesetz 1993, 11; *Krumnow/Sprißler/Bellavite-Hövermann* §§ 340i, j Rn. 100 f.; WP-HdB I 2012 Kap. J Rn. 558.

[15] Vgl. BeBiKo/*Winkeljohann/Deubert* § 298 Rn. 92 f.

[16] Vgl. *Ausschuß für Bilanzierung des BdB*, Bankbilanzrichtlinie-Gesetz 1993, 12; *Krumnow/Sprißler/Bellavite-Hövermann* §§ 340i, j Rn. 25.

[17] Vgl. Beck HdR/*Schaber* C 810 Rn. 64 mit Verweis auf *Krumnow/Sprißler/Bellavite-Hövermann* §§ 340i, j Rn. 83; *Prahl/Naumann* WPg 1993, 235 (239).

[18] Vgl. *Krumnow/Sprißler/Bellavite-Hövermann* §§ 340i, j Rn. 103 f.

zernunternehmen oder den Verzicht auf Konsolidierungsmaßnahmen zum Ausdruck.[19] Im Folgenden wird der Verzicht auf Konsolidierungsmaßnahmen behandelt, soweit er in Verbindung mit Besonderheiten des Bankgeschäfts steht.

20   **a) Verzicht auf Einbeziehung in die Kapitalkonsolidierung.** Bei Instituten kann sich in stärkerem Maße als bei Unternehmen anderer Branchen das besondere Problem ergeben, dass Anteile an anderen Unternehmen sowohl zum Zweck einer dauerhaften Beteiligung als auch im Handelsbestand gehalten werden.[20] Nach dem Wortlaut von § 301 sind keine Ausnahmen hinsichtlich der zu konsolidierenden Anteile vorgesehen; in die Konsolidierung müssten demnach **grundsätzlich alle Anteile unabhängig vom Ausweis einbezogen** werden.[21] **Ausnahmen** hiervon sind **restriktiv zu handhaben;** so ist etwa eine pauschale Beschränkung auf wie Anlagevermögen bewertete Anteile in jedem Fall zu eng.[22] Allerdings spricht die fehlende Beteiligungsabsicht bei zum Zwecke der Weiterveräußerung gehaltenen Anteilen gegen eine Einbeziehung.[23] Im Ergebnis wird eine Einzelfallentscheidung unter Berücksichtigung der Tatsache zu treffen sein, dass der Gesetzgeber **keine Sonderregelung für Institute** vorgesehen hat, eine Nichteinbeziehung also nur in eng begrenzten Fällen in Frage kommen wird.

21   Bei **hybriden Finanzinstrumenten** (zB Wandelschuldverschreibungen, Optionsanleihen, Kapital ersetzende Darlehen) wird für Institute im Vergleich zu anderen Unternehmen regelmäßig das **Gläubigerrecht** stärker **im Vordergrund** stehen, sodass eine Konsolidierung ausscheidet.[24] Dabei ist jedoch im Einzelfall zu prüfen, ob das Mitgliedschaftsrecht so stark dominiert, dass eine Einbeziehung im Rahmen der Kapitalkonsolidierung gerechtfertigt erscheint.

22   **b) Besonderheiten im Rahmen der Zwischenergebniseliminierung.** Die Vielzahl von Handelsgeschäften ließe eine unter wirtschaftlichen Gesichtspunkten vertretbare Eliminierung für alle Geschäfte nicht zu. Ein Verzicht auf die Eliminierung kommt nach § 304 Abs. 2 nur in Frage, wenn sie für die Vermittlung eines den tatsächlichen Verhältnissen entsprechenden Bildes der Vermögens-, Finanz- und Ertragslage von untergeordneter Bedeutung ist (vgl. Erläuterungen zu § 304). Hierbei ist auf eine Gesamtbetrachtung abzustellen.[25]

23   **c) Verzicht auf Einbeziehung von Beteiligungen an Industrie- oder Handelsunternehmen als assoziierte Unternehmen.** Für Zwecke des Konzernabschlusses sind anteilmäßige Verbindungen zu anderen Unternehmen in unterschiedlicher Form zu berücksichtigen. Dabei nehmen **assoziierte Unternehmen** iSv § 311 eine **Zwischenstellung** zwischen denjenigen Beteiligungsunternehmen ein, die in vollem Umfang konsolidiert werden, und solchen, die mit den bloßen Anschaffungskosten der Beteiligung in die

---

[19] Vgl. die Übersicht bei *Krumnow/Sprißler/Bellavite-Hövermann* §§ 340i, j Rn. 104.

[20] Vgl. *Krumnow/Sprißler/Bellavite-Hövermann* §§ 340i, j Rn. 112.

[21] Vgl. *ADS* § 301 Rn. 11 ff.; BeBiKo/*Winkeljohann/Deubert* § 301 Rn. 11.

[22] Vgl. *Krumnow/Sprißler/Bellavite-Hövermann* §§ 340i, j Rn. 112 mwN.

[23] Vgl. *Krumnow/Sprißler/Bellavite-Hövermann* §§ 340i, j Rn. 112 mwN.

[24] Vgl. *Prahl/Naumann* WPg 1993, 235 (241); allg. einer Berücksichtigung bei der Konsolidierung ablehnend gegenüberstehend *ADS* § 301 Rn. 11; BeBiKo/*Winkeljohann/Deubert* § 301 Rn. 14.

[25] Vgl. *ADS* § 304 Rn. 142; BeBiKo/*Winkeljohann/Schellhorn* § 304 Rn. 61.

Konzernbilanz eingehen. Assoziierte Unternehmen werden hingegen mit dem anteiligen Eigenkapital (Equity-Methode) in den Konzernabschluss aufgenommen, sodass der Wertansatz auch über den Anschaffungskosten der Beteiligung liegen kann (vgl. Erläuterungen zu § 312). Voraussetzung für den Ausweis als assoziiertes Unternehmen ist die **Ausübung eines maßgeblichen Einflusses auf die Geschäfts- und Finanzpolitik** dieses Unternehmens durch ein Konzernunternehmen. Ebenso wie bei der Legaldefinition des Beteiligungsbegriffs in § 271 Abs. 1 besteht bei einer **20 % übersteigenden Anteilshöhe** die **(widerlegbare) Vermutung,** dass maßgeblicher Einfluss und damit ein **assoziiertes Unternehmen** vorliegt (§ 311 Abs. 1 S. 2). Trotz des identischen Prozentsatzes ist daraus aber keine Gleichsetzung von Beteiligung und assoziiertem Unternehmen abzuleiten. Assoziierte Unternehmen müssen bei nur untergeordneter Bedeutung gem. § 311 Abs. 2 nicht in den Konzernabschluss einbezogen werden. Zu weiteren Einzelheiten vgl. Erläuterungen zu §§ 311 f.

Ähnlich wie der Ausweis von Anteilen an Industrie- oder Handelsunter-   24
nehmen unter den Beteiligungen (vgl. Erläuterungen zu § 340c) ist auch bei der Einbeziehung von derartigen Beteiligungsunternehmen in den Konzernabschluss ein starkes **Bestreben der Institute** festzustellen, einen **Ausweis als assoziiertes Unternehmen zu vermeiden.**[26] Das ist zum einen darauf zurückzuführen, dass mit dem Ausweis als assoziiertes Unternehmen eine Vereinnahmung der anteiligen Gewinne und Verluste im Jahr der Entstehung verbunden ist.[27] Zum anderen wird der mit der Charakterisierung als assoziiertes Unternehmen verbundene **Einfluss auf Unternehmen anderer Branchen** als **nicht unproblematisch** angesehen.[28]

Außer Frage steht, dass bei zahlreichen Beteiligungen an Industrie- und   25
Handelsunternehmen der **Investmentcharakter im Vordergrund** steht und sich die Einflussnahme von Instituten auf eine **Überwachungsfunktion** beschränkt, die noch **kein hinreichendes Indiz** für das Vorliegen eines assoziierten Unternehmens darstellt.[29]

Was schließlich die Konsequenzen für die Ertragslage betrifft, so ist es   26
gerade der Zweck der Equity-Bewertung, ein im Vergleich zur Anschaffungswertmethode „zutreffenderes" Bild der Ertragslage zu vermitteln. Dieser Grundgedanke spricht insoweit – bei Vorliegen der weiteren Voraussetzungen – für eine Einbeziehung auch von Industrie- und Handelsunternehmen in den Bankkonzernabschluss als assoziierte Unternehmen.

5. Einheitliche Bewertung im Rahmen des Konzernabschlusses.   27
Die in § 308 geregelte einheitliche Bewertung als Ausdruck der Einheitstheorie ist auch auf den Konzernabschluss von Instituten anzuwenden. Dabei sind verschiedene Besonderheiten zu beachten. Sofern **ausländische Institute** in den Konzernabschluss einbezogen werden, ist zu berücksichtigen, dass insbesondere bei Wertpapierbeständen sich die im Ausland angewendeten Bewertungsmethoden grundlegend von den handelsrechtlich zulässigen unterscheiden können. Entsprechendes gilt nach deutschem Recht für nicht

---

[26] Vgl. *Krumnow/Sprißler/Bellavite-Hövermann* §§ 340i, j Rn. 194.

[27] Vgl. *Ausschuß für Bilanzierung des BdB*, Bankbilanzrichtlinie-Gesetz 1993, 18; *Krumnow/Sprißler/Bellavite-Hövermann* §§ 340i, j Rn. 194, sehen darin eine „in vielen Fällen deutliche Verzerrung der Darstellung der Ertragslage, die das Beteiligungsergebnis im Verhältnis zu dem Ergebnis aus dem operativen Bankgeschäft aufwertet".

[28] Vgl. ausf. Darstellung in MüKoHGB/*Böcking/Becker/Helke* §§ 340i, j Rn. 54 ff.

[29] Vgl. *Krumnow/Sprißler/Bellavite-Hövermann* §§ 340i, j Rn. 194.

bilanzwirksame Geschäfte mit derivativen Finanzinstrumenten,[30] auch wenn diese nicht unmittelbar unter den Wortlaut von § 308 Abs. 1 fallen. In diesen Fällen muss eine **Neubewertung der betreffenden Geschäfte für den Konzernabschluss** vorgenommen werden.[31]

28   Wenn **Versicherungsunternehmen** in einen Konzernabschluss einbezogen werden, den ein **Institut als Mutterunternehmen** aufstellt, können auf Grund von § 308 Abs. 2 S. 2 die geschäftszweigspezifischen Wertansätze des Versicherungsunternehmens beibehalten werden.[32] Dies betrifft allerdings ausschließlich Wertansätze, für die es keine Entsprechung innerhalb der für alle Kaufleute bzw. für Kapitalgesellschaften anderer Branchen geltenden Vorschriften gibt. Soweit es sich hingegen um eine Wahlrechtsausübung handelt, die nicht auf die ergänzenden Vorschriften für Versicherungsunternehmen zurückzuführen ist, muss die Bewertung an diejenige des Mutterunternehmens angepasst werden.[33] Auf die **Beibehaltung branchenspezifischer Wertansätze** ist nach § 308 Abs. 2 S. 2 Hs. 2 im Konzernanhang hinzuweisen; nähere Angaben über die abweichenden Bewertungsregeln oder gar betragsmäßige Angaben sind nicht erforderlich.[34]

29   Eine Anpassung in Richtung einheitlicher Bewertung ist ferner in jedem Fall erforderlich, wenn Institute in einen Konzernabschluss einbezogen werden, den ein Institut als Mutterunternehmen aufstellt.[35]

30   In der Konzernbilanz können **Bewertungswahlrechte neu ausgeübt** werden, soweit dies konzerneinheitlich geschieht.[36] Damit verbunden ist die Möglichkeit einer **eigenständigen Konzernbilanzpolitik.** Anknüpfungspunkte im Konzernabschluss der Institute stellen etwa die Länderrisikovorsorge, die Forderungsbewertung, die Zuordnung der Wertpapiere zu Anlagewertpapieren bzw. zur Liquiditätsreserve, die Ausübung oder Nichtausübung des Beibehaltungswahlrechts hinsichtlich Bewertungen sowie die Vorsorge für allgemeine Bankrisiken nach § 340 f.[37] Dabei ist jedoch die Angabe- und Begründungspflicht im Konzernanhang zu beachten, sofern die Bewertungsmethoden von den auf den Jahresabschluss des Mutterunternehmens angewandten abweichen (§ 308 Abs. 2 S. 4).

31   Zu den weiteren, nicht bankspezifischen Ausnahmen vom Grundsatz der einheitlichen Bewertung vgl. Erläuterungen zu § 308.

32   **6. Konzernanhang.** Für den Konzernanhang von Instituten gelten zunächst die allgemeinen Vorschriften zum Konzernanhang nach §§ 313, 314; ferner sind die zusätzlichen, in den Einzelvorschriften zur Konzernrechnungslegung (§§ 290 ff.) enthaltenen Angabepflichten zu beachten. Soweit diese nicht von der Anwendung durch Institute ausgeschlossen sind (→ Rn. 8 ff.), sind sie auch für Institute verpflichtender Bestandteil des Anhangs. Hinzu treten weitere **spezifische Konzernanhangangaben** auf

---

[30] Vgl. *Krumnow/Sprißler/Bellavite-Hövermann* §§ 340i, j Rn. 167; *Prahl/Naumann* WPg 1993, 235 (240).

[31] AA *Ausschuß für Bilanzierung des BdB*, Bankbilanzrichtlinie-Gesetz 1993, 16.

[32] Vgl. WP-HdB I 2012 Kap. J Rn. 558.

[33] Vgl. *Krumnow/Sprißler/Bellavite-Hövermann* §§ 340i, j Rn. 168.

[34] Vgl. *Krumnow/Sprißler/Bellavite-Hövermann* §§ 340i, j Rn. 170; BeBiKo/*Grottel/Huber* § 308 Rn. 27.

[35] Vgl. *Prahl/Naumann* WPg 1993, 235 (240); *Krumnow/Sprißler/Bellavite-Hövermann* §§ 340i, j Rn. 170; BeBiKo/*Grottel/Huber* § 308 Rn. 24.

[36] Vgl. BeBiKo/*Grottel/Huber* § 308 Rn. 24.

[37] Vgl. ausf. Darstellung in MüKoHGB/*Böcking/Becker/Helke* §§ 340i, j Rn. 28 ff.; WP-HdB I 2012 Kap. J Rn. 559.

Grund von § 340j sowie § 37 RechKredV bzw. § 31 RechZahlV. Aus Gründen der Übersichtlichkeit bietet es sich an, die besonderen Angaben von Instituten von den sonstigen Anhangangaben zu trennen.[38] Wie bei Kapitalgesellschaften anderer Branchen kann der Konzernanhang **33** mit dem Anhang des Mutterunternehmens gem. § 298 Abs. 2 zusammengefasst werden; dies setzt eine gemeinsame Offenlegung von Konzernabschluss und Jahresabschluss des Mutterunternehmens voraus.

7. Konzernlagebericht. Das HGB enthält grundsätzlich keine gesonder- **34** ten branchenspezifischen Vorschriften zur Aufstellung eines Konzernlageberichts für Institute. Es sind die Vorschriften der §§ 315–315d zu beachten. Analog zum Konzernanhang kann der Konzernlagebericht gem. § 315 Abs. 5, § 298 Abs. 2 mit dem Lagebericht des Mutterunternehmens zusammengefasst werden. Mit Inkrafttreten des CSRRLUmsG haben Institute für Geschäftsjahre, die nach dem 31.12.2016 beginnen, den Konzernlagebericht um eine **nichtfinanzielle Konzernerklärung** zu erweitern, sofern es sich bei dem Mutterunternehmen um ein Institut handelt und auf die in den Konzernabschluss einzubeziehenden Unternehmen die in Abs. 5 aufgeführten Merkmale zutreffen. Die Umsatzerlöse oder die Bilanzsumme müssen bei einer Konzernbetrachtung die in § 293 Abs. 1 geregelten Schwellenwerte überschreiten (§ 340i Abs. 5 S. 1 Nr. 1), wobei das Mutterunternehmen das Wahlrecht ausüben kann, die Überschreitung der Schwellenwerte nach der Methode gem. § 293 Abs. 1 S. 1 Nr. 1 oder Nr. 2 zu bestimmen. Daneben müssen die in den Konzernabschluss einzubeziehenden Unternehmen insgesamt im Jahresdurchschnitt mehr als 500 Arbeitnehmer beschäftigen (§ 340i Abs. 5 S. 1 Nr. 2). Die Regelungen der § 315b (§ 315b) und § 315c (§ 315c) sind entsprechend anzuwenden. Die nichtfinanzielle Konzernerklärung kann entweder als Teil des Konzernlageberichts oder ausgelagert in einem gesonderten nichtfinanziellen Konzernbericht veröffentlicht werden.[39] Falls sich das Institut für eine Darstellung im Konzernlagebericht entscheidet, besteht hier die Möglichkeit, die nichtfinanziellen Angaben entweder an verschiedenen Stellen des Konzernlageberichts zu integrieren oder sie in einem separaten Abschnitt des Konzernlageberichts zu bündeln.[40] Doppelangaben zu nichtfinanziellen Angaben können mittels Verweistechnik von der nichtfinanziellen Konzernerklärung hin zu anderen Stellen des Konzernlageberichts gem. Abs. 5 S. 3 vermieden werden. In der nichtfinanziellen Konzernerklärung ist neben einer kurzen Beschreibung des Geschäftsmodells zumindest auch auf Umwelt-, Arbeitnehmer- und Sozialbelange sowie die Achtung der Menschenrechte und Bekämpfung von Korruption und Bestechung einzugehen, sofern diese Angaben für das Verständnis des Geschäftsverlaufs, des Geschäftsergebnisses und der Lage des Instituts sowie der Auswirkungen der Geschäftstätigkeiten auf die nichtfinanziellen Aspekte erforderlich sind (§ 315c).

Handelt es sich beim Institut um ein Mutterunternehmen, das eine börsen- **35** notierte Aktiengesellschaft oder Kommanditgesellschaft auf Aktien iSd § 289f Abs. 1 oder Abs. 3 ist, hat es für den Konzern eine **Erklärung zur Unternehmensführung** zu erstellen und in einen gesonderten Abschnitt im Konzernlagebericht aufzunehmen (§ 340i Abs. 1 iVm § 315d). Es hat die Kon-

---

[38] Vgl. *Krumnow/Sprißler/Bellavite-Hövermann* §§ 340i, j Rn. 102.
[39] Vgl. *Böcking* DB 2017, M5.
[40] Vgl. *Kajüter* DB 2017, 618 (619).

zernerklärung zur Unternehmensführung um **Angaben zum Diversifikationskonzept** nach § 315d iVm § 289f Abs. 2 Nr. 6 zu ergänzen, wenn es in entsprechender Anwendung des § 267 Abs. 3 S. 1 und Abs. 4–5 als groß gilt (§ 340i Abs. 6). Die Diversitätsangaben umfassen neben einer Beschreibung des Diversitätskonzepts und seiner Ziele auch eine Erläuterung der Art und Weise der Umsetzung und der im Geschäftsjahr erreichten Ergebnisse.

V. Konzernzwischenabschlüsse

36   Bei einer Aufstellung von Konzernzwischenabschlüssen[41] zur Ermittlung von Konzernzwischenergebnissen iSv Art. 26 Abs. 2 der Verordnung (EU) Nr. 575/2013 sind die für den Konzernabschluss geltenden handelsrechtlichen Rechnungslegungsvorschriften anzuwenden (§ 340i Abs. 4 S. 1). Die Bestimmungen zur Ermittlung der bankaufsichtsrechtlichen Eigenmittel knüpfen also unmittelbar an die handelsrechtlichen Rechnungslegungsvorschriften an. Der Konzernzwischenabschluss zur Ermittlung von Konzernzwischenergebnissen iSd Art. 26 Abs. 2 iVm Art. 11 Verordnung (EU) Nr. 575/2013 ist einer prüferischen Durchsicht zu unterziehen. Allein der Informationsfunktion dienende Konzernzwischenberichte unterliegen dagegen keiner Pflicht zur prüferischen Durchsicht (§ 115 Abs. 5 S. 1 WpHG). Nach § 340i Abs. 4 S. 3 ist eine prüferische Durchsicht so durchzuführen, dass bei gewissenhafter Berufsausübung ein Widerspruch des Zwischenabschlusses in wesentlichen Belangen zu anzuwendenden Rechnungslegungsgrundsätzen ausgeschlossen werden kann. Der Abschlussprüfer hat das Ergebnis der prüferischen Durchsicht in einer Bescheinigung zusammenzufassen (§ 340a Abs. 4 S. 4).

§ 340j Einzubeziehende Unternehmen

Bezieht ein Kreditinstitut ein Tochterunternehmen, das Kreditinstitut ist, nach § 296 Abs. 1 Nr. 3 in seinen Konzernabschluß nicht ein und ist der vorübergehende Besitz von Aktien oder Anteilen dieses Unternehmens auf eine finanzielle Stützungsaktion zur Sanierung oder Rettung des genannten Unternehmens zurückzuführen, so hat es den Jahresabschluß dieses Unternehmens seinem Konzernabschluß beizufügen und im Konzernanhang zusätzliche Angaben über die Art und die Bedingungen der finanziellen Stützungsaktion zu machen.

Schrifttum: S. Schrifttum zu § 340.

1   **Tochterunternehmen auf Grund von finanziellen Stützungsaktionen.** Sofern die Voraussetzungen für die Einbeziehung eines Tochterunternehmens in den Konzernabschluss auf Grund von § 290 grundsätzlich gegeben sind, kann eine Einbeziehung nach § 296 Abs. 1 Nr. 3 unter anderem dann unterbleiben, wenn die Anteile des Tochterunternehmens **ausschließlich zum Zwecke ihrer Weiterveräußerung gehalten** werden.

2   Für Institute wird dieses Einbeziehungswahlrecht für diejenigen Fälle eigenständig geregelt, in denen einerseits die Einbeziehung unter Berufung auf § 296 Abs. 1 Nr. 3 unterbleibt und es sich andererseits um **Aktien oder Anteile eines Tochterunternehmens handelt, die im Rahmen einer**

---

[41] Vgl. zur Funktion von Zwischenabschlüssen Erläuterungen zu § 340a.

finanziellen Stützungsaktion zur Sanierung oder Rettung des Tochterunternehmens erworben wurden. Dabei greift die Vorschrift nur ein, wenn das **Tochterunternehmen Institut** ist. Sind diese Voraussetzungen erfüllt, so ist zunächst der Jahresabschluss des nicht in den Konzernabschluss einbezogenen Instituts dem Konzernabschluss beizufügen, sofern keine – uU auch gesetzeswidrige – Offenlegung des Jahresabschlusses erfolgt ist. Andernfalls reicht ein Hinweis auf den Ort der Offenlegung des Jahresabschlusses des Tochterunternehmens aus. Die Beifügungspflicht bezieht sich nur auf die Einreichung zum Handelsregister, nicht jedoch auf eine Veröffentlichung im Bundesanzeiger.[1]

Darüber hinaus sind die **Konditionen der finanziellen Stützungsaktion** 3 im Konzernanhang anzugeben. Der potenzielle Konflikt zwischen den Informationsinteressen der Adressaten des Konzernabschlusses und dem Schutzbedürfnis des sanierungsbedürftigen Instituts wird tendenziell zugunsten des Instituts zu lösen sein.[2]

Sechster Titel. Prüfung

§ 340k [Prüfung]

(1) [1]**Kreditinstitute haben unabhängig von ihrer Größe ihren Jahresabschluß und Lagebericht sowie ihren Konzernabschluß und Konzernlagebericht unbeschadet der Vorschriften der §§ 28 und 29 des Gesetzes über das Kreditwesen nach den Vorschriften des Dritten Unterabschnitts des Zweiten Abschnitts über die Prüfung prüfen zu lassen; § 318 Absatz 1a und § 319 Absatz 1 Satz 2 sind nicht anzuwenden.** [2]**Die Prüfung ist spätestens vor Ablauf des fünften Monats des dem Abschlußstichtag nachfolgenden Geschäftsjahrs vorzunehmen.** [3]**Der Jahresabschluß ist nach der Prüfung unverzüglich festzustellen.** [4]**Auf CRR-Kreditinstitute im Sinne des § 1 Absatz 3d Satz 1 des Kreditwesengesetzes, mit Ausnahme der in § 2 Absatz 1 Nummer 1 und 2 des Kreditwesengesetzes genannten Institute, sind die Vorschriften des Dritten Unterabschnitts des Zweiten Abschnitts nur insoweit anzuwenden, als nicht die Verordnung (EU) Nr. 537/2014 anzuwenden ist.**

(2) [1]**Ist das Kreditinstitut eine Genossenschaft oder ein rechtsfähiger wirtschaftlicher Verein, so ist die Prüfung abweichend von § 319 Abs. 1 Satz 1 von dem Prüfungsverband durchzuführen, dem das Kreditinstitut als Mitglied angehört, sofern mehr als die Hälfte der geschäftsführenden Mitglieder des Vorstands dieses Prüfungsverbands Wirtschaftsprüfer sind.** [2]**Hat der Prüfungsverband nur zwei Vorstandsmitglieder, so muß einer von ihnen Wirtschaftsprüfer sein.** [3]**§ 319 Abs. 2 und 3 sowie § 319a Abs. 1 sind auf die gesetzlichen Vertreter des Prüfungsverbandes und auf alle vom Prüfungsverband beschäftigten Personen, die das Ergebnis der Prüfung beeinflussen können, entsprechend anzuwenden; § 319 Abs. 3 Satz 1 Nr. 2 ist auf Mitglieder des Aufsichtsorgans des Prüfungsverbandes nicht anzuwenden, sofern sichergestellt ist, dass der Abschlussprüfer die Prüfung unabhängig von den Weisungen durch das Aufsichtsorgan durchführen kann.** [4]**§ 319 Absatz 1 Satz 3 und 4 gilt entsprechend mit der Maßgabe, dass der Prüfungsverband über einen Auszug hinsichtlich sei-**

---

[1] Vgl. WP-HdB I 2012 Kap. J Rn. 552.
[2] Vgl. *Krumnow/Sprißler/Bellavite-Hövermann* §§ 340i, j Rn. 68.

ner Eintragung nach § 40a der Wirtschaftsprüferordnung verfügen muss, bei erstmaliger Durchführung einer Prüfung nach Absatz 1 Satz 1 spätestens sechs Wochen nach deren Beginn. [5] Ist das Mutterunternehmen eine Genossenschaft, so ist der Prüfungsverband, dem die Genossenschaft angehört, unter den Voraussetzungen der Sätze 1 bis 4 auch Abschlußprüfer des Konzernabschlusses und des Konzernlageberichts.

(2a) [1] Bei der Prüfung des Jahresabschlusses der in Absatz 2 bezeichneten Kreditinstitute durch einen Prüfungsverband darf der gesetzlich vorgeschriebene Bestätigungsvermerk nur von Wirtschaftsprüfern unterzeichnet werden. [2] Die im Prüfungsverband tätigen Wirtschaftsprüfer haben ihre Prüfungstätigkeit unabhängig, gewissenhaft, verschwiegen und eigenverantwortlich auszuüben. [3] Sie haben sich insbesondere bei der Erstattung von Prüfungsberichten unparteiisch zu verhalten. [4] Weisungen dürfen ihnen hinsichtlich ihrer Prüfungstätigkeit von Personen, die nicht Wirtschaftsprüfer sind, nicht erteilt werden. [5] Die Zahl der im Verband tätigen Wirtschaftsprüfer muss so bemessen sein, dass die den Bestätigungsvermerk unterschreibenden Wirtschaftsprüfer die Prüfung verantwortlich durchführen können.

(3) [1] Ist das Kreditinstitut eine Sparkasse, so dürfen die nach Absatz 1 vorgeschriebenen Prüfungen abweichend von § 319 Abs. 1 Satz 1 von der Prüfungsstelle eines Sparkassen- und Giroverbands durchgeführt werden. [2] Die Prüfung darf von der Prüfungsstelle jedoch nur durchgeführt werden, wenn der Leiter der Prüfungsstelle die Voraussetzungen des § 319 Abs. 1 Satz 1 und 2 erfüllt; § 319 Abs. 2, 3 und 5, § 319a Absatz 1 und 2 sowie Artikel 5 Absatz 1, 4 Unterabsatz 1 und Absatz 5 der Verordnung (EU) Nr. 537/2014 sind auf alle vom Sparkassen- und Giroverband beschäftigten Personen, die das Ergebnis der Prüfung beeinflussen können, entsprechend anzuwenden. [3] Auf die Prüfungsstellen findet Artikel 5 der Verordnung (EU) Nr. 537/2014 keine Anwendung. [4] Außerdem muß sichergestellt sein, daß der Abschlußprüfer die Prüfung unabhängig von den Weisungen der Organe des Sparkassen- und Giroverbands durchführen kann. [5] Soweit das Landesrecht nichts anderes vorsieht, findet § 319 Absatz 1 Satz 3 und 4 mit der Maßgabe Anwendung, dass die Prüfungsstelle über einen Auszug hinsichtlich ihrer Eintragung nach § 40a der Wirtschaftsprüferordnung verfügen muss, bei erstmaliger Durchführung einer Prüfung nach Absatz 1 Satz 1 spätestens sechs Wochen nach deren Beginn.

(4) [1] Ist das Kreditinstitut eine Sparkasse, finden Artikel 4 Absatz 3 Unterabsatz 2 sowie die Artikel 16, 17 und 19 der Verordnung (EU) Nr. 537/ 2014 keine Anwendung. [2] Artikel 4 Absatz 3 Unterabsatz 1 sowie Artikel 10 Absatz 2 Buchstabe g der Verordnung (EU) Nr. 537/2014 finden auf alle vom Sparkassen- und Giroverband beschäftigten Personen, die das Ergebnis der Prüfung beeinflussen können, entsprechende Anwendung. [3] Auf die Prüfungsstellen finden Artikel 4 Absatz 2 und 3 Unterabsatz 1 sowie Artikel 10 Absatz 2 Buchstabe g der Verordnung (EU) Nr. 537/2014 keine Anwendung.

(5) [1] CRR-Kreditinstitute im Sinne des § 1 Absatz 3d Satz 1 des Kreditwesengesetzes, mit Ausnahme der in § 2 Absatz 1 Nummer 1 und 2 des Kreditwesengesetzes genannten Institute, haben, auch wenn sie nicht kapitalmarktorientiert im Sinn des § 264d sind, § 324 Absatz 1 und 2 anzuwenden, wenn sie keinen Aufsichts- oder Verwaltungsrat haben, der die Voraussetzungen des § 100 Absatz 5 des Aktiengesetzes erfüllen muss.

[2] Dies gilt für Sparkassen im Sinn des Absatzes 3 sowie sonstige landes-rechtliche öffentlich-rechtliche Kreditinstitute nur, soweit das Landes-recht nichts anderes vorsieht.

Schrifttum: S. Schrifttum zu § 340.

Übersicht

I. Prüfungspflicht und Prüfungsfrist

Die **Prüfungspflicht** besteht für Kreditinstitute **unabhängig von der** 1 **Rechtsform** und der Größe.[1] Insofern unterscheiden sich die Vorschriften für Kreditinstitute von denjenigen der nach § 316 prüfungspflichtigen Kapitalgesellschaften sowie der nach § 6 PublG prüfungspflichtigen übrigen Unternehmen. Insbesondere ist durch die Nichtanwendbarkeit von § 267 und die ausdrückliche Einstufung aller Kreditinstitute als große Kapitalgesellschaft (vgl. Erläuterungen zu § 340a) eine Befreiung kleiner Kapitalgesellschaften von der Prüfungspflicht ausgeschlossen. Somit können nach Abs. 1 S. 1 iVm § 319 Abs. 1 **nur Wirtschaftsprüfer oder Wirtschaftsprüfungsgesellschaften Abschlussprüfer** sein; die Prüfung kann nicht durch vereidigte Buchprüfer oder Buchprüfungsgesellschaften vorgenommen werden. **Finanzdienstleistungsinstitute** iSv § 1 Abs. 1a KWG sind, unabhängig von ihrer Größe und Rechtsform, nach den Vorschriften der §§ 316–324a zu prüfen. Dies gilt seit Inkrafttreten des ZDUG auch für die Zahlungsinstitute und E-Geld-Institute. Die analoge Anwendung der Prüfungsvorschriften ergibt sich aus § 340 Abs. 4 und 5. Auf **CRR-Kreditinstitute** iSd § 1 Abs. 3d S. 1 KWG, mit Ausnahme der Deutschen Bundesbank und der Kreditanstalt für Wiederaufbau, sind die Vorschriften zur Prüfung der §§ 316-324a nur insoweit anzuwenden, als nicht die Verordnung (EU) Nr. 537/2014 anzuwenden ist (Abs. 1 S. 4).[2]

Des Weiteren erstreckt sich die Prüfungspflicht auch auf als Institute gelten- 2 de Zweigniederlassungen von Unternehmen aus Drittstaaten iSv § 53 Abs. 1 KWG.[3] Hingegen besteht für Zweigniederlassungen aus EU-Staaten, aus Ver-

---

[1] Vgl. *Krumnow/Sprißler/Bellavite-Hövermann* Rn. 3; WP-HdB I 2012 Kap. J Rn. 594.

[2] Die Einfügung des Abs. 1 S. 4 durch das AReG dient, entsprechend § 317 Abs. 3a, der Klarstellung des Vorbehalts der Geltung der Verordnung (EU) Nr. 537/2014 für die in deren Anwendungsbereich fallenden Kreditinstitute. Vgl. BT-Drs. 18/7219, 51.

[3] Vgl. *Krumnow/Sprißler/Bellavite-Hövermann* Rn. 3.

tragsstaaten über den Europäischen Wirtschaftsraum und diesen gleichgestellten Staaten keine Prüfungspflicht; für diese Zweigniederlassungen beschränken sich die Verpflichtungen aus den Rechnungslegungsvorschriften für Kreditinstitute nach § 340 Abs. 1 S. 2 auf die Offenlegung der Rechnungslegungsunterlagen der Hauptniederlassung gem. § 340l Abs. 2.

3   Die **Prüfung** muss nach Abs. 1 S. 2 und 3 spätestens **vor Ablauf des fünften Monats des folgenden Geschäftsjahrs abgeschlossen** sein; die Feststellung des Jahresabschlusses hat unverzüglich daran anschließend zu erfolgen.

II. Besonderheiten bei der Prüfung von Instituten

4   Für die Prüfung von Instituten sind die für alle (prüfungspflichtigen) Kapitalgesellschaften geltenden Vorschriften zu beachten, soweit dem keine anderweitigen Vorschriften entgegenstehen. Bei CRR-Kreditinstituten geht die Verordnung (EU) Nr. 537/2014 den §§ 316–324a vor. Zu den allgemeinen Vorschriften vgl. §§ 316 ff.).

Im Folgenden werden nur bankspezifische Besonderheiten im Zusammenhang mit der Abschlussprüfung erläutert.

5   **1. Besonderheiten bei der Bestellung des Abschlussprüfers.** Die Bestellung des Abschlussprüfers ist über die allgemeinen Vorschriften in § 318 hinaus durch die bankaufsichtsrechtlichen Vorgaben in § 28 KWG reglementiert. So ist der im Regelfall von den Gesellschaftern bzw. der Hauptversammlung gewählte **Abschlussprüfer** gem. § 28 Abs. 1 S. 1 KWG unmittelbar **nach der Bestellung der BaFin anzuzeigen.** Daran schließt sich eine einmonatige Einspruchsfrist an, in der die BaFin die Bestellung eines anderen Prüfers verlangen kann (§ 28 Abs. 1 S. 2 KWG). Darüber hinaus kann die BaFin nach § 28 Abs. 1 S. 3 KWG den Wechsel des verantwortlichen Prüfungspartners iSv § 319a Abs. 1 S. 4 verlangen, wenn die vorangegangenen Prüfungen nicht den Prüfungszweck erfüllt haben und die bestellte Wirtschaftsprüfungsgesellschaft für die Prüfung in einem der beiden vorangegangenen Geschäftsjahre bestellt war. Eine Bestellung durch das Gericht am Sitz des Instituts erfolgt auf Antrag der BaFin, wenn der bestellte Prüfer nicht unverzüglich nach Ablauf des Geschäftsjahrs der BaFin angezeigt wurde, die Bestellung eines anderen Prüfers auf Verlangen der BaFin nicht unverzüglich erfolgte oder wenn es nicht zur Ausführung des Prüfungsauftrags durch den gewählten Prüfer kommt und das Kreditinstitut einen anderen Prüfer nicht unverzüglich bestellt hat (§ 28 Abs. 2 KWG).

6   Die besonderen Vorschriften des KWG zur Bestellung des Abschlussprüfers gelten nach § 28 Abs. 3 KWG nicht für Institute, die einem genossenschaftlichen Prüfungsverband angeschlossen sind oder durch die Prüfungsstelle eines Sparkassen- und Giroverbandes geprüft werden (dazu → Rn. 29 ff.).

7   Die Möglichkeit der **Verlängerung der Höchstlaufzeit des Prüfungsmandats** auf 20 bzw. 24 Jahre nach § 318 Abs. 1a ist für Institute ausgeschlossen (§ 340k Abs. 1 S. 1). CRR-Kreditinstitute, die in den Anwendungsbereich der Verordnung (EU) Nr. 537/2014 fallen, haben nach Art. 17 Abs. 1 eine normierte maximale Mandatsdauer von 10 Jahren. Die strengere

Regulierung trägt der besonderen Bedeutung von gesetzlichen Abschlussprüfungen dieser Institute für den Finanzmarkt Rechnung.[4]

2. Gegenstand der Prüfung. Zunächst sind gem. Abs. 1 S. 1 die Vor- **8** schriften über die Prüfung im Dritten Unterabschnitt des Zweiten Abschnitts (§§ 316–324a) zu beachten. Vgl. Erläuterungen zu §§ 316–324a; zum Gegenstand und Umfang der Prüfung insbesondere Erläuterungen zu § 317. Ferner wird in Abs. 1 S. 1 klargestellt, dass weiter gehende Prüfungspflichten, die aus § 29 KWG resultieren, durch die handelsrechtliche Verpflichtung zur Jahresabschlussprüfung unberührt bleiben.

3. Ergänzende Prüfungspflichten bei Instituten. Die Jahresabschluss- **9** prüfung bei Kreditinstituten ist durch eine **Erweiterung des Prüfungsumfangs und durch besondere Offenbarungsverpflichtungen der Bankenprüfer gegenüber der BaFin** und der Deutschen Bundesbank geprägt.[5]

Nach § 26 KWG ist der Jahresabschluss in den ersten drei Monaten des **10** neuen Geschäftsjahrs aufzustellen und zusammen mit dem Lagebericht der BaFin sowie der Deutschen Bundesbank einzureichen. Gleiches gilt für den festgestellten Jahresabschluss, der zusammen mit dem Bestätigungsvermerk bzw. einem Vermerk über die Versagung des Bestätigungsvermerks der BaFin und der Deutschen Bundesbank vorzulegen ist. Aus § 26 Abs. 3 S. 1 KWG ergibt sich für Institute eine unverzügliche Einreichungsfrist für aufgestellte Konzernabschlüsse und Konzernlageberichte, ein Zeitraum zur Aufstellung wird nicht vorgegeben. Für unter das ZAG fallende Institute enthält § 22 ZAG eine vergleichbare Regelung für den Jahres- und Konzernabschluss.

Die **Prüfungspflicht des Abschlussprüfers** erstreckt sich weiterhin auch **11** auf die **wirtschaftlichen Verhältnisse** iSv § 29 Abs. 1 S. 1 KWG – welche nach hM über die handelsrechtliche Prüfung der wirtschaftlichen Lage hinausgeht[6] – sowie die Einhaltung der in § 29 Abs. 1 S. 2 KWG aufgeführten **Anzeigepflichten und Anforderungen.** Unter den zu prüfenden Anforderungen fällt bspw. die Einhaltung der Bestimmungen über die besonderen organisatorischen Pflichten von Instituten, wie ein angemessenes und wirksames Risikomanagementsystem nach § 25a Abs. 1 S. 3 KWG. Die gesetzlichen Anforderungen werden durch Rechtsverordnungen konkretisiert.

Der Abschlussprüfer hat gem. § 29 Abs. 1 S. 2 Nr. 2 Buchst. c KWG zu **12** prüfen, ob das Institut als **zentrale Gegenpartei** seinen Verpflichtungen gemäß den Anforderungen der Verordnung (EU) Nr. 648/2012 über OTC-Derivate, zentrale Gegenparteien und Transaktionsregister **(OTC-VO)** nachkommt. Dazu gehören die Clearingpflicht (Art. 4 OTC-VO), die Meldepflicht (Art. 9 OTC-VO) und Risikominderungstechniken (Art. 11 OTC-VO). Bei zentralen Gegenparteien (CCP) erstreckt sich die Jahresabschlussprüfung zusätzlich auf die Einhaltung der Vorgaben aus der OTC-VO (§ 29 Abs. 1a KWG).

Der Abschlussprüfer hat gem. § 29 Abs. 1 S. 2 Nr. 2 Buchst. f KWG zu **13** prüfen, ob das Institut seinen Verpflichtungen gemäß den Anforderungen der Verordnung (EU) Nr. 909/2014 zur Verbesserung der Wertpapierlieferungen und -abrechnungen in der EU und über **Zentralverwahrer** (CSDR) nachkommt. Bei Zentralverwahrern erstreckt sich die Jahresabschlussprüfung zu-

---

[4] Vgl. BR-Drs. 635/15, 57.
[5] Vgl. Beck HdR/*Bieg/Waschbusch* B 900 Rn. 412.
[6] Vgl. Luz/Neus/Schaber/Schneider/Wagner/Weber/*Santarossa-Preisler/Schaber*, 3. Aufl. 2015, KWG § 29 Rn. 7.

sätzlich auf die Einhaltung der Vorgaben aus der CSDR (§ 29 Abs. 1 Buchst. b KWG).

14   Über die Einhaltung der **geldwäscherelevanten Vorschriften,** der Verpflichtungen nach der Verordnung (EG) Nr. 924/2009, der Verordnung (EU) Nr. 260/2012, der Verordnung (EU) 2015/847 sowie dem Zahlungskontengesetz ist gesondert zu berichten (§ 29 Abs. 2 S. 1 KWG). Der Abschlussprüfer hat zu beurteilen, ob die Institute angemessene Vorkehrungen zur Verhinderung von Geldwäsche und Terrorismusfinanzierung sowie von betrügerischen Handlungen zu Lasten des Instituts getroffen haben. Die sich aus dem Geldwäschegesetz obliegenden Pflichten werden für Institute konkretisiert und ergänzt durch institutsspezifische Regelungen zur Verhinderung von Geldwäsche, von Terrorismusfinanzierung und von betrügerischen Handlungen zum Nachteil der Institute in den §§ 25g–25m KWG. Zu den Prüfungspflichten gehören ferner die Prüfung der Einhaltung der Bestimmungen über die Führung einer Datei zwecks automatisierten Abrufs von Kontoinformationen seitens der BaFin (§ 24c KWG).

15   Nach § 29 Abs. 2 S. 2 KWG ist die Einhaltung der sog. **EU-Leerverkaufsverordnung** (Verordnung (EU) Nr. 236/2012) zu prüfen. Dabei hat der Prüfer die Einhaltung der Mitteilungs- und Veröffentlichungspflichten und sonstigen Anforderungen der Art. 5–10 und 12–14 Verordnung (EU) Nr. 236/2012 über Leerverkäufe und bestimmte Aspekte von Credit Default Swaps zu prüfen.

16   Bei einem Institut, das aufgefordert wurde, einen **Sanierungsplan** nach § 12 SAG (Sanierungs- und Abwicklungsgesetz) aufzustellen, hat der Prüfer auch zu prüfen, ob der Sanierungsplan die Voraussetzungen nach § 12 Abs. 1 sowie nach § 13 Abs. 1–4 SAG (Sanierungs- und Abwicklungsgesetz) erfüllt (§ 29 Abs. 1 S. 7 KWG).

17   Bei **Pfandbriefbanken** iSd § 1 Abs. 1 S. 1 Pfandbriefgesetz ist die Einhaltung der organisatorischen Anforderungen an die Verfahren und Systeme aus § 4 Abs. 4, den §§ 5, 16, 24, 26d, 27, 27a sowie 28 Pfandbriefgesetz zu prüfen (§ 29 Abs. 2 S. 5 KWG).

18   Der Abschlussprüfer hat nach § 29 Abs. 3 KWG eine **Anzeigepflicht gegenüber der BaFin und der Deutschen Bundesbank,**[7] sofern ihm während der Prüfung Tatsachen bekannt werden, welche

- die Einschränkung oder Versagung des Bestätigungsvermerks rechtfertigen,
- den Bestand des Instituts gefährden oder seine Entwicklung wesentlich beeinträchtigen können,
- die einen erheblichen Verstoß gegen die Vorschriften über die Zulassungsvoraussetzungen des Instituts oder die Ausübung einer Tätigkeit nach dem KWG oder
- schwerwiegende Verstöße der Geschäftsleiter gegen Gesetz, Satzung oder Gesellschaftsvertrag erkennen lassen.

19   Sofern das Kreditinstitut **Zwischenabschlüsse** zur Ermittlung von Zwischenergebnissen erstellt (vgl. Erläuterungen zu § 340a), sind diese gem. § 340a Abs. 3 iVm Art. 26 Buchst. a Verordnung (EU) Nr. 575/2013 durch den Abschlussprüfer einer prüferischen Durchsicht zu unterziehen. Die Regelungen für die Bestellung des Abschlussprüfers sind gem. § 340a Abs. 3 S. 2 analog anzuwenden.

---

[7] Vgl. Beck HdR/*Bieg/Waschbusch* B 900 Rn. 415, nennt diese Aufgabe des Abschlussprüfers zutreffend eine „Krisenwarnfunktion".

Bei Instituten, Zweigniederlassungen isd § 53b KWG und Zweigstellen **20** isd § 53 KWG, die das Depotgeschäft betreiben, ist auch die **Depotprüfung** Bestandteil der Abschlussprüfung (§ 29 Abs. 2 S. 3 KWG), sofern keine Prüfung nach § 89 Abs. 1 S. 2 WpHG (Prüfung der Meldepflichten und Verhaltensregeln) erfolgt.[8] Die Prüfungspflicht erstreckt sich gem. § 29 Abs. 2 S. 3 KWG auch auf die Einhaltung der Verpflichtungen und Bestimmungen von § 128 AktG (Mitteilungspflichten) und § 135 AktG (Ausübung des Stimmrechts).

Die Regelungen in § 29 Abs. 1 S. 5 und § 30 KWG räumen der BaFin das **21** Recht ein, konkrete Bestimmungen über Prüfungsinhalte bzw. Prüfungsschwerpunkte zu erlassen, die vom Abschlussprüfer im Rahmen der Jahresabschlussprüfung zu beachten sind. Schließlich stehen der BaFin besondere Prüfungsrechte nach §§ 44–44c KWG (sog. Sonderprüfung) zu.

III. Prüfungsbericht und Bestätigungsvermerk

Die Verpflichtung des Abschlussprüfers zur Erstellung eines Prüfungsberichts **22** ergibt sich aus dem auch für Kreditinstitute einschlägigen § 321. Vgl. zu Einzelheiten Erläuterungen zu § 321. Darüber hinaus ist der Inhalt des Prüfungsberichts bei Kreditinstituten und Finanzdienstleistungsinstituten auf Grundlage von § 29 Abs. 4 KWG – im Unterschied zum Prüfungsbericht bei anderen prüfungspflichtigen Kapitalgesellschaften – durch die Verordnung über die Prüfung der Jahresabschlüsse der Kreditinstitute und Finanzdienstleistungsinstitute sowie die darüber zu erstellenden Berichte **(Prüfungsberichtsverordnung – PrüfbV)**[9] vom 11.6.2015 (BGBl. 2015 I 930), zuletzt geändert am 18.12.2018 (BGBl. 2018 I 2626) weitergehend geregelt. Durch diese **Standardisierung des Prüfungsberichts** soll sichergestellt werden, dass der BaFin einheitliche Unterlagen zur Beurteilung der von den Instituten durchgeführten Bankgeschäfte (§ 29 Abs. 4 S. 1 KWG) vorliegen. Die PrüfbV enthält die nachfolgenden Vorschriften zum Mindestinhalt von Prüfungsberichten:

– Allgemeine Vorschriften (§§ 1–8 PrüfbV)
– Angaben zum Institut (§§ 9–10 PrüfbV)
– Aufsichtliche Vorgaben (§§ 11–30 PrüfbV)
– Angaben zum Kreditgeschäft (§§ 31–37 PrüfbV)
– Abschlussorientierte Berichterstattung (§§ 38–42 PrüfbV)
– Angaben zu Institutsgruppen, Finanzholding-Gruppen, gemischte Finanzholding-Gruppen, und Finanzkonglomeraten sowie Angaben in Konzernprüfungsberichten (§§ 43–50 PrüfbV)
– Sondergeschäfte (§§ 51–69 PrüfbV)
– Datenübersicht (§ 70 PrüfbV)
– Schlussvorschriften (§§ 71–72 PrüfbV).

Für die Berichterstattung im Rahmen des Prüfungsberichts gilt der Grund- **23** satz der Risikoorientierung und der Wesentlichkeit unter Berücksichtigung folgender Faktoren: Institutsgröße, Geschäftsumfang und Komplexität der betriebenen Geschäfte sowie Risikogehalt (§ 3 PrüfbV).

---

[8] Zu Einzelheiten der Depotprüfung vgl. Luz/Neus/Schaber/Schneider/Wagner/Weber/ *Santarossa-Preisler/Schaber*, 3. Aufl. 2015, KWG § 29 Rn. 39 ff.
[9] Für Institute isd § 1 Abs. 3 ZAG ist die Zahlungsinstituts-Prüfungsberichtsverordnung (ZahlPrüfbV) v. 15.10.2009, BGBl. 2009 I 3648, zuletzt geändert am 13.12.2018, BGBl. 2018 I 2468, zu beachten.

24   Ergänzt werden die Vorschriften der PrüfbV durch verschiedene Schreiben der BaFin, die sich mit Fragen des Prüfungsberichts befassen.[10]

25   Der Abschlussprüfer hat den **Prüfungsbericht** unverzüglich nach Beendigung der Prüfung der BaFin und der Deutschen Bundesbank **einzureichen** (vgl. § 26 Abs. 1 S. 3 KWG); Gleiches gilt für den Konzernprüfungsbericht (vgl. § 26 Abs. 3 S. 3 KWG). Sofern bei Genossenschaften oder bei Sparkassen die Prüfung durch einen genossenschaftlichen Prüfungsverband oder durch die Prüfungsstelle eines Sparkassen- und Giroverbandes durchgeführt wird, hat eine Einreichung nach § 26 Abs. 1 S. 4 KWG nur auf Anforderung zu erfolgen. Eine Einreichungspflicht durch den Prüfer besteht nach § 26 Abs. 2 KWG auch, wenn im Zusammenhang mit einer Sicherungseinrichtung eines Verbandes der Kreditinstitute eine zusätzliche Prüfung stattgefunden hat. **Auf Verlangen** der BaFin oder der Deutschen Bundesbank ist der Abschlussprüfer außerdem verpflichtet, den **Prüfungsbericht zu erläutern** und sonstige bei der Prüfung bekannt gewordene **Tatsachen mitzuteilen,** die **gegen eine ordnungsmäßige Durchführung der Geschäfte** des Instituts **sprechen** (§ 29 Abs. 3 S. 2 KWG).

26   Hinsichtlich des Bestätigungsvermerks ergeben sich keine Besonderheiten gegenüber dem Bestätigungsvermerk zum Jahresabschluss von Kapitalgesellschaften nach § 322.[11] Vgl. Erläuterungen zu § 322.

IV. Prüfungs- und Berichtspflichten bei Einzel- und Konzernabschlüssen nach IFRS

27   Sofern ein Jahres- oder Konzernabschluss nach IFRS erstellt wird, ist ein solcher Abschluss gleichermaßen nach den handelsrechtlichen Vorschriften auch prüfungspflichtig. Hierbei kann es sich um den für kapitalmarktorientierte Unternehmen zwingend und für die übrigen Kapitalgesellschaften wahlweise nach IFRS zu erstellenden Konzernabschluss unter Beachtung von § 315e oder einen für Offenlegungszwecke freiwillig nach IFRS erstellten Einzelabschluss handeln. Die Prüfungspflicht des Konzernabschlusses nach § 316 Abs. 2 ist auch auf die nach internationalen Rechnungslegungsvorschriften erstellten Konzernabschlüsse von Instituten anzuwenden; dies ergibt sich aus § 340i Abs. 2 S. 3 iVm § 315e (vgl. dazu Erläuterungen zu § 340i). Gleiches gilt für einen nach IFRS aufgestellten Einzelabschluss (§ 325 Abs. 2a), der nach § 324a ebenfalls der Prüfungspflicht unterliegt. Zudem sind institutsspezifische Besonderheiten des Einzelabschlusses zu beachten; vgl. dazu Erläuterungen zu § 340l.

28   Analog hat auch der Prüfungsbericht die sich aus der PrüfbV ergebenden inhaltlichen Vorgaben einzuhalten.

V. Abschlussprüfer bei Genossenschaften und Sparkassen

29   **1. Abschlussprüfer bei Genossenschaften.** Der in § 319 Abs. 1 S. 1 beschriebene Grundsatz, dass nur Wirtschaftsprüfer oder Wirtschaftsprüfungsgesellschaften Abschlussprüfer sein können, findet im Fall von **Genossenschaften** keine Anwendung (Abs. 2). Da solche Kreditgenossenschaften bereits gem. § 54 GenG verpflichtend einem **Prüfungsverband** angehören

---

[10] Vgl. WP-HdB I 2012 Kap. J Rn. 637.
[11] Vgl. MüKoHGB/*Böcking/Becker/Helke* Rn. 43.

müssen und durch diesen auf Grund von § 55 GenG zu prüfen sind, wird für genossenschaftliche Institute an diese Vorschrift angeknüpft.[12] Einer besonderen Bestellung des Abschlussprüfers bedarf es insoweit nicht.[13] Die Anerkennung der durchgeführten Prüfung ist jedoch nach Abs. 2 nur dann gegeben, wenn der Vorstand (geschäftsführende Mitglieder) des zuständigen Prüfungsverbands, in dem das zu prüfende Institut Mitglied ist, zu mehr als der Hälfte aus Wirtschaftsprüfern (bei nur zwei Vorstandsmitgliedern mindestens ein Wirtschaftsprüfer) besteht.

Die Anforderungen an die **Unabhängigkeit des Abschlussprüfers** ent- 30 sprechen denjenigen, die in § 319 Abs. 2 und 3 und § 319a Abs. 1 an Wirtschaftsprüfer und Wirtschaftsprüfungsgesellschaften in Verbindung mit der Pflichtprüfung von Kapitalgesellschaften gestellt werden (Abs. 2 S. 3). Während ein Wirtschaftsprüfer nach § 319 Abs. 3 S. 1 Nr. 2 bei Kapitalgesellschaften unter anderem dann nicht Abschlussprüfer sein darf, wenn er oder eine Person, mit der er seinen Beruf gemeinsam ausführt, gesetzlicher Vertreter, Aufsichtsratsmitglied oder Arbeitnehmer der zu prüfenden Kapitalgesellschaft oder eines Unternehmens ist, das mit der zu prüfenden Kapitalgesellschaft verbunden ist oder von dieser mehr als 20 % der Anteile besitzt, gilt dieser Ausschlussgrund für die Mitglieder des Aufsichtsorgans eines genossenschaftlichen Prüfungsverbandes dann nicht, wenn die Unabhängigkeit des Abschlussprüfers von den Weisungen des Aufsichtsorgans sichergestellt ist (Abs. 2 S. 3). Die Anforderungen nach § 319 Abs. 1 S. 3 und 4 gelten entsprechend mit der Maßgabe, dass der Prüfungsverband über einen Auszug hinsichtlich seiner Eintragung nach § 40a WPO verfügen muss; bei erstmaliger Durchführung einer Prüfung spätestens sechs Wochen nach deren Beginn (Abs. 2 S. 4).[14] Sofern die zu prüfende Genossenschaft zugleich Konzernmutter ist, so ist der Prüfungsverband auch Abschlussprüfer des Konzernabschlusses und des Konzernlageberichts (Abs. 2 S. 5). Gem. Abs. 2a hat die Unterzeichnung des Bestätigungsvermerks bei der Prüfungsdurchführung durch einen Prüfungsverband nur durch einen Wirtschaftsprüfer zu erfolgen.

2. Abschlussprüfer bei Sparkassen. Für die **Abschlussprüfung von** 31 **Sparkassen** kommen vergleichbare Besonderheiten wie bei Genossenschaften zum Tragen. Wiederum besteht die Möglichkeit, dass die Jahresabschlussprüfung nicht durch einen Wirtschaftsprüfer oder eine Wirtschaftsprüfungsgesellschaft iSv § 319 Abs. 1 S. 1, sondern durch die **Prüfungsstelle eines Sparkassen- und Giroverbands** durchgeführt wird (Abs. 3 S. 1). Bei einer Prüfung durch die Prüfungsstelle muss der Leiter der Prüfungsstelle nach Abs. 3 S. 2 die Voraussetzungen des § 319 Abs. 1 S. 1 und 2 erfüllen, wonach es sich um einen Wirtschaftsprüfer handeln muss. Zudem haben alle vom Sparkassen- und Giroverband beschäftigten Personen, die das Ergebnis der Prüfung beeinflussen könnten, die Ausschlussgründe von § 319 Abs. 2, 3 und 5, § 319a Abs. 1 und 2 sowie Art. 5 Abs. 1, 4 UAbs. 1 und Abs. 5 Verordnung (EU) Nr. 537/2014 entsprechend einzuhalten. Auf die Prüfungs-

---

[12] Vgl. *Krumnow/Sprißler/Bellavite-Hövermann* § 340k Rn. 13.

[13] Vgl. MüKoHGB/*Böcking/Becker/Helke* Rn. 13.

[14] Mit Inkrafttreten des APAReG wird § 319 Abs. 1 S. 3 neu gefasst und S. 4 eingefügt. § 340k Abs. 2 S. 4 wird als entsprechende Folgeänderung unter Berücksichtigung der Besonderheiten der Abschlussprüfung durch genossenschaftliche Prüfungsverbände eingefügt. Vgl. BT-Drs. 18/6907, 115.

stellen findet Art. 5 Verordnung (EU) Nr. 537/2014 keine Anwendung (Abs. 3 S. 3). Die von der Verordnung aufgestellten Unabhängigkeitsanforderungen richten sich nicht an die Prüfungsstellen der Sparkassen- und Giroverbände, sondern an die von den Verbänden beschäftigten Personen, die das Ergebnis der Prüfung beeinflussen können.[15] Schließlich ist die Unabhängigkeit des Abschlussprüfers dadurch sicherzustellen, dass er nicht den Weisungen des Sparkassen- und Giroverbands unterliegt (Abs. 3 S. 4).

32   Soweit das Landesrecht nichts anderes bestimmt, muss die Prüfungsstelle über einen Auszug hinsichtlich ihrer Eintragung nach § 40a WPO verfügen; bei erstmaliger Durchführung einer Prüfung spätestens sechs Wochen nach deren Beginn (§ 340k Abs. 3 S. 5 iVm § 319 Abs. 1 S. 3 und 4).

33   Eine Pflicht zur externen Rotation ist mit dem gesetzlichen Dauermandat zur Prüfung von Sparkassen unvereinbar, demzufolge werden Sparkassen nach § 340k Abs. 4 von der verpflichtenden externen Rotation ausgenommen.[16] Ferner können die europäischen Vorgaben zur Entscheidung des Prüfungsausschusses über die Weiterführung der Abschlussprüfung im Falle der relativ hohen finanziellen Abhängigkeit von einem Mandanten, zur Ausschreibung und Abberufung aufgrund der verpflichtenden Mitgliedschaft in einem landesgesetzlich vorgegebenen Sparkassenverband, der die zuständige Prüfungseinrichtung enthält, keine Anwendung auf die Prüfung von Sparkassen finden.[17]

VI. Prüfungsausschuss

34   CRR-Kreditinstitute iSd § 1 Abs. 3d S. 1 KWG, mit Ausnahme der Deutschen Bundesbank und der Kreditanstalt für Wiederaufbau, sind nach Abs. 5 zur Bildung eines Prüfungsausschusses nach § 324 Abs. 1 und 2 verpflichtet, wenn sie keinen Aufsichts- oder Verwaltungsrat implementiert haben, der die Anforderungen von § 100 Abs. 5 AktG erfüllt, auch wenn sie nicht kapitalmarktorientiert nach § 264d sind. Jedes Unternehmen von öffentlichem Interesse muss gemäß der Abschlussprüferrichtlinie grundsätzlich einen Prüfungsausschuss haben.[18] Für die Vorgaben für das einzelne Prüfungsausschussmitglied können die Regelungen des § 25d KWG herangezogen werden.[19] Abs. 5 S. 2 enthält eine Öffnungsklausel für Sparkassen und sonstige landesrechtliche Kreditinstitute, welche erforderlich ist, um einen Eingriff in die Gesetzgebungskompetenz der Länder im Bereich des Sparkassen-Organisationsrechts zu vermeiden, wobei jedoch die landesrechtlichen Vorschriften ebenfalls den Anforderungen der Abschlussprüferrichtlinie entsprechen müssen.[20]

---

[15] Vgl. BT-Drs. 18/7219, 51.
[16] Vgl. BT-Drs. 18/7219, 51.
[17] Vgl. BT-Drs. 18/7219, 51.
[18] Vgl. BT-Drs. 18/7219, 52.
[19] Vgl. BT-Drs. 18/7219, 52.
[20] Vgl. BR-Drs. 16/12407, 123.

Siebenter Titel. Offenlegung

§ 3401 [Offenlegung]

(1) [1]Kreditinstitute haben den Jahresabschluß und den Lagebericht sowie den Konzernabschluß und den Konzernlagebericht und die anderen in § 325 bezeichneten Unterlagen nach § 325 Abs. 2 bis 5, §§ 328, 329 Abs. 1 und 4 offenzulegen. [2]Kreditinstitute, die nicht Zweigniederlassungen sind, haben die in Satz 1 bezeichneten Unterlagen außerdem in jedem anderen Mitgliedstaat der Europäischen Gemeinschaft und in jedem anderen Vertragsstaat des Abkommens über den Europäischen Wirtschaftsraum offenzulegen, in dem sie eine Zweigniederlassung errichtet haben. [3]Die Offenlegung nach Satz 2 richtet sich nach dem Recht des jeweiligen Mitgliedstaats oder Vertragsstaats.

(2) [1]Zweigniederlassungen im Geltungsbereich dieses Gesetzes von Unternehmen mit Sitz in einem anderen Staat haben die in Absatz 1 Satz 1 bezeichneten Unterlagen ihrer Hauptniederlassung, die nach deren Recht aufgestellt und geprüft worden sind, nach § 325 Abs. 2 bis 5, §§ 328, 329 Abs. 1, 3 und 4 offenzulegen. [2]Unternehmen mit Sitz in einem Drittstaat im Sinn des § 3 Abs. 1 Satz 1 der Wirtschaftsprüferordnung, deren Wertpapiere im Sinn des § 2 Absatz 1 des Wertpapierhandelsgesetzes an einer inländischen Börse zum Handel am regulierten Markt zugelassen sind, haben zudem eine Bescheinigung der Wirtschaftsprüferkammer gemäß § 134 Abs. 2a der Wirtschaftsprüferordnung über die Eintragung des Abschlussprüfers oder eine Bestätigung der Wirtschaftsprüferkammer gemäß § 134 Abs. 4 Satz 8 der Wirtschaftsprüferordnung über die Befreiung von der Eintragungsverpflichtung offenzulegen. [3]Satz 2 ist nicht anzuwenden, soweit ausschließlich Schuldtitel im Sinne des § 2 Absatz 1 Nummer 3 des Wertpapierhandelsgesetzes

1. mit einer Mindeststückelung zu je 100 000 Euro oder einem entsprechenden Betrag anderer Währung an einer inländischen Behörde zum Handel am regulierten Markt zugelassen sind oder

2. mit einer Mindeststückelung zu je 50 000 Euro oder einem entsprechenden Betrag anderer Währung an einer inländischen Börse zum Handel am regulierten Markt zugelassen sind und diese Schuldtitel vor dem 31. Dezember 2010 begeben worden sind.

[4]Zweigniederlassungen im Geltungsbereich dieses Gesetzes von Unternehmen mit Sitz in einem Staat, der nicht Mitglied der Europäischen Gemeinschaft und auch nicht Vertragsstaat des Abkommens über den Europäischen Wirtschaftsraum ist, brauchen auf ihre eigene Geschäftstätigkeit bezogene gesonderte Rechnungslegungsunterlagen nach Absatz 1 Satz 1 nicht offenzulegen, sofern die nach den Sätzen 1 und 2 offenzulegenden Unterlagen nach einem an die Richtlinie 86/635/EWG angepaßten Recht aufgestellt und geprüft worden oder den nach einem dieser Rechte aufgestellten Unterlagen gleichwertig sind. [5]Die Unterlagen sind in deutscher Sprache einzureichen. [6]Soweit dies nicht die Amtssprache am Sitz der Hauptniederlassung ist, können die Unterlagen der Hauptniederlassung auch

1. in englischer Sprache oder

2. in einer von dem Register der Hauptniederlassung beglaubigten Abschrift oder,

3. wenn eine dem Register vergleichbare Einrichtung nicht vorhanden oder diese nicht zur Beglaubigung befugt ist, in einer von einem Wirt-

schaftsprüfer bescheinigten Abschrift, verbunden mit der Erklärung, dass entweder eine dem Register vergleichbare Einrichtung nicht vorhanden oder diese nicht zur Beglaubigung befugt ist,

eingereicht werden; von der Beglaubigung des Registers ist eine beglaubigte Übersetzung in deutscher Sprache einzureichen.

(3) § 339 ist auf Kreditinstitute, die Genossenschaften sind, nicht anzuwenden.

(4) Macht ein Kreditinstitut von dem Wahlrecht nach § 325 Absatz 2a Satz 1 Gebrauch, sind § 325 Absatz 2a Satz 3 und 5 mit folgenden Maßgaben anzuwenden:

1. Die in § 325 Abs. 2a Satz 3 genannten Vorschriften des Ersten Unterabschnitts des Zweiten Abschnitts des Dritten Buchs sind auch auf Kreditinstitute anzuwenden, die nicht in der Rechtsform einer Kapitalgesellschaft betrieben werden.
2. § 285 Nummer 8 Buchstabe b findet keine Anwendung; der Personalaufwand des Geschäftsjahrs ist jedoch im Anhang zum Einzelabschluss nach § 325 Abs. 2a gemäß der Gliederung nach Formblatt 3 im Posten Allgemeine Verwaltungsaufwendungen Unterposten Buchstabe a Personalaufwand der Kreditinstituts-Rechnungslegungsverordnung in der Fassung der Bekanntmachung vom 11. Dezember 1998 (BGBl. I S. 3658) in der jeweils geltenden Fassung, sofern diese Angaben nicht gesondert in der Gewinn- und Verlustrechnung erscheinen.
3. An Stelle des § 285 Nr. 9 Buchstabe c gilt § 34 Abs. 2 Nr. 2 der Kreditinstituts-Rechnungslegungsverordnung in der Fassung der Bekanntmachung vom 11. Dezember 1998 (BGBl. I S. 3658) in der jeweils geltenden Fassung.
4. Für den Anhang gilt zusätzlich die Vorschrift des § 340a Abs. 4.
5. Im Übrigen finden die Bestimmungen des Zweiten bis Vierten Titels dieses Unterabschnitts sowie der Kreditinstituts-Rechnungslegungsverordnung keine Anwendung.

Schrifttum: S. Schrifttum zu § 340.

I. Umfang der Offenlegung und Offenlegungsfrist

1   Form und Umfang der handelsrechtlichen Offenlegung von Instituten (→ § 340 Rn. 18 f.)[1] ist in § 340l geregelt. Die von Instituten zu beachtenden Offenlegungsvorschriften knüpfen weitgehend an die für (andere) Kapitalgesellschaften geltenden Regelungen in §§ 325–329 an.[2] Jedoch finden die **Erleichterungen für kleine und mittelgroße Kapitalgesellschaften** nach §§ 326 f. in dieser Form **keine Anwendung**.[3] Folglich hat eine Offenlegung von Instituten grundsätzlich rechtsform- und größenunabhängig zu erfolgen.[4]

---

[1] Durch das Zahlungsdiensteumsetzungsgesetz (ZDUG) v. 25.6.2009 wurde § 340 Abs. 5 im HGB eingefügt. Die Regelungen für Kreditinstitute sind somit auch auf Institute iSd § 1 Abs. 3 ZAG anzuwenden. Gem. § 1 Abs. 3 ZAG sind Institute iSd ZAG Zahlungsinstitute und E-Geld-Institute. Zahlungsinstitute und E-Geld-Institute haben für die Rechnungslegung neben die für Kreditinstitute geltenden §§ 340 ff. auch die RechZahlV zu beachten (§ 340 Abs. 5 HGB iVm § 1 RechZahlV).

[2] Vgl. Beck HdR/*Bieg/Waschbusch* B 900 Rn. 418; *Krumnow/Sprißler/Bellavite-Hövermann* § 340l Rn. 2.

[3] Vgl. *Krumnow/Sprißler/Bellavite-Hövermann* § 340l Rn. 7.

[4] Vgl. Beck HdR/*Bieg/Waschbusch* B 900 Rn. 418.

Die Publizität auf Grundlage von § 340l iVm § 325 umfasst[5]   2
- den Jahresabschluss und Lagebericht,
- den Konzernabschluss und Konzernlagebericht,
- Bilanzeid (soweit notwendig),
- Bestätigungsvermerk oder Vermerk über dessen Versagung,
- den Bericht des Aufsichtsrats, sofern ein solcher zu erstellen ist,
- den Beschluss über die Ergebnisverwendung; falls im Jahresabschluss bzw. Konzernabschluss nur der Vorschlag für die Ergebnisverwendung enthalten ist,[6] und
- die Erklärung zum Corporate Governance Kodex nach § 161 AktG (soweit notwendig).

Hinzu treten ggf. erforderliche Änderungen auf Grund von nachträglicher 3 Prüfung oder Feststellung, die ebenfalls offenzulegen sind.

Die Offenlegung hat grundsätzlich nach dem in § 325 Abs. 2 für Kapital- 4 gesellschaften vorgesehenen Verfahren zu erfolgen. Die offenzulegenden Unterlagen sind demnach unverzüglich nach Einreichung im Bundesanzeiger bekannt zu machen.

Die **Offenlegungsfrist** bestimmt sich auch für Institute jeglicher Rechts- 5 form nach § 325 Abs. 1a S. 1, wonach die Offenlegung **spätestens vor Ablauf des zwölften Monats des neuen Geschäftsjahrs** zu erfolgen hat. Im Falle eines kapitalmarktorientierten Unternehmens, das keine Kapitalgesellschaft isv § 327a ist, verkürzt sich die Offenlegungsfrist auf vier Monate (§ 325 Abs. 4 S. 1). Maßgebend ist nach § 325 Abs. 4 S. 2 nicht der Zeitpunkt der tatsächlichen Veröffentlichung, sondern der Zeitpunkt der Einreichung beim Bundesanzeiger. Zu Besonderheiten bei Genossenschaften → Rn. 12. Von diesen handelsrechtlichen Offenlegungsfristen bleibt die Verpflichtung zur Vorlage bei der Deutschen Bundesbank und der BaFin gem. § 26 KWG bzw. § 22 ZAG unberührt. Der Prüfungsbericht des Abschlussprüfers ist nach § 325 nicht offenlegungspflichtig, § 26 Abs. 1 S. 3 KWG bzw. § 22 Abs. 1 S. 3 ZAG beinhaltet jedoch eine Einreichungspflicht bei der BaFin und der Deutschen Bundesbank.

Hinsichtlich der weiteren bei der Offenlegung zu beachtenden Anforde- 6 rungen vgl. Erläuterungen zu §§ 325, 328 und 329.

Falls **Zwischenabschlüsse** zur Ermittlung von Zwischenergebnissen iSd 7 isv Art. 26 Abs. 2 der Verordnung (EU) Nr. 575/2013 erstellt werden (vgl. Erläuterungen zu § 340a), sind diese **nicht** nach § 340l **offenzulegen.**

Institute mit Sitz in Deutschland, die selbst keine Zweigniederlassung sind, 8 jedoch in einem EU-Mitgliedsland eine Zweigniederlassung unterhalten, haben nach Abs. 1 S. 2 und 3 unter Beachtung jeweils landesspezifischer Offenlegungspflichten die in → Rn. 2 aufgezählten offenlegungspflichtigen Unterlagen offenzulegen.[7]

---

[5] Vgl. *Bieg*, Bankbilanzierung nach HGB und IFRS, 3. Aufl. 2017, 1005.

[6] Vgl. *Oser/Orth/Wirtz* DB 2014, 1877 (1883). Der Vorschlag für die Verwendung des Ergebnisses oder der Beschluss über seine Verwendung ist nach § 285 Nr. 34 Bestandteil des Anhangs. Regelmäßig wird zum Zeitpunkt der Aufstellung des Jahresabschlusses der endgültige Beschluss über die Gewinnverwendung noch nicht vorliegen. In diesem Fall ist der Beschluss nach § 325 Abs. 1b S. 2 unverzüglich nach seinem Vorliegen offenzulegen. Vgl. BT-Drs. 18/4050, 78.

[7] Vgl. MüKoHGB/*Böcking/Becker/Helke* Rn. 3.

II. Offenlegung bei Zweigniederlassungen

9 **1. Offenlegungsvorschriften für deutsche Zweigniederlassungen von Unternehmen mit Sitz in einem anderen Staat des Europäischen Wirtschaftsraums.** Zweigniederlassungen von Unternehmen mit Sitz in einem anderen Staat des Europäischen Wirtschaftsraums isv § 53b Abs. 1 S. 1 und Abs. 7 KWG unterliegen nach § 340 Abs. 1 S. 2 nur der Anwendung von § 340l Abs. 2 und 3 der institutsspezifischen Vorschriften für Institute (§§ 340 ff.). Eine Offenlegungspflicht besteht demnach nur für die Unterlagen der Hauptniederlassung – aufgestellt und geprüft nach den Regelungen des jeweiligen Staates – jedoch nicht für die Rechnungslegungsunterlagen der Zweigniederlassung.[8] Form und Umfang der offenlegungspflichtigen Unterlagen (Aufzählung in → Rn. 2) ergeben sich gem. Abs. 2 S. 1 aus Abs. 1 S. 1. Die Einreichung der Unterlagen hat nicht zwingend in deutscher Sprache zu erfolgen, sofern die Hauptniederlassung eine abweichende Amtssprache verwendet (Abs. 2 S. 6).

10 **2. Offenlegungsvorschriften für deutsche Zweigniederlassungen von Unternehmen mit Sitz in einem Drittstaat.** In Abs. 2 S. 2 ist eine Offenlegungserleichterung für Zweigniederlassungen für Unternehmen aus **Drittstaaten**[9] enthalten, da diese in bestimmen Fälle nicht eigenständige Rechnungslegungsunterlagen für die Zweigstellen, sondern die der Hauptniederlassung offenlegen müssen.[10] Eine Einschränkung der Offenlegungserleichterung erfolgt durch Abs. 2 S. 2 dahingehend, dass der Jahresabschlussprüfer einer in Deutschland kapitalmarktorientierten Hauptniederlassung aus Drittländern grds. nach § 134 WPO in das Berufsregister eingetragen sein muss und die Bescheinigung der Wirtschaftsprüferkammer über die Eintragung bzw. eine vorliegende Befreiung für die Eintragungspflicht ebenfalls offenlegungspflichtig ist. Die Offenlegungspflicht über die Bescheinigung entfällt, sofern vom Unternehmen mit Hauptsitz im Drittland nur Schuldtitel an einer inländischen Börse zum Handel am regulierten Markt mit einer Mindeststückelung zu je 50.000 Euro oder einem entsprechenden Betrag anderer Währung zugelassen sind und diese Schuldtitel vor dem 31.12.2010 begeben worden sind oder wenn die emittierten Schuldtitel an einer inländischen Behörde zum Handel am regulierten Markt zugelassen sind und eine Mindeststückelung zu je 100.000 Euro oder einen entsprechenden Betrag in Fremdwährung aufweisen (Abs. 2 S. 3). Bei der ordnungsgemäßen Offenlegung der durch einen gem. § 134 WPO eingetragenen Prüfer geprüften Unterlagen für die Hauptniederlassung ist eine Offenlegung der Unterlagen für die Zweigniederlassung nicht erforderlich.[11]

11 **3. Offenlegungsvorschriften für deutsche Zweigniederlassungen von Unternehmen mit Sitz in einem Staat außerhalb des Europäischen Wirtschaftsraums.** Deutsche Zweigniederlassungen von Unternehmen mit Sitz in einem Staat, der nicht Mitglied der EU und auch nicht Vertragsstaat des Abkommens über den Europäischen Wirtschaftsraum ist, fallen nach den Vorschriften von § 340 Abs. 1 S. 1 und Abs. 4 S. 1 jeweils

---

[8] Vgl. MüKoHGB/*Böcking/Becker/Helke* Rn. 13.
[9] Ein Drittstaat nach § 3 Abs. 1 S. 1 WPO ist ein Staat, der nicht Mitglied der Europäischen Union oder Vertragsstaat des Abkommens über den europäischen Wirtschaftsraum ist.
[10] Vgl. *Gelhausen/Fey/Kämpfer* Rechnungslegung V Rn. 160.
[11] Vgl. *Gelhausen/Fey/Kämpfer* Rechnungslegung V Rn. 161.

ivm § 53 Abs. 1 KWG in den Anwendungsbereich der institutsspezifischen Vorschriften von §§ 340 ff. Folglich besteht eine grundsätzliche Offenlegungspflicht der Unterlagen der Hauptniederlassung sowie der Unterlagen über die eigene Geschäftstätigkeit der Zweigniederlassung gem. Abs. 2 S. 1. Eine Offenlegung ist nach Abs. 2 S. 4 nicht verpflichtend, sofern die Unterlagen der Hauptniederlassung nach einem an die Bankbilanz-Richtlinie angepassten Recht aufgestellt und geprüft worden sind oder die offenzulegenden Unterlagen nach einem gleichwertigen Recht aufgestellt und geprüft worden sind.

III. Offenlegung bei Genossenschaften

Während die ergänzenden Vorschriften für eingetragene Genossenschaften **12** in den §§ 336–338 auch für genossenschaftliche Institute gelten, ist die Anwendung des § 339, der spezielle Offenlegungsvorschriften für Genossenschaften beinhaltet, durch Abs. 3 für Institute ausgeschlossen.

IV. Ergänzende Vorschriften zum IFRS-Einzelabschluss

Die durch § 325 Abs. 2a eingeräumte Möglichkeit, für Zwecke der Offen- **13** legung einen nach internationalen Rechnungslegungsvorschriften erstellten Einzelabschluss zu verwenden, bedarf institutsspezifischer Anpassungen, die in Abs. 4 vorgenommen werden. Im Gegensatz zum Konzernabschluss darf ein nach IFRS aufgestellter Einzelabschluss lediglich ergänzend zum handelsrechtlichen Jahresabschluss aufgestellt werden und ist im Anwendungsbereich auf den Zweck der Offenlegung beschränkt. Für den Fall, dass ein ergänzender Einzelabschluss nach IFRS erstellt wird, klärt § 340l Abs. 4, welche handelsrechtlichen Vorschriften neben den Bestimmungen nach IFRS dabei zur Anwendung kommen.

Zudem bezieht Abs. 4 Nr. 1 auch solche Institute in den Anwendungs- **14** bereich des § 325 Abs. 2a S. 3 mit ein, die nicht die Rechtsform einer Kapitalgesellschaft haben. Dies steht im Einklang mit den übrigen institutsspezifischen Vorschriften, da nach § 340a für alle Institute die handelsrechtlichen Vorschriften für große Kapitalgesellschaften gelten, unabhängig von ihrer jeweiligen Rechtsform (vgl. Erläuterungen zu 340a). Dieser Grundsatz gilt nicht unmittelbar für den IFRS-Einzelabschluss und erfordert daher eine dementsprechende Regelung.[12] Gleichzeitig wird in Abs. 4 Nr. 5 klargestellt, dass bei Aufstellung eines Einzelabschlusses nach internationalen Rechnungslegungsvorschriften die §§ 340a–340h und die Vorschriften der RechKredV keine Anwendung finden.

Achter Titel. Straf- und Bußgeldvorschriften, Ordnungsgelder

§ 340m Strafvorschriften

(1) **¹Die Strafvorschriften der §§ 331 bis 333 sind auch auf nicht in der Rechtsform einer Kapitalgesellschaft betriebene Kreditinstitute, auf Finanzdienstleistungsinstitute im Sinne des § 340 Absatz 4 sowie auf Institute im Sinne des § 340 Absatz 5 anzuwenden. ² § 331 ist darüber hinaus auch anzuwenden auf die Verletzung von Pflichten durch**

---

[12] Vgl. BT-Drs. 15/3419, 49.

1. **den Geschäftsleiter (§ 1 Absatz 2 Satz 1 des Kreditwesengesetzes) eines nicht in der Rechtsform der Kapitalgesellschaft betriebenen Kreditinstituts oder Finanzdienstleistungsinstituts im Sinne des § 340 Absatz 4 Satz 1,**
2. **den Geschäftsleiter (§ 1 Absatz 8 Satz 1 und 2 des Zahlungsdiensteaufsichtsgesetzes) eines nicht in der Rechtsform der Kapitalgesellschaft betriebenen Instituts im Sinne des § 340 Absatz 5,**
3. **den Inhaber eines in der Rechtsform des Einzelkaufmanns betriebenen Kreditinstituts oder Finanzdienstleistungsinstituts im Sinne des § 340 Absatz 4 Satz 1 und**
4. **den Geschäftsleiter im Sinne des § 53 Absatz 2 Nummer 1 des Kreditwesengesetzes.**

(2) Mit Freiheitsstrafe bis zu einem Jahr oder mit Geldstrafe wird bestraft, wer als Mitglied eines nach § 340k Absatz 5 Satz 1 in Verbindung mit § 324 Absatz 1 Satz 1 eingerichteten Prüfungsausschusses eines dort genannten CRR-Kreditinstituts

1. **eine in § 340n Absatz 2a bezeichnete Handlung begeht und dafür einen Vermögensvorteil erhält oder sich versprechen lässt oder**
2. **eine in § 340n Absatz 2a bezeichnete Handlung beharrlich wiederholt.**

(3) § 335c Absatz 2 gilt in den Fällen des Absatzes 2 entsprechend.

Schrifttum: S. Schrifttum zu § 340.

I. Anwendung von §§ 331–333

1   Die rechtsformspezifisch für Kapitalgesellschaften formulierten Strafvorschriften werden nach Abs. 1 S. 1 auf Kredit- und Finanzdienstleistungsinstitute sowie Institute iSd § 1 Abs. 3 ZAG (→ § 340 Rn. 18 f.)[1] jeglicher Rechtsform ausgedehnt.[2] Dies entspricht dem Grundsatz der Orientierung am Leitbild der großen Kapitalgesellschaft bei der Rechnungslegung der Kreditinstitute (vgl. Kommentierung des § 340a). Darüber hinaus gelten die Strafvorschriften auch für Zweigniederlassungen von Unternehmen aller Rechtsformen mit Sitz in einem anderen Staat außerhalb des Europäischen Wirtschaftsraumes iSd § 53 Abs. 1 KWG. Für die Zwecke des KWG gelten diese Zweigniederlassungen als Institute, sofern sie Bankgeschäfte betreiben oder Finanzdienstleistungen erbringen.

II. Von § 331 betroffener Personenkreis

2   Soweit Kreditinstitute als Kapitalgesellschaft betrieben werden, richten sich die Strafvorschriften an den in § 331 beschriebenen Personenkreis. Dies sind die **Mitglieder des vertretungsberechtigten Organs (Vorstand oder Geschäftsführung),** die **Mitglieder des Aufsichtsrats** sowie im Falle des § 331 Nr. 4 die **vertretungsberechtigten Gesellschafter von Tochterunternehmen.** Die Erweiterung des Adressatenkreises in Abs. 1

---

[1] Durch das Zahlungsdiensteumsetzungsgesetz (ZDUG) v. 25.6.2009 wurde § 340 Abs. 5 ins HGB eingefügt. Die Regelungen für Kreditinstitute sind somit auch auf Institute iSd § 1 Abs. 3 ZAG anzuwenden. Gem. § 1 Abs. 3 ZAG sind Institute iSd ZAG Zahlungsinstitute und E-Geld-Institute. Zahlungsinstitute und E-Geld-Institute haben für die Rechnungslegung neben den für Kreditinstitute geltenden §§ 340 ff. auch die RechZahlV zu beachten (§ 340 Abs. 5 HGB iVm § 1 RechZahlV).

[2] Vgl. Beck HdR/*Bieg/Waschbusch* B 900 Rn. 428; *Krumnow/Sprißler/Bellavite-Hövermann* Rn. 1.

S. 2 ergibt sich daraus, dass die Rechnungslegungsvorschriften für Kredit- und Finanzdienstleistungsinstitute sowie Institute isd § 1 Abs. 3 ZAG rechtsformunabhängig gefasst sind und die Strafvorschrift insoweit auch die Verantwortlichen bei Personengesellschaften und Einzelunternehmen einschließen muss. Abs. 1 S. 2 erweitert den Adressatenkreis daher bei Kreditinstituten, die keine Kapitalgesellschaften sind, auf deren **Geschäftsleiter** isd § 1 Abs. 2 KWG sowie auf die **Inhaber eines in der Rechtsform des Einzelkaufmanns** betriebenen Kreditinstituts. Gleiches gilt für Geschäftsleiter von Finanzdienstleistungsinstituten, soweit diese nicht in der Rechtsform einer Kapitalgesellschaft betrieben werden, und für den Inhaber des als Einzelkaufmann betriebenen Finanzdienstleistungsinstituts. Ferner werden von der Vorschrift auch **die nach § 53 Abs. 2 Nr. 1 KWG als Geschäftsleiter geltenden Personen** erfasst, die zur Geschäftsführung und zur Vertretung von Zweigniederlassungen ausländischer Unternehmen außerhalb des Europäischen Wirtschaftsraumes isv § 53 Abs. 1 KWG befugt sind. Daneben ist § 331 auch anzuwenden auf die Verletzung von Pflichten durch den Geschäftsleiter isd § 1 Abs. 8 S. 1 und 2 ZAG eines nicht in der Rechtsform einer Kapitalgesellschaft betriebenen Instituts isd § 1 Abs. 3 ZAG.

Der Begriff des Geschäftsleiters isd Abs. 1 S. 2 Nr. 1 ist definiert in § 1 **3** Abs. 2 KWG und erfasst diejenigen natürlichen Personen, die nach Gesetz, Satzung oder Gesellschaftsvertrag zur Führung der Geschäfte und Vertretung eines Instituts in der Rechtsform einer juristischen Person oder einer Personenhandelsgesellschaft berufen sind.[3] Der Begriff des Geschäftsleiters isd Abs. 1 S. 2 Nr. 2 ist dagegen definiert in § 1 Abs. 8 ZAG und erfasst diejenigen natürlichen Personen, die nach Gesetz, Satzung oder Gesellschaftsvertrag zur Führung der Geschäfte und zur Vertretung eines Zahlungsinstituts oder E-Geld-Instituts in der Rechtsform einer juristischen Person oder einer Personenhandelsgesellschaft berufen sind.

III. Von §§ 332, 333 betroffener Personenkreis

Von den §§ 332, 333 werden der Abschlussprüfer und die Gehilfen des **4** Abschlussprüfers erfasst. Bei genossenschaftlichen Kreditinstituten oder Kreditinstituten in Form eines wirtschaftlichen Vereins ist der Prüfungsverband isd § 340k Abs. 2 maßgeblich, dem das Kreditinstitut als Mitglied angehört und von dem es geprüft wird. Bei Sparkassen, die durch die Prüfungsstelle eines Sparkassen- oder Giroverbandes geprüft werden, kommt nach § 340k Abs. 3 der Prüfungsstelle die Eigenschaft des Abschlussprüfers zu. Vgl. zu Einzelheiten Kommentierungen der §§ 332, 333, 340k.

IV. Von § 340k Abs. 5 S. 1 iVm § 340n Abs. 2a betroffener Personenkreis

CRR-Kreditinstitute sind nach § 340k Abs. 5 S. 1 zur Bildung eines **5** Prüfungsausschusses nach § 324 Abs. 1 und 2 verpflichtet, auch wenn sie nicht kapitalmarktorientiert nach § 264d sind und keinen Aufsichts- oder Verwaltungsrat implementiert haben, der die Anforderungen von § 100 Abs. 5 AktG erfüllt. Der durch das AReG neu eigefügte § 340m Abs. 2 dient der Sanktionierung besonders gravierender Verstöße gegen die prüfungsbezo-

---

[3] Vgl. MüKoHGB/*Quedenfeld* Rn. 5.

genen Pflichten der Mitglieder eines nach § 340k Abs. 5 eingerichteten Prüfungsausschusses nach der Verordnung (EU) Nr. 537/2014 und ergänzt insoweit den ebenfalls neu eingefügten Ordnungswidrigkeitentatbestand des § 340n Abs. 2a.[4]

V. Straftatbestände und Rechtsfolgen

6   Vgl. Kommentierungen der §§ 331–333a und § 335c Abs. 2.

§ 340n Bußgeldvorschriften

(1) **Ordnungswidrig handelt, wer als Geschäftsleiter im Sinne des § 1 Abs. 2 Satz 1 oder des § 53 Abs. 2 Nr. 1 des Kreditwesengesetzes oder als Inhaber eines in der Rechtsform des Einzelkaufmanns betriebenen Kreditinstituts oder Finanzdienstleistungsinstituts im Sinne des § 340 Abs. 4 Satz 1 oder als Geschäftsleiter im Sinne des § 1 Absatz 8 Satz 1 und 2 des Zahlungsdiensteaufsichtsgesetzes eines Instituts im Sinne des § 340 Absatz 5 oder als Mitglied des Aufsichtsrats eines der vorgenannten Unternehmen**

1. **bei der Aufstellung oder Feststellung des Jahresabschlusses oder bei der Aufstellung des Zwischenabschlusses gemäß § 340a Abs. 3 einer Vorschrift**

   a) **des § 243 Abs. 1 oder 2, der §§ 244, 245, 246 Abs. 1 oder 2, dieser in Verbindung mit § 340a Abs. 2 Satz 3, des § 246 Abs. 3 Satz 1, des § 247 Abs. 2 oder 3, der §§ 248, 249 Abs. 1 Satz 1 oder Abs. 2, des § 250 Abs. 1 oder Abs. 2, des § 264 Absatz 1a oder Absatz 2, des § 340b Abs. 4 oder 5 oder des § 340c Abs. 1 über Form oder Inhalt,**
   b) **des § 253 Abs. 1 Satz 1, 2, 3 oder 4, Abs. 2 Satz 1, auch in Verbindung mit Satz 2, Absatz 3 Satz 1, 2, 3, 4 oder Satz 5, Abs. 4 oder 5, der §§ 254, 256a, 340e Abs. 1 Satz 1 oder 2, Abs. 3 Satz 1, 2, 3 oder 4 Halbsatz 2, Abs. 4 Satz 1 oder 2, des § 340f Abs. 1 Satz 2 oder des § 340g Abs. 2 über die Bewertung,**
   c) **des § 265 Abs. 2, 3 oder 4, des § 268 Abs. 3 oder 6, der §§ 272, 274 oder des § 277 Abs. 3 Satz 2 oder Abs. 4 über die Gliederung,**
   d) **des § 284 Absatz 1, 2 Nummer 1, 2 oder Nummer 4, Absatz 3 oder des § 285 Nummer 3, 3a, 7, 9 Buchstabe a oder Buchstabe b, Nummer 10 bis 11b, 13 bis 15a, 16 bis 26, 28 bis 33 oder Nummer 34 über die im Anhang zu machenden Angaben,**

2. **bei der Aufstellung des Konzernabschlusses oder des Konzernzwischenabschlusses gemäß § 340i Abs. 4 einer Vorschrift**

   a) **des § 294 Abs. 1 über den Konsolidierungskreis,**
   b) **des § 297 Absatz 1a, 2 oder Absatz 3 oder des § 340i Abs. 2 Satz 1 in Verbindung mit einer der in Nummer 1 Buchstabe a bezeichneten Vorschriften über Form oder Inhalt,**
   c) **des § 300 über die Konsolidierungsgrundsätze oder das Vollständigkeitsgebot,**
   d) **des § 308 Abs. 1 Satz 1 in Verbindung mit den in Nummer 1 Buchstabe b bezeichneten Vorschriften, des § 308 Abs. 2 oder des § 308a über die Bewertung,**

---

[4] Vgl. BR-Drs. 635/15, 59.

e) des § 311 Abs. 1 Satz 1 in Verbindung mit § 312 über die Behandlung assoziierter Unternehmen oder

f) des § 308 Abs. 1 Satz 3, des § 313 oder des § 314 über die im Konzernanhang zu machenden Angaben,

3. bei der Aufstellung des Lageberichts oder der Erstellung eines gesonderten nichtfinanziellen Berichts einer Vorschrift der §§ 289, 289a, 340a Absatz 1a, auch in Verbindung mit § 289b Absatz 2 oder 3 oder mit den §§ 289c, 289d oder § 289e Absatz 2, oder des § 340a Absatz 1b in Verbindung mit § 289f über den Inhalt des Lageberichts oder des gesonderten nichtfinanziellen Berichts,

4. bei der Aufstellung des Konzernlageberichts oder der Erstellung eines gesonderten nichtfinanziellen Konzernberichts einer Vorschrift der §§ 315, 315a, 340i Absatz 5, auch in Verbindung mit § 315b Absatz 2 oder 3 oder § 315c, oder des § 340i Absatz 6 in Verbindung mit § 315d über den Inhalt des Konzernlageberichts oder des gesonderten nichtfinanziellen Konzernberichts,

5. bei der Offenlegung, Veröffentlichung oder Vervielfältigung einer Vorschrift des § 328 über Form oder Inhalt oder

6. einer auf Grund des § 330 Abs. 2 in Verbindung mit Abs. 1 Satz 1 erlassenen Rechtsverordnung, soweit sie für einen bestimmten Tatbestand auf diese Bußgeldvorschrift verweist,

zuwiderhandelt.

(2) Ordnungswidrig handelt, wer zu einem Jahresabschluss, zu einem Einzelabschluss nach § 325 Abs. 2a oder zu einem Konzernabschluss, der aufgrund gesetzlicher Vorschriften zu prüfen ist, einen Vermerk nach § 322 Abs. 1 erteilt, obwohl nach § 319 Abs. 2, 3, 5, § 319a Abs. 1 Satz 1, Abs. 2, § 319b Abs. 1 er, nach § 319 Abs. 4, auch in Verbindung mit § 319a Abs. 1 Satz 2, oder § 319a Abs. 1 Satz 2 oder § 319b Abs. 1 die Wirtschaftsprüfungsgesellschaft oder nach § 340k Abs. 2 oder Abs. 3 der Prüfungsverband oder die Prüfungsstelle, für die oder für den er tätig wird, nicht Abschlussprüfer sein darf.

(2a) Ordnungswidrig handelt, wer

1. als Mitglied eines nach § 340k Absatz 5 Satz 1 in Verbindung mit § 324 Absatz 1 Satz 1 eingerichteten Prüfungsausschusses eines CRR-Kreditinstituts im Sinne des § 1 Absatz 3d Satz 1 des Kreditwesengesetzes, mit Ausnahme der in § 2 Absatz 1 Nummer 1 und 2 des Kreditwesengesetzes genannten Institute, das keine Sparkasse ist,

a) die Unabhängigkeit des Abschlussprüfers oder der Prüfungsgesellschaft nicht nach Maßgabe des Artikels 4 Absatz 3 Unterabsatz 2, des Artikels 5 Absatz 4 Unterabsatz 1 Satz 1 oder des Artikels 6 Absatz 2 der Verordnung (EU) Nr. 537/2014 des Europäischen Parlaments und des Rates vom 16. April 2014 über spezifische Anforderungen an die Abschlussprüfung bei Unternehmen von öffentlichem Interesse und zur Aufhebung des Beschlusses 2005/909/EG der Kommission (ABl. L 158 vom 27.5.2014, S. 77, L 170 vom 11.6.2014, S. 66) überwacht,

b) eine Empfehlung für die Bestellung eines Abschlussprüfers oder einer Prüfungsgesellschaft vorlegt, die den Anforderungen nach Artikel 16 Absatz 2 Unterabsatz 2 oder 3 der Verordnung (EU) Nr. 537/2014 nicht entspricht oder der ein Auswahlverfahren nach Artikel 16 Absatz 3 Unterabsatz 1 der Verordnung (EU) Nr. 537/2014 nicht vorangegangen ist, oder

c) den Gesellschaftern oder der sonst für die Bestellung des Abschlussprüfers zuständigen Stelle einen Vorschlag für die Bestellung eines Abschlussprüfers oder einer Prüfungsgesellschaft vorlegt, der den Anforderungen nach Artikel 16 Absatz 5 Unterabsatz 1 der Verordnung (EU) Nr. 537/2014 nicht entspricht, oder

2. als Mitglied eines nach § 340k Absatz 5 in Verbindung mit § 324 Absatz 1 Satz 1 eingerichteten Prüfungsausschusses eines CRR-Kreditinstituts im Sinne des § 1 Absatz 3d Satz 1 des Kreditwesengesetzes, mit Ausnahme der in § 2 Absatz 1 Nummer 1 und 2 des Kreditwesengesetzes genannten Institute, das eine Sparkasse ist, die Unabhängigkeit der in § 340k Absatz 3 Satz 2 zweiter Halbsatz genannten Personen nicht nach Maßgabe des Artikels 5 Absatz 4 Unterabsatz 1 Satz 1 der Verordnung (EU) Nr. 537/2014 in Verbindung mit § 340k Absatz 3 Satz 2 oder nach Maßgabe des Artikels 6 Absatz 2 der Verordnung (EU) Nr. 537/2014 überwacht.

(3) [1]Die Ordnungswidrigkeit kann mit einer Geldbuße bis zu fünfzigtausend Euro geahndet werden. [2]Ist das Kreditinstitut kapitalmarktorientiert im Sinne des § 264d, beträgt die Geldbuße in den Fällen des Absatzes 1 höchstens den höheren der folgenden Beträge:

1. zwei Millionen Euro oder

2. das Zweifache des aus der Ordnungswidrigkeit gezogenen wirtschaftlichen Vorteils, wobei der wirtschaftliche Vorteil erzielte Gewinne und vermiedene Verluste umfasst und geschätzt werden kann.

(3a) Wird gegen ein Kreditinstitut, das kapitalmarktorientiert im Sinne des § 264d ist, in den Fällen des Absatzes 1 eine Geldbuße nach § 30 des Gesetzes über Ordnungswidrigkeiten verhängt, beträgt diese Geldbuße höchstens den höchsten der folgenden Beträge:

1. zehn Millionen Euro,

2. 5 Prozent des jährlichen Gesamtumsatzes, den das Kreditinstitut im der Behördenentscheidung vorausgegangenen Geschäftsjahr erzielt hat oder

3. das Zweifache des aus der Ordnungswidrigkeit gezogenen wirtschaftlichen Vorteils, wobei der wirtschaftliche Vorteil erzielte Gewinne und vermiedene Verluste umfasst und geschätzt werden kann.

(3b) [1]Als Gesamtumsatz ist anstelle des Betrags der Umsatzerlöse der sich aus dem auf das Kreditinstitut anwendbaren nationalen Recht im Einklang mit Artikel 27 Nummer 1, 3, 4, 6 und 7 oder Artikel 28 Buchstabe B Nummer 1, 2, 3, 4 und 7 der Richtlinie 86/635/EWG des Rates vom 8. Dezember 1986 über den Jahresabschluss und den konsolidierten Abschluss von Banken und anderen Finanzinstituten (ABl. L 372 vom 31.12.1986, S. 1; L 316 vom 23.11.1988, S. 51), die zuletzt durch die Richtlinie 2006/46/EG (ABl. L 224 vom 16.8.2006, S. 1) geändert worden ist, ergebende Gesamtbetrag, abzüglich der Umsatzsteuer und sonstiger direkt auf diese Erträge erhobener Steuern, maßgeblich. [2]Handelt es sich bei dem Kreditinstitut um ein Mutterunternehmen oder um ein Tochterunternehmen im Sinne des § 290, ist anstelle des Gesamtumsatzes des Kreditinstituts der jeweilige Gesamtbetrag im Konzernabschluss des Mutterunternehmens maßgeblich, der für den größten Kreis von Unternehmen aufgestellt wird. [3]Wird der Konzernabschluss für den größten Kreis von Unternehmen nicht nach den in Satz 1 genannten Vorschriften aufgestellt, ist der Gesamtumsatz nach Maßgabe der Posten des Konzernabschlusses zu ermitteln, die mit den von Satz 1 erfassten Posten ver gleichbar sind. [4] Ist ein Jahres- oder Konzernabschluss für das maßgebliche Geschäftsjahr nicht verfügbar, ist der Jahres- oder Konzernabschluss für das unmittelbar vorausgehende Geschäftsjahr maßgeblich; ist auch dieser nicht verfügbar, kann der Gesamtumsatz geschätzt werden.

(4) Verwaltungsbehörde im Sinn des § 36 Abs. 1 Nr. 1 des Gesetzes über Ordnungswidrigkeiten ist in den Fällen der Absätze 1 und 2a die Bundesanstalt für Finanzdienstleistungsaufsicht, in den Fällen des Absatzes 2 die Abschlussprüferaufsichtsstelle beim Bundesamt für Wirtschaft und Ausfuhrkontrolle.

(5) Die Bundesanstalt für Finanzdienstleistungsaufsicht übermittelt der Abschlussprüferaufsichtsstelle beim Bundesamt für Wirtschaft und Ausfuhrkontrolle alle Bußgeldentscheidungen nach Absatz 2a.

Schrifttum: S. Schrifttum zu § 340.

Übersicht

I. Allgemeines

1 Die für Kapitalgesellschaften geltenden Bußgeldvorschriften gem. § 334 finden nach dessen Abs. 5 ausdrücklich keine Anwendung für Institute. Die Rechnungslegungsvorschriften für Institute enthalten in den §§ 340a–340l abweichende oder ergänzende Vorschriften, sodass die Bußgeldvorschriften des § 334 nicht unverändert Anwendung finden können. Auf bußgeldbewehrte Verstöße von Instituten gegen die Vorschriften der Rechnungslegung findet daher ausschließlich § 340n Anwendung, der Kredit- und Finanzdienstleistungsinstitute sowie Institute iSd § 1 Abs. 3 ZAG aller Rechtsformen einschließt.[1]

II. Von § 340n betroffener Personenkreis

2 Von den Bußgeldvorschriften werden zunächst alle **Geschäftsleiter** iSv § 1 Abs. 2 KWG, § 53 Abs. 2 Nr. 1 KWG und die **Inhaber** von in der Rechtsform des **Einzelkaufmanns** betriebenen Kreditinstituten und Finanzdienstleistungsinstituten erfasst. Ferner gehören hierzu alle Geschäftsleiter iSd § 1 Abs. 8 S. 1 und 2 ZAG eines Instituts iSd § 1 Abs. 3 ZAG. Die Definition des Geschäftsleiters entspricht der des § 340 m. Daneben finden die Bußgeldvorschriften auf die **Mitglieder eines gesetzlich vorgeschriebenen Aufsichtsrats** Anwendung. Mitglieder eines fakultativen Aufsichtsrats fallen in den Anwendungsbereich dieser Vorschrift, soweit ihnen bußgeldbewehrte Pflichten im Gesellschaftsvertrag übertragen wurden.[2]

3 Nach Abs. 2 kann ferner der **Abschlussprüfer** eines Kredit-, Finanzdienstleistungsinstituts oder Instituts iSd § 1 Abs. 3 ZAG im Falle der ordnungswidrigen Erteilung eines Vermerks nach § 322 mit einer Geldbuße belegt werden (→ Rn. 17).

4 **Andere als die in Abs. 1 oder 2 genannten Personen,** die sich an der Tat beteiligen, handeln nach § 14 OWiG in Verbindung mit dieser Vorschrift ordnungswidrig, wenn einer der anderen Tatbeteiligten die Qualifikation nach Abs. 1 oder 2 besitzt.[3]

III. Zu ahndende Ordnungswidrigkeiten

5 Der Umfang der Ordnungswidrigkeiten orientiert sich grundsätzlich an den Bußgeldvorschriften in § 334 Abs. 1–4[4] unter Anpassung an die bankspezifischen Bilanzierungsvorschriften der §§ 340 ff. Erfasst sind Verstöße gegen Vorschriften zum Einzel- und Konzernabschluss, zum Lagebericht und Konzernlagebericht, gegen Form und Inhalt bei Offenlegung, Veröffentlichung und Vervielfältigung, gegen bestimmte Vorschriften der RechKredV und der RechZahlV und gegen die unzulässige Erteilung eines Bestätigungsvermerks.

6 Auf Zwischenabschlüsse zur Ermittlung von Zwischenergebnissen nach § 340a Abs. 3 iVm Art. 26 Abs. 2 Verordnung (EU) Nr. 575/2013 (vgl. Kommentierung des § 340a) sind die Bußgeldvorschriften sinngemäß anzuwenden.[5]

---

[1] Vgl. auch zu den Gründen *Krumnow/Sprißler/Bellavite-Hövermann* Rn. 1.
[2] Vgl. MüKoHGB/*Quedenfeld* Rn. 4; BeBiKo/*Grottel/Hoffmann* § 334 Rn. 10.
[3] Vgl. MüKoHGB/*Quedenfeld* Rn. 7.
[4] Vgl. Beck HdR/*Bieg/Waschbusch* B 900 Rn. 428.
[5] Vgl. *Krumnow/Sprißler/Bellavite-Hövermann* Rn. 2.

Als Ordnungswidrigkeit werden nach Abs. 1, 2 und Abs. 2a Zuwiderhand- 7
lungen gegen folgende Vorschriften qualifiziert:

**1. Zuwiderhandlungen bei der Aufstellung oder Feststellung des 8
Jahresabschlusses oder bei Aufstellung des Zwischenabschlusses gem.
§ 340a Abs. 3. a) Zuwiderhandlungen gegen Vorschriften über Form
und Inhalt des Jahresabschlusses.**

– Aufstellung des Jahresabschlusses nach den Grundsätzen ordnungsmäßiger
  Buchführung (§ 243 Abs. 1);
– Klarheit und Übersichtlichkeit des Jahresabschlusses (§ 243 Abs. 2);
– Aufstellung in deutscher Sprache und in Euro (§ 244);
– Unterzeichnung durch den Kaufmann oder die persönlich haftenden Ge-
  sellschafter unter Angabe des Datums (§ 245);
– Vollständigkeit des Jahresabschlusses (§ 246 Abs. 1);
– Verrechnungsverbot (§ 246 Abs. 2 iVm § 340a Abs. 2 S. 3);
– Stetigkeitsgebot (§ 246 Abs. 3 S. 1);
– Inhalt der Bilanz (§ 247 Abs. 2);
– Bilanzierungsverbote (§ 248);
– Rückstellungspflicht für ungewisse Verbindlichkeiten und für drohende
  Verluste aus schwebenden Geschäften (§ 249 Abs. 1 S. 1);
– Geschlossener Rückstellungskatalog und Auflösungsverbot (§ 249 Abs. 2);
– Pflicht zur Bildung aktiver Rechnungsabgrenzungsposten (§ 250 Abs. 1);
– Pflicht zur Bildung passiver Rechnungsabgrenzungsposten (§ 250 Abs. 2);
– Angabepflichten zu Handelsregistereintragungen im Jahresabschluss (§ 264
  Abs. 1a);
– Vermittlung eines den tatsächlichen Verhältnissen entsprechenden Bildes
  der Vermögens-, Finanz- und Ertragslage, zusätzliche Angaben im Anhang
  (§ 264 Abs. 2);
– Ausweis von Pensionsgeschäften (§ 340b Abs. 4 oder 5);
– Ausweis von Erträgen oder Aufwendungen des Handelsbestands in der
  GuV (§ 340c Abs. 1).

b) Zuwiderhandlungen gegen Vorschriften über die Bewertung. 9
– Wertobergrenze von Vermögensgegenständen iHd Anschaffungs- oder
  Herstellungskosten (§ 253 Abs. 1 S. 1);
– Wertansätze von Verbindlichkeiten, Rentenverpflichtungen, Rückstellun-
  gen und nach § 246 Abs. 2 S. 2 zu verrechnenden Vermögensgegenständen
  (§ 253 Abs. 1 S. 2, 3, 4);
– Abzinsung von Rückstellungen mit einer Restlaufzeit von mehr als einem
  Jahr (§ 253 Abs. 2 S. 1, 2);
– Minderung der Anschaffungs- und Herstellungskosten um planmäßige Ab-
  schreibungen (§ 253 Abs. 3 S. 1, 2, 3, 4);
– Außerplanmäßige Abschreibungen von Anlagevermögen (§ 253 Abs. 3
  S. 5);
– Abschreibungen auf Vermögensgegenstände des Umlaufvermögens (§ 253
  Abs. 4);
– Wertaufholungsgebot (§ 253 Abs. 5);
– Bildung von Bewertungseinheiten (§ 254);
– Währungsumrechnung (§ 256a);
– Bewertung von Vermögensgegenständen (§ 340e Abs. 1 S. 1 oder 2,
  Abs. 3 S. 1, 2, 3 oder 4 Hs. 2, Abs. 4 S. 1 oder 2);

– Höchstbetrag der Vorsorge für allgemeine Bankrisiken (§ 340f Abs. 1 S. 2);
– Ausweis von Zuführungen zum Sonderposten oder der Erträge aus der Auflösung des Sonderpostens „Fonds für allgemeine Bankrisiken" in der GuV (§ 340g Abs. 2).

10   c) Zuwiderhandlungen gegen Vorschriften über die Gliederung.

– Angabe von Vorjahresbeträgen (§ 265 Abs. 2);
– Mitzugehörigkeit zu anderen Posten der Bilanz (§ 265 Abs. 3);
– Gliederung des Jahresabschlusses bei unterschiedlichen Geschäftszweigen (§ 265 Abs. 4);
– Ausweis eines nicht durch Eigenkapital gedeckten Fehlbetrags (§ 268 Abs. 3);
– Ausweis eines Unterschiedsbetrags nach § 250 Abs. 3 (§ 268 Abs. 6);
– Gliederung des Eigenkapitals und Ausweis eigener Anteile (§ 272);
– Ausweis einer Rückstellung für latente Steuern (§ 274);
– Ausweis von Erträgen und Aufwendungen aus Verlustübernahme und auf Grund einer Gewinngemeinschaft, eines Gewinnabführungs- oder eines Teilgewinnabführungsvertrags erhaltene oder abgeführte Gewinne in der GuV (§ 277 Abs. 3 S. 2).

11   d) Zuwiderhandlungen gegen Vorschriften über im Anhang zu machende Angaben.

– Angabepflicht im Anhang für in der Bilanz oder der Gewinn- und Verlustrechnung auf Grund eines Wahlrechts unterlassene Angaben (§ 284 Abs. 1);
– Anhangangabe der angewandten Bilanzierungs- und Bewertungsmethoden (§ 284 Abs. 2 Nr. 1);
– Angabe und Erläuterung der Abweichungen von Bilanzierungs- und Bewertungsmethoden im Anhang sowie Darstellung des Einflusses auf die Vermögens-, Finanz- und Ertragslage (§ 284 Abs. 2 Nr. 2);
– Anhangangabe zur Einbeziehung von Zinsen für Fremdkapital in die Herstellungskosten (§ 284 Abs. 2 Nr. 4);
– Anhangangabe zum Anlagenspiegel (§ 284 Abs. 3);
– Anhangangabe zu nicht in der Bilanz enthaltenen Geschäften (§ 285 Nr. 3);
– Anhangangabe zu sonstigen finanziellen Verpflichtungen, die nicht in der Bilanz enthalten sind (§ 285 Nr. 3a);
– Anhangangabe der durchschnittlichen Arbeitnehmerzahl (§ 285 Nr. 7);
– Anhangangabe der Bezüge der gegenwärtigen und früheren Mitglieder des Geschäftsführungsorgans, eines Aufsichtsrats, eines Beirats oder einer ähnlichen Einrichtung (§ 285 Nr. 9 Buchst. a oder b);
– Anhangangabe der Mitglieder des Geschäftsführungsorgans und eines Aufsichtsrats (§ 285 Nr. 10);
– Anhangangabe zu Beteiligungen (§ 285 Nr. 11);
– Anhangangabe zu Unternehmen, deren unbeschränkt haftender Gesellschafter die Kapitalgesellschaft ist (§ 285 Nr. 11a);
– Anhangangabe zu Beteiligungen an großen Kapitalgesellschaften (§ 285 Nr. 11b);
– Anhangangabe zum Abschreibungszeitraums des Geschäfts- oder Firmenwerts (§ 285 Nr. 13);
– Anhangangabe zum Mutterunternehmen, das den Konzernabschluss aufstellt (§ 285 Nr. 14, 14a);

– Anhangangabe zu Personenhandelsgesellschaften nach § 264a (§ 285 Nr. 15);
– Anhangangabe zu Genussscheinen oder vergleichbaren Rechten (§ 285 Nr. 15a);
– Anhangangabe zur Erklärung nach § 161 AktG (§ 285 Nr. 16);
– Anhangangabe zu Honoraren des Abschlussprüfers für die Abschlussprüfung, sonstige Bestätigungsleistungen, Steuerberatungsleistungen, sonstige Leistungen, sofern die Angaben nicht in einem das Unternehmen einzubeziehenden Konzernabschluss enthalten sind (§ 285 Nr. 17);
– Anhangangabe zu Buchwert und beizulegendem Zeitwert für zu den Finanzanlagen gehörende Finanzinstrumente, die über ihrem beizulegenden Zeitwert ausgewiesen werden, unter Angabe der Gründe für das Unterlassen der außerplanmäßigen Abschreibung nach § 253 Abs. 3 S. 4 einschließlich der Anhaltspunkte, die darauf hindeuten, dass die Wertminderung voraussichtlich nicht von Dauer ist (§ 285 Nr. 18);
– Anhangangabe zu Art und Umfang jeder Kategorie nicht zum beizulegenden Zeitwert bilanzierter derivativer Finanzinstrumente und zu ihrem beizulegenden Zeitwert, sofern dieser gem. § 255 Abs. 4 verlässlich ermittelbar ist, unter Angabe der angewandten Bewertungsmethode sowie des ggf. vorhandenen Buchwerts und des Bilanzpostens, in welchem der Buchwert erfasst ist (§ 285 Nr. 19);
– Anhangangabe zu den grundlegenden Annahmen, die der Bestimmung des beizulegenden Zeitwerts für gem. § 340e Abs. 3 S. 1 mit dem beizulegenden Zeitwert bewertete Finanzinstrumente zugrunde gelegt wurden sowie Art und Umfang jeder Kategorie derivativer Finanzinstrumente einschließlich der wesentlichen Bedingungen, welche die Höhe, den Zeitpunkt und die Sicherheit künftiger Zahlungsströme beeinflussen können (§ 285 Nr. 20);
– Anhangangabe zumindest zu wesentlichen Geschäften mit nahe stehenden Unternehmen und Personen, die nicht zu marktüblichen Bedingungen zustande gekommen sind, einschließlich Angaben zur Art der Beziehung, zum Wert der Geschäfte sowie weiterer für die Beurteilung der Finanzlage notwendiger Angaben, mit Ausnahme von Geschäften zwischen Unternehmen, die in einen Konzernabschluss einbezogen sind (§ 285 Nr. 21);
– Anhangangabe des Gesamtbetrags der nach § 248 Abs. 2 aktivierten Forschungs- und Entwicklungskosten des Geschäftsjahres, unter Angabe des davon auf die selbst geschaffenen immateriellen Vermögensgegenstände des Anlagevermögens entfallenden Betrags (§ 285 Nr. 22);
– Anhangangabe des jeweiligen Betrags, mit dem Vermögensgegenstände, Schulden, schwebende Geschäfte und mit hoher Wahrscheinlichkeit erwartete Transaktionen bei Anwendung des § 254 einbezogen sind und der Arten von Bewertungseinheiten, einschließlich einer Erläuterung der mit hoher Wahrscheinlichkeit erwarteten Transaktionen sowie der Arten von abgesicherten Risiken und der Gründe, des Umfangs und des Zeitraums für den voraussichtlichen Ausgleich unter Angabe der Ermittlungsmethode (§ 285 Nr. 23);
– Anhangangabe des angewandten versicherungsmathematischen Berechnungsverfahrens sowie der grundlegenden Annahmen für die Berechnung der Rückstellungen für Pensionen und ähnliche Verpflichtungen (§ 285 Nr. 24);

– Anhangangabe der Anschaffungskosten und des beizulegenden Zeitwerts der verrechneten Vermögensgegenstände, des Erfüllungsbetrags der verrechneten Schulden sowie der verrechneten Aufwendungen und Erträge bei Anwendung des § 246 Abs. 2 S. 2 (§ 285 Nr. 25);
– Anhangangabe zu Anteilen an Sondervermögen iSd § 1 Abs. 10 KAGB oder vergleichbaren ausländischen Investmentvermögen (§ 285 Nr. 26);
– Anhangangabe des Gesamtbetrags der Beträge iSd § 268 Abs. 8, aufgegliedert in Beträge aus der Aktivierung selbst geschaffener immaterieller Vermögensgegenstände des Anlagevermögens, latenter Steuern sowie von Vermögensgegenständen zum beizulegenden Zeitwert (§ 285 Nr. 28);
– Anhangangabe der den latenten Steuern zugrunde liegenden Differenzen oder steuerlichen Verlustvorträgen sowie der Steuersätze, mit denen die Bewertung erfolgt ist (§ 285 Nr. 29);
– Anhangangabe zu latenten Steuerschulden (§ 285 Nr. 30);
– Anhangangabe zu Erträgen und Aufwendungen, die einem anderen Geschäftsjahr zuzurechnen sind (§ 285 Nr. 32);
– Anhangangabe zu Vorgänge besonderer Bedeutung, die nach Schluss des Geschäftsjahrs eingetreten sind (§ 285 Nr. 33);
– Anhangangabe zum Vorschlag für die Verwendung des Ergebnisses oder dem Beschluss über seine Verwendung (§ 285 Nr. 34).

12   2. Zuwiderhandlungen bei der Aufstellung oder Feststellung des Konzernabschlusses oder bei der Aufstellung des Konzernzwischenabschlusses gem. § 340i Abs. 4.
– Einzubeziehende Unternehmen (§ 294 Abs. 1);
– Angaben zum Mutterunternehmen (§ 297 Abs. 1a);
– Klarheit und Übersichtlichkeit des Konzernabschlusses (§ 297 Abs. 2);
– Darstellung der Vermögens-, Finanz- und Ertragslage, Angabe und Erläuterung der nicht beibehaltenen Konsolidierungsmethoden im Konzernanhang (§ 297 Abs. 3);
– Entsprechende Anwendung der §§ 340a–340g (§ 340i Abs. 2 S. 1 iVm einer in § 340n Abs. 1 Nr. 1 Buchst. a genannten Vorschriften über Form und Inhalt);
– Konsolidierungsgrundsätze oder Vollständigkeitsgebot (§ 300);
– Einheitliche Bewertung der Vermögensgegenstände und Schulden der Tochterunternehmen nach den für den Jahresabschluss des Mutterunternehmens anwendbaren Bewertungsmethoden (§ 308 Abs. 1 S. 1 iVm den in § 340n Abs. 1 Nr. 1 Buchst. b genannten Bewertungsvorschriften);
– Neubewertung von abweichenden Bilanzposten der Tochterunternehmen (§ 308 Abs. 2);
– Umrechnung von auf fremde Währung lautenden Abschlüssen (§ 308a);
– Wertansatz der Beteiligung und Behandlung des Unterschiedsbetrags bei der Einbeziehung assoziierter Unternehmen (§ 311 Abs. 1 S. 1 iVm § 312);
– Anhangangabe zu Abweichungen von den auf den Jahresabschluss des Mutterunternehmens angewendeten Bewertungsmethoden (§ 308 Abs. 1 S. 3);
– Sonstige Konzernanhangangaben (§ 313 oder § 314).

13   3. Zuwiderhandlungen bei der Aufstellung des Lageberichts einschließlich der darin enthaltenen nichtfinanziellen Erklärungen sowie bei der Erstellung gesonderter nichtfinanzieller Berichte. Durch das CSR-Richtlinie-Umsetzungsgesetz wurden die Bußgeldtatbestände des

§ 340n Abs. 1 Nr. 3 spiegelbildlich zur Änderung von § 334 erweitert. Neben der bisherigen Einhaltung der Regelungen zum Inhalt des Lageberichts nach § 289 und der Aufnahme einer Erklärung zur Unternehmensführung bei börsennotierten Aktiengesellschaften und Aktiengesellschaften, die andere Wertpapiere als Aktien zum Handel an einem organisierten Markt iSd § 2 Abs. 11 WpHG ausgegeben haben nach § 289f, werden nun auch Verstöße der Mitglieder des vertretungsberechtigten Organs oder Geschäftsleiter von Kreditinstituten und deren Zweigniederlassungen in Bezug auf die Erstellung der nichtfinanziellen Erklärung oder eines gesonderten nichtfinanziellen Berichts erfasst.[6]

4. Zuwiderhandlungen bei der Aufstellung des Konzernlageberichts 14 einschließlich der darin enthaltenen nichtfinanziellen Konzernerklärungen sowie bei der Erstellung gesonderter nichtfinanzieller Konzernberichte. Durch das CSR-Richtlinie-Umsetzungsgesetz wurden die Bußgeldtatbestände des § 340n Abs. 1 Nr. 4 spiegelbildlich zur Änderung von § 334 erweitert. Neben der bisherigen Einhaltung der Regelungen zum Inhalt des Konzernlageberichts nach § 315, werden nun auch Verstöße der Mitglieder des vertretungsberechtigten Organs oder Geschäftsleiter von Kreditinstituten und deren Zweigniederlassungen in Bezug auf die Erstellung der nichtfinanziellen Konzernerklärung oder eines gesonderten nichtfinanziellen Konzernberichts erfasst.[7]

5. Zuwiderhandlungen bei der Offenlegung, Veröffentlichung oder 15 Vervielfältigung.
– Form und Inhalt der Unterlagen bei der Offenlegung, Veröffentlichung oder Vervielfältigung (§ 328).

6. Zuwiderhandlungen gegen eine auf Grund des § 330 Abs. 2 ivm 16 Abs. 1 S. 1 erlassene Rechtsverordnung. Die Verordnung über die Rechnungslegung der Kreditinstitute und Finanzdienstleistungsinstitute (RechKredV) ist eine nach § 330 Abs. 2 ivm Abs. 1 S. 1 erlassene Rechtsverordnung. Institute iSd § 1 Abs. 3 ZAG haben die RechZahlV zu beachten (§ 340 Abs. 5 HGB ivm § 1 RechZahlV). Die Vorschrift des § 38 Rech-KredV bzw. § 32 RechZahlV über Ordnungswidrigkeiten verweist in Abs. 1 insoweit auf § 340n Abs. 1 Nr. 6 und listet die einschlägigen Tatbestände auf. Der betroffene Personenkreis ist identisch mit dem Personenkreis in § 340n Abs. 1. Die genannten Bestimmungen gelten auch für den Konzernabschluss iSd § 37 RechKredV bzw. § 31 RechZahlV. Ordnungswidrig handelt nach § 38 Abs. 1 RechKredV, wer bei der Aufstellung und Feststellung des Jahresabschlusses[8]

– entgegen § 2 Abs. 1 S. 1 RechKredV nicht das vorgeschriebene Formblatt anwendet,

– entgegen §§ 3–5, 6 Abs. 1 S. 1 oder 2, Abs. 2 oder 4 RechKredV die dort genannten Posten nicht, nicht in der vorgeschriebenen Weise oder nicht mit dem vorgeschriebenen Inhalt ausweist,

---

[6] Vgl. BT-Drs. 18/9982, 62.
[7] Vgl. BT-Drs. 18/9982, 62.
[8] Für Institute iSd § 1 Abs. 3 ZAG werden die Verstöße gegen bestimmte Vorschriften der RechZahlV, die als Ordnungswidrigkeit gelten, in § 32 Abs. 1 RechZahlV aufgeführt.

– entgegen § 6 Abs. 3 RechKredV dort genannte Vermögensgegenstände oder Schulden in seine Bilanz aufnimmt,
– einer Vorschrift des § 9 RechKredV über die Fristengliederung zuwiderhandelt,
– entgegen § 10 Abs. 1 RechKredV dort genannte Verbindlichkeiten nicht verrechnet,
– entgegen § 10 Abs. 2 RechKredV Forderungen und Verbindlichkeiten verrechnet,
– einer der Vorschriften der §§ 12–33 RechKredV über die in einzelne Posten der Bilanz oder der GuV aufzunehmenden Angaben zuwiderhandelt,
– einer Vorschrift der §§ 34 oder 35 RechKredV über zusätzliche Erläuterungen oder Pflichtangaben zuwiderhandelt,
– einer Vorschrift des § 36 RechKredV über Termingeschäfte zuwiderhandelt.

17 **7. Ordnungswidrige Erteilung eines Bestätigungsvermerks.** Eine Ordnungswidrigkeit begehen auch Wirtschaftsprüfer bzw. Wirtschaftsprüfungsgesellschaften, sofern sie zu einem Jahresabschluss, zu einem Einzelabschluss nach § 325 Abs. 2a oder zu einem Konzernabschluss, der auf Grund gesetzlicher Vorschriften zu prüfen ist, einen Bestätigungsvermerk iSv § 322 Abs. 1 erteilen, obwohl die gesetzlichen Ausschlussgründe erfüllt sind. Die Ausschlussgründe für Wirtschaftsprüfer finden sich unter § 319 Abs. 2, 3, 5, § 319a Abs. 1, Abs. 2 und § 319b Abs. 1. Wirtschaftsprüfungsgesellschaften haben zudem § 319 Abs. 4, auch iVm § 319a Abs. 1 S. 2, und § 319a Abs. 1 S. 2 und § 319b zu beachten. In Bezug auf Prüfungsverbände von genossenschaftlichen Instituten und Prüfungsstellen von Sparkassen- und Giroverbänden sind die Ausschlussgründe in § 340k Abs. 2 und Abs. 3 heranzuziehen.

18 **8. Ordnungswidrige Handlungen im Hinblick auf die prüfungsbezogenen Pflichten der Mitglieder des Prüfungsausschusses eines CRR-Kreditinstitut.** CRR-Kreditinstitute sind nach § 340k Abs. 5 S. 1 zur Bildung eines Prüfungsausschusses nach § 324 Abs. 1 und 2 verpflichtet, auch wenn sie nicht kapitalmarktorientiert nach § 264d sind und keinen Aufsichts- oder Verwaltungsrat implementiert haben, der die Anforderungen von § 100 Abs. 5 AktG erfüllt. Eine Öffnungsklausel besteht für Sparkassen und landesrechtliche öffentlich-rechtliche Kreditinstitute, sofern das Landesrecht etwas Gegenteiliges beinhaltet (§ 340k Abs. 5 S. 2).

19 Durch das AReG wurde § 340n um den Abs. 2a erweitert. § 340n Abs. 2a Nr. 1 normiert die Sanktionen im Hinblick auf Kreditinstitute, die keine Sparkassen sind. Die Tatbestände entsprechen denen des § 334 Abs. 2a (vgl. Kommentierung zu § 334 Abs. 2a). § 340n Abs. 2a Nr. 2 enthält entsprechende Tatbestände im Hinblick auf Sparkassen, wobei der reduzierte Normenkatalog zum einen den für Sparkassen vorgesehenen Sonderbestimmungen insbesondere hinsichtlich der Unabhängigkeit der Abschlussprüfer sowie des Bestellungsverfahrens Rechnung trägt, zum anderen die insoweit bestehenden Modifikationen durch § 340k Abs. 3 S. 2 berücksichtigt.[9]

---

[9] Vgl. BR-Drs. 635/15, 60.

IV. Verfahren zur Verfolgung und Ahndung der Ordnungswidrigkeiten

Als Ordnungswidrigkeit kann nur ein vorsätzliches Handeln des Täters **20** geahndet werden, da § 340n fahrlässiges Handeln nicht ausdrücklich mit einer Geldbuße bedroht (§ 10 OWiG). Zu Einzelheiten vgl. Erläuterungen zu § 334.

V. Rechtsfolgen

Die Ordnungswidrigkeit kann mit einer Geldbuße geahndet werden, die **21** bis zu 50.000 Euro betragen kann. Diese Höchststrafe für Verstöße gegen die normierten Angabepflichten wurde im Rahmen des **Vorstandsvergütungs-Offenlegungsgesetzes (VorstOG)** vom 3.8.2005 (BGBl. 2005 I 2268) verdoppelt. Die Höhe der Geldbuße richtet sich nach § 17 OWiG und orientiert sich an der Bedeutung der Ordnungswidrigkeit und dem Vorwurf, der den Täter trifft. Hierbei ist § 17 Abs. 4 OWiG zu beachten, wonach die Geldbuße den wirtschaftlichen Vorteil übersteigen soll, den der Täter aus der Ordnungswidrigkeit gezogen hat; sofern das gesetzliche Höchstmaß der Geldbuße nicht ausreicht, kann es daher überschritten werden.

Durch das CSR-Richtlinie-Umsetzungsgesetz wurde der Bußgeldrahmen **22** für kapitalmarktorientierte Unternehmen erhöht, um bei Verstößen gegen inhaltliche Vorschriften zur Aufstellung von Jahres- und Konzernabschlüssen sowie Lage- und Konzernlageberichten vergleichbare Sanktionen anzudrohen wie bei Verstößen gegen Vorschriften zur Bekanntmachung.[10] Soweit die Höchstgrenze der Geldbuße nach § 340n Abs. 3a durch den Gesamtumsatz bestimmt wird, wird der Gesamtumsatz entsprechend § 340n Abs. 3b definiert. Die Änderung von § 340n Abs. 3 und die Einfügung von § 340n Abs. 3a und Abs. 3b erfolgt spiegelbildlich zu den Anpassungen von § 334. Zu Einzelheiten vgl. Kommentierung des § 334.

VI. Verfolgungszuständigkeit

Gem. Abs. 4 ist abweichend von § 334 Abs. 4 die Bundesanstalt für **23** Finanzdienstleistungsaufsicht (BaFin) die für die Sanktionierung von Ordnungswidrigkeiten isd Abs. 1 und 2a zuständige Verwaltungsbehörde isd § 36 Abs. 1 Nr. 1 OWiG. Durch das AReG wurde der Abs. 4 ergänzt. Die vorgesehene Zuweisung der Verfolgung der Ordnungswidrigkeiten nach § 340n Abs. 2 an die Abschlussprüferaufsichtsstelle erfolgt im Hinblick auf die durch Art. 32 Abs. 1 der novellierten Abschlussprüferrichtlinie geforderte Letztzuständigkeit einer einzigen Behörde für die Aufsicht über die Abschlussprüfer und Prüfungsstellen.[11] Hinsichtlich der Verfolgung der prüfungsausschussbezogenen Ordnungswidrigkeiten nach dem neu eingefügten § 340n Abs. 2a verbleibt es bei der bisherigen Zuständigkeit der Bundesanstalt für Finanzdienstleistungsaufsicht.

VII. Informationspflicht

Nach dem neu angefügten § 340n Abs. 5 hat die Bundesanstalt für Finanz- **24** dienstleistungsaufsicht sämtliche Bußgeldentscheidungen nach Abs. 2a an die

---

[10] Vgl. BT-Drs. 18/9982, 60.
[11] Vgl. BR-Drs. 635/15, 60.

Abschlussprüferaufsichtsstelle beim Bundesamt für Wirtschaft und Ausfuhrkontrolle zu übermitteln, um deren Bekanntmachung sowie Übermittlung an den Ausschuss der Aufsichtsstellen zu ermöglichen.[12]

§ 340o Festsetzung von Ordnungsgeld

[1] **Personen, die**

1. **als Geschäftsleiter im Sinne des § 1 Absatz 2 Satz 1 des Kreditwesengesetzes eines Kreditinstituts oder Finanzdienstleistungsinstituts im Sinne des § 340 Absatz 4 Satz 1 oder als Geschäftsleiter im Sinne des § 1 Absatz 8 Satz 1 und 2 des Zahlungsdiensteaufsichtsgesetzes eines Instituts im Sinne des § 340 Absatz 5 oder als Inhaber eines in der Rechtsform des Einzelkaufmanns betriebenen Kreditinstituts oder Finanzdienstleistungsinstituts im Sinne des § 340 Absatz 4 Satz 1, den § 340l Absatz 1 Satz 1 in Verbindung mit § 325 Absatz 2 bis 5, die §§ 328, 329 Absatz 1 über die Pflicht zur Offenlegung des Jahresabschlusses, des Lageberichts, des Konzernabschlusses, des Konzernlageberichts und anderer Unterlagen der Rechnungslegung oder**
2. **als Geschäftsleiter von Zweigniederlassungen im Sinn des § 53 Abs. 1 des Kreditwesengesetzes § 340l Abs. 1 oder Abs. 2 über die Offenlegung der Rechnungslegungsunterlagen**

nicht befolgen, sind hierzu vom Bundesamt für Justiz durch Festsetzung von Ordnungsgeld anzuhalten. [2] **Die §§ 335 bis 335b sind entsprechend anzuwenden.**

Schrifttum: S. Schrifttum zu § 340.

I. Von § 340o betroffener Personenkreis

1   § 340o soll wie § 335 die Durchsetzung der Offenlegungspflichten sicherstellen. Gem. § 340o S. 1 Nr. 1 kann gegen die verantwortlichen Personen bei Kredit- oder Finanzdienstleistungsinstituten sowie Instituten iSd § 1 Abs. 3 ZAG ein Ordnungsgeldverfahren nach § 335 durchgeführt werden. Der betroffene Personenkreis bei Unternehmen in der Rechtsform der Kapitalgesellschaft wird bereits von § 335 erfasst. § 340o nimmt allerdings keine Einschränkungen im Hinblick auf die Rechtsform vor, so dass § 340o als Spezialvorschrift auf den betroffenen Personenkreis bei Kredit- oder Finanzdienstleistungsinstituten sowie Instituten iSd § 1 Abs. 3 ZAG aller Rechtsformen anzuwenden ist.

2   § 340o S. 1 nennt als Adressaten die Geschäftsleiter. § 340o S. 1 Nr. 1 führt als Normadressaten den Geschäftsleiter iSd § 1 Abs. 2 KWG eines Kredit- oder Finanzdienstleistungsinstituts, den Geschäftsleiter iSd § 1 Abs. 8 S. 1 und 2 ZAG eines Instituts iSd § 1 Abs. 3 ZAG sowie den Inhaber eines in der Rechtsform des Einzelkaufmanns betriebenen Kredit- oder Finanzdienstleistungsinstituts. Der Personenkreis ist gem. § 340o S. 1 insoweit identisch mit dem des § 340 m.

3   Darüber hinaus werden von § 340o S. 1 Nr. 2 Geschäftsleiter von Zweigniederlassungen ausländischer Unternehmen iSv § 53 Abs. 1 KWG erfasst.

---

[12] Vgl. BR-Drs. 635/15, 60.

II. Zu ahndende Pflichtverletzungen

Bei den mit Ordnungsgeld zu sanktionierenden Pflichtverletzungen wird **4** Bezug genommen auf die für Kapitalgesellschaften geltenden Regelungen der § 325 Abs. 2–5, §§ 328 und 329 Abs. 1 iVm § 340l. Die ergänzenden Vorschriften zur Offenlegung für Kredit- und Finanzdienstleistungsinstitute sowie Institute iSd § 1 Abs. 3 ZAG und Zweigniederlassungen sind in § 340l geregelt und entsprechend in § 340o übernommen.

III. Voraussetzungen und Verfahren zur Festsetzung eines Ordnungsgelds

Für die Festsetzung eines Ordnungsgelds gelten für Kredit- oder Finanz- **5** dienstleistungsinstitute sowie Institute iSd § 1 Abs. 3 ZAG durch den Verweis auf die Anwendbarkeit der §§ 335–335b die gleichen Voraussetzungen wie bei Kapitalgesellschaften. Das Ordnungsgeld beträgt 2.500 bis höchstens 25.000 Euro (§ 335 Abs. 1 S. 4).

Das Verfahren für die Festsetzung von Ordnungsgeld richtet sich durch den **6** Verweis auf § 335 nach den dort in Abs. 2 genannten Vorschriften des FamFG und des VwVfG. Gem. § 340o S. 1 ist das Bundesamt für Justiz für die Festsetzung von Ordnungsgeld zuständig. Zu den Voraussetzungen und dem Verfahren im Einzelnen vgl. Kommentierung des § 335.

Zweiter Unterabschnitt. Ergänzende Vorschriften für Versicherungsunternehmen und Pensionsfonds

Erster Titel. Anwendungsbereich

§ 341 [Anwendungsbereich]

(1) ¹Dieser Unterabschnitt ist, soweit nichts anderes bestimmt ist, auf Unternehmen, die den Betrieb von Versicherungsgeschäften zum Gegenstand haben und nicht Träger der Sozialversicherung sind (Versicherungsunternehmen), anzuwenden. ²Dies gilt nicht für solche Versicherungsunternehmen, die auf Grund von Gesetz, Tarifvertrag oder Satzung ausschließlich für ihre Mitglieder oder die durch Gesetz oder Satzung begünstigten Personen Leistungen erbringen oder als nicht rechtsfähige Einrichtungen ihre Aufwendungen im Umlageverfahren decken, es sei denn, sie sind Aktiengesellschaften, Versicherungsvereine auf Gegenseitigkeit oder rechtsfähige kommunale Schadenversicherungsunternehmen.

(2) ¹Versicherungsunternehmen im Sinne des Absatzes 1 sind auch Niederlassungen im Geltungsbereich dieses Gesetzes von Versicherungsunternehmen mit Sitz in einem anderen Staat, wenn sie zum Betrieb des Direktversicherungsgeschäfts der Erlaubnis durch die deutsche Versicherungsaufsichtsbehörde bedürfen. ²Niederlassungen von Versicherungsunternehmen mit Sitz in einem Mitgliedstaat der Europäischen Union oder einem anderen Vertragsstaat des Abkommens über den Europäischen Wirtschaftsraum, die keiner Erlaubnis zum Betrieb des Direktversicherungsgeschäfts durch die deutsche Versicherungsaufsichtsbehörde bedürfen, haben die ergänzenden Vorschriften über den Ansatz und die Bewertung von Vermögensgegenständen und Schulden des Ersten bis

Vierten Titels dieses Unterabschnitts und der Versicherungsunternehmens-Rechnungslegungsverordnung in ihrer jeweils geltenden Fassung anzuwenden.

(3) **Zusätzliche Anforderungen auf Grund von Vorschriften, die wegen der Rechtsform oder für Niederlassungen bestehen, bleiben unberührt.**

(4) [1] **Die Vorschriften des Ersten bis Siebenten Titels dieses Unterabschnitts sind mit Ausnahme von Absatz 1 Satz 2 auf Pensionsfonds (§ 236 Absatz 1 des Versicherungsaufsichtsgesetzes) entsprechend anzuwenden.** [2] **§ 341d ist mit der Maßgabe anzuwenden, dass Kapitalanlagen für Rechnung und Risiko von Arbeitnehmern und Arbeitgebern mit dem Zeitwert unter Berücksichtigung des Grundsatzes der Vorsicht zu bewerten sind; §§ 341b, 341c sind insoweit nicht anzuwenden.**

Schrifttum: *Biener/Berneke/Boetius,* Handbuch der versicherungstechnischen Rückstellungen, 1996; *Ellenbürger/Horbach/Kölschbach,* Ausgewählte Einzelfragen zur Rechnungslegung von Versicherungsunternehmen, WPg 1996, 41 und 113; *Ellenbürger/ Horbach/Kölschbach,* Rechnungslegung von Versicherungsunternehmen, FS Richter, 2001, 43; *Ellenbürger/Pfaffenzeller/Hammers,* Umsetzung von Solvency II im Versicherungsaufsichtsgesetz – Paradigmenwechsel mit Auswirkungen auf die Abschlussprüfung, WPg 2015, 886; *Faigle/Engeländer,* Die Zillmerung in der Lebensversicherung, VW 2001, 1570; *Famy,* Versicherungsbetriebslehre, 2011; *Famy,* Buchführung und Periodenrechnung in Versicherungsunternehmen, 4. Aufl. 1992; *Geib,* Die Pflicht zur Offenlegung des Zeitwertes von Kapitalanlagen der Versicherungsunternehmen nach Umsetzung der Versicherungsbilanzrichtlinie, 1997; *Geib,* Wie misst man stille Reserven – Ausgewählte Fragen zur Offenlegung des Zeitwertes von Kapitalanlagen nach Umsetzung der Versicherungsbilanzrichtlinie, VW 1997, 1143; *Geib,* Kapitalflussrechnungen von Versicherungsunternehmen in v. Wysocki, Kapitalflussrechnung, 1998, 161; *Geib/Ellenbürger,* BilMoG und seine Implikationen, VW 2008, 1173; *Geib/Ellenbürger/Kölschbach,* Ausgewählte Fragen zur EG-Versicherungsbilanzrichtlinie (VersBiRi-Li), WPg 1992, 177–186 und 209–221; *Geib/Wiedmann,* Zur Abzinsung von Rückstellungen in der Handels- und Steuerbilanz, WPg 1994, 369; *Gerathewohl,* Rückversicherung – Grundlagen und Praxis, Bd. I, 1976; *IDW,* HFA 1/1994: Zur Behandlung von Genußrechten im Jahresabschluss von Kapitalgesellschaften, WPg 1994, 419; *IDW* RS VFA 2: Auslegung des § 341b HGB (neu), WPg 2002, 475; *IDW* RS VFA 3: Die Bewertung der Schadenrückstellung von Schaden-/Unfallversicherungsunternehmen, IDW-FN 2010, 313; *KPMG,* Rechnungslegung von VU, 1994; *KPMG,* US-GAAP – an overview for European Insurers, 1998; *Perlet,* Rückstellungen für noch nicht abgewickelte Versicherungsfälle in Handels- und Steuerbilanz, 1986; *Perlet,* Zur Umsetzung der Versicherungsbilanzrichtlinie in deutsches Recht, FS Moxter, 1994, 833; *Perlet/ Baumgärtel,* Zur Bedeutung der Pauschalbewertung bei Rückstellungen für ungewisse Verbindlichkeiten, FS Beisse, 1997, 393; *Prölss,* Versicherungsaufsichtsgesetz, hrsg. von Helmut Kollhosser, 12. Aufl. 2005; *Rockel/Helten/Ott/Sauer,* Versicherungsbilanzen, 2012; *v. Treuberg/Angermayer,* Der Jahresabschluss von Versicherungsunternehmen, hrsg. von Schitag Ernst & Young, Deutsche Allgemeine Treuhand AG, 1995.

I. Regelungsgegenstand und -zweck

1   Die Norm regelt den Anwendungsbereich der ergänzenden Vorschriften für VU im Zweiten Unterabschnitt des Vierten Abschnitts des Dritten Buches des HGB.

II. Grundlagen

2   Die zurzeit geltenden Rechnungslegungsvorschriften für VU beruhen auf der am 19.12.1991 vom EG-Ministerrat verabschiedeten **EG-Versiche-**

rungsbilanzrichtlinie (VersBiRiLi).[1] Diese wurde durch die Verabschiedung des **Versicherungsbilanzrichtlinie-Gesetzes (VersRiLiG)** am 24.6.1994 in nationales Recht transformiert.

Den gesetzlichen Rahmen für die Rechnungslegung der VU bilden ins- **3** besondere das **HGB** – mit den Vorschriften der §§ **238–335** und den für VU eingefügten §§ **341–341p** – sowie einige Vorschriften des **VAG** und des **AktG.** Die in das HGB eingefügten §§ 341–341o greifen die meisten schon vorher in den aufsichtsrechtlichen Vorschriften geregelten Bestimmungen zur externen Rechnungslegung von VU auf. Das Publizitätsgesetz findet auf VU keine Anwendung.

Zu beachten ist ferner die auf Grund der Verordnungsermächtigung in **4** § 330 vom BMJ im Einverständnis mit dem BMF und mit der Zustimmung des Bundesrates erlassene **Verordnung über die Rechnungslegung von Versicherungsunternehmen (RechVersV).** Sie regelt in ihren 65 Paragraphen Einzelheiten zum Jahresabschluss und Lagebericht sowie zum Konzernabschluss und Konzernlagebericht von VU.

Die §§ **341 ff.** tragen den besonderen Publizitätserfordernissen der Ver- **5** sicherungswirtschaft Rechnung, indem sie für den Einzel- bzw. Konzernabschluss festlegen, welche Regelungen des HGB vollständig, eingeschränkt oder wahlweise für VU gelten und wie die allgemeinen GoB bei VU anzuwenden sind. Somit wirken sich auch die Änderungen der handelsrechtlichen Bestimmungen durch das BilMoG auf VU aus (zu den versicherungstechnischen Rückstellungen siehe jedoch die Kommentierung zu → § 341g Rn. 17–31).

Die wesentlichen Ausnahmen von der unmittelbaren Anwendung der Para- **6** graphen des Ersten Abschnitts sowie des Ersten Unterabschnitts des Zweiten Abschnitts des Dritten Buches des HGB, für die Rechnungslegung von VU finden sich in § 341a Abs. 2 (→ § 341a Rn. 4).[2]

III. Anwendungsbereich

Gem. Abs. 1 S. 1 ist der Zweite Unterabschnitt des Vierten Abschnitts im **7** Dritten Buch des HGB für Unternehmen, die den **Betrieb von Versicherungsgeschäften** zum Gegenstand haben und nicht Träger der Sozialversicherung sind, anzuwenden. Der Anwendungsbereich entspricht damit grundsätzlich dem des VAG (§ 1 Abs. 1 VAG). Versicherungsgeschäfte sind in wirtschaftlicher Hinsicht die Deckung eines im Einzelnen ungewissen, insgesamt geschätzten Mittelbedarfs auf der Grundlage des Risikoausgleichs im Kollektiv und in der Zeit.[3]

Die ergänzenden Vorschriften des HGB für Versicherungsunternehmen **8** gelten grundsätzlich rechtsform- und größenunabhängig.

Abs. 1 S. 2 nimmt lediglich eine Reihe von **nicht unter die VersBiRiLi 9** fallenden VU von der Anwendung aus, für die nach der Begründung „die Anwendung der allgemeinen Rechnungslegungsbestimmungen für Versicherungsunternehmen auch nicht erforderlich oder angemessen erscheint".[4] Dies sind berufsständische Versorgungswerke, Versorgungseinrichtungen des öffentlichen Dienstes und der Kirchen, kommunale Versorgungskassen und

---

[1] Vgl. *Farny,* Versicherungsbetriebslehre, 2011, 21.
[2] *IDW* Versicherungsunternehmen-WPH/*Freiling* Kap. A Rn. 19–32.
[3] Vgl. *Farny,* Versicherungsbetriebslehre, 2011, 21.
[4] Vgl. Bericht des Rechtsausschusses, BT-Drs. 12/7646, 3.

Zusatzversorgungskassen, betriebliche Unterstützungseinrichtungen, der Versorgungsverband Deutscher Wirtschaftsorganisationen sowie nicht rechtsfähige kommunale Schadenausgleiche.[5] § 38 VAG ermöglicht die Anwendung handelsrechtlicher Regelungen auf öffentlich-rechtliche Versicherungsunternehmen.

10   Von den Rechnungslegungsvorschriften der §§ 341 ff. und der Rech-VersV werden gem. Abs. 2 auch die **inländischen Niederlassungen ausländischer VU** erfasst, die nach den oben genannten Kriterien zum Betrieb des Direktversicherungsgeschäfts in der Bundesrepublik Deutschland der **Erlaubnis der deutschen Aufsichtsbehörde bedürfen.** Die Verpflichtung zur Rechnungslegung und Offenlegung von Niederlassungen dieser ausländischen VU erfolgt insbesondere für Zwecke der Aufsicht, da diese Niederlassungen der Finanzaufsicht in Deutschland unterliegen.[6] Der Erlaubnis durch die Aufsichtsbehörde bedürfen solche VU, die ihren Sitz außerhalb des Europäischen Wirtschaftsraums haben und im Inland das Erst- oder Rückversicherungsgeschäft betreiben wollen (vgl. § 67 Abs. 1 S. 1 VAG). Voraussetzung für die Erteilung der Erlaubnis ist gem. § 68 Abs. 1 S. 1 VAG die Errichtung einer Niederlassung im Geltungsbereich des VAG.

11   Seit der Abfassung der Vorschrift wurde das Aufsichtsrecht dahingehend geändert, dass auch das Betreiben der Rückversicherung eine Erlaubnis fordert. Die Beschränkung im Wortlaut auf „Direktversicherungsgeschäft" entspricht damit nicht mehr den aufsichtsrechtlichen Gegebenheiten.

12   Durch das Jahressteuergesetz 2010 wurde Abs. 2 S. 2 hinzugefügt. Hierdurch wurde klargestellt, dass auch **Niederlassungen** ausländischer VU, die zum Betrieb der Direktversicherung **nicht der Erlaubnis durch die Bundesanstalt für Finanzdienstleistungsaufsicht (BaAFin) bedürfen,** hinsichtlich Ansatz und Bewertungsvorschriften die §§ 341–341h sowie die diese ergänzenden Vorschriften der RechVersV (§§ 1–57 RechVersV) zu beachten haben.[7] Welche Niederlassungen das sind, ergibt sich aus § 61 Abs. 1 VAG. Gemäß dem Wortlaut kommen nur die Vorschriften über **den Ansatz und die Bewertung von** Vermögensgegenständen und Schulden zur Anwendung. Diese Bestimmung bedeutet keine Verpflichtung zur Aufstellung von Jahresabschluss oder Lagebericht, sondern zielt auf die für steuerliche Zwecke zu erfolgenden Ansatz und Bewertung. Sie betrifft auch die Niederlassungen von Versicherungsunternehmen, die das Rückversicherungsgeschäft betreiben.

13   In den Anwendungsbereich eingeschlossen sind gemäß dem neu eingefügten Abs. 4 S. 1 auch **Pensionsfonds.** Pensionsfonds sollen den VU entsprechend den §§ 236 ff. VAG im Wesentlichen gleichgestellt werden. Nach der Begründung ist davon auszugehen, „dass die Pensionsfonds in ihrer wirtschaftlichen Bedeutung und ihrer rechtlichen Ausgestaltung insbesondere zur Solvabilität mit Versicherungsunternehmen im Sinne des Zweiten Unterabschnitts des Vierten Abschnitts des Dritten Buches des Handelsgesetzbuches in vollem Umfang vergleichbar sein werden".[8] Dementsprechend haben auch Pensionsfonds einen Jahresabschluss nach den für VU geltenden Vorschriften

---

[5] Vgl. BT-Drs. 12/7646, 3.
[6] Vgl. Bericht des Rechtsausschusses, BT-Drs. 12/7646, 3; s. auch Beck Versicherungsbilanz/*Seitz* Rn. 29.
[7] Begr. RegE, BT-Drs. 17/2249, 94.
[8] Vgl. BT-Drs. 14/5150, 53 f.

aufzustellen, prüfen zu lassen und offenzulegen. Der Gesetzgeber bezweckt durch diese Maßnahmen, im Interesse der einzelnen Arbeitgeber und Arbeitnehmer wie auch der Gesamtwirtschaft die Sicherheit der den Pensionsfonds anvertrauten Vermögenswerte und die ordnungsmäßige Durchführung ihrer Geschäfte zu gewährleisten.

Aus der Anwendung der Vorschriften des Zweiten Unterabschnitts des Vierten Abschnitts des Dritten Buches resultiert für Pensionsfonds insbesondere, dass diese die ihnen zuzurechnenden Vermögenswerte im Allgemeinen nach den für das Anlagevermögen geltenden Vorschriften zu bewerten haben. Gem. Abs. 4 S. 2 ist für diejenigen Pensionsfonds allerdings ein Zeitwertansatz vorzunehmen, die in ihrer Ausgestaltung den fondsgebundenen Lebensversicherungen ähneln und bei denen die Kapitalanlage für Rechnung und Risiko der Arbeitnehmer erfolgt (s. Erl. zu § 341d).

Holdinggesellschaften, die selbst kein (Rück-)Versicherungsgeschäft be- **14** treiben, fallen grundsätzlich nicht unter den Anwendungsbereich der §§ 341 ff. Eine Ausnahme gilt gem. § 341i. Dieser regelt explizit, dass Versicherungsholdinggesellschaften einen Konzernabschluss und -lagebericht nach den für VU geltenden Vorschriften aufzustellen haben (vgl. Kommentierung dort).

Unternehmen, die den Betrieb von Versicherungsgeschäften beabsichti- **15** gen und bereits gegründet wurden, aber noch keine Zulassung von der BaFin erhalten haben, erfüllen ebenfalls nicht die Tatbestandsmerkmale der §§ 341 ff. Gleichwohl wenden sie in der Praxis im Vorgriff auf die zu erwartende Zulassung versicherungsspezifische statt allgemeiner Rechnungslegungsvorschriften an. Da die materiellen Unterschiede im Abschluss des Rumpfgeschäftsjahres auf Grund der enthaltenen vielen Leerposten gering sein werden und auf diese Weise eine zeitliche Vergleichbarkeit ermöglicht wird, werden gegen dieses Verfahren keine Einwendungen zu erheben sein.

Zweiter Titel. Jahresabschluß, Lagebericht

§ 341a Anzuwendende Vorschriften

(1) [1]**Versicherungsunternehmen haben einen Jahresabschluß und einen Lagebericht nach den für große Kapitalgesellschaften geltenden Vorschriften des Ersten Unterabschnitts des Zweiten Abschnitts in den ersten vier Monaten des Geschäftsjahres für das vergangene Geschäftsjahr aufzustellen und dem Abschlußprüfer zur Durchführung der Prüfung vorzulegen; die Frist des § 264 Abs. 1 Satz 3 gilt nicht.** [2]**Ist das Versicherungsunternehmen eine Kapitalgesellschaft im Sinn des § 325 Abs. 4 Satz 1 und nicht zugleich im Sinn des § 327a, beträgt die Frist nach Satz 1 vier Monate.**

(1a) [1]**Ein Versicherungsunternehmen hat seinen Lagebericht um eine nichtfinanzielle Erklärung zu erweitern, wenn es in entsprechender Anwendung des § 267 Absatz 3 Satz 1 und Absatz 4 bis 5 als groß gilt und im Jahresdurchschnitt mehr als 500 Arbeitnehmer beschäftigt.** [2]**Wenn die nichtfinanzielle Erklärung einen besonderen Abschnitt des Lageberichts bildet, darf das Versicherungsunternehmen auf die an anderer Stelle im Lagebericht enthaltenen nichtfinanziellen Angaben verweisen.**

³ § 289b Absatz 2 bis 4 und die §§ 289c bis 289e sind entsprechend anzuwenden.

(1b) Ein Versicherungsunternehmen, das nach Absatz 1 in Verbindung mit § 289f Absatz 1 eine Erklärung zur Unternehmensführung zu erstellen hat, hat darin Angaben nach § 289f Absatz 2 Nummer 6 aufzunehmen, wenn es in entsprechender Anwendung des § 267 Absatz 3 Satz 1 und Absatz 4 bis 5 als groß gilt.

(2) ¹ § 265 Abs. 6, §§ 267, 268 Abs. 4 Satz 1, Abs. 5 Satz 1 und 2, §§ 276, 277 Abs. 1 und 2, § 285 Nr. 8 Buchstabe a und § 288 sind nicht anzuwenden. ² Anstelle von § 247 Abs. 1, §§ 251, 265 Abs. 7, §§ 266, 268 Absatz 7, §§ 275, 284 Absatz 3, § 285 Nummer 4 und 8 Buchstabe b sowie § 286 Abs. 2 sind die durch Rechtsverordnung erlassenen Formblätter und anderen Vorschriften anzuwenden. ³ § 246 Abs. 2 ist nicht anzuwenden, soweit abweichende Vorschriften bestehen. ⁴ § 264 Abs. 3 und § 264b sind mit der Maßgabe anzuwenden, daß das Versicherungsunternehmen unter den genannten Voraussetzungen die Vorschriften des Vierten Unterabschnitts des Zweiten Abschnitts nicht anzuwenden braucht. ⁵ § 285 Nr. 3a gilt mit der Maßgabe, daß die Angaben für solche finanzielle Verpflichtungen nicht zu machen sind, die im Rahmen des Versicherungsgeschäfts entstehen. ⁶ § 285 Nummer 31 ist nicht anzuwenden; unter den Posten „außerordentliche Erträge" und „außerordentliche Aufwendungen" sind Erträge und Aufwendungen auszuweisen, die außerhalb der gewöhnlichen Geschäftätigkeit anfallen. ⁷ Im Anhang sind diese Posten hinsichtlich ihres Betrags und ihrer Art zu erläutern, soweit die ausgewiesenen Beträge für die Beurteilung der Ertragslage nicht von untergeordneter Bedeutung sind.

(3) Auf Krankenversicherungsunternehmen, die das Krankenversicherungsgeschäft ausschließlich oder überwiegend nach Art der Lebensversicherung betreiben, sind die für die Rechnungslegung der Lebensversicherungsunternehmen geltenden Vorschriften entsprechend anzuwenden.

(4) Auf Versicherungsunternehmen, die nicht Aktiengesellschaften, Kommanditgesellschaften auf Aktien oder kleinere Vereine sind, sind § 152 Abs. 2 und 3 sowie die §§ 170 bis 176 des Aktiengesetzes entsprechend anzuwenden.

(5) ¹ Bei Versicherungsunternehmen, die ausschließlich die Rückversicherung betreiben oder deren Beiträge aus in Rückdeckung übernommenen Versicherungen die übrigen Beiträge übersteigen, verlängert sich die in Absatz 1 Satz 1 erster Halbsatz genannte Frist von vier Monaten auf zehn Monate, sofern das Geschäftsjahr mit dem Kalenderjahr übereinstimmt; die Hauptversammlung oder die Versammlung der obersten Vertretung, die den Jahresabschluß entgegennimmt oder festzustellen hat, muß abweichend von § 175 Abs. 1 Satz 2 des Aktiengesetzes spätestens 14 Monate nach dem Ende des vergangenen Geschäftsjahres stattfinden. ² Die Frist von vier Monaten nach Absatz 1 Satz 2 verlängert sich in den Fällen des Satzes 1 nicht.

Schrifttum: S. Schrifttum zu § 341.

I. Regelungsgegenstand und -zweck

Die Norm regelt, welche Vorschriften auf den Jahresabschluss und den **1** Lagebericht von Versicherungsunternehmen anzuwenden sind und welche Frist bei deren Aufstellung einzuhalten ist. Abs. 1 setzt Art. 1 Abs. 1 Richtlinie 91/674/EWG (VersBiRiLi) um. Abs. 2 S. 1 und 2 übernehmen die Vorschriften des § 55 Abs. 4 VAG idF bis zum 21.7.1994. Durch Abs. 3 wird Art. 3 Abs. 1 Richtlinie 91/674/EWG in deutsches Recht transformiert. Abs. 4 übernimmt die Vorschriften des § 55 Abs. 6 VAG idF bis zum 21.7.1994. Durch Abs. 5 werden die Vorschriften des § 55 Abs. 2 VAG idF bis zum 21.7.1994 ersetzt.[1] Die in den Abs. 1 und 5 enthaltenen Bestimmungen zur vorzeitigen Aufstellung bei kapitalmarktorientieren Unternehmen wurden durch das Gesetz über elektronische Handelsregister und Genossenschaftsregister sowie das Unternehmensregister (EHUG) vom 10.11.2006 (BGBl. 2006 I 2553) eingeführt. Abs. 1a und 1b wurden durch Art. 1 CSRRLUmsG eingeführt. Abs. 2 S. 6 und 7 wurden durch Art. 1 BilRUG eingeführt.

II. Grundsätzliche Anwendung handelsrechtlicher Vorschriften

Abs. 1 verpflichtet VU, einen Jahresabschluss und einen Lagebericht nach **2** den für große Kapitalgesellschaften geltenden Vorschriften aufzustellen. Somit haben alle VU, auf welche die Vorschriften des Zweiten Unterabschnitts des Vierten Abschnitts des HGB anzuwenden sind (vgl. die Erläuterungen zu § 341), grundsätzlich die §§ 264–289 zu beachten. Abs. 1a und Abs. 1b stellen die rechtsformunabhängige Anwendung der allgemeinen Vorschriften zur nichtfinanziellen Erklärung und zur Erklärung der Unternehmensführung bei Versicherungsunternehmen sicher. Auch große nichtkapitalmarktorientierte Versicherungsunternehmen müssen, weil von öffentlichem Interesse, nach Abs. 1a die nichtfinanzielle Erklärung abgeben.

Eine ausdrückliche Verpflichtung zur Anwendung des Ersten Abschnitts **3** des Dritten Buches des HGB (§§ 238–263) enthält § 341a nicht. Eine Verpflichtung hierzu ergibt sich für VU, welche die Kaufmannseigenschaft gem. § 1 erfüllen, bereits auf Grund dieser Eigenschaft. Für VU, die kein Kaufmann sind, ergibt sich die Pflicht zur Anwendung der Vorschriften des Zweiten Unterabschnitts des Vierten Abschnitts (§§ 341–341o) sowie des Ersten und Zweiten Abschnitts des Dritten Buches des HGB (§§ 238–335c) aus § 38 VAG.[2]

III. Ausnahmen von der Anwendung handelsrechtlicher Vorschriften

1. Bestimmungen, die ersatzlos entfallen. Gem. Abs. 2 S. 1 sind die **4** § 265 Abs. 6, §§ 267, 268 Abs. 4 S. 1, § 268 Abs. 5 S. 1 und 2, §§ 276, 277 Abs. 1 und 2, § 285 Nr. 8 Buchst. a und § 288 von VU nicht anzuwenden. Die betreffenden Bestimmungen enthalten insbesondere Regelungen zu einzelnen Posten der Bilanz und GuV (§ 265 Abs. 6, § 277 Abs. 1 und 2, Vorschriften im Zusammenhang mit Größeneinteilungen (§§ 267, 276, 288), Vorschriften über den gesonderten Ausweis bestimmter Forderungen (§ 268 Abs. 4 S. 1), Verbindlichkeiten (§ 268 Abs. 5 S. 1) und Anzahlungen (§ 268

---

[1] BR-Drs. 359/93, 67 ff.
[2] BR-Drs. 359/93, 68.

Abs. 5 S. 2) sowie Vorschriften über bestimmte Angaben im Anhang (§ 285 Nr. 8 Buchst. a).

5   2. Bestimmungen, die durch andere Vorschriften ersetzt werden. a) Fristenregelungen. Die Frist für Aufstellung und Vorlage von Jahresabschluss und Lagebericht nach § 264 Abs. 1 S. 3 gilt nicht für VU. Gem. Abs. 1 haben VU ihren Jahresabschluss und ihren Lagebericht in den ersten vier Monaten des Geschäftsjahres für das vergangene Geschäftsjahr aufzustellen und dem Abschlussprüfer zur Prüfung vorzulegen. Bereits nach bisher geltendem Recht hatten Versicherungsunternehmen einen Jahresabschluss und einen Lagebericht innerhalb der ersten vier Monate des Geschäftsjahres für das vergangene Geschäftsjahr aufzustellen. Insofern bedurfte es in Hinblick auf die verkürzte Offenlegungsfrist für kapitalmarktorientierte Unternehmen (Inanspruchnahme eines organisierten Marktes iSd § 2 Abs. 5 WpHG durch ausgegebene Wertpapiere iSd § 2 Abs. 1 S. 1 WpHG in der EU oder im EWR), die nicht die Erleichterung des § 327a in Anspruch nehmen können, keiner Änderung von Abs. 1 S. 1. Durch die Anfügung eines S. 2 in Abs. 5 wird die Aufstellungsfrist für einen ggf. erforderlichen Konzernabschluss ebenfalls auf vier Monate verkürzt. Diese Aufstellungsfrist verlängert sich gem. Abs. 5 bei VU, die ausschließlich die Rückversicherung betreiben oder bei denen die Beiträge aus dem in Rückdeckung übernommenen Versicherungsgeschäft die übrigen Beiträge übersteigen, von vier auf zehn Monate, sofern das Geschäftsjahr mit dem Kalenderjahr übereinstimmt.

6   b) Ansatz- und Ausweisvorschriften. Gem. Abs. 2 S. 3 ist das Saldierungsverbot des § 246 Abs. 2 auf VU nicht anzuwenden, soweit abweichende Vorschriften bestehen. Abweichende Vorschriften finden sich zB in § 26 Abs. 2 RechVersV und in § 41 Abs. 2 RechVersV.

7   An die Stelle des § 247 Abs. 1 und § 266 tritt § 2 iVm Formblatt 1 RechVersV. Durch § 2 iVm Formblatt 1 RechVersV wird Abschnitt 3 Richtlinie 91/674/EWG (VersBiRiLi) in deutsches Recht transformiert. Dieser sieht keine Trennung von Anlage- und Umlaufvermögen vor.

8   An die Stelle des § 268 Abs. 7, der Regelungen über die Angabe bestimmter Haftungsverhältnisse enthält, tritt bei VU § 51 Abs. 3 RechVersV. Bezüglich der anzugebenden Haftungsverhältnisse verweist § 51 Abs. 3 RechVersV auf die Aufzählung in § 251.

9   Die Vorschrift des § 284 Abs. 3 zur Darstellung der Entwicklung der einzelnen Posten des Anlagevermögens und der Aufwendungen für die Ingangsetzung und Erweiterung des Geschäftsbetriebes wird für VU durch die Vorschrift des § 51 Abs. 2 iVm Muster 1 RechVersV ersetzt.

10   c) Gliederungsvorschriften. An Stelle von § 265 Abs. 7, der die Zusammenfassung von Posten regelt, ist für VU § 3 RechVersV maßgeblich. § 2 RechVersV iVm den Formblättern 1–4 RechVersV ersetzt die Gliederungsvorschriften für Bilanz und GuV nach § 266 und § 275.

11   d) Anhangvorschriften. An Stelle der Aufgliederung der Umsatzerlöse nach § 285 Nr. 4 haben VU Angaben gem. § 51 Abs. 4 RechVersV zu machen. Statt § 285 Nr. 8 Buchst. b, der die Angabe der Personalaufwendungen im Anhang regelt, müssen VU § 51 Abs. 5 iVm Muster 2 RechVersV anwenden.

12   § 285 Nr. 3a über die Angabe sonstiger finanzieller Verpflichtungen wird durch Abs. 2 S. 4 in der Form eingeschränkt, dass die Anhangangaben nicht für solche finanziellen Verpflichtungen zu machen sind, die im Rahmen des Versicherungsgeschäfts entstehen. Diese aus Art. 7 Richtlinie 91/674/EWG (VersBiRiLi) übernommene Ausnahmeregelung vermeidet die Frage nach der Einordnung des Versicherungsschutzversprechens als sonstige finanzielle Verpflichtung und dessen Quantifizierbarkeit.[3] Diese Einschränkung gilt nach dem Wortlaut nicht für gem. § 285 Nr. 3 geforderten Angaben zu nicht in der Bilanz erscheinenden Geschäfte. Die Begründung zum BilMoG bezeichnet jedoch die Vorschrift des § 285 Nr. 3a als allgemeine Bestimmung, sodass die Ausnahme von dieser nicht durch eine Angabepflicht entsprechender Sachverhalte nach § 285 Nr. 3 unterlaufen werden kann.

Anders als Unternehmen anderer Branchen, haben VU außerordentliche **13** Erträge und Aufwendungen auch nach Inkrafttreten des BiLRUG gesondert in der GuV auszuweisen. Die maßgebliche EU-Richtlinie (VerBiRiLi) erlaubte dem deutschen Gesetzgeber keine Streichung. Es gelten daher auch besondere Anhangvorschriften, entsprechend der Gesetzeslage vor BilRUG.

e) Erleichterungen. Die Erleichterungen des § 264 Abs. 3 und § 246b **14** sind gem. Abs. 2 S. 4 bei Versicherungsunternehmen nur in Bezug auf die Offenlegung anzuwenden. Die Verpflichtung zur Aufstellung und Prüfung des Jahresabschlusses bleibt davon unberührt. Begründet ist diese Einschränkung im Aufsichtsrecht.[4] S. auch die Erläuterungen zu § 341l.

3. Besonderheiten bei Krankenversicherungsunternehmen. Gem. **15** Abs. 3 sind auf KVU, die das Krankenversicherungsgeschäft ausschließlich oder überwiegend nach Art der Lebensversicherung betreiben, die für Lebensversicherungen geltenden Rechnungslegungsvorschriften entsprechend anzuwenden. Welche Normen entsprechend anzuwenden sind, wird an dieser Stelle nicht ausdrücklich angegeben.

IV. Anwendung aktienrechtlicher Vorschriften

VU, die in der Rechtsform einer Aktiengesellschaft oder einer Kommanditgesellschaft auf Aktien betrieben werden, haben allein schon auf Grund **16** dieser Eigenschaft die Bestimmungen des AktG zu beachten.

Für VU, die nicht bereits unmittelbar oder durch Verweisung die Vor- **17** schriften des AktG zu beachten haben und die keine kleineren VVaG iSd § 210 VAG sind, bestimmt Abs. 4 die entsprechende Anwendung der § 152 Abs. 2 und 3, §§ 170–176 des AktG. § 152 Abs. 2 und 3 AktG enthält Vorschriften zur Bilanz, die §§ 170 und 171 AktG beinhalten Regelungen über die Prüfung des Jahresabschlusses, § 174 AktG trifft Regelungen zur Gewinnverwendung, die §§ 175 und 176 AktG enthalten Vorschriften über die ordentliche Hauptversammlung.

Abweichend von § 175 Abs. 1 S. 2 AktG (Einberufung der Hauptver- **18** sammlung) räumt Abs. 6 S. 1 Hs. 2 den VU, die ausschließlich Rückversicherung betreiben oder deren Rückversicherungsbeiträge überwiegen, eine Fristverlängerung ein: „... die Hauptversammlung oder die Versammlung der obersten Vertretung, die den Jahresabschluss entgegennimmt oder festzustellen hat, muss ... spätestens 14 Monate nach dem Ende des vergangenen Geschäftsjahres stattfinden".

---

[3] Vgl. *Geib/Ellenbürger/Kölschbach* WPg 1992, 177 (183).
[4] Vgl. BT-Drs. 13/7141.

Dritter Titel. Bewertungsvorschriften

§ 341b Bewertung von Vermögensgegenständen

(1) [1] Versicherungsunternehmen haben immaterielle Vermögensgegenstände, soweit sie entgeltlich erworben wurden, Grundstücke, grundstücksgleiche Rechte und Bauten einschließlich der Bauten auf fremden Grundstücken, technische Anlagen und Maschinen, andere Anlagen, Betriebs- und Geschäftsausstattung, Anlagen im Bau und Vorräte nach den für das Anlagevermögen geltenden Vorschriften zu bewerten. [2] Satz 1 ist vorbehaltlich Absatz 2 und § 341c auch auf Kapitalanlagen anzuwenden, soweit es sich hierbei um Beteiligungen, Anteile an verbundenen Unternehmen, Ausleihungen an verbundene Unternehmen oder an Unternehmen, mit denen ein Beteiligungsverhältnis besteht, Namensschuldverschreibungen, Hypothekendarlehen und andere Forderungen und Rechte, sonstige Ausleihungen und Depotforderungen aus dem in Rückdeckung übernommenen Versicherungsgeschäft handelt. [3] § 253 Absatz 3 Satz 6 ist nur auf die in Satz 2 bezeichneten Vermögensgegenstände anzuwenden.

(2) Auf Kapitalanlagen, soweit es sich hierbei um Aktien einschließlich der eigenen Anteile, Anteile oder Aktien an Investmentvermögen sowie sonstige festverzinsliche und nicht festverzinsliche Wertpapiere handelt, sind die für das Umlaufvermögen geltenden § 253 Abs. 1 Satz 1, Abs. 4 und 5, § 256 anzuwenden, es sei denn, dass sie dazu bestimmt werden, dauernd dem Geschäftsbetrieb zu dienen; in diesem Fall sind sie nach den für das Anlagevermögen geltenden Vorschriften zu bewerten.

(3) § 256 Satz 2 in Verbindung mit § 240 Abs. 3 über die Bewertung zum Festwert ist auf Grundstücke, Bauten und im Bau befindliche Anlagen nicht anzuwenden.

(4) Verträge, die von Pensionsfonds bei Lebensversicherungsunternehmen zur Deckung von Verpflichtungen gegenüber Versorgungsberechtigten eingegangen werden, sind mit dem Zeitwert unter Berücksichtigung des Grundsatzes der Vorsicht zu bewerten; die Absätze 1 bis 3 sind insoweit nicht anzuwenden.

Schrifttum: S. Schrifttum zu § 341.

Übersicht

Rn.

I. Regelungsgegenstand und -zweck

Die in § 247 kodifizierte Trennung von Anlage- und Umlaufvermögen in **1**
der Bilanz wurde für den Jahresabschluss der Versicherungsunternehmen
nicht übernommen (auch → § 341a Rn. 6).

Es erfolgte eine eigenständige Abgrenzung, die der spezifischen Ge- **2**
schäftstätigkeit der Versicherungsunternehmen Rechnung trägt. Eine Unterscheidung der Vermögensgegenstände in Anlage- und Umlaufvermögen
ist aber für die Bewertung der ausgewiesenen Vermögensgegenstände notwendig. In Umsetzung des Art. 51 Richtlinie 91/674/EWG (VersBiRiLi)
stellt § 341b deshalb klar, welche Vermögensgegenstände wie Anlagevermögen und welche Vermögensgegenstände wie Umlaufvermögen zu bewerten sind.

Mit Abs. 1 wird Art. 51 S. 1 Buchst. a und b Richtlinie 91/674/EWG in **3**
nationales Recht transformiert und geregelt, welche Vermögensgegenstände
wie Anlagevermögen zu bewerten sind. Durch Abs. 2 wird Art. 51 S. 2
Richtlinie 91/674/EWG umgesetzt und festgelegt, welche Vermögensgegenstände nach den für das Umlaufvermögen geltenden Vorschriften zu bewerten
sind. Zudem wird den Versicherungsunternehmen im 2. Hs. die Möglichkeit
eingeräumt, diejenigen Wertpapiere, die dazu bestimmt werden, dauernd
dem Geschäftsbetrieb zu dienen, wie Anlagevermögen zu bewerten. Abs. 3
setzt Art. 52 Richtlinie 91/674/EWG in deutsches Recht um und regelt die
Anwendbarkeit der Bewertung zum Festwert.[1]

Abs. 4 zur Bewertung von Lebensversicherungsverträgen bei Pensionsfonds **3a**
wurde durch das BilMoG eingefügt und hat gemäß Begründung klarstellenden Charakter.

---

[1] BT-Drs. 12/5587, 25 f.

II. Vermögensgegenstände, die wie Anlagevermögen zu bewerten sind

4   **1. Immaterielle Vermögensgegenstände, soweit entgeltlich erworben.** Gem. Abs. 1 S. 1 sind immaterielle Vermögensgegenstände, soweit sie entgeltlich erworben wurden, nach den für das Anlagevermögen geltenden Vorschriften zu bewerten. Im Posten „Immaterielle Vermögensgegenstände" sind gem. § 6 Abs. 1 RechVersV **selbstgeschaffene immaterielle Vermögensgegenstände** (s. Erl. zu § 284 Abs. 2), **entgeltlich erworbene immaterielle Vermögensgegenstände, ein entgeltlich erworbener Geschäfts- oder Firmenwert** sowie hierauf **geleistete Anzahlungen** jeweils gesondert **auszuweisen.**

5   **a) Selbsterstellte immaterielle Vermögensgegenstände.** Soweit die Voraussetzungen des § 248 Abs. 2 erfüllt sind, dürfen VU selbst erstellte immaterielle Vermögensgegenstände aktivieren. Davon unberührt bleibt das Verbot der Aktivierung von Aufwendungen für den Abschluss von Versicherungsverträgen (§ 248 Abs. 1 Nr. 3). Ebenfalls nicht aktiviert werden dürfen selbst geschaffene Kundenlisten oder vergleichbare immaterielle Vermögensgegenstände des Anlagevermögens. Damit ist die Aktivierung eines selbstaufgebauten Versicherungsbestandes ausgeschlossen.[2]

6   Zu beachten ist bei einer Aktivierung die Ausschüttungssperre des § 268 Abs. 8, die gem. § 153 Abs. 2 S. 2 VVG auch für die Überschussbeteiligung in der Lebensversicherung gilt. Da die Reduzierung der Ausschüttungssperre in künftigen Perioden zu einer Erhöhung der Überschussbeteiligung führen wird ist uE aus Gründen der Vorsicht und der Vollständigkeit sowie in Analogie zu den Vorschriften für latente Steuern eine Rückstellung für latente Beitragsrückerstattung zu bilden.[3]

7   **b) Entgeltlich erworbener Geschäfts- oder Firmenwert.** Bei VU ist ein **erworbener (Teil-)Versicherungsbestand** nicht als Geschäfts- oder Firmenwert auszuweisen, sondern den immateriellen Vermögensgegenständen zuzurechnen.

8   Bestandsübertragungen der Vergangenheit haben gezeigt, dass (Teil-)Versicherungsbestände gesondert bewertbare und verkehrsfähige Vermögenswerte sind. Für einen erworbenen Versicherungsbestand besteht daher Aktivierungspflicht.

9   **Abschreibungen** auf immaterielle Vermögensgegenstände wie Software sind im Rahmen der **Kostenverteilung** auf die Funktionsbereiche zu verteilen.[4]

10   **2. Sachanlagen und Vorräte.** Abs. 1 S. 1 schreibt vor, dass **technische Anlagen** und **Maschinen, andere Anlagen, Betriebs- und Geschäftsausstattung** sowie **Anlagen im Bau** nach den für das Anlagevermögen geltenden Vorschriften zu **bewerten** sind. Diese Vermögensgegenstände sind gem. § 18 Abs. 1 RechVersV **als Sachanlagen auszuweisen.**

11   Nach Abs. 1 S. 1 sind auch die **Vorräte** wie Anlagevermögen zu **bewerten.** Sie sind zusammen mit den Sachanlagen auszuweisen. Mit dieser Regelung weicht der Gesetzgeber von den allgemeinen Vorschriften des § 266

---

[2] AA offenbar *IDW* Versicherungsunternehmen-WPH/*Freiling* Kap. G Rn. 13.
[3] Vgl. *Geib/Ellenbürger* VW 2008, 1173 (1174 f.).
[4] Vgl. *KPMG*, Rechnungslegung von VU, 1994, 169.

Abs. 2 für Vorräte ab. Unter den Vorräten sind insbesondere **Vorräte an Betriebsstoffen** und **Büromaterial** sowie hierauf geleistete **Anzahlungen** zu erfassen (vgl. § 18 Abs. 2 RechVersV).

3. Kapitalanlagen. a) Vorbemerkung. Bestimmte Regelungen bezüg- 12 lich Ausweis und Bewertung betreffen mehrere Arten von Kapitalanlagen gleichzeitig, ohne Unterschied, ob nun eine Bewertung nach den für das Anlagevermögen oder nach den für das Umlaufvermögen geltenden Vorschriften zu erfolgen hat:

aa) Postenzusammenfassung. § 3 Nr. 1 Buchst. a und b RechVersV 13 eröffnet VU unter bestimmten Voraussetzungen die Möglichkeit, in der Bilanz Postenzusammenfassungen im Kapitalanlagebereich vorzunehmen. Wird bei Vorliegen der einschlägigen Voraussetzungen generell von der Möglichkeit zur Postenzusammenfassung Gebrauch gemacht, können unter „C. Kapitalanlagen" lediglich die mit römischen Ziffern bezeichneten Posten ausgewiesen werden.

Die **Voraussetzungen** zur Ausübung der Wahlrechte gem. § 3 RechVersV 14 entsprechen denen des § 265 Abs. 7.

Eine Zusammenfassung wegen **Unerheblichkeit** wird im Hinblick auf die 15 Bedeutung der Kapitalanlagen für VU idR nicht in Betracht kommen.

Bei einer Zusammenfassung aus Gründen der **Klarheit der Darstellung** 16 müssen die zusammengefassten Posten im Anhang gesondert ausgewiesen werden. Diese Voraussetzung wird wegen der nach § 51 Abs. 2 RechVersV erforderlichen Darstellung der Entwicklung der Kapitalanlagen im Anhang nach Muster 1 RechVersV grundsätzlich vorliegen. Um einen doppelten Ausweis in Bilanz und Anhang zu vermeiden, wird die Möglichkeit der Postenzusammenfassung gem. § 3 RechVersV im Kapitalanlagebereich grundsätzlich gegeben sein.[5]

Wird von der Möglichkeit der Postenzusammenfassung Gebrauch gemacht, 17 ist nach § 265 Abs. 1 iVm § 341a Abs. 1 der Grundsatz der Darstellungsstetigkeit zu beachten.[6]

bb) Ausgewählte Anhangangaben. Gem. § 51 Abs. 2 RechVersV ist 18 die **Entwicklung der** unter den Aktivposten C. I. bis C. III. auszuweisenden **Kapitalanlagen** im Anhang nach Muster 1 darzustellen. Die Darstellung der Entwicklung im Geschäftsjahr geht im Rahmen eines „**Netto-Prinzips"** von den Bilanzwerten des Vorjahres aus.

Das Muster 1 enthält keine Angaben, wo bei Buchhaltung in Originalwäh- 19 rung die aus der **Währungsumrechnung** entstehenden Kursdifferenzen auszuweisen sind. Es ist jedoch erforderlich, die Differenz in einer gesonderten Spalte auszuweisen bzw. sie als solche – insbesondere durch entsprechende Vermerke in der Spalte „Abschreibungen" bzw. „Zuschreibungen" – kenntlich zu machen. Eine Einbeziehung der Währungskursdifferenzen in die Zu- und Abgänge wird als nicht zulässig angesehen.[7]

Gem. § 54 S. 1 RechVersV ist im Anhang der **Zeitwert** der zum Anschaf- 20 fungswert oder zum Nennwert ausgewiesenen Kapitalanlagen anzugeben.

---

[5] Vgl. WP-HdB Kap. K Rn. 111; *Emmerich* WPg 1986, 701; ihm folgend *ADS* § 265 Rn. 92.

[6] Vgl. *ADS* § 265 Rn. 6 ff., 24.

[7] Vgl. *IDW* Versicherungsunternehmen-WPH/*Freiling* Kap. H Rn. 49; aA KoRVU/*König* Bd. I B Rn. 222.

Diese Angabepflicht besteht zusätzlich zur Angabepflicht des § 285 Nr. 18 für den Zeitwert für diejenigen Finanzanlagen, die über ihrem beizulegenden Zeitwert ausgewiesen werden. Die Regelung des § 285 Nr. 18 betrifft jedoch nicht solche Kapitalanlagen, die gem. 341c Abs. 2 mit dem Nennwert angesetzt sind, da die Nennwertbilanzierung nicht mit einer unterlassenen Abschreibung gleichzusetzen ist.[8]

21   § 54 S. 1 RechVersV verlangt die Angabe des **jeweiligen Zeitwerts**. Damit sind die Zeitwerte je in der Bilanz gemäß Formblatt 1 Posten C. auszuweisenden Posten gesondert anzugeben. Anders als bei der Angabe nach § 285 Nr. 18 führt die Angabe des Zeitwertes pro Posten dazu, dass Bewertungsreserven und -lasten innerhalb eines Postens nur saldiert ermittelt werden können.

22   Zusätzlich schreibt § 54 S. 3 RechVersV die Angabe der Gesamtsumme der Anschaffungskosten, des beizulegenden Zeitwertes und des sich ergebenden Saldos für die **in die Überschussbeteiligung einzubeziehenden Kapitalanlagen** vor. Diese Vorschrift wurde zur Ergänzung des § 153 Abs. 1–3 VVG ins Handelsrecht aufgenommen. Ein Rückschluss auf die einem einzelnen Versicherungsnehmer gem. § 153 Abs. 1 VVG zustehenden Bewertungsreserven ist damit aber nicht möglich.

23   Nach § 59 RechVersV besteht keine Verpflichtung, beim **Konzernabschluss** den Zeitwert der Kapitalanlagen im Anhang anzugeben.

24   Der **Zeitwert der Grundstücke,** der grundstücksgleichen Rechte und Bauten einschließlich der Bauten auf fremden Grundstücken ist gem. § 55 Abs. 1 RechVersV der Marktwert.[9] § 55 Abs. 3 RechVersV sieht vor, dass der Marktwert zumindest alle fünf Jahre für jedes einzelne Grundstück oder Gebäude nach einer allgemein anerkannten Methode zu bestimmen ist, wobei planmäßige Abschreibungen iSd § 253 Abs. 2 S. 1 nicht berücksichtigt werden dürfen. Soweit sich der Marktwert eines Grundstücks oder Gebäudes seit der letzten Schätzung vermindert hat, ist eine entsprechende Wertberichtigung vorzunehmen (§ 55 Abs. 4 RechVersV). Sind Grundstücke oder Gebäude zum Zeitpunkt der Aufstellung des Jahresabschlusses verkauft worden oder sollen in nächster Zeit verkauft werden, so ist der Marktwert gem. § 55 Abs. 5 RechVersV um die angefallenen oder geschätzten Realisierungsaufwendungen zu vermindern. Ist die Bestimmung des Marktwerts eines Grundstücks oder Gebäudes nicht möglich, so ist von den Anschaffungs- oder Herstellungskosten auszugehen (§ 55 Abs. 6 RechVersV). Im Anhang ist gem. § 55 Abs. 7 RechVersV anzugeben, welche Bewertungsmethode herangezogen wurde, sowie die Zuordnung der Grundstücke und Bauten nach dem Jahr, in dem ihre Bewertung erfolgte.

25   Der **Zeitwert der übrigen Kapitalanlagen** ist gem. § 56 Abs. 1 RechVersV der Freiverkehrswert. Dieser ist bei an einer Börse zugelassenen Kapitalanlagen grundsätzlich der Börsenkurswert am Abschlussstichtag. Bei anderen Kapitalanlagen gilt, sofern für diese ein Markt vorhanden ist, als Freiverkehrswert grundsätzlich der Durchschnittswert, zu dem sie am Abschlussstichtag gehandelt wurden (vgl. § 56 Abs. 2 u. 3 RechVersV). Entsprechend der Regelung bei den Grundstücken und Gebäuden sind bei

---

[8] Ergebnisbericht-Online über die 157. Sitzung des Versicherungsfachausschuss des Instituts der Wirtschaftsprüfer veröffentlicht unter www.idw.de (download v. 10.10.2006).
[9] Zum Zeitwert von Grundstücken und Gebäuden vgl. *Geib,* Die Pflicht zur Offenlegung des Zeitwertes von Kapitalanlagen der Versicherungsunternehmen nach Umsetzung der Versicherungsbilanzrichtlinie, 1997, 174–187; *Kölschbach* GuG 1999, 200–206.

Veräußerung oder Veräußerungsabsicht die angefallenen oder geschätzten Realisierungsaufwendungen zu berücksichtigen (vgl. § 56 Abs. 4 Rech-VersV). Bei der Bewertung ist höchstens vom voraussichtlich realisierbaren Wert unter Berücksichtigung des Grundsatzes der Vorsicht auszugehen; im Anhang sind zusätzlich die jeweils angewandte Bewertungsmethode sowie der Grund für ihre Anwendung anzugeben (§ 56 Abs. 5 u. 6 RechVersV).[10]

cc) Bewertung. Nach § 341a Abs. 1 iVm § 253 Abs. 5 S. 1 haben VU **26** zwingend das **Wertaufholungsgebot** zu beachten. Das Wertaufholungsgebot gilt bei Vorliegen der entsprechenden Voraussetzungen sowohl für die wie Anlagevermögen als auch gem. § 341b Abs. 2 für die wie Umlaufvermögen bewerteten Kapitalanlagen. Wertobergrenze bilden nach § 341a Abs. 1 iVm § 253 Abs. 1 grundsätzlich die **Anschaffungs- oder Herstellungskosten.** Allerdings erlaubt § 341c Abs. 1 eine Abweichung in Form der Nennwertbilanzierung für Namensschuldverschreibungen. Mit § 341c Abs. 3 wurde desweiteren die Methode der fortgeführten Anschaffungskosten kodifiziert. Und § 341d schreibt für den Anlagestock der fondsgebundenen Lebensversicherung eine Zeitwertbilanzierung vor.

b) Grundstücke, grundstücksgleiche Rechte und Bauten einschließ- 27 lich der Bauten auf fremden Grundstücken. Unter diesem Posten werden bebaute und unbebaute Grundstücke, Anteile an Grundstücksgesellschaften bürgerlichen Rechts (auch → Rn. 41), grundstücksgleiche Rechte, Bauten auf eigenen und fremden Grundstücken sowie Vorauszahlungen auf Grundstücke, Anzahlungen auf Bauten sowie Planungskosten ausgewiesen.[11] Maßgeblich für den Zeitpunkt der erstmaligen Bilanzierung bzw. den Abgang eines Grundstücks oder grundstücksgleichen Rechts ist nach den allgemeinen Grundsätzen das Vorliegen des wirtschaftlichen, nicht des rechtlichen Eigentums.[12]

Gem. Abs. 1 S. 1 hat die **Bewertung** der Grundstücke, grundstücksglei- **28** chen Rechte und Bauten einschließlich der Bauten auf fremden Grundstücken nach den für das Anlagevermögen geltenden Vorschriften zu erfolgen.[13]

Von VU ist im **Anhang** der Bilanzwert der im Rahmen ihrer eigenen **29** Tätigkeit genutzten Grundstücke und Bauten anzugeben (§ 52 Nr. 1 Buchst. a RechVersV). Bei gemischt genutzten Grundstücken bzw. Bauten kann eine prozentuale Aufteilung entsprechend der Nutzfläche in Frage kommen. Da der Zweck dieser Anhangangabe offenbar die Offenlegung des nicht fungiblen, in Grundstücken und Gebäuden angelegten Vermögens ist, empfiehlt sich jedoch eine Angabe des gesamten Buchwerts der überwiegend eigengenutzten Grundstücke und Gebäude.[14]

c) Anteile an verbundenen Unternehmen. Der **Begriff des verbun- 30 denen Unternehmens** ist in § 271 Abs. 2 definiert. Liegen die Voraussetzungen des § 271 Abs. 2 vor, so hat, unabhängig von Höhe, Zielsetzung und

---

[10] Zur Zeitwertermittlung s.im Einzelnen *Geib* VW 1997, 1143–1148.
[11] Die RechVersV enthält keine Bestimmungen zum Bilanzausweis des Postens Grundstücke, grundstücksgleiche Rechte und Bauten einschließlich der Bauten auf fremden Grundstücken. Allerdings kann davon ausgegangen werden, dass die bislang in den VUBR enthaltenen Regelungen im Grundsatz weiterhin Geltung haben. Zu möglichen Zweifelsfragen s. *IDW* Versicherungsunternehmen-WPH/*Freiling* Kap. G Rn. 31 ff.
[12] Vgl. *IDW* Versicherungsunternehmen-WPH/*Freiling* Kap. G Rn. 34.
[13] Vgl. Beck Versicherungsbilanz/*Stöffler* Rn. 18.
[14] Vgl. WP-HdB Kap. K Rn. 143.

Dauer des Erwerbs von Anteilen, ein Ausweis unter „Anteile an verbundenen Unternehmen" zu erfolgen.

31   Da Formblatt 1 RechVersV nicht in Anlage- und Umlaufvermögen unterscheidet, kann diese fehlende Differenzierung im Einzelfall bei VU dazu führen, dass unter den Anteilen an verbundenen Unternehmen sowohl Anteile mit Anlagevermögen-Charakter als auch solche mit Umlaufvermögen-Charakter zu erfassen sind.[15] Folge ist die Anwendung unterschiedlicher Bewertungsprinzipien innerhalb eines Bilanzpostens.

32   Bezüglich der Bewertung nach den für das Anlagevermögen geltenden Vorschriften vgl. die entsprechenden Ausführungen zu den Beteiligungen (→ Rn. 47 ff.); bezüglich der wie Umlaufvermögen zu bewertenden Anteile an verbundenen Unternehmen vgl. insbesondere die Ausführungen zu Aktien, Investmentanteilen und anderen nicht festverzinslichen Wertpapieren (→ Rn. 95 ff.).

33   **d) Beteiligungen.** Hierunter sind Beteiligungen iSd § 271 Abs. 1 **auszuweisen.**[16] Sofern zugleich die Voraussetzungen des § 271 Abs. 2 (verbundene Unternehmen) vorliegen, geht der Ausweis unter „Anteile an verbundenen Unternehmen" vor.[17]

34   Der **Beteiligungsbegriff des § 271 Abs. 1** setzt voraus, dass die Anteile der „Herstellung einer dauernden Verbindung" mit dem Unternehmen, an dem die Anteile gehalten werden, dienen müssen.[18] Merkmale, die auf eine Beteiligungsabsicht hindeuten, können bei VU insbesondere sein: Branchenverwandtschaft (VU, Grundstücks-, Vermögensverwaltungsgesellschaften uÄ), unternehmerische Verbindungen (Rückversicherungsbeziehungen, Kooperation im Vertrieb uÄ), personelle Verflechtungen im Vorstand oder Aufsichtsrat sowie Funktionsausgliederungsverträge.[19]

35   Ein Ausweis von kurzfristig oder lediglich mit Daueranlageabsicht gehaltenen Anteilen unter dem Posten „Beteiligungen" kommt damit nicht in Betracht.

36   Nach Abs. 1 sind Beteiligungen nach den für das Anlagevermögen geltenden Vorschriften (§ 253 Abs. 1 S. 1, Abs. 3, Abs. 5, §§ 254, 256a) zu bewerten.

37   Grundsätzlich werden Beteiligungen mit dem Einzahlungsbetrag aktiviert. Noch nicht geleistete Einzahlungen können sowohl nach der sog. **Brutto-Methode** – Aktivierung des vollen Zeichnungsbetrags und Passivierung der bestehenden Einzahlungsverpflichtung – als auch der sog. **Netto-Methode** – Bilanzierung der tatsächlich eingezahlten Beträge – bilanziert werden.[20]

38   Der Organisationsfonds gem. § 9 Abs. 2 Nr. 5 VAG stellt eine bei der Bilanzierung von Beteiligungen bei Versicherungsunternehmen zu berücksichtigende Besonderheit dar. Handelsrechtlich werden Zahlungen für einen Organisationsfonds als zusätzliche Anschaffungskosten aktiviert.[21]

---

[15] Vgl. *KPMG*, Rechnungslegung von VU, 1994, 57 f.
[16] Vgl. zB *ADS* § 271 Rn. 1 ff. mwN.
[17] Vgl. WP-HdB Kap. K Rn. 150.
[18] Vgl. Beck Versicherungsbilanz/*Stöffler* Rn. 221.
[19] Vgl. *IDW* Versicherungsunternehmen-WPH/*Freiling* Kap. G Rn. 72.
[20] S. in diesem Zusammenhang *ADS* § 285 Rn. 58; aA IDW-Aufsatzsammlung/*Hölzl* C Rn. 106; s. auch Anschaffungskosten junger GmbH-Anteile bei Einzahlung des Ausgabebetrags in Teilbeträgen – Bilanzierung der Einzahlungsverpflichtung, FM Niedersachsen Erl. v. 30.1.1989, DB 1989, 355.
[21] Vgl. WP-HdB Kap. K Rn. 156.

e) Ausleihungen an verbundene Unternehmen bzw. an Unterneh- 39
men, mit denen ein Beteiligungsverhältnis besteht. Unter den „Ausleihungen an verbundene Unternehmen" sind Ausleihungen zwischen verbundenen Unternehmen iSd § 271 Abs. 2 zu erfassen. „Ausleihungen an Unternehmen, mit denen ein Beteiligungsverhältnis besteht", sind sowohl Ausleihungen an das Unternehmen, das am bilanzierenden Unternehmen eine Beteiligung hält (passives Beteiligungsverhältnis) als auch an das Unternehmen, an dem die Beteiligung gehalten wird (aktives Beteiligungsverhältnis). In Frage kommen also Ausleihungen an Unternehmen, mit denen ein aktives oder passives Beteiligungsverhältnis besteht.[22]

Abgrenzungsfragen können sich bei der Abgrenzung der unter den 40 Ausleihungen zu erfassenden Vermögensgegenstände ergeben. Entsprechende Bestimmungen finden sich insbesondere in den §§ 8 und 10 RechVersV.

Unter „Inhaberschuldverschreibungen und andere festverzinsliche Wert- 41 papiere" ist gem. § 8 Abs. 1 RechVersV ein Ausweis nur insoweit vorzunehmen, als nicht ein Ausweis unter „Ausleihungen an verbundene Unternehmen" bzw. „Ausleihungen an Unternehmen, mit denen ein Beteiligungsverhältnis besteht" vorgeht. Zu den „Sonstigen Ausleihungen" existiert in § 10 Abs. 1 S. 1 RechVersV eine entsprechende Regelung.

Wenn man unter Ausleihungen Forderungen versteht, die durch die Hin- 42 gabe von Kapital erworben werden,[23] kommt auch bei den „Hypotheken-, Grundschuld- und Rentenschuldforderungen", „Einlagen bei Kreditinstituten", „Anderen Kapitalanlagen" sowie den „Depotforderungen aus dem in Rückdeckung übernommenen Versicherungsgeschäft" grundsätzlich eine **Umgliederung** in Betracht. Nach dem Text der RechVersV ist in den genannten Fällen eine Umgliederung nicht ausdrücklich erforderlich.

Wird eine Umgliederung nicht vorgenommen, so ist nach § 265 Abs. 3 43 ein **Vermerk der Mitzugehörigkeit** nötig, wenn dies zur Aufstellung eines klaren und übersichtlichen Jahresabschlusses notwendig ist.[24] Für eine Offenlegung der Unternehmensverflechtungen in Form eines Vermerks spricht auch die hohe Bedeutung, die die handelsrechtliche Rechnungslegung der Darstellung der Beziehungen zu verbundenen Unternehmen sowie zu Unternehmen, mit denen ein Beteiligungsverhältnis vorliegt, beimisst.[25] Dies wird auch deutlich in der Regelung des § 4 Abs. 1 RechVersV, der eine Offenlegung dieser Beziehungen in Form eines „Davon"-Vermerks bei den „Forderungen aus dem selbst abgeschlossenen Versicherungsgeschäft", den „Abrechnungsforderungen aus dem Rückversicherungsgeschäft" und den „Sonstigen Forderungen" verlangt.

Wegen der **Bewertung** der und den **Anhangangaben** zu den unter 44 Ausleihungen ausgewiesenen Kapitalanlagen wird auf die Erläuterungen zu den entsprechenden Kapitalanlageposten verwiesen.

f) Hypotheken-, Grundschuld- und Rentenschuldforderungen. Un- 45 ter diesem Posten erfolgt der **Ausweis** von Forderungen, für die dem bilanzierenden VU dingliche Sicherung an Grundstücken oder Schiffen gestellt worden sind und bei denen die Befriedigung allein durch Verwertung des belasteten Objekts gewährleistet ist. Soweit die Darlehen nur zusätzlich ding-

---

[22] Vgl. *ADS* § 266 Rn. 82.
[23] ZB BeBiKo/*Schubert/Kreher* § 266 Rn. 77.
[24] Vgl. WP-HdB Kap. K Rn. 165.
[25] Vgl. *ADS* § 266 Rn. 11.

lich gesichert sind oder es sich um Tilgungsstreckungsdarlehen ohne dingliche Sicherung handelt, hat der Ausweis unter „Schuldscheinforderungen und Darlehen" zu erfolgen. Aus der Begründung zu § 9 RechVersV ergibt sich außerdem, dass dinglich gesicherte Forderungen, die durch einen Versicherungsvertrag zusätzlich gesichert sind, hier auszuweisen sind. Hingegen sind Forderungen, bei denen der Versicherungsvertrag die Hauptsicherheit stellt, unter den „Sonstigen Ausleihungen" zu erfassen.[26]

46   Abweichend von § 253 Abs. 1 S. 1 lässt § 341c Abs. 3 die **Bilanzierung** der Hypotheken-, Grundschuld- und Rentenschuldforderungen mit den fortgeführten Anschaffungskosten zu (vgl. hierzu die gesonderten Ausführungen unter § 341c).

47   Abs. 1 stellt ausdrücklich klar, dass die unter diesem Posten ausgewiesenen Vermögensgegenstände nach den für das **Anlagevermögen** geltenden Vorschriften zu **bewerten** sind. Bei einer voraussichtlich dauernden Wertminderung, insbesondere wegen sich konkretisierender Ausfallrisiken, besteht eine Pflicht, bei voraussichtlich vorübergehender Wertminderung ein Wahlrecht, die Forderung mit dem am Bilanzstichtag beizulegenden niedrigeren Wert anzusetzen (vgl. § 253 Abs. 3 S. 3).

48   **g) Sonstige Ausleihungen.** Unter dem Posten „Sonstige Ausleihungen" sind gem. § 10 Abs. 1 RechVersV als Unterposten **Namensschuldverschreibungen, Schuldscheinforderungen und Darlehen, Darlehen und Vorauszahlungen auf Versicherungsscheine** sowie **übrige Ausleihungen auszuweisen.**

49   **aa) Namensschuldverschreibungen.** Unter diesem Posten sind sämtliche Forderungen **auszuweisen,** bei denen die Kreditwürdigkeit des Schuldners im Vordergrund steht. Gem. § 10 Abs. 1 Nr. 1 RechVersV werden zu den Namensschuldverschreibungen insbesondere die Namenspfandbriefe, Namenskommunalobligationen, Namens-Landesbodenbriefe sowie die Anleihen des Bundes, der Länder und der Gemeinden, die auf den Namen des bilanzierenden VU im Schuldbuch eingetragen sind, gezählt (→ § 341c Rn. 6).

50   Bei Vorliegen der einschlägigen Voraussetzungen (→ Rn. 39) geht der Ausweis unter „Ausleihungen an verbundene Unternehmen" oder „Ausleihungen an Unternehmen, mit denen ein Beteiligungsverhältnis besteht" einem Ausweis unter „Sonstige Ausleihungen" vor (vgl. § 10 Abs. 1 RechVersV).

51   Abweichend von § 253 Abs. 1 S. 1 lässt § 341c Abs. 1 die Bilanzierung der „Namensschuldverschreibungen" mit dem **Nennbetrag** zu (→ § 341c Rn. 4 ff.). Das schließt nicht aus, dies Namensschuldverschreibungen wie Hypothekendarlehen und andere Forderungen zu fortgeführten Anschaffungskosten entsprechend § 341c Abs. 3 zu bilanzieren.[27]

52   Abs. 1 stellt ausdrücklich klar, dass die unter diesem Posten ausgewiesenen Vermögensgegenstände nach den für das Anlagevermögen geltenden Vorschriften zu bewerten sind. Insoweit wird auf die Ausführungen zu den „Hypotheken-, Grundschuld- und Rentenschuldforderungen" verwiesen (→ Rn. 47).

53   Für die **Umwandlung von Inhaberschuldverschreibungen in Namensschuldverschreibungen** gelten die Grundsätze der VFA-Stellungnah-

---

[26] Vgl. WP-HdB Kap. K Rn. 203.
[27] Vgl. *Bette-Mehring/Engelshove* WPg 2012, 817–822.

me zur Rechnungslegung „Bewertung und Ausweis von Wertpapieren und Namensschuldverschreibungen im Jahresabschluss der Versicherungsunternehmen".[28]

bb) Schuldscheinforderungen und Darlehen. Dem **Ausweis** unter 54 „Schuldscheinforderungen und Darlehen" geht ein Ausweis unter „Ausleihungen an verbundene Unternehmen" oder „Ausleihungen an Unternehmen, mit denen ein Beteiligungsverhältnis besteht" vor, sofern die entsprechenden Voraussetzungen (→ Rn. 39) vorliegen (vgl. § 10 Abs. 1 RechVersV).

Abs. 1 stellt ausdrücklich klar, dass die unter diesem Posten ausgewiesenen 55 Vermögensgegenstände nach den für das **Anlagevermögen** geltenden Vorschriften zu **bewerten** sind (hierzu → Rn. 47).

Abweichend von § 253 Abs. 1 S. 1 lässt § 341c Abs. 3 die Bilanzierung 56 der hier ausgewiesenen „Schuldscheinforderungen und Darlehen" mit den **fortgeführten Anschaffungskosten** zu.

cc) Darlehen und Vorauszahlungen auf Versicherungsscheine. Unter 57 diesem Posten sind Darlehen und Vorauszahlungen auf Versicherungsscheine **auszuweisen,** soweit sie den Versicherungsnehmern auf Grund der Allgemeinen Versicherungsbedingungen gewährt werden. Bedeutung haben Darlehen und Vorauszahlungen auf Versicherungsscheine bei LVU, P/StK sowie in geringem Umfang bei SchVU im Bereich der Unfallversicherung mit Beitragsrückgewähr. Sobald der Versicherungsvertrag rückkaufsfähig ist, kann dem Versicherungsnehmer ein verzinsliches, grundsätzlich zurückzahlbares Darlehen – auch als „Policendarlehen" bezeichnet – gewährt werden. Vorauszahlungen sind die nicht zurückzahlbaren Leistungen der Versicherungssumme vor Eintritt des Versicherungsfalls.[29]

Policendarlehen und Vorauszahlungen sind mit dem **Nominalbetrag an-** 58 **zusetzen.** Tilgungen sind abzusetzen. Abschreibungen bzw. Einzelwertberichtigungen kommen wegen der Sicherheit in Form des Rückkaufswerts bzw. der Rückgewährsumme grundsätzlich nicht in Betracht.[30]

dd) Übrige Ausleihungen. Hierunter sind insbesondere **Tilgungsstre-** 59 **ckungsdarlehen** sowie **Darlehen und Gehaltsvorschüsse an Mitarbeiter** (Arbeitnehmer, selbstständige Versicherungsvermittler) in Höhe von mehr als sechs Monatsbezügen **auszuweisen** (vgl. § 10 Abs. 1 Nr. 4 RechVersV). Dinglich gesicherte Darlehen und Gehaltsvorschüsse an Mitarbeiter sind unter „Hypotheken-, Grundschuld- und Rentenschuldforderungen" zu bilanzieren. Unter dem Posten sind außerdem Genussrechte auszuweisen, die nicht verbrieft oder verbrieft und nicht börsenfähig sind.[31] Bei Vorliegen der einschlägigen Voraussetzungen geht ein Ausweis unter „Ausleihungen an verbundene Unternehmen" oder „Ausleihungen an Unternehmen, mit denen ein Beteiligungsverhältnis besteht" dem Ausweis unter „Übrige Ausleihungen" vor.

Gem. Abs. 1 S. 2 sind die übrigen Ausleihungen nach den für das **Anlage-** 60 **vermögen** geltenden Vorschriften zu **bewerten.**

---

[28] Vgl. *IDW* RS VFA 1, WPg 2000, 380–383.
[29] Vgl. Beck Versicherungsbilanz/*Stöffler* Rn. 37.
[30] Vgl. WP-HdB Kap. K Rn. 225.
[31] Vgl. WP-HdB Kap. K Rn. 229.

61 **h) Einlagen bei Kreditinstituten.** In diesem Posten sind gem. § 11 RechVersV die **Guthaben und Sparguthaben bei Kreditinstituten auszuweisen,** über die erst nach Ablauf einer Kündigungsfrist verfügt werden kann. Ebenfalls sind hier die zugunsten ausländischer Regierungen als **Kaution** hinterlegten Geldbestände zu erfassen.

62 Es erscheint außerdem sachgerecht, an dieser Stelle **Tagesgelder** auszuweisen.[32]

63 Soweit über Einlagen bei Kreditinstituten und Postbankguthaben trotz Verzinsung jederzeit verfügt werden kann, sind sie unter dem Posten „Laufende Guthaben bei Kreditinstituten, Schecks und Kassenbestand" auszuweisen (vgl. § 11 S. 3 RechVersV).

64 Zu einem eventuell in Frage kommenden Ausweis der Einlagen bei Kreditinstituten unter den Ausleihungen an verbundene bzw. an Unternehmen, mit denen ein Beteiligungsverhältnis besteht, → Rn. 42. Die Einlagen bei Kreditinstituten sind mit ihren Anschaffungskosten respektive **Nennwert** zu **bewerten.**

65 **i) Andere Kapitalanlagen.** Der Postenbezeichnung gemäß handelt es sich um einen **Sammelposten für** solche **Kapitalanlagen,** die keinem anderen Kapitalanlageposten zugeordnet werden können. Es liegt nahe, hier an Stelle der in § 12 Abs. 1 RechVersV noch genannten, aus der Umstellungsrechnung resultierenden normalen Ausgleichsforderungen auch **Rentenausgleichsforderungen, Ausgleichsforderungen und Sonderausgleichsforderungen** gemäß den Gesetzen vom 5.8.1955, 24.12.1956 und 19.3.1963 zu erfassen.[33] Auch der Ausweis von **Genossenschaftsanteilen** sowie von **GmbH-Anteilen,** die nicht unter Beteiligungen oder verbundenen Unternehmen zu erfassen sind, kommt hier in Frage.

66 Es ist jedoch in jedem Fall zu prüfen, ob nicht die Voraussetzungen für eine Umgliederung in „Ausleihungen an verbundene Unternehmen" bzw. „Unternehmen, mit denen ein Beteiligungsverhältnis besteht", vorliegen.

67 Die **Bewertung** der unter diesem Posten auszuweisenden Kapitalanlagen bestimmt sich nach Abs. 1 S. 2 und erfolgt somit grundsätzlich nach den für das Anlagevermögen geltenden Bewertungsvorschriften.

68 Gem. § 12 S. 2 RechVersV sind die „Anderen Kapitalanlagen" im **Anhang** zu erläutern, wenn sie einen größeren Umfang haben.

69 **j) Depotforderungen aus dem in Rückdeckung übernommenen Versicherungsgeschäft. Auszuweisen** sind hier von VU, welche die Rückversicherung betreiben, die **Forderungen an Vorversicherer** in Höhe der von diesen einbehaltenen Sicherheiten oder der bei diesen oder Dritten gestellten Sicherheiten. Bei den in Frage kommenden Forderungen handelt es sich um die sog. **Bardepots.**[34] Verbleiben bei der Stellung sog. **Wertpapierdepots** die beim Vorversicherer oder bei Dritten hinterlegten Wertpapiere im Eigentum des rückversichernden Unternehmens, so sind sie bei diesen als Wertpapiere unter den jeweiligen Kapitalanlageposten auszuweisen (vgl. § 13 Abs. 3 RechVersV).

---

[32] Vgl. WP-HdB Kap. K Rn. 231; *v. Treuberg/Angermayer,* Der Jahresabschluss von Versicherungsunternehmen, Deutsche Allgemeine Treuhand AG 1995, 212; KPMG, Rechnungslegung von VU, 1994, 87.

[33] Vgl. WP-HdB Kap. K Rn. 236.

[34] Vgl. *Prölss/Lipowsky* VAG § 67 Rn. 3.

Nach § 13 Abs. 2 RechVersV dürfen die Depotforderungen weder mit **70** anderen Forderungen an den Vorversicherer zusammengefasst noch mit Verbindlichkeiten gegenüber dem Vorversicherer aufgerechnet werden.

Zur Frage der **freiwilligen Umgliederung** in „Ausleihungen an verbun- **71** dene Unternehmen" oder „Ausleihungen an Unternehmen, mit denen ein Beteiligungsverhältnis besteht" bzw. zur Notwendigkeit eines **Mitzugehörigkeitsvermerks** → Rn. 52 f.

Gem. Abs. 2 sind Depotforderungen vorbehaltlich § 341c nach den für das **72** **Anlagevermögen** geltenden Vorschriften zu **bewerten**.

III. Vermögensgegenstände, die grundsätzlich wie Umlaufvermögen zu bewerten sind

1. Aktien, Anteile oder Aktien an Investmentvermögen und andere **73** **nicht festverzinsliche Wertpapiere.** Durch den getrennten **Ausweis** der Aktien, Investmentanteile und anderen nicht festverzinslichen Wertpapiere (vgl. Formblatt 1 Aktiva C. III. 1. RechVersV) einerseits sowie der Inhaberschuldverschreibungen und anderen festverzinslichen Wertpapiere (vgl. Formblatt 1 Aktiva C. III. 2. RechVersV) andererseits, wird eine **Einteilung der Wertpapiere nach Titeln mit variabler Verzinsung und Papieren mit fester Verzinsung** vorgenommen.[35] Die Trennung soll dem Umstand Rechnung tragen, dass nicht festverzinsliche Wertpapiere mit einem höheren Risiko als festverzinsliche Wertpapiere behaftet sein können.[36]

Gem. § 7 RechVersV sind unter diesem Posten insbesondere **74**
– **Aktien,** soweit sie nicht den Posten „Anteile an verbundenen Unternehmen" oder „Beteiligungen" zuzuordnen sind,
– **Zwischenscheine,**
– **Investmentanteile,**
– **Optionsscheine,**
– **Gewinnanteilscheine,**
– als Inhaber- oder Orderpapiere ausgestaltete **börsenfähige Genussscheine,**
– andere **nicht festverzinsliche Wertpapiere,** soweit sie börsennotiert sind, und
– vor Fälligkeit hereingenommene **Gewinnanteilscheine**

auszuweisen.

Eigene Aktien oder Anteile sind nicht hier, sondern unter dem Posten **75** „F. III. Eigene Anteile" auszuweisen (vgl. Formblatt 1 RechVersV).

Aktien, Zwischenscheine, Investmentanteile, Optionsscheine und **76** **Gewinnanteilscheine** sind unabhängig davon, ob sie börsenfähig oder börsennotiert sind, hier auszuweisen.

Als Inhaber- oder Orderpapiere ausgestellte Genussscheine sind hier **77** nur zu erfassen, wenn sie börsenfähig sind. **Andere nicht festverzinsliche Wertpapiere** – wie Bezugsrechte auf Aktien, Liquidationsanteilscheine oder Partizipationsscheine – sind hier nur auszuweisen, sofern sie börsennotiert sind. § 7 Abs. 2 und 3 RechKredV enthält eine Beschreibung der Begriffe „börsenfähig" und „börsennotiert". Da § 7 RechVersV dem § 17 Rech-

---

[35] Vgl. Art. 6 C. III. 1. und 2. Richtlinie 91/674/EWG; Begr. zu § 7 RechVersV, BR-Drs. 823/94, 114.
[36] Vgl. Begr. zu § 7 RechVersV, BR-Drs. 823/94, 114.

KredV nachgebildet ist,[37] scheint es zulässig, die bei der RechKredV gegebenen Definitionen im Grundsatz auch für das Verständnis der in vergleichbarem Zusammenhang verwendeten Begriffe der RechVersV heranzuziehen.[38]

78 Wertpapiere, welche die Voraussetzungen einer Börsenzulassung erfüllen, gelten gem. § 7 Abs. 2 Hs. 1 RechKredV als „**börsenfähig**". Die Bedingungen für die amtliche Notierung an einer deutschen Wertpapierbörse bzw. für die Zulassung zum geregelten Markt sind im Einzelnen im Börsengesetz, in der Börsenzulassungs-Verordnung sowie in der jeweiligen Börsenordnung geregelt.[39]

79 § 7 Abs. 3 RechKredV bestimmt, dass als „**börsennotiert**" Wertpapiere gelten, „die an einer deutschen Börse zum amtlichen Handel oder zum geregelten Markt zugelassen sind; außerdem Wertpapiere, die an ausländischen Börsen zugelassen sind oder gehandelt werden". Ausgeschlossen sind damit beispielsweise Titel, die lediglich im Telefonverkehr gehandelt werden.

80 Zu den **Investmentanteilen** sind Anteile an Grundstücks-, Wertpapier- und Beteiligungs-Sondervermögen zu zählen.

81 Fraglich ist, unter welchem Posten **Genussrechte** auszuweisen sind, die nicht verbrieft oder verbrieft und nicht börsenfähig sind. Denkbar ist in den genannten Fällen in Anlehnung an die Stellungnahme des HFA 1/1994 ein Ausweis unter „4. Sonstige Ausleihungen … d) Übrige Ausleihungen".[40]

82 In diesem Zusammenhang sei darauf hingewiesen, dass ein Ausweis von Genussscheinen unter Beteiligungen oder Anteilen an verbundenen Unternehmen nicht in Betracht kommt. Genussscheine stellen verbriefte Genussrechte dar. Genussrechte können generell als Gläubigerrechte schuldrechtlicher Art umschrieben werden,[41] die keine Mitgliedschaftsrechte gewähren. Ein Ausweis des Genussrechtskapitals beim Genussrechtsinhaber als „Anteile an verbundenen Unternehmen" oder „Beteiligung" wird daher als nicht zulässig erachtet.[42] Dies gilt unabhängig davon, ob die Genussrechte beim Emittenten Eigen- oder Fremdkapitalcharakter haben.[43] Abweichungen hiervon werden nur dann als möglich erachtet, wenn die Kapitalüberlassung im Einzelfall mit entsprechenden Mitgliedschaftsrechten verbunden ist; davon ist jedoch nur in Ausnahmefällen auszugehen.

83 Genussscheine, die von Beteiligungsunternehmen bzw. verbundenen Unternehmen begeben wurden, sind gem. § 10 Abs. 1 RechVersV unter „C. II. 2. Ausleihungen an verbundene Unternehmen" bzw. „C. II. 4. Ausleihungen an Unternehmen, mit denen ein Beteiligungsverhältnis besteht", auszuweisen.

84 **GmbH-Geschäftsanteile** stellen grundsätzlich Beteiligungen oder Anteile an verbundenen Unternehmen dar. Da die GmbH-Geschäftsanteile grundsätzlich nicht verbrieft sind, kommt auch dann, wenn diese Anteile ausnahmsweise keine Beteiligung oder keinen Anteil an einem verbundenen Unternehmen darstellen, ein Ausweis unter „Aktien, Investmentanteile und andere

---

[37] Vgl. Begr. zu § 7 RechVersV, BR-Drs. 823/94, 114.
[38] Vgl. WP-HdB Kap. K Rn. 169.
[39] Vgl. zB den Überblick bei *Krumnow/Sprißler/Bellavite-Hövermann* RechKredV § 7 Rn. 5 ff.
[40] Vgl. *IDW* HFA 1/1994, WPg 1994, 419.
[41] Vgl. *Prölss/Lipowsky* VAG § 53c Rn. 35.
[42] Vgl. *IDW* HFA 1/1994, WPg 1994, 419 Rn. 1 und Rn. 3.1.
[43] Vgl. *IDW* HFA 1/1994, WPg 1994, 419 Rn. 3.2.

nicht festverzinsliche Wertpapiere" nicht in Frage.[44] Weil ein Ausweis unter Ausleihungen, ebenso wie bei Genossenschaftsanteilen, nicht möglich ist, wird auch bei diesen Anteilen lediglich ein Ausweis unter „Andere Kapitalanlagen" in Betracht kommen. Es wird empfohlen, bei größerer Bedeutung dieser Anteile einen zusätzlichen Unterposten (vgl. § 265 Abs. 5) einzufügen oder eine entsprechende Anhangangabe zu machen.

Bleiben bei einer Depotstellung im Rahmen eines Rückversicherungsver- **85** trages die beim Vorversicherer hinterlegten Aktien, Investmentanteile und andere nicht festverzinsliche Wertpapiere im Eigentum des rückversichernden Unternehmens, so sind diese nach § 13 Abs. 3 RechVersV bei diesem RVU unter dem jeweiligen Kapitalanlageposten auszuweisen.

Gem. Abs. 2 S. 1 sind bei der **Bewertung** von „Aktien, Investmentantei- **86** len und anderen nicht festverzinslichen Wertpapieren" grundsätzlich die für das **Umlaufvermögen** geltenden § 253 Abs. 1 S. 1, Abs. 4 und 5, §§ 254, 256, aber auch §§ 254 und 256a zu beachten. Sind die Wertpapiere von dem Versicherungsunternehmen dazu bestimmt, **dauernd dem Geschäftsbetrieb** zu dienen, sind sie nach den für das **Anlagevermögen** geltenden Vorschriften zu bewerten.

Nach § 253 Abs. 1 S. 1 bilden die Anschaffungs- oder Herstellungskosten **87** die Wertobergrenze für den Ansatz von Vermögensgegenständen. Dh, die unter „Aktien, Investmentanteilen und anderen nicht festverzinslichen Wertpapieren" bilanzierten Vermögensgegenstände sind höchstens mit ihrem Anschaffungswert anzusetzen.

Die Anschaffungskosten sind gem. § 253 Abs. 1 S. 1 um die Abschreibun- **88** gen gem. § 253 Abs. 3 zu mindern. Damit haben VU bei der Bewertung von Aktien, Investmentanteilen und anderen nicht festverzinslichen Wertpapieren prinzipiell das strenge Niederstwertprinzip zu beachten. Investmentanteile sind mit ihrem Rücknahmepreis zu bewerten (vgl. IDW RS VFA 1).

Abs. 2 S. 1 wurde durch das Versicherungskapitalanlagen-Bewertungs- **89** gesetz (VersKapAG) vom 26.3.2002 um den Halbsatz ergänzt, der für die von VU gehaltenen Wertpapiere neben der Bewertung nach dem strengen Niederstwertprinzip unter bestimmten Voraussetzungen die Regelungen zur Bewertung der Kapitalanlagen des Anlagevermögens zulässt.

Versicherungsunternehmen sind grundsätzlich in der Lage, einen großen **90** Teil ihrer Wertpapiere langfristig zu halten. Dies schließt nicht aus, dass sie diese Papiere halten, um bestehende oder erwartete Unterschiede zwischen dem Erwerbspreis und dem Veräußerungspreis kurzfristig zu nutzen (vgl. § 23 Abs. 2 WpHG).

Eine Qualifizierung von Wertpapieren als Anlagevermögen setzt voraus, **91** dass das Versicherungsunternehmen dazu in der Lage ist, die Wertpapiere so zu verwenden, dass sie dauernd dem Geschäftsbetrieb dienen. Das Versicherungsunternehmen hat dies anhand einer **Liquiditätsrechnung** darzulegen.[45] Neben der **Fähigkeit** zur Daueranlage muss diese beabsichtigt sein. Ausschlaggebend hierfür ist die **subjektive Entscheidung** des bilanzierenden Versicherungsunternehmens (vgl. auch Kommentierung zu § 340e). Die Entscheidung über die Zweckbestimmung ist aktenkundig zu machen; hierzu

---

[44] Vgl. WP-HdB Kap. K Rn. 176.
[45] Vgl. *IDW* RS VFA 2, WPg 2002, 475 Rn. 6.

ist ein **Vorstandsbeschluss** erforderlich;[46] dies kann in Form eines Rahmenbeschlusses mit regelmäßiger Information des Gesamtvorstandes geschehen.

92 Bei **dauernden Wertminderungen** bleibt es bei einer Abschreibungspflicht. **Indizien** hierfür sind ua der Umfang der Wertminderung sowie die bisherige Dauer einer bereits eingetretenen Wertminderung.[47]

93 Anteile an **Investmentfonds** sind eigenständige Kapitalanlagen und als solche Bilanzierungsobjekt. Der Umschlag von Papieren in Fonds hindert nicht an einer Qualifizierung des Fondsanteils als Anlagevermögen. Die Beurteilung der voraussichtlichen Dauerhaftigkeit einer Wertminderung richtet sich demgegenüber nach den im Fonds gehaltenen Vermögensgegenständen. Zu berücksichtigen sind Art der Wertpapiere, Branchen, regionale Herkunft sowie mögliche Substanzminderung auf Grund von Ausschüttungen, aber auch mögliche Ausgleichseffekte.[48]

94 **Anhangangaben** zum Umfang bzw. zur Auswirkung der Anwendung des gemilderten Niederstwertprinzips auf Wertpapiere des Anlagevermögens sind im VersKapAG nicht vorgesehen. Allerdings verlangt § 285 Nr. 18 für Instrumente, bei denen eine außerplanmäßige Abschreibung wegen voraussichtlich nicht dauernder Wertminderung nach § 253 Abs. 3 S. 4 unterblieben ist, die Angabe von Buchwert, beizulegenden Zeitwert, die Gründe für das Unterlassen (einschließlich der Anhaltspunkte, dass die Wertminderung voraussichtlich nicht von Dauer ist).[49] In IDW RS VFA 2 29 wird Versicherungsunternehmen, die Wertpapiere nicht mit dem Niederstwert bewerten, zudem eine besondere Würdigung des Zinsgarantie- sowie des Liquiditätsrisikos im Rahmen der Darstellung der Risiken der zukünftigen Entwicklung nahe gelegt.

95 Gem. Abs. 2 S. 1 ist für Aktien, Investmentanteile sowie sonstige festverzinsliche und nicht festverzinsliche Wertpapiere eine **Gruppenbewertung** nach § 240 Abs. 4, § 256 S. 2 zulässig.

96 Fraglich ist, ob die **bei VU** angewandten Methoden der **Durchschnittsbewertung** – zB bei Papieren in Girosammelverwahrung – der Angabepflicht nach § 284 Abs. 2 Nr. 4 unterliegen. Diese Angabepflicht greift bei der Bewertung nach § 240 Abs. 4 iVm § 256 S. 1, bei der gleichartige oder annähernd gleichwertige Vermögensgegenstände zu einer Gruppe zusammengefasst werden.

97 Werden bei VU die gleichen, dh **identischen** Vermögensgegenstände (zB Stammaktien einer bestimmten Aktiengesellschaft) zum Zwecke der Bewertung zusammengefasst, liegt kein Anwendungsfall der Gruppenbewertung vor. Vielmehr handelt es sich um eine Durchschnittsbewertung, die nicht in den Anwendungsbereich des § 284 Abs. 2 Nr. 4 fällt. Diese Auffassung ist auch insoweit begründet, als bei den Methoden zur Ermittlung der Anschaffungskosten ua zwischen Einzelfeststellung, Durchschnittsbewertung und Gruppenbewertung unterschieden wird.[50]

98 **2. Inhaberschuldverschreibungen und andere festverzinsliche Wertpapiere.** Gem. § 8 Abs. 1 RechVersV sind als Inhaberschuldverschreibungen und andere festverzinsliche Wertpapiere insbesondere folgende Rechte **auszuweisen:**

---

[46] Vgl. *IDW* RS VFA 2, WPg 2002, 475 Rn. 8 f.
[47] Zu weiteren Indizien s. *IDW* RS VFA 2, WPg 2002, 475 Rn. 19.
[48] Vgl. *IDW* RS VFA 2, WPg 2002, 475 Rn. 24.
[49] S. *IDW* RH HFA 1.005.
[50] Vgl. *ADS* Vor §§ 252–256 Rn. 18.

– festverzinsliche Inhaberschuldverschreibungen,
– andere festverzinsliche Inhaberpapiere, unabhängig davon, ob sie in Wertpapierurkunden verbrieft oder als Wertrechte ausgestaltet sind,
– Orderschuldverschreibungen, die Teile einer Gesamtemission sind,
– Schatzwechsel,
– Schatzanweisungen,
– andere Geldmarktpapiere (*commercial papers, Euro-notes, certificates of deposit, bons de caisse* und ähnliche verbriefte Rechte),
– Kassenobligationen und
– vor Fälligkeit hereingenommene Zinsscheine.

Voraussetzung für den Ausweis og Titel unter diesem Posten ist jedoch, **99** dass sie börsenfähig sind und nicht im Posten „Ausleihungen an Unternehmen, mit denen ein Beteiligungsverhältnis besteht", im Posten „Ausleihungen an verbundene Unternehmen" oder im Posten „Sonstige Ausleihungen" auszuweisen sind (zur Börsenfähigkeit → Rn. 78 f.).

Nach § 8 Abs. 2 RechVersV **gelten dabei als festverzinslich** auch Wert- **100** papiere, die mit einem veränderlichen Zinssatz ausgestattet sind, sofern dieser an eine bestimmte Referenzgröße, beispielsweise einen Interbankzinssatz oder einen Euro-Geldmarktsatz, gebunden ist, sowie Null-Kupon-Anleihen und Schuldverschreibungen, die einen anteiligen Anspruch auf Erlöse aus einem gepoolten Forderungsvermögen verbriefen.

Festverzinsliche Inhaberpapiere sind an dieser Stelle auch dann zu erfassen, **101** wenn sie als **Wertrechte** ausgestaltet sind. Bei diesen Wertrechten handelt es sich um Anleihen, für die keine effektiven Stücke ausgedruckt werden und die einem Sammelverwahrer isd Depotrechts zur Sammelverwahrung anvertraut sind. Die als Gläubiger ins Schuldbuch eingetragenen Wertpapier-Sammelbanken üben für ihre Kontoinhaber das Gläubigerrecht treuhänderisch aus. Ist die Anleihe nicht auf die Wertpapier-Sammelbank, sondern auf den Namen des bilanzierenden VU im Schuldbuch eingetragen, erfolgt der Ausweis innerhalb der „Sonstigen Ausleihungen" unter den Namensschuldverschreibungen (vgl. § 10 Abs. 1 Nr. 1 RechVersV).

§ 8 Abs. 1 RechVersV enthält die Regelung, **Geldmarktpapiere** unter **102** „Inhaberschuldverschreibungen und andere festverzinsliche Wertpapiere" auszuweisen.

Im Hinblick auf die Bilanzierung von **Sparbriefen, Sparobligationen,** **103** **Sparschuldverschreibungen** und ähnlichen Konstruktionen kommt es letztlich auf deren rechtliche Ausgestaltung an.[51] In der Mehrzahl der Fälle handelt es sich um Namensschuldverschreibungen, die unter den „Sonstigen Ausleihungen" zu bilanzieren sind. Dies gilt im Zweifel auch für Namenspapiere mit Inhaberklausel gem. § 808 BGB („hinkende Inhaberpapiere"). Liegt jedoch ein Sparbrief oÄ vor, der als reines Inhaberpapier ausgestaltet ist, erfolgt ein Ausweis unter den Inhaberschuldverschreibungen. Allerdings muss dann gem. § 8 Abs. 1 Hs. 1 RechVersV ebenfalls das Kriterium der Börsenfähigkeit im oben beschriebenen Sinne erfüllt sein.

In § 8 Abs. 2 RechVersV wird klargestellt, dass unter festverzinslichen **104** Wertpapieren nicht nur solche mit einem nominell fest ausgewiesenen Zinssatz zu verstehen sind. Genannt werden in diesem Zusammenhang auch

---

[51] Vgl. *Krumnow/Sprißler/Bellavite-Hövermann* RechKredV § 16 Rn. 7.

Null-Kupon-Anleihen, deren Zinsertrag regelmäßig in Gestalt eines Disagios bei der Emission geleistet wird.

105   Festverzinslichkeit wird grundsätzlich dann gegeben sein, wenn in den Emissionsbedingungen ein bestimmter Zinssatz sowie die periodische Zahlung der Zinsen versprochen wird.[52] Diese Voraussetzung wird bei **Wandelschuldverschreibungen** regelmäßig vorliegen, während Gewinnschuldverschreibungen und Genussrechte als nicht festverzinsliche Wertpapiere anzusehen sind (vgl. § 7 S. 1 RechVersV).

106   Als festverzinslich gelten nach § 8 Abs. 2 RechVersV auch Schuldverschreibungen, die einen anteiligen Anspruch auf Erlöse aus einem gepoolten Forderungsvermögen verbriefen. Dabei handelt es sich oft um sog. *asset-backed securities,* dh um Wertpapiere, die durch einen Pool von Finanzaktiva, insbesondere Hypotheken, gedeckt und besichert sind.[53]

107   Bleiben bei einer Depotstellung im Rahmen eines Rückversicherungsvertrags die beim Vorversicherer hinterlegten Inhaberschuldverschreibungen und anderen festverzinslichen Wertpapiere im Eigentum des rückversichernden Unternehmens, sind diese gem. § 13 Abs. 3 RechVersV bei diesem RVU unter dem jeweiligen Kapitalanlageposten auszuweisen.

108   Die **Bewertung** der unter „Inhaberschuldverschreibungen und andere festverzinsliche Wertpapiere" ausgewiesenen Vermögensgegenstände richtet sich nach Abs. 2. Es wird daher auf die entsprechenden Ausführungen zu den „Aktien, Investmentanteilen und anderen nicht festverzinslichen Wertpapieren" im vorherigen Abschnitt verwiesen. Hervorzuheben ist, dass bei einer Bilanzierung nach den für das **Anlagevermögen** geltenden Vorschriften eine Wertminderung unter den Nennwert dann als dauerhaft angenommen werden muss, wenn sich die **Bonität des Emittenten wesentlich verschlechtert** hat (vgl. IDW RS VFA 2 → Rn. 20).

109   In der Gesetzesbegründung zu § 341c idF nach Art. 5 Gesetz zur Umsetzung der geänderten Bankenrichtlinie und der geänderten Kapitaladäquanzrichtlinie vom 19.11.2010 (BGBl. 2010 I 1592) wird klargestellt, dass eine Bewertung zu **fortgeführten Anschaffungskosten** mit Hilfe der Effektivzinsmethode den GoB entspricht. Diese Bewertungsmethode erlaubt eine bilanzielle Abbildung von Agien und Disagien, die der Wertentwicklung über den Zeitablauf entspricht und insbesondere von Unternehmen mit langfristig orientierten Geschäftsmodellen von Bedeutung ist. Zumindest wenn Inhaberschuldverschreibungen gem. § 341b Abs. 2 dazu bestimmt wurden, dauernd dem Geschäftsbetrieb zu dienen und entsprechend nach den für das Anlagevermögen geltenden Vorschriften bewertet werden, erscheint die Amortisation von unter pari erworbenen Titeln auf den Rückzahlungsbetrag für zulässig.

110   Bei geschlossenen Reihen und nicht börsennotierten festverzinslichen Wertpapieren ist der beizulegende Wert aus der Effektivverzinsung oder aus dem Renditekurs, bei Inhaberschuldverschreibungen mit Sonderausstattung aus dem Renditekurs abzuleiten (vgl. IDW RS VFA 1).

IV. Festbewertung

111   Abs. 3 legt ausdrücklich fest, dass eine Bewertung der Grundstücke, Bauten und im Bau befindlichen Anlagen zum Festwert nicht zulässig ist. Die Vor-

---

[52] Vgl. *Birck/Meyer* II S. 194.
[53] Vgl. *Früh* BB 1995, 105.

schrift besitzt nur klarstellenden Charakter, da es bei Grundstücken, Bauten und im Bau befindlichen Anlagen regelmäßig an der Voraussetzung der Gleichartigkeit mangelt und somit eine Bewertung zum Festwert nicht möglich ist.

V. Bewertung von Lebensversicherungsverträgen bei Pensionsfonds

Mit dem BilMoG wurde in § 341b Abs. 4 angefügt. Nach der Gesetzes- **112** begründung dient die Vorschrift der Klarstellung der bis dahin geltenden Praxis. Anders als der Wortlaut suggeriert, war nicht die Einführung einer Zeitwertbilanzierung eines bestimmten Typs einer Kapitalanlage (Verträge bei LVU) eines Pensionsfonds beabsichtigt, sondern eine Klarstellung, dass Aktiva und Passiva von Pensionsfonds, die wertmäßig synchron verlaufen, auch entsprechend bewertet werden dürfen. Dies hätte insbesondere bei „Verträgen mit LVU" in Zweifel gezogen werden können, da die Abbildung von deren Wertzuwachs, der sofort im Rahmen der Verpflichtung auch an die Versorgungsberechtigten weitergegeben wird, scheinbar nicht im Einklang mit der Bewertung zu Anschaffungskosten steht, auch wenn dies begründet ist.[54]

§ 341c Namensschuldverschreibungen, Hypothekendarlehen und andere Forderungen

(1) **Abweichend von § 253 Abs. 1 Satz 1 dürfen Namensschuldverschreibungen mit ihrem Nennbetrag angesetzt werden.**

(2) **¹Ist der Nennbetrag höher als die Anschaffungskosten, so ist der Unterschiedsbetrag in den Rechnungsabgrenzungsposten auf der Passivseite aufzunehmen, planmäßig aufzulösen und in seiner jeweiligen Höhe in der Bilanz oder im Anhang gesondert anzugeben. ²Ist der Nennbetrag niedriger als die Anschaffungskosten, darf der Unterschiedsbetrag in den Rechnungsabgrenzungsposten auf der Aktivseite aufgenommen werden; er ist planmäßig aufzulösen und in seiner jeweiligen Höhe in der Bilanz oder im Anhang gesondert anzugeben.**

(3) **Bei Hypothekendarlehen und anderen Forderungen dürfen die Anschaffungskosten zuzüglich oder abzüglich der kumulierten Amortisation einer Differenz zwischen den Anschaffungskosten und dem Rückzahlungsbetrag unter Anwendung der Effektivzinsmethode angesetzt werden.**

Schrifttum: S. Schrifttum zu § 341.

I. Regelungsgegenstand und -zweck

In Abs. 1 gewährt die Norm das Wahlrecht, Namensschuldverschreibun- **1** gen abweichend von § 253 Abs. 1 S. 1 mit ihrem Nennbetrag anzusetzen. Die Norm setzt Art. 55 Abs. 1 Buchst. a Richtlinie 91/674/EWG (VersBiRiLi) hinsichtlich der Namensschuldverschreibungen in deutsches Recht um. Der Gesetzgeber trägt mit dem § 341c der bereits bis dato angewandten Bilanzierungspraxis der VU Rechnung (aber auch → Rn. 9). Die explizite Regelung für Namensschuldverschreibungen trägt branchenspezifischen Ge-

---

[54] Vgl. *Kölschbach/Engeländer* VW 2003, 1152.

sichtspunkten Rechnung und berücksichtigt, dass bei VU der Erwerb von Namensschuldverschreibungen eine größere Rolle spielt.[1]

2   Abs. 2 enthält Regelungen über die Behandlung eines möglichen Unterschiedsbetrags zwischen Nennbetrag und Anschaffungskosten.

3   Abs. 3 wurde mit dem Gesetz zur Umsetzung der geänderten Bankenrichtlinie und der geänderten Kapitaladäquanzrichtlinie vom 19.11.2010 eingefügt. Bis dahin sah § 341c HGB aF vor, Hypothekendarlehen und andere Forderungen in der Bilanz zum Nennwert anzusetzen. Dies war nach Auffassung der EU-Kommission nicht von Art. 55 Richtlinie 91/674/EWG gedeckt, da dieser lediglich eine Bewertung zum Nennwert für Schuldverschreibungen und andere festverzinsliche Wertpapiere als Mitgliedsstaatenwahlrecht vorsieht. Um die Bedenken der Kommission auszuräumen, wurde die strittige Passage in § 341c Abs. 1 HGB aF gestrichen.

II. Bewertung zum Nennwert

4   § 253 Abs. 1 S. 1 sieht vor, dass Vermögensgegenstände höchstens mit den **Anschaffungs- oder Herstellungskosten** anzusetzen sind. **Abweichend** davon lässt Abs. 1 zu, dass Namensschuldverschreibungen mit ihrem **Nennbetrag** angesetzt werden dürfen.

5   Dieses Wahlrecht betrifft damit die in Formblatt 1 RechVersV unter „C. Kapitalanlagen, III. Sonstige Kapitalanlagen" ausgewiesenen „Namensschuldverschreibungen".

6   Voraussetzung[2] für eine Bewertung zum Nennwert ist, dass die Differenz zwischen Anschaffungskosten und Nennbetrag Zinscharakter hat. Abweichend von der in § 340e Abs. 2 getroffenen Regelung für die Kreditinstitute ist jedoch davon abgesehen worden, diese Voraussetzung ausdrücklich in den Gesetzestext des § 341c aufzunehmen; im Unterschied zu den Kreditinstituten – so führt die Begründung aus – halten Versicherungsunternehmen Wertpapiere als Kapitalanlagen, sodass der Zinscharakter des Differenzbetrags regelmäßig gegeben ist.

7   Im Fall der Neuausleihung sind Namensschuldverschreibungen nicht in der Höhe der Valutierung des Darlehens, sondern mit dem vereinbarten Rückzahlungsbetrag anzusetzen.[3]

8   Davon abweichend wurde beim derivativen Erwerb eines Darlehens im Wege der Forderungsabtretung im Anschluss auch an die steuerliche Rechtsprechung die Auffassung vertreten, dass der gezahlte bzw. geschuldete Betrag einschließlich der Nebenkosten die Anschaffungskosten darstellt. Die Differenzierung führte zu einer Ungleichbehandlung wirtschaftlich durchaus vergleichbarer Sachverhalte, da es oft eine Frage der Abwicklungstechnik oder der Marktmacht ist, ob ein Darlehen originär oder derivativ erworben wird.[4] Es war daher nur konsequent, mit Umsetzung der VersBiRiLi und mit Blick auf § 340e Abs. 2 sowie die entsprechenden Gesetzesmaterialien auch für derivativ erworbene Forderungen eine Nominalwertbilanzierung für zulässig zu erachten.[5] Die Möglichkeit zur Ausübung des Wahlrechtes in Abs. 1,

[1] Vgl. BT-Drs. 12/5587, 26.
[2] Vgl. Begr. RegE, BT-Drs. 12/5587, 26.
[3] Vgl. *IDW* VFA 1/1983 idF v. 1992 Abschnitt I.
[4] Vgl. KoRVU/*König* Bd. I B Rn. 42–44 u. 60 ff.
[5] Vgl. *IDW* VFA 1/83 idF v. 1992 Rn. 1; s. hierzu auch *Krumnow/Sprißler/Bellavite-Hövermann* § 340e Rn. 49 ff.

Namensschuldverschreibungen abweichend von § 253 Abs. 1 S. 1 mit ihrem Nennwert anzusetzen, ist auf die erstmalige Bilanzierung von Namensschuldverschreibungen beschränkt. Im Falle einer Umwandlung von Inhaberschuldverschreibungen in Namensschuldverschreibungen ist nur eine Bilanzierung nach dem Anschaffungskostenprinzip (§ 253 Abs. 1 S. 1) zulässig.[6]

Die Möglichkeit zur Ausnutzung des Wahlrechts betreffend die Nennwert- **9** bilanzierung gem. Abs. 1 unterliegt als Wertansatzwahlrecht dem **Stetigkeitsgebot** des § 252 Abs. 1 Nr. 6.[7] Das bedeutet, dass gleichartige Sachverhalte in aufeinander folgenden Abschlüssen sowie im gleichen Abschluss im Hinblick auf die Ausnutzung des Wahlrechts zur Nominalwertbilanzierung nicht unterschiedlich gehandhabt werden können. Jeder Fall einer Unterbrechung der Bewertungsstetigkeit führt zur Angabepflicht im Anhang gem. § 284 Abs. 2 Nr. 3.

Nicht anzuwenden ist § 285 Nr. 18 auf zum Nennwert bilanzierte Kapital- **10** anlagen. Dieser fordert eine Angabe des Zeitwertes für diejenigen Finanzanlagen die über ihrem beizulegenden Zeitwert ausgewiesen werden, da bei einer Bilanzierung zum Nennwert Abschreibungen auf Grund einer vorübergehenden Wertminderung gem. § 253 Abs. 3 S. 4 nicht in Betracht kommen.[8]

III. Behandlung eines Unterschiedsbetrages

Wird die Forderung mit dem Nennbetrag bilanziert, ist nach § 341c Abs. 2 **11** ein **passiver** (Ansatzpflicht) **bzw.** darf ein **aktiver Unterschiedsbetrag** (Ansatzwahlrecht) bilanziert werden. In diesen Fällen ist der Unterschiedsbetrag im passiven bzw. aktiven Rechnungsabgrenzungsposten aufzunehmen, planmäßig aufzulösen und in seiner jeweiligen Höhe in der Bilanz oder im Anhang gesondert anzugeben. Für die Bilanzierung und Auflösung dieser Unterschiedsbeträge kann auf die bereits entwickelten Grundsätze verwiesen werden.[9]

IV. Bewertung zu fortgeführten Anschaffungskosten

§ 341c Abs. 3 in der derzeit gültigen Fassung wurde durch das Gesetz zur **12** Umsetzung der geänderten Bankrichtlinie und der geänderten Kapitaladäquanzrichtlinie (BGBl. 2010 I 1592) eingefügt.

Die in § 341c aF vorgesehene Möglichkeit, Hypothekendarlehen und **13** andere Forderungen in der Bilanz zum Nennwert anzugeben, war nach Auffassung der EU-Kommission nicht von Art. 55 Richtlinie 91/674/EWG gedeckt, da dieser lediglich eine Bewertung zum Nennwert für Schuldverschreibungen und andere festverzinsliche Wertpapiere als Mitgliedsstaatenwahlrecht vorsieht. Um die Bedenken der Kommission auszuräumen, wurde die strittige Passage in § 341c Abs. 1 aF gestrichen. Damit sind Hypothekendarlehen und andere Forderungen künftig grundsätzlich gem. § 341b und den allgemeinen Regelungen zu bilanzieren. Namensschuldverschreibungen können hingegen weiterhin zum Nennwert bilanziert werden (→ Rn. 4 ff.).

Der neue § 341c Abs. 3 stellt klar, dass eine Bewertung zu fortgeführten **14** Anschaffungskosten mit Hilfe der Effektivzinsmethode erfolgen kann. Die

[6] Vgl. *IDW* RS VFA 1, WPg 2000, 382.
[7] Vgl. BeBiKo/*Winkeljohann/Büssow* § 252 Rn. 56.
[8] Vgl. BR-Drs. 823/94, 148.
[9] Vgl. *IDW* RS VFA 1, WPg 2000, 380 ff.

Bewertung zu fortgeführten Anschaffungskosten erlaubt eine bilanzielle Abbildung von Agios und Disagios, die der Wertentwicklung über den Zeitablauf entspricht und insbesondere für Unternehmen mit langfristig orientierten Geschäftsmodellen von Bedeutung ist. Sie erfüllt damit die gleiche Funktion wie die Nennwertbilanzierung nach § 341c Abs. 1 und 2 und entspricht Grundsätzen ordnungsmäßiger Buchführung, die der deutschen Bilanzierungspraxis auch in anderen Bereichen (zB bei Zero-Bonds) zugrunde liegen.

15   Aus der Klarstellung, dass die Bilanzierung zu fortgeführten Anschaffungskosten GoB entspricht, ergibt sich, dass ihre Anwendung auch für andere Forderungen (zB Namensschuldverschreibungen),[10] aber auch Wertpapiere (Inhaberschuldverschreibungen) zulässig ist.

16   Andere Bewertungsmethoden, die den GoB entsprechen, werden durch § 341c Abs. 3 nicht ausgeschlossen. Nach 341b Abs. 1 S. 2 sind Hypothekendarlehen und andere Forderungen nach den für das Anlagevermögen geltenden Vorschriften zu bewerten. Die Zugangs- und Folgebewertung erfolgt daher grundsätzlich gem. § 253 Abs. 3 – wie auch bislang bei Nichtausübung des Wahlrechts des § 341c Abs. 1 aF – zu fortgeführten Anschaffungskosten unter Berücksichtigung des gemilderten Niederstwertprinzips. Über den neuen § 341c Abs. 3 wird klargestellt, dass in diesem Rahmen für Hypothekendarlehen und andere Forderungen die Bewertung zu Anschaffungskosten zuzüglich oder abzüglich der kumulierten Amortisation einer Differenz zwischen den Anschaffungskosten und dem Rückzahlungsbetrag unter Anwendung der Effektivzinsmethode erfolgen kann.

§ 341d Anlagestock der fondsgebundenen Lebensversicherung

Kapitalanlagen für Rechnung und Risiko von Inhabern von Lebensversicherungsverträgen, bei denen das Anlagerisiko vom Versicherungsnehmer getragen wird, sind mit dem Zeitwert unter Berücksichtigung des Grundsatzes der Vorsicht zu bewerten; die §§ 341b, 341c sind nicht anzuwenden.

Schrifttum: S. Schrifttum zu § 341.

I. Regelungsgegenstand und -zweck

1   Die Norm durchbricht die Bewertungsvorschriften der §§ 341b und 341c, indem sie für bestimmte Kapitalanlagen eine Bewertung mit dem Zeitwert vorschreibt, wobei der Grundsatz der Vorsicht zu berücksichtigen ist. Durch diese Norm wird Art. 46 Abs. 2 Richtlinie 91/674/EWG (VersBiRiLi) umgesetzt.

II. Bewertungsobjekte

2   Gem. Art. 46 Abs. 2 Richtlinie 91/674/EWG sind die in der Bilanz unter Aktivposten D. aufgeführten Kapitalanlagen für Rechnung und Risiko von Inhabern von Lebensversicherungspolicen zum Zeitwert auszuweisen. Nach Art. 15 Richtlinie 91/674/EWG sind dies die **Kapitalanlagen, nach deren Wert sich der Wert oder die Überschüsse bei fondsgebundenen Ver-**

---

[10] Vgl. *Bette-Mehring/Engelshove* WPg 2012, 817–822.

trägen bestimmen, Kapitalanlagen zur Deckung von Verbindlichkeiten aus Verträgen, bei denen die Leistung indexgebunden ist, und Kapitalanlagen, die für Mitglieder eines Tontinenunternehmens gehalten werden und zur Verteilung an diese bestimmt sind.

Art. 15 Richtlinie 91/674/EWG wurde durch § 14 Abs. 1 RechVersV **3** umgesetzt; die Formulierung der Richtlinie wurde wörtlich übernommen.

III. Bewertung

Die Norm schließt die Anwendung der §§ 341b und 341c ausdrücklich **4** aus und fordert für die og Kapitalanlagen eine **Bewertung zum Zeitwert,** ohne dabei näher auf dessen Ermittlung einzugehen.
Eine Konkretisierung des Zeitwertes erfolgt in § 55 bzw. § 56 RechVersV **5** (auch → § 341b Rn. 29 f.).
Die nicht realisierten Gewinne oder Verluste aus den Kapitalanlagen für **6** Rechnung und Risiko von Inhabern von Lebensversicherungspolicen sind in den Posten „Nicht realisierte Gewinne aus Kapitalanlagen" bzw. „Nicht realisierte Verluste aus Kapitalanlagen" auszuweisen (vgl. § 39 RechVersV). In diesen Aufwendungen und Erträgen spiegelt sich die Wertentwicklung og Kapitalanlagen wider. Deren Einfluss auf das handelsrechtliche Ergebnis wird durch die korrespondierende Gegenbewegung bei der auf die entsprechenden Lebensversicherungsverträge entfallenden Deckungsrückstellung (vgl. Formblatt 1 RechVersV Posten F. I.) neutralisiert.[1]

Vierter Titel. Versicherungstechnische Rückstellungen

§ 341e Allgemeine Bilanzierungsgrundsätze

(1) [1]**Versicherungsunternehmen haben versicherungstechnische Rückstellungen auch insoweit zu bilden, wie dies nach vernünftiger kaufmännischer Beurteilung notwendig ist, um die dauernde Erfüllbarkeit der Verpflichtungen aus den Versicherungsverträgen sicherzustellen.** [2]**Dabei sind mit Ausnahme der Vorschriften der §§ 74 bis 87 des Versicherungsaufsichtsgesetzes die im Interesse der Versicherten erlassenen aufsichtsrechtlichen Vorschriften über die bei der Berechnung der Rückstellungen zu verwendenden Rechnungsgrundlagen einschließlich des dafür anzusetzenden Rechnungszinsfußes und über die Zuweisung bestimmter Kapitalerträge zu den Rückstellungen zu berücksichtigen.** [3]**Die Rückstellungen sind nach den Wertverhältnissen am Abschlussstichtag zu bewerten und nicht nach § 253 Abs. 2 abzuzinsen.**

(2) **Versicherungstechnische Rückstellungen sind außer in den Fällen der §§ 341f bis 341h insbesondere zu bilden**
1. **für den Teil der Beiträge, der Ertrag für eine bestimmte Zeit nach dem Abschlußstichtag darstellt (Beitragsüberträge);**
2. **für erfolgsabhängige und erfolgsunabhängige Beitragsrückerstattungen, soweit die ausschließliche Verwendung der Rückstellung zu diesem Zweck durch Gesetz, Satzung, geschäftsplanmäßige Erklärung oder vertragliche Vereinbarung gesichert ist (Rückstellung für Beitragsrückerstattung);**

---

[1] Vgl. *KPMG*, Rechnungslegung von VU, 1994, 93.

3. **für Verluste, mit denen nach dem Abschlußstichtag aus bis zum Ende des Geschäftsjahres geschlossenen Verträgen zu rechnen ist (Rückstellung für drohende Verluste aus dem Versicherungsgeschäft).**

(3) **Soweit eine Bewertung nach § 252 Abs. 1 Nr. 3 oder § 240 Abs. 4 nicht möglich ist oder der damit verbundene Aufwand unverhältnismäßig wäre, können die Rückstellungen auf Grund von Näherungsverfahren geschätzt werden, wenn anzunehmen ist, daß diese zu annähernd gleichen Ergebnissen wie Einzelberechnungen führen.**

Schrifttum: S. Schrifttum zu § 341.

Übersicht

I. Bilanzierung und Ausweis von versicherungstechnischen Rückstellungen

1   **1. Vorbemerkungen.** Versicherungstechnische Rückstellungen stellen die bedeutendsten und größten Posten auf der Passivseite bei VU dar. Im Gegensatz zu anderen Wirtschaftszweigen wird bei VU das Kerngeschäft auf der Passivseite abgebildet: VU sind typische Nachleistungsbetriebe, dh die Gewährung von Versicherungsschutz folgt den Prämieneinnahmen nach, sodass sich im Verhältnis zu den Versicherungsnehmern regelmäßig Verpflichtungen und nur in geringem Umfang Forderungen ergeben. Die vom VU zu gewährenden Leistungen hängen von dem unsicheren Eintritt genau definierter Ereignisse ab und bilden als künftige Schadenersatzleistungen den größten Anteil an den Produktionskosten im Versicherungsbetrieb.[1]

2   Die **Vermögens-, Finanz- und Ertragslage** des VU wird von den versicherungstechnischen Rückstellungen entscheidend beeinflusst.[2] „Versicherungstechnisch" bedeutet, „dass diese Passiva unmittelbar mit dem Ver-

---

[1] Vgl. *Boetius* Versicherungstechnische Rückstellungen-HdB Rn. 91.
[2] Vgl. *IDW* Versicherungsunternehmen-WPH/*Freiling* Kap. A Rn. 45.

sicherungsgeschäft verbunden und ihm eigentümlich sind".[3] Der Begriff Rückstellung ist streng genommen zu eng gefasst; unter den versicherungstechnischen Rückstellungen sind auch Sachverhalte auszuweisen, die den Charakter von Rechnungsabgrenzungsposten oder Verbindlichkeiten haben.[4]

2. Bilanzierung. Soweit die besonderen Vorschriften für VU der 3 §§ 341 ff. nichts anderes vorschreiben, gelten für die Bilanzierung von versicherungstechnischen Rückstellungen die allgemeinen Vorschriften des Ersten Abschnitts des Dritten Buches im HGB.[5] Insbesondere gilt dies für § 249 über den Ansatz und für § 253 Abs. 1 S. 2 über die Bewertung von Rückstellungen.

Abs. 1 stellt eine Erweiterung der allgemeinen Rückstellungsvorschriften 4 sowohl dem Grunde als auch der Höhe nach dar.[6] Nach dem BilMoG ergibt sich eine bedeutsame Abweichung von der allgemeinen Rückstellungsbewertung in § 253 Abs. 2, der explizit die Berücksichtigung von Preis- und Kostensteigerungen und eine Abzinsung von Rückstellungen mit einer Laufzeit von über einem Jahr vorsieht.[7] Für die versicherungstechnischen Rückstellungen soll die Bewertung wie vor BilMoG fortgesetzt werden, vor dem Hintergrund, dass eine umfassende Reform der Bilanzierungsvorschriften im Rahmen der aufsichtsrechtlichen Entwicklungen (Solvency II) erforderlich werden könnte. Dazu stellt Abs. 1 S. 3 klar, dass die Bewertung versicherungstechnischer Rückstellungen weiterhin nach den Wertverhältnissen am Abschlussstichtag zu erfolgen hat und das grundsätzliche Abzinsungsgebot des § 253 Abs. 2 nicht anzuwenden ist.[8]

Gem. Abs. 1 S. 1 **haben** VU „versicherungstechnische Rückstellungen 5 auch insoweit zu **bilden,** wie dies nach vernünftiger kaufmännischer Beurteilung notwendig ist, um die dauernde Erfüllbarkeit der Verpflichtungen aus den Versicherungsverträgen sicherzustellen". Mit der Formulierung wird klargestellt, dass es sich hierbei nicht um ein Wahlrecht, sondern um eine Passivierungspflicht handelt.[9]

Die Vorschrift ist durch die Positionierung in den handelsrechtlichen Vor- 6 schriften über den Grundsatz der Maßgeblichkeit bei der steuerlichen Gewinnermittlung zu berücksichtigen (§ 5 Abs. 1 EStG).

Im Interesse der Versicherten erlassene aufsichtsrechtliche Vorschriften 7 zur Berechnung der Rückstellungen und zur Zuweisung bestimmter Kapitalerträge zu den Rückstellungen sind bei der handelsrechtlichen Bewertung zu berücksichtigen und damit auch für die Steuerbilanz grundsätzlich maßgeblich.[10] Hierbei handelt es sich um die §§ 150 und 160 VAG bezüglich der Alterungsrückstellung und der Ermittlung und Verteilung des Überschusses sowie der Zuführung zur Rückstellung für Beitragsrückerstattung in der Krankenversicherung, § 145 VAG bezüglich der Zuführungen zur Rückstellung für Beitragsrückerstattung generell, § 88 VAG bezüglich der Berechnung der Deckungsrückstellung, § 145 Abs. 5 VAG bezüglich

[3] Vgl. *Farny,* Buchführung und Periodenrechnung in Versicherungsunternehmen, 4. Aufl. 1992, 129.
[4] Vgl. *IDW* Versicherungsunternehmen-WPH/*Freiling* Kap. A Rn. 26 ff.
[5] Begr. RegE, BT-Drs. 12/5587, 26.
[6] Begr. RegE, BT-Drs. 12/5587, 27.
[7] Vgl. Gesetzentwurf der BReg., BT-Drs. 16/10067, 52.
[8] Vgl. Gesetzentwurf der BReg., BT-Drs. 16/10067, 97.
[9] Vgl. Begr. RegE, BT-Drs. 12/5587, 27.
[10] Abs. 1 S. 3 sowie Bericht des Rechtsausschusses, BT-Drs. 12/7646, 4.

der Zuführungen zur Rückstellung für Beitragsrückerstattung in der Lebensversicherung. Zu berücksichtigen sind auch die auf Grund dieser Vorschriften erlassenen Rechtsverordnungen: Die Ermittlung der Mindestzuführung zur Rückstellung für Beitragsrückerstattung ist in der MindZV geregelt.[11] Die Deckungsrückstellungsverordnung (DeckRV) schreibt die anzuwendenden Berechnungsgrundlagen für die Bildung der Deckungsrückstellungen vor.[12] Besondere Bedeutung hat der Verweis auf die aufsichtsrechtlichen Vorschriften in letzter Zeit bezüglich des Abzinsungssatzes; dazu die Hinweise → § 341f Rn. 5). Die Aktuarverordnung (AktuarV) regelt Einzelheiten zur Bestätigung des Verantwortlichen Aktuars und zum an den Vorstand vorzulegenden Erläuterungsbericht.[13] Die bei der Prämienkalkulation anzuwendenden Rechnungsgrundlagen und Methoden zur Ermittlung der Alterungsrückstellung sowie Methoden der Ermittlung und Verteilung von Überzins und Überschuss in der Krankenversicherung sind in der Krankenversicherungsaufsichtsverordnung (KVAV) geregelt.[14] Ohne Relevanz für die Bewertung versicherungstechnischer Rückstellungen bleiben die explizit ausgenommenen Vorschriften zur aufsichtsrechtlichen Solvabilitätsübersicht.[15]

8   **3. Ausweis.** In der **Bilanz** sind die versicherungstechnischen Rückstellungen mit Unterposten gesondert auszuweisen.[16] Eine Zusammenfassung der Unterposten oder ein Unterlassen der Aufteilung in die Bruttobeträge und die Beträge des in Rückdeckung gegebenen Geschäfts sind gem. § 3 RechVersV nicht erlaubt.

9   Nicht notwendig ist ein gesonderter Ausweis der Beitragsüberträge, Deckungsrückstellung und Rückstellung für noch nicht abgewickelte Versicherungsfälle für das selbst abgeschlossene Versicherungsgeschäft und das in Rückdeckung übernommene Versicherungsgeschäft. Im Rahmen der versicherungszweigspezifischen Anhangangaben sind Beträge für das in Rückdeckung übernommene Versicherungsgeschäft lediglich für die gesamten versicherungstechnischen Brutto-Rückstellungen, die Brutto-Rückstellung für noch nicht abgewickelte Versicherungsfälle sowie die Schwankungsrückstellung und ähnliche Rückstellungen anzugeben (§ 51 Abs. 4 Nr. 1 Buchst. h RechVersV).

10   **4. Anteile für das in Rückdeckung gegebene Versicherungsgeschäft.** Die Anteile für das in Rückdeckung gegebene Versicherungsgeschäft an den versicherungstechnischen Rückstellungen sind in der Vorspalte beim jeweiligen Rückstellungsposten vom Brutto-Betrag offen abzusetzen. Der entsprechende Netto-Betrag wird in der Hauptspalte ausgewiesen (Passivposten E. I.–IV., VI. und F. RechVersV).

11   Die Schwankungsrückstellung und ähnliche Rückstellungen werden auf der Basis versicherungstechnischer Netto-Zahlen ermittelt. Infolgedessen erfolgt auch der Ausweis netto bzw. für eigene Rechnung.

---

[11] Vgl. Mindestzuführungsverordnung v. 18.4.2016 (BGBl. 2016 I 831), die durch Art. 5 der Verordnung v. 19.7.2017 (BGBl. 2017 I 3023) geändert worden ist.
[12] Vgl. Deckungsrückstellungsverordnung v. 18.4.2016 (BGBl. 2016 I 767), die durch Art. 1 der Verordnung v. 18.5.2016 (BGBl. 2016 I 1231) geändert worden ist.
[13] Vgl. Aktuarverordnung v. 18.4.2016 (BGBl. 2016 I 776).
[14] Vgl. Krankenversicherungsaufsichtsverordnung v. 18.4.2016 (BGBl. 2016 I 780), die zuletzt durch Art. 3 der Verordnung v. 19.7.2017 (BGBl. 2017 I 3023) geändert worden ist.
[15] S. dazu *Ellenbürger/Pfaffenzeller/Hammers* WPg 2015, 886 ff.
[16] Vgl. Formblatt 1 Passivseite E. Versicherungstechnische Rückstellungen RechVersV.

Wenn das Versicherungsgeschäft nicht in Rückdeckung gegeben wird, **12** können die Vorspaltenangaben sowie die in Formblatt 1 RechVersV vorgesehenen entsprechenden Unterposten entfallen (§ 5 Abs. 3 S. 1 RechVersV).

Die vom Brutto-Betrag der versicherungstechnischen Rückstellung offen **13** abzusetzenden Anteile der Rückversicherer sind auf Grund der vertraglichen Abmachungen mit den Rückversicherern zu ermitteln (§ 23 S. 1 RechVersV). Etwas anderes gilt nur für die Rückversichereranteile an den Beitragsüberträgen. Diese sind grundsätzlich entsprechend den Methoden für die Brutto-Beträge zu berechnen (§ 23 S. 2 Hs. 2 RechVersV). Damit soll den Besonderheiten bei Versicherungszweigen mit fehlender Proportionalität zwischen Risikoverlauf und Beitrag Rechnung getragen werden:[17] Ebenso wie die Brutto-Beitragseinnahmen sollen die Rückversicherungsbeiträge entsprechend dem Risikoverlauf bzw. zeitanteilig erfolgsmäßig abgegrenzt werden.

Im Falle einer Kündigung des Rückversicherungsvertrages wäre eine der- **14** artige Abgrenzung der Rückversicherungsbeiträge nicht sachgerecht. Der Rückversichereranteil an den Beitragsüberträgen ist dann aus dem vertraglich vereinbarten Portefeuille-Stornosatz zu ermitteln. Dem trägt § 23 S. 2 Hs. 2 RechVersV Rechnung, der im Falle einer Kündigung die Ermittlung des Rückversichereranteils auf Grund der vertraglichen Abmachung mit dem Rückversicherer fordert.

Darüber hinaus ist es aus Vorsichtsgründen geboten, den Portefeuille- **15** Stornosatz auch dann anzusetzen, wenn eine Kündigung des Rückversicherungsvertrags zu erwarten ist und der aus dem Portefeuille-Stornosatz resultierende Betrag kleiner ist als ein zeitanteiliger oder risikoverlaufsorientierter Wert.[18]

Die Methoden der Ermittlung der Anteile für das in Rückdeckung gege- **16** bene Versicherungsgeschäft an den einzelnen versicherungstechnischen Rückstellungen sind im Anhang anzugeben und wesentliche Änderungen der Methoden gegenüber dem vorausgegangenen Geschäftsjahr zu erläutern (§ 52 Nr. 1 Buchst. c RechVersV).

II. Versicherungstechnische Rückstellungen im Einzelnen

1. Beitragsüberträge. Die im Geschäftsjahr gebuchten Beiträge oder **17** Beitragsraten für den über den Bilanzstichtag hinausgehenden Versicherungszeitraum sind in der Rechnungsperiode nicht erfolgswirksam und somit Ertrag der Folgeperiode. Sie sind ein **transitorischer passiver Rechnungsabgrenzungsposten** und unter den Beitragsüberträgen auszuweisen.[19] Bei den in der Bilanz von den Brutto-Beitragsüberträgen in der Vorspalte abzusetzenden Rückversicherungsanteilen handelt es sich um die im Geschäftsjahr gebuchten Rückversicherungsbeiträge, soweit sie für den über den Abschlussstichtag hinausgehenden Versicherungszeitraum bestimmt sind. In Abs. 2 Nr. 1 heißt es ausdrücklich, dass unter den versicherungstechnischen Rückstellungen im Posten „I. Beitragsüberträge" der Teil der Beiträge anzusetzen ist, der den Ertrag für eine bestimmte Zeit nach dem Abschlussstichtag darstellt.[20]

---

[17] Vgl. Begr. zu § 23 RechVersV, BR-Drs. 823/94, 121 f.
[18] Vgl. *IDW* Versicherungsunternehmen-WPH/*Hofmann* Kap. E Rn. 29.
[19] Vgl. HdV/*Welzel* S. 686.
[20] Vgl. Beck Versicherungsbilanz/*Freiling* Rn. 39–43.

18   Somit gelten die allgemeinen Begriffsbestimmungen des § 250 Abs. 2 für die Brutto-Beitragsüberträge, wonach als passive RAP nur auszuweisen sind „Einnahmen vor dem Abschlussstichtag ..., soweit sie Ertrag für eine bestimmte Zeit nach diesem Tag darstellen".

19   Die RV-Anteile an den Brutto-Beitragsüberträgen bilden einen – passivisch abgesetzten – aktiven RAP für „Ausgaben vor dem Abschlussstichtag ..., soweit sie Aufwand für eine bestimmte Zeit nach diesem Tag darstellen" (§ 250 Abs. 1 S. 1).[21]

20   Im Rückversicherungsgeschäft kommen Beitragsüberträge nur für die proportionale Rückversicherung in Betracht, dh für Quoten- und Summenexzedentenrückversicherung oder für Kombinationen aus diesen Vertragssparten. Bei nicht-proportionalen Rückversicherungen (Schadenexzedenten- und Stopp-loss-Verträge) entfallen Beitragsüberträge, da das Versicherungsentgelt regelmäßig auf das betreffende Geschäftsjahr bezogen ist.

21   Für die **Ermittlung der Beitragsüberträge** ist die zeitbezogene Gewährung von Versicherungsschutz, dh die Verteilung des Versicherungsschutzes auf das Geschäftsjahr und nachfolgende Rechnungslegungszeiträume der Maßstab. Die Zurechnung der Beiträge hat grundsätzlich einzeln (§ 252 Abs. 1 Nr. 3) und zeitanteilig (pro rata temporis) zu erfolgen. Im Regelfall kann dabei von einem gleichbleibenden Risikoverlauf während eines Versicherungszeitraums, also von einer im Zeitablauf gegebenen Proportionalität zwischen Gewährung von Versicherungsschutz und Beitrag, ausgegangen werden.

22   In Versicherungszweigen und -arten, in denen es an einer zeitlichen Proportionalität zwischen dem Beitrag und dem Risikoverlauf fehlt, ist bei der Berechnung der Beitragsüberträge der im Zeitablauf unterschiedlichen Entwicklung des Risikos Rechnung zu tragen (§ 24 S. 2 RechVersV). Beispielsweise in der Bauleistungsversicherung steigt das Risiko mit den zunehmend durchgeführten Baumaßnahmen.

23   Bei der Einzelberechnung (Pro-rata-temporis-Methode) wird für jeden einzelnen Versicherungsvertrag der auf das Folgejahr bzw. die Folgejahre zu übertragende (noch nicht verdiente) Beitragsteil nach dem $1/_{360}$-System bzw. $1/_{720}$-System auf Grund der Zeitverhältnisse taggenau berechnet. Beitragsüberträge bei KVU sind nur in bestimmten Sonderfällen – zB kurzfristige Versicherungen gegen Einmalprämie – zu bilden, da die Beiträge in der Krankenversicherung entweder echte Monatsbeiträge sind oder es sich um Jahresbeiträge, die in gleichen Monatsraten fällig werden, handelt.[22]

24   Eine Abweichung vom Einzelbewertungsgrundsatz durch die Verwendung von Näherungsverfahren ist nach dem Wortlaut von Abs. 3 nur unter der Voraussetzung erlaubt, dass eine Einzelbewertung oder Gruppenbewertung nicht möglich ist oder der damit verbundene Aufwand unverhältnismäßig hoch wäre und dass diese zu annähernd gleichen Ergebnissen wie Einzelberechnungen führen. Kein Näherungsverfahren iSd Abs. 3 stellt die Bruchteils- und Pauschalmethode dar. Sie fällt nach der Regierungsbegründung zu § 240 Abs. 4 unter die Gruppenbewertung.[23] Für ihre Anwendung ist Voraussetzung, dass es sich um gleichartige oder annähernd gleichwertige Schulden handelt. Diese statistische Methode sollte nur angewendet werden, wenn

---

[21] Vgl. *IDW* Versicherungsunternehmen-WPH/*Hofmann* Kap. E Rn. 9.
[22] Vgl. *IDW* Versicherungsunternehmen-WPH/*Schenke* Kap. D Rn. 140.
[23] Vgl. Begr. RegE, BT-Drs. 12/5587, 18.

anzunehmen ist, dass sie zu annähernd gleichen Ergebnissen führt wie die Einzelberechnungen, auch wenn dies nicht ausdrücklich im Gesetz erwähnt wird, da § 240 Abs. 4 den Art. 57 Abs. 1 Richtlinie 91/674/EWG (Vers-BiRiLi) umsetzt, der eben dies als Voraussetzung anführt.

Die Beitragseinnahmen werden bei der Bruchteilmethode je nach Fälligkeit 25 auf bestimmte gleich große Zeitabschnitte (Monate oder Quartale) eines Geschäftsjahres aufgeteilt und die Beitragsüberträge in Bruchteilen dieser Beträge ermittelt, wobei die Höhe dieser Bruchteile von der Größe der Zeitabschnitte abhängt.[24]

Unter bestimmten Voraussetzungen ist darüber hinaus in Versicherungs- 26 zweigen oder -arten, in denen nach Zeichnungsjahren abgerechnet wird, eine mit der Schadenrückstellung zusammengefasste Ermittlung nach der Nullstellungsmethode oder dem Standardsystem zulässig.

Gesondert als Näherungs- und Vereinfachungsverfahren wird in § 27 27 Abs. 2 RechVersV das Standardsystem erwähnt, welches in den Versicherungszweigen und -arten, in denen die Dauer der Versicherungsverträge überwiegend kurzfristig ist, angewendet wird, zB in der Transportversicherung. Bei dieser Methode werden die gesamten Beitragseinnahmen eines Geschäftsjahres mit einem bestimmten Prozentsatz, dem sog. Beitragsübertragssatz, multipliziert.[25]

Die **Brutto-Beitragsüberträge für das in Rückdeckung übernom- 28 mene Geschäft** werden grundsätzlich nach den Aufgaben der Vorversicherer ermittelt. Wenn am Bilanzstichtag die Kündigung des Rückversicherungsvertrags bereits vereinbart oder mit Wahrscheinlichkeit zu erwarten ist, ist in der proportional obligatorischen Rückversicherung statt eines niedrigeren Beitragsübertrags der vertraglich vereinbarte Portefeuille-Stornosatz zu passivieren.[26] In dem Fall, dass keine oder nur unvollständige Aufgaben der Vorversicherer vorliegen, sind die Brutto-Beitragsüberträge unter Berücksichtigung der Beitragszahlungsperioden, der unterjährigen Zahlungsweisen und Verträge nach einer Bruchteilmethode oder näherungsweise nach der Pauschalmethode zu berechnen.

Unter Berücksichtigung der abgeschlossenen Rückversicherungsverträge 29 ergeben sich die **Anteile der Rückversicherer** an den Brutto-Beitragsüberträgen grundsätzlich nach dem Verfahren, welches für die Berechnung der Brutto-Beitragsüberträge angewendet wird.[27]

Die Notwendigkeit der Bildung von Beitragsüberträgen ist dem Grunde 30 nach nicht strittig. Hinsichtlich der **Bemessung der übertragsfähigen Beitragsteile** waren zahlreiche Zweifelsfragen durch die Finanzverwaltung in einem koordinierten Ländererlass der Grundsätze zur Bemessung der Beitragsüberträge festgelegt, die als GoB auch für die Handelsbilanz gelten.[28] Dem Erlass nach waren die Beitragseinnahmen um „nicht übertragsfähige" Beitragsteile zu kürzen.

In Abs. 2 Nr. 1 und § 24 RechVersV ist zwar die Notwendigkeit oder die 31 Möglichkeit von Kürzungen nicht übertragsfähiger Beitragsanteile nicht ausdrücklich angesprochen, jedoch steht die Formulierung der Regelungen

[24] Vgl. *IDW* Versicherungsunternehmen-WPH/*Hofmann* Kap. E Rn. 17 f.
[25] Vgl. *IDW* Versicherungsunternehmen-WPH/*Hofmann* Kap. F Rn. 20.
[26] Vgl. *Boetius* Versicherungstechnische Rückstellungen-HdB Rn. 571.
[27] Vgl. IDW Versicherungsunternehmen-WPH/*Hofmann* Kap. E Rn. 26.
[28] Vgl. Bemessung der Beitragsüberträge bei Versicherungsunternehmen, BdF v. 30.4.1974 in VerBAV 1974, 118.

einer Berechnung entsprechend der bisherigen Regelung nicht entgegen.[29] Bei der Kürzung der Beitragsüberträge liegt nach der Regierungsbegründung kein Verstoß gegen das Aktivierungsverbot für Abschlussaufwendungen in § 248 Abs. 1 Nr. 3 vor; es handelt sich vielmehr um eine pauschale Erfassung von solchen Teilen der Beiträge, die einem späteren Geschäftsjahr nicht zuzurechnen sind.[30]

32 Bei der Ermittlung der nicht übertragsfähigen Beitragsteile ist im selbst abgeschlossenen Geschäft vom Tarifbeitrag – dh dem Beitrag, der keinen Ratenzuschlag enthält – bzw. von dem ihm entsprechenden Versicherungsentgelt auszugehen. Hiervon sind 85 % der Provisionen und sonstigen Bezüge der Vertreter als nicht übertragsfähige Einnahmeteile zu kürzen. Der Beitragsübertrag ist zeitanteilig aus der sich danach ergebenden maßgeblichen Bemessungsgrundlage zu ermitteln.[31] Der von den Brutto-Beitragsüberträgen für das selbst abgeschlossene Geschäft abzusetzende Anteil der Rückversicherer ist nach dem Erlass entsprechend der für das in Rückdeckung übernommene Geschäft getroffenen Regelung zu ermitteln. Hier ergibt sich die Bemessungsgrundlage für den Beitragsübertrag durch Abzug von 92,5 % der Rückversicherungsprovision vom Rückversicherungsbeitrag. Bei der Ermittlung des Anteils für das in Rückdeckung gegebene Geschäft hat der Erstversicherer also von den im Geschäftsjahr verrechneten Rückversicherungsbeiträgen ebenfalls 92,5 % der erhaltenen Rückversicherungsprovision als nicht übertragsfähige Teile zu kürzen.[32]

33 In der Gewinn- und Verlustrechnung ist die Veränderung der Beitragsüberträge in zwei Unterposten zu den „Verdienten Beiträgen für eigene Rechnung" brutto und als Anteil der Rückversicherer gesondert auszuweisen (Posten I. 1 Buchst. c und d, Formblätter 2, 3 und 4 RechVersV). Hiervon abweichend ist für den Konzernabschluss im versicherungstechnischen Rechnung für das Lebens- und Krankenversicherungsgeschäft der gesonderte Ausweis jedoch netto vorgeschrieben (Posten II. 1 Buchst. c Formblatt 4 RechVersV).

34 Im Anhang sind gem. § 52 Nr. 1 Buchst. c RechVersV Angaben zu den Methoden der Ermittlung der Einzelnen versicherungstechnischen Rückstellungen zu machen und Hinweise zu wesentlichen Änderungen der Methoden zu geben.

35 **2. Rückstellung für erfolgsabhängige und erfolgsunabhängige Beitragsrückerstattung.** Rückstellungen für erfolgsabhängige und erfolgsunabhängige Beitragsrückerstattungen sind von VU zu bilden und unter dem Passivposten E. IV. auszuweisen (§ 28 RechVersV iVm § 341e Abs. 2 Nr. 2).[33]

36 „Die **erfolgsabhängige Beitragsrückerstattung** umfasst die Beträge, die vom Gesamtergebnis, vom versicherungstechnischen Gewinn des gesamten Versicherungsgeschäfts, vom Ergebnis eines Versicherungszweiges oder einer Versicherungsart abhängig sind" (§ 28 Abs. 2 RechVersV).

---

[29] Vgl. Begr. zu § 24 RechVersV mit Hinweis zur Steuerneutralität, BR-Drs. 823/94, 122, sowie Empfehlung der Ausschüsse, BR-Drs. 823/1/94, 1.
[30] Vgl. Begr. RegE, BT-Drs. 12/5587, 27.
[31] Ausf. bei *IDW* Versicherungsunternehmen-WPH/*Hofmann* Kap. E Rn. 34 f.
[32] Vgl. hierzu *IDW* Versicherungsunternehmen-WPH/*Hofmann* Kap. E Rn. 37 f.; Beck Versicherungsbilanz/*Freiling* Rn. 52.
[33] Vgl. dazu grundsätzlich HdV/*Welzel* S. 686; *Prölss/Kölschbach* VAG § 56a Rn. 1–34.

„Die **erfolgsunabhängige Beitragsrückerstattung** umfasst die Beträge, 37
die vom Schadenverlauf oder vom Gewinn eines oder mehrerer Versicherungsverträge abhängig oder die vertraglich vereinbart oder gesetzlich geregelt sind" (§ 28 Abs. 3 RechVersV).

Auf die Fälle, in denen ein Versicherungsnehmer bei einem VU mehrere 38
Versicherungsverträge (zB Kranken- und Pflegeversicherung) abgeschlossen
hat und der Schadenverlauf sämtlicher Verträge für die Beitragsrückerstattung
maßgeblich sein soll, dürfte wohl die Erweiterung um **„mehrere Versicherungsverträge"** abstellen.

Die Aufnahme der gesetzlichen Regelung über die Verwendung des Über- 39
zinses bei der Krankenversicherung ins VAG (§ 150 Abs. 1) ist Hintergrund
für den Einbezug der Beitragsrückerstattungen, die **vertraglich vereinbart
oder gesetzlich geregelt** sind.[34] VU haben gemäß in der nach Art der
Lebensversicherung betriebenen Krankheitskosten- und freiwilligen Pfle-
gekrankenversicherung der Alterungsrückstellung einen bestimmten Prozentsatz der über die rechnungsmäßige Verzinsung hinausgehenden Kapitalerträge
gutzuschreiben. Gem. § 150 Abs. 4 VAG können diese Beträge teilweise
auch festgelegt und innerhalb von drei Jahren zur Prämienermäßigung oder
zur Vermeidung bzw. Begrenzung von Prämienerhöhungen verwendet werden. Die Thesaurierung dieser Mittel fällt demnach unter die erfolgsunabhängige Beitragsrückerstattung.[35]

In der Rückstellung für erfolgsabhängige und erfolgsunabhängige Beitrags- 40
rückerstattung sind auch die Beträge zurückzustellen, „die zur Verrechnung
mit künftigen Beiträgen bestimmt sind, soweit sie nicht im Wege der Direkt-
gutschrift gewährt werden" (§ 28 Abs. 1 S. 2 RechVersV).

Sofern den Versicherungsnehmern Beitragsrückerstattungen am Bilanz- 41
stichtag noch nicht gutgeschrieben worden sind, sind sie unter der Rückstellung für Beitragsrückerstattung als Verpflichtungen auszuweisen. Verzinslich angesammelte, also den Versicherungsnehmern gutgeschriebene Überschussanteile sowie fällige, jedoch noch nicht ausbezahlte Überschussanteile
sind nicht unter der Rückstellung für Beitragsrückerstattung (RfB), sondern
im Posten „I. I. 1. Verbindlichkeiten aus dem selbst abgeschlossenen Versicherungsgeschäft gegenüber Versicherungsnehmern" auszuweisen (§ 28 Abs. 4
RechVersV).

Unter den „Sonstigen versicherungstechnischen Rückstellungen" und 42
nicht unter der Rückstellung für Beitragsrückerstattung ist die Rückstellung
für die erfolgsunabhängige Beitragsrückerstattung von SchVU auszuweisen,
soweit sie vorsorglich bei einem mehrjährigen Beobachtungszeitraum vor
Ablauf dieses Zeitraums gebildet wird (§ 31 Abs. 2 Nr. 3 RechVersV).

Gem. Abs. 2 Nr. 2 ist für die Rückstellungsbildung Voraussetzung, dass die 43
ausschließliche Verwendung der Rückstellungsbeträge zur Beitragsrückerstattung durch Gesetz, Satzung, geschäftsplanmäßige Erklärung oder vertragliche
Vereinbarung gesichert ist. Die entsprechende körperschaftsteuerliche Regelung des § 21 Abs. 2 S. 1 KStG führt lediglich die Satzung und die geschäftsplanmäßige Erklärung an.

Die der Rückstellung für Beitragsrückerstattung zugewiesenen Beträge 44
dürfen grundsätzlich auch nur für die Überschussbeteiligung der Versicherten
verwendet werden (§ 140 Abs. 1 S. 1 VAG). Mit Zustimmung der Aufsichts-

---

[34] Vgl. Begr. zu § 28 RechVersV, BR-Drs. 823/94, 128 ff.
[35] Für weitere Ausführungen s. *Prölss/Präve* VAG § 12a Rn. 6 ff.

behörde ist das VU jedoch berechtigt, in Ausnahmefällen die Rückstellung für Beitragsrückerstattung, soweit sie nicht auf bereits festgelegte Überschussanteile entfällt, zur Abwehr eines drohenden Notstands, zum Ausgleich von unvorhersehbaren Verlusten oder zur Erhöhung der Deckungsrückstellung heranzuziehen (§ 140 Abs. 1 S. 2 VAG).

45   In der Lebensversicherung und der nach Art der Lebensversicherung betriebenen Schaden- und Unfallversicherung ist innerhalb der Rückstellung für Beitragsrückerstattung eine Teilrückstellung für Schlussüberschussanteile und Schlusszahlungen nach Maßgabe der letzten Erklärung zu bilden (§ 28 Abs. 6 S. 1 und Abs. 9 RechVersV). Hierzu zählt auch die interne Rückstellung zur Finanzierung dieser Beträge. Der Schlussüberschussanteilfonds darf grundsätzlich nur für diese Zwecke verwendet werden (§ 28 Abs. 6 S. 2 RechVersV).

46   Die auf die abgelaufene Versicherungsdauer entfallenden Schlussgewinnanteile sind mittels versicherungsmathematischer Berechnung zu ermitteln. § 28 Abs. 7 ff. RechVersV enthalten Einzelheiten zur Berechnung.

47   In den Jahren, in denen eine versicherungsmathematische Berechnung der Deckungsrückstellung nicht erfolgt, haben P/StK die Rückstellung für Beitragsrückerstattung um die Zuführungen in die Deckungsrückstellung zu vermindern. Die Beträge sind unter der Deckungsrückstellung gesondert auszuweisen (§ 28 Abs. 5 RechVersV).

48   Im Posten E. IV. Formblatt 1 RechVersV ist eine Untergliederung der Rückstellung nach erfolgsabhängiger und erfolgsunabhängiger Beitragsrückerstattung grundsätzlich nicht vorgesehen. Lediglich für die Krankenversicherung wird ein gesonderter Ausweis weiterhin vorgeschrieben (Fn. 7 zu Formblatt 1 RechVersV). Der zusammengefasste Ausweis entspricht dem Gliederungsschema der VersBiRiLi (Art. 6 Richtlinie 91/674/EWG).

49   Eine ausdrückliche Vorschrift zur **Auflösung der Rückstellung für Beitragsrückerstattung** existiert nicht. Die Rückstellung für erfolgsabhängige und erfolgsunabhängige Beitragsrückerstattungen ist in allen Versicherungszweigen allerdings insoweit aufzulösen, soweit sie einen **Höchstbetrag** überschreitet.[36]

50   Die Aufwendungen für Beitragsrückerstattungen sind für das Lebens- und das nach Art der Lebensversicherung betriebene Krankenversicherungsgeschäft für eigene Rechnung auszuweisen (Posten I. 8. Formblatt 3 RechVersV und II. 8. Formblatt 4 RechVersV).

51   In der Gewinn- und Verlustrechnung der SchVU sind die Aufwendungen für erfolgsunabhängige und erfolgsabhängige Beitragsrückerstattungen in einem Posten auszuweisen (Posten I. 6. Formblätter 2 und 4 RechVersV). Für KVU ist eine Untergliederung nach erfolgsabhängiger und erfolgsunabhängiger Beitragsrückerstattung vorgeschrieben (Fn. 1 zu Formblatt 3 RechVersV). SchVU haben jedoch die jeweiligen Beträge im Anhang getrennt anzugeben, wenn sie einen größeren Umfang erreichen (§ 42 Abs. 3 RechVersV).

52   LVU sowie P/StK haben über die allgemeine Angabe zu den Methoden der Bilanzierung und Bewertung der einzelnen Bilanzposten hinausgehend die zur Berechnung der Rückstellung für Beitragsrückerstattung bzw. der Überschussanteile verwendeten versicherungsmathematischen Methoden und Berechnungsgrundlagen anzugeben (§ 52 Nr. 2 Buchst. a RechVersV). Letz-

---

36 Vgl. *Boetius* Versicherungstechnische Rückstellungen-HdB Rn. 511.

tere Angaben sind nur zur Berechnung des Schlussüberschussanteilfonds zu machen. Dies ergibt sich aus § 28 Abs. 8 Nr. 4 RechVersV, die als Spezialvorschrift für die Rückstellung für erfolgsabhängige und erfolgsunabhängige Beitragsrückerstattungen anzusehen ist.

§ 28 Abs. 8 RechVersV schreibt für LVU, P/StK sowie für die nach Art **53** der Lebensversicherung betriebene Schaden- und Unfallversicherung für das selbst abgeschlossene Versicherungsgeschäft weitere Anhangangaben zur Rückstellung für Beitragsrückerstattung vor. Die Bestandsentwicklung, die auf einzelne Überschussanteilsarten entfallenden Teile der Rückstellung für erfolgsabhängige und erfolgsunabhängige Beitragsrückerstattungen und die Angabe der festgesetzten Überschussanteile und gegebenenfalls des verwendeten Ansammlungszinssatzes unter Angabe des Zuteilungsjahres sind darzustellen.

3. Rückstellung für drohende Verluste. Abs. 2 Nr. 3 regelt über § 249 **54** Abs. 1 S. 1 hinaus die Verpflichtung zur Bildung einer **Rückstellung für drohende Verluste aus dem Versicherungsgeschäft.** Demnach ist eine versicherungstechnische Rückstellung für Verluste, mit denen nach dem Abschlussstichtag aus bis zum Ende des Geschäftsjahres geschlossenen Verträgen zu rechnen ist, für die einzelnen Versicherungszweige oder Versicherungsarten des selbst abgeschlossenen und des in Rückdeckung übernommenen Versicherungsgeschäfts zu bilden (§ 31 Abs. 1 Nr. 2 RechVersV).

Nach Auffassung der BaFin ist die Bildung einer Rückstellung für drohen- **55** de Verluste aus dem Versicherungsgeschäft dann erforderlich, wenn das Versicherungsunternehmen über mehrere Jahre hinweg regelmäßig versicherungstechnische Nettoverluste vor Veränderung der Schwankungsrückstellung erleidet.[37]

Für die rückstellungsrelevanten Merkmale (drohender Verlust etc) tritt **56** anstelle des einzelnen Versicherungsvertrages die Gefahrengemeinschaft.[38] Diese Besonderheit wird damit erklärt, dass das Versicherungsverhältnis während seiner gesamten Laufzeit „eine durch die Gefahrengemeinschaft zusammengehaltene unteilbare Einheit mit einem über den Bilanzstichtag hinaus andauernden Schwebezustand darstellt".[39] Die Vorschriften oder Gesetzesmaterialen geben keine Hinweise darauf, was unter Versicherungszweig oder -art für Zwecke der Bildung der Drohverlustrückstellung zu verstehen ist. Die Zweigliederung des § 51 Abs. 4 RechVersV kommt hierfür in Betracht. Dies kann allerdings zu praktischen Problemen bei der Aufschlüsselung für die detaillierte Gliederung in der Berichterstattung gegenüber der BaFin führen. Eine Ermittlung der Rückstellung für drohende Verluste auf Basis der Kollektive, wie sie auch der Schwankungsrückstellung zugrunde liegen, ist denkbar; also in Anlehnung an die Versicherungszweige gemäß der internen Rechnungslegung gegenüber der BaFin (Anlage zu § 29 RechVersV, Abschnitt II Begriffsbestimmungen Nr. 1). Durch das Gesetz zur Fortsetzung der Unternehmenssteuerreform vom 5.9.1997 wurde § 5 Abs. 4a in das EStG eingefügt, der Rückstellungen für drohende Verluste für Geschäftsjahre, die nach dem 31.12.1996 enden, steuerlich nicht mehr anerkennt. Diese steuerlichen Sonderregelungen haben für die Handelsbilanz allerdings nur insoweit

---

[37] Vgl. Geschäftsbericht der BaFin 2004 S. 166 f.
[38] Im Zusammenhang mit Gefahrengemeinschaft spricht man auch von Risikokollektiven vgl. HdV/*Welzel* S. 686.
[39] Vgl. *Boetius* Versicherungstechnische Rückstellungen-HdB Rn. 655 f.

Bedeutung, als dadurch der Grundsatz der Maßgeblichkeit der handelsrechtlichen GoB für die Steuerbilanz (§ 5 Abs. 1 S. 1 EStG) bezüglich des Ansatzes von Drohverlustrückstellungen aufgehoben wird.

57   Weder die RechVersV noch die VersBiRiLi enthalten eine ausdrückliche Regelung zur Frage des Einbezugs von **Kapitalanlageerträgen** bei der Ermittlung des drohenden Verlustes. Hinsichtlich dieser Frage sind demnach allgemeine Vorschriften heranzuziehen. Gegen die Berücksichtigung von Kapitalanlageerträgen vorgebrachte Argumente[40] sind durch den Beschluss des Großen Senats vom 23.6.1997 (GrS 2/93)[41] – sog. Apothekerfall – soweit entkräftet worden, dass von einer Einbeziehungspflicht von Kapitalanlageerträgen ausgegangen werden kann.[42] Nach Auffassung des Großen Senats ist der Saldierungsbereich bei der Drohverlustrückstellung, der wirtschaftlichen Betrachtung entsprechend, weit zu ziehen. Eine Berücksichtigung von Kapitalerträgen bei der Bemessung der Rückstellung für drohende Verluste aus dem Versicherungsgeschäft muss daher insoweit erfolgen, wie Mittel aus dem betrachteten Versicherungsgeschäft zufließen und diese zinsbringend angelegt werden können. Die Berücksichtigung weiterer Kapitalerträge widerspräche jedoch dem Imparitätsprinzip.[43]

58   Erreicht die Rückstellung für drohende Verluste einen größeren Umfang, ist sie in der Bilanz – als Unterposten oder als „Davon"-Vermerk – oder im Anhang getrennt auszuweisen (§ 31 Abs. 1 Nr. 2 RechVersV). Bei der Beurteilung des Umfangs und beim Ausweis ist nach dem Wortlaut die Rückstellung insgesamt und nicht je Versicherungszweig oder -art zugrunde zu legen. Für die Beurteilung, ob es sich um einen größeren Umfang handelt, sollte das Verhältnis zum Betrag des gesamten Bruttos entscheidend sein.

III. Exkurs: In § 341e nicht ausdrücklich erwähnte versicherungstechnische Rückstellungen

59   **1. Sonstige versicherungstechnische Rückstellungen.** In dem Posten „E. VI. Sonstige versicherungstechnische Rückstellungen" sind die versicherungstechnischen Rückstellungen aufzunehmen, deren Ausweis nicht bei einem anderen Posten vorgesehen ist. Gem. § 31 RechVersV gehören dazu insbesondere die im Folgenden aufgeführten Rückstellungen:

60   **Stornorückstellungen** zu den Beitragsforderungen an die Versicherungsnehmer und zu den bereits kassierten Beiträgen sind wegen Fortfalls oder Verminderung des technischen Risikos zu bilden.[44] Sie sind damit klar von den aktivisch abgesetzten Pauschalwertberichtigungen zu den Beitragsforderungen an Versicherungsnehmer abzugrenzen. Während die Pauschalwertberichtigung dem allgemeinen Zahlungsausfallrisiko beim Versicherungsnehmer Rechnung trägt, berücksichtigt die Stornorückstellung den Fortfall oder die Verminderung des versicherungstechnischen Risikos zB auf Grund der Kündigung des Versicherungsnehmers wegen Risiko- oder Wagniswegfall (unaufklärbares Abhandenkommen einer versicherten Sache, Zerstörung einer versicherten Sache, Verkauf einer versicherten Sache, Geschäftsaufgabe,

---

[40] ZB *Boetius* Versicherungstechnische Rückstellungen-HdB Rn. 676; *Kühnenberger* VW 1990, 702.

[41] Vgl. DB 1997, 1897–1900.

[42] Vgl. zB zur Abzinsung *Herzig/Rieck* DB 1997, 1885; *IDW* RS HFA 4 Rn. 26 u. 41.

[43] S. dazu *Geib/Wiedmann* WPg 1994, 369 (375 ff.).

[44] Vgl. *IDW* Versicherungsunternehmen-WPH/*Hofmann* Kap. E Rn. 376.

Haushaltsauflösung usw), auf Grund des Todes des Versicherungsnehmer oder auf Grund der Kündigung nach einem Versicherungsfall.

Rückstellungen sind auf Grund der Verpflichtungen aus der Mitgliedschaft **61** zur **Verkehrsopferhilfe e. V.** zu bilden. Dem Verein „Verkehrsopferhilfe e. V." ist nach § 1 der „Verordnung über den Entschädigungsfonds für Schäden aus Kraftfahrzeugunfällen" vom 14.12.1965[45] die Stellung des Entschädigungsfonds für Schäden aus Kraftfahrzeugunfällen nach den §§ 12 und 13 Abs. 4 des Pflichtversicherungsgesetzes „Gesetz über die Pflichtversicherung für Kraftfahrzeughalter"[46] zugewiesen worden. Nach dem Pflichtversicherungsgesetz kann derjenige, dem Ersatzansprüche aus Personen- und Sachschäden gegen den Halter, den Eigentümer oder den Fahrer eines Kraftfahrzeuges zustehen, diese Ersatzansprüche unter bestimmten Voraussetzungen auch gegen den Entschädigungsfonds und damit gegen den Verein „Verkehrsopferhilfe e. V." geltend machen.

§ 31 Abs. 2 Nr. 1 RechVersV führt die Verpflichtungen aus der Mitglied- **62** schaft zur Solidarhilfe eV auf. Die Aufgaben des Vereins „Solidarhilfe e. V.", der als Gemeinschaftsaufgabe im Falle des Konkurses eines seiner Mitglieder die Verpflichtungen aus noch nicht abgewickelten Kraftfahrzeug-Haftpflichtschäden übernimmt, wurde auf den Entschädigungsfonds übertragen.[47]

Des Weiteren sind Rückstellungen für **unverbrauchte Beiträge aus ru-** **63** **henden Kraftfahrtversicherungen** und Fahrzeug-Rechtsschutzversicherungen, für die **erfolgsunabhängige Beitragsrückerstattung,** soweit sie vorsorglich bei einem **mehrjährigen Beobachtungszeitraum** vor Ablauf dieses Zeitraums gebildet wird, und für **Beitragsnachverrechnungen,** wie sie bis zum Wegfall der Bedingungskontrolle in den Bedingungen zur Betriebsunterbrechungsversicherung geregelt waren, zu bilden.[48]

Es bestehen keine besonderen Vorschriften zur Bewertung der anderen **64** „Sonstigen versicherungstechnischen Rückstellungen". Daher kann auf die einschlägige Kommentierung verwiesen werden.[49]

In der Gewinn- und Verlustrechnung ist die Veränderung der „Sonstigen **65** versicherungstechnischen Rückstellungen" als Saldogröße aus der Erhöhung und der Verminderung für eigene Rechnung auszuweisen (Posten I. 5. Buchst. b Formblatt 2 RechVersV, Posten I. 7. Buchst. b Formblatt 3 RechVersV, Posten I. 5. Buchst. b RechVersV und Posten II. 7. Buchst. b Formblatt 4 RechVersV). Zulässig ist eine Zusammenfassung mit der „Veränderung der Netto-Deckungsrückstellung" im Schaden- und Unfallversicherungsgeschäft, wenn die Beträge nicht erheblich sind oder dies zur Vergrößerung der Klarheit führt. Im letztgenannten Fall sind die Posten im Anhang gesondert auszuweisen (§ 3 RechVersV).

Die Methoden der Ermittlung der sonstigen versicherungstechnischen **66** Rückstellungen sind im Anhang anzugeben und eventuelle Änderungen der angewandten Methoden zu erläutern (§ 52 Nr. 1 Buchst. c RechVersV).

---

[45] BGBl. 1965 I 2093, zuletzt geändert durch Erste Änderungsverordnung v. 17.12.1994 (BGBl. 1994 I 3845).
[46] Gesetz v. 7.11.1939 (RGBl. 1939 I 2223) idF des Gesetzes v. 5.4.1965 (BGBl. 1965 I 213), zuletzt geändert durch das Dritte Durchführungsgesetz/EWG zum VAG v. 21.7.1994 (BGBl. 1994 I 1630 (1663)).
[47] Vgl. Begr. RegE, BT-Drs. 12/6959, 111.
[48] Vgl. IDW Versicherungsunternehmen-WPH/*Hofmann* Kap. E Rn. 400.
[49] S. etwa KoRVU/*Geib/Horbach* Bd. I J Rn. 261 ff.

67 **2. Versicherungstechnische Rückstellungen im Bereich der Lebensversicherung, soweit das Anlagerisiko von Versicherungsnehmern
getragen wird.** Unter diesem Posten sind gem. § 32 RechVersV „die versicherungstechnischen Rückstellungen für Verpflichtungen des VU aus Lebensversicherungsverträgen ....., deren Wert oder Ertrag sich nach Kapitalanlagen bestimmt, für die der Versicherungsnehmer das Risiko trägt oder bei
denen die Leistung indexgebunden ist", auszuweisen.

68 Neben den fondsgebundenen Lebensversicherungen sind mit der Umsetzung der VersBiRiLi auch die Verpflichtungen aus sog. indexgebundenen
Lebensversicherungen hier zu erfassen. Damit wird solchen Formen der
Lebensversicherung Rechnung getragen, bei denen die Versicherungsnehmer
das Anlagerisiko tragen, etwa durch Bindung der Leistung an die Entwicklung von Aktien- oder Währungsindizes, ohne dass hierzu gesonderte Fonds
gebildet werden.

69 Ebenso sind die versicherungstechnischen Rückstellungen gegenüber den
Mitgliedern einer Tontine unter diesem Posten auszuweisen (§ 32 Abs. 3
RechVersV).

70 Unter dem Passivposten „E. II. Deckungsrückstellung" auszuweisen sind
darüber hinausgehende versicherungstechnische Rückstellungen, die im Hinblick auf Sterblichkeit, Aufwendungen für den Versicherungsbetrieb oder
andere Risiken, wie im Fall von zugesicherten Mindestleistungen oder Rück-
kaufswerten, gebildet werden, da deren Wert eben nicht von bestimmten
Kapitalanlagen abhängig oder indexgebunden ist (§ 32 Abs. 2 RechVersV).

71 Die „versicherungstechnischen Rückstellungen sind ..., soweit das Anlagerisiko von den Versicherungsnehmern getragen wird", in „Deckungsrückstellung" und „Übrige versicherungstechnische Rückstellungen" zu gliedern.
Die RechVersV enthält keine Umschreibung der jeweiligen Posteninhalte.
Unter den „Übrigen versicherungstechnischen Rückstellungen" werden beispielsweise die Schadenrückstellungen für Naturalleistungen in Form von
Fondsanteilen oder verzinsliche Ansammlungen, die in Fondsanteile umgewandelt werden, ausgewiesen.[50]

72 Die Unterposten sind jeweils mit ihrem Netto-Betrag, unter Angabe des
Brutto-Betrages und der Rückversichereranteile in den Vorspalten, auszuweisen. Da Rückversicherungen im Bereich der Lebensversicherung regelmäßig
auf Risikobasis vereinbart werden, sind Fragen im Zusammenhang mit den
Rückversichereranteilen sowie der Bewertung von Depotverbindlichkeiten
aus diesen Geschäften eher theoretischer Natur. Der Wert des Passivpostens
„F. Versicherungstechnische Rückstellungen ..., soweit das Anlagerisiko von
den Versicherungsnehmern getragen wird", korrespondiert daher grundsätzlich mit dem Wert des Aktivpostens „D. Kapitalanlagen für Rechnung und
Risiko von Inhabern von Lebensversicherungspolicen".

73 Die Methoden der Ermittlung der „Deckungsrückstellung" und der „Übrigen versicherungstechnischen Rückstellungen" sind im Anhang anzugeben
sowie wesentliche Änderungen der Methoden zu erläutern (§ 52 Nr. 1
Buchst. c RechVersV). Zusätzlich sind die zur Berechnung verwendeten versicherungsmathematischen Methoden und Berechnungsgrundlagen anzugeben (§ 52 Nr. 2 Buchst. a RechVersV).

---

[50] Vgl. WP-HdB Kap. K Rn. 492.

IV. Näherungs- und Vereinfachungsverfahren

Von dem Grundsatz der Einzelbewertung[51] darf bei der Bewertung von **74** versicherungstechnischen Rückstellungen abgewichen werden, sofern eine Einzelbewertung oder eine Gruppenbewertung nicht möglich ist oder der damit verbundene Aufwand unverhältnismäßig hoch wäre (Abs. 3). In diesem Fall können Näherungsverfahren angewendet werden, von denen anzunehmen ist, dass sie zu annähernd gleichen Ergebnissen wie die Einzelbewertung führen.

Die in einigen Versicherungszweigen oder -arten üblichen Verfahren der **75** Nullstellungsmethode, des Standardsystems und der zeitversetzten Bilanzierung sowie die Voraussetzungen für ihre Anwendung werden in § 27 RechVersV geregelt. Letztere ist für die gesamte versicherungstechnische Rechnung von Bedeutung und beschränkt sich nicht, wie man aus dem Wortlaut der Verordnungsermächtigung in § 330 Abs. 3 S. 4 vermuten könnte, auf den Ansatz und die Bewertung von versicherungstechnischen Rückstellungen, sondern ist für die gesamte versicherungstechnische Rechnung von Bedeutung.[52]

Die Anwendung der in § 27 RechVersV geregelten Näherungs- und Ver- **76** einfachungsverfahren ist davon abhängig, dass zum Zeitpunkt der Bilanzaufstellung die das Geschäftsjahr betreffenden Informationen über die fälligen Beiträge oder die eingetretenen Versicherungsfälle auf Grund der Besonderheiten des Versicherungsgeschäfts nicht zu einer ordnungsgemäßen Schätzung ausreichen (§ 27 Abs. 1 S. 1 RechVersV). Diese Voraussetzung kann insbesondere in der Transportversicherung, der Kreditversicherung und in dem in Rückdeckung übernommenen Geschäft gegeben sein.

Rechtsgrundlage für die **Nullstellungsmethode** ist § 27 Abs. 2 Rech- **77** VersV. Anwendungsbereiche sind solche Versicherungszweige, in denen nach Zeichnungsjahren abgerechnet wird, wie es zB in der Transportversicherung üblich ist. Beim Zeichnungsjahrsystem werden in einem Geschäftsjahr die in diesem eingenommenen Beiträge aus Versicherungsverträgen erfasst, die im Geschäftsjahr oder in Vorjahren (Nachverrechnungsbeiträge) begonnen haben. Der Überschuss dieser Beiträge über die Zahlungen für Versicherungsfälle und die Aufwendungen für den Versicherungsbetrieb ist als versicherungstechnische Rückstellung zu passivieren.

Es erscheint angebracht, die so ermittelte Rückstellung unter der Rück- **78** stellung für noch nicht abgewickelte Versicherungsfälle auszuweisen, wenngleich diese Rückstellung vom Charakter her gleichermaßen die Beitragsüberträge und die Schadenrückstellung verkörpert. Dies schreibt auch Art. 61 VersBiRiLi vor und entspricht der systematischen Einordnung der Verordnungsvorschrift im Anschluss an § 26 RechVersV zur Rückstellung für noch nicht abgewickelte Versicherungsfälle.

Die so gebildete Rückstellung ist durch eine einzeln zu ermittelnde Rück- **79** stellung für noch nicht abgewickelte Versicherungsfälle zu ersetzen, sobald ausreichende Informationen zur individuellen Ermittlung vorliegen, spätestens am Ende des dritten auf das Zeichnungsjahr folgenden Jahres (§ 27 Abs. 2 S. 3 RechVersV; Art. 61 Methode 1 VersBiRiLi). Eine individuelle

---

[51] Vgl. Begr. RegE, BT-Drs. 15/5587, 27.
[52] Begr. zu § 27 RechVersV, BR-Drs. 823/94, 127 f.

Ermittlung vom zweiten Jahr ab hat seinerzeit der BFH gefordert.[53] Durch die ausdrückliche Kodifizierung einer Dreijahresfrist in der Verordnung ergibt sich auf Grund der Maßgeblichkeit der Werte der Handelsbilanz für die Steuerbilanz auch die steuerliche Anerkennung der sich bei Anwendung der Dreijahresfrist ergebenden Bilanzwerte.[54] Der zur Erfüllung derzeitiger und künftiger Verpflichtungen notwendige Betrag ist zurückzustellen, sobald es Anzeichen dafür gibt, dass das Ergebnis der betrachteten Zeichnungsjahre schlechter als Null ist (§ 27 Abs. 1 S. 2 RechVersV).

80   Die versicherungstechnische Rückstellung kann, soweit möglich, zB bei konstanten Schadenverläufen, in Höhe eines bestimmten Prozentsatzes der Beitragseinnahmen gebildet werden (**Standardsystem,** s. hierzu § 27 Abs. 2 S. 2 RechVersV).

81   Beim Verfahren der **zeitversetzten Bilanzierung** können in der versicherungstechnischen Rechnung die Zahlen des Jahres eingesetzt werden, das dem Geschäftsjahr ganz oder teilweise vorausgeht. Jedoch darf die Zeitversetzung ein Jahr nicht übersteigen (§ 27 Abs. 3 RechVersV).

82   Die auf Grundlage des Verfahrens der zeitversetzten Bilanzierung gebildeten versicherungstechnischen Rückstellungen sind ggf. soweit aufzustocken, dass sie zur Erfüllung derzeitiger und künftiger Verpflichtungen ausreichen. Praktiziert wird die zeitversetzte Bilanzierung nur noch im in Rückdeckung übernommenen Versicherungsgeschäft bei Erstversicherungsunternehmen.

83   Die Anwendung eines der in § 27 RechVersV geregelten Näherungs- und Vereinfachungsverfahren ist im Anhang anzugeben und zu begründen. Bei einer Änderung des angewandten Verfahrens ist deren Einfluss auf die Vermögens-, Finanz- und Ertragslage darzulegen (§ 27 Abs. 4 S. 1 RechVersV).

84   Bei Anwendung der Nullstellungsmethode bzw. des Standardsystems ist der Zeitraum bis zur Bildung einer nach allgemeinen Grundsätzen ermittelten Rückstellung für noch nicht abgewickelte Versicherungsfälle anzugeben (§ 27 Abs. 4 S. 2 RechVersV).

85   Bei Anwendung der zeitversetzten Bilanzierung ist der Zeitraum anzugeben, um den das Jahr, dessen Zahlen ausgewiesen werden, dem Geschäftsjahr (des Jahresabschlusses) vorausgeht, sowie der Umfang, den die betreffenden Geschäfte haben (§ 27 Abs. 4 S. 3 RechVersV).

§ 341f Deckungsrückstellung

(1) **¹Deckungsrückstellungen sind für die Verpflichtungen aus dem Lebensversicherungs- und dem nach Art der Lebensversicherung betriebenen Versicherungsgeschäft in Höhe ihres versicherungsmathematisch errechneten Wertes einschließlich bereits zugeteilter Überschußanteile mit Ausnahme der verzinslich angesammelten Überschußanteile und nach Abzug des versicherungsmathematisch ermittelten Barwerts der künftigen Beiträge zu bilden (prospektive Methode). ²Ist eine Ermittlung des Wertes der künftigen Verpflichtungen und der künftigen Beiträge nicht möglich, hat die Berechnung auf Grund der aufgezinsten Einnahmen und Ausgaben der vorangegangenen Geschäftsjahre zu erfolgen (retrospektive Methode).**

(2) **Bei der Bildung der Deckungsrückstellung sind auch gegenüber den Versicherten eingegangene Zinssatzverpflichtungen zu berücksichtigen,**

---

[53] Vgl. BFH Urt. v. 30.7.1970 – I 124/65, BStBl. II 1970, 66–68.
[54] Vgl. WP-HdB Kap. K Rn. 341.

sofern die derzeitigen oder zu erwartenden Erträge der Vermögenswerte des Unternehmens für die Deckung dieser Verpflichtungen nicht ausreichen.

(3) [1]In der Krankenversicherung, die nach Art der Lebensversicherung betrieben wird, ist als Deckungsrückstellung eine Alterungsrückstellung zu bilden; hierunter fallen auch der Rückstellung bereits zugeführte Beträge aus der Rückstellung für Beitragsrückerstattung sowie Zuschreibungen, die dem Aufbau einer Anwartschaft auf Beitragsermäßigung im Alter dienen. [2]Bei der Berechnung sind die für die Berechnung der Prämien geltenden aufsichtsrechtlichen Bestimmungen zu berücksichtigen.

Schrifttum: S. Schrifttum zu § 341.

Übersicht

I. Vorbemerkung

1. Allgemeines. Deckungsrückstellungen sind in den Versicherungszwei- **1** gen Lebens- (einschließlich Pensionsfonds), Kranken-, Unfall-, Haftpflicht-, Kraftfahrzeug-Haftpflicht und Kraftfahrt-Unfallversicherung anzutreffen. Ziel ist es, wirtschaftlich zurückzustellende Beträge zur Deckung eines Rechtsanspruchs auf eine künftige Geldleistung versicherungsmathematisch berechnet als prospektiven Barwert auszuweisen. Renten-Deckungsrückstellungen lassen sich vom Entstehungstatbestand her in durch Beiträge erworbene und Schaden ersetzende Renten unterscheiden. Bei der Anwartschafts-Deckungsrückstellung ist die versicherungsmathematisch mit Anwachsen der Anwartschaft berechnete Kapitalansammlung oberstes Ziel des Ausweises. Die Renten-Deckungsrückstellung im Rahmen eines Schadenersatzes spiegelt den Eintritt eines Versicherungsfalles wider, da der konkrete Schaden die Verpflichtung zur Zahlung einer Rente anstelle einer Kapitalleistung auslöst. Solche Deckungsrückstellungen werden daher unter der Schadenrückstellung subsumiert.[1]

---

[1] Vgl. *Boetius* Versicherungstechnische Rückstellungen-HdB Rn. 591 ff.

2 **2. Generelle gesetzliche Regelungen.** Erhebliche Auswirkungen auf den Bilanzposten Deckungsrückstellung hat die Umsetzung der Dritten Richtlinien-Generation zur Lebensversicherung und Schadenversicherung. Dies betrifft im Wesentlichen die Lebensversicherung, die Krankenversicherung, aber auch einige Zweige der Schaden-/Unfallversicherung. Mit der Transformation der EU-Richtlinien ist der Wegfall der Genehmigungspflicht für die technischen Geschäftspläne in weiten Bereichen verbunden.

3 Die durch den Wegfall der Genehmigungspflicht unter dem Aspekt einer ausreichend vorsichtigen Bewertung der versicherungstechnischen Rückstellungen notwendig werdenden Regelungen sind in die neue Gesetzgebung aufgenommen worden. Allerdings ist in einigen Bereichen das Versicherungsgeschäft weiterhin an die Vorlage und Genehmigung von fachlichen Geschäftsunterlagen gebunden bzw. haben die bereits genehmigten Geschäftspläne für die danach abgeschlossenen Verträge weiterhin Geltung.

4 **3. Spezielle Regelung des § 341e.** Die im Interesse der Versicherten erlassenen aufsichtsrechtlichen Vorschriften über die bei der Berechnung der Rückstellungen zu verwendenden Rechnungsgrundlagen einschließlich des dabei anzusetzenden Diskontierungszinses sind gem. § 341e zu beachten. Daher müssen neben den in den §§ 341e, 341f und 341g und den §§ 15, 25 und 32 RechVersV für Versicherungsunternehmen formulierten handelsrechtlichen Vorschriften für eine systematische Darstellung der Bewertungsvorschriften im Bereich der Deckungsrückstellung auch die Vorschriften des Aufsichtsrechts zur Bestimmung der Rechnungsgrundlagen herangezogen werden (→ § 341e Rn. 7).

5 Besondere Bedeutung hat der Verweis auf die aufsichtsrechtlichen Vorschriften in letzter Zeit bezüglich des Abzinsungssatzes bei der Deckungsrückstellung erlangt. Die Vorschrift zur Anpassung des Rechnungszinses der Deckungsrückstellung nach § 5 Abs. 3 und 4 DeckRV (auch als „Zinszusatzreserve" bezeichnet) betrifft nur die Deckungsrückstellung nach § 341f für Lebensversicherungsverträge, soweit sie zum Neubestand gehören und ohne Sterbekassen, Verträge bei nicht regulierten Pensionskassen, Pensionsfondsverträge mit versicherungsförmigen Garantien (auf Grund der entsprechenden Vorschrift der PFDeckRV) und Unfallversicherungsverträge mit Beitragsrückgewähr. Ziel der Änderung der DeckRV (und der PFDeckRV) ist die Erreichung eines gewissen Sicherheitsniveaus des verwendeten Rechnungszinses, das sich durch die Kalibrierung der zu verwendenden Zinssätze ausdrückt. Bei der Kalibrierung wurden ursprünglich keine Storno- und Kapitalabfindungswahrscheinlichkeiten berücksichtigt. Allerdings ist nach Auffassung der BaFin ein Ansatz dieser Wahrscheinlichkeiten unter Umständen möglich, ebenso wie die Reduzierung von Sicherheitsmargen in den Rechnungsgrundlagen Biometrie und Kosten. Die Einführung solcher Wahrscheinlichkeiten in die Rechnungsgrundlagen bzw. Änderungen bei der Ermittlung von Sicherheitsmargen stellen eine Änderung der Bilanzierungs- und Bewertungsmethoden dar, über deren Folgen nach § 284 Abs. 2 Nr. 3 gesondert (betragsmäßig) zu berichten ist.

6 Die nach den aufsichtsrechtlichen Mindestvorgaben der § 5 DeckRV bestimmte Zinszusatzreserve befreit nicht von der Pflicht, auch zu prüfen, ob damit dem handelsrechtlichen Vorsichtsprinzip Genüge getan ist (§ 341f Abs. 2 HGB iVm § 252 Abs. 1 Nr. 4 HGB, § 341e Abs. 1 S. 1 HGB und § 25 Abs. 1 S. 1 RechVersV). Die erwarteten zukünftigen Kapitalerträge, die nach § 341f Abs. 2 zu berücksichtigen sind, sind nicht nur nach dem formalen, unternehmensunabhängigen Verfahren gem. § 5 Abs. 3 DeckRV zu bestimmen. Es ist auch zu prüfen, ob sich mit realistischen Einschätzungen des Wiederanlagezinses beginnend bei den unternehmensindividuell vorhandenen Kapitalanlagen nicht ein noch niedrigerer Zins ergibt, ggf. sogar für eine Dauer über 15 Jahre hinaus. Ist dies der Fall, ist die Deckungsrückstellung nicht mit dem sich nach § 5 Abs. 3 DeckRV, sondern dem sich hiernach ergebenden niedrigeren Zins zu diskontieren. Einen Maßstab dafür, wann eine solche Erhöhung der Deckungsrückstellung nach § 341f Abs. 2 abweichend von der DeckRV erforderlich ist, geben die Grundsätze für die Bilanzierung von Drohverlustrückstellungen, namentlich IDW RS HFA 4[2].

Die Berechnung der Deckungsrückstellung wird weiterhin unter Zugrun- **7** delegung der geschäftsplanmäßig festgelegten Formeln und Rechnungsgrundlagen durchgeführt, soweit das Versicherungsgeschäft auf der Basis zu genehmigender Geschäftspläne erfolgt (§ 161 Abs. 1 VAG, § 336 VAG). Das betrifft auch den zu verwendenden Rechnungszins.

II. Lebensversicherung

1. Grundsatz. Für die Verpflichtungen aus dem Lebensversicherungs- **8** geschäft (einschließlich Pensionsfonds) sind gem. Abs. 1 Deckungsrückstellungen zu bilden, die nach versicherungsmathematischen Grundsätzen zu berechnen sind. Die im Einzelnen zu berücksichtigenden Verpflichtungen betreffen dabei neben den vertraglich garantierten Versicherungsleistungen auch die bereits zugeteilten Überschussanteile. Davon ausgenommen sind die verzinslich angesammelten Überschussanteile, die wie bisher unter den Verbindlichkeiten gegenüber Versicherungsnehmern auszuweisen sind.

Aufgrund von Art. 18 Richtlinie 92/96/EWG (Dritte Lebensversiche- **9** rungs-RL) gehören zu den Verpflichtungen aus dem Lebensversicherungsgeschäft, obwohl nicht ausdrücklich im HGB erwähnt, auch die Optionen, die dem Versicherungsnehmer nach den Bedingungen des Vertrages zur Verfügung stehen, sowie die Aufwendungen für den Versicherungsbetrieb einschließlich der Provisionen.

Für die in Deutschland üblichen Optionen (zB Wahl zwischen Kapital- **10** abfindung und Rentenzahlung) waren bislang keine zusätzlichen Rückstellungen zu bilden. In Zukunft ist es auf Grund weiterer Optionsarten denkbar, dass versicherungsmathematisch berechnete Deckungsrückstellungen erforderlich sein werden.

Sofern den Versicherten gegenüber Zinsverpflichtungen eingegangen wor- **11** den sind, sind diese bei der Bildung der Deckungsrückstellung zu berücksichtigen; hierbei sind allerdings die derzeitigen und zukünftigen Erträge der Vermögenswerte gegen diese Verpflichtungen zu verrechnen (Abs. 2).

2. Ermittlung und Bewertung. Gem. Abs. 1 sind die Deckungsrückstel- **12** lungen nach der **prospektiven Methode** zu ermitteln. Demnach errechnen sie sich als versicherungsmathematischer Barwert aller zukünftigen Verpflichtungen aus den Versicherungsverträgen – einschließlich bereits zugeteilter Überschussanteile mit Ausnahme der verzinslich angesammelten Überschussanteile – nach Abzug des versicherungsmathematischen Barwertes der künftigen Beiträge.

---

2 IDW-FN 2010, 298 ff.

13 Die Berechnung der Rückstellungen hat nach der **retrospektiven Methode** zu erfolgen, wenn eine prospektive Ermittlung nicht möglich ist. Aufgrund der aufgezinsten Einnahmen und Ausgaben der vorangegangenen Geschäftsjahre ergeben sich dann die Rückstellungen.[3]

14 Die Festsetzung eines Zinsfußes und Annahmen über die Wahrscheinlichkeit des Eintritts von Leistungsfällen (Sterblichkeits-, Berufsunfähigkeits-, Pflegefall- und Heiratswahrscheinlichkeiten) sind Bestandteil der Rechnungsgrundlagen.

15 Nach der Dritten Lebensversicherungsrichtlinie sind die zukünftig fälligen Beiträge für die Berechnung der Deckungsrückstellungen zu berücksichtigen. In der Lebensversicherung können dabei die Rechnungsgrundlagen zur Bestimmung der Deckungsrückstellung grundsätzlich abweichend von der Festlegung der Beiträge vom Unternehmen verwendeter Annahmen bestimmt werden. Bei dem Ansatz von Beiträgen, die über den nach den Rechnungsgrundlagen bestimmten Bedarfsbetrag hinausgehen, ist allerdings § 252 Nr. 4 zu berücksichtigen.[4]

16 Gem. § 25 Abs. 1 RechVersV dürfen einmalige Abschlusskosten nach einem angemessenen versicherungsmathematischen Verfahren, insbesondere dem Zillmerungsverfahren, berücksichtigt werden. Das Zillmerungsverfahren stellt einen gegenüber dem im HGB vorgeschriebenen Verfahren vereinfachten Formelansatz dar, der bei herkömmlichen Verträgen zu dem gleichen Ergebnis führt. Daher kann das Zillmerungsverfahren oder ein entsprechendes Verfahren statt des gesetzlichen Verfahrens verwendet werden.[5] (Gem. BAV R 1/2002 ist die Notwendigkeit einer vertraglichen Vereinbarung über das Zillmerungsverfahren beim Rückkaufswert unklar. Die Aufsichtsbehörde überträgt zivilrechtliche Vorschriften für den Rückkaufswert auf die handelsrechtliche Deckungsrückstellung ohne Rücksicht darauf, dass das gesetzliche Verfahren bereits zu dem entsprechenden Ergebnis führt.) Bis zur Höhe der von dem VU bei Vertragsabschluss aufgewendeten Abschlusskosten, höchstens in Höhe des Höchstzillmersatzes, stellen für vertragliche Leistungen nicht benötigte Teile zukünftiger Beiträge eine Forderung an den Versicherungsnehmer dar, soweit eine entsprechende vertragliche Begründung vorliegt. Die Forderung wird mit den gesamten ersten Beiträgen abzüglich der für Risiko und Verwaltungskosten bestimmten Teile getilgt.[6]

17 Gem. § 25 Abs. 2 RechVersV muss die Deckungsrückstellung mindestens in Höhe des vertraglich oder gesetzlich garantierten Rückkaufswertes angesetzt werden. Das gilt sinngemäß auch für eine garantierte beitragsfreie Versicherungssumme.

18 Die Deckungsrückstellungen sind gem. § 252 Abs. 1 Nr. 3 für jeden Vertrag einzeln zu berechnen. Dem allgemeinen bilanzrechtlichen Vorsichtsprinzip wird in dem für Versicherungsunternehmen erforderlichen Maße durch die Berücksichtigung der Risiken aus dem Versicherungsvertrag in Form angemessener Sicherheitszuschläge Rechnung getragen (§ 25 Abs. 1 S. 1 RechVersV). Die Berücksichtigung von Änderungsrisiken erfolgt damit aus-

---

[3] Vgl. Beck Versicherungsbilanz/*Stuirbrink/Johannleweling/Faigle/Reich* Rn. 3; *v. Treuberg/ Angermayer,* Der Jahresabschluss von Versicherungsunternehmen, Deutsche Allgemeine Treuhand AG, 1995, 287 f.

[4] Vgl. WP-HdB Kap. K Rn. 357–358.

[5] Vgl. *Faigle/Engeländer* VW 2001, 1570 f.

[6] Zum Zillmerungsverfahren s. *Faigle/Engeländer* VW 2001, 1570 f.; Beck Versicherungsbilanz/*Stuirbrink/Johannleweling/Faigle/Reich* Rn. 31; *Prölss/Kölschbach* VAG § 65 Rn. 27.

schließlich bei der einzelvertraglichen Berechnung der Deckungsrückstellungen durch die Verwendung entsprechend vorsichtiger Rechnungsgrundlagen. Näherungsverfahren sind gem. § 341e Abs. 3 bei der Bewertung versiche- **19** rungstechnischer Rückstellungen dann zulässig, wenn eine Einzel- oder Gruppenbewertung gem. § 252 Abs. 1 Nr. 3 bzw. § 240 Abs. 4 nicht möglich oder mit unverhältnismäßig hohem Aufwand verbunden wäre und wenn anzunehmen ist, dass das Näherungsverfahren zu annähernd gleichen Ergebnissen wie die Einzelberechnung führt. Auch die Näherungsverfahren zur Berechnung der Deckungsrückstellungen gehören zu der Gruppenbewertung iSd § 240 Abs. 4, wenn man dem Willen des Gesetzgebers folgt.[7] Näherungsverfahren sind danach dann zulässig, wenn anzunehmen ist, dass diese zu annähernd gleichen Ergebnissen führen wie die Einzelberechnungen. Für die Berechnung der Deckungsrückstellungen in der Lebensversicherung werden dennoch Näherungsverfahren nur in Ausnahmefällen zur Anwendung kommen, da die vertragsbezogene Einzelberechnung der Deckungsrückstellungen in der Branche seit langem üblich ist.

3. Ausweis. Der Ausweis der Deckungsrückstellung im selbst abgeschlos- **20** senen Lebensversicherungsgeschäft erfolgt netto mit Angabe des Brutto-Betrages und des Anteils der Rückversicherer in der Vorspalte. Depotforderungen aus dem in Rückdeckung gegebenen Versicherungsgeschäft bei Stellung eines Wertpapierdepots sind vom Rückversichereranteil an der Deckungsrückstellung passivisch abzusetzen. Die Bilanzierung beim Erstversicherer entspricht damit jener beim Rückversicherer, der keine Depotforderung aus dem Wertpapierdepot aktiviert, sondern die verpfändeten Wertpapiere unter seinen Wertpapieren ausweist.[8]

LVU und P/StK sowie Pensionsfonds, die die Deckungsrückstellung zill- **21** mern, haben gem. § 15 Abs. 1 RechVersV die noch nicht fälligen Ansprüche der VU auf Beiträge der Versicherungsnehmer sowie der Mitglieds- und Trägerunternehmen als Forderungen aus dem selbst abgeschlossenen Versicherungsgeschäft im Unterposten „Noch nicht fällige Ansprüche" auszuweisen, soweit diese geleistete rechnungsmäßige Abschlusskosten betreffen.

4. Bestätigung des Verantwortlichen Aktuars. Der vom Unternehmen **22** bestellte Verantwortliche Aktuar hat gem. § 141 Abs. 5 Nr. 2 VAG – soweit es sich nicht um einen kleineren Verein iSd § 210 VAG handelt – unter der Bilanz zu bestätigen, dass die Deckungsrückstellung nach § 341f sowie der auf Grund des § 88 Abs. 3 VAG erlassenen Rechtsverordnungen gebildet ist (sog. versicherungsmathematische Bestätigung).

In einem Bericht an den Vorstand des VU hat er zu erläutern, welche **23** Kalkulationsansätze und weiteren Annahmen der Bestätigung zugrunde liegen.[9] Einzelheiten zur Bestätigung des Verantwortlichen Aktuars und des auszufertigenden Erläuterungsberichtes sind in der Aktuarverordnung geregelt (vgl. BGBl. 2016 I 776).

---

[7] Vgl. Begr. RegE, BT-Drs. 12/5587, 18. Hier wird ua ausdrücklich auf die Umsetzung von Art. 59 Abs. 1 Richtlinie 92/96/EWG (Versicherungsbilanzrichtlinie) hingewiesen.
[8] Vgl. *Prölss/Lipowsky* VAG § 126 Rn. 29.
[9] Vgl. zu den weiteren Aufgaben des Verantwortlichen Aktuars die Vorschriften in §§ 141 und 336 VAG.

III. Krankenversicherung

24 **1. Alterungsrückstellung.** In der Krankenversicherung, die nach Art der Lebensversicherung betrieben wird, ist gem. Abs. 3 als Deckungsrückstellung eine Alterungsrückstellung zu bilden. Hierzu gehörig sind die Beträge, die der Rückstellung für Beitragsrückerstattung entnommen und in einer Weise verwendet wurden, die zu einer Erhöhung der Alterungsrückstellungen führt, sowie Zuschreibungen, die dem Aufbau einer Anwartschaft auf Beitragsermäßigung im Alter dienen. Letzteres kann als handelsrechtliche Ergänzung zur aufsichtsrechtlichen Vorschrift des § 150 VAG gesehen werden.

25 Aufgabe der Alterungsrückstellung ist es, einen Ausgleich zwischen dem während der Versicherungsdauer mit zunehmendem Lebensalter prinzipiell steigenden Krankheitskostenrisiko und den gleich bleibenden Beiträgen herzustellen, da bedingungsgemäß eine Erhöhung der Beiträge wegen des Älterwerdens der versicherten Person während der Dauer des Versicherungsvertrages ausgeschlossen ist. In der Regel liegen die Beiträge in den ersten Jahren über, in späteren Jahren unter dem tatsächlichen Leistungsbedarf.

26 Gem. Abs. 3 S. 2 erfolgt die Berechnung der Alterungsrückstellungen unter Berücksichtigung der für die Berechnung der Prämien geltenden aufsichtsrechtlichen Vorschriften, dh bei der Berechnung der Alterungsrückstellungen sind grundsätzlich die Rechnungsgrundlagen der Prämienberechnungen zu verwenden.

27 Gem. § 146 Abs. 1 Nr. 1 VAG iVm § 147 VAG beträgt der zu verwendende Rechnungszins für die gesamte nach Art der Lebensversicherung betriebene Krankenversicherung höchstens 3,5 %.

28 Für die nach Art der Lebensversicherung betriebene Krankenversicherung hat die BaFin entsprechend den Regelungen in § 160 VAG die Krankenversicherungsaufsichtsverordnung erlassen (BGBl. 2016 I 780), die zuletzt durch Art. 3 der Verordnung vom 19.7.2017 (BGBl. 2017 I 3023) geändert worden ist.

29 Es darf eine Saldierung negativer und positiver Bilanzalterungsrückstellungen vorgenommen werden, soweit insgesamt die Aufrechnung nicht zu einer negativen Bilanzrückstellung führt (§ 25 Abs. 5 RechVersV).

30 **2. Bestätigung des Verantwortlichen Aktuars.** Der von dem Unternehmen bestellte Verantwortliche Aktuar hat gem. § 156 Abs. 2 Nr. 2 VAG unter der Bilanz zu bestätigen, dass bei der Berechnung der Alterungsrückstellungen die Vorschriften der §§ 341e–341h HGB und § 146 Abs. 1 Nr. 1 und 2 VAG und die Regelungen der nach § 160 VAG erlassenen Krankenversicherungsaufsichtsverordnung beachtet wurden. Die versicherungsmathematische Bestätigung ist nicht erforderlich für kleinere Vereine iSd § 210 VAG.

IV. Schaden-/Unfallversicherung

31 **1. Grundsatz.** Gem. § 161 Abs. 1 VAG gelten die dort aufgeführten Vorschriften für die Lebensversicherung für die Unfallversicherung mit Prämienrückgewähr entsprechend.

32 Rückstellungen für Versicherungsleistungen auf Grund rechtskräftigen Urteils, Vergleichs oder Anerkenntnisses in Form einer Rente sind gem. § 341g Abs. 5 nach anerkannten versicherungsmathematischen Methoden zu berechnen. Die in § 162 VAG aufgeführten Vorschriften zum verantwortlichen

Aktuar in der Lebensversicherung gelten für die Berechnung der Renten-deckungsrückstellungen in den Sparten Kraftfahrzeug-Haftpflicht, Kraftfahrt-Unfall, Allgemeine Haftpflicht und Allgemeine Unfall entsprechend, dh auch hier sind die für die Berechnung der Deckungsrückstellung in der Lebens-versicherung getroffenen Regelungen maßgebend.

2. Ausweis. Die Beitragsdeckungsrückstellung in der Unfallversicherung **33** mit Beitragsrückgewähr ist gem. § 25 Abs. 6 RechVersV unter dem Passiv-posten E. II. auszuweisen, während die Rentendeckungsrückstellungen im Posten E. III. „Rückstellungen für noch nicht abgewickelte Versicherungs-fälle" erfasst werden.

3. Bestätigung des Verantwortlichen Aktuars. Ein von dem Unter- **34** nehmen zu bestellender Verantwortlicher Aktuar hat wie in der Lebensver-sicherung sicherzustellen, dass bei der Berechnung der Deckungsrückstel-lungen die Grundsätze der §§ 341f und 341g und der zu § 145 Abs. 4 VAG erlassenen Aktuarverordnung eingehalten werden (vgl. BGBl. 2016 I 776).

V. Übernommenes und abgegebenes Versicherungsgeschäft

Die Deckungsrückstellung umfasst im indirekten Geschäft der Erstversiche- **35** rer sowie bei RVU die Beitragsdeckungsrückstellung für das übernommene Schaden- und Unfall-Versicherungsgeschäft nach Art der Lebensversicherung und zum anderen die Deckungsrückstellung für in Rückdeckung übernom-menes Lebens- und Krankenversicherungsgeschäft. Für das in Rückdeckung übernommene Geschäft sind die Deckungsrückstellungen nach den Rech-nungsgrundlagen, die sich aus den Rückversicherungsverträgen ergeben, zu berechnen. Dies gilt auch dann, wenn die Brutto-Deckungsrückstellungen auf Grund von vertraglichen Abmachungen oder gesetzlichen Bestimmungen bei den Vorversicherern verbleiben.

Die Rückversicherungsverträge stellen die Grundlage für die Errechnung **36** der Anteile der Rückversicherer bzw. Retrozessionäre an den Brutto-De-ckungsrückstellungen im abgegebenen Versicherungsgeschäft dar.

VI. Gewinn- und Verlustrechnung sowie Anhang

In den **Gewinn- und Verlustrechnungen** werden Änderungen der De- **37** ckungsrückstellung im Unterposten „Veränderung der übrigen versiche-rungstechnischen Netto-Rückstellungen" erfasst. Dabei sind für das Lebens- und Krankenversicherungsgeschäft in der Vorspalte der Brutto-Betrag und der Anteil der Rückversicherer anzugeben, in der Zwischenspalte der Netto-Betrag auszuweisen (Posten I. 7a Formblatt 3 RechVersV und II. 7a Formblatt 4 RechVersV).

LVU haben über die allgemeine Angabepflicht im **Anhang** zu den Metho- **38** den der Ermittlung der Deckungsrückstellung und zu den Änderungen der Methoden hinaus (§ 52 Nr. 1 Buchst. c RechVersV) zusätzlich die zur Be-rechnung der Deckungsrückstellung, einschließlich der darin enthaltenen Überschussanteile, verwendeten versicherungsmathematischen Methoden und Berechnungsgrundlagen im Anhang anzugeben (§ 52 Nr. 2 Buchst. a RechVersV).

In den Gewinn- und Verlustrechnungen des Schaden- und Unfallversiche- **39** rungsgeschäftes erfolgt ein Netto-Ausweis (Posten I. 5. Buchst. a Formblätter 2 und 4 RechVersV). Es ist im Schaden- und Unfallversicherungsgeschäft zulässig, die Veränderung der Netto-Deckungsrückstellung mit der „Veränderung der sonstigen versicherungstechnischen Netto-Rückstellungen" zusammenzufassen, wenn die Beträge nicht erheblich sind oder dies zur Vergrößerung der Klarheit beiträgt. Im letztgenannten Fall sind die Posten im Anhang gesondert auszuweisen (§ 3 RechVersV).

§ 341g Rückstellung für noch nicht abgewickelte Versicherungsfälle

(1) [1] Rückstellungen für noch nicht abgewickelte Versicherungsfälle sind für die Verpflichtungen aus den bis zum Ende des Geschäftsjahres eingetretenen, aber noch nicht abgewickelten Versicherungsfällen zu bilden. [2] Hierbei sind die gesamten Schadenregulierungsaufwendungen zu berücksichtigen.

(2) [1] Für bis zum Abschlußstichtag eingetretene, aber bis zur inventurmäßigen Erfassung noch nicht gemeldete Versicherungsfälle ist die Rückstellung pauschal zu bewerten. [2] Dabei sind die bisherigen Erfahrungen in bezug auf die Anzahl der nach dem Abschlußstichtag gemeldeten Versicherungsfälle und die Höhe der damit verbundenen Aufwendungen zu berücksichtigen.

(3) [1] Bei Krankenversicherungsunternehmen ist die Rückstellung anhand eines statistischen Näherungsverfahrens zu ermitteln. [2] Dabei ist von den in den ersten Monaten des nach dem Abschlußstichtag folgenden Geschäftsjahres erfolgten Zahlungen für die bis zum Abschlußstichtag eingetretenen Versicherungsfälle auszugehen.

(4) Bei Mitversicherungen muß die Rückstellung der Höhe nach anteilig zumindest derjenigen entsprechen, die der führende Versicherer nach den Vorschriften oder der Übung in dem Land bilden muß, von dem aus er tätig wird.

(5) Sind die Versicherungsleistungen auf Grund rechtskräftigen Urteils, Vergleichs oder Anerkenntnisses in Form einer Rente zu erbringen, so müssen die Rückstellungsbeträge nach anerkannten versicherungsmathematischen Methoden berechnet werden.

Schrifttum: S. Schrifttum zu § 341.

Übersicht

Rn.

I. Allgemeines

1. Vorbemerkungen. Die latente Leistungsbereitschaft des VU geht mit 1
dem Eintritt des versicherten Ereignisses (auch als Schaden bezeichnet) in
eine konkrete Leistungspflicht über. Im Versicherungsvertragsrecht wird der
Eintritt des versicherten Ereignisses als Versicherungsfall bezeichnet.[1] Die
dem Versicherungsfall zugrunde liegenden Ereignisse durchlaufen mehrere
Phasen, die zeitlich weit (in der Haftpflichtversicherung mehrere Jahrzehnte)
voneinander entfernt sein können. Folgende Stadien sind voneinander zu
trennen: Verursachung des Schadenereignisses, Eintritt des Schadenereignisses, Entstehung des Schadens, Feststellung des Schadens und Meldung des
Schadens. Aus den Allgemeinen Versicherungsbedingungen ergibt sich iVm
dem einzelnen Versicherungsvertrag, welches Stadium als schadenauslösendes
Ereignis zu qualifizieren ist und somit für die Rechnungslegung eine bilanzielle Behandlung auslöst.[2]

Für Verpflichtungen aus bis zum Ende des Geschäftsjahres eingetretenen, 2
aber noch nicht abgewickelten Versicherungsfällen ist gem. Abs. 1 S. 1 eine
„Rückstellung für noch nicht abgewickelte Versicherungsfälle" (kurz: Schadenrückstellung) zu bilden (Abs. 1 S. 1).

Schadenrückstellungen stellen daher **Rückstellungen für ungewisse Ver-** 3
bindlichkeiten isd § 249 Abs. 1 S. 1 dar. Sie haben die Aufgabe, die dem
Grunde und/oder der Höhe nach ungewissen Verbindlichkeiten gegenüber
Versicherungsnehmern bzw. gegenüber geschädigten Dritten aus realisierten
wirtschaftlichen Risiken (wirtschaftliche Schäden), die in Versicherungsverträgen von VU übernommen worden sind, abzubilden.

2. Teil-Schadenrückstellungen. Beim SchVU lässt sich die am Bilanz- 4
stichtag bilanzierte Schadenrückstellung nach den folgenden **Teil-Schaden-**
rückstellungen klassifizieren:

– Teil-Schadenrückstellung für bekannte Versicherungsfälle (ohne Renten-
 Versicherungsfälle und bekannte Spätschäden),
– Teil-Schadenrückstellung für Renten-Versicherungsfälle (Renten-De-
 ckungsrückstellung),
– Teil-Schadenrückstellung für Spätschäden,
– Teil-Schadenrückstellung für Schadenregulierungsaufwendungen.

In Abweichung vom Saldierungsverbot sind von der Schadenrückstellung 5
die Forderungen aus Regressen, Provenues und Teilungsabkommen aus **be-**
reits abgewickelten Versicherungsfällen abzusetzen (§ 26 Abs. 2 S. 1 Rech-
VersV).[3] Forderungen aus Regressen, Provenues und Teilungsabkommen aus
noch nicht abgewickelten Versicherungsfällen sind dagegen bereits im

---

[1] Vgl. *Prölss/Martin* VVG § 1 Rn. 3.
[2] Vgl. *Boetius* Versicherungstechnische Rückstellungen-HdB Rn. 931 f.
[3] Vgl. hierzu *Perlet*, Rückstellungen für noch nicht abgewickelte Versicherungsfälle in
Handels- und Steuerbilanz, 1986, 64 ff.

Rahmen der Bewertung der einzelnen Teil-Schadenrückstellungen als rückstellungsbegrenzende Merkmale zu berücksichtigen.[4]

6 Nach § 26 Abs. 2 S. 2 RechVersV gehören in der Rechtsschutzversicherung zu den Forderungen auch bestehende Forderungen an den Prozessgegner auf Erstattung der Kosten. Haben die abgesetzten Forderungen einen größeren Umfang, so sind sie im Anhang anzugeben (§ 26 Abs. 2 S. 3 RechVersV). Die Anhangangabe betrifft nicht die Forderungen aus Regressen, Provenues und Teilungsabkommen aus noch nicht abgewickelten Versicherungsfällen, da diese nicht von der Schadenrückstellung abgesetzt, sondern im Rahmen der Bewertung der **einzelnen Versicherungsfälle** berücksichtigt werden. Durch eine Angabe von Forderungen aus Regressen, Provenues und Teilungsabkommen von bereits abgewickelten Versicherungsfällen wird der Umfang der vom Gesetzgeber bewusst vorgeschriebenen Saldierung von getrennt aktivierungsfähigen Forderungen bei den Rückstellungen ersichtlich. Dies steht im Einklang mit der Nachweisung (NW) 242 BerVersV, wonach nur die RPT-Forderungen aus abgewickelten Versicherungsfällen getrennt zu zeigen sind (Zeile 08 auf Seite 2 von NW 242 der BerVersV).

7 Des Weiteren sind Forderungen aus Regressen, Provenues und Teilungsabkommen nur insoweit zu berücksichtigen, als sie „zweifelsfrei" zu erwarten sind.

8 **3. Ausweis.** Die Rückstellung für noch nicht abgewickelte Versicherungsfälle ist in der **Bilanz** unter dem Passivposten E. III. auszuweisen. Der Ausweis erfolgt netto unter Angabe des Brutto-Betrages und des Rückversicherungsanteils in der Vorspalte.

9 Nicht erforderlich ist der gesonderte Ausweis der Rückstellung für noch nicht abgewickelte **Rückkäufe, Rückgewährbeträge und Austrittsvergütungen.** Diese Beträge sind innerhalb des Postens „Rückstellung für noch nicht abgewickelte Versicherungsfälle" zu erfassen. In der internen Rechnungslegung ist ein gesonderter Ausweis (Formblatt 100 S. 4 Zeile 08 BerVersV) erforderlich.

10 Rückkäufe, Rückgewährbeträge und Austrittsvergütungen stellen solche Beträge dar, die dem Versicherungsnehmer aus den bis zum Bilanzstichtag vorzeitig gekündigten Verträgen (Rückkauf) oder abgelaufenen Verträgen (Rückgewähr) geschäftsplanmäßig zu vergüten, aber zum Bilanzstichtag noch nicht ausgezahlt sind. Austrittsvergütungen kommen nur bei P/StK vor.

11 Die „Veränderung der Rückstellung für noch nicht abgewickelte Versicherungsfälle" ist in der **GuV** in einem Unterposten zu den „Aufwendungen für Versicherungsfälle für eigene Rechnung" auszuweisen (Posten I. 4. Formblätter 2 und 4 RechVersV; Posten I. 6. Formblatt 3 RechVersV). Der Ausweis erfolgt netto unter Angabe des Brutto-Betrages und des Anteils der Rückversicherer in der Vorspalte.

12 SchVU haben gem. § 51 Abs. 4 S. 1 Nr. 1 Buchst. h aa RechVersV im **Anhang** den Betrag der Brutto-Rückstellung für noch nicht abgewickelte Versicherungsfälle, jeweils für das gesamte selbst abgeschlossene, das gesamte in Rückdeckung übernommene und das gesamte Versicherungsgeschäft anzugeben. Sofern bestimmte Schwellenwerte überschritten werden, mindestens jedoch für die drei wichtigsten Versicherungszweiggruppen, -zweige oder -arten, ist der Betrag für das selbst abgeschlossene Versicherungsgeschäft

---

[4] Zur Rechtsprechung des BFH in ähnlich gelagerten Fällen s. auch BFH Urt. v. 17.2.1993 – XR 60/89, DB 1993, 1396 ff. sowie § 6 Abs. 1 Nr. 3a Buchst. c EStG.

nach den vorgeschriebenen Zweiggruppen, Zweigen und Arten zu untergliedern. LVU, die auch das selbst abgeschlossene Unfallversicherungsgeschäft betreiben, haben diese Angaben auch hierfür zu machen (§ 53 S. 1 RechVersV).

Daneben gilt auch die allgemeine Angabepflicht zu den Methoden der **13** Ermittlung der einzelnen versicherungstechnischen Rückstellungen und zu wesentlichen Änderungen der Methoden (§ 52 Nr. 1 Buchst. c RechVersV).

Weiterhin haben VU die Verpflichtung zur **Erläuterung des Abwick-** **14** **lungsergebnisses** aus der Rückstellung für noch nicht abgewickelte Versicherungsfälle, **sofern dieses erheblich ist,** nach Art und Umfang im Anhang.[5]

Unklar ist bei der Formulierung des § 41 Abs. 5 RechVersV „nach Art **15** und Höhe", ob die Abwicklungsergebnisse getrennt für die jeweiligen Versicherungszweige darzustellen sind und was unter der Angabe der „Höhe" zu verstehen ist. Die RechVersV lässt auch offen, wann von erheblichen Abwicklungsergebnissen gesprochen werden kann.

Für die Absicht von Richtlinien- und Verordnungsgeber, die Abwicklungs- **16** ergebnisse für das Gesamtgeschäft anzugeben, spricht die Konzeption der RechVersV als auch der VersBiRiLi, alle **zweigbezogenen** Angaben in den gesonderten Anhangvorschriften zu regeln. Nicht zwingend erforderlich ist die Information über die Abwicklungsergebnisse je getrennt ausgewiesenem Versicherungszweig des selbst abgeschlossenen Versicherungsgeschäftes. Die Abwicklungsergebnisse aus dem in Rückdeckung übernommenen Versicherungsgeschäft sind in die Angabe einzubeziehen.

Die Erläuterung aperiodischer Erfolgsbestandteile, wie sie § 41 Abs. 5 **17** RechVersV vorsieht, wurde früher auch von § 277 Abs. 4 S. 3 gefordert. Entsprechende Anwendung können daher hier die Kommentierungen zu § 277 Abs. 4 S. 3 finden. Die Tatsache, dass Abwicklungsergebnisse bei den Schadenrückstellungen wegen des Ungewissheitscharakters bei VU einen gewöhnlichen Sachverhalt darstellen, ist dabei jedoch zu beachten. Zu Abwicklungsgewinnen wird idR insbesondere das Vorsichtsprinzip des § 341e Abs. 1 S. 1 bei der Bemessung der versicherungstechnischen Rückstellungen führen.

Nicht vorgeben lässt sich eine allgemein verbindliche Größenordnung für **18** eine Berichterstattungspflicht. Hierfür könnte die Eingangsschadenrückstellung ein denkbarer Maßstab für die Beurteilung der Erheblichkeit sein. In Betracht kommt als Bezugsgröße des Weiteren das Gesamtergebnis.[6] Die „Aufwendungen für Versicherungsfälle f. e. R." erscheinen hier als Maßstab jedoch eher geeignet, da die Erläuterungspflicht in Abhängigkeit vom Gesamtergebnis auch vom Einfluss anderer Erfolgsquellen – zB des Kapitalanlageergebnisses – abhängig wäre. Zu berücksichtigen ist auch, dass ein im Zeitablauf konstantes Abwicklungsergebnis per se nicht zu einer Verzerrung des Periodenergebnisses bzw. zur Einschränkung der zeitlichen Vergleichbarkeit führt.

Die Kriterien zur Beurteilung der Erheblichkeit bei den Abwicklungsver- **19** lusten sind wegen des Vorsichtsprinzips enger anzusetzen als bei den Abwicklungsgewinnen.[7]

[5] Vgl. § 41 Abs. 5 RechVersV und Art. 38 Abs. 2 Richtlinie 91/674/EWG; s. dazu *Geib/ Ellenbürger/Kölschbach* WPg 1992, 177 (185).

[6] S. *ADS* § 277 Rn. 88.

[7] Vgl. *Geib/Ellenbürger/Kölschbach* WPg 1992, 177 (185).

20   Eine verbale Beschreibung der Relation des aperiodischen Anteils am Gesamtposten erscheint hinsichtlich des Umfangs der Erläuterungspflicht ausreichend.[8]

21   **4. Übernommenes und abgegebenes Versicherungsgeschäft.** Die **Anteile der Rückversicherer** bzw. Retrozessionäre an der Brutto-Schadenrückstellung werden nach den Rückversicherungsverträgen bestimmt. Die Ermittlung des Anteils der Rückversicherer erfolgt für das selbst abgeschlossene Geschäft auf Grundlage der eigenen Ermittlung der Brutto-Wertansätze.

22   Im **übernommenen Versicherungsgeschäft** erfolgt die Berechnung auf Grundlage der Aufgaben der Vorversicherer bzw. eigener Ermittlung der Brutto-Wertansätze.[9]

23   Der Grundsatz der Einzelbewertung gilt auch dann, wenn der Rückversicherer bzw. Schaden- und Unfallversicherer, der indirektes Geschäft betreibt, in vielen Fällen keine oder kaum Informationen über einzelne Versicherungsfälle des direkten Versicherungsgeschäfts hat. Der Grundsatz der Einzelbewertung gilt insoweit, als er für die Bewertung seiner Anteile an den Verpflichtungen des Erstversicherers zunächst dessen Aufgaben zugrunde legt.[10]

24   Die Aufgaben der Vorversicherer dürfen von Rückversicherern jedoch nicht ungeprüft übernommen werden. Sie müssen vielmehr eigene Erkenntnisse über die Angemessenheit der Aufgaben der Vorversicherer in die Bewertung der Schadenrückstellung einfließen lassen. Für den Rückversicherer ist die sorgfältige Analyse der Abwicklungsergebnisse der Vergangenheit eine bedeutende Grundlage für die angemessene Bewertung der Schadenrückstellung. Die Bewertung der Schadenrückstellung für einen Rückversicherer ist insbesondere dann problematisch, wenn er keine oder nur unvollständige Aufgaben der Vorversicherer vorliegen hat. In diesen Fällen hat er die Brutto-Schadenrückstellung selbst zu berechnen bzw. gewissenhaft zu schätzen. Seine eigenen Kenntnisse des Marktes und des Versicherungszweiges sowie seine statistischen Erfahrungen der Vergangenheit für den betreffenden Rückversicherungsvertrag stellen hierfür die Basis dar. Der Rückversicherer hat daher grundsätzlich die ihm vom Vorversicherer aufgegebenen Rückstellungen um seiner Erkenntnis nach angemessene Zuschläge zu erhöhen, wenn sich aus eigenen Erfahrungen hinsichtlich eines Rückversicherungsvertrages ergeben sollte, dass die von den Vorversicherern aufgegebenen Rückstellungen aller Voraussicht nach nicht ausreichen werden.

II. Teil-Schadenrückstellung für bekannte Versicherungsfälle

25   Die **Teil-Schadenrückstellung für bekannte Versicherungsfälle** ist für die bis zum Bilanzstichtag gemeldeten, jedoch bis zu diesem Zeitpunkt noch nicht abgewickelten Versicherungsfälle zu bilden. Diese Teil-Schadenrückstellung umfasst nicht die offenen Renten-Versicherungsfälle zum Bilanzstichtag und grundsätzlich auch nicht die zum Bilanzstichtag bekannten Spätschäden.

26   Aus dem Charakter der Schadenrückstellung folgt, dass Schadenrückstellungen Schulden iSd § 252 Abs. 1 Nr. 3 sind: Das VU hat gegenüber dem

---

[8] Vgl. BeBiKo/*Förschle* § 275 Rn. 226.
[9] Zur Bilanzierung im übernommenen Geschäft IDW-Aufsatzsammlung/*Ellenbürger* B 4 Rn. 210 f.; *Gerathewohl*, Rückversicherung – Grundlagen und Praxis, Bd. I, 1976, 687 ff.
[10] Vgl. *Gerathewohl*, Rückversicherung – Grundlagen und Praxis, Bd. I, 1976, 689.

Versicherungsnehmer oder einem geschädigten Dritten eine Verbindlichkeit, die aus dem Versicherungsvertrag resultiert und für die, soweit Grund und/ oder Höhe der Verpflichtung noch ungewiss sind, eine Rückstellung zu bilden ist. Gem. § 253 Abs. 1 S. 2 ist die Schadenrückstellung wie alle Rückstellungen für ungewisse Verbindlichkeiten „nur in Höhe des Betrages anzusetzen, der nach vernünftiger kaufmännischer Beurteilung notwendig ist".

Nach § 341e Abs. 1 sind versicherungstechnische Rückstellungen auch **27** insoweit zu bilden, wie dies nach vernünftiger kaufmännischer Beurteilung notwendig ist, um die dauernde Erfüllbarkeit der Verpflichtungen aus den Versicherungsverträgen sicherzustellen. Die Besonderheiten des Versicherungsgeschäftes werden gegenüber den Geschäften der anderen gewerblichen Wirtschaft durch diese Vorschrift betont. Das Versicherungsgeschäft ist geprägt durch den Transfer von Risiken vom Versicherungsnehmer auf den Versicherer und die Notwendigkeit der Schätzung des künftigen Mittelbedarfs durch den Versicherer. Diese Schätzungsnotwendigkeit gilt sowohl bei der Kalkulation der Risikoprämie als auch bei der Überlegung, wie hoch Verpflichtungen gegenüber Versicherungsnehmern oder Dritten beispielsweise aus eingetretenen Schäden sind. Anders als bei Nicht-VU sind bei VU dabei nicht die Notwendigkeit der Schätzung von Rückstellungen an sich, sondern die Häufigkeit der Schätzungen und – bedingt durch die Eigenart des Versicherungsgeschäftes – die Verfahrensweisen der Schätzung von Bedeutung. Das Prinzip der „vernünftigen kaufmännischen Beurteilung" gilt wie bei anderen Unternehmen auch.

Dem allgemeinen Vorsichtsprinzip kommt aber auf Grund des Umfangs **28** der erforderlichen Schätzungen eine besondere Bedeutung zu.[11]

Nur durch ihre Ungewissheit unterscheiden sich Schadenrückstellungen **29** von Schulden. Sie sind daher wie gewisse Verbindlichkeiten mit ihrem (geschätzten) Erfüllungsbetrag oder dem höheren beizulegenden Wert am Bilanzstichtag zu bewerten.[12] Von Natur aus haften jeder Schätzung gewisse Unsicherheitsmomente an. Von daher darf die Schätzung nicht risikoneutral im Sinne einer Gleichgewichtung von Chancen und Risiken durchgeführt werden, sondern hat vielmehr unter Beachtung des bilanzrechtlichen Vorsichtsprinzips zu erfolgen. Das Risiko, dass als Folge von (zu niedrigen) Schätzungen ein zu hoher Gewinn ausgewiesen wird, der auf Grund von Ausschüttungen, Steuerzahlungen und anderen erfolgsabhängigen Ausgaben letztlich zu einer ungerechtfertigten Verminderung der Haftungssubstanz führen würde, soll durch vorsichtige Bewertung vermindert werden. Bei der Schätzung ist daher zu berücksichtigen, dass mit hinreichender Wahrscheinlichkeit für den einzelnen Versicherungsfall die späteren Ausgaben die geschätzte Schadenrückstellung nicht überschreiten.[13]

Für die Schadenrückstellung ergibt sich der **Grundsatz der Einzelbewer-** **30** **tung** aus § 252 Abs. 1 Nr. 3. Mit dem Steuerentlastungsgesetz 1999/2000/ 2002 sind Vorschriften zur sog. **„realitätsnäheren Bewertung"** von Schadenrückstellungen eingeführt worden. Nach § 6 Abs. 1 Nr. 3a Buchst. a EStG ist steuerlich bei der Bewertung gleichartiger Verpflichtungen die Wahrscheinlichkeit der Inanspruchnahme auf Basis von Vergangenheitserfahrungen zu berücksichtigen. Nach § 20 Abs. 2 KStG sind die Vergangenheits-

---

[11] Vgl. auch *Perlet* FS Moxter, 1994, 833 (844 ff.).
[12] Vgl. *Groh* BB 1988, 1920; *Perlet,* Rückstellungen für noch nicht abgewickelte Versicherungsfälle in Handels- und Steuerbilanz, 1986, 70.
[13] Vgl. *IDW* Versicherungsunternehmen-WPH/*Hofmann* Kap. E Rn. 181.

erfahrungen bei der Bewertung von Schadenrückstellungen für jeden Versicherungszweig getrennt zu ermitteln und die Summe der einzeln bewerteten Schäden um einen bestimmten „Minderungsbetrag" zu kürzen.[14] In der Handelsbilanz werden wegen des Einzelbewertungsgrundsatzes pauschale Bewertungsabschläge als regelmäßig nicht zulässig angesehen.[15] Eine Korrektur der einzelbewerteten Schäden um einen „Minderungsbetrag" erscheint aber vor dem Hintergrund des EuGH-Urteils vom 14.9.1999[16] in gewissem Maße als vertretbar.[17] Danach gilt der Einzelbewertungsgrundsatz nicht absolut. Ein Ausnahmefall iSd § 252 Abs. 2, dh eine zulässige Abweichung vom Einzelbewertungsgrundsatz liegt dann vor, wenn anderenfalls kein den tatsächlichen Verhältnissen entsprechendes Bild der Vermögens-, Finanz- und Ertragslage vermittelt wird.

31 Auch eine **Abzinsung** der Schadenrückstellung ist handelsrechtlich gem. § 341e Abs. 1 S. 3 ausgeschlossen. Die Bewertung der Schadenrückstellung hat mit dem geschätzten Gesamtbetrag der noch zu leistenden Schadenzahlungen zu erfolgen, da die Versicherungsleistungen, die auf Grund des Versicherungsvertrags mit dem Versicherungsnehmer vom VU erbracht werden, in der Regel keinen – auch keinen versteckten – Zinsanteil enthalten (§ 253 Abs. 1 S. 2 Hs. 2 idF vor BilMoG sah für diese Fälle eine Abzinsung vor). Die in § 6 Abs. 1 Nr. 3 Buchst. e EStG durch das Steuerentlastungsgesetz 1999/2000/2002 aufgenommene Verpflichtung, Rückstellungen abzuzinsen, findet hier grundsätzlich keine handelsrechtliche Entsprechung. Eine Ausnahme stellen zB im Zusammenhang mit Prozessen gesetzlich verzinsliche oder auf Grund vertraglicher Vereinbarung verzinsliche Verbindlichkeiten dar.

32 Unter bestimmten Voraussetzungen ist neben der Einzelbewertung auch eine **Gruppenbewertung** bei der Schadenrückstellung möglich.[18] Gleichartige und annähernd gleichwertige Schulden können entsprechend § 240 Abs. 4 jeweils zu einer Gruppe zusammengefasst und mit dem gewogenen Durchschnittswert angesetzt werden. Gem. § 256 S. 2 ist die auf das Inventar bezogene Vorschrift auch auf den Jahresabschluss anwendbar.

33 Bei den Schadenrückstellungen ohne praktische Bedeutung ist die mit der Gruppenbewertung verbundene Angabe von Unterschiedsbeträgen, wenn sich bei Anwendung dieser Methode im Vergleich zu einer Bewertung zu einem aktuellen Börsenkurs oder Marktpreis ein erheblicher Unterschied ergibt, fraglich (vgl. § 284 Abs. 2 Nr. 4). Die Angabepflicht entfällt, da Schadenrückstellungen weder an der Börse gehandelt werden noch für sie ein „Marktpreis" feststellbar ist.[19] Da ein regelmäßiger Umsatz nicht stattfindet, führen auch Portefeuille-Ein- und -Austritte nicht zu Marktpreisen iSd § 284 Abs. 2 Nr. 4.[20]

34 Bei der Teil-Schadenrückstellung für bekannte Versicherungsfälle kann neben Einzel- und Gruppenbewertung auch ein **Pauschalverfahren** zum Zuge kommen. Pauschalverfahren finden dann Anwendung, wenn die Eigen-

---

[14] S. hierzu auch das BMF 5.5.2000, BStBl. I 2000, 487.
[15] Vgl. *Perlet/Baumgärtel* FS Beisse, 1997, 393 ff.; *Perlet*, Rückstellungen für noch nicht abgewickelte Versicherungsfälle in Handels- und Steuerbilanz, 1986, 55 ff.
[16] Vgl. BB 1999, 2291 ff.
[17] Vgl. *IDW* Versicherungsunternehmen-WPH/*Hofmann* Kap. E Rn. 89.
[18] S. dazu *IDW* Versicherungsunternehmen-WPH/*Hofmann* Kap. E Rn. 96 ff.
[19] Vgl. *ADS* § 284 Rn. 154.
[20] S. *ADS* § 253 Rn. 508.

arten des Versicherungsgeschäftes (zB in der Transportversicherung) einer Einzelbewertung entgegenstehen.[21]

III. Teil-Schadenrückstellung für Renten-Versicherungsfälle

Die **Teil-Schadenrückstellung für Renten-Versicherungsfälle** wird 35 auch als **Renten-Deckungsrückstellung** bezeichnet. Diese umfasst die Versicherungsleistungen, die auf Grund eines rechtskräftigen Urteils, eines Vergleichs oder einer Anerkenntnis in Form einer Rente zu erbringen sind. Die Rückstellungsbeträge sind mit dem nach anerkannten versicherungsmathematischen Methoden berechneten Barwert anzusetzen (§ 341g Abs. 5 iVm § 253 Abs. 1 S. 2). Dabei sind die in der Verordnung zur Berechnung der Deckungsrückstellung gem. § 88 Abs. 3 VAG vorgegebenen Parameter – zB bezüglich des Höchstzinssatzes – entsprechend zu berücksichtigen (§ 162 VAG und § 341e Abs. 1 S. 2).[22] Entsprechend den LVU hat das VU auch einen Verantwortlichen Aktuar zu bestellen, der ua für die gesetzlich vorgeschriebene Bemessung der Renten-Deckungsrückstellung Sorge zu tragen hat (§ 162 VAG).[23] In § 341g ist eine Berechnung nach versicherungsmathematischen Methoden für solche Rückstellungen nicht vorgeschrieben, die hinsichtlich der Entschädigungen gebildet werden, die nur wahrscheinlich in Form einer Rente zu erbringen sind. Es erscheint allerdings sinnvoll, wenn sich die Höhe der Rückstellungen an den Barwert der zu erwartenden Rentenverpflichtungen anlehnt.[24]

IV. Teil-Schadenrückstellung für Spätschäden

Die **Teil-Schadenrückstellung für Spätschäden** wird unterteilt in die 36 Rückstellung für bekannte Spätschäden und die Rückstellung für unbekannte Spätschäden. **Spätschäden** sind solche Versicherungsfälle, bei denen das Meldejahr (das Jahr, in dem der Versicherungsfall dem VU bekannt wurde) später als das Anfalljahr (das Jahr, in dem der Versicherungsfall eingetreten oder verursacht worden ist) liegt. Von **bekannten** Spätschäden des Geschäftsjahres spricht man, soweit es sich um Versicherungsfälle des Geschäftsjahres handelt, die dem VU zwischen dem Bilanzstichtag und dem Zeitpunkt der inventurmäßigen Feststellung der einzelnen Versicherungsfälle (Schließung des Schadenregisters) bekannt geworden sind.

Die sog. **unbekannten** Spätschäden sind Schäden, die bis zum Bilanz- 37 stichtag – entweder im Geschäftsjahr oder in Vorjahren – angefallen oder verursacht worden sind, aber dem VU bis zur Schließung des Schadenregisters noch nicht gemeldet wurden.

Einzeln zu bewerten sind grundsätzlich die Rückstellungsbeträge für be- 38 kannte Spätschäden des Geschäftsjahres oder der Vorjahre. Zulässig erscheint aber auch für diese Rückstellungen eine Gruppenbewertung oder eine Anwendung des Pauschalverfahrens (auch → Rn. 32–34).

Abs. 2 S. 1 schreibt eine sog. pauschale Bewertung für die unbekannten 39 Spätschäden vor. Diese Rückstellungen entziehen sich naturgemäß einer Einzelbewertung. Das Imparitätsprinzip verbietet eine Ignorierung von ungewissen Verpflichtungen bei der Bilanzierung, nur weil eine Einzelbewer-

---

[21] S. hierzu → § 341e Rn. 81 sowie IDW-Aufsatzsammlung/*Ellenbürger* B 4 Rn. 115.
[22] Zur Deckungsrückstellungsverordnung vgl. BGBl. 1996 I 670.
[23] Zur Aktuarverordnung vgl. BGBl. 1996 I 1681.
[24] Vgl. *IDW* Versicherungsunternehmen-WPH/*Hofmann* Kap. E Rn. 109.

tung von Versicherungsfällen nicht möglich ist.[25] Die Erfahrungen über die Anzahl von nach dem Abschlussstichtag gemeldeten Versicherungsfällen und die Höhe der damit verbundenen Aufwendungen sind bei der pauschalen Bewertung dieser Rückstellung für unbekannte Spätschäden zu berücksichtigen (Abs. 2 S. 2). Die vor Umsetzung der VersBiRiLi vom BAV entwickelte Schätzmethode[26] kann weiterhin angewendet werden.[27]

40   Die jeweils getrennte jahrgangsweise Abwicklung sowohl der Rückstellung für die bekannten als auch die für die unbekannten Spätschäden ist zu empfehlen. Auch wenn inzwischen aus dem unbekannten ein bekannter Versicherungsfall geworden ist, sind die einmal in der Spätschadenrückstellung berücksichtigten Versicherungsfälle in den Folgejahren in dieser Rückstellung zu belassen. Es werden keine Umbuchungen zur Teil-Schadenrückstellung für bekannte Versicherungsfälle vorgenommen. Lediglich Umbuchungen zur Teil-Schadenrückstellung für Rentenversicherungsfälle sind erforderlich.[28]

V. Teil-Schadenrückstellung für Schadenregulierungsaufwendungen

41   Für alle nach dem Bilanzstichtag voraussichtlich anfallenden Schadenregulierungszahlungen ist eine **Teil-Schadenrückstellung für Schadenregulierungsaufwendungen** zu bilden. Unter die Schadenregulierungsaufwendungen zu subsumieren sind sowohl die einzelnen Versicherungsfällen direkt zurechenbaren als auch die diesen nur indirekt zurechenbaren Aufwendungen,[29] unabhängig davon, ob diese Aufwendungen außerhalb oder innerhalb des bilanzierenden VU entstehen.[30]

42   Gem. Abs. 1 S. 2 sind bei der Bewertung dieser Teilschadenrückstellung grundsätzlich die gesamten Schadenregulierungsaufwendungen zu berücksichtigen. Der Gesetzgeber bezweckt aber eine Begrenzung des Umfangs der Schadenregulierungsaufwendungen durch Ausschluss von Verwaltungskosten künftiger Geschäftsjahre, welche in Anlehnung an die vor Umsetzung der VersBiRiLi geltenden Vorschriften ausgeschlossen werden sollen. Vor dem Hintergrund der steuerneutralen Umsetzung der EG-Richtlinie dürfte dieser Hinweis auf die im BMF-Schreiben vom 2.2.1973[31] vorgesehene Außerachtlassung von Schadenbearbeitungskosten bei den Schadenregulierungsaufwendungen abstellen.[32] Nach *Boetius* sind dagegen auch die Aufwendungen zur Schadenbearbeitung bilanziell rückstellungspflichtig: „Schadenbearbeitung und Schadenermittlung sind wirtschaftlich notwendige Leistungen zur Erbringung der Schadenhauptleistung, sodass die Schadenregulierung insgesamt als wirtschaftliche Schuld anzusehen ist."[33] Dem ist entgegenzuhalten, dass es sich hierbei um Kosten für die Aufrechterhaltung des Betriebes handelt, die auch in anderen Branchen nicht rückstellungsfähig sind.

---

[25] IdS auch Begr. RegE, BT-Drs. 12/5587, 28.
[26] Vgl. GB BAV 1977, 43.
[27] Vgl. *IDW* Versicherungsunternehmen-WPH/*Hofmann* Kap. E Rn. 118.
[28] S. in diesem Zusammenhang zB Anm. 8 zu NW 242 BerVersV.
[29] Vgl. *IDW* Versicherungsunternehmen-WPH/*Hofmann* Kap. E Rn. 136.
[30] Vgl. Beck Versicherungsbilanz/*Koch*/*Krause* Rn. 27 ff.
[31] Vgl. DStZ Ausg. B 1973, 74 f.
[32] S. dazu *IDW* Versicherungsunternehmen-WPH/*Hofmann* Kap. E Rn. 133; *Perlet*, Rückstellungen für noch nicht abgewickelte Versicherungsfälle in Handels- und Steuerbilanz, 1986, 77 f.
[33] Vgl. *Boetius* Versicherungstechnische Rückstellungen-HdB Rn. 1016.

VI. Besonderheiten der Rückstellung für noch nicht abgewickelte Versicherungsfälle bei Lebensversicherungsunternehmen

Für die **Lebensversicherung** sind in § 341g keine zusätzlichen Regelungen aufgeführt. Maßgebend bezüglich der Höhe der Schadenrückstellung sind die gegenüber dem Begünstigten bestehenden Verpflichtungen. § 26 Abs. 1 S. 1 Hs. 2 RechVersV stellt klar, dass zu den gegenüber den Begünstigten bestehenden Verpflichtungen auch die noch nicht abgewickelten Rückkäufe, Rückgewährbeträge und Austrittsvergütungen zählen und demzufolge in die Rückstellung für noch nicht abgewickelte Versicherungsfälle einzubeziehen sind. **43**

In der Lebensversicherung müssen für das selbst abgeschlossene Versicherungsgeschäft brutto die bis zum Abschlussstichtag eingetretenen und zum Zeitpunkt der Bestandserfassung gemeldeten, aber noch nicht regulierten Versicherungsfälle einzeln bewertet werden. Ebenso sind die Versicherungsfälle, die zwar bis zum Abschlussstichtag eingetreten sind, aber erst nach dem Zeitpunkt der Bestandserfassung bis zur Bilanzaufstellung gemeldet werden, einzeln zu bewerten. **44**

Zu passivieren sind die bis zum Zeitpunkt der Bestandserfassung gemeldeten Versicherungsfälle in Höhe der Versicherungssumme, abzüglich eventueller Abschlagszahlungen. Bei den nach dem Zeitpunkt der Bestandserfassung gemeldeten Versicherungsfällen ist der Unterschiedsbetrag zwischen der zu erbringenden Versicherungsleistung und der Deckungsrückstellung zum Bilanzstichtag in die Bilanz als Spätschadenrückstellung einzustellen. **45**

Zu passivieren ist im Falle eines Rückkaufes der Betrag, der dem Versicherungsnehmer im Falle einer vorzeitigen Kündigung eines rückkauffähigen Lebensversicherungsvertrages zusteht. In der Regel ergibt sich dieser aus dem Deckungskapital abzüglich eines vertraglich vereinbarten Rückkaufabzugs. **46**

VII. Besonderheiten der Rückstellung für noch nicht abgewickelte Versicherungsfälle bei Krankenversicherungsunternehmen

Die Rückstellung für noch nicht abgewickelte Versicherungsfälle in der **Krankenversicherung** ist anhand eines statistischen Näherungsverfahrens zu ermitteln, wobei von den in den ersten Monaten des nach dem Abschlussstichtag folgenden Geschäftsjahres erfolgten Zahlungen für die bis zum Abschlussstichtag eingetretenen Versicherungsfälle auszugehen ist (Abs. 3). Die Rückstellung umfasst die bis zum Bilanzstichtag eingetretenen Versicherungsfälle jedoch nur insoweit, als die Inanspruchnahme zB des Arztes, der Apotheke und des Krankenhauses vor dem Bilanzstichtag liegt oder Tagegeld für Tage vor dem Bilanzstichtag gewährt wird (§ 26 Abs. 1 S. 3 RechVersV). In der Regel ergibt sich die Rückstellung aus einer Durchschnittsbetrachtung der letzten drei Geschäftsjahre hinsichtlich des Verhältnisses von Zahlungen für Versicherungsfälle des Geschäftsjahres in den ersten – zwei bis drei – Monaten des Folgejahres zu den gesamten Aufwendungen für Versicherungsfälle des Geschäftsjahres. Trotz der Formulierung in Abs. 3, dass bei der Berechnung die Zahlungen in den „**ersten**" Monaten zugrunde zu legen sind, ist uE bei hinreichender Schätzgenauigkeit auch ein kürzerer Zeitraum zulässig. **47**

VIII. Mitversicherungsgeschäft

48   Abs. 4 regelt die Bewertung von Schadenrückstellungen im **Mitversicherungsgeschäft.** Die Schadenrückstellung muss demnach bei der Mitversicherung der Höhe nach anteilig mindestens derjenigen entsprechen, die der führende Versicherer nach den Vorschriften oder der Übung in dem Land bilden muss, von dem aus er tätig ist.

§ 341h Schwankungsrückstellung und ähnliche Rückstellungen

(1) **Schwankungsrückstellungen sind zum Ausgleich der Schwankungen im Schadenverlauf künftiger Jahre zu bilden, wenn insbesondere**

1. **nach den Erfahrungen in dem betreffenden Versicherungszweig mit erheblichen Schwankungen der jährlichen Aufwendungen für Versicherungsfälle zu rechnen ist,**
2. **die Schwankungen nicht jeweils durch Beiträge ausgeglichen werden und**
3. **die Schwankungen nicht durch Rückversicherungen gedeckt sind.**

(2) **Für Risiken gleicher Art, bei denen der Ausgleich von Leistung und Gegenleistung wegen des hohen Schadenrisikos im Einzelfall nach versicherungsmathematischen Grundsätzen nicht im Geschäftsjahr, sondern nur in einem am Abschlußstichtag nicht bestimmbaren Zeitraum gefunden werden kann, ist eine Rückstellung zu bilden und in der Bilanz als „ähnliche Rückstellung" unter den Schwankungsrückstellungen auszuweisen.**

Schrifttum: S. Schrifttum zu § 341.

Übersicht

I. Schwankungsrückstellung

1   Bei SchVU sowie RVU sind zum Ausgleich der Schwankungen im Schadenverlauf künftiger Jahre Schwankungsrückstellungen zu bilden. Sie haben die Aufgabe, einen Risikoausgleich in der Zeit darzustellen, indem sie durch die Verrechnung von Unter- und Überschäden der einzelnen Perioden stärkere Ausschläge der Erfolge einzelner Jahre auf Grund schwankender Schadenbelastung verringern.[1] In Jahren mit geringer Schadenbelastung werden der Schwankungsrückstellung Beträge zugeführt (Unterschaden), die in Jahren mit hoher Schadenbelastung entnommen werden (Überschaden).

2   Abs. 1 regelt die Verpflichtung zur Bildung einer Rückstellung zum Ausgleich der Schwankungen im Schadenverlauf künftiger Jahre.

---

[1] Vgl. *Farny,* Buchführung und Periodenrechnung in Versicherungsunternehmen, 4. Aufl. 1992, 133; HdV/*Welzel* S. 686; HdV/*Karten* S. 763.

Zur Bildung werden als Voraussetzungen „insbesondere" angeführt: **3**
– Nach den Erfahrungen in dem betreffenden Versicherungszweig ist mit erheblichen Schwankungen der jährlichen Aufwendungen für Versicherungsfälle zu rechnen.
– Die Schwankungen werden nicht durch Beiträge ausgeglichen.
– Die Schwankungen dürfen nicht durch Rückversicherungen gedeckt sein.

Die steuerlichen Erfordernisse in § 20 Abs. 2 KStG stimmen mit diesen   **4** Voraussetzungen überein. Auf die diesbezügliche Kommentierung kann daher verwiesen werden.[2]

§ 29 RechVersV und die Anlage zu § 29 RechVersV enthalten die einzelnen   **5** Bestimmungen zur Bildung der Schwankungsrückstellung. Die Anlage übernimmt inhaltlich die Grundsätze der vor Erlass der RechVersV anzuwendenden Anordnung des BAV über die Schwankungsrückstellung.[3] Die Kommentierung zur Anordnung kann somit weiterhin bei Zweifelsfragen herangezogen werden.[4]

Grundsätzlich ist eine Schwankungsrückstellung für alle Versicherungs-   **6** zweige der Schaden- und Unfallversicherung zu bilden. Auf das in Rückdeckung übernommene Lebens- und Krankenversicherungsgeschäft und das von LVU betriebene Unfallversicherungsgeschäft ist die Anordnung nicht anzuwenden.

Auch von RVU sind die Vorschriften zur Bildung der Schwankungsrück-   **7** stellung anzuwenden.[5]

Was für Zwecke der Schwankungsrückstellung als „Versicherungszweig"   **8** anzusehen ist, richtet sich nach bestimmten Vorschriften der jeweils geltenden Fassung der Verordnung über die Rechnungslegung von VU gegenüber dem Bundesaufsichtsamt[6] und nicht nach der Untergliederung der zweigbezogenen Angaben im Anhang gem. § 51 Abs. 4 RechVersV (Anlage zu § 29 RechVersV, Abschnitt II Rn. 1 Abs. 1).

Nach Abschnitt I Rn. 1 der Anlage zu § 29 RechVersV haben SchVU in   **9** den Versicherungszweigen eine Schwankungsrückstellung zu bilden, in denen
– die verdienten Beiträge im Durchschnitt der letzten drei Geschäftsjahre (inkl. Bilanzjahr) 125.000 Euro übersteigen,
– die Standardabweichung der Schadenquoten des Beobachtungszeitraumes von der durchschnittlichen Schadenquote mindestens 5 Prozentpunkte beträgt und
– die Summe aus Schaden- und Kostenquote mindestens einmal im Beobachtungszeitraum 100 % überschreitet.[7]

Aufgrund eines stark ausgeprägten aleatorischen Charakters ist die Hagel-   **10** versicherung und die Kredit-, Kautions- und Vertrauensschadenversicherung auf eine funktionsgerechte Schwankungsrückstellung angewiesen. Daher sind in der Anlage zur RechVersV Sonderregelungen enthalten, die im Interesse

---

[2] S. HHR/ KStG § 20 Rn. 14–17.
[3] Vgl. BAV-Rundschreiben 7/91 in VerBAV 1991, 420 ff. und Begr. zu § 29 RechVersV, BR-Drs. 823/94, 130 f.
[4] S. insbesondere *IDW* Versicherungsunternehmen-WPH/*Hofmann* Kap. E Rn. 277.
[5] Vgl. Begr. zu § 29 RechVersV, BR-Drs. 823/94, 130 f.
[6] Vgl. Verordnung über die Berichterstattung von Versicherungsunternehmen gegenüber dem Bundesaufsichtsamt für das Versicherungswesen v. 14.6.1995 (BGBl. 1995 I 858), zuletzt geändert durch VO v. 16.4.1999 (BGBl. 1999 I 725).
[7] Vgl. die Erl. zu den Voraussetzungen bei IDW-Aufsatzsammlung/*Ellenbürger* Rn. 334 ff.

der dauernden Erfüllbarkeit der Verpflichtungen aus Versicherungsverträgen erforderlich sind und daher auch steuerlich anerkannt werden.[8]

11   In § 29 S. 2 RechVersV ist kodifiziert, dass eine Änderungs- und Widerrufklausel es der Aufsichtsbehörde ermöglicht, im Einzelfall Abweichungen zuzulassen.

12   Die Schwankungsrückstellung darf nur in Höhe des Wertes angesetzt werden, der sich auf Grund der Anlage zu § 29 RechVersV ergibt. Beispielsweise ist die Bildung versteuerter Schwankungsrückstellungen nicht möglich. Die offenbar von *Boetius* vertretene Auffassung, dass durch § 341e Abs. 1 S. 1 zusätzlich, über die nach Abs. 1 iVm § 29 RechVersV zurückgestellten Beträge hinausgehend, die Bildung von Schwankungsrückstellungen möglich sei,[9] berücksichtigt nicht hinreichend die restriktive Regelung der EG-Versicherungsbilanzrichtlinie. Auch die Übergangsvorschriften in Art. 33 EGHGB regeln nicht die Möglichkeit, Rückstellungen mit einem höheren Wert anzusetzen, als er sich nach der Anlage zu § 29 RechVersV ergibt.

13   Die Beträge der Schwankungsrückstellung sind im Rahmen der versicherungszweigbezogenen Angaben zusammen mit den der Schwankungsrückstellung ähnlichen Rückstellungen anzugeben (§ 51 Abs. 4 Nr. 1 Buchst. h bb RechVersV). Eine Entsprechung mit den der Berechnung zugrunde liegenden Kollektiven ist wegen der abweichenden Zweigbestimmungen nicht gegeben.

14   Im Anhang sind aber zusätzlich die Methoden zur Ermittlung der Rückstellung anzugeben sowie wesentliche Änderungen zu erläutern (§ 52 Nr. 1 Buchst. c RechVersV).

15   Formblatt 1 RechVersV sieht – anders als bei den übrigen versicherungstechnischen Rückstellungen – keine Vorspalte für den Rückstellungsbetrag brutto und den Anteil für das in Rückdeckung gegebene Versicherungsgeschäft vor, da die Ermittlung der Schwankungsrückstellung nur **für den Selbstbehalt** erfolgt.

II. Der Schwankungsrückstellung ähnliche Rückstellungen

16   Die Bildung einer Rückstellung „für Risiken gleicher Art, bei denen der Ausgleich von Leistung und Gegenleistung wegen des hohen Schadenrisikos im Einzelfall nach versicherungsmathematischen Grundsätzen nicht im Geschäftsjahr, sondern nur in einem am Abschlussstichtag nicht bestimmbaren Zeitraum gefunden werden kann", wird von Abs. 2 vorgeschrieben. Die Verpflichtung zur Bildung von sog. Großrisikenrückstellungen wird damit kodifiziert.[10]

17   Großrisiken sind „Risiken, deren mögliche Höchstschäden infolge einer Konzentration hoher Werte oder des Kumuls verschiedener Gefahren des gleichen Risikoobjekts mit großem Schadenmaximum (mpl = maximum possible loss) außergewöhnlich groß sind, während die Zahl der Risiken gering ist und vielfach die Schadenursache aus technologischen Gründen neuartig und/oder unbekannt ist".[11] Eine statische absolute Begriffsdefinition

---

[8] Näheres dazu *Boetius* Versicherungstechnische Rückstellungen-HdB Rn. 1144 f.

[9] Vgl. *Boetius* Versicherungstechnische Rückstellungen-HdB Rn. 1092.

[10] Vgl. *v. Treuberg/Angermayer,* Der Jahresabschluss von Versicherungsunternehmen, Deutsche Allgemeine Treuhand AG, 1995, 328 ff.

[11] Vgl. *Boetius* Versicherungstechnische Rückstellungen-HdB Rn. 711 ff.

ist auf Grund des Charakters der Großrisiken und auf Grund der technischen Entwicklung nicht möglich.

Die Großrisikenrückstellungen sind in der Bilanz zusammen mit der **18** Schwankungsrückstellung im Posten „E. V. Schwankungsrückstellung und ähnliche Rückstellungen" auszuweisen.

Die BAV-Rundschreiben 1/81 über die Rückstellung für die Versicherung **19** von Atomanlagen[12] und 8/91 über die Großrisikenrückstellung für die Produkthaftpflichtversicherung von Pharma-Risiken[13] wurden inhaltlich im Wesentlichen in § 30 RechVersV übernommen. Bei Zweifelsfragen ist zu berücksichtigen, dass es Intention des Verordnungsgebers war, der bisherigen Praxis zu entsprechen.[14] Mit der Ersten Verordnung zur Änderung der Verordnung über die Rechnungslegung von VU vom 27.5.2003 (BGBl. 2003 I 736) wurde § 30 RechVersV um einen Abs. 2a ergänzt. Dieser regelt, in welcher Höhe VU Rückstellungen für Terrorrisiken bilden müssen. Wenngleich die Regelungen in erster Linie auf die Bedürfnisse des Spezialversicherers EXTREMUS ausgerichtet sind, besitzen sie auch für andere VU gezeichnete Terrorrisiken Gültigkeit, solange die in § 341h Abs. 2 genannten Voraussetzungen erfüllt sind. Eine Separierung von in Verträgen anderer Versicherungszweige enthaltenen Terrorrisiken steht unter dem Vorbehalt der Praktikabilität.

An die Stelle einer Schwankungsrückstellung in den betreffenden Versiche- **20** rungszweigen treten die Pharmarückstellung, die Atomanlagenrückstellung und die Rückstellung für Terrorrisiken. Die Großrisikenrückstellung ist in die Schwankungsrückstellung zu überführen, wenn in einem Geschäftsjahr die Voraussetzungen nach Abs. 2 zur Bildung einer Großrisikenrückstellung nicht mehr gegeben sind (§ 30 Abs. 3 S. 2 RechVersV).

Eine abschließende Aufzählung möglicher Großrisikenrückstellungen stel- **21** len die Bestimmungen der RechVersV zur Atomanlagenrückstellung, zur Pharmarückstellung und die Rückstellung für Terrorrisiken nicht dar. Die in Abs. 2 genannten Voraussetzungen decken die Bildung weiterer Rückstellungen, etwa für Risiken aus Erdbeben oder anderen Naturkatastrophen, ab.[15]

Die Veränderung der Schwankungsrückstellung und der ähnlichen Rück- **22** stellungen ist entsprechend dem bilanziellen Ausweis der Rückstellung in der GuV in einem Posten auszuweisen (Posten I.10. Formblatt 2 und 4 RechVersV).

Die „Schwankungsrückstellung und ähnliche Rückstellungen" sind nach **23** Maßgabe der versicherungszweigbezogenen Angaben gem. § 51 Abs. 4 Nr. 1 Buchst. h bb RechVersV im Anhang zu untergliedern. Die Methoden zur Ermittlung der Großrisikenrückstellungen sind anzugeben und eventuelle Änderungen zu erläutern (§ 52 Nr. 1 Buchst. c RechVersV).

---

[12] Vgl. VerBAV 1981, 122.
[13] Vgl. VerBAV 1992, 37 f.
[14] Vgl. Begr. zu § 30 RechVersV, BR-Drs. 823/94, 131.
[15] Zu den Besonderheiten der Bildung von Kumulrisikenrückstellungen vgl. *Boetius* Versicherungstechnische Rückstellungen-HdB Rn. 821 ff.

Fünfter Titel. **Konzernabschluß, Konzernlagebericht**

§ 341i Aufstellung, Fristen

(1) ¹Versicherungsunternehmen, auch wenn sie nicht in der Rechtsform einer Kapitalgesellschaft betrieben werden, haben unabhängig von ihrer Größe einen Konzernabschluß und einen Konzernlagebericht aufzustellen. ²Zusätzliche Anforderungen auf Grund von Vorschriften, die wegen der Rechtsform bestehen, bleiben unberührt.

(2) Als Versicherungsunternehmen im Sinne dieses Titels gelten auch Mutterunternehmen, deren einziger oder hauptsächlicher Zweck darin besteht, Beteiligungen an Tochterunternehmen zu erwerben, diese Beteiligungen zu verwalten und rentabel zu machen, sofern diese Tochterunternehmen ausschließlich oder überwiegend Versicherungsunternehmen sind.

(3) ¹Die gesetzlichen Vertreter eines Mutterunternehmens haben den Konzernabschluß und den Konzernlagebericht abweichend von § 290 Abs. 1 innerhalb von zwei Monaten nach Ablauf der Aufstellungsfrist für den zuletzt aufzustellenden und in den Konzernabschluß einzubeziehenden Abschluß, spätestens jedoch innerhalb von zwölf Monaten nach dem Stichtag des Konzernabschlusses, für das vergangene Konzerngeschäftsjahr aufzustellen und dem Abschlußprüfer des Konzernabschlusses vorzulegen; ist das Mutterunternehmen eine Kapitalgesellschaft im Sinn des § 325 Abs. 4 Satz 1 und nicht zugleich im Sinn des § 327a, tritt an die Stelle der Frist von längstens zwölf eine Frist von längstens vier Monaten. ²§ 299 Abs. 2 Satz 2 ist mit der Maßgabe anzuwenden, daß der Stichtag des Jahresabschlusses eines Unternehmens nicht länger als sechs Monate vor dem Stichtag des Konzernabschlusses liegen darf.

(4) Der Konzernabschluß und der Konzernlagebericht sind abweichend von § 175 Abs. 1 Satz 1 des Aktiengesetzes spätestens der nächsten nach Ablauf der Aufstellungsfrist für den Konzernabschluß und Konzernlagebericht einzuberufenden Hauptversammlung, die einen Jahresabschluß des Mutterunternehmens entgegennimmt oder festzustellen hat, vorzulegen.

Schrifttum: S. Schrifttum zu § 341.

I. Aufstellungspflicht

1 Die ergänzenden Vorschriften des HGB für VU iSd § 341 sind ebenso wie auf den Einzelabschluss auch auf den Konzernabschluss **rechtsform- und größenunabhängig** anzuwenden (Abs. 1 S. 1). Die Verpflichtung zur rechtsform- und größenunabhängigen Konzernrechnungslegung stammt aus der VersBiRiLi. Begründet wird sie damit, dass in den Mitgliedstaaten Konzerne unterschiedlicher Rechtsformen und Größen miteinander im Wettbewerb stehen (vgl. Erwägungsgründe zur VersBiRiLi).

2 Von den Vorschriften des **PublG** zur Konzernrechnungslegung werden VU ausgenommen (§ 11 Abs. 5 S. 1 PublG). Folgerichtig ist auch § 293 über die größenabhängige Befreiung von der Konzernrechnungslegungspflicht von VU nicht anzuwenden (§ 341j Abs. 1 S. 2).

3 **Bestimmte kleinere VU,** die nicht unter den Anwendungsbereich der VersBiRiLi fallen, werden von der Anwendung der Vorschriften über den Konzernabschluss befreit. Dies geschieht, um unangemessene Belastungen im

Verhältnis zu ihrer Größe zu vermeiden. Für die in § 61 RechVersV angeführten VU sind daher die Vorschriften über den Konzernabschluss nicht anzuwenden (vgl. § 61 Abs. 1 S. 1 RechVersV).

II. Versicherungsholdinggesellschaften

Der Anwendungsbereich der ergänzenden Vorschriften für VU zum Kon- 4 zernabschluss – und nur dieser – schließt über VU hinaus auch sog. **Versicherungsholdinggesellschaften** ein.[1] Das sind solche Unternehmen, deren einziger oder hauptsächlicher Zweck darin besteht, Beteiligungen an Tochterunternehmen zu erwerben, diese zu verwalten und rentabel zu machen, sofern es sich bei diesen Tochterunternehmen ausschließlich oder hauptsächlich um VU handelt (vgl. Abs. 2). Tochterunternehmen, die keine VU sind und in wesentlichem Maße Tätigkeiten im Rahmen von **Funktionsausgliederungs- oder Dienstleistungsbeziehungen** mit anderen Konzernunternehmen wahrnehmen, sind dem Versicherungsgeschäft zuzurechnen. Sie stellen – lediglich rechtlich – ausgegliederte Einheiten des Versicherungsbetriebes dar.[2]

Auf eine rein zahlenmäßige Mehrheit kommt es somit nicht an.[3] 5

III. Konsolidierungskreis

Mutter-/Tochterverhältnis. Das maßgebliche Kriterium für die rechts- 6 formunabhängige Konzernrechnungslegungspflicht liegt in dem Bestehen eines **Mutter-/Tochterverhältnisses iSd § 290 Abs. 1 und 2.**

IV. Aufstellungsfrist

Nach § 290 Abs. 1 sind der Konzernabschluss und Konzernlagebericht 7 grundsätzlich für das vergangene Konzerngeschäftsjahr innerhalb der ersten fünf Monate des laufenden Konzerngeschäftsjahres aufzustellen. Aufgrund der Besonderheiten des Versicherungsgeschäfts wird VU demgegenüber eine **Fristverlängerung** zur **Aufstellung** des Konzernabschlusses eingeräumt. Nach Abs. 3 S. 1 sind der Konzernabschluss und der Konzernlagebericht eines VU abweichend von § 290 Abs. 1 innerhalb von zwei Monaten nach Ablauf der Aufstellungsfrist für den zuletzt aufzustellenden und in den Konzernabschluss einzubeziehenden Abschluss aufzustellen und dem Konzernabschlussprüfer vorzulegen. Diese Frist wird jedoch auf höchstens zwölf Monate nach dem Stichtag des Konzernabschlusses beschränkt.

Gleichfalls wird die **Toleranzfrist** für die Verpflichtung zur Aufstellung 8 von **Zwischenabschlüssen** (§ 299 Abs. 2 S. 2) von drei auf sechs Monate verlängert (Abs. 3 S. 2).

VU, die einen Konzernabschluss oder Konzernlagebericht aufstellen, haben 9 diese Unterlagen der Aufsichtsbehörde **unverzüglich** einzureichen (§ 37 Abs. 1 S. 2 VAG). Diese aufsichtsrechtliche Regelung gilt gemäß ihrem Wortlaut nicht für **Holdinggesellschaften**, da der Anwendungsbereich in § 293 Abs. 1 VAG auf diese nicht ausgeweitet ist.

Der Vorstand des Mutterunternehmens hat **unverzüglich nach Aufstel-** 10 **lung des Konzernabschlusses** diesen zusammen mit dem Konzernlage-

---

[1] Vgl. Beck Versicherungsbilanz/*Seitz* Rn. 8–20.
[2] Vgl. *Geib/Ellenbürger/Kölschbach* WPg 1992, 209 (228 f.).
[3] Vgl. *Luttermann* BB 1995, 191 (193).

bericht dem **Aufsichtsrat** des Mutterunternehmens vorzulegen. Die diesbezügliche Vorschrift des § 170 Abs. 1 AktG gilt für VU, die Aktiengesellschaften oder KGaA sind, unmittelbar. Für die übrigen Rechtsformen (VVaG bzw. öffentlich-rechtliches VU) findet sie gem. § 341j Abs. 3 entsprechend Anwendung. Auf kleine Vereine ist sie nicht anzuwenden (§ 341j Abs. 3). Äquivalent zur allgemein nach § 290 Abs. 1 S. 2 geltenden verkürzten Aufstellungsfrist für kapitalmarktorientierte Unternehmen gilt auch für **kapitalmarktorientierte VU** gem. Abs. 3 S. 1 Hs. 2 eine auf **höchstens vier Monate** gekürzte Aufstellungsfrist.

11   Abweichend von § 175 Abs. 1 S. 1 AktG sind der Konzernabschluss und der Konzernlagebericht gem. Abs. 4 spätestens der nächsten nach Ablauf der Aufstellungsfrist für den Konzernabschluss und -lagebericht einzuberufenden **Hauptversammlung,** die einen Jahresabschluss des Mutterunternehmens entgegennimmt oder festzustellen hat, vorzulegen.

§ 341j Anzuwendende Vorschriften

(1) [1]**Auf den Konzernabschluß und den Konzernlagebericht sind die Vorschriften des Zweiten Unterabschnitts des Zweiten Abschnitts über den Konzernabschluß und den Konzernlagebericht und, soweit die Eigenart des Konzernabschlusses keine Abweichungen bedingt, die §§ 341a bis 341h über den Jahresabschluß sowie die für die Rechtsform und den Geschäftszweig der in den Konzernabschluß einbezogenen Unternehmen mit Sitz im Geltungsbereich dieses Gesetzes geltenden Vorschriften entsprechend anzuwenden, soweit sie für große Kapitalgesellschaften gelten.** [2]**Die §§ 293, 298 Absatz 1 sowie § 314 Absatz 1 Nummer 3 und 23 sind nicht anzuwenden.** [3] **§ 314 Abs. 1 Nr. 2a gilt mit der Maßgabe, daß die Angaben für solche finanzielle Verpflichtungen nicht zu machen sind, die im Rahmen des Versicherungsgeschäfts entstehen.** [4]**In den Fällen des § 315e Abs. 1 finden abweichend von Satz 1 nur die §§ 290 bis 292, 315e Anwendung; die Sätze 2 und 3 dieses Absatzes und Absatz 2, § 341i Abs. 3 Satz 2 sowie die Bestimmungen der Versicherungsunternehmens-Rechnungslegungsverordnung vom 8. November 1994 (BGBl. I S. 3378) und der Pensionsfonds-Rechnungslegungsverordnung vom 25. Februar 2003 (BGBl. I S. 246) in ihren jeweils geltenden Fassungen sind nicht anzuwenden.**

(2) **§ 304 Abs. 1 braucht nicht angewendet zu werden, wenn die Lieferungen oder Leistungen zu üblichen Marktbedingungen vorgenommen worden sind und Rechtsansprüche der Versicherungsnehmer begründet haben.**

(3) **Auf Versicherungsunternehmen, die nicht Aktiengesellschaften, Kommanditgesellschaften auf Aktien oder kleinere Vereine sind, ist § 170 Abs. 1 und 3 des Aktiengesetzes entsprechend anzuwenden.**

(4) [1]**Ein Versicherungsunternehmen, das ein Mutterunternehmen (§ 290) ist, hat den Konzernlagebericht um eine nichtfinanzielle Konzernerklärung zu erweitern, wenn auf die in den Konzernabschluss einzubeziehenden Unternehmen die folgenden Merkmale zutreffen:**

1. **sie erfüllen die in § 293 Absatz 1 Satz 1 Nummer 1 oder 2 geregelten Voraussetzungen für eine größenabhängige Befreiung nicht und**
2. **bei ihnen sind insgesamt im Jahresdurchschnitt mehr als 500 Arbeitnehmer beschäftigt.**

2 § 267 Absatz 4 bis 5, § 298 Absatz 2, § 315b Absatz 2 bis 4 und § 315c sind entsprechend anzuwenden. ³ Wenn die nichtfinanzielle Erklärung einen besonderen Abschnitt des Konzernlageberichts bildet, darf das Versicherungsunternehmen auf die an anderer Stelle im Konzernlagebericht enthaltenen nichtfinanziellen Angaben verweisen.

(5) Ein Versicherungsunternehmen, das nach Absatz 1 in Verbindung mit § 315d eine Konzernerklärung zur Unternehmensführung zu erstellen hat, hat darin Angaben nach § 315d in Verbindung mit § 289f Absatz 2 Nummer 6 aufzunehmen, wenn es in entsprechender Anwendung des § 267 Absatz 3 Satz 1 und Absatz 4 bis 5 als groß gilt.

Schrifttum: S. Schrifttum zu § 341.

Übersicht

I. Auf den Konzernabschluss und Konzernlagebericht anzuwendende Regelungen

1. Überblick. Wie für die Einzelrechnungslegung werden die für die 1 Konzernrechnungslegung von VU anzuwendenden Vorschriften im **HGB** (§§ 341i, 341j) und in der **RechVersV** (§§ 58–60) gem. § 330 Abs. 3 S. 4 gebündelt:

– **§ 341i:** Rechtsform- und größenunabhängige Konzernrechnungslegungspflicht und Regelungen zu den Aufstellungs-, Zwischenabschluss- und Vorlagefristen (vgl. Erl. zu § 341i);

– **§ 341j Abs. 1 S. 1:** Grundsätzliche Anwendung der allgemeinen Vorschriften zur Konzernrechnungslegung von **Kapitalgesellschaften;** §§ 290–315;[1]

– § 58 Abs. 1–3 RechVersV: für den Konzernabschluss von VU und Versicherungsholdinggesellschaften anzuwendende **Formblätter** für die **Bilanz** und die **GuV;**

– § 58 Abs. 4 RechVersV: §§ 3–50 RechVersV (außer den §§ 21 und 35 RechVersV über den Ausweis des Ausgleichsbetrages bei Niederlassungen) für den Einzelabschluss sind auch auf den Konzernabschluss anzuwenden, sofern dessen Eigenart keine Abweichung bedingt;

– §§ 59 und 60 RechVersV: die HGB-Vorschriften ergänzende Regelungen zum **Konzernanhang** und zum **Konzernlagebericht.**

Versicherungsholdinggesellschaften fallen dem Wortlaut des § 1 Rech- 2 VersV zufolge nicht unmittelbar unter den Anwendungsbereich der §§ 58–60

---

[1] Bezüglich der allgemeinen, nichtversicherungsspezifischen Regelungen s. die Erl. zu diesen Vorschriften.

RechVersV. Dennoch erscheint die Anwendung dieser Vorschriften auch für sie sachgerecht und entspricht der Konzeption der VersBiRiLi, die grundsätzlich die Anwendung sämtlicher, den konsolidierten Abschluss von VU betreffenden Vorschriften für Versicherungsholdinggesellschaften vorsieht (Art. 65 Abs. 2 Richtlinie 91/674/EWG).

2a   Abs. 4 und 5 wurden durch Art. 1 CSRRLUmsG eingefügt und verpflichten rechtsformunabhängig zur Abgabe der nichtfinanziellen Erklärung und Abgabe Konzernerklärung zur Unternehmensführung für Versicherungskonzerne, entsprechend §§ 315a–315d.

3   **2. Konzernbilanz.** Für die Aufstellung der Konzernbilanz von VU und Versicherungsholdinggesellschaften ist das Bilanzschema des Einzelabschlusses **(Formblatt 1 RechVersV)** anzuwenden (§ 58 Abs. 1 S. 1 RechVersV).

4   Der Betrieb mehrerer Geschäftszweige im Konzern, zB Allfinanzkonzerne, kann dazu führen, dass die für VU geltende Gliederung um Posten der nach für die anderen Geschäftszweige geltenden Gliederung zu ergänzen ist (vgl. § 341j Abs. 1 iVm § 341a Abs. 1 und § 265 Abs. 4).

5   Wird ein Konzern, mit einem VU an der Spitze, von den Aktivitäten eines anderen Geschäftszweigs dominiert, kann zur Vermittlung eines den tatsächlichen Verhältnissen entsprechenden Bildes des Konzerns in Abweichung von § 58 Abs. 1 S. 1 RechVersV die Anwendung einer auf diesen Geschäftszweig zugeschnittenen Gliederung geboten sein.[2]

6   Für die Zwecke der Konzernbilanz sind auch die **Fußnoten zu Formblatt 1 RechVersV** zu berücksichtigen. Das bedeutet, dass bei der Konsolidierung eines KVU die **Rückstellung für Beitragsrückerstattung** in „1. erfolgsabhängige" und „2. erfolgsunabhängige" zu untergliedern ist (§ 58 Abs. 1 S. 1 RechVersV iVm Fn. 7 zu Formblatt 1 RechVersV). Die bei den übrigen VU bilanzierten Rückstellungen für Beitragsrückerstattung sind entsprechend aufzuteilen. Auch darüber hinaus kann die Aufteilung der Rückstellung für Beitragsrückerstattung, unabhängig vom Einbezug eines KVU in den Konzernabschluss, **aus Gründen der Klarheit** geboten sein.[3]

7   Die Aufstellung der Konzernbilanz unter Berücksichtigung **einer teilweisen Verwendung des Konzernjahresergebnisses** ist möglich (vgl. § 58 Abs. 4 RechVersV iVm Fn. 7 zu Formblatt 1 RechVersV und Fn. 8 zu Formblatt 4 RechVersV), erscheint aber wegen der fehlenden Ausschüttungsbemessungsfunktion des Konzernabschlusses nur wenig sinnvoll.[4]

8   Auf die Konzernbilanz sind die **§§ 3–20 und 22–34 RechVersV** entsprechend anzuwenden, soweit die Eigenart des Konzernabschlusses keine Abweichungen bedingt (vgl. § 58 Abs. 4 RechVersV).

9   **3. Konzern-Gewinn- und Verlustrechnung.** § 58 Abs. 1 S. 1 RechVersV schreibt für die Konzern-Gewinn- und Verlustrechnung grundsätzlich die Anwendung des **Formblattes 4 RechVersV** vor, soweit die Besonderheiten des Konzerns keine Abweichung bedingen. Die Ausführungen zur Konzernbilanz beim Betrieb abweichender Geschäftszweige gelten für die Gewinn- und Verlustrechnung entsprechend.

10   Die Konzern-Gewinn- und Verlustrechnung setzt sich aus drei **Teilrechnungen** zusammen:

---

[2] Beispielsweise das für Kreditinstitute geltende Gliederungsschema: vgl. *Krumnow/Sprißler/Bellavite-Hövermann* §§ 340i, j Rn. 100.

[3] Vgl. WP-HdB Kap. K Rn. 647.

[4] S. WP-HdB Kap. M Rn. 642 mwN.

– versicherungstechnische Rechnung für das Schaden- und Unfallversicherungsgeschäft (vgl. Fn. 1 zu Formblatt 4 RechVersV),
– versicherungstechnische Rechnung für das Lebensversicherungsgeschäft/ Lebens- und Krankenversicherungsgeschäft (§ 58 Abs. 2 RechVersV),
– nichtversicherungstechnische Rechnung.

Die **Überschriften** der Teilrechnungen bzw. einzelner Posten sind ent-   **11**
sprechend den im Konzern betriebenen Versicherungsgeschäften anzupassen
(SchVU: Fn. 1 und 3 zu Formblatt 4 RechVersV; KVU: § 58 Abs. 2 Rech
VersV; International tätige RVU: Fn. 2 zu Formblatt 2 RechVersV (§ 58
Abs. 1 S. 2 RechVersV); P/StK: Fn. 2, 3 und 4 Rn. a zu Formblatt 3 Rech
VersV (§ 58 Abs. 1 S. 2 RechVersV)).

Außerdem ist bei Konzernabschlüssen von VVaG sowie öffentlich-recht-   **12**
lichen VU die Fn. 3 Buchst. a und b zum Formblatt 2 RechVersV zu beachten (vgl. § 58 Abs. 1 S. 3 RechVersV). Voraussetzung dafür ist, dass die
Konzern-Gewinn- und Verlustrechnung unter Berücksichtigung einer teilweisen **Verwendung des Konzernjahresergebnisses** aufgestellt wird, was
jedoch wegen der fehlenden Ausschüttungsbemessungsfunktion des Konzernabschlusses, unabhängig von der Rechtsform, wenig sinnvoll erscheint.[5]

Abhängig von der Herkunft der **Kapitalanlageerträge und -aufwen-**   **13**
dungen sieht die RechVersV im Formblatt 4 RechVersV deren getrennten
Ausweis in der versicherungstechnischen Rechnung für das Lebens- und
Krankenversicherungsgeschäft einerseits und in der nichtversicherungstechnischen Rechnung andererseits vor. Davon abweichend dürfen die gesamten
Erträge aus und Aufwendungen für Kapitalanlagen in der Konzern-Gewinn-
und Verlustrechnung zusammen, und zwar in der nichtversicherungstechnischen Rechnung ausgewiesen werden (§ 58 Abs. 3 S. 1 RechVersV). Die
Erträge aus und Aufwendungen für Kapitalanlagen der konsolidierten LVU
und KVU sind in diesem Fall als **Saldo** in die versicherungstechnische
Rechnung für das Lebens- und Krankenversicherungsgeschäft zu transferieren
(§ 58 Abs. 3 S. 2 RechVersV). Zu den entsprechenden Änderungen im Gliederungsschema vgl. § 58 Abs. 3 S. 3 RechVersV sowie die Fn. 6–8 zum
Formblatt 4 RechVersV.

Fraglich erscheint die Einordnung des von einbezogenen SchVU sowie   **14**
RVU in Rückdeckung **übernommenen Lebens- und Krankenversiche-**
rungsgeschäfts. Da aus Gründen der Klarheit und Vergleichbarkeit gleiche
Sachverhalte im Konzernabschluss gleich behandelt werden sollen, ist derartiges Geschäft uE grundsätzlich zusammen mit dem von einbezogenen
LVU und KVU betriebenen Versicherungsgeschäft in der versicherungstechnischen Rechnung für das Lebens- und Krankenversicherungsgeschäft auszuweisen (vgl. auch die entsprechenden Bezeichnungen in Formblatt 4
RechVersV).

Ein Zinstransfer für das von einbezogenen SchVU sowie RVU übernom-   **15**
mene Lebens- und Krankenversicherungsgeschäft ist indessen in § 58 Abs. 3
RechVersV explizit nicht vorgesehen. Um Verzerrungen im Ausweis des
versicherungstechnischen Ergebnisses im Lebens- und Krankenversicherungsgeschäft zu vermeiden, sollte in analoger Anwendung des § 58 Abs. 3 Rech
VersV die Möglichkeit des Transfers weiterer Kapitalanlageerträge zulässig
sein.[6]

---

[5] Vgl. WP-HdB Kap. M Rn. 629 mwN.
[6] Vgl. WP-HdB Kap. K Rn. 661.

16   Bei Konzernen, die im Wesentlichen von Rückversicherungsaktivitäten geprägt sind, kann auch ein Ausweis des gesamten übernommenen Lebensversicherungsgeschäftes in der versicherungstechnischen Rechnung für das Schaden- und Unfallversicherungsgeschäft als sachgerecht angesehen werden. Dieses Vorgehen entspricht dem bei Rückversicherungsunternehmen (§ 2 Abs. 1 S. 1 Nr. 1 RechVersV). Eine Orientierung ausschließlich an den Versicherungszweigen der in den Konzernabschluss einbezogenen rechtlichen Einheiten entspricht indessen nicht dem Einheitsgedanken des Konzernabschlusses.

17   Soweit die Eigenart des Konzernabschlusses keine Abweichungen bedingt, sind auf die einzelnen Posten der Konzern-Gewinn- und Verlustrechnung die **§§ 36–50 RechVersV** entsprechend anzuwenden (§ 58 Abs. 4 RechVersV).

18   **4. Konzernanhang.** Abgesehen von zwei **Ausnahmen** sind die in den §§ 313 und 314 für den Konzernanhang geforderten Angaben auch in den Konzernanhang von VU bzw. Versicherungsholdinggesellschaften aufzunehmen (Abs. 1 S. 1):

– Statt der Aufgliederung der Umsatzerlöse nach § 314 Abs. 1 Nr. 3 sind die **gebuchten Brutto-Beiträge** nach den in § 59 Abs. 3 RechVersV vorgegebenen Kriterien zu untergliedern (§ 59 Abs. 1 RechVersV).

– Der Gesamtbetrag der **sonstigen finanziellen Verpflichtungen** nach § 314 Abs. 1 Nr. 2a ist nur für solche Verpflichtungen anzugeben, die nicht im Rahmen des Versicherungsgeschäfts entstehen (Abs. 1 S. 3); auf die Erl. zu § 341a Abs. 2 S. 5 wird verwiesen.

19   Aufgrund der entsprechenden Anwendung der Vorschriften zu der Einzelbilanz und Einzel-Gewinn- und Verlustrechnung (§ 58 Abs. 4 RechVersV) sind darüber hinaus die in diesen Vorschriften geforderten Anhangangaben auch im Konzernanhang zu machen, soweit die Eigenart des Konzernabschlusses keine Abweichung bedingt (§ 313 Abs. 1 S. 1). So sind zB **erhebliche Abwicklungsergebnisse** aus den Schadenrückstellungen zu erläutern, wobei für die Frage nach der Erheblichkeit selbstverständlich auf die Verhältnisse im Konzern abzustellen ist.[7]

20   Mangels Verweis in den §§ 58 und 59 RechVersV finden demgegenüber die Vorschriften des Abschnitts 5 RechVersV zum Einzelanhang (§§ 51–56 RechVersV) keine Anwendung auf den Konzernanhang. Das bedeutet, dass für die **Kapitalanlagen** des Konzerns die **Zeitwertangabe der §§ 54 ff. RechVersV** im Konzernanhang **nicht** vorgeschrieben ist. Auch die detaillierten Angaben zu Versicherungszweiggruppen, -zweigen und -arten gem. § 51 Abs. 4 RechVersV sind nicht zu machen.

21   Gesondert vorgeschrieben ist für den Konzernanhang der **Anlagenspiegel** gemäß Muster 1. Die Darstellung **beschränkt** sich allerdings, in Übereinstimmung mit der VersBiRiLi (Art. 8 Richtlinie 91/674/EWG) auf die Posten „Immaterielle Vermögensgegenstände", „Grundstücke, grundstücksgleiche Rechte und Bauten" und „Kapitalanlagen in verbundenen Unternehmen und Beteiligungen" (§ 59 Abs. 2 RechVersV).

22   Zum Konzernbilanzposten „Grundstücke, grundstücksgleiche Rechte und Bauten" sind entsprechend § 52 Nr. 1 Buchst. a RechVersV die **eigengenutzten Grundstücke und Bauten** anzugeben (§ 59 Abs. 4 RechVersV). Das Kriterium der Eigennutzung bezieht sich auf die Tätigkeit im Rahmen

---

[7] Vgl. *Ellenbürger/Horbach/Kölschbach* WPg 1996, 113 (117 f.).

des Konzerns, also fallen auch an konsolidierte Unternehmen zur Nutzung überlassene Grundstücke und Bauten unter die Angabepflicht.

Versicherungsunternehmen haben im Konzernanhang auch die in § 251 **23** bezeichneten Haftungsverhältnisse anzugeben. Dies ergibt sich aus der Gesetzessystematik. Andernfalls käme es zu einer nicht gerechtfertigten Minderanforderung für Versicherungsunternehmen gegenüber den Unternehmen anderer Branchen.[8]

Für die **Segmentberichterstattung** (§ 297 Abs. 1 S. 2) und eine **Kapi- 24 talflussrechnung** (§ 297 Abs. 1 S. 2) enthalten die allgemeinen Standards des DRSC (DRS 21: Kapitalflussrechnung; DRS 3: Segmentberichterstattung) jeweils Anlagen, um versicherungsspezifischen Besonderheiten Rechnung zu tragen.

5. Konzernlagebericht. Über § 315 Abs. 1 und 2 hinausgehend fordert **25** § 60 RechVersV für den Konzernlagebericht die Angabe der **betriebenen Versicherungszweige** des selbst abgeschlossenen Versicherungsgeschäfts und des in Rückdeckung übernommenen Geschäfts und einen Bericht über den **Geschäftsverlauf** im selbst abgeschlossenen Lebens-, Kranken- und Schaden- und Unfallversicherungsgeschäft sowie dem in Rückdeckung übernommenen Geschäft.

Das in § 315 Abs. 1 S. 5 niedergelegte Erfordernis, im Konzernlagebericht **26** ua über die Risiken der künftigen Entwicklung zu berichten, wird im DRS 20, Anlage 2 branchenspezifisch konkretisiert.

Die von der RechVersV für den Einzellagebericht zusätzlich geforderten **27** Angaben (§ 57 Abs. 3–5 RechVersV) sind im Konzernlagebericht nicht zu machen.

II. Von der Anwendung ausgeschlossene Vorschriften

Von der Anwendung **ausgenommen** werden in **Abs. 1 S.** 2 folgende **28** Vorschriften des Zweiten Unterabschnitts des Dritten Buchs des HGB:
- § 293: Größenabhängige Befreiung von der Konzernrechnungslegungspflicht (§ 341i);
- § 298 Abs. 1: Verweis auf die anzuwendenden allgemeinen Vorschriften zum Einzelabschluss. An dessen Stelle verweist Abs. 1 S. 1 auf die Anwendung der ergänzenden Vorschriften für den Einzelabschluss von VU (§§ 341a–341h) sowie entsprechend die für die Rechtsform und Geschäftszweige der einbezogenen Unternehmen geltenden Vorschriften für große Kapitalgesellschaften, soweit die Eigenart des Konzernabschlusses keine Abweichung bedingt (vgl. auch die Erläuterungen oben zur RechVersV);
- § 314 Abs. 1 Nr. 3: Aufgliederung der Umsatzerlöse im Anhang. (An deren Stelle tritt die in § 59 Abs. 3 RechVersV geforderte Untergliederung der gebuchten Brutto-Beiträge);
- § 314 Abs. 1 Nr. 23: Angaben zu Erträgen und Aufwendungen von außergewöhnlicher Bedeutung oder Größenordnung.

Nach § 341j Abs. 1 S. 4 HGB wird die Anwendbarkeit der RechVersV in **29** den Fällen des § 315e Abs. 1 – also einem wegen Kapitalmarktorientierung verpflichtend aufzustellenden Konzernabschluss nach IFRS – ausgeschlossen. Fraglich ist, ob in den Fällen des § 315e Abs. 3 (freiwilliger IFRS-Konzernabschluss) die Angaben nach der RechVersV zu machen sind. § 315e Abs. 3

---

[8] Vgl. im Einzelnen *Ellenbürger/Horbach/Kölschbach* WPg 1996, 113 (118).

verweist auf die Vorschriften in 315e Abs. 1; es entspricht Sinn und Zweck, das so auslegen, dass das auch für Modifizierungen nach 341j Abs. 1 S. 4 gilt.

III. In der Anwendung modifizierte Vorschriften

30   Auf den Konzernabschluss sind die folgenden Vorschriften in **modifizierter** Form anzuwenden:
- § 314 Abs. 1 Nr. 2: Die Angabe der **sonstigen finanziellen Verpflichtungen** braucht nicht für solche zu erfolgen, die im Rahmen des Versicherungsgeschäfts entstehen (Abs. 1 S. 3).
- § 304 Abs. 1: Von der **Eliminierung von Zwischenergebnissen** kann über § 304 Abs. 2 S. 1 hinausgehend auch dann abgesehen werden, wenn die zugrunde liegenden Lieferungen und Leistungen zu marktüblichen Konditionen vorgenommen wurden und sie Rechtsansprüche von Versicherungsnehmern begründet haben; also unabhängig davon, ob die Zwischenergebniseliminierung einen unverhältnismäßig hohen Aufwand erfordern würde.

Sechster Titel. Prüfung

§ 341k [Prüfung]

(1) [1]**Versicherungsunternehmen haben unabhängig von ihrer Größe ihren Jahresabschluß und Lagebericht sowie ihren Konzernabschluß und Konzernlagebericht nach den Vorschriften des Dritten Unterabschnitts des Zweiten Abschnitts prüfen zu lassen.** [2]**§ 318 Absatz 1a und § 319 Absatz 1 Satz 2 sind nicht anzuwenden.** [3]**Hat keine Prüfung stattgefunden, so kann der Jahresabschluß nicht festgestellt werden.** [4]**Auf Versicherungsunternehmen im Sinne des Artikels 2 Absatz 1 der Richtlinie 91/674/EWG sind die Vorschriften des Dritten Unterabschnitts des Zweiten Abschnitts nur insoweit anzuwenden, als nicht die Verordnung (EU) Nr. 537/2014 anzuwenden ist.**

(2) [1]**§ 318 Abs. 1 Satz 1 ist mit der Maßgabe anzuwenden, daß der Abschlußprüfer des Jahresabschlusses und des Konzernabschlusses vom Aufsichtsrat bestimmt wird.** [2]**§ 318 Abs. 1 Satz 3 und 4 gilt entsprechend.**

(3) **In den Fällen des § 321 Abs. 1 Satz 3 hat der Abschlußprüfer die Aufsichtsbehörde unverzüglich zu unterrichten.**

(4) [1]**Versicherungsunternehmen im Sinne des Artikels 2 Absatz 1 der Richtlinie 91/674/EWG haben, auch wenn sie nicht kapitalmarktorientiert im Sinne des § 264d sind, § 324 Absatz 1 und 2 anzuwenden, wenn sie keinen Aufsichts- oder Verwaltungsrat haben, der die Voraussetzungen des § 100 Absatz 5 des Aktiengesetzes erfüllen muss.** [2]**Dies gilt für landesrechtliche öffentlich-rechtliche Versicherungsunternehmen nur, soweit das Landesrecht nichts anderes vorsieht.**

Schrifttum: S. Schrifttum zu § 341.

Übersicht

I. Prüfungspflicht und Prüfungsfrist

Die Prüfungspflicht für Versicherungsunternehmen besteht grundsätzlich **1** unabhängig von ihrer Rechtsform und Größe. Damit geht der Anwendungsbereich dieser Vorschrift über den des § 316 hinaus, der kleine Kapitalgesellschaften von der Prüfungspflicht ausnimmt. Hintergrund hierfür ist, dass gem. § 341a Abs. 1 alle Versicherungsunternehmen den großen Kapitalgesellschaften gleichgestellt werden (vgl. Erläuterungen zu § 341a). Die Größenklassen für Kapitalgesellschaften nach § 267 finden daher gem. § 341a Abs. 2 für Versicherungsunternehmen keine Anwendung. Durch die generelle Gleichstellung zu den großen Kapitalgesellschaften können gem. § 319 Abs. 1 nur Wirtschaftsprüfer oder Wirtschaftsprüfungsgesellschaften Abschlussprüfer sein. Eine Abschlussprüfung durch Vereidigte Buchprüfer oder Buchprüfungsgesellschaften ist nicht zulässig.

Nach § 319a Abs. 1 S. 1 sind „Versicherungsunternehmen im Sinne des **2** Artikels 2 Absatz 1 der Richtlinie 91/674/EWG" (VersBiRiLi) Unternehmen von öffentlichem Interesse (PIE). Für sie gelten gem. Abs. 1 S. 4 die Bestimmungen der Abschlußprüfer-Verordnung (EU) Nr. 537/2014 vorrangig. Art. 2 Abs. 1 Richtlinie 91/674/EWG verweist auf die inzwischen durch die Solvabilität II-RL aufgehobenen Schaden- bzw. Lebensrichtlinie. Art. 310 Abs. 2 Solvabilität II-RL bestimmt, dass sich ua die Verweise der VersBilRiLi nunmehr auf Artikel der Solvabilität II-RL beziehen, und zwar gemäß der Entsprechungstabelle in Anhang VII Solvabilität II-RL. Nach der Entsprechungstabelle ist für die Definition des Versicherungsunternehmens iSd Art. 2 Abs. 1 Richtlinie 91/674/EWG der Art. 2 Solvabilität II-RL maßgeblich, wobei die in Art. 3, Art. 7, Art. 9 und Art. 10 Solvabilität II-RL beschriebenen Unternehmen ausgenommen sind.

Damit sind alle Versicherungsunternehmen Unternehmen von öffent- **3** lichem Interesse, mit Ausnahme von

im Bereich der Lebensversicherung

a) Sterbekassen (Art. 10 Abs. 1 Solvabilität II-RL)

b) allen Unternehmen zur betrieblichen Versorgung, also insbesondere Pensionskassen und -fonds und Zusatzversorgungskassen (Art. 9 Abs. 2 Solvabilität II-RL)

c) Unterstützungskassen (Art. 9 Abs. 1 Solvabilität II-RL)

d) gesetzlichen Systemen der sozialen Sicherheit (Art. 3 Solvabilität II-RL)

und im Bereich der anderen Sparten
a) VVaG, die zu 100 % rückversichert sind (Art. 7 Solvabilität II-RL)
b) gesetzliche Systeme zur sozialen Sicherheit (Art. 3)
c) kleinere Versicherungsvereine isd § 210 VAG (su).

Einrichtungen, die keine Unternehmen sind, sind auch keine Versicherungsunternehmen.[1]

4   Für Niederlassungen ausländischer Versicherungsunternehmen, die gem. § 341 Abs. 2 unter den Anwendungsbereich der ergänzenden Vorschriften für Versicherungsunternehmen und Pensionsfonds fallen, besteht ebenfalls grundsätzlich Prüfungspflicht. Dies sind Versicherungsunternehmen mit Sitz in einem anderen Staat, die zum Betrieb des Direktversicherungsgeschäftes die Erlaubnis der deutschen Versicherungsaufsichtsbehörde benötigen (vgl. Erläuterungen zu § 341). Die Verpflichtung zur Rechnungslegung und Prüfung erfolgt für Zwecke der Aufsicht, da diese Niederlassungen der Finanzaufsicht in Deutschland unterliegen.[2] Allerdings handelt es sich bei ihnen nicht um Unternehmen im öffentlichen Interesse (PIE): Versicherungsunternehmen isd Art. 2 Abs. 1 Richtlinie 91/674/EWG sind nur Gesellschaften, die nach den Rechtsvorschriften eines Mitgliedstaats gegründet wurden und ihren satzungsmäßigen Sitz, ihre Hauptverwaltung oder ihre Hauptniederlassung in der Union haben. Das ist bei Zweigniederlassungen von Versicherungsunternehmen aus Drittstaaten aber gerade nicht der Fall.

5   Der Prüfungszeitraum für den Jahresabschluss von Kapitalgesellschaften richtet sich zum einen nach den gesetzlich vorgeschriebenen Aufstellungsfristen (vgl. Erläuterungen zu § 341a sowie bzgl. des Konzernabschlusses § 341i) und zum anderen nach dem Einberufungszeitpunkt der ordentlichen Hauptversammlung bzw. der Versammlung der obersten Vertretung. Diese haben grundsätzlich in den ersten acht Monaten des Geschäftsjahres stattzufinden (§ 175 Abs. 1 AktG; bei Versicherungsaktiengesellschaften unmittelbar; bei Versicherungsvereinen, die nicht kleinere Vereine sind sowie öffentlich-rechtliche Versicherungsunternehmen iVm § 341a Abs. 4). Bei „professionellen" und überwiegenden Rückversicherern beträgt die Frist 14 Monate (§ 341a Abs. 5 Hs. 2). Der Konzernabschluss ist spätestens der nächsten nach Ablauf der Aufstellungsfrist einzuberufenden Hauptversammlung vorzulegen (§ 341i Abs. 4). Vor der Hauptversammlung muss dem Aufsichtsrat der Prüfungsbericht zugeleitet werden; dieser hat längstens zwei Monate Zeit, die eingereichten Unterlagen zu überprüfen und dazu Stellung zu nehmen (§ 171 Abs. 3 AktG, ggf. iVm § 341a Abs. 4). Unverzüglich nach Eingang des Berichts des Aufsichtsrats hat der Vorstand die Hauptversammlung zur Entgegennahme des festgestellten Jahresabschlusses und des Lageberichts sowie zur Beschlussfassung über die Verwendung eines Bilanzgewinns einzuberufen (§ 175 AktG). Die Hauptversammlung ist mindestens einen Monat vor dem Tage der Versammlung einzuberufen (§ 123 Abs. 1 AktG), sodass der Prüfungsbericht in der Regel zwei bis drei Monate vor der Hauptversammlung bzw. Versammlung der obersten Vertretung vorzuliegen hat.

6   Ist die gesetzlich vorgeschriebene Abschlussprüfung nicht erfolgt, kann der Jahresabschluss nicht festgestellt werden (vgl. § 316 Abs. 1 S. 2 iVm § 341k Abs. 1 S. 3).

---

[1] Im Einzelnen s. auch IDW Positionspapier „EU-Regulierung der Abschlussprüfung", Stand: 10.4.2017, 13 f.
[2] Vgl. Bericht des Rechtsausschusses, BT-Drs. 12/7646, 3.

II. Befreiungen

Die uneingeschränkte Prüfungspflicht des § 341k wird durchbrochen 7
durch eine Spezialvorschrift in der RechVersV.

Gem. § 61 RechVersV sind bestimmte, in dieser Vorschrift beschriebene 8
Versicherungsunternehmen von der Prüfungspflicht nach § 341k iVm den
§§ 316–324a ausgenommen. Daneben sind kleinere Versicherungsvereine
von den Anforderungen der Prüfung, Offenlegung und von der Verpflichtung
zum Konzernabschluss befreit, um eine im Verhältnis zur Größe der Versicherungsunternehmen unangemessene Belastung zu vermeiden.[3] Zu den
einzelnen Befreiungskriterien vgl. § 61 RechVersV. Für diese Versicherungsunternehmen sind demnach die Regelungen der EU-VO zur Abschlussprüfung von PIE insoweit irrelevant, als diese eine Prüfungspflicht voraussetzen.

Bestimmte kleinere Vereine isd § 210 VAG sind jedoch verpflichtet, den 9
Geschäftsbetrieb und die Vermögenslage gemäß SachvPrüfV durch einen
Sachverständigen prüfen zu lassen.

Von der Anwendung des § 341k bereits gesetzlich ausgenommen sind die 10
Versicherungsunternehmen, die nach § 341 Abs. 1 S. 2 nicht unter die Versicherungsbilanzrichtlinie fallen (zB berufsständische Versorgungswerke, Versorgungseinrichtungen des öffentlichen Dienstes und der Kirchen oder betriebliche Unterstützungseinrichtungen, vgl. Erläuterung zu § 341). Weitere
eventuelle Prüfungspflichten für diese Versicherungsunternehmen bleiben
von der Bestimmung in § 341 Abs. 1 S. 2 unberührt.

III. Besonderheiten bei der Prüfung von Versicherungsunternehmen

Für die Prüfung von Versicherungsunternehmen sind die Abschlussprüfer- 11
Verordnung sowie die für alle (prüfungspflichtigen) Kapitalgesellschaften geltenden Vorschriften der §§ 316–324 zu beachten, soweit dem keine speziellen Vorschriften entgegenstehen. Zu den allgemeinen Vorschriften vgl. die
Erläuterungen zu §§ 316–324.

Im Folgenden werden nur versicherungsspezifische Besonderheiten im 12
Zusammenhang mit der Abschlussprüfung erläutert.

1. Bestellung des Abschlussprüfers. Abweichend von den Bestimmun- 13
gen des § 318 Abs. 1 S. 1 wird bei Versicherungsunternehmen der Abschlussprüfer des Jahresabschlusses und Lageberichts sowie des Konzernabschlusses
und Konzernlageberichts vom Aufsichtsrat bestimmt (Abs. 2 S. 1). Mit der
Änderung des § 341n Abs. 2a durch die Berichterstattung des Finanzausschusses des Bundestags zum Gesetz zur Umsetzung der zweiten Zahlungsdiensterichtlinie wurde klargestellt, dass das Bestellverfahren des Prüfers nach
§ 341k Abs. 2 durch den Aufsichtsrat ein alternatives Bestellsystem iSd Art. 16
Abs. 1 EU-APrVO iVm Art. 37 Abs. 2 RL 2014/56/EU ist. Der Finanz-
ausschuss führt in seinem Bericht allerdings aus, dass dieses alternative System
nur für das Bestellungsverfahren im engeren Sinne gilt. Die der Bestellung
nach der Verordnung (EU) Nr. 537/2014 (EU-APrVO) vorausgehenden
Schritte, insbesondere das durch den Prüfungsausschuss oder Aufsichtsrat nach
Art. 16 Abs. 3 EU-APrVO durchzuführende Auswahlverfahren, lassen sich
demgegenüber im Regelfall auch in dem von § 341k Abs. 2 S. 1 vorgesehenen Bestellungssystem durchführen (vgl. BT-Drs. 18/12568, 166–168).

---

[3] Vgl. Begr. zu § 61 RechVersV, BR-Drs. 823/94, 152.

14 Im Falle der Ablehnung des Prüfers durch die Aufsichtsbehörde ist damit ein ständiges, nicht nur gelegentlich zusammentreffendes Organ vorhanden, um einen neuen Abschlussprüfer bestimmen zu können.[4] Die Bestimmung des Abschlussprüfers kann auch durch einen Ausschuss des Aufsichtsrates erfolgen.[5]

15 Die Bestimmung, dass auch der Konzernabschlussprüfer vom Aufsichtsrat bestimmt wird, ist im Hinblick auf die Regelung des § 318 Abs. 2 S. 1 sinnvoll, um der üblichen Praxis zu entsprechen, der zufolge der Prüfer des Jahresabschlusses in der Regel auch Prüfer des Konzernabschlusses ist.[6]

16 Bei Pensions- und Sterbekassen, die keinen Aufsichtsrat haben, hat nach Auskunft der BaFin die Mitgliedervertreterversammlung den Abschlussprüfer zu bestimmen.[7]

17 Bei Versicherungsholdinggesellschaften (→ § 341i Rn. 18), die selbst kein Versicherungsgeschäft betreiben, sind nach Wortlaut und Systematik der §§ 341 ff. die allgemeinen Bestimmungen (§ 318 Abs. 1) maßgeblich.[8] Die Gleichstellung von Versicherungsholdinggesellschaften und Versicherungsunternehmen in § 341i Abs. 2 beschränkt sich explizit auf die Bestimmungen der §§ 341i und 341j zum Konzernabschluss.

18 Die Bestimmung soll jeweils vor Ablauf des Geschäftsjahres erfolgen, auf das sich die Prüfung erstreckt; die gesetzlichen Vertreter, bei dessen Zuständigkeit der Aufsichtsrat (§ 189 VAG sowie § 111 AktG), haben dem bestimmten Abschlussprüfer unverzüglich den Prüfungsauftrag zu erteilen (s. die entsprechende Erläuterung zu § 318 Abs. 1 S. 3 und 4). Die Möglichkeit, die Höchstlaufzeit des Prüfungsmandats auf 20 Jahre gem. § 318 Abs. 1a zu verlängern, besteht bei Versicherungsunternehmen nicht. Der Aufsichtsrat ist zuständig bei Versicherungsunternehmen in der Rechtsform der Aktiengesellschaft (§ 111 AktG) und bei größeren Versicherungsvereinen auf Gegenseitigkeit (§ 189 VAG; zu kleineren VVaG § 210 Abs. 2 S. 3 VAG).

19 Der Vorstand hat des Weiteren der Aufsichtsbehörde den vom Aufsichtsrat bestimmten Abschlussprüfer unverzüglich anzuzeigen (§ 36 Abs. 1 S. 1 VAG). Wenn diese gegen den Abschlussprüfer Bedenken hat, kann die Aufsichtsbehörde verlangen, dass innerhalb einer bestimmten Frist ein anderer Abschlussprüfer bestimmt wird (§ 36 Abs. 1 S. 2 VAG). Dies sollte vor Ablauf des Geschäftsjahres erfolgen.[9] Unterbleibt die erneute Bestimmung des Abschlussprüfers oder hat die Aufsichtsbehörde auch gegen den neuen Abschlussprüfer Bedenken, so bestimmt diese den Prüfer selbst (§ 36 Abs. 1 S. 3 VAG). Auch in diesem Fall haben die gesetzlichen Vertreter den Prüfungsauftrag unverzüglich dem von der Aufsichtsbehörde bestimmten Prüfer zu erteilen (§ 36 Abs. 1 S. 4 VAG). Unberührt bleiben die gesellschaftsrechtlichen Möglichkeiten der Ablehnung des Abschlussprüfers nach § 318 Abs. 3.[10]

20 **2. Ergänzende Prüfungspflichten bei Versicherungsunternehmen.** Ergänzende Prüfungspflichten für den Abschlussprüfer ergeben sich aus § 35 VAG. Danach hat der Abschlussprüfer auch die Solvabilitätsübersicht und die Erfüllung der in das VAG aufgenommenen Anzeigepflichten und Verpflichtun-

---

[4] Vgl. *Goldberg/Müller* VAG § 58 Rn. 1.

[5] Vgl. § 107 Abs. 3 AktG ggf. iVm 189 Abs. 3 S. 1 VAG; aA *Goldberg/Müller* VAG § 58 Rn. 2.

[6] Vgl. Begr. RegE, BT-Drs. 12/5587, 30.

[7] Vgl. *Kölschbach*, Sonderdruck zu: Die Sterbekasse Nr. 67, 10.

[8] AA Beck HdR/*Seitz* Rn. 4.

[9] Vgl. *Prölss/Kölschbach* VAG § 58 Rn. 6 f.

[10] Vgl. *Fahr/Kaulbach* VAG § 58 Rn. 2.

gen nach dem GWG sowie die die Erfüllung bestimmter Anforderungen, die sich aus den Vorschriften zur zusätzlichen Beaufsichtigung von VU-Gruppen und VU, die Finanzkonglomeraten angehören (Gruppensolvabilität) zu überprüfen. Zu beachten ist ggf. die Prüfungspflicht gem. § 29 Abs. 1 Nr. 2 Buchst. b KWG für übergeordnete Unternehmen eines Finanzkonglomerats iSd § 12 FKAG. Weiterhin ist das Risikofrüherkennungssystems gem. § 317 Abs. 4 bei allen VU zu prüfen, auf die § 91 Abs. 2 AktG anzuwenden ist. Die Prüfungspflicht gilt für alle VU in der Rechtsform der AG, durch Verweis in § 33 Abs. 2 S. 2 VAG für alle öffentlich-rechtlichen VU und durch Verweis in § 188 VAG für VVaG. Durch § 210 Abs. 1 VAG gilt eine Ausnahme für kleine VVaG.

Mit dem IDW Prüfungsstandard „Prüfung der Solvabilitätsübersicht nach **21** § 35 Abs. 2 VAG (IDW PS 580)" legt das Institut der Wirtschaftsprüfer die Berufsauffassung zur Prüfung der Solvabilitätsübersicht dar. Über die Ergebnisse der Prüfungen gem. § 35 ist gesondert zu berichten (§ 35 Abs. 2 und 5 S. 2 VAG) bzw. sie sind in den Bericht über die Prüfung des Jahresabschlusses aufzunehmen (§ 35 Abs. 1 S. 2 VAG). Inhalte der Prüfungsberichte regelt die gem. § 39 Abs. 1 Nr. 3 VAG erlassene Prüfungsberichteverordnung (BGBl. 2017 I 2846).

3. Prüfung der Deckungsrückstellung. Es ist darauf hinzuweisen, dass **22** die versicherungsmathematische Bestätigung des Verantwortlichen Aktuars hinsichtlich der ordnungsgemäßen Bildung der Deckungsrückstellungen die Vorschriften zur Prüfung durch den Wirtschaftsprüfer in § 341k nicht berührt und damit eine Prüfung durch den Wirtschaftsprüfer auch nicht überflüssig macht.[11]

4. Bundesanstalt für Finanzdienstleistungsaufsicht. Bei der Prüfung **23** sind bestimmte Rechte der Aufsichtsbehörde (BaFin) sowie Verpflichtungen der Versicherungsunternehmen und des Abschlussprüfers gegenüber der BaFin zu beachten.

Eine Anzeigeverpflichtung des Abschlussprüfers gegenüber der BaFin be- **24** steht gem. Abs. 3 bei Feststellung von Tatsachen gem. § 321 Abs. 1 S. 3. Stellt danach der Abschlussprüfer bei Wahrnehmung seiner Aufgaben Unrichtigkeiten oder Verstöße gegen gesetzliche Vorschriften sowie Tatsachen fest,

– die den Bestand des Unternehmens gefährden können,
– die die Entwicklung des Unternehmens wesentlich beeinträchtigen können oder
– die schwerwiegende Verstöße der gesetzlichen Vertreter gegen Gesetz, Gesellschaftsvertrag oder Satzung darstellen,

so hat er darüber nicht nur im Rahmen seiner Berichterstattung zu informieren, sondern darüber hinaus auch unverzüglich die BaFin zu unterrichten. Entsprechende Berichtspflichten regelt Art. 12 Abs. 1 der Abschlussprüferverordnung.

Erweiterte Berichtspflichten gegenüber der Aufsichtsbehörde ergeben sich **25** aus § 35 Abs. 4 VAG bei Verletzung bestimmter aufsichtsrechtlicher Vorschriften, Beeinträchtigung der Fortsetzung der Tätigkeit des Unternehmens oder Ablehnung der Bestätigung ordnungsmäßiger Rechnungslegung oder Vorbehalte dagegen. Das gilt auch, wenn der Abschlussprüfer neben dem (Erst-)Versicherungsunternehmen ein Unternehmen prüft, das mit dem Versicherungsunternehmen eine enge Verbindung unterhält.

---

[11] Vgl. § 141 Abs. 5 Nr. 2 VAG, VFA in IDW-FN 1994, 396.

26   Gem. Art. 12 Abs. 2 Abschlussprüferverordnung ist zwischen der Aufsichtsbehörde und Abschlussprüfer ein wirksamer Dialog einzurichten. EIOPA hat Leitlinien zur Förderung des wirksamen Dialogs erlassen (EIOPA 16/ 858). Das Teilen von Informationen in gutem Glauben stellt gem. Art. 12 Abs. 3 Abschlussprüferverordnung keinen Verstoß gegen eine etwaige vertragliche oder rechtliche Beschränkung der Informationsweitergabe dar.

IV. Prüfungsbericht und Bestätigungsvermerk

27   Die Verpflichtung des Abschlussprüfers zur Erstellung eines Prüfungsberichts ergibt sich aus dem auch für Versicherungsunternehmen anzuwendenden § 321 bzw. den Vorgaben der Abschlussprüferverordnung. Zu Einzelheiten vgl. die Erläuterungen zu § 321.

28   Darüber hinaus ist das Bundesministerium der Finanzen ermächtigt, durch eine Verordnung gem. § 39 Abs. 1 S. 1 Nr. 3 VAG Vorschriften über den Inhalt der Prüfungsberichte zu erlassen, soweit dies für aufsichtsrechtliche Zwecke erforderlich ist. Das Bundesministerium der Finanzen hat von der Ermächtigung mit der PrüfV vom 19.7.2017 (vgl. BGBl. 2017 I 2846 ff.) Gebrauch gemacht.

29   Weiterhin wird das Bundesministerium der Finanzen gem. § 39 Abs. 1 S. 1 Nr. 4 ermächtigt, Vorschriften über die Prüfung des Jahresabschlusses und Lageberichtes von Versicherungsunternehmen, auf die § 341k nicht anwendbar ist, durch einen unabhängigen Sachverständigen sowie über den Inhalt und die Frist für die Einreichung eines Sachverständigenberichts, soweit dies für aufsichtsrechtliche Zwecke erforderlich ist, zu erlassen. Dies ist durch die Verordnung über die Prüfung des Jahresabschlusses und des Lageberichts von Versicherungsunternehmen durch einen unabhängigen Sachverständigen (Sachverständigenprüfverordnung – SachvPrüfV) geschehen.[12]

30   Der Abschlussprüfer hat unbeschadet der allgemeinen gesetzlichen Vorschriften sowie der berufsüblichen Prüfungs- und Berichtspflichten die PrüfV zu beachten.

31   Für Versicherungsunternehmen, die der Aufsicht durch die Aufsichtsbehörden der Länder unterliegen, können die Landesregierungen gem. § 39 Abs. 2 VAG im Benehmen mit der BaFin durch Rechtsverordnung Vorschriften auch nach § 39 Abs. 1 Nr. 3 VAG erlassen. Die Landesregierungen können diese Befugnis auf die Aufsichtsbehörde des Landes übertragen.

32   Der Vorstand hat den Prüfungsbericht mit seinen Bemerkungen und denen des Aufsichtsrats der Aufsichtsbehörde gem. § 37 Abs. 5 VAG unverzüglich nach der Feststellung vorzulegen. Die Aufsichtsbehörde kann den Bericht mit dem Abschlussprüfer erörtern und ggf. Ergänzungen der Prüfung und des Berichts auf Kosten des Versicherungsunternehmens veranlassen.

33   Gem. § 38 Abs. 2 gelten § 37 Abs. 5 und § 36 Abs. 2 VAG (Anzeigepflicht des Abschlussprüfers bei der Aufsichtsbehörde) nicht für die Landesaufsicht unterliegenden öffentlich-rechtlichen Versicherungsunternehmen. Für Versicherungsunternehmen dieser Rechtsform bestehen für die Prüfung ihrer Jahresabschlüsse nach § 341k zusätzliche landesrechtliche Vorschriften.

---

[12] Vgl. Sachverständigenprüfverordnung v. 18.4.2016 (BGBl. 2016 I 760), die durch Art. 1 der Verordnung v. 19.7.2017 (BGBl. 2017 I 3023) geändert worden ist.

Für den Bestätigungsvermerk zum Jahresabschluss sind Art. 10 EU- **34**
APrVO, § 322 und IDW PS 400 sowie PS 401 entsprechend anzuwenden
(vgl. Erl. zu § 322).

Eine Besonderheit bezüglich des Bestätigungsvermerks von Lebensver- **35**
sicherungsunternehmen, Schaden- und Unfallversicherungsunternehmen,
welche die Unfallversicherung mit Beitragsrückgewähr betreiben, kann sich
im Rahmen der **Verwendung der Überschussbeteiligung** ergeben. Gem.
§ 139 Abs. 2 S. 1 VAG hat der Aufsichtsrat bei Aktiengesellschaften der Entscheidung des Vorstands, welche Beträge für die Überschussbeteiligung der
Versicherten zurückzustellen sind, zuzustimmen. Damit ist der Beschluss bis
zur Genehmigung des Aufsichtsrats schwebend unwirksam.

Hat der Aufsichtsrat im Zeitpunkt des Testates noch nicht zugestimmt, ist **36**
der Bestätigungsvermerk unter der Bedingung abzugeben, dass der Aufsichtsrat dem Beschluss des Vorstandes über die Überschussbeteiligung der Versicherten zustimmt.[13] Die Bedingung ist dem Bestätigungsvermerk unmittelbar voranzustellen und deutlich sichtbar zu machen. Im Rechtssinne handelt
es sich um eine Erteilung des Testats unter einer aufschiebenden Bedingung
(§ 158 BGB). Mit Eintritt der genannten Bedingung wird das Testat voll
wirksam.

V. Anwendbarkeit der Vorschriften über den Prüfungsausschuss

Abs. 4 verpflichtet VU, die die Definition von Unternehmen von öffent- **37**
lichem Interesse erfüllen, auch dann zur Anwendung der Vorschriften des
§ 324 über den Prüfungsausschuss (s. ausführliche Kommentierung zu § 324),
wenn sie nicht kapitalmarktorientiert isd § 264d sind und keinen Aufsichts-
oder Verwaltungsrat haben, der die Anforderungen des § 100 Abs. 5 AktG
erfüllen muss, dh in dem nicht mindestens ein unabhängiges Mitglied Sachverstand auf den Gebieten Rechnungslegung oder Abschlussprüfung aufweisen muss und die Mitglieder in ihrer Gesamtheit mit dem Sektor vertraut sein
müssen.

Die Einrichtung des Prüfungsausschusses bei **Versicherungs-AG und** **38**
VVaG ist damit freiwillig, denn § 100 Abs. 5 AktG gilt bei Aktiengesellschaften unmittelbar und bei VVaG iVm § 189 Abs. 3 VAG. Bei **öffentlich-
rechtlichen Versicherern** kann die Einrichtung eines Prüfungsausschusses
mit Finanzexperte verpflichtend sein, wenn sie nicht aufgrund ihrer Satzung
verpflichtet sind, einen Aufsichtsrat mit Finanzexperten zu haben, es sei denn,
das maßgebliche Landesrecht sieht etwas anders vor. Nicht betroffen sind
Pensionskassen und -fonds, Sterbekassen sowie bestimmte kleinere VVaG in
der Sachversicherung.

Siebenter Titel. Offenlegung

§ 3411 [Offenlegung]

(1) [1]**Versicherungsunternehmen haben den Jahresabschluß und den Lagebericht sowie den Konzernabschluß und den Konzernlagebericht und
die anderen in § 325 bezeichneten Unterlagen nach § 325 Abs. 2 bis 5,
§§ 328, 329 Abs. 1 und 4 offenzulegen.** [2]**Von den in § 341a Abs. 5 genannten Versicherungsunternehmen ist § 325 Abs. 1 mit der Maßgabe**

---

[13] Vgl. IDW-FN 1994, 396 f.

anzuwenden, dass die Frist für die Einreichung der Unterlagen beim Betreiber des Bundesanzeigers 15 Monate, im Fall des § 325 Abs. 4 Satz 1 vier Monate beträgt; § 327a ist anzuwenden.

(2) **Die gesetzlichen Vertreter eines Mutterunternehmens haben abweichend von § 325 Abs. 3 unverzüglich nach der Hauptversammlung oder der dieser entsprechenden Versammlung der obersten Vertretung, welcher der Konzernabschluß und der Konzernlagebericht vorzulegen sind, jedoch spätestens vor Ablauf des dieser Versammlung folgenden Monats den Konzernabschluß mit dem Bestätigungsvermerk oder dem Vermerk über dessen Versagung und den Konzernlagebericht mit Ausnahme der Aufstellung des Anteilsbesitzes beim Betreiber des Bundesanzeigers elektronisch einzureichen.**

(3) **Soweit Absatz 1 Satz 1 auf § 325 Abs. 2a Satz 3 und 5 verweist, gelten die folgenden Maßgaben und ergänzenden Bestimmungen:**

1. **Die in § 325 Abs. 2a Satz 3 genannten Vorschriften des Ersten Unterabschnitts des Zweiten Abschnitts des Dritten Buchs sind auch auf Versicherungsunternehmen anzuwenden, die nicht in der Rechtsform einer Kapitalgesellschaft betrieben werden.**
2. **An Stelle des § 285 Nr. 8 Buchstabe b gilt die Vorschrift des § 51 Abs. 5 in Verbindung mit Muster 2 der Versicherungsunternehmens-Rechnungslegungsverordnung vom 8. November 1994 (BGBl. I S. 3378) in der jeweils geltenden Fassung.**
3. **§ 341a Abs. 4 ist anzuwenden, soweit er auf die Bestimmungen der §§ 170, 171 und 175 des Aktiengesetzes über den Einzelabschluss nach § 325 Abs. 2a dieses Gesetzes verweist.**
4. **Im Übrigen finden die Bestimmungen des Zweiten bis Vierten Titels dieses Unterabschnitts sowie der Versicherungsunternehmens-Rechnungslegungsverordnung keine Anwendung.**

Schrifttum: S. Schrifttum zu § 341.

I. Umfang der Offenlegung und Offenlegungsfrist

1   Die von Versicherungsunternehmen unabhängig von ihrer Größe und Rechtsform zu beachtenden Offenlegungsvorschriften knüpfen weitgehend an die für (andere) Kapitalgesellschaften geltenden Regelungen in §§ 325–329 an (vgl. §§ 325–329). Insofern wirken sich Änderungen im Zusammenhang mit allgemeinen Gesetzesvorhaben auf die Offenlegungspflichten der VU aus.

2   Nicht zur Anwendung kommen die größenabhängigen Erleichterungen der §§ 326 und 327, da Versicherungsunternehmen gem. § 341a Abs. 1 generell den großen Kapitalgesellschaften gleichgestellt werden.

3   Durch die Rechtsformunabhängigkeit gelten die Offenlegungsvorschriften grundsätzlich auch für Versicherungsunternehmen, die keine Kapitalgesellschaft sind, zB für kleine Versicherungsvereine. Das PublG findet keine Anwendung.

4   Für Niederlassungen ausländischer Versicherungsunternehmen, die gem. § 341 Abs. 2 unter den Anwendungsbereich der ergänzenden Vorschriften für Versicherungsunternehmen und Pensionsfonds fallen (§§ 67, 68 VAG), besteht grundsätzlich Offenlegungspflicht. Es handelt sich hierbei im Wesentlichen um Versicherungsunternehmen mit Sitz in einem anderen Staat, die zum Betrieb des Erst- und Rückversicherungsgeschäfts die Erlaubnis der deutschen

Versicherungsaufsichtsbehörde benötigen (vgl. § 341). Die Verpflichtung zur Offenlegung erfolgt insbesondere für Zwecke der Aufsicht, da diese Niederlassungen weiterhin der Finanzaufsicht in Deutschland unterliegen.[1]

Für Niederlassungen von VU aus anderen EU-Mitgliedstaaten, die nicht 5 zur Erstellung eines gesonderten Jahresabschlusses verpflichtet sind, wird von jeglichen Offenlegungspflichten abgesehen.[2]

Für Versicherungsunternehmen ergeben sich für den Einzelabschluss fol- 6 gende Offenlegungspflichten:[3]

– Jahresabschluss und Lagebericht,
– Bericht des Aufsichtsrats und Entsprechenserklärung zum Corporate Governance Kodex nach § 161 AktG,
– Bestätigungsvermerk oder Vermerk über dessen Versagung und, soweit nicht aus dem Jahresabschluss ersichtlich:
– Angabe des Jahresergebnisses,
– Vorschlag und Beschluss für die Verwendung des Jahresergebnisses.

Für die Offenlegungsfrist ist grundsätzlich § 325 Abs. 1a S. 1 maßgebend. 7 Das heißt, der Jahresabschluss ist unverzüglich nach seiner Vorlage an die Gesellschafter, jedoch spätestens vor Ablauf des zwölften Monats des dem Abschlussstichtag nachfolgenden Geschäftsjahres offenzulegen (§ 325 Abs. 1a S. 1 iVm § 341l Abs. 1 S. 1).

Für kapitalmarktorientierte VU iSd 264d, die nicht unter § 327a fallen, gilt 8 eine verkürzte Offenlegungspflicht von vier Monaten (vgl. § 325 Abs. 4 S. 1 iVm § 341l Abs. 1 S. 1).

Für nicht-kapitalmarktorientierte Rückversicherungsunternehmen und 9 Versicherungsunternehmen, deren Beiträge aus dem in Rückdeckung übernommenen Versicherungsgeschäft die übrigen Beiträge übersteigen (vgl. § 341a Abs. 5), ist die Frist von zwölf auf fünfzehn Monate verlängert (Abs. 1 S. 2).

Für die Wahrung der Frist ist der Zeitpunkt der Einreichung der Unterla- 10 gen beim Bundesanzeiger maßgebend, vgl. hierzu § 325 Abs. 4.

II. Befreiungen

Unter den in § 264 Abs. 3 und § 264b aufgeführten Voraussetzungen 11 können Versicherungsunternehmen gem. § 341a Abs. 2 S. 4 von einer Offenlegung des Jahresabschlusses absehen. Wegen aufsichtsrechtlicher Gründe sind die in § 264 Abs. 3 und § 264b vorgesehenen Befreiungsmöglichkeiten auf die Offenlegung beschränkt.[4] Von der Erleichterung sind Tochterunternehmen von Versicherungsunternehmen unabhängig von deren Rechtsform erfasst.[5] Die handelsrechtliche Offenlegungspflicht wird durch eine Spezialvorschrift in der RechVersV durchbrochen. Gem. § 61 RechVersV sind bestimmte, in dieser Vorschrift beschriebene Versicherungsunternehmen von der Offenlegungspflicht und damit von der Anwendung des § 341l sowie der §§ 325–329 ausgenommen.

Sinngemäß sind kleine Versicherungsvereine, soweit es die Versicherungs- 12 bilanzrichtlinie zulässt, von den Anforderungen der Prüfung, Offenlegung

---

[1] Vgl. Bericht des Rechtsausschusses, BT-Drs. 12/7646, 3.
[2] Vgl. Bericht des Rechtsausschusses, BT-Drs. 12/7646, 5.
[3] Vgl. Beck Versicherungsbilanz/*Seitz* Rn. 5 f.
[4] Vgl. BT-Drs. 13/7141.
[5] Vgl. *Dörner/Wirth* DB 1998, 1526.

und von der Verpflichtung zum Konzernabschluss befreit, um eine im Verhältnis zur Größe der Versicherungsunternehmen unangemessene Belastung zu vermeiden.[6] Zu den einzelnen Befreiungskriterien vgl. § 61 RechVersV.

III. Besonderheiten zur Offenlegung

13   Neben den handelsrechtlichen Vorschriften sind auch einige aufsichtsrechtliche Bestimmungen zur Offenlegung zu beachten.

14   Die gesetzlichen Vorschriften über die Einreichung des Jahresabschlusses und des Lageberichts an die Aufsichtsbehörde regelt § 37 Abs. 1 VAG. Danach sind der Aufsichtsbehörde sowohl der aufgestellte als auch der festgestellte Jahresabschluss jeweils unverzüglich einzureichen. Der Aufsichtsbehörde soll mit der Einreichung des aufgestellten Jahresabschlusses eine möglichst zeitige Analyse zur Früherkennung von Negativentwicklungen ermöglicht werden.[7]

15   Gem. § 37 Abs. 3 VAG haben Versicherungsunternehmen über die allgemeinen Offenlegungspflichten hinaus jedem Versicherten auf Verlangen den Jahresabschluss und den Lagebericht zu übersenden. Davon sind auch die „kleineren Vereine" iSd § 210 VAG nicht befreit. Dasselbe gilt für einen IFRS-Einzelabschluss gem. § 325 Abs. 2a gem. § 37 Abs. 4 VAG.

16   Gem. § 68 Abs. 1 S. 4 Nr. 1 VAG sind auch bestimmte Niederlassungen ausländischer Versicherungsunternehmen verpflichtet, auf Verlangen jedem Versicherten den Jahresabschluss und den Lagebericht in deutscher Sprache zu übersenden.

IV. Konzernabschluss

17   Versicherungsunternehmen, die Mutterunternehmen sind, haben gem. Abs. 2, abweichend von § 325 Abs. 3, unverzüglich nach der Hauptversammlung oder der entsprechenden Versammlung der obersten Vertretung, welcher der Konzernabschluss und -lagebericht vorzulegen sind, jedoch spätestens vor Ablauf des dieser Versammlung folgenden Monats beim Betreiber des Bundesanzeigers einzureichen:

a) Konzernabschluss und -lagebericht (die Aufstellung des Anteilsbesitzes, die Bestandteil des Anhangs ist, braucht nicht eingereicht zu werden) sowie
b) Bestätigungsvermerk oder Vermerk über dessen Versagung.

18   Auch für den Konzernabschluss ist die Regelung des § 37 Abs. 1 VAG zu beachten. Gem. § 37 Abs. 1 S. 2 VAG sind der aufgestellte Konzernabschluss und Konzernlagebericht der Aufsichtsbehörde unverzüglich einzureichen.

Achter Titel. Straf- und Bußgeldvorschriften, Ordnungsgelder

§ 341m Strafvorschriften

(1) [1]**Die Strafvorschriften der §§ 331 bis 333 sind auch auf nicht in der Rechtsform einer Kapitalgesellschaft betriebene Versicherungsunternehmen und Pensionsfonds anzuwenden.** [2]**§ 331 ist darüber hinaus auch anzuwenden auf die Verletzung von Pflichten durch den Hauptbevollmächtigten (§ 68 Absatz 2 des Versicherungsaufsichtsgesetzes).**

---

[6] Vgl. Begr. zu § 61 RechVersV in BR-Drs. 823/94, 152.
[7] Vgl. Begr. RegE, BT-Drs. 12/5587, 32.

(2) **Mit Freiheitsstrafe bis zu einem Jahr oder mit Geldstrafe wird bestraft, wer als Mitglied eines nach § 341k Absatz 4 Satz 1 in Verbindung mit § 324 Absatz 1 Satz 1 eingerichteten Prüfungsausschusses**

1. **eine in § 341n Absatz 2a bezeichnete Handlung begeht und dafür einen Vermögensvorteil erhält oder sich versprechen lässt oder**
2. **eine in § 341n Absatz 2a bezeichnete Handlung beharrlich wiederholt.**

(3) **§ 335c Absatz 2 gilt in den Fällen des Absatzes 2 entsprechend.**

Schrifttum: S. Schrifttum zu § 341.

I. Anwendung von §§ 331–333 (Abs. 1)

Die rechtsformspezifisch für Kapitalgesellschaften formulierten Strafvorschriften werden auf Versicherungsunternehmen jeglicher Rechtsform und Pensionsfonds ausgedehnt. Die Strafvorschriften der §§ 331–333 sind somit für alle Versicherungsunternehmen und Pensionsfonds anzuwenden. 1

II. Von § 331 betroffener Personenkreis

Soweit Versicherungsunternehmen als Kapitalgesellschaften betrieben werden, richten sich die Strafvorschriften am in § 331 beschriebenen Personenkreis aus. Dies sind die Mitglieder des vertretungsberechtigten Organs (Vorstands) sowie Mitglieder des Aufsichtsrats. § 331 ist darüber hinaus auch anzuwenden auf die Verletzung von Pflichten durch den Hauptbevollmächtigten (§ 68 Abs. 2 VAG). Somit findet § 331 auch Anwendung auf Versicherungsunternehmen mit Sitz außerhalb der Mitgliedstaaten der Europäischen Wirtschaftsgemeinschaft oder eines anderen Vertragsstaates des Abkommens über den Europäischen Wirtschaftsraum, die für ihre Niederlassungen einen Hauptbevollmächtigten zu bestellen haben (§ 68 Abs. 2 S. 1 VAG). Darüber hinaus sind von § 331 auch die vertretungsberechtigten Organe der Nicht-Kapitalgesellschaften erfasst. Durch die Ausweitung der Straf- und Bußgeldvorschriften sowie der Vorschriften über die Festsetzung von Zwangs- und Ordnungsgeld in § 341m auf Pensionsfonds sind diese Vorschriften auch auf Mitglieder des vertretungsberechtigten Organs oder des Aufsichtsrats eines Pensionsfonds anzuwenden. 2

III. Von §§ 332, 333 betroffener Personenkreis

Von §§ 332, 333 werden der Abschlussprüfer und die Gehilfen des Abschlussprüfers erfasst. Vgl. zu Einzelheiten Erläuterungen zu §§ 332, 333. 3

IV. Straftatbestände und Rechtsfolgen

Vgl. Erläuterungen zu §§ 331–333. 4

V. Verletzung der Pflichten bei Abschlussprüfungen und Mitteilungen an die Abschlussprüferaufsichtsstelle (Abs. 2 und 3)

Die Ergänzung des § 341m um die Abs. 2 und 3 durch das Abschlussprüfungsreformgesetz vom 10.5.2016 entspricht der Einfügung der §§ 333a ff. – unter Anpassung des Verweises auf die branchenspezifischen Bußgeldvorschriften in § 341n – und § 335c in den für Kapitalgesellschaften geltenden Vorschriften. Die Ausführungen zu der rechtsformunabhängigen Anwendung 5 auf Versicherungsunternehmen in → Rn. 1 gelten auch hier. Im Übrigen vgl. Erläuterungen zu §§ 333a und 335c.

§ 341n Bußgeldvorschriften

(1) Ordnungswidrig handelt, wer als Mitglied des vertretungsberechtigten Organs oder des Aufsichtsrats eines Versicherungsunternehmens oder eines Pensionsfonds oder als Hauptbevollmächtigter (§ 68 Absatz 2 des Versicherungsaufsichtsgesetzes)

1. bei der Aufstellung oder Feststellung des Jahresabschlusses einer Vorschrift

   a) des § 243 Abs. 1 oder 2, der §§ 244, 245, 246 Abs. 1 oder 2, dieser in Verbindung mit § 341a Abs. 2 Satz 3, des § 246 Abs. 3 Satz 1, des § 247 Abs. 3, der §§ 248, 249 Abs. 1 Satz 1 oder Abs. 2, des § 250 Abs. 1 oder Abs. 2, des § 264 Absatz 1a oder Absatz 2, des § 341e Abs. 1 oder 2 oder der §§ 341f, 341g oder 341h über Form oder Inhalt,

   b) des § 253 Abs. 1 Satz 1, 2, 3 oder Satz 4, Abs. 2 Satz 1, auch in Verbindung mit Satz 2, Absatz 3 Satz 1, 2, 3, 4 oder Satz 5, Abs. 4, 5, der §§ 254, 256a, 341b Abs. 1 Satz 1 oder des § 341d über die Bewertung,

   c) des § 265 Abs. 2, 3 oder 4, des § 268 Abs. 3 oder 6, der §§ 272, 274 oder des § 277 Abs. 3 Satz 2 über die Gliederung,

   d) der §§ 284, 285 Nr. 1, 2 oder Nr. 3, auch in Verbindung mit § 341a Abs. 2 Satz 5, oder des § 285 Nummer 3a, 7, 9 bis 14a, 15a, 16 bis 33 oder Nummer 34 über die im Anhang zu machenden Angaben,

2. bei der Aufstellung des Konzernabschlusses einer Vorschrift

   a) des § 294 Abs. 1 über den Konsolidierungskreis,

   b) des § 297 Absatz 1a, 2 oder Absatz 3 oder des § 341j Abs. 1 Satz 1 in Verbindung mit einer der in Nummer 1 Buchstabe a bezeichneten Vorschriften über Form oder Inhalt,

   c) des § 300 über die Konsolidierungsgrundsätze oder das Vollständigkeitsgebot,

   d) des § 308 Abs. 1 Satz 1 in Verbindung mit den in Nummer 1 Buchstabe b bezeichneten Vorschriften, des § 308 Abs. 2 oder des § 308a über die Bewertung,

   e) des § 311 Abs. 1 Satz 1 in Verbindung mit § 312 über die Behandlung assoziierter Unternehmen oder

   f) des § 308 Abs. 1 Satz 3, des § 313 oder des § 314 in Verbindung mit § 341j Abs. 1 Satz 2 oder 3 über die im Konzernanhang zu machenden Angaben,

3. bei der Aufstellung des Lageberichts oder der Erstellung eines gesonderten nichtfinanziellen Berichts einer Vorschrift der §§ 289, 289a, 341a Absatz 1a, auch in Verbindung mit § 289b Absatz 2 oder 3 oder mit den §§ 289c, 289d oder § 289e Absatz 2, oder des § 341a Absatz 1b in Verbindung mit § 289f über den Inhalt des Lageberichts oder des gesonderten nichtfinanziellen Berichts,

4. bei der Aufstellung des Konzernlageberichts oder der Erstellung eines gesonderten nichtfinanziellen Konzernberichts einer Vorschrift der §§ 315, 315a, 341j Absatz 4, auch in Verbindung mit § 315b Absatz 2 oder 3 oder § 315c, oder des § 341j Absatz 5 in Verbindung mit § 315d

über den Inhalt des Konzernlageberichts oder des gesonderten nichtfinanziellen Konzernberichts,

5. bei der Offenlegung, Veröffentlichung oder Vervielfältigung einer Vorschrift des § 328 über Form oder Inhalt oder

6. einer auf Grund des § 330 Abs. 3 und 4 in Verbindung mit Abs. 1 Satz 1 erlassenen Rechtsverordnung, soweit sie für einen bestimmten Tatbestand auf diese Bußgeldvorschrift verweist,

zuwiderhandelt.

(2) Ordnungswidrig handelt, wer zu einem Jahresabschluss, zu einem Einzelabschluss nach § 325 Abs. 2a oder zu einem Konzernabschluss, der aufgrund gesetzlicher Vorschriften zu prüfen ist, einen Vermerk nach § 322 Abs. 1 erteilt, obwohl nach § 319 Abs. 2, 3, 5, § 319a Abs. 1 Satz 1, Abs. 2, § 319b Abs. 1 er oder nach § 319 Abs. 4, auch in Verbindung mit § 319a Abs. 1 Satz 2, oder § 319b Abs. 1 die Wirtschaftsprüfungsgesellschaft, für die er tätig wird, nicht Abschlussprüfer sein darf.

(2a) Ordnungswidrig handelt, wer als Mitglied eines nach § 341k Absatz 4 Satz 1 in Verbindung mit § 324 Absatz 1 Satz 1 eingerichteten Prüfungsausschusses

1. die Unabhängigkeit des Abschlussprüfers oder der Prüfungsgesellschaft nicht nach Maßgabe des Artikels 4 Absatz 3 Unterabsatz 2, des Artikels 5 Absatz 4 Unterabsatz 1 Satz 1 oder des Artikels 6 Absatz 2 der Verordnung (EU) Nr. 537/2014 des Europäischen Parlaments und des Rates vom 16. April 2014 über spezifische Anforderungen an die Abschlussprüfung bei Unternehmen von öffentlichem Interesse und zur Aufhebung des Beschlusses 2005/909/EG der Kommission (ABl. L 158 vom 27.5.2014, S. 77, L 170 vom 11.6.2014, S. 66) überwacht oder

2. eine Empfehlung für die Bestellung eines Abschlussprüfers oder einer Prüfungsgesellschaft vorlegt, die nicht auf einem Verlangen der Aufsichtsbehörde nach § 36 Absatz 1 Satz 2 des Versicherungsaufsichtsgesetzes beruht und

a) die den Anforderungen nach Artikel 16 Absatz 2 Unterabsatz 2 oder 3 der Verordnung (EU) Nr. 537/2014 nicht entspricht oder

b) der ein Auswahlverfahren nach Artikel 16 Absatz 3 Unterabsatz 1 der Verordnung (EU) Nr. 537/2014 nicht vorangegangen ist.

(3) ¹Die Ordnungswidrigkeit kann mit einer Geldbuße bis zu fünfzigtausend Euro geahndet werden. ²Ist das Versicherungsunternehmen kapitalmarktorientiert im Sinne des § 264d, beträgt die Geldbuße in den Fällen des Absatzes 1 höchstens den höheren der folgenden Beträge:

1. zwei Millionen Euro oder

2. das Zweifache des aus der Ordnungswidrigkeit gezogenen wirtschaftlichen Vorteils, wobei der wirtschaftliche Vorteil erzielte Gewinne und vermiedene Verluste umfasst und geschätzt werden kann.

(3a) Wird gegen ein Versicherungsunternehmen, das kapitalmarktorientiert im Sinne des § 264d ist, in den Fällen des Absatzes 1 eine Geldbuße nach § 30 des Gesetzes über Ordnungswidrigkeiten verhängt, beträgt diese Geldbuße höchstens den höchsten der folgenden Beträge:

1. zehn Millionen Euro,

2. 5 Prozent des jährlichen Gesamtumsatzes, den das Versicherungsunternehmen im der Behördenentscheidung vorausgegangenen Geschäftsjahr erzielt hat oder

3. **das Zweifache des aus der Ordnungswidrigkeit gezogenen wirtschaftlichen Vorteils, wobei der wirtschaftliche Vorteil erzielte Gewinne und vermiedene Verluste umfasst und geschätzt werden kann.**

(3b) [1] **Als Gesamtumsatz ist anstelle des Betrags der Umsatzerlöse der sich aus dem auf das Versicherungsunternehmen anwendbaren nationalen Recht im Einklang mit Artikel 63 der Richtlinie 91/674/EWG des Rates vom 19. Dezember 1991 über den Jahresabschluss und den konsolidierten Abschluss von Versicherungsunternehmen (ABl. L 374 vom 31.12.1991, S. 7), die zuletzt durch die Richtlinie 2006/46/EG (ABl. L 224 vom 16.8.2006, S. 1) geändert worden ist, ergebende Gesamtbetrag, abzüglich der Umsatzsteuer und sonstiger direkt auf diese Erträge erhobener Steuern, maßgeblich.** [2] **Handelt es sich bei dem Versicherungsunternehmen um ein Mutterunternehmen oder um ein Tochterunternehmen im Sinne des § 290, ist anstelle des Gesamtumsatzes des Versicherungsunternehmens der jeweilige Gesamtbetrag im Konzernabschluss des Mutterunternehmens maßgeblich, der für den größten Kreis von Unternehmen aufgestellt wird.** [3] **Wird der Konzernabschluss für den größten Kreis von Unternehmen nicht nach der in Satz 1 genannten Vorschrift aufgestellt, ist der Gesamtumsatz nach Maßgabe der Posten des Konzernabschlusses zu ermitteln, die mit den von Satz 1 erfassten Posten vergleichbar sind.** [4] **Ist ein Jahres- oder Konzernabschluss für das maßgebliche Geschäftsjahr nicht verfügbar, ist der Jahres- oder Konzernabschluss für das unmittelbar vorausgehende Geschäftsjahr maßgeblich; ist auch dieser nicht verfügbar, kann der Gesamtumsatz geschätzt werden.**

(4) [1] **Verwaltungsbehörde im Sinne des § 36 Abs. 1 Nr. 1 des Gesetzes über Ordnungswidrigkeiten ist in den Fällen der Absätze 1 und 2a die Bundesanstalt für Finanzdienstleistungsaufsicht für die ihrer Aufsicht unterliegenden Versicherungsunternehmen und Pensionsfonds.** [2] **Unterliegt ein Versicherungsunternehmen und Pensionsfonds der Aufsicht einer Landesbehörde, so ist diese in den Fällen der Absätze 1 und 2a zuständig.** [3] **In den Fällen des Absatzes 2 ist die Abschlussprüferaufsichtsstelle beim Bundesamt für Wirtschaft und Ausfuhrkontrolle zuständig.**

(5) **Die nach Absatz 4 Satz 1 oder 2 zuständige Verwaltungsbehörde übermittelt der Abschlussprüferaufsichtsstelle beim Bundesamt für Wirtschaft und Ausfuhrkontrolle alle Bußgeldentscheidungen nach Absatz 2a.**

Schrifttum: S. Schrifttum zu § 341.

I. Von § 341n betroffener Personenkreis

1   Von den Bußgeldvorschriften werden zunächst alle Mitglieder des vertretungsberechtigten Organs oder des Aufsichtsrats eines Versicherungsunternehmens bzw. eines Pensionsfonds sowie die Hauptbevollmächtigten iSv § 68 Abs. 2 VAG erfasst. Das bedeutet insbesondere, dass durch Abs. 1 als Spezialvorschrift die für alle Kapitalgesellschaften geltenden Bußgeldvorschriften in § 334 verdrängt werden. Abs. 1 gilt insoweit auch für Organmitglieder von Kapitalgesellschaften und hat somit anders als § 341o nicht nur ergänzenden Charakter.

2   Nach Abs. 2 kann ferner der Abschlussprüfer eines Versicherungsunternehmens im Falle einer ordnungswidrigen Erteilung eines Vermerks nach § 322 mit einer Geldbuße belegt werden (→ Rn. 14).

3   Über Abs. 2a wird der Anwendungsbereich, entsprechend der Ergänzung des § 334 um einen Abs. 2a, auf die Mitglieder eines Prüfungsausschusses

nach § 341k Abs. 4 S. 1 iVm 324 Abs. 1 S. 1 erweitert, und zwar für die Fälle unzureichender Überwachung der Unabhängigkeit des Abschlussprüfers oder Fehlern beim Auswahlverfahren bzw. der Bestellung des Abschlussprüfers.

II. Zu ahndende Ordnungswidrigkeiten

Der Umfang der Vorschriften orientiert sich grundsätzlich an den Bußgeld- **4** vorschriften in § 334 Abs. 1–3. Wegen der branchenspezifischen Besonderheiten ist jedoch in § 334 Abs. 5 die Anwendung der für alle Kapitalgesellschaften geltenden Bußgeldvorschriften auf Versicherungsunternehmen und Pensionsfonds (sowie Kreditinstitute) ausgeschlossen, sodass es einer eigenständigen Regelung im Rahmen der ergänzenden Vorschriften für Versicherungsunternehmen und Pensionsfonds bedarf.

Als Ordnungswidrigkeit werden nach Abs. 1 und 2 Zuwiderhandlungen **5** gegen folgende Vorschriften qualifiziert:

1. Zuwiderhandlungen bei der Aufstellung oder Feststellung des Jahresabschlusses
   a) Zuwiderhandlungen gegen Vorschriften über Form oder Inhalt des Jahresabschlusses
   b) Zuwiderhandlungen gegen Vorschriften über die Bewertung
   c) Zuwiderhandlungen gegen Vorschriften über die Gliederung
   d) Zuwiderhandlungen gegen Vorschriften über in der Bilanz oder im Anhang zu machende Angaben
2. Zuwiderhandlungen bei der Aufstellung des Konzernabschlusses
3. Zuwiderhandlungen bei der Aufstellung des Lageberichts
4. Zuwiderhandlungen bei der Aufstellung des Konzernlageberichts
5. Zuwiderhandlungen bei der Offenlegung, Veröffentlichung oder Vervielfältigung
6. Zuwiderhandlungen gegen eine auf Grund von § 330 Abs. 3 und 4 iVm Abs. 1 S. 1 erlassene Rechtsverordnung
7. Ordnungswidrige Erteilung eines Bestätigungsvermerks

Eine Ordnungswidrigkeit begehen auch Wirtschaftsprüfer bzw. Wirtschafts- **6** prüfungsgesellschaften, sofern sie zu einem Jahresabschluss oder einem Konzernabschluss einen Bestätigungsvermerk iSv § 322 erteilen, obwohl einer der in aufgeführten Bestimmungen genannten Gründe vorliegt, nach denen der Wirtschaftsprüfer bzw. die Wirtschaftsprüfungsgesellschaft nicht Abschlussprüfer sein darf. Zu Einzelheiten vgl. Erläuterungen zu §§ 319–319b, 334 Abs. 2.

Mitglieder eines Prüfungsausschusses begehen eine Ordnungswidrigkeit, **7** sofern sie die Unabhängigkeit des Abschlussprüfers oder der Prüfungsgesellschaft nicht nach Maßgabe der in Abs. 2a Nr. 1 genannten Vorschriften der EU-Abschlussprüferverordnung überwachen, eine Empfehlung für die Bestellung des Abschlussprüfers vorlegen, die nicht den in Abs. 2a Nr. 2 genannten Anforderungen der EU-Abschlussprüferverordnung entspricht oder bei denen ein dort bestimmtes Auswahlverfahren nicht vorangegangen ist. Das entspricht im Grunde § 334 Abs. 2a (vgl. die Erläuterungen dazu), ergänzt um die Klarstellung, dass das durch den Prüfungsausschuss oder Aufsichtsrat nach Art. 16 Abs. 3 EU-APrVO (Verordnung (EU) Nr. 537/2014) durchzuführende Auswahlverfahren auch bei Versicherungsunternehmen anzuwenden ist, obwohl der Abschlussprüfer hier gem. § 341k Abs. 2 vom Aufsichtsrat bestimmt wird.

III. Verfahren zur Verfolgung und Ahndung der Ordnungswidrigkeiten

8 Vgl. Erläuterungen zu § 334.

IV. Rechtsfolgen

9 Die Ordnungswidrigkeit kann mit einer Geldbuße geahndet werden, die grundsätzlich bis zu 50.000 Euro betragen kann. Für kapitalmarktorientierte Versicherungsunternehmen gilt die Höchstgrenze wie in § 334 Abs. 3 S. 2, und zwar der höhere Betrag aus zwei Millionen Euro oder das Zweifache des aus der Ordnungswidrigkeit gezogenen wirtschaftlichen Vorteils. Zu Einzelheiten vgl. Erläuterungen zu § 334.

10 Die Höchstgrenze für eine Geldbuße nach § 30 des Gesetzes über Ordnungswidrigkeiten in den Fällen des Abs. 1 bei kapitalmarktorientierten Versicherungen entspricht ebenfalls der gem. § 334 Abs. 3a, Abs. 3b verweist für die Bestimmung des Gesamtumsatzes branchenspezifisch auf die Umsetzung des Art. 63 Richtlinie 91/674/EWG (EU-VersBiRiLi), also § 51 Abs. 4 RechVersV. Dieser fordert anstelle der Aufgliederung der Umsatzerlöse nach § 285 Nr. 4 Angaben zu den gebuchten Bruttobeiträgen. Damit werden auch solche Einnahmen erfasst, die noch kein Ertrag sind und damit nicht den Umsatzerlösen in anderen Branchen entsprechen. Es wäre aber wohl verfehlt, aus dieser ökonomischen Betrachtung zu schließen, dass „die verdienten Beiträge" der Maßstab sei, da diese nur in der Schaden- und Unfallversicherung zusätzlich zu den gebuchten Beiträgen anzugeben sind.

V. Zuständigkeit der Verwaltungsbehörden

11 Mit Abs. 4 werden die für die Verfolgung und Ahndung von Ordnungswidrigkeiten zuständigen Verwaltungsbehörden bestimmt:

12 Zuständige Verwaltungsbehörde iSv § 36 Abs. 1 Nr. 1 OWiG für die Verfolgung von Ordnungswidrigkeiten der Mitglieder des vertretungsberechtigten Organs, des Aufsichtsrats oder des Prüfungsausschusses in den Fällen der Abs. 1 oder 2a ist die Bundesanstalt für Finanzdienstleistungsaufsicht oder, sofern das Versicherungsunternehmen bzw. der Pensionsfonds der Aufsicht einer Landesbehörde unterliegt, diese. In den Fällen des Abs. 2 ist, wie nach § 334 Abs. 4, die Abschlussprüferaufsichtsstelle beim Bundesamt für Wirtschaft und Ausfuhrkontrolle zuständig. Dieser haben die Bundesanstalt für Finanzdienstleistungsaufsicht oder ggf. die zuständige Landesbehörde gem. Abs. 5 alle Bußgeldentscheidungen nach Abs. 2a zu übermitteln.

§ 341o Festsetzung von Ordnungsgeld

[1] Personen, die

1. als Mitglieder des vertretungsberechtigten Organs eines Versicherungsunternehmens oder eines Pensionsfonds § 341l in Verbindung mit § 325 über die Pflicht zur Offenlegung des Jahresabschlusses, des Lageberichts, des Konzernabschlusses, des Konzernlageberichts und anderer Unterlagen der Rechnungslegung oder

2. als Hauptbevollmächtigter (§ 68 Absatz 2 des Versicherungsaufsichtsgesetzes) § 341l Abs. 1 über die Offenlegung der Rechnungslegungsunterlagen

nicht befolgen, sind hierzu vom Bundesamt für Justiz durch Festsetzung
von Ordnungsgeld anzuhalten. ²Die §§ 335 bis 335b sind entsprechend
anzuwenden.

Schrifttum: S. Schrifttum zu § 341.

I. Von § 341o betroffener Personenkreis

Aufgrund der rechtsformunabhängigen Rechnungslegungsvorschriften für 1
Versicherungsunternehmen und Pensionsfonds ist der betroffene Personenkreis, der den Ordnungsgeldvorschriften unterliegt, gegenüber den übrigen
Kapitalgesellschaften ausgeweitet. Während bei Versicherungsunternehmen in
der Rechtsform der Kapitalgesellschaft bereits nach § 335 die Mitglieder des
vertretungsberechtigten Organs im Fall von Pflichtverletzungen Sanktionen
unterworfen sind, regelt § 341o S. 1 Nr. 1 den entsprechenden Sachverhalt
bei Versicherungsunternehmen und Pensionsfonds, und zwar unabhängig von
der Rechtsform.

Mit einem Ordnungsgeld können demnach Mitglieder des vertretungs- 2
berechtigten Organs eines Versicherungsunternehmens oder Pensionsfonds,
die keine Kapitalgesellschaften sind, belegt werden.

Darüber hinaus werden von § 341o S. 1 Nr. 2 Hauptbevollmächtigte iSv 3
§ 68 Abs. 2 VAG erfasst. Zu den in diesem Zusammenhang in Frage kommenden Pflichtverletzungen (→ Rn. 6).

II. Zu ahndende Pflichtverletzungen

Bei den mit Ordnungsgeld zu sanktionierenden Pflichtverletzungen wird 4
Bezug genommen auf die für sonstige Kapitalgesellschaften geltenden Regelungen in § 335.

Zu Einzelheiten hinsichtlich der Pflichtverletzungen vgl. Erläuterungen zu 5
§ 335.

III. Voraussetzungen und Verfahren zur Festsetzung eines Ordnungsgelds

Für die Festsetzung eines Zwangsgelds gelten für den Bereich der Versiche- 6
rungsunternehmen und Pensionsfonds durch den Verweis auf die Anwendbarkeit von § 335 die gleichen Voraussetzungen wie bei Kapitalgesellschaften.
Wegen des Hinweises in § 341o S. 2, kann das Ordnungsgeldverfahren auch
gegen das Versicherungsunternehmen oder den Pensionsfonds selbst durchgeführt werden, wenn es sich nicht um eine Kapitalgesellschaft handelt.

§ 341p Anwendung der Straf- und Bußgeld- sowie der Ordnungsgeldvorschriften auf Pensionsfonds

**Die Strafvorschriften des § 341m Absatz 1, die Bußgeldvorschrift des
§ 341n Absatz 1 und 2 sowie die Ordnungsgeldvorschrift des § 341o gelten auch für Pensionsfonds im Sinne des § 341 Abs. 4 Satz 1.**

Schrifttum: S. Schrifttum zu § 341.

1   § 341p stellt klar, welche der Straf- und Bußgeldvorschriften sowie der Ordnungsgeldvorschriften auch auf Pensionsfonds Anwendung finden. Mit dieser Vorschrift wird ua dem Umstand Rechnung getragen, dass im Nebenstrafrecht der Adressat einer straf- oder bußgeldbewehrten Norm genau bezeichnet werden muss.[1]

Dritter Unterabschnitt. Ergänzende Vorschriften für bestimmte Unternehmen des Rohstoffsektors

Erster Titel. Anwendungsbereich; Begriffsbestimmungen

§ 341q Anwendungsbereich

[1] Dieser Unterabschnitt gilt für Kapitalgesellschaften mit Sitz im Inland, die in der mineralgewinnenden Industrie tätig sind oder Holzeinschlag in Primärwäldern betreiben, wenn auf sie nach den Vorschriften des Dritten Buchs die für große Kapitalgesellschaften geltenden Vorschriften des Zweiten Abschnitts anzuwenden sind. [2] Satz 1 gilt entsprechend für Personenhandelsgesellschaften im Sinne des § 264a Absatz 1.

Schrifttum: *IDW*, Praxishinweis 1/2017: Erstellung von (Konzern-)Zahlungsberichten.

I. Regelungsgegenstand und -zweck

1   Die Initiative der Europäischen Union zur Förderung der Transparenz und Korruptionsbekämpfung wurde mit der Richtlinie 2013/34/EU[1*] im Kapitel 10 in europäisches Recht umgesetzt. Da es sich hierbei um eine EU-Richtlinie handelt, wurde diese durch das Bilanzrichtlinienumsetzungsgesetz (BilRUG) in deutsches Recht überführt. Hierdurch wurden die Paragrafen § 341q–§ 341y eingeführt, die die Zahlungsberichterstattung regeln. Diese Paragrafen beinhalten im Wesentlichen die folgenden Punkte:

- Anwendungsbereich,
- Begriffsbestimmungen,
- Pflicht zur Erstellung des Zahlungsberichts; Befreiungen,
- Inhalt des Zahlungsberichts,
- Gliederung des Zahlungsberichts,
- Konzernzahlungsbericht; Befreiung,
- Offenlegung,
- Buß- sowie Ordnungsgeldvorschriften.

---

[1] Vgl. BT-Drs. 14/5150, 54.
[1*] RL 2013/34/EU des Europäischen Parlaments und des Rates v. 26.6.2013 über den Jahresabschluss, den konsolidierten Abschluss und damit verbundene Berichte von Unternehmen bestimmter Rechtsformen und zur Änderung der RL 2006/43/EG des Europäischen Parlaments und des Rates und zur Aufhebung der RL 78/660/EWG und 83/349/EWG des Rates (ABl. 2013 L 182, 19 ff.).

II. Grundlagen

Dieser Paragraph stellt zunächst die allgemeinen Qualifizierungsmerkmale **2** dar, die erfüllt werden müssen, sodass die Regelungen der §§ 341q ff. Anwendung finden. In den **Anwendungsbereich** fallen lediglich große Kapitalgesellschaften und große Personengesellschaften iSd § 264a Abs. 1, bei denen keine natürliche Person als Vollhafter auftritt. Generell bezieht sich der § 341q auf alle Kapitalgesellschaften mit Sitz im Inland, auf die nach den Vorschriften des Dritten Buches die für große Kapitalgesellschaften geltenden Vorschriften des Zweiten Abschnitts anzuwenden sind. Unter den Anwendungsbereich fallen somit auch alle kapitalmarktorientierten Kapitalgesellschaften unabhängig von ihrer tatsächlichen Größe, die nach § 267 Abs. 3 S. 2 als große Kapitalgesellschaften gelten. Da keine branchenspezifischen Ausnahmen bestehen, können zudem Kreditinstitute und Finanzdienstleistungsinstitute, Versicherungsunternehmen und Pensionsfonds, die nach § 340a Abs. 1 und § 341a Abs. 1 die für große Kapitalgesellschaften geltenden Vorschriften anzuwenden haben, in den Anwendungsbereich der §§ 341q ff. fallen.[2]

Um in den Anwendungsbereich des § 341q zu fallen, müssen die Unter- **3** nehmen in der mineralgewinnenden Industrie tätig sein oder Holzeinschlag in Primärwäldern betreiben. Die Tätigkeiten an sich werden in § 341r definiert.

§ 37x WpHG weitet die Anwendung der §§ 341r–341w zusätzlich auf **4** Unternehmen aus, die als Inlandsemittenten Wertpapiere begeben, wenn diese selbst oder eines ihrer Tochterunternehmen in der mineralgewinnenden Industrie tätig sind oder Holzeinschlag in Primärwäldern betreiben und der § 341q nicht auf das Unternehmen anzuwenden ist.

Derzeit besteht noch keine Prüfpflicht, jedoch mandatiert der § 342b **5** Abs. 2 S. 1 die Deutsche Prüfstelle Rechnungslegung, vorbehaltlich des § 342b Abs. 2 S. 3 Nr. 1 und 3, zur Prüfung des zuletzt veröffentlichten Zahlungsberichts oder Konzernzahlungsberichts.

§ 341r Begriffsbestimmungen

Im Sinne dieses Unterabschnitts sind

1. **Tätigkeiten in der mineralgewinnenden Industrie: Tätigkeiten auf dem Gebiet der Exploration, Prospektion, Entdeckung, Weiterentwicklung und Gewinnung von Mineralien, Erdöl-, Erdgasvorkommen oder anderen Stoffen in den Wirtschaftszweigen, die in Anhang I Abschnitt B Abteilung 05 bis 08 der Verordnung (EG) Nr. 1893/2006 des Europäischen Parlaments und des Rates vom 20. Dezember 2006 zur Aufstellung der statistischen Systematik der Wirtschaftszweige NACE Revision 2 und zur Änderung der Verordnung (EWG) Nr. 3037/90 des Rates sowie einiger Verordnungen der EG über bestimmte Bereiche der Statistik (ABl. L 393 vom 30.12.2006, S. 1) aufgeführt sind;**

2. **Kapitalgesellschaften, die Holzeinschlag in Primärwäldern betreiben: Kapitalgesellschaften, die auf den in Anhang I Abschnitt A Abteilung**

---

[2] Vgl. *IDW* Praxishinweis 1/2017 Rn. 8.

02 Gruppe 02.2 der Verordnung (EG) Nr. 1893/2006 aufgeführten Gebieten in natürlich regenerierten Wäldern mit einheimischen Arten, in denen es keine deutlich sichtbaren Anzeichen für menschliche Eingriffe gibt und die ökologischen Prozesse nicht wesentlich gestört sind, tätig sind;

3. **Zahlungen:** als Geldleistung oder Sachleistung entrichtete Beträge im Zusammenhang mit Tätigkeiten in der mineralgewinnenden Industrie oder dem Betrieb des Holzeinschlags in Primärwäldern, wenn sie auf einem der nachfolgend bezeichneten Gründe beruhen:

a) Produktionszahlungsansprüche,

b) Steuern, die auf die Erträge, die Produktion oder die Gewinne von Kapitalgesellschaften erhoben werden; ausgenommen sind Verbrauchsteuern, Umsatzsteuern, Mehrwertsteuern sowie Lohnsteuern der in Kapitalgesellschaften beschäftigten Arbeitnehmer und vergleichbare Steuern,

c) Nutzungsentgelte,

d) Dividenden und andere Gewinnausschüttungen aus Gesellschaftsanteilen,

e) Unterzeichnungs-, Entdeckungs- und Produktionsboni,

f) Lizenz-, Miet- und Zugangsgebühren sowie sonstige Gegenleistungen für Lizenzen oder Konzessionen sowie

g) Zahlungen für die Verbesserung der Infrastruktur;

4. **staatliche Stellen:** nationale, regionale oder lokale Behörden eines Mitgliedstaats der Europäischen Union, eines anderen Vertragsstaats des Abkommens über den Europäischen Wirtschaftsraum oder eines Drittstaats einschließlich der von einer Behörde kontrollierten Abteilungen oder Agenturen sowie Unternehmen, auf die eine dieser Behörden im Sinne von § 290 beherrschenden Einfluss ausüben kann;

5. **Projekte:** die Zusammenfassung operativer Tätigkeiten, die die Grundlage für Zahlungsverpflichtungen gegenüber einer staatlichen Stelle bilden und sich richten nach

a) einem Vertrag, einer Lizenz, einem Mietvertrag, einer Konzession oder einer ähnlichen rechtlichen Vereinbarung oder

b) einer Gesamtheit von operativ und geografisch verbundenen Verträgen, Lizenzen, Mietverträgen oder Konzessionen oder damit verbundenen Vereinbarungen mit einer staatlichen Stelle, die im Wesentlichen ähnliche Bedingungen vorsehen;

6. **Zahlungsberichte:** Berichte über Zahlungen von Kapitalgesellschaften an staatliche Stellen im Zusammenhang mit ihrer Tätigkeit in der mineralgewinnenden Industrie oder mit dem Betrieb des Holzeinschlags in Primärwäldern;

7. **Konzernzahlungsberichte:** Zahlungsberichte von Mutterunternehmen über Zahlungen aller einbezogenen Unternehmen an staatliche Stellen auf konsolidierter Ebene, die in Zusammenhang mit ihrer Tätigkeit in der mineralgewinnenden Industrie oder mit dem Betrieb des Holzeinschlags in Primärwäldern stehen;

8. **Berichtszeitraum:** das Geschäftsjahr der Kapitalgesellschaft oder des Mutterunternehmens, das den Zahlungsbericht oder Konzernzahlungsbericht zu erstellen hat.

Schrifttum: *IDW*, Praxishinweis 1/2017: Erstellung von (Konzern-)Zahlungs-berichten; *Bischoff/Kreipl/Müller*, Anwendung der §§ 341q-y HGB auf Nebentätig-keiten? Zahlungsberichterstattung bei der Ausübung von Tätigkeiten in verschiedenen Industriezweigen, WPg 2016, 288; *Kreipl/Müller*, Zahlungsberichterstattung: Beherr-schungskonzeption und Offenlegung, StuB 2016, 167.

I. Regelungsgegenstand und -zweck

Dieser Paragraph definiert die grundsätzlichen Begriffe, die im Rahmen **1** der §§ 341q ff. Verwendung finden. Die Begriffsbestimmungen orientieren sich im Wesentlichen an den Definitionen des Art. 41 Richtlinie 2013/34/EU.

II. Begriffe

§ 341r Nr. 1 sowie Nr. 2 stellen weitere Qualifizierungsmerkmale für die **2** Berichtspflicht dar. Es wird eine Spezifizierung der Rohstoffe sowie der Tätigkeiten vorgenommen. **Tätigkeiten in der mineralgewinnenden In-dustrie** umfassen Tätigkeiten auf dem Gebiet der Exploration, Prospektion, Entdeckung, Weiterentwicklung und Gewinnung von Mineralien, Erdöl-, Erdgasvorkommen oder anderen Stoffen, wenn diese unter die angegebenen Wirtschaftszweige gemäß der NACE Code Systematik fallen. Somit ist fest-zuhalten, dass nur direkt der Mineralgewinnung dienende Tätigkeiten in den Anwendungsbereich fallen, indirekte Tätigkeiten, wie beispielsweise Bera-tung oder die Weiterverarbeitung von Rohstoffen dagegen nicht. **Holzein-schlag in Primärwäldern** kommt in Europa nur selten vor, da die Wälder in Europa im Wesentlichen planmäßig forstwirtschaftlich genutzt werden.[1] Die planmäßige forstwirtschaftliche Nutzung fällt jedoch nicht in den An-wendungsbereich der §§ 341q ff.

Bei Unternehmen, die in mehreren Wirtschaftszweigen aktiv sind, stellt **3** sich in der Praxis die Frage, ab wann ein Unternehmen als tätig in der mineralgewinnenden Industrie gilt. Hierzu findet sich weder im HGB noch in der EU-Richtlinie eine weitere Konkretisierung. Diskutiert werden hierzu aktuell zwei Ansätze. Bei Anwendung der **Infektionstheorie** ist der Umfang der Tätigkeit in der mineralgewinnenden Industrie unerheblich, das Unter-nehmen muss lediglich diese Tätigkeit an sich ausüben. Während beim ersten Ansatz nicht zwischen Haupt- und Nebentätigkeit unterschieden wird, rich-tet sich die **Top-Down-Methode** nach der Tätigkeitsklasse, die relativ den höchsten Wertbeitrag liefert. Dieser Ansatz entspricht dem Vorgehen bei der Zuordnung zu den Wirtschaftszweigen gemäß der NACE Systematik. Im Fachschrifttum hat sich ein Trend zur Anwendung der Top-Down-Methode abgezeichnet,[2] jedoch scheint das Bundesamt für Justiz eine Anwendung der Top-Down-Methode zur Beurteilung der Pflicht zur Erstellung eines Zah-lungsberichts als nicht zulässig zu erachten.[3] Aus diesem Grund besteht aktuell in diesem Punkt eine Rechtsunsicherheit, die einer höchstrichterlichen Klar-stellung bedarf. In der Praxis zeichnet sich bisher ein Trend zur Anwendung der Infektionstheorie ab.

Gem. § 341r Nr. 3 gelten Geld- als auch Sachleistungen als **Zahlungen.** **4** Um in den Anwendungsbereich der §§ 341q ff. zu fallen, müssen die Zah-

---

[1] Vgl. *IDW* Praxishinweis 1/2017 Rn. 11.
[2] Vgl. *Bischoff/Kreipl/Müller* WPg 2016, 288 ff.
[3] Vgl. *IDW* Praxishinweis 1/2017 Rn. 23.

lungen in direktem Zusammenhang mit der Tätigkeit in der mineralgewinnenden Industrie oder dem Holzeinschlag in Primärwäldern stehen. Zudem müssen die Zahlungen einem der sechs angegebenen Zahlungsgründe zuordenbar sein. In der Praxis ist eine eindeutige Zuordnung nicht immer möglich. Da keine weitere Konkretisierung im Gesetz getroffen wird, besteht hier ein gewisser Interpretationsspielraum für die Unternehmen. Eine erste Konkretisierung der Zahlungsgründe wurde durch das IDW im Praxishinweis 1/2017 vorgenommen. Gerade bei Steuern sind regelmäßig Abgrenzungsprobleme anzutreffen. Vor allem bei Unternehmen mit Tätigkeiten in verschiedenen Wirtschaftszweigen ist eine eindeutige Aufteilung der Höhe der Steuerzahlungen auf die Tätigkeit in der mineralgewinnenden Industrie oder dem Holzeinschlag in Primärwäldern kaum möglich. Weitere Probleme entstehen durch die Existenz von steuerlichen Organschaften oder auch generell durch die Vielfalt ausländischer Steuersysteme.

5   Sofern die Zahlungen als Sachleistungen getätigt werden, muss im Rahmen der Zahlungsberichterstattung eine Bewertung dieser vorgenommen werden. Eine explizite Bewertungsmethode findet sich weder im HGB noch in der EU-Richtlinie, sodass grundsätzlich die allgemeinen handelsrechtlichen Bewertungsmethoden anwendbar sind. Im Hinblick auf den Stetigkeitsgrundsatz sollte jedoch eine einmal gewählte Bewertungsmethode beibehalten werden.

6   Gem. § 341r Nr. 4 sind **staatliche Stellen** nationale, regionale oder lokale Behörden eines Mitgliedstaats der Europäischen Union, eines anderen Vertragsstaats des Abkommens über den Europäischen Wirtschaftsraum oder eines Drittstaats einschließlich der von einer Behörde kontrollierten Abteilungen oder Agenturen sowie Unternehmen, auf die eine dieser Behörden iSv § 290 beherrschenden Einfluss ausüben kann. Von Behörden beherrschte Unternehmen können mitunter mangels Auskunftsrechten nur sehr schwierig identifiziert werden.[4] Darüber hinaus enthält weder das HGB noch die EU-Richtlinie weitere Definitionen zu staatlichen Stellen. Das IDW greift diesbezüglich auf die Legaldefinition des § 1 Abs. 4 VwVfG zurück, sodass Behörden alle Stellen umfassen, die Aufgaben der öffentlichen Verwaltung wahrnehmen. Kann nicht abschließend geklärt werden, ob der Zahlungsempfänger eine staatliche Stelle ist, wird empfohlen, diese in den Zahlungsbericht aufzunehmen.

7   § 341r Nr. 5 definiert ein **Projekt** als die Zusammenfassung operativer Tätigkeiten, die die Grundlage für die Zahlungsverpflichtungen gegenüber einer staatlichen Stelle bilden und auf einem Vertrag, einer Lizenz, einem Mietvertrag, einer Konzession oder einer ähnlichen rechtlichen Vereinbarung beruhen. Als Beispiel für ein Projekt kann ein einzelner Steinbruch oder ein Kohletagebau dienen.[5] Da die Zahlungsverpflichtungen auch auf einer Gesamtheit von operativ und geografisch verbundenen Verträgen, Lizenzen, Mietverträgen oder Konzessionen oder damit verbundenen Vereinbarungen mit einer staatlichen Stelle, die im Wesentlichen ähnliche Bedingungen vorsehen, beruhen können, kann beispielsweise auch ein Geschäftszweig in einer bestimmten Region als Projekt definiert werden (zB Natursteingewinnung Bayern oder Kohleabbau Nordrhein-Westfalen).

8   In § 341r Nr. 6 und 7 wird nochmals klargestellt, dass sowohl im Zahlungsbericht als auch in einem eventuellen Konzernzahlungsbericht nur Zah-

---

[4] Vgl. *Kreipl/Müller* StuB 2016, 169 f.
[5] Vgl. *IDW* Praxishinweis 1/2017 Rn. 96 ff.

lungen, die im Zusammenhang mit Tätigkeiten in der mineralgewinnenden Industrie oder mit dem Betrieb des Holzeinschlags in Primärwäldern geleistet wurden, zu berichten sind.

Zweiter Titel. Zahlungsbericht, Konzernzahlungsbericht und Offenlegung

§ 341s Pflicht zur Erstellung des Zahlungsberichts; Befreiungen

(1) **Kapitalgesellschaften im Sinne des § 341q haben jährlich einen Zahlungsbericht zu erstellen.**

(2) [1]**Ist die Kapitalgesellschaft in den von ihr oder einem anderen Unternehmen mit Sitz in einem Mitgliedstaat der Europäischen Union oder einem anderen Vertragsstaat des Abkommens über den Europäischen Wirtschaftsraum erstellten Konzernzahlungsbericht einbezogen, braucht sie keinen Zahlungsbericht zu erstellen.** [2]**In diesem Fall hat die Kapitalgesellschaft im Anhang des Jahresabschlusses anzugeben, bei welchem Unternehmen sie in den Konzernzahlungsbericht einbezogen ist und wo dieser erhältlich ist.**

(3) [1]**Hat die Kapitalgesellschaft einen Bericht im Einklang mit den Rechtsvorschriften eines Drittstaats, dessen Berichtspflichten die Europäische Kommission im Verfahren nach Artikel 47 der Richtlinie 2013/34/EU als gleichwertig bewertet hat, erstellt und diesen Bericht nach § 341w offengelegt, braucht sie den Zahlungsbericht nicht zu erstellen.** [2]**Auf die Offenlegung dieses Berichts ist § 325a Absatz 1 Satz 3 entsprechend anzuwenden.**

Schrifttum: *IDW*, Praxishinweis 1/2017: Erstellung von (Konzern-)Zahlungsberichten.

I. Regelungsgegenstand und -zweck

§ 341s stellt die Grundsatznorm für die Pflicht zur Erstellung von Zahlungsberichten dar. Er regelt zudem etwaige Befreiungen von der Berichtspflicht für Gesellschaften iSd § 341q. **1**

II. Berichtspflicht

Gesellschaften iSd § 341q sind verpflichtet, jährlich einen Zahlungsbericht **2** zur erstellen. Eine Berichtspflicht ist zeitpunktbezogen auf den Stichtag des Geschäftsjahresendes zu prüfen. Ist eine Berichtspflicht zum **Geschäftsjahresende** gegeben, sind sämtliche berichtspflichtige Zahlungen zu berichten. Ist dagegen am Stichtag keine Berichtspflicht festgestellt worden, beispielsweise durch Unterschreitung der Größenkriterien oder weil zum Stichtag keine relevanten Tätigkeiten mehr ausgeübt werden, müssen keinerlei Zahlungen berichtet werden, selbst wenn während des Geschäftsjahres die Kriterien der §§ 341q ff. erfüllt waren.[1]

---

[1] Vgl. *IDW* Praxishinweis 1/2017 Rn. 40.

III. Befreiungen

3 Gesellschaften iSd § 341q sind von einer Berichtspflicht befreit, wenn die jeweilige Gesellschaft in den **Konzernzahlungsbericht** einer berichtspflichtigen Gesellschaft einbezogen wird und die Konzerngesellschaft ihren Sitz in einem Mitgliedstaat der EU oder einem anderen Vertragsstaat des Abkommens über den EWR hat.

4 Eine Befreiung ist ebenfalls möglich, wenn die Gesellschaft einen Bericht entsprechend der gesetzlichen Vorgaben eines **Drittstaates** erstellt und offenlegt. Voraussetzung ist, dass die gesetzlichen Vorgaben des Drittstaates von der Europäischen Union als gleichwertig betrachtet werden. Stand Oktober 2017 ist dies bisher nur für Kanada der Fall.[2]

§ 341t Inhalt des Zahlungsberichts

(1) [1]**In dem Zahlungsbericht hat die Kapitalgesellschaft anzugeben, welche Zahlungen sie im Berichtszeitraum an staatliche Stellen im Zusammenhang mit ihrer Geschäftstätigkeit in der mineralgewinnenden Industrie oder mit dem Betrieb des Holzeinschlags in Primärwäldern geleistet hat.** [2]**Andere Zahlungen dürfen in den Zahlungsbericht nicht einbezogen werden.** [3]**Hat eine zur Erstellung eines Zahlungsberichts verpflichtete Kapitalgesellschaft in einem Berichtszeitraum an keine staatliche Stelle berichtspflichtige Zahlungen geleistet, hat sie im Zahlungsbericht für den betreffenden Berichtszeitraum nur anzugeben, dass eine Geschäftstätigkeit in der mineralgewinnenden Industrie ausgeübt oder Holzeinschlag in Primärwäldern betrieben wurde, ohne dass Zahlungen geleistet wurden.**

(2) **Die Kapitalgesellschaft hat nur über staatliche Stellen zu berichten, an die sie Zahlungen unmittelbar erbracht hat; das gilt auch dann, wenn eine staatliche Stelle die Zahlung für mehrere verschiedene staatliche Stellen einzieht.**

(3) **Ist eine staatliche Stelle stimmberechtigter Gesellschafter oder Aktionär der Kapitalgesellschaft, so müssen gezahlte Dividenden oder Gewinnanteile nur berücksichtigt werden, wenn sie**

1. **nicht unter denselben Bedingungen wie an andere Gesellschafter oder Aktionäre mit vergleichbaren Anteilen oder Aktien gleicher Gattung gezahlt wurden oder**

2. **anstelle von Produktionsrechten oder Nutzungsentgelten gezahlt wurden.**

(4) [1]**Die Kapitalgesellschaft braucht Zahlungen unabhängig davon, ob sie als eine Einmalzahlung oder als eine Reihe verbundener Zahlungen geleistet werden, nicht in dem Zahlungsbericht zu berücksichtigen, wenn sie im Berichtszeitraum 100 000 Euro unterschreiten.** [2]**Im Falle einer bestehenden Vereinbarung über regelmäßige Zahlungen ist der Gesamtbetrag der verbundenen regelmäßigen Zahlungen oder Raten im Berichtszeitraum zu betrachten.** [3]**Eine staatliche Stelle, an die im Berichts-**

---

[2] Durchführungsbeschluss (EU) 2016/1910 der Kommission v. 28.10.2016 über die Gleichwertigkeit der Berichtspflichten bestimmter Drittländer im Hinblick auf Zahlungen an staatliche Stellen mit den Anforderungen des Kapitels 10 der Richtlinie 2013/34/EU des Europäischen Parlaments und des Rates, ABl. 2016 L 295, 82 ff.

zeitraum insgesamt weniger als 100 000 Euro gezahlt worden sind, braucht im Zahlungsbericht nicht berücksichtigt zu werden.

(5) [1]Werden Zahlungen als Sachleistungen getätigt, werden sie ihrem Wert und gegebenenfalls ihrem Umfang nach berücksichtigt. [2]Im Zahlungsbericht ist gegebenenfalls zu erläutern, wie der Wert festgelegt worden ist.

(6) [1]Bei der Angabe von Zahlungen wird auf den Inhalt der betreffenden Zahlung oder Tätigkeit und nicht auf deren Form Bezug genommen. [2]Zahlungen und Tätigkeiten dürfen nicht künstlich mit dem Ziel aufgeteilt oder zusammengefasst werden, die Anwendung dieses Unterabschnitts zu umgehen.

Schrifttum: *IDW*, Praxishinweis 1/2017: Erstellung von (Konzern-)Zahlungsberichten; *Zwirner/Vordermeier*, Einführung der Zahlungsberichte nach BilRUG, DB 2016, 965.

I. Regelungsgegenstand und -zweck

§ 341t regelt den Inhalt des Zahlungsberichts. Im Grundsatz gilt, dass nur **1** **Zahlungen**, die im **direkten Zusammenhang** mit der Tätigkeit in der mineralgewinnenden Industrie stehen oder dem Holzeinschlag in Primärwäldern dienen, im Zahlungsbericht berichtet werden dürfen. Wenn keine berichtspflichtigen Zahlungen im Berichtszeitraum geleistet wurden, hat eine nach § 341q grundsätzlich berichtspflichtige Gesellschaft eine **Negativmeldung abzugeben.**[1]

II. Besonderheiten

Es sind nur staatliche Stellen zu berichten, an die unmittelbar Zahlungen **2** geleistet wurden. Dabei findet eine strikte **Cash-Outflow-Betrachtung** Anwendung. Das Prinzip der erfolgsmäßigen Periodenabgrenzungen wird hier nicht angewendet. Die geleisteten Zahlungen sind in der Periode berichtspflichtig, in der sie tatsächlich geleistet wurden. Eine Saldierung kann nur vorgenommen werden, wenn eine geleistete Zahlung noch im gleichen Berichtszeitraum anteilig oder ganz zurückerstattet wird und sich die Rückzahlung auf den gleichen Sachverhalt bezieht.[2]

Werden Zahlungen in **Fremdwährung** geleistet, sollten diese grundsätz- **3** lich mit dem Wechselkurs zum Zeitpunkt der Zahlung umgerechnet werden. Aus Praktikabilitätsgründen kann auch auf den Jahresdurchschnittskurs zurückgegriffen werden.[3]

III. Wesentlichkeitsgrenze

Generell müssen Zahlungen, die im Berichtszeitraum als Einmalzahlung **4** oder als eine Reihe verbundener Zahlungen die **Wesentlichkeitsgrenze** von **100.000 Euro** unterschreiten, nicht berichtet werden. Jedoch wird diese Wesentlichkeitsgrenze im HGB zusätzlich auf Zahlungen je staatlicher Stelle bezogen. Das heißt, es müssen staatliche Stellen in den Bericht einbezogen werden, wenn an die einzelne staatliche Stelle Zahlungen von in Summe mehr als 100.000 Euro geleistet wurden. Im Umkehrschluss bedeutet dies,

---

[1] *Zwirner/Vordermeier* DB 2016, 967.
[2] Vgl. *IDW* Praxishinweis 1/2017 Rn. 72 f.
[3] Vgl. *IDW* Praxishinweis 1/2017 Rn. 79.

dass Zahlungen in beliebiger Höhe von Bedeutung sein können.[4] In diesem Punkt weicht das HGB von der EU-Richtlinie ab.

§ 341u Gliederung des Zahlungsberichts

(1) [1]Der Zahlungsbericht ist nach Staaten zu gliedern. [2]Für jeden Staat hat die Kapitalgesellschaft diejenigen staatlichen Stellen zu bezeichnen, an die sie innerhalb des Berichtszeitraums Zahlungen geleistet hat. [3]Die Bezeichnung der staatlichen Stelle muss eine eindeutige Zuordnung ermöglichen. [4]Dazu genügt es in der Regel, die amtliche Bezeichnung der staatlichen Stelle zu verwenden und zusätzlich anzugeben, an welchem Ort und in welcher Region des Staates die Stelle ansässig ist. [5]Die Kapitalgesellschaft braucht die Zahlungen nicht danach aufzugliedern, auf welche Rohstoffe sie sich beziehen.

(2) Zu jeder staatlichen Stelle hat die Kapitalgesellschaft folgende Angaben zu machen:

1. den Gesamtbetrag aller an diese staatliche Stelle geleisteten Zahlungen und

2. die Gesamtbeträge getrennt nach den in § 341r Nummer 3 Buchstabe a bis g benannten Zahlungsgründen; zur Bezeichnung der Zahlungsgründe genügt die Angabe des nach § 341r Nummer 3 maßgeblichen Buchstabens.

(3) Wenn Zahlungen an eine staatliche Stelle für mehr als ein Projekt geleistet wurden, sind für jedes Projekt ergänzend folgende Angaben zu machen:

1. eine eindeutige Bezeichnung des Projekts,

2. den Gesamtbetrag aller in Bezug auf das Projekt an diese staatliche Stelle geleisteten Zahlungen und

3. die Gesamtbeträge getrennt nach den in § 341r Nummer 3 Buchstabe a bis g benannten Zahlungsgründen, die an diese staatliche Stelle in Bezug auf das Projekt geleistet wurden; zur Bezeichnung der Zahlungsgründe genügt die Angabe des nach § 341r Nummer 3 maßgeblichen Buchstabens.

(4) Angaben nach Absatz 3 sind nicht erforderlich für Zahlungen zur Erfüllung von Verpflichtungen, die der Kapitalgesellschaft ohne Zuordnung zu einem bestimmten Projekt auferlegt werden.

Regelungsgegenstand und -zweck

1   § 341u gibt die grundlegende Struktur der Zahlungsberichte vor. Die Gliederung ist auf drei Ebenen aufgebaut. Die erste Ebene ist die Forderung, den Zahlungsbericht nach **Staaten** zu gliedern. Für jeden Staat sind wiederum alle **staatlichen Stellen** anzugeben, an die im Berichtszeitraum mehr als 100.000 Euro geflossen sind. Dabei sind die staatlichen Stellen so zu benennen, dass eine eindeutige Identifizierung dieser möglich ist. Auf der dritten Ebene wird eine Aufteilung der Zahlungen auf **Projekte** gefordert, sofern an eine staatliche Stelle Zahlungen für mehr als ein Projekt geleistet wurden. Entstehen Zahlungen nicht auf Basis eines einzelnen Projekts, können selbige

---

[4] Vgl. *IDW* Praxishinweis 1/2017 Rn. 100.

als „nicht projektbezogen" ausgewiesen werden. Eine Aufgliederung nach Rohstoffen ist nicht erforderlich.

§ 341v Konzernzahlungsbericht; Befreiung

(1) [1]Kapitalgesellschaften im Sinne des § 341q, die Mutterunternehmen (§ 290) sind, haben jährlich einen Konzernzahlungsbericht zu erstellen. [2]Mutterunternehmen sind auch dann in der mineralgewinnenden Industrie tätig oder betreiben Holzeinschlag in Primärwäldern, wenn diese Voraussetzungen nur auf eines ihrer Tochterunternehmen zutreffen.

(2) Ein Mutterunternehmen ist nicht zur Erstellung eines Konzernzahlungsberichts verpflichtet, wenn es zugleich ein Tochterunternehmen eines anderen Mutterunternehmens mit Sitz in einem Mitgliedstaat der Europäischen Union oder in einem anderen Vertragsstaat des Abkommens über den Europäischen Wirtschaftsraum ist.

(3) In den Konzernzahlungsbericht sind das Mutterunternehmen und alle Tochterunternehmen unabhängig von deren Sitz einzubeziehen; die auf den Konzernabschluss angewandten Vorschriften sind entsprechend anzuwenden, soweit in den nachstehenden Absätzen nichts anderes bestimmt ist.

(4) [1]Unternehmen, die nicht in der mineralgewinnenden Industrie tätig sind und keinen Holzeinschlag in Primärwäldern betreiben, sind nicht nach Absatz 3 einzubeziehen. [2]Ein Unternehmen braucht nicht in den Konzernzahlungsbericht einbezogen zu werden, wenn es

1. nach § 296 Absatz 1 Nummer 1 oder 3 nicht in den Konzernabschluss einbezogen wurde,

2. nach § 296 Absatz 1 Nummer 2 nicht in den Konzernabschluss einbezogen wurde und die für die Erstellung des Konzernzahlungsberichts erforderlichen Angaben ebenfalls nur mit unverhältnismäßig hohen Kosten oder ungebührlichen Verzögerungen zu erhalten sind.

(5) [1]Auf den Konzernzahlungsbericht sind die §§ 341s bis 341u entsprechend anzuwenden. [2]Im Konzernzahlungsbericht sind konsolidierte Angaben über alle Zahlungen an staatliche Stellen zu machen, die von den einbezogenen Unternehmen im Zusammenhang mit ihrer Tätigkeit in der mineralgewinnenden Industrie oder mit dem Holzeinschlag in Primärwäldern geleistet worden sind. [3]Das Mutterunternehmen braucht die Zahlungen nicht danach aufzugliedern, auf welche Rohstoffe sie sich beziehen.

Schrifttum: *IDW*, Praxishinweis 1/2017: Erstellung von (Konzern-)Zahlungsberichten.

I. Rechnungslegungsgegenstand und -zweck

§ 341v regelt die Pflicht zur Erstellung von Konzernzahlungsberichten. **1** Unternehmen müssen jährlich einen Konzernzahlungsbericht erstellen, wenn sie sowohl Kapital- oder Personengesellschaften nach § 341q sind, als auch Mutterunternehmen iSd § 290 **(mindestens ein Tochterunternehmen)**. Generell sind bei der Erstellung des Konzernzahlungsberichts die Regelungen der §§ 341s–341u analog der (Einzel-)Zahlungsberichte anzuwenden. Im

Konzernzahlungsbericht sind konsolidierte Angaben über alle Zahlungen der einbezogenen Unternehmen zu machen.

II. Besonderheiten

2   Ein Mutterunternehmen gilt als in der mineralgewinnenden Industrie oder im Holzeinschlag in Primärwäldern tätig, wenn es selbst oder mindestens eines seiner Tochterunternehmen diese Tätigkeiten ausübt. Zur Diskussion, ab wann ein Unternehmen als in der mineralgewinnenden Industrie tätig gilt oder Holzeinschlag in Primärwäldern betreibt → § 341r Rn. 2. Das bedeutet, dass ein Mutterunternehmen immer dann **berichtspflichtig** wird, wenn eines seiner Tochterunternehmen in der mineralgewinnenden Industrie tätig ist oder Holzeinschlag in Primärwäldern betreibt, auch wenn es selbst zunächst nicht der Berichtspflicht unterliegen würde, bspw. aufgrund der fehlenden Tätigkeiten in den betroffenen Industriezweigen.[1]

3   Bei der Identifizierung einzubeziehender, sprich berichtspflichtiger Tochterunternehmen ist lediglich die Tätigkeit in der mineralgewinnenden Industrie oder dem Holzeinschlag in Primärwäldern ausschlaggebend. Weitere tochterspezifische Besonderheiten wie Unternehmensgröße, Sitz der Gesellschaft oder Rechtsform sind nicht zu berücksichtigen. Es sind somit alle Tochterunternehmen einzubeziehen, die die entsprechenden Tätigkeiten ausüben. Die gewählte Methode zur Feststellung, ob in der mineralgewinnenden Industrie oder im Holzeinschlag in Primärwäldern tätig, muss bei Mutter- und Tochterunternehmen konsistent angewendet werden (Top-Down-Methode vs. Infektionstheorie).

III. Befreiung

4   Mutterunternehmen, die unter § 341q fallen, sind von einer Berichtspflicht befreit, wenn diese selbst Tochterunternehmen einer Gesellschaft mit Sitz in der Europäischen Union oder eines Landes des EWR sind.

§ 341w Offenlegung

(1) [1]**Die gesetzlichen Vertreter von Kapitalgesellschaften haben für diese den Zahlungsbericht spätestens ein Jahr nach dem Abschlussstichtag elektronisch in deutscher Sprache beim Betreiber des Bundesanzeigers einzureichen und unverzüglich nach Einreichung im Bundesanzeiger bekannt machen zu lassen. [2]Im Falle einer Kapitalgesellschaft im Sinne des § 264d beträgt die Frist abweichend von Satz 1 sechs Monate nach dem Abschlussstichtag; § 327a gilt entsprechend.**

(2) **Absatz 1 gilt entsprechend für die gesetzlichen Vertreter von Mutterunternehmen, die einen Konzernzahlungsbericht zu erstellen haben.**

(3) **§ 325 Absatz 1 Satz 2 und Absatz 6 sowie die §§ 328 und 329 Absatz 1, 3 und 4 gelten entsprechend.**

Regelungsgegenstand und -zweck

1   Wesentliches Ziel der Zahlungsberichterstattung ist die Schaffung von **Transparenz.** Um dieses Ziel zu erreichen, regelt § 341w die Offenlegung

---

[1] Vgl. *IDW* Praxishinweis 1/2017 Rn. 29 ff.

der Zahlungsberichte. Generell müssen Zahlungsberichte spätestens ein Jahr nach dem Abschlussstichtag offengelegt werden. Für kapitalmarktorientierte Unternehmen sowie für Inlandsemittenten gem. § 37x WpHG beträgt diese Frist lediglich sechs Monate.

Dritter Titel. Bußgeldvorschriften, Ordnungsgelder

§ 341x Bußgeldvorschriften

(1) Ordnungswidrig handelt, wer als Mitglied des vertretungsberechtigten Organs oder des Aufsichtsrats einer Kapitalgesellschaft

1. bei der Erstellung eines Zahlungsberichts einer Vorschrift des § 341t Absatz 1, 2, 3, 5 oder Absatz 6 oder des § 341u Absatz 1, 2 oder Absatz 3 über den Inhalt oder die Gliederung des Zahlungsberichts zuwiderhandelt oder

2. bei der Erstellung eines Konzernzahlungsberichts einer Vorschrift des § 341v Absatz 4 Satz 1 in Verbindung mit § 341t Absatz 1, 2, 3, 5 oder Absatz 6 oder mit § 341u Absatz 1, 2 oder Absatz 3 über den Inhalt oder die Gliederung des Konzernzahlungsberichts zuwiderhandelt.

(2) Die Ordnungswidrigkeit kann mit einer Geldbuße bis fünfzigtausend Euro geahndet werden.

(3) Verwaltungsbehörde im Sinne des § 36 Absatz 1 Nummer 1 des Gesetzes über Ordnungswidrigkeiten ist in den Fällen des Absatzes 1 das Bundesamt für Justiz.

(4) Die Bestimmungen der Absätze 1 bis 3 gelten auch für die Mitglieder der gesetzlichen Vertretungsorgane von Personenhandelsgesellschaften im Sinne des § 341q Satz 2.

Wer ordnungswidrig iSd § 341x handelt, also die Regelungen bezüglich **1** Inhalt und Gliederung bei der Erstellung von (Konzern-)Zahlungsberichten nicht einhält, kann mit einer Geldbuße von bis zu 50.000 Euro belegt werden. Hier sei jedoch auch auf die Bußgeldvorschriften des § 39 Abs. 2 WpHG verwiesen, die wesentlich höhere Bußgelder vorsehen.

§ 341y Ordnungsgeldvorschriften

(1) [1]Gegen die Mitglieder des vertretungsberechtigten Organs einer Kapitalgesellschaft im Sinne des § 341q oder eines Mutterunternehmens im Sinne des § 341v, die § 341w hinsichtlich der Pflicht zur Offenlegung des Zahlungsberichts oder Konzernzahlungsberichts nicht befolgen, hat das Bundesamt für Justiz in entsprechender Anwendung der §§ 335 bis 335b ein Ordnungsgeldverfahren durchzuführen. [2]Das Verfahren kann auch gegen die Kapitalgesellschaft gerichtet werden.

(2) [1]Das Bundesamt für Justiz kann eine Kapitalgesellschaft zur Erklärung auffordern, ob sie im Sinne des § 341q in der mineralgewinnenden Industrie tätig ist oder Holzeinschlag in Primärwäldern betreibt, und eine angemessene Frist setzen. [2]Die Aufforderung ist zu begründen. [3]Gibt die Kapitalgesellschaft innerhalb der Frist keine Erklärung ab, wird für die Einleitung des Verfahrens nach Absatz 1 vermutet, dass die Gesellschaft in den Anwendungsbereich des § 341q fällt. [4]Die Sätze 1 bis 3 sind

entsprechend anzuwenden, wenn das Bundesamt für Justiz Anlass für die Annahme hat, dass eine Kapitalgesellschaft ein Mutterunternehmen im Sinne des § 341v Absatz 1 ist.

(3) **Die vorstehenden Absätze gelten entsprechend für Personenhandelsgesellschaften im Sinne des § 341q Satz 2.**

1   Die Ordnungsgeldvorschriften des § 341y beziehen sich auf die Pflicht zur Offenlegung nach § 341w und gegen die Mitglieder des vertretungsberechtigten Organs, also Vorstand bzw. Geschäftsführung, sowie die Gesellschaft selbst. Es erfolgt eine analoge Anwendung der allgemeinen Ordnungsgelder bei der Offenlegung von rechnungslegungsbezogenen Unterlagen (§§ 335 und 335b).

2   In Abs. 2 des Paragraphen wird das Auskunftsrecht des Bundesamtes für Justiz bezüglich der Anwendungsvoraussetzung des § 341r Nr. 1 und 2 an Kapitalgesellschaften oder entsprechende Personenhandelsgesellschaften (Abs. 3) geregelt. Hierbei hat die jeweilige Gesellschaft nach Aufforderung des Bundesamtes für Justiz zu erklären, ob es in der mineralgewinnenden Industrie oder im Holzeinschlag tätig ist. Insbesondere aufgrund der unterschiedlichen Auffassungen im Fachschrifttum zu dieser Bestimmung kann es zu Nachfragen kommen.

Fünfter Abschnitt. Privates Rechnungslegungsgremium; Rechnungslegungsbeirat

§ 342 Privates Rechnungslegungsgremium

(1) ¹Das Bundesministerium der Justiz und für Verbraucherschutz kann eine privatrechtlich organisierte Einrichtung durch Vertrag anerkennen und ihr folgende Aufgaben übertragen:

1. Entwicklung von Empfehlungen zur Anwendung der Grundsätze über die Konzernrechnungslegung,

2. Beratung des Bundesministeriums der Justiz und für Verbraucherschutz bei Gesetzgebungsvorhaben zu Rechnungslegungsvorschriften,

3. Vertretung der Bundesrepublik Deutschland in internationalen Standardisierungsgremien und

4. Erarbeitung von Interpretationen der internationalen Rechnungslegungsstandards im Sinn des § 315e Absatz 1.

²Es darf jedoch nur eine solche Einrichtung anerkannt werden, die aufgrund ihrer Satzung gewährleistet, daß die Empfehlungen und Interpretationen unabhängig und ausschließlich von Rechnungslegern in einem Verfahren entwickelt und beschlossen werden, das die fachlich interessierte Öffentlichkeit einbezieht. ³Soweit Unternehmen oder Organisationen von Rechnungslegern Mitglied einer solchen Einrichtung sind, dürfen die Mitgliedschaftsrechte nur von Rechnungslegern ausgeübt werden.

(2) Die Beachtung der die Konzernrechnungslegung betreffenden Grundsätze ordnungsmäßiger Buchführung wird vermutet, soweit vom Bundesministerium der Justiz und für Verbraucherschutz bekanntgemachte Empfehlungen einer nach Absatz 1 Satz 1 anerkannten Einrichtung beachtet worden sind.

Schrifttum: (ohne die Einzelbeiträge in den verschiedenen Handbüchern der Rechnungslegung) BT-Drs. 13/10038 vom 4.3.1998, Entwurf eines Gesetzes zur Kontrolle und Transparenz im Unternehmensbereich (KonTraG); BT-Drs. 16/10067 vom 30.7.2008, Entwurf eines Gesetzes zur Modernisierung des Bilanzrechts (Bilanzrechtsmodernisierungsgesetz – BilMoG); *DRSC*, Beitragsordnung des DRSC e. V., Stand 2.7.2015, abrufbar unter https://www.drsc.de/app/uploads/2017/02/150702_-Beitragsordnung.pdf; *DRSC*, Jahresbericht 2011, abrufbar unter https://www.drsc.de/app/uploads/2017/02/DRSC-Jahresbericht2011_final.pdf; *DRSC*, Jahresbericht 2010, abrufbar unter https://www.drsc.de/app/uploads/2017/02/DRSC-Jahresbericht2010_final.pdf; *DRSC*, Jahresbericht 2009, abrufbar unter https://www.drsc.de/app/uploads/2017/02/DRSC-Jahresbericht2009_final.pdf; *DRSC*, Satzung des Vereins „DRSC – Deutsches Rechnungslegungs Standards Committee" (Stand: 25.7.2017), abrufbar unterhttps://www.drsc.de/app/uploads/2017/07/170710_Satzung-.pdf; *Fülbier/Gassen/Sellhorn*, Quo vadis, DRSC?, DB 2010, Heft 27/28, I; *Haller/Eierle*, Ideenfindung und -verarbeitung zur Entwicklung von Rechnungslegungsstandards beim „Financial Accounting Standards Board", DB 1998, 733; *IDW* PS 450 nF, Grundsätze ordnungsmäßiger Erstellung von Prüfungsberichten, IDW Life 1/2018, 145; *Pellens/Crasselt/Kemper*, Evaluation der Arbeit des DRSC, DB 2009, 241; *Schildbach*, Internationale Rechnungslegung, Interessenvertretung und Kontroversen in der Sache, DStR 2010, 2048; *Weis*, Rechnungslegung: Chance zur Sicherung der Zukunft des deutschen Standardsetters nutzen, WPg 5/2011, I; *Zwirner*, Zur Notwendigkeit eines unabhängigen Rechnungslegungsgremiums in Deutschland, StuB 2010, 627.

I. Organisation und Arbeitsweise des privaten Rechnungslegungsgremiums

1   Ende März 1998, unmittelbar nach Verkündung des Gesetzes zur Kontrolle und Transparenz im Unternehmensbereich (KonTraG), hat sich in München das „**Deutsche Rechnungslegungs Standards Committee**" (DRSC) konstituiert. International tritt das DRSC unter dem Namen „Accounting Standards Committee of Germany" (ASCG) auf.

2   Das DRSC ist als **eingetragener Verein** organisiert und hat seinen Sitz in Berlin. Das Bundesministerium der Justiz und für Verbraucherschutz hat dem DRSC die **Anerkennung** iSd Abs. 1 durch Vertrag vom 3.9.1998 ausgesprochen. Dieser erste Standardisierungsvertrag wurde durch das DRSC durch Beschluss einer außerordentlichen Mitgliederversammlung am 28.6.2010 zum 31.12.2011 gekündigt. Die Kündigung wurde ua auf Finanzierungsschwierigkeiten zurückgeführt,[1] auch wurde eine einseitige Ausrichtung des DRSC sowie seines Organs, dem Rechnungslegungsgremium Deutscher Standardisierungsrat (DSR) auf die Interessen großer, kapitalmarktorientierter Unternehmen kritisiert.[2] Mit der Kündigung sollte daher „die Möglichkeit […] [ge]schaffen [werden], die Meinungsbildung und Vertretung deutscher Interessen in Fragen der internationalen Rechnungslegung neu zu ordnen und auch die zukünftige Finanzierung dieser wichtigen Aufgaben zu regeln."[3] Nach einer **Neuorganisation** des DRSC erfolgte am 2.12.2011 der Abschluss eines erneuten Standardisierungsvertrags. Ziel der Neuorganisation war es, „sowohl die finanzielle Basis des Vereins nachhaltig sicherzustellen als auch eine breitere Interessenvertretung zu gewährleisten. Als Eckpunkte der erforderlichen breiteren Basis wurden eine stärkere Berücksichtigung des gesamtwirtschaftlichen Interesses und der Interessen des Mittelstands identifiziert."[4]

3   **Mitglied** des DRSC kann jede juristische Person und jede Personenvereinigung werden, die der gesetzlichen Pflicht zur Rechnungslegung unterliegt oder sich mit der Rechnungslegung befasst (§ 4 der Satzung des DRSC). Eine Mitgliedschaft natürlicher Personen ist seit der Neuorganisation nicht mehr vorgesehen. Da sich in der Mitgliederstruktur die Heterogenität der an der Rechnungslegung Beteiligten repräsentieren soll, wird gem. § 4 der Satzung des DRSC jedes Mitglied einem der folgenden fünf **Segmente** zugeordnet:

– kapitalmarktorientierte Industrieunternehmen und Verbände (Segment „A")

– nichtkapitalmarktorientierte Industrieunternehmen und Verbände (Segment „B")

– Banken und Verbände (Segment „C")

– Versicherungen und Verbände (Segment „D")

– Wirtschaftsprüfung und Verbände (Segment „E").

4   Das DRSC wird seit seiner Neuorganisation in 2011 durch die vier **Organe** Präsidium, Verwaltungsrat, Nominierungsausschuss und Mitgliederversamm-

---

[1] DRSC Jahresbericht 2009, 4 f.; *Weis* WPg 5/2011, I; *Zwirner* StuB 2010, 627.
[2] MüKoHGB/*Ebke/Paal* Rn. 18; *Fülbier/Gassen/Sellhorn* DB 2010, Heft 27/28, M1.
[3] DRSC Jahresbericht 2010, 3.
[4] DRSC Jahresbericht 2011, 5.

lung sowie die zwei **Gremien** Wissenschaftsbeirat und Fachausschüsse repräsentiert (§ 6 der Satzung des DRSC). Das **Präsidium** vertritt das DRSC und besteht aus Präsident und Vizepräsident (§ 16 der Satzung des DRSC). Gewählt für drei Jahre wird das Präsidium auf Vorschlag des Nominierungsausschusses durch den Verwaltungsrat. Der **Nominierungsausschuss** besteht aus sieben von der Mitgliederversammlung für drei Jahre gewählten Mitgliedern, wobei jedes der oben aufgeführten Segmente mindestens einen Vertreter hat (§ 13 der Satzung des DRSC). Der **Verwaltungsrat** besteht aus 20 von der Mitgliederversammlung für drei Jahre gewählten Mitgliedern. Gewählt werden diese 20 Mitglieder des Verwaltungsrats nach Segmenten, davon fallen 10 Mitglieder dem Segment A, zwei Mitglieder dem Segment B, drei Mitglieder dem Segment C, zwei Mitglieder dem Segment D, und drei Mitglieder dem Segment E zu (§ 10 der Satzung des DRSC). Diese Sitzverteilung soll nach der Satzung des DRSC die derzeitige Mitglieder- und Beitragsstruktur des Vereins widerspiegeln (§ 10 Abs. 3 der Satzung des DRSC) und somit der Heterogenität der Ersteller bzw. Segmente gerecht werden.[5] Nach § 11 Abs. 1 der Satzung des DRSC legt der Verwaltungsrat unter Berücksichtigung des gesamtwirtschaftlichen Interesses die **Grundsätze und Leitlinien** für die Arbeit des Vereins, insbesondere der Fachausschüsse und des Präsidiums, fest. Die **Mitgliederversammlung** findet im Regelfall einmal jährlich statt und ist zuständig für die **Wahl, Abberufung und Entlastung** der Mitglieder des Verwaltungsrates und des Nominierungsausschusses sowie für Satzungsänderungen oder Entscheidungen über die Auflösung des Vereins und die Verwendung seines Vermögens. Darüber hinaus setzt die Mitgliederversammlung den von den Mitgliedern zu entrichtenden **Jahresbeitrag** fest und ist zuständig für den Wirtschaftsplan, die Feststellung des Jahresabschlusses, die Wahl des Abschlussprüfers sowie alle wesentlichen Geschäftsführungsaufgaben (§ 9 der Satzung des DRSC). Hinsichtlich des Jahresbeitrags ist festzustellen, dass die vorgesehene Beitragsordnung eine größenabhängige Mindesthöhe von mindestens 10.000 Euro für Unternehmen, Schuldtitelemittenten und Wirtschaftsprüfungsgesellschaften sowie 20.000 Euro für Verbände vorsieht (DRSC Beitragsordnung) und somit, neben dem satzungsmäßigen Ausschluss der (Neu-)Mitgliedschaft natürlicher Personen, den Kreis der potenziellen Mitglieder des Vereins faktisch weiter begrenzt.

Neben den Organen sind die beiden Gremien Fachausschüsse und Wissen- **5** schaftsbeirat tätig. Die **Fachausschüsse** stellen das **eigentliche Rechnungslegungsgremium iSd § 342** dar und untergliedern sich in einen HGB-Fachausschuss und einen IFRS-Fachausschuss mit jeweils sieben Mitgliedern, die durch den Verwaltungsrat auf Vorschlag des Nominierungsausschusses für die Dauer von fünf Jahren gewählt werden (§ 19 der Satzung des DRSC). Ein **Wissenschaftsbeirat** kann durch den Verwaltungsrat eingerichtet werden, der auch in Abstimmung mit dem Präsidium dessen Mitglieder ernennt. Der Wissenschaftsbeirat berät die Fachausschüsse (§ 23 der Satzung des DRSC).

Mitglieder der Organe und Gremien können nur **Rechnungsleger** sein **6** (§ 6 der Satzung des DRSC), womit der Anforderung des § 342 Abs. 1 S. 2 und 3 entsprochen wird und Mindestanforderungen an die **fachliche Qualifikation** gestellt werden. Der im Gesetz verwendete Begriff des Rechnungslegers wird in § 6 Abs. 3 S. 2 der Satzung des DRSC in Anlehnung an die

---

[5] Baetge/Kirsch/Thiele/*Böcking/Dutzi* Rn. 22.

Gesetzesbegründung zum KonTraG[6] konkretisiert. Demnach sind Rechnungsleger „natürliche Personen, die mit entsprechender Qualifikation die Handelsbücher oder die sonstigen in § 257 Abs. 1 Nr. 1 bezeichneten Unterlagen für Kapitalgesellschaften oder andere Unternehmen im Angestelltenverhältnis oder freiberuflich führen bzw. erstellen oder als Wirtschaftsprüfer, Hochschullehrer, vereidigte Buchprüfer, Steuerberater, Rechtsanwälte oder mit vergleichbarer Qualifikation auf dem Gebiet der Rechnungslegung prüfend, beratend, lehrend, überwachend oder analysierend tätig sind" (§ 6 Abs. 3 S. 2 der Satzung des DRSC). Neben diesen Anforderungen an die fachliche Qualifikation gibt es Anforderungen an die **Unabhängigkeit,** was sich bereits aus dem Gesetzeswortlaut des Abs. 1 S. 2 ergibt. Um dem Rechnung zu tragen, unterliegen gem. § 19 Abs. 2 der Satzung des DRSC die Mitglieder der Fachausschüsse keinen Weisungen von Verwaltungsrat, Präsidium, Mitgliederversammlung oder Dritten. Auch in § 1 Abs. 2 S. 2 des Standardisierungsvertrags wird die Unabhängigkeit des Rechnungslegungsgremiums und der von diesem eingerichteten Arbeitsgruppen vorgesehen. Allerdings sind die Mitglieder der das Rechnungslegungsgremium repräsentierenden beiden Fachausschüsse, im Gegensatz zu den Mitgliedern des Präsidiums (§ 16 Abs. 2 der Satzung des DRSC), nach § 19 Abs. 4 der Satzung des DRSC chrenamtlich tätig. Da sonstige berufliche oder geschäftliche Tätigkeiten nicht zwingend ruhen, besteht zumindest die **Besorgnis einer Beeinträchtigung der Unabhängigkeit,**[7] der ua durch die Einrichtung des Nominierungsausschusses sowie des Wissenschaftsbeirats entgegengetreten wird. Im Rahmen der Bewerbung als Mitglied für einen Fachausschuss sollte daher – sofern einschlägig – idR eine Bestätigung des Arbeitgebers bzgl. der Freistellung vorgelegt werden.

7   Die **Fachausschüsse** sind fachliches Kernstück des DRSC und nehmen die eigentlichen in Abs. 1 Nr. 1–3 genannten Aufgaben des Vereins wahr. So sollen dort insbesondere deutsche Standards der Rechnungslegung ermittelt, fest- und ausgelegt werden. Der **HGB-Ausschuss** ist zuständig für die Erarbeitung und Verlautbarung von **deutschen Rechnungslegungsstandards iSv § 342** und soweit die Rechnungslegung nicht-kapitalmarktorientierter Unternehmen betroffen ist, für die Zusammenarbeit mit der European Financial Reporting Advisory Group (EFRAG), die Beratung bei Gesetzgebungsvorhaben und zur Umsetzung von EU-Richtlinien, und Stellungnahmen zu EU-Richtlinien (§ 22 der Satzung des DRSC). Der **IFRS-Ausschuss** ist zuständig für die Erarbeitung und Verlautbarung von **Interpretationen der Internationalen Rechnungslegungsstandards iSv § 315e Abs. 1 HGB** und die Erarbeitung von Stellungnahmen zu IASB-Entwürfen sowie, soweit die Rechnungslegung kapitalmarktorientierter Unternehmen betroffen ist, für die die Zusammenarbeit mit der EFRAG, die Beratung bei Gesetzgebungsvorhaben und zur Umsetzung von EU-Richtlinien und Stellungnahmen zu EU-Richtlinien (§ 21 der Satzung des DRSC). Hinsichtlich der Erarbeitung von Interpretationen der Internationalen Rechnungslegungsstandards iSv **§ 315e Abs. 1** ist zu berücksichtigen, dass solche nationalen Interpretationen der IFRS grds. nur in Betracht kommen, wenn einer Fragestellung nur nationale Bedeutung zukommt oder eine allgemeinverbindliche,

---

[6] BT-Drs. 13/10038, 27.
[7] Baetge/Kirsch/Thiele/*Böcking/Dutzi* Rn. 54; zur Besorgnis der Beeinträchtigung der Unabhängigkeit des DRSC in seinem alten Finanzierungsmodell vgl. MüKoHGB/*Ebke/Paal* Rn. 18 mwN.

internationale Interpretation durch das IFRS IC aufgrund unterschiedlicher rechtlicher Rahmenbedingungen nicht möglich ist.[8]

Als weitere wesentliche Aufgabe wird auch angesehen, die deutsche Positi- **8** on im Rahmen der internationalen Rechnungslegungsaktivitäten zu verstärken und damit der deutschen Stimme ein stärkeres Gewicht zu verleihen.[9] Diese Aufgabe der **Vertretung der Bundesrepublik Deutschland in Standardisierungsgremien** ergibt sich unmittelbar aus dem Gesetzeswortlaut sowie dem Standardisierungsvertrag (§ 6 des Standardisierungsvertrags) und wird in der Satzung als ein Vereinszweck aufgeführt (§ 2 Satzung des DRSC). Die Zuständigkeit des jeweiligen Fachausschusses sollte sich jeweils aus den durch die Satzung auferlegten Aufgabenbereichen des jeweiligen Fachausschusses ergeben. Sollten sowohl Belange kapitalmarktorientierter als auch nicht kapitalmarktorientierter Unternehmen betroffen sein, bedarf es einer Abstimmung der Fachausschüsse untereinander. Bei der Vertretung der Bundesrepublik Deutschland in internationalen Standardisierungsgremien handelt es sich ausschließlich um eine **Interessenvertretung,** nicht gewollt und nicht zulässig ist die Ausübung exekutiver und legislativer Kompetenzen.[10]

Die **Finanzierung** des DRSC soll in erster Linie durch Mitgliedschafts- **9** beiträge sowie über Spenden, Lizenzvergabe und Veröffentlichungen oder sonstige Einnahmen sichergestellt werden. Inwieweit damit die Finanzierung des DRSC nachhaltig gewährleistet ist, ohne dessen Unabhängigkeit zumindest in Frage zu stellen, bleibt abzuwarten.

Durch die Gliederung der Fachausschüsse in den HGB-Ausschuss und den **10** IFRS-Ausschuss hat das DRSC seine Arbeit in spezifische Arbeitsgruppen mit eingegrenzten Zuständigkeiten und Themenfeldern eingeteilt. Darüber hinaus können die Fachausschüsse selbst unterstützende Arbeitsgruppen einrichten, Sachverständige berufen und auf die fachliche Arbeit der Mitarbeiter des DRSC zurückgreifen. Hinsichtlich der fachlichen Arbeit der Fachausschüsse und des DRSC im Allgemeinen sehen der Standardisierungsvertrag (§ 4 des Standardisierungsvertrags) sowie die Satzung (§ 20 Satzung des DRSC) eine Reihe von Maßnahmen vor, die eine **Einbeziehung der Öffentlichkeit** sowie die **Transparenz** sicherstellen sollen. So dürfen Standards und Interpretationen von den Fachausschüssen nur mit der vorgesehenen 2/3-Mehrheit (§ 20 Abs. 5 Satzung des DRSC) verabschiedet werden, nachdem zuvor ein Entwurf in öffentlicher Sitzung beraten und beschlossen sowie ein **Konsultationsverfahren** durchgeführt wurde. Im Rahmen des Konsultationsverfahrens wird die fachlich interessierte Öffentlichkeit einbezogen, indem Entwürfe von Interpretationen von Standards iSv § 315e und Entwürfe von Standards iSv § 342 veröffentlicht werden und der Öffentlichkeit die **Möglichkeit zur Stellungnahme** gegeben wird; nach Auswertung, Erörterung und Veröffentlichung der eingegangenen Stellungnahmen wird dieser Prozess ggf. auf Grundlage überarbeiteter Entwürfe wieder-

---

[8] BeBiKo/*Schmidt/Holland* Rn. 12; als Beispiel nennt die Regierungsbegründung zum BilMoG ua im Zusammenhang mit dem Insolvenzrecht auftretende Probleme bei der bilanzbefreienden Übertragung von Pensionsverpflichtungen auf Treuhänder; vgl. BT-Drs. 16/10067, 97.

[9] Krit. zur Eignung des DRSC für die Vertretung der Bundesrepublik Deutschland (betreffend der Zeit vor der Neuorganisation des DRSC) vgl. *Schildbach* DStR 2010, 2048 (2051).

[10] Baetge/Kirsch/Thiele/*Böcking/Dutzi* Rn. 37; BeBiKo/*Schmidt/Holland* Rn. 11.

holt. Auch sieht die Satzung des DRSC in § 20 Abs. 3 Buchst. d die Schaffung eines **öffentlichen Diskussionsforums** (zB öffentliche Veranstaltung oder virtuell) zu den Entwürfen von Standards und Interpretationen vor. Diese Form der Beteiligung der Öffentlichkeit kann eine Möglichkeit darstellen, der denkbaren Kritik an einer potenziell induktiven GoB-Ermittlung durch die in den Organen und Gremien des DRSC vertretenen Rechnungsleger und dem Einfluss von sog Lobbys in der Mitgliederstruktur des DRSC und damit einem möglichen Eindruck einer eingeschränkten Unabhängigkeit entgegenzuwirken und Transparenz zu schaffen.

II. Deutsche Rechnungslegungs Standards und deren Anwendung

11   In seiner Arbeit vor der Neuorganisation hat das DRSC diverse **Deutsche Rechnungslegungs Standards (DRS)** zur Konzernrechnungslegung sowie diese abändernde oder aufhebende **Deutsche Rechnungslegungs Änderungsstandards (DRÄS)** publiziert. Gültig sind derzeit die Rechnungslegungsstandards DRS 3 (Segmentberichterstattung), DRS 8 (Bilanzierung von Anteilen an assoziierten Unternehmen im Konzernabschluss), DRS 9 (Bilanzierung von Anteilen an Gemeinschaftsunternehmen im Konzernabschluss), DRS 13 (Grundsatz der Stetigkeit und Berichtigung von Fehlern), DRS 16 (Halbjahresfinanzberichterstattung), DRS 17 (Berichterstattung über die Vergütung der Organmitglieder), DRS 18 (Latente Steuern), DRS 19 (Pflicht zur Konzernrechnungslegung und Abgrenzung des Konsolidierungskreises), DRS 20 (Konzernlagebericht), DRS 21 (Kapitalflussrechnung), DRS 22 (Konzerneigenkapital), DRS 23 (Kapitalkonsolidierung [Einbeziehung von Tochterunternehmen in den Konzernabschluss]), DRS 24 (Immaterielle Vermögensgegenstände im Konzernabschluss) sowie DRS 25 (Währungsumrechnung im Konzern) und die Änderungsstandards DRÄS 1, DRÄS 2 (Aufhebung von DRS 1 und DRS 1a), DRÄS 3, DRÄS 4, DRÄS 5, DRÄS 6, DRÄS 7, DRÄS 8. Seit der Neuorganisation werden Entwürfe von Standards, Interpretationen und Anwendungshinweisen, Positions- und Diskussionspapiere laufend durch die Fachausschüsse und deren Arbeitsgruppen erarbeitet und durch das DRSC veröffentlicht.[11]

12   Obwohl die Standards iSv § 342 Abs. 1 Nr. 1 durch das BMJV bekannt gemacht wurden, besteht Unsicherheit über die **Verbindlichkeit** ihrer Anwendung. Zunächst besteht nach dem Gesetzeswortlaut des Abs. 2 die widerlegbare[12] Vermutung, dass die vom BMJV bekannt gemachten DRS **GoB der Konzernrechnungslegung** darstellen. Die Regelungen der Standards lassen sich allerdings im Wesentlichen in drei Gruppen einteilen: Regelungen, die im Wesentlichen das Gesetz wiedergeben, Regelungen, die das Gesetz konkretisieren, indem sie eine Gesetzeslücke ausfüllen oder eine gesetzliche Vorschrift inhaltlich füllen (zB Kapitalflussrechnung, Segmentberichterstattung, Lageberichterstattung),[13] und Regelungen, die gesetzliche Wahlrechte einschränken oder anderweitig über das Gesetz hinausgehen. Soweit ein Standard oder einzelne Regelungen eines Standards die ersten beiden Gruppen betreffen, sind sie anzuwenden. Sofern bekannt gemachte DRS durch die Rechtsprechung in ihrer GoB-Konkretisierung bestätigt wurden und dennoch keine Berücksichtigung erfolgt, hat der Abschlussprüfer den **Bestäti-**

---

[11] Vgl. aktueller Stand unter https://www.drsc.de/verlautbarungen/.
[12] Vgl. hierzu ausf. MüKoHGB/*Ebke/Paal* Rn. 23 f.
[13] Vgl. auch *Pellens/Crasselt/Kemper* DB 2009, 241 (242).

gungsvermerk einzuschränken oder zu versagen,[14] auch kommen **Fehlerfeststellungen** durch die DPR bzw. die BaFin in Betracht.

Soweit ein Deutscher Rechnungslegungsstandard gesetzliche **Wahlrechte** 13 einschränkt oder anderweitig **über das Gesetz hinausgehende Anforderungen** stellt, ist seine Anwendung diesbezüglich **nicht verbindlich.** Das DRSC hat nicht die Kompetenz, gesetzliche Regelungen außer Kraft zu setzen. Der IDW Prüfungsstandard 450 nF führt dazu aus: „Sofern im Konzernabschluss ein gesetzliches Wahlrecht abweichend von einer durch das Bundesministerium der Justiz und für Verbraucherschutz (BMJV) bekannt gemachten Empfehlung des Deutschen Rechnungslegungs Standards Committee (DRSC) zur Anwendung der Grundsätze über die Konzernrechnungslegung ausgeübt wird, begründet dies keine Einwendung des Konzernabschlussprüfers gegen die Ordnungsmäßigkeit der Konzernrechnungslegung. Der Konzernabschlussprüfer hat jedoch im Prüfungsbericht auf eine solche Abweichung hinzuweisen".[15] Auch empfiehlt sich in einem solchen Fall ein **Hinweis im Bestätigungsvermerk,** ferner ist von einer erhöhten **Begründungspflicht** im Konzernanhang bzw. Konzernlagebericht auszugehen.[16] Dementsprechend ist auf Erstellerseite eine den Rechnungslegungsadressaten zugängliche Erklärung, welchen DRS inwieweit entsprochen wurde, zu befürworten.

Die Anwendung von Grundsätzen aus den DRS für die Abbildung von 14 Sachverhalten im **Jahresabschluss** ist nur zulässig, wenn die Grundsätze dem Gesetz, der Rechtsprechung oder der herrschenden Meinung folgen. Nach dem Gesetzeswortlaut hat der DSR Empfehlungen zur Anwendung der Grundsätze über die Konzernrechnungslegung zu entwickeln, die über § 297 Abs. 2 auch die **allgemeinen GoB** zu einem gewissen Grad mit einschließen. Eine strikte Trennung der GoB für Jahres- und Konzernabschlüsse ist über die Grundsatzvorschriften des § 297 Abs. 2 nicht möglich.[17] Die DRS können somit auch eine **Ausstrahlungswirkung** auf die GoB für den Jahresabschluss haben. Vor diesem Hintergrund hatte das Institut der Wirtschaftsprüfer (IDW) am 29.7.2005 die Entscheidung des Hauptfachausschusses (HFA) des IDW vom 7.7.2005 bekannt gegeben, die IDW Stellungnahme zur Rechnungslegung: Aufstellung des Lageberichts (IDW RS HFA 1) aufzuheben.[18] Grund für die Aufhebung war vor allem die in 2005 erfolgte Bekanntmachung des mittlerweile durch DRS 20 abgelösten DRS 15 Lageberichterstattung. DRS 15 deckte zusammen mit DRS 5 Risikoberichterstattung den Regelungsbereich des IDW RS HFA 1 ab, womit dieser faktisch obsolet wurde. Darin spiegelt sich ebenfalls eine gewisse Ausstrahlungswirkung der DRS auf die allgemeinen GoB wider.

Vor der Neuorganisation des DRSC hatte der Vorstand des DRSC ein 15 **Rechnungslegungs Interpretations Committee (RIC)** eingesetzt. Dieses hatte die Aufgabe, in enger Zusammenarbeit mit dem International Financial Reporting Interpretations Committee (IFRIC) des IASB sowie entsprechenden anderen nationalen Gremien eine internationale Konvergenz von Interpretationen wesentlicher Rechnungslegungsfragen herbeizuführen. Diese Aufgabe wird heute im Wesentlichen durch den IFRS-Ausschuss ausgeübt,

---

[14] MüKoHGB/*Ebke* § 322 Rn. 21 ff.; Baetge/Kirsch/Thiele/*Böcking/Dutzi* Rn. 93, 111.
[15] *IDW* PS 450 nF Rn. 134 (zitiert ohne Fußnoten).
[16] Baetge/Kirsch/Thiele/*Böcking/Dutzi* Rn. 70, 111.
[17] BeBiKo/*Schmidt/Holland* Rn. 18 f.
[18] Vgl. IDW-FN 8/2005, 530.

indem Interpretationen der Internationalen Rechnungslegungsstandards iSv § 315e Abs. 1 erarbeitet werden, die bisherigen Verlautbarungen des RIC sind aber weiterhin gültig.

§ 342a Rechnungslegungsbeirat

(1) **Beim Bundesministerium der Justiz und für Verbraucherschutz wird vorbehaltlich Absatz 9 ein Rechnungslegungsbeirat mit den Aufgaben nach § 342 Abs. 1 Satz 1 gebildet.**

(2) **Der Rechnungslegungsbeirat setzt sich zusammen aus**

1. **einem Vertreter des Bundesministeriums der Justiz und für Verbraucherschutz als Vorsitzendem sowie je einem Vertreter des Bundesministeriums der Finanzen und des Bundesministeriums für Wirtschaft und Energie,**

2. **vier Vertretern von Unternehmen,**

3. **vier Vertretern der wirtschaftsprüfenden Berufe,**

4. **zwei Vertretern der Hochschulen.**

(3) **[1]Die Mitglieder des Rechnungslegungsbeirats werden durch das Bundesministerium der Justiz und für Verbraucherschutz berufen. [2]Als Mitglieder sollen nur Rechnungsleger berufen werden.**

(4) **[1]Die Mitglieder des Rechnungslegungsbeirats sind unabhängig und nicht weisungsgebunden. [2]Ihre Tätigkeit im Beirat ist ehrenamtlich.**

(5) **Das Bundesministerium der Justiz und für Verbraucherschutz kann eine Geschäftsordnung für den Beirat erlassen.**

(6) **Der Beirat kann für bestimmte Sachgebiete Fachausschüsse und Arbeitskreise einsetzen.**

(7) **[1]Der Beirat, seine Fachausschüsse und Arbeitskreise sind beschlußfähig, wenn mindestens zwei Drittel der Mitglieder anwesend sind. [2]Bei Abstimmungen entscheidet die Stimmenmehrheit, bei Stimmengleichheit die Stimme des Vorsitzenden.**

(8) **Für die Empfehlungen des Rechnungslegungsbeirats gilt § 342 Abs. 2 entsprechend.**

(9) **Die Bildung eines Rechnungslegungsbeirats nach Absatz 1 unterbleibt, soweit das Bundesministerium der Justiz und für Verbraucherschutz eine Einrichtung nach § 342 Abs. 1 anerkennt.**

1   Das „Deutsche Rechnungslegungs Standards Committee" (DRSC) hat sich unmittelbar nach Verkündung des Gesetzes zur Kontrolle und Transparenz im Unternehmensbereich (KonTraG) konstituiert. Am 3.9.1998 erfolgte die Anerkennung des DRSC als Einrichtung nach § 342 Abs. 1 durch das Bundesministerium der Justiz und Verbraucherschutz (BMJV), vormals Bundesministerium der Justiz (BMJ), in einem ersten Standardisierungsvertrag. Am 2.12.2011 wurde nach Kündigung dieses ersten Standardisierungsvertrags durch das DRSC ein erneuter Standardisierungsvertrag zwischen BMJ und DRSC geschlossen (→ § 342 Rn. 2). Damit unterbleibt gem. Abs. 9 die Bildung eines Rechnungslegungsbeirats nach Abs. 1. Die Regelungen des § 342a haben den **Charakter einer Absicherung** für den Fall, dass kein privates Rechnungslegungsgremium nach § 342 anerkannt wird. Somit wird

die Etablierung eines nationalen Standardisierungsgremiums für Rechnungslegungsangelegenheiten sichergestellt.[1] Nach Kündigung des ersten Standardisierungsvertrags war zeitweise unklar, inwieweit auch die Bildung eines Rechnungslegungsbeirats eine erwünschte Handlungsoption darstellen könnte,[2] doch wurde diese Möglichkeit spätestens durch den Abschluss eines erneuten Standardisierungsvertrags verworfen. Auf eine Kommentierung von § 342a wird entsprechend verzichtet.

---

[1] Baetge/Kirsch/Thiele/*Böcking*/*Dutzi* Rn. 1.
[2] MüKoHGB/*Ebke*/*Paal* Rn. 1.

Sechster Abschnitt. Prüfstelle für Rechnungslegung

§ 342b Prüfstelle für Rechnungslegung

(1) [1]Das Bundesministerium der Justiz und für Verbraucherschutz kann im Einvernehmen mit dem Bundesministerium der Finanzen eine privatrechtlich organisierte Einrichtung zur Prüfung von Verstößen gegen Rechnungslegungsvorschriften durch Vertrag anerkennen (Prüfstelle) und ihr die in den folgenden Absätzen festgelegten Aufgaben übertragen. [2]Es darf nur eine solche Einrichtung anerkannt werden, die aufgrund ihrer Satzung, ihrer personellen Zusammensetzung und der von ihr vorgelegten Verfahrensordnung gewährleistet, dass die Prüfung unabhängig, sachverständig, vertraulich und unter Einhaltung eines festgelegten Verfahrensablaufs erfolgt. [3]Änderungen der Satzung und der Verfahrensordnung sind vom Bundesministerium der Justiz und für Verbraucherschutz im Einvernehmen mit dem Bundesministerium der Finanzen zu genehmigen. [4]Die Prüfstelle kann sich bei der Durchführung ihrer Aufgaben anderer Personen bedienen. [5]Das Bundesministerium der Justiz und für Verbraucherschutz macht die Anerkennung einer Prüfstelle sowie eine Beendigung der Anerkennung im amtlichen Teil des Bundesanzeigers bekannt.

(2) [1]Die Prüfstelle prüft, ob der zuletzt festgestellte Jahresabschluss und der zugehörige Lagebericht oder der zuletzt gebilligte Konzernabschluss und der zugehörige Konzernlagebericht, der zuletzt veröffentlichte verkürzte Abschluss und der zugehörige Zwischenlagebericht sowie zuletzt veröffentlichte Zahlungsberichte oder Konzernzahlungsberichte, jeweils einschließlich der zugrunde liegenden Buchführung, eines Unternehmens im Sinne des Satzes 2 den gesetzlichen Vorschriften einschließlich der Grundsätze ordnungsmäßiger Buchführung oder den sonstigen durch Gesetz zugelassenen Rechnungslegungsstandards entspricht. [2]Geprüft werden die Abschlüsse und Berichte von Unternehmen, die als Emittenten von zugelassenen Wertpapieren im Sinne des § 2 Absatz 1 des Wertpapierhandelsgesetzes die Bundesrepublik Deutschland als Herkunftsstaat haben; unberücksichtigt bleiben hierbei Anteile und Aktien an offenen Investmentvermögen im Sinne des § 1 Absatz 4 des Kapitalanlagegesetzbuchs. [3]Die Prüfstelle prüft,

1. soweit konkrete Anhaltspunkte für einen Verstoß gegen Rechnungslegungsvorschriften vorliegen,
2. auf Verlangen der Bundesanstalt für Finanzdienstleistungsaufsicht oder
3. ohne besonderen Anlass (stichprobenartige Prüfung).

[4]Im Fall des Satzes 3 Nr. 1 unterbleibt die Prüfung, wenn offensichtlich kein öffentliches Interesse an der Prüfung besteht; Satz 3 Nr. 3 ist auf die Prüfung des verkürzten Abschlusses und des zugehörigen Zwischenlageberichts sowie des Zahlungsberichts und des Konzernzahlungsberichts nicht anzuwenden. [5]Die stichprobenartige Prüfung erfolgt nach den von der Prüfstelle im Einvernehmen mit dem Bundesministerium der Justiz und für Verbraucherschutz und dem Bundesministerium der Finanzen festgelegten Grundsätzen. [6]Das Bundesministerium der Finanzen kann die Ermächtigung zur Erteilung seines Einvernehmens auf die Bundesanstalt für Finanzdienstleistungsaufsicht übertragen. [7]Die Prüfung kann trotz Wegfalls der Zulassung der Wertpapiere zum Handel im organisier-

ten Markt fortgesetzt werden, insbesondere dann, wenn Gegenstand der Prüfung ein Fehler ist, an dessen Bekanntmachung ein öffentliches Interesse besteht.

(2a) ¹Prüfungsgegenstand nach Absatz 2 können auch die Abschlüsse und Berichte sein, die das Geschäftsjahr zum Gegenstand haben, das dem Geschäftsjahr vorausgeht, auf das Absatz 2 Satz 1 Bezug nimmt. ²Eine stichprobenartige Prüfung ist hierbei nicht zulässig.

(3) ¹Eine Prüfung des Jahresabschlusses und des zugehörigen Lageberichts durch die Prüfstelle findet nicht statt, solange eine Klage auf Nichtigkeit gemäß § 256 Abs. 7 des Aktiengesetzes anhängig ist. ²Wenn nach § 142 Abs. 1 oder Abs. 2 oder § 258 Abs. 1 des Aktiengesetzes ein Sonderprüfer bestellt worden ist, findet eine Prüfung ebenfalls nicht statt, soweit der Gegenstand der Sonderprüfung, der Prüfungsbericht oder eine gerichtliche Entscheidung über die abschließenden Feststellungen der Sonderprüfer nach § 260 des Aktiengesetzes reichen.

(4) ¹Wenn das Unternehmen bei einer Prüfung durch die Prüfstelle mitwirkt, sind die gesetzlichen Vertreter des Unternehmens und die sonstigen Personen, derer sich die gesetzlichen Vertreter bei der Mitwirkung bedienen, verpflichtet, richtige und vollständige Auskünfte zu erteilen und richtige und vollständige Unterlagen vorzulegen. ²Die Auskunft und die Vorlage von Unterlagen kann verweigert werden, soweit diese den Verpflichteten oder einen seiner in § 52 Abs. 1 der Strafprozessordnung bezeichneten Angehörigen der Gefahr strafgerichtlicher Verfolgung oder eines Verfahrens nach dem Gesetz über Ordnungswidrigkeiten aussetzen würde. ³Der Verpflichtete ist über sein Recht zur Verweigerung zu belehren.

(5) ¹Die Prüfstelle teilt dem Unternehmen das Ergebnis der Prüfung mit. ²Ergibt die Prüfung, dass die Rechnungslegung fehlerhaft ist, so hat sie ihre Entscheidung zu begründen und dem Unternehmen unter Bestimmung einer angemessenen Frist Gelegenheit zur Äußerung zu geben, ob es mit dem Ergebnis der Prüfstelle einverstanden ist.

(6) ¹Die Prüfstelle berichtet der Bundesanstalt für Finanzdienstleistungsaufsicht über:

1. die Absicht, eine Prüfung einzuleiten,

2. die Weigerung des betroffenen Unternehmens, an einer Prüfung mitzuwirken,

3. das Ergebnis der Prüfung und gegebenenfalls darüber, ob sich das Unternehmen mit dem Prüfungsergebnis einverstanden erklärt hat.

²Ein Rechtsbehelf dagegen ist nicht statthaft.

(7) Die Prüfstelle und ihre Beschäftigten sind zur gewissenhaften und unparteiischen Prüfung verpflichtet; sie haften für durch die Prüfungstätigkeit verursachte Schäden nur bei Vorsatz.

(8) ¹Die Prüfstelle zeigt Tatsachen, die den Verdacht einer Straftat im Zusammenhang mit der Rechnungslegung eines Unternehmens begründen, der für die Verfolgung zuständigen Behörde an. ²Tatsachen, die auf das Vorliegen einer Berufspflichtverletzung durch den Abschlussprüfer schließen lassen, übermittelt sie der Abschlussprüferaufsichtsstelle beim Bundesamt für Wirtschaft und Ausfuhrkontrolle.

(9) Die Prüfstelle stellt der Europäischen Wertpapier- und Marktaufsichtsbehörde gemäß Artikel 35 der Verordnung (EU) Nr. 1095/2010 des

Europäischen Parlaments und des Rates vom 24. November 2010 zur Errichtung einer Europäischen Aufsichtsbehörde (Europäische Wertpapier- und Marktaufsichtsbehörde), zur Änderung des Beschlusses Nr. 716/2009/EG und zur Aufhebung des Beschlusses 2009/77/EG der Kommission (ABl. L 331 vom 15.12.2010, S. 84; L 115 vom 27.4.2012, S. 35), die zuletzt durch die Richtlinie 2014/51/EU (ABl. L 153 vom 22.5.2014, S. 1) geändert worden ist, auf Verlangen unverzüglich alle für die Erfüllung ihrer Aufgaben erforderlichen Informationen zur Verfügung.

Schrifttum: (ohne die Einzelbeiträge in den verschiedenen Handbüchern der Rechnungslegung) *Böcking,* Audit and Enforcement: Entwicklungen und Probleme, zfbf 2003, 683; *Ernst/Barth,* Das Enforcement-Jahr 2017 – Bericht über die Tätigkeiten der DPR, DK 2018, 200; BT-Drs. 18/11775 vom 29.3.2017, Beschlussempfehlung und Bericht des Finanzausschusses (7. Ausschuss) a) zu dem Gesetzentwurf der Bundesregierung – Drs. 18/10936, Drs. 18/11290, Drs. 18/11472 Nr. 1.4 – Entwurf eines Zweiten Gesetzes zur Novellierung von Finanzmarktvorschriften auf Grund europäischer Rechtsakte (Zweites Finanzmarktnovellierungsgesetz – 2. FiMaNoG), b) zu dem Antrag der Abgeordneten Uwe Kekeritz, Dr. Gerhard Schick, Harald Ebner, weiterer Abgeordneter und der Fraktion BÜNDNIS 90/DIE GRÜNEN – Drucksache 18/11173 – zu dem Vorschlag für eine Delegierte Verordnung der Kommission zur Ergänzung der Richtlinie 2014/65/EU des Europäischen Parlaments und des Rates durch technische Regulierungsstandards für die Anwendung von Positionslimits für Warenderivate; BT-Drs. 18/10936 vom 23.1.2017, Entwurf eines Zweiten Gesetzes zur Novellierung von Finanzmarktvorschriften auf Grund europäischer Rechtsakte (Zweites Finanzmarktnovellierungsgesetz – 2. FiMaNoG); BT-Drs. 18/7219 vom 11.1.2016, Entwurf eines Gesetzes zur Umsetzung der prüfungsbezogenen Regelungen der Richtlinie 2014/56/EU sowie zur Ausführung der entsprechenden Vorgaben der Verordnung (EU) Nr. 537/2014 im Hinblick auf die Abschlussprüfung bei Unternehmen von öffentlichem Interesse (Abschlussprüfungsreformgesetz – AReG); BT-Drs. 18/5010 vom 26.5.2015, Entwurf eines Gesetzes zur Umsetzung der Transparenzrichtlinie-Änderungsrichtlinie; BT-Drs. 15/3421 vom 24.6.2004, Entwurf eines Gesetzes zur Kontrolle von Unternehmensabschlüssen (Bilanzkontrollgesetz – BilKoG); BR-Drs. 194/15, Entwurf eines Gesetzes zur Umsetzung der Transparenzrichtlinie-Änderungsrichtlinie; *Bräutigam/Heyer,* Das Prüfverfahren durch die Deutsche Prüfstelle für Rechnungslegung, AG 2006, 188; *ESMA,* Leitlinien – ESMA-Leitlinien zur Überwachung von Finanzinformationen (Enforcement), Stand Oktober 2014, abrufbar unter https://www.esma.europa.eu/sites/default/files/library/2015/11/2014-esma-1293de.pdf; *DPR,* DPR-Jubiläumsbroschüre, Stand Juli 2015, abrufbar unter https://www.frep.info/docs/dpr_10_jahre/dpr_jubilaeumsbroschuere.pdf; *DPR,* Prüfungsschwerpunkte 2007 bis 2018, abrufbar unter https://www.frep.info/pruefverfahren/pruefungsschwerpunkte.php; *DPR,* Fallbezogene Voranfragen, Stand Juni 2012, abrufbar unter https://www.frep.info/docs/fallbezogene_voranfragen/info_fallbezogene_voranfragen.pdf; *DPR,* Grundsätze für die stichprobenartige Prüfung gemäß § 342b Abs. 2 Satz 3 Nr. 3 HGB, Stand 15.12.2016, abrufbar unter https://www.frep.info/docs/rechtliche_grundlagen/20161215_grundsaetze_stichprobenartige_pruefung.pdf; *DPR,* Informationen zum Prüfverfahren der Deutschen Prüfstelle für Rechnungslegung (DPR), Stand Januar 2018, abrufbar unter https://www.frep.info/docs/pruefverfahren/info_ablauf_pruefverfahren.pdf; *DPR,* Pressemitteilung: 5 Jahre Bilanzkontrolle in Deutschland, abrufbar unter http://www.frep.info/docs/pressemitteilungen/2010/20100701_pm.pdf; *DPR,* Satzung, Stand 1.4.2009, abrufbar unter http://www.frep.info/docs/rechtliche_grundlagen/20090401_dpr_satzung.pdf; *DPR,* Schematische Darstellung eines Prüfverfahrens, Stand 2016, abrufbar unter http://www.frep.info/docs/pruefverfahren/schema_ablauf_pruefverfahren.pdf; *DPR,* Tätigkeitsbericht 2005, abrufbar unter http://www.frep.info/docs/jahresberichte/2005/2005_tb.pdf; *DPR,* Tätigkeitsbericht 2008, abrufbar unter http://www.frep.info/docs/jahresberichte/2008/2008_tb.pdf; *DPR,* Tätigkeitsbericht 2017, abrufbar unter https://www.frep.info/docs/jahresberichte/2017/2017_tb.pdf; *DPR,* Verfahrensordnung der Prüfstelle, Stand 16.8.2005, abrufbar unter http://www.frep.info/docs/rechtliche_grundlagen/20050816_verfahrensordnung_pruefstelle.pdf; *DPR,* Jahresbericht 2017, abrufbar unter https://www.frep.info/docs/jahresberichte/2017/2017_jb.pdf; *Gahlen/Schäfer,* Bekanntmachung von fehlerhaften Rechnungslegungen im Rahmen des Enforcementverfahrens: Ritterschlag oder Pranger?, BB 2006, 1619; *Gelhausen/Hönsch,* Das neue Enforcement-Verfahren für Jahres- und Konzernabschlüsse, AG 2005, 511; *Gödel/Wich,* Auf dem Weg zu einem europäischen Enforcement – Die European Enforcers' Coordinations Sessions (EECS), WPg 2012, 913; *Gros,* Enforcement der Rechnungslegung – Die Deutsche Prüfstelle für Rechnungslegung aus Sicht des Chief Financial Officer, DStR 2006, 246; *Günther/Schmeling/Starke,* Praxis der Ad hoc-Berichterstattung im Fall von Enforcement-Verfahren, KoR 2016, 291; *Kumm/Müller,* Drei Jahre Fehlerveröffentlichung im Enforcementverfahren – Von der Fehlerfeststellung zur Fehlerveröffentlichung, IRZ 2009, 77; *Meyer,* Komplexität von IFRS und wirtschaftliche Situation als Hauptursachen von Fehlern in Konzernabschlüssen, Der Konzern 2010, 226; *Müller,* Anmerkungen zum Beschluss des OLG Frankfurt am Main vom 31.5.2012, WpÜG 2/12 und 3/12, Der Konzern 2012, 432; *WPK,* Bericht über die Berufsaufsicht 2011 über Wirtschaftsprüfer und vereidigte Buchprüfer, abrufbar unter http://www.wpk.de/pdf/WPK_Berufsaufsicht_2011.pdf; *Zülch/Beyhs/Hoffmann/Krauß,* Enforcement-Guide – Wegweiser für das DPR-Verfahren, 2012; *Zülch/Hoffmann,* Rechtsprechung zum Rechnungslegungs-Enforcement in Deutschland – ein erster Überblick, DStR 2010, 945.

Übersicht

I. Grundlagen des Enforcement-Verfahrens und Organisation der Prüfstelle

Das **Enforcement-Verfahren** in Deutschland wurde durch das Bilanz- **1** kontrollgesetz (BilKoG) vom 15.12.2004 eingeführt und ist **zweistufig** organisiert. Auf einer ersten Ebene wird die Deutsche Prüfstelle für Rechnungslegung **DPR eV** (im Folgenden „DPR") bzw. deren Vereinsorgan „Prüfstelle" tätig. In bestimmten Fällen wird das Verfahren auf die zweite Ebene bei der Bundesanstalt für Finanzdienstleistungsaufsicht **(BaFin)** übergeben. Die DPR ist als eingetragener Verein am 10.9.2004 ins Vereinsregister am Standort Berlin eingetragen worden und hat am 1.7.2005 ihre Tätigkeit aufgenommen. Zuvor erfolgte durch **Anerkennungsvertrag** vom 30.3.2005 die Anerkennung durch das Bundesministerium der Justiz gem. Abs. 1 S. 1–2.

Die DPR setzte sich bei Aufnahme ihrer Tätigkeit zum Ziel „das Vertrauen **2** der Öffentlichkeit in die Rechnungslegung kapitalmarktorientierter Unternehmen [zu] stärken und dazu bei[zu]tragen, dass die anzuwendenden Rechnungslegungsnormen von den Unternehmen und Konzernen beachtet und die Qualität der Rechnungslegung verbessert wird. Sie verspricht sich vor allem eine präventive Wirkung ihrer Tätigkeit."[1] Die DPR betont die **Notwendigkeit** eines Enforcement-Systems damit, dass „Die Kapitalmarktteilnehmer [...] geeignete Maßnahmen [erwarten], mit denen die einschlägigen Rechnungslegungsnormen durchgesetzt werden".[2]

3   Die Einführung des zweistufigen Enforcement-Verfahrens durch das BilKoG erfolgte als eine Folge der Verordnung (EG) Nr. 1606/2002, ABl. 2002 L 243 (Erwägungsgrund 16) und war eine **Reaktion** auf nationale und internationale **Bilanzskandale** (ua Comroad, Flowtex sowie Enron, Worldcom), die das Vertrauen des Kapitalmarkts in Rechnungslegungsinformationen erschüttert und Kritik an den rechnungslegenden Unternehmen, Standardsettern und Abschlussprüfern hervorgerufen haben.[3] EU-weit ist das Enforcement länderweise unterschiedlich organisiert, jedoch erfolgt zu einem gewissen Ausmaß eine **internationale Koordination;** ua im Rahmen mehrmals im Jahr stattfindender European Enforcers' Coordination Sessions (EECS), die im Verantwortungsbereich der European Securities and Markets Authority (ESMA) liegen.[4]

4   Die ESMA hat im Jahr 2014 **Leitlinien** (sog. ESMA Guidelines on enforcement of financial information)[5] zur Überwachung von Finanzinformationen veröffentlicht:[6] Sie verfolgen den Zweck kohärente, effiziente und wirksame **Aufsichtspraktiken** zu schaffen und eine gemeinsame, einheitliche und kohärente Anwendung des Unionsrechts sicherzustellen.[7] Ende 2016 hat die ESMA erstmalig einen **Peer Review** zur Einhaltung dieser Leitlinien gestartet.[8] In 29 Staaten haben die Enforcementinstitutionen einen durch die ESMA entwickelten **Selbstbewertungsfragebogen** beantwortet.[9] Im Fokus standen dabei insbesondere die folgenden Guidelines:

– Ausreichende personelle und monetäre Ressourcen / fachliche Expertise (Guideline 2),

– Auswahlmethoden (Guideline 5),

– Prüfungsverfahren (Guideline 6).[10]

5   Darüber hinaus führte die ESMA in sieben Staaten zusätzliche sog. **Onsite Visits** durch, unter anderem in Deutschland bei der DPR.[11] Hierbei musste die DPR unternehmensspezifische Informationen, insbesondere die Prüfakten, an die ESMA herausgeben, was dem allgemeinen Verschwiegenheitsgebot der Prüfstelle nicht widersprach. Im Zuge des 2. FiMaNoG vom

---

[1] *DPR*, Tätigkeitsbericht 2005, 3 f.; vgl. hierzu *Meyer* Der Konzern 2010, 226 f. In der RegBegr. zum BilKoG wird „Enforcement" als „Überwachung von Unternehmensberichten kapitalmarktorientierter Unternehmen" definiert, vgl. BT-Drs. 15/3421, 11.

[2] *DPR*, Tätigkeitsbericht 2005, 2 f.; zur Notwendigkeit eines Enforcement-Systems vgl. zB *Böcking* zfbf 2003, 692 ff.

[3] Vgl. *DPR* Pressemitteilung; Beck HdR/*Scheffler/Zempel* B 620 Rn. 1.

[4] Vgl. hierzu sowie zur internationalen Koordination *Ernst/Barth* DK 2018, 201; Beck HdR/*Scheffler/Zempel* B 620 Rn. 1 f., 46–48; zu den EECS vgl. *Gödel/Wich* WPg 2012, 913.

[5] *ESMA* Leitlinien 2014, 3.

[6] *Ernst/Barth* DK 2018, 205.

[7] Vgl. Verordnung (EU) Nr. 1095/2010 des Europäischen Parlaments und des Rates v. 24.11.2010 – Wertpapier- und Marktaufsichtsbehörden-VO/VO (EU) Nr. 1095/2010, Art. 16 ESMA-VO.

[8] *Ernst/Barth* DK 2018, 205.

[9] *DPR*, Tätigkeitsbericht 2017, 22.

[10] *DPR*, Tätigkeitsbericht 2017, 22.

[11] *DPR*, Tätigkeitsbericht 2017, 22; *Ernst/Barth* DK 2018, 205.

23.6.2017 wurde zur Klarstellung diesbezüglich Abs. 9 neu eingefügt,[12] der seither kodifiziert, dass die DPR der ESMA alle zur Erfüllung ihrer Aufgaben erforderlichen Informationen und Unterlagen unverzüglich zur Verfügung zu stellen hat.[13] Im Ergebnis hat die ESMA **keinen Verstoß der DPR** gegen die Leitlinien zur Überwachung von Finanzinformationen festgestellt und würdigte sowohl die hohe Qualifikation der Prüfer, die ausreichende Ressourcenausstattung, die hohe Qualität der Prüfungsdurchführung sowie die Grundsätze zur Auswahl der zu prüfenden Unternehmen als positiv.[14] Als verbesserungswürdig kritisierte die ESMA die **Gestaltung der Prüfergebnisse,** die für Investoren informativer gestaltet werden könnten.[15]

Mitglieder der DPR sind derzeit 17 Berufs- und Interessenvertretungen **6** aus dem Bereich der Rechnungslegung; Unternehmen, Wirtschaftsprüfer und natürliche Personen sind von der Mitgliedschaft ausgeschlossen, um der Prüfstelle ihre Unabhängigkeit zu sichern.[16] Die **Organe** des Trägervereins DPR sind der Vorstand, der Nominierungsausschuss, die Prüfstelle und die Mitgliederversammlung. Der **Vorstand** besteht aus mindestens drei und höchstens fünf Mitgliedern und wird für drei Jahre gewählt. Jeweils zwei Vorstandsmitglieder können die Prüfstelle nach außen vertreten. Die Vorstandsmitglieder sind ehrenamtlich tätig, haben aber einen Anspruch auf Erstattung ihrer Auslagen. Der Vorstand ist nicht berechtigt, der Prüfstelle und deren Mitgliedern Weisungen zu erteilen. Der **Nominierungsausschuss** besteht aus sieben sachkundigen Mitgliedern, und zwar dem Vorsitzenden des Vorstandes und sechs Personen, die von der Mitgliederversammlung auf mindestens drei und höchstens fünf Jahre gewählt werden; er ist das für die Wahl der Mitglieder der Prüfstelle entscheidende Organ. Die **Prüfstelle** selbst besteht aus dem Präsidenten, dem Vize-Präsidenten und derzeit 16 weiteren Mitgliedern, die die eigentlichen Aufgaben iSd § 342b wahrnehmen und im Gegensatz zu den anderen Organmitgliedern der DPR **hauptamtlich** tätig sind.[17] Aufgrund der geringen Personalausstattung der Prüfstelle kann nach Abs. 1 S. 4 bei Bedarf auf besonders qualifizierte Dritte, wie zB Mitarbeiter externer Wirtschaftsprüfungsgesellschaften oder anderer Beratungsgesellschaften Rückgriff genommen werden, die für die Erstellung von Gutachten zu einzelnen Sachverhalten beauftragt werden.[18]

Nach Abs. 7 sind die Prüfstelle und ihre Beschäftigten zur gewissenhaften **7** und unparteiischen Prüfung verpflichtet. Eine **Haftung** ergibt sich nur bei Vorsatz.

Die Prüfstelle hat nach Abs. 8 S. 1 eine **Anzeigepflicht bei Verdacht auf 8 strafbare Handlungen** gegenüber den zuständigen Behörden, gleiches gilt auf zweiter Stufe des Enforcement-Verfahrens nach § 110 Abs. 1 S. 1 WpHG für die BaFin, wobei deren Meldepflicht nach § 110 Abs. 2 S. 2 WpHG zudem mögliche Verstöße gegen börsenrechtliche Vorschriften gegenüber der zuständigen Börsenaufsichtsbehörde umfasst. Nach Abs. 8 S. 2 bzw. § 110 Abs. 2 S. 1 WpHG sind **Verdachtsmomente gegen den Abschlussprüfer**

---

[12] BT-Drs. 18/11775, 362.
[13] *DPR,* Tätigkeitsbericht 2017, 22.
[14] *DPR,* Tätigkeitsbericht 2017, 23; *Ernst/Barth* DK 2018, 205.
[15] *DPR,* Tätigkeitsbericht 2017, 23; *Ernst/Barth* DK 2018, 205.
[16] *DPR* Satzung § 4.
[17] Vgl. *DPR* Satzung §§ 6–12; *DPR* Verfahrensordnung.
[18] BeBiKo/*Grottel* Rn. 18.

wegen der Verletzung von Berufspflichten bei der Abschlussprüferaufsichtsstelle beim Bundesamt für Wirtschaft und Ausfuhrkontrolle zu melden.

II. Prüfungsdurchführung

9   **1. Anlass der Prüfung.** Die Prüfstelle wird im Rahmen von Anlass- und Stichprobenprüfungen sowie auf Verlangen der BaFin tätig. Eine **Anlassprüfung** erfolgt, wenn konkrete Anhaltspunkte für einen Verstoß gegen Rechnungslegungsvorschriften vorliegen. Die Anhaltspunkte für eine solche Anlassprüfung können sich dabei aus einer intensiven Analyse der Unternehmens- und Presseberichterstattung durch den bei der Prüfstelle eingerichteten Ausschuss für Medienanalyse oder auch durch konkrete Hinweise von bspw. Aktionären, Gläubigern oder Arbeitnehmern ergeben und zur Aufnahme eines Prüfverfahrens führen.[19] Dabei ist immer zu berücksichtigen, dass die Hinweise ausreichend substantiiert sein müssen und dass nur solche Prüfungen durchgeführt werden sollen, die Sachverhalte von öffentlichem Interesse betreffen (Abs. 2 S. 4).[20] Fraglich ist in der Praxis, inwieweit eine solche Beurteilung ohne weitergehende Prüfungshandlungen möglich ist; die Prüfstelle bedient sich hierzu eines Vorprüfungsausschusses, der über das Vorliegen solcher Anhaltspunkte befindet.[21] **Prüfungen auf Verlangen der BaFin** erfolgen durch die Prüfstelle unter der Voraussetzung, dass der BaFin gem. § 107 Abs. 1 S. 1 WpHG konkrete Anhaltspunkte für einen Verstoß gegen Rechnungslegungsvorschriften vorliegen, ein öffentliches Interesse an der Klärung besteht und die BaFin von der DPR gem. § 108 Abs. 2 WpHG die Einleitung einer Prüfung verlangt.

10   Über die Anlassprüfungen und die Prüfungen auf Verlangen der BaFin hinaus wird die Prüfstelle nach Abs. 2 S. 3 Nr. 3 auch in einem **Stichprobenverfahren** tätig. Die Prüfstelle hat gem. Abs. 2 S. 5 Leitlinien in „Grundsätze für die stichprobenartige Prüfung"[22] transferiert, die detaillierte Vorgaben zur Ausübung des Stichprobenverfahrens machen. Dabei wird zwischen einer risikoorientierten Auswahl, einer Zufallsauswahl mit Schichtung sowie einer zusätzlichen Auswahl unterschieden.

11   Wird im Zuge der **risikoorientierten Auswahl** (1. Stufe der Auswahl) ein konkreter Anhaltspunkt für eine fehlerhafte Rechnungslegung festgestellt, der über ein abstraktes Risiko hinausgeht, und besteht zudem ein öffentliches Interesse, so leitet die DPR unmittelbar eine Anlassprüfung ein.[23] Darüber hinaus wird die DPR eine Gruppe von Unternehmen bilden, die von weniger konkreten, mithin abstrakten, Risiken betroffen sind.[24] Hierzu zählen bspw. erstmaliges Listing; außergewöhnliche Transaktionen wie Unternehmenserwerbe oder -veräußerungen; eine außergewöhnliche wirtschaftliche Lage; Auffälligkeiten in abgelaufenen Enforcement-Prüfungen; und weitere abstrakte Risiken, die sich aus den gemeinsamen europäischen Prüfungsschwerpunk-

---

[19] BeBiKo/*Grottel* Rn. 46.
[20] Vgl. zur Problematik des „Whistleblowing" *Bräutigam/Heyer* AG 2006, 190.
[21] BeBiKo/*Grottel* Rn. 46; *Bräutigam/Heyer* AG 2006, 188.
[22] DPR, Grundsätze für die stichprobenartige Prüfung gemäß § 342b Abs. 2 S. 3 Nr. 3.
[23] DPR, Grundsätze für die stichprobenartige Prüfung gemäß § 342b Abs. 2 S. 3 Nr. 3, S. 2.
[24] DPR, Grundsätze für die stichprobenartige Prüfung gemäß § 342b Abs. 2 S. 3 Nr. 3, S. 2.

ten ergeben könnten. Aus dieser Risikogruppe wird einmal jährlich eine Zufallsauswahl im Umfang von 40% gezogen.[25] Anschließend kommt ein **geschichtetes Stichprobenverfahren** (2. Stufe **12** der Auswahl) zur Anwendung, bei dem alle Unternehmen erfasst werden, die nicht bereits im Rahmen der risikoorientierten Auswahl ausgewählt wurden.[26] Der Auswahl wird eine **zweigliedrige Schichtung** zugrunde gelegt: Unternehmen aus den Indizes DAX, MDAX, SDAX und TecDAX werden innerhalb von 4–5 Jahren einer Prüfung unterzogen; alle übrigen Unternehmen innerhalb von 8–10 Jahren.[27] Alle Unternehmen einer Schicht, die nicht bereits im Zuge der 1. Stufe ausgewählt wurden, kommen in die geschichtete Stichprobenauswahl und haben somit die gleiche Chance, in eine Prüfung einbezogen zu werden (Vollabdeckung).[28]

Um sicherzustellen, dass jedes Unternehmen jederzeit zur Überprüfung **13** ausgewählt werden kann, wird zudem eine **zusätzliche Auswahl** (3. Stufe der Auswahl) vorgenommen. Hier werden alle Unternehmen erfasst, die im betreffenden Jahr nicht auf der 1. oder 2. Stufe ausgewählt wurden.[29] Einmal jährlich wird aus dieser Gruppe eine Zufallsauswahl von 10 Unternehmen gezogen, von denen drei Unternehmen so ausgewählt werden, dass keine übermäßige Belastung eines Unternehmens eintritt.[30]

Nach Abs. 3 kann eine Verfahrenseröffnung durch die Prüfstelle nicht **14** erfolgen, sofern eine **Klage auf Nichtigkeit des Jahresabschlusses** gem. § 256 Abs. 7 AktG anhängig ist. Sofern eine aktienrechtliche **Sonderprüfung** nach § 142 Abs. 1 oder Abs. 2 AktG oder § 258 Abs. 1 AktG eingeleitet wurde, kann die Prüfstelle ebenfalls nicht tätig werden, soweit der Gegenstand der Sonderprüfung, der Prüfungsbericht oder eine gerichtliche Entscheidung über die abschließenden Feststellungen der Sonderprüfer nach § 260 AktG reichen.

2. Gegenstand der Prüfung. Sachlicher Gegenstand einer Prüfung **15** durch die Prüfstelle ist grundsätzlich die **Rechnungslegung** von Unternehmen, deren **Wertpapiere** iSd § 2 Abs. 1 S. 1 WpHG an einer inländischen Börse zum Handel **im regulierten Markt zugelassen** sind. Darunter fallen vor allem Aktien und Schuldverschreibungen. Seit dem 1.1.2016 wird zudem darauf abgestellt, ob die Emittenten zugelassener Wertpapiere **Deutschland als Herkunftsstaat** haben,[31] während der Sitz des emittierenden Unternehmens zuvor als unerheblich erachtet wurde.[32] Ein Entfall der Börsennotierung oder ein Segmentwechsel in den Freiverkehr sollte aufgrund des Sinn und Zwecks des eingerichteten Enforcement-Verfahrens grundsätzlich nicht zur

---

[25] DPR, Grundsätze für die stichprobenartige Prüfung gemäß § 342b Abs. 2 S. 3 Nr. 3, S. 2 f.
[26] DPR, Grundsätze für die stichprobenartige Prüfung gemäß § 342b Abs. 2 S. 3 Nr. 3, S. 3.
[27] DPR, Grundsätze für die stichprobenartige Prüfung gemäß § 342b Abs. 2 S. 3 Nr. 3, S. 3.
[28] DPR, Grundsätze für die stichprobenartige Prüfung gemäß § 342b Abs. 2 S. 3 Nr. 3, S. 3.
[29] DPR, Grundsätze für die stichprobenartige Prüfung gemäß § 342b Abs. 2 S. 3 Nr. 3, S. 4.
[30] DPR, Grundsätze für die stichprobenartige Prüfung gemäß § 342b Abs. 2 S. 3 Nr. 3, S. 4.
[31] BR-Drs. 194/15, 84; BeBiKo/*Grottel* Rn. 20.
[32] *Gelhausen/Hönsch* AG 2005, 512; *Zülch/Beyhs/Hoffmann/Krauß*, Enforcement-Guide – Wegweiser für das DPR-Verfahren, 2012, 24.

Einstellung des Prüfverfahrens führen.[33] Der im Zuge des AReG eingefügte Abs. 2 S. 7 stellt diesbezüglich klar, dass eine Prüfung auch **trotz des Wegfalls der Zulassung** der Wertpapiere zum Handel im organisierten Markt fortgesetzt werden kann, insbesondere dann, wenn das Prüfungsverfahren weit fortgeschritten ist oder nach dem Beginn der Prüfung im laufenden Verfahren ein Fehler festgestellt wurde, an dessen Bekanntmachung ein öffentliches Interesse besteht.[34]

16   Zur Rechnungslegung zählen alle Teile des zuletzt festgestellten **Jahresabschlusses** und des dazugehörigen **Lageberichts,** des zuletzt gebilligten **Konzernabschlusses** und des dazugehörigen **Konzernlageberichts,** des zuletzt veröffentlichten **verkürzten Abschlusses** sowie des dazugehörigen **Zwischenlageberichts.**[35] Im Zuge des Gesetzes zur Umsetzung der Transparenzrichtlinie-Änderungsrichtlinie unterliegen seit dem 1.1.2016 zudem auch die zuletzt veröffentlichten **Zahlungsberichte** und **Konzernzahlungsberichte** der anlassbezogenen Überprüfung.[36] In der Prüfungspraxis der Prüfstelle ist insbesondere eine Prüfung von Konzernabschlüssen und Konzernlageberichten zu beobachten. Durch die im Zuge des Abschlussprüfungsreformgesetzes (AReG) erfolgten Ergänzung des Abs. 2 S. 1 wurde zudem klargestellt, dass insbesondere auch bei der Prüfung eines Konzernabschlusses, der nach den **IFRS** aufgestellt ist, die **Grundsätze ordnungsmäßiger Buchführung (GoB)** zum Prüfungsmaßstab des Bilanzkontrollverfahrens zählen und auch die zu Grunde liegende **Buchführung** zum Prüfungsgegenstand zählt.[37]

17   Der **zeitliche Gegenstand** einer Prüfung durch die Prüfstelle ist seit dem Gesetz zur Umsetzung der Transparenzrichtlinie-Änderungsrichtlinie nicht länger auf den zuletzt festgestellten Jahresabschluss und Lagebericht; den zuletzt gebilligten Konzernabschluss und Konzernlagebericht sowie den zuletzt veröffentlichten verkürzten Abschluss und Zwischenlagebericht bzw. zuletzt veröffentlichten Zahlungsbericht und Konzernzahlungsbericht beschränkt.[38] Gem. Abs. 2a besteht nunmehr **auch** die Möglichkeit, für das **vorangegangene Geschäftsjahr** des zuletzt festgestellten Jahresabschlusses und Lageberichts sowie gebilligten Konzernabschlusses und Konzernlageberichts eine Anlassprüfung durchzuführen.[39]

18   Bei der Festlegung ihrer **Prüfungsschwerpunkte** beachtet die DPR insbesondere die Prüfungsschwerpunkte der European Securities and Markets Authority (ESMA), die sie um eigene Prüfungsschwerpunkte erweitert.[40] Obgleich die Prüfstelle die allgemeinen Prüfungsschwerpunkte jährlich veröffentlicht, kann der **genaue Prüfungsgegenstand** von der Prüfstelle grundsätzlich **ohne Beschränkungen** im Hinblick auf Ausweis, Ansatz, Bewertung und sonst geforderte Angaben geprüft werden. Aufgrund der eher geringeren Kapazitäten der Prüfstelle und einer Beschränkung der Prüfung auf wesentliche und relevante Bereiche der Rechnungslegung, werden nach der Anforderung allgemeiner Unterlagen idR von der Prüfstelle **unterneh-**

---

[33] Vgl. OLG Frankfurt a. M. Beschl. v. 31.5.2012 – WpÜG 2/12 und 3/12, einschließlich der Besprechung von *Müller* Der Konzern 2012, 432 ff.
[34] BT-Drs. 18/7219, 54; BeBiKo/*Grottel* Rn. 27.
[35] BeBiKo/*Grottel* Rn. 20.
[36] BT-Drs. 18/5010, 50.
[37] BT-Drs. 18/7219, 54.
[38] BT-Drs. 18/5010, 26; BeBiKo/*Grottel* Rn. 25 f.
[39] BT-Drs. 18/5010, 26; BeBiKo/*Grottel* Rn. 26.
[40] BeBiKo/*Grottel* Rn. 174.

mensindividuelle Prüfungsschwerpunkte festgelegt bzw. einzelne Transaktionen auf ihre sachgerechte Darstellung in der Rechnungslegung geprüft. Aus den bisherigen Veröffentlichungen der Prüfstelle zeigt sich, dass zB die folgenden Bereiche häufig Gegenstand einer intensiven Prüfung sind:[41] Unternehmenszusammenschlüsse, Aktive latente Steuern, Kapitalflussrechnungen, anteilsbasierte Vergütungen, Bilanzierung von Finanzinstrumenten, Wertminderungen von Vermögenswerten inkl. Goodwill sowie die Lageberichterstattung – dort insbesondere die Prognose- und Risikoberichterstattung. Hierbei zeigt sich, dass aus den genannten Gründen der **Umfang** einer Prüfung durch die Prüfstelle wesentlich **geringer ist als eine Abschlussprüfung** nach § 316. Dies ergibt sich auch insbesondere durch die Tatsache, dass keine Vollprüfung sämtlicher Vermögenswerte und Schulden erfolgt, Einzelfallprüfungen im Vordergrund stehen und das Risikomanagementsystem nicht Gegenstand der Prüfung ist.[42]

3. Mitwirkung des zu prüfenden Unternehmens und Prüfverfahren. 19
Unmittelbar nach Einleitung des Prüfverfahrens erfolgt eine **Mitteilung** an das zu prüfende Unternehmen bzw. dessen gesetzlichen Vertreter, in der die Tatsache der **Einleitung des Prüfverfahrens** unter Angabe, ob es sich um eine Anlass- oder eine Stichprobenprüfung oder eine Prüfung auf Verlangen der BaFin handelt, mitgeteilt wird. In diesem Schreiben wird das Unternehmen auch gebeten, seine Mitwirkung bei der Prüfung zu erklären. Gleichzeitig erfolgt nach Abs. 6 Nr. 1 eine Mitteilung an die BaFin.

Bevor weitere Prüfungsschritte unternommen werden können, muss das 20
Unternehmen seine **Mitwirkung bei der Prüfung mitteilen.** Das Unternehmen ist in dieser Entscheidung grundsätzlich frei. Allerdings hat eine **Verweigerung der Mitwirkung** insoweit Konsequenzen, als dass die Prüfstelle die BaFin darüber informiert und die BaFin daraufhin gem. § 108 Abs. 1 S. 2 Nr. 2 iVm § 107 WpHG ihrerseits eine Prüfung durchführen kann und idR auch durchführen wird.[43] Zudem erfolgt die Prüfung zumindest dann nicht mehr für das Unternehmen kostenfrei, wenn die BaFin eine fehlerhafte Rechnungslegung feststellt (zur Finanzierung der Prüfstelle und den in diesem Zusammenhang für die Unternehmen entstehenden Kosten → § 342d Rn. 1 f.). Vielmehr wird im Falle einer Prüfung durch die BaFin und einer **Feststellung fehlerhafter Rechnungslegung** durch dieselbe der Aufwand für die Prüfung durch die BaFin dem zu prüfenden Unternehmen belastet. Die BaFin kann sich bei der Prüfung der Prüfstelle bedienen, die über diesen Weg die Prüfung letztendlich doch mit durchführt, nun aber zumindest mittelbar mit hoheitlichen Mitteln ausgestattet wird. Aus diesem Grund erfolgt im Regelfall eine Mitwirkung durch die zu prüfenden Unternehmen;[44] beispielsweise wurde im Jahr 2008 in nur acht Fällen eine Mitwirkung verweigert, wobei die Prüfstelle dem zu prüfenden Unternehmen anzulastende zeitliche Verzögerungen des Prüfverfahrens als verweigerte Mitwirkung wertet.[45] Sofern eine Mitwirkung erklärt wird, sind die gesetzlichen Vertreter und die sonstigen Personen, derer sich die gesetzlichen Vertreter bei

---

[41] Vgl. *DPR*, Prüfungsschwerpunkte 2007–2018.
[42] *Gelhausen/Hönsch* AG 2005, 513; *Zülch/Beyhs/Hoffmann/Krauß*, Enforcement-Guide – Wegweiser für das DPR-Verfahren, 2012, 28.
[43] *Gelhausen/Hönsch* AG 2005, 524; *Gahlen/Schäfer* BB 2006, 1620; *Gros* DStR 2006, 249.
[44] *Gelhausen/Hönsch* AG 2005, 518.
[45] *DPR*, Tätigkeitsbericht 2008, 3; *DPR*, Informationen zum Prüfverfahren, S. 3.

der Mitwirkung bedienen, verpflichtet, richtige und vollständige Auskünfte zu erteilen und richtige und **vollständige Unterlagen vorzulegen.** Es gelten die Sanktionswirkungen des § 342e Abs. 1.

21   Im Rahmen der Mitwirkung ist regelmäßig auch die **Einbeziehung des Abschlussprüfers** des Unternehmens ratsam, ggf. von der Prüfstelle auch erwünscht.[46] Gegenüber der BaFin hat der Abschlussprüfer über § 107 Abs. 5 WpHG eine Auskunftsverpflichtung und auf Verlangen der BaFin seine Arbeitspapiere vorzulegen, soweit diese für die Prüfung des Vorliegens eines speziellen Fehlers relevant und erforderlich sind;[47] gegenüber der Prüfstelle besteht jedoch keine solche Verpflichtung. Sofern die Prüfstelle das Unternehmen auch um eine Stellungnahme des Abschlussprüfers zu bestimmten Bilanzierungsmethoden und/oder Ausweisfragen anfordert, ist der Abschlussprüfer von dem Unternehmen **von der Schweigepflicht zu entbinden.** Auch in den Fällen, in denen keine Stellungnahme des Abschlussprüfers von der Prüfstelle angefordert wird, ist jedoch eine frühzeitige Einbeziehung des Abschlussprüfers zu empfehlen, um eine sachgerechte und zügige Aufklärung sicherzustellen.[48] Da der **Aufsichtsrat** seit 1998 den Prüfungsauftrag an den Abschlussprüfer erteilt, sollte auch der Aufsichtsratsvorsitzende bzw. der Vorsitzende des Prüfungsausschusses in das Verfahren mit einbezogen werden.

22   Im **Prüfverfahren** selbst fordert die Prüfstelle regelmäßig zunächst den Jahresabschluss und den zugehörigen Lagebericht, den Konzernabschluss und den zugehörigen Konzernlagebericht, die entsprechenden Prüfungsberichte des Abschlussprüfers sowie vom Abschlussprüfer einzuholende Aufstellung der nicht gebuchten Prüfungsdifferenzen einschließlich einer Erklärung der gesetzlichen Vertreter, dass nach deren Auffassung die Auswirkungen dieser nicht gebuchten Prüfungsdifferenzen oder die nicht korrigierten Angaben sowohl einzeln als auch insgesamt unwesentlich sind, vom zu prüfenden Unternehmen an.[49] Ggf. werden auch verkürzte Abschlüsse und die zugehörigen Zwischenlageberichte sowie, soweit vorhanden, der Review Report des Abschlussprüfers angefordert.

23   Bei Stichprobenprüfungen legt die Prüfstelle auf Basis dieser Unterlagen unternehmensindividuelle Prüfungsschwerpunkte fest und versendet ein **Frageschreiben** an das zu prüfende Unternehmen, um gezielt kritische Rechnungslegungsthemen und kritische Rechnungslegungsfragen zu klären. Bei Anlassprüfungen beschränkt sich dies zunächst auf jene Sacherhalte, die zur Einleitung der Anlassprüfung geführt haben; obschon die Prüfstelle nicht gehindert ist, den Umfang der Prüfung bei Auftreten neuerlicher Anhaltspunkte für eine fehlerhafte Rechnungslegung zu erweitern. Nach Versand des ersten Frageschreibens wird dem zu prüfenden Unternehmen eine angemessene Frist zu dessen Beantwortung eingeräumt. Ggf. wird dieser Prozess mehrfach sowie unter Hinzuziehung von Gutachten wiederholt; bei Bedarf erfolgt ein **direktes Gespräch** zwischen Prüfstelle und dem Unternehmen, ggf. unter Hinzuziehung des Abschlussprüfers.[50]

---

[46] *DPR,* Informationen zum Prüfverfahren, S. 3.

[47] OLG Frankfurt a. M. Beschl. v. 12.2.2007 – WpÜG 1/06, DB 2007, 909; OLG Frankfurt a. M. Beschl. v. 29.11.2007 – WpÜG 2/07, DB 2008, 629.

[48] Vgl. *Bräutigam/Heyer* AG 2006, 192; *DPR,* Informationen zum Prüfverfahren, S. 3.

[49] *DPR,* Informationen zum Prüfverfahren, S. 3 f.

[50] *DPR,* Informationen zum Prüfverfahren, S. 4; *DPR,* Schematische Darstellung eines Prüfverfahrens, S. 2; für eine Darstellung des praktischen Ablauf eines Prüfverfahren einschließlich Beispielen vgl. *Zülch/Beyhs/Hoffmann/Krauß,* Enforcement-Guide – Wegweiser für das DPR-Verfahren, 2012, 157 ff.

4. Prüfungsergebnis und Rechtsfolgen festgestellter Fehler in der 24
Rechnungslegung. Zum Abschluss der Prüfung teilt die Prüfstelle dem geprüften Unternehmen das Ergebnis der Prüfung mit.[51] Bei festgestellter fehlerhafter Rechnungslegung ist diese von der Prüfstelle zu begründen und das Unternehmen wird um Stellungnahme gebeten, ob es mit den Prüfungsfeststellungen übereinstimmt. Nach **Abschluss der Prüfung** informiert die Prüfstelle die BaFin über das Prüfungsergebnis und, sofern eine fehlerhafte Rechnungslegung festgestellt wurde, auch darüber, ob sich das Unternehmen mit dem Prüfungsergebnis einverstanden erklärt. Es steht nach § 108 Abs. 1 S. 2 Nr. 2 ivm § 107 WpHG im Ermessen der BaFin, sich bei erheblichen Zweifeln am Prüfungsergebnis ein eigenes Bild über die Prüfungsdurchführung sowie das Prüfungsergebnis zu machen; dieses ist jedoch eher der Ausnahmefall. Ebenfalls zu einer eigenständigen Prüfung durch die BaFin kann die Verweigerung der Mitwirkung durch das zu prüfende Unternehmen gegenüber der Prüfstelle führen.

Sofern das Unternehmen mit dem **Prüfungsergebnis einverstanden** ist, 25 ordnet die BaFin an, dass das Unternehmen die fehlerhafte Rechnungslegung gem. § 109 Abs. 2 WpHG unverzüglich im **Bundesanzeiger** sowie entweder in einem überregionalen Börsenpflichtblatt oder über ein weit verbreitetes, elektronisch betriebenes Informationsverbreitungssystem **bekannt machen** muss. Sofern das Unternehmen das Prüfungsergebnis nicht akzeptiert, wird die BaFin sich ein eigenes Bild von dem Prüfungsergebnis machen und ggf. eigene Prüfungshandlungen vornehmen.[52] Hierzu stehen ihr die Unterlagen der Prüfstelle zur Verfügung. Von der Anordnung der Bekanntmachung durch das geprüfte Unternehmen kann die BaFin nur dann eine Ausnahme zulassen, wenn kein öffentliches Interesse an der Veröffentlichung besteht oder wenn die Veröffentlichung dazu geeignet ist, den berechtigten Interessen des Unternehmens zu schaden.[53] Von einem **fehlenden öffentlichen Interesse** kann nur ausgegangen werden, wenn der Fehler offensichtlich unwesentlich ist.[54] Dabei ist zu berücksichtigen, dass mehrere unwesentliche Fehler zusammengenommen **wesentlich** sein können.[55] Während im Prüfverfahren der DPR keine Rechtsbehelfe möglich sind,[56] gem. Abs. 6 S. 2 auch nicht gegen die Berichterstattung der DPR an die BaFin, erfolgt die Prüfung durch die BaFin in einem Verwaltungsverfahren, womit **Rechtsbehelfe,** zunächst Widerspruch und sodann Beschwerde beim OLG Frankfurt a. M.,[57] möglich sind,[58] diese haben nach § 112 Abs. 2 WpHG, § 113 Abs. 1 S. 2 WpHG jedoch grds. keine aufschiebende Wirkung.[59]

Die **Verpflichtung zur Veröffentlichung festgestellter Fehler** ist das 26 **zentrale Sanktionsinstrument** des Enforcement-Prozesses. Wird im Ergebnis eine fehlerhafte Rechnungslegung festgestellt, ist das Unternehmen

---

[51] *Gelhausen/Hönsch* AG 2005, 523.

[52] Baumbach/Hopt/*Merkt* Rn. 6.

[53] Vgl. *Gahlen/Schäfer* BB 2006, 1621.

[54] OLG Frankfurt a. M. Beschl. v. 14.6.2007 – WpÜG 1/07, DB 2007, 1913; *Kumm/ Müller* IRZ 2009, 79 f.; *Zülch/Beyhs/Hoffmann/Krauß,* Enforcement-Guide – Wegweiser für das DPR-Verfahren, 2012, 38.

[55] OLG Frankfurt a. M. Beschl. v. 22.1.2009 – WpÜG 1/08, DB 2009, 333.

[56] BeBiKo/*Grottel* Rn. 125.

[57] Baumbach/Hopt/*Merkt* Rn. 6.

[58] Für einen Überblick über die diesbezügliche, bisherige Rechtsprechung vgl. *Zülch/ Hoffmann* DStR 2010, 945 ff.

[59] OLG Frankfurt a. M. Beschl. v. 12.2.2007 – WpÜG 1/06, DB 2007, 909.

zur Veröffentlichung dieses Fehlers nach § 109 WpHG verpflichtet. Da es
sich idR um eine **wesentliche Kapitalmarktinformation** handeln wird, ist
diese als Ad hoc-Mitteilung zu veröffentlichen.

Zeitlich kann die Verpflich-
tung zur Veröffentlichung einer Ad hoc-Mitteilung schon vor Veröffentlichung der Fehlerfeststellung eintreten, sofern die Voraussetzungen des § 26
WpHG,[60] dh eine Insiderinformation, vorliegen.[61] Weitere Sanktionsmecha-
nismen für die Prüfstelle oder die BaFin sind nicht vorgesehen, vielmehr
werden Interpretationen und mögliche weitere Sanktionsmaßnahmen den
Kapitalmarktteilnehmern überlassen. Gleichzeitig soll von dieser Publizitäts-
verpflichtung auch eine präventive Wirkung ausgehen, die die Unternehmen
zu einer korrekten Rechnungslegung veranlasst.[62]

27   Aus wirtschaftlicher Betrachtungsweise bedingt dieser zugrunde liegende
Mechanismus einer **adversen Publizität** und die **erwünschte präventive
Wirkung** des Enforcement-Verfahrens, dass nur in äußerst begrenzten Ausnahmen von einem fehlenden öffentlichen Interesse an einer Fehlerveröffentlichung oder vom Bestehen eines einer Fehlerveröffentlichung entgegenstehenden berechtigten Interesse des Unternehmen ausgegangen werden kann. Der Sanktionsmechanismus der adversen Publizität kann – auch
im Sinne einer präventiven Wirkung – nur wirksam sein, wenn die Veröffentlichung einer fehlerhaften Rechnungslegung der überwiegende Regelfall ist. ZB entspricht eine mögliche negative Beeinflussung des Aktienkurses
eines Unternehmens mit fehlerhafter Rechnungslegung gerade dem Sinn
und Zweck des eingerichteten Sanktionsmechanismus; überdies überlässt
eine strenge Auslegung des Wesentlichkeitskriteriums dem Kapitalmarkt die
Möglichkeit, eine eigene Wesentlichkeitsbeurteilung vorzunehmen und entspricht somit ebenfalls dem Sinn und Zweck des eingerichteten Sanktionsmechanismus. Auch bei **Entfall der Börsennotierung** im laufenden, weit
fortgeschrittenen Prüfverfahren mit sich abzeichnender Fehlerfeststellung
sowie insbesondere nach der Fehlerfeststellung kann grundsätzlich nicht von
einem Entfall des öffentlichen Interesses an einer Fehlerveröffentlichung ausgegangen werden. Damit wird einerseits der „Flucht ins Delisting" Einhalt
geboten[63] und andererseits die Präventionswirkung des Enforcement-Verfahrens gefördert.[64]

28   Inhaltlich hat die **Fehlerveröffentlichung** den oder die festgestellten
Fehler sowie eine Erläuterung zu enthalten.[65] Zwar steht dem Unternehmen
ein **Darstellungsspielraum** zu, doch darf dieser nicht dazu führen, dass die
festgestellte fehlerhafte Rechnungslegung verharmlost oder der Auffassung
von DPR und/oder BaFin widersprochen wird.[66] Liegen mehrere Einzelfehler vor, sind alle Einzelfehler offenzulegen. Dies gilt auch, wenn diese für
sich genommen unwesentlich sind.[67] Eine Angabe, ob es sich um eine Anlass-

---

[60] BT-Drs. 18/10936, 230.

[61] *Günther/Schmeling/Starke* KoR 2016, 295.

[62] Staub/*Hommelhoff* Rn. 6.

[63] *Müller* Der Konzern 2012, 434.

[64] OLG Frankfurt a. M. Beschl. v. 31.5.2012 – WpÜG 2/12 und 3/12, Der Konzern
2012, 425; einschließlich der Besprechung von *Müller* Der Konzern 2012, 434.

[65] OLG Frankfurt a. M. Beschl. v. 14.6.2007 – WpÜG 1/07, DB 2007, 1913; BeBiKo/
Grottel Rn. 92.

[66] *Zülch/Beyhs/Hoffmann/Krauß,* Enforcement-Guide – Wegweiser für das DPR-Verfahren, 2012, 38.

[67] OLG Frankfurt a. M. Beschl. v. 22.1.2009 – WpÜG 1/08, DB 2009, 333.

oder Stichprobenprüfung oder eine Prüfung auf Verlagen der BaFin handelte, ist nicht erforderlich.[68]

Sofern Fehler in der Rechnungslegung festgestellt wurden, die einen **29** **Nichtigkeitsgrund iSd § 256 AktG** darstellen, muss der Jahresabschluss neu aufgestellt und geprüft werden; eine Korrektur in laufender Rechnung reicht in diesen Fällen nicht aus.[69]

III. Fallbezogene Voranfragen

Im Rahmen von Fallbezogenen Voranfragen, sog. **Pre Clearance**-Anfra- **30** gen, räumt die DPR seit November 2009 ausschließlich den dem Enforcement-Verfahren unterliegenden Unternehmen die Möglichkeit ein, sich bereits bei oder vor Abschlusserstellung zwecks Klärung bilanzieller Sachverhalte an die DPR zu wenden. Im Wege Fallbezogener Voranfragen sollen Fehler bereits bei der Abschlusserstellung vermieden und somit die **präventive Funktion** der DPR gestärkt werden.[70]

Zur Durchführung einer Fallbezogenen Voranfrage hat das Unternehmen **31** der DPR den betreffenden Sachverhalt hinreichend zu konkretisieren und einen **Vorschlag zur bilanziellen Behandlung** dieses Sachverhalts einschließlich einer Stellungnahme des (zuletzt) bestellten Abschlussprüfers einzureichen. Ferner hat das Unternehmen sein Einverständnis damit zu erklären, dass die DPR nach eigenem Ermessen entscheidet, ob und ggf. wann sie ihre Auffassung äußert oder das Verfahren ohne Angabe von Gründen einstellt sowie sich damit einverstanden zu erklären, dass die DPR an ihre geäußerte Auffassung in einem späteren Prüfverfahren **nicht gebunden** ist. Darüber hinaus werden dem Unternehmen entstandene und entstehende Kosten nicht ersetzt. Auch hat sich das anfragende Unternehmen damit einverstanden zu erklären, dass die DPR Fallbezogene Voranfragen der BaFin zur Kenntnis bringt und diese im Einzelfall bei übergeordneten Interesse mit anderen europäischen Enforcement-Institutionen diskutiert. Überdies hat sich das Unternehmen zur **Verschwiegenheit** über den Inhalt der Anfrage und die von der DPR geäußerte Auffassung **gegenüber Dritten** zu verpflichten und auf die Geltendmachung möglicher Schadensersatzansprüche jeder Form zu verzichten sowie die DPR von Ansprüchen Dritter freizustellen.[71]

Zwar ist die von der DPR geäußerte Auffassung somit für dieselbe in **32** einem späteren Prüfverfahren nicht bindend, jedoch sollte bei unveränderter Sachlage kein Abweichen der DPR von ihrer zuvor geäußerten Auffassung zu erwarten sein.[72] Zu berücksichtigen ist allerdings, dass insbesondere auch die **BaFin nicht** an eine von der DPR im Rahmen einer Fallbezogenen Voranfrage **geäußerte Auffassung gebunden** ist. Hat die BaFin nach Abschluss eines Prüfverfahrens durch die Prüfstelle erhebliche Zweifel an der Richtigkeit des Prüfungsergebnisses und damit ggf. auch an der im Rahmen der Fallbezogenen Voranfrage geäußerten Auffassung der DPR oder auch an der ordnungsgemäßen Durchführung der Prüfung durch die Prüfstelle, kann die BaFin gem. § 107 iVm § 108 Abs. 1 S. 2 Nr. 2 WpHG eine Prüfung

[68] OLG Frankfurt a. M. Beschl. v. 14.6.2007 – WpÜG 1/07, DB 2007, 1913.
[69] BeBiKo/*Grottel* Rn. 100.
[70] *DPR*, Tätigkeitsbericht 2017, S. 15.
[71] *DPR*, Fallbezogene Voranfragen, S. 1 f.
[72] Vgl. auch Beck HdR/*Scheffler/Zempel* B 620 Rn. 25.

anordnen und durchführen. Insoweit ist es wenig überraschend, dass bis Ende Juni 2015 lediglich in 19 Fällen von der Möglichkeit Gebrauch gemacht wurde, von denen 18 Voranfragen die Voraussetzung für die Annahme zur Bearbeitung durch die DPR erfüllten.[73]

§ 342c Verschwiegenheitspflicht

(1) [1] **Die bei der Prüfstelle Beschäftigten sind verpflichtet, über die Geschäfts- und Betriebsgeheimnisse des Unternehmens und die bei ihrer Prüftätigkeit bekannt gewordenen Erkenntnisse über das Unternehmen Verschwiegenheit zu bewahren.** [2] **Dies gilt nicht im Fall von gesetzlich begründeten Mitteilungspflichten.** [3] **Die bei der Prüfstelle Beschäftigten dürfen nicht unbefugt Geschäfts- und Betriebsgeheimnisse verwerten, die sie bei ihrer Tätigkeit erfahren haben.** [4] **Wer vorsätzlich oder fahrlässig diese Pflichten verletzt, ist dem geprüften Unternehmen und, wenn ein verbundenes Unternehmen geschädigt worden ist, auch diesem zum Ersatz des daraus entstehenden Schadens verpflichtet.** [5] **Mehrere Personen haften als Gesamtschuldner.**

(2) [1] **Die Ersatzpflicht von Personen, die fahrlässig gehandelt haben, beschränkt sich für eine Prüfung und die damit im Zusammenhang stehenden Pflichtverletzungen auf den in § 323 Abs. 2 Satz 2 genannten Betrag.** [2] **Dies gilt auch, wenn an der Prüfung mehrere Personen beteiligt gewesen oder mehrere zum Ersatz verpflichtende Handlungen begangen worden sind, und ohne Rücksicht darauf, ob andere Beteiligte vorsätzlich gehandelt haben.** [3] **Sind im Fall des Satzes 1 durch eine zum Schadensersatz verpflichtende Handlung mehrere Unternehmen geschädigt worden, beschränkt sich die Ersatzpflicht insgesamt auf das Zweifache der Höchstgrenze des Satzes 1.** [4] **Übersteigen in diesem Fall mehrere nach Absatz 1 Satz 4 zu leistende Entschädigungen das Zweifache der Höchstgrenze des Satzes 1, so verringern sich die einzelnen Entschädigungen in dem Verhältnis, in dem ihr Gesamtbetrag zum Zweifachen der Höchstgrenze des Satzes 1 steht.**

(3) [1] **Die §§ 93 und 97 der Abgabenordnung gelten nicht für die in Absatz 1 Satz 1 bezeichneten Personen, soweit sie zur Durchführung des § 342b tätig werden.** [2] **Sie finden Anwendung, soweit die Finanzbehörden die Kenntnisse für die Durchführung eines Verfahrens wegen einer Steuerstraftat sowie eines damit zusammenhängenden Besteuerungsverfahrens benötigen, an deren Verfolgung ein zwingendes öffentliches Interesse besteht, und nicht Tatsachen betroffen sind, die von einer ausländischen Stelle mitgeteilt worden sind, die mit der Prüfung von Rechnungslegungsverstößen betraut ist.**

Schrifttum: S. Schrifttum zu § 342b.

I. Umfang und Adressaten der Verschwiegenheitspflicht

1   Die Regelungen zur Verschwiegenheit sind grundsätzlich an § 323 Abs. 1 angelehnt.[1] Dabei bezieht sich die Pflicht zur Verschwiegenheit auf alle bei der Prüfungstätigkeit bekannt gewordenen **Erkenntnisse über das Unter-**

---

[73] *DPR*, DPR-Jubiläumsbroschüre, S. 44.
[1] Vgl. Baumbach/Hopt/*Merkt* Rn. 1.

nehmen, allerdings nicht auf die Tatsache, dass eine Prüfung durchgeführt wird.[2] Abs. 1 S. 2 nimmt Fälle einer gesetzlichen Mitteilungspflicht, zB § 324b Abs. 6 und Abs. 8 oder bei Aussagepflichten nach StPO aus.[3] Daneben kann für das Unternehmen ggf. eine „Ad-hoc"-Mitteilungspflicht dieser Insiderinformation isd § 26 WpHG bestehen.[4]

Der Verschwiegenheitspflicht des § 342c unterliegen alle bei der Prüfstelle **2** **beschäftigten Personen.** Unter diese Regelung fallen auch Personen, derer sich die Prüfstelle bei der Durchführung ihrer Aufgaben bedient, zB externe **Wirtschaftsprüfer** oder **anderer Dritter,** die als Gutachter auftreten.[5] Die Verschwiegenheitspflicht endet nicht mit der Tätigkeit für die Prüfstelle, sondern gilt über die Beendigung der Beschäftigung hinaus.[6]

Grundsätzlich gilt die Verschwiegenheitspflicht der Personen, die bei der **3** Prüfstelle beschäftigt sind, **auch gegenüber den Finanzbehörden.** Durch Abs. 3 wird den Finanzbehörden die Möglichkeit eröffnet, die nach Abs. 1 zur Durchführung eines Strafverfahrens mitgeteilten Daten auch für ein damit zusammenhängendes Besteuerungsverfahren zu verwenden.[7]

II. Rechtsfolgen bei Verstoß gegen § 342c

Hinsichtlich der Haftungshöchstgrenze für **Schadenersatzverpflichtun-** **4** **gen** verweist § 342c Abs. 2 S. 1 auf § 323 Abs. 2 S. 2. Danach ist eine Ersatzpflicht auf 4 Mio. Euro, bei Schädigung mehrerer Unternehmen nach Abs. 2 S. 3 auf 8 Mio. Euro beschränkt. Ggf. erfolgt nach Abs. 2 S. 4 eine anteilige Kürzung bei mehreren zu leistenden Entschädigungen, die oberhalb der Höchstgrenze liegen. Das Schadenersatzrisiko wird durch die DPR durch entsprechende Versicherungsverträge und durch Berufshaftpflichtversicherungen der Mitglieder der Prüfstelle reduziert.[8]

Hinsichtlich der **strafrechtlichen Sanktionen** bei vorsätzlicher oder fahr- **5** lässiger Verletzung der Verschwiegenheitspflichten ist auf § 333 Abs. 1 zu verweisen.[9]

§ 342d Finanzierung der Prüfstelle

[1]**Die Prüfstelle hat über die zur Finanzierung der Erfüllung ihrer Aufgaben erforderlichen Mittel einen Wirtschaftsplan für das Folgejahr im Einvernehmen mit der Bundesanstalt für Finanzdienstleistungsaufsicht aufzustellen.** [2]**Der Wirtschaftsplan ist dem Bundesministerium der Justiz und für Verbraucherschutz und dem Bundesministerium der Finanzen zur Genehmigung vorzulegen.** [3]**Die Bundesanstalt für Finanzdienstleistungsaufsicht schießt der Prüfstelle der dieser nach dem Wirtschaftsplan voraussichtlich entstehenden Kosten aus der gemäß § 17d Absatz 1 Satz 4 des Finanzdienstleistungsaufsichtsgesetzes eingezogenen Umlagevorauszahlung vor, wobei etwaige Fehlbeträge und nicht eingegangene Beträge nach dem Verhältnis von Wirtschaftsplan zu dem betreffenden Teil des**

---

[2] BeBiKo/*Grottel* Rn. 10 f.; *Gros* DStR 2006, 249.
[3] Vgl. Baumbach/Hopt/*Merkt* Rn. 1; Baetge/Kirsch/Thiele/*Hucke* Rn. 25.
[4] BT-Drs. 18/10936, 230; BeBiKo/*Grottel* Rn. 11.
[5] BeBiKo/*Grottel* Rn. 20.
[6] Staub/*Hommelhoff* Rn. 7.
[7] Vgl. Baumbach/Hopt/*Merkt* Rn. 1.
[8] Baetge/Kirsch/Thiele/*Hucke* Rn. 35.
[9] BeBiKo/*Grottel* Rn. 30.

Haushaltsplanes der Bundesanstalt für Finanzdienstleistungsaufsicht anteilig zu berücksichtigen sind. [4]Nach Ende des Haushaltsjahres hat die Prüfstelle ihren Jahresabschluss aufzustellen. [5]Die Entlastung erteilt das zuständige Organ der Prüfstelle mit Zustimmung des Bundesministeriums der Justiz und für Verbraucherschutz und des Bundesministeriums der Finanzen.

Schrifttum: S. Schrifttum zu § 342b.

1   Der Prüfstelle stehen grundsätzlich zwei Wege der Finanzierung zur Verfügung. Zum einen werden **Mitgliedsbeiträge** von den derzeit 17 Mitgliedern des Trägervereins erhoben;[1] dieser Beitrag zur Gesamtfinanzierung ist jedoch eher gering. Daneben wird über die Bundesanstalt für Finanzdienstleistungsaufsicht (BaFin) von allen dem Enforcement unterliegenden Unternehmen nach §§ 17a–17d Finanzdienstleistungsaufsichtsgesetzes (FinDAG) eine **Umlage** zur Deckung der Kosten des Enforcement-Verfahrens erhoben. Zur Finanzierung der Prüfstelle werden so erhobene Abgaben der Prüfstelle jeweils für das folgende Wirtschaftsjahr vorausgezahlt.[2] Die Höhe der Vorauszahlung an die DPR wird in Abhängigkeit des Budgets der Prüfstelle in Abstimmung mit der BaFin in der Bilanzkontrollkosten-Umlageverordnung (BilKoUmV) festgelegt. Die Kosten des Enforcement-Verfahrens tragen somit ausschließlich die **Unternehmen, die in seinen Anwendungsbereich fallen.**[3]

2   Gem. § 342d S. 1 hat die Prüfstelle im Einvernehmen mit der BaFin einen **Wirtschaftsplan für das Folgejahr** aufzustellen, der gem. § 342d S. 2 vom Bundesministerium für Justiz und für Verbraucherschutz und vom Bundesministerium für Finanzen zu genehmigen ist. Aus dem Wirtschaftsplan muss das voraussichtlich erforderliche Budget ersichtlich werden, sodass die voraussichtlich anfallenden Kosten auf die dem Enforcement unterliegenden Unternehmen umgelegt werden können.[4] Die Umlage wird im Voraus erhoben und ist abhängig vom jeweiligen Börsenumsatz des Unternehmens. Aktuell werden nach § 7 BilKoUmV Abgaben zwischen 250 Euro und 40.000 Euro erhoben.

3   Nach Ende des Wirtschaftsjahres hat die DPR nach § 342d S. 4 einen Jahresabschluss zu erstellen und **Rechenschaft** über die ihr anvertrauten Mittel abzulegen.[5] Entsteht ein Fehlbetrag, ist dieser gem. § 10 BilKoUmV grds. durch die BaFin auszugleichen, Überzahlungen sind zunächst an die BaFin und mittelbar an die umlagepflichtigen Unternehmen zurückzuzahlen. So wurde nach Abschluss des Wirtschaftsjahrs 2017 ein Einnahmenüberschuss in Höhe von ca. 0,9 Mio. Euro über die BaFin an die umlagepflichtigen Unternehmen zurückerstattet, nachdem das veranschlagte Budget in Höhe von ca. 6 Mio. Euro nur in einem Umfang von ca. 5,1 Mio. Euro in Anspruch genommen wurde.[6]

---

[1] *DPR* Satzung, § 5.
[2] *Zülch/Beyhs/Hoffmann/Krauß*, Enforcement-Guide – Wegweiser für das DPR-Verfahren, 2012, 15.
[3] Baetge/Kirsch/Thiele/*Hucke* Rn. 2.
[4] *Zülch/Beyhs/Hoffmann/Krauß*, Enforcement-Guide – Wegweiser für das DPR-Verfahren, 2012, 15.
[5] *Zülch/Beyhs/Hoffmann/Krauß*, Enforcement-Guide – Wegweiser für das DPR-Verfahren, 2012, 15; s. auch § 1 Abs. 4 des Anerkennungsvertrags.
[6] *DPR*, Jahresbericht 2017, 3.

§ 342e Bußgeldvorschriften

(1) **Ordnungswidrig handelt, wer vorsätzlich oder fahrlässig entgegen § 342b Abs. 4 Satz 1 der Prüfstelle eine Auskunft nicht richtig oder nicht vollständig erteilt oder eine Unterlage nicht richtig oder nicht vollständig vorlegt.**

(2) **Die Ordnungswidrigkeit kann mit einer Geldbuße bis zu fünfzigtausend Euro geahndet werden.**

(3) **Verwaltungsbehörde im Sinne des § 36 Abs. 1 Nr. 1 des Gesetzes über Ordnungswidrigkeiten ist bei Ordnungswidrigkeiten nach Absatz 1 die Bundesanstalt für Finanzdienstleistungsaufsicht.**

Schrifttum: S. Schrifttum zu § 342b.

§ 342e greift nur dann ein, wenn das zu prüfende Unternehmen gegenüber **1** der Prüfstelle seine **Mitwirkung erklärt** hat, da diese Mitwirkungserklärung Voraussetzung des § 342b Abs. 4 ist.[1]

Sofern dies der Fall ist, dient die Vorschrift der Durchsetzung der Pflicht **2** des zu prüfenden Unternehmens zur **richtigen und vollständigen Information** der Prüfstelle.[2] Bei der Durchführung des Ordnungswidrigkeitsverfahrens dient die BaFin als zuständige Verwaltungsbehörde.

---

[1] BeBiKo/*Grottel* Rn. 1.
[2] Baumbach/Hopt/*Merkt* Rn. 1.

Kapitalanlagegesetzbuch (KAGB)

Vom 4. Juli 2013 (BGBl. 2013 I 1981),

zuletzt geändert durch Art. 8 Abs. 4 Gesetz zur weiteren Ausführung der
EU-ProspektVO und zur Änderung von Finanzmarktgesetzen vom 8.7.2019
(BGBl. 2019 I 1002)

Auszug

Abschnitt 4. Offene inländische Investmentvermögen

Unterabschnitt 4. Allgemeine Vorschriften für offene Investmentkommanditgesellschaften

§ 135 Jahresbericht; Verordnungsermächtigung

(1) [1]Die Kapitalverwaltungsgesellschaft hat für die offene Investment-kommanditgesellschaft, auch wenn auf diese § 264a des Handelsgesetz-buchs nicht anzuwenden ist, für den Schluss eines jeden Geschäftsjahres spätestens sechs Monate nach Ende des Geschäftsjahres einen Jahres-bericht nach Maßgabe der folgenden Absätze zu erstellen. [2]Der Jahres-bericht besteht mindestens aus

1. dem nach Maßgabe der folgenden Absätze aufgestellten und von ei-nem Abschlussprüfer geprüften Jahresabschluss,
2. dem nach Maßgabe der folgenden Absätze aufgestellten und von ei-nem Abschlussprüfer geprüften Lagebericht,
3. einer den Vorgaben von § 264 Absatz 2 Satz 3, § 289 Absatz 1 Satz 5 des Handelsgesetzbuchs entsprechenden Erklärung der gesetzlichen Vertreter der offenen Investmentkommanditgesellschaft sowie
4. den Bestätigungen des Abschlussprüfers nach § 136.

(2) [1]Auf den Jahresabschluss der offenen Investmentkommanditgesell-schaft sind die Bestimmungen des Ersten Unterabschnitts des Zweiten Abschnitts des Dritten Buches des Handelsgesetzbuchs und für den La-gebericht die Bestimmungen des § 289 des Handelsgesetzbuchs an-zuwenden, soweit sich aus den folgenden Vorschriften nichts anderes ergibt. [2]§ 264 Absatz 1 Satz 4, Absatz 3, 4 und § 264b des Handelsgesetz-buchs sind nicht anzuwenden.

(3) [1]Die Bilanz ist in Staffelform aufzustellen. [2]Auf Gliederung, Ansatz und Bewertung der dem Sondervermögen vergleichbaren Vermögens-gegenstände und Schulden ist § 101 Absatz 1 Satz 3 Nummer 1 an-zuwenden.

(4) Auf die Gliederung und den Ausweis der Aufwendungen und Erträ-ge in der Gewinn- und Verlustrechnung ist § 101 Absatz 1 Satz 3 Num-mer 4 anzuwenden.

(5) Der Anhang ist um die Angaben nach § 101 Absatz 1, ohne die Angabe nach § 101 Absatz 1 Satz 3 Nummer 6, zu ergänzen, die nicht bereits nach den Absätzen 3, 4, 6 und 7 zu machen sind.

(6) ¹Der Lagebericht ist um die Angaben nach § 101 Absatz 1 Satz 2 zu ergänzen. ²Die Tätigkeiten einer Kapitalverwaltungsgesellschaft, die diese als externe Kapitalverwaltungsgesellschaft ausübt, sind gesondert aufzuführen.

(7) ¹Der Lagebericht hat zusätzlich die Angaben nach § 101 Absatz 3 zu enthalten. ²§ 101 Absatz 3 Satz 2 ist anzuwenden.

(8) ¹Soweit die offene Investmentkommanditgesellschaft nach § 114 des Wertpapierhandelsgesetzes verpflichtet ist, einen Jahresfinanzbericht zu erstellen, sind den Anlegern auf Antrag lediglich die ergänzenden Angaben nach den Absätzen 5 bis 7 zusätzlich vorzulegen. ²Die Übermittlung dieser Angaben kann gesondert spätestens vier Monate nach Ende des Geschäftsjahres oder in Form einer Ergänzung zum Jahresfinanzbericht erfolgen.

(9) Das sonstige Vermögen der Gesellschafter (Privatvermögen) darf nicht in die Bilanz und die auf das Privatvermögen entfallenden Aufwendungen und Erträge dürfen nicht in die Gewinn- und Verlustrechnung aufgenommen werden.

(10) Bei der intern verwalteten offenen Investmentkommanditgesellschaft im Sinne des Absatzes 1 Satz 1 hat in der Bilanz und in der Gewinn- und Verlustrechnung ein gesonderter Ausweis des Investmentbetriebsvermögens und des Investmentanlagevermögens sowie der diesen zuzuordnenden Aufwendungen und Erträge zu erfolgen.

(11) ¹Das Bundesministerium der Finanzen wird ermächtigt, im Einvernehmen mit dem Bundesministerium der Justiz und für Verbraucherschutz durch Rechtsverordnung, die nicht der Zustimmung des Bundesrates bedarf, nähere Bestimmungen über weitere Inhalte, Umfang und Darstellung des Jahresabschlusses und des Lageberichts zu erlassen, soweit dies zur Erfüllung der Aufgaben der Bundesanstalt erforderlich ist, insbesondere, um einheitliche Unterlagen zur Beurteilung der Tätigkeit der offenen Investmentkommanditgesellschaft zu erhalten. ²Das Bundesministerium der Finanzen kann die Ermächtigung durch Rechtsverordnung auf die Bundesanstalt übertragen.

Schrifttum: *BaFin* (2017), Auslegungsentscheidung zu den Tätigkeiten einer Kapitalverwaltungsgesellschaft und der von ihr extern verwalteten AIF-Investmentgesellschaft, Geschäftszeichen WA 41-Wp 2100-2016/0001, vom 21.12.2017 (abrufbar unter: www.bafin.de; abgerufen am 29.1.2019); *BaFin*, 2013, Häufige Fragen zu den Übergangsvorschriften nach §§ 343 ff. des KAGB, Geschäftszeichen WA 41-Wp 2137-2013/0343 vom 18.6.2013 (abrufbar unter: www.bafin.de, abgerufen am 27.1.2019); *Bielenberg/Schmuhl*, Implikationen des KAGB auf die Rechnungslegung geschlossener Fonds, DB 2014, 1089; *Bußian/Kille*, Rechnungslegung und Prüfung geschlossener alternativer Investmentfonds nach KAGB, WPg 2014, 837; *Dietrich*, Investmentvermögen registrierungspflichtiger Kapitalverwaltungsgesellschaften – Zweifelsfragen der Rechnungslegung, Bewertung und Prüfung bei Registrierung nach § 2 Abs. 5 KAGB, WPg, 2019, 622; *Dietrich*, Investmentvermögen registrierungspflichtiger Kapitalverwaltungsgesellschaften – Zweifelsfragen der Rechnungslegung, Bewertung und Prüfung bei Registrierung nach § 2 Abs. 4 KAGB, WPg, 2019, 680; *Dietrich/Malsch*, Asset und Wealth Management im Blickpunkt, Aktuelle Entwicklungen der kollektiven Vermögensverwaltung im Jahr 2017, WPg, 2018, 297; *Dietrich/Malsch*, VII. Rechnungslegung, Bewertung und Prüfung, in Verband der Auslandsbanken in Deutschland e. V., Investment Business in Germany – Die Regulierung von Investment Fonds und Depotbanken, 2014, 235; *Dietrich/Malsch*, KAGB-Übergangsregelungen und ihre Auswirkungen auf die Rechnungslegung geschlossener Investmentvermögen, RdF 2014, 240; *Eichhorn*, Die offene Investmentkommanditgesellschaft nach dem Kapitalanlagegesetzbuch, WM 2016, 110 und 145; *ESMA*, Questions and Answers, Application of the AIFMD vom 4.10.2018 (abrufbar unter: https://www.esma.europa.eu/; abgerufen am 29.1.2019); *Europäische Kommission*, Delegierte Verordnung (EU) Nr. 231/2013 der Kommission vom 19.12.2012 zur Ergänzung der Richtlinie 2011/61/EU des Europäischen Parlaments und des Rates im Hinblick auf Ausnahmen, die Bedingungen für die Ausübung der Tätigkeit, Verwahrstellen, Hebelfinanzierung, Transparenz und Beaufsichtigung, (AIFM-VO); *Europäische Union*, Richtlinie (EU) Nr. 2011/61/EU des Europäischen Parlaments und des Rates vom 8. Juni 2011 über die Verwalter alternativer Investmentfonds und zur Änderung der Richtlinien 2003/41/EG und 2009/65/EG und der Verordnungen (EG) Nr. 1060/2009 und (EU) Nr. 1095/2010 (AIFM-RL); Gesetzesbegründung zum KAGB (BT-Drs. 17/12294 vom 6. Februar 2013; abrufbar unter: http://dipbt.bundestag.de/dip21/btd/17/122/1712294.pdf, abgerufen am 27.1.2019); *Hüwel*, § 129 KAGB – Verwaltung und Anlage, in Baur/Tappen, Investmentgesetze, 3. Aufl. 2015, Band 1, §§ 1–272 KAGB, 1236; *IDW* IVFA, FAQ, Fragen zur Rechnungslegung, Bewertung und Prüfung von Investmentvermögen, Stand 26. April 2016 (abrufbar im Mitgliederbereich des IDW: www.idw.de, abgerufen am 27.1.2019); *Jessen*, § 135 KAGB – Jahresbericht; Verordnungsermächtigung, in Baur/Tappen, Investmentgesetze, 3. Aufl., Band 1, §§ 1–272 KAGB, 2015, 1275; *Kempf* in Rechnungslegung von Investmentvermögen – Ein Praxishandbuch, 2010.

Übersicht

I. Europarechtliche Einordnung der Regelung

§ 135 setzt die Regelung des Art. 22 Abs. 1 UAbs. 1 S. 1 AIFM-RL[1] in **1** deutsches Recht um.[2] Hiernach hat die Kapitalverwaltungsgesellschaft für jeden von ihr verwalteten AIF spätestens sechs Monate nach Ende des Geschäftsjahres

---

[1] Richtlinie (EU) Nr. 2011/61/EU des Europäischen Parlaments und des Rates v. 8.6.2011 über die Verwalter alternativer Investmentfonds und zur Änderung der Richtlinien 2003/41/EG und 2009/65/EG und der Verordnungen (EG) Nr. 1060/2009 und (EU) Nr. 1095/2010 (AIFM-RL), ABl. 2011 L 174, 1 ber. 2012 L 115, 35.

[2] Gesetzesbegründung zum KAGB, BT-Drs. 17/12294 zu § 135 Abs. 1 KAGB.

einen Jahresbericht vorzulegen. Die **Mindestbestandteile des Jahresberichtes** regelt Art. 22 Abs. 2 AIFM-RL. Neben einer Bilanz (oder alternativ einer Vermögensübersicht) und einer Aufstellung der Erträge und Aufwendungen des Geschäftsjahres enthält der Jahresbericht hiernach auch einen Bericht über die Tätigkeit des AIFM im abgelaufenen Geschäftsjahr sowie weitere Angaben (insbesondere die Angaben zur Vergütung und zu den wesentlichen Änderungen der in Art. 23 AIFM-RL aufgeführten Anlegerinformationen).

2   Die EU-Kommission hat von der ihr in Art. 22 Abs. 4 AIFM-RL iVm Art. 56 AIFM-RL eingeräumten Möglichkeit Gebrauch gemacht und nähere **Bestimmungen über Form und Inhalt des Jahresberichtes** in Form einer Delegierten Verordnung erlassen. Die AIFM-VO[3] enthält in Art. 103–107 AIFM-VO weitere Bestimmungen, die für die Rechnungslegung der AIF unmittelbar gelten. Einer Umsetzung in nationales (deutsches) Recht bedurfte es nur insoweit als sich die Gliederung, Nomenklatur und Terminologie nach den nationalen Rechnungslegungsstandards richtet (Art. 104 Abs. 3 AIFM-VO). Ebenso räumt die AIFM-VO die Möglichkeit ein, weitere Einzelposten, Zwischenüberschriften und Zwischensummen einzufügen (Art. 104 Abs. 4 AIFM-VO).

3   Während die AIFM-RL und die AIFM-VO Regelungen zu Form und Inhalt eines Jahresberichtes treffen, verweisen diese im Hinblick auf die **anzuwendenden Bilanzierungs- und Bewertungsregelungen** lediglich auf die einschlägigen Rechnungslegungsstandards des Herkunftmitgliedstaates (Art. 22 Abs. 3 UAbs. 1 AIFM-RL). Damit wird zwar ein Mindestmaß an Vereinheitlichung in der Rechnungslegung der AIF innerhalb Europas erreicht, ein vollumfänglicher Performancevergleich zwischen den Investmentvermögen bleibt jedoch für Investoren weiterhin nur eingeschränkt möglich.[4]

II. Anwendungsbereich des § 135

4   § 135 ist die **zentrale Rechnungslegungsvorschrift für Investmentkommanditgesellschaften.** Unmittelbar anwendbar ist die Vorschrift auf intern bzw. extern verwaltete **offene Investmentkommanditgesellschaften** iSd § 124[5], die entweder selbst über eine Erlaubnis der BaFin[6] verfügen oder deren externe Kapitalverwaltungsgesellschaft erlaubnispflichtig ist. Auf-

---

[3] Delegierte Verordnung (EU) Nr. 231/2013 der Kommission v. 19.12.2012 zur Ergänzung der Richtlinie 2011/61/EU des Europäischen Parlaments und des Rates im Hinblick auf Ausnahmen, die Bedingungen für die Ausübung der Tätigkeit, Verwahrstellen, Hebelfinanzierung, Transparenz und Beaufsichtigung, (AIFM-VO). ABl. 2013 L 83,1, geändert durch Art. 1 ÄndVO (EU) 2018/1618 v. 12.7.2018 (ABl. 2018 L 271,1).

[4] Nach Art. 69 AIFM-RL ist die EU-Kommission seit 22.7.2017 aufgerufen, die AIFM-RL auf ihre Zielerreichung hin zu überprüfen und die Funktionsweise der Bestimmungen sowie die bei deren Anwendung gemachten Erfahrungen zu analysieren und hieraus gegebenenfalls erforderliche Anpassungen zu initiieren. Die Ergebnisse der Studie wurden am 10.12.2018 veröffentlicht (abrufbar unter: https://ec.europa.eu/info/sites/info/files/business_economy_euro/banking_and_finance/documents/190110-aifmd-operation-report_en.pdf, abgerufen am 6.2.2019).

[5] Zur rechtlichen Struktur der offenen Investmentkommanditgesellschaft vgl. *Eichhorn* WM 2016, 110 und 145.

[6] Eine Erlaubnis der Bundesanstalt für Finanzdienstleistungsaufsicht (BaFin) benötigen – vorbehaltlich größenabhängiger Erleichterungen – AIF-Kapitalverwaltungsgesellschaften, die Investmentkommanditgesellschaften verwalten, die entweder nach dem 21.7.2013 aufgelegt wurden oder die zwar vor dem 21.7.2013 aufgelegt wurden, die aber nach dem 21.7.2013 noch Anlagen tätigen und für die die Zeichnungsfrist nicht vor dem 22.7.2013 abgelaufen ist (§ 353 Abs. 6 KAGB).

grund des in § 158 S. 1 enthaltenen Verweises findet die Vorschrift auch auf die Rechnungslegung der intern bzw. extern verwalteten **geschlossenen Investmentkommanditgesellschaft** isd § 149 Anwendung.

Für AIF-Kapitalverwaltungsgesellschaften, die von den **größenabhängi-** 5 **gen Erleichterungen des § 2 Abs. 4, 4a oder 5**[7] Gebrauch machen und insofern lediglich einer Registrierung bei der BaFin bedürfen, gelten ebenfalls die Rechnungslegungsvorschriften des § 135, wenn diese selbst bzw. die verwalteten Investmentvermögen als offene oder geschlossene **Investmentkommanditgesellschaft firmieren** (§ 44 Abs. 1 S. 2 iVm § 135; § 44 Abs. 1 S. 3 oder S. 4 iVm § 158 S. 1, § 135).[8] Hiermit wird sichergestellt, dass sich ein Investmentvermögen, welches nach außen als eine vollständig beaufsichtigte Investmentkommanditgesellschaft auftritt, zumindest im Hinblick auf die Rechnungslegung den Regelungen des KAGB zu unterwerfen hat, die auch für die erlaubnispflichtige Investmentkommanditgesellschaft gelten. Der fehlende Verweis auch auf die Bewertungsregelungen des KAGB kann hierbei nur ein redaktioneller Fehler sein.

Eine AIF-Kapitalverwaltungsgesellschaft, die die **Ausnahmeregelung des** 6 **§ 2 Abs. 5 erfüllt,** hat für die von ihr verwalteten Publikums-AIF – unabhängig von der gewählten Rechtsform – hinsichtlich der Rechnungslegung die Regelungen des § 135 Abs. 3–11 anzuwenden (§ 46).[9] Da **Investmentvermögen iSd § 2 Abs. 5** nicht auf die Rechtsform der GmbH & Co. KG beschränkt sind, gelten die Regelungen damit auch für solche Investmentvermögen, die als GmbH, Aktiengesellschaft, Kommanditgesellschaft auf Aktien, Unternehmensbeteiligungsgesellschaft etc aufgelegt wurden. Darüber hinaus fehlt für diese Investmentvermögen der Verweis auf Abs. 2, der die Anwendung bzw. Nichtanwendung bestimmter handelsrechtlicher Vorschriften regelt. Die investmentrechtlichen Bilanzierungs- und Bewertungsregelungen stehen damit in Konkurrenz zu den handelsrechtlichen und rechtsformspezifischen Regelungen zur Rechnungslegung, die nach hM jedoch auch in diesem Fall nur insoweit Anwendung finden können, als diese den investmentrechtlichen Regelungen nicht entgegenstehen.[10] Für einen Publikums-AIF, dessen AIF-Kapitalverwaltungsgesellschaft die Voraussetzungen des § 2 Abs. 5 erfüllt und die dort genannten Schwellenwerte nicht überschreitet, dessen Zeichnungsfrist vor dem 21.7.2013 ablief und der noch nach dem 21.7.2013 Anlagen tätigt, gelten ebenfalls die investmentrechtlichen Rechnungslegungsvorschriften des § 135 Abs. 3–11 (§ 353 Abs. 5 iVm § 46).

Für Spezial-AIF, die von AIF-Kapitalverwaltungsgesellschaften iSd § 2 7 Abs. 4 oder 5 verwaltet werden, gelten die Rechnungslegungsvorschriften des § 135 Abs. 3–11 nur für den Fall, dass **Gelddarlehen iSd § 285 Abs. 2 für Rechnung des Investmentvermögens vergeben** werden (§ 48a Abs. 1 iVm § 46).[11] In allen übrigen Fällen, sofern die AIF-Kapitalverwaltungsgesellschaft nicht von der Möglichkeit Gebrauch gemacht hat, sich in seiner Gesamtheit dem KAGB zu unterwerfen,[12] sind die handelsrechtlichen

---

[7] Zu den größenabhängigen Erleichterungen vgl. weiterführend *Dietrich* WPg 2019, 622 (623 ff.).

[8] Weiterführend *Dietrich* WPg 2019, 680 (684 f.).

[9] Weiterführend *Dietrich* WPg 2019, 622 (626 ff.).

[10] Vgl. hierzu *IDW* IVFA, 2016, FAQ, A.3.4.

[11] Weiterführend *Dietrich* WPg 2019, 680 (682 ff.).

[12] § 2 Abs. 4 S. 2 Nr. 3 KAGB bzw. § 2 Abs. 5 S. 2 Nr. 3 KAGB räumt registrierungspflichtigen Kapitalverwaltungsgesellschaften die Möglichkeit ein, sich dem KAGB in seiner Gesamtheit zu unterwerfen.

Regelungen zur Rechnungslegung (§§ 264 ff. HGB), ggf. ergänzt um die Regelungen des VermAnlG, zu beachten. Eine freiwillige Anwendung investmentrechtlicher Rechnungslegungsregelungen ist nicht zulässig.

8 Das KAGB enthält neben den größenabhängigen Erleichterungen und den Ausnahmebestimmungen des § 2 für bestimmte Arten von Gesellschaften auch Übergangsregelungen, die einen vollständigen oder partiellen Bestandsschutz (*„Grandfathering"*) für sog. **Altfonds** gewähren. Keiner investmentrechtlichen Rechnungslegung (*vollständiges „Grandfathering"*) unterliegt eine geschlossene Investmentgesellschaft, die nach dem 22.7.2013 keine Anlagen[13] mehr tätigt (§ 353 Abs. 1 und 2; Art. 61 Abs. 3 AIFM-RL), unabhängig davon, ob die Zeichnungsfrist nach dem 22.7.2013 endete.[14] Einer partiellen Anwendung (*partielles „Grandfathering"*) der investmentrechtlichen Rechnungslegungsvorschriften unterliegt eine geschlossene Spezial-Investmentgesellschaft, die nicht die Schwellenwerte des § 2 Abs. 4, 4a oder 5 unterschreitet und deren Zeichnungsfrist vor dem 22.7.2013 abgelaufen ist und die nach dem 21.7.2013 noch Anlagen tätigt (§ 353 Abs. 4). Mit der Regelung des § 353 Abs. 4 hat der Gesetzgeber seinen nationalen Umsetzungsspielraum dahingehend ausgenutzt, dass er für diese geschlossenen Spezial-Investmentgesellschaften keine Vollanwendung des KAGB vorsieht und lediglich die nicht abbedingbaren Mindestanforderungen der AIFM-VO an die Rechnungslegung verbindlich vorschreibt.[15] Eine Option zur vollständigen Anwendung der investmentrechtlichen Regelung des § 135 enthält § 353 Abs. 4 nicht; die BaFin stimmt jedoch idR einer derartigen freiwilligen Bilanzierung nach investmentrechtlichen Regelungen und damit auch nach § 135 zur Reduktion der Komplexität der Rechnungslegung zu.[16]

III. Anforderungen an den Jahresbericht

9 **1. Rechtliche Grundlagen.** § 135 Abs. 1 regelt den Mindestinhalt eines Jahresberichtes einer offenen Investmentkommanditgesellschaft sowie die Fristen und Verantwortlichkeiten für dessen Aufstellung.

10 Mit Einführung des KAGB fallen erstmals auch die Investmentkommanditgesellschaften unter die investmentrechtlichen Rechnungslegungsvorschriften. Für die bereits nach Handelsrecht rechnungslegungspflichtige Gesellschaft bildet das **HGB weiterhin die Grundlage** für die Aufstellung des Jahresabschlusses und des Lageberichtes. Um jedoch den Anforderungen an eine investmentrechtliche Rechnungslegung gleichermaßen Rechnung zu tragen, wird in Abs. 2 klargestellt, dass die handelsrechtlichen Regelungen nur insoweit gelten, als diesen nicht explizite investmentrechtliche Regelungen entgegenstehen.

---

[13] Zusätzliche Anlage tätigt ein „Altfonds", wenn ein neuer Vertrag abgeschlossen wird, der eine Investition von Kapital zu Ertragszwecken beinhaltet. Werterhaltende Maßnahmen erfüllen nicht den Tatbestand der „Tätigung einer zusätzlichen Anlage", sofern diese lediglich einen geringfügigen Anteil am Portfolio des AIF ausmachen und sich die Anleger zu solchen Werterhaltungsmaßnahmen allgemein verpflichtet haben (*BaFin* 2013, III. Geschlossene Investmentvermögen, § 353 KAGB, Frage 5 „Begriff der zusätzlichen Anlage nach § 353 Absatz 1 KAGB".

[14] *BaFin* 2013, III. Geschlossene Investmentvermögen, § 353 KAGB, Frage 4 „Bestandsschutz nach § 353 Absatz 1 KAGB trotz weiterer Zeichnungen".

[15] Zu den sich hieraus für den Anhang und Lagebericht ergebenden Ergänzungen vgl. *Dietrich/Malsch* RdF 2014, 240 (244 ff.). sowie WFD Sonderbilanzen/*Winkeljohann/Dietrich* U Rn. 429 ff.

[16] Vgl. hierzu auch *IDW* IVFA, 2016, FAQ, A.1.1.

Die auf den Jahresabschluss und Lagebericht anzuwendenden investmen- **11** trechtlichen Rechnungslegungsvorschriften werden in den Abs. 3–7 näher bestimmt. Hierzu werden jedoch in § 135 keine eigenständigen Regelungen definiert, sondern es erfolgt ein **Rückverweis auf die für Sondervermögen anwendbaren Vorschriften.** Hierdurch soll sichergestellt werden, dass die Rechnungslegung von Investmentvermögen in Deutschland weitgehend einheitlichen Regelungen unterliegt. Den rechtsformspezifischen Besonderheiten der Investmentkommanditgesellschaft wird an dieser Stelle nur insoweit Rechnung getragen, als die einzelnen Bestandteile des Jahresberichtes eines Sondervermögens den typischen Bestandteilen eines Jahresabschlusses (Bilanz, Gewinn- und Verlustrechnung und Anhang) bzw. dem Lagebericht zugeordnet werden. Daher sind zB die der investmentrechtlichen Rechnunsgslegung der Sondervermögen entstammende Verwendungsrechnung und die Entwicklungsrechnung keine gesonderten Jahresberichtsbestandteile, sondern diese sind in den Anhang zu integrieren.

Weiter konkretisiert werden die Vorschriften zur Rechnungslegung durch **12** die KARBV.[17] Die BaFin hat damit von der ihr in Abs. 11 eingeräumten Ermächtigung zum Erlass einer Rechtsverordnung Gebrauch gemacht und **nähere Bestimmungen zu Inhalt, Umfang und Darstellung des Jahresabschlusses** und Lageberichtes erlassen. Der sich aus der Gesetzessystematik, wie in → Rn. 11 dargestellt, ergebende direkte Verweis auf die Rechnungslegungsvorschriften für Sondervermögen abstrahiert weitgehend von der Tatsache, dass es sich bei der offenen Investmentkommanditgesellschaft gerade nicht um ein Sondervermögen, sondern um eine Gesellschaft handelt. Um den rechtsformspezifischen Besonderheiten der unter das KAGB fallenden Investmentgesellschaften[18] ausreichend Rechnung zu tragen, enthalten die §§ 20–25 KARBV spezifische Regelungen zur Rechnungslegung der Investmentvermögen in Gesellschaftsform. Zum Ausdruck kommt dies zB dadurch, dass für die Investmentkommanditgesellschaft eine an den Besonderheiten der Kommanditgesellschaft ausgerichtete angepasste Gliederung der Verwendungsrechnung und der Entwicklungsrechnung vorgegeben wird (§ 24 KARBV). Allerdings findet sich auch in der KARBV ein genereller Rückverweis auf die für Sondervermögen geltenden Regelungen (§ 20 Abs. 1 S. 1 KARBV).

In diesem Spannungsfeld und aufgrund nicht immer aufeinander abge- **13** stimmter Formulierungen der Rechnungslegungsvorschriften kann es zu **Rechnungslegungskollisionen zwischen dem KAGB und der KARBV** ebenso kommen wie zwischen dem HGB und dem KAGB. In diesen Fällen hat das KAGB regelmäßig Vorrang vor der KARBV,[19] aber auch vor dem HGB. Allerdings gelten die Grundsätze des HGB immer dann, wenn das KAGB keine spezialgesetzliche Regelung im Hinblick auf die Bilanzierung und Bewertung von Vermögensgegenständen und Schulden enthält. Ein weiteres Spannungsfeld ergibt sich im Hinblick auf die **Anwendung euro-**

---

[17] Verordnung über Inhalt, Umfang und Darstellung der Rechnungslegung von Sondervermögen, Investmentaktiengesellschaften und Investmentkommanditgesellschaften sowie über die Bewertung der zu dem Investmentvermögen gehörenden Vermögensgegenstände (Kapitalanlage-Rechnungslegungs- und Bewertungsverordnung).
[18] Neben der offenen und geschlossenen Investmentkommanditgesellschaft fallen unter den Begriff der Investmentgesellschaft auch die Investmentaktiengesellschaft mit veränderlichem Kapital und die Investmentaktiengesellschaft mit fixem Kapital.
[19] *IDW* IVFA, 2016, FAQ, A.5.2.

parechtlicher Regelungen. Das KAGB ist in Zweifelsfällen nicht nur europarechtskonform isd AIFM-RL und der AIFM-VO auszulegen, sondern enthält selbst an verschiedenen Stellen direkte (Rück-)Verweise auf die AIFM-RL oder die AIFM-VO. Dies dient dazu, sicherzustellen, dass die europarechtlichen Mindestanforderungen an die Rechnungslegung der Investmentvermögen in jedem Fall in nationales Recht umgesetzt wurden.

14   **2. Anwendung der handelsrechtlichen Rechnungslegungsnormen.** Die offene Investmentkommanditgesellschaft ist als Formkaufmann gem. § 6 HGB bereits nach handelsrechtlichen Vorschriften zur Buchführung und zur **Aufstellung eines Jahresabschlusses** verpflichtet (§§ 238, 242 HGB).[20] Hierbei sind die Regelungen für Kapitalgesellschaften und bestimmten Personenhandelsgesellschaften zu berücksichtigen, auch für den Fall, dass die Regelungen des § 264a HGB nicht einschlägig sind (Abs. 1 S. 1). Auf den Jahresabschluss der offenen Investmentkommanditgesellschaft sind die §§ 264–288 HGB jedoch nur subsidiär gegenüber den investmentrechtlichen Rechnungslegungsnormen anzuwenden (Abs. 2 S. 1). Beispielsweise treten die Gliederungsvorschriften des HGB zur Bilanz (§ 266 HGB) und zur Gewinn- und Verlustrechnung (§ 275 HGB) hinter die spezifischen Regelungen des KAGB bzw. der KARBV zur Rechnungslegung der offenen Investmentkommanditgesellschaft zurück. Relevanz besitzen die Gliederungsvorschriften des HGB lediglich für das Investmentbetriebsvermögen bzw. die Erträge und Aufwendungen aus der Verwaltungstätigkeit intern verwalteter Investmentkommanditgesellschaften (→ Rn. 54).

15   Abs. 2 S. 2 stellt klar, dass die **Befreiungsvorschrift** des § 264 Abs. 1 S. 4 HGB für kleine Kapitalgesellschaften nicht anzuwenden sind. Hieraus folgt, dass eine offene Investmentkommanditgesellschaft unabhängig von ihrer Größe einen Lagebericht aufzustellen hat. Ferner kann sich eine offene Investmentkommanditgesellschaft nicht darauf berufen, dass diese in einen übergeordneten Konzernabschluss einbezogen werden (§ 135 Abs. 2 S. 2 KAGB iVm § 264 Abs. 3 und 4 HGB oder § 264b HGB). Auf den Lagebericht der offenen Investmentkommanditgesellschaften sind die Regelungen des § 289 HGB insoweit anzuwenden, als ein Prognosebericht lediglich bei intern verwalteten offenen Investmentkommanditgesellschaften für das Investmentbetriebsvermögen zu erstellen ist (§ 23 Abs. 5 S. 1 KARBV iVm § 289 Abs. 1 S. 4 HGB).

16   Einen Verweis auf die Vorschriften zur **Konzernrechnungslegung** enthält Abs. 2 nicht. In der Kommentarliteratur wird aus dem fehlenden Verweis auf die §§ 290 ff. HGB vereinzelt gefolgert, dass ein Konzernabschluss nicht aufzustellen ist.[21] Gegen diese Auslegung spricht, dass Abs. 2 lediglich die auf den **Jahresabschluss** anzuwendenden Vorschriften bestimmt. Insofern ergab sich für den Gesetzgeber nicht die Notwendigkeit, eine Regelung für den Konzernabschluss zu treffen. Es ist insofern davon auszugehen, dass auch eine offene Investmentkommanditgesellschaft, sofern sie die Voraussetzungen der §§ 290 ff. HGB erfüllt, ein Konzernabschluss nach handelsrechtlichen Vorschriften aufzustellen hat.

17   Die handelsrechtlichen **formellen GoB** stellen Rahmengrundsätze dar, die jeder Kaufmann bei seiner Buchhaltung sowie bei seiner Rechenschaftslegung zu beachten hat. Diese werden durch § 5 Abs. 1 S. 1 KARBV auch für die

---

[20] Baur/Tappen/*Jessen* Rn. 6.
[21] Baur/Tappen/*Jessen* Rn. 6.

offene Investmentkommanditgesellschaft explizit für anwendbar erklärt. Hieraus folgt, dass auch die investmentrechtliche Buchführung, die sich insgesamt an den Anforderungen an die Berichte nach dem KAGB auszurichten hat, – ebenso wie die handelsrechtliche Buchführung – vollständig, richtig, zeitgerecht, geordnet und nachvollziehbar sein muss (§ 5 Abs. 2 KARBV).

Im Gegensatz zu den formellen GoB wird die Anwendbarkeit der **materiel-** 18 **len GoB** in der KARBV nicht erwähnt, dennoch sind auch die materiellen GoB auf die Rechnungslegung der offenen Investmentkommanditgesellschaft anwendbar. Zur Beurteilung, inwieweit die materiellen GoB auf die Rechnungslegung der offenen Investmentkommanditgesellschaft übertragbar sind, ist die Zielsetzung der investmentrechtlichen Rechnungslegung von Bedeutung. Während die handelsrechtliche Rechnungslegung vor allem am **Gläubigerschutz** und dem hieraus resultierenden Vorsichtsprinzip ausgerichtet ist, dient die investmentrechtliche Rechnungslegung auch der Befriedigung der Informationsbedürfnisse der Anleger und anderer Interessenten **(Informationsfunktion)**. Darüber hinaus muss die investmentrechtliche Rechnungslegung auch den Anforderungen an die **Preisermittlungsfunktion** (Ermittlung des Anteilwertes) sowie der **Kontrollfunktion** (Überwachung der Anlageentscheidungen und der Einhaltung von Gesetz und Vertragsbedingungen) gerecht werden. Ebenso wie die handelsrechtliche Rechnungslegung dient die investmentrechtliche Rechnungslegung der **Dokumentationsfunktion, Transparenz** und **Rechenschaftsfunktion.**[22] Nicht uneingeschränkt Anwendung finden in Bezug auf das Investmentanlagevermögen insbesondere das Vorsichtsprinzip, das Realisationsprinzip, das Anschaffungskosten-Prinzip sowie das Imparitätsprinzip. Die Anschaffungskosten bilden nicht die Bewertungsobergrenze für die Bewertung der Vermögensgegenstände des Investmentanlagevermögens der offenen Investmentkommanditgesellschaft. Die sich bei der Neubewertung der Vermögensgegenstände ergebenden unrealisierten Bewertungsgewinne und -verluste werden in der Gewinn- und Verlustrechnung der offenen Investmentkommanditgesellschaft als Erträge bzw. Aufwendungen aus der Neubewertung im nicht realisierten Ergebnis des Geschäftsjahres ausgewiesen. Der Antizipation von Verlusten wird zwar durch die Aufnahme der nicht realisierten Bewertungsverluste Rechnung getragen, doch werden diese nicht dem realisierten Ergebnis zugeordnet.[23]

3. Beginn der Rechnungslegungspflicht nach KAGB. Die **Rech-** 19 **nungslegungspflicht** einer offenen Investmentkommanditgesellschaft **nach KAGB** beginnt mit der Eintragung der Investmentkommanditgesellschaft in das Handelsregister (§ 5 Abs. 3 E-KARBV).[24] Dies ist insbesondere relevant, wenn Vorratsgesellschaften schon mit der Firma „Investmentkommanditgesellschaft" errichtet werden.

[22] Zur Funktion der investmentrechtlichen Rechnungslegung vgl. auch *Kempf* in Rechnungslegung von Investmentvermögen, 2010, 40 ff. sowie WFD Sonderbilanzen/*Winkeljohann/Malsch* U Rn. 27 ff. Ähnlich auch FK-KapAnlR/*Hoffert* § 158 Rn. 5.
[23] WFD Sonderbilanzen/*Winkeljohann/Malsch* U Rn. 36 ff.; *IDW* IVFA, 2016, FAQ, A.5.1.
[24] Entwurf der KARBV; die BaFin hat am 27.7.2017 einen Entwurf der überarbeiteten Verordnung zur Änderung der Verordnung über Inhalt, Umfang und Darstellung der Rechnungslegung von Sondervermögen, Investmentaktiengesellschaften und Investmentkommanditgesellschaften sowie über die Bewertung der zu dem Investmentvermögen gehörenden Vermögensgegenstände (KARBV) zur Konsultation gestellt. Nachfolgend werden solche Regelungen des Entwurfs bereits aufgenommen, von denen davon ausgegangen wird, dass diese auch in der finalen Fassung so oder in einer inhaltlich identischen Form übernommen werden.

20 Die Rechnungslegungspflicht nach KAGB ist von der **handelsrechtlichen Pflicht zur Buchführung** und Aufstellung der Eröffnungsbilanz zu unterscheiden. Diese beginnt frühestens mit Errichtung der (Vor-)Gesellschaft, dh mit der notariellen Beurkundung des Gesellschaftsvertrages, bzw. mit dem ersten Geschäftsvorfall (zB Ansprüche gegen die Gründungsgesellschafter auf Leistung der Einlage; Anfall von Notarkosten) oder spätestens mit der Eintragung ins Handelsregister.[25] Die Aufstellung der Eröffnungsbilanz auf den Zeitpunkt der Handelsregistereintragung ist für die Investmentkommanditgesellschaft idR nicht sachgerecht, auch wenn ggf. formal aufgrund der fehlenden Kaufmannseigenschaft der lediglich vermögensverwaltend tätigen Vorgesellschaft (kein Handelsgewerbe) argumentiert werden könnte, dass keine handelsrechtliche Buchführungspflicht besteht (§ 242 Abs. 1 S. 1 HGB). Dies begründet sich dadurch, dass ggf. bereits angebundene Vermögenswerte oder auch für die Vorgesellschaft eingegangene Verbindlichkeiten mit Eintragung der Investmentkommanditgesellschaft auf diese rechtsträgeridentitätswahrend übergehen.[26] Lediglich für den Fall, dass bis zur Eintragung der Gesellschaft ins Handelsregister keine bzw. nur eine geringe Anzahl (unwesentlicher) Geschäftsvorfälle anfallen, die anderweitig statistisch aufgezeichnet werden können, sieht die Kommentarliteratur auch einen späteren Beginn der Buchführungspflicht für vertretbar an.[27]

21 Hieraus folgt, dass die **Eröffnungsbilanz** und ggf. die Jahresabschlüsse bis zur Eintragung der offenen Investmentkommanditgesellschaft nach handelsrechtlichen Vorschriften aufzustellen ist und eine Anwendung der investmentrechtlichen Rechnungslegungs- und Bewertungsvorschriften erst mit Eintragung der Gesellschaft als Investmentkommanditgesellschaft ins Handelsregister erfolgt. Während die handelsrechtlichen Eröffnungsbilanz- bzw. Vorjahresangaben im Jahresbericht nach KAGB an das Gliederungsschema nach KAGB angepasst werden können (ggf. zusätzliche Angaben im Anhang bzw. Drei-Spalten-Bilanz erforderlich), ist eine Anpassung der Eröffnungsbilanzwerte/Vorjahresangaben an die Bewertungsregelungen des KAGB nicht zulässig.[28]

22 **4. Pflicht zur Aufstellung des Jahresberichtes (Abs. 1 S. 1).** Für den Schluss eines Geschäftsjahres ist für die offene Investmentkommanditgesellschaft unabhängig von deren Größe ein **Jahresbericht** zu erstellen (Abs. 1 S. 1). Abs. 2 S. 2 erklärt explizit die größenabhängigen Erleichterungen des § 264 Abs. 1 S. 4 HGB sowie die Befreiungen von der Pflicht zur Aufstellung eines Jahresabschlusses nach § 264 Abs. 3, 4 HGB und § 264b HGB für die offene Investmentkommanditgesellschaft für nicht anwendbar. Die Aufstellung des Jahresberichtes hat **innerhalb von sechs Monaten** nach dem Ende des Geschäftsjahres zu erfolgen. Der Jahresbericht nach Abs. 1 S. 2 besteht aus dem nach Maßgabe des KAGB aufgestellten Jahresabschluss, dem nach Maßgabe des KAGB aufgestellten Lagebericht, der Erklärung der gesetzlichen Vertreter der Investmentkommanditgesellschaft nach den Vorgaben der § 264 Abs. 2 S. 3 HGB, § 289 Abs. 1 S. 5 HGB und den Bestätigungen des Abschlussprüfers.

---

[25] BeBiKo/*Winkeljohann*/*Henckel* HGB § 238 Rn. 73 bzw. WFD Sonderbilanzen/*Winkeljohann*/*Hermesmeier* D Rn. 65, 68.

[26] Analog WFD Sonderbilanzen/*Winkeljohann*/*Hermesmeier* D Rn. 67.

[27] Eine ausführliche Herleitung dieser Auffassung findet sich in WFD Sonderbilanzen/ *Winkeljohann*/*Hermesmeier* D Rn. 68 ff.

[28] Vgl. *IDW* IVFA, 2016, FAQ, A.2.1 und A.2.2.

Dem Wortlaut des Abs. 1 S. 1 folgend, obliegt die **Pflicht zur Erstellung** 23
des Jahresberichtes der Kapitalverwaltungsgesellschaft.[29] Bei der extern verwalteten Investmentkommanditgesellschaft ergeben sich damit aufgrund der
gewählten Formulierung Abgrenzungsschwierigkeiten zwischen den „originären" Zuständigkeiten der Kapitalverwaltungsgesellschaft und den bei der
Geschäftsführung (Komplementär und ggf. geschäftsführende Kommanditisten) der Investmentkommanditgesellschaft organschaftlich verbleibenden
Prinzipal-Rechten und -Pflichten, zu denen ua auch die Aufstellung des
Jahresabschlusses nach § 242 HGB sowie das Führen der Bücher nach § 238
HGB zählt.[30] Aus den Prinzipal-Rechten und -Pflichten wird abgeleitet, dass
die gesetzlichen Vertreter der Investmentkommanditgesellschaft nicht nur zur
Abgabe der Erklärung der gesetzlichen Vertreter, sondern auch zur Aufstellung des Jahresabschlusses und des Lageberichtes verpflichtet sind und nicht
die externe Kapitalverwaltungsgesellschaft.[31]

Zur **Unterschrift** sind alle gesetzlichen Vertreter der Investmentkomman- 24
ditgesellschaft verpflichtet; die Vereinfachungsregelung für Sondervermögen
gem. § 4 Abs. 3 KARBV ist im Hinblick auf den Jahresbericht einer offenen
Investmentkommanditgesellschaft nicht anwendbar.

Der Jahresbericht ist innerhalb von **sechs Monaten nach Ende des** 25
Geschäftsjahres aufzustellen. Die Pflicht zur Prüfung des Jahresberichtes
ergibt sich aus § 136.

IV. Inhalt und Umfang des Jahresberichtes

1. Mindestbestandteile des Jahresberichtes (Abs. 1 S. 2). Der Jahres- 26
bericht der offenen Investmentkommanditgesellschaft umfasst neben dem
Jahresabschluss auch einen **Lagebericht** (Abs. 6, 7), die Erklärung der gesetzlichen Vertreter sowie die Bestätigungen des Abschlussprüfers (Abs. 1
S. 2). Der **Jahresabschluss** der offenen Investmentkommanditgesellschaft
besteht aus einer Bilanz (Abs. 3), einer Gewinn- und Verlustrechnung
(Abs. 4) und einem Anhang (Abs. 5).

Die gesetzlichen Vertreter der offenen Investmentkommanditgesellschaft 27
haben bei der Unterzeichnung der **Erklärung der gesetzlichen Vertreter**
schriftlich zu versichern, dass nach bestem Wissen der Jahresabschluss ein den
tatsächlichen Verhältnissen entsprechendes Bild der Vermögens-, Finanz- und
Ertragslage vermittelt. Darüber hinaus bestätigen die gesetzlichen Vertreter,
dass der Lagebericht nach bestem Wissen den Geschäftsverlauf einschließlich
der Geschäftsergebnisse und die Lage der Investmentkommanditgesellschaft so
dargestellt, dass ein den tatsächlichen Verhältnissen entsprechendes Bild vermittelt wird. Der Bilanzeid ist bei einer intern verwalteten offenen Investmentkommanditgesellschaft um den Hinweis auf die Beschreibung der wesentlichen
Chancen und Risiken in Bezug auf das Investmentbetriebsvermögen zu ergänzen (§ 23 Abs. 5 S. 1 KARBV).

Das in dem **besonderen Vermerk** zusammengefasste Ergebnis der Prü- 28
fung des Jahresabschlusses und Lageberichts ist in vollem Wortlaut im Jahres-

---

[29] Die Gesetzesbegründung zum KAGB, BT-Drs. 17/12294 zu § 135 Abs. 1 KAGB, stellt
abweichend hiervon fest, dass die offene Investmentkommanditgesellschaft zur Erstellung
eines Jahresberichtes verpflichtet ist. Vgl. hierzu auch FK-KapAnlR/*Eichhorn* Rn. 3.

[30] Baur/Tappen/*Hüwel* § 129 Rn. 42.

[31] Zur Aufgabenverteilung zwischen den gesetzlichen Vertretern der Investmentkommanditgesellschaft und der externen Kapitalverwaltungsgesellschaften vgl. auch *BaFin,* 2017 sowie
Dietrich/Malsch WPg 2018, 297 (298).

abschluss wiederzugeben (§ 136 Abs. 1 S. 2). Der Formulierung des Abs. 1 Nr. 4 folgend hat der Abschlussprüfer mindestens eine weitere Bestätigung abzugeben. Dies betrifft die Bestätigung der Ordnungsmäßigkeit der Zuweisung von Gewinnen, Verlusten, Einlagen und Entnahmen zu den einzelnen Kapitalkonten gem. § 136 Abs. 2. Die Abgabe dieser Bestätigung erfolgt gemäß IDW PH 9.400.15[32] innerhalb des besonderen Vermerks. Eine Abgabe einer gesonderten Bestätigung ist nicht erforderlich.

29 **2. Anwendung der ergänzenden Vorschriften für Kapitalgesellschaften (Abs. 2).** Der **Jahresabschluss** der offenen Investmentkommanditgesellschaft hat unter Beachtung der Grundsätze ordnungsmäßiger Buchführung ein den tatsächlichen Verhältnissen entsprechendes Bild der Vermögens-, Finanz- und Ertragslage der Investmentkommanditgesellschaft zu vermitteln (§ 135 Abs. 2 KAGB iVm § 267 Abs. 2 S. 1 HGB). Die ergänzenden handelsrechtlichen Vorschriften für Kapitalgesellschaften (§§ 264–288 HGB) sind auf den Jahresabschluss der offenen Investmentkommanditgesellschaft insoweit anzuwenden, als sich aus dem KAGB sowie der KARBV nichts anderes ergibt (Abs. 2 S. 1). Auf den **Lagebericht** ist § 289 HGB anzuwenden.

30 Abs. 2 S. 2 stellt klar, dass bestimmte **größenabhängige Erleichterungen** (zB zur Aufstellung des Lageberichtes bei kleinen Kapitalgesellschaften) und die Befreiungsvorschriften bei Einbezug in einen übergeordneten Konzernabschluss nicht anzuwenden sind. Weiterhin anwendbar sind hingegen die größenabhängigen Erleichterungen zur Anwendung bestimmter Angabepflichten (insbesondere §§ 274a und 288 HGB).

31 **3. Bestandteile des Jahresabschlusses (Abs. 3–7). a) Die Bilanz (Abs. 3).** Die Bilanz einer offenen Investmentkommanditgesellschaft ist in **Staffelform** aufzustellen (Abs. 3 S. 1). Auf die Gliederung der Bilanz ist § 21 Abs. 4 KARBV anzuwenden, der auch die Vorgaben des Art. 104 Abs. 1 AIFM-VO umsetzt. Es handelt sich hierbei um eine **Pflichtgliederung,** ähnlich einer Formblattvorgabe, von der bisher nur insoweit abgewichen werden kann, als Leerposten entfallen können.[33] § 21 Abs. 3 S. 1 E-KARBV verweist im Hinblick auf die Darstellung und Gliederung ua auch auf § 265 Abs. 5 HGB. Hiernach sind weitere Untergliederungen der Posten ebenso zulässig wie die Einfügung neuer Posten, sofern ihr Inhalt nicht von einem vorgeschriebenen Posten gedeckt wird. Von der grundsätzlich vorgeschriebenen Gliederung darf jedoch auch unter Bezugnahme auf § 265 Abs. 5 HGB nicht abgewichen werden.

32 Auf den **Eigenkapitalausweis** der offenen Investmentkommanditgesellschaft ist § 264c HGB entsprechend anzuwenden. Hieraus folgt, dass die Kapitalanteile der persönlich haftenden Gesellschafter und der Kommanditisten getrennt voneinander auszuweisen sind (§ 21 Abs. 4 S. 2 KARBV). Ergänzungen der Pflichtgliederung des § 21 Abs. 4 KARBV sind, zB zur

---

[32] *IDW* Prüfungshinweis: Bestätigungs-/Vermerk des Abschlussprüfers zum Jahresabschluss und Lagebericht einer Investmentkommanditgesellschaft gem. § 136 Abs. 1 Kapitalanlagegesetzbuch (KAGB) bzw. § 159 iVm § 136 Abs. 1 KAGB sowie Investmentgesellschaften gem. § 47 KAGB (IDW PH 9.400.15).
[33] *Dietrich/Malsch* in Verband der Auslandsbanken in Deutschland e. V., 2014, 235 (247). Eine detailliertere Darstellung der Anforderungen enthält auch WFD Sonderbilanzen/*Winkeljohann/Dietrich* U Rn. 469 ff. Eine Darstellung zur Gliederung der Bilanz findet sich auch in *Bielenberg/Schmuhl* DB 2014, 1089 f. sowie *Bußian/Kille* WPg 2014, 837 (849).

Darstellung eines den Kapitalanteil übersteigenden Verlustanteils, insoweit zulässig bzw. gefordert.[34]

Die Bilanz darf auch unter **vollständiger Verwendung des Jahresergeb-** 33 **nisses** aufgestellt werden (§ 21 Abs. 5 S. 1 KARBV). In diesem Fall tritt an die Stelle des realisierten Ergebnisses des Geschäftsjahres und des Gewinn- und Verlustvortrages der Posten Bilanzgewinn oder Bilanzverlust (§ 21 Abs. 5 S. 2 Hs. 1 KARBV; → Rn. 38).

Wurden für die offene Investmentkommanditgesellschaft zulässigerweise 34 **Teilgesellschaftsvermögen** gebildet, ist die Bilanz zusätzlich auch gesondert für die jeweiligen Teilgesellschaftsvermögen darzustellen (§ 21 Abs. 1 S. 2 KARBV). Die Bilanz je Teilgesellschaftsvermögen ist als Aufgliederung der Bilanz für die Investmentkommanditgesellschaft insgesamt darzustellen (§ 21 Abs. 1 S. 2 KARBV).[35]

Bei der **Bewertung des Investmentanlagevermögens,** welches die der 35 Vermögensanlage dienenden Vermögensgegenstände und Verpflichtungen umfasst, sind die Regelungen zur Bewertung, die auch für Sondervermögen einschlägig sind (§§ 168, 169, 216), entsprechend anzuwenden (§ 278). Die Bewertung erfolgt insofern grundsätzlich zum Verkehrswert, der unter Anwendung der besonderen Bewertungsregelungen der §§ 26–34 KARBV[36] ermittelt wird. Abweichend von der generellen Bewertung zum Verkehrswert sind Bankguthaben mit dem Nominalwert, Verbindlichkeiten mit dem Rückzahlungsbetrag und Rückstellungen mit dem Erfüllungsbetrag anzusetzen.

Abs. 3 S. 2 bestimmt ferner, dass auf die mit dem Sondervermögen ver- 36 gleichbaren Vermögensgegenstände und Schulden § 101 Abs. 1 S. 3 Nr. 1 anzuwenden ist. Da die in § 101 Abs. 1 S. 3 Nr. 1 erforderlichen Untergliederungen der Vermögensaufstellung nicht in die Pflichtgliederung nach § 21 Abs. 4 KARBV integriert werden können, ist die **Vermögensaufstellung** als gesonderte Darstellung in den Anhang aufzunehmen. Aufgrund des Wortlauts des Abs. 3 S. 2 sind in die Vermögensaufstellung nur die mit einem Sondervermögen vergleichbaren Vermögensgegenstände (zB Wertpapiere, Geldmarktinstrumente, Schuldscheindarlehen) und Schulden aufzunehmen. Im Hinblick auf die Transparenzanforderungen und die Informationsfunktion des Jahresberichtes sind auch für andere Vermögensgegenstände im Einzelfall detaillierte Angaben erforderlich.[37]

b) Die Gewinn- und Verlustrechnung (Abs. 4). Die Gliederung der 37 Gewinn- und Verlustrechnung der offenen Investmentkommanditgesellschaft folgt, ebenso wie die Gliederung der Bilanz, nicht den handelsrechtlichen Gliederungsvorschriften der §§ 275 ff. HGB. Die Gewinn- und Verlustrechnung ist vielmehr in **Staffelform** entsprechend der Ertrags- und Aufwandsrechnung der Sondervermögen zu gliedern (§ 22 Abs. 2 KARBV iVm § 11 KARBV). Es handelt sich auch bei der Gliederungsvorgabe des § 11 KARBV, die auch Art. 104 Abs. 2 AIFM-VO umsetzt,

---

[34] Ebenfalls zu beachten sind hiernach die Regelungen des IDW RS HFA 7 „Handelsrechtliche Rechnungslegung bei Personenhandelsgesellschaften".
[35] Zur Erfüllung der Anforderungen kann die Bilanz in Spaltenform dargestellt werden.
[36] Der Entwurf der KARBV ergänzt die Bewertungsregelungen um § 34e KARBV „Besonderheiten bei Anlage in Darlehensforderungen".
[37] *IDW* IVFA, 2016, FAQ, A.4.

um eine **Pflichtgliederung.** Leerposten können entfallen (§ 22 Abs. 3 Hs. 2 KARBV).[38]

38   Wurde die Bilanz unter vollständiger Verwendung des Jahresergebnisses aufgestellt, ist die Gewinn- und Verlustrechnung nicht um die Darstellung der Ergebnisverwendung zu ergänzen, stattdessen erfolgt die Abbildung in der **Verwendungsrechnung** iSd § 24 Abs. 1 KARBV im Anhang. Dabei ist ein bestehender Gewinnvortrag gesondert in der Gewinnverwendungsrechnung nach § 12 KARBV anzugeben (§ 21 Abs. 5 S. 2 Hs. 2 KARBV).

39   Die Gewinn- und Verlustrechnung ist sowohl für die offene Investmentkommanditgesellschaft insgesamt aufzustellen als auch für jedes **Teilgesellschaftsvermögen** (§ 22 Abs. 1 S. 2 KARBV). Die Darstellung erfolgt im Jahresbericht idR in Spaltenform (§ 20 Abs. 3 KARBV).

40   Die Anwendung des **Ertragsausgleichsverfahren** ist für die offene Investmentkommanditgesellschaft nicht zulässig (Umkehrschluss aus § 22 Abs. 1 S. 3 KARBV). Hieraus ergibt sich in der Praxis das Erfordernis, den Ausgleich zwischen den ggf. zu unterschiedlichen Zeitpunkten beigetretenen Kommanditisten gesellschaftsvertraglich zu regeln. Erfolgt kein derartiger Ausgleich, bestehen idR unterschiedliche Anteilkassen iSd § 15 Abs. 1 KARBV.

41   **c) Der Anhang (Abs. 5).** Die für Sondervermögen üblichen Bestandteile des Jahresberichts, wie zB die Vermögensaufstellung entsprechend § 10 Abs. 1 KARBV, die Gewinnverwendungsrechnung entsprechend § 24 Abs. 1 KARBV und die Übersicht über die Entwicklung der Investmentkommanditgesellschaft iSd § 24 Abs. 2 KARBV, sind als **gesonderte Angaben in den Anhang** aufzunehmen (Abs. 5 iVm § 101 Abs. 1 KAGB; § 25 Abs. 3 Nr. 3 und 4 E-KARBV).[39] Der Hinweis „die nicht bereits nach den Abs. 3, 4, 6 und 7 zu machen sind" dient dazu, Doppelangaben zu vermeiden. Sofern Teilgesellschaftsvermögen bestehen, sind diese gesondert in den Anhang aufzunehmenden Angaben ausschließlich auf Basis der Teilgesellschaftsvermögen zu machen; die Gesamtdarstellung für die offene Investmentkommanditgesellschaft insgesamt entfällt insoweit (§ 25 Abs. 3 S. 1 KARBV).

42   Die Angabepflichten für den Anhang nach **§ 285 HGB** gelten lediglich für das Investmentbetriebsvermögen einer intern verwalteten offenen Investmentkommanditgesellschaft (§ 25 Abs. 2 KARBV). Die übrigen handelsrechtlichen Angabepflichten sind nur insoweit einschlägig, als diese nicht investmentrechtlichen Regelungen entgegenstehen. Angaben, die nach HGB in der Bilanz oder der Gewinn- und Verlustrechnung anzugeben sind (zB die Angaben zu Restlaufzeiten), sind bei der offenen Investmentkommanditgesellschaft zwingend in den Anhang aufzunehmen.[40]

43   Die **Vergütungsangaben** nach § 101 Abs. 3 sind bei der offenen Investmentkommanditgesellschaft nicht, wie sonst üblich, im Anhang, sondern im Lagebericht anzugeben (→ Rn. 48).

44   Darüber hinaus sind für den Fall, dass bei einer Ausschüttung an die Gesellschafter kein ausreichendes realisiertes Ergebnis zur Verfügung steht

---

[38] *Dietrich/Malsch* in Verband der Auslandsbanken in Deutschland e. V., 2014, 235 (247). Eine detailliertere Darstellung der Anforderungen enthält WFD Sonderbilanzen/*Winkeljohann/Dietrich* U Rn. 484 ff.

[39] Eine detailliertere Darstellung der Anforderungen enthält WFD Sonderbilanzen/*Winkeljohann/Dietrich* U Rn. 495 ff. Ähnlich auch FK-KapAnlR/*Eichhorn* Rn. 11.

[40] *IDW* IVFA, 2016, FAQ, A.7.4.

(sog. **Liquiditätsausschüttungen**), im Anhang Angaben zur Mittelherkunft aufzunehmen (§ 21 Abs. 6 E-KARBV) und die anteiligen ausgeschütteten Kapitalanteile in der Übersicht über die Entwicklung der Investmentkommanditgesellschaft (Entwicklungsrechnung) als Mittelabfluss aus Kapitalauszahlungen auszuweisen (§ 24 Abs. 2 S. 2 E-KARBV); in der Verwendungsrechnung erfolgt eine Belastung auf den Kapitalkonten.

4. Der Lagebericht (Abs. 6 und 7). Die offene Investmentkommandit- 45
gesellschaft hat unabhängig von ihrer Größe einen Lagebericht aufzustellen (Abs. 1 S. 2 Nr. 2 KAGB; § 23 Abs. 1 KARBV). Auf den Lagebericht ist **§ 289 HGB anzuwenden** (§ 23 Abs. 1 KARBV). Angaben nach § 289 Abs. 1 S. 4 HGB („Prognosebericht") sind nur bei intern verwalteten Investmentkommanditgesellschaften in Bezug auf das Investmentbetriebsvermögen erforderlich (§ 23 Abs. 5 KARBV). Nicht ausgeschlossen ist jedoch, dass auch für die extern verwaltete Investmentkommanditgesellschaft ein Prognosebericht freiwillig aufgestellt werden kann; hierbei ist jedoch restriktiv vorzugehen.[41]

Der Lagebericht ist um **zusätzliche Angaben,** die sich neben dem KAGB 46
und der KARBV auch aus Art. 105, 107–109 AIFM-VO ergeben, zu ergänzen (Abs. 6 und 7).[42] Die Angaben sind zum Teil für die Investmentkommanditgesellschaft insgesamt anzugeben (zB Name und Rechtsform der verwaltenden externen Kapitalverwaltungsgesellschaft sowie die wesentlichen Merkmale des Verwaltungsvertrages) und zum Teil lediglich für das Teilgesellschaftsvermögen, sofern für die Investmentkommanditgesellschaft Teilgesellschaftsvermögen aufgelegt wurden (zB Anzahl der umlaufenden Anteile und die Belastung mit Verwaltungskosten). Anzugeben ist auch die Anzahl der Teilgesellschaftsvermögen, Anteilwert sowie die jeweilige Fondskategorie (§ 23 Abs. 2 Nr. 1 KARBV).

Innerhalb des Lageberichts ist der Bericht über die Tätigkeit der Invest- 47
mentkommanditgesellschaft im abgelaufenen Geschäftsjahr **(Tätigkeitsbericht)** die wesentlichste Ergänzung (Abs. 6 iVm § 101 Abs. 1 S. 2). Der Inhalt des Tätigkeitsberichtes bestimmt sich bei der offenen Investmentkommanditgesellschaft nach Art. 105 AIFM-VO (§ 23 Abs. 4 KARBV iVm § 8 Abs. 4 Hs. 2 KARBV). Darzustellen sind insbesondere die Anlagegeschäfte und die Wertentwicklung der Investmentkommanditgesellschaft bzw. des Teilgesellschaftsvermögens. Der Tätigkeitsbericht dient der Darstellung der Tätigkeit der Kapitalverwaltungsgesellschaft in der Berichtsperiode. Aussagen zur Wertentwicklung des Investmentanlagevermögens sind mit einem Hinweis zu versehen, dass die bisherige Wertentwicklung kein Indikator für die zukünftige Wertentwicklung ist (§ 23 Abs. 5 KARBV iVm § 165 Abs. 2 Nr. 9 KAGB).

Der Lagebericht einer InvKG ist um **Vergütungsangaben** gem. § 101 48
Abs. 3 zu ergänzen (Abs. 7 S. 1).[43] Da es sich bei § 101 Abs. 3 um eine lex specialis handelt, ist § 286 Abs. 4 HGB nicht anzuwenden.[44]

---

[41] *IDW* IVFA, 2016, FAQ, A.9.1.

[42] Eine detailliertere Darstellung der Anforderungen enthält WFD Sonderbilanzen/*Winkeljohann/Dietrich* U Rn. 457 ff.

[43] Vgl. hierzu auch *IDW* IVFA, 2016, FAQ, A.6.1–A.6.7. sowie *ESMA*, Questions and Answers, Application of the AIFMD v. 4.10.2018, Section I.

[44] Vgl. hierzu auch *IDW* IVFA, 2016, FAQ, A.6.6.

49   **5. Besonderheiten bei Gesellschaften, die einen Jahresfinanzbericht nach § 114 WpHG erstellen (Abs. 8).** Ausweislich der Gesetzesbegründung[45] setzt Abs. 8 Art. 22 Abs. 1 UAbs. 2 AIFM-RL um. Hiernach sind den Anlegern, sofern die Gesellschaft einen **Jahresfinanzbericht** nach § 114 WpHG erstellt, auf Antrag entweder gesondert oder in Form der Ergänzung des Jahresfinanzberichts spätestens vier Monate nach Ende des Geschäftsjahres lediglich die ergänzenden Angaben für Anhang und Lagebericht der Investmentkommanditgesellschaft zu übermitteln. Dies umfasst die Angaben nach Abs. 5–7 sowie die sich aus der KARBV und der AIFM-VO ergebenden weiteren Angaben (zB Tätigkeitsbericht, Vermögensaufstellung, Vergütungsangaben, umlaufenden Anteile und Anteilswert).

50   Hierdurch soll vermieden werden, dass die Investmentkommanditgesellschaft neben dem Jahresfinanzbericht zusätzlich noch einen vollständigen Jahresbericht nach KAGB zu erstellen hat, aus dem aufgrund abweichender Bilanzierungs- und Bewertungsregelungen vom Jahresfinanzbericht abweichende finanzielle Informationen hervorgehen könnten. Durch die Regelung wird aber gleichzeitig auch sichergestellt, dass dem Anleger mindestens die Informationen zur Verfügung gestellt werden müssen, die dieser nach europarechtlichen Regelungen der AIFM-VO zu erhalten hat. Für den deutschen Gesetzgeber bestand im Hinblick auf die Regelungen der AIFM-VO keine Möglichkeit, diese abzubedingen.

51   Die praktische Relevanz der Vorschrift kann jedoch angezweifelt werden, da wohl allenfalls in extremen Ausnahmefällen von der Investmentkommanditgesellschaft Anleihen emittiert werden, die darüber hinaus in einem regulierten Markt zum Handel zugelassen sind.[46]

52   **6. Sonstiges Vermögen der Gesellschafter (Abs. 9).** Die Regelung stellt klar, dass auch im Falle der offenen Investmentkommanditgesellschaft die Prinzipien des § 5 Abs. 4 PublG gelten.[47] Hiernach darf das sonstige Vermögen der Gesellschafter nicht in der Bilanz der offenen Investmentkommanditgesellschaft ausgewiesen werden. Ebenso dürfen die hierauf entfallenden Aufwendungen und Erträge nicht in der Gewinn- und Verlustrechnung erscheinen.

53   Die Vorschrift dient dem Schutz der Privatsphäre der Gesellschafter. Auch bezüglich dieser Regelung stellt sich die Frage nach der praktischen Relevanz der Regelung. Sie erlangt lediglich dann Bedeutung, wenn semi-professionelle Anleger an der Investmentkommanditgesellschaft beteiligt sind, bei denen es sich gleichzeitig um natürliche Personen handelt.[48]

54   **7. Besonderheiten bei intern verwalteten Investmentkommanditgesellschaften (Abs. 10).** Nach Abs. 10 sind das Investmentbetriebsvermögen, das für den Betrieb der intern verwalteten Investmentkommanditgesellschaft notwendige Vermögen bzw. die dem Investmentbetriebsvermögen zugeordneten Verpflichtungen und Eigenkapitalbestandteile, in der Bilanz getrennt vom Investmentanlagevermögen darzustellen. Im Hinblick auf die **Gliederung des Investmentbetriebsvermögens** sieht die KARBV vor, dass dieses dem Investmentanlagevermögen vorangestellt wird. Die Pflichtgliederung des § 21 Abs. 4 KARBV sieht dabei jedoch lediglich die Unterschei-

---

[45] Gesetzesbegründung zum KAGB, BT-Drs. 17/12294 zu § 135 Abs. 8 KAGB.
[46] So auch WBA/*Lorenz* Rn. 8.
[47] Gesetzesbegründung zum KAGB, BT-Drs. 17/12294 zu § 135 Abs. 9 KAGB.
[48] So auch WBA/*Lorenz* Rn. 9 f.

dung in Aktiva und Passiva vor. Eine weitere Untergliederung erfolgt unter entsprechender Anwendung der handelsrechtlichen Vorschriften.[49]

Die **Bewertung des Investmentbetriebsvermögens** in der Bilanz er- 55
folgt nach handelsrechtlichen Grundsätzen (§ 21 Abs. 2 S. 1 KARBV). Insofern gelten für das Investmentbetriebsvermögen auch weiterhin die Anschaffungskostenobergrenze sowie die Regelungen zur planmäßigen und außerplanmäßigen Abschreibung.

Bei einer offenen Investmentkommanditgesellschaft, die intern verwaltet 56
wird, sind die **Aufwendungen und Erträge aus der Verwaltungstätigkeit** und der Investmenttätigkeit jeweils gesondert für das Investmentbetriebsvermögen und das Investmentanlagevermögen auszuweisen und insofern der Gliederung nach § 11 KARBV voranzustellen (§ 22 Abs. 1 S. 1 KARBV). Sehen die Anlagebedingungen eine Weiterbelastung der Aufwendungen aus der Verwaltungstätigkeit vor, sind diese zunächst als Aufwand und nachfolgend (bei Weiterbelastung) als Ertrag in den Erträgen aus der Verwaltungstätigkeit sowie als Aufwand im Investmentanlagevermögen zu erfassen (Bruttodarstellung).[50] Im Hinblick auf die Gliederung der Erträge und Aufwendungen aus der Verwaltungstätigkeit ist eine Untergliederung entsprechend § 275 HGB vorzunehmen.[51]

8. Verordnungsermächtigung (Abs. 11). Abs. 11 S. 1 räumt dem Bun- 57
desministerium der Finanzen im Einvernehmen mit dem Bundesministerium der Justiz und für Verbraucherschutz die Möglichkeit ein, nähere Bestimmungen über Inhalt, Umfang und Darstellung des Jahresabschlusses und des Lageberichtes der offenen Investmentkommanditgesellschaft zu erlassen. Ihre Verordnungsermächtigung hat das Bundesministerium der Finanzen in Übereinstimmung mit Abs. 11 S. 2 auf die BaFin übertragen, die hiervon durch Erlass der KARBV Gebrauch gemacht hat (→ Rn. 12).

§ 136 Abschlussprüfung; Verordnungsermächtigung

(1) ¹**Der Jahresabschluss und der Lagebericht der offenen Investmentkommanditgesellschaft sind durch einen Abschlussprüfer nach Maßgabe der Bestimmungen des Dritten Unterabschnitts des Zweiten Abschnitts des Dritten Buches des Handelsgesetzbuchs zu prüfen. ²Das Ergebnis der Prüfung hat der Abschlussprüfer in einem besonderen Vermerk zusammenzufassen; der Vermerk ist in vollem Wortlaut im Jahresabschluss wiederzugeben.**

(2) ¹**Die Zuweisung von Gewinnen, Verlusten, Einnahmen, Ausgaben, Einlagen und Entnahmen zu den einzelnen Kapitalkonten ist vom Abschlussprüfer zu prüfen und deren Ordnungsmäßigkeit zu bestätigen.**

(3) ¹**Der Abschlussprüfer hat bei seiner Prüfung auch festzustellen, ob die offene Investmentkommanditgesellschaft die Bestimmungen dieses Gesetzes und des zugrunde liegenden Gesellschaftsvertrags beachtet hat. ²Bei der Prüfung hat er insbesondere festzustellen, ob die offene Invest-**

---

[49] Der Entwurf der KARBV weist darauf hin, dass die Untergliederung unter entsprechender Anwendung des § 265 Abs. 1–3, 5 und 8 HGB und § 266 HGB vorzunehmen ist (§ 21 Abs. 2 S. 1 E-KARBV).

[50] *IDW* IVFA, 2016, FAQ, A.8.2.

[51] Der Entwurf der KARBV sieht die entsprechende Anwendung des § 265 Abs. 1, 2, 5 und 8 HGB und § 275 HGB vor (§ 22 Abs. 3 S. 2 E-KARBV).

mentkommanditgesellschaft die Anzeigepflichten nach § 34 Absatz 1, 3 Nummer 1 bis 3, 5, 7 bis 11, Absatz 4 und 5, § 35 und die Anforderungen nach den §§ 36 und 37 sowie die Anforderungen nach Artikel 4 Absatz 1, 2 und 3 Unterabsatz 2, Artikel 9 Absatz 1 bis 4 sowie Artikel 11 Absatz 1 bis 10, 11 Unterabsatz 1 und Absatz 12 der Verordnung (EU) Nr. 648/2012 sowie die Anforderungen nach den Artikeln 4 und 15 der Verordnung (EU) 2015/2365 und nach Artikel 16 Absatz 1 bis 4, Artikel 23 Absatz 3 und 10 und Artikel 28 Absatz 2 der Verordnung (EU) 2016/1011 sowie nach Artikel 28 Absatz 1 bis 3 der Verordnung (EU) Nr. 600/2014 und nach den Artikeln 5 bis 9, 18 bis 27 und 43 Absatz 5 und 6 der Verordnung (EU) 2017/2402 erfüllt hat und ihren Verpflichtungen nach dem Geldwäschegesetz nachgekommen ist. [3] Das Ergebnis dieser Prüfung hat der Abschlussprüfer im Prüfungsbericht gesondert wiederzugeben. [4] Der Bericht über die Prüfung der offenen Investmentkommanditgesellschaft ist der Bundesanstalt auf Verlangen vom Abschlussprüfer einzureichen.

(4) [1] Das Bundesministerium der Finanzen wird ermächtigt, im Einvernehmen mit dem Bundesministerium der Justiz und für Verbraucherschutz durch Rechtsverordnung, die nicht der Zustimmung des Bundesrates bedarf, nähere Bestimmungen über weitere Inhalte, Umfang und Darstellungen des Prüfungsberichts des Abschlussprüfers zu erlassen, soweit dies zur Erfüllung der Aufgaben der Bundesanstalt erforderlich ist, insbesondere, um einheitliche Unterlagen zur Beurteilung der Tätigkeit der offenen Investmentkommanditgesellschaft zu erhalten. [2] Das Bundesministerium der Finanzen kann die Ermächtigung durch Rechtsverordnung auf die Bundesanstalt übertragen.

Schrifttum: *Bußian/Kille,* Rechnungslegung und Prüfung geschlossener alternativer Investmentfonds nach KAGB, WPg 2014, 837; *Dietrich/Malsch,* Asset und Wealth Management im Blickpunkt. Aktuelle Entwicklungen der kollektiven Vermögensverwaltung im Jahr 2017, WPg, 2018, 297; *Europäische Kommission,* Delegierte Verordnung (EU) Nr. 231/2013 der Kommission vom 19.12.2012 zur Ergänzung der Richtlinie 2011/61/EU des Europäischen Parlaments und des Rates im Hinblick auf Ausnahmen, die Bedingungen für die Ausübung der Tätigkeit, Verwahrstellen, Hebelfinanzierung, Transparenz und Beaufsichtigung, (AIFM-VO); *Europäische Union,* Richtlinie 2006/43/EG des Europäischen Parlaments und des Rates vom 17. Mai 2006 über Abschlussprüfungen von Jahresabschlüssen und konsolidierten Abschlüssen, zur Änderung der Richtlinien 78/660/EWG und 83/349/EWG des Rates und zur Aufhebung der Richtlinie 84/253/EWG des Rates (Abschlussprüfer-RL); *Europäische Union,* Richtlinie (EU) Nr. 2011/61/EU des Europäischen Parlaments und des Rates vom 8. Juni 2011 über die Verwalter alternativer Investmentfonds und zur Änderung der Richtlinien 2003/41/EG und 2009/65/EG und der Verordnungen (EG) Nr. 1060/2009 und (EU) Nr. 1095/2010 (AIFM-RL); *Europäische Union,* Verordnung (EU) Nr. 648/2012 des Europäischen Parlaments und des Rates vom 4. Juli 2012 über OTC-Derivate, zentrale Gegenparteien und Transaktionsregister (EMIR-VO); Gesetzesbegründung zum KAGB (BT-Drs. 17/12294 vom 6. Februar 2013; abrufbar unter: http://dipbt.bundestag.de/dip21/btd/17/122/1712294.pdf, abgerufen am 27.1.2019); *Jessen,* § 136 KAGB – Abschlussprüfung; Verordnungsermächtigung in Baur/Tappen, Investmentgesetze, 3. Aufl. 2015, Band 1, §§ 1–272 KAGB, 1284; *Ponzer/Stümpfle,* Prüfung des Jahresabschlusses nach § 38 Abs. 3 KAGB – Externe Kapitalverwaltungsgesellschaften, die geschlossene Investmentvermögen verwalten, WPg 2017, 450.

Übersicht

I. Europarechtliche Einordnung der Regelung

Die Regelung setzt – auch wenn dies aus der Gesetzesbegründung[1] nicht **1** explizit hervorgeht – Art. 22 Abs. 3 UAbs. 2 AIFM-RL[2] um. Bei dem Abschlussprüfer muss es sich um einen oder mehrere Abschlussprüfer handeln, der/die zur Durchführung der gesetzlichen Abschlussprüfung zugelassen ist/sind. Die AIFM-RL verweist hierbei auf die Richtlinie 2006/43/EG des Europäischen Parlaments und des Rates vom 17.5.2006 über Abschlussprüfungen von Jahresabschlüssen und konsolidierten Abschlüssen.[3]

Die AIFM-RL sieht auch vor, dass der Vermerk des Abschlussprüfers im **2** Jahresbericht vollständig wiederzugeben ist. Diese Regelung wurde in Abs. 1 S. 2 Hs. 2 übernommen.

II. Anwendungsbereich des § 136

§ 136 regelt unmittelbar die Prüfung der intern bzw. extern verwalteten **3** **offenen Investmentkommanditgesellschaft** iSd § 124. Aufgrund des in § 159 S. 1 enthaltenen Verweises findet die Vorschrift auch auf die Rechnungslegung der intern bzw. extern verwalteten **geschlossenen Investmentkommanditgesellschaft** iSd § 149 Anwendung. Keine Anwendung findet § 136 auf die Prüfung der von registrierungspflichtigen AIF-Kapitalverwaltungsgesellschaften verwalteten AIF iSd § 2 Abs. 4 oder 5. Diese unterliegen der Prüfungspflicht nach den §§ 47 bzw. 48a. Lediglich diejenigen AIF iSd § 2 Abs. 4, 4a oder 5, die als Investmentkommanditgesellschaft firmieren, unterliegen ebenfalls der Prüfungspflicht nach § 136 (§ 44 Abs. 1 S. 2–4).

III. Prüfung des Jahresabschlusses und Lageberichtes

1. Rechtliche Grundlagen und Anwendung handelsrechtlicher Vor- 4 schriften. Die Prüfung des Jahresabschlusses und Lageberichtes der offenen Investmentkommanditgesellschaft erfolgt nach den **Vorschriften der**

---

[1] Gesetzesbegründung zum KAGB, BT-Drs. 17/12294 zu § 136 KAGB.
[2] Richtlinie (EU) Nr. 2011/61/EU des Europäischen Parlaments und des Rates v. 8.6.2011 über die Verwalter alternativer Investmentfonds und zur Änderung der Richtlinien 2003/41/EG und 2009/65/EG und der Verordnungen (EG) Nr. 1060/2009 und (EU) Nr. 1095/2010 (AIFM-RL).
[3] Richtlinie 2006/43/EG des Europäischen Parlaments und des Rates v. 17.5.2006 über Abschlussprüfungen von Jahresabschlüssen und konsolidierten Abschlüssen, zur Änderung der Richtlinien 78/660/EWG und 83/349/EWG des Rates und zur Aufhebung der Richtlinie 84/253/EWG des Rates (Abschlussprüfer-RL).

§§ 316 ff. HGB, die grundsätzlich **vollumfänglich anzuwenden** sind. Die gesetzliche Prüfungspflicht besteht dabei jedoch unabhängig von der Größe der Gesellschaft.[4]

5   Die handelsrechtliche Prüfung schließt nach § 317 Abs. 1 S. 1 HGB auch die **Buchführung** mit ein. Sie hat sich nach § 317 Abs. 1 S. 2 HGB auch darauf zu erstrecken, ob die gesetzlichen Vorschriften und die sie ergänzenden Bestimmungen des Gesellschaftsvertrags beachtet worden sind oder ob sich rechnungslegungsrelevante Verstöße gegen den Gesellschaftsvertrag ergeben haben, die sich wesentlich auf die Darstellung des sich nach § 264 Abs. 2 HGB ergebenden Bildes der Vermögens-, Finanz- und Ertragslage der offenen Investmentkommanditgesellschaft auswirken.

6   Der Umfang der handelsrechtlichen Prüfung wird durch Abs. 3 insbesondere im Hinblick auf die aufsichtsrechtlichen Vorschriften erweitert. Die Gesetzesbegründung[5] verweist diesbezüglich darauf, dass die Anforderungen an die Prüfung damit auch sicherstellen sollen, dass dem Anleger die notwendige Sicherheit über die Ordnungsmäßigkeit der Rechnungslegung und der Verwaltung des Investmentvermögens verschafft werden soll **(Erweiterung des gesetzlichen Prüfungsauftrags).** Bei der Prüfung der aufsichtsrechtlichen und regulatorischen Prüfungsgebiete hat der Abschlussprüfer nicht nur die KAPrüfbV[6] sondern auch die Schreiben und Merkblätter der BaFin zu beachten.[7]

7   Abweichend von § 322 HGB hat der Abschlussprüfer das Ergebnis seiner Prüfung in einem **besonderen Vermerk** zusammenzufassen. Dieser ist in vollem Wortlaut im Jahresbericht wiederzugeben (§ 135 Abs. 1 S. 2 Nr. 4, § 136 Abs. 1 S. 1 Hs. 2).[8] Bei der Abfassung des besonderen Vermerks hat der Abschlussprüfer IDW PH 9.400.15[9] zu beachten. Der Formulierung des § 135 Abs. 1 Nr. 4 folgend, hat der Abschlussprüfer darüber hinaus weitere Bestätigungen abzugeben. Hierzu zählt ua die Bestätigung der Ordnungsmäßigkeit der Zuweisung von Gewinnen, Verlusten, Einlagen und Entnahmen zu den einzelnen Kapitalkonten gem. Abs. 2. Die Abgabe dieser Bestätigung erfolgt gemäß IDW PH 9.400.15 innerhalb des besonderen Vermerks im Abschnitt „Sonstige gesetzliche und andere rechtliche Anforderungen" (→ Rn. 15 ff.).[10]

8   Über das Ergebnis der Prüfung berichtet der Abschlussprüfer in einem **Prüfungsbericht,** bei dessen Abfassung § 321 HGB und die „Grundsätze ordnungsmäßiger Berichterstattung bei Abschlussprüfungen" (IDW PS 450[11]) zu beachten sind. Hinsichtlich Inhalt, Umfang und Darstellung der Prüfungs-

---

[4] Ähnlich auch Baur/Tappen/*Jessen* Rn. 3.

[5] Gesetzesbegründung zum KAGB, BT-Drs. 17/12294 zu § 136 Abs. 1 KAGB.

[6] Verordnung über den Gegenstand der Prüfung und die Inhalte der Prüfungsberichte für externe Kapitalverwaltungsgesellschaften, Investmentaktiengesellschaften, Investmentkommanditgesellschaften und Sondervermögen (Kapitalanlage-Prüfungsberichte-Verordnung).

[7] Vgl. hierzu ua *Dietrich/Malsch* WPg 2018, 297 (300).

[8] Abs. 1 S. 2 Hs. 2 verweist abweichend von § 135 darauf, dass der besondere Vermerk in vollem Wortlaut im Jahresabschluss anzugeben ist. Hierbei kann es sich jedoch nur um einen redaktionellen Fehler handeln.

[9] IDW Prüfungshinweis: Bestätigungs-/Vermerk des Abschlussprüfers zum Jahresabschluss und Lagebericht einer Investmentkommanditgesellschaft gem. §§ 136 Abs. 1 Kapitalanlagegesetzbuch (KAGB) bzw. § 159 iVm § 136 Abs. 1 KAGB sowie Investmentgesellschaften gem. § 47 KAGB (IDW PH 9.400.15).

[10] *IDW* PH 9.400.15 Rn. 35.

[11] IDW Prüfungsstandard: Grundsätze ordnungsmäßiger Berichterstattung bei Abschlussprüfungen (IDW PS 450).

ergebnisse im Prüfungsbericht ist die KAPrüfbV zu beachten. § 44 Abs. 1
S. 1 KAPrüfbV sieht – unabhängig davon, ob es sich um eine intern oder
extern verwaltete Investmentkommanditgesellschaft handelt – die entsprechende Anwendung verschiedener Vorschriften der KAPrüfbV vor, die sich
auch auf die Prüfung der externen Kapitalverwaltungsgesellschaft beziehen.
Bei der intern verwalteten Investmentkommanditgesellschaft kommen weitere Vorschriften hinzu (§ 44 Abs. 1 S. 2 KAPrüfbV). Weitere Berichterstattungspflichten ergeben sich aus §§ 45 ff. KAPrüfbV.

Die Berichterstattung über die Prüfung der extern verwalteten Investment- **9**
kommanditgesellschaft erstreckt sich damit auch auf **Prüfungsergebnisse
des Abschlussprüfers der externen Kapitalverwaltungsgesellschaft,** die
der Abschlussprüfer der extern verwalteten Investmentkommanditgesellschaft
zu verwenden hat (§ 43 Abs. 3 KAPrüfbV).

2. Prüfung durch den Abschlussprüfer (Abs. 1). Der Jahresabschluss **10**
und Lagebericht – aber nicht der Jahresbericht insgesamt – ist durch einen
Abschlussprüfer iSd § 318 HGB zu prüfen. Die Prüfung erfolgt **unabhängig
von der Größe** der offenen Investmentkommanditgesellschaft. Die größenabhängigen Erleichterungen des § 316 Abs. 1 HGB für kleine Kapitalgesellschaften sind insofern nicht anzuwenden. Bei der Prüfung handelt es sich um
eine **gesetzliche Abschlussprüfung.** Der Prüfungsgegenstand schließt explizit nicht die Erklärung der gesetzlichen Vertreter iSd § 135 Abs. 1 S. 2
Nr. 3 mit ein.

Die **Wahl des Abschlussprüfers** erfolgt durch die Gesellschafterversamm- **11**
lung; der Auftrag zur Prüfung wird auf dieser Basis von den gesetzlichen
Vertretern der Investmentkommanditgesellschaft (nicht von der externen
Kapitalverwaltungsgesellschaft) erteilt. Der Abschlussprüfer kann, muss dabei
aber nicht mit dem Abschlussprüfer der externen Kapitalverwaltungsgesellschaft identisch sein. Für diesen Fall sieht die KAPrüfbV vor, dass der jeweils
andere Abschlussprüfer den Prüfungsbericht so abzufassen hat, dass der andere
Abschlussprüfer in der Lage ist, die Ergebnisse der Prüfung zu verwenden
(§ 43 Abs. 3 KAPrüfbV und § 43 Abs. 4 E-KAPrüfbV[12]).

Bei der Prüfung hat der Abschlussprüfer zu beurteilen, ob der Jahres- **12**
abschluss in allen wesentlichen Belangen den handelsrechtlichen Vorschriften
unter Berücksichtigung des KAGB, der AIFM-VO[13] sowie ggf. den ergänzenden Bestimmungen des Gesellschaftsvertrags entspricht. An dieser Stelle
wird – anders als in § 47 KAGB – nicht auch auf die Bestimmungen eines
ggf. bestehenden Treuhandverhältnisses abgestellt. Ferner ist zu beurteilen,
ob der Jahresabschluss unter Beachtung der deutschen Grundsätze ordnungsmäßiger Buchführung **ein den tatsächlichen Verhältnissen entsprechendes Bild der Vermögens-, Finanz- und Ertragslage der Gesellschaft**

---

[12] Entwurf der KAPrüfbV; die BaFin hat am 27.7.2017 einen Entwurf der überarbeiteten
Verordnung zur Änderung der Verordnung über den Gegenstand der Prüfung und die Inhalte
der Prüfungsberichte für externe Kapitalverwaltungsgesellschaften, Investmentaktiengesellschaften, Investmentkommanditgesellschaften und Sondervermögen (KAPrüfbV) zur Konsultation gestellt. Nachfolgend werden solche Regelungen des Entwurfs bereits aufgenommen, von denen davon ausgegangen wird, dass diese auch in der finalen Fassung so oder in
einer inhaltlich identischen Form übernommen werden.
[13] Delegierte Verordnung (EU) Nr. 231/2013 der Kommission v. 19.12.2012 zur Ergänzung der Richtlinie 2011/61/EU des Europäischen Parlaments und des Rates im Hinblick
auf Ausnahmen, die Bedingungen für die Ausübung der Tätigkeit, Verwahrstellen, Hebelfinanzierung, Transparenz und Beaufsichtigung, (AIFM-VO), ABl. 2013 L 83,1, geändert
Art. 1 ÄndVO (EU) 2018/1618 v. 12.7.2018 (ABl. 2018 L 271, 1).

entspricht, der Lagebericht insgesamt ein zutreffendes Bild von der Lage der Gesellschaft vermittelt und in allen wesentlichen Belangen im Einklang mit dem Jahresabschluss steht sowie den gesetzlichen Vorschriften und ggf. den ergänzenden Bestimmungen des Gesellschaftsvertrages entspricht. Die Prüfung durch den Abschlussprüfer schränkt nicht die Verantwortung der gesetzlichen Vertreter für die Aufstellung des Jahresabschlusses und Lageberichtes ein.[14]

13   Der Abschlussprüfer fasst das Ergebnis der Prüfung in einem **besonderen Vermerk** zusammen. Dieser ist entsprechend der Aufzählung in § 135 Abs. 2 KAGB ein (gesonderter) Bestandteil des Jahresberichtes. Insofern – und auch zur Vermeidung einer Erwartungslücke – sollte darauf geachtet werden, dass die Erklärung der gesetzlichen Vertreter (→ § 135 Rn. 27) nicht vor, sondern hinter dem besonderen Vermerk des Abschlussprüfers in den Jahresbericht eingebunden wird. Bei der Abfassung des besonderen Vermerks ist auch IDW PH 9.400.15 zu beachten.

14   Wurden für die offene Investmentkommanditgesellschaft **Teilgesellschaftsvermögen** aufgelegt, darf der Abschlussprüfer einen Vermerk über die Prüfung der Investmentkommanditgesellschaft nur dann erteilen, wenn zuvor eine Prüfung der Angaben bezogen auf jedes Teilgesellschaftsvermögen stattgefunden hat. Dabei hat der Abschlussprüfer sein Prüfungsurteil bezogen auf jedes Teilgesellschaftsvermögen unter Berücksichtigung individueller Wesentlichkeitsgrenzen zu bilden.[15]

15   **3. Prüfung der Kapitalkonten (Abs. 2).** Der Prüfungsauftrag des Abschlussprüfers wird durch Abs. 2 erweitert. Zu prüfen ist die ordnungsgemäße **Zuweisung von Gewinnen, Verlusten, Einlagen und Entnahmen** zu den einzelnen Kapitalkonten.[16] Ausweislich der Gesetzesbegründung[17] kommt der Fortschreibung der Kapitalkonten eine besondere Bedeutung im Hinblick auf den Wert des Anteils des Gesellschafters an der offenen Investmentkommanditgesellschaft zu. Hieraus folgert der Gesetzgeber, dass der Anleger ein besonderes Interesse an einem ordnungsgemäßen Ausweis der Kapitalkonten hat. Der besonderen Bedeutung dieser Prüfung trägt der Gesetzgeber dadurch Rechnung, dass der Abschlussprüfer die Ordnungsmäßigkeit explizit zu bestätigen hat. Die Bestätigung nimmt der Abschlussprüfer im besonderen Vermerk im Abschnitt „Sonstige gesetzliche und rechtliche Anforderungen" vor.[18]

16   Anders als im Falle des § 47 Abs. 3 verweist Abs. 2 nicht darauf, dass, sofern Anteile durch einen **Treuhänder** gehalten werden, auch für diese eine Prüfung der ordnungsgemäßen Zuweisung der Gewinne, Verluste, Einlagen und Entnahmen stattfinden hat. Geht man davon aus, dass es sich nicht um einen redaktionellen Fehler handelt, ist eine Prüfung unter Einbezug des Treuhänders im Falle der offenen Investmentkommanditgesellschaft insofern nicht erforderlich.

17   Fraglich ist, ob der Hinweis auf die „**einzelnen**" **Kapitalkonten** dahingehend zu interpretieren ist, dass jedes Kapitalkonto individuell und voll-

---

[14] Vgl. hierzu auch *IDW* PH 9.400.15 Rn. 35.
[15] Vgl. hierzu auch *IDW* PH 9.400.15 Rn. 4 iVm *IDW* PH 9.400.13.
[16] Da Kapitalkonten keine „Einnahmen" oder „Ausgaben" zugewiesen werden, handelt es sich bei der Benennung dieser in der Aufzählung des Abs. 2 um einen redaktionellen Fehler.
[17] Gesetzesbegründung zum KAGB, BT-Drs. 17/12294 zu § 136 Abs. 2 KAGB.
[18] *IDW* PH 9.400.15 Rn. 35.

ständig zu prüfen und zu bestätigen ist, oder ob nicht doch unter bestimmten Voraussetzungen (zB bei wenig komplexen und gleichgerichteten Kapitalkontenentwicklungen, die IT-gestützt erfasst und durch ein funktionierendes internes Kontrollsystem überwacht werden) der Einsatz von Auswahlverfahren isd IDW PS 310[19] möglich ist.[20]

4. Prüfung aufsichtsrechtlicher Regelungen (Abs. 3 S. 1–3). Der 18 Prüfungsgegenstand der Abschlussprüfung wird durch Abs. 3 auch um **aufsichtsrechtliche und regulatorische Themen** erweitert, bei deren Prüfung der Abschlussprüfer auch die Schreiben und Merkblätter der BaFin zu beachten hat. Der Abschlussprüfer berichtet über die Feststellungen zu den aufsichtsrechtlichen Themen, die bei einer extern verwalteten Investmentkommanditgesellschaft idR auf Ebene der externen Kapitalverwaltungsgesellschaft durchgeführt wird, auch im Prüfungsbericht der Investmentkommanditgesellschaft. Hierzu hat der Abschlussprüfer die Ergebnisse der Prüfung des Abschlussprüfers der externen Kapitalverwaltungsgesellschaft zu verwenden (§ 43 Abs. 3 KAPrüfbV).

Umfang und Detaillierungsgrad der Darstellung wird in der KAPrüfbV 19 geregelt. Der Umfang unterscheidet sich in diesem Fall in Abhängigkeit davon, ob es sich bei der offenen Investmentkommanditgesellschaft um eine intern oder extern verwaltete Investmentkommanditgesellschaft handelt (§ 44 KAPrüfbV). Im Prüfungsbericht der extern verwalteten Investmentkommanditgesellschaft hat der Abschlussprüfer ua über die Vorkehrungen der externen Kapitalverwaltungsgesellschaft zur Einhaltung der Anzeige- und Meldepflichten, zur Verhinderung von Geldwäsche und Terrorismusfinanzierung, zur Einhaltung der Anforderungen aus der EMIR-VO[21] sowie aus Art. 4 und Art. 5 der SFTR[22] und zur Einhaltung der Anlagegrenzen und Anlagegrundsätze zu berichten. Darüber hinaus wird im Prüfungsbericht auch über die Geschäftsorganisation, die Bewertungsverfahren, vorgenommene Auslagerungen und die Vergütungssysteme berichtet.[23]

5. Vorlage des Prüfungsberichtes (Abs. 3 S. 4). Der Prüfungsbericht 20 des Abschlussprüfers ist bei der BaFin nur auf Verlangen einzureichen (Abs. 3 S. 4). Die Einreichung bei der BaFin erfolgt in zweifacher Ausfertigung, wobei mindestens ein Exemplar vom Abschlussprüfer eigenhändig zu unterschreiben ist (§ 3 Abs. 5 S. 1 und 2 KAPrüfbV).[24] Ein Exemplar, welches dem eingereichten Original zu entsprechen hat, ist in elektronischer Form über die Melde- und Veröffentlichungsplattform der BaFin (MVP-Portal) einzureichen (§ 3 Abs. 5 S. 3 KAPrüfbV).

---

[19] *IDW* Prüfungsstandard: Repräsentative Auswahlverfahren (Stichproben) in der Abschlussprüfung (IDW PS 310).

[20] *IDW* PH 9.400.15 Rn. 30.

[21] Verordnung (EU) Nr. 648/2012 des Europäischen Parlaments und des Rates v. 4.7.2012 über OTC-Derivate, zentrale Gegenparteien und Transaktionsregister.

[22] Verordnung (EU) 2015/2365 des Europäischen Parlaments und des Rates vom 25. November 2015 über die Transparenz von Wertpapierfinanzierungsgeschäften und der Weiterverwendung sowie zur Änderung der Verordnung (EU) Nr. 648/2012.

[23] Eine detailliertere Darstellung der Anforderungen (am Beispiel der Investmentaktiengesellschaft) enthält WFD Sonderbilanzen/*Winkeljohann/Dietrich* U Rn. 393 ff. Ferner auch Baur/Tappen/*Jessen* Rn. 7 ff. und FK-KapAnlR/*Eichhorn* Rn. 7 ff. Weitere: *Bußian/Kille* WPg 2014, 837; *Ponzer/Strümpfle* WPg 2017, 450; *Dietrich/Malsch* WPg 2018, 297.

[24] Information der WPK vom 6. September 2018 zu den Erleichterungen bei der Einreichung von Berichten nach der KARBV und der KAPrüfbV (abrufbar unter: https://www.wpk.de/, abgerufen am 10.2.2019).

21   **6. Verordnungsermächtigung (Abs. 4).** Abs. 4 S. 1 räumt dem Bundesministerium der Finanzen, im Einvernehmen mit dem Bundesministerium der Justiz und für Verbraucherschutz, die Möglichkeit ein, nähere Bestimmungen über Inhalt, Umfang und Darstellung des Prüfungsberichts des Abschlussprüfers der offenen Investmentkommanditgesellschaft zu erlassen. Diese Verordnungsermächtigung hat das Bundesministerium der Finanzen in Übereinstimmung mit Abs. 4 S. 2 auf die BaFin übertragen, die hiervon durch Erlass der KAPrüfbV Gebrauch gemacht hat.

§ 137 Vorlage von Berichten

Einem Anleger wird der Jahresbericht auf Anfrage vorgelegt.

Schrifttum: *Eichhorn,* Die offene Investmentkommanditgesellschaft nach dem Kapitalanlagegesetzbuch, WM 2016, 110 und 145; *Europäische Union,* Richtlinie (EU) Nr. 2011/61/EU des Europäischen Parlaments und des Rates vom 8. Juni 2011 über die Verwalter alternativer Investmentfonds und zur Änderung der Richtlinien 2003/41/EG und 2009/65/EG und der Verordnungen (EG) Nr. 1060/2009 und (EU) Nr. 1095/2010 (AIFM-RL); Gesetzesbegründung zum KAGB (BT-Drs. 17/12294 vom 6. Februar 2013; abrufbar unter: http://dipbt.bundestag.de/dip21/btd/17/122/1712294.pdf, abgerufen am 27.1.2019); *Jessen,* § 137 KAGB – Vorlage von Berichten in Baur/Tappen, Investmentgesetze, 3. Aufl. 2015, Band 1, §§ 1–272 KAGB, 1288; *Kempf* in Rechnungslegung von Investmentvermögen – Ein Praxishandbuch, 2010.

I. Europarechtliche Einordnung der Regelung

1   Die Regelung des § 137 setzt den Art. 22 Abs. 1 UAbs. 1 S. 3 AIFM-RL[1] in nationales Recht um.[2]

2   Die ebenfalls in Art. 22 Abs. 1 UAbs. 1 S. 4 AIFM-RL sowie in Art. 24 Abs. 3 Buchst. a AIFM-RL vorgesehene **Vorlage der Jahresberichte an die zuständigen Aufsichtsbehörde** des Herkunftsmitgliedstaates der AIF-Verwaltungsgesellschaft bzw. des AIF, ist für alle von einer AIF-Verwaltungsgesellschaft verwalteten inländischen Spezial-AIF einheitlich geregelt. Die Übernahme in nationales Recht erfolgte als Bestandteil der allgemeinen Meldepflichten der Kapitalverwaltungsgesellschaft gegenüber der BaFin, die in § 35 Abs. 3 Nr. 1 eine entsprechende Regelung zur Vorlage des Jahresberichtes auf Verlangen der BaFin enthält.[3] Für die offene Investmentkommanditgesellschaft, die gem. § 127 Abs. 1 S. 1 nur als Spezial-AIF aufgelegt werden darf, gelten damit keine abweichenden Regelungen. Einer expliziten Regelung für die offene Investmentkommanditgesellschaft bedurfte es daher nicht.[4]

II. Vorlage von Berichten an den Anleger

3   Mit § 137 wird klargestellt, dass der Anleger den Jahresbericht auf Anfrage von der Kapitalverwaltungsgesellschaft erhält. Dies ist insofern erforderlich, da die Kapitalverwaltungsgesellschaft eines Spezial-AIF – anders als die eines

---

[1] Richtlinie (EU) Nr. 2011/61/EU des Europäischen Parlaments und des Rates v. 8.6.2011 über die Verwalter alternativer Investmentfonds und zur Änderung der Richtlinien 2003/41/EG und 2009/65/EG und der Verordnungen (EG) Nr. 1060/2009 und (EU) 1095/2010 (AIFM-RL).

[2] Gesetzesbegründung zum KAGB, BT-Drs. 17/12294 zu § 137 KAGB.

[3] Gesetzesbegründung zum KAGB, BT-Drs. 17/12294 zu § 35 Abs. 3 Nr. 1 KAGB.

[4] Zur rechtlichen Struktur der offenen Investmentkommanditgesellschaft vgl. *Eichhorn* WM 2016, 110 und 145.

Publikums-AIF – nicht verpflichtet ist, den Jahresbericht eines Spezial-AIF zB an einer im Verkaufsprospekt angegebenen Stelle zur Verfügung zu stellen oder den Jahresbericht in seiner Gesamtheit im Bundesanzeiger offenzulegen. Damit besteht für den Anleger in eine offene Investmentkommanditgesellschaft keine Möglichkeit, den Jahresbericht zB auf der Webseite der Kapitalverwaltungsgesellschaft oder im Bundesanzeiger einzusehen. Die Vorlage erfolgt jedoch nicht automatisch und erfordert von der externen Kapitalverwaltungsgesellschaft auch nicht, dass diese aktiv auf den Anleger zugeht.[5]

Unabhängig von § 137 ergibt sich die zivilrechtliche Pflicht der Kapital- **4** verwaltungsgesellschaft zur Auskunft und Rechenschaft (§ 675 BGB ivm § 666 BGB) jedoch bereits aus dem mit dem Anleger geschlossenen Investmentvertrag, der ein **Geschäftsbesorgungsvertrag** isd § 675 BGB ist.[6]

In welcher Form eine derartige Rechenschaftslegung gegenüber dem An- **5** leger bzw. die Vorlage des Jahresberichtes zu erfolgen hat, wird durch § 137 nicht geregelt. Konkret stellt sich die Frage, ob den Anlegern in jedem Fall ein Exemplar in Papierform zu übermitteln ist oder ob nicht auch die **Bereitstellung in elektronischer Form** zur Erfüllung der Vorlageverpflichtung ausreichend ist. Um ihrer Pflicht nachzukommen, muss die Kapitalverwaltungsgesellschaft sicherstellen, dass dem Anleger die Informationen uneingeschränkt und in einer Form zur Verfügung gestellt werden, dass dieser die Informationen auch dauerhaft einsehen kann. Hieraus könnte abgeleitet werden, dass der Übermittlung des Jahresberichtes in Papierform der Vorrang zu geben ist. Gleichwohl kann es nicht zu beanstanden sein, wenn auch eine andere Form als Datenträger genutzt wird, sofern dies dem Anleger einen dauerhaften Zugang zu den Informationen gewährleistet. In der Literatur wird in diesem Zusammenhang die entsprechende Anwendung der in § 167 für die Übermittlung von wesentlichen Anlegerinformationen mittels dauerhafter Datenträger aufgestellten Grundsätze angeregt.[7]

Die Zurverfügungstellung an die Anleger hat **kostenlos** zu erfolgen.[8] Ein **6** Entgelt darf hiernach für die Übersendung der Berichte an den Wohnsitz des Anlegers nicht erhoben werden.[9]

III. Handelsrechtliche Pflicht zur Offenlegung

Für die offene Investmentkommanditgesellschaft, die lediglich als Spezial- **7** AIF aufgelegt werden kann (§ 127 Abs. 1), enthält das KAGB keine Regelungen zur Offenlegung, sodass die **handelsrechtlichen Vorschiften** unmittelbar zur Anwendung kommen (§ 124 Abs. 1 S. 2). Die offene Investmentkommanditgesellschaft hat, erfüllt sie die Größenkriterien für eine kleine Kapitalgesellschaft iSd § 267 Abs. 1 iVm § 267a Abs. 3 Nr. 1 HGB, mindestens die Bilanz sowie den Anhang sowie unter den Voraussetzungen des § 328 Abs. 1a HGB den besonderen Vermerk des Abschlussprüfers im Bundesanzeiger bekannt machen zu lassen.[10]

In der Kommentarliteratur findet sich vereinzelt die Auffassung, dass aus **8** dem in § 135 Abs. 2 enthaltenen Verweis auf den Ersten Unterabschnitt des

---

[5] Ähnlich auch FK-KapAnlR/*Eichhorn* Rn. 3; WBA/*Anders* § 107 Rn. 13.
[6] *Kempf* in Rechnungslegung von Investmentvermögen – Ein Praxishandbuch, 2010, 39.
[7] WBA/*Lorenz* Rn. 2. Ähnlich auch WBA/*Anders* § 107 Rn. 14.
[8] WBA/*Anders* § 107 Rn. 13.
[9] WBA/*Anders* § 107 Rn. 11.
[10] WFD Sonderbilanzen/*Winkeljohann/Dietrich* U Rn. 443.

Zweiten Abschnitts des Dritten Buchs des Handelsgesetzbuches gefolgt werden könnte, dass die Regelungen zur Offenlegung auf offene Spezial-Investmentkommanditgesellschaften keine Anwendung finden.[11] Dieser Auffassung kann insofern nicht gefolgt werden, da das HGB solange das KAGB keine explizite anderweitige Aussage trifft, weiterhin auch für die offene Investmentkommanditgesellschaft Anwendung findet (§ 124 Abs. 1 S. 2). Da sich die Regelungen des § 135 Abs. 2 lediglich auf die auf den Jahresabschluss der offenen Investmentkommanditgesellschaft anzuwendenden handelsrechtlichen Bilanzierungs- und Bewertungsregelungen bezieht, wird damit keine Aussage zur Offenlegung des Jahresabschlusses nach handelsrechtlichen Vorschriften getroffen.

9   Im Anhang kann bei Erfüllung der Größenkriterien für kleine Kapitalgesellschaften auf die Offenlegung der **Angaben zur Gewinn- und Verlustrechnung** verzichtet werden (§ 326 Abs. 1 HGB). Dies umfasst ausgewählte handelsrechtliche Angabepflichten. Im Hinblick auf die zusätzlichen investmentrechtlichen Angabepflichten des § 135 bleibt unklar, ob und in welchem Umfang diese ebenfalls weggelassen werden können. Einen unmittelbaren und ausschließlichen Bezug zur Gewinn- und Verlustrechnung weist dabei lediglich die in den Anhang einzubeziehende Verwendungsrechnung gem. § 135 Abs. 5 iVm § 101 Abs. 1 Nr. 5 auf. Alle übrigen Angaben stehen nicht in einem alleinigen oder ausschließlichen Bezug zur Gewinn- und Verlustrechnung der offenen Investmentkommanditgesellschaft und können daher nicht weggelassen werden.

§ 138 Auflösung und Liquidation

(1) [1]**§ 133 Absatz 1 des Handelsgesetzbuchs gilt nicht.** [2]**Ein Gesellschafter der offenen Investmentkommanditgesellschaft kann die Gesellschaft vor dem Ablauf der für ihre Dauer bestimmten Zeit oder bei einer für unbestimmte Zeit eingegangenen Gesellschaft außerordentlich kündigen und aus ihr ausscheiden, wenn ein wichtiger Grund vorliegt.** [3]**§ 133 Absatz 2 und 3 des Handelsgesetzbuchs ist entsprechend anzuwenden.**

(2) [1]**Die Kommanditisten haften nach Beendigung der Liquidation nicht für die Verbindlichkeiten der offenen Investmentkommanditgesellschaft.**

Schrifttum: Gesetzesbegründung zum KAGB (BT-Drs. 17/12294 vom 6. Februar 2013; abrufbar unter: http://dipbt.bundestag.de/dip21/btd/17/122/1712294.pdf, abgerufen am 27.1.2019); *Könnecke*, § 161 KAGB – Auflösung und Liquidation in Baur/Tappen, Investmentgesetze, 3. Aufl. 2015, Band 1, §§ 1–272 KAGB, 1395.

I. Einordnung der Regelung

1   § 138 regelt die Kündigung, Auflösung und Liquidation der offenen Investmentkommanditgesellschaft. Eine gleichlautende Vorschrift enthält § 161 Abs. 2 und 4 für die geschlossene Investmentkommanditgesellschaft. Die Regelung des § 138 dient der Sicherstellung des Fortbestandes der offenen Investmentkommanditgesellschaft auch nach Ausscheiden eines Gesellschafters und setzt damit das schon für Sondervermögen geltende Prinzip des § 99 Abs. 5, dass kein Anleger das Recht hat, die Aufhebung der Gemeinschaft

---

[11] Beispielhaft Baur/Tappen/*Jessen* Rn. 1; FK-KapAnlR/*Eichhorn* Rn. 3.

der Anleger zu verlangen, auch für die offene Investmentkommanditgesellschaft um.[1]

II. Außerordentliche Kündigung und Ausscheiden eines Gesellschafters (Abs. 1)

Die Möglichkeit eines Kommanditisten, durch gerichtliche Entscheidung 2 gem. § 133 Abs. 1 HGB die Auflösung der Gesellschaft aus wichtigem Grund zu verlangen, wird durch § 138 Abs. 1 S. 1 abbedungen. Hiermit wird ausgeschlossen, dass die offene Investmentkommanditgesellschaft auf Antrag eines einzelnen Gesellschafters (gegen den Willen der übrigen Gesellschafter) vor Ende der vorgesehenen Dauer durch eine gerichtliche Entscheidung **(Auflösungsklage)** aufgelöst wird.

Dem Kommanditisten wird jedoch in Abs. 1 S. 2 zusätzlich zur bereits 3 bestehenden Möglichkeit der ordentlichen Kündigung der Kommanditeinlage in voller Höhe oder zu einem Teilbetrag gem. § 133 Abs. 1 (Rücknahmerecht) ein individuelles **außerordentliches Kündigungsrecht** eingeräumt.[2] Anders als die ordentliche Kündigung, die an Fristen gebunden sein oder auch ausgesetzt werden kann, führt die außerordentliche Kündigung zum sofortigen Ausscheiden des Gesellschafters. Die offene Investmentkommanditgesellschaft wird unter den übrigen Gesellschaftern, denen der Anteil des ausscheidenden Gesellschafters am Gesellschaftsvermögen zuwächst (§ 738 Abs. 1 S. 1 BGB), hiernach fortgeführt.[3]

Ein Ausschluss dieses außerordentlichen Kündigungsrechts durch Gesell- 4 schaftsvertrag ist aufgrund des entsprechend anzuwendenden § 133 Abs. 3 HGB nicht zulässig (§ 138 Abs. 1 S. 3). In der Kommentarliteratur[4] wird es jedoch für ggf. notwendig angesehen, gesellschaftsrechtliche Regelungen zu treffen, die sicherstellen, dass das sofortige Ausscheiden eines Gesellschafters nicht zu praktischen Problemen oder potentiellen Schäden führt. Solche gesellschaftsvertraglichen Regelungen dürfen jedoch nicht dazu führen, dass das Kündigungsrecht beschränkt oder ausgeschlossen ist, da ansonsten die Vertragsklausel nichtig ist.

Das außerordentliche Kündigungsrecht setzt das **Bestehen eines wichti-** 5 **gen Grundes** iSd § 133 Abs. 2 HGB voraus. Verletzt ein anderer Gesellschafter eine ihm nach dem Gesellschaftsvertrag obliegende wesentliche Verpflichtung vorsätzlich oder grob fahrlässig oder ist die Erfüllung einer solchen wesentlichen Verpflichtung unmöglich, besteht für den Gesellschafter die Möglichkeit der außerordentlichen Kündigung. In diesem Fall ist es dem Gesellschafter, da das Erreichen des Gesellschaftszwecks (stark) beeinträchtigt ist, nicht mehr zumutbar, in der Gesellschaft zu verbleiben.[5]

Der **Anspruch des ausscheidenden Gesellschafters auf Abfindung** 6 aufgrund außerordentlicher Kündigung bestimmt sich aufgrund des fehlenden Verweises auf § 133 Abs. 1 S. 2 (Abfindungsanspruch bei ordentlicher Kündigung) nicht durch das KAGB, sondern ist im Gesellschaftsvertrag zu regeln. Die Regelungen können dabei auch die Liquiditätssituation der

---

[1] Gesetzesbegründung zum KAGB, BT-Drs. 17/12294 zu § 138 KAGB.
[2] Ausführliche Erläuterungen zum außerordentlichen Kündigungsrecht finden sich auch in Baur/Tappen/*Könnecke* § 161 Rn. 10 ff.
[3] Zu den Folgen der Kündigung vgl. weiterführend Baur/Tappen/*Könnecke* § 161 Rn. 28 ff.
[4] Beispielhaft WBA/*Lorenz* Rn. 4 und FK-KapAnlR/*Eichhorn* Rn. 10.
[5] FK-KapAnlR/*Eichhorn* Rn. 9.

Gesellschaft berücksichtigen, dürfen aber nicht das Recht des Gesellschafters auf Kündigung faktisch beschränken.[6]

7   Abs. 2 regelt lediglich die **Nachhaftung der Kommanditisten** bei Liquidation der offenen Investmentkommanditgesellschaft. Im Hinblick auf die Rechtsfolgen der Erfüllung des Abfindungsanspruchs und zur Nachhaftung des aufgrund außerordentlicher Kündigung ausscheidenden Kommanditisten enthält § 138, anders als § 133 Abs. 2, keine Regelung. Da es jedoch nicht gewollt sein kann, dass der aufgrund außerordentlicher Kündigung aus der offenen Investmentkommanditgesellschaft ausscheidende Kommanditist schlechter gestellt wird als der aufgrund ordentlicher Kündigung aus der offenen Investmentkommanditgesellschaft (bzw. der aufgrund außerordentlicher Kündigung aus der geschlossenen Investmentkommanditgesellschaft ausscheidende Gesellschafter), ist anzunehmen, dass die Prinzipien des § 133 Abs. 2 (bzw. § 152 Abs. 6) auch für den durch außerordentliche Kündigung ausscheidenden Gesellschafter der offenen Investmentkommanditgesellschaft gelten. Hiernach gilt die Erfüllung des Abfindungsanspruchs nicht als Rückzahlung der Einlage des Kommanditisten, womit auch ein Wiederaufleben der Haftung für die Verbindlichkeiten der Gesellschaft nach dessen Ausscheiden ausgeschlossen ist.

8   Besondere **Rechnungslegungsvorschriften** ergeben sich nach KAGB im Falle des Ausscheidens eines Gesellschafters aufgrund außerordentlicher Kündigung nicht. Auch ist, anders als im Falle der ordentlichen Kündigung, für die § 279 Abs. 1 Neubewertungen in einem zeitlichen Abstand vorsieht, der der Ausgabe- und Rücknahmehäufigkeit der Anteile angemessen ist, eine Neubewertung der Vermögensgegenstände und die Ermittlung des Nettoinventarwertes nicht zwingend erforderlich. Eine Verpflichtung zur Neubewertung der Vermögensgegenstände und zur Ermittlung des Nettoinventarwertes besteht damit immer dann, wenn zB die gesellschaftsvertraglichen Regelungen zur Ermittlung des Abfindungsanspruchs dies vorsehen.

III. Nachhaftung der Kommanditisten bei Liquidation (Abs. 2)

9   Das Erreichen des vereinbarten Endes der Laufzeit der offenen Investmentkommanditgesellschaft (§ 131 Abs. 1 Nr. 1 HGB) oder ein entsprechender Beschluss der Gesellschafter (§ 131 Abs. 1 Nr. 2 HGB) bzw. die Kündigung des Verwaltungsrechtes der externen Kapitalverwaltungsgesellschaft iSd § 129 Abs. 2 kann zur Auflösung und anschließenden Liquidation der Investmentkommanditgesellschaft führen.

10   Abs. 2 stellt in diesem Zusammenhang klar, dass nach Abschluss der Liquidation einer offenen Investmentkommanditgesellschaft die **Haftung der Kommanditisten erlischt**. Die Regelung dient damit der Beseitigung des Risikos, dass in Höhe der im Rahmen der Liquidation zurückgewährten Einlage die Haftung der Kommanditisten wieder auflebt.[7]

11   Der Haftungsausschluss beschränkt sich aufgrund des Wortlauts des Abs. 2 lediglich auf die vollständige Liquidation der Investmentkommanditgesellschaft. Ein **Nachhaftungsausschluss für den durch außerordentliche Kündigung ausscheidenden Kommanditisten** enthält § 138 nicht. Gem. § 133 Abs. 2 gilt die Erfüllung des Abfindungsanspruchs des durch ordentliche Kündigung ausscheidenden Gesellschafters nicht als Rückgewähr der Einlage

---

[6] Baur/Tappen/*Könnecke* § 161 Rn. 29 sieht hier auch die sog. Buchwertklausel als zulässig an.

[7] Vgl. hierzu weiterführend FK-KapAnlR/*Eichhorn* Rn. 5.

des Kommanditisten. Dies sollte auch für Kommanditisten gelten, die durch außerordentliche Kündigung aus der Gesellschaft ausscheiden (→ Rn. 7).[8]

Für den Fall der Liquidation der offenen Investmentkommanditgesellschaft **12** ergibt sich die Aufstellung einer **Liquidationsbilanz** aus § 154 HGB. Die Erstellung eines Abwicklungsberichtes unter entsprechender Anwendung des § 135 ist nicht erforderlich. Betrifft die Liquidation lediglich ein Teilgesellschaftsvermögen, ist nach § 20 Abs. 2 S. 2 KARBV jedoch ein Auflösungsbericht aufzustellen.[9]

Abschnitt 5. Geschlossene inländische Investmentvermögen

Unterabschnitt 3. Allgemeine Vorschriften für geschlossene Investmentkommanditgesellschaften

§ 158 Jahresbericht

[1]**Auf den Jahresbericht einer geschlossenen Investmentkommanditgesellschaft ist § 135 anzuwenden.** [2]**Zusätzlich zu Satz 1 sind bei geschlossenen Publikumsinvestmentkommanditgesellschaften die in § 101 Absatz 2 genannten Angaben und bei einer Beteiligung nach § 261 Absatz 1 Nummer 2 bis 6 die in § 148 Absatz 2 genannten Angaben im Anhang zu machen.**

Schrifttum: *Bielenberg/Schmuhl*, Implikationen des KAGB auf die Rechnungslegung geschlossener Fonds, DB 2014, 1089; *Bußian/Kille*, Rechnungslegung und Prüfung geschlossener alternativer Investmentfonds nach KAGB, WPg 2014, 837; *Dietrich/Malsch*, VII. Rechnungslegung, Bewertung und Prüfung, in Verband der Auslandsbanken in Deutschland e. V., Investment Business in Germany – Die Regulierung von Investment Fonds und Depotbanken, 2014, 235; *Europäische Kommission,* Delegierte Verordnung (EU) Nr. 231/2013 der Kommission vom 19.12.2012 zur Ergänzung der Richtlinie 2011/61/EU des Europäischen Parlaments und des Rates im Hinblick auf Ausnahmen, die Bedingungen für die Ausübung der Tätigkeit, Verwahrstellen, Hebelfinanzierung, Transparenz und Beaufsichtigung, (AIFM-VO); *Europäische Union*, Richtlinie (EU) Nr. 2011/61/EU des Europäischen Parlaments und des Rates vom 8. Juni 2011 über die Verwalter alternativer Investmentfonds und zur Änderung der Richtlinien 2003/41/EG und 2009/65/EG und der Verordnungen (EG) Nr. 1060/2009 und (EU) Nr. 1095/2010 (AIFM-RL); Gesetzesbegründung zum KAGB (BT-Drs. 17/12294 vom 6. Februar 2013; abrufbar unter: http://dipbt.bundestag.de/dip21/btd/17/122/1712294.pdf, abgerufen am 27.1.2019); *IDW*, IVFA, FAQ, Fragen zur Rechnungslegung, Bewertung und Prüfung von Investmentvermögen, Stand 26. Juli 2016 (abrufbar im Mitgliederbereich des IDW: www.idw.de, abgerufen am 27.1.2019); *Jessen*, § 158 KAGB – Jahresbericht, in Baur/Tappen, Investmentgesetze, 3. Aufl. 2015, Band 1, §§ 1–272 KAGB, 1392.

I. Europarechtliche Einordnung der Regelung

Mit § 158 wird auch die geschlossene Investmentkommanditgesellschaft **1** zur Rechnungslegung nach KAGB verpflichtet. Die Regelung verweist dabei

---

[8] Ebenso Baur/Tappen/*Könnecke* § 161 Rn. 30.
[9] WFD Sonderbilanzen/*Winkeljohann/Dietrich* U Rn. 417.

auf § 135 und setzt hierdurch die Regelungen des Art. 22 Abs. 1 UAbs. 1 S. 1 AIFM-RL[1] auch für die geschlossene Investmentkommanditgesellschaft um (→ § 135 Rn. 1 ff.).

II. Anforderungen an den Jahresbericht

2   Im Hinblick auf **Inhalt und Umfang des Jahresberichtes**[2] einer geschlossenen Investmentkommanditgesellschaft verweist § 158 S. 1 auf § 135, der Inhalt und Umfang des Jahresberichtes der offenen Investmentkommanditgesellschaft regelt (→ § 135 Rn. 1 ff.).[3] Aufgrund des darin enthaltenen Verweises auf § 135 Abs. 11 ist für die geschlossene Investmentkommanditgesellschaft auch die KARBV[4] anzuwenden. Der Jahresbericht der geschlossenen Investmentkommanditgesellschaft enthält damit ebenfalls einen Jahresabschluss, bestehend aus einer Bilanz, einer Gewinn- und Verlustrechnung und einem Anhang, sowie einen Lagebericht. Darüber hinaus sind die Bestätigungen des Abschlussprüfers und die Erklärung der gesetzlichen Vertreter Bestandteil des Jahresberichtes (→ § 135 Rn. 26 ff.).

3   Durch den Verweis auf § 135 wird sichergestellt, dass die Anforderungen an den Jahresbericht und die Rechnungslegung der offenen und geschlossenen Investmentkommanditgesellschaft weitgehend identisch sind und sich Abweichungen lediglich dadurch ergeben, dass die geschlossene Investmentkommanditgesellschaft – im Gegensatz zur offenen Investmentkommanditgesellschaft – auch in Sachwerte investieren kann. Während die **Bilanzgliederung** sowohl für die offene als auch für die geschlossene Investmentkommanditgesellschaft einheitlich in § 21 Abs. 4 KARBV geregelt ist, erfolgt die **Gliederung der Gewinn- und Verlustrechnung** der geschlossenen Investmentkommanditgesellschaft nicht nach § 11 KARBV, sondern nach § 22 Abs. 3 KARBV.

4   Abweichungen ergeben sich aber auch bei der geschlossenen Investmentkommanditgesellschaft im Hinblick auf die **Anhangangaben.** Da die geschlossene Investmentkommanditgesellschaft auch in Sachwerte aller Art investieren kann, ist der Anhang um detaillierte Angaben zu den Vermögensgegenständen zu erweitern. Die Angaben nach § 25 Abs. 5 KARBV sind dabei unabhängig davon erforderlich, ob die Sachwerte direkt oder indirekt über die Beteiligung an einer Sachwerteobjektgesellschaft gehalten werden.[5] § 158 S. 2 sieht darüber hinaus auch zusätzliche Angaben vor, wenn Publikums-AIF in nicht notierte Unternehmensbeteiligungen, Anteile an ge-

---

[1] Richtlinie (EU) Nr. 2011/61/EU des Europäischen Parlaments und des Rates v. 8.6.2011 über die Verwalter alternativer Investmentfonds und zur Änderung der Richtlinien 2003/41/EG und 2009/65/EG und der Verordnungen (EG) Nr. 1060/2009 und (EU) Nr. 1095/2010 (AIFM-RL).

[2] Eine detailliertere Darstellung der Anforderungen enthält WFD Sonderbilanzen/*Winkeljohann/Dietrich* U Rn. 448 ff. Ferner auch *Dietrich/Malsch* in Verband der Auslandsbanken in Deutschland e. V., 2014, 235 (247 f.), *Bielenberg/Schmuhl* DB 2014, 1089 (1090); *Bußian/Kille* WPg 2014, 837 (849) sowie FK-KapAnlR/*Hoffert* Rn. 13 ff.

[3] Gesetzesbegründung zum KAGB, BT-Drs. 17/12294 v. 6.2.2013 zu § 158 KAGB.

[4] Verordnung über Inhalt, Umfang und Darstellung der Rechnungslegung von Sondervermögen, Investmentaktiengesellschaften und Investmentkommanditgesellschaften sowie über die Bewertung der zu dem Investmentvermögen gehörenden Vermögensgegenstände (Kapitalanlage-Rechnungslegungs- und Bewertungsverordnung).

[5] Zu weiteren Unterschieden in der Bilanzierung der offenen und der geschlossenen Investmentkommanditgesellschaft vgl. *Dietrich/Malsch* in Verband der Auslandsbanken in Deutschland e. V., 2014, 235 (246 ff.); WFD Sonderbilanzen/*Winkeljohann/Dietrich* U Rn. 448 ff.; Baur/Tappen/*Jessen* § 158; FK-KapAnlR/*Hoffert* Rn. 13 ff.

schlossenen Investmentvermögen sowie Sachwertobjektgesellschaften investiert. Im Hinblick auf die Transparenzanforderungen und die Informationsfunktion des Jahresberichtes wird jedoch davon ausgegangen, dass auch bei Spezial-AIF für diese Vermögensgegenstände detaillierte Angaben erforderlich sind.[6]

Da die geschlossene Investmentkommanditgesellschaft, anders als die offene **5** Investmentkommanditgesellschaft, auch als Publikums-AIF aufgesetzt werden kann, sind **zusätzliche Angaben** in den Anhang aufzunehmen, die dem höheren Schutzbedürfnis der Anleger Rechnung tragen sollen. Hierzu zählen die Angaben zur Transparenz und Gesamtkostenquote von Publikums-Sondervermögen, die durch § 158 S. 2 explizit für anwendbar erklärt werden (§ 158 S. 2 iVm § 101 Abs. 2). Darüber hinaus ist auch in den Jahresbericht der Publikums-Investmentkommanditgesellschaft eine vergleichende Übersicht der letzten drei Geschäftsjahre isd § 14 KARBV aufzunehmen (§ 25 Abs. 3 KARBV). Dabei sind der Wert des Investmentvermögens und der Anteilwert des Stichtags mit den entsprechenden Werten der vorangegangenen drei Geschäfsjahre zu vergleichen (Darstellung von insgesamt vier Stichtagen).

Die Angaben für **Teilgesellschaftsvermögen** sind nicht einschlägig, da **6** die geschlossene Investmentkommanditgesellschaft nicht mit Teilgesellschaftsvermögen aufgelegt werden darf.

Der **Lagebericht** nach § 289 HGB ist auch bei der geschlossenen Invest- **7** mentkommanditgesellschaft ua um einen Tätigkeitsbericht sowie um die Angaben zur Vergütung isd § 101 Abs. 3 Nr. 1 und 2 sowie die Angaben zu Änderungen der Anlegerinformationen gem Abs. 3 Nr. 3 zu erweitern. Der Tätigkeitsbericht der Publikums-Investmentkommanditgesellschaft enthält dabei neben den für Spezial-AIF erforderlichen Angaben nach Art. 105 AIFM-VO[7] auch die Angaben nach § 8 KARBV.

§ 159 Abschlussprüfung

[1] **§ 136 ist auf die geschlossene Investmentkommanditgesellschaft anzuwenden.** [2] **§ 136 Absatz 3 Satz 4 ist auf die geschlossene Publikumsinvestmentkommanditgesellschaft jedoch mit der Maßgabe anzuwenden, dass der Bericht über die Prüfung der geschlossenen Publikumsinvestmentkommanditgesellschaft unverzüglich nach Beendigung der Prüfung der Bundesanstalt einzureichen ist.**

Schrifttum: *Europäische Union,* Richtlinie (EU) Nr. 2011/61/EU des Europäischen Parlaments und des Rates vom 8. Juni 2011 über die Verwalter alternativer Investmentfonds und zur Änderung der Richtlinien 2003/41/EG und 2009/65/EG und der Verordnungen (EG) Nr. 1060/2009 und (EU) Nr. 1095/2010 (AIFM-RL); *Jessen,* § 136 KAGB – Abschlussprüfung; Verordnungsermächtigung, in Baur/Tappen, Investmentgesetze, 3. Aufl. 2015, Band 1, §§ 1–272 KAGB, 1284.

---

[6] *IDW* IVFA, 2016, FAQ, A.4.
[7] Delegierte Verordnung (EU) Nr. 231/2013 der Kommission v. 19.12.2012 zur Ergänzung der Richtlinie 2011/61/EU des Europäischen Parlaments und des Rates im Hinblick auf Ausnahmen, die Bedingungen für die Ausübung der Tätigkeit, Verwahrstellen, Hebelfinanzierung, Transparenz und Beaufsichtigung (AIFM-VO).

I. Europarechtliche Einordnung der Regelung

1   § 159 S. 1 verweist auf § 136 und setzt damit auch Art. 22 Abs. 3 UAbs. 2 AIFM-RL[1] für die geschlossene Investmentkommanditgesellschaft um (→ § 136 Rn. 1 f.).

II. Prüfung des Jahresabschlusses und Lageberichtes

2   Für die **gesetzliche Prüfung** des Jahresabschlusses und Lageberichtes der geschlossenen Investmentkommanditgesellschaft sind die für offene Investmentkommanditgesellschaften geltenden Regelungen anzuwenden (→ § 136 Rn. 10 ff.). Ebenso wie bei der offenen Investmentkommanditgesellschaft erfolgt die Prüfung des Jahresabschlusses und Lageberichts der geschlossenen Investmentkommanditgesellschaft durch einen Abschlussprüfer iSd § 318 HGB **unabhängig von der Größe** der geschlossenen Investmentkommanditgesellschaft.

3   Das Ergebnis seiner Prüfung fasst der Abschlussprüfer in einem **besonderen Vermerk** zusammen, bei dessen Abfassung er auch IDW PH 9.400.15[2] zu beachten hat. Der besondere Vermerk ist im vollen Wortlaut im Jahresbericht bzw. Jahresabschluss wiederzugeben (→ § 136 Rn. 13).

4   Über das Ergebnis der Prüfung berichtet der Abschlussprüfer unter Berücksichtigung von § 321 HGB und IDW PS 450[3] in einem **Prüfungsbericht.** Prüfungsgegenstand und Berichterstattungsumfang[4] entsprechen insbesondere auch in Bezug auf die aufsichtsrechtlichen Anforderungen der Prüfung einer offenen Investmentkommanditgesellschaft (→ § 136 Rn. 8, 18 f.). Die KAPrüfbV[5] sieht für geschlossene Investmentkommanditgesellschaften jedoch auch zusätzliche Angaben vor, sofern die geschlossene Investmentkommanditgesellschaft in Sachwerte iSd § 261 Abs. 2 investiert (§ 46 KAPrüfbV).

5   Der Prüfungsbericht des Abschlussprüfers eines Spezial-AIF ist bei der BaFin auf Verlangen einzureichen (§ 159 S. 1 iVm § 136 Abs. 3 S. 4). Abweichend hiervon ist der Prüfungsbericht über die Prüfung eines Publikums-AIF entsprechend § 159 S. 2 **unverzüglich** nach Beendigung der Prüfung der BaFin einzureichen. Die **Einreichung bei der BaFin** erfolgt grundsätzlich in elektronischer Form (→ § 136 Rn. 20). Darüber hinaus ist ein eigenhändig unterschriebenes Exemplar im Original einzureichen.

---

[1] Richtlinie (EU) Nr. 2011/61/EU des Europäischen Parlaments und des Rates v. 8.6.2011 über die Verwalter alternativer Investmentfonds und zur Änderung der Richtlinien 2003/41/EG und 2009/65/EG und der Verordnungen (EG) Nr. 1060/2009 und (EU) Nr. 1095/2010 (AIFM-RL).

[2] *IDW* Prüfungshinweis: Bestätigungs-/Vermerk des Abschlussprüfers zum Jahresabschluss und Lagebericht einer Investmentkommanditgesellschaft gem. §§ 136 Abs. 1 Kapitalanlagegesetzbuch (KAGB) bzw. § 159 iVm § 136 Abs. 1 KAGB sowie Investmentgesellschaften gem. § 47 KAGB (IDW PH 9.400.15).

[3] IDW Prüfungsstandard: Grundsätze ordnungsmäßiger Berichterstattung bei Abschlussprüfungen (IDW PS 450).

[4] Eine detailliertere Darstellung der Anforderungen (am Beispiel der Investmentaktiengesellschaft) enthält WFD Sonderbilanzen/*Winkeljohann/Dietrich* U Rn. 390 ff. Ferner auch Baur/Tappen/*Jessen* § 136 Rn. 7 ff. und FK-KapAnlR/*Eichhorn* § 136 Rn. 7 ff.

[5] Verordnung über den Gegenstand der Prüfung und die Inhalte der Prüfungsberichte für externe Kapitalverwaltungsgesellschaften, Investmentaktiengesellschaften, Investmentkommanditgesellschaften und Sondervermögen (Kapitalanlage-Prüfungsberichte-Verordnung).

§ 160 Offenlegung und Vorlage von Berichten

(1) ¹Die Offenlegung des Jahresberichts einer geschlossenen Publikumsinvestmentkommanditgesellschaft erfolgt, auch wenn auf diese § 264a des Handelsgesetzbuchs nicht anzuwenden ist, spätestens sechs Monate nach Ende des Geschäftsjahres nach Maßgabe des insoweit entsprechend anzuwendenden § 325 Absatz 1, Absatz 2 bis 2b, 5 und 6 des Handelsgesetzbuchs; die §§ 328, 329 Absatz 1, 2 und 4 und die §§ 335 bis 335b des Handelsgesetzbuchs sind entsprechend anzuwenden.

(2) ¹Der Bericht einer geschlossenen Publikumsinvestmentkommanditgesellschaft nach Absatz 1 muss dem Publikum an den Stellen zugänglich sein, die im Verkaufsprospekt und in den wesentlichen Anlegerinformationen angegeben sind.

(3) ¹Einem Anleger der geschlossenen Investmentkommanditgesellschaft wird der Jahresbericht auf Anfrage vorgelegt.

(4) ¹Die geschlossene Publikumsinvestmentkommanditgesellschaft hat der Bundesanstalt den Jahresbericht unverzüglich nach der Erstellung einzureichen.

Schrifttum: *Europäische Union*, Richtlinie (EU) Nr. 2011/61/EU des Europäischen Parlaments und des Rates vom 8. Juni 2011 über die Verwalter alternativer Investmentfonds und zur Änderung der Richtlinien 2003/41/EG und 2009/65/EG und der Verordnungen (EG) Nr. 1060/2009 und (EU) Nr. 1095/2010 (AIFM-RL); Gesetzesbegründung zum KAGB (BT-Drs. 17/12294 vom 6.2.2013; abrufbar unter: http://dipbt.bundestag.de/dip21/btd/17/122/1712294.pdf, abgerufen am 27.1.2019).

I. Europarechtliche Einordnung der Regelung

Die Regelung des Abs. 3 setzt ebenso wie § 137 den Art. 22 Abs. 1 UAbs. **1** 1 S. 3 AIFM-RL[1] in nationales Recht um.[2]

Die ebenfalls in Art. 22 Abs. 1 UAbs. 1 S. 4 AIFM-RL sowie in Art. 24 **2** Abs. 3 Buchst. a AIFM-RL vorgesehene **Vorlage der Jahresberichte an die zuständigen Aufsichtsbehörde** des Herkunftsmitgliedstaates der AIF-Verwaltungsgesellschaft bzw. des AIF, ist für alle von einer Kapitalverwaltungsgesellschaft verwalteten inländischen Publikums-AIF in Abs. 4 geregelt. Für den geschlossenen Spezial-AIF erfolgte die Übernahme in nationales Recht, ebenso wie für die offene Investmentkommanditgesellschaft in § 35 Abs. 3 Nr. 1 (→ § 137 Rn. 2).[3]

II. Offenlegung des Jahresberichtes (Abs. 1)

Für die geschlossene Investmentkommanditgesellschaft, die als **Publi- 3 kums-AIF** aufgelegt wurde, sieht Abs. 1 vor, dass der Jahresbericht **spätestens sechs Monate nach Ende des Geschäftsjahres** offenzulegen ist. Abs. 1 S. 1 stellt zusätzlich klar, dass diese Pflicht unabhängig davon besteht, ob auf die Publikums-Investmentkommanditgesellschaft § 264a HGB an-

---

[1] Richtlinie (EU) Nr. 2011/61/EU des Europäischen Parlaments und des Rates v. 8.6.2011 über die Verwalter alternativer Investmentfonds und zur Änderung der Richtlinien 2003/41/EG und 2009/65/EG und der Verordnungen (EG) Nr. 1060/2009 und (EU) Nr. 1095/2010 (AIFM-RL).
[2] Gesetzesbegründung zum KAGB, BT-Drs. 17/12294 v. 6.2.2013 zu § 137 KAGB.
[3] Gesetzesbegründung zum KAGB, BT-Drs. 17/12294 v. 6.2.2013 zu § 35 Abs. 3 Nr. 1 KAGB.

zuwenden ist. Damit wird sichergestellt, dass auch dann eine Offenlegung des Jahresberichtes der Publikums-Investmentkommanditgesellschaft erfolgt, wenn diese nach den allgemeinen handelsrechtlichen Vorschriften nicht gefordert ist. Dies wäre immer dann der Fall, wenn eine natürliche Person als persönlich haftender Gesellschafter an der Publikums-Investmentkommanditgesellschaft beteiligt ist.[4] In der Bilanzierungspraxis läuft diese Regelung idR ins Leere, da Publikums-Investmentkommanditgesellschaften als GmbH & Co. KG strukturiert werden.[5]

4   Für die nach § 264a HGB offenlegungspflichtige Publikums-Investmentkommanditgesellschaft verkürzt die spezialgesetzliche Regelung die handelsrechtliche Offenlegungspflicht des Jahresabschlusses nach § 325 Abs. 1 HGB von zwölf auf sechs Monate. Offenzulegen ist der **vollständige Jahresbericht** in deutscher Sprache, bestehend aus dem Jahresabschluss, dem Lagebericht, dem besonderen Vermerk des Abschlussprüfers und der Erklärung der gesetzlichen Vertreter nach den Vorgaben der § 264 S. 3, § 289 Abs. 1 S. 5 (§ 158 S. 1 ivm § 135 Abs. 1). **Größenabhängige Erleichterungen** für kleine und mittelgroße Gesellschaften iSd §§ 326 ff. HGB können nicht in Anspruch genommen werden. Aufgrund Fehlens einer spezialgesetzlichen Regelung im KAGB ist davon auszugehen, dass die gesetzlichen Vertreter der Investmentkommanditgesellschaft für die Offenlegung des Jahresberichtes verantwortlich sind. Dies ist insofern relevant, als Abs. 1 letzter Hs. auch die Vorschriften über die Festsetzung von Ordnungsgeld (§§ 335–335b HGB) für entsprechend anwendbar erklärt, gleichzeitig § 135 Abs. 1 jedoch die Kapitalverwaltungsgesellschaft im Hinblick auf die Aufstellung des Jahresberichtes in die Pflicht nimmt (→ § 135 Rn. 23).

5   Offenzulegen ist der **festgestellte** oder gebilligte Jahresabschluss. Die Feststellung des Jahresabschlusses obliegt bei einer Personengesellschaft der Gesellschafterversammlung. Eine stufenweise Veröffentlichung, dh eine Veröffentlichung des geprüften aber noch nicht festgestellten Jahresabschlusses und die Nachreichung des Beschlusses über die Feststellung zu einem späteren Zeitpunkt ist nicht (mehr) zulässig (§ 325 Abs. 1 Nr. 1 HGB).

6   Die Offenlegung erfolgt im **Bundesanzeiger** (§ 325 Abs. 1 S. 2, Abs. 2 HGB). Im Hinblick auf Form und Inhalt bei der Offenlegung sowie die Prüfungs- und Unterrichtungspflichten des Betreibers des Bundesanzeigers gelten die allgemeinen handelsrechtlichen Vorschriften der §§ 328, 329 Abs. 1, 2 und 4 HGB (Abs. 1 letzter Hs.).

7   Abs. 1 enthält auch einen Verweis auf § 325 Abs. 2a und 2b HGB. Inwieweit es sich hierbei um einen redaktionellen Fehler handelt oder ob tatsächlich die Möglichkeit eingeräumt werden sollte, statt eines nach handelsrechtlichen Vorschriften unter Berücksichtigung des KAGB aufgestellten Jahresabschlusses, einen nach den in § 315a Abs. 1 HGB bezeichneten Internationalen Rechnungslegungsstandard aufgestellten Jahresabschluss offenzulegen **(ersetzende Veröffentlichung eines IFRS-Jahresabschlusses)**, bleibt unklar.

8   Für Investmentkommanditgesellschaften, die als **Spezial-AIF** aufgelegt werden, enthält das KAGB keine Regelungen zur Offenlegung, sodass die handelsrechtlichen Vorschriften unmittelbar zur Anwendung kommen (§ 149 Abs. 1 S. 2) (→ § 137 Rn. 7 ff.). Die geschlossene Spezial-Investmentkommanditgesellschaft hat als kleine Kapitalgesellschaft iSd § 267a Abs. 3 Nr. 1

---

[4] WBA/*Paul* Rn. 4.
[5] So auch HK-InvestmentR/*Schneider-Deters* Rn. 1.

HGB mindestens die Bilanz sowie den Anhang (ohne die Angaben zur Gewinn- und Verlustrechnung)[6] im Bundesanzeiger bekannt machen zu lassen.

III. Zugänglichmachung und Vorlage von Berichten (Abs. 2 und Abs. 3)

Die handelsrechtlichen Offenlegungsvorschriften werden durch die Vor- 9 schriften des Abs. 2 und 3 ergänzt. Nach Abs. 2 ist der Jahresbericht einer geschlossenen Publikums-Investmentkommanditgesellschaft dem Publikum zugänglich zu machen. Die Stellen, an denen der Jahresbericht (kostenlos) zur Verfügung gestellt wird, sind im Verkaufsprospekt sowie in den wesentlichen Anlegerinformationen anzugeben. Das Verkaufsprospekt präzisiert dabei auch die Art und Weise, wie der Jahresbericht zur Verfügung gestellt wird (elektronisch oder als Druckversion) und zu welchen Stichtagen. Gem. Abs. 3 ist der Jahresbericht darüber hinaus den Anlegern auf Anfrage vorzulegen. Die Regelung, die sowohl für die Publikums-Investmentkommanditgesellschaft als auch die Spezial-Investmentkommanditgesellschaft gilt, entspricht § 137 (→ § 137 Rn. 3 ff.).

IV. Einreichung bei der Bundesanstalt

Der Jahresbericht der Publikums-Investmentkommanditgesellschaft ist der 10 BaFin **unverzüglich**, dh ohne schuldhaftes Zögern (§ 121 BGB), nach der Erstellung einzureichen. Die Vorschrift wurde im Zuge der Umsetzung des Bilanzrichtlinien-Umsetzungsgesetzes (BilRUG) nicht angepasst, sodass der BaFin zwar der aufgestellte aber nicht zwangsläufig auch der festgestellte Jahresbericht einzureichen ist. Für die Spezial-Investmentkommanditgesellschaft ergibt sich die Pflicht zur Einreichung des Jahresberichtes nach § 158 S. 1 iVm § 135 Abs. 1 aus § 35 Abs. 3 Nr. 1. Hiernach ist der Jahresbericht nur auf Verlangen der BaFin einzureichen.

§ 161 Auflösung und Liquidation

(1) **Das Recht zur ordentlichen Kündigung besteht bei der geschlossenen Investmentkommanditgesellschaft nicht.**

(2) [1] **§ 133 Absatz 1 des Handelsgesetzbuchs gilt nicht.** [2] **Ein Gesellschafter der geschlossenen Investmentkommanditgesellschaft kann die Gesellschaft vor dem Ablauf der für ihre Dauer bestimmten Zeit außerordentlich kündigen und aus ihr ausscheiden, wenn ein wichtiger Grund vorliegt.** [3] **§ 133 Absatz 2 und 3 des Handelsgesetzbuchs ist entsprechend anzuwenden.**

(3) **Wird eine geschlossene Publikumsinvestmentkommanditgesellschaft abgewickelt, hat der Liquidator jährlich sowie auf den Tag, an dem die Abwicklung beendet ist, einen Abwicklungsbericht zu erstellen, der den Anforderungen nach § 158 entspricht.**

(4) **Die Kommanditisten haften nach Beendigung der Liquidation nicht für die Verbindlichkeiten der geschlossenen Investmentkommanditgesellschaft.**

---

[6] Zu den Angaben, die bei der Veröffentlichung des Anhangs entfallen können → § 137 Rn. 9.

Schrifttum: Gesetzesbegründung zum KAGB (BT-Drs. 17/12294 vom 6.2.2013; abrufbar unter: http://dipbt.bundestag.de/dip21/btd/17/122/1712294.pdf, abgerufen am 27.1,2019); *Europäische Union,* Delegierte Verordnung (EU) Nr. 694/2014 der Kommission vom 17.12.2013 zur Ergänzung der Richtlinie 2011/61/EU des Europäischen Parlaments und des Rates im Hinblick auf technische Regulierungsstandards zur Bestimmung der Arten von Verwaltern alternativer Investmentfonds (Änderungsverordnung zur AIFM-RL, AIFM-ÄndVO); *Könnecke,* § 161 KAGB – Auflösung und Liquidation, in Baur/Tappen Investmentgesetze, 3. Aufl. 2015, Band 1, §§ 1–272 KAGB, 1395.

I. Einordnung der Regelung

1   § 161 regelt die Kündigung, Auflösung und Liquidation der geschlossene Investmentkommanditgesellschaft. Eine in Teilen gleichlautende Vorschrift enthält § 138 für die offene Investmentkommanditgesellschaft (→ § 138 Rn. 1 ff.).

2   Das KAGB selbst definiert die geschlossene Investmentkommanditgesellschaft lediglich als eine Gesellschaft, die kein offenes Investmentvermögen ist (§ 1 Abs. 5). Die Definition des offenen Investmentvermögens erfolgt mittels dynamischen Verweises auf die AIFM-RL.[1] Hiernach liegt ein offener AIF immer dann vor, wenn vor Beginn der Liquidations- oder Ablaufphase auf Ersuchen eines Anteileigners Anteile durch die Investmentkommanditgesellschaft zurückgenommen werden können (Art. 1 Abs. 2 AIFM-ÄndVO).

II. Kein Recht zur ordentlichen Kündigung (Abs. 1)

3   Eine geschlossene Investmentkommanditgesellschaft zeichnet sich, wie in → Rn. 2 dargestellt, dadurch aus, dass diese vor Beginn der Liquidations- oder Ablaufphase keine Rückgabemöglichkeit der Anteile vorsieht. Aus diesem Grund stellt Abs. 1 explizit klar, dass – anders als bei der offenen Investmentkommanditgesellschaft – dem Anleger in eine geschlossene Investmentkommanditgesellschaft kein Recht zur ordentlichen Kündigung eingeräumt wird. Dies ist insofern erforderlich, da ansonsten aufgrund allgemeiner handelsrechtlicher Vorschriften Kündigungsrechte bestanden hätten (zB § 132 HGB), die durch spezialgesetzliche Regelung auszuschließen waren. Der Gesetzgeber verzichtete hierbei jedoch auf eine konkrete Benennung der nicht einschlägigen handelsrechtlichen Vorschriften.[2]

III. Außerordentliche Kündigung und Ausscheiden eines Gesellschafters (Abs. 2)

4   Die Möglichkeit eines Kommanditisten, durch gerichtliche Entscheidung gem. § 133 Abs. 1 HGB die Auflösung der Gesellschaft aus wichtigem Grund zu verlangen, wird durch Abs. 2 S. 1 KAGB abbedungen. Gleichzeitig räumt Abs. 2 dem Kommanditisten das Recht auf ein außerordentliches Kündigungsrecht ein, auf welches die Regelungen des § 133 Abs. 2 und 3 HGB

---

[1] Geändert durch die Delegierte Verordnung (EU) Nr. 694/2014 der Kommission v. 17.12.2013 zur Ergänzung der Richtlinie 2011/61/EU des Europäischen Parlaments und des Rates im Hinblick auf technische Regulierungsstandards zur Bestimmung der Arten von Verwaltern alternativer Investmentfonds (Änderungsverordnung zur AIFM-RL, AIFM-ÄndVO).

[2] Vgl. hierzu Baur/Tappen/*Könnecke* Rn. 5 ff.

entsprechend anzuwenden sind. Die Regelung entspricht damit der des § 138 Abs. 1 (→ § 138 Rn. 2–5).

Der **Anspruch des ausscheidenden Gesellschafters auf Abfindung** 5 aufgrund außerordentlicher Kündigung bestimmt sich aufgrund des Fehlens einer spezialgesetzlichen Regelung des KAGB, nach dem Gesellschaftsvertrag. Die Regelungen können dabei auch die Liquiditätssituation der Gesellschaft berücksichtigen, dürfen aber nicht das Recht des Gesellschafters auf Kündigung faktisch ausschließen.[3]

Abs. 4 regelt lediglich die **Nachhaftung der Kommanditisten** bei Liqui- 6 dation der geschlossenen Investmentkommanditgesellschaft. Im Hinblick auf die Rechtsfolgen der Erfüllung des Abfindungsanspruchs und zur Nachhaftung des aufgrund außerordentlicher Kündigung ausscheidenden Kommanditisten ist auf die Regelung des § 152 Abs. 6 abzustellen. Hiernach gilt die Erfüllung des Abfindungsanspruchs nicht als Rückzahlung der Einlage des Kommanditisten, womit auch ein Wiederaufleben der Haftung für die Verbindlichkeiten der Gesellschaft nach dessen Ausscheiden ausgeschlossen ist.

Besondere **Rechnungslegungsvorschriften** ergeben sich nach KAGB im 7 Falle des Ausscheidens eines Gesellschafters aufgrund außerordentlicher Kündigung nicht. Eine Verpflichtung zur Neubewertung der Vermögensgegenstände und zur Ermittlung des Nettoinventarwertes besteht damit immer dann, wenn zB die gesellschaftsvertraglichen Regelungen zur Ermittlung des Abfindungsanspruchs dies vorsehen.

IV. Abwicklung der Investmentkommanditgesellschaft (Abs. 3)

Das Erreichen des vereinbarten Endes der Laufzeit der geschlossenen In- 8 vestmentkommanditgesellschaft (§ 131 Abs. 1 Nr. 1 HGB) oder ein entsprechender Beschluss der Gesellschafter (§ 131 Abs. 1 Nr. 2 HGB) bzw. die Kündigung des Verwaltungsrechtes der externen Kapitalverwaltungsgesellschaft iSd § 154 Abs. 2 kann zur Auflösung und anschließenden Liquidation der geschlossenen Investmentkommanditgesellschaft führen.

Wird eine geschlossene Publikums-Investmentkommanditgesellschaft auf- 9 gelöst, sieht Abs. 3 vor, dass der Liquidator jährlich, sowie auf den Tag, an dem die Abwicklung beendet ist, einen **Abwicklungsbericht** erstellt. Erstmals ist ein derartiger Abwicklungsbericht auf den Tag des Beginns der Abwicklung (zB Tag des Auflösungsbeschlusses; § 154 HGB) bzw. bei Kündigung des Verwaltungsrechts auf den Tag, an dem das Recht zur Verwaltung des Gesellschaftsvermögens durch die externe Kapitalverwaltungsgesellschaft erlischt (§ 154 Abs. 3), aufzustellen. Bei der Aufstellung des Abwicklungsberichts sind die Regelungen des § 158 iVm § 135 zu beachten. Eine Prüfungspflicht für den Abwicklungsbericht sieht das KAGB nicht vor.

Für den Fall der Liquidation einer **geschlossenen Spezial-Investment-** 10 **kommanditgesellschaft** ist hingegen kein Abwicklungsbericht aufzustellen, sondern lediglich eine **Liquidationsbilanz** nach § 154 HGB zu Beginn und am Ende der Liquidation.[4]

---

[3] Baur/Tappen/*Könnecke* Rn. 29, sieht hier auch die sog. Buchwertklausel als zulässig an.
[4] WFD Sonderbilanzen/*Winkeljohann/Dietrich* U Rn. 417.

V. Nachhaftung der Kommanditisten (Abs. 4)

11   Abs. 4 stellt klar, dass nach Abschluss der Liquidation einer geschlossenen Investmentkommanditgesellschaft die **Haftung der Kommanditisten erlischt.** Die Regelung entspricht damit der des § 138 Abs. 2 (→ § 138 Rn. 9 ff.).

Sachverzeichnis

Fettgedruckte Zahlen = Paragrafen; magere Zahlen = Randnummern

Sachverzeichnis

Sachverzeichnis

Sachverzeichnis

Sachverzeichnis

Sachverzeichnis

Sachverzeichnis

Fettgedruckte Zahlen = §§

Sachverzeichnis

Sachverzeichnis

Sachverzeichnis

Sachverzeichnis

Sachverzeichnis

Sachverzeichnis

Sachverzeichnis

Sachverzeichnis